劳动人事法律精要

词条与依据指引

范战江　主　编

撰稿人：

王向前　刘振军　周燕燕　陈晓东

孙丽平　范战江　林镓茵　夏　欢

中国劳动社会保障出版社

图书在版编目(CIP)数据

劳动人事法律精要：词条与依据指引/范战江主编. —北京：中国劳动社会保障出版社，2012

ISBN 978-7-5045-9806-6

Ⅰ.①劳… Ⅱ.①范… Ⅲ.①劳动法-法律解释-中国②社会保障-行政法-法律解释-中国 Ⅳ.①D922.505②D922.182.35

中国版本图书馆 CIP 数据核字(2012)第 217586 号

中国劳动社会保障出版社出版发行

(北京市惠新东街 1 号　邮政编码：100029)

出 版 人：张梦欣

*

中国铁道出版社印刷厂印刷装订　新华书店经销

787 毫米×1092 毫米　16 开本　55 印张　1575 千字

2012 年 9 月第 1 版　　2012 年 9 月第 1 次印刷

定价：128.00 元

读者服务部电话：010-64929211/64921644/84643933

发行部电话：010-64961894

出版社网址：http://www.class.com.cn

前　言

自2007年以来，我国陆续颁布了《就业促进法》《劳动合同法》《劳动争议调解仲裁法》《社会保险法》《军人保险法》《劳动合同法实施条例》《女职工劳动保护特别规定》等一系列劳动、人事和社会保障方面的法律、行政法规，同时修订了《职业病防治法》，国家人力资源和社会保障部也相应颁布了一些配套部门规章和政策，现均已付诸实施。我国的劳动、人事和社会保障法治环境发生了重大而深刻的变化，对保护用人单位，尤其是劳动者的合法权益有着十分重要的意义。

为了帮助用人单位和劳动者准确理解，尽快熟悉、适应新的法律、法规，更好地防范劳动人事争议风险，更理智地守法、维权，我们在2005年编写出版的《劳动法精要与依据指引》的基础上，又编写了这本《劳动人事法律精要——词条与依据指引》，将近几年国家新颁布的劳动、人事和社会保障方面的法律、法规、部门规章和政策，结合近年来的执法和司法实践，全面地做了重新编写。其中，“词条”部分的题目，是根据现行法律文件的条文主旨及工作实践中遇到的难点、热点问题归纳总结出来的，其内容是以专家意见的形式，简明扼要地阐述法理、要点，指出执法、司法实践中应注意的问题；“依据指引”部分是将题目所涉及的具体法律依据的名称、发布时间、发布部门和具体条文内容列示出来，一些平日难以查找的规范性文件尽可能地列在其中。这样，可以使本书具有更强的实用性和操作性，可以更有效地帮助用人单位、劳动者和劳动、工资、人力资源管理人员以及法律专业人员学习、熟悉、运用劳动、人事和社会保障法律。

另外，本书使用资料的截止时间为2012年6月。由于编写人员的水平有限，本书难免会存在一些问题，欢迎广大读者批评指正，为我们提出宝贵意见，以便需要再版时一并修订、补正。

编　者

2012年7月

目　录

第一章　劳动就业 ………………………………………………………………………… 1

第二章　劳动关系 ………………………………………………………………………… 64

第八章　职业培训 …… 359

第九章　社会保险 …… 397

第十章　养老保险 …… 424

第一章 劳动就业

劳 动 者

［解读］

劳动者是指在法定就业年龄内、具有劳动权利能力和劳动行为能力并实际参加社会劳动，以自己的劳动收入为生活资料主要来源，且符合法律特别规定的自然人。劳动者的资格包括三方面，即劳动权利能力、劳动行为能力和符合法律特别规定。劳动权利能力，是指劳动主体有依法享有劳动权利、承担劳动义务的资格，其始于法定的最低就业年龄16周岁，止于法定退休年龄，且人身自由没有受到司法机关的限制。劳动行为能力，是指劳动主体能够以自己的行为实际取得权利和履行义务的资格，其主要因素：一是年满16周岁，未到达法定退休年龄，二是身体基本健康，三是智力发育正常等。符合法律特别规定，主要是指按相关规定在校学生不具备劳动主体资格，其与用人单位建立的法律关系不是劳动关系，不属于劳动法律调整范围。广义的劳动者一般包括工人、农民、军人、脑力劳动者、个体劳动者等。狭义的劳动者是指劳动关系中的劳动者，一般称为职工或员工。

适用《劳动法》《劳动合同法》的劳动者包括：

（一）与企业、个体经济组织、民办非企业单位、依法成立的会计师事务所、律师事务所等合伙组织和基金会之间形成劳动关系的劳动者。

（二）国家机关、事业组织、社会团体的工勤人员。

（三）实行企业化管理的事业组织的非工勤人员。

（四）其他通过劳动合同与国家机关、事业单位、社会团体建立劳动关系的劳动者。

（五）法律、行政法规或国务院没有规定的、与实行聘用制事业单位建立劳动关系的工作人员。

不包括下列人员：

（一）公务员和比照实行公务员制度的事业组织和社会团体的工作人员。

（二）农村居民（不包括进城务工的农村居民）。

（三）现役军人。

（四）在校学习尚未毕业的学生。

（五）家庭保姆。

（六）事业单位、社会团体未建立劳动合同关系的干部。

［依据指引］

(1)《中华人民共和国劳动法》（1994年7月5日 国家主席令第28号）

第二条 在中华人民共和国境内的企业、个体经济组织（以下统称用人单位）和与之形成劳动关系的劳动者，适用本法。

国家机关、事业组织、社会团体和与之建立劳动合同关系的劳动者，依照本法执行。

(2)《中华人民共和国劳动合同法》（2007年6月29日 国家主席令第65号）

第二条 中华人民共和国境内的企业、个体经济组织、民办非企业单位等组织（以下称用人单位）与劳动者建立劳动关系，订立、履行、变更、解除或者终止劳动合同，适用本法。

国家机关、事业单位、社会团体和与其建立劳动关系的劳动者，订立、履行、变更、解除或者终止劳动合同，依照本法执行。

第九十六条 事业单位与实行聘用制的工作人员订立、履行、变更、解除或者终止劳动合同，法律、行政法规或者国务院另有规定的，依照其规定；未作规定的，依照本法有关规定执行。

(3) 国务院《劳动合同法实施条例》（2008年9月18日 国务院令第535号）

第三条 依法成立的会计师事务所、律师事务所等合伙组织和基金会，属于劳动合同法规定的用人单位。

(4) 劳动部《关于贯彻执行〈中华人民共和国劳动法〉若干问题的意见》（1995年8月4日 劳部发［1995］309号）

1. 劳动法第二条中的“个体经济组织”是指一般雇工在七人以下的个体工商户。

2. 中国境内的企业、个体经济组织与劳动者之间，只要形成劳动关系，即劳动者事实上已成为企业、个体经济组织的成员，并为其提供有偿劳动，适用劳动法。

3. 国家机关、事业组织、社会团体实行劳动合同制度的以及按规定应实行劳动合同制度的工勤人员；实行企业化管理的事业组织的人员；其他通过劳动合同与国家机关、事业组织、社会团体建立劳动关系的劳动者，适用劳动法。

4. 公务员和比照实行公务员制度的事业组织和社会团体的工作人员，以及农村劳动者（乡镇企业职工和进城务工、经商的农民除外）、现役军人和家庭保姆等不适用劳动法。

5. 中国境内的企业、个体经济组织在劳动法中被称为用人单位。国家机关、事业组织、社会团体和与之建立劳动合同关系的劳动者依照劳动法执行。根据劳动法的这一规定，国家机关、事业组织、社会团体应当视为用人单位。

12. 在校生利用业余时间勤工助学，不视为就业，未建立劳动关系，可以不签订劳动合同。

(5) 劳动部办公厅《关于〈劳动法〉若干条文的说明》（1994 年 9 月 5 日　劳办发〔1994〕289 号）

第二条　在中华人民共和国境内的企业、个体经济组织（以下统称用人单位）和与之形成劳动关系的劳动者，适用本法。

国家机关、事业组织、社会团体和与之建立劳动合同关系的劳动者，依照本法执行。

本条第一款中的“企业”是指从事产品生产、流通或服务性活动等实行独立经济核算的经济单位，包括各种所有制类型的企业，如工厂、农场、公司等。

本条第二款所指劳动法对劳动者的适用范围，包括三个方面：①国家机关、事业组织、社会团体的工勤人员；②实行企业化管理的事业组织的非工勤人员；③其他通过劳动合同（包括聘用合同）与国家机关、事业单位、社会团体建立劳动关系的劳动者。

本法的适用范围除了公务员和比照实行公务员制度的事业组织和社会团体的工作人员，以及农业劳动者、现役军人和家庭保姆等。

用 人 单 位

[解读]

用人单位是指具有法人资格或依法成立的企业或单位。用人单位的用人权利能力和用人行为能力，自其依法成立之时产生，依法撤销之时消灭。目前适用《劳动法》《劳动合同法》的用人单位包括：企业、个体经济组织、民办非企业单位、依法成立的会计师事务所和律师事务所等合伙组织以及基金会、国家机关、事业单位、社会团体。其中，企业是指我国境内的所有企业，包括法人企业和非法人企业，国有企业和非国有企业，内资企业和外资企业；个体经济组织是指经工商登记注册并招用雇工的个体工商户；民办非企业单位是指经业务主管单位审查同意，利用非国有资产、从事非营利性社会服务活动，并有与其业务活动相适应的从业人员的社会组织；国家机关、事业单位和社会团体是指通过劳动合同或应通过劳动合同与其工作人员建立劳动关系的单位。

[依据指引]

(1)《中华人民共和国劳动法》（1994 年 7 月 5 日　国家主席令第 28 号）

第二条　在中华人民共和国境内的企业、个体经济组织（以下统称用人单位）和与之形成劳动关系的劳动者，适用本法。

国家机关、事业组织、社会团体和与之建立劳动合同关系的劳动者，依照本法执行。

(2)《中华人民共和国劳动合同法》（2007 年 6 月 29 日　国家主席令第 65 号）

第二条　中华人民共和国境内的企业、个体经济组织、民办非企业单位等组织（以下称用人单位）与劳动者建立劳动关系，订立、履行、变更、解除或者终止劳动合同，适用本法。

国家机关、事业单位、社会团体和与其建立劳动关系的劳动者，订立、履行、变更、解除或者终止劳动合同，依照本法执行。

第九十六条　事业单位与实行聘用制的工作人员订立、履行、变更、解除或者终止劳动合同，法律、行政法规或者国务院另有规定的，依照其规定；未作规定的，依照本法有关规定执行。

(3) 国务院《劳动合同法实施条例》（2008 年 9 月 18 日　国务院令第 535 号）

第三条　依法成立的会计师事务所、律师事务所等合伙组织和基金会，属于劳动合同法规定的用人单位。

(4) 劳动部《关于贯彻执行〈中华人民共和国劳动法〉若干问题的意见》（1995年8月4日 劳部发［1995］309号）

1. 劳动法第二条中的"个体经济组织"是指一般雇工在七人以下的个体工商户。

2. 中国境内的企业、个体经济组织与劳动者之间，只要形成劳动关系，即劳动者事实上已成为企业、个体经济组织的成员，并为其提供有偿劳动，适用劳动法。

3. 国家机关、事业组织、社会团体实行劳动合同制度的以及按规定应实行劳动合同制度的工勤人员；实行企业化管理的事业组织的人员；其他通过劳动合同与国家机关、事业组织、社会团体建立劳动关系的劳动者，适用劳动法。

4. 公务员和比照实行公务员制度的事业组织和社会团体的工作人员，以及农村劳动者（乡镇企业职工和进城务工、经商的农民除外）、现役军人和家庭保姆等不适用劳动法。

5. 中国境内的企业、个体经济组织在劳动法中被称为用人单位。国家机关、事业组织、社会团体和与之建立劳动合同关系的劳动者依照劳动法执行。根据劳动法的这一规定，国家机关、事业组织、社会团体应当视为用人单位。

(5) 劳动部办公厅《关于〈劳动法〉若干条文的说明》（1994年9月5日 劳办发［1994］289号）

第二条 在中华人民共和国境内的企业、个体经济组织（以下统称用人单位）和与之形成劳动关系的劳动者，适用本法。

国家机关、事业组织、社会团体和与之建立劳动合同关系的劳动者，依照本法执行。

本条第一款中的"企业"是指从事产品生产、流通或服务性活动等实行独立经济核算的经济单位，包括各种所有制类型的企业，如工厂、农场、公司等。

本条第二款所指劳动法对劳动者的适用范围，包括三个方面：①国家机关、事业组织、社会团体的工勤人员；②实行企业化管理的事业组织的非工勤人员；③其他通过劳动合同（包括聘用合同）与国家机关、事业单位、社会团体建立劳动关系的劳动者。

本法的适用范围除了公务员和比照实行公务员制度的事业组织和社会团体的工作人员，以及农业劳动者、现役军人和家庭保姆等。

劳动者的基本权利和义务

[解读]

劳动者的权利和义务与用人单位的权利和义务基本是对称的，也就是说，劳动者的权利即是用人单位的义务，劳动者的义务即是用人单位的权利。

国家法律规定，劳动者的基本权利有八项，即：平等就业和选择职业的权利；取得劳动报酬的权利；休息休假的权利；获得劳动安全卫生保护的权利；接受职业技能培训的权利；享受社会保险和福利的权利；提请劳动争议处理的权利；法律规定的其他劳动权利，如依法参加工会的权利，参加职工民主管理的权利，提出合理化建议的权利，依法解除劳动合同的权利，对用人单位管理人员违章指挥、强令冒险作业拒绝执行的权利，对危害生命安全和身体健康的行为有权提出批评、检举和控告的权利，对违反《劳动法》《劳动合同法》的行为进行监督的权利等。

劳动者的基本义务有四项，即：完成劳动任务，提高职业技能，执行劳动安全卫生规程，遵守劳动纪律和职业道德。

[依据指引]

(1)《中华人民共和国劳动法》（1994年7月5日 国家主席令第28号）

第三条 劳动者享有平等就业和选择职业的权利、取得劳动报酬的权利、休息休假的权利、获得劳动安全卫生保护的权利、接受职业技能培训的权利、享受社会保险和福利的权利、提请劳动争议处理的权利以及法律规定的其他劳动权利。

劳动者应当完成劳动任务，提高职业技能，执行劳动安全卫生规程，遵守劳动纪律和职业道德。

(2)《中华人民共和国就业促进法》（2007年8月30日 国家主席令第70号）

第三条 劳动者依法享有平等就业和自主择业的权利。

劳动者就业，不因民族、种族、性别、宗教信仰等不同而受歧视。

(3) 劳动部办公厅《关于〈劳动法〉若干条文的说明》（1994年9月5日 劳办发［1994］289号）

第三条 劳动者享有平等就业和选择职业的权利、取得劳动报酬的权利、休息休假的权利、获得劳动安全卫生保护的权利、接受职业技能培训的权利、享受社会保险和福利的权利、提请劳动争议处理的权利以及法律规定的其他劳动权利。

劳动者应当完成劳动任务，提高职业技能，执行劳动安全卫生规程，遵守劳动纪律和职业道德。

本条中的“劳动报酬”是指，劳动者从用人单位得到的全部工资收入。

本条中“法律规定的其他劳动权利”是指劳动者依法享有参加和组织工会的权利，参加职工民主管理的权利，参加社会义务劳动的权利，参加劳动竞赛的权利，提出合理化建议的权利，从事科学研究、技术革新、发明创造的权利，依法解除劳动合同的权利，对用人单位管理人员违章指挥、强令冒险作业有拒绝执行的权利，对危害生命安全和身体健康的行为有权提出批评、检举和控告的权利，对违反劳动法的行为进行监督的权利等。

劳动就业权

[解读]

劳动就业权是具有劳动权利能力和劳动行为能力、有劳动愿望的劳动者，依法从事有劳动报酬或者经营收入的劳动的权利。劳动就业权在各项劳动权利中居于首要地位，是劳动者赖以生存的权利。其中包括劳动者获得职业培训的权利、就业训练的权利、职业介绍的权利、失业救济的权利等。人们的劳动就业权应当是平等的，也就是说，劳动者有平等就业的权利。平等就业包含三层含义：一是任何公民都平等地享有就业的权利和资格，不得因某些因素受到歧视；二是在应聘某一职位时，任何公民都需平等地参与竞争，不得搞特权；三是平等不等于同等，平等是指对符合要求、符合特殊职位条件的人，应给予平等的机会，而不是不论条件如何都同等对待。

[依据指引]

《中华人民共和国就业促进法》（2007 年 8 月 30 日　国家主席令第 70 号）

第三条 劳动者依法享有平等就业和自主择业的权利。

劳动者就业，不因民族、种族、性别、宗教信仰等不同而受歧视。

劳动者的自主择业权

[解读]

自主择业权是指公民可以根据自己的兴趣，自主选择不同行业、不同岗位的权利，任何单位和个人不得干涉。然而，选择职业权必须有赖于人力资源市场的形成，在计划经济时期，劳动者就业是按照国家计划进行分配就业，劳动者选择职业的权利十分有限，只有在人力资源市场形成后，劳动者才具有充分的选择职业的权利。因此，劳动者应树立竞争就业观、职业平等观和多种方式择业观。劳动者不仅应当看到自己的自主择业权，还应当看到用人单位的自主用人权。因此，劳动者应当自强、自立，不断进取，提高就业能力和创业能力，在人力资源市场中增强自己的就业竞争力。在竞争用人单位工作岗位的同时，也可以考虑依靠自己的信息、技术、经验以及其他因素，选择自谋职业和自主创业，不断拓宽就业的渠道。只有如此，劳动者才能充分运用自主择业权。

[依据指引]

《中华人民共和国就业促进法》（2007 年 8 月 30 日　国家主席令第 70 号）

第三条 劳动者依法享有平等就业和自主择业的权利。

劳动者就业，不因民族、种族、性别、宗教信仰等不同而受歧视。

第七条 国家倡导劳动者树立正确的择业观念，提高就业能力和创业能力；鼓励劳动者自主创业、自谋职业。

各级人民政府和有关部门应当简化程序，提高效率，为劳动者自主创业、自谋职业提供便利。

法定劳动年龄

[解读]

法定劳动年龄又称法定就业年龄，其下限年龄为 16 周岁，上限年龄为法定退休年龄。法定退休年龄是根据《国务院关于安置老弱病残干部的暂行办法》和《国务院关于工人退休、退职的暂行办法》（国发［1978］104 号）规定的退休年龄，即原则上男年满60周岁，女干部（管理人员）年满55周岁，女工人（一线工作人员）年满50周岁。法定劳动年龄内的自然人，一般应当与用人单位建立劳动关系；法定劳动年龄外的自然人包括儿童和达到法定退休年龄的人员，与用人单位建立的法律关系一般为劳务关系，属于民事法律关系；用人单位招用16周岁以下的儿童，经劳动行政部门批准的，可建立劳动关系，未经批准的，属于非法使用童工，应承担相应的法律责任。

[依据指引]

(1)《中华人民共和国就业促进法》（2007年8月30日 国家主席令第70号）

第五十六条 县级以上地方人民政府采取多种就业形式，拓展公益性岗位范围，开发就业岗位，确保城市有就业需求的家庭至少有一人实现就业。

法定劳动年龄内的家庭人员均处于失业状况的城市居民家庭，可以向住所地街道、社区公共就业服务机构申请就业援助。街道、社区公共就业服务机构经确认属实的，应当为该家庭中至少一人提供适当的就业岗位。

(2)《中华人民共和国未成年人保护法》（1991年9月4日 国家主席令第50号 2006年12月29日修订）

第三十八条 任何组织和个人不得招用未满十六周岁的未成年人，国家另有规定的除外……

(3) 国务院《关于安置老弱病残干部的暂行办法》（1978年6月2日 国发［1978］104号）

第四条 党政机关、群众团体、企业、事业单位的干部，符合下列条件之一的，都可以退休。

（一）男年满六十周岁，女年满五十五周岁，参加革命工作年限满十年的；

（二）男年满五十周岁，女年满四十五周岁，参加革命工作年限满十年，经过医院证明完全丧失工作能力的；

（三）因工致残，经过医院证明完全丧失工作能力的。

(4) 国务院《关于工人退休、退职的暂行办法》（1978年6月2日 国发［1978］104号）

第一条 全民所有制企业、事业单位和党政机关、群众团体的工人，符合下列条件之一的，应该退休。

（一）男年满六十周岁，女年满五十周岁，连续工龄满十年的。

（二）从事井下、高空、高温、特别繁重体力劳动或者其他有害身体健康的工作，男年满五十五周岁、女年满四十五周岁，连续工龄满十年的。

本项规定也适用于工作条件与工人相同的基层干部。

（三）男年满五十周岁，女年满四十五周岁，连续工龄满十年，由医院证明，并经劳动鉴定委员会确认，完全丧失劳动能力的。

（四）因工致残，由医院证明，并经劳动鉴定委员会确认，完全丧失劳动能力的。

(5) 最高人民法院《关于审理劳动争议案件适用法律若干问题的解释（三）》（2010年9月13日 法释［2010］12号）

第七条 用人单位与其招用的已经依法享受养老保险待遇或领取退休金的人员发生用工争议，向人民法院提起诉讼的，人民法院应当按劳务关系处理。

用人单位的自主用人权

[解读]

用人单位的自主用人权是指用人单位在法律规定的范围内，有根据市场需要、工作要求以及经济形势等因素自主决定是否招人、招什么人、安排什么岗位、担任什么职务、是否需要调整岗位和职务、制定什么规章制度、如何进行管理、是否需要辞退等权利。虽然劳动法律是侧重保护劳动者的，但是法律的本质应当是保护劳动者与用人单位双方合法权益的。反对就业歧视、保护劳动者的权利，不能忽略用人单位合理的用人自主权。如果政府对用人单位用人自主权干预过多，较大幅度影响了用人单位的经济效益，不但不会推动社会经济的发展，增加就业，反而还会影响社会经济的发展，降低就业率，加剧就业的困难程度。由于用人单位的自主用人权是法律和市场赋予的权利，所以用人单位运用自主用人权，必须遵守国家相关法律和社会公平的原则。否则，就会出现滥用权利，劳动者合法权益遭受侵害的现象，这是国家法律绝不允许的。

[依据指引]

《中华人民共和国就业促进法》（2007年8月30日 国家主席令第70号）

第八条 用人单位依法享有自主用人的权利。

用人单位应当依照本法以及其他法律、法规

的规定，保障劳动者的合法权益。

就业歧视

[解读]

在我国立法中未对就业歧视进行描述，但根据国际劳工组织公约的相关内容，就业歧视主要是指条件相等或者相近的求职者在求职过程中，由于受到某些与个人工作能力无关因素（如民族、种族、性别、宗教信仰等）的影响，而不能够享有平等的就业机会受到损害的现象。然而，下列情况不构成就业歧视：

一是依照法律、法规规定，就部分岗位或者部门劳动者而予以区别、排斥或者优惠的。如劳动法规定，禁止女职工从事矿山井下的工作，这一规定是基于女职工的特殊劳动保护，而不是对妇女从事矿山井下工作的歧视。

二是用人单位基于岗位内在需要而予以区别、排斥或者优惠的。如有的工作岗位需要有相应资质的劳动者，如教师、医生等，如果劳动者没有相应的教师资格、医师资格，则用人单位有权不予录用。

三是各级政府为保护和促进特殊困难群体就业而制定的扶持或者优惠政策。如根据《就业促进法》的规定，各级人民政府对就业困难人员实行优先扶持和重点帮助，实施税费减免、贷款贴息、社会保险补贴、岗位补贴等办法，通过自谋职业、企业吸纳、公益性岗位安置等途径，扶持困难人员就业。这些扶持或者优惠政策不属于对非就业困难人员的就业歧视。

为进一步实现公平就业，保障劳动者的平等就业权利，我国法律在就业歧视的救济渠道方面还规定了，劳动者受到就业歧视的，可以向人民法院提起诉讼的司法救济渠道，依法追究违法行为人的法律责任，如责令改正，要求赔礼道歉，请求侵权损害赔偿等。然而，由于就业歧视的概念未在法律中明确界定，所以司法实践中还会遇到许多问题，如就业歧视的界定、举证责任的分配等，需要根据实践的需要，对立法作进一步的完善，以保证有关平等就业规定的落实。

[依据指引]

(1)《中华人民共和国就业促进法》（2007年8月30日　国家主席令第70号）

第二十六条　用人单位招用人员、职业中介机构从事职业中介活动，应当向劳动者提供平等的就业机会和公平的就业条件，不得实施就业歧视。

第六十二条　违反本法规定，实施就业歧视的，劳动者可以向人民法院提起诉讼。

(2)《1958年（就业和职业）歧视公约》（1958年6月25日　国际劳工公约第111号）

第一条

一、就本公约而言，“歧视”一词包括：

（一）基于种族、肤色、性别、宗教、政治见解、民族血统或社会出身等原因，具有取消或损害就业或职业机会均等或待遇平等作用的任何区别、排斥或优惠；

（二）有关会员国经与有代表性的雇主组织和工人组织（如存在此种组织）以及其他适当机构协商后可能确定的、具有取消或损害就业或职业机会均等或待遇平等作用的其他此种区别、排斥或优惠。

人力资源市场

[解读]

在市场经济条件下，人力资源的配置主要通过人力资源市场来实现，从长远看，建立一个统一、开放、竞争、有序的人力资源市场体系是解决我国就业问题的根本出路。因此，《就业促进法》将原有的人才市场和劳动力市场统一称为人力资源市场。人力资源市场的统一需要解决两个问题：第一，解决户籍制度造成的就业市场的分割，把促进农业劳动力转移就业作为就业工作的重要内容。第二，解决由于行政管理体制造成的就业市场的分割，我国的人力资源市场曾被划分为人才市场和劳动力市场，这是原来我国人事行政部门管干部、劳动保障行政部门管工人的行政管理体制造成的，人为地区分为人才与劳动力是一种就业歧视，对社会观念会产生不利导向。因此，只有改革户籍制度和干部、工人身份制度，将两个市场统一，才能便于进行管理，促进劳动力按照市场的需要自由流动，实现最佳配置。

[依据指引]

《中华人民共和国就业促进法》（2007年8月30日　国家主席令第70号）

第三十二条　县级以上人民政府培育和完善统一开放、竞争有序的人力资源市场，为劳动者就业提供服务。

特殊群体人员就业

［解读］

特殊群体是指妇女、残疾人、退役军人、少数民族人员、传染病病原携带者和进城务工农村居民。法律对特殊群体的就业问题作了专门规定，强调妇女与男子享有平等的就业权利，强调残疾人、退役军人、少数民族人员的就业，按法律、法规的特别规定予以照顾。这些特别规定包括两方面内容：一是现行法律、法规的规定；二是以后根据新情况新问题制定的特别规定。还强调不得以传染病病原携带者为由拒绝录用，不得对进城务工农村居民的就业设置歧视性限制等。

［依据指引］

(1)《中华人民共和国劳动法》（1994年7月5日　国家主席令第28号）

第十三条　妇女享有与男子平等的就业权利。在录用职工时，除国家规定的不适合妇女的工种或者岗位外，不得以性别为由拒绝录用妇女或者提高对妇女的录用标准。

第十四条　残疾人、少数民族人员、退出现役的军人的就业，法律、法规有特别规定的，从其规定。

(2)《中华人民共和国就业促进法》（2007年8月30日　国家主席令第70号）

第二十一条　国家支持区域经济发展，鼓励区域协作，统筹协调不同地区就业的均衡增长。

国家支持民族地区发展经济，扩大就业。

第二十七条　国家保障妇女享有与男子平等的劳动权利。

用人单位招用人员，除国家规定的不适合妇女的工种或者岗位外，不得以性别为由拒绝录用妇女或者提高对妇女的录用标准。

用人单位录用女职工，不得在劳动合同中规定限制女职工结婚、生育的内容。

第二十八条　各民族劳动者享有平等的劳动权利。

用人单位招用人员，应当依法对少数民族劳动者给予适当照顾。

第二十九条　国家保障残疾人的劳动权利。

各级人民政府应当对残疾人就业统筹规划，为残疾人创造就业条件。

用人单位招用人员，不得歧视残疾人。

第三十条　用人单位招用人员，不得以是传染病病原携带者为由拒绝录用。但是，经医学鉴定传染病病原携带者在治愈前或者排除传染嫌疑前，不得从事法律、行政法规和国务院卫生行政部门规定禁止从事的易使传染病扩散的工作。

第三十一条　农村劳动者进城就业享有与城镇劳动者平等的劳动权利，不得对农村劳动者进城就业设置歧视性限制。

残疾人就业

［解读］

残疾人是指在心理、生理、人体结构上，某种组织、功能丧失或者不正常，全部或者部分丧失以正常方式从事某种活动能力的人。残疾人就业是指符合法定就业年龄、有就业要求的残疾人从事有报酬的社会劳动。法律规定，国家和社会应当举办残疾人福利企业、盲人按摩机构和其他福利性单位，集中安排残疾人就业；又规定公共就业服务机构，为残疾人免费提供职业指导、职业介绍和职业培训等就业服务；用人单位对残疾人在招用、转正、晋级、职称评定、劳动报酬、生活福利、休息休假、社会保险等方面不得歧视；招用残疾人的用人单位应当依法与其签订劳动合同或者服务协议，根据残疾职工的特点，提供适当的劳动条件和劳动保护，并根据实际需要对劳动场所、劳动设备和生活设施进行改造；任何单位和个人不得以暴力、威胁或者非法限制人身自由的手段强迫残疾人劳动；还规定用人单位安排残疾人就业的比例不得低于本单位在职职工总数的1.5%；达不到规定比例的，应当缴纳残疾人就业保障金；对超过规定比例的单位，给予适当奖励；对未达到规定比例且未按规定缴纳残疾人就业保障金的，给予相应处罚，如加收滞纳金等。同时，国家鼓励和扶持残疾人自主择业、自主创业，对从事个体经营的残疾人，给予优惠政策。

［依据指引］

(1)《中华人民共和国残疾人保障法》（1990年12月28日　国家主席令第36号　2008年4月24日修订）

第三十条　国家保障残疾人劳动的权利。

各级人民政府应当对残疾人劳动就业统筹规划，为残疾人创造劳动就业条件。

第三十一条 残疾人劳动就业，实行集中与分散相结合的方针，采取优惠政策和扶持保护措施，通过多渠道、多层次、多种形式，使残疾人劳动就业逐步普及、稳定、合理。

第三十二条 政府和社会举办残疾人福利企业、盲人按摩机构和其他福利性单位，集中安排残疾人就业。

第三十三条 国家实行按比例安排残疾人就业制度。

国家机关、社会团体、企业事业单位、民办非企业单位应当按照规定的比例安排残疾人就业，并为其选择适当的工种和岗位。达不到规定比例的，按照国家有关规定履行保障残疾人就业义务。国家鼓励用人单位超过规定比例安排残疾人就业。

残疾人就业的具体办法由国务院规定。

第三十四条 国家鼓励和扶持残疾人自主择业、自主创业。

第三十五条 地方各级人民政府和农村基层组织，应当组织和扶持农村残疾人从事种植业、养殖业、手工业和其他形式的生产劳动。

第三十六条 国家对安排残疾人就业达到、超过规定比例或者集中安排残疾人就业的用人单位和从事个体经营的残疾人，依法给予税收优惠，并在生产、经营、技术、资金、物资、场地等方面给予扶持。国家对从事个体经营的残疾人，免除行政事业性收费。

县级以上地方人民政府及其有关部门应当确定适合残疾人生产、经营的产品、项目，优先安排残疾人福利性单位生产或者经营，并根据残疾人福利性单位的生产特点确定某些产品由其专产。

政府采购，在同等条件下应当优先购买残疾人福利性单位的产品或者服务。

地方各级人民政府应当开发适合残疾人就业的公益性岗位。

对申请从事个体经营的残疾人，有关部门应当优先核发营业执照。

对从事各类生产劳动的农村残疾人，有关部门应当在生产服务、技术指导、农用物资供应、农副产品购销和信贷等方面，给予帮助。

第三十七条 政府有关部门设立的公共就业服务机构，应当为残疾人免费提供就业服务。

残疾人联合会举办的残疾人就业服务机构，应当组织开展免费的职业指导、职业介绍和职业培训，为残疾人就业和用人单位招用残疾人提供服务和帮助。

第三十八条 国家保护残疾人福利性单位的财产所有权和经营自主权，其合法权益不受侵犯。

在职工的招用、转正、晋级、职称评定、劳动报酬、生活福利、休息休假、社会保险等方面，不得歧视残疾人。

残疾职工所在单位应当根据残疾职工的特点，提供适当的劳动条件和劳动保护，并根据实际需要对劳动场所、劳动设备和生活设施进行改造。

国家采取措施，保障盲人保健和医疗按摩人员从业的合法权益。

第三十九条 残疾职工所在单位应当对残疾职工进行岗位技术培训，提高其劳动技能和技术水平。

第四十条 任何单位和个人不得以暴力、威胁或者非法限制人身自由的手段强迫残疾人劳动。

(2)《中华人民共和国就业促进法》（2007年8月30日　国家主席令第70号）

第二十九条 国家保障残疾人的劳动权利。

各级人民政府应当对残疾人就业统筹规划，为残疾人创造就业条件。

用人单位招用人员，不得歧视残疾人。

(3) 国务院《残疾人就业条例》（2007年2月25日　国务院令第488号）

第八条 用人单位应当按照一定比例安排残疾人就业，并为其提供适当的工种、岗位。

用人单位安排残疾人就业的比例不得低于本单位在职职工总数的1.5%。具体比例由省、自治区、直辖市人民政府根据本地区的实际情况规定。

用人单位跨地区招用残疾人的，应当计入所安排的残疾人职工人数之内。

第九条 用人单位安排残疾人就业达不到其所在地省、自治区、直辖市人民政府规定比例的，应当缴纳残疾人就业保障金。

第十条 政府和社会依法兴办的残疾人福利企业、盲人按摩机构和其他福利性单位（以下统称集中使用残疾人的用人单位），应当集中安排残疾人就业。

集中使用残疾人的用人单位的资格认定，按照国家有关规定执行。

第十一条 集中使用残疾人的用人单位中从事全日制工作的残疾人职工，应当占本单位在职职工总数的25%以上。

第十二条 用人单位招用残疾人职工，应当依法与其签订劳动合同或者服务协议。

第十三条 用人单位应当为残疾人职工提供

适合其身体状况的劳动条件和劳动保护，不得在晋职、晋级、评定职称、报酬、社会保险、生活福利等方面歧视残疾人职工。

第十四条　用人单位应当根据本单位残疾人职工的实际情况，对残疾人职工进行上岗、在岗、转岗等培训。

第十五条　县级以上人民政府应当采取措施，拓宽残疾人就业渠道，开发适合残疾人就业的公益性岗位，保障残疾人就业。

县级以上地方人民政府发展社区服务事业，应当优先考虑残疾人就业。

第十七条　国家对集中使用残疾人的用人单位依法给予税收优惠，并在生产、经营、技术、资金、物资、场地使用等方面给予扶持。

第十八条　县级以上地方人民政府及其有关部门应当确定适合残疾人生产、经营的产品、项目，优先安排集中使用残疾人的用人单位生产或者经营，并根据集中使用残疾人的用人单位的生产特点确定某些产品由其专产。

政府采购，在同等条件下，应当优先购买集中使用残疾人的用人单位的产品或者服务。

第十九条　国家鼓励扶持残疾人自主择业、自主创业。对残疾人从事个体经营的，应当依法给予税收优惠，有关部门应当在经营场地等方面给予照顾，并按照规定免收管理类、登记类和证照类的行政事业性收费。

国家对自主择业、自主创业的残疾人在一定期限内给予小额信贷等扶持。

第二十二条　中国残疾人联合会及其地方组织所属的残疾人就业服务机构应当免费为残疾人就业提供下列服务：

（一）发布残疾人就业信息；

（二）组织开展残疾人职业培训；

（三）为残疾人提供职业心理咨询、职业适应评估、职业康复训练、求职定向指导、职业介绍等服务；

（四）为残疾人自主择业提供必要的帮助；

（五）为用人单位安排残疾人就业提供必要的支持。

国家鼓励其他就业服务机构为残疾人就业提供免费服务。

第二十三条　受劳动保障部门的委托，残疾人就业服务机构可以进行残疾人失业登记、残疾人就业与失业统计；经所在地劳动保障部门批准，残疾人就业服务机构还可以进行残疾人职业技能鉴定。

第二十四条　残疾人职工与用人单位发生争议的，当地法律援助机构应当依法为其提供法律援助，各级残疾人联合会应当给予支持和帮助。

第二十七条　违反本条例规定，用人单位未按照规定缴纳残疾人就业保障金的，由财政部门给予警告，责令限期缴纳；逾期仍不缴纳的，除补缴欠缴数额外，还应当自欠缴之日起，按日加收5‰的滞纳金。

第二十八条　违反本条例规定，用人单位弄虚作假，虚报安排残疾人就业人数，骗取集中使用残疾人的用人单位享受的税收优惠待遇的，由税务机关依法处理。

第二十九条　本条例所称残疾人就业，是指符合法定就业年龄有就业要求的残疾人从事有报酬的劳动。

少数民族人员就业

［解读］

少数民族人员就业是指国家对少数民族人员就业实行特殊保护的政策，这是我国民族政策的重要组成部分，是国家促进少数民族地区经济和社会发展的重要措施。其内容主要有：

（一）民族自治地方的企事业单位和上级国家机关隶属的在民族自治地方的企事业单位在招收人员时，要优先招收少数民族人员；并且可以从农村和牧区少数民族人员中招收。

（二）民族自治地方的自治机关要采取措施从当地民族中大量培养各级干部和各种科学技术、经营管理等专业人才和技术工人，充分发挥他们的作用，上级国家机关对此负有帮助职责。

［依据指引］

（1）《中华人民共和国就业促进法》（2007年8月30日　国家主席令第70号）

第二十八条　各民族劳动者享有平等的劳动权利。

用人单位招用人员，应当依法对少数民族劳动者给予适当照顾。

（2）《中华人民共和国民族区域自治法》（1984年5月31日　国家主席令第13号　2001年2月28日修订）

第九条　上级国家机关和民族自治地方的自治机关维护和发展各民族的平等、团结、互助的社会主义民族关系。禁止对任何民族的歧视和压迫，禁止破坏民族团结和制造民族分裂的行为。

第二十二条 民族自治地方的自治机关根据社会主义建设的需要，采取各种措施从当地民族中大量培养各级干部、各种科学技术、经营管理等专业人才和技术工人，充分发挥他们的作用，并且注意在少数民族妇女中培养各级干部和各种专业技术人才。

民族自治地方的自治机关录用工作人员的时候，对实行区域自治的民族和其他少数民族的人员应当给予适当的照顾。

民族自治地方的自治机关可以采取特殊措施，优待、鼓励各种专业人员参加自治地方各项建设工作。

第二十三条 民族自治地方的企业、事业单位依照国家规定招收人员时，优先招收少数民族人员，并且可以从农村和牧区少数民族人口中招收。

退役军人就业

[解读]

退役军人的全称应为“退出现役军人”。它包括退役士兵和退役军官。退役士兵又包括退伍义务兵和退役士官，其中，退役士官又称退役志愿兵。退役军官包括退出现役的军官和文职干部。国家对退役军人实行就业安置等特殊保障措施，对退役士兵实行自主就业、安排工作、退休、供养以及继续完成学业等多种方式相结合的安置制度；对退役军官实行转业、复员、退休等办法予以安置。安置措施主要包括：

（一）对参战或因公伤致残退役军人的安置

现役军人因战、因公、因病致残的，按照国家规定评定残疾等级，发给残疾军人证，享受国家规定的待遇和残疾抚恤金。对退出现役的残疾军人按照评定的残疾等级采取安排工作、供养、退休等方式妥善安置；有劳动能力的退出现役的残疾军人，优先享受国家规定的残疾人就业优惠政策。

（二）对退役士兵的安置

国家对退役士兵实行以扶持就业为主，自主就业、安排工作、退休、供养以及继续完成学业等多种方式相结合的安置制度，主要内容包括：

1. 对退役义务兵的安置

（1）退役义务兵主要采取由政府扶持自主就业的方式进行安置，按照国家规定发给一次性退役金，由安置地的县级以上人民政府接收，根据当地的实际情况，可以发给一次性经济补助，并享受下列安置优待：

1）自主就业的退役义务兵入伍前已被普通高等学校录取或者是正在普通高等学校就学的，退役后两年内允许入学或者复学，并按照国家有关规定享受奖学金、助学金、减免学费和免修部分课程等优待；入学或者复学后参加国防生选拔、参加国家组织的农村基层服务项目人选选拔，以及毕业后参加军官人选选拔的，优先录取；入伍前是机关、团体、企业事业单位工作人员或者职工的，可以选择复职复工；入伍前依法取得的农村土地承包经营权，应当保留。

2）安置地的县级以上人民政府应当组织自主就业的退役义务兵免费参加职业教育、技能培训，经考试考核合格的，发给相应的学历证书、职业资格证书并推荐就业；就业时享受国家扶持优惠政策。

3）自主就业的退役义务兵可免试进入中等职业学校学习；报考普通高等学校以及接受成人教育的，按照国家有关规定享受优待。

4）自主就业的退役义务兵报考公务员、应聘事业单位职位的，在军队服现役经历视为基层工作经历，同等条件下应当优先录用或者聘用。

（2）退役义务兵符合以下条件之一的，由安置地的县级以上人民政府安排工作，保证其第一次就业；等待安排工作期间由当地人民政府按照不低于当地最低生活水平的标准，按月发给生活补助费：

1）服现役期间平时荣获二等功以上奖励或者战时荣获三等功以上奖励的；

2）因战致残被评定为 5 级至 8 级残疾等级的；

3）属于烈士子女的。

符合上述安排工作条件的退役义务兵，退役时本人自愿选择自主就业的，依照自主就业规定办理；无正当理由拒不服从政府安排工作的，视为放弃安排工作待遇；在等待安排工作期间被依法追究刑事责任的，取消其安排工作待遇。

2. 对退役士官的安置

（1）退役士官服现役不满 12 年的，依照上述退役义务兵的安置规定执行。

（2）服现役满 12 年的退役士官，由安置地的县级以上人民政府安排工作，保证其第一次就业；

等待安排工作期间由当地政府按照不低于当地最低生活水平的标准，按月发给生活补助费。本人自愿选择自主就业的，依照上述退役义务兵自主就业的规定办理。

符合安排工作条件的退役士官无正当理由拒不服从政府安排工作的，视为放弃安排工作待遇；在等待安排工作期间被依法追究刑事责任的，取消其安排工作待遇。

（3）中级以上士官符合下列条件之一的，作退休安置：

1）年满55周岁的；

2）服现役满30年的；

3）因战、因公致残被评定为1级至6级残疾等级的；

4）经军队医院证明和军级以上单位卫生部门审核确认因病基本丧失工作能力的。

中级以上士官因战、因公致残被评定为1级至4级，本人自愿放弃退休安置的，可以选择由国家供养安置；被评定为5级至6级残疾等级的，本人自愿放弃退休安置选择由政府安排工作的，可依照退役士官安排工作的规定安置。

3. 被评定为1级至4级残疾等级的退役义务兵和初级以上士官，由国家供养终身。

（三）对退役军官的安置

1. 军官和文职干部退出现役，国家采取转业、复员、退休等办法予以妥善安置。

（1）作转业安置的，按照有关规定实行计划分配和自主择业相结合的方式安置（见本章“军转干部的计划分配”和“军转干部的自主择业”）。

（2）作复员安置的，按照有关规定由安置地人民政府接收安置，享受有关就业优惠政策。

（3）符合退休条件的，退出现役后按照有关规定作退休安置。

2. 作转业安置的退役军官和文职干部又称为军队转业干部。国家、省（自治区、直辖市）设立、市（地）可酌情设立军队转业干部安置工作机构，负责军转干部安置工作。具体职责是：

（1）负责自主择业的军队转业干部退役金的统计、预算、申报、审核、核拨和调整等工作。

（2）协调办理自主择业的军队转业干部的住房、医疗等社会保障问题。

（3）指导自主择业的军队转业干部就业。

（4）指导和协助自主择业的军队转业干部培训。

（5）负责自主择业的军队转业干部的档案接转与存放。协助办理评定专业技术职称、因私申请出国、出境等有关手续。

（6）指导街道、乡镇做好自主择业的军队转业干部的管理服务工作。

（四）国家机关、社会团体、企业、事业单位都有接收安置退役军人的义务

承担安排退役军人工作任务的单位除了按照国家规定享受优惠政策外，还应当按以下规定保证退役军人的就业优待：

1. 接收退役士兵的单位应当与退役士兵依法签订期限不少于3年的劳动合同或者聘用合同；合同存续期内，单位依法关闭、破产、改制的，退役士兵与所在单位其他人员一同执行国家的有关规定；单位裁减人员的，应当优先留用退役士兵。

2. 接收军转干部的单位可以按照有关规定，与其签订无固定期限或有固定期限劳动、聘用合同，用人单位不得违约解聘、辞退或者解除劳动、聘用合同。

3. 由政府安排工作的退役士兵，服现役年限和符合国家有关规定的待安排工作时间计算为接收单位的连续工作年限，享受所在单位同等条件人员的工资、福利待遇。

4. 军转干部的军龄计算为接收单位的连续工作年限；计划分配到企业的军转干部的工资和津贴、补贴、奖金以及其他生活福利待遇，按照国家和接收单位的有关规定执行；计划分配到国家机关、团体、事业单位的军转干部的工资待遇按照不低于接收单位与其军队职务等级相应或者同等条件人员的标准确定，津贴、补贴、奖金以及其他生活福利待遇，按照国家有关规定执行。

5. 接收单位应按照国家有关规定，为退役士兵办理保险关系接续手续，其服现役年限视同养老保险、医疗保险和失业保险的缴费年限，并与实际缴费年限合并计算。

6. 军转干部的军龄视同社会保险缴费年限，其服现役期间的医疗等社会保险费，转入安置地社会保险经办机构；计划分配到企业的军队转业干部，按照国家有关规定参加社会保险，缴纳社会保险费，享受社会保险待遇；计划分配到党和国家机关、团体、事业单位的军转干部，享受接收单位与其军队职务等级相应或者同等条件人员的医疗、养老、失业、工伤、生育等社会保险待遇。

7. 非因退役士兵本人原因，接收单位未按照

规定安排退役士兵上岗的，应当从所在地人民政府退役士兵安置工作主管部门开出介绍信的当月起，按照不低于本单位同等条件人员平均工资80%的标准逐月发给退役士兵生活费至其上岗为止。

8. 对安排工作的残疾退役士兵，所在单位不得因其残疾与其解除劳动关系或者人事关系；安排工作的因战、因公致残退役士兵，享受与所在单位工伤人员同等的生活福利和医疗待遇。

[依据指引]

(1)《中华人民共和国兵役法》（1984年5月31日　国家主席令第14号　2011年10月29日修订）

第五十七条　现役军人因战、因公、因病致残的，按照国家规定评定残疾等级，发给残疾军人证，享受国家规定的待遇和残疾抚恤金。因工作需要继续服现役的残疾军人，由所在部队按照规定发给残疾抚恤金。

现役军人因战、因公、因病致残的，按照国家规定的评定残疾等级采取安排工作、供养、退休等方式妥善安置。有劳动能力的退出现役的残疾军人，优先享受国家规定的残疾人就业优惠政策。

残疾军人、患慢性病的军人退出现役后，由安置地的县级以上地方人民政府按照国务院、中央军事委员会的有关规定负责接收安置；其中，患过慢性病旧病复发需要治疗的，由当地医疗机构负责给予治疗，所需医疗和生活费用，本人经济困难的，按照国家规定给予补助。

……

第六十条　义务兵退出现役，按照国家规定发给退役金，由安置地的县级以上地方人民政府接收，根据当地的实际情况，可以发给经济补助。

义务兵退出现役，安置地的县级以上地方人民政府应当组织其免费参加职业教育、技能培训，经考试考核合格的，发给相应的学历证书、职业资格证书并推荐就业。退出现役义务兵就业享受国家扶持优惠政策。

义务兵退出现役，可以免试进入中等职业学校学习；报考普通高等学校以及接受成人教育的，享受加分以及其他优惠政策；在国家规定的年限内考入普通高等学校或者进入中等职业学校学习的，享受国家发给的助学金。

义务兵退出现役，报考公务员、应聘事业单位职位的，在军队服现役经历视为基层工作经历，同等条件下应当优先录用或者聘用。

服现役期间平时荣获二等功以上奖励或者战时荣获三等功以上奖励以及属于烈士子女和因战致残被评定为五级至八级残疾等级的义务兵退出现役，由安置地的县级以上地方人民政府安排工作；待安排工作期间由当地人民政府按照国家有关规定发给生活补助费；本人自愿选择自主就业的，依照本条第一款至第四款规定办理。

国家根据经济社会发展水平，适时调整退役金的标准。退出现役士兵安置所需经费，由中央和地方各级人民政府共同负担。

第六十一条　士官退出现役，服现役不满十二年的，依照本法第六十条规定的办法安置。

士官退出现役，服现役满十二年的，由安置地的县级以上地方人民政府安排工作；待安排工作期间由当地人民政府按照国家有关规定发给生活补助费；本人自愿选择自主就业的，依照本法第六十条第一款至第四款的规定办理。

士官服现役满三十年或者年满五十五周岁的，作退休安置。

士官在服现役期间因战、因公、因病致残丧失工作能力的，按照国家有关规定安置。

第六十三条　军官退出现役，国家采取转业、复员、退休等办法予以妥善安置。作转业安置的，按照有关规定实行计划分配和自主择业相结合的方式安置；作复员安置的，按照有关规定由安置地人民政府接收安置，享受有关就业优惠政策；符合退休条件的，退出现役后按照有关规定作退休安置。

军官在服现役期间因战、因公、因病致残丧失工作能力的，按照国家有关规定安置。

第六十四条　机关、团体、企业事业单位有接收安置退出现役军人的义务，在招收录用工作人员或者聘用职工时，同等条件下应当优先招收录用退出现役军人；对依照本法第六十条、第六十一条、第六十三条规定安排工作的退出现役军人，应当按照国家安置任务和要求做好落实工作。

军人服现役年限计算为工龄，退出现役后与所在单位工作年限累计计算。

国家鼓励和支持机关、团体、企业事业单位接收安置退出现役军人。接收安置单位按照国家规定享受税收优惠等政策。

第七十三条　中国人民解放军根据需要配备文职干部。本法有关军官的规定适用于文职干部。

(2) 国务院、中央军事委员会《退役士兵安置条例》（2011 年 10 月 29 日　国务院、中央军委令第 608 号）

第二条　本条例所称退役士兵，是指依照《中国人民解放军现役士兵服役条例》的规定退出现役的义务兵和士官。

第三条　国家建立以扶持就业为主，自主就业、安排工作、退休、供养等多种方式相结合的退役士兵安置制度，妥善安置退役士兵。

退役士兵安置所需经费，由中央和地方各级人民政府共同负担。

第四条　全社会应当尊重、优待退役士兵，支持退役士兵安置工作。

国家机关、社会团体、企业事业单位，都有接收安置退役士兵的义务，在招收录用工作人员或者聘用职工时，同等条件下应当优先招收录用退役士兵。退役士兵报考公务员、应聘事业单位职位的，在军队服现役经历视为基层工作经历。接收安置退役士兵的单位，按照国家规定享受优惠政策。

第十三条　自主就业的退役士兵应当自被批准退出现役之日起 30 日内，持退出现役证件、介绍信到安置地县级人民政府退役士兵安置工作主管部门报到。

安排工作的退役士兵应当在规定的时间内，持接收安置通知书、退出现役证件和介绍信到规定的安置地人民政府退役士兵安置工作主管部门报到。

退休、供养的退役士兵应当到规定的安置地人民政府退役士兵安置工作主管部门报到。

第十七条　退役士兵无正当理由不按照规定时间报到超过 30 天的，视为放弃安置待遇。

第十八条　义务兵和服现役不满 12 年的士官退出现役的，由人民政府扶持自主就业。

第十九条　对自主就业的退役士兵，由部队发给一次性退役金，一次性退役金由中央财政专项安排；地方人民政府可以根据当地实际情况给予经济补助，经济补助标准及发放办法由省、自治区、直辖市人民政府规定。

一次性退役金和一次性经济补助按照国家规定免征个人所得税。

各级人民政府应当加强对退役士兵自主就业的指导和服务。县级以上地方人民政府应当采取组织职业介绍、就业推荐、专场招聘会等方式，扶持退役士兵自主就业。

第二十条　国家根据国民经济发展水平、全国职工年平均工资收入和军人职业特殊性等因素确定退役金标准，并适时调整。国务院退役士兵安置工作主管部门、军队有关部门会同国务院财政部门负责确定和调整退役金标准的具体工作。

自主就业的退役士兵根据服现役年限领取一次性退役金。服现役年限不满 6 个月的按照 6 个月计算，超过 6 个月不满 1 年的按照 1 年计算。

获得荣誉称号或者立功的退役士兵，由部队按照下列比例增发一次性退役金：

（一）获得中央军事委员会、军队军区级单位授予荣誉称号，或者荣获一等功的，增发 15%；

（二）荣获二等功的，增发 10%；

（三）荣获三等功的，增发 5%。

多次获得荣誉称号或者立功的退役士兵，由部队按照其中最高等级奖励的增发比例，增发一次性退役金。

第二十一条　县级以上地方人民政府退役士兵安置工作主管部门应当组织自主就业的退役士兵参加职业教育和技能培训，经考试考核合格的，发给相应的学历证书、职业资格证书并推荐就业。退役士兵退役 1 年内参加职业教育和技能培训的，费用由县级以上人民政府承担；退役士兵退役 1 年以上参加职业教育和技能培训的，按照国家相关政策执行。

自主就业退役士兵的职业教育和技能培训经费列入县级以上人民政府财政预算。

第二十二条　各级人民政府举办的公共就业人才服务机构，应当免费为退役士兵提供档案管理、职业介绍和职业指导服务。

国家鼓励其他人力资源服务机构为自主就业的退役士兵提供免费服务。

第二十三条　对从事个体经营的退役士兵，按照国家规定给予税收优惠，给予小额担保贷款扶持，从事微利项目的给予财政贴息。除国家限制行业外，自其在工商行政管理部门首次注册登记之日起 3 年内，免收管理类、登记类和证照类的行政事业性收费。

第二十四条　国家鼓励用人单位招收录用或者聘用自主就业的退役士兵，用人单位招收录用或者聘用自主就业退役士兵符合规定条件的，依法享受税收等优惠。

第二十五条　自主就业的退役士兵入伍前是国家机关、社会团体、企业事业单位工作人员或者职工的，退出现役后可以选择复职复工，其工资、福利和其他待遇不得低于本单位同等条件人员的平均水平。

第二十六条 自主就业的退役士兵入伍前通过家庭承包方式承包的农村土地，承包期内不得违法收回或者强制流转；通过招标、拍卖、公开协商等非家庭承包方式承包的农村土地，承包期内其家庭成员可以继续承包；承包的农村土地被依法征收、征用或者占用的，与其他农村集体经济组织成员享有同等权利。

自主就业的退役士兵回入伍时户口所在地落户，属于农村集体经济组织成员但没有承包农村土地的，可以申请承包农村土地，村民委员会或者村民小组应当优先解决。

第二十七条 有劳动能力的残疾退役士兵，优先享受国家规定的残疾人就业优惠政策。

第二十八条 自主就业的退役士兵进入中等职业学校学习、报考成人高等学校或者普通高等学校的，按照国家有关规定享受优待。

入伍前已被普通高等学校录取并保留入学资格或者正在普通高等学校就学的退役士兵，退出现役后2年内允许入学或者复学，并按照国家有关规定享受奖学金、助学金和减免学费等优待，家庭经济困难的，按照国家有关规定给予资助；入学后或者复学期间可以免修公共体育、军事技能和军事理论等课程，直接获得学分；入学或者复学后参加国防生选拔、参加国家组织的农村基层服务项目人选选拔，以及毕业后参加军官人选选拔的，优先录取。

第二十九条 退役士兵符合下列条件之一的，由人民政府安排工作：

（一）士官服现役满12年的；

（二）服现役期间平时荣获二等功以上奖励或者战时荣获三等功以上奖励的；

（三）因战致残被评定为5级至8级残疾等级的；

（四）是烈士子女的。

符合前款规定条件的退役士兵在艰苦地区和特殊岗位服现役的，优先安排工作；因精神障碍基本丧失工作能力的，予以妥善安置。

符合安排工作条件的退役士兵，退役时自愿选择自主就业的，依照本条例第三章第一节的规定办理。

第三十三条 安置地县级以上地方人民政府应当按照属地管理的原则，对符合安排工作条件的退役士兵进行安置，保障其第一次就业。

第三十四条 国家机关、事业单位、国有以及国有控股和国有资本占主导地位的企业招收录用或者聘用人员的，应当在同等条件下优先招收录用或者聘用退役士兵。

第三十五条 安置地人民政府应当在接收退役士兵的6个月内，完成本年度安排退役士兵工作的任务。

退役士兵待安排工作期间，安置地人民政府应当按照不低于当地最低生活水平的标准，按月发给生活补助费。

第三十六条 承担安排退役士兵工作任务的单位应当按时完成所在地人民政府下达的安排退役士兵工作任务，在退役士兵安置工作主管部门开出介绍信1个月内安排退役士兵上岗，并与退役士兵依法签订期限不少于3年的劳动合同或者聘用合同。

合同存续期内单位依法关闭、破产、改制的，退役士兵与所在单位其他人员一同执行国家的有关规定。

接收退役士兵的单位裁减人员的，应当优先留用退役士兵。

第三十七条 由人民政府安排工作的退役士兵，服现役年限和符合本条例规定的待安排工作时间计算为工龄，享受所在单位同等条件人员的工资、福利待遇。

第三十八条 非因退役士兵本人原因，接收单位未按照规定安排退役士兵上岗的，应当从所在地人民政府退役士兵安置工作主管部门开出介绍信的当月起，按照不低于本单位同等条件人员平均工资80%的标准逐月发给退役士兵生活费至其上岗为止。

第三十九条 对安排工作的残疾退役士兵，所在单位不得因其残疾与其解除劳动关系或者人事关系。

安排工作的因战、因公致残退役士兵，享受与所在单位工伤人员同等的生活福利和医疗待遇。

第四十条 符合安排工作条件的退役士兵无正当理由拒不服从安置地人民政府安排工作的，视为放弃安排工作待遇；在待安排工作期间被依法追究刑事责任的，取消其安排工作待遇。

第四十一条 中级以上士官符合下列条件之一的，作退休安置：

（一）年满55周岁的；

（二）服现役满30年的；

（三）因战、因公致残被评定为1级至6级残疾等级的；

（四）经军队医院证明和军级以上单位卫生部门审核确认因病基本丧失工作能力的。

退休的退役士官，其生活、住房、医疗等保障，按照国家有关规定执行。

中级以上士官因战致残被评定为5级至6级残疾等级，本人自愿放弃退休安置选择由人民政府安排工作的，可以依照本条例第三章第二节的规定办理。

第四十二条　被评定为1级至4级残疾等级的义务兵和初级士官退出现役的，由国家供养终身。

国家供养的残疾退役士兵，其生活、住房、医疗等保障，按照国家有关规定执行。

国家供养分为集中供养和分散供养。

分散供养的残疾退役士兵购（建）房所需经费的标准，按照安置地县（市）经济适用住房平均价格和60平方米的建筑面积确定；没有经济适用住房的地区按照普通商品住房价格确定。购（建）房所需经费由中央财政专项安排，不足部分由地方财政解决。购（建）房屋产权归分散供养的残疾退役士兵所有。分散供养的残疾退役士兵自行解决住房的，按照上述标准将购（建）房费用发给本人。

第四十三条　因战、因公致残被评定为1级至4级残疾等级的中级以上士官，本人自愿放弃退休安置的，可以选择由国家供养。

第四十四条　退役士兵服现役年限计算为工龄，与所在单位工作年限累计计算，享受国家和所在单位规定的与工龄有关的相应待遇。

第四十五条　军队的军人保险管理部门与地方的社会保险经办机构，应当按照国家有关规定为退役士兵办理保险关系转移接续手续。

对自主就业的退役士兵，凭退役士兵安置工作主管部门出具的介绍信，由社会保险经办机构按照国家有关规定办理保险关系接续手续。对安排工作的退役士兵，由接收单位按照国家有关规定办理保险关系接续手续。

第四十六条　退役士兵到城镇企业就业或者在城镇从事个体经营、以灵活方式就业的，按照国家有关规定参加职工基本养老保险，服现役年限视同职工基本养老保险缴费年限，并与实际缴费年限合并计算。退役士兵回农村的，按照国家有关规定参加新型农村社会养老保险。

退役士兵在服现役期间建立的军人退役养老保险与其退役后参加基本养老保险的关系接续，由军队的军人保险管理部门和安置地社会保险经办机构按照国家有关规定办理。

退役士兵服现役年限视同职工基本养老保险缴费年限的养老保险待遇计发办法，按照国家有关规定执行。

第四十七条　退役士兵到各类用人单位工作的，应当随所在单位参加职工基本医疗保险；以灵活方式就业或者暂未实现就业的，可以参加职工基本医疗保险、城镇居民基本医疗保险或者新型农村合作医疗。退役士兵参加基本医疗保险的，其军人退役医疗保险金，按照国家有关规定转入退役士兵安置地的社会保险经办机构。实行工龄视同参加基本医疗保险缴费年限规定的地区，退役士兵的服现役年限视同参保缴费年限。

第四十八条　退役士兵就业应当随所在单位参加失业保险，其服现役年限视同失业保险缴费年限，并与实际缴费年限合并计算。参加失业保险的退役士兵失业，并符合《失业保险条例》规定条件的，按照规定享受失业保险待遇和相应的促进再就业服务。

(3) 中共中央、国务院、中央军委《军队转业干部安置暂行办法》（2001年1月19日　中发［2001］3号）（略）

(4) 国务院军转干部安置小组、中组部、中编办、人事部、教育部、财政部、劳动和社会保障部、建设部、中国人民银行、国家税务总局、国家工商行政管理总局、中国人民解放军总政治部、中国人民解放军总后勤部《关于自主择业的军队转业干部安置管理若干问题的意见》（2001年8月24日　国转联［2001］8号）

十、关于自主择业的军队转业干部管理部门的职责问题

军队转业干部安置工作部门负责自主择业的军队转业干部的安置管理工作。其主要职责是：

（一）负责自主择业的军队转业干部退役金的统计、预算、申报、审核、核拨和调整等工作。

（二）协调办理自主择业的军队转业干部的住房、医疗等社会保障问题。

（三）指导自主择业的军队转业干部就业。

（四）指导和协助自主择业的军队转业干部培训。

（五）负责自主择业的军队转业干部的档案接转与存放。协助办理评定专业技术职称、因私申请出国、出境等有关手续。

（六）指导街道、乡镇做好自主择业的军队转业干部的管理服务工作。

具体管理办法，由各省（自治区、直辖市）结合实际制定。

自主择业的军队转业干部的安置业务经费，由本级财政部门解决。

军转干部的计划分配

［解读］

军转干部的计划分配是指符合计划分配条件或符合相应条件选择计划分配的军转干部，由地方党委、政府负责安排工作和职务的安置方式。担任师级职务或担任营级以下职务且军龄不满20年的军转干部，应按计划分配安置；担任团级职务或者担任营级职务且军龄满20年的军转干部，可以选择计划分配或自主择业的安置方式。

计划分配的军转干部中，担任师级领导职务或团级领导职务且任职满最低年限的，一般应安排相应的领导职务；安排领导职务确有困难的，也可以安排相应的非领导职务；其他担任师、团职务或担任营级领导职务且任职满最低年限的，参照上述规定合理安排。党和国家机关按照军转干部安置计划数的15%增加行政编制，主要用于师、团级职务军转干部的安置。分配到事业单位的军转干部，应安排相应岗位，并给予3年适应期。企业接收军转干部，应安排相应岗位，并给予2年适应期。按计划分配的军转干部与用人单位可按有关规定签订无固定期限或有固定期限劳动合同或聘用合同，用人单位不得违约解除劳动合同或聘用合同。

计划分配到机关、团体、事业单位的军转干部，其工资待遇按照不低于该单位与其军队职务等级相应或同等条件人员的标准确定，津贴、补贴、奖金以及生活福利待遇，按照国家有关规定执行；退休时的职务等级低于转业时军队职务等级的，享受所在单位与其转业时军队职务等级相应或同等条件人员的退休待遇（到地方后受降级以上处分的例外）。分配到企业的军转干部，其工资和津贴、补贴、奖金以及其他生活福利待遇，按照国家和所在企业的有关规定执行。计划分配的军转干部的军龄，计算为接收安置单位的工龄或工作年限；也视同社会保险缴费年限，其服现役的医疗等社会保险费，转入安置地社会保险经办机构。

［依据指引］

(1)《中华人民共和国兵役法》（1984年5月31日 国家主席令第14号 2011年10月29日修订）

第六十三条 军官退出现役，国家采取转业、复员、退休等办法予以妥善安置。作转业安置的，按照有关规定实行计划分配和自主择业相结合的方式安置；作复员安置的，按照有关规定由安置地人民政府接收安置，享受有关就业优惠政策；符合退休条件的，退出现役后按照有关规定作退休安置。

军官在服现役期间因战、因公、因病致残丧失工作能力的，按照国家有关规定安置。

(2) 中共中央、国务院、中央军委《军队转业干部安置暂行办法》（2001年1月19日 中发［2001］3号）

第六条 国家设立军队转业干部安置工作机构，在中共中央、国务院、中央军事委员会领导下，负责全国军队转业干部安置工作。省（自治区、直辖市）设立相应的军队转业干部安置工作机构，负责本行政区域的军队转业干部安置工作。市（地）可以根据实际情况设立军队转业干部安置工作机构。

第二十二条 担任师级职务的军队转业干部或者担任营级以下职务（含科级以下文职干部和享受相当待遇的专业技术干部，下同）且军龄不满20年的军队转业干部，由党委、政府采取计划分配的方式安置。担任团级职务的军队转业干部或者担任营级职务且军龄满20年的军队转业干部，可以选择计划分配或者自主择业的方式安置。

第二十三条 计划分配的军队转业干部，党委、政府应当根据其德才条件和在军队的职务等级、贡献、专长安排工作和职务。担任师级领导职务或者担任团级领导职务且任职满最低年限的军队转业干部，一般安排相应的领导职务。接收师、团级职务军队转业干部人数较多、安排领导职务确有困难的地区，可以安排相应的非领导职务。其他担任师、团级职务或者担任营级领导职务且任职满最低年限的军队转业干部，参照上述规定，合理安排。

第二十五条 各地区、各部门、各单位应当采取使用空出的领导职位、按规定增加非领导职数或者先进后出、带编分配等办法，安排好师、团级职务军队转业干部的工作和职务。党和国家机关按照军队转业干部安置计划数的15%增加行政编制，所增加的编制主要用于安排师、团级职务军队转业干部。各地区、各部门、各单位应当把师、团级职务军队转业干部的安排与领导班子建设通盘考虑，有计划地选调师、团级职务军队转业干部，安排到市（地）、县（市）级领导班子或者事业单位、国有大中型企业领导班子任职。

第二十九条 对计划分配到事业单位的军队转业干部，参照其军队职务等级安排相应的管理或者专业技术工作岗位，并给予3年适应期。企业接收军队转业干部，由军队转业干部安置工作主管部门编制计划，根据军队转业干部本人志愿进行分配，企业安排管理或者专业技术工作岗位，并给予2年适应期。军队转业干部可以按照有关规定与用人单位签订无固定期限或者有固定期限劳动、聘用合同，用人单位不得违约解聘、辞退或者解除劳动、聘用合同。

第三十四条 计划分配到党和国家机关、团体、事业单位的军队转业干部，其工资待遇按照不低于接收安置单位与其军队职务等级相应或者同等条件人员的标准确定，津贴、补贴、奖金以及其他生活福利待遇，按照国家有关规定执行。

第三十五条 计划分配到党和国家机关、团体、事业单位的军队转业干部，退休时的职务等级低于转业时军队职务等级的，享受所在单位与其转业时军队职务等级相应或者同等条件人员的退休待遇。

本条规定不适用于到地方后受降级以上处分的军队转业干部。

第三十六条 计划分配到企业的军队转业干部，其工资和津贴、补贴、奖金以及其他生活福利待遇，按照国家和所在企业的有关规定执行。

第三十七条 军队转业干部的军龄，计算为接收安置单位的连续工龄（工作年限），享受相应的待遇。在军队从事护理、教学工作，转业后仍从事该职业的，其在军队的护龄、教龄应当连续计算，享受接收安置单位同类人员的待遇。

第五十一条 军队转业干部的军龄视同社会保险缴费年限。其服现役期间的医疗等社会保险费，转入安置地社会保险经办机构。

军转干部的自主择业

[解读]

军转干部的自主择业是指符合相应条件选择自主择业的军转干部，由地方政府协助就业，发给退役金的安置方式。担任团级职务或担任营级职务且军龄满20年的军转干部，可以选择自主择业的安置方式。对自主择业的军转干部，地方政府应采取提供政策咨询、组织就业培训、拓宽就业渠道、向用人单位推荐、纳入人才市场等措施，为其就业创造条件。对从事个体经营或创办经济实体的自主择业军转干部，地方政府有关部门应给予政策上的多种扶持和优惠。

自主择业军转干部服现役期间的工资，由部队计发至批准转业当年的12月31日，自翌年1月1日起，由安置地政府军队转业干部安置工作机构逐月发给退役金，直至其去世的下月起停发，标准按照本人转业时安置地同职务、等级军队干部同一职务、军衔（级别）工资和军队统一规定的津贴、补贴的计发基数80%的数额，与基础、军龄工资的金额之和计发。军龄满20年以上的，从第21年起，军龄每增加一年，增发月退休金计发基数的1%；有特殊贡献的军转干部，还按相应条件和标准增发退役金；按上述规定合并计算的月退役金，数额不能超过本人转业时安置地同职务、等级军队干部同职务、军衔、基础、工龄工资和军队统一规定的津贴、补贴之和；退役金免征个人所得税。自主择业军转干部被机关、人民团体或者财政拨款的事业单位聘为正式工作人员的，从被聘用的下月起停发退役金，不再享受自主择业的有关待遇，其从上述单位辞职、被辞退后，也不再恢复自主择业军队干部待遇。其他形式就业的自主择业军转干部，退役金照发。自主择业军转干部受行政、刑事处罚后，其退役金的处理，参照原国家人事部《关于国家机关、事业单位工作人员受行政、刑事处罚工资处理意见的复函》（人函［1999］177号）执行。

自主择业军转干部未被机关、人民团体、企业、事业单位录用期间，按照安置地政府的有关规定，统一参加安置地的基本医疗保险，并享受公务员医疗补助待遇；单位缴费部分和公务员医疗补助，由安置地军转干部安置工作机构向社会保险经办机构缴纳，个人缴费部分由军转干部的退役金为计算基数，按规定费率缴纳。其服现役期间的医疗保险个人账户基金余额并入本人新的基本医疗保险个人账户。自主择业军转干部被机关、人民团体、企业、事业单位录用后，按照当地政府的规定享受所在单位同等条件人员的医疗保险待遇，所需费用由所在单位和个人按规定缴纳。

自主择业军转干部，除被机关、人民团体、财政拨款事业单位聘用以外的其他形式就业的，应按照《社会保险费征缴暂行条例》《失业保险条例》等规定，参加当地基本养老保险和失业保险，缴纳养老、失业保险费，其社会保险缴费年限自参保缴费之日算起。自主择业军转干部服现役期间的住房公积金，在其离队时一次性发给个人；本人愿意，可将其计入安置地个人住房公积金账户，享受相应待遇。用人单位调用自主择业军转干部档案，须由安置地军转干部安置工作机构、用人单位和自主择业军转干部本人，三方签订协议。自主择业军转干部辞职、被辞退或从高等院校毕业后，用人单位须将档案及时退还军转干部安置工作机构。但是，若从机关、人民团体、财政拨款的事业单位辞职、被辞退，其档案不再退还军转干部安置工作机构。自主择业军转干部就业的，用人单位应及时向军转干部安置工作机构和劳动保障部门出具录取证明，本人应定期报告有关情况；本人辞职、被辞退终止劳动关系后，用人单位应及时出具相应证明，并向劳动保障部门备案。

自主择业军转干部去世后，自去世的下月起停发退役金。区别不同情况，一次性发给本人生前10个月至40个月的退役金作为抚恤金和12个月的退役金作为丧葬补助费。

［依据指引］

(1)《中华人民共和国兵役法》（1984年5月31日　国家主席令第14号　2011年10月29日修订）

第六十三条　军官退出现役，国家采取转业、复员、退休等办法予以妥善安置。作转业安置的，按照有关规定实行计划分配和自主择业相结合的方式安置；作复员安置的，按照有关规定由安置地人民政府接收安置，享受有关就业优惠政策；符合退休条件的，退出现役后按照有关规定作退休安置。

军官在服现役期间因战、因公、因病致残丧失工作能力的，按照国家有关规定安置。

(2) 中共中央、国务院、中央军委《军队转业干部安置暂行办法》（2001年1月19日　中发［2001］3号）

第四条　军队干部转业到地方工作，是国家和军队的一项重要制度。国家对军队转业干部实行计划分配和自主择业相结合的方式安置。计划分配的军队转业干部由党委、政府负责安排工作和职务；自主择业的军队转业干部由政府协助就业、发给退役金。

第二十二条　担任师级职务的军队转业干部或者担任营级以下职务（含科级以下文职干部和享受相当待遇的专业技术干部，下同）且军龄不满20年的军队转业干部，由党委、政府采取计划分配的方式安置。担任团级职务的军队转业干部或者担任营级职务且军龄满20年的军队转业干部，可以选择计划分配或者自主择业的方式安置。

第三十一条　对自主择业的军队转业干部，安置地政府应当采取提供政策咨询、组织就业培训、拓宽就业渠道、向用人单位推荐、纳入人才市场等措施，为其就业创造条件。

第三十三条　对从事个体经营或者创办经济实体的自主择业的军队转业干部，安置地政府应当在政策上给予扶持，金融、工商、税务等部门，应当视情提供低息贷款，及时核发营业执照，按照社会再就业人员的有关规定减免营业税、所得税等税费。

第三十八条　自主择业的军队转业干部，由安置地政府逐月发给退役金。团级职务和军龄满20年的营级职务军队转业干部的月退役金，按照本人转业时安置地同职务等级军队干部月职务、军衔（级别）工资和军队统一规定的津贴补贴为计发基数80%的数额与基础、军龄工资的全额之和计发。军龄满20年以上的，从第21年起，军龄每增加一年，增发月退役金计发基数的1%。

第三十九条　自主择业的军队转业干部，按照下列条件和标准增发退役金：

（一）荣立三等功、二等功、一等功或者被大军区级以上单位授予荣誉称号的，分别增发月退役金计发基数的5%、10%、15%。符合其中两项以上的，按照最高的一项标准增发。

（二）在边远艰苦地区或者从事飞行、舰艇工作满10年、15年、20年以上的，分别增发月退役金计发基数的5%、10%、15%。符合其中两项以上的，按照最高的一项标准增发。

本办法第三十八条和本条各项规定的标准合并计算后，月退役金数额不得超过本人转业时安置地同职务等级军队干部月职务、军衔、基础、军龄工资和军队统一规定的津贴补贴之和。

第四十条　自主择业的军队转业干部的退役金，根据移交地方安置的军队退休干部退休生活费调整的情况相应调整增加。经济比较发达的地区，自主择业军队转业干部的月退役金低于安置地当年党和国家机关相应职务等级退休干部月退休生活费数额的，安置地政府可以发给差额补贴。自主择业的军队转业干部的退役金，免征个人所得税。自主择业的军队转业干部，被党和国家机关选用为正式工作人员的，停发退役金。其工资等各项待遇按照本办法第三十四条规定执行。

第四十一条　自主择业的军队转业干部去世后，从去世的下月起停发退役金。区别不同情况，一次发给本人生前10个月至40个月的退役金作为抚恤金和一定数额的退役金作为丧葬补助费。具体办法由有关部门另行制定。自主择业的军队转业干部的遗属生活确有困难的，由安置地政府按照国家和当地的有关规定发给生活困难补助金。

(3) 国务院军队转业干部安置工作小组、中共中央组织部、中央机构编制委员会办公室、人事部、教育部、财政部等《关于自主择业的军队转业干部安置管理若干问题的意见》（2001年8月24日　国转联［2001］8号）

二、关于自主择业的军队转业干部退役金的发放问题

自主择业的军队转业干部退役金，由国务院军队转业干部安置工作小组办公室会同有关部门编制预算，经财政部批准后，向各省（自治区、直辖市）划拨，年终进行决算。其中，第一年的经费，由国务院军队转业干部安置工作小组办公室依据总政治部干部部、总后勤部财务部提供的自主择业军队转业干部人数、职务等级和经费标准等情况，向财政部有关部门提出预算；以后年度的经费，由国务院军队转业干部安置工作小组办公室根据各省（自治区、直辖市）军队转业干部安置工作部门和财政部门按照规定标准上报的经费需求计划汇总编制预算。退役金的发放比照公务员工资统一发放办法，由各省（自治区、直辖市）军队转业干部安置工作部门会同当地财政部门通过国有商业银行支付。具体办法由各省（自治区、直辖市）制定。

自主择业的军队转业干部，其服现役期间的工资由部队计发至批准转业的当年12月31日，从翌年1月1日起逐月领取退役金。自主择业的军队转业干部离队时，其所在单位后勤财务部门按本人离队时的工资和津贴补贴标准，填制《人员供给介绍信》，安置地军队转业干部安置工作部门，按当地同等职务等级的军队干部所享受的工资和津贴补贴标准及中发［2001］3号文件第三十八条的有关规定，予以核发退役金。

自主择业的军队转业干部的退役金标准，根据中发［2001］3号文件规定的项目和比例计算。军队统一规定的津贴补贴包括：军人职业津贴、生活补贴、伙食补贴、福利补助、地区津贴（含边远地区津贴、艰苦地区津贴、驻西藏部队特殊津贴、地区生活津贴）、生活补助、房租补贴。增发退役金比例的边远艰苦地区是指《国务院办公厅转发人事部、财政部关于调整机关事业单位工作人员工资和增加离退休人员离退休费四个实施方案的通知》（国办发［2001］14号）和《国务院、中央军委批转〈公安部、总政治部等部门关于边防、海岛等部队部分农村户口军官家属可在原籍转为城镇户口的意见〉的通知》（国发［1989］14号）确定的范围。退役金标准的调整，由国务院军队转业干部安置工作主管部门商财政部、总政治部根据移交地方安置的军队退休干部退休生活费调整情况相应调整增加。

自主择业的军队转业干部，被党和国家机关、人民团体或者财政拨款的事业单位选用为正式工作人员的，从被选用的下月起停发退役金，不再享受自主择业的军队转业干部的有关待遇。其工资待遇按照不低于选用单位与其转业时军队职务等级相应或者同等条件人员的标准确定，津贴、补贴、奖金以及其他生活福利待遇，按照国家有关规定执行。其他自主择业的军队转业干部就业后，退役金照发。

三、关于自主择业的军队转业干部的住房补贴问题

军队转业干部及其配偶均未按房改成本价、标准价、安居工程房价购买住房，或者未参加集资建房，或者未按规定的普通公有住房租金标准承租公有住房，或者虽按规定的普通公有住房租金标准承租了军产住房，但拟退出或按经济适用住房价格购买现住房的自主择业军队转业干部到地方后，未被党和国家机关、人民团体、企业事业单位录用聘用期间的购房补贴，从批准转业的翌年1月1日起，根据安置地政府的规定，按照当地政府机关与其军队职务等级相应或者同等条件人员的办法执行，所需经费由安置地政府解决。自主择业的军队转业干部被党和国家机关、人民团体、企业事业单位录用聘用以后期间的购房补贴，按照所在单位的规定执行。

自主择业的军队转业干部服现役期间的住房

公积金，在其离队时一次性发给个人。实行住房公积金制度的地区，自主择业的军队转业干部可以根据本人意愿，将部队一次发给的服现役期间的住房公积金计入个人住房公积金账户。计入个人住房公积金账户的，在购建住房时，安置地有关部门应当并优先提供住房公积金贷款。

自主择业的军队转业干部服现役期间的住房补贴，由部队计发至批准转业当年的12月31日。

四、关于自主择业的军队转业干部的医疗保障问题

建立基本医疗保险制度的地区，自主择业的军队转业干部未被党和国家机关、人民团体、企业事业单位录用聘用期间，按照安置地政府的有关规定，统一参加安置地的基本医疗保险，并享受公务员医疗补助待遇。参加基本医疗保险所需缴纳的单位缴费部分和公务员医疗补助，由安置地军队转业干部安置工作部门向当地统筹地区社会保险经办机构缴纳，所需经费由安置地政府解决。军队转业干部个人以退役金为计算基数，按规定费率缴纳基本医疗保险费。安置地社会保险经办机构按照当地医疗保险的规定为自主择业的军队转业干部建立个人账户。其服现役期间的医疗保险个人账户基金余额并入本人新的基本医疗保险个人账户。自主择业的军队转业干部被党和国家机关、人民团体、企业事业单位录用聘用后，按照当地政府的规定，享受所在单位同等条件人员的医疗保险待遇，所需费用由所在单位和个人按规定缴纳。

未建立基本医疗保险制度的地区，自主择业的军队转业干部服现役期间的医疗保险个人账户基金余额，由其个人暂存，待安置地建立基本医疗保险、自主择业的军队转业干部参加基本医疗保险后，并入其个人账户。自主择业的军队转业干部未被党和国家机关、人民团体、企业事业单位录用聘用期间，享受安置地政府机关与其军队职务等级相应或者同等条件人员的医疗待遇，所需经费由安置地政府解决。自主择业的军队转业干部被党和国家机关、人民团体、企业事业单位录用聘用后，按照当地政府的有关规定，享受所在单位同等条件人员的医疗待遇。

自主择业的军队转业干部服现役期间的医疗保险费，由部队计发至批准转业当年的12月31日。

五、关于自主择业的军队转业干部的养老、失业保险问题

自主择业的军队转业干部就业后，应当按照《社会保险费征缴暂行条例》(1999年国务院令第259号)、《失业保险条例》(1999年国务院令第258号）等法规的规定，依法参加当地基本养老保险和失业保险，缴纳养老、失业保险费，并享受相应养老、失业保险待遇，其社会保险缴费年限从其在当地缴纳社会保险费之日算起。

九、关于自主择业的军队转业干部去世后的抚恤金和丧葬补助费的标准问题

自主择业的军队转业干部去世后，一次发给抚恤金和丧葬补助费，所需经费由中央财政支付。抚恤金标准：被批准为革命烈士的，为本人生前40个月的退役金；因公死亡的，为本人生前20个月的退役金；病故的，为本人生前10个月的退役金。丧葬补助费标准为本人生前12个月的退役金。

(4) 国务院军队转业干部安置工作小组、人事部、外交部、公安部、财政部、劳动和社会保障部、国家人口和计划生育委员会、中国人民解放军总政治部《关于自主择业军队转业干部安置管理若干具体问题的意见》(2006年2月8日　国转联［2006］1号)

三、关于有关待遇问题

(十五）自主择业军队转业干部被党和国家机关、人民团体或财政拨款的事业单位录用或聘用为正式工作人员的，从被录用或聘用的下月起停发退役金，不再享受自主择业军队转业干部的有关待遇。其从上述单位辞职、被辞退或解除聘用合同后，不再恢复自主择业军队转业干部待遇。

(十六）自主择业军队转业干部考入普通高等院校学习的，仍享受自主择业军队转业干部的有关待遇。

(十九）自主择业军队转业干部就业后，应按照国家有关规定参加当地社会保险，履行缴费义务，并以其实际缴费年限计算相应的社会保险待遇。

(二十）自主择业军队转业干部受行政刑事处罚后，其退役金的处理，暂参照人事部《关于国家机关、事业单位工作人员受行政刑事处罚工资处理意见的复函》(人函［1999］177号）有关规定执行。

四、关于管理服务问题

(二十二）用人单位调用档案的，须由安置地军队转业干部安置工作部门、用人单位、自主择业军队转业干部三方签订协议。自主择业军队转业干部辞职、被辞退、解除聘用合同或从高等院校毕业后，用人单位须将档案及时退还安置地军队转业干部安置工作部门，不得转交第三方，同时履行相应的档案交接手续。自主择业军队转业干部从党和国家机关、人民团体或财政拨款的事业单位辞职、被辞退、解除聘用合同后，其档案不再退还安置地军队转业干部安置部门。

（二十三）自主择业军队转业干部就业的，用人单位应及时向安置地军队转业干部安置工作部门和劳动保障部门出具录用或聘用证明，本人应定期报告有关情况；自主择业军队转业干部辞职、被辞退、解除聘用合同或终止劳动关系后，用人单位应及时出具相应证明，并向劳动保障部门备案。

（二十五）自主择业军队转业干部因私出国、出境，时间在1年以上的，从第13个月起，每年应向安置地军队转业干部安置工作部门提供由我驻外使领馆、处或当地公证机关出具的本人生存证明书。由当地公证机关出具的证明书，须经我驻外使领馆、处认证。安置地军队转业干部安置工作部门凭上述证明，继续支付自主择业军队转业干部退役金。

自主择业军队转业干部出国定居后，其退役金照发。但须本人按照上述公证、认证要求，每年向安置地军转安置工作部门提供本人生存证明。

自主择业军队转业干部因私出国、出境或定居的，其境外的医疗费，由本人自理；获准在国外定居的，其住房补贴停发。后又经批准回国定居的，从落户下个月起，安置地军转安置工作部门按国转联［2001］8、9号文件有关规定执行。

自主择业军队转业干部出国定居后在境外死亡的，其亲属应及时通知安置地军队转业干部安置工作部门，并按照上述公证、认证程序，向安置地军队转业干部安置工作部门提供自主择业军队转业干部死亡证明书和供养直系亲属生存证明书，安置地军转安置工作部门按规定发给一次性抚恤金和丧葬补助费。

军队随军家属的安置

［解读］

军队干部随军家属安置的规定较多，主要内容有三个方面：

（一）边防海岛等部队军官家属的安置

1. 在驻边疆国境县（市）、沙漠区、国家确定的边远地区中的三类地区和解放军总部确定的特、一、二类岛屿部队的现役军官、文职干部、士官，家属在农村符合随军条件而无法随军的，经师（旅）级以上单位的政治机关批准，其配偶和未成年子女、无独立生活能力的子女，可以在原籍由农村户口转为城镇户口；其他符合随军条件无法随军的家属，所在地人民政府应当妥善安置，保障其生活不低于当地的平均生活水平。

2. 军官配偶及子女在原籍由农村户口转为城镇户口的，其自留地、自留山、宅基地可以保留，但不再承包责任田。对军官家属，当地政府劳动、人事部门应积极给予安排适当的工作。被安排工作的军官配偶或子女，本人的自留地、自留山，应于翌年1月1日退还给村民委员会。军官配偶及子女要服从工作单位、当地城镇街道居民委员会和村民委员会的管理。

3. 军官转业时，其配偶及子女已在原籍由农村户口转为城镇户口的，接收安置地区和单位凭《军官家属在原籍农转非审批表》和师（旅）级以上单位政治机关的证明，按随军家属的待遇给其分配住房。无工作的军官配偶及子女的户口可迁到军官转业后的工作单位所在地落户，符合招工条件的，由当地劳动、人事部门安排就业。

4. 对随军前有正式工作的干部家属，应继续由当地政府负责安排适当工作。其中，驻边疆国境县（市）、沙漠区、国家确定的边远地区中的三类地区和军队确定的一、二类岛屿部队的干部随军家属，确实安排不了工作的，经本人申请和单位领导批准可保留公职，并与原单位协商签订保留公职协议书。保留公职期满，本人可回原单位工作。

5. 对随军前没有正式工作的干部家属，企业、事业单位招工时应在同等条件下优先录用，并按国家规定办理有关手续。

6. 对随军后确实安排不了工作的边防、海岛等艰苦地区部队的干部家属，由部队按平均每人每月100元的标准，发给生活困难补助费。

（二）部分牺牲、病故军官随军家属易地移交政府的安置

1. 驻新疆、青海、西藏的部队和驻其他省、自治区、直辖市的县城（含）以下地区的部队，驻海岛的部队以及驻上述地区以外的师（含）以下作战部队中的随军遗属（军官的配偶和未成年子女、无独立生活能力的子女及经师、旅级以上单位的政治机关和驻地县以上公安部门批准投靠军官生活的父母），可以易地移交政府安置管理。

2. 随军遗属可到军官或军官配偶原籍（含随军时户口迁出地）城镇安置，也可到军官或军官配偶的父母常住户口所在地安置。军官配偶身边无成年子女的，可到其成年子女常住户口所在地安置。

3. 易地安置的随军遗属的住房，国家规定了具体的分配标准和解决办法。

4. 无工资收入的随军遗属易地安置时，当年所剩月份的定期生活补助费，由部队一次发给本人。从下一年度起，由接收地区的民政部门发给定期抚恤金，原按军队规定标准领取的定期生活补助费，高于地方规定的定期抚恤金的部分，予以保留。

5. 易地安置的随军遗属，由当地政府卫生部门确定其医疗关系和合同医疗单位，医疗待遇按照《军人抚恤优待条例》的有关规定执行。

6. 易地安置的牺牲军官配偶是正式职工的，办理调动手续，由接收安置地区的人事、劳动部门安排适当工作。病故军官配偶是正式职工的，由接收安置地区的人事、劳动部门负责向用人单位推荐。有劳动能力无正式工作的军官配偶及待业子女，由当地政府纳入劳动就业与社会发展计划，企事业单位在招工时，同等条件下优先录用。

7. 随军的烈士遗属、因公牺牲军人遗属和病故军人遗属移交地方人民政府安置的，享受《军人抚恤优待条例》和当地人民政府规定的抚恤优待。

（三）随军家属的正常安置

1. 随军家属劳动就业工作，实行行政调配和市场调节相结合的原则。各级劳动保障部门，负有为随军家属做好就业服务工作的责任，如提供职业介绍和培训，指导和推荐就业等；通过协调用人单位，现场办公、举办专题招聘会等形式，帮助随军家属就业。

2. 经军队师（旅）级以上单位政治机关批准随军的现役军官家属、文职干部家属、士官家属，由驻军所在地的公安机关办理落户手续；随军前是国家机关、社会团体、企业事业单位职工的，驻军所在地人民政府劳动保障部门、人事部门应当接收和妥善安置；随军前没有工作单位的，驻军所在地人民政府应当根据本人的实际情况做出相应安置；对自谋职业的，按照国家有关规定减免有关费用。

3. 国家机关、事业单位以及国有企业、合资企业、民营企业等，都有接收安置随军家属的义务。有用工需求的单位，在同等条件下应优先安置随军家属就业。

4. 凡在实行全员劳动合同制企业单位工作的军队干部随军家属，应给他们不低于1年的适应期，使其有学习技术和熟悉工作的机会。经过考核，符合条件的，优先安排上岗；确实不能上岗的，在企业内部安排适当工作。对不能坚持正常工作且接近退休年龄的，经本人申请可提前退养。

5. 为安置随军家属就业新开办的企业，自领取税务登记证之日起，3年内免征营业税和企业所得税；从事个体经营的随军家属，自领取税务登记证之日起，3年内免征营业税和个人所得税。

6. 各级劳动保障部门负有指导随军家属所在单位做好社会保险关系的接续工作。对非个人原因不能就业的随军家属，可允许其按照当地社会平均工资的一定比例，自愿缴纳基本养老保险费，其档案可由当地劳动就业服务机构等接收保管，并减免各项管理费用。

7. 有生产任务的企业，一般不安排现役军人配偶下岗。随军家属确因所在企业破产、停产等原因下岗的，企业或当地劳动保障部门应按照有关政策规定，在保障其基本生活的同时，在1年内至少提供一次免费职业指导、三次免费职业介绍；对参加技能培训的下岗随军家属，提供一次免费或部分免费的职业培训，并优先推荐其再就业。

另外，随军未就业军人配偶若无正当理由拒不接受当地人民政府就业安置，或者无正当理由拒不接受当地人民政府指定部门、机构介绍的适当工作、提供的就业培训等，则国家将停止给予保险缴费补助。

[依据指引]

(1)《中华人民共和国军人保险法》（2012年4月27日　国家主席令第56号）

第二十九条　地方人民政府和有关部门应当为随军未就业的军人配偶提供就业指导、培训等方面的服务。

随军未就业的军人配偶无正当理由拒不接受当地人民政府就业安置，或者无正当理由拒不接受当地人民政府指定部门、机构介绍的适当工作、提供的就业培训的，停止给予保险缴费补助。

(2) 国务院、中央军委《关于边防、海岛等部队部分农村户口军官家属可在原籍转为城镇户口的意见》（1989年2月21日　国发［1989］

14号）

一、在驻边疆国境县（市）、沙漠区、国家确定的边远地区中的三类地区和解放军总部确定的一、二类岛屿的部队工作满三年以上的军官，家属在农村符合随军条件的，由于部队驻地无企事业单位（包括乡镇企业），配偶及子女随军后解决不了就业和入学问题的，经师（旅）级以上单位的政治机关批准（填写《军官家属在原籍农转非审批表》一式三份，装入军官档案一份），其配偶和未成年子女、无独立生活能力的子女，可以在原籍由农村户口转为城镇户口，国家按城镇居民定量标准供应粮、油。

办理户口和粮油关系的程序是：被批准人持师（旅）级以上单位政治机关的证明及《军官家属在原籍农转非审批表》，到当地公安部门办理转户手续。凭部队证明、审批表和转户证明，到当地县级粮食部门办理城镇居民粮、油供应手续。由此增加的粮、油销量，在当地粮、油销售包干指标内调剂解决。所增加的差价和亏损补贴，由地方财政负担。

二、军官配偶及子女在原籍由农村户口转为城镇户口的，其自留地、自留山、宅基地可以保留，但不再承包责任田。对军官家属，当地政府劳动、人事部门应积极给予安排适当的工作。被安排工作的军官配偶或子女，本人的自留地、自留山，应于翌年一月一日退还给村民委员会。军官配偶及子女要服从工作单位、当地城镇街道居民委员会和村民委员会的管理。

三、军官转业时，其配偶及子女已在原籍由农村户口转为城镇户口的，接收安置地区和单位凭《军官家属在原籍农转非审批表》和师（旅）级以上单位政治机关的证明，按随军家属的待遇给其分配住房。无工作的军官配偶及子女的户口可迁到军官转业后的工作单位所在地落户，符合招工条件的，由当地劳动、人事部门安排就业。军官配偶是正式职工的，可办理调动手续，由军官转业后所在地的劳动、人事部门安排适当的工作。当地公安机关凭县（市）以上劳动、人事部门出具的工作调动证明办理入户手续，粮食部门凭工作调动证明和入户证明，办理粮、油供应迁移手续。

各地政府有关部门和各部队政治机关要严格按照本规定执行。

以上意见如无不妥，请批转各地人民政府和各部队，从一九八九年一月一日起执行。

(3) 国务院、中央军委《批转劳动部、人事部、财政部、总政治部、总后勤部〈关于进一步做好军队干部随军家属安置工作意见〉的通知》（1993年6月14日　国发［1993］43号）

一、各级领导和有关部门应高度重视军队干部随军家属安置工作，并将其纳入地方劳动人事管理工作的总体规划，作出统筹安排；要精心组织，密切配合克服困难，采取切实有效的措施把安置任务完成好。

二、对随军前有正式工作的干部家属（含全民和集体所有制单位的合同制工人，下同），应继续按照《国务院、中央军委批转人事部、总政治部等部门关于妥善解决军官配偶工作调动和易地安置问题请示的通知》（国发［1989］32号）的规定，由当地政府负责安排适当工作。其中，驻边疆国境县（市）、沙漠区、国家确定的边远地区中的三类地区和军队确定的一、二类岛屿（以下简称边防、海岛等艰苦地区）部队的干部随军家属，确实安排不了工作的，经本人申请和单位领导批准可保留公职，并与原单位协商签订保留公职协议书。保留公职期满，本人可回原单位工作。

三、对随军前没有正式工作的干部家属，企业、事业单位招工时应在同等条件下优先录用，并按国家规定办理有关手续。

四、对随军后确实安排不了工作的边防、海岛等艰苦地区部队的干部家属，由部队按平均每人每月一百元的标准，发给生活困难补助费。所需经费由中央财政拨款解决。具体发放办法由总政治部、总后勤部制定，并报有关部门备案。

五、当地政府应在生产、经营、技术、物资供应等方面积极支持部队发展生产，增强部队内部安排随军家属就业的能力。对资金上确实有困难的边防、海岛等艰苦地区部队，当地政府有关部门可借给生产扶持基金。部队可根据实际需要与可能设立家属就业基金。

六、为进一步提高军队干部随军家属的业务技术素质，各地政府要把这部分人员的培训工作纳入地方的培训计划，分期分批组织实施，并在收费上给予适当照顾。当地没有培训机构的，可由部队自行组织培训，经当地劳动部门考核合格后发给合格证书。培训的专业设置应适应当地企业、事业单位的需要，力求做到培训与安置相结合。

七、各地在深化劳动用工制度改革过程中，对军队干部随军家属应给予照顾。凡在实行全员劳动合同制企业单位工作的军队干部随军家属，应给他们不低于一年的适应期，使其有学习技术和熟悉工作的机会。经过考核，符合条件的，优先安排上岗；确实不能上岗的，在企业内部安排适当工作。对不能坚持正常工作且接近退休年龄的，经本人申请可提前离岗退养。

(4) 国务院办公厅、中央军委办公厅《转发民政部、财政部、总政治部、总后勤部〈关于部分牺牲病故军官随军家属易地移交政府安置管理问题意见〉的通知》（1994 年 8 月 29 日　国办发［1994］87 号）

……为了做好驻边远艰苦地区部队和师以下作战部队中需要易地安置的随军遗属的安置管理工作，现就有关问题提出如下意见：

一、驻新疆、青海、西藏的部队和驻其他省、自治区、直辖市的县城（含）以下地区的部队，驻海岛的部队以及驻上述地区以外的师（含）以下作战部队中的随军遗属（军官的配偶和未成年子女、无独立生活能力的子女及经师、旅级以上单位的政治机关和驻地县以上公安部门批准投靠军官生活的父母，下同），可以易地移交政府安置管理。

……

四、无工资收入的随军遗属易地安置时，当年所剩月份的定期生活补助费，由部队一次发给本人。从下一年度起，由接收地区的民政部门发给定期抚恤金，原按军队规定标准领取的定期生活补助费，高于地方规定的定期抚恤金的部分，予以保留。

五、易地安置的随军遗属，由当地政府卫生部门确定其医疗关系和合同医疗单位，医疗待遇按照《军人抚恤优待条例》的有关规定执行。

六、随军遗属易地移交政府安置的年度计划，由军队政治机关逐级审查上报，经民政部、总政治部核定后，下达到各省、自治区、直辖市和军队各大军区级单位，同时抄送各有关部门。

七、易地安置的随军遗属的交接工作，由军队师（旅）级以上单位的政治机关按民政部、总政治部下达的移交计划，与安置地区的县（市）、市辖区民政部门联系办理。随军遗属凭接收安置地区民政部门开具的证明，到当地公安部门办理准迁落户手续。原为城镇户口的，无论住房建于城镇或农村，各项供应关系按当地城镇户口办理。

八、易地安置的牺牲军官配偶是正式职工的，办理调动手续，由接收安置地区的人事、劳动部门安排适当工作。病故军官配偶是正式职工的，由接收安置地区的人事、劳动部门负责向用人单位推荐。有劳动能力无正式工作的军官配偶及待业子女，由当地政府纳入劳动就业与社会发展计划，企事业单位在招工时，同等条件下优先录用。

九、易地安置的牺牲、病故军官配偶，是地方离休干部的，由安置地区的干部管理部门负责管理；属于退休干部或党政机关、群众团体、事业单位的退休、退职工人的，由民政部门负责管理；属于企业单位的退休、退职工人的，由政府指定部门或单位负责管理。离退休人员的各项经费，仍由原工作单位按照有关规定负责解决，每年年初由原工作单位一次拨给接收安置地区（部门、单位）代为掌握支付，年终结算。其医疗费用由原工作单位按规定报销。

牺牲、病故军官配偶是军队无军籍退休、退职职工的，其生活待遇及有关的经费项目和渠道，按国家有关规定执行。

十、易地安置的牺牲、病故军官的学龄子女，由接收安置地区教育部门就近安排在公办学校就读。

十一、易地安置的随军遗属离队时，由军队发给前往安置地点途中所需的车船费、住宿费、伙食补助费和行李托运费。

(5) 国务院《批转劳动保障部等部门〈关于进一步做好军队干部随军家属劳动就业和社会保障工作意见〉的通知》（2000 年 7 月 13 日　国发［2000］19 号）

为进一步做好这项工作，在总结一些地方经验的基础上，现提出如下意见：

一、地方各级人民政府要进一步加强组织领导，结合本地区实际，制订做好随军家属劳动就业和社会保障工作的措施和办法，并监督检查有关法律和政策的落实情况。省军区系统要充分发挥桥梁和纽带作用，积极协调地方政府和驻军，把随军家属劳动就业和社会保障工作落到实处。各部队要主动配合地方政府和用人单位，做好随军家属的劳动就业和社会保障工作，要教育和引导随军家属转变择业观念，提高劳动技能，并为其就业创造条件。

二、随军家属劳动就业工作，要坚持行政调配和市场调节相结合的原则。主管劳动就业工作的各级劳动保障部门，要切实为随军家属做好就业服务工作，如提供职业介绍和培训，指导和推荐就业等；要积极协调用人单位，通过现场办公、举办专题招聘会等形式，促进随军家属就业。

三、国家机关、事业单位以及国有企业、合资企业、民营企业等，都有接收安置随军家属的义务。有用工需求的单位，在同等条件下应优先安置随军家属就业。有条件的地区，当地政府对招用随军家属的企业、事业单位，可给予一定的经费补助。

四、企业要严格执行劳动保障部《关于加强国有企业下岗职工管理和再就业服务中心建设有关问题的通知》（劳社部发［1998］8号）关于“有生产任务的企业，一般不安排现役军人配偶下岗”的规定。随军家属确因所在企业破产、停产等原因下岗的，企业或当地劳动保障部门应按照有关政策规定，在保障其基本生活的同时，在1年内至少提供一次免费职业指导、三次免费职业介绍；对参加技能培训的下岗随军家属，提供一次免费或部分免费的职业培训，并优先推荐其再就业。

五、各级劳动保障部门要把随军家属职业培训纳入社会职业培训规划。初次就业的随军家属，应参加当地培训机构举办的劳动预备制培训，所需经费原则上由个人和用人单位承担，政府给予必要的支持，对家庭经济状况确实困难的，可酌情减免培训费用；随军前有工作，随军后需要参加职业培训的，可适当减免培训费用。对部队组织的随军家属就业培训班，劳动保障部门应在师资、设备和经费等方面给予支持，对培训合格者，发给相应证书。

六、为安置随军家属就业新开办的企业，自领取税务登记证之日起，3年内免征营业税和企业所得税；从事个体经营的随军家属，自领取税务登记证之日起，3年内免征营业税和个人所得税。

七、各级劳动保障部门要积极为在部队内部就业的随军家属参加社会保险创造条件，指导其所在单位做好社会保险关系的接续工作。对非个人原因不能就业的随军家属，劳动保障部门可允许其按照当地社会平均工资的一定比例，自愿缴纳基本养老保险费，其档案可由当地劳动就业服务机构等接收保管，并减免各项管理费用。

(6) 国务院《军人抚恤优待条例》（2004年8月1日　国务院令第413号）

第三十九条　经军队师（旅）级以上单位政治机关批准随军的现役军官家属、文职干部家属、士官家属，由驻军所在地的公安机关办理落户手续。随军前是国家机关、社会团体、企业事业单位职工的，驻军所在地人民政府劳动保障部门、人事部门应当接收和妥善安置；随军前没有工作单位的，驻军所在地人民政府应当根据本人的实际情况作出相应安置；对自谋职业的，按照国家有关规定减免有关费用。

第四十条　驻边疆国境的县（市）、沙漠区、国家确定的边远地区中的三类地区和军队确定的特、一、二类岛屿部队的现役军官、文职干部、士官，其符合随军条件无法随军的家属，所在地人民政府应当妥善安置，保障其生活不低于当地的平均生活水平。

第四十一条　随军的烈士遗属、因公牺牲军人遗属和病故军人遗属移交地方人民政府安置的，享受本条例和当地人民政府规定的抚恤优待。

军人配偶随军未就业期间的基本生活补贴

[解读]

为了解除军人后顾之忧，激励军人安心服役，国家建立了军人配偶随军未就业期间基本生活补贴制度。随军配偶符合以下条件之一的，方可享受基本生活补贴：

（一）随军前未就业、经批准随军后未就业且无收入的。

（二）随军前已就业但未参加基本养老保险、经批准随军后未就业且无收入的。

（三）经批准随军后未就业且无收入，已参加基本养老保险，并将基本养老保险关系和个人账户资金转入军队的。

军人配偶随军未就业期间基本生活补贴按照下列标准，由军人所在单位后勤机关按月发放：

（一）驻国家确定的一类艰苦边远地区和军队确定的三类岛屿，以及一般地区部队的军人，其配偶随军未就业期间基本生活补贴标准，为每人每月320元。

（二）驻国家确定的三、四类艰苦边远地区和军队确定的特、一、二类岛屿部队的军人，其配偶随军未就业期间基本生活补贴标准，为每人每月410元。

驻国家确定的一、二类艰苦边远地区和军队确定的三类岛屿部队的军人，其配偶随军未就业期间领取基本生活补贴标准全额的期限最长为60个月；驻一般地区部队的军人，其配偶随军未就业期间领取基本生活补贴标准全额的期限最长为36个月。未就业随军配偶领取基本生活补贴标准全额期满后，按本人基本生活补贴标准8%的比例逐年递减。递减后的基本生活补贴最低标准，由总后勤部参照省会城市失业保险金标准确定。驻国家确定的三、四类艰苦边远地区和军队确定的特、一、二类岛屿部队的军人，其配偶随军未就业期间基本生活补贴标准不实行递减。

所谓国家确定的艰苦边远地区，是指国务院“国办发［2001］14号”通知所规定的范围和类别。所谓军队确定的岛屿类别是指“［1998］后财字第331号”通知所作的规定。军队政治机关和后勤机关按照职责分工负责未就业随军配偶基本生活补贴的审批和发放。军人配偶随军未就业期间基本生活补贴标准的调整，由解放军总政治部、总后勤部商国务院有关部门确定。然而，有下列情形之一的，停止享受基本生活补贴待遇：

（一）未就业随军配偶已就业且有收入的。

（二）未就业随军配偶无正当理由，拒不接受当地人民政府有关部门或者机构安排工作的。

（三）未就业随军配偶出国定居或者移居港、澳、台地区的。

（四）未就业随军配偶与军人解除婚姻关系的。

（五）未就业随军配偶被判刑收监执行或者被劳动教养的。

（六）军人被取消军籍的。

（七）军人退出现役的。

（八）军人死亡的。

［依据指引］

(1) 国务院办公厅《转发人事部、财政部〈关于调整机关事业单位工作人员工资和增加离退休人员离退休费四个实施方案〉的通知》（2001年2月24日　国办发［2000］14号）

关于调整机关工作人员工资标准的实施方案

根据国务院关于调整机关、事业单位工作人员工资标准的决定，制定本实施方案。

一、调整工资标准办法

从2001年1月1日起，机关行政人员基础工资标准由每人每月180元提高到230元，级别工资标准由十五级至一级每人每月85元至720元提高到115元至1166元。

在调整机关行政人员工资标准的同时，适当调整机关工人的岗位工资和技术等级（职务）工资标准。机关工人的奖金部分按照其在工资构成中的比例相应提高。

二、其他有关政策问题

（一）适当提高机关新录用人员试用期的工资待遇。提高后的试用期工资待遇标准为：初中毕业生每月360元；高中、中专毕业生每月375元；大学专科毕业生每月395元；大学本科毕业生每月415元；获得双学士学位的大学本科毕业生（含学制为六年以上的大学本科毕业生）、研究生班毕业和未获得硕士学位的研究生每月435元；获得硕士学位的研究生每月465元；获得博士学位的研究生每月515元。

（二）机关新参加工作工人的学徒期、熟练期工资待遇和机关临时人员的工资待遇如何调整，由各省、自治区、直辖市人民政府根据实际情况确定。

（三）从2001年起执行发放年终一次性奖金的规定。年终一次性奖金的发放对象是年度考核为称职（合格）及以上的人员，奖金标准为当年12月份本人的基本工资，下一年1月份兑现。

三、经费来源

调整机关工作人员工资标准所需经费，按现行财政体制和单位隶属关系，分别由中央财政和地方财政负担。对于部分困难地区，中央财政按照《中共中央、国务院关于转发〈国家发展计划委员会关于当前经济形势和对策建议〉的通知》（中发［1999］12号）规定的办法给予补助。在中央财政给予补助的同时，地方政府也要积极调整财政支出结构，努力筹措资金，认真落实国家关于调整工资的政策。拖欠机关工作人员工资的地区，2001年中央财政新增的调整工资专项转移支付资金，应首先用于解决拖欠问题，这次的调资政策可推迟执行。凡在中央财政转移支付后仍难以按调整后的工资标准足额兑现工资的地区，要坚决取消自行建立的津贴、补贴，以优先保证基本工资的发放和国家工资政策的落实；其他地区也要认真清理、整顿自行建立的津贴、补贴，按照国家的统一要求和原则，实行规范、严格、透明的地区附加津贴制度，并纳入收入分配宏观调控的轨道。

四、组织领导

党中央、国务院各部门和全国人大、全国政协、最高人民法院、最高人民检察院以及民主党派、人民团体机关、在京有关单位调整机关工作人员工资标准的工作，由人事部负责协调，各部门（单位）具体实施。各地区和中央各部门在京外单位（少数部门除外），在各省、自治区、直辖市人民政府领导下，由人事部门会同有关部门组织实施。

本实施方案由人事部负责解释。

关于调整事业单位工作人员
工资标准的实施方案

根据国务院关于调整机关、事业单位工作人员工资标准的决定，制定本实施方案。

一、调整工资标准办法

从2001年1月1日起，调整事业单位工作人员工资构成中的固定部分。固定部分调整后，活的部分按国家规定的工资构成比例相应提高。

二、其他有关政策问题

（一）适当提高事业单位新参加工作人员见习期、初期的工资待遇。提高后的见习期工资待遇标准为：初中毕业生每月360元（含见习期津贴，下同）；高中、中专毕业生每月375元；大学专科毕业生每月395元；大学本科毕业生每月415元；获得双学士学位的大学本科毕业生（含学制为六年以上的大学本科毕业生）、研究生班毕业和未获得硕士学位的研究生每月435元。提高后的初期工资待遇标准为：获得硕士学位的研究生每月465元；获得博士学位的研究生每月515元。

新进入优秀体育运动队的试训运动员，临时体育津贴调整为每人每月315元。

（二）事业单位新参加工作工人的学徒期、熟练期工资待遇和事业单位临时人员的工资待遇如何调整，由各省、自治区、直辖市人民政府根据实际情况确定。

（三）从2001年起执行发放年终一次性奖金的规定。年终一次性奖金的发放对象是年度考核为合格及以上的人员，奖金标准为当年12月份本人的基本工资，下一年1月份兑现。

三、经费来源

调整事业单位工作人员工资标准所需经费，按现行财政体制和单位隶属关系，属于财政负担的，分别由中央财政和地方财政负担；属于单位负担的，由本单位自行解决。对于部分困难地区，中央财政按照《中共中央、国务院关于转发〈国家发展计划委员会关于当前经济形势和对策建议〉的通知》（中发［1999］12号）规定的办法给予补助。在中央财政给予补助的同时，地方政府也要积极调整财政支出结构，努力筹措资金，认真落实国家关于调整工资的政策。拖欠事业单位职工工资的地区，2001年中央财政新增的调整工资专项转移支付资金，应首先用于解决拖欠问题，这次的调资政策可推迟执行。凡在中央财政转移支付后仍难以按调整后的工资标准足额兑现工资的地区，要坚决取消自行建立的津贴、补贴，以优先保证基本工资的发放和国家工资政策的落实；其他地区也要认真清理、整顿自行建立的津贴、补贴，按照国家的统一要求和原则，实施规范、严格、透明的地区附加津贴制度，并纳入收入分配宏观调控的轨道。

四、组织领导

党中央、国务院直属事业单位和党中央、国务院各部门及全国人大、全国政协、最高人民法院、最高人民检察院以及民主党派、人民团体所属在京事业单位调整工作人员工资标准的工作，由人事部负责协调，各部门（单位）具体实施。地方的事业单位和中央各部门所属在京外的事业单位（少数部门除外）调整工作人员工资标准的工作，在各省、自治区、直辖市人民政府领导下，由人事部门会同有关部门组织实施。

本实施方案由人事部负责解释。

关于增加机关、事业单位离退休人员
离退休费的实施方案

根据国务院关于增加机关、事业单位离退休人员离退休费决定，制定本实施方案。

一、增加离退休费的办法

机关、事业单位2000年12月31日前已办理离退休手续和已到达离退休年龄的人员（按国家有关规定经组织批准留任的除外），从2001年1月1日起增加离退休费。具体办法是：

离休人员按照同职务同条件在职人员的增资额增加离休费。每人每月增加数额不足100元的，按100元增加。

退休人员按下列标准增加退休费：行政人员，省（部）级及以上职务270元、厅（局）级180元、处级130元、科级100元、科员及办事员80元；专业技术人员，教授及相当职务180元、副教授及相当职务130元、讲师及相当职务100元、助教（含相当职务）及以下职务80元；工人，高级技师和技师100元、高级工以下（含高级工）及普通工80元。

依照国家规定退职的人员，按每人每月70元增加退职生活费。

二、经费来源

增加离退休费和退职生活费所需经费，按现行财政体制和单位隶属关系，属于财政负担的，分别由中央财政和地方财政负担；属于单位负担的，由本单位自行解决。对于部分困难地区，中央财政按照《中共中央、国务院关于转发〈国家发展计划委员会关于当前经济形势和对策建议〉的通知》（中发［1999］12号）规定的办法给予补助。在中央财政给予补助的同时，地方政府也要积极调整财政支出结构，努力筹措资金，认真落实国家关于增加离退休费和退职生活费的政策。拖欠机关、事业单位离退休人员离退休费和退职人员退职生活费的地区，2001年中央财政新增的调整工资专项转移支付资金，应首先用于解决拖欠问题，这次增加离退休费和退职生活费的政策可推迟执行。凡在中央财政转移支付后仍难以按新的标准足额兑现离退休费和退职生活费的地区，要坚决取消自行建立的津贴、补贴，以优先保证离退休费和退职生活费的发放以及国家规定离退休费政策的落实；其他地区也要认真清理、整顿自行建立的津贴、补贴，按照国家统一的原则，纳入收入分配宏观调控的轨道。

三、组织领导

党中央、国务院各部门和全国人大、全国政协、最高人民法院、最高人民检察院以及民主党派、人民团体机关、所属在京事业单位增加离退休人员离退休费和退职人员退职生活费的工作，由人事部负责协调，各部门（单位）具体实施；各地区和中央各部门在京外单位（少数部门除外），在各省、自治区、直辖市人民政府领导下，由人事部门会同有关部门组织实施。

本实施方案由人事部负责解释。

关于实施艰苦边远地区津贴的方案

为贯彻落实党中央关于西部大开发的战略部署，体现对艰苦边远地区的政策倾斜，引导人才合理流动，根据国务院关于建立艰苦边远地区津贴的决定，制定本实施方案。

一、实施范围和津贴类别

艰苦边远地区津贴的实施范围，根据各地区的自然地理环境等因素确定，被列入艰苦边远地区的机关、事业单位的在职人员和离退休人员享受此项津贴；津贴类别，根据艰苦程度的不同划分为一、二、三、四类（具体范围和类别见附表一）。

二、津贴标准和发放办法

各类区艰苦边远地区津贴标准分别为：一类区平均43元，二类区平均86元，三类区平均172元，四类区平均300元。在各类区平均标准内，不同职务人员适当拉开差距，其中，一类区每月40元至100元，二类区每月80元至200元，三类区每月160元至320元，四类区每月280元至560元。

实施艰苦边远地区津贴所需经费由中央财政负担。各有关省、自治区、直辖市和中央有关部门要将列入艰苦边远地区津贴实施范围的财政负担人数、增资额等有关情况报送人事部、财政部审核，并由财政部按照核定的人数和各类区平均标准拨付资金。

三、实施时间

艰苦边远地区津贴从2001年1月1日起实施。

四、其他有关政策问题

（一）艰苦边远地区机关、事业单位中2000年12月31日前已经离退休的人员，相应增加离退休费。其中，离休人员按当地同职务在职人员艰苦边远地区津贴标准增加离休费；退休人员以当地同职务在职人员艰苦边远地区津贴标准为基数，按照本人退休费的计发比例增加退休费。2001年1月1日以后离退休的人员，其艰苦边远地区津贴可作为计发离退休费的基数。

（二）调入艰苦边远地区的人员以及在艰苦边远地区之间调动的人员，执行调入地区的艰苦边远地区津贴标准；调离艰苦边远地区的，从调离的下月起停发艰苦边远地区津贴。

（三）中央各部门在艰苦边远地区的单位的人员，比照当地标准执行。

五、组织领导

各地实施艰苦边远地区津贴的工作，在所在省、自治区、直辖市人民政府领导下，由人事部门、财政部门组织实施；中央有关部门驻艰苦边远地区的单位由人事部协调，各有关部门（单位）具体实施。

本实施方案由人事部负责解释。

(2) 国务院办公厅《关于印发〈中国人民解放军军人配偶随军未就业期间社会保险暂行办法〉的通知》（2003年12月25日　国办发［2003］102号）

三、随军配偶符合下列条件之一的（以下称未就业随军配偶），依照本办法规定享受基本生活补贴和养老、医疗保险个人账户补贴待遇：

（一）随军前未就业、经批准随军随队后未就业且无收入的；

（二）随军前已就业但未参加基本养老保险、经批准随军随队后未就业且无收入的；

（三）经批准随军随队后未就业且无收入，已参加基本养老保险，并将基本养老保险关系和个人账户资金转入军队的。

四、军队政治机关和后勤机关按照职责分工负责军人配偶随军未就业期间基本生活补贴的审批与支付、建立养老和医疗保险个人账户的资格认定，以及基本生活补贴资金和个人账户资金的管理，并会同地方人民政府劳动保障部门及其社会保险经办机构，办理未就业随军配偶社会保险关系和个人账户资金的转移、接续工作。

五、军人配偶随军未就业期间基本生活补贴按照下列标准，由军人所在单位后勤机关按月发放：

（一）驻国家确定的一、二类艰苦边远地区和军队确定的三类岛屿，以及一般地区部队的军人，其配偶随军未就业期间基本生活补贴标准，为每人每月320元。

（二）驻国家确定的三、四类艰苦边远地区和军队确定的特、一、二类岛屿部队的军人，其配偶随军未就业期间基本生活补贴标准，为每人每月410元。

国家确定的艰苦边远地区具体范围和类别按《国务院办公厅转发人事部、财政部关于调整机关事业单位工作人员工资和增加离退休人员离退休费四个实施方案的通知》（国办发［2001］14号）执行。军队确定的岛屿类别按《总后勤部关于印发〈军队地区津贴规定〉的通知》（［1998］后财字第331号）执行。

六、驻国家确定的一、二类艰苦边远地区和军队确定的三类岛屿部队的军人，其配偶随军未就业期间领取基本生活补贴标准全额的期限最长为60个月；驻一般地区部队的军人，其配偶随军未就业期间领取基本生活补贴标准全额的期限最长为36个月。未就业随军配偶领取基本生活补贴标准全额期满后，按本人基本生活补贴标准8%的比例逐年递减。递减后的基本生活补贴最低标准，由总后勤部参照省会城市失业保险金标准确定。

驻国家确定的三、四类艰苦边远地区和军队确定的特、一、二类岛屿部队的军人，其配偶随军未就业期间基本生活补贴标准不实行递减。

七、军人配偶随军未就业期间基本生活补贴标准的调整，由总政治部、总后勤部商国务院有关部门确定。

十七、有下列情形之一的，停止享受军人配偶随军未就业期间基本生活补贴和养老、医疗保险个人账户补贴待遇：

（一）未就业随军配偶已就业且有收入的；

（二）未就业随军配偶无正当理由，拒不接受当地人民政府有关部门或者机构安排工作的；

（三）未就业随军配偶出国定居或者移居港、澳、台地区的；

（四）未就业随军配偶与军人解除婚姻关系的；

（五）未就业随军配偶被判刑收监执行或者被劳动教养的；

（六）军人被取消军籍的；

（七）军人退出现役的；

（八）军人死亡的。

博士后研究人员配偶流动期间的工作安置

［解读］

博士后研究人员配偶流动期间的工作安置，主要内容是：

（一）博士后研究人员在站期间，如其配偶申请随其流动，博士后研究人员配偶可凭人事部专家司或博士后管理工作改革试点省市（目前有上海、辽宁、吉林、黑龙江、湖北、广东六省市）人事厅（局）的《博士后研究人员配偶流动证明》和博士后研究人员所在单位开具的介绍信，到其所在工作单位办理借调工作或停薪留职手续。

（二）随博士后研究人员流动的博士后研究人员配偶可在设站单位所在地申报暂住户口、办理暂住证，待博士后研究人员工作期满出站分配工作后，依照户籍管理的有关规定，随其办理常住户口落户手续。

（三）如博士后研究人员配偶以借调工作或停薪留职方式随博士后研究人员流动，在此期间的职称、调资、医疗等由原工作单位按国家和当地有关规定负责办理，需由双方协商解决的，由双方人才交流中心按国家和当地有关规定办理。

［依据指引］

人事部、劳动部、公安部《关于解决博士后研究人员配偶流动期间工作安置等问题的通知》

（1994年12月31日 人专发［1994］22号）

《国务院批转国家科委、教育部、中国科学院关于试办博士后科研流动站报告的通知》（国发［1985］88号）中规定，博士后研究人员在站期间，其配偶及其未成年的子女可以随本人流动，配偶由设站单位按借调人员安排适当工作。这个规定是我国博士后制度的一项重要的政策，几年来为促进人才流动，推动博士后事业的顺利发展起到了积极的作用。但是，随着我国人事制度和劳动用工制度的改革发展，利用借调工作方式解决博士后研究人员配偶流动遇到了越来越多的困难和问题。为了适应我国人才市场的建立及人员流动变化情况，进一步妥善解决博士后研究人员配偶流动问题，特作如下规定。

一、博士后研究人员在站期间，如其配偶申请随其流动，博士后研究人员配偶可凭人事部专家司或博士后管理工作改革试点省市（目前有上海、辽宁、吉林、黑龙江、湖北、广东六省市）人事厅（局）的《博士后研究人员配偶流动证明》（式样附后）和博士后研究人员所在单位开具的介绍信，到其所在工作单位办理借调工作或停薪留职手续，各有关部门、单位均应积极支持和协助。如所在单位对办理借调工作或停薪留职手续确有困难，应允许博士后研究人员配偶将其人事档案关系转至当地的人才交流中心，或根据劳动合同管理的有关规定，在解除劳动关系后，按《企业职工档案管理工作规定》将档案转至其常住户口所在地的街道劳动（人事、组织）部门。如博士后研究人员配偶系现役军人，可按国务院军转办公室、公安部、人事部、总政治部［1993］政联字第4号文件的规定，报经总政治部批准，将其借调到设站单位所在地驻军单位工作。

二、随博士后研究人员流动的博士后研究人员配偶可在设站单位所在地申报暂住户口、办理暂住证，待博士后研究人员工作期满出站分配工作后，依照户籍管理的有关规定，随其办理常住户口落户手续。

各设站单位应积极地为博士后研究人员的配偶安排临时工作，如果在本单位找不到合适的工作位置，可推荐他们或由他们自己应聘到其他单位工作。

博士后研究人员配偶凭人事部专家司或博士后管理体制试点省市人事厅（局）的《博士后研究人员配偶流动证明》和公安部门开具的暂住证，在寻找和应聘工作时享受当地居民的同等权利。博士后所在地的人才交流中心为他们介绍工作或用人单位在招聘博士后研究人员配偶时，可向博士后研究人员配偶原工作单位或其常住户口所在地的人才交流中心或街道的劳动（人事、组织）部门了解其本人情况，必要时可调档了解情况。

三、如博士后研究人员配偶以借调工作或停薪留职方式随博士后研究人员流动，在此期间的职称、调资、医疗等由原工作单位按国家和当地有关规定负责办理，需由双方协商解决的，由双方人才交流中心按国家和当地有关规定办理。

四、各设站单位在接到博士后研究人员入站申请时，应与申请者本人协商博士后研究人员配偶的安置问题，并明确具体的解决办法。

各设站单位在安置博士后研究人员配偶工作时，如有经费困难，可从博士后研究人员日常经费中每月提取不超过200元，作为安置博士后研究人员配偶工作的补贴；如果设站单位没有条件安置博士后研究人员配偶的工作，或其配偶（属大中专学生、研究生、出国人员除外）由于某种原因不随博士后研究人员流动，设站单位可将上述每月不超过200元用作安置博士后研究人员配偶工作的补贴，酌情发给该博士后研究人员及其配偶，作为对他们的生活补贴。

退役运动员就业安置

[解读]

退役运动员是指办理正式招收手续、工资关系在体育系统运动队且工资实行运动员基础津贴和成绩津贴的运动员，不包括职业运动员。退役运动员就业安置的渠道和方式，目前有以下几种：

（一）用体育彩票公益金建立的体育运动场所，体育行业新增就业岗位，要根据需要优先安置退役运动员就业。

（二）获得全国体育比赛前三名、亚洲体育比赛前六名、世界体育比赛前八名和获得球类集体项目运动健将、田径项目运动健将、武术项目武英级和其他项目国际级运动健将称号的运动员，可以免试进入高等学校学习；高等学校还可以通过单独组织入学考试、开办预科班等形式招收运动员入学。通过提高运动员文化素质，增强就业竞争力，促进其就业。

（三）引导并支持退役运动员从事社区体育服务业、社会体育指导员、体育教师以及基层体校教练工作；获得全国体育比赛前三名、亚洲体育比赛前六名、世界体育比赛前八名和获得球类集体项目运动健将、田径项目运动健将、武术项目武英级和其他项目国际级运动健将称号的运动员，经体育部门推荐，高等学校考察，可安排到高等学校从事体育教学等工作。

（四）鼓励退役运动员创建体育经营实体或从

事个体经营，地方政府在政策上给予扶持，金融机构应酌情提供贷款，工商行政管理等部门应及时核发营业执照。

（五）退役运动员可自愿提出不需组织安置，选择自主择业，经组织批准，可以享受一次性经济补偿。经济补偿费根据运动员参加运动队的年限、取得的成绩和本人退役前的工资待遇等因素，由各地人事、财政和体育行政部门根据当地实际情况共同研究确定，由当地体育行政主管部门一次性发给。经济补偿费由基础安置费、运龄补偿费和成绩奖励三部分组成。

［依据指引］

（1）国家体育总局、中央编办、教育部、财政部、人事部、劳动和社会保障部《关于进一步做好退役运动员就业安置工作的意见》（2002 年 9 月 29 日　体人字［2002］411 号）

三、积极创造条件，拓宽就业安置渠道，鼓励退役运动员自主择业

（六）退役运动员的就业安置工作，要逐步适应社会主义市场经济体制的需要和劳动人事制度改革的发展趋势。各级教育、人事、劳动保障、体育部门要积极创造条件，拓宽退役运动员就业渠道。体育部门要教育运动员转变就业观念，引导运动员主动适应社会的需要，鼓励退役运动员通过市场自主择业。对自主择业的退役运动员，改革现行退役补助办法，根据其参加运动队的年限、取得的成绩和本人退役前的工资待遇等因素，给予经济补偿。所需资金纳入年度预算统筹考虑，不足部分通过自筹资金、社会捐助、归体育部门使用的彩票公益金等弥补，具体办法由人事部、财政部、体育总局共同研究确定。用体育彩票公益金建立的体育运动场所，要根据需要优先安置退役运动员就业。

（七）鼓励运动员进入高等学校学习并通过高校毕业生就业渠道就业。获得全国体育比赛前三名、亚洲体育比赛前六名、世界体育比赛前八名和获得球类集体项目运动健将、田径项目运动健将、武术项目武英级和其他项目国际级运动健将称号的运动员，可以免试进入高等学校学习，高等学校还可以通过单独组织入学考试、开办预科班等形式招收运动员入学。

（八）积极为退役运动员创造就业岗位，体育行业新增就业岗位要优先选用退役运动员，积极引导并支持退役运动员从事社区体育服务业、社会体育指导员、体育教师以及基层体校教练工作。获得全国体育比赛前三名、亚洲体育比赛前六名、世界体育比赛前八名和获得球类集体项目运动健将、田径项目运动健将、武术项目武英级和其他项目国际级运动健将称号的运动员，经体育部门推荐，高等学校考察，可安排到高等学校从事体育教学等工作。

（九）积极鼓励退役运动员创建体育经营实体或从事个体经营，地方各级人民政府要在政策上给予扶持，金融机构应视情提供贷款，工商行政管理等部门应及时核发营业执照。

（2）人事部、财政部、体育总局《自主择业退役运动员经济补偿办法》（2003 年 8 月 20 日　国人部发［2003］18 号）

三、实施范围

正式办理招收手续、人事关系在体育系统运动队且实行运动员基础津贴和成绩津贴的退役运动员，本人自愿提出不需组织安置，要求自主择业，经组织批准，并在规定时间内办妥相关人事关系手续的，可以享受一次性经济补偿。

以下人员不列入自主择业的范围：

1. 经组织研究决定留队执教的优秀退役运动员；

2. 经组织安排到机关、企事业单位工作的退役运动员；

3. 受过开除或刑事处分的退役运动员；

4. 不服从组织安排，因个人原因要求停训的退役运动员。

四、经济补偿费标准

对自主择业的退役运动员，改革现行退役补助办法，发给一次性经济补偿费。经济补偿费根据运动员参加运动队的年限、取得的成绩和本人退役前的工资待遇等因素，由各地人事、财政和体育行政部门根据当地实际情况共同研究确定，由当地体育行政主管部门一次性发给。经济补偿费由基础安置费、运龄补偿费和成绩奖励三部分组成，其标准为：

1. 基础安置费。即对退役运动员与运动队解除工作关系的一种补偿，主要用于解决退役运动员的基本安家费以及再就业所需的基本职业技能学习培训费等。基础安置费可由各省、自治区、直辖市参照其上年度城镇职工年平均工资收入水平自主确定，最低不少于 1 万元。

2. 运龄补偿费。即对退役运动员在训期间挑战生理极限而带来的身体伤害的一种补偿。运龄补偿费与本人实际运动年限和退役前体育基础津贴水平挂钩，每满一年运龄发给本人4个月的基础津贴。

运龄计算办法按国家有关规定执行。

3. 成绩奖励。即对退役运动员在训期间取得奥运会、世锦赛、世界杯赛、亚运会、亚锦赛、亚洲杯赛、全运会、全国比赛等录取名次以上成绩给予一定的奖励，以鼓励运动员多出成绩，多作贡献。成绩奖励的具体标准由各地根据当地实际情况自行确定。获得全国比赛录取名次（奥运项目前八名、非奥运项目前六名）退役运动员的成绩奖励标准最低不少于5 000元。

五、经费来源

经济补偿所需资金纳入年度预算统筹考虑，不足部分通过自筹、社会捐助、归体育部门使用的彩票公益金等弥补。省、自治区、直辖市体育行政主管部门每年年底根据下一年度自主择业退役运动员情况，提出下一年度所需经费，向财政部门提出申请，由财政进行安排。

六、其他有关问题

1. 自主择业的退役运动员享受一次性经济补偿后，不再执行人薪发［1994］12号文件规定的一次性退役费制度。

2. 各省、自治区、直辖市可根据本办法的精神，结合本地经济发展状况和生活水平，制定自主择业退役运动员经济补偿具体实施意见，并将实施意见报我们备案。

传染病病原携带者

［解读］

传染病病原携带者是相对于传染病病人、疑似传染病病人的概念，指感染传染病病原体无临床症状但能排出病原体的人，例如乙肝病原携带者。一方面为了保护传染病病原携带者的平等就业权，法律规定其平等享有同正常人一样的劳动权利，如无法定情况，用人单位不得以求职者是传染病病原携带者为由拒绝录用。另一方面又要保护公众的安全和健康，我国法律规定，经医学鉴定传染病病原携带者在治愈前或者排除传染嫌疑前，不得从事法律、行政法规和国务院卫生行政部门禁止从事的易使传染病扩散的工作。根据我国相关的法律法规，传染病病原携带者禁止从事的易使传染病扩散的工作主要有以下七类：(1) 食品生产经营中从事接触直接入口食品的工作；(2) 饮用水的生产、管理、供应等工作；(3) 在公共场所从事直接为顾客服务的工作；(4) 托幼机构的保育、教育等工作；(5) 美容、整容等工作；(6) 直接从事化妆品生产的工作；(7) 其他与人群接触密切的工作。

在传染病病原携带者中，乙肝表面病原携带者的就业歧视问题较为突出。为保护乙肝表面病原携带者的合法就业权利，国家对乙肝病原携带者作了明确的说明，乙肝表面抗原携带者虽被乙肝病毒感染，也具有传染性，但肝功能在正常范围，肝组织无明显损伤，不表现临床症状，在日常工作、社会活动中不会对周围人群构成威胁。乙肝病毒主要有血液、母婴垂直（分娩和围产期）和性接触三种传播途径，不会通过呼吸道和消化道传染，一般接触不会造成乙肝病毒传播。用人单位在公民就业体检中，除国家法律、行政法规和国务院卫生行政部门规定禁止乙肝病原携带者从事的工作外，不得强行将乙肝病毒血清学指标作为体检标准，不得要求开展乙肝项目检测即乙肝病毒感染标志物检测，包括：乙肝病毒表面抗原、乙肝病毒表面抗体、乙肝病毒e抗原、乙肝病毒e抗体、乙肝病毒核心抗体和乙肝病毒脱氧核糖核苷酸检测等，俗称“乙肝五项”和HBV-DNA检测等；用人单位也不得要求公民提供乙肝项目检测报告或询问是否为乙肝表面抗原携带者。若用人单位需对就业公民作肝脏功能评价，应当进行丙氨酸氨基转移酶（ALT，简称转氨酶）项目的检查。

［依据指引］

(1)《中华人民共和国就业促进法》（2007年8月30日　国家主席令第70号）

第三十条　用人单位招用人员，不得以是传染病病原携带者为由拒绝录用。但是，经医学鉴定传染病病原携带者在治愈前或者排除传染嫌疑前，不得从事法律、行政法规和国务院卫生行政部门规定禁止从事的易使传染病扩散的工作。

(2)《中华人民共和国传染病防治法》（2004年8月28日　国家主席令第17号）

第十六条　国家和社会应当关心、帮助传染病病人、病原携带者和疑似传染病病人，使其得到及时救治。任何单位和个人不得歧视传染病病人、病原携带者和疑似传染病病人。

传染病病人、病原携带者和疑似传染病病人，在治愈前或者在排除传染病嫌疑前，不得从事法律、行政法规和国务院卫生行政部门规定禁止从事的易使该传染病扩散的工作。

(3)《中华人民共和国食品卫生法》（1995年10月30日　国家主席令第59号）

第二十六条　食品生产经营人员每年必须进行健康检查；新参加工作和临时参加工作的食品生产经营人员必须进行健康检查，取得健康证明后方可参加工作。

凡患有痢疾、伤寒、病毒性肝炎等消化道传染病（包括病原携带者），活动性肺结核，化脓性或者渗出性皮肤病以及其他有碍食品卫生的疾病的，不得参加接触直接入口食品的工作。

(4) 国务院《公共场所卫生管理条例》（1987年4月1日　国发［1987］24号）

第七条　公共场所直接为顾客服务的人员，持有“健康合格证”方能从事本职工作。患有痢疾、伤寒、病毒性肝炎、活动期肺结核、化脓性或者渗出性皮肤病以及其他有碍公共卫生的疾病的，治愈前不得从事直接为顾客服务的工作。

(5) 卫生部《化妆品卫生监督管理条例》（1989年11月13日　部令第3号）

第七条　直接从事化妆品生产的人员，必须每年进行健康检查，取得健康证后方可从事化妆品的生产活动。

凡患有手癣、指甲癣、手部湿疹、发生于手部的银屑病或者鳞屑、渗出性皮肤病以及患有痢疾、伤寒、病毒性肝炎、活动性肺结核等传染病的人员，不得直接从事化妆品生产活动。

(6) 劳动和社会保障部《就业服务与就业管理规定》（2007年11月5日　部令第28号）

第十九条　用人单位招用人员，不得以是传染病病原携带者为由拒绝录用。但是，经医学鉴定传染病病原携带者在治愈前或者排除传染嫌疑前，不得从事法律、行政法规和国务院卫生行政部门规定禁止从事的易使传染病扩散的工作。

用人单位招用人员，除国家法律、行政法规和国务院卫生行政部门规定禁止乙肝病原携带者从事的工作外，不得强行将乙肝病毒血清学指标作为体检标准。

(7) 劳动和社会保障部《关于维护乙肝表面抗原携带者就业权利的意见》（2007年5月18日　劳社部发［2007］16号）

二、促进乙肝表面抗原携带者实现公平就业

（一）保护乙肝表面抗原携带者的就业权利。除国家法律、行政法规和卫生部规定禁止从事的易使乙肝扩散的工作外，用人单位不得以劳动者携带乙肝表面抗原为理由拒绝招用或者辞退乙肝表面抗原携带者。

（二）严格规范用人单位的招、用工体检项目，保护乙肝表面抗原携带者的隐私权。用人单位在招、用工过程中，可以根据实际需要将肝功能检查项目作为体检标准，但除国家法律、行政法规和卫生部规定禁止从事的工作外，不得强行将乙肝病毒血清学指标作为体检标准。各级各类医疗机构在对劳动者开展体检过程中要注意保护乙肝表面抗原携带者的隐私权。

(8) 人力资源和社会保障部、教育部、卫生部《关于进一步规范入学和就业体检项目维护乙肝表面抗原携带者入学和就业权利的通知》（2010年2月10日　人社部发［2010］12号）

一、进一步明确取消入学、就业体检中的乙肝检测项目

医学研究证明，乙肝病毒经血液、母婴及性接触三种途径传播，日常工作、学习或生活接触不会导致乙肝病毒传播。各级各类教育机构、用人单位在公民入学、就业体检中，不得要求开展乙肝项目检测（即乙肝病毒感染标志物检测，包括乙肝病毒表面抗原、乙肝病毒表面抗体、乙肝病毒e抗原、乙肝病毒e抗体、乙肝病毒核心抗体和乙肝病毒脱氧核糖核苷酸检测等，俗称“乙肝五项”和HBV-DNA检测等，下同），不得要求提供乙肝项目检测报告，也不得询问是否为乙肝表面抗原携带者。各级医疗卫生机构不得在入学、就业体检中提供乙肝项目检测服务。因职业特殊确需在入学、就业体检时检测乙肝项目的，应由行业主管部门向卫生部提出研究报告和书面申请，经卫生部核准后方可开展相关检测。经核准的乙肝表面抗原携带者不得从事的职业，由卫生部向社会公布。军队、武警、公安特警的体检工作按照有关规定执行。

入学、就业体检需要评价肝脏功能的，应当检查丙氨酸氨基转移酶（ALT，简称转氨酶）项目。对转氨酶正常的受检者，任何体检组织者不得强制要求进行乙肝项目检测。

二、进一步维护乙肝表面抗原携带者入学、就业权利，保护乙肝表面抗原携带者隐私权

县级以上地方人民政府人力资源社会保障、教育、卫生部门要认真贯彻落实就业促进法、教育法、传染病防治法等法律及相关法规和规章，切实维护乙肝表面抗原携带者公平入学、就业权利。各级各类教育机构不得以学生携带乙肝表面抗原为理由拒绝招收或要求退学。除卫生部核准并予以公布的特殊职业外，健康体检非因受检者要求不得检测乙肝项目，用人单位不得以劳动者携带乙肝表面抗原为由予以拒绝招（聘）用或辞退、解聘。有关检测乙肝项目的检测体检报告应密封，由受检者自行拆阅；任何单位和个人不得擅自拆阅他人的体检报告。

进城务工农村居民

[解读]

进城务工农村居民也称农民工，由于农民工是城市化进程中的一个阶段性现象，所以法律采用了进城务工农村居民这一更准确的概念。进城务工农村居民的外延包括以下几种类型：

从劳动类型看，相当一部分长年在城镇打工，不再从事农业生产，有的有较为固定的就业岗位，有的辗转于不同的城镇，流动性较强；有的则是在农闲时出来打工，农忙时回家务农，主要还是从事农业生产。

从就业区域看，有的是异地转移就业，农村居民到城市就业，有的是本地转移就业，农村居民进入本地乡镇、县城的企业就业。

从就业形式看，多数是进入企业提供劳动，建立劳动关系，属于正规就业，有的是从事个体工商户等灵活就业。

我国法律规定的进城务工的农村居民是狭义的概念，主要是指与用人单位建立劳动关系的农村居民。进城务工的农村居民在就业过程中常因户籍等原因，遭受各种各样的歧视，其劳动就业的基本权益得不到保障。因此，法律规定，农村劳动者进城就业享有与城镇劳动者平等的劳动权利，不得对农村劳动者进城就业设置歧视性限制；进城务工的农村居民与用人单位建立劳动关系的，用人单位应当与之依法签订书面劳动合同，按时足额支付其劳动报酬，与城镇职工一样，依法为其缴纳各项社会保险等。

[依据指引]

(1)《中华人民共和国社会保险法》（2010年10月28日　国家主席令第35号）

第九十五条　进城务工的农村居民依照本法规定参加社会保险。

(2)《中华人民共和国就业促进法》（2007年8月30日　国家主席令第70号）

第二十条　国家实行城乡统筹的就业政策，建立健全城乡劳动者平等就业的制度，引导农业富余劳动力有序转移就业。

县级以上地方人民政府推进小城镇建设和加快县域经济发展，引导农业富余劳动力就地就近转移就业；在制定小城镇规划时，将本地区农业富余劳动力转移就业作为重要内容。

县级以上地方人民政府引导农业富余劳动力有序向城市异地转移就业；劳动力输出地和输入地人民政府应当互相配合，改善农村劳动者进城就业的环境和条件。

第三十一条　农村劳动者进城就业享有与城镇劳动者平等的劳动权利，不得对农村劳动者进城就业设置歧视性限制。

(3) 国务院《关于解决农民工问题的若干意见》（2006年1月31日　国发［2006］5号）

三、抓紧解决农民工工资偏低和拖欠问题

（六）建立农民工工资支付保障制度。严格规范用人单位工资支付行为，确保农民工工资按时足额发放给本人，做到工资发放月清月结或按劳动合同约定执行。建立工资支付监控制度和工资保证金制度，从根本上解决拖欠、克扣农民工工资问题。劳动保障部门要重点监控农民工集中的用人单位工资发放情况。对发生过拖欠工资的用人单位，强制在开户银行按期预存工资保证金，实行专户管理。切实解决政府投资项目拖欠工程款问题。所有建设单位都要按照合同约定及时拨付工程款项，建设资金不落实的，有关部门不得发放施工许可证，不得批准开工报告。对重点监控的建筑施工企业实行工资保证金制度。加大对拖欠农民工工资用人单位的处罚力度，对恶意拖欠、情节严重的，可依法责令停业整顿、降低或取消资质，直至吊销营业执照，并对有关人员依法予以制裁。各地方、各单位都要继续加大工资清欠力度，并确保不发生新的拖欠。

……

四、依法规范农民工劳动管理

（八）严格执行劳动合同制度。所有用人单位招用农民工都必须依法订立并履行劳动合同，建立权责明确的劳动关系。严格执行国家关于劳动合同试用期的规定，不得滥用试用期侵犯农民工权益。劳动保障部门要制定和推行规范的劳动合同文本，加强对用人单位订立和履行劳动合同的指导和监督。任何单位都不得违反劳动合同约定损害农民工权益。

……

六、积极稳妥地解决农民工社会保障问题

（十六）高度重视农民工社会保障工作。根据农民工最紧迫的社会保障需求，坚持分类指导、稳步推进，优先解决工伤保险和大病医疗保障问题，逐步解决养老保障问题。农民工的社会保障，要适应流动性大的特点，保险关系和待遇能够转移接续，使农民工在流动就业中的社会保障权益不受损害；要兼顾农民工工资收入偏低的实际情况，实行低标准进入、渐进式过渡，调动用人单位和农民工参保的积极性。

（十七）依法将农民工纳入工伤保险范围。各地要认真贯彻落实《工伤保险条例》。所有用人单位必须及时为农民工办理参加工伤保险手续，并按时足额缴纳工伤保险费。在农民工发生工伤后，要做好工伤认定、劳动能力鉴定和工伤待遇支付工作。未参加工伤保险的农民工发生工伤，由用人单位按照工伤保险规定的标准支付费用。当前，要加快推进农民工较为集中、工伤风险程度较高的建筑行业、煤炭等采掘行业参加工伤保险。建筑施工企业同时应为从事特定高风险作业的职工办理意外伤害保险。

（十八）抓紧解决农民工大病医疗保障问题。各统筹地区要采取建立大病医疗保险统筹基金的办法，重点解决农民工进城务工期间的住院医疗保障问题。根据当地实际合理确定缴费率，主要由用人单位缴费。完善医疗保险结算办法，为患大病后自愿回原籍治疗的参保农民工提供医疗结算服务。有条件的地方，可直接将稳定就业的农民工纳入城镇职工基本医疗保险。农民工也可自愿参加原籍的新型农村合作医疗。

（十九）探索适合农民工特点的养老保险办法。抓紧研究低费率、广覆盖、可转移，并能够与现行的养老保险制度衔接的农民工养老保险办法。有条件的地方，可直接将稳定就业的农民工纳入城镇职工基本养老保险。已经参加城镇职工基本养老保险的农民工，用人单位要继续为其缴费。劳动保障部门要抓紧制定农民工养老保险关系异地转移与接续的办法。

流动就业

［解读］

流动就业是指具有劳动能力的劳动主体，前往常住户口所在地以外的省、自治区、直辖市的用人单位实现就业的行为。其中包括城镇劳动力跨省流动就业的情形，但主要还是进城务工农村居民跨省流动就业的情形。为了加强对流动劳动力的管理，掌握流动就业状况，国家曾对流动就业实行流动就业证制度，即流动劳动力外出，须持身份证和其他必要的证明，在本人户口所在地的劳动就业服务机构进行登记，领取《外出人员就业登记卡》，到达用人单位后，须凭《外出人员就业登记卡》领取当地人力资源和社会保障部门颁发的《外来人员就业证》；证、卡合一生效，简称流动就业证。自2004年7月份以后，根据国务院关于进一步清理和取消针对进城务工农村居民就业的歧视性规定，简化跨地区就业和进城务工各种手续的要求，国务院各有关部门提出了具体措施，各地便陆续取消了流动就业证制度，只保留了外来人员办理暂住证的制度，大大方便了流动劳动力的就业。

［依据指引］

国家发改委、财政部、公安部、劳动和保障部、农业部、卫生部、教育部、国务院纠风办、国家人口和计划生育委员会《关于进一步清理和取消针对农民跨地区就业和进城务工歧视性规定和不合理收费的通知》（2004年7月16日　发改价格［2004］1405号）

一、全面清理针对农民跨地区就业和进城务工的各种歧视性规定。各地区、各部门要按照《行政许可法》和行政审批制度改革的规定，全面清理针对农民跨地区就业和进城务工的行政审批事项。除法律、行政法规规定外，各地设立的针对农民跨地区就业和进城务工的各种行政许可和非行政许可审批事项，一律取消。按法律、行政法规规定保留的涉及农民跨地区就业和进城务工的手续，要按照"规范程序、公开透明、方便办理"的原则进行简化。

二、进一步清理针对农民跨地区就业和进城务工的行政事业性收费。已明确取消行政许可和非行政许可审批事项的收费项目，一律取消；法律、行政法规没有规定的行政许可和非行政许可审批收费项目，一律取消；凡未经国务院和省、自治区、直辖市人民政府及所属财政、价格主管部门批准的其他针对农民跨地区就业和进城务工的行政事业性收费项目，一律取消；符合规定保留的收费，要按照尽量减轻农民负担的原则，重新核定收费标准。严禁利用办理农民进城务工等审批事项或手续时，搭车收费，变换手法收费。

三、严格规范各种中介服务收费。有关机构为农民跨地区就业和进城务工提供职业介绍等中介服务，必须坚持自愿原则，严禁强制服务，强行收费。各级劳动和社会保障部门及其所属公共职业机构应免费为求职登记的农民提供职业介绍服务，所需费用由同级财政解决。对农民工集中、财政压力大的区、街道，上级财政要加大支持力度。

四、做好农民跨地区就业和进城务工培训工作。各地区、各有关部门应把农民工的就业培训作为一项重要工作来抓，流出地和流入地政府要充分利用现有的教育资源，为农民工提供形式多样的就业培训，培训经费实行政府、用人单位和农民个人共同分担的投入机制。各级农业、劳动和社会保障、教育、价格、财政等部门要加强对各类培训机构的规范和管理，防止借培训之名，对农民工乱收费。农民工参加的技能性培训，应坚持自愿原则，由农民工自行选择，严禁强制农民工参加各种有偿培训和职业资格鉴定并收取费用。

五、按照上述原则，国务院有关部门负责对本系统针对农民跨地区就业和进城务工的各种审批手续进行清理，提出保留、取消或调整规范的意见，并于2004年10月底前报国家发展改革委、财政部备案后向社会公布。各省、自治区、直辖市价格主管部门、财政部门牵头，会同有关部门对地方相关部门和本地区针对农民跨地区就业和进城务工的各种审批手续和收费进行清理，提出清理审核意见，报同级人民政府批准后公布实施，并将清理情况于今年11月底前报国家发展改革委、财政部备案。

童工与未成年工

[解读]

童工是指未满16周岁，从事有经济收入的劳动或从事个体劳动的未成年人。童工尚不具备劳动主体资格，属于法律所禁止录用的范围，但特殊情况经政府批准的除外。

未成年工是年龄在16周岁至18周岁的未成年人，是允许被录用的劳动主体，但要给予特别保护。

国家对于童工招用的禁止性规定主要有：

（一）禁止国家机关、社会团体、企事业单位和个体工商户、农户和城镇居民使用童工。

（二）禁止各类职业介绍机构以及其他单位和个人为未满16周岁的少年儿童介绍就业。

（三）各级工商行政管理部门不得为未满16周岁的少年、儿童核发个体营业执照。

（四）父母或者其他监护人不得允许未满16周岁的子女或者监护人做童工。

国家对于童工招用的非限制性规定主要有：

（一）未满16周岁的少年、儿童，参加家庭劳动、学校组织的勤工俭学和省、自治区、直辖市人民政府允许从事的无损于身心健康的、力所能及的辅助性的劳动，不受关于禁止使用童工从事劳动的限制。

（二）文艺、体育和特种工艺单位，确需招用未满16周岁的文艺工作者、运动员和艺徒时，须报经县级以上（含县级）劳动行政部门批准。

[依据指引]

(1)《中华人民共和国未成年人保护法》（1991年9月4日　国家主席令第50号）

第二十八条　任何组织和个人不得招用未满十六周岁的未成年人，国家另有规定的除外。

任何组织和个人依照国家有关规定招收已满十六周岁未满十八周岁的未成年人的，应当在工种、劳动时间、劳动强度和保护措施等方面执行国家有关规定，不得安排其从事过重、有毒、有害的劳动或者危险作业。

第四十九条　企业事业组织、个体工商户非法招用未满十六周岁的未成年人的，由劳动部门责令改正，处以罚款；情节严重的，由工商行政管理部门吊销营业执照。

(2) 国务院《禁止使用童工规定》（2002年10月1日　国务院令第364号）

第一条　为保护未成年人的身心健康，促进义务教育制度的实施，维护未成年人的合法权益，根据宪法和劳动法、未成年人保护法，制定本规定。

第二条　国家机关、社会团体、企业事业单位、民办非企业单位或者个体工商户（以下统称用人单位）均不得招用不满16周岁的未成年人（招用不满16周岁的未成年人，以下统称使用童工）。

禁止任何单位或者个人为不满16周岁的未成年人介绍就业。

禁止不满16周岁的未成年人开业从事个体经

营活动。

第三条　不满16周岁的未成年人的父母或者其他监护人应当保护其身心健康，保障其接受义务教育的权利，不得允许其被用人单位非法招用。

不满16周岁的未成年人的父母或者其他监护人允许其被用人单位非法招用的，所在地的乡（镇）人民政府、城市街道办事处以及村民委员会、居民委员会应当给予批评教育。

第四条　用人单位招用人员时，必须核查被招用人员的身份证；对不满16周岁的未成年人，一律不得录用。用人单位录用人员的录用登记、核查材料应当妥善保管。

第五条　县级以上各级人民政府劳动保障行政部门负责本规定执行情况的监督检查。

县级以上各级人民政府公安、工商行政管理、教育、卫生等行政部门在各自职责范围内对本规定的执行情况进行监督检查，并对劳动保障行政部门的监督检查给予配合。

工会、共青团、妇联等群众组织应当依法维护未成年人的合法权益。

任何单位或者个人发现使用童工的，均有权向县级以上人民政府劳动保障行政部门举报。

第六条　用人单位使用童工的，由劳动保障行政部门按照每使用一名童工每月处5 000元罚款的标准给予处罚；在使用有毒物品的作业场所使用童工的，按照《使用有毒物品作业场所劳动保护条例》规定的罚款幅度，或者按照每使用一名童工每月处5 000元罚款的标准，从重处罚。劳动保障行政部门并应当责令用人单位限期将童工送回原居住地交其父母或者其他监护人，所需交通和食宿费用全部由用人单位承担。

用人单位经劳动保障行政部门依照前款规定责令限期改正，逾期仍不将童工送交其父母或者其他监护人的，从责令限期改正之日起，由劳动保障行政部门按照每使用一名童工每月处1万元罚款的标准处罚，并由工商行政管理部门吊销其营业执照或者由民政部门撤销民办非企业单位登记；用人单位是国家机关、事业单位的，由有关单位依法对直接负责的主管人员和其他直接责任人员给予降级或者撤职的行政处分或者纪律处分。

第七条　单位或者个人为不满16周岁的未成年人介绍就业的，由劳动保障行政部门按照每介绍一人处5 000元罚款的标准给予处罚；职业中介机构为不满16周岁的未成年人介绍就业的，并由劳动保障行政部门吊销其职业介绍许可证。

第八条　用人单位未按照本规定第四条的规定保存录用登记材料，或者伪造录用登记材料的，由劳动保障行政部门处1万元的罚款。

第九条　无营业执照、被依法吊销营业执照的单位以及未依法登记、备案的单位使用童工或者介绍童工就业的，依照本规定第六条、第七条、第八条规定的标准加一倍罚款，该非法单位由有关的行政主管部门予以取缔。

第十条　童工患病或者受伤的，用人单位应当负责送到医疗机构治疗，并负担治疗期间的全部医疗和生活费用。

童工伤残或者死亡的，用人单位由工商行政管理部门吊销营业执照或者由民政部门撤销民办非企业单位登记；用人单位是国家机关、事业单位的，由有关单位依法对直接负责的主管人员和其他直接责任人员给予降级或者撤职的行政处分或者纪律处分；用人单位还应当一次性地对伤残的童工、死亡童工的直系亲属给予赔偿，赔偿金额按照国家工伤保险的有关规定计算。

第十一条　拐骗童工，强迫童工劳动，使用童工从事高空、井下、放射性、高毒、易燃易爆以及国家规定的第四级体力劳动强度的劳动，使用不满14周岁的童工，或者造成童工死亡或者严重伤残的，依照刑法关于拐卖儿童罪、强迫劳动罪或者其他罪的规定，依法追究刑事责任。

第十二条　国家行政机关工作人员有下列行为之一的，依法给予记大过或者降级的行政处分；情节严重的，依法给予撤职或者开除的行政处分；构成犯罪的，依照刑法关于滥用职权罪、玩忽职守罪或者其他罪的规定，依法追究刑事责任：

（一）劳动保障等有关部门工作人员在禁止使用童工的监督检查工作中发现使用童工的情况，不予制止、纠正、查处的；

（二）公安机关的人民警察违反规定发放身份证或者在身份证上登录虚假出生年月的；

（三）工商行政管理部门工作人员发现申请人是不满16周岁的未成年人，仍然为其从事个体经营发放营业执照的。

第十三条　文艺、体育单位经未成年人的父母或者其他监护人同意，可以招用不满16周岁的专业文艺工作者、运动员。用人单位应当保障被招用的不满16周岁的未成年人的身心健康，保障其接受义务教育的权利。文艺、体育单位招用不满16周岁的专业文艺工作者、运动员的办法，由国务院劳动保障行政部门会同国务院文化、体育行政部门制定。

学校、其他教育机构以及职业培训机构按照国家有关规定组织不满16周岁的未成年人进行不影响其人身安全和身心健康的教育实践劳动、职业技能培训劳动，不属于使用童工。

第十四条 本规定自2002年12月1日起施行。1991年4月15日国务院发布的《禁止使用童工规定》同时废止。

就业援助

[解读]

就业援助是指国家各级人民政府采取税费减免等方法，通过公益性岗位安置等途径，对就业困难人员实行优先扶持和重点帮助，以实现其再就业的一种制度。

就业援助的方法主要包括税费减免、贷款贴息、社会保险补贴、岗位补贴等。税费减免是指在一定期限、一定限额内，减收或者免收就业困难人员从事个体经营应缴纳的税收以及各项行政、事业收费。贷款贴息是指符合条件的就业困难人员贷款由政府对其利息部分给予补贴。社会保险补贴是指对符合条件的就业困难人员参加社会保险的，政府对其中应由用人单位负担的部分给予的补贴，补贴标准按单位应为所招人员缴纳的养老、医疗和失业保险费计算，持有《再就业优惠证》的“4050”人员在公益性岗位工作超过3年的，社会保险补贴期限可相应延长；持有《再就业优惠证》的“4050”人员以及其他就业困难的人员实现灵活就业的，个人自愿申报就业并参加社会保险的，给予一定数额的养老、医疗保险补贴，期限最长不超过3年。岗位补贴是指政府开发的公益性岗位、机关事业单位工勤岗位、各类企业后勤服务岗位和街道社区组织开发的服务性岗位安排就业困难对象，并与其签订一定期限以上的劳动合同的，用人单位支付的月工资不得低于当地最低工资标准，各地可按实际招用的人数给予适当的岗位补贴，期限与劳动合同一致，且不超过国家或地方规定的最长期限。

就业援助的途径主要是通过公益性岗位安置就业困难人员，使其实现就业。公益性岗位通常包括以下几种情况：一是协助政府行使公共管理职能的就业岗位，如劳动保障协管员、小额担保贷款协管员、公共交通协管员、社会治安协管员、环境卫生协管员等；二是政府为满足社会公众需要，建设相关基础设施形成的就业岗位，如车辆看管、书报亭、电话亭等；三是社区服务岗位，如社区公共保洁绿化、物业管理、公共设施维护、社区保安等；四是机关、事业单位的门卫、收发、后勤服务等。

就业援助对象是指因身体状况、技能水平、家庭因素、失去土地等原因难以实现就业，以及连续失业一定时间仍未能实现就业的人员，即就业困难人员。

[依据指引]

(1)《中华人民共和国就业促进法》(2007年8月30日　国家主席令第70号)

第五十二条 各级人民政府建立健全就业援助制度，采取税费减免、贷款贴息、社会保险补贴、岗位补贴等办法，通过公益性岗位安置等途径，对就业困难人员实行优先扶持和重点帮助。

就业困难人员是指因身体状况、技能水平、家庭因素、失去土地等原因难以实现就业，以及连续失业一定时间仍未能实现就业的人员。就业困难人员的具体范围，由省、自治区、直辖市人民政府根据本行政区域的实际情况规定。

第五十三条 政府投资开发的公益性岗位，应当优先安排符合岗位要求的就业困难人员。被安排在公益性岗位工作的，按照国家规定给予岗位补贴。

第五十四条 地方各级人民政府加强基层就业援助服务工作，对就业困难人员实施重点帮助，提供有针对性的就业服务和公益性岗位援助。

地方各级人民政府鼓励和支持社会各方面为就业困难人员提供技能培训、岗位信息等服务。

(2) 国务院《关于进一步加强就业再就业工作的通知》(2005年11月8日　国发［2005］36号)

（五）对持《再就业优惠证》的就业困难对象(包括：国有企业下岗失业人员、厂办大集体企业下岗职工和国有企业关闭破产需要安置人员中的“4050”人员；享受城市居民最低生活保障、就业确有困难的长期失业人员)，可作为就业援助的重点，提供相应的政策扶持……

就业困难人员

[解读]

就业困难人员是指因身体状况、技能水平、

家庭因素、失去土地等原因难以实现就业，以及连续失业一定时间仍未能实现就业的人员。就业困难人员难以实现就业或者连续失业的原因有很多：身体状况，如身体残疾、体质过差等；技能水平，如学历较低，没有一定技能或者技能水平较低；家庭因素，如家庭负担过重，有特殊人员需要照顾等；失去土地，如农民因土地征用等原因失去耕种土地，失去收入重要来源等。这些人员在就业方面处于劣势，难以顺利实现就业。但不是所有的未就业或者连续失业一定时间仍未能实现就业的人员，都属于就业困难人员。如有些人员有就业能力、就业机会，但由于各种原因没有就业需求，自主选择不就业，则不属于规定的就业困难人员。

目前，我国对就业困难人员的范围界定为：持《再就业优惠证》的就业困难对象，包括国有企业下岗失业人员、厂办大集体企业下岗职工和国有企业关闭破产需要安置人员中的“4050”人员；享受城市居民最低生活保障、就业确有困难的长期失业人员。然而，由于就业困难还是一个比较抽象、笼统的概念，不同时期、不同区域，就业困难人员范围也是不同的。因此，就业困难人员的具体范围应由省级人民政府根据法律规定，结合其实际情况，作出具体的界定。

[依据指引]

(1)《中华人民共和国就业促进法》（2007年8月30日　国家主席令第70号）

第五十二条　各级人民政府建立健全就业援助制度，采取税费减免、贷款贴息、社会保险补贴、岗位补贴等办法，通过公益性岗位安置等途径，对就业困难人员实行优先扶持和重点帮助。

就业困难人员是指因身体状况、技能水平、家庭因素、失去土地等原因难以实现就业，以及连续失业一定时间仍未能实现就业的人员。就业困难人员的具体范围，由省、自治区、直辖市人民政府根据本行政区域的实际情况规定。

(2) 国务院《关于进一步加强就业再就业工作的通知》（2005年11月8日　国发［2005］36号）（略）

零就业家庭

[解读]

零就业家庭是指城市家庭中，所有法定劳动年龄内、具有劳动能力和就业愿望的家庭成员均处于失业状态，且无经营性、投资性收入的家庭。其主要特点如下：(1) 该家庭属于城市居民家庭；(2) 该家庭的成员均处于失业状态；(3) 该家庭无经营性、投资性收入。对零就业家庭的就业援助应当在其家庭成员主动申请的基础上，经住所地街道、社区公共就业服务机构确认属实后实施。援助措施主要是为其家庭成员提供就业岗位，确保该家庭至少有一人就业，还要帮助灵活就业的零就业家庭成员接续社会保险关系，落实岗位补贴和社会保险补贴，提高其就业稳定性。

[依据指引]

《中华人民共和国就业促进法》（2007年8月30日　国家主席令第70号）

第五十六条　县级以上地方人民政府采取多种就业形式，拓宽公益性岗位范围，开发就业岗位，确保城市有就业需求的家庭至少有一人实现就业。

法定劳动年龄内的家庭人员均处于失业状况的城市居民家庭，可以向住所地街道、社区公共就业服务机构申请就业援助。街道、社区公共就业服务机构经确认属实的，应当为该家庭中至少一人提供适当的就业岗位。

公益性岗位

[解读]

公益性岗位是指由政府投资开发或出资购买，享受一定的政府优惠、财政扶持，并以安排就业困难人员为主的工作岗位。一般具有三个特征：政府投资开发或出资购买，优先安置就业困难人员，岗位补贴。

政府投资开发或出资购买的公益性岗位通常包括以下几种情况：一是协助政府行使公共管理职能的就业岗位，如劳动保障协管员、小额担保贷款协管员、公共交通协管员、社会治安协管员、环境卫生协管员等；二是政府为满足社会公众需要，建设相关基础设施形成的就业岗位，如车辆看管、书报亭、电话亭等；三是社区服务岗位，如社区公共保洁绿化、物业管理、公共设施维护、社区保安等；四是机关、事业单位的门卫、收发、后勤服务等。

就业困难人员是指因身体状况、技能水平、家庭因素、失去土地等原因难以实现就业，以及连续失业一定时间仍未能实现就业的人员。国家在公益性岗位安排其就业，一般要求双方签订1年以上期限劳动合同的，按实际招用的人数，在相应期限内给予社会保险补贴。社会保险补贴标准按单位应为所招人缴纳的养老、医疗和失业保险费计算。各地可根据实际对在公益性岗位工作的就业困难对象，提供适当的岗位补贴，补贴标准由当地政府确定，所需资金由地方财政解决。政府通过为这些就业困难人员提供适当的岗位补贴和社保补贴，有利于降低用人单位的成本，提高用人单位安排就业困难人员的积极性和主动性。

另外，虽然使用公益性岗位的用人单位与劳动者符合建立劳动关系的属性，但也有特殊的“安置性”。因此，国家最终确定这部分劳动者应纳入劳动合同法调整范围，但又明确其不适用劳动合同法有关无固定期限劳动合同和支付经济补偿金的规定，体现了其劳动关系的一般性和特殊性。因为如果这部分劳动者适用有关无固定期限劳动合同的规定，则该岗位可能成为这部分人员的长期工作岗位，既不利于调动其提高自身技能、寻找市场就业机会的积极性，也不利于安排其他需要照顾的就业困难群体，偏离了就业援助的普惠性原则。另外，若用人单位需要在终止或解除劳动合同时支付这部分劳动者经济补偿金，则会增加用人单位的用工成本。将大大降低用人单位接纳就业困难人员的积极性，导致就业困难人员的就业难度增大。

[依据指引]

(1)《中华人民共和国就业促进法》（2007年8月30日　国家主席令第70号）

第五十二条　各级人民政府建立健全就业援助制度，采取税费减免、贷款贴息、社会保险补贴、岗位补贴等办法，通过公益性岗位安置等途径，对就业困难人员实行优先扶持和重点帮助。

就业困难人员是指因身体状况、技能水平、家庭因素、失去土地等原因难以实现就业，以及连续失业一定时间仍未能实现就业的人员。就业困难人员的具体范围，由省、自治区、直辖市人民政府根据本行政区域的实际情况规定。

第五十三条　政府投资开发的公益性岗位，应当优先安排符合岗位要求的就业困难人员。被安排在公益性岗位工作的，按照国家规定给予岗位补贴。

(2) 国务院《劳动合同法实施条例》（2008年9月18日　国务院令第535号）

第十二条　地方各级人民政府及县级以上地方人民政府有关部门为安置就业困难人员提供的给予岗位补贴和社会保险补贴的公益性岗位，其劳动合同不适用劳动合同法有关无固定期限劳动合同的规定以及支付经济补偿的规定

(3) 国务院《关于进一步加强就业再就业工作的通知》（2005年11月8日　国发［2005］36号）

（五）对持《再就业优惠证》的就业困难对象（包括：国有企业下岗失业人员、厂办大集体企业下岗职工和国有企业关闭破产需要安置人员中的“4050”人员；享受城市居民最低生活保障、就业确有困难的长期失业人员），可作为就业援助的重点，提供相应的政策扶持：

1. 政府投资开发的公益性岗位要优先安排就业困难对象。在公益性岗位安排就业困难对象，并与其签订1年以上期限劳动合同的，按实际招用的人数，在相应期限内给予社会保险补贴。社会保险补贴标准按单位应为所招人员缴纳的养老、医疗和失业保险费计算。上述“4050”人员在公益性岗位工作超过3年的，社会保险补贴期限可相应延长（超过3年的社会保险补贴所需资金由地方财政解决）。对2005年底前核准社会保险补贴但未到期的，按此政策执行。

2. 各地可根据实际对就业困难对象在公益性岗位工作的提供适当的岗位补贴，补贴标准由当地政府确定，所需资金由地方财政解决。

灵活就业

[解读]

灵活就业是指在正规就业形式之外的其他就业形式，主要包括在劳动时间、收入报酬、工作场所、保险福利、劳动关系等方面不同于建立在工业化和现代工厂制度基础上、传统主流就业方式的各种就业形式的总称。灵活就业主要有以下类型：第一类是在劳动标准、生产组织和管理以及劳动关系协调、就业稳定性等方面达不到具有现代化大生产特征的企业标准的用工和就业形式，包括临时就业（包括短期就业、季度就业、承包就业等）以及派遣就业等；第二类是由于科技和新兴产业的发展，现代企业组织管理和经营方式变更而产生的灵活就业方式，如非全日制就业、兼职和远程就业；第三类是独立于单位之外的就

业形式，如自营就业、独立就业和家庭就业等。多种灵活就业方式的出现与发展是对传统就业模式的一次深层次的变革，是社会经济发展到一定阶段、人民生活达到一定水平的结果。它适应了职业流动、提高生活质量等多方面的需求。从世界范围来看，灵活就业对增加就业岗位的贡献非常突出，已经成为世界各国为促进就业增长的最重要的手段之一。

灵活就业人员包括：无雇工的个体工商户、非全日制从业人员以及律师、会计师、自由撰稿人、演员等自由职业者等。由于灵活就业人员普遍存在收入不固定、劳动关系不固定的特点，为更好地保障灵活就业人员的社会保障权利，我国法律规定，该类灵活就业人员其社会保险采取自愿参加的方式，可自行向社会保险费征收机构缴纳社会保险费，按照国家规定的标准，根据自己的收入，量力而行。

[依据指引]

(1)《中华人民共和国就业促进法》（2007 年 8 月 30 日 国家主席令第 70 号）

第二十三条 各级人民政府采取措施，逐步完善和实施与非全日制用工等灵活就业相适应的劳动和社会保险政策，为灵活就业人员提供帮助和服务。

(2)《中华人民共和国劳动合同法》（2007 年 6 月 29 日 国家主席令第 65 号）

第六十八条 非全日制用工，是指以小时计酬为主，劳动者在同一用人单位一般平均每日工作时间不超过四小时，每周工作时间累计不超过二十四小时的用工形式。

(3)《中华人民共和国社会保险法》（2010 年 10 月 28 日 国家主席令第 35 号）

第十条 职工应当参加基本养老保险，由用人单位和职工共同缴纳基本养老保险费。

无雇工的个体工商户、未在用人单位参加基本养老保险的非全日制从业人员以及其他灵活就业人员可以参加基本养老保险，由个人缴纳基本养老保险费。

公务员和参照公务员法管理的工作人员养老保险的办法由国务院规定。

第十二条 用人单位应当按照国家规定的本单位职工工资总额的比例缴纳基本养老保险费，记入基本养老保险统筹基金。

职工应当按照国家规定的本人工资的比例缴纳基本养老保险费，记入个人账户。

无雇工的个体工商户、未在用人单位参加基本养老保险的非全日制从业人员以及其他灵活就业人员参加基本养老保险的，应当按照国家规定缴纳基本养老保险费，分别记入基本养老保险统筹基金和个人账户。

第二十三条 职工应当参加职工基本医疗保险，由用人单位和职工按照国家规定共同缴纳基本医疗保险费。

无雇工的个体工商户、未在用人单位参加职工基本医疗保险的非全日制从业人员以及其他灵活就业人员可以参加职工基本医疗保险，由个人按照国家规定缴纳基本医疗保险费。

外国人在华就业

[解读]

外国人在华就业是指没有取得定居权的外国人在中国境内依法从事社会劳动并获得相应劳动报酬的行为。外国人包括具有外国国籍的人和无国籍的人。外国人在华就业必须具备以下条件：

（一）年满 18 周岁，身体健康。

（二）具有从事其工作所必需的专业技能和相应的工作经历。

（三）无犯罪记录。

（四）有确定的聘用单位。

（五）持有效护照或能代替护照的其他国籍旅行证件。

（六）在中国就业的外国人应持职业签证入境，入境后取得《外国人就业证》和外国人居留证，方可在中国就业。

不得在中国就业的外国人一般包括：未取得居留证件的外国人，在中国留学、学习的外国人及持职业签证外国人的随行家属。

用人单位聘用外国人从事的岗位应当是具有特殊需要、国内暂缺适当人员，且不违反国家有关规定的岗位。国家规定，用人单位不得聘用外国人从事营业性文艺演出，但经文化部批准持《临时营业演出许可证》进行营业性文艺演出的外国人除外。因此，任何用人单位都不得聘用外国人从事营业性文艺演出。用人单位招聘外国人须为该外国人申请就业许可证，经获准并取得《外国人就业许可证书》后，方可聘用。申办程序是：对于有行业主管部门的用人单位，应填写《聘用外国人就业申请表》，向其与人力资源和社会保障行政主管部门同级的行业主管部门提出申请，并提供下列有效文件：

（一）拟聘用的外国人履历证明。

（二）聘用意向书。

（三）拟聘用外国人原因的报告。

（四）拟聘用的外国人从事该项工作的资格证明。

（五）拟聘用的外国人健康状况说明。

（六）法律、法规规定的其他文件。

行业主管部门应按照有关法律、法规的规定进行审批。批准后，用人单位应持申请表到其所在地区的省、自治区、直辖市人力资源和社会保障行政部门或其授权的地市级人力资源和社会保障行政部门办理核准手续。人力资源和社会保障行政部门依据行业主管部门的意见和劳动力市场的需求状况进行核准，核准后向用人单位签发就业许可证书。

中央级用人单位、无行业主管部门的用人单位聘用外国人，可直接到主管的人力资源和社会保障行政部门发证机关提出申请和办理就业手续。

外商投资企业聘用外国人，无需行业主管部门审批，可凭合同、章程、批准证书、营业执照和规定的有效文件到人力资源和社会保障行政部门的发证机关申领许可证书。

对符合下列条件之一的外国人，可免办就业许可：

（一）由我国政府直接出资聘请的外籍专业技术和管理人员，或由国家机关和事业单位出资聘请，具有本国和国际权威技术管理部门或行业协会确定的高级技术职称或特殊技能资格证书的外籍专业技术和管理人员，并持有外国专家局签发的《外国专家证》的外国人。

（二）持有《外国人在中华人民共和国从事海上石油作业工作准许证》，从事海上石油作业、不需登陆、有特殊技能的外籍劳务人员。

（三）经文化部批准持《临时营业演出许可证》进行营业性文艺演出的外国人。

对违反规定未办理许可证擅自聘用外国人的用人单位，由公安机关依照有关规定，在终止其聘用行为的同时，可处以5 000元以上5万元以下的罚款，并责令其承担遣送私自聘用的外国人的全部费用。

[依据指引]

(1) 劳动部、公安部、外交部、对外贸易经济合作部《外国人在中国就业管理规定》（1996年1月22日　劳部发［1996］29号）

第六条　用人单位聘用外国人从事的岗位应是有特殊需要，国内暂缺适当人选，且不违反国家有关规定的岗位。

用人单位不得聘用外国人从事营业性文艺演出，但符合本规定第九条第三项规定的人员除外。

第七条　外国人在中国就业须具备下列条件：

（一）年满18周岁，身体健康；

（二）具有从事其工作所必需的专业技能和相应的工作经历；

（三）无犯罪记录；

（四）有确定的聘用单位；

（五）持有有效护照或能代替护照的其他国际旅行证件（以下简称代替护照的证件）。

第九条　凡符合下列条件之一的外国人可免办就业许可和就业证：

（一）由我政府直接出资聘请的外籍专业技术和管理人员，或由国家机关和事业单位出资聘请，具有本国或国际权威技术管理部门或行业协会确认的高级技术职称或特殊技能资格证书的外籍专业技术和管理人员，并持有外国专家局签发的《外国专家证》的外国人；

（二）持有《外国人在中华人民共和国从事海上石油作业工作准许证》从事海上石油作业、不需登陆、有特殊技能的外籍劳务人员；

（三）经文化部批准持《临时营业演出许可证》进行营业性文艺演出的外国人。

第十一条　用人单位聘用外国人，须填写《聘用外国人就业申请表》（以下简称申请表），向其与劳动行政主管部门同级的行业主管部门（以下简称行业主管部门）提出申请，并提供下列有效文件：

（一）拟聘用的外国人履历证明；

（二）聘用意向书；

（三）拟聘用外国人原因的报告；

（四）拟聘用的外国人从事该项工作的资格证明；

（五）拟聘用的外国人健康状况证明；

（六）法律、法规规定的其他文件。

行业主管部门应按照本规定第六条、第七条及有关法律、法规的规定进行审批。

第二十八条　对违反本规定未申领就业证擅自就业的外国人和未办理许可证书擅自聘用外国人的用人单位，由公安机关按《中华人民共和国外国人入境出境管理法实施细则》第四十四条处理。

(2) 国务院《外国人入境出境管理法实施细则》（2010 年 4 月 24 日　国务院令第 575 号）

第四十四条　对未经中华人民共和国劳动部或者其授权的部门批准私自谋职的外国人，在终止其任职或者就业的同时，可以处 1 000 元以下的罚款；情节严重的，并处限期出境。

对私自雇用外国人的单位和个人，在终止其雇用行为的同时，可以处 5 000 元以上 5 万元以下的罚款，并责令其承担遣送私自雇用的外国人的全部费用。

台港澳人员在内地就业

[解读]

台港澳人员在内地就业是指台湾、香港、澳门人员依法应聘、受雇于内地用人单位，从事一定社会劳动并取得劳动报酬或经营收入，建立劳动关系的人员；在内地从事个体经营的香港、澳门人员；与境外或台、港、澳地区用人单位建立劳动关系并受其派遣到内地一年内（公历年 1 月 1 日起至 12 月 31 日）在同一用人单位累计工作三个月以上的人员。

这里所说的台、港、澳人员不包括经国家外国专家局聘请的台、港、澳地区的专家；台、港、澳在内地设立的商务办事机构的法人代表；在内地开办的外资企业中具有法人资格的投资者。其他台、港、澳人员在内地就业需具备的条件是：

（一）年满 18～60 周岁（直接参与经营的投资者和内地急需的专业技术人员可超过 60 周岁），身体健康，持有内地主管机关签发的有效旅行证件（包括内地主管机关签发的台湾居民往来大陆通行证、港澳居民往来内地通行证等有效证件）。

（二）从事国家规定的职业（技术工种）的，应当按照国家有关规定，具有相应的资格证明。

台、港、澳人员在内地就业实行就业证制度。主管部门是各省、自治区、直辖市人力资源和社会保障行政部门及其授权的地、市级人力资源和社会保障行政部门。用人单位聘用台、港、澳地区人员，首先应由用人单位向所在地（市）级人力资源和社会保障行政部门提交《台湾、香港、澳门居民在内地就业申请表》和下列有效文件：

1. 用人单位营业执照或登记证明；

2. 拟聘雇或者接受被派遣人员的个人有效旅行证件；

3. 拟聘雇或者接受被派遣人员的健康状况证明；

4. 聘雇意向书或者任职证明；

5. 聘雇人员从事国家规定的职业（技术工种）的，提供拟聘雇人员相应的职业资格证书；

6. 法律、法规规定的其他文件。

人力资源和社会保障行政部门应自收到用人单位提交的《台湾香港澳门居民就业申请表》和有关文件之日起 10 个工作日内，做出就业许可决定，对符合规定、准予就业许可的，颁发就业证；对不符合规定、不予就业许可的，应当以书面形式告知用人单位并说明理由。用人单位应当持就业证到颁发该证的人力资源和社会保障行政部门办理聘雇台、港、澳人员登记备案手续。用人单位与聘雇的台、港、澳人员应当签订劳动合同，并按照《社会保险征缴暂行条例》的规定缴纳社会保险费。用人单位与聘雇的台、港、澳人员终止或者解除劳动合同，或者被派遣台、港、澳人员任职期满的，用人单位应当自终止、解除劳动合同或者台、港、澳人员任职期满之日起 10 个工作日内，到原发证机关办理就业证注销手续。用人单位与聘雇的台、港、澳人员之间发生劳动争议，依照国家有关劳动争议处理的规定处理。

用人单位未为聘雇的台、港、澳人员办理就业证或未办理备案手续的，与之终止、解除劳动合同或该人员任职期满，未办理就业证注销手续的，由劳动行政部门依法予以行政处罚。

香港、澳门人员在内地从事个体工商经营的，由本人持个体经营执照、健康证明和个人有效旅行证件向所在地的地（市）级人力资源和社会保障行政部门申请办理就业证。人力资源和社会保障行政部门应当自收到香港、澳门人员提交的文件之日起 5 个工作日内办理。歇业或者停止经营的，应当在歇业或者停止经营之日起 30 日内，到颁发该证的人力资源和社会保障行政部门办理就业注销手续。

[依据指引]

劳动和社会保障部《台湾香港澳门居民在内地就业管理规定》（1995 年 6 月 14 日　部令第 26 号）

第一条　为维护台湾居民、香港和澳门居民中的中国公民（以下简称台、港、澳人员）在内地就业的合法权益，加强内地用人单位聘雇台、港、澳人员的管理，根据《中华人民共和国劳动法》和有关法律、行政法规，制定本规定。

第二条 本规定适用于在内地就业的台、港、澳人员和聘雇或者接受被派遣台、港、澳人员的内地企业事业单位、个体工商户以及其他依法登记的组织（以下简称用人单位）。

台湾、香港、澳门地区专家在内地就业的管理，国家另有规定的，从其规定。

第三条 本规定所称在内地就业的台、港、澳人员，是指：

（一）与用人单位建立劳动关系的人员；

（二）在内地从事个体经营的香港、澳门人员；

（三）与境外或台、港、澳地区用人单位建立劳动关系并受其派遣到内地一年内（公历年1月1日起至12月31日止）在同一用人单位累计工作三个月以上的人员。

第四条 台、港、澳人员在内地就业实行就业许可制度。用人单位拟聘雇或者接受被派遣台、港、澳人员的，应当为其申请办理《台港澳人员就业证》（以下简称就业证）；香港、澳门人员在内地从事个体工商经营的，应当由本人申请办理就业证。经许可并取得就业证的台、港、澳人员在内地就业受法律保护。

用人单位聘雇或者接受被派遣台、港、澳人员，实行备案制度。

就业证由劳动保障部统一印制。

第五条 用人单位聘雇或者接受被派遣台、港、澳人员，应当遵守国家的法律、法规。

第六条 用人单位拟聘雇或者接受被派遣的台、港、澳人员，应当具备下列条件：

（一）年龄18～60周岁（直接参与经营的投资者和内地急需的专业技术人员可超过60周岁）；

（二）身体健康；

（三）持有有效旅行证件（包括内地主管机关签发的台湾居民来往大陆通行证、港澳居民往来内地通行证等有效证件）；

（四）从事国家规定的职业（技术工种）的，应当按照国家有关规定，具有相应的资格证明；

（五）法律、法规规定的其他条件。

第七条 用人单位为台、港、澳人员在内地就业申请办理就业证，应当向所在地的地（市）级劳动保障行政部门提交《台湾香港澳门居民就业申请表》和下列有效文件：

（一）用人单位营业执照或登记证明；

（二）拟聘雇或者接受被派遣人员的个人有效旅行证件；

（三）拟聘雇或者接受被派遣人员的健康状况证明；

（四）聘雇意向书或者任职证明；

（五）拟聘雇人员从事国家规定的职业（技术工种）的，提供拟聘雇人员相应的职业资格证书；

（六）法律、法规规定的其他文件。

第八条 劳动保障行政部门应当自收到用人单位提交的《台湾香港澳门居民就业申请表》和有关文件之日起10个工作日内作出就业许可决定。对符合本规定第六条规定条件的，准予就业许可，颁发就业证；对不符合本规定第六条规定条件不予就业许可的，应当以书面形式告知用人单位并说明理由。

第九条 用人单位应当持就业证到颁发该证的劳动保障行政部门办理聘雇台、港、澳人员登记备案手续。

第十条 香港、澳门人员在内地从事个体工商经营的，由本人持个体经营执照、健康证明和个人有效旅行证件向所在地的地（市）级劳动保障行政部门申请办理就业证。劳动保障行政部门应当自收到香港、澳门人员提交的文件之日起5个工作日内办理。

第十一条 用人单位与聘雇的台、港、澳人员应当签订劳动合同，并按照《社会保险费征缴暂行条例》的规定缴纳社会保险费。

第十二条 用人单位与聘雇的台、港、澳人员终止或者解除劳动合同，或者被派遣台、港、澳人员任职期满的，用人单位应当自终止、解除劳动合同或者台、港、澳人员任职期满之日起10个工作日内，到原发证机关办理就业证注销手续。

在内地从事个体工商经营的香港、澳门人员歇业或者停止经营的，应当在歇业或者停止经营之日起30日内到颁发该证的劳动保障行政部门办理就业证注销手续。

第十三条 就业证遗失或损坏的，用人单位应当向颁发该证的劳动保障行政部门申请为台、港、澳人员补发就业证。

第十四条 台、港、澳人员的就业单位应当与就业证所注明的用人单位一致。用人单位变更的，应当由变更后的用人单位到所在地的地（市）级劳动保障行政部门为台、港、澳人员重新申请办理就业证。

第十五条 用人单位与聘雇的台、港、澳人员之间发生劳动争议，依照国家有关劳动争议处理的规定处理。

第十六条　用人单位聘雇或者接受被派遣台、港、澳人员，未为其办理就业证或未办理备案手续的，由劳动保障行政部门责令其限期改正，并可以处 1 000 元罚款。

第十七条　用人单位与聘雇台、港、澳人员终止、解除劳动合同或者台、港、澳人员任职期满，用人单位未办理就业证注销手续的，由劳动保障行政部门责令改正，并可以处 1 000 元罚款。

第十八条　用人单位伪造、涂改、冒用、转让就业证的，由劳动保障行政部门责令其改正，并处 1 000 元罚款，该用人单位一年内不得聘雇台、港、澳人员。

第十九条　本规定自 2005 年 10 月 1 日起施行。原劳动部 1994 年 2 月 21 日颁布的《台湾和香港、澳门居民在内地就业管理规定》同时废止。

就业服务机构

[解读]

就业服务机构是指为用人单位和求职人员提供各项帮助和服务的组织机构。就业服务包括职业介绍、就业训练、失业保险和劳动就业服务企业等四项主要内容。其中，就业训练主要由就业培训中心来承担，其主要任务是：面对失业青年、妇女和残疾人等开展的就业前训练，失业职工转业训练。劳动就业服务企业主要任务是：在国家资金、税收和就业政策支持和主办单位扶持下，举办各类生产经营网点，直接安置失业人员。职业介绍和失业保险等项服务一般通过两类就业服务机构来开展。一是政府设立的公益性公共就业服务机构，二是社会举办的经营性职业中介机构。公共就业服务机构是指各级政府部门举办，承担公共就业服务职能的公益性服务机构，应以提供就业服务为基本职责，以促进社会就业为基本目标，以实施国家就业政策为基本任务。

公共就业服务机构应当免费为劳动者提供下列服务：

（一）就业政策法规咨询。

（二）职业供求信息、市场工资指导价位信息和职业培训信息发布。

（三）职业指导和职业介绍。

（四）对就业困难人员实施就业援助。

（五）办理就业登记、失业登记等事务。

（六）其他公共就业服务。

公共就业服务机构根据用人单位需求提供以下服务：

（一）招聘用人指导服务。

（二）代理招聘服务。

（三）跨地区人员招聘服务。

（四）企业人力资源管理咨询等专业性服务。

（五）劳动保障事务代理服务。

（六）为满足用人单位需求开发的其他就业服务项目。

公共就业服务机构举办的招聘会，不得向劳动者收取费用，不得从事经营性活动，其经费应纳入同级财政预算，公共就业服务机构从事劳动保障事务代理业务的，须经县级以上人力资源和社会保障行政部门批准。

社会举办的经营性职业介绍机构，也就是通常所说的职业中介机构，是指由法人、其他组织和公民个人举办，为用人单位招用人员和劳动者求职提供中介服务以及其他相关服务的经营性组织。

[依据指引]

(1)《中华人民共和国就业促进法》（2007 年 8 月 30 日　国家主席令第 70 号）

第三十三条　县级以上人民政府鼓励社会各方面依法开展就业服务活动，加强对公共就业服务和职业中介服务的指导和监督，逐步完善覆盖城乡的就业服务体系。

第三十五条　县级以上人民政府建立健全公共就业服务体系，设立公共就业服务机构，为劳动者免费提供下列服务：

（一）就业政策法规咨询；

（二）职业供求信息、市场工资指导价位信息和职业培训信息发布；

（三）职业指导和职业介绍；

（四）对就业困难人员实施就业援助；

（五）办理就业登记、失业登记等事务；

（六）其他公共就业服务。

公共就业服务机构应当不断提高服务的质量和效率，不得从事经营性活动。

公共就业服务经费纳入同级财政预算。

第三十六条　县级以上地方人民政府对职业中介机构提供公益性就业服务的，按照规定给予补贴。

国家鼓励社会各界为公益性就业服务提供捐

赠、资助。

第三十七条 地方各级人民政府和有关部门不得举办或者与他人联合举办经营性的职业中介机构。

地方各级人民政府和有关部门、公共就业服务机构举办的招聘会，不得向劳动者收取费用。

(2) 劳动和社会保障部《就业服务与就业管理规定》（2007 年 11 月 5 日 部令第 28 号）

第二十五条 公共就业服务机构应当免费为劳动者提供以下服务：

（一）就业政策法规咨询；

（二）职业供求信息、市场工资指导价位信息和职业培训信息发布；

（三）职业指导和职业介绍；

（四）对就业困难人员实施就业援助；

（五）办理就业登记、失业登记等事务；

（六）其他公共就业服务。

第二十六条 公共就业服务机构应当积极拓展服务功能，根据用人单位需求提供以下服务：

（一）招聘用人指导服务；

（二）代理招聘服务；

（三）跨地区人员招聘服务；

（四）企业人力资源管理咨询等专业性服务；

（五）劳动保障事务代理服务；

（六）为满足用人单位需求开发的其他就业服务项目。

公共就业服务机构从事劳动保障事务代理业务，须经县级以上劳动保障行政部门批准。

第二十七条 公共就业服务机构应当加强职业指导工作，配备专（兼）职职业指导工作人员，向劳动者和用人单位提供职业指导服务。

职业指导工作人员经过专业资格培训并考核合格，获得相应的国家职业资格证书方可上岗。

公共就业服务机构应当为职业指导工作提供相应的设施和条件，推动职业指导工作的开展，加强对职业指导工作的宣传。

第二十八条 职业指导工作包括以下内容：

（一）向劳动者和用人单位提供国家有关劳动保障的法律法规和政策、人力资源市场状况咨询；

（二）帮助劳动者了解职业状况，掌握求职方法，确定择业方向，增强择业能力；

（三）向劳动者提出培训建议，为其提供职业培训相关信息；

（四）开展对劳动者个人职业素质和特点的测试，并对其职业能力进行评价；

（五）对妇女、残疾人、少数民族人员及退出现役的军人等就业群体提供专门的职业指导服务；

（六）对大中专学校、职业院校、技工学校学生的职业指导工作提供咨询和服务；

（七）对准备从事个体劳动或开办私营企业的劳动者提供创业咨询服务；

（八）为用人单位提供选择招聘方法、确定用人条件和标准等方面的招聘用人指导；

（九）为职业培训机构确立培训方向和专业设置等提供咨询参考。

第三十一条 县级以上公共就业服务机构建立综合性服务场所，集中为劳动者和用人单位提供一站式就业服务，并承担劳动保障行政部门安排的其他工作。

街道、乡镇、社区公共就业服务机构建立基层服务窗口，开展以就业援助为重点的公共就业服务，实施劳动力资源调查统计，并承担上级劳动保障行政部门安排的其他就业服务工作。

公共就业服务机构使用全国统一标识。

第三十七条 公共就业服务经费纳入同级财政预算。各级劳动保障行政部门和公共就业服务机构应当根据财政预算编制的规定，依法编制公共就业服务年度预算，报经同级财政部门审批后执行。

公共就业服务机构可以按照就业专项资金管理相关规定，依法申请公共就业服务专项扶持经费。

公共就业服务机构接受社会各界提供的捐赠和资助，按照国家有关法律法规管理和使用。

公共就业服务机构为用人单位提供的服务，应当规范管理，严格控制服务收费。确需收费的，具体项目由省级劳动保障行政部门会同相关部门规定。

第三十九条 各级残疾人联合会所属的残疾人就业服务机构是公共就业服务机构的组成部分，负责为残疾劳动者提供相关就业服务，并经劳动保障行政部门委托，承担残疾劳动者的就业登记、失业登记工作。

职业中介机构

[解读]

我国的职业中介机构是指社会举办的经营性职业中介机构，由法人、其他组织和公民个人举办，为用人单位招用人员和劳动者求职提供中介服务以及其他相关服务的经营性组织。职业中介机构实行行政许可制度。设立职业中介机构或者其他机构开展职业中介活动，须经人力资源和社会保障行政部门批准，并在获得职业中介许可证后，持许可证向工商行政管理部门办理登记方可经营。未经依法许可和登记的机构，不得从事职业中介活动。设立职业中介机构应当具备下列条件：

（一）有明确的章程和管理制度。

（二）有开展业务必备的固定场所、办公设施和一定数额的开办资金。

（三）有一定数量具备相应职业资格的专职工作人员。

（四）法律、法规规定的其他条件。

设立职业中介机构，应当向当地县级以上人力资源和社会保障行政部门提出申请，提交下列文件：

（一）设立申请书。

（二）机构章程和管理制度草案。

（三）场所使用权证明。

（四）注册资本（金）验资报告。

（五）拟任负责人的基本情况、身份证明。

（六）具备相应职业资格的专职工作人员的相关证明。

（七）法律、法规规定的其他文件。

人力资源和社会保障行政部门接到设立职业中介机构的申请后，应当自受理申请之日起20日内审理完毕。对符合条件的，应当予以批准；不予批准的，应当说明理由。人力资源和社会保障行政部门对批准设立的职业中介机构实行年度审验。

职业中介机构可以从事以下业务：

（一）为劳动者介绍用人单位。

（二）为用人单位和居民家庭推荐劳动者。

（三）开展职业指导、人力资源管理咨询服务。

（四）收集和发布职业供求信息。

（五）根据国家有关规定从事互联网职业信息服务。

（六）组织职业招聘洽谈会。

（七）经人力资源和社会保障行政部门核准的其他服务项目。

职业中介机构不得有下列行为：

（一）提供虚假就业信息。

（二）发布的就业信息中包含歧视性内容。

（三）伪造、涂改、转让职业中介许可证。

（四）为无合法证照的用人单位提供职业中介服务。

（五）介绍未满16周岁的未成年人就业。

（六）为无合法身份证件的劳动者提供职业中介服务。

（七）介绍劳动者从事法律、法规禁止从事的职业。

（八）扣押劳动者的居民身份证和其他证件，或者向劳动者收取押金。

（九）以暴力、胁迫、欺诈等方式进行职业中介活动。

（十）超出核准的业务范围经营。

（十一）其他违反法律、法规规定的行为。

违反上述法律、法规规定的职业中介机构，将由人力资源和社会保障行政部门或者其他主管部门依法予以关闭或处罚。

[依据指引]

(1)《中华人民共和国就业促进法》（2007年8月30日　国家主席令第70号）

第三十六条　县级以上地方人民政府对职业中介机构提供公益性就业服务的，按照规定给予补贴。

国家鼓励社会各界为公益性就业服务提供捐赠、资助。

第三十七条　地方各级人民政府和有关部门不得举办或者与他人联合举办经营性的职业中介机构。

地方各级人民政府和有关部门、公共就业服务机构举办的招聘会，不得向劳动者收取费用。

第三十八条　县级以上人民政府和有关部门加强对职业中介机构的管理，鼓励其提高服务质量，发挥其在促进就业中的作用。

第三十九条　从事职业中介活动，应当遵循合法、诚实信用、公平、公开的原则。

用人单位通过职业中介机构招用人员，应当如实向职业中介机构提供岗位需求信息。禁止任何组织或者个人利用职业中介活动侵害劳动者的合法权益。

第四十条　设立职业中介机构应当具备下列条件：

（一）有明确的章程和管理制度；

（二）有开展业务必备的固定场所、办公设施和一定数额的开办资金；

（三）有一定数量具备相应职业资格的专职工作人员；

（四）法律、法规规定的其他条件。

设立职业中介机构，应当依法办理行政许可。经许可的职业中介机构，应当向工商行政部门办理登记。

未经依法许可和登记的机构，不得从事职业中介活动。

国家对外商投资职业中介机构和向劳动者提供境外就业服务的职业中介机构另有规定的，依照其规定。

第四十一条 职业中介机构不得有下列行为：

（一）提供虚假就业信息；

（二）为无合法证照的用人单位提供职业中介服务；

（三）伪造、涂改、转让职业中介许可证；

（四）扣押劳动者的居民身份证和其他证件，或者向劳动者收取押金；

（五）其他违反法律、法规规定的行为。

(2) 劳动和社会保障部《就业服务与就业管理规定》（2007 年 11 月 5 日　部令第 28 号）

第四十五条 县级以上劳动保障行政部门应当加强对职业中介机构的管理，鼓励其提高服务质量，发挥其在促进就业中的作用。

本规定所称职业中介机构，是指由法人、其他组织和公民个人举办，为用人单位招用人员和劳动者求职提供中介服务以及其他相关服务的经营性组织。

政府部门不得举办或者与他人联合举办经营性的职业中介机构。

第四十六条 从事职业中介活动，应当遵循合法、诚实信用、公平、公开的原则。

禁止任何组织或者个人利用职业中介活动侵害劳动者和用人单位的合法权益。

第四十七条 职业中介实行行政许可制度。设立职业中介机构或其他机构开展职业中介活动，须经劳动保障行政部门批准，并获得职业中介许可证。

经批准获得职业中介许可证的职业中介机构，应当持许可证向工商行政管理部门办理登记。

未经依法许可和登记的机构，不得从事职业中介活动。

职业中介许可证由劳动和社会保障部统一印制并免费发放。

第四十八条 设立职业中介机构应当具备下列条件：

（一）有明确的机构章程和管理制度；

（二）有开展业务必备的固定场所、办公设施和一定数额的开办资金；

（三）有一定数量具备相应职业资格的专职工作人员；

（四）法律、法规规定的其他条件。

第四十九条 设立职业中介机构，应当向当地县级以上劳动保障行政部门提出申请，提交下列文件：

（一）设立申请书；

（二）机构章程和管理制度草案；

（三）场所使用权证明；

（四）注册资本（金）验资报告；

（五）拟任负责人的基本情况、身份证明；

（六）具备相应职业资格的专职工作人员的相关证明；

（七）法律、法规规定的其他文件。

第五十条 劳动保障行政部门接到设立职业中介机构的申请后，应当自受理申请之日起 20 日内审理完毕。对符合条件的，应当予以批准；不予批准的，应当说明理由。

劳动保障行政部门对经批准设立的职业中介机构实行年度审验。

职业中介机构的具体设立条件、审批和年度审验程序，由省级劳动保障行政部门统一规定。

第五十一条 职业中介机构变更名称、住所、法定代表人等或者终止的，应当按照设立许可程序办理变更或者注销登记手续。

设立分支机构的，应当在征得原审批机关的书面同意后，由拟设立分支机构所在地县级以上劳动保障行政部门审批。

第五十二条 职业中介机构可以从事下列业务：

（一）为劳动者介绍用人单位；

（二）为用人单位和居民家庭推荐劳动者；

（三）开展职业指导、人力资源管理咨询服务；

（四）收集和发布职业供求信息；

（五）根据国家有关规定从事互联网职业信息服务；

（六）组织职业招聘洽谈会；

（七）经劳动保障行政部门核准的其他服务项目。

第五十三条 职业中介机构应当在服务场所

明示营业执照、职业中介许可证、服务项目、收费标准、监督机关名称和监督电话等，并接受劳动保障行政部门及其他有关部门的监督检查。

第五十四条　职业中介机构应当建立服务台账，记录服务对象、服务过程、服务结果和收费情况等，并接受劳动保障行政部门的监督检查。

第五十五条　职业中介机构提供职业中介服务不成功的，应当退还向劳动者收取的中介服务费。

第五十六条　职业中介机构租用场地举办大规模职业招聘洽谈会，应当制定相应的组织实施办法和安全保卫工作方案，并向批准其设立的机关报告。

职业中介机构应当对入场招聘用人单位的主体资格真实性和招用人员简章真实性进行核实。

第五十七条　职业中介机构为特定对象提供公益性就业服务的，可以按照规定给予补贴。可以给予补贴的公益性就业服务的范围、对象、服务效果和补贴办法，由省级劳动保障行政部门会同有关部门制定。

第五十八条　禁止职业中介机构有下列行为：

（一）提供虚假就业信息；

（二）发布的就业信息中包含歧视性内容；

（三）伪造、涂改、转让职业中介许可证；

（四）为无合法证照的用人单位提供职业中介服务；

（五）介绍未满16周岁的未成年人就业；

（六）为无合法身份证件的劳动者提供职业中介服务；

（七）介绍劳动者从事法律、法规禁止从事的职业；

（八）扣押劳动者的居民身份证和其他证件，或者向劳动者收取押金；

（九）以暴力、胁迫、欺诈等方式进行职业中介活动；

（十）超出核准的业务范围经营；

（十一）其他违反法律、法规规定的行为。

第五十九条　县级以上劳动保障行政部门应当依法对经审批设立的职业中介机构开展职业中介活动进行监督指导，定期组织对其服务信用和服务质量进行评估，并将评估结果向社会公布。

县级以上劳动保障行政部门应当指导职业中介机构开展工作人员培训，提高服务质量。

县级以上劳动保障行政部门对在诚信服务、优质服务和公益性服务等方面表现突出的职业中介机构和个人，报经同级人民政府批准后，给予表彰和奖励。

第六十条　设立外商投资职业中介机构以及职业中介机构从事境外就业中介服务的，按照有关规定执行。

第七十条　违反本规定第四十七条规定，未经许可和登记，擅自从事职业中介活动的，由劳动保障行政部门或者其他主管部门按照就业促进法第六十四条规定予以处罚。

第七十一条　职业中介机构违反本规定第五十三条规定，未明示职业中介许可证、监督电话的，由劳动保障行政部门责令改正，并可处以一千元以下的罚款；未明示收费标准的，提请价格主管部门依据国家有关规定处罚；未明示营业执照的，提请工商行政管理部门依据国家有关规定处罚。

第七十二条　职业中介机构违反本规定第五十四条规定，未建立服务台账，或虽建立服务台账但未记录服务对象、服务过程、服务结果和收费情况的，由劳动保障行政部门责令改正，并可处以一千元以下的罚款。

第七十三条　职业中介机构违反本规定第五十五条规定，在职业中介服务不成功后未向劳动者退还所收取的中介服务费的，由劳动保障行政部门责令改正，并可处以一千元以下的罚款。

第七十四条　职业中介机构违反本规定第五十八条第（一）、（三）、（四）、（八）项规定的，按照就业促进法第六十五条、第六十六条规定予以处罚。违反本规定第五十八条第（五）项规定的，按照国家禁止使用童工的规定予以处罚。违反本规定第五十八条其他各项规定的，由劳动保障行政部门责令改正，没有违法所得的，可处以一万元以下的罚款；有违法所得的，可处以不超过违法所得三倍的罚款，但最高不得超过三万元；情节严重的，提请工商部门依法吊销营业执照；对当事人造成损害的，应当承担赔偿责任。

(3) 劳动部《职业介绍服务规程（试行）》
（1998年1月6日　劳部发［1998］1号）

为健全劳动部门职业介绍机构的服务规则和服务秩序，进一步规范职业介绍服务方式，更好地帮助劳动者求职和单位用人，促进就业，制定本规程。

一、职业介绍服务标准

职业介绍机构提供服务遵循以下服务标准：

1. 文明服务。场所整洁、设施便利；工作人员挂牌服务，语言文明；尊重隐私，保守秘密，诚实守信。

2. 公平服务。对各类求职人员和用人单位一律平等对待，公平服务，不歧视。

3. 优先服务。对于就业困难的求职人员，特别是就业困难的下岗职工和失业六个月以上的长期失业者，应提供优先服务和重点帮助。

4. 高效服务。尽最大努力提供全面、快捷、准确的服务，使求职人员和用人单位满意。注重增强求职人员竞争就业能力，培养其自主就业意识。

5. 灵活服务。服务方式多样化，能满足不同求职人员和用人单位的服务需求；服务内容和服务约定建立在与求职人员和用人单位共同协商的基础上。

6. 公开服务。公开服务规章制度和服务结果，公开收费标准，设立服务监督电话和监督信箱。

二、职业介绍服务范围

职业介绍机构在以下范围内，开展对求职人员和用人单位的服务活动：

1. 信息服务。包括劳动力市场信息收集、信息交流与信息发布等。

2. 咨询服务。包括就业政策法规及服务咨询、职业培训信息咨询、求职和用人咨询、个人开业咨询和企业劳动人事管理咨询等。

3. 指导服务。包括职业能力测试评估、职业分析与评价、职业生涯设计、求职及用人观念和方法指导等。

4. 介绍服务。包括求职和用人面谈、介绍就业和推荐用人、举办招聘洽谈会、引导劳动者流动就业等。

5. 委托服务。包括受用人单位委托组织招聘、受求职人员委托存放档案，以及受劳动行政部门委托，办理劳动合同鉴证及有关职业培训和社会保险等事务。

6. 管理服务。包括就业登记、单位用人备案、职业介绍服务中的争议处理、协助进行劳动力市场监督检查、协助组织和管理劳动者流动就业等。

三、职业介绍服务程序

求职人员和用人单位进入职业介绍机构以后，职业介绍机构按以下基本程序提供服务：

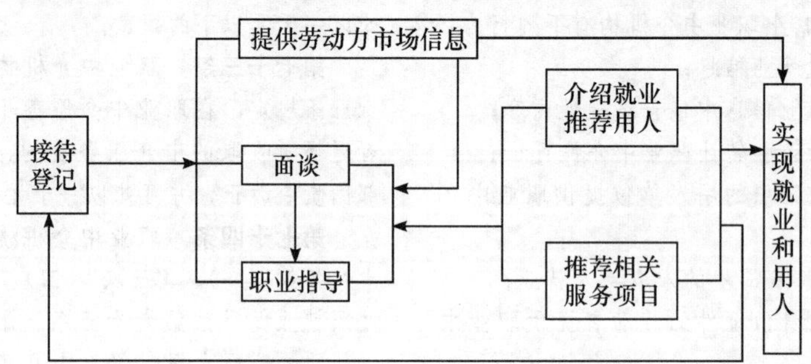

（一）接待登记

求职人员和用人单位到职业介绍机构求职和招聘人员，职业介绍工作人员应要求他们进行就业登记或用人登记。随后，根据他们的不同情况，确定服务形式，并引导他们进入相应服务程序。

（二）提供信息

通过电视屏幕、计算机或广播等设备，以及广告、报纸、手册或卡片等书面材料，向求职人员和用人单位提供用人和求职信息及其他劳动力市场信息。提供的信息主要应包括：

——岗位空缺信息；

——劳动力供给信息；

——职业培训信息；

——职业供求分析预测信息；

——相关就业服务项目；

——劳动就业政策法规；

——其他劳动力市场信息。

（三）求职和用人面谈

求职和用人面谈分为初次面谈和再次面谈。初次面谈的主要任务是：了解基本需求，确定服务形式，介绍就业和推荐用人，或推荐相关服务项目；再次面谈的主要任务是：深入了解并研究服务需求，调整服务形式，再次介绍就业和推荐用人，或推荐相关服务项目。

1. 求职面谈的基本程序

——收集信息。了解求职人员求职意愿和其他相关情况。

——确定需求。根据了解的基本情况，确定求职人员的服务需求，明确职业介绍机构应承担的义务和求职人员应开展的活动，向求职人员提出迅速和有效实现就业的建议。

——介绍就业。如有适合的空缺岗位，要安

排求职人员与用人单位面谈；否则，待有适合的空缺岗位时，及时与求职人员和用人单位联系，迅速介绍就业；若本辖区内没有适合的空缺岗位，应与求职人员协商，向其他地区的职业介绍机构推荐。

——推荐相关服务。在求职人员不能直接通过配置实现就业，或本地和其他地区没有合适的空缺岗位时，应根据该求职人员具体情况和要求，向其建议接受求职指导，参加就业训练、生产自救或其他就业服务项目。

——再次面谈。对接受相关就业服务，或经三次介绍就业仍未能实现就业的求职人员，在要求其确认登记后，应与他们进行再次面谈，并重新开展相应的服务。

2. 用人面谈的基本程序

——了解情况。了解用人单位的用人要求及相关情况。

——确定需求。根据所了解的情况，确定用人单位的用人要求和实现用人所必要的服务，明确职业介绍机构应承担的义务和用人单位需要开展的活动，并向用人单位提出招聘用人建议。

——推荐用人。若有合适的求职人员，要迅速向用人单位推荐；否则，应积极寻找适合的求职人员；若在本辖区未能找到合适的求职人员，应与其他地区的职业介绍机构联系选择人员，推荐用人。

——推荐相关服务。对于一时难以招聘到人员的空缺岗位，应根据该用人单位的具体情况和要求，建议其接受用人指导或相关服务。

——再次面谈。对接受相关服务，或经三次推荐用人仍不能填补的岗位空缺，应及时与用人单位再次面谈，重新开展相应的服务。

（四）职业指导

职业指导分为求职指导和用人指导。它的主要任务是：提供职业咨询，开发职业潜力；引导调整就业观念和用人观念；指导设计职业生涯，提高求职和招聘技巧。

1. 求职指导的基本程序

——能力评估。根据求职人员提供的个人基本情况及其职业性向测试结果，对求职人员职业能力进行分析和评估。

——职业分析。进行职业分析预测，并结合对求职人员的能力评估，帮助他们调整就业观念和求职意愿，指导其确定新的职业目标，提出职业培训建议。

——就业计划。在能力评估和职业分析后，对于就业困难的求职人员，应根据职业介绍机构服务能力，在协商的基础上，与其共同制定为期三个月的就业计划，确定职业介绍机构可提供的服务和求职人员的求职活动安排。对于其他求职人员，可在自愿的基础上，帮助他们制定就业计划。

——约见服务。根据就业计划，每隔三至四周约见一次就业困难的求职人员，检查计划执行情况，并根据实际情况对职业介绍服务内容和求职人员的求职活动进行相应调整。

——再指导。对于就业计划期满仍未能实现就业的求职人员，要帮助其研究求职过程，并修改或重新制定就业计划；对于未制定就业计划、经初次求职指导三十日后仍未实现就业、并继续寻找工作的其他求职人员，也应提供相应的再指导服务。

2. 用人指导的基本程序

——空岗分析。根据用人单位提供的基本情况和用人要求，以及劳动力市场供求状况等信息，对难以填补的空缺岗位及其用人单位的要求进行分析，帮助用人单位了解该职业在劳动力市场职业供求中的状况。

——服务约定。根据空岗分析情况，向用人单位建议确保空缺岗位填补所需要的职业介绍服务和其他活动安排。

——调整用人。对于不能通过现有职业介绍服务及时填补的空缺岗位，可与用人单位协商，建议其调整工作要求和用人条件。

——人事咨询。及时了解用人单位劳动人事管理中的问题，主动帮助用人单位调整相关政策和管理方式。提出培训单位内部有关工作人员的建议，并向用人单位适时提供相关信息和服务，促其树立正确的用人观念，规范用人行为。

对于接受相应职业介绍服务后未实现就业的求职人员和未满足需求的用人单位，要根据他们的不同要求，指导其再进入其他服务程序。

四、对就业困难求职人员的服务程序

对于到职业介绍机构登记求职的就业困难人员，职业介绍机构还需按以下内容和程序提供服务。

1. 求职登记一个月内

在求职人员登记求职一个月内，应向他们提供以下服务：

——登记和咨询；

——劳动力市场信息服务；

——求职面谈；

——介绍与推荐；

——职业指导；

——其他就业服务建议；

——其他服务。

2. 求职登记一个月以后

对登记求职一个月内没有实现就业的求职人员，应要求其自登记之日起三个月内，每隔三十日到职业介绍机构确认登记一次。职业介绍机构可与求职人员一起研究改进求职方法。对制定就业计划的求职人员，应检查计划的执行情况。

3. 求职登记三个月以后

对登记求职三个月后仍未找到工作的求职人员，应与他们共同研究求职经过，并提供进一步的职业指导服务，帮助他们制定就业计划。对已经制定就业计划的人员，要帮助其修改或重新制定就业计划，寻求最佳求职效果。在此期间，应要求求职人员参加以下两项活动：

——求职培训班：讲授各类求职方法和技巧，帮助求职人员分析问题，提高求职成功率；

——就业讨论会：主要是针对求职人员就业难的状况，研究求职经过、就业计划，帮助求职人员确定新的职业方向，选择适合的培训项目和培训形式。

4. 求职登记六个月以后

对求职登记六个月以上的人员，应提供以下专项服务，帮助其进一步修改并实施就业计划：

——再就业培训班：帮助求职人员制定再就业计划，提供求职方法培训和职业指导服务，提高其就业自信心和求职能力。这是要求求职人员必须参加的服务项目。

——职业培训：对需要提高或更新职业技能的人员，提供有关职业培训信息，帮助他们制定参加职业培训的计划，并与职业培训机构联系，推荐其参加适合的职业培训。

——求职交流：开展求职人员之间求职和就业经验交流，并进一步提供各类求职指导，提高求职人员自主就业能力。

——职业设计培训班：帮助想从事新职业的求职人员，进行职业分析和评估，测试职业能力，并进行职业设计，与求职人员共同研究确立新的职业方向。

——社区服务：组织求职人员开展社区服务，从事一些临时性、自愿性的工作，从事非正规就业。

——自谋职业服务：对开办小企业，从事自谋职业的求职人员，提供规划、投资、经营管理等方面的咨询和其他相应的服务。

——生产自救：与劳动就业服务企业指导管理部门共同组织一部分失业人员到劳动部门指定的生产自救基地安置就业，或接受在岗技能培训、开展生产自救活动。

——新的再就业计划：对于求职登记一年以上的人员，需利用一周的时间，帮助其开发新的再就业计划，重新安排服务项目和求职活动，并逐步实施。这是要求求职人员必须参加的服务项目。

对于接受相应职业介绍服务后未实现就业的就业困难的求职人员，应根据不同情况和要求，指导他们再进入相应的服务程序。

中外合资合作职业介绍机构

[解读]

我国自 2001 年 12 月 1 日允许在国内设立中外合资、合作职业介绍机构。对其应具备的条件规定了三项：

（一）申请设立中外合资、中外合作职业介绍机构的外方投资者应是从事职业介绍的法人，在注册国，有开展职业介绍服务的经历，并具有良好信誉。

（二）申请设立中外合资、中外合作职业介绍机构的中方投资者应是具有从事职业介绍资格的法人，并具有良好信誉。

（三）拟设立的中外合资、中外合作职业介绍机构应具有不低于 30 万美元注册资本，有 3 名以上具备职业介绍资格的专职工作人员，有明确的业务范围、机构章程、管理制度，有与开展业务相适应的固定场所、办公设施，主要经营者应具有从事职业介绍服务的工作经历。

只有具备上述三项条件的投资者方可申请办理开办中外合资、中外合作职业介绍所。申办程序是：

（一）应依法向拟设立企业住所地省级外经贸行政部门提出申请，并呈报申请设立中外合资、中外合作职业介绍机构的有关文件。省级外经贸行政部门在接到申请后，应将其中下列文件转交同级人力资源和社会保障行政部门：

1. 中外双方各自的等级注册证明（复印件）；

2. 主要经营者的资历证明（复印件）和简历；

3. 拟任专职工作人员的简历和职业资格证明；

4. 住所使用证明；

5. 拟开展经营范围的文件；

6. 法律、法规规定的其他文件。

（二）省级人力资源和社会保障行政部门接到按前款规定转来的申请文件后，应在15日内作出答复。符合条件的，应出具同意设立中外合资、中外合作职业介绍机构的证明文件；不符合条件的，应当说明理由，并将上述文件退回省级外经贸行政部门。

（三）省级外经贸行政部门接到同级人力资源和社会保障行政部门同意设立中外合资、中外合作职业介绍机构的证明文件后，应在30日内作出批准或不批准的决定。予以批准的，发给中外合资、中外合作企业批准证书；不予批准的，应通知申请者。

（四）获得批准的申请者，自接到中外合资、中外合作企业批准证书之日起30日内，到拟设立企业住所地国家工商行政管理总局授权的地方工商行政管理局申请登记注册，并应于登记注册之日起10日内，到省级人力资源和社会保障行政部门或其授权的地市级人力资源和社会保障行政部门办理备案手续。

［依据指引］

(1)《中华人民共和国中外合资经营企业法》(1979年7月1日第五届全国人民代表大会第二次会议通过　2001年3月15日修订)(略)

(2)《中华人民共和国中外合作经营企业法》(1988年4月13日第七届全国人民代表大会第一次会议通过　2000年10月31日修订)(略)

(3) 劳动和社会保障部、国家工商行政管理总局《中外合资中外合作职业介绍机构设立管理暂行规定》(2001年10月9日　部令第14号)

第一条　为规范中外合资、中外合作职业介绍机构的设立，保障求职者和用人单位的合法权益，根据劳动法、中外合资经营企业法和中外合作经营企业法的有关规定，制定本规定。

第二条　设立从事职业介绍的中外合资、中外合作机构应当按照本规定执行。

第三条　劳动保障行政部门、外经贸行政部门和工商行政管理部门在各自职权范围内负责中外合资、中外合作职业介绍机构的审批、登记、管理和监督检查工作。

设立中外合资、中外合作职业介绍机构应当经省级人民政府劳动保障行政部门（以下简称省级劳动保障行政部门）和省级人民政府外经贸行政部门（以下简称省级外经贸行政部门）批准，并到企业住所地国家工商行政管理总局授权的地方工商行政管理局进行登记注册。

不得设立外商独资职业介绍机构。

外国企业常驻中国代表机构和在中国成立的外国商会不得在中国从事职业介绍服务。

第四条　中外合资、中外合作职业介绍机构应当依法开展经营活动，其依法开展的经营活动受中国法律保护。

第五条　中外合资、中外合作职业介绍机构可以从事下列业务：

（一）为中外求职者和用人单位提供职业介绍服务；

（二）提供职业指导、咨询服务；

（三）收集和发布劳动力市场信息；

（四）经省级劳动保障行政部门或其授权的地市级劳动保障行政部门同意，举办职业招聘洽谈会；

（五）经省级劳动保障行政部门或其授权的地市级劳动保障行政部门核准的其他服务项目。

中外合资、中外合作职业介绍机构介绍中国公民出境就业和外国企业常驻中国代表机构聘用中方雇员按照国家有关规定执行。

第六条　申请设立中外合资、中外合作职业介绍机构应当具备以下条件，并应按本规定第七条至第十条规定的程序办理审批手续：

（一）申请设立中外合资、中外合作职业介绍机构的外方投资者应是从事职业介绍的法人，在注册国有开展职业介绍服务的经历，并具有良好的信誉；

（二）申请设立中外合资、中外合作职业介绍机构的中方投资者应是具有从事职业介绍资格的法人，并具有良好信誉；

（三）拟设立的中外合资、中外合作职业介绍机构应具有不低于30万美元注册资本，有3名以上具备职业介绍资格的专职工作人员，有明确的业务范围、机构章程、管理制度，有与开展业务相适应的固定场所、办公设施，主要经营者应具有从事职业介绍服务工作经历。

第七条　设立中外合资、中外合作职业介绍机构，应依法向拟设立企业住所地省级外经贸行政部门提出申请，并呈报申请设立中外合资、中外合作职业介绍机构的有关文件。

省级外经贸行政部门在接到申请后，应将其中下列文件转交同级劳动保障行政部门：

（一）中、外双方各自的登记注册证明（复印件）；

（二）主要经营者的资历证明（复印件）和简历；

（三）拟任专职工作人员的简历和职业资格证明；

（四）住所使用证明；

（五）拟开展经营范围的文件；

（六）法律、法规规定的其他文件。

第八条 省级劳动保障行政部门接到按本规定第七条规定转来的申请文件后，应在15日内作出答复。符合条件的，应出具同意设立中外合资、中外合作职业介绍机构的证明文件；不符合条件的，应当说明理由，并将上述文件退回省级外经贸行政部门。

第九条 省级外经贸行政部门接到同级劳动保障行政部门同意设立中外合资、中外合作职业介绍机构的证明文件后，应在30日内作出批准或不批准的决定。予以批准的，发给中外合资、中外合作企业批准证书；不予批准的，应通知申请者。

第十条 获得批准的申请者，自接到中外合资、中外合作企业批准证书之日起30日内，到拟设立企业住所所在地国家工商行政管理总局授权的地方工商行政管理局申请登记注册，并应于登记注册之日起10日内，到省级劳动保障行政部门或其授权的地市级劳动保障行政部门办理备案手续。

第十一条 中外合资、中外合作职业介绍机构投资者变更、股权比例发生变化或设立分支机构，应按本规定的审批程序经原审批机关审批同意后，到工商行政管理部门办理相关变更登记手续，并到劳动保障行政部门办理变更备案手续。

第十二条 中外合资、中外合作职业介绍机构的管理适用《劳动力市场管理规定》和外商投资企业的有关管理规定。

第十三条 香港特别行政区、澳门特别行政区投资者在内地以及台湾地区投资者在大陆投资设立中外合资、中外合作的职业介绍机构，参照本规定执行。

第十四条 本规定自2001年12月1日起施行。

境外就业中介机构

[解读]

为中国公民境外就业或者境外雇主在中国境内招聘中国公民到境外就业提供相关服务的机构，是境外就业中介机构。境外就业中介实行行政许可制度。未经批准及登记注册，任何单位和个人不得从事境外就业中介活动。经批准从事该项活动的机构为境外就业中介机构。其所从事业务范围是：

（一）为中国公民提供境外就业信息、咨询。

（二）接受境外雇主的委托，为其推荐所需招聘人员。

（三）为境外就业人员进行出境前培训，并协助其办理有关职业资格证书公证等手续。

（四）协助境外就业人员办理出境所需要护照、签证、公证材料、体检、防疫注射等手续和证件。

（五）为境外就业人员代办社会保险。

（六）协助境外就业人员通过调解、仲裁、诉讼等程序维护其合法权益。

境外就业中介机构在开展业务过程中，应当依法履行下列义务：

（一）核查境外雇主的合法开业证明、资信证明、境外雇主所在国家或地区移民部门或者其他有关政府主管部门批准的招聘外籍人员许可证明等有关材料。

（二）协助、指导境外就业人员同境外雇主签订劳动合同，并对劳动合同的内容进行确认。劳动合同内容应当包括合同期限、工作地点、工作内容、工作时间、劳动条件、劳动报酬、社会保险、劳动保护、休息休假、食宿条件、变更或者解除劳动合同的条件以及劳动争议处理、违约责任等条款。

按照国家规定，境外就业中介机构应当依法与境外就业人员签订境外就业中介服务协议书。协议书应当包括：双方当事人的权利和义务、境外就业中介机构的服务项目、收费标准、违约责任、赔偿条款等内容。

[依据指引]

劳动和社会保障部、公安部、国家工商行政管理总局《境外就业中介管理规定》（2002年5月14日 部令第15号）

第一章　总　　则

第一条　为规范境外就业中介活动，维护境外就业人员合法权益，根据《中华人民共和国劳动法》和国务院有关规定，制定本规定。

第二条　本规定适用于在中国境内从事境外就业中介活动的管理。

本规定所称境外就业，是指中国公民与境外雇主签订劳动合同，在境外提供劳动并获取劳动报酬的就业行为。

本规定所称境外就业中介，是指为中国公民境外就业或者为境外雇主在中国境内招聘中国公民到境外就业提供相关服务的活动。经批准，从事该项活动的机构为境外就业中介机构。

第三条　境外就业中介实行行政许可制度。未经批准及登记注册，任何单位和个人不得从事境外就业中介活动。

第四条　劳动保障部门负责境外就业活动的管理和监督检查。

公安机关负责境外就业中介活动出入境秩序的管理。

工商行政管理部门负责境外就业中介机构登记注册和境外就业中介活动市场经济秩序的监督管理。

第二章　中介机构的设立

第五条　从事境外就业中介活动应当具备以下条件：

（一）符合企业法人设立的条件；

（二）具有法律、外语、财会专业资格的专职工作人员，有健全的工作制度和工作人员守则；

（三）备用金不低于50万元；

（四）法律、行政法规规定的其他条件。

第六条　申请从事境外就业中介活动的机构（以下简称申请机构）应当向其所在地的省级劳动保障行政部门提出申请，经初审同意并征得同级公安机关同意后，报劳动和社会保障部审批。劳动和社会保障部自收到申请之日起60日内做出答复。新设境外就业中介机构报劳动和社会保障部审批前，应当到工商行政管理机关办理名称预先核准登记。劳动和社会保障部审查批准并抄送公安部后，向该机构颁发境外就业中介许可证（以下简称许可证）。

许可证自颁发之日起有效期为3年。

境外机构、个人及外国驻华机构不得在中国境内从事境外就业中介活动。

第七条　申请机构应当向审核机关提交以下文件材料：

（一）填写完整的境外就业中介资格申请表；

（二）企业名称预先核准通知书；

（三）法定代表人或者拟任人选、主要工作人员或者拟聘用人选的简历和有关资格证明；

（四）具有法定资格的验资机构出具的验资报告；

（五）机构章程及内部有关规章、制度；

（六）拟开展境外就业中介活动的行政区域和可行性报告；

（七）住所和经营场所使用证明；

（八）省级劳动保障行政部门认可的备用金存款证明；

（九）劳动和社会保障部规定的其他材料。

第八条　申请机构应当自领取许可证之日起30日内，到工商行政管理机关申请企业法人设立登记或者变更登记，并应当于设立登记或者变更登记核准之日起10日内，到所在地的省级劳动保障行政部门和公安机关备案。

第三章　经营和管理

第九条　境外就业中介机构依法从事下列业务：

（一）为中国公民提供境外就业信息、咨询；

（二）接受境外雇主的委托，为其推荐所需招聘人员；

（三）为境外就业人员进行出境前培训，并协助其办理有关职业资格证书公证等手续；

（四）协助境外就业人员办理出境所需要护照、签证、公证材料、体检、防疫注射等手续和证件；

（五）为境外就业人员代办社会保险；

（六）协助境外就业人员通过调解、仲裁、诉讼等程序维护其合法权益。

第十条　境外就业中介机构应当依法履行下列义务：

（一）核查境外雇主的合法开业证明、资信证明、境外雇主所在国家或者地区移民部门或者其他有关政府主管部门批准的招聘外籍人员许可证明等有关资料；

（二）协助、指导境外就业人员同境外雇主签订劳动合同，并对劳动合同的内容进行确认。

劳动合同内容应当包括合同期限、工作地点、工作内容、工作时间、劳动条件、劳动报酬、社会保险、劳动保护、休息休假、食宿条件、变更或者解除合同的条件以及劳动争议处理、违约责任等条款。

第十一条 境外就业中介机构应当依法与境外就业人员签订境外就业中介服务协议书。协议书应当对双方的权利和义务、服务项目、收费标准、违约责任、赔偿条款等内容作出明确规定。

第十二条 境外就业中介机构应当将签订的境外就业中介服务协议书和经其确认的境外就业劳动合同报省级劳动保障行政部门备案。省级劳动保障行政部门在10日内未提出异议的，境外就业中介机构可以向境外就业人员发出境外就业确认书。公安机关依据有关规定，凭境外就业确认书为境外就业人员办理出入境证件。

第十三条 境外就业中介机构设立分支机构的，应当按照本规定第二章的规定办理申请审批、登记和备案手续。

第十四条 境外就业中介机构不得以承包、转包等方式交由其他未经批准的中介机构或者个人开展境外就业中介活动。

第十五条 境外就业中介机构不得组织非法出入境，不得组织中国公民到境外从事中国法律所禁止的违法犯罪活动。

第十六条 发布有关境外就业中介服务广告，发布前必须经中介机构所在地省、自治区、直辖市工商行政管理局批准。无批准文件的，不得发布。

第十七条 境外就业中介机构可向境外就业人员或者境外雇主收取合理的中介服务费，并接受当地物价部门监督。

第十八条 境外就业中介机构应当在服务场所明示合法证照、服务项目、收费标准、监督机关名称和监督电话等，并接受劳动保障行政部门及其他有关部门的监督检查。

第十九条 境外就业中介机构的名称、住所或者经营场所、法定代表人发生变更的，应当按照本规定规定的申办程序办理许可证变更，并凭新的许可证到原企业登记主管机关申请变更登记。其中，涉及名称变更的，应当在申请新的许可证时提交工商行政管理机关同意变更名称的证明文件。其他登记事项的变更，按照现行企业登记管理的有关规定办理。

第二十条 境外就业中介机构拟在许可证有效期届满后继续从事境外就业中介活动的，应当在许可证有效期届满前90日内，依照本规定规定的申办程序办理更换许可证手续。许可证有效期届满，境外就业中介机构未申请更换的，由劳动和社会保障部予以注销。

第二十一条 境外就业中介许可证实行年审制度。境外就业中介机构应当向所在地省级劳动保障行政部门提交上一年度经营情况以及其他相关材料。对审验不合格的境外就业中介机构，省级劳动保障行政部门应当报劳动和社会保障部，由劳动和社会保障部注销其许可证，并通报公安机关和工商行政管理机关。

第二十二条 境外就业中介机构在破产、解散前，应当以书面形式向省级劳动保障行政部门提出注销许可证申请和善后事宜处理措施，并办理注销许可证手续。

第二十三条 发证机关应当及时将注销境外就业中介机构经营资格的情况通报公安机关和工商行政管理机关。被注销资格的境外就业中介机构应当在收到被注销资格通知之日起10日内向发证机关缴还许可证，向原登记机关申请注销或者变更登记。

第二十四条 凡违反本规定被注销境外就业中介许可证的，其法定代表人和主要责任人3年内不得从事境外就业中介活动。

第四章 备 用 金

第二十五条 境外就业中介实行备用金制度。备用金用于因境外就业中介机构责任造成其服务对象合法权益受到损害时的赔偿及支付罚款、罚金。

第二十六条 境外就业中介机构按照规定将备用金存入省级劳动保障行政部门指定的国有商业银行中该境外就业中介机构的专门账户，实行专款专用。

第二十七条 备用金及其利息由境外就业中介机构所在地省级劳动保障行政部门实行监管。未经监管部门的许可，任何单位和个人不得擅自动用备用金。

第二十八条 备用金及其利息归境外就业中介机构所有。境外就业中介机构破产、解散时，其备用金及其利息作为境外就业中介机构资产的一部分，按照有关规定处置。

第二十九条 境外就业中介机构无力按照仲裁机构的裁决或者人民法院的判决进行赔偿，或者无力支付罚款、罚金时，可以书面形式向备用金监管部门提出动用备用金及其利息的申请。

境外就业中介机构拒不支付罚款、罚金，拒不执行仲裁机构或者人民法院的裁决或者判决的，由执行机关依法强制执行。

第三十条　备用金不足以补偿服务对象合法权益受到侵害造成的经济损失时，境外就业中介机构必须按照国家有关规定承担民事责任。

第三十一条　备用金被动用后低于本规定所规定数额时，境外就业中介机构应在60日内将备用金补足至规定数额，逾期未补足的，不得开展境外就业中介业务。

第三十二条　境外就业中介机构自行解散、破产或许可证被注销后，如2年内未发生针对该境外就业中介机构的投诉或者诉讼，可凭备用金监管部门开具的证明，到开户银行领取其备用金及其利息。

第五章　罚　　则

第三十三条　单位或者个人未经劳动保障行政部门批准和工商行政管理机关登记注册，擅自从事境外就业中介活动的，由劳动保障行政部门会同工商行政管理机关依法取缔、没收其经营物品和违法所得。因非法从事境外就业中介活动，给当事人造成损害的，应当承担赔偿责任。

第三十四条　境外就业中介机构违反本规定，有下列行为之一的，由劳动保障行政部门责令改正，没有违法所得的，处以10 000元以下罚款；有违法所得的，处以违法所得3倍以下但不超过30 000元的罚款；对当事人造成损害的，应当承担赔偿责任；构成犯罪的，依法追究刑事责任：

（一）提供虚假材料骗领许可证的；

（二）以承包、转包等方式交由其他未经批准的中介机构或者个人开展境外就业中介活动的；

（三）拒不履行本规定第十条规定义务的；

（四）不与其服务对象签订境外就业中介服务协议书的；

（五）逾期未补足备用金而开展境外就业中介业务的；

（六）违反本规定，严重损害境外就业人员合法权益的。

第三十五条　违反本规定第十二条规定，未将境外就业中介服务协议书和劳动合同备案的，由劳动保障行政部门处以1 000元以下罚款。

第三十六条　境外就业中介机构在中介活动中为他人编造情况和提供假证明，骗取出入境证件，没有违法所得的，由县级以上公安机关处以10 000元以下的罚款；有违法所得的，没收违法所得，并可处以违法所得3倍以下但不超过30 000元的罚款；构成犯罪的，依法追究刑事责任。

第三十七条　境外就业中介机构违反工商行政管理法规，由工商行政管理机关依法查处。

对未经批准发布境外就业中介服务广告的，由工商行政管理机关责令停止发布，没有违法所得的，处以10 000元以下的罚款；有违法所得的，没收违法所得，并可处以违法所得3倍以下但不超过30 000元的罚款。

第六章　附　　则

第三十八条　境外就业中介资格申请表、境外就业中介许可证由劳动和社会保障部统一制定。

第三十九条　本规定实施前已领取境外就业中介许可证的，应当自本规定实施之日起90日内重新申请许可证和登记注册。

第四十条　劳动和社会保障部及时向社会公布获得或者被注销许可证的境外就业中介机构名单。

第四十一条　省、自治区、直辖市劳动保障行政部门可以会同同级公安机关、工商行政管理机关根据本规定制定实施办法，并报劳动和社会保障部、公安部、国家工商行政管理总局备案。

第四十二条　为内地公民到香港、澳门特别行政区和台湾地区就业提供中介服务活动，不适用本规定。

第四十三条　本规定自2002年7月1日起施行。原劳动部1992年11月14日公布的《境外就业服务机构管理规定》同时废止。

就业与就业登记

［解读］

就业是指具有劳动主体资格的自然人，运用生产资料从事合法社会劳动，并获得相应的劳动报酬或经营收入的职业活动。也就是说，一个人如果同时满足五个基本条件，就可以被认为是实现了就业：一是必须具有劳动行为能力或部分劳动行为能力；二是必须具备劳动权利能力；三是必须在法定就业年龄内，即年满16周岁且未达到退休年龄；四是从事某种合法的、以提供满足社会需要的商品或服务为目的的职业活动；五是从事这种社会劳动可以获得相应的收入。

我国对求职人员有四点要求：

（一）须年满16周岁，未达到法定退休年龄，有劳动行为能力和权利能力，且有就业愿望，符合法律规定条件。

（二）就业前，应当接受必要的职业教育或职业培训。

（三）城镇初高中毕业生就业前应参加劳动预备制培训。

（四）凭本人身份证和接受教育、培训的相关证明，方可通过职业介绍机构介绍或直接联系用人单位等渠道求职。

就业登记是指劳动者在实现就业后，到其所在地人力资源和社会保障行政部门举办的公共就业服务机构，进行登记。劳动者被用人单位招用的，由用人单位为劳动者办理就业登记。用人单位招用劳动者或与劳动者终止、解除劳动合同，应当到当地公共就业服务机构备案，为劳动者办理就业或失业登记手续。用人单位招用人员后，应当自录用之日起30日内办理就业登记手续；用人单位与职工终止或者解除劳动合同后，应当自终止或解除合同之日起15日内办理失业手续。劳动者从事个体经营或灵活就业的，由本人在街道、乡镇公共就业服务机构办理就业登记。就业登记的内容主要包括劳动者个人信息、就业类型、就业时间、就业单位以及订立、终止或者解除劳动合同情况等。就业登记的具体内容、程序和所需材料、登记证的样式由省级人力资源和社会保障行政部门规定。失业人员就业后，应持以下证明材料到户口所在地公共就业服务机构办理就业登记：《城镇失业人员求职证》；就业登记申请书；《城镇失业人员就业登记卡》。

该公共就业服务机构对上述材料审核无误后，开具《提档通知单》，与其签订委托《存档协议书》并在《就业登记卡》加盖“城镇招聘专用章”，收回其《求职证》。失业人员凭公共就业服务机构开具的《提档通知单》到户口所在地的街道提取人事档案，并收回其《失业保险金领取证》。

失业人员自办理就业登记之日起，按规定参加社会保险，其缴费年限累计计算。

[依据指引]

(1)《中华人民共和国社会保险法》（2010年10月28日　国家主席令第35号）

第四十六条　失业人员失业前用人单位和本人累计缴费满一年不足五年的，领取失业保险金的期限最长为十二个月；累计缴费满五年不足十年的，领取失业保险金的期限最长为十八个月；累计缴费十年以上的，领取失业保险金的期限最长为二十四个月。重新就业后，再次失业的，缴费时间重新计算，领取失业保险金的期限与前次失业应当领取而尚未领取的失业保险金的期限合并计算，最长不超过二十四个月。

(2) 劳动和社会保障部《就业服务与就业管理规定》（2007年10月30日　部令第28号）

第六十三条　在法定劳动年龄内，有劳动能力，有就业要求，处于无业状态的城镇常住人员，可以到公共就业服务机构进行失业登记。其中，没有就业经历的城镇户籍人员，在户籍所在地登记；农村进城务工人员和其他非本地户籍人员在常住地稳定就业满6个月的，失业后可以在常住地登记。

第六十四条　劳动者进行失业登记时，须持本人身份证件和证明原身份的有关证明；有单位就业经历的，还须持与原单位终止、解除劳动关系或者解聘的证明。

登记失业人员凭登记证享受公共就业服务和就业扶持政策；其中符合条件的，按规定申领失业保险金。

登记失业人员应当定期向公共就业服务机构报告就业失业状况，积极求职，参加公共就业服务机构安排的就业培训。

第六十五条　失业登记的范围包括下列失业人员：

（一）年满16周岁，从各类学校毕业、肄业的；

（二）从企业、机关、事业单位等各类用人单位失业的；

（三）个体工商户业主或私营企业业主停业、破产停止经营的；

（四）承包土地被征用，符合当地规定条件的；

（五）军人退出现役、且未纳入国家统一安置的；

（六）刑满释放、假释、监外执行或解除劳动教养的；

（七）各地确定的其他失业人员。

第六十六条　登记失业人员出现下列情形之一的，由公共就业服务机构注销其失业登记：

（一）被用人单位录用的；

（二）从事个体经营或创办企业，并领取工商营业执照的；

（三）已从事有稳定收入的劳动，并且月收入不低于当地最低工资标准的；

（四）已享受基本养老保险待遇的；

（五）完全丧失劳动能力的；

（六）入学、服兵役、移居境外的；

（七）被判刑收监执行或被劳动教养的；

（八）终止就业要求或拒绝接受公共就业服务的；

（九）连续6个月未与公共就业服务机构联系的；

（十）已进行就业登记的其他人员或各地规定的其他情形。

失业与失业登记

[解读]

在我国，失业是指在法定劳动年龄内，有劳动能力、有就业要求，但无职业的劳动者。一般指的是城镇失业人员，主要包括城镇青年失业者和社会闲散劳动力这两部分人。青年失业者是指16～25岁的未能升学的初、高中毕业生，也叫新成长劳动力。社会闲散劳动力是指男25～50岁、女25～45岁的城镇就业转失业人员，包括因解除合同、合同期满终止合同以及企业倒闭等原因失去工作的职工等。

失业登记是指在法定劳动年龄内，有劳动能力，有就业要求，处于无业状态的城镇常住人员，可以到公共就业服务机构进行失业登记。其中，没有就业经历的城镇户籍人员，在户籍所在地登记；进城务工农村居民和其他非本地户籍人员在常住地稳定就业满6个月的，失业后可以在常住地登记。失业人员进行失业登记，须持本人身份证件和证明原身份的有关证明；有单位就业经历的失业人员，还须持与原单位出具的终止、解除劳动关系证明或者解聘的证明办理失业登记。办理失业登记手续时，一般需要填写《城镇失业人员登记卡》，领取《求职证》和《失业保险金领取证》等。失业人员凭登记证享受公共就业服务和就业扶持政策；其中符合条件的，按规定申领失业保险金。登记失业人员应当定期向公共就业服务机构报告就业、失业状况，积极求职，参加公共就业服务机构安排的就业培训。

失业登记的范围包括下列失业人员：

（一）年满16周岁，从各类学校毕业、肄业的。

（二）从企业、机关、事业单位等各类用人单位失业的。

（三）个体工商户业主或私营企业业主停业、破产、停止经营的。

（四）承包土地被征用，符合当地规定条件的。

（五）军人退出现役、且未纳入国家统一安置的。

（六）刑满释放、假释、监外执行或解除劳动教养的。

（七）各地确定的其他失业人员。

登记失业人员应被公共就业服务机构注销其失业登记的情形包括：

（一）被用人单位录用的。

（二）从事个体经营或创办企业，并领取工商营业执照的。

（三）已从事有稳定收入的劳动，并且月收入不低于当地最低工资标准的。

（四）已享受基本养老保险待遇的。

（五）完全丧失劳动能力的。

（六）入学、服兵役、移居境外的。

（七）被判刑收监执行或被劳动教养的。

（八）终止就业要求或拒绝接受公共就业服务的。

（九）连续6个月未与公共就业服务机构联系的。

（十）已进行就业登记的其他人员或各地规定的其他情形。

[依据指引]

劳动和社会保障部《就业服务与就业管理规定》（2007年10月30日　部令第28号）

第六十三条　在法定劳动年龄内，有劳动能力，有就业要求，处于无业状态的城镇常住人员，可以到公共就业服务机构进行失业登记。其中，没有就业经历的城镇户籍人员，在户籍所在地登记；农村进城务工人员和其他非本地户籍人员在常住地稳定就业满6个月的，失业后可以在常住地登记。

第六十四条　劳动者进行失业登记时，须持本人身份证件和证明原身份的有关证明；有单位就业经历的，还须持与原单位终止、解除劳动关系或者解聘的证明。

登记失业人员凭登记证享受公共就业服务和就业扶持政策；其中符合条件的，按规定申领失业保险金。

登记失业人员应当定期向公共就业服务机构报告就业失业状况，积极求职，参加公共就业服务机构安排的就业培训。

第六十五条 失业登记的范围包括下列失业人员：

（一）年满16周岁，从各类学校毕业、肄业的；

（二）从企业、机关、事业单位等各类用人单位失业的；

（三）个体工商户业主或私营企业业主停业、破产停止经营的；

（四）承包土地被征用，符合当地规定条件的；

（五）军人退出现役、且未纳入国家统一安置的；

（六）刑满释放、假释、监外执行或解除劳动教养的；

（七）各地确定的其他失业人员。

第六十六条 登记失业人员出现下列情形之一的，由公共就业服务机构注销其失业登记：

（一）被用人单位录用的；

（二）从事个体经营或创办企业，并领取工商营业执照的；

（三）已从事有稳定收入的劳动，并且月收入不低于当地最低工资标准的；

（四）已享受基本养老保险待遇的；

（五）完全丧失劳动能力的；

（六）入学、服兵役、移居境外的；

（七）被判刑收监执行或被劳动教养的；

（八）终止就业要求或拒绝接受公共就业服务的；

（九）连续6个月未与公共就业服务机构联系的；

（十）已进行就业登记的其他人员或各地规定的其他情形。

职业指导

[解读]

职业指导是指公共就业服务机构和职业中介机构等就业服务机构（或培训教学机构），对求职者和用人单位提供咨询服务，帮助求职者选择职业，帮助用人单位招聘员工的活动。职业指导贯穿于从劳动者求职到帮助其实现就业的全过程，贯穿于从制定用人计划到招聘上岗的全过程。职业指导需要综合运用心理学、社会学、哲学、经济学等方面的知识，是高层次的就业服务。职业指导工作包括以下内容：

（一）向劳动者和用人单位提供国家有关人力资源和社会保障的法律法规和政策、人力资源市场状况咨询。

（二）帮助劳动者了解职业状况，掌握求职方法，确定择业方向，增强择业能力。

（三）向劳动者提出培训建议和职业培训相关信息。

（四）开展对劳动者个人职业素质和特点的测试，并对其职业能力进行评价。

（五）对妇女、残疾人、少数民族人员、进城务工农村居民及退出现役的军人等特殊群体提供专门的职业指导服务。

（六）对大中专学校、职业院校、技工学校学生的职业指导工作提供咨询和服务。

（七）对准备从事个体劳动或开办私营企业的劳动者提供创业咨询服务。

（八）为用人单位提供选择招聘方法，确定用人条件和标准等方面的招聘用人指导。

（九）为职业培训机构确立培训方向和专业设置等提供咨询参考。

我国从2000年开始，在全国范围内实行职业指导人员职业资格鉴定考试，对考试合格者，颁发全国统一的职业指导人员资格等级证书。职业指导人员资格等级分为四个等级，即职业指导员、助理职业指导师、职业指导师、高级职业指导师。其中，职业指导员是国家职业资格技术四级，助理职业指导师是三级，职业指导师是二级，高级职业指导师是一级。

[依据指引]

(1)《中华人民共和国就业促进法》（2007年8月30日 国家主席令第70号）

第三十五条 县级以上人民政府建立健全公共就业服务体系，设立公共就业服务机构，为劳动者免费提供下列服务：

（一）就业政策法规咨询；

（二）职业供求信息、市场工资指导价位信息和职业培训信息发布；

（三）职业指导和职业介绍；

（四）对就业困难人员实施就业援助；

（五）办理就业登记、失业登记等事务；

（六）其他公共就业服务。

公共就业服务机构应当不断提高服务的质量和效率，不得从事经营性活动。

公共就业服务经费纳入同级财政预算。

（2）劳动和社会保障部《就业服务与就业管理规定》（2007年11月5日　部令第28号）

第二十七条　公共就业服务机构应当加强职业指导工作，配备专（兼）职职业指导工作人员，向劳动者和用人单位提供职业指导服务。

职业指导工作人员经过专业资格培训并考核合格，获得相应的国家职业资格证书方可上岗。

公共就业服务机构应当为职业指导工作提供相应的设施和条件，推动职业指导工作的开展，加强对职业指导工作的宣传。

第二十八条　职业指导工作包括以下内容：

（一）向劳动者和用人单位提供国家有关劳动保障的法律法规和政策、人力资源市场状况咨询；

（二）帮助劳动者了解职业状况，掌握求职方法，确定择业方向，增强择业能力；

（三）向劳动者提出培训建议，为其提供职业培训相关信息；

（四）开展对劳动者个人职业素质和特点的测试，并对其职业能力进行评价；

（五）对妇女、残疾人、少数民族人员及退出现役的军人等就业群体提供专门的职业指导服务；

（六）对大中专学校、职业院校、技工学校学生的职业指导工作提供咨询和服务；

（七）对准备从事个体劳动或开办私营企业的劳动者提供创业咨询服务；

（八）为用人单位提供选择招聘方法、确定用人条件和标准等方面的招聘用人指导；

（九）为职业培训机构确立培训方向和专业设置等提供咨询参考。

就业专项资金

[解读]

就业专项资金是指法律规定的专门用于促进就业工作的财政专项资金。就业专项资金的来源是政府财政。就业专项资金的使用范围包括：职业介绍、职业培训、公益性岗位、职业技能鉴定、特定就业政策和社会保险等的补贴，小额贷款担保基金和微利项目的小额担保贷款贴息，以及扶持公共就业服务等。就业专项资金必须坚持专款专用的原则，严格按照规定的范围、标准和程序管理使用。审计机关、财政部门等有关方面应切实履行职能，加强管理和督促，不得擅自扩大支出范围和提高支出标准，严禁截留、挤占、挪用，不得用于建设办公楼、培训基地等各项基本建设支出。对违规使用的，应按有关规定严肃处理。

[依据指引]

《中华人民共和国就业促进法》（2007年8月30日　国家主席令第70号）

第十五条　国家实行有利于促进就业的财政政策，加大资金投入，改善就业环境，扩大就业。

县级以上人民政府应当根据就业状况和就业工作目标，在财政预算中安排就业专项资金用于促进就业工作。

就业专项资金用于职业介绍、职业培训、公益性岗位、职业技能鉴定、特定就业政策和社会保险等的补贴，小额贷款担保基金和微利项目的小额担保贷款贴息，以及扶持公共就业服务等。就业专项资金的使用管理办法由国务院财政部门和劳动行政部门规定。

就业见习

[解读]

就业见习是国家为了进一步做好离校未就业高校毕业生见习工作，提升其就业能力，帮助其实现就业，而专门制定的一项特殊政策。由国家人力资源和社会保障部会同教育部、工信部、国资委、工商总局、全国工商联和共青团中央共同确定一批国家级高校毕业生就业见习示范基地，统一挂牌，统一管理，组织实施。

见习单位和参加见习的高校毕业生应在见习之前签订就业见习协议，明确见习期限、岗位职责、见习待遇、见习计划安排，以及见习单位和见习人员的权利义务。高校毕业生见习期间由见习单位和地方政府提供基本生活补助，具体标准和操作办法由各地制定；为见习生办理人身意外伤害保险，保障双方的合法权益。见习期满，见习单位应为见习人员出具见习证明，作为用人单位招聘选用的依据之一。高校毕业生在同一单位见习时间一般为3～12个月。见习期间或期满后被见习单位正式录用的，单位应及时与高校毕业生签订劳动合同，缴纳社会保险。实行固定工制度的用人单位招用见习高校毕业生的，见习时间可作为连续工龄计算。见习期满未被见习单位录用的高校毕业生，可继续享受政府提供的免费就业信息和各类就业服务。公共就业服务机构、人才服务机构应为参加见习的高校毕业生免费提供人事档案托管服务。

[依据指引]

(1) 人力资源和社会保障部、教育部、工业和信息化部、国务院国有资产监督管理委员会《关于印发三年百万高校毕业生就业见习计划的通知》(2009年4月2日 人社部发[2009]38号)

三、工作内容

(一) 确定见习单位。各地要在现有见习单位的基础上，根据当地高校毕业生就业形势和见习任务需要，建立并拓展一批见习单位。确定见习单位的具体要求：

1. 见习单位应具有较强的社会责任感，管理规范，能够持续提供一定数量的见习岗位。优先吸纳规模较大并有一定社会影响力的企事业单位作为见习单位。

2. 见习单位的行业分布，应优先考虑当地重点发展的优势产业，同时尽可能吸纳不同行业的企事业单位参加，以满足高校毕业生的不同需求。

3. 见习单位提供的见习岗位，应具备一定的技术含量和业务内容，以确保不同专业的高校毕业生提高技能水平和工作能力。

4. 见习单位应明确每年度所能提供的见习岗位数量、岗位职责、岗位要求和见习时间等有关内容。

5. 见习单位应能够为参加见习的高校毕业生提供部分基本生活补助，并办理人身意外伤害保险。

在各地确定见习单位的基础上，人力资源社会保障部将会同相关部门定期共同确定一批国家级高校毕业生就业见习示范基地，统一挂牌，统一管理。

……

(四) 加强见习管理。见习之前，要指导见习单位和参加见习的高校毕业生签订就业见习协议，明确见习期限、岗位职责、见习待遇、见习计划安排，以及见习单位和见习人员的权利义务。见习期间，见习单位应指定专人加强对见习人员的工作指导，努力提高见习质量；加强对见习人员的管理，维护见习人员的合法权益，妥善处理见习期间产生的问题。高校毕业生见习期间由见习单位和地方政府提供基本生活补助。要发挥社会各方面积极性，积极探索高校毕业生就业见习的社会化、市场化运作机制。见习期满，见习单位应为见习人员出具见习证明，作为用人单位招聘选用的依据之一。高校毕业生在同一单位见习时间一般为3～12个月。见习期间或期满后被见习单位正式录用的，单位应及时与高校毕业生签订劳动合同，缴纳社会保险。见习时间可作为工龄计算。

(五) 提供见习服务。各地要将见习工作纳入高校毕业生就业服务的整体工作。要通过媒体以及公共就业服务机构、人才服务机构等多种渠道，加强见习信息发布，公布见习单位名单、岗位数量、期限、人员要求等有关内容。见习之前，各地要积极为参加见习的高校毕业生开展职业指导，要对见习单位开展政策宣传，包括就业形势、见习政策、人力资源和社会保障政策法规等内容。公共就业服务机构、人才服务机构应及时组织开展见习单位和高校毕业生的双向选择活动，并在见习期间，为参加见习的高校毕业生免费提供人事档案托管服务。见习期满未被见习单位录用的高校毕业生，可继续享受政府提供的免费就业信息和各类就业服务；对有创业愿望的，要提供项目开发、方案设计、风险评估、开业指导、融资服务、跟踪扶持等“一条龙”创业服务。

四、组织实施

(三) 确保经费到位。各地要按照国务院要求，认真落实有关规定，确保见习期间的基本生活补助经费足额到位。见习期间，由见习单位和地方政府提供基本生活补助，保障高校毕业生见习期间的基本生活，具体标准和操作办法由各地制定。

(2) 人事部、教育部、财政部、劳动和社会保障部、国务院国有资产监督管理委员会、国防科学技术工业委员会《关于建立高校毕业生就业见习制度的通知》(2006年2月27日 国人部发[2006]17号)

三、认真做好见习期间的各项管理工作。各级人事、劳动保障、教育、财政、国有资产监管、国防科学技术工业管理等部门要加强对见习单位和高校毕业生的指导，加强宏观管理和检查，保证见习活动的顺利进行。见习期限一般为六个月，最长不超过一年。在见习期间被见习单位正式录(聘)用的，在该单位的见习期可以作为工龄计算。要指导见习单位制定见习活动的有关规定，规范见习单位和高校毕业生见习期间的有关事项，为见习生办理人身意外伤害保险，保障双方的合法权益。要定期了解见习单位的有关情况，加强与见习高校毕业生的沟通，协调解决见习工作中遇到的困难和问题。见习活动结束后，要指导见习单位对高校毕业生进行考核鉴定，出具见习证明，作为用人单位招聘和选用见习高校毕业生的依据之一。要逐步建立起见习单位落实见习工作情况的督查表彰通报制度。

四、切实解决未就业高校毕业生见习的基本生活补助。高校毕业生见习期间由见习单位和地方财政部门根据当地实际情况，对见习高校毕业生提供基本生活补助。

五、不断改进和完善毕业生见习期间的各项服务工作。政府人事部门所属人才中介服务机构要为见习高校毕业生免费提供人事代理等服务。各级公共就业服务机构要加强对参加见习高校毕业生的失业登记管理和就业服务工作。各级人事、劳动保障、教育部门要会同有关部门及时了解见习高校毕业生的求职需求和用人单位的用人需求，适时组织公益性的规模适度的供需见面会、双向选择活动，帮助见习高校毕业生顺利实现就业。见习期满仍没有落实就业单位的高校毕业生，由政府所属人才中介服务机构、公共职业介绍机构和高校毕业生就业服务机构继续进行就业指导和推荐就业。

第二章　劳动关系

《劳动合同法》的适用范围

[解读]

与《劳动法》相比，《劳动合同法》的适用范围扩大了，即包括中华人民共和国境内的以下各类主体：

（一）各类企业和与之建立劳动关系的劳动者。

（二）个体经济组织和与之建立劳动关系的劳动者。

（三）民办非企业单位和与之建立劳动关系的劳动者。

（四）会计师事务所、律师事务所等合伙组织和与之建立劳动关系的劳动者。

（五）基金会和与之建立劳动关系的劳动者。

（六）国家机关、事业单位、社会团体和与之建立劳动关系的劳动者，其中包括实行劳动合同制和按规定实行劳动合同制的工勤人员、实行企业化管理的事业组织中的人员。

（七）事业单位与实行聘用制的工作人员适用法律的特别规定，2002 年 7 月 6 日，国务院办公厅转发了国家人事部《关于在事业单位试行人员聘用制度的意见》（国办发［2002］35 号），所以事业单位与实行聘用制的工作人员之间的劳动合同关系优先适用该《意见》的规定，该《意见》未规定到的方面，仍应适用《劳动合同法》。

[依据指引]

(1)《中华人民共和国劳动合同法》（2007 年 6 月 29 日　国家主席令第 65 号）

第二条　中华人民共和国境内的企业、个体经济组织、民办非企业单位等组织（以下称用人单位）与劳动者建立劳动关系，订立、履行、变更、解除或者终止劳动合同，适用本法。

国家机关、事业单位、社会团体和与其建立劳动关系的劳动者，订立、履行、变更、解除或者终止劳动合同，依照本法执行。

第九十六条　事业单位与实行聘用制的工作人员订立、履行、变更、解除或者终止劳动合同，法律、行政法规或者国务院另有规定的，依照其规定；未作规定的，依照本法有关规定执行。

(2) 国务院《劳动合同法实施条例》（2008 年 9 月 18 日　国务院令第 535 号）

第三条　依法成立的会计师事务所、律师事务所等合伙组织和基金会，属于劳动合同法规定的用人单位。

(3) 国务院办公厅《转发人事部关于在事业单位试行人员聘用制度的意见》（2002 年 7 月 6 日　国办发［2002］35 号）

一、聘用制度的基本原则和实施范围

事业单位与职工应当按照国家有关法律、政策和本意见的要求，在平等自愿、协商一致的基础上，通过签订聘用合同，明确聘用单位和受聘人员与工作有关的权利和义务。人员聘用制度主要包括公开招聘、签订聘用合同、定期考核、解聘辞聘等制度。通过实行人员聘用制度，转换事业单位用人机制，实现事业单位人事管理由身份管理向岗位管理转变，由行政任用关系向平等协商的聘用关系转变，建立一套符合社会主义市场经济体制要求的事业单位人事管理制度。

建立和推行事业单位人员聘用制度，要贯彻党的干部路线，坚持党管干部原则；坚持尊重知识、尊重人才的方针，树立人才资源是第一资源的观念；坚持平等自愿、协商一致的原则；坚持公开、平等、竞争、择优的原则；坚持走群众路线，保证职工的参与权、知情权和监督权。

事业单位除按照国家公务员制度进行人事管理的以及转制为企业的以外，都要逐步试行人员聘用制度。对事业单位领导人员的任用，根据干部人事管理权限和规定的程序，可以采用招聘或者任命等形式。使用事业单位编制的社会团体录用专职工作人员，除按照国家公务员制度进行人事管理的以外，也要参照本意见逐步试行人员聘用制度。

劳动关系

[解读]

劳动关系是指用人单位招用劳动者为其成员，劳动者在用人单位的管理下提供有报酬的劳动而产生的一种社会关系。其主体是确定的，即一方是用人单位，另一方是劳动者。由于个体工商户雇请帮工，所以个体工商户属于用人单位的范畴。国家机关、事业组织、社会团体招用劳动者（公务员和参公人员除外），双方之间的关系也属于劳动关系范畴。按照规定，建立劳动关系须签订书面劳动合同。

按实现劳动过程的方式来划分，劳动关系分为两类，一类是直接实现劳动过程的劳动关系，即用人单位与劳动者建立劳动关系后，由用人单位直接组织劳动者进行生产劳动的形式，当前这一类劳动关系居绝大多数；另一类是间接实现劳动过程的劳动关系，即劳动关系建立后，通过劳务派遣或借调等方式由劳动者为其他单位服务实现劳动过程的形式，这一类劳动关系居少数。按劳动关系的具体形态来划分，可分为常规形式，即正常情况下的劳动关系；停薪留职形式；放长假的形式；待岗形式，下岗形式；提前退养形式，应征入伍形式等。按用人单位性质分类，可分为国有企业劳动关系、集体企业劳动关系、三资企业劳动关系、私营企业劳动关系等。按劳动关系规范程度划分，可分为规范的劳动关系（即依法通过订立劳动合同建立的劳动关系），事实劳动关系（指未订立劳动合同，但劳动者事实上已成为企业、个体经济组织的成员，并为其提供有偿劳动的情况）和非法劳动关系（如非法经营的用人单位招用劳动者等情形）等。

[依据指引]

(1)《中华人民共和国劳动法》（1994 年 7 月 5 日 国家主席令第 28 号）

第二条 在中华人民共和国境内的企业、个体经济组织（以下统称用人单位）和与之形成劳动关系的劳动者，适用本法。

国家机关、事业组织、社会团体和与之建立劳动合同关系的劳动者，依照本法执行。

第十六条 劳动合同是劳动者与用人单位确立劳动关系、明确双方权利和义务的协议。

建立劳动关系应当订立劳动合同。

(2)《中华人民共和国劳动合同法》（2007 年 6 月 29 日 国家主席令第 65 号）

第二条 中华人民共和国境内的企业、个体经济组织、民办非企业单位等组织（以下称用人单位）与劳动者建立劳动关系，订立、履行、变更、解除或者终止劳动合同，适用本法。

国家机关、事业单位、社会团体和与其建立劳动关系的劳动者，订立、履行、变更、解除或者终止劳动合同，依照本法执行。

第九十六条 事业单位与实行聘用制的工作人员订立、履行、变更、解除或者终止劳动合同，法律、行政法规或者国务院另有规定的，依照其规定；未作规定的，依照本法有关规定执行。

(3) 国务院《国有企业富余职工安置规定》（1993 年 4 月 20 日 国务院令第 111 号）

第七条 企业可以对富余职工实行待岗和转业培训，培训期间的工资待遇由企业自行确定。

第八条 经企业职工代表大会讨论同意并报企业行政主管部门备案，企业可以对职工实行有限期的放假。职工放假期间，由企业发给生活费。

孕期或者哺乳期的女职工，经本人申请，企业可以给予不超过二年的假期，放假期间发给生活费。假期内含产假的，产假期间按照国家规定发给工资。

第九条 职工距退休年龄不到五年的，经本人申请，企业领导批准，可以退出工作岗位休养。职工退出工作岗位休养期间，由企业发给生活费。已经实行退休费用统筹的地方，企业和退出工作岗位休养的职工应当按照有关规定缴纳基本养老保险费。职工退出工作岗位休养期间达到国家规定的退休年龄时，按照规定办理退休手续。职工退出工作岗位休养期间视为工龄，与其以前的工龄合并计算。

第十三条 各级劳动行政主管部门和企业行政主管部门应当做好富余职工的社会安置和调剂工作，鼓励和帮助富余职工组织起来就业和自谋职业。企业之间调剂职工，可以正式调动，也可以临时借调；临时借调的，借调期间的工资和福利待遇由双方企业在协议中商定。

(4) 劳动部《关于贯彻执行〈中华人民共和国劳动法〉若干问题的意见》（1995 年 8 月 4 日 劳部发［1995］309 号）

2. 中国境内的企业、个体经济组织与劳动者之间，只要形成劳动关系，即劳动者事实上已成为企业、个体经济组织的成员，并为其提供有偿劳动，适用劳动法。

6. 用人单位应与其富余人员、放长假的职工，签订劳动合同，但其劳动合同与在岗职工的劳动合同在内容上可以有所区别。用人单位与劳动者经协商一致可以在劳动合同中就不在岗期间的有关事项作出规定。

7. 用人单位应与其长期被外单位借用的人员、带薪上学人员以及其他非在岗但仍保持劳动关系的人员签订劳动合同，但在外借和上学期间，劳动合同中的某些相关条款经双方协商可以变更。

8. 请长病假的职工，在病假期间与原单位保持着劳动关系，用人单位应与其签订劳动合同。

9. 原固定工中经批准的停薪留职人员，愿意回原单位继续工作的，原单位应与其签订劳动合同；不愿回原单位继续工作的，原单位可以与其解除劳动关系。

劳务关系

[解读]

劳务关系是指两个或两个以上的平等主体之间就劳务事项进行等价交换过程中形成的一种经济关系。其主体是不确定的，可以是法人之间的关系，也可以是自然人之间的关系，还可以是法人与自然人之间的关系。其内容和表现形式是多样化的。

劳务关系是由两个或两个以上的平等主体，通过劳务合同建立的一种民事权利义务关系。该合同可以是书面形式，也可以是口头形式和其他形式。其适用的法律主要是《合同法》。劳务关系、劳务合同是一种顾名思义的通俗称呼，在《合同法》中是没有这类名称的。属于承包劳务情形的劳务合同，似可归属法定的“承揽合同”，属于劳务人员输出、派遣情形的劳务合同，似可归属法定的“租赁合同”。劳务合同与劳动合同不同，没有固定的格式，必备的条款。其内容可依照《合同法》第12条规定，由当事人根据具体情况自主随机选择条款，具体约定。

目前，与劳动关系相近的一类劳务关系大致有以下几种情形：

（一）用人单位将某项工程发包给某个人员或某几个人员，形成劳务关系。

（二）劳务派遣关系中用工单位与被派遣人员之间形成的劳务关系。

（三）已经办手续的离退休人员，又被用人单位聘用后，双方签订聘用合同。这种聘用关系属于劳务关系。

（四）个人或家庭与从事非全日制劳动主体之间的关系，属于劳务关系的范畴。

（五）在校学习的大、中学生利用假期勤工俭学与用人单位所建立的关系，属于劳务关系。

（六）直销企业与直销员、保险公司与代理人员、证券公司与经纪人所建立的关系，属于劳务关系。

[依据指引]

(1)《中华人民共和国合同法》（1999年3月15日　国家主席令第15号）

第二条　本法所称合同是平等主体的自然人、法人、其他组织之间设立、变更、终止民事权利义务关系的协议。

婚姻、收养、监护等有关身份关系的协议，适用其他法律的规定。

第三条　合同当事人的法律地位平等，一方不得将自己的意志强加给另一方。

第四条　当事人依法享有自愿订立合同的权利，任何单位和个人不得非法干预。

第十二条　合同的内容由当事人约定，一般包括以下条款：

（一）当事人的名称或者姓名和住所；

（二）标的；

（三）数量；

（四）质量；

（五）价款或者报酬；

（六）履行期限、地点和方式；

（七）违约责任；

（八）解决争议的办法。

当事人可以参照各类合同的示范文本订立合同。

第十三条　当事人订立合同，采取要约、承诺方式。

第十四条　要约是希望和他人订立合同的意见表示，该意见表示应当符合下列规定：

（一）内容具体确定；

（二）表明经受要约人承诺，要约人即受该意思表示约束。

第十五条　要约邀请是希望他们向自己发出要约的意思表示。寄送的价目表、拍卖公告、招标公告、招股说明书、商业广告等为要约邀请。

商业广告的内容符合要约规定的，视为要约。

第十六条 要约到达受要约人时生效。

采用数据电文形式订立合同，收件人指定特定系统接收数据电文的，该数据电文进入该特定系统的时间，视为到达时间；未指定特定系统的，该数据电文进入收件人的任何系统的首次时间，视为到达时间。

第二百一十二条 租赁合同是出租人将租赁物交付承租人使用、收益，承租人支付租金的合同。

第二百一十三条 租赁合同的内容包括租赁物的名称、数量、用途、租赁期限、租金及其支付期限和方式、租赁物维修等条款。

第二百五十一条 承揽合同是承揽人按照定做人的要求完成工作，交付工作成果，定做人给付报酬的合同。

承揽包括加工、定做、修理、复制、测试、检验等工作。

第二百五十二条 承揽合同的内容包括承揽的标的、数量、质量、报酬、承揽方式、材料的提供、履行期限、验收标准和方法等条款。

(2) 国务院《直销管理条例》（2005 年 8 月 10 日 国务院令第 443 号）

第十五条 直销企业及其分支机构不得招募下列人员为直销员：

（一）未满 18 周岁的人员；

（二）无民事行为能力或者限制民事行为能力的人员；

（三）全日制在校学生；

（四）教师、医务人员、公务员和现役军人；

（五）直销企业的正式员工；

（六）境外人员；

（七）法律、行政法规规定不得从事兼职的人员。

第十六条 直销企业及其分支机构招募直销员应当与其签订推销合同，并保证直销员只在其一个分支机构所在的省、自治区、直辖市行政区域内已设立服务网点的地区开展直销活动。未与直销企业或者其分支机构签订推销合同的人员，不得以任何方式从事直销活动。

第十七条 直销员自签订推销合同之日起 60 日内可以随时解除推销合同；60 日后，直销员解除推销合同应当提前 15 日通知直销企业。

第十八条 直销企业应当对拟招募的直销员进行业务培训和考试，考试合格后由直销企业颁发直销员证。未取得直销员证，任何人不得从事直销活动。

直销企业进行直销员业务培训和考试，不得收取任何费用。

直销企业以外的单位和个人，不得以任何名义组织直销员业务培训。

第二十四条 直销企业至少应当按月支付直销员报酬。直销企业支付给直销员的报酬只能按照直销员本人直接向消费者销售产品的收入计算，报酬总额（包括佣金、奖金、各种形式的奖励以及其他经济利益等）不得超过直销员本人直接向消费者销售产品收入的 30%。

(3)《中华人民共和国保险法》（2009 年 2 月 28 日 国家主席令第 11 号）

第一百一十七条 保险代理人是根据保险人的委托，向保险人收取佣金，并在保险人授权的范围内代为办理保险业务的机构或者个人。

保险代理机构包括专门从事保险代理业务的保险专业代理机构和兼营保险代理业务的保险兼业代理机构。

第一百二十二条 个人保险代理人、保险代理机构的代理从业人员、保险经纪人的经纪从业人员，应当具备国务院保险监督管理机构规定的资格条件，取得保险监督管理机构颁发的资格证书。

第一百二十三条 保险代理机构、保险经纪人应当有自己的经营场所，设立专门账簿记载保险代理业务、经纪业务的收支情况。

第一百三十条 保险佣金只限于向具有合法资格的保险代理人、保险经纪人支付，不得向其他人支付。

(4) 国务院《证券公司监督管理条例》（2008 年 4 月 23 日 国务院令第 522 号）

第三十八条 证券公司从事证券经纪业务，可以委托证券公司以外的人员作为证券经纪人，代理其进行客户招揽、客户服务等活动。证券经纪人应当具有证券从业资格。

证券公司应当与接受委托的证券经纪人签订委托合同，颁发证券经纪人证书，明确对证券经纪人的授权范围，并对证券经纪人的执业行为进行监督。

证券经纪人应当在证券公司的授权范围内从事业务，并应当向客户出示证券经纪人证书。

(5) 劳动部《关于贯彻执行〈劳动法〉若干问题的意见》（1995 年 8 月 4 日 劳部发［1995］309 号）

12. 在校生利用业余时间勤工助学，不视为就业，未建立劳动关系，可以不签订劳动合同。

(6) 最高人民法院《关于审理劳动争议案件适用法律若干问题的解释（三）》（2010 年 9 月 13 日 法释［2010］12 号）

第七条 用人单位与其招用的已经依法享受养老保险待遇或领取退休金的人员发生用工争议，向人民法院提起诉讼的，人民法院应当按劳务关系处理。

(7)《中华人民共和国劳动合同法》（2007 年 6 月 29 日 国家主席令第 65 号）

第五十八条 劳务派遣单位是本法所称用人单位，应当履行用人单位对劳动者的义务。劳务派遣单位与被派遣劳动者订立的劳动合同，除应当载明本法第十七条规定的事项外，还应当载明被派遣劳动者的用工单位以及派遣期限、工作岗位等情况。

……

第五十九条 劳务派遣单位派遣劳动者应当与接受以劳务派遣形式用工的单位（以下称用工单位）订立劳务派遣协议。劳务派遣协议应当约定派遣岗位和人员数量、派遣期限、劳动报酬和社会保险费的数额与支付方式以及违反协议的责任。

……

劳动关系与劳务关系的联系和区别

［解读］

劳动关系与劳务关系的联系主要有两点：

（一）当劳务关系的平等主体是两个，而且一方是用人单位，另一方是自然人时，它的情形与劳动关系很相近，从现象上看都是一方提供劳动力，另一方支付劳动报酬，因此两者很容易混淆。

（二）当借用人员或运用劳务派遣的用工方式时，致使两个单位之间的劳务关系与派出或借出单位与劳动者之间的劳动关系紧密地交叉在一起。

在劳动关系调整工作中，时常遇到劳动关系与劳务关系并存的情况，弄清两者的区别，对于做好人力资源管理工作，正确适用法律、妥善处理各类纠纷，显得特别重要。从整体上看，劳动关系与劳务关系的区别主要有五点：

（一）主体不同。劳动关系的主体资格和数量是确定的，即一方是用人单位，另一方必然是劳动者，只有两个主体。而劳务关系的主体资格和数量是不确定的，既可能是法人之间的关系，也可能是自然人之间的关系，还可能是法人与自然人之间的关系；同时，可能是两个平等主体，也可能是两个以上的平等主体。

（二）关系不同。劳动关系两个主体之间不仅存在财产关系即经济关系，还存在着人身关系，即行政隶属关系。也就是说，劳动者除提供有酬劳动之外，还要接受用人单位的管理，服从其安排，遵守其规章制度等。劳动关系双方当事人，虽然法律地位是平等的，但实际生活中的地位是不平等的。这就是我们常说的用人单位是强者，劳动者是弱者。而与劳动关系相近的劳务关系两个主体之间只存在财产关系，或者说是经济关系。即劳动者提供劳务服务，用人单位支付劳务报酬。彼此之间不存在行政隶属关系，而是一种相对于劳动关系当事人，主体地位更加平等的关系。

（三）劳动主体的待遇不同。劳动关系中的劳动者除获得工资报酬外，还有保险、福利待遇等；而劳务关系中的劳动主体，一般只获得劳务报酬。

（四）适用的法律不同。劳动关系主要适用劳动法律，有时也要适用相关的法律；而劳务关系则主要适用民事法律，有时也要适用相关的法律。

（五）合同的法定形式不同。劳动关系用劳动合同来确立，其法定形式是书面的。而劳务关系须用劳务合同来确立，其法定形式除书面的以外，还可以是口头和其他形式。

［依据指引］

(1)《中华人民共和国劳动法》（1994 年 7 月 5 日 国家主席令第 28 号）

第二条 在中华人民共和国境内的企业、个体经济组织（以下统称用人单位）和与之形成劳动关系的劳动者，适用本法。

国家机关、事业组织、社会团体和与之建立劳动合同关系的劳动者，依照本法执行。

第十六条 劳动合同是劳动者与用人单位确立劳动关系、明确双方权利和义务的协议。

建立劳动关系应当订立劳动合同。

(2)《中华人民共和国劳动合同法》（2007 年 6 月 29 日 国家主席令第 65 号）

第二条 中华人民共和国境内的企业、个体经济组织、民办非企业单位等组织（以下称用人单位）与劳动者建立劳动关系，订立、履行、变更、解除或者终止劳动合同，适用本法。

国家机关、事业单位、社会团体和与其建立

劳动关系的劳动者，订立、履行、变更、解除或者终止劳动合同，依照本法执行。

第五十八条 劳务派遣单位是本法所称用人单位，应当履行用人单位对劳动者的义务。劳务派遣单位与被派遣劳动者订立的劳动合同，除应当载明本法第十七条规定的事项外，还应当载明被派遣劳动者的用工单位以及派遣期限、工作岗位等情况。

第五十九条 劳务派遣单位派遣劳动者应当与接受以劳务派遣形式用工的单位（以下称用工单位）订立劳务派遣协议。劳务派遣协议应当约定派遣岗位和人员数量、派遣期限、劳动报酬和社会保险费的数额与支付方式以及违反协议的责任。

第九十六条 事业单位与实行聘用制的工作人员订立、履行、变更、解除或者终止劳动合同，法律、行政法规或者国务院另有规定的，依照其规定；未作规定的，依照本法有关规定执行。

(3)《中华人民共和国合同法》（1999年3月15日 国家主席令第15号）

第二条 本法所称合同是平等主体的自然人、法人、其他组织之间设立、变更、终止民事权利义务关系的协议。

婚姻、收养、监护等有关身份关系的协议，适用其他法律的规定。

第三条 合同当事人的法律地位平等，一方不得将自己的意志强加给另一方。

第四条 当事人依法享有自愿订立合同的权利，任何单位和个人不得非法干预。

第十二条 合同的内容由当事人约定，一般包括以下条款：

（一）当事人的名称或者姓名和住所；

（二）标的；

（三）数量；

（四）质量；

（五）价款或者报酬；

（六）履行期限、地点和方式；

（七）违约责任；

（八）解决争议的办法。

当事人可以参照各类合同的示范文本订立合同。

事实劳动关系的认定

［解读］

事实劳动关系是指劳动者与用人单位未签订劳动合同，然而在实际上劳动者已成为该用人单位的成员，遵守其规章制度，接受其管理，且为其提供正常劳动；用人单位也向劳动者支付工资等劳动报酬的情形。由于我国实行劳动合同制度的时间不长，人们的合同意识、法制观念还不强，所以这种事实劳动关系在一定时期内都会存在。国家为了有效地保护劳动关系双方，尤其是劳动者的合法权益，在《劳动合同法》中作了许多督促双方签订书面合同的规定；另外，还规定只要用人单位与劳动者存在事实劳动关系，均应适用劳动法律规定。判断事实劳动关系是否成立，须同时具备下列三个条件：

（一）用人单位和劳动者符合法律、法规规定的主体资格。

（二）用人单位依法制定的各项劳动规章制度适用于劳动者，劳动者受用人单位的管理，从事用人单位安排的有报酬的劳动。

（三）劳动者提供的劳动是用人单位业务的组成部分。

认定双方是否存在事实劳动关系，可参照下列凭证：

（一）工资支付凭证或记录（职工工资发放花名册）、缴纳各项社会保险费的记录。

（二）用人单位向劳动者发放的“工作证”“服务证”等能够证明身份的证件。

（三）劳动者填写的用人单位招工招聘“登记表”“报名表”等招用记录。

（四）考勤记录。

（五）其他劳动者的证言等。

其中，（一）、（三）、（四）项的有关凭证由用人单位承担举证责任。

用人单位与劳动者形成事实劳动关系的，当事人应当补签劳动合同，由双方协商劳动合同期限。协商不一致的，任何一方均可提出终止劳动关系，但对符合签订无固定期限劳动合同条件的劳动者，如果劳动者提出订立无固定期限劳动合同，用人单位应当订立。用人单位提出终止劳动关系的，应当按照劳动者在本单位工作年限每满一年支付一个月工资的经济补偿金。

［依据指引］

(1)《中华人民共和国劳动合同法》（2007年6月29日 国家主席令第65号）

第十条 建立劳动关系，应当订立书面劳动合同。

已建立劳动关系，未同时订立书面劳动合同的，应当自用工之日起一个月内订立书面劳动合同。

用人单位与劳动者在用工前订立劳动合同的，劳动关系自用工之日起建立。

第八十二条 用人单位自用工之日起超过一个月不满一年未与劳动者订立书面劳动合同的，应当向劳动者每月支付二倍的工资。

(2) 国务院《劳动合同法实施条例》（2008年9月18日 国务院令第535号）

第五条 自用工之日起一个月内，经用人单位书面通知后，劳动者不与用人单位订立书面劳动合同的，用人单位应当书面通知劳动者终止劳动关系，无需向劳动者支付经济补偿，但是应当依法向劳动者支付其实际工作时间的劳动报酬。

第六条 用人单位自用工之日起超过一个月不满一年未与劳动者订立书面劳动合同的，应当依照劳动合同法第八十二条的规定向劳动者每月支付两倍的工资，并与劳动者补订书面劳动合同；劳动者不与用人单位订立书面劳动合同的，用人单位应当书面通知劳动者终止劳动关系，并依照劳动合同法第四十七条的规定支付经济补偿。

前款规定的用人单位向劳动者每月支付两倍工资的起算时间为用工之日起满一个月的次日，截止时间为补订书面劳动合同的前一日。

(3) 劳动部《关于贯彻执行〈劳动法〉若干问题的意见》（1995年8月4日 劳部发［1995］309号）

82. 用人单位与劳动者发生劳动争议不论是否订立劳动合同，只要存在事实劳动关系，并符合劳动法的适用范围和《中华人民共和国企业劳动争议处理条例》的受案范围，劳动争议仲裁委员会均应受理。

(4) 劳动和社会保障部《关于确立劳动关系有关事项的通知》（2005年5月25日 劳社部发［2005］12号）

一、用人单位招用劳动者未订立书面劳动合同，但同时具备下列情形的，劳动关系成立。

（一）用人单位和劳动者符合法律、法规规定的主体资格；

（二）用人单位依法制定的各项劳动规章制度适用于劳动者，劳动者受用人单位的劳动管理，从事用人单位安排的有报酬的劳动；

（三）劳动者提供的劳动是用人单位业务的组成部分。

二、用人单位未与劳动者签订劳动合同，认定双方存在劳动关系时可参照下列凭证：

（一）工资支付凭证或记录（职工工资发放花名册）、缴纳各项社会保险费的记录；

（二）用人单位向劳动者发放的“工作证”“服务证”等能够证明身份的证件；

（三）劳动者填写的用人单位招工招聘“登记表”“报名表”等招用记录；

（四）考勤记录；

（五）其他劳动者的证言等。

其中，（一）、（三）、（四）项的有关凭证由用人单位负举证责任。

三、用人单位招用劳动者符合第一条规定的情形的，用人单位应当与劳动者补签劳动合同，劳动合同期限由双方协商确定。协商不一致的，任何一方均可提出终止劳动关系，但对符合签订无固定期限劳动合同条件的劳动者，如果劳动者提出订立无固定期限劳动合同，用人单位应当订立。

用人单位提出终止劳动关系的，应当按照劳动者在本单位工作年限每满一年支付一个月工资的经济补偿金。

四、建筑施工、矿山企业等用人单位将工程（业务）或经营权发包给不具备用工主体资格的组织或自然人，对该组织或自然人招用的劳动者，由具备用工主体资格的发包方承担用工主体责任。

五、劳动者与用人单位就是否存在劳动关系引发争议的，可以向有管辖权的劳动争议仲裁委员会申请仲裁。

人员招聘

［解读］

人员招聘是用人单位开展生产、经营活动的前期行为，也是保障生产、经营活动正常运行的经常行为。用人单位招聘人员，应遵循面向社会、公开招收、公平竞争、择优录用的原则。其招聘的方式主要有四个：

（一）委托公共就业服务机构或职业中介机构。采用这种方式，应提供招用人员简章并出示营业执照（副本）或有关部门批准其设立的文件、经办人的身份证件和受用人单位委托的证明。

（二）参加职业招聘洽谈会。

（三）委托报纸、广播、电视、互联网站等大众传播媒介发布招聘信息。

（四）利用本企业场所、企业网站等自有途径发布招聘信息。

用人单位招用人员的招聘简章应当包括：用人单位基本情况、招用人数、工作内容、招录条件、劳动报酬、福利待遇、社会保险等内容，以及法律、法规规定的其他内容。

用人单位招用人员时，应当依法如实告知劳动者有关工作内容、工作条件、工作地点、职业危害、安全生产状况、劳动报酬以及劳动者要求了解的其他情况，并根据劳动者的要求，及时向其反馈是否录用的情况。

用人单位招聘职工时应查验终止、解除劳动合同证明，以及其他能证明该职工与任何用人单位不存在劳动关系的凭证；招聘特殊工种、技术工种人员时，应依法招用持相应工种职业资格证书的人员，否则应对未持证人员组织上岗前培训，使其取得资格证书后方可上岗；招聘外国人或台、港、澳人员时，应按照国家相关的特别规定执行，须办理《外国人就业许可证》或《台港澳人员就业证》。

用人单位招聘人员后，应自录用之日起 30 日之内，到单位所在地公共就业服务机构办理就业登记，还应即时与被录用人员订立劳动合同。

在招聘人员过程中，用人单位应避免下列禁止性行为：

（一）提供虚假招聘信息，发布虚假招聘广告。

（二）扣押被录用人员的居民身份证和其他证件。

（三）以担保或者其他名义向劳动者收取财物。

（四）招用未满 16 周岁的未成年人以及国家法律、行政法规规定不得招用的其他人员。

（五）招用无合法身份证件的人员。

（六）以招用人员为名牟取不正当利益或进行其他违法活动。

[依据指引]

(1) 劳动和社会保障部《就业服务与就业管理规定》（2007 年 11 月 5 日　部令第 28 号）

第三章　招 用 人 员

第九条　用人单位依法享有自主用人的权利。用人单位招用人员，应当向劳动者提供平等的就业机会和公平的就业条件。

第十条　用人单位可以通过下列途径自主招用人员：

（一）委托公共就业服务机构或职业中介机构；

（二）参加职业招聘洽谈会；

（三）委托报纸、广播、电视、互联网站等大众传播媒介发布招聘信息；

（四）利用本企业场所、企业网站等自有途径发布招聘信息；

（五）其他合法途径。

第十一条　用人单位委托公共就业服务机构或职业中介机构招用人员，或者参加招聘洽谈会时，应当提供招用人员简章，并出示营业执照（副本）或者有关部门批准其设立的文件、经办人的身份证件和受用人单位委托的证明。

招用人员简章应当包括用人单位基本情况、招用人数、工作内容、招录条件、劳动报酬、福利待遇、社会保险等内容，以及法律、法规规定的其他内容。

第十二条　用人单位招用人员时，应当依法如实告知劳动者有关工作内容、工作条件、工作地点、职业危害、安全生产状况、劳动报酬以及劳动者要求了解的其他情况。

用人单位应当根据劳动者的要求，及时向其反馈是否录用的情况。

第十三条　用人单位应当对劳动者的个人资料予以保密。公开劳动者的个人资料信息和使用劳动者的技术、智力成果，须经劳动者本人书面同意。

第十四条　用人单位招用人员不得有下列行为：

（一）提供虚假招聘信息，发布虚假招聘广告；

（二）扣押被录用人员的居民身份证和其他证件；

（三）以担保或者其他名义向劳动者收取财物；

（四）招用未满 16 周岁的未成年人以及国家法律、行政法规规定不得招用的其他人员；

（五）招用无合法身份证件的人员；

（六）以招用人员为名牟取不正当利益或进行其他违法活动。

第十五条　用人单位不得以诋毁其他用人单位信誉、商业贿赂等不正当手段招聘人员。

第十六条　用人单位在招用人员时，除国家规定的不适合妇女从事的工种或者岗位外，不得以性别为由拒绝录用妇女或者提高对妇女的录用标准。

用人单位录用女职工，不得在劳动合同中规定限制女职工结婚、生育的内容。

第十七条 用人单位招用人员，应当依法对少数民族劳动者给予适当照顾。

第十八条 用人单位招用人员，不得歧视残疾人。

第十九条 用人单位招用人员，不得以是传染病病原携带者为由拒绝录用。但是，经医学鉴定传染病病原携带者在治愈前或者排除传染嫌疑前，不得从事法律、行政法规和国务院卫生行政部门规定禁止从事的易使传染病扩散的工作。

用人单位招用人员，除国家法律、行政法规和国务院卫生行政部门规定禁止乙肝病原携带者从事的工作外，不得强行将乙肝病毒血清学指标作为体检标准。

第二十条 用人单位发布的招用人员简章或招聘广告，不得包含歧视性内容。

第二十一条 用人单位招用从事涉及公共安全、人身健康、生命财产安全等特殊工种的劳动者，应当依法招用持相应工种职业资格证书的人员；招用未持相应工种职业资格证书人员的，须组织其在上岗前参加专门培训，使其取得职业资格证书后方可上岗。

第二十二条 用人单位招用台港澳人员后，应当按有关规定到当地劳动保障行政部门备案，并为其办理《台港澳人员就业证》。

第二十三条 用人单位招用外国人，应当在外国人入境前，按有关规定到当地劳动保障行政部门为其申请就业许可，经批准并获得《中华人民共和国外国人就业许可证书》后方可招用。

用人单位招用外国人的岗位必须是有特殊技能要求、国内暂无适当人选的岗位，并且不违反国家有关规定。

(2) 劳动部《关于实行劳动合同制度若干问题的通知》（1996 年 10 月 31 日 劳部发［1996］354 号）

17. 用人单位招用职工时应查验终止、解除劳动合同证明，以及其他能证明该职工与任何用人单位不存在劳动关系的凭证，方可与其签订劳动合同。

招用劳动者不能要求其提供担保等

[解读]

订立劳动合同应当遵循的原则之一是“平等自愿”。法律明确规定，用人单位招用劳动者不能扣押其身份证等证件，不能要求其提供担保或以任何名目收取财物。否则，对扣押劳动者身份证等证件的用人单位，由人力资源和社会保障行政部门责令限期退还本人，并依据《居民身份证法》等相关法律予以罚款；对以担保等名目向劳动者收取财物的，除由人力资源和社会保障行政部门责令限期退还本人外，还按每人 500 元以上 2 000 元以下的标准处以罚款，给劳动者造成损害的，还应承担赔偿责任。

至于用人单位与劳动者建立劳动关系后，根据本单位经营管理实际需要，按照本人自愿的原则向职工收“风险抵押金”及要求职工全员入股等企业生产经营管理行为，不属于上述法律禁止范围。

[依据指引]

(1)《中华人民共和国劳动合同法》（2007 年 6 月 29 日 国家主席令第 65 号）

第九条 用人单位招用劳动者，不得扣押劳动者的居民身份证和其他证件，不得要求劳动者提供担保或者以其他名义向劳动者收取财物。

第八十四条 用人单位违反本法规定，扣押劳动者居民身份证等证件的，由劳动行政部门责令限期退还劳动者本人，并依照有关法律规定给予处罚。

用人单位违反本法规定，以担保或者其他名义向劳动者收取财物的，由劳动行政部门责令限期退还劳动者本人，并以每人五百元以上二千元以下的标准处以罚款；给劳动者造成损害的，应当承担赔偿责任。

劳动者依法解除或者终止劳动合同，用人单位扣押劳动者档案或者其他物品的，依照前款规定处罚。

(2) 劳动部办公厅、国家经贸委办公厅《对“关于用人单位要求在职职工缴纳抵押性钱款或股金的做法应否制止的请示”的复函》（1995 年 7 月 3 日 劳办发［1995］150 号）

吉林省劳动厅：

你厅《关于用人单位要求在职职工缴纳抵押

性钱款或股金的做法应否制止的请示》(吉劳函字[1995] 20号)收悉。经研究,现函复如下:

为规范用人单位与劳动者依法建立劳动关系的行为,劳动部、公安部、全国总工会《关于加强外商投资企业和私营企业劳动管理切实保障职工合法权益的通知》(劳部发[1994] 118号)和劳动部办公厅《对〈关于国有企业和集体所有制企业能否参照执行劳部发[1994] 118号文件中有关规定的请示〉的复函》(劳办发[1994] 256号)对制止国有、集体、外商投资和私营企业在建立劳动关系时向职工收取抵押金(品)的问题作了明确规定。同样,对用人单位向职工收取的"劳动合同保证金""劳动保护物品及生产工具使用(承包)抵押金"等行为也应予以制止。

至于一些用人单位与职工建立劳动关系后,根据本单位经营管理实际需要,按照职工本人自愿原则向职工收取"风险抵押金"及要求职工全员入股等企业生产经营管理行为,不属上述规定调整范围。但是,用人单位不能以解除劳动关系等为由强制职工缴纳风险抵押金及要求职工入股(实行内部经营承包的企业经营管理人员、实行公司制企业的董事会成员除外)。否则,由此引发的劳动争议,按照《中华人民共和国企业劳动争议处理条例》规定处理。

用人单位与劳动者相互告知义务

[解读]

法律规定,用人单位与劳动者建立劳动关系时,均有相互告知的义务,即用人单位应当如实告知劳动者工作内容、工作条件等方面的内容;劳动者也应当将与劳动合同直接相关的基本情况如实告知用人单位。用人单位可通过"录用通知书"或"职工入职须知"等形式,将法定告知内容通知劳动者,要求劳动者签收,并保留送达凭证。同时,可通过"员工登记表"或"劳动合同书"等形式,将需了解职工的基本信息设计完善,要求员工如实填写、告知,"员工登记表"应有"填写人签字"栏目,由本人签字以示负责。

[依据指引]

《中华人民共和国劳动合同法》(2007年6月29日 国家主席令第65号)

第八条 用人单位招用劳动者时,应当如实告知劳动者工作内容、工作条件、工作地点、职业危害、安全生产状况、劳动报酬,以及劳动者要求了解的其他情况;用人单位有权了解劳动者与劳动合同直接相关的基本情况,劳动者应当如实说明。

职工名册

[解读]

建立职工名册是用人单位的法定义务。不履行该义务的用人单位,由人力资源和社会保障行政部门责令限期改正,逾期不改的,可处以2 000元以上2万元以下的罚款。职工名册的法定内容包括:劳动者的姓名、性别、身份证号、户籍地址、现住址、联系方式、用工形式、用工起始时间、劳动合同期限等。在建立职工名册时,用人单位还可根据实际需要增加相关内容;对派遣人员应单独建立一份名册,因派遣人员不是用人单位的职工,不应列在职工名册中,以防将两类人员混淆不利于管理;职工名册可建立电子版的,实行动态化管理,当职工离职时,可将其信息切出,放入离职职工名册,一旦该离职职工再次应聘,离职职工名册就可成为考察应聘人员的一种资料。

[依据指引]

(1)《中华人民共和国劳动合同法》(2007年6月29日 国家主席令第65号)

第七条 用人单位自用工之日起即与劳动者建立劳动关系。用人单位应当建立职工名册备查。

(2)国务院《劳动合同法实施条例》(2008年9月18日 国务院令第535号)

第八条 劳动合同法第七条规定的职工名册,应当包括劳动者姓名、性别、公民身份号码、户籍地址及现住址、联系方式、用工形式、用工起始时间、劳动合同期限等内容。

第三十三条 用人单位违反劳动合同法有关建立职工名册规定的,由劳动行政部门责令限期改正;逾期不改正的,由劳动行政部门处2 000元以上2万元以下的罚款。

用人单位的规章制度

[解读]

用人单位的规章制度是指由用人单位履行民

主程序，依据法律、法规和本单位的实际情况，建立的适用于本单位全体劳动者的内部生产、经营和管理等诸方面的行为规范。这既是法律授予企业的自主权，又是为其规定的义务。用人单位规章制度主要有七方面的内容：

（一）人事管理制度。一般包括：人员招聘，员工培训，内部调动，工作纪律，档案管理，员工离职等内容。

（二）考勤制度。一般包括：作息时间，考勤要求与方式，各种休假规定，请销假手续等。

（三）考核制度。一般包括：工作数量、质量及指标要求等考核标准，考核机构的设置，考核范围和打分、划分等级的标准，考核（或考评）的周期、程序和方法，考核结果及其如何与待遇挂钩等。

（四）保密制度。一般包括：商业秘密的范围、采取的保密措施，对保密工作的具体要求，泄密的责任等。

（五）工资、福利、保险制度。一般包括：工资结构、工资标准、工资支付、工资调整，休假待遇，社会保险的缴纳，住房公积金的缴纳等。

（六）奖惩制度。一般包括：工作态度、出勤状况、遵守纪律、业绩考核等各方面的奖惩规定。

（七）财务制度。一般包括：经费收支、审批程序，费用报销程序等。

用人单位制定规章制度时，应遵循四个原则：一是紧密联系实际，使规章制度切实可行，具有操作性；二是依法、依情、依理制定，即国家有明确规定的，应当根据国家的法律规定制定，国家没有明确规定的，应当依据合情合理的原则制定；三是采用中观的方式起草，内容比较具体，既要涵盖企业生产、经营、管理等诸方面，又要保障劳动者享有劳动权利，既要防止过于概括，又要防止事无巨细；四是履行民主程序并向劳动者公示，应依据《劳动合同法》第 4 条规定的民主程序执行。

用人单位履行民主程序制定、公示规章制度应注意以下六点：

（一）用人单位在制定、修改或者决定有关劳动报酬、工作时间、休息休假、劳动安全卫生、保险福利、职工培训、劳动纪律以及劳动定额管理等直接涉及劳动者切身利益的规章制度时，应当履行民主程序，否则可以不履行民主程序。也就是说，不是所有的规章制度都要履行民主程序，只有直接涉及劳动者切实利益的规章制度才需要履行民主程序。

（二）民主程序分两步。第一步是有职工代表大会的用人单位，应当经职工代表大会讨论；没有职工代表大会的用人单位，应当经全体职工讨论，然后提出方案和意见。须注意法律的规定是经职工代表大会或全体职工讨论，提出方案和意见，而不是经职工代表大会或全体职工讨论通过。第二步是有工会的用人单位，须与工会平等协商；没有工会的用人单位，须与职工代表平等协商。须注意法律规定的“平等协商确定”，应理解为尽力平等协商一致，一旦协商不一致，应由用人单位领导层集体研究确定，因为法律将制定规章制度的权利赋予了用人单位。

（三）结合用人单位的实际，从方便可行的角度考虑，是否建立职工代表大会制度。

（四）从用人单位的实际需要出发，制定切实可行的有关履行民主程序决定重大事项的单行规章制度。

（五）保留好用人单位履行民主程序的证据，例如会议签到表、会议记录、会议纪要等。

（六）用人单位向员工公示规章制度应保留证据，实践中常用的公示方式主要有以下四种：一是在劳动合同中约定规章制度为合同的附件；二是将规章制度发给员工，保留签收单；三是通过宣讲会议或培训方式公示，保留会议或培训签到表；四是将用人单位的规章制度送劳动者传阅后，请其书写遵守规章制度的确认书。

如果用人单位制定的涉及劳动者切身利益的规章制度没有履行民主程序，也没有向劳动者公示，将面临着无效的法律风险，该规章制度不能适用于劳动者。如果该规章制度不仅违反法律、法规的规定，而且损害了劳动者的权益，则劳动者可以随时通知用人单位解除劳动合同，索要经济补偿金。

[依据指引]

(1)《中华人民共和国劳动合同法》（2007 年 6 月 29 日　国家主席令第 65 号）

第四条　用人单位应当依法建立和完善劳动规章制度，保障劳动者享有劳动权利、履行劳动义务。

用人单位在制定、修改或者决定有关劳动报酬、工作时间、休息休假、劳动安全卫生、保险福利、职工培训、劳动纪律以及劳动定额管理等直接涉及劳动者切身利益的规章制度或者重大事项时，应当经职工代表大会或者全体职工讨论，提出方案和意见，与工会或者职工代表平等协商确定。

在规章制度和重大事项决定实施过程中，工会或者职工认为不适当的，有权向用人单位提出，通过协商予以修改完善。

用人单位应当将直接涉及劳动者切身利益的规章制度和重大事项决定公示，或者告知劳动者。

第八十条　用人单位直接涉及劳动者切身利益的规章制度违反法律、法规规定的，由劳动行政部门责令改正，给予警告；给劳动者造成损害的，应当承担赔偿责任。

(2) 最高人民法院《关于审理劳动争议案件适用法律若干问题的解释》（2001 年 4 月 16 日　法释［2001］14 号）

第十九条　用人单位根据《劳动法》第四条之规定，通过民主程序制定的规章制度，不违反国家法律、行政法规及政策规定，并已向劳动者公示的，可以作为人民法院审理劳动争议案件的依据。

离退休人员的聘用

[解读]

在目前情况下，根据国家政策，在优先解决适龄劳动者就业的前提下，离退休人员是可以被用人单位聘用而从事工作的，并且应当签订聘用合同。其内容应包括聘用期限，工作内容，报酬、医疗、劳保等权利和义务。被聘用的离退休人员与其聘用单位之间的关系既具有劳动关系的某些特性，如接受聘用单位的管理、遵守其规章制度等；又具有劳务关系的特性，如不需缴纳社会保险费、可以支付劳务费等。目前，国家已明确界定这种关系的性质为劳务关系。离退休人员与其聘用单位之间发生争议，劳动争议仲裁委员会不予受理，可直接向人民法院起诉。解决离退休人员与其聘用单位之间的纠纷，主要依据是双方当事人签订的聘用合同。

[依据指引]

(1) 劳动部《关于实行劳动合同制度若干问题的通知》（1996 年 10 月 31 日　劳部发［1996］354 号）

13. 已享受养老保险待遇的离退休人员被再次聘用时，用人单位应与其签订书面协议，明确聘用期内的工作内容、报酬、医疗、劳保待遇等权利和义务。

(2) 最高人民法院《关于审理劳动争议案件适用法律若干问题的解释（三）》（2010 年 9 月 13 日　法释［2010］12 号）

第七条　用人单位与其招用的已经依法享受养老保险待遇或领取退休金的人员发生用工争议，向人民法院提起诉讼的，人民法院应当按劳务关系处理。

临　时　工

[解读]

在 1994 年 12 月 31 日以前，我国实行固定工制度时期，一直存在临时工这一概念，是指用工期限不超过 1 年的职工。按照国家规定，用人单位与临时工也须订立劳动合同，但最长不能超过 1 年。合同期满办理终止手续，如双方同意继续保持劳动关系，则应重新签订合同。临时工的待遇，从总体上看，比正式工的待遇要低。1995 年 1 月 1 日《劳动法》实施以来，国家规定，原来意义上相对于正式工而言的临时工已不复存在，所有职工都是劳动合同制职工，享有的权利是平等的，只是在劳动合同期限上有所区别，有的短一些，有的长一些。然而，有的地方政府根据当地的实际情况，也有保留临时工这一称呼的情况。

[依据指引]

(1) 劳动部办公厅《对〈关于临时工的用工形式是否存在等问题的请示〉的复函》（1996 年 10 月 9 日　劳办发［1996］215 号）

辽宁省劳动厅：

你厅《关于临时工的用工形式是否存在等问题的请示》（辽劳字［1996］146 号）收悉，经研究，答复如下：

一、《劳动法》实施后，所有用人单位与职工全面实行劳动合同制度，在用人单位各类职工享有的权利是一样的，因此，过去意义上相对于正式工而言的临时工已经不复存在，用人单位在临时性岗位上用工，可以在劳动合同期限上有所区别。

(2)劳动部办公厅《对〈关于临时工等问题的请示〉的复函》（1996 年 11 月 7 日　劳办发［1996］238 号）

重庆市劳动局：

你局《关于临时工等问题的请示》(渝劳发[1996] 51号)收悉。经研究,函复如下:

一、关于是否还保留“临时工”的提法问题。《劳动法》施行后,所有用人单位与职工全面实行劳动合同制度,各类职工在用人单位享有的权利是平等的。因此,过去意义上相对于正式工而言的临时工名称已经不复存在。用人单位如在临时岗位上用工,应当与劳动者签订劳动合同并依法为其建立各种社会保险,使其享有有关的福利待遇,但在劳动合同期限上可以有所区别。

用工方式

[解读]

根据《劳动合同法》的相关规定,我国劳动制度中的用工方式有三种,即全日制用工、非全日制用工和劳务派遣用工。全日制劳动者每日工作时间不超过8小时,平均每周工作时间不超过40小时。非全日制劳动者一般平均每日工作时间不超过4小时,每周工作时间累计不超过24小时。劳务派遣劳动者是派遣公司招聘的职工,是根据派遣公司与用工单位的劳务派遣协议在用工单位提供正常劳动的情形。其中,全日制用工为主体性用工方式,而非全日制用工和劳务派遣用工为辅助性、补充性、灵活性的用工形式。用人单位应以全日制用工为主,可结合本单位的实际,灵活选用非全日制用工和劳务派遣用工。

[依据指引]

(1)《中华人民共和国劳动法》(1994年7月5日 国家主席令第28号)

第三十六条 国家实行劳动者每日工作时间不超过八小时、平均每周工作时间不超过四十四小时的工时制度。

(2) 国务院《关于职工工作时间的规定》(1994年2月3日 国务院令第146号 1995年3月25日修订)

第二条 本规定适用于在中华人民共和国境内的国家机关、社会团体、企业事业单位以及其他组织的职工。

第三条 职工每日工作8小时、每周工作40小时。

(3)《中华人民共和国劳动合同法》(2007年6月29日 国家主席令第65号)

第十条 建立劳动关系,应当订立书面劳动合同。

已建立劳动关系,未同时订立书面劳动合同的,应当自用工之日起一个月内订立书面劳动合同。

用人单位与劳动者在用工前订立劳动合同的,劳动关系自用工之日起建立。

第五十八条 劳务派遣单位是本法所称用人单位,应当履行用人单位对劳动者的义务。劳务派遣单位与被派遣劳动者订立的劳动合同,除应当载明本法第十七条规定的事项外,还应当载明被派遣劳动者的用工单位以及派遣期限、工作岗位等情况。

劳务派遣单位应当与被派遣劳动者订立二年以上的固定期限劳动合同,按月支付劳动报酬;被派遣劳动者在无工作期间,劳务派遣单位应当按照所在地人民政府规定的最低工资标准,向其按月支付报酬。

第五十九条 劳务派遣单位派遣劳动者应当与接受以劳务派遣形式用工的单位(以下称用工单位)订立劳务派遣协议。劳务派遣协议应当约定派遣岗位和人员数量、派遣期限、劳动报酬和社会保险费的数额与支付方式以及违反协议的责任。

用工单位应当根据工作岗位的实际需要与劳务派遣单位确定派遣期限,不得将连续用工期限分割订立数个短期劳务派遣协议。

第六十八条 非全日制用工,是指以小时计酬为主,劳动者在同一用人单位一般平均每日工作时间不超过四小时,每周工作时间累计不超过二十四小时的用工形式。

全日制职工与非全日制职工

[解读]

全日制职工是指以日计酬,在同一用人单位每日工作时间在5小时以上8小时以下,每周工作时间不超过40小时的劳动者。其与用人单位应以书面劳动合同建立劳动关系。

非全日制职工是指以小时计酬,在同一用人单位平均每日工作时间在4小时以内,每周工作时间累计不超过24小时的劳动者。其与用人单位应以口头或书面劳动合同建立劳动关系。

两者的联系主要在于都是用人单位的职工,都与用人单位存在劳动关系。两者的区别主要表现在四个方面:

（一）劳动合同的形式有不同之处。全日制职工应以书面劳动合同建立劳动关系；而非全日制职工除可用书面合同建立劳动关系以外，还可用口头合同建立劳动关系。

（二）劳动者的工作时间不同。全日制职工在同一用人单位的每日工作时间在5小时以上，8小时以下，每周不超过40小时；而非全日制职工在同一用人单位的工作时间，平均每日在4小时以内，累计每周不超过24小时。

（三）社会保险缴纳方式不同。全日制职工社会保险须由用人单位向社会保险经办机构办理缴纳手续，职工应承担的费用，由用人单位从其工资中代扣代缴。而非全日制职工的养老、医疗等社会保险须由个人向社会保险经办机构办理缴纳手续，用人单位应承担的费用，在支付工资时一并支付给个人；另外，用人单位应为非日制职工缴纳工伤社会保险。

（四）劳动关系的管理不同。全日制职工原则上只允许建立一个劳动关系，往往用人单位还要求其将档案和社会保险关系转移至指定的部门，管理比较严格。而非全日制职工可以建立一个以上的劳动关系，无须转移档案和社会保险关系，管理比较宽松。

［依据指引］

(1)《中华人民共和国劳动法》（1994年7月5日 国家主席令第28号）

第十六条 劳动合同是劳动者与用人单位确立劳动关系、明确双方权利和义务的协议。

建立劳动关系应当订立劳动合同。

第三十六条 国家实行劳动者每日工作时间不超过八小时、平均每周工作时间不超过四十四小时的工时制度。

(2)《中华人民共和国劳动合同法》（2007年6月29日 国家主席令第65号）

第十条 建立劳动关系，应当订立书面劳动合同。

已建立劳动关系，未同时订立书面劳动合同的，应当自用工之日起一个月内订立书面劳动合同。

用人单位与劳动者在用工前订立劳动合同的，劳动关系自用工之日起建立。

第六十八条 非全日制用工，是指以小时计酬为主，劳动者在同一用人单位一般平均每日工作时间不超过四小时，每周工作时间累计不超过二十四小时的用工形式。

第六十九条 非全日制用工双方当事人可以订立口头协议。

从事非全日制用工的劳动者可以与一个或者一个以上用人单位订立劳动合同；但是，后订立的劳动合同不得影响先订立的劳动合同的履行。

(3) 国务院《关于职工工作时间的规定》（1994年2月3日 国务院令第146号 1995年3月25日修订）

第二条 本规定适用于在中华人民共和国境内的国家机关、社会团体、企业事业单位以及其他组织的职工。

第三条 职工每日工作8小时、每周工作40小时。

(4) 劳动和社会保障部《关于非全日制用工若干问题的意见》（2003年5月30日 劳社部发［2003］12号）

一、关于非全日制用工的劳动关系

（三）非全日制劳动合同的内容由双方协商确定，应当包括工作时间和期限、工作内容、劳动报酬、劳动保护和劳动条件五项必备条款，但不得约定试用期。

（四）非全日制劳动合同的终止条件，按照双方的约定办理。劳动合同中，当事人未约定终止劳动合同提前通知期的，任何一方均可以随时通知对方终止劳动合同；双方约定了违约责任的，按照约定承担赔偿责任。

（五）用人单位招用劳动者从事非全日制工作，应当在录用后到当地劳动保障行政部门办理录用备案手续。

（六）从事非全日制工作的劳动者档案可由本人户口所在地劳动保障部门的公共职业介绍机构代管。

二、关于非全日制用工的工资支付

（七）用人单位应当按时足额支付非全日制劳动者的工资。用人单位支付非全日制劳动者的小时工资不得低于当地政府颁布的小时最低工资标准。

（八）非全日制用工的小时最低工资标准由省、自治区、直辖市规定，并报劳动保障部备案。确定和调整小时最低工资标准应当综合参考以下因素：当地政府颁布的月最低工资标准；单位应缴纳的基本养老保险费和基本医疗保险费（当地政府颁布的月最低工资标准未包含个人缴纳社会保险费因素的，还应考虑个人应缴纳的社会保险费）；非全日制劳动者在工作稳定性、劳动条件和劳动强度、福利等方面与全日制就业人员之间的差异……

三、关于非全日制用工的社会保险

（十）从事非全日制工作的劳动者应当参加基本养老保险，原则上参照个体工商户的参保办法执行。对于已参加过基本养老保险和建立个人账户的人员，前后缴费年限合并计算，跨统筹地区转移的，应办理基本养老保险关系和个人账户的转移、接续手续。符合退休条件时，按国家规定计发基本养老金。

（十一）从事非全日制工作的劳动者可以以个人身份参加基本医疗保险，并按照待遇水平与缴费水平相挂钩的原则，享受相应的基本医疗保险待遇。参加基本医疗保险的具体办法由各地劳动保障部门研究制定。

（十二）用人单位应当按照国家有关规定为建立劳动关系的非全日制劳动者缴纳工伤保险费。从事非全日制工作的劳动者发生工伤，依法享受工伤保险待遇；被鉴定为伤残5～10级的，经劳动者与用人单位协商一致，可以一次性结算伤残待遇及有关费用。

四、关于非全日制用工的劳动争议处理

（十三）从事非全日制工作的劳动者与用人单位因履行劳动合同引发的劳动争议，按照国家劳动争议处理规定执行。

（十四）劳动者直接向其他家庭或个人提供非全日制劳动的，当事人双方发生的争议不适用劳动争议处理规定。

五、关于非全日制用工的管理与服务

（十五）非全日制用工是劳动用工制度的一种重要形式，是灵活就业的主要方式。各级劳动保障部门要高度重视，从有利于维护非全日制劳动者的权益、有利于促进灵活就业、有利于规范非全日制用工的劳动关系出发，结合本地实际，制定相应的政策措施。要在劳动关系建立、工资支付、劳动争议处理等方面为非全日制用工提供政策指导和服务。

（十六）各级劳动保障部门要切实加强劳动保障监察执法工作，对用人单位不按照本意见要求订立劳动合同、低于最低小时工资标准支付工资以及拖欠克扣工资的行为，应当严肃查处，维护从事非全日制工作劳动者的合法权益。

（十七）各级社会保险经办机构要为非全日制劳动者参保缴费提供便利条件，开设专门窗口，可以采取按月、季或半年缴费的办法，及时为非全日制劳动者办理社会保险关系及个人账户的接续和转移手续；按规定发放社会保险缴费对账单，及时支付各项社会保险待遇，维护他们的社会保障权益。

（十八）各级公共职业介绍机构要积极为从事非全日制工作的劳动者提供档案保管、社会保险代理等服务，推动这项工作顺利开展。

职业与第二职业

[解读]

职业是指随着人类社会进步和劳动分工而产生和发展起来的，人们在社会中所从事作为生活主要来源的，各种不同的工作。第二职业，顾名思义，是指在从事某项工作的同时，又从事的另外一项工作。按照国家规定，对全日制职工来说，有两种人可以从事第二职业。一是中、高级科学技术人员，在完成本职工作任务的前提下，经所在单位同意，可以接受外单位的临时聘请，也可以凭自己的科技专长到有关单位申请兼职。二是职工离岗退养和停薪留职期间，在征得原单位同意的前提下，可在其他单位从事有收入的工作。法律规定：“用人单位招用尚未解除劳动合同的劳动者，对原用人单位造成经济损失的，该用人单位应当依法承担连带赔偿责任。”这表明，国家原则上不允许全日制职工同时存在双重劳动关系。职工从事的第二职业中的法律关系比较复杂，既有劳动关系，也有劳务关系，还有其他类型的法律关系。然而，法律规定，非全日制职工则可以与用人单位建立一个以上的劳动关系。

[依据指引]

(1) 国务院科技干部局《聘请科学技术人员兼职的暂行办法》（1982年3月15日 ［1982］国科干一字003号）

根据《科学技术干部管理工作试行条例》第九条规定，为充分发挥科学技术人员的作用，促进科学技术事业的发展，特制定本暂行办法。

第一条 科学研究、教学、医疗、工农生产等单位，根据科学技术工作的需要，可以临时聘请中、高级科学技术人员担任顾问（学术技术指导）或承担讲课、讲学、科研、设计等兼职任务。

第二条 凡中、高级科学技术人员，在完成本职工作任务的前提下，经所在单位的同意，可以接受外单位的临时聘请，也可以凭自己的科技专长到有关单位申请兼职，经聘请单位考核聘请，原单位应予以支持。

第三条 各单位聘请兼职人员，除须征得本人所在单位或部门的同意外，可以采用合同形式规定聘请兼职人员的工作内容、兼职期限和待遇等。

第四条 兼职人员在兼职期间的工作成绩或科技成果，由聘请单位负责鉴定，并将鉴定材料转给原单位记入本人业务考绩档案。

第五条 对科学技术人员兼职，在精神鼓励的同时，还应当给予一定的物质报酬。聘请单位可根据兼职人员的工作量和工作成绩，给予适当的职务（技术）津贴。津贴费发放标准及项目开支，可参照教育部、财政部、国家劳动总局1978年9月26日批转的《关于高等学校兼课教师酬金和教师编译教材稿酬的暂行规定》有关规定办理。

各单位发放津贴应区分不同情况处理。凡不脱离本职工作且保质保量完成任务的业余兼职人员，原则上可全部领取聘请单位所发津贴费；凡在工作时间担任兼职的人员，应按单位和个人商定的比例提取聘请单位所发津贴费。

第六条 边远地区聘请沿海地区或内地的科学技术人员兼职时，兼职人员还可以临时享受边远地区的工资差额补助，具体办法参照教育部、财政部、国家劳动总局1981年6月16日《关于高等学校教师赴外地任考期间工资待遇、生活津贴的暂行规定》办理。签订兼职合同时，双方单位和本人参加，合同要规定工作期限，并将合同分别上报双方单位的上一级主管部门备案。本人编制、户口粮食关系不动，期满后仍回原单位工作。

第七条 各单位在聘请兼职工作中，要树立全局观点，克服本位主义和分散主义，应当支持和鼓励科学技术人员为社会主义建设多作贡献。同时，要注意做好思想政治工作，适当控制科学技术人员兼职任务和工作时间，以保证科学技术人员完成本职工作、自修业务和身体健康。

第八条 具体实施办法由省、市、自治区制定。

(2) 劳动部办公厅《关于劳动争议受理问题的复函》（1994年3月24日 劳办发［1994］96号）

江苏省劳动局：

你局《关于贯彻〈中华人民共和国企业劳动争议处理条例〉有关问题的请示》（苏劳仲［1993］18号）收悉。经研究，答复如下：

……

二、根据《国务院关于严格执行工人退休、退职暂行规定的通知》和中共中央办公厅、国务院办公厅转发的《关于发挥离退休专业技术人员作用的暂行规定》精神，以及国家工商行政管理局关于离、退休专业技术人员和党政机关离、退休专业技术人员从事个体经营问题的有关规定精神，在目前情况下，退休人员是可以被其他用人单位聘用而从事工作的，并且应签订聘用合同。因此，退休人员与用人单位发生劳动争议，如属于《条例》规定的受理范围，劳动争议仲裁委员会应予受理。

三、按照《国有企业富余职工安置规定》（国务院令［1993］第111号）和《关于企业职工要求“停薪留职”问题的通知》（劳人计［1983］61号）的精神，职工离岗退养和停薪留职期间仍是该企业职工。职工离岗退养或停薪留职期间要与其他单位签订劳动合同，从事有收入的工作，应与原单位协商并征得其同意。停薪留职期满，本人继续在其他单位工作的，应与原单位终止劳动关系。发生劳动争议，如属于《条例》规定的受理范围，劳动争议仲裁委员会应予办理。

(3) 劳动部办公厅《关于职工从事业余兼职劳动发生劳动争议如何处理的复函》（劳办发［1995］209号）

湖南省劳动厅：

你厅《关于职工从事业余兼职劳动发生劳动争议如何处理的请示》（湘劳函［1995］51号）收悉。经研究，答复如下：

按照我部劳办发［1994］248号文件规定精神，职工因业余兼职与用人单位发生劳动争议，劳动争议仲裁委员会可依据《中华人民共和国企业劳动争议处理条例》第二条规定予以受理，并依据上述文件规定和聘用合同予以处理。

在处理这类劳动争议过程中，如果职工不属于规定允许业务兼职的人员范围，仲裁委员会应要求其停止兼职劳动，同时根据职工兼职劳动的具体情况，要求用人单位依法支付其兼职劳动期间劳动报酬等，并终止兼职劳动关系。

(4)《中华人民共和国劳动合同法》（2007年6月29日 国家主席令第65号）

第六十九条 ……从事非全日制用工的劳动者可以与一个或者一个以上用人单位订立劳动合同；但是，后订立的劳动合同不得影响先订立的劳动合同的履行。

第九十一条 用人单位招用与其他用人单位尚未解除或者终止劳动合同的劳动者，给其他用人单位造成损失的，应当承担连带赔偿责任。

第二劳动关系

[解读]

第二劳动关系是指全日制职工与用人单位存续劳动关系的同时，又在其他用人单位另行建立劳动关系的情形，属于第二职业的兼职行为之一。按照法律规定，劳动者经用人单位同意，同时与其他用人单位建立的、对完成本单位的工作任务没有造成严重影响的第二劳动关系符合法律规定。当前，这种合法的第二劳动关系主要有两类：一是用人单位中的待岗、内退、停薪留职人员与其他用人单位建立的法律关系；二是用人单位招用的自主择业的军转干部，双方建立的法律关系。第二劳动关系的双方当事人也应当订立书面劳动合同。由于国家对第二劳动关系的管理尚未有明确的规定，所以用人单位与劳动者在订立劳动合同时，应针对第二劳动关系的特殊性作一些特别约定，例如该劳动者在原用人单位已经参加了各项社会保险，而在第二个用人单位就可以不再缴纳除工伤保险以外的各项社会保险，对此特殊情形应在劳动合同中加以约定。劳动者违反法律规定，在外兼职建立第二劳动关系，用人单位可以依据法律和规章制度规定，与其解除劳动合同。

[依据指引]

(1)《中华人民共和国劳动合同法》（2007年6月29日 国家主席令第65号）

第三十九条 劳动者有下列情形之一的，用人单位可以解除劳动合同：

（一）在试用期间被证明不符合录用条件的；

（二）严重违反用人单位的规章制度的；

（三）严重失职，营私舞弊，给用人单位造成重大损害的；

（四）劳动者同时与其他用人单位建立劳动关系，对完成本单位的工作任务造成严重影响，或者经用人单位提出，拒不改正的；

（五）因本法第二十六条第一款第一项规定的情形致使劳动合同无效的；

（六）被依法追究刑事责任的。

(2) 最高人民法院《关于审理劳动争议案件适用法律若干问题的解释（三）》（2010年9月13日 法释［2010］12号）

第八条 企业停薪留职人员、未达到法定退休年龄的内退人员、下岗待岗人员以及企业经营性停产放长假人员，因与新的用人单位发生用工争议，依法向人民法院提起诉讼的，人民法院应当按劳动关系处理。

用人单位招用尚存续劳动关系的劳动者的法律责任

[解读]

用人单位招用与其他用人单位尚存续劳动关系的劳动者，给原单位造成损失的，应当承担连带赔偿责任。连带赔偿的金额应不低于给原单位造成损失总额的70%。给原单位造成的经济损失包括对生产、经营和工作造成的直接经济损失和因获取商业秘密造成的损害等。

[依据指引]

(1)《中华人民共和国劳动合同法》（2007年6月29日 国家主席令第65号）

第九十一条 用人单位招用与其他用人单位尚未解除或者终止劳动合同的劳动者，给其他用人单位造成损失的，应当承担连带赔偿责任。

(2)《中华人民共和国反不正当竞争法》（1993年9月2日 国家主席令第10号）

第二十条 经营者违反本法规定，给被侵害的经营者造成损害的，应当承担损害赔偿责任，被侵害的经营者的损失难以计算的，赔偿额为侵权人在侵权期间因侵权所获得的利润；并应当承担被侵害的经营者调查该经营侵害其合法权益的不正当竞争行为所支付的合理费用。

被侵害的经营者的合法权益受到不正当竞争行为损害的，可以向人民法院提起诉讼。

(3) 劳动部《违反〈劳动法〉有关劳动合同规定的赔偿办法》（1995年5月10日 劳部发［1995］223号）

第六条 用人单位招用尚未解除劳动合同的劳动者，对原用人单位造成经济损失的，除该劳动者承担直接赔偿责任外，该用人单位应当承担连带赔偿责任。其连带赔偿的份额应不低于对原用人单位造成经济损失总额的百分之七十。向原用人单位赔偿下列损失：

（一）对生产、经营和工作造成的直接经济损失；

（二）因获取商业秘密给原用人单位造成的经济损失。

赔偿本条第（二）项规定的损失，按《反不正当竞争法》第二十条的规定执行。

劳动合同及其订立

［解读］

劳动合同是指用人单位与被招聘录用的劳动者依法确立劳动关系，明确双方权利和义务的协议，其法定形式是书面形式。然而，非全日制用工双方当事人可以订立口头协议；小时工可以与一个或者一个以上的用人单位订立劳动合同；但是后订立的劳动合同不得影响先订立劳动合同的履行。

用人单位与劳动者是两个平等的社会主体，订立劳动合同一般需要经过的程序是：

（一）双方协商要约和承诺，也就是协商合同的条款。

（二）达成一致后双方签字或盖章。用人单位盖法人的章，必要时可书面委托所属的有关部门代为盖章，或由法定代表人签字或受委托人代为签字；劳动者应自己签字或盖章，遇有极特殊的情况，如本人因故远出在外而合同又须即时订立，也可书面委托他人代签。

（三）劳动合同一般应一式两份，用人单位与劳动者各持一份。

劳动合同可以约定合同的生效时间。没有约定生效时间的，当事人签字之日即视为该合同生效时间。劳动合同的终止时间，应当以劳动合同期限最后一日的24时为准。外商投资企业与职工签订合同，须用中文书写，亦可同时用外文书写，但中外文本必须一致，中文合同文本为正本。执法或司法机构在处理劳动争议时，是以中文合同文本为准的。依法订立的劳动合同，受国家法律保护，对订立合同的用人单位和劳动者产生法律约束力，是处理劳动争议的直接证据和依据。

［依据指引］

(1)《中华人民共和国劳动法》（1994年7月5日　国家主席令第28号）

第十六条　劳动合同是劳动者与用人单位确立劳动关系、明确双方权利和义务的协议。

建立劳动关系应当订立劳动合同。

(2)《中华人民共和国劳动合同法》（2007年6月29日　国家主席令第65号）

第十六条　劳动合同由用人单位与劳动者协商一致，并经用人单位与劳动者在劳动合同文本上签字或者盖章生效。

劳动合同文本由用人单位和劳动者各执一份。

第十七条　劳动合同应当具备以下条款：

（一）用人单位的名称、住所和法定代表人或者主要负责人；

（二）劳动者的姓名、住址和居民身份证或者其他有效身份证件号码；

（三）劳动合同期限；

（四）工作内容和工作地点；

（五）工作时间和休息休假；

（六）劳动报酬；

（七）社会保险；

（八）劳动保护、劳动条件和职业危害防护；

（九）法律、法规规定应当纳入劳动合同的其他事项。

劳动合同除前款规定的必备条款外，用人单位与劳动者可以约定试用期、培训、保守秘密、补充保险和福利待遇等其他事项。

第六十九条　非全日制用工双方当事人可以订立口头协议。

从事非全日制用工的劳动者可以与一个或者一个以上用人单位订立劳动合同；但是，后订立的劳动合同不得影响先订立的劳动合同的履行。

第八十一条　用人单位提供的劳动合同文本未载明本法规定的劳动合同必备条款或者用人单位未将劳动合同文本交付劳动者的，由劳动行政部门责令改正；给劳动者造成损害的，应当承担赔偿责任。

(3)劳动部《关于实行劳动合同制度若干问题的通知》（1996年10月31日　劳部发［1996］354号）

5.劳动合同可以规定合同的生效时间。没有规定劳动合同生效时间的，当事人签字之日即视为该劳动合同生效时间。

劳动合同的终止时间，应当以劳动合同期限最后一日的二十四时为准。

(4)劳动部办公厅《关于贯彻〈外商投资企业劳动管理规定〉有关问题的复函》（1995年7月14日　劳办发［1995］163号）

二、关于劳动合同和集体合同（以下简称合同）中的有关问题

1.企业与职工签订合同，须用中文书写，亦可同时用外文书写，但中外文本必须一致，中文合同文本为正本。合同鉴证机关只鉴证中文文本合同。

订立劳动合同的原则

［解读］

订立劳动合同的原则是指用人单位与劳动者订立劳动合同应当遵循的五项基本准则。具体是：

（一）合法原则。是指用人单位与劳动者须依法订立劳动合同。具体表现在四个方面：

一是主体合法。即用人主体和劳动主体都必须具有合法的资格。用人单位必须是法人或依法成立的组织；劳动者必须是具有劳动权利能力和劳动行为能力且在法定就业年龄内的自然人。

二是内容合法。即劳动合同的内容不能与法律、法规的规定相抵触。否则，会发生劳动合同无效的情况。

三是形式合法。即用人单位与劳动者订立劳动合同，应当以书面形式订立。不过，非全日制职工与用人单位也可以订立口头合同。

四是订立时间合法。即用人单位与劳动者订立劳动合同应当遵守有关期限的规定。如法律规定，用人单位与劳动者订立书面劳动合同，应自用工之日起一个月内完成。

（二）公平原则。是指用人单位和劳动者订立劳动合同时应当遵循符合社会正义、公平的理念确定双方的权利和义务。一方当事人享有的权利与其履行的义务不相适应，或者一方当事人应当享有的权利或者义务被排除，都是违反公平原则的。

（三）平等自愿原则。平等是指用人单位与劳动者在法律地位上是完全平等的。因此，在相互选择时，在拟制劳动合同文本语言表述时，都应把对方放在与自已平等的位置上加以考虑。尤其是用人单位，切不可恃强凌弱，摆出一副居高临下的姿态。自愿是指订立合同完全出自当事人自己的意志，不能使用强加于人和欺骗等手段订立劳动合同。比如，用人单位在与劳动者订立劳动合同时，以向劳动者收取定金、保证金、抵押金为先决条件的行为，就违反了这项基本原则。

（四）协商一致的原则。是指合同文本可以由用人单位拟定，也可以由双方共同拟定，但是劳动合同的内容必须经双方当事人进行充分的协商，以求达成共识。

（五）诚实信用原则。是指用人单位与劳动者在签订劳动合同过程中，应讲究信用，恪守诺言，诚实不欺，不损害对方利益和社会利益的准则。

［依据指引］

（1）《中华人民共和国劳动合同法》（2007年6月29日　国家主席令第65号）

第三条　订立劳动合同，应当遵循合法、公平、平等自愿、协商一致、诚实信用的原则。

依法订立的劳动合同具有约束力，用人单位与劳动者应当履行劳动合同约定的义务。

第六十九条　非全日制用工双方当事人可以订立口头协议……

（2）劳动部《关于贯彻执行〈劳动法〉若干问题的意见》（1995年8月4日　劳部发［1995］309号）

16. 用人单位与劳动者签订劳动合同时，劳动合同可以由用人单位拟定，也可以由双方当事人共同拟定，但劳动合同必须经双方当事人协商一致后才能签订，职工被迫签订的劳动合同或未经协商一致签订的劳动合同为无效劳动合同。

24. 用人单位在与劳动者订立劳动合同时，不得以任何形式向劳动者收取定金、保证金（物）或抵押金（物）。对违反以上规定的，应按照劳动部、公安部、全国总工会《关于加强外商投资企业和私营企业劳动管理切实保障职工合法权益的通知》（劳部发［1994］118号）和劳动部办公厅《对"关于国有企业和集体所有制企业能否参照执行劳部发［1994］118号文件中的有关规定的请示"的复函》（劳办发［1994］256号）的规定，由公安部门和劳动行政部门责令用人单位立即退还给劳动者本人。

订立劳动合同的时间

［解读］

用人单位与劳动者建立劳动关系订立劳动合同的法定时间有三个：一是建立劳动关系之前可以订立劳动合同，但劳动关系建立之日即合同生效时间应自用工之日算起；二是建立劳动关系的同时双方订立书面合同，即与劳动关系的建立同步订立；三是自建立劳动关系之日起一个月内订立书面合同，逾期未订立须承担法律责任。在这三个时间点中，用人单位尤其应关注第三个时间点，一旦违反须承担的法律风险。

[依据指引]

《中华人民共和国劳动合同法》（2007 年 6 月 29 日 国家主席令第 65 号）

第十条 建立劳动关系，应当订立书面劳动合同。

已建立劳动关系，未同时订立书面劳动合同的，应当自用工之日起一个月内订立书面劳动合同。

用人单位与劳动者在用工前订立劳动合同的，劳动关系自用工之日起建立。

未订立书面劳动合同的罚责

[解读]

法律规定，用人单位自用工之日起超过一个月不满一年未与劳动者订立书面合同，应当向劳动者每月支付两倍的工资，并补订书面合同；支付两倍工资的期间，自满一个月的次日起，至补订书面合同的前一日止；若自用工之日起满一年未与劳动者订立书面合同，则不仅支付双倍工资的截止时间为满一年的前一日，而且自满一年的次日起视为双方已订立无固定期限合同，须立即补订书面合同。这就是用人单位未订立书面劳动合同应当承担的罚责。

法律规定，自用工之日起一个月内，经用人单位书面通知后，劳动者不与用人单位订立书面合同，用人单位应当书面通知劳动者终止劳动关系，支付相应的工资，但无需支付经济补偿；若超过一个月不满一年，劳动者不与用人单位订立书面合同，则用人单位应当书面通知劳动者终止劳动关系，支付相应的工资和经济补偿金。也就是说，用人单位有证据表明是劳动者拒不订立书面合同，劳动者应承担的罚责是被终止劳动关系。需提示三点：一是自用工之日起超过一个月不满一年的期间，虽有证据表明不订立书面合同的责任在劳动者，但用人单位未与之终止劳动合同，用人单位仍面临向劳动者支付双倍工资的风险。二是自劳动合同期满之次日起超过一个月不满一年未续订合同，也存在向劳动者支付双倍工资的风险；满一年未续订的，也应视为双方已订立无固定期限合同，双方应当补订书面无固定期限合同。三是如果用人单位应当向劳动者支付双倍工资而未支付，则劳动者可以向劳动争议仲裁委员会申请仲裁，或者向劳动保障监察部门投诉。

[依据指引]

(1)《中华人民共和国劳动合同法》（2007 年 6 月 29 日 国家主席令第 65 号）

第八十二条 用人单位自用工之日起超过一个月不满一年未与劳动者订立书面劳动合同的，应当向劳动者每月支付二倍的工资。

(2) 国务院《劳动合同法实施条例》（2008 年 9 月 18 日 国务院令第 535 号）

第五条 自用工之日起一个月内，经用人单位书面通知后，劳动者不与用人单位订立书面劳动合同的，用人单位应当书面通知劳动者终止劳动关系，无需向劳动者支付经济补偿，但是应当依法向劳动者支付其实际工作时间的劳动报酬。

第六条 用人单位自用工之日起超过一个月不满一年未与劳动者订立书面劳动合同的，应当依照劳动合同法第八十二条的规定向劳动者每月支付两倍的工资，并与劳动者补订书面劳动合同；劳动者不与用人单位订立书面劳动合同的，用人单位应当书面通知劳动者终止劳动关系，并依照劳动合同法第四十七条的规定支付经济补偿。

前款规定的用人单位向劳动者每月支付两倍工资的起算时间为用工之日起满一个月的次日，截止时间为补订书面劳动合同的前一日。

第七条 用人单位自用工之日起满一年未与劳动者订立书面劳动合同的，自用工之日起满一个月的次日至满一年的前一日应当依照劳动合同法第八十二条的规定向劳动者每月支付两倍的工资，并视为自用工之日起满一年的当日已经与劳动者订立无固定期限劳动合同，应当立即与劳动者补订书面劳动合同。

第三十四条 用人单位依照劳动合同法的规定应当向劳动者每月支付两倍的工资或者应当向劳动者支付赔偿金而未支付的，劳动行政部门应当责令用人单位支付。

特殊人员劳动合同的订立与变更

[解读]

特殊人员订立劳动合同的情形，主要有以下几种：

（一）国有企业的厂长、经理，由于其是上级部门聘任（委任）的，所以应与聘任（委任）部门签订劳动合同。实行公司制的企业厂长、经理和有关经营管理人员，应根据《中华人民共和国公司法》中有关经理和经营管理人员的规定与董事会签订劳动合同。

（二）国有企业的党委书记和工会主席，由于其特殊情况，也采取与厂长、经理同样的方式，与上级主管部门订立劳动合同。

（三）派出到合资、参股单位的职工如果与原单位仍保持着劳动关系，应当与原单位签订劳动合同，原单位可就劳动合同的有关内容在与合资、参股单位订立劳务合同时，明确职工的工资、保险、福利、休假等有关待遇。这是一种劳动关系与劳务关系相交叉的情况。

（四）用人单位长期被外单位借用的人员、带薪上学人员以及其他非在岗但仍保持劳动关系的人员，单位应与其签订劳动合同，但在外借和上学期间，劳动合同中的某些相关条款经双方协商可以变更。"停薪留职"的职工愿意回原单位工作的，如果用人单位不能安排工作岗位，而职工又愿意到其他单位工作并继续与原单位保留劳动关系的，也属于非在岗但仍保持劳动关系的特殊人员。

（五）对待岗或放长假的特殊人员，用人单位应当与之变更劳动合同相关内容，并就有关内容协商签订专项协议。

另外，还有一种特殊情况，即在校学生利用业余时间勤工助学，按现行规定，不视为就业，未建立劳动关系，可以不签订劳动合同。这种在校学生与用人单位之间的关系，类似于劳务关系，若双方因彼此的合同发生纠纷，例如用人单位拖欠、克扣学生的劳务报酬而发生争议，当事人可以追索劳动报酬的民事案件向法院提起诉讼。

[依据指引]

(1) 劳动部《关于贯彻执行〈劳动法〉若干问题的意见》（1995年8月4日　劳部发［1995］309号）

6. 用人单位应与其富余人员、放长假的职工，签订劳动合同，但其劳动合同与在岗职工的劳动合同在内容上可以有所区别。用人单位与劳动者经协商一致可以在劳动合同中就不在岗期间的有关事项作出规定。

7. 用人单位应与其长期被外单位借用的人员、带薪上学人员以及其他非在岗但仍保持劳动关系的人员签订劳动合同，但在外借和上学期间，劳动合同中的某些相关条款经双方协商可以变更。

12. 在校生利用业余时间勤工助学，不视为就业，未建立劳动关系，可以不签订劳动合同。

14. 派出到合资、参股单位的职工如果与原单位仍保持着劳动关系，应当与原单位签订劳动合同，原单位可就劳动合同的有关内容在与合资、参股单位订立劳务合同时，明确职工的工资、保险、福利、休假等有关待遇。

(2) 劳动部《实施〈劳动法〉中有关劳动合同问题的解答》（1995年4月27日　劳部发［1995］202号）

一、关于厂长、经理签订劳动合同的问题

按照劳动部劳部发［1994］360号文的规定，厂长、经理是由其上级部门聘任（委任）的，应与聘任（委任）部门签订劳动合同。实行公司制的企业厂长、经理和有关经营管理人员，应根据《中华人民共和国公司法》中有关经理和经营管理人员的规定与董事会签订劳动合同。

二、关于党委书记、工会主席签订劳动合同的问题

按照劳动部劳办发［1995］19号和33号文件的规定，党委书记、工会主席等党群专职人员也是职工的一员，按照《劳动法》的规定，应当与用人单位签订劳动合同。对于有特殊规定的，可以按有关规定办理。

三、关于固定工签订劳动合同的问题

按照劳动部劳部发［1994］360号文件和劳动部劳办发［1995］19号文件的规定，为使固定工制度向劳动合同制度平稳过渡，应根据《劳动法》规定的不同合同期限，对工作时间较长，距退休年龄10年以内的老职工，如本人提出要求，可签订无固定期限的劳动合同。对其他固定职工，在当前新旧用人制度转换过程中，作为一次性的过渡办法，各省、自治区、直辖市可以根据当地情况，从保护工作时间较长职工的利益出发，作出一些特别规定。

四、关于长期病休、放长假和提前退养的职工签订劳动合同的问题

企业中长期病休、放长假和提前退养的职工，仍是企业职工，与用人单位保持着劳动关系，按照《劳动法》关于建立劳动关系应当订立劳动合同的规定，上述职工也应与企业签订劳动合同。

五、关于农民轮换工的劳动合同期限问题

1991年国务院发布的第87号令规定，在国务院劳动行政主管部门确定的有害身体健康的工种、岗位招用的农民工，劳动合同期限最多不超过8

年，是为了保护劳动者的身体健康。《劳动法》实施后，为了继续保护这部分职工的利益，仍应执行这一规定。

用人单位经批准招用农民工从事非有害身体健康工种、岗位工作的，其劳动合同期限，可以由用人单位和劳动者协商确定。

(3) 劳动部《关于订立劳动合同有关问题的通知》（1996年2月13日　劳部发［1996］51号）

1995年全国已有80%以上的企业职工签订了劳动合同，企业新型的劳动用人制度正在逐步建立。为了保证这项工作的顺利进行，现就一些地方和单位在党委书记签订劳动合同方式上反映的问题提出如下意见，这些意见已商中组部同意。

《劳动法》规定："劳动合同是劳动者与用人单位确立劳动关系、明确双方权利和义务的协议。建立劳动关系应当订立劳动合同。"订立劳动合同的目的是为了更好地保护劳动者的合法权益，使劳动关系纳入法制管理的轨道。因此，企业党委书记作为劳动者，也应当签订劳动合同。但在订立劳动合同的方式上，可采取党委书记和厂长、经理一起，与企业的上级主管部门签订劳动合同的方式来完成。

(4) 劳动部《关于企业工会主席签订劳动合同问题的通知》（1996年4月12日　劳部发［1996］122号）

1995年全国已有85%以上的企业职工签订了劳动合同，企业新型的劳动用人制度已基本确立。为了保证这项工作的顺利进行，现就一些地方和单位在企业工会主席签订劳动合同方式上反映的问题，经商全国总工会同意，提出如下意见。《劳动法》规定："劳动合同是劳动者与用人单位确立劳动关系、明确双方权利和义务的协议。建立劳动关系应当订立劳动合同。"订立劳动合同的目的是为了更好地保证劳动者的合法权益，使劳动关系纳入法制管理的轨道。企业工会主席作为劳动者，也应当与用人单位签订劳动合同。但考虑到劳动制度转轨时期的实际情况，在订立劳动合同的方式上，对尚未签订劳动合同的工会主席，可以和党委书记、厂长、经理一样，与企业的上级主管部门签订劳动合同。已经与企业签订了劳动合同的工会主席，双方应继续履行劳动合同，不经本单位工会委员会和上级工会同意，企业不得解除劳动合同。

(5) 劳动部《关于实行劳动合同制度若干问题的通知》（1996年10月31日　劳部发［1996］354号）

7."停薪留职"的职工愿意回原单位工作的，用人单位应当与其签订劳动合同，明确权利义务关系。如果用人单位不能安排工作岗位，而职工又愿意到其他单位工作并继续与原单位保留劳动关系的，应当按照劳动部《关于贯彻实施〈中华人民共和国劳动法〉若干问题的意见》第7条规定办理，即职工与原单位保持劳动关系但不在岗的，可以变更劳动合同相关内容。

8.用人单位应与本单位富余人员签订劳动合同，对待岗或放长假的应当变更劳动合同相关内容，并就有关内容协商签订专项协议。

用人单位遇有特殊情形劳动合同的订立与变更

［解读］

在我国经济体制改革的大环境中，用人单位常遇到以下一些特殊情形，劳动者的劳动合同也应做相应处理：

（一）用人单位发生分立或合并后，原劳动合同继续有效，由承继其权利和义务的用人单位继续履行。分立或合并后的用人单位也可依据其实际情况与原用人单位的劳动者遵循平等自愿、协商一致的原则变更原劳动合同，或重新签订。不过重新签订的合同仍视为对原合同的变更。

（二）租赁经营（生产）、承包经营（生产）的用人单位，由于其所有权并没有发生改变，法人名称未变，所以在与职工订立劳动合同时，该企业仍为用人单位一方。依据租赁合同或承包合同，租赁人、承包人如果作为该用人单位的法定代表人或者该法定代表人的授权委托人时，可代表该企业（用人单位）与劳动者订立劳动合同。

（三）用人单位实施股份制或股份合作制改造后，用人单位主体发生变化的，应当由变化后的用人主体继续与职工履行原劳动合同。由于用人单位改制导致原劳动合同不能履行的，用人单位与职工应当依法变更劳动合同。

（四）生产经营发生严重困难的用人单位，在与劳动者签订劳动合同时，其中有关工作岗位、劳动报酬等内容可在协商一致的基础上通过签订专项协议来规定。专项协议作为劳动合同的附件，具有与劳动合同同等的法律约束力。

（五）用人单位变更名称、法定代表人、主要负责人或者投资人等事项，不影响劳动合同的履行，用人单位和劳动者不需因此重新签订劳动合同，只就相关合同条款做相应变更即可。

[依据指引]

(1)《中华人民共和国劳动合同法》（2007年6月29日 国家主席令第65号）

第三十三条 用人单位变更名称、法定代表人、主要负责人或者投资人等事项，不影响劳动合同的履行。

第三十四条 用人单位发生合并或者分立等情况，原劳动合同继续有效，劳动合同由承继其权利和义务的用人单位继续履行。

(2) 劳动部《关于贯彻执行〈劳动法〉若干问题的意见》（1995年8月4日 劳部发［1995］309号）

13. 用人单位发生分立或合并后，分立或合并后的用人单位可依据其实际情况与原用人单位的劳动者遵循平等自愿、协商一致的原则变更原劳动合同。

15. 租赁经营（生产）、承包经营（生产）的企业，所有权并没有发生改变，法人名称未变，在与职工订立劳动合同时，该企业仍为用人单位一方。依据租赁合同或承包合同，租赁人、承包人如果作为该企业的法定代表人或者该法定代表人的授权委托人时，可代表该企业（用人单位）与劳动者订立劳动合同。

37. 根据《民法通则》第四十四条第二款“企业法人分立、合并，它的权利和义务由变更后的法人享有和承担”的规定，用人单位发生分立或合并后，分立或合并后的用人单位可依据其实际情况与原用人单位的劳动者遵循平等自愿、协商一致的原则变更、解除或重新签订劳动合同。在此种情况下的重新签订劳动合同视为原劳动合同的变更，用人单位变更劳动合同，劳动者不能依据劳动法第二十八条要求经济补偿。

(3) 劳动部《关于企业实施股份制和股份合作制改造中履行劳动合同问题的通知》（1998年2月6日 劳部发［1998］34号）

当前，在企业实施股份制和股份合作制改造过程中，一些企业出现了未经与劳动者协商，违反劳动法律法规擅自单方变更劳动合同或把解除劳动关系作为强制职工入股的手段等问题，对劳动关系的和谐稳定带来了一定影响。为维护劳动者的合法权益，保障企业改革的顺利进行，现就企业实施股份制和股份合作制改造过程中履行劳动合同问题通知如下：

一、在企业实施股份制或股份合作制改造后，用人单位主体发生变化的，应当由变化后的用工主体继续与职工履行原劳动合同。由于企业改制导致原劳动合同不能履行的，企业与职工应当依法变更劳动合同……

(4) 劳动部《关于实行劳动合同制度若干问题的通知》（1996年10月31日 劳部发［1996］354号）

6. 生产经营发生严重困难的企业应当与劳动者签订劳动合同，但劳动合同中有关工作岗位、劳动报酬等内容可在协商一致的基础上通过签订专项协议来规定。专项协议作为劳动合同的附件，具有与劳动合同同等的约束力。

9. 企业法定代表人的变更，不影响劳动合同的履行，用人单位和劳动者不需因此重新签订劳动合同。

劳动合同的内容

[解读]

劳动合同虽然具有合同的一般特征，但其独有的特征更加明显，也更加重要。即法律对劳动合同限制性规定较多。在劳动合同内容方面的规定，就充分体现了这一点。按照法律规定，劳动合同包括三个方面的内容，即必备条款、约定条款和专项协议。

必备条款是指合同中必须约定的九项内容，包括：用人单位的名称、住所和法定代表人或者主要负责人；劳动者的姓名、住址和居民身份证或者其他有效身份证件号码；劳动合同期限、工作内容和工作地点、工作时间和休息休假；劳动报酬；社会保险；劳动保护、劳动条件和职业危害防护；法律、法规规定应当纳入劳动合同的其他事项。这些条款的具体内容，有些在法律上有原则的规定，合同双方当事人应当依据该规定协商其具体内容；有些在法律上没有规定，或规定不明确，合同双方当事人则应结合各自的实际情况约定具体内容。也就是说，必备条款的具体内容不是照搬法律条文，而主要是靠双方当事人结合实际情况依法具体约定。

约定条款是指除法定的九项必备条款以外，合同双方当事人可以结合实际情况，约定增加的合同条款。例如试用期、培训、保守秘密、补充保险和福利待遇等，均属约定条款。约定条款的具体内容基本上是由合同双方当事人具体约定，但也不能与法律规定的原则相违背。

专项协议是指由于合同条款的篇幅所限，需要专门依法详细约定、作为合同附件的一种书面协议。例如，岗位协议、保密协议、培训协议、退养协议、待岗协议、放长假协议等。劳动关系双方当事人只要认为需要专门约定的事项，均可订立专项协议，并将其约定为劳动合同的附件。其法律约束力与劳动合同相同。需要注意的是，专项协议的内容一定要与合同的内容相互衔接、保持一致。否则，会招来意外的法律风险。另外，企业的各项内部规章等，可列为劳动合同的附件，也属于合同内容的范围。

［依据指引］

(1)《中华人民共和国劳动合同法》（2007年6月29日　国家主席令第65号）

第十七条　劳动合同应当具备以下条款：

（一）用人单位的名称、住所和法定代表人或者主要负责人；

（二）劳动者的姓名、住址和居民身份证或者其他有效身份证件号码；

（三）劳动合同期限；

（四）工作内容和工作地点；

（五）工作时间和休息休假；

（六）劳动报酬；

（七）社会保险；

（八）劳动保护、劳动条件和职业危害防护；

（九）法律、法规规定应当纳入劳动合同的其他事项。

劳动合同除前款规定的必备条款外，用人单位与劳动者可以约定试用期、培训、保守秘密、补充保险和福利待遇等其他事项。

(2) 劳动部《关于实行劳动合同制度若干问题的通知》（1996年10月31日　劳部发［1996］354号）

6. 生产经营发生严重困难的企业应当与劳动者签订劳动合同，但劳动合同中有关工作岗位、劳动报酬等内容可在协商一致的基础上通过签订专项协议来规定。专项协议作为劳动合同的附件，具有与劳动合同同等的约束力。

8. 用人单位应与本单位富余人员签订劳动合同，对待岗或放长假的应当变更劳动合同相关内容，并就有关内容协商签订专项协议。

(3) 劳动部《关于贯彻执行〈劳动法〉若干问题的意见》（1995年8月4日　劳部发［1995］309号）

23. 用人单位用于劳动者职业技能培训费用的支付和劳动者违约时培训费的赔偿可以在劳动合同中约定，但约定劳动者违约时负担的培训费和赔偿金的标准不得违反劳动部《违反〈劳动法〉有关劳动合同规定的赔偿办法》（劳部发［1995］223号）等有关规定。

劳动合同的期限

［解读］

劳动合同的期限是劳动合同的一项必备条款。按照法律规定，劳动合同期限分为三种：固定期限、无固定期限和以完成一定工作任务为期限。只要双方当事人协商一致，即可签订其中任何一种期限的劳动合同。三种期限的合同各有特点。首先，固定期限合同的灵活性表现为合同期限可长可短，短期合同可签半年、1年，长期合同可签5年、10年，都有一个截止期限。其次，无固定期限合同只有起始时间，没有截止时间，因此，需要依据法定条件终止劳动合同；无特殊情况，这种合同可存续到劳动者达到退休的年龄；它有利于稳定职工队伍，特别是技术骨干人员和年老体弱人员，可以解除他们的后顾之忧，安心为用人单位服务。最后，以完成一定工作任务为期限的合同更具灵活性，合同的起始时间为某项工作的开始之日，截止时间为该项工作的结束之日，对用人单位来讲，可减少人浮于事的开支。总之，用人单位与劳动者在协商选择合同期限时，应根据双方的实际情况和需要，以及法律的相关规定来约定。

［依据指引］

《中华人民共和国劳动合同法》（2007年6月29日　国家主席令第65号）

第十二条　劳动合同分为固定期限劳动合同、无固定期限劳动合同和以完成一定工作任务为期限的劳动合同。

第十三条　固定期限劳动合同，是指用人单位与劳动者约定合同终止时间的劳动合同。

用人单位与劳动者协商一致，可以订立固定期限劳动合同。

第十四条　无固定期限劳动合同，是指用人单位与劳动者约定无确定终止时间的劳动合同。

用人单位与劳动者协商一致，可以订立无固定期限劳动合同。有下列情形之一，劳动者提出或者同意续订、订立劳动合同的，除劳动者提出订立固定期限劳动合同外，应当订立无固定期限劳动合同：

（一）劳动者在该用人单位连续工作满十年的；

（二）用人单位初次实行劳动合同制度或者国有企业改制重新订立劳动合同时，劳动者在该用人单位连续工作满十年且距法定退休年龄不足十年的；

（三）连续订立二次固定期限劳动合同，且劳动者没有本法第三十九条和第四十条第一项、第二项规定的情形，续订劳动合同的。

用人单位自用工之日起满一年不与劳动者订立书面劳动合同的，视为用人单位与劳动者已订立无固定期限劳动合同。

第十五条 以完成一定工作任务为期限的劳动合同，是指用人单位与劳动者约定以某项工作的完成为合同期限的劳动合同。

用人单位与劳动者协商一致，可以订立以完成一定工作任务为期限的劳动合同。

以完成一定工作任务为期限的劳动合同

[解读]

以完成一定工作任务为期限的劳动合同，是指用人单位与劳动者约定以某项工作的完成为期限的合同。合同期限的长短，取决于工作完成的期限，可长可短，比较灵活。一旦工作任务完成劳动合同即可终止，有利于用人单位减少不必要的负担。须注意的是，按法律规定，签订这种期限的合同不得约定试用期，合同终止时仍须支付劳动者经济补偿金。

[依据指引]

(1)《中华人民共和国劳动合同法》（2007年6月29日　国家主席令第65号）

第十二条 劳动合同分为固定期限劳动合同、无固定期限劳动合同和以完成一定工作任务为期限的劳动合同。

第十五条 以完成一定工作任务为期限的劳动合同，是指用人单位与劳动者约定以某项工作的完成为合同期限的劳动合同。

用人单位与劳动者协商一致，可以订立以完成一定工作任务为期限的劳动合同。

第十九条 劳动合同期限三个月以上不满一年的，试用期不得超过一个月；劳动合同期限一年以上不满三年的，试用期不得超过二个月；三年以上固定期限和无固定期限的劳动合同，试用期不得超过六个月。

同一用人单位与同一劳动者只能约定一次试用期。

以完成一定工作任务为期限的劳动合同或者劳动合同期限不满三个月的，不得约定试用期。

试用期包含在劳动合同期限内。劳动合同仅约定试用期的，试用期不成立，该期限为劳动合同期限。

(2) 国务院《劳动合同法实施条例》（2008年9月18日　国务院令第535号）

第二十二条 以完成一定工作任务为期限的劳动合同因任务完成而终止的，用人单位应当依照劳动合同法第四十七条的规定向劳动者支付经济补偿。

无固定期限的劳动合同

[解读]

无固定期限的劳动合同是指不约定终止日期的劳动合同。在实际生活中，人们对签订无固定期限的合同存在疑问较多。在准确理解这类期限的合同方面，主要须把握以下三点：

（一）按照法律规定，无固定期限合同是一种长期性的合同，但与原固定职工的“终身制”截然不同，只要出现法律规定或合同约定的可以解除合同的条件，无论是用人单位还是劳动者，都可以解除该合同。

（二）对订立无固定期限合同，法律除规定只要用人单位与劳动者协商一致，即可订立之外，还特别规定了在特定条件下，劳动者提出或者同意续订、订立劳动合同的，除劳动者提出订立固定期限劳动合同外，用人单位不能拒绝，必须与之订立无固定期限合同。需注意的是，当劳动合同正在履行期间，劳动者提出将固定期限合同变更为无固定期限合同时，用人单位是可以拒绝的。

（三）法律规定，订立无固定期限合同的特定条件有三个：

其一，劳动者在同一用人单位连续工作满10年的。需要注意两点：一是计算同一用人单位连续工作满10年的起始时间应为劳动者的入职之日；二是劳动者非因本人原因从原单位被安排到新单位工作的，其原单位的工作年限合并计算为新单位的工作年限。

其二，用人单位初次实行劳动合同制度或者国有企业改制重新订立劳动合同时，劳动者在该用人单位连续工作满10年且距法定退休年限不足10年的。这第二个条件与第一个条件并不重复，它是指在特殊情况下，劳动者若要求订立无固定期限劳动合同，则须满足“双十”条件。比如，当实行固定工制度的事业单位改制为企业时，就出现了初次实行劳动合同制度的情况；当国有企业改制为股份制企业时，原用人主体消失，新用人主体产生，新用人主体就需要与劳动者重新订立劳动合同。只有在这些特殊情况出现时，才适用第二个特定条件。

其三，连续订立两次固定期限劳动合同，且劳动者没有法定被解除劳动合同情形的，续订劳动合同的。这里的连续订立两次固定期限劳动合同，是指2008年1月1日以后，连续订立两次劳动合同，且两份合同的期限是相互衔接、不间断的；当第二份合同期满时，用人单位就失去了提出终止劳动合同的主动权。如果用人单位为规避法律，刻意将两份合同的期限间断，而劳动者的工作时间并未间断，则该用人单位的做法属于恶意行为，劳动争议仲裁委员会或人民法院可以运用自由裁量权加以认定，制止其违法行为。

[依据指引]

《中华人民共和国劳动合同法》（2007年6月29日 国家主席令第65号）

第十四条 无固定期限劳动合同，是指用人单位与劳动者约定无确定终止时间的劳动合同。

用人单位与劳动者协商一致，可以订立无固定期限劳动合同。有下列情形之一，劳动者提出或者同意续订、订立劳动合同的，除劳动者提出订立固定期限劳动合同外，应当订立无固定期限劳动合同：

（一）劳动者在该用人单位连续工作满十年的；

（二）用人单位初次实行劳动合同制度或者国有企业改制重新订立劳动合同时，劳动者在该用人单位连续工作满十年且距法定退休年龄不足十年的；

（三）连续订立二次固定期限劳动合同，且劳动者没有本法第三十九条和第四十条第一项、第二项规定的情形，续订劳动合同的。

用人单位自用工之日起满一年不与劳动者订立书面劳动合同的，视为用人单位与劳动者已订立无固定期限劳动合同。

第九十七条 本法施行前已依法订立且在本法施行之日存续的劳动合同，继续履行；本法第十四条第二款第三项规定连续订立固定期限劳动合同的次数，自本法施行后续订固定期限劳动合同时开始计算。

应签未签无固定期限劳动合同的罚责

[解读]

法律除规定用人单位与劳动者协商一致可订立固定期限合同之外，还规定在特定条件下，劳动者提出或同意续订、订立劳动合同的，除劳动者提出订立固定期限合同外，均应订立无固定期限合同。否则用人单位须承担自应订立无固定期限合同之日起至订立之日止向劳动者每月支付两倍工资的罚责。特定条件有以下三个：

（一）劳动者在实行劳动合同制的同一个用人单位连续工作满10年，劳动者提出或同意续订、订立合同，该用人单位应当与之订立无固定期限合同。计算劳动者是否连续工作满10年时应注意两点：一是起始时间，应自劳动者入职之日起计算；二是劳动者非因本人原因从原用人单位被安排到新用人单位工作的，其在原单位的工作年限应计为新单位的连续工作年限。

（二）用人单位初次实行劳动合同制或国有企业改制重新订立劳动合同时，劳动者在该用人单位连续工作满10年且距法定退休年龄不足10年的，该用人单位应当与之订立无固定期限合同。这个特定条件与第一个特定条件并不重叠，它是针对两种特殊用人单位所做的规定，即初次实行劳动合同制的用人单位（如事业单位改制为企业，就面临着由固定用工制度向劳动合同制度转化，属于初次实行劳动合同制的用人单位）和国有企业改制后形成的新用人单位。这两类用人单位与劳动者订立或重新订立劳动合同时，均应适用同时具备“双十”条件来确定是否订立无固定期限合同。

（三）连续订立两次固定期限劳动合同，且劳动者没有法定可以被辞退的情形，续订合同时，该用人单位应当与之订立无固定期限合同。这里的“连续订立两次固定期限合同”是指合同期限相互衔接的两个固定期限合同；这里的“法定可以被辞退的情形”，主要是指《劳动合同法》第39条和第40条第1项、第2项所规定的情形。

需要指出的是，用人单位自用工之日起满一年不与劳动者订立书面劳动合同，已被法律认定为双方已订立无固定期限合同，双方应当补订而未补订无固定期限合同的，不应适用应签未签无固定期限劳动合同的双倍工资的罚责，因为这种已被法律认定“双方已订立无固定期限合同”的情形，不属于用人单位与劳动者应当订立而未订立无固定期限劳动合同的范围。

[依据指引]

(1)《中华人民共和国劳动合同法》（2007年6月29日 国家主席令第65号）

第十四条 无固定期限劳动合同，是指用人单位与劳动者约定无确定终止时间的劳动合同。

用人单位与劳动者协商一致，可以订立无固定期限劳动合同。有下列情形之一，劳动者提出或者同意续订、订立劳动合同的，除劳动者提出订立固定期限劳动合同外，应当订立无固定期限劳动合同：

（一）劳动者在该用人单位连续工作满十年的；

（二）用人单位初次实行劳动合同制度或者国有企业改制重新订立劳动合同时，劳动者在该用人单位连续工作满十年且距法定退休年龄不足十年的；

（三）连续订立二次固定期限劳动合同，且劳动者没有本法第三十九条和第四十条第一项、第二项规定的情形，续订劳动合同的。

用人单位自用工之日起满一年不与劳动者订立书面劳动合同的，视为用人单位与劳动者已订立无固定期限劳动合同。

第八十二条 用人单位自用工之日起超过一个月不满一年未与劳动者订立书面劳动合同的，应当向劳动者每月支付二倍的工资。

用人单位违反本法规定不与劳动者订立无固定期限劳动合同的，自应当订立无固定期限劳动合同之日起向劳动者每月支付二倍的工资。

(2) 国务院《劳动合同法实施条例》（2008年9月18日 国务院令第535号）

第七条 用人单位自用工之日起满一年未与劳动者订立书面劳动合同的，自用工之日起满一个月的次日至满一年的前一日应当依照劳动合同法第八十二条的规定向劳动者每月支付两倍的工资，并视为自用工之日起满一年的当日已经与劳动者订立无固定期限劳动合同，应当立即与劳动者补订书面劳动合同。

第九条 劳动合同法第十四条第二款规定的连续工作满10年的起始时间，应当自用人单位用工之日起计算，包括劳动合同法施行前的工作年限。

第十条 劳动者非因本人原因从原用人单位被安排到新用人单位工作的，劳动者在原用人单位的工作年限合并计算为新用人单位的工作年限。原用人单位已经向劳动者支付经济补偿的，新用人单位在依法解除、终止劳动合同计算支付经济补偿的工作年限时，不再计算劳动者在原用人单位的工作年限。

劳动合同试用期

[解读]

劳动合同试用期是指用人单位和劳动者为相互了解、选择而约定的不超过6个月的考察期。它是合同的约定条款之一，应包括在劳动合同期限内。劳动合同仅约定试用期的，试用期不成立，该期限为劳动合同期限。试用期限与劳动合同期限相挂钩，合同期限3个月以上不满1年的，试用期不得超过1个月；合同期限1年以上不满3年的，试用期不得超过2个月；3年以上固定期限和无固定期限的合同，试用期不超过6个月。同一用人单位与同一劳动者只能约定一次试用期。以完成一定工作任务为期限的合同或者合同不满3个月的，不得约定试用期。用人单位违法约定试用期的，人力资源和社会保障行政部门有权责令其改正；违法约定的试用期已经履行的，由用人单位以劳动者试用期满月工资为标准，按已经履行的超过法定试用期的期间向劳动者支付赔偿金。

另外，还有两种试用期。一是公务员的试用期，期限为1年；期间发试用工资；期满合格的予以正式任职，不合格的取消录用资格。二是事业单位聘用合同试用期，期限一般不超过3个月；情况特殊可延长，但最长不超过6个月；被聘人员为大、中专应届毕业生的，可延长至12个月。该试用期也包括在聘用合同期内。试用期内，用人单位对被证明不符合本岗位要求又不同意调岗的劳动者，可随时解除合同；劳动者可随时与用人单位解除聘用合同。

[依据指引]

(1)《中华人民共和国劳动合同法》(2007年6月29日　国家主席令第65号)

第十九条　劳动合同期限三个月以上不满一年的，试用期不得超过一个月；劳动合同期限一年以上不满三年的，试用期不得超过二个月；三年以上固定期限和无固定期限的劳动合同，试用期不得超过六个月。

同一用人单位与同一劳动者只能约定一次试用期。

以完成一定工作任务为期限的劳动合同或者劳动合同期限不满三个月的，不得约定试用期。

试用期包含在劳动合同期限内。劳动合同仅约定试用期的，试用期不成立，该期限为劳动合同期限。

第八十三条　用人单位违反本法规定与劳动者约定试用期的，由劳动行政部门责令改正；违法约定的试用期已经履行的，由用人单位以劳动者试用期满月工资为标准，按已经履行的超过法定试用期的期间向劳动者支付赔偿金。

(2)劳动部《关于贯彻执行〈劳动法〉若干问题的意见》(1995年8月4日　劳部发[1995]309号)

18. 劳动者被用人单位录用后，双方可以在劳动合同中约定试用期，试用期应包括在劳动合同期限内。

19. 试用期是用人单位和劳动者为相互了解、选择而约定的不超过六个月的考察期。一般对初次就业或再次就业的职工可以约定。在原固定工进行劳动合同制度的转制过程中，用人单位与原固定工签订劳动合同时，可以不再约定试用期。

(3)劳动部《关于实行劳动合同制度若干问题的通知》(1996年10月31日　劳部发[1996]354号)

3. 按照《劳动法》的规定，劳动合同中可以约定不超过六个月的试用期。劳动合同期限在六个月以下的，试用期不得超过十五日；劳动合同期限在六个月以上一年以下的，试用期不得超过三十日；劳动合同期限在一年以上两年以下的，试用期不得超过六十日。

试用期包括在劳动合同期限中。

(4)国务院办公厅《转发人事部关于在事业单位试行人员聘用制度的意见》(2002年7月3日　国办发[2002]35号)

四、规范聘用合同的内容

……

聘用单位与受聘人员签订聘用合同，可以约定试用期。试用期一般不超过3个月；情况特殊的，可以延长，但最长不得超过6个月。被聘人员为大中专应届毕业生的，试用期可以延长至12个月。试用期包括在聘用合同期限内。

聘用单位与受聘人员订立聘用合同时，不得收取任何形式的抵押金、抵押物或者其他财物。

六、规范解聘辞聘制度

……

对在试用期内被证明不符合本岗位要求又不同意单位调整其工作岗位的，聘用单位也可以随时单方面解除聘用合同。

见习期、学徒期、实习期

[解读]

见习期是见习制度中的一种期限。见习制度是国家对大中专毕业生分配、派遣到用人单位的一种实习、考核制度，适用于国家机关、企业事业单位。见习制度的具体内容是：见习期为1年；期间实行见习工资，不能调动工作；期满经考核合格转正定级，不合格可延长见习期，以至低定工资一级。虽然见习期尚未被明令废止，但是从公务员试用期和聘用合同试用期的规定可以看出，见习期将被各种试用期取而代之，逐步退出历史舞台。

学徒期是学徒制度中的一种期限。学徒制度是对进入某些工作岗位的新招工人熟悉业务、提高技能的一种培训制度或称培训方式。它是建立劳动关系之后的一种岗上培训。目前，这种培训制度仍在实行，并根据技术等级标准确定学徒期限。

实习期是实习制度中的一种期限。实习制度是国家对技工学校、中等专业学校、职业高中等学员实行的一种培训教育制度。一般是由学校与对口的用人单位签订实习协议，由用人单位为学员提供实习场所和设备条件。它是建立劳动关系之前的一种岗上培训。目前这种实习培训的做法已在实际生活中扩大了范围，许多大学生在毕业前夕先去寻找实习单位，目的是为毕业后就业做准备。因此，用人单位与实习生签订的协议，不属于劳动合同，而是一种民事合同；双方之间的法律关系，既不是劳动关系，也不是劳务关系，而是一种培训关系。

根据国家规定，见习期、学徒期与试用期分属于三种不同的制度，其适用对象、目的、作用与内容均不相同。因此，见习期与试用期、学徒期与试用期是可以同时并用的，只是应各自执行各自的规定。

[依据指引]

(1) 教育部、国家计委、国家人事局《高等学校毕业生调配派遣办法》（1981 年 10 月 4 日 [81] 教学字 048 号）

26. 毕业生到达工作岗位后，实行一年见习的制度。见习期满后，经所在单位考核合格的转正定级。考核不合格的，可延长见习期半年到一年。延长见习期仍不合格的，按定级工资标准低一级待遇。

(2) 人事部《干部调配工作规定》（1991 年 2 月 4 日　人调发 [1994] 4 号）

第八条　干部具有下列情形之一的，一般不得调动：

(一) 见习期未满的；

(二) 正在接受有关部门审查处理的。

(3) 劳动部办公厅《对〈关于劳动用工管理有关问题的请示〉的复函》（1996 年 1 月 16 日　劳办发 [1996] 5 号）

三、关于学徒期与试用期。学徒期是对进入某些工作岗位的新招工人熟悉业务、提高工作技能的一种培训方式，在实行劳动合同制度后，这一培训方式仍应继续采用，并按照技术等级标准规定的期限执行。试用期是用人单位和劳动者建立劳动关系后为相互了解、选择而约定的不超过六个月的考察期。试用期和学徒期包含在劳动合同期限内，试用期和学徒期可以同时约定，但试用期不得超过半年。

四、关于见习期与试用期。大中专、技校毕业生新分配到用人单位工作的，仍应按原规定执行为期一年的见习期制度，见习期内可以约定不超过半年的试用期。

(4) 国家劳动总局《关于加强技工学校生产实习教学工作的几点意见》（1982 年 3 月 1 日 [1982] 劳总培字 6 号）

现将《关于加强技工学校生产实习教学工作的几点意见》印发给你们，请转发有关单位和所属技工学校研究贯彻执行。

生产实习是技工学校的一门主课，认真搞好生产实习教学，不断提高教学水平，是办好技工学校，培养合格技术工人的一个重要问题。各地区、各部门，都要把搞好生产实习教学作为整顿提高技工学校的中心环节来抓。要结合学校的实际情况，研究制订出改善和提高学校生产实习教学的具体措施、规划。要积极帮助学校解决师资、场地、厂房、设备、原材物料、产品供销等实际困难，使学校的生产实习教学工作能够得到必需的物质保证，以利于生产实习教学工作的顺利进行，确保培训质量……

农民工的劳动合同期限

[解读]

按照国家规定，农民工的劳动合同期限可以由用人单位与农民工依法协商确定。然而，从事矿山井下以及其他有害身体健康的工种、岗位工作的农民工，仍然实行定期轮换制度，合同期限最长不超过 8 年。即使其户籍关系已转为城镇的，也应执行合同期限最长不超过 8 年的规定。当合同期满，除农民轮换工续订合同须控制在最长 8 年以内，其他农民工续订合同均可执行《劳动合同法》的相关规定，即只要该农民工符合签订无固定期限合同的特定条件，用人单位应当与其续签无固定期限劳动合同。

[依据指引]

(1)《中华人民共和国劳动合同法》（2007 年 6 月 29 日　国家主席令第 65 号）

第十四条　无固定期限劳动合同，是指用人单位与劳动者约定无确定终止时间的劳动合同。

用人单位与劳动者协商一致，可以订立无固定期限劳动合同。有下列情形之一，劳动者提出或者同意续订、订立劳动合同的，除劳动者提出订立固定期限劳动合同外，应当订立无固定期限劳动合同：

(一) 劳动者在该用人单位连续工作满十年的；

(二) 用人单位初次实行劳动合同制度或者国有企业改制重新订立劳动合同时，劳动者在该用人单位连续工作满十年且距法定退休年龄不足十年的；

(三) 连续订立二次固定期限劳动合同，且劳动者没有本法第三十九条和第四十条第一项、第二项规定的情形，续订劳动合同的。

用人单位自用工之日起满一年不与劳动者订立书面劳动合同的，视为用人单位与劳动者已订立无固定期限劳动合同。

(2) 劳动部《关于贯彻执行〈劳动法〉若干问题的意见》（1995年8月4日 劳部发［1995］309号）

21. 用人单位经批准招用农民工，其劳动合同期限可以由用人单位和劳动者协商确定。

从事矿山井下以及在其他有害身体健康的工种、岗位工作的农民工，实行定期轮换制度，合同期限最长不超过八年。

(3) 劳动部办公厅《关于农民合同制工人续订劳动合同有关问题的复函》（1995年10月27日 劳办发［1995］281号）

云南省劳动厅：

你厅《关于农民合同制工人续订劳动合同有关问题的请示》（云劳［1995］207号）收悉。经研究，函复如下：

劳动部《关于贯彻执行〈中华人民共和国劳动法〉若干问题的意见》（劳部发［1995］309号）第二十一条指出："用人单位经批准招用农民工，其劳动合同期限可以由用人单位和劳动者协商确定。从事矿山井下以及在其他有害身体健康的工种、岗位工作的农民工，实行定期轮换制度，合同期限最长不超过八年。"其目的是为了保护在矿山井下及其他有害身体健康的工种、岗位工作的工人的身体健康，避免或减少职业病的发生。除在矿山井下及其他有害身体健康的工种、岗位工作的农民轮换工外，对其他农民合同制工人续订劳动合同问题，应当遵照《劳动法》第二十条的规定，即在同一用人单位连续工作满十年以上，双方同意续延劳动合同，农民合同制工人本人提出签订无固定期限劳动合同的，用人单位应当与其签订无固定期限劳动合同。

(4) 劳动部办公厅《对〈关于农民轮换工有关政策问题的请示〉的复函》（1996年10月3日 劳办发［1996］211号）

宁夏回族自治区劳动人事厅：

你厅《关于农民轮换工有关政策问题的请示》（宁人劳［察］字［1996］296号）收悉，经研究，现函复如下：

一、关于农民轮换工户粮关系发生变化后的合同期限问题。按照《全民所有制企业招用农民合同制工人的规定》（1991年国务院令第87号）的规定，在艰苦工种岗位上工作的农民工应当定期轮换，这主要是为了保护职工的身体健康。因此，凡在国务院规定实行定期轮换的岗位上工作的职工，无论其户粮关系是否发生变化，都应当继续执行合同期限最多不超过8年的规定。

二、对于因工负伤部分丧失劳动能力的农民轮换工的因工致残抚恤费，应继续执行《全民所有制企业招用农民合同制工人的规定》中第二十一条的规定，并执行《企业职工工伤保险试行办法》（劳部发［1996］266号）第二十四条关于一次性伤残补助金和一次性伤残就业补助金的规定。

培训协议

［解读］

用人单位为劳动者提供专项培训费用，对其进行专业技术培训的，应当依法与劳动者订立完善的培训协议，以保护双方的合法权益。签订培训协议应注意以下几点：

（一）约定服务期应与劳动合同期限相衔接。约定服务期注意明确起始和截止时间，同时与劳动合同的期限有机地衔接好，例如可约定："本协议为劳动合同的附件，如本协议与劳动合同约定不一致，以本协议为准，视为劳动合同已相应变更。"这样可以避免两者相冲突当然也是符合法律规定的。

（二）约定培训费应注意其法定外延。按照法律规定，专项培训费应包括三个部分内容：一是用人单位支付的有凭证的培训费用，如学费、教材费等；二是培训期间的差旅费用，如交通费、食宿费等；三是因培训产生的用于该劳动者的其他直接费用，如培训期间用人单位不再向劳动者支付工资，而是支付生活费和培训补贴，其中的培训补贴就是因培训产生的用于该劳动者的其他直接费用。在签订培训协议时，应结合实际情况将培训费的全部内容约定明确，为约定违约金奠定基础，因法律规定，违约金的数额不得超过用人单位的培训费用。

（三）约定违约情形应全面而具体。约定违约情形，应考虑到劳动者在培训期间因故中断培训，培训考核不合格，培训结束服务期未满辞职或因某种原因被辞退等各种情形，以及相应的违约金。这样才能使培训协议更加公平、客观、具有操作性。

另外，有两个方面的法律规定值得注意：一是用人单位在服务期内按违纪辞退劳动者，仍可要求其支付违约金；二是劳动合同期限短于培训协议约定的服务期时，应以服务期为准。

[依据指引]

(1)《中华人民共和国劳动合同法》（2007年6月29日 国家主席令第65号）

第二十二条 用人单位为劳动者提供专项培训费用，对其进行专业技术培训的，可以与该劳动者订立协议，约定服务期。

劳动者违反服务期约定的，应当按照约定向用人单位支付违约金。违约金的数额不得超过用人单位提供的培训费用。用人单位要求劳动者支付的违约金不得超过服务期尚未履行部分所应分摊的培训费用。

用人单位与劳动者约定服务期的，不影响按照正常的工资调整机制提高劳动者在服务期期间的劳动报酬。

(2) 国务院《劳动合同法实施条例》（2008年9月18日 国务院令第535号）

第十六条 劳动合同法第二十二条第二款规定的培训费用，包括用人单位为了对劳动者进行专业技术培训而支付的有凭证的培训费用、培训期间的差旅费用以及因培训产生的用于该劳动者的其他直接费用。

第十七条 劳动合同期满，但是用人单位与劳动者依照劳动合同法第二十二条的规定约定的服务期尚未到期的，劳动合同应当续延至服务期满；双方另有约定的，从其约定。

第二十六条 用人单位与劳动者约定了服务期，劳动者依照劳动合同法第三十八条的规定解除劳动合同的，不属于违反服务期的约定，用人单位不得要求劳动者支付违约金。

有下列情形之一，用人单位与劳动者解除约定服务期的劳动合同的，劳动者应当按照劳动合同的约定向用人单位支付违约金：

（一）劳动者严重违反用人单位的规章制度的；

（二）劳动者严重失职，营私舞弊，给用人单位造成重大损害的；

（三）劳动者同时与其他用人单位建立劳动关系，对完成本单位的工作任务造成严重影响，或者经用人单位提出，拒不改正的；

（四）劳动者以欺诈、胁迫的手段或者乘人之危，使用人单位在违背真实意思的情况下订立或者变更劳动合同的；

（五）劳动者被依法追究刑事责任的。

竞业限制协议

[解读]

为了维护公平竞争的环境，法律对负有保密义务的劳动者，允许用人单位与之在劳动合同或保密协议中约定竞业限制条款，即解除或终止劳动合同后的一定期限内，劳动者不得到与本单位生产或经营同类产品、从事同类业务的有竞争关系的其他单位工作或者自己开业生产或经营同类产品、从事同类业务的内容。实践中，许多用人单位都采取签订竞业限制专项协议的做法。约定竞业限制条款或专项协议，须注意以下几点：

（一）明确需签订竞业限制协议的人员范围。不是所有的劳动者都应当承担竞业限制义务，只有用人单位的高级管理人员、高级技术人员和相关涉密人员，才负有竞业限制义务。所谓高级管理人员，是指公司法规定的执行董事、由董事会聘任的总经理、副总经理和财务负责人，以及公司章程界定的其他高级管理人员；所谓高级技术人员应由用人单位结合自身的具体情况通过规章制度自行界定；其他涉密人员一般包括用人单位的人力资源管理人员、财务管理人员和销售人员。

（二）竞业限制协议须约定的内容。竞业限制协议的内容一般包括需限制的行业、职业的名称、范围和所在地域，以及竞业限制的期限和经济补偿；也可约定一些如何限制或放弃限制的具体措施，以增强协议的操作性；还应约定劳动者的违约责任，包括违约金和违约损害赔偿金，以体现公平、合理。

（三）竞业限制经济补偿与违约费用的确定与支付。竞业限制经济补偿的标准，国家没有规定；如果地方政府有规定，应按地方规定执行；如果地方没有规定，应由用人单位与劳动者协商确定，一般应按劳动者本人工资标准的一定比例确定，如本人月工资或年薪的1/2或1/3即可。竞业限制违约金主要应根据劳动者本人的工资水平，向劳动者支付经济补偿金的标准和劳动者所掌握商业秘密的价值状况来确定，数额可适当高一点儿，以增强对双方诚信守约的督促力。竞业限制违约赔偿金，一般应根据实际损失额来支付，若没有造成损失，则无需支付赔偿金。约定违约赔偿金可参考《反不正当竞争法》第20条的规定。

（四）选择时机及时签订竞业限制协议。竞业限制协议一般应在须承担竞业限制义务的劳动者入职时签订，或者在劳动者经调岗或升职后，属于须承担竞业限制义务的人员时签订。如果用人单位未在恰当的时机及时与劳动者签订竞业限制协议，则在其离职时再想签订，往往不能如愿。

需特别指出两点：一是法律规定了竞业限制经济补偿金的支付方式，即在解除或终止劳动合同后，在竞业限制期限内按月支付；二是双方约定竞业限制期限最长不得超过两年。

[依据指引]

(1)《中华人民共和国劳动合同法》（2007年6月29日 国家主席令第65号）

第二十二条 用人单位为劳动者提供专项培训费用，对其进行专业技术培训的，可以与该劳动者订立协议，约定服务期。

劳动者违反服务期约定的，应当按照约定向用人单位支付违约金。违约金的数额不得超过用人单位提供的培训费用。用人单位要求劳动者支付的违约金不得超过服务期尚未履行部分所应分摊的培训费用。

用人单位与劳动者约定服务期的，不影响按照正常的工资调整机制提高劳动者在服务期期间的劳动报酬。

(2)《中华人民共和国公司法》（1993年12月29日 国家主席令第42号 2005年10月27日修订）

第二百一十七条 本法下列用语的含义：

（一）高级管理人员，是指公司的经理、副经理、财务负责人，上市公司董事会秘书和公司章程规定的其他人员。

（二）控股股东，是指其出资额占有限责任公司资本总额百分之五十以上或者其持有的股份占股份有限公司股本总额百分之五十以上的股东；出资额或者持有股份的比例虽然不足百分之五十，但依其出资额或者持有的股份所享有的表决权已足以对股东会、股东大会的决议产生重大影响的股东。

（三）实际控制人，是指虽不是公司的股东，但通过投资关系、协议或者其他安排，能够实际支配公司行为的人。

（四）关联关系，是指公司控股股东、实际控制人、董事、监事、高级管理人员与其直接或者间接控制的企业之间的关系，以及可能导致公司利益转移的其他关系。但是，国家控股的企业之间不仅仅因为同受国家控股而具有关联关系。

(3)《中华人民共和国反不正当竞争法》（1993年9月2日 国家主席令第10号）

第二十条 经营者违反本法规定，给被侵害的经营者造成损害的，应当承担损害赔偿责任，被侵害的经营者的损失难以计算的，赔偿额为侵权人在侵权期间因侵权所获得的利润；并应当承担被侵害的经营者调查该经营侵害其合法权益的不正当竞争行为所支付的合理费用。

被侵害的经营者的合法权益受到不正当竞争行为损害的，可以向人民法院提起诉讼。

违 约 金

[解读]

违约金是指劳动合同当事人违反合同约定，依约应当承担的违约责任之一，即向对方支付的违约金额。前些年，在实施劳动合同制度的过程中，不少用人单位与劳动者约定违约金的数额过高、过滥，严重损害了劳动者的合法权益。因此，《劳动合同法》明确规定，用人单位为劳动者提供专项培训费用，对其进行专业技术培训的，可以与该劳动者订立培训协议，约定服务期和违约金，但约定的违约金不得超过服务期尚未履行部分所应分摊的培训费用。对负有保密义务的劳动者，用人单位可以与之签订竞业限制协议和违反竞业限制约定的违约金，对违约金数额的确定，法律没有明确规定。因此，竞业限制违约金数额的确定，应遵循以下原则：地方政府有规定的，从其规定；地方政府没有规定的，由双方当事人根据合情合理的原则，在协议中自行约定，一般应当参考劳动者的工资水平和劳动者掌握的商业秘密的价值水平等因素来确定违约金的数额。该数额可以约定得高一些，以对劳动者的违约行为起到有力的制约作用。除上述两种情形以外，用人单位不得与劳动者再行约定由劳动者承担的违约金。

[依据指引]

《中华人民共和国劳动合同法》（2007年6月29日 国家主席令第65号）

第二十二条 用人单位为劳动者提供专项培训费用，对其进行专业技术培训的，可以与该劳动者订立协议，约定服务期。

劳动者违反服务期约定的，应当按照约定向用人单位支付违约金。违约金的数额不得超过用人单位提供的培训费用。用人单位要求劳动者支付的违约金不得超过服务期尚未履行部分所应分摊的培训费用。

用人单位与劳动者约定服务期的，不影响按照正常的工资调整机制提高劳动者在服务期期间的劳动报酬。

第二十三条 用人单位与劳动者可以在劳动合同中约定保守用人单位的商业秘密和与知识产权相关的保密事项。

对负有保密义务的劳动者，用人单位可以在劳动合同或者保密协议中与劳动者约定竞业限制条款，并约定在解除或者终止劳动合同后，在竞业限制期限内按月给予劳动者经济补偿。劳动者违反竞业限制约定的，应当按照约定向用人单位支付违约金。

第二十五条 除本法第二十二条和第二十三条规定的情形外，用人单位不得与劳动者约定由劳动者承担违约金。

商业秘密的保护

[解读]

按照国家法律规定，商业秘密是指不为公众所知悉，能为权利人带来经济利益、具有实用性，且经权利人采取保密措施的技术信息和经营信息。这里所讲的三个条件同时具备的信息、资料，方能称之为商业秘密。其具体内容包括：设计、程序、产品配方、制作工艺、制作方法、管理诀窍、客户名单、货源情况、产销策略、招投标中的标底及标书的内容等信息和资料。如果掌握商业秘密的员工在离职前后，将企业的商业秘密带走或向外泄露，则会使企业为员工离职付出无法估量的成本。因此，企业应重视高级人才的离职，切实做好保护商业秘密的工作。

首先，企业应制定保密规章制度。这是能证明企业对自己认定为商业秘密的信息和资料采取保密措施的凭据，也是保护商业秘密的重要措施。该规章制度的主要内容包括：确定本单位所拥有的商业秘密的范围、种类、保密级别、保密期限、保密方法以及泄密责任等。

其次，可在劳动合同中约定商业秘密条款，也可签订保密协议，以专项协议的形式作为劳动合同的附件存在。双方约定的内容一般有两种：一是竞业限制的内容（见本章题目“竞业限制协议”），对掌握商业秘密的员工离职后在一定期限内（最长不超过 2 年）的就业去向加以限制。二是脱密期的内容，即掌握商业秘密的员工在劳动合同终止前或该员工提出解除合同后的一定时间内（最长不超过 6 个月），企业可将其调整到非商业秘密的工作岗位，变更合同相关内容；待此期间届满，员工方可办理离职手续。

最后，企业一旦发现自己的商业秘密有被侵害的迹象，或者离职员工有违约、违规行为，可以收集证据，依法向劳动争议仲裁委员会申诉，维护自己的合法权益，把员工离职的损失减少到最低限度。这类损失的追索标准，可按照《反不正当竞争法》的规定计算。

[依据指引]

(1)《中华人民共和国反不正当竞争法》（1993 年 9 月 2 日　国家主席令第 10 号）

第十条 经营者不得采用下列手段侵犯商业秘密：

（一）以盗窃、利诱、胁迫或者其他不正当手段获取权利人的商业秘密；

（二）披露、使用或者允许他人使用以前项手段获取的权利人的商业秘密；

（三）违反约定或者违反权利人有关保守商业秘密的要求，披露、使用或者允许他人使用其所掌握的商业秘密。

第三人明知或者应知前款所列违法行为，获取、使用或者披露他人的秘密，视为侵犯商业秘密。

本条所称的商业秘密，是指不为公众所知悉、能为权利人带来经济利益、具有实用性并经权利人采取保密措施的技术信息和经营信息。

第二十条 经营者违反本法规定，给被侵害的经营者造成损害的，应当承担损害赔偿责任，被侵害的经营者的损失难以计算的，赔偿额为侵权人在侵权期间因侵权所获得的利润；并应当承担被侵害的经营者调查该经营侵害其合法权益的不正当竞争行为所支付的合理费用。

被侵害的经营者的合法权益受到不正当竞争行为损害的，可以向人民法院提起诉讼。

(2)《中华人民共和国劳动合同法》（2007 年 6 月 29 日　国家主席令第 65 号）

第二十三条 用人单位与劳动者可以在劳动合同中约定保守用人单位的商业秘密和与知识产权相关的保密事项。

对负有保密义务的劳动者，用人单位可以在

劳动合同或者保密协议中与劳动者约定竞业限制条款，并约定在解除或者终止劳动合同后，在竞业限制期限内按月给予劳动者经济补偿。劳动者违反竞业限制约定的，应当按照约定向用人单位支付违约金。

第二十四条 竞业限制的人员限于用人单位的高级管理人员、高级技术人员和其他负有保密义务的人员。竞业限制的范围、地域、期限由用人单位与劳动者约定，竞业限制的约定不得违反法律、法规的规定。

在解除或者终止劳动合同后，前款规定的人员到与本单位生产或者经营同类产品、从事同类业务的有竞争关系的其他用人单位，或者自己开业生产或者经营同类产品、从事同类业务的竞业限制期限，不得超过二年。

(3) 劳动部《关于企业职工流动若干问题的通知》（1996年10月31日 劳部发［1996］355号）

二、用人单位与掌握商业秘密的职工在劳动合同中约定保守商业秘密有关事项时，可以约定在劳动合同终止前或该职工提出解除劳动合同后的一定时间内（不超过六个月），调整其工作岗位，变更劳动合同中相关内容；用人单位也可规定掌握商业秘密的职工在终止或解除劳动合同后的一定期限内（不超过三年），不得到生产同类产品或经营同类业务且有竞争关系的其他用人单位任职，也不得自己生产与原单位有竞争关系的同类产品或经营同类业务，但用人单位应当给予该职工一定数额的经济补偿。

(4) 国家工商行政管理局《关于禁止侵犯商业秘密行为的若干规定》（1995年11月23日 局令第41号 1998年12月3日修订）

第二条 本规定所称商业秘密，是指不为公众知悉、能为权利人带来经济利益、具有实用性并经权利人采取保密措施的技术信息和经营信息。

本规定所称不为公众知悉，是指该信息是不能从公开渠道直接获取的。

本规定所称能为权利人带来经济利益、具有实用性，是指该信息具有确定的可应用性，能为权利人带来现实的或者潜在的经济利益或者竞争优势。

本规定所称权利人采取保密措施，包括订立保密协议，建立保密制度及采取其他合理的保密措施。

本规定所称技术信息和经营信息，包括设计、程序、产品配方、制作工艺、制作方法、管理诀窍、客户名单、货源情报、产销策略、招投标中的标底及标书内容等信息。

本规定所称权利人，是指依法对商业秘密享有所有权或者使用权的公民、法人或者其他组织。

(5) 国家科委《关于加强科技人员流动中技术秘密管理的若干意见》（1997年7月2日 国科发政字［1997］317号）

二、本单位所拥有的技术秘密，是指由单位研制开发或者以其他合法方式掌握的、未公开的、能给单位带来经济利益或竞争优势，具有实用性且本单位采取了保密措施的技术信息，包括但不限于设计图纸（含草图），试验结果和试验记录、工艺、配方、样品、数据、计算机程序等。技术信息可以是有特定的完整的技术内容，构成一项产品、工艺、材料及其改进的技术方案，也可以是某一产品、工艺、材料等技术或产品中的部分技术要素。

技术秘密是一种重要的知识产权，其开发和完成凝聚着国家或者有关单位大量的人力和物力投入。因此，科技人员在流动中不得将本人在工作中掌握的、由本单位拥有的技术秘密（包括本人完成或参与完成的职务技术成果）非法披露给用人单位、转让给第三者或者自行使用。

三、企事业单位要加强对承担国家科技计划项目或者本单位重要科研任务的科技人员进行管理。对列入确定为国家重大科技计划项目的计划任务书或者有关合同课题组成员名单的科技人员，在科研任务尚未结束前要求调离、辞职，并可能泄露国家重大科技计划项目或者科研任务所涉及的技术秘密，危及国家安全和利益的，原则上不予批准。擅自离职，并给国家或者原单位造成经济损失或泄露有关技术秘密的，可以依据有关法律规定，要求其承担经济责任；用人单位有过错的，也应当依法承担连带赔偿责任。

四、企事业单位所拥有的技术秘密。凡依据国家科委、国家保密局发布的《科学技术保密规定》确定为国家科学技术秘密的，应当按该规定并参照本意见进行管理。各企事业单位和科技人员负有保守国家科学技术秘密的义务。在依据国家科委、国家保密局《科学技术保密规定》确定国家科学技术秘密时，应当确定涉密人员范围。涉密人员调离、辞职时，应当经确定密级的主管部门批准，并对其进行保密教育。未经批准擅自离职的，依法追究当事人及用人单位负责人的行政责任。故意或者过失泄露国家科学技术秘密，情节严重，并致使国家利益遭受重大损失的，依法追究当事人的刑事责任。

五、企事业单位应当对本单位拥有的技术秘密采取合法、有效的保密措施，并使这些措施有针对性地适用于科技成果的完成人、与因业务上可能知悉该技术秘密的人员或者业务相关人员，以及有关的行政管理人员。这些措施包括订立保密协议、建立保密制度、采用保密技术、采用适当的保密设施和装置以及采用其他合理的保密方法。有关保密措施应当是明确、明示的，并能够具体确定本单位所拥有的技术秘密的范围、种类、保密期限、保密方法以及泄密责任。单位未采取适当保密措施，或者有关技术信息的内容已公开、能够从公开渠道直接得到的，科技人员可以自行使用。

科技人员可以与其工作单位就该单位的技术秘密、职务技术成果的使用、转让等有关事项签订书面协议，约定科技人员可以自行使用的范围、方式、条件等具体问题。

六、企事业单位可以按照有关法律规定，与本单位的科技人员、行政管理人员，以及因业务上可能知悉技术秘密的人员或业务相关人员，签订技术保密协议。该保密协议可以与劳动聘用合同订为一个合同，也可以与有关知识产权权利归属协议合订为一个合同，也可以单独签订。

签订技术保密协议，应当遵循公平、合理的原则，其主要内容包括：保密的内容和范围、双方的权利和义务、保密期限、违约责任等。技术保密协议可以在有关人员调入单位时签订，也可以与已在本单位工作的人员协商后签订。拒不签订保密协议的，单位有权不调入，或者不予聘用。但是，有关技术保密协议不得违反法律、法规规定，或非法限制科技人员的正当流动。协议条款所确定的双方权利义务不得显失公平。

承担保密义务的科技人员享有因从事技术开发活动而获取相应报酬和奖励的权利。单位无正当理由，拒不支付奖励和报酬的，科技人员或者有关人员有权要求变更或者终止技术保密协议。技术保密协议一经双方当事人签字盖章，即发生法律效力，任何一方违反协议的，另一方可以依法向有关仲裁机构申请仲裁或向人民法院提起诉讼。

七、单位可以在劳动聘用合同、知识产权权利归属协议或者技术保密协议中，与对本单位技术权益和经济利益有重要影响的有关行政管理人员、科技人员和其他相关人员协商，约定竞业限制条款，约定有关人员在离开单位后一定期限内不得在生产同类产品或经营同类业务且有竞争关系或者其他利害关系的其他单位内任职，或者自己生产、经营与原单位有竞争关系的同类产品或业务。凡有这种约定的，单位应向有关人员支付一定数额的补偿费。竞业限制的期限最长不得超过三年。

竞业限制条款一般应当包括竞业限制的具体范围、竞业限制的期限、补偿费的数额及支付方法、违约责任等内容。但与竞业限制内容相关的技术秘密已为公众所知悉，或者已不能为本单位带来经济利益或竞争优势，不具有实用性，或负有竞业限制义务的人员有足够证据证明该单位未执行国家有关科技人员的政策，受到显失公平待遇以及本单位违反竞业限制条款，不支付或者无正当理由拖欠补偿的，竞业限制条款自行终止。

单位与有关人员就竞业限制条款发生争议的，任何一方有权依法向有关仲裁机构申请仲裁或向人民法院起诉。

八、企事业单位应当在科技人员或者有关人员离开本单位时，以书面或者口头形式向该人员重申其保密义务和竞业限制义务，并可以向其新任职的单位通报该人员在原单位所承担的保密义务和竞业限制义务。用人单位在科技人员或有关人员调入本单位时，应当主动了解该人员在原单位所承担的保密义务和竞业限制义务，并自觉尊重上述协议。明知该人员承担原单位保密义务或者竞业限制义务，并以获取有关技术秘密为目的故意聘用的，应当承担相应的法律责任。

九、科技人员或者其他有关人员在离开原单位后，利用在原单位掌握或接触的由原单位所拥有的技术秘密，并在此基础上作出新的技术成果或技术创新，有权就新的技术成果或技术创新予以实施或者使用，但在实施或者使用时利用了原单位所拥有的，且其本人负有保密义务的技术秘密时，应当征得原单位的同意，并支付一定的使用费；未征得原单位同意或者无证据证明有关技术内容为自行开发的新的技术成果或技术创新的，有关人员和用人单位应当承担相应的法律责任。

十、在工作期间接触或掌握本单位所拥有的技术秘密的离退休人员、行政管理人员以及其他因业务上可能知悉本单位拥有的技术秘密的人员，可以依照本意见进行管理。

十一、科技人员在完成本职工作和不侵犯本单位技术权益、经济利益的前提下，业余兼职从事技术开发和技术创新等活动的，应当依照国家有关法律、法规和1988年1月国务院批准的《国家科委关于科技人员业余兼职若干问题的意见》的规定，正确处理本职和兼职关系，不得在业余兼职活动中将本单位的秘密擅自提供给兼职单位，也不得利用兼职关系从兼职单位套取技术秘密，侵害兼职单位的技术权益。企事业单位可以参照本意见对有关兼职人员进行管理。

(6) 劳动部《违反〈劳动法〉有关劳动合同规定的赔偿办法》（1995年5月10日　劳部发［1995］223号）

第五条　劳动者违反劳动合同中约定的保密事项，对用人单位造成经济损失的，按《反不正当竞争法》第二十条的规定支付用人单位赔偿费用。

劳动合同的效力

［解读］

劳动合同的效力是指对劳动合同性质的界定和劳动合同是否有效的确认。根据国家规定，只要是劳动者与用人单位为确立劳动关系而订立的以劳动权利与义务为主体内容的书面协议，不论其名称如何，均应视为劳动合同。否则，就不是劳动合同。劳动合同中除必备条款外，双方当事人可以平等协商约定条款，约定内容应是劳动权利和义务，以及与其密切关联的权利和义务，且应合法、合理、合乎实际。至于劳动合同内容有效与否，应由劳动争议仲裁委员会或者人民法院确认。

确认劳动合同无效的标准有三条：一是以欺诈、胁迫的手段或者乘人之危，使对方在违背真实意思的情况下订立或者变更劳动合同的；二是用人单位免除自己的法定责任、排除劳动者权利的；三是违反法律、行政法规强制性规定的。所谓强制性规定是指法律条文中对用人单位或劳动者应履行的义务，表述为“应当”或“必须”履行的情形；表述为“可以”履行的情形不属于强制性规定。

无效劳动合同有两种：一是全部无效，二是部分无效。劳动合同部分无效，不影响其他部分效力的，其他部分仍然有效。劳动合同被确认无效，劳动者已付出劳动的，用人单位应当向劳动者支付劳动报酬。无论是用人单位还是劳动者，违反法律规定，致使劳动合同无效，给对方造成损害的，均应向对方承担赔偿责任；对无效劳动合同的处理，均可依法予以即时解除。

［依据指引］

(1)《中华人民共和国劳动合同法》（2007年6月29日　国家主席令第65号）

第二十六条　下列劳动合同无效或者部分无效：

（一）以欺诈、胁迫的手段或者乘人之危，使对方在违背真实意思的情况下订立或者变更劳动合同的；

（二）用人单位免除自己的法定责任、排除劳动者权利的；

（三）违反法律、行政法规强制性规定的。

对劳动合同的无效或者部分无效有争议的，由劳动争议仲裁机构或者人民法院确认。

第二十七条　劳动合同部分无效，不影响其他部分效力的，其他部分仍然有效。

第二十八条　劳动合同被确认无效，劳动者已付出劳动的，用人单位应当向劳动者支付劳动报酬。劳动报酬的数额，参照本单位相同或者相近岗位劳动者的劳动报酬确定。

第八十六条　劳动合同依照本法第二十六条规定被确认无效，给对方造成损害的，有过错的一方应当承担赔偿责任。

(2) 劳动部办公厅《关于调入合同有关问题的复函》（1995年9月8日　劳办发［1995］223号）

湖南省劳动厅：

你厅1995年8月16日和9月4日电传的《关于调入合同有关问题的请示》收悉。经研究，对所提两个问题答复如下：

一、根据《劳动法》第十六条、第十八条和第十九条规定，只要是劳动者与用人单位为确立劳动关系而订立的以劳动权利与义务为主体内容的书面协议，则应视为劳动合同。劳动合同中除必备条款外，双方当事人可以平等协商约定条款，约定内容应是劳动权利和义务，以及与其密切关联的权利和义务，且应合法、合理、合乎实际。至于劳动合同内容有效与否，应由劳动争议仲裁委员会或者人民法院确认。对劳动合同当事人在合同中约定的非劳动权利、义务方面的内容，只要其与劳动争议标的相互关联，劳动争议仲裁委员会则应商有关部门，依据有关法律、法规、规章，以及企业依法制定的规章制度予以确认，并与劳动争议标的一并统筹处理；如果其与劳动争议标的没有关联，劳动争议仲裁委员会则应不予处理，并加以说明。

劳动合同履行

[解读]

劳动合同订立后，用人单位与劳动者应当遵循诚实、信用原则全面履行各自的义务。然而，从实践中看双方当事人都存在一些问题，其中用人单位存在的问题比较突出，主要有以下三个方面：

（一）用人单位拖欠或未足额支付劳动者工资的情况经常发生，特别是建筑领域拖欠农民工工资的问题更为严重。为督促用人单位认真履行劳动合同，劳动者除可向劳动争议仲裁委员会申请仲裁、向劳动保障监察部门投诉之外，法律还规定了快速解决办法，即劳动者可向用人单位所在地人民法院申请支付令，人民法院应当依法、及时发出支付令。当然，用人单位也可以申辩，如经法院核实劳动者申请不属实，法院还可以撤回支付令。

（二）用人单位强迫或以提高劳动定额等方式变相强迫劳动者加班，而且不支付加班费的情况时有发生，这不仅是违约，也是违法行为。近年来，因加班工资发生的争议较多，就说明了这一点。因此，用人单位应当合理确定劳动定额标准，保证90%以上的职工都能在标准工作时间内完成；应依法建立加班管理制度，为劳动者安排补休或按时足额支付其加班工资，预防劳动争议的发生。

（三）用人单位违章指挥，强令劳动者冒险作业的情况也时常出现。因此，法律规定，劳动者拒绝用人单位管理人员违章指挥、强令冒险作业的行为，不属于违反劳动合同的行为；对危害人身安全和身体健康的劳动条件，有权对用人单位提出批评、检举和控告；对违章指挥或强令冒险作业危及劳动者人身安全的用人单位和责任人，依法给予行政处罚，构成犯罪的，追究其刑事责任。

[依据指引]

《中华人民共和国劳动合同法》（2007年6月29日　国家主席令第65号）

第二十九条　用人单位与劳动者应当按照劳动合同的约定，全面履行各自的义务。

第三十条　用人单位应当按照劳动合同约定和国家规定，向劳动者及时足额支付劳动报酬。

用人单位拖欠或者未足额支付劳动报酬的，劳动者可以依法向当地人民法院申请支付令，人民法院应当依法发出支付令。

第三十一条　用人单位应当严格执行劳动定额标准，不得强迫或者变相强迫劳动者加班。用人单位安排加班的，应当按照国家有关规定向劳动者支付加班费。

第三十二条　劳动者拒绝用人单位管理人员违章指挥、强令冒险作业的，不视为违反劳动合同。

劳动者对危害生命安全和身体健康的劳动条件，有权对用人单位提出批评、检举和控告。

第八十八条　用人单位有下列情形之一的，依法给予行政处罚；构成犯罪的，依法追究刑事责任；给劳动者造成损害的，应当承担赔偿责任：

（一）以暴力、威胁或者非法限制人身自由的手段强迫劳动的；

（二）违章指挥或者强令冒险作业危及劳动者人身安全的；

（三）侮辱、体罚、殴打、非法搜查或者拘禁劳动者的；

（四）劳动条件恶劣、环境污染严重，给劳动者身心健康造成严重损害的。

劳动合同变更

[解读]

劳动合同变更是指劳动合同订立时所依据的客观情况发生变化，致使合同的某些条款、内容无法继续履行，从而经双方当事人协商一致调整劳动合同部分内容的法律行为。变更合同的方式分为两种：一种是依法变更，即根据法律规定的原则、条件，双方协商一致变更合同的情形；另一种是依约变更，也就是双方当事人在订立合同时就将某些需要变更合同的条件、程序作具体约定，当须变更合同的条件出现时，则按约定的程序办理变更合同的事宜。这种变更合同的约定，可以参考《劳动合同法》第40条第1项、第2项的规定，约定劳动者职位、岗位调整的内容；也可遵循“以岗定薪、岗变薪变”的原则约定劳动者工资标准可以调整的内容等。这些条款的约定除了依法之外，还应依情、依理约定，万万不可约定无任何条件即可随意变更合同的霸王条款。变更劳动合同除应当双方协商一致外，还应注意采取书面形式，一式两份，双方当事人各执一份。

[依据指引]

(1)《中华人民共和国劳动合同法》（2007年6月29日 国家主席令第65号）

第三十五条 用人单位与劳动者协商一致，可以变更劳动合同约定的内容。变更劳动合同，应当采用书面形式。

变更后的劳动合同文本由用人单位和劳动者各执一份。

第四十条 有下列情形之一的，用人单位提前三十日以书面形式通知劳动者本人或者额外支付劳动者一个月工资后，可以解除劳动合同：

（一）劳动者患病或者非因工负伤，在规定的医疗期满后不能从事原工作，也不能从事由用人单位另行安排的工作的；

（二）劳动者不能胜任工作，经过培训或者调整工作岗位，仍不能胜任工作的；

（三）劳动合同订立时所依据的客观情况发生重大变化，致使劳动合同无法履行，经用人单位与劳动者协商，未能就变更劳动合同内容达成协议的。

(2) 劳动部《关于贯彻执行〈劳动法〉若干问题的意见》（1995年8月4日 劳部发［1995］309号）

13. 用人单位发生分立或合并后，分立或合并后的用人单位可依据其实际情况与原用人单位的劳动者遵循平等自愿、协商一致的原则变更原劳动合同。

37. 根据《民法通则》第四十四条第二款“企业法人分立、合并，它的权利和义务由变更后的法人享有和承担”的规定，用人单位发生分立或合并后，分立或合并后的用人单位可依据其实际情况与原用人单位的劳动者遵循平等自愿、协商一致的原则变更、解除或重新签订劳动合同。在此种情况下的重新签订劳动合同视为原劳动合同的变更，用人单位变更劳动合同，劳动者不能依据劳动法第二十八条要求经济补偿。

劳动合同中止履行

[解读]

劳动合同中止履行是指由于某种特定的原因，致使劳动合同的履行暂时停止，待特定原因消失后，劳动合同恢复履行或者终止的情形。

从现实生活中看，劳动合同中止履行的情形主要有：一是劳动者涉嫌违法犯罪被有关机关收容审查、拘留或逮捕的，用人单位在劳动者被限制人身自由期间，可与其暂时停止劳动合同的履行；期间，用人单位不承担劳动合同规定的相应义务。劳动者经证明被错误限制人身自由的，暂时停止履行劳动合同期间劳动者的损失，可由其依据《国家赔偿法》要求有关部门赔偿。二是在固定工制度下国家规定了“停薪留职”的政策，现在虽已停止执行，但在各地依然存在“停薪留职”的做法，这种“停薪留职”的状态就是劳动者不再提供正常劳动，用人单位不再向劳动者支付工资、福利和社会保险等劳动报酬，双方劳动关系处于中止的状态。三是从用人单位应征入伍的劳动者，其劳动关系继续保留的政策规定，也是劳动者不再提供正常劳动，用人单位不再向劳动者支付劳动报酬，双方劳动关系处于中止的状态。另外还有一种类似的情形，即对原固定工在取保候审期间，用人单位可以暂缓与其签订劳动合同，但不能以此为由予以辞退。这实际上是一种劳动关系中止的状态；在审理结束后，可视具体情况，依据有关法律法规进行处理。

法律对“劳动合同中止制度”未作允许性的规定，也未作禁止性的规定。因此，如果用人单位的规章制度结合本单位的实际做出相应的规定，则与国家的法律不抵触，应当是合法有效的。用人单位与劳动者通过协商的方式签订《劳动合同中止协议》，只要不违反法律规定的大原则，也应当是合法有效的。总之，劳动合同中止制度对用人单位和劳动者，在一定条件下还是有益的，因而是可以择机而用的。

[依据指引]

(1) 劳动部《关于贯彻执行〈劳动法〉若干问题的意见》（1995年8月4日 劳部发［1995］309号）

28. 劳动者涉嫌违法犯罪被有关机关收容审查、拘留或逮捕的，用人单位在劳动者被限制人身自由期间，可与其暂时停止劳动合同的履行。

暂时停止履行劳动合同期间，用人单位不承担劳动合同规定的相应义务。劳动者经证明被错误限制人身自由的，暂时停止履行劳动合同期间劳动者的损失，可由其依据《国家赔偿法》要求有关部门赔偿。

（2）劳动部办公厅《对〈关于取保候审的原固定工不签订劳动合同的请示〉的复函》（1997年3月3日　劳办发［1997］23号）

中国海洋石油总公司：

你公司人事部劳资部《关于取保候审的原固定工不签订劳动合同的请示》（［96］人劳便函1号）收悉。经研究，现答复如下：

关于用人单位对取保候审的原固定工是否与其签订劳动合同以及可否予以辞退处理的问题，可参照《关于贯彻执行〈中华人民共和国劳动法〉若干问题的意见》（劳部发［1995］309号）第28条有关规定办理。即："劳动者涉嫌违法犯罪被有关机关收容审查、拘留或逮捕的，用人单位在劳动者被限制人身自由期间，可与其暂时停止劳动合同的履行。"对原固定工在取保候审期间，用人单位可以暂缓与其签订劳动合同，但不能以此为由予以辞退。在审理结束后，可视具体情况，依据有关法律法规进行处理。

取保候审属于被限制人身自由

［解读］

取保候审是一种有条件的不予羁押但限制人身自由的强制措施，主要适用于罪行较轻，没有羁押、逮捕必要等情形的犯罪嫌疑人、被告人。因此，由于职工被取保候审、等候法院开庭审理属于被限制人身自由的情况，所以用人单位与取保候审的职工可中止履行劳动合同，即可不再向其支付工资、不再为其缴纳社会保险。然而，不能以此为由与之解除劳动合同，须待法院审理结束后，再依法进行处理。

［依据指引］

（1）《中华人民共和国刑事诉讼法》（1996年3月17日　国家主席令第64号　2012年3月14日修订）

第六十九条　被取保候审的犯罪嫌疑人、被告人应当遵守以下规定：

（一）未经执行机关批准不得离开所居住的市、县；

（二）住址、工作单位和联系方式发生变动的，在二十四小时以内向执行机关报告；

（三）在传讯的时候及时到案；

（四）不得以任何形式干扰证人作证；

（五）不得毁灭、伪造证据或者串供。

人民法院、人民检察院和公安机关可以根据案件情况，责令被取保候审的犯罪嫌疑人、被告人遵守以下一项或者多项规定：

（一）不得进入特定的场所；

（二）不得与特定的人员会见或者通信；

（三）不得从事特定的活动；

（四）将护照等出入境证件、驾驶证件交执行机关保存。

被取保候审的犯罪嫌疑人、被告人违反前两款规定，已交纳保证金的，没收部分或者全部保证金，并且区别情形，责令犯罪嫌疑人、被告人具结悔过，重新交纳保证金、提出保证人，或者监视居住、予以逮捕。

对违反取保候审规定，需要予以逮捕的，可以对犯罪嫌疑人、被告人先行拘留。

（2）最高人民法院《关于执行〈刑事诉讼法〉若干问题的解释》（1998年9月2日　法释［1998］23号）

第六十六条　被告人具有下列情形之一的，人民法院可以决定取保候审或者监视居住：

（一）可能判处管制、拘役或者独立适用附加刑的；

（二）可能判处有期徒刑以上刑罚，采取取保候审、监视居住不致发生社会危险的；

（三）应当逮捕但患有严重疾病的，或者是正在怀孕、哺乳自己婴儿的妇女。

第六十九条　对符合取保候审条件，具有下列情形之一的被告人，人民法院决定取保候审时，可以责令其提供一至二名保证人：

（一）无力交纳保证金的；

（二）未成年人或者具有其他不宜收取保证金情形的。

（3）最高人民检察院《人民检察院刑事诉讼规则》（1999年1月18日　高检发释字［1999］1号）

第三十七条　人民检察院对于有下列情形之一的犯罪嫌疑人，可以取保候审：

（一）可能判处管制、拘役或者独立适用附加刑的；

（二）可能判处有期徒刑以上刑罚，不予逮捕不致发生社会危险性的；

（三）对被拘留的人，需要逮捕而证据尚不符合逮捕条件的；

（四）应当逮捕但患有严重疾病的；

（五）应当逮捕但正在怀孕或者哺乳自己婴儿的；

（六）被羁押的犯罪嫌疑人不能在法定侦查羁押、审查起诉期限内结案，需要继续侦查或者审查起诉的；

（七）持有有效护照或者其他有效出境证件，可能出境逃避侦查，但不需要逮捕的。

第三十八条 人民检察院对于严重危害社会治安的犯罪嫌疑人，以及其他犯罪性质恶劣、情节严重的犯罪嫌疑人不得取保候审。

（4）公安部《公安机关办理刑事案件程序规定》（1998年5月14日 部令第35号）

第六十三条 公安机关对具有下列情形之一的犯罪嫌疑人，可以取保候审：

（一）可能判处管制、拘役或者独立适用附加刑的；

（二）可能判处有期徒刑以上刑罚，采取取保候审，不致发生社会危险性的；

（三）应当逮捕的犯罪嫌疑人患有严重疾病，或者是正在怀孕、哺乳自己未满一周岁的婴儿的妇女；

（四）对拘留的犯罪嫌疑人，证据不符合逮捕条件的；

（五）提请逮捕后，检察机关不批准逮捕，需要复议、复核的；

（六）犯罪嫌疑人被羁押的案件，不能在法定期限内办结，需要继续侦查的；

（七）移送起诉后，检察机关决定不起诉，需要复议、复核的。

第六十四条 对累犯、犯罪集团的主犯，以自伤、自残办法逃避侦查的犯罪嫌疑人，危害国家安全的犯罪、暴力犯罪，以及其他严重犯罪的犯罪嫌疑人，不得取保候审。

（5）劳动部办公厅《对〈关于取保候审的原固定工不签订劳动合同的请示〉的复函》（1997年3月3日 劳办发［1997］23号）

中国海洋石油总公司：

你公司人事部劳资部《关于取保候审的原固定工不签订劳动合同的请示》（［96］人劳便函1号）收悉。经研究，现答复如下：

关于用人单位对取保候审的原固定工是否与其签订劳动合同以及可否予以辞退处理的问题，可参照《关于贯彻执行〈中华人民共和国劳动法〉若干问题的意见》（劳部发［1995］309号）第28条有关规定办理。即：“劳动者涉嫌违法犯罪被有关机关收容审查、拘留或逮捕的，用人单位在劳动者被限制人身自由期间，可与其暂时停止劳动合同的履行。”对原固定工在取保候审期间，用人单位可以暂缓与其签订劳动合同，但不能以此为由予以辞退。在审理结束后，可视具体情况，依据有关法律法规进行处理。

（6）劳动部《关于贯彻执行〈劳动法〉若干问题的意见》（1995年8月4日 劳部发［1995］309号）

28. 劳动者涉嫌违法犯罪被有关机关收容审查、拘留或逮捕的，用人单位在劳动者被限制人身自由期间，可与其暂时停止劳动合同的履行。

暂时停止履行劳动合同期间，用人单位不承担劳动合同规定的相应义务。劳动者经证明被错误限制人身自由的，暂时停止履行劳动合同期间劳动者的损失，可由其依据《国家赔偿法》要求有关部门赔偿。

劳动合同解除

［解读］

劳动合同解除是指在劳动合同期限内，由于某种因素导致用人单位与劳动者双方当事人结束劳动关系的一种法律行为。从不同的角度对劳动合同解除进行分类，可以分为：辞退解除与辞职解除；单方解除与协商解除等。从常用的角度进行综合分类，劳动合同解除主要有三大类：

（一）辞退解除合同，是指用人单位根据生产、工作、经营的情况及劳动者的状况，在合同期内提出并实施结束劳动关系的法律行为。包括法定辞退解除合同和协商辞退解除合同，法定辞退解除合同又包括：违纪辞退解除合同、正常辞退解除合同和裁员辞退解除合同。

（二）辞职解除合同，是指劳动者根据自身的状况和用人单位的情况，在合同期内提出并实施结束劳动关系的法律行为。包括法定辞职解除合同和协商辞职解除合同。法定辞职解除合同又包括：正常辞职解除合同和利益受侵害辞职解除合同。

（三）协商解除合同，是指当事人双方在自愿的基础上，通过协商一致，在合同期限内结束劳动关系的法律行为。包括用人单位提议协商解除合同（即协商辞退解除合同）和劳动者提议协商解除合同（即协商辞职解除合同）两种。

[依据指引]

(1)《中华人民共和国劳动合同法》（2007年6月29日 国家主席令第65号）

第三十六条 用人单位与劳动者协商一致，可以解除劳动合同。

第三十九条 劳动者有下列情形之一的，用人单位可以解除劳动合同：

（一）在试用期间被证明不符合录用条件的；

（二）严重违反用人单位的规章制度的；

（三）严重失职，营私舞弊，给用人单位造成重大损害的；

（四）劳动者同时与其他用人单位建立劳动关系，对完成本单位的工作任务造成严重影响，或者经用人单位提出，拒不改正的；

（五）因本法第二十六条第一款第一项规定的情形致使劳动合同无效的；

（六）被依法追究刑事责任的。

第四十条 有下列情形之一的，用人单位提前三十日以书面形式通知劳动者本人或者额外支付劳动者一个月工资后，可以解除劳动合同：

（一）劳动者患病或者非因工负伤，在规定的医疗期满后不能从事原工作，也不能从事由用人单位另行安排的工作的；

（二）劳动者不能胜任工作，经过培训或者调整工作岗位，仍不能胜任工作的；

（三）劳动合同订立时所依据的客观情况发生重大变化，致使劳动合同无法履行，经用人单位与劳动者协商，未能就变更劳动合同内容达成协议的。

第四十一条 有下列情形之一，需要裁减人员二十人以上或者裁减不足二十人但占企业职工总数百分之十以上的，用人单位提前三十日向工会或者全体职工说明情况，听取工会或者职工的意见后，裁减人员方案经向劳动行政部门报告，可以裁减人员：

（一）依照企业破产法规定进行重整的；

（二）生产经营发生严重困难的；

（三）企业转产、重大技术革新或者经营方式调整，经变更劳动合同后，仍需裁减人员的；

（四）其他因劳动合同订立时所依据的客观经济情况发生重大变化，致使劳动合同无法履行的。

裁减人员时，应当优先留用下列人员：

（一）与本单位订立较长期限的固定期限劳动合同的；

（二）与本单位订立无固定期限劳动合同的；

（三）家庭无其他就业人员，有需要扶养的老人或者未成年人的。

用人单位依照本条第一款规定裁减人员，在六个月内重新招用人员的，应当通知被裁减的人员，并在同等条件下优先招用被裁减的人员。

(2) 国务院《劳动合同法实施条例》（2008年9月18日 国务院令第535号）

第十八条 有下列情形之一的，依照劳动合同法规定的条件、程序，劳动者可以与用人单位解除固定期限劳动合同、无固定期限劳动合同或者以完成一定工作任务为期限的劳动合同：

（一）劳动者与用人单位协商一致的；

（二）劳动者提前30日以书面形式通知用人单位的；

（三）劳动者在试用期内提前3日通知用人单位的；

（四）用人单位未按照劳动合同约定提供劳动保护或者劳动条件的；

（五）用人单位未及时足额支付劳动报酬的；

（六）用人单位未依法为劳动者缴纳社会保险费的；

（七）用人单位的规章制度违反法律、法规的规定，损害劳动者权益的；

（八）用人单位以欺诈、胁迫的手段或者乘人之危，使劳动者在违背真实意思的情况下订立或者变更劳动合同的；

（九）用人单位在劳动合同中免除自己的法定责任、排除劳动者权利的；

（十）用人单位违反法律、行政法规强制性规定的；

（十一）用人单位以暴力、威胁或者非法限制人身自由的手段强迫劳动者劳动的；

（十二）用人单位违章指挥、强令冒险作业危及劳动者人身安全的；

（十三）法律、行政法规规定劳动者可以解除劳动合同的其他情形。

第十九条 有下列情形之一的，依照劳动合同法规定的条件、程序，用人单位可以与劳动者解除固定期限劳动合同、无固定期限劳动合同或者以完成一定工作任务为期限的劳动合同：

（一）用人单位与劳动者协商一致的；

（二）劳动者在试用期间被证明不符合录用条件的；

（三）劳动者严重违反用人单位的规章制度的；

（四）劳动者严重失职，营私舞弊，给用人单位造成重大损害的；

（五）劳动者同时与其他用人单位建立劳动关系，对完成本单位的工作任务造成严重影响，或者经用人单位提出，拒不改正的；

（六）劳动者以欺诈、胁迫的手段或者乘人之危，使用人单位在违背真实意思的情况下订立或者变更劳动合同的；

（七）劳动者被依法追究刑事责任的；

（八）劳动者患病或者非因工负伤，在规定的医疗期满后不能从事原工作，也不能从事由用人单位另行安排的工作的；

（九）劳动者不能胜任工作，经过培训或者调整工作岗位，仍不能胜任工作的；

（十）劳动合同订立时所依据的客观情况发生重大变化，致使劳动合同无法履行，经用人单位与劳动者协商，未能就变更劳动合同内容达成协议的；

（十一）用人单位依照企业破产法规定进行重整的；

（十二）用人单位生产经营发生严重困难的；

（十三）企业转产、重大技术革新或者经营方式调整，经变更劳动合同后，仍需裁减人员的；

（十四）其他因劳动合同订立时所依据的客观经济情况发生重大变化，致使劳动合同无法履行的。

(3) 劳动部《关于贯彻执行〈劳动法〉若干问题的意见》（1995年8月4日 劳部发［1995］309号）

26. 劳动合同的解除是指劳动合同订立后，尚未全部履行以前，由于某种原因导致劳动合同一方或双方当事人提前消灭劳动关系的法律行为。劳动合同的解除分为法定解除和约定解除两种。根据劳动法的规定，劳动合同既可以由单方依法解除，也可以双方协商解除。劳动合同的解除，只对未履行的部分发生效力，不涉及已履行的部分。

违纪辞退解除合同

［解读］

违纪辞退解除合同是指用人单位依据相关规章制度和劳动者严重违法、违纪、违约等事实，解除劳动者劳动合同的行为。按照法律规定，劳动者有以下情形，用人单位可以随时与之解除劳动合同。

（一）在试用期间被证明不符合录用条件的。用人单位依据这一项规定辞退劳动者，一定要有证据表明其不符合录用条件。比如招聘简章或规章制度或劳动合同中有明确的录用人员的条件，经考勤、考核、考试能证明劳动者不符合录用条件的文字记载，以及用人单位考勤、考核方面的规章制度等。

（二）严重违反用人单位规章制度的。用人单位对严重违反规章制度行为，主要是靠经履行民主程序、依法制定的内部规章制度加以界定。同时一定要有劳动者严重违纪、违反规章制度的证据，比如过失单、考勤记录等。否则，用人单位据此辞退劳动者会有法律风险。

（三）严重失职，营私舞弊，对用人单位利益造成重大损害的。“重大损害”由用人单位内部规章来规定。因为用人单位类型各有不同，对重大损害的界定也千差万别，国家不可能对重大损害作统一的规定。由此可见用人单位内部规章制度的作用是何等重要。

（四）劳动者同时与其他用人单位建立劳动关系，对完成本单位工作任务造成严重影响，或者经用人单位提出，拒不改正的。法律将是否允许全日制劳动者在外兼职、建立劳动关系或劳务关系的权力，授予了用人单位。因此，用人单位应在规章制度中作相应的规定，以便对全日制劳动者进行管理。在操作中须注意，对违反规章制度在外兼职人员的行为要收集、保留相关证据，对其进行教育应采取书面形式等。

（五）因劳动者的原因致使劳动合同无效的。劳动者以虚构事实、隐瞒真相，以现实或将来的危害威胁用人单位，利用用人单位处于危难之中乘人之危，以及其他违反法律强制性规定等行为，使用人单位违背真实意思订立的劳动合同，属于无效合同。用人单位在掌握证据的情况下，可以据此与其立即解除劳动合同。

（六）被依法追究刑事责任的。被依法追究刑事责任是指被人民法院判处刑罚的情形，包括被判处管制、拘役、有期徒刑、无期徒刑、死刑等主刑和罚金、剥夺政治权利、没收财产等附加刑；也包括被判处拘役、三年以下有期徒刑缓刑的情形，因为缓刑犯人确实被判处了刑罚，虽然宣告暂缓执行，但却保留着执行的可能性。只要劳动者有以上被追究刑事责任的情况，用人单位即可与其办理辞退解除合同手续。

此外，国家还规定，劳动者被劳动教养的，因卖淫、嫖娼等违法犯罪活动被公安机关执行收容教育的，用人单位可以依据其相应的事实解除与该劳动者的劳动合同。劳动者被人民检察院做出不起诉决定的，不属于被追究刑事责任。因此，用人单位不能按违纪辞退该劳动者。除国家规定的情形以外，劳动关系双方还可在劳动合同中约定违纪辞退解除合同的具体情形，这样可增强劳动合同的操作性。

总之，用人单位按违纪辞退劳动者须注意以下操作程序和要点：

（一）弄清违纪事实，掌握相关证据。

（二）准确适用法律规定。

（三）具体适用企业规章、劳动合同和集体合同。

（四）有工会的单位，应事先将辞退劳动者的理由通知工会。

（五）就事实和依据起草简明扼要的解除合同通知书。

（六）可依法、依约要求劳动者承担违约责任。

[依据指引]

(1)《中华人民共和国劳动合同法》（2007 年 6 月 29 日　国家主席令第 65 号）

第三十九条　劳动者有下列情形之一的，用人单位可以解除劳动合同：

（一）在试用期间被证明不符合录用条件的；

（二）严重违反用人单位的规章制度的；

（三）严重失职，营私舞弊，给用人单位造成重大损害的；

（四）劳动者同时与其他用人单位建立劳动关系，对完成本单位的工作任务造成严重影响，或者经用人单位提出，拒不改正的；

（五）因本法第二十六条第一款第一项规定的情形致使劳动合同无效的；

（六）被依法追究刑事责任的。

第四十三条　用人单位单方解除劳动合同，应当事先将理由通知工会。用人单位违反法律、行政法规规定或者劳动合同约定的，工会有权要求用人单位纠正。用人单位应当研究工会的意见，并将处理结果书面通知工会。

(2)《中华人民共和国工会法》（1992 年 4 月 3 日　国家主席令第 62 号　2001 年 10 月 27 日修订）

第二十一条　企业、事业单位处分职工，工会认为不适当的，有权提出意见。

企业单方面解除职工劳动合同时，应当事先将理由通知工会，工会认为企业违反法律、法规和有关合同，要求重新研究处理时，企业应当研究工会的意见，并将处理结果书面通知工会。

职工认为企业侵犯其劳动权益而申请劳动争议仲裁或者向人民法院提起诉讼的，工会应当给予支持和帮助。

(3) 劳动部办公厅《关于〈劳动法〉若干条文的说明》（1994 年 9 月 5 日　劳办发［1994］289 号）

第二十五条　劳动者有下列情形之一的，用人单位可以解除劳动合同：

（一）在试用期间被证明不符合录用条件的；

（二）严重违反劳动纪律或者用人单位规章制度的；

（三）严重失职，营私舞弊，对用人单位利益造成重大损害的；

（四）被依法追究刑事责任的。

本条中“严重违反劳动纪律”的行为，可根据《企业职工奖惩条例》和《国营企业辞退违纪职工暂行规定》等有关法规认定。

本条中的“重大损害”由企业内部规章来规定。因为企业类型各有不同，对重大损害的界定也千差万别，故不便于对重大损害作统一的解释。若由此发生劳动争议，可以通过劳动争议仲裁委员会对其规章规定的重大损害进行认定。

本条中的“被依法追究刑事责任”，具体指出：……②被人民法院判处刑罚（刑罚包括主刑：管制、拘役、有期徒刑、无期徒刑、死刑；附加刑：罚金、剥夺政治权利、没收财产）的；③被人民法院依据刑法第 32 条免予刑事处分的。

(4) 劳动部《关于贯彻执行〈劳动法〉若干问题的意见》（1995 年 8 月 4 日　劳部发［1995］309 号）

29. 劳动者被依法追究刑事责任的，用人单位可依据劳动法第二十五条解除劳动合同。

“被依法追究刑事责任”是指：被人民检察院免予起诉的、被人民法院判处刑罚的、被人民法院依据刑法第三十二条免予刑事处分的。

劳动者被人民法院判处拘役、三年以下有期

徒刑缓刑的，用人单位可以解除劳动合同。

31. 劳动者被劳动教养的，用人单位可以依据被劳教的事实解除与该劳动者的劳动合同。

(5) 劳动部办公厅《对〈关于职工被公安机关“收容教育”企业能否与之解除劳动合同的请示〉的复函》（1996 年 9 月 27 日　劳办发［1996］209 号）

江苏省劳动厅：

你厅《关于职工被公安机关“收容教育”企业能否与之解除劳动合同的请示》（苏劳关系［1996］22 号）收悉，经研究，现函复如下：

企业职工因卖淫、嫖娼等违法犯罪活动被公安机关执行收容教育的，企业可以根据《劳动法》第二十五条第二款的规定，解除与该职工的劳动合同。

(6) 劳动和社会保障部办公厅《关于职工被人民检察院作出不予起诉决定用人单位能否据此解除劳动合同问题的复函》（2003 年 7 月 31 日　劳社厅函［2003］367 号）

云南省劳动和社会保障部：

你厅《关于职工被人民检察院作出不予起诉决定用人单位解除劳动合同适用依据问题的请示》（滇劳社厅办［2003］35 号）收悉。经商最高人民检察院、全国人大常委会法制工作委员会，现答复如下：

人民检察院根据《中华人民共和国刑事诉讼法》第一百四十二条第二款规定作出不起诉决定的，不属于《劳动法》第二十五条第（四）项规定的被依法追究刑事责任的情形。因此，对人民检察院根据《中华人民共和国刑事诉讼法》第一百四十二条第二款规定作出不起诉决定的职工，用人单位不能依据《劳动法》第二十五条第（四）项规定解除其劳动合同。但其行为符合《劳动法》第二十五条其他情形的，用人单位可以解除劳动合同。

违纪职工的处理

［解读］

违纪职工是对违法、违纪、违反用人单位规章制度劳动者的统称。处理违纪职工应遵循教育为主、惩罚为辅，区别情节、分类对待，实事求是、依法处理的原则。

对一般用人单位来讲，处理违纪职工主要有四种方式：

（一）经济处罚。包括罚款（应根据违纪事实，遵循合情合理的原则酌情确定，具体数额不得超过当月工资的 20%），经济赔偿（由用人单位根据劳动者造成损失的金额，酌情确定具体数额，可以由违纪员工交付，也可以从其工资中扣除，但每月扣除数额不能超过当月工资的 20%），违约金（可在劳动合同、培训协议、保密协议或者竞业限制协议中约定，数额应依据法律规定和员工的承受能力确定，地方有规定的从其规定；需注意的是，违约金的约定仅限于劳动者违反培训和竞业限制条款的情形）。国务院颁布的《企业职工奖惩条例》（国发［1982］59 号）被废止之后，由于国家对用人单位是否可以对劳动者给予经济处罚没有允许或禁止性规定，所以用人单位可以在规章制度当中作相应的规定，以使用人单位对劳动者给予经济处罚有据可依。

（二）书面警告。这是对员工违纪等行为的一种书面记载和证据，有的用人单位称之为过失单。一般对没有严重违纪行为的员工采取这种处理方式。

（三）调岗降薪。这种处理方式应在内部规章制度中有规定，或者在劳动合同中有约定，否则会出现缺乏依据的情况，给用人单位带来法律风险。

（四）违纪辞退解除合同。对严重违纪职工方采取这种处理方式。处理时应重证据、讲原则，严格依据内部规章制度、劳动合同和国家规定按程序处理。

目前，用人单位处理违纪职工的法律依据，主要是《劳动合同法》《工会法》，国家已将处理违纪职工的权力交还给用人单位。用人单位应避繁就简，依据法律、遵循合情合理的原则，制定完善的内部规章制度，与员工签订好劳动合同，与工会签订好集体合同，以避免在处理违纪职工时出现的法律风险。

［依据指引］

(1)《中华人民共和国劳动合同法》（2007 年 6 月 29 日　国家主席令第 65 号）

第二十二条　用人单位为劳动者提供专项培训费用，对其进行专业技术培训的，可以与该劳动者订立协议，约定服务期。

劳动者违反服务期约定的，应当按照约定向用人单位支付违约金。违约金的数额不得超过用人单位提供的培训费用。用人单位要求劳动者支付的违约金不得超过服务期尚未履行部分所应分摊的培训费用。

用人单位与劳动者约定服务期的，不影响按照正常的工资调整机制提高劳动者在服务期期间的劳动报酬。

第二十三条 用人单位与劳动者可以在劳动合同中约定保守用人单位的商业秘密和与知识产权相关的保密事项。

对负有保密义务的劳动者，用人单位可以在劳动合同或者保密协议中与劳动者约定竞业限制条款，并约定在解除或者终止劳动合同后，在竞业限制期限内按月给予劳动者经济补偿。劳动者违反竞业限制约定的，应当按照约定向用人单位支付违约金。

第二十五条 除本法第二十二条和第二十三条规定的情形外，用人单位不得与劳动者约定由劳动者承担违约金。

第三十九条 劳动者有下列情形之一的，用人单位可以解除劳动合同：

（一）在试用期间被证明不符合录用条件的；

（二）严重违反用人单位的规章制度的；

（三）严重失职，营私舞弊，给用人单位造成重大损害的；

（四）劳动者同时与其他用人单位建立劳动关系，对完成本单位的工作任务造成严重影响，或者经用人单位提出，拒不改正的；

（五）因本法第二十六条第一款第一项规定的情形致使劳动合同无效的；

（六）被依法追究刑事责任的。

(2)《中华人民共和国工会法》（1992 年 4 月 3 日 国家主席令第 62 号 2001 年 10 月 27 日修订）

第二十一条 企业、事业单位处分职工，工会认为不适当的，有权提出意见。

企业单方面解除职工劳动合同时，应当事先将理由通知工会，工会认为企业违反法律、法规和有关合同，要求重新研究处理时，企业应当研究工会的意见，并将处理结果书面通知工会。

职工认为企业侵犯其劳动权益而申请劳动争议仲裁或者向人民法院提起诉讼的，工会应当给予支持和帮助。

(3) 劳动部《工资支付暂行规定》（1994 年 12 月 6 日 劳部发［1994］489 号）

第十六条 因劳动者本人原因给用人单位造成经济损失的，用人单位可按照劳动合同的约定要求其赔偿经济损失。经济损失的赔偿，可从劳动者本人的工资中扣除。但每月扣除的部分不得超过劳动者当月工资的 20%。若扣除后的剩余工资部分低于当地月最低工资标准，则按最低工资标准支付。

被追究刑事责任的情形

[解读]

被追究刑事责任是指被人民法院判处刑罚的情形，包括被判处管制、拘役、有期徒刑、无期徒刑、死刑等主刑和罚金、剥夺政治权利、没收财产等附加刑；也包括被判处拘役、三年以下有期徒刑缓刑的情形，因为缓刑犯人确实被判处了刑罚，虽然宣告暂缓执行，但却保留着执行的可能性。劳动者有上述被依法追究刑事责任情形之一的，用人单位即可与之解除劳动合同。然而，在缓刑期间，留原单位执行缓刑考验期的，一般不得调动工作单位，表现良好且缓刑考验期已执行 1/2 的，经所在单位报请负责执行缓刑考验期的公安机关批准后，也可调动工作单位；如果用人单位招用社会上正值缓刑期的劳动者，也应报请负责执行的公安机关批准。

顺便谈一下免予起诉和免予刑事处罚。免予起诉，是人民检察院对犯罪嫌疑人认定有罪，但根据案件情况，认为不需要起诉的情形。免予刑事处罚，是人民法院对被告作出有罪判决，但根据案情，认为不需判处刑罚的情形。因此，这两种情形均不属于被追究刑事责任。劳动者有上述两种情形的，用人单位不能以其被追究刑事责任为由解除劳动合同，但如果该劳动者的犯罪事实符合严重违反规章制度的情形，则用人单位可依据内部规章制度与之解除劳动合同。

[依据指引]

(1)《中华人民共和国刑法》（1979 年 7 月 1 日 国家主席令第 41 号 2011 年 2 月 25 日修订）

第三十二条 刑罚分为主刑和附加刑。

第三十三条 主刑的种类如下：

（一）管制；

（二）拘役；

（三）有期徒刑；

（四）无期徒刑；

（五）死刑。

第三十四条 附加刑的种类如下：

（一）罚金；

（二）剥夺政治权利；

（三）没收财产。

附加刑也可以独立适用。

第三十五条 对于犯罪的外国人，可以独立适用或者附加适用驱逐出境。

第三十七条 对于犯罪情节轻微不需要判处刑罚的，可以免予刑事处罚，但是可以根据案件的不同情况，予以训诫或者责令具结悔过、赔礼道歉、赔偿损失，或者由主管部门予以行政处罚或者行政处分。

第三十七条 对于犯罪情节轻微不需要判处刑罚的，可以免予刑事处罚，但是可以根据案件的不同情况，予以训诫或者责令具结悔过、赔礼道歉、赔偿损失，或者由主管部门予以行政处罚或者行政处分。

第七十二条 对于被判处拘役、三年以下有期徒刑的犯罪分子，同时符合下列条件的，可以宣告缓刑，对其中不满十八周岁的人、怀孕的妇女和已满七十五周岁的人，应当宣告缓刑：

（一）犯罪情节较轻；

（二）有悔罪表现；

（三）没有再犯罪的危险；

（四）宣告缓刑对所居住社区没有重大不良影响。

宣告缓刑，可以根据犯罪情况，同时禁止犯罪分子在缓刑考验期限内从事特定活动，进入特定区域、场所，接触特定的人。

被宣告缓刑的犯罪分子，如果被判处附加刑，附加刑仍须执行。

第七十五条 被宣告缓刑的犯罪分子，应当遵守下列规定：

（一）遵守法律、行政法规、服从监督；

（二）按照考察机关的规定报告自己的活动情况；

（三）遵守考察机关关于会客的规定；

（四）离开所居住的市、县或者迁居，应当报经考察机关批准。

(2) 最高人民检察院《关于被判处徒刑宣告缓刑仍留原单位工作的罪犯在缓刑考验期内能否调动工作的批复》（1997 年 1 月 20 日 高检发释字［1997］2 号）

广西壮族自治区人民检察院：

你院［1996］桂检监字第 21 号《关于被判处徒刑宣告缓刑后仍留原单位工作的人员在缓刑考验期内能否调动工作的请示》收悉。经研究，批复如下：

根据刑法第七十条的规定，被宣告缓刑的犯罪分子，在缓刑考验期内，由公安机关交所在单位或者基层组织予以考察。为严肃缓刑的考察执行，被判处徒刑宣告缓刑仍留原单位工作的罪犯，在缓刑考验期内一般不得调动工作。对缓刑考验期已经过二分之一以上，并有认罪、悔罪态度，工作表现良好，确因工作特殊需要调动的，应当由所在单位报经负责执行的公安机关批准后办理调动手续。

(3) 最高人民法院、最高人民检察院、公安部、劳动人事部《关于被判处管制、剥夺政治权利和宣告缓刑、假释的犯罪分子能否外出经商等问题的通知》（1986 年 11 月 8 日 ［86］高检会［三］字第 2 号）

近年来，不少地方对被判处管制、剥夺政治权利和宣告缓刑、假释的犯罪分子在监督改造或考察期间，能否外出经商，能否搞承包或从事其他个体劳动，能否担任国营企事业或乡镇企业领导职务等问题，屡有请示，对此，现特作如下通知：

一、对被判处管制、剥夺政治权利和宣告缓刑、假释的犯罪分子，公安机关和有关单位要依法对其实行经常性的监督改造或考察。被管制、假释的犯罪分子，不能外出经商；被剥夺政治权利和宣告缓刑的犯罪分子，按现行规定，属于允许经商范围的，如外出经商，需事先经公安机关允许。

二、犯罪分子在被管制、剥夺政治权利、缓刑、假释期间，若原所在单位确有特殊情况不能安排工作的，在不影响对其实行监督考察的情况下，经工商管理部门批准，可以在常住户口所在地自谋生计；家在农村的，亦可就地从事或承包一些农副业生产。

三、犯罪分子在被管制、剥夺政治权利、缓刑、假释期间，不能担任国营企业或集体企事业单位的领导职务。

(4) 劳动和社会保障部办公厅《关于职工被人民检察院作出不予起诉决定用人单位能否据此解除劳动合同问题的复函》（2003 年 7 月 31 日 劳社厅函［2003］367 号）

云南省劳动和社会保障厅：

你厅《关于职工被人民检察院作出不予起诉决定用人单位解除劳动合同适用依据问题的请示》

(滇劳社厅办［2003］35号)收悉。经商最高人民检察院、全国人大常委会法制工作委员会，现答复如下：

人民检察院根据《中华人民共和国刑事诉讼法法》第一百四十二条第二款规定作出不起诉决定的，不属于《劳动法》第二十五条第（四）项规定的被依法追究刑事责任的情形。因此，对人民检察院根据《中华人民共和国刑事诉讼法》第一百四十二条第二款规定作出不起诉决定的职工，用人单位不能依据《劳动法》第二十五条第（四）项规定解除其劳动合同。但其行为符合《劳动法》第二十五条其他情形的，用人单位可以解除劳动合同。

被劳动教养的劳动者可解除劳动合同

［解读］

劳动者违反法律、法规的行为严重到一定程度，国家有关机关才会对其作出劳动教养或收容教育的决定。因此，凡是被劳动教养或收容教育的劳动者，其行为均已达到严重违反用人单位规章制度的程度。为此，国家规定，劳动者被劳动教养的，用人单位可以依据被劳教的事实解除其劳动合同。如果用人单位将被劳动教养、收容教育列为严重违反用人单位规章制度的情形，则与被劳动教养、收容教育的劳动者解除劳动合同的依据会更加充分。然而，国家对练习法轮功人员因扰乱社会秩序被劳动教养后，专门规定不能予以开除公职、学籍。因此，对这一类被劳动教养的特殊人员，用人单位不能据此与之解除劳动合同。

［依据指引］

(1) 劳动部《关于贯彻执行〈劳动法〉若干问题的意见》(1995年8月4日　劳部发［1995］309号)

31. 劳动者被劳动教养的，用人单位可以依据被劳教的事实解除与该劳动者的劳动合同。

(2) 劳动部办公厅《对〈关于职工被公安机关“收容教育”企业能否与之解除劳动合同的请示〉的复函》(1996年9月27日　劳办发［1996］209号)

江苏省劳动厅：

你厅《关于职工被公安机关“收容教育”企业能否与之解除劳动合同的请示》(苏劳关系［1996］22号)收悉，经研究，现函复如下：

企业职工因卖淫、嫖娼等违法犯罪活动被公安机关执行收容教育的，企业可以根据《劳动法》第二十五条第二款的规定，解除与该职工的劳动合同。

(3) 人事部、司法部、劳动和社会保障部、教育部《关于进一步妥善处理法轮功练习者因扰乱社会秩序被劳动教养人员公职学籍等问题的通知》(2001年6月5日　司发通［2001］058号)

一、对已经转化的，劳动教养前没有被开除、辞退、解除劳动合同的，解除劳动教养后不再作开除、辞退、解除劳动合同处理；应由原单位通过多种渠道安排适当工作或重新签订劳动合同。

正常辞退解除合同

［解读］

正常辞退解除合同是指用人单位根据相关规定和生产经营状况、劳动者的工作表现、身体健康情况等，辞退解除劳动者合同的行为。按照法律规定，出现以下情形，用人单位可以辞退解除劳动者合同，但须提前30日书面通知劳动者本人或者额外支付劳动者一个月工资即可解除劳动合同：

（一）劳动者患病或者非因工负伤，在规定的医疗期满后不能从事原工作，也不能从事由用人单位另行安排的工作的。这里是说，劳动者医疗期满后，不能从事原工作的，由用人单位另行安排适当的工作之后，仍不能从事另行安排的工作的，方可解除劳动合同。用人单位对医疗期满不能从事原工作的劳动者另行安排工作岗位，是依法行使的自主权，不属于违反劳动合同岗位约定的行为。

（二）劳动者不能胜任工作，经过培训或者调整工作岗位，仍不能胜任工作的。“不能胜任工作”是指有证据表明该劳动者不能按要求完成劳动合同中约定的任务或者同工种、同岗位人员的工作量。用人单位不能故意提高定额标准，使劳动者无法完成。这里也规定了一种辞退程序，即用人单位应对该劳动者先经过培训或者调岗，依然有证据表明其不能胜任本职工作，方能予以辞退。用人单位对不能胜任本职工作的劳动者予以调岗，是依法行使的自主权，不属于违反劳动合同岗位约定的行为。如果劳动者在用人单位调整岗位后，拒不报到，则用人单位应在规章制度当中将其列为严重违反规章制度的行为，或旷工行为，并依据规章制度对该劳动者作相应处理。

（三）劳动合同订立时所依据的客观情况发生重大变化，致使原劳动合同无法履行，经当事人协商不能就变更劳动合同达成协议的。“客观情况发生重大变化”是指：发生不可抗力或出现致使劳动合同全部或部分条款无法履行的其他情况，如用人单位迁移、分立、合并、资产转移，以及住所地、经营状况、工作项目、组织机构、人员结构发生变化等，并且排除《劳动合同法》第四十一条所列的客观情况。当这种情况出现时，双方当事人就变更合同（应注意：变更合同不仅限于变更工作岗位，思路应开阔一些）达不成一致意见，用人单位可以辞退解除该劳动者的合同。

用人单位正常辞退解除劳动者合同时，应重点注意以下程序：

（一）依法确认员工是否符合被辞退的条件。

（二）着重认定是否履行了相关的程序。

（三）具体适用企业规章、劳动合同及集体合同。

（四）有工会的单位，应事先将辞退劳动者的理由通知工会。

（五）就事实和依据起草言简意赅的解除合同通知书。

（六）须依法、依约承担违约责任。

[依据指引]

(1)《中华人民共和国劳动合同法》（2007 年 6 月 29 日　国家主席令第 65 号）

第四十条　有下列情形之一的，用人单位提前三十日以书面形式通知劳动者本人或者额外支付劳动者一个月工资后，可以解除劳动合同：

（一）劳动者患病或者非因工负伤，在规定的医疗期满后不能从事原工作，也不能从事由用人单位另行安排的工作的；

（二）劳动者不能胜任工作，经过培训或者调整工作岗位，仍不能胜任工作的；

（三）劳动合同订立时所依据的客观情况发生重大变化，致使劳动合同无法履行，经用人单位与劳动者协商，未能就变更劳动合同内容达成协议的。

第四十三条　用人单位单方解除劳动合同，应当事先将理由通知工会。用人单位违反法律、行政法规规定或者劳动合同约定的，工会有权要求用人单位纠正。用人单位应当研究工会的意见，并将处理结果书面通知工会。

(2) 劳动部办公厅《关于〈劳动法〉若干条文的说明》（1994 年 9 月 5 日　劳办发［1994］289 号）

第二十六条　有下列情形之一的，用人单位可以解除劳动合同，但是应当提前三十日以书面形式通知劳动者本人：

（一）劳动者患病或者非因工负伤，医疗期满后，不能从事原工作也不能从事由用人单位另行安排的工作的；

（二）劳动者不能胜任工作，经过培训或者调整工作岗位，仍不能胜任工作的；

（三）劳动合同订立时所依据的客观情况发生重大变化，致使原劳动合同无法履行，经当事人协商不能就变更劳动合同达成协议的。

本条第（一）项指劳动者医疗期满后，不能从事原工作的，由原用人单位另行安排适当的工作之后，仍不能从事另行安排的工作的，可以解除劳动合同。

本条第（二）项中的“不能胜任工作”，是指不能按要求完成劳动合同中约定的任务或者同工种、同岗位人员的工作量。用人单位不得故意提高定额标准，使劳动者无法完成。

本条中的“客观情况”指：发生不可抗力或出现致使劳动合同全部或部分条款无法履行的其他情况，如企业迁移、被兼并、企业资产转移等，并且排除本法第二十七条所列的客观情况。

(3) 劳动部办公厅《关于职工因岗位变更与企业发生争议等有关问题的复函》（1996 年 5 月 30 日　劳办发［1996］100 号）

一、关于用人单位能否变更职工岗位问题。按照《劳动法》第十七条、第二十六条、第三十一条的规定精神，因劳动合同订立时所依据的客观情况发生重大变化，致使原劳动合同无法履行而变更劳动合同，须经双方当事人协商一致，若不能达成协议，则可按法定程序解除劳动合同；因劳动者不能胜任工作而变更、调整职工工作岗位，则属于用人单位的自主权。对于因劳动者岗位变更引起的争议应依据上述规定精神处理。

裁员辞退解除合同

[解读]

裁员辞退解除合同是指用人单位在依照企业破产法进行重整等生产经营状况发生严重困难，

确需裁减人员时，而成批裁员与劳动者解除劳动合同的行为。用人单位确需裁员辞退劳动者的具体情形如下：

（一）依照企业破产法规定进行重整的。这里是指，依据2007年6月1日实施的《企业破产法》和《民事诉讼法》的破产程序等规定，企业法人不能清偿到期债务，并且资产不足以清偿全部债务或者明显缺乏清偿能力，而进行重整的情形。

（二）生产经营发生严重困难的。这里是指，用人单位的生产经营难以为继，只能通过裁减人员的办法渡过难关的情形。界定用人单位生产经营发生严重困难的标准，应由地方政府来规定。

（三）企业转产、重大技术革新或者经营方式调整，经变更劳动合同后，仍需裁减人员的。这里是指，用人单位通过改变主要经营业务、进行重大技术革新、调整经营方式，提高企业经济效益和产品竞争力，而产生富余人员后，通过变更劳动合同仍解决不了富余人员的问题，而发生需要裁减人员的情形。

（四）其他因劳动合同订立时所依据的客观经济情况发生重大变化，致使劳动合同无法履行的。其他客观经济情况发生重大变化，是指除前三种客观情况发生重大变化的情形以外，还可能出现的其他情形，致使劳动合同无法履行，用人单位不得不裁员的情况。

如果用人单位裁减人员20人以下，且占职工总数10%以下的，用人单位无需履行相关程序，即可进行裁员；否则，应当提前履行以下程序：

（一）提前30日向工会或者全体职工说明情况，并提供有关生产经营状况的资料。

（二）提出裁减人员方案，内容包括：被裁减人员名单的确定方式，裁减时间及实施步骤，以及被裁减人员经济补偿办法。

（三）将裁减人员方案征求工会或者全体职工的意见，并对方案进行修改和完善。

（四）向当地劳动行政部门报告裁减人员方案。

另外，用人单位裁减人员时应优先留用下列人员：

（一）与本单位订立较长期限的固定期限劳动合同的。

（二）与本单位订立无固定期限劳动合同的。

（三）家庭无其他就业人员，有需要抚养的老人或者未成年人的。

国家对用人单位不能裁员辞退的人员作了规定：

（一）从事接触职业病危害作业的劳动者未进行离岗前职业健康检查，或者疑似职业病病人在诊断或者医学观察期间的。

（二）在本单位患职业病或者因工负伤并被确认丧失或者部分丧失劳动能力的。

（三）患病或者非因工负伤，在规定的医疗期内的。

（四）女职工在孕期、产期、哺乳期内的。

（五）在本单位连续工作满15年，且距法定退休年龄不足5年的。

（六）法律、行政法规规定的其他情形。

用人单位须注意，在裁员后的6个月内重新招用人员的，应当通知被裁减人员，并在同等条件下优先招用被裁减人员。被裁减人员在6个月内又被原单位重新录用的，对职工裁减前和重新录用后的工作年限应当连续计算为本单位工作时间。

[依据指引]

(1)《中华人民共和国劳动合同法》（2007年6月29日　国家主席令第65号）

第四十一条　有下列情形之一，需要裁减人员二十人以上或者裁减不足二十人但占企业职工总数百分之十以上的，用人单位提前三十日向工会或者全体职工说明情况，听取工会或者职工的意见后，裁减人员方案经向劳动行政部门报告，可以裁减人员：

（一）依照企业破产法规定进行重整的；

（二）生产经营发生严重困难的；

（三）企业转产、重大技术革新或者经营方式调整，经变更劳动合同后，仍需裁减人员的；

（四）其他因劳动合同订立时所依据的客观经济情况发生重大变化，致使劳动合同无法履行的。

裁减人员时，应当优先留用下列人员：

（一）与本单位订立较长期限的固定期限劳动合同的；

（二）与本单位订立无固定期限劳动合同的；

（三）家庭无其他就业人员，有需要扶养的老人或者未成年人的。

用人单位依照本条第一款规定裁减人员，在六个月内重新招用人员的，应当通知被裁减的人员，并在同等条件下优先招用被裁减的人员。

第四十二条　劳动者有下列情形之一的，用人单位不得依照本法第四十条、第四十一条的规定解除劳动合同：

（一）从事接触职业病危害作业的劳动者未进行离岗前职业健康检查，或者疑似职业病病人在诊断或者医学观察期间的；

（二）在本单位患职业病或者因工负伤并被确认丧失或者部分丧失劳动能力的；

（三）患病或者非因工负伤，在规定的医疗期内的；

（四）女职工在孕期、产期、哺乳期的；

（五）在本单位连续工作满十五年，且距法定退休年龄不足五年的；

（六）法律、行政法规规定的其他情形。

(2) 劳动部办公厅《关于〈劳动法〉若干条文的说明》（1994 年 9 月 5 日　劳办发［1994］289 号）

第二十七条　用人单位濒临破产进行法定整顿期间或者生产经营状况发生严重困难，确需裁减人员的，应当提前三十日向工会或者全体职工说明情况，听取工会或者职工的意见，经向劳动行政部门报告后，可以裁减人员。

用人单位依据本条规定裁减人员，在六个月内录用人员的，应当优先录用被裁减的人员。

本条中的“法定整顿期间”指依据《中华人民共和国破产法》和《民事诉讼法》的破产程序进行的整顿期间。“生产经营状况发生严重困难”可以根据地方政府规定的困难企业标准来界定。“报告”仅指说明情况，无批准含义。“优先录用”指同等条件下优先录用。

(3) 劳动部《关于实行劳动合同制度若干问题的通知》（1996 年 10 月 31 日　劳部发［1996］354 号）

19. 按照《劳动法》第二十七条的规定，进行经济性裁员的企业在六个月内录用人员的，应当优先从被裁减的人员中录用。因经济性裁员而被用人单位裁减的职工，在六个月内又被原单位重新录用的，对职工裁减前和重新录用后的工作年限应当连续计算为本单位工作时间。

弱势职工的辞退

［解读］

法律对用人单位辞退弱势职工有禁止性规定。用人单位对有下列情形的劳动者，不能作正常辞退和裁员辞退解除合同，除《工伤保险条例》的特别规定外，也不得终止劳动合同：

（一）从事接触职业病危害作业的劳动者未进行离岗前职业健康检查，或者疑似职业病病人在诊断或者医学观察期间的。这一规定是指对疑似职业病的劳动者，既不能解除劳动合同，也不能终止劳动合同。

（二）在本单位患职业病或者因工负伤并被确认丧失或者部分丧失劳动能力的。这里是指，对工伤劳动者被鉴定为伤残等级的，只要劳动合同期限未满，用人单位不能与之解除劳动合同；劳动合同期满，劳动者被鉴定为七到十级伤残等级的，用人单位可以与其终止劳动合同。

（三）患病或者非因工负伤，在规定的医疗期内的。这里是指，劳动者患病或非因工负伤后，按照国家规定正在医疗期内进行治疗，此时，用人单位不能辞退解除其合同或终止合同。

（四）女职工在孕期、产期、哺乳期内的。这是对女职工在“三期”内的一种特殊保护，“三期”内用人单位不能与之解除合同，也不能终止合同。

（五）在本单位连续工作满 15 年，且距法定退休年龄不足 5 年的。这是对工作时间较长，年龄较大的劳动者所作的特殊保护的规定，用人单位不能与之解除合同，也不能终止合同。

（六）法律、行政法规规定的其他情形。这类规定是立法时经常采用的技术性手段，其立法用意是：在该条款列举情况时，为避免遗漏现行法律、法规规定的其他情况，采用此种办法使该法与其他法相衔接；便于与以后颁布的法律相衔接，即与新法相衔接。

上述除第（二）项规定的情形以外，不仅用人单位不能解除合同，即使劳动合同期满，也不能辞退终止合同。其中，第（三）项、第（四）项规定的情形，必须延续到该情形消失，方可辞退终止合同。然而，上述六种弱势职工发生严重违纪的情形，用人单位依然可按违纪辞退与之解除劳动合同。

［依据指引］

(1)《中华人民共和国劳动合同法》（2007 年 6 月 29 日　国家主席令第 65 号）

第四十二条　劳动者有下列情形之一的，用人单位不得依照本法第四十条、第四十一条的规定解除劳动合同：

（一）从事接触职业病危害作业的劳动者未进行离岗前职业健康检查，或者疑似职业病病人在诊断或者医学观察期间的；

（二）在本单位患职业病或者因工负伤并被确认丧失或者部分丧失劳动能力的；

（三）患病或者非因工负伤，在规定的医疗期内的；

（四）女职工在孕期、产期、哺乳期的；

（五）在本单位连续工作满十五年，且距法定退休年龄不足五年的；

（六）法律、行政法规规定的其他情形。

（2）劳动部办公厅《关于〈劳动法〉若干条文的说明》（1994年9月5日　劳办发［1994］289号）

第二十九条　劳动者有下列情形之一的，用人单位不得依据本法第二十六条、第二十七条的规定解除劳动合同：

（一）患职业病或者因工负伤并被确认丧失或者部分丧失劳动能力的；

（二）患病或者负伤，在规定的医疗期内的；

（三）女职工在孕期、产期、哺乳期内的；

（四）法律、行政法规规定的其他情形。

本条第（一）项、第（二）项、第（三）项之所以以法律的形式规定不得解除劳动合同，是为了保证劳动者在特殊情况下的权益不受侵害。在第（二）项、第（三）项规定的情形下劳动合同到期的，应延续劳动合同到医疗期满或女职工"三期"届满为止。

本条第（四）项中的"法律、法规规定的其他情形"，这类规定是立法时经常采用的技术性手段，其立法用意是：①在该条款列举情况时，为避免遗漏现行法律、法规规定的其他情况，采用此种办法使该法与其他法相衔接。②便于与以后颁布的法律相衔接，即与新法相衔接。本法第四十二条规定第（三）项的解释与此相同。

（3）劳动部《关于贯彻执行〈劳动法〉若干问题的意见》（1995年8月4日　劳部发［1995］309号）

34. 除劳动法第二十五条规定的情形外，劳动者在医疗期、孕期、产期和哺乳期内，劳动合同期限届满时，用人单位不得终止劳动合同。劳动合同的期限应自动延续至医疗期、孕期、产期和哺乳期期满为止。

用人单位辞退劳动者程序

［解读］

为了更好地保护劳动者的合法权益，充分发挥工会维护职工权益的作用，劳动法律对用人单位辞退劳动者增加了程序性规定，即要用人单位单方解除劳动合同，须事先将理由通知工会。在操作中，用人单位应注意以书面形式通知本单位工会，并要求工会有书面回复的痕迹，特别是当工会认为用人单位辞退劳动者的行为违法时，应当提出书面意见，用人单位应研究工会的意见，并将处理结果书面通知工会。如果用人单位未履行上述程序，有违法辞退员工的法律风险，将付出更大的代价。

［依据指引］

《中华人民共和国劳动合同法》（2007年6月29日　国家主席令第65号）

第四十三条　用人单位单方解除劳动合同，应当事先将理由通知工会。用人单位违反法律、行政法规规定或者劳动合同约定的，工会有权要求用人单位纠正。用人单位应当研究工会的意见，并将处理结果书面通知工会。

正常辞职解除合同

［解读］

正常辞职解除合同是劳动者的行为，也是法律赋予劳动者的辞职权，同样须依法操作。相对来讲，《劳动合同法》对其限制性规定较少，其操作自由度较大。作为用人单位需注意的是，只要劳动者依法提出辞职，不需用人单位批准，届时应予办理解除合同手续。劳动者正常辞职解除合同的操作程序是：

（一）劳动者在试用期内应提前3日，试用期满应提前30日书面通知用人单位。

（二）3日或30日期满，双方当事人应即时办理解除合同手续，包括劳动者依法、依约承担违约责任。

劳动者违反法律规定或劳动合同约定，未提前3日或30日通知用人单位而解除劳动合同（如擅自离职），给用人单位造成经济损失的，应当根据有关规定，承担赔偿责任。

至于劳动者给用人单位造成经济损失尚未处理完毕，或者被有关国家机关依法审查尚未结案，或者未按照劳动合同约定承担违约责任的，能否依据劳动合同法相关规定，提前30日书面通知用人单位即可解除劳动合同，法律没有明确规定，有的地方规定不得依据相关规定提前30日通知用人单位解除劳动合同。本书作者认为，地方有规定的，应从其规定；地方没有规定的，用人单位与劳动者可在劳动合同中作相应的约定，以便执行。

[依据指引]

(1)《中华人民共和国劳动合同法》（2007年6月29日　国家主席令第65号）

第三十七条　劳动者提前三十日以书面形式通知用人单位，可以解除劳动合同。劳动者在试用期内提前三日通知用人单位，可以解除劳动合同。

第九十条　劳动者违反本法规定解除劳动合同，或者违反劳动合同中约定的保密义务或者竞业限制，给用人单位造成损失的，应当承担赔偿责任。

(2) 劳动部办公厅《关于〈劳动法〉若干条文的说明》（1994年9月5日　劳办发［1994］289号）

第三十一条　劳动者解除劳动合同，应当提前三十日以书面形式通知用人单位。

本条规定了劳动者的辞职权，除此条规定的程序外，对劳动者行使辞职权不附加任何条件。但违反劳动合同约定者要依法承担责任。

(3) 劳动部《关于贯彻执行〈劳动法〉若干问题的意见》（1995年8月4日　劳部发［1995］309号）

33. 劳动者违反劳动法规定或劳动合同的约定解除劳动合同（如擅自离职），给用人单位造成经济损失的，应当根据劳动法第一百零二条和劳动部《违反〈劳动法〉有关劳动合同规定的赔偿办法》（劳部发［1995］223号）的规定，承担赔偿责任。

(4) 劳动部《违反〈劳动法〉有关劳动合同规定的赔偿办法》（1995年5月10日　劳部发［1995］223号）

第四条　劳动者违反规定或劳动合同的约定解除劳动合同，对用人单位造成损失的，劳动者应赔偿用人单位下列损失：

（一）用人单位招收录用其所支付的费用；

（二）用人单位为其支付的培训费用，双方另有约定的按约定办理；

（三）对生产、经营和工作造成的直接经济损失；

（四）劳动合同约定的其他赔偿费用。

第五条　劳动者违反劳动合同中约定的保密事项，对用人单位造成经济损失的，按《反不正当竞争法》第二十条的规定支付用人单位赔偿费用。

(5) 劳动部《关于实行劳动合同制度若干问题的通知》（1996年10月31日　劳部发［1996］354号）

18. 职工解除劳动合同，应当严格按照《劳动法》的规定，提前三十日以书面形式向用人单位提出。职工自动离职属于违法解除劳动合同，应当按照《违反〈劳动法〉有关劳动合同规定的赔偿办法》承担赔偿责任。

利益受侵害辞职解除合同

[解读]

利益受侵害辞职解除合同是指劳动者的合法权益受到严重侵害时，可随时与用人单位解除合同的行为。有下列情形之一的，除第6项情形，劳动者可不通知用人单位以外，均可随时通知（可以不采用书面形式）用人单位解除劳动合同，并可以向用人单位索要经济补偿金：

（一）未按照劳动合同约定提供劳动保护或者劳动条件的。

（二）未及时足额支付劳动报酬的。

（三）未依法为劳动者缴纳社会保险费的。

（四）用人单位的规章制度违反法律、法规的规定，损害劳动者权益的。

（五）因用人单位的原因致使劳动合同无效的。

（六）用人单位以暴力、威胁或者非法限制人身自由的手段强迫劳动者劳动的，或者用人单位违章指挥、强令冒险作业危及劳动者人身安全的。

其中，第（二）项规定的“未及时足额支付劳动报酬”，包括用人单位克扣、拖欠工资、不依法支付加班工资等各种情形；第（三）项规定的“未依法为劳动者缴纳社会保险费”，是指用人单位没有为劳动者建立社会保险关系、缴纳社会保险费的情形，如果用人单位没有为劳动者足额缴纳或者欠缴社会保险费用，不属于这一规定的情形；第（四）项规定的“用人单位的规章制度违反法律、法规的规定，损害劳动者权益”，是指规章制度违反法律法规规定，损害了劳动者权益的情形，如果规章制度虽然违法，但没有损害劳动者权益，则不属于这一规定的情形；第六项规定的“非法限制人身自由”是指采用拘留、禁闭或其他强制方法非法剥夺或限制他人按照自己的意志支配自己的身体活动自由的行为。

利益受侵害辞职解除合同的操作程序和要点主要有：

（一）有证据表明用人单位的违法侵权行为确实存在。

（二）劳动者须口头、最好书面向用人单位提出辞职，以便保留证据。

（三）用人单位须依法、依约承担违约责任，并为劳动者办理解除合同手续。

[依据指引]

(1)《中华人民共和国劳动合同法》（2007 年 6 月 29 日　国家主席令第 65 号）

第三十八条　用人单位有下列情形之一的，劳动者可以解除劳动合同：

（一）未按照劳动合同约定提供劳动保护或者劳动条件的；

（二）未及时足额支付劳动报酬的；

（三）未依法为劳动者缴纳社会保险费的；

（四）用人单位的规章制度违反法律、法规的规定，损害劳动者权益的；

（五）因本法第二十六条第一款规定的情形致使劳动合同无效的；

（六）法律、行政法规规定劳动者可以解除劳动合同的其他情形。

用人单位以暴力、威胁或者非法限制人身自由的手段强迫劳动者劳动的，或者用人单位违章指挥、强令冒险作业危及劳动者人身安全的，劳动者可以立即解除劳动合同，不需事先告知用人单位。

第四十六条　有下列情形之一的，用人单位应当向劳动者支付经济补偿：

（一）劳动者依照本法第三十八条规定解除劳动合同的；

（二）用人单位依照本法第三十六条规定向劳动者提出解除劳动合同并与劳动者协商一致解除劳动合同的；

（三）用人单位依照本法第四十条规定解除劳动合同的；

（四）用人单位依照本法第四十一条第一款规定解除劳动合同的；

（五）除用人单位维持或者提高劳动合同约定条件续订劳动合同，劳动者不同意续订的情形外，依照本法第四十四条第一项规定终止固定期限劳动合同的；

（六）依照本法第四十四条第四项、第五项规定终止劳动合同的；

（七）法律、行政法规规定的其他情形。

(2) 劳动部办公厅《关于〈劳动法〉若干条文的说明》（1994 年 9 月 5 日　劳办发［1994］289 号）

第三十二条　有下列情形之一的，劳动者可以随时通知用人单位解除劳动合同：

（一）在试用期内的；

（二）用人单位以暴力、威胁或者非法限制人身自由的手段强迫劳动的；

（三）用人单位未按照劳动合同约定支付劳动报酬或者提供劳动条件的。

本条中的“非法限制人身自由”是指采用拘留、禁闭或其他强制方法非法剥夺或限制他人按照自己的意志支配自己的身体活动的自由的行为。

职工擅自离职和不辞而别

[解读]

职工擅自离职是指劳动者未提前 3 日或 30 日通知用人单位擅自解除合同的一种违法行为。不辞而别是指劳动者不通知用人单位而擅自离开单位的一种违纪行为，双方的劳动关系实际上处于一种尚未结束的状态。因此，用人单位应分别情况及时做出相应的处理，包括结束彼此的劳动关系。对不辞而别的职工，其表面上看属于违法解除劳动合同，而实际上职工并没有提出辞职，应属于违纪旷工行为。擅自离职和不辞而别的职工，一般都会给用人单位造成经济损失，其应按照法律规定或劳动合同约定承担赔偿责任。对不辞而别的职工，用人单位一般应采取以下措施：

（一）用人单位规章制度比较健全的，该职工旷工天数已达到严重违反规章制度的程度，可以直接向其送达违纪解除劳动合同通知书，要求其前来办理离职手续，其中可明确索赔金额。

（二）用人单位规章制度不完善的，应当先向该职工送达限期上班书面通知，并提出对逾期不上班的处理措施。

（三）对逾期未上班者，按通知规定向该职工送达违纪解除合同通知书，要求其前来办理离职手续，其中包括索赔数额等内容。

（四）对不来办手续的，依据规定办理解除劳动合同手续，同时可依法申请仲裁，保护自己的合法权益。

擅自离职和不辞而别职工给用人单位造成经济损失须支付赔偿金数额的标准，一般应按实际损失额确定；无法计算经济损失的，可遵循合情合理的原则，按该职工本人月工资标准的一倍或两倍来确定。有关这一赔偿的内容，用人单位应在规章制度或劳动合同中作相应的规定或约定，以便遵照执行。

然而，用人单位不可对擅自离职和不辞而别的职工在本单位的配偶、亲属采取株连式的处罚行为。

[依据指引]

(1)《中华人民共和国劳动合同法》（2007年6月29日　国家主席令第65号）

第三十七条　劳动者提前三十日以书面形式通知用人单位，可以解除劳动合同。劳动者在试用期内提前三日通知用人单位，可以解除劳动合同。

第三十九条　劳动者有下列情形之一的，用人单位可以解除劳动合同：

（一）在试用期间被证明不符合录用条件的；

（二）严重违反用人单位的规章制度的；

（三）严重失职，营私舞弊，给用人单位造成重大损害的；

（四）劳动者同时与其他用人单位建立劳动关系，对完成本单位的工作任务造成严重影响，或者经用人单位提出，拒不改正的；

（五）因本法第二十六条第一款第一项规定的情形致使劳动合同无效的；

（六）被依法追究刑事责任的。

(2)劳动部《关于贯彻执行〈劳动法〉若干问题的意见》（1995年8月4日　劳部发［1995］309号）

33. 劳动者违反劳动法规定或劳动合同的约定解除劳动合同（如擅自离职），给用人单位造成经济损失的，应当根据劳动法第一百零二条和劳动部《违反〈劳动法〉有关劳动合同规定的赔偿办法》（劳部发［1995］223号）的规定，承担赔偿责任。

(3)劳动部《违反〈劳动法〉有关劳动合同规定的赔偿办法》（1995年5月10日　劳部发［1995］223号）

第四条　劳动者违反规定或劳动合同的约定解除劳动合同，对用人单位造成损失的，劳动者应赔偿用人单位下列损失：

（一）用人单位招收录用其所支付的费用；

（二）用人单位为其支付的培训费用，双方另有约定的按约定办理；

（三）对生产、经营和工作造成的直接经济损失；

（四）劳动合同约定的其他赔偿费用。

第五条　劳动者违反劳动合同中约定的保密事项，对用人单位造成经济损失的，按《反不正当竞争法》第二十条的规定支付用人单位赔偿费用。

(4)劳动部《关于实行劳动合同制度若干问题的通知》（1996年10月31日　劳部发［1996］354号）

18. 职工解除劳动合同，应当严格按照《劳动法》的规定，提前三十日以书面形式向用人单位提出。职工自动离职属于违法解除劳动合同，应当按照《违反〈劳动法〉有关劳动合同规定的赔偿办法》承担赔偿责任。

(5)劳动部办公厅《关于企业处理擅自离职职工问题的复函》（1993年6月28日　劳办发［1993］68号）

辽宁省劳动局：

你省劳动争议仲裁委员会《关于企业规章中的条款与国家法律、法规和党的政策相抵触是否有效的请示》（辽劳裁字［1993］4号）收悉，现函复如下：

同意你省的意见。企业制定规章，应在国家法律、法规规定的范围内，企业不得因职工擅自离职而对其在本单位的家属采取辞退等惩罚性措施。企业作出株连擅自离职职工家属的规定是不符合国家劳动管理政策的，因而也不能作为劳动仲裁的依据。对企业的这种做法应予以制止和纠正。

但是考虑到一些未经企业同意，擅自离职的职工给企业造成损失的情况，可视其给企业造成损失的大小，责令其给予企业一定的经济赔偿。

(6)劳动部办公厅《关于通过新闻媒介通知职工回单位并对逾期不归者按自动离职或旷工处理问题的复函》（1995年7月31日　劳办发［1995］179号）

吉林省劳动厅：

你厅《关于通过新闻媒介通知职工回单位并对逾期不归者按自动离职或旷工处理问题的请示》

（吉劳仲字［1995］5号）收悉。经研究，答复如下：

按照《企业职工奖惩条例》（国发［1982］59号）第十八条规定精神，企业对有旷工行为的职工做除名处理，必须符合规定的条件并履行相应的程序。因此，企业通知请假、放长假、长期病休职工在规定时间内回单位报到或办理有关手续，应遵循对职工负责的原则，以书面形式直接送达职工本人；本人不在的，交其同住成年亲属签收。直接送达有困难的可以邮寄送达，以挂号查询回执上注明的收件日期为送达日期。只有在受送达职工下落不明，或者用上述送达方式无法送达的情况下，方可公告送达，即张贴公告或通过新闻媒介通知。自发出公告之日起，经过30日，即视为送达。在此基础上，企业方可对旷工和违反规定的职工按上述法规做除名处理。能用直接送达或邮寄送达而未用，直接采用公告方式送达，视为无效。

企业因故通知停薪留职期限未满的职工在规定时间内回单位报到或办理有关手续，也应按照上述规定的方式通知本人，在此基础上，企业方可按照有关规定及停薪留职协议对其做除名或自动离职处理。企业对停薪留职期满后逾期不归的职工，可按照劳动人事部、国家经济委员会《关于企业职工要求"停薪留职"问题的通知》（劳人计［1983］61号）第六条和劳动部《关于自动离职与职工除名如何界定的复函》（劳办发［1994］48号）的规定做自动离职处理。

协商解除合同

［解读］

协商解除合同是指在解除劳动合同的条件不很成熟，而又希望解除合同，或者解除合同的条件虽然成熟，但希望友好分手时，当事人所采取的一种解除合同的方式。这种方式比较灵活，当事人的自由度很大，往往可以收到不伤和气，圆满结束劳动关系的效果。其操作程序和要点主要有以下四项：

（一）一方当事人提出解除合同的事由。

（二）双方当事人进行具体协商。

（三）就达成一致的事由和条件拟制协议书，一式两份，双方各持一份。

（四）履行协议办理解除合同手续。

用人单位与劳动者协商解除劳动合同时，应注意以下三点：

（一）一旦协商一致，应抓紧签订协议，否则易产生前功尽弃的后果。

（二）应多准备几个协商方案，包括在可能的情况下单方解除合同的方案。

（三）在做好准备的基础上，起草一份完善的《解除劳动合同协议书》，避免出现出尔反尔的情况。

《解除劳动合同协议书》一般包括以下主要内容：

（一）明确双方解除劳动合同的时间，避免因解除合同的时间发生纠纷。

（二）双方当事人的权利和义务，这是协议的主体内容。

（三）双方劳动关系彻底结束的约定，这是避免双方再起纠纷的重要条款。

（四）双方当事人违约赔偿责任，这是督促双方当事人诚信履约的保障。

协商解除合同，究其原因可分为是用人单位提议和劳动者提议两种类型。若是前一类，则属辞退解除合同的情形；若是后一类，则属于辞职解除合同的情形。对这一点区分清楚，对于劳动者应否得到经济补偿金是有意义的。另外，协商解除合同，用人单位可以不向劳动者支付代通知金；如果支付了代通知金，则属于用人单位向劳动者多支付了费用，劳动者违反了解除合同协议书，用人单位可将该费用作为违约赔偿费用在协议书中加以约定予以追索。

［依据指引］

《中华人民共和国劳动合同法》（2007年6月29日　国家主席令第65号）

第三十六条　用人单位与劳动者协商一致，可以解除劳动合同。

劳动合同终止

［解读］

劳动合同终止是指在劳动合同期满或终止合同的条件出现时，用人单位与劳动者双方当事人结束劳动关系的一种法律行为。从常用的角度进行综合分类，劳动合同终止有两类：

（一）劳动合同期满时终止。法律规定，劳动合同期限届满，双方当事人均拥有终止合同的权利。因此，又可分为辞退终止和辞职终止。对用人单位来说，除因工负伤被鉴定为伤残等级 1～6 级的职工不得辞退终止合同，患病在医疗期内的职工和在孕期、产期、哺乳期内的女职工，须将合同期限延长至医疗期满和“三期”满，方可与之终止合同，以及 2008 年 1 月 1 日以后连续订立的第二份固定期限合同期满的以外，其他职工合同期满时均可与之终止合同。按照法律规定，终止合同无须提前 30 日通知对方当事人。但有的地方规定应提前 30 日通知对方当事人。地方有规定的，应从其规定。无论是否须要提前通知，当事人终止劳动合同，一定要在合同期满时即行办理终止合同手续。用人单位辞退终止合同，还应为劳动者出具终止合同证明书。否则，超过合同期满时日，仍无办理终止手续，双方当事人则失去提出终止合同的权利。由于合同期满，其效力即行终止，所以双方当事人形成了事实劳动关系，按照国家规定，双方应当协商续订期限、办理续订劳动合同手续，如果就续订期限协商不一致，或者经用人单位书面通知劳动者续订合同，而劳动者不办理续订手续的，则用人单位可以终止事实劳动关系，但应当向劳动者支付经济补偿金。

（二）终止合同条件出现时终止。按照法律规定，订立无固定期限劳动合同的，当法定终止合同条件出现时，当事人方可终止劳动合同，法定终止合同的条件一般包括：劳动者开始依法享受基本养老保险待遇或达到法定退休年龄的；劳动者死亡或者被人民法院宣告死亡或失踪的；用人单位被依法宣告破产的；用人单位被吊销营业执照、责令关闭、撤销或者用人单位决定提前解散的等。用人单位与劳动者应当注意，不能在法定终止劳动合同条件以外，再约定其他终止劳动合同的条件。法定终止条件出现时终止合同的程序是：

1. 确认终止条件出现的事实；

2. 按法律、法规或用人单位的规章制度规定，或劳动合同约定的方式即行办理终止合同手续；

3. 由于用人单位的原因致使合同终止，用人单位应当依法支付经济补偿金，发给终止合同证明书。

[依据指引]

(1)《中华人民共和国劳动合同法》（2007 年 6 月 29 日　国家主席令第 65 号）

第四十四条　有下列情形之一的，劳动合同终止：

（一）劳动合同期满的；

（二）劳动者开始依法享受基本养老保险待遇的；

（三）劳动者死亡，或者被人民法院宣告死亡或者宣告失踪的；

（四）用人单位被依法宣告破产的；

（五）用人单位被吊销营业执照、责令关闭、撤销或者用人单位决定提前解散的；

（六）法律、行政法规规定的其他情形。

(2) 国务院《劳动合同法实施条例》（2008 年 9 月 18 日　国务院令第 535 号）

第六条　用人单位自用工之日起超过一个月不满一年未与劳动者订立书面劳动合同的，应当依照劳动合同法第八十二条的规定向劳动者每月支付两倍的工资，并与劳动者补订书面劳动合同；劳动者不与用人单位订立书面劳动合同的，用人单位应当书面通知劳动者终止劳动关系，并依照劳动合同法第四十七条的规定支付经济补偿。

前款规定的用人单位向劳动者每月支付两倍工资的起算时间为用工之日起满一个月的次日，截止时间为补订书面劳动合同的前一日。

第十三条　用人单位与劳动者不得在劳动合同法第四十四条规定的劳动合同终止情形之外约定其他的劳动合同终止条件。

第二十一条　劳动者达到法定退休年龄的，劳动合同终止。

(3) 劳动部《关于贯彻执行〈劳动法〉若干问题的意见》（1995 年 8 月 4 日　劳部发［1995］309 号）

34. 除劳动法第二十五条规定的情形外，劳动者在医疗期、孕期、产期和哺乳期内，劳动合同期限届满时，用人单位不得终止劳动合同。劳动合同的期限应自动延续至医疗期、孕期、产期和哺乳期期满为止。

(4) 国务院《工伤保险条例》（2003 年 4 月 16 日　国务院令第 375 号　2010 年 12 月 20 日修订）

第三十五条　职工因工致残被鉴定为一级至四级伤残的，保留劳动关系，退出工作岗位，享受以下待遇：

（一）从工伤保险基金按伤残等级支付一次性伤残补助金，标准为：一级伤残为 27 个月的本人工资，二级伤残为 25 个月的本人工资，三级伤残为 23 个月的本人工资，四级伤残为 21 个月的本人工资。

（二）从工伤保险基金按月支付伤残津贴，标准为：一级伤残为本人工资的90%，二级伤残为本人工资的85%，三级伤残为本人工资的80%，四级伤残为本人工资的75%。伤残津贴实际金额低于当地最低工资标准的，由工伤保险基金补足差额。

（三）工伤职工达到退休年龄并办理退休手续后，停发伤残津贴，按照国家有关规定享受基本养老保险待遇。基本养老保险待遇低于伤残津贴的，由工伤保险基金补足差额。

职工因工致残被鉴定为一级至四级伤残的，由用人单位和职工个人以伤残津贴为基数，缴纳基本医疗保险费。

第三十六条 职工因工致残被鉴定为五级、六级伤残的，享受以下待遇：

（一）从工伤保险基金按伤残等级支付一次性伤残补助金，标准为：五级伤残为18个月的本人工资，六级伤残为16个月的本人工资；

（二）保留与用人单位的劳动关系，由用人单位安排适当工作。难以安排工作的，由用人单位按月发给伤残津贴，标准为：五级伤残为本人工资的70%，六级伤残为本人工资的60%，并由用人单位按照规定为其缴纳应缴纳的各项社会保险费。伤残津贴实际金额低于当地最低工资标准的，由用人单位补足差额。

经工伤职工本人提出，该职工可以与用人单位解除或者终止劳动关系，由工伤保险基金支付一次性工伤医疗补助金，由用人单位支付一次性伤残就业补助金。一次性工伤医疗补助金和一次性伤残就业补助金的具体标准由省、自治区、直辖市人民政府规定。

第三十七条 职工因工致残被鉴定为七级至十级伤残的，享受以下待遇：

（一）从工伤保险基金按伤残等级支付一次性伤残补助金，标准为：七级伤残为13个月的本人工资，八级伤残为11个月的本人工资，九级伤残为9个月的本人工资，十级伤残为7个月的本人工资；

（二）劳动、聘用合同期满终止，或者职工本人提出解除劳动、聘用合同的，由工伤保险基金支付一次性工伤医疗补助金，由用人单位支付一次性伤残就业补助金。一次性工伤医疗补助金和一次性伤残就业补助金的具体标准由省、自治区、直辖市人民政府规定。

(5) 劳动和社会保障部《关于确立劳动关系有关事项的通知》（2005年5月25日 劳社部发[2005] 12号）

三、用人单位招用劳动者符合第一条规定的情形的，用人单位应当与劳动者补签劳动合同，劳动合同期限由双方协商确定。协商不一致的，任何一方均可提出终止劳动关系，但对符合签订无固定期限劳动合同条件的劳动者，如果劳动者提出订立无固定期限劳动合同，用人单位应当订立。

用人单位提出终止劳动关系的，应当按照劳动者在本单位工作年限每满一年支付一个月工资的经济补偿金。

(6) 劳动部《关于实行劳动合同制度若干问题的通知》（1996年10月31日 劳部发[1996] 354号）

14. 有固定期限的劳动合同期满后，因用人单位方面的原因未办理终止或续订手续而形成事实劳动关系的，视为续订劳动合同。用人单位应及时与劳动者协商合同期限，办理续订手续。由此给劳动者造成损失的，该用人单位应当依法承担赔偿责任。

15. 在劳动者履行了有关义务终止、解除劳动合同时，用人单位应当出具终止、解除劳动合同证明书，作为该劳动者按规定享受失业保险待遇和失业登记、求职登记的凭证。

证明书应写明劳动合同期限、终止或解除的日期、所担任的工作。如果劳动者要求，用人单位可在证明中客观地说明解除劳动合同的原因。

劳动合同续订

[解读]

劳动合同续订是指劳动合同期限届满前夕，双方当事人经协商一致，同意继续双方的劳动关系，而在原劳动合同终止前续延劳动合同效力的法律行为。如果合同期满后，因用人单位的原因未办理终止或续订手续而形成事实劳动关系，则应视为双方同意续订劳动合同。双方须及时协商合同期限，办理续订手续；协商不一致的，任何一方均可提出终止劳动关系，但对符合签订无固定期限劳动合同条件的劳动者，如果劳动者提出订立无固定期限劳动合同，用人单位应当订立。如果合同期满时，双方同意续订合同，而劳动者已在同一用人单位连续工作满10年，或者在2008年1月1日以后已连续订立两次固定期限劳动合同，且劳动者未提出订立固定期限劳动合同的要求，则用人单位应当与之订立无固定期限的合同。对于历史遗留下来、在本企业连续工作已满10年的临时工，续订劳动合同时，用人单位也应当按照《劳动合同法》的规定与其订立无固定期限的劳动合同。用人单位与劳动者应注意选择续订劳动合同的最佳时机。双方若都有继续保持劳动关系的意向，办理续签手续的时间最好是在劳动合同期满前，一旦一方当事人借故拖延办理续签手续，另一方当事人还有向其发出终止合同通知的主动权；尽量避免在合同期满后满一个月不满一年的期间办理续签手续，否则用人单位虽然可以与其终止劳动关系，但存在着向劳动者支付二倍工资的风险。不过，严格按照法律规定执行，用人单位未依法续签劳动合同，不应承担向劳动者支付两倍工资的责任，而应承担未续签合同形成事实劳动关系的相应法律责任。

[依据指引]

(1)《中华人民共和国劳动合同法》（2007年6月29日 国家主席令第65号）

第十四条 无固定期限劳动合同，是指用人单位与劳动者约定无确定终止时间的劳动合同。

用人单位与劳动者协商一致，可以订立无固定期限劳动合同。有下列情形之一，劳动者提出或者同意续订、订立劳动合同的，除劳动者提出订立固定期限劳动合同外，应当订立无固定期限劳动合同：

（一）劳动者在该用人单位连续工作满十年的；

（二）用人单位初次实行劳动合同制度或者国有企业改制重新订立劳动合同时，劳动者在该用人单位连续工作满十年且距法定退休年龄不足十年的；

（三）连续订立二次固定期限劳动合同，且劳动者没有本法第三十九条和第四十条第一项、第二项规定的情形，续订劳动合同的。

用人单位自用工之日起满一年不与劳动者订立书面劳动合同的，视为用人单位与劳动者已订立无固定期限劳动合同。

第八十二条 用人单位自用工之日起超过一个月不满一年未与劳动者订立书面劳动合同的，应当向劳动者每月支付二倍的工资。

用人单位违反本法规定不与劳动者订立无固定期限劳动合同的，自应当订立无固定期限劳动合同之日起，向劳动者每月支付二倍的工资。

(2) 劳动部《关于实行劳动合同制度若干问题的通知》（1996年10月31日 劳部发［1996］354号）

14. 有固定期限的劳动合同期满后，因用人单位方面的原因未办理终止或续订手续而形成事实劳动关系的，视为续订劳动合同。用人单位应及时与劳动者协商合同期限，办理续订手续。由此给劳动者造成损失的，该用人单位应当依法承担赔偿责任。

(3) 劳动部办公厅《对〈关于实行劳动合同制度若干问题的请示〉的复函》（1997年9月15日 劳办发［1997］88号）

江西省劳动厅：

你厅《关于实行劳动合同制度若干问题的请示》（赣劳关［1997］26号）收悉。经研究，现答复如下：

一、关于临时工订立无固定期限劳动合同问题。全面实行劳动合同制度以后，用人单位在临时性岗位上用工，应当与劳动者签订劳动合同并依法为其建立各种社会保险。对于在本企业连续工作已满10年的临时工，续订劳动合同时，也应当按照《劳动法》的规定，如果本人要求，应当订立无固定期限的劳动合同，并在劳动合同中明确其工资、保险福利待遇。用人单位及其本人应当按照国家规定缴纳社会保险，并享受有关保险福利待遇。

二、关于离退休人员的再次聘用问题。各地应采取适当的调控措施，优先解决适龄劳动者的就业和再就业问题。对被再次聘用的已享受养老保险待遇的离退休人员，根据劳动部《关于实行劳动合同制度若干问题的通知》（劳部发［1996］354号）第13条的规定，其聘用协议可以明确工作内容、报酬、医疗劳动保护待遇等权利、义务。离退休人员与用人单位应当按照聘用协议的约定履行义务，聘用协议约定提前解除书面协议的，应当按照双方约定办理，未约定的，应当协商解决。离退休人员聘用协议的解除不能依据《劳动法》第28条执行。离退休人员与用人单位发生争议。如果属于劳动争议仲裁委员会受案范围的，劳动争议仲裁委员会应予受理。

三、关于内部退养的职工可否流动的问题。根据国务院《国有企业富余职工安置规定》（国务院令第111号）的有关规定，对距退休年龄不到5年的职工办理内部退养是安置富余职工的一项措施。职工办理离岗退养手续后，与新的用人单位建立劳动关系的，应当与原用人单位解除劳动合同，到新用人单位签订劳动合同。

(4) 劳动和社会保障部《关于确立劳动关系有关事项的通知》（2005 年 5 月 25 日　劳社部发［2005］12 号）

三、用人单位招用劳动者符合第一条规定的情形的，用人单位应当与劳动者补签劳动合同，劳动合同期限由双方协商确定。协商不一致的，任何一方均可提出终止劳动关系，但对符合签订无固定期限劳动合同条件的劳动者，如果劳动者提出订立无固定期限劳动合同，用人单位应当订立。

劳动合同解除与终止的手续

[解读]

劳动合同解除与终止的手续是指由于劳动合同解除或终止，致使劳动者离职而履行的必要程序。劳动者离职包括用人单位辞退劳动者和劳动者辞职两种情形。劳动法律对劳动者离职须办理的手续作了原则规定。无论是用人单位辞退劳动者，还是劳动者辞职，一般有以下几项手续：

（一）双方当事人协商解除或终止劳动合同的，应签订《解除/终止劳动合同协议书》，一式两份，双方各执一份。

（二）将辞退通知书或辞职通知书送达对方当事人。送达主要有三种方式。首先是直接交给对方当事人，由其签收；若有困难，可通过邮局采用 EMS 邮寄送达方式，须向邮局索要信件签收回单或从邮局的网站上打印邮寄结果；邮寄不成，则可采取公告方式送达，可在报刊上刊登通告，自刊登之日起满 60 日即为送达。总之，一定要有送达的凭证。需要说明的是，直接送达不是邮寄送达的前置程序，而邮寄送达则是公告送达的必经前置程序。

（三）劳动者应遵循诚实信用的原则，按照双方的约定办理工作、财物等方面的交接手续。这就要求双方在劳动合同中应将劳动者离职须办理的手续约定明确，如办理《离职会签单》，向用人单位指定的人员交接财、物和工作，应有书面交接单据等。按照法律规定用人单位须向劳动者支付经济补偿的，应在其办理完毕离职手续的同时支付。不过，对此不应机械地理解为“一手交钱、一手交货”的同步行为。只要劳动者办结工作交接，用人单位在规定或约定的时间内支付了经济补偿，就应认定是符合法律规定的。

（四）履行违法、违约责任。违法、违约一方当事人，应依法或依约向对方支付赔偿金、经济补偿金或违约金等。

（五）用人单位按劳动者的要求，自其离职之日起 15 日内为其办理档案关系和社会保险关系的转移手续。如劳动者不予提供转移去向，用人单位应按国家规定将其档案转移至其户口所在地有关部门。须特别指出的是，用人单位不得随意扣押劳动者档案，否则给劳动者造成损害，也应承担赔偿责任。

（六）用人单位应当出具终止、解除劳动合同证明书，作为该劳动者按规定享受失业保险待遇和失业登记、求职登记的凭证。该证明书应写明劳动合同期限、终止或解除的日期、所担任的工作岗位、在本单位的工作年限。如果劳动者要求，则用人单位可在证明中客观地说明终止或解除劳动合同的原因。如果用人单位未向劳动者出具解除或终止劳动合同证明，则由人力资源和社会保障行政部门责令改正，致使劳动者一时未能找到工作或不能领取失业保险金给其造成损害的，还应承担赔偿责任。

（七）用人单位对已经解除或者终止的劳动合同的文本，至少保存两年备查。

[依据指引]

(1)《中华人民共和国劳动合同法》（2007 年 6 月 29 日　国家主席令第 65 号）

第三十六条　用人单位与劳动者协商一致，可以解除劳动合同。

第三十七条　劳动者提前三十日以书面形式通知用人单位，可以解除劳动合同。劳动者在试用期内提前三日通知用人单位，可以解除劳动合同。

第三十八条　用人单位有下列情形之一的，劳动者可以解除劳动合同：

（一）未按照劳动合同约定提供劳动保护或者劳动条件的；

（二）未及时足额支付劳动报酬的；

（三）未依法为劳动者缴纳社会保险费的；

（四）用人单位的规章制度违反法律、法规的规定，损害劳动者权益的；

（五）因本法第二十六条第一款规定的情形致使劳动合同无效的；

（六）法律、行政法规规定劳动者可以解除劳动合同的其他情形。

用人单位以暴力、威胁或者非法限制人身自由的手段强迫劳动者劳动的，或者用人单位违章指挥、强令冒险作业危及劳动者人身安全的，劳动者可以立即解除劳动合同，不需事先告知用人单位。

第三十九条　劳动者有下列情形之一的，用人单位可以解除劳动合同：

（一）在试用期间被证明不符合录用条件的；

（二）严重违反用人单位的规章制度的；

（三）严重失职，营私舞弊，给用人单位造成重大损害的；

（四）劳动者同时与其他用人单位建立劳动关系，对完成本单位的工作任务造成严重影响，或者经用人单位提出，拒不改正的；

（五）因本法第二十六条第一款第一项规定的情形致使劳动合同无效的；

（六）被依法追究刑事责任的。

第四十条　有下列情形之一的，用人单位提前三十日以书面形式通知劳动者本人或者额外支付劳动者一个月工资后，可以解除劳动合同：

（一）劳动者患病或者非因工负伤，在规定的医疗期满后不能从事原工作，也不能从事由用人单位另行安排的工作的；

（二）劳动者不能胜任工作，经过培训或者调整工作岗位，仍不能胜任工作的；

（三）劳动合同订立时所依据的客观情况发生重大变化，致使劳动合同无法履行，经用人单位与劳动者协商，未能就变更劳动合同内容达成协议的。

第四十一条　有下列情形之一，需要裁减人员二十人以上或者裁减不足二十人但占企业职工总数百分之十以上的，用人单位提前三十日向工会或者全体职工说明情况，听取工会或者职工的意见后，裁减人员方案经向劳动行政部门报告，可以裁减人员：

（一）依照企业破产法规定进行重整的；

（二）生产经营发生严重困难的；

（三）企业转产、重大技术革新或者经营方式调整，经变更劳动合同后，仍需裁减人员的；

（四）其他因劳动合同订立时所依据的客观经济情况发生重大变化，致使劳动合同无法履行的。

裁减人员时，应当优先留用下列人员：

（一）与本单位订立较长期限的固定期限劳动合同的；

（二）与本单位订立无固定期限劳动合同的；

（三）家庭无其他就业人员，有需要扶养的老人或者未成年人的。

用人单位依照本条第一款规定裁减人员，在六个月内重新招用人员的，应当通知被裁减的人员，并在同等条件下优先招用被裁减的人员。

第四十四条　有下列情形之一的，劳动合同终止：

（一）劳动合同期满的；

（二）劳动者开始依法享受基本养老保险待遇的；

（三）劳动者死亡，或者被人民法院宣告死亡或者宣告失踪的；

（四）用人单位被依法宣告破产的；

（五）用人单位被吊销营业执照、责令关闭、撤销或者用人单位决定提前解散的；

（六）法律、行政法规规定的其他情形。

第四十六条　有下列情形之一的，用人单位应当向劳动者支付经济补偿：

（一）劳动者依照本法第三十八条规定解除劳动合同的；

（二）用人单位依照本法第三十六条规定向劳动者提出解除劳动合同并与劳动者协商一致解除劳动合同的；

（三）用人单位依照本法第四十条规定解除劳动合同的；

（四）用人单位依照本法第四十一条第一款规定解除劳动合同的；

（五）除用人单位维持或者提高劳动合同约定条件续订劳动合同，劳动者不同意续订的情形外，依照本法第四十四条第一项规定终止固定期限劳动合同的；

（六）依照本法第四十四条第四项、第五项规定终止劳动合同的；

（七）法律、行政法规规定的其他情形。

第四十七条　经济补偿按劳动者在本单位工作的年限，每满一年支付一个月工资的标准向劳动者支付。六个月以上不满一年的，按一年计算；不满六个月的，向劳动者支付半个月工资的经济补偿。

劳动者月工资高于用人单位所在直辖市、设区的市级人民政府公布的本地区上年度职工月平均工资三倍的，向其支付经济补偿的标准按职工月平均工资三倍的数额支付，向其支付经济补偿的年限最高不超过十二年。

本条所称月工资是指劳动者在劳动合同解除或者终止前十二个月的平均工资。

第五十条 用人单位应当在解除或者终止劳动合同时出具解除或者终止劳动合同的证明，并在十五日内为劳动者办理档案和社会保险关系转移手续。

劳动者应当按照双方约定，办理工作交接。用人单位依照本法有关规定应当向劳动者支付经济补偿的，在办结工作交接时支付。

用人单位对已经解除或者终止的劳动合同的文本，至少保存二年备查。

第八十四条 用人单位违反本法规定，扣押劳动者居民身份证等证件的，由劳动行政部门责令限期退还劳动者本人，并依照有关法律规定给予处罚。

用人单位违反本法规定，以担保或者其他名义向劳动者收取财物的，由劳动行政部门责令限期退还劳动者本人，并以每人五百元以上二千元以下的标准处以罚款；给劳动者造成损害的，应当承担赔偿责任。

劳动者依法解除或者终止劳动合同，用人单位扣押劳动者档案或者其他物品的，依照前款规定处罚。

第八十七条 用人单位违反本法规定解除或者终止劳动合同的，应当依照本法第四十七条规定的经济补偿标准的二倍向劳动者支付赔偿金。

第八十九条 用人单位违反本法规定未向劳动者出具解除或者终止劳动合同的书面证明，由劳动行政部门责令改正；给劳动者造成损害的，应当承担赔偿责任。

第九十条 劳动者违反本法规定解除劳动合同，或者违反劳动合同中约定的保密义务或者竞业限制，给用人单位造成损失的，应当承担赔偿责任。

第九十七条 本法施行前已依法订立且在本法施行之日存续的劳动合同，继续履行；本法第十四条第二款第三项规定连续订立固定期限劳动合同的次数，自本法施行后续订固定期限劳动合同时开始计算。

本法施行前已建立劳动关系，尚未订立书面劳动合同的，应当自本法施行之日起一个月内订立。

本法施行之日存续的劳动合同在本法施行后解除或者终止，依照本法第四十六条规定应当支付经济补偿的，经济补偿年限自本法施行之日起计算；本法施行前按照当时有关规定，用人单位应当向劳动者支付经济补偿的，按照当时有关规定执行。

(2) 国务院《劳动合同法实施条例》（2008年9月18日 国务院令第535号）

第二十四条 用人单位出具的解除、终止劳动合同的证明，应当写明劳动合同期限、解除或者终止劳动合同的日期、工作岗位、在本单位的工作年限。

(3) 劳动部办公厅《关于通过新闻媒介通知职工回单位并对逾期不归者按自动离职或旷工处理问题的复函》（1995年7月31日 劳办发［1995］179号）

吉林省劳动厅：

你厅《关于通过新闻媒介通知职工回单位并对逾期不归者按自动离职或旷工处理问题的请示》（吉劳仲字［1995］5号）收悉。经研究，答复如下：

按照《企业职工奖惩条例》（国发［1982］59号）第十八条规定精神，企业对有旷工行为的职工做除名处理，必须符合规定的条件并履行相应的程序。因此，企业通知请假、放长假、长期病休职工在规定时间内回单位报到或办理有关手续，应遵循对职工负责的原则，以书面形式直接送达职工本人；本人不在的，交其同住成年亲属签收。直接送达有困难的可以邮寄送达，以挂号查询回执上注明的收件日期为送达日期。只有在受送达职工下落不明，或者用上述送达方式无法送达的情况下，方可公告送达，即张贴公告或通过新闻媒介通知。自发出公告之日起，经过30日，即视为送达。在此基础上，企业方可对旷工和违反规定的职工按上述法规做除名处理。能用直接送达或邮寄送达而未用，直接采用公告方式送达，视为无效。

企业因故通知停薪留职期限未满的职工在规定时间内回单位报到或办理有关手续，也应按照上述规定的方式通知本人，在此基础上，企业方可按照有关规定及停薪留职协议对其做除名或自动离职处理。企业对停薪留职期满后逾期不归的职工，可按照劳动人事部、国家经济委员会《关于企业职工要求“停薪留职”问题的通知》（劳人计［1983］61号）第六条和劳动部《关于自动离职与职工除名如何界定的复函》（劳办发［1994］48号）的规定做自动离职处理。

(4) 劳动部《企业职工档案管理工作规定》(1992年6月9日 劳力字[1992]33号)

第十八条 企业职工调动、辞职、解除劳动合同或被开除、辞退等,应由职工所在单位在一个月内将其档案转交其新的工作单位或其户口所在地的街道劳动(组织人事)部门。职工被劳教、劳改,原所在单位今后还准备录用的,其档案由原所在单位保管。

(5) 劳动部《关于实行劳动合同制度若干问题的通知》(1996年10月31日 劳部发[1996]354号)

15. 在劳动者履行了有关义务终止、解除劳动合同时,用人单位应当出具终止、解除劳动合同证明书,作为该劳动者按规定享受失业保险待遇和失业登记、求职登记的凭证。

证明书应写明劳动合同期限、终止或解除的日期、所担任的工作。如果劳动者要求,用人单位可在证明中客观地说明解除劳动合同的原因。

工会在解除合同中维护职工的职责

[解读]

法律规定,我国工会的基本职责是维护职工的合法权益。在调整劳动关系过程中,用人单位辞退职工或进行经济性裁员时,应当事先将理由通知工会,或听取工会的意见,工会认为企业违反法律、法规规定和有关合同约定,要求重新研究处理时,企业应当研究工会的意见,并将处理结果书面通知工会。职工认为企业侵犯其劳动权益而申请劳动争议仲裁或者向人民法院提起诉讼的,工会应当给予支持和帮助。

[依据指引]

(1)《中华人民共和国劳动合同法》(2007年6月29日 国家主席令第65号)

第四十三条 用人单位单方解除劳动合同,应当事先将理由通知工会。用人单位违反法律、行政法规规定或者劳动合同约定的,工会有权要求用人单位纠正。用人单位应当研究工会的意见,并将处理结果书面通知工会。

(2)《中华人民共和国工会法》(1992年4月3日 国家主席令第62号 2001年10月27日修订)

第二十一条 企业、事业单位处分职工,工会认为不适当的,有权提出意见。

企业单方面解除职工劳动合同时,应当事先将理由通知工会,工会认为企业违反法律、法规和有关合同,要求重新研究处理时,企业应当研究工会的意见,并将处理结果书面通知工会。

职工认为企业侵犯其劳动权益而申请劳动争议仲裁或者向人民法院提起诉讼的,工会应当给予支持和帮助。

合同解除、终止中的违法、违约责任

[解读]

在劳动合同解除、终止过程中,用人单位和劳动者违法、违约应承担的责任,一般是指经济方面的责任,主要包括三类:

(一)赔偿金,是指在劳动合同解除、终止过程中,用人单位或劳动者的违法、违约行为,给对方造成经济损失,依据国家的规定或合同的约定,向对方支付的损失赔偿费用。例如,违反保密或竞业限制义务的损失赔偿等。一般是按直接经济损失额来计算。劳动合同法对用人单位违法解除或终止劳动合同又规定,当劳动者不要求继续履行劳动合同或者劳动合同已经不能继续履行的,应当向劳动者支付赔偿金,标准为经济补偿金的两倍,支付了赔偿金就不再支付经济补偿;当劳动者要求继续履行劳动合同时,用人单位应当继续履行,并自违法解除、终止合同之日至继续履行合同之日,按照劳动者原应得工资收入标准向劳动者支付赔偿金,另加付应得工资收入25%的赔偿费用。

(二)违约金,是指在劳动合同解除、终止过程中,由发生违约行为的用人单位或劳动者,按照劳动合同的约定向对方承担违约责任的费用。违约金一般是以员工的承受能力作为计算、约定具体金额的依据和原则。地方若有具体标准、限额规定,应执行该规定。劳动合同法只对用人单位出资培训劳动者或与劳动者约定了竞业限制义务的情形,规定可以约定违约金,此外,不得再约定由劳动者承担的违约金。

(三)经济补偿金和生活补助费,是指按照国家规定,用人单位辞退解除或辞退终止劳动合同,而向劳动者支付的补偿性费用。被解除合同的劳动者,可获得用人单位支付的经济补偿金;被终止合同的劳动者,可获得用人单位支付的生活补助费或经济补偿金。2008年1月1日存续的劳动合同,在2008年1月1日之后解除或终止的,用人单位向劳动者支付经济补偿金或生活补助费，应按照分段支付的原则实施，即劳动者 2008 年 1 月 1 日前的工作年限，按照当时的有关规定向劳动者支付经济补偿金或生活补助费；此后的工作年限，按照劳动合同法的规定向劳动者支付经济补偿金。

［依据指引］

(1)《中华人民共和国劳动合同法》（2007 年 6 月 29 日　国家主席令第 65 号）

第二十二条　用人单位为劳动者提供专项培训费用，对其进行专业技术培训的，可以与该劳动者订立协议，约定服务期。

劳动者违反服务期约定的，应当按照约定向用人单位支付违约金。违约金的数额不得超过用人单位提供的培训费用。用人单位要求劳动者支付的违约金不得超过服务期尚未履行部分所应分摊的培训费用。

用人单位与劳动者约定服务期的，不影响按照正常的工资调整机制提高劳动者在服务期期间的劳动报酬。

第二十三条　用人单位与劳动者可以在劳动合同中约定保守用人单位的商业秘密和与知识产权相关的保密事项。

对负有保密义务的劳动者，用人单位可以在劳动合同或者保密协议中与劳动者约定竞业限制条款，并约定在解除或者终止劳动合同后，在竞业限制期限内按月给予劳动者经济补偿。劳动者违反竞业限制约定的，应当按照约定向用人单位支付违约金。

第三十六条　用人单位与劳动者协商一致，可以解除劳动合同。

第三十八条　用人单位有下列情形之一的，劳动者可以解除劳动合同：

（一）未按照劳动合同约定提供劳动保护或者劳动条件的；

（二）未及时足额支付劳动报酬的；

（三）未依法为劳动者缴纳社会保险费的；

（四）用人单位的规章制度违反法律、法规的规定，损害劳动者权益的；

（五）因本法第二十六条第一款规定的情形致使劳动合同无效的；

（六）法律、行政法规规定劳动者可以解除劳动合同的其他情形。

用人单位以暴力、威胁或者非法限制人身自由的手段强迫劳动者劳动的，或者用人单位违章指挥、强令冒险作业危及劳动者人身安全的，劳动者可以立即解除劳动合同，不需事先告知用人单位。

第四十条　有下列情形之一的，用人单位提前三十日以书面形式通知劳动者本人或者额外支付劳动者一个月工资后，可以解除劳动合同：

（一）劳动者患病或者非因工负伤，在规定的医疗期满后不能从事原工作，也不能从事由用人单位另行安排的工作的；

（二）劳动者不能胜任工作，经过培训或者调整工作岗位，仍不能胜任工作的；

（三）劳动合同订立时所依据的客观情况发生重大变化，致使劳动合同无法履行，经用人单位与劳动者协商，未能就变更劳动合同内容达成协议的。

第四十一条　有下列情形之一，需要裁减人员二十人以上或者裁减不足二十人但占企业职工总数百分之十以上的，用人单位提前三十日向工会或者全体职工说明情况，听取工会或者职工的意见后，裁减人员方案经向劳动行政部门报告，可以裁减人员：

（一）依照企业破产法规定进行重整的；

（二）生产经营发生严重困难的；

（三）企业转产、重大技术革新或者经营方式调整，经变更劳动合同后，仍需裁减人员的；

（四）其他因劳动合同订立时所依据的客观经济情况发生重大变化，致使劳动合同无法履行的。

第四十四条　有下列情形之一的，劳动合同终止：

（一）劳动合同期满的；

（二）劳动者开始依法享受基本养老保险待遇的；

（三）劳动者死亡，或者被人民法院宣告死亡或者宣告失踪的；

（四）用人单位被依法宣告破产的；

（五）用人单位被吊销营业执照、责令关闭、撤销或者用人单位决定提前解散的；

（六）法律、行政法规规定的其他情形。

第四十六条　有下列情形之一的，用人单位应当向劳动者支付经济补偿：

（一）劳动者依照本法第三十八条规定解除劳动合同的；

（二）用人单位依照本法第三十六条规定向劳动者提出解除劳动合同并与劳动者协商一致解除

劳动合同的；

（三）用人单位依照本法第四十条规定解除劳动合同的；

（四）用人单位依照本法第四十一条第一款规定解除劳动合同的；

（五）除用人单位维持或者提高劳动合同约定条件续订劳动合同，劳动者不同意续订的情形外，依照本法第四十四条第一项规定终止固定期限劳动合同的；

（六）依照本法第四十四条第四项、第五项规定终止劳动合同的；

（七）法律、行政法规规定的其他情形。

第四十七条 经济补偿按劳动者在本单位工作的年限，每满一年支付一个月工资的标准向劳动者支付。六个月以上不满一年的，按一年计算；不满六个月的，向劳动者支付半个月工资的经济补偿。

劳动者月工资高于用人单位所在直辖市、设区的市级人民政府公布的本地区上年度职工月平均工资三倍的，向其支付经济补偿的标准按职工月平均工资三倍的数额支付，向其支付经济补偿的年限最高不超过十二年。

本条所称月工资是指劳动者在劳动合同解除或者终止前十二个月的平均工资。

第四十八条 用人单位违反本法规定解除或者终止劳动合同，劳动者要求继续履行劳动合同的，用人单位应当继续履行；劳动者不要求继续履行劳动合同或者劳动合同已经不能继续履行的，用人单位应当依照本法第八十七条规定支付赔偿金。

(2) 国务院《劳动合同法实施条例》（2008年9月18日 国务院令第535号）

第二十五条 用人单位违反劳动合同法的规定解除或者终止劳动合同，依照劳动合同法第八十七条的规定支付了赔偿金的，不再支付经济补偿。赔偿金的计算年限自用工之日起计算。

(3) 劳动部《违反〈劳动法〉有关劳动合同规定的赔偿办法》（1995年5月10日 劳部发［1995］223号）

第一条 为明确违反劳动法有关劳动合同规定的赔偿责任，维护劳动合同双方当事人的合法权益，根据《中华人民共和国劳动法》的有关规定，制定本办法。

第二条 用人单位有下列情形之一，对劳动者造成损害的，应赔偿劳动者损失：

（一）用人单位故意拖延不订立劳动合同，即招用后故意不按规定订立劳动合同以及劳动合同到期后故意不及时续订劳动合同的；

（二）由于用人单位的原因订立无效劳动合同，或订立部分无效劳动合同的；

（三）用人单位违反规定或劳动合同的约定侵害女职工或未成年工合法权益的；

（四）用人单位违反规定或劳动合同的约定解除劳动合同的。

第三条 本办法第二条规定的赔偿，按下列规定执行：

（一）造成劳动者工资收入损失的，按劳动者本人应得工资收入支付给劳动者，并加付应得工资收入25%的赔偿费用；

（二）造成劳动者劳动保护待遇损失的，应按国家规定补足劳动者的劳动保护津贴和用品；

（三）造成劳动者工伤、医疗待遇损失的，除按国家规定为劳动者提供工伤、医疗待遇外，还应支付劳动者相当于医疗费用25%的赔偿费用；

（四）造成女职工和未成年工身体健康损害的，除按国家规定提供治疗期间的医疗待遇外，还应支付相当于其医疗费用25%的赔偿费用；

（五）劳动合同约定的其他赔偿费用。

第四条 劳动者违反规定或劳动合同的约定解除劳动合同，对用人单位造成损失的，劳动者应赔偿用人单位下列损失：

（一）用人单位招收录用其所支付的费用；

（二）用人单位为其支付的培训费用，双方另有约定的按约定办理；

（三）对生产、经营和工作造成的直接经济损失；

（四）劳动合同约定的其他赔偿费用。

第五条 劳动者违反劳动合同中约定的保密事项，对用人单位造成经济损失的，按《反不正当竞争法》第二十条的规定支付用人单位赔偿费用。

第六条 用人单位招用尚未解除劳动合同的劳动者，对原用人单位造成经济损失的，除该劳动者承担直接赔偿责任外，该用人单位应当承担连带赔偿责任。其连带赔偿的份额应不低于对原用人单位造成经济损失总额的百分之七十。向原用人单位赔偿下列损失：

（一）对生产、经营和工作造成的直接经济损失；

（二）因获取商业秘密给原用人单位造成的经

济损失。

赔偿本条第（二）项规定的损失，按《反不正当竞争法》第二十条的规定执行。

第七条 因赔偿引起争议的，按照国家有关劳动争议处理的规定办理。

第八条 本办法自发布之日起施行。

(4) 劳动和社会保障部办公厅《关于用人单位违反劳动合同规定有关赔偿问题的复函》（2001年11月5日 劳社厅函［2001］238号）

浙江省劳动和社会保障厅：

你厅转来的《关于用人单位违反劳动合同规定有关赔偿问题的请示》（浙劳社劳薪［2001］231号）收悉。经研究，答复如下：

《违反〈劳动法〉有关劳动合同规定的赔偿办法》（劳部发［1995］233号）第三条第一项中的“劳动者本人应得工资收入”，是指因用人单位违反国家法律法规或劳动合同的约定，解除劳动合同造成劳动者不能提供正常劳动而损失的工资收入。

(5) 劳动部《违反和解除劳动合同的经济补偿办法》（1994年12月3日 劳部发［1994］481号）

第一条 为了规范违反和解除劳动合同对劳动者的经济补偿标准，根据《中华人民共和国劳动法》的规定，制定本办法。

第二条 对劳动者的经济补偿金，由用人单位一次性发给。

第三条 用人单位克扣或者无故拖欠劳动者工资的，以及拒不支付劳动者延长工作时间工资报酬的，除在规定的时间内全额支付劳动者工资报酬外，还需加发相当于工资报酬百分之二十五的经济补偿金。

第四条 用人单位支付劳动者的工资报酬低于当地最低工资标准的，要在补足低于标准部分的同时，另外支付相当于低于部分百分之二十五的经济补偿金。

第五条 经劳动合同当事人协商一致，由用人单位解除劳动合同的，用人单位应根据劳动者在本单位工作年限，每满一年发给相当于一个月工资的经济补偿金，最多不超过十二个月。工作时间不满一年的按一年的标准发给经济补偿金。

第六条 劳动者患病或者非因工负伤，经劳动鉴定委员会确认不能从事原工作、也不能从事用人单位另行安排的工作而解除劳动合同的，用人单位应按其在本单位的工作年限，每满一年发给相当于一个月工资的经济补偿金，同时还应发给不低于六个月工资的医疗补助费。患重病和绝症的还应增加医疗补助费，患重病的增加部分不低于医疗补助费的百分之五十，患绝症的增加部分不低于医疗补助费的百分之百。

第七条 劳动者不能胜任工作，经过培训或者调整工作岗位仍不能胜任工作，由用人单位解除劳动合同的，用人单位应按其在本单位工作的年限，工作时间每满一年，发给相当于一个月工资的经济补偿金，最多不超过十二个月。

第八条 劳动合同订立时所依据的客观情况发生重大变化，致使原劳动合同无法履行，经当事人协商不能就变更劳动合同达成协议，由用人单位解除劳动合同的，用人单位按劳动者在本单位工作的年限，工作时间每满一年发给相当于一个月工资的经济补偿金。

第九条 用人单位濒临破产进行法定整顿期间或者生产经营状况发生严重困难，必须裁减人员的，用人单位按被裁减人员在本单位工作的年限支付经济补偿金。在本单位工作的时间每满一年，发给相当于一个月工资的经济补偿金。

第十条 用人单位解除劳动合同后，未按规定给予劳动者经济补偿的，除全额发给经济补偿金外，还须按该经济补偿金数额的百分之五十支付额外经济补偿金。

第十一条 本办法中经济补偿金的工资计算标准是指企业正常生产情况下劳动者解除合同前十二个月的月平均工资。

用人单位依据本办法第六条、第八条、第九条解除劳动合同时，劳动者的月平均工资低于企业月平均工资的，按企业月平均工资的标准支付。

第十二条 经济补偿金在企业成本中列支，不得占用企业按规定比例应提取的福利费用。

第十三条 本办法自一九九五年一月一日起执行。

(6) 劳动部办公厅《关于〈国营企业实行劳动合同制度暂行规定〉废止后有关终止劳动合同支付生活补助费问题的复函》（2001年12月26日 劳社厅函［2001］280号）

江苏省劳动和社会保障厅：

你厅《关于〈国营企业实行劳动合同制度暂行规定〉废止后有关终止合同支付生活费问题的请示》（苏劳社法［2001］8号）收悉，经研究，现答复如下：

一、《国营企业实行劳动合同制度暂行规定》

（国发［1986］77号）（以下简称《规定》）废止后，国有企业职工劳动合同期满与企业终止劳动关系后有关生活补助费的支付问题，地方有规定的，可以按地方规定执行。地方没有规定的，以《规定》废止时间为准，对在《规定》废止前企业录用的职工，劳动合同期满后与企业终止劳动关系时，应计发劳动者至《规定》废止前工作年限的生活补助费，最多不超过12个月；对在《规定》废止后企业录用的职工，劳动合同期满终止劳动关系时，可以不支付生活补助费。

二、对于国有企业改制的，企业中的原国有企业职工终止劳动合同后是否支付生活补助费，由各省、自治区、直辖市根据实际情况确定。

(7) 国务院《全民所有制企业招用农民合同制工人的规定》（1991年7月25日　国务院令第87号）

第十七条　农民工因劳动合同期满，劳动合同终止执行，或者属于第十三条第（三）、（四）项和第十五条的规定解除劳动合同时，企业应按照其在本企业工作年限，每满一年发给相当于本人一个月标准工资的生活补助费，但最多不超过本人12个月的标准工资。

(8) 劳动部办公厅《关于处理劳动争议案件几个问题的复函》（1997年1月31日　劳办发［1997］15号）

二、关于补发职工工资的时间问题。同意你厅的意见，即：在处理解除或终止劳动合同的劳动争议时，如果仲裁委员会的裁决或人民法院的判决撤销了企业解除或终止劳动合同的决定，企业应从决定解除或终止劳动合同之日起补发职工工资。

解除合同经济补偿

［解读］

按照国家规定，劳动者被正常辞退、协商辞退、裁员辞退和利益受侵害辞职而解除合同的情况，用人单位应向其支付经济补偿金。2008年1月1日以前经济补偿的规定主要有以下几方面的内容：

（一）受12个月工资限制的情形。经劳动合同当事人协商一致，由用人单位提出解除合同的；劳动者不能胜任工作，经过培训或调整岗位仍不能胜任工作而被解除合同的，用人单位应按其在本单位连续工作年限，每满1年发给相当于1个月工资的经济补偿金，最多不超过12个月。

（二）不受12个月工资限制的情形。由于客观情况发生重大变化，致使原合同无法履行，经当事人协商不能就变更合同达成一致，由用人单位解除合同的；由于经济性裁员被解除合同的；患病或非因工负伤医疗期满，经劳动鉴定委员会确认不能从事原工作和另行安排的工作而被解除合同的，用人单位应按劳动者在本单位的连续工作时间每满1年，发给相当于1个月工资的经济补偿金。

（三）赔偿性经济补偿金。这类赔偿性的经济补偿有两种具体情形：一是用人单位在解除劳动者合同后，未按规定给予劳动者经济补偿的，除全额发给经济补偿金外，还须按该补偿金的50％支付额外经济补偿金；二是用人单位无故拖欠或克扣劳动者工资，拒不支付加班加点工资的；支付工资低于最低工资标准的，除在规定时间内全额支付劳动者应得工资外，还应加付相当于应发金额25％的经济补偿金。

（四）医疗补助费。对患病或非因工负伤医疗期满，经劳动鉴定委员会鉴定为5～10级的，不能从事原工作和另行安排的工作，而被解除合同的，除发给经济补偿金外，还应发给不低于6个月工资的医疗补助费，患重病的不低于9个月，患绝症的不低于12个月。合同期满的劳动者被终止劳动合同时，医疗期满或者医疗终结被劳动鉴定委员会鉴定为5～10级的，用人单位应按上述标准向其支付医疗补助费。

（五）经济补偿金的计发标准。经济补偿按劳动者在本单位工作的年限及解除合同前12个月的平均工资的标准，每满1年支付1个月工资，若该平均工资低于企业月平均工资的，应按企业月平均工资支付。这里的工资是指劳动者的全额工资，包括奖金、津贴和补贴、加班加点工资等。另外，劳动者工作时间不满1年的按1年的标准计发是指两种情形：第一种是指职工在本单位的工作时间不满1年的；第二种是指职工在本单位的工作时间超过1年但余下的工作时间不满1年的。

2008年1月1日以后，法律对经济补偿金的规定稍有变化，具体情形如下：

（一）增加了支付经济补偿金的情形。与原有规定相比，增加了劳动者利益受侵害辞职解除合同的情形。

（二）经济补偿金的计发标准有变化。与原有规定相比，经济补偿金的计发标准主要有以下变化：

1. 在原规定经济补偿按劳动者在本单位工作的年限，每满 1 年支付 1 个月工资的基础上，又规定劳动者在本单位工作年限满 6 个月以上不满 1 年的，按 1 年计算；不满 6 个月的，向劳动者支付半个月工资的经济补偿。

2. 劳动者月工资高于用人单位所在直辖市、设区的市级人民政府公布的本地区上年度职工月平均工资 3 倍的，向其支付经济补偿的标准按职工月平均工资 3 倍的数额支付，向其支付经济补偿的年限最高不超过 12 年。

3. 劳动者在劳动合同解除或终止前 12 个月的平均工资低于当地最低工资标准的，按照当地最低工资标准计算。

由于新、老规定的差异，所以法律规定用人单位向劳动者支付解除合同经济补偿，应按照分段支付的原则实施，即劳动者 2008 年 1 月 1 日前的工作年限，按照当时的有关规定执行；此后的工作年限，按照《劳动合同法》的规定执行。另外，劳动合同解除后，用人单位对符合规定的劳动者应支付经济补偿的，不能因劳动者领取了失业救济金而拒付或克扣经济补偿金；失业保险机构也不能以劳动者领取了经济补偿金为由，停发或减发失业保险金。

[依据指引]

(1)《中华人民共和国劳动法》（1994 年 7 月 5 日　国家主席令第 28 号）

第二十四条　经劳动合同当事人协商一致，劳动合同可以解除。

第二十六条　有下列情形之一的，用人单位可以解除劳动合同，但是应当提前三十日以书面形式通知劳动者本人：

（一）劳动者患病或者非因工负伤，医疗期满后，不能从事原工作也不能从事由用人单位另行安排的工作的；

（二）劳动者不能胜任工作，经过培训或者调整工作岗位，仍不能胜任工作的；

（三）劳动合同订立时所依据的客观情况发生重大变化，致使原劳动合同无法履行，经当事人协商不能就变更劳动合同达成协议的。

第二十七条　用人单位濒临破产进行法定整顿期间或者生产经营状况发生严重困难，确需裁减人员的，应当提前三十日向工会或者全体职工说明情况，听取工会或者职工的意见，经向劳动行政部门报告后，可以裁减人员。

用人单位依据本条规定裁减人员，在六个月内录用人员的，应当优先录用被裁减的人员。

第二十八条　用人单位依据本法第二十四条、第二十六条、第二十七条的规定解除劳动合同的，应当依照国家有关规定给予经济补偿。

(2)《中华人民共和国劳动合同法》（2007 年 6 月 29 日　国家主席令第 65 号）

第四十六条　有下列情形之一的，用人单位应当向劳动者支付经济补偿：

（一）劳动者依照本法第三十八条规定解除劳动合同的；

（二）用人单位依照本法第三十六条规定向劳动者提出解除劳动合同并与劳动者协商一致解除劳动合同的；

（三）用人单位依照本法第四十条规定解除劳动合同的；

（四）用人单位依照本法第四十一条第一款规定解除劳动合同的；

（五）除用人单位维持或者提高劳动合同约定条件续订劳动合同，劳动者不同意续订的情形外，依照本法第四十四条第一项规定终止固定期限劳动合同的；

（六）依照本法第四十四条第四项、第五项规定终止劳动合同的；

（七）法律、行政法规规定的其他情形。

第四十七条　经济补偿按劳动者在本单位工作的年限，每满一年支付一个月工资的标准向劳动者支付。六个月以上不满一年的，按一年计算；不满六个月的，向劳动者支付半个月工资的经济补偿。

劳动者月工资高于用人单位所在直辖市、设区的市级人民政府公布的本地区上年度职工月平均工资三倍的，向其支付经济补偿的标准按职工月平均工资三倍的数额支付，向其支付经济补偿的年限最高不超过十二年。

本条所称月工资是指劳动者在劳动合同解除或者终止前十二个月的平均工资。

第九十七条　本法施行前已依法订立且在本法施行之日存续的劳动合同，继续履行；本法第十四条第二款第三项规定连续订立固定期限劳动合同的次数，自本法施行后续订固定期限劳动合同时开始计算。

本法施行前已建立劳动关系，尚未订立书面

劳动合同的，应当自本法施行之日起一个月内订立。

本法施行之日存续的劳动合同在本法施行后解除或者终止，依照本法第四十六条规定应当支付经济补偿的，经济补偿年限自本法施行之日起计算；本法施行前按照当时有关规定，用人单位应当向劳动者支付经济补偿的，按照当时有关规定执行。

(3) 国务院《劳动合同法实施条例》（2008年9月18日 国务院令第535号）

第二十七条 劳动合同法第四十七条规定的经济补偿的月工资按照劳动者应得工资计算，包括计时工资或者计件工资以及奖金、津贴和补贴等货币性收入。劳动者在劳动合同解除或者终止前12个月的平均工资低于当地最低工资标准的，按照当地最低工资标准计算。劳动者工作不满12个月的，按照实际工作的月数计算平均工资。

(4)劳动部《违反和解除劳动合同的经济补偿办法》（1994年12月3日 劳部发［1994］481号）

第一条 为了规范违反和解除劳动合同对劳动者的经济补偿标准，根据《中华人民共和国劳动法》的规定，制定本办法。

第二条 对劳动者的经济补偿金，由用人单位一次性发给。

第三条 用人单位克扣或者无故拖欠劳动者工资的，以及拒不支付劳动者延长工作时间工资报酬的，除在规定的时间内全额支付劳动者工资报酬外，还需加发相当于工资报酬百分之二十五的经济补偿金。

第四条 用人单位支付劳动者的工资报酬低于当地最低工资标准的，要在补足低于标准部分的同时，另外支付相当于低于部分百分之二十五的经济补偿金。

第五条 经劳动合同当事人协商一致，由用人单位解除劳动合同的，用人单位应根据劳动者在本单位工作年限，每满一年发给相当于一个月工资的经济补偿金，最多不超过十二个月。工作时间不满一年的按一年的标准发给经济补偿金。

第六条 劳动者患病或者非因工负伤，经劳动鉴定委员会确认不能从事原工作，也不能从事用人单位另行安排的工作而解除劳动合同的，用人单位应按其在本单位的工作年限，每满一年发给相当于一个月工资的经济补偿金，同时还应发给不低于六个月工资的医疗补助费。患重病和绝症的还应增加医疗补助费，患重病的增加部分不低于医疗补助费的百分之五十，患绝症的增加部分不低于医疗补助费的百分之百。

第七条 劳动者不能胜任工作，经过培训或者调整工作岗位仍不能胜任工作，由用人单位解除劳动合同的，用人单位应按其在本单位工作的年限，工作时间每满一年，发给相当于一个月工资的经济补偿金，最多不超过十二个月。

第八条 劳动合同订立时所依据的客观情况发生重大变化，致使原劳动合同无法履行，经当事人协商不能就变更劳动合同达成协议，由用人单位解除劳动合同的，用人单位按劳动者在本单位工作的年限，工作时间每满一年发给相当于一个月工资的经济补偿金。

第九条 用人单位濒临破产进行法定整顿期间或者生产经营状况发生严重困难，必须裁减人员的，用人单位按被裁减人员在本单位工作的年限支付经济补偿金。在本单位工作的时间每满一年，发给相当于一个月工资的经济补偿金。

第十条 用人单位解除劳动合同后，未按规定给予劳动者经济补偿的，除全额发给经济补偿金外，还须按该经济补偿金数额的百分之五十支付额外经济补偿金。

第十一条 本办法中经济补偿金的工资计算标准是指企业正常生产情况下劳动者解除合同前十二个月的月平均工资。

用人单位依据本办法第六条、第八条、第九条解除劳动合同时，劳动者的月平均工资低于企业月平均工资的，按企业月平均工资的标准支付。

第十二条 经济补偿金在企业成本中列支，不得占用企业按规定比例应提取的福利费用。

第十三条 本办法自一九九五年一月一日起执行。

(5) 劳动部《企业职工患病或非因工负伤医疗期规定》（1994年12月14日 劳部发［1994］479号）

第六条 企业职工非因工致残和经医生或医疗机构认定患有难以治疗的疾病，在医疗期内医疗终结，不能从事原工作，也不能从事用人单位另行安排的工作的，应当由劳动鉴定委员会参照工伤与职业病致残程度鉴定标准进行劳动能力的鉴定。被鉴定为一至四级的，应当退出劳动岗位，终止劳动关系，办理退休、退职手续，享受退休、退职待遇；被鉴定为五至十级的，医疗期内不得解除劳动合同。

第七条 企业职工非因工致残和经医生或医疗机构认定患有难以治疗的疾病，医疗期满，应当由劳动鉴定委员会参照工伤与职业病致残程度鉴定标准进行劳动能力的鉴定。被鉴定为一至四级的，应当退出劳动岗位，解除劳动关系，并办理退休、退职手续，享受退休、退职待遇。

第八条 医疗期满尚未痊愈者，被解除劳动合同的经济补偿问题按照有关规定执行。

(6) 劳动部办公厅《关于对解除劳动合同经济补偿问题的复函》（1997年10月10日 劳办发［1997］98号）

广州市劳动局：

你局《关于解除劳动合同经济补偿问题的请示》（穗劳函字［1997］193号）收悉。经研究，现答复如下：

一、关于对《违反和解除劳动合同的经济补偿办法》（劳部发［1994］481号）第五条中的“工作时间不满一年的按一年的标准发给经济补偿金”的理解问题。这里的“工作时间不满一年”是指两种情形，第一种是指职工在本单位的工作时间不满一年的；第二种是指职工在本单位的工作时间超过一年但余下的工作时间不满一年的。计发经济补偿金时对上述不满一年的工作时间都按工作一年的标准计算。

二、《违反和解除劳动合同的经济补偿办法》第五条关于“工作时间不满一年的按一年的标准发给经济补偿金”的规定，适用于该办法中的第六条、第七条、第八条和第九条。

(7) 劳动部《关于贯彻执行〈劳动法〉若干问题的意见》（1995年8月4日 劳部发［1995］309号）

43. 劳动合同解除后，用人单位对符合规定的劳动者应支付经济补偿金。不能因劳动者领取了失业救济金而拒付或克扣经济补偿金，失业保险机构也不得以劳动者领取了经济补偿金为由，停发或减发失业救济金。

终止合同生活补助费和经济补偿金

[解读]

按照国家原有规定，劳动者被终止合同，用人单位可不支付经济补偿，然而另有规定的，可从其规定。因此，只有部分劳动者被终止劳动合同时，才可以由用人单位向其支付生活补助费：

（一）国有企业农民合同制职工，由用人单位提出终止合同的，应按劳动者在本单位连续工作时间，每满1年发给相当于1个月基本工资的生活补助费，最多不超过12个月。

（二）国有企业职工被终止劳动合同后，其在2001年10月6日前在本单位的工作年限应计发生活补助费，此后的工作时间可不计发。若地方另有规定，从其规定。

（三）对于国有企业改制的，企业中的原国有企业职工终止劳动合同后是否支付生活补助费，由各省、自治区、直辖市根据实际情况确定。

关于终止合同支付生活补助费的规定比较复杂，除国家规定以外，地方还有一些规定。用人单位原则上应执行所在地的地方规定，地方无规定的，则按国家规定执行。计发生活补助费的工资标准是指终止合同时劳动者的标准工资。工作时间不满1年的按1年计发。所谓标准工资，是指劳动合同中约定的工资标准，不包括奖金、加班加点工资等。

2008年1月1日以后，按照《劳动合同法》的规定，劳动者被终止合同，用人单位也应支付经济补偿，具体情形如下：

（一）除用人单位维持或者提高劳动合同约定条件续订劳动合同，劳动者不同意续订的情形外，合同期满终止劳动合同的。

（二）用人单位被依法宣告破产，以及被吊销营业执照、责令关闭、撤销或者决定提前解散而终止合同的。

（三）以完成一定工作任务为期限的劳动合同，因任务完成而被用人单位终止劳动合同的。

终止合同计发经济补偿的起算时间为2008年1月1日；计发标准与解除合同经济补偿的计发标准相同；违法终止劳动合同，用人单位应向劳动者支付赔偿金，赔偿金的计算年限不是从2008年1月1日起算，而是从用工之日起算。

[依据指引]

(1)《中华人民共和国劳动合同法》（2007年6月29日 国家主席令第65号）

第四十六条 有下列情形之一的，用人单位应当向劳动者支付经济补偿：

（一）劳动者依照本法第三十八条规定解除劳动合同的；

（二）用人单位依照本法第三十六条规定向劳动者提出解除劳动合同并与劳动者协商一致解除劳动合同的；

（三）用人单位依照本法第四十条规定解除劳动合同的；

（四）用人单位依照本法第四十一条第一款规定解除劳动合同的；

（五）除用人单位维持或者提高劳动合同约定条件续订劳动合同，劳动者不同意续订的情形外，依照本法第四十四条第一项规定终止固定期限劳动合同的；

（六）依照本法第四十四条第四项、第五项规定终止劳动合同的；

（七）法律、行政法规规定的其他情形。

第四十七条 经济补偿按劳动者在本单位工作的年限，每满一年支付一个月工资的标准向劳动者支付。六个月以上不满一年的，按一年计算；不满六个月的，向劳动者支付半个月工资的经济补偿。

劳动者月工资高于用人单位所在直辖市、设区的市级人民政府公布的本地区上年度职工月平均工资三倍的，向其支付经济补偿的标准按职工月平均工资三倍的数额支付，向其支付经济补偿的年限最高不超过十二年。

本条所称月工资是指劳动者在劳动合同解除或者终止前十二个月的平均工资。

第九十七条 本法施行前已依法订立且在本法施行之日存续的劳动合同，继续履行；本法第十四条第二款第三项规定连续订立固定期限劳动合同的次数，自本法施行后续订固定期限劳动合同时开始计算。

本法施行前已建立劳动关系，尚未订立书面劳动合同的，应当自本法施行之日起一个月内订立。

本法施行之日存续的劳动合同在本法施行后解除或者终止，依照本法第四十六条规定应当支付经济补偿的，经济补偿年限自本法施行之日起计算；本法施行前按照当时有关规定，用人单位应当向劳动者支付经济补偿的，按照当时有关规定执行。

(2) 国务院《劳动合同法实施条例》（2008年9月18日 国务院令第535号）

第二十二条 以完成一定工作任务为期限的劳动合同因任务完成而终止的，用人单位应当依照劳动合同法第四十七条的规定向劳动者支付经济补偿。

第二十五条 用人单位违反劳动合同法的规定解除或者终止劳动合同，依照劳动合同法第八十七条的规定支付了赔偿金的，不再支付经济补偿。赔偿金的计算年限自用工之日起计算。

第二十七条 劳动合同法第四十七条规定的经济补偿的月工资按照劳动者应得工资计算，包括计时工资或者计件工资以及奖金、津贴和补贴等货币性收入。劳动者在劳动合同解除或者终止前12个月的平均工资低于当地最低工资标准的，按照当地最低工资标准计算。劳动者工作不满12个月的，按照实际工作的月数计算平均工资。

(3) 劳动部《关于贯彻执行〈劳动法〉若干问题的意见》（1995年8月4日 劳部发［1995］309号）

38. 劳动合同期满或者当事人约定的劳动合同终止条件出现，劳动合同即行终止，用人单位可以不支付劳动者经济补偿金。国家另有规定的，可以从其规定。

(4) 劳动部办公厅《对〈关于农民轮换工问题的请示〉的复函》（1996年11月14日 劳办发［1996］244号）

三、关于生活补助费计发标准问题。农民轮换工因合同期满终止劳动合同时，企业应按照《全民所有制企业招用农民合同制工人的规定》第十七条的规定，支付其生活补助费，即企业应按照农民轮换工在本企业的工作年限，每满一年发给相当于本人一个月标准工资的生活补助费，但最多不超过12个年的标准工资。标准工资是指企业与劳动者在劳动合同中约定的劳动者所在岗位（职务）相对应的工资标准。劳动部发布的《违反和解除劳动合同的经济补偿办法》（劳部发［1994］481号）是对违反和解除劳动合同的经济补偿，终止劳动合同不适用于这一办法。

(5) 劳动和社会保障部办公厅《关于〈国营企业实行劳动合同制度暂行规定〉废止后有关终止劳动合同支付生活补助费问题的复函》（2001年12月26日 劳社厅函［2001］280号）

江苏省劳动和社会保障厅：

你厅《关于〈国营企业实行劳动合同制度暂行规定〉废止后有关终止合同支付生活费问题的请示》（苏劳社法［2001］8号）收悉，经研究，现答复如下：

一、《国营企业实行劳动合同制度暂行规定》（国发［1986］77号）（以下简称《规定》）废止后，国有企业职工劳动合同期满与企业终止劳动关系后有关生活补助费的支付问题，地方有规定的，可以按地方规定执行。地方没有规定的，以

《规定》废止时间为准，对在《规定》废止前企业录用的职工，劳动合同期满后与企业终止劳动关系时，应计发劳动者至《规定》废止前工作年限的生活补助费，最多不超过12个月；对在《规定》废止后企业录用的职工，劳动合同期满终止劳动关系时，可以不支付生活补助费。

二、对于国有企业改制的，企业中的原国有企业职工终止劳动合同后是否支付生活补助费，由各省、自治区、直辖市根据实际情况确定。

本单位工作年限

[解读]

本单位工作年限又称同一用人单位连续工作时间，是指劳动者与同一用人单位不间断地保持劳动关系的时间。它是劳动者享受本单位职工福利、用人单位辞退劳动者计发经济补偿金的重要因素之一。在实际工作中，常有一些特殊情况难以界定劳动者在同一用人单位的工作年限，需要国家作一些专门规定。目前，主要有以下几种规定：

（一）由合资、合作的中方单位安排到合资、合作企业工作的中方职工，其连续工龄由在原单位工作时间和在合资、合作企业工作时间合并计算。这里所说的连续工龄与同一用人单位的连续工作时间是相同的。如果该职工离开所在的合资、合作企业，与另外一个单位建立了劳动关系，则其在同一用人单位的连续工作时间将重新计算。

（二）军队退伍、复员、转业军人的军龄，计算为接收安置单位的连续工龄。即为接收安置单位的本单位连续工作年限。如被该单位解除合同，应按该工作年限计发经济补偿金。然而，该退役军人与其他单位再次建立劳动关系后，其同一单位的工作年限则应重新计算，原有的工作时间，包括其军龄，不再计入新单位的连续工作年限。

（三）劳动合同制度实行以前原固定工在本单位的工作年限，应当作为计发经济补偿金的年限。也就是计为本单位的连续工作时间。

（四）劳动者非本人原因从原用人单位被安排到新用人单位工作的，其在原用人单位的工作年限合并计算为新用人单位的工作年限。原用人单位已经向劳动者支付经济补偿的，新用人单位在依法解除、终止劳动合同计算经济补偿的工作年限时，不再计算其在原用人单位的工作年限。

[依据指引]

（1）国务院《劳动合同法实施条例》（2008年9月18日　国务院令第535号）

第十条　劳动者非因本人原因从原用人单位被安排到新用人单位工作的，劳动者在原用人单位的工作年限合并计算为新用人单位的工作年限。原用人单位已经向劳动者支付经济补偿的，新用人单位在依法解除、终止劳动合同计算支付经济补偿的工作年限时，不再计算劳动者在原用人单位的工作年限。

（2）劳动部办公厅《对〈关于如何理解“同一用人单位连续工作时间”和“本单位工作年限”的请示〉的复函》（1996年9月16日　劳办发［1996］191号）

上海市劳动局：

你局《关于如何理解“同一用人单位连续工作时间”和“本单位工作年限”的请示》（沪劳保字［1996］18号）收悉，经研究，现函复如下：

一、“同一用人单位连续工作时间”是指劳动者与同一用人单位保持劳动关系的时间。

二、按照《劳动法》及有关配套规章的规定，劳动者患病或非因工负伤，依法享有医疗期，因此在计算“同一用人单位连续工作时间”时，不应扣除劳动者依法享有的医疗期时间。

三、在计算医疗期、经济补偿时，“本单位工作年限”与“同一用人单位连续工作时间”为同一概念，也不应扣除劳动者此前依法享有的医疗期时间。

（3）劳动部办公厅《关于贯彻〈外商投资企业劳动管理规定〉有关问题的复函》（1995年7月14日　劳办发［1995］163号）

二、关于劳动合同和集体合同（以下简称合同）中的有关问题

……

6.由合资、合作的中方单位安排到合资、合作企业工作的中方职工，其连续工龄按在原单位工作时间和在合资、合作企业工作时间合并计算。

（4）劳动和社会保障部办公厅《关于复转军人军龄及有关人员工龄是否作为计算职工经济补偿金年限的答复意见》（2002年1月28日　劳社厅函［2002］20号）

二、关于组织调动、企业分立、合并后，经济补偿金年限计算问题，原劳动部办公厅《对〈关于终止或解除劳动合同计发经济补偿金有关问题的请示〉的复函》（劳办发［1996］33号）中第四条已有明确规定："因用人单位的合并、兼并、合资、单位改变性质、法人改变名称等原因而改变工作单位的，其改变前的工作时间可以计算为在本单位的工作时间。由于成建制调动、组织调动等原因而改变工作单位的，是否计算为在本单位的工作时间，在行业直属企业间成建制调动或组织调动等，由行业主管部门作出规定，其他调动，由各省、自治区、直辖市作出规定。"对企业改制改组中已经向职工支付经济补偿金的，职工被改制改组后企业重新录用的，在解除劳动合同支付经济补偿金时，职工在改制前单位的工作年限可以不计算为改制后单位的工作年限。

(5) 中共中央、国务院、中央军委《军队转业干部安置暂行办法》（2001年2月15日　中发［2001］3号）

第三十七条　军队转业干部的军龄，计算为接收安置单位的连续工龄（工作年限），享受相应的待遇。在军队从事护理、教学工作，转业后仍从事该职业的，其在军队的护龄、教龄应当连续计算，享受接收安置单位同类人员的待遇。

(6) 国务院、中央军委批转民政部、劳动部、总参谋部《关于退伍义务兵安置工作随用工单位改革实行劳动合同制度的意见》（1993年7月21日　国发［1993］54号）

五、妥善解决养老、待业保险、住房等待遇。退伍义务兵的军龄连同待分配时间应一并计算为所在单位的连续工龄和待业、养老保险投保年限，并在工资、住房和其他方面享受同工龄、同工种职工待遇。

……

经济补偿金的纳税

［解读］

目前，国家对经济补偿金的纳税规定主要有以下几点：

（一）企业对已达一定工作年限、一定年龄或接近退休年龄的职工内部退养支付的一次性生活补贴，以及企业支付给解除劳动合同职工的一次性补偿支出（包括买断工龄支出）等，原则上可以在企业所得税税前扣除。各种补偿性支出数额较大，一次性摊销对当年企业所得税收入影响较大的，可以在以后年度均匀摊销。具体摊销年限，由省（自治区、直辖市）税务局根据当地实际情况确定。

（二）个人因与用人单位解除劳动关系而取得的一次性补偿收入（包括用人单位发放的经济补偿金、生活补助费和其他补助费用），其收入在当地上年职工年平均工资3倍数额以内的部分，免征个人所得税；超过的部分按照有关规定，计算征收个人所得税。

（三）对于个人取得的一次性经济补偿收入中应计征个人所得税的部分，可视为一次取得数月的工资、薪金收入，允许在一定期限内进行平均。具体平均办法为：以个人取得的一次性经济补偿收入中应计征个人所得税的部分，除以个人在本企业的工作年限数，以其商数作为个人的月工资、薪金收入，按照税法规定计算缴纳个人所得税。个人在本企业的工作年限数按实际工作年限数计算，超过12年的按12年计算。

［依据指引］

(1) 国家税务总局《关于企业支付给职工的一次性补偿金在企业所得税税前扣除问题的批复》（2001年12月6日　国税函［2001］18号）

江西省国家税务局：

《关于中国电信集团江西省电信公司企业所得税税前扣除的请示》（赣国税发［2001］243号）收悉。经研究，现批复如下：

企业对已达一定工作年限、一定年龄或接近退休年龄的职工内部退养支付的一次性生活补贴，以及企业支付给解除劳动合同职工的一次性补偿支出（包括买断工龄支出）等，属于《企业所得税税前扣除办法》（国税发［2000］84号）第二条规定的"与取得应纳税收入有关的所有必要和正常的支出"，原则上可以在企业所得税税前扣除。各种补偿性支出数额较大，一次性摊销对当年企业所得税收入影响较大的，可以在以后年度均匀摊销。具体摊销年限，由省（自治区、直辖市）税务局根据当地实际情况确定。

(2) 财政部、国家税务总局《关于个人与用人单位解除劳动关系取得的一次性补偿收入征免个人所得税问题的通知》（2001年9月10日　财税［2001］157号）

一、个人因与用人单位解除劳动关系而取得的一次性补偿收入（包括用人单位发放的经济补偿金、生活补助费和其他补助费用），其收入在当地上年职工平均工资3倍数额以内的部分，免征个人所得税；超过的部分按照《国家税务总局关于个人因解除劳动合同取得经济补偿金征收个人所得税问题的通知》(国税发［1999］178号)的有关规定，计算征收个人所得税。

二、个人领取一次性补偿收入时按照国家和地方政府规定的比例实际缴纳的住房公积金、医疗保险费、基本养老保险费、失业保险费，可以在计征其一次性补偿收入的个人所得税时予以扣除。

三、企业依照国家有关法律规定宣告破产，企业职工从该破产企业取得的一次性安置费收入，免征个人所得税。

本通知自2001年10月1日起执行。以前规定与本通知规定不符的，一律按本通知规定执行。对于此前已发生而尚未进行税务处理的一次性补偿收入也按本通知规定执行。

(3) 国家税务总局《关于个人因解除劳动合同取得经济补偿金征收个人所得税问题的通知》(1999年9月23日　国税发［1999］178号)

一、对于个人因解除劳动合同而取得一次性经济补偿收入，应按“工资、薪金所得”项目计征个人所得税。

二、考虑到个人取得的一次性经济补偿收入数额较大，而且被解聘的人员可能在一段时间内没有固定收入。因此，对于个人取得的一次性经济补偿收入，可视为一次取得数月的工资、薪金收入，允许在一定期限内进行平均。具体平均办法为：以个人取得的一次性经济补偿收入，除以个人在本企业的工作年限数，以其商数作为个人的月工资、薪金收入，按照税法规定计算缴纳个人所得税。个人在本企业的工作年限数按实际工作年限数计算，超过12年的按12年计算。

三、按照上述方法计算的个人一次性经济补偿收入应纳的个人所得税税款，由支付单位在支付时一次性代扣，并于次月7日内缴入国库。

四、个人按国家和地方政府规定比例实际缴纳的住房公积金、医疗保险金、基本养老保险金、失业保险基金在计税时应予以扣除。

五、个人在解除劳动合同后又再次任职、受雇的，对个人已缴纳个人所得税的一次性经济补偿收入，不再与再次任职、受雇的工资、薪金所得合并计算补缴个人所得税。

六、本通知自1999年10月1日起执行，此前规定与本通知规定不一致，按本通知执行。

劳动者的违法、违约赔偿责任

［解读］

劳动者违法、违约容易造成经济损失的行为主要有两种：一是未提前30日书面通知用人单位而即时辞职的情形。法律之所以规定30日的提前通知期，目的是为用人单位提供一个找人接替离职人员的期间，避免给用人单位造成经济损失。由于劳动者擅自离职的行为使用人单位不能及时找人接替其工作，往往会给用人单位造成经济损失，而且常常无法计算，所以用人单位可以要求劳动者予以赔偿。《劳动合同法》规定：“劳动者违反本法规定解除劳动合同，或者违反劳动合同中约定的保密义务或者竞业限制，给用人单位造成损失的，应当承担赔偿责任。”因此，用人单位与劳动者应在劳动合同中对这种违法赔偿责任约定具体，以便于实际操作。二是违反劳动合同中约定的保密义务或竞业限制义务，给用人单位造成经济损失，也应按实际损失额予以赔偿，违约赔偿金可参照《反不正当竞争法》第20条规定进行约定。此外还可在劳动合同中约定其他违约赔偿责任，如用人单位招收录用劳动者所支付的费用，对生产、经营和工作造成的直接经济损失等。

［依据指引］

(1)《中华人民共和国劳动合同法》(2007年6月29日　国家主席令第65号)

第九十条　劳动者违反本法规定解除劳动合同，或者违反劳动合同中约定的保密义务或者竞业限制，给用人单位造成损失的，应当承担赔偿责任。

(2)《中华人民共和国反不正当竞争法》(1993年9月2日　国家主席令第10号)

第二十条　经营者违反本法规定，给被侵害的经营者造成损害的，应当承担损害赔偿责任，被侵害的经营者的损失难以计算的，赔偿额为侵权人在侵权期间因侵权所获得的利润；并应当承担被侵害的经营者调查该经营侵害其合法权益的不正当竞争行为所支付的合理费用。

被侵害的经营者的合法权益受到不正当竞争行为损害的，可以向人民法院提起诉讼。

(3) 劳动部《违反〈劳动法〉有关劳动合同规定的赔偿办法》(1995年5月10日　劳部发［1995］223号)

第四条　劳动者违反规定或劳动合同的约定解除劳动合同，对用人单位造成损失的，劳动者应赔偿用人单位下列损失：

(一) 用人单位招收录用其所支付的费用；

(二) 用人单位为其支付的培训费用，双方另有约定的按约定办理；

（三）对生产、经营和工作造成的直接经济损失；

（四）劳动合同约定的其他赔偿费用。

第五条 劳动者违反劳动合同中约定的保密事项，对用人单位造成经济损失的，按《反不正当竞争法》第二十条的规定支付用人单位赔偿费用。

劳务派遣

［解读］

劳务派遣是指用工单位向劳务派遣单位提出所需人员的条件，由劳务派遣单位向用工单位派遣劳务人员的情形。劳务派遣是一种招聘人与使用人相分离的劳动力经营模式。在劳务派遣过程中，劳务派遣单位与劳动者应当订立劳动合同，用工单位与劳务派遣单位应当订立劳务派遣协议，形成较为复杂的法律关系。具体说，用工单位与劳务派遣单位是一种劳务派遣关系，劳动者与劳务派遣单位是一种劳动关系，而其与用工单位是一种劳务服务关系。这种使用劳务派遣人员的情形，又称为“租赁劳动力”。

［依据指引］

(1)《中华人民共和国劳动合同法》（2007年6月29日 国家主席令第65号）

第五十八条 劳务派遣单位是本法所称用人单位，应当履行用人单位对劳动者的义务。劳务派遣单位与被派遣劳动者订立的劳动合同，除应当载明本法第十七条规定的事项外，还应当载明被派遣劳动者的用工单位以及派遣期限、工作岗位等情况。

劳务派遣单位应当与被派遣劳动者订立二年以上的固定期限劳动合同，按月支付劳动报酬；被派遣劳动者在无工作期间，劳务派遣单位应当按照所在地人民政府规定的最低工资标准，向其按月支付报酬。

第五十九条 劳务派遣单位派遣劳动者应当与接受以劳务派遣形式用工的单位（以下称用工单位）订立劳务派遣协议。劳务派遣协议应当约定派遣岗位和人员数量、派遣期限、劳动报酬和社会保险费的数额与支付方式以及违反协议的责任。

用工单位应当根据工作岗位的实际需要与劳务派遣单位确定派遣期限，不得将连续用工期限分割订立数个短期劳务派遣协议。

(2) 国务院《关于管理外国企业常驻代表机构的暂行规定》（1980年10月30日 国发［1980］272号）

第十一条 常驻代表机构租用房屋、聘请工作人员，应当委托当地外事服务单位或者中国政府指定的其他单位办理。

劳务派遣劳动合同

［解读］

劳务派遣劳动合同是指劳务派遣公司作为用人单位招用劳动者签订的劳动合同，是一种特殊的劳动合同。因此，法律在规定派遣公司不得招用小时工进行派遣（允许招用全日制职工派至小时工岗位）的同时，对劳务派遣劳动合同作了特别规定：

（一）劳务派遣劳动合同除应载明法定的9项必备条款之外，还应载明被派遣劳动者的用工单位，以及派遣期限、工作岗位等情况。

（二）签订劳务派遣劳动合同的期限不得少于两年。由于第一次签订的劳动合同期限为两年以上，所以当合同期满、双方若续订了一年期的第二份合同，两份合同的累计期限未低于两年，应被认定为符合法律规定。由于法律这一特别规定，所以按照《立法法》第83条关于“同一机关制定的法律……特别规定与一般规定不一致的，适用特别规定”的规定，劳务派遣劳动合同期限不应再适用有关无固定期限和以完成一定工作任务为期限合同的规定。

（三）被派遣劳动者辞职，或者派遣公司辞退劳动者，均适用法律的一般规定。

（四）劳务派遣公司解除、终止劳务派遣劳动合同需支付经济补偿或者属于违法解除、终止的情形，均适用法律一般规定，即与全日制职工被解除、终止合同支付经济补偿或赔偿金的标准相同。

［依据指引］

(1)《中华人民共和国劳动合同法》（2007年6月29日 国家主席令第65号）

第十七条 劳动合同应当具备以下条款：

（一）用人单位的名称、住所和法定代表人或者主要负责人；

（二）劳动者的姓名、住址和居民身份证或者其他有效身份证件号码；

（三）劳动合同期限；

（四）工作内容和工作地点；

（五）工作时间和休息休假；

（六）劳动报酬；

（七）社会保险；

（八）劳动保护、劳动条件和职业危害防护；

（九）法律、法规规定应当纳入劳动合同的其他事项。

劳动合同除前款规定的必备条款外，用人单位与劳动者可以约定试用期、培训、保守秘密、补充保险和福利待遇等其他事项。

第五十八条 劳务派遣单位是本法所称用人单位，应当履行用人单位对劳动者的义务。劳务派遣单位与被派遣劳动者订立的劳动合同，除应当载明本法第十七条规定的事项外，还应当载明被派遣劳动者的用工单位以及派遣期限、工作岗位等情况。

劳务派遣单位应当与被派遣劳动者订立二年以上的固定期限劳动合同，按月支付劳动报酬；被派遣劳动者在无工作期间，劳务派遣单位应当按照所在地人民政府规定的最低工资标准，向其按月支付报酬。

第六十五条 被派遣劳动者可以依照本法第三十六条、第三十八条的规定与劳务派遣单位解除劳动合同。

被派遣劳动者有本法第三十九条和第四十条第一项、第二项规定情形的，用工单位可以将劳动者退回劳务派遣单位，劳务派遣单位依照本法有关规定，可以与劳动者解除劳动合同。

(2) 国务院《劳动合同法实施条例》（2008年9月18日 国务院令第535号）

第三十条 劳务派遣单位不得以非全日制用工形式招用被派遣劳动者。

第三十一条 劳务派遣单位或者被派遣劳动者依法解除、终止劳动合同的经济补偿，依照劳动合同法第四十六条、第四十七条的规定执行。

第三十二条 劳务派遣单位违法解除或者终止被派遣劳动者的劳动合同的，依照劳动合同法第四十八条的规定执行。

劳务派遣协议

[解读]

劳务派遣公司与使用劳务派遣用工方式的用工单位订立的合同称为劳务派遣协议，协议内容一般应包括：

（一）派遣期限，也就是协议的期限、用工的期限。用工单位应根据需要与派遣公司约定派遣期限，不能将连续用工期限分割订立数个短期派遣协议。实践中，派遣期限与劳务派遣劳动合同的期限是相互衔接的，便于合同管理的操作。

（二）派遣岗位与人数。派遣岗位一般应为临时性、辅助性或替代性工作岗位。临时性岗位是指不超过法定存续时间的工作岗位；辅助性岗位是指为用工单位主营业务提供服务的工作岗位，具体岗位名目由用工单位履行一定的民主程序确定；替代性岗位是指用工单位的职工因休病假、产假或脱产培训、服兵役、工伤治疗等情况不能从事劳动的工作岗位。派遣人员名单及人数应附在劳务派遣协议后面。

（三）劳动者的工资、福利和社会保险。协议中应将其数额或确定方式约定明确。工资和福利费用可以由用工单位支付给派遣公司，再由派遣公司支付给劳动者，派遣公司不得克扣劳动者的工资、福利费用；也可由派遣公司委托用工单位直接向劳动者支付。社会保险费用必须由用工单位支付给派遣单位，由派遣单位办理缴纳手续。

（四）其他权利和义务。例如劳动者遵守派遣公司和用工单位的规章制度，接受其日常管理；用工单位可与劳动者订立岗位协议等管理性协议；派遣公司与用工单位的违约责任等。

[依据指引]

《中华人民共和国劳动合同法》（2007年6月29日 国家主席令第65号）

第五十九条 劳务派遣单位派遣劳动者应当与接受以劳务派遣形式用工的单位（以下称用工单位）订立劳务派遣协议。劳务派遣协议应当约定派遣岗位和人员数量、派遣期限、劳动报酬和社会保险费的数额与支付方式以及违反协议的责任。

用工单位应当根据工作岗位的实际需要与劳务派遣单位确定派遣期限，不得将连续用工期限分割订立数个短期劳务派遣协议。

第六十条 劳务派遣单位应当将劳务派遣协议的内容告知被派遣劳动者。

劳务派遣单位不得克扣用工单位按照劳务派遣协议支付给被派遣劳动者的劳动报酬。

劳务派遣单位和用工单位不得向被派遣劳动者收取费用。

第六十六条　劳务派遣一般在临时性、辅助性或者替代性的工作岗位上实施。

被派遣劳动者的权利和义务

［解读］

被派遣劳动者的权利主要体现在两个方面：一是享有与用工单位的劳动者同工同酬的权利；如果用工单位无同类岗位的劳动者，则应参照用工单位所在地相同或相近岗位劳动者的劳动报酬确定。二是有权在劳务派遣单位或者用工单位依法参加或组织工会，如果在用工单位参加工会，则用工单位应与本单位职工参加工会在管理方面有所区别，以免将两类人员混淆，造成不必要的误会，引发纠纷。

被派遣劳动者的义务主要是遵守用工单位的规章制度，接受其日常管理。这是被派遣劳动者常年在用工单位工作的需要，其主要依据是劳务派遣协议和劳务派遣劳动合同，以及用工单位与劳动者签订的管理协议等。另外，在离职时，还应依法、依约向用工单位和派遣单位办理工作、财物交接手续。

［依据指引］

《中华人民共和国劳动合同法》（2007 年 6 月 29 日　国家主席令第 65 号）

第六十三条　被派遣劳动者享有与用工单位的劳动者同工同酬的权利。用工单位无同类岗位劳动者的，参照用工单位所在地相同或者相近岗位劳动者的劳动报酬确定。

第六十四条　被派遣劳动者有权在劳务派遣单位或者用工单位依法参加或者组织工会，维护自身的合法权益。

劳务派遣单位的权利和义务

［解读］

劳务派遣单位一般是具有派遣劳动者资质的劳务派遣公司，作为用人单位其主要权利包括：招用被派遣劳动者并与之订立劳动合同；对被派遣劳动者进行管理；依法、依约与被派遣劳动者解除、终止劳动合同等。其主要义务包括：依法履行民主程序建立内部规章制度；招用劳动者不能扣押其任何证件、收取任何费用；将劳务派遣协议的内容告知被派遣劳动者；依法、依约按时足额向劳动者支付劳动报酬；为劳动者缴纳各项社会保险费用；根据需要为劳动者存放档案，为工伤职工办理工伤认定申报手续；为离职劳动者出具解除或终止劳动合同证明，办理档案和社会保险关系转移手续等。

［依据指引］

《中华人民共和国劳动合同法》（2007 年 6 月 29 日　国家主席令第 65 号）

第四条　用人单位应当依法建立和完善劳动规章制度，保障劳动者享有劳动权利、履行劳动义务。

用人单位在制定、修改或者决定有关劳动报酬、工作时间、休息休假、劳动安全卫生、保险福利、职工培训、劳动纪律以及劳动定额管理等直接涉及劳动者切身利益的规章制度或者重大事项时，应当经职工代表大会或者全体职工讨论，提出方案和意见，与工会或者职工代表平等协商确定。

在规章制度和重大事项决定实施过程中，工会或者职工认为不适当的，有权向用人单位提出，通过协商予以修改完善。

用人单位应当将直接涉及劳动者切身利益的规章制度和重大事项决定公示，或者告知劳动者。

第五十八条　劳务派遣单位是本法所称用人单位，应当履行用人单位对劳动者的义务。劳务派遣单位与被派遣劳动者订立的劳动合同，除应当载明本法第十七条规定的事项外，还应当载明被派遣劳动者的用工单位以及派遣期限、工作岗位等情况。

劳务派遣单位应当与被派遣劳动者订立二年以上的固定期限劳动合同，按月支付劳动报酬；被派遣劳动者在无工作期间，劳务派遣单位应当按照所在地人民政府规定的最低工资标准，向其按月支付报酬。

第六十条　劳务派遣单位应当将劳务派遣协议的内容告知被派遣劳动者。

劳务派遣单位不得克扣用工单位按照劳务派遣协议支付给被派遣劳动者的劳动报酬。

劳务派遣单位和用工单位不得向被派遣劳动者收取费用。

用工单位的权利和义务

［解读］

用工单位是指接受以劳务派遣形式用工的单

位。其主要权利就是依据法律和内部规章制度组织、管理、使用被派遣劳动者进行本单位的生产、经营，如果被派遣劳动者违反了规章制度，用工单位可给予经济处罚和适当的行政处理，直至将其退回派遣公司。

用工单位的主要义务如下：

（一）依法为劳动者提供相应的劳动条件和劳动保护。

（二）可通过签订协议书等方式告知劳动者工作要求和劳动报酬。

（三）按时足额支付工资，提供与工作岗位相关的福利待遇，实行正常的工资调整机制。

（四）为劳动者提供工作岗位所必需的培训。

（五）按照本单位所在地的劳动标准，为跨地区派遣的劳动者提供劳动报酬和劳动条件。

（六）不得将被派遣劳动者再派遣到其他用人单位。

[依据指引]

(1)《中华人民共和国劳动合同法》（2007年6月29日　国家主席令第65号）

第六十一条　劳务派遣单位跨地区派遣劳动者的，被派遣劳动者享有的劳动报酬和劳动条件，按照用工单位所在地的标准执行。

第六十二条　用工单位应当履行下列义务：

（一）执行国家劳动标准，提供相应的劳动条件和劳动保护；

（二）告知被派遣劳动者的工作要求和劳动报酬；

（三）支付加班费、绩效奖金，提供与工作岗位相关的福利待遇；

（四）对在岗被派遣劳动者进行工作岗位所必需的培训；

（五）连续用工的，实行正常的工资调整机制。

用工单位不得将被派遣劳动者再派遣到其他用人单位。

(2) 国务院《劳动合同法实施条例》（2008年9月18日　国务院令第535号）

第二十九条　用工单位应当履行劳动合同法第六十二条规定的义务，维护被派遣劳动者的合法权益。

劳务派遣公司的设立

[解读]

劳务派遣公司的设立是指公司创办人为取得经营资格，依照法定程序所实施的一系列行为的总称。设立的条件如下：

（一）注册资本不得少于50万元人民币。

（二）依照公司法的有关规定设立，如股东符合法定人数，股东出资须达到法定资本最低限额，股东共同制定公司章程，有固定的经营场所等。

（三）用人单位不能设立派遣公司（含其出资或合伙，或者其所属单位出资或合伙设立派遣公司），向本单位或其所属单位派遣劳动者。

[依据指引]

(1)《中华人民共和国劳动合同法》（2007年6月29日　国家主席令第65号）

第五十七条　劳务派遣单位应当依照公司法的有关规定设立，注册资本不得少于五十万元。

第六十七条　用人单位不得设立劳务派遣单位向本单位或者所属单位派遣劳动者。

(2) 国务院《劳动合同法实施条例》（2008年9月18日　国务院令第535号）

第二十八条　用人单位或者其所属单位出资或者合伙设立的劳务派遣单位，向本单位或者所属单位派遣劳动者的，属于劳动合同法第六十七条规定的不得设立的劳务派遣单位。

(3)《中华人民共和国公司法》（1993年12月29日　国家主席令第16号　2005年10月27日修订）

第八条　依照本法设立的有限责任公司，必须在公司名称中标明有限责任公司或者有限公司字样。依照本法设立的股份有限公司，必须在公司名称中标明股份有限公司或者股份公司字样。

第七十七条　设立股份有限公司，应当具备下列条件：

（一）发起人符合法定人数；

（二）发起人认购和募集的股本达到法定资本最低限额；

（三）股份发行、筹办事项符合法律规定；

（四）发起人制订公司章程，采用募集方式设立的经创立大会通过；

（五）有公司名称，建立符合股份有限公司要求的组织机构；

（六）有公司住所。

特殊人员安置规定

[解读]

特殊人员安置规定是指国家对一些特殊群体人员在就业、招聘、录用等方面政策性的保障措施。在我国劳动用人制度的历史上，曾经对技工学校毕业生，大中专毕业生，转业、复员军人及其家属，军队干部随军家属，回城知识青年等，有过包下来的就业等方面的安置政策。随着劳动用人制度的改革，这种政策正在逐步减少或发生变化。目前，技工学校、大中专院校毕业生已不再包分配，这些人员的就业已经市场化；回城知青的安置已成为历史，不复存在。目前主要还有对转业、复员军人及其家属、军队干部随军家属、西藏内调人员和残疾人的安置政策；此外，随着经济体制的改革，产业结构的调整，国家又制定了国有企业富余人员和破产企业职工的安置政策。

[依据指引]

(1)《中华人民共和国兵役法》(1984 年 5 月 31 日　国家主席令第 13 号　2011 年 10 月 29 日修订)(略)

(2) 国务院、中央军委批转民政部、总参谋部等部门《关于进一步做好伤病残义务兵退伍和安置工作意见的通知》(1992 年 2 月 1 日　国发［1992］4 号)

一、关于当年退出现役的特等、一等革命伤残义务兵的接收安置。

……

按照民政部、总参谋部等七部门《关于安置特等、一等革命残废军人有关问题的通知》(民［1985］安 2 号)规定，安置地有关部门要优先安排和及时办理特等、一等伤残义务兵的配偶及十六周岁以下子女（或已超过十六周岁仍在学校读书的子女）“农转非”和粮油供应，并优先解决这些伤残义务兵配偶及其符合招工条件子女的就业。

……

四、关于二等、三等革命伤残退伍义务兵的安置。因战因公负伤致残的二等、三等革命伤残义务兵退伍后，由原征集地的人民政府接收。原是城市户口的，由原征集地的退伍军人安置机构安排力所能及的工作；原是农业户口的，原征集地有条件的，可以在企业、事业单位安排适当工作。对要求自谋职业的，应予鼓励。中央和地方各企业、事业单位应按照有关政策规定接收当地人民政府分配的安置任务。国家为接收安置伤残退伍义务兵的单位相应增加劳动指标和工资总额基数。对拒不接收伤残退伍义务兵的单位，当地人民政府要追究其领导者的责任。

……

(3) 公安部等六部门印发的《关于军队刑满释放干部安置问题的通知》(［1989］政干字第 258 号)

一、刑满释放的军官和文职干部，应由原部队重新确定其职务等级（技术等级）和工资待遇。确定的原则，一般应低于其服刑前的职级。服刑期间有重大立功表现的人员，也可不降低其职务等级（技术等级）和工资待遇。

二、刑满释放的军官和文职干部，除犯过失罪并在服刑期间表现好适合继续担任干部职务的可安排转业外，其余的一般作复员处理。作复员处理的人员，原则上由批准其入伍的县（市、区）人民政府退伍军人安置办公室接收安置，部队在办理复员手续之前，要派人与安置地区退伍军人办公室联系。从城镇入伍，配偶现在中等以下城市（镇）工作的，可到配偶所在地安置；从农村入伍，原征集地无直系亲属、家庭确有特殊困难的，也可到配偶所在地区安置。

符合离退休条件的，按有关规定办理离退休手续。

三、刑满释放的军官和文职干部，从城镇入伍的，复员后原则上由政府分配适当工作；入伍前是厂矿、企事业单位的职工，应回原单位复工；分配工作确有困难的，也可由本人自谋职业。对有条件从事个体经营的，工商行政管理部门应按规定发给营业执照。

从农村入伍的，当地有条件的，可在乡镇企业安排适当工作，没有条件在乡镇企业安排的，应按照国家农委、民政部《关于给解放军战士划分承包土地问题的通知》(民［1981］优 100 号文件）的规定，划给责任田（山）、自留地（山）或让其承包其他生产经营项目。

刑满释放的军官和文职干部，具备国家机关、企事业单位录用条件的，履行审批手续后，可以到这些单位工作，享受所在单位同等条件人员的待遇。其军龄（不含刑期）可计算为连续工龄。

四、刑满释放的军官和文职干部的配偶可随同其到安置地区落户，原吃商品粮的仍吃商品粮。配偶有工作的，干部由人事部门、工人由劳动部门负责安排，调出调入单位相应增减劳动指标和工资总额。随迁子女需要转学入学的，由当地教育部门予以解决。

五、各地公安机关对刑满释放的军官和文职干部及其随军无工作的家属，凭县（市）以上复员、转业军人安置部门的证明及所附随迁家属名单办理落户手续；随同调动工作的配偶，凭县（市）以上劳动或人事部门同意调入的证明予以落户。

积极合理地安置刑满释放的军官和文职干部，对于加强部队建设和维护社会安定，有着直接的影响。各有关部门要在当地政府的领导下，通力协作，密切配合，各负其责，做好工作。军队各级组织既要细致地做好思想工作，切实解决好遗留问题，又要主动与地方联系，使他们尽快得到合理安置。

此通知从颁发之日起执行，以前已安置的干部不再重新安置。本通知规定的安置办法，不适用于被开除军籍的人员。

(4) 国务院、中央军委批转劳动部等五部门《关于进一步做好军队干部随军家属安置工作意见的通知》（1993年6月14日　国发［1993］43号）（略）

(5) 国务院办公厅、中央军委办公厅转发民政部等四部门《关于部分牺牲病故军官随军家属易地移交政府安置管理问题意见》（1994年8月29日　国办发［1994］87号）

一、驻新疆、青海、西藏的部队和驻其他省、自治区、直辖市的县城（含）以下地区的部队，驻海岛的部队以及驻上述地区以外的师（含）以下作战部队中的随军遗属（军官的配偶和未成年子女、无独立生活能力的子女及经师、旅及以上单位的政治机关和驻地县以上公安部门批准投靠军官生活的父母，下同），可以易地移交政府安置管理。

……

四、无工资收入的随军遗属易地安置时，当年所剩月份的定期生活补助费，由部队一次发给本人。从下一年度起，由接收地区的民政部门发给定期抚恤金，原按军队规定标准领取的定期生活补助费，高于地方规定的定期抚恤金的部分，予以保留。

……

八、易地安置的牺牲军官配偶是正式职工的，办理调动手续，由接收安置地区的人事、劳动部门安排适当工作。病故军官配偶是正式职工的，由接收安置地区的人事、劳动部门负责向用人单位推荐。有劳动能力无正式工作的军官配偶及待业子女，由当地政府纳入劳动就业与社会发展计划，企事业单位在招工时，同等条件下优先录用。

九、易地安置的牺牲、病故军官配偶，是地方离休干部的，由安置地区的干部管理部门负责管理；属于退休干部或党政机关、群众团体、事业单位的退休、退职工人的，由民政部门负责管理，属于企业单位的退休、退职工人的，由政府指定部门或单位负责管理。离退休人员的各项经费，仍由原工作单位按照有关规定负责解决，每年年初由原工作单位一次拨给接收安置地区（部门、单位）代为掌握支付，年终结算。其医疗费用由原工作单位按规定报销。

牺牲、病故军官配偶是军队无军籍退休、退职职工的，其生活待遇及与其有关的经费项目和渠道，按国家有关规定执行。

十、易地安置的牺牲、病故军官的学龄子女，由接收安置地区的教育部门就近安排在公办学校就读。

十一、易地安置的随军遗属离队时，由军队发给前往安置地点途中所需的车船费、住宿费、伙食补助费和行李托运费。

以上意见如无不妥，请批转各地区、各部队执行。执行中的具体问题，由民政部、总政治部负责解释。

(6)《中华人民共和国残疾人保障法》（1990年12月28日　国家主席令第36号）

第三十一条　残疾人劳动就业，实行集中与分散相结合的方针，采取优惠政策和扶持保护措施，通过多渠道、多层次、多种形式，使残疾人劳动就业逐步普及、稳定、合理。

第三十二条　政府和社会举办残疾人福利企业、盲人按摩机构和其他福利性单位，集中安排残疾人就业。

第三十三条　国家实行按比例安排残疾人就业制度。

国家机关、社会团体、企业事业单位、民办非企业单位应当按照规定的比例安排残疾人就业，并为其选择适当的工种和岗位。达不到规定比例的，按照国家有关规定履行保障残疾人就业义务。国家鼓励用人单位超过规定比例安排残疾人就业。

残疾人就业的具体办法由国务院规定。

(7) 国务院《国有企业富余职工安置规定》

(1993年4月20日 国务院令第111号)(略)

(8) 劳动部办公厅《关于破产企业职工安置问题的复函》(1997年9月22日 劳办函[1997]159号)

海南省人事劳动厅:

你厅《关于破产企业职工安置问题的请示》(琼人劳关[1997]1号)收悉。经与国家经贸委协商,现将有关问题答复如下:

一、关于在优化资本结构试点城市对自谋职业的职工付给安置费的标准问题。国务院国发[1997]10号文件规定,对破产企业职工自谋职业的可一次性付给安置费,标准不高于试点城市的企业职工上年平均工资收入的3倍。我们认为,在这一范围内,各地可根据安置对象的不同情况确定不同的安置费标准,对不同工龄的破产企业职工有所区别。

二、矿产企业职工在领取了一次性安置费自谋职业,即为在业人员,不再享受失业救济。

国有企业安置富余人员的主要方式

[解读]

国有企业安置富余人员的主要方式和相应优惠政策,大致有以下八种:

(一)企业为安置富余职工可举办从事第三产业的独立核算的企业,该企业在缴税方面享受优惠政策。

(二)企业开办的劳服企业应承担安置本企业富余职工的任务,也就是说富余职工可安置在劳服企业。

(三)企业可以对富余职工实行待岗和转业培训,培训期间的工资待遇由企业自行确定。

(四)经职代会讨论同意并报企业行政主管部门备案,企业可对富余职工实行有限期的放假,职工放假期间,由企业发给生活费(安置富余职工需由企业发给生活费的标准,均由企业自主确定,但不得低于当地政府规定的最低标准)。女职工在孕期、产期、哺乳期期间,经本人申请,企业可以给予不超过两年的长假,假期发给生活费。长假包含产假的,产假期间按国家规定发给工资或生育津贴。

(五)企业富余职工距退休年龄不到5年的,经本人申请,企业领导批准,可以退出工作岗位休养。提前退养期间,由企业发给生活费。

(六)企业富余职工可以申请辞职,经企业批准的,办理辞职手续时,由企业按国家规定发给一次性生活补助费。

(七)企业因生产经营发生重大变化,必须裁减职工的,对合同制职工可以解除劳动合同,但应按合同约定履行义务,按国家规定给予经济补偿。

(八)企业之间可以调剂富余职工,既可正式调动,即与原单位解除劳动合同,与新单位订立劳动合同;也可临时借调,借调期间职工的工资、福利待遇由双方企业在劳务协议中约定。

国家除上述一般国有企业通用的富余人员安置政策外,对特殊行业常常又制定一些特殊的富余人员的安置政策。例如,国家对纺织企业、粮食企业等又有一些特殊的规定。因此,在适用富余人员安置政策时应注意,特殊政策只能适用于特殊行业。

许多非国有企业也有富余人员问题,原则上是不能适用国有企业安置富余人员政策的,特别是不能享受国家给予国有企业安置富余人员在税收、经费等方面的优惠政策。然而,非国有企业可运用企业自主权,决定该企业比照国有企业安置富余人员的方式和政策来制定内部安置富余人员的规章、制度,并予以实施。

[依据指引]

(1) 国务院《国有企业富余职工安置规定》(1993年4月20日 国务院令第111号)

第一条 为了妥善安置国有企业富余职工,增强企业活力,提高企业经济效益,制定本规定。

第二条 安置国有企业(以下简称企业)中的富余职工,应当遵循企业自行安置为主、社会帮助安置为辅,保障富余职工基本生活的原则。

第三条 企业安置富余职工应当依照本规定采取拓展多种经营、组织劳务活动、发展第三产业、综合利用资源和其他措施。

企业行政主管部门、劳动行政主管部门和工会组织应当指导、帮助和支持企业做好富余职工安置工作,积极创造条件,培育和完善劳务市场,开辟社会安置渠道。

第四条 企业为安置富余职工而兴办的从事第三产业的独立核算企业,自开业之日起两年免征、三年减半征收企业所得税。

第五条 企业开办的劳动就业服务企业,应当承担安置本企业富余职工的任务。企业应当按照国家有关国有资产管理的规定,在资金、场地、原材料和设备等方面给予扶持。

第六条 企业组织本企业富余职工依法兴办的独立核算企业，可以承担本企业中原由外单位承包的技术改造或者劳务项目。

第七条 企业可以对富余职工实行待岗和转业培训，培训期间的工资待遇由企业自行确定。

第八条 经企业职工代表大会讨论同意并报企业行政主管部门备案，企业可以对职工实行有限期的放假。职工放假期间，由企业发给生活费。

孕期或者哺乳期的女职工，经本人申请，企业可以给予不超过二年的假期，放假期间发给生活费。假期内含产假的，产假期间按照国家规定发给工资。

第九条 职工距退休年龄不到五年的，经本人申请，企业领导批准，可以退出工作岗位休养。职工退出工作岗位休养期间，由企业发给生活费。已经实行退休费用统筹的地方，企业和退出工作岗位休养的职工应当按照有关规定缴纳基本养老保险费。职工退出工作岗位休养期间达到国家规定的退休年龄时，按照规定办理退休手续。职工退出工作岗位休养期间视为工龄，与其以前的工龄合并计算。

第十条 职工可以申请辞职。经企业批准辞职的职工，在办理辞职手续时，企业应当按照国家有关规定发给一次性生活补助费。

第十一条 按照本规定第八条、第九条规定发放的生活费在企业工资基金中列支，生活费标准由企业自主确定，但是不得低于省、自治区、直辖市人民政府规定最低标准。

第十二条 企业因生产经营发生重大变化，必须裁减职工的，对劳动合同制职工，经企业职工代表大会讨论同意，可以提前解除劳动合同，但是应当按照合同约定履行义务；合同没有约定的，企业对被提前解除劳动合同的职工，按照其在本企业工作的年限，工龄每满一年，发给相当于本人一个月标准工资的补偿费。

第十三条 各级劳动行政主管部门和企业行政主管部门应当做好富余职工的社会安置和调剂工作，鼓励和帮助富余职工组织起来就业和自谋职业。企业之间调剂职工，可以正式调动，也可以临时借调；临时借调的，借调期间的工资和福利待遇由双方企业在协议中商定。

第十四条 富余职工由企业自行安置有困难到社会待业的，在待业期间，依法享受待业保险待遇。劳动行政主管部门和有关行政主管部门应当创造条件，帮助职工再就业。

第十五条 企业依照本规定兴办的独立核算企业安置的职工，按照国家有关规定纳入新办企业的职工人数和经济指标的统计范围。

第十六条 省、自治区、直辖市人民政府可以根据本规定制定实施办法。

第十七条 本规定由国务院劳动行政主管部门负责解释。

第十八条 本规定自发布之日起施行。

(2) 劳动部、内贸部、国家粮食储备局《关于促进粮食系统扭亏增盈减员增效分流安置富余人员的通知》（1997 年 11 月 24 日　劳部发［1997］346 号）（略）

(3) 国务院办公厅《转发国家计委关于做好国有粮食企业减员分流工作意见的通知》（1998 年 5 月 19 日　国办发［1998］20 号）（略）

(4) 劳动部、中国纺织总会《关于做好纺织行业压锭减员分流安置工作的通知》（1998 年 2 月 5 日　劳部发［1998］34 号）（略）

(5) 劳动和社会保障部、国家经贸委《关于切实做好纺织行业压锭减员分流安置工作的补充通知》（1998 年 6 月 22 日　劳社部发［1998］6 号）（略）

(6) 劳动和社会保障部办公厅《关于政法机关撤销和移交企业职工安置意见的函》（1998 年 9 月 16 日　劳社厅函［1998］84 号）

中央关于军队武警部队政法机关不再从事经商活动工作领导小组办公室：

根据你们的要求，经认真研究，现对政法机关撤销和移交企业职工安置工作，提出如下意见：

一、关于撤销企业职工的安置，按劳动法律法规和劳动合同约定办理。企业撤销前参加了失业保险的，其职工可享受失业保险待遇；未参加失业保险的，其职工可按国有企业下岗职工对待，按照有关政策执行。

二、关于移交企业职工的安置，移交企业的职工应是企业于 1998 年 6 月 30 日前正式录用并签订劳动合同的人员。企业移交地方后，应继续履行原劳动合同，因生产经营状况发生重大变化，无法履行原劳动合同的，企业可按照《劳动法》及有关规定与职工协商变更劳动合同。

三、关于撤销和移交企业职工的社会保险。企业移交后，职工各项社会保险实行属地化管理，企业和职工都要参加社会保障。撤销企业的离退休人员，已参加当地养老保险的，由地方社会保险经办机构直接发放养老金；未参加的，按照人均领取10年养老金的数额向社会保险经办机构划转所需费用后，其离退休人员由社会保险经办机构直接发放养老金。

国有企业改制中对富余职工的分流

［解读］

随着国有企业体制改革的不断深入，国家对国有大中型企业主辅分离、辅业改制，富余人员分流过程中劳动关系的处理政策，又作了新的调整，主要有以下几个方面：

（一）关于劳动合同

1. 国有大中型企业实行主辅分离、辅业改制的企业（以下简称“改制企业”）应当在工商登记后30日内，与原主体企业分流到本单位的职工签订劳动合同。

2. 对分流到国有法人绝对控股改制企业的职工，应当采取原主体企业解除劳动合同，改制企业签订新劳动合同的方式变更劳动合同，由改制企业继续与职工履行原劳动合同约定的权利与义务。

3. 改制企业与职工重新签订劳动合同就劳动合同期限不能协商一致的，应当继续履行原劳动合同中尚未履行的期限；原劳动合同未履行期限短于3年的，应延长至3年。符合签订无固定期限劳动合同条件的，职工提出签订无固定期限的劳动合同，用人单位应当签订无固定期限劳动合同。

4. 对分流到非国有法人控股改制企业的职工，原主体企业应当与其办理解除劳动合同手续，并依法支付经济补偿金；改制企业应当与职工重新签订劳动合同。劳动合同的期限由改制企业与职工协商确定，重新签订劳动合同的期限应不短于3年。

（二）关于经济补偿

1. 对分流到国有法人绝对控股改制企业的职工，改制企业解除劳动合同时，对符合支付经济补偿金条件的，计发经济补偿金的年限应当将职工在原主体企业的工作年限与到改制企业后的工作年限合并计算。劳动合同期满，终止劳动合同时，支付生活补助费的办法按照《劳动保障部办公厅关于〈国营企业实行劳动合同制暂行规定〉废止后有关终止劳动合同支付生活补助费问题的复函》（劳社厅函［2001］280号）执行。

2. 企业解除劳动合同计发经济补偿金，按照《违反和解除劳动合同的经济补偿办法》（劳部发［1994］481号）的规定执行。对从其他国有单位（包括国家机关、事业单位和国有企业）调入本单位的职工，其在国有单位的工龄可计入本单位工作年限。

经济补偿金的工资计算标准是指企业正常生产情况下劳动者解除劳动合同前12个月的月平均工资。其中，职工月平均工资低于企业月平均工资的，按企业月平均工资计发；职工月平均工资超过企业月平均工资3倍以上的，按不高于企业月平均工资的3倍标准计发。企业经营管理人员也应照此执行。

（三）关于内部退养

1. 企业改制分流时，对距法定退休年龄5年以内、符合内部退养条件的职工，原主体企业或国有法人控股的改制企业经与职工协商一致，可以实行内部退养。

2. 职工在改制前已经办理内部退养手续的，一般由原主体企业继续履行与职工的内部退养协议。由改制企业履行原内部退养协议的，应当在改制分流总体方案中明确。

（四）其他规定

1. 企业改制分流时，已经与原主体企业解除劳动合同的职工，不能再同原主体企业参加改制。

2. 企业改制分流时，原主体企业要妥善处理好拖欠职工的工资和欠缴的社会保险费等债务。具体操作按财政部的有关规定执行。

3. 国有法人控股的改制企业再改制为非国有法人控股时，符合《关于国有大中型企业主辅分离辅业改制分流富余人员的实施办法》（国经贸企改［2002］859号）适用范围的，有关职工劳动关系的处理，也按照上述政策执行。

［依据指引］

（1）国资委、财政部、劳动和社会保障部、税务总局《关于进一步明确国有大中型企业主辅分离辅业改制有关问题的通知》（2003年7月4日 国资分配［2003］21号）

三、关于解除劳动关系的经济补偿标准。按照劳动保障部《违反和解除劳动合同的经济补偿办法》（劳部发［1994］481号）有关规定执行。根据劳动者在本单位工作年限，每满一年发给相当于一个月工资的经济补偿金。工作时间不满一年的按一年的标准发给经济补偿金。经济补偿金的工资计算标准是指企业正常生产情况下劳动者解除劳动合同前12个月的月平均工资。其中，职工月平均工资低于企业月平均工资的，按企业月平均工资计发；职工月平均工资高于企业月平均工资3倍或3倍以上的，可按不高于企业月平均工资3倍的标准计发。企业经营者也应按照上述办法执行。

(2) 劳动和社会保障部、财政部、国有资产监督管理委员会《关于印发国有大中型企业主辅分离辅业改制分流安置富余人员的劳动关系处理办法的通知》（2003年7月31日　劳社部发［2003］21号）

一、关于国有企业改制分流中劳动关系处理工作

（一）国有大中型企业实行主辅分离、辅业改制的企业（以下简称“改制企业”）应当在工商登记后30日内，与原主体企业分流到本单位的职工签订劳动合同。

（二）对分流到国有法人绝对控股改制企业的职工，应当采取原主体企业解除劳动合同，改制企业签订新劳动合同的方式变更劳动合同，由改制企业继续与职工履行原劳动合同约定的权利与义务。

改制企业与职工重新签订劳动合同就劳动合同期限不能协商一致的，应当继续履行原劳动合同中尚未履行的期限；原劳动合同未履行期限短于3年的，应延长至3年。

符合签订无固定期限劳动合同条件的，职工提出签订无固定期限的劳动合同，用人单位应当签订无固定期限劳动合同。

（三）对分流到非国有法人控股改制企业的职工，原主体企业应当与其办理解除劳动合同手续，并依法支付经济补偿金；改制企业应当与职工重新签订劳动合同。劳动合同的期限由改制企业与职工协商确定，重新签订劳动合同的期限应不短于3年。

（四）对分流到国有法人绝对控股改制企业的职工，改制企业解除劳动合同时，对符合支付经济补偿金条件的，计发经济补偿金的年限应当将职工在原主体企业的工作年限与到改制企业后的工作年限合并计算。劳动合同期满，终止劳动合同时，支付生活补助费的办法按照《劳动保障部办公厅关于〈国营企业实行劳动合同制暂行规定〉废止后有关终止劳动合同支付生活补助费问题的复函》（劳社厅函［2001］280号）执行。

（五）企业解除劳动合同计发经济补偿金，按照《违反和解除劳动合同的经济补偿办法》（劳部发［1994］481号）的规定，根据劳动者在本单位工作年限，每满一年发给相当于一个月工资的经济补偿金，工作时间不满一年的按一年的标准发给经济补偿金。对从其他国有单位（包括国家机关、事业单位和国有企业）调入本单位的职工，其在国有单位的工龄可计入本单位工作年限。

经济补偿金的工资计算标准是指企业正常生产情况下劳动者解除劳动合同前12个月的月平均工资。其中，职工月平均工资低于企业月平均工资的，按企业月平均工资计发；职工月平均工资超过企业月平均工资3倍以上的，按不高于企业月平均工资的3倍标准计发。企业经营管理人员也应按照上述办法执行。

（六）企业改制分流时，对距法定退休年龄5年以内、符合内部退养条件的职工，原主体企业或国有法人控股的改制企业经与职工协商一致，可以实行内部退养。

职工在改制前已经办理内部退养手续的，一般由原主体企业继续履行与职工的内部退养协议。由改制企业履行原内部退养协议的，应当在改制分流总体方案中明确。

（七）企业改制分流时，已经与原主体企业解除劳动合同的职工，不能再回原主体企业参加改制。

（八）企业改制分流时，原主体企业要妥善处理好拖欠职工的工资和欠缴的社会保险费等债务。具体办法按照《财政部关于印发〈企业公司制改建有关国有资本管理与财务处理的暂行规定〉的通知》（财企［2002］313号）执行。

（九）国有法人控股的改制企业再改制为非国有法人控股时，符合《关于国有大中型企业主辅分离辅业改制分流富余人员的实施办法》（国经贸企改［2002］859号）适用范围的，有关职工劳动关系的处理，按照本办法执行。

破产企业职工安置

［解读］

对破产企业职工安置的规定，主要有以下五个方面的内容：

（一）破产企业职工自谋职业的，政府可以根据当地的实际情况，发放一次性安置费。一次性安置费原则上按照破产企业所在市的企业职工上年平均工资收入的3倍发放，具体发放标准由各有关市人民政府规定。在这一标准范围内，各地可根据安置对象的不同情况确定不同的安置费标准，对不同工龄的破产企业职工可有所区别。对这种自谋职业的破产企业职工，原养老保险关系依然保留。自谋职业者应按照当地政府的有关规定，向所在地的社会保险经办机构缴纳养老保险费，继续参加基本养老保险社会统筹。破产企业领取一次性安置费的人员再就业后，其原在国有企业的工龄及再就业后的工龄可合并计算为连续工龄。但在重新就业的单位与职工解除劳动关系支付经济补偿金时，原单位的工作年限不计算为新单位的工作年限。这一政策适用于破产企业的各类职工，包括合同制工人。

（二）破产企业离退休职工的离退休费和医疗费由当地社会养老、医疗保险机构负责管理。破产企业参加养老保险、医疗保险基金社会统筹的，其离退休费、医疗费由所在试点城市社会养老、医疗保险机构分别从养老保险、医疗保险基金社会统筹中支付。

已经参加养老保险社会统筹的企业，破产时，需补交欠缴的养老保险费（含差额拨付时企业欠发离退休人员的养老金）及其利息。没有参加养老保险、医疗保险基金社会统筹或者养老保险、医疗保险基金社会统筹不足的企业，应按照支付离退休人员养老金的实际需要，从企业土地使用权出让所得中支付；处置土地使用权所得不足以支付的，不足部分从处置其他破产财产所得中拨付。破产企业一次性向社会保险经办机构划拨了费用，社会保险经办机构则负责支付该破产企业离退休人员的基本老养金和医疗费。具体办法由省级政府制定。破产企业社会保险统筹费用应当缴纳至人民法院裁定宣告破产之日。因此，被申请破产的企业在整顿或重整期间，应当为职工缴纳社会保险费；在破产企业清算期间，受清算组委托或同意，进行生产、经营自救活动，并仍在给职工发放工资的，应按规定缴纳社会保险费。

对于养老保险基金确实不足，支付困难的地区，为弥补资金不足，可以从破产企业资产中划拨一定费用给社会保险经办机构，以保证离退休人员基本养老金的发放。具体办法由省级政府根据实际情况确定。

（三）破产企业中因工致残或者患严重职业病、全部或者大部分丧失劳动能力的职工，即被鉴定为1～6级伤残等级的职工，作为离退休职工安置。距离退休年龄不足5年的职工，经本人申请，可以提前离退休。

（四）未选择自谋职业，而领取解除劳动关系经济补偿金的，在失业期间，依照有关规定享受失业保险待遇。失业保险期满无法重新就业的职工，符合社会救济条件的，由当地民政部门按照规定发给社会救济金。已领取一次性安置费的职工，不再享受失业保险待遇。

（五）破产财产在优先清偿破产费用和共益债务后，依照下列顺序清偿：

1. 破产人所欠职工的工资和医疗、伤残补助、抚恤费用，所欠的应当划入职工个人账户的基本养老保险、基本医疗保险费用，以及法律、行政法规规定应当支付给职工的补偿金；

2. 破产人欠缴的除前项规定以外的社会保险费用和破产人所欠税款；

3. 普通破产债权。

破产财产不足以清偿同一顺序的清偿要求的，按照比例分配。破产企业的董事、监事和高级管理人员的工资按照该企业职工的平均工资计算。破产企业职工的安置费用来源不足的，按照企业隶属关系，由破产企业所在地的市或者市辖区、县的人民政府负担。

需要注意的是，有关破产方面的政策，只适用于国务院破产的企业“优化资本结构”试点城市范围内的国有工业企业。非试点城市和地区的国有企业破产，只能按照《破产法》的规定实施，即破产企业财产处置所得，必须用于按比例清偿债务，安置破产企业职工的费用只能从当地政府补贴、民政救济和社会保障等渠道解决。

[依据指引]

(1)《中华人民共和国企业破产法》（2006年8月27日 国家主席令第54号）

第一百一十三条 破产财产在优先清偿破产费用和共益债务后，依照下列顺序清偿：

（一）破产人所欠职工的工资和医疗、伤残补助、抚恤费用，所欠的应当划入职工个人账户的基本养老保险、基本医疗保险费用，以及法律、行政法规规定应当支付给职工的补偿金；

（二）破产人欠缴的除前项规定以外的社会保险费用和破产人所欠税款；

（三）普通破产债权。

破产财产不足以清偿同一顺序的清偿要求的，按照比例分配。

破产企业的董事、监事和高级管理人员的工资按照该企业职工的平均工资计算。

(2) 国务院《关于在若干城市试行国有企业破产有关问题的通知》(1994年10月25日　国发［1994］59号)

五、破产企业职工的安置

破产企业所在地的市或者市辖区、县的人民政府应当采取转业培训、介绍就业、生产自救、劳务输出等各种措施，妥善安排破产企业职工重新就业，并保障他们在重新就业前的基本生活需要。

政府鼓励破产企业职工自谋职业。对自谋职业的，政府可以根据当地的实际情况，发放一次性安置费，不再保留国有企业职工身份。一次性安置费原则上按照破产企业所在市的企业职工上年平均工资收入的3倍发放，具体发放标准由各有关市人民政府规定。

破产企业职工失业期间，依照《国有企业职工待业保险规定》享受失业保险待遇。失业保险期满无法重新就业的职工，符合社会救济条件的，由当地民政部门按照规定发给社会救济金。

破产企业离退休职工的离退休费和医疗费由当地社会养老、医疗保险机构负责管理。破产企业参加养老保险、医疗保险基金社会统筹的，其离退休职工的离退休费、医疗费由当地社会养老、医疗保险机构分别从养老保险、医疗保险基金社会统筹中支付。没有参加养老保险、医疗保险基金社会统筹或者养老保险、医疗保险基金社会统筹不足的，从企业土地使用权出让所得中支付；处置土地使用权所得不足以支付的，不足部分从处置其他破产财产所得中拨付。

破产企业中因工致残或者患严重职业病、全部或者大部分丧失劳动能力的职工，作为离退休职工安置。距离退休年龄不足5年的职工，经本人申请，可以提前离退休。

破产企业中的劳动合同制职工的安排，依照《国营企业实行劳动合同制暂行规定》等法律、行政法规的规定办理；临时工的安排，依照《全民所有制企业临时工管理暂行规定》办理。

破产企业职工的安置费用来源不足的，按照企业隶属关系，由破产企业所在地的市或者市辖区、县的人民政府负担。

(3) 最高人民法院《关于实行社会保险的企业破产后各种社会保险统筹费用应缴纳至何时的批复》(1996年11月22日　法复［1996］17号)

四川省高级人民法院：

你院川高法［1995］167号《关于实行社会保险的企业破产后，各种社会保险统筹费用应缴纳至何时的请示》已收悉。经研究，现答复如下：

参加社会保险的企业破产的，欠缴的社会保险统筹费用应当缴纳至人民法院裁定宣告破产之日。

(4) 国务院《关于在若干城市试行国有企业兼并破产和职工再就业有关问题的补充通知》(1997年3月2日　国发［1997］10号)

五、妥善安置破产企业职工

各试点城市人民政府要积极推广上海市实施再就业工程的经验，结合劳动就业、社会保障制度的改革和当地的具体情况，从上到下建立再就业服务中心，积极开拓就业门路，关心破产企业职工生活，妥善安置破产企业职工，保持社会稳定。

安置破产企业职工的费用，从破产企业依法取得的土地使用权转让所得中拨付。破产企业以土地使用权为抵押物的，其转让所得也应首先用于安置职工，不足以支付的，不足部分从处置无抵押财产、抵押财产所得中依次支付。破产企业财产拍卖所得安置职工仍不足的，按照企业隶属关系，由同级人民政府负担。

职工安置一律拨付到再就业服务中心，统筹使用。安置费标准，原则上按照破产企业所在试点城市的企业职工上年平均工资收入的3倍计算，试点城市人民政府根据当地实际情况从严掌握，不得随意突破。暂时尚未就业的职工，由再就业服务中心发给基本生活费，再就业后即停止拨付。自谋职业的可一次性付给安置费，标准不高于试点城市的企业职工上年平均工资收入的3倍。

破产企业离退休职工的离退休费和医疗费由当地社会养老、医疗保险机构负责管理。破产企业参加养老保险、医疗保险基金社会统筹的，其离退休费、医疗费由所在试点城市社会养老、医疗保险机构分别从养老保险、医疗保险基金社会统筹中支付。没有参加养老、医疗保险基金社会统筹或者养老保险、医疗保险基金社会统筹不足的，从企业土地使用权出让所得中支付；处置土地使用权所得不足以支付的，不足部分从处置无抵押财产、抵押财产所得中依次支付。

破产企业进入破产程序后，职工的生活费从破产清算费中支付，具体支付办法按照财政部《国有企业试行破产有关财务问题的暂行规定》(财工字［1996］226号)执行。

破产企业财产处置所得，在支付安置职工的费用后，其剩余部分按照《破产法》的规定，按比例清偿债务。

(5) 劳动部办公厅《关于对破产企业职工安置问题的复函》（1997年9月22日　劳办函［1997］159号）

海南省人事劳动厅：

你厅《关于破产企业职工安置问题的请示》（琼人劳关［1997］1号）收悉。经与国家经贸委协商，现将有关问题答复如下：

一、关于在优化资本结构试点城市对自谋职业的职工付给安置费的标准问题。国务院国发［1997］10号文件规定，对破产企业职工自谋职业的可一次性付给安置费，标准不高于试点城市的企业职工上年平均工资收入的3倍。我们认为，在这一范围内，各地可根据安置对象的不同情况确定不同的安置费标准，对不同工龄的破产企业职工有所区别。

二、矿产企业职工在领取了一次性安置费自谋职业，即为在业人员，不再享受失业救济。

(6) 劳动和社会保障部办公厅《关于对破产企业离退休人员养老保险有关问题的复函》（1999年2月24日　劳社厅函［1999］12号）

吉林省劳动厅：

你厅《关于破产企业离退休职工养老保险有关问题的请示》（吉劳险字［1999］1号）收悉。经研究，现答复如下：

一、《国务院关于在若干城市试行国有企业破产有关问题的通知》（国发［1994］59号）和《国务院关于在若干城市试行国有企业兼并破产和职工再就业有关问题的补充通知》（国发［1997］10号）的有关规定，仅限于国务院确定的111个企业优化资本结构改革试点城市执行。

二、已经参加养老保险社会统筹的企业，破产时，需补交欠缴的养老保险费（含差额拨付时企业欠发离退休人员的养老金）及其利息，社会保险经办机构负责支付离退休人员的基本养老金。考虑到近年来企业改革及企业破产力度较大，地方在确定企业养老保险缴费比例时没有这方面的支出因素，且破产企业职工分流需要一个吸收安置过程，对于养老保险基金确实不足，支付困难的地区，为弥补资金不足，可以从破产企业资产中划拨一定费用给社会保险经办机构，以保证离退休人员基本养老金的发放。具体办法由你省根据实际情况确定。

三、未参加养老保险社会统筹的企业，破产时，应按照支付离退休人员养老金的实际需要，一次性向社会保险经办机构划拨养老费用，社会保险经办机构负责支付该破产企业离退休人员的基本老养金。具体办法请你省研究确定。

(7) 劳动和社会保障部办公厅《关于对破产企业生产自救期间应否缴纳社会保险费问题的复函》（2001年12月30日　劳社厅函［2001］286号）

广西壮族自治区劳动和社会保障厅：

你厅报来的《关于破产企业生产自救期间应否缴纳社会保险费问题的请示》（桂劳社报字［2001］25号）收悉。经研究，现函复如下：

根据最高人民法院《关于实行社会保险的企业破产后各种社会统筹费用缴纳至何时的批复》（法复［1996］17号）中关于“参加社会保险的企业破产的，欠缴社会统筹费用应当缴纳至人民法院裁定宣告破产之日”的规定，我们认为，被申请破产的企业在整顿或重整期间，应当为职工缴纳社会保险费；已被人民法院裁定宣告破产的企业，从人民法院裁定宣告破产之日起，不再缴纳社会保险费。

企业被人民法院裁定宣告破产之后，在破产清算期间，是否可以受清算组委托或同意进行生产自救等方面的经营活动，目前法律没有规定。我们认为，在破产企业清算期间，受清算组委托或同意，进行生产、经营自救活动，并仍在给职工发放工资，可以按规定缴纳社会保险费，请你们根据实际情况处理。

(8) 劳动和社会保障部办公厅《关于破产企业一次性安置人员再就业后工龄计算问题的复函》（2002年5月20日　劳社厅函［2002］179号）

青海省劳动和社会保障厅：

你厅《关于破产企业一次性安置人员再就业后工龄计算问题的请示》（青劳社厅发［2002］28号）收悉。经研究，现答复如下：

关于破产企业领取一次性安置费的人员再就业后工龄计算问题，同意你厅意见，即其原在国有企业的工龄及再就业后的工龄可合并计算为连续工龄。但在重新就业的单位与职工解除劳动关系支付经济补偿金时，原单位的工作年限不计算为新单位的工作年限。

资源枯竭矿山关闭破产企业职工安置

［解读］

由于矿产资源不可再生，一批煤炭、有色金

属和核工业矿山经过长期开采，资源逐渐萎缩和枯竭。企业生产大幅度下降，有的长期停产，亏损严重，矿区职工生活困难。因此，国家决定对一批资源枯竭矿山实施关闭破产。同时，对其职工安置作出一系列规定：

(一) 关于在职职工安置

1. 关闭破产矿山的全民所有制职工执行提前5年（男55周岁，女45周岁）退休的政策。其中，从事井下、有毒、有害等特殊工种的职工，可提前10年（男50周岁，女40周岁）退休。凡符合提前退休条件的职工不再享受其他安置政策，养老金发放标准按规定适当扣减。

2. 实行劳动合同制以前参加工作的全民所有制职工，不符合提前退休条件的，可从以下两种安置办法中任选一种，并与企业解除劳动关系：(1) 按每满1年工龄发1个月本人工资的标准，发给经济补偿金，并按规定享受失业保险。享受失业保险期满仍未就业的，按规定享受城市居民最低生活保障。(2) 一次性发给相当于企业所在地上年平均工资3倍的安置费，自谋职业，不再享受失业保险。安置费每人平均不足2万元的，可按2万元计发标准安排，具体发放时应体现工龄差别。对于实行劳动合同制以前参加工作，从事井下、有毒、有害等特殊工种，且距提前退休年龄5年（含）以内的全民所有制职工，实行一次性安置，与企业解除劳动关系，但不将安置费一次性支付给本人，而由社区管理机构比照下岗职工基本生活保障标准发放基本生活费，并代缴社会保险费，待其达到提前退休年龄时办理退休手续。

3. 对实行劳动合同制以后参加工作的合同制职工，按每满1年工龄发1个月本人工资的标准，发给经济补偿金，并解除劳动关系，按规定享受失业保险直至享受城市居民最低生活保障。属于城市居民的混岗集体工，比照合同制职工的政策安置；属于农村居民的混岗集体工，只发给经济补偿金。

4. 随同关闭破产的矿山所属集体企业的职工，属于城市居民并已参加失业保险的，按规定享受失业保险。未参加失业保险和享受失业保险期满仍未就业的，按规定享受城市居民最低生活保障待遇。

5. 关闭破产矿山所办的学校、医院、公安、消防、供水、供电等生活和公用服务单位，其设施和职工成建制移交给地方政府管理，所需费用按关闭破产矿山上年实际支付费用水平，由中央财政给予3年的补助。3年后对经费保障有困难的老工业基地和经济欠发达地区，可适当延长补助年限或一次性增加补助额。

6. 矿山关闭破产后，可将部分有效资产适当作价重组企业，对其所安置的职工，不发安置费或经济补偿金。

7. 支付经鉴定丧失劳动能力的工伤工残人员和职业病患者的伤残补助费、生活费、医疗费等经常性费用以及因工死亡职工家属的抚恤金等所需资金，由中央财政给予补助。

8. 进入关闭破产程序后，矿山可安排少量职工骨干组成专门机构，负责矿区离退休等人员社会保险资金的发放和管理，破产终结后转由地方社区管理机构发放和管理，所需经费由中央财政负担。被安置的职工不再作为破产企业职工安置。

9. 与关闭破产矿山解除劳动关系的职工，被其他单位招用的，由用人单位与个人按规定继续为其缴纳社会保险费；未被其他单位招用，个人自愿参加养老保险的职工，参保办法比照个体劳动者执行。继续参加养老保险的职工，其安置前的养老保险缴费年限、视同缴费年限与安置后缴费年限可以合并计发养老金；如一次性安置后不再缴费，则到达退休年龄时，按已缴费年限和视同缴费年限计发养老金。

10. 以上各渠道安置的关闭破产矿山的职工，其家庭成员属于城市居民的，如其家庭人均实际收入仍未达到城市居民最低生活保障标准，可享受城市居民最低生活保障，其标准根据当地居民生活水平和财政承受能力确定，并体现鼓励就业的原则。地方负担确有困难的，由中央财政给予适当补助。

(二) 关于离退休人员安置

1. 关闭破产矿山的离退休人员全部交由地方统一管理，养老保险实行省级管理，养老金实行社会化发放，离退休人员由社区管理机构管理。

2. 基本养老保险统筹项目内的基金和医疗保险基金，原则上分别按企业在职职工年工资总额的25%和6%计算10年，再折半核定，由中央财政拨付给社会保险经办机构，用于发放离退休人员的基本养老金和医疗费。5年后资金如有缺口，国家另行研究解决。

3. 统筹项目外的养老保险费用原则上不予解决，对确需保留的项目，由地方从中央财政继续拨付的亏损补贴和留给地方的盈利企业所得税中解决。如缺口较大，经劳动和社会保障部和财政部核实后，由中央财政给予一次性适当补助。

4. 随同破产但未参加养老保险统筹的矿山所属集体企业，不一同纳入养老保险统筹范围，其退休职工本人由民政部门按企业所在地城市居民最低生活保障标准按月发放生活费，所需资金由中央财政专项解决。

（三）关于历史拖欠问题的处理

1. 关闭破产矿山拖欠的在职职工工资、已经进入再就业服务中心的下岗职工基本生活费以及抚恤金、伤残补助金和丧葬补助金应予以补发，所需资金从企业资产变现中解决，资产变现不足以支付的部分，由企业上报，经劳动和社会保障部和财政部核实后，中央财政予以补足。

2. 关闭破产矿山拖欠的离退休人员统筹项目内的基本养老金，经劳动和社会保障部和财政部核实后，由中央财政一次性补发。

3. 拖欠的职工医药费，原则上由地方从中央财政继续拨付的亏损补贴和留给地方的盈利企业所得税中解决。

4. 对所欠职工的集资款，不在关闭破产时一次性解决，待清理核实并分清责任后另行研究解决。

5. 被挪用的职工个人缴纳的住房公积金，可以在售房时相应抵扣。

上述各项规定适用于中央所属的有色金属和核工业矿以及原中央所属、现下放地方管理的煤矿。

［依据指引］

中共中央办公厅、国务院办公厅《关于进一步做好资源枯竭矿山关闭破产工作的通知》（2000年6月1日　中办发［2000］11号）（略）

下岗职工安置

［解读］

下岗职工是指国有企业实行劳动合同制以前参加工作的国有企业的正式职工（不含从农村招收的临时合同工），以及实行劳动合同制以后参加工作且合同期未满的合同制职工中，因企业生产经营等原因而下岗，但尚未与企业解除劳动关系、没有在社会上找到其他工作的人员。由此可知，确定国有企业下岗职工的人员范围包括两部分人：一是实行劳动合同制以前参加工作的正式职工，即所谓固定工，不包括临时工；二是实行劳动合同制以后参加工作且合同期未满的合同制职工。在这两部分人中，只要是由于企业生产经营等原因，致使其与企业有劳动关系、没有工作岗位，有就业愿望和劳动能力、尚未在社会上找到工作，成为具有“两有两无”条件的人员，均为下岗职工。而厂内带薪轮训、停薪留职、提前退养、从事多种经营、协议保留劳动关系、因本人原因下岗、已在社会上从事有收入劳动等各类人员，均不属于下岗职工。国家对国有企业下岗职工安置的规定，主要有以下三个方面的内容：

（一）企业确定下岗职工的原则和程序。国家规定，国有企业安排职工下岗，应坚持公开、公正的原则，要说明原因，讲清政策。有生产任务的企业，一般不安排下列人员下岗：配偶方已经下岗的；离异或丧偶抚养未成年子女的，省（部）级以上劳动模范；烈士遗属；现役军人配偶；残疾人等。

安排职工下岗须遵循的一般程序：一是在企业领导集体研究的基础上，至少提前15天向工会或者职代会说明企业的生产经营状况和职工下岗分流意见；二是制订职工下岗及再就业方案，内容包括安排下岗人数、实施步骤、建立再就业服务中心及促进再就业措施等；三是由企业填报《职工下岗登记表》，报送地方劳动保障部门或其委托的企业主管部门，由其核实、认定并备案。此外，企业在制订职工下岗方案的同时，要组建再就业服务中心，否则企业不得安排职工下岗。

（二）企业管理下岗职工的具体内容：一是由当地劳动保障部门通过企业再就业服务中心发放“下岗职工证明”。下岗职工凭“证明”领取基本生活费，享受有关政策的服务和待遇。下岗职工均应进入企业再就业服务中心，对无故不进中心的，不发给“下岗职工证明”。该“证明”由省级劳动保障部门制作，免费发放，有效期最长为三年。二是企业再就业服务中心应与下岗或已下岗的职工签订“基本生活保障和再就业协议”，此协议实际是对原劳动合同的变更，期限原则上不超过三年。对与企业存在拖欠工资、医疗费、集资款等债权债务关系的下岗职工，应在协议中明确，此关系不因职工下岗或劳动关系变更而改变。对协商不一致又不愿进中心的，可依据《劳动法》第26条第1款第3项规定，由企业提前30天以书面形式通知该职工解除劳动关系。三是对进入中心的下岗职工，在协议期内被其他用人单位招聘或自谋职业的，可即解除协议，劳动合同也相应解除。招用下岗职工的用人单位应与其签订劳动合同，并按规定为其缴纳社会保险费用；自谋职业的，可按当地劳动保障部门的规定，续缴社会保险费。

（三）下岗职工安置规定是过渡性政策。从全国来看，下岗职工安置政策是从1998年开始实施。从2001年1月1日起，国有企业原则上不再建立新的再就业服务中心，企业新的减员原则上不再进入再就业服务中心，由企业依法与其解除劳动关系，凡所在单位参加了失业保险并依法足额缴费的，按规定享受失业保险待遇。此前，已经进入再就业服务中心的下岗职工，协议期满仍未实现再就业的，要按规定解除劳动关系，并依法享受失业保险或城市居民最低生活保障待遇。有困难的企业要本着劳动关系和债权债务关系分开处理的原则，妥善处理好经济补偿、拖欠职工工资和集资款等债权债务问题。具体办法由省级人民政府结合本地实际制定。对距法定退休年龄不足5年或工龄已满30年、实现再就业有困难的下岗职工，可以实行企业内部退养，由企业发给基本生活费，并按规定继续为其缴纳社会保险费，达到退休年龄时正式办理退休手续。各地区要区分不同企业情况，实行分类指导，用三年左右时间有步骤地完成向失业保险并轨。也就是说，于2003年12月31日，下岗安置政策的实施基本结束。由此可见，职工下岗是安置企业富余人员的方式之一，但是一种过渡性的、一次性的政策。

[依据指引]

(1) 劳动和社会保障部、国家经贸委等六部门《关于加强国有企业下岗职工管理和再就业服务中心建设有关问题的通知》（1998年8月3日　劳社部发[1998]8号）（略）

(2) 中共中央、国务院《关于切实做好国有企业下岗职工基本生活保障和再就业工作的通知》（1998年6月9日　中发[1998]10号）（略）

(3) 国务院《关于完善城镇社会保障体系的试点方案》（2000年12月25日　国发[2000]42号）

五、推动国有企业下岗职工基本生活保障向失业保险并轨

……

（二）从2001年1月1日起，国有企业原则上不再建立新的再就业服务中心，企业新的减员原则上不再进入再就业服务中心，由企业依法与其解除劳动关系，凡所在单位参加了失业保险并依法足额缴费的，按规定享受失业保险待遇。各地区要区分不同企业情况，实行分类指导，用三年左右时间有步骤地完成向失业保险并轨。

（三）已经进入再就业服务中心的下岗职工，其基本生活保障和再就业协议的内容保持不变。协议期满仍未实现再就业的下岗职工，要按规定解除劳动关系，并依法享受失业保险或城市居民最低生活保障待遇。

（四）有困难的企业要本着劳动关系和债权债务关系分开处理的原则，妥善处理好经济补偿、拖欠职工工资和集资款等债权债务问题。具体办法由各省（自治区、直辖市）人民政府结合本地实际制定。

（五）对距法定退休年龄不足5年或工龄已满30年、实现再就业有困难的下岗职工，可以实行企业内部退养，由企业发给基本生活费，并按规定继续为其缴纳社会保险费，达到退休年龄时正式办理退休手续。

西藏内调人员安置

[解读]

由于援藏工作的需要，每年都有内地人员奔赴西藏。因此，西藏内调人员安置工作已成为经常性、制度性的工作。国家对西藏内调人员安置的规定，主要有以下内容：

（一）内调的主要对象，是那些长期在藏工作，现因家庭和个人有特殊情况确需照顾或由于其他原因不宜继续留藏工作的干部、工人；需跨省安置的离退休人员；1982年以后进藏工作的大中专毕业生。

（二）内调和安置的去向，本着从哪里来回到哪里去的原则办理。原工作单位已经撤销的，可由原单位上级主管部门或原单位所在地区安排；没有原单位的，可以回原籍或爱人所在地区安排；夫妇双方同时内调的，可到其中一方的原籍或调出单位安排；退（离）休的同志还可以到子女所在地安置。对到京、津、沪三大市安排和安置的，要从严掌握。

（三）内调人员的工作安排，要从工作的实际需要出发，但也要适当考虑内调人员原来担任的职务（包括专业技术职务）或从事的专业和工种。对党政机关干部，安排同级或相应职务确有困难的，可安排稍低一些的职务。劳动合同制工人，内调后仍实行劳动合同制。对内调回来的合同制工人，各地区和部门要先接收安排工作，然后再按有关规定重新签订劳动合同。集体所有制单位的干部和工人，内调后仍安排到集体所有制单位工作。

（四）邮电、地质、气象、银行、海关、商检等垂直管理系统的内调干部、工人，由有关系统负责接收安排工作，地方上协助办理落户。个别在垂直管理系统安排有困难的，有关地区可协助安排。非垂直管理系统内调的干部和工人，如专业与有关系统的业务对口或相近，而地方上难以安排的，有关垂直管理系统要协助安排。

（五）现在干部岗位工作或被聘任做干部工作的工人，按工人安排内调和分配工作。

（六）凡因身体健康原因不能坚持正常工作的干部、工人，不列入内调，由西藏自治区通过其他途径予以妥善安置。对犯有错误的干部、工人，由西藏自治区有关部门负责作出结论或组织处理后再行安排内调。

（七）关于内调干部、工人的工资、补贴和各种福利待遇，应根据有关规定，按调入地区调入单位的规定执行。安排较低职务的党政机关干部按调入地区类别享受原职务工资待遇；已获得专业技术职务的干部，接收单位应尽可能按其获得的职务予以聘任，并规定聘任期限，如确有困难需要低聘的，也要保留原任职务的工资待遇。待新的聘任期满后，同本单位其他专业技术人员一样，按有关规定办理。

（八）内调干部和工人无工作的家属子女，凡在藏有正式城镇户口的可以随迁。

（九）西藏退休职工到区外安置和随调迁子女的接收安置，由各地人力资源和社会保障部门会同有关部门妥善解决，要求与接收退休职工同步进行，与当地退休职工子女同样对待。各地社会保险机构具体负责管理和服务。

（十）关于安置离退休人员中的费用问题，凡属国家统一规定的费用，如住房费、离退休费、医药费，离休干部特需费和西藏规定的各种补贴，应由西藏负责支付。至于地方性的附加费用，不能作为接收安置西藏退（离）休干部的条件，应予全部免收。

［依据指引］

（1）中共中央组织部、劳动人事部《关于做好西藏干部、工人内调工作的通知》（1987年7月29日 劳人干［1987］27号）（略）

（2）中共中央组织部、人事部、劳动部《西藏汉族干部、工人内调、退（离）休回内地安置工作会议纪要》（1989年3月31日 组通字［1989］10号）（略）

（3）中共中央组织部、人事部、财政部《关于对西藏回内地安置退（离）休干部收费问题的复函》（1993年2月3日 中组函字［1993］2号）

西藏自治区党委组织部、老干部局，区政府人事局、财政厅：

你们《关于西藏离退休干部回内地安置管理服务工作中有关经费问题的请示》收悉。

几年来，各地方、各部门对西藏退（离）休干部回内地安置工作是重视的，从而使这项工作得到顺利进行。

关于安置中的费用问题，我们的意见：凡属国家统一规定的费用，如住房费、退（离）休费、医药费，离休干部特需费和西藏规定的各种补贴，应由西藏负责支付。至于地方性的附加费用，不能作为接收安置西藏退（离）休干部的条件，应予全部免收。

（4）劳动部《关于做好西藏退休职工跨省安置工作的通知》（1994年12月30日 劳部发［1994］526号）

各省、自治区、直辖市劳动（劳动人事）厅（局）、社会保险机构：

为了贯彻落实中央第三次西藏工作会议精神，保证第四批西藏退休职工跨省安置工作和今后西藏退休职工跨省安置工作转入正常化的顺利进行，现提出如下意见，请有接收安置任务的地区贯彻执行。

一、做好接收安置工作是一项政治任务。西藏地处西南边疆，地理环境和气候条件比较特殊，生活、工作条件艰苦。广大退休职工把自己的青春年华献给了西藏，妥善安置好他们晚年的生活，是各级政府和劳动部门义不容辞的政治责任。

二、第四批接收安置任务。计划列入第四批接收安置任务的共有3 577人。其中：退休职工跨省安置1 817人；随调703人，随迁1 057人。各省、自治区、直辖市的接收安置任务一次下达，要求在1995年底以前完成。

三、接收安置管理渠道。西藏退休职工到区外安置和随调迁子女的接收安置，由各地劳动部门会同有关部门妥善解决，要求与接收退休职工同步进行，与当地退休职工子女同样对待。各地社会保险机构具体负责管理和服务。

四、接收安置收费问题。各地应体谅西藏和国家财政的困难，除中央和国务院规定的收费项目和标准外，不再收取其他费用。关于代管费、医疗费周转金和一次性安置费用偏低问题，由西藏社会保险局商各地妥善解决。

五、今后安置工作正常化问题。考虑接收安置西藏退休职工是一项长期任务，且人数也将逐年减少，今后西藏退休职工接收安置工作将转入正常化、制度化。每年由西藏派人将需跨省安置的退休职工审批安置联系表、汇总表一次性提交给各有关省、自治区、直辖市的劳动部门和社会保险机构。由劳动部门和社会保险机构负责接收安置，落实代管单位。

进藏内调大中专毕业生的安置

[解读]

对进藏连续工作满八年的大中专毕业生和研究生申请内调人员，国家有专门的规定，主要内容是：

（一）内调范围为1982年以来，中央和国家机关有关部委和内地有关省、自治区、直辖市按计划分配进西藏，并在西藏连续工作满八年、本人申请内调的内地生源的大中专毕业生和毕业研究生。对于在西藏经选举产生的领导干部、签有合同的干部、承包项目的干部和科研项目（课题）的主持人及主要参加人员等，应根据西藏工作的需要，在任期、合同期满或承担的科研项目（课题）完成后，再申请内调。1980年以后分配去西藏的毕业生，也可参照这一规定办理。干部在西藏工作时间从去西藏报到之日算起。1980年以前去西藏的毕业生，可按中发［1980］61号文件有关调去西藏工作的干部的规定执行。

（二）内调人员的配偶，在西藏有正式工作的，可以随调，在西藏没有正式工作，但有城镇户口的家属、子女可以随迁。

（三）内调的去向，可以是入学前其常住户口所在地或其父母、配偶所在地区。夫妻双方在西藏工作的，可回到其中一方入学前常住户口所在地或原调出单位。原工作单位已经撤销的，由原单位上级主管部门或原单位所在地区安排。对到京、津、沪三大城市安排的要从严掌握。

（四）内调、随调人员的工作，对党政干部，要根据实际需要，参照他们在西藏工作期间的任职情况，尽量按原来担任的同级职务安排。一时安排原职务确有困难的，可暂安排稍低一些的职务。对专业技术干部，事业单位可按人事部《关于全民所有制事业单位增补专业技术岗位有关问题的通知》（人职发［1991］19号）第二条的规定执行；企业单位也可参照此文件精神执行。随调人员系劳动合同制工人的，回内地后仍实行劳动合同制。集体所有制单位的干部和工人，仍安排到集体所有制单位工作。现在干部岗位工作或被聘任做干部工作的工人，仍按工人安排工作。

（五）因公、因病致残回内地不能坚持正常工作的干部、工人，不安排内调，由西藏自治区通过其他途径迁回内地妥善安置。对犯有错误的干部、工人，由西藏自治区有关部门负责作出结论或组织处理后再行安排内调、随调。

（六）关于内调及随调的干部、工人的工资、补贴和各种福利待遇，根据有关规定，按调入地区调入单位的标准执行。对在西藏连续工作满八年毕业生浮动一级的工资，根据国发［1983］68号文件规定，回内地后，予以保留。安排较低职务的党政机关干部，可按原职务享受调入地区同级干部的工资待遇及政治、生活待遇。对低聘的专业技术干部，也要保留原职务的工资待遇并规定聘任期限，待新的聘任期满后，同本单位其他专业技术人员一样，按有关规定办理。

[依据指引]

中共中央组织部、人事部、劳动部《关于到西藏连续工作满八年的大中专毕业生和毕业研究生内调问题的通知》（1992年3月15日　人调发［1992］4号）

根据国务院《批准国家计委等部门关于一九八二年全国毕业研究生和高等学校毕业生分配问题报告的通知》（国发［1982］90号）和《批转劳动人事部、国家民委关于加强边远地区科技队伍建设若干政策问题的报告的通知》（国发［1983］68号）的精神，现将到西藏连续工作满八年的大中专毕业生和毕业研究生内调的有关问题通知如下：

一、内调范围为1982年以来，中央和国家机关有关部委和内地有关省、自治区、直辖市按计划分配进西藏，并在西藏连续工作满八年、本人申请内调的内地生源的大中专毕业生和毕业研究生。对于在西藏经选举产生的领导干部、签有合同的干部、承包项目的干部和科研项目（课题）的主持人及主要参加人员等，应根据西藏工作的需要，在任期、合同期满或承担的科研项目（课题）完成后，再申请内调。1980年以后分配去西藏的毕业生，也可参照这一规定办理。干部在西藏工作时间从去西藏报到之日算起。1980年以前去西藏的毕业生，可按中发［1980］61号文件有关调去西藏工作的干部的规定执行。

对于那些在西藏工作虽满八年，但志愿留西藏工作的，特别是与藏族人结婚的大中专毕业生和毕业研究生，应鼓励他们继续留西藏工作。对他们要妥善安排，合理使用，充分发挥他们的作用。

二、内调人员的配偶，在西藏有正式工作的，可以随调，在西藏没有正式工作，但有城镇户口的家属、子女可以随迁。

三、内调的去向，可以是入学前其常住户口所在地或其父母、配偶所在地区。夫妻双方在西藏工作的，可回到其中一方入学前常住户口所在地或原调出单位。原工作单位已经撤销的，由原单位上级主管部门或原单位所在地区安排。对到京、津、沪三大城市安排的要从严掌握。

四、内调、随调人员的工作，对党政干部，要根据实际需要，参照他们在西藏工作期间的任职情况，尽量按原来担任的同级职务安排。一时安排原职务确有困难的，可暂安排稍低一些的职务。对专业技术干部，事业单位可按人事部《关于全民所有制事业单位增补专业技术岗位有关问题的通知》（人职发［1991］19号）第二条的规定执行；企业单位也可参照此文件精神执行。随调人员系劳动合同制工人的，回内地后仍实行劳动合同制。集体所有制单位的干部和工人，仍安排到集体所有制单位工作。现在干部岗位工作或被聘任做干部工作的工人，仍按工人安排工作。

五、因公、因病致残回内地不能坚持正常工作的干部、工人，不安排内调，由西藏自治区通过其他途径迁回内地妥善安置。对犯有错误的干部、工人，由西藏自治区有关部门负责作出结论或组织处理后再行安排内调、随调。

六、关于内调及随调的干部、工人的工资、补贴和各种福利待遇，应根据有关规定，按调入地区调入单位的标准执行。对在西藏连续工作满八年毕业生浮动一级的工资，根据国发［1983］68号文件规定，回内地后，应予保留。安排较低职务的党政机关干部，可按原职务享受调入地区同级干部的工资待遇及政治、生活待遇。对低聘的专业技术干部，也要保留原职务的工资待遇并规定聘任期限，待新的聘任期满后，同本单位其他专业技术人员一样，按有关规定办理。

七、接受地区、部门因安排内调人员和随调职工所需的劳动工资计划指标，按现行计划管理范围，由西藏自治区计经委每年按实际内调和随调职工人数和工资总额统一办理向调入地区和部门划拨劳动工资计划指标手续，待国家在年终检查劳动工资计划执行情况时，如实予以核认。

八、为便于接收单位安排好内调人员的住房，财政部根据实际接收的人数，按人均1 500元的标准拨给有关接收单位建房补助费，接收单位要切实解决好内调人员的住房。

九、各接收安置地区不得征收内调随调、随迁人员的所谓入城费、落户费以及其他附加费用。

十、需要内调的人员由西藏自治区组织、人事、劳动部门报中组部、人事部、劳动部，经批准下达计划后，直接与有关省、自治区、直辖市或中央国家机关有关部门联系安排。西藏自治区有关部门应及时掌握内调工作的进度，每年向中央组织部和人事部、劳动部报告一次情况。

十一、1983年以来，中央和国家机关有关部委和内地有关省、自治区、直辖市按计划分配进青海高原地区的内地生源大中专毕业生和毕业研究生，在青海省三类边远地区连续工作满八年，本人申请要求回内地的，可参照本通知精神办理。

人员流动

［解读］

人员流动是指用人单位与劳动者通过某种方式使彼此的劳动关系发生变动，致使劳动者在劳动力市场上选择新的用人单位，或者劳动关系并没有变化，而在用人单位内部变换工作岗位等情形。人员流动可分为社会流动和内部流动。发生人员社会流动的形式主要有：在固定工制度下的调动、在劳动合同制度下的解除劳动合同和终止劳动合同。内部流动的主要形式是职务升降、岗位调整、人员借调、劳务派遣等。人员流动及其管理，无论是用人单位还是劳动者，均应依法进行。否则容易发生劳动争议，招致法律风险。

［依据指引］

(1) 国务院《劳动合同法实施条例》（2008年

9月18日 国务院令第535号)

第十八条 有下列情形之一的，依照劳动合同法规定的条件、程序，劳动者可以与用人单位解除固定期限劳动合同、无固定期限劳动合同或者以完成一定工作任务为期限的劳动合同：

（一）劳动者与用人单位协商一致的；

（二）劳动者提前30日以书面形式通知用人单位的；

（三）劳动者在试用期内提前3日通知用人单位的；

（四）用人单位未按照劳动合同约定提供劳动保护或者劳动条件的；

（五）用人单位未及时足额支付劳动报酬的；

（六）用人单位未依法为劳动者缴纳社会保险费的；

（七）用人单位的规章制度违反法律、法规的规定，损害劳动者权益的；

（八）用人单位以欺诈、胁迫的手段或者乘人之危，使劳动者在违背真实意思的情况下订立或者变更劳动合同的；

（九）用人单位在劳动合同中免除自己的法定责任、排除劳动者权利的；

（十）用人单位违反法律、行政法规强制性规定的；

（十一）用人单位以暴力、威胁或者非法限制人身自由的手段强迫劳动者劳动的；

（十二）用人单位违章指挥、强令冒险作业危及劳动者人身安全的；

（十三）法律、行政法规规定劳动者可以解除劳动合同的其他情形。

第十九条 有下列情形之一的，依照劳动合同法规定的条件、程序，用人单位可以与劳动者解除固定期限劳动合同、无固定期限劳动合同或者以完成一定工作任务为期限的劳动合同：

（一）用人单位与劳动者协商一致的；

（二）劳动者在试用期间被证明不符合录用条件的；

（三）劳动者严重违反用人单位的规章制度的；

（四）劳动者严重失职，营私舞弊，给用人单位造成重大损害的；

（五）劳动者同时与其他用人单位建立劳动关系，对完成本单位的工作任务造成严重影响，或者经用人单位提出，拒不改正的；

（六）劳动者以欺诈、胁迫的手段或者乘人之危，使用人单位在违背真实意思的情况下订立或者变更劳动合同的；

（七）劳动者被依法追究刑事责任的；

（八）劳动者患病或者非因工负伤，在规定的医疗期满后不能从事原工作，也不能从事由用人单位另行安排的工作的；

（九）劳动者不能胜任工作，经过培训或者调整工作岗位，仍不能胜任工作的；

（十）劳动合同订立时所依据的客观情况发生重大变化，致使劳动合同无法履行，经用人单位与劳动者协商，未能就变更劳动合同内容达成协议的；

（十一）用人单位依照企业破产法规定进行重整的；

（十二）用人单位生产经营发生严重困难的；

（十三）企业转产、重大技术革新或者经营方式调整，经变更劳动合同后，仍需裁减人员的；

（十四）其他因劳动合同订立时所依据的客观经济情况发生重大变化，致使劳动合同无法履行的。

(2) 劳动部《关于企业职工流动若干问题的通知》(1996年10月31日 劳部发［1996］355号)

为规范企业职工流动行为，保护用人单位与职工双方的合法权益，促进劳动力市场的健康发展，现就企业职工流动有关问题通知如下：

一、在固定工制度向劳动合同制度转变过程中，用人单位与已经形成了劳动关系的职工，应当依法订立劳动合同，明确已有的权利义务关系。用人单位招（接）收的大中专毕业生，按有关规定签订了服务合同或其他协议的，未到期的仍应继续履行，并应与用人单位签订劳动合同；拒绝签订劳动合同又不履行协议的，在提前三十日以书面形式通知用人单位后，用人单位可与其解除劳动关系。劳动关系解除后，如原服务合同（协议）约定或用人单位依法规定了赔偿办法的，职工应按服务合同（协议）的约定或用人单位的依法规定承担赔偿责任；如无约定或无规定的，按国家有关规定执行。用人单位与职工解除劳动关系后，应及时将职工档案转到职工新的接收单位；无接收单位的，应转到职工本人户口所在地。

二、用人单位与掌握商业秘密的职工在劳动合同中约定保守商业秘密有关事项时，可以约定在劳动合同终止前或该职工提出解除劳动合同后的一定时间内（不超过六个月），调整其工作岗位，变更劳动合同中相关内容；用人单位也可规定掌握商业秘密的职工在终止或解除劳动合同后的一定期限内（不超过三年），不得到生产同类产品或经营同类业务且有竞争关系的其他用人单位任职，也不得自己生产与原单位有竞争关系的同类产品或经营同类业务，但用人单位应当给予该职工一定数额的经济补偿。

……

四、用人单位与职工解除劳动关系后，应当及时向职工提供相应的证明材料。在招用职工时应查验其终止、解除劳动合同的证明，以及其他能证明该职工与任何用人单位不存在劳动关系的凭证，方可与其签订劳动合同。

用人单位违反法律、法规和有关规定从其他单位在职职工中招录人员，给原用人单位造成损失的，用人单位应当承担连带赔偿责任。

五、行业主管部门经国务院劳动行政部门同意，可以根据实际需要，依据国家有关法律法规制定本行业内劳动力流动的规则，综合运用经济、法律和行政手段，引导职工合理流动。

(3) 国务院《关于科技人员合理流动的若干规定》（1983 年 7 月 13 日　国发〔1983〕111 号）

当前，我国科技队伍的分布和结构很不合理，一些部门和单位科技人员严重不足，而另一些部门和单位却存在科技人员积压或用非所学、用非所长的现象。为了确保国家重点建设项目和重大科技攻关任务的完成，振兴经济，实现四个现代化，必须对现有的科技人员作适当调整，改善对科技人员的管理和使用。要有计划、有步骤地促进科技人员按照合理的方向流动，即从城市到农村；从大城市到中小城市；从内地到边远地区；从科技人员富余的部门和单位，到科技力量薄弱而又急需加强的部门和单位。要打破部门、地区界限，合理调配和使用全国科技力量，有计划地从一些重工业和国防工业部门中抽调一部分科技人员，加强能源、交通、轻工、农业等科技力量薄弱的部门；从高等院校和科研部门中抽调一部分富余的科技人员充实中等教育和职业教育的师资，支援新建院校和生产建设单位。为此，特作如下规定：

（一）为了确保国家重点建设项目，国务院各主管部门和省、市、自治区应统一筹划，精心选好各个重点项目的技术负责人（总工程师）。科技骨干班子的人选，可由技术负责人提命，经上级审查确定。所需要的科技人员，首先应从本部门、本系统中解决。某些科技骨干在本部门、本系统解决不了需要跨部门、跨系统调配的，可报国务院科技领导小组统一协调安排。负责分配大学、中专毕业生的主管部门，应在计划安排上优先保证国家重点建设项目的需要。有抽调科技人员任务的单位必须顾全大局，支持被抽调的科技人员按期到达工作岗位。各级组织要加强思想政治工作，教育科技人员服从组织调动，艰苦创业，为四化建设多作贡献。为了鼓励科技人员到艰苦地区积极承担国家重点建设任务，由劳动人事部会同有关部门根据实际情况制定具体办法。

（二）国务院各部门和省、市、自治区，应根据国民经济建设和科学技术发展的需要，有计划地加强企业技术改造、科技攻关和充实薄弱环节的科技力量，制定本部门、本地区科技队伍的调整方案并组织实施。科技骨干过于集中的单位，可以有计划地调进一批大学、中专毕业后参加工作不久的科技人员，同时调出一部分科技骨干，逐步改善科技队伍的分布和结构不合理的状况。国务院各部门在保证完成国家计划任务的前提下，应积极组织科技力量支援地方建设。各省、市、自治区经与国务院有关部门协商，可以从国务院有关部门主管的企事业单位中，抽调部分相对富余的科技人员参加地方建设，国务院有关部门应予支持。

（三）中小城市和科技力量薄弱的单位或地区补充科技人员，除由上级有关部门按计划调配外，还可以通过组织到大城市和科技人员相对富余的部门和地区招聘，应聘人员待遇，属地方财政开支的部分，由省、自治区自行规定。

（四）从城市到农村，从内地到边远地区工作的科技人员，可保留本人及其家属原在城镇的户口。由国家统一分配到农村工作的大专毕业生，其本人户口可落在管理其工作单位户籍的城镇。对于农村生产第一线（指县以下农村，不含县）工作的科技人员，应根据当地具体情况，采取适当措施，逐步改善他们的福利待遇。为了鼓励科技人员长期坚持在农村生产第一线工作，可以按照工作年限，实行津贴或补助。

（五）国务院有关部门和省、市、自治区对支援在农村和边远地区的科技人员，可以定期轮换，编制可保留在原单位，其在农村和边远地区的工作期限、条件和待遇，由支援单位和受援单位共同商定。

（六）边远省、自治区对去那里工作的科技人员应规定适当的优惠待遇鼓励他们长期留下为建设边疆多作贡献。对已经由内地去边远地区工作的科技人员，到一定年限或到一定年龄，可以调回内地工作或回内地落户，对今后从内地到边远地区工作的科技人员，家庭在内地分配到边远地区工作的大学、中专毕业生，可分别规定一定的工作年限，到期可以调回内地工作。

（七）集体所有制的单位从有关部门和地区招聘科技人员，必须经过有关部门和地区主管部门批准。经组织批准从全民所有制单位到集体所有制单位工作的科技人员，仍属国家工作人员，享受国家规定的待遇。

（八）对用非所学、用非所长或在本单位不能发挥作用的科技人员，应按照合理的流向，由所在单位或上级主管部门调整；允许本人按有关规定应聘，到可以发挥他们专长的单位去工作，所在单位应予支持。

（九）科研、设计单位和高等院校，应按照人员结构合理的原则，实行定编、定员，逐步确定各类人员限额和比例，要根据工作需要和本人的专长向外输送，或组织他们从事其他工作。

（十）实行科技人员的退（离）休制度。科技人员退（离）休后，仍应注意发挥他们的专长；在工作需要和身体许可的条件下，可以应聘从事科研、教学、技术和咨询服务等工作，有影响的著名科学家和技术专家，经过一定机关的批准，可以担任名誉职务。

（十一）国务院各部门和省、市、自治区所属的科研、设计单位和高等院校，经上级批准，对科技人员及其他职工可进行聘用制试点。试点单位按照合理流向有招聘和解聘的权利，科技人员及其他职工有应聘和辞职的权利。对于原先是国家工作人员被解聘而又一时没有工作的，要帮助他们调往其他单位工作，或组织他们从事各种服务工作和进修学习。经过一定期限仍未被其他单位聘用，或本人不服从组织调配者，应按一定比例减去其工资，并加强教育。

（十二）对大学、中专毕业生原则上应首先分配到基层充实生产、科研、教学第一线，并实行见习试用期制度。他们必须服从国家统一分配，除根据工作需要或用非所学应及时调整外，在国家分配的岗位试用合格后，工作满三年方可允许合理流动。

（十三）本规定在试行中应不断总结经验，逐步完善。各有关部门和省、市、自治区应根据本规定制定具体实施办法。对在三线工作的科技人员的合理流动问题另作规定。

（十四）本规定自发布之日起施行。

(4) 国务院《关于促进科技人员合理流动的通知》（1986年7月9日　国发［1986］73号）

1983年国务院发布《关于科技人员合理流动的若干规定》（国发［1983］111号文）以来，各地做了大量工作，创造了许多推动科技人员合理流动的新经验。逐步开展起来的人才合理流动，对新技术的传播，城乡经济的发展，科学、教育事业的繁荣，起了积极的作用。但是，在某些地区和单位也曾发生过一些问题，需要解决和疏导。总的来说，科技人员流动工作刚刚起步，当前主要的问题，仍然是科技人员难以流动，积压、浪费和使用不当的现象还没有得到根本的解决。

根据经济、科技、教育体制改革的精神，结合几年来的工作实践，需要逐步改革科技人员管理制度，促进科技人员合理流动，以充分发挥科技人员的作用，为四化建设服务。现就有关问题作如下通知：

一、地方各级人民政府和国务院各部门要加强对科技人员合理流动工作的领导，努力创造人尽其才的环境，大力发掘科技人才资源，继续调整被积压、浪费和使用不当的科技人员，鼓励科技人员向急需人才的行业和单位流动，向更能发挥作用的岗位流动。在优先保证国家重点建设工程和重大科研项目人才需要的前提下，鼓励科技人员到工农业生产第一线，支援中小企业和城乡集体企业，加强企业技术改造和技术开发能力。鼓励和支持科技人员从城市到农村、从大城市到中小城市、从内地到边远地区去工作。

各级人事部门和科技人员管理部门应按照国家的有关政策、法规，切实做好组织协调和管理工作。通过组织调配、招聘、聘任等方式，疏通渠道，调剂人才余缺，改善科技人员的分布和结构。

各地应积极发展科技人员交流服务事业。人才交流服务机构和科技交流服务机构要积极向社会提供人才供求信息，在供需双方之间牵线搭桥，促进各行业、各企业事业单位之间人才合理流动。

二、企业事业单位应当按照中央的有关部署，逐步实行专业技术职务聘任制。实行专业技术职务聘任制的单位，应当在确定人员结构、定编定员的基础上，有领导地对内聘用、对外招聘科技人员。在国家规定的条件下，用人单位有聘任和不聘任的权利，本人有应聘和不应聘的权利。单位和本人订立聘约，双方都应遵守。未经对方同意，不得单方面中止聘约的履行。聘约到期，双方可再议是否延期。对未受聘用的科技人员，要区别情况妥善安排，鼓励他们到更需要或更能发挥专长的单位去工作。

三线艰苦地区、边远地区的科技人员以及全国各地的中小学校（含中等职业学校）教师需要保持相对稳定，并要有计划地调整和充实，其他地区和单位不得自行前去招聘。

三、在未实行专业技术职务聘任制的单位，凡使用不当，难以发挥作用，又未做调整的科技人员，可以辞职。但是，必须向单位提出书面辞职申请，单位接到申请三个月内应予答复。科技人员辞职申请被批准后，离开单位前，应当办理工作交接和辞职手续。以后被新单位录用，其工龄应当将辞职前和录用后的工龄累积计算。

科技人员应当遵守国家政策规定和劳动纪律，不得擅自离职。各单位录用科技人员应当严格遵守国家人事管理的规定。对已经擅自离职的科技人员，要按照不同情况妥善处理。对流向合理、原单位离得开的，在原工作岗位使用不合理的，或者确有特殊情况需要照顾的，经接受单位和其原单位协商同意后，按干部管理权限补办调动手续。本人要求辞职，经原单位批准，可以补办辞职手续。其余的要动员他们返回，由原单位妥善安排，不得歧视。经教育无效，拒不返回也不补办手续的，按自动离职处理，以后被其他单位录用，工龄从重新录用之日起计算。

有关辞职的具体规定，由国家科委、劳动人事部会同有关部门制订，报国务院批准。

四、对科技人员流动中发生的争议问题，应当协商解决。经协商未能达成一致意见，由地方各级人民政府、国务院各部门指定主管部门或组织有关部门进行裁决。对裁决结论双方都必须服从。

五、鼓励科技人员到边远地区工作。边远省、自治区可以在国家规定的政策范围内给予优惠待遇。边远地区的范围和到边远地区工作的科技人员工作期限、工作条件、生活待遇、离退休待遇及安置等问题，按照国务院有关规定执行。

六、鼓励企业事业单位通过实行联合和技术经济协作，以及采用科技人员调动、借调、兼职等多种形式，调剂技术力量余缺。提倡中央部门所属单位向地方支援技术骨干，地方向中央部门所属单位分配和输送大学、中专毕业生。

七、发掘本地人才资源，启用有技术专长的职工充实中小企业、城乡集体企业的技术力量，鼓励全民所有制单位技术人员到城乡集体所有制单位工作，对确有技术专长尚未担任技术工作的电大、函大、夜大、职工业余大学等成人高等学校毕业和高等教育自学考试合格的职工，根据工作需要、本人自愿的原则，支持他们到中小企业和城乡集体企业担任技术工作。全民所有制单位职工到集体所有制单位担任技术职务或管理职务的，其全民所有制职工身份不变。

八、科技人员调离原单位不得私自带走原单位的科技成果、技术资料和设备器材等，不得泄露国家机密或侵犯原单位技术权益。如有违反，必须严肃处理。

地方各级人民政府、国务院各部门接到本通知后，应结合具体情况，切实做出安排，推动科技人员合理流动工作顺利开展。

(5) 人事部《干部调配工作规定》（1991 年 2 月 4 日　人调发［1991］4 号）

第一章　总　　则

第一条　为加强干部队伍管理，保证调配工作顺利进行，特制定本规定。

第二条　本规定适用于国家机关和事业、企业单位具有全民所有制身份的干部。

第二章　调 配 原 则

第三条　干部调配工作必须坚持党的干部路线、方针和政策，为党和国家中心任务服务，适应改革开放的需要，促进国民经济和其他各项事业的发展。

第四条　干部调配必须按照国家规定的编制员额和干部人数计划进行，保证干部在地区、行业、部门之间的合理分布及部门内的合理配置。

第五条　干部调配应坚持以工作需要为主，注意发挥干部的专业特长，适当照顾干部的实际困难，鼓励和支持干部到基层单位、艰苦行业和边远贫困地区工作。

第六条　干部调配工作中应严格执行有关干部回避的规定。

第三章　调配范围和条件

第七条　各级人事部门可根据下列原因之一，在国家机关和事业、企业单位之间调配干部：

（一）改善干部队伍结构进行的人员调整；

（二）满足国家重点建设、重大科研项目及国家重点加强部门的需要；

（三）充实基层单位，支援边远贫困地区和艰苦行业；

（四）补充国家机关和事业、企业单位人员空缺；

（五）安置因单位撤销、合并或缩减编制员额而富余的人员；

（六）调整现任工作与所具有的专业、特长不相适应的人员；

（七）解决干部夫妻两地分居或其他特殊困难；

（八）符合政策规定的易地安置；

（九）满足国家机关、事业、企业单位其他工作需要。

第八条 干部具有下列情形之一的，一般不得调动：

（一）见习期未满的；

（二）正在接受有关部门审查处理的。

第九条 干部因工作需要跨地区调动的，一般应夫妻同调。

第十条 干部跨地区调动，有关部门可根据其申请，按有关规定办理家属随调或随迁手续。

第十一条 具有全民所有制身份的干部调到非全民所有制单位，其全民所有制身份可以保留。

第四章 审批权限

第十二条 各级政府人事部门是干部调配工作的综合管理部门，负责同级党委和政府确定的管理范围内的国家干部的调配工作。

第十三条 国务院各部委、各直属机构之间的干部调动，由各有关部门审批。国务院各部委、各直属机构在京外直属单位之间跨地区调动干部，应与调入地区的县级以上政府人事部门协商办理。

第十四条 国务院各部委、各直属机构与各省、自治区、直辖市之间的干部调配，由各有关部门与其所涉及地区的县级以上政府人事部门协商办理。国务院各部委、各直属机构及其所属在京事业、企业单位从京外调入干部，报人事部审核批准。

第十五条 各省、自治区、直辖市之间的干部调配，由所涉及地区的县级以上政府人事部门负责审批办理。

第十六条 各省、自治区、直辖市范围内的干部调配，凡是由事业、企业单位调入到国家行政机关的，须由同级政府人事部门审批办法。

第五章 调配程序

第十七条 调动干部时，应先由调出、调入单位进行商洽，并征求被调干部的意见，然后按干部管理权限报其主管部门审核批准。

第十八条 干部个人要求调动的，应向本单位提出书面申请，并按干部管理权限报其主管部门审核批准。

第十九条 调出单位必须如实提供有关材料和证明；接收单位必须按有关规定对拟调干部进行认真审核。

第二十条 从事业、企业单位调入国家各级行政机关，应按照国家行政机关干部调配的有关规定办理。

第二十一条 干部调出单位接到调动通知后，应在规定的期限内办理调动手续。

第六章 调配纪律

第二十二条 各级政府人事部门要严格遵守组织原则和调配规定，对上级按有关政策下达的调配任务，应予完成。

第二十三条 国家机关、事业、企业单位有义务根据国家需要调出干部支援国家重点建设、边远贫困地区和重点加强部门；有责任接收同级政府人事部门按有关政策分配的干部。

第二十四条 从事调配工作的干部，必须坚持原则，公道正派，依法办事，严格遵守党和国家有关廉政建设的规定。违反调配纪律的，应严肃处理。

第二十五条 各级干部应自觉服从组织的调动和安排，凡接到调令的干部，须按规定的时间办理调动手续；无正当理由不服从调动，经批评教育无效的，要给予必要的行政处分；调动后无故逾期不报到的，应视为旷工，并按有关规定处理。

第七章 附 则

第二十六条 干部调配工作中，涉及职务、工资、福利待遇等问题时，分别按国家有关规定办理。

第二十七条 各省、自治区、直辖市和国务院各部委、各直属机构可根据本规定并结合本地区或本部门的实际情况，制定实施办法。

第二十八条 本规定由人事部负责解释。

第二十九条 本规定自颁布之日起施行。一九八〇年五月五日民政部发布的《干部调配工作暂行规定》同时废止。

(6) 人事部《全民所有制事业单位专业技术人员和管理人员辞职暂行规定》（1990 年 9 月 8 日人调发［1990］19 号）

第一条 为了完善全民所有制事业单位的人事管理制度，促进人才合理流动，充分发挥人才的作用，特制定本规定。

第二条 本规定适用于全民所有制事业单位的专业技术人员和管理人员。

全民所有制事业单位的专业技术人员和管理人员都可以提出辞职。

第三条 辞职应遵循下列原则：

（一）有利于人才的分布与国民经济发展的需要相适应；

（二）有利于更好地发挥人才作用；

（三）鼓励和支持人才到边远地区、贫困地区、少数民族地区、工农业生产第一线及其他国家最需要的地区、行业和部门工作。

第四条 辞职必须按人事管理权限，向所在单位或主管部门提出书面申请。

第五条 所在单位或主管部门从收到辞职申请起，除本规定第六条、第七条规定的情况外，应在三个月内，予以办理辞职手续并发给辞职证明书。

第六条 与所在单位订有聘用合同的人员，其辞职按聘用合同的规定办理。聘用合同没有明确规定的，可按本规定的第五条或第七条办理。

第七条 有下列情况之一的人员，其辞职必须经过批准。

（一）国家和省、市（地区）重点科研项目的主要负责人和业务骨干，辞职后对工作可能造成损失的；

（二）在边远地区、少数民族地区工作的；

（三）从事特殊行业、特殊工种的；

（四）从事国家机密工作，或曾从事国家机密工作，在规定的保密期内的；

（五）经司法或行政机关决定或批准，正在接受审查、尚未结案的；

（六）法律、法规、规章规定的其他情况。

第八条 所在单位或主管部门与辞职申请人之间发生争议时，可向当地政府人事部门人才流动争议仲裁机构申请调解或仲裁。

第九条 辞职人员的人事档案，有关单位应按国家关于流动人员人事档案的规定，进行移交、接转和管理。

第十条 辞职人员被全民所有制单位重新录用，辞职前和录用后的工龄合并计算。

第十一条 辞职人员在未另外获得住房前，在一定期限内允许继续居住原单位住房。具体居住时间和住房收费标准，按当地政府的有关规定执行。

第十二条 辞职人员凡经单位出资培训的，如个人与单位订有合同，培训费问题可按合同规定办理；如个人与单位没有签订合同，单位可以适当收取培训费，收取标准按培训后回单位服务的年限，以每年递减培训费20%的比例计算。

第十三条 辞职应按规定程序办理手续，不得擅自离职。对擅自离职人员，要进行批评教育，并分别不同情况妥善处理。符合本规定第五条、第七条可以辞职或经批准允许辞职的，要补办辞职手续。其余的要动员返回。对拒不返回和拒不补办手续的，按自动离职处理，以后被其他单位录用，工龄从重新录用之日起计算。

第十四条 辞职人员不得私自带走属原单位的科研成果、内部资料和设备器材等，违者视情节轻重给予行政处分或责令赔偿经济损失。

第十五条 有关单位应支持人才合理流动。对有意刁难、打击申请辞职人员者，应给予严肃处理。

第十六条 省、自治区、直辖市政府人事部门，可根据本规定制定实施细则或实施办法，并报人事部备案。

第十七条 本规定由中华人民共和国人事部负责解释。

第十八条 本规定自发布之日起试行。

(7) 人事部《全民所有制事业单位辞退专业技术人员和管理人员暂行规定》（1992年10月16日 人调发［1992］18号）

第一条 为完善全民所有制事业单位（以下简称单位）的人事管理制度，保障单位用人自主权，优化人员结构，特制定本规定。

第二条 辞退专业技术人员和管理人员是单位的一项权利，是指因法定事由，经法定程序单位主动解除与专业技术人员和管理人员之间的关系。

第三条 单位对有下列情况之一，经教育无效的专业技术人员和管理人员，可以辞退：

（一）连续两年岗位考核不能完成工作任务，又不服从组织另行安排或重新安排后在一年之内仍不能完成工作任务的；

（二）单位进行撤并或缩减编制需要减员，本人拒绝组织安排的；

（三）单位转移工作地点，本人无正当理由不愿随迁的；

（四）无正当理由连续旷工时间超过十五天，或一年内累计旷工时间超过三十天的；

（五）损害单位经济权益，造成严重后果以及严重违背职业道德，给单位造成极坏影响的；

（六）无理取闹、打架斗殴、恐吓威胁单位领导，严重影响工作程序和社会秩序的；

（七）贪污、盗窃、赌博、营私舞弊，情节严重但不够刑事处分的；

（八）违犯工作规定或操作规程，发生责任事故，造成严重经济损失的；

（九）犯有其他严重错误的。

符合开除条件的，按照《国务院关于国家行政机关工作人员的奖惩暂行规定》执行。

第四条 专业技术人员和管理人员在下列情况下，单位不得辞退：

（一）因公负伤、致残，丧失劳动能力的；

（二）妇女在孕期、产假及哺乳期内的；

（三）享受休假待遇的人员在休假期间的；

（四）患绝症、精神病及本专业职业病的；

（五）符合国家规定其他条件的。

第五条 辞退专业技术人员和管理人员，由单位有关行政领导提出书面意见，说明辞退理由和事实依据，经单位领导集体讨论决定后，按人事管理权限办理辞退手续、发给本人《辞退证明书》，并报同级政府人事部门备案。

第六条 当事人接到《辞退证明书》十五日之内，可向当地人才流动争议仲裁机构申请仲裁。当地尚未成立仲裁机构的，由被辞退人所在单位上级主管部门协调解决。

辞退按《辞退证明书》确定的时间执行。

第七条 单位辞退专业技术人员和管理人员应发给被辞退人员辞退费。辞退费由单位在其办完有关手续后一次性发给，并将《辞退费发放证明》存入本人档案。辞退费发放标准如下：

（一）工作一年以上不满五年（含见习期）的，发给本人当年基本工资（基础工资、职务工资、工龄工资之和，护士加护龄津贴，中小学教师加教龄津贴，后下同）总额的60%。

（二）工作五年至十年（含五年）的发给本人当年基本工资总额的65%。

（三）工作十年（含十年）以上的，发给本人当年基本工资总额的75%。

已实行待业保险的地方和部门，不发给辞退费，被辞退人员可按有关规定享受待业保险待遇。

第八条 辞退费从单位事业费中列支。

第九条 专业技术人员和管理人员被辞退后一年内到全民所有制单位、集体所有制单位、“三资”企业工作，保留其全民所有制干部身份；被辞退人员从事个体经营、到私营企业工作或被辞退后一年之内找不到接收单位的，不再保留其全民所有制干部身份。

管理被辞退人员人事档案的政府人事部门所属人才流动服务机构负责其干部身份的审定工作。对保留干部身份的，应将《被辞退人员干部身份》存入本人档案。

第十条 被辞退人员由全民所有制单位重新接收的，除去待业时间，其工龄合并计算。对再次被辞退的，按照本规定第七条发放辞退费时，其工作时间从重新接收之日算起。

第十一条 被辞退人员的人事档案，有关单位应按中共中央组织部、人事部《关于加强流动人员人事档案管理工作的通知》（人调发［1988］5号）和《关于进一步加强流动人员人事档案管理的补充通知》（人调发［1989］11号）进行移交、接转和管理。

第十二条 被辞退人员到全民所有制单位工作时，由接收单位向管理其人事档案的人才流动服务机构出具《被辞退人员接收函》，人才流动服务机构凭《被辞退人员接收函》，向接收单位出具《被辞退人员工作介绍信》和《工资转移证》，并将被辞退人员的人事档案转交接收单位。

第十三条 被辞退人员在没有另外获得住房前，在一定期限内允许继续居住原单位住房，具体居住时间和收费标准，按当地政府有关规定办理；当地政府没有规定的，可按单位与个人签订的协议办理；未签协议的，单位与个人协商解决。

第十四条 被辞退人员被辞退后不得泄露国家机密，不得损害原单位的经济权益和技术权益，违者责令赔偿经济损失或追究法律责任。

第十五条 辞退专业技术人员和管理人员必须严格依据本规定的条件和程序进行。任何单位和个人不得干扰辞退工作，严禁负责人滥用辞退权。对借辞退进行打击报复的，应依法追究责任。

第十六条 被辞退人员不得无理取闹，纠缠领导，扰乱工作秩序，伺机报复，违者按《中华人民共和国治安管理处罚条例》的有关规定处理。

第十七条 全民所有制事业单位辞退工人可参照本规定执行。

第十八条 《辞退证明书》《辞退费发放证明》《被辞退人员干部身份证明书》《被辞退人员接收函》《被辞退人员工作介绍信》《工资转移证》的式样附后（略），由各省、自治区、直辖市及国务院各部委、各直属机构印制。

第十九条　各省、自治区、直辖市人民政府人事部门，可根据本规定制定实施细则，并报人事部备案。

第二十条　本规定由中华人民共和国人事部负责解释。

第二十一条　本规定自发布之日起施行。

职工调动

[解读]

职工调动是计划经济体制的固定工制度下职工流动的一种形式，一般是用人单位根据工作需要对职工工作岗位或工作单位实施的调配措施，也有职工本人申请、用人单位批准实施调配的情形。职工调动须办理单位之间的商调函、工资关系、组织关系转移单等行政手续。在市场经济体制的劳动合同制度下，这种职工调动的行政方式基本上不再适用，只有在特殊情况下，国家才根据整体需求，利用行政手续实施成建制的职工调动措施。因此，原国家劳动部曾多次明确规定，在全面实行劳动合同制度以后，职工调动工作单位，均应通过与原用人单位终止劳动关系（即解除或终止劳动合同），再与新用人单位建立劳动关系（即签订劳动合同）来实现。也就是说，在劳动合同制度下，原来意义上的职工调动原则上不再适用，用人单位应克服惯性思维方式，运用新的职工流动形式管理职工，即不再运用行政调动的方式，而通过解除或终止以及签订劳动合同的形式来实现职工的流动。

[依据指引]

(1) 劳动部办公厅《对〈关于终止或解除劳动合同计发经济补偿金有关问题的请示〉的复函》（1996年2月15日　劳办发［1996］33号）

河北省劳动厅：

你厅《关于终止或解除劳动合同计发经济补偿金有关问题的请示》（冀劳办［1996］31号）收悉。经研究，现答复如下：

……

二、关于合同制职工调动、转移工作单位经济补偿金计发问题。

在全面实行劳动合同制度以后，职工调动、转移工作单位，均应通过与原用人单位终止劳动关系，再与新用人单位建立劳动关系来实现。职工提出调动、转移工作单位的，应当在与原用人单位解除劳动合同后，与新用人单位签订劳动合同。用人单位依据《劳动法》第二十四条向职工提出并经双方协商一致解除劳动合同的，应当向劳动者支付经济补偿金。由劳动者本人提出解除劳动合同的，用人单位可以不支付经济补偿金。

(2) 劳动部办公厅《关于职工要求调动，企业强行收取分摊的亏损额、管理费及其他费用问题的请示的复函》（1996年9月25日　劳办发［1996］206号）

青海省劳动人事厅：

你厅《关于职工要求调动，企业强行收取分摊的亏损额、管理费及其他费用问题的请示》（青劳人察字［96］13号）收悉。经研究，答复如下：

按照《劳动法》，全面建立劳动合同用人制度后，企业职工调动应依法与原企业解除劳动合同，与新的用人单位签订新的劳动合同。因此，职工调动时，企业如收取费用，必须以《劳动法》等法律、法规、规章和国家其他有关规定及劳动合同的约定为依据，不能违反法律法规随意向职工收取费用。

第三章 集体合同

集体合同

［解读］

集体合同是工会组织或者劳动关系中的职工一方与雇主（或称用人单位）或雇主组织（或称用人单位组织）经过协商谈判就劳动报酬、工作时间、休息休假、劳动安全卫生、保险福利等事项签订的书面协议。从集体合同的层次来看，集体合同有企业级集体合同、行业级集体合同、地区级集体合同和国家级集体合同之分。目前，我国法律规定的集体合同从层级来看，包括企业级集体合同、县级以下区域内的建筑业等行业性集体合同和区域性集体合同；从内容来看，包括综合性集体合同和专项集体合同。

集体合同制度和劳动合同制度都是劳动法上的重要制度。集体合同制度允许个体劳动者团结起来成立自己的团体（即工会组织），由具备与雇主一方相抗衡能力的劳动者团体与雇主一方进行协商谈判，签订集体合同，在不低于劳动法所确定的最低劳动标准的前提下根据本行业、本区域、本单位的具体情况确定本行业、本区域、本单位在劳动报酬、工作时间、休息休假、劳动安全卫生、保险福利等方面的最低劳动标准，从而在一定程度上限制雇主和个体劳动者签订劳动合同时的契约自由，防止个体劳动者的权益受到雇主的侵害。

我国目前尚未制定专门的集体合同法，《劳动法》《劳动合同法》《工会法》就集体合同制度的一些基本问题作出了原则性的规定，原劳动和社会保障部制定了《集体合同规定》和《工资集体协商试行办法》两个部门规章，中华全国总工会也制定了《工会参加平等协商和签订集体合同试行办法》。此外，我国各省、自治区、直辖市的人大或政府也大多制定了适用于本行政区域的集体合同地方法规或规章。

集体合同不是民事合同，不能直接适用《合同法》等民事合同立法。集体合同与劳动合同也具有不同的性质，因此集体合同也不能适用关于劳动合同的法律规范。例如，《劳动合同法》中的大多数法律规范是针对劳动合同的规定，这些规定不适用于集体合同。集体合同应当适用上述各项有关集体合同的专门规定。

［依据指引］

(1)《中华人民共和国劳动法》（1994 年 7 月 5 日　国家主席令第 28 号）

第三十三条　企业职工一方与企业可以就劳动报酬、工作时间、休息休假、劳动安全卫生、保险福利等事项，签订集体合同。集体合同草案应当提交职工代表大会或者全体职工讨论通过。

集体合同由工会代表职工与企业签订；没有建立工会的企业，由职工推举的代表与企业签订。

第三十五条　依法签订的集体合同对企业和企业全体职工具有约束力。职工个人与企业订立的劳动合同中劳动条件和劳动报酬等标准不得低于集体合同的规定。

(2)《中华人民共和国劳动合同法》（2007 年 6 月 29 日　国家主席令第 65 号）

第五十一条　企业职工一方与用人单位通过平等协商，可以就劳动报酬、工作时间、休息休假、劳动安全卫生、保险福利等事项订立集体合同。集体合同草案应当提交职工代表大会或者全体职工讨论通过。

集体合同由工会代表企业职工一方与用人单位订立；尚未建立工会的用人单位，由上级工会指导劳动者推举的代表与用人单位订立。

第五十三条　在县级以下区域内，建筑业、采矿业、餐饮服务业等行业可以由工会与企业方面代表订立行业性集体合同，或者订立区域性集体合同。

(3)《中华人民共和国工会法》（1992 年 4 月 3 日　国家主席令第 57 号　2001 年 10 月 27 日修订）

第二十条　工会帮助、指导职工与企业以及实行企业化管理的事业单位签订劳动合同。

工会代表职工与企业以及实行企业化管理的事业单位进行平等协商，签订集体合同。集体合同草案应当提交职工代表大会或者全体职工讨论通过。

工会签订集体合同，上级工会应当给予支持和帮助。

企业违反集体合同，侵犯职工劳动权益的，工会可以依法要求企业承担责任；因履行集体合同发生争议，经协商解决不成的，工会可以向劳动争议仲裁机构提请仲裁，仲裁机构不予受理或者对仲裁裁决不服的，可以向人民法院提起诉讼。

(4) 劳动和社会保障部《集体合同规定》（2004 年 1 月 20 日　部令第 22 号）

第三条　本规定所称集体合同，是指用人单位与本单位职工根据法律、法规、规章的规定，就劳动报酬、工作时间、休息休假、劳动安全卫生、职业培训、保险福利等事项，通过集体协商签订的书面协议；所称专项集体合同，是指用人单位与本单位职工根据法律、法规、规章的规定，就集体协商的某项内容签订的专项书面协议。

(5) 劳动和社会保障部《工资集体协商试行办法》（2000 年 11 月 8 日　部令第 9 号）

第三条　本办法所称工资集体协商，是指职工代表与企业代表依法就企业内部工资分配制度、工资分配形式、工资收入水平等事项进行平等协商，在协商一致的基础上签订工资协议的行为。

本办法所称工资协议，是指专门就工资事项签订的专项集体合同。已订立集体合同的，工资协议作为集体合同的附件，并与集体合同具有同等效力。

(6) 全国总工会《工会参加平等协商和签订集体合同试行办法》（1995 年 8 月 17 日　总工发[1995] 12 号）

第四条　集体合同是企业工会代表职工与企业就劳动报酬、工作时间、休息休假、劳动安全卫生、保险福利等事项通过平等协商订立的书面协议。

集体协商

[解读]

集体协商是工会组织或职工代表与相应的雇主代表为签订集体合同所进行的协商行为，在西方市场经济国家被称为“集体谈判”，在我国工会立法和工会的文件一般用“平等协商”。

集体协商是订立集体合同的方式、手段和过程，而集体合同则是集体协商的结果。因此，集体协商被认为是集体合同制度的灵魂，各国法律都十分重视对集体协商的规制。

政府为集体协商所提供的服务包括：一是建立用以支持协商的法律和机构框架；二是制定最低劳动标准，为集体协商提供基础；三是提供处理双方不能自行处理的争议的独立和公正的机制。

集体协商比民事合同的订立方式要复杂得多，它是一种高度规范化、程序化的商谈行为，因此进行集体协商必须严格遵守法律的程序性规范，严重违反集体协商的程序性规范所签订的集体合同应认定为无效。

[依据指引]

(1)《中华人民共和国劳动合同法》（2007 年 6 月 29 日　国家主席令第 65 号）

第五十一条　企业职工一方与用人单位通过平等协商，可以就劳动报酬、工作时间、休息休假、劳动安全卫生、保险福利等事项订立集体合同。集体合同草案应当提交职工代表大会或者全体职工讨论通过。

集体合同由工会代表企业职工一方与用人单位订立；尚未建立工会的用人单位，由上级工会指导劳动者推举的代表与用人单位订立。

(2)《中华人民共和国工会法》（1992 年 4 月 3 日　国家主席令第 57 号　2001 年 10 月 27 日修订）

第二十条　工会帮助、指导职工与企业以及实行企业化管理的事业单位签订劳动合同。

工会代表职工与企业以及实行企业化管理的事业单位进行平等协商，签订集体合同。集体合同草案应当提交职工代表大会或者全体职工讨论通过。

工会签订集体合同，上级工会应当给予支持和帮助。

企业违反集体合同，侵犯职工劳动权益的，工会可以依法要求企业承担责任；因履行集体合同发生争议，经协商解决不成的，工会可以向劳动争议仲裁机构提请仲裁，仲裁机构不予受理或者对仲裁裁决不服的，可以向人民法院提起诉讼。

(3) 劳动和社会保障部《集体合同规定》（2004 年 1 月 20 日　部令第 22 号）

第四条　用人单位与本单位职工签订集体合

同或专项集体合同，以及确定相关事宜，应当采取集体协商的方式。集体协商主要采取协商会议的形式。

(4) 劳动和社会保障部《工资集体协商试行办法》（2000年11月8日　部令第9号）

第三条　本办法所称工资集体协商，是指职工代表与企业代表依法就企业内部工资分配制度、工资分配形式、工资收入水平等事项进行平等协商，在协商一致的基础上签订工资协议的行为。

(5) 全国总工会《工会参加平等协商和签订集体合同试行办法》（1995年8月17日　总工发［1995］12号）

第三条　平等协商是指企业工会代表职工与企业就涉及职工合法权益等事项进行商谈的行为。

企业工会应当与企业建立平等协商制度，定期或不定期就涉及职工合法权益等事项进行平等协商。

集体合同制度的实施范围

［解读］

集体合同制度实施范围决定了哪些雇主、组织和相应的工会组织可以依法进行集体协商、订立集体合同。我国目前的劳动法律规定的集体合同制度的实施范围是“中华人民共和国境内的企业和实行企业化管理的事业单位”以及县级以下区域内的建筑业、采矿业、餐饮服务业等行业性组织和区域性组织。

［依据指引］

(1)《中华人民共和国工会法》（1992年4月3日　国家主席令第57号　2001年10月27日修订）

第二十条　工会帮助、指导职工与企业以及实行企业化管理的事业单位签订劳动合同。工会代表职工与企业以及实行企业化管理的事业单位进行平等协商，签订集体合同。集体合同草案应当提交职工代表大会或者全体职工讨论通过。

……

(2)《中华人民共和国劳动合同法》（2007年6月29日　国家主席令第65号）

第五十三条　在县级以下区域内，建筑业、采矿业、餐饮服务业等行业可以由工会与企业方面代表订立行业性集体合同，或者订立区域性集体合同。

(3) 劳动和社会保障部《集体合同规定》（2004年1月20日　部令第22号）

第二条　中华人民共和国境内的企业和实行企业化管理的事业单位（以下统称用人单位）与本单位职工之间进行集体协商，签订集体合同，适用本规定。

(4) 全国总工会《企业工会工作条例（试行)》（2006年7月6日　总工发［2006］41号）

第三十一条　……小型企业集中的地方，可由上一级工会直接代表职工与相应的企业组织或企业进行平等协商，签订区域性、行业性集体合同或专项集体合同。

劳务派遣工集中的企业，工会可与企业、劳务公司共同协商签订集体合同。

集体合同的内容

［解读］

集体合同的条款依其性质基本上可以分为四类：一是标准性条款，即规定劳动标准的条款，主要包括劳动报酬、工作时间、休息休假、劳动安全卫生、保险福利、职业培训、女职工和未成年工劳动保护等方面的标准。二是目标性条款，即规定完成某项任务、实现某个目标的条款，譬如建成某项劳动保护工程、增设某项生活福利设施等。三是保障性条款，即保障标准性条款和目标性条款所确定的义务能够顺利实现的条款，包括集体合同的监督检查、集体合同的解释、集体合同争议处理、违约责任等。四是运行性条款，即确定集体合同的运行规则的条款，包括集体合同的成立、生效、变更、解除、终止、续订等事项。

需要注意的是，集体合同中的标准性条款具有特殊的效力，它们对劳动合同具有约束力，劳动合同中约定的个人劳动标准低于集体合同中约定的标准无效。

从集体合同的内容来看，集体合同有综合性集体合同和专项集体合同（有时称为专项协议或单项协议）之分，综合性集体合同是指规定多方面劳动标准的集体合同，而专项集体合同是指仅仅规定某一方面劳动标准的集体合同，如工资集体合同。用人单位和工会根据本单位劳动关系的实际情况和客观需要，既可以签订综合性集体合同，也可以就劳动关系中比较突出的一项内容签订专项集体合同，以便使集体合同贴近本单位的实际状况，能够解决本单位劳动关系中的实际问题。因此，不能认为用人单位必须签订综合性集体合同。

[依据指引]

(1)《中华人民共和国劳动法》(1994 年 7 月 5 日 国家主席令第 28 号)

第三十三条 企业职工一方与企业可以就劳动报酬、工作时间、休息休假、劳动安全卫生、保险福利等事项，签订集体合同。集体合同草案应当提交职工代表大会或者全体职工讨论通过。

集体合同由工会代表职工与企业签订；没有建立工会的企业，由职工推举的代表与企业签订。

(2) 劳动和社会保障部《集体合同规定》(2004 年 1 月 20 日 部令第 22 号)

第六条 符合本规定的集体合同或专项集体合同，对用人单位和本单位的全体职工具有法律约束力。

用人单位与职工个人签订的劳动合同约定的劳动条件和劳动报酬等标准，不得低于集体合同或专项集体合同的规定。

第八条 集体协商双方可以就下列多项或某项内容进行集体协商，签订集体合同或专项集体合同：

(一) 劳动报酬；

(二) 工作时间；

(三) 休息休假；

(四) 劳动安全与卫生；

(五) 补充保险和福利；

(六) 女职工和未成年工特殊保护；

(七) 职业技能培训；

(八) 劳动合同管理；

(九) 奖惩；

(十) 裁员；

(十一) 集体合同期限；

(十二) 变更、解除集体合同的程序；

(十三) 履行集体合同发生争议时的协商处理办法；

(十四) 违反集体合同的责任；

(十五) 双方认为应当协商的其他内容。

第九条 劳动报酬主要包括：

(一) 用人单位工资水平、工资分配制度、工资标准和工资分配形式；

(二) 工资支付办法；

(三) 加班、加点工资及津贴、补贴标准和奖金分配办法；

(四) 工资调整办法；

(五) 试用期及病、事假等期间的工资待遇；

(六) 特殊情况下职工工资（生活费）支付办法；

(七) 其他劳动报酬分配办法。

第十条 工作时间主要包括：

(一) 工时制度；

(二) 加班加点办法；

(三) 特殊工种的工作时间；

(四) 劳动定额标准。

第十一条 休息休假主要包括：

(一) 日休息时间、周休息日安排、年休假办法；

(二) 不能实行标准工时职工的休息休假；

(三) 其他假期。

第十二条 劳动安全卫生主要包括：

(一) 劳动安全卫生责任制；

(二) 劳动条件和安全技术措施；

(三) 安全操作规程；

(四) 劳保用品发放标准；

(五) 定期健康检查和职业健康体检。

第十三条 补充保险和福利主要包括：

(一) 补充保险的种类、范围；

(二) 基本福利制度和福利设施；

(三) 医疗期延长及其待遇；

(四) 职工亲属福利制度。

第十四条 女职工和未成年工的特殊保护主要包括：

(一) 女职工和未成年工禁忌从事的劳动；

(二) 女职工的经期、孕期、产期和哺乳期的劳动保护；

(三) 女职工、未成年工定期健康检查；

(四) 未成年工的使用和登记制度。

第十五条 职业技能培训主要包括：

(一) 职业技能培训项目规划及年度计划；

(二) 职业技能培训费用的提取和使用；

(三) 保障和改善职业技能培训的措施。

第十六条 劳动合同管理主要包括：

(一) 劳动合同签订时间；

(二) 确定劳动合同期限的条件；

(三) 劳动合同变更、解除、续订的一般原则及无固定期限劳动合同的终止条件；

(四) 试用期的条件和期限。

第十七条 奖惩主要包括：

（一）劳动纪律；

（二）考核奖惩制度；

（三）奖惩程序。

第十八条 裁员主要包括：

（一）裁员的方案；

（二）裁员的程序；

（三）裁员的实施办法和补偿标准。

(3) 劳动和社会保障部《工资集体协商试行办法》（2000年11月8日 部令第9号）

第七条 工资集体协商一般包括以下内容：

（一）工资协议的期限；

（二）工资分配制度、工资标准和工资分配形式；

（三）职工年度平均工资水平及其调整幅度；

（四）奖金、津贴、补贴等分配办法；

（五）工资支付办法；

（六）变更、解除工资协议的程序；

（七）工资协议的终止条件；

（八）工资协议的违约责任；

（九）双方认为应当协商约定的其他事项。

(4) 全国总工会《工会参加平等协商和签订集体合同试行办法》（1995年8月17日 总工发［1995］12号）（略）

(5) 全国总工会《企业工会工作条例（试行）》（2006年7月6日 总工发［2006］41号）（略）

集体合同的期限

[解读]

国家规定集体合同的期限一般为1～3年，工资集体合同的期限一般为1年。期限过短，集体协商过于频繁，不利于劳动关系的稳定；期限过长，又会导致劳动关系呆滞，缺乏适时的调整，尤其不利于保障劳动者的劳动条件随着企业的发展而不断改善。

[依据指引]

(1) 劳动和社会保障部《集体合同规定》（2004年1月20日 部令第22号）

第三十八条 集体合同或专项集体合同期限一般为1至3年，期满或双方约定的终止条件出现，即行终止。

集体合同或专项集体合同期满前3个月内，任何一方均可向对方提出重新签订或续订的要求。

(2) 劳动和社会保障部《工资集体协商试行办法》（2000年11月8日 部令第9号）

第二十四条 工资集体协商一般情况下一年进行一次。职工和企业双方均可在原工资协议期满前60日内，向对方书面提出协商意向书，进行下一轮的工资集体协商，做好新旧工资协议的相互衔接。

集体协商的程序

[解读]

集体协商的程序一般包括：一是集体协商的启动，即工会和用人单位中的一方主动提议进行集体协商并被对方所接受，从而就启动集体协商程序达成一致意见；二是集体协商的筹备，即双方各自委派或选举集体协商代表，收集有关信息资料，并由其中一方或双方共同拟订集体合同草案；三是举行集体协商会议，就集体合同草案的内容进行充分的协商讨论；四是集体合同草案的审议，即双方集体协商代表就集体合同的内容达成一致意见后，将集体合同草案提交职工代表大会或全体职工讨论通过；五是集体合同的签订，即集体合同草案经职工代表大会或全体职工讨论通过后，由工会和用人单位双方的法定代表人或首席代表签字，双方的签字意味着集体合同的成立；六是集体合同的审查，即签订集体合同之后报送人力资源和社会保障行政部门，由人力资源和社会保障行政部门审查其合法性，审查通过之后集体合同即生效；七是集体合同的公布，即在集体合同生效之后，及时向用人单位的管理阶层和全体职工公布集体合同的内容，公布不是集体合同生效的条件，而是集体合同生效后双方当事人所负有的一项法律义务。综上所述，为签订集体合同而进行的集体协商不是一般意义上的协商活动，而是一项具有法律意义、关系重大、程序复杂、技术性极强的专门活动，必须严格依法进行；违背法定程序签订的集体合同属于无效合同，不受法律保护。

[依据指引]

(1)《中华人民共和国劳动法》（1994年7月5日 国家主席令第28号）

第三十三条 企业职工一方与企业可以就劳动报酬、工作时间、休息休假、劳动安全卫生、保险福利等事项，签订集体合同。集体合同草案应当提交职工代表大会或者全体职工讨论通过。

集体合同由工会代表职工与企业签订；没有建立工会的企业，由职工推举的代表与企业签订。

第三十四条 集体合同签订后应当报送劳动行政部门；劳动行政部门自收到集体合同文本之日起十五日内未提出异议的，集体合同即行生效。

(2)《中华人民共和国劳动合同法》（2007年6月29日 国家主席令第65号）

第五十一条 企业职工一方与用人单位通过平等协商，可以就劳动报酬、工作时间、休息休假、劳动安全卫生、保险福利等事项订立集体合同。集体合同草案应当提交职工代表大会或者全体职工讨论通过。

集体合同由工会代表企业职工一方与用人单位订立；尚未建立工会的用人单位，由上级工会指导劳动者推举的代表与用人单位订立。

(3)《中华人民共和国工会法》（1992年4月3日 国家主席令第57号 2001年10月27日修订）

第二十条 工会帮助、指导职工与企业以及实行企业化管理的事业单位签订劳动合同。

工会代表职工与企业以及实行企业化管理的事业单位进行平等协商，签订集体合同。集体合同草案应当提交职工代表大会或者全体职工讨论通过。

工会签订集体合同，上级工会应当给予支持和帮助。

企业违反集体合同，侵犯职工劳动权益的，工会可以依法要求企业承担责任；因履行集体合同发生争议，经协商解决不成的，工会可以向劳动争议仲裁机构提请仲裁，仲裁机构不予受理或者对仲裁裁决不服的，可以向人民法院提起诉讼。

(4) 劳动和社会保障部《集体合同规定》（2004年1月20日 部令第22号）

第三十二条 集体协商任何一方均可就签订集体合同或专项集体合同以及相关事宜，以书面形式向对方提出进行集体协商的要求。

一方提出进行集体协商要求的，另一方应当在收到集体协商要求之日起20日内以书面形式给以回应，无正当理由不得拒绝进行集体协商。

第三十三条 协商代表在协商前应进行下列准备工作：

（一）熟悉与集体协商内容有关的法律、法规、规章和制度；

（二）了解与集体协商内容有关的情况和资料，收集用人单位和职工对协商意向所持的意见；

（三）拟定集体协商议题，集体协商议题可由提出协商一方起草，也可由双方指派代表共同起草；

（四）确定集体协商的时间、地点等事项；

（五）共同确定一名非协商代表担任集体协商记录员。记录员应保持中立、公正，并为集体协商双方保密。

第三十四条 集体协商会议由双方首席代表轮流主持，并按下列程序进行：

（一）宣布议程和会议纪律；

（二）一方首席代表提出协商的具体内容和要求，另一方首席代表就对方的要求作出回应；

（三）协商双方就商谈事项发表各自意见，开展充分讨论；

（四）双方首席代表归纳意见。达成一致的，应当形成集体合同草案或专项集体合同草案，由双方首席代表签字。

第三十五条 集体协商未达成一致意见或出现事先未预料的问题时，经双方协商，可以中止协商。中止期限及下次协商时间、地点、内容由双方商定。

第四十八条 生效的集体合同或专项集体合同，应当自其生效之日起由协商代表及时以适当的形式向本方全体人员公布。

(5) 劳动和社会保障部《工资集体协商试行办法》（2000年11月8日 部令第9号）

第十七条 职工和企业任何一方均可提出进行工资集体协商的要求。工资集体协商的提出应向另一方提出书面的协商意向书，明确协商的时间、地点、内容等。另一方接到协商意向书后，应于20日内予以书面答复，并与提出方共同进行工资集体协商。

第十八条 在不违反有关法律、法规的前提下，协商双方有义务按照对方要求，在协商开始前5日内，提供与工资集体协商有关的真实情况和资料。

第十九条 工资协商草案应提交职工代表大会或职工大会讨论审议。

第二十条 工资集体协商双方达成一致意见后，由企业行政方制作工资协议文本。工资协议经双方首席代表签字盖章后成立。

第二十三条 协商双方应于5日内将已经生效的工资协议以适当形式向本方全体人员公布。

(6) 全国总工会《工会参加平等协商和签订

集体合同试行办法》（1995年8月17日　总工发[1995] 12号）

第十八条　签订集体合同之前工会应当收集职工和企业有关部门的意见，单独或与企业共同拟定集体合同草案。

第十九条　工会拟定集体合同草案，可以参照下列资料：

（一）有关法律、法规和政策；

（二）与本企业有关的国家宏观调控的政策措施；

（三）同行业和具有可比性企业的劳动标准；

（四）企业生产经营情况及有关的计划、指标；

（五）政府部门公布的有关物价指数等数据资料；

（六）本地区就业状况资料；

（七）集体合同范本；

（八）其他与签订集体合同有关的资料。

第二十条　工会根据拟定的集体合同草案按照本办法第二章的有关规定与企业进行平等协商。

第二十一条　经协商达成一致的集体合同草案文本应当提交职工代表大会或全体职工审议，工会代表应当就草案的产生过程、主要劳动标准条件的确定依据及各自承担的主要义务作出说明。

第二十二条　集体合同草案经职工代表大会或全体职工审议通过后，由企业法定代表人与企业工会主席签字。

集体合同草案经审议未获通过的，由双方重新协商，进行修改。

第二十三条　集体合同签字后，在报送劳动行政部门的同时，企业工会应当将集体合同文本、附件及说明报送上一级工会。

第二十四条　集体合同生效后，应依法向全体职工公布。

集体协商的原则

[解读]

工会和用人单位在集体协商中应当遵循的原则包括：一是平等原则，即双方的法律地位是平等的；二是合作原则，即双方要努力合作，实现双赢；三是诚信原则，即双方不得在集体协商中采用收买、欺骗等手段；四是协商一致原则，即集体协商中重要的程序性问题的决策和集体合同的达成都必须是双方协商一致的结果。在集体协商中可能会出现罢工现象，这就涉及罢工行为的法律性质问题。我国现行法律并没有确认工人或工会享有罢工权，但也没有笼统地禁止一切罢工行为，只是禁止公务员罢工，并且规定戒严期间可以禁止罢工。因此，公务员之外的其他劳动者在通常情况下罢工并不违反法律。总的来看，我国现行法律对罢工行为采取了一种既不提倡也不禁止的态度。

[依据指引]

（1）劳动和社会保障部《集体合同规定》（2004年1月20日　部令第22号）

第五条　进行集体协商，签订集体合同或专项集体合同，应当遵循下列原则：

（一）遵守法律、法规、规章及国家有关规定；

（二）相互尊重，平等协商；

（三）诚实守信，公平合作；

（四）兼顾双方合法权益；

（五）不得采取过激行为。

（2）劳动和社会保障部《工资集体协商试行办法》（2000年11月8日　部令第9号）

第十五条　协商代表应遵守双方确定的协商规则，履行代表职责，并负有保守企业商业秘密的责任。协商代表任何一方不得采取过激、威胁、收买、欺骗等行为。

（3）全国总工会《工会参加平等协商和签订集体合同试行办法》（1995年8月17日　总工发[1995] 12号）

第五条　工会与企业平等协商订立集体合同应当遵循下列原则：

（一）合法；

（二）平等合作；

（三）协商一致；

（四）兼顾国家、企业和职工利益；

（五）维护正常的生产、工作秩序。

集体协商义务

[解读]

按照劳动法的规定，用人单位和工会组织负有建立集体协商机制开展集体协商的法律义务。因此，一方提出进行集体协商时，另一方没有正当理由是不能拒绝也不能拖延的，否则就构成违法行为，要依法承担法律责任。所谓正当理由，是指那些既不可避免又不可克服并且足以妨碍集体协商正常进行的情形。待构成“正当理由”的情形消失之后，任何一方均不得再拒绝进行集体协商。需要注意的是，负有集体协商义务并不等于同时负有签订集体合同的义务，任何一方对集体合同草案的条款有不同意见时，均有权拒绝签订集体合同。

［依据指引］

(1)《中华人民共和国劳动法》（1994 年 7 月 5 日　国家主席令第 28 号）

第六条　工会应当帮助、指导劳动者与用人单位依法订立和履行劳动合同，并与用人单位建立集体协商机制，维护劳动者的合法权益。

(2)《中华人民共和国工会法》（1992 年 4 月 3 日　国家主席令第 57 号　2001 年 10 月 27 日修订）

第五十三条　违反本法规定，有下列情形之一的，由县级以上人民政府责令改正，依法处理：

（一）妨碍工会组织职工通过职工代表大会和其他形式依法行使民主权利的；

（二）非法撤销、合并工会组织的；

（三）妨碍工会参加职工因工伤亡事故以及其他侵犯职工合法权益问题的调查处理的；

（四）无正当理由拒绝进行平等协商的。

(3) 劳动和社会保障部《集体合同规定》（2004 年 1 月 20 日　部令第 22 号）

第三十二条　集体协商任何一方均可就签订集体合同或专项集体合同以及相关事宜，以书面形式向对方提出进行集体协商的要求。

一方提出进行集体协商要求的，另一方应当在收到集体协商要求之日起 20 日内以书面形式给以回应，无正当理由不得拒绝进行集体协商。

第五十六条　用人单位无正当理由拒绝工会或职工代表提出的集体协商要求的，按照《工会法》及有关法律、法规的规定处理。

(4) 劳动和社会保障部《工资集体协商试行办法》（2000 年 11 月 8 日　部令第 9 号）

第十七条　职工和企业任何一方均可提出进行工资集体协商的要求。工资集体协商的提出应向另一方提出书面的协商意向书，明确协商的时间、地点、内容等。另一方接到协商意向书后，应于 20 日内予以书面答复，并与提出方共同进行工资集体协商。

(5) 全国总工会《工会参加平等协商和签订集体合同试行办法》（1995 年 8 月 17 日　总工发［1995］12 号）

第三条　平等协商是指企业工会代表职工与企业就涉及职工合法权益等事项进行商谈的行为。

企业工会应当与企业建立平等协商制度，定期或不定期就涉及职工合法权益等事项进行平等协商。

(6) 全国总工会《企业工会工作条例（试行）》（2006 年 7 月 6 日　总工发［2006］41 号）

第三十二条　工会发出集体协商书面要约二十日内，企业不予回应的，工会可要求上级工会协调；企业无正当理由拒绝集体协商的，工会可提请县级以上人民政府责令改正，依法处理；企业违反集体合同规定的，工会可依法要求企业承担责任。

企业工会的设立

［解读］

企业工会是企业职工自愿结合而建立的群众组织，是企业工会会员和职工合法权益的代表者和维护者，也是中华全国总工会的基层组织。企业工会组织的建立，必须报上一级工会批准；上级工会可以派员帮助和指导企业职工组建工会，任何单位和个人不得阻挠；企业工会具备法人条件的，依法取得社会团体法人资格，工会主席是法定代表人。

工会会员 25 人以上的企业建立工会委员会；不足 25 人的，可以单独建立工会委员会，也可以由两个以上企业的会员按地域或行业联合建立基层工会委员会，也可以选举组织员一人，组织会员开展活动。会员大会或会员代表大会是企业工会的权力机关，每年召开一至两次会议。企业行政负责人、合伙人及其近亲属不得作为本企业工会委员会成员的人选。企业行政负责人（含行政副职）、合伙人及其近亲属，人力资源部门负责人，外籍职工不得作为本企业工会主席候选人。国有、集体及其控股企业工会主席候选人，应由同级党组织和上级工会在充分听取会员意见的基础上协商提名。私营企业、外商投资企业、港澳台商投资企业工会主席候选人，由会员民主推荐，报上一级工会同意提名；也可以由上级工会推荐产生。

企业工会主要有以下的基本任务和日常工作：

（一）组织职工依法通过职工代表大会或职工

大会和其他形式，参加企业民主管理和民主监督，负责职工代表大会或职工大会的日常工作。例如，根据《劳动合同法》的规定，配合企业在制定、修改或者决定直接涉及职工切身利益的规章制度或者重大事项时，召开职工代表大会或者全体职工会议，以及通过集体协商机制履行民主程序。

（二）帮助和指导职工与企业签订劳动合同，并监督企业和引导职工严格履行劳动合同。例如，企业单方解除劳动合同的，应当事先将事实和理由通知工会；企业违反法律、行政法规规定或者劳动合同约定的，工会有权要求用人单位纠正；企业应当研究工会的意见，并将处理结果书面通知工会。

（三）依法与企业建立集体协商机制。就劳动报酬、工作时间、劳动定额、休息休假、劳动安全卫生、保险福利等事项与企业平等协商、签订集体合同，以及订立专项集体合同，并监督集体合同的履行。企业违反集体合同，侵犯职工劳动权益的，工会可以依法要求企业承担责任；因履行集体合同发生争议，经协商解决不成的，工会可以依法申请仲裁、提起诉讼。

（四）依法参与企业劳动争议调解委员会的建立，预防和调解劳动争议。

[依据指引]

(1)《中华人民共和国工会法》（1992 年 4 月 3 日　国家主席令第 57 号　2001 年 10 月 27 日修订）

第二条　工会是职工自愿结合的工人阶级的群众组织。

中华全国总工会及其各工会组织代表职工的利益，依法维护职工的合法权益。

第六条　维护职工合法权益是工会的基本职责。工会在维护全国人民总体利益的同时，代表和维护职工的合法权益。

工会通过平等协商和集体合同制度，协调劳动关系，维护企业职工劳动权益。

工会依照法律规定通过职工代表大会或者其他形式，组织职工参与本单位的民主决策、民主管理和民主监督。

工会必须密切联系职工，听取和反映职工的意见和要求，关心职工的生活，帮助职工解决困难，全心全意为职工服务。

第九条　工会各级组织按照民主集中制原则建立。

各级工会委员会由会员大会或者会员代表大会民主选举产生。企业主要负责人的近亲属不得作为本企业基层工会委员会成员的人选。

各级工会委员会向同级会员大会或者会员代表大会负责并报告工作，接受其监督。

工会会员大会或者会员代表大会有权撤换或者罢免其所选举的代表或者工会委员会组成人员。

上级工会组织领导下级工会组织。

第十条　企业、事业单位、机关有会员二十五人以上的，应当建立基层工会委员会；不足二十五人的，可以单独建立基层工会委员会，也可以由两个以上单位的会员联合建立基层工会委员会，也可以选举组织员一人，组织会员开展活动。女职工人数较多的，可以建立工会女职工委员会，在同级工会领导下开展工作；女职工人数较少的，可以在工会委员会中设女职工委员。

企业职工较多的乡镇、城市街道，可以建立基层工会的联合会。

县级以上地方建立地方各级总工会。

同一行业或者性质相近的几个行业，可以根据需要建立全国的或者地方的产业工会。

全国建立统一的中华全国总工会。

第十一条　基层工会、地方各级总工会、全国或者地方产业工会组织的建立，必须报上一级工会批准。

上级工会可以派员帮助和指导企业职工组建工会，任何单位和个人不得阻挠。

第十四条　中华全国总工会、地方总工会、产业工会具有社会团体法人资格。

基层工会组织具备民法通则规定的法人条件的，依法取得社会团体法人资格。

(2) 全国总工会《企业工会工作条例（试行）》（2006 年 7 月 6 日　总工发［2006］41 号）（略）

集体协商代表

[解读]

用人单位和工会之间的集体协商是通过双方委派的集体协商代表来进行的。集体协商代表必须依照法定程序产生，只有依照法定程序产生的集体协商代表才有资格参加集体协商并行使法定权利、履行法定义务，集体协商代表不合格，集体合同就是无效的。双方可以委托律师、注册会计师、执业医师、工程师等外部专业人士担任本方协商代表，以弥补本方代表在专业知识、经验、谈判技能等方面的不足，加强谈判能力。国家还规定，委托担任集体协商代表的外部专业人士不得超过本方代表的1/3，这样可以防止外部专业人士担任的代表过多，以至于过分影响甚至控制、操纵工会或用人单位的意愿和行为，导致集体协商的程序和结果背离双方的真实意愿和实际利益。双方必须在集体协商代表中指定一名首席代表，工会方的首席代表一般由工会主席担任，用人单位一方的首席代表一般由法定代表人担任。

集体协商代表必须承担法定的外部义务和内部义务。所谓外部义务，是指集体协商代表对集体协商的另一方当事人所承担的义务。外部义务包括：遵守双方确定的协商规则，保守用人单位的商业秘密（用人单位的代表所承担的此项义务属于内部义务），不得采取过激、威胁、收买、欺骗等行为。所谓内部义务，是指集体协商代表对自己所代表的工会或用人单位所承担的义务。内部义务包括：忠实地履行自己的职责，接受本方的指令和监督等。

双方除了可以委托外部专业人士担任本方协商代表外，也可以委托外部专业人士担任本方的集体协商顾问。

[依据指引]

(1) 劳动和社会保障部《集体合同规定》（2004年1月20日　部令第22号）

第十九条　本规定所称集体协商代表（以下统称协商代表），是指按照法定程序产生并有权代表本方利益进行集体协商的人员。

集体协商双方的代表人数应当对等，每方至少3人，并各确定1名首席代表。

第二十条　职工一方的协商代表由本单位工会选派。未建立工会的，由本单位职工民主推荐，并经本单位半数以上职工同意。

职工一方的首席代表由本单位工会主席担任。工会主席可以书面委托其他协商代表代理首席代表。工会主席空缺的，首席代表由工会主要负责人担任。未建立工会的，职工一方的首席代表从协商代表中民主推举产生。

第二十一条　用人单位一方的协商代表，由用人单位法定代表人指派，首席代表由单位法定代表人担任或由其书面委托的其他管理人员担任。

第二十二条　协商代表履行职责的期限由被代表方确定。

第二十三条　集体协商双方首席代表可以书面委托本单位以外的专业人员作为本方协商代表。委托人数不得超过本方代表的三分之一。

首席代表不得由非本单位人员代理。

第二十四条　用人单位协商代表与职工协商代表不得相互兼任。

第二十五条　协商代表应履行下列职责：

（一）参加集体协商；

（二）接受本方人员质询，及时向本方人员公布协商情况并征求意见；

（三）提供与集体协商有关的情况和资料；

（四）代表本方参加集体协商争议的处理；

（五）监督集体合同或专项集体合同的履行；

（六）法律、法规和规章规定的其他职责。

第二十六条　协商代表应当维护本单位正常的生产、工作秩序，不得采取威胁、收买、欺骗等行为。

协商代表应当保守在集体协商过程中知悉的用人单位的商业秘密。

第二十七条　企业内部的协商代表参加集体协商视为提供了正常劳动。

第二十八条　职工一方协商代表在其履行协商代表职责期间劳动合同期满的，劳动合同期限自动延长至完成履行协商代表职责之时，除出现下列情形之一的，用人单位不得与其解除劳动合同：

（一）严重违反劳动纪律或用人单位依法制定的规章制度的；

（二）严重失职、营私舞弊，对用人单位利益造成重大损害的；

（三）被依法追究刑事责任的。

职工一方协商代表履行协商代表职责期间，用人单位无正当理由不得调整其工作岗位。

第二十九条　职工一方协商代表就本规定第二十七条、第二十八条的规定与用人单位发生争议的，可以向当地劳动争议仲裁委员会申请仲裁。

第三十条　工会可以更换职工一方协商代表；未建立工会的，经本单位半数以上职工同意可以更换职工一方协商代表。

用人单位法定代表人可以更换用人单位一方协商代表。

第三十一条　协商代表因更换、辞任或遇有不可抗力等情形造成空缺的，应在空缺之日起15日内按照本规定产生新的代表。

(2) 劳动和社会保障部《工资集体协商试行

办法》（2000年11月8日　部令第9号）

第九条　工资集体协商代表应依照法定程序产生。职工一方由工会代表。未建工会的企业由职工民主推举代表，并得到半数以上职工的同意。企业代表由法定代表人和法定代表人指定的其他人员担任。

第十条　协商双方各确定一名首席代表。职工首席代表应当由工会主席担任，工会主席可以书面委托其他人员作为自己的代理人；未成立工会的，由职工集体协商代表推举。企业首席代表应当由法定代表人担任，法定代表人可以书面委托其他管理人员作为自己的代理人。

第十二条　协商双方可书面委托本企业以外的专业人士作为本方协商代表。委托人数不得超过本方代表的1/3。

第十五条　协商代表应遵守双方确定的协商规则，履行代表职责，并负有保守企业商业秘密的责任。协商代表任何一方不得采取过激、威胁、收买、欺骗等行为。

第十六条　协商代表应了解和掌握工资分配的有关情况，广泛征求各方面的意见，接受本方人员对工资集体协商有关问题的质询。

(3) 全国总工会《工会参加平等协商和签订集体合同试行办法》（1995年8月17日　总工发［1995］12号）

第八条　参加平等协商的工会一方首席代表为工会主席；工会主席可以书面委托工会其他负责人为首席代表。

工会一方的其他代表可以由工会各工作委员会主任、女职工组织的代表和职工代表大会议定的职工代表组成。

工会可以聘请有关专业人员作为顾问参加平等协商。

第九条　工会代表一经产生，无特殊情况必须履行其义务。因特殊情况造成空缺的，应当由工会重新指派代表。

(4) 全国总工会《企业工会工作条例（试行）》（2006年7月6日　总工发［2006］41号）

第三十一条　依法与企业进行平等协商，签订集体合同和劳动报酬、劳动安全卫生、女职工特殊权益保护等专项集体合同。

工会应将劳动报酬、工作时间、劳动定额、保险福利、劳动安全卫生等问题作为协商重点内容。

工会依照民主程序选派职工协商代表，可依法委托本企业以外的专业人士作为职工协商代表，但不得超过本方协商代表总数的三分之一。

小型企业集中的地方，可由上一级工会直接代表职工与相应的企业组织或企业进行平等协商，签订区域性、行业性集体合同或专项集体合同。

劳务派遣工集中的企业，工会可与企业、劳务公司共同协商签订集体合同。

对工会方集体协商代表的特殊保护

[解读]

为防止用人单位打击工会方集体协商代表，解除工会方集体协商代表的后顾之忧，使他们敢于在集体协商中积极、大胆地行使权利、履行职责，在法律上对工会方代表规定了特殊保护措施：第一，由用人单位内部产生的集体协商代表参加集体协商的活动应视为提供了正常劳动，享受的工资、奖金、津贴、保险、福利待遇不变；第二，用人单位不得对工会方协商代表采取歧视性行为，不得违法解除或变更其劳动合同；第三，用人单位打击报复工会方集体协商代表的，必须承担相应的法律责任。

[依据指引]

(1)《中华人民共和国工会法》（1992年4月3日　国家主席令第57号　2001年10月27日修订）

第五十一条　违反本法规定，对依法履行职责的工会工作人员无正当理由调动工作岗位，进行打击报复的，由劳动行政部门责令改正、恢复原工作；造成损失的，给予赔偿。

对依法履行职责的工会工作人员进行侮辱、诽谤或者进行人身伤害，构成犯罪的，依法追究刑事责任；尚未构成犯罪的，由公安机关依照治安管理处罚条例的规定处罚。

第五十二条　违反本法规定，有下列情形之一的，由劳动行政部门责令恢复其工作，并补发被解除劳动合同期间应得的报酬，或者责令给予本人年收入二倍的赔偿：

（一）职工因参加工会活动而被解除劳动合同的；

（二）工会工作人员因履行本法规定的职责而被解除劳动合同的。

(2) 最高人民法院《关于在民事审判工作中适用〈中华人民共和国工会法〉若干问题的解释》

（2003年1月9日　法释［2003］11号）

第六条　根据工会法第五十二条规定，人民法院审理涉及职工和工会工作人员因参加工会活动或者履行工会法规定的职责而被解除劳动合同的劳动争议案件，可以根据当事人的请求裁判用人单位恢复其工作，并补发被解除劳动合同期间应得的报酬；或者根据当事人的请求裁判用人单位给予本人年收入二倍的赔偿，并参照《违反和解除劳动合同的经济补偿办法》第八条规定给予解除劳动合同时的经济补偿金。

(3) 劳动和社会保障部《集体合同规定》（2004年1月20日　部令第22号）

第二十七条　企业内部的协商代表参加集体协商视为提供了正常劳动。

第二十八条　职工一方协商代表在其履行协商代表职责期间劳动合同期满的，劳动合同期限自动延长至完成履行协商代表职责之时，除出现下列情形之一的，用人单位不得与其解除劳动合同：

（一）严重违反劳动纪律或用人单位依法制定的规章制度的；

（二）严重失职、营私舞弊，对用人单位利益造成重大损害的；

（三）被依法追究刑事责任的。

职工一方协商代表履行协商代表职责期间，用人单位无正当理由不得调整其工作岗位。

第二十九条　职工一方协商代表就本规定第二十七条、第二十八条的规定与用人单位发生争议的，可以向当地劳动争议仲裁委员会申请仲裁。

(4) 劳动和社会保障部《工资集体协商试行办法》（2000年11月8日　部令第9号）

第十四条　由企业内部产生的协商代表参加工资集体协商的活动应视为提供正常劳动，享受的工资、奖金、津贴、补贴、保险福利待遇不变。其中，职工协商代表的合法权益受法律保护。企业不得对职工协商代表采取歧视性行为，不得违法解除或变更其劳动合同。

(5) 全国总工会《工会参加平等协商和签订集体合同试行办法》（1995年8月17日　总工发［1995］12号）

第十条　工会代表在劳动合同期内自担任代表之日起五年内除个人严重过失外，企业不得与其解除劳动合同。

个人严重过失包括严重违反劳动纪律或用人单位规章制度和严重失职、营私舞弊，对用人单位造成重大损害以及被依法追究刑事责任等。

集体协商会议

［解读］

双方集体协商代表进行集体协商时一般采取集体协商会议的形式。集体协商会议的内容、时间、地点应由双方共同商定。协商双方的首席代表在工资集体协商期间轮流担任协商会议执行主席，主要职责是负责集体协商的有关组织协调工作，并对协商过程中发生的问题提出处理建议。在集体协商中，双方享有平等的建议权、否决权和陈述权。这三项权利极其重要：通过行使建议权，双方可以积极地提出对本方有利（并不一定对对方不利）的方案，以实现和保护本方的利益；通过行使否决权，双方可以拒绝接受对本方不利或不公平的方案，防止本方的利益受到损害；通过行使陈述权，双方可以向对方说明本方的主张所依据的事实和理由，争取实现本方的利益。有了这三项权利，双方在集体协商中才能相互影响，不断调整本方的主张，逐渐缩小分歧，向双方都能接受的目标靠近，并最终达成集体合同。

［依据指引］

(1) 劳动和社会保障部《集体合同规定》（2004年1月20日　部令第22号）

第四条　用人单位与本单位职工签订集体合同或专项集体合同，以及确定相关事宜，应当采取集体协商的方式。集体协商主要采取协商会议的形式。

第三十三条　协商代表在协商前应进行下列准备工作：

（一）熟悉与集体协商内容有关的法律、法规、规章和制度；

（二）了解与集体协商内容有关的情况和资料，收集用人单位和职工对协商意向所持的意见；

（三）拟定集体协商议题，集体协商议题可由提出协商一方起草，也可由双方指派代表共同起草；

（四）确定集体协商的时间、地点等事项；

（五）共同确定一名非协商代表担任集体协商记录员。记录员应保持中立、公正，并为集体协商双方保密。

第三十四条　集体协商会议由双方首席代表轮流主持，并按下列程序进行：

（一）宣布议程和会议纪律；

（二）一方首席代表提出协商的具体内容和要求，另一方首席代表就对方的要求作出回应；

（三）协商双方就商谈事项发表各自意见，开展充分讨论；

（四）双方首席代表归纳意见。达成一致的，应当形成集体合同草案或专项集体合同草案，由双方首席代表签字。

(2) 劳动和社会保障部《工资集体协商试行办法》（2000 年 11 月 8 日　部令第 9 号）

第十一条　协商双方的首席代表在工资集体协商期间轮流担任协商会议执行主席。协商会议执行主席的主要职责是负责工资集体协商有关组织协调工作，并对协商过程中发生的问题提出处理建议。

第十三条　协商双方享有平等的建议权、否决权和陈述权。

(3) 全国总工会《工会参加平等协商和签订集体合同试行办法》（1995 年 8 月 17 日　总工发［1995］12 号）

第十一条　工会应当按照以下程序与企业进行平等协商：

（一）建立定期协商机制的企业，双方首席代表应当在协商前一周，将拟定协商的事项通知对方，属不定期协商的事项，提议方应当与对方共同商定平等协商的内容、时间和地点；

（二）协商开始时，由提议方将协商事项按双方议定的程序，逐一提交协商会议讨论；

（三）一般问题，经双方代表协商一致，协议即可成立，重大问题的协议草案，应当提交职工代表大会或全体职工审议通过；

（四）协商中如有临时提议，应当在各项议程讨论完毕后始得提出，取得对方同意后方可列入协商程序；

（五）经协商形成一致意见，由双方代表分别在有关人员及职工中传达或共同召集会议传达；

（六）平等协商未达成一致或出现事先未预料的问题时，经双方同意，可以暂时中止协商，协商中止期限最长不超过 60 天，具体中止期限及下次协商的具体时间、地点、内容由双方共同商定。

第十二条　在不违反法律、法规规定的情况下，工会有权要求企业提供与平等协商有关的情况和资料。

集体合同草案的审议与签订

［解读］

集体合同草案的审议是指双方的集体协商代表就集体合同草案达成一致意见之后，将集体合同草案提交职工代表大会或者全体职工讨论，决定是否批准通过。获得通过之后，才能由工会和用人单位双方的法定代表人或首席代表签字，使得集体合同成立。集体合同草案经审议未获通过的，由双方重新协商，进行修改。集体合同草案的审议程序使订立集体合同的最终决策权掌握在广大劳动者的手里而不是工会负责人的手里，有利于保证集体合同符合广大劳动者的利益。显而易见，未经审议的集体合同属于无效合同。

集体合同的签订是指工会和用人单位双方的集体协商代表就集体合同的内容达成一致意见，并且集体合同草案经职工代表大会或全体职工讨论通过后，由工会和用人单位双方的法定代表人或首席代表签字。双方的签字意味着双方对集体合同内容的正式认可，意味着集体合同的成立。

［依据指引］

(1)《中华人民共和国劳动法》（1994 年 7 月 5 日　国家主席令第 28 号）

第三十三条　企业职工一方与企业可以就劳动报酬、工作时间、休息休假、劳动安全卫生、保险福利等事项，签订集体合同。集体合同草案应当提交职工代表大会或者全体职工讨论通过。

集体合同由工会代表职工与企业签订；没有建立工会的企业，由职工推举的代表与企业签订。

(2)《中华人民共和国劳动合同法》（2007 年 6 月 29 日　国家主席令第 65 号）

第五十一条　企业职工一方与用人单位通过平等协商，可以就劳动报酬、工作时间、休息休假、劳动安全卫生、保险福利等事项订立集体合同。集体合同草案应当提交职工代表大会或者全体职工讨论通过。

集体合同由工会代表企业职工一方与用人单位订立；尚未建立工会的用人单位，由上级工会指导劳动者推举的代表与用人单位订立。

(3) 劳动和社会保障部《工资集体协商试行办法》（2000 年 11 月 8 日　部令第 9 号）

第十九条　工资协商草案应提交职工代表大会或职工大会讨论审议。

第二十条 工资集体协商双方达成一致意见后，由企业行政方制作工资协议文本。工资协议经双方首席代表签字盖章后成立。

(4)《中华人民共和国工会法》（1992年4月3日 国家主席令第57号 2001年10月27日修订）

第二十条 工会帮助、指导职工与企业以及实行企业化管理的事业单位签订劳动合同。工会代表职工与企业以及实行企业化管理的事业单位进行平等协商，签订集体合同。集体合同草案应当提交职工代表大会或者全体职工讨论通过。

工会签订集体合同，上级工会应当给予支持和帮助。

企业违反集体合同，侵犯职工劳动权益的，工会可以依法要求企业承担责任；因履行集体合同发生争议，经协商解决不成的，工会可以向劳动争议仲裁机构提请仲裁，仲裁机构不予受理或者对仲裁裁决不服的，可以向人民法院提起诉讼。

(5) 劳动和社会保障部《集体合同规定》（2004年1月20日 部令第22号）

第三十六条 经双方协商代表协商一致的集体合同草案或专项集体合同草案应当提交职工代表大会或者全体职工讨论。

职工代表大会或者全体职工讨论集体合同草案或专项集体合同草案，应当有三分之二以上职工代表或者职工出席，且须经全体职工代表半数以上或者全体职工半数以上同意，集体合同草案或专项集体合同草案方获通过。

第三十七条 集体合同草案或专项集体合同草案经职工代表大会或者职工大会通过后，由集体协商双方首席代表签字。

(6) 全国总工会《工会参加平等协商和签订集体合同试行办法》（1995年8月17日 总工发[1995] 12号）

第二十二条 集体合同草案经职工代表大会或全体职工审议通过后，由企业法定代表人与企业工会主席签字。

集体合同草案经审议未获通过的，由双方重新协商，进行修改。

集体合同的审查和生效

[解读]

我国法律规定，集体合同要报送人力资源和社会保障行政部门进行合法性审查，经审查无异议才生效。人力资源和社会保障行政部门主要审查以下内容：

（一）合同双方的资格是否符合法律、法规的规定。

（二）集体协商是否按照法律、法规规定的原则和程序进行。

（三）集体合同中的各项具体劳动标准是否符合法律、法规规定的最低标准。

如果人力资源和社会保障行政部门的审查意见书对集体合同的内容提出了异议，集体合同双方应当对其中无效或部分无效的条款进行修改，并重新报送人力资源和社会保障行政部门审查。需要注意的是，双方如果对集体合同的内容进行修改，仍然要按照集体协商的法定程序进行。

[依据指引]

(1)《中华人民共和国劳动法》（1994年7月5日 国家主席令第28号）

第三十四条 集体合同签订后应当报送劳动行政部门；劳动行政部门自收到集体合同文本之日起十五日内未提出异议的，集体合同即行生效。

(2)《中华人民共和国劳动合同法》（2007年6月29日 国家主席令第65号）

第五十四条 集体合同订立后，应当报送劳动行政部门；劳动行政部门自收到集体合同文本之日起十五日内未提出异议的，集体合同即行生效。

依法订立的集体合同对用人单位和劳动者具有约束力。行业性、区域性集体合同对当地本行业、本区域的用人单位和劳动者具有约束力。

(3) 劳动和社会保障部《集体合同规定》（2004年1月20日 部令第22号）

第七条 县级以上劳动保障行政部门对本行政区域内用人单位与本单位职工开展集体协商、签订、履行集体合同的情况进行监督，并负责审查集体合同或专项集体合同。

第四十二条 集体合同或专项集体合同签订或变更后，应当自双方首席代表签字之日起10日内，由用人单位一方将文本一式三份报送劳动保障行政部门审查。

劳动保障行政部门对报送的集体合同或专项集体合同应当办理登记手续。

第四十三条 集体合同或专项集体合同审查实行属地管辖，具体管辖范围由省级劳动保障行政部门规定。

中央管辖的企业以及跨省、自治区、直辖市的用人单位的集体合同应当报送劳动保障部或劳动保障部指定的省级劳动保障行政部门。

第四十四条 劳动保障行政部门应当对报送的集体合同或专项集体合同的下列事项进行合法性审查：

（一）集体协商双方的主体资格是否符合法律、法规和规章规定；

（二）集体协商程序是否违反法律、法规、规章规定；

（三）集体合同或专项集体合同内容是否与国家规定相抵触。

第四十五条 劳动保障行政部门对集体合同或专项集体合同有异议的，应当自收到文本之日起15日内将《审查意见书》送达双方协商代表。《审查意见书》应当载明以下内容：

（一）集体合同或专项集体合同当事人双方的名称、地址；

（二）劳动保障行政部门收到集体合同或专项集体合同的时间；

（三）审查意见；

（四）作出审查意见的时间。

《审查意见书》应当加盖劳动保障行政部门印章。

第四十六条 用人单位与本单位职工就劳动保障行政部门提出异议的事项经集体协商重新签订集体合同或专项集体合同的，用人单位一方应当根据本规定第四十二条的规定将文本报送劳动保障行政部门审查。

第四十七条 劳动保障行政部门自收到文本之日起15日内未提出异议的，集体合同或专项集体合同即行生效。

第四十八条 生效的集体合同或专项集体合同，应当自其生效之日起由协商代表及时以适当的形式向本方全体人员公布。

（4）劳动和社会保障部《工资集体协商试行办法》（2000年11月8日 部令第9号）

第二十二条 劳动保障行政部门应在收到工资协议15日内，对工资集体协商双方代表资格、工资协议的条款内容和签订程序等进行审查。

劳动保障行政部门经审查对工资协议无异议，应及时向协商双方送达《工资协议审查意见书》，工资协议即行生效。

劳动保障行政部门对工资协议有修改意见，应将修改意见在《工资协议审查意见书》中通知协商双方。双方应就修改意见及时协商，修改工资协议，并重新报送劳动保障行政部门。

工资协议向劳动保障行政部门报送经过15日后，协议双方未收到劳动保障行政部门的《工资协议审查意见书》，视为已经劳动保障行政部门同意，该工资协议即行生效。

（5）全国总工会《工会参加平等协商和签订集体合同试行办法》（1995年8月17日 总工发［1995］12号）

第二十三条 集体合同签字后，在报送劳动行政部门的同时，企业工会应当将集体合同文本、附件及说明报送上一级工会。

第二十八条 变更或解除集体合同的程序：

（一）一方提出建议，向对方说明需要变更或解除的集体合同的条款和理由；

（二）双方就变更或解除的集体合同条款经协商一致，达成书面协议；

（三）协议书应当提交职工代表大会或全体职工审议通过，并报送集体合同管理机关登记备案，审议未获通过，由双方重新协商；

（四）变更或解除集体合同的协议书，在报送劳动行政部门的同时，企业工会报送上一级工会。

第三十五条 上级工会收到企业工会报送的集体合同文本，应当进行审查、登记、备案。

第三十六条 上级工会在审查集体合同时，如发现问题，应当及时通知企业工会，并协同同级劳动行政部门协调解决。

集体合同的效力

［解读］

关于集体合同的效力，需要把握以下几点：

（一）即使工会组织和用人单位团体中的某些成员反对签订集体合同，他们也必须遵守该集体合同，因为签订集体合同的权利属于集体劳动权，由劳动者团体和用人单位团体行使，并非由劳动者和用人单位及其管理人员单独行使。

（二）在集体合同订立之后加入用人单位的劳动者和加入用人单位团体的用人单位自加入之日起也成为集体合同的关系人，适用原先已经签订的集体合同，除非该集体合同另有约定。

（三）根据国际惯例，集体合同订立之后退出用人单位团体的用人单位在原集体合同有效期内仍然受其约束。

（四）集体合同约定的企业劳动标准，不得低于劳动法律、法规和当地政府规定的最低标准，否则属于违法无效条款。

（五）企业级集体合同、县级以下部分行业级集体合同、区域级集体合同，分别在企业内、县级以下部分行业内、区域内发生效力。低级别集体合同确定的劳动标准不能低于高级别集体合同确定的标准。

（六）集体合同具有不可贬低性效力和具有补充性效力。劳动合同约定的劳动标准可以高于但不得低于集体合同约定的劳动标准，否则属于违法无效条款；当劳动合同无约定或约定不明确的，则按照集体合同约定的相应内容执行。

［依据指引］

(1)《中华人民共和国劳动法》（1994 年 7 月 5 日　国家主席令第 28 号）

第三十五条　依法签订的集体合同对企业和企业全体职工具有约束力。职工个人与企业订立的劳动合同中劳动条件和劳动报酬等标准不得低于集体合同的规定。

(2)《中华人民共和国劳动合同法》（2007 年 6 月 29 日　国家主席令第 65 号）

第十一条　用人单位未在用工的同时订立书面劳动合同，与劳动者约定的劳动报酬不明确的，新招用的劳动者的劳动报酬按照集体合同规定的标准执行；没有集体合同或者集体合同未规定的，实行同工同酬。

第十八条　劳动合同对劳动报酬和劳动条件等标准约定不明确，引发争议的，用人单位与劳动者可以重新协商；协商不成的，适用集体合同规定；没有集体合同或者集体合同未规定劳动报酬的，实行同工同酬；没有集体合同或者集体合同未规定劳动条件等标准的，适用国家有关规定。

第五十四条　集体合同订立后，应当报送劳动行政部门；劳动行政部门自收到集体合同文本之日起十五日内未提出异议的，集体合同即行生效。

依法订立的集体合同对用人单位和劳动者具有约束力。行业性、区域性集体合同对当地本行业、本区域的用人单位和劳动者具有约束力。

第五十五条　集体合同中劳动报酬和劳动条件等标准不得低于当地人民政府规定的最低标准；用人单位与劳动者订立的劳动合同中劳动报酬和劳动条件等标准不得低于集体合同规定的标准。

(3) 劳动和社会保障部《集体合同规定》（2004 年 1 月 20 日　部令第 22 号）

第六条　符合本规定的集体合同或专项集体合同，对用人单位和本单位的全体职工具有法律约束力。

用人单位与职工个人签订的劳动合同约定的劳动条件和劳动报酬等标准，不得低于集体合同或专项集体合同的规定。

(4) 劳动和社会保障部《工资集体协商试行办法》（2000 年 11 月 8 日　部令第 9 号）

第四条　依法订立的工资协议对企业和职工双方具有同等约束力。双方必须全面履行工资协议规定的义务，任何一方不得擅自变更或解除工资协议。

第五条　职工个人与企业订立的劳动合同中关于工资报酬的标准，不得低于工资协议规定的最低标准。

(5) 全国总工会《工会参加平等协商和签订集体合同试行办法》（1995 年 8 月 17 日　总工发［1995］12 号）

第六条　劳动合同规定的劳动标准不得低于集体合同的规定。

第十七条　集体合同规定的企业劳动标准，不得低于劳动法律、法规和当地政府规定的最低标准。

(6) 最高人民法院《关于审理劳动争议案件适用法律若干问题的解释（二）》（2006 年 7 月 10 日　法释［2006］6 号）

第十六条　用人单位制定的内部规章制度与集体合同或者劳动合同约定的内容不一致，劳动者请求优先适用合同约定的，人民法院应予支持。

集体合同的履行和监督

［解读］

集体合同的履行是指集体合同的当事人根据集体合同的约定完成各自所承担的义务。保障集体合同履行的法律手段大致有四种：一是规定集体合同的履行原则，从宏观上规范集体合同当事人的履行行为；二是规定违约责任，对违约行为进行制裁；三是建立集体合同履行的监督检查制度，督促当事人认真履行集体合同，并及时纠正履行中的不当行为；四是建立集体合同争议处理制度，及时处理集体合同履行中的争议，排除集体合同履行中的障碍。

[依据指引]

(1)《中华人民共和国劳动法》(1994年7月5日 国家主席令第28号)

第八十四条 因签订集体合同发生争议，当事人协商解决不成的，当地人民政府劳动行政部门可以组织有关各方协调处理。

因履行集体合同发生争议，当事人协商解决不成的，可以向劳动争议仲裁委员会申请仲裁；对仲裁裁决不服的，可以自收到仲裁裁决书之日起十五日内向人民法院提起诉讼。

(2)《中华人民共和国劳动合同法》(2007年6月29日 国家主席令第65号)

第七十五条 县级以上地方人民政府劳动行政部门实施监督检查时，有权查阅与劳动合同、集体合同有关的材料，有权对劳动场所进行实地检查，用人单位和劳动者都应当如实提供有关情况和材料。

劳动行政部门的工作人员进行监督检查，应当出示证件，依法行使职权，文明执法。

第七十八条 工会依法维护劳动者的合法权益，对用人单位履行劳动合同、集体合同的情况进行监督。用人单位违反劳动法律、法规和劳动合同、集体合同的，工会有权提出意见或者要求纠正；劳动者申请仲裁、提起诉讼的，工会依法给予支持和帮助。

(3)《中华人民共和国工会法》(1992年4月3日 国家主席令第57号 2001年10月27日修订)

第二十条 工会帮助、指导职工与企业以及实行企业化管理的事业单位签订劳动合同。工会代表职工与企业以及实行企业化管理的事业单位进行平等协商，签订集体合同。集体合同草案应当提交职工代表大会或者全体职工讨论通过。

工会签订集体合同，上级工会应当给予支持和帮助。

企业违反集体合同，侵犯职工劳动权益的，工会可以依法要求企业承担责任；因履行集体合同发生争议，经协商解决不成的，工会可以向劳动争议仲裁机构提请仲裁，仲裁机构不予受理或者对仲裁裁决不服的，可以向人民法院提起诉讼。

(4) 劳动和社会保障部《集体合同规定》(2004年1月20日 部令第22号)

第七条 县级以上劳动保障行政部门对本行政区域内用人单位与本单位职工开展集体协商、签订、履行集体合同的情况进行监督，并负责审查集体合同或专项集体合同。

第二十五条 协商代表应履行下列职责：

(一) 参加集体协商；

(二) 接受本方人员质询，及时向本方人员公布协商情况并征求意见；

(三) 提供与集体协商有关的情况和资料；

(四) 代表本方参加集体协商争议的处理；

(五) 监督集体合同或专项集体合同的履行；

(六) 法律、法规和规章规定的其他职责。

(5) 劳动和社会保障部《工资集体协商试行办法》(2000年11月8日 部令第9号)

第四条 依法订立的工资协议对企业和职工双方具有同等约束力。双方必须全面履行工资协议规定的义务，任何一方不得擅自变更或解除工资协议。

第六条 县级以上劳动保障行政部门依法对工资协议进行审查，对协议的履行情况进行监督检查。

(6) 全国总工会《工会参加平等协商和签订集体合同试行办法》(1995年8月17日 总工发[1995] 12号)

第七条 企业工会应当就下列涉及职工合法权益的事项与企业进行平等协商：

(一) 集体合同和劳动合同的订立、变更、续订、解除，已订立的集体合同和劳动合同的履行监督检查；

(二) 企业涉及职工利益的规章制度的制定和修改；

(三) 企业职工的劳动报酬、工作时间和休息休假、保险、福利、劳动安全卫生、女职工和未成年工的特殊保护、职业培训及职工文化体育生活；

(四) 劳动争议的预防和处理；

(五) 职工民主管理；

(六) 双方认为需要协商的其他事项。

第三十条 企业工会应当定期组织有关人员对集体合同的履行情况进行监督检查，发现问题后，及时与企业协商解决。

第三十一条 企业工会可以与企业协商，建立集体合同履行的联合监督检查制度，定期或不定期对履行集体合同的情况进行监督检查。

第三十二条 工会小组和车间工会应当及时向企业工会报告集体合同在本班组和车间的履行情况。

第三十三条 职工代表大会有权对集体合同

的履行实行民主监督。

企业工会应当定期向职工代表大会或全体职工通报集体合同的履行情况，组织职工代表对集体合同的履行进行监督检查。

第四十一条 因履行集体合同发生争议，工会代表应当与企业协商解决，协商解决不成的，可以向当地劳动争议仲裁委员会申请仲裁。对仲裁委员会的裁决不服的，可以自收到仲裁裁决书之日起15日内向人民法院提起诉讼。

集体合同的变更和解除

[解读]

集体合同的变更是指集体合同成立以后，尚未履行或者尚未履行完毕之前，当事人在协商一致的基础上就合同的内容进行修改、补充或删减。必须指出，双方就变更集体合同进行的协商实质上是一种集体协商，其性质同订立集体合同时的集体协商类似，因此变更集体合同的协商应当遵守集体协商的程序，不能随意进行，违背集体协商程序的变更属于无效行为，不能产生变更的法律效果。

集体合同的解除是指集体合同成立以后，具备法定条件或约定条件时，当事人一方或双方作出意思表示而使合同关系结束的行为。在学理上和立法上，合同的解除有约定解除和法定解除之分。法定解除，是指法律规定了当事人享有解除权的情形，具备此种情形时，当事人一方行使法定的解除权而使合同消灭。约定解除又分为协议解除和行使约定的解除权两种情况。协议解除是指双方通过协商一致的方式解除合同。行使约定的解除权，是指双方在合同中预先约定了一方享有解除权的情形，具备此种情形时，当事人一方行使约定的解除权而使合同消灭。需要指出的是，具备法定或约定的情形时，是否行使解除权是当事人的权利，当事人也可以不行使解除权。

[依据指引]

(1) 劳动和社会保障部《集体合同规定》(2004年1月20日 部令第22号)

第三十九条 双方协商代表协商一致，可以变更或解除集体合同或专项集体合同。

第四十条 有下列情形之一的，可以变更或解除集体合同或专项集体合同：

(一) 用人单位因被兼并、解散、破产等原因，致使集体合同或专项集体合同无法履行的；

(二) 因不可抗力等原因致使集体合同或专项集体合同无法履行或部分无法履行的；

(三) 集体合同或专项集体合同约定的变更或解除条件出现的；

(四) 法律、法规、规章规定的其他情形。

第四十一条 变更或解除集体合同或专项集体合同适用本规定的集体协商程序。

第四十二条 集体合同或专项集体合同签订或变更后，应当自双方首席代表签字之日起10日内，由用人单位一方将文本一式三份报送劳动保障行政部门审查。

劳动保障行政部门对报送的集体合同或专项集体合同应当办理登记手续。

(2) 全国总工会《工会参加平等协商和签订集体合同试行办法》(1995年8月17日 总工发[1995] 12号)

第二十五条 在集体合同有效期内，由于环境和条件发生变化，致使集体合同难以履行时，双方均有权要求就变更或解除集体合同进行协商。

当一方就集体合同的变更或解除提出协商要求时，双方应当在7日内进行协商。

第二十六条 变更或解除集体合同，应当经双方协商一致，并制作《变更（解除）集体合同说明书》。

第二十七条 发生下列情况之一，集体合同的相应条款可以变更或解除：

(一) 订立集体合同所依据的法律、法规和政策被修改或废止；

(二) 订立集体合同所依据的国家宏观调控的政策措施被修改或取消；

(三) 因不可抗力的原因使集体合同全部不能履行或部分不能履行；

(四) 企业破产、停产、兼并、转产，使集体合同全部不能履行或部分不能履行；

(五) 双方约定的变更或解除集体合同的条件出现；

(六) 其他需要变更或解除集体合同的情况出现。

第二十八条 变更或解除集体合同的程序：

(一) 一方提出建议，向对方说明需要变更或解除的集体合同的条款和理由；

(二) 双方就变更或解除的集体合同条款经协商一致，达成书面协议；

(三) 协议书应当提交职工代表大会或全体职

工审议通过，并报送集体合同管理机关登记备案，审议未获通过，由双方重新协商；

（四）变更或解除集体合同的协议书，在报送劳动行政部门的同时，企业工会报送上一级工会。

集体合同的终止和续订

[解读]

集体合同的终止是指集体合同具备法定或约定的情形时一方或双方当事人提出结束合同的行为。常见的导致集体合同终止的情形有两种：一是集体合同期限届满，二是双方约定的某种终止条件出现。如果集体合同具备法定或约定的终止情形时，则双方协商一致，也可以续订集体合同。集体合同的续订应当在旧的集体合同终止之前进行，这样可以使集体协商成为一种前后相连、周而复始的活动，使新旧集体合同相互衔接，从而使劳动关系既能得到适时调整又能保持相对稳定。

[依据指引]

(1) 劳动和社会保障部《集体合同规定》(2004 年 1 月 20 日　部令第 22 号)

第三十八条　集体合同或专项集体合同期限一般为 1 至 3 年，期满或双方约定的终止条件出现，即行终止。

集体合同或专项集体合同期满前 3 个月内，任何一方均可向对方提出重新签订或续订的要求。

(2) 劳动和社会保障部《工资集体协商试行办法》(2000 年 11 月 8 日　部令第 9 号)

第二十四条　工资集体协商一般情况下一年进行一次。职工和企业双方均可在原工资协议期满前 60 日内，向对方书面提出协商意向书，进行下一轮的工资集体协商，做好新旧工资协议的相互衔接。

(3) 全国总工会《工会参加平等协商和签订集体合同试行办法》(1995 年 8 月 17 日　总工发 [1995] 12 号)

第七条　企业工会应当就下列涉及职工合法权益的事项与企业进行平等协商：

（一）集体合同和劳动合同的订立、变更、续订、解除，已订立的集体合同和劳动合同的履行监督检查；

（二）企业涉及职工利益的规章制度的制定和修改；

（三）企业职工的劳动报酬、工作时间和休息休假、保险、福利、劳动安全卫生、女职工和未成年工的特殊保护、职业培训及职工文化体育生活；

（四）劳动争议的预防和处理；

（五）职工民主管理；

（六）双方认为需要协商的其他事项。

第二十九条　集体合同期限届满或双方约定的终止条件出现，集体合同即行终止。集体合同期满前，企业工会应当会同企业商定续订下期集体合同事项。

集体合同的无效

[解读]

集体合同的无效是指集体合同因不具备法律规定的生效条件而不具有法律效力的情形。具有下列情形之一的集体合同或其部分条款无效：

（一）合同双方的主体资格不符合法律、法规的规定。

（二）集体协商未按照法律、法规规定的原则和程序进行。

（三）集体合同中的具体劳动标准不符合法律、法规规定的最低标准。

集体合同的部分条款无效的，不影响其他条款的效力。由于用人单位的原因订立的无效集体合同，对劳动者造成损害的，用人单位应当承担赔偿责任。

[依据指引]

(1)《中华人民共和国劳动法》(1994 年 7 月 5 日　国家主席令第 28 号)

第九十七条　由于用人单位的原因订立的无效合同，对劳动者造成损害的，应当承担赔偿责任。

(2) 劳动和社会保障部《集体合同规定》(2004 年 1 月 20 日　部令第 22 号)

第四十四条　劳动保障行政部门应当对报送的集体合同或专项集体合同的下列事项进行合法性审查：

（一）集体协商双方的主体资格是否符合法律、法规和规章规定；

（二）集体协商程序是否违反法律、法规、规章规定；

（三）集体合同或专项集体合同内容是否与国家规定相抵触。

违反集体合同的责任

[解读]

违反集体合同的责任是指集体合同当事人和关系人未履行或未完全履行集体合同时，依照法律规定和集体合同的约定应当承担的责任。我国目前尚未对违反集体合同的责任作出具体的规定，而是把这一问题交给了集体合同的当事人，即由当事人在集体合同中约定违约责任。当事人可以约定的责任形式包括继续履行、解除合同、支付违约金、赔偿损失等。

[依据指引]

(1)《中华人民共和国劳动合同法》（2007年6月29日 国家主席令第65号）

第五十六条 用人单位违反集体合同，侵犯职工劳动权益的，工会可以依法要求用人单位承担责任；因履行集体合同发生争议，经协商解决不成的，工会可以依法申请仲裁、提起诉讼。

(2)《中华人民共和国工会法》（1992年4月3日 国家主席令第57号 2001年10月27日修订）

第二十条 工会帮助、指导职工与企业以及实行企业化管理的事业单位签订劳动合同。工会代表职工与企业以及实行企业化管理的事业单位进行平等协商，签订集体合同。集体合同草案应当提交职工代表大会或者全体职工讨论通过。

工会签订集体合同，上级工会应当给予支持和帮助。

企业违反集体合同，侵犯职工劳动权益的，工会可以依法要求企业承担责任；因履行集体合同发生争议，经协商解决不成的，工会可以向劳动争议仲裁机构提请仲裁，仲裁机构不予受理或者对仲裁裁决不服的，可以向人民法院提起诉讼。

(3) 劳动和社会保障部《工资集体协商试行办法》（2000年11月8日 部令第9号）

第七条 工资集体协商一般包括以下内容：

（一）工资协议的期限；

（二）工资分配制度、工资标准和工资分配形式；

（三）职工年度平均工资水平及其调整幅度；

（四）奖金、津贴、补贴等分配办法；

（五）工资支付办法；

（六）变更、解除工资协议的程序；

（七）工资协议的终止条件；

（八）工资协议的违约责任；

（九）双方认为应当协商约定的其他事项。

(4) 全国总工会《工会参加平等协商和签订集体合同试行办法》（1995年8月17日 总工发[1995] 12号）

第十五条 集体合同包括以下内容：

（一）企业劳动标准；

（二）集体合同的期限，变更、解除与终止，监督、检查；

（三）争议处理；

（四）违约责任；

（五）双方约定的其他事项。

(5)《企业工会工作条例（试行）》（2006年7月6日 总工发[2006] 41号）

第三十二条 工会发出集体协商书面要约二十日内，企业不予回应的，工会可要求上级工会协调；企业无正当理由拒绝集体协商的，工会可提请县级以上人民政府责令改正，依法处理；企业违反集体合同规定的，工会可依法要求企业承担责任。

工资集体协商和工资协议

[解读]

工资集体协商是指工会和用人单位依法就企业内部工资分配制度、工资分配形式、工资收入水平等事项进行平等协商，在协商一致的基础上签订工资协议的行为。所谓工资协议，是指专门就工资事项签订的专项集体合同。已订立集体合同的，工资协议作为集体合同的附件，并与集体合同具有同等效力。工资集体协商的程序与一般的集体协商基本上是相同的，区别主要体现在集体协商和集体合同的内容上。工资专项集体合同一般包括以下内容：工资协议的期限，工资分配制度、工资标准、工资支付办法和工资分配形式，职工年度平均工资水平及其调整幅度等。

[依据指引]

(1) 劳动和社会保障部《工资集体协商试行办法》（2000年11月8日 部令第9号）

第七条 工资集体协商一般包括以下内容：

（一）工资协议的期限；

（二）工资分配制度、工资标准和工资分配形式；

（三）职工年度平均工资水平及其调整幅度；

（四）奖金、津贴、补贴等分配办法；

（五）工资支付办法；

（六）变更、解除工资协议的程序；

（七）工资协议的终止条件；

（八）工资协议的违约责任；

（九）双方认为应当协商约定的其他事项。

(2) 全国总工会《工会参加平等协商和签订集体合同试行办法》（1995 年 8 月 17 日　总工发[1995] 12 号）

第十三条　平等协商意见一致，应当订立单项协议或集体合同。

第十六条　集体合同所规定的企业劳动标准包括：

（一）劳动报酬：包括工资分配方式，工资支付办法，工资增减幅度，最低工资，计件工资标准，延长时间付酬标准，特殊情况下工资标准等；

（二）工作时间：包括日工作时间，周工作时间，延长工作时间和夜班工作时间，劳动定额的确定，轮班岗位的轮班形式及时间等；

（三）休息休假：包括日休息时间，周休息日安排，法定休假日，年休假标准，不能实行标准工时的职工休息休假等；

（四）保险：包括职工工伤、医疗、养老、失业、生育等依法参加社会保险，企业补充保险的设立项目、资金来源及享受的条件和标准，职工死亡后遗属的待遇和企业补贴或救济等；

（五）福利待遇：包括企业集体福利设施的修建，职工文化和体育活动的经费来源，职工生活条件和住房条件的改善，职工补贴和津贴标准，困难职工救济，职工疗养、休养等；

（六）职业培训：包括职工上岗前和工作中的培训，转岗培训培训的周期和时间及培训期间的工资及福利待遇等；

（七）劳动安全卫生：包括劳动安全卫生的目标，劳动保护的具体措施，劳动条件和作业环境改善的具体标准和实施项目，新建、改建、扩建工程的设计、施工中的劳动安全卫生设施与主体工程配套的内容，有职业危害作业劳动者的健康检查，劳动保护用品发放，特殊作业的抢险救护办法，以及劳动安全卫生监督检查等；

（八）企业富余职工的安置办法；

（九）女职工和未成年工特殊保护；

（十）其他经双方商定的事项。

区域性集体合同和行业性集体合同

[解读]

工会组织和雇主组织（我国又称为用人单位团体）都有不同的级别，不同级别的工会组织和雇主组织进行不同级别的集体谈判，就会签订不同级别的集体合同。根据集体合同的主体的级别和适用范围的不同，集体合同有企业级集体合同、行业级集体合同、地区级集体合同、国家级集体合同之分。我国法律目前规定县级以下区域内的建筑业、采矿业、餐饮服务业等行业，可以订立行业性集体合同或区域性集体合同。

目前，区域性、行业性集体合同在我国尚且处于探索阶段，我国尚未制定规范区域性集体合同和行业性集体合同的法律规范，但是不少地方的人大、政府制定的集体合同方面的地方性法规和政府规章对区域性集体合同和行业性集体合同作出了一些规定，其内容大致如下：

（一）区域性、行业性雇主组织和工会组织可以进行区域性、行业性集体协商，签订区域性、行业性集体合同。

（二）用人单位方的协商主体为区域性、行业性的企业联合会，也可以是区域、行业内企业委托的代表。工会方协商主体为区域性、行业性的工会组织。

（三）区域性、行业性集体合同应当明确适用集体合同的用人单位。

（四）区域性、行业性集体合同草案应当征求集体合同适用范围内的企业和职工的意见。

（五）区域性、行业性集体合同的协商、签订、报送以及生效公布等，参照关于企业级集体合同的有关规定执行。

（六）区域、行业集体合同适用范围内的企业，又单独签订企业级集体合同的，企业级集体合同的标准不得低于区域性、行业性集体合同的规定。

[依据指引]

(1)《中华人民共和国劳动合同法》（2007 年 6 月 29 日　国家主席令第 65 号）

第五十三条　在县级以下区域内，建筑业、采矿业、餐饮服务业等行业可以由工会与企业方面代表订立行业性集体合同，或者订立区域性集体合同。

第五十四条　集体合同订立后，应当报送劳动行政部门；劳动行政部门自收到集体合同文本之日起十五日内未提出异议的，集体合同即行生效。

依法订立的集体合同对用人单位和劳动者具有约束力。行业性、区域性集体合同对当地本行业、本区域的用人单位和劳动者具有约束力。

(2) 全国总工会《企业工会工作条例（试行)》（2006年7月6日　总工发［2006］41号）

第三十一条　依法与企业进行平等协商，签订集体合同和劳动报酬、劳动安全卫生、女职工特殊权益保护等专项集体合同。

工会应将劳动报酬、工作时间、劳动定额、保险福利、劳动安全卫生等问题作为协商重点内容。

工会依照民主程序选派职工协商代表，可依法委托本企业以外的专业人士作为职工协商代表，但不得超过本方协商代表总数的三分之一。

小型企业集中的地方，可由上一级工会直接代表职工与相应的企业组织或企业进行平等协商，签订区域性、行业性集体合同或专项集体合同。

劳务派遣工集中的企业，工会可与企业、劳务公司共同协商签订集体合同。

(3) 劳动和社会保障部、全国总工会、中国企业联合会/中国企业家协会《关于开展区域性行业性集体协商工作的意见》（2006年8月17日　劳社部发［2006］32号）

二、区域性行业性集体协商的范围

区域性行业性集体协商是指区域内的工会组织或行业工会组织与企业代表或企业代表组织，就劳动报酬、工作时间、休息休假、劳动安全卫生、保险福利等事项，开展集体协商签订集体合同的行为。

区域性行业性集体协商一般在小型企业或同行业企业比较集中的乡镇、街道、社区和工业园区（经济技术开发区、高新技术产业园区）开展。在行业特点明显的区域要重点推行行业性集体协商和集体合同工作，具备条件的地区可以根据实际情况在县（区）一级开展行业性集体协商签订集体合同。

三、区域性行业性集体协商代表的产生方式

区域性行业性集体协商代表应按照规范程序产生。职工一方的协商代表由区域内的工会组织或行业工会组织选派，首席代表由工会主席担任。企业一方的协商代表由区域内的企业联合会/企业家协会或其他企业组织、行业协会选派，也可以由上级企业联合会/企业家协会组织区域内的企业主经民主推选或授权委托等方式产生，首席代表由企业方代表民主推选产生。

集体协商双方的代表人数应当对等，一般每方3～10人。双方首席代表可以书面委托专家、学者、律师等专业人员作为本方的协商代表，但委托人数不得超过本方代表的三分之一。

四、区域性行业性集体协商的内容

开展区域性行业性集体协商工作，要从本区域、本行业劳动关系的特点和企业实际出发，紧紧围绕劳动报酬、劳动定额、工作时间、休息休假、劳动安全卫生、保险福利、女职工和未成年工特殊劳动保护等问题进行。通过协商签订的区域性行业性集体合同可以是综合性的，也可以是专项的。在协商过程中要力求重点突出，议题集中，措施可行。签订集体合同的条款要具体，标准要量化，切实增强针对性和实效性。

当前，要将职工工资水平、工作时间以及与此直接相关的劳动定额、计件单价等劳动标准作为区域性行业性集体协商的重点，通过集体协商妥善处理各方的利益分配关系，推动企业建立正常的工资决定机制。

五、区域性行业性集体协商的程序

开展区域性行业性集体协商要严格履行程序，协商过程要充分表达职工群众和企业方的意愿和要求，协商内容要得到双方的一致认可。一般应按照以下程序进行：

（一）一方协商代表应以书面形式向另一方提出协商要求，另一方应以书面形式回应。

（二）双方协商代表在分别广泛征求职工和企业方的意见基础上，拟定集体协商议题。

（三）召开集体协商会议，在协商一致的基础上形成集体合同草案。

（四）集体合同草案要经区域职工代表大会或区域内企业的职工代表大会或职工大会审议通过，并经区域内企业主签字（或盖公章）确认后，由集体协商双方首席代表签字。

（五）企业方协商代表将集体合同报送当地劳动保障行政部门审核备案。

（六）劳动保障行政部门在收到文本之日起15日内未提出异议的，集体合同即行生效。

（七）区域性行业性集体合同生效后，由企业方代表采取适当方式及时向全体职工公布。

企业方代表向劳动保障行政部门报送集体合

同时，除报送《劳动部关于加强集体合同审核管理工作的通知》（劳部发［1996］360号）规定的材料外，还须报送企业主对集体合同的签字确认件以及职工代表大会或职工大会审议通过的文件。

六、区域性行业性集体合同的效力和争议处理

按照规定签订的区域性行业性集体合同，对辖区内签约的所有企业和职工具有约束力。企业签订的集体合同，其标准不得低于区域性行业性集体合同的规定。

对在区域性行业性集体协商过程中发生的争议，双方当事人不能协商解决的，当事人一方或双方可以书面向辖区内的劳动保障行政部门提出协调处理申请；未提出申请的，劳动保障行政部门认为必要时也可以进行协调处理。劳动保障行政部门应当组织同级工会和企业代表组织等三方面的人员，共同协调处理集体协商争议。

对在区域性行业性集体合同履行过程中发生的争议，按照《劳动法》和《集体合同规定》的有关规定协调和处理。

第四章 工　资

收入分配制度

[解读]

我国现阶段实行以按劳分配为主体，多种分配方式并存的分配制度。具体来讲，就是把按劳分配和按生产要素分配结合起来，确立劳动、资本、技术和管理等生产要素按贡献参与分配，以及效率优先、兼顾公平的分配原则，强调初次分配注重效率，再次分配注重公平。我国在工资分配制度改革实践中出现的劳动分红、技术分红、风险收入、股份收入、经营成果收入和私营企业家的部分非劳动收入等分配方式，就是我国现阶段收入分配制度和分配原则的具体体现。

[依据指引]

(1)《中华人民共和国劳动法》（1994 年 7 月 5 日　国家主席令第 28 号）

第四十六条　工资分配应当遵循按劳分配原则，实行同工同酬。

工资水平在经济发展的基础上逐步提高。国家对工资总量实行宏观调控。

(2) 劳动和社会保障部《关于印发进一步深化企业内部分配制度改革的指导意见的通知》（2000 年 11 月 6 日　劳社部发 [2000] 21 号）

一、指导思想

紧紧围绕建立现代企业工资收入分配制度的总体目标，坚持以按劳分配为主体，多种分配方式并存和效率优先、兼顾公平的原则，允许和鼓励资本、技术等生产要素参与收益分配；在国家的宏观指导下，企业结合推进劳动用人制度等项配套改革，根据生产经营特点自主建立科学、规范的工资收入分配制度；充分发挥劳动力市场价格的调节作用，合理确定职工工资水平，拉开各类人员工资收入分配差距。通过改革形成有效的分配激励与约束机制，以及工资能增能减的机制，充分调动各方面的积极性，促进企业经济效益的提高。

二、建立健全企业内部工资收入分配激励机制

1. 建立以岗位工资为主的基本工资制度。

按照建立现代企业工资收入分配制度的要求并根据人力资源管理的特点，积极探索建立以岗位工资为主的基本工资制度。提倡推行各种形式的岗位工资制，如岗位绩效工资制、岗位薪点工资制、岗位等级工资制等。要进行科学的岗位设置、定员定额和岗位测评，做到以岗定薪。要以岗位测评为依据，参照劳动力市场工资指导价位合理确定岗位工资标准和工资差距。提高关键性管理、技术岗位和高素质短缺人才岗位的工资水平。岗位工资标准要与企业经济效益相联系，随之上下浮动。职工个人工资根据其劳动贡献大小能增能减。企业内部实行竞争上岗，人员能上能下，岗变薪变。

企业可以根据生产经营特点采取灵活多样的工资支付形式，如计件工资、浮动工资以及营销人员的销售收入提成等办法。无论哪一种形式，都应与职工的岗位职责、工作业绩和实际贡献挂钩，真正形成重实绩、重贡献的分配激励机制。

结合基本工资制度改革调整工资收入结构，使职工收入工资化、货币化、透明化。把工资总额中的部分补贴、津贴纳入岗位工资，提高岗位工资的比重。清理并取缔企业违规违纪发放的工资外收入，净化收入渠道。通过调整收入结构，提高工资占人工成本的比重。积极推行银行代发工资和企业代扣代缴个人所得税的办法。

2. 实行董事会、经理层成员按职责和贡献取得报酬的办法。

要在具备条件的企业积极试行董事长、总经理年薪制。董事会和经理层其他成员的工资分配，执行企业内部工资分配制度，按照其承担的岗位职责和做出的贡献确定工资收入，并实行严格的考核和管理办法。一般情况下，对董事会成员要考核其资产运营和投资决策方面的业绩，主要以资产保值增值为评价标准；对经理层成员要考核其履行经营管理职责和取得业绩情况。要将考核结果与董事会、经理层成员的工资收入相联系，拉开工资收入差距。董事会成员的工资分配办法要通过股东大会讨论决定，经理层成员的工资分配办法要通过董事会讨论决定。

3. 对科技人员实行收入激励政策。

科技人员实行按岗位、按任务、按业绩确定报酬的工资收入分配制度。要合理拉开科技人员与普通职工、做出重大贡献的科技人员与一般科技人员的工资收入差距。企业可以根据生产经营需要并参照劳动力市场工资指导价位，同科技人员分别签订工资协议。实行按科技成果奖励办法，如项目成果奖、科技产品销售收入或利润提成等，对做出突出贡献的科技人员给予重奖。奖励办法，公司制企业由企业董事会提出，经股东会讨论后决定；非公司制企业由企业领导班子提出，经职代会讨论后决定。

三、积极稳妥开展按生产要素分配的试点工作

1. 探索进行企业内部职工持股试点。

按照建立现代企业制度的要求，实行股份制改造或产权管理清晰的竞争性企业，可以进行职工持股试点，试点方案要因地制宜、因企制宜，经过审批后稳步推行。

坚持职工持股自愿原则。职工持股资格、认购股份数额和股份认购方案，要通过职工集体讨论或其他方式民主决定，并经股东大会或产权单位同意后执行。经营管理人员、业务和技术骨干的持股数额可适当高于一般职工，但企业股份不能过分集中在少数人手里。经营者持股数额一般以本企业职工平均持股数的5～15倍为宜。要严格资产评估，防止国有资产流失。

职工持股可以实行多种形式，要以职工出资认购股份为主，也可对职工实行奖励股份等办法。

2. 积极试行技术入股，探索技术要素参与收益分配办法。

具备条件的企业可以试行科技成果和技术专利作价折股，由科技发明者和贡献者持有。以科技成果入股的，科技成果作价金额一般不超过企业注册资本的20%。以高新技术成果入股的，高新技术成果的作价金额一般不超过企业注册资本的35%。

由本企业形成的科技成果，可根据《中华人民共和国促进科技成果转化法》规定，将过去3～5年实施转化成功的科技成果所形成利润按规定的比例折股分配。群体或个人从企业外带入的科技成果和专利技术，可直接在企业作价折股分配。在研究开发和科技成果转化中做出主要贡献的人员，所得股份应占有较大的比重。

科技成果评估作价可由企业与科技发明、贡献者协商确定，也可委托具有法定资格的评估机构评估确定。

技术入股方案，公司制企业由董事会提出，非公司制企业由经营领导班子提出，经股东大会或职工代表大会讨论决定，并报产权主管部门和劳动保障部门审核。

3. 具备条件的小企业可以探索试行劳动分红办法。

劳动分红办法，原则上只在资本回报率和净资产收益率高于社会平均水平的小企业试行。公司制企业，经董事会或股东大会同意，非公司制企业，经产权主管部门同意，可以试行劳动分红办法。劳动分红的方案要征求职代会或工会的意见，并报劳动保障部门和产权主管部门审核。

4. 正确处理按劳分配与按生产要素分配的关系。

按资本、技术等生产要素分配要遵循国家有关法律法规和政策规定。股份分红应以企业盈利为前提，按照《中华人民共和国公司法》进行利润分配，既要维护劳动者的合法权益，又不得损害国家和其他股东的合法利益。股份分红不能侵蚀工资，工资分配不能侵蚀利润。实行职工持股和技术入股的企业，要完善工资支付制度，按照当地政府颁布的工资指导线和政府的有关政策规定，合理增加工资。要坚持投资风险与收益一致的原则，职工持股、技术入股与其他股份实行同股同利原则。不论职工以何种形式入股，均应承担相应的风险，不得实行与经济效益相脱离的“保底分红”和“保息分红”办法。

四、加强基础管理，建立健全企业内部工资分配约束机制

1. 加强企业内部分配基础管理工作。

要继续建立健全岗位测评、定员定额和考试考核制度，搞好工资统计、管理台账、职工奖惩、经济核算等各项基础管理工作，并在日常管理中狠抓制度的落实。要根据国家有关法律法规，结合企业内部用人制度、职工培训制度改革，制订适合本企业特点的工资支付办法，规范工资支付行为。要规范经营管理人员的职位消费行为，提高收入分配透明度。

2. 实行人工成本的合理约束。

企业内部要建立以人工成本管理为主要内容的约束机制，从有利于产品市场竞争和节约人工成本目的出发，加强人工成本的监控与管理，对工资增长进行合理约束。提倡实行“模拟市场核算、实行成本否决”的人工成本控制办法。

3. 职工民主参与决策和监督。

要进一步完善职工民主参与收入分配决策和民主监督的制度。在明确股东会、董事会、监事会职责，建立有效制衡的公司法人治理结构的基础上，结合实行厂务公开制度，充分发挥工会和职工代表大会在工资收入管理和改革中的积极作用。

探索建立具有中国特色的工资集体协商制度。在非国有企业，只要建立了企业工会的，都要大力推行工资集体协商制度；在国有企业特别是已改制的国有企业中要积极进行工资集体协商试点。

五、进一步转变政府职能，加强对企业内部分配的指导工作

劳动保障行政部门要按照社会主义市场经济的要求，切实转变工资收入管理职能，尊重企业分配自主权，进一步加强对企业内部分配的指导工作。要加强对企业工资改革、职工持股、技术入股、工资集体协商等方面的政策指导，并根据实际情况，会同有关部门完善按生产要素分配的有关政策。通过建立和组织实施工资指导线制度、劳动力市场工资指导价位和人工成本预测预警制度，指导企业确定工资水平和工资关系。通过完善工资支付有关法律法规和政策，督促企业严格执行最低工资保障制度，规范工资支付行为。要及时总结企业工资分配的典型经验加以推广，积极为企业提供咨询和信息服务。

劳动报酬

[解读]

劳动报酬分为狭义和广义的概念。狭义的劳动报酬仅指工资。广义的劳动报酬包括员工能够从用人单位获得的所有报酬，例如直接和间接的现金报酬，学习、培训和发展的机会与空间，和谐与良好的工作环境和工作氛围等；然而，其主要内容包括工资、福利待遇和社会保险。目前，在劳动法律中的“劳动报酬”一般是狭义的概念，也就是仅指工资。例如，《劳动合同法》第十七条关于劳动合同条款的规定，就是将“劳动报酬”“社会保险”和“福利待遇”分为三种条款作规定的；《劳动争议调解仲裁法》第二条关于劳动争议受理范围的规定，也是将“劳动报酬”“社会保险”和“福利”分为不同的劳动争议种类作规定的。因此，在人力资源管理工作中适用法律时，对劳动报酬应按狭义的概念理解，即劳动报酬仅指工资。

[依据指引]

(1)《中华人民共和国劳动合同法》（2007年6月29日　国家主席令第65号）

第十七条　劳动合同应当具备以下条款：

（一）用人单位的名称、住所和法定代表人或者主要负责人；

（二）劳动者的姓名、住址和居民身份证或者其他有效身份证件号码；

（三）劳动合同期限；

（四）工作内容和工作地点；

（五）工作时间和休息休假；

（六）劳动报酬；

（七）社会保险；

（八）劳动保护、劳动条件和职业危害防护；

（九）法律、法规规定应当纳入劳动合同的其他事项。

劳动合同除前款规定的必备条款外，用人单位与劳动者可以约定试用期、培训、保守秘密、补充保险和福利待遇等其他事项。

(2)《中华人民共和国劳动争议调解仲裁法》（2007年12月29日　国家主席令第80号）

第二条　中华人民共和国境内的用人单位与劳动者发生的下列劳动争议，适用本法：

（一）因确认劳动关系发生的争议；

（二）因订立、履行、变更、解除和终止劳动合同发生的争议；

（三）因除名、辞退和辞职、离职发生的争议；

（四）因工作时间、休息休假、社会保险、福利、培训以及劳动保护发生的争议；

（五）因劳动报酬、工伤医疗费、经济补偿或者赔偿金等发生的争议；

（六）法律、法规规定的其他劳动争议。

(3) 劳动部办公厅《关于〈劳动法〉若干条文的说明》（1994年9月5日　劳办发［1994］289号）

第三条　本条中的“劳动报酬”是指，劳动者从用人单位得到的全部工资收入。

同 工 同 酬

[解读]

原劳动部的政策解释是："同工同酬是指用人单位对于从事相同工作，付出等量劳动且取得相同劳绩的劳动者，应支付同等劳动报酬。"对于劳动者从事相同岗位的工作，是显而易见的事情。然而，对于劳动者付出等量劳动、取得相同劳绩的情形，就难以掌握了。人力资源管理工作实践中，在确定员工工资水平时，除考虑其工作岗位的因素以外，还应考虑其学历水平、职业资格、工作资历、在本单位的工作年限等因素。在这些因素当中，就体现着劳动者的工作经验、工作能力、付出的劳动和取得的劳绩等情形。因此，要做到同工同酬，就需要用人单位在制定薪酬管理制度时，应根据上述诸种因素，来确定本单位不同岗位的工资水平和相同岗位不同档次的工资水平。以根据员工的职业素质和薪酬管理制度，来确定其工资水平，并在劳动合同中加以约定。只有这样，才能较好地执行同工同酬的原则，避免将"同工"仅理解为是相同工作岗位。

[依据指引]

(1)《中华人民共和国劳动法》（1994 年 7 月 5 日 国家主席令第 28 号）

第四十六条 工资分配应当遵循按劳分配原则，实行同工同酬。

(2) 劳动部办公厅《关于〈劳动法〉若干条文的说明》（1994 年 9 月 5 日 劳办发［1994］289 号）

第四十六条 本条中的"同工同酬"是指用人单位对于从事相同工作，付出等量劳动且取得相同劳绩的劳动者，应支付同等劳动报酬。

工 资

[解读]

工资是指建立劳动关系的劳动者为用人单位付出正常劳动的情况下，用人单位依据劳动合同的约定，以货币形式支付给劳动者的劳动报酬。一般包括计时工资、计件工资、奖金、津贴和补贴、加班加点工资，以及在患病、工伤、产假、婚丧假、年休假等特殊情况下，按计时工资标准或计时工资标准的一定比例支付的工资。工资是劳动者获得的劳动报酬的主要组成部分，但不是全部。也就是说，劳动者的劳动报酬并非都是工资。按照国家规定，劳动者的以下劳动报酬不属于工资范围：（1）单位支付给劳动者个人的社会保险福利费用，如离休、退休、退职人员的待遇，丧葬抚恤救济费，生活困难补助费，计划生育补贴等；（2）劳动保护方面的费用，如用人单位支付给劳动者的工作服、解毒剂、清凉饮料费用等；（3）按规定未列入工资总额的各种劳动报酬及其他劳动收入，如根据国家规定发放的创造发明奖、国家星火奖、自然科学奖、科学技术进步奖、合理化建议和技术改进奖、中华技术大奖等，以及稿费、讲课费、翻译费，出差补助费、误餐补助费、调动工作的旅费和安家费，对购买本企业股票和债券的职工所支付的股息（包括股金分工）和利息，企业向被解除或终止劳动合同的劳动者支付的医疗补助费、经济补偿金、生活补助费，支付给家庭工人的加工费和按加工订货办法支付给承包单位的发包费等。

工资又分为标准工资（又称基本工资）和非标准工资（又称辅助工资）。标准工资是指按规定或劳动合同约定的工资标准计算的工资，包括实行结构工资制的基础工资、职务工资、岗位工资、工龄津贴、教龄津贴、护士工龄津贴等。人们形象地称之为"死"工资。非标准工资是指标准工资以外的各种工资，如奖金、津贴、加班加点工资等。人们形象地称之为"活"工资。目前国家积极倡导建立的现代企业分配制度，就是以岗位工资为主的基本工资制度，明确规定岗位职责和技能要求，实行以岗定薪，岗变薪变。

[依据指引]

(1) 劳动部《关于贯彻执行〈中华人民共和国劳动法〉若干问题的意见》（1995 年 8 月 4 日 劳部发［1995］309 号）

53. 劳动法中的"工资"是指用人单位依据国家有关规定或劳动合同的约定，以货币形式直接支付给本单位劳动者的劳动报酬，一般包括计时工资、计件工资、奖金、津贴和补贴、延长工作时间的工资报酬以及特殊情况下支付的工资等。"工资"是劳动者劳动收入的主要组成部分。

劳动者的以下劳动收入不属于工资范围：(1) 单位支付给劳动者个人的社会保险福利费用，

如丧葬抚恤救济费、生活困难补助费、计划生育补贴等；（2）劳动保护方面的费用，如用人单位支付给劳动者的工作服、解毒剂、清凉饮料费用等；（3）按规定未列入工资总额的各种劳动报酬及其他劳动收入，如根据国家规定发放的创造发明奖、国家星火奖、自然科学奖、科学技术进步奖、合理化建议和技术改进奖、中华技能大奖等，以及稿费、讲课费、翻译费等。

(2) 国家统计局《关于工资总额组成的规定》（1990年1月1日　局令第1号）

第二章　工资总额的组成

第四条　工资总额由下列六个部分组成：

（一）计时工资；

（二）计件工资；

（三）奖金；

（四）津贴和补贴；

（五）加班加点工资；

（六）特殊情况下支付的工资。

第十条　特殊情况下支付的工资。包括：

（一）根据国家法律、法规和政策规定，因病、工伤、产假、计划生育假、婚丧假、事假、探亲假、定期休假、停工学习、执行国家或社会义务等原因按计时工资标准或计时工资标准的一定比例支付的工资；

（二）附加工资、保留工资。

第十一条　下列各项不列入工资总额的范围：

（一）根据国务院发布的有关规定颁发的创造发明奖、自奖科学奖。科学技术进步奖和支付的合理化建议和技术改进奖以及支付给运动员、教练员的奖金；

（二）有关劳动保险和职工福利方面的各项费用；

（三）有关离休、退休、退职人员待遇的各项支出；

（四）劳动保护的各项支出；

（五）稿费、讲课费及其他专门工作报酬；

（六）出差伙食补助费、误餐补助、调动工作的旅费和安家费；

（七）对自带工具、牲畜来企业工作职工所支付的工具、牲畜等的补偿费用；

（八）实行租赁经营单位的承租人的风险性补偿收入；

（九）对购买本企业股票和债券的职工所支付的股息（包括股金分红）和利息；

（十）劳动合同制职工解除劳动合同时由企业支付的医疗补助费、生活补费等；

（十一）因录用临时工而在工资以外向提供劳动力单位支付的手续费和管理费；

（十二）支付给家庭工人的加工费和按加工订货办法支付给承包单位的发包费用；

（十三）支付给参加企业劳动的在校学生的补贴；

（十四）计划生育独生子女补贴。

(3) 国家统计局《〈关于工资总额组成的规定〉若干具体范围的解释》（1990年1月1日　统制字［1990］1号）

四、关于工资总额不包括的项目的范围

（一）有关劳动保险和职工福利方面的费用。具体有：职工死亡丧葬费及抚恤费、医疗卫生费或公费医疗费用、职工生活困难补助费、集体福利事业补贴、工会文教费、集体福利费、探亲路费、冬季取暖补贴、上下班交通补贴以及洗理费等。

（二）劳动保护的各种支出，具体有：工作服、手套等劳保用品，解毒剂、清凉饮料，以及按照1963年7月19日劳动部等七单位规定的范围对接触有毒物质、矽尘作业、放射线作业和潜水、沉箱作业、高温作业等五类工种所享受的由劳动保护费开支的保健食品待遇。

五、关于标准工资（基本工资，下同）和非标准工资（辅助工资，下同）的定义

（一）标准工资是指按规定的工资标准计算的工资（包括实行结构工资制的基础工资、职务工资和工龄津贴）。

（二）非标准工资是指标准工资以外的各种工资。

(4) 国家统计局《〈关于工资总额组成的规定〉若干问题的解答》（1990年2月1日　制司字［1990］6号）

三、“国家星火奖”是否列入工资总额？

答：根据国家科委［90］国科发奖字032号文和财政部［88］财文字第636号文的精神，“国家星火奖”和“科技进步奖”一样，属于国家级奖励，资金来源和发奖单位均在国家科委，不从基层单位发放。所以，国家统计局统制字［1990］39号“关于同意‘国家星火奖’不列入工资总额的函”明确规定，同意“国家星火奖”不列入工资总额的范围。

九、计算标准工资时，是否包括教龄津贴和护龄津贴？

答：在计算标准工资时，应当包括实行结构工资制的教龄津贴和护龄津贴。即：标准工资包括实行结构工资制的基础工资、职务工资、工龄津贴、教龄津贴和护龄津贴。

工 资 总 额

[解读]

工资总额是指在一定时期内通过各种形式实际支付给职工的货币工资总和，是国家对国有企业工资总额进行宏观调控，而由国家统计局设定的一个统计项目。即凡企业、事业单位和机关团体以货币形式或实物形式（需折算成货币）支付给职工的劳动报酬，不论其经费来源如何，均应包括在工资总额内。构成工资总额的项目主要有：计时工资、计件工资、各种经常性奖金、工资性津贴和补贴、加班加点工资以及特殊情况下支付的工资等。另外国家还规定，按月按标准发放给职工的住房补贴、交通补贴或者车改补贴、午餐费补贴、通讯补贴以及节日补助等也应纳入职工工资总额管理。不属于劳动报酬性质的经费开支，如用于职工生活福利、劳动保险、劳动保护等方面的费用，不包含在工资总额内。工资总额是计算平均工资的依据，一般是用人单位在从事统计、缴费等劳动工资工作中常用的一个概念；与劳动者全额工资的概念有联系，但不是同一概念，劳动者的全额工资又称应发工资，不应包括各种福利费用；工资总额的统计范围需按国家的统一规定执行。

[依据指引]

(1) 国家统计局《关于工资总额组成的规定》（1990 年 1 月 1 日　局令第 1 号）

第三条　工资总额是指各单位在一定时期内直接支付给本单位全部职工的劳动报酬总额。

工资总额的计算应对直接支付给职工的全部劳动报酬为根据。

第四条　工资总额由下列六个部分组成：

（一）计时工资；

（二）计件工资；

（三）奖金；

（四）津贴和补贴；

（五）加班加点工资；

（六）特殊情况下支付的工资。

(2) 人力资源和社会保障部《关于企业工资总额管理有关口径问题的函》（2010 年 1 月 23 日　人社厅函［2010］51 号）

上海市人力资源和社会保障局：

你局《关于企业工资总额有关口径的请示》（沪人社综字［2009］109 号）收悉。经研究，现答复如下：

将企业发放给职工的住房补贴、交通补贴等收入纳入工资管理，有利于加强对企业工资分配的宏观调控，推进职工收入工资化、货币化、透明化。在国有企业工资总额管理工作中，应按照《关于企业加强职工福利费财务管理的通知》（财企［2009］242 号）的规定，将按月按标准发放或支付给职工的住房补贴、交通补贴或者车改补贴、通讯补贴以及节日补助、按月发放的午餐费补贴等统一纳入职工工资总额管理。实行工效挂钩办法的企业，在与企业经济效益直接挂钩工资总额基数外单列，不作为计提新增效益工资的基数。

(3) 财政部《关于企业加强职工福利费财务管理的通知》（2009 年 11 月 12 日　财企［2009］242 号）

一、企业职工福利费是指企业为职工提供的除职工工资、奖金、津贴、纳入工资总额管理的补贴、职工教育经费、社会保险费和补充养老保险费（年金）、补充医疗保险费及住房公积金以外的福利待遇支出，包括发放给职工或为职工支付的以下各项现金补贴和非货币性集体福利：

（一）为职工卫生保健、生活等发放或支付的各项现金补贴和非货币性福利，包括职工因公外地就医费用、暂未实行医疗统筹企业职工医疗费用、职工供养直系亲属医疗补贴、职工疗养费用、自办职工食堂经费补贴或未办职工食堂统一供应午餐支出、符合国家有关财务规定的供暖费补贴、防暑降温费等。

（二）企业尚未分离的内设集体福利部门所发生的设备、设施和人员费用，包括职工食堂、职工浴室、理发室、医务所、托儿所、疗养院、集体宿舍等集体福利部门设备、设施的折旧、维修保养费用以及集体福利部门工作人员的工资薪金、社会保险费、住房公积金、劳务费等人工费用。

（三）职工困难补助，或者企业统筹建立和管理的专门用于帮助、救济困难职工的基金支出。

（四）离退休人员统筹外费用，包括离休人员的医疗费及离退休人员其他统筹外费用。企业重组涉及的离退休人员统筹外费用，按照《财政部关于企业重组有关职工安置费用财务管理问题的通知》(财企［2009］117号)执行。国家另有规定的，从其规定。

(五)按规定发生的其他职工福利费，包括丧葬补助费、抚恤费、职工异地安家费、独生子女费、探亲假路费，以及符合企业职工福利费定义但没有包括在本通知各条款项目中的其他支出。

二、企业为职工提供的交通、住房、通讯待遇，已经实行货币化改革的，按月按标准发放或支付的住房补贴、交通补贴或者车改补贴、通讯补贴，应当纳入职工工资总额，不再纳入职工福利费管理；尚未实行货币化改革的，企业发生的相关支出作为职工福利费管理，但根据国家有关企业住房制度改革政策的统一规定，不得再为职工购建住房。

企业给职工发放的节日补助、未统一供餐而按月发放的午餐费补贴，应当纳入工资总额管理。

社会平均工资

[解读]

社会平均工资是指一定时期一定范围内平均每一个职工的工资数额。它通过该时期该范围全体职工的工资总额与职工平均人数之比求得。研究社会平均工资的意义在于：(1)在物价比较稳定、职工构成变动不大的情况下，社会平均工资基本上反映出职工的工资水平和生活水平；(2)不同地区、不同行业、不同企业、不同岗位职工的平均工资，在一定程度上体现不同类别职工的工资关系；(3)社会平均工资是正确处理生产与生活、积累与消费等各项比例关系，为合理安排工农消费水平提供重要依据。(4)社会平均工资也是确定用人单位的工资水平、地区最低工资标准和研究工资宏观调控的重要因素之一。

[依据指引]

(1)《中华人民共和国劳动法》(1994年7月5日　国家主席令第28号)

第四十九条　确定和调整最低工资标准应当综合参考下列因素：

(一)劳动者本人及平均赡养人口的最低生活费用；

(二)社会平均工资水平；

(三)劳动生产率；

(四)就业状况；

(五)地区之间经济发展水平的差异。

(2)劳动和社会保障部《关于建立劳动力市场工资指导价位制度的通知》(1999年10月25日　劳社部发［1999］34号)

一、高度重视建立劳动力市场工资指导价位制度的工作

根据党的十五届四中全会精神，要建立与现代企业制度相适应的企业工资收入分配制度，充分发挥劳动力市场对企业工资分配的基础性调节作用，由企业根据社会平均工资水平和本企业经济效益自主决定工资水平，国家对企业工资水平进行宏观指导和调节。劳动力市场工资指导价位制度就是企业工资宏观调控体系的重要组成部分。

(3)国家经济贸易委员会、人事部、劳动和社会保障部《关于深化国有企业内部人事、劳动、分配制度改革的意见》(国经贸企改［2001］230号　2001年3月13日)

四、建立收入能增能减、有效激励的分配制度

(二)改革企业工资决定机制。企业职工工资水平，在国家宏观调控下由企业依据当地社会平均工资和企业经济效益自主决定。企业应严格按照国家有关工资支付的法律法规，按时支付职工工资，不得故意拖欠工资。企业应依法执行最低工资保障制度，保证职工在法定工作时间内提供正常劳动后，获取的工资报酬不低于当地政府规定的最低工资标准。

计 时 工 资

[解读]

计时工资是指在全日制用工的情况下，按照劳动者本人的技术、业务等级水平，或者是劳动者所在工作岗位、职位的劳动等级预先规定的相应工资标准及劳动者实际有效工作时间计付工资的形式。按计算时间的单位不同，一般分为小时工资制、日工资制、月工资制和年薪制。计时工资一般应包括：对已做工作按计时工资标准支付的工资，含地区生活费补贴；实行结构工资制的单位支付给职工的基础工资和职务(岗位)工资；新参加工作的见习或试用工资、学徒的生活费；运动员的体育津贴。

由于计时工资是以劳动时间计算报酬，简便易行，便于计算，所以，它的适应性很强，实行范围广，任何部门、任何单位和各类工种、岗位均可采用。其中，最适用于以下行业、企业和工种、岗位：

（一）机械化、自动化水平较高、技术性强、操作复杂、产品需要经过多道工序、多道操作才能完成，不易单独计算个人的劳动成果的行业和工种。

（二）主要为生产第一线服务和从事辅助劳动，其劳动量不便于用产品产量准确计量的工人和服务人员。

（三）劳动量不便于统计计量的企业行政管理人员和技术人员等。

（四）产品、经营项目和生产条件多变的企业。

随着企业内部工资分配制度改革的深化，需要把计时工资与其他工资形式有机地结合起来，以利于全面考核职工劳动的数量和质量，以更好地体现按劳分配原则。

计时工资的三种主要形式是：

（一）小时工资制，是指按照小时工资标准和实际工作的小时数来计算工资。小时工资标准按日工资标准除以日法定工作时数求得。

（二）日工资制，是指根据劳动者的日工资标准和实际工作日数来计算工资。日工资的计算方法是：先求得制度计薪天数，即用全年日历天数减去休息日天数（108天），以其之差除以12个月，得出每月平均的计薪天数（21.75天），然后用职工本人月工资标准除以制度工时计薪天数21.75天，即可求得日工资。应注意的是，制度计薪天数与制度工时天数不是同一概念。根据我国的法律规定，法定节假日是带薪日，即折算日工资、小时工资时不剔除国家规定的11天法定节假日。而计算制度工时天数应将国家规定11天法定节假日剔除，即用全年日历天数减去国家法定节假日天数（11天）和休息日天数（108天），以其之差除以12个月，得出每月应出勤天数（20.83天）。

（三）月工资制，是指按照劳动者的岗位、等级工资制的工资标准按月计发工资。企业职工如果出满勤，就按月工资标准支付工资；缺勤则按实际缺勤天数或小时数减发工资。

［依据指引］

（1）国务院《关于职工工作时间的规定》（1995年3月25日　国务院令第174号）

第一条　为了合理安排职工的工作和休息时间，维护职工的休息权利，调动职工的积极性，促进社会主义现代化建设事业的发展，根据宪法有关规定，制定本规定。

第二条　本规定适用于在中华人民共和国境内的国家机关、社会团体、企业事业单位以及其他组织的职工。

第三条　职工每日工作8小时、每周工作40小时。

第四条　在特殊条件下从事劳动和有特殊情况，需要适当缩短工作时间的，按照国家有关规定执行。

第五条　因工作性质或者生产特点的限制，不能实行每日工作8小时、每周工作40小时标准工时制度的，按照国家有关规定，可以实行其他工作和休息办法。

第六条　任何单位和个人不得擅自延长职工工作时间。因特殊情况和紧急任务确需延长工作时间的，按照国家有关规定执行。

第七条　国家机关、事业单位实行统一的工作时间，星期六和星期日为周休息日。

企业和不能实行前款规定的统一工作时间的事业单位，可以根据实际情况灵活安排周休息日。

第八条　本规定由劳动部、人事部负责解释；实施办法由劳动部、人事部制定。

第九条　本规定自1995年5月1日起施行。1995年5月1日施行有困难的企业、事业单位，可以适当延期；但是，事业单位最迟应当自1996年1月1日起施行，企业最迟应当自1997年5月1日起施行。

（2）国家统计局《关于工资总额组成的规定》（1990年1月1日　局令第1号）

第二章　工资总额的组成

第五条　计时工资是指按计时工资标准（包括地区生活费补贴）和工作时间支付给个人的劳动报酬。包括：

（一）对已做工作按计时工资标准支付的工资；

（二）实行结构工资制的单位支付给职工的基础工资和职务（岗位）工资；

（三）新参加工作职工的见习工资（学徒的生活费）；

（四）运动员体育津贴。

（3）劳动和社会保障部《关于职工全年月平均工作时间和工资折算问题的通知》（2008年1月3日　劳社部发［2008］3号）

根据《全国年节及纪念日放假办法》（国务院

令第513号）的规定，全体公民的节日假期由原来的10天增设为11天。据此，职工全年月平均制度工作天数和工资折算办法分别调整如下：

一、制度工作时间的计算

年工作日：365天－104天（休息日）－11天（法定节假日）＝250天

季工作日：250天÷4季＝62.5天/季

月工作日：250天÷12月＝20.83天/月

工作小时数的计算：以月、季、年的工作日乘以每日的8小时。

二、日工资、小时工资的折算

按照《劳动法》第五十一条的规定，法定节假日用人单位应当依法支付工资，即折算日工资、小时工资时不剔除国家规定的11天法定节假日。据此，日工资、小时工资的折算为：

日工资：月工资收入÷月计薪天数

小时工资：月工资收入÷(月计薪天数×8小时)

月计薪天数＝(365天－104天)÷12月＝21.75天

三、2000年3月17日劳动保障部发布的《关于职工全年月平均工作时间和工资折算问题的通知》(劳社部发［2000］8号）同时废止。

计件工资

［解读］

计件工资是指按照劳动者生产的合格产品数量或完成的工作量，根据企业内部确定的计件工资单价，计算并支付工资的一种形式。它由工作物等级、劳动定额和计件单价所组成。

“工作物等级”是根据某种工作物的技术复杂程度、劳动强度、劳动责任和不同的设备状况而划分的等级。它是确定劳动定额水平，计算计件单价和合理安排劳动力的科学依据。

“劳动定额”分产量定额和工时定额。产量定额就是在单位时间内应该生产的合格产品的数量。工时定额就是在一定条件下完成某一产品所必须消耗的劳动时间。

“计件单价”是工人完成某种产品或某项工作的单位工资，即单位产品的工资率。

实行计件工资的条件是：

（一）必须是产品的数量能够准确计量，并能正确反映工人所支出的劳动量的工种或单位。

（二）必须是产品的数量和质量主要取决于工人主观努力的工种或单位。

（三）必须是具有明确的产品质量标准，能够检验产品质量的单位或工种才能实行计件工资。

（四）必须是具有先进合理的劳动定额和比较健全的原始记录统计制度，并有严格的计量标准的单位或工种。

（五）必须是生产任务饱满，原材料、燃料、动力供应和产品销路比较正常，能够组织均衡生产，并鼓励增加产量的单位，才能实行计件工资制。

目前我国企业中通常采用的计件工资形式主要有：

（一）全额无限计件工资。就是工人全部工资都随完成和超额完成劳动定额的多少，按统一的计件单价来计发，不受限制。多数企业可以实行这种计件工资。

（二）超额无限计件工资。工人完成定额的，发给本人标准工资；未完成定额的，按照本人的等级工资标准和完成的比例计发工资；超过定额的，其超额部分按规定的计件单价发给超额工资，不受限制。一般来说，老工人较多的车间、工种，为了兼顾新、老工人的利益，宜于采用这种形式。

（三）超额有限计件工资。就是对实行计件工资的工人规定了超额计件工资不得超过本人标准工资的一定百分比或绝对金额的限制，实行这一计件形式，是为了保证企业维持均衡生产，同时，也便于平衡计件工人与非计件工人的工资关系，防止由于企业管理水平低，定额不够先进合理，而出现超额工资过高的偏向。

（四）按质计价的计件工资。即按工人完成产品的质量等级，分别规定不同的计件单价以计算或支付报酬。这种计件形式有利于鼓励工人提高产品质量，特别适宜于对质量要求较高、较严的产品生产企业。

（五）累进计件工资。工人生产的合格品产量在劳动定额规定的基数以内，按不变的计件单价计发工资；超过这个基数的部分，则按在原计件单价基础上递增的单价分别计发计件工资。只有在某种产品急需突击增加产量时，才适宜在关键的工种采用这种形式。

（六）间接计件工资。是指工人的工资不是直接由本人的产量或作业量确定，而是由他所服务的工人的劳动成果来确定。它适用于那些同实行计件工资制的一线工人劳动密切相关的不直接生产产品的辅助工人。

（七）集体计件工资制。是以一个集体（车间、班组）为计件单位，工人的工资是根据班组集体完成的合格产品数量或工作量来计算，然后按照每个工人贡献大小进行分配。集体计件，一般是在那些机器设备和工艺要求班组工人同时共同努力才能完成任务，而不能单独计算个人产量和质量的工作中实行。

[依据指引]

(1) 国务院《关于职工工作时间的规定》(1995年3月25日 国务院令第174号)

第一条 为了合理安排职工的工作和休息时间，维护职工的休息权利，调动职工的积极性，促进社会主义现代化建设事业的发展，根据宪法有关规定，制定本规定。

第二条 本规定适用于在中华人民共和国境内的国家机关、社会团体、企业事业单位以及其他组织的职工。

第三条 职工每日工作8小时、每周工作40小时。

第四条 在特殊条件下从事劳动和有特殊情况，需要适当缩短工作时间的，按照国家有关规定执行。

第五条 因工作性质或者生产特点的限制，不能实行每日工作8小时、每周工作40小时标准工时制度的，按照国家有关规定，可以实行其他工作和休息办法。

第六条 任何单位和个人不得擅自延长职工工作时间。因特殊情况和紧急任务确需延长工作时间的，按照国家有关规定执行。

第七条 国家机关、事业单位实行统一的工作时间，星期六和星期日为周休息日。

企业和不能实行前款规定的统一工作时间的事业单位，可以根据实际情况灵活安排周休息日。

第八条 本规定由劳动部、人事部负责解释；实施办法由劳动部、人事部制定。

第九条 本规定自1995年5月1日起施行。1995年5月1日施行有困难的企业、事业单位，可以适当延期；但是，事业单位最迟应当自1996年1月1日起施行，企业最迟应当自1997年5月1日起施行。

(2) 国家统计局《关于工资总额组成的规定》(1990年1月1日 局令第1号)

第六条 计件工资是指对已做工作按计件单价支付的劳动报酬。包括：

（一）实行超额累进计件、直接无限计件、限额计件、超定额计件等工资制，按劳动部门或主管部门批准的定额和计件单价支付给个人的工资；

（二）按工作任务包干方法支付给个人的工资；

（三）按营业额提成或利润提成办法支付给个人的工资。

(3) 城乡建设环境保护部《关于进一步推行计件工资制和定额工资制的通知》（1987年12月23日 [87] 城劳字第679号）

党的十一届三中全会以来，各地建筑企业在贯彻执行国家劳动定额的基础上，在生产工人中实行了多种形式的计件工资制和包干制，促进了生产发展，为了进一步克服企业内部分配上的平均主义，深化企业内部的配套改革，要将在建筑企业推行满负荷工作法同更好地推行承包经营责任制，改善企业经营机制有机地结合起来，凡是有条件的建筑安装及市政工程施工企业，都应当在严格质量管理和定额管理的前提下，积极推行计件工资制和定额工资制。现就有关问题通知如下：

一、在生产工人中全面推行计件工资制。各企业可根据自己的情况实行全额计件工资、实物量计件工资或超额计件工资。其中，实物量计件工资是对原计件工资办法的改进，应积极试行推广。对于产量、质量、物耗等指标能考核到人的工种，可以实行个人计件工资。

为扩大计件工资的实行面，增加活工资的比重，应改变计件工资单价的构成，可将标准工资、浮动升级工资、流动施工津贴和各种生产性津贴捆在一起实行综合计件工资单价。也可以根据企业经济效益等情况实行浮动的计件工资单价。

二、在辅助生产工人和服务人员中推行各种形式的定额工资制。各地区、各企业可结合自己的情况制订合理的定额和定员标准。定额可以是实物产品的形式，也可以是工时定额或工作量定额等其他形式。

管理人员要结合岗位定员，按照岗位责任或承包指标计发工资和奖金。企业各级领导按照承包合同的奖罚规定，根据承包指标完成情况计发工资和奖金。职能科室人员根据分管指标和岗位责任制完成情况计发工资和奖金。直接负责工程施工的管理人员按照单位工程技术复杂程度及完成工程质量、降低成本、安全生产等指标的情况计发工资和奖金。各级管理人员的工资、奖金分配都要根据责任和贡献大小拉开档次。要研究推行计分算奖的办法。

三、实行质量对工资分配的否决权。生产班组和工人完成的产品，以达到施工验收规范质量要求的为合格品，凡达不到合格的产品不能计提工资。弄虚作假、以次充好的不合格品要坚决扣除；经返工和修补合格的，其返工和修补用工不得另行追加；返工和修补造成的材料损失酌情由责任者赔偿。施工现场的质量员和定额员，要严格按照规定履行职责。企业各级领导要积极支持他们的工作，保证他们正常行使职权。

四、要贯彻执行全国建筑、市政工程统一劳动定额，但因地区自然条件、操作方法不同和采用新工艺、新技术等原因，全国统一定额不适应和未包括的部分，主管部门和企业可以进行调整和补充。要做到凡是能够考核产品质量和计算产品数量的，都要实行有定额的劳动。要实行定额员、质量员对施工队长负责制，严格施工任务单的签发、验收、结算制度。企业管理人员和工人都要维护劳动定额的严肃性。要积极推行科学管理，改进操作方法，帮助工人达到和超过定额。

五、推行计件工资制和定额工资制是改进、完善百元产值工资含量包干办法的重要内容。在推行计件工资和定额工资的过程中，要加强对企业工资总额的控制和管理，严格执行百元产值工资含量包干办法，正确处理国家、企业和职工个人三者利益。

六、各地建筑主管部门要加强对此项工作的领导，结合执行承包经营和满负荷工作方法作出统筹安排和部署。要加强各项管理工作，改进劳动组合，建立健全原始记录和考核制度，加强经济核算。对于施工生产任务不够饱满，原材料供应困难和基础工作薄弱，目前尚不具备条件实行计件工资和定额工资制的企业，要积极创造条件，不要一哄而起。要加强职工思想政治工作，实行过程中要注意保护老、弱、残及女工的合法权益。

七、各省、自治区、直辖市建筑主管部门应根据本通知的精神制订具体实施办法。并将实行的情况、经验和出现的问题及时告诉我们。

奖　金

[解读]

奖金是指支付给职工的超额劳动报酬和增收节支的劳动报酬，包括生产奖，节约奖，劳动竞赛奖，机关事业单位各类人员的年终一次性奖金、机关工人的奖金，体育运动员的平时训练奖以及其他奖金。基本工资是定额内劳动的报酬，不能充分反映职工的劳动差别。而多种多样的奖金则是超额劳动的报酬，能较灵活地反映职工的实际劳动差别。奖金作为基本工资的补充，在整个工资结构中只应处于次要或从属地位。

奖金有四个特点：一是单一性，奖金可以在报酬上只反映职工某方面的实际劳动效果的差别；二是灵活性，奖金的形式灵活多样，奖励的对象、数额及获奖人数均可随生产（工作）的变化而变化；三是及时性，奖金的使用不受工资发放的限制，能及时反映劳动者向社会提供劳动量的变化情况；四是鼓励的双重性，奖金不仅是对职工的物质奖励，还有精神鼓励的作用。

[依据指引]

(1) 国家统计局《关于工资总额组成的规定》（1990 年 1 月 1 日　局令第 1 号）

第七条　奖金是指支付给职工的超额劳动报酬和增收节支的劳动报酬。包括：

（一）生产奖；

（二）节约奖；

（三）劳动竞赛奖；

（四）机关、事业单位的奖励工资；

（五）其他奖金。

(2) 国家统计局《〈关于工资总额组成的规定〉若干具体范围的解释》（1990 年 1 月 1 日　统制字［1990］1 号）

二、关于奖金的范围（一）生产（业务）奖包括超产奖、质量奖、安全（无事故）奖、考核各项经济指标的综合奖、提前竣工奖、外轮速遣奖、年终奖（劳动分红）等。

（二）节约奖包括各种动力、燃料、原材料等节约奖。

（三）劳动竞赛奖包括发给劳动模范、先进个人的各种奖金和实物奖励。

（四）其他奖金包括从兼课酬金和业余医疗卫生服务收入提成中支付的奖金等。

津　贴

[解读]

津贴是指为了补偿职工特殊或额外的劳动消耗和因其他特殊原因而支付给职工的一种辅助性

工资。主要包括特殊劳动消耗津贴、保健津贴、技术性津贴、年功津贴和地区性津贴等几种类型。例如，高温津贴、野外地质勘探津贴、矿山井下津贴、化工行业实行的有毒有害津贴；卫生防疫津贴、医疗卫生津贴、科技保健津贴；特级教师补贴、科研津贴、工人技师津贴等。上述津贴可统称为特殊工种岗位津贴。年功津贴一般包括工龄津贴、教龄津贴、护士工龄津贴等。地区性津贴是为了补偿职工在某些特殊的地理、自然条件下生活费用的额外支出而设立的津贴。例如，林区津贴、高寒山区津贴、海岛津贴、高原地区临时补贴等。至于地区生活费补贴，似乎也应属于地区性津贴的范围，但是按照国家的规定，却将其列为计时工资的内容。也就是说，地区生活费补贴属于基本工资的范围。此外，其他的工资性津贴还有：火车司机和乘务员的乘务津贴、航行和空勤人员的伙食津贴、专业车队汽车司机的行车津贴、体育运动员和教练员的伙食补助费、少数民族的伙食津贴以及书报费等。

津贴同其他工资形式相比，有以下特点：

（一）津贴是一种补偿性的劳动报酬，是对劳动者在特殊的环境和条件下超常劳动消耗和额外支出的一种补偿。

（二）大多数津贴所体现的主要不是劳动本身，即劳动数量和质量的差别，而是劳动所处的环境和条件的差别，主要功能是调节工种、行业、地区之间在这方面的工资关系。

（三）津贴具有单一性的特点，往往是一事一贴。多数津贴是根据某一特定条件，为了某一特定要求而制定的。

（四）津贴具有较大的灵活性，随着工作环境和条件的变化而变化。而不像基本工资那样，一经确定，在较长一段时间内不会变动。

从津贴的管理层次区分，可以分为两类：一类是国家或地区、部门统一制定的津贴；另一类是企业自行建立的津贴。国家统一建立的津贴，一般在企业成本中列支；企业自建的津贴，一般在企业留存的奖励基金或效益工资中开支。

[依据指引]

(1) 国家统计局《关于工资总额组成的规定》（1990 年 1 月 1 日　局令第 1 号）

第八条　津贴和补贴是指为了补偿职工特殊或额外的劳动消耗和因其他特殊原因支付给职工的津贴，以及为了保证职工工资水平不受物价影响支付给职工的物价补贴。

（一）津贴。包括补偿职工特殊或额外劳动消耗的津贴，保健性津贴，技术性津贴，年功性津贴及其他津贴。

（二）物价补贴。包括：为保证职工工资水平不受物价上涨或变动影响而支付的各种补贴。

(2) 国家统计局《〈关于工资总额组成的规定〉若干具体范围的解释》（1990 年 1 月 1 日　统制字［1990］1 号）

（一）津贴。包括：

1. 补偿职工特殊或额外消耗的津贴。具体有：高空津贴、井下津贴、流动施工津贴、野外工作津贴、林区津贴、高温作业临时补贴、海岛津贴、艰苦气象台（站）津贴、微波站津贴、高原地区临时补贴、冷库低温津贴、基层审计人员外勤工作补贴、邮电人员外勤津贴、夜班津贴、中班津贴、班（组）长津贴、学校班主任津贴、三种艺术（舞蹈、武功、管乐）人员工种补贴、运动队班（队）干部驻队补贴、公安干警值勤岗位津贴、环卫人员岗位津贴、广播电视天线岗位津贴、盐业岗位津贴、废品回收人员岗位津贴、殡葬特殊行业津贴、城市社会福利事业单位岗位津贴、环境监测津贴、收容遣送岗位津贴等。

2. 保健性津贴。具体有：卫生防疫津贴、医疗卫生津贴、科技保健津贴、各种社会福利院职工特殊保健津贴等。

3. 技术性津贴。具体有：特级教师补贴、科研津贴、工人技师津贴、中药老药工技术津贴、特殊教育津贴等。

4. 年功性津贴。具体有：工龄津贴、教龄津贴和护士工龄津贴等。

5. 其他津贴。具体有：直接支付给个人的伙食津贴（火车司机和乘务员的乘务津贴、航行和空勤人员伙食津贴、水产捕捞人员伙食津贴、专业车队汽车司机行车津贴、体育运动员和教练员伙食补助费、少数民族伙食津贴、小伙食单位补贴等）、合同制职工的工资性补贴以及书报费等。

（二）补贴。包括：

为保证职工工资水平不受物价上涨或变动影响而支付的各种补贴，如肉类等价格补贴、副食品价格补贴、粮价补贴、煤价补贴、房贴、水电贴等。

日工资的折算

[解读]

按照法律规定，原劳动和社会保障部对日工资的折算作了统一规定。由于法定节日是带薪的，而休息日是不带薪的，所以在折算日工资时应当剔除每年104天的休息日，而不能剔除11天的法定节日，计算公式如下：日工资＝月工资收入/月计薪天数；月计薪天数＝(365天－104天)/12个月＝21.75天；小时工资＝月工资收入/月计薪天数×8小时。

[依据指引]

劳动和社会保障部《关于职工全年月平均工作时间和工资折算问题的通知》（2008年1月3日 劳社部发［2008］3号）

根据《全国年节及纪念日放假办法》（国务院令第513号）的规定，全体公民的节日假期由原来的10天增设为11天。据此，职工全年月平均制度工作天数和工资折算办法分别调整如下：

一、制度工作时间的计算

年工作日：365天－104天（休息日）－11天（法定节假日）＝250天

季工作日：250天÷4季＝62.5天/季

月工作日：250天÷12月＝20.83天/月

工作小时数的计算：以月、季、年的工作日乘以每日的8小时。

二、日工资、小时工资的折算

按照《劳动法》第五十一条的规定，法定节假日用人单位应当依法支付工资，即折算日工资、小时工资时不剔除国家规定的11天法定节假日。据此，日工资、小时工资的折算为：

日工资：月工资收入÷月计薪天数

小时工资：月工资收入÷(月计薪天数×8小时)

月计薪天数＝(365天－104天)÷12月＝21.75天

三、2000年3月17日劳动保障部发布的《关于职工全年月平均工作时间和工资折算问题的通知》（劳社部发［2000］8号）同时废止。

补 贴

[解读]

补贴是指为了保证职工工资水平不受物价等因素的影响，而根据国家规定支付给职工的工资性补贴。它是职工工资的一种辅助形式，也是工资的一个组成部分。通常把补偿生产（工作）条件方面的叫做津贴，而把弥补生活开支方面的叫补贴。

从补贴的管理层次区分可以分为两类：一类是国家或地区、部门统一建立的补贴；另一类是企业自行建立的补贴。国家统一建立的补贴，一般在企业成本中开支；企业自建的补贴，一般在企业留利的效益工资中开支。补贴主要包括：为保证职工工资水平不受物价上涨或变动等因素影响而支付的各种补贴，如副食品价格补贴（含肉类等价格补贴），粮、油、蔬菜等价格补贴，煤价补贴、房贴，以及提高煤炭价格后部分地区实行民用燃料和照明电价补贴等。我国的物价补贴有两种方式：一种是明补（补给居民或职工）方式，另一种是暗补（补给企业或流通环节）。纳入工资总额范围的物价补贴是指明补。

[依据指引]

(1) 国家统计局《关于工资总额组成的规定》（1990年1月1日 局令第1号）

第八条 津贴和补贴是指为了补偿职工特殊或额外的劳动消耗和因其他特殊原因支付给职工的津贴，以及为了保证职工工资水平不受物价影响支付给职工的物价补贴。

（一）津贴。包括补偿职工特殊或额外劳动消耗的津贴，保健性津贴，技术性津贴，年功性津贴及其他津贴。

（二）物价补贴。包括：为保证职工工资水平不受物价上涨或变动影响而支付的各种补贴。

(2) 国家统计局《〈关于工资总额组成的规定〉若干具体范围的解释》（1990年1月1日 统制字［1990］1号）

三、关于津贴和补贴的范围（略，参见本章题目“津贴”的依据指引）

加班加点工资

[解读]

加班加点工资是指用人单位根据生产、工作需要，安排劳动者在法定节假日和公休假日内，或在法定工作日标准工作时间以外继续生产劳动所支付的工资。

用人单位要求劳动者在法定节假日和公休假日继续工作的称为加班，在工作日标准工作时间以外继续工作的称为加点。加班加点工资应按以下标准支付：

（一）用人单位依法安排劳动者在工作日法定标准工作时间以外加点的，按照不低于劳动合同规定的劳动者本人小时工资标准的150%支付劳动者工资。

（二）用人单位依法安排劳动者在公休假日内工作，而又不能安排补休的，按照不低于劳动合同规定的劳动者本人日或小时工资标准的200%支付劳动者工资。

（三）用人单位依法安排劳动者在法定节假日工作的，按照不低于劳动合同规定的劳动者本人的日或小时工资标准的300%支付劳动者工资。

实行计件工资的劳动者，只有在完成定额任务且实际工作时间达到标准日工作时间之后，根据用人单位的命令和要求从事劳动的，才视为加点；在休息日或节假日，根据用人单位的命令和要求从事劳动的，即视为加班。加班加点工资的计算方法，是将加班加点期间完成的产品件数乘以单位产品的工资金额，再按《劳动法》规定乘以150%、200%、300%。劳动者在标准日工作时间内未完成定额任务而延长工作时间的，不视为加班加点；在标准日工作时间内超额完成定额任务的部分，由于不是加班加点时间干的，所以不能按加班加点工资支付，可按超额奖金支付。

经人力资源和社会保障行政部门批准实行综合计算工时制的劳动者，工作日正好是休息日的，属于正常工作；工作日正好是法定节假日的，则应按本人日工资标准的300%支付加班工资。综合计算周期内的实际工作时间超过法定标准工作时间的部分，应视为加班加点的时间，均按本人日或小时工资标准的150%支付加班加点工资。

经批准实行不定时工作制的劳动者，由于其工作时间不确定，所以无法实行加班加点工资制度。

对“三八”国际妇女节、“五四”青年节期间参加庆祝活动和放假的职工，不扣工资，照常工作的也不支付加班工资。

实行三班制生产的工人，在法定节日照常生产，应按照规定发给加班工资。对于不是整班的，按小时计算加班工资。如果在法定节日恰好本人轮休，则应不发加班工资。三班制工人的法定节日的起止时间，应从法定全民节日的当天零时起到24时止。

[依据指引]

(1)《中华人民共和国劳动法》（1994年7月5日　国家主席令第28号）

第三十六条　国家实行劳动者每日工作时间不超过八小时、平均每周工作时间不超过四十四小时的工时制度。

第三十七条　对实行计件工作的劳动者，用人单位应当根据本法第三十六条规定的工时制度合理确定其劳动定额和计件报酬标准。

第四十四条　有下列情形之一的，用人单位应当按照下列标准支付高于劳动者正常工作时间工资的工资报酬：

（一）安排劳动者延长工作时间的，支付不低于工资的百分之一百五十的工资报酬；

（二）休息日安排劳动者工作又不能安排补休的，支付不低于工资的百分之二百的工资报酬；

（三）法定休假日安排劳动者工作的，支付不低于工资的百分之三百的工资报酬。

(2) 劳动部《工资支付暂行规定》（1994年12月6日　劳部发［1994］489号）

第十三条　用人单位在劳动者完成劳动定额或规定的工作任务后，根据实际需要安排劳动者在法定标准工作时间以外工作的，应按以下标准支付工资：

（一）用人单位依法安排劳动者在日法定标准工作时间以外延长工作时间的，按照不低于劳动合同规定的劳动者本人小时工资标准的150%支付劳动者工资；

（二）用人单位依法安排劳动者在休息日工作，而又不能安排补休的，按照不低于劳动合同规定的劳动者本人日或小时工资标准的200%支付劳动者工资；

（三）用人单位依法安排劳动者在法定休假节日工作的，按照不低于劳动合同规定的劳动者本人日或小时工资标准的300%支付劳动者工资。

实行计件工资的劳动者，在完成计件定额任务后，由用人单位安排延长工作时间的，应根据上述规定的原则，分别按照不低于其本人法定工作时间计件单价的150%、200%、300%支付其工资。

经劳动行政部门批准实行综合计算工时工作制的，其综合计算工作时间超过法定标准工作时间的部分，应视为延长工作时间，并应按本规定支付劳动者延长工作时间的工资。

实行不定时工时制度的劳动者，不执行上述规定。

(3) 劳动部《对〈工资支付暂行规定〉有关问题的补充规定》(1995年5月12日　劳部发［1995］226号)

二、关于加班加点的工资支付问题

1.《规定》第十三条第（一）、（二）、（三）款规定的在符合法定标准工作时间的制度工时以外延长工作时间及安排休息日和法定休假节日工作应支付的工资，是根据加班加点的多少，以劳动合同确定的正常工作时间工资标准的一定倍数所支付的劳动报酬，即凡是安排劳动者在法定工作日延长工作时间或安排在休息日工作而不能补休的，均应支付给劳动者不低于劳动合同规定的劳动者本人小时或日工资标准150%、200%的工资；安排在法定休假节日工作的，应另外支付给劳动者不低于劳动合同规定的劳动者本人小时或日工资标准300%的工资。

2. 关于劳动者日工资的折算。由于劳动定额等劳动标准都与制度工时相联系，因此，劳动者日工资可统一按劳动者本人的月工资标准除以每月制度工作天数进行折算。

根据国家关于职工每日工作8小时，每周工作时间40小时的规定，每月制度工时天数为21.5天。考虑到国家允许施行每周40小时工作制度有困难的企业最迟可以延期到1997年5月1日施行，因此，在过渡期内，实行每周44小时工时制度的企业，其日工资折算可仍按每月制度工作天数23.5天执行。

(4) 劳动部《关于贯彻执行〈劳动法〉若干问题的意见》(1995年8月4日　劳部发［1995］309号)

60. 实行每天不超过8小时，每周不超过44小时或40小时标准工作时间制度的企业，以及经批准实行综合计算工时工作制的企业，应当按照劳动法的规定支付劳动者延长工作时间的工资报酬。全体职工已实行劳动合同制度的企业，一般管理人员（实行不定时工作制人员除外）经批准延长工作时间的，可以支付延长工作时间的工资报酬。

62. 实行综合计算工时工作制的企业职工，工作日正好是周休息日的，属于正常工作；工作日正好是法定节假日时，要依照劳动法第四十四条第（三）项的规定支付职工的工资报酬。

67. 经批准实行不定时工作制的职工，不受劳动法第四十一条规定的日延长工作时间标准和月延长工作时间标准的限制，但用人单位应采用弹性工作时间等适当的工作和休息方式，确保职工的休息休假权利和生产、工作任务的完成。

70. 休息日安排劳动者工作的，应先按同等时间安排其补休，不能安排补休的应按劳动法第四十四条第（二）项的规定支付劳动者延长工作时间的工资报酬。法定节假日（元旦、春节、劳动节、国庆节）安排劳动者工作的，应按劳动法第四十四条第（三）项支付劳动者延长工作时间的工资报酬。

(5) 劳动部《关于职工工作时间有关问题的复函》(1997年9月10日　劳部发［1997］271号)

五、经批准实行综合计算工时工作制的用人单位，在计算每周期内若日（或周）的平均工作时间没超过法定标准工作时间，但某一具体日（或周）的实际工作时间超过8小时（或40小时），“超过”部分是否视为加点（或加班）且受《劳动法》第四十一条的限制？

依据劳动部《关于企业实行不定时工作制和综合计算工时工作制的审批办法》第五条规定，综合计算工时工作采用的是以周、月、季、年等为周期综合计算工作时间，但其平均日工作时间和平均周工作时间应与法定标准工作时间基本相同。也就是说，在综合计算周期内，某一具体日（或周）的实际工作时间可以超过8小时（或40小时），但综合计算周期内的总实际工作时间不应超过总法定标准工作时间，超过部分应视为延长工作时间并按《劳动法》第四十四条第三款的规定支付工资报酬。而且，延长工作时间的小时数平均每月不得超过36小时。

(6) 劳动和社会保障部办公厅《关于部分公民放假有关工资问题的函》(2000年2月12日　劳社厅函［2000］18号)

关于部分公民放假的节日期间，用人单位安

排职工工作，如何计发职工工资报酬问题，按照国务院《全国年节及纪念日放假办法》（国务院令第270号）中关于妇女节、青年节等部分公民放假的规定，在部分公民放假的节日期间，对参加社会或单位组织庆祝活动和照常工作的职工，单位应支付工资报酬，但不支付加班工资。如果该节日恰逢星期六、星期日，单位安排职工加班工作，则应当依法支付休息日的加班工资。

特殊情况下支付的工资

［解读］

这是指正常情况以外用人单位须向劳动者支付的工资待遇。包括根据国家和用人单位的规定，因病、工伤、产假、计划生育假、婚假、丧假、探亲假、年休假、停工学习、参加社会活动等原因，按计时或计件工资标准，或者计时或计件工资标准的一定比例支付的工资等。

［依据指引］

国家统计局《关于工资总额组成的规定》（1990年1月1日　局令第1号）

第十条　特殊情况下支付的工资。包括：

（一）根据国家法律、法规和政策规定，因病、工伤、产假、计划生育假、婚丧假、事假、探亲假、定期休假、停工学习、执行国家或社会义务等原因按计时工资标准或计时工资标准的一定比例支付的工资；

（二）附加工资、保留工资。

年休假工资

［解读］

年休假工资是指国家为保护职工身体健康而给予连续工作一年以上的职工，每年享有年假期间的工资支付所作的规定，以及用人单位因工作需要不能安排职工休年假，应按照职工未休年假天数加付工资的规定。我国20世纪50年代初曾经在部分职工中试行过年休假制度，后因种种原因而中断。2007年12月14日，国务院颁布了《职工带薪年休假条例》，全面恢复了年休假制度。根据条例规定，国家实行带薪年休假制度。年休假期间，用人单位应按职工正常工作期间的工资标准即全额工资标准支付工资。条例还规定，因工作需要用人单位确实不能安排职工休年假的，须向职工支付300%的年假工资，其中包含职工正常工作期间的工资收入，也就是说用人单位还需按照该职工日工资收入的200%和未休年假的天数向其加付年休假工资。

用人单位已安排职工年休假，但是职工因本人原因且书面提出不休年休假的，用人单位无须向其支付年假工资。用人单位规章制度对此应有明确规定，且应保留相应的书面痕迹。用人单位规定的年假标准高于国家规定标准的，职工未休高于国家规定标准的年假，应否向员工支付年假工资，应按照劳动合同、集体合同的约定或用人单位规章制度的规定执行。

年假工资的日工资计算，机关、事业单位和企业的计算方法不一样。机关、事业单位职工日工资收入的计算办法是：本人全年工资收入除以全年计薪天数（261天）。其中，全年工资收入，为本人全年应发的基本工资、国家规定的津贴补贴、绩效工资之和。企业单位计算未休年休假工资的日工资的办法是：按照职工本人的月工资除以月计薪天数（21.75天）；其中，月工资是指职工在用人单位支付其未休年休假工资前12个月剔除加班工资后的月平均工资；企业单位实行计件工资、提成工资或者其他绩效工资制的职工，日工资的计发办法按照前述办法计算。

［依据指引］

(1)《中华人民共和国劳动法》（1994年7月5日　国家主席令第28号）

第四十五条　国家实行带薪年休假制度。

劳动者连续工作一年以上的，享受带薪年休假。具体办法由国务院规定。

第五十一条　劳动者在法定休假日和婚丧假期间以及依法参加社会活动期间，用人单位应当依法支付工资。

(2) 劳动部《工资支付暂行规定》（1994年12月6日　劳部发［1994］489号）

第十一条　劳动者依法享受年休假、探亲假、婚假、丧假期间，用人单位应按劳动合同规定的标准支付劳动者工资。

(3) 国务院《职工带薪年休假条例》（2007年12月14日　国务院令第514号）

第二条　机关、团体、企业、事业单位、民办非企业单位、有雇工的个体工商户等单位的职工连续工作1年以上的，享受带薪年休假（以下简称年休假）。单位应当保证职工享受年休假。职工在年休假期间享受与正常工作期间相同的工资收入。

单位确因工作需要不能安排职工休年休假的，经职工本人同意，可以不安排职工休年休假。对职工应休未休的年休假天数，单位应当按照该职工日工资收入的300%支付年休假工资报酬。

第五条　单位根据生产、工作的具体情况，并考虑职工本人意愿，统筹安排职工年休假。

年休假在1个年度内可以集中安排，也可以分段安排，一般不跨年度安排。单位因生产、工作特点确有必要跨年度安排职工年休假的，可以跨1个年度安排。

单位确因工作需要不能安排职工休年休假的，经职工本人同意，可以不安排职工休年休假。对职工应休未休的年休假天数，单位应当按照该职工日工资收入的300%支付年休假工资报酬。

（4）人力资源和社会保障部《企业职工带薪年休假实施办法》（2008年9月18日　部令第1号）

第十条　用人单位经职工同意不安排年休假或者安排职工年休假天数少于应休年休假天数，应当在本年度内对职工应休未休年休假天数，按照其日工资收入的300%支付未休年休假工资报酬，其中包含用人单位支付职工正常工作期间的工资收入。

用人单位安排职工休年休假，但是职工因本人原因且书面提出不休年休假的，用人单位可以只支付其正常工作期间的工资收入。

第十一条　计算未休年休假工资报酬的日工资收入按照职工本人的月工资除以月计薪天数（21.75天）进行折算。

前款所称月工资是指职工在用人单位支付其未休年休假工资报酬前12个月剔除加班工资后的月平均工资。在本用人单位工作时间不满12个月的，按实际月份计算月平均工资。

职工在年休假期间享受与正常工作期间相同的工资收入。实行计件工资、提成工资或者其他绩效工资制的职工，日工资收入的计发办法按照本条第一款、第二款的规定执行。

第十三条　劳动合同、集体合同约定的或者用人单位规章制度规定的年休假天数、未休年休假工资报酬高于法定标准的，用人单位应当按照有关约定或者规定执行。

（5）人事部《机关事业单位工作人员带薪年休假实施办法》（2008年2月15日　部令第9号）

第七条　机关、事业单位因工作需要不安排工作人员休年休假，应当征求工作人员本人的意见。

机关、事业单位应当根据工作人员应休未休的年休假天数，对其支付年休假工资报酬。年休假工资报酬的支付标准是：每应休未休1天，按照本人应休年休假当年日工资收入的300%支付，其中包含工作人员正常工作期间的工资收入。

工作人员年休假工资报酬中，除正常工作期间工资收入外，其余部分应当由所在单位在下一年第一季度一次性支付，所需经费按现行经费渠道解决。实行工资统发的单位，应当纳入工资统发。

第八条　工作人员应休年休假当年日工资收入的计算办法是：本人全年工资收入除以全年计薪天数（261天）。

机关工作人员的全年工资收入，为本人全年应发的基本工资、国家规定的津贴补贴、年终一次性奖金之和；事业单位工作人员的全年工资收入，为本人全年应发的基本工资、国家规定的津贴补贴、绩效工资之和。其中，国家规定的津贴补贴不含根据住房、用车等制度改革向工作人员直接发放的货币补贴。

探亲假工资

［解读］

探亲假工资是指国家为了解决职工同配偶和父母两地分居定期探望所需假期期间（包括路程假，下同）的工资支付规定。凡在国家机关、人民团体和全民所有制企事业单位工作满一年的职工，与配偶或父母不住在一起，又不能在公休假日团聚的，可以享受探望配偶或父母的待遇。职工探望配偶每年给予一方探亲一次，假期为30天。未婚职工探望父母每年给假一次，假期为20天。已婚职工探望父母的，每4年给假一次，假期为20天。凡享受其他休假制度（例如寒、暑假，年休假）的职工，应在休假期间探亲，如果休假期限较短，可由本单位适当安排，补足其探亲假的天数。

根据国家规定，劳动者依法享受探亲假期间，用人单位应按劳动合同规定的标准支付劳动者工资。实行计件工资的，按计件工资标准发给。利用单位停工期间探亲的，探亲假期间工资仍按本人计时标准工资发给。地方有支付标准规定的，按其规定执行。职工探望配偶和未婚职工探望父母的往返路费，由所在单位负担。已婚职工探望父母的往返路费，在本人标准工资的30%以内的，由本人自理，超过部分由所在单位负担。

对非国有企事业单位的职工是否有探亲假，国家无规定。因此，这类用人单位可根据本单位的实际情况，决定是否参考国务院有关规定制定本单位有关探亲假的规章制度。

[依据指引]

(1) 国务院《关于职工探亲待遇的规定》(1981年3月14日　国发[1981] 36号)

第一条　为了适当地解决职工同亲属长期远居两地的探亲问题，特制定本规定。

第二条　凡在国家机关、人民团体和全民所有制企业、事业单位工作满一年的固定职工，与配偶不住在一起，又不能在公休假日团聚的，可以享受本规定探望配偶的待遇；与父亲、母亲都不住在一起，又不能在公休假日团聚的，可以享受本规定探望父母的待遇。但是，职工与父亲或与母亲一方能够在公休假日团聚的，不能享受本规定探望父母的待遇。

第三条　职工探亲假期：

（一）职工探望配偶的，每年给予一方探亲假一次，假期为三十天。

（二）未婚职工探望父母，原则上每年给假一次，假期为二十天。如果因为工作需要，本单位当年不能给予假期，或者职工自愿两年探亲一次的，可以两年给假一次，假期为四十五天。

（三）已婚职工探望父母的，每四年给假一次，假期为二十天。

探亲假期是指职工与配偶、父母团聚的时间，另外，根据实际需要给予路程假。上述假期均包括公休假日和法定节日在内。

第四条　凡实行休假制度的职工（例如学校的教职工），应该在休假期间探亲；如果休假期较短，可由本单位适当安排，补足其探亲假的天数。

第五条　职工在规定的探亲假期和路程假期内，按照本人的标准工资发给工资。

第六条　职工探望配偶和未婚职工探望父母的往返路费，由所在单位负担。已婚职工探望父母的往返路费，在本人月标准工资百分之三十以内的，由本人自理，超过部分由所在单位负担。

第七条　各省、直辖市人民政府可以根据本规定制定实施细则，并抄送国家劳动总局备案。

自治区可以根据本规定的精神制定探亲规定，报国务院批准执行。

第八条　集体所有制企业、事业单位职工的探亲待遇，由各省、自治区、直辖市人民政府根据本地区的实际情况自行规定。

第九条　本规定自发布之日起施行。一九五八年二月九日《国务院关于工人、职员回家探亲的假期和工资待遇的暂行规定》同时废止。

(2) 劳动部《工资支付暂行规定》(1994年12月6日　劳部发[1994] 489号)

第十一条　劳动者依法享受年休假、探亲假、婚假、丧假期间，用人单位应按劳动合同规定的标准支付劳动者工资。

婚、丧假工资

[解读]

婚、丧假工资是指国家有关职工处理婚、丧事期间的工资支付规定。按照国家规定，职工本人结婚或职工直系亲属（父母、配偶和子女）死亡时，可以根据具体情况，经用人单位批准，给予婚、丧假1～3天，工资照发。同时还规定，职工结婚时双方不在一地工作，或职工在外地的直系亲属死亡时，可根据路程远近，给予路程假。婚、丧假及路程假期间，用人单位应按劳动合同约定的标准支付职工工资。如地方另有支付标准规定的，从其规定。

此外，为了鼓励计划生育，各地对大龄晚婚青年的婚假均有奖励假期的规定，除了国家规定的3天假期外，各地一般另给7天左右的有薪假期。对请丧假范围的划定，有的地方规定除直系亲属死亡时可给丧假外，岳父母和公婆死亡时也可给予丧假。

[依据指引]

(1) 劳动部《关于试行企业工人、职员在加班加点、事假、病假和停工期间工资待遇几项规定的通知》(1959年6月1日　[59]中劳薪字第67号)

目前绝大部分企业单位都实行职工请事假不发工资的制度，但国家机关和事业单位则实行职工请事假照发工资的制度。由于待遇不同，在整风运动中，企业职工曾经对此提出不少意见。生产大跃进以来，有些企业由于取消了加班加点工资，将原来规定的职工请事假不发工资的制度改为照发工资。这些企业执行以来，虽然多数职工仍然是积极劳动、不缺勤，但部分职工思想觉悟还不够高，常常借故请假，因而降低了出勤率，影响了生产。为了巩固劳动纪律和提高出勤率，并考虑到企业和事业、机关的不同情况，对企业职工事假期间的工资待遇，提出如下意见：

1. 企业中的工人，由于他们的工作性质不同，进行加班加点工作的时候，可以享受加班加点工资待遇，因此，在一般事假期间一律不发给工资。

2. 企业的行政管理人员、工程技术人员和炊事人员、勤杂人员等，由于他们不享受加班加点工资待遇，所得经常性的生产奖金也很少，对于他们在事假期间的工资待遇，应该与工人有所不同。因此，他们请事假每一季度在两个工作日以内的，工资照发；超过两个工作日以上的，其超过天数不发给工资。

3. 为了照顾我国旧有习惯，不论工人职员请婚丧假在三个工作日以内的，工资照发（不包括在上述第 2 项事假之内）；超过三个工作日以上的其超过的天数，不发给工资。

(2) 国家劳动总局、财政部《关于国营企业职工请婚丧假和路程假问题的通知》（1980 年 2 月 20 日 ［80］劳总薪字第 29 号、［80］财企字第 41 号）

原劳动部一九五九年六月一日发出的（59）中劳薪字第 67 号通知中曾规定，企业单位的职工请婚丧假在三个工作日以内的，工资照发。这个办法试行以来，有些单位和职工反映，职工结婚时双方不在一地工作，职工的直系亲属死亡时需要职工本人到外地料理丧事的，由于没有路程假，给职工带来了一些实际困难。经研究，现对职工请婚丧假和路程假的问题，作如下通知：

一、职工本人结婚或职工的直系亲属（父母、配偶和子女）死亡时，可以根据具体情况，由本单位行政领导批准，酌情给予一至三天的婚丧假。

二、职工结婚时双方不在一地工作的；职工在外地的直系亲属死亡时需要职工本人去外地料理丧事的，都可以根据路程远近，另给予路程假。

三、在批准的婚丧假和路程假期间，职工的工资照发，途中的车船费等，全部由职工自理。

四、以上规定从本通知下达之月起执行。

(3) 劳动部《工资支付暂行规定》（1994 年 12 月 6 日 劳部发［1994］489 号）

第十一条 劳动者依法享受年休假、探亲假、婚假、丧假期间，用人单位应按劳动合同规定的标准支付劳动者工资。

参加社会活动工资

［解读］

参加社会活动工资是指劳动者在法定工作时间，依法参加社会活动，用人单位依法支付的工资。这里的社会活动主要包括：

（一）依法行使选举权或被选举权而参加的选举活动。

（二）当选代表出席乡（镇）、区以上政府、党派、共青团、妇女联合会等组织召开的会议。

（三）出任人民法庭陪审员、证明人。

（四）出席劳动模范、先进工作者大会。

（五）不脱产的工会基层委员会委员参加工会活动等。

国家规定，劳动者在法定工作时间内依法参加社会活动期间，用人单位应视同提供正常劳动而依法支付工资。这里的工资一般是指全额工资，而不仅是标准工资。

［依据指引］

(1)《中华人民共和国劳动法》（1994 年 7 月 5 日 国家主席令第 28 号）

第五十一条 劳动者在法定休假日和婚丧假期间以及依法参加社会活动期间，用人单位应当依法支付工资。

(2) 劳动部《工资支付暂行规定》（1994 年 12 月 6 日 劳部发［1994］489 号）

第十条 劳动者在法定工作时间内依法参加社会活动期间，用人单位应视同其提供了正常劳动而支付工资。社会活动包括：依法行使选举权或被选举权；当选代表出席乡（镇）、区以上政府、党派、工会、青年团、妇女联合会等组织召开的会议；出任人民法庭证明人；出席劳动模范、先进工作者大会；《工会法》规定的不脱产工会基层委员会委员因工会活动占用的生产或工作时间；其他依法参加的社会活动。

(3)《中华人民共和国工会法》（1992 年 4 月 3 日 国家主席令第 57 号 2001 年 10 月 27 日修订）

第四十条 基层工会委员会召开会议或者组织职工活动，应当在生产或者工作时间以外进行，需要占用生产或者工作时间的，应当事先征得企业、事业单位的同意。

基层工会的非专职委员占用生产或者工作时间参加会议或者从事工会工作，每月不超过三个工作日，其工资照发，其他待遇不受影响。

事假期间的待遇

[解读]

职工因事请假期间的待遇，按照国家早年的规定，国家机关和事业单位实行职工请事假照发工资的制度。而企业中的一线职工，由于他们的工作性质不同，进行加班加点工作时，可享受加班加点工资待遇，因此在事假期间一律不发工资。企业的管理人员、技术人员和炊事人员、勤杂人员等，由于他们不享受加班加点工资待遇，所以他们请事假每季度在两个工作日以内的工资照发；超过两个工作日以上的，其超过天数不发给工资。目前，国家现行法律规范中没有具体规定。因此，关于职工因私事请假期间的待遇问题，可以由用人单位根据本单位的实际情况通过内部规章制度加以规定。有的单位规定按计时工资标准的一定比例支付待遇，有的单位则规定事假期间没有任何待遇。这些规定都与国家法律规范不抵触，因而都是有效的。按道理讲，职工因私事请假，没有为用人单位提供正常劳动，用人单位向其支付一定的生活费是可以的，不向其支付任何待遇也是可以的。不过，目前不享受加班加点工资待遇的国家机关和事业单位的工作人员，经批准的事假期间，工资是照发的。

[依据指引]

(1)《中华人民共和国劳动法》(1994年7月5日 国家主席令第28号)

第四条 用人单位应当依法建立和完善规章制度，保障劳动者享有劳动权利和履行劳动义务。

第四十七条 用人单位根据本单位的生产经营特点和经济效益，依法自主确定本单位的工资分配方式和工资水平。

(2) 劳动部《关于试行企业单位工人、职员在加班加点、事假、病假和停工期间工资待遇几项规定的通知》(1959年6月1日 [59] 中劳薪字第67号)

目前绝大部分企业单位都实行职工请事假不发工资的制度，但国家机关和事业单位则实行职工请事假照发工资的制度。由于待遇不同，在整风运动中，企业职工曾经对此提出不少意见。生产大跃进以来，有些企业由于取消了加班加点工资，将原来规定的职工请事假不发工资的制度改为照发工资。这些企业执行以来，虽然多数职工仍然是积极劳动、不缺勤，但部分职工思想觉悟还不够高，常常借故请假，因而降低了出勤率，影响了生产。为了巩固劳动纪律和提高出勤率，并考虑到企业和事业、机关的不同情况，对企业职工事假期间的工资待遇，提出如下意见：

1. 企业中的工人，由于他们的工作性质不同，进行加班加点工作的时候，可以享受加班加点工资待遇，因此，在一般事假期间一律不发给工资。

2. 企业的行政管理人员、工程技术人员和炊事人员、勤杂人员等，由于他们不享受加班加点工资待遇，所得经常性的生产奖金也很少，对于他们在事假期间的工资待遇，应该与工人有所不同。因此，他们请事假每一季度在两个工作日以内的，工资照发；超过两个工作日以上的，其超过天数不发给工资。

3. 为了照顾我国旧有习惯，不论工人职员请婚丧假在三个工作日以内的，工资照发（不包括在上述第2项事假之内）；超过三个工作日以上的其超过的天数，不发给工资。

病假工资

[解读]

病假工资是指国家对职工因患疾病（职业病除外）或非因工负伤不能坚持正常工作而停工治疗、休息期间支付的待遇。

根据国家有关规定，职工因病或非因工负伤停止工作医疗时，其停止工作连续医疗期在6个月以内的，按连续工龄的长短发给病伤假工资，其标准为：连续工龄不满2年者，发给本人工资的60%；满2年不满4年者，发给本人工资的70%；满4年不满6年者发给本人工资的80%；满6年不满8年者，发给本人工资的90%；满8年及以上者，发给本人工资的100%。停止工作医疗期超过6个月的，按连续工龄长短发给疾病救济费，其标准为：连续工龄不满1年者，发给本人工资的40%；满1年不满3年者，发给本人工资的50%；满3年及以上者，发给本人工资的60%。

目前，许多地方制定了新规定，许多企业对职工的病伤假待遇也进行了改革。因此，这些地方和企业可按其规定执行。另外，如果按上述规定支付给职工的病假工资或疾病救济费低于当地最低工资的 80%，则应按当地最低工资的 80%支付。

［依据指引］

(1)《中华人民共和国劳动保险条例实施细则草案》（1953 年 1 月 26 日）

第十六条　工人职员疾病或非因工负伤停止工作连续医疗期间在六个月以内者，根据劳动保险条例第十三条乙款规定，应由该企业行政方面或资方按下列标准支付病伤假期工资：本企业工龄不满二年者，为本人工资百分之六十；已满二年不满四年者，为本人工资百分之七十；已满四年不满六年者，为本人工资百分之八十；已满六年不满八年者，为本人工资百分之九十；已满八年及八年以上者，为本人工资百分之一百。

第十七条　工人职员疾病或非因工负伤停止工作连续医疗期间超过六个月时，根据劳动保险条例第十三条乙款的规定，病伤假期工资停发，改由劳动保险基金项下，按月付给疾病或非因工负伤救济费，其标准如下：本企业工龄不满一年者，为本人工资百分之四十；已满一年未满三年者，为本人工资百分之五十；三年及三年以上者，为本人工资百分之六十。此项救济费付至能工作或确定为残废或死亡时止。

(2) 劳动部《关于贯彻执行〈中华人民共和国劳动法〉若干问题的意见》（1995 年 8 月 4 日劳部发［1995］309 号）

59. 职工患病或非因工负伤治疗期间，在规定的医疗期内由企业按有关规定支付其病假工资或疾病救济费，病假工资或疾病救济费可以低于当地最低工资标准支付，但不能低于最低工资标准的 80%。

职业病工资

［解读］

职业病工资是指劳动者在生产劳动及其他职业活动中，接触职业性有害物质或因素而引起疾病休养或继续工作期间的工资待遇。

劳动者在生产劳动环境中，由于工业毒物、不良气象条件、生物因素、劳动组织不合理，以及卫生条件恶劣等职业性因素引起一些疾病，比较严重的有职业中毒、矽肺、尘肺、煤肺、电光性眼炎，职业性难听、职业性白内障等。目前，国家对职业病患者的工资和生活待遇规定比较详细的是矽肺病患者。国家规定：对于调任轻工作的矽肺病患者，不降低其原标准工资。对于二、三期矽肺病患者，需要脱产休养的，在一年以内发给原标准工资的 100%，一年以后发给原标准工资的 90%。对患一期矽肺病合并活动性肺结核或代偿机能属于乙、丙两类需要脱产休养的，可按二、三期矽肺病患者的待遇处理。一期矽肺病患者回乡休养的，发给本人标准工资的 60%。患矽肺病的职工调到其他单位工作时，不降低本人原标准工资，其原来享受的保健待遇，由调入单位发给。其他没有具体工资待遇规定的，或者职业病工资待遇低于工伤保险待遇的，应按照工伤保险的规定执行。

［依据指引］

(1) 劳动部、全国总工会《关于患矽肺病职工的若干待遇问题的通知》（1963 年 9 月 23 日［63］中劳薪字第 440 号、［63］会通字第 50 号）

自从国务院于一九六三年二月九日以国经周字 100 号文批转劳动部等五个部门“关于防止矽尘危害工作会议的报告”（以下简称“会议报告”）以来，一些部门、地区曾对执行“会议报告”中有关矽肺病职工的生活待遇的规定，提出了若干问题。对于这些问题，现在经与有关部门研究后，作如下通知：

一、凡在国务院批转“会议报告”以前（即一九六三年二月九日以前），已经脱离生产（工作）休养的患矽肺病的职工，其生活待遇标准高于“会议报告”中关于脱离生产休养的矽肺病人的生活待遇规定的，可以仍按原来的待遇标准执行；低于“会议报告”中的规定的，一律改按“会议报告”中的规定执行，从企业领导上批准改行之日起，按照新标准发给生活补助费。

二、在国务院批转“会议报告”以后，对于年龄和工龄符合退休条件的患一期矽肺病的职工，仍可以作退休处理。处理时如果他们应领的退休费低于本人原标准工资的百分之六十的，可以按照本人原标准工资的百分之六十发给退休费（即与自愿还乡休养的一期矽肺病人的长期生活补助费标准相同）。

对于患一期矽肺病并且其代偿机能属于乙、丙两类或者合并肺结核病的职工，在他们的代偿机能未恢复到甲类或者肺结核病情未好转到硬结钙化期以前，都应该按照患二、三期矽肺病的职工的待遇办理。“代偿机能”的分类，按照一九六三年七月十五日卫生部、劳动部、全国总工会修正公布的“矽尘作业工人医疗预防措施实施办法”第五项规定执行。

三、对于在国务院批转“会议报告”以前已经作退休、退职处理的患二、三期矽肺病的职工，如果其中有因生活困难而来要求原企业解决的，可以根据不同情况分别处理；已按因工残废作退休处理的，可以酌情另给予一部分长期生活补助费。补助费的数额与退休费合计，最高不得超过本人原标准工资的百分之九十，从原企业领导批准补助之日起执行；已作退职处理的，原企业可以重新改按退休处理，并且可以对生活有困难的也酌情另给予一部分长期生活补助费。至于本人过去所领的退职补助费，可以按本人退职期间的长期以退休费标准计算抵消，抵消后有多余时，应继续抵消其以后应领的退休费（包括长期生活补助费）；不足时，不再补发。

发给患矽肺病职工的长期生活补助费，由企业行政方面的直接支付的劳动保险费项下列支。

对于在本通知下达以前已经作退休、退职处理的患一期矽肺病的职工，一律不再重新处理。

四、脱离生产（工作）休养的患矽肺病的职工，经过医生详细检查，劳动鉴定委员会鉴定，证明确实已经能够重新参加生产（工作）的，企业行政方面应该分配给力所能及的工作，本人应当服从分配。如果本人没有正当理由而拒绝工作，应当耐心地教育说服；经过一再教育说服而本人仍然拒绝工作时，企业行政方面可以在与工会组织方面商得一致意见之后，按旷工处理。

(2) 国务院《工伤保险条例》（2003 年 4 月 27 日　国务院第 375 号令　2010 年 12 月 20 日修订）

第十四条　职工有下列情形之一的，应当认定为工伤：

（一）在工作时间和工作场所内，因工作原因受到事故伤害的；

（二）工作时间前后在工作场所内，从事与工作有关的预备性或者收尾性工作受到事故伤害的；

（三）在工作时间和工作场所内，因履行工作职责受到暴力等意外伤害的；

（四）患职业病的；

（五）因工外出期间，由于工作原因受到伤害或者发生事故下落不明的；

（六）在上下班途中，受到机动车事故伤害的；

（七）法律、行政法规规定应当认定为工伤的其他情形。

第二十九条　职工因工作遭受事故伤害或者患职业病进行治疗，享受工伤医疗待遇。

职工治疗工伤应当在签订服务协议的医疗机构就医，情况紧急时可以先到就近的医疗机构急救。

治疗工伤所需费用符合工伤保险诊疗项目目录、工伤保险药品目录、工伤保险住院服务标准的，从工伤保险基金支付。工伤保险诊疗项目目录、工伤保险药品目录、工伤保险住院服务标准，由国务院劳动保障行政部门会同国务院卫生行政部门、药品监督管理部门等部门规定。

职工住院治疗工伤的，由所在单位按照本单位因公出差伙食补助标准的 70%发给住院伙食补助费；经医疗机构出具证明，报经办机构同意，工伤职工到统筹地区以外就医的，所需交通、食宿费用由所在单位按照本单位职工因公出差标准报销。

工伤职工治疗非工伤引发的疾病，不享受工伤医疗待遇，按照基本医疗保险办法处理。

工伤职工到签订服务协议的医疗机构进行康复性治疗的费用，符合本条第三款规定的，从工伤保险基金支付。

第三十条　工伤职工因日常生活或者就业需要，经劳动能力鉴定委员会确认，可以安装假肢、矫形器、假眼、假牙和配置轮椅等辅助器具，所需费用按照国家规定的标准从工伤保险基金支付。

第三十一条　职工因工作遭受事故伤害或者患职业病需要暂停工作接受工伤医疗的，在停工留薪期内，原工资福利待遇不变，由所在单位按月支付。

停工留薪期一般不超过 12 个月。伤情严重或者情况特殊，经设区的市级劳动能力鉴定委员会确认，可以适当延长，但延长不得超过 12 个月。工伤职工评定伤残等级后，停发原待遇，按照本章的有关规定享受伤残待遇。工伤职工在停工留薪期满后仍需治疗的，继续享受工伤医疗待遇。

生活不能自理的工伤职工在停工留薪期需要护理的，由所在单位负责。

第三十二条　工伤职工已经评定伤残等级并经劳动能力鉴定委员会确认需要生活护理的，从工伤保险基金按月支付生活护理费。

生活护理费按照生活完全不能自理、生活大部分不能自理或者生活部分不能自理 3 个不同等级支付，其标准分别为统筹地区上年度职工月平均工资的50%、40%或者30%。

第三十三条 职工因工致残被鉴定为一级至四级伤残的，保留劳动关系，退出工作岗位，享受以下待遇：

（一）从工伤保险基金按伤残等级支付一次性伤残补助金，标准为：一级伤残为24个月的本人工资，二级伤残为22个月的本人工资，三级伤残为20个月的本人工资，四级伤残为18个月的本人工资。

（二）从工伤保险基金按月支付伤残津贴，标准为：一级伤残为本人工资的90%，二级伤残为本人工资的85%，三级伤残为本人工资的80%，四级伤残为本人工资的75%。伤残津贴实际金额低于当地最低工资标准的，由工伤保险基金补足差额。

（三）工伤职工达到退休年龄并办理退休手续后，停发伤残津贴，享受基本养老保险待遇。基本养老保险待遇低于伤残津贴的，由工伤保险基金补足差额。

职工因工致残被鉴定为一级至四级伤残的，由用人单位和职工个人以伤残津贴为基数，缴纳基本医疗保险费。

第三十四条 职工因工致残被鉴定为五级、六级伤残的，享受以下待遇：

（一）从工伤保险基金按伤残等级支付一次性伤残补助金，标准为：五级伤残为16个月的本人工资，六级伤残为14个月的本人工资；

（二）保留与用人单位的劳动关系，由用人单位安排适当工作。难以安排工作的，由用人单位按月发给伤残津贴，标准为：五级伤残为本人工资的70%，六级伤残为本人工资的60%，并由用人单位按照规定为其缴纳应缴纳的各项社会保险费。伤残津贴实际金额低于当地最低工资标准的，由用人单位补足差额。

经工伤职工本人提出，该职工可以与用人单位解除或者终止劳动关系，由用人单位支付一次性工伤医疗补助金和伤残就业补助金。具体标准由省、自治区、直辖市人民政府规定。

第三十五条 职工因工致残被鉴定为七级至十级伤残的，享受以下待遇：

（一）从工伤保险基金按伤残等级支付一次性伤残补助金，标准为：七级伤残为12个月的本人工资，八级伤残为10个月的本人工资，九级伤残为8个月的本人工资，十级伤残为6个月的本人工资；

（二）劳动合同期满终止，或者职工本人提出解除劳动合同的，由用人单位支付一次性工伤医疗补助金和伤残就业补助金。具体标准由省、自治区、直辖市人民政府规定。

第三十六条 工伤职工工伤复发，确认需要治疗的，享受本条例第二十九条、第三十条和第三十一条规定的工伤待遇。

第三十七条 职工因工死亡，其直系亲属按照下列规定从工伤保险基金领取丧葬补助金、供养亲属抚恤金和一次性工亡补助金：

（一）丧葬补助金为6个月的统筹地区上年度职工月平均工资。

（二）供养亲属抚恤金按照职工本人工资的一定比例发给由因工死亡职工生前提供主要生活来源、无劳动能力的亲属。标准为：配偶每月40%，其他亲属每人每月30%，孤寡老人或者孤儿每人每月在上述标准的基础上增加10%。核定的各供养亲属的抚恤金之和不应高于因工死亡职工生前的工资。供养亲属的具体范围由国务院劳动保障行政部门规定。

（三）一次性工亡补助金标准为48个月至60个月的统筹地区上年度职工月平均工资。具体标准由统筹地区的人民政府根据当地经济、社会发展状况规定，报省、自治区、直辖市人民政府备案。

伤残职工在停工留薪期内因工伤导致死亡的，其直系亲属享受本条第一款规定的待遇。

一级至四级伤残职工在停工留薪期满后死亡的，其直系亲属可以享受本条第一款第（一）项、第（二）项规定的待遇。

第三十八条 伤残津贴、供养亲属抚恤金、生活护理费由统筹地区劳动保障行政部门根据职工平均工资和生活费用变化等情况适时调整。调整办法由省、自治区、直辖市人民政府规定。

第三十九条 职工因工外出期间发生事故或者在抢险救灾中下落不明的，从事故发生当月起3个月内照发工资，从第4个月起停发工资，由工伤保险基金向其供养亲属按月支付供养亲属抚恤金。生活有困难的，可以预支一次性工亡补助金的50%。职工被人民法院宣告死亡的，按照本条例第三十七条职工因工死亡的规定处理。

女工“三期”内工资

[解读]

女工“三期”内工资是指为保证女职工在孕

期、产期、哺乳期期间的生活与健康所给予的工资等物质帮助。

根据国家规定，女职工在“三期”期间，任何单位不得因怀孕、产假、哺乳等情形，降低女职工的工资。也就是说，女职工在“三期”内，用人单位不得因为“三期”而降低女职工的工资，如果有正常原因，也是可以降低其工资的。女职工产假期间享受生育津贴，对已经参加生育保险的，按照用人单位上年度职工月平均工资的标准由生育保险基金支付；对未参加生育保险的，按照女职工产假前工资的标准由用人单位支付。

[依据指引]

(1) 国务院《女职工劳动保护特别规定》（2012年4月28日　国务院令第619号）

第五条　用人单位不得因女职工怀孕、生育、哺乳降低其工资、予以辞退、与其解除劳动或者聘用合同。

第八条　女职工产假期间的生育津贴，对已经参加生育保险的，按照用人单位上年度职工月平均工资的标准由生育保险基金支付；对未参加生育保险的，按照女职工产假前工资的标准由用人单位支付。

(2) 劳动部《企业职工生育保险试行办法》（1994年12月14日　劳部发［1994］504号）

第五条　女职工生育按照法律、法规的规定享受产假。产假期间的生育津贴按照本企业上年度职工月平均工资计发，由生育保险基金支付。

第六条　女职工生育的检查费、接生费、手术费、住院费和药费由生育保险基金支付。超出规定的医疗服务费和药费（含自费药品和营养药品的药费）由职工个人负担。

女职工生育出院后，因生育引起疾病的医疗费，由生育保险基金支付；其他疾病的医疗费，按照医疗保险待遇的规定办理。女职工产假期满后，因病需要休息治疗的，按照有关病假待遇和医疗保险待遇规定办理。

第七条　女职工生育或流产后，由本人或所在企业持当地计划生育部门签发的计划生育证明，婴儿出生、死亡或流产证明，到当地社会保险经办机构办理手续，领取生育津贴和报销生育医疗费。

第十三条　企业虚报、冒领生育津贴或生育医疗费的，社会保险经办机构应追回全部虚报、冒领金额，并由劳动行政部门给予处罚。

企业欠付或拒付职工生育津贴、生育医疗费的，由劳动行政部门责令企业限期支付；对职工造成损害的，企业应承担赔偿责任。

(3)《中华人民共和国妇女权益保障法》（1992年4月3日　国家主席令第40号　2005年8月28日修订）

第二十七条　任何单位不得因结婚、怀孕、产假、哺乳等情形，降低女职工的工资，辞退女职工，单方解除劳动（聘用）合同或者服务协议，但是，女职工要求终止劳动（聘用）合同或者服务协议的除外。

试用期工资

[解读]

试用期工资是指在劳动合同约定的试用期间，劳动者提供了正常劳动，用人单位依法向劳动者支付的劳动报酬。法律规定，劳动者在试用期间的工资不得低于本单位相同岗位最低档工资的80%或者劳动合同约定的工资的80%，并不得低于用人单位所在地的最低工资标准。

[依据指引]

(1)《中华人民共和国劳动合同法》（2007年6月29日　国家主席令第65号）

第二十一条　在试用期中，除劳动者有本法第三十九条和第四十条第一项、第二项规定的情形外，用人单位不得解除劳动合同。用人单位在试用期解除劳动合同的，应当向劳动者说明理由。

(2) 国务院《劳动合同法实施条例》（2008年9月18日　国务院令第535号）

第二十五条　用人单位违反劳动合同法的规定解除或者终止劳动合同，依照劳动合同法第八十七条的规定支付了赔偿金的，不再支付经济补偿。赔偿金的计算年限自用工之日起计算。

国家机关、事业单位受行政刑事处罚工作人员的待遇

[解读]

国家对机关、事业单位工作人员受行政刑事处罚后的工作及待遇问题作出了相关规定，主要内容如下：

被取保候审和被监视居住的人员，以及被公

安机关收容教育、强制戒毒（包括所外执行）人员的待遇问题。国家机关和事业单位工作人员被取保候审或被监视居住的人员，在此期间停发工资，并分别具体情况计发生活费：

（一）原为国家公务员的，按照本人原基本工资额（即职务工资、级别工资、基础工资和工龄工资四项之和，下同）的75%计发生活费。

（二）机关技术工人按照本人原岗位工资和技术等级（职务）工资之和，机关普通工人按照原岗位工资数额，分别作为生活费发给，取消每月发放的奖金部分。

（三）事业单位工作人员按照本人原工资中的固定部分作为生活费发给，取消其工资中活的部分（即津贴）。

被公安机关收容教育、强制戒毒（包括所外执行）人员，其工资处理问题参照被取保候审和监视居住人员的工资处理办法执行。

上述人员经审查核实后，如构不成刑事犯罪或不被行政处罚，且不给予任何行政纪律处分的，补发其被扣除的工资、奖金、津贴、补贴；如被追究刑事责任或受到行政、刑事处罚或给予行政纪律处分的，不再补发被减发和扣发的工资、奖金、津贴、补贴。

被羁押人员的待遇问题。国家机关和事业单位工作人员被羁押期间停发工资。公安、检察机关撤案或者检察机关决定不予起诉，以及检察机关虽决定起诉而法院宣判无罪的，按下列原则分别处理：

（一）犯罪嫌疑人未被劳动教养或治安拘留，原单位也未给予行政纪律处分的，由原单位补发其被羁押期间的工资、奖金、津贴、补贴。

（二）犯罪嫌疑人未被劳动教养或治安拘留，原单位给予行政纪律处分的，其被羁押期间的工资问题按照被取保候审和监视居住的工资处理办法执行。

（三）犯罪嫌疑人被劳动教养、治安拘留的，其被羁押期间减发和扣发的工资、奖金、津贴、补贴不予补发。

（四）犯罪嫌疑人被法院决定免予追究刑事责任的，被羁押期间减发和扣发的工资、奖金、津贴、补贴也不予补发。

被判处拘役、有期徒刑宣告缓刑和被判处拘役、管制人员的待遇问题。国家机关和事业单位工作人员被判处拘役、有期徒刑宣告缓刑的，其职务自然撤销，安排不叙职务的临时工作。专业技术人员除利用专业技术进行犯罪活动被判缓刑的以外，可以根据实际情况和工作需要，安排其一定的技术工作。在缓刑执行期间，停发工资。对安排了临时工作的缓刑人员，分别情况计发生活费：

（一）原为国家公务员的按本人缓刑前基本工资额的60%发给生活费。

（二）机关工勤人员按工资中固定部分（技术工人的岗位工资和技术等级〈职务〉工资，机关普通工人的岗位工资）85%的数额计发生活费，其工资中的奖金部分不再发放。

（三）事业单位工作人员按本人受处罚前工资固定部分85%的数额计发生活费，其工资中活的部分（津贴）不再发放。

国家机关和事业单位工作人员被判处管制的，其职务自然撤销，是否收回，由原单位根据其犯罪性质研究决定。不予收回的，办理开除手续；由原单位接收的，分别不同人员的具体情况，参照上述规定的生活费分别执行。若发放的生活费低于本地区最低生活保障线标准的，按本地区最低生活保障线发放。

缓刑人员缓刑期满至原单位对本人做出处理期间的生活费，按缓刑期间的标准计发；缓刑期满后分配正式工作的，其工资待遇根据新任职务、新任岗位按不高于同等条件人员重新确定。

国家机关和事业单位工作人员被判处拘役的，拘役期间工资停发，期满释放，经上级主管机关批准由原单位接收并分配正式工作的，可参照被判处刑罚宣告缓刑人员缓刑期满后的工资处理办法执行。

被判处徒刑以上刑罚人员的待遇问题。受到徒刑以上刑事处罚的人员，在服刑期间停发工资。服刑期满后如原单位接收并安排工作，其工资待遇按新录用人员的工资办法处理。

被劳动教养、治安拘留人员的待遇问题。国家机关和事业单位工作人员被劳动教养、治安拘留，但仍保留公职且所外执行者，可参照被判处刑罚宣告缓刑人员的工资处理办法执行。

受行政或刑事处罚人员的工龄问题。被采取前述强制措施人员，受行政或刑事处罚期间，不计为连续工龄。

国家机关和事业单位工作人员被判刑后又改判的待遇问题。

（一）国家机关和事业单位工作人员经核实确被错判犯罪的，应恢复其原工资待遇，在原判期间的经济损失及精神损失按《国家赔偿法》中的有关规定予以补偿；被减发或停发的工资、奖金、津贴、补贴不予补发。原判期可计算为连续工龄。

（二）国家机关和事业单位工作人员因触犯刑律被判刑，经司法机关复查，认为原判过重，改为免予刑事处罚的，回原单位后其工资待遇应视其罪行轻重和是否给予行政纪律处分而定，即：情节较轻，态度较好，免予行政纪律处分者，可恢复原工资待遇；给予行政纪律处分的按有关规定确定工资待遇。以上两种情况，在原判期间被减发和扣发的工资、奖金、津贴、补贴均不予补发。原判期间不计算为工龄。

被错误判刑、无罪释放人员的待遇问题。

1995年1月1日《国家赔偿法》实施前被判犯罪，又改判无罪释放的劳动者，如果用人单位仅因其被判刑而解除劳动合同或劳动关系，则应该与其恢复履行劳动合同或劳动关系，同时恢复其原工资待遇，补发其在押期间的工资。如果该劳动者虽可恢复劳动关系，但仍犯有错误，则其被羁押期间工资不予补发。若错误情节较轻、态度较好，则可恢复原工资标准；若情节较重，被给予行政处分，则应降低工资。

1995年1月1日以后被判犯罪，又改判无罪释放的劳动者，若用人单位仅因其被判刑而解除劳动合同或劳动关系的，则应在与其恢复劳动关系的同时，恢复其原工资。该劳动者在押期间的工资损失，应按《国家赔偿法》的规定，向有关部门要求赔偿，其所在单位不再补发。

1995年1月1日之前被判刑羁押，之后被改判无罪释放的劳动者，若用人单位仅因其被判刑而解除劳动合同或劳动关系，则应在与其恢复劳动关系的同时，恢复其原工资。该劳动者在羁押期间的工资损失，应分两个阶段处理，即1994年12月31日以前的工资损失，由用人单位负责补发，1995年1月1日之后的工资损失，由劳动者按《国家赔偿法》的规定向有关部门追偿。

[依据指引]

(1) 人事部《关于国家机关、事业单位工作人员受行政刑事处罚工资处理意见的复函》（1999年11月23日　人函［1997］177号）

青海省劳动人事厅、广西壮族自治区人事厅：

报来的《关于机关、事业单位工作人员受行政、刑事处罚后工资或生活费如何发放的请示》（青劳人薪字［1999］040号）、《关于国家工作人员被判有期徒刑缓期执行期间生活费如何计发问题的请示》（桂人报［1999］12号）收悉。经研究，现就工资处理问题函复如下：

一、国家机关和事业单位工作人员受行政、刑事处罚的工资处理问题

（一）被取保候审和被监视居住的人员

国家机关和事业单位工作人员被取保候审或被监视居住的，在此期间停发原工资，并按以下办法计发生活费：

原为国家公务员的，按照本人原基本工资额（即职务工资、级别工资、基础工资和工龄工资四项之和，下同）的75%计发生活费。

机关技术工人按照本人原岗位工资和技术等级（职务）工资之和，机关普通工人按照原岗位工资数额，分别作为生活费发给，取消每月发放的奖金部分。

事业单位工作人员按照本人原工资中的固定部分作为生活费发给，取消其工资中活的部分（即津贴）。

上述人员经审查核实后，如构不成刑事犯罪或不被行政处罚，且不给予任何行政纪律处分的，补发其被扣除的工资、奖金、津贴、补贴；如被追究刑事责任或受到行政、刑事处罚或给予行政纪律处分的，不再补发被减发和扣发的工资、奖金、津贴、补贴。

（二）被公安机关强制收容教育、强制戒毒（包括所外执行）的人员，其工资处理问题参照被取保候审和监视居住人员的工资处理办法执行。

（三）被羁押人员的工资处理问题

国家机关和事业单位工作人员被羁押期间停发工资。公安、检察机关撤案或者检察机关决定不予以起诉以及检察机关虽决定起诉而法院宣判无罪的，按下列原则分别处理：犯罪嫌疑人未被劳动教养或治安拘留，原单位也未给予行政纪律处分的，由原单位补发其被羁押期间的工资、奖金、津贴、补贴；如未被劳动教养或治安拘留，原单位给予行政纪律处分的，其被羁押期间的工资问题按照被取保候审和监视居住的工资处理办法执行；如被劳动教养、治安拘留的，其被羁押期间减发和扣发的工资、奖金、津贴、补贴不予补发。法院决定免予追究刑事责任的，被羁押期间减发和扣发的工资、奖金、津贴、补贴也不予补发。

（四）被判处拘役、有期徒刑宣告缓刑的工资处理问题国家机关和事业单位工作人员被判处拘役、有期徒刑宣告缓刑的，在缓刑执行期间，停发原工资。对安排了临时工作的缓刑人员，原为国家公务员的按本人缓刑前基本工资额的60%发给生活费；机关工勤人员按工资中固定部分（技术工人的岗位工资和技术等级〈职务〉工资，机关普通工人的岗位工资）85%的数额计发生活费，其工资中的奖金部分不再发放；事业单位工作人员按本人受处罚前工资固定部分85%的数额计发生活费，其工资中活的部分（津贴）不再发放。若按此发放的生活费低于本地区最低生活保障线标准的，按本地区最低生活保障线发放。

缓刑期间到达离退休年龄的，按照《人事部关于国家行政机关工作人员被判处管制、拘役及判处刑罚宣告缓刑后的工作和工资问题的通知》（人核发［1989］2号）文中"缓刑人员在缓刑期间，不能办理离退休手续"的规定，不办理离退休手续，继续按缓刑期间的标准发放生活费。

缓刑期满至原单位对本人做出处理期间的生活费，按缓刑期间的标准计发。

缓刑期满后分配正式工作的，其工资待遇根据新任职务、新任岗位按不高于同等条件人员重新确定。

缓刑期满到达离休年龄的，根据《劳动人事部老干部服务局关于离休干部受刑事处分后待遇问题的复函》（劳人老函［1987］5号）和《人事部离休退休司关于干部被判处有期徒刑缓刑考验期满后能否办理离休的函》（人退司函［1988］2号）文件精神，凡触犯刑律受到刑事处罚的，都不能再享受离休待遇和办理离休手续。其退出工作岗位后的生活待遇和管理等问题，由各省、自治区、直辖市或各部门研究确定。

缓刑期满到达退休年龄的，可以办理退休手续，按照重新确定的工资标准，享受相应的退休待遇。

（五）被判处管制的人员工资处理问题

国家机关和事业单位工作人员被判处管制由原单位接收的，参照被判处刑罚宣告缓刑人员的工资处理办法执行。

（六）被判处拘役的人员工资处理问题

国家机关和事业单位工作人员被判处拘役的，拘役期间工资停发。期满释放，经上级主管机关批准由原单位接收并分配正式工作的，可参照被判处刑罚宣告缓刑人员缓刑期满后的工资处理办法执行。

（七）受到徒刑以上刑事处罚的人员，在服刑期间停发工资。服刑期满后如原单位接收并安排工作，其工资待遇按新录用人员的工资办法处理。

（八）被劳动教养、治安拘留的人员工资处理问题

国家机关和事业单位工作人员被劳动教养、治安拘留，但仍保留公职且所外执行者，可参照被判处刑罚宣告缓刑人员的工资处理办法执行。

（九）在采取上述强制措施、受行政或刑事处罚期间，不计为工龄。

二、国家机关和事业单位工作人员被判刑后又改判的工资处理

（一）国家机关和事业单位工作人员经核实确被错判犯罪的，应恢复其原工资待遇，在原判期间的经济损失及精神损失按《中华人民共和国国家赔偿法》中的有关规定予以补偿；被减发或停发的工资、奖金、津贴、补贴不予补发。原判期可计算为连续工龄。

（二）国家机关和事业单位工作人员因触犯刑律被判刑，经司法机关复查，认为原判过重，改为免予刑事处罚的，回原单位后其工资待遇应视其罪行轻重和是否给予行政纪律处分而定，即：情节较轻，态度较好，免予行政纪律处分者，可恢复原工资待遇；给予行政纪律处分的按有关规定确定工资待遇。以上两种情况，在原判期间被减发和扣发的工资、奖金、津贴、补贴均不予补发。原判期间不计算为工龄。

过去的规定与上述处理意见有抵触的，均按上述处理意见执行。

（2）人事部《关于国家行政机关工作人员被判处管制、拘役及被判处刑罚宣告缓刑后的工作和工资问题的通知》（1989年2月27日　人核发［1989］2号）

近一个时期，有些地区和单位询问，国家行政机关和事业单位工作人员被人民法院判处管制、拘役及被判处刑罚宣告缓刑的，在管制、拘役、缓刑考验期间或期满后，他们的工作安排，工资待遇问题如何处理。经商得有关部门同意，现将有关问题通知如下：

一、关于国家行政机关工作人员被人民法院判处刑罚宣告缓刑的，其工作安排和工资待遇如何处理的问题。国家行政机关工作人员（包括事业单位工作人员和专业技术人员）被人民法院判处刑罚宣告缓刑的，其职务自然撤销，安排不叙职务的临时工作。为了发挥专业技术人员的特长，

除利用专业技术进行犯罪活动被判缓刑的外，可以根据实际情况和工作需要，安排其一定的技术工作……

二、关于国家行政机关工作人员被人民法院判处管制，原单位是否收回安排工作及其工资待遇如何确定的问题。国家行政机关工作人员被人民法院判处管制，其职务自然撤销，是否收回，由原单位根据其犯罪性质研究决定。不予收回的，办理开除手续。收回的，安排参加劳动或临时性工作。参照被判处刑罚宣告缓刑人员的临时工资标准，发给适当报酬，管制期间悔改表现好的，期满解除管制后可以分配正式工作，重新确定职务和工资等级；表现不好的，予以开除。

三、关于国家行政机关工作人员被人民法院判处刑罚宣告缓刑，在缓刑考验期间能否办理离退休手续的问题。《关于国家行政机关工作人员的奖惩暂行规定》第八条规定："对于被判处徒刑宣告缓刑的人员，其职务也自然撤销。"一九六四年四月二十二日内务部也在《解答》中明确规定："对被判处徒刑宣告缓刑的人员，在缓刑期间仍然可以留在机关继续工作的，应分配适当工作，降低原工资待遇，不定工资级别。"据此，缓刑人员在缓刑期间，职务自然撤销，安排不叙职的工作，发给临时工资。由于缓刑人员在缓刑期间职务、身份和工资级别均未确定，加之，缓刑又是对犯罪分子有条件不执行刑罚的考验期限，因此，缓刑人员在缓刑期间，不能办理离退休手续。

四、关于国家行政机关工作人员被人民法院判处拘役，期满释放收回的，其工作安排和工资待遇问题。国家行政机关工作人员被人民法院判处拘役，拘役期满释放后，经上级主管机关批准收回的，分配适当工作，重新确定职务和工资等级，重新确定的职务和工资等级应低于拘役前的职级和工资待遇。

(3)《中华人民共和国国家赔偿法》（1994年5月12日　国家主席令第23号）（略）

(4) 劳动人事部《关于受处分人员的工资待遇问题给天津市劳动局的复文》（1985年9月13日　劳人薪［1985］12号）

九月二日来文收悉。关于一九七六年十月以来，国家职工被判刑后又改判的，其工资待遇如何处理问题，现答复如下：

一、国家职工被错判犯罪，经司法部门复查，纯属错案，宣告无罪释放者，应恢复其原工资待遇，在原判期间被减发的工资，应予补发。

二、国家职工因触犯刑律判刑，经司法部门复查，认为原判过重，改为免予刑事处分。回原单位后其工资待遇应视其罪行轻重和是否给予行政纪律处分而定。即：情节较轻，态度较好，免予行政纪律处分者，可以恢复原工资；给予行政纪律处分者应降低工资。以上两种情况，在原判期间被减发的工资，均不补发。

(5) 劳动部《关于贯彻执行〈劳动法〉若干问题的意见》（1995年8月4日　劳部发［1995］309号）

28. 劳动者涉嫌违法犯罪被有关机关收容审查、拘留或逮捕的，用人单位在劳动者被限制人身自由期间，可与其暂时停止劳动合同的履行。

暂时停止履行劳动合同期间，用人单位不承担劳动合同规定的相应义务。劳动者经证明被错误限制人身自由的，暂时停止履行劳动合同期间劳动者的损失，可由其依据《国家赔偿法》要求有关部门赔偿。

(6) 劳动部办公厅《关于企业职工被错判宣告无罪释放后，是否应恢复与企业的劳动关系等有关问题的复函》（1997年4月29日　劳办发［1997］40号）

新疆维吾尔自治区劳动厅：

你厅《关于职工在停薪留职期间承包经济实体因经济问题被错判平反后其工资待遇问题的请示》（新劳字［1997］19号）收悉。经研究，现答复如下：

关于企业职工被错判，宣告无罪释放后，企业是否应与其恢复劳动关系，补发工资问题。我们认为，职工于《国家赔偿法》实施以前被判犯罪，后经司法机关改判无罪的，如企业仅因其被判刑而解除劳动关系的，企业应恢复与该职工的劳动关系，并按照原劳动人事部《关于受处分人员的工资待遇问题给天津市劳动局的复文》（劳人薪［1985］第12号）的规定，恢复其工资待遇，并补发在押期间的工资。

(7) 最高人民法院《关于〈国家赔偿法〉溯及力和人民法院赔偿委员会受案范围问题的批复》（1995年1月29日　法复［1995］1号）

各省、自治区、直辖市高级人民法院，解放军军事法院：

《中华人民共和国国家赔偿法》（以下简称《国家赔偿法》）公布和施行以来，一些地方高级人民法院就该法的溯及力和人民法院赔偿委员会受理案件的范围问题请示我院，经研究，现答复如下：

一、根据《国家赔偿法》第三十五条规定，《国家赔偿法》1995年1月1日起施行。《国家赔偿法》不溯及既往。即：国家机关及其工作人员行使职权时侵犯公民、法人和其他组织合法权益的行为，发生在1994年12月31日以前的，依照以前的有关规定处理。发生在1995年1月1日以后并经依法确认的，适用《国家赔偿法》予以赔偿。发生在1994年12月31日以前，但持续至1995年1月1日以后，并经依法确认的，属于1995年1月1日以后应予赔偿的部分，适用《国家赔偿法》予以赔偿；属于1994年12月31日以前应予赔偿的部分，适用当时的规定予以赔偿；当时没有规定的，参照《国家赔偿法》的规定予以赔偿。

二、依照《国家赔偿法》的有关规定，人民法院赔偿委员会受理下列案件：

1. 行使侦查、检察、监狱管理职权的机关及其工作人员在行使职权时侵犯公民、法人和其他组织的人身权、财产权，造成损害，经依法确认应予赔偿，赔偿请求人经依法申请赔偿和申请复议，因对复议决定不服或者复议机关逾期不作决定，在法定期间内向复议机关所在地的同级人民法院赔偿委员会申请作出赔偿决定的；

2. 人民法院是赔偿义务机关，赔偿请求人经申请赔偿，因赔偿义务机关逾期不予赔偿或者赔偿请求人对赔偿数额有异议，在法定期间内向赔偿义务机关的上一级人民法院赔偿委员会申请作出赔偿决定的。

破产企业工资

[解读]

在市场经济条件下，一些企业由于经营管理不善或受外部因素的影响，在激烈的竞争中失败，不得不按国家破产法实施破产。企业破产后，原有职工因企业破产而引发的安置、工资、保险福利待遇等问题的争议较多，影响了社会的稳定。为解决好这些问题，国家都作出了相应的规定。在工资处理上国家规定，用人单位依法破产时，劳动者有权获得其工资。在破产清偿中用人单位应按《企业破产法》的规定，首先支付所欠本单位劳动者的工资。

[依据指引]

(1)《中华人民共和国企业破产法》（2006年8月27日 国家主席令第54号）

第一百一十三条 破产财产在优先清偿破产费用和共益债务后，依照下列顺序清偿：

（一）破产人所欠职工的工资和医疗、伤残补助、抚恤费用，所欠的应当划入职工个人账户的基本养老保险、基本医疗保险费用，以及法律、行政法规规定应当支付给职工的补偿金；

（二）破产人欠缴的除前项规定以外的社会保险费用和破产人所欠税款；

（三）普通破产债权。

破产财产不足以清偿同一顺序的清偿要求的，按照比例分配。

破产企业的董事、监事和高级管理人员的工资按照该企业职工的平均工资计算。

(2) 劳动部《工资支付暂行规定》（1994年12月6日 劳部发［1994］489号）

第十四条 用人单位依法破产时，劳动者有权获得其工资。在破产清偿中用人单位应按《中华人民共和国企业破产法》规定的清偿顺序，首先支付欠付本单位劳动者的工资。

停工停产工资

[解读]

停工停产工资是指在法定标准工作时间内，因用人单位或劳动者本人原因等造成停工停产期间的工资待遇。用人单位原因一般指因技术、组织上的缺陷，或企业外部条件（如待料、待电等）影响而停工停产；劳动者原因一般指因不遵守劳动纪律和违反操作规程而造成的停工停产。

在用人单位原因造成停工停产期间，用人单位应支付给劳动者停工工资（亦称停工津贴）。停工停产在一个工资支付周期内，用人单位应按劳动合同规定的标准支付劳动者工资。超过一个工资支付周期的，若劳动者提供了正常劳动，则支付给劳动者的劳动报酬，不得低于当地的最低工资标准；若劳动者没有提供正常劳动，应按国家有关规定办理，目前应按职工基本生活保障制度的规定，向劳动者支付基本生活费。由于劳动者原因造成停工停产期间，除因工负伤在停工治疗的停工留薪期间，用人单位应向劳动者支付原工资待遇以外，一般是可以不支付工资或基本生活费的。

[依据指引]

(1)《中华人民共和国劳动法》(1994 年 7 月 5 日 国家主席令第 28 号)

第九十一条 用人单位有下列侵害劳动者合法权益情形之一的，由劳动行政部门责令支付劳动者的工资报酬、经济补偿，并可以责令支付赔偿金：

(一) 克扣或者无故拖欠劳动者工资的；

(二) 拒不支付劳动者延长工作时间工资报酬的；

(三) 低于当地最低工资标准支付劳动者工资的；

(四) 解除劳动合同后，未依照本法规定给予劳动者经济补偿的。

(2) 劳动部《工资支付暂行规定》(1994 年 12 月 6 日 劳部发［1994］489 号)

第十二条 非因劳动者原因造成单位停工、停产在一个工资支付周期内的，用人单位应按劳动合同规定的标准支付劳动者工资。超过一个工资支付周期的，若劳动者提供了正常劳动，则支付给劳动者的劳动报酬不得低于当地的最低工资标准；若劳动者没有提供正常劳动，应按国家有关规定办理。

第十八条 各级劳动行政部门有权监察用人单位工资支付的情况。用人单位有下列侵害劳动者合法权益行为的，由劳动行政部门责令其支付劳动者工资和经济补偿，并可责令其支付赔偿金：

(一) 克扣或者无故拖欠劳动者工资的；

(二) 拒不支付劳动者延长工作时间工资的；

(三) 低于当地最低工资标准支付劳动者工资的。

经济补偿和赔偿金的标准，按国家有关规定执行。

(3) 国务院《工伤保险条例》(2003 年 4 月 27 日 国务院令第 375 号 2010 年 12 月 20 日修订)

第三十三条 职工因工作遭受事故伤害或者患职业病需要暂停工作接受工伤医疗的，在停工留薪期内，原工资福利待遇不变，由所在单位按月支付。

停工留薪期一般不超过 12 个月。伤情严重或者情况特殊，经设区的市级劳动能力鉴定委员会确认，可以适当延长，但延长不得超过 12 个月。工伤职工评定伤残等级后，停发原待遇，按照本章的有关规定享受伤残待遇。工伤职工在停工留薪期满后仍需治疗的，继续享受工伤医疗待遇。

生活不能自理的工伤职工在停工留薪期需要护理的，由所在单位负责。

军队转业干部工资

[解读]

《劳动法》颁布后，国家规定分配到企业的军转干部的工资待遇，按国家有关规定执行。随着我国工资制度的改革和变化，在不同的历史时期国家对军队转业干部的工资有不同的规定。其中比较重要的规定是：

1978 年 8 月 10 日全国人大常委会批准国务院颁发的《军队干部服役条例》有关于军队转业干部的规定。1987 年国务院规定，由于军队干部实行军衔制度后，工资结构作了相应调整，取消了行政级别，所以转业到机关、企事业单位的军队干部工资，按一定比例的数额，就近套入该单位相对应职务的工资等级。

1995 年 7 月 7 日国务院、中央军委就 1993 年 10 月 1 日以后转业到地方的军队干部如何与地方自 1993 年 10 月 1 日起实行的新工资制度相衔接作出规定：

一是分配到机关的军队转业干部，其职务工资按照本人原军队职务（技术等级）工资 80%的数额就近套入机关对应职务的工资档次（达到或超过半个档差的套入上一档次，低于半年档差的套入下一档次），但套入后的职务工资档次最多不超过机关同等条件人员的 4 个档次，超过部分不予保留。凡低于机关对应职务最低职务工资档次的，均套入最低职务工资档次；达到或超过机关对应职务最高职务工资档次的，均套入最高职务工资档次，高出部分不予保留。其级别工资根据本人原在军队职务和军龄（含曾在地方工作的时间），按照《国务院办公厅关于印发机关、事业单位工资制度改革三个实施办法的通知》（国办发［1993］85 号）的有关规定确定；其基础工资和工龄工资按照《国务院关于机关和事业单位工作人员工资制度改革问题的通知》（国发［1993］79 号）的有关规定执行。

二是分配到事业单位的军队转业干部，其工资的固定部分按照分配到机关的同等条件军队转业干部基本工资（职务工资、级别工资、基础工资和工龄工资四项之和）70%的数额，就近就高套入所在单位对应专业技术职务工资或职员职务工资档次；其津贴部分按照国家有关规定执行。

三是分配到企业的军队转业干部，其工资按照本人原在军队职务（技术等级）工资、军衔（文职级别）工资、基础工资和军龄工资四项之和80%的数额，就近就高套入所在企业相当职务的工资标准（不含奖金和各种补贴）。

四是军队转业干部的津贴、补贴、奖金及其他生活福利待遇，均按照国家有关规定执行。

五是1993年9月30日以前批准转业尚未离队的干部，由于未参加1993年军队工资改革，在1993年10月1日以后转业时，其工资待遇仍按照1993年9月30日前军队转业干部工资套改的规定执行。

2001年1月19日中共中央、国务院在《军转干部安置暂行办法》中规定，计划分配军转干部的工资待遇按照不低于接收安置单位与其军队职务等级相应或者同等条件人员的标准确定，津贴、补贴、奖金以及其他生活福利待遇，按照国家有关规定执行。自主择业军转干部由安置地政府军队转业干部安置工作机构逐月发给退役金，退役金免征个人所得税。自主择业军转干部被机关、人民团体或者财政拨款的事业单位聘为正式工作人员的，从被聘用的下月起停发退役金，不再享受自主择业的有关待遇，其从上述单位辞职、被辞退后，也不再恢复自主择业军队干部待遇。其他形式就业的自主择业军转干部，退役金照发。自主择业军转干部受行政、刑事处罚后，其退役金的处理，参照原国家人事部《关于国家机关、事业单位工作人员受行政、刑事处罚工资处理意见的复函》（人函［1999］177号）执行。

［依据指引］

（1）国务院《关于批转军队转业干部工资待遇问题实施办法的通知》（1979年1月17日 国发［1979］18号）

一九七八年八月十八日，第五届全国人民代表大会常务委员会第三次会议批准的《中国人民解放军干部服役条例》第八章第三十六条规定：军队干部转业地方后，“一九五四年一月一日以后入伍的干部，按地方同等级别工资待遇；一九五三年十二月三十一日以前入伍的干部，按军队级别工资标准待遇”。这项规定，体现了党和国家对军队干部的关怀，是在新的历史条件下，加强军队建设的一项重要措施。现就执行这项规定的实施办法提出以下意见：

一、此项规定适用于一九七五年军委扩大会议以后，即一九七五年八月一日以后转业到地方的干部，包括按国务院、中央军委国发［1975］104号文件规定，被错误处理离队的改作转业的干部。

二、一九五三年十二月三十一日以前入伍的干部转业地方后，按军队级别工资标准待遇；高于地方干部同级工资标准的部分，由转业干部所在单位列工资项报销；自一九七八年八月起执行。从一九七五年八月一日以后离队到一九七八年七月以前，军队与地方同等级别工资标准的差额不补发，已领取的生活补助费不退还。

三、一九五四年一月一日以后入伍的干部转业地方后，按地方同等级别工资待遇。如从七类以上工资区调转到六类（含）以下工资区工作的，可按国家劳动总局（78）劳薪字64号文件的有关规定执行。

四、规定中的“入伍”时间，是指从参加我军取得军籍之日起计算。由军队转业、复员地方工作后又参军者，其入伍时间，应从第一次参军之日起计算。

五、规定中的“军队级别工资标准”，是指转业干部工作地区军队同级干部的工资标准（附：《军队干部工资标准和地区工资补助》及说明）。如：行政十八级干部，在部队工作时，驻十一类工资区，原每月工资标准一百零八元，现转业到第六类以下工资区，当地驻军同级干部每月工资标准一百零二元，则这个干部转业后每月工资标准应为一百零二元，再如行政十九级干部，驻第六类以下工资区，在部队工作时，原每月工资标准九十元，现转业到十一类工资区，当地驻军同级干部每月工资标准九十四元，则这个干部转业后每月工资标准应为九十四元。并按规定享受国家机关同级行政干部相等的生活费补贴、地区津贴。而后再调动时，也按此原则办理。

六、一九五三年十二月三十一日以前入伍的干部，均以转业离队时的军队级别工资标准为准，其高于地方干部同级工资标准的部分，以后应随着本人工资增长逐渐抵消。

七、一九五三年十二月三十一日以前入伍的干部，在本通知下达后转业离队的，其入伍时间，按干部任免权限，由军队团以上政治机关核实，在《军队干部转业审批报告表》“备注”栏内，注明该同志系×年×月入伍，并加盖公章。一九七五年八月一日以后至本通知下达之前已转业到地方工作的干部，其入伍时间，由所在单位组织、人事部门，按干部任免权限核实。个别干部入伍时间不明确的，可与转业干部原单位联系解决。

以上实施办法，如无不妥，建议批转执行。

(2) 国务院工资制度改革小组、劳动人事部《关于实施国家机关和事业单位工作人员工资制度改革方案若干问题的规定》（1985 年 6 月 13 日 劳人薪［1985］19 号）

二、职务工资的实施问题

（一）行政人员和专业技术人员套改职工工资的具体办法

(6) 根据国发［1979］18 号文件《国务院、中央军委关于批转军队转业干部工资待遇问题实施办法的通知》，1953 年底以前入伍的军队转业干部，现仍按军队级别工资标准待遇执行的，以及现工资高于地方干部同一级别工资标准的其他转业干部，这次工资制度改革，按地方干部同级工资标准套改。现工资高出地方干部同一级别工资标准的部分，从就近套级或进入本职务最低等级后增加的工资（不含工龄津贴）中予以抵消。抵消不完的部分，仍继续发给。

(3) 国务院、中央军委《关于军队转业干部工资待遇问题的通知》（1985 年 11 月 29 日 国发［1985］135 号）

自一九八五年七月起，国家机关、事业单位工作人员和军队干部的工资制度已经改革，实行了以职务工资为主要内容的结构工资制。为了使军队转业干部工资待遇与之相适应，根据中共中央［1985］9 号文件精神，现对军队转业干部工资待遇问题通知如下：

一、一九八五年七月一日以后批准转业到地方的军队干部的工资待遇，应按照他们原在军队所任职务（含技术职务）与地方相对应职务（含技术职务）的干部套改职务工资的办法确定（详见附表一、二）。

转业到国家机关和事业单位的干部，其职务工资，根据本人的行政级别和与地方干部相对应的职务，按照劳人薪字［1985］19 号文件的规定套改。其中执行军队技术等级工资的干部，转业后技术职务工资的套改，按照与本人技术等级相应的军事行政干部职务工资的套改办法办理。

转业到企业单位的干部，其基本工资应按照转业到当地国家机关和事业单位的同一职务（含技术等级）、同一行政级别干部的基础工资、职务工资加上本人军龄津贴之和减去十元（并入基础工资的副食品价格补贴和行政经费节支奖金各五元）的数额确定，不再参加这次企业的工资改革。军龄津贴不再逐年增加，可以和企业其他职工一样照领副食品价格补贴。奖金及其他生活福利待遇，按所在单位的有关规定执行。转业到有工龄津贴企业单位的干部，可按所在企业规定的标准领取工龄津贴，但原计入本人工资中的军龄津贴，不得与工龄津贴重复计算。转业干部的工资额列入企业成本。

二、一九八五年六月三十日以前转业、职务安排偏低的营、团职干部，在确定其职务工资时，可给予适当照顾，具体办法由各省、自治区、直辖市根据实际情况确定。

(4) 国务院、中央军委《关于确定军队转业干部工资待遇问题的通知》（1995 年 7 月 7 日 国发［1995］19 号）

军队和地方机关、事业单位自 1993 年 10 月 1 日起已实行新的工资制度。为此，现将确定 1993 年 10 月 1 日以后批准转业到地方工作的军队干部工资待遇的办法通知如下：

一、分配到机关的军队转业干部，其职务工资按照本人原军队职务（技术等级）工资 80% 的数额就近套入机关对应职务的工资档次（达到或超过半个档差的套入上一档次，低于半个档差的套入下一档次），但套入后的职务工资档次最多不超过机关同等条件人员的 4 个档次，超过部分不予保留。凡低于机关对应职务最低职务工资档次的，均套入最低职务工资档次；达到或超过机关对应职务最高职务工资档次的，均套入最高职务工资档次，高出部分不予保留。其级别工资根据本人原在军队职务和军龄（含曾在地方工作的时间），按照《国务院办公厅关于印发机关、事业单位工资制度改革三个实施办法的通知》（国办发［1973］85 号）的有关规定确定；其基础工资和工龄工资按照《国务院关于机关和事业单位工作人员工资制度改革问题的通知》（国发［1993］79 号）的有关规定执行。

二、分配到事业单位的军队转业干部，其工资的固定部分按照分配到机关的同等条件军队转业干部基本工资（职务工资、级别工资、基础工资和工龄工资四项之和）70% 数额，就近就高套入所在单位对应专业技术职务工资或职员职务工资档次；其津贴部分按照国家有关规定执行。

三、分配到企业的军队转业干部，其工资按照本人原在军队职务（技术等级）工资、国衔（文职级别）工资、基础工资和军龄工资四项之和80%的数额，就近就高套入所在企业相当职务的工资标准（不含奖金和各种补贴）。

四、军队转业干部的津贴、补贴、奖金及其他生活福利待遇，均按照国家有关规定执行。

五、1993年9月30日以前批准转业尚未离队的干部，由于未参加1993年军队工资改革，在1993年10月1日以后转业时，其工资待遇仍按照1993年9月30日前军队转业干部工资套改的规定执行。

六、确定军队转业干部工资待遇，是一项政策性很强的工作。各地区、各部门、各单位必须按照本通知的规定认真落实。同时要注意做好军队转业干部特别是先期转业干部的思想政治工作，使他们顾全大局，为国家的改革、发展、稳定作出积极的贡献。

(5) 劳动部《对〈工资支付暂行规定〉有关问题的补充规定》（1995年5月12日　劳部发［1995］226号）

五、关于特殊人员的工资支付问题

3. 新就业复员军人的工资待遇由用人单位自主确定；分配到企业的军队转业干部的工资待遇，按国家有关规定执行。

(6) 中共中央、国务院、中央军委《军队转业干部安置暂行办法》（2001年1月19日　中发［2001］3号）

第三十四条　计划分配到党和国家机关、团体、事业单位的军队转业干部，其工资待遇按照不低于接收安置单位与其军队职务等级相应或者同等条件人员的标准确定，津贴、补贴、奖金以及其他生活福利待遇，按照国家有关规定执行。

第三十六条　计划分配到企业的军队转业干部，其工资和津贴、补贴、奖金以及其他生活福利待遇，按照国家和所在企业的有关规定执行。

第三十七条　军队转业干部的军龄，计算为接收安置单位的连续工龄（工作年限），享受相应的待遇。在军队从事护理、教学工作，转业后仍从事该职业的，其在军队的护龄、教龄应当连续计算，享受接收安置单位同类人员的待遇。

第三十八条　自主择业的军队转业干部，由安置地政府逐月发给退役金。团级职务和军龄满20年的营级职务军队转业干部的月退役金，按照本人转业时安置地同职务等级军队干部月职务、军衔（级别）工资和军队统一规定的津贴补贴的计发基数80%的数额与基础、军龄工资的全额之和计发。军龄满20年以上的，从第21年起，军龄每增加一年，增发月退役金计发基数的1%。

第四十条　自主择业的军队转业干部的退役金，根据移交地方安置的军队退休干部退休生活费调整的情况相应调整增加。

经济比较发达的地区，自主择业军队转业干部的月退役金低于安置地当地党和国家机关相应职务等级退休干部月退休生活费数额的，安置地政府可以发给差额补贴。

自主择业的军队转业干部的退役金，免征个人所得税。

自主择业的军队转业干部，被党和国家机关选用为正式工作人员的，停发退役金。其工资等各项待遇按照本办法第三十四条规定执行。

(7) 国务院军转干部安置小组、中组部、中编办、人事部、教育部、财政部、劳动和社会保障部、建设部、中国人民银行、国家税务总局、国家工商行政管理总局、中国人民解放军总政治部、中国人民解放军总后勤部《关于自主择业的军队转业干部安置管理若干问题的意见》（2001年8月24日　国转联［2001］8号）

二、关于自主择业的军队转业干部退役金的发放问题

自主择业的军队转业干部，被党和国家机关、人民团体或者财政拨款的事业单位选用为正式工作人员的，从被选用的下月起停发退役金，不再享受自主择业的军队转业干部的有关待遇。其工资待遇按照不低于选用单位与其转业时军队职务等级相应或者同等条件人员的标准确定，津贴、补贴、奖金以及其他生活福利待遇，按照国家有关规定执行。其他自主择业的军队转业干部就业后，退役金照发。

(8) 国务院军队转业干部安置工作小组、人事部、外交部、公安部、财政部、劳动和社会保障部、国家人口和计划生育委员会、中国人民解放军总政治部《关于自主择业军队转业干部安置管理若干具体问题的意见》（2006年2月8日　国转联［2006］1号）

三、关于有关待遇问题

（十五）自主择业军队转业干部被党和国家机关、人民团体或财政拨款的事业单位录用或聘用为正式工作人员的，从被录用或聘用的下月起停发退役金，不再享受自主择业军队转业干部的有关待遇。其从上述单位辞职、被辞退或解除聘用合同后，不再恢复自主择业军队转业干部待遇。

军队复员、退伍军人工资

[解读]

军队干部、志愿兵复员，义务兵退伍后，一般应回原籍省、自治区、直辖市或厂矿、企事业单位安置。对于他们参加工作后的工资待遇，国家根据各个不同历史时期，都作出了相应的规定。

1987年以后陆续规定，志愿兵转业以及义务兵退伍到地方工作后，均执行所在单位的工资制度。对于分配当工人的，在初次确定其工资时，应按照不低于现岗位同工种、同工龄大多数工人的标准工资（国家机关、事业单位为基础工资、职务工资之和）的原则确定。在部队获二等功以上或提前晋级奖励的，其工资在按上述原则确定后，可以高定一级。志愿兵、义务兵退伍后，无论分配到何单位、从事何种工作，均不实行学徒期、熟练期、试用期的待遇，应直接按上述规定确定工资。

随着经济体制改革的深入和发展，国家机关、事业单位的工资制度和企业的工资制度改革也将深入和完善，军队复员、退伍军人的工资确定及工资形式和工资支付等，都应按所在单位的制度执行。

[依据指引]

(1) 国务院办公厅、中央军委办公厅《关于志愿兵、义务兵退出现役到地方工作后工资待遇问题的通知》（1987年3月18日　国发［1987］17号）

一九八五年国家机关和事业单位进行了工资制度改革，实行了以职务（岗位）工资为主要内容的结构工资制，多数国营大中型企业单位业已按新拟企业干部、工人参考工资标准进行了套改。因此，需要对一九八五年七月一日以后退出现役的志愿兵和义务兵分配工作后的工资待遇作出新的规定。经国务院、中央军委批准，现对有关问题通知如下，请遵照执行。

一、志愿兵转业、义务兵退伍到地方工作后，均执行所在单位工资制度。对分配当工人的，在初次确定工资时，应当按照不低于现岗位同工种、同工龄大多数工人的标准工资（国家机关、事业单位为基础工资、岗位工资之和）的原则确定，对分配任干部职务的，亦按此原则确定。

二、志愿兵转业、义务兵退伍到地方工作后，凡在部队获二等功以上或提前晋级奖励的，其工资在按上述原则规定后，可以高定一级。

三、志愿兵转业、义务兵退伍后，无论分配到何单位、从事何种工作，均不实行学徒期、熟练期、试用期的待遇，直接按上述规定确定工资。如分配的工作与在部队从事的专业不对口，需进行专业技术培训的，其培训期间的工资由所在单位照发。

四、一九八五年七月一日以后转业的志愿兵和退伍分配工作的义务兵，从本通知下达之日起改按上述规定执行（在此之前，本人工资低于上述规定的部分，不予补发）。由此增加的工资，企业单位在成本中列支，行政、事业单位在原经费中开支。

五、各省、自治区、直辖市人民政府和国务院各部门根据本通知，结合实际情况，研究制定具体实施办法，抓紧落实，并将实施办法送劳动人事部备案。

六、以往规定与本通知不一致的，均以本通知为准。

(2) 国务院退伍军人和军队离休退休干部安置领导小组、民政部、公安部、财政部、劳动部、人事部、国家税务局、国家工商行政管理局、解放军总政治部《关于做好军队复员干部安置工作的通知》（1993年2月17日　国安［1993］2号［1993］政联字第1号）

为了适应国家经济建设和国防建设的需要，多渠道安置军队退出现役的干部，根据国务院、中央军委《关于军队干部退出现役暂行办法》（国发［1975］129号）精神和中国人民解放军《现役军官服役条例》、《文职干部暂行条例》的有关规定，现就做好军队复员干部安置工作的有关问题通知如下：

一、军队干部复员的对象是，符合中国人民解放军《现役军官服役条例》、《文职干部暂行条例》规定的退出现役条件，本人自愿作复员安置，以及犯有严重错误丧失干部条件不宜作转业安排，又不具备退休条件的军官和文职干部。

按照干部退出现役的批准权限办理干部复员的审批手续。凡自愿复员的干部，须由本人提出书面申请。

二、自愿复员的干部，可回原籍县（市、区）或入伍时户口所在地；也可以到配偶所在地；对确有困难需要到其他地区安置的，按照国家和当地政府接收军队转业干部的规定执行。

自愿复员的干部，除自愿回农村者外，均落非农业户口。迁入地户口登记机关凭县（市、区）以上退伍军人安置办公室的证明办理审批落户手续。

三、自愿复员的干部，政府不负责分配工作，由本人自行就业。

国家机关和国有、集体所有制事业单位，在社会上招聘工作人员时，应对具备条件的复员干部优先聘任和录用。

积极扶持复员干部从事个体经营或开办私营企业。工商行政管理部门依法及时核发营业执照，当地政府在有限期内给予低息贷款，根据国家税收管理体制，经税务部门批准，可适当减免营业税和所得税。

要鼓励复员干部到边远艰苦地区、经济特区、开发区和重点建设工程、新建扩建单位工作。允许这些地区和单位跨地区录用复员干部。

对复员回农村的干部，有条件的地区，应在乡镇企业安排适当工作；在乡镇企业不能安排的，应按规定划给责任田（山）、自留地（山）或安排承包其他生产经营任务。

四、复员干部就业后的待遇，按照“享受所在单位同工龄、同工种、同岗位人员待遇”的原则确定。复员干部的军龄应计算为本单位的连续工作年限和投保年限。

五、复员干部配偶是正式职工的，可随同干部一起调动，当地人民政府应予分配工作。随军无工作的家属可随同前往，符合就业条件的，劳动部门应介绍就业。

随同复员干部调动工作的配偶，凭县（市、区）以上劳动、人事部同意调入的证明，随军无工作的家属，凭县（市、区）以上退伍军人安置办公室的证明及所附随迁家属名单，由当地公安机关办理落户手续。

复员干部的住房，原则上由录用单位按照解决本单位职工的住房办法优先给予解决。对复员干部个人修建私有住宅的，享有与转业干部同等的优惠待遇。

六、中央财政根据当年军队干部复员计划，按每人 3 000 元的标准在国防支出中安排专项经费，主要用于解决复员干部的安置及一些特殊困难补助。

七、被判过刑的复员干部的安置办法，仍按公安部、民政部、劳动部、人事部、国家工商行政管理局、总政治部《关于军队刑满释放干部安置问题的通知》（[1989] 政干字 258 号）规定执行。

八、各年度军队干部复员计划，由民政部、总政治部下达。各军区、各军兵种等大单位应于每年 1 月底以前将本年度军队干部复员计划报总政治部。各地人民政府要按照计划和政策规定做好接收落户工作。

部队不派人为复员干部联系工作。师以上单位干部部门，按照下达的计划，将复员干部审批报告表和档案转到接收地的省、自治区、直辖市退伍军人安置办公室。经省级安置部门审查后，立即通知接收地的县（市、区）安置部门做好接收工作。

从事个体经营或开办私营企业的复员干部档案交由其户籍所在地街道办事处或乡镇人民政府保管。

干部被批准复员的命令下达后，由部队组织办妥手续，直接介绍复员干部去接收地的县（市、区）退伍军人安置办公室报到。

此通知从下发之日起试行。

(3) 国务院、中央军委批转《民政部、劳动部、总参谋部〈关于退伍义务兵安置工作随用工单位改革实行劳动合同制意见〉的通知》（1993 年 7 月 21 日 国发［1993］54 号）

三、在签订合同、培训等方面给予优待。分配到实行全员劳动合同制企事业单位的退伍义务兵，与用工单位签订无固定期限合同。如退伍义务兵自愿签订有期限合同，则应当允许。在合同期内，用工单位不得随意辞退。鉴于义务兵在部队服役几年，退伍后转换职业需要有一个适应过程，因此应给予一年以上熟悉业务、技术的时间。在此期间内，接收单位不得以优化劳动组合为由使其离岗，应组织他们进行技术培训，提高他们的劳动技能；退伍义务兵的工资、福利和其他待遇不低于他们入伍时参加工作的同工龄、同工种职工的平均水平；退伍义务兵自愿终止合同或合同期满后需要再就业时，劳动部门在同等条件下，应优先介绍就业。

五、妥善解决养老、待业保险、住房等待遇。退伍义务兵的军龄连同待分配时间应一并计算为所在单位的连续工龄和待业、养老保险投保年限，并在工资、住房和其他方面享受同工龄、同工种职工待遇。

工资支付及其项目

[解读]

工资支付是指工资的具体发放办法，即如何计发在制度工作时间内职工完成一定的工作量后应获得的报酬，或者在特殊情况下的工资如何处理等。主要包括：工资支付项目、工资支付水平、工资支付形式、工资支付对象、工资支付时间以及特殊情况下的工资支付。

用人单位在支付工资时，应向劳动者提供一份工资清单，又称工资条。工资清单上应载明支付工资的各种名目，即工资支付项目。对工资支付项目的设定，国家没有统一的规定，须由用人单位结合自己的实际情况，在工资所包括的范围内具体设定。因此，不同的用人单位工资支付项目是不一样的。例如，有的用人单位的工资支付项目包括基础工资、岗位工资、工龄津贴、奖金、加班加点工资等。

[依据指引]

(1)《中华人民共和国劳动法》(1994 年 7 月 5 日　国家主席令第 28 号)

第五十条　工资应当以货币形式按月支付给劳动者本人。不得克扣或者无故拖欠劳动者的工资。

第五十一条　劳动者在法定休假日和婚丧假期间以及依法参加社会活动期间，用人单位应当依法支付工资。

(2) 劳动部《工资支付暂行规定》(1994 年 12 月 6 日　劳部发［1994］489 号)

第四条　工资支付主要包括：工资支付项目、工资支付水平、工资支付形式、工资支付对象、工资支付时间以及特殊情况下的工资支付。

第六条　用人单位应将工资支付给劳动者本人。劳动者本人因故不能领取工资时，可由其亲属或委托他人代领。

用人单位可委托银行代发工资。

用人单位必须书面记录支付劳动者工资的数额、时间、领取者的姓名以及签字，并保存两年以上备查。用人单位在支付工资时应向劳动者提供一份其个人的工资清单。

工资支付形式

[解读]

工资支付形式是指用人单位支付劳动者工资的具体形态。我国法律规定，工资应当以货币形式支付，不得以实物及有价证券替代货币支付。以货币形式支付工资可以更好地体现按劳分配，实现劳动者的消费愿望，强化个人所得税调节收入分配的功能，同时也符合国际通行的做法。

[依据指引]

(1)《中华人民共和国劳动法》(1994 年 7 月 5 日　国家主席令第 28 号)

第五十条　工资应当以货币形式按月支付给劳动者本人。不得克扣或者无故拖欠劳动者的工资。

(2) 劳动部《工资支付暂行规定》(1994 年 12 月 6 日　劳部发［1994］489 号)

第五条　工资应当以法定货币支付。不得以实物及有价证券替代货币支付。

工资支付对象和方式

[解读]

我国法律规定，用人单位支付工资的对象是劳动者本人。若本人因故不能领取工资，则可由其亲属或委托他人代领。这是保护劳动者获得劳动报酬的权利，防止其工资被克扣的重要措施。

用人单位可以采取签收的方式直接将工资支付给劳动者，也可以委托银行代发工资。无论采取哪种支付方式，用人单位均须向劳动者提供一份清单，书面记录支付劳动者工资的数额、时间、领取者的姓名以及签字，并保存两年以上备查。

[依据指引]

劳动部《工资支付暂行规定》(1994 年 12 月 6 日　劳部发［1994］489 号)

第六条　用人单位应将工资支付给劳动者本人。劳动者本人因故不能领取工资时，可由其亲属或委托他人代领。

用人单位可委托银行代发工资。

用人单位必须书面记录支付劳动者工资的数额、时间、领取者的姓名以及签字，并保存两年以上备查。用人单位在支付工资时应向劳动者提供一份其个人的工资清单。

工资支付时间

[解读]

我国法律规定，用人单位应当按月向劳动者支付工资。所谓按月支付，是指按照用人单位与劳动者约定的每月支付工资的日期支付，这个约定的日期就是工资支付时间。如支付工资的日期恰遇节假日或休息日，则用人单位应提前在最近的工作日向劳动者支付工资。工资至少每月支付一次，对于实行周、日、小时工资制的人员，工资也可以按周、日、小时发放。对于非全日制人员，工资也可以按周、日、小时发放，但支付周期不得超过15日。对完成一次性临时劳动和某项具体工作的劳动者，用人单位应按有关协议或合同规定在其完成劳动任务后即支付工资。

[依据指引]

(1)《中华人民共和国劳动法》（1994年7月5日　国家主席令第28号）

第五十条　工资应当以货币形式按月支付给劳动者本人。不得克扣或者无故拖欠劳动者的工资。

(2) 劳动部《工资支付暂行规定》（1994年12月6日　劳部发［1994］489号）

第七条　工资必须在用人单位与劳动者约定的日期支付。如遇节假日或休息日，则应提前在最近的工作日支付。工资至少每月支付一次，实行周、日、小时工资制的可按周、日、小时支付工资。

第八条　对完成一次性临时劳动或某项具体工作的劳动者，用人单位应按有关协议或合同规定在其完成劳动任务后即支付工资。

(3)《中华人民共和国劳动合同法》（2007年6月29日　国家主席令第65号）

第七十二条　……非全日制用工劳动报酬结算支付周期最长不得超过十五日。

建设领域农民工的工资支付

[解读]

为了预防和解决建筑业企业拖欠或克扣农民工工资的问题，国家根据《劳动法》和《工资支付暂行规定》等，制定了建设领域农民工的工资支付规定。其主要内容是：

（一）企业应依法通过民主协商的形式制定内部工资支付办法，并告知本企业全体农民工，同时抄报当地人力资源和社会保障行政部门与建设行政主管部门。

（二）企业内部工资支付办法的内容包括：支付项目、支付标准、支付方式、支付周期和日期、加班工资计算基数、特殊情况下的工资支付以及其他工资支付内容。

（三）企业应当根据劳动合同约定的工资标准和支付日期，按月向农民工本人支付工资，严禁发放给“包工头”或其他不具备用工主体资格的组织和个人，并不得低于当地最低工资标准。具体支付方式可由企业结合建筑行业特点在内部工资支付办法中规定。

（四）企业支付农民工工资应编制工资支付表，如实记录支付单位、支付时间、支付对象、支付数额等工资支付情况，并保存两年以上备查。

（五）工程总承包企业应对劳务分包企业工资支付进行监督，督促其依法支付农民工工资。

（六）业主或工程总承包企业未按合同约定与建设工程承包企业结清工程款，致使建设工程承包企业拖欠农民工工资的，由业主或工程总承包企业先行垫付农民工被拖欠的工资，先行垫付的工资数额以未结清的工程款为限。

（七）企业因被拖欠工程款导致拖欠农民工工资的，企业追回的被拖欠工程款，应优先用于支付拖欠的农民工工资。

（八）工程总承包企业不得将工程违反规定发包、分包给不具备用工主体资格的组织或个人，否则应承担清偿拖欠工资连带责任。

（九）企业违反国家工资支付规定拖欠或克扣农民工工资的，记入信用档案，并通报有关部门。建设行政主管部门可依法对其市场准入、招投标资格和新开工项目施工许可等进行限制，并予以相应处罚。

（十）企业应按有关规定缴纳工资保障金，存入当地政府指定的专户，用于垫付拖欠的农民工工资。

（十一）农民工发现企业有拖欠或克扣工资等情况，有权向人力资源和社会保障行政部门举报；被拖欠或克扣工资的当事人，可依法申请仲裁。如果农民工以用人单位的工资欠条为证据直接向法院起诉，诉讼请求不涉及劳动关系其他争议的，则法院也可直接受理。

［依据指引］

(1) 劳动和社会保障部、建设部《建设领域农民工工资支付管理暂行办法》（2004 年 9 月 15 日　劳社部发［2004］22 号）

为规范建设领域农民工工资支付行为，预防和解决建筑业企业拖欠或克扣农民工工资问题，根据《中华人民共和国劳动法》、《工资支付暂行规定》等有关规定，制定本办法。

一、本办法适用于在中华人民共和国境内的建筑业企业（以下简称企业）和与之形成劳动关系的农民工。

本办法所指建筑业企业，是指从事土木工程、建筑工程、线路管道设备安装工程、装修工程的新建、扩建、改建活动的企业。

二、县级以上劳动和社会保障行政部门负责企业工资支付的监督管理，建设行政主管部门协助劳动和社会保障行政部门对企业执行本办法的情况进行监督检查。

三、企业必须严格按照《劳动法》、《工资支付暂行规定》和《最低工资规定》等有关规定支付农民工工资，不得拖欠或克扣。

四、企业应依法通过集体协商或其他民主协商形式制定内部工资支付办法，并告知本企业全体农民工，同时抄报当地劳动和社会保障行政部门与建设行政主管部门。

五、企业内部工资支付办法应包括以下内容：支付项目、支付标准、支付方式、支付周期和日期、加班工资计算基数、特殊情况下的工资支付以及其他工资支付内容。

六、企业应当根据劳动合同约定的农民工工资标准等内容，按照依法签订的集体合同或劳动合同约定的日期按月支付工资，并不得低于当地最低工资标准。具体支付方式可由企业结合建筑行业特点在内部工资支付办法中规定。

七、企业应将工资直接发放给农民工本人，严禁发放给“包工头”或其他不具备用工主体资格的组织和个人。

企业可委托银行发放农民工工资。

八、企业支付农民工工资应编制工资支付表，如实记录支付单位、支付时间、支付对象、支付数额等工资支付情况，并保存两年以上备查。

九、工程总承包企业应对劳务分包企业工资支付进行监督，督促其依法支付农民工工资。

十、业主或工程总承包企业未按合同约定与建设工程承包企业结清工程款，致使建设工程承包企业拖欠农民工工资的，由业主或工程总承包企业先行垫付农民工被拖欠的工资，先行垫付的工资数额以未结清的工程款为限。

十一、企业因被拖欠工程款导致拖欠农民工工资的，企业追回的被拖欠工程款，应优先用于支付拖欠的农民工工资。

十二、工程总承包企业不得将工程违反规定发包、分包给不具备用工主体资格的组织或个人，否则应承担清偿拖欠工资连带责任。

十三、企业应定期如实向当地劳动和社会保障行政部门及建设行政主管部门报送本单位工资支付情况。

十四、企业违反国家工资支付规定拖欠或克扣农民工工资的，记入信用档案，并通报有关部门。

建设行政主管部门可依法对其市场准入、招投标资格和新开工项目施工许可等进行限制，并予以相应处罚。

十五、企业应按有关规定缴纳工资保障金，存入当地政府指定的专户，用于垫付拖欠的农民工工资。

十六、农民工发现企业有下列情形之一的，有权向劳动和社会保障行政部门举报：

（一）未按照约定支付工资的；

（二）支付工资低于当地最低工资标准的；

（三）拖欠或克扣工资的；

（四）不支付加班工资的；

（五）侵害工资报酬权益的其他行为。

十七、各级劳动和社会保障行政部门依法对企业支付农民工工资情况进行监察，对违法行为进行处理。企业在接受监察时应当如实报告情况，提供必要的资料和证明。

十八、农民工与企业因工资支付发生争议的，按照国家劳动争议处理有关规定处理。

对事实清楚、不及时裁决会导致农民工生活困难的工资争议案件，以及涉及农民工工伤、患病期间工资待遇的争议案件，劳动争议仲裁委员会可部分裁决；企业不执行部分裁决的，当事人可依法向人民法院申请强制执行。

十九、本办法自发布之日起执行。

(2) 最高人民法院《关于审理劳动争议案件适用法律若干问题的解释（二）》（2006 年 8 月 14

日 法释［2006］6 号）

第三条 劳动者以用人单位的工资欠条为证据直接向人民法院起诉，诉讼请求不涉及劳动关系其他争议的，视为拖欠劳动报酬争议，按照普通民事纠纷受理。

克扣和拖欠工资

［解读］

“克扣”是指用人单位无正当理由扣减劳动者应得工资报酬（即在劳动者已提供正常劳动的前提下，用人单位按劳动合同约定的标准应支付给劳动者的全额工资）的行为。但不包括以下减发工资的情况：

（一）国家法律法规中有明确规定的（如法院判决、裁定中要求代扣的抚养费、赡养费等）。

（二）依法签订的劳动合同中有明确约定的（如用人单位代扣代缴的个人所得税和应由劳动者个人缴纳的各项社会保险费用等）。

（三）用人单位依法制定并经职代会批准的厂规、厂纪中有明确规定的。

（四）企业工资总额与经济效益相联系，经济效益下浮时，工资必须相应下浮的，但支付给劳动者的工资不得低于当地最低工资标准。

（五）因劳动者请事假等相应减发的工资等。

“拖欠”是指用人单位无正当理由超过规定的工资发放时间而未付给劳动者工资的行为。但不包括下列情况：

（一）用人单位遇到非人力所能抗拒的自然灾害、战争等原因，无法正常支付工资。

（二）用人单位确因生产经营困难、资金周转受到影响，在征得本单位工会同意后，可暂时延期支付劳动者工资，延期时间的最长限制，可由各省、自治区、直辖市人力资源和社会保障行政部门根据各地情况确定。

其他情况的拖欠工资均属无故拖欠。然而，有时用人单位偶尔超过规定的工资发放时间仅有几日，但没有超过地方政府限定的允许超时的期间，应当认定不属于拖欠工资的行为。

用人单位克扣或无故拖欠劳动者工资的，劳动保障监察部门可责令其限期支付应支付劳动者工资报酬，逾期不支付的，责令其按应付金额50%以上100%以下的标准向劳动者加付赔偿金。由此而发生劳动争议，当事人申诉至劳动争议仲裁委员会的，仲裁委员会可要求用人单位支付劳动者应支付的工资报酬及其25%的经济补偿。劳动者因未及时足额支付劳动报酬，提出辞职的，用人单位除应支付克扣或拖欠的工资差额外，还应按其工作年限计发经济补偿金。

［依据指引］

(1)《中华人民共和国劳动合同法》（2007 年 6 月 29 日 国家主席令第 65 号）

第八十五条 用人单位有下列情形之一的，由劳动行政部门责令限期支付劳动报酬、加班费或者经济补偿；劳动报酬低于当地最低工资标准的，应当支付其差额部分；逾期不支付的，责令用人单位按应付金额 50%以上 100%以下的标准向劳动者加付赔偿金：

（一）未按照劳动合同的约定或者国家规定及时足额支付劳动者劳动报酬的；

（二）低于当地最低工资标准支付劳动者工资的；

（三）安排加班不支付加班费的；

（四）解除或者终止劳动合同后，未依照本法规定向劳动者支付经济补偿的。

(2)《中华人民共和国劳动法》（1994 年 7 月 5 日 国家主席令第 28 号）

第五十条 工资应当以货币形式按月支付给劳动者本人。不得克扣或者无故拖欠劳动者的工资。

第九十一条 用人单位有下列侵害劳动者合法权益情形之一的，由劳动行政部门责令支付劳动者的工资报酬、经济补偿，并可以责令支付赔偿金：

（一）克扣或者无故拖欠劳动者工资的；

（二）拒不支付劳动者延长工作时间工资报酬的；

（三）低于当地最低工资标准支付劳动者工资的；

（四）解除劳动合同后，未依照本法规定给予劳动者经济补偿的。

(3) 劳动部《工资支付暂行规定》（1994 年 12 月 6 日 劳部发［1994］489 号）

第十五条 用人单位不得克扣劳动者工资。有下列情况之一的，用人单位可以代扣劳动者工资：

（1）用人单位代扣代缴的个人所得税；

（2）用人单位代扣代缴的应由劳动者个人负担的各项社会保险费用；

（3）法院判决、裁定中要求代扣的抚养费、赡养费；

（4）法律、法规规定可以从劳动者工资中扣除的其他费用。

第十六条 因劳动者本人原因给用人单位造成经济损失的，用人单位可按照劳动合同的约定要求其赔偿经济损失。经济损失的赔偿，可从劳动者本人的工资中扣除。但每月扣除的部分不得超过劳动者当月工资的20%。若扣除后的剩余工资部分低于当地月最低工资标准，则按最低工资标准支付。

第十八条 各级劳动行政部门有权监察用人单位工资支付的情况。用人单位有下列侵害劳动者合法权益行为的，由劳动行政部门责令其支付劳动者工资和经济补偿，并可责令其支付赔偿金：

（一）克扣或者无故拖欠劳动者工资的；

（二）拒不支付劳动者延长工作时间工资的；

（三）低于当地最低工资标准支付劳动者工资的。

经济补偿和赔偿金的标准，按国家有关规定执行。

（4）劳动部《关于贯彻执行〈中华人民共和国劳动法〉若干问题的意见》（1995年8月4日 劳部发［1995］309号）

63. 企业克扣或无故拖欠劳动者工资的，劳动监察部门应根据劳动法第九十一条、劳动部《违反和解除劳动合同的经济补偿办法》第三条、《违反〈中华人民共和国劳动法〉行政处罚办法》第六条予以处理。

（5）劳动部《对〈工资支付暂行规定〉有关问题的补充规定》（1995年5月12日 劳部发［1995］226号）

三、《规定》第十五条中所称"克扣"系指用人单位无正当理由扣减劳动者应得工资（即在劳动者已提供正常劳动的前提下用人单位按劳动合同规定的标准应当支付给劳动者的全部劳动报酬）。不包括以下减发工资的情况：（1）国家的法律、法规中有明确规定的；（2）依法签订的劳动合同中有明确规定的；（3）用人单位依法制定并经职代会批准的厂规、厂纪中有明确规定的；（4）企业工资总额与经济效益相联系，经济效益下浮时，工资必须下浮的（但支付给劳动者工资不得低于当地的最低工资标准）；（5）因劳动者请事假等相应减发工资等。

四、《规定》第十八条所称"无故拖欠"系指用人单位无正当理由超过规定付薪时间未支付劳动者工资。不包括：（1）用人单位遇到非人力所能抗拒的自然灾害、战争等原因，无法按时支付工资；（2）用人单位确因生产经营困难、资金周转受到影响，在征得本单位工会同意后，可暂时延期支付劳动者工资，延期时间的最长限制可由各省、自治区、直辖市劳动行政部门根据各地情况确定。其他情况下拖欠工资均属无故拖欠。

（6）劳动部《违反和解除劳动合同的经济补偿办法》（1994年12月3日 劳部发［1994］481号）

第三条 用人单位克扣或者无故拖欠劳动者工资的，以及拒不支付劳动者延长工作时间工资报酬的，除在规定的时间内全额支付劳动者工资报酬外，还需加发相当于工资报酬百分之二十五的经济补偿金。

欠薪保障制度

［解读］

欠薪保障制度是指通过国家和地方立法及政策规定，在企业因破产、歇业或发生突发事件，欠付职工工资或其他报酬又无法追偿时，由政府运用社会共济资金先期垫付、事后追偿或动用企业工资预留账户资金等方式，保障劳动者合法权益的一种制度。

在社会主义市场经济发展过程中，出现了一些企业长期拖欠劳动者工资的现象，特别是建筑等行业一些企业三角债等情况的存在，以及一些小企业经营风险大，破产、歇业和业主逃匿等情况的发生，导致欠付劳动者，尤其是农民工的工资、社会保险费。不仅侵害了劳动者的合法权益，还严重影响着社会的安定。于是欠薪保障制度便应运而生。欠薪保障工作主要是由政府的人力资源和社会保障、财政、工商行政等部门相互配合、共同负责。欠薪保障资金一般是委托各级社会保险经办机构负责向划定范围内的企业征收，或委托银行为划定范围内的企业设立工资预留账户。对于欠薪保障金垫付的项目，一次垫付的最高额度，申请欠薪保障金垫付必须具备的条件，偿还垫付金的程序，以及如何运用、管理工资预留账户资金等，均由地方政府作出规定。

［依据指引］

（1）上海市人民政府《上海市小企业欠薪基

金试行办法》（1999 年 11 月 25 日 沪府发［1999］43 号）

第一条 为了促进本市小企业的发展，保障职工合法权益，维护社会稳定，根据《上海市人民政府关于促进本市小企业发展的决定》，制定本办法。

第二条 本办法所称的欠薪，是指企业应付而逾期未付给职工的工资，以及应缴纳而逾期未缴纳的社会保险费。

第三条 凡在本市工商行政管理部门登记注册，符合国家和本市确定的小企业（以下简称小企业）划分标准，并已履行本办法规定交费义务的企业，均适用本办法。

第四条 上海市小企业欠薪基金委员会（以下简称欠薪基金委员会）是小企业欠薪基金的协调机构，负责欠薪基金政策的制定、协调工作。

欠薪基金委员会由市促进小企业发展协调办公室、市财政局、市工商行政管理局、市劳动和社会保障局、市总工会、市工商联、小企业代表等组成。

第五条 市工商行政管理部门受欠薪基金委员会的委托，在企业登记和年检时，代为征收欠薪保障费。

第六条 市财政部门负责设立欠薪基金专项账户，并根据专款专用的原则，对欠薪基金使用情况进行监督管理。

第七条 市劳动和社会保障部门负责受理欠薪基金使用的具体申报、审批以及垫付资金的追偿。

第八条 每户企业每年缴纳一名职工的欠薪保障费，其标准为本市上一年度在职职工月平均工资的 60%。

欠薪保障费在企业成本中列支。

对欠薪保障费，已设立的企业在办理企业年检时一次缴纳，新建企业当年的欠薪保障费在办理工商登记注册时缴纳。

企业缴纳的欠薪保障费由工商行政管理部门集中划入市财政部门设立的欠薪基金专户。

第九条 欠薪基金的来源包括：

（一）企业缴纳的欠薪保障费；

（二）欠薪基金的利息收入和按规定购买的国债等收益；

（三）欠薪基金不足使用时，通过有关渠道予以补充的资金。

第十条 欠薪基金的垫付范围包括：

（一）企业应付而逾期未支付给职工的工资；

（二）企业未依法按期足额缴纳的社会保险费。

第十一条 有下列情形之一，且暂时无法支付职工工资或者无法缴纳社会保险费的企业，可以向市劳动和社会保障部门申请垫付欠薪：

（一）因宣告破产、歇业等进入清算程序的企业；

（二）因企业法定代表人隐匿等原因，由人民法院按照劳动争议仲裁委员会裁决，或人民法院判决予以强制执行的企业。

第十二条 进入清算程序的企业，由清算组织提出申请。

进入人民法院强制执行程序的企业，由企业提出申请。

因企业法定代表人隐匿等情况，企业无法提出申请的，可由企业职工提出申请，或可以实施强制执行的人民法院发出协助执行的公函、相应的裁判文书作为申请凭据。

第十三条 申请垫付欠薪，应向市劳动和社会保障部门提供下列材料：

（一）企业欠薪基金交费证明；

（二）企业进入清算程序或暂时不能支付职工工资和缴纳社会保险费的证明材料；

（三）劳动争议仲裁委员会的生效裁决书或人民法院的生效判决书；

（四）人民法院对欠薪强制执行的生效文书；

（五）欠薪基金委员会认为需要提供的其他相关证明文件。

第十四条 市财政部门按照市劳动和社会保障部门提出的欠薪基金使用计划，及时予以审核并拨付资金；市劳动和社会保障部门负责欠薪基金的使用，并做到专款专用。

第十五条 垫付企业所欠职工工资的部分，最多不超过 6 个月，每月垫付数额最多不超过本市规定的企业职工月最低工资标准。垫付企业所欠的社会保险费部分，最多不超过 6 个月。欠薪垫付属一次性垫付。

遇有特殊情况，欠薪基金的使用可不受上述标准的限制，但应按照规定的程序进行审批。

第十六条 经批准予以垫付欠薪的，由市劳动和社会保障部门将欠薪资金按核准数划拨给申请企业，由申请企业支付给职工或者向社会保险经办机构缴纳社会保险费。

申请企业支付职工工资的缴纳社会保险费后，

应将支付凭证和缴纳凭证报市劳动和社会保障部门。

第十七条 进入清算程序的企业，在企业清偿中，应将垫付欠薪列入优先清偿顺序，由清算组织按人民法院裁定或审计清算报告予以归还。

人民法院对欠薪强制执行的企业，由人民法院按执行结果归还。

追偿的垫付欠薪，应全部划入市财政专户。

第十八条 欠薪基金委员会对申请垫付欠薪的企业享有追偿权，可提请人民法院冻结其账户，查封其资产或者扣押、拍卖其资产偿还所垫付欠薪，并追究其他法律责任。

企业由于客观原因无法全部或部分偿还垫付欠薪的，由欠薪基金委员会按审计清算报告或人民法院的书面裁定等予以确认。

第十九条 市工商行政管理、财政、劳动和社会保障部门应定期向欠薪基金委员会报告欠薪基金的代为征缴、代为垫付和代为追偿情况。

市审计部门应依法对欠薪基金的征缴、垫付、追偿、结存和运作情况进行审计监督，并向市政府报告审计结果。市审计部门认为必要时，可以对欠薪基金进行专项审计。

第二十条 本办法自2000年1月1日起试行。

(2) 上海市人民政府《关于本市小企业欠薪保障金收缴的实施意见》（2000年8月8日 沪府发［2000］38号）

《上海市小企业欠薪基金试行办法》（沪府发［1999］43号）的发布，对促进本市小企业发展，保障职工合法权益，维护社会稳定具有积极作用。为进一步做好此项工作，现结合试行中的具体情况，提出本市小企业欠薪保障金收缴的实施意见如下：

一、欠薪保障金的收缴部门

市劳动和社会保障局受市欠薪基金委员会委托，收缴小企业欠薪保障金，市工商行政管理部门予以配合。

二、欠薪保障金的缴纳对象

缴纳欠薪保障金的小企业，是指用工在300人以下（含本数）的小企业。从2000年1月1日起，列入缴费范围的小企业均应按照《上海市小企业欠薪基金试行办法》的规定，缴纳欠薪保障金。

小企业的具体划分，由市促进小企业发展协调办公室、市劳动和社会保障局负责界定。

三、欠薪保障金的缴纳标准

每户企业每年缴纳一名职工的欠薪保障金，缴费基数按本市上一年度在职职工月平均工资确定。新设立的小企业，在设立当年的缴费比例为30%；已设立的小企业，用工人数在100人以下（含本数）的，缴费比例为60%；用工人数在101人至200人的，缴费比例为80%；用工人数在200人以上的，缴费比例为100%。

欠薪保障金按年缴纳，按自然年度计算。欠薪保障金在企业成本费用中列支。

收取欠薪保障金时，使用市财政局统一印制的专用收据。

四、欠薪保障金的缴纳程序

由市劳动和社会保障局按规定对小企业收取欠薪保障金。小企业在办理年检前，均应先缴纳欠薪保障金，凭缴纳欠薪保障金的专用收据到工商行政管理部门办理年检手续。

五、欠薪保障金的管理

（一）市劳动保障局收缴的欠薪保障金，全额缴入市财政欠薪保障金专户，实行“收支两条线”管理。收缴中涉及的具体问题，由市劳动和保障局会同市财政局商定。

（二）使用欠薪保障金，由市劳动和社会保障局按实向市财政局申报，并同时报市促进小企业发展协调办公室。经市财政局审核并商市促进小企业发展协调办公室后予以划拨。具体结算办法，由市财政局会同市劳动和社会保障局商定。

有关申请欠薪垫付的条件和程序、欠薪垫付的批准和拨付、已垫付欠薪保障金的追偿等，由市促进小企业发展协调办公室会同市劳动和社会保障局、市财政局制定具体的实施办法。

（三）市劳动和社会保障局、市财政局欠薪保障收缴管理部门负责定期向市欠薪基金委员会报告欠薪保障金的收缴、管理和使用情况，并依法接受审计监督。

本实施意见如与《上海市小企业欠薪基金试行办法》内容有不一致的，以本实施意见为准。

(3) 北京市人民政府《北京市工资支付规定》（2003年12月22日 市政府令第142号）

第三十条 本市建立企业欠薪应急保障制度。在本市重点行业的企业中试行设立工资预留账户制度，企业预留部分资金专项用于发生欠薪时支付劳动者工资的应急保障。

试行设立工资预留账户的行业由市人民政府批准，具体管理办法由市劳动保障部门会同有关行政主管部门制定并公布。

劳动合同履行地与单位注册地不一致，工资等劳动标准的适用

[解读]

在实践中，劳动者劳动合同履行地与用人单位注册地、经营地不一致的情形常有，例如一些企业流动性很大，经常出现跨地区生产经营的情况；一些地方存在的跨地区使用劳务派遣用工方式的情况等。而各地劳动标准各不相同，应当如何适用，国家对此作了规定：凡遇有这种情形的，有关劳动者的最低工资标准，上年度职工月社会平均工资、劳动保护等劳动标准，原则上按照用人单位经营地，也就是劳动合同履行地的规定执行；如果用人单位注册地的有关标准高于用人单位经营地即劳动合同履行地的有关标准，而且双方约定按照注册地的标准执行，则从其约定。

[依据指引]

(1)《中华人民共和国劳动合同法》（2007年6月29日 国家主席令第65号）

第六十一条 劳务派遣单位跨地区派遣劳动者的，被派遣劳动者享有的劳动报酬和劳动条件，按照用工单位所在地的标准执行。

(2) 国务院《劳动合同法实施条例》（2008年9月18日 国务院令第535号）

第十四条 劳动合同履行地与用人单位注册地不一致的，有关劳动者的最低工资标准、劳动保护、劳动条件、职业危害防护和本地区上年度职工月平均工资标准等事项，按照劳动合同履行地的有关规定执行；用人单位注册地的有关标准高于劳动合同履行地的有关标准，且用人单位与劳动者约定按照用人单位注册地的有关规定执行的，从其约定。

(3) 劳动和社会保障部办公厅《关于企业跨地区从事生产经营活动工资支付有关问题的函》（2004年11月8日 劳社厅函［2004］382号）

北京市劳动和社会保障局：

你局《关于企业跨地区从事生产经营活动工资支付有关问题的请示》（京劳社资文［2004］58号）收悉。经研究，函复如下：

企业跨地区生产经营应执行生产经营所在地的最低工资标准。在工资支付方面，企业应执行国家有关规定以及企业生产经营活动所在地政府依法制定的有关规定。

制度工时天数与工资折算

[解读]

制度工时天数是指劳动者每月的标准工作天数。根据国家最新的规定，制度工时天数为20.83天。计算公式为：制度工时天数＝（全年日历天数－节假日天数－休息日天数）÷12个月，即365天－104天（休息日）－11天（法定节假日）＝20.83天/月。

月计薪天数是指国家根据标准工作时间和休息休假制度确定的计算劳动者日工资、小时工资的天数。按照法律规定，法定节假日是带薪日，而休息日是非带薪日。因此，计算月计薪天数、日工资、小时工资时，应不剔除国家规定的11天法定节假日，而剔除104天休息日。据此，月计薪天数、日工资、小时工资的计算公式为：

月计薪天数＝（365天－104天）÷12个月＝21.75天

日工资＝月工资收入÷月计薪天数

小时工资＝月工资收入÷（月计薪天数×8小时）

如果用人单位累计劳动者工作日休医疗期的天数，则应当运用制度工时天数，也就是说只要劳动者工作日休医疗期达到20.83天，就可认定其休医疗期已满1个月。如果用人单位计算劳动者的日工资，则应当运用月计薪天数，即用劳动者的月工资收入除以21.75天。

[依据指引]

(1) 国务院《关于职工工作时间的规定》（1994年2月3日 国务院令第174号 1995年3月25日修订）

第一条 为了合理安排职工的工作和休息时间，维护职工的休息权利，调动职工的积极性，促进社会主义现代化建设事业的发展，根据宪法有关规定，制定本规定。

第二条 本规定适用于在中华人民共和国境内的国家机关、社会团体、企业事业单位以及其他组织的职工。

第三条 职工每日工作8小时、每周工作40小时。

第四条 在特殊条件下从事劳动和有特殊情况，需要适当缩短工作时间的，按照国家有关规

定执行。

第五条 因工作性质或者生产特点的限制，不能实行每日工作8小时、每周工作40小时标准工时制度的，按照国家有关规定，可以实行其他工作和休息办法。

第六条 任何单位和个人不得擅自延长职工工作时间。因特殊情况和紧急任务确需延长工作时间的，按照国家有关规定执行。

第七条 国家机关、事业单位实行统一的工作时间，星期六和星期日为周休息日。

企业和不能实行前款规定的统一工作时间的事业单位，可以根据实际情况灵活安排周休息日。

第八条 本规定由劳动部、人事部负责解释；实施办法由劳动部、人事部制定。

第九条 本规定自1995年5月1日起施行。1995年5月1日施行有困难的企业、事业单位，可以适当延期；但是，事业单位最迟应当自1996年1月1日起施行，企业最迟应当自1997年5月1日起施行。

(2)《全国年节及纪念日放假办法》（1999年9月18日 国务院令第270号 2007年12月14日修订）

第一条 为统一全国年节及纪念日的假期，制定本办法。

第二条 全体公民放假的节日：

（一）新年，放假1天（1月1日）；

（二）春节，放假3天（农历正月初一、初二、初三）；

（三）清明节放假1天（农历清明当日）；

（四）劳动节，放假1天（5月1日）；

（五）端午节，放假1天（农历端午当日）；

（六）中秋节，放假1天（农历中秋当日）；

（七）国庆节，放假3天（10月1日、2日、3日）。

第三条 部分公民放假的节日及纪念日；

（一）妇女节（3月8日），妇女放假半天；

（二）青年节（5月4日），14周岁以上的青年放假半天；

（三）儿童节（6月1日），不满14周岁的少年儿童放假1天；

（四）中国人民解放军建军纪念日（8月1日），现役军人放假半天。

第四条 少数民族习惯的节日，由各少数民族聚居地区的地方人民政府，按照各该民族习惯，规定放假日期。

第五条 二七纪念日、五卅纪念日、七七抗战纪念日、九三抗战胜利纪念日、九一八纪念日、教师节、护士节、记者节、植树节等其他节日、纪念日，均不放假。

第六条 全体公民放假的假日，如果适逢星期六、星期日，应当在工作日补假。部分公民放假的假日，如果适逢星期六、星期日，则不补假。

第七条 本办法自公布之日起施行。

(3) 劳动和社会保障部《关于职工全年月平均工作时间和工资折算问题的通知》（2008年1月3日 劳社部发［2008］3号）

根据《全国年节及纪念日放假办法》（国务院令第513号）的规定，全体公民的节日假期由原来的10天增设为11天。据此，职工全年月平均制度工作天数和工资折算办法分别调整如下：

一、制度工作时间的计算年工作日：365天－104天（休息日）－11天（法定节假日）＝250天

季工作日：250天÷4季＝62.5天/季

月工作日：250天÷12月＝20.83天/月

工作小时数的计算：以月、季、年的工作日乘以每日的8小时。

二、日工资、小时工资的折算按照《劳动法》第五十一条的规定，法定节假日用人单位应当依法支付工资，即折算日工资、小时工资时不剔除国家规定的11天法定节假日。据此，日工资、小时工资的折算为：

日工资：月工资收入÷月计薪天数

小时工资：月工资收入÷(月计薪天数×8小时)

月计薪天数＝(365天－104天)÷12月＝21.75天

三、2000年3月17日劳动保障部发布的《关于职工全年月平均工作时间和工资折算问题的通知》（劳社部发［2000］8号）同时废止。

最低工资

[解读]

最低工资是指劳动者在法定工作时间内履行了正常劳动义务的前提下，由其所在单位支付的最低劳动报酬。根据国家规定，最低工资包括国家规定的应由劳动者缴纳的社会保险费和住房公积金；不包括延长工作时间的加班加点工资，以货币形式支付的住房补贴和用人单位支付的伙食补贴，中班、夜班、高温、低温、高空、井下有

毒有害等特殊工作环境和劳动条件下的津贴。但是，一些地方规定最低工资中不包括国家规定的应由劳动者缴纳的社会保险费和住房公积金。

最低工资保障制度的适用范围是我国境内的所有企业、有雇工的个体工商户及其劳动者，其中自然也包括乡镇企业；还适用于国家机关、事业单位、社会团体和与之建立劳动合同关系的劳动者；同时，还规定民办非企业单位，如民办学校、医院、科研机构等，以及依法成立的会计师事务所、律师事务所等合伙组织和基金会，也适用最低工资的规定。

最低工资标准的确定，实行政府、工会、企业三方代表民主协商的原则；参考政府统计部门提供的当地就业者及其赡养人口的最低生活费、社会职工平均工资、劳动生产率、城镇就业状况和经济发展水平等因素，一般应高于当地社会低保和失业保险标准，低于社会平均工资标准；考虑同一地区不同区域和行业的特点，对不同经济发展区域和行业，可确定不同的最低工资标准。对全日制职工，一般情况下是按月确定，也可按周、日或小时确定，各种单位时间的最低工资标准可以转换。在确定非全日制职工的最低工资标准时，应在颁布的月最低工资标准的基础上，将单位应缴纳的养老保险费和基本医疗保险费，以及非全日制职工与全日制职工在工作稳定性、劳动条件、福利待遇等方面的差异一并考虑进去。也就是说，两种形式的最低工资标准是不相同的，是不能相互转换的。

用人单位支付劳动者的工资不得低于其所适用的最低工资标准。实行计件或提成等工资形式的企业，必须进行合理的折算，其相应的折算额不得低于按时、日、周、月确定的相应的最低工资标准。须特别注意的是，实行计件、定额工资制的用人单位，无论劳动者是否完成定额任务，只要其付出了正常劳动，该单位就应当按不低于最低工资的标准支付其工资。

特别需要说明的是，如果按有的地方规定，最低工资不包括劳动者应承担的社会保险和住房公积金等费用，则用人单位不能再从支付给劳动者的最低工资中扣除由劳动者应承担的社会保险和住房公积金等费用，而是由用人单位另外支付劳动者应承担的社会保险费和住房公积金等费用，支付给劳动者的工资金额应是最低工资的标准。

国务院人力资源和社会保障行政主管部门负责对全国最低工资制度实行统一管理；省、自治区、直辖市人民政府人力资源和社会保障行政主管部门负责对本行政区域的最低工资制度实施统一管理，最低工资标准每两年至少调整一次。最低工资标准经当地人民政府批准后，应自批准之日起7日内在当地政府公报和至少一种全地区报纸上发布。用人单位在当地最低工资标准发布后10日内，有将该标准向本单位全体职工公示的义务。

[依据指引]

(1) 劳动和社会保障部《最低工资规定》(2004年1月20日 部令第21号)

第一条 为了维护劳动者取得劳动报酬的合法权益，保障劳动者个人及其家庭成员的基本生活，根据劳动法和国务院有关规定，制定本规定。

第二条 本规定适用于在中华人民共和国境内的企业、民办非企业单位、有雇工的个体工商户（以下统称用人单位）和与之形成劳动关系的劳动者。

国家机关、事业单位、社会团体和与之建立劳动合同关系的劳动者，依照本规定执行。

第三条 本规定所称最低工资标准，是指劳动者在法定工作时间或依法签订的劳动合同约定的工作时间内提供了正常劳动的前提下，用人单位依法应支付的最低劳动报酬。

本规定所称正常劳动，是指劳动者按依法签订的劳动合同约定，在法定工作时间或劳动合同约定的工作时间内从事的劳动。劳动者依法享受带薪年休假、探亲假、婚丧假、生育（产）假、节育手术假等国家规定的假期间，以及法定工作时间内依法参加社会活动期间，视为提供了正常劳动。

第四条 县级以上地方人民政府劳动保障行政部门负责对本行政区域内用人单位执行本规定情况进行监督检查。

各级工会组织依法对本规定执行情况进行监督，发现用人单位支付劳动者工资违反本规定的，有权要求当地劳动保障行政部门处理。

第五条 最低工资标准一般采取月最低工资标准和小时最低工资标准的形式。月最低工资标准适用于全日制就业劳动者，小时最低工资标准适用于非全日制就业劳动者。

第六条 确定和调整月最低工资标准，应参考当地就业者及其赡养人口的最低生活费用、城镇居民消费价格指数、职工个人缴纳的社会保险费和住房公积金、职工平均工资、经济发展水平、就业状况等因素。

确定和调整小时最低工资标准，应在颁布的月最低工资标准的基础上，考虑单位应缴纳的基本养老保险费和基本医疗保险费因素，同时还应适当考虑非全日制劳动者在工作稳定性、劳动条件和劳动强度、福利等方面与全日制就业人员之间的差异。

月最低工资标准和小时最低工资标准具体测算方法见附件。

第七条 省、自治区、直辖市范围内的不同行政区域可以有不同的最低工资标准。

第八条 最低工资标准的确定和调整方案，由省、自治区、直辖市人民政府劳动保障行政部门会同同级工会、企业联合会/企业家协会研究拟订，并将拟订的方案报送劳动保障部。方案内容包括最低工资确定和调整的依据、适用范围、拟订标准和说明。劳动保障部在收到拟订方案后，应征求全国总工会、中国企业联合会/企业家协会的意见。

劳动保障部对方案可以提出修订意见，若在方案收到后14日内未提出修订意见的，视为同意。

第九条 省、自治区、直辖市劳动保障行政部门应将本地区最低工资标准方案报省、自治区、直辖市人民政府批准，并在批准后7日内在当地政府公报上和至少一种全地区性报纸上发布。省、自治区、直辖市劳动保障行政部门应在发布后10日内将最低工资标准报劳动保障部。

第十条 最低工资标准发布实施后，如本规定第六条所规定的相关因素发生变化，应当适时调整。最低工资标准每两年至少调整一次。

第十一条 用人单位应在最低工资标准发布后10日内将该标准向本单位全体劳动者公示。

第十二条 在劳动者提供正常劳动的情况下，用人单位应支付给劳动者的工资在剔除下列各项以后，不得低于当地最低工资标准：

（一）延长工作时间工资；

（二）中班、夜班、高温、低温、井下、有毒有害等特殊工作环境、条件下的津贴；

（三）法律、法规和国家规定的劳动者福利待遇等。

实行计件工资或提成工资等工资形式的用人单位，在科学合理的劳动定额基础上，其支付劳动者的工资不得低于相应的最低工资标准。

劳动者由于本人原因造成在法定工作时间内或依法签订的劳动合同约定的工作时间内未提供正常劳动的，不适用于本条规定。

第十三条 用人单位违反本规定第十一条规定的，由劳动保障行政部门责令其限期改正；违反本规定第十二条规定的，由劳动保障行政部门责令其限期补发所欠劳动者工资，并可责令其按所欠工资的1～5倍支付劳动者赔偿金。

第十四条 劳动者与用人单位之间就执行最低工资标准发生争议，按劳动争议处理有关规定处理。

第十五条 本规定自2004年3月1日起实施。1993年11月24日原劳动部发布的《企业最低工资标准》同时废止。

附件：最低工资标准测算方法

一、确定最低工资标准应考虑的因素

确定最低工资标准一般考虑城镇居民生活费用支出、职工个人缴纳社会保险费、住房公积金、职工平均工资、失业率、经济发展水平等因素。可用公式表示为：

$$M=f(C、S、A、U、E、a)$$

M最低工资标准；

C城镇居民人均生活费用；

S职工个人缴纳社会保险费、住房公积金；

A职工平均工资；

U失业率；

E经济发展水平；

a调整因素。

二、确定最低工资标准的通用方法

1. 比重法。即根据城镇居民家计调查资料，确定一定比例的最低人均收入户为贫困户，统计出贫困户的人均生活费用支出水平，乘以每一就业者的赡养系数，再加上一个调整数。

2. 恩格尔系数法。即根据国家营养学会提供的年度标准食物谱及标准食物摄取量，结合标准食物的市场价格，计算出最低食物支出标准，除以恩格尔系数，得出最低生活费用标准，再乘以每一就业者的赡养系数，再加上一个调整数。

以上方法计算出月最低工资标准后，再考虑职工个人缴纳社会保险费、住房公积金、职工平均工资水平、社会救济金和失业保险金标准、就业状况、经济发展水平等进行必要的修正。

举例：某地区最低收入组人均每月生活费支出为210元，每一就业者赡养系数为1.87，最低食物费用为127元，恩格尔系数为0.604，平均工资为900元。

1. 按比重法计算得出该地区月最低工资标准为：

月最低工资标准＝210×1.87＋a＝393＋a（元）（1）

2. 按恩格尔系数法计算得出该地区月最低工资标准为：

月最低工资标准＝127÷0.604×1.87＋a＝393＋a（元）（2）

公式（1）与（2）中a的调整因素主要考虑当地个人缴纳养老、失业、医疗保险费和住房公积金等费用。

另，按照国际上一般月最低工资标准相当于月平均工资的40％～60％，则该地区月最低工资标准范围应在360～540元之间。

小时最低工资标准＝[（月最低工资标准÷20.92÷8）×（1＋单位应当缴纳的基本养老保险费、基本医疗保险费比例之和）]×（1＋浮动系数）

浮动系数的确定主要考虑非全日制就业劳动者工作稳定性、劳动条件和劳动强度、福利等方面与全日制就业人员之间的差异。

各地可参照以上测算方法，根据当地实际情况合理确定月、小时最低工资标准。

（2）劳动部《关于贯彻执行〈劳动法〉若干问题的意见》（1995年8月4日　劳部发［1995］309号）

56. 在劳动合同中，双方当事人约定的劳动者在未完成劳动定额或承包任务的情况下，用人单位可低于最低工资标准支付劳动者工资的条款不具有法律效力。

（3）劳动部《违反和解除劳动合同的经济补偿办法》（1994年12月3日　劳部发［1994］481号）

第四条　用人单位支付劳动者的工资报酬低于当地最低工资标准的，要在补足低于标准部分的同时，另外支付相当于低于部分百分之二十五的经济补偿金。

经营者年薪制

［解读］

经营者年薪制是建立经营者收入分配激励和约束机制的重要内容。经营者是指以实现企业利润最大化和企业资产增值为目标，对企业资产具有法人财产权并承担经营风险的人；是以个人的经营管理能力，对企业整体资产及其生产要素进行优化组合，独立地、创造性地组织管理和指挥企业的人；是变革生产方式，将科学技术转化为现实生产力的人；是先进生产方式的创造者和实践者；是开拓市场，根据市场需求在生产、流通和服务等领域进行经营活动，将劳动者的劳动转化为企业经济效益的人。随着国有企业改革的深化，政企分开、产权明晰、责权明确、管理科学的现代企业制度的建立，真正意义上的经营者群体将会应运而生。

目前，经营者年薪制主要在国有企业或国有控股企业实行。一般来说，其对象为公司制企业的董事长、总经理和非公司制企业的厂长。经营者年薪收入分为两部分，即基本收入和效益收入。基本收入部分一般采取分月预付办法发放。效益收入主要同经营者的经营管理业绩挂钩浮动，分档确定，上不封顶。对经营者主要考核国有资产保值增值率、实现税利、资本收益率等指标完成情况。效益收入须在年终考核后兑现。经营者年薪收入一般从企业支付，部分地区从地方财政列支。经营者除年薪收入外，一律不得再从企业取得各种奖金、津贴等工资性报酬。经营者年薪收入坚持先考核、后兑现的原则。

［依据指引］

（1）劳动部《关于改进完善全民所有制企业经营者收入分配办法的意见》（1992年8月27日　劳薪字［1992］36号）

一、确定经营者收入必须贯彻按劳分配原则。企业经营者的劳动报酬应该建立在工作实绩考核的基础上，主要与其所在企业的经营成果相联系，把承包经营责任制与经营者的工资、奖金等分配结合起来。经营者的收入应与其他职工合理拉开差距，体现多劳多得，同时也要避免差距过大。

二、企业经营者系指企业的厂长（经理），即企业的法定代表人。计算企业经营者年收入与本企业职工年人均收入的倍数关系时，经营者年收入、职工年人均收入系指本年度内按国家规定的工资总额组成之和（不含按国家规定发给的福利性补贴）。

三、实行承包经营责任制的全民所有制企业，其经营者收入水平，应主要根据本企业完成承包经营合同的情况，生产经营的责任轻重、风险程度等因素合理确定。其中，要把确保国有资产的保值、增值和企业发展后劲作为确定经营者收入水平的重要依据之一。经营者收入水平按以下具体原则确定：

全面完成任期内承包经营合同年度指标（包括合同规定的经济效益指标和以技术改造为主的发展后劲指标及各项管理指标等），经营者年收入可高于本企业职工年人均收入，一般不超过一倍；全面完成合同年度指标并达到省内同行业先进水平或超过本企业历史最好水平的，经营者的年收入可高于本企业职工年人均收入的一至二倍；全面超额完成承包经营合同规定的各项任务，主要经济指标居国内同行业领先地位，并在企业技术改造、资产增值、产品调整、出口创汇、提高经济效益等方面做出突出成绩的，经营者年收入可高于本企业职工年人均收入的二至三倍。

考核企业是否全面完成承包经营合同时，还必须考核企业的债务和潜亏情况。对因经营管理不善造成企业债务总额大于资产总额或造成企业虚盈实亏的，应视情节轻重，对经营者给予必要的经济处罚。

经营者收入按超基数留成或分成办法计算的要停止执行。

四、承包经营责任制企业领导班子其他成员的收入水平，可以参照上述原则，根据其责任轻重、贡献大小，按照不超过经营者收入水平的一定比例合理确定。

五、因经营管理不善而未完成承包经营合同任务时，应视未完成程度，按照经营者年标准工资总额和本企业年人均奖金水平扣发一定比例的工资收入，对企业领导班子的其他成员也应视情况进行扣减。

六、承包期间各年度末以及承包期结束，企业主管部门要严格按照承包经营合同规定，全面考核各项经济指标和有关条款的完成情况，并由审计部门进行审计，以此作为确定经营者应兑现收入水平的依据。对于同时实行承包经营责任制和工资总额与经济效益挂钩的企业，确定经营者收入还应考核其工效挂钩执行情况，将承包和挂钩有机地衔接起来。凡没有新增效益工资的，不得增提经营者收入；企业职工工资水平下浮的，经营者收入水平应按一定比例下浮。

七、采取其他经营形式的全民所有制企业，其经营者收入可以参照确定承包经营者收入水平的原则合理确定，并按有关规定兑现其收入。

八、确定和兑现经营者收入要认真履行承包经营合同并坚持民主程序和审批程序，在企业内部分配上要体现收入制度化、规范化的原则。企业主管部门负责对经营者的实绩进行考核并在征求企业职工代表大会或工会的意见后，对企业经营者和其他领导成员的收入水平提出明确建议，劳动部门及时审核，按企业干部管理权限及时审批。

九、经营者收入的发放宜采取分月支付的办法。经营者所得收入按月平均超过个人收入调节税起征标准的部分，应照章纳税。

十、实行租赁经营的全民所有制小型企业承租经营者的收入，应在合理确定租金的基础上，根据承租经营者所承担的承租责任大小和完成经营目标难易，在租赁经营合同中分别确定其与本企业职工平均收入的倍数关系；在承租期间各年度末及承租期满，依据企业完成租赁合同的情况区别兑现经营者收入。一般应控制在高于本企业职工平均收入的三倍以内，少数有突出贡献的可以再高一些，但最多不得超过五倍。其他承租成员的收入要适当低于承租经营者。现有承租经营者收入超出国务院发布的《全民所有制小型工业企业租赁经营暂行条例》规定限额的部分，一律纳入企业生产发展基金或后备基金。

十一、各级劳动部门与企业的主管部门应做好企业经营者收入分配的管理工作。各地区、各部门和企业原已制定的符合本《意见》规定原则并行之有效的管理办法可以继续执行，尚未制定管理办法或原有办法不符合本《意见》的，应根据上述意见，分别制定承包经营企业和租赁经营企业以及实行其他经营形式企业的经营者收入分配的具体实施细则，并认真组织实施。

十二、集体所有制企业经营者的收入分配办法，由各省、自治区、直辖市参照以上原则研究制定。

(2) 国务院办公厅《关于转发国家经贸委〈国有大中型企业建立现代企业制度和加强管理基本规范（试行）〉的通知》（2000 年 9 月 28 日　国办发［2000］64 号）

（二十七）建立健全对企业经营管理者的激励机制和约束机制。企业经营管理者的薪酬必须与其职责、贡献挂钩。监督约束机制健全的企业，在严格考核的基础上，对经营管理者可以试行年薪制、持有股权、股票期权等分配方式。

股票期权

[解读]

股票期权是指经营者享有在与企业资产所有者约定的期限内（如3～5年内）以某一预先确定的价格购买一定数量本企业股票的权利。即行使本企业股票期权的经营者，在约定期限内，按照预先确定的价格购买本公司股票，待该股票价格上涨时，经营者在他认为合适的价位上抛出股票，即能赚得买进股价与卖出股价之间的差价。它是企业资产所有者对经营者实行的一种长期激励的报酬制度，是比较有效的股权激励方式之一。

股票期权具有三个特点：一是具有选择性，股票期权是一种权利而不是义务，代理人有买与不买的自由，公司无权干涉；二是具有无偿授予性，即由公司无偿授予代理人股票期权的“期权价”（股票期权本身的价格）；三是具有有偿性，代理人不能免费获得股票期权，必须支付“施权价”（股票期权所规定的代理人据以购买股票的价格）。股票期权的最大作用是按企业经营成果对代理人进行激励，具有长期性，使代理人的个人利益与企业的长远发展紧密地结合在一起，促使代理人的经营行为长期化。西方市场经济国家的薪酬体系一般由基本工资、奖金、福利计划、股权激励计划等部分构成，体现了现金激励与非现金激励相补充、即期激励与长期激励相结合的精神。

我国自1998年武汉、上海、北京、深圳等部分城市开始探索试点经营者股权激励制度，但都不是现代经济意义下的股票期权制度。这是因为我国实行股票期权制度尚存在若干制约因素。比如，我国证券方面的立法还不完善，股票市场的发育尚不成熟，股票价格与经营业绩的关联性比较弱，上市公司内部管理比较混乱等。

[依据指引]

(1) 国务院办公厅《关于转发国家经贸委〈国有大中型企业建立现代企业制度和加强管理基本规范（试行）〉的通知》（2000年9月28日　国办发［2000］64号）

（二十七）建立健全对企业经营管理者的激励机制和约束机制。企业经营管理者的薪酬必须与其职责、贡献挂钩。监督约束机制健全的企业，在严格考核的基础上，对经营管理者可以试行年薪制、持有股权、股票权等分配方式。

(2) 财政部《关于印发企业国有资本与财务管理暂行办法的通知》（2001年4月28日　财企［2001］325号）

第十九条　企业应当执行国家规定的工资政策。在工资总额增长幅度不超过本企业经济效益增长幅度、职工实际平均工资增长幅度不超过本企业劳动生产率增长幅度的前提下，企业可以自主确定内部工资分配办法。

企业高级管理人员经批准可以实行年薪制、股票期权等分配制度。

(3) 财政部《关于做好国有资本保值增值结果计算与确认工作的通知》（2001年3月19日　财统［2001］2号）（略）

(4) 国家经贸委、人事部、劳动和社会保障部《关于深化国有企业内部人事、劳动、分配制度改革的意见》（2001年3月13日　国经贸企改［2001］230号）

四、建立收入能增能减、有效激励的分配制度

（六）实行适合企业专业技术人员特点的激励和分配制度。对企业专业技术人员实行按岗位定酬、按任务定酬、按业绩（科技成果）定酬的分配办法。对有贡献的专业技术人员可实行项目成果奖励，技术创新和新产品商品化的新增净利润提成，技术转让以及与技术转让有关的技术开发、技术服务、技术咨询所得净收入提成，关键技术折价入股和股份奖励、股份（股票）期权等分配办法和激励形式。企业可采取特殊的工资福利措施，引进和稳定少数关键专业技术人才。对贡献突出的专业技术人才实行重奖，其奖励可在企业技术开发费中据实列支。

基本工资制度

[解读]

基本工资制度是指定额劳动、标准报酬的工资分配制度。它是企业内部多种工资分配形式的基础，是确定和调整企业内部各类人员工资关系的重要依据。一般包括：岗位工资制、结构工资制、岗位技能工资制、岗效薪级工资制、岗位薪点工资制等。

[依据指引]

(1) 国家经贸委、人事部、劳动和社会保障部《关于深化国有企业内部人事、劳动、分配制

度改革的意见》（2001年3月13日 国经贸企改［2001］230号）

四、建立收入能增能减、有效激励的分配制度

（三）完善企业内部分配办法。建立以岗位工资为主的基本工资制度，明确规定岗位职责和技能要求，实行以岗定薪，岗变薪变。岗位工资标准要与企业经济效益相联系，随之上下浮动。允许企业采取形式多样、自主灵活的其他分配形式。无论哪一种形式，都应该坚持与职工的岗位职责、工作业绩和实际贡献直接挂钩，真正形成重实绩、重贡献的分配激励机制。

(2) 劳动部《关于印发进一步深化企业内部分配制度改革指导意见的通知》（2000年11月6日 劳社部发［2000］21号）

二、建立健全企业内部工资收入分配激励机制

1. 建立以岗位工资为主的基本工资制度。

按照建立现代企业工资收入分配制度的要求并根据人力资源管理的特点，积极探索建立以岗位工资为主的基本工资制度。提倡推行各种形式的岗位工资制，如岗位绩效工资制、岗位薪点工资制、岗位等级工资制等。要进行科学的岗位设置、定员定额和岗位测评，做到以岗定薪。要以岗位测评为依据，参照劳动力市场工资指导价位合理确定岗位工资标准和工资差距。提高关键性管理、技术岗位和高素质短缺人才岗位的工资水平。岗位工资标准要与企业经济效益相联系，随之上下浮动。职工个人工资根据其劳动贡献大小能增能减。企业内部实行竞争上岗，人员能上能下，岗变薪变。

企业可以根据生产经营特点采取灵活多样的工资支付形式，如计件工资、浮动工资以及营销人员的销售收入提成等办法。无论哪一种形式，都应与职工的岗位职责、工作业绩和实际贡献挂钩，真正形成重实绩、重贡献的分配激励机制。

结合基本工资制度改革调整工资收入结构，使职工收入工资化、货币化、透明化。把工资总额中的部分补贴、津贴纳入岗位工资，提高岗位工资的比重。清理并取缔企业违规违纪发放的工资外收入，净化收入渠道。通过调整收入结构，提高工资占人工成本的比重。积极推行银行代发工资和企业代扣代缴个人所得税的办法。

岗位工资制

［解读］

岗位工资制是指按照职工不同的劳动工作岗位，分别确定工资的制度。岗位工资标准主要是依据劳动四要素，即劳动技能、劳动责任、劳动强度和劳动条件等测评确定的，一般是一个岗位一个工资标准，有技术业务熟练程度差别的岗位，则采用两个或两个以上的工资标准。岗位工资一般适合于生产自动化、流水线企业，或者是劳动场所固定、劳动操作规范的非生产自动化、流水线企业。岗位工资制的形式较多，一般包括：岗效薪级工资制、岗位薪点工资制、岗位技能工资制、岗位等级工资制等。

［依据指引］

(1) 国务院批转《国家经委、财政部、劳动人事部、纺织工业部、中国丝绸公司〈关于改善纺织、丝绸工人工资待遇的请示〉的通知》（1986年3月26日 国发［1986］39号）

一、从一九八六年起，在纺织、丝绸企业中对一线生产工人推行新五岗岗位工资制。一至五岗的岗位工资标准，即劳动人事部印发的《国营大中型企业工人工资标准》（劳人薪［1985］31号文件）二类产业的六级半、六级、五级半、五级、四级半的标准。实行岗位工资，采取经过考核逐步过渡的办法，即一、二、三岗工人，熟练期满后，从拿岗位工资的百分之六十开始，以后逐年均衡增加，第五年达到岗位工资标准；四、五岗工人，熟练期满后，第三年达到岗位工资标准。今后实行新五岗的岗位标准工资所增加的工资，允许进入成本，分年进入成本的增资数额，由地方纺织、丝绸工业部门根据实际情况进行核算，经当地财政、劳动人事部门核定。

在一线生产工人实行岗位工资制时，要注意处理好与实行等级工资制的二、三线工人的工资关系，根据国家有关规定妥善安排，避免一线工人与二、三线工人之间在工资分配上产生新的矛盾。

(2) 劳动人事部《国营大中型企业职工工资标准》（1985年7月23日 劳人薪［1985］31号）（略）

(3) 劳动和社会保障部《关于印发进一步深化企业内部分配制度改革指导意见的通知》（2000

年11月6日 劳社部发［2000］21号）（略）

结构工资制

［解读］

结构工资制又称分解工资制或组合工资制，是指依据工资的各种职能，将工资分解为几个组成部分，分别确定工资额的一种工资制度。它的各个组成部分，均有其质的规定性和量的规定性，各有其职能特点和作用方式；同时，各个组成部分又具有内在的联系，互相依存、互相制约，形成一个有机的统一体。结构工资制主要适用于技术密集型企业，其他类型的企业也可以根据实际需要和可能采用结构工资制。

结构工资制的构成一般应包括以下基本内容：

（一）基础工资：即保障职工基本生活需要的工资。

（二）岗位（职务）工资或技能工资：是根据岗位（职务）的技术、业务要求、劳动繁重程度、劳动条件好差、所负责任大小等因素来确定的，是结构工资制的主要组成部分。

（三）效益工资：是根据企业的经济效益和职工实际完成的劳动的数量和质量支付给职工的工资。

（四）年功工资：是根据职工参加工作的年限，按照一定标准支付给职工的工资。它是用来体现企业职工逐年积累的劳动贡献的一种工资形式。

［依据指引］

国家统计局《关于工资总额组成的规定》（1990年1月1日 局令第1号）

第五条 计时工资是指按计时工资标准（包括地区生活费补贴）和工作时间支付给个人的劳动报酬。包括：

（一）对已做工作按计时工资标准支付的工资；

（二）实行结构工资制的单位支付给职工的基础工资和职务（岗位）工资；

（三）新参加工作职工的见习工资（学徒的生活费）；

（四）运动员体育津贴。

岗位技能工资制

［解读］

岗位技能工资制是指以按劳分配为原则，以加强工资宏观调控为前提，以劳动技能、劳动责任、劳动强度和劳动条件等基本劳动要素评价为基础，以岗位、技能工资为主要内容，按职工实际劳动贡献（劳动质量和数量）确定工资的制度。它既具有岗位工资的特征，又具有结构工资的特征。

岗位技能工资制是通过劳动评价体系来确定不同岗位劳动报酬的。劳动评价体系是建立岗位技能工资制的前提条件，它由岗位劳动评价和职工劳效评价两部分所组成。岗位劳动评价是将各类岗位、职位劳动对职工的要求和影响，综合归纳为劳动技能、劳动责任、劳动强度、劳动条件四项基本劳动要素，通过测试和评定不同岗位的基本劳动要素，科学地评价不同岗位的规范劳动的差别，并以此作为确定岗位工资标准的主要依据。职工劳效评价是通过考试考核办法，对职工本人（包括工人和管理人员、专业技术人员）技术业务水平的高低和实际付出劳动量（劳动质量和数量）的大小，进行科学、定量的评价，正确区分职工的劳动差别，并以此作为确定职工实得岗位工资的依据。

［依据指引］

（1）劳动部《关于进行岗位技能工资制试点工作的通知》（1992年1月7日 劳薪字［1992］8号）

一、关于试点工作的指导思想。进行以岗位技能工资制为主要形式的内部分配制度的改革试点工作，要坚持以转换企业机制，增强企业活力为中心，重点是打破“大锅饭”和“铁饭碗”，认真贯彻按劳分配原则，从而达到调动职工劳动积极性，提高劳动生产率和经济效益、促进搞好国营大中型企业的目的。试点工作要从实际出发，不搞一刀切。通过试点，进一步总结企业实行岗位技能工资制的经验，完善工资制度改革方案，为逐步扩大试点，深化企业工资制度改革打好基础。

二、关于试点条件和范围。为确保试点质量，抓好典型，要坚持少而精的原则，严格控制试点面。按照条块结合的方法，先从地区和部门中选择少数既有行业特色和代表性，又具备以下条件的国营企业进行：一是实行了工资总额同经济效益挂钩办法的企业；二是基础管理工作较好，定员定额、记录统计、考查考核、经济核算等项规章制度健全；三是企业劳动、人事、培训、考核等项制度的配套改革有较好基础；四是领导班子较强，劳资干部队伍素质较高，对试行岗位技能工资制认识一致，自愿进行试点的企业。试点企业可以是经济效益较好的，也可选一些经济效益较差的。有些企业虽未实行工资总额同经济效益挂钩，但其他各项条件都具备，也可列入试点范围，以利总结经验，指导面上工作。对近年来自发进行改革探索，试行以岗位、技能工资为主要内容的内部分配制度的企业，要进一步加以改进和完善。

各地区、各部门应按照上述条件，本着从严掌握的精神，从实际出发，提出试点计划，报送劳动部审核。

三、关于试点办法和步骤。遵照国务院领导同志最近关于工资工作的指示精神，试点工作一定要积极稳妥，有领导、有计划、分步骤地进行，防止一哄而起。为此，试点工作基本上应按以下步骤进行：第一，自愿要求试点的企业，从实际情况出发研究拟订试点方案（包括岗位劳动评价办法、岗位劳动规范、考核办法等），经本单位职工代表大会讨论通过，并征得主管部门同意后，报劳动部门审批；第二，搞好宣传动员，发挥职代会和工会作用，统一职工认识，做好培训干部的工作；第三，认真进行岗位劳动测评，按劳动技能、责任、强度和劳动条件等基本要素的测评结果，合理区分岗位劳动差别；第四，健全培训。考核制度，加强职工业务培训并对职工的劳动技能和劳动贡献进行严格考核，正确区分职工实际完成的劳动质量和数量的差别；第五，岗位技能工资标准经劳动部门批准后进行模拟测算，并对岗位劳动测评和考核结果进行验收；第六，依据按劳分配原则，制定分配方案并报劳动部门审批，在劳动部门审核批准的基本工资调整幅度内，对验收合格的试点企业职工兑现岗位、技能工资；第七，及时总结经验，不断改进、完善，建立健全岗位技能工资制的运行机制。试点的各个阶段要自始至终贯穿以提高经济效益为中心的原则，同时，必须搞好综合配套改革，结合贯彻落实国务院批准劳动部发布的《工人考核条例》、《国务院关于企业职工养老保险制度改革的决定》（国发［1991］33号）以及国务院关于劳动用工制度改革等有关文件精神，把试行岗位技能工资制与推进其他各项制度的改革有机地衔接起来，并以此作为试点验收是否合格的重要标志。试点中，首先要抓好拟订试点方案和岗位劳动测评、定额、定员及健全考核制度等基础工作。我部拟订的《岗位技能工资制试行方案》，现一并印发，供各地、各部门在制定自己的方案时参考，以便一方面在宏观上指导各地区、部门及企业的试点工作，另一方面在实践中继续改进完善。

四、关于基本工资水平的调整及资金来源等问题。企业工资改革一定要坚持企业自己挣出钱来搞改革的原则，要确保完成承包和上缴任务，要提高企业经济效益，从而促进国民经济的发展和财政收入的稳定增长，不能形成试点就是涨工资。试点工作要在国家下达的工资计划总盘子以内，通过合理调控工资总量，调整工资结构的办法，提高基本工资的水平。要真正做到职工工资随企业经济效益好差和本人劳动贡献大小浮动，能升能降。试点企业职工的基本工资基数，先按照符合国家规定的标准工资基数与1979年、1988年国家规定的副食品价格补贴及1991年粮油调价补偿之和，并结合各自实际认真核定，某些行业符合国家规定的特殊岗位津贴经批准也可核入基数，其调整幅度应根据调整结构的需要、岗位劳动测评情况和企业效益工资或奖励基金（包括历年结余）的多少，按照国家下达的工资计划区别情况合理核定（一般掌握在人均每月10～15元幅度内）。实行工效挂钩的企业在节存的效益工资中解决，未实行工效挂钩的企业在工资总额包干内解决，增人不增资，减人不减资。要引导企业把新增效益工资或资金用在深化企业改革的刀刃上。

五、关于审批权限。根据“国家宏观调控，分级分类管理”的原则，改革试点工作一律按工资管理体制和隶属关系实行分级管理和审批。劳动部负责审核各省、自治区、直辖市、各部门的试点计划，负责协调平衡地区、行业之间工资关系和有关政策（包括基本工资总量基数和基本工资调整幅度及水平），负责审核各省、自治区、直辖市各部门岗位技能工资制试点方案，协调平衡和审批行业、地区工资标准；各省、自治区、直辖市劳动部门和各产业部门审批所属地区和企业的实施方案（包括岗位、技能工资标准，基本工资基数和人均调整幅度等），并加强宏观控制，指导企业搞好试点和内部分配。

试点工作中各级劳动部门要主动争取计委、财政、生产办、体改委、工会等部门的支持和帮助。做到互相支持、互相配合。要做好职工的思想政治工作，及时发现和解决出现的问题，把试点工作做好。

六、面上企业要进一步搞好搞活内部分配，对多数暂不进行试点的企业，应进一步搞好内部分配，按照劳动部《印发〈关于进一步搞好全民所有制企业内部工资分配的意见〉的通知》（劳薪字［1991］19号）提出的原则意见，大力加强企业内部工资分配的基础管理工作，继续改进、完善工资分配形式和办法，特别是要稳定生产第一线，向苦、脏、累、险岗位和技术要求高、责任重的岗位倾斜，把职工的工资收入切实同其劳动实绩紧密联系起来，要进一步改进、完善工资总额同经济效益挂钩办法，深入贯彻落实中央关于进一步搞好国营大中型企业的各项措施，积极推进劳动工资制度的改革，促进企业经济效益的提高。

七、加强企业工资制度改革的宣传舆论工作，及时掌握试点动态，注意总结和交流经验。各级劳动部门要深入试点企业，深入实际，认真调查研究，确保改革试点工作健康发展。

(2) 劳动部《关于进一步深化岗位技能工资制试点工作的意见》（1993年5月13日　劳部发［1993］41号）

一、积极稳妥地推行岗位技能工资制

岗位技能工资制是按照“按劳分配”原则实行企业自主分配的一种基本工资制度。

推行岗位技能工资制，是为了贯彻落实《全民所有制工业企业转换经营机制条例》精神，适应建立社会主义市场经济体制的需要，把企业推向市场，并逐步实行企业自主分配的具体措施。其目的是：指导企业贯彻按劳分配原则，建立科学、合理的内部分配制度，合理拉开工资、奖金分配档次，安排好各类人员的工资关系，从而帮助企业建立一个符合各自特点的搞活搞好内部分配的良性运行机制。因此，凡是以劳动责任、劳动技能、劳动强度、劳动条件等基本劳动要素评价为基础，以劳动贡献（劳动的数量和质量）确定劳动报酬的工资制度，都属于岗位技能工资制的范围。岗位技能工资制的实质是将职工的劳动报酬与岗位劳动责任、劳动技能、劳动强度、劳动条件和劳动贡献紧密联系起来，建立起“岗位靠竞争，报酬靠贡献”的激励机制。

二、进行岗位劳动评价要因地制宜、简化手续、简便易行

岗位劳动评价是综合运用各种科学手段确定企业内部各类岗位之间劳动差别的科学方法，是搞好岗位技能工资制试点的基础和前提。正确进行岗位劳动评价对于制定科学、合理的劳动定员、定额标准，加强职工技能培训，进行优化劳动组合、实现劳动力与生产资料的最佳配置以及改善劳动条件、搞好劳动保护具有重要作用。试点企业的实践表明，搞好岗位劳动评价，企业将长期受益。

企业进行岗位劳动评价，既要尊重科学，尽量做到准确、规范，又要从实际出发，因地制宜、因厂制宜。当前工作中要注意两个问题。

（一）企业在岗位劳动评价中，要力争做到既是科学合理又简便易行。当前应强调搞好三个结合：一是把历史资料与现实结合起来。要充分利用历史上成功的考核、测评等基础资料，避免一些不必要的重复劳动；二是把科学测评与经验评估结合起来。要根据企业实际情况，有条件的可以采取科学测评的方法，不具备条件的则可以采取经验评估及其他简便易行而又行之有效的办法；三是把本行业测评结果及试点企业岗位测评的做法与本企业的实际结合起来。同行业同等条件试点企业的评价办法或评价结果，在结合本企业实际的基础上可以直接借用。

（二）要注意抓好企业管理人员和专业技术人员的岗位劳动评价工作。当前应注意处理好四个关系：一是处理好干部岗位劳动评价与企业人事制度改革的关系，注意把干部岗位劳动评价和人事制度改革结合起来，打破干部、工人的身份界限，实行干部职务的聘任制、聘用制，建立起干部岗位的竞争机制；二是处理好责任重、技术要求高的岗位及生产一线管理岗位、专业技术岗位与一般岗位在工资分配上的关系，根据按劳分配原则向关键岗位倾斜；三是处理好管理岗位之间的关系，既要注意从加强党的领导、坚持企业的社会主义方向的高度认识党群部门管理岗位的地位，又要坚持按四项基本劳动要素客观地评价各类管理岗位之间的劳动差别，切实把个人工资收入同岗位劳动差别和实际劳动贡献（成果）结合起来；四是在干部岗位劳动评价的方法上处理好定量分析和定性分析的关系，在尽量做到定量分析的基础上，注意把两者有机地结合起来，以适应管理岗位、专业技术岗位劳动评价的特点。

三、关于岗位技能工资制基本工资单元的设置和工资标准的确定

企业可以根据实际和需要设置岗位技能工资制的基本工资单元和具体的工资标准及工资单元的比重。地区和行业提出的岗位技能工资制方案和工资标准供企业参考。为适应目前多数工业企业调动职工学习技术、钻研业务的积极性和引导职工到艰苦岗位、技术要求高、责任重要岗位去工作的需要，同时也便于企业的工资管理，提供岗位技能工资制的基本工资单元只设置技能工资和岗位工资两个单元。

关于岗位技能工资制基本工资的起点工资和最高工资，企业应按照国家提出的起点工资和最高工资的指导意见，同时参考行业、地区制定的参考工资标准确定。在《最低工资条例》公布后，可根据各地区发布的最低工资标准相应调整起点工资。当前要注意坚持以下原则：1. 要以岗位劳动评价为依据，根据各类岗位的劳动差别确定各类岗位的基本工资差别，合理拉开条件艰苦、责任重、技术高岗位与一般岗位的基本工资差距；2. 在标准水平上，要考虑企业经济效益的增长情况，资金支付能力和企业职工现行标准工资水平以及调整工资结构的需要综合确定，工资标准水平不宜定得过高，避免造成职工工资一次增加过多或资金负担不起等问题；3. 可适当增加工资标准的弹性幅度，以适应随企业经济效益水平变化适时调整工资标准的需要；4. 要妥善安排企业内部各类人员的工资关系，并恰当处理相关人员的工资标准的衔接和交叉程度。

四、建立健全岗位技能工资制的正常运行机制

为了保持岗位技能工资制的活力，充分发挥其职能作用，试点企业必须建立健全岗位技能工资制的正常运行机制。其中实行工资总额同经济效益挂钩办法的企业，对每年新增效益工资的使用，除留足必要的工资储备金外，可以用来增加职工的基本工资，或根据国家的有关政策调整企业的工资标准。把基本工资的正常增长与调整职工工资结构结合起来，充分发挥基本工资的职能作用。尚未实行工资总额同经济效益挂钩办法的企业，可以在国家确定的包干工资总额范围内建立职工正常增资的制度。增资幅度大小可视企业经济效益情况（减亏、扭亏程度）合理安排。

五、把岗位技能工资制试点与净化工资发放渠道等工作结合起来

进行岗位技能工资制试点的企业，经国家或地区、部门核准的当年新增基本工资可先在新增效益工资或自有资金中列支，从第二年起核入挂钩工资总额基数或列入成本，一次纳入有困难的可以分两年解决。企业要按照《全民所有制工业企业转换经营机制条例》的规定精神，把岗位技能工资制试点与净化工资发放渠道结合起来，并在工资收入结构的调整过程中，注意保持工资各组成部分的适当比例关系，以发挥各组成部分的效能作用。同时，要逐步改变奖金的发放办法，企业可根据职工劳动特点和超额劳动情况拉开奖金分配差距。具备条件的企业可逐步实行按季度、半年或年终放奖金的办法。

六、加强对企业内部工资分配的指导和监督检查

各级劳动部门在帮助企业搞好岗位技能工资制试点的同时，要在落实宏观调控措施的基础上，加强对企业内部工资分配的指导和监督检查工作。指导和监督检查的主要内容是：企业内部分配的民主管理程序和制度是否建立健全；企业内部各类岗位的劳动评价以及职工劳动技能的考试和实际劳动贡献的考核等基础管理工作是否落实；企业内部各类人员工资关系安排是否合理；企业职工基本工资增长幅度和起点工资与最高工资的比例以及工资结构是否合理；各项配套改革措施是否落实等。

七、简化岗位技能工资制试点审批程序，进一步加快试点步伐，扩大试点面

今后，凡自愿要求试点，并基本具备试点条件的企业，各级劳动部门应加强指导，积极支持改革，并及时组织信息交流，总结经验。同时，应对试点企业的试行方案及基本工资增量等进行必要的审核，以保证岗位技能工资制试点工作的顺利进行。

以上意见仅供各试行岗位技能工资制的企业参考，希望企业在试行中创造出更加丰富的新鲜经验。

岗效薪级工资制

[解读]

岗效薪级工资制是以岗位劳动为主体，以岗位责任、技能、负荷、环境条件四要素为尺度，以劳动效率和经济效益为分配依据的多元组合的工资制度。这种工资制度体现了岗位劳动和岗位技能要求的差异，从根本上革除了八级工资制的局限性和技能工资的潜在性、过渡性，可以更有效地发挥工资按劳分配的职能。例如，某些单位实行的岗效薪级工资制有四个特点：一是实行职称、级别与工资分离的办法，即打破原岗位技能工资中对企业技术岗位和管理岗位实行以职称、级别定工资的不合理做法，完全按其岗位的责任大小、技术难度高低确定其岗位薪级工资；二是简化工资单元，将原结构工资中的技术工资单元并入岗位工资单元，解决了日益突出的岗位、技能分离的问题；三是设置“一岗多薪”，即对技术复杂岗位、生产操作岗位和设备检修岗位，设置“一岗多薪”，以区别复杂劳动与简单劳动的差异，既考虑不同岗位之间的劳动差异，又考虑同一岗位上的劳动差异，还考虑各工种之间的劳动差异；四是体现“科技是第一生产力”的原理，即在工资制度中设立高技能岗位工资，工资水平可高于公司领导，这种措施有利于增强企业对人才的吸引和竞争。

[依据指引]

劳动和社会保障部《关于印发进一步深化企业内部分配制度改革指导意见的通知》（2000年11月6日　劳社部发［2000］21号）

为贯彻落实党的十五届四中全会《决定》和五中全会《建议》的精神，建立与现代企业制度相适应的工资收入分配制度，现就进一步深化企业内部分配制度改革提出如下指导意见。

一、指导思想

紧紧围绕建立现代企业工资收入分配制度的总体目标，坚持以按劳分配为主体，多种分配方式并存和效率优先、兼顾公平的原则，允许和鼓励资本、技术等生产要素参与收益分配；在国家的宏观指导下，企业结合推进劳动用人制度等项配套改革，根据生产经营特点自主建立科学、规范的工资收入分配制度；充分发挥劳动力市场价格的调节作用，合理确定职工工资水平，拉开各类人员工资收入分配差距。通过改革形成有效的分配激励与约束机制，以及工资能增能减的机制，充分调动各方面的积极性，促进企业经济效益的提高。

二、建立健全企业内部工资收入分配激励机制

1. 建立以岗位工资为主的基本工资制度。

按照建立现代企业工资收入分配制度的要求并根据人力资源管理的特点，积极探索建立以岗位工资为主的基本工资制度。提倡推行各种形式的岗位工资制，如岗位绩效工资制、岗位薪点工资制、岗位等级工资制等。要进行科学的岗位设置、定员定额和岗位测评，做到以岗定薪。要以岗位测评为依据，参照劳动力市场工资指导价位合理确定岗位工资标准和工资差距。提高关键性管理、技术岗位和高素质短缺人才岗位的工资水平。岗位工资标准要与企业经济效益相联系，随之上下浮动。职工个人工资根据其劳动贡献大小能增能减。企业内部实行竞争上岗，人员能上能下，岗变薪变。

企业可以根据生产经营特点采取灵活多样的工资支付形式，如计件工资、浮动工资以及营销人员的销售收入提成等办法。无论哪一种形式，都应与职工的岗位职责、工作业绩和实际贡献挂钩，真正形成重实绩、重贡献的分配激励机制。

结合基本工资制度改革调整工资收入结构，使职工收入工资化、货币化、透明化。把工资总额中的部分补贴、津贴纳入岗位工资，提高岗位工资的比重。清理并取缔企业违规违纪发放的工资外收入，净化收入渠道。通过调整收入结构，提高工资占人工成本的比重。积极推行银行代发工资和企业代扣代缴个人所得税的办法。

2. 实行董事会、经理层成员按职责和贡献取得报酬的办法。

要在具备条件的企业积极试行董事长、总经理年薪制。董事会和经理层其他成员的工资分配，执行企业内部工资分配制度，按照其承担的岗位职责和做出的贡献确定工资收入，并实行严格的考核和管理办法。一般情况下，对董事会成员要考核其资产运营和投资决策方面的业绩，主要以资产保值增值为评价标准；对经理层成员要考核其履行经营管理职责和取得业绩情况。要将考核结果与董事会、经理层成员的工资收入相联系，拉开工资收入差距。董事会成员的工资分配办法要通过股东大会讨论决定，经理层成员的工资分配办法要通过董事会讨论决定。

3. 对科技人员实行收入激励政策。

科技人员实行按岗位、按任务、按业绩确定报酬的工资收入分配制度。要合理拉开科技人员与普通职工、做出重大贡献的科技人员与一般科技人员的工资收入差距。企业可以根据生产经营需要并参照劳动力市场工资指导价位，同科技人员分别签订工资协议。实行按科技成果奖励办法，如项目成果奖、科技产品销售收入或利润提成等，对做出突出贡献的科技人员给予重奖。奖励办法，公司制企业由企业董事会提出，经股东会讨论后决定；非公司制企业由企业领导班子提出，经职代会讨论后决定。

三、积极稳妥开展按生产要素分配的试点工作

1. 探索进行企业内部职工持股试点。

按照建立现代企业制度的要求，实行股份制改造或产权管理清晰的竞争性企业，可以进行职工持股试点，试点方案要因地制宜、因企制宜，经过审批后稳步推行。

坚持职工持股自愿原则。职工持股资格、认购股份数额和股份认购方案，要通过职工集体讨论或其他方式民主决定，并经股东大会或产权单位同意后执行。经营管理人员、业务和技术骨干的持股数额可适当高于一般职工，但企业股份不能过分集中在少数人手里。经营者持股数额一般以本企业职工平均持股数的5～15倍为宜。要严格资产评估，防止国有资产流失。

职工持股可以实行多种形式，要以职工出资认购股份为主，也可对职工实行奖励股份等办法。

2. 积极试行技术入股，探索技术要素参与收益分配办法。

具备条件的企业可以试行科技成果和技术专利作价折股，由科技发明者和贡献者持有。以科技成果入股的，科技成果作价金额一般不超过企业注册资本的20%。以高新技术成果入股的，高新技术成果的作价金额一般不超过企业注册资本的35%。

由本企业形成的科技成果，可根据《中华人民共和国促进科技成果转化法》规定，将过去3～5年实施转化成功的科技成果所形成利润按规定的比例折股分配。群体或个人从企业外带入的科技成果和专利技术，可直接在企业作价折股分配。在研究开发和科技成果转化中做出主要贡献的人员，所得股份应占有较大的比重。

技术成果评估作价可由企业与科技发明、贡献者协商确定，也可委托具有法定资格的评估机构评估确定。

技术入股方案，公司制企业由董事会提出，非公司制企业由经营领导班子提出，经股东大会或职工代表大会讨论决定，并报产权主管部门和劳动保障部门审核。

3. 具备条件的小企业可以探索试行劳动分红办法。

劳动分红办法，原则上只在资本回报率和净资产收益率高于社会平均水平的小企业试行。公司制企业，经董事会或股东大会同意，非公司制企业，经产权主管部门同意，可以试行劳动分红办法。劳动分红的方案要征求职代会或工会的意见，并报劳动保障部门和产权主管部门审核。

4. 正确处理按劳分配与按生产要素分配的关系。

按资本、技术等生产要素分配要遵循国家有关法律法规和政策规定。股份分红应以企业盈利为前提，按照《中华人民共和国公司法》进行利润分配，既要维护劳动者的合法权益，又不得损害国家和其他股东的合法权益。股份分红不能侵蚀工资，工资分配不能侵蚀利润。实行职工持股和技术入股的企业，要完善工资支付制度，按照当地政府颁布的工资指导线和政府的有关政策规定，合理增加工资。要坚持投股风险与收益一致的原则，职工持股、技术入股与其他股份实行同股同利原则。不论职工以何种形式入股，均应承担相应的风险，不得实行与经济效益相脱离的“保底分红”和“保息分红”办法。

四、加强基础管理，建立健全企业内部工资分配约束机制

1. 加强企业内部分配基础管理工作。

要继续建立健全岗位测评、定员定额和考试考核制度，搞好工资统计、管理台账、职工奖惩、经济核算等各项基础管理工作，并在日常管理中狠抓制度的落实。要根据国家有关法律法规，结合企业内部用人制度、职工培训制度改革，制定适合本企业特点的工资支付办法，规范工资支付行为。要规范经营管理人员的职位消费行为，提高收入分配透明度。

2. 实行人工成本的合理约束。

企业内部要建立以人工成本管理为主要内容的约束机制，从有利于产品市场竞争和节约人工成本目的出发，加强人工成本的监控与管理，对工资增长进行合理约束。提倡实行“模拟市场核算、实行成本否决”的人工成本控制办法。

3. 职工民主参与决策和监督。

要进一步完善职工民主参与收入分配决策和民主监督的制度。在明确股东会、董事会、监事会职责，建立有效制衡的公司法人治理结构的基础上，结合实行厂务公开制度，充分发挥工会和职工代表大会在工资收入管理和改革中的积极作用。

探索建立具有中国特色的工资集体协商制度。

在非国有企业，只要建立了企业工会的，都要大力推行工资集体协商制度；在国有企业特别是已改制的国有企业中要积极进行工资集体协商试点。

五、进一步转变政府职能，加强对企业内部分配的指导工作

劳动保障行政部门要按照社会主义市场经济的要求，切实转变工资收入管理职能，尊重企业分配自主权，进一步加强对企业内部分配的指导工作。要加强对企业工资改革、职工持股、工资集体协商等方面的政策指导，并根据实际情况，会同有关部门完善按生产要素分配的有关政策。通过建立和组织实施工资指导线制度、劳动力市场工资指导价位和人工成本预测预警制度，指导企业合理确定工资水平和工资关系。通过完善工资支付有关法律法规和政策，督促企业严格执行最低工资保障制度，规范工资支付行为。要及时总结企业工资分配的典型经验加以推广，积极为企业提供咨询和信息服务。

岗位薪点工资制

［解读］

岗位薪点工资制是指在岗位劳动评价四要素的基础上，用点数和点值来确定职工的工资的制度。其工资标准不是以金额表示，而是用薪点数表示；薪点值与企业或部门的效益、实绩挂钩；通过量化考核确定职工实际工资。薪点工资的内涵和基本操作过程类似于岗位工资，但其操作过程更为灵活。因此，它也属于岗位工资制的一种形式。目前，一些单位实行的岗位薪点工资制的总点数是由岗位点数、表现点数和加分点数构成。岗位点数，是对每个岗位运用经验评估或仪器设备手段进行测评，并经过综合分析评价后得出。表现点数，一般是按工人和管理人员分别制定计分标准，对员工表现经考核评定，得出其在考核期内的表现点数。加分点数，是对岗位点数和表现点数所不能体现的，而且现阶段又必须鼓励、照顾的合理因素，采用的一种点数，比如对职工的本企业工龄、学历、职称或作出的突出贡献，可采用加分点数的办法增加其点数。职工的工资标准等于其工资总点数乘以企业当年确定的点值。

［依据指引］

劳动和社会保障部《关于印发进一步深化企业内部分配制度改革指导意见的通知》（2000年11月6日　劳社部发［2000］21号）（略）

工效挂钩

［解读］

工效挂钩是国有企业工资总额与经济效益挂钩浮动的简称，工效挂钩是一种行之有效的处理国家与企业分配关系的主导方法。它把原来以直接控制为特征的工资总额绝对额增长指令性计划，转变为以间接控制为特征的工资增长参数计划，这样既保证了工资的计划性，又具有市场调节的灵活性。因为实行工效挂钩以后，职工工资收入直接取决于企业生产经营的结果，较好地解决了长期以来工资增长与企业经济效益脱节的矛盾。同时，国家通过核定企业挂钩基数（包括工资总额基数和经济效益基数）浮动比例，调整有关税率等手段，调控企业工资增长水平，实现宏观管理目的。

工效挂钩的形式很多，从挂钩指标上划分，可分为工资总额同价值量指标挂钩、工资总额同实物量（销售量）或实际工作量挂钩、工资总额同两个或两个以上经济指标复合挂钩三种形式；从挂钩形式上划分，可分为工资总额总挂钩和工资总额分挂钩两种形式；从挂钩比例上划分，可分为含量法、单价法和系数比例法三种形式；从挂钩程度上划分，可分为全挂钩和半挂钩两种形式；从挂钩层次上划分，可分为企业挂钩和地区、部门全部企业总挂钩两种形式；从企业挂钩后，奖励基金提取以及新增效益工资列支渠道上划分，可分为总挂总提和总挂分提两种挂钩形式。

［依据指引］

（1）国务院企业工资改革研究小组《关于国营大型企业试行工资总额同上缴税利挂钩办法中若干问题的处理意见》（1986年7月4日　国工改企字［1996］2号）

按照国务院国发［1985］2号文件和劳人薪［1985］29号文件精神，1985年经国务院工资制度改革小组审核批准，在部分国营大中型企业中，试行了工资总额同上缴税利挂钩浮动的办法。通过一年的试点工作，从大多数企业看，这个办法的效果是比较好的，它对企业提高经济效益，调动企业和职工的积极性，保证国家财政收入起了一定的促进作用。但也存在一些问题，需要总结和完善。根据国务院领导同志关于今年的主要任务是巩固、消化、补充、改善已经出台的改革方案的指示精神，经调查研究和座谈讨论，现对挂钩试点中的若干问题提出以下处理意见。

一、关于工资总额基数

核定各地区、各部门1986年工资总额基数的办法是：以继续试点企业核定的1985年工资总额基数加上1985年实际应提取的新增工资为基础，减去按《国营企业工资调节税暂行规定》计算应缴纳的工资调节税额，加上全国统一规定的套改工资标准人均5元（按继续试点企业1985年职工平均人数计算）的数额，作为1986年挂钩的工资总额基数。1985年由四类工资区提高到五类工资区的挂钩试点企业，因提高地区类别而增加的工资标准部分，可计入工资总额基数。

各地区、各部门要在国家核定的工资总额基数范围内，对所属试点企业的工资总额基数进行核定。核定的办法可参照上述原则，并根据企业的实际情况，作出具体规定。按人均5元给各地区、各部门核增的工资总额基数，不要平均用于每户企业。对少数扣除工资调节税后工资总额仍比1985年工资总额基数增长过高的企业，各地区、各部门可再适当核减其工资总额基数。

二、关于上缴税利基数

核定1986年上缴税利基数的办法是：1985年实际上缴财政的税利，加上当年用新增利润归还技措贷款和基建改扩建贷款50%视同上缴税利的部分，作为1986年上缴税利基数。

企业新建、扩建项目必须增人增工资的，在调整工资总额基数的同时要相应调整上缴税利基数。对没有经济效益的治理“三废”项目，可不增加税利基数。税利基数如何调整，各地区、各部门可按照上述原则，根据企业的实际情况确定税利基数的调整幅度。

1986年由财政部和国家经委批准减免调节税的试点企业，当年可将减免的调节税额视同上缴税利。

三、关于挂钩浮动比例

1985年国家核定给各地区、各部门的挂钩浮动比例，1986年一般不作调整。各地区、各部门可在国家核定的总比例之内，根据实际情况，对企业的挂钩浮动比例作适当调整。

为避免因价格和其他一些客观因素造成部分企业1986年税利增长很大而使工资增长过高的情况，各地区、各部门应对税利增长幅度大的企业进行分析，属于客观原因造成的，应适当降低其挂钩浮动比例，具体办法由各地区、各部门确定。

四、关于经济考核指标

为提高企业综合经济效益，凡试行工资总额同上缴税利挂钩的企业，都要规定经济考核指标。工业企业主要是：质量、品种、成本、消耗、安全、合同履行率等；商业企业主要是：销售额、经营品种（主业）、费用水平、资金周转及执行政策、服务质量等。各地区、各部门可视企业不同情况，确定具体考核指标。质量指标要作为否定指标，必须按月严格进行考核，当月没有完成质量指标的，不能预提新增工资；全年计算，没有达到质量指标要求的，要视完成质量指标的情况扣减当年新增工资，扣减比例不得低于30%；其他经济考核指标没有达到要求的，扣减当年新增工资的比例不得低于20%，每项具体考核指标的扣减比例，由各地区、各部门确定。考核指标，地方所属企业，由企业主管部门提出，经各地区企业工资改革领导小组审核批准后，由企业主管部门负责落实并进行考核；国务院有关部门的直属企业，由国务院主管部门审核批准并进行考核。

(2) 国务院企业工资改革研究小组、劳动人事部、财政部《关于改进企业工资总额同经济效益挂钩办法的意见》（1987年5月5日　劳人薪［1987］26号）

近几年，经国家批准一些企业试行了工资总额同经济效益挂钩的办法，取得了较好的效果。但也存在一些问题，需要在总结经验的基础上，适当加以解决。为此，对国家制定的现行工资总额同经济效益挂钩办法提出以下改进意见：

一、进一步完善挂钩试点企业的指标考核体系

实行工资总额同经济效益挂钩的企业，除了主要挂钩指标外，都要规定能够反映企业综合经济效益的其他考核指标。无论实行何种挂钩形式，都要考核质量、成本、消耗、安全等指标；对实行工资总额同实物量或实际工作量挂钩的企业，还必须将国家下达的上缴所得税、调节税、利润计划作为主要考核指标；对商业企业必须考核经营品种、服务质量等指标。各地区、各部门可视企业不同情况，补充其他具体考核指标。

凡考核指标达不到要求的，都要扣减当年新增工资。质量达不到要求的产品不能计提工资；全年计算，没有达到质量指标要求的，要扣减新增工资的30%。其他经济考核指标没有达到要求的，也要扣减新增工资的5%～10%。对于实行工资总额同实物量或实际工作量挂钩的企业，如果国家下达的上缴所得税、调节税、利润计划指标没有完成，要扣减新增工资的30%。

二、合理核定试点企业的挂钩基数

1. 工资总额基数

凡是1986年已经试点，今年继续试行的企业，均应按照1986年核定的工资总额基数，加上应提取的工资增长基金，减去按国家规定应缴纳的工资调节税，作为1987年挂钩的工资总额基数。凡是1987年新增试点企业，其工资总额基数一般应以上年统计年报的工资总额（不包括节约奖和副食品价格补贴）为基础，适当考虑其增减因素。对于不合理的工资支出以及补发上年应发工资等，应予扣减；对于计划内增人、转正定级的翘尾工资可以核入工资总额基数。对于应提奖励基金不超过四个月标准工资的，按实际数核入工资总额基数；对于应提奖励基金超过四个月标准工资的，应视情况减少其核入工资总额基数的数额。企业奖励基金核入工资基数后要相应核减企业留利和留利水平，同时调整企业调节税率。调整后增加的这部分调节税，是奖励基金的转移，不属于减征范围。

今后，国家对未实行挂钩的企业安排增加工资指标列入成本时，原则上对挂钩企业不再考虑增加工资总额基数。但对于国家统一规定提高工资区类别增加的工资，可以核入工资总额基数。

2. 挂钩指标基数

挂钩企业的经济效益指标基数，一般应以上年实际完成数（同实物量挂钩的，应以实际销售量）为基数。对于上年实际完成数低于前三年平均数的，以前三年平均数为基数。工资总额与上缴税利挂钩的，以上年实际上缴财政的税利，加上用新增利润归还技措贷款和基建改扩建贷款50%视同上缴税利部分为基数。企业新建、扩建项目必须增人增工资的，在调整工资总额基数的同时要相应调整上缴税利基数，对没有经济效益的治理“三废”项目，可不增加税利基数。

实行工资总额同经济效益挂钩的企业，应加强管理，自行消化物价因素的影响。经国家批准的调价对企业经济效益影响重大时，在年终由各地区、各部门在国家批准的本地区、部门挂钩企业范围内，根据有增有减的原则，提出意见，报经财政部、劳动人事部批准后，可给予适当考虑。

建筑施工企业试行百元产值工资含量包干办法的，有关部门在审核企业计提工资的产值时，一定要严格剔除材料涨价的因素。

三、合理核定试点企业的挂钩浮动比例、工资含量系数

在核定试点企业的挂钩浮动比例、工资含量系数时，要考虑企业经济效益高低和潜力大小等情况，体现必要的差别。在目前条件下，全国范围内普遍进行横向比较还有困难，可先在省、自治区、直辖市和有条件的行业中进行比较。对于在同行业中效益高、潜力小的企业，浮动比例或工资含量系数可大一些，反之，则应小一些。衡量企业经济效益的高低，一般可以工资税利率、资金利润率或实物劳动生产率等指标综合考核。对于实行工资总额同实物量（工作量）挂钩办法的，还要着重研究如何随着生产的发展，逐步调整工资总额同实物量（工作量）挂钩的工资含量系数，做到工资的增长低于劳动生产率的增长，并使工资在成本中保持适当的比重。

对煤矿试行的吨煤工资含量包干办法，要核定一个总的工资含量系数，以利于国家宏观控制。

四、合理安排使用每年增长的工资基金

挂钩试点企业每年增长的工资基金，要合理安排使用，要有适当的结余。在企业经济效益增长幅度较大，应提工资增长较多的年度，要多结存一些，作为工资增长的后备基金。争取逐步做到，结余的效益工资能够在企业效益下浮时，保证职工两年的工资水平不下降或少下降，真正做到在工资分配上既负盈又负亏。

五、坚持积极慎重的方针，逐步扩大试点范围

现在实行的各种工资与经济效益挂钩办法，涉及到国家与企业的分配关系，试点中暴露出来的一些问题，还要在实践中不断加以改进和探索。因此，一定要采取积极慎重的方针，不能操之过急，更不能一哄而起。

1987年试点的范围，国务院已经决定，要控制在大中型企业（不包括煤矿和建筑施工企业）总户数的30%左右。各地区、各部门应按此要求进行安排。实行工资总额同上缴税利挂钩试点的范围，可在原批准试点的基础上适当扩大。实行工资总额同实物量（工作量）挂钩办法的，原则上要在国务院已批准的冶金矿山、有色金属矿山、建材和港口企业中试行。

六、审批程序

企业工资总额同经济效益挂钩试点工作，要

有计划、有领导地进行。各地区、各部门要根据上述要求，制订试点方案，报国务院企业工资改革研究小组、劳动人事部、财政部，经审核批准后，再组织实施。各省、自治区、直辖市和各部门可以在国家批准的试点方案和总的基数、浮动比例或工资含量系数内，具体核定各地（市）和各企业的试点办法、工资含量和浮动比例，报国务院企业工资改革研究小组、劳动人事部和财政部备案。

(3) 国务院《关于进一步改进和完善企业工资总额同经济效益挂钩的意见》（1989 年 3 月 6 日 国发［1989］25 号）

一九八五年以来，全国有部分企业根据《国务院关于国营企业工资改革问题的通知》（国发［1985］2 号）精神，以各种形式试行了工资总额同经济效益挂钩。实践表明，这种办法对于增强企业活力、发挥企业和职工的积极性、提高劳动生产率和经济效益有一定的促进作用，但也存在一些问题，有些办法还不够完善，如工资的增加未能剔除不合理的涨价因素等，从而不利于控制消费基金的过快增长，不利于稳定物价和控制通货膨胀。因此，必须在推行企业工资总额同经济效益挂钩的同时，进一步改进和逐步完善挂钩办法，现对有关问题提出如下意见：

一、国家对企业工资实行分级管理体制，即国家对地区（指省、自治区、直辖市、计划单列市，下同）和部门实行全地区、部门企业工资总额同经济效益总挂钩，总挂钩的工资总额基数、经济效益指标和基数、浮动的总比例，由劳动部、财政部、国家计委核定；地区和部门在国家核定的基数和浮动比例范围内，可根据实际情况确定对不同企业实行不同的工资分配方法，审批其挂钩的形式、基数和比例。暂不能实行总挂钩的地区和部门，要实行企业工资总额包干办法。

二、地区和部门总挂钩的工资总额基数，根据国家统计局关于工资总额构成的规定，原则上以本地区、本部门所属国营企业的上年工资总额年报数（不包括价格补贴和原材料节约奖）为基础进行核定，对个别情况个别处理。

三、地区和部门总挂钩的经济效益指标，要根据国民经济发展对地区、部门综合经济效益的要求确定。地区总挂钩，可以上缴税利、实现税利为主要挂钩指标，个别地区也可选用其他适当的指标。部门总挂钩，可以上缴税利或实物（工作）量为主要挂钩指标，有的也可以同几个指标复合挂钩。挂钩的经济效益指标基数，一般以上年实际完成数为基础进行核定；如果上年实际完成数低于前三年平均数，则以前三年平均数为基础核定。

四、地区和部门总挂钩的工资浮动总比例，以劳动生产率、人均税利和人均非农业国民收入的水平为主要依据，同时考虑工资税利率等经济指标确定，以体现不同地区、部门之间企业经济效益高低和潜力大小的差别。经济效益增减 1%，工资总额一般增减 0.5%～0.75%，有特殊情况，经国务院批准可以适当增加一点。

五、地区和部门实行总挂钩后，增减职工原则上不再增减工资总额。但按国家政策规定安排复员退伍军人、军队转业干部，可以相应调整工资总额基数。新建、扩建项目，属于国家及省、自治区、直辖市、计划单列市和部门一级的计划立项并正式移交生产的，经劳动部、财政部、国家计委核定，对新增加职工，可以适当调整工资总额基数，同时相应调整挂钩的经济效益指标基数。地区和部门总挂钩后，职工成建制地在地区之间、部门之间、地区与部门之间调入调出，其工资总额的挂钩和经济效益基数，按上年决算数如实划转。

六、地区和部门要在国家核定的总基数和总比例范围内核定所属企业工资与经济效益挂钩的基数和比例，并要保证全地区、部门企业工资总额的实际增长不超过国家规定的浮动总比例。年终执行结果，作为检查地区和部门企业年度工资总额计划的依据，如超过了浮动总比例，超过的部分，要在下年度工资总额基数中扣减，同时相应增加地区、部门当年上缴中央财政的数额；如没有达到浮动总比例，差额部分留在地区、部门作为工资调节基金指标，自行掌握调剂使用。

七、地区、部门实行总挂钩后，要严格监督考核挂钩企业执行物价政策情况，对于企业因产品销售价格上涨而增加的盈利要采取措施合理剔除，不得计提效益工资。

八、地区和部门对企业可以确定采用不同的挂钩形式，但必须符合国民经济发展对企业经济效益的要求和企业的生产经营特点。当前可以实行工资总额同上缴税利、实现税利、实物销售量、实际工作量挂钩等形式，也可以实行工资总额同几个经济效益指标复合挂钩的形式。实践证明建筑施工企业百元产值工资含量包干办法弊病较多，应切实加以改进，首先必须剔除计提含量工资的产值中的涨价因素。地区和部门还可以在少数企业试行其他挂钩形式，继续摸索经验。

九、对所有实行挂钩的企业，除考核主要挂钩指标外，必须同时考核质量、消耗、安全、劳动生产率等经济技术指标，其中质量指标要作为否定指标。铁路、民航、航运等交通运输企业和电力企业，要把安全运营作为必须严格考核的重要指标。其他经济技术指标，由各地区、各部门根据不同行业、企业的实际情况，提出要求并负责考核。为了保证国家利益，除以上缴税利为主要挂钩指标的企业外，实行其他各种挂钩形式的行业、企业都要规定必保的上缴税利额度或增长幅度，完不成上缴税利任务的，要相应扣减工资增长基金。对出口创汇企业，还要考核换汇成本。对商业服务企业要考核执行政策、服务质量等，特别要严格监督执行物价政策的情况，不得以任何方式侵害消费者利益。

十、地区和部门在核定企业工资总额同经济效益挂钩浮动的比例时，要注意企业之间经济效益水平的横向比较，一般与同行业平均水平相比，以人均税利、工资税利率、资金税利率和劳动生产率的高低为依据确定各企业的挂钩浮动比例。经济效益增减1%，工资总额一般增减0.3%～0.7%。实行工资总额同实物量（工作量）挂钩和百元产值工资含量包干办法的企业，完成核定的产量，产值基数部分，按核定的工资系数（含量）提取工资；产量、产值增长超过一定幅度，应适当核低工资系数（含量），以保证企业工资总额的增长低于经济效益的增长，职工工资水平的增长低于劳动生产率的提高幅度。

十一、一九八八年十月一日以后实行挂钩的企业，工资总额基数的基本工资部分在成本中开支，奖金部分在企业留利中开支，新增效益工资可按基本工资与奖金的比例，分别在成本和留利中开支。一九八八年十月一日以前实行挂钩的企业，经国务院或劳动部和财政部批准的挂钩企业，仍按原规定执行；未经国务院或劳动部和财政部审批的挂钩企业，如果奖金已由成本开支的，其由成本开支的奖金（包括核入工资总额基数中的奖金和新增效益工资中的奖金），按规定征收能源交通重点建设基金，具体办法由财政部另行通知。

十二、今后，企业主要靠提高经济效益给职工增加工资。企业按比例提取的效益工资在使用时要适当留有结余，保持以丰补歉的工资储备金，这要作为企业目标责任制的一项重要内容。

十三、实行挂钩的企业，工资增长超过一定幅度时，要按国家有关规定缴纳工资调节税；未实行挂钩的企业，继续按规定缴纳奖金税。对企业用奖励基金、效益工资或其他资金来源发放的各种形式的奖金、津贴或实物，都要照章纳税（具体办法由财政部、劳动部另行规定）。任何地区、部门不得以任何借口放宽征税起点、降低税率，已经自行开口子的，要坚决纠正。

十四、企业要进一步搞好内部工资分配，认真贯彻按劳分配原则，克服平均主义，使职工的劳动报酬同其劳动贡献密切挂起钩来。这是深化企业改革，完善企业经营机制的重要环节。内部分配的具体形式，由企业根据实际情况，按照国家有关政策规定自行决定。搞好企业内部工资分配的关键是坚持实行劳动定额制度，按照劳动定额的完成情况进行分配。计件工资制是体现按劳分配原则的一种较好形式，有条件的企业都要积极实行，计件形式应根据生产特点确定，可以实行个人计件，也可以实行集体计件；不适于实行计件的，也要实行其他形式的定额工资制。实行计件工资制和定额工资制都要有科学合理的定额标准和随工艺设备改进及时修改定额的制度；在考核产品数量的同时，还要严格考核质量和消耗定额。

（4）劳动部、财政部、国家计委《国营企业工资总额同经济效益挂钩实施办法》（1989年11月23日　劳薪字［1989］40号）

三、地区和部门要加强工资工作的管理，严格按国家有关规定执行。

1. 国家对各地区、部门工资总额增长实行计划管理和工效挂钩相结合的双控办法，即企业的效益工资应严格按批准的工资基数、经济效益基数及浮动比例计提。工资总额的发放应控制在国家下达的计划之内；如果发放的新增效益工资要超过国家下达的工资总额计划，必须按工资计划管理程序报批。企业必须按照工资基金管理规定在银行设立一个工资基金专户，由银行监督工资的支付。企业当年支付的工资、奖金，不能超过专户中的工资基金数额，超过部分，银行一律不予支付。对套支现金的，要给予经济制裁。

挂钩基数

［解读］

挂钩基数是指对实行企业工资同经济效益挂

钩的国有企业核定的基数。它包括工资总额基数和经济效益指标基数，具体是指挂钩企业基期工资和经济效益指标数额，是挂钩企业经济效益和工资总额增长的起点。合理确定挂钩基数，是挂钩工作的重要环节之一。工资总额基数的核定，一般以上年工资总额的统计年报为基础，减去不合理的工资支出和不参与挂钩的部分及实际发放的奖金，加上扣税后的应提奖金和合理增资部分作为基数。经济效益指标基数一般以上年实际完成数为基础进行核定，如上年实际完成数低于前3年平均水平，以前3年平均数为基础核定。

[依据指引]

(1) 国资委《关于做好2003年中央企业工资总额同经济效益挂钩工作的通知》（2003年9月19日 国资分配［2003］79号）

（二）改进工效挂钩基数和浮动比例的核定办法。将现行的按企业自身经济效益纵向比较进行核定的办法，逐步过渡到以企业纵向比较和同行业企业之间横向比较相结合的方法进行核定。根据不同行业的生产经营特点，确定能够综合衡量、准确反映企业经济效益水平的指标，以各企业在同一行业中的经济效益水平作为依据，核定其工效挂钩基数和浮动比例，合理调控行业间、企业间的分配关系。

(2) 劳动部《关于改进企业工资总额同经济效益挂钩办法的意见》（1987年5月5日 劳人薪［1987］26号）

二、合理核定试点企业的挂钩基数

1. 工资总额基数

凡是1986年已经试点，今年继续试行的企业，均应按照1986年核定的工资总额基数，加上应提取的工资增长基金，减去按国家规定应缴纳的工资调节税，作为1987年挂钩的工资总额基数。凡是1987年新增试点企业，其工资总额基数一般应以上年统计年报的工资总额（不包括节约奖和副食品价格补贴）为基础，适当考虑其增减因素。对于不合理的工资支出以及补发上年应发工资等，应予扣减；对于计划内增入、转正定级的翘尾工资可以核入工资总额基数。对于应提奖励基金不超过四个月标准工资的，按实际数核入工资总额基数；对于应提奖励基金超过四个月标准工资的，应视情况减少其核入工资总额基数的数额。企业奖励基金核入工资总额基数后要相应核减企业留利和留利水平，同时调整企业调节税率。调整后增加的这部分调节税，是奖励基金的转移，不属于减征范围。

今后，国家对未实行挂钩的企业安排增加工资指标列入成本时，原则上对挂钩企业不再考虑增加工资总额基数。但对于国家统一规定提高工资区类别增加的工资，可以核入工资总额基数。

2. 挂钩指标基数

挂钩企业的经济效益指标基数，一般应以上年实际完成数（同实物量挂钩的，应以实际销售量）为基数。对于上年实际完成数低于前三年平均数的，以前三年平均数为基数。工资总额与上缴税利挂钩的，以上年实际上缴财政的税利，加上用新增利润归还技措贷款和基建改扩建贷款50%视同上缴税利部分为基数。企业新建、扩建项目必须增人增工资的，在调整工资总额基数的同时要相应调整上缴税利基数，对没有经济效益的治理“三废”项目，可不增加税利基数。

实行工资总额同经济效益挂钩的企业，应加强管理，自行消化物价因素的影响。经国家批准的调价对企业经济效益影响重大时，在年终由各地区、各部门在国家批准的本地区、部门挂钩企业范围内，根据有增有减的原则，提出意见，报经财政部、劳动人事部批准后，可给予适当考虑。

建筑施工企业试行百元产值工资含量包干办法的，有关部门在审核企业计提工资的产值时，一定要严格剔除材料涨价的因素。

挂钩指标

[解读]

挂钩指标是指国有企业实行工效挂钩时所采用的经济效益指标，即与工资总额相关联，决定工资总额增减的经济指标。挂钩指标应当选择那些最能反映企业经济效益的指标。从指标的性质看，挂钩指标可分为三大类：价值量指标、实物量（实际工作量）指标和复合指标。价值量指标主要有：实现税利、上缴税利、实现利润、净产值、销售收入等。实物量（实际工作量）指标有：产量或销售量（包括煤炭产量、水泥产量、精矿石销售量、售电量等）、邮电业务总量、运输换算周转量等。复合指标是指选择两个以上经济指标同时挂钩的指标系列，如工资总额同邮电业务总量和实现税利复合挂钩等。

[依据指引]

(1) 国资委《关于做好2003年中央企业工资总额同经济效益挂钩工作的通知》（2003年9月19日 国资分配〔2003〕79号）

二、改进和完善中央企业工效挂钩办法

（一）改进挂钩效益指标，合理调整指标权重。从2003年开始中央企业原则上不再实行单一业务量（实物量）指标挂钩，转为以实现利润为主要挂钩指标。对目前实行单一业务量（实物量）挂钩的企业以及新挂钩的企业，其实现利润等价值量指标所占比重原则上不低于50%；对已经实行实现利润与业务量（实物量）复合指标挂钩的企业，其实现利润等价值量指标所占比重原则上不低于60%，并要逐步提高到80%以上。今后，对实行工资总额与实现利税挂钩的企业也要逐步转为与实现利润挂钩。

(2) 劳动部《关于做好2001年企业工资总额同经济效益挂钩工作的通知》（2001年8月30日 劳社部发〔2001〕11号）

四、进一步改进完善工效挂钩办法。挂钩的经济效益指标，要以实现利润、国有资本保值增值率指标为主，对目前实行复合挂钩指标、单一业务量（实物量）指标挂钩的企业（企业集团）要降低业务量（实物量）挂钩指标所占的比重，并尽快转为以实现利润、国有资本保值增值率为主要指标。

(3) 劳动和社会保障部、财政部《关于做好2000年企业工资总额同经济效益挂钩工作的通知》（2000年8月11日 劳社部发〔2000〕16号）

二、根据当前加强绩效考核的总体要求，挂钩的经济效益指标，要以实现利润、实现税利等价值量指标为主，对实行复合挂钩指标，单一业务量（实物量）指标挂钩的企业（企业集团）要逐步降低业务量（实物量）挂钩指标所占的比重。

效 益 工 资

[解读]

效益工资是指挂钩企业随经济效益指标的增减相应提取的职工工资基金。由于该工资基金的多少完全取决于企业效益的完成情况，故称效益工资。新增效益工资，是指企业根据经济效益的增长相应提取的工资与核定的工资总额基数相比的增加额。虽然国家规定，将按月、按标准发放给职工的住房补贴、交通补贴或者车改补贴、午餐费补贴、通讯补贴，以及节日补助等统一纳入职工工资总额管理，但是又规定，实行工效挂钩办法的企业，应将这些补贴费用在与企业经济效益直接挂钩工资总额基数外单列，不作为计提新增效益工资的基数。效益工资提取后，企业有权自主使用，但在使用时要注意留有余地，以丰补歉。

[依据指引]

(1) 国务院国有资产监督管理委员会《关于做好2003年中央企业工资总额同经济效益挂钩工作的通知》（2003年9月19日 国资分配〔2003〕79号）（略）

(2) 劳动和社会保障部、财政部《关于做好2001年企业工资总额同经济效益挂钩工作的通知》（2001年8月30日 劳社部发〔2001〕11号）

五、强化国有资本保值增值对工资增长的约束作用，在清算应提新增效益工资时，按照《国有资本金效绩评价规则》和《国有资本保值增值结果计算与确认办法》有关规定，考核国有资本保值增值情况，当年没有实现国有资本保值增值的企业，不得提取新增效益工资。

六、对工资水平过高、增长过快的企业，要从严审核其挂钩经济效益基数、工资总额基数和浮动比例；对挂钩的经济效益基数与工资总额基数倒挂的企业，要视其工资水平和经济效益情况，适当降低挂钩浮动比例。

七、加强对挂钩企业工资总额的管理。在劳动保障、财政部门核定的工资总额之外，除国家政策另有规定的，企业不得再以其他形式在成本中列支任何工资性项目。挂钩企业职工的所有增资，均应由效益工资列支。

八、严格执行工效挂钩政策，做到严格管理，严格考核，严格兑现。各级劳动保障部门和财政部门应按照国家政策规定审核企业工效挂钩方案，不得在政策上任意开口子；剔除垄断经营和各种非劳因素带来的效益，继续实行效益工资根据效益增长幅度分档提取办法；经济效益下降的，应提工资必须相应下浮，做到既负盈又负亏。

(3) 财政部、国家经济贸易委员会、劳动和社会保障部《关于做好国有资本保值增值结果计算与确认工作的通知》（2001年3月19日 财统〔2001〕2号）

八、各地区、各部门（企业集团）在组织开展国有资本保值增值确认工作的同时，要认真研究如何进一步发挥保值增值确认工作的监管功能作用：一是继续将国有资本保值增值完成情况作为企业提取新增效益工资的否定指标，凡是未实现国有资本保值增值的，不得提取当年新增效益工资；二是试行年薪制的企业，均要将国有资本保值增值指标作为对经营者的考核内容；三是在进行国有经济结构调整和企业资产重组过程中，要充分考虑企业国有资本保值增值完成情况，促进国有资本向优势企业和行业转移，形成良性循环；四是对于因经营管理不善，造成国有资本连续减值并且减值幅度进一步扩大的企业，确认部门要提请政府予以警告并督促企业采取切实可行的改进措施。

(4) 劳动部、财政部《关于改进完善企业工资总额同经济效益挂钩办法的通知》（1996 年 12 月 12 日　劳部发［1996］409 号）

各省、自治区、直辖市及计划单列市劳动（劳动人事）厅（局）、财政厅（局），国务院有关部委、直属机构，计划单列企业集团，解放军总后勤部生产管理部，新疆生产建设兵团：

为了进一步深化企业工资制度改革、加强工资总量宏观管理和调控，现对改进和完善工资总额同经济效益挂钩办法通知如下：

一、凡是具备条件的国有企业，都要实行工资总额同经济效益挂钩办法，不具备挂钩条件的，实行工资总额包干或工资计划控制办法。无论实行何种办法，都必须坚持工资总额增长低于经济效益增长，实际平均工资增长低于劳动生产率增长的原则。

二、挂钩经济效益指标，根据国民经济发展对企业经济效益的要求确定。一般以实现利润、实现税利、上缴税利等指标为主。少数行业、企业可结合本行业、企业特点，继续实行复合指标挂钩办法。

三、继续把国有资产保值率作为所有挂钩企业提取新增效益工资的否定指标。未完成国有资产管理部门、财政部门核定的国有资产保值增值考核指标的，不得提取新增效益工资。

以上缴税利以外的指标作为挂钩经济效益指标的企业，要把实际上缴税利作为必保指标，达不到指标要求的，不得提取新增效益工资。

四、建筑施工企业，要逐步由实行百元产值工资含量包干办法改为工资总额与建筑施工产值和实现利润（税）复合指标挂钩的办法。

外经贸企业实行的出口收汇美元工资含量办法，要根据工资总额增长低于经济效益增长的原则，加以改进完善，具体办法另行制定。

五、对企业发展多种经营安置富余人员而减少职工的，要按减少的人数乘以上年度企业平均实发工资水平的 50%～70%核减工资总额基数。

六、为了有效地控制消费基金过快增长，对挂钩经济效益指标增长过快的，在计提效益工资时要做适当限制。

七、挂钩企业的所有增资，均由效益工资列支。所有实行工效挂钩的企业，除劳动、财政部门核定的工资总额以外，不得再以其他形式在成本中列支任何工资性项目。

八、坚决贯彻既挂上，也挂下的原则。对经济效益下滑的挂钩企业，其工资原则上按挂钩办法同比例下浮，但生产正常的企业，应保证其当年应提工资总额加结存的工资储备金足以支付给职工不低于当地规定的最低工资标准的工资。

九、对违反劳动、财政部门规定超提超发新增效益工资的，按劳动部、财政部、审计署《关于颁发〈国有企业工资内外收入监督检查实施办法〉的通知》（劳部发［1995］218 号）处理，并于下年度相应扣回。

十、逐步实行先审计、后清算的原则。为了加强对工效挂钩的管理和保证各项数字的真实性，要在社会中介机构进行企业工资和经济效益的审计的基础上，进行年度企业挂钩清算工作。

十一、各省、自治区、直辖市劳动、财政部门，要根据本意见，结合本地区的情况和特点，认真做好本地区企业工资挂钩工作。

(5) 劳动部、财政部、国家计委、国家体改委、国家经贸委《关于发布国有企业工资总额同经济效益挂钩规定的通知》（1993 年 7 月 9 日　劳部发［1993］161 号）

第二章　经济效益指标及其基数

第四条　本规定所称的经济效益指标，是指由企业选择并报经财政、劳动部门审核确定的企业工效挂钩的经济指标，本规定所称经济效益指标基数，是指用以计算上述指标增长幅度的基额。

第五条　实行工效挂钩，应以能够综合反映企业经济效益和社会效益的指标作为挂钩指标，一般以实现利税、实现利润、上缴税利为主要挂钩指标；因企业生产经营特点不同，也可将实物（工作）量、业务量、销售收入、创汇额、收汇额以及劳动生产率、工资利税率、资本金利税率等综合经济效益指标作为复合挂钩指标。经财政部门认定的亏损企业可实行工资总额与减亏额指标挂钩，或采用新增工资按减亏的一定比例提取的办法。工资总额与税利总额严重倒挂的企业，可采取税利新增长部分按核定定额提取效益工资的办法。

第六条　要建立能够全面反映企业综合经济效益和社会效益的考核指标体系。考核指标一般包括：企业承包合同完成情况、国有资产保值增值状况以及质量、消耗、安全等。要把国有资产保值增值作为否定指标，达不到考核要求的不能提取新增效益工资。其他考核指标达不到要求的，要扣减一定比例的新增效益工资。

第七条　经济效益指标基数要按照鼓励先进、鞭策后进的原则核定，既对企业自身经济效益高低、潜力大小进行纵向比较，又进行企业间的横向比较。

经济效益指标基数，一般以企业上年实际完成数为基础，剔除不可比因素或不合理部分，并参照本地区同行业平均水平进行核定。

第八条　对已实行工效挂钩的企业，调整经济效益指标基数还应考虑以下因素：

(1) 暂未实行基建和生产单位统一核算管理的企业，新建扩建项目由基建正式移交生产后，在按该项目计划增加的人数相应核增工资总额基数的同时，参照同行业或该企业人均效益水平合理核增挂钩的经济效益指标基数；

(2) 企业之间成建制划入划出职工，按上年决算数调整经济效益指标基数；

(3) 国家批准的重大经济政策改革对企业经济效益影响较大时，由财政、劳动部门批准，可适当调整企业经济效益指标基数。

(6) 人力资源和社会保障部《关于企业工资总额管理有关口径问题的函》（2010 年 1 月 23 日　人社厅函［2010］51 号）

上海市人力资源和社会保障局：

你局《关于企业工资总额有关口径的请示》（沪人社综字［2009］109 号）收悉。经研究，现答复如下：

将企业发放给职工的住房补贴、交通补贴等收入纳入工资管理，有利于加强对企业工资分配的宏观调控，推进职工收入工资化、货币化、透明化。在国有企业工资总额管理工作中，应按照《关于企业加强职工福利费财务管理的通知》（财企［2009］242 号）的规定，将按月按标准发放或支付给职工的住房补贴、交通补贴或者车改补贴、通讯补贴以及节日补助、按月发放的午餐费补贴等统一纳入职工工资总额管理。实行工效挂钩办法的企业，在与企业经济效益直接挂钩工资总额基数外单列，不作为计提新增效益工资的基数。

工资控制线

［解读］

工资控制线是指国家对职工工资水平偏高、增长过快的行业、企业采取的一种阶段性从紧调控工资总额增长的具体措施。它的主要内容是：控制职工工资水平偏高、增长过快的行业的工资发放；对部分行业（部门）、企业工资总额发放增长速度实行上限控制；调节行业、企业职工工资水平，逐步协调工资分配关系，缓解分配不公问题。

工资控制线办法的实施对象是：上年职工平均工资水平达到全国职工平均工资水平 180%以上的国务院各部门（含国务院直属总公司）、国家计划单列企业集团。对地方部门和企业工资控制线的实施对象，由省、自治区、直辖市及计划单列市根据本地区重点行业、企业的具体情况确定。

工资控制线的水平要根据实施对象的职工平均工资与全国职工平均工资的差距、经济效益完成情况等相关因素区别确定，其年度货币工资总额增长速度要低于全国企业货币工资总额计划的增长速度。

工资控制线采取分级制定的办法，即国务院业务主管部门负责提出并确定国务院所属部门、企业的工资控制线的实施对象和控制线水平；各省、自治区、直辖市及计划单列市的业务主管部门提出并确定本地区的工资控制线的实施对象和控制线水平。

［依据指引］

(1) 劳动部、国家计委《关于对部分行业、企业实行工资控制线办法的通知》（1996 年 6 月 7 日　劳部发［1996］198 号）

为更好地调节工资分配关系，针对当前工资分配工作存在的突出问题，经研究决定，自 1996 年起国家对部分行业、企业实行工资控制线办法。现就有关问题通知如下：

一、工资控制线办法的内容

工资控制线办法，是对职工工资水平偏高、增长过快的行业、企业采取的一种阶段性从紧调控工资总额增长的具体措施。它的主要内容是：控制职工工资水平偏高、增长过快的行业的工资发放；对部分行业（部门）、企业工资总额发放增长速度实行上限控制；调节行业、企业职工工资水平，逐步协调工资分配关系，缓解分配不公。

二、工资控制线办法的实施对象

1996年，国家暂以上年职工平均工资水平达到全国职工平均工资水平180%以上的国务院各部门（含国务院直属公司，下同）、国家计划单列企业集团为实施对象。

各地区对地方部门和企业工资控制线的实施对象，由省、自治区、直辖市及计划单列市根据本地区重点行业、企业的具体情况确定。

三、工资控制线的水平

工资控制线的水平，要根据实施对象的职工平均工资与全国职工平均工资的差距、经济效益完成情况等相关因素区别确定，其年度货币工资总额增长速度要低于全国企业货币工资总额计划增长速度。

四、工资控制线的制定

劳动部、国家计委于每年4月底以前，针对国务院所属部门、企业的具体情况，提出并确定年度工资控制线的实施对象及控制线水平。

各省、自治区、直辖市及计划单列市劳动行政部门和计划部门，要依照国家宏观调控的要求，结合本地区重点行业、企业的情况，提出并确定本地区工资控制线的实施对象及控制线水平。

工资控制线的制定过程中，相关部门、企业须据实提供企业职工工资水平、人工成本、经济效益完成情况等有关的资料、数据。

(2) 劳动部、国家计委《关于进一步做好1997年工资控制线工作的通知》（1997年9月5日 劳部发［1997］267号）（略）

工资指导线

[解读]

工资指导线是指政府对企业的工资分配进行规范与调控，使企业工资增长符合经济和社会发展要求，促进生产力发展的企业年度货币工资水平增长幅度的标准线，它包括工资增长基准线、上线和下线。基准线是当年企业工资增长的适度水平，是地区企业工资增长的总体调控目标；上线是企业工资增长的高限或最高调控线；下线是企业工资增长的低限。

工资指导线制度，是社会主义市场经济体制下，国家对企业工资分配进行宏观调控的一种制度。其目的是在国家宏观指导下，促进企业的工资微观分配与国家的宏观政策相协调，引导企业在生产发展，经济效益提高的基础上，合理进行工资分配。

制定工资指导线应遵循以下原则：

（一）坚持“两低于”原则，即地区企业工资总额增长低于经济效益增长，地区职工实际平均工资增长低于劳动生产率增长。

（二）结合地区、行业、企业特点，实行分级管理、分类调控的原则。

（三）实行协商的原则，即以人力资源和社会保障行政部门为主，商政府有关部门、工会、企业家协会等组织共同制定。

制定工资指导线是以本地区年度经济增长率、社会劳动生产率、城镇居民消费价格指数为主要依据，并综合考虑城镇就业状况、劳动力市场价格、人工成本水平和对外贸易状况等相关因素。

工资指导线的基本内容包括：工资指导线水平和对企业工资增长的有关要求和建议。工资指导线水平包括本年度企业货币工资水平增长基准线、上线、下线。

各地人力资源和社会保障行政部门，依据人力资源和社会保障部当年全国工资指导意见，制定本地区工资指导线，送人力资源和社会保障部审核后，经地方政府批准，由地方政府（或由其委托人力资源和社会保障行政部门）于每年3月底以前颁布，人力资源和社会保障行政部门组织实施。工资指导线执行时间为一个日历年度（1月1日至12月31日）。

[依据指引]

劳动部《试点地区工资指导线制度试行办法》（1997年1月30日 劳部发［1997］27号）（略）

工资指导价位

[解读]

工资指导价位是指国家人力资源社会保障行政部门按照国家统一规范和制度的要求，在广泛调查和统计汇总、分析加工的基础上，向社会发布的用以指导企业合理确定职工工资水平和工资关系，反映和调节劳动力市场价格的各类职业（工种）的工资水平信息。它是企业工资宏观调控措施的重要组成部分。形成劳动力市场工资指导价位的主要因素有劳动力供求状况、劳动者年龄、学历、资历、性别、职业、行业、地区、国籍以及地区经济发展水平等。

劳动力市场工资指导价位每年发布一次，一般是在6月底以前，由公共就业服务机构采用文件形式或资料形式发布。

劳动力市场工资指导价位的作用主要是：

（一）有利于政府劳动工资管理部的转变职能，由直接的行政管理，转变为充分利用劳动力市场价格信号指导企业合理进行工资分配。

（二）有利于将市场机制引入企业内部分配，为企业合理确定工资水平和各类人员的工资关系提供重要依据。

（三）有利于促进劳动力市场形成合理的价格水平，为劳动力供求双方协商确定工资水平提供客观市场参考标准，减少供求双方的盲目性，提高劳动者求职的成功率和劳动力市场运作的整体效率。

（四）有利于劳动力的合理、有序流动，调节地区、行业之间的就业结构，使劳动力价格机制与劳动力供求机制紧密结合，构建完整的劳动力市场体系。

（五）有利于企业开展工资集体协商和签订工资协议。

［依据指引］

劳动和社会保障部《关于建立劳动力市场工资指导价位制度的通知》（1999年10月25日 劳社部发［1999］34号）（略）

工资基金管理手册

［解读］

工资基金管理手册是我国基层单位支取工资的重要凭证，是国家对工资基金管理的措施之一。工资基金是用于职工各项工资支付的专用奖金。凡属于国家统计局列为工资总额组成范围的资金，均纳入工资基金管理的内容。工资基金管理方面的规定，最初适用于全民所有制企业、事业、机关、团体单位，城镇集体所有制单位参照执行；后来扩大适用于所有基层单位。目前，负责工资基金管理的部门为国家发展与改革委员会、财政部、人力资源和社会保障部和中国人民银行等。

根据国家的规定，各地区、各部门将国家下达的工资总额计划按隶属关系落实到基层单位。各基层单位要根据核定的年度工资总额，编制工资基金使用计划，经主管部门审核并经同级人力资源和社会保障部门会同有关部门批准后列入《工资基金管理手册》。实行工效挂钩的单位，应按照挂钩基数和比例核定效益工资，并列入《工资基金管理手册》。开户银行据此监督支付工资，超过《工资基金管理手册》列定数额的，一律拒付。各基层单位只能在本单位进行现金结算的开户银行设立一个工资基金专户，所有工资支出均须通过开户银行，从工资基金专用账户中列支。

随着我国行政管理体制改革的逐步深化，为了切实转变政府职能，优化经济发展环境，减轻企业负担，有的地方开始停止采用《工资基金管理手册》进行工资基金管理的措施，但仍采用其他措施加强对工资基金的宏观管理。

［依据指引］

（1）国务院《关于发布工资基金暂行管理办法的通知》（1985年9月24日 国发［1985］115号）

第一条 为促使企业、事业、机关、团体单位加强经济核算，合理地使用工资基金，调动职工的生产和工作积极性，保证社会主义建设顺利进行，特制定本办法。

第二条 本办法适用于全民所有制企业、事业、机关、团体单位。

凡发给职工个人的劳动报酬和按国家规定发放的津贴、补贴等，不论其资金来源如何，属于国家统计局规定的工资总额组成范围的，均应纳入工资基金管理范围之内。

第三条 各企业、事业、机关、团体单位，只能在一个银行建立工资基金专户。跨省、自治区、直辖市的企业，在一个银行建立工资基金专户后，在不超过国家下达的工资总额计划的前提下，可由企业向所属单位分配工资总额指标，并抄送其所属单位所在地的开户银行。

第四条 凡属工资总额组成的支出，不论现金或转账，均应通过开户银行，从工资基金专用账户中列支。

第五条 各省、自治区、直辖市和国务院有关部门应在国家工资总额计划下达后的两个月内，按隶属关系将国家下达的工资总额计划逐级分配到各基层单位，并抄送同级银行和基层单位所在地的开户银行。

国务院有关部门在向直属单位下达年度工资总额计划时，应抄送有关省、自治区、直辖市的劳动人事、计划、财政部门和人民银行。

省、自治区、直辖市和国务院有关部门在下达工资总额计划时，应抄送劳动人事部、国家计委、财政部、中国人民银行备案。

第六条 各基层单位应根据国家下达的年度工资总额计划，编制分季度或分月的工资基金使用计划，送单位所在地开户银行监督支付，并抄报主管部门备案。

第七条 各基层单位在不超过国家下达的年度工资总额计划的前提下，可将本月或本季度结余的工资基金移到本年度的下个月或下季度使用；但是，不得将下个月或下季度的工资基金提前使用。超过工资基金使用计划指标的，银行不予支付。

第八条 国家不直接下达年度工资总额计划的部门，应根据国家的有关规定，结合经核实的上年度实际发放的工资，编制季度的工资基金使用计划，报主管部门核定后，送单位所在地的开户银行监督支付。需要增加工资指标的，应按照劳动工资计划的审批程序办理。

第九条 各基层单位在开户银行支取当月工资基金时，要将上个月的工资基金使用情况，报主管部门并抄送开户银行。

第十条 国家年度工资总额计划未下达前，主管部门对其所属基层单位，可按上年度同期实际支付的工资总额，扣除其中应扣出的部分后，送单位所在地开户银行监督支付，待国家年度工资总额计划下达后，在全年工资总额中统一核算。

第十一条 企业的奖励基金，应按国家规定提取。企业发放的奖金和从奖励基金中支付的浮动工资、津贴、补贴、自费改革工资等各项工资性支出，应从提取的奖励基金中开支，先提后用。

第十二条 隶属关系发生变动的单位，主管部门应将其职工人数、工资总额，报同级劳动人事和计划部门核增、核减，并抄送开户银行。

第十三条 经国家批准实行工资总额同经济效益挂钩的国营企业，有关省、自治区、直辖市或国务院主管部门应按其隶属关系将国家核定的上缴税利、工资总额基数、挂钩比例和按挂钩比例计算的增加工资额，逐级下达到企业并抄送其开户银行，同时报劳动人事部、国家计委、财政部、中国人民银行备案。

企业经济效益比计划指标有增减时，主管部门应按核定的工资总额基数和挂钩比例，计算出实际的工资总额。地方所属企业，经省、自治区、直辖市劳动人事、财政部门批准后，送开户银行；国务院各部门直属企业，经国务院主管部门批准后，送开户银行，并报劳动人事部、国家计委、财政部、中国人民银行备案。

上述企业在提取当月工资基金时，不得超过其工资基金专户中的工资基金数额，超过的部分，银行不予支付。

第十四条 实行百元产值工资含量包干的建筑企业和实行吨煤工资含量包干的煤炭企业，有关地区和部门应按其隶属关系，将国家核定的百元产值工资含量包干系数、吨煤工资单价和增加的工资额，逐级下达到企业，同时抄送其开户银行。

企业在执行计划过程中，因实际完成的产值、产量和规定的经济技术指标比计划有增减时，建筑企业由主管部门会同建设银行按照实际完成的产值和核定的工资含量系数计算出工资总额；煤炭企业由主管部门按照实际完成的产量和核定的吨煤工资单价计算出工资总额。前述两类企业的工资总额，均按其隶属关系报经省、自治区、直辖市的劳动人事、计划部门或国务院主管部门核增、核减后，送开户银行监督执行，同时报劳动人事部、国家计委、财政部、中国人民银行备案。

第十五条 国家下达的年度工资总额计划，必须严格执行。需要追加工资总额计划指标的，应按照劳动工资计划的审批程序办理。

第十六条 现有的计划外用工，其工资额应控制在国家规定的工资总额范围内，不得突破，并应按国家规定进行清退，相应核减工资总额。

第十七条 各专业银行应履行国家赋予的职责，监督检查各单位工资基金的使用情况。

劳动人事、计划、财政、银行、统计、审计等有关部门，应在各级人民政府的统一领导下，密切协同，及时研究、处理执行本办法中存在的问题。

第十八条 违反本办法规定，有下列情形之一的，按干部管理权限，由当地人民政府或主管部门视情节轻重，给主要负责人和当事人以处分，并责令限期退回违反本办法多发的现金和实物：

（一）在工资基金专户以外从其他各项业务收入中坐支现金的；

（二）假借其他名义从银行套取现金的；

（三）动用企业税后留利中的生产发展基金、

新产品试制基金、后备基金、职工福利基金和用银行贷款、企业自产自销收入现金、兴办集体经济收入现金发放工资（包括奖金、津贴、补贴等）的；

（四）在国家有关发放工资、奖金、津贴、补贴的规定之外，向职工发放实物的。

违反本办法情节严重，构成犯罪的，由司法机关依法惩处。

第十九条　城镇集体所有制单位工资基金管理办法，由各省、自治区、直辖市人民政府参照本办法自行制定。

第二十条　本办法由劳动人事部负责解释。

第二十一条　本办法自公布之日起实施。一九八三年劳动人事部、国家计委、财政部、中国人民银行联合发布的《工资基金管理试行办法》即停止执行。

(2) 国务院《关于进一步加强工资基金管理的通知》（1989 年 3 月 30 日　国发［1989］31 号）

为贯彻中央关于治理经济环境、整顿经济秩序和全面深化改革的方针，压缩社会总需求，控制消费基金过快增长，国务院重申各地区、各部门必须认真贯彻执行国务院发布的《工资基金暂行管理办法》（国发［1985］115 号），并结合当前情况就有关事项通知如下：

一、国家下达的工资总额计划，各地区、各部门必须认真执行，并按隶属关系落实到基层单位。各基层单位要根据国家核定的年度工资总额，编制工资基金使用计划，经主管部门审核并经同级劳动部门会同有关部门（机关、事业单位的工资基金使用计划会同人事部门）批准后列入《工资基金管理手册》。开户银行据此监督支付工资。超过计划规定数额的，银行一律拒付。

《工资基金管理手册》由劳动部会同中国人民银行统一制发。

二、各企业、事业、机关、团体等单位，只能在本单位进行现金结算的开户银行设立一个工资基金专户。所有工资支出都必须通过开户银行，从工资基金专用账户中列支。任何单位都不得坐支、套取现金发放工资、奖金、津贴、补贴等。各级银行要认真负责，严格监督。对违反国家现金管理条例的，当地政府和各级银行要认真查处。

三、实行工资总额同经济效益挂钩的企业，应严格按照批准的工资与经济效益挂钩的基数和比例核定效益工资，并列入《工资基金管理手册》；使用效益工资时，要适当留有结余，以丰补歉。没有实行工资总额同经济效益挂钩的企业，必须按照国家下达的工资总额计划执行。

企业由于经济效益增减等原因，需要对国家下达的工资总额计划作适当调整时，可由同级劳动部门在不超过国家下达给本地区、部门的工资总额计划内进行调剂。开户银行按调整后的工资基金使用计划予以支付。

各地区、各部门对国家下达的工资总额计划不得突破。如有特殊情况，需要追加工资总额计划的，要按照劳动工资计划的审批程序办理。

四、事关全局的工资问题，由中央、国务院通盘考虑、统一部署。任何地区、部门和个人，无权自行提高工资区类别和机关、事业单位工资标准，以及增加在企业成本、费用中列支基本工资（包括津贴、补贴等）；无权自行决定减征或免征工资调节税、奖金税；无权动用其他资金或采取其他办法增加职工工资。对违反国家有关规定的，除应责令其立即纠正外，还要给予经济处罚，并追究有关领导和直接责任者的行政责任，情节严重的，要依法惩处。

五、对集体所有制单位的工资基金，也必须加强管理。各地区要参照本通知精神，结合实际情况，制定相应的管理办法。

(3) 人事部、中国人民银行《关于印发国家机关、事业单位工资基金管理暂行办法的通知》（1990 年 11 月 9 日　人计发［1990］20 号）（略）

非全日制职工的工资

［解读］

非全日制职工的工资是以小时为计算单位的，其标准不得低于用人单位所在地人民政府规定的最低小时工资标准，其结算支付周期最长不得超过 15 日。

非全日制用工的小时最低工资标准由省、自治区、直辖市规定，并报人力资源和社会保障部备案。确定和调整小时最低工资标准应当综合参考以下因素：当地政府颁布的月最低工资标准；单位应缴纳的基本养老保险费和基本医疗保险费（当地政府颁布的月最低工资标准未包含个人缴纳社会保险费因素的，还应考虑个人应缴纳的社会保险费）；非全日制劳动者在工作稳定性、劳动条件和劳动强度、福利等方面与全日制就业人员之间的差异等。

[依据指引]

(1)《中华人民共和国劳动合同法》（2007 年 6 月 29 日　国家主席令第 65 号）

第六十八条　非全日制用工，是指以小时计酬为主，劳动者在同一用人单位一般平均每日工作时间不超过四小时，每周工作时间累计不超过二十四小时的用工形式。

第七十二条　非全日制用工小时计酬标准不得低于用人单位所在地人民政府规定的最低小时工资标准。

非全日制用工劳动报酬结算支付周期最长不得超过十五日。

(2) 劳动和社会保障部《关于非全日制用工若干问题的意见》（2003 年 5 月 30 日　劳社部发 [2003] 12 号）（略）

第五章　福　　利

社会福利

［解读］

社会福利是指由国家、社会组织和个人举办能够给人们生活提供帮助、提供方便或带来利益的事业。主要包括四方面内容：一是由国家或社会组织举办的以全体人民为对象的社会公共福利事业，包括教育、科学、环境保护、文化艺术、体育、卫生等公益性设施、场馆，以及公园等。二是由国家、集体和个人举办，以社会特殊困难群体为主要对象的专门性社会福利事业。主要包括为无劳动能力、无生活来源、无法定抚养人或赡养人的残疾人、老年人、孤儿、弃婴等提供养护、康复、托管服务的机构。如社会福利院、养老院、儿童福利院、精神病院、SOS儿童村，以及各类康复中心等。三是国家为照顾一定地区或一定范围内的居民对部分必要生活资料的需求，所采取的福利性补贴措施。如对寒冷地区冬季取暖补贴，对住公房的居民给予房租补贴等。这些福利性补贴措施随着生产的发展、条件的改变，会有所增加、减少或取消。四是在国家政策指导下，以本单位职工为特定对象，由用人单位举办的福利事业，实施的福利措施。

［依据指引］

(1)《中华人民共和国宪法》（1982年12月4日第五届全国人民代表大会第五次会议通过　2004年3月14日修订）

第四十二条　中华人民共和国公民有劳动的权利和义务。

国家通过各种途径，创造劳动就业条件，加强劳动保护，改善劳动条件，并在发展生产的基础上，提高劳动报酬和福利待遇。

劳动是一切有劳动能力的公民的光荣职责。国有企业和城乡集体经济组织的劳动者都应当以国家主人翁的态度对待自己的劳动。国家提倡社会主义劳动竞赛，奖励劳动模范和先进工作者。国家提倡公民从事义务劳动。

国家对就业前的公民进行必要的劳动就业训练。

第四十三条　中华人民共和国劳动者有休息的权利。

国家发展劳动者休息和休养的设施，规定职工的工作时间和休假制度。

(2)《中华人民共和国劳动法》（1994年7月5日　国家主席令第28号）

第七十六条　国家发展社会福利事业，兴建公共福利设施，为劳动者休息、休养和疗养提供条件。

用人单位应当创造条件，改善集体福利，提高劳动者的福利待遇。

(3) 国务院办公厅《转发民政部等部门〈关于加快实现社会福利社会化意见〉的通知》（2000年2月27日　国办发［2000］19号）（略）

(4) 民政部《社会福利机构管理暂行条件》（1999年12月30日　部令第19号）（略）

职工福利

［解读］

职工福利是指由国家机关、社会团体、企业、事业、民办非企业等用人单位通过建立各种补贴制度和举办集体福利事业，解决职工个人难以解决的生活困难，方便、改善职工生活，保证职工身体健康和正常工作的一种社会福利事业。福利可划分为职工集体福利和职工个人福利。职工集体福利又划分为集体文化娱乐设施和集体生活福利两个方面。集体文化娱乐设施包括：用人单位主办的职工文化馆、图书馆、阅览室、俱乐部、运动器械和场所、职工业余学校等内容。职工集体生活福利在20世纪50年代称为集体劳动保险事业。目前，用人单位尚未分离的内设职工集体生活福利部门所发生的设备、设施和人员费用，包括职工食堂、浴室、理发室、医务所、托儿所、疗养院、集体宿舍等集体福利部门设备、设施的折旧、维修保养费用以及集体福利部门工作人员的工资薪金、社会保险费、住房公积金、劳务费等人工费用，均属于职工福利费用。职工个人福利又称劳动者的福利待遇，是指用人单位为职工提供的除职工工资、奖金、津贴、纳入工资总额管理的补贴、职工教育经费、社会保险费和补充养老保险费（年金）、补充医疗保险费及住房公积金以外的福利费用支出，包括发放给职工或为职工支付的各项现金补贴和非货币性集体福利，主要包括以下内容：

（一）为职工卫生保健、生活等发放或支付的各项现金补贴和非货币性福利，包括职工因公外地就医费用、暂未实行医疗统筹企业职工医疗费用、职工供养直系亲属医疗补贴、职工疗养费用、自办职工食堂经费补贴或未办职工食堂统一供应午餐支出、符合国家有关财务规定的供暖费补贴、防暑降温费等。

（二）职工困难补助，或者企业统筹建立和管理的专门用于帮助、救济困难职工的基金支出。

（三）离退休人员统筹外费用，包括离休人员的医疗费、企业重组涉及的离退休人员统筹外费用及离退休人员其他统筹外费用。

（四）按规定发生的其他职工福利费，包括职工正常死亡丧葬补助费等福利性补贴和职工遗属抚恤费、上下班交通费补贴、职工异地安家费、独生子女费、探亲假路费等。

职工福利费在不同的用人单位开支渠道不同。国家机关、事业单位的职工福利费是按照职工人数和规定标准在行政和事业经费中提取。企业单位的职工福利费主要在职工福利基金中列支。

为了加强对职工福利费的管理，国家规定，企业应当参照历史一般水平合理控制职工福利费在职工总收入中的比重；按照《企业财务通则》第46条规定，应当由个人承担的有关支出，企业不得作为职工福利费开支；对实行年薪制等薪酬制度改革的企业负责人，企业应当将符合国家规定的各项福利性货币补贴纳入薪酬体系统筹管理，发放的福利性货币补贴应在其个人应发薪酬中列支；职工福利一般应以货币形式为主，对以本企业产品和服务作为职工福利的，企业要严格控制，国家出资的电信、电力、交通、热力、供水、燃气等企业，将本企业产品和服务作为职工福利的，应当按商业化原则实行公平交易，不得直接供职工及其亲属免费或者低价使用。还专门提出，企业职工福利费财务管理应当遵循以下原则和要求：

（一）企业应当依法制订职工福利费的管理制度，并经股东会或董事会批准，明确职工福利费开支的项目、标准、审批程序、审计监督。

（二）国家对企业职工福利费支出有明确规定的，企业应当严格执行。国家没有明确规定的，企业应当参照当地物价水平、职工收入情况、企业财务状况等要求，按照职工福利项目制订合理标准。

（三）企业应当统筹规划职工福利费开支，实行预算控制和管理。职工福利费预算应当经过职工代表大会审议后，纳入企业财务预算，按规定批准执行，并在企业内部向职工公开相关信息。

（四）企业发生的职工福利费，应当按规定进行明细核算，准确反映开支项目和金额。

由于历史的原因，国有企业职工集体福利越来越成为无所不包的“企业办社会”的沉重负担。从各种本应由社会举办的集体生活福利设施、集体文化娱乐设施到退休人员的管理，无一不是企业自办，致使国有企业效益长期低下，职工普遍存在事事依赖企业的心理。因此，自改革开放以来，国有企业正逐步进行主业与辅业分离的改革，将其后勤服务的单位、设施，改为自主经营、自负盈亏的独立单位，面向社会服务，以减轻国有企业负担，使其轻装进入市场进行平等竞争，成为真正意义上的现代企业。然而，改革之后的职工集体福利依然存在，而且变得更加切合实际，与职工个人福利共同起着稳定劳动关系，增强自身吸引力、凝聚力的作用。

［依据指引］

(1) 政务院《中华人民共和国劳动保险条例》（1953年1月2日）（略）

(2) 劳动部《〈劳动保险条例〉实施细则（修正草案）》（1953年1月26日）（略）

(3) 财政部、国家劳动总局《关于改进职工宿舍冬季取暖补贴问题的意见》（1978年2月20日 ［78］财事字18号、［78］劳薪字5号）（略）

(4) 民政部、财政部《关于执行〈国家机关、事业单位工作人员死亡后遗属生活困难补助暂行规定〉的通知》（1980年2月3日 民发［1980］5号、财事［1980］34号）（略）

(5) 财政部《关于职工探亲路费的规定》（1981年4月8日 ［81］财事字第113号）（略）

(6) 劳动和社会保障部《关于印发国有大中

型企业主辅分离辅业改制分流安置富余人员的劳动关系处理办法的通知》（2003年7月31日 劳社部发［2003］21号）（略）

(7) 国务院国有资产监督管理委员会《关于进一步明确国有大中型企业主辅分离辅业改制有关问题的通知》（2003年7月4日 国资分配［2003］21号）（略）

(8) 国家经贸委《关于国有大中型企业主辅分离辅业改制分流安置富余人员的实施办法》（2002年11月18日 国经贸企改［2002］859号）（略）

(9) 财政部《关于企业加强职工福利费财务管理的通知》（2009年11月12日 财企［2009］242号）

一、企业职工福利费是指企业为职工提供的除职工工资、奖金、津贴、纳入工资总额管理的补贴、职工教育经费、社会保险费和补充养老保险费（年金）、补充医疗保险费及住房公积金以外的福利待遇支出，包括发放给职工或为职工支付的以下各项现金补贴和非货币性集体福利：

（一）为职工卫生保健、生活等发放或支付的各项现金补贴和非货币性福利，包括职工因公外地就医费用、暂未实行医疗统筹企业职工医疗费用、职工供养直系亲属医疗补贴、职工疗养费用、自办职工食堂经费补贴或未办职工食堂统一供应午餐支出、符合国家有关财务规定的供暖费补贴、防暑降温费等。

（二）企业尚未分离的内设集体福利部门所发生的设备、设施和人员费用，包括职工食堂、职工浴室、理发室、医务所、托儿所、疗养院、集体宿舍等集体福利部门设备、设施的折旧、维修保养费用以及集体福利部门工作人员的工资薪金、社会保险费、住房公积金、劳务费等人工费用。

（三）职工困难补助，或者企业统筹建立和管理的专门用于帮助、救济困难职工的基金支出。

（四）离退休人员统筹外费用，包括离休人员的医疗费及离退休人员其他统筹外费用。企业重组涉及的离退休人员统筹外费用，按照《财政部关于企业重组有关职工安置费用财务管理问题的通知》（财企［2009］117号）执行。国家另有规定的，从其规定。

（五）按规定发生的其他职工福利费，包括丧葬补助费、抚恤费、职工异地安家费、独生子女费、探亲假路费，以及符合企业职工福利费定义但没有包括在本通知各条款项目中的其他支出。

……

三、职工福利是企业对职工劳动补偿的辅助形式，企业应当参照历史一般水平合理控制职工福利费在职工总收入的比重。按照《企业财务通则》第四十六条规定，应当由个人承担的有关支出，企业不得作为职工福利费开支。

四、企业应当逐步推进内设集体福利部门的分离改革，通过市场化方式解决职工福利待遇问题。同时，结合企业薪酬制度改革，逐步建立完整的人工成本管理制度，将职工福利纳入职工工资总额管理。

对实行年薪制等薪酬制度改革的企业负责人，企业应当将符合国家规定的各项福利性货币补贴纳入薪酬体系统筹管理，发放或支付的福利性货币补贴从其个人应发薪酬中列支。

五、企业职工福利一般应以货币形式为主。对以本企业产品和服务作为职工福利的，企业要严格控制。国家出资的电信、电力、交通、热力、供水、燃气等企业，将本企业产品和服务作为职工福利的，应当按商业化原则实行公平交易，不得直接供职工及其亲属免费或者低价使用。

六、企业职工福利费财务管理应当遵循以下原则和要求：

（一）制度健全。企业应当依法制订职工福利费的管理制度，并经股东会或董事会批准，明确职工福利费开支的项目、标准、审批程序、审计监督。

（二）标准合理。国家对企业职工福利费支出有明确规定的，企业应当严格执行。国家没有明确规定的，企业应当参照当地物价水平、职工收入情况、企业财务状况等要求，按照职工福利项目制订合理标准。

（三）管理科学。企业应当统筹规划职工福利费开支，实行预算控制和管理。职工福利费预算应当经过职工代表大会审议后，纳入企业财务预算，按规定批准执行，并在企业内部向职工公开相关信息。

（四）核算规范。企业发生的职工福利费，应当按规定进行明细核算，准确反映开支项目和金额。

七、企业按照企业内部管理制度，履行内部审批程序后，发生的职工福利费，按照《企业会计准则》等有关规定进行核算，并在年度财务会计报告中按规定予以披露。

在计算应纳税所得额时，企业职工福利费财

务管理同税收法律、行政法规的规定不一致的，应当依照税收法律、行政法规的规定计算纳税。

八、本通知自印发之日起施行。以前有关企业职工福利费的财务规定与本通知不符的，以本通知为准。金融企业另有规定的，从其规定。

带薪假期

[解读]

国家除规定法定节日为带薪假期以外，还规定职工在年休假、婚假、丧假、探亲假期间，用人单位须照发工资。这些假期不仅为职工提供了休息、健身、处理家务及其他个人事务的时间和方便，还保证了职工的基本收入。因此，带薪假期也是职工个人福利的内容之一。

[依据指引]

(1)《中华人民共和国劳动法》（1994 年 7 月 5 日　国家主席令第 28 号）

第四十五条　国家实行带薪年休假制度。

劳动者连续工作一年以上的，享受带薪年休假。具体办法由国务院规定。

第五十一条　劳动者在法定休假日和婚丧假期间以及依法参加社会活动期间，用人单位应当依法支付工资。

(2) 国务院《关于职工探亲待遇的规定》（1981 年 3 月 14 日　国发［1981］36 号）

第五条　职工在规定的探亲假期和路程假期内，按照本人的标准工资发给工资。

(3)《全国年节及纪念日放假办法》（1999 年 9 月 18 日　国务院令第 270 号　2007 年 12 月 14 日修订）（略）

法定节日

[解读]

法定节日是指国家以法律或法规的形式规定的公民放假的节日假期，分为全体公民放假的节日和部分公民放假的节日。全体公民放假的节日包括：新年、春节、清明节、劳动节、端午节、中秋节、国庆节，部分公民放假的节日包括妇女节、青年节、儿童节、建军节、少数民族习惯的节日等。全体公民放假的假日，如果适逢休息日，应当在工作日补假；如果用人单位在此期间安排劳动者工作，除支付工资报酬以外，还应依法向劳动者支付加班工资。部分公民放假的假日，如果适逢休息日，则不补假；如果用人单位在此期间安排劳动者参加社会或单位组织庆祝活动或照常工作，应支付工资报酬，但不支付加班工资。

[依据指引]

(1)《全国年节及纪念日放假办法》（1999 年 9 月 18 日　国务院令 270 号　2007 年 12 月 14 日修订）

第一条　为统一全国年节及纪念日的假期，制定本办法。

第二条　全体公民放假的节日：

（一）新年，放假 1 天（1 月 1 日）；

（二）春节，放假 3 天（农历除夕、正月初一、初二）；

（三）清明节，放假 1 天（农历清明当日）；

（四）劳动节，放假 1 天（5 月 1 日）；

（五）端午节，放假 1 天（农历端午当日）；

（六）中秋节，放假 1 天（农历中秋当日）；

（七）国庆节，放假 3 天（10 月 1 日、2 日、3 日）。

第三条　部分公民放假的节日及纪念日：

（一）妇女节（3 月 8 日），妇女放假半天；

（二）青年节（5 月 4 日），14 周岁以上的青年放假半天；

（三）儿童节（6 月 1 日），不满 14 周岁的少年儿童放假 1 天；

（四）中国人民解放军建军纪念日（8 月 1 日），现役军人放假半天。

第四条　少数民族习惯的节日，由各少数民族聚居地区的地方人民政府，按照各该民族习惯，规定放假日期。

第五条　二七纪念日、五卅纪念日、七七抗战纪念日、九三抗战胜利纪念日、九一八纪念日、教师节、护士节、记者节、植树节等其他节日、纪念日，均不放假。

第六条　全体公民放假的假日，如果适逢星期六、星期日，应当在工作日补假。部分公民放假的假日，如果适逢星期六、星期日，则不补假。

第七条　本办法自公布之日起施行。

(2) 劳动和社会保障部办公厅《关于部分公民放假有关工资问题的函》（2000 年 2 月 12 日　劳社厅函［2000］18 号）

上海市劳动和社会保障局：

你局《关于部分公民放假有关问题的请示》收悉。经研究，答复如下：

关于部分公民放假的节日期间，用人单位安排职工工作，如何计发职工工资报酬问题。按照国务院《全国年节及纪念日放假办法》（国务院令第270号）中关于妇女节、青年节等部分公民放假的规定，在部分公民放假的节日期间，对参加社会或单位组织庆祝活动和照常工作的职工，单位应支付工资报酬，但不支付加班工资。如果该节日恰逢星期六、星期日，单位安排职工加班工作，则应当依法支付休息日的加班工资。

婚假与丧假

[解读]

国家根据我国的传统习惯规定，职工本人结婚或职工的直系亲属（父母、配偶和子女）死亡时，可以根据具体情况，由用人单位领导批准，酌情给予一至三天的婚假或丧假。有的地方规定岳父母或公婆死亡时，也可给予丧假。职工结婚时双方不在一地工作的；职工在外地直系亲属死亡时需要职工本人去外地料理丧事的，可以根据路程远近，另给予路程假。婚假、丧假和路程假期间均为带薪假期。途中的车船费等，全部由职工自理。婚丧假的适用范围等，国家没有明确规定。但从规定的背景及条款的内容看，应当适用各种类型的用人单位。从假期性质来看，应当是一次性休完。至于假期是否包括公休日和法定节日，可由用人单位规定。

另外，对于再婚的职工，国家规定应当给予同初婚职工一样的婚假待遇。由于再婚职工不是初婚，所以不存在享受晚婚假的问题。

[依据指引]

(1)《中华人民共和国劳动法》（1994年7月5日　国家主席令第28号）

第五十一条　劳动者在法定休假日和婚丧假期间以及依法参加社会活动期间，用人单位应当依法支付工资。

(2) 劳动部《对企业单位工人、职员加班加点、事假、病假和停工期间工资待遇的意见》（1959年6月1日　[59] 中劳薪字第67号）

1. 企业中的工人，由于他们的工作性质不同，进行加班加点工作的时候，可以享受加班加点工资待遇，因此，在一般事假期间一律不发给工资。

2. 企业的行政管理人员、工程技术人员和炊事人员、勤杂人员等，由于他们不享受加班加点工资待遇，所得经常性的生产奖金也很少，对于他们在事假期间的工资待遇，应该与工人有所不同。因此，他们请事假每一季度在两个工作日以内的，工资照发；超过两个工作日以上的，其超过天数不发给工资。

3. 为了照顾我国旧有习惯，不论工人职员请婚丧假在三个工作日以内的，工资照发（不包括在上述第2项事假之内）；超过三个工作日以上的其超过的天数，不发给工资。

(3) 国家劳动总局、财政部《关于国营企业职工请婚丧假和路程假问题的通知》（1980年2月20日　[80] 劳总薪字29号）

原劳动部一九五九年六月一日发出的（59）中劳薪字第67号通知中曾规定，企业单位的职工请婚丧假在三个工作日以内的，工资照发。这个办法试行以来，有些单位和职工反映，职工结婚时双方不在一地工作，职工的直系亲属死亡时需要职工本人到外地料理丧事的，由于没有路程假，给职工带来了一些实际困难。经研究，现对职工请婚丧假和路程假的问题，作如下通知：

一、职工本人结婚或职工的直系亲属（父母、配偶和子女）死亡时，可以根据具体情况，由本单位行政领导批准，酌情给予一至三天的婚丧假。

二、职工结婚时双方不在一地工作的；职工在外地的直系亲属死亡时需要职工本人去外地料理丧事的，都可以根据路程远近，另给予路程假。

三、在批准的婚丧假和路程假期间，职工的工资照发。途中的车船费等，全部由职工自理。

四、以上规定从本通知下达之月起执行。

(4) 劳动和社会保障部办公厅《关于对再婚职工婚假问题的复函》（劳社厅函 [2000] 84号　2000年7月11日）

湖北省劳动保障厅：

你厅《关于再婚者婚假问题的请示》（鄂劳社 [2000] 113号）收悉，现答复如下：

根据《中华人民共和国婚姻法》和国家有关职工婚丧假的规定精神，再婚者与初婚者的法律地位相同，用人单位对再婚职工应当参照国家有关规定，给予同初婚职工一样的婚假待遇。

探 亲 假

[解读]

探亲假的规定比较复杂，主要内容有：

（一）适用范围是国家机关、人民团体和全民所有制企业、事业单位工作满一年的职工。因此非国有企业的职工可否享有探亲假，可由其根据自身的情况自行确定。

（二）探亲条件是职工与配偶不住在一起，又不能在公休假日团聚的，可以享受探望配偶的待遇；与父亲、母亲都不住在一起，又不能在公休假日团聚的，可以享受探望父母的待遇。但是，职工与父亲或与母亲一方能够在公休假日团聚的，不能享受探望父母的待遇。这里所说的“不能在公休假日团聚”是指不能利用公休假日在家居住一夜和休息半个白天的情形。

（三）探亲假期分三种情形：

1. 职工探望配偶的，每年给予一方探亲假一次，假期为30天。

2. 未婚职工探望父母，原则上每年给假一次，假期为20天。如果因为工作需要，本单位当年不能给予假期，或者职工自愿两年探亲一次的，可以两年给假一次，假期为45天。

3. 已婚职工探望父母的，每四年给假一次，假期为20天。

探亲假期是指职工与配偶、父、母团聚的时间，另外，根据实际需要给予路程假。不论是探亲假期还是路程假期均包括公休假日和法定节日在内。

（四）相关规定：

1. 凡实行休假制度的职工。包括实行寒暑假的学校教职工等，应该在休假期间探亲；如果休假期较短，可由本单位适当安排，补足其探亲假的天数。

2. 符合探望配偶条件的职工，因工作需要当年不能探望配偶时，其不实行探亲制度的配偶，可以到职工工作地点探亲，职工所在单位应按规定报销其往返路费。职工本人当年则不应再享受探亲待遇。

3. 女职工到配偶工作地点生育，在生育休假期间，超过90天（难产、双生105天）产假以后，与配偶团聚30天以上的，不再享受当年探亲待遇。

4. 职工的父亲或母亲和职工的配偶同居一地的，职工在探望配偶时，即可同时探望其父亲或者母亲，因此，不能再享受探望父母的待遇。

5. 职工配偶是军官或士官的，其可按下列规定享受探亲待遇：

（1）军官或士官一方如果已经利用年休假假期探亲，职工一方因有特殊情况需要再到部队探亲时，经所在单位领导批准，可给予一次探亲假。假期按探亲规定执行。假期内，本人的标准工资照发。探亲往返所需车船费，由职工自理。

（2）军人一方因工作需要当年不能利用年休假假期到职工一方所在地团聚时，职工一方可以按照国务院的规定享受探亲假和报销路费的待遇。

（3）在同一年内，如果职工一方已经享受探亲假待遇，而军人一方又利用年休假假期进行探亲时，职工一方原领的路费，原则上应该退回。

6. 归侨、侨眷职工，台、港、澳同胞、眷属职工应按以下规定享受探亲待遇：

（1）符合国家规定享受出境探亲待遇的职工，因种种原因不能出境探亲，可在内地会见从海外回来的配偶或父母。

（2）父母已经去世的职工，可以探望其在海外的亲兄弟姐妹。出境探望的，每四年给假一次，假期40天；在境内探望的，每四年给假一次，假期20天。

（3）职工出境探望配偶，四年以上（含四年）一次的，给假半年；不足四年的，按每年给假一个月计算。未婚职工出境探望父母，四年以上（含四年）一次的，给假四个月；三年一次的，给假70天；一年或两年一次的，按国务院探亲的规定给假。已婚职工出境探望父母，每四年给假一次，假期为40天。

归侨职工回国参加工作十年以上，以往没有出境探亲或因私事出境，也没有在国内（内地）会见从国外或港澳回来的配偶和父母的，第一次出境探亲，可给假半年；以后再次出境探亲，按上述规定办理。

职工出境探亲一般不得续假，如确有特殊情况，不能按期返回原单位，本人应向所在单位申请事假。经批准的事假待遇，按国内职工事假的规定办理。

［依据指引］

（1）国务院《关于职工探亲待遇的规定》（1981年3月14日　国发［1981］36号）

第一条　为了适当地解决职工同亲属长期远居两地的探亲问题，特制定本规定。

第二条　凡在国家机关、人民团体和全民所有制企业、事业单位工作满一年的固定职工，与配偶不住在一起，又不能在公休假日团聚的，可以享受本规定探望配偶的待遇；与父亲、母亲都不住在一起，又不能在公休假日团聚的，可以享受本规定探望父母的待遇。但是，职工与父亲或与母亲一方能够在公休假日团聚的，不能享受本规定探望父母的待遇。

第三条 职工探亲假期：

（一）职工探望配偶的，每年给予一方探亲假一次，假期为三十天。

（二）未婚职工探望父母，原则上每年给假一次，假期为二十天。如果因为工作需要，本单位当年不能给予假期，或者职工自愿两年探亲一次的，可以两年给假一次，假期为四十五天。

（三）已婚职工探望父母的，每四年给假一次，假期为二十天。

探亲假期是指职工与配偶、父、母团聚的时间，另外，根据实际需要给予路程假。上述假期均包括公休假日和法定节日在内。

第四条 凡实行休假制度的职工（例如学校的教职工），应该在休假期间探亲；如果休假期较短，可由本单位适当安排，补足其探亲假的天数。

第五条 职工在规定的探亲假期和路程假期内，按照本人的标准工资发给工资。

第六条 职工探望配偶和未婚职工探望父母的往返路费，由所在单位负担。已婚职工探望父母的往返路费，在本人月标准工资百分之三十以内的，由本人自理，超过部分由所在单位负担。

第七条 各省、直辖市人民政府可以根据本规定制定实施细则，并抄送国家劳动总局备案。

自治区可以根据本规定的精神制定探亲规定，报国务院批准执行。

第八条 集体所有制企业、事业单位职工的探亲待遇，由各省、自治区、直辖市人民政府根据本地区的实际情况自行规定。

第九条 本规定自发布之日起施行。一九五八年二月九日《国务院关于工人、职员回家探亲的假期和工资待遇的暂行规定》同时废止。

(2) 国家劳动总局《关于制定〈国务院关于职工探亲待遇的规定〉实施细则的若干问题的意见》（1981 年 3 月 26 日 ［81］劳总险字 12 号）

为便于各地区制定《国务院关于职工探亲待遇的规定》的实施细则，现就若干问题提出如下意见：

一、《国务院关于职工探亲待遇的规定》（以下简称《探亲规定》）所称的父母，包括自幼抚养职工长大，现在由职工供养的亲属。不包括岳父母、公婆。

二、学徒、见习生、实习生在学习、见习、实习期间不能享受《探亲规定》的待遇。

三、《探亲规定》所称的“不能在公休假日团聚”是指不能利用公休假日在家居住一夜和休息半个白天。

四、符合探望配偶条件的职工，因工作需要当年不能探望配偶时，其不实行探亲制度的配偶，可以到职工工作地点探亲，职工所在单位应按规定报销其往返路费。职工本人当年则不应再享受探亲待遇。

五、女职工到配偶工作地点生育，在生育休假期间，超过五十六天（难产、双生七十天）产假以后，与配偶团聚三十天以上的，不再享受当年探亲待遇。

六、职工的父亲或母亲和职工的配偶同居一地的，职工在探望配偶时，即可同时探望其父亲或者母亲，因此，不能再享受探望父母的待遇。

七、具备探望父母条件的已婚职工，每四年给假一次，在这四年中的任何一年，经过单位领导批准即可探亲。

八、职工配偶是军队干部的，其探亲待遇仍按一九六四年七月二十七日《劳动部关于配偶是军官的工人、职员是否享受探亲假待遇问题的通知》办理。

九、职工在探亲往返旅途中，遇到意外交通事故，例如坍方、洪水冲毁道路等，造成交通停顿，以致职工不能按期返回工作岗位的，在持有当地交通机关证明，向所在单位行政提出申请后，其超假日期可以算作探亲路程假期。

十、各单位要合理安排职工探亲的假期，务求不要妨碍生产和工作的正常进行，并且不得因此而增加人员编制。

十一、各单位对职工探亲要建立严格的审批、登记、请假、销假制度。对无故超假的，要按旷工处理。

十二、有关探亲路费的具体开支办法按财政部的规定办理。

十三、一九五八年四月二十三日《劳动部对于制定国务院关于工人、职员回家探亲的假期和工资待遇的暂行规定实施细则中若干问题的意见》予以废止。

铁道部、交通部也可以根据《探亲规定》，参照上述意见制定铁道、航运系统的实施细则，在本系统内统一执行，并抄送国家劳动总局备案。

(3) 劳动部《关于配偶是军官的工人、职员

是否享受探亲假待遇问题的通知》（1964 年 7 月 27 日 ［64］中劳薪字第 296 号）

不少地方来信询问：配偶是军官的工人、职员，由于军官一方可以利用年休假假期探亲，工人、职员一方是否仍然可以享受探亲假待遇？根据国务院“关于工人、职员回家探亲的假期和工资待遇的暂行规定”的精神，夫妇双方都是职工，其中一方享有领取工资连续两个星期以上假期待遇的，另一方则不再享受探亲假待遇。但是，鉴于部队的不同情况，经与有关部门研究后，认为可给予适当照顾。为此特作如下通知：

一、军官一方如果已经利用年休假假期探亲，工人、职员一方因有特殊情况需要再到部队探亲时，经所在单位领导批准，可给予一次探亲假。假期最多不得超过国务院“关于工人、职员回家探亲的假期和工资待遇的暂行规定”中第四条的规定；假期内，本人的计时标准工资照发。探亲往返所需车船费，由工人、职员自理。

二、军官一方因工作需要当年不能利用年休假假期到工人、职员一方所在地团聚时，工人、职员一方可以按照国务院的规定享受探亲假和报销车船费的待遇。

三、在同一年内，如果工人、职员一方已经享受探亲假待遇，而军官一方又利用年休假假期进行探亲时，工人、职员一方原领的车船费，原则上应该退回。

(4) 国务院侨办、国家人事局、国家劳动总局、财政部、公安部《关于归侨、侨眷职工出境探亲待遇问题的通知》（1982 年 4 月 9 日 ［82］侨政会字第 011 号）

根据国务院国发［1981］36 号《国务院关于职工探亲待遇的规定》和对归侨、侨眷“一视同仁，不得歧视，根据特点，适当照顾”的原则，考虑到归侨、侨眷职工出境探亲，有受前往国家和地区的入境限制，相距路程远、筹措外汇困难等实际问题，现将他们出境探亲待遇通知如下：

一、归侨、侨眷职工出境探望配偶，四年以上（含四年）一次的，给假半年；不足四年的，按每年给假一个月计算。

未婚归侨、侨眷职工出境探望父母，四年以上（含四年）一次的，给假四个月；三年一次的，给假七十天；一年或两年一次的，按国发［1981］36 号文件的规定给假。

已婚归侨、侨眷职工出境探望父母，每四年给假一次，假期为四十天，不予累计。

归侨职工回国参加工作十年以上，以往没有出境探亲或因私事出境，也没有在国内（内地）会见从国外或港澳回来的配偶和父母的，第一次出境探亲，可给假半年；以后再次出境探亲，按上述规定办理。

出境探亲假期，是指与配偶、父、母团聚的时间，包括公休假日和法定节日。另外，按实际需要给予路程假。

归侨、侨眷职工出境探亲一般不得续假，如确有特殊情况，不能按期返回原单位，本人应向所在单位申请事假。经批准的事假待遇，按国内职工事假的规定办理。

二、凡符合国家规定探亲条件的归侨、侨眷职工出境探亲，其境内段（从工作单位至出境口岸）往返路费，按国务院国发［1981］36 号和财政部［81］财事字第 113 号文件的规定报销。境外路费自理。

三、归侨、侨眷职工按国家规定享受的探亲待遇，可用于在国内会见国外（不包括港澳）回来的配偶或父母。如归侨、侨眷职工不能出国探亲（不包括港澳），其配偶或父母又不能回国会亲时，可改探国内的抚养人、配偶的父母，或改为会见国外回来会亲的同胞兄弟姐妹。

归侨、侨眷职工符合在国内会亲或改探条件，其假期和路费，比照国务院国发［1981］36 号文件的规定办理。即：在国内会见国外回来的配偶或父母的，享受国内探亲的同等待遇。未婚归侨、侨眷职工改探国内的抚养人或改为会见国外回来会亲的同胞兄弟姐妹的，享受国内未婚职工探望父母的同等待遇。已婚归侨、侨眷职工改探国内的抚养人、配偶的父母或改为会见国外回来会亲的同胞兄弟姐妹的，享受国内已婚职工探望父母的同等待遇。

会亲地点批准在外地的，其路费按职工所在地至第一次见面地点的路程计算；陪同会亲对象旅游、访亲、治病等的路费自理。

四、归侨、侨眷职工在规定的出境探亲假期内，其工资和副食品价格补贴，与国内职工探亲待遇相同。在境外的医疗费自理。

五、集体所有制企业、事业单位的归侨、侨眷职工的探亲待遇，由各省、市、自治区人民政府的有关部门参照本通知的规定制定。

六、凡符合国家规定探亲条件和出境条件的归侨、侨眷职工，申请出境探亲，如前往国家和地区不拒绝或不限制我国公民入境，各地公安部门应尽快审批。

七、本通知自公布之日起施行。过去有关归侨、侨眷职工探亲待遇的规定，同时废止。

八、本通知除第三条外，均适用于港澳同胞眷属职工。本通知也适用于外籍华人眷属职工。

(5) 劳动人事部、财政部、公安部、中国银行《关于台胞职工出境探亲待遇的通知》（1983年4月6日 劳人险［1983］16号）

五届人大五次会议代表提案（1459号）建议解决台胞职工出境探亲待遇问题。经研究，台胞职工出境探亲，可按以下规定办理：

一、台胞职工出境探望配偶，四年以上（含四年）一次的，给假半年；不足四年的，按每年给假一个月计算。

未婚台胞职工出境探望父母，四年以上（含四年）一次的，给假四个月；三年一次的，给假七十天；一年或两年一次的，按《国务院关于职工探亲待遇的规定》给假。

已婚台胞职工出境探望父母，每四年给假一次，假期为四十天。

台胞职工回大陆参加工作十年以上，以往没有出境探亲或因私事出境，也没有在大陆会见从国外或港澳、台湾回来的配偶和父母的，第一次出境探亲，可给假半年；以后再次出境探亲，按上述规定办理。

出境探亲假期是指与配偶、父母团聚的时间，包括公休假日和法定节日。另外，按实际需要给予路程假。

台胞职工出境探亲一般不得续假，如确有特殊情况，不能按期返回原单位，本人应向所在单位申请事假。经批准的事假待遇，按国内职工事假的规定办理。

二、凡符合国家规定探亲条件的台胞职工出境探亲，其境内段（从工作单位至出境口岸）往返路费，按《国务院关于职工探亲待遇的规定》和财政部［81］财事字第113号文《关于职工探亲路费的规定》报销。境外路费自理。

三、台胞职工按国家规定享受的探亲待遇，可用于在大陆会见国外回来的配偶或父母。会亲的假期和路费，比照《国务院关于职工探亲待遇的规定》办理。

会亲地点批准在外地的，其路费按职工所在地至第一次见面地点的路程计算。陪同会亲对象旅游、访亲等的路费自理。

四、台胞职工在规定的出境探亲假期内，其工资和副食品价格补贴，与职工在国内探亲待遇相同。在境外的医疗费自理。

五、经批准出境探亲所需外汇，由当地中国银行按《审批个人外汇申请施行细则》的有关规定审核批给。

六、申请出境探亲，只要前往国家和地区不拒绝或不限制我公民入境，各地公安部门应尽快批准。

七、在集体所有制单位工作的台胞职工，其出境探亲待遇由各省、市、自治区根据具体情况确定。

八、本通知自公布之日起执行。

(6) 劳动人事部《关于父母已经去世的归侨职工探望亲兄弟姐妹问题的复函》（1983年9月9日 劳人险［1983］71号）

国务院侨务办公室：

你办［83］侨政字第046号文收悉。

对人大代表叶佩英在六届人大一次会议上建议把父母已经去世的归侨职工探亲范围扩大到探望亲兄弟姐妹的问题。经与财政部研究，为适当满足归侨职工的要求，团结争取华侨心向祖国，支援四化建设，扩大对外影响，同意你办提出的归侨职工出国探望亲兄弟姐妹假期待遇的意见，每四年给假一次，假期四十天。但对归侨职工在国内会见从国外回来的亲兄弟姐妹的，我们意见每四年给假一次，假期二十天，国内段车旅费按已婚职工探亲规定的标准报销，国外段车旅费自理。

(7) 劳动人事部《关于台属职工和台胞职工探亲问题的补充通知》（1984年8月14日 劳人险［1984］13号）

一、台属职工出境探望在台配偶、父母的，可以参照劳动人事部、财政部、公安部、中国银行《关于台胞职工出境探亲待遇的通知》（劳人险［1983］16号）的规定执行。

二、父母已经去世的台胞、台属职工，可以探望其在台的亲兄弟姐妹。出境探望的，每四年给假一次，假期四十天；在境内探望的，每四年给假一次，假期二十天。其他待遇参照劳人险［1983］16号文的有关规定执行。

(8) 国务院侨办、人事部、财政部《关于港澳同胞眷属职工探亲待遇问题的通知》（1986年4月1日 ［86］侨政会字第006号）

《关于归侨、侨眷职工出境探亲待遇问题的通知》（［82］侨政会字第011号）下达后，不少归侨、侨眷职工享受了《通知》规定的出境探望父母或配偶的待遇，因故不能出境探亲的，可在境内会见从国外回来的父母或配偶。对此，海外侨胞和归侨、侨眷反映良好。最近，有些单位反映，符合国家规定出境探亲条件的港澳同胞眷属职工，由于受去港澳名额的限制或其他原因不能出境探亲，要求在内地会见从港澳回来的配偶或父母，享受探亲假待遇。对他们的这一要求，我们认为是合理的。经研究，现通知如下：

港澳同胞眷属职工，符合国家规定享受出境探亲待遇，因种种原因不能出境探亲的，可在内地会见从港澳回来的配偶或父母。其假期和路费（只限于从职工工作地点至出境口岸路程）可按照《国务院关于职工探亲待遇的规定》（国发［1981］36号）办理。过去规定与本文有抵触的，以本通知为准。

职工探亲路费补贴

［解读］

凡是符合国家规定的条件可以享受探亲假的职工，其探亲往返的路费可按有关规定由所在用人单位承担，但须凭有效票据报销。从整体上看，用人单位所承担的职工探亲路费是低标准的，甚至有的不是全额承担。因此，是带有补贴性的。探亲路费规定的内容主要是：

（一）可予报销路费的标准

1. 乘火车（包括直快、特快）的，不分职级，一律报硬席座位费。年满50周岁以上并连续乘火车48小时以上的，可报硬席卧铺费。

2. 乘轮船的，报四等舱位（或比统舱高一级舱位）费。

3. 乘长途公共汽车及其他民用交通工具的，凭票据按实支报销。其他民用交通工具的范围和乘坐条件，由各省级政府自行规定。

4. 探亲途中的市内交通费，可按起止站的直线公共电车、汽车、轮渡费凭票据报销。但乘坐市内出租机动车辆的开支，应由职工自理，不予报销。

5. 职工探亲不能报销飞机票。因故乘坐飞机的，可按直线车、船票价报销，多支部分由职工自理。

（二）特殊情况费用的处理

1. 职工探亲往返途中，限于交通条件，必须中途转车、转船并在中转地点住宿的，每中转一次，可凭票据报销一天的普通房间床位的住宿费。如中转住宿费超过规定天数，其超过部分由职工自理。

2. 职工探亲途中连续乘长途汽车及其他民用交通工具，夜间停驶必须住宿的，其住宿费凭票据报销。

3. 职工探亲途中，遇到意外交通事故造成交通暂时停顿，其等待恢复期间的住宿费，要凭当地交通机关证明和住宿费单据报销。

（三）区别探亲对象予以补贴

职工探望配偶和未婚职工探望父母的往返路费，由所在单位负担，已婚职工探望父母的往返路费在本人月标准工资30%以内的，由本人自理，超过部分，由所在单位负担。

（四）不予报销费用的范围

职工探亲期间的伙食费，行李物品寄存费，托运费，以及趁便参观、游览等项开支，均由职工自理，不予报销。

（五）归侨、侨眷职工，台港澳同胞、眷属职工探亲路费报销原则

1. 在国内探亲的，按上述规定办理。

2. 出国或去台港澳探亲的，其国内段（自出发地至出入境口岸）路费按上述规定办理；国外段路费原则上职工自理，对自理路费确有困难的，本人可提出申请，由所在单位酌情补贴。

［依据指引］

(1) 财政部《关于职工探亲路费的规定》（1981年4月8日 ［81］财事字第113号）

第一条 根据《国务院关于职工探亲待遇的规定》制定本规定。

第二条 职工探亲往返车船费，按下列标准开支：

一、乘火车（包括直快、特快）的，不分职级，一律报硬席座位费。年满五十周岁以上并连续乘火车四十八小时以上的，可报硬席卧铺费。

二、乘轮船的，报四等舱位（或比统舱高一级舱位）费。

三、乘长途公共汽车及其他民用交通工具的，凭据按实支报销。其他民用交通工具的范围和乘坐条件，由各省、直辖市自行规定。

四、探亲途中的市内交通费，可按起止站的直线公共电车、汽车、轮渡费凭据报销。但乘坐市内出租机动车辆的开支，应由职工自理，不予报销。

五、职工探亲不得报销飞机票。因故乘坐飞机的，可按直线车、船票价报销，多支部分由职工自理。

第三条 职工探亲往返途中，限于交通条件，必须中途转车、转船并在中转地点住宿的，每中转一次，可凭据报销一天的普通房间床位的住宿费。如中转住宿费超过规定天数的，其超过部分由职工自理。

职工探亲途中连续乘长途汽车及其他民用交通工具，夜间停驶必须住宿的，其住宿费凭据报销。

职工探亲途中，遇到意外交通事故（如坍方道路受阻，洪水冲毁桥梁）造成交通暂时停顿，其等待恢复期间的住宿费可凭当地交通机关证明和住宿费单据报销。

第四条 已婚职工探望父母的往返路费（包括车船费、市内交通费、住宿费），在本人标准工资百分之三十以内的，由职工本人自理，超过部分由所在单位负担。

第五条 职工探亲期间的伙食费，行李物品寄存费，托运费，以及趁便参观、游览等项开支，均由职工自理，不得报销。

第六条 各省、直辖市可根据本规定制定具体实施办法，在本省、直辖市范围内统一执行，并报财政部备案。自治区的职工探亲路费规定，可根据本规定的精神，由自治区制定，并报财政部备案。

第七条 本规定自《国务院关于职工探亲待遇的规定》发布之日起执行。过去有关职工探亲路费的规定同时废止。

(2) 国务院侨务办公室、劳动人事部、财政部《关于港澳同胞眷属职工探亲待遇问题的通知》（1986年4月1日 ［86］侨政字第006号）（略）

(3) 财政部、劳动部、人事部、国务院台湾事务办公室《关于台胞职工赴台探亲路费问题的通知》（1989年8月5日 ［89］财文字第310号）（略）

离婚、丧偶职工探亲

[解读]

对离婚、丧偶后未再婚的国有单位的职工，可否享受探亲假，国家没有明确的规定，而一些地方都有规定。例如，北京市劳动局《关于职工探亲待遇若干问题的处理意见》（［81］市劳险字第133号）第4条规定："职工丧偶或离婚又未再婚的，如果具备探望父母条件，在丧偶或离婚满一年后即可按《关于职工探亲待遇的规定》第3条第2项享受探亲待遇。上半年满一年的，可在满一年后的当年享受探亲待遇；下半年满一年的，自下一年度起享受探亲待遇。"对这一问题的处理，地方有规定的，按地方规定执行；地方没有规定的，用人单位可结合本单位的实际情况制定规章制度，按内部规章制度执行的原则办理。

[依据指引]

国务院《关于职工探亲待遇的规定》（1981年3月14日 国发［1981］36号）

第三条 职工探亲假期：

……

（二）未婚职工探望父母，原则上每年给假一次，假期为二十天。如果因为工作需要，本单位当年不能给予假期，或者职工自愿两年探亲一次的，可以两年给假一次，假期为四十五天。

职工出国探亲

[解读]

国有单位职工夫妻一方在国外学习、工作，或者父母在国外工作、生活，是否有探亲假，国家没有明确规定。但相关政策规定，归侨、侨眷、港澳同胞眷属职工可出境探亲，其探亲假期和路费（仅限国内路程段的费用）可按照国务院《关于职工探亲待遇的规定》（国发［1981］36号）办理，境外路费自理。

[依据指引]

(1) 国务院侨务办公室、劳动人事部、财政部《关于港澳同胞眷属职工探亲待遇问题的通知》（1986年4月1日 ［86］侨政会字第006号）

《关于归侨、侨眷职工出境探亲待遇问题的通知》（［82］侨政会字第011号）下达后，不少归侨、侨眷职工享受了《通知》规定的出境探望父母或配偶的待遇，因故不能出境探亲的，可在境内会见从国外回来的父母或配偶。对此，海外侨胞和归侨、侨眷反映良好。最近，有些单位反映，符合国家规定出境探亲条件的港澳同胞眷属职工，由于受去港澳名额的限制或其他原因不能出境探亲，要求在内地会见从港澳回来的配偶或父母，享受探亲假待遇。对他们的这一要求，我们认为是合理的。经研究，现通知如下：

港澳同胞眷属职工，符合国家规定享受出境探亲待遇，因种种原因不能出境探亲的，可在内地会见从港澳回来的配偶或父母。其假期和路费（只限于从职工工作地点至出境口岸路程）可按照《国务院关于职工探亲待遇的规定》（国发［1981］36号）办理。过去规定与本文有抵触的，以本通知为准。

(2)《关于归侨、侨眷职工出境探亲待遇问题的通知》（1982年4月29日 ［82］侨政会字第011号）

根据国务院国发［1981］36号《国务院关于职工探亲待遇的规定》和对归侨、侨眷“一视同仁，不得歧视，根据特点，适当照顾”的原则，考虑到归侨、侨眷职工出境探亲，有受前往国家和地区的入境限制、相距路程远、筹措外汇困难等实际问题，现将他们出境探亲待遇通知如下：

一、归侨、侨眷职工出境探望配偶，四年以上（含四年）一次的，给假半年，不足四年的，按每年给假一个月计算。

未婚归侨、侨眷职工出境探望父母，四年以上（含四年）一次的，给假四个月；三年一次的，给假七十天；一年或两年一次的，按国发［1981］36号文件的规定给假。

已婚归侨、侨眷职工出境探望父母，每四年给假一次，假期为四十天，不予累计。

归侨职工回国参加工作十年以上，以往没有出境探亲或因私事出境，也没有在国内（内地）会见从国外或港澳回来的配偶和父母的，第一次出境探亲，可给假半年；以后再次出境探亲，按上述规定办理。

出境探亲假期，是指与配偶、父、母团聚的时间，包括公休假日和法定节日。另外，按实际需要给予路程假。

归侨、侨眷职工出境探亲一般不得续假，如确有特殊情况，不能按期返回原单位，本人应向所在单位申请事假，经批准的事假待遇，按国内职工事假的规定办理。

二、凡符合国家规定探亲条件的归侨、侨眷职工出境探亲，其境内段（从工作单位至出境口岸）往返路费，按国务院国发［1981］36号和财政部［81］财政字第113号文件的规定报销，境外路费自理。

三、归侨、侨眷职工按国家规定享受的探亲待遇，可用于在国内会见国外（不包括港澳）回来的配偶或父母。如归侨、侨眷职工不能出国探亲（不包括港澳），配偶或父母又不能回国会亲时，可改探国内的抚养人、配偶的父母，或改为会见国外回来会亲的同胞兄弟姐妹。

归侨、侨眷职工符合在国内会亲或改探条件，其假期和路费，比照国务院国发［1981］36号文件的规定办理。即：在国内会见国外回来的配偶或父母的，享受国内探亲的同等待遇。未婚归侨、侨眷职工改探国内的抚养人或改为会见国外回来会亲的同胞兄弟姐妹的，享受国内未婚职工探望父母的同等待遇。已婚归侨、侨眷职工改探国内的抚养人、配偶的父母或改为会见国外回来会亲的同胞兄弟姐妹的，享受国内已婚职工探望父母的同等待遇。

会亲地点批准在外地的，其路费按职工所在地至第一次见面地点的路程计算；陪同会亲对象旅游、访亲、治病等的路费自理。

四、归侨、侨眷职工在规定的出境探亲假期内，其工资和副食品价格补贴，与国内职工探亲待遇相同。在境外的医疗费自理。

五、集体所有制企业、事业单位的归侨、侨眷职工的探亲待遇，由各省、市、自治区人民政府的有关部门参照本通知的规定制定。

六、凡符合国家规定探亲条件和出境条件的归侨、侨眷职工，申请出境探亲，如前往国家和地区不拒绝或不限制我国公民入境，各地公安部门应尽快审批。

七、本通知自公布之日起施行。过去有关归侨、侨眷职工探亲待遇的规定，同时废止。

八、本通知除第三条外，均适用于港澳同胞眷属职工；本通知也适用于外籍华人眷属职工。

公派出国留学人员回国休假

［解读］

随着我国改革开放进程的加快，出国留学人员日益增多。于是，国家对公派出国留学人员回国休假作出了规定，主要内容是：

（一）对公派出国大学生、出国攻读博士学位的研究生，在国外留学规定期限在3年以上的，满2年（其间出国攻读博士学位的研究生须获得攻读博士学位资格）后，享受公费回国休假一次。

（二）公费回国休假由本人按规定向我国驻外使、领馆申请，并按规定的路线回国。

（三）公派大学生、研究生自费回国休假、探亲，以不影响学习为前提，由我国驻外使、领馆审批。

（四）公派大学生、研究生，在国外享受国家或单位公费留学期间，公费或自费回国休假、探亲，国外费用停发，国内生活费，凭我驻外使、领馆证明，由派出单位按国家统一规定办理。

（五）公派大学生、研究生回国休假的时间根据所在国学校假期长短确定。

由国家规定可知，回国休假待遇，只有公派出国留学人员可以享受，自费出国人员不能享受。

[依据指引]

国务院《批转国家教育委员会〈关于出国留学人员工作的若干暂行规定〉的通知》（1986年12月13日　国发［1986］107号）

五、公派出国留学人员回国休假及其配偶出国探亲

（一）公派出国留学人员回国休假及其配偶出国探亲的办法要有利于出国留学人员了解国家建设的发展和需要，要合理照顾出国留学人员的学习和生活，又要考虑国内有关单位的工作秩序。

（二）对公派出国大学生、出国攻读博士学位的研究生，在国外留学规定期限在三年以上的，满二年（其间出国攻读博士学位的研究生须获得攻读博士学位资格）后，享受公费回国休假一次。

（三）公费回国休假由本人按规定向我驻外使、领馆申请，并按规定的路线回国。

（四）公派大学生、研究生自费回国休假、探亲，以不影响学习为前提，由驻外使、领馆审批。

（五）公派大学生、研究生，在国外享受国家或单位公费留学期间，公费或自费回国休假、探亲，国外费用停发，国内生活费，凭我驻外使、领馆证明，由派出单位按国家统一规定办理。

（六）公派大学生、研究生回国休假的时间根据所在国学校假期长短确定。

（七）公派出国研究生在国外时间较长，其在国内的配偶申请自费探亲，按照《中华人民共和国公民出境入境管理法》的规定办理。公派出国研究生的配偶如系在职职工，应按规定向所在单位申请探亲假。经单位批准后，出国探亲假一般为3个月，停薪留职，从第7个月起，是否保留公职，视情况由其所在单位决定。

（八）对于公派出国研究生的配偶，如系国内高等学校应届毕业班的学生和在学研究生，为了不影响完成学业和研究计划，一般不批准请假出国探亲。

（九）公派出国进修人员、访问学者在国外时间较短，按规定不享受回国休假的待遇。他们在国内的配偶，属在职职工的，一般也不给予出国探亲的假期。

公派出国研究生配偶的探亲假

[解读]

为了照顾公派出国研究生的学习和生活，国家对其配偶出国探亲假及请假手续等作了明确规定，主要内容是：

（一）出国探亲的条件为：公派出国研究生出国前确定的留学年限在3年以上，且婚后在国外学习期限达1年以上者，其国内配偶如系在职职工，可向所在单位申请出国探亲假。

（二）公派出国研究生配偶申请出国探亲假，须填写《公派出国研究生配偶出国探亲申请表》，由所在单位根据出国探亲的条件，并在征求公派出国研究生派出单位（学校）意见后，进行审批。

（三）公派出国研究生配偶申请出国探亲假时，公派出国研究生本人须同时向其国内选派单位提出书面申请，并将书面申请的复印件报我驻外使、领馆备案。

（四）被批准出国探亲的公派出国研究生配偶，由所在单位出具准假证明，到当地公安部门申请办理出国探亲手续。

（五）公派出国研究生配偶出国探亲假一般为3个月，最多不得超过6个月。前3个月国内工资照发，从第4个月起，停薪留职，从第7个月起，是否保留公职，视情况由其所在单位决定。

（六）公派出国研究生配偶出国探亲的一切费用自理。

（七）已探过亲的公派出国研究生配偶，回国后申请再次出国探亲，亦按上述规定申报、审批。

（八）公派出国研究生配偶如系国内的在学学生，所在单位（学校）不给予出国探亲假。

从国家规定可知，自费出国研究生的配偶是不能享受出国探亲假的。

[依据指引]

（1）国务院《批转国家教育委员会〈关于出国留学人员工作的若干暂行规定〉的通知》（1986年12月13日　国发［1986］107号）（略）

(2) 国家教委、劳动人事部、公安部《关于公派出国研究生配偶申请出国探亲假等事项的管理细则》（1988年1月12日 ［88］教外综字003号）

一、出国前确定的留学年限在三年以上的公派出国研究生，婚后在国外学习期限达一年以上者，其国内配偶如系在职职工，可向所在单位申请出国探亲假。

二、审批公派出国研究生配偶出国探亲假时，既要考虑对在国外学习时间较长的研究生及其配偶的照顾，又要考虑国内的工作安排和需要。

三、公派出国研究生配偶如系国内的在学学生，所在单位（学校）不给予出国探亲假。

四、公派出国研究生配偶申请出国探亲假时，公派出国研究生本人须同时向其国内选派单位提出书面申请，并将书面申请的复印件报我驻外使、领馆备案。

五、公派出国研究生配偶申请出国探亲假，须填写《公派出国研究生配偶出国探亲申请表》（附表，本刊略），由所在单位根据本细则第一条规定的条件，并在征求公派出国研究生派出单位（学校）意见后，进行审批。

六、被批准出国探亲的公派出国研究生配偶，由所在单位出具准假证明，到当地公安部门申请办理出国探亲手续。

七、公派出国研究生配偶出国探亲的一切费用自理。

八、公派出国研究生配偶出国探亲假一般为三个月，最多不得超过六个月。前三个月国内工资照发，从第四个月起，停薪留职，从第七个月起，是否保留公职，视情况由其所在单位决定。

九、已探过亲的公派出国研究生配偶，回国后申请再次出国探亲，亦按上述规定申报、审批。

十、公派出国研究生配偶，在探亲假期间取得可靠的经费保证及入学证明，要求在国外转为自费或公派留学的审批办法如下：

1. 申请者须在批准的探亲假期满前至少两个月，向原工作单位提出申请，并填写《公派出国研究生配偶申请由探亲转留学审批表》（简称“JW106”表，另发）。

2. 申请人的原工作单位审核其经费来源的可靠性、拟去学校的情况及申请人配偶的学习期限等后，按隶属关系报部委或省、自治区、直辖市一级主管部门审批。

3. 部委或省、自治区、直辖市一级主管部门审批同意后通知我驻外使、领馆，由馆通知本人。

4. 申请转为自费留学者，其留学资助应来自定居国外的亲属。

凡出国前为国内专业技术骨干人员（包括助理研究员、讲师、工程师、主治医师及相当以上职务的人员、毕业研究生以及优秀文艺骨干、优秀运动员、机关工作业务骨干和具有特殊技艺的人才等），或探亲期间联系到资助为国外高等院校或科研机构的奖学金、资助金，均应转为单位公派留学人员。被批准者，须与国内工作单位签订出国留学协议书，协议书内容由双方协商一致，并经公证。协议书中的保证人由申请人在申请时提名，并须经国内所在单位同意。

十一、凡经批准转为公派或自费留学者，均须在我驻外使、领馆登记。

十二、对符合上述规定转为留学的公派出国研究生配偶，驻外使、领馆可为其出具在国外学习所必需的证明。但其原持护照不变。

十三、公派出国进修人员、访问学者在国内的配偶，不享受出国探亲待遇。

年 休 假

［解读］

按照国家规定，职工连续工作年限满1年以上，才可享受年休假。劳动者应享受的年假天数是根据其累计工作年限确定的。用人单位负有统筹安排职工年休假的责任。也就是用人单位根据生产、工作的具体情况，并考虑职工本人意愿，统筹安排职工年休假；年休假在1个年度内可以集中安排，也可以分段安排，一般不跨年度安排；是否跨年度应由用人单位自行规定。年休假的规定适用于机关、团体、企业、事业单位、民办非企业单位、有雇工的个体工商户等单位职工。

［依据指引］

(1)《中华人民共和国劳动法》（1994年7月5日 国家主席令第28号）

第四十五条 国家实行带薪年休假制度。

劳动者连续工作一年以上的，享受带薪年休假。具体办法由国务院规定。

(2) 国务院《职工带薪年休假条例》（2007年12月7日 国务院令第514号）

第一条 为了维护职工休息休假权利，调动职工工作积极性，根据劳动法和公务员法，制定本条例。

第二条 机关、团体、企业、事业单位、民办非企业单位、有雇工的个体工商户等单位的职工连续工作1年以上的，享受带薪年休假（以下简称年休假）。单位应当保证职工享受年休假。职工在年休假期间享受与正常工作期间相同的工资收入。

第三条 职工累计工作已满1年不满10年的，年休假5天；已满10年不满20年的，年休假10天；已满20年的，年休假15天。

国家法定休假日、休息日不计入年休假的假期。

第四条 职工有下列情形之一的，不享受当年的年休假：

（一）职工依法享受寒暑假，其休假天数多于年休假天数的；

（二）职工请事假累计20天以上且单位按照规定不扣工资的；

（三）累计工作满1年不满10年的职工，请病假累计2个月以上的；

（四）累计工作满10年不满20年的职工，请病假累计3个月以上的；

（五）累计工作满20年以上的职工，请病假累计4个月以上的。

第五条 单位根据生产、工作的具体情况，并考虑职工本人意愿，统筹安排职工年休假。

年休假在1个年度内可以集中安排，也可以分段安排，一般不跨年度安排。单位因生产、工作特点确有必要跨年度安排职工年休假的，可以跨1个年度安排。

单位确因工作需要不能安排职工休年休假的，经职工本人同意，可以不安排职工休年休假。对职工应休未休的年休假天数，单位应当按照该职工日工资收入的300%支付年休假工资报酬。

第六条 县级以上地方人民政府人事部门、劳动保障部门应当依据职权对单位执行本条例的情况主动进行监督检查。

工会组织依法维护职工的年休假权利。

第七条 单位不安排职工休年休假又不依照本条例规定给予年休假工资报酬的，由县级以上地方人民政府人事部门或者劳动保障部门依据职权责令限期改正；对逾期不改正的，除责令该单位支付年休假工资报酬外，单位还应当按照年休假工资报酬的数额向职工加付赔偿金；对拒不支付年休假工资报酬、赔偿金的，属于公务员和参照公务员法管理的人员所在单位的，对直接负责的主管人员以及其他直接责任人员依法给予处分；属于其他单位的，由劳动保障部门、人事部门或者职工申请人民法院强制执行。

第八条 职工与单位因年休假发生的争议，依照国家有关法律、行政法规的规定处理。

第九条 国务院人事部门、国务院劳动保障部门依据职权，分别制定本条例的实施办法。

第十条 本条例自2008年1月1日起施行。

用人单位统筹安排年假的责任

[解读]

根据国家规定，用人单位负有统筹安排职工年休假的责任。也就是用人单位根据生产、工作的具体情况，并考虑职工本人意愿，统筹安排职工年休假；年休假在1个年度内可以集中安排，也可以分段安排，一般不跨年度安排；是否跨年度应由用人单位自行规定。经用人单位安排，本人休年假的，应当按用人单位的考勤制度填写请假单。如确因工作需要无法安排职工年休假，用人单位应向职工支付年假工资。

[依据指引]

（1）国务院《职工带薪年休假条例》（2007年12月7日　国务院令第514号）

第五条 单位根据生产、工作的具体情况，并考虑职工本人意愿，统筹安排职工年休假。

年休假在1个年度内可以集中安排，也可以分段安排，一般不跨年度安排。单位因生产、工作特点确有必要跨年度安排职工年休假的，可以跨1个年度安排。

单位确因工作需要不能安排职工休年休假的，经职工本人同意，可以不安排职工休年休假。对职工应休未休的年休假天数，单位应当按照该职工日工资收入的300%支付年休假工资报酬。

（2）人力资源和社会保障部《企业职工带薪年休假实施办法》（2008年9月18日　部令第1号）

第九条 用人单位根据生产、工作的具体情况，并考虑职工本人意愿，统筹安排年休假。用人单位确因工作需要不能安排职工年休假或者跨1个年度安排年休假的，应征得职工本人同意。

（3）人事部《机关事业单位工作人员带薪年休假实施办法》（2008年2月15日　部令第9号）

第六条 工作人员因承担野外地质勘查、野外测绘、远洋科学考察、极地科学考察以及其他特殊工作任务，所在单位不能在本年度安排其休年休假的，可以跨1个年度安排。

第七条 机关、事业单位因工作需要不安排工作人员休年休假，应当征求工作人员本人的意见。

机关、事业单位应当根据工作人员应休未休的年休假天数，对其支付年休假工资报酬。年休假工资报酬的支付标准是：每应休未休1天，按照本人应休年休假当年日工资收入的300%支付，其中包含工作人员正常工作期间的工资收入。

工作人员年休假工资报酬中，除正常工作期间工资收入外，其余部分应当由所在单位在下一年第一季度一次性支付，所需经费按现行经费渠道解决。实行工资统发的单位，应当纳入工资统发。

职工不得享受年假的情形

[解读]

根据国家规定，职工不得享受年休假的情形如下：

（一）职工依法享受寒暑假，其休假天数多于年休假天数的（确因工作需要，职工享受的寒暑假天数少于其年休假天数的，用人单位应当安排补足年休假天数）。

（二）职工请事假累计20天以上且单位按照规定不扣工资的。

（三）累计工作满1年不满10年的职工，请病假累计2个月以上的。

（四）累计工作满10年不满20年的职工，请病假累计3个月以上的。

（五）累计工作满20年以上的职工，请病假累计4个月以上的。

职工已享受当年的年休假，年度内又出现上述第（二）项至第（五）项情形之一的，不享受下一年度的年休假。

[依据指引]

(1) 国务院《职工带薪年休假条例》（2007年12月7日 国务院令第514号）

第四条 职工有下列情形之一的，不享受当年的年休假：

（一）职工依法享受寒暑假，其休假天数多于年休假天数的；

（二）职工请事假累计20天以上且单位按照规定不扣工资的；

（三）累计工作满1年不满10年的职工，请病假累计2个月以上的；

（四）累计工作满10年不满20年的职工，请病假累计3个月以上的；

（五）累计工作满20年以上的职工，请病假累计4个月以上的。

(2) 人力资源和社会保障部《企业职工带薪年休假实施办法》（2008年9月18日 部令第1号）

第七条 职工享受寒暑假天数多于其年休假天数的，不享受当年的年休假。确因工作需要，职工享受的寒暑假天数少于其年休假天数的，用人单位应当安排补足年休假天数。

(3) 人事部《机关事业单位工作人员带薪年休假实施办法》（2008年2月15日 部令第9号）

第五条 依法应享受寒暑假的工作人员，因工作需要未休寒暑假的，所在单位应当安排其休年休假；因工作需要休寒暑假天数少于年休假天数的，所在单位应当安排补足其年休假天数。

不计入年假的假日范围

[解读]

按照国家规定，不计入年假的假日范围如下：

（一）国家法定休假日、休息日不计入年假的假期。

（二）职工依法享受的探亲假、婚丧假、产假等国家规定的假期以及因工伤停工留薪期间不计入年假的假期。

[依据指引]

(1) 国务院《职工带薪年休假条例》（2007年12月7日 国务院令第514号）

第三条 职工累计工作已满1年不满10年的，年休假5天；已满10年不满20年的，年休假10天；已满20年的，年休假15天。

国家法定休假日、休息日不计入年休假的假期。

(2) 人力资源和社会保障部《企业职工带薪年休假实施办法》（2008年9月18日 部令第1号）

第六条 职工依法享受的探亲假、婚丧假、产假等国家规定的假期以及因工伤停工留薪期间不计入年休假假期。

职工享受年假的标准及年假的折算

[解读]

国家规定，职工享受年休假的标准是依据其累计工作年限确定的：累计工作已满1年不满10年的，年休假5天；已满10年不满20年的，年休假10天；已满20年的，年休假15天。一些用人单位自行规定的年假标准高于国家规定的标准是不违法的，若低于国家规定的标准，则是违法的。

职工新进用人单位且符合连续工作满1年的规定，当年度年休假天数，按照在本单位剩余日历天数折算确定，折算后不足1整天的部分不享受年休假；计算公式：当年度在本单位剩余日历天数÷365天×职工本人全年应当享受的年休假天数。若职工离职，其当年应休年假天数，应按照在本单位已工作的天数折算确定，折算后不足1整天的部分不计为其应享受的年假天数；计算公式：当年度在本单位已工作的日历天数÷365天×职工本人全年应当享受的年休假天数－当年度已安排年休假天数；用人单位当年已安排的职工年休假天数，多于折算应休年休假的天数不再扣回。

[依据指引]

(1) 国务院《职工带薪年休假条例》(2007年12月7日 国务院令第514号)

第三条 职工累计工作已满1年不满10年的，年休假5天；已满10年不满20年的，年休假10天；已满20年的，年休假15天。

国家法定休假日、休息日不计入年休假的假期。

(2) 人力资源和社会保障部《企业职工带薪年休假实施办法》(2008年9月18日 部令第1号)

第五条 职工新进用人单位且符合本办法第三条规定的，当年度年休假天数，按照在本单位剩余日历天数折算确定，折算后不足1整天的部分不享受年休假。

前款规定的折算方法为：(当年度在本单位剩余日历天数÷365天)×职工本人全年应当享受的年休假天数。

第十二条 用人单位与职工解除或者终止劳动合同时，当年度未安排职工休满应休年休假的，应当按照职工当年已工作时间折算应休未休年休假天数并支付未休年休假工资报酬，但折算后不足1整天的部分不支付未休年休假工资报酬。

前款规定的折算方法为：(当年度在本单位已过日历天数÷365天)×职工本人全年应当享受的年休假天数－当年度已安排年休假天数。

用人单位当年已安排职工年休假的，多于折算应休年休假的天数不再扣回。

实行综合计算工时制的年假折算

[解读]

综合计算工时制是指因工作性质特殊，需连续作业或受季节及自然条件限制的企业或部分职工，分别以周、月、季、年为周期综合计算工作时间的制度。综合计算的工作时间原则上不能超过相应标准工作时间，相应的标准工作时间仍以每日不超过8小时，每周不超过40小时计算。如果综合计算的工作时间超过了相应的标准工作时间，则用人单位应按加班对待，首先予以补休，其次补休不足的应支付加班工资。既然综合工作时间的计算标准是每日不超过8小时，那么实行综合计算工时制的职工休年假天数的折算，也应以每日8小时来计算。例如，职工实行倒班制，白班工作10小时、夜班工作14小时，然后休息一天。若职工请休年假，不会在休息的那一天请假，只能在上白班或夜班的时候休假，这就有一个年假天数折算的问题。如果白班休假，则相当于休假1.25天（计算公式：10小时/8小时）；如果夜班休假，则相当于休假1.75天（计算公式：14小时/8小时）。这种折算方式法律没有规定，只能按照合情合理的原则办理，如果不这样折算，对实行标准工时制的职工是不公平的。如果用人单位有实行综合计算工时制的职工，则应将这种折算方式在规章制度中作相应规定，以便依据执行。

[依据指引]

劳动部《关于企业实行不定时工作制和综合计算工时工作制的审批办法》(1994年12月14日 劳部发[1994]503号)

第五条 企业对符合下列条件之一的职工，可实行综合计算工时工作制，即分别以周、月、季、年等为周期，综合计算工作时间，但其平均日工作时间和平均周工作时间应与法定标准工作时间基本相同。

（一）交通、铁路、邮电、水运、航空、渔业等行业中因工作性质特殊，需连续作业的职工；

（二）地质及资源勘探、建筑、制盐、制糖、旅游等受季节和自然条件限制的行业的部分职工；

（三）其他适合实行综合计算工时工作制的职工。

劳务派遣劳动者享受年休假

[解读]

国家规定，劳务派遣单位的职工，只要符合连续工作1年以上的条件，均可享受年假，一般应由用工单位负责统筹安排。然而，如果被派遣职工在劳动合同期限内，在劳务派遣单位等待派遣期间的天数多于其全年应享受的年假天数，则不享受当年的年休假；少于其全年应享受的年假天数，则由劳务派遣单位、用工单位协商安排补足其年休假天数。

顺便谈一下停工、待岗人员可否享受年假的问题。由于停工、待岗人员仍是单位的职工，所以原则上应享受年假。如何统筹安排，可参照上述劳务派遣职工的相关规定办理。由于国家没这方面的具体规定，所以如果用人单位有这类人员，则可在内部规章制度中作相应的规定，以便依据执行。

[依据指引]

人力资源和社会保障部《企业职工带薪年休假实施办法》（2008年9月18日　部令第1号）

第十四条　劳务派遣单位的职工符合本办法第三条规定条件的，享受年休假。

被派遣职工在劳动合同期限内无工作期间由劳务派遣单位依法支付劳动报酬的天数多于其全年应当享受的年休假天数的，不享受当年的年休假；少于其全年应当享受的年休假天数的，劳务派遣单位、用工单位应当协商安排补足被派遣职工年休假天数。

非全日制劳动者不享受年休假

[解读]

法律明确规定，劳动者连续工作一年以上的，享受带薪年假休；根据其在若干用人单位累计工作年限确定应享受年假的天数。这显然是为了维护全日制劳动者休息、休假的权利所作的规定。而非全日制劳动者一般平均每日工作时间不超过4小时，就同一个用人单位而言，该劳动者平均每个工作日都可以休息半天，其休息休假的权利是有保障的。由此看来，非全日制劳动者是不能适用有关年休假规定的。

[依据指引]

(1)《中华人民共和国劳动法》（1994年7月5日　国家主席令第28号）

第四十五条　国家实行带薪年休假制度。

劳动者连续工作一年以上的，享受带薪年休假。具体办法由国务院规定。

(2) 国务院《职工带薪年休假条例》（2001年12月7日　国务院令第514号）

第一条　为了维护职工休息休假权利，调动职工工作积极性，根据劳动法和公务员法，制定本条例。

第二条　机关、团体、企业、事业单位、民办非企业单位、有雇工的个体工商户等单位的职工连续工作1年以上的，享受带薪年休假（以下简称年休假）。单位应当保证职工享受年休假。职工在年休假期间享受与正常工作期间相同的工资收入。

第三条　职工累计工作已满1年不满10年的，年休假5天；已满10年不满20年的，年休假10天；已满20年的，年休假15天。

国家法定休假日、休息日不计入年休假的假期。

(3)《中华人民共和国劳动合同法》（2007年6月29日　国家主席令第65号）

第六十八条　非全日制用工，是指以小时计酬为主，劳动者在同一用人单位一般平均每日工作时间不超过四小时，每周工作时间累计不超过二十四小时的用工形式。

事假、病假、公假

[解读]

事假是指职工因私事需请休的假期。用人单位规章制度对事假可规定最高天数；事假期间没有工资；可要求职工因私事可先请休年假，没有年假的再请事假，并履行请假手续；如果职工请长期事假，单位可以不予批准，若员工确有正当事由需请长期事假，则用人单位可与员工协商签订中止劳动合同协议。

病假是指职工因病或非因工负伤需要停工休息、治疗的医疗期。用人单位可根据国家规定，按照职工的累计工作年限和在本单位的连续工作年限给予相应的医疗期。在规章制度中应有明确、可操作的请假程序、手续规定；病假期间的工资待遇规定，需注意简单、可操作；可针对个别员工弄虚作假的情况，规定必要情况下要求员工到指定医院进行病情检查，以及员工不予配合的后果性规定。

公假是指有的地方政府规定的职工为子女参加学校组织的家长会，有拆迁搬出证明需要搬迁而给予的假期。公假期间是带薪的。如果地方政府没有规定，用人单位的规章制度也可自行规定。

[依据指引]

(1) 劳动部《对企业单位工人、职员加班加点、事假、病假和停工期间工资待遇的意见》(1959年6月1日 [59]中劳薪字第67号)

目前绝大部分企业单位都实行职工请事假不发工资的制度，但国家机关和事业单位则实行职工请事假照发工资的制度。由于待遇不同，在整风运动中，企业职工曾经对此提出不少意见。生产大跃进以来，有些企业由于取消了加班加点工资，将原来规定的职工请事假不发工资的制度改为照发工资。这些企业执行以来，虽然多数职工仍然是积极劳动、不缺勤，但部分职工思想觉悟还不够高，常常借故请假，因而降低了出勤率，影响了生产。为了巩固劳动纪律和提高出勤率，并考虑到企业和事业、机关的不同情况，对企业职工事假期间的工资待遇，提出如下意见：

1. 企业中的工人，由于他们的工作性质不同，进行加班加点工作的时候，可以享受加班加点工资待遇，因此，在一般事假期间一律不发给工资。

2. 企业的行政管理人员、工程技术人员和炊事人员、勤杂人员等，由于他们不享受加班加点工资待遇，所得经常性的生产奖金也很少，对于他们在事假期间的工资待遇，应该与工人有所不同。因此，他们请事假每一季度在两个工作日以内的，工资照发；超过两个工作日以上的，其超过天数不发给工资。

3. 为了照顾我国旧有习惯，不论工人职员请婚丧假在三个工作日以内的，工资照发（不包括在上述第2项事假之内）；超过三个工作日以上的其超过的天数，不发给工资。

(2) 劳动部《企业职工患病或非因工负伤医疗期规定》(1994年12月1日 劳部发[1994]479号)

第二条 医疗期是指企业职工因患病或非因工负伤停止工作治病休息不得解除劳动合同的时限。

第三条 企业职工因患病或非因工负伤，需要停止工作医疗时，根据本人实际参加工作年限和在本单位工作年限，给予三个月到二十四个月的医疗期：

（一）实际工作年限十年以下的，在本单位工作年限五年以下的为三个月；五年以上的为六个月。

（二）实际工作年限十年以上的，在本单位工作年限五年以下的为六个月；五年以上十年以下的为九个月；十年以上十五年以下的为十二个月；十五年以上二十年以下的为十八个月；二十年以上的为二十四个月。

第四条 医疗期三个月的按六个月内累计病休时间计算；六个月的按十二个月内累计病休时间计算；九个月的按十五个月内累计病休时间计算；十二个月的按十八个月内累计病休时间计算；十八个月的按二十四个月内累计病休时间计算；二十四个月的按三十个月内累计病休时间计算。

第五条 企业职工在医疗期内，其病假工资、疾病救济费和医疗待遇按照有关规定执行。

工 龄

[解读]

工龄是指职工以工资收入为生活资料的全部或者主要来源的工作年限。工龄是在固定工制度下常用的一个概念，分为一般工龄和连续工龄两种。一般工龄包括职工在若干工作单位的全部工作时间。连续工龄是一般工龄的组成部分，也称本企业工龄，即职工在同一个工作单位的连续工作时间。职工如果曾经离职或被开除，离职期间和离职以前的工作时间除法律有特别规定的以外，一般不能与重新参加工作的工作时间合并计算为连续工龄。对国家机关、事业单位的工作人员，有时称为工作年限。工作年限与工龄作用相同。职工在企业和国家机关、事业单位之间经过组织批准调动工作，其前后工龄可以合并按连续工龄计算。在固定工制度下及目前在国家机关和事业单位，工龄长短是固定职工能否退休的一个条件，也是计发工资和病假、退休等保险待遇的依据。

1995年1月1日实施《劳动法》以后，企业职工全部实行了劳动合同制，工龄的提法在逐步减少，而被“投保年限”、“同一用人单位连续工作时间”（或者“本单位工作年限”）、“连续工作满一年”和“累计工作时间”所替代。随着时间的推移，有关工龄的概念将会逐步淡化直至消失。

[依据指引]

劳动部《〈中华人民共和国劳动保险条例〉实施细则（修正草案）》（1953年1月26日）

第十章　关于工龄的规定

第三十八条　一般工龄系指工人职员以工资收入为生活资料之全部或主要来源的工作时间而言。在计算一般工龄时，应包括本企业工龄在内。

第三十九条　本企业工龄应以工人职员在本企业连续工作的时间计算之，如曾离职，应自最后一次回本企业工作之日算起。但有下列情况之一者，不在此限：

一、凡经企业管理机关、企业行政方面或资方调动工作者，其调动前后的本企业工龄，均应连续计算。但解放前确因业务需要调动工作具有确实证明者，其本企业工龄，始得连续计算。

二、解放前在本企业工作，曾经被迫离职又回本企业工作者，如有确实证明，经工会小组讨论通过后，并经劳动保险委员会批准，其离职前与回本企业后的工作时间，可合并作本企业工龄计算。

三、解放后经企业管理机关、企业行政方面或资方调派国内外学习者，其学习期间及调派前后的本企业工龄，应连续计算。解放前经企业管理机关、企业行政方面或资方调派国内外学习业务者，如有确实证明，除学习期间不计工龄外，其调派前与回本企业后的本企业工龄，得合并计算。

四、解放后因企业停工歇业或缩减生产，其工人职员经企业管理机关调派至其他企业工作者，其调派前后的本企业工龄，应连续计算。被遣散的工人职员在该企业复工复业或扩大生产时，仍回本企业工作者，其遣散前与复工后的本企业工龄，应合并计算。

五、企业经转让、改组或合并，原有工人职员仍留企业工作者，其转让、改组或合并前后的本企业工龄，应连续计算。

六、因工负伤停止工作医疗期间，应全部作为本企业工龄计算。

七、疾病或非因工负伤停止工作医疗期间，在六个月以内者，得连续作本企业工龄计算；超过六个月病愈后，仍回原企业工作者，除超过六个月的期间不算工龄外，其前后本企业工龄，应合并计算。

八、在敌伪及国民党反动统治下为反对其统治压迫而被迫离职，在离职期间被敌伪及国民党政府监禁仍继续斗争者，其在监禁期间及离职前与复职后或转入其他企业工作的本企业工龄，均应连续计算。

第四十条　转入企业工作的专门从事革命工作者及革命军人，其从事革命工作的年限及军龄，均应作本企业工龄计算。

第四十一条　凡工人职员在敌伪及国民党反动统治时期，充任下列职务之一者，其从事该项职务的时间，一律不作工龄计算：

一、把头、监工、厂警、矿警等有压迫剥削行为者。

二、敌伪及国民党军队宪兵中的官兵，警察中的警官，敌伪及国民党政府机关中的官吏，但不包括企业机关中的人员。

三、国民党区分部委员以上，三民主义青年团分队长以上，青年党区党部委员以上及民主社会党区支部委员以上的人员，反动道会门主要负责人。

第四十二条　凡被剥夺政治权利者，其被剥夺政治权利期间，不作工龄计算。因反革命罪行而被剥夺政治权利者，其本企业工龄，应自恢复政治权利之日算起；因其他犯罪行为而被剥夺政治权利者，其被剥夺政治权利前与恢复政治权利后的本企业工龄，应合并计算。

第四十三条　劳动保险条例第十五条丙、丁两款关于折算一般工龄及本企业工龄的规定，在计算各项劳动保险待遇时，均同样适用。

第四十四条　学徒在本企业学习期间，应作本企业工龄计算，临时工、试用人员转为正式工人职员时，其本企业工龄，应自入该企业工作之日算起。

连续工作一年以上

[解读]

连续工作一年以上是劳动合同制度下劳动者

工作年限新概念之一，是指劳动者自走向社会参加工作的第一天起，只要连续工作满 12 个月以上，无论再到哪一个用人单位，从到该单位的第一天起，即具有享受年休假的权利，也就是自劳动者连续工作满 12 个月的次日起，即可享受年休假。连续工作满 12 个月既包括劳动者在同一用人单位连续工作满 12 个月以上的情形，也包括劳动者在不同用人单位连续工作满 12 个月以上的情形。千万不可理解为到本用人单位工作满一年后，才能享受年休假，因为法律规定的“连续工作一年以上”的前面没有“在本单位”的字样。

[依据指引]

(1) 国务院《职工带薪年休假条例》（2007 年 12 月 7 日 国务院令第 514 号）

第二条 机关、团体、企业、事业单位、民办非企业单位、有雇工的个体工商户等单位的职工连续工作 1 年以上的，享受带薪年休假（以下简称年休假）。单位应当保证职工享受年休假。职工在年休假期间享受与正常工作期间相同的工资收入。

(2) 人事部《机关事业单位工作人员带薪年休假实施办法》（2008 年 2 月 15 日 部令第 9 号）

第二条 《条例》第二条中所称“连续工作”的时间和第三条、第四条中所称“累计工作”的时间，机关、事业单位工作人员（以下简称工作人员）均按工作年限计算。

工作人员工作年限满 1 年、满 10 年、满 20 年后，从下月起享受相应的年休假天数。

(3) 人力资源和社会保障部《企业职工带薪年休假实施办法》（2008 年 9 月 18 日 部令第 1 号）

第三条 职工连续工作满 12 个月以上的，享受带薪年休假。

第五条 职工新进用人单位且符合本办法第三条规定的，当年度年休假天数，按照在本单位剩余日历天数折算确定，折算后不足 1 整天的部分不享受年休假。

前款规定的折算方法为：（当年度在本单位剩余日历天数÷365 天）×职工本人全年应当享受的年休假天数。

(4) 人力资源和社会保障部《关于〈企业职工带薪年休假实施办法〉有关问题的复函》（2009 年 4 月 15 日 人社厅函［2009］149 号）

一、关于带薪年休假的享受条件

《企业职工带薪年休假实施办法》第三条中的“职工连续工作满 12 个月以上”，既包括职工在同一用人单位连续工作满 12 个月以上的情形，也包括职工在不同用人单位连续工作满 12 个月以上的情形。

累计工作年限

[解读]

累计工作年限是劳动合同制度下劳动者工作年限新概念之一，是指该劳动者曾在机关、团体、企业、事业单位、民办非企业单位、有雇工的个体工商户等单位从事全日制工作期间，以及依法服兵役和其他按照国家法律、行政法规和国务院规定可以计算为工龄或工作年限期间的累计结果。

劳动者应享受的年假天数是根据其累计工作年限确定的。累计工作年限包括劳动者在机关、团体、企业、事业单位、民办非企业单位、有雇工的个体工商户等单位从事全日制工作期间，以及依法服兵役和其他按照国家法律、行政法规和国务院规定可以计算为工作年限。其计算方式有三种：一是根据劳动者的档案记载来计算；二是在不掌握劳动者档案的情况下，可根据劳动者缴纳社会保险的年限来计算；三是在劳动者缴纳社会保险的年限不能准确反映其累计工作时间的情况下，可要求劳动者到曾经工作过，但未给其缴纳社会保险的用人单位开具工作证明或提供与其签订的劳动合同，以准确计算其累计工作年限。

[依据指引]

(1) 国务院《职工带薪年休假条例》（2007 年 12 月 7 日 国务院令第 514 号）

第三条 职工累计工作已满 1 年不满 10 年的，年休假 5 天；已满 10 年不满 20 年的，年休假 10 天；已满 20 年的，年休假 15 天。

国家法定休假日、休息日不计入年休假的假期。

(2) 人事部《机关事业单位工作人员带薪年休假实施办法》（2008 年 2 月 15 日 部令第 9 号）

第二条 《条例》第二条中所称“连续工作”的时间和第三条、第四条中所称“累计工作”的时间，机关、事业单位工作人员（以下简称工作人员）均按工作年限计算。

工作人员工作年限满 1 年、满 10 年、满 20 年后，从下月起享受相应的年休假天数。

**(3) 人力资源和社会保障部《企业职工带薪

年休假实施办法》（2008 年 9 月 18 日　部令第 1 号）

第四条　年休假天数根据职工累计工作时间确定。职工在同一或者不同用人单位工作期间，以及依照法律、行政法规或者国务院规定视同工作期间，应当计为累计工作时间。

（4）人力资源和社会保障部《关于〈企业职工带薪年休假实施办法〉有关问题的复函》（2009 年 4 月 15 日　人社厅函［2009］149 号）

二、关于累计工作时间的确定

《企业职工带薪年休假实施办法》第四条中的"累计工作时间"，包括职工在机关、团体、企业、事业单位、民办非企业单位、有雇工的个体工商户等单位从事全日制工作期间，以及依法服兵役和其他按照国家法律、行政法规和国务院规定可以计算为工龄的期间（视同工作期间）。职工的累计工作时间可以根据档案记载、单位缴纳社保费记录、劳动合同或者其他具有法律效力的证明材料确定。

本单位工作年限

［解读］

本单位工作年限是劳动合同制度下劳动者工作年限新概念之一，又称同一用人单位连续工作时间。它与连续工龄有相似之处，但两者有根本的区别，不能混用。在固定工制度下，连续工龄与劳动者的劳动保险待遇如退休金等有直接的联系。在劳动合同制度下，本单位工作年限则仅与劳动者享受本单位的福利待遇和计发解除劳动合同经济补偿金相联系。

［依据指引］

劳动部办公厅《对〈关于如何理解"同一用人单位连续工作时间"和"本单位工作年限"的请示〉的复函》（1996 年 9 月 16 日　劳办发［1996］191 号）

上海市劳动局：

你局《关于如何理解"同一用人单位连续工作时间"和"本单位工作年限"的请示》（沪劳保字［1996］18 号）收悉，经研究，现函复如下：

一、"同一用人单位连续工作时间"是指劳动者与同一用人单位保持劳动关系的时间。

二、按照《劳动法》及有关配套规章的规定，劳动者患病或非因工负伤，依法享有医疗期，因此在计算"同一用人单位连续工作时间"时，不应扣除劳动者依法享有的医疗期时间。

三、在计算医疗期、经济补偿时，"本单位工作年限"与"同一用人单位连续工作时间"为同一概念，也不应扣除劳动者此前依法享有的医疗期时间。

投保年限

［解读］

投保年限是劳动合同制度下劳动者工作年限新概念之一，是指劳动者在不同的用人单位工作期间，缴纳社会保险费用时间的总和。也称缴费年限。投保年限与劳动者享受的社会保险待遇的水平有着直接的联系，比如失业保险金、养老金等。投保年限与一般工龄有相似之处，但两者有着根本的区别。在固定工制度下的一般工龄，与劳动者的各项待遇基本上没有什么关系。而投保年限则与劳动者的社会保险待遇有着紧密的联系。

［依据指引］

（1）劳动部办公厅《关于退伍军人招收为劳动合同制职工后如何计算养老金和缴费年限问题的复函》（1991 年 10 月 5 日　劳办险［1991］17 号）

云南省劳动厅：

你厅所属社会保险事业管理局《关于退伍军人招收为劳动合同制职工后如何计算养老金及投保年限问题的请示》（云社险［1991］14 号）收悉。经研究，同意你们的意见，即：按照国家有关规定计算的连续工龄，视同缴纳基本养老保险费的年限，合并计发基本养老金。据此，退伍军人招收为劳动合同制职工后，其服役期间的军龄视为缴费年限，不再补缴基本养老保险费。

（2）国务院、中央军委《批转民政部、劳动部、总参谋部〈关于退伍义务兵安置工作随用工单位改革实行劳动合同制意见〉的通知》（1993 年 7 月 21 日　国发［1993］54 号）

五、妥善解决养老、待业保险、住房等待遇。退伍义务兵的军龄连同待分配时间应一并计算为所在单位的连续工龄和待业、养老保险投保年限，并在工资、住房和其他方面享受同工龄、同工种职工待遇。

（3）国务院《关于建立统一的企业职工基本养老保险制度的决定》（1997 年 7 月 16 日　国发

[1997] 26号)(略)

(4) 劳动和社会保障部《关于完善城镇职工基本养老保险政策有关问题的通知》(2001年12月22日 劳社部发[2001] 20号)(略)

(5) 国务院退伍军人和军队离休退休干部安置领导小组、民政部、公安部、财政部、劳动部、人事部、国家税务局、国家工商行政管理局、解放军总政治部《关于做好军队复员干部安置工作的通知》(1993年2月17日 国安[1993] 2号、[1993] 政联字第1号)

四、复员干部就业后的待遇,按照"享受所在单位同工龄、同工种、同岗位人员待遇"的原则确定。复员干部的军龄应计算为本单位的连续工作年限和投保年限。

企业破产、改制劳动者工作年限的计算

[解读]

2003年前后,国家规定辅业改制的国有企业与劳动者解除劳动合同计发经济补偿的同一用人单位的工作年限,应将该劳动者进入本企业前在其他国有单位(包括国家机关、事业单位和国有企业)的工龄或工作年限全部计入。对破产企业职工再就业后的工作年限的规定是,一次性安置再就业人员,其在国有企业的工龄或工作年限与再就业后在新用人单位的工作年限可连续计算,原破产企业已向该劳动者支付经济补偿的,新用人单位与其解除劳动合同计发经济补偿金时,不再重复计算。上述这些规定与《劳动合同法实施条例》第10条规定的精神是一致的,即上述规定所针对的情形,都是劳动者非因本人原因从原用人单位到新用人单位工作的,所以其在原用人单位的工作年限应合并计算为新用人单位的工作年限。原用人单位已向劳动者支付经济补偿的,新用人单位在解除合同计算经济补偿时,不再重复计算。

[依据指引]

(1) 国务院《劳动合同法实施条例》(2008年9月18日 国务院令第535号)

第十条 劳动者非因本人原因从原用人单位被安排到新用人单位工作的,劳动者在原用人单位的工作年限合并计算为新用人单位的工作年限。原用人单位已经向劳动者支付经济补偿的,新用人单位在依法解除、终止劳动合同计算支付经济补偿的工作年限时,不再计算劳动者在原用人单位的工作年限。

(2) 劳动和社会保障部办公厅《关于破产企业一次性安置人员再就业后工龄计算问题的复函》(2002年5月20日 劳社厅函[2002] 179号)

青海省劳动和社会保障厅:

你厅《关于破产企业一次性安置人员再就业后工龄计算问题的请示》(青劳社厅发[2002] 28号)收悉。经研究,现答复如下:

关于破产企业领取一次性安置费的人员再就业后工龄计算问题,同意你厅意见,即其原在国有企业的工龄及再就业后的工龄可合并计算为连续工龄。但在重新就业的单位与职工解除劳动关系支付经济补偿金时,原单位的工作年限不计算为新单位的工作年限。

(3) 劳动和社会保障部、财政部、国有资产监督管理委员会《关于印发国有大中型企业主辅分离辅业改制分流安置富余人员的劳动关系处理办法的通知》(2003年7月31日 劳社部发[2003] 21号)

一、关于国有企业改制分流中劳动关系处理工作

(一)国有大中型企业实行主辅分离、辅业改制的企业(以下简称"改制企业")应当在工商登记后30日内,与原主体企业分流到本单位的职工签订劳动合同。

(二)对分流到国有法人绝对控股改制企业的职工,应当采取原主体企业解除劳动合同,改制企业签订新劳动合同的方式变更劳动合同,由改制企业继续与职工履行原劳动合同约定的权利与义务。

改制企业与职工重新签订劳动合同就劳动合同期限不能协商一致的,应当继续履行原劳动合同中尚未履行的期限;原劳动合同未履行期限短于3年的,应延长至3年。

符合签订无固定期限劳动合同条件的,职工提出签订无固定期限的劳动合同,用人单位应当签订无固定期限劳动合同。

(三)对分流到非国有法人控股改制企业的职工,原主体企业应当与其办理解除劳动合同手续,并依法支付经济补偿金;改制企业应当与职工重新签订劳动合同。劳动合同的期限由改制企业与职工协商确定,重新签订劳动合同的期限应不短于3年。

(四)对分流到国有法人绝对控股改制企业的

职工，改制企业解除劳动合同时，对符合支付经济补偿金条件的，计发经济补偿金的年限应当将职工在原主体企业的工作年限与到改制企业后的工作年限合并计算。劳动合同期满，终止劳动合同时，支付生活补助费的办法按照《劳动保障部办公厅关于〈国营企业实行劳动合同制暂行规定〉废止后有关终止劳动合同支付生活补助费问题的复函》（劳社厅函［2001］280 号）执行。

（五）企业解除劳动合同计发经济补偿金，按照《违反和解除劳动合同的经济补偿办法》（劳部发［1994］481 号）的规定，根据劳动者在本单位工作年限，每满一年发给相当于一个月工资的经济补偿金，工作时间不满一年的按一年的标准发给经济补偿金。对从其他国有单位（包括国家机关、事业单位和国有企业）调入本单位的职工，其在国有单位的工龄可计入本单位工作年限。

经济补偿金的工资计算标准是指企业正常生产情况下劳动者解除劳动合同前 12 个月的月平均工资。其中，职工月平均工资低于企业月平均工资的，按企业月平均工资计发；职工月平均工资超过企业月平均工资 3 倍以上的，按不高于企业月平均工资的 3 倍标准计发。企业经营管理人员也应按照上述办法执行。

博士和硕士研究生学习期间计为连续工龄

［解读］

根据国家规定，博士和硕士研究生在一定条件下，学习期间可计算为其连续工龄，具体情形是：

（一）国内博士生无论是在职人员考取，还是在校学生考取的，其学习期间均应计算为连续工龄。

（二）出国攻读博士学位研究生，属于公派的，在批准的攻读博士学位期限内，国内计算连续工龄。

（三）在职人员考取国内硕士生的，学习期间计算为连续工龄。

（四）在职人员出国攻读硕士学位研究生，获得学位回国工作后，在规定的学习年限内，可计算为连续工龄。

需要指出的是，工龄是固定工制度下的老概念，实行劳动合同制度以后，已基本不再适用，工龄的概念已被“投保年限”和“同一用人单位的连续工作年限”等新概念所取代。但是，在目前新、老用人制度并存的情况下，工龄的概念仍然有作用。因此，上述国家规定仍是现行有效的，只适用于实行固定工制度的用人单位，如国家机关、社会团体、事业单位等。而已经实行劳动合同制度的用人单位是无法适用这一政策的，因为工龄的相关政策与新的用工制度已不相适应。

［依据指引］

（1）国家教委、劳动部、人事部《关于博士生和在职人员考取硕士生学习期间工龄计算问题的通知》（1990 年 1 月 9 日　教育［1990］001 号）

一、国内博士生学习期间计算工龄。出国攻读博士学位研究生工龄计算问题，仍按《国务院批转国家教育委员会〈关于出国留学人员工作的若干暂行规定〉的通知》（国发［1986］107 号）有关规定办理。

二、在职人员考取国内硕士生，学习期间计算工龄。在职人员出国攻读硕士学位研究生，获得硕士学位回国工作后，在规定的学习年限内也计算工龄。

三、本通知自发出之月起执行。过去与工龄有关的工资、保险、福利等待遇，不予追补。

（2）国务院《批转国家教委〈关于出国留学人员工作的若干暂行规定〉的通知》（1986 年 12 月 13 日　国发［1986］107 号）

三、公派出国留学人员的选派

（九）公派出国留学人员的工资、工龄和有关经费的管理办法

1. 出国进修人员和访问学者，在批准出国留学的期限内，国内工资由原单位照发，国内计算工龄。公派出国攻读博士学位的研究生获得博士学位后，在批准的攻读博士学位期限内，国内计算工龄。公派出国攻读学位的在职人员，在学习期限内的国内工资待遇按国内对同类人员的有关规定办理。

军龄与本单位工作年限

［解读］

军龄是指军队中的士兵、士官和军官服现役的时间。计算军龄的方法是从入伍时间起始，到退役时间截止。在固定工制度下，军龄应计算为职工的连续工龄，作为该职工计发工资、病假和退休待遇的依据。在劳动合同制度下，军龄可计

算为军人退役后首次被安置的用人单位本单位工作年限之中，作为计发解除合同经济补偿金等待遇的依据。不过，对不同的退役军人，应分别情况区别对待。例如，对于入伍前就是该单位职工，退役后又回来的，用人单位应将其入伍前的工作时间、军龄、待分配时间一并计算为本单位工作年限。对于入伍的在职职工退役后未回原单位，而被分配到其他用人单位参加工作的，只能将其军龄、待分配时间计算为新用人单位的本单位工作年限。

［依据指引］

(1) 国务院、中央军委批转民政部、劳动部、总参谋部《关于退伍义务兵安置工作随用工单位改革实行劳动合同制的意见》（1993年7月21日 国发［1993］54号）

五、妥善解决养老、待业保险、住房等待遇。退伍义务兵的军龄连同待分配时间应一并计算为所在单位的连续工龄和待业、养老保险投保年限，并在工资、住房和其他方面享受同工龄、同工种职工待遇。

(2)《中国人民解放军志愿兵退出现役安置暂行办法》（国发［1983］16号）

第五条 退出现役的志愿兵，原则上转业回原籍，由县（市）人民政府安置工作，在本县（市）安置有困难的，可报请行政公署或省、市、自治区人民政府统筹安置。转业的志愿兵安置工作后，安置单位相应增加的劳动指标，应列入国家当年下达的和各省、市、自治区的劳动计划。安置在区、县以上集体所有制企业、事业单位的，保留全民所有制职工的身份。

在安置转业志愿兵时，应尽量按专业技术对口分配。其工资级别评定，军龄（入伍前有工龄的应加入伍前工龄）满八年不满十五年的定三级工；满十五年不满二十年的定四级工；满二十年以上的定五级工。

(3) 国务院退伍军人和军队离休退休干部安置领导小组、民政部、公安部、财政部、劳动部、人事部、国家税务局、国家工商行政管理局、解放军总政治部《关于做好军队复员干部安置工作的通知》（1993年2月17日 国安［1993］2号、［1993］政联字第1号）

四、复员干部就业后的待遇，按照“享受所在单位同工龄、同工种、同岗位人员待遇”的原则确定。复员干部的军龄应计算为本单位的连续工作年限和投保年限。

(4) 中共中央、国务院、中央军委《军队转业干部安置暂行办法》（2001年1月19日 中发［2001］3号）

第三十七条 军队转业干部的军龄，计算为接收安置单位的连续工龄（工作年限），享受相应的待遇。在军队从事护理、教学工作，转业后仍从事该职业的，其在军队的护龄、教龄应当连续计算，享受接收安置单位同类人员的待遇。

建国前干部参加革命工作时间的确定

［解读］

建国前干部的“参加革命工作时间”，是指在中国共产党的领导下，脱离生产以革命工作为职业，或经我党组织决定，接受党的任务，以公开社会身份为掩护，实际从事地下革命工作的时间。对于以务农、做工、上学和从事其他职业为主，兼做些革命工作或参加过某些革命活动的，不应计算为参加革命工作时间。具体情形界定如下：

（一）在根据地、解放区我党政机关、群众团体机关以及公营企业、事业单位的干部，从脱离生产以革命工作为职业的时间算起。

机关的工勤人员和公营企业、事业单位的工人，凡享受供给制待遇提为干部的，其参加革命工作时间，从当工勤人员或当工人之日算起。

（二）一九三七年七月六日以前加入中国共产党的、中国共产主义青年团的，其参加革命工作时间，从入党、入团之日算起。

抗日战争时期和解放战争时期，在国民党、日伪统治区加入中国共产党的，其参加革命工作时间，从入党之日算起。

抗日战争时期和解放战争时期在根据地、解放区加入中国共产党，建国以前脱产，一直坚持革命工作，入党时间早于脱产时间的，其参加革命工作时间，也从入党之日算起。

上述人员脱党（团）或被开除党（团）籍后又重新入党（团）的，除组织上对其参加革命工作时间问题已有结论者外，从其重新入党（团）或重新参加革命工作之日算起。

（三）经我党组织决定，接受党的任务，在国民党、日伪统治区以公开社会身份为掩护，主要从事地下革命工作，并一直坚持革命工作的，其参加革命工作时间，从接受党的任务，主要从事地下革命工作之日算起。

（四）根据地、解放区的乡或相当乡一级的行政村中，实际上半脱产的乡（村）长、文书、治安委员、财粮委员、武委会主任（民兵队长），从担任这些半脱产职务之日算起。

（五）根据地、解放区公立学校的正式教员，其参加革命工作时间，从其在公立学校任教之日算起。

（六）原非我在职工作人员，在我党开办的军事学校、干部学校、干部训练班和我党为吸收干部而创办的、以学习政治理论政策为主、短期训练班性质的大学、公学学习后即分配工作的，从入校之日算起。

原非我在职工作人员，在当地解放后开办的革命大学和被我接收、恢复开学的高等学校，以及抗日中学、联合中学、师范、职业学校等各类中等学校和干部学校附设的中学部、预备班学习后分配工作的，从分配工作之日算起。

在职工作人员，由组织选送到各类学校学习，毕业后即重新工作的，其原参加革命工作时间不变。

（七）起义人员的参加革命工作时间，起义后即参加革命工作的，从起义之日算起；曾资遣回家的，从以后参加革命工作之日算起。

（八）留用人员的参加革命工作时间，从其在人民政权下当干部之日算起。

（九）转业军人的参加革命工作时间，从参军之日算起。复员、退伍军人和精减人员又参加革命工作，凡间断年限不超过三年的，如果原工作年限长于间断年限，可从第一次参加革命工作之日算起，否则从第二次算起；间断年限超过三年的，一般从第二次参加革命工作之日算起。

（十）因负伤、患病或队伍转移、组织被破坏等原因脱离革命队伍，离队期间积极寻找组织，主动为党工作，当地解放就重新参加革命工作的，其参加革命工作时间，从第一次参加革命工作之日算起；离队期间未积极寻找组织，也未有损害革命的言行，三年内又重新参加革命工作的，也可从第一次参加革命工作之日算起；否则，从第二次参加革命工作之日算起。

自动离职，或因思想落后脱离革命队伍，以后重新参加革命工作的，其参加革命工作时间，一般从重新参加革命工作之日算起。

情节严重的逃亡者，如携械、携款、畏罪潜逃，后又重新参加革命工作的，其参加革命工作时间，一律从重新参加革命工作之日算起。

（十一）被捕、被俘人员，在被捕、被俘期间没有错误，或虽有错误，但情节较轻，获释后，即积极寻找组织，自觉进行革命工作，原参加革命工作时间不变。自首情节严重，或有叛变行为，后重新参加革命工作的，其参加革命工作时间，从重新参加革命工作之日算起；但过去组织上对其参加革命工作时间已有结论者，一般可不再变动。

（十二）被开除公职或判刑，以后又参加革命工作的，其参加革命工作时间，从重新参加革命工作之日算起。因过失犯罪被判刑，情节较轻的，或缓刑、监外执行未离开工作岗位的，也可以从第一次参加革命工作之日算起。

[依据指引]

中共中央组织部、劳动人事部《关于确定建国前干部参加革命工作时间的规定》（1982年9月27日　中组发［1982］11号）

一、在根据地、解放区我党政机关、群众团体机关以及公营企业、事业单位的干部，其参加革命工作时间，除本文件另有规定者外，从脱离生产以革命工作为职业的时间算起。

机关的工勤人员和公营企业、事业单位的工人，凡享受供给制待遇提为干部的，其参加革命工作时间，从当工勤人员或当工人之日算起。

二、一九三七年七月六日以前加入中国共产党和中国共产主义青年团的，其参加革命工作时间，从入党入团之日算起。

抗日战争时期和解放战争时期，在国民党、日伪统治区加入中国共产党的，其参加革命工作时间，从入党之日算起。

抗日战争时期和解放战争时期在根据地、解放区加入中国共产党，建国以前脱产，一直坚持革命工作，入党时间早于脱产时间的，其参加革命工作时间，也从入党之日算起。

上述人员脱党（团）或被开除党（团）籍后又重新入党（团）的，除组织上对其参加革命工作时间问题已有结论者外，从其重新入党（团）或重新参加革命工作之日算起。

三、经我党组织决定，接受党的任务，在国民党、日伪统治区以公开社会身份为掩护，主要从事地下革命工作，并一直坚持革命工作的，其参加革命工作时间，从接受党的任务，主要从事地下革命工作之日算起。

仅有某些革命活动，如为我地下党传递过信件、张贴过标语、参加过反帝反蒋游行示威等，而主要从事社会职业的，不应计算为参加革命工作时间。

四、根据地、解放区的乡或相当乡一级的行政村中，实际上半脱产的乡（村）长、文书、治安委员、财粮委员、武委会主任（民兵队长），建国以前直接提拔为脱产干部的，其参加革命工作时间，从担任这些半脱产职务之日算起。

五、根据地、解放区公立学校的正式教员，凡一贯服从人民政府调动，其参加革命工作时间，从其在公立学校任教之日算起。

六、原非我在职工作人员，在我党开办的军事学校、干部学校、干部训练班和我党为吸收干部而创办的、以学习政治理论政策为主、短期训练班性质的大学、公学学习后即分配工作的，其参加革命工作时间，从入校之日算起。

原非我在职工作人员，在当地解放后开办的革命大学和被我接收、恢复开学的高等学校，以及抗日中学、联合中学、师范、职业学校等各类中等学校和干部学校附设的中学部、预备班学习后分配工作的，从分配工作之日算起。

在职工作人员，由组织选送到各类学校学习，毕业后即重新工作的，其原参加革命工作时间不变。

七、起义人员的参加革命工作时间，起义后即参加革命工作的，从起义之日算起；曾资遣回家的，从以后参加革命工作之日算起。

八、留用人员的参加革命工作时间，从其在人民政权下当干部之日算起。

九、转业军人的参加革命工作时间，从参军之日算起。复员、退伍军人和精减人员又参加革命工作，凡间断年限不超过三年的，如果原工作年限长于间断年限，可从第一次参加革命工作之日算起，否则从第二次算起；间断年限超过三年的，一般从第二次参加革命工作之日算起。

十、因负伤、患病或队伍转移、组织被破坏等原因脱离革命队伍，离队期间积极寻找组织，主动为党工作，当地解放就重新参加革命工作的，其参加革命工作时间，从第一次参加革命工作之日算起；离队期间未积极寻找组织，也未有损害革命的言行，三年内又重新参加革命工作的，也可从第一次参加革命工作之日算起；否则，从第二次参加革命工作之日算起。

自动离职，或因思想落后脱离革命队伍，以后重新参加革命工作的，其参加革命工作时间，一般从重新参加革命工作之日算起。

情节严重的逃亡者，如携械、携款、畏罪潜逃，后又重新参加革命工作的，其参加革命工作时间，一律从重新参加革命工作之日算起。

十一、被捕、被俘人员，在被捕、被俘期间没有错误，或虽有错误，但情节较轻，获释后，即积极寻找组织，自觉进行革命工作，原参加革命工作时间不变。自首情节严重，或有叛变行为，后重新参加革命工作的，其参加革命工作时间，从重新参加革命工作之日算起；但过去组织上对其参加革命工作时间已有结论者，一般可不再变动。

十二、被开除公职或判刑，以后又参加革命工作的，其参加革命工作时间，从重新参加革命工作之日算起。因过失犯罪被判刑，情节较轻的，或缓刑、监外执行未离开工作岗位的，也可以从第一次参加革命工作之日算起。

职工冬季取暖补贴

[解读]

职工冬季取暖补贴是指国家为保证一部分寒冷地区的职工不因冬季取暖费用支出，而影响正常生活水平所设立的补贴制度。实行冬季取暖补贴制度的地区范围包括：北京、天津、河北、山西、内蒙古、辽宁、吉林、黑龙江、甘肃、青海、宁夏、新疆、山东等省、市、自治区，以及陕西省秦岭以北，江苏、安徽、河南等省淮河以北，云南省中甸、德钦等县，四川省凉山、甘孜藏族自治州等地区。西藏自治区是否实行，由该区政府自行决定。

职工冬季取暖补贴标准由地方政府按职工工资的一定比例确定，可随着社会经济发展的水平进行适时调整。自1977年冬季起，国家各部、委及部分省市改进了补贴的方式，即：对住在有暖气设备宿舍的职工，实行由国家免费供暖的办法，不发取暖补贴，也不收供暖费；对职工宿舍部分房间有暖气设备，部分房间没有暖气设备的，根据没有暖气设备的住房面积占住房总面积的比例计发取暖补贴。

[依据指引]

(1) 财政部、国家劳动总局《关于改进职工宿舍冬季取暖补贴问题的意见》（1978年2月20

日）（略）

(2) 国家劳动总局、财政部《关于实行职工宿舍取暖补贴制度的乙类地区的县和县以下全民所有制单位实行取暖补贴制度的通知》（1978年12月29日 [78] 劳薪字101号）（略）

职工生活困难补助

[解读]

为了保障城镇低收入职工（包括离退休人员）家庭的基本生活，国家要求国有企业对家庭人均收入低于困难补助标准的职工给予生活困难补助。各地生活困难补助标准，参考本地区职工家计调查和职工家庭生活必需品消费支出中的人均最低生活费用水平加以确定。困难补助经费，行政事业单位在职职工的由福利费开支；离退休人员的由原渠道开支。企业单位在职职工的由职工福利基金解决，福利基金不足由企业其他自有资金解决。

各企业、事业单位和国家机关对低收入职工进行困难补助应履行的程序，基本是由本人申请，听取群众意见，最后经领导批准。

另外，还有一种困难补助的对象，即死亡职工遗属，当其生活费用低于当地群众生活水平时，可临时或定期支付其困难补助费。例如，北京市人事局规定，单位在向死亡职工遗属支付困难补助费时，可按最低生活保障费的标准掌握；该费用应在单位的经费中列支。

从现实情况看，职工生活困难补助制度与城镇居民最低生活保障制度有着密切的联系。

[依据指引]

(1) 民政部、财政部《国家机关、事业单位工作人员死亡后遗属生活困难补助暂行规定》（1980年2月13日 民发[1980]5号、财事[1980]34号）

关于国家机关、事业单位工作人员死亡以后遗属生活困难问题，一九五七年、一九六四年内务部、财政部、国务院人事局在联合通知中原则规定，可给予临时或者定期的补助。多年来，各地区、各部门执行很不一致，互有影响。为了妥善解决遗属生活困难，有利于安定团结，解除广大工作人员后顾之忧，充分调动他们的积极性，为实现社会主义四个现代化多作贡献，根据现在的情况和各地的要求，特作如下暂行规定：

一、国家机关、事业单位工作人员死亡以后，遗属生活有困难的，死者生前所在单位可以根据“困难大的多补助，困难小的少补助，不困难的不补助”的原则，给予定期或临时补助。

二、遗属生活困难补助费标准，一般以能维持当地群众生活水平为原则，具体标准由各省、市、自治区规定（中央国家机关、事业单位执行所在地区的标准）。对于在保护、抢救国家资财或在对敌斗争中牺牲的人员，其遗属生活困难补助费标准，可以适当提高一些。

遗属补助费按应享受遗属补助的人数和标准计算，其总额不得超过死者生前的工资。

三、补助对象，是指依靠死者生前供养的下列直系亲属和其他亲属：

1. 父（包括抚养死者长大的抚养人）、夫年满六十岁，或者基本丧失劳动能力的；

2. 母（包括抚养死者长大的抚养人）、妻年满五十岁，或者基本丧失劳动能力的；

3. 子女（包括遗腹子女、养子女、前妻或者前夫所生子女）年未满十六岁，或者满十六岁尚在普通中学学习，或者基本丧失劳动能力的；

4. 弟妹（包括同父异母或者同母异父弟妹）未满十六岁，或者满十六岁尚在普通中学学习，或者基本丧失劳动能力的。

四、上述补助对象参加劳动或农业生产所得的报酬，应作为本人的生活费用，在计算生活困难补助费时，要把这部分收入考虑在内。

五、死者配偶有收入的，其收入数额在扣除本人必要的生活费以后，所余部分应作为遗属生活费，不足时，再给予补助。扣除标准，由各地区根据本地区一般工作人员的生活水平确定。

六、遗属在享受定期补助以后，如遇有特殊困难，死者生前所在单位，还可酌情给予临时补助。

七、享受补助的遗属，因经济收入增加、就业和人员减少，可根据新的情况减发或者停发其生活困难补助费。

八、遗属生活困难补助费，由死者生前所在单位的经费内支付。

(2) 劳动部、财政部、全国总工会《关于适当提高城镇职工生活困难补助标准的通知》（1988年6月1日 劳字[1988]51号）

为了保障城镇低收入职工（包括离退休职工，下同）家庭的基本生活，经国务院批准，各地可以适当提高职工生活困难补助标准，对家庭人均生活费收入低于困难补助标准的职工给予补助。现将有关事项通知如下：

一、关于困难补助的标准，各地可以在现行困难补助标准的基础上，参考本地区职工家计调查和职工家庭生活必需品消费支出中的人均最低生活费用水平，加以确定。鉴于当前财政困难，补助标准要从严掌握，不宜提高过多。原则上提高后的困难补助标准，特大城市大体上人均生活费收入每月不超过50元者（不包括国发［1988］23号文件规定的四种副食品价格补贴，下同），大中城市大体上不超过45元者，小城市和县镇大体上不超过40元者可予以补助。具体补助标准和补助办法，由各省、自治区、直辖市规定。

二、各地区提高困难补助标准的办法要在本地区四种副食品价格补贴实行以后，再公布实施。

三、提高困难补助标准所增加的经费，行政事业单位在职职工的由福利费开支；离退休人员的由原渠道开支。企业单位在职职工的由职工福利基金解决，福利基金不足由企业其他自有资金解决，自有资金确有困难的，经同级财政部门审查批准，可由营业外列支；企业离退休人员的由原渠道开支。微利企业、政策性亏损企业自有资金负担确有困难的，同级财政部门可酌情予以补助。企业不能因此调整承包基数。

四、因提高职工困难补助标准影响财政收支的，按现行财政体制负担。

五、各企业、事业单位和国家机关对低收入职工进行困难补助时，应由本人申请，领导批准，注意走群众路线，发挥群众的监督作用。

六、城镇集体所有制企业可以参照上述精神，由各省、自治区、直辖市人民政府自行决定。

供养亲属的范围

［解读］

根据国务院的授权，原劳动和社会保障部对因工死亡职工供养亲属的范围及条件等，作了明确规定。因工死亡职工供养亲属的范围，包括该职工的配偶、子女、父母、祖父母、外祖父母、孙子女、外孙子女、兄弟姐妹。所称子女，包括婚生子女、非婚生子女、养子女和有抚养关系的继子女，其中婚生子女、非婚生子女包括遗腹子女；所称父母，包括生父母、养父母和有抚养关系的继父母；所称兄弟姐妹，包括同父母的兄弟姐妹、同父异母或者同母异父的兄弟姐妹、养兄弟姐妹、有抚养关系的继兄弟姐妹。

在供养亲属范围内的人员中，只有依靠因工死亡职工生前提供主要生活来源，并有以下情形之一的，方可按规定申请供养亲属抚恤金：

（一）完全丧失劳动能力的。

（二）工亡职工配偶男年满60周岁、女年满55周岁的。

（三）工亡职工父母男年满60周岁、女年满55周岁的。

（四）工亡职工子女未满18周岁的。

（五）工亡职工父母均已死亡，其祖父、外祖父年满60周岁，祖母、外祖母年满55周岁的。

（六）工亡职工子女已经死亡或完全丧失劳动能力，其孙子女、外孙子女未满18周岁的。

（七）工亡职工父母均已死亡或完全丧失劳动能力，其兄弟姐妹未满18周岁的。

［依据指引］

(1) 劳动和社会保障部《因工死亡职工供养亲属范围规定》（2003年9月23日 部令第18号）

第二条 本规定所称因工死亡职工供养亲属，是指该职工的配偶、女子、父母、祖父母、外祖父母、孙子女、外孙子女、兄弟姐妹。

本规定所称子女，包括婚生子女、非婚生子女、养子女和有抚养关系的继子女，其中，婚生子女、非婚生子女包括遗腹子女；

本规定所称父母，包括生父母、养父母和有抚养关系的继父母；

本规定所称兄弟姐妹，包括同父母的兄弟姐妹、同父异母或者同母异父的兄弟姐妹、养兄弟姐妹、有抚养关系的继兄弟姐妹。

第三条 上条规定的人员，依靠因工死亡职工生前提供主要生活来源，并有下列情形之一的，可按规定申请供养亲属抚恤金：

（一）完全丧失劳动能力的；

（二）工亡职工配偶男年满60周岁、女年满55周岁的；

（三）工亡职工父母男年满60周岁、女年满55周岁的；

（四）工亡职工子女未满18周岁的；

（五）工亡职工父母均已死亡，其祖父、外祖父年满60周岁，祖母、外祖母年满55周岁的；

（六）工亡职工子女已经死亡或完全丧失劳动能力，其孙子女、外孙子女未满18周岁的；

（七）工亡职工父母均已死亡或完全丧失劳动能力，其兄弟姐妹未满18周岁的。

（2）人事部《关于对违反计划生育政策超生子女可否列为职工供养直系亲属等问题的意见》（1990年8月5日　人薪司函〔1990〕16号）（略）

职工供养亲属医疗及死亡待遇

［解读］

国家早期规定，职工供养的直系亲属患病时，在该企业医疗机构或者指定的医疗机构诊治，手术费及普通药费，由职工所在单位负担1/2，贵重药费、就医路费、住院费、住院时的膳费及其他一切费用，均由本人自理。目前职工供养的直系亲属享受的医疗待遇，可由省级人民政府有关部门作出规定。若地方作出新规定，则从其规定，不再执行国家早年的规定。

职工供养的直系亲属死亡时，用人单位付给供养直系亲属丧葬补助费：死者年龄在10周岁以上者，其数额为该单位全部工人与职工平均工资一个月的1/2；1周岁至10周岁者，为平均工资一个月的1/3；不满1周岁者不给。全家有两人或两人以上在用人单位工作，其共同供养的直系亲属死亡时，丧葬补助费应由其中一人领取，不得重领。如地方政府有新的规定，则应按地方政府新规定执行。

［依据指引］

（1）《中华人民共和国劳动保险条例》（1953年1月2日）

第十四条　工人与职员及其供养的直系亲属死亡时待遇的规定：

……

丁、工人与职员供养的直系亲属死亡时，由劳动保险基金项下付给供养直系亲属丧葬补助费：死者年龄在十周岁以上者，其数额为该企业全部工人与职员平均工资一个月的二分之一；一周岁至十周岁者，为平均工资一个月的三分之一；不满一周岁者不给。

（2）劳动部《〈中华人民共和国劳动保险条例〉实施细则（修正草案）》（1953年1月26日）

第二十五条　全家有两人或两人以上在实行劳动保险的企业内工作，其共同供养的直系亲属死亡时，丧葬补助费应由其中一个领取，不得重领。

（3）劳动部办公厅《对〈关于实行劳动合同制有关问题处理意见的报告〉的复函》（1995年2月10日　劳办发〔1995〕33号）

福建省劳动局：

你省《关于实行劳动合同制有关问题处理意见的报告》（闽劳察〔1994〕069号）收悉。经研究，现函复如下：

……

六、关于职工供养的直系亲属享受医疗待遇问题。可由你省作出规定。但农民合同制职工仍应按国务院令第87号《全民所有制企业招用农民合同制工人的规定》执行，家属不享受半费医疗待遇，也没有工资性补贴。

职工遗属待遇

［解读］

职工遗属待遇是指职工正常死亡，即职工因病或非因工负伤死亡、退休养老后死亡或非因工残疾完全丧失劳动能力提前退休后死亡时，其所供养的直系亲属可享受的待遇，包括死亡职工的丧葬补助费和供养直系亲属救济费（又称遗属津贴）。按照1953年《劳动保险条例》及其实施细则的规定，丧葬补助费的标准为2个月的死亡职工所在单位全体职工平均工资。一次性供养直系亲属救济费的标准为：其供养直系亲属1人者，为死者本人工资6个月；2人者，为死者本人工资9个月；3人或3人以上者，为死者本人工资12个月。由于这一规定距离现实比较久远了，所以一些地方政府另行作出了新规定。如果地方政府作出了新规定，则应按其规定执行；否则，仍应按上述规定由用人单位向死亡职工遗属支付相应待遇。农民工非因工死亡的（含因病死亡），由企业发给丧葬补助费和一次性供养直系亲属救济费。具体发放标准由省、自治区、直辖市人民政府规定。需要注意的是，《社会保险法》已作出新的规定，参加基本养老保险的个人因病或非因工死亡的，其遗属可以从基本养老保险基金中领取丧葬补助金和抚恤金（即一次性救济费）。也就是说，职工遗属待遇将由用人单位承担改为由基本养老保险基金承担。然而，目前国家尚无细则性的规定，在这项细则性的规定没有出台之前，职工遗属的待遇仍执行原有规定，即由用人单位按原规定承担。

当企业职工因工死亡，以及国家机关和事业

单位职工正常死亡或因公死亡时用人单位应按有关规定向其遗属支付抚恤费，其标准与救济费不同。例如，国家机关和事业单位工作人员因公牺牲的一次性抚恤金，按其牺牲当时的20个月工资计发；病故的按其病故当时的10个月工资计发。

［依据指引］

（1）《中华人民共和国劳动保险条例》（1953年1月2日）（略）

（2）劳动部《〈中华人民共和国劳动保险条例〉实施细则（修正草案）》（1953年1月26日）（略）

（3）《中华人民共和国社会保险法》（2010年10月28日　国家主席令第35号）

第十七条　参加基本养老保险的个人，因病或者非因工死亡的，其遗属可以领取丧葬补助金和抚恤金；在未达到法定退休年龄时因病或者非因工致残完全丧失劳动能力的，可以领取病残津贴。所需资金从基本养老保险基金中支付。

（4）国务院《工伤保险条例》（2003年4月27日　国务院令第375号　2010年12月20日修订）

第三十九条　职工因工死亡，其近亲属按照下列规定从工伤保险基金领取丧葬补助金、供养亲属抚恤金和一次性工亡补助金：

（一）丧葬补助金为6个月的统筹地区上年度职工月平均工资；

（二）供养亲属抚恤金按照职工本人工资的一定比例发给由因工死亡职工生前提供主要生活来源、无劳动能力的亲属。标准为：配偶每月40%，其他亲属每人每月30%，孤寡老人或者孤儿每人每月在上述标准的基础上增加10%。核定的各供养亲属的抚恤金之和不应高于因工死亡职工生前的工资。供养亲属的具体范围由国务院社会保险行政部门规定；

（三）一次性工亡补助金标准为上一年度全国城镇居民人均可支配收入的20倍。

伤残职工在停工留薪期内因工伤导致死亡的，其近亲属享受本条第一款规定的待遇。

一级至四级伤残职工在停工留薪期满后死亡的，其近亲属可以享受本条第一款第（一）项、第（二）项规定的待遇。

（5）民政部、财政部《关于调整军人、机关工作人员、参战民兵民工因公牺牲、病故一次抚恤金标准的通知》（1986年3月27日　民［1986］优6号）

经国务院批准，决定对军人、机关工作人员、参战民兵民工因公牺牲、病故一次抚恤金标准进行调整，现通知如下：

一、从一九八六年七月一日起，军人、机关工作人员、参战民兵民工因公牺牲、病故的一次抚恤金，分别按下列标准发给：

（一）军队干部、志愿兵、机关工作人员因公牺牲的一次抚恤金，按其牺牲时的二十个月工资计发。

（二）军队干部、志愿兵、机关工作人员病故的一次抚恤金，按其病故时的十个月工资计发，但其最高数额不得超过三千元。

（三）义务兵、参战民兵民工和工资低于所在部队二十三级正排职干部军队院校学员、志愿兵因公牺牲的一次抚恤金，均按军队二十三级正排职干部的二十个月工资计发；病故的一次抚恤金，按军队二十三级正排职干部的十个月工资计发。

二、被军委或大军区授予英雄模范称号的军人因公牺牲或病故，增发应领一次抚恤金的三分之一。荣立二等功以上的军人因公牺牲或病故，增发应领一次抚恤金的四分之一。

三、离休、退休的军人、机关工作人员因公牺牲或病故的一次抚恤金标准，也按上述规定执行（退休人员按本人退休时的全额工资计发）。

四、上述规定适用于一九八六年七月一日以后（含七月一日）因公牺牲、病故人员，凡一九八六年七月一日以前因公牺牲或病故的，其一次抚恤金仍按原规定标准执行。

五、调整因公牺牲、病故一次抚恤金标准所需经费，由各省、自治区、直辖市地方财政解决。

（6）财政部《关于事业单位人员因公牺牲、病故一次抚恤金标准的通知》（1986年6月25日［86］财文字第276号）

民政部、财政部一九八六年三月二十七日民［1986］优6号《关于调整军人、机关工作人员、参战民兵、民工因公牺牲、病故一次抚恤金标准的通知》（以下简称民［1986］优6号通知）下达后，有些部门和地区询问事业单位人员能否比照执行。经与民政部、劳动人事部研究决定：

一、各部门、各地区的全民所有制事业单位人员，因公牺牲、病故一次抚恤金标准，一律比照民政部、财政部民［1986］优6号通知规定的标准执行。

二、民政部、财政部民［1986］优6号通知中有关“工资计发”的基数，以本人的基础工资、职务工资、工龄津贴之和为基数计发。

三、本通知从一九八六年七月一日起实行。一九八六年六月三十日前因公牺牲、病故的，其一次抚恤金仍按各部门、各地区原规定标准执行。

四、集体所有制事业单位人员的因公牺牲、病故一次抚恤金标准，由省、自治区、直辖市人民政府根据各地区的具体情况确定。

住房公积金

[解读]

住房公积金是指国家机关、社会团体、事业单位、企业单位、民办非企业单位及其在职职工缴存的长期住房储金。其管理实行住房公积金管理委员会决策、住房公积金管理中心运作、银行专户存储、财政进行监督。住房公积金管理委员会由政府负责人和财政、建设、银行等部门负责人，以及工会代表、单位代表和专家组成。直辖市和省、自治区人民政府所在地的市，以及其他设区的市（地、州、盟）人民政府，应当设立住房公积金管理中心，该中心是不以营利为目的的独立的事业单位，接受政府建设行政主管部门的管理和指导。

按照有关规定，新设立的单位应当自设立之日起30日内到住房公积金管理中心办理缴存登记，随后到受委托银行为本单位职工办理账户设立手续。单位分立、合并、撤销、解散或破产，应自发生上述情形之日起30日内由原单位或清算组织到住房公积金管理中心办理变更或注销登记，随后到受托银行为本单位职工办理住房公积金账户转移或封存手续。单位录用职工，应自录用之日起30日内到住房公积金管理中心办理缴存登记，随后到受托银行为职工办理账户的设立或转移手续。单位与职工终止劳动关系，应自终止之日起30日内到住房公积金管理中心办理变更登记，随后到受托银行办理账户转移或封存手续。单位为职工缴存和职工个人缴存的住房公积金，应按职工本人上一年度月平均工资乘以住房公积金缴存比例；新入职的职工从入职的第二个月开始缴存，月缴存额为职工本人当月工资乘以缴存比例；缴存比例一般不低于5%；职工个人缴存的住房公积金，由所在单位每月在计征个人所得税前从其工资中代扣代缴。单位为职工缴存的住房公积金，可在企业应纳税前扣除。但单位超过规定标准缴存的住房公积金，一律作为单位的工资薪金支出，超过计税工资标准的部分，不能在企业应纳税前扣除。

职工个人缴存和单位为职工缴存的住房公积金，均属职工个人所有。有下列情形之一，职工可提取住房公积金账户内的存储余额：（1）购买、建造、翻建、大修自住住房的；（2）离休、退休的；（3）完全丧失劳动能力，并与单位终止劳动关系的；（4）出境定居的；（5）偿还购房贷款本息的；（6）房租超出家庭工资收入规定比例的。

依照前款第（2）、（3）、（4）项规定，提取职工住房公积金的，应当同时注销职工住房公积金账户。

职工死亡或者被宣告死亡的，职工的继承人、受遗赠人可以提取职工住房公积金账户内的存储余额；无继承人也无受遗赠人的，职工住房公积金账户内的存储余额纳入住房公积金的增值收益。

综上所述，可见住房公积金的缴存是具有强制性的。住房公积金是带有社会保障性的，更是劳动者的一种生活福利待遇，但不是劳动福利。因此，单位与职工因住房公积金发生纠纷，不属于劳动争议，劳动争议仲裁委员会不受理这类案件，当事人可向住房公积金管理中心投诉。

[依据指引]

（1）国务院《住房公积金管理条例》（1999年4月30日　国务院令第262号　2002年3月24日修订）

第一条　为了加强对住房公积金的管理，维护住房公积金所有者的合法权益，促进城镇住房建设，提高城镇居民的居住水平，制定本条例。

第二条　本条例适用于中华人民共和国境内住房公积金的缴存、提取、使用、管理和监督。

本条例所称住房公积金，是指国家机关、国有企业、城镇集体企业、外商投资企业、城镇私营企业及其他城镇企业、事业单位、民办非企业单位、社会团体（以下统称单位）及其在职职工缴存的长期住房储金。

第三条　职工个人缴存的住房公积金和职工所在单位为职工缴存的住房公积金，属于职工个人所有。

第四条　住房公积金的管理实行住房公积金管理委员会决策、住房公积金管理中心运作、银行专户存储、财政监督的原则。

第七条　国务院建设行政主管部门会同国务

院财政部门、中国人民银行拟定住房公积金政策，并监督执行。

省、自治区人民政府建设行政主管部门会同同级财政部门以及中国人民银行分支机构，负责本行政区域内住房公积金管理法规、政策执行情况的监督。

第八条 直辖市和省、自治区人民政府所在地的市以及其他设区的市（地、州、盟），应当设立住房公积金管理委员会，作为住房公积金管理的决策机构。住房公积金管理委员会的成员中，人民政府负责人和建设、财政、人民银行等有关部门负责人以及有关专家占1/3，工会代表和职工代表占1/3，单位代表占1/3。

住房公积金管理委员会主任应当由具有社会公信力的人士担任。

第十条 直辖市和省、自治区人民政府所在地的市以及其他设区的市（地、州、盟）应当按照精简、效能的原则，设立一个住房公积金管理中心，负责住房公积金的管理运作。县（市）不设立住房公积金管理中心。

前款规定的住房公积金管理中心可以在有条件的县（市）设立分支机构。住房公积金管理中心与其分支机构应当实行统一的规章制度，进行统一核算。

住房公积金管理中心是直属城市人民政府的不以营利为目的的独立的事业单位。

第十三条 住房公积金管理中心应当在受委托银行设立住房公积金专户。

单位应当到住房公积金管理中心办理住房公积金缴存登记，经住房公积金管理中心审核后，到受委托银行为本单位职工办理住房公积金账户设立手续。每个职工只能有一个住房公积金账户。

住房公积金管理中心应当建立职工住房公积金明细账，记载职工个人住房公积金的缴存、提取等情况。

第十四条 新设立的单位应当自设立之日起30日内到住房公积金管理中心办理住房公积金缴存登记，并自登记之日起20日内持住房公积金管理中心的审核文件，到受委托银行为本单位职工办理住房公积金账户设立手续。

单位合并、分立、撤销、解散或者破产的，应当自发生上述情况之日起30日内由原单位或者清算组织到住房公积金管理中心办理变更登记或者注销登记，并自办妥变更登记或者注销登记之日起20日内持住房公积金管理中心的审核文件，到受委托银行为本单位职工办理住房公积金账户转移或者封存手续。

第十五条 单位录用职工的，应当自录用之日起30日内到住房公积金管理中心办理缴存登记，并持住房公积金管理中心的审核文件，到受委托银行办理职工住房公积金账户的设立或者转移手续。

单位与职工终止劳动关系的，单位应当自劳动关系终止之日起30日内到住房公积金管理中心办理变更登记，并持住房公积金管理中心的审核文件，到受委托银行办理职工住房公积金账户转移或者封存手续。

第十六条 职工住房公积金的月缴存额为职工本人上一年度月平均工资乘以职工住房公积金缴存比例。

单位为职工缴存的住房公积金的月缴存额为职工本人上一年度月平均工资乘以单位住房公积金缴存比例。

第十七条 新参加工作的职工从参加工作的第二个月开始缴存住房公积金，月缴存额为职工本人当月工资乘以职工住房公积金缴存比例。

单位新调入的职工从调入单位发放工资之日起缴存住房公积金，月缴存额为职工本人当月工资乘以职工住房公积金缴存比例。

第十八条 职工和单位住房公积金的缴存比例均不得低于职工上一年度月平均工资的5%，有条件的城市，可以适当提高缴存比例。具体缴存比例由住房公积金管理委员会拟订，经本级人民政府审核后，报省、自治区、直辖市人民政府批准。

第十九条 职工个人缴存的住房公积金，由所在单位每月从其工资中代扣代缴。

单位应当于每月发放职工工资之日起5日内将单位缴存的和为职工代缴的住房公积金汇缴到住房公积金专户内，由受委托银行计入职工住房公积金账户。

第二十条 单位应当按时、足额缴存住房公积金，不得逾期缴存或者少缴。

对缴存住房公积金确有困难的单位，经本单位职工代表大会或者工会讨论通过，并经住房公积金管理中心审核，报住房公积金管理委员会批准后，可以降低缴存比例或者缓缴；待单位经济效益好转后，再提高缴存比例或者补缴缓缴。

第二十三条 单位为职工缴存的住房公积金，按照下列规定列支：

（一）机关在预算中列支；

（二）事业单位由财政部门核定收支后，在预算或者费用中列支；

（三）企业在成本中列支。

第二十四条 职工有下列情形之一的，可以提取职工住房公积金账户内的存储余额：

（一）购买、建造、翻建、大修自住住房的；

（二）离休、退休的；

（三）完全丧失劳动能力，并与单位终止劳动关系的；

（四）出境定居的；

（五）偿还购房贷款本息的；

（六）房租超出家庭工资收入的规定比例的。

依照前款第（二）、（三）、（四）项规定，提取职工住房公积金的，应当同时注销职工住房公积金账户。

职工死亡或者被宣告死亡的，职工的继承人、受遗赠人可以提取职工住房公积金账户内的存储余额；无继承人也无受遗赠人的，职工住房公积金账户内的存储余额纳入住房公积金的增值收益。

第二十五条 职工提取住房公积金账户内的存储余额的，所在单位应当予以核实，并出具提取证明。

职工应当持提取证明向住房公积金管理中心申请提取住房公积金。住房公积金管理中心应当自受理申请之日起3日内作出准予提取或者不准提取的决定，并通知申请人；准予提取的，由受委托银行办理支付手续。

第三十七条 违反本条例的规定，单位不办理住房公积金缴存登记或者不为本单位职工办理住房公积金账户设立手续的，由住房公积金管理中心责令限期办理；逾期不办理的，处1万元以上5万元以下的罚款。

第三十八条 违反本条例的规定，单位逾期不缴或者少缴住房公积金的，由住房公积金管理中心责令限期缴存；逾期仍不缴存的，可以申请人民法院强制执行。

(2) 国家税务总局《关于企业住房制度改革中涉及的若干所得税业务问题的通知》（2001年4月6日　国税发［2001］39号）

四、企业为职工缴纳的住房公积金的处理

企业根据国家规定按工资总额一定比例为本企业职工缴纳的住房公积金，可在税前扣除。

五、住房补贴、住房困难补贴和提租补贴的处理

停止住房实物分配后，房价收入比（即本地区一套建筑面积为60平方米的经济适用住房的平均价格与双职工家庭年平均工资之比）在4倍以上的地区，企业按市（县）政府制定并报经省级政府批准的标准，对无房和住房面积未达规定标准的职工支付的住房提租补贴和住房困难补助，可在税前扣除。

企业按省级人民政府规定发给停止实物分房以前参加工作的未享受过福利分房待遇的无房老职工的一次性住房补贴资金，经税务机关审核可在不少于3年的期间内均匀扣除。企业按月发给无房职工和停止实物分房以后参加工作的新职工的住房补贴资金，可在税前扣除。

六、企业按国家统一规定为职工交纳的住房公积金，按省级人民政府批准的办法发放的住房补贴、住房提租补贴和住房困难补贴，可在税前据实扣除，暂不计入企业的工资薪金支出；企业超过规定标准交纳或发放的住房公积金或各种名目的住房补贴，一律作为企业的工资薪金支出，超过计税工资标准的部分，不得在税前扣除。

(3) 财政部、国家税务总局《关于个人与用人单位解除劳动关系取得的一次性补偿收入征免个人所得税问题的通知》（2001年9月10日　财税［2001］157号）

二、个人领取一次性补偿收入时按照国家和地方政府规定的比例实际缴纳的住房公积金、医疗保险费、基本养老保险费、失业保险费，可以在计征其一次性补偿收入的个人所得税时予以扣除。

第六章　劳动保护、工作时间和休息休假

劳动保护

[解读]

劳动保护是指为消除劳动过程中危及人身安全和健康的不良条件与行为，防止伤亡事故和职业病，保障劳动者在劳动过程中的安全和健康，而依靠技术进步和科学管理，采取的技术和组织措施。包括改善劳动条件、实行劳逸结合、规范工时休假、加强女职工和未成年工保护等方面所采取的各种组织措施和技术措施。劳动保护是一门综合性科学，包括劳动保护管理学、安全技术学和劳动卫生学等三部分。劳动保护主要包括以下三个方面的内容：

（一）工作时间的限制和休息时间、休假制度的规定，这是从时间上来保护劳动者。

（二）各项劳动安全与卫生的措施，这是从劳动场所来保护劳动者。

（三）对女职工和未成年工的劳动保护，这是从生理上的特殊需要来保护劳动者。

[依据指引]

(1)《中华人民共和国宪法》（1988 年 4 月 12 日第七届全国人民代表大会第一次会议通过　2004 年 3 月 14 日修订）

第四十二条　中华人民共和国公民有劳动的权利和义务。

国家通过各种途径，创造劳动就业条件，加强劳动保护，改善劳动条件，并在发展生产的基础上，提高劳动报酬和福利待遇。

劳动是一切有劳动能力的公民的光荣职责。国有企业和城乡集体经济组织的劳动者都应当以国家主人翁的态度对待自己的劳动。国家提倡社会主义劳动竞赛，奖励劳动模范和先进工作者。国家提倡公民从事义务劳动。

国家对就业前的公民进行必要的劳动就业训练。

第四十三条　中华人民共和国劳动者有休息的权利。

国家发展劳动者休息和休养的设施，规定职工的工作时间和休假制度。

第四十八条　中华人民共和国妇女在政治的、经济的、文化的、社会的和家庭的生活等各方面享有同男子平等的权利。

国家保护妇女的权利和利益，实行男女同工同酬，培养和选拔妇女干部。

(2)《中华人民共和国劳动法》（1994 年 7 月 5 日　国家主席令第 28 号）

第三条　劳动者享有平等就业和选择职业的权利、取得劳动报酬的权利、休息休假的权利、获得劳动安全卫生保护的权利、接受职业技能培训的权利、享受社会保险和福利的权利、提请劳动争议处理的权利以及法律规定的其他劳动权利。

劳动者应当完成劳动任务，提高职业技能，执行劳动安全卫生规程，遵守劳动纪律和职业道德。

第五十二条　用人单位必须建立、健全劳动安全卫生制度，严格执行国家劳动安全卫生规程和标准，对劳动者进行劳动安全卫生教育，防止劳动过程中的事故，减少职业危害。

第五十三条　劳动安全卫生设施必须符合国家规定的标准。

新建、改建、扩建工程的劳动安全卫生设施必须与主体工程同时设计、同时施工、同时投入生产和使用。

第五十四条　用人单位必须为劳动者提供符合国家规定的劳动安全卫生条件和必要的劳动防护用品，对从事有职业危害作业的劳动者应当定期进行健康检查。

第五十五条　从事特种作业的劳动者必须经过专门培训并取得特种作业资格。

第五十六条　劳动者在劳动过程中必须严格遵守安全操作规程。

劳动者对用人单位管理人员违章指挥、强令冒险作业，有权拒绝执行；对危害生命安全和身

体健康的行为，有权提出批评、检举和控告。

第五十七条 国家建立伤亡事故和职业病统计报告和处理制度。县级以上各级人民政府劳动行政部门、有关部门和用人单位应当依法对劳动者在劳动过程中发生的伤亡事故和劳动者的职业病状况，进行统计、报告和处理。

(3) 国务院《女职工劳动保护特别规定》(2012 年 4 月 28 日 国务院令第 9 号)(略)

劳动保护法律制度

[解读]

劳动保护法律制度是保护劳动者在劳动过程中安全和健康的法律规范的总称，是劳动法律制度的组成部分。一般包括安全技术规程、劳动卫生规程、对女工和未成年工特殊保护以及各种劳动保护管理制度等内容。

新中国成立以来，我国制定了许多单行的劳动保护法规。特别是 1978 年 10 月以来，国家加快了劳动保护的立法。1982 年 2 月，国务院颁布了《锅炉压力容器安全监察条例》《矿山安全条例》《矿山安全监察条例》。1982 年 7 月，国务院发出了《关于加强防尘防毒工作的决定》。1988 年 7 月，国务院发布了《女职工劳动保护规定》，2012 年 4 月 28 日被废止，同时颁布了《女职工劳动保护特别规定》。1992 年 11 月全国人大颁发了《矿山安全法》。1994 年 7 月颁布的《劳动法》第四章、第六章、第七章分别对工作时间和休息休假、劳动安全卫生、女职工和未成年工特殊保护作出了专门规定。2001 年 10 月全国人大颁布了《职业病防治法》，2011 年 12 月 31 日对该法进行了修订。2002 年 5 月国务院发布了《使用有毒物品作业场所劳动保护条例》。2002 年 6 月全国人大又颁发了《安全生产法》。至此，以《劳动法》为龙头的劳动保护法律体系初步形成。

[依据指引]

(1)《中华人民共和国矿山安全法》(1992 年 11 月 7 日 国家主席令第 65 号)(略)

(2)《中华人民共和国劳动法》(1994 年 7 月 5 日 国家主席令第 28 号)(略)

(3)《中华人民共和国职业病防治法》(2001 年 10 月 27 日 国家主席令第 60 号 2011 年 12 月 31 日修订)(略)

(4)《中华人民共和国安全生产法》(2002 年 6 月 29 日 国家主席令第 70 号)(略)

(5) 国务院《使用有毒物品作业场所劳动保护条例》(2002 年 5 月 12 日 国务院令第 352 号)(略)

劳动安全卫生

[解读]

劳动安全卫生是指保护劳动者在劳动场所的安全与卫生的各种措施。所谓劳动安全，一般是指防止中毒、触电、机械外伤、车祸、坠落、塌陷、爆炸、火灾等危及劳动者人身安全的事故发生；所谓劳动卫生，是指防止有毒有害物质危害劳动者身体健康或者引起职业病的发生。主要措施：一是实行安全生产方针、采取各种安全措施，以防事故发生；二是保持工作环境清洁卫生和合理照明等措施，防止职业病的发生；三是抵制各级领导的违章指挥；四是做好事故发生后的报告、处理和职业病发生后的积极治疗，总结经验、教训，采取改进措施。

[依据指引]

《中华人民共和国劳动法》(1994 年 7 月 5 日 国家主席令第 28 号)

第五十二条 用人单位必须建立、健全劳动安全卫生制度，严格执行国家劳动安全卫生规程和标准，对劳动者进行劳动安全卫生教育，防止劳动过程中的事故，减少职业危害。

第五十三条 劳动安全卫生设施必须符合国家规定的标准。

新建、改建、扩建工程的劳动安全卫生设施必须与主体工程同时设计、同时施工、同时投入生产和使用。

第五十四条 用人单位必须为劳动者提供符合国家规定的劳动安全卫生条件和必要的劳动防护用品，对从事有职业危害作业的劳动者应当定期进行健康检查。

第五十五条 从事特种作业的劳动者必须经过专门培训并取得特种作业资格。

第五十六条 劳动者在劳动过程中必须严格遵守安全操作规程。

劳动者对用人单位管理人员违章指挥、强令冒险作业，有权拒绝执行；对危害生命安全和身体健康的行为，有权提出批评、检举和控告。

第五十七条 国家建立伤亡事故和职业病统计

计报告和处理制度。县级以上各级人民政府劳动行政部门、有关部门和用人单位应当依法对劳动者在劳动过程中发生的伤亡事故和劳动者的职业病状况，进行统计、报告和处理。

劳动防护用品

[解读]

劳动防护用品是指劳动者在劳动过程中为免遭或减轻事故伤害或职业危害所配备的防护装备。劳动防护用品分为一般劳动防护用品和特种劳动防护用品。在一定条件下，防护用品可能成为主要防护手段，甚至起主要作用。因此，加强防护用品管理，尤其是特种防护用品的发放和管理具有重要作用。

《劳动法》明确规定，用人单位必须为劳动者提供符合国家规定的安全卫生条件和必要的劳动防护用品。防护用品的种类如下：

（一）头部防护用品，如安全帽、工作帽。

（二）眼睛防护用品，如各种防护眼镜等。

（三）耳部防护用品，如耳塞、耳罩等。

（四）面部防护用品，如防护面具罩。

（五）呼吸道防护用品，如防毒面具、呼吸器、自救器等。

（六）手部防护用品，如手套、指套。

（七）足部防护用品，如防砸鞋、隔热鞋、绝缘鞋、导电鞋等。

（八）体部防护用品，如工作服、背带裤、雨衣、防寒服等。

（九）其他防护用品，如安全带、安全绳（索）等。

[依据指引]

(1)《中华人民共和国劳动法》（1994 年 7 月 5 日　国家主席令第 28 号）

第五十四条　用人单位必须为劳动者提供符合国家规定的劳动安全卫生条件和必要的劳动防护用品，对从事有职业危害作业的劳动者应当定期进行健康检查。

(2) 劳动部《劳动防护用品管理规定》（1996 年 4 月 23 日　劳部发［1996］138 号）

第一章　总　　则

第一条　为了加强劳动防护用品的管理，保障劳动者的安全与健康，根据《中华人民共和国劳动法》和有关法律、法规的规定，制定本规定。

第二条　在中华人民共和国境内的劳动防护用品研制、生产、经营、发放、使用和质量检验单位必须按本规定执行。

第三条　本规定所称劳动防护用品，是指劳动者在劳动过程中为免遭或减轻事故伤害或职业危害所配备的防护装备。

劳动防护用品分为一般劳动防护用品和特种劳动防护用品。

特种劳动防护用品实行生产许可证制度。全国劳动防护产品生产许可证办公室负责生产许可证的颁发和管理工作。

第四条　国家劳动防护用品质量监督检查中心负责申报生产许可证的产品和进口劳动防护用品质量检验。

省级劳动防护用品质量监督检验机构负责劳动防护用品的日常质量监督检验，对尚未具备检验条件的劳动防护用品，可委托国家劳动防护用品质量监督检验中心检验。

各级检验机构对自己的检验结果负责。

第五条　各级劳动行政部门对本行政区域内的劳动防护用品实施综合管理，并行使监督检查职责。

第四章　发放和使用

第十五条　使用劳动防护用品的单位（以下简称使用单位）应为劳动者免费提供符合国家规定的劳动防护用品。

使用单位不得以货币或其他物品替代应当配备的劳动防护用品。

第十六条　使用单位应教育本单位劳动者按照劳动防护用品使用规则和防护要求正确使用劳动防护用品。

第十七条　使用单位应建立健全劳动防护用品的购买、验收、保管、发放、使用、更换、报废等管理制度；并应按照劳动防护用品的使用要求，在使用前对其防护功能进行必要的检查。

第十八条　使用单位应到定点经营单位或生产企业购买特种劳动防护用品。购买的劳动防护用品须经本单位的安全技术部门验收。

第五章　罚　　则

第十九条　特种劳动防护用品生产企业的产品质量不符合国家有关标准的，由县级以上劳动行政部门或技术监督部门责令限期改正，没收其不合格产品，并予以销毁。

第二十条　特种劳动防护用品生产企业未办理生产许可证，擅自生产特种劳动防护用品的，由县级以上劳动行政部门或技术监督部门提请当地人民政府责令其停止生产，并可处以罚款；构成犯罪的，由司法部门依法追究有关人员的刑事责任。

第二十一条 经营单位销售没有生产许可证、产品合格证和安全鉴定证的特种劳动防护用品的，由县级以上劳动行政部门或技术监督部门没收其产品，并可处以罚款；情节严重的吊销其特种劳动防护用品定点经营证书；构成犯罪的，由司法部门依法追究有关人员的刑事责任。

第二十二条 使用单位没有按国家规定为劳动者提供必要的劳动防护用品的，按劳动部《违反〈中华人民共和国劳动法〉行政处罚办法》（劳部发［1994］532号）有关条款处罚；构成犯罪的，由司法部门依法追究有关人员的刑事责任。

第二十三条 各级检验机构检验的结果如与事实不符，由同级劳动行政部门或技术监督部门责令限期更正；给受检单位造成经济损失的，检验机构应予以赔偿；情节严重的，取消该检验机构资格；构成犯罪的，由司法部门依法追究有关人员的刑事责任。

第六章 附 则

第二十四条 本规定自一九九六年六月一日起施行，一九八七年二月六日劳动人事部颁发的《特种劳动防护产品监督检验管理办法》（劳人护［1987］3号）同时废止。

(3) 国务院《工厂安全卫生规程》（1956年5月25日国务院第29次全体会议通过）

第七十四条 有下列情况的一种，工厂应该供给工人工作服或者围裙，并且根据需要分别供给工作帽、口罩、手套、护腿和鞋盖等防护用品：

（一）有灼伤、烫伤或者容易发生机械外伤等危险的操作。

（二）在强烈辐射热或者低温条件下的操作。

（三）散放毒性、刺激性、感染性物质或者大量粉尘的操作。

（四）经常使衣服腐蚀、潮湿或者特别肮脏的操作。

第七十五条 在有危害健康的气体、蒸汽或者粉尘的场所操作的工人，应该由工厂分别供给适用的口罩、防护眼镜和防毒面具等。

第七十六条 工作中发生有毒的粉尘和烟气，可能伤害口腔、鼻腔、眼睛、皮肤的，应该由工厂分别供给工人漱洗药水或者防护药膏。

第七十七条 在有噪音、强光、辐射热和飞溅火花、碎片、刨屑的场所操作的工人，应该由工厂分别供给护卫器、防护眼镜、面具和帽盔等；

第七十八条 经常站在有水或者其他液体的地面上操作的工人，应该由工厂供给防水靴或者防水鞋等。

第七十九条 高空作业工人，应该由工厂供给安全带。

第八十条 电气操作工人，应该由工厂按照需要分别供给绝缘靴、绝缘手套等。

第八十一条 经常在露天工作的工人，应该由工厂供给防晒、防雨的用具。

第八十二条 在寒冷气候中必须露天进行工作的工人，应该由工厂根据需要供给御寒用品。

第八十三条 在有传染疾病危险的生产部门，应该由工人供给工人洗手用的消毒剂，所有工具、工作服和防护用品，必须由工厂负责定期消毒。

第八十四条 产生大量一氧化碳等有毒气体的工厂，应该备有防毒救护用具，必要的时候应该设立防毒救护站。

第八十五条 工厂应该经常检查防毒面具、绝缘用具等特制防护用品，并且保证它良好有效。

第八十六条 工厂对于工作服和其他防护用品，应该负责清洗和修补，并且规定保管和发放制度。

第八十七条 工厂应该教育工人正确使用防护用品。对于从事有危险性工作的工人（如电气工、瓦斯工等），应该教会紧急救护法。

高温作业的劳动保护

［解读］

为了加强对劳动者高温作业、高温天气作业的劳动保护工作，1960年7月1日卫生部、劳动部、全国总工会曾颁布《防暑降温措施暂行办法》；2012年6月29日国家安全生产监督管理总局、卫生部、人力资源和社会保障部、全国总工会颁布《防暑降温措施管理办法》。该办法明确界定了高温作业和高温天气作业的概念。高温作业是指有高气温或有强烈的热辐射或伴有高气湿（相对湿度≥80%RH）相结合的异常作业条件、湿球黑球温度指数（WBGT指数）超过规定限值的作业；高温天气作业是指用人单位在高温天气（地市级以上气象主管部门所属气象台站向公众发布的日最高气温35℃以上的天气）期间安排劳动者在高温自然气象环境下进行的作业。还规定了一系列对劳动者高温作业、高温天气作业的劳动保护措施，其中主要内容如下：

（一）劳动者从事高温作业的，依法享受岗位津贴。

（二）用人单位安排劳动者在35℃以上高温天气从事室外露天作业，以及不能采取有效措施将工作场所温度降低到33℃以下的，应当向劳动者发放高温津贴。高温津贴标准由省级人力资源社会保障行政部门会同有关部门制定，并根据社会经济发展状况适时调整。

（三）用人单位应当为高温作业、高温天气作业的劳动者供给足够的、符合卫生标准的防暑降温饮料及必需的药品；不得以发放钱物替代提供防暑降温饮料；防暑降温饮料不得充抵高温津贴。

（四）要求用人单位在高温天气期间，根据生产特点和具体条件，采取合理安排工作时间、轮换作业、适当增加高温工作环境下劳动者的休息时间和减轻劳动强度、减少高温时段室外作业等四项具体措施。

（五）劳动者因高温作业或者高温天气作业引起中暑，经诊断为职业病的，享受工伤保险待遇。

［依据指引］

国家安全生产监督管理总局、卫生部、人力资源和社会保障部、全国总工会《防暑降温措施管理办法》（2012年6月29日　安监总安健［2012］89号）

第三条　高温作业是指有高气温、或有强烈的热辐射、或伴有高气湿（相对湿度≥80％RH）相结合的异常作业条件、湿球黑球温度指数（WBGT指数）超过规定限值的作业。

高温天气是指地市级以上气象主管部门所属气象台站向公众发布的日最高气温35℃以上的天气。

高温天气作业是指用人单位在高温天气期间安排劳动者在高温自然气象环境下进行的作业。

工作场所高温作业WBGT指数测量依照《工作场所物理因素测量第7部分：高温》（GBZ/T 189.7）执行；高温作业职业接触限值依照《工作场所有害因素职业接触限值第2部分：物理因素》（GBZ 2.2）执行；高温作业分级依照《工作场所职业病危害作业分级第3部分：高温》（GBZ/T 229.3）执行。

第五条　用人单位应当建立、健全防暑降温工作制度，采取有效措施，加强高温作业、高温天气作业劳动保护工作，确保劳动者身体健康和生命安全。

用人单位的主要负责人对本单位的防暑降温工作全面负责。

第六条　用人单位应当根据国家有关规定，合理布局生产现场，改进生产工艺和操作流程，采用良好的隔热、通风、降温措施，保证工作场所符合国家职业卫生标准要求。

第七条　用人单位应当落实以下高温作业劳动保护措施：

（一）优先采用有利于控制高温的新技术、新工艺、新材料、新设备，从源头上降低或者消除高温危害。对于生产过程中不能完全消除的高温危害，应当采取综合控制措施，使其符合国家职业卫生标准要求。

（二）存在高温职业病危害的建设项目，应当保证其设计符合国家职业卫生相关标准和卫生要求，高温防护设施应当与主体工程同时设计，同时施工，同时投入生产和使用。

（三）存在高温职业病危害的用人单位，应当实施由专人负责的高温日常监测，并按照有关规定进行职业病危害因素检测、评价。

（四）用人单位应当依照有关规定对从事接触高温危害作业劳动者组织上岗前、在岗期间和离岗时的职业健康检查，将检查结果存入职业健康监护档案并书面告知劳动者。职业健康检查费用由用人单位承担。

（五）用人单位不得安排怀孕女职工和未成年工从事《工作场所职业病危害作业分级第3部分：高温》（GBZ/T 229.3）中第三级以上的高温工作场所作业。

第八条　在高温天气期间，用人单位应当按照下列规定，根据生产特点和具体条件，采取合理安排工作时间、轮换作业、适当增加高温工作环境下劳动者的休息时间和减轻劳动强度、减少高温时段室外作业等措施：

（一）用人单位应当根据地市级以上气象主管部门所属气象台当日发布的预报气温，调整作业时间，但因人身财产安全和公众利益需要紧急处理的除外：

1. 日最高气温达到40℃以上，应当停止当日室外露天作业；

2. 日最高气温达到37℃以上、40℃以下时，用人单位全天安排劳动者室外露天作业时间累计不得超过6小时，连续作业时间不得超过国家规定，且在气温最高时段 3 小时内不得安排室外露天作业；

3. 日最高气温达到 35℃以上、37℃以下时，用人单位应当采取换班轮休等方式，缩短劳动者连续作业时间，并且不得安排室外露天作业劳动者加班。

（二）在高温天气来临之前，用人单位应当对高温天气作业的劳动者进行健康检查，对患有心、肺、脑血管性疾病、肺结核、中枢神经系统疾病及其他身体状况不适合高温作业环境的劳动者，应当调整作业岗位。职业健康检查费用由用人单位承担。

（三）用人单位不得安排怀孕女职工和未成年工在 35℃以上的高温天气期间从事室外露天作业及温度在 33℃以上的工作场所作业。

（四）因高温天气停止工作、缩短工作时间的，用人单位不得扣除或降低劳动者工资。

第九条 用人单位应当向劳动者提供符合要求的个人防护用品，并督促和指导劳动者正确使用。

第十条 用人单位应当对劳动者进行上岗前职业卫生培训和在岗期间的定期职业卫生培训，普及高温防护、中暑急救等职业卫生知识。

第十一条 用人单位应当为高温作业、高温天气作业的劳动者供给足够的、符合卫生标准的防暑降温饮料及必需的药品。

不得以发放钱物替代提供防暑降温饮料。防暑降温饮料不得充抵高温津贴。

第十二条 用人单位应当在高温工作环境设立休息场所。休息场所应当设有座椅，保持通风良好或者配有空调等防暑降温设施。

第十三条 用人单位应当制定高温中暑应急预案，定期进行应急救援的演习，并根据从事高温作业和高温天气作业的劳动者数量及作业条件等情况，配备应急救援人员和足量的急救药品。

第十四条 劳动者出现中暑症状时，用人单位应当立即采取救助措施，使其迅速脱离高温环境，到通风阴凉处休息，供给防暑降温饮料，并采取必要的对症处理措施；病情严重者，用人单位应当及时送医疗卫生机构治疗。

第十五条 劳动者应当服从用人单位合理调整高温天气作息时间或者对有关工作地点、工作岗位的调整安排。

第十六条 工会组织代表劳动者就高温作业和高温天气劳动保护事项与用人单位进行平等协商，签订集体合同或者高温作业和高温天气劳动保护专项集体合同。

第十七条 劳动者从事高温作业的，依法享受岗位津贴。

用人单位安排劳动者在 35℃以上高温天气从事室外露天作业以及不能采取有效措施将工作场所温度降低到 33℃以下的，应当向劳动者发放高温津贴，并纳入工资总额。高温津贴标准由省级人力资源社会保障行政部门会同有关部门制定，并根据社会经济发展状况适时调整。

第十八条 承担职业性中暑诊断的医疗卫生机构，应当经省级人民政府卫生行政部门批准。

第十九条 劳动者因高温作业或者高温天气作业引起中暑，经诊断为职业病的，享受工伤保险待遇。

第二十条 工会组织依法对用人单位的高温作业、高温天气劳动保护措施实行监督。发现违法行为，工会组织有权向用人单位提出，用人单位应当及时改正。用人单位拒不改正的，工会组织应当提请有关部门依法处理，并对处理结果进行监督。

第二十四条 本办法所称“以上”摄氏度（℃）含本数，“以下”摄氏度（℃）不含本数。

第二十五条 本办法自发布之日起施行。1960 年 7 月 1 日卫生部、劳动部、全国总工会联合公布的《防暑降温措施暂行办法》同时废止。

特种作业

[解读]

特种作业是指对操作者本人，尤其是对他人和周围设施的安全有重大危害因素的作业。直接从事特种作业者，称为特种作业人员。从事特种作业的劳动者必须经过专门培训并取得特种作业资格。对于特种作业人员，我国有一系列相应的考核和管理制度。

特种作业范围主要有：电工作业；锅炉司炉；压力容器操作；起重机械作业；爆破作业；金属焊接（气割）作业；煤矿井下瓦斯检验；机动车辆驾驶；机动船舶驾驶、轮机操作；建筑登高架设作业；其他符合上述基本定义的作业。

特种作业人员必须年满 18 周岁以上。但从事爆破作业和煤矿井下瓦斯检验的人员，年龄不得低于 20 周岁；工作认真负责，身体健康，没有妨碍从事本种作业的疾病和生理缺陷；具有本种作业所需的文化程度和安全、专业技术及实践经验。

需要说明的是，特有工种和特殊工种与特种作业分别是三个不同的概念，应注意不要混淆。关于特有工种和特殊工种的概念请见第十章词条“提前退休工种”。

［依据指引］

(1)《中华人民共和国劳动法》（1994年7月5日　国家主席令第28号）

第五十五条　从事特种作业的劳动者必须经过专门培训并取得特种作业资格。

(2)《中华人民共和国安全生产法》（2002年6月29日　国家主席令第70号）

第二十三条　生产经营单位的特种作业人员必须按照国家有关规定经专门的安全作业培训，取得特种作业操作资格证书，方可上岗作业。

特种作业人员的范围由国务院负责安全生产监督管理的部门会同国务院有关部门确定。

(3) 国家经贸委《特种作业人员安全技术培训考核管理办法》（1999年7月12日　国家经贸委令第13号）

第一章　总　　则

第一条　为规范特种作业人员的安全技术培训、考核发证工作，防止人员伤亡事故，促进安全生产，根据国家有关法律、法规，制定本办法。

第二条　本办法适用于中华人民共和国境内一切涉及特种作业的单位和特种作业人员。

第三条　本办法所称特种作业，是指容易发生人员伤亡事故，对操作者本人、他人及周围设施的安全有重大危害的作业。

特种作业包括：

（一）电工作业；

（二）金属焊接切割作业；

（三）起重机械（含电梯）作业；

（四）企业内机动车辆驾驶；

（五）登高架设作业；

（六）锅炉作业（含水质化验）；

（七）压力容器操作；

（八）制冷作业；

（九）爆破作业；

（十）矿山通风作业（含瓦斯检验）；

（十一）矿山排水作业（含尾矿坝作业）；

（十二）由省、自治区、直辖市安全生产综合管理部门或国务院行业主管部门提出，并经国家经济贸易委员会批准的其他作业。

第四条　本办法所称特种作业人员是指直接从事特种作业人员。特种作业人员必须具备以下基本条件：

（一）年龄满18周岁；

（二）身体健康，无妨碍从事相应工种作业的疾病和生理缺陷；

（三）初中以上文化程度，具备相应工种的安全技术知识，参加国家规定的安全技术理论和实践操作考核并成绩合格；

（四）符合相应工种作业特点需要的其他条件。

第二章　培　　训

第五条　特种作业人员在独立上岗作业前，必须进行与本工种相适应的、专门的安全技术理论学习和实际操作训练。

第六条　负责特种作业人员培训的单位应当具备相应的条件，并经省、自治区、直辖市安全生产综合管理部门或其委托的地、市级安全生产综合管理部门审查认可。

第七条　取得培训资格的单位，每5年由原审查、批准机构进行1次复审。经复审合格的，方可继续从事特种作业人员的培训。

第八条　特种作业人员的安全技术培训考核标准和基本培训教材，由国家经济贸易委员会制定和组织编写。

第九条　培训单位应将培训计划、教员资格等资料报送考核、发证单位备案。

第三章　考核和发证

第十条　特种作业人员的考核和发证工作，必须坚持公正、公平、公开的原则，不得弄虚作假。

第十一条　特种作业人员安全技术考核分为安全技术理论考核和实际操作考核。具体考核内容按照国家经济贸易委员会制定的《特种作业人员安全技术培训考核标准》执行。

第十二条　负责特种作业人员考核的单位应当具备相应的条件，并经省、自治区、直辖市安全生产综合管理部门审查认可。

第十三条　参加特种作业安全操作资格考核的人员，应当填写考核申请表，由申请人或申请人的用人单位向当地负责特种作业人员考核的单位提出申请。

考核单位收到考核申请后，应在60日内组织考核。经考核合格的，发给相应的特种作业操作证；经考核不合格的，允许补考1次。

第十四条 特种作业操作证由国家经济贸易委员会制作，并由省、自治区、直辖市安全生产综合管理部门或其委托的地、市级安全生产综合管理部门负责签发。

特种作业操作证在全国通用。

第十五条 特种作业操作证，每2年复审1次。连续从事本工种10年以上的，经用人单位进行知识更新教育后，复审时间可延长至每4年1次。

第十六条 特种作业操作证复审由特种作业人员本人或用人单位在有效期内提出申请，由当地的考核、发证单位负责审验。

复审内容包括：

(一) 健康检查；

(二) 违章作业记录检查；

(三) 安全生产新知识和事故案例教育；

(四) 本工种安全知识考试。

第十七条 复审合格的，由复审单位签章、登记，予以确认。复审不合格的，可在接到通知之日起30日内向原复审单位申请再次复审。复审单位可根据申请，再复审1次。再复审仍不合格或未按期复审的，特种作业操作证失效。

第十八条 跨地区从业或跨地区流动施工单位的特种作业人员，可向从业或施工所在地的考核、发证单位申请复审。

第四章 监督管理

第十九条 特种作业人员必须持证上岗。无证上岗的，按国家有关规定对用人单位和作业人员进行处罚。

第二十条 用人单位应当加强特种作业人员的管理，做好申报、培训、考核、复审的组织工作和日常的检查工作。

第二十一条 发证单位及用人单位应当建立特种作业人员档案。

第二十二条 各省、自治区、直辖市安全生产综合管理部门应当在每年初向国家经济贸易委员会报送上一年度本地区有关特种作业人员培训、考核、发证和复审的统计资料。

第二十三条 跨地区从业或跨地区流动施工单位的特种作业人员必须接受当地安全生产综合管理部门的监督管理。

第二十四条 有下列情形之一的，由发证单位收缴其特种作业操作证：

(一) 未按规定接受复审或复审不合格的；

(二) 违章操作造成严重后果或违章操作记录达3次以上的；

(三) 弄虚作假骗取特种作业操作证的；

(四) 经确认健康状况已不适宜继续从事所规定的特种作业的。

第二十五条 离开特种作业岗位达6个月以上的特种作业人员，应当重新进行实际操作考核，经确认合格后方可上岗作业。

第二十六条 特种作业操作证不得伪造、涂改、转借或转让。

第二十七条 从事特种作业人员考核、发证和复审工作的有关人员滥用职权、玩忽职守、徇私舞弊的，应给予行政处分；构成犯罪的，依法追究其刑事责任。

第五章 附 则

第二十八条 根据工作需要，国家经济贸易委员会可以委托有关机构审查认可特种作业人员培训单位和考核单位的资格，签发特种作业操作证。

第二十九条 各省、自治区、直辖市安全生产综合管理部门可依据本规定制定实施办法。

职 业 病

[解读]

所谓职业病，是指企业、事业单位和个体经济组织等用人单位的劳动者在职业活动中，因接触粉尘、放射性物质和其他有毒、有害物质等因素而引起的疾病。由此可见，认定职业病须掌握三个要件：一是患病主体必须是企业事业单位或者是个体经济组织中的劳动者，二是所患疾病必须是在从事职业活动中发生的，三是该疾病必须是因接触粉尘等有毒有害物质引发的。由于职业病危害因素很多，导致职业病的范围很广，所以国家根据我国的经济发展水平，参考国际通行做法，制定了《职业病目录》，重点防治10类115种职业病。这10类职业病分别是：尘肺病、职业性放射性疾病、职业中毒、物理因素所致职业病（如中暑、减压病、高原病等）、生物因素所致职业病（如炭疽、森林脑炎等）、职业性皮肤病、职业性眼病、职业性耳鼻喉口腔疾病、职业性肿瘤、其他职业病（如金属烟热、职业性哮喘等）。因此，职工所患职业疾病必须是国家规定的职业病范围内的，才能享受工伤保险待遇和职业病的相关待遇。

职工患职业病后，除可以按规定享受工伤保

险待遇以外，还可以享受以下待遇：

（一）用人单位对从事接触职业病危害作业的劳动者，应当给予适当岗位津贴。

（二）职工被确诊患有职业病后，其所在单位应根据职业病诊断机构（诊断组）的意见，安排其医治或疗养。在医治或疗养后被确认不宜继续从事原有害作业或工作的，应在确认之日起的两个月内将其调离原工作岗位，另行安排工作；对于因工作需要暂不能调离的生产、工作技术骨干，调离期限最长不得超过半年。

（三）从事有害作业的职工，因按规定接受职业性健康检查所占用的生产、工作时间，应按正常出勤处理；如职业病防治机构认为需要住院做进一步检查时，不论其最后是否诊断为职业病，在此期间可享受职业病待遇。

（四）职业病患者依照民事法律，尚有获得赔偿权利的，有权向用人单位索要赔偿。

（五）从事有害作业的职工，其所在单位必须为其建立健康档案。变动工作单位时，事先须经当地职业病防治机构进行健康检查，其检查材料装入健康档案。

（六）患有职业病的职工变动工作单位时，其职业病待遇应由原单位负责，或两个单位协商处理，双方商妥后方可办理调转手续，并将其健康档案、职业病诊断证明及职业病处理情况等材料全部移交新单位。调出、调入单位都应将情况报各所在地的劳动卫生职业病防治机构备案。

（七）职工到新单位后，新发现的职业病不论与现工作有无关系，其职业病待遇由新单位负责。过去按有关规定已做处理的不再改变。

（八）劳动合同制工人终止或解除劳动合同后，在待业期间新发现的职业病与上一个劳动合同期工作有关时，其职业病待遇由原终止或解除劳动合同的单位负责；如原单位已与其他单位合并者，由合并后的单位负责；如原单位已撤销者，应由原单位的上级主管机关负责。

职业病防治工作坚持预防为主、防治结合的方针，建立用人单位负责、行政机关监管、行业自律、职工参与和社会监督的机制，实行分类管理、综合治理。

［依据指引］

(1)《中华人民共和国职业病防治法》（2001年10月27日　国家主席令第60号　2011年12月31日修订）

第二条　本法适用于中华人民共和国领域内的职业病防治活动。

本法所称职业病，是指企业、事业单位和个体经济组织等用人单位的劳动者在职业活动中，因接触粉尘、放射性物质和其他有毒、有害因素而引起的疾病。

职业病的分类和目录由国务院卫生行政部门会同国务院安全生产监督管理部门、劳动保障行政部门制定、调整并公布。

第三条　职业病防治工作坚持预防为主、防治结合的方针，建立用人单位负责、行政机关监管、行业自律、职工参与和社会监督的机制，实行分类管理、综合治理。

第五十七条　用人单位应当保障职业病病人依法享受国家规定的职业病待遇。

用人单位应当按照国家有关规定，安排职业病病人进行治疗、康复和定期检查。

用人单位对不适宜继续从事原工作的职业病病人，应当调离原岗位，并妥善安置。

用人单位对从事接触职业病危害的作业的劳动者，应当给予适当岗位津贴。

第五十九条　职业病病人除依法享有工伤社会保险外，依照有关民事法律，尚有获得赔偿的权利的，有权向用人单位提出赔偿要求。

(2)卫生部、劳动人事部、财政部、中华全国总工会《职业病范围和职业病患者处理办法的规定》（1987年12月30日　［87］卫防字第82号）

第三条　职业病系指劳动者在生产劳动及其他职业活动中，接触职业性有害因素引起的疾病。本规定所列《职业病名单》中的职业病，为国家规定的职业病范围。各地区、部门需要增补的职业病，应报卫生部审批。

第六条　职工被确诊患有职业病后，其所在单位应根据职业病诊断机构（诊断组）的意见，安排其医治或疗养。在医治或疗养后被确认不宜继续从事原有害作业或工作的，应在确认之日起的2个月内将其调离原工作岗位，另行安排工作；对于因工作需要暂不能调离的生产、工作的技术骨干，调离期限最长不得超过半年。

第七条　从事有害作业的职工，因按规定接受职业性健康检查所占用的生产、工作时间，应按正常出勤处理；如职业病防治机构（诊断组）认为需要住院作进一步检查时，不论其最后是否诊断为职业病，在此期间可享受职业病待遇。

第八条　从事有害作业的职工，其所在单位必须为其建立健康档案。变动工作单位时，事先须经当地职业病防治机构进行健康检查。其检查材料装入健康档案。

患有职业病的职工变动工作单位时，其职业病待遇应由原单位负责或2个单位协调处理，双方商妥后方可办理调转手续。并将其健康档案、职业病诊断证明及职业病处理情况等材料全部移交新单位。调出、调入单位都应将情况报各所在地的劳动卫生职业病防治机构备案。

职工到新单位后，新发现的职业病不论与现工作有无关系，其职业病待遇由新单位负责。过去按有关规定已作处理的不再改变。

第九条 劳动合同制工人、临时工终止或解除劳动合同后，在待业期间新发现的职业病与上一个劳动合同期工作有关时，其职业病待遇由原终止或解除劳动合同的单位负责；如原单位已与其他单位合并者，由合并后的单位负责；如原单位已撤销者，应由原单位的上级主管机关负责。

(3) 卫生部《职业病诊断与鉴定管理办法》（2002年3月28日 部令第24号）（略）

(4) 卫生部、劳动部《关于印发〈职业病目录〉的通知》（2002年4月18日 卫法监发[2002] 108号）

职业病目录

一、尘肺

1. 矽肺
2. 煤工尘肺
3. 石墨尘肺
4. 碳黑尘肺
5. 石棉肺
6. 滑石尘肺
7. 水泥尘肺
8. 云母尘肺
9. 陶工尘肺
10. 铝尘肺
11. 电焊工尘肺
12. 铸工尘肺
13. 根据《尘肺病诊断标准》和《尘肺病理诊断标准》可以诊断的其他尘肺

二、职业性放射性疾病

1. 外照射急性放射病
2. 外照射亚急性放射病
3. 外照射慢性放射病
4. 内照射放射病
5. 放射性皮肤疾病
6. 放射性肿瘤
7. 放射性骨损伤
8. 放射性甲状腺疾病
9. 放射性性腺疾病
10. 放射复合伤
11. 根据《职业性放射性疾病诊断标准（总则）》可以诊断的其他放射性损伤

三、职业中毒

1. 铅及其化合物中毒（不包括四乙基铅）
2. 汞及其化合物中毒
3. 锰及其化合物中毒
4. 镉及其化合物中毒
5. 铍病
6. 铊及其化合物中毒
7. 钡及其化合物中毒
8. 钒及其化合物中毒
9. 磷及其化合物中毒
10. 砷及其化合物中毒
11. 铀中毒
12. 砷化氢中毒
13. 氯气中毒
14. 二氧化硫中毒
15. 光气中毒
16. 氨中毒
17. 偏二甲基肼中毒
18. 氮氧化合物中毒
19. 一氧化碳中毒
20. 二硫化碳中毒
21. 硫化氢中毒
22. 磷化氢、磷化锌、磷化铝中毒
23. 工业性氟病
24. 氰及腈类化合物中毒
25. 四乙基铅中毒
26. 有机锡中毒
27. 羰基镍中毒
28. 苯中毒
29. 甲苯中毒
30. 二甲苯中毒
31. 正已烷中毒
32. 汽油中毒
33. 一甲胺中毒
34. 有机氟聚合物单体及其热裂解物中毒
35. 二氯乙烷中毒
36. 四氯化碳中毒
37. 氯乙烯中毒

38. 三氯乙烯中毒

39. 氯丙烯中毒

40. 氯丁二烯中毒

41. 苯的氨基及硝基化合物（不包括三硝基甲苯）中毒

42. 三硝基甲苯中毒

43. 甲醇中毒

44. 酚中毒

45. 五氯酚（钠）中毒

46. 甲醛中毒

47. 硫酸二甲酯中毒

48. 丙烯酰胺中毒

49. 二甲基甲酰胺中毒

50. 有机磷农药中毒

51. 氨基甲酸酯类农药中毒

52. 杀虫脒中毒

53. 溴甲烷中毒

54. 拟除虫菊酯类农药中毒

55. 根据《职业性中毒性肝病诊断标准》可以诊断的职业性中毒性肝病

56. 根据《职业性急性化学物中毒诊断标准（总则）》可以诊断的其他职业性急性中毒

四、物理因素所致职业病

1. 中暑

2. 减压病

3. 高原病

4. 航空病

5. 手臂振动病

五、生物因素所致职业病

1. 炭疽

2. 森林脑炎

3. 布氏杆菌病

六、职业性皮肤病

1. 接触性皮炎

2. 光敏性皮炎

3. 电光性皮炎

4. 黑变病

5. 痤疮

6. 溃疡

7. 化学性皮肤灼伤

8. 根据《职业性皮肤病诊断标准（总则）》可以诊断的其他职业性皮肤病

七、职业性眼病

1. 化学性眼部灼伤

2. 电光性眼炎

3. 职业性白内障（含放射性白内障、三硝基甲苯白内障）

八、职业性耳鼻喉口腔疾病

1. 噪声聋

2. 铬鼻病

3. 牙酸蚀病

九、职业性肿瘤

1. 石棉所致肺癌、间皮瘤

2. 联苯安所致膀胱癌

3. 苯所致白血病

4. 氯甲醚所致肺癌

5. 砷所致肺癌、皮肤癌

6. 氯乙烯所致肝血管内瘤

7. 焦炉工人肺癌

8. 铬酸盐制造业工人肺癌

十、其他职业病

1. 金属烟热

2. 职业性哮喘

3. 职业性变态反应性肺泡炎

4. 棉尘病

5. 煤矿井下工人滑囊炎

职业卫生监督制度

[解读]

国家实行职业卫生监督制度。职业卫生监督制度是指国家法定的职业卫生监督管理部门对企业事业单位及其主管部门执行职业卫生法规的情况进行监督的制度。国务院安全生产监督管理部门、卫生行政部门、劳动保障行政部门依照本法和国务院确定的职责，负责全国职业病防治的监督管理工作。国务院有关部门在各自的职责范围内负责职业病防治的有关监督管理工作。

县级以上人民政府安全生产监督管理部门、卫生行政部门、劳动保障行政部门（统称职业卫生监督管理部门），应当加强沟通，密切配合，按照各自职责分工，负责全国或本行政区域内职业病防治的监督管理工作。

[依据指引]

《中华人民共和国职业病防治法》（2001年10月27日　国家主席令第60号　2011年12月31日修订）

第九条　国家实行职业卫生监督制度。

国务院安全生产监督管理部门、卫生行政部

门、劳动保障行政部门依照本法和国务院确定的职责，负责全国职业病防治的监督管理工作。国务院有关部门在各自的职责范围内负责职业病防治的有关监督管理工作。

县级以上地方人民政府安全生产监督管理部门、卫生行政部门、劳动保障行政部门依据各自职责，负责本行政区域内职业病防治的监督管理工作。县级以上地方人民政府有关部门在各自的职责范围内负责职业病防治的有关监督管理工作。

县级以上人民政府安全生产监督管理部门、卫生行政部门、劳动保障行政部门（以下统称职业卫生监督管理部门）应当加强沟通，密切配合，按照各自职责分工，依法行使职权，承担责任。

工作场所避免职业病危害

[解读]

产生职业病危害的用人单位的设立，除应当符合法律、行政法规规定的设立条件外，其工作场所还应当符合下列职业卫生要求：

（一）职业病危害因素的强度或者浓度符合国家职业卫生标准。

（二）有与职业病危害防护相适应的设施。

（三）生产布局合理，符合有害与无害作业分开的原则。

（四）有配套的更衣间、洗浴间、孕妇休息间等卫生设施。

（五）设备、工具、用具等设施符合保护劳动者生理、心理健康的要求。

（六）法律、行政法规和国务院卫生行政部门关于保护劳动者健康的其他要求。

[依据指引]

《中华人民共和国职业病防治法》（2001 年 10 月 27 日　国家主席令第 60 号　2011 年 12 月 31 日修订）

第十五条　产生职业病危害的用人单位的设立除应当符合法律、行政法规规定的设立条件外，其工作场所还应当符合下列职业卫生要求：

（一）职业病危害因素的强度或者浓度符合国家职业卫生标准；

（二）有与职业病危害防护相适应的设施；

（三）生产布局合理，符合有害与无害作业分开的原则；

（四）有配套的更衣间、洗浴间、孕妇休息间等卫生设施；

（五）设备、工具、用具等设施符合保护劳动者生理、心理健康的要求；

（六）法律、行政法规和国务院卫生行政部门关于保护劳动者健康的其他要求。

新、扩、改建项目避免职业病危害

[解读]

新建、扩建、改建建设项目和技术改造、技术引进项目（统称建设项目）可能产生职业病危害的，建设单位在可行性论证阶段应向安全生产监督管理部门提交职业病危害预评价报告。可能产生职业病危害的建设项目是指存在或产生《职业病危害因素分类目录》所列职业病危害因素的项目。我国对可能产生职业病危害的建设项目实行分类管理，具体分为职业病危害轻微、职业病危害一般和职业病危害严重三类。建设项目职业病危害分类管理办法由国务院安全生产监督管理部门制定。

[依据指引]

(1)《中华人民共和国劳动法》（1994 年 7 月 5 日　国家主席令第 28 号）

第五十三条　劳动安全卫生设施必须符合国家规定的标准。

新建、改建、扩建工程的劳动安全卫生设施必须与主体工程同时设计、同时施工、同时投入生产和使用。

(2)《中华人民共和国职业病防治法》（2001 年 10 月 27 日　国家主席令第 60 号　2011 年 12 月 31 日修订）

第十七条　新建、扩建、改建建设项目和技术改造、技术引进项目（以下统称建设项目）可能产生职业病危害的，建设单位在可行性论证阶段应当向安全生产监督管理部门提交职业病危害预评价报告。安全生产监督管理部门应当自收到职业病危害预评价报告之日起三十日内，作出审核决定并书面通知建设单位。未提交预评价报告或者预评价报告未经安全生产监督管理部门审核同意的，有关部门不得批准该建设项目。

职业病危害预评价报告应当对建设项目可能产生的职业病危害因素及其对工作场所和劳动者健康的影响作出评价，确定危害类别和职业病防护措施。

建设项目职业病危害分类管理办法由国务院安全生产监督管理部门制定。

第十八条 建设项目的职业病防护设施所需费用应当纳入建设项目工程预算，并与主体工程同时设计，同时施工，同时投入生产和使用。

职业病危害严重的建设项目的防护设施设计，应当经安全生产监督管理部门审查，符合国家职业卫生标准和卫生要求的，方可施工。

建设项目在竣工验收前，建设单位应当进行职业病危害控制效果评价。建设项目竣工验收时，其职业病防护设施经安全生产监督管理部门验收合格后，方可投入正式生产和使用。

职业病防治管理措施

[解读]

为贯彻预防为主、防治结合的方针，实行综合治理，减少或降低职业危害的发生，用人单位应当采取下列职业病防治管理措施：

（一）健全制度。

1. 设置或者指定职业卫生管理机构或者组织，配备专职或者兼职的职业卫生专业人员，负责本单位的职业病防治工作；

2. 制定职业病防治计划和实施方案；

3. 建立、健全职业卫生管理制度和操作规程；

4. 建立、健全职业卫生档案和劳动者健康监护档案；

5. 建立、健全工作场所职业病危害因素监测及评价制度；

6. 建立、健全职业病危害事故应急救援预案。

（二）用人单位采用有效的职业病防护设施，并为劳动者提供个人使用的职业病防护用品。用人单位为劳动者个人提供的职业病防护用品必须符合防治职业病的要求；不符合要求的，不得使用。

（三）用人单位应当优先采用有利于防治职业病和保护劳动者健康的新技术、新工艺、新材料，逐步替代职业病危害严重的技术、工艺、材料。

（四）产生职业病危害的用人单位，应当在醒目位置设置公告栏，公布有关职业病防治的规章制度、操作规程、职业病危害事故应急救援措施和工作场所职业病危害因素检测结果。

对产生严重职业病危害的作业岗位，应当在其醒目位置，设置警示标识和中文警示说明。警示说明应当载明产生职业病危害的种类、后果、预防以及应急救治措施等内容。

（五）对可能发生急性职业损伤的有毒、有害工作场所，用人单位应当设置报警装置，配置现场急救用品、冲洗设备、应急撤离通道和必要的泄险区。

对放射工作场所和放射性同位素的运输、贮存，用人单位必须配置防护设备和报警装置，保证接触放射线的工作人员佩戴个人剂量计。

对职业病防护设备、应急救援设施和个人使用的职业病防护用品，用人单位应当进行经常性的维护、检修，定期检测其性能和效果，确保其处于正常状态，不得擅自拆除或者停止使用。

另外，用人单位应当保障职业病防治所需的资金投入，不得挤占、挪用，并对因资金投入不足导致的后果承担责任。

[依据指引]

《中华人民共和国职业病防治法》（2001 年 10 月 27 日 国家主席令第 60 号 2011 年 12 月 31 日修订）

第二十一条 用人单位应当采取下列职业病防治管理措施：

（一）设置或者指定职业卫生管理机构或者组织，配备专职或者兼职的职业卫生专业人员，负责本单位的职业病防治工作；

（二）制定职业病防治计划和实施方案；

（三）建立、健全职业卫生管理制度和操作规程；

（四）建立、健全职业卫生档案和劳动者健康监护档案；

（五）建立、健全工作场所职业病危害因素监测及评价制度；

（六）建立、健全职业病危害事故应急救援预案。

第二十二条 用人单位应当保障职业病防治所需的资金投入，不得挤占、挪用，并对因资金投入不足导致的后果承担责任。

第二十三条 用人单位必须采用有效的职业病防护设施，并为劳动者提供个人使用的职业病防护用品。

用人单位为劳动者个人提供的职业病防护用品必须符合防治职业病的要求；不符合要求的，不得使用。

第二十四条 用人单位应当优先采用有利于防治职业病和保护劳动者健康的新技术、新工艺、新材料，逐步替代职业病危害严重的技术、工艺、材料。

第二十五条 产生职业病危害的用人单位，应当在醒目位置设置公告栏，公布有关职业病防治的规章制度、操作规程、职业病危害事故应急救援措施和工作场所职业病危害因素检测结果。

对产生严重职业病危害的作业岗位，应当在其醒目位置，设置警示标识和中文警示说明。警示说明应当载明产生职业病危害的种类、后果、预防以及应急救治措施等内容。

第二十六条 对可能发生急性职业损伤的有毒、有害工作场所，用人单位应当设置报警装置，配置现场急救用品、冲洗设备、应急撤离通道和必要的泄险区。

对放射工作场所和放射性同位素的运输、贮存，用人单位必须配置防护设备和报警装置，保证接触放射线的工作人员佩戴个人剂量计。

对职业病防护设备、应急救援设施和个人使用的职业病防护用品，用人单位应当进行经常性的维护、检修，定期检测其性能和效果，确保其处于正常状态，不得擅自拆除或者停止使用。

劳动者对职业危害的知情权

［解读］

劳动者对职业危害的知情权主要体现在以下两个方面：

（一）用人单位和劳动者在劳动关系中是法律地位平等、权利义务对等的两个主体。用人单位与劳动者订立劳动合同（含聘用合同）时，应当将工作过程中可能产生的职业病危害及其后果、职业病防护措施和待遇等如实告知劳动者，并在劳动合同中写明，不得隐瞒或者欺骗。

劳动者在已订立劳动合同期间因工作岗位或者工作内容变更，从事与所订立劳动合同中未告知的存在职业病危害的作业时，用人单位应当向劳动者履行如实告知的义务，并协商变更原劳动合同相关条款。

用人单位违反前两款规定，劳动者有权拒绝从事存在职业病危害的作业，用人单位不得因此解除或者终止与劳动者所订立的劳动合同。

（二）用人单位的负责人和职业卫生管理人员应当接受职业卫生培训，遵守职业病防治法律、法规，依法组织本单位的职业病防治工作。

用人单位应当对劳动者进行上岗前的职业卫生培训和在岗期间的定期职业卫生培训，普及职业卫生知识，督促劳动者遵守职业病防治法律、法规、规章和操作规程，指导劳动者正确使用职业病防护设备和个人使用的职业病防护用品。

劳动者应当学习和掌握相关的职业卫生知识，增强职业病防范意识，遵守职业病防治法律、法规、规章和操作规程，正确使用、维护职业病防护设备和个人使用的职业病防护用品，发现职业病危害事故隐患应当及时报告。

劳动者不履行规定义务的，用人单位应当对其进行教育。

［依据指引］

(1)《中华人民共和国职业病防治法》（2001年10月27日　国家主席令第60号　2011年12月31日修订）

第三十四条 用人单位与劳动者订立劳动合同（含聘用合同，下同）时，应当将工作过程中可能产生的职业病危害及其后果、职业病防护措施和待遇等如实告知劳动者，并在劳动合同中写明，不得隐瞒或者欺骗。

劳动者在已订立劳动合同期间因工作岗位或者工作内容变更，从事与所订立劳动合同中未告知的存在职业病危害的作业时，用人单位应当依照前款规定，向劳动者履行如实告知的义务，并协商变更原劳动合同相关条款。

用人单位违反前两款规定的，劳动者有权拒绝从事存在职业病危害的作业，用人单位不得因此解除或者终止与劳动者所订立的劳动合同。

第三十五条 用人单位的主要负责人和职业卫生管理人员应当接受职业卫生培训，遵守职业病防治法律、法规，依法组织本单位的职业病防治工作。

用人单位应当对劳动者进行上岗前的职业卫生培训和在岗期间的定期职业卫生培训，普及职业卫生知识，督促劳动者遵守职业病防治法律、法规、规章和操作规程，指导劳动者正确使用职业病防护设备和个人使用的职业病防护用品。

劳动者应当学习和掌握相关的职业卫生知识，增强职业病防范意识，遵守职业病防治法律、法规、规章和操作规程，正确使用、维护职业病防护设备和个人使用的职业病防护用品，发现职业病危害事故隐患应当及时报告。

劳动者不履行前款规定义务的，用人单位应当对其进行教育。

(2)《中华人民共和国劳动合同法》（2007 年 6 月 29 日 国家主席令第 65 号）

第八条 用人单位招用劳动者时，应当如实告知劳动者工作内容、工作条件、工作地点、职业危害、安全生产状况、劳动报酬，以及劳动者要求了解的其他情况；用人单位有权了解劳动者与劳动合同直接相关的基本情况，劳动者应当如实说明。

劳动者的职业卫生保护权

[解读]

用人单位应当为劳动者创造符合国家职业卫生标准和卫生要求的工作环境和条件，并采取措施保障劳动者获得职业卫生保护。劳动者依法享有下列职业卫生保护权利：

（一）获得职业卫生教育、培训。

（二）获得职业健康检查、职业病诊疗、康复等职业病防治服务。

（三）了解工作场所产生或者可能产生的职业病危害因素、危害后果和应当采取的职业病防护措施。

（四）要求用人单位提供符合防治职业病要求的职业病防护设施和个人使用的职业病防护用品，改善工作条件。

（五）对违反职业病防治法律、法规以及危及生命健康的行为提出批评、检举和控告。

（六）拒绝违章指挥和强令进行没有职业病防护措施的作业。

（七）参与用人单位职业卫生工作的民主管理，对职业病防治工作提出意见和建议。

用人单位应当保障劳动者行使前款所列权利。因劳动者依法行使正当权利而降低其工资、福利等待遇或者解除、终止与其订立的劳动合同的，其行为无效。

[依据指引]

(1)《中华人民共和国职业病防治法》（2001 年 10 月 27 日 国家主席令第 60 号 2011 年 12 月 31 日修订）

第四条 劳动者依法享有职业卫生保护的权利。

用人单位应当为劳动者创造符合国家职业卫生标准和卫生要求的工作环境和条件，并采取措施保障劳动者获得职业卫生保护。

第四十条 劳动者享有下列职业卫生保护权利：

（一）获得职业卫生教育、培训；

（二）获得职业健康检查、职业病诊疗、康复等职业病防治服务；

（三）了解工作场所产生或者可能产生的职业病危害因素、危害后果和应当采取的职业病防护措施；

（四）要求用人单位提供符合防治职业病要求的职业病防护设施和个人使用的职业病防护用品，改善工作条件；

（五）对违反职业病防治法律、法规以及危及生命健康的行为提出批评、检举和控告；

（六）拒绝违章指挥和强令进行没有职业病防护措施的作业；

（七）参与用人单位职业卫生工作的民主管理，对职业病防治工作提出意见和建议。

用人单位应当保障劳动者行使前款所列权利。因劳动者依法行使正当权利而降低其工资、福利等待遇或者解除、终止与其订立的劳动合同的，其行为无效。

(2)《中华人民共和国劳动合同法》（2007 年 6 月 29 日 国家主席令第 65 号）

第四十二条 劳动者有下列情形之一的，用人单位不得依照本法第四十条、第四十一条的规定解除劳动合同：

（一）从事接触职业病危害作业的劳动者未进行离岗前职业健康检查，或者疑似职业病病人在诊断或者医学观察期间的；

（二）在本单位患职业病或者因工负伤并被确认丧失或者部分丧失劳动能力的；

（三）患病或者非因工负伤，在规定的医疗期内的；

（四）女职工在孕期、产期、哺乳期的；

（五）在本单位连续工作满十五年，且距法定退休年龄不足五年的；

（六）法律、行政法规规定的其他情形。

从事职业危害作业者的保护措施

[解读]

对从事职业危害作业劳动者的保护措施主要有以下四个方面：

（一）对从事接触职业病危害的作业的劳动者，用人单位应当按照国务院卫生行政部门的规定组织上岗前、在岗期间和离岗时的职业健康检查，并将检查结果如实告知劳动者。职业健康检查费用由用人单位承担。

（二）用人单位不得安排未经上岗前职业健康检查的劳动者从事接触职业病危害的作业；不得安排有职业禁忌的劳动者从事其所禁忌的作业；对在职业健康检查中发现有与所从事的职业相关的健康损害的劳动者，应当调离原工作岗位，并妥善安置；对未进行离岗前职业健康检查或者疑似职业病病人在诊断或者医学观察期间的劳动者，不得解除或者终止与其订立的劳动合同。职业健康检查应当由省级以上人民政府卫生行政部门批准的医疗卫生机构承担。

（三）用人单位应当为劳动者建立职业健康监护档案，并按照规定的期限妥善保存。职业健康监护档案应当包括劳动者的职业史、职业病危害接触史、职业健康检查结果和职业病诊疗等有关个人健康资料。劳动者离开用人单位时，有权索取本人职业健康监护档案复印件，用人单位应当如实、无偿提供，并在所提供的复印件上签章。

（四）用人单位不得安排未成年工从事接触职业病危害的作业；不得安排孕期、哺乳期的女职工从事对本人和胎儿、婴儿有危害的作业。

[依据指引]

(1)《中华人民共和国职业病防治法》（2001年10月27日　国家主席令第60号　2011年12月31日修订）

第三十六条　对从事接触职业病危害的作业的劳动者，用人单位应当按照国务院卫生行政部门的规定组织上岗前、在岗期间和离岗时的职业健康检查，并将检查结果如实告知劳动者。职业健康检查费用由用人单位承担。

用人单位不得安排未经上岗前职业健康检查的劳动者从事接触职业病危害的作业；不得安排有职业禁忌的劳动者从事其所禁忌的作业；对在职业健康检查中发现有与所从事的职业相关的健康损害的劳动者，应当调离原工作岗位，并妥善安置；对未进行离岗前职业健康检查的劳动者不得解除或者终止与其订立的劳动合同。

职业健康检查应当由省级以上人民政府卫生行政部门批准的医疗卫生机构承担。

第三十七条　用人单位应当为劳动者建立职业健康监护档案，并按照规定的期限妥善保存。

职业健康监护档案应当包括劳动者的职业史、职业病危害接触史、职业健康检查结果和职业病诊疗等有关个人健康资料。

劳动者离开用人单位时，有权索取本人职业健康监护档案复印件，用人单位应当如实、无偿提供，并在所提供的复印件上签章。

第三十九条　用人单位不得安排未成年工从事接触职业病危害的作业；不得安排孕期、哺乳期的女职工从事对本人和胎儿、婴儿有危害的作业。

(2)《中华人民共和国劳动合同法》（2007年6月29日　国家主席令第65号）

第四十二条　劳动者有下列情形之一的，用人单位不得依照本法第四十条、第四十一条的规定解除劳动合同：

（一）从事接触职业病危害作业的劳动者未进行离岗前职业健康检查，或者疑似职业病病人在诊断或者医学观察期间的；

（二）在本单位患职业病或者因工负伤并被确认丧失或者部分丧失劳动能力的；

（三）患病或者非因工负伤，在规定的医疗期内的；

（四）女职工在孕期、产期、哺乳期的；

（五）在本单位连续工作满十五年，且距法定退休年龄不足五年的；

（六）法律、行政法规规定的其他情形。

职业危害的救治和控制

[解读]

用人单位应当建立、健全职业病防治责任制，加强对职业病防治的管理，提高职业病防治水平，对本单位产生的职业病危害承担责任。

发生或者可能发生急性职业病危害事故时，用人单位应当立即采取应急救援和控制措施，并及时报告所在地安全生产监督管理部门和有关部门。安全生产监督管理部门接到报告后，应当及时会同有关部门组织调查处理；必要时，可以采取临时控制措施。

对遭受或者可能遭受急性职业病危害的劳动者，用人单位应当及时组织救治、进行健康检查和医学观察，所需费用由用人单位承担。

[依据指引]

《中华人民共和国职业病防治法》（2001年10月27日　国家主席令第60号　2011年12月31

日修订）

第五条　用人单位应当建立、健全职业病防治责任制，加强对职业病防治的管理，提高职业病防治水平，对本单位产生的职业病危害承担责任。

第三十八条　发生或者可能发生急性职业病危害事故时，用人单位应当立即采取应急救援和控制措施，并及时报告所在地安全生产监督管理部门和有关部门。安全生产监督管理部门接到报告后，应当及时会同有关部门组织调查处理；必要时，可以采取临时控制措施。卫生行政部门应当组织做好医疗救治工作。

对遭受或者可能遭受急性职业病危害的劳动者，用人单位应当及时组织救治、进行健康检查和医学观察，所需费用由用人单位承担。

工会组织在防止职业危害中的作用

［解读］

维护职工合法权益是工会的基本职责。工会在维护全国人民总体利益的同时，代表和维护职工的合法权益。对用人单位不提供劳动安全卫生条件的，工会有权要求改正。

工会组织应当督促并协助用人单位开展职业卫生宣传教育和培训，有权对用人单位的职业病防治工作提出意见和建议，依法代表劳动者与用人单位签订劳动安全卫生专项集体合同，与用人单位就劳动者反映的有关职业病防治的问题进行协调并督促解决。用人单位制定或者修改有关职业病防治的规章制度，应当听取工会组织的意见。

工会组织对用人单位违反职业病防治法律、法规，侵犯劳动者合法权益的行为，有权要求纠正；产生严重职业病危害时，有权要求采取防护措施，或者向政府有关部门建议采取强制性措施；发生职业病危害事故时，有权参与事故调查处理；发现危及劳动者生命健康的情形时，有权向用人单位建议组织劳动者撤离危险现场，用人单位应当立即作出处理。

［依据指引］

(1)《中华人民共和国工会法》（1992年4月3日　国家主席令第57号　2001年10月27日修订）

第六条　维护职工合法权益是工会的基本职责。工会在维护全国人民总体利益的同时，代表和维护职工的合法权益。

工会通过平等协商和集体合同制度，协调劳动关系，维护企业职工劳动权益。

工会依照法律规定通过职工代表大会或者其他形式，组织职工参与本单位的民主决策、民主管理和民主监督。

工会必须密切联系职工，听取和反映职工的意见和要求，关心职工的生活，帮助职工解决困难，全心全意为职工服务。

第二十二条　企业、事业单位违反劳动法律、法规规定，有下列侵犯职工劳动权益情形，工会应当代表职工与企业、事业单位交涉，要求企业、事业单位采取措施予以改正；企业、事业单位应当予以研究处理，并向工会作出答复；企业、事业单位拒不改正的，工会可以请求当地人民政府依法作出处理：

（一）克扣职工工资的；

（二）不提供劳动安全卫生条件的；

（三）随意延长劳动时间的；

（四）侵犯女职工和未成年工特殊权益的；

（五）其他严重侵犯职工劳动权益的。

(2)《中华人民共和国职业病防治法》（2001年10月27日　国家主席令第60号　2011年12月31日修订）

第四条　劳动者依法享有职业卫生保护的权利。

用人单位应当为劳动者创造符合国家职业卫生标准和卫生要求的工作环境和条件，并采取措施保障劳动者获得职业卫生保护。

工会组织依法对职业病防治工作进行监督，维护劳动者的合法权益。用人单位制定或者修改有关职业病防治的规章制度，应当听取工会组织的意见。

第四十一条　工会组织应当督促并协助用人单位开展职业卫生宣传教育和培训，有权对用人单位的职业病防治工作提出意见和建议，依法代表劳动者与用人单位签订劳动安全卫生专项集体合同，与用人单位就劳动者反映的有关职业病防治的问题进行协调并督促解决。

工会组织对用人单位违反职业病防治法律、法规，侵犯劳动者合法权益的行为，有权要求纠正；产生严重职业病危害时，有权要求采取防护措施，或者向政府有关部门建议采取强制性措施；发生职业病危害事故时，有权参与事故调查处理；发现危及劳动者生命健康的情形时，有权向用人单位建议组织劳动者撤离危险现场，用人单位应当立即作出处理。

职业病诊断

[解读]

职业病诊断是关系职工切身利益的重要环节。因此，职业病诊断应当由省级以上人民政府卫生行政部门批准的医疗卫生机构承担。职业病诊断标准和职业病诊断、鉴定办法按国务院卫生行政部门规定执行。职业病伤残等级的鉴定办法按国务院人力资源和社会保障行政部门会同国务院卫生行政部门制定的标准和办法执行。职业病的诊断医师须经培训考核合格后，方可向省级卫生行政部门申请职业病诊断医师资格。尘肺病诊断医师的培训，由中国疾病预防控制中心职业卫生与中毒控制所统一负责组织。职业病的诊断应按卫生部颁发的《职业病诊断与鉴定管理办法》及其有关规定执行。具体诊断程序如下：

（一）劳动者可以选择用人单位所在地、本人户籍所在地或者经常居住地依法承担职业病诊断机构申请职业病诊断，在申请职业病诊断时应当如实提供既往诊断活动的资料。

（二）职业病诊断机构可以根据需要，聘请其他单位取得职业病诊断医师资格的职业病诊断医师参加诊断工作，且应组织 3 名以上取得职业病诊断资格的执业医师集体诊断。

（三）职业病诊断需要用人单位提供有关职业卫生和健康监护等资料时，用人单位应当如实提供，用人单位不提供或者不如实提供的，卫生行政部门可视其为未按照规定建立健全职业卫生档案和劳动者健康监护档案或者未按照规定安排职业病人、疑似职业病人进行诊治，依据《职业病防治法》第 71 条第 2 项、第 72 条第 4 项、第 73 条第 6 项规定情形处理。

（四）用人单位不提供或者不如实提供诊断所需资料的，职业病诊断机构应当根据当事人提供的自述材料、相关人员证明材料，卫生监督机构或取得资质的职业卫生技术服务机构提供的有关材料，按照《职业病防治法》第 47 条的规定作出诊断结论。

（五）职业病诊断，应当综合分析下列因素：病人的职业史；职业病危害接触史和工作场所职业病危害因素情况；临床表现及辅助检查结果。没有证据否定职业病危害因素与病人临床表现之间的必然联系的，应当诊断为职业病。

（六）医疗卫生机构发现疑似职业病病人时，应当告知劳动者本人并及时通知用人单位。用人单位应当及时安排对疑似职业病病人进行诊断；在疑似职业病病人诊断或者医学观察期间，不得解除或者终止与其订立的劳动合同。疑似职业病病人在诊断、医学观察期间的费用，由用人单位承担。

凡被确诊患有职业病的职工，诊断机构应发给《职业病诊断证明书》，其中应当明确是否患有职业病；患有职业病的，应当载明职业病的名称、程度、处理意见和复查时间。

（七）《职业病诊断证明书》应当由参与职业病诊断的医师共同签署，并经承担职业病诊断的医疗卫生机构审核盖章。依法批准的各职业病诊断机构出具的《职业病诊断证明书》，具有同等效力。

[依据指引]

(1)《中华人民共和国职业病防治法》（2001 年 10 月 27 日　国家主席令第 60 号　2011 年 12 月 31 日修订）

第四十四条　医疗卫生机构承担职业病诊断，应当经省、自治区、直辖市人民政府卫生行政部门批准。省、自治区、直辖市人民政府卫生行政部门应当向社会公布本行政区域内承担职业病诊断的医疗卫生机构的名单。

第四十五条　劳动者可以在用人单位所在地、本人户籍所在地或者经常居住地依法承担职业病诊断的医疗卫生机构进行职业病诊断。

第四十六条　职业病诊断标准和职业病诊断、鉴定办法由国务院卫生行政部门制定。职业病伤残等级的鉴定办法由国务院劳动保障行政部门会同国务院卫生行政部门制定。

第四十七条　职业病诊断，应当综合分析下列因素：

（一）病人的职业史；

（二）职业病危害接触史和工作场所职业病危害因素情况；

（三）临床表现以及辅助检查结果等。

没有证据否定职业病危害因素与病人临床表现之间的必然联系的，应当诊断为职业病。

承担职业病诊断的医疗卫生机构在进行职业病诊断时，应当组织三名以上取得职业病诊断资格的执业医师集体诊断。

职业病诊断证明书应当由参与诊断的医师共同签署，并经承担职业病诊断的医疗卫生机构审核盖章。

第五十六条 医疗卫生机构发现疑似职业病病人时，应当告知劳动者本人并及时通知用人单位。

用人单位应当及时安排对疑似职业病病人进行诊断；在疑似职业病病人诊断或者医学观察期间，不得解除或者终止与其订立的劳动合同。

疑似职业病病人在诊断、医学观察期间的费用，由用人单位承担。

(2)《中华人民共和国劳动合同法》（2007年6月29日　国家主席令第65号）

第四十二条 劳动者有下列情形之一的，用人单位不得依照本法第四十条、第四十一条的规定解除劳动合同：

（一）从事接触职业病危害作业的劳动者未进行离岗前职业健康检查，或者疑似职业病病人在诊断或者医学观察期间的；

……

(3) 卫生部、劳动人事部、财政部、全国总工会《职业病范围和职业病患者处理办法的规定》（1987年12月30日　［87］卫防字第82号）

第四条 职业病的诊断应按卫生部颁发的《职业病诊断管理办法》及其有关规定执行。凡被确诊患有职业病的职工，职业病诊断机构应发给《职业病诊断证明书》，享受国家规定的工伤保险待遇或职业病待遇。

(4) 卫生部《关于进一步加强职业病诊断鉴定管理工作的通知》（2003年12月23日　卫法监发［2003］350号）

二、关于职业病诊断鉴定有关问题的规定

（一）职业病诊断机构在职业病诊断过程中应当严格执行职业病诊断的相关规定，按照职业病目录和职业病诊断标准进行。凡违反规定做出的诊断结论，视为无效诊断，卫生行政部门应当按照《职业病防治法》第七十二条、第七十三条的规定进行处理。

（二）职业病诊断机构出具的《职业病诊断证明书》应当明确是否患有职业病；患有职业病的，应当载明职业病的名称、程度、处理意见和复查时间。

《职业病诊断证明书》应当由参与职业病诊断的医师共同签署，并经承担职业病诊断的医疗卫生机构审核盖章。

依法批准的各职业病诊断机构出具的《职业病诊断证明书》，具有同等效力。

（三）职业病诊断机构可以根据需要，聘请其他单位取得职业病诊断医师资格的职业病诊断医师参加诊断工作。

（四）职业病诊断与鉴定需要用人单位提供有关职业卫生和健康监护等资料时，用人单位应当如实提供，用人单位不提供或者不如实提供的，卫生行政部门可视其为未按照规定建立健全职业卫生档案和劳动者健康监护档案或者未按照规定安排职业病人、疑似职业病人进行诊治，依据《职业病防治法》第六十三条第（二）项、第六十四条第（四）项、第六十五条第（六）项规定情形处理。

（五）用人单位不提供或者不如实提供诊断所需资料的，职业病诊断与鉴定机构应当根据当事人提供的自述材料、相关人员证明材料，卫生监督机构或取得资质的职业卫生技术服务机构提供的有关材料，按照《职业病防治法》第四十二条的规定作出诊断或鉴定结论。

（六）《职业病防治法》实施前已经诊断为职业病的，应当按照职业病诊断与鉴定管理办法和职业病诊断标准的要求定期进行复查，不再进行鉴定。

《职业病防治法》实施前已经鉴定过的病例不再重新鉴定。

（七）劳动者可以选择用人单位所在地或本人居住地的职业病诊断机构申请职业病诊断，在申请职业病诊断时应当如实提供既往诊断活动的资料。

（八）当事人对职业病诊断结论有异议时，应当按照职业病诊断鉴定的有关规定申请鉴定。在没有新的证据资料时，不应重新申请诊断。

职业病诊断机构对其他诊断机构按规定已经做出职业病诊断的病例，在没有新的证据资料时，不得进行重复诊断。

尘肺病的复查，原则上应当在原诊断机构进行。

（九）职业病诊断医师应当进行专业培训，经培训考核合格后，方可向省级卫生行政部门申请职业病诊断医师资格。

职业病诊断鉴定医师实行分级培训制度。国家负责省级职业病诊断鉴定医师的培训，各省负责辖区内的职业病诊断鉴定医师的培训。

根据全国职业病诊断鉴定工作的实际情况，尘肺病诊断医师的培训，由中国疾病预防控制中心职业卫生与中毒控制所统一负责组织。

(5) 卫生部《职业病诊断与鉴定管理办法》(2002年3月28日 部令第24号)

第三条 职业病诊断应当由省级卫生行政部门批准的医疗卫生机构承担。

第五条 医疗卫生机构从事职业病诊断，应当向省级卫生行政部门提出申请，并提交以下资料：

(一) 职业病诊断机构申请表；

(二) 医疗机构执业许可证；

(三) 申请从事的职业病诊断项目；

(四) 与职业病诊断项目相适应的技术人员、仪器设备等资料；

(五) 职业病诊断质量管理制度有关资料；

(六) 省级卫生行政部门规定提交的其他资料。

第六条 省级卫生行政部门收到申请资料后，应当在90日内完成资料审查和现场考核，自现场考核结束之日起15日内，做出批准或者不批准的决定，并书面通知申请单位。批准的由省级卫生行政部门颁发职业病诊断机构批准证书。

职业病诊断机构批准证书有效期限为4年。

第八条 从事职业病诊断的医师应当具备以下条件，并取得省级卫生行政部门颁发的资格证书：

(一) 具有执业医师资格；

(二) 具有中级以上卫生专业技术职务任职资格；

(三) 熟悉职业病防治法律规范和职业病诊断标准；

(四) 从事职业病诊疗相关工作5年以上；

(五) 熟悉工作场所职业病危害防治及其管理；

(六) 经培训、考核合格。

第九条 职业病诊断机构依法独立行使诊断权，并对其做出的诊断结论承担责任。

第十条 劳动者可以选择用人单位所在地或本人居住地的职业病诊断机构进行诊断。

本办法所称居住地是指劳动者的经常居住地。

第十一条 申请职业病诊断时应当提供：

(一) 职业史、既往史；

(二) 职业健康监护档案复印件；

(三) 职业健康检查结果；

(四) 工作场所历年职业病危害因素检测、评价资料；

(五) 诊断机构要求提供的其他必需的有关材料。

用人单位和有关机构应当按照诊断机构的要求，如实提供必要的资料。

没有职业病危害接触史或者健康检查没有发现异常的，诊断机构可以不予受理。

第十二条 职业病诊断应当依据职业病诊断标准，结合职业病危害接触史、工作场所职业病危害因素检测与评价、临床表现和医学检查结果等资料，进行综合分析做出。

对不能确诊的疑似职业病病人，可以经必要的医学检查或者住院观察后，再做出诊断。

第十四条 职业病诊断机构在进行职业病诊断时，应当组织三名以上取得职业病诊断资格的执业医师进行集体诊断。

对职业病诊断有意见分歧的，应当按多数人的意见诊断；对不同意见应当如实记录。

第十五条 职业病诊断机构做出职业病诊断后，应当向当事人出具职业病诊断证明书。职业病诊断证明书应当明确是否患有职业病，对患有职业病的，还应当载明所患职业病的名称、程度(期别)、处理意见和复查时间。

职业病诊断证明书应当由参加诊断的医师共同签署，并经职业病诊断机构审核盖章。

职业病诊断证明书应当一式三份，劳动者、用人单位各执一份，诊断机构存档一份。

职业病诊断证明书的格式由卫生部统一规定。

第十六条 用人单位和医疗卫生机构发现职业病病人或者疑似职业病病人时，应当按规定报告。确诊为职业病的，用人单位还应当向所在地县级劳动保障行政部门报告。

第十八条 确诊为职业病的患者，用人单位应当按照职业病诊断证明书上注明的复查时间安排复查。

第二十五条 当事人申请职业病诊断鉴定时，应当提供以下材料：

(一) 职业病诊断鉴定申请书；

(二) 职业病诊断证明书；

(三) 本办法第十一条规定的材料；

(四) 其他有关资料。

第二十六条 职业病诊断鉴定办事机构应当自收到申请资料之日起10日内完成材料审核，对材料齐全的发给受理通知书；材料不全的，通知当事人补充。

职业病诊断鉴定办事机构应当在受理鉴定之

日起60日内组织鉴定。

承担职业病诊断的医疗卫生机构

[解读]

为了规范职业病诊断机构，保护劳动者的健康权益，国家法律规定，承担职业病诊断的医疗卫生机构应当经省、自治区、直辖市人民政府卫生行政部门批准。省、自治区、直辖市人民政府卫生行政部门应当向社会公布本行政区域内承担职业病诊断的医疗卫生机构的名单。承担职业病诊断的医疗卫生机构应当具备下列条件：

（一）持有《医疗机构执业许可证》。

（二）具有与开展职业病诊断相适应的医疗卫生技术人员。

（三）具有与开展职业病诊断相适应的仪器、设备。

（四）具有健全的职业病诊断质量管理制度。

职业病诊断机构的职责是：

（一）在批准的职业病诊断项目范围内开展职业病诊断。

（二）职业病报告。

（三）承担卫生行政部门交付的有关职业病诊断的其他工作。

承担职业病诊断的医疗卫生机构不得拒绝劳动者进行职业病诊断的要求。

[依据指引]

(1)《中华人民共和国职业病防治法》（2001年10月27日　国家主席令第60号　2011年12月31日修订）

第四十四条　医疗卫生机构承担职业病诊断，应当经省、自治区、直辖市人民政府卫生行政部门批准。省、自治区、直辖市人民政府卫生行政部门应当向社会公布本行政区域内承担职业病诊断的医疗卫生机构的名单。

承担职业病诊断的医疗卫生机构应当具备下列条件：

（一）持有《医疗机构执业许可证》；

（二）具有与开展职业病诊断相适应的医疗卫生技术人员；

（三）具有与开展职业病诊断相适应的仪器、设备；

（四）具有健全的职业病诊断质量管理制度。

承担职业病诊断的医疗卫生机构不得拒绝劳动者进行职业病诊断的要求。

(2) 卫生部《职业病诊断与鉴定管理办法》（2002年3月28日　部令第24号）

第三条　职业病诊断应当由省级卫生行政部门批准的医疗卫生机构承担。

第四条　从事职业病诊断的医疗卫生机构，应当具备以下条件：

（一）持有《医疗机构执业许可证》；

（二）具有与开展职业病诊断相适应的医疗卫生技术人员；

（三）具有与开展职业病诊断相适应的仪器、设备；

（四）具有健全的职业病诊断质量管理制度。

第七条　职业病诊断机构的职责是：

（一）在批准的职业病诊断项目范围内开展职业病诊断；

（二）职业病报告；

（三）承担卫生行政部门交付的有关职业病诊断的其他工作。

职业病诊断异议

[解读]

当事人对职业病诊断有异议的，可以向作出诊断的医疗卫生机构所在地地方人民政府卫生行政部门申请鉴定。

职业病诊断争议由设区的市级以上地方人民政府卫生行政部门根据当事人的申请，组织职业病诊断鉴定委员会进行鉴定。

当事人对设区的市级职业病诊断鉴定委员会的鉴定结论不服的，可以向省、自治区、直辖市人民政府卫生行政部门申请再鉴定。

职业病诊断、鉴定需要用人单位提供有关职业卫生和健康监护等资料时，用人单位应当如实提供所需的劳动者职业史和职业病危害接触史、工作场所职业病危害因素检测结果等资料；安全生产监督管理部门应当监督检查和督促用人单位提供上述资料；劳动者和有关机构也应当提供与职业病诊断、鉴定有关的资料。

职业病诊断、鉴定机构需要了解工作场所职业病危害因素情况时，可以对工作场所进行现场调查，也可以向安全生产监督管理部门提出，安全生产监督管理部门应当在十日内组织现场调查。用人单位不得拒绝、阻挠。

［依据指引］

(1)《中华人民共和国职业病防治法》（2001年10月27日　国家主席令第60号　2011年12月31日修订）

第四十八条　用人单位应当如实提供职业病诊断、鉴定所需的劳动者职业史和职业病危害接触史、工作场所职业病危害因素检测结果等资料；安全生产监督管理部门应当监督检查和督促用人单位提供上述资料；劳动者和有关机构也应当提供与职业病诊断、鉴定有关的资料。

职业病诊断、鉴定机构需要了解工作场所职业病危害因素情况时，可以对工作场所进行现场调查，也可以向安全生产监督管理部门提出，安全生产监督管理部门应当在十日内组织现场调查。用人单位不得拒绝、阻挠。

第五十三条　当事人对职业病诊断有异议的，可以向作出诊断的医疗卫生机构所在地地方人民政府卫生行政部门申请鉴定。

职业病诊断争议由设区的市级以上地方人民政府卫生行政部门根据当事人的申请，组织职业病诊断鉴定委员会进行鉴定。

当事人对设区的市级职业病诊断鉴定委员会的鉴定结论不服的，可以向省、自治区、直辖市人民政府卫生行政部门申请再鉴定。

(2) 卫生部、劳动人事部、财政部、全国总工会《职业病范围和职业病患者处理办法的规定》（1987年12月30日　［87］卫防字第82号）（略）

(3) 卫生部《职业病诊断与鉴定管理办法》（2002年3月28日　部令第24号）

第十九条　当事人对职业病诊断有异议的，在接到职业病诊断证明书之日起30日内，可以向做出诊断的医疗卫生机构所在地设区的市级卫生行政部门申请鉴定。

设区的市级卫生行政部门组织的职业病诊断鉴定委员会负责职业病诊断争议的首次鉴定。

当事人对设区的市级职业病诊断鉴定委员会的鉴定结论不服的，在接到职业病诊断鉴定书之日起15日内，可以向原鉴定机构所在地省级卫生行政部门申请再鉴定。

省级职业病诊断鉴定委员会的鉴定为最终鉴定。

第二十二条　卫生行政部门可以委托办事机构承担职业诊断鉴定的组织和日常性工作。职业病诊断鉴定办事机构的职责是：

（一）接受当事人申请；

（二）组织当事人或者接受当事人委托抽取职业病诊断鉴定委员会专家；

（三）管理鉴定档案；

（四）承办与鉴定有关的事务性工作；

（五）承担卫生行政部门委托的有关鉴定的其他工作。

第二十三条　参加职业病诊断鉴定的专家，由申请鉴定的当事人在职业病诊断鉴定办事机构的主持下，从专家库中以随机抽取的方式确定。

当事人也可以委托职业病诊断鉴定办事机构抽取专家。

职业病诊断鉴定委员会组成人数为5人以上单数，鉴定委员会设主任委员1名，由鉴定委员会推举产生。

在特殊情况下，职业病诊断鉴定专业机构根据鉴定工作的需要，可以组织在本地区以外的专家库中随机抽取相关专业的专家参加鉴定或者函件咨询。

第二十四条　职业病诊断鉴定委员会专家有下列情形之一的，应当回避：

（一）是职业病诊断鉴定当事人或者当事人近亲属的；

（二）与职业病诊断鉴定有利害关系的；

（三）与职业病诊断鉴定当事人有其他关系，可能影响公正鉴定的。

第二十五条　当事人申请职业病诊断鉴定时，应当提供以下材料：

（一）职业病诊断鉴定申请书；

（二）职业病诊断证明书；

（三）本办法第十一条规定的材料；

（四）其他有关资料。

第二十六条　职业病诊断鉴定办事机构应当自收到申请资料之日起10日内完成材料审核，对材料齐全的发给受理通知书；材料不全的，通知当事人补充。

职业病诊断鉴定办事机构应当在受理鉴定之日起60日内组织鉴定。

第二十七条　鉴定委员会应当认真审查当事人提供的材料，必要时可以听取当事人的陈述和申辩，对被鉴定人进行医学检查，对被鉴定人的工作场所进行现场调查取证。

鉴定委员会根据需要可以向原职业病诊断机构调阅有关的诊断资料。

鉴定委员会根据需要可以向用人单位索取与鉴定有关的资料。用人单位应当如实提供。

对被鉴定人进行医学检查，对被鉴定人的工作场所进行现场调查取证等工作由职业病诊断鉴定办事机构安排、组织。

第二十八条 职业病诊断鉴定委员会可以根据需要邀请其他专家参加职业病诊断鉴定。邀请的专家可以提出技术意见、提供有关资料，但不参与鉴定结论的表决。

第二十九条 职业病诊断鉴定委员会应当认真审阅有关资料，依照有关规定和职业病诊断标准，运用科学原理和专业知识，独立进行鉴定。在事实清楚的基础上，进行综合分析，做出鉴定结论，并制作鉴定书。鉴定结论以鉴定委员会成员的过半数通过。鉴定过程应当如实记载。

职业病诊断鉴定书应当包括以下内容：

（一）劳动者、用人单位的基本情况及鉴定事由；

（二）参加鉴定的专家情况；

（三）鉴定结论及其依据，如果为职业病，应当注明职业病名称，程度（期别）；

（四）鉴定时间。

参加鉴定的专家应当在鉴定书上签字，鉴定书加盖职业病诊断鉴定委员会印章。

职业病诊断鉴定书应当于鉴定结束之日起 20 日内由职业病诊断鉴定办事机构发送当事人。

第三十条 职业病诊断鉴定过程应当如实记录，其内容应当包括：

（一）鉴定专家的情况；

（二）鉴定所用资料的名称和数目；

（三）当事人的陈述和申辩；

（四）鉴定专家的意见；

（五）表决的情况；

（六）鉴定结论；

（七）对鉴定结论的不同意见；

（八）鉴定专家签名；

（九）鉴定时间。

鉴定结束后，鉴定记录应当随同职业病诊断鉴定书一并由职业病诊断鉴定办事机构存档。

第三十一条 职业病诊断、鉴定的费用由用人单位承担。

（4）最高人民法院《关于审理劳动争议案件适用法律若干问题的解释（二）》（2006 年 8 月 14 日 法释［2006］6 号）

第七条 下列纠纷不属于劳动争议：

（一）劳动者请求社会保险经办机构发放社会保险金的纠纷；

（二）劳动者与用人单位因住房制度改革产生的公有住房转让纠纷；

（三）劳动者对劳动能力鉴定委员会的伤残等级鉴定结论或者对职业病诊断鉴定委员会的职业病诊断鉴定结论的异议纠纷；

（四）家庭或者个人与家政服务人员之间的纠纷；

（五）个体工匠与帮工、学徒之间的纠纷；

（六）农村承包经营户与受雇人之间的纠纷。

职业病诊断鉴定委员会

［解读］

职业病诊断鉴定委员会是由相关专业的专家组成的，专门对职业病争议进行诊断鉴定的权威机构。它以当事人的申请为前提，实行省级和地（市）级二级诊断鉴定。

省、自治区、直辖市人民政府卫生行政部门应当设立相关的专家库，需要对职业病争议作出诊断鉴定时，由当事人或者当事人委托有关卫生行政部门从专家库中以随机抽取的方式确定参加诊断鉴定委员会的专家。

职业病诊断鉴定委员会应当按照国务院卫生行政部门颁布的职业病诊断标准和职业病诊断、鉴定办法进行职业病诊断鉴定，向当事人出具职业病诊断鉴定书。职业病诊断鉴定费用由用人单位承担。

职业病诊断鉴定委员会组成人员应当遵守职业道德，客观、公正地进行诊断鉴定，并承担相应的责任。职业病诊断鉴定委员会组成人员不得私下接触当事人，不得收受当事人的财物或者其他好处，与当事人有利害关系的，应当回避。

人民法院受理有关案件需要进行职业病鉴定时，应当从省、自治区、直辖市人民政府卫生行政部门依法设立的相关的专家库中选取参加鉴定的专家。

［依据指引］

（1）《中华人民共和国职业病防治法》（2001 年 10 月 27 日 国家主席令第 60 号 2011 年 12 月 31 日修订）

第五十四条 职业病诊断鉴定委员会由相关专业的专家组成。

省、自治区、直辖市人民政府卫生行政部门应当设立相关的专家库，需要对职业病争议作出诊断鉴定时，由当事人或者当事人委托有关卫生行政部门从专家库中以随机抽取的方式确定参加诊断鉴定委员会的专家。

职业病诊断鉴定委员会应当按照国务院卫生行政部门颁布的职业病诊断标准和职业病诊断、鉴定办法进行职业病诊断鉴定，向当事人出具职业病诊断鉴定书。职业病诊断、鉴定费用由用人单位承担。

第五十五条 职业病诊断鉴定委员会组成人员应当遵守职业道德，客观、公正地进行诊断鉴定，并承担相应的责任。职业病诊断鉴定委员会组成人员不得私下接触当事人，不得收受当事人的财物或者其他好处，与当事人有利害关系的，应当回避。

人民法院受理有关案件需要进行职业病鉴定时，应当从省、自治区、直辖市人民政府卫生行政部门依法设立的相关的专家库中选取参加鉴定的专家。

(2) 卫生部《职业病诊断与鉴定管理办法》（2002年3月28日 部令第24号）

第十九条 当事人对职业病诊断有异议的，在接到职业病诊断证明书之日起30日内，可以向做出诊断的医疗卫生机构所在地设区的市级卫生行政部门申请鉴定。

设区的市级卫生行政部门组织的职业病诊断鉴定委员会负责职业病诊断争议的首次鉴定。

当事人对设区的市级职业病诊断鉴定委员会的鉴定结论不服的，在接到职业病诊断鉴定书之日起15日内，可以向原鉴定机构所在地省级卫生行政部门申请再鉴定。

省级职业病诊断鉴定委员会的鉴定为最终鉴定。

第二十条 省级卫生行政部门应当设立职业病诊断鉴定专家库。专家库由具备下列条件专业技术人员组成：

（一）具有良好的业务素质和职业道德；

（二）具有相关专业的高级卫生技术职务任职资格；

（三）具有五年以上相关工作经验；

（四）熟悉职业病防治法律规范和职业病诊断标准；

（五）身体健康，能够胜任职业病诊断鉴定工作。

专家库专家任期四年，可以连聘连任。

第二十一条 职业病诊断鉴定委员会承担职业病诊断争议的鉴定工作。职业病诊断鉴定委员会由卫生行政部门组织。

第二十二条 卫生行政部门可以委托办事机构承担职业诊断鉴定的组织和日常性工作。职业病诊断鉴定办事机构的职责是：

（一）接受当事人申请；

（二）组织当事人或者接受当事人委托抽取职业病诊断鉴定委员会专家；

（三）管理鉴定档案；

（四）承办与鉴定有关的事务性工作；

（五）承担卫生行政部门委托的有关鉴定的其他工作。

第二十三条 参加职业病诊断鉴定的专家，由申请鉴定的当事人在职业病诊断鉴定办事机构的主持下，从专家库中以随机抽取的方式确定。

当事人也可以委托职业病诊断鉴定办事机构抽取专家。

职业病诊断鉴定委员会组成人数为5人以上单数，鉴定委员会设主任委员1名，由鉴定委员会推举产生。

在特殊情况下，职业病诊断鉴定专业机构根据鉴定工作的需要，可以组织在本地区以外的专家库中随机抽取相关专业的专家参加鉴定或者函件咨询。

第二十四条 职业病诊断鉴定委员会专家有下列情形之一的，应当回避：

（一）是职业病诊断鉴定当事人或者当事人近亲属的；

（二）与职业病诊断鉴定有利害关系的；

（三）与职业病诊断鉴定当事人有其他关系，可能影响公正鉴定的。

第二十七条 鉴定委员会应当认真审查当事人提供的材料，必要时可以听取当事人的陈述和申辩，对被鉴定人进行医学检查，对被鉴定人的工作场所进行现场调查取证。

鉴定委员会根据需要可以向原职业病诊断机构调阅有关的诊断资料。

鉴定委员会根据需要可以向用人单位索取与鉴定有关的资料。用人单位应当如实提供。

对被鉴定人进行医学检查，对被鉴定人的工作场所进行现场调查取证等工作由职业病诊断鉴定办事机构安排、组织。

第二十八条 职业病诊断鉴定委员会可以根据需要邀请其他专家参加职业病诊断鉴定。邀请的专家可以提出技术意见、提供有关资料，但不参与鉴定结论的表决。

第二十九条 职业病诊断鉴定委员会应当认真审阅有关资料，依照有关规定和职业病诊断标准，运用科学原理和专业知识，独立进行鉴定。在事实清楚的基础上，进行综合分析，做出鉴定结论，并制作鉴定书。鉴定结论以鉴定委员会成员的过半数通过。鉴定过程应当如实记载。

职业病诊断鉴定书应当包括以下内容：

（一）劳动者、用人单位的基本情况及鉴定事由；

（二）参加鉴定的专家情况；

（三）鉴定结论及其依据，如果为职业病，应当注明职业病名称，程度（期别）；

（四）鉴定时间。

参加鉴定的专家应当在鉴定书上签字，鉴定书加盖职业病诊断鉴定委员会印章。

职业病诊断鉴定书应当于鉴定结束之日起20日内由职业病诊断鉴定办事机构发送当事人。

工作时间

[解读]

工作时间是指劳动者根据法律和法规的规定，基于劳动关系，在用人单位从事生产或工作的时间。包括每日应工作的时数和每周应工作的天数（或时数），分别称为工作日或工作周。根据法律规定，劳动者每日工作时间不超过8小时，平均每周工作时间不超过40小时。

工作时间作为法律范畴，不仅包括劳动者实际完成一定工作的时间，也包括劳动者在生产或工作前从事必要的准备和收尾的时间；连续性有害健康工作的间歇时间以及女职工的哺乳时间，虽然劳动者没有进行工作，但也计为工作时间；劳动者在本单位范围以外，根据单位命令从事其他活动，如出差或外出开会等情况也属于工作时间的范畴。

根据我国法律规定，现在的工作时间制度包括标准工时制度、计件工时制度、综合计算工时制度、不定时工时制度和延长工时制度等。

[依据指引]

(1)《中华人民共和国劳动法》（1994年7月5日 国家主席令第28号）

第三十六条 国家实行劳动者每日工作时间不超过八小时、平均每周工作时间不超过四十四小时的工时制度。

第三十七条 对实行计件工作的劳动者，用人单位应当根据本法第三十六条规定的工时制度合理确定其劳动定额和计件报酬标准。

第三十九条 企业因生产特点不能实行本法第三十六条、第三十八条规定的，经劳动行政部门批准，可以实行其他工作和休息办法。

第四十一条 用人单位由于生产经营需要，经与工会和劳动者协商后可以延长工作时间，一般每日不得超过一小时；因特殊原因需要延长工作时间的，在保障劳动者身体健康的条件下延长工作时间每日不得超过三小时，但是每月不得超过三十六小时。

第四十二条 有下列情形之一的，延长工作时间不受本法第四十一条规定的限制：

（一）发生自然灾害、事故或者因其他原因，威胁劳动者生命健康和财产安全，需要紧急处理的；

（二）生产设备、交通运输线路、公共设施发生故障，影响生产和公众利益，必须及时抢修的；

（三）法律、行政法规规定的其他情形。

(2) 国务院《关于职工工作时间的规定》（1994年2月3日 国务院令第146号 1995年3月25日修订）

第一条 为了合理安排职工的工作和休息时间，维护职工的休息权利，调动职工的积极性，促进社会主义现代化建设事业的发展，根据宪法有关规定，制定本规定。

第二条 本规定适用于在中华人民共和国境内的国家机关、社会团体、企业事业单位以及其他组织的职工。

第三条 职工每日工作8小时、每周工作40小时。

第四条 在特殊条件下从事劳动和有特殊情况，需要适当缩短工作时间的，按照国家有关规定执行。

第五条 因工作性质或者生产特点的限制，不能实行每日工作8小时、每周工作40小时标准工时制度的，按照国家有关规定，可以实行其他工作和休息办法。

第六条 任何单位和个人不得擅自延长职工工作时间。因特殊情况和紧急任务确需延长工作时间的，按照国家有关规定执行。

第七条 国家机关、事业单位实行统一的工作时间，星期六和星期日为周休息日。

企业和不能实行前款规定的统一工作时间的事业单位，可以根据实际情况灵活安排周休息日。

第八条 本规定由劳动部、人事部负责解释；实施办法由劳动部、人事部制定。

第九条 本规定自1995年5月1日起施行。1995年5月1日施行有困难的企业、事业单位，可以适当延期；但是，事业单位最迟应当自1996年1月1日起施行，企业最迟应当自1997年5月1日起施行。

标准工作时间制度

[解读]

标准工作时间制度简称标准工时制，是指用人单位按照法律规定的标准日工作时间和周工作时间组织生产和工作的一种工作时间制度。劳动者每日工作时间不超过8小时；每周工作时间不超过40小时，一般为5天工作制。用人单位可根据生产经营的需要对日工作时间和周工作天数临时进行相应调整，但每周至少保证劳动者有一天的休息时间。根据法律规定，计件工时制实质是属于标准工时制的范畴。为保证实行计件工作的劳动者实行标准工时制度，又不减少收入，法律规定对实行计件工作的劳动者，用人单位应根据标准工时制度合理确定其劳动定额和计件报酬标准。

[依据指引]

(1)《中华人民共和国劳动法》（1994年7月5日 国家主席令第28号）

第三十六条 国家实行劳动者每日工作时间不超过八小时、平均每周工作时间不超过四十四小时的工时制度。

第三十七条 对实行计件工作的劳动者，用人单位应当根据本法第三十六条规定的工时制度合理确定其劳动定额和计件报酬标准。

(2) 国务院《关于职工工作时间的规定》（1994年2月3日 国务院令第146号 1995年3月25日修订）

第三条 职工每日工作8小时、每周工作40小时。

不定时工作时间制度

[解读]

不定时工作时间制度简称不定时工作制，是指因生产特点、工作特性的需要，无法按法定工时标准确定工时制，需要机动作业的行业或职工所实行的一种工作时间制度。目前可以实行不定时工作制的职工主要有以下三类人员：

（一）企业中的高级管理人员、外勤人员、推销人员、部分值班人员和其他因工作无法按标准工作时间衡量的职工。

（二）企业中的长途运输人员、出租汽车司机和铁路、港口、仓库的部分装卸人员以及因工作性质特殊，需机动作业的职工。

（三）其他因生产特点、工作特殊需要或职责范围的关系适合实行不定时工作制的职工。

经批准实行不定时工时制的用人单位或职工，由于无法确定职工延长的工作时间，所以不实行加班加点制度。对于实行不定时工作制的劳动者，用人单位应根据标准工时制度合理确定劳动者的劳动定额或其他考核标准，以便保证劳动者休息。其工资由企业按照本单位的工资制度和工资分配办法，根据劳动者的实际工作时间和完成劳动定额情况计发。对于符合带薪年休假条件的劳动者，企业可安排其享受带薪年休假。

[依据指引]

(1)《中华人民共和国劳动法》（1994年7月5日 国家主席令第28号）

第三十七条 对实行计件工作的劳动者，用人单位应当根据本法第三十六条规定的工时制度合理确定其劳动定额和计件报酬标准。

第三十九条 企业因生产特点不能实行本法第三十六条、第三十八条规定的，经劳动行政部门批准，可以实行其他工作和休息办法。

第四十五条 国家实行带薪年休假制度。

劳动者连续工作一年以上的，享受带薪年休假。具体办法由国务院规定。

(2) 劳动部《关于贯彻执行〈中华人民共和国劳动法〉若干问题的意见》（1995年8月4日 劳部发［1995］309号）

67. 经批准实行不定时工作制的职工，不受劳动法第四十一条规定的日延长工作时间标准和月延长工作时间标准的限制，但用人单位应采用弹性工作时间等适当的工作和休息方式，确保职工的休息休假权利和生产、工作任务的完成。

72. 实行新工时制度后，企业职工原有的年休假制度仍然实行。在国务院尚未作出新的规定之前，企业可以按照1991年6月5日《中共中央、国务院关于职工休假问题的通知》，安排职工休假。

(3) 劳动部《关于企业实行不定时工作制和综合计算工时工作制的审批办法》（1994年12月14日　劳部发［1994］503号）

第一条　根据《中华人民共和国劳动法》第三十九条的规定，制定本办法。

第二条　本办法适用于中华人民共和国境内的企业。

第三条　企业因生产特点不能实行《中华人民共和国劳动法》第三十六条、第三十八条规定的，可以实行不定时工作制或综合计算工时工作制等其他工作和休息办法。

第四条　企业对符合下列条件之一的职工，可以实行不定时工作制。

（一）企业中的高级管理人员、外勤人员、推销人员、部分值班人员和其他因工作无法按标准工作时间衡量的职工；

（二）企业中的长途运输人员、出租汽车司机和铁路、港口、仓库的部分装卸人员以及因工作性质特殊，需机动作业的职工；

（三）其他因生产特点、工作特殊需要或职责范围的关系，适合实行不定时工作制的职工。

第六条　对于实行不定时工作制和综合计算工时工作制等其他工作和休息办法的职工，企业应根据《中华人民共和国劳动法》第一章、第四章有关规定，在保障职工身体健康并充分听取职工意见的基础上，采用集中工作、集中休息、轮休调休、弹性工作时间等适当方式，确保职工的休息休假权利和生产、工作任务的完成。

第七条　中央直属企业实行不定时工作制和综合计算工时工作制等其他工作和休息办法的，经国务院行业主管部门审核，报国务院劳动行政部门批准。

地方企业实行不定时工作制和综合计算工时工作制等其他工作和休息办法的审批办法，由各省、自治区、直辖市人民政府劳动行政部门制定，报国务院劳动行政部门备案。

第八条　本办法自1995年1月1日起实行。

(4) 劳动部《〈国务院关于职工工作时间规定〉问题解答》（1995年4月22日　劳部发［1995］187号）

一、问：1995年2月17日《国务院关于职工工作时间的规定》（以下简称《规定》）发布后，企业职工每周工作时间不超过40小时，是否一定要每周休息两天？

答：有条件的企业应尽可能实行职工每日工作8小时、每周工作40小时这一标准工时制度。有些企业因工作性质和生产特点不能实行标准工时制度的，应将贯彻《规定》和贯彻《劳动法》结合起来，保证职工每周工作时间不超过40小时，每周至少休息1天；有些企业还可以实行不定时工作制、综合计算工时工作制等其他工作和休息办法。

三、问：《规定》第九条中“1995年5月1日施行有困难的企业”主要指的是哪些？

答：贯彻执行《规定》有一个很重要的原则，这就是既要维护职工的休息权利，也要保证生产和工作任务的完成，确保全国生产工作秩序的正常，以促进社会主义现代化建设事业的发展。《规定》所提到的有困难的企业主要是指：需要连续生产作业，而劳动组织、班制一时难以调整到位的关系国计民生的行业、企业；确有较多业务技术骨干需经较长时间培训合格上岗才能进一步缩短工时的企业；如立即实行新工时制，可能要严重影响企业完成生产任务、企业信誉和企业职工收入，确需一段准备过渡时间的企业。

这里特别需要指出的是，对于上述暂时存在困难的企业，各地区、各部门务必加强指导，精心指导，帮助他们制定切实可行的实施步骤；上述企业也应立足自身，挖掘潜力，积极创造条件，力争早日实行新工时制度，而不要非拖到1997年5月1日再实行。

五、问：哪些企业职工可实行不定时工作制？

答：不定时工作制是针对因生产特点、工作特殊需要或职责范围的关系，无法按标准工作时间衡量或需要机动作业的职工所采用的一种工时制度。例如：企业中从事高级管理、推销、货运、装卸、长途运输驾驶、押运、非生产性值班和特殊工作形式的个体工作岗位的职工，出租车驾驶员等，可实行不定时工作制。鉴于每个企业的情况不同，企业可依据上述原则结合企业的实际情况进行研究，并按有关规定报批。

综合计算工作时间制度

[解读]

综合计算工作时间制度简称综合计算工时制，是指因工作性质特殊，需连续作业或受季节及自然条件限制的企业或部分职工，实行的以周、月、季、年为周期综合计算工作时间的一种制度。综合计算的标准仍为每日不超过8小时，每周不超过40小时。可以实行综合计算工时制的职工有以下三类：

（一）交通、铁路、邮电、水运、航空、渔业等行业中因工作性质特殊，需连续作业的职工。

（二）地质及资源勘探、建筑、制盐、制糖、旅游等受季节和自然条件限制的行业的部分职工。

（三）其他适合实行综合计算工时工作制的职工。

由于实行综合计算工时工作制是从部分企业生产实际出发，允许实行相对集中工作、集中休息的工作制度，以保证生产的正常进行和劳动者的合法权益，所以在综合计算周期内，某一具体工作日或工作周的实际工作时间可以超过8小时或40小时，但综合计算周期内的总体工作时间不应超过总体法定标准工作时间，超过部分应视为延长工作时间并按《劳动法》及有关规定支付加班工资报酬，而且延长工作时间的小时数平均每月不得超过36小时。同时，用人单位还应做到以下两点：

（一）企业实行综合计算工时制以及在实行综合计算工时工作中采取何种工作方式，一定与工会和劳动者协商。

（二）对于第三级以上（含第三级）体力劳动强度的工作岗位，劳动者每日连续工作时间不得超过11小时，而且每周至少休息一天。

[依据指引]

(1)《中华人民共和国劳动法》（1994年7月5日　国家主席令第28号）

第三十九条　企业因生产特点不能实行本法第三十六条、第三十八条规定的，经劳动行政部门批准，可以实行其他工作和休息办法。

第四十一条　用人单位由于生产经营需要，经与工会和劳动者协商后可以延长工作时间，一般每日不得超过一小时；因特殊原因需要延长工作时间的，在保障劳动者身体健康的条件下延长工作时间每日不得超过三小时，但是每月不得超过三十六小时。

第四十四条　有下列情形之一的，用人单位应当按照下列标准支付高于劳动者正常工作时间工资的工资报酬：

（一）安排劳动者延长工作时间的，支付不低于工资的百分之一百五十的工资报酬；

（二）休息日安排劳动者工作又不能安排补休的，支付不低于工资的百分之二百的工资报酬；

（三）法定休假日安排劳动者工作的，支付不低于工资的百分之三百的工资报酬。

(2) 劳动部《关于企业实行不定时工作制和综合计算工时工作制的审批办法》（1994年12月14日　劳部发［1994］503号）

第三条　企业因生产特点不能实行《中华人民共和国劳动法》第三十六条、第三十八条规定的，可以实行不定时工作制或综合计算工时工作制等其他工作和休息办法。

第五条　企业对符合下列条件之一的职工，可实行综合计算工时工作制，即分别以周、月、季、年等为周期，综合计算工作时间，但其平均日工作时间和平均周工作时间应与法定标准工作时间基本相同。

（一）交通、铁路、邮电、水运、航空、渔业等行业中因工作性质特殊，需连续作业的职工；

（二）地质及资源勘探、建筑、制盐、制糖、旅游等受季节和自然条件限制的行业的部分职工；

（三）其他适合实行综合计算工时工作制的职工。

第六条　对于实行不定时工作制和综合计算工时工作制等其他工作和休息办法的职工，企业应根据《中华人民共和国劳动法》第一章、第四章有关规定，在保障职工身体健康并充分听取职工意见的基础上，采用集中工作、集中休息、轮休调休、弹性工作时间等适当方式，确保职工的休息休假权利和生产、工作任务的完成。

第七条　中央直属企业实行不定时工作制和综合计算工时工作制等其他工作和休息办法的，经国务院行业主管部门审核，报国务院劳动行政部门批准。

地方企业实行不定时工作制和综合计算工时工作制等其他工作和休息办法的审批办法，由各省、自治区、直辖市人民政府劳动行政部门制定，报国务院劳动行政部门备案。

(3) 劳动部《〈国务院关于职工工作时间规定〉问题解答》（1995年4月22日　劳部发［1995］187号）

一、问：1995年2月17日《国务院关于职工工作时间的规定》（以下简称《规定》）发布后，企业职工每周工作时间不超过40小时，是否一定要每周休息两天？

答：有条件的企业应尽可能实行职工每日工作8小时、每周工作40小时这一标准工时制度。有些企业因工作性质和生产特点不能实行标准工时制度的，应将贯彻《规定》和贯彻《劳动法》结合起来，保证职工每周工作时间不超过40小时，每周至少休息1天；有些企业还可以实行不定时工作制、综合计算工时工作制等其他工作和休息办法。

二、问：实行新工时制后，企业职工原有的年休假还实行吗？

答：《劳动法》第四十五条规定，“国家实行带薪年休假制度。劳动者连续工作一年以上的，享受带薪年休假。具体办法由国务院规定”。在国务院没有发布企业职工年休假规定以前，1991年6月15日中共中央、国务院共同发出的《关于职工休假问题的通知》应继续贯彻执行。

三、问：《规定》第九条中“1995年5月1日施行有困难的企业”主要指的是哪些？

答：贯彻执行《规定》有一个很重要的原则，这就是既要维护职工的休息权利，也要保证生产和工作任务的完成，确保全国生产工作秩序的正常，以促进社会主义现代化建设事业的发展。《规定》所提到的有困难的企业主要是指：需要连续生产作业，而劳动组织、班制一时难以调整到位的关系国计民生的行业、企业；确有较多业务技术骨干需经较长时间培训合格上岗才能进一步缩短工时的企业；如立即实行新工时制，可能要严重影响企业完成生产任务、企业信誉和企业职工收入，确需一段准备过渡时间的企业。

这里特别需要指出的是，对于上述暂时存在困难的企业，各地区、各部门务必加强指导，精心指导，帮助他们制定切实可行的实施步骤；上述企业也应立足自身，挖掘潜力，积极创造条件，力争早日实行新工时制度，而不要非拖到1997年5月1日再实行。

六、问：哪些企业职工可实行综合计算工时工作制？

答：综合计算工时工作制是针对因工作性质特殊，需连续作业或受季节及自然条件限制的企业的部分职工，采用的以周、月、季、年等为周期综合计算工作时间的一种工时制度，但其平均日工作时间和平均周工作时间应与法定标准工作时间基本相同。主要是指：交通、铁路、邮电、水运、航空、渔业等行业中因工作性质特殊，需要连续作业的职工；地质、石油及资源勘探、建筑、制盐、制糖、旅游等受季节和自然条件限制的行业的部分职工；亦工亦农或由于受能源、原材料供应等条件限制难以均衡生产的乡镇企业的职工等。另外，对于那些在市场竞争中，由于外界因素影响，生产任务不均衡的企业的部分职工也可以参照综合计算工时工作制的办法实施。

对于因工作性质或生产特点的限制，实行不定时工作制或综合计算工时工作制等其他工作和休息办法的职工，企业都应根据《中华人民共和国劳动法》和《规定》的有关条款，在保障职工身体健康并充分听取职工意见的基础上，采取集中工作、集中休息、轮休调休、弹性工作时间等适当的工作和休息方式，确保职工的休息休假权利和生产、工作任务的完成。同时，各企业主管部门也应积极创造条件，尽可能使企业的生产任务均衡合理，帮助企业解决贯彻《规定》中的实际问题。

(4) 劳动部《关于职工工作时间有关问题的复函》（1997年9月10日　劳部发［1997］271号）

广州市劳动局：

你局《关于职工工作时间有关问题的请示》（穗劳函字［1997］127号）收悉，经研究，函复如下：

一、企业和部分不能实行统一工作时间的事业单位，可否不实行“双休日”而安排每周工作六天、每天工作不超过6小时40分钟？

根据《劳动法》和《国务院关于职工工作时间的规定》（国务院令第174号）的规定，我国目前实行劳动者每日工作8小时，每周工作40小时这一标准工时制度。有条件的企业应实行标准工时制度。有些企业因工作性质和生产特点不能实行标准工时制度，应保证劳动者每天工作不超过8小时、每周工作不超40小时、每周至少休息一天。此外，根据企业的生产实际情况还可实行不定时工作制和综合计算工时工作制。实行不定时工作制和综合计算工时工作制的企业应按劳动部《关于企业实行不定时工作制和综合计算工时工作制的审批办法》（劳部发［1994］503号）的规定办理审批手续。

二、用人单位要求劳动者每周工作超过40小时但不超过44小时，且不作延长工作时间处理，劳动行政机关可否认定其违法并依据《劳动法》第九十、九十一条和劳部发［1994］489、532号文件的规定予以处罚？

《国务院关于职工工作时间的规定》（国务院令第174号）是依据《劳动法》第三十六条的规定，按照我国经济和社会发展的需要，在标准工时制度方面进一步作出的规定。如果用人单位要求劳动者每周工作超过40小时但不超过44小时，且不作延长工作时间处理，劳动行政机关有权要求其改正。

三、休息日或法定休假日加班，用人单位可否不支付加班费而给予补休？补休的标准如何确定？

依据《劳动法》第四十四条规定，休息日安排劳动者加班工作的，应首先安排补休，不能补休时，则应支付不低于工资的百分之二百的工资报酬。补休时间应等同于加班时间。法定休假日安排劳动者加班工作的，应另外支付不低于工资的百分之三百的工资报酬，一般不安排补休。

四、《劳动法》第四十一条、四十四条中的"延长工作时间"是否仅指加点，而不包括休息日或节日等法定休假日的加班（即是否加班不受《劳动法》的第四十一条限制）？

《劳动法》第四十一条有关延长工作限制包括正常工作日的加点、休息日和法定休假日的加班。即每月工作日的加点、休息日和法定休假日的加班的总时数不得超过36小时。在国家立法部门没有作出立法解释前，应按此精神执行。

五、经批准实行综合计算工时工作制的用人单位，在计算每周期内若日（或周）的平均工作时间没超过法定标准工作时间，但某一具体日（或周）的实际工作时间超过8小时（或40小时），"超过"部分是否视为加点（或加班）且受《劳动法》第四十一条的限制？

依据劳动部《关于企业实行不定时工作制和综合计算工时工作制的审批办法》第五条规定，综合计算工时工作采用的是以周、月、季、年等为周期综合计工作时间，但其平均日工作时间和平均周工作时间应与法定标准工作时间基本相同。也就是说，在综合计算周期内，某一具体日（或周）的实际工作时间可以超过8小时（或40小时），但综合计算周期内的总实际工作时间不应超过总法定标准工作时间，超过部分应视为延长工作时间并按《劳动法》第四十四条第三款的规定支付工资报酬。而且，延长工作时间的小时数平均每月不得超过36小时。

六、若甲企业经批准以季为周期综合计算工时（总工时应为40小时/周×12周/季=480小时/季）。若乙职工在该季的第一、二月份刚好完成了480小时的工作，第三个月整月休息。甲企业这样做是否合法且不存在着延长工作时间问题，该季各月的工资及加班费（若认定为延长工作时间的话）应如何计发？

某企业经劳动行政部门批准以季为周期综合计算工时（总工时应为508小时/季）。该企业因生产任务需要，经商工会和劳动者同意，安排劳动者在该季的第一、二月份刚好完成了508小时的工作，第三个月整月休息。该企业这样做应视为合法且没有延长工作时间。对于这种打破常规的工作时间安排，一定要取得工会和劳动者的同意，并且注意劳逸结合，切实保障劳动者身体健康。

……

七、劳部发［1994］489号文第十三条中"其综合工作时间超过法定标准工作时间部分"是指日（或周）平均工作时间超过，还是指某一具体日（或周）实际工作时间超过？

实行综合计算工时工作制的企业，在综合计算周期内，如果劳动者的实际工作时间总数超过周期的法定标准工作时间总数，超过部分应视为延长工作时间。如果在整个综合计算周期内的实际工作时间总数不超过该周期内的法定标准工作时间总数，只是该综合计算周期内的某一具体日（或周、月、季）超过法定标准工作时间，其超过部分不应视为延长工作时间。

八、实行不定时工作制的工资如何计发？其休息休假如何确定？

对于实行不定时工作制的劳动者，企业应当根据标准工时制度合理确定劳动者的劳动定额或其他考核标准，以便安排劳动者休息。其工资由企业按照本单位的工资制度和工资分配办法，根据劳动者实际工作时间和完成劳动定额情况计发。对于符合带薪年休假条件的劳动者，企业可安排其享受带薪年休假。

九、本市拟在审批综合计算工时过程中强制性的附加"保证劳动者每周至少休息一天"和"每日实际工作时间不超过11小时"两个条件，是否妥当？

实行综合计算工时工作制是从部分企业生产实际出发，允许实行相对集中工作、集中休息的工作制度，以保证生产的正常进行和劳动者的合法权益。因此，在审批综合计算工时工作制过程中不宜要求企业实行符合标准工时工作制的规定。但是，在审批综合计算工时工作制过程中应要求企业做到以下两点：

1. 企业实行综合计算工时工作制以及在实行

综合计算工时工作制中采取何种工作方式，一定要与此同工会和劳动者协商。

2. 对于第三级以上（含第三级）体力劳动强度的工作岗位，劳动者每日连续工作时间不得超过11小时，而且每周至少休息一天。

(5) 劳动部《关于贯彻执行〈中华人民共和国劳动法〉若干问题的意见》（1995年8月4日劳部发［1995］309号）

65. 经批准实行综合计算工作时间的用人单位，分别以周、月、季、年等为周期综合计算工作时间，但其平均日工作时间和平均周工作时间应与法定标准工作时间基本相同。

制度工时天数

［解读］

制度工时天数是指每月的标准工作日数。计算公式如下：

制度工时天数＝(全年日历天数－节假日天数－休息日天数)÷12个月

从这个公式可以得出：

年工作日：365天/年－11天/年－104天/年＝250天/年

季工作日：250天/年÷4季＝62.5天/季

月工作日（制度工时天数）＝250天/年÷12个月＝20.83天/月

如果以每周、月、季、年的工作日乘以每天的工作小时数，则可得出每周、月、季、年的工作小时数。

［依据指引］

劳动和社会保障部《关于职工全年月平均工作时间和工资折算问题的通知》（2008年1月3日劳社部发［2008］3号）

各省、自治区、直辖市劳动和社会保障厅（局）：

根据《全国年节及纪念日放假办法》（国务院令第513号）的规定，全体公民的节日假期由原来的10天增设为11天。据此，职工全年月平均制度工作天数和工资折算办法分别调整如下：

一、制度工作时间的计算

年工作日：365天－104天（休息日）－11天（法定节假日）＝250天

季工作日：250天÷4季＝62.5天/季

月工作日：250天÷12月＝20.83天/月

工作小时数的计算：以月、季、年的工作日乘以每日的8小时。

二、日工资、小时工资的折算

按照《劳动法》第五十一条的规定，法定节假日用人单位应当依法支付工资，即折算日工资、小时工资时不剔除国家规定的11天法定节假日。据此，日工资、小时工资的折算为：

日工资：月工资收入÷月计薪天数

小时工资：月工资收入÷(月计薪天数×8小时)

月计薪天数＝(365天－104天)÷12月＝21.75天

三、2000年3月17日劳动保障部发布的《关于职工全年月平均工作时间和工资折算问题的通知》（劳社部发［2000］8号）同时废止。

不定时和综合计算工时工作制的审批

［解读］

企业因生产经营特点不能实行标准工作时间制度的，可以实行不定时工作制或综合计算工时工作制等其他工作和休息办法。对于实行不定时工作制或综合计算工时工作制等其他工作和休息办法的职工，企业应根据劳动法律法规的规定，在保障职工身体健康并充分听取职工意见的基础上，允许实行相对集中工作、集中休息、轮休调休、弹性工作时间等适当方式，以保证生产的正常进行和劳动者的休息休假权利。因此，在审批不定时工作制和综合计算工时工作制的过程中不宜再要求企业实行符合标准工时工作制的规定。但是，在审批过程中应要求企业做到以下两点：

一是企业实行不定时和综合计算工时工作制以及在实行不定时和综合计算工时工作制中采取何种工作方式，一定要与工会和劳动者协商一致。

二是对于第三级以上（含第三级）体力劳动强度的工作岗位，劳动者每日连续工作时间不得超过11小时，而且每周至少休息一天。

中央直属企业实行不定时工作时间制度和综合计算工时工作时间制度等其他工作和休息办法的，须经国务院行业主管部门审核，报国务院人力资源和社会保障行政部门批准。

地方企业实行不定时工作时间制度和综合计算工时制度等其他工作和休息办法的，由各省、自治区、直辖市人民政府人力资源和社会保障行政部门审批或授权审批。

对于那些在市场竞争中，由于外界因素的影

响，生产任务不均衡的企业的部分职工，经人力资源和社会保障行政部门严格审批后，可以参照综合计算工时工作制的办法实施。但用人单位应采取适当方式确保职工的休息、休假和生产、工作任务的完成。

在审批实践中，一般来讲，对不定时工作制的审查比对综合计算工时工作制的审查更严格一些，因不定时工作制是不实行加班加点制度的。另外，按照《公司法》的规定，属于公司高级管理人员的，可以不经审批即执行不定时工作制。

[依据指引]

(1)《中华人民共和国劳动法》（1994 年 7 月 5 日　国家主席令第 28 号）

第三十八条　用人单位应当保证劳动者每周至少休息一日。

(2) 劳动部《关于贯彻执行〈中华人民共和国劳动法〉若干问题的意见》（1995 年 8 月 4 日　劳部发［1995］309 号）

65. 经批准实行综合计算工作时间的用人单位，分别以周、月、季、年等为周期综合计算工作时间，但其平均日工作时间和平均周工作时间应与法定标准工作时间基本相同。

66. 对于那些在市场竞争中，由于外界因素的影响，生产任务不均衡的企业的部分职工，经劳动行政部门严格审批后，可以参照综合计算工时工作制的办法实施，但用人单位应采取适当方式确保职工的休息休假权利和生产、工作任务的完成。

67. 经批准实行不定时工作制的职工，不受劳动法第四十一条规定的日延长工作时间标准和月延长工作时间标准的限制，但用人单位应采用弹性工作时间等适当的工作和休息方式，确保职工的休息休假权利和生产、工作任务的完成。

(3) 劳动部《关于企业实行不定时工作制和综合计算工时工作制的审批办法》（1994 年 12 月 14 日　劳部发［1994］503 号）

第一条　根据《中华人民共和国劳动法》第三十九条的规定，制定本办法。

第二条　本办法适用于中华人民共和国境内的企业。

第三条　企业因生产特点不能实行《中华人民共和国劳动法》第三十六条、第三十八条规定的，可以实行不定时工作制或综合计算工时工作制等其他工作和休息办法。

第四条　企业对符合下列条件之一的职工，可以实行不定时工作制。

（一）企业中的高级管理人员、外勤人员、推销人员、部分值班人员和其他因工作无法按标准工作时间衡量的职工；

（二）企业中的长途运输人员、出租汽车司机和铁路、港口、仓库的部分装卸人员以及因工作性质特殊，需机动作业的职工；

（三）其他因生产特点、工作特殊需要或职责范围的关系，适合实行不定时工作制的职工。

第五条　企业对符合下列条件之一的职工，可实行综合计算工时工作制，即分别以周、月、季、年等为周期，综合计算工作时间，但其平均日工作时间和平均周工作时间应与法定标准工作时间基本相同。

（一）交通、铁路、邮电、水运、航空、渔业等行业中因工作性质特殊，需连续作业的职工；

（二）地质及资源勘探、建筑、制盐、制糖、旅游等受季节和自然条件限制的行业的部分职工；

（三）其他适合实行综合计算工时工作制的职工。

第六条　对于实行不定时工作制和综合计算工时工作制等其他工作和休息办法的职工，企业应根据《中华人民共和国劳动法》第一章、第四章有关规定，在保障职工身体健康并充分听取职工意见的基础上，采用集中工作、集中休息、轮休调休、弹性工作时间等适当方式，确保职工的休息休假权利和生产、工作任务的完成。

第七条　中央直属企业实行不定时工作制和综合计算工时工作制等其他工作和休息办法的，经国务院行业主管部门审核，报国务院劳动行政部门批准。

地方企业实行不定时工作制和综合计算工时工作制等其他工作和休息办法的审批办法，由各省、自治区、直辖市人民政府劳动行政部门制定，报国务院劳动行政部门备案。

第八条　本办法自 1995 年 1 月 1 日起实行。

(4) 劳动部《关于职工工作时间有关问题的复函》（1997 年 9 月 10 日　劳部发［1997］271 号）（略）

延长工作时间制度

[解读]

延长工作时间制度又称加班加点制度，是指

用人单位依法履行一定的程序，命令和要求劳动者在法定工作时间以外从事工作的一种制度。安排劳动者在休息日、节假日工作的，称为加班；安排劳动者工作日延长工作时间的，称为加点。加点每日一般不超过1小时，特殊情况下不超过3小时。每月加班、加点时间不能超过36小时，即每月工作日的加点、休息日和法定休假日的加班的总时数不得超过36小时。

用人单位在实行加班加点制度时应遵循以下四个原则：

（一）用人单位要限制加班加点，保证劳动者休息、休假的权利。

（二）劳动者要在法定工作时间内完成劳动任务，因未完成定额和任务而延长工作时间的，不视为加班加点。

（三）企业确因生产经营需要加班加点的，应与工会和劳动者协商。协商一致，按协商意见办。协商不一致，用人单位有权在法定的延长工作时数内决定加班加点，但企业违反法律规定的加班加点决定，劳动者有权拒绝。

（四）遇有发生自然灾害等特殊情况，企业决定加班加点不受法律规定的限制。

实行标准工时制的用人单位，可依法正常实行加班加点制度。工作日安排劳动者加点的，应支付高于劳动者正常工作时间工资的150%的加班工资。休息日安排劳动者加班工作的，应首先安排补休，补休时间应与加班时间相等；实在不能安排补休的，则应支付高于劳动者正常工作时间工资的200%的加班工资。法定休假日安排劳动者加班工作的，不需安排补休，而应支付高于劳动者正常工作时间工资的300%的加班工资。经批准实行不定时工作制的职工，由于其工作时间不确定，所以无法实行加班加点制度。实行综合计算工时制的职工，按特别规定实行加班加点制度，即当轮休、倒休尚弥补不了延长工作时间的部分，应支付加班工资，其中无论是休息日还是工作日，计发加班工资的标准均按150%执行；工作日正好是法定节假日的，无论综合计算的时间是否超过标准工作时间，均按300%计发加班工资，但是按周期综合计算工作时间时，则应将法定节日工作的时间剔除。按照合情合理的原则，实行计件工资的劳动者，只有在完成定额任务且实际工作时间达到标准日工作时间之后，根据用人单位的命令和要求从事劳动的，才视为加点；在休息日或节假日，根据用人单位的命令和要求从事劳动的，即视为加班。加班加点工资的计算方法，是将加班加点期间完成的产品件数乘以单位产品的工资金额，再按《劳动法》规定乘以150%、200%、300%。劳动者在标准日工作时间内未完成定额任务而延长工作时间的，不视为加班加点；在标准日工作时间内超额完成定额任务而未延长工作时间的，也不是加班加点，而在标准日工作时间内超额完成的定额任务，由于不是加班加点时间干的，所以不能按加班加点工资支付，可支付超额奖金。

另外，劳动者的加班加点工资，应在其正常工作时间的工资以外计发，即劳动者的加班加点工资中，不包含正常工作日的工资；计发加班加点工资应以正常工作时间的工资为基数，由于法律对正常工作时间的工资没有明确的规定，所以各地都有相应的规定，一般都是规定按标准工资作基数，在一定条件下也规定按应发工资作基数，用人单位应按当地的规定执行。

[依据指引]

(1)《中华人民共和国劳动法》（1994年7月5日　国家主席令第28号）

第三十六条　国家实行劳动者每日工作时间不超过八小时、平均每周工作时间不超过四十四小时的工时制度。

第三十八条　用人单位应当保证劳动者每周至少休息一日。

第四十条　用人单位在下列节日期间应当依法安排劳动者休假：

（一）元旦；

（二）春节；

（三）国际劳动节；

（四）国庆节；

（五）法律、法规规定的其他休假节日。

第四十一条　用人单位由于生产经营需要，经与工会和劳动者协商后可以延长工作时间，一般每日不得超过一小时；因特殊原因需要延长工作时间的，在保障劳动者身体健康的条件下延长工作时间每日不得超过三小时，但是每月不得超过三十六小时。

第四十二条　有下列情形之一的，延长工作时间不受本法第四十一条规定的限制：

（一）发生自然灾害、事故或者因其他原因，威胁劳动者生命健康和财产安全，需要紧急处理的；

（二）生产设备、交通运输线路、公共设施发生故障，影响生产和公众利益，必须及时抢修的；

（三）法律、行政法规规定的其他情形。

第四十四条 有下列情形之一的，用人单位应当按照下列标准支付高于劳动者正常工作时间工资的工资报酬：

（一）安排劳动者延长工作时间的，支付不低于工资的百分之一百五十的工资报酬；

（二）休息日安排劳动者工作又不能安排补休的，支付不低于工资的百分之二百的工资报酬；

（三）法定休假日安排劳动者工作的，支付不低于工资的百分之三百的工资报酬。

第九十条 用人单位违反本法规定，延长劳动者工作时间的，由劳动行政部门给予警告，责令改正，并可以处以罚款。

第九十一条 用人单位有下列侵害劳动者合法权益情形之一的，由劳动行政部门责令支付劳动者的工资报酬、经济补偿，并可以责令支付赔偿金：

（一）克扣或者无故拖欠劳动者工资的；

（二）拒不支付劳动者延长工作时间工资报酬的；

（三）低于当地最低工资标准支付劳动者工资的；

（四）解除劳动合同后，未依照本法规定给予劳动者经济补偿的。

(2) 国务院《关于职工工作时间的规定》（1994年2月3日　国务院令第146号　1995年3月25日修订）

第三条 职工每日工作8小时、每周工作40小时。

第六条 任何单位和个人不得擅自延长职工工作时间。因特殊情况和紧急任务确需延长工作时间的，按照国家有关规定执行。

(3) 劳动部《违反〈中华人民共和国劳动法〉行政处罚办法》（1994年12月26日　劳部发［1994］532号）

第四条 用人单位未与工会和劳动者协商，强迫劳动者延长工作时间的，应给予警告，责令改正，并可按每名劳动者每延长工作时间一小时罚款一百元以下的标准处罚。

第五条 用人单位每日延长劳动者工作时间超过三小时或每月延长工作时间超过三十六小时的，应给予警告，责令改正，并可按每名劳动者每超过工作时间一小时罚款一百元以下的标准处罚。

(4) 劳动部《关于职工工作时间有关问题的复函》（1997年9月10日　劳部发［1997］271号）（略）

(5) 劳动部《关于贯彻执行〈劳动法〉若干问题的意见》（1995年8月4日　劳部发［1995］309号）（略）

(6) 劳动部《对〈工资支付暂行规定〉有关问题的补充规定》（1995年5月12日　劳部发［1995］226号）（略）

可以组织劳动者加班加点的情形

[解读]

用人单位在正常情况下不得加班加点，只有在具备下列条件之一时才能组织劳动者加班加点：

（一）确因生产经营需要的。

（二）发生自然灾害、事故或者因其他原因威胁劳动者生命健康和财产安全，需要紧急处理的。

（三）生产设备、交通运输线路、公共设施等发生故障，影响生产和公众利益，必须及时抢修的。

（四）在休息日和法定休假节日内工作不能间断，必须连续生产、运输或营业的。

（五）必须利用休息日或法定休假节日停产进行设备检修、保养的。

（六）为完成国防紧急任务的。

（七）为了完成国家下达的其他紧急任务及在旺季急需完成收购、运输、加工农副产品任务的。

（八）法律、法规规定的其他情形。

[依据指引]

(1)《中华人民共和国劳动法》（1994年7月5日　国家主席令第28号）

第四十一条 用人单位由于生产经营需要，经与工会和劳动者协商后可以延长工作时间，一般每日不得超过一小时；因特殊原因需要延长工作时间的，在保障劳动者身体健康的条件下延长工作时间每日不得超过三小时，但是每月不得超过三十六小时。

第四十二条 有下列情形之一的，延长工作时间不受本法第四十一条规定的限制：

（一）发生自然灾害、事故或者因其他原因，威胁劳动者生命健康和财产安全，需要紧急处理的；

（二）生产设备、交通运输线路、公共设施发生故障，影响生产和公众利益，必须及时抢修的；

（三）法律、行政法规规定的其他情形。

(2) 劳动部《〈国务院关于职工工作时间的规定〉的实施办法》（1995 年 3 月 25 日 劳部发［1995］143 号）

第六条 任何单位和个人不得擅自延长职工工作时间。企业由于生产经营需要而延长职工工作时间的，应按《中华人民共和国劳动法》第四十一条的规定执行。

第七条 有下列特殊情形和紧急任务之一的，延长工作时间不受本办法第六条规定的限制：

（一）发生自然灾害、事故或者因其他原因，使人民的安全健康和国家资财遭到严重威胁，需要紧急处理的；

（二）生产设备、交通运输线路、公共设施发生故障，影响生产和公众利益，必须及时抢修的；

（三）必须利用法定节日或公休假日的停产期间进行设备检修、保养的；

（四）为完成国防紧急任务，或者完成上级在国家计划外安排的其他紧急生产任务，以及商业、供销企业在旺季完成收购、运输、加工农副产品紧急任务的。

第八条 根据本办法第六条、第七条延长工作时间的，企业应当按照《中华人民共和国劳动法》第四十四条的规定，给职工支付工资报酬或安排补休。

第九条 企业根据所在地的供电、供水和交通等实际情况，经与工会和职工协商后，可以灵活安排周休息日。

(3) 劳动部办公厅《关于印发〈关于劳动法若干条文的说明〉的通知》（1994 年 9 月 5 日 劳办发［1994］289 号）

第四十二条 本条第（三）项中的“法律、行政法规”，既包括现行的，也包括以后颁布实行的，当前主要指国务院《关于职工工作时间的规定的实施办法》规定的四种其他情形：

（一）在法定节日和公休假日内工作不能间断，必须连续生产、运输或者营业的；

（二）必须利用法定节日或公休假日的停产期间进行设备检修、保养的；

（三）为完成国防紧急任务的；

（四）为完成国家下达的其他紧急生产任务的。

加班加点的管理

［解读］

国家对加班加点虽然作了一些规定，但是都比较原则，许多具体情形也不可能都规定到。因此，用人单位应当依据《劳动法》《劳动合同法》的相关规定，制定切合本单位实际的加班加点管理规定，同时应当依据合情合理的原则，把法律规定不明确或法律没有规定到的员工参加培训、开会、出差，陪客、值班的时间超过法定工作时间标准等具体情形，在规章制度中一一明确。例如有的用人单位结合本单位的实际情况，对加班的具体认定作了如下规定：

（一）员工由公司安排、批准而延长的工作时间，计为加班。

（二）由于工作需要，公司利用休息时间召集员工开会，会议时间不满一小时的不计为加班，满一小时以上的计为加班。

（三）经公司书面批准，员工在工作日期间参加公司内部培训或外部培训，视为正常出勤，但是培训时间超过标准工作时间的，不计为加班。

（四）员工在休息日期间参加公司组织或出资的内部或外部专业技术培训，培训期间不计为出勤，但公司应合理安排员工的休息，一般情况下应保证员工每周至少有一天的休息时间。如遇特殊情况，填写《加班申请单》，经履行审批手续后，计为加班。

（五）在正常工作时间内应完成而未完成工作任务，而需要延长的工作时间，不计为加班。

（六）在出差期间不实行加班制度，由公司按有关规定给予出差补助。

（七）应领导要求，本人自愿在业余时间参加接待客户就餐、娱乐等活动，不计为加班。

（八）员工在非正常工作时间参加公司组织的内部活动或外部联谊活动，不计为加班。

（九）因安全、消防、节假日等需要，安排员工从事与本职工作无关的值班任务，或者安排员工从事与其本职工作有关的值班任务，但值班期间可以休息的，不实行加班制度，由公司按有关规定给予一定的值班补贴。

另外，在加班加点管理制度中可规定加班审批程序，例如有的用人单位作了如下规定：

（一）公司根据工作、经营的需要，在法律规定的加班时间的范围内，经与员工协商，可要求员工加班。

（二）由于工作紧急或繁重、在正常工作时间内无法完成而需加班的员工，应在加班当日下午16:30之前到人力资源部填写《加班申请单》，由部门负责人签字确认后，报主管副总裁批准，并送人力资源部备案。如周六、日加班，则在周五下午16:30前，办理上述加班审批手续。由于某些原因不能事先办理加班审批手续的，应于加班结束后补办。

（三）所有《加班申请单》须于每月20日前随考勤一并报送人力资源部汇总，由人力资源部记载员工的存休时间；需计发加班工资的，由人力资源部送财务部。

（四）不履行如上加班审批流程而延长工作时间的，均不视为加班。

在加班加点管理制度中，还可以对加班时间的计算作出具体规定，如有的用人单位作了如下规定：

（一）工作日加班的时间自公司规定的下班之时开始计算；休息日和法定节日加班的时间自考勤到岗之时开始计算，结束时间均以考勤离岗时间为准。

（二）加班的时间单位为"小时"。延长工作半小时以内不计为加班；满半小时不满1小时的，计为加班1小时；超过1小时，则加班最小计算单位为0.5小时。每满8小时计为1天。

这里提到的用人单位对培训是否计为加班作了上述规定，是有一定道理的。因为根据《劳动法》的相关规定，用人单位为劳动者提供培训，属于其应尽的义务，同时属于劳动者应享受的权利，所以用人单位对劳动者进行培训，超过了法定工作时间，原则上不应计为加班；但在特殊情形下，例如两天休息日都安排劳动者培训的，应将其中一天计为加班。关于劳动者从事非生产性值班不执行加班制度，是根据1995年国家劳动部相关政策解释，非生产性值班属于实行不定时工作制的情形。至于出差期间不实行加班制度，是因为该单位劳动者出差期间的工作状况类似于不定时工作制，无法确定其哪些工作时间属于正常工作，哪些工作时间属于延长工作时间。

[依据指引]

(1)《中华人民共和国劳动法》（1994年7月5日　国家主席令第28号）

第三十八条　用人单位应当保证劳动者每周至少休息一日。

第六十八条　用人单位应当建立职业培训制度，按照国家规定提取和使用职业培训经费，根据本单位实际，有计划地对劳动者进行职业培训。

(2) 劳动部《〈国务院关于职工工作时间的规定〉问题解答》（1995年4月22日　劳部发［1995］187号）

五、问：哪些企业职工可实行不定时工作制？

答：不定时工作制是针对因生产特点、工作特殊需要或职责范围的关系，无法按标准工作时间衡量或需要机动作业的职工所采用的一种工时制度。例如：企业中从事高级管理、推销、货运、装卸、长途运输驾驶、押运、非生产性值班和特殊工作形式的个体工作岗位的职工，出租车驾驶员等，可实行不定时工作制。鉴于每个企业的情况不同，企业可依据上述原则结合企业的实际情况进行研究，并按有关规定报批。

缩短工作时间

[解读]

缩短工作时间是指用人单位可以在标准工作日和工作周的时间内减少劳动者的工作时间。劳动者每日工作时间不超过8小时，本身就包含了缩短工作时间的意思，8小时是最高限，在8小时之内企业可以根据自己的实际情况合理安排工作时间。即可以自行缩短工作时间。

缩短工作时间一般是对从事有害身体健康、劳动条件恶劣、特别繁重体力劳动的职工，以及女工和未成年工等弱势职工实行劳动保护所采取的一种措施。目前，我国主要是根据以下五种情况采取缩短工作时间的做法：

（一）从事矿山、井下、高山工作和从事严重有毒有害、特别繁重工作或过度紧张作业的职工，每个工作日要少于8小时。

（二）夜班工作时间，实行三班制的职工夜班可减少1小时并发给夜班津贴。

（三）怀孕女职工在劳动时间内进行产前检查所需时间计入劳动时间，对怀孕7个月以上的女职工，用人单位不得延长劳动时间或者安排夜班劳动，并应当在劳动时间内安排一定的休息时间。

（四）哺乳未满12个月婴儿的女职工，每日在工作时间给予哺乳时间1小时。

（五）对未成年工实行缩短工作时间，每日工作时间一般不超过7小时。

此外，用人单位根据生产经营及劳动者的需要，在保证完成生产和工作任务的前提下，也可自行决定缩短工作时间；有些用人单位因工作性质和生产特点不能实行日标准工时制度，应在保证劳动者每天工作不超过 8 小时、每周工作不超过 40 小时、每周至少休息一天的前提下，可以实行每周六天工作制，即平均每日工作时间不超过 6.67 小时的制度。

［依据指引］

(1)《中华人民共和国劳动法》（1994 年 7 月 5 日　国家主席令第 28 号）

第三十六条　国家实行劳动者每日工作时间不超过八小时、平均每周工作时间不超过四十四小时的工时制度。

(2) 国务院《关于职工工作时间的规定》（1994 年 2 月 3 日　国务院令第 146 号　1995 年 3 月 25 日修订）

第三条　职工每日工作 8 小时、每周工作 40 小时。

第四条　在特殊条件下从事劳动和有特殊情况，需要适当缩短工作时间的，按照国家有关规定执行。

第五条　因工作性质或者生产特点的限制，不能实行每日工作 8 小时、每周工作 40 小时标准工时制度的，按照国家有关规定，可以实行其他工作和休息办法。

第七条　国家机关、事业单位实行统一的工作时间，星期六和星期日为周休息日。

企业和不能实行前款规定的统一工作时间的事业单位，可以根据实际情况灵活安排周休息日。

(3) 国务院《女职工劳动保护特别规定》（2012 年 4 月 28 日　国务院令第 619 号）

第六条　女职工在孕期不能适应原劳动的，用人单位应当根据医疗机构的证明，予以减轻劳动量或者安排其他能够适应的劳动。

对怀孕 7 个月以上的女职工，用人单位不得延长劳动时间或者安排夜班劳动，并应当在劳动时间内安排一定的休息时间。

怀孕女职工在劳动时间内进行产前检查，所需时间计入劳动时间。

第九条　对哺乳未满 1 周岁婴儿的女职工，用人单位不得延长劳动时间或者安排夜班劳动。

用人单位应当在每天的劳动时间内为哺乳期女职工安排 1 小时哺乳时间；女职工生育多胞胎的，每多哺乳 1 个婴儿每天增加 1 小时哺乳时间。

(4) 劳动部《〈国务院关于职工工作时间的规定〉的实施办法》（1995 年 3 月 25 日　劳部发［1995］143 号）

第三条　职工每日工作 8 小时、每周工作 40 小时。实行这一工时制度，应保证完成生产和工作任务，不减少职工的收入。

第四条　在特殊条件下从事劳动和有特殊情况，需要在每周工作 40 小时的基础上再适当缩短工作时间的，应在保证完成生产和工作任务的前提下，根据《中华人民共和国劳动法》第三十六条的规定，由企业根据实际情况决定。

第五条　因工作性质或生产特点的限制，不能实行每日工作 8 小时、每周工作 40 小时标准工时制度的，可以实行不定时工作制或综合计算工时工作制等其他工作和休息办法，并按照劳动部《关于企业实行不定时工作制和综合计算工时工作制的审批办法》执行。

第九条　企业根据所在地的供电、供水和交通等实际情况，经与工会和职工协商后，可以灵活安排周休息日。

(5) 劳动部《关于职工工作时间有关问题的复函》（1997 年 9 月 10 日　劳部发［1997］271 号）

一、企业和部分不能实行统一工作时间的事业单位，可否不实行“双休日”而安排每周工作六天，每天工作不得超过 6 小时 40 分钟？

根据《劳动法》和《国务院关于职工工作时间的规定》（国务院令第 174 号）的规定，我国目前实行劳动者每日工作 8 小时，每周工作 40 小时这一标准工时制度。有条件的企业应实行标准工作制度。有些企业因工作性质和生产特点不能实行标准工时制度，应保证劳动者每天工作不超过 8 小时、每周工作不超过 40 小时、每周至少休息一天。此外，根据一些企业的生产实际情况还可以实行不定时工作制和综合计算工时工作制。实行不定时工作制和综合计算工时工作制的企业应按劳动部《关于企业实行不定时工作制和综合计算工时工作制的审批办法》（劳部发［1994］503 号）的规定办理审批手续。

(6) 劳动部《关于技工学校学生的学习、劳动、休息时间的暂行规定》（1961 年 5 月 15 日［61］中劳配字第 175 号）

三、技工学校学生进行生产实习时，劳动的时间：第一学期每天不得超过七小时，以后各学期每天不得超过八小时；未满十六周岁的学生，第一学年每天不得超过六小时，第二学年每天不得超过七小时，第三学年每天不得超过八小时。

如果是夜班劳动，劳动的时间按照上述规定各减少一小时；未满十六周岁的学生不参加夜班劳动。

银行系统工时制度

[解读]

人力资源和社会保障部针对银行系统部分岗位的特点，同意部分岗位实行不定时工作制和综合计算工时工作制，并作了原则规定：

（一）对以下无法按标准工作时间衡量的部分岗位的工作人员实行不定时工作制：

1. 管理行的高级管理人员、经营机构的主要负责人员（正副职）、计算机和自动柜员机维护人员、机房综合主控人员、守库等非生产性值班人员；

2. 保卫人员、押运人员、司机、水电安装及维护人员、食堂炊事人员及其他后勤服务部门的工作人员；

3. 中国农业银行市场开发人员、中国建设银行的对公存款、信贷、计划及储蓄专业的外勤人员。

（二）营业网点的临柜人员、信用卡授权人员，实行以月为周期综合计算工时工作制。

对于实行不定时工作制和综合计算工时工作制等工作和休息办法的职工，企业应根据《劳动法》第一章、第四章有关规定，在保障职工身体健康并充分听取职工意见的基础上，采取适当的工作、休息方式，确保职工的休息休假权利和工作任务的完成。

[依据指引]

劳动和社会保障部《关于中国农业银行和中国建设银行部分工作岗位实行不定时工作制和综合计算工时工作制的复函》（2000 年 4 月 23 日 劳社部函［2000］70 号）

中国农业银行、中国建设银行：

你们《关于中国农业银行部分工作岗位实行不定时工作制和综合计算工时工作制的请示》（农银函［1999］797 号）和《关于建设银行部分岗位员工实行不定时工作制和综合计算工时工作制的补充报告》（建人字［2000］第 55 号）收悉。经研究，现函复如下：

一、根据《中华人民共和国劳动法》第三十九条的规定和《关于企业实行不定时工作制和综合计算工时工作制的审批办法》（劳部发［1994］503 号），原则同意你们对部分职工实行不定时工作制和综合计算工时工作制的意见，具体实施范围是：

（一）对以下无法按标准工作时间衡量的部分岗位的工作人员实行不定时工作制：

1. 管理行的高级管理人员、经营机构的主要负责人员（正副职），计算机和自动柜员机维护人员，机房综合主控人员，守库等非生产性值班人员；

2. 保卫人员、押运人员、司机、水电安装及维护人员、食堂炊事人员及其他后勤服务部门的工作人员；

3. 中国农业银行的市场开发人员，中国建设银行的对公存款、信贷、计划及储蓄专业的外勤人员。

（二）营业网点的临柜人员、信用卡授权人员，实行以月为周期综合计算工时工作制。

二、对于实行不定时工作制和综合计算工时工作制等工作和休息办法的职工、企业应根据《中华人民共和国劳动法》第一章、第四章有关规定，在保障职工身体健康并充分听取职工意见的基础上，采取适当的工作、休息方式，确保职工的休息休假权利和工作任务的完成。

三、请你们根据以上原则制定具体实施办法，同时抄送我部、中华全国总工会以及各省、自治区、直辖市劳动（劳动和社会保障）厅（局），计划单列市劳动局备案。

休息时间

[解读]

休息时间是指劳动者在法定工作时间以外，由个人支配的时间。休息时间包括工作间隙休息、日休息和周休息。工作间隙休息，是指职工在工作时间内的工间休息和工作时间之间的用餐时间。日休息，是指劳动者在每昼夜（24 小时）内，除工作时间外，由自己支配的时间。也就是说，除了最多 8 小时工作时间以外，其余时间均为劳动者日休息时间。周休息，又称公休日或休息日，是指职工在一周（7 天）内，享有连续休息一天（24 小时）以上的休息时间。

[依据指引]

(1)《中华人民共和国宪法》(1988年4月12日第七届全国人民代表大会第一次会议通过 2004年3月14日修订)

第四十三条 中华人民共和国劳动者有休息的权利。

国家发展劳动者休息和休养的设施,规定职工的工作时间和休假制度。

(2)《中华人民共和国劳动法》(1994年7月5日 国家主席令第28号)

第三十六条 国家实行劳动者每日工作时间不超过八小时、平均每周工作时间不超过四十四小时的工时制度。

第三十八条 用人单位应当保证劳动者每周至少休息一日。

(3) 国务院《关于职工工作时间的规定》(1994年2月3日 国务院令第146号 1995年3月25日修订)

第三条 职工每日工作8小时、每周工作40小时。

休假时间

[解读]

休假时间是指劳动者依法享有的节假日和其他假日的休假时间,统称为法定休假日。主要包括法定节假日、年休假、婚假、丧假、探亲假等(详细内容请见第五章福利的相关词条)。

法定节假日包括新年、春节、清明节、劳动节、端午节、中秋节、国庆节共11天假期。这7个为全体公民的节日。适逢休息日,顺延补假。另外,还有部分公民的节日包括:妇女节、青年节、儿童节、建军节。适逢休息日,不补假。除上述两类节日以外的其他节日、纪念日均不放假,如二七纪念日、五卅纪念日、教师节、护士节、植树节等。少数民族习惯的节日,由少数民族聚居地区的人民政府规定放假日期。

年休假是指劳动者自参加工作之日起连续工作1年以上,按其累计工作年限长短来确定的应享有的带薪天数的休假。

婚假是指职工可持结婚证申请1~3天的带薪休假。晚婚(男25周岁、女23周岁结婚)的奖励假各地规定不一,应一次性使用。

丧假是指职工的直系亲属(父母、子女、配偶)去世,给予1~3天的带薪休假;有的地方规定,职工的岳父母去世,也可给予1~3天的带薪丧假。

探亲假是指职工工作满1年以上,与配偶不住在一起,又不能在休息日团聚的,每年可享受探望配偶的带薪假期;与父母不住在一起,又不能在休息日团聚的,可享受探望父母的带薪假期。探亲假期不含路程时间,且与教职工的寒、暑假等不能重复享受。目前,这种探亲假的规定只适用于国家机关、人民团体和国有企、事业单位的职工。其他用人单位可根据本单位的实际情况确定是否实行探亲假制度。

公假是指有的地方规定,职工子女家长会及持有拆迁搬出证明的搬家时间按公假对待,属于带薪假。

[依据指引]

(1)《中华人民共和国劳动法》(1994年7月5日 国家主席令第28号)

第四十条 用人单位在下列节日期间应当依法安排劳动者休假:

(一)元旦;

(二)春节;

(三)国际劳动节;

(四)国庆节;

(五)法律、法规规定的其他休假节日。

第四十五条 国家实行带薪年休假制度。

劳动者连续工作一年以上的,享受带薪年休假。具体办法由国务院规定。

第五十一条 劳动者在法定休假日和婚丧假期间以及依法参加社会活动期间,用人单位应当依法支付工资。

(2) 国务院《关于职工探亲待遇的规定》(1981年3月14日 国发[1981]36号)

第二条 凡在国家机关、人民团体和全民所有制企业、事业单位工作满一年的固定职工,与配偶不住在一起,又不能在公休假日团聚的,可以享受本规定探望配偶的待遇;与父亲、母亲都不住在一起,又不能在公休假日团聚的,可以享受本规定探望父母的待遇。但是,职工与父亲或与母亲一方能够在公休假日团聚的,不能享受本规定探望父母的待遇。

第三条 职工探亲假期:

(一)职工探望配偶的,每年给予一方探亲假一次,假期为三十天。

(二)未婚职工探望父母,原则上每年给假一次，假期为二十天。如果因为工作需要，本单位当年不能给予假期，或者职工自愿两年探亲一次的，可以两年给假一次，假期为四十五天。

（三）已婚职工探望父母的，每四年给假一次，假期为二十天。

探亲假期是指职工与配偶、父、母团聚的时间，另外，根据实际需要给予路程假。上述假期均包括公休假日和法定节日在内。

第四条 凡实行休假制度的职工（例如学校的教职工），应该在休假期间探亲；如果休假期较短，可由本单位适当安排，补足其探亲假的天数。

第五条 职工在规定的探亲假期和路程假期内，按照本人的标准工资发给工资。

第六条 职工探望配偶和未婚职工探望父母的往返路费，由所在单位负担。已婚职工探望父母的往返路费，在本人月标准工资百分之三十以内的，由本人自理，超过部分由所在单位负担。

(3) 国务院《全国年节及纪念日放假办法》（2007年12月14日　国务院令第513号）

第二条 全体公民放假的节日：

（一）新年，放假1天（1月1日）；

（二）春节，放假3天（农历除夕、正月初一、初二）；

（三）清明节，放假1天（农历清明当日）；

（四）劳动节，放假1天（5月1日）；

（五）端午节，放假1天（农历端午当日）；

（六）中秋节，放假1天（农历中秋当日）；

（七）国庆节，放假3天（10月1日、2日、3日）。

第三条 部分公民放假的节日及纪念日：

（一）妇女节（3月8日），妇女放假半天；

（二）青年节（5月4日），14周岁以上的青年放假半天；

（三）儿童节（6月1日），不满14周岁的少年儿童放假1天；

（四）中国人民解放军建军纪念日（8月1日），现役军人放假半天。

第四条 少数民族习惯的节日，由各少数民族聚居地区的地方人民政府，按照各该民族习惯，规定放假日期。

第五条 二七纪念日、五卅纪念日、七七抗战纪念日、九三抗战胜利纪念日、九一八纪念日、教师节、护士节、记者节、植树节等其他节日、纪念日，均不放假。

第六条 全体公民放假的假日，如果适逢星期六、星期日，应当在工作日补假。部分公民放假的假日，如果适逢星期六、星期日，则不补假。

(4) 国务院《职工带薪年休假条例》（2007年12月7日　国务院令第514号）

第二条 机关、团体、企业、事业单位、民办非企业单位、有雇工的个体工商户等单位的职工连续工作1年以上的，享受带薪年休假（以下简称年休假）。单位应当保证职工享受年休假。职工在年休假期间享受与正常工作期间相同的工资收入。

第三条 职工累计工作已满1年不满10年的，年休假5天；已满10年不满20年的，年休假10天；已满20年的，年休假15天。

国家法定休假日、休息日不计入年休假的假期。

第四条 职工有下列情形之一的，不享受当年的年休假：

（一）职工依法享受寒暑假，其休假天数多于年休假天数的；

（二）职工请事假累计20天以上且单位按照规定不扣工资的；

（三）累计工作满1年不满10年的职工，请病假累计2个月以上的；

（四）累计工作满10年不满20年的职工，请病假累计3个月以上的；

（五）累计工作满20年以上的职工，请病假累计4个月以上的。

(5) 劳动部办公厅《关于〈中华人民共和国劳动法〉若干条文的说明》（1994年9月5日　劳办发［1994］289号）

第五十一条 劳动者在法定休假日和婚丧假期间以及依法参加社会活动期间，用人单位应当依法支付工资。

法定休假日，是指法律、法规规定的劳动者休假的时间，包括法定节日（即元旦、春节、国际劳动节、国庆节及其他节假日）以及法定带薪年休假。

婚丧假，是指劳动者本人结婚以及其直系亲属死亡时依法享受的假期。

依法参加社会活动是指：行使选举权；当选代表，出席政府、党派、工会、青年团、妇女联合会等组织召开的会议；担任人民法庭的人民陪审员、证明人、辩护人；出席劳动模范、先进工作者大会；《工会法》规定的不脱产工会基层委员会委员因工会活动占用的生产时间等。

(6) 国家劳动总局《关于国营企业职工请婚丧假和路程假问题的通知》（1980 年 2 月 20 日［80］劳总薪字 29 号、［80］财企字 41 号）

原劳动部一九五九年六月一日发出的（59）中劳薪字第 67 号通知中曾规定，企业单位的职工请婚丧假在三个工作日以内的，工资照发。这个办法试行以来，有些单位和职工反映，职工结婚时对方不在一地工作，职工的直系亲属死亡时需要职工本人到外地料理丧事的，由于没有路程假，给职工带来了一些实际困难。经研究，现对职工请婚丧假和路程假的问题，作如下通知：

一、职工本人结婚或职工的直系亲属（父母、配偶和子女）死亡时，可以根据具体情况，由本单位行政领导批准，酌情给予一至三天的婚丧假。

二、职工结婚时双方不在一地工作的；职工在外地的直系亲属死亡时需要职工本人去外地料理丧事的，都可以根据路程远近，另给予路程假。

三、在批准的婚丧假和路程假期间，职工的工资照发。途中的车船费等，全部由职工自理。

四、以上规定从本通知下达之日起执行。

第七章　女职工、未成年工特殊保护

女职工劳动保护

[解读]

《劳动法》以及相关行政法规和部门规章对女职工的特殊保护都作了比较明确的规定，其内容主要有：

（一）凡男女职工从事同样的工作时，享有领取同等劳动报酬的权利。

（二）对女职工不得以结婚、怀孕、生育、哺乳为理由拒绝录用，或解除劳动合同或降低其工资待遇。

（三）禁止安排女职工从事矿山井下、国家规定的第四级体力劳动强度的作业和每小时负重6次以上、每次负重超过20公斤的作业，或者间断负重、每次负重超过25公斤的作业。

（四）不得安排女职工在经期从事第二级以上的低温、冷水作业；第三级以上的体力劳动强度、高处的作业。

（五）不得安排女职工在怀孕期间从事国家规定的第三级以上的体力劳动强度的劳动和孕期禁忌从事的劳动。对怀孕7个月以上的女职工，不得安排其延长工作时间和夜班劳动，并在劳动时间内安排一定的休息时间。

（六）女职工生育享受不少于98天的产假，怀孕未满4个月流产的，享受15天产假；怀孕满4个月流产的，享受42天产假。

（七）不得安排女职工在哺乳未满1周岁的婴儿期间从事国家规定的第三级、第四级体力劳动强度的劳动和哺乳期禁忌从事的其他劳动，不得安排其延长工作时间和夜班劳动。

（八）女职工在孕期、产期、哺乳期内，用人单位不得解除劳动合同；合同期满也不得终止合同，须延续至哺乳期满方可终止合同。

（九）女职工依法享受生育保险。

（十）女职工较多的用人单位应根据需要，设立女职工卫生室、孕妇休息室、哺乳室等。

（十一）在劳动场所，用人单位应当防止和制止对女职工的性骚扰。

[依据指引]

(1)《中华人民共和国劳动法》（1994年7月5日　国家主席令第28号）

第五十八条　国家对女职工和未成年工实行特殊劳动保护。

未成年工是指年满十六周岁未满十八周岁的劳动者。

第五十九条　禁止安排女职工从事矿山井下、国家规定的第四级体力劳动强度的劳动和其他禁忌从事的劳动。

第六十条　不得安排女职工在经期从事高处、低温、冷水作业和国家规定的第三级体力劳动强度的劳动。

第六十一条　不得安排女职工在怀孕期间从事国家规定的第三级体力劳动强度的劳动和孕期禁忌从事的活动。对怀孕七个月以上的女职工，不得安排其延长工作时间和夜班劳动。

第六十二条　女职工生育享受不少于九十天的产假。

第六十三条　不得安排女职工在哺乳未满一周岁的婴儿期间从事国家规定的第三级体力劳动强度的劳动和哺乳期禁忌从事的其他劳动，不得安排其延长工作时间和夜班劳动。

第七十三条　劳动者在下列情形下，依法享受社会保险待遇：

（一）退休；

（二）患病、负伤；

（三）因工伤残或者患职业病；

（四）失业；

（五）生育。

劳动者死亡后，其遗属依法享受遗属津贴。

劳动者享受社会保险待遇的条件和标准由法律、法规规定。

劳动者享受的社会保险金必须按时足额支付。

(2)《中华人民共和国妇女权益保障法》（2005年8月28日　国家主席令第40号）

第二十二条　国家保障妇女享有与男子平等的劳动权利和社会保障权利。

第二十三条　各单位在录用职工时，除不适合妇女的工种或者岗位外，不得以性别为由拒绝录用妇女或者提高对妇女的录用标准。

各单位在录用女职工时，应当依法与其签订劳动（聘用）合同或者服务协议，劳动（聘用）合同或者服务协议中不得规定限制女职工结婚、生育的内容。

禁止录用未满十六周岁的女性未成年人，国家另有规定的除外。

第二十四条　实行男女同工同酬。妇女在享受福利待遇方面享有与男子平等的权利。

第二十五条　在晋职、晋级、评定专业技术职务等方面，应当坚持男女平等的原则，不得歧视妇女。

第二十六条　任何单位均应根据妇女的特点，依法保护妇女在工作和劳动时的安全和健康，不得安排不适合妇女从事的工作和劳动。

妇女在经期、孕期、产期、哺乳期受特殊保护。

第二十七条　任何单位不得因结婚、怀孕、产假、哺乳等情形，降低女职工的工资，辞退女职工，单方解除劳动（聘用）合同或者服务协议。但是，女职工要求终止劳动（聘用）合同或者服务协议的除外。

各单位在执行国家退休制度时，不得以性别为由歧视妇女。

第二十八条　国家发展社会保险、社会救助、社会福利和医疗卫生事业，保障妇女享有社会保险、社会救助、社会福利和卫生保健等权益。

国家提倡和鼓励为帮助妇女开展的社会公益活动。

第二十九条　国家推行生育保险制度，建立健全与生育相关的其他保障制度。

地方各级人民政府和有关部门应当按照有关规定为贫困妇女提供必要的生育救助。

(3)《中华人民共和国劳动合同法》（2007年6月29日　国务院令第65号）

第四十二条　劳动者有下列情形之一的，用人单位不得依照本法第四十条、第四十一条的规定解除劳动合同：

（一）从事接触职业病危害作业的劳动者未进行离岗前职业健康检查，或者疑似职业病病人在诊断或者医学观察期间的；

（二）在本单位患职业病或者因工负伤并被确认丧失或者部分丧失劳动能力的；

（三）患病或者非因工负伤，在规定的医疗期内的；

（四）女职工在孕期、产期、哺乳期的；

（五）在本单位连续工作满十五年，且距法定退休年龄不足五年的；

（六）法律、行政法规规定的其他情形。

(4) 国务院《女职工劳动保护特别规定》（2012年4月28日　国务院令第619号）

第四条　用人单位应当遵守女职工禁忌从事的劳动范围的规定。用人单位应当将本单位属于女职工禁忌从事的劳动范围的岗位书面告知女职工。

女职工禁忌从事的劳动范围由本规定附录列示。国务院安全生产监督管理部门会同国务院人力资源社会保障行政部门、国务院卫生行政部门根据经济社会发展情况，对女职工禁忌从事的劳动范围进行调整。

第五条　用人单位不得因女职工怀孕、生育、哺乳降低其工资、予以辞退、与其解除劳动或者聘用合同。

第六条　女职工在孕期不能适应原劳动的，用人单位应当根据医疗机构的证明，予以减轻劳动量或者安排其他能够适应的劳动。

对怀孕7个月以上的女职工，用人单位不得延长劳动时间或者安排夜班劳动，并应当在劳动时间内安排一定的休息时间。

怀孕女职工在劳动时间内进行产前检查，所需时间计入劳动时间。

第七条　女职工生育享受98天产假，其中产前可以休假15天；难产的，增加产假15天；生育多胞胎的，每多生育1个婴儿，增加产假15天。

女职工怀孕未满4个月流产的，享受15天产假；怀孕满4个月流产的，享受42天产假。

第八条　女职工产假期间的生育津贴，对已经参加生育保险的，按照用人单位上年度职工月平均工资的标准由生育保险基金支付；对未参加生育保险的，按照女职工产假前工资的标准由用人单位支付。

女职工生育或者流产的医疗费用，按照生育保险规定的项目和标准，对已经参加生育保险的，由生育保险基金支付；对未参加生育保险的，由用人单位支付。

第九条　对哺乳未满1周岁婴儿的女职工，

用人单位不得延长劳动时间或者安排夜班劳动。

用人单位应当在每天的劳动时间内为哺乳期女职工安排1小时哺乳时间；女职工生育多胞胎的，每多哺乳1个婴儿每天增加1小时哺乳时间。

第十条 女职工比较多的用人单位应当根据女职工的需要，建立女职工卫生室、孕妇休息室、哺乳室等设施，妥善解决女职工在生理卫生、哺乳方面的困难。

第十一条 在劳动场所，用人单位应当预防和制止对女职工的性骚扰。

附录：女职工禁忌从事的劳动范围

一、女职工禁忌从事的劳动范围：

（一）矿山井下作业；

（二）体力劳动强度分级标准中规定的第四级体力劳动强度的作业；

（三）每小时负重6次以上、每次负重超过20公斤的作业，或者间断负重、每次负重超过25公斤的作业。

二、女职工在经期禁忌从事的劳动范围：

（一）冷水作业分级标准中规定的第二级、第三级、第四级冷水作业；

（二）低温作业分级标准中规定的第二级、第三级、第四级低温作业；

（三）体力劳动强度分级标准中规定的第三级、第四级体力劳动强度的作业；

（四）高处作业分级标准中规定的第三级、第四级高处作业。

三、女职工在孕期禁忌从事的劳动范围：

（一）作业场所空气中铅及其化合物、汞及其化合物、苯、镉、铍、砷、氰化物、氮氧化物、一氧化碳、二硫化碳、氯、己内酰胺、氯丁二烯、氯乙烯、环氧乙烷、苯胺、甲醛等有毒物质浓度超过国家职业卫生标准的作业；

（二）从事抗癌药物、己烯雌酚生产，接触麻醉剂气体等的作业；

（三）非密封源放射性物质的操作，核事故与放射事故的应急处置；

（四）高处作业分级标准中规定的高处作业；

（五）冷水作业分级标准中规定的冷水作业；

（六）低温作业分级标准中规定的低温作业；

（七）高温作业分级标准中规定的第三级、第四级的作业；

（八）噪声作业分级标准中规定的第三级、第四级的作业；

（九）体力劳动强度分级标准中规定的第三级、第四级体力劳动强度的作业；

（十）在密闭空间、高压室作业或者潜水作业，伴有强烈振动的作业，或者需要频繁弯腰、攀高、下蹲的作业。

四、女职工在哺乳期禁忌从事的劳动范围：

（一）孕期禁忌从事的劳动范围的第一项、第三项、第九项；

（二）作业场所空气中锰、氟、溴、甲醇、有机磷化合物、有机氯化合物等有毒物质浓度超过国家职业卫生标准的作业。

女职工保护设施

[解读]

按国家规定，实行轮班制且每班女职工在100人以上的单位，应建立女职工卫生室，健全相应的制度并设专人管理，对卫生室管理人员应进行必要的专业培训。女职工每班在40～100人的单位，可设置简易温水箱及冲洗器。对流动分散工作的女工，可发放单人自用外阴冲洗器。

女职工较多的单位要设置妇幼保护设备，例如妇女卫生室、孕妇休息室、哺乳室、淋浴室等。

[依据指引]

(1) 国务院《女职工劳动保护特别规定》（2012年4月28日　国务院令第619号）

第十条 女职工比较多的用人单位应当根据女职工的需要，建立女职工卫生室、孕妇休息室、哺乳室等设施，妥善解决女职工在生理卫生、哺乳方面的困难。

(2) 卫生部、劳动部、人事部、全国总工会、全国妇联《女职工保健工作规定》（1993年1月10日　卫妇发［1993］11号）

第七条 月经期保健

1. 宣传普及月经期卫生知识。

2. 女职工在100人以上的单位，应逐步建立女职工卫生室，健全相应的制度并设专人管理，对卫生室管理人员应进行专业培训。女职工每班在100人以下的单位，应设置简易的温水箱及冲洗器。对流动、分散工作单位的女职工应发放单人自用冲洗器。

……

4. 患有重度痛经及月经过多的女职工，经医疗或妇幼保健机构确诊后，月经期间可适当给予1～2天的休假。

第十条 孕期保健

1. 自确立妊娠之日起，应建立孕产妇保健卡(册)，进行血压、体重、血、尿常规等基础检查。对接触铅、汞的孕妇，应进行尿中铅、汞含量的测定。

2. 定期进行产前检查、孕期保健和营养指导。

3. 推广孕妇家庭自我监护，系统观察胎动、胎心、宫底高度及体重等。

4. 实行高危孕妇专案管理，无诊疗条件的单位应及时转院就诊，并配合上级医疗和保健机构严密观察和监护。

5. 女职工较多的单位应建立孕妇休息室。妊娠满7个月应给予工间休息或适当减轻工作。

6. 妊娠女职工不应加班加点，妊娠7个月以上（含7个月）一般不得上夜班。

……

8. 从事立位作业的女职工，妊娠满7个月后，其工作场所应设立工间休息座位。

……

第十二条 哺乳期保健

1. 宣传科学育儿知识，提倡4个月内纯母乳喂养。

2. 对有未满1周岁婴儿女工，应保证其授乳时间。

3. 婴儿满周岁时，经县（区）以上（含县、区）医疗或保健机构确诊为体弱儿，可适当延长授乳时间，但不得超过6个月。

4. 有未满1周岁婴儿的女职工，一般不得安排上夜班及加班、加点。

5. 有哺乳婴儿5名以上的单位，应逐步建立哺乳室。

6. 不得安排哺乳职工从事《女职工劳动保护规定》和《女职工禁忌劳动范围的规定》所指出的作业。

第十五条 女职工浴室要沐浴化。厕所要求蹲位。

体力劳动强度分级

[解读]

体力劳动强度是依据平均劳动时间率、能量代谢率乘以各自指数，进而求得劳动强度指数，再依据劳动强度指数值的大小分为四级。劳动强度的分级是劳动保护科学管理的依据。

平均劳动时间率是指一个工作日内净劳动时间（即除休息和工作中间持续一分钟以上的暂停时间外的全部活动时间）与工作日总时间的比，以百分率表示。通过抽样测定，取其平均值。

能量代谢率是将某工种一个劳动日内各种活动与休息加以归类，测定各类活动与休息的能量消耗值，并分别乘以从事各该类活动与休息的总时间，合计求得全工作日总能量消耗，再除以工作日总时间，以千卡/分·米^{2}来表示。

劳动强度指数是区分体力劳动强度等级的指标。由各该工种的平均劳动时间率，乘以系数3，加平均能量代谢率乘以系数7求得。指数大反映劳动强度大，指数小反映劳动强度小。

（一）Ⅰ级体力劳动

8小时工作日平均耗能值为850大卡/人，劳动时间率为61%，即净劳动时间为293分钟，相当于轻劳动。劳动强度指数≤15。

（二）Ⅱ级体力劳动

8小时工作日平均耗能值为1 328大卡/人，劳动时间率为67%，即净劳动时间为322分钟，相当于中等强度劳动。劳动强度指数≤20。

（三）Ⅲ级体力劳动

8小时工作日平均耗能值为1 746大卡/人，劳动时间率为73%，即净劳动时间为350分钟，相当于重强度劳动。劳动强度指数≤25。

（四）Ⅳ级体力劳动

8小时工作日平均耗能值为2 700大卡/人，劳动时间率为77%，即净劳动时间为370分钟，相当于“很重”强度劳动。劳动强度指数>25。

[依据指引]

劳动人事部《关于贯彻执行〈体力劳动强度分级〉国家标准的通知》（1984年2月23日 劳人护［1984］8号）

1. 基本定义

1.1 平均劳动时间率

系指一个工作日内净劳动时间（即除休息和工作中间持续一分钟以上的暂停时间外的全部活动时间）与工作日总时间的比，以百分率表示。通过抽样测定，取其平均值，计算方法见附录A。

1.2 能量代谢率

将某种一个劳动日内各种活动与休息加以归类，测定各类活动与休息的能量消耗值，并分别来以从事各类活动与休息的总时间，合计求得全工作日总能量消耗，再除以工作日总时间，以千卡/分·米^{2}来表示。计算方法见附录A。

1.3　劳动强度指数

是区分体力劳动强度等级的指标。由各该工种的平均劳动时间率，乘以系数3，加平均能量代谢率乘以系数7求得。指数大反映劳动强度大，指数小反映劳动强度小。计算方法见附录A。

2. 体力劳动强度分级

体力劳动强度按劳动强度指数大小分为四级见下表：

体力劳动强度分级表（略）

2.1　Ⅰ级体力劳动

8小时工作日平均耗能值为850大卡/人，劳动时间率为60%，即净劳动时间为293分钟，相当于轻劳动。

2.2　Ⅱ级体力劳动

8小时工作日平均耗能值为1 328大卡/人，劳动时间率为67%，即净劳动时间为321分钟，相当于等强度劳动。

2.3　Ⅲ级体力劳动

8小时工作日平均耗能值为1 746大卡/人，劳动时间率为73%，即净劳动时间为350分钟，相当于重强度劳动。

2.4　Ⅳ级体力劳动

8小时工作日平均耗能值为2 700大卡/人，劳动时间率为77%，即净劳动时间为370分钟，相当于"很重"强度劳动。

附录A：平均劳动时间率、能量代谢率和劳动强度指数的计算方法（补充件）

A.1　平均劳动时间率T计算方法

每天选择接受测定的工人2名，按表A.1的格式记录自上工开始至下工为止，整个工作日从事各种劳动与休息（包括工作中间暂停）的时间，每个测定对象应连续记录3天，取3天的平均值，再求出劳动时间率，如遇生产不正常或发生事故时，不作正式记录。

表A.1劳动时间测定记录表（略）

A.2　能量代谢率M计算方法

根据表A.1的记录，将各种劳动与休息加以归类（近似的活动归为一类），然后分别计算量，从事各类劳动与休息时的呼出气的体积，按表A.2的内容及计算公式，求出各项劳动与休息时的能量代谢率，分别乘以相应的累积时间，最后得出一个工作日各种活动和休息时的能量消耗值，再把各项能量消耗值总计除以工作日总工时，即得出工作日平均能量代谢率（大卡/分·米^2）。

表A.2能量代谢率测定记录表（略）

A.3　劳动强度指数Ⅰ计算方法

劳动强度指数计算公式如下：

$$Ⅰ=3T+7M$$

式中：

Ⅰ——劳动强度指数；

T——劳动时间率 $=\frac{\text{工作日内净劳动时间（分）}}{\text{工作日总工时（分）}}$ (%)；

M——8小时工作日能量代谢率（大卡/分·米^2）；

3——劳动时间率的计算系数；

7——能量代谢率的计算系数。

高处作业的分级

[解读]

凡在坠落高度基准面2米以上（含2米）有可能坠落的高处进行的作业，均称为高处作业。

坠落高度基准面是指通过最低坠落着落点的水平面。最低坠落着落点是指在作业位置可能坠落到的最低点。作业位置至坠落高度基准面的垂直距离为高度h。其可能坠落范围半径R，根据高度h不同分别是：

当高度h为2米至5米时，半径R为2米；

当高度h为5米以上至15米时，半径R为3米；

当高度h为15米以上至30米时，半径R为4米；

当高度h为30米以上时，半径R为5米。

作业区各作业位置至相应高度基准面之间的垂直距离中的最大值，称为该作业区的高处作业高度。高处作业分为四级：

（一）高处作业高度在2米至5米时，称为一级高处作业。

（二）高处作业高度在5米以上至15米时，称为二级高处作业。

（三）高处作业高度在15米以上至30米时，称为三级高处作业。

（四）高处作业高度在30米以上时，称为特级高处作业。

[依据指引]

劳动人事部《关于贯彻执行〈高处作业分级〉等二项国家标准的通知》（1983年8月12日　劳人护［1983］29号）

本标准为高处作业的基础标准，是高处作业

时，采取劳动安全防护措施和加强劳动安全科学管理的依据。

本标准适用于各种高处作业。

1. 基本定义

1.1 高处作业

凡在坠落高度基准面 2 米以上（含 2 米）有可能坠落的高处进行的作业，均称为高处作业。

1.2 坠落高度基准面

通过最低坠落着落点的水平面，称为坠落高度基准面。

1.3 最低坠落着落点

在作业位置可能坠落到的最低点，称为该作业位置的最低坠落着落点。

1.4 高处作业高度

作业区各作业位置至相应坠落高度基准面之间的垂直距离中的最大值，称为该作业区的高处作业高度。

2. 高处作业的级别

2.1 高处作业高度在 2 米至 5 米时，称为一级高处作业。

2.2 高处作业高度在 5 米以上至 15 米时，称为二级高处作业。

2.3 高处作业高度在 15 米以上至 30 米时，称为三级高处作业。

2.4 高处作业高度在 30 米以上时，称为特级高处作业。

3. 高处作业的种类和特殊高处作业的类别

3.1 高处作业的种类分为一般高处作业和特殊高处作业两种。

3.2 特殊高处作业包括以下几个类别：

3.2.1 在阵风风力六级（风速 10.8 米/秒）以上的情况下进行的高处作业，称为强风高处作业。

3.2.2 在高温或低温环境下进行的高处作业，称为异温高处作业。

3.2.3 降雪时进行的高处作业，称为雪天高处作业。

3.2.4 降雨时进行的高处作业，称为雨天高处作业。

3.2.5 室外完全采用人工照明时进行的高处作业称为夜间高处作业。

3.2.6 在接近或接触带电体条件下进行的高处作业，统称为带电高处作业。

3.2.7 在无立足点或无牢靠立足点的条件下，进行的高处作业，统称为悬空高处作业。

3.2.8 对突然发生的各种灾害事故，进行抢救的高处作业，称为抢救高处作业。

3.3 一般高处作业系指除特殊高处作业以外的高处作业。

4. 标记

高处作业的分级以级别、类别和种类标记。一般高处作业标记时，写明级别和种类；特殊高处作业标记时，写明级别和类别，种类可省略不写。

例 1：三级，一般高处作业；

例 2：一级，强风高处作业；

例 3：二级，异温、悬空高处作业。

高温作业的分级

[解读]

高温作业是指工业企业和服务行业工作地点具有生产性热源，其气温等于或高于本地区夏季室外通风设计计算温度 2℃的作业。

生产性热源是指生产过程中能够散发热量的生产设备、产品和工件等。

工作地点是指工人为观察、操作和管理生产过程而经常或定时停留的地点，若生产操作在车间内许多不同的地点进行，则整个车间均称为工作地点。

本地区夏季通风设计计算温度是指近十年本地区气象台正式记录每年最热月，每月每日 13—14 时的气温平均值。

劳动时间率是指一个劳动日内净劳动时间占劳动日总时间的百分比率。

高温作业按夏季室外通风设计计算温度分为两类，每类按劳动时间率和室内、外温差分为四级。

第一类，夏季室外通风设计计算温度小于 30℃的地区，高温作业按表 1 分级。

表 1 高温作业分级

温差（℃） 高温作业等级 劳动时间率	2～	3～	4～	5～	6～	7～	8
～25	Ⅰ	Ⅰ	Ⅰ	Ⅱ	Ⅱ	Ⅲ	Ⅲ
～50	Ⅰ	Ⅰ	Ⅱ	Ⅱ	Ⅲ	Ⅳ	Ⅳ
～75	Ⅰ	Ⅱ	Ⅱ	Ⅲ	Ⅲ	Ⅳ	Ⅳ
75～	Ⅰ	Ⅱ	Ⅲ	Ⅲ	Ⅳ	Ⅳ	Ⅳ

第二类，夏季室外通风设计计算温度等于或高于30℃的地区，高温作业按表2分级。

表2 高温作业分级

劳动时间率 \ 温差（℃） 高温作业等级	2~	3~	4~	5~	6~	7~	8
~25	Ⅰ	Ⅰ	Ⅱ	Ⅱ	Ⅲ	Ⅲ	Ⅳ
~50	Ⅰ	Ⅱ	Ⅱ	Ⅲ	Ⅲ	Ⅳ	Ⅳ
~75	Ⅱ	Ⅱ	Ⅲ	Ⅲ	Ⅳ	Ⅳ	Ⅳ
75~	Ⅱ	Ⅲ	Ⅲ	Ⅳ	Ⅳ	Ⅳ	Ⅳ

注：凡高温作业地点空气相对湿度平均等于或大于80%的工种，应在本标准基础上提高一级。

温差是指工作地点空气温度高于本地区夏季室外通风设计计算温度的差。

[依据指引]

劳动人事部《关于贯彻执行〈高温作业分级〉国家标准的通知》（1984年5月24日 劳人护[1984] 23号）

本标准适用于劳动保护工作中，区分车间高温作业环境热强度及其对人体影响大小的分级。

1. 基本定义

1.1 高温作业

系指工业企业和服务行业工作地点具有生产性热源，其气温等于或高于本地区夏季室外通风设计计算温度2℃的作业。

1.2 生产性热源

是指生产过程中能够散发热量的生产设备、产品和工件等。

1.3 工作地点

系指工人为观察、操作和管理生产过程而经常或定时停留的地点，若生产操作在车间内许多不同的地点进行，则整个车间均称为工作地点。

1.4 本地区夏季通风设计计算温度

是指近十年本地区气象台正式记录每年最热月，每月每日13—14点的气温平均值。

1.5 劳动时间率

一个劳动日内净劳动时间占劳动日总时间的百分比率。

2. 高温作业分级

按夏季室外通风设计计算温度分为两类，每类按劳动时间率和室内、外温差分为四级。

2.1 夏季室外通风设计计算温度小于30℃的地区，高温作业按表1分级。

表1高温作业分级（略）

2.2 夏季室外通风设计计算温度等于或高于30℃的地区，高温作业按表2分级。

2.3 凡高温作业地点，空气相对湿度平均等于或大于80%的工种，应在本标准基础上提高一级。

表2高温作业分级（略）

附录A：劳动时间率、温差和相对湿度的计算方法（补充件）

A.1 劳动时间率的计算

随机选择受测工人2～3名，跟随记录一个劳动日的劳动、休息（包括工作中1分钟以上的暂停）时间，连续记录3天，取其平均值，再求出劳动时间率，生产不正常时，不作正式记录。劳动时间率计算公式如下：

$$\text{劳动时间率（\%）} = \frac{\text{工作日总时间} - \text{休息时间}}{\text{工作日总时间}} \times 100\%$$

A.2 温差的计算

应以本地区出现的夏季室外通风设计计算温度为准（或大于设计温度），在停止局部降温措施的条件下，测定工作地点气温，计算室内、外温度差。气温的测定应用通风温、湿度计，每一测定点一日测定三次（9—10点、13—14点、18—19点），如在规定时间内停产则可适当提前或错后，连续测定3天，取其平均值。

A.3 相对湿度的测定

应用通风温、湿度计，选点和测定次数与测定气温相同。

附录B：我国部分地区夏季室外通风设计计算温度一览表（参考件）（略）

低温作业

[解读]

低温作业是指在劳动生产过程中，其工作地点平均气温等于或低于5℃的作业。工作地点是指工人为观察、操作和管理生产过程而经常或定时停留的地点，若生产操作在车间内许多不同的地点进行，则整个车间均称为工作地点。按工作地点的温度和低温作业时间率，将低温作业按表1分为四级，级别高者冷强度大。下表为低温作业分级。

低温作业时间率（%）	温度范围（℃）					
	≤5～0	<0～−5	<−5～−10	<−10～−15	<−15～−20	<−20
≤25	Ⅰ	Ⅰ	Ⅰ	Ⅱ	Ⅱ	Ⅲ
>25～50	Ⅰ	Ⅰ	Ⅱ	Ⅱ	Ⅲ	Ⅲ
>50～75	Ⅰ	Ⅱ	Ⅱ	Ⅲ	Ⅲ	Ⅳ
≥75	Ⅱ	Ⅱ	Ⅲ	Ⅲ	Ⅳ	Ⅳ

注：凡低温作业地点空气相对湿度平均等于或大于80%的工种，应在本标准基础上提高一级。

低温作业时间率的测定和计算方法：

低温作业时间率＝［低温作业时间（min）/工作日总时间（min）］×100%

［依据指引］

国家技术监督局《低温作业分级》（1993年6月10日　GB/T 14440—1993）

1　主题内容与适用范围

本标准规定了低温作业环境冷强度大小及其对人体机能影响程度的级别。

本标准适用于对低温作业实施劳动保护分级管理。

2　术语

2.1　低温作业

在生产劳动过程中，其工作地点平均气温等于或低于5℃的作业。

2.2　低温作业时间率

1个劳动日在低温环境中净劳动时间占工作日总时间的百分率。

3　低温作业分级

按工作地点的温度和低温作业时间率，将低温作业按表1分为4级，级别高者冷强度大。

表1　　低温作业分级

低温作业时间率（%）	温度范围（℃）					
	≤5～0	<0～−5	<−5～−10	<−10～−15	<−15～−20	<−20
≤25	Ⅰ	Ⅰ	Ⅰ	Ⅱ	Ⅱ	Ⅲ
>25～50	Ⅰ	Ⅰ	Ⅱ	Ⅱ	Ⅲ	Ⅲ
>50～75	Ⅰ	Ⅱ	Ⅱ	Ⅲ	Ⅲ	Ⅳ
≥75	Ⅱ	Ⅱ	Ⅲ	Ⅲ	Ⅳ	Ⅳ

注：凡低温作业地点空气相对湿度平均等于或大于80%的工种，应在本标准基础上提高一级。

附录A　温度和相对湿度的计算方法

A.1　气温（Ta）测定采用通风温湿度计进行测定，每测定点1日测定3次（9:00—10:00、13:00—14:00、18:00—19:00），连续测定3天，取其平均值。

A.2　相对湿度测定采用通风温湿度进行测定，测算方法同气温。

附录B　低温作业时间率的测定和计算方法

B.1　低温作业时间率的计算方法

同一工种随机选择受测工人3名，并跟班记录1个劳动日实际低温作业时间。连续记录3天，取其平均值计算低温作业时间率。

$$低温作业时间率=\frac{低温作业时间（min）}{工作日总时间（min）}\times 100\%$$

冷水作业

［解读］

冷水作业是指在劳动生产过程中，操作人员接触冷水温度等于或小于12℃的作业。按操作人员实际接触的冷水温度和冷水作业时间率将冷水作业分为4级，级别越高表示冷强度越大。下表为冷水作业分级。

冷水作业时间率（%）	冷水温度（℃）					
	≤12～10	<10～8	<8～6	<6～4	<4～2	<2～0
≤25	Ⅰ	Ⅰ	Ⅰ	Ⅱ	Ⅱ	Ⅲ
>25～50	Ⅰ	Ⅰ	Ⅱ	Ⅱ	Ⅲ	Ⅲ
>50～75	Ⅰ	Ⅱ	Ⅱ	Ⅲ	Ⅲ	Ⅳ
≥75	Ⅱ	Ⅱ	Ⅲ	Ⅲ	Ⅳ	Ⅳ

注：凡遇作业环境平均气温等于或小于5℃的作业，应在本标准基础上相应提高一级。

冷水作业时间测算方法：

冷水作业时间率＝［冷水作业时间（min）/工作日总时间（min）］×100%

［依据指引］

国家技术监督局《冷水作业分级》（1993年6月10日　GB/T 14439—1993）

1　主题内容及适用范围

本标准规定了局部接触冷水作业的冷强度及其对人体机能影响程度的级别。

本标准适用于对冷水作业实施劳动保护分级管理。

2　术语

2.1　冷水作业

指在生产劳动过程中，操作人员接触冷水温

度等于或小于12℃的作业。

2.2 冷水作业时间率

在工作日内操作人员实际接触冷水作业的时间占工作日总时间的百分率。

3 冷水作业分级

按操作人员实际接触的冷水温度和冷水作业时间率将冷水作业（按表1）分为4级，级别越高表示冷强度越大。

表1 冷水作业分级

冷水作业时间率（%）	冷水温度（℃）					
	≤12～10	<10～8	<8～6	<6～4	<4～2	<2～0
≤25	Ⅰ	Ⅰ	Ⅰ	Ⅱ	Ⅱ	Ⅲ
>25～50	Ⅰ	Ⅰ	Ⅱ	Ⅱ	Ⅲ	Ⅲ
>50～75	Ⅰ	Ⅱ	Ⅱ	Ⅲ	Ⅲ	Ⅳ
≥75	Ⅱ	Ⅱ	Ⅲ	Ⅲ	Ⅳ	Ⅳ

注：凡遇作业环境平均气温等于或小于5℃的作业，应在本标准基础上相应提高一级。

附录A 冷水温度测量方法

A.1 测量方法与要求

A.1.1 长年从事冷水作业的工种，应以最冷季节测量值为分级依据。

A.1.2 季节性接触冷水作业的工种，应以季节内最冷月测量值为分级依据。

A.1.3 同一测试量点1个工作日应测定4次，即开始工作后第1、3、5、7 h，连测2～3天，取平均值表示该点温度。

A.1.4 测量水温时应同时测量生产环境空气温度。

A.2 测量仪器

A.2.1 测量仪器应符合国家计量标准，测量误差范围不得超过±0.5℃。

附录B 冷水作业时间率测算方法

B.1 冷水作业时间测算方法

同工种或生产岗位在正常工作状态下，随机选择受测工人2～3名，跟班记录一个劳动日内实际接触冷水作业时间，连续记录2～3天，取其平均值计算冷水作业时间率，计算公式：

$$\text{冷水作业时间率} = \frac{\text{冷水作业时间 (min)}}{\text{工作日总时间 (min)}} \times 100\%$$

放射性工作保护

[解读]

从事放射性工作的孕妇、哺乳期妇女及接触放射性工作的未满18岁实习人员，每年受照应低于职业性放射性工作人员最大容许剂量当量的3/10，并不得接受应急照射。有生育能力的妇女所接受的照射，应严格按月平均剂量控制。

应急照射是指在十分必要时经过事先周密地计划，由领导批准，健康合格的工作人员一次可接受10雷姆的全身照射。但以后所接受的照射应适当减少，以使受照的前5年及后5年的10年积累剂量当量低于50雷姆。后五年内不得再接受此类照射。

[依据指引]

国家技术监督局《放射防护规定》（1974年4月27日 GBJ S—74）（略）

《女职工劳动保护特别规定》的适用范围

[解读]

《女职工劳动保护特别规定》适用于我国境内的国家机关、企业、事业单位、社会团体、个体经济组织以及其他社会组织等用人单位及其女职工。

企业包括我国境内全民企业、集体企业、中外合资、合作、独资企业、民办企业、私人企业和城镇街道企业等各类企业。

[依据指引]

国务院《女职工劳动保护特别规定》（2012年4月28日 国务院令第619号）

第二条 中华人民共和国境内的国家机关、企业、事业单位、社会团体、个体经济组织以及其他社会组织等用人单位及其女职工，适用本规定。

女职工禁忌从事的劳动范围

[解读]

为保护女职工身心健康及子女的正常发育和成长，我国有关劳动法律、法规对女职工禁忌从事的劳动范围作了限定：

（一）矿山井下作业。

（二）《体力劳动强度分级》标准中规定的第四级体力劳动强度的作业。

（三）连续负重（指每小时负重次数在6次以

上）每次负重超过20公斤，或间断负重每次超过25公斤的作业。

[依据指引]

(1)《中华人民共和国劳动法》（1994年7月5日　国家主席令第28号）

第五十九条　禁止安排女职工从事矿山井下、国家规定的第四级体力劳动强度的劳动和其他禁忌从事的劳动。

(2) 国务院《女职工劳动保护特别规定》（2012年4月28日　国务院令第619号）

附录：女职工禁忌从事的劳动范围

一、女职工禁忌从事的劳动范围：

（一）矿山井下作业；

（二）体力劳动强度分级标准中规定的第四级体力劳动强度的作业；

（三）每小时负重6次以上、每次负重超过20公斤的作业，或者间断负重、每次负重超过25公斤的作业。

女职工经期劳动保护

[解读]

女职工在月经期间禁忌从事的劳动范围包括：

（一）冷水作业分级标准中规定的第二级、第三级、第四级冷水作业。

（二）低温作业分级标准中规定的第二级、第三级、第四级低温作业。

（三）体力劳动强度分级标准中规定的第三级、第四级体力劳动强度的作业。

（四）高处作业分级标准中规定的第三级、第四级高处作业。

[依据指引]

(1)《中华人民共和国劳动法》（1994年7月5日　国家主席令第28号）

第六十条　不得安排女职工在经期从事高处、低温、冷水作业和国家规定的第三级体力劳动强度的劳动。

(2) 国务院《女职工劳动保护特别规定》（2012年4月28日　国务院令第619号）

附录：女职工禁忌从事的劳动范围

二、女职工在经期禁忌从事的劳动范围：

（一）冷水作业分级标准中规定的第二级、第三级、第四级冷水作业；

（二）低温作业分级标准中规定的第二级、第三级、第四级低温作业；

（三）体力劳动强度分级标准中规定的第三级、第四级体力劳动强度的作业；

（四）高处作业分级标准中规定的第三级、第四级高处作业。

女职工孕期劳动保护

[解读]

女职工在怀孕期间实行以下劳动保护：

（一）女职工在怀孕期间，所在单位不得安排其从事国家规定的第3级体力劳动强度的劳动和孕期禁忌从事的劳动，不得在正常劳动日以外延长劳动时间；对不能适应原劳动的，应当根据医疗机构的证明，予以减轻劳动量或者安排其他能够适应的劳动。

（二）怀孕7个月以上（含7个月）的女职工，不得延长劳动时间，也不能安排夜班劳动，并应当在劳动时间内安排一定的休息时间。夜班劳动系指在当日22时至次日6时期间从事劳动或工作。

（三）女职工怀孕，在社会保险的定点医疗机构检查和分娩时，其检查费、接生费、手术费、住院费和药费由生育保险基金支付；超出规定的医疗服务费和药费由职工个人负担。未参加生育保险的，按照生育保险规定的项目和标准，由用人单位支付。

（四）为了保证孕妇和胎儿的健康，怀孕的女职工，应按卫生部门的要求做产前检查。在劳动时间内进行产前检查，应当算作劳动时间。即按出勤对待，不能按病假、事假、旷工处理。对在生产第一线的女职工，要相应地减少生产定额，以保证产前检查时间。

[依据指引]

国务院《女职工劳动保护特别规定》（2012年4月28日　国务院令第619号）

第五条　用人单位不得因女职工怀孕、生育、哺乳降低其工资、予以辞退、与其解除劳动或者聘用合同。

第六条　女职工在孕期不能适应原劳动的，用人单位应当根据医疗机构的证明，予以减轻劳动量或者安排其他能够适应的劳动。

对怀孕7个月以上的女职工，用人单位不得延长劳动时间或者安排夜班劳动，并应当在劳动时间内安排一定的休息时间。

怀孕女职工在劳动时间内进行产前检查，所需时间计入劳动时间。

附录：女职工禁忌从事的劳动范围

三、女职工在孕期禁忌从事的劳动范围：

（一）作业场所空气中铅及其化合物、汞及其化合物、苯、镉、铍、砷、氰化物、氮氧化物、一氧化碳、二硫化碳、氯、己内酰胺、氯丁二烯、氯乙烯、环氧乙烷、苯胺、甲醛等有毒物质浓度超过国家职业卫生标准的作业；

（二）从事抗癌药物、己烯雌酚生产，接触麻醉剂气体等的作业；

（三）非密封源放射性物质的操作，核事故与放射事故的应急处置；

（四）高处作业分级标准中规定的高处作业；

（五）冷水作业分级标准中规定的冷水作业；

（六）低温作业分级标准中规定的低温作业；

（七）高温作业分级标准中规定的第三级、第四级的作业；

（八）噪声作业分级标准中规定的第三级、第四级的作业；

（九）体力劳动强度分级标准中规定的第三级、第四级体力劳动强度的作业；

（十）在密闭空间、高压室作业或者潜水作业，伴有强烈振动的作业，或者需要频繁弯腰、攀高、下蹲的作业。

女职工哺乳期劳动保护

[解读]

哺乳期女职工禁忌从事的劳动范围包括：

（一）作业场所空气中铅及其化合物、汞及其化合物、苯、镉、铍、砷、氰化物、氮氧化物、一氧化碳、二硫化碳、氯、己内酰胺、氯丁二烯、氯乙烯、环氧乙烷、苯胺、甲醛等有毒物质浓度超过国家职业卫生标准的作业。

（二）非密封源放射性物质的操作，核事故与放射事故的应急处置。

（三）体力劳动强度分级标准中规定的第三级、第四级体力劳动强度的作业。

（四）作业场所空气中锰、氟、溴、甲醇、有机磷化合物、有机氯化合物等有毒物质浓度超过国家职业卫生标准的作业。

[依据指引]

国务院《女职工劳动保护特别规定》（2012年4月28日　国务院令第619号）

附录：女职工禁忌从事的劳动范围

三、女职工在孕期禁忌从事的劳动范围：

（一）作业场所空气中铅及其化合物、汞及其化合物、苯、镉、铍、砷、氰化物、氮氧化物、一氧化碳、二硫化碳、氯、己内酰胺、氯丁二烯、氯乙烯、环氧乙烷、苯胺、甲醛等有毒物质浓度超过国家职业卫生标准的作业；

（二）从事抗癌药物、己烯雌酚生产，接触麻醉剂气体等的作业；

（三）非密封源放射性物质的操作，核事故与放射事故的应急处置；

（四）高处作业分级标准中规定的高处作业；

（五）冷水作业分级标准中规定的冷水作业；

（六）低温作业分级标准中规定的低温作业；

（七）高温作业分级标准中规定的第三级、第四级的作业；

（八）噪声作业分级标准中规定的第三级、第四级的作业；

（九）体力劳动强度分级标准中规定的第三级、第四级体力劳动强度的作业；

（十）在密闭空间、高压室作业或者潜水作业，伴有强烈振动的作业，或者需要频繁弯腰、攀高、下蹲的作业。

四、女职工在哺乳期禁忌从事的劳动范围：

（一）孕期禁忌从事的劳动范围的第一项、第三项、第九项；

（二）作业场所空气中锰、氟、溴、甲醇、有机磷化合物、有机氯化合物等有毒物质浓度超过国家职业卫生标准的作业。

女职工产假期限

[解读]

女职工产假98天，分为产前假、产后假两部分。即产前假15天，产后假83天。所谓产前假15天，系指预产期前15天的休假。产前假一般不得放到产后使用。若孕妇提前生产，可将不足的天数和产后假合并使用；若孕妇推迟生产，可将超出的天数按病假处理。难产的，增加产假15天，多胞胎生育的，每多生育一个婴儿，增加产假15天。有的地方对难产作了明确的界定，如北京市规定，难产是指女职工生育时采用产钳助产、胎吸、剖宫生育的情形。

如果劳动合同中订立了有关产假期限的内容，用人单位所承诺的提供女职工产假的义务就具有双重性质：一是对国家的义务，二是对该女职工的义务。国家不允许用人单位不履行提供产假的义务，也不允许女职工放弃产假的权利。因为女职工利用产假休息恢复健康，同样可以看做是对国家履行义务。

国家规定产假，是为了能保证产妇恢复身体健康。因此，休产假不能提前或推后。至于教师产假正值寒暑假期间，能否延长寒暑假期，则由用人单位主管部门确定，没有主管部门的，可由其自行规定。

［依据指引］

(1) 国务院《女职工劳动保护特别规定》(2012 年 4 月 28 日　国务院令第 619 号)

第七条　女职工生育享受 98 天产假，其中产前可以休假 15 天；难产的，增加产假 15 天；生育多胞胎的，每多生育 1 个婴儿，增加产假 15 天。

女职工怀孕未满 4 个月流产的，享受 15 天产假；怀孕满 4 个月流产的，享受 42 天产假。

(2) 北京市劳动和社会保障局《关于贯彻实施〈北京市企业职工生育保险规定〉有关问题的通知》(2005 年 5 月 24 日　京劳社医发［2005］62 号)

六、《规定》第十四条所称难产，是指女职工生育时采用产钳助产、胎吸、剖宫生育的。

女职工怀孕流产的假期

［解读］

女职工怀孕未满 4 个月流产的，享受 15 天产假；怀孕满 4 个月流产的，享受 42 天产假。女职工流产的医疗费用，按照生育保险规定的项目和标准，对已经参加生育保险的，由生育保险基金支付；对未参加生育保险的，由用人单位支付。

［依据指引］

国务院《女职工劳动保护特别规定》(2012 年 4 月 28 日　国务院令第 619 号)

第七条　女职工生育享受 98 天产假，其中产前可以休假 15 天；难产的，增加产假 15 天；生育多胞胎的，每多生育 1 个婴儿，增加产假 15 天。

女职工怀孕未满 4 个月流产的，享受 15 天产假；怀孕满 4 个月流产的，享受 42 天产假。

第八条　女职工产假期间的生育津贴，对已经参加生育保险的，按照用人单位上年度职工月平均工资的标准由生育保险基金支付；对未参加生育保险的，按照女职工产假前工资的标准由用人单位支付。

女职工生育或者流产的医疗费用，按照生育保险规定的项目和标准，对已经参加生育保险的，由生育保险基金支付；对未参加生育保险的，由用人单位支付。

实行人工流产和计划生育等费用支付

［解读］

国家机关、企业、事业单位及党派、团体的女职工做人工流产，其工作人员和企业职工施行男、女绝育结扎手术，放、取节育环所需挂号费、住院费、检验费、医药费和手术费，参加生育保险的职工在生育保险基金中支付，没有参加生育保险的职工由所在用人单位支付；国家机关、事业单位、党派、团体等享受公费医疗待遇的女职工，在“公费医疗经费”或本单位行政经费中开支。

［依据指引］

(1)《中华人民共和国人口与计划生育法》(2001 年 12 月 29 日　国家主席令第 63 号)

第二十六条　……公民实行计划生育手术，享受国家规定的休假；地方人民政府可以给予奖励。

(2)《中华人民共和国社会保险法》(2010 年 10 月 28 日　国家主席令第 35 号)

第五十五条　生育医疗费用包括下列各项：

(一) 生育的医疗费用；

(二) 计划生育的医疗费用；

(三) 法律、法规规定的其他项目费用。

第五十六条　职工有下列情形之一的，可以按照国家规定享受生育津贴：

(一) 女职工生育享受产假；

(二) 享受计划生育手术休假；

(三) 法律、法规规定的其他情形。

生育津贴按照职工所在用人单位上年度职工

月平均工资计发。

女职工“三期”内怀孕反应、保胎、患病的待遇

［解读］

女职工符合计划生育范围内的怀孕反应厉害、需要保胎，经医师开具证明批准休息的，按病假处理，期间的医疗待遇按医疗保险待遇处理。20世纪80年代以前的政策规定：病假6个月以内的，按规定领取病假工资；超过6个月的，按规定领取疾病救济费至生育之日；从生育之日起停发疾病救济费，改发产假工资，并同时享受其他生育待遇。产假期满后仍需病休的，从产假期满之日起，继续发给疾病救济费，其病假时间（即医疗期）应与生育前的病假和保胎休息的时间合并计算。女职工宫外孕、葡萄胎属于病理现象，不属于正常怀孕或流产，因此需要停工休息的，也应按病假待遇处理。

女职工在“三期”内患病或非因工负伤，可以请病假享受医疗期待遇，在“三期”内请病假期限不受医疗期规定的限制；其产假期间仍应享受生育津贴待遇；在正常生育的情况下，女职工产假期满，因身体原因仍不能工作的，经过医务部门证明后，其可以请病假，产假前、后的医疗期应当合并计算；如果女职工哺乳期满，仍在休医疗期、不能上班，且已享受的医疗期超过了应享受的医疗期，则用人单位可依据关于“劳动者患病或者非因工负伤，在规定的医疗期满后不能从事原工作，也不能从事由用人单位另行安排的工作的”的规定，与其解除劳动合同。

［依据指引］

(1)《中华人民共和国劳动合同法》（2007年6月29日　国家主席令第65号）

第四十条　有下列情形之一的，用人单位提前三十日以书面形式通知劳动者本人或者额外支付劳动者一个月工资后，可以解除劳动合同：

（一）劳动者患病或者非因工负伤，在规定的医疗期满后不能从事原工作，也不能从事由用人单位另行安排的工作的；

（二）劳动者不能胜任工作，经过培训或者调整工作岗位，仍不能胜任工作的；

（三）劳动合同订立时所依据的客观情况发生重大变化，致使劳动合同无法履行，经用人单位与劳动者协商，未能就变更劳动合同内容达成协议的。

第四十一条　有下列情形之一，需要裁减人员二十人以上或者裁减不足二十人但占企业职工总数百分之十以上的，用人单位提前三十日向工会或者全体职工说明情况，听取工会或者职工的意见后，裁减人员方案经向劳动行政部门报告，可以裁减人员：

（一）依照企业破产法规定进行重整的；

（二）生产经营发生严重困难的；

（三）企业转产、重大技术革新或者经营方式调整，经变更劳动合同后，仍需裁减人员的；

（四）其他因劳动合同订立时所依据的客观经济情况发生重大变化，致使劳动合同无法履行的。

裁减人员时，应当优先留用下列人员：

（一）与本单位订立较长期限的固定期限劳动合同的；

（二）与本单位订立无固定期限劳动合同的；

（三）家庭无其他就业人员，有需要扶养的老人或者未成年人的。

用人单位依照本条第一款规定裁减人员，在六个月内重新招用人员的，应当通知被裁减的人员，并在同等条件下优先招用被裁减的人员。

第四十二条　劳动者有下列情形之一的，用人单位不得依照本法第四十条、第四十一条的规定解除劳动合同：

（一）从事接触职业病危害作业的劳动者未进行离岗前职业健康检查，或者疑似职业病病人在诊断或者医学观察期间的；

（二）在本单位患职业病或者因工负伤并被确认丧失或者部分丧失劳动能力的；

（三）患病或者非因工负伤，在规定的医疗期内的；

（四）女职工在孕期、产期、哺乳期的；

（五）在本单位连续工作满十五年，且距法定退休年龄不足五年的；

（六）法律、行政法规规定的其他情形。

(2) 国家劳动总局保险福利司《关于女职工保胎休息和病假超过六个月后生育时的待遇问题的复函》（1982年3月27日　［82］劳险字2号）

上海市劳动局：

沪劳［82］资创字第27号文收到。关于国营企业单位的女职工需要保胎休息，以及保胎休息和病假连续停止工作超过六个月后生育时的待遇问题，经与全国总工会劳动保险部研究，答复

如下：

一、女职工按计划生育怀孕，经过医师开具证明，需要保胎休息的，其保胎休息的时间，按照本单位实行的疾病待遇的规定办理。

二、保胎休息和病假超过六个月后领取疾病救济费的女职工，按计划生育时可以从生育之日起停发疾病救济费，改发产假工资，并享受其他生育待遇。产假期满后仍需病休的，从产假期满之日起，继续发给疾病救济费。

三、保胎休息的女职工，产假期满后仍需病休的，其病假时间应与生育前的病假和保胎休息的时间合并计算。

四、不按计划生育怀孕的女职工，其保胎、病假休息和生育时的待遇，仍按省、市现行的有关规定办理。

(3)《中华人民共和国劳动保险条例》（1953年1月2日）

第十三条　疾病、非因工负伤、残废待遇的规定：

……

乙、工人与职员因病或非因工负伤停止工作医疗时，其停止工作医疗期间连续在六个月以内者，按其本企业工龄的长短，由该企业行政方面或资方发给病伤假期工资，其数额为本人工资百分之六十至百分之一百；停止工作连续医疗期间在六个月以上时，改由劳动保险基金项下按月付给疾病或非因工负伤救济费，其数额为本人工资百分之四十至百分之六十，至能工作或确定为残废或死亡时止。详细办法在实施细则中规定之。

……

违反计划生育规定怀孕、生育

［解读］

女职工违反国家计划生育有关规定怀孕、生育的，其相应待遇按照国家计划生育的有关规定处理。我国各地方人大常委会和人民政府对违反计划生育者制定了一些处罚办法，明令禁止违反计划生育政策的女职工享受生育待遇等，例如，有的地方人民政府颁布的《违反〈计划生育条例〉处罚办法》中明确规定："分娩的住院费和医疗费自理，产假期间停止其工资福利待遇。"此外，有些地方政府规定对违反《计划生育条例》的个人，还给予经济处罚和行政处分。

［依据指引］

(1)《中华人民共和国宪法》（1988年4月12日第七届全国人民代表大会第一次会议通过　2004年3月14日修订）

第二十五条　国家推行计划生育，使人口的增长同经济和社会发展计划相适应。

(2)《中华人民共和国婚姻法》（2001年4月28日　国家主席令第51号）

第十二条　无效或被撤销的婚姻，自始无效。当事人不具有夫妻的权利和义务。同居期间所得的财产，由当事人协议处理；协议不成时，由人民法院根据照顾无过错方的原则判决。对重婚导致的婚姻无效的财产处理，不得侵害合法婚姻当事人的财产权益。当事人所生的子女，适用本法有关父母子女的规定。

(3) 国家劳动总局保险福利司《关于女职工保胎休息和病假超过六个月后生育时的待遇问题的复函》（1982年3月27日　劳险字［1982］2号）

上海市劳动局：

沪劳［82］资创字第27号文收到。关于国营企业单位的女职工需要保胎休息，以及保胎休息和病假连续停止工作超过六个月后生育时的待遇问题，经与全国总工会劳动保险部研究，答复如下：

……

四、不按计划生育怀孕的女职工，其保胎、病假休息和生育时的待遇，仍按省、市现行的有关规定办理。

女职工非婚生育待遇

［解读］

非婚生育未纳入生育计划，当在禁止之列，因此，女职工非婚生育时，不能按照有关生育的规定享受生育待遇。其需要休养的时间不应发给工资。对于生活有困难的，可以由企业行政方面酌情给予补助。

［依据指引］

劳动部工资局《关于女职工非婚生育时是否享受劳保待遇问题的复函》（1965年9月10日［65］中劳薪便字第381号）

甘肃省劳动局：

你局八月三十一日［65］劳薪字第0678号函收到。现答复如下：

女职工非婚生育时，不能按照劳动保险条例的规定享受生育待遇。其需要休养的时间不应发给工资。对于生活有困难的，可以由企业行政方面酌情给予补助。

女职工产后请长假

[解读]

女工产后请假问题应按照以下精神掌握：“富余人员中的女职工，因怀孕或者哺乳婴儿而自愿请长假的，可以允许，包括产假在内，时间不超过2年。”也就是说，请长假的女工必须是企业的富余人员，请长假的时间不得超过2年。

劳动合同制女工产后请长假时应注意与合同期限相衔接。若合同制女工产后请长假超过了哺乳期和劳动合同期限，女工与所在单位协商一致，劳动合同可以续订或重新订立，也可以终止。

[依据指引]

国务院《国有企业富余职工安置规定》（1993年4月20日　国务院令第111号）

第八条　经企业职工代表大会讨论同意并报企业行政主管部门备案，企业可以对职工实行有限期的放假。职工放假期间，由企业发给生活费。

孕期或者哺乳期的女职工，经本人申请，企业可以给予不超过二年的假期，放假期间发给生活费。假期内含产假的，产假期间按照国家规定发给工资。

哺乳期及哺乳时间

[解读]

哺乳期应为12个月，即从婴儿出生之日起至满1周岁。哺乳期间，女职工，其所在单位应当在每天的劳动时间内为其安排1小时哺乳时间；多胞胎生育的，每多哺乳1个婴儿，每天哺乳时间增加1小时；对法定的哺乳时间，用人单位可采取安排女职工晚上班或早下班的方式执行。对哺乳期内的女职工，用人单位不得安排其加班或夜班。

[依据指引]

国务院《女职工劳动保护特别规定》（2012年4月28日　国务院令第619号）

第九条　对哺乳未满1周岁婴儿的女职工，用人单位不得延长劳动时间或者安排夜班劳动。

用人单位应当在每天的劳动时间内为哺乳期女职工安排1小时哺乳时间；女职工生育多胞胎的，每多哺乳1个婴儿，每天增加1小时哺乳时间。

女职工孕期、产期、哺乳期的工资发放

[解读]

国家对女职工孕期、产期、哺乳期实行特殊劳动保护，规定：用人单位不得在女职工怀孕期、生育、哺乳期降低其工资。

女职工产假期间的生育津贴，对已经参加生育保险的，按照用人单位上年度职工月平均工资的标准由生育保险基金支付；对未参加生育保险的，按照女职工产假前工资的标准由用人单位支付。

[依据指引]

(1)《中华人民共和国妇女权益保障法》（2005年8月28日　国家主席令第40号）

第二十七条　任何单位不得因结婚、怀孕、产假、哺乳等情形，降低女职工的工资，辞退女职工，单方解除劳动（聘用）合同或者服务协议，但是，女职工要求终止劳动（聘用）合同或者服务协议的除外。

各单位在执行国家退休制度时，不得以性别为由歧视妇女。

(2) 国务院《女职工劳动保护特别规定》（2012年4月28日　国务院令第619号）

第五条　用人单位不得因女职工怀孕、生育、哺乳降低其工资、予以辞退、与其解除劳动或者聘用合同。

第八条　女职工产假期间的生育津贴，对已经参加生育保险的，按照用人单位上年度职工月平均工资的标准由生育保险基金支付；对未参加生育保险的，按照女职工产假前工资的标准由用人单位支付。

女职工生育或者流产的医疗费用，按照生育保险规定的项目和标准，对已经参加生育保险的，由生育保险基金支付；对未参加生育保险的，由用人单位支付。

(3) 劳动部《企业职工生育保险试行办法》（1994年12月14日　劳部发［1994］504号）

第五条　女职工生育按照法律、法规的规定享受产假。产假期间的生育津贴按照本企业上年度职工月平均工资计发，由生育保险基金支付。

女职工“三期”期间劳动合同的解除与终止

［解读］

法律规定女职工在孕期、产期、哺乳期内，用人单位不得解除或终止劳动合同；劳动合同期限届满，用人单位欲终止劳动合同的，应在孕期、产期和哺乳期期满时，方能与之终止劳动合同；由于这种劳动合同期限的自动续延属于政策性续延，所以续延的期间不能计算为该女职工在同一用人单位连续工作是否满10年之中。然而，“三期”内的女职工有下列情形之一，用人单位也可以解除或终止劳动合同：

（一）在试用期间被证明不符合录用条件的。

（二）严重违反用人单位规章制度的。

（三）严重失职，营私舞弊，对用人单位利益造成重大损害的。

（四）劳动者同时与其他用人单位建立劳动关系，对完成本单位的工作任务造成严重影响，或者经用人单位提出，拒不改正的。

（五）以欺诈、胁迫的手段或者乘人之危，致使劳动合同无效的。

（六）被依法追究刑事责任的。

（七）双方就解除或终止劳动合同协商一致的。

（八）女职工要求解除或终止劳动合同的。

［依据指引］

(1)《中华人民共和国劳动合同法》（2007年6月29日　国家主席令第65号）

第三十六条　用人单位与劳动者协商一致，可以解除劳动合同。

第三十九条　劳动者有下列情形之一的，用人单位可以解除劳动合同：

（一）在试用期间被证明不符合录用条件的；

（二）严重违反用人单位的规章制度的；

（三）严重失职，营私舞弊，给用人单位造成重大损害的；

（四）劳动者同时与其他用人单位建立劳动关系，对完成本单位的工作任务造成严重影响，或者经用人单位提出，拒不改正的；

（五）因本法第二十六条第一款第一项规定的情形致使劳动合同无效的；

（六）被依法追究刑事责任的。

第四十二条　劳动者有下列情形之一的，用人单位不得依照本法第四十条、第四十一条的规定解除劳动合同：

（一）从事接触职业病危害作业的劳动者未进行离岗前职业健康检查，或者疑似职业病病人在诊断或者医学观察期间的；

（二）在本单位患职业病或者因工负伤并被确认丧失或者部分丧失劳动能力的；

（三）患病或者非因工负伤，在规定的医疗期内的；

（四）女职工在孕期、产期、哺乳期的；

（五）在本单位连续工作满十五年，且距法定退休年龄不足五年的；

（六）法律、行政法规规定的其他情形。

第四十五条　劳动合同期满，有本法第四十二条规定情形之一的，劳动合同应当续延至相应的情形消失时终止。但是，本法第四十二条第二项规定丧失或者部分丧失劳动能力劳动者的劳动合同的终止，按照国家有关工伤保险的规定执行。

(2)《中华人民共和国妇女权益保障法》（2005年8月28日　国家主席令第40号）

第二十七条　任何单位不得因结婚、怀孕、产假、哺乳等情形，降低女职工的工资，辞退女职工，单方解除劳动（聘用）合同或者服务协议，但是，女职工要求终止劳动（聘用）合同或者服务协议的除外。

各单位在执行国家退休制度时，不得以性别为由歧视妇女。

(3) 国务院《女职工劳动保护特别规定》（2012年4月28日　国务院令第619号）

第五条　用人单位不得因女职工怀孕、生育、哺乳降低其工资、予以辞退、与其解除劳动或者聘用合同。

女职工经期保健

［解读］

用人单位对女职工经期保健应采取以下措施：

（一）宣传普及月经期卫生知识。

（二）女职工在100人以上的单位，应逐步建立女职工卫生室，健全相应的制度并设专人管理，对卫生室管理人员应进行专业培训。女职工每班在100人以下的单位，应设置简易的温水箱及冲洗器。对流动、分散工作单位的女职工应发放单人自用冲洗器。

（三）女职工在月经期间不得从事国家标准中第二级、第三级、第四级冷水作业和低温作业，也不得从事第三级、第四级体力劳动强度的作业和高处作业。

（四）患有重度痛经及月经过多的女职工，经医疗或妇幼保健机构确诊后，月经期间可适当给予1～2天的休假。

[依据指引]

(1) 卫生部、劳动部、人事部、全国总工会、全国妇联《女职工保健工作规定》（1993年11月26日 卫妇发［1993］11号）

第七条 月经期保健

1. 宣传普及月经期卫生知识。

2. 女职工在100人以上的单位，应逐步建立女职工卫生室，健全相应的制度并设专人管理，对卫生室管理人员应进行专业培训。女职工每班在100人以下的单位，应设置简易的温水箱及冲洗器。对流动、分散工作单位的女职工应发放单人自用冲洗器。

……

4. 患有重度痛经及月经过多的女职工，经医疗或妇幼保健机构确诊后，月经期间可适当给予1至2天的休假。

(2) 国务院《女职工劳动保护特别规定》（2012年4月28日 国务院令第619号）

附录：女职工禁忌从事的劳动范围

二、女职工在经期禁忌从事的劳动范围：

（一）冷水作业分级标准中规定的第二级、第三级、第四级冷水作业；

（二）低温作业分级标准中规定的第二级、第三级、第四级低温作业；

（三）体力劳动强度分级标准中规定的第三级、第四级体力劳动强度的作业；

（四）高处作业分级标准中规定的第三级、第四级高处作业。

女职工孕前保健

[解读]

为了给优生优育打下良好的基础，女职工孕前保健要做到以下几点：

（一）已婚待孕女职工禁忌从事铅、汞、苯、铬等作业场所属于《有毒作业分级》标准中第Ⅲ～Ⅳ级的作业。

（二）积极开展优生宣传和咨询。

（三）对女职工应进行妊娠知识的健康教育，使他们在月经超期时主动接受检查。

（四）患有射线病、慢性职业中毒、近期内有过急性中毒史及其他有碍于母体和胎儿健康疾病者，暂时不宜妊娠。

（五）对有过两次以上自然流产史，现又无子女的女职工，应暂时调离有可能直接或间接导致流产的作业岗位。

[依据指引]

卫生部、劳动部、人事部、全国总工会、全国妇联《女职工保健工作规定》（1993年11月26日 卫妇发［1993］11号）

第九条 孕前保健

1. 已婚待孕职工禁忌从事铅、汞、苯、镉等作业场所属于《有毒作业分级》标准中第Ⅲ～Ⅳ级的作业。

2. 积极开展优生宣传和咨询。

3. 对女职工应进行妊娠知识的健康教育，使她们在月经超期时主动接受检查。

4. 患有射线病、慢性职业中毒、近期内有过急性中毒史及其他有碍于母体和胎儿健康疾病者，暂时不宜妊娠。

女职工孕期保健

[解读]

孕期保健是优生优育的关键环节，关系到妇女身心健康和婴儿的健康成长，因此用人单位和怀孕女职工应协同做好以下工作：

（一）自确立妊娠之日起，应建立孕、产妇保健卡（册），进行血压、体重、血、尿常规等基础检查。对接触铅、汞的孕妇，应进行尿中铅、汞含量的测定。

（二）定期进行产前检查、孕期保健和营养指导。

（三）推广孕妇家庭自我监护，系统观察胎动、胎心、宫底高度及体重等。

（四）实行高危孕妇专案管理，无诊疗条件的单位应及时转院就诊，并配合上级医疗和保健机构严密观察和监护。

（五）女职工较多的单位应建立孕妇休息室。妊娠满7个月应给予工间休息或适当减轻工作。

（六）妊娠女职工不应加班加点，妊娠7个月以上（含7个月）一般不得上夜班。

（七）女职工妊娠期间不得从事《女职工劳动保护特别规定》的《女职工禁忌劳动范围》附录中第三条所规定范围内的工作。

（八）从事立位作业的女职工，妊娠满7个月后，其工作场所应设立工间休息座位。

（九）有关女职工产前、产后、流产的假期及待遇按2012年国务院颁发的《女职工劳动保护特别规定》（国务院令第619号）执行。

[依据指引]

(1) 卫生部、劳动部、人事部、全国总工会、全国妇联《女职工保健工作规定》（1993年11月26日　卫妇发［1993］11号）

第十条　孕期保健

1. 自确立妊娠之日起，应建立孕产妇保健卡（册），进行血压、体重、血、尿常规等基础检查。对接触铅、汞的孕妇，应进行尿中铅、汞含量的测定。

2. 定期进行产前检查、孕期保健和营养指导。

3. 推广孕妇家庭自我监护，系统观察胎动、胎心、宫底高度及体重等。

4. 实行高危孕妇专案管理，无诊疗条件的单位应及时转院就诊，并配合上级医疗和保健机构严密观察和监护。

5. 女职工较多的单位应建立孕妇休息室。妊娠满7个月应给予工间休息或适当减轻工作。

6. 妊娠女职工不应加班加点，妊娠7个月以上（含7个月）一般不得上夜班。

7. 女职工妊娠期间不得从事劳动部颁布的《女职工禁忌劳动范围的规定》第六条所规定的作业。

8. 从事立位作业的女职工，妊娠满7个月后，其工作场所应设立工间休息座位。

(2) 国务院《女职工劳动保护特别规定》（2012年4月28日　国务院令第619号）

附录：女职工禁忌从事的劳动范围

三、女职工在孕期禁忌从事的劳动范围：

（一）作业场所空气中铅及其化合物、汞及其化合物、苯、镉、铍、砷、氰化物、氮氧化物、一氧化碳、二硫化碳、氯、己内酰胺、氯丁二烯、氯乙烯、环氧乙烷、苯胺、甲醛等有毒物质浓度超过国家职业卫生标准的作业；

（二）从事抗癌药物、己烯雌酚生产，接触麻醉剂气体等的作业；

（三）非密封源放射性物质的操作，核事故与放射事故的应急处置；

（四）高处作业分级标准中规定的高处作业；

（五）冷水作业分级标准中规定的冷水作业；

（六）低温作业分级标准中规定的低温作业；

（七）高温作业分级标准中规定的第三级、第四级的作业；

（八）噪声作业分级标准中规定的第三级、第四级的作业；

（九）体力劳动强度分级标准中规定的第三级、第四级体力劳动强度的作业；

（十）在密闭空间、高压室作业或者潜水作业，伴有强烈振动的作业，或者需要频繁弯腰、攀高、下蹲的作业。

女职工产后及哺乳期保健

[解读]

（一）产后保健

1. 进行产后访视及母乳喂养指导。

2. 产后42天对母子进行健康检查。

3. 产假期满恢复工作时，应允许有1～2周时间逐渐恢复原工作量。

（二）哺乳期保健

1. 宣传科学育儿知识，提倡4个月内纯母乳喂养。

2. 对有未满1周岁婴儿的女工，应保证其受乳时间。

3. 婴儿满周岁时，经县（区）以上（含县、区）医疗或保健机构确诊为体弱儿，可适当延长受乳时间，但不得超过6个月。

4. 有未满1周岁婴儿的女职工，一般不得安排上夜班及加班、加点。

5. 有哺乳婴儿5名以上的单位，应逐步建立哺乳室。

6. 不得安排哺乳女职工从事禁忌劳动范围内的工作。

[依据指引]

(1) 卫生部、劳动部、人事部、全国总工会、全国妇联《女职工保健工作规定》（1993年11月26日　卫妇发［1993］11号）

第十一条 产后保健

1. 进行产后访视及母乳喂养指导。

2. 产后42天对母子进行健康检查。

3. 产假期满恢复工作时，应允许有1～2周时间逐渐恢复原工作量。

第十二条 哺乳期保健

1. 宣传科学育儿知识，提倡4个月内纯母乳喂养。

2. 对有未满1周岁婴儿女工，应保证其授乳时间。

3. 婴儿满周岁时，经县（区）以上（含县、区）医疗或保健机构确诊为体弱儿，可适当延长授乳时间，但不得超过6个月。

4. 有未满1周岁婴儿的女职工，一般不得安排上夜班及加班、加点。

5. 有哺乳婴儿5名以上的单位，应逐步建立哺乳室。

6. 不得安排哺乳职工从事《女职工劳动保护规定》和《女职工禁忌劳动范围的规定》所指出的作业。

(2) 国务院《女职工劳动保护特别规定》（2012年4月28日 国务院令第619号）

附录：女职工禁忌从事的劳动范围

四、女职工在哺乳期禁忌从事的劳动范围：

（一）孕期禁忌从事的劳动范围的第一项、第三项、第九项；

（二）作业场所空气中锰、氟、溴、甲醇、有机磷化合物、有机氯化合物等有毒物质浓度超过国家职业卫生标准的作业。

女职工更年期保健

[解读]

更年期是生命里程中一个重要阶段，随着年龄的增长，内分泌发生变化，人的心理、生理状况都会发生很大变化，这个阶段尤其需要家庭和社会的关怀，以期平安度过更年期。

（一）宣传更年期生理卫生知识，使进入更年期的女职工得到社会广泛的关怀。

（二）经县（区）以上（含县、区）的医疗或妇女保健机构诊断为更年期综合征者，经治疗效果仍不显著，且不适应原工作的，应暂时安排适宜的工作。

（三）进入更年期的女职工应每1～2年进行一次妇科疾病的查治。

[依据指引]

卫生部、劳动部、人事部、全国总工会、全国妇联《女职工保健工作规定》（1993年11月26日 卫妇发［1993］11号）

第十三条 更年期保健

1. 宣传更年期生理卫生知识，使进入更年期的职工得到社会广泛的关怀。

2. 经县（区）以上（含县、区）的医疗或妇幼保健机构诊断为更年期综合征者，经治疗效果仍不显著，且不适应原工作的，应暂时安排适宜的工作。

3. 进入更年期的女职工应每1～2年进行一次妇科疾病的查治。

未成年工

[解读]

我国规定，未成年工是指年满16周岁未满18周岁的工人（其中包括学徒工和技工学员）。这和全国人民代表大会常务委员会《关于批准〈准予就业最低年龄公约〉的决定》（1998年12月29日通过）是一致的。第九届全国人民代表大会常务委员会第六次会议在批准1973年第五十八届国际劳工大会通过的《准予就业最低年龄公约》的同时，声明如下：在中华人民共和国领土内及中华人民共和国注册的运输工具上就业或者工作的最低年龄为16周岁；在中华人民共和国政府另行通知前，《准予就业最低年龄公约》暂不适用于中华人民共和国香港特别行政区。

16周岁以上不满18周岁的公民，以自己的劳动收入为主要生活来源的，视为完全民事行为能力人。16周岁的公民一般已完成国家的义务教育，达到初中毕业，可以继续升学，也可以就业。就业的16周岁以上不满18周岁的公民，能以自己的劳动取得固定的或者连续、稳定的收入，维持当地群众的一般生活水平的，可以认定为以自己的劳动收入为主要生活来源的完全民事行为能力人。

[依据指引]

(1)《中华人民共和国民法通则》（1986年4月12日 国家主席令第37号）

第十一条 十八周岁以上的公民是成年人，具有完全民事行为能力，可以独立进行民事活动，是完全民事行为能力人。

十六周岁以上不满十八周岁的公民，以自己的劳动收入为主要生活来源的，视为完全民事行为能力人。

(2)《中华人民共和国劳动法》（1994 年 7 月 5 日 国家主席令第 28 号）

第五十八条 国家对女职工和未成年工实行特殊劳动保护。

未成年工是指年满十六周岁未满十八周岁的劳动者。

(3) 劳动部《未成年工特殊保护规定》（1994 年 12 月 9 日 劳部发［1994］498 号）

第二条 未成年工是指年满十六周岁，未满十八周岁的劳动者。

未成年工的特殊保护是针对未成年工处于生长发育期的特点，以及接受义务教育的需要，采取的特殊劳动保护措施。

(4) 全国人民代表大会常务委员会《关于批准〈准予就业最低年龄公约〉的决定》（1998 年 12 月 29 日）

第九届全国人民代表大会常务委员会第六次会议决定，批准《准予就业最低年龄公约》；同时，声明如下：

一、在中华人民共和国领土内及中华人民共和国注册的运输工具上就业或者工作的最低年龄为 16 岁。

二、在中华人民共和国政府另行通知前，《准予就业最低年龄》暂不适用于中华人民共和国香港特别行政区。

未成年工特殊保护

[解读]

为更好地保护未成年工的身心健康，我国采取了如下特殊保护性措施：

（一）限制最低就业年龄。除了规定一般最低就业年龄为 16 周岁外，还对某些特殊行业的最低就业年龄作了弹性规定。

（二）实行缩短工作日制度，不得安排他们加班加点，虽然国家没有明确的规定，但一些地方政府作出了不得安排未成年工加班或夜班的明确规定。因此，凡是用人单位所在地的地方政府有规定的，应当从其规定。

（三）限制劳动工种。禁止安排未成年工从事矿山井下作业、深水作业以及其他特别繁重的或者对身体有毒有害的劳动。

（四）实行身体定期检查制度。录用未成年工时，应进行体格检查，录用后还要进行定期的健康检查（工作满 1 年，年满 18 周岁时）。

（五）对违反未成年工的特殊保护规定的要进行处罚。

[依据指引]

(1)《中华人民共和国劳动法》（1994 年 7 月 5 日 国务院令第 28 号）

第十五条 禁止用人单位招用未满十六周岁的未成年人。

文艺、体育和特种工艺单位招用未满十六周岁的未成年人，必须依照国家有关规定，履行审批手续，并保障其接受义务教育的权利。

第六十四条 不得安排未成年工从事矿山井下、有毒有害、国家规定的第四级体力劳动强度的劳动和其他禁忌从事的劳动。

第六十五条 用人单位应当对未成年工定期进行健康检查。

第九十五条 用人单位违反本法对女职工和未成年工的保护规定，侵害其合法权益的，由劳动行政部门责令改正，处以罚款；对女职工或者未成年工造成损害的，应当承担赔偿责任。

(2)《中华人民共和国未成年人保护法》（1991 年 9 月 4 日 国家主席令第 50 号）

第二十八条 任何组织和个人不得招用未满十六周岁的未成年人，国家另有规定的除外。

任何组织和个人依照国家有关规定招收已满十六周岁未满十八周岁的未成年人的，应当在工种、劳动时间、劳动强度和保护措施等方面执行国家有关规定，不得安排其从事过重、有毒、有害的劳动或者危险作业。

(3) 劳动部《未成年工特殊保护规定》（1994 年 12 月 9 日 劳部发［1994］498 号）（略）

(4) 劳动部《关于技工学校学生学习、劳动、休息时间暂行规定》（1961 年 5 月 15 日 ［61］中劳配字第 175 号）

第三条 技工学校学生进行生产实习时，劳动时间第一学期每天不得超过七小时，以后各学期每天不得超过八小时；未满十六周岁学生第一学年每天不得超过六小时，第二学年每天不得超过七小时，第三学年每天不得超过八小时。如果是夜班劳动，劳动时间按照上述规定各减少一小时，未满十六周岁学生不参加夜班劳动。

(5) 国务院《劳动保障监察条例》(2004年10月26日 国务院令第423号)

第二十三条 用人单位有下列行为之一的，由劳动保障行政部门责令改正，按照受侵害的劳动者每人1 000元以上5 000元以下的标准计算，处以罚款：

……

(八)未对未成年工定期进行健康检查的。

未成年工禁忌劳动范围

[解读]

用人单位不得安排未成年工从事以下范围的劳动：

(一)国家标准中第一级以上的接尘作业。

(二)第一级以上的有毒作业，从事放射性工作及接触放射性的未满18岁实习人员，每年受照应低于职业性放射性工作人员最大容许剂量当量的3/10，并不得接受应急照射。

(三)第二级以上的高处作业和冷水作业。

(四)第三级以上的高温作业和低温作业。

(五)第四级体力劳动强度的作业。

(六)矿山井下及矿山地面采石作业。

(七)森林业中的伐木、归楞、流放及守林作业。

(八)工作场所接触放射性物质的作业。

(九)有易燃易爆、化学性烧伤和热烧伤等危险性大的作业。

(十)地质勘探和资源勘探的野外作业。

(十一)潜水、涵洞、涵道作业和海拔3 000米以上的高原作业(不包括世居高原者)。

(十二)连续负重每小时在6次以上并每次超过20公斤，间断负重每次超过25公斤的作业。

(十三)使用凿岩机、捣固机、气镐、气铲、铆钉机、电锤的作业。

(十四)工作中需要长时间保持低头、弯腰、上举、下蹲等强迫体位和动作频率每分钟大于50次的流水线作业。

(十五)锅炉司炉。

[依据指引]

(1)《中华人民共和国劳动法》(1994年7月5日 国家主席令第28号)

第六十四条 不得安排未成年工从事矿山井下、有毒有害、国家规定的第四级体力劳动强度的劳动和其他禁忌从事的劳动。

(2) 劳动部办公厅《关于〈中华人民共和国劳动法〉若干条文的说明》(1994年9月5日 劳办发[1994]289号)

第六十四条 任何单位和个人不得安排未成年工从事矿山井下、有毒有害、国家规定的第四级体力劳动强度的劳动和其他禁忌从事的劳动。

本条中的“其他禁忌从事的劳动”是指：

(一)森林业伐木、归楞及流放作业；

(二)凡在坠落高度基准面5米以上(含5米)有可能坠落的高处进行的作业，即二级高处作业；

(三)作业场所放射性物质超过《放射防护规定》中规定剂量的作业；

(四)其他对未成年工的发育成长有影响的作业。

(3) 劳动部《未成年工特殊保护规定》(1994年12月9日 劳部发[1994]498号)

第三条 用人单位不得安排未成年工从事以下范围的劳动：

(一)《生产性粉尘作业危害程度分级》国家标准中第一级以上的接尘作业；

(二)《有毒作业分级》国家标准中第一级以上的有毒作业；

(三)《高处作业分级》国家标准中第二级以上的高处作业；

(四)《冷水作业分级》国家标准中第二级以上的冷水作业；

(五)《高温作业分级》国家标准中第三级以上的高温作业；

(六)《低温作业分级》国家标准中第三级以上的低温作业；

(七)《体力劳动强度分级》国家标准中第四级体力劳动强度的作业；

(八)矿山井下及矿山地面采石作业；

(九)森林业中的伐木、流放及守林作业；

(十)工作场所接触放射性物质的作业；

(十一)有易燃易爆、化学性烧伤和热烧伤等危险性大的作业；

(十二)地质勘探和资源勘探的野外作业；

(十三)潜水、涵洞、涵道作业和海拔三千米以上的高原作业(不包括世居高原者)；

(十四)连续负重每小时在六次以上并每次超过二十公斤，间断负重每次超过二十五公斤的作业；

（十五）使用凿岩机、捣固机、气镐、气铲、铆钉机、电锤的作业；

（十六）工作中需要长时间保持低头、弯腰、上举、下蹲等强迫体位和动作频率每分钟大于五十次的流水线作业；

（十七）锅炉司炉。

（4）国家技术监督局《放射防护规定》（1974年4月27日　GBJ S—74）（略）

未成年工患病或有缺陷禁忌劳动范围

［解读］

未成年工患有某种疾病或具有某些生理缺陷（非残疾型）时，用人单位不得安排其从事以下范围的劳动：

（一）国家标准中第一级以上的高处作业。

（二）第二级以上的低温作业和高温作业。

（三）第三级以上体力劳动强度的作业。

（四）接触铅、苯、汞、甲醛、二硫化碳等易引起过敏反应的作业。

患有某种疾病或具有某些生理缺陷（非残疾型）的未成年工，是指有以下一种或一种以上情况者：

（一）心血管系统：先天性心脏病；克山病；收缩期或舒张期二级以上心脏杂音。

（二）呼吸系统：中度以上气管炎或支气管哮喘；呼吸音明显减弱；各类结核病；体弱儿，呼吸道反复感染者。

（三）消化系统：各类肝炎；肝、脾肿大；胃、十二指肠溃疡；各种消化道疝。

（四）泌尿系统：急、慢性肾炎；泌尿系统感染。

（五）内分泌系统：甲状腺机能亢进；中度以上糖尿病。

（六）精神神经系统：智力明显低下；精神忧郁或狂暴。

（七）肌肉、骨骼运动系统：身高和体重低于同龄人标准；一个及一个以上肢体存在明显功能障碍；躯干1/4以上部位活动受限，包括强直或不能旋转。

（八）其他疾病：结核性胸膜炎；各类重度关节炎；血吸虫病；严重贫血，其血色素每升低于95克（9.5 g/dL）。

［依据指引］

劳动部《未成年工特殊保护规定》（1994年12月9日　劳部发［1994］498号）

第四条　未成年工患有某种疾病或具有某些生理缺陷（非残疾型）时，用人单位不得安排其从事以下范围的劳动：

（一）《高处作业分级》国家标准中第一级以上的高处作业；

（二）《低温作业分级》国家标准中第二级以上的低温作业；

（三）《高温作业分级》国家标准中第二级以上的高温作业；

（四）《体力劳动强度分级》国家标准中第三级以上体力劳动强度的作业；

（五）接触铅、苯、汞、甲醛、二硫化碳等易引起过敏反应的作业。

第五条　患有某种疾病或具有某些生理缺陷（非残疾型）的未成年工，是指有以下一种或一种以上情况者：

（一）心血管系统

1. 先天性心脏病；

2. 克山病；

3. 收缩期或舒张期二级以上心脏杂音。

（二）呼吸系统

1. 中度以上气管炎或支气管哮喘；

2. 呼吸音明显减弱；

3. 各类结核病；

4. 体弱儿，呼吸道反复感染者。

（三）消化系统

1. 各类肝炎；

2. 肝、脾肿大；

3. 胃、十二指肠溃疡；

4. 各种消化道疝。

（四）泌尿系统

1. 急、慢性肾炎；

2. 泌尿系感染。

（五）内分泌系统

1. 甲状腺机能亢进；

2. 中度以上糖尿病。

（六）精神神经系统

1. 智力明显低下；

2. 精神忧郁或狂暴。

（七）肌肉、骨骼运动系统

1. 身高和体重低于同龄人标准；

2. 一个及一个以上肢体存在明显功能障碍；

3. 躯干四分之一以上部位活动受限，包括强直或不能旋转。

（八）其他

1. 结核性胸膜炎；

2. 各类重度关节炎；

3. 血吸虫病；

4. 严重贫血，其血色素每升低于九十五克（9.5 g/dL）。

未成年工体检

[解读]

用人单位应按下列要求对未成年工定期进行健康检查：

（一）安排工作岗位之前。

（二）工作满一年。

（三）年满18周岁，距前一次的体检时间已超过半年。

未成年工的健康检查，应按《未成年工健康检查表》列出的项目进行。用人单位应根据未成年工的健康检查结果安排其从事适合的劳动，对不能胜任原劳动岗位的，应根据医务部门的证明，予以减轻劳动量或安排其他劳动。

未成年工上岗前用人单位应对其进行有关的职业安全卫生教育、培训；未成年工体检，由用人单位统一办理和承担费用。

[依据指引]

劳动部《未成年工特殊保护规定》（1994年12月9日 劳部发［1994］498号）

第六条 用人单位应按下列要求对未成年工定期进行健康检查：

（一）安排工作岗位之前；

（二）工作满一年；

（三）年满十八周岁，距前一次的体检时间已超过半年。

第七条 未成年工的健康检查，应按本规定所附《未成年工健康检查表》列出的项目进行。

第八条 用人单位应根据未成年工的健康检查结果安排其从事适合的劳动，对不能胜任原劳动岗位的，应根据医务部门的证明，予以减轻劳动量或安排其他劳动。

第十条 未成年工上岗前用人单位应对其进行有关的职业安全卫生教育、培训；未成年工体检和登记，由用人单位统一办理和承担费用。

未成年工的使用和登记

[解读]

对未成年工的使用和特殊保护实行登记制度。

（一）用人单位招收使用未成年工，除符合一般用工要求外，还须向所在地的县级以上劳动行政部门办理登记。劳动行政部门根据《未成年工健康检查表》《未成年工登记表》，核发《未成年工登记证》。

（二）各级劳动行政部门须按《未成年工特殊保护规定》第3、4、5、7条的有关规定，审核体检情况和拟安排的劳动范围。

（三）未成年工须持《未成年工登记证》上岗。

（四）《未成年工登记证》由国务院劳动行政部门统一印制。

（五）未成年工体检和登记，由用人单位统一办理和承担费用。

[依据指引]

劳动部《未成年工特殊保护规定》（1994年12月9日 劳部发［1994］498号）

第九条 对未成年工的使用和特殊保护实行登记制度。

（一）用人单位招收使用未成年工，除符合一般用工要求外，还须向所在地的县级以上劳动行政部门办理登记。劳动行政部门根据《未成年工健康检查表》《未成年工登记表》，核发《未成年工登记证》。

（二）各级劳动行政部门须按本规定第三、四、五、七条的有关规定，审核体检情况和拟安排的劳动范围。

（三）未成年工须持《未成年工登记证》上岗。

（四）《未成年工登记证》由国务院劳动行政部门统一印制。

第十条 未成年工上岗前用人单位应对其进行有关的职业安全卫生教育、培训；未成年工体检和登记，由用人单位统一办理和承担费用。

童　工

[解读]

童工是指未满16周岁，与单位或者个人发生劳动关系从事有经济收入的劳动或者从事个体劳动的少年、儿童和未受完 9 年义务教育的在校学生。

未满 16 周岁的少年、儿童，参加家庭劳动；学校、其他教育机构以及职业培训机构按照国家有关规定组织不满 16 周岁的未成年人进行不影响其人身安全和身心健康的教育实践劳动、职业技能培训劳动，不属于使用童工。

[依据指引]

(1)《中华人民共和国劳动法》（1994 年 7 月 5 日　国家主席令第 28 号）

第十五条　禁止用人单位招用未满十六周岁的未成年人。

文艺、体育和特种工艺单位招用未满十六周岁的未成年人，必须依照国家有关规定，履行审批手续，并保障其接受义务教育的权利。

(2) 国务院《禁止使用童工规定》（2002 年 10 月 1 日　国务院令第 364 号）

第十三条　文艺、体育单位经未成年人的父母或者其他监护人同意，可以招用不满 16 周岁的专业文艺工作者、运动员。用人单位应当保障被招用的不满 16 周岁的未成年人的身心健康，保障其接受义务教育的权利。文艺、体育单位招用不满 16 周岁的专业文艺工作者、运动员的办法，由国务院劳动保障行政部门会同国务院文化、体育行政部门制定。

学校、其他教育机构以及职业培训机构按照国家有关规定组织不满 16 周岁的未成年人进行不影响其人身安全和身心健康的教育实践劳动、职业技能培训劳动，不属于使用童工。

国家禁止招用童工

[解读]

国家明确规定，禁止国家机关、社会团体、企业事业单位和个体工商户、农户、城镇居民招收和使用 16 周岁以下少年、儿童及未受完 9 年义务教育的在校学生做工、经商、当学徒，并采取了以下主要措施：

（一）禁止任何单位或者个人为不满 16 周岁的未成年人介绍就业。

（二）禁止不满 16 周岁的未成年人开业从事个体经营活动。

（三）不满 16 周岁的未成年人的父母或者其他监护人应当保护其身心健康，保障其接受义务教育的权利，不得允许其被用人单位非法招用。不满 16 周岁的未成年人的父母或者其他监护人允许其被用人单位非法招用的，所在地的乡（镇）人民政府、城市街道办事处以及村民委员会、居民委员会应当给予批评教育。对一些迫使未满 16 周岁的儿童、少年去做工、从商、当学徒的家长或其他监护人，要进行批评教育，令其改正错误。坚持不改的应加重罚款。

（四）用人单位招用人员时，必须核查被招用人员的身份证；对不满 16 周岁的未成年人，一律不得录用。用人单位录用人员的录用登记、核查材料应当妥善保管。

（五）县级以上各级人民政府人力资源和社会保障行政部门负责《禁止使用童工规定》执行情况的监督检查。要加强对企业、事业单位，尤其是城乡集体企业、私营企业和个体工商户招工、用工的管理、监督和检查。严格禁止任何单位和个人使用童工。对违反国家规定，擅自使用童工者，除责令其立即退回外，还予以重罚。对情节严重、屡教不改者，应责令其停业整顿，直至吊销其营业执照。对诱骗、虐待童工的包工头，要提交司法部门依法追究刑事责任。

（六）县级以上各级人民政府公安、工商行政管理、教育、卫生等行政部门在各自职责范围内对禁止使用童工规定的执行情况进行监督检查，并对人力资源和社会保障行政部门的监督检查给予配合。

[依据指引]

(1)《中华人民共和国劳动法》（1994 年 7 月 5 日　国家主席令第 28 号）

第十五条　禁止用人单位招用未满十六周岁的未成年人。

文艺、体育和特种工艺单位招用未满十六周岁的未成年人，必须依照国家有关规定，履行审批手续，并保障其接受义务教育的权利。

(2)《中华人民共和国未成年人保护法》（1991 年 9 月 4 日　国家主席令第 50 号）

第二十八条　任何组织和个人不得招用未满十六周岁的未成年人，国家另有规定的除外。

任何组织和个人依照国家有关规定招收已满十六周岁未满十八周岁的未成年人的，应当在工种、劳动时间、劳动强度和保护措施等方面执行国家有关规定，不得安排其从事过重、有毒、有害的劳动或者危险作业。

(3) 国务院《禁止使用童工规定》（2002 年 10 月 1 日　国务院令第 364 号）

第五条　县级以上各级人民政府劳动保障行政部门负责本规定执行情况的监督检查。

县级以上各级人民政府公安、工商行政管理、教育、卫生等行政部门在各自职责范围内对本规定的执行情况进行监督检查，并对劳动保障行政部门的监督检查给予配合。

工会、共青团、妇联等群众组织应当依法维护未成年人的合法权益。

任何单位或者个人发现使用童工的，均有权向县级以上人民政府劳动保障行政部门举报。

招用不满 16 周岁文体工作者和艺徒

［解读］

原劳动部经国务院授权，对文艺工作者、运动员、艺徒概念界定如下：

文艺工作者，系指专门从事表演艺术工作的人员。

运动员，系指专门从事某项体育运动训练和参加比赛的人员。

艺徒，系指在杂技、戏曲以及工艺美术等领域中，从师学艺的人员。

文艺、体育和特种工艺单位经未成年人的父母或者其他监护人同意，可以招用不满 16 周岁的专业文艺工作者、运动员。用人单位应当保障被招用的不满 16 周岁的未成年人的身心健康，保障其接受义务教育的权利。文艺、体育单位招用不满 16 周岁的专业文艺工作者、运动员的办法，由国务院人力资源和社会保障行政部门会同国务院文化、体育行政部门制定。

按照原劳动和社会保障部的规定，任何组织和个人不得招用未满 16 周岁的未成年人。文艺、体育和特种工艺单位，确需招用未满 16 周岁的文艺工作者、运动员和艺徒时，须报经县级以上（含县级）人力资源和社会保障行政部门批准。因此，除文艺、体育和特种工艺三个特殊行业外，其他用人单位（如汽车修理部等）招用未满 16 周岁的学徒工，无论这些学徒工是否获得经济收入，均应视为违法行为；人力资源和社会保障行政部门应根据国家关于禁止使用童工的有关法律规定，责令其改正，并给予行政处罚。

［依据指引］

(1)《中华人民共和国劳动法》（1994 年 7 月 5 日　国务院令第 28 号）

第十五条　禁止用人单位招用未满十六周岁的未成年人。

文艺、体育和特种工艺单位招用未满十六周岁的未成年人，必须依照国家有关规定，履行审批手续，并保障其接受义务教育的权利。

(2) 国务院《禁止使用童工规定》（2002 年 10 月 1 日　国务院令第 364 号）

第十三条　文艺、体育单位经未成年人的父母或者其他监护人同意，可以招用不满 16 周岁的专业文艺工作者、运动员。用人单位应当保障被招用的不满 16 周岁的未成年人的身心健康，保障其接受义务教育的权利。文艺、体育单位招用不满 16 周岁的专业文艺工作者、运动员的办法，由国务院劳动保障行政部门会同国务院文化、体育行政部门制定。

学校、其他教育机构以及职业培训机构按照国家有关规定组织不满 16 周岁的未成年人进行不影响其人身安全和身心健康的教育实践劳动、职业技能培训劳动，不属于使用童工。

(3) 劳动部《关于界定文艺工作者、运动员、艺徒概念的通知》（1992 年 5 月 8 日　劳力字［1992］25 号）

各省、自治区、直辖市及计划单列市劳动（劳动人事）厅（局）：

国务院一九九一年发布了《禁止使用童工规定》（国务院令第 81 号），现对该规定中文艺工作者、运动员、艺徒的概念界定如下：

文艺工作者，系指专门从事表演艺术工作的人员。

运动员，系指专门从事某项体育运动训练和参加比赛的人员。

艺徒，系指在杂技、戏曲以及工艺美术等领域中从师学艺的人员。

文艺、体育和特种工艺单位，确需招用未满十六周岁的文艺工作者、运动员和艺徒时，要严格按照国务院《禁止使用童工规定》中的有关规定，报经县级以上（含县级）劳动行政部门批准。招用后，用人单位应切实保护他们的身心健康，促使他们在德、智、体诸方面健康成长，并应负责创造条件，保证少年、儿童依法接受当地规定年限的义务教育。

(4) 劳动部办公厅《对〈关于童工问题请示〉

的复函》（1998 年 8 月 13 日　劳社厅函［1998］64 号）

你厅《关于童工问题的请示》（内劳监字［1998］5 号）收悉，经研究，现函复如下：

《中华人民共和国未成年人保护法》第二十八条规定："任何组织和个人不得招用未满十六周岁的未成年人。"《禁止使用童工规定》（国务院令第 81 号）第八条规定："文艺、体育和特种工艺单位，确需招用未满 16 周岁的文艺工作者、运动员和艺徒时，须报经县级以上（含县级，下同）劳动行政部门批准。"根据上述规定，除文艺、体育和特种工艺三个特殊行业外，其他用人单位（如汽车修理部等）招用未满 16 周岁的学徒工，无论这些学徒工是否获得经济收入，均应视为违法行为；劳动行政部门应根据国家关于禁止使用童工的有关法律规定，责令其改正，并给予行政处罚。

童工问题的处理

［解读］

尽管国家明令禁止招用童工，但招用童工的问题依然不少。因此，针对童工问题应做以下相应处理：

（一）用人单位，特别是私营企业（较为突出的是服装加工业、餐饮业及建筑业）和个体工商户违法使用童工，绝大部分未签劳动合同，即使少量的用工单位或个体工商户与童工有劳动合同，或与其监护人有口头约定（口头合同），也是违反《劳动法》和国务院《禁止使用童工规定》的，因而是无效的。一经发现，立即制止，并要求用人单位或个人应按劳动合同规定或约定支付违法使用童工期间的劳动报酬。如发生争议，劳动争议仲裁委员会或人民法院即可确认其劳动关系或劳动合同无效。由此引起的一切后果由用人方承担，童工一方不承担任何责任。

（二）用人单位或个人违法使用童工，人力资源社会保障行政部门已经发现，应立即制止。童工属于限制民事行为能力的人，停止使用，给予辞退，不是将童工推出厂门，任其在社会上流浪，而是由用人单位或个人自觉地或由人力资源和社会保障行政部门责令其限期将童工送回原居住地交其父母或其他监护人。童工被送回原居住地所需费用，包括车船费、食宿费等全部由使用童工的单位或个人承担。

（三）童工属于限制民事行为能力人，其风险意识、避险能力、应急反应都很差，安排童工从事与本身素质不相适应的劳动，极易发生危险，对保护儿童的健康非常不利，因此国家法律规定：

1. 童工患病或者受伤的，用人单位应当负责送到医疗机构治疗，并负担治疗期间的全部医疗和生活费用。

2. 童工伤残或者死亡的，用人单位由工商行政管理部门吊销营业执照或者由民政部门撤销民办非企业单位登记；用人单位是国家机关、事业单位的，由有关单位依法对直接负责的主管人员和其他直接责任人员给予降级或者撤职的行政处分或者纪律处分。

3. 童工工伤医疗终结，由县级劳动鉴定委员会确定其伤残程度，由使用童工的单位或者个人根据其伤残程度发给童工本人因工致残抚恤费。童工死亡的，使用童工的单位或者个人应当发给童工父母或者其他监护人丧葬补助费，并给予经济赔偿。用人单位一次性地对伤残的童工、死亡童工的直系亲属给予赔偿，赔偿金额按照国家工伤保险的有关规定计算。若双方发生争议，可参照劳动争议处理的规定办理。

［依据指引］

（1）《中华人民共和国劳动法》（1994 年 7 月 5 日　国家主席令第 28 号）

第十五条　禁止用人单位招用未满十六周岁的未成年人。

文艺、体育和特种工艺单位招用未满十六周岁的未成年人，必须依照国家有关规定，履行审批手续，并保障其接受义务教育的权利。

第十八条　下列劳动合同无效：

（一）违反法律、行政法规的劳动合同；

（二）采取欺诈、威胁等手段订立的劳动合同。

无效的劳动合同，从订立的时候起，就没有法律约束力。确认劳动合同部分无效的，如果不影响其余部分的效力，其余部分仍然有效。

劳动合同的无效，由劳动争议仲裁委员会或者人民法院确认。

（2）国务院《禁止使用童工规定》（2002 年 10 月 1 日　国务院令第 364 号）

第十条　童工患病或者受伤的，用人单位应当负责送到医疗机构治疗，并负担治疗期间的全部医疗和生活费用。

童工伤残或者死亡的，用人单位由工商行政

管理部门吊销营业执照或者由民政部门撤销民办非企业单位登记；用人单位是国家机关、事业单位的，由有关单位依法对直接负责的主管人员和其他直接责任人员给予降级或者撤职的行政处分或者纪律处分；用人单位还应当一次性地对伤残的童工、死亡童工的直系亲属给予赔偿，赔偿金额按照国家工伤保险的有关规定计算。

(3) 国务院《工伤保险条例》（2003 年 4 月 27 日　国务院令第 375 号　2010 年 12 月 20 日修订）

第六十三条　用人单位违反本条例第十九条的规定，拒不协助社会保险行政部门对事故进行调查核实的，由社会保险行政部门责令改正，处 2 000 元以上 2 万元以下的罚款。

第八章 职业培训

职业培训

[解读]

职业培训是指按照不同职业岗位的要求对接受培训的人员进行职业知识与实际技能训练的职业教育活动。其目标在于把新生劳动者培养训练成为具有一定文化知识和技术技能素质的合格的劳动者，把具备一定职业经历的人员训练成为适应新的职业岗位需要的劳动者，以适应市场经济发展及就业和转换职业的需要。职业培训是人力资源和社会保障工作中的重要组成部分。职业培训种类包括：就业前培训、转业培训、学徒培训、创业培训、在岗培训、转岗培训及其他职业性培训。并根据技能水平的高低分为初级、中级和高级职业培训。

我国根据劳动力市场需求开发劳动者职业技能的机制也在逐步建立。目前，一个包括职业分类、职业标准、职业培训、职业技能鉴定、职业指导、职业技能竞赛等内容的职业培训工作体系已初步形成。国家正在积极实行新生劳动力的就业前培训；完善再就业培训；全面推动企业在职培训；推行职业资格证书和学历证书并重制度，使职业培训工作适应社会发展的需要。

[依据指引]

(1)《中华人民共和国劳动法》（1994 年 7 月 5 日　国家主席令第 28 号）

第六十七条　各级人民政府应当把发展职业培训纳入社会经济发展的规划，鼓励和支持有条件的企业、事业组织、社会团体和个人进行各种形式的职业培训。

第六十八条　用人单位应当建立职业培训制度，按照国家规定提取和使用职业培训经费，根据本单位实际，有计划地对劳动者进行职业培训。

从事技术工种的劳动者，上岗前必须经过培训。

第六十九条　国家确定职业分类，对规定的职业制定职业技能标准，实行职业资格证书制度，由经过政府批准的考核鉴定机构负责对劳动者实施职业技能考核鉴定。

(2)《中华人民共和国职业教育法》（1996 年 5 月 15 日　国家主席令第 69 号）

第十三条　职业学校教育分为初等、中等、高等职业学校教育。

初等、中等职业学校教育分别由初等、中等职业学校实施；高等职业学校教育根据需要和条件由高等职业学校实施，或者由普通高等学校实施。其他学校按照教育行政部门的统筹规划，可以实施同层次的职业学校教育。

第十四条　职业培训包括从业前培训、转业培训、学徒培训、在岗培训、转岗培训及其他职业性培训，可以根据实际情况分为初级、中级、高级职业培训。

职业培训分别由相应的职业培训机构、职业学校实施。

其他学校或者教育机构可以根据办学能力，开展面向社会的、多种形式的职业培训。

(3)《中华人民共和国就业促进法》（2007 年 8 月 30 日　国家主席令第 70 号）

第四十四条　国家依法发展职业教育，鼓励开展职业培训，促进劳动者提高职业技能，增强就业能力和创业能力。

第四十六条　县级以上人民政府加强统筹协调，鼓励和支持各类职业院校、职业技能培训机构和用人单位依法开展就业前培训、在职培训、再就业培训和创业培训；鼓励劳动者参加各种形式的培训。

就业前培训

[解读]

就业前培训（也称从业前培训）是指针对社会经济市场的需求，帮助初次求职者、下岗失业者提高就业和再就业能力进行职业知识、技能水平的一种培训，主要是由各类职业学校、就业训练中心、社会力量办学等机构来完成。

就业前培训的任务是：根据社会发展的需要和劳动力市场的需求，组织青年求职者、下岗失业人员、农村进城务工人员，参加以就业和再就业为目的的培训。这种培训是按照职业技能标准的要求，结合生产工作岗位的实际需要，采取不同形式进行的，经过必要的职业道德、专业理论、职业技能等方面的培训，使他们掌握一定的职业技能，为他们竞争就业或上岗创造条件。

就业前培训的主要对象包括：城乡新生劳动力，下岗失业人员，需重新换岗的企业富余人员，城镇就业的剩余人员，其他上岗前需要提高职业技能的劳动者。

就业前培训主要有两个特点：

（一）以市场需求为导向。由于就业前培训以市场需求为依据，与劳动就业紧密结合，所以能够有针对性地确定培训内容，合理安排计划，选择专业，使劳动者增强就业竞争能力，满足社会需要。

（二）具有较强的灵活性。就业前培训在形式上灵活，可联合培训、委托培训、定向培训；机构上灵活，可企业培训、社会力量办学机构培训、就业训练中心培训；时间上灵活，可脱产培训、半脱产培训、业余时间培训；教学手段灵活，可采用自学、函授、广播、电视教学等远程培训，也可以集中培训、模块式教育等。

为了提高就业能力，劳动者在就业前可到相应的职业培训机构，有针对性地进行某种职业技能的培训。根据有关规定，各地定点培训机构对下岗失业人员、困难群体、农民工培训费用实行部分减免的优惠政策，政府给予相应的补助。

[依据指引]

(1)《中华人民共和国劳动法》（1994 年 7 月 5 日　国家主席令第 28 号）

第六十六条　国家通过各种途径，采取各种措施，发展职业培训事业，开发劳动者的职业技能，提高劳动者素质，增强劳动者的就业能力和工作能力。

第六十七条　各级人民政府应当把发展职业培训纳入社会经济发展的规划，鼓励和支持有条件的企业、事业组织、社会团体和个人进行各种形式的职业培训。

(2)《中华人民共和国职业教育法》（1996 年 5 月 15 日　国家主席令第 69 号）

第十九条　政府主管部门、行业组织应当举办或者联合举办职业学校、职业培训机构，组织、协调、指导本行业的企业、事业组织举办职业学校、职业培训机构。

国家鼓励运用现代化教学手段，发展职业教育。

第二十条　企业应当根据本单位的实际，有计划地对本单位的职工和准备录用的人员实施职业教育。

企业可以单独举办或者联合举办职业学校、职业培训机构，也可以委托学校、职业培训机构对本单位的职工和准备录用的人员实施职业教育。

从事技术工种的职工，上岗前必须经过培训；从事特种作业的职工必须经过培训，并取得特种作业资格。

(3) 劳动部《就业训练规定》（1994 年 12 月 9 日　劳部发［1994］490 号）

第一章　总　则

第一条　为了规范和推动就业训练工作，提高劳动者的职业技能，促进就业，根据有关法律、法规的规定，制定本规定。

第二条　就业训练是指对下列人员组织开展的提高职业技术和就业能力的培训：

（一）为城乡初次求职的劳动者提供就业前训练；

（二）为失业职工和需要转换职业的企业富余职工提供转业训练；

（三）为向非农产业转移及在城镇就业的农村劳动者提供转业训练；

（四）为妇女、残疾人、少数民族人员及复转军人等特殊群体人员提供专门的就业训练。

第三条　就业训练应与职业介绍、失业保险、劳动就业服务企业等劳动就业服务工作紧密结合，统筹安排。

第四条　就业训练由劳动行政部门所属劳动就业服务机构组织实施。

第五条　本规定适用于劳动部门和非劳动部门组织开展的就业训练。

第二章　组织与管理

第六条　就业训练应根据劳动力市场需求及用人单位的要求设置专业和确定培训标准，按照培训标准和接受培训人员的素质状况确定培训期限。

第七条　对参加就业训练的各类人员实行公

开报名、自选专业、考核发证、择优推荐就业。

第八条 就业训练应采取多层次、多形式、多渠道的培训方式，以实际操作技能为主，同时进行必要的专业知识和职业指导及其他内容的培训。

第九条 未接受过职业培训的求职人员，以及需要转换职业的城乡劳动者，应在就业或上岗前接受必要的就业训练。

六个月以上的长期失业职工，应参加劳动就业服务机构指定的转业训练。

第十条 就业训练单位应与学员签订培训合同。其内容包括培训专业、时间、费用、教学实习、考核发证、违约责任等条款。

第十一条 就业训练单位应根据培训标准制定教学计划和大纲，按照教学计划和大纲组织教学。

就业训练应采用劳动部组织审定的就业训练统编教材，或采用劳动就业服务机构及其就业训练中心组织编审的教材。

第十二条 就业训练单位应利用劳动就业服务信息网络获取和传递培训与用人信息。

第十三条 劳动就业服务机构应在劳动行政部门的领导下制定就业训练规划并组织实施，统筹规划就业训练中心的布局和规模，管理与指导就业训练中心和非劳动部门办就业训练工作，并定期组织检查评估。

第三章 就业训练中心

第十四条 就业训练中心是在各级劳动行政部门领导下，由劳动就业服务机构管理和指导的就业训练实体，属事业单位。

第十五条 就业训练中心的职责：

（一）贯彻执行有关劳动就业和职业培训的法律、法规和政策；

（二）组织就业训练、转业训练的教学与实习；

（三）开展教学研究，编写教材和教学资料；

（四）法律、法规规定的其他职责。

第十六条 县级以上就业训练中心的开办、停办，须报当地人民政府批准，并报上一级劳动行政部门备案。

第十七条 就业训练中心实行主任负责制。就业训练中心主任应具有大专以上文化程度，有教学、管理经验及其相应的任职资格。

第十八条 就业训练中心应建立健全各项规章制度，实行目标管理责任制。

第十九条 就业训练中心应在教学管理、训练方法、训练质量等方面发挥示范作用。

第二十条 就业训练中心应根据需要，自建或联办实习场地，也可利用劳动就业服务企业作为实习场地。

第二十一条 就业训练中心应积极创造条件，建立职业技能鉴定站（所），并按有关规定组织开展职业资格鉴定工作。

第二十二条 就业训练中心应根据专业设置需要，配备专、兼职教师。专业理论课教师应具有大专及以上文化程度，实习指导教师应达到中级以上技术水平。

第二十三条 就业训练中心应组织教师参加业务学习和培训，提高教师的素质。

第二十四条 就业训练中心教职工的职称评定和工资福利待遇等，按对技工学校教职工的有关规定执行。

第二十五条 就业训练中心应建立健全财务制度，配备财会人员，设置专户管理就业训练经费。

第四章 非劳动部门办就业训练

第二十六条 非劳动部门办就业训练是指企事业单位、社会团体、机关和个人等开展的就业训练活动和举办的就业训练实体。

第二十七条 非劳动部门办就业训练应具有与训练规模和专业（工种）设置相适应的教学场地、设施、教师和管理人员；有相应的工作规章和管理制度；培训质量应符合社会需要和用人单位的要求。

第二十八条 非劳动部门办就业训练必须经当地县级以上劳动就业服务机构核准，并领取“就业训练资格证”。“就业训练资格证”由省、自治区、直辖市劳动就业服务机构在劳动行政部门监督下，统一印制。

第二十九条 非劳动部门就业训练单位因故更名、换址、停办，须向核准发证机关报告，并办理相应的手续。

第三十条 非劳动部门就业训练单位刊播、张贴招生广告，须经当地劳动就业服务机构核准后，按有关规定办理。有条件的劳动就业服务机构可按有关规定申请建立就业训练广告代理机构，承担就业训练广告的核准与代理工作。

第三十一条 非劳动部门就业训练单位应定期向当地劳动就业服务机构报告工作情况，按规定填报统计报表，并接受其政策、业务的指导和监督检查。

第三十二条 对非劳动部门办就业训练实行资格年检制度。

第三十三条 非劳动部门就业训练单位结业的学员，享有同就业训练中心结业学员同等的参加职业资格鉴定和择优推荐就业的权利。

第五章 考核与发证

第三十四条 就业训练考核分为结业考核和职业资格鉴定。

第三十五条 结业考核标准按照培训标准确定。获得结业证书的学员，职业介绍机构凭证择优推荐就业。

第三十六条 职业资格鉴定标准按照国家颁布的标准执行。劳动就业服务机构应与当地职业技能鉴定指导中心建立固定联系，组织就业训练结业学员按有关规定参加职业资格鉴定。

第三十七条 就业训练结业证书由省、自治区、直辖市劳动就业服务机构统一印制，县级以上劳动就业服务机构颁发；职业资格证书由劳动部统一印制，县级以上劳动就业服务机构在劳动行政部门的监督指导下按有关规定颁发。

第六章 经 费

第三十八条 就业训练经费的主要来源：

（一）地方政府预算安排的就业经费中的就业训练费；

（二）失业保险基金中的转业训练费；

（三）地方发展教育基金中职业技术教育经费的一部分；

（四）按规定从学员和委托训练单位收取的就业训练费；

（五）其他来源。

就业经费中用于就业训练的费用一般不应少于30%；当年收缴的失业保险费中用于转业训练的费用原则上不应少于15%。

第三十九条 就业训练收费标准由当地劳动行政部门商物价部门确定。

第四十条 就业训练经费的主要开支项目：

（一）就业训练中心开展就业训练的补贴；

（二）失业职工和特别困难学员就业训练补贴；

（三）就业训练中心添置教学和实习设备；

（四）组织编写教材、教学大纲、电化教学资料等；

（五）表彰和奖励就业训练单位、教职工和学员；

（六）组织学员参加技能竞赛和文体活动；

（七）支付聘用教职工的工资；

（八）就业训练的其他费用。

第四十一条 第三十八条（一）、（二）、（三）项经费主要用于就业训练补贴。补贴标准应根据学员的训练专业、训练期限、实习费用和培训设施、固定资产折旧等主要指标，并按照培训合同和结业人数报表，由劳动就业服务机构确定。

经劳动就业服务机构审核，非劳动部门就业训练单位可以开展对失业职工的转业训练，并可给予相应的补贴。

第四十二条 就业训练经费必须专款专用，结余部分可结转下年度继续使用。

第四十三条 各地劳动就业服务机构应建立健全就业训练经费管理制度和内部审计制度，并接受当地财政、审计部门的检查监督。

第七章 罚 则

第四十四条 就业训练单位不按规定与学员签订培训合同或违反合同的，由劳动行政部门责令改正；对学员造成损害的，应当承担赔偿责任。

第四十五条 就业训练单位违反物价部门规定超标准收费的，由劳动行政部门或有关部门责令改正，并没收其非法所得；情节严重的，由劳动行政部门或有关部门处以罚款。

第四十六条 对挤占、平调就业训练中心场地、设备、资金或改变隶属关系，影响其正常训练工作的，由上一级劳动行政部门或有关部门责令改正；情节严重的，给予单位主管人员和直接责任者以行政处分。

第四十七条 对违反第二十八条规定，擅自开展就业训练活动的，由劳动行政部门责令限期改正；逾期不改的，由劳动行政部门责令停办，并可处以罚款。

第四十八条 对贪污、截留、挪用就业训练经费的单位主管人员和直接责任者，由劳动行政部门给予行政处分；构成犯罪的，依法追究刑事责任。

第四十九条 对以非法手段骗取或冒领就业训练补贴的单位主管人员和直接责任者，由劳动行政部门或有关部门给予行政处分，并可处以罚款；构成犯罪的，依法追究刑事责任。

第八章 附 则

第五十条 省、自治区、直辖市劳动行政部门可根据本规定制定实施办法，并报劳动部备案。

第五十一条 本规定自一九九五年一月一日

起施行。一九八五年九月十四日劳动人事部发布的《关于就业训练若干问题的暂行办法》、一九八八年四月七日劳动人事部发布的《关于加强就业训练中心工作的意见》同时废止。

(4) 劳动和社会保障部、国家计委、国家经贸委、监察部、财政部、建设部、中国人民银行、国家税务总局、国家工商总局、全国总工会《关于贯彻落实中共中央国务院关于进一步做好下岗失业人员再就业工作的通知若干问题的意见》(2002 年 11 月 25 日 劳社部发 [2002] 20 号)(略)

(5) 国务院《关于做好促进就业工作的通知》(2008 年 2 月 3 日 国发 [2008] 5 号)

(十七) 建立健全面向全体劳动者的职业技能培训制度。鼓励支持各类职业院校、职业技能培训机构和用人单位依法开展就业前培训、在职培训、再就业培训和创业培训;鼓励劳动者参加各种形式的培训。对失业人员、符合条件的进城务工农村劳动者参加职业培训的,按规定给予职业培训补贴,具体办法由财政部、劳动保障部等制订。对就业困难人员、进城务工农村劳动者通过初次职业技能鉴定(限国家规定实行就业准入制度的特殊工种),取得职业资格证书的,给予一次性的职业技能鉴定补贴。要根据职业培训的实际需要,合理确定补贴标准;现行补贴标准不足弥补实际培训成本的,可提高补贴标准。完善职业培训补贴办法,建立健全职业培训补贴与培训质量、促进就业效果挂钩机制,提高劳动者参加培训和各类职业教育培训机构提供培训的积极性。要完善劳动预备制度,对有就业要求和培训愿望的初高中毕业生实行 3 个月以上、12 个月以内的预备制培训,使其取得相应的职业资格或者掌握一定的职业技能。积极探索职业培训项目化运作模式,将补贴资金与项目运作紧密结合起来,提高职业培训的针对性和有效性。

(6) 国务院《关于做好当前经济形势下就业工作的通知》(2009 年 2 月 3 日 国发 [2009] 4 号)

(二十一) 落实职业培训补贴政策,强化政府购买培训成果的机制,广泛发动各级各类职业培训机构和职业院校开展多层次、多形式的职业技能培训,引导他们根据就业市场的需求,充实培训内容,采取长短班、送教上门等多种形式和手段,突出培训的针对性、实用性和有效性,提高培训质量和培训后的就业率。采取技工院校等中等职业院校扩招措施,推进特别职业培训计划的实施。

学 徒 培 训

[解读]

学徒培训是指对首次进入某个工种接受专业知识与操作的培训,一般由师傅在生产现场直接教授。学徒培训是我国实行很早的一种传统培训方式,通过家长或师傅将一门专业技能传授给后人与徒弟,在较长时期内学徒培训是我国技能传授的主要途径。

学徒培训不仅是我国的传统培训方式,世界上许多国家也都采用,如德国、法国、加拿大、新加坡等。各国对学徒培训都有不同的规定。我国各行业主管部门对本行业内各工种学徒期限、培训目标,培训形式及转正、定级考核办法都作出了规定。1990 年,原劳动部颁布了《工人考核条例》对学徒的期满考核、转正考核、换岗考核作出了更明确规定,并要求持证上岗。1996 年原劳动部会同国务院 45 个行业主管部门对原有技术标准进行修订,编制了《中华人民共和国工种分类目录》,目录对各工种的学徒期限作了具体的要求。随着企业改革的深入,传统的学徒培训逐步被新型的现代培训所替代,企业组织高新技能培训、名师带徒活动,为学徒培训制度注入了新的活力。

[依据指引]

(1)《中华人民共和国职业教育法》(1996 年 5 月 15 日 国家主席令第 69 号)

第十四条 职业培训包括从业前培训、转业培训、学徒培训、在岗培训、转岗培训及其他职业性培训,可以根据实际情况分为初级、中级、高级职业培训。

职业培训分别由相应的职业培训机构、职业学校实施。

其他学校或者教育机构可以根据办学能力,开展面向社会的、多种形式的职业培训。

第二十条 企业应当根据本单位的实际,有计划地对本单位的职工和准备录用的人员实施职业教育。

企业可以单独举办或者联合举办职业学校、职业培训机构,也可以委托学校、职业培训机构对本单位的职工和准备录用的人员实施职业教育。

从事技术工种的职工，上岗前必须经过培训；从事特种作业的职工必须经过培训，并取得特种作业资格。

第二十八条 企业应当承担对本单位的职工和准备录用的人员进行职业教育的费用，具体办法由国务院有关部门会同国务院财政部门或者由省、自治区、直辖市人民政府依法规定。

第二十九条 企业未按本法第二十条的规定实施职业教育的，县级以上地方人民政府应当责令改正；拒不改正的，可以收取企业应当承担的职业教育经费，用于本地区的职业教育。

(2) 劳动部《工人考核条例》（1990年7月12日 部令第1号）

第七条 学徒（培训生）学习期满和工人见习、试用期满时，须经转正定级考核。经考核合格发给相应的《技术等级证书》或者《岗位合格证书》或者《特种作业人员操作证》之后，方能上生产工作岗位独立操作，并根据其思想政治表现、生产工作成绩和实际技能按照国家有关规定确定工资等级。考核不合格者准予延期补考。补考仍不合格者应当解除劳动合同或者调换其他工作。学徒、见习、试用期各方面表现优秀的，可以提前进行转正定级考核。

(3) 劳动部《中华人民共和国工种分类目录》（1992年9月7日 劳培字［1992］14号）（略）

创业培训

［解读］

创业是劳动者通过自主创办生产服务项目、企业或从事个体经营实现市场就业。

创业培训是指对具有一定条件，有重新从事一种新的工作和职业的意向，并可能带动其他人就业的人员进行提高能力的培训。

创业培训是近年来随着社会的需求，促进失业、下岗人员再就业的一条途径，鼓励下岗和失业人员积极开展创业活动，是使创业者提高心理素质、管理水平、经营方法、应变能力的一种培训。创业培训的对象主要适合于有创业愿望并有一定创业条件的高校毕业生、失业人员和返乡农民工、军队复员转业人员、留学回国人员、个体经营者、中小企业负责人、社会其他人员。通过培训指导、政策咨询、跟踪服务，提高他们从事个体、私营经济或创办小企业的能力。

创业培训内容包括：理论学习、咨询指导、后续服务。理论学习主要进行创业意识、基础知识及法规、市场经济、工商、税务、财务等公共知识教育。咨询指导是指培训教师或咨询机构对学员《创业计划》进行分类指导，确立创业项目。后续服务，即帮助学员解决创业过程中遇到的问题，提供咨询服务，如开业登记、办理社会保险、调整营销策略、申请贷款等。

创业培训形式可采用专业授课、专家专题讲座、教学答疑、企业家现身教学、实例分析等方式进行。

对参加创业培训的创业者，按有关政策规定，政府可给予职业培训补贴。对领取失业保险金人员参加创业培训的，其按规定享受的职业培训补贴由失业保险基金开支。

［依据指引］

(1) 财政部、国家税务总局《关于下岗失业人员再就业有关税收政策问题的通知》（2002年12月27日 财税［2002］208号）（略）

(2) 国家税务总局、劳动和社会保障部《关于促进下岗失业人员再就业税收政策具体实施意见的通知》（2002年12月24日 国税发［2002］160号）（略）

(3) 国务院办公厅《转发人力资源和社会保障部等部门〈关于促进以创业带动就业工作指导意见〉的通知》（2008年9月26日 国办发［2008］111号）（略）

特种作业人员培训

［解读］

特种作业是指容易发生人员伤亡事故，对操作者本人、他人和周围设施的安全有重大危害的作业。特种作业人员培训是对从事特种作业的人员所进行本工种相适应的、专门的安全技术理论学习和实际操作训练。

根据国家规定对于从事电气、起重、锅炉、受压容器、焊接、企业内机动、冲压、登高架设、车辆驾驶、爆破、瓦斯检验等特殊工种的工人，必须进行专门的安全操作技术训练，经考试合格后，才能准许上岗操作，实行操作证许可制度。1986年实施的《特种作业人员安全技术考核管理规则》，对特种作业人员的范围、条件、培训、考核和发证、复审等工作都作出了具体的规定。凡是在特种作业岗位工作的人员，都必须按要求到指定的培训机构参加培训，经考试合格取得特种作业操作证后方能上岗。特种作业操作证，每2年复审一次。连续从事本工种10年以上的，经用人单位进行知识更新教育后，复审期可延长至4年一次。特种作业人员安全培训经费可由用人单位承担，特种作业人员未按规定进行培训并取得操作证的，可责令限期整改，逾期未改的，责令停产整顿，并可处2万元以下的罚款。

[依据指引]

(1)《中华人民共和国安全生产法》（2002年6月29日 国家主席令第70号）

第二十三条 生产经营单位的特种作业人员必须按照国家有关规定经专门的安全作业培训，取得特种作业操作资格证书，方可上岗作业。

特种作业人员的范围由国务院负责安全生产监督管理的部门会同国务院有关部门确定。

第七十九条 承担安全评价、认证、检测、检验工作的机构，出具虚假证明，构成犯罪的，依照刑法有关规定追究刑事责任；尚不够刑事处罚的，没收违法所得，违法所得在五千元以上的，并处违法所得二倍以上五倍以下的罚款，没有违法所得或者违法所得不足五千元的，单处或者并处五千元以上二万元以下的罚款，对其直接负责的主管人员和其他直接责任人员处五千元以上五万元以下的罚款；给他人造成损害的，与生产经营单位承担连带赔偿责任。

对有前款违法行为的机构，撤销其相应资格。

第八十二条 生产经营单位有下列行为之一的，责令限期改正；逾期未改正的，责令停产停业整顿，可以并处二万元以下的罚款：

（一）未按照规定设立安全生产管理机构或者配备安全生产管理人员的；

（二）危险物品的生产、经营、储存单位以及矿山、建筑施工单位的主要负责人和安全生产管理人员未按照规定经考核合格的；

（三）未按照本法第二十一条、第二十二条的规定对从业人员进行安全生产教育和培训，或者未按照本法第三十六条的规定如实告知从业人员有关的安全生产事项的；

（四）特种作业人员未按照规定经专门的安全作业培训并取得特种作业操作资格证书，上岗作业的。

(2)《中华人民共和国劳动法》（1994年7月5日 国家主席令第28号）

第五十五条 从事特种作业的劳动者必须经过专门培训并取得特种作业资格。

(3)《中华人民共和国职业教育法》（1996年5月15日 国家主席令第69号）

第二十条 企业应当根据本单位的实际，有计划地对本单位的职工和准备录用的人员实施职业教育。

企业可以单独举办或者联合举办职业学校、职业培训机构，也可以委托学校、职业培训机构对本单位的职工和准备录用的人员实施职业教育。

从事技术工种的职工，上岗前必须经过培训；从事特种作业的职工必须经过培训，并取得特种作业资格。

(4) 国家经贸委《特种作业人员安全技术培训考核管理办法》（1999年7月12日 国家经贸委令第13号）

第一章 总 则

第一条 为规范特种作业人员的安全技术培训、考核发证工作，防止人员伤亡事故，促进安全生产，根据国家有关法律、法规，制定本办法。

第二条 本办法适用于中华人民共和国境内一切涉及特种作业的单位和特种作业人员。

第三条 本办法所称特种作业，是指容易发生人员伤亡事故，对操作者本人、他人及周围设施的安全有重大危害的作业。

特种作业包括：

（一）电工作业；

（二）金属焊接切割作业；

（三）起重机械（含电梯）作业；

（四）企业内机动车辆驾驶；

（五）登高架设作业；

（六）锅炉作业（含水质化验）；

（七）压力容器操作；

（八）制冷作业；

（九）爆破作业；

（十）矿山通风作业（含瓦斯检验）；

（十一）矿山排水作业（含尾矿坝作业）；

（十二）由省、自治区、直辖市安全生产综合管理部门或国务院行业主管部门提出，并经国家经济贸易委员会批准的其他作业。

第四条 本办法所称特种作业人员是指直接从事特种作业人员。特种作业人员必须具备以下基本条件：

（一）年龄满18周岁；

（二）身体健康，无妨碍从事相应工种作业的疾病和生理缺陷；

（三）初中以上文化程度，具备相应工种的安全技术知识，参加国家规定的安全技术理论和实践操作考核并成绩合格；

（四）符合相应工种作业特点需要的其他条件。

第二章 培 训

第五条 特种作业人员在独立上岗作业前，必须进行与本工种相适应的、专门的安全技术理论学习和实际操作训练。

第六条 负责特种作业人员培训的单位应当具备相应的条件，并经省、自治区、直辖市安全生产综合管理部门或其委托的地、市级安全生产综合管理部门审查认可。

第七条 取得培训资格的单位，每5年由原审查、批准机构进行1次复审。经复审合格的，方可继续从事特种作业人员的培训。

第八条 特种作业人员的安全技术培训考核标准和基本培训教材，由国家经济贸易委员会制定和组织编写。

第九条 培训单位应将培训计划、教员资格等资料报送考核、发证单位备案。

第三章 考核和发证

第十条 特种作业人员的考核和发证工作，必须坚持公正、公平、公开的原则，不得弄虚作假。

第十一条 特种作业人员安全技术考核分为安全技术理论考核和实际操作考核。具体考核内容按照国家经济贸易委员会制定的《特种作业人员安全技术培训考核标准》执行。

第十二条 负责特种作业人员考核的单位应当具备相应的条件，并经省、自治区、直辖市安全生产综合管理部门审查认可。

第十三条 参加特种作业安全操作资格考核的人员，应当填写考核申请表，由申请人或申请人的用人单位向当地负责特种作业人员考核的单位提出申请。

考核单位收到考核申请后，应在60日内组织考核。经考核合格的，发给相应的特种作业操作证；经考核不合格的，允许补考1次。

第十四条 特种作业操作证由国家经济贸易委员会制作，并由省、自治区、直辖市安全生产综合管理部门或其委托的地、市级安全生产综合管理部门负责签发。

特种作业操作证在全国通用。

第十五条 特种作业操作证，每2年复审1次。连续从事本工种10年以上的，经用人单位进行知识更新教育后，复审时间可延长至每4年1次。

第十六条 特种作业操作证复审由特种作业人员本人或用人单位在有效期内提出申请，由当地的考核、发证单位负责审验。

复审内容包括：

（一）健康检查；

（二）违章作业记录检查；

（三）安全生产新知识和事故案例教育；

（四）本工种安全知识考试。

第十七条 复审合格的，由复审单位签章、登记，予以确认。复审不合格的，可在接到通知之日起30日内向原复审单位申请再次复审。复审单位可根据申请，再复审1次。再复审仍不合格或未按期复审的，特种作业操作证失效。

第十八条 跨地区从业或跨地区流动施工单位的特种作业人员，可向从业或施工所在地的考核、发证单位申请复审。

第四章 监督管理

第十九条 特种作业人员必须持证上岗。无证上岗的，按国家有关规定对用人单位和作业人员进行处罚。

第二十条 用人单位应当加强特种作业人员的管理，做好申报、培训、考核、复审的组织工作和日常的检查工作。

第二十一条 发证单位及用人单位应当建立特种作业人员档案。

第二十二条 各省、自治区、直辖市安全生产综合管理部门应当在每年初向国家经济贸易委员会报送上一年度本地区有关特种作业人员培训、考核、发证和复审的统计资料。

第二十三条 跨地区从业或跨地区流动施工单位的特种作业人员必须接受当地安全生产综合管理部门的监督管理。

第二十四条 有下列情形之一的，由发证单位收缴其特种作业操作证：

（一）未按规定接受复审或复审不合格的；

（二）违章操作造成严重后果或违章操作记录达3次以上的；

（三）弄虚作假骗取特种作业操作证的；

（四）经确认健康状况已不适宜继续从事所规定的特种作业的。

第二十五条 离开特种作业岗位达6个月以

上的特种作业人员，应当重新进行实际操作考核，经确认合格后方可上岗作业。

第二十六条 特种作业操作证不得伪造、涂改、转借或转让。

第二十七条 从事特种作业人员考核、发证和复审工作的有关人员滥用职权、玩忽职守、徇私舞弊的，应给予行政处分；构成犯罪的，依法追究其刑事责任。

第五章 附 则

第二十八条 根据工作需要，国家经济贸易委员会可以委托有关机构审查认可特种作业人员培训单位和考核单位的资格，签发特种作业操作证。

第二十九条 各省、自治区、直辖市安全生产综合管理部门可依据本规定制定实施办法。

(5) 国家安监总局《特种作业人员安全技术考核管理规定》（2010年5月24日 国家安监总局令第30号）（略）

特殊群体培训

[解读]

特殊群体培训是指对社会弱势群体人员的培训，包括妇女培训、残疾人培训等。

特殊群体培训与普通培训比较有以下特点：专业设置要有针对性；培训方式要有适应性；培养竞争就业的自信心。

特殊群体的职业培训政策：

（一）平等参与。妇女及残疾人应享有与其他人一样的培训机会，各培训机构招生工作中，应坚持男女平等的录取原则。技校应按《技工学校招生体检标准》及执行细则的补充规定，录取符合条件的学生。残疾人职业培训也应纳入各类学校的培训范围。凡是参加技能鉴定考核合格的，应颁发相应的职业资格证书，并与其他人一样享有同等上岗、就业的权利。

（二）扶持宣传。结合推行劳动预备制度，鼓励与扶持妇联等单位创办女子职业学校，开设、建立女性的专业，建立农村实用技能培训，加强农村妇女实用技术培训。使他们掌握种植、养殖等技能，尽快脱贫，鼓励残疾人参加各类技能大赛，提高残疾人自强不息的精神，宣传特殊群体培训好的单位，宣传妇女、残疾人中的能工巧匠，激励他们学技能的热情。根据《残疾人教育条例》《残疾人就业条例》有关规定，对困难残疾人培训费可适当减免。

[依据指引]

(1)《中华人民共和国职业教育法》（1996年5月15日 国家主席令第69号）

第七条 国家采取措施，发展农村职业教育，扶持少数民族地区、边远贫困地区职业教育的发展。

国家采取措施，帮助妇女接受职业教育，组织失业人员接受各种形式的职业教育，扶持残疾人职业教育的发展。

(2)《中华人民共和国残疾人保障法》（1990年12月28日 国家主席令第36号 2008年4月24日修订）

第二十一条 国家保障残疾人享有平等接受教育的权利。

各级人民政府应当将残疾人教育作为国家教育事业的组成部分，统一规划，加强领导，为残疾人接受教育创造条件。

政府、社会、学校应当采取有效措施，解决残疾儿童、少年就学存在的实际困难，帮助其完成义务教育。

各级人民政府对接受义务教育的残疾学生、贫困残疾人家庭的学生提供免费教科书，并给予寄宿生活费等费用补助；对接受义务教育以外其他教育的残疾学生、贫困残疾人家庭的学生按照国家有关规定给予资助。

第二十二条 残疾人教育，实行普及与提高相结合、以普及为重点的方针，保障义务教育，着重发展职业教育，积极开展学前教育，逐步发展高级中等以上教育。

第二十七条 政府有关部门、残疾人所在单位和有关社会组织应当对残疾人开展扫除文盲、职业培训、创业培训和其他成人教育，鼓励残疾人自学成才。

(3) 国务院《残疾人教育条例》（1994年8月23日 国务院令第161号）

第二十三条 各级人民政府应当将残疾人职业教育纳入职业教育发展的总体规划，建立残疾人职业教育体系，统筹安排实施。

第二十四条 残疾人职业教育，应当重点发展初等和中等职业教育，适当发展高等职业教育，开展以实用技术为主的中期、短期培训。

第二十五条 残疾人职业教育体系由普通职业教育机构和残疾人职业教育机构组成，以普通职业教育机构为主体。

县级以上地方各级人民政府应当根据需要，合理设置残疾人职业教育机构。

第二十六条 普通职业教育学校必须招收符合国家规定的录取标准的残疾人入学，普通职业培训机构应当积极招收残疾人入学。

第二十七条 残疾人职业教育学校和培训机构，应当根据社会需要和残疾人的身心特性合理设置专业，并根据教学需要和条件，发展校办企业，办好实习基地。

第二十八条 对经济困难的残疾学生，应当酌情减免学费和其他费用。

(4) 国务院办公厅《关于发展特殊教育的若干意见》（1989 年 5 月 4 日 国办发［1989］21 号）（略）

(5) 劳动部《关于贯彻实施〈中国妇女发展纲要〉的通知》（2001 年 5 月 22 日 劳部发［1995］412 号）（略）

(6) 劳动部《就业训练规定》（1994 年 12 月 9 日 劳部发［1994］490 号）

第二条 就业训练是指对下列人员组织开展的提高职业技术和就业能力的培训：

（一）为城乡初次求职的劳动者提供就业前训练；

（二）为失业职工和需要转换职业的企业富余职工提供转业训练；

（三）为向非农产业转移及在城镇就业的农村劳动者提供转业训练；

（四）为妇女、残疾人、少数民族人员及复转军人等特殊群体人员提供专门的就业训练。

(7) 国务院《残疾人就业条例》（2007 年 2 月 14 日 国务院令第 488 号）

第二十二条 中国残疾人联合会及其地方组织所属的残疾人就业服务机构应当免费为残疾人就业提供下列服务：

（一）发布残疾人就业信息；

（二）组织开展残疾人职业培训；

（三）为残疾人提供职业心理咨询、职业适应评估、职业康复训练、求职定向指导、职业介绍等服务；

（四）为残疾人自主择业提供必要的帮助；

（五）为用人单位安排残疾人就业提供必要的支持。

国家鼓励其他就业服务机构为残疾人就业提供免费服务。

(8) 财政部、人力资源和社会保障部、中国人民银行、中华全国妇女联合会《关于完善小额担保贷款财政贴息政策推动妇女创业就业工作的通知》（2009 年 7 月 27 日 财金［2009］72 号）

二、自 2009 年 1 月 1 日起，经办金融机构对符合条件的城镇和农村妇女新发放的微利项目小额担保贷款，由中央财政据实全额贴息（不含东部七省市），展期逾期不贴息。东部七省市贴息资金由地方财政预算安排。本通知印发之日前已经发放、尚未还清的贷款，已结息部分不作追溯调整。

企业职工培训

[解读]

企业职工培训是指企业通过企业内部培训机构或相应的职业培训机构，按照工作需要对企业职工进行思想政治、职业道德、操作技能、管理知识、技术业务等方面的教育和训练活动。包括提高管理人员的管理能力，更新工程技术人员的科技知识和增强其产品开发能力，丰富生产人员的专业知识和提高其操作技能水平。企业职工培训是职业培训中的重要组成部分。原劳动部、国家经贸委发布的《企业职业培训规定》对企业职工培训的管理、实施、培训、保障都提出了具体的要求。

企业职工培训的组织形式主要有以下几种：由企业自身的职工培训机构承担；企业与社会其他各类职业培训机构共同承担；企业委托其他职业培训机构承担，企业提供相应的经费和部分培训设备。

企业职工培训主要内容有：政治理论、职业道德教育；岗位专业技术和职业技能及适应性培训；企业经营管理人员和专业技术人员继续教育；企业富余职工转岗转业培训；根据需要对职工进行的各类文化教育和技术技能培训。职业技能培训是按国家职业技能标准为依据，使职工掌握某一职业的专业知识和实操技能，这种培训突出技能训练，从生产岗位实际和企业技术的需要出发，按需施教，重点提高职工本岗位的工作能力和技能水平，将教育与生产实践结合起来。管理人员培训是按照各类经营管理人员和专业技术岗位的需求，掌握市场信息，提高管理手段，更新专业知识，提升管理能力的培训，以不断适应市场发展的需求。岗位培训是根据岗位规范要求而进行的取得上岗、晋升资格的培训，这种培训从实际出发，有较强的针对性和实用性。转岗转业培训是为需要转岗人员进行的一种专门训练，这种培训有针对性，因人施教，尽量满足转岗人员的就业愿望和社会需求。

随着社会的发展，企业培训要建立起企业人事、劳资、教育三位一体的管理体制，实现“培训、考核、使用、待遇”四结合的运行机制。培训的人才结构要合理；高、中、低技能队伍要搭配适当，保证企业需求。培训形式可多样化，如自主培训、联合教学、网络教育、多媒体教学等。

企业职工培训经费可按照企业职工工资总额的1.5%～2.5%提取，用于企业各类职工培训，也可从企业利润留成中提取一定比例作为职工培训经费，当年结余可结转到下一年使用。经县级以上人民政府批准，人力资源和社会保障行政部门或经济综合管理部门可对不按国家规定提取和使用职工培训经费、开展职工培训的企业，征收一定比例的职工培训经费，用于组织联合培训或扶持公共培训机构承担缴费企业的职工培训任务。

对于企业不按规定组织职工培训的，强令未经培训职工上岗作业的，将培训经费挪作他用的，人力资源和社会保障行政部门或经济综合管理部门应对企业法人给予批评教育，责令改正；对职工不服从安排参加培训或违反规章扰乱职工培训正常进行的，企业可以给予行政处分。

[依据指引]

(1)《中华人民共和国职业教育法》（1996年5月15日　国家主席令第69号）

第二十条　企业应当根据本单位的实际，有计划地对本单位的职工和准备录用的人员实施职业教育。

企业可以单独举办或者联合举办职业学校、职业培训机构，也可以委托学校、职业培训机构对本单位的职工和准备录用的人员实施职业教育。

从事技术工种的职工，上岗前必须经过培训；从事特种作业的职工必须经过培训，并取得特种作业资格。

第二十八条　企业应当承担对本单位的职工和准备录用的人员进行职业教育的费用，具体办法由国务院有关部门会同国务院财政部门或者由省、自治区、直辖市人民政府依法规定。

第二十九条　企业未按本法第二十条的规定实施职业教育的，县级以上地方人民政府应当责令改正；拒不改正的，可以收取企业应当承担的职业教育经费，用于本地区的职业教育。

(2) 劳动部《企业职工培训规定》（1996年10月30日　劳部发［1996］370号）

第一章　总　　则

第一条　为规范企业职工培训工作，提高职工队伍素质，增强职工的工作能力，根据《劳动法》《职业教育法》《企业法》和《公司法》，制定本规定。

第二条　本规定适用于中华人民共和国境内的企业和职工。

第三条　本规定所称职工培训是指企业按照工作需要对职工进行的思想政治、职业道德、管理知识、技术业务、操作技能等方面的教育和训练活动。

第四条　企业职工培训应以培养有理想、有道德、有文化、有纪律、掌握职业技能的职业队伍为目标，促进企业职工队伍整体素质的提高。

企业职工培训应贯彻按需施教、学用结合、定向培训的原则。

第五条　各级政府劳动行政部门负责本地区企业职工培训工作，各级政府经济综合部门负责本地区企业管理人员培训工作。

第六条　行业主管部门负责指导协调本行业职工培训工作，依法制定本行业职工培训规划、组织编写职工培训计划、大纲、教材和培训师资。

第七条　社会团体、群众组织、公共培训机构，可根据企业需要自愿承担职工培训任务。

第二章　企业和职工的责任

第八条　企业应建立健全职工培训的规章制度，根据本单位的实际对职工进行在岗、转岗、晋升、转业培训，对学徒及其他新录用人员进行上岗前的培训。

第九条　企业应将职工培训列入本单位的中长期规划和年度计划，保证培训经费和其他培训条件。

第十条　企业应将职工培训工作纳入厂长（经理）任职目标和经济责任制，接受职工代表大会和上级主管部门的监督与考核。

第十一条　企业应结合劳动用工、分配制度改革，建立培训、考核与使用、待遇相结合的制度。

第十二条　企业对经批准参加脱产培训半年以内的职工，应发放基本工资、奖金及相关福利待遇（双方另有约定的可除外）。

第十三条　国有大中型企业高层管理人员应

按照国家有关规定参加职业资格培训，并在规定的期限内取得职业资格证书。

从事技术工种的职工必须经过技术等级培训，参加职业技能鉴定，取得职业资格证书（技术等级证书）方能上岗。

从事特种作业的职工，必须按照国家规定经过培训考核，并取得特种作业资格证书方能上岗。

第十四条 参加由企业承担培训经费脱产、半脱产培训的职工，应与企业签订培训合同。

培训合同应明确培训目标、内容、形式、期限、双方的权利和义务以及违约责任。

第十五条 企业应按照培训合同的规定，保证职工的学习时间，创造必要的学习条件，发挥所学专长。

第十六条 职工应按照国家规定和企业安排参加培训，自觉遵守培训的各项规章制度，并有义务向本企业其他职工传授所学的知识和技能。

第十七条 职工应履行培训合同规定的各项义务，服从单位工作安排，搞好本职工作。

第十八条 由企业出资（有支付货币凭证）对职工进行文化技术业务培训的，当该职工提出与企业解除劳动关系时，已签订培训合同的按培训合同执行；未签订培训合同的按劳动合同执行。因培训费用发生争议的，按国家有关劳动争议处理的规定处理。

第三章 培训保障

第十九条 企业可以根据需要，单独或联合设立职工培训机构并报企业主管部门备案，也可以委托社会公共培训机构进行培训。

第二十条 企业应按国家有关规定配备职工培训专职教师和管理人员。

职工培训专职教师、管理人员的职称评定、职务聘任、晋级、调资、奖励、住房和生活福利等方面应与普通教育教学人员或专业技术人员同等对待。

第二十一条 企业应按照以下国家规定提取、使用职工培训经费：

（一）职工培训经费按照职工工资总额的1.5%计取，企业自有资金可有适当部分用于职工培训；

（二）职工培训经费应根据企业需要，安排合理比例用于职工技能培训；

（三）企业用于引进项目、技术改造项目的技术培训费用可以在项目中列支；

（四）工会用于职工业余教育的经费由各级工会掌握使用；

（五）企业职工培训经费应合理使用，当年结余的可结转到下一年使用。

第二十二条 企业可以对尊师重教的厂长、经理、教学成绩显著的职工培训机构和岗位成才的优秀职工进行表彰奖励。

第二十三条 经县以上地方人民政府批准，劳动行政部门、经济综合部门可对不按国家规定提取和使用职工培训经费、开展职工培训的企业，征收一定比例的职工培训经费，用于组织联合培训，或扶持公共培训机构承担缴费企业的职工培训任务。

第四章 罚 则

第二十四条 企业违反本规定有下列行为之一的，由政府劳动行政部门或经济综合部门对直接责任者和企业法定代表人给予批评教育，责令改正：

（一）不按国家规定组织开展职工培训；

（二）侵占职工培训校舍，损害培训教师或管理人员正当利益，影响培训工作正常进行的；

（三）强令未经培训的职工上岗作业的；

（四）不按国家规定使用培训经费或将培训经费挪作他用的。

第二十五条 职工违反本规定有下列行为之一的，由企业给予批评教育，经教育拒不改正的，可以给予行政处分：

（一）无故不服从单位安排参加职工培训的；

（二）严重违反单位规章制度，扰乱职工培训正常进行的；

（三）破坏职工培训校舍、仪器设备的。

第二十六条 企业和职工不履行培训合同规定义务的，应当承担违约责任。

第二十七条 承担职工培训任务的培训机构违反本规定，有下列情形之一的，由政府劳动行政部门或经济综合部门给予批评教育，情节严重的可取消培训资格：

（一）教学管理混乱，培训质量不高，考核质量低劣的；

（二）侵害受培训职工权益，情节严重的；

（三）违反国家规定乱办班、乱收费、乱发证的；

（四）截留、挪用培训经费的。

第五章 附 则

第二十八条 企业职工参加取得国家承认的学历证书、职业资格证书的培训，应按国家有关规定执行。

第二十九条 本规定由劳动部、国家经济贸易委员会根据职责分工负责解释。

第三十条 本规定自颁布之日起实行。

(3) 财政部、发改委、税务总局、国资委、教育部、科技部、劳动和社会保障部、人事部《关于印发〈关于企业职工教育经费提取与使用管理的意见〉的通知》(2006 年 6 月 19 日 财建［2006］317 号)

三、切实保证企业职工教育培训经费足额提取及合理使用

（一）切实执行《国务院关于大力推进职业教育改革与发展的决定》(国发［2002］16 号）中关于“一般企业按照职工工资总额的 1.5%足额提取教育培训经费，从业人员技术要求高、培训任务重、经济效益较好的企业，可按 2.5%提取，列入成本开支”的规定，足额提取职工教育培训经费。要保证经费专项用于职工特别是一线职工的教育和培训，严禁挪作他用。

（二）按照国家统计局《关于工资总额组成的规定》(国家统计局 1990 年第 1 号令)，工资总额由计时工资、计件工资、奖金、津贴和补贴、加班加点工资、特殊情况下支付的工资等六个部分组成。企业应按规定提取职工教育培训经费，并按照计税工资总额和税法规定提取比例的标准在企业所得税税前扣除。当年结余可结转到下一年度继续使用。

（三）企业的职工教育培训经费提取、列支与使用必须严格遵守国家有关财务会计和税收制度的规定。

（四）职工教育培训经费必须专款专用，面向全体职工开展教育培训，特别是要加强各类高技能人才的培养。

（五）企业职工教育培训经费列支范围包括：

1. 上岗和转岗培训；

2. 各类岗位适应性培训；

3. 岗位培训、职业技术等级培训、高技能人才培训；

4. 专业技术人员继续教育；

5. 特种作业人员培训；

6. 企业组织的职工外送培训的经费支出；

7. 职工参加的职业技能鉴定、职业资格认证等经费支出；

8. 购置教学设备与设施；

9. 职工岗位自学成才奖励费用；

10. 职工教育培训管理费用；

11. 有关职工教育的其他开支。

（六）经单位批准或按国家和省、市规定必须到本单位之外接受培训的职工，与培训有关的费用由职工所在单位按规定承担。

（七）经单位批准参加继续教育以及政府有关部门集中举办的专业技术、岗位培训、职业技术等级培训、高技能人才培训所需经费，可从职工所在企业职工教育培训经费中列支。

（八）为保障企业职工的学习权利和提高他们的基本技能，职工教育培训经费的 60%以上应用于企业一线职工的教育和培训。当前和今后一个时期，要将职工教育培训经费的重点投向技能型人才特别是高技能人才的培养以及在岗人员的技术培训和继续学习。

（九）企业职工参加社会上的学历教育以及个人为取得学位而参加的在职教育，所需费用应由个人承担，不能挤占企业的职工教育培训经费。

（十）对于企业高层管理人员的境外培训和考察，其一次性单项支出较高的费用应从其他管理费用中支出，避免挤占日常的职工教育培训经费开支。

（十一）矿山和建筑企业等聘用外来农民工较多的企业，以及在城市化进程中接受农村转移劳动力较多的企业，对农民工和农村转移劳动力培训所需的费用，可从职工教育培训经费中支出。

四、企业职工教育培训经费的补充

（一）企业新建项目，应充分考虑岗位技术技能要求、设备操作难度等因素，按照国家规定的相关标准，在项目投资中列支技术技能培训费用。

（二）企业进行技术改造和项目引进、研究开发新技术、试制新产品，应按相关规定从项目投入中提取职工技术技能培训经费，重点保证专业技术骨干、高技能人才和急需紧缺人才培养的需要。

（三）企业工会年度内按规定留成的工会经费中，应有一定部分用于教育与培训，列入工会预算掌握使用。

特别职业培训

［解读］

特别职业培训是当前专门针对农村劳动者转移就业开展的技能培训。

特别职业培训主要对象是：未能继续升学的

农村应届初高中毕业生、进城求职农村劳动者、企业在岗农民工、返乡农民工等。根据不同的群体特点，分别组织开展实用技能培训、技能提升培训和创业培训。

特别职业培训计划由各类符合条件的定点职业培训机构完成。根据人力资源和社会保障部、财政部联合颁布的《关于进一步规范农村劳动者转移就业技能培训工作的通知》的精神，各地人力资源和社会保障部门应按照公平、公开、公正原则，通过招投标、专家认定、公示确定定点职业院校和职业培训机构。

特别职业培训应根据不同对象开展针对性培训。对进城求职农村劳动者、返乡农民工主要开展实用技能培训、按企业岗位需求开展订单培训、结合产业发展潜在需求开展定向培训，时间一般为1～6个月；对于继续升学且有进城求职愿望的农村应届初高中毕业生，由定点技工院校开展专业技能培训，时间一般为6～12个月；对有创业愿望并具备一定创业条件的农村劳动者开展创业培训，实现自主创业。

对参加培训合格的，由培训机构颁发相应专业合格证书。对技能鉴定合格的，由技能鉴定机构颁发相应职业资格证书或职业能力证书。

特别职业培训经费，按规定从就业专项资金中安排。各省级人力资源社会保障部门会同财政部门，根据培训专业成本和期限，确定培训补贴标准。培训资金管理和使用接受审计部门的检查和监督，确保培训落到实处，收到实效。

[依据指引]

(1) 人力资源和社会保障部、国家发改委、财政部《关于实施特别职业培训计划的通知》（2009年1月7日　人社部发［2009］8号）（略）

(2) 人力资源和社会保障部、财政部《关于进一步规范农村劳动者转移就业技能培训工作的通知》（2009年5月5日　人社部发［2009］48号）（略）

职业培训机构

[解读]

职业培训机构是指主要承担并完成技术技能人才的培养任务，向社会输送有一定技能水平劳动者的培训机构。我国的职业培训机构包括技工学校、技师学院、职业学校、就业训练中心、综合培训基地及培训集团、社会力量办学、中外合作职业技能培训、企业职工培训中心等。

职业培训机构主要任务是根据劳动力市场的需求，有针对性地承担各类职业培训任务。其面对的主要对象是：初、高中毕业生，初次求职人员，下岗职工和失业人员，在职人员，转岗转业人员，出国劳务人员，境外就业人员，个体劳动者，农村向非农产业转移的人员（包含进城务工农村劳动者、农转非人员等）和农业劳动者，需要特殊培训的妇女、残疾人，其他需要提高和掌握职业技能的劳动者。

[依据指引]

(1)《中华人民共和国职业教育法》（1996年5月15日　国家主席令第69号）

第十七条　县级以上地方各级人民政府应当举办发挥骨干和示范作用的职业学校、职业培训机构，对农村、企业、事业组织、社会团体、其他社会组织及公民个人依法举办的职业学校和职业培训机构给予指导和扶持。

第十八条　县级人民政府应当适应农村经济、科学技术、教育统筹发展的需要，举办多种形式的职业教育，开展实用技术的培训，促进农村职业教育的发展。

第十九条　政府主管部门、行业组织应当举办或者联合举办职业学校、职业培训机构，组织、协调、指导本行业的企业、事业组织举办职业学校、职业培训机构。

国家鼓励运用现代化教学手段，发展职业教育。

第二十条　企业应当根据本单位的实际，有计划地对本单位的职工和准备录用的人员实施职业教育。

企业可以单独举办或者联合举办职业学校、职业培训机构，也可以委托学校、职业培训机构对本单位的职工和准备录用的人员实施职业教育。

从事技术工种的职工，上岗前必须经过培训；从事特种作业的职工必须经过培训，并取得特种作业资格。

第二十一条　国家鼓励事业组织、社会团体、其他社会组织及公民个人按照国家有关规定举办职业学校、职业培训机构。

境外的组织和个人在中国境内举办职业学校、职业培训机构的办法，由国务院规定。

第二十二条　联合举办职业学校、职业培训机构，举办者应当签订联合办学合同。

政府主管部门、行业组织、企业、事业组织委托学校、职业培训机构实施职业教育的，应当签订委托合同。

第二十三条　职业学校、职业培训机构实施职业教育应当实行产教结合，为本地区经济建设服务，与企业密切联系，培养实用人才和熟练劳动者。

职业学校、职业培训机构可以举办与职业教育有关的企业或者实习场所。

第二十四条　职业学校的设立，必须符合下列基本条件：

（一）有组织机构和章程；

（二）有合格的教师；

（三）有符合规定标准的教学场所、与职业教育相适应的设施、设备；

（四）有必备的办学资金和稳定的经费来源。

职业培训机构的设立，必须符合下列基本条件：

（一）有组织机构和管理制度；

（二）有与培训任务相适应的教师和管理人员；

（三）有与进行培训相适应的场所、设施、设备；

（四）有相应的经费。

职业学校和职业培训机构的设立、变更和终止，应当按照国家有关规定执行。

第二十五条　接受职业学校教育的学生，经学校考核合格，按照国家有关规定，发给学历证书。接受职业培训的学生，经培训的职业学校或者职业培训机构考核合格，按照国家有关规定，发给培训证书。

学历证书、培训证书按照国家有关规定，作为职业学校、职业培训机构的毕业生、结业生从业的凭证。

(2)《中华人民共和国就业促进法》（2007年8月30日　国家主席令第70号）

第五十条　地方各级人民政府采取有效措施，组织和引导进城就业的农村劳动者参加技能培训，鼓励各类培训机构为进城就业的农村劳动者提供技能培训，增强其就业能力和创业能力。

技工学校

[解读]

技工学校是培养技术人才的主要基地，是职业培训工作的主要力量。

技工学校主要培养对象是初中毕业生，一般学制3年，培养目标是中级技术工人。技工学校主要特点是在教学过程中，将理论知识及实操相结合，教学实习与科研生产相结合，学历教育与职业资格证书相结合，形成了多层次、多元化、多功能的职业培训体系。技工学校现已遍布机械、电子、航空、电力、石油、冶金、建筑、铁路等30多个系统行业，是我国职业教育的重要组成部分。

为了适应社会主义市场经济体制和劳动制度改革的要求，1989年原劳动部提出了《关于深化技工学校改革的意见》，将技工学校计划招生改为自主招生，毕业生由分配就业改为自主择业，学校在劳动行政部门指导监督下，自行组织报名录取，并可招收乡镇、农村青年。毕业生进入劳动力市场，通过双向选择就业，并实施了毕业证书和技术等级证书制度，职业资格成为学生就业、用人单位招用的重要依据。

随着经济的发展和技术进步的要求，高级技工学校在国家级重点技工学校的基础上诞生和发展起来。高级技工学校招生对象为技校毕业生和在职技工，学制2～3年，主要培养高级职业技能人才和生产实习指导教师。目前高级技工学校已从试点走向健康发展的轨道，为培养高级技能人才作出重要贡献。

[依据指引]

(1) 劳动部《技工学校工作条例》（1986年11月11日　劳人培［1986］22号）

第一章　总　　则

第一条　为了贯彻执行《中共中央关于教育体制改革的决定》中的有关规定，适应国民经济和社会发展的需要，进一步办好和发展技工学校，特制定本条例。

第二条　技工学校是培养技术工人的中等职业技术学校，是国家职业技术教育事业的重要组成部分，属于高中阶段的职业技术教育。它必须执行党和国家的教育方针，面向现代化，面向世界，面向未来，不断提高教学质量，把学生培养成为合格的中级技术工人，做到多出人才、出好人才，为国民经济和社会发展服务。

第三条　技工学校在完成培养中级技术工人任务的前提下，应当根据需要和可能，积极承担多种培训任务，包括在职工人（含班组长）的提高培训、转业培训、待业青年的就业培训，学徒的技术培训等。

第四条 技工学校培养中级技术工人的具体要求是：

思想政治方面：培养学生爱祖国、爱人民、爱劳动、爱科学、爱社会主义，讲文明、懂礼貌、守纪律，有良好的职业道德，有为国家富强和人民富裕而艰苦奋斗的献身精神。

操作技术方面：培养学生熟练地掌握本工种（专业）的基本操作技能，完成本工种（专业）中级技术水平的作业，养成遵守操作规范和安全生产、文明生产的习惯。

文化技术知识方面：培养学生扎实地掌握本工种（专业）中级技术所需要的文化和技术理论基础知识，具有一定分析和解决问题的能力。

身体方面：重视体育锻炼，使学生具有健康的身体。

第五条 技工学校的学制，应根据培养目标、招生对象的不同，分别确定。培养中级技术工人，主要招收初中毕业生，学制为三年［个别工种（专业）确有需要的，可以招收高中毕业生，经省、自治区、直辖市劳动人事部门批准，学制为一至二年］。

第六条 技工学校的招生计划，分别由国务院各主管部门和各省、自治区、直辖市劳动人事厅、局（劳动局）会同计（经）委、教育部门提出，经劳动人事部汇总平衡，报国家计划委员会列入国民经济和社会发展计划，同时抄报国家教育委员会。

技工学校招生，坚持德智体全面考核、择优录取的原则。

第七条 技工学校毕业生的分配办法，必须进一步改革。改革的方向是把国家统包统配改为按“三结合”方针就业。当前，要实行在国家计划指导下，由学校推荐、用人单位择优录用的制度，既应面向全民所有制单位，也应面向集体所有制单位。

第八条 技工学校由劳动人事部在国家教育委员会指导下进行综合管理。在省、自治区、直辖市的技工学校由省、自治区、直辖市劳动人事厅、局（劳动局）综合管理。省、自治区、直辖市教育委员会负责统筹协调。

第二章 学校设置

第九条 发展技工学校应统筹规划，合理布局，根据经济建设和社会发展的需要，采取多种形式办学。主要是：

各级产业部门办；

各级劳动人事部门办；

厂矿企、事业单位办；

有关部门、单位联合办；

鼓励集体所有制单位办。

第十条 技工学校的办学规模和工种（专业）设置，从经济和社会发展需要出发，由办学主管部门核定。规模不宜过小，在校学生一般不应少于200人。工种（专业）设置，应以操作技术复杂、技术业务知识要求高的为主；为增强学生就业后的适应能力，不宜划分过细。

第十一条 技工学校应该具备的办学条件是：

按照选拔干部的原则和劳动人事部颁发的《技工学校机构设置和人员编制标准暂行规定》，设置机构、配备教职工和实习工厂（场、店）工作人员；

有稳定可靠的经费来源；

有同办学规模、工种（专业）设置相适应的校舍、实习实验场所、设备、体育活动场地。有切实可行的教学计划、教学大纲、教材和图书资料。

第十二条 技工学校的开办、调整、撤销，由国务院各部门办的，在商得有关省、自治区、直辖市劳动人事、教育部门同意后，由国务院有关主管部门批准；属于地方办的，由省、自治区、直辖市劳动人事部门会商教育部门，由劳动人事部门审查，报省、自治区、直辖市人民政府批准；以上均应报劳动人事部备案。

已经批准开办的技工学校不准改为中等专业学校或其他性质的学校。

第十三条 技工学校必须把社会效益作为衡量工作的根本标准。应当加强校际之间的横向联系，开展专业化协作。

在培训方面，各校应取长补短，进行工种（专业）的合理分工和协作，保持主要工种（专业）的相对稳定。有关教学、实习和实验、文体活动等要相互配合。

在生产经营方面，各校应在平等协商、自愿互利的原则下，开展灵活多样的相互支援与协作。可以在校际之间自行联系挂钩，也可以按地区、行业组织起来定期协商交流，还可以成立校际之间的松散联合组织，开展生产协作。劳动人事部门要加强指导。

第三章 文化、技术理论与生产实习教学

第十四条 技工学校的教学，必须着重操作技能的训练；并紧密围绕培养目标，安排必要的文化与技术理论基础课程。

第十五条 技工学校的教学，必须根据国务院各有关主管部门制定和颁发的教学计划、教学大纲进行。学校应按照教学计划、教学大纲的要求，编制学期的、月份的生产（业务）实习教学计划和文化、专业技术理论课的学期教学进度计划。教师应编制学期授课计划和课时授课计划。

对于上述教学计划、教学大纲，学校可以根据地区和企业的不同特点，做必要的调整。课时的调整幅度一般可占总课时的百分之十五左右。

第十六条 技工学校的生产（业务）实习教学，是培养学生掌握操作技能的主要手段。学生的生产（业务）实习，应尽可能结合生产（业务工作）进行。可以在校办工厂实习，也可以下厂（车间、工地、店堂）实习。生产（业务）实习教学的内容，应包括基本功训练和综合课题训练。

基本功训练和综合课题训练，一般应在校办实习工厂（场、店），采用课堂教学形式进行。学校应根据所设工种（专业）建立实习工厂（场、店），配备实习设备。对于不便于建立实习工厂的工种（专业），应加强实验、模拟教学。组织学生下厂实习的，学校应事先同企业商订出生产（业务）实习教学工作计划，力求做到定课题、定学时、定岗位、定师傅、定期考核和定期轮换实习岗位。

第十七条 技工学校专业技术理论课的教学，应同本工种（专业）操作技能训练密切结合。其他课程的教学，也应坚持理论联系实际，并注意各课之间的配合与协调。

技工学校应建立专课教室、实验室、图书馆（室），并根据教学需要，不断充实仪器、教具、图书、教学资料和有关技术资料；并积极创造条件，逐步实施电化教学。

第十八条 技工学校应建立、健全学生学业成绩考核制度，认真进行平时考查，学期、学年和毕业考试。

第十九条 技工学校应按照工种（专业）和课程的不同，建立教学研究组。教学研究组应制订执行教学计划、教学大纲的措施，研究教学内容和教学方法，积极采用先进教学手段，总结交流教学经验和开展业务学习。

第二十条 技工学校领导人员应把主要精力放在教学工作上，通过听课、参加教学研究、检查学生作业和实习工件、召开师生座谈会等，深入了解教学情况，提出改进措施。

第四章 思想政治教育

第二十一条 技工学校的学生、教职工和实习工厂（场、店）工作人员的思想政治工作，必须大力加强。应当认真开展社会主义精神文明建设和教育，加强对学生进行马列主义基本知识教育、共产主义教育、职业道德教育、时事政策教育、法制教育。应当结合形势、任务，针对思想实际，寓思想教育于教学活动之中。培养学生成为有理想、有道德、有文化、有纪律的技术工人。教师要身教重于言教。应当表彰不愧于为人师表的教职人员，克服不良倾向。

第二十二条 对思想性质的问题，必须采取民主讨论的方法、说理方法、批评和自我批评的方法去解决，必须采取教育和疏导的方法去解决。

第二十三条 在技工学校党组织的领导下，充分发挥共青团、学生会和工会的作用，开展适合青年特点和教职工需要的有益身心健康的活动。

第二十四条 技工学校应建立、健全学生的品德考核制度，做好学生操行评定工作。这种评定一个学期进行一次，由班主任考察学生的表现，听取各方面的意见，写出评语。评语要实事求是，鼓励上进。

第五章 学 生

第二十五条 技工学校学生必须按时入学办理入学注册手续，遵守学籍管理制度。

第二十六条 技工学校学生应当发扬勤工俭学的精神；努力学习，不断上进；应当尊敬师长，遵纪守法，遵守《技工学校学生守则》和学校的规章制度。

对于在道德品质、学习、生产劳动等方面表现优秀的学生，应该分别情况，给予表扬、记功和奖励，可以颁发奖状和发给一定的奖品。对于违反纪律又屡教不改的学生，应该分别情节轻重，给予警告、严重警告、记过、留校察看、责令退学直至开除学籍的处分。

处分学生，应该经过校务会议讨论，由校长批准执行。责令学生退学和开除学生学籍，应报主管部门和当地劳动人事部门备案。

第二十七条 技工学校按国家计划招收的学生，实行助学金和奖学金相结合的办法。

第二十八条 技工学校应引导和帮助学生建立、健全学生会组织，培养学生自己管理自己的

能力。学生会和共青团及其班级组织，应协助学校领导和教师做好学生的思想工作；推动学生好好学习，遵纪守法；组织学生开展课余学习、文体活动、公益劳动；管好学生宿舍；做好社会工作。

第二十九条 学生学习期满、经过课程结束考试、操行考核和毕业考试，成绩合格者，准予毕业，发给毕业证书。毕业考试成绩有两门课程不及格或操行成绩不及格的，不能毕业，发给结业证书。

第六章 教　师

第三十条 技工学校的教师，按照《技工学校教师职务试行条例》的规定，逐步实行聘任制。

第三十一条 技工学校教师应当认识时代和人民的要求，努力提高自己的思想道德素质和业务素质，做到为人师表；关心和爱护学生，认真钻研教学业务，改进教学方法，提高教学质量，完成教育、教学任务。

第三十二条 技工学校教师的任课时数，根据所任课程、年级的不同分别确定。担任生产（业务）实习课的，根据技工学校人员编制标准的有关规定，按负责一个实习教学班确定；担任文化、技术理论课和其他各门课程的，一般按每周十二至十六课时安排。

第三十三条 技工学校必须认真执行党的知识分子政策，调动教师的教学积极性，充分发挥教师在教学中的主导作用。学校领导者要从政治上关心教师，帮助教师解决工作和生活中的困难和问题，保证教师有充分的时间用于教学工作。

学校应切实加强对教师的培训和业务进修工作。生产实习课指导教师要努力达到能教本工种（专业）的工艺理论课；技术理论课教师应掌握一定的实际操作技能。应支持和鼓励教师积极参加教学研究和学术讨论活动。

第三十四条 技工学校应按学期或学年做好教师的考核工作。对于在工作中做出显著成绩的教师，要给予表扬和奖励；对于有特殊成绩和突出贡献的教师，可以提前晋职。对于失职和违反纪律的教师，应给予批评教育以至降职、解聘。

第七章 实习工厂（场、店）管理

第三十五条 技工学校的实习工厂（场、店）应统筹安排实习教学任务和生产经营活动，既要保证完成教学计划，又要通过生产经营，增加学校收益。

第三十六条 技工学校实习工厂（场、店）必须根据生产实习教学的要求制定实施计划，安排好学生的基本操作技能的训练，尽可能减少纯消耗性的实习，应当防止发生脱离实习教学，单纯追求产值利润的偏向。

必须积极掌握技术信息资料、及时改进实习教学和生产经营管理。

学校主管部门和办学单位，应帮助学校实习工厂（场、店）开拓生产业务门路，疏通供销渠道，解决实习教学和生产经营所需要的原材料、物资、设备等问题。实习工厂（场、店）要建立、健全原材料、物资、设备等各项管理制度，严格实行岗位责任制。应注意采用和推广新技术、新工艺和先进操作法，鼓励师生员工开展技术革新和发明创造。对改革、创新确有成效的，应给予表扬和奖励。实习工厂（场、店）要实行单独核算，严格执行财经纪律。

学校承担生产任务和经营业务。必须严格履行所签订的经济合同，按照国家规定的标准生产和检验产品，保证产品质量和经营服务质量。

第三十七条 技工学校实习工厂（场、店）必须切实改善劳动条件，完善防护设备，严格执行安全操作规程，做好劳动保护工作。

第八章 行政工作

第三十八条 技工学校可以试行校长负责制。校长是学校的行政领导人，全面负责学校的教学、生产等各项工作。

学校应该建立、健全校务会议制度。校务会议由校长主持，副校长、各部门负责人和其他有关人员参加，讨论学校计划、总结和其他重要问题。

学校应该建立、健全教职工大会或教职工代表会议制度。教职工代表会议是教职工行使民主权利，参加学校管理的重要形式。

第三十九条 技工学校的后勤工作要明确树立为教学和生产经营服务、为师生员工服务的思想，关心群众生活，办好公共食堂、搞好集体福利，做好卫生保健、绿化美化环境工作，管理好学生宿舍和学校的各种物资、设备。

第四十条 技工学校的食堂要实行民主管理，健全管理制度，定期公布账目，杜绝贪污浪费，努力改善伙食，注意饮食营养卫生。

第四十一条 技工学校应建立独立的财务机构，经费由主办单位按照规定的程序、经费开支渠道和标准拨给，由学校支配使用。学校要配备财会人员，健全财务制度，遵守财经纪律。一切开支必须精打细算，厉行节约。

应建立技工学校基金制度，具体办法按照劳动人事部、财政部《关于在技工学校建立学校基金制度的联合通知》办理。

第四十二条　技工学校的领导干部，要模范地执行党的方针政策，遵守党纪国法，努力学习政治理论和学校管理知识，认真总结经验，研究技工教育的规律，不断改进领导作风和领导方法，把学校切实办好。

第九章　附　　则

第四十三条　各省、自治区、直辖市劳动人事厅、局（劳动局）和国务院各有关部门，可以参照本条例制定实施细则。

第四十四条　本条例自一九八七年一月一日起实行，一九七九年二月二十日原国家劳动总局颁发的《技工学校工作条例（试行）》同时废止。

(2) 劳动部《关于深化技工学校教育改革的决定》（1993 年 9 月 29 日　劳部发［1993］255 号）（略）

职业学校

[解读]

职业学校是学历性的职业教育，分为初等职业学校、中等职业学校和高等职业学校。

初等职业学校是在完成小学教育的基础上实行的职业学校教育，主要在一些老少边穷地区设立。因为那里实行九年制义务教育有一定困难，许多学生在完成小学教育以后，可以通过举办初等职业中学进行职业学校教育，为当地培养实用人才。中等职业学校是在完成初中教育的基础上实行的职业学校教育，具体形式有职业高中、技工学校、中专等。高等职业学校是在完成高中教育基础上实行的职业学校教育。

按照职业教育法规定，职业学校的设立，必须有组织机构和章程；有合格的教师；有符合规定标准的教学场所，与职业教育相适应的设施、设备；有必备的办学资金和稳定的经费来源。

[依据指引]

(1)《中华人民共和国职业教育法》（1996 年 5 月 15 日　国家主席令第 69 号）

第十二条　国家根据不同地区的经济发展水平和教育普及程度，实施以初中后为重点的不同阶段的教育分流，建立、健全职业学校教育与职业培训并举，并与其他教育相互沟通、协调发展的职业教育体系。

第十三条　职业学校教育分为初等、中等、高等职业学校教育。

初等、中等职业学校教育分别由初等、中等职业学校实施；高等职业学校教育根据需要和条件由高等职业学校实施，或者由普通高等学校实施。其他学校按照教育行政部门的统筹规划，可以实施同层次的职业学校教育。

第十四条　职业培训包括从业前培训、转业培训、学徒培训、在岗培训、转岗培训及其他职业性培训，可以根据实际情况分为初级、中级、高级职业培训。

职业培训分别由相应的职业培训机构、职业学校实施。

其他学校或者教育机构可以根据办学能力，开展面向社会的、多种形式的职业培训。

第十七条　县级以上地方各级人民政府应当举办发挥骨干和示范作用的职业学校、职业培训机构，对农村、企业、事业组织、社会团体、其他社会组织及公民个人依法举办的职业学校和职业培训机构给予指导和扶持。

第十九条　政府主管部门、行业组织应当举办或者联合举办职业学校、职业培训机构，组织、协调、指导本行业的企业、事业组织举办职业学校、职业培训机构。

国家鼓励运用现代化教学手段，发展职业教育。

第二十条　企业应当根据本单位的实际，有计划地对本单位的职工和准备录用的人员实施职业教育。

企业可以单独举办或者联合举办职业学校、职业培训机构，也可以委托学校、职业培训机构对本单位的职工和准备录用的人员实施职业教育。

从事技术工种的职工，上岗前必须经过培训；从事特种作业的职工必须经过培训，并取得特种作业资格。

第二十一条　国家鼓励事业组织、社会团体、其他社会组织及公民个人按照国家有关规定举办职业学校、职业培训机构。

境外的组织和个人在中国境内举办职业学校、职业培训机构的办法，由国务院规定。

第二十二条　联合举办职业学校、职业培训机构，举办者应当签订联合办学合同。

政府主管部门、行业组织、企业、事业组织

委托学校、职业培训机构实施职业教育的，应当签订委托合同。

第二十三条 职业学校、职业培训机构实施职业教育应当实行产教结合，为本地区经济建设服务，与企业密切联系，培养实用人才和熟练劳动者。

职业学校、职业培训机构可以举办与职业教育有关的企业或者实习场所。

第二十四条 职业学校的设立，必须符合下列基本条件：

（一）有组织机构和章程；

（二）有合格的教师；

（三）有符合规定标准的教学场所、与职业教育相适应的设施、设备；

（四）有必备的办学资金和稳定的经费来源。

职业培训机构的设立，必须符合下列基本条件：

（一）有组织机构和管理制度；

（二）有与培训任务相适应的教师和管理人员；

（三）有与进行培训相适应的场所、设施、设备；

（四）有相应的经费。

职业学校和职业培训机构的设立、变更和终止，应当按照国家有关规定执行。

第二十五条 接受职业学校教育的学生，经学校考核合格，按照国家有关规定，发给学历证书。接受职业培训的学生，经培训的职业学校或者职业培训机构考核合格，按照国家有关规定，发给培训证书。

学历证书、培训证书按照国家有关规定，作为职业学校、职业培训机构的毕业生、结业生从业的凭证。

第二十七条 省、自治区、直辖市人民政府应当制定本地区职业学校学生人数平均经费标准；国务院有关部门应当会同国务院财政部门制定本部门职业学校学生人数平均经费标准。职业学校举办者应当按照学生人数平均经费标准足额拨付职业教育经费。

各级人民政府、国务院有关部门用于举办职业学校和职业培训机构的财政性经费应当逐步增长。

任何组织和个人不得挪用、克扣职业教育的经费。

第三十二条 职业学校、职业培训机构可以对接受中等、高等职业学校教育和职业培训的学生适当收取学费，对经济困难的学生和残疾学生应当酌情减免。收费办法由省、自治区、直辖市人民政府规定。

国家支持企业、事业组织、社会团体、其他社会组织及公民个人按照国家有关规定设立职业教育奖学金、贷学金，奖励学习成绩优秀的学生或者资助经济困难的学生。

第三十三条 职业学校、职业培训机构举办企业和从事社会服务的收入应当主要用于发展职业教育。

第三十六条 县级以上各级人民政府和有关部门应当将职业教育教师的培养和培训工作纳入教师队伍建设规划，保证职业教育教师队伍适应职业教育发展的需要。

职业学校和职业培训机构可以聘请专业技术人员、有特殊技能的人员和其他教育机构的教师担任兼职教师。有关部门和单位应当提供方便。

第三十七条 国务院有关部门、县级以上地方各级人民政府以及举办职业学校、职业培训机构的组织、公民个人，应当加强职业教育生产实习基地的建设。

企业、事业组织应当接纳职业学校和职业培训机构的学生和教师实习；对上岗实习的，应当给予适当的劳动报酬。

(2)《中华人民共和国劳动法》（1994 年 7 月 5 日 国家主席令第 28 号）

第六十六条 国家通过各种途径，采取各种措施，发展职业培训事业，开发劳动者的职业技能，提高劳动者素质，增强劳动者的就业能力和工作能力。

第六十七条 各级人民政府应当把发展职业培训纳入社会经济发展的规划，鼓励和支持有条件的企业、事业组织、社会团体和个人进行各种形式的职业培训。

(3)《中华人民共和国民办教育促进法》（2002 年 12 月 28 日 国家主席令第 80 号）

第十一条 举办实施学历教育、学前教育、自学考试助学及其他文化教育的民办学校，由县级以上人民政府教育行政部门按照国家规定的权限审批；举办实施以职业技能为主的职业资格培训、职业技能培训的民办学校，由县级以上人民政府劳动和社会保障行政部门按照国家规定的权限审批，并抄送同级教育行政部门备案。

技师学院

[解读]

技师学院是高等职业教育的组成部分，是以培养技师和高级技工为主要目标的高技能人才培养基地，同时承担各类职业教育培训机构师资培训和进修任务。技师学院是在国家重视职业教育，特别是在高技能人才日趋短缺情况下的产物。

技师学院作为高等职业教育的重要组成部分，更注重学生技能培养，坚持校企结合二元培养模式，根据企业需要培养高技能人才，实行“订单”培养。主要招收省内应、历届初、高中毕业生。技师班和大专班也可招收企业在职人员，使之进一步提升技能水平或取得大专学历。

技师学院以技师和高级技工、中级技工为主要培养方向。为满足学生需要，学院同时进行部分大专和中专的专业学历教育，学生毕业可获得相应的中、高级《职业资格证书》和大专或中专学历证书。学生学习期间可分段获得高级技工、预备技师国家职业资格证书，享受高职大专学历待遇；少数知识技能型专业（工种）可直接获得技师证书，享受本科工程师待遇。

人力资源和社会保障部门对技师学院的设立及高级技工、预备技师、技师的申报条件、学习时间、考核要求都作出具体的规定。

[依据指引]

(1) 劳动部办公厅《关于规范技师学院管理的有关工作的通知》（2006 年 12 月 4 日　劳社厅发［2006］30 号）

各省、自治区、直辖市劳动和社会保障厅（局），国务院有关部门劳动保障工作机构：

为贯彻落实《中共中央办公厅、国务院办公厅印发〈关于进一步加强高技能人才工作的意见〉的通知》（中办发［2006］15 号）和《关于推动高级技工学校技师学院加快培养高技能人才有关问题的意见》（劳社部发［2006］31 号，以下简称 31 号文）要求，现就规范技师学院管理有关问题通知如下：

一、技师学院是高等职业教育的组成部分，在面向新生劳动力开展后备高技能人才学制教育的同时，承担企业在职职工高技能培训和各类职业教育培训机构师资培训任务。各地要按照 31 号文中提出的技师学院设立基本条件等相关要求，结合本地实际，组织专家（包括一定比例的企业行业人员）制定或修订本地区技师学院的设置标准，报省级人民政府批准后实施，并报我部培训就业司备案。

二、各地对 31 号文下发前已经批准设立的技师学院，要根据新制定或修订的技师学院设置标准，进行重新评估认定。对符合条件的，应报请省级人民政府同意，并填写《技师学院备案表》（见附件），连同省政府批文复印件，一并于 2007 年 5 月底前报我部培训就业司备案。对不符合条件的，可给予最长不超过 2 年的筹建期，再进行申报备案。2 年后仍未达到相应条件的，应撤销其技师学院牌子。

三、各地对 31 号文下发之后新申请设立的技师学院，要严格按照新制定或修订的技师学院设置标准进行评估认定。对符合条件的，应报请省级人民政府批准。要认真填写《技师学院备案表》，连同省政府批文复印件，于每年 5 月底和 11 月底前报我部培训就业司备案。我部将在收到申请备案材料后一个月内予以公布。

四、行业企业申请举办技师学院，应按照属地原则，经学校所在地省级劳动保障部门按照设置标准评估通过后，报省级人民政府批准，并报我部培训就业司备案。

五、要规范技师学院的名称，一般为“××技师学院”。在“技师学院”前，可根据学校所在地区或行业特点冠以某些适当的限定词，但一律不得冠以“中华”、“中国”、“国际”、“国家”等字样，也不得使用学校所在省、自治区、直辖市以外的地域名称。

六、我部将通过劳动保障部网站（www.molss.gov.cn）和中国劳动力市场网（www.lm.gov.cn）等媒体向社会公布全国技师学院名单及开设的技师培养专业。各地也要通过多种渠道公布本地区技师学院情况。为确保信息及时、准确和有效，各技师学院培养专业如有变动，请及时报我部培训就业司。

七、各地要充分发挥技师学院和高级技工学校作用，做好预备技师培养工作。要组建有企业行业、职业院校负责人以及有关方面专家组成的教学指导委员会，负责对高技能人才培养的专业设置、教学计划和大纲等进行评审。要针对预备技师培养的特点，制定专门的培养和考核方案。要将毕业前的职业技能鉴定与日常的教育培训考试有机结合，对于所学专业课程与《中华人民共和国职业分类大典》中职业（工种）名称相对应或相近，并达到相应职业国家标准要求，且在每学期考试中成绩优良的学生，在参加毕业前鉴定考试时，理论考核与学校教学考核结合进行，技能操作考核合格者可发给预备技师证书。具体办法由各省级劳动保障部门自行制定。预备技师在相应职业岗位工作满2年后（工作业绩突出的可适当缩短），可申请参加相应职业技师国家职业资格技能鉴定综合评审和业绩评定，合格者按规定核发技师国家职业资格证书。

八、2006年9月底前经省级劳动保障部门批准，各地已招收具有高级工职业资格（国家职业资格三级）的职业院校毕业生开展技师教育，学生毕业时可直接参加技师国家职业资格（国家职业资格二级）技能鉴定。对于按规定经过考核合格的学生，可发放技师国家职业资格证书，并报我部培训就业司备案。

九、各地可在充分论证的基础上，探索对部分知识技能型专业开展直接培养技师的试点工作。要组织专家对相关专业进行论证，制定和完善培养和考核方案，并在招生（开班）前将该专业的教学计划、课程设置、鉴定考核方案、实施校企合作的企业名单和合作内容等材料报我部培训就业司审核批准后方能实施试点。试点过程中，要定期汇报工作进展情况及相关问题。我部将在总结各地试点的基础上，适时制定知识技能型专业目录。

(2) 劳动和社会保障部《关于加快技工学校改革工作的通知》（2000年5月12日　劳社部发［2000］10号）（略）

(3) 劳动和社会保障部《关于推动高级技工学校技师学院加快培养高技能人才有关问题的意见》（2006年8月14日　劳社部发［2006］31号）（略）

就业训练中心

[解读]

就业训练中心是指人力资源和社会保障部门为待业人员和其他求职人员提高职业技能，增强就业能力的培训基地，是职业培训体系中的一个重要组成部分。

就业训练中心发展时间不长，是从20世纪80年代初，在劳动服务公司的基础上产生发展起来的。并与劳动服务公司、职业介绍服务机构并列，成为就业服务的三大支柱。就业训练中心以独特的训练方法，发挥了提高就业人员技能水平，储备社会劳动力的职能，在职业教育、引导就业、提高再就业能力方面都起到促进作用。

就业训练中心实行面向社会，公开招收学员、自选专业、择优推荐就业的原则。就业训练中心一般学习期限不长，简单熟练工学习3个月，技术较强的生产岗位一般学习6个月至1年，学习结业后经专业知识和操作技能考核，合格者发给《就业训练结业证书》。培训结业后，就业训练中心可组织学员申请职业技能鉴定，鉴定合格后，可发给相应等级的《职业资格证书》。

就业训练中心是由各级劳动部门举办的，目的主要为了直接解决就业压力和就业矛盾而开展培训。就业训练中心的特点主要有：它不是学历教育单位，学期较短；培训以单项技能为主，促进学员尽快就业；学习结束只发结业证书和职业资格证书，没有毕业证书。

经过多年发展，就业训练中心初具规模，实力增强，由过去只对失业、下岗、转业、待业青年培训，发展到对所有劳动者的技能训练，全面落实“先培训、后上岗，先培训、后就业”的政策，是职业培训中不可或缺的培训实体。

[依据指引]

劳动部《就业训练中心管理规定》（1991年2月25日　劳力字［1991］13号）

第一章　总　　则

第一条　根据中华人民共和国宪法第四十二条“国家对就业前的公民进行必要的劳动就业训练”的规定，为巩固和发展就业训练基地，加强就业训练中心管理，促进职业技术教育事业的发展，更好地为国民经济发展和劳动就业服务，制定本规定。

第二条　本规定所称就业训练中心是指劳动部门为城镇待业人员和其他求职人员提高职业技能、增强就业能力而举办的职业技术教学实体。它包括劳动部门办的职业技术学校和职业技术培训中心。

县、区以上就业训练中心是从事就业训练的事业单位。

第三条　就业训练中心是职业技术教育的重要组成部分，是实施劳动就业服务的重要手段。就业训练中心要坚持为劳动就业服务的方向，搞好与职业介绍、生产自救、待业保险之间的相互衔接，促进劳动就业服务体系的健全和完善。

第四条 就业训练中心的基本任务是培养具有社会主义觉悟，有一定专业技能和良好职业道德的劳动者，为开发利用城乡劳动力资源服务，并承担劳动部门赋予的其他就业训练任务。

第五条 就业训练中心建设须纳入职业技术教育和劳动就业工作的发展规划，根据经济建设和社会发展需要，确立工作目标，制定方针、政策，选择训练方式。其基本建设项目应在地方基本建设中统筹安排。

第六条 社会和有关部门应当扶持就业训练中心的发展和建设，保护其合法权益，不得挤占、挪用、平调就业训练中心的财产，不得改变其隶属关系。

第七条 就业训练中心必须贯彻执行国家的方针、政策和法律、法规，坚持先培训后就业、先培训后上岗的原则。

第二章 开办与停办

第八条 开办就业训练中心应具备下列条件：

（一）有一定数量的教室和教学设备，并逐步配备适应新技术训练要求的现代化教学设施；

（二）有政治素质好、懂教学、会管理的领导班子和适应教学工作要求的教师队伍；

（三）有符合培养目标要求的教学计划、教学大纲和教材；

（四）有较为稳定的实习场地和相应的学习教学手段；

（五）有一定的经费来源。

第九条 县、区以上就业训练中心的开办、停办，由同级劳动部门申请，报当地人民政府批准，并报上一级劳动部门备案。

乡、镇、街道就业服务机构开办、停办就业训练班，由县、区劳动部门审批。

第三章 行政管理

第十条 就业训练中心在劳动部门领导下，可委托就业服务机构进行管理、指导和监督检查。

第十一条 就业训练中心实行主任负责制，主任全面负责就业训练中心的工作。

第十二条 就业训练中心应当建立健全目标管理、教学管理、实习管理、招生、考试、考核、发证、推荐就业、学员学籍管理、实习厂（店）经营管理、财务管理、训练年度计划及年报统计、思想政治工作和奖惩等项规章制度。

第四章 教学管理

第十三条 就业训练中心招收学员，实行面向社会、公开招生、自愿报名、自选专业、自费就学的原则。学员结业后不包分配，择优推荐就业。

第十四条 就业训练中心根据当地经济建设和社会发展的需要，因地制宜设置专业。为适应社会用工需求，其专业设置应具有较大的灵活性。

第十五条 就业训练中心应根据专业（工种）和就业要求确定训练期限，实行长短结合。简单劳动岗位上的熟练工，训练期限一般不少于3个月；一般技术岗位上的熟练工，训练期限不少于6个月；技术性较强的生产岗位上的技工，训练期限要在1年或1年以上。

第十六条 就业训练中心的教学工作，必须坚持理论联系实际，以操作技能训练为主，组织好生产实习教学。

第十七条 就业训练中心根据教学要求和经济条件，可自建或联办生产实习基地，并逐步形成以劳动就业服务企业为骨干，以用工单位为依托的较为稳定的生产实习基地。

第十八条 就业训练中心应以教学育人为宗旨。把思想政治教育放在教学管理的重要位置；对学员进行共产主义理想教育、就业观念教育、职业道德教育和法制教育；把学员的思想品德和学习表现作为推荐就业的重要依据。

第十九条 就业训练中心为用工单位进行定向训练或委托训练，应与用工单位签订训练合同，规定双方的责任、权利和义务，并认真履行合同。

第二十条 就业训练中心应积极开展以提高教学质量为重点的教研活动。

第五章 师资与教材

第二十一条 就业训练中心应建立专职、兼职相结合，以兼职为主体的教师队伍。专业理论课教师应具有大专以上文化水平，实习指导课教师应达到中级技工以上技术水平。

第二十二条 就业训练中心的人员编制，由地方劳动部门根据实际需要，报请同级编制部门审定。人员经费，按原劳动人事部《关于加强就业训练中心工作的意见》（劳人培［1988］3号）规定的范围执行。

第二十三条 就业训练中心教职工的职称评定、职务聘任、工资、教龄津贴和其他福利待遇等，按国务院工资制度改革小组《关于技工学校教职工工资制度改革问题的通知》（国工改［1985］29号）、中央职称改革工作领导小组《关于转发〈技工学校教师职务试行条例〉及〈实施意见〉的通知》（职改字［1986］48号）的有关规定办理。

第二十四条 就业训练中心聘用兼职教师，应与被聘者及其所在单位签订聘用合同，其内容应包括被聘者的职责、待遇、聘用期限和建约责任及其处理办法等。

第二十五条 就业训练中心应采用劳动部编审的全国统编教材。省、地、市就业训练中心还可组织力量编写适合本地区经济发展需要的专业技术教材。

第六章 考核与发证

第二十六条 就业训练中心对就业训练期满的学员进行专业技术知识和操作技能的考试、考核。对考核合格者，发给《就业训练结业证书》。结业证书由省、自治区、直辖市就业服务机构统一印制。

第二十七条 就业训练中心组织训练结业的学员参加当地工人技术考核委员会的专业技术等级考核。对考核合格者，发给《工人技术等级证书》。

第七章 经 费

第二十八条 就业训练中心的经费来源，实行国家扶持和自筹相结合的原则。主要是：

（一）主办单位扶持；

（二）就业经费中用于就业训练的部分；

（三）就业服务机构补助；

（四）生产经营收入；

（五）收取的训练费；

（六）待业职工保险基金中用于转业训练的部分。

第二十九条 就业训练中心可以实行有偿训练，可以结合教学开展生产经营活动，增加收入，改善办学条件。

第三十条 就业训练中心及其实习厂（店）的税收政策，在没有新的规定前，按照国家现行有关征免税收规定执行。

第八章 附 则

第三十一条 各省、自治区、直辖市劳动部门可根据本规定制定实施细则，并报劳动部备案。

第三十二条 本规定由劳动部负责解释。

第三十三条 本规定自颁发之日起施行。有关文件与本规定不一致的，按本规定执行。

综合性职业培训基地和培训集团

[解读]

综合性职业培训基地是在改革现有的技工学校、就业训练中心以及企业的培训实体基础上，建立起来的一种兼有职业需求调查、职业培训、职业技能鉴定、职业指导等多重功能，并与职业介绍紧密联系的综合性职业培训基地。为学员提供培训、鉴定、就业一体化服务。充分体现培训与就业相结合，培训为就业服务的功能，并发挥辐射作用。

职业技能开发集团是依托社区，联合各类培训机构，实行人力资源和社会保障部门内部培训机构、鉴定机构与就业机构联合运作的一种新型培训联合体。

综合性职业培训基地和培训集团，两者既有区别又有联系，综合培训基地是职业培训集团的构成单位，职业培训集团是将若干职业培训基地联合运作的组织形式。但集团也不完全是由职业培训综合基地构成。

职业培训综合基地和集团化是经济发展和社会需求的产物，也是我国职业培训改革中的一项新成果。1996 年，原劳动部发出了《关于进行综合性职业培训基地建设的有关事项的通知》，在部分城市技工学校和就业训练中心开展综合性职业培训基地建设试点工作。建立以职业技能开发和就业部门为主，其他有关机构参与协调的工作机制，由劳动部门（现为“人力资源和社会保障部门”）统筹规划在技工学校和就业训练中心建立综合基地的工作，使培训机构在承担原有培训任务的同时，实现资源共享、优势互补，提高培训规模效益。

实践证明，综合性培训基地和集团化建设，是实施培训和就业相结合的良好形式。现有技工学校，就业训练中心通过与培训机构、鉴定机构和职业介绍机构的联合，建立兼有职业需求预测、职业技能培训、职业技能鉴定、职业指导和职业介绍功能的综合性职业培训基地和培训集团，是我国职业培训改革的发展方向。

[依据指引]

(1) 劳动部《关于进行综合性职业培训基地建设有关事项的通知》（1996 年 6 月 3 日 劳部发[1996] 195 号）

为使职业培训工作更好地适应劳动力市场的发展，针对劳动者就业的需要开展多层次、多形式的培训，并促进培训与就业紧密结合，现决定选择一批管理能力强、培训规模大、办学质量高的政府部门主办的重点技工学校和就业训练中心，率先进行综合性职业培训基地（以下简称综合基地）的建设的试点工作。现将有关事项通知如下：

一、各省、自治区、直辖市（劳动人事）厅（局）应高度重视综合基地建设工作，将该项工作列入“九五”就业和职业技能开发工作的目标任务，按《综合性职业培训基地的基本要求》（附后），结合本地实际情况选择试点，指导其制定具体方案并组织实施。

二、综合基地所在地区劳动部门要建立以职业技能开发和就业服务机构为主、其他有关机构参与的协调工作机制，统筹规划在技工学校、就业训练中心建立综合基地的工作，使其在承担原有培训任务的同时，实现资源共享、优势互补，提高培训规模效益。

三、各级劳动部门应帮助综合基地与职业介绍机构建立紧密联系，以使综合基地及时掌握劳动力需求信息，适时调整专业与课程设置，积极组织更多劳动者参加培训。具备条件的，可按有关规定经批准设立职业技能鉴定站和由职业介绍机构派出的内部职业介绍站，为接受培训者提供一体化服务。

四、建设综合基地的费用，应多渠道筹集。要积极争取当地财政支持和银行贷款，并可统筹考虑从其他资金来源中获得支持。如根据承担在职工人培训的任务，按规定获得企业职工教育经费的支持，以及企业和劳动者个人有偿培训费与各种社会资助等，按照有关规定的要求，承担享受失踪保险的失业人员培训任务，可获得失业保险金中的转业训练费补贴。

五、综合基地所在地区劳动部门应组织管理人员开展必要的培训、交流的研讨。劳动部将利用国际合作项目和国内项目，为综合基地管理人员的培训、改善教学设施提供支持和服务，并通过天津职业技术师范学院为综合基地承担一定数量的实习指导教师进修、职业指导教师及后备教师培养服务。

请试点单位按综合基地的基本要求提交申请报告和实施方案，由省、自治区、直辖市劳动（劳动人事）厅（局）部署意见后于1996年6月30日前报劳动部，经劳动部批准后实施。被批准进行试点的单位保留原技工学校和就业训练中心的名称，并增挂“综合职业培训基地”的标牌，不改变原管理体制。

劳动部由职业技能开发司、就业司、职业技能鉴定中心联合组成试点工作指导小组，负责此项工作的统筹安排和指导协调。

(2) 劳动部《关于贯彻实施〈职业教育法〉的通知》（1996年6月6日　劳部发［1996］197号）（略）

(3) 劳动和社会保障部《关于加快技工学校改革工作的通知》（2000年5月12日　劳社部发［2000］10号）（略）

社会力量办学

[解读]

社会力量办学（民办职业培训）是企业、事业组织，社会团体及其他社会组织和公民个人利用非国家财政性教育经费，面向社会举办的学校和其他教育机构。社会力量办学主要实施职业教育、成人教育、高级中等教育和学前教育。其中以职业技能培训为主的职业资格培训、技术等级培训、劳动就业职业技能培训，是职业教育体系中的一个重要力量，这一类社会力量办学机构须由县级以上人力资源和社会保障行政部门审批和管理。

社会力量办学与其他培训机构不同，是使用非国家财政性经费，主要是自筹资金。

社会力量办学，虽然在提高劳动者素质，培养技能人才，支持就业服务方面起到积极的作用，但由于社会力量办学有多种体制并存，公办、民办、多头管理，所以个别地区对培训机构的分布和培训方向、专业设置没有合理布局和调控，出现了无序竞争，教学质量难以保证。因此，人力资源和社会保障部门对社会力量办学机构加强了管理，依据《民办教育促进法》和《民办教育促进法实施条例》，引导规范民办学校的办学行为，在全国开展民办职业培训学校诚信等级评定工作，使民办职业培训朝着健康有序的方向发展。

[依据指引]

(1)《中华人民共和国民办教育促进法》（2002年12月28日　国家主席令第80号）（略）

(2) 国务院《民办教育促进法实施条例》（2004年3月5日　国务院令第399号）（略）

(3) 劳动和社会保障部办公厅《关于开展民办职业培训学校诚信等级评定工作的通知》（2007年4月29日　劳社厅发［2007］12号）（略）

劳动预备制度

[解读]

劳动预备制度是国家为提高劳动者素质对新生劳动力和其他求职人员建立和推行的一项新型培训就业制度。其基本内容是组织新生劳动力和其他求职人员在就业前接受1～3年的职业培训和职业教育，使其取得相应的职业资格或掌握一定的职业技能后，才能实现就业。

实行劳动预备制度的主要对象是城镇未能升学的初、高中毕业生，农村未能升学并准备从事非农业工作或进城务工的初、高中毕业生。各地还可根据实际情况引导城镇失业人员和企业下岗职工参加。

劳动预备制人员的培训，主要依靠社会各方面力量，利用现有教育资源，如技工学校、就业训练中心、社会其他培训机构、企业内培训中心，充分利用职业技术学院和职业学校，培养一批生产、服务等一线的专门人才，努力为就业服务。

劳动预备制培训原则上采取免试入学。进入各类职业学校学习的，应按国家或地方有关规定进行。培训内容根据市场需求，按职业标准进行职业技能和专业理论学习。培训时间根据所选专业确定，技术职业一般在2年以上，非技术职业一般在1年以上。培训形式可灵活多样，全日制、非全日制、学分制与学时制相结合、远程培训等。

劳动预备制人员培训经费，原则上由个人和用人单位承担，政府给予支持。用人单位委托培训机构进行的定向培训，费用在职工教育经费中开支。由学员个人缴纳培训费的，按当地职业学校和培训机构的收费标准执行。

劳动预备人员培训期满，进行考核或职业技能鉴定，合格者发给培训结业证或相应的职业资格证。取得相应证书后方可就业。

[依据指引]

(1) 国务院办公厅《转发劳动保障等部门关于积极推进劳动预备制度加快提高劳动者素质意见的通知》（1999年6月27日　国办发［1999］60号）（略）

(2) 劳动部《关于做好劳动预备制度宣传工作的通知》（1997年7月2日　劳培司字［1997］33号）（略）

(3) 劳动部《劳动预备制度培训基本要求(试行)》（1997年7月11日　劳培司字［1997］35号）（略）

(4) 劳动和社会保障部办公厅《关于进一步做好劳动预备制度试点工作的通知》（1998年8月12日　劳社厅发［1998］7号）（略）

(5) 劳动和社会保障部培训就业司《劳动预备制培训实施办法》（1999年9月20日　劳社培就司发［1999］63号）

为落实劳动预备制培训任务，根据《国务院办公厅转发劳动保障部等部门关于积极推进劳动预备制度加快提高劳动者素质意见的通知》（国办发［1999］60号），制定本办法。

一、培训对象

（一）有劳动能力和就业意愿的城镇未能继续升学的初、高中毕业生。

（二）农村未能继续升学并准备从事非农产业工作或进城务工的初、高中毕业生。

（三）各地可以结合实际，引导组织准备从事农业生产劳动的初、高中毕业生以及城镇失业人员、企业下岗职工参加劳动预备制培训。

二、机构认定

根据当地培训任务的要求，通过申报、评估，认定一批办学条件好、培训质量高、专业设置合理的技工学校、就业训练中心或其他职业学校和培训机构为劳动预备制定点培训机构，并定期向社会公布定点培训机构的名称、地址、专业设置情况。

三、专业设置

（一）定点培训机构要根据经济发展和劳动力市场需求，依据国家职业分类，调整和优化专业结构，开设符合就业需求的培训专业。

（二）就业服务机构（包括乡镇劳动服务机构）要对城乡劳动力资源和用人单位用工需求进行调查，及时发布职业需求预测信息，指导定点培训机构合理设置培训专业。

四、培训招生

（一）劳动预备制培训对象凭初、高中毕业证书报名免试参加培训，各地可将劳动预备制培训登记报名与技工学校、就业训练中心招生结合进行。

（二）公共职业介绍机构以及乡镇劳动服务机构应开设专门窗口，公布劳动预备制培训专业，发布定点培训机构招生广告，指导和组织前来求职的初、高中毕业生参加劳动预备制培训。

五、培训期限

（一）根据培训对象和岗位需求，确定劳动预备制培训期限。城镇初中毕业生初级技能培训期限一般为1年以上，中级技能培训期限一般为2年以上；城镇高中毕业生中级技能培训期限一般为1年以上，高级技能培训期限一般为2年以上。特殊职业（工种）的培训期限，按国家有关规定执行；一般岗位新生劳动力的培训期限可适当缩短。

（二）已实现流动就业的农村劳动力可在就业地参加培训，培训的期限、内容和形式可根据城市用工需要或职业（工种）特点灵活掌握。

六、培训内容

（一）按照劳动预备制培训的基本要求设置培训课程，培训期限2年以下的课程采用基本素质、职业知识、专业技能和社会实践4个模块进行教学。

（二）国家规定的就业准入职业（工种）和通用工种培训，执行部颁劳动预备制培训计划、大纲，其他工种的培训计划、大纲，由各地遵照部颁培训计划、大纲自行制定。

（三）社会实践教学活动由各定点培训机构组织实施。

七、培训形式

（一）应届初、高中毕业生参加劳动预备制培训以全日制为主，其他人员可采取非全日制、学分制与学时制相结合或参加远程培训等形式。

（二）参加1年以上劳动预备制培训的初中毕业生，学习期满，经考试合格可直接转为技工学校学生，学习期限连续计算；参加1年以上劳动预备制培训的高中毕业生可参加高级技工学校学习。

（三）具备一定条件的定点培训机构，可与其他教育机构联合办学，多渠道、多层次培养人才。

八、培训证书

（一）劳动预备制培训人员学习期满，经考试合格，可获得劳动预备制培训合格证书；参加技术工种培训，取得劳动预备制培训合格证书后，经职业技能鉴定合格者可获得相应职业资格证书；达到中级技能水平的优秀学员，可通过相应考试，获得技工学校毕业证书。

（二）劳动预备制培训合格证书、职业学校毕业证书、职业资格证书是劳动预备制培训人员就业的凭证。

九、培训经费

（一）劳动预备制培训所需经费，原则上由个人和用人单位共同承担，政府给予必要的支持。

（二）定点培训单位对学员收取培训费，参照当地职业学校或培训机构的收费标准执行，对家庭经济确有困难的，可酌情减免培训费用；劳动保障部门举办的技工学校，根据招生人数，按当地生均经费标准向财政部门申请经费（技工学校经费科目）；用人单位委托定向培训的，从企业职工教育经费中提取一部分用于培训。

十、就业服务

（一）就业服务机构要把取得劳动预备制培训合格证书、职业学校毕业证书或职业资格证书的劳动预备制培训人员，纳入劳动力信息资源管理系统，根据国家就业方针和劳动力市场需求，组织双向选择，优先推荐就业。

（二）公共职业介绍机构要与劳动预备制定点培训机构建立定期联系制度，对学员进行职业指导，分析就业形势，指导就业方向，并提供存放档案等服务，指导和帮助学员组织起来就业和自谋职业。

职业技能鉴定

[解读]

职业技能鉴定是由考核机构对劳动者从事某种职业所应掌握的专业知识及实际操作能力作出客观评价的一项考核活动，属于标准参照型考试。按照法律规定，国家确定职业分类，对规定的职业制定技能标准，实施职业资格证书制度。由经过政府批准的考核鉴定机构负责对劳动者实施职业技能考核鉴定。这些机构对劳动者的水平和职业资格进行公正、科学、规范的评价。主要包括初、中、高级技术等级考核和技师、高级技师的资格考评。职业技能鉴定分为专业知识理论考试和实际操作技能考核两部分。因此，劳动者只要通过鉴定机构鉴定合格后取得职业资格证书，就获得了职业技能水平的凭证。

我国的职业技能鉴定制度是在工人技术等级考核的基础上发展起来的。1992年8月，原劳动部发布了《中华人民共和国工种分类目录》，简化了等级结构，将传统的八级技术等级改造为初、中、高三级制。1993年，原劳动部颁布了《职业技能鉴定规定》，成为职业技能鉴定工作行政管理的主要依据。

职业技能鉴定规定与工人技术考核相比，有以下几个特点：一是依据的层次提高为国家法律，在《劳动法》中有明确的规定；二是考核目的由单纯的企业内工资调整变为对劳动者技能水平的评价，为劳动者和用人单位服务；三是考核标准由工资标准直接对应的八级标准制发展成独立的三级标准制；四是考核对象由企业内部工人扩展到全社会有关人员；五是考核体系是行业内管理发展到政府指导下的社会化管理。因此，职业技能鉴定对提高我国劳动者的素质有重要意义。

凡是申请职业技能鉴定的人员，均可向当地职业技能鉴定机构申报。报名需持本人身份证、培训毕（结）业证、单位出具的工作年限证明等相关的资料。

对就业困难人员、进城务工农村劳动者通过初次职业技能鉴定，取得职业资格证书的，给予一次性的职业技能鉴定补贴。

[依据指引]

(1)《中华人民共和国劳动法》（1994年7月5日 国家主席令第28号）

第六十七条 各级人民政府应当把发展职业培训纳入社会经济发展的规划，鼓励和支持有条件的企业、事业组织、社会团体和个人进行各种形式的职业培训。

第六十八条 用人单位应当建立职业培训制度，按照国家规定提取和使用职业培训经费，根据本单位实际，有计划地对劳动者进行职业培训。

从事技术工种的劳动者，上岗前必须经过培训。

第六十九条 国家确定职业分类，对规定的职业制定职业技能标准，实行职业资格证书制度，由经过政府批准的考核鉴定机构负责对劳动者实施职业技能考核鉴定。

(2) 劳动部《工人考核条例》（1990年7月12日 部令第1号）（略）

(3) 劳动部《职业技能鉴定规定》（1993年7月9日 劳部发［1993］134号）

第一章 总 则

第一条 为适应社会主义市场经济发展的需要，进一步完善职业技能鉴定制度，实现职业技能鉴定的社会化管理，促进职业技能开发，提高劳动者素质，根据《工人考核条例》，制定本规定。

第二条 本规定所称职业技能鉴定是指对劳动者进行技术等级的考核和技师、高级技师（以下统称技师）资格的考评。

第三条 职业技能鉴定实行政府指导下的社会化管理体制。

（一）劳动部综合管理全国职业技能鉴定工作，制定规划、政策和标准；审查批准有关行业的职业技能鉴定机构。

（二）各省、自治区、直辖市劳动行政部门综合管理本地区职业技能鉴定工作，审查批准各类职业技能鉴定指导中心和站（所），制定以下有关规定和办法：

1. 参加技能鉴定人员的申报条件和鉴定程序；

2. 专业技术知识、操作技能考核办法；

3. 考务、考评人员工作守则和考评小组成员组成原则及其管理办法；

4. 职业技能鉴定站（所）考场规则；

5.《技术等级证书》的印鉴和核发办法。

（三）职业技能鉴定指导中心负责组织、协调、指导职业技能鉴定工作。

（四）职业技能鉴定站（所），具体实施对劳动者职业技能的鉴定。

第四条 本规定适用于各级劳动行政部门和各级职业技能鉴定指导中心、职业技能鉴定站（所）。

第二章 职业技能鉴定机构

第五条 劳动部所属职业技能鉴定指导中心主要职责是：参与制定国家职业技能标准和组建国家职业技能鉴定题库；开展职业分类、标准、技能鉴定理论研究及咨询服务；推动全国职业技能竞赛活动。

第六条 各省、自治区、直辖市劳动行政部门所属职业技能鉴定指导中心主要职责是：组织本地区职业技能鉴定工作和具体实施考评员的资格培训；开展职业技能鉴定有关问题的研究和咨询服务；推动本地区职业技能竞赛活动。

第七条 经劳动部批准，有关行业可建立行业的职业技能鉴定指导中心，主要职责是：参与制定国家职业技能标准以外非社会通用的本行业特有工种的职业技能标准；组织本行业特有工种的职业技能鉴定工作和考评员的资格培训；开展职业技能鉴定及有关问题的研究和咨询服务；推动本行业的职业技能竞赛活动。

第八条 职业技能鉴定指导中心是事业性机构，在管理上实行中心主任负责制。

第九条 职业技能鉴定站（所）是具体承担对待业人员、从业人员、军地两用人才、各级各类职业技术院校和其他职业培训机构的毕（结）业生，进行职业技能鉴定的事业性机构。在管理上实行站（所）长负责制。

第三章 职业技能鉴定的组织和实施

第十条 建立职业技能鉴定站（所）。

（一）建立职业技能鉴定站（所）的条件是：

1. 具有与所鉴定工种（专业）及其等级或类别相适应的考核场地和设备；

2. 具有与所鉴定工种（专业）及其等级或类别操作技能考核相适应的，符合国家标准的检测仪器；

3. 有专（兼）职的组织管理人员和考评员；

4. 有完善的管理办法。

（二）申请建立职业技能鉴定站（所）的单位，根据上述条件和省、自治区、直辖市的具体规定，报当地劳动行政部门审查批准并由其发给《职业技能鉴定许可证》，明确鉴定的工种（专业）范围、等级和类别；同时授予统一的职业技能鉴定站（所）标牌。

（三）鉴定技术等级的职业技能鉴定站（所），由省、自治区、直辖市劳动行政部门规定审批权限；鉴定技师资格的职业技能鉴定站（所），由省、自治区、直辖市劳动行政部门审批，并报劳动部备案。

（四）行业特有工种的职业技能鉴定站（所），一般由省、自治区、直辖市劳动行政部门审批；跨地区的行业特有工种的职业技能鉴定站（所）和中央、国家机关、解放军各总部机关直属单位的职业技能鉴定站（所），由劳动部审批。

第十一条 职业技能鉴定站（所），享有独立进行职业技能鉴定的权利，有权拒绝任何组织或个人更改鉴定结果的非正当要求。

第十二条 劳动部组织有关行业或单位的专家、名师，根据现行《工人技术等级标准》和《国家职业技能标准》，统一编制职业技能鉴定试题，建立职业技能鉴定题库。

第十三条 职业技能鉴定站（所），必须遵守劳动行政部门的有关规定、实施办法。职业技能鉴定试题必须从国家规定的试题库提取，不得自行编制试题。

第十四条 职业技能鉴定站（所），应受理一切符合申报条件、规定手续人员的职业技能鉴定，要严格执行考评员对其亲属的职业技能鉴定回避制度。

第十五条 职业技能鉴定的对象：

（一）各类职业技能学校和培训机构毕（结）业生，凡属技术等级考核的工种，逐步实行职业技能鉴定；

（二）企业、事业单位学徒期满的学徒工，必须进行职业技能鉴定；

（三）企业、事业单位的职工以及社会各类人员，根据需要，自愿申请职业技能鉴定。

第十六条 申报职业技能鉴定的单位或个人，可向当地职业技能鉴定站（所）提出申请，由职业技能鉴定站（所）签发准考证，按规定的时间、方式进行考核或考评。

第十七条 国家实行职业技能鉴定证书制度。

（一）对技术等级考核合格的劳动者，发给相应的《技术等级证书》；对技师资格考核合格者，发给相应的《技师合格证书》或《高级技师合格证书》。

（二）《技术等级证书》《技师合格证书》和《高级技师合格证书》是劳动者职业技能水平的凭证，同时，按照劳动部、司法部劳培字［1992］1号《对出国工人技术等级、技术职务证书公证的规定》，是我国公民境外就业、劳务输出法律公证的有效证件。

（三）上述证书由劳动部统一印制，劳动行政部门按规定核发。

第十八条 单位或个人申报职业技能鉴定，均应按照规定交纳鉴定费用。

（一）职业技能鉴定费用支付项目是：组织职业技能鉴定场地、命题、考务、阅卷、考评、检测及原材料、能源、设备消耗的费用；

（二）职业技能鉴定收费标准，由省、自治区、直辖市劳动行政部门按照财政部、劳动部［92］财工字第68号《关于工人考核费用开支的规定》，商当地财政、物价部门做出具体规定。

第四章 职业技能鉴定考评员

第十九条 职业技能鉴定考评员必须具有高级工或技师、中级专业技术职务以上的资格；鉴定技师资格的考评员必须具有高级技师、高级专业技术职务的资格。

第二十条 考评员由职业技能鉴定指导中心进行资格考核，由劳动行政部门核准并颁发考评员资格证书和带有本人照片的职业技能鉴定资格胸卡。

第二十一条 鉴定技术等级的考评员资格认定和合格证书的核发权限，由省、自治区、直辖市劳动行政部门具体规定；鉴定技师资格的考评员资格认定和合格证书的颁发，由省、自治区、直辖市劳动行政部门核准。

第二十二条 职业技能鉴定站（所）要在取得考评员资格证书的人员中聘任相应工种、等级或类别的考评员，聘期三年，并应采取不定期轮换、调整考评员的方式组成专业考评小组。

第二十三条 考评员要严格遵守考评员工作守则和执行考场规则。

第五章 罚 则

第二十四条 劳动行政部门对职业技能鉴定机构实行监督、检查。

第二十五条 职业技能鉴定指导中心和职业技能鉴定站（所）的工作人员，在职业技能鉴定工作中弄虚作假、徇私舞弊的，视情节轻重，由其所在单位根据人事管理权限给予行政处分，并停止其在指导中心或鉴定站（所）的工作；考评人员如有上述行为者，吊销考评员资格证书。

第二十六条 违反本规定第十三条、第十四条和第十八条（二），造成不良影响的职业技能鉴定站（所），由劳动行政部门吊销其《职业技能鉴定许可证》；对乱收费的，没收其非法所得费用。没收的费用，专项用于职业技能鉴定事业。

第二十七条 违反本规定第三条（二）中第五项和第十七条（三），伪造、仿制或滥发《技术等级证书》《技师合格证书》《高级技师合格证书》的，除宣布其所发证书无效外，还应视情节轻重，由其上级主管部门或监察机关对主要责任者给予行政处分；对其中通过滥发证书获取非法收入的，应没收其非法所得，并处以非法所得五倍以下的罚款；构成犯罪的，应依法追究刑事责任。

第六章 附 则

第二十八条 本规定由劳动部负责解释。

第二十九条 本规定自颁发之日起施行。

(4) 国务院《关于做好促进就业工作的通知》(2008年2月3日 国发［2008］5号)

（十七）建立健全面向全体劳动者的职业技能培训制度。鼓励支持各类职业院校、职业技能培训机构和用人单位依法开展就业前培训、在职培训、再就业培训和创业培训；鼓励劳动者参加各种形式的培训。对失业人员、符合条件的进城务工农村劳动者参加职业培训的，按规定给予职业培训补贴，具体办法由财政部、劳动保障部等制订。对就业困难人员、进城务工农村劳动者通过初次职业技能鉴定（仅限国家规定实行就业准入制度的特殊工种），取得职业资格证书的，给予一次性的职业技能鉴定补贴。要根据职业培训的实际需要，合理确定补贴标准；现行补贴标准不足弥补实际培训成本的，可提高补贴标准。完善职业培训补贴办法，建立健全职业培训补贴与培训质量、促进就业效果挂钩机制，提高劳动者参加培训和各类职业教育培训机构提供培训的积极性。要完善劳动预备制度，对有就业要求和培训愿望的初高中毕业生实行3个月以上、12个月以内的预备制培训，使其取得相应的职业资格或者掌握一定的职业技能。积极探索职业培训项目化运作模式，将补贴资金与项目运作紧密结合起来，提高职业培训的针对性和有效性。

(5)《中华人民共和国就业促进法》(2007年8月30日 国家主席令第70号)

第四十四条 国家依法发展职业教育，鼓励开展职业培训，促进劳动者提高职业技能，增强就业能力和创业能力。

第四十八条 国家采取措施建立健全劳动预备制度，县级以上地方人民政府对有就业要求的初高中毕业生实行一定期限的职业教育和培训，使其取得相应的职业资格或者掌握一定的职业技能。

职业技能鉴定机构

[解读]

职业技能鉴定机构主要包括职业技能鉴定指导中心和职业技能鉴定所（站）。

职业技能鉴定指导中心是组织、指导、协调和实施职业技能鉴定工作的事业性单位，分为人力资源和社会保障部所属的；各省、自治区、直辖市人力资源和社会保障部门所属的；经人力资源和社会保障部批准，有关特有行业主管的和各地、市、州所属的四种类型。各级职业技能鉴定指导中心都是政府行政部门与社会之间的桥梁，是方针、政策的执行者，在鉴定过程中，提供技术支持和服务。目前，我国职业技能鉴定指导中心组织形式有两种：一是独立的事业性单位，二是与政府行政处室合署办公。随着国家遵循政事分离原则对政府机构进行改革的进程，指导中心与行政处室合署办公的形式会逐步取消，从行政部门剥离，成为独立机构行使其职能。

职业技能鉴定所（站）是具体承担对待业人员、从业人员、军地两用人才、各级各类职业技术院校和其他职业培训机构的毕（结）业生，进行职业技能鉴定的执行机构，是职业技能鉴定社会化管理体系的组织基础。

职业技能鉴定所（站）根据所鉴定的职业（工种）不同有不同的名称。承担国家规定的职业（工种）技能鉴定任务的鉴定机构称“国家职业技能鉴定所”；承担行业特有工种职业技能鉴定任务的鉴定机构称“行业工种职业技能鉴定站”，地方人力资源和社会保障行政部门结合本地区实际对特定工种实行职业技能鉴定的鉴定机构称“职业技能鉴定站”。

各类职业技能鉴定所（站）都由人力资源和社会保障行政部门审批，实行《职业技能鉴定许可证》制度，明确其鉴定的专业（工种）、等级、范围和类别。其中，承担国家职业技能鉴定工种和地方特定工种的职业技能鉴定的，由地方职业技能鉴定指导中心进行资格审查，地方人力资源和社会保障行政部门审批；承担行业特有工种职业技能鉴定的，向国务院有关部门的人力资源和社会保障工作机构申报，由行业主管部门职业技能鉴定指导中心进行资格审查，人力资源和社会保障工作机构审核，由人力资源和社会保障部批准。

我国现行的职业技能鉴定是采取政府指导下的社会化管理体制，就是由政府人力资源和社会保障行政部门领导，由各级职业技能鉴定指导中心组织指导，由职业技能鉴定所（站）实施评价和认定劳动者职业技能水平的工作体制。职业技能鉴定所（站）应按规定接受同级和上级人力资源和社会保障部门的领导、监督和职业技能鉴定指导中心的业务指导。

各类申请参加职业技能鉴定的人员，可以根据需要按本人要求的工种及级别，到相应职业技能鉴定所（站）参加职业技能鉴定。

[依据指引]

(1)《中华人民共和国劳动法》（1994 年 7 月 5 日　国家主席令第 28 号）

第六十九条　国家确定职业分类，对规定的职业制定职业技能标准，实行职业资格证书制度，由经过政府批准的考核鉴定机构负责对劳动者实施职业技能考核鉴定。

(2) 劳动部《职业技能鉴定规定》（1993 年 7 月 9 日　劳部发［1993］134 号）

第一章　总　　则

第一条　为适应社会主义市场经济发展的需要，进一步完善职业技能鉴定制度，实现职业技能鉴定的社会化管理，促进职业技能开发，提高劳动者素质，根据《工人考核条例》，制定本规定。

第二条　本规定所称职业技能鉴定是指对劳动者进行技术等级的考核和技师、高级技师（以下统称技师）资格的考评。

第三条　职业技能鉴定实行政府指导下的社会化管理体制。

（一）劳动部综合管理全国职业技能鉴定工作，制定规划、政策和标准；审查批准有关行业的职业技能鉴定机构。

（二）各省、自治区、直辖市劳动行政部门综合管理本地区职业技能鉴定工作，审查批准各类职业技能鉴定指导中心和站（所），制定以下有关规定和办法：

1. 参加技能鉴定人员的申报条件和鉴定程序；
2. 专业技术知识、操作技能考核办法；
3. 考务、考评人员工作守则和考评小组成员组成原则及其管理办法；
4. 职业技能鉴定站（所）考场规则；
5.《技术等级证书》的印鉴和核发办法。

（三）职业技能鉴定指导中心负责组织、协调、指导职业技能鉴定工作。

（四）职业技能鉴定站（所），具体实施对劳动者职业技能的鉴定。

第四条　本规定适用于各级劳动行政部门和各级职业技能鉴定指导中心、职业技能鉴定站（所）。

第二章　职业技能鉴定机构

第五条　劳动部所属职业技能鉴定指导中心主要职责是：参与制定国家职业技能标准和组建国家职业技能鉴定题库；开展职业分类、标准、技能鉴定理论研究及咨询服务；推动全国职业技能竞赛活动。

第六条　各省、自治区、直辖市劳动行政部门所属职业技能鉴定指导中心主要职责是：组织本地区职业技能鉴定工作和具体实施考评员的资格培训；开展职业技能鉴定有关问题的研究和咨询服务；推动本地区职业技能竞赛活动。

第七条　经劳动部批准，有关行业可建立行业的职业技能鉴定指导中心，主要职责是：参与制定国家职业技能标准以外非社会通用的本行业特有工种的职业技能标准；组织本行业特有工种的职业技能鉴定工作和考评员的资格培训；开展职业技能鉴定及有关问题的研究和咨询服务；推动本行业的职业技能竞赛活动。

第八条 职业技能鉴定指导中心是事业性机构，在管理上实行中心主任负责制。

第九条 职业技能鉴定站（所）是具体承担对待业人员、从业人员、军地两用人才、各级各类职业技术院校和其他职业培训机构的毕（结）业生，进行职业技能鉴定的事业性机构。在管理上实行站（所）长负责制。

第三章 职业技能鉴定的组织和实施

第十条 建立职业技能鉴定站（所）。

（一）建立职业技能鉴定站（所）的条件是：

1. 具有与所鉴定工种（专业）及其等级或类别相适应的考核场地和设备；

2. 具有与所鉴定工种（专业）及其等级或类别操作技能考核相适应的，符合国家标准的检测仪器；

3. 有专（兼）职的组织管理人员和考评员；

4. 有完善的管理办法。

（二）申请建立职业技能鉴定站（所）的单位，根据上述条件和省、自治区、直辖市的具体规定，报当地劳动行政部门审查批准并由其发给《职业技能鉴定许可证》，明确鉴定的工种（专业）范围、等级和类别；同时授予统一的职业技能鉴定站（所）标牌。

（三）鉴定技术等级的职业技能鉴定站（所），由省、自治区、直辖市劳动行政部门规定审批权限；鉴定技师资格的职业技能鉴定站（所），由省、自治区、直辖市劳动行政部门审批，并报劳动部备案。

（四）行业特有工种的职业技能鉴定站（所），一般由省、自治区、直辖市劳动行政部门审批；跨地区的行业特有工种的职业技能鉴定站（所）和中央、国家机关、解放军各总部机关直属单位的职业技能鉴定站（所），由劳动部审批。

第十一条 职业技能鉴定站（所），享有独立进行职业技能鉴定的权利，有权拒绝任何组织或个人更改鉴定结果的非正当要求。

第十二条 劳动部组织有关行业或单位的专家、名师，根据现行《工人技术等级标准》和《国家职业技能标准》，统一编制职业技能鉴定试题，建立职业技能鉴定题库。

第十三条 职业技能鉴定站（所），必须遵守劳动行政部门的有关规定、实施办法。职业技能鉴定试题必须从国家规定的试题库提取，不得自行编制试题。

第十四条 职业技能鉴定站（所），应受理一切符合申报条件、规定手续人员的职业技能鉴定，要严格执行考评员对其亲属的职业技能鉴定回避制度。

第十五条 职业技能鉴定的对象：

（一）各类职业技能学校和培训机构毕（结）业生，凡属技术等级考核的工种，逐步实行职业技能鉴定；

（二）企业、事业单位学徒期满的学徒工，必须进行职业技能鉴定；

（三）企业、事业单位的职工以及社会各类人员，根据需要，自愿申请职业技能鉴定。

第十六条 申报职业技能鉴定的单位或个人，可向当地职业技能鉴定站（所）提出申请，由职业技能鉴定站（所）签发准考证，按规定的时间、方式进行考核或考评。

第十七条 国家实行职业技能鉴定证书制度。

（一）对技术等级考核合格的劳动者，发给相应的《技术等级证书》；对技师资格考核合格者，发给相应的《技师合格证书》或《高级技师合格证书》。

（二）《技术等级证书》《技师合格证书》和《高级技师合格证书》是劳动者职业技能水平的凭证，同时，按照劳动部、司法部劳培字［1992］1号《对出国工人技术等级、技术职务证书公证的规定》，是我国公民境外就业、劳务输出法律公证的有效证件。

（三）上述证书由劳动部统一印制，劳动行政部门按规定核发。

第十八条 单位或个人申报职业技能鉴定，均应按照规定交纳鉴定费用。

（一）职业技能鉴定费用支付项目是：组织职业技能鉴定场地、命题、考务、阅卷、考评、检测及原材料、能源、设备消耗的费用；

（二）职业技能鉴定收费标准，由省、自治区、直辖市劳动行政部门按照财政部、劳动部［92］财工字第68号《关于工人考核费用开支的规定》，商当地财政、物价部门做出具体规定。

第四章 职业技能鉴定考评员

第十九条 职业技能鉴定考评员必须具有高级工或技师、中级专业技术职务以上的资格；鉴定技师资格的考评员必须具有高级技师、高级专业技术职务的资格。

第二十条 考评员由职业技能鉴定指导中心进行资格考核，由劳动行政部门核准并颁发考评员资格证书和带有本人照片的职业技能鉴定资格胸卡。

第二十一条 鉴定技术等级的考评员资格认定和合格证书的核发权限，由省、自治区、直辖市劳动行政部门具体规定；鉴定技师资格的考评员资格认定和合格证书的颁发，由省、自治区、直辖市劳动行政部门核准。

第二十二条 职业技能鉴定站（所）要在取得考评员资格证书的人员中聘任相应工种、等级或类别的考评员，聘期三年，并应采取不定期轮换、调整考评员的方式组成专业考评小组。

第二十三条 考评员要严格遵守考评员工作守则和执行考场规则。

第五章 罚 则

第二十四条 劳动行政部门对职业技能鉴定机构实行监督、检查。

第二十五条 职业技能鉴定指导中心和职业技能鉴定站（所）的工作人员，在职业技能鉴定工作中弄虚作假、徇私舞弊的，视情节轻重，由其所在单位根据人事管理权限给予行政处分，并停止其在指导中心或鉴定站（所）的工作；考评人员如有上述行为者，吊销考评员资格证书。

第二十六条 违反本规定第十三条、第十四条和第十八条（二），造成不良影响的职业技能鉴定站（所），由劳动行政部门吊销其《职业技能鉴定许可证》；对乱收费的，没收其非法所得费用。没收的费用，专项用于职业技能鉴定事业。

第二十七条 违反本规定第三条（二）中第五项和第十七条（三），伪造、仿制或滥发《技术等级证书》《技师合格证书》《高级技师合格证书》的，除宣布其所发证书无效外，还应视情节轻重，由其上级主管部门或监察机关对主要责任者给予行政处分；对其中通过滥发证书获取非法收入的，应没收其非法所得，并处以非法所得五倍以下的罚款；构成犯罪的，应依法追究刑事责任。

第六章 附 则

第二十八条 本规定由劳动部负责解释。

第二十九条 本规定自颁发之日起施行。

(3) 国务院《关于做好促进就业工作的通知》（2008年2月3日 国发［2008］5号）

（十七）建立健全面向全体劳动者的职业技能培训制度。鼓励支持各类职业院校、职业技能培训机构和用人单位依法开展就业前培训、在职培训、再就业培训和创业培训；鼓励劳动者参加各种形式的培训。对失业人员、符合条件的进城务工农村劳动者参加职业培训的，按规定给予职业培训补贴，具体办法由财政部、劳动保障部等制订。对就业困难人员、进城务工农村劳动者通过初次职业技能鉴定（仅限国家规定实行就业准入制度的特殊工种），取得职业资格证书的，给予一次性的职业技能鉴定补贴。要根据职业培训的实际需要，合理确定补贴标准；现行补贴标准不足弥补实际培训成本的，可提高补贴标准。完善职业培训补贴办法，建立健全职业培训补贴与培训质量、促进就业效果挂钩机制，提高劳动者参加培训和各类职业教育培训机构提供培训的积极性。要完善劳动预备制度，对有就业要求和培训愿望的初高中毕业生实行3个月以上、12个月以内的预备制培训，使其取得相应的职业资格或者掌握一定的职业技能。积极探索职业培训项目化运作模式，将补贴资金与项目运作紧密结合起来，提高职业培训的针对性和有效性。

(4) 劳动部《职业技能鉴定工作规则》（1996年11月7日 劳培司字［1996］58号）（略）

职业资格证书制度

［解读］

职业资格证书制度是我国劳动制度改革的一项重要内容。它是指按照国家制定的职业技能标准或任职资格条件，通过政府认定的考核鉴定机构，对劳动者的技能水平或职业资格进行客观公正、科学规范的评价和鉴定，对合格者发给相应的国家职业资格证书。按照国家规定，我国实行学历证书与职业资格证书并重制度。

职业资格是对从事某一职业所必备的学识、技术和能力的基本要求，包括从业资格和执业资格。从业资格是从事某一职业的学识、技术和能力的起点标准。执业资格是指从事政府实行准入控制的某些责任较大，社会适用性强，关系公共利益的职业（工种）之学识、技术和能力的必备标准。职业资格由国务院人力资源和社会保障行政部门通过学历认定、资格考试、专家评定、职业技能鉴定等方式，对劳动者从事某种职业的技能水平和职业资格进行客观公正、科学规范的评价。对合格者授予国家职业资格证书。

职业资格证书是劳动者求职、任职、开业的资格凭证，是用人单位招聘、录用劳动者的主要依据，也是境外就业、对外劳务合作人员办理技能水平公证的有效证件。职业资格证书实行政府指导下的管理体制。由人力资源和社会保障行政部门管理，其中有的部门负责以技能为主的职业技能鉴定和证书的核发与管理；有的部门负责专业技术人员的职业资格评价和证书的核发与管理。以技能为主的职业资格分为五个等级，即初级技能（国家职业资格五级）、中级技能（国家职业资格四级）、高级技能（国家职业资格三级）、技师（国家职业资格二级）、高级技师（国家职业资格一级）。职业资格证书从1999年开始启用，此前的《技术等级证书》《技师合格证书》《高级技师合格证书》统一更名为《职业资格证书》。证书的级别不同，封面色彩也不同。证书编码在2002年以前采用13位数字编码，2002年起采用16位数字编码。

职业资格证书与学历文凭不同，它是劳动者具备某种职业所需要的专业知识和技能的证明。凡需要取得职业资格证书的人员，可到当地职业技能鉴定机构申报，参加相应职业的专业知识和实际操作技能考核合格后可取得相应等级的职业资格证书。对部分新职业，由人力资源和社会保障部门组织全国统考。如"人力资源管理师""涉外秘书"等，考试合格后，发给贴有全国统一资格考试标识的《职业资格证书》。

推行职业资格证书制度，为劳动者自主择业和用人单位自主用人提供了客观公正的技能凭证，促进了劳动力资源的合理配置和经济发展。

［依据指引］

(1)《中华人民共和国劳动法》（1994年7月5日 国家主席令第28号）

第六十九条 国家确定职业分类，对规定的职业制定职业技能标准，实行职业资格证书制度，由经过政府批准的考核鉴定机构负责对劳动者实施职业技能考核鉴定。

(2)《中华人民共和国职业教育法》（1996年5月15日 国家主席令第69号）

第八条 实施职业教育应当根据实际需要，同国家制定的职业分类和职业等级标准相适应，实行学历证书、培训证书和职业资格证书制度。

国家实行劳动者在就业前或者上岗前接受必要的职业教育的制度。

(3) 劳动部《职业资格证书规定》（1994年2月24日 劳部发［1994］98号）

第一条 为了深化劳动、人事制度改革，适应社会主义市场经济对人才的需求，客观公正地评价专业（工种）技术人才，促进人才的合理流动，制定本规定。

第二条 职业资格是对从事某一职业所必备的学识、技术和能力的基本要求。

职业资格包括从业资格和执业资格。从业资格是指从事某一专业（工种）学识、技术和能力的起点标准。执业资格是指政府对某些责任较大，社会通用性强，关系公共利益的专业（工种）实行准入控制，是依法独立开业或从事某一特定专业（工种）学识、技术和能力的必备标准。

第三条 职业资格分别由国务院劳动、人事行政部门通过学历认定、资格考试、专家评定、职业技能鉴定等方式进行评价，对合格者授予国家职业资格证书。

第四条 职业资格证书是国家对申请人专业（工种）学识、技术、能力的认可，是求职、任职、独立开业和单位录用的主要依据。

第五条 职业资格证书制度遵循申请自愿，费用自理，客观公正的原则。凡中华人民共和国公民和获准在我国境内就业的其他国籍的人员都可按照国家有关政策规定和程序申请相应的职业资格。

第六条 职业资格证书实行政府指导下的管理体制，由国务院劳动、人事行政部门综合管理。

若干专业技术资格和职业技能鉴定（技师、高级技师考评和技术等级考核）纳入职业资格证书制度。

劳动部负责以技能为主的职业资格鉴定和证书的核发与管理（证书的名称、种类按现行规定执行）。

人事部负责专业技术人员的职业资格评价和证书的核发与管理。

各省、自治区、直辖市劳动、人事行政部门负责本地区职业资格证书制度的组织实施。

第七条 国务院劳动、人事行政部门会同有关行业主管部门研究和确定职业资格的范围、职业（专业、工种）分类、职业资格标准以及学历认定、资格考试、专家评定和技能鉴定的办法。

第八条 国家职业资格证书参照国际惯例，实行国际双边或多边互认。

第九条 本规定适用于国家机关、团体和所有企、事业单位。

第十条 国务院劳动、人事行政部门按职责范围分别制定实施细则。

第十一条 本规定由国务院劳动、人事行政部门按职责范围分别负责解释。

第十二条　本规定自颁发之日起实施。

(4) 劳动部《关于进一步推行职业资格证书有关问题的通知》（1997 年 8 月 25 日　劳部发［1997］258 号）（略）

(5) 劳动和社会保障部《关于大力推进职业资格证书制度建设的若干意见》（2000 年 12 月 8 日　劳社部发［2000］27 号）（略）

(6) 劳动和社会保障部、教育部、人事部《关于进一步推动职业学校职业资格证书制度的意见》（2002 年 11 月 29 日　劳社部发［2002］21 号）（略）

就业准入制度

[解读]

就业准入制度是指对从事技术复杂，通用性强，涉及人民生命安全，国家财产和消费者利益之职业的人员，实施先培训，经考核合格取得相应的职业资格证后，才能就业上岗的制度。根据法律规定，原劳动和社会保障部发布了《招用技术工种从业人员的规定》，确定了 90 个就业准入控制的技术工种（职业）目录，要求初次就业的劳动者，包括各类技工学校，职业（技术）学校、就业训练中心及各类职业培训机构的毕（结）业生必须取得职业资格证书后，才能到技术岗位就业。

在《招用技术工种从业人员的规定》发布前已经从事这些工种的人员，用人单位也应组织这些人员按国家职业标准进行培训，使其达到职业技能要求，对职工个人也要求他们积极参加培训和职业资格鉴定，提高其自身素质和就业能力。

用人单位在招聘技术工种人员时，应在招聘广告中注明职业资格要求，如违反规定招用未取得职业资格证书的劳动者从事技术工种的，人力资源社会保障行政部门给予警告，并限期对有关人员进行培训，取得资格证书后再上岗，并可处以 1 000 元以下的罚款。

职业介绍机构应在显著位置公告国家规定的持职业资格证书就业的工种（职业）范围。在发布技术人员招聘广告时，对应聘人员条件须注明职业资格要求，在办理职业介绍时，对从事国家规定的技术工种而未取得职业资格证书的人员，不推荐就业。求职者到职业介绍机构应聘时，要求从事国家规定技术工种的，应主动出示职业资格证书。没有职业资格证书的，可以到职业技能鉴定机构申请技能鉴定，按照职业标准经考核合格取得相应的职业资格证书，方能准入就业。

[依据指引]

(1)《中华人民共和国劳动法》（1994 年 7 月 5 日　国家主席令第 28 号）

第六十九条　国家确定职业分类，对规定的职业制定职业技能标准，实行职业资格证书制度，由经过政府批准的考核鉴定机构负责对劳动者实施职业技能考核鉴定。

(2)《中华人民共和国就业促进法》（2007 年 8 月 30 日　国家主席令第 70 号）

第五十一条　国家对从事涉及公共安全、人身健康、生命财产安全等特殊工种的劳动者，实行职业资格证书制度，具体办法由国务院规定。

(3) 劳动和社会保障部《招用技术工种从业人员规定》（2000 年 3 月 16 日　部令第 6 号）

第一条　为提高劳动者素质，促进劳动者就业，加强就业管理，根据《中华人民共和国劳动法》《中华人民共和国职业教育法》和国家有关规定，制定本规定。

第二条　国家实行先培训后上岗的就业制度。

用人单位招用从事技术复杂以及涉及到国家财产、人民生命安全和消费者利益工种（职业）（以下简称技术工种）的劳动者，必须从取得相应职业资格证书的人员中录用。

技术工种范围由劳动和社会保障部确定。省、自治区、直辖市劳动保障行政部门和国务院有关部门劳动保障工作机构根据实际需要，经劳动和社会保障部批准，可增加技术工种的范围。

第三条　国家实行职业资格证书制度，由经过劳动保障行政部门批准的考核鉴定机构对劳动者实施职业技能考核鉴定。

国家职业资格分为初级（五级）、中级（四级）、高级（三级）、技师（二级）、高级技师（一级）。

第四条　技工学校、职业（技术）学校、就业训练中心及各类职业培训机构的毕（结）业生，必须取得相应职业资格证书后，才能到技术工种岗位就业。

第五条　对从事技术工种的学徒，用人单位应按照《中华人民共和国工种分类目录》所规定的学徒期进行培训。

对转岗从事技术工种的劳动者，用人单位应按照国家职业（技能）标准的要求进行培训，达到相应职业技能要求后再上岗。

第六条 用人单位因特殊需要招用技术性较强，但当地培训机构尚未开展培训的技术工种人员，经劳动保障行政部门批准后，可先招收再培训，达到相应职业技能要求后再上岗。

用人单位安排国家政策性安置人员从事技术工种工作的，应当先组织培训，达到相应工种（职业）技能要求后上岗。

第七条 对本规定发布前从事技术工种而不具有相应职业资格证书的在岗人员，用人单位应按照国家职业（技能）标准进行培训，使其达到本工种的职业技能要求。

第八条 职业介绍机构介绍劳动者在本规定第二条规定的技术工种范围内就业时，应当按本规定执行。

第九条 用人单位和职业介绍机构发布技术工种人员招聘广告时，在应聘人员应具备的条件中须注明职业资格要求。

第十条 县级以上地方人民政府劳动保障行政部门依法对用人单位遵守本规定的情况进行监督检查。

第十一条 用人单位违反本规定招用未取得相应职业资格证书的劳动者从事技术工种工作的，由劳动保障行政部门给予警告，责令用人单位限期对有关人员进行相关培训；取得职业资格证书后再上岗，并可处以1 000元以下罚款。

第十二条 本规定自2000年7月1日起施行。原劳动部1995年6月11日颁发的《从事技术工种劳动者就业上岗前必须培训的规定》同时废止。

(4) 劳动和社会保障部办公厅《关于贯彻实施招用技术工种从业人员规定的通知》（2000年5月21日　劳社厅发［2000］第12号）（略）

(5) 劳动部《中华人民共和国工种分类目录》（1992年9月7日　劳培字［1992］14号）（略）

职业分类大典

[解读]

职业分类是以工作性质的同一性为基本原则，对社会职业进行的系统划分归类。所谓工作性质，即一种职业区别于另一种职业的根本属性，一般通过职业活动的对象、从业方式的不同来体现。职业分类的目的就是将社会上纷繁复杂、数以万计的现行工作类型，划分成系列有别、规范统一、井然有序的层次和类别。对工作性质的同一性所作的技术解释，要视具体的职业分类而定。职业分类体系则通过职业代码、职业名称、职业定义、工作内容描述出每一个职业类别的内涵与外延。

《中华人民共和国职业分类大典》（以下简称《职业分类大典》）是1999年5月经原劳动和社会保障部、国家质量技术监督局和国家统计局批准颁布的。这部职业分类大典是我国第一部对职业进行科学分类的权威性文献，参考了《国际标准职业分类》，适应社会主义市场经济发展对劳动力社会化管理的要求，反映了我国社会职业结构，填补我国职业分类领域的空白。

《职业分类大典》改变了过去以行业为主体，条块分割，自成体系的状况，打破了干部、工人的身份界限，完全以工作性质的同一性为基本分类原则，从国家的高度，全局的角度，考虑职业的划分和归类。该《职业分类大典》划分为大类、中类、小类和细类四个层次。将我国职业分为8个大类、66个中类、413个小类、1 838个细类（职业）。第一至第八大类分别为国家机关、党群组织、企业、事业单位负责人，专业技术人员，办事人员和有关人员，商业、服务业人员，农、林、牧、渔、水利业生产人员，生产、运输设备操作人员和有关人员，军人，不便分类的其他从业人员。其中最后两类，只确定大类，不再进行更细层次的划分。

《职业分类大典》是结合工人技术等级标准，以《中华人民共和国工种分类目录》为基础，以国家《职业分类与代码》为划分依据，以《国际标准职业分类》和一些经济发达国家的职业分类为参考而编制的，具有科学性、先进性、客观性、适用性、开放性和国际性的特点。在社会经济发展、科学技术进步、职业分类指导等方面起到重要的作用。

随着经济社会发展、科学技术进步和产业结构调整，我国的社会职业构成发生了较大变化，现行《职业分类大典》已不能适应人力资源开发、信息统计、人口普查、职业教育培训、职业指导和就业服务等工作的实际需要，而且2008年国际劳工组织对《国际标准职业分类》进行了第四次修订。因此，2010年8月12日，国家人力资源和社会保障部、国家质量监督检验检疫总局和国家统计局联合发布了《关于国家职业分类大典修订工作的通知》，这既是社会经济发展的必然选择，也是顺应国际潮流、与世界接轨的要求。

［依据指引］

（1）劳动和社会保障部《关于颁布〈中华人民共和国职业分类大典〉的通知》（1999年5月20日　劳社部发［1999］18号）（略）

（2）劳动和社会保障部培训就业司《关于做好〈中华人民共和国职业分类大典〉应用工作的通知》（1999年9月8日　劳社培就司发［1999］45号）（略）

（3）人力资源和社会保障部、国家质量监督检验检疫总局、国家统计局《关于做好国家职业分类大典修订工作的通知》（2010年8月12日　人社部发［2010］55号）（略）

国际标准职业分类

［解读］

职业分类在世界上被视为国家劳动力管理水平的重要的标志，也是国家劳动力管理的一项巨大系统工程。

目前，随着生产力水平的提高、社会经济的发展，职业分类在人口统计、经济发展、劳动力就业及职业培训等领域的作用受到政府的重视。国际劳工组织对职业分类工作十分重视，1958年出版了《国际标准职业分类》。1968年修订第二版，1988年修订第三版，2008年修订第四版。2008年版的《国际标准职业分类》共有10个大类、43个中类、125个小类和436个细类。《国际标准职业分类》的出版，给不同国家的职业资料数据提供了一个系统化的基础和国际化的工具，使国家间进行职业信息交流、为各国制修订职业分类提供了参考；同时，我国也有必要总结国际标准及各主要国家职业分类体系的更新特点和发展趋势，作为我国修订《职业分类大典》工作的借鉴。

［依据指引］

国际劳工组织《国际标准职业分类（2008年修订第四版）》（略）

国家职业标准

［解读］

国家职业标准是指在职业分类的基础上，对某个职业所需达到的专业知识和技能水平所作出的具体规定。职业标准除了专业知识和技能水平要求外，还包括职业环境与条件、教育水平、职业道德等内容。

国家职业标准结构包括职业概况、基本要求、工作要求和比重表等部分。工作要求是国家职业标准的主体部分。

为了完善国家职业标准体系，为职业教育培训提供科学的依据。原劳动保障部组织专家编写了部分职业的职业标准，2003年4月出版了《国家职业标准实施手册》。国家职业标准的制定对职业教育、职业培训、职业指导和职业介绍的开展与相互衔接，起到积极的促进作用。

目前，由于国家职业标准只制定了一部分，所以部分尚无国家职业标准的职业的培训和技能鉴定还要以工人技术等级标准为依据。国家职业分类大典颁布后，现行的工人技术等级标准将逐步过渡到国家职业标准。

［依据指引］

（1）《中华人民共和国劳动法》（1994年7月5日　国家主席令第28号）

第五条　国家采取各种措施，促进劳动就业，发展职业教育，制定劳动标准，调节社会收入，完善社会保险，协调劳动关系，逐步提高劳动者的生活水平。

第六十九条　国家确定职业分类，对规定的职业制定职业技能标准，实行职业资格证书制度，由经过政府批准的考核鉴定机构负责对劳动者实施职业技能考核鉴定。

（2）劳动部《工人考核条例》（1990年7月12号　部令第1号）（略）

工种分类目录

［解读］

工种分类目录是将我国各产业行业的各类工作种类进行科学、规范、系统的划分，形成完整的工种分类体系。

《中华人民共和国工种分类目录》（以下简称《目录》）是原劳动部会同国务院45个行业主管部门，组织各方面专家、学者、技术人员，在广泛调查研究和充分进行论证的基础上，经过四年时间于1992年编制完成的，是我国第一部综合性工种分类目录。

《目录》按行业分成46个大类，按照“行业—专业—工种”的顺序依次编排工种。行业或专业名称参照《国民经济行业分类和代码》（GB 4754—84），并根据我国的实际情况确定。每一个行业被赋予一个两位数代码。行业内部工种目录编码按照“行业代码—顺序号”的顺序排序。

《目录》共包括46个大类、4 700多个工种，基本覆盖了我国所有工人从事的工作种类。每个工种都含编码、工种名称、工种定义、适用范围、等级线、学徒期、培训期、见习期和熟练期等项内容。工种名称既反映了工种特性，又兼顾其行业的特点和习惯称谓。工种定义是对工种性质的说明，包括工作手段、方式、对象和目的等项内容。适用范围是指工种技术简单与复杂的程度。学徒期和培训期是对工人掌握本工种基本的专业技术理论和操作技能，并能独立工作所需要培训期限。根据国家的有关法规和企业实际情况，确定学徒期和熟练期的原则是：凡技术复杂，等级线设初、中、高三级的工种，实行两年及两年以上的学徒期，凡技术要求比较简单的工种实行两年以下的熟练期。学徒期项目中增加了培训期和见习期内容。对实行三年学徒期的工种，培训期两年，见习期一年；对实行两年半学徒期的工种，培训期一年半，见习期一年；对实行两年学徒期的工种，培训期一年，见习期一年。

《目录》在等级划分上，将原来八级制为主体的等级结构简化为三级制为主体的等级结构。技术复杂的工种设为初、中、高级；技术要求简单，不宜划分等级的设为初、中两级，或不再分等级。

《目录》是按照生产劳动的性质和工艺技术特点划分为工作种类，工种按行业归口管理，解决了工种交叉重复问题，确定了交叉工种的行业归属，科学地进行了工种分类，修订了我国工人技术等级标准，制定了工人岗位规范，成为工人培训和考核的依据。对开展劳动力需求预测和规划，建立培训、考核与使用及待遇相结合的制度起到重要的作用。

[依据指引]

劳动部《中华人民共和国工种分类目录》（1992年9月7日 劳培字［1992］14号）（略）

职业技能竞赛

[解读]

职业技能竞赛是指依据国家职业标准，结合生产实际有组织地开展的群众性技能水平的比赛活动，属于职业培训工作体系的内容之一。近年来开展的“中华技能大奖”“全国技术能手”等各级各类的活动，均属于职业技能竞赛范围。除了国内各种级别的技能竞赛外，国际上也组织一些职业技能竞赛，例如“国际青年奥林匹克技能竞赛”就是国际职业培训组织举办的国际职业技能竞赛活动。

各级举办竞赛活动，要成立相应组织机构，制定竞赛方案、规则，配备专业技术人员和管理人员并按隶属关系报主管部门审核后，报同级人力资源和社会保障部门审批。以国家队名义组团参加国际性技能竞赛要报人力资源和社会保障部审批。

对国家级一类技能竞赛前5名、国家级二类竞赛前3名、国际竞赛取得前8名的选手，授予“全国技术能手”称号，颁发证书、奖章。对国家技能竞赛获优秀名次的选手，经人力资源和社会保障职业技能鉴定机构按有关资格审定后，可办理技师或高级技师职业资格证书。职业技能竞赛为鼓励劳动者积极参加职业培训、提高专业技术和技能，推动职业培训事业的发展，发挥了积极的作用。

[依据指引]

（1）《中华人民共和国劳动法》（1994年7月5日 国家主席令第28号）

第六条 国家提倡劳动者参加社会义务劳动，开展劳动竞赛和合理化建议活动，鼓励和保护劳动者进行科学研究、技术革新和发明创造，表彰和奖励劳动模范和先进工作者。

（2）劳动和社会保障部《中华技能大奖和全国技术能手评选表彰管理办法》（2000年8月29日 部令第7号）（略）

第九章　社 会 保 险

社会保险制度

[解读]

社会保险制度是国家采用强制力筹集资金，主要是由用人单位和劳动者或公民共同缴纳相关费用，政府财政予以适当支持，当劳动者或公民发生特殊困难（如年老、失业、疾病、工伤、生育）的时候，依法从国家和社会获得经济收入、物质帮助和生活服务，也就是由劳动者或公民享受社会保险待遇的制度。社会保险制度具有如下基本特征：

一是强制性。社会保险是法律规定并由国家强制实施的，社会保险覆盖范围内所有单位和个人都必须参加并按规定履行缴纳社会保险费的义务。

二是互济性。由于社会保险的强制性，致使社会保险基金在规定的较大统筹范围内调剂使用，发挥着长期互济的功能。即用人单位和劳动者或公民参加社会保险并履行了缴费义务并不是都能得到偿付，有时只是其中一部分单位和劳动者或公民受益，表现为均衡了参加社会保险的所有企业和所有个人的负担，并分散了其风险。

三是普遍性。社会保险是为分散劳动者或公民风险、为劳动者或公民提供帮助而设立的，因此其覆盖范围应该是全体公民。由于我国经济社会发展水平的制约，建立社会保险制度只能从覆盖城镇有工资收入的劳动者起步，逐步扩大到覆盖全体公民。

四是非营利性。由于社会保险实行强制性原则，所以如果追逐利润目标，就等于借助法律强制来为社会保险经办机构谋取利益，就会损害了用人单位和劳动者或公民的权益。因此，社会保险必须实行非营利原则。

我国社会保险制度的健全和完善始终坚持“广覆盖、保基本、多层次、可持续”的方针，并与经济社会发展水平相适应。

（一）广覆盖。就是要扩大社会保险的覆盖面，使尽可能多的人纳入到社会保险制度中来。我国社会保险制度的覆盖范围正在从城镇人口到农村人口，从国有单位到非国有单位，从就业相关人员到非从业人员逐步扩大到全体公民。

（二）保基本。社会保险待遇是以保障劳动者或公民的基本生活和需要为主，这可以防止高标准的社会保险造成国家财政、用人单位和个人的负担过重，也可以避免有劳动能力的人过分依赖社会保险，而放弃劳动为本的生存方式。

（三）多层次。其表现在社会保险除了有基本养老保险、基本医疗保险外，还有补充养老保险、补充医疗保险以及补充性商业保险。

（四）可持续。这是为了社会基金能够收支平衡、良性运行，确保社会保险制度稳定并可持续发展的长效机制。

[依据指引]

(1)《中华人民共和国宪法》（1988 年 4 月 12 日第七届全国人民代表大会第一次会议通过　2004 年 3 月 14 日修订）

第十四条　国家建立健全同经济发展水平相适应的社会保险制度。

(2)《中华人民共和国社会保险法》（2010 年 10 月 28 日　国家主席令第 35 号）

第一条　为了规范社会保险关系，维护公民参加社会保险和享受社会保险待遇的合法权益，使公民共享发展成果，促进社会和谐稳定，根据宪法，制定本法。

第二条　国家建立基本养老保险、基本医疗保险、工伤保险、失业保险、生育保险等社会保险制度，保障公民在年老、疾病、工伤、失业、生育等情况下依法从国家和社会获得物质帮助的权利。

第三条　社会保险制度坚持广覆盖、保基本、多层次、可持续的方针，社会保险水平应当与经济社会发展水平相适应。

社会保险基金

［解读］

社会保险基金主要是由参加社会保险的用人单位和劳动者或公民缴纳的社会保险费组成的专项资金，专门用于劳动者或公民在出现规定的风险情况时的资金帮助。通常情况下，政府财政补贴、社会保险基金自身产生的利息，以及社会其他方面的捐款也是构成社会保险基金的来源。社会保险基金是依法强制收缴、专门管理并按规定用途专项使用的，是社会保险制度中最重要的内容。

在我国，社会保险基金按照不同用途分为企业职工基本养老保险基金、基本医疗保险基金、失业保险基金、工伤保险基金和生育保险基金等。随着社会保险制度的逐步完善，社会保险基金还包括机关事业单位职工养老保险基金、企业补充养老保险基金、新型农村社会养老保险基金、新型农村合作医疗基金、城镇居民社会养老保险基金和城镇居民基本医疗保险基金等。

由于不同社会保险类别所保障的风险大小不同、发生时间有先后、资金来源不尽相同，且直接关系参保人的切身利益，所以要求每一项社会保险基金保持相对独立性，均有专门的法律、法规予以规范，分别建立账户，分账核算，专款专用，执行国家统一的会计制度；除了按国务院规定可以作投资运行实现保值增值外，任何组织和个人不得侵占或者挪用。

社会保险基金与商业保险基金的主要区别在于，前者实行强制原则，后者则实行自愿原则。

［依据指引］

《中华人民共和国社会保险法》（2010 年 10 月 28 日　国家主席令第 35 号）

第六十四条　社会保险基金包括基本养老保险基金、基本医疗保险基金、工伤保险基金、失业保险基金和生育保险基金。各项社会保险基金按照社会保险险种分别建账，分账核算，执行国家统一的会计制度。

社会保险基金专款专用，任何组织和个人不得侵占或者挪用。

基本养老保险基金逐步实行全国统筹，其他社会保险基金逐步实行省级统筹，具体时间、步骤由国务院规定。

第六十九条　社会保险基金在保证安全的前提下，按照国务院规定投资运营实现保值增值。

社会保险基金不得违规投资运营，不得用于平衡其他政府预算，不得用于兴建、改建办公场所和支付人员经费、运行费用、管理费用，或者违反法律、行政法规规定挪作其他用途。

社会保险基金统筹

［解读］

社会保险基金统筹是指在一定的范围内，按照“大数法则”统一筹集、统一使用、统一管理社会保险基金的制度。所谓大数法则，即指参加社会保险的企业和职工越多，在某一阶段上遭遇劳动风险的概率就越低的原理。社会统筹是相对用人单位和劳动者自我负担养老、医疗、失业、工伤等项社会保险事务而言的。社会保险基金统筹是由专门机构负责基金的征收、管理和使用，而单位或个人自我负担社会保险事务则是属于自我管理、自收自支形式。采用社会保险基金统筹的筹资模式，将会使企业和劳动者抵御劳动风险的能力增强，使社会互济得以更加充分地实现。

社会保险基金的统筹层次关系到在多大范围内调剂使用社会保险基金，统筹层次越高，基金的规模和调剂使用的范围就越大，向用人单位和劳动者或公民收缴社会保险费用的标准就会越低。必须明确的是，提高统筹层次不是要实行一个待遇标准，在省内经济发展水平不同地区之间的待遇标准可以有差异。目前，我国社会保险基金统筹层次较低，根据各种社会保险基金的统筹情况，国家规定基本养老保险基金逐步实现全国统筹，其他社会保险基金逐步实行省级统筹，具体时间、步骤由国务院规定。

［依据指引］

《中华人民共和国社会保险法》（2010 年 10 月 28 日　国家主席令第 35 号）

第六十四条　社会保险基金包括基本养老保险基金、基本医疗保险基金、工伤保险基金、失业保险基金和生育保险基金。各项社会保险基金按照社会保险险种分别建账，分账核算，执行国家统一的会计制度。

社会保险基金专款专用，任何组织和个人不得侵占或者挪用。

基本养老保险基金逐步实行全国统筹，其他

社会保险基金逐步实行省级统筹，具体时间、步骤由国务院规定。

社会保险费征缴

［解读］

社会保险费征缴是指由专门机构向用人单位和劳动者或公民筹集社会保险基金的制度。由于社会保险的强制性，决定了社会保险费是征缴制，即参加社会保险者必须在规定时间、按规定标准缴纳社会保险费，或者由专门机构直接收取，拒不缴纳的要承担相应的法律责任。

目前，我国征缴社会保险费的法定机构有两个：一个是税务机构，另一个是社会保险经办机构。在某个地区具体由哪个机构征收社会保险费，由省级人民政府确定。因此，我国的五项社会保险费统一征收尚未实现，形成了同一地区多头征收的体制，既不方便用人单位和个人缴费，也增加了行政成本，降低了征缴率。为此，国家法律明确了社会保险费实行统一征收的原则，即在同一统筹地区内，由同一机构负责五项社会保险费的征收。具体实施步骤和办法由国务院规定。社会保险费征收机构应当履行法律规定的义务，依法、按时、足额征收社会保险费，并将缴费情况定期告知用人单位和个人。

［依据指引］

(1)《中华人民共和国社会保险法》（2010年10月28日　国家主席令第35号）

第五十九条　县级以上人民政府加强社会保险费的征收工作。

社会保险费实行统一征收，实施步骤和具体办法由国务院规定。

第六十一条　社会保险费征收机构应当依法按时足额征收社会保险费，并将缴费情况定期告知用人单位和个人。

(2) 国务院《社会保险费征缴暂行条例》（1999年1月22日　国务院令第259号）

第六条　社会保险费实行三项社会保险费集中、统一征收。社会保险费的征收机构由省、自治区、直辖市人民政府规定，可以由税务机关征收，也可以由劳动保障行政部门按照国务院规定设立的社会保险经办机构（以下简称社会保险经办机构）征收。

社会保险金

［解读］

社会保险金是社会保险待遇的基本表现形式，也是社会保险待遇中最重要的组成部分。绝大多数社会保险待遇都是以社会保险金形式定时发放的。劳动者或公民能否获得社会保险金以外的其他社会保险待遇，一般是以其能否取得领取社会保险金的资格来确定的。因此，通常也将社会保险金与社会保险待遇等同起来看待。

社会保险金按照不同的社会保险种类划分，主要包括养老、医疗、失业、工伤和生育等五项。此外，劳动者或公民死亡后，其遗属还可以依法享受遗属津贴。劳动者或公民享受社会保险待遇的条件和标准由法律、法规规定，不同种类的社会保险待遇标准各不相同。凡是劳动者或公民享受的社会保险金，有关机构都必须按时足额支付，否则将承担相应的法律责任。

［依据指引］

《中华人民共和国劳动法》（1994年7月5日国家主席令第28号）

第七十三条　劳动者在下列情形下，依法享受社会保险待遇：

（一）退休；

（二）患病、负伤；

（三）因工伤残或者患职业病；

（四）失业；

（五）生育。

劳动者死亡后，其遗属依法享受遗属津贴。

劳动者享受社会保险待遇的条件和标准由法律、法规规定。

劳动者享受的社会保险金必须按时足额支付。

社会保险基金先行支付制度

［解读］

社会保险基金先行支付制度是指当社会保险费用依法应由第三人负担，而第三人不支付或者无法确定第三人时，由社会保险基金先行支付，随后获得向第三人代位追偿权利的规范。其包括医疗保险基金先行支付制度和工伤保险基金先行支付制度，其具体内容请见本书“医疗保险基金先行支付制度”“工伤保险基金先行支付制度”两个词条。

[依据指引]

(1)《中华人民共和国社会保险法》（2010年10月28日 国家主席令第35号）

第三十条 下列医疗费用不纳入基本医疗保险基金支付范围：

（一）应当从工伤保险基金中支付的；

（二）应当由第三人负担的；

（三）应当由公共卫生负担的；

（四）在境外就医的。

医疗费用依法应当由第三人负担，第三人不支付或者无法确定第三人的，由基本医疗保险基金先行支付。基本医疗保险基金先行支付后，有权向第三人追偿。

第四十一条 职工所在用人单位未依法缴纳工伤保险费，发生工伤事故的，由用人单位支付工伤保险待遇。用人单位不支付的，从工伤保险基金中先行支付。

从工伤保险基金中先行支付的工伤保险待遇应当由用人单位偿还。用人单位不偿还的，社会保险经办机构可以依照本法第六十三条的规定追偿。

第四十二条 由于第三人的原因造成工伤，第三人不支付工伤医疗费用或者无法确定第三人的，由工伤保险基金先行支付。工伤保险基金先行支付后，有权向第三人追偿。

(2) 人力资源和社会保障部《社会保险基金先行支付暂行办法》（2011年6月29日 部令第15号）

第一条 为了维护公民的社会保险合法权益，规范社会保险基金先行支付管理，根据《中华人民共和国社会保险法》（以下简称社会保险法）和《工伤保险条例》，制定本办法。

第二条 参加基本医疗保险的职工或者居民（以下简称个人）由于第三人的侵权行为造成伤病的，其医疗费用应当由第三人按照确定的责任大小依法承担。超过第三人责任部分的医疗费用，由基本医疗保险基金按照国家规定支付。

前款规定中应当由第三人支付的医疗费用，第三人不支付或者无法确定第三人的，在医疗费用结算时，个人可以向参保地社会保险经办机构书面申请基本医疗保险基金先行支付，并告知造成其伤病的原因和第三人不支付医疗费用或者无法确定第三人的情况。

第三条 社会保险经办机构接到个人根据第二条规定提出的申请后，经审核确定其参加基本医疗保险的，应当按照统筹地区基本医疗保险基金支付的规定先行支付相应部分的医疗费用。

第四条 个人由于第三人的侵权行为造成伤病被认定为工伤，第三人不支付工伤医疗费用或者无法确定第三人的，个人或者其近亲属可以持工伤认定决定书和有关材料向社会保险经办机构书面申请工伤保险基金先行支付，并告知第三人不支付或者无法确定第三人的情况。

第五条 社会保险经办机构接到个人根据第四条规定提出的申请后，应当审查个人获得基本医疗保险基金先行支付和其所在单位缴纳工伤保险费等情况，并按照下列情形分别处理：

（一）对于个人所在用人单位已经依法缴纳工伤保险费，且在认定工伤之前基本医疗保险基金有先行支付的，社会保险经办机构应当按照工伤保险有关规定，用工伤保险基金先行支付超出基本医疗保险基金先行支付部分的医疗费用，并向基本医疗保险基金退还先行支付的费用。

（二）对于个人所在用人单位已经依法缴纳工伤保险费，在认定工伤之前基本医疗保险基金无先行支付的，社会保险经办机构应当用工伤保险基金先行支付工伤医疗费用。

（三）对于个人所在用人单位未依法缴纳工伤保险费，且在认定工伤之前基本医疗保险基金有先行支付的，社会保险经办机构应当在3个工作日内向用人单位发出书面催告通知，要求用人单位在5个工作日内依法支付超出基本医疗保险基金先行支付部分的医疗费用，并向基本医疗保险基金偿还先行支付的医疗费用。用人单位在规定时间内不支付其余部分医疗费用的，社会保险经办机构应当用工伤保险基金先行支付。

（四）对于个人所在用人单位未依法缴纳工伤保险费，在认定工伤之前基本医疗保险基金无先行支付的，社会保险经办机构应当在3个工作日向用人单位发出书面催告通知，要求用人单位在5个工作日内依法支付全部工伤医疗费用；用人单位在规定时间内不支付的，社会保险经办机构应当用工伤保险基金先行支付。

第六条 职工所在用人单位未依法缴纳工伤保险费，发生工伤事故的，用人单位应当采取措施及时救治，并按照规定的工伤保险待遇项目和标准支付费用。

职工被认定为工伤后，有下列情形之一的，职工或者其近亲属可以持工伤认定决定书和有关材料向社会保险经办机构书面申请先行支付工伤保险待遇：

（一）用人单位被依法吊销营业执照或者撤销登记、备案的；

（二）用人单位拒绝支付全部或者部分费用的；

（三）依法经仲裁、诉讼后仍不能获得工伤保险待遇，法院出具中止执行文书的；

（四）职工认为用人单位不支付的其他情形。

第七条 社会保险经办机构收到职工或者其近亲属根据第六条规定提出的申请后，应当在3个工作日内向用人单位发出书面催告通知，要求其在5个工作日内予以核实并依法支付工伤保险待遇，告知其如在规定期限内不按时足额支付的，工伤保险基金在按照规定先行支付后，取得要求其偿还的权利。

第八条 用人单位未按照第七条规定按时足额支付的，社会保险经办机构应当按照社会保险法和《工伤保险条例》的规定，先行支付工伤保险待遇项目中应当由工伤保险基金支付的项目。

第九条 个人或者其近亲属提出先行支付医疗费用、工伤医疗费用或者工伤保险待遇申请，社会保险经办机构经审核不符合先行支付条件的，应当在收到申请后5个工作日内作出不予先行支付的决定，并书面通知申请人。

第十条 个人申请先行支付医疗费用、工伤医疗费用或者工伤保险待遇的，应当提交所有医疗诊断、鉴定等费用的原始票据等证据。社会保险经办机构应当保留所有原始票据等证据，要求申请人在先行支付凭据上签字确认，凭原始票据等证据先行支付医疗费用、工伤医疗费用或者工伤保险待遇。

个人因向第三人或者用人单位请求赔偿需要医疗费用、工伤医疗费用或者工伤保险待遇的原始票据等证据的，可以向社会保险经办机构索取复印件，并将第三人或者用人单位赔偿情况及时告知社会保险经办机构。

第十一条 个人已经从第三人或者用人单位处获得医疗费用、工伤医疗费用或者工伤保险待遇的，应当主动将先行支付金额中应当由第三人承担的部分或者工伤保险基金先行支付的工伤保险待遇退还给基本医疗保险基金或者工伤保险基金，社会保险经办机构不再向第三人或者用人单位追偿。

个人拒不退还的，社会保险经办机构可以从以后支付的相关待遇中扣减其应当退还的数额，或者向人民法院提起诉讼。

第十二条 社会保险经办机构按照本办法第三条规定先行支付医疗费用或者按照第五条第一项、第二项规定先行支付工伤医疗费用后，有关部门确定了第三人责任的，应当要求第三人按照确定的责任大小依法偿还先行支付数额中的相应部分。第三人逾期不偿还的，社会保险经办机构应当依法向人民法院提起诉讼。

第十三条 社会保险经办机构按照本办法第五条第三项、第四项和第六条、第七条、第八条的规定先行支付工伤保险待遇后，应当责令用人单位在10日内偿还。

用人单位逾期不偿还的，社会保险经办机构可以按照社会保险法第六十三条的规定，向银行和其他金融机构查询其存款账户，申请县级以上社会保险行政部门作出划拨应偿还款项的决定，并书面通知用人单位开户银行或者其他金融机构划拨其应当偿还的数额。

用人单位账户余额少于应当偿还数额的，社会保险经办机构可以要求其提供担保，签订延期还款协议。

用人单位未按时足额偿还且未提供担保的，社会保险经办机构可以申请人民法院扣押、查封、拍卖其价值相当于应当偿还数额的财产，以拍卖所得偿还所欠数额。

第十四条 社会保险经办机构向用人单位追偿工伤保险待遇发生的合理费用以及用人单位逾期偿还部分的利息损失等，应当由用人单位承担。

第十五条 用人单位不支付依法应当由其支付的工伤保险待遇项目的，职工可以依法申请仲裁、提起诉讼。

第十六条 个人隐瞒已经从第三人或者用人单位处获得医疗费用、工伤医疗费用或者工伤保险待遇，向社会保险经办机构申请并获得社会保险基金先行支付的，按照社会保险法第八十八条的规定处理。

第十七条 用人单位对社会保险经办机构作出先行支付的追偿决定不服或者对社会保险行政部门作出的划拨决定不服的，可以依法申请行政复议或者提起行政诉讼。

个人或者其近亲属对社会保险经办机构作出不予先行支付的决定不服或者对先行支付的数额

不服的，可以依法申请行政复议或者提起行政诉讼。

第十八条 本办法自2011年7月1日起施行。

社会保险基金经办机构

[解读]

社会保险基金经办机构是指依照法律规定收支、管理和运营社会保险基金，以及负有使社会保险基金保值增值责任的专门机构。包括社会保险行政管理部门、社会保险经办机构（含社会保险费征收机构）和社会保险监督机构。

为了保证社会保险基金安全、高效地运作，法律规定社会保险基金的行政管理部门、经办机构和监督机构要单独设立，形成相互制约、相互监督的机制。行政管理部门负责起草制定相关政策和基金管理情况的监督检查；经办机构具体负责社会保险基金的筹集和社会保险金发放工作，负责社会保险基金的调剂、储备和投资运营，以及保值增值，负责社会保险基金的会计核算和日常管理等工作；监督机构则主要负责基金运行全过程的监督检查。为了保证社会保险政策的贯彻执行，经办机构要接受行政主管部门的业务指导。

在我国，社会保险的行政主管部门是各级人力资源和社会保障行政部门，经办机构是隶属于人力资源和社会保障行政部门的各级社会保险事业管理中心。在全国各地，经办机构有几个社会保险险种集中设立的，也有按险种分别设立的。目前，由于资本市场尚在发育过程中，为了保证社会保险基金的安全，除按照国务院规定可以投资运营以外，不得违规投资运营，各地暂时结余的社会保险基金主要用于购买国债和按优惠利率存入国有商业银行，以实现其保值增值。

[依据指引]

(1)《中华人民共和国社会保险法》（2010年10月28日　国家主席令第35号）

第六十九条 社会保险基金在保证安全的前提下，按照国务院规定投资运营实现保值增值。

社会保险基金不得违规投资运营，不得用于平衡其他政府预算，不得用于兴建、改建办公场所和支付人员经费、运行费用、管理费用，或者违反法律、行政法规规定挪作其他用途。

(2)《中华人民共和国劳动法》（1994年7月5日　国家主席令第28号）

第七十四条 社会保险基金经办机构依照法律规定收支、管理和运营社会保险基金，并负有使社会保险基金保值增值的责任。

社会保险基金监督机构依照法律规定，对社会保险基金的收支、管理和运营实施监督。

社会保险基金经办机构和社会保险基金监督机构的设立和职能由法律规定。

任何组织和个人不得挪用社会保险基金。

(3) 国务院《社会保险费征缴暂行条例》（1999年1月22日　国务院令第259号）

第五条 国务院劳动保障行政部门负责全国的社会保险费征缴管理和监督检查工作。县级以上地方各级人民政府劳动保障行政部门负责本行政区域内的社会保险费征缴管理和监督检查工作。

第六条 社会保险费实行三项社会保险费集中、统一征收。社会保险费的征收机构由省、自治区、直辖市人民政府规定，可以由税务机关征收，也可以由劳动保障行政部门按照国务院规定设立的社会保险经办机构（以下简称社会保险经办机构）征收。

第十八条 按照省、自治区、直辖市人民政府关于社会保险费征缴机构的规定，劳动保障行政部门或者税务机关依法对单位缴费情况进行检查时，被检查的单位应当提供与缴纳社会保险费有关的用人情况、工资表、财务报表等资料，如实反映情况，不得拒绝检查，不得谎报、瞒报。劳动保障行政部门或者税务机关可以记录、录音、录像、照相和复制有关资料；但是，应当为缴费单位保密。

劳动保障行政部门、税务机关的工作人员在行使前款所列职权时，应当出示执行公务证件。

第二十条 社会保险经办机构受劳动保障行政部门的委托，可以进行与社会保险费征缴有关的检查、调查工作。

第二十二条 社会保险基金实行收支两条线管理，由财政部门依法进行监督。

审计部门依法对社会保险基金的收支情况进行监督。

社会保险经办机构

[解读]

社会保险经办机构是指依据法律、法规的授权和社会保险行政部门的委托，负责贯彻实施国家有关社会保险的法规、政策，承办具体业务管理服务工作的专门机构，属于社会保险基金经办机构之一。社会保险经办机构的设置，是由社会保险管理体制决定的，统筹地区应设立社会保险经办机构。我国的社会保险经办机构是人力资源和社会保障部门所属的全额拨款事业单位，分为中央、省、市、县四级，各地区一般以“社会保险基金管理中心”的名目出现。但是根据工作需要，经所在地社会保险行政部门和机构编制管理机关批准，也可以在本统筹地区设立分支机构和服务网点，如在社区、街道、乡镇设立工作站点。社会保险经办机构主要职责如下：

（一）负责社会保险登记，建立用人单位档案。

（二）核定参保缴费费率、基数和数额，并负责社会保险基金的筹集。

（三）负责社会保险基金的调剂、储备和投资运营，以及保值增值。

（四）负责社会保险基金的会计核算和日常管理等工作。

（五）记录参保人员个人权益情况，按时足额支付参保人员社会保险待遇。

（六）免费提供社会保险咨询，定期向社会公布有关社会保险信息。

社会保险经办机构的人员经费和经办社会保险发生的基本运行费用、管理费用，由同级财政按照国家规定予以保障。

［依据指引］

《中华人民共和国社会保险法》（2010 年 10 月 28 日　国家主席令第 35 号）

第四条　中华人民共和国境内的用人单位和个人依法缴纳社会保险费，有权查询缴费记录、个人权益记录，要求社会保险经办机构提供社会保险咨询等相关服务。

个人依法享受社会保险待遇，有权监督本单位为其缴费情况。

第八条　社会保险经办机构提供社会保险服务，负责社会保险登记、个人权益记录、社会保险待遇支付等工作。

第三十四条　国家根据不同行业的工伤风险程度确定行业的差别费率，并根据使用工伤保险基金、工伤发生率等情况在每个行业内确定费率档次。行业差别费率和行业内费率档次由国务院社会保险行政部门制定，报国务院批准后公布施行。

社会保险经办机构根据用人单位使用工伤保险基金、工伤发生率和所属行业费率档次等情况，确定用人单位缴费费率。

第七十条　社会保险经办机构应当定期向社会公布参加社会保险情况以及社会保险基金的收入、支出、结余和收益情况。

第七十二条　统筹地区设立社会保险经办机构。社会保险经办机构根据工作需要，经所在地的社会保险行政部门和机构编制管理机关批准，可以在本统筹地区设立分支机构和服务网点。

社会保险经办机构的人员经费和经办社会保险发生的基本运行费用、管理费用，由同级财政按照国家规定予以保障。

第七十三条　社会保险经办机构应当建立健全业务、财务、安全和风险管理制度。

社会保险经办机构应当按时足额支付社会保险待遇。

第七十四条　社会保险经办机构通过业务经办、统计、调查获取社会保险工作所需的数据，有关单位和个人应当及时、如实提供。

社会保险经办机构应当及时为用人单位建立档案，完整、准确地记录参加社会保险的人员、缴费等社会保险数据，妥善保管登记、申报的原始凭证和支付结算的会计凭证。

社会保险经办机构应当及时、完整、准确地记录参加社会保险的个人缴费和用人单位为其缴费，以及享受社会保险待遇等个人权益记录，定期将个人权益记录单免费寄送本人。

用人单位和个人可以免费向社会保险经办机构查询、核对其缴费和享受社会保险待遇记录，要求社会保险经办机构提供社会保险咨询等相关服务。

社会保险监督机构

［解读］

社会保险监督机构是指依照法律规定，对社会保险基金的收支、管理和运营实施监督的机构。社会保险基金取之于民，也必须用之于民。为了保证社会保险基金能够公平、公正、公开地用于法律规定的用途，国家对社会保险基金实行严格监管，建立健全社会保险基金监督管理制度，即除了要有专门机构筹集、管理和使用社会保险基金，还要对基金收、管、支的流转过程实施全程监督检查，以确保社会保险基金不被任何组织和个人挪用。

根据国家法律规定，目前对社会保险实施监督的机构有三类：第一类是各级人民代表大会常务委员会，通过执法检查等方式依法行使监督职权；第二类是县级以上人民政府社会保险行政部门、财政部门、审计机关，按照各自职责，对社会保险基金的收支、管理和投资运营情况实施监督；第三类是按规定成立的由政府部门、工会组织、用人单位等社会各界组成的社会保险基金监督委员会，通过聘请会计师事务所对社会保险基金的收支、管理和投资运营情况进行年度审计和专项审计等方式实施监督。

[依据指引]

(1)《中华人民共和国社会保险法》（2010年10月28日　国家主席令第35号）

第七十六条　各级人民代表大会常务委员会听取和审议本级人民政府对社会保险基金的收支、管理、投资运营以及监督检查情况的专项工作报告，组织对本法实施情况的执法检查等，依法行使监督职权。

第七十七条　县级以上人民政府社会保险行政部门应当加强对用人单位和个人遵守社会保险法律、法规情况的监督检查。

社会保险行政部门实施监督检查时，被检查的用人单位和个人应当如实提供与社会保险有关的资料，不得拒绝检查或者谎报、瞒报。

第七十八条　财政部门、审计机关按照各自职责，对社会保险基金的收支、管理和投资运营情况实施监督。

第七十九条　社会保险行政部门对社会保险基金的收支、管理和投资运营情况进行监督检查，发现存在问题的，应当提出整改建议，依法作出处理决定或者向有关行政部门提出处理建议。社会保险基金检查结果应当定期向社会公布。

社会保险行政部门对社会保险基金实施监督检查，有权采取下列措施：

（一）查阅、记录、复制与社会保险基金收支、管理和投资运营相关的资料，对可能被转移、隐匿或者灭失的资料予以封存；

（二）询问与调查事项有关的单位和个人，要求其对与调查事项有关的问题作出说明、提供有关证明材料；

（三）对隐匿、转移、侵占、挪用社会保险基金的行为予以制止并责令改正。

第八十条　统筹地区人民政府成立由用人单位代表、参保人员代表，以及工会代表、专家等组成的社会保险监督委员会，掌握、分析社会保险基金的收支、管理和投资运营情况，对社会保险工作提出咨询意见和建议，实施社会监督。

社会保险经办机构应当定期向社会保险监督委员会汇报社会保险基金的收支、管理和投资运营情况。社会保险监督委员会可以聘请会计师事务所对社会保险基金的收支、管理和投资运营情况进行年度审计和专项审计。审计结果应当向社会公开。

社会保险监督委员会发现社会保险基金收支、管理和投资运营中存在问题的，有权提出改正建议；对社会保险经办机构及其工作人员的违法行为，有权向有关部门提出依法处理建议。

(2) 国务院《社会保险费征缴暂行条例》（1999年1月22日　国务院令第259号）

第十八条　按照省、自治区、直辖市人民政府关于社会保险费征缴机构的规定，劳动保障行政部门或者税务机关依法对单位缴费情况进行检查时，被检查的单位应当提供与缴纳社会保险费有关的用人情况、工资表、财务报表等资料，如实反映情况，不得拒绝检查，不得谎报、瞒报。劳动保障行政部门或者税务机关可以记录、录音、录像、照相和复制有关资料；但是，应当为缴费单位保密。

劳动保障行政部门、税务机关的工作人员在行使前款所列职权时，应当出示执行公务证件。

第二十条　社会保险经办机构受劳动保障行政部门的委托，可以进行与社会保险费征缴有关的检查、调查工作。

第二十二条　社会保险基金实行收支两条线管理，由财政部门依法进行监督。

审计部门依法对社会保险基金的收支情况进行监督。

(3) 劳动和社会保障部《社会保险费征缴监督检查办法》（1999年3月19日　部令第3号）

第一条　为加强社会保险费征缴监督检查工作，规范社会保险费征缴监督检查行为，根据《社会保险费征缴暂行条例》（以下简称条例）和有关法律、法规规定，制定本办法。

第二条　对中华人民共和国境内的企业、事业单位、国家机关、社会团体、民办非企业单位、城镇个体工商户（以下简称缴费单位）实施社会保险费征缴监督检查适用本办法。

前款所称企业是指国有企业、城镇集体企业、外商投资企业、城镇私营企业和其他城镇企业。

第三条 劳动保障行政部门负责社会保险费征缴的监督检查工作，对违反条例和本办法规定的缴费单位及其责任人员，依法作出行政处罚决定，并可以按照条例规定委托社会保险经办机构进行与社会保险费征缴有关的检查、调查工作。

劳动保障行政部门的劳动保障监督机构具体负责社会保险费征缴监督检查和行政处罚，包括对缴费单位进行检查、调查取证、拟定行政处罚决定书、送达行政处罚决定书、拟定向人民法院申请强制执行行政处罚决定的申请书、受理群众举报等工作。

社会保险经办机构受劳动保障行政部门的委托，可以对缴费单位履行社会保险登记、缴费申报、缴费义务的情况进行调查和检查，发现缴费单位有瞒报、漏报和拖欠社会保险费等行为时，应当责令其改正。

第四条 劳动保障监察机构与社会保险经办机构应当建立按月相互通报制度。社会保险经办机构应当及时将需要给予行政处罚的缴费单位情况向劳动保障监察机构通报，劳动保障监督机构应当及时将查处违反规定的情况通报给社会保险经办机构。

第五条 县级以上地方各级劳动保障行政部门对缴费单位监督检查的管辖范围，由省、自治区、直辖市劳动保障行政部门依照社会保险登记、缴费申报和缴费工作管理权限，制定具体规定。

第六条 社会保险费征缴监督检查应当包括以下内容：

（一）缴费单位向当地社会保险经办机构办理社会保险登记、变更登记或注销登记的情况；

（二）缴费单位向社会保险经办机构申报缴费的情况；

（三）缴费单位缴纳社会保险费的情况；

（四）缴费单位代扣代缴个人缴费的情况；

（五）缴费单位向职工公布本单位缴费的情况；

（六）法律、法规规定的其他内容。

第七条 劳动保障行政部门应当向社会公布举报电话，设立举报信箱，指定专人负责接待群众投诉；对符合受理条件的举报，应当于7日内立案受理，并进行调查处理，且一般应当于30日内处理结案。

第八条 劳动保障行政部门应当建立劳动保障年检制度，进行劳动保险年度检查，掌握缴费单位参加社会保险的情况；对违反条例规定的，应当责令其限期改正，并依照条例规定给予行政处罚。

第九条 劳动保障监察人员在执行监察公务和社会保险经办机构工作人员对缴费单位进行调查、检查时，至少应当由两人共同进行，并应当主动出示执法证件。

第十条 劳动保障监察人员执行监察公务和社会保险经办机构工作人员进行调查、检查时，行使下列职权：

（一）可以到缴费单位了解遵守社会保险法律、法规的情况；

（二）可以要求缴费单位提供与缴纳社会保险费有关的用人情况、工资表、财务报表等资料，询问有关人员，对缴费单位不能立即提供有关参加社会保险情况和资料的，可以下达劳动保障行政部门监督检查询问书；

（三）可以记录、录音、录像、照相和复制有关资料。

第十一条 劳动保障监察人员执行监察公务和社会保险经办机构工作人员进行调查、检查时，承担下列义务：

（一）依法履行职责，秉公执法，不得利用职务之便谋取私利；

（二）保守在监督检查工作中知悉的缴费单位的商业秘密；

（三）为举报人员保密。

第十二条 缴费单位有下列行为之一，情节严重的，对直接负责的主管人员和其他直接责任人员处以1 000元以上5 000元以下的罚款；情节特别严重的，对直接负责的主管人员和其他直接责任人员处以5 000元以上10 000元以下的罚款：

（一）未按规定办理社会保险登记的；

（二）在社会保险登记事项发生变更或者缴费单位依法终止后，未按规定到社会保险经办机构办理社会保险变更登记或者社会保险注销登记的；

（三）未按规定申报应当缴纳社会保险费数额的。

……

第十四条 对缴费单位有下列行为之一的，应当给予警告，并可以处以5 000元以下的罚款：

（一）伪造、变造社会保险登记证的；

（二）未按规定从缴费个人工资中代扣代缴社

会保险费的；

（三）未按规定向职工公布本单位社会保险费缴纳情况的。

对上述违法行为的行政处罚，法律、法规另有规定的，从其规定。

第十五条 对缴费单位有下列行为之一的，应当给予警告，并可以处以10 000元以下的罚款：

（一）阻挠劳动保障监察人员依法行使监察职权，拒绝检查的；

（二）隐瞒事实真相，谎报、瞒报，出具伪证，或者隐匿、毁灭证据的；

（三）拒绝提供与缴纳社会保险费有关的用人情况、工资表、财务报表等资料的；

（四）拒绝执行劳动保障行政部门下达的监督检查询问书的；

（五）拒绝执行劳动保障行政部门下达的限期改正指令书的；

（六）打击报复举报人员的；

（七）法律、法规及规章规定的其他情况。

对上述违法行为的行政处罚，法律、法规另有规定的，从其规定。

第十六条 本办法第十二条、第十三条的罚款均由缴费单位直接负责的主管人员和其他直接责任人员个人支付，不得从单位报销。

第十七条 对缴费单位或者缴费单位直接负责的主管人员和其他直接责任人员的罚款，必须全部上缴国库。

……

第十九条 缴费单位或者缴费单位直接负责的主管人员和其他直接责任人员，在15日内拒不执行劳动保障行政部门对其作出的行政处罚决定，又不向上一级劳动保障行政部门或者同级人民政府申请行政复议，或者对行政复议决定不服，又不向人民法院提起行政诉讼的，可以申请人民法院强制执行。

第二十条 劳动保障行政部门和社会保险经办机构的工作人员滥用职权、徇私舞弊、玩忽职守，构成犯罪的，依法追究刑事责任；尚不构成犯罪的，给予责任人员行政处分。

第二十一条 本办法自发布之日起施行。

用人单位社会保险登记

[解读]

参加社会保险的缴费单位，实行向社会保险经办机构办理社会保险登记制度。社会保险登记实行属地原则，即缴费单位应到其所在地的社会保险经办机构申请办理社会保险登记。缴费单位具有异地分支机构的，分支机构一般应视为独立的缴费单位，向其所在地的社会保险经办机构单独申请办理社会保险登记；对于那些跨地区的缴费单位，社会保险登记则须由所跨有关地区的社会保险经办机构进行协商，以确定其登记地，当各地区意见不一致时，交由上级社会保险经办机构确定登记地。行业统筹移交地方管理后，其所属单位的社会保险登记地，由省级社会保险经办机构确定。

用人单位社会保险登记事项包括：单位名称、住所、经营地点、单位类型、法人代表或者负责人、单位开户银行账号以及社会保险行政部门规定的其他事项。缴费单位在申请办理社会保险登记时，应当按照有关规定填写社会保险登记表，同时按要求出示以下证件和资料：营业执照或其他核准执业或成立证件；国家技术监督局颁发的法人代码证书；各省、自治区、直辖市社会保险经办机构规定的其他需要提供的有关证件、资料。

新成立的用人单位，从事生产经营的缴费单位应当在领营业执照之日起30日内，非生产经营性单位自成立之日起30日内，凭营业执照、登记证书或者单位印章，向所在地社会保险经办机构申请办理社会保险登记。

社会保险经办机构对缴费单位填报的社会保险登记表，提供的证件和有关资料，须即时受理，并自收到申请之日起15日内予以审核完毕；经审核符合规定的，予以登记，并发给《社会保险登记证》。

[依据指引]

（1）《中华人民共和国社会保险法》（2010年10月28日 国家主席令第35号）

第五十七条 用人单位应当自成立之日起三十日内凭营业执照、登记证书或者单位印章，向当地社会保险经办机构申请办理社会保险登记。社会保险经办机构应当自收到申请之日起十五日内予以审核，发给社会保险登记证件。

……

（2）国务院《社会保险费征缴暂行条例》（1999年1月22日 国务院令第259号）

第七条 缴费单位必须向当地社会保险经办机构办理社会保险登记，参加社会保险。

登记事项包括：单位名称、住所、经营地点、单位类型、法定代表人或者负责人、开户银行账号以及国务院劳动保障行政部门规定的其他事项。

第八条 本条例施行前已经参加社会保险的缴费单位，应当自本条例施行之日起6个月内到当地社会保险经办机构补办社会保险登记，由社会保险经办机构发给社会保险登记证件。

本条例施行前尚未参加社会保险的缴费单位应当自本条例施行之日起30日内，本条例施行后成立的缴费单位应当自成立之日起30日内，持营业执照或者登记证书等有关证件，到当地社会保险经办机构申请办理社会保险登记。社会保险经办机构审核后，发给社会保险登记证件。

社会保险登记证件不得伪造、变造。

社会保险登记证件的样式由国务院劳动保障行政部门制定。

第九条 缴费单位的社会保险登记事项发生变更或者缴费单位依法终止的，应当自变更或者终止之日起30日内，到社会保险经办机构办理变更或者注销社会保险登记手续。

第十条 缴费单位必须按月向社会保险经办机构申报应缴纳的社会保险费数额，经社会保险经办机构核定后，在规定的期限内缴纳社会保险费。

缴费单位不按规定申报应缴纳的社会保险费数额的，由社会保险经办机构暂按该单位上月缴费数额的百分之一百一十确定应缴数额；没有上月缴费数额的，由社会保险经办机构暂按该单位的经营状况、职工人数等有关情况确定应缴数额。缴费单位补办申报手续并按核定数额缴纳社会保险费后，由社会保险经办机构按照规定结算。

第十一条 省、自治区、直辖市人民政府规定由税务机关征收社会保险费的，社会保险经办机构应当及时向税务机关提供缴费单位社会保险登记、变更登记、注销登记以及缴费申报的情况。

(3) 劳动和社会保障部《社会保险登记管理暂行办法》（1999年3月19日 部令第1号）

第二章 登 记

第五条 从事生产经营的缴费单位自领取营业执照之日起30日内、非生产经营性单位自成立之日起30日内，应当向当地社会保险经办机构申请办理社会保险登记。条例施行前尚未参加社会保险的缴费单位，应当依据条例第八条，持本办法第七条规定的证件和资料到当地社会保险经办机构办理社会保险登记。

条例施行前已经参加社会保险的缴费单位，应当按照前款规定到当地社会保险经办机构补办社会保险登记。

第六条 社会保险登记实行属地管理。

缴费单位具有异地分支机构的，分支机构一般应当作为独立的缴费单位，向其所在地的社会保险经办机构单独申请办理社会保险登记。

跨地区的缴费单位，其社会保险登记地由相关地区协商确定。意见不一致时，由上一级社会保险经办机构确定登记地。

第七条 缴费单位申请办理社会保险登记时，应当填写社会保险登记表，并出示以下证件和资料：

（一）营业执照、批准成立证件或其他核准执业证件；

（二）国家质量技术监督部门颁发的组织机构统一代码证书；

（三）省、自治区、直辖市社会保险经办机构规定的其他有关证件、资料。

第八条 对缴费单位填报的社会保险登记表、提供的证件和资料，社会保险经办机构应当即时受理，并在自受理之日起10个工作日内审核完毕；符合规定的，予以登记，发给社会保险登记证。

个人社会保险登记

[解读]

个人社会保险登记包括职工和灵活就业人员进行社会保险登记的情形。职工的社会保险登记是由用人单位代为办理，用人单位应自用工之日起30日内为职工向社会保险经办机构申请办理社会保险登记。未办理社会保险登记的，由社会保险经办机构核定其应缴纳的社会保险费。

灵活就业人员的社会保险登记，是指需自行办理个人社会保险登记的情形。灵活就业人员包括自愿参加社会保险的无雇工的个体工商户、未在用人单位参加社会保险的非全日制从业人员以及自由职业者等。

[依据指引]

《中华人民共和国社会保险法》（2010年10月28日 国家主席令第35号）

第五十八条 用人单位应当自用工之日起三十日内为其职工向社会保险经办机构申请办理社

会保险登记。未办理社会保险登记的，由社会保险经办机构核定其应当缴纳的社会保险费。

自愿参加社会保险的无雇工的个体工商户、未在用人单位参加社会保险的非全日制从业人员以及其他灵活就业人员，应当向社会保险经办机构申请办理社会保险登记。

……

社会保险变更登记

[解读]

当参加社会保险的缴费单位下列社会保险登记事项发生变更时，须向社会保险经办机构申请办理社会保险变更登记：单位名称，住所或地址，法定代表人或负责人，单位类型，组织机构统一代码，主管机关，隶属关系，开户银行账号，各省、自治区、直辖市社会保险经办机构规定的其他事项。

参加社会保险的缴费单位发生上述项目的变更时，首先应向当地工商行政管理部门办理变更登记（或者经有关部门批准或宣布发生变更）。此后在30日内，持下列证件和资料到原社会保险经办机构办理变更社会保险登记：

（一）变更社会保险登记申请书。

（二）工商变更登记表和工商执照或者有关机关批准或宣布变更的证明。

（三）社会保险登记证。

（四）各省、自治区、直辖市社会保险经办机构规定的其他资料。

当缴费单位规定提交了齐全的资料后，由当地社会保险经办机构发给变更登记表，单位应如实填写。经社会保险经办机构审核无误后，归入缴费单位档案。变更登记的内容涉及社会保险登记证件的内容需作更改时，社会保险经办机构应当收回原《社会保险登记证》，重新核发《社会保险登记证》。

[依据指引]

(1)《中华人民共和国社会保险法》（2010年10月28日　国家主席令第35号）

第五十七条　……用人单位的社会保险登记事项发生变更或者用人单位依法终止的，应当自变更或者终止之日起三十日内，到社会保险经办机构办理变更或者注销社会保险登记。

工商行政管理部门、民政部门和机构编制管理机关应当及时向社会保险经办机构通报用人单位的成立、终止情况，公安机关应当及时向社会保险经办机构通报个人的出生、死亡以及户口登记、迁移、注销等情况。

(2) 国务院《社会保险费征缴暂行条例》（1999年1月22日　国务院令第259号）

第九条　缴费单位的社会保险登记事项发生变更或者缴费单位依法终止的，应当自变更或者终止之日起30日内，到社会保险经办机构办理变更或者注销社会保险登记手续。

第十一条　省、自治区、直辖市人民政府规定由税务机关征收社会保险费的，社会保险经办机构应当及时向税务机关提供缴费单位社会保险登记、变更登记、注销登记以及缴费申报的情况。

第二十三条　缴费单位未按照规定办理社会保险登记、变更登记或者注销登记，或者未按照规定申报应缴纳的社会保险费数额的，由劳动保障行政部门责令限期改正；情节严重的，对直接负责的主管人员和其他直接责任人员可以处1 000元以上5 000元以下的罚款；情节特别严重的，对直接负责的主管人员和其他直接责任人员可以处5 000元以上10 000元以下的罚款。

(3) 劳动和社会保障部《社会保险登记管理暂行办法》（1999年3月19日　部令第1号）

第三章　变更登记

第九条　缴费单位的以下社会保险登记事项之一发生变更时，应当依法向原社会保险登记机构申请办理变更社会保险登记：

（一）单位名称；

（二）住所或地址；

（三）法定代表人或负责人；

（四）单位类型；

（五）组织机构统一代码；

（六）主管部门；

（七）隶属关系；

（八）开户银行账号；

（九）省、自治区、直辖市社会保险经办机构规定的其他事项。

第十条　缴费单位应当自工商行政管理机关办理变更登记或有关机关批准或宣布变更之日起30日内，持下列证件和资料到原社会保险登记机构办理变更社会保险登记：

（一）变更社会保险登记申请书；

（二）工商变更登记表和工商执照或有关机关批准或宣布变更证明；

（三）社会保险登记证；

（四）省、自治区、直辖市社会保险经办机构规定的其他资料。

第十一条　申请变更登记单位提交材料齐全的，由社会保险经办机构发给社会保险变更登记表，并由申请变更登记单位依法如实填写，经社会保险经办机构审核后，归入缴费单位社会保险登记档案。

社会保险变更登记的内容涉及社会保险登记证件的内容需作更改的，社会保险经办机构应当收回原社会保险登记证，并按更改后的内容，重新核发社会保险登记证。

注销社会保险登记

［解读］

当参加社会保险缴费单位依法终止时，应当自终止之日起 30 日内，到社会保险经办机构办理注销社会保险登记手续。注销社会保险登记主要有以下四种情况：

（一）缴费单位发生解散、破产、撤销、被合并以及其他停止执业情形时，应及时向原社会保险登记机构申请办理注销社会保险登记。

（二）按照有关规定不需在工商行政管理机关办理注销登记的缴费单位，应当自有关机关批准或者宣告终止之日起 30 日内，向原社会保险登记机构申请办理注销社会保险登记。

（三）缴费单位因生产、经营场所变动或办公地点变动而需改变社会保险登记机构的，应当自变动发生后 30 日内，向原社会保险登记机构办理注销社会保险登记，同时向迁达地社会保险经办机构办理社会保险登记。

（四）缴费单位被工商行政管理机关吊销营业执照的，应当自营业执照被吊销之日起 30 日内，向原社会保险登记机构申请办理注销登记。

缴费单位在办理注销社会保险登记时，应当提交注销社会保险登记申请、相关法律文书或其他有关注销文件，经社会保险经办机构核准，办理注销社会保险登记手续，缴销原领取的社会保险登记证件。

［依据指引］

(1)《中华人民共和国社会保险法》（2010 年 10 月 28 日　国家主席令第 35 号）

第五十七条　……用人单位的社会保险登记事项发生变更或者用人单位依法终止的，应当自变更或者终止之日起三十日内，到社会保险经办机构办理变更或者注销社会保险登记。

工商行政管理部门、民政部门和机构编制管理机关应当及时向社会保险经办机构通报用人单位的成立、终止情况，公安机关应当及时向社会保险经办机构通报个人的出生、死亡以及户口登记、迁移、注销等情况。

(2) 国务院《社会保险费征缴暂行条例》（1999 年 1 月 22 日　国务院令第 259 号）

第九条　缴费单位的社会保险登记事项发生变更或者缴费单位依法终止的，应当自变更或者终止之日起 30 日内，到社会保险经办机构办理变更或者注销社会保险登记手续。

第十一条　省、自治区、直辖市人民政府规定由税务机关征收社会保险费的，社会保险经办机构应当及时向税务机关提供缴费单位社会保险登记、变更登记、注销登记以及缴费申报的情况。

第二十三条　缴费单位未按照规定办理社会保险登记、变更登记或者注销登记，或者未按照规定申报应缴纳的社会保险费数额的，由劳动保障行政部门责令限期改正；情节严重的，对直接负责的主管人员和其他直接责任人员可以处 1 000 元以上 5 000 元以下的罚款；情节特别严重的，对直接负责的主管人员和其他直接责任人员可以处 5 000 元以上 10 000 元以下的罚款。

(3) 劳动和社会保障部《社会保险登记管理暂行办法》（1999 年 3 月 19 日　部令第 1 号）

第四章　注销登记

第十二条　缴费单位发生解散、破产、撤销、合并以及其他情形，依法终止社会保险缴费义务时，应当及时向原社会保险登记机构申请办理注销社会保险登记。

第十三条　缴费单位应当自工商行政管理机关办理注销登记之日起 30 日内，向原社会保险登记机构申请办理注销社会保险登记；按照规定不需要在工商行政管理机关办理注销登记的缴费单位，应当自有关机关批准或者宣布终止之日起 30 日内，向原社会保险登记机构申请办理注销社会保险登记。

缴费单位被工商行政管理机关吊销营业执照的，应当自营业执照被吊销之日起 30 日内，向原社会保险登记机构申请办理注销登记。

第十四条　缴费单位因住所变动或生产、经营地址变动而涉及改变社会保险登记机构的，应当自上述变动发生之日起 30 日内，向原社会保险登记机构办理注销社会保险登记，并向迁达地社会保险经办机构办理社会保险登记。

第十五条 缴费单位在办理注销社会保险登记前，应当结清应缴纳的社会保险费、滞纳金、罚款。

缴费单位办理注销社会保险登记时，应当提交注销社会保险登记申请、法律文书或其他有关注销文件，经社会保险经办机构核准，办理注销社会保险登记手续，缴销社会保险登记证件。

社会保险信息的共享与保密

[解读]

为了保障社会保险基金的安全运行，防止用人单位不办理社会保险登记，逃避社会保险费缴纳义务，维护参保人的合法权益，《社会保险法》规定，工商行政管理部门、民政部门、机构编制管理、公安机关应打破部门间的信息壁垒，分别将各自掌握的企业、个体工商户等营业性组织，社会团体、民办非企业单位等非营利组织，党政机关、事业单位等纳入编制管理的机构的成立、终止情况，个人的出生、死亡以及户口登记、迁移、注销等情况，及时向社会保险经办机构通报，实现社会保险信息的互通共享。

同时，社会保险行政部门和其他有关行政部门、社会保险经办机构、社会保险费征收机构及其工作人员在办理社会保险登记、社会保险费征收和社会保险监督过程中，掌握了用人单位和参保人员的大量信息。为了保护用人单位和参保人员的权利，用人单位的商业机密和个人隐私不被泄露，《社会保险法》又规定，社会保险行政部门及相关部门的工作人员，应当依法为用人单位和个人的信息保密，不得以任何形式泄露。否则，将依法给予处分；构成犯罪的，依法追究其刑事责任。

[依据指引]

(1)《中华人民共和国社会保险法》（2010 年 10 月 28 日　国家主席令第 35 号）

第五十七条 ……工商行政管理部门、民政部门和机构编制管理机关应当及时向社会保险经办机构通报用人单位的成立、终止情况，公安机关应当及时向社会保险经办机构通报个人的出生、死亡以及户口登记、迁移、注销等情况。

第八十一条 社会保险行政部门和其他有关行政部门、社会保险经办机构、社会保险费征收机构及其工作人员，应当依法为用人单位和个人的信息保密，不得以任何形式泄露。

(2)《中华人民共和国刑法》（1979 年 7 月 1 日第五届全国人民代表大会第二次会议通过 2011 年 2 月 25 日修订）

第二百五十三条 国家机关或者金融、电信、交通、教育、医疗等单位的工作人员，违反国家规定，将本单位在履行职责或者提供服务过程中获得的公民个人信息，出售或者非法提供给他人，情节严重的，处三年以下有期徒刑或者拘役，并处或者单处罚金。

窃取或者以其他方法非法获取上述信息，情节严重的，依照前款的规定处罚。

单位犯前两款罪的，对单位判处罚金，并对其直接负责的主管人员和其他直接责任人员，依照各该款的规定处罚。

社会保险缴费申报

[解读]

根据国家有关规定，参加社会保险缴费的用人单位、职工和灵活就业人员其相应的申报方式是：用人单位应当自行申报、按时足额缴纳社会保险费，非因不可抗力等法定事由不得缓缴、减免；职工应当缴纳的社会保险费由用人单位代扣代缴，用人单位应当按月将缴纳社会保险费的明细情况告知本人；灵活就业人员可以直接向社会保险费征收机构缴纳社会保险费。其中，缴费单位必须按月向办理社会保险登记的社会保险经办机构申报应缴纳的社会保险费数额，经社会保险经办机构核定后，在规定的期限内缴纳社会保险费。具体方式和程序是：

（一）缴费单位于每月 5 日前，向社会保险经办机构报送社会保险费申报表、代扣代缴明细表以及社会保险经办机构规定的其他资料。

（二）缴费单位到社会保险经办机构办理社会保险缴费申报有困难的，经社会保险经办机构批准，可以邮寄申报。邮寄申报以寄出地的邮戳日期为实际申报日期。

（三）根据国家有关规定，缴费单位因不可抗力，不能按时办理社会保险缴费申报的，可以延期办理。但应当在不可抗力情形消除后立即向社会保险经办机构报告。社会保险经办机构应当查明事实，予以核准。

社会保险经办机构应对缴费单位送达的缴费申报表和有关资料进行即时审核，在确认缴费单位申报资料齐全、缴费基数和费率符合规定、填报数量关系一致后签署审核意见并盖章；不能即时审核的，社会保险经办机构应自收到缴费单位申报表和有关资料之日起，2 日内审核完毕。缴费单位须按月在缴费申报被批准后 3 日内缴纳社会保险费。

参加社会保险的缴费单位不按规定申报应缴费的数额，社会保险经办机构可暂按该单位上月缴费数额的 110%确定应缴数额；没有上月缴费数额的，社会保险经办机构可暂按该单位的经营状况、职工人数等有关情况确定应缴数额。缴费单位补办申报手续并按核定数额缴纳社会保险费后，由社会保险经办机构按照规定结算。

由于自愿参加社会保险的灵活就业人员无用人单位，或者用人单位没有为其缴纳社会保险费的义务，不能通过用人单位代扣代缴，所以法律规定灵活就业人员可以直接向社会保险费征收机构缴纳社会保险费，缴纳的社会保险费应当按照国家规定的标准，根据自己的收入水平和量力而行的原则，自行选择。

另外，需要说明两点：

（一）职工应当缴纳的社会保险费由用人单位代扣代缴，用人单位未依法代扣代缴的，由社会保险费征收机构责令其限期代缴，并自欠缴之日起按日加收万分之五的滞纳金。用人单位不得要求职工承担该滞纳金。

（二）用人单位应当按月将缴纳社会保险费的明细情况告知本人；未告知的，由社会保险行政部门责令改正；逾期不改的，按照《劳动保障监察条例》第 30 条的规定，处以 2 000 元以上 2 万元以下的罚款。

[依据指引]

(1)《中华人民共和国社会保险法》（2010 年 10 月 28 日　国家主席令第 35 号）

第六十条　用人单位应当自行申报、按时足额缴纳社会保险费，非因不可抗力等法定事由不得缓缴、减免。职工应当缴纳的社会保险费由用人单位代扣代缴，用人单位应当按月将缴纳社会保险费的明细情况告知本人。

无雇工的个体工商户、未在用人单位参加社会保险的非全日制从业人员以及其他灵活就业人员，可以直接向社会保险费征收机构缴纳社会保险费。

(2) 国务院《社会保险费征缴暂行条例》（1999 年 1 月 22 日　国务院令第 259 号）

第十条　缴费单位必须按月向社会保险经办机构申报应缴纳的社会保险费数额，经社会保险经办机构核定后，在规定的期限内缴纳社会保险费。

缴费单位不按规定申报应缴纳的社会保险费数额的，由社会保险经办机构暂按该单位上月缴费数额的百分之一百一十确定应缴数额；没有上月缴费数额的，由社会保险经办机构暂按该单位的经营状况、职工人数等有关情况确定应缴数额。缴费单位补办申报手续并按核定数额缴纳社会保险费后，由社会保险经办机构按照规定结算。

第十一条　省、自治区、直辖市人民政府规定由税务机关征收社会保险费的，社会保险经办机构应当及时向税务机关提供缴费单位社会保险登记、变更登记、注销登记以及缴费申报的情况。

第十二条　缴费单位和缴费个人应当以货币形式全额缴纳社会保险费。

缴费个人应当缴纳的社会保险费，由所在单位从其本人工资中代扣代缴。

社会保险费不得减免。

第十三条　缴费单位未按规定缴纳和代扣代缴社会保险费的，由劳动保障行政部门或者税务机关责令限期缴纳；逾期仍不缴纳的，除补缴欠缴数额外，从欠缴之日起，按日加收千分之二的滞纳金。滞纳金并入社会保险基金。

(3) 劳动和社会保障部《社会保险费申报缴纳管理暂行办法》（1999 年 3 月 19 日　部令第 2 号）

第五条　缴费单位应当在每月 5 日前，向社会保险经办机构办理缴费申报，报送社会保险费申报表（以下简称申报表）、代扣代缴明细表以及社会保险经办机构规定的其他资料。

缴费单位到社会保险经办机构办理社会保险缴费申报有困难的，经社会保险经办机构批准，可以邮寄申报。邮寄申报以寄出地的邮戳日期为实际申报日期。

第六条　缴费单位因不可抗力因素，不能按期办理社会保险费申报的，可以延期办理。但应当在不可抗力情形消除后立即向社会保险经办机构报告。社会保险经办机构应当查明事实，给予核准。

第七条 社会保险经办机构应当对缴费单位送达的申报表和有关资料进行即时审核。对缴费单位申报资料齐全、缴费基数和费率符合规定、填报数量关系一致的申报表签章核准；对不符合规定的申报表提出审核意见，退缴费单位修正后再次审核；对不能即时审核的，社会保险经办机构应当自收到缴费单位申报表和有关资料之日起，在最长不超过2日内审核完毕。

第八条 缴费单位不按规定申报应缴纳的社会保险费数额的，社会保险经办机构可暂按该单位上月缴费数额的百分之一百一十确定应缴数额；没有上月缴费数额的，社会保险经办机构可暂按该单位的经营状况、职工人数等有关情况确定应缴数额。缴费单位补办申报手续并按核定数额缴纳社会保险费后，由社会保险经办机构按照规定结算。

第九条 缴费单位必须在社会保险经办机构核准其缴费申报后的3日内缴纳社会保险费。缴费单位和缴费个人应当以货币形式全额缴纳社会保险费。

第十条 缴费单位必须按照条例第十二条的规定严格履行代扣代缴义务。缴费单位依法履行代扣代缴义务时，任何单位或个人不得干预或拒绝。

第十一条 缴费单位的缴费申报经核准后，可以采取下列方式之一缴纳社会保险费：

（一）缴费单位到其开户银行缴纳；

（二）缴费单位到社会保险经办机构以支票或现金形式缴纳；

（三）缴费单位与社会保险经办机构约定的其他方式。

履行前款规定的申报核准程序后，银行可以根据社会保险经办机构开出的托收凭证从缴费单位基本账户中划缴社会保险费。

(4) 国务院《劳动保障监察条例》（2004年11月1日　国务院令第423号）

第三十条 有下列行为之一的，由劳动保障行政部门责令改正；对有第（一）项、第（二）项或者第（三）项规定的行为的，处2 000元以上2万元以下的罚款：

（一）无理抗拒、阻挠劳动保障行政部门依照本条例的规定实施劳动保障监察的；

（二）不按照劳动保障行政部门的要求报送书面材料的，隐瞒事实真相，出具伪证或者隐匿、毁灭证据的；

（三）经劳动保障行政部门责令改正拒不改正，或者拒不履行劳动保障行政部门的行政处理决定的；

（四）打击报复举报人、投诉人的。

违反前款规定，构成违反治安管理行为的，由公安机关依法给予治安管理处罚；构成犯罪的，依法追究刑事责任。

(5) 人力资源和社会保障部《实施〈中华人民共和国社会保险法〉若干规定》（2011年6月29日　部令第13号）

第二十条 职工应当缴纳的社会保险费由用人单位代扣代缴。用人单位未依法代扣代缴的，由社会保险费征收机构责令用人单位限期代缴，并自欠缴之日起向用人单位按日加收万分之五的滞纳金。用人单位不得要求职工承担滞纳金。

第二十四条 用人单位未按月将缴纳社会保险费的明细情况告知职工本人的，由社会保险行政部门责令改正；逾期不改的，按照《劳动保障监察条例》第三十条的规定处理。

用人单位未按规定申报应缴数额的处理

［解读］

为了防止用人单位故意不按规定申报应当缴纳的社会保险费而逃避缴费义务，我国法律规定，用人单位未按规定申报应当缴纳的社会保险费数额的，按照该单位上月缴费额的110%确定应当缴纳数额；缴费单位补办申报手续后，由社会保险费征收机构按照规定结算。

［依据指引］

(1)《中华人民共和国社会保险法》（2010年10月28日　国家主席令第35号）

第六十二条 用人单位未按规定申报应当缴纳的社会保险费数额的，按照该单位上月缴费额的百分之一百一十确定应当缴纳数额；缴费单位补办申报手续后，由社会保险费征收机构按照规定结算。

(2) 国务院《社会保险费征缴暂行条例》（1999年1月22日　国务院令第259号）

第十条 缴费单位必须按月向社会保险经办机构申报应缴纳的社会保险费数额，经社会保险经办机构核定后，在规定的期限内缴纳社会保险费。

缴费单位不按规定申报应缴纳的社会保险费

数额的，由社会保险经办机构暂按该单位上月缴费数额的百分之一百一十确定应缴数额；没有上月缴费数额的，由社会保险经办机构暂按该单位的经营状况、职工人数等有关情况确定应缴数额。缴费单位补办申报手续并按核定数额缴纳社会保险费后，由社会保险经办机构按照规定结算。

社会保险缴费方式

[解读]

缴费单位和缴费个人应以货币形式全额缴纳社会保险费。缴费个人属于职工的，其应缴纳的社会保险费由所在单位从其本人工资中代扣代缴，任何单位或个人不能干预或拒绝。缴费个人属于灵活就业人员的，其可根据自己的收入水平，按照国家规定的标准自愿缴纳。

缴费单位履行申报义务后，可选择以下三种方式之一缴纳社会保险费：

（一）缴费单位填写社会保险费专用缴款书，自行到社会保险经办机构开户银行足额缴纳社会保险费。

（二）缴费单位填写社会保险费专用缴款书，以支票或现金形式到社会保险经办机构足额缴纳社会保险费。

（三）社会保险经办机构与缴费单位约定的其他方式。

[依据指引]

(1)《中华人民共和国社会保险法》（2010年10月28日 国家主席令第35号）

第六十条 用人单位应当自行申报、按时足额缴纳社会保险费，非因不可抗力等法定事由不得缓缴、减免。职工应当缴纳的社会保险费由用人单位代扣代缴，用人单位应当按月将缴纳社会保险费的明细情况告知本人。

无雇工的个体工商户、未在用人单位参加社会保险的非全日制从业人员以及其他灵活就业人员，可以直接向社会保险费征收机构缴纳社会保险费。

(2) 国务院《社会保险费征缴暂行条例》（1999年1月22日 国务院令第259号）

第十二条 缴费单位和缴费个人应当以货币形式全额缴纳社会保险费。

缴费个人应当缴纳的社会保险费，由所在单位从其本人工资中代扣代缴。

社会保险费不得减免。

(3) 劳动和社会保障部《社会保险费申报缴纳管理暂行办法》（1999年3月19日 部令第2号）

第十条 缴费单位必须按照条例第十二条的规定严格履行代扣代缴义务。缴费单位依法履行代扣代缴义务时，任何单位或个人不得干预或拒绝。

第十一条 缴费单位的缴费申报经核准后，可以采取下列方式之一缴纳社会保险费：

（一）缴费单位到其开户银行缴纳；

（二）缴费单位到社会保险经办机构以支票或现金形式缴纳；

（三）缴费单位与社会保险经办机构约定的其他方式。

履行前款规定的申报核准程序后，银行可以根据社会保险经办机构开出的托收凭证从缴费单位基本账户中划缴社会保险费。

用人单位未按时足额缴费的处理

[解读]

用人单位未按时足额缴纳社会保险费的，社会保险费征收机构可依法酌情采取下列措施：

（一）用人单位未按时足额缴纳社会保险费的，由社会保险费征收机构责令其限期缴纳或者补足。

（二）用人单位逾期仍未缴纳或者补足社会保险费的，社会保险费征收机构可以向银行和其他金融机构查询其存款账户；并可以申请县级以上有关行政部门作出划拨社会保险费的决定，书面通知其开户银行或者其他金融机构划拨社会保险费。用人单位账户余额少于应当缴纳的社会保险费的，社会保险费征收机构可以要求该用人单位提供担保，签订延期缴费协议，免收缓缴期间的滞纳金；缓缴期间不影响其职工依法享受社会保险待遇。

（三）用人单位未足额缴纳社会保险费且未提供担保的，社会保险费征收机构可以申请人民法院扣押、查封、拍卖其价值相当于应当缴纳社会保险费的财产，以拍卖所得抵缴社会保险费。

然而，用人单位因不可抗力造成生产经营出现严重困难的，经省级社会保险行政部门批准，可以暂缓缴纳社会保险费，期限一般不超过一年，期间免收滞纳金，不影响其职工依法享受社会保险待遇。到期后，仍应缴纳相应的社会保险费。

[依据指引]

(1)《中华人民共和国社会保险法》（2010年10月28日　国家主席令第35号）

第六十三条　用人单位未按时足额缴纳社会保险费的，由社会保险费征收机构责令其限期缴纳或者补足。

用人单位逾期仍未缴纳或者补足社会保险费的，社会保险费征收机构可以向银行和其他金融机构查询其存款账户；并可以申请县级以上有关行政部门作出划拨社会保险费的决定，书面通知其开户银行或者其他金融机构划拨社会保险费。用人单位账户余额少于应当缴纳的社会保险费的，社会保险费征收机构可以要求该用人单位提供担保，签订延期缴费协议。

用人单位未足额缴纳社会保险费且未提供担保的，社会保险费征收机构可以申请人民法院扣押、查封、拍卖其价值相当于应当缴纳社会保险费的财产，以拍卖所得抵缴社会保险费。

(2) 人力资源和社会保障部《实施〈中华人民共和国社会保险法〉若干规定》（2011年6月29日　部令第13号）

第二十一条　用人单位因不可抗力造成生产经营出现严重困难的，经省级人民政府社会保险行政部门批准后，可以暂缓缴纳一定期限的社会保险费，期限一般不超过一年。暂缓缴费期间，免收滞纳金。到期后，用人单位应当缴纳相应的社会保险费。

第二十二条　用人单位按照社会保险法第六十三条的规定，提供担保并与社会保险费征收机构签订缓缴协议的，免收缓缴期间的滞纳金。

第二十三条　用人单位按照本规定第二十一条、第二十二条缓缴社会保险费期间，不影响其职工依法享受社会保险待遇。

未按时缴纳社会保险费的滞纳金

[解读]

社会保险费的滞纳金是指对未按规定期限缴纳社会保险费的用人单位处以的一种罚金。按照国家规定，缴费单位未按规定缴纳和代扣代缴社会保险费的，由社会保险费征收机构责令限期缴纳或者补足，并自欠缴之日起，按日加收0.5‰的滞纳金；逾期仍不缴纳的，由有关行政部门处欠缴数额1倍以上3倍以下的罚款。滞纳金并入社会保险基金。收取滞纳金是对企业滞纳行为的一种经济制裁措施，体现了社会保险基金强制征收的特性。

[依据指引]

《中华人民共和国社会保险法》（2010年10月28日　国家主席令第35号）

第八十六条　用人单位未按时足额缴纳社会保险费的，由社会保险费征收机构责令限期缴纳或者补足，并自欠缴之日起，按日加收万分之五的滞纳金；逾期仍不缴纳的，由有关行政部门处欠缴数额一倍以上三倍以下的罚款。

用人单位可缓缴社会保险费

[解读]

法律规定，用人单位可以缓缴社会保险费的情形有以下两种：

（一）用人单位因不可抗力造成生产经营出现严重困难的，经省级社会保险行政部门批准，可以暂缓缴纳社会保险费，期限一般不超过一年，到期后仍应缴纳相应的社会保险费。

（二）当社会保险行政部门责令用人单位限期缴纳或补足社会保险费时，用人单位由于账户余额少于应当缴纳的社会保险费而逾期仍未缴纳或者补足的，社会保险费征收机构可以要求其提供担保，与其签订缓缴协议。

用人单位有上述两种缓缴情形的，缓缴期间免收滞纳金，并不影响其职工依法享受社会保险待遇。

[依据指引]

(1)《中华人民共和国社会保险法》（2010年10月28日　国家主席令第35号）

第六十条　用人单位应当自行申报、按时足额缴纳社会保险费，非因不可抗力等法定事由不得缓缴、减免。职工应当缴纳的社会保险费由用人单位代扣代缴，用人单位应当按月将缴纳社会保险费的明细情况告知本人。

第六十三条　用人单位未按时足额缴纳社会保险费的，由社会保险费征收机构责令其限期缴纳或者补足。

用人单位逾期仍未缴纳或者补足社会保险费

的，社会保险费征收机构可以向银行和其他金融机构查询其存款账户；并可以申请县级以上有关行政部门作出划拨社会保险费的决定，书面通知其开户银行或者其他金融机构划拨社会保险费。用人单位账户余额少于应当缴纳的社会保险费的，社会保险费征收机构可以要求该用人单位提供担保，签订延期缴费协议。

用人单位未足额缴纳社会保险费且未提供担保的，社会保险费征收机构可以申请人民法院扣押、查封、拍卖其价值相当于应当缴纳社会保险费的财产，以拍卖所得抵缴社会保险费。

（2）人力资源和社会保障部《实施〈中华人民共和国社会保险法〉若干规定》（2011年6月29日　部令第13号）

第二十一条　用人单位因不可抗力造成生产经营出现严重困难的，经省级人民政府社会保险行政部门批准后，可以暂缓缴纳一定期限的社会保险费，期限一般不超过一年。暂缓缴费期间，免收滞纳金。到期后，用人单位应当缴纳相应的社会保险费。

第二十二条　用人单位按照社会保险法第六十三条的规定，提供担保并与社会保险费征收机构签订缓缴协议的，免收缓缴期间的滞纳金。

第二十三条　用人单位按照本规定第二十一条、第二十二条缓缴社会保险费期间，不影响其职工依法享受社会保险待遇。

违反社会保险法律的举报、投诉

[解读]

为充分发挥社会保险的社会监督作用，我国法律规定，任何组织或者个人有权对违反社会保险法律、法规的行为进行举报、投诉。社会保险行政部门、卫生行政部门、社会保险经办机构、社会保险费征收机构和财政部门、审计机关对属于本部门、本机构职责范围的举报、投诉，应当依法处理；对不属于本部门、本机构职责范围的，应当书面通知并移交有权处理的部门、机构处理。有权处理的部门、机构应当及时处理，不得推诿。

[依据指引]

《中华人民共和国社会保险法》（2010年10月28日　国家主席令第35号）

第八十二条　任何组织或者个人有权对违反社会保险法律、法规的行为进行举报、投诉。

社会保险行政部门、卫生行政部门、社会保险经办机构、社会保险费征收机构和财政部门、审计机关对属于本部门、本机构职责范围的举报、投诉，应当依法处理；对不属于本部门、本机构职责范围的，应当书面通知并移交有权处理的部门、机构处理。有权处理的部门、机构应当及时处理，不得推诿。

个人社会保障号码

[解读]

公民身份号码是每个公民唯一的、终身不变的身份代码，由公安机关按照公民身份号码国家标准编制。在劳动和社会保险管理信息系统中，是指参加社会保险的个人账户的标识。

各级社会保险经办机构曾按照国家技术监督局颁布的社会保障号码的规定，为已参加社会保险的职工建立一个终身不变的个人账户号码，即社会保障号码。这个号码就是该职工身份证号码。当职工身份证号码因某种原因发生更改时，社会保障号码不作变动，以保证其个人账户的终身不变。国家技术监督局颁布的社会保障号码的国家标准包括的主要内容是：主题内容、适用范围、编码对象、号码结构、号码的表现形式等。

1998年，由中国标准化与信息分类编码研究所、公安部户政局等单位联合起草、修订的《社会保障号码》国家标准在京通过专家审定。修订后的社会保障号码，将公民出生日期由原来的6位数表示改为用8位数字表示。其中用4位数字表示年份。取消了顺序码中百岁老人使用特定编号表示的条文。地址码改为公民出生地行政区划代码。修订后的社会保障号码由18位数字组成，其排列顺序从左至右依此为：6位数字为出生地行政区划代码，8位数字为出生日期码，3位数字为顺序码（末位单数为男，双数为女），最后1位数字为校验码，以X代替，用于检验前17位号码抄录或输入时的错误。

1999年，国家技术监督局颁布了《公民身份号码》国家标准。劳动和社会保障部决定，从1999年9月30日开始，在劳动和社会保险管理信息系统中不再使用“社会保障号码”和“居民身份证编号”等名称，建立全国统一的个人社会保障号码，个人社会保障号码即为公民身份号码，作为该系统中全国统一标识的、唯一的个人编码名称。

[依据指引]

(1)《中华人民共和国社会保险法》(2010 年 10 月 28 日 国家主席令第 35 号)

第五十八条 国家建立全国统一的个人社会保障号码。个人社会保障号码为公民身份号码。

(2) 劳动和社会保障部办公厅《关于在劳动和社会保险管理信息系统中使用公民身份号码的通知》(1999 年 6 月 1 日 劳社厅函[1999]66 号)

为贯彻执行国家标准 GB 11643—1999《公民身份号码》,消除使用原 15 位社会保障号码可能遇到的 2000 年问题,现就在劳动和社会保险管理信息系统中统一劳动者个人编码名称和编码体制有关问题通知如下:

一、一律使用"公民身份号码"作为劳动保障部门各类信息系统中全国统一标识的、唯一的个人编码名称,不再使用"社会保障号码"和"居民身份证编号"等名称。

二、对于现使用"社会保障号码"和"居民身份证编号"等名称的计算机系统,要在 1999 年 9 月 30 日之前,按照《公民身份号码》的有关标准,完成号码的更名和升位工作。

三、原系统中未设置全国统一标识个人编码的,应在系统中设置"公民身份号码"信息项,其编码方法按《公民身份号码》的有关标准执行。

四、在系统建设和使用过程中如发现公民身份号码(原居民身份证编号)错误信息,如重号、多号、错号等,请及时与当地公安部门沟通并修正。

(3) 国务院《关于实行公民身份号码制度的决定》(1999 年 8 月 26 日 国发[1999]15 号)

建立和实行公民身份号码制度,是国家加强社会管理的一项重要基础建设,也是实现社会信息化管理的重要措施,对于促进我国社会主义现代化建设和经济体制改革,方便群众生活和保护公民的合法权益,具有十分重要的作用。为此,国务院决定,自 1999 年 10 月 1 日起在全国建立和实行公民身份号码制度。

一、公民身份号码按照 GB 11643—1999《公民身份号码》国家标准编制,由 18 位数字组成:前 6 位为行政区划代码,第 7~14 位为出生日期码,第 15~17 位为顺序码,第 18 位为校验码。

二、公民身份号码是国家为每个公民从出生之日起编定的唯一的、终身不变的身份代码,将在我国公民办理涉及政治、经济、社会生活等权益事务方面广泛使用。公安部负责公民身份号码的编制和组织实施工作。

三、各省、自治区、直辖市人民政府和国务院有关部门对公民身份号码的编制和推广应用工作要给予必要的支持。各级人民政府要切实加强领导,提供工作保障,搞好宣传教育,精心组织实施。公安机关要依据《国务院关于修改〈中华人民共和国居民身份证条例实施细则〉的批复》(国函[1999]91 号),认真做好公民身份号码的编制、使用和管理工作。这项工作争取在今、明两年完成,由公安部做出具体部署。劳动和社会保障、教育、民政、司法、人事、信息产业、卫生、工商、税务、金融、证券、保险、民航等公民身份号码使用部门和单位,要密切配合公安机关做好公民身份号码的编制和推广使用工作。

社会保障卡

[解读]

社会保障卡是持卡公民享有社会保障和公共就业服务权益的电子凭证,具有信息记录、信息查询、业务办理等基本功能,同时可作为银行卡使用,具有现金存取、转账、消费等金融功能;其背面印有持卡人姓名、个人社会保障号码、持卡人照片、发卡单位等信息。该卡由人力资源和社会保障部负责管理全国发行和应用工作;省、地市级人力资源和社会保障部门负责管理本地区的发行和应用工作,其所属信息化综合管理机构具体承担社会保障卡发行和技术管理的有关事务。

[依据指引]

(1) 人力资源和社会保障部《关于印发"中华人民共和国社会保障卡"管理办法的通知》(2011 年 4 月 20 日 人社部发[2011]47 号)

第二条 本办法所称社会保障卡,是指面向社会公众发行,主要应用于人力资源社会保障领域政府社会管理和公共服务的集成电路卡。

社会保障卡是持卡人享有社会保障和公共就业服务权益的电子凭证,具有信息记录、信息查询、业务办理等基本功能。

第三条 人力资源社会保障部负责管理全国社会保障卡发行和应用工作。省、地市级人力资源社会保障部门负责管理本地区社会保障卡发行和应用工作,其所属的信息化综合管理机构具体承担社会保障卡发行和技术管理的有关事务。

第九条 社会保障卡采用全国统一的卡面样式，正面印有“中华人民共和国社会保障卡”字样，背面印有持卡人姓名、社会保障号码、持卡人照片、发卡单位等信息。

(2) 人力资源和社会保障部、中国人民银行《关于社会保障卡加载金融功能的通知》（2011 年 7 月 26 日 人社部发［2011］83 号）

二、功能定位

社会保障卡加载金融功能主要通过在社会保障卡上加载银行业务应用实现。加载金融功能后的社会保障卡（以下简称为具有金融功能的社会保障卡），作为持卡人享有社会保障和公共就业服务权益的电子凭证，具有信息记录、信息查询、业务办理等社会保障卡基本功能的同时，可作为银行卡使用，具有现金存取、转账、消费等金融功能。

具有金融功能的社会保障卡的金融应用为人民币借记应用，暂不支持贷记功能，其使用范围限定在中华人民共和国境内。

具有金融功能的社会保障卡卡片介质为接触式芯片卡，可以用芯片加隐蔽磁条复合卡的形式暂时过渡，芯片中应同时包含人力资源社会保障应用（以下简称社保应用）和金融应用。

进城务工农村居民的社会保险

[解读]

进城务工农村居民也称农民工，由于农民工是城市化进程中的一个阶段性现象，所以法律采用了进城务工农村居民这一更准确的概念。我国法律规定的进城务工的农村居民是狭义的概念，主要是指与用人单位建立劳动关系的农村居民。

目前，进城务工的农村居民参加职工五项社会保险的比例偏低，致使这部分人群的工伤和医疗问题较为突出，因此，《社会保险法》规定了进城务工农村居民与用人单位建立劳动关系的，应当与城镇职工同样依照《社会保险法》参加各项社会保险，包括职工基本养老保险、基本医疗保险、工伤保险、失业保险和生育保险等。此举有利于国家积极稳妥地解决农民工的社会保障问题，体现国家立法的公平性、合理性以及符合实际需要等原则。

[依据指引]

(1)《中华人民共和国社会保险法》（2010 年 10 月 28 日 国家主席令第 35 号）

第九十五条 进城务工的农村居民依照本法规定参加社会保险。

(2) 国务院《关于解决农民工问题的若干意见》（2006 年 1 月 31 日 国发［2006］5 号）（略）

被征地农民的社会保险

[解读]

被征地农民是指因征地影响当事人基本生活，大大降低当事人收入和生活来源的情形。国务院有关文件曾规定是无地农民，最近国务院文件中把被征地农民扩大为失去全部或大部分土地的农业人口。

《社会保险法》将被征地农民的保险制度纳入了相应的社会保险制度，既不是社会救助的低保制度，也不是建立单独的针对被征地农民的社会保险制度。被征地农民到用人单位就业的，参加五项社会保险；未就业转为城镇居民的，可参加城镇居民社会养老保险和城镇居民基本医疗保险；继续保留农村居民身份的，可以参加新型农村社会养老保险和新型农村合作医疗保险。

关于被征地农民的社会保险经费来源，是根据 2007 年国务院转发的原劳动和社会保障部《关于做好被征地农民就业培训和社会保障工作的指导意见》筹集的，即被征地农民工社会保障所需资金从当地政府批准提高的安置费和用于被征地农民的土地补偿费中统一安排，两项费用尚不足以支付的，由当地政府从国有土地有偿使用收入中解决。

[依据指引]

(1)《中华人民共和国社会保险法》（2010 年 10 月 28 日 国家主席令第 35 号）

第九十六条 征收农村集体所有的土地，应当足额安排被征地农民的社会保险费，按照国务院规定将被征地农民纳入相应的社会保险制度。

(2)《中华人民共和国物权法》（2007 年 3 月 16 日 国家主席令第 62 号）

第四十二条 为了公共利益的需要，依照法律规定的权限和程序可以征收集体所有的土地和单位、个人的房屋及其他不动产。

征收集体所有的土地，应当依法足额支付土地补偿费、安置补助费、地上附着物和青苗的补偿费等费用，安排被征地农民的社会保障费用，保障被征地农民的生活，维护被征地农民的合法权益。

征收单位、个人的房屋及其他不动产，应当依法给予拆迁补偿，维护被征收人的合法权益；征收个人住宅的，还应当保障被征收人的居住条件。

任何单位和个人不得贪污、挪用、私分、截留、拖欠征收补偿费等费用。

(3) 国务院办公厅《转发劳动保障部〈关于做好被征地农民就业培训和社会保障工作指导意见〉的通知》（2006年4月10日 国办发［2006］29号）

一、基本思路和原则要求

……

（三）根据城市规划区内外不同情况实行分类指导。各地应根据实际情况，妥善解决被征地农民的就业培训和社会保障问题。在城市规划区内，当地人民政府应将被征地农民纳入城镇就业体系，并建立社会保障制度。在城市规划区外，应保证在本行政区域内为被征地农民留有必要的耕地或安排相应的工作岗位，并纳入农村社会保障体系；对不具备生产生活条件地区的被征地农民，要异地移民安置，并纳入安置地的社会保障体系。

三、积极做好被征地农民社会保障工作

（八）保障基本生活和长远生计。各地要从实际出发，采取多种方式保障被征地农民的基本生活和长远生计。对城市规划区内的被征地农民，应根据当地经济发展水平和被征地农民不同年龄段，制定保持基本生活水平不下降的办法和养老保障办法。对符合享受城市居民最低生活保障条件的，应按规定纳入城市居民最低生活保障范围。已开展城市医疗救助制度试点的地区，对符合医疗救助条件的要按规定纳入救助范围。有条件的地区可将被征地农民纳入城镇职工养老、医疗、失业等社会保险参保范围，通过现行城镇社会保障体系解决其基本生活保障问题。对城市规划区外的被征地农民，凡已经建立农村社会养老保险制度、开展新型农村合作医疗制度试点和实行农村最低生活保障制度的地区，要按有关规定将其纳入相应的保障范围。没有建立上述制度的地区，可由当地人民政府根据实际情况采取多种形式保障被征地农民的基本生活，提供必要的养老和医疗服务，并将符合条件的人员纳入当地的社会救助范围。

四、落实被征地农民就业培训和社会保障资金

（十）落实就业培训和社会保障资金。开展被征地农民就业培训所需资金从当地财政列支；社会保障所需资金从当地政府批准提高的安置补助费和用于被征地农户的土地补偿费中统一安排，两项费用尚不足以支付的，由当地政府从国有土地有偿使用收入中解决。有条件的地区，地方财政和集体经济要加大扶持力度，支持和引导被征地农民参加城乡社会保险。被征地农民社会保障资金筹集办法，由各省、自治区、直辖市人民政府制定。

外国人的社会保险

［解读］

外国人是指依照国籍法规定不具有中国国籍的人员，包括具有外国国籍人员和无国籍人员。外国人在中国就业，是指没有取得定居权的外国人即依法获得《外国人就业证》《外国专家证》《外国常驻记者证》等就业证件和外国人居留证件，以及持有《外国人永久居留证》非中国国籍人员，在中国境内依法从事社会劳动并获取劳动报酬、与境内用人单位建立劳动关系的行为，包括在中国企业和外资企业及其子公司、办事机构就业的情形。

《社会保险法》规定，外国人在中国境内就业参照本法规定参加社会保险。所谓参照，是指原则依照本法执行，但允许有所变通。在没有变通规定时，外国人应当依照本法参加社会保险。变通规定包括《社会保险费征缴暂行条例》、有关社会保险的双边协定（如我国与德国、韩国都有双边协议），变通的内容包括是否需要参加社会保险，以及参加哪几项社会保险。人力资源和社会保障部颁布的《在中国境内就业的外国人参加社会保险暂行办法》对外国人如何参加社会保险作了原则规定：

（一）在中国境内依法注册或者登记的企业、事业单位、社会团体等用人单位依法招用的外国人，与境外雇主订立雇用合同后、被派遣到在中国境内注册或者登记的分支机构、代表机构等境内工作单位工作的外国人，均应依法参加各项社会保险。

（二）招用外国人的用人单位和外国人被境外雇主派遣到境内工作的所在单位，应当自办理就业证件之日起30日内，为外国人办理社会保险登记。

（三）具有与中国签订社会保险双边或者多边

协议国家国籍的人员在中国境内就业的，其参加社会保险的办法按照协议规定办理。

（四）社会保险经办机构应当根据《外国人社会保障号码编制规则》，为外国人建立社会保障号码，并发放中华人民共和国社会保障卡。

另外，台湾居民、香港和澳门居民属于中国公民，适用《台湾香港澳门居民在内地就业管理规定》，按照《社会保险费征缴暂行条例》的规定缴纳社会保险费，不适用《社会保险法》第 97 条的规定。

［依据指引］

（1）《中华人民共和国社会保险法》（2010 年 10 月 28 日　国家主席令第 35 号）

第九十七条　外国人在中国境内就业的，参照本法规定参加社会保险。

（2）人力资源和社会保障部《在中国境内就业的外国人参加社会保险暂行办法》（2011 年 9 月 6 日　部令第 16 号）

第二条　在中国境内就业的外国人，是指依法获得《外国人就业证》《外国专家证》《外国常驻记者证》等就业证件和外国人居留证件，以及持有《外国人永久居留证》，在中国境内合法就业的非中国国籍的人员。

第三条　在中国境内依法注册或者登记的企业、事业单位、社会团体、民办非企业单位、基金会、律师事务所、会计师事务所等组织（以下称用人单位）依法招用的外国人，应当依法参加职工基本养老保险、职工基本医疗保险、工伤保险、失业保险和生育保险，由用人单位和本人按照规定缴纳社会保险费。

与境外雇主订立雇用合同后，被派遣到在中国境内注册或者登记的分支机构、代表机构（以下称境内工作单位）工作的外国人，应当依法参加职工基本养老保险、职工基本医疗保险、工伤保险、失业保险和生育保险，由境内工作单位和本人按照规定缴纳社会保险费。

第四条　用人单位招用外国人的，应当自办理就业证件之日起 30 日内为其办理社会保险登记。

受境外雇主派遣到境内工作单位工作的外国人，应当由境内工作单位按照前款规定为其办理社会保险登记。

依法办理外国人就业证件的机构，应当及时将外国人来华就业的相关信息通报当地社会保险经办机构。社会保险经办机构应当定期向相关机构查询外国人办理就业证件的情况。

第五条　参加社会保险的外国人，符合条件的，依法享受社会保险待遇。

在达到规定的领取养老金年龄前离境的，其社会保险个人账户予以保留，再次来中国就业的，缴费年限累计计算；经本人书面申请终止社会保险关系的，也可以将其社会保险个人账户储存额一次性支付给本人。

第六条　外国人死亡的，其社会保险个人账户余额可以依法继承。

第七条　在中国境外享受按月领取社会保险待遇的外国人，应当至少每年向负责支付其待遇的社会保险经办机构提供一次由中国驻外使、领馆出具的生存证明，或者由居住国有关机构公证、认证并经中国驻外使、领馆认证的生存证明。

外国人合法入境的，可以到社会保险经办机构自行证明其生存状况，不再提供前款规定的生存证明。

第八条　依法参加社会保险的外国人与用人单位或者境内工作单位因社会保险发生争议的，可以依法申请调解、仲裁、提起诉讼。用人单位或者境内工作单位侵害其社会保险权益的，外国人也可以要求社会保险行政部门或者社会保险费征收机构依法处理。

第九条　具有与中国签订社会保险双边或者多边协议国家国籍的人员在中国境内就业的，其参加社会保险的办法按照协议规定办理。

第十条　社会保险经办机构应当根据《外国人社会保障号码编制规则》，为外国人建立社会保障号码，并发放中华人民共和国社会保障卡。

（3）劳动部、公安部、外交部、对外贸易经济合作部《外国人在中国就业管理规定》（1996 年 1 月 22 日　劳部发［1996］29 号）

第二十三条　在中国就业的外国人的工作时间、休息休假、劳动安全卫生以及社会保险按国家有关规定执行。

（4）劳动和社会保障部《台湾香港澳门居民在内地就业管理规定》（2005 年 6 月 14 日　部令第 26 号）

第十一条　用人单位与聘雇的台、港、澳人员应当签订劳动合同，并按照《社会保险费征缴暂行条例》的规定缴纳社会保险费。

劳动者在事业单位、国家机关与企业之间流动的社会保险接续

[解读]

为促进职工在机关、事业单位和企业之间合理流动，国家规定了职工在机关、事业单位和企业之间流动相应转移各项社会保险关系的政策，具体内容如下：

（一）养老保险关系的转移。

职工由机关事业单位进入企业工作之月起，参加企业职工的基本养老保险，单位和个人按规定缴纳基本养老保险费，建立基本养老保险个人账户，在机关事业单位的连续工龄视同缴费年限，退休时按企业的办法计发基本养老金。其中，公务员及参照和依照公务员制度管理的职工，在进入企业并按规定参加企业职工基本养老保险后，根据本人在机关（或单位）的连续工龄给予一次性补贴，由其原所在单位通过当地社会保险经办机构转入本人的基本养老保险个人账户，所需资金由同级财政安排。补贴的标准为：本人离开机关上年度月平均基本工资×在机关工作年限×0.3%×120个月。

职工由企业进入机关、事业单位工作之月起，执行机关事业单位的退休养老制度，其在企业的连续工作年限与进入机关事业单位后的工作年限合并计算，退休时按机关事业单位的办法计发养老金。已建立的个人账户继续由社会保险经办机构管理，退休时，其个人账户储存额每月按1/120计发，并相应抵减按机关、事业单位办法计发的养老金。

公务员及参照公务员管理的人员进入企业工作后再次转入机关、事业单位工作的，原给予的一次性补贴的本金和利息要上缴同级财政。其个人账户管理、退休后养老金计发等，比照由企业进入机关事业单位工作职工的相关政策办理。

（二）失业保险关系的转移。

职工由机关进入企业、事业单位工作之月起，按规定参加失业保险，其在机关、事业单位的工作年限视同缴费年限。职工由企业、事业单位进入机关工作，原单位及个人缴纳的失业保险费不转移，其被辞退失业时，可按有关规定享受辞退费；已开展机关工作人员失业保险的地区，公务员被辞退后暂按当地失业保险规定办理。

（三）医疗保险关系的转移。

职工在机关事业单位和企业之间流动，在同一统筹地区内的基本医疗保险关系不转移，跨统筹地区的基本医疗保险关系及个人账户随同转移。职工流动后，除基本医疗保险之外，其他医疗保障待遇按当地有关政策进行调整。

[依据指引]

(1) 劳动和社会保障部、财政部、人事部、中编办《关于职工在机关事业单位与企业之间流动时社会保险关系处理意见的通知》（2001年9月20日　劳社部发［2001］13号）

一、养老保险关系处理

职工由机关事业单位进入企业工作之月起，参加企业职工的基本养老保险，单位和个人按规定缴纳基本养老保险费，建立基本养老保险个人账户，原有的工作年限视同缴费年限，退休时按企业的办法计发基本养老金。其中，公务员及参照和依照公务员制度管理的单位工作人员，在进入企业并按规定参加企业职工基本养老保险后，根据本人在机关（或单位）工作的年限给予一次性补贴，由其原所在单位通过当地社会保险经办机构转入本人的基本养老保险个人账户，所需资金由同级财政安排。补贴的标准为：本人离开机关上年度月平均基本工资×在机关工作年限×0.3%×120个月。

职工由企业进入机关事业单位工作之月起，执行机关事业单位的退休养老制度，其原有的连续工龄与进入机关事业单位后的工作年限合并计算，退休时按机关事业单位的办法计发养老金。已建立的个人账户继续由社会保险经办机构管理，退休时，其个人账户储存额每月按1/120计发，并相应抵减按机关事业单位办法计发的养老金。

公务员进入企业工作后再次转入机关事业单位工作的，原给予的一次性补贴的本金和利息要上缴同级财政。其个人账户管理、退休后养老金计发等，比照由企业进入机关事业单位工作职工的相关政策办理。

二、失业保险关系处理

职工由机关进入企业、事业单位工作之月起，按规定参加失业保险，其原有的工作年限视同缴费年限。职工由企业、事业单位进入机关工作，原单位及个人缴纳的失业保险费不转移，其失业保障按《人事部关于印发〈国家公务员被辞退后有关问题的暂行办法〉的通知》（人发［1996］64号）规定执行。

三、医疗保险关系处理

职工在机关事业单位和企业之间流动，在同一统筹地区内的基本医疗保险关系不转移，跨统筹地区的基本医疗保险关系及个人账户随同转移。职工流动后，除基本医疗保险之外，其他医疗保障待遇按当地有关政策进行调整。

本通知从下发之日起执行。各地区、各部门要切实加强组织领导，有关部门要密切配合，抓紧制定具体办法，认真组织实施。

(2) 人事部《国家公务员被辞退后有关问题的暂行办法》（1996 年 7 月 19 日　人发［1996］64 号）

为了贯彻《国家公务员暂行条例》，保证国家公务员辞职辞退制度顺利推行，现就国家公务员被辞退后的有关问题暂作如下规定：

一、国家公务员被辞退后，应在接到《国家公务员辞退通知书》后的三十日内，持有关证件到当地政府人事部门指定的有关机构（以下简称“有关机构”）登记。

二、国家公务员被辞退后，其人事档案等应由所在单位在作出辞退决定后的十五日内，转交有关机构管理。

三、国家公务员被辞退前连续工作满一年以上的，自被辞退的次月起由有关机构按月发放辞退费。辞退费发放标准，由省、自治区、直辖市人民政府根据“低于公务员办事员的最低工资、高于社会救济”的原则确定。

四、辞退费发放期限：工作年限不足两年的，为三个月；满两年的，为四个月；两年以上的，每增加一年增发一个月，但最长不得超过二十四个月。

五、出现下列情况之一时，辞退费停发：

（一）领取期限已满；

（二）重新就业；

（三）参军；

（四）出境或出国定居；

（五）被劳动教养或被判刑。

六、辞退国家公务员所需辞退费，由单位在作出辞退国家公务员决定后的十五日内，一次性向有关机构缴纳，所需费用在单位预算内经费中调剂解决。

七、在已开展机关工作人员失业保险的地区，国家公务员被辞退后的有关事宜，暂按当地失业保险规定办理。

八、本暂行办法自发布之日起执行。

九、本暂行办法由人事部负责解释。

全国社会保障基金

［解读］

全国社会保障基金是由中央财政预算拨款和国务院批准的其他筹资方式筹集的资金构成，用于补充、调剂社会保障支出，完善社会保障体系的战略储备性资金，主要用于应对老龄化高峰时期的社会保障缺口。全国社会保障基金是由全国社会保障基金理事会负责管理运营，在保证安全的前提下实现保值增值。国务院财政部门、社会保险行政部门、审计机关负责对其实施监督。

［依据指引］

(1)《中华人民共和国社会保险法》（2010 年 10 月 28 日　国家主席令第 35 号）

第七十一条　国家设立全国社会保障基金，由中央财政预算拨款以及国务院批准的其他方式筹集的资金构成，用于社会保障支出的补充、调剂。全国社会保障基金由全国社会保障基金管理运营机构负责管理运营，在保证安全的前提下实现保值增值。

全国社会保障基金应当定期向社会公布收支、管理和投资运营的情况。国务院财政部门、社会保险行政部门、审计机关对全国社会保障基金的收支、管理和投资运营情况实施监督。

(2) 财政部、劳动和社会保障部《全国社会保障基金投资管理暂行办法》（2001 年 12 月 31 日　部令第 12 号）（略）

(3) 财政部、劳动和社会保障部、中国人民银行《关于印发〈全国社会保障基金境外投资管理暂行办法〉的通知》（2006 年 3 月 14 日　财金［2006］24 号）（略）

军人保险

［解读］

为了维护军人合法权益，促进国防和军队建设，我国根据军人职业特点，与社会保险制度相衔接，进一步完善社会保险法律体系，于 2012 年 4 月颁布了《军人保险法》，建立军人保险制度。该制度包括军人伤亡保险、退役养老保险、退役医疗保险和随军未就业的军人配偶保险等。中国人民解放军军人保险主管部门负责全军的军队保险工作，国务院社会保险行政部门、财政部门和军队其他有关部门在各自职责范围内负责有关的军人保险工作。军人保险基金由个人缴费、中央财政负担的军人保险资金以及利息收入等资金构成，由中国人民解放军总后勤部军人保险基金管理机构集中管理。另外，该军人保险制度对人民武装警察同样适用。

[依据指引]

《中华人民共和国军人保险法》（2012年4月27日　国家主席令第56号）

第一条　为了规范军人保险关系，维护军人合法权益，促进国防和军队建设，制定本法。

第二条　国家建立军人保险制度。

军人伤亡保险、退役养老保险、退役医疗保险和随军未就业的军人配偶保险的建立、缴费和转移接续等适用本法。

第三条　军人保险制度应当体现军人职业特点，与社会保险制度相衔接，与经济社会发展水平相适应。

国家根据社会保险制度的发展，适时补充完善军人保险制度。

第四条　国家促进军人保险事业的发展，为军人保险提供财政拨款和政策支持。

第五条　中国人民解放军军人保险主管部门负责全军的军人保险工作。国务院社会保险行政部门、财政部门和军队其他有关部门在各自职责范围内负责有关的军人保险工作。

军队后勤（联勤）机关财务部门负责承办军人保险登记、个人权益记录、军人保险待遇支付等工作。

军队后勤（联勤）机关财务部门和地方社会保险经办机构，按照各自职责办理军人保险与社会保险关系转移接续手续。

第六条　军人依法参加军人保险并享受相应的保险待遇。

军人有权查询、核对个人缴费记录和个人权益记录，要求军队后勤（联勤）机关财务部门和地方社会保险经办机构依法办理养老、医疗等保险关系转移接续手续，提供军人保险和社会保险咨询等相关服务。

第三十条　军人保险基金包括军人伤亡保险基金、军人退役养老保险基金、军人退役医疗保险基金和随军未就业的军人配偶保险基金。各项军人保险基金按照军人保险险种分别建账，分账核算，执行军队的会计制度。

第三十一条　军人保险基金由个人缴费、中央财政负担的军人保险资金以及利息收入等资金构成。

第三十二条　军人应当缴纳的保险费，由其所在单位代扣代缴。

随军未就业的军人配偶应当缴纳的保险费，由军人所在单位代扣代缴。

第三十三条　中央财政负担的军人保险资金，由国务院财政部门纳入年度国防费预算。

第三十四条　军人保险基金按照国家和军队的预算管理制度，实行预算、决算管理。

第三十五条　军人保险基金实行专户存储，具体管理办法按照国家和军队有关规定执行。

第五十条　本法关于军人保险权益和义务的规定，适用于人民武装警察；中国人民武装警察部队保险基金管理，按照中国人民武装警察部队资金管理体制执行。

随军未就业的军人配偶保险

[解读]

国家建立的军人保险制度中包括随军未就业的军人配偶保险险种，即为随军未就业的军人配偶建立养老保险、医疗保险等。随军未就业的军人配偶参加保险，应当缴纳养老保险费和医疗保险费，国家给予相应的补助，关于补助的标准，则按国家有关规定执行。随军未就业军人配偶随军前已经参加社会保险的，由地方社会保险经办机构和军队后勤（联勤）机关财务部门办理保险关系转移接续手续；随军未就业的军人配偶实现就业或者军人退出现役时，由军队后勤（联勤）机关财务部门将其养老保险、医疗保险关系和相应资金转入地方社会保险经办机构，地方社会保险经办机构办理相应的转移接续手续。军人配偶在随军未就业期间的养老保险、医疗保险缴费年限与其在地方参加职工基本养老保险、职工基本医疗保险的缴费年限合并计算。随军未就业军人配偶达到国家规定的退休年龄时，按照国家有关规定确定退休地，由军队后勤（联勤）机关财务部门将其养老保险关系和相应资金转入退休地社会保险经办机构，享受相应的基本养老保险待遇。另外，国家还规定，随军未就业军人配偶若无正当理由拒不接受当地人民政府就业安置，或者无正当理由拒不接受当地人民政府指定部门、机构介绍的适当工作、提供的就业培训等，则停止给予保险缴费补助。

［依据指引］

《中华人民共和国军人保险法》（2012 年 4 月 27 日　国家主席令第 56 号）

第二十五条　国家为随军未就业的军人配偶建立养老保险、医疗保险等。随军未就业的军人配偶参加保险，应当缴纳养老保险费和医疗保险费，国家给予相应的补助。

随军未就业的军人配偶保险个人缴费标准和国家补助标准，按照国家有关规定执行。

第二十六条　随军未就业的军人配偶随军前已经参加社会保险的，由地方社会保险经办机构和军队后勤（联勤）机关财务部门办理保险关系转移接续手续。

第二十七条　随军未就业的军人配偶实现就业或者军人退出现役时，由军队后勤（联勤）机关财务部门将其养老保险、医疗保险关系和相应资金转入地方社会保险经办机构，地方社会保险经办机构办理相应的转移接续手续。

军人配偶在随军未就业期间的养老保险、医疗保险缴费年限与其在地方参加职工基本养老保险、职工基本医疗保险的缴费年限合并计算。

第二十八条　随军未就业的军人配偶达到国家规定的退休年龄时，按照国家有关规定确定退休地，由军队后勤（联勤）机关财务部门将其养老保险关系和相应资金转入退休地社会保险经办机构，享受相应的基本养老保险待遇。

第二十九条　地方人民政府和有关部门应当为随军未就业的军人配偶提供就业指导、培训等方面的服务。

随军未就业的军人配偶无正当理由拒不接受当地人民政府就业安置，或者无正当理由拒不接受当地人民政府指定部门、机构介绍的适当工作、提供的就业培训的，停止给予保险缴费补助。

第十章　养老保险

基本养老保险

[解读]

基本养老保险是指由国家通过立法强制实施，当劳动者达到国家规定的退出劳动力市场的年龄或因年老丧失劳动能力时，为其提供基本生活保障的社会保险制度。基本养老保险与用人单位补充养老保险（包括企业年金）、个人储蓄性养老保险共同构成我国多层次的养老保险制度。这也是通常人们所说的养老保险制度的“三个支柱”。

基本养老保险作为社会保险制度的重要组成部分，与其他社会保险险种具有相同的特征，即强制性、互济性、普遍性和非营利性。此外，还要特别注意的是，基本养老保险为劳动者年老时提供的是基本生活保障，因此，单纯依靠基本养老保险并不能保证劳动者在年老时的生活水平一定不低于其在职时的生活水平。

基本养老保险制度根据其基金筹集模式和养老保险待遇发放方式之间的关系，可以分为现收现付式、部分积累式和完全积累式三种类型。我国目前实行的是统筹账户现收现付与个人账户积累相结合的部分积累式基本养老保险制度。

[依据指引]

(1) 国务院《关于企业和职工养老保险制度改革的决定》（1991 年 6 月 26 日　国发［1991］33 号）（略）

(2) 国务院《关于深化企业职工养老保险制度改革的通知》（1995 年 9 月 18 日　国发［1995］6 号）（略）

(3) 国务院《关于建立统一的企业职工基本养老保险制度的决定》（1997 年 7 月 16 日　国发［1997］26 号）（略）

(4) 国务院《关于完善企业职工基本养老保险制度的决定》（2005 年 12 月 3 日　国发［2005］38 号）（略）

(5)《中华人民共和国社会保险法》（2010 年 10 月 28 日　国家主席令第 35 号）（略）

基本养老保险费率

[解读]

基本养老保险费率是指参加养老保险的用人单位和劳动者个人缴纳养老保险费在其支出或收入中所占的比例，它是决定养老保险制度承受能力和确定养老保险金水平的重要因素。确定费率不仅要考虑到养老保险基金的收支和养老保险金水平，更重要的是还要考虑经济社会发展水平，考虑到企业的可持续发展。如果费率水平过低，将直接减少养老保险基金的收入，降低养老保险基金的承受能力；如果费率过高，将会增加用人单位的生产成本和劳动者个人的支出负担，长远来看会制约用人单位和个人的发展。

我国的基本养老保险费率经过长时间的探索，目前已基本稳定。按照国务院规定，企业缴纳养老保险费的比例，一般不得超过本企业工资总额的 20%，具体比例由各省、自治区、直辖市人民政府确定。少数省、自治区、直辖市因离退休人数较多、养老保险负担过重，确需超过企业工资总额 20%的，应报人力资源和社会保障部、财政部审批。个人缴纳基本养老保险费的比例为本人缴费工资的 8%，全部记入个人账户。无雇工的个体工商户、未在用人单位参加基本养老保险的非全日制从业人员以及其他灵活就业人员的缴费，全部由个人承担，缴费比例为 20%，其中 8%记入个人账户。

[依据指引]

(1)《中华人民共和国社会保险法》（2010 年 10 月 28 日　国家主席令第 35 号）

第十二条　用人单位应当按照国家规定的本单位职工工资总额的比例缴纳基本养老保险费，记入基本养老保险统筹基金。

职工应当按照国家规定的本人工资的比例缴纳基本养老保险费，记入个人账户。

无雇工的个体工商户、未在用人单位参加基本养老保险的非全日制从业人员以及其他灵活就业人员参加基本养老保险的，应当按照国家规定缴纳基本养老保险费，分别记入基本养老保险统筹基金和个人账户。

（2）国务院《关于建立统一的企业职工基本养老保险制度的决定》（1997 年 7 月 16 日　国发［1997］26 号）

三、企业缴纳基本养老保险费（以下简称企业缴费）的比例，一般不得超过企业工资总额的20%（包括划入个人账户的部分），具体比例由省、自治区、直辖市人民政府确定。少数省、自治区、直辖市因离退休人数较多、养老保险负担过重，确需超过企业工资总额的20%的，应报劳动部、财政部审批。个人缴纳基本养老保险费（以下简称个人缴费）的比例，1997 年不得低于本人缴费工资的 4%，1998 年起每两年提前 1 个百分点，最终达到本人缴费工资的 8%。有条件的地区和工资增长较快的年份，个人缴费比例提高的速度应适当加快。

（3）国务院《关于完善企业职工基本养老保险制度的决定》（2005 年 12 月 3 日　国发［2005］38 号）

三、扩大基本养老保险覆盖范围。城镇各类企业职工、个体工商户和灵活就业人员都要参加企业职工基本养老保险。当前及今后一个时期，要以非公有制企业、城镇个体工商户和灵活就业人员参保工作为重点，扩大基本养老保险覆盖范围。要进一步落实国家有关社会保险补贴政策，帮助就业困难人员参保缴费。城镇个体工商户和灵活就业人员参加基本养老保险的缴费基数为当地上年度在岗职工平均工资，缴费比例为 20%，其中 8%记入个人账户，退休后按企业职工基本养老金计发办法计发基本养老金。

基本养老保险缴费基数

［解读］

基本养老保险缴费基数是指以基本养老保险费率计算用人单位和劳动者个人缴纳基本养老保险费时所依据的其支出或收入的金额标准。按照有关规定，用人单位缴纳基本养老保险费的缴费基数是本单位职工工资总额，职工缴纳基本养老保险费的缴费基数是本人工资。在实际操作中，本人工资一般是指本人上年度月均工资，包括工资、奖金、津贴、补贴等收入。为了平衡劳动者之间领取基本养老保险金水平的差距，在具体实施过程中劳动者工资高于当地职工平均工资 300%的，按当地职工平均工资的 300%缴费；低于当地职工平均工资 60%的，按当地职工平均工资的60%缴费。按照国家现有规定，无雇工的个体工商户、未在用人单位参加基本养老保险的非全日制从业人员以及其他灵活就业人员的缴费基数为当地上年度在岗职工平均工资。在实践中，不少地方规定灵活就业人员可以在当地上年度职工平均工资的 60%～300%之间选择一个缴费基数档次。

［依据指引］

（1）《中华人民共和国社会保险法》（2010 年 10 月 28 日　国家主席令第 35 号）

第十二条　用人单位应当按照国家规定的本单位职工工资总额的比例缴纳基本养老保险费，记入基本养老保险统筹基金。

职工应当按照国家规定的本人工资的比例缴纳基本养老保险费，记入个人账户。

无雇工的个体工商户、未在用人单位参加基本养老保险的非全日制从业人员以及其他灵活就业人员参加基本养老保险的，应当按照国家规定缴纳基本养老保险费，分别记入基本养老保险统筹基金和个人账户。

（2）国务院《关于深化企业职工养老保险制度改革的通知》（1995 年 9 月 18 日　国发［1995］6 号）（略）

（3）国务院《关于建立统一的企业职工基本养老保险制度的决定》（1997 年 7 月 16 日　国发［1997］26 号）

三、企业缴纳基本养老保险费（以下简称企业缴费）的比例，一般不得超过企业工资总额的20%（包括划入个人账户的部分），具体比例由省、自治区、直辖市人民政府确定。少数省、自治区、直辖市因离退休人数较多、养老保险负担过重，确需超过企业工资总额的 20%的，应报劳动部、财政部审批。个人缴纳基本养老保险费（以下简称个人缴费）的比例，1997 年不得低于本人缴费工资的 4%，1998 年起每两年提前 1 个百分点，最终达到本人缴费工资的 8%。有条件的地区和工资增长较快的年份，个人缴费比例提高的速度应适当加快。

(4) 国务院《关于完善企业职工基本养老保险制度的决定》(2005年12月3日 国发［2005］38号)

三、扩大基本养老保险覆盖范围。城镇各类企业职工、个体工商户和灵活就业人员都要参加企业职工基本养老保险。当前及今后一个时期，要以非公有制企业、城镇个体工商户和灵活就业人员参保工作为重点，扩大基本养老保险覆盖范围。要进一步落实国家有关社会保险补贴政策，帮助就业困难人员参保缴费。城镇个体工商户和灵活就业人员参加基本养老保险的缴费基数为当地上年度在岗职工平均工资，缴费比例为20%，其中8%记入个人账户，退休后按企业职工基本养老金计发办法计发基本养老金。

基本养老保险费缴纳

[解读]

按照国家规定，用人单位应当为其职工申请办理社会保险登记，即参加基本养老保险的用人单位按月向征收机构申报本单位职工人数、工资总额以及代扣代缴明细表等资料，经核准后，可以到其开户银行缴纳，也可以到征收机构以支票或现金形式缴纳；用人单位没有依法申请办理社会保险登记的，该用人单位应当缴纳的社会保险费数额由社会保险经办机构直接核定。国家还规定，自愿参加社会保险的无雇工的个体工商户、未在用人单位参加基本养老保险的非全日制从业人员以及其他灵活就业人员，由本人直接向社会保险经办机构申请办理社会保险登记，并缴纳养老保险费。

[依据指引]

(1)《中华人民共和国社会保险法》(2010年10月28日 国家主席令第35号)

第十条 职工应当参加基本养老保险，由用人单位和职工共同缴纳基本养老保险费。

无雇工的个体工商户、未在用人单位参加基本养老保险的非全日制从业人员以及其他灵活就业人员可以参加基本养老保险，由个人缴纳基本养老保险费。

公务员和参照公务员法管理的工作人员养老保险的办法由国务院规定。

第五十八条 用人单位应当自用工之日起三十日内为其职工向社会保险经办机构申请办理社会保险登记。未办理社会保险登记的，由社会保险经办机构核定其应当缴纳的社会保险费。

自愿参加社会保险的无雇工的个体工商户、未在用人单位参加社会保险的非全日制从业人员以及其他灵活就业人员，应当向社会保险经办机构申请办理社会保险登记。

……

(2) 国务院《社会保险费征缴暂行条例》(1999年1月22日 国务院令第259号)

第七条 缴费单位必须向当地社会保险经办机构办理社会保险登记，参加社会保险。

登记事项包括：单位名称、住所、经营地点、单位类型、法定代表人或者负责人、开户银行账号以及国务院劳动保障行政部门规定的其他事项。

第八条 本条例施行前已经参加社会保险的缴费单位，应当自本条例施行之日起6个月内到当地社会保险经办机构补办社会保险登记，由社会保险经办机构发给社会保险登记证件。

本条例施行前尚未参加社会保险的缴费单位应当自本条例施行之日起30日内，本条例施行后成立的缴费单位应当自成立之日起30日内，持营业执照或者登记证书等有关证件，到当地社会保险经办机构申请办理社会保险登记。社会保险经办机构审核后，发给社会保险登记证件。

社会保险登记证件不得伪造、变造。

社会保险登记证件的样式由国务院劳动保障行政部门制定。

第九条 缴费单位的社会保险登记事项发生变更或者缴费单位依法终止的，应当自变更或者终止之日起30日内，到社会保险经办机构办理变更或者注销社会保险登记手续。

第十条 缴费单位必须按月向社会保险经办机构申报应缴纳的社会保险费数额，经社会保险经办机构核定后，在规定的期限内缴纳社会保险费。

缴费单位不按规定申报应缴纳的社会保险费数额的，由社会保险经办机构暂按该单位上月缴费数额的百分之一百一十确定应缴数额；没有上月缴费数额的，由社会保险经办机构暂按该单位的经营状况、职工人数等有关情况确定应缴数额。缴费单位补办申报手续并按核定数额缴纳社会保险费后，由社会保险经办机构按照规定结算。

第十一条 省、自治区、直辖市人民政府规定由税务机关征收社会保险费的，社会保险经办机构应当及时向税务机关提供缴费单位社会保险登记、变更登记、注销登记以及缴费申报的情况。

第十二条　缴费单位和缴费个人应当以货币形式全额缴纳社会保险费。

缴费个人应当缴纳的社会保险费，由所在单位从其本人工资中代扣代缴。

社会保险费不得减免。

(3) 劳动和社会保障部《社会保险费申报缴纳管理暂行办法》（1999 年 3 月 19 日　部令第 2 号）

第五条　缴费单位应当在每月 5 日前，向社会保险经办机构办理缴费申报，报送社会保险费申报表（以下简称申报表）、代扣代缴明细表以及社会保险经办机构规定的其他资料。

缴费单位到社会保险经办机构办理社会保险缴费申报有困难的，经社会保险经办机构批准，可以邮寄申报。邮寄申报以寄出地的邮戳日期为实际申报日期。

第十一条　缴费单位的缴费申报经核准后，可以采取下列方式之一缴纳社会保险费：

（一）缴费单位到其开户银行缴纳；

（二）缴费单位到社会保险经办机构以支票或现金形式缴纳；

（三）缴费单位与社会保险经办机构约定的其他方式。

履行前款规定的申报核准程序后，银行可以根据社会保险经办机构开出的托收凭证从缴费单位基本账户中划缴社会保险费。

基本养老保险基金统筹

[解读]

基本养老保险基金统筹是指由社会保险经办机构（或税务机关）在一定范围内统一征缴、统一管理、统一待遇标准、统一调剂使用养老保险基金的制度。按照国务院有关规定，我国在完善市级统筹的基础上，尽快提高统筹层次，实现省级统筹，为构建全国统一的劳动力市场和促进人员合理流动创造条件。目前，全国 31 个省、自治区、直辖市均出台了基本养老保险省级统筹办法，基本养老保险已经在制度上实现了省级统筹。按照法律规定，基本养老保险基金应逐步实行全国统筹，具体时间、步骤由国务院规定。

[依据指引]

(1)《中华人民共和国社会保险法》（2010 年 10 月 28 日　国家主席令第 35 号）

第六十四条　社会保险基金包括基本养老保险基金、基本医疗保险基金、工伤保险基金、失业保险基金和生育保险基金。各项社会保险基金按照社会保险险种分别建账，分账核算，执行国家统一的会计制度。

社会保险基金专款专用，任何组织和个人不得侵占或者挪用。

基本养老保险基金逐步实行全国统筹，其他社会保险基金逐步实行省级统筹，具体时间、步骤由国务院规定。

(2) 国务院《关于深化企业职工养老保险制度改革的通知》（1995 年 3 月 1 日　国发［1995］6 号）（略）

(3) 国务院《关于建立统一的企业职工基本养老保险制度的决定》（1997 年 7 月 16 日　国发［1997］26 号）（略）

(4) 国务院《关于完善企业职工基本养老保险制度的决定》（2005 年 12 月 3 日　国发［2005］38 号）

八、加快提高统筹层次。进一步加强省级基金预算管理，明确省、市、县各级人民政府的责任，建立健全省级基金调剂制度，加大基金调剂力度。在完善市级统筹的基础上，尽快提高统筹层次，实现省级统筹，为构建全国统一的劳动力市场和促进人员合理流动创造条件。

基本养老保险个人账户

[解读]

基本养老保险个人账户是指社会保险经办机构以居民身份证号码为标识，为每位参加基本养老保险的职工个人设立的唯一的、用于记录职工个人缴纳养老保险费和从企业缴费中划转记入的基本养老保险费（自 2006 年 1 月 1 日起，不再从企业缴费中划转），以及上述两部分利息金额的账户。个人账户是职工在符合国家规定的退休条件并办理了退休手续后，领取基本养老金的主要依据。

国家规定，我国实行社会统筹与个人账户相结合的基本养老保险制度。职工个人账户的建立是由职工劳动关系所在单位到当地社会保险经办机构办理，与职工户口在何处没关系。职工失业期间，被判刑服刑或劳动教养期间，以及其他原因暂时中断工作期间，其个人账户由社会保险经办机构予以保留，个人账户存储额照常计息，此前的养老保险缴费年限和视为缴费年限与此后的缴费年限可连续计算。对欠缴养老保险费的，个人账户如何记账应分别以下情况处理：

（一）因某种原因单位或个人不能按时足额缴纳基本养老保险费的，欠缴月份无论全额欠缴还是部分欠缴均暂不记入个人账户，待单位或个人按规定补齐欠缴金额后，方可补记入个人账户。

（二）职工所在企业欠缴基本养老保险费用期间，职工个人可以继续缴纳养老保险费用，所足额缴纳的费用记入个人账户，并计算为职工实际缴费年限，这主要是从维护职工的切身利益和合法权益考虑的。

（三）由于某种原因，职工个人欠缴基本养老保险费期间，职工所在单位应继续为其缴纳养老保险费，所足额缴纳的费用记入个人账户的企业划转部分栏目，待欠缴职工足额补缴所欠养老保险费及其利息后，前述欠缴期方可计算为职工实际缴费年限。

（四）出现单位或个人欠缴情况后，以后缴费采用滚动分配法记账，即缴费先补缴以前欠缴费用及利息后，剩余部分作为当月缴费。

根据国家规定，社会保险经办机构每年至少公示、打印一次个人账户对账单，并采取多种形式，建立个人账户查询制度，方便参保人员了解企业缴费和个人账户结存情况。用人单位和个人对社会保险经办机构公布的个人账户对账单有异议时，可到社会保险经办机构查询、提出更正的要求。对用人单位和职工的异议，社会保险经办机构要及时核实和更证。

[依据指引]

(1)《中华人民共和国社会保险法》（2010 年 10 月 28 日　国家主席令第 35 号）

第十四条　个人账户不得提前支取，记账利率不得低于银行定期存款利率，免征利息税。个人死亡的，个人账户余额可以继承。

(2) 国务院《社会保险费征缴暂行条例》（1999 年 1 月 22 日　国务院令第 259 号）

第十六条　社会保险经办机构应当建立缴费记录，其中基本养老保险、基本医疗保险并应当按照规定记录个人账户。社会保险经办机构负责保存缴费记录，并保证其完整、安全。社会保险经办机构应当至少每年向缴费个人发送一次基本养老保险、基本医疗保险个人账户通知单。

缴费单位、缴费个人有权按照规定查询缴费记录。

(3) 国务院《关于完善企业职工基本养老保险制度的决定》（2005 年 12 月 3 日　国发［2005］38 号）

三、……城镇个体工商户和灵活就业人员参加基本养老保险的缴费基数为当地上年度在岗职工平均工资，缴费比例为 20%，其中 8%记入个人账户，退休后按企业职工基本养老金计发办法计发基本养老金。

六、改革基本养老金计发办法。为与做实个人账户相衔接，从 2006 年 1 月 1 日起，个人账户的规模统一由本人缴费工资的 11%调整为 8%，全部由个人缴费形成，单位缴费不再划入个人账户。同时，进一步完善鼓励职工参保缴费的激励约束机制，相应调整基本养老金计发办法。

……

(4) 劳动和社会保障部办公厅《职工基本养老保险个人账户管理暂行办法》（1997 年 12 月 22 日　劳办发［1997］116 号）

为了规范职工基本养老保险个人账户（以下简称个人账户）的建立和使用，保障广大劳动者的合法权益，根据基本养老保险实行社会统筹与个人账户相结合的原则和《国务院关于建立统一的企业职工基本养老保险制度的决定》（国发［1997］26 号）的有关规定，制定本办法。

一、个人账户的建立

1. 个人账户用于记录参加基本养老保险社会统筹的职工缴纳的基本养老保险费和从企业缴费中划转记入的基本养老保险费，以及上述两部分的利息金额。个人账户是职工在符合国家规定的退休条件并办理了退休手续后，领取基本养老金的主要依据。

2. 个人账户的建立由职工劳动关系所在单位到当地社会保险经办机构办理，由工资发放单位向该社会保险经办机构提供个人的工资收入等基础数据。

3. 各社会保险经办机构按照国家技术监督局发布的社会保障号码（国家标准 GB 11643—89），为已参加基本养老保险的职工每人建立一个终身不变的个人账户。目前国家技术监督局尚未公布社会保险号码校验码，在公布之前可暂用职工身份证号码。职工身份证号码因故更改时，个人账户号码不作变动。

4. 个人账户建立时间从各地按社会统筹与个人账户相结合的原则，建立个人账户时开始；之后新参加工作的人员，从参加工作当月起建立个人账户。

5. 1998年1月1日后才建立个人账户的单位，个人账户储存额除从1998年1月1日起开始按个人缴费工资的11%记账外，对1996年前参加工作的职工还应至少包括1996、1997两年个人缴费部分累计本息；对1996、1997年参加工作的职工，个人账户储存额应包括自参加工作之月到1997年底的个人缴费部分累计本息。

6. 个人账户主要内容包括：姓名、性别、社会保障号码、参加工作时间、视同缴费年限、个人首次缴费时间、当地上年职工平均工资、个人当年缴费工资基数、当年缴费月数、当年记账利息及个人账户储存额情况等（表式见《职工基本养老保险个人账户》）。

……

8. 新招职工（包括研究生、大学生、大中专毕业生等）以起薪当月工资收入作为缴费工资基数；从第二年起，按上一年实发工资的月平均工资作为缴费工资基数。

单位派出的长期脱产学习人员、经批准请长假的职工，保留工资关系的，以脱产或请假的上年月平均工资作为缴费工资基数。

单位派到境外、国外工作的职工，按本人出境（国）上年在本单位领取的月平均工资作为缴费工资基数；次年的缴费工资基数按上年本单位平均增长率进行调整。

失业后再就业的职工，以再就业起薪当月的工资收入作为缴费工资基数；从第二年起，按上一年实发工资的月平均工资作为缴费工资基数。

……

10. 个人账户的储存额按“养老保险基金记账利率”（以下简称“记账利率”）计算利息。记账利率暂由各省、自治区、直辖市人民政府参考银行同期存款利率等因素确定并每年公布一次。

二、个人账户的管理

11. 参加基本养老保险的单位按照各级社会保障经办机构的要求建立、健全职工基础资料，到当地社会保险经办机构办理基本养老保险参保手续，并按要求填报《参加基本养老保险单位登记表》《参加基本养老保险人员缴费情况表》和《参加基本养老保险人员变化情况表》。

12. 社会保险经办机构根据单位申报情况将数据输入微机管理，同时相应建立参保单位缴费台账、职工基本养老保险个人账户，并根据《参加基本养老保险人员变化情况表》，相应核定调整单位和职工个人缴费工资基数。

13. 对于因某种原因单位或个人不按时足额缴纳基本养老保险费的，视为欠缴。欠缴月份无论全额欠缴还是部分欠缴均暂不记入个人账户，待单位或个人按规定补齐欠缴金额后方可记入个人账户。

职工所在企业欠缴养老保险费用期间，职工个人可以继续缴纳养老保险费用，所足额缴纳的费用记入个人账户，并计算为职工实际缴费年限。

出现欠缴情况后，以后缴费采用滚动分配法记账：即缴费先补缴以前欠缴费用及利息后，剩余部分作为当月缴费。

……

18. 职工由于各种原因而中断工作的，不缴纳基本养老保险费用，也不计算缴费年限，其个人账户由原经办机构予以保留，个人账户继续计息。职工调动或中断工作前后个人账户的储存额累计计算，不间断计息。

19. 个人账户储存额不能挪作他用，也不得提前支取（另有规定者除外）。

三、个人账户的转移

20. 职工在同一统筹范围内流动时，只转移基本养老保险关系和个人账户档案，不转移基金。

21. 职工跨统筹范围流动时，转移办法按如下规定：

（1）转移基本养老保险关系和个人账户档案。

（2）对职工转移时已建立个人账户的地区，转移基金额为个人账户中1998年1月1日之前的个人缴费部分累计本息加上从1998年1月1日起记入的个人账户全部储存额。

（3）对职工转移时仍未建立个人账户的地区，1998年1月1日之前转移的，1996年之前参加工作的职工，转移基金额为1996年1月1日起至调转月止的职工个人缴费部分累计本息；1996年、1997年参加工作的职工，转移基金额为参加工作之月起至1997年底的个人缴费部分累计本息。1998年1月1日之后转移的，转移基金额为1998年之前按前述规定计算的职工个人缴费部分累计本息，加上从1998年1月1日起按职工个人缴费工资基数11%计算的缴费额累计本息。未建个人账户期间，计算个人缴费部分的利息按中国人民银行一年期定期城乡居民储蓄存款利率计算。

(4) 对年中调转职工调转当年的记账额，调出地区只转本金不转当年应记利息；职工调转后，由调入地区对职工调转当年记账额一并计息。计算方法按第15条规定执行。

(5) 基金转移时，不得从转移额中扣除管理费。

(6) 职工转出时，调出地社会保险经办机构应填写《参加基本养老保险人员转移情况表》(转移单)。

(7) 职工转入时，调入地社会保险经办机构应依据转出地区提供的《参加基本养老保险人员转移情况表》和《职工基本养老保险个人账户》等资料，并结合本地基本养老保险办法，为职工续建个人账户，做好个人账户关系的前后衔接工作。

四、个人账户的支付

22. 当单位离退休人员发生变动时，单位应填写《离退休人员增减变化情况表》，报社会保险经办机构审核，社会保险经办机构对待遇给付情况应及时进行相应调整。

23. 按统一的基本养老保险办法办理退休的职工，其基本养老金中的基础养老金、过渡性养老金等由社会统筹基金支付；个人账户养老金由个人账户中支付。

24. 职工退休以后年度调整增加的养老金，按职工退休时个人账户养老金和基础养老金各占基本养老金的比例，分别从个人账户储存余额和社会统筹基金中列支。

……

26. 当职工个人缴费年限（含视同缴费年限）不满15年而达到法定退休年龄时，退休后不享受基本养老金待遇，其个人账户全部储存额一次性支付给本人，同时终止养老保险关系。出现上述情况，职工所在单位应及时向社会保险经办机构填报《个人账户一次性支付审批表》。社会保险经办机构核定后封存其个人账户档案。

五、个人账户的继承

27. 职工在职期间死亡时，其继承额为其死亡时个人账户全部储存额中的个人缴费部分本息。

(5) 劳动和社会保障部办公厅《关于规范企业职工基本养老保险个人账户管理有关问题的通知》(2001年10月18日　劳社厅发〔2001〕5号)

二、严格执行个人账户记录和对账制度

(一) 企业和职工按规定缴费后，社会保险经办机构要及时记录个人账户。职工工资或劳动关系发生变化，要及时变更。不得采取“先记账、后缴费”的做法，企业或参保人员欠缴养老保险费期间，欠缴月份不记录个人账户。参保人员本人按时足额缴纳养老保险费的，应按《劳动部办公厅关于印发〈职工基本养老保险个人账户管理暂行办法〉的通知》(劳办发〔1997〕116号)规定记入个人账户。

……

(四) 社会保险经办机构要妥善保存养老保险缴费和个人账户记录，每年至少公示、打印一次个人账户对账单，并采取多种形式，建立个人账户查询制度，记录个人查询和对账情况，方便参保人员了解企业缴费和个人账户结存情况。

(五) 用人单位和个人对社会保险经办机构公布的个人账户对账单有异议时，可到社会保险经办机构查询，提出更正的要求。对用人单位和职工的异议，社保机构要及时核实和更正。

基本养老保险个人账户的提前支取与养老保险关系的终止

[解读]

法律规定，基本养老保险个人账户原则上不得提前支取，即使个人达到法定领取基本养老金条件前离境定居的，其个人账户也应予以保留，达到法定领取条件时，方可享受相应的养老保险待遇。但符合下列情形之一的，可做灵活处理，终止养老保险关系：

(一) 参保人在达到法定领取基本养老金条件前离境定居，且丧失中华人民共和国国籍的，可以在其离境时或者离境后书面申请终止职工基本养老保险关系。社会保险经办机构收到申请后，应当书面告知其保留个人账户的权利以及终止基本养老保险关系的后果，经本人书面确认后，终止其养老保险关系，并将个人账户储存额一次性提前支付给本人。

(二) 参保人达到法定退休年龄后，累计缴费不足15年且未转入新型农村社会养老保险或者城镇居民社会养老保险的，可以书面申请终止职工基本养老保险关系。社会保险经办机构收到申请后，应当书面告知其转入新型农村社会养老保险或者城镇居民社会养老保险的权利以及终止养老保险关系的后果，经本人书面确认后，终止其养老保险关系，并将个人账户储存额一次性支付给本人。

[依据指引]

(1)《中华人民共和国社会保险法》(2010年10月28日 国家主席令第35号)

第十四条 个人账户不得提前支取,记账利率不得低于银行定期存款利率,免征利息税。个人死亡的,个人账户余额可以继承。

(2)人力资源和社会保障部《实施〈中华人民共和国社会保险法〉若干规定》(2011年6月29日 部令第13号)

第三条 参加职工基本养老保险的个人达到法定退休年龄后,累计缴费不足十五年(含依照第二条规定延长缴费)的,可以申请转入户籍所在地新型农村社会养老保险或者城镇居民社会养老保险,享受相应的养老保险待遇。

参加职工基本养老保险的个人达到法定退休年龄后,累计缴费不足十五年(含依照第二条规定延长缴费),且未转入新型农村社会养老保险或者城镇居民社会养老保险的,个人可以书面申请终止职工基本养老保险关系。社会保险经办机构收到申请后,应当书面告知其转入新型农村社会养老保险或者城镇居民社会养老保险的权利以及终止职工基本养老保险关系的后果,经本人书面确认后,终止其职工基本养老保险关系,并将个人账户储存额一次性支付给本人。

第六条 职工基本养老保险个人账户不得提前支取。个人在达到法定的领取基本养老金条件前离境定居的,其个人账户予以保留,达到法定领取条件时,按照国家规定享受相应的养老保险待遇。其中,丧失中华人民共和国国籍的,可以在其离境时或者离境后书面申请终止职工基本养老保险关系。社会保险经办机构收到申请后,应当书面告知其保留个人账户的权利以及终止职工基本养老保险关系的后果,经本人书面确认后,终止其职工基本养老保险关系,并将个人账户储存额一次性支付给本人。

……

基本养老保险个人账户的继承

[解读]

根据国家规定,职工在职期间死亡或者离退休后死亡,其个人账户中个人缴费部分本息可以继承。需要说明的是,2006年1月1日后,个人账户资金全部由个人缴纳形成,在此以前,个人账户中一部分资金是个人缴纳,一部分是由单位缴费中划入的。根据国家规定,个人死亡的,其个人账户余额中的个人缴费部分可以继承,单位缴费部分不能继承,应当并入统筹基金。具体继承办法为:

(一)职工在职期间死亡的,其继承额为其死亡时个人账户全部储存额中的个人缴费部分的本息。

(二)离退休人员死亡的,继承额即个人缴费部分,按如下公式计算:

继承额=离退休人员死亡时个人账户余额×离退休时个人账户中个人缴费本息占个人账户全部储存额的比例

(三)继承额一次性支付给死亡者生前指定的受益人或者法定继承人。个人账户的其余部分,即单位缴费部分,并入社会统筹基金。

[依据指引]

(1)国务院《关于建立统一的企业职工基本养老保险制度的决定》(1997年7月16日 国发[1997]26号)

四、按本人缴费工资11%的数额为职工建立基本养老保险个人账户,个人缴费全部记入个人账户,其余部分从企业缴费中划入。随着个人缴费比例的提高,企业划入的部分要逐步降至3%。个人账户储存额,每年参考银行同期存款利率计算利息。个人账户储存额只用于职工养老,不得提前支取。职工调动时,个人账户全部随同转移。职工或退休人员死亡,个人账户的个人缴费部分可以继承。

(2)劳动和社会保障部办公厅《职工基本养老保险个人账户管理暂行办法》(1997年12月22日 劳办发[1997]116号)

五、个人账户的继承

27. 职工在职期间死亡时,其继承额为其死亡时个人账户全部储存额中的个人缴费部分本息。

28. 离退休人员死亡时,继承额按如下公式计算:

继承额=离退休人员死亡时个人账户余额×离退休时个人账户中个人缴费本息占个人账户全部储存额的比例

29. 继承额一次性支付给死亡者生前指定的受益人或法定继承人。个人账户的其余部分,并入社会统筹基金。个人账户处理完后,应停止缴费或支付记录，予以封存。

基本养老保险转移接续

[解读]

根据国家规定，缴费年限（含视同缴费年限）累计满15年才有资格按月领取基本养老保险金，而且缴费时间越长可领取的基本养老保险金就越高。因此，为了保障跨统筹地区就业参保人员的切身利益和参保积极性，国家对城镇企业职工基本养老保险关系转移接续作了专门规定。当参保人员跨统筹地区流动就业时，其基本养老保险关系可随本人转移，其缴费年限可累计计算，退休时其领取的养老金水平可以得到相应的保障。基本养老保险转移接续办法适用于参加城镇企业职工基本养老保险的所有人员，包括农民工；不适用于已经按国家规定领取基本养老保险待遇的人员。

当参保人员在同一统筹地区范围内流动时，只转移基本养老保险关系和个人账户档案，不转移基金；当参保人员跨统筹地区流动时，由原参保所在地社会保险经办机构开具参保缴费凭证，其基本养老保险关系应随同转移到新参保地，并按规定转移资金，参保人员在各地的参保缴费年限合并计算，个人账户储存额（含本息）累计计算；未达到待遇领取年龄前，不得终止基本养老保险关系并办理退保手续；达到待遇领取年龄时，基本养老金分段计算、统一支付。跨统筹地区流动人员出国定居和到香港、澳门、台湾地区定居的，按国家有关规定执行。

[依据指引]

(1)《中华人民共和国社会保险法》（2010年10月28日　国家主席令第35号）

第十九条　个人跨统筹地区就业的，其基本养老保险关系随本人转移，缴费年限累计计算。个人达到法定退休年龄时，基本养老金分段计算、统一支付。具体办法由国务院规定。

(2) 国务院办公厅《关于转发人力资源社会保障部、财政部〈城镇企业职工基本养老保险关系转移接续暂行办法〉的通知》（2009年12月22日　国办发［2009］66号）

第二条　本办法适用于参加城镇企业职工基本养老保险的所有人员，包括农民工。已经按国家规定领取基本养老保险待遇的人员，不再转移基本养老保险关系。

第三条　参保人员跨省流动就业的，由原参保所在地社会保险经办机构（以下简称社保经办机构）开具参保缴费凭证，其基本养老保险关系应随同转移到新参保地。参保人员达到基本养老保险待遇领取条件的，其在各地的参保缴费年限合并计算，个人账户储存额（含本息，下同）累计计算；未达到待遇领取年龄前，不得终止基本养老保险关系并办理退保手续；其中出国定居和到香港、澳门、台湾地区定居的，按国家有关规定执行。

(3) 人力资源和社会保障部《实施〈中华人民共和国社会保险法〉若干规定》（2011年6月29日　部令第13号）

第二条　参加职工基本养老保险的个人达到法定退休年龄时，累计缴费不足十五年的，可以延长缴费至满十五年。社会保险法实施前参保、延长缴费五年后仍不足十五年的，可以一次性缴费至满十五年。

第四条　参加职工基本养老保险的个人跨省流动就业，达到法定退休年龄时累计缴费不足十五年的，按照国务院办公厅《关于转发人力资源社会保障部、财政部〈城镇企业职工基本养老保险关系转移接续暂行办法〉的通知》（国办发［2009］66号）有关待遇领取地的规定确定继续缴费地后，按照本规定第二条办理。

第五条　参加职工基本养老保险的个人跨省流动就业，符合按月领取基本养老金条件时，基本养老金分段计算、统一支付的具体办法，按照国务院办公厅《关于转发人力资源社会保障部、财政部〈城镇企业职工基本养老保险关系转移接续暂行办法〉的通知》（国办发［2009］66号）执行。

基本养老保险转移资金的计算办法

[解读]

参保人员跨统筹地区流动就业转移基本养老保险关系时，按下列方法计算转移资金：

（一）个人账户储存额：1998年1月1日之前按个人缴费累计本息计算转移，1998年1月1日后按计入个人账户的全部储存额计算转移。

（二）统筹基金（单位缴费）：以本人1998年1月1日后各年度实际缴费工资为基数，按12%的总和转移，参保缴费不足1年的，按实际缴费月数计算转移。确定12%转移比例的主要原因有两个：一是灵活就业人员缴费比例为20%，其中个人账户占8%，剩余部分仅为12%；二是当基本养老保险实现全国统筹时，用人单位缴费比例肯定会下降，不会保持在20%的比例。

［依据指引］

(1)《中华人民共和国社会保险法》（2010年10月28日 国家主席令第35号）

第十九条 个人跨统筹地区就业的，其基本养老保险关系随本人转移，缴费年限累计计算。个人达到法定退休年龄时，基本养老金分段计算、统一支付。具体办法由国务院规定。

(2)国务院办公厅《关于转发人力资源社会保障部、财政部〈城镇企业职工基本养老保险关系转移接续暂行办法〉的通知》（2009年12月22日 国办发［2009］66号）

第四条 参保人员跨省流动就业转移基本养老保险关系时，按下列方法计算转移资金：

（一）个人账户储存额：1998年1月1日之前按个人缴费累计本息计算转移，1998年1月1日后按计入个人账户的全部储存额计算转移。

（二）统筹基金（单位缴费）：以本人1998年1月1日后各年度实际缴费工资为基数，按12%的总和转移，参保缴费不足1年的，按实际缴费月数计算转移。

(3)人力资源和社会保障部《实施〈中华人民共和国社会保险法〉若干规定》（2011年6月29日 部令第13号）

第五条 参加职工基本养老保险的个人跨省流动就业，符合按月领取基本养老金条件时，基本养老金分段计算、统一支付的具体办法，按照国务院办公厅《关于转发人力资源社会保障部、财政部〈城镇企业职工基本养老保险关系转移接续暂行办法〉的通知》（国办发［2009］66号）执行。

(4)劳动部办公厅《职工基本养老保险个人账户管理暂行办法》（1997年12月22日 劳办发［1997］116号）

三、个人账户的转移

20.职工在同一统筹范围内流动时，只转移基本养老保险关系和个人账户档案，不转移基金。

21.职工跨统筹范围流动时，转移办法按如下规定：

(1) 转移基本养老保险关系和个人账户档案。

(2) 对职工转移时已建立个人账户的地区，转移基金额为个人账户中1998年1月1日之前的个人缴费部分累计本息加上从1998年1月1日起记入的个人账户全部储存额。

(3) 对职工转移时仍未建立个人账户的地区，1998年1月1日之前转移的，1996年之前参加工作的职工，转移基金额为1996年1月1日起至调转月止的职工个人缴费部分累计本息；1996年、1997年参加工作的职工，转移基金额为参加工作之月起至1997年底的个人缴费部分累计本息。1998年1月1日之后转移的，转移基金额为1998年之前按前述规定计算的职工个人缴费部分累计本息，加上从1998年1月1日起按职工个人缴费工资基数11%计算的缴费额累计本息。未建个人账户期间，计算个人缴费部分的利息按中国人民银行一年期定期城乡居民储蓄存款利率计算。

(4) 对年中调转职工调转当年的记账额，调出地区只转本金不转当年应记利息；职工调转后，由调入地区对职工调转当年记账额一并计息。计算方法按第15条规定执行。

(5) 基金转移时，不得从转移额中扣除管理费。

(6) 职工转出时，调出地社会保险经办机构应填写《参加基本养老保险人员转移情况表》（转移单）。

(7) 职工转入时，调入地社会保险经办机构应依据转出地区提供的《参加基本养老保险人员转移情况表》和《职工基本养老保险个人账户》等资料，并结合本地基本养老保险办法，为职工续建个人账户，做好个人账户关系的前后衔接工作。

(5)劳动和社会保障部办公厅《关于严格执行职工基本养老保险个人账户转移政策的通知》（1999年7月26日 劳社厅发［1999］22号）（略）

基本养老保险关系转移接续的办理及其程序

［解读］

参保人员跨统筹地区流动就业，国家根据其不同情况，就基本养老保险关系转移接续的办理规定如下：

（一）参保人员返回户籍所在地就业参保的，户籍所在地的相关社保经办机构应为其及时办理转移接续手续。

（二）参保人员未返回户籍所在地就业参保的，由新参保地的社保经办机构为其及时办理转移接续手续。但对男性年满50周岁和女性年满40周岁的，应在原参保地继续保留基本养老保险关系，同时在新参保地建立临时基本养老保险缴费账户，记录单位和个人全部缴费。参保人员再次跨省流动就业或在新参保地达到待遇领取条件时，将临时基本养老保险缴费账户中的全部缴费本息，转移归集到原参保地或待遇领取地。

（三）参保人员经县级以上党委组织部门、人力资源和社会保障行政部门批准调动，且与调入单位建立劳动关系并缴纳基本养老保险费的，不受以上年龄规定限制，应在调入地及时办理基本养老保险关系转移接续手续。

跨统筹地区流动就业的参保人员，养老保险关系转移接续办理的程序如下：

（一）参保人员在新就业地按规定建立基本养老保险关系和缴费后，由用人单位或参保人员向新参保地社保经办机构提出基本养老保险关系转移接续的书面申请。

（二）新参保地社保经办机构在15个工作日内，审核转移接续申请，对符合条件的参保人员，向其原基本养老保险关系所在地的社保经办机构发出同意接收函，并提供相关信息；对不符合转移接续条件的，向申请单位或参保人员作出书面说明。

（三）原基本养老保险关系所在地社保经办机构在接到同意接收函的15个工作日内，办理好转移接续的各项手续。

（四）新参保地社保经办机构在收到参保人员原基本养老保险关系所在地社保经办机构转移的基本养老保险关系和资金后，应在15个工作日内办结有关手续，并将确认情况及时通知用人单位或参保人员。

[依据指引]

（1）《中华人民共和国社会保险法》（2010年10月28日　国家主席令第35号）

第十九条　个人跨统筹地区就业的，其基本养老保险关系随本人转移，缴费年限累计计算。个人达到法定退休年龄时，基本养老金分段计算、统一支付。具体办法由国务院规定。

（2）国务院办公厅《关于转发人力资源社会保障部、财政部〈城镇企业职工基本养老保险关系转移接续暂行办法〉的通知》（2009年12月22日　国办发［2009］66号）

第五条　参保人员跨省流动就业，其基本养老保险关系转移接续按下列规定办理：

（一）参保人员返回户籍所在地（指省、自治区、直辖市，下同）就业参保的，户籍所在地的相关社保经办机构应为其及时办理转移接续手续。

（二）参保人员未返回户籍所在地就业参保的，由新参保地的社保经办机构为其及时办理转移接续手续。但对男性年满50周岁和女性年满40周岁的，应在原参保地继续保留基本养老保险关系，同时在新参保地建立临时基本养老保险缴费账户，记录单位和个人全部缴费。参保人员再次跨省流动就业或在新参保地达到待遇领取条件时，将临时基本养老保险缴费账户中的全部缴费本息，转移归集到原参保地或待遇领取地。

（三）参保人员经县级以上党委组织部门、人力资源社会保障行政部门批准调动，且与调入单位建立劳动关系并缴纳基本养老保险费的，不受以上年龄规定限制，应在调入地及时办理基本养老保险关系转移接续手续。

第八条　参保人员跨省流动就业的，按下列程序办理基本养老保险关系转移接续手续：

（一）参保人员在新就业地按规定建立基本养老保险关系和缴费后，由用人单位或参保人员向新参保地社保经办机构提出基本养老保险关系转移接续的书面申请。

（二）新参保地社保经办机构在15个工作日内，审核转移接续申请，对符合本办法规定条件的，向参保人员原基本养老保险关系所在地的社保经办机构发出同意接收函，并提供相关信息；对不符合转移接续条件的，向申请单位或参保人员作出书面说明。

（三）原基本养老保险关系所在地社保经办机构在接到同意接收函的15个工作日内，办理好转移接续的各项手续。

（四）新参保地社保经办机构在收到参保人员原基本养老保险关系所在地社保经办机构转移的基本养老保险关系和资金后，应在15个工作日内办结有关手续，并将确认情况及时通知用人单位或参保人员。

流动就业人员养老保险的待遇及其领取地的确定

[解读]

跨统筹地区流动就业的参保人员转移接续养

老保险关系后，符合待遇领取条件的，按照国家相关规定，以本人各年度缴费工资、缴费年限和待遇领取地对应的各年度在岗职工平均工资计算其基本养老金待遇；其基本养老保险待遇领取地按如下方法确定：

（一）基本养老保险关系在户籍所在地的，待遇领取地为其户籍所在地。

（二）基本养老保险关系不在户籍所在地，而在其养老保险关系所在地累计缴费年限满10年的，待遇领取地为其累计缴费年限满10年的养老保险关系所在地。

（三）基本养老保险关系不在户籍所在地，且在其养老保险关系所在地累计缴费年限不满10年的，待遇领取地为其上一个缴费年限满10年的养老保险关系所在地。

（四）基本养老保险关系不在户籍所在地，且在每个参保地的累计缴费年限均不满10年的，将其基本养老保险关系及相应资金归集到户籍所在地，待遇领取地为其户籍所在地。

参加职工基本养老保险的个人跨省流动就业，达到法定退休年龄时累计缴费不足15年的，按有关待遇领取地的规定确定继续缴费地后，可以延长缴费至满15年。《社会保险法》实施前参保、延长缴费5年后仍不足15年的，可以一次性缴费至满15年。

[依据指引]

(1)《中华人民共和国社会保险法》（2010年10月28日　国家主席令第35号）

第十九条　个人跨统筹地区就业的，其基本养老保险关系随本人转移，缴费年限累计计算。个人达到法定退休年龄时，基本养老金分段计算、统一支付。具体办法由国务院规定。

(2) 国务院办公厅《关于转发人力资源社会保障部、财政部〈城镇企业职工基本养老保险关系转移接续暂行办法〉的通知》（2009年12月22日　国办发［2009］66号）

第六条　跨省流动就业的参保人员达到待遇领取条件时，按下列规定确定其待遇领取地：

（一）基本养老保险关系在户籍所在地的，由户籍所在地负责办理待遇领取手续，享受基本养老保险待遇。

（二）基本养老保险关系不在户籍所在地，而在其基本养老保险关系所在地累计缴费年限满10年的，在该地办理待遇领取手续，享受当地基本养老保险待遇。

（三）基本养老保险关系不在户籍所在地，且在其基本养老保险关系所在地累计缴费年限不满10年的，将其基本养老保险关系转回上一个缴费年限满10年的原参保地办理待遇领取手续，享受基本养老保险待遇。

（四）基本养老保险关系不在户籍所在地，且在每个参保地的累计缴费年限均不满10年的，将其基本养老保险关系及相应资金归集到户籍所在地，由户籍所在地按规定办理待遇领取手续，享受基本养老保险待遇。

第七条　参保人员转移接续基本养老保险关系后，符合待遇领取条件的，按照《国务院关于完善企业职工基本养老保险制度的决定》（国发［2005］38号）的规定，以本人各年度缴费工资、缴费年限和待遇领取地对应的各年度在岗职工平均工资计算其基本养老金。

(3) 人力资源和社会保障部《实施〈中华人民共和国社会保险法〉若干规定》（2011年6月29日　部令第13号）

第二条　参加职工基本养老保险的个人达到法定退休年龄时，累计缴费不足十五年的，可以延长缴费至满十五年。社会保险法实施前参保、延长缴费五年后仍不足十五年的，可以一次性缴费至满十五年。

第四条　参加职工基本养老保险的个人跨省流动就业，达到法定退休年龄时累计缴费不足十五年的，按照国务院办公厅《关于转发人力资源社会保障部、财政部〈城镇企业职工基本养老保险关系转移接续暂行办法〉的通知》（国办发［2009］66号）有关待遇领取地的规定确定继续缴费地后，按照本规定第二条办理。

第五条　参加职工基本养老保险的个人跨省流动就业，符合按月领取基本养老金条件时，基本养老金分段计算、统一支付的具体办法，按照国务院办公厅《关于转发人力资源社会保障部、财政部〈城镇企业职工基本养老保险关系转移接续暂行办法〉的通知》（国办发［2009］66号）执行。

农民工基本养老保险的转移接续

[解读]

农民工基本养老保险的转移接续，一般遵照以下原则执行：

（一）农民工中断就业或返乡没有继续缴费的，由原参保地社保经办机构保留其基本养老保险关系，保存其全部参保缴费记录及个人账户，个人账户储存额继续按规定计息。

（二）农民工返回城镇就业并继续参保缴费的，无论其回到原参保地就业还是到其他城镇就业，均按规定累计计算其缴费年限，合并计算其个人账户储存额；符合待遇领取条件的，与城镇职工同样享受基本养老保险待遇。

（三）农民工不再返回城镇就业的，其在城镇参保缴费记录及个人账户全部有效，并根据农民工的实际情况，或在其达到规定领取条件时享受城镇职工基本养老保险待遇，或转入新型农村社会养老保险。关于农民工在城镇参加企业职工基本养老保险与在农村参加新型农村社会养老保险的衔接政策，国家将另行研究制定。

[依据指引]

(1)《中华人民共和国社会保险法》（2010年10月28日　国家主席令第35号）

第十九条　个人跨统筹地区就业的，其基本养老保险关系随本人转移，缴费年限累计计算。个人达到法定退休年龄时，基本养老金分段计算、统一支付。具体办法由国务院规定。

(2) 国务院办公厅《关于转发人力资源社会保障部、财政部〈城镇企业职工基本养老保险关系转移接续暂行办法〉的通知》（2009年12月22日　国办发［2009］66号）

第九条　农民工中断就业或返乡没有继续缴费的，由原参保地社保经办机构保留其基本养老保险关系，保存其全部参保缴费记录及个人账户，个人账户储存额继续按规定计息。农民工返回城镇就业并继续参保缴费的，无论其回到原参保地就业还是到其他城镇就业，均按前述规定累计计算其缴费年限，合并计算其个人账户储存额，符合待遇领取条件的，与城镇职工同样享受基本养老保险待遇；农民工不再返回城镇就业的，其在城镇参保缴费记录及个人账户全部有效，并根据农民工的实际情况，或在其达到规定领取条件时享受城镇职工基本养老保险待遇，或转入新型农村社会养老保险。

农民工在城镇参加企业职工基本养老保险与在农村参加新型农村社会养老保险的衔接政策，另行研究制定。

基本养老保险覆盖范围

[解读]

按照我国现行法律规定，基本养老保险覆盖范围包括：城镇各类企业及其职工、实行企业化管理的事业单位及其职工、无雇工的个体工商户、未在用人单位参加基本养老保险的非全日制从业人员以及其他灵活就业人员、民办非企业单位及其职工等。此外，2008年2月，国务院决定在山西等五省市先期开展事业单位工作人员养老保险制度改革试点工作，尝试将事业单位工作人员纳入基本养老保险覆盖范围。在实际工作中需要特别注意两点：一是公务员和参照公务员法管理的工作人员的养老保险不属于基本养老保险的覆盖范围；二是用人单位的职工应包括外地职工、进城务工的农村居民以及在中国境内工作的外国人。

[依据指引]

(1)《中华人民共和国社会保险法》（2010年10月28日　国家主席令第35号）

第十条　职工应当参加基本养老保险，由用人单位和职工共同缴纳基本养老保险费。

无雇工的个体工商户、未在用人单位参加基本养老保险的非全日制从业人员以及其他灵活就业人员可以参加基本养老保险，由个人缴纳基本养老保险费。

公务员和参照公务员法管理的工作人员养老保险的办法由国务院规定。

第九十五条　进城务工的农村居民依照本法规定参加社会保险。

第九十七条　外国人在中国境内就业的，参照本法规定参加社会保险。

(2) 国务院《社会保险费征缴暂行条例》（1999年1月22日　国务院令第259号）

第三条　基本养老保险费的征缴范围：国有企业、城镇集体企业、外商投资企业、城镇私营企业和其他城镇企业及其职工，实行企业化管理的事业单位及其职工。

基本医疗保险费的征缴范围：国有企业、城镇集体企业、外商投资企业、城镇私营企业和其他城镇企业及其职工，国家机关及其工作人员，事业单位及其职工，民办非企业单位及其职工，社会团体及其专职人员。

失业保险费的征缴范围：国有企业、城镇集体体企业、外商投资企业、城镇私营企业和其他城镇企业及其职工，事业单位及其职工。

省、自治区、直辖市人民政府根据当地实际情况，可以规定将城镇个体工商户纳入基本养老保险、基本医疗保险的范围，并可以规定将社会团体及其专职工员、民办非企业单位及其职工以及有雇工的城镇个体工商户及其雇工纳入失业保险的范围。

社会保险费的费基、费率依照有关法律、行政法规和国务院的规定执行。

(3) 国务院《关于完善企业职工基本养老保险制度的决定》（2005 年 12 月 3 日　国发［2005］38 号）

三、扩大基本养老保险覆盖范围。城镇各类企业职工、个体工商户和灵活就业人员都要参加企业职工基本养老保险。当前及今后一个时期，要以非公有制企业、城镇个体工商户和灵活就业人员参保工作为重点，扩大基本养老保险覆盖范围。要进一步落实国家有关社会保险补贴政策，帮助就业困难人员参保缴费。城镇个体工商户和灵活就业人员参加基本养老保险的缴费基数为当地上年度在岗职工平均工资，缴费比例为 20%，其中 8%记入个人账户，退休后按企业职工基本养老金计发办法计发基本养老金。

(4) 人力资源和社会保障部《在中国境内就业的外国人参加社会保险暂行办法》（2011 年 9 月 6 日　部令第 16 号）

第三条　在中国境内依法注册或者登记的企业、事业单位、社会团体、民办非企业单位、基金会、律师事务所、会计师事务所等组织（以下称用人单位）依法招用的外国人，应当依法参加职工基本养老保险、职工基本医疗保险、工伤保险、失业保险和生育保险，由用人单位和本人按照规定缴纳社会保险费。

与境外雇主订立雇用合同后，被派遣到在中国境内注册或者登记的分支机构、代表机构（以下称境内工作单位）工作的外国人，应当依法参加职工基本养老保险、职工基本医疗保险、工伤保险、失业保险和生育保险，由境内工作单位和本人按照规定缴纳社会保险费。

用人单位和职工参加养老保险

[解读]

见本书第九章社会保险中的“社会保险登记”词条。

灵活就业人员参加养老保险

[解读]

灵活就业人员一般包括无雇工的个体工商户、非全日制从业人员以及律师、会计师、自由撰稿人、演员等自由职业者等。国家法律规定，灵活就业人员可以自愿参加基本养老保险，缴费基数可根据各地酌情在当地上年度职工平均工资的 60%～300%之间划分的若干缴费档次中，由灵活就业人员自选一档缴纳养老保险；缴费比例为 20%，其中 8%记入个人账户；退休后按企业职工基本养老金计发办法计发基本养老金。

[依据指引]

(1)《中华人民共和国社会保险法》（2010 年 10 月 28 日　国家主席令第 35 号）

第十条　……无雇工的个体工商户、未在用人单位参加基本养老保险的非全日制从业人员以及其他灵活就业人员可以参加基本养老保险，由个人缴纳基本养老保险费。

(2) 国务院《社会保险费征缴暂行条例》（1999 年 1 月 22 日　国务院令第 259 号）

第三条　……省、自治区、直辖市人民政府根据当地实际情况，可以规定将城镇个体工商户纳入基本养老保险、基本医疗保险的范围，并可以规定将社会团体及其专职工员、民办非企业单位及其职工以及有雇工的城镇个体工商户及其雇工纳入失业保险的范围。

(3) 国务院《关于完善企业职工基本养老保险制度的决定》（2005 年 12 月 3 日　国发［2005］38 号）

三、……城镇个体工商户和灵活就业人员参加基本养老保险的缴费基数为当地上年度在岗职工平均工资，缴费比例为 20%，其中 8%记入个人账户，退休后按企业职工基本养老金计发办法计发基本养老金。

(4) 劳动和社会保障部《关于贯彻两个条例扩大社会保险覆盖范围加强基金征缴工作的通知》（1999 年 3 月 20 日　劳社部发［1999］10 号）

二、明确扩大社会保险覆盖范围的工作重点和有关政策

……

城镇个体工商户参加养老保险，缴费基数可

在当地上年度职工平均工资60%～300%的范围内确定，缴费比例一般为18%。业主全部由本人缴纳，从业人员本人缴纳8%，其余由业主缴纳。个体工商户符合规定的条件时，可以按月领取基础养老金和个人账户养老金。城镇个体工商户参加基本医疗保险，缴费基数可按统筹地区上年度职工平均工资确定。业主及其从业人员的缴费比例和享受的基本医疗保险待遇，执行统筹地区的规定。

进城务工农村居民参加养老保险

[解读]

进城务工农村居民又称农民工。由于农民工是城市化进程中的一个阶段性现象，因此法律采用了进城务工农村居民这一更准确的概念。我国法律规定的进城务工的农村居民是狭义的概念，主要是指与用人单位建立劳动关系的农村居民。由于进城务工的农村居民流动性大，影响其参加养老保险的积极性，导致参保比例偏低，所以《社会保险法》规定了进城务工农村居民，应当与城镇职工同样依照《社会保险法》参加各项社会保险，包括职工基本养老保险。然而，在当前实际工作中，各地还是结合农民工的实际情况，制定一些适合农民工的低费率、广覆盖、可转移，并能够与现行的基本养老保险制度相衔接的养老保险办法。

[依据指引]

(1)《中华人民共和国社会保险法》（2010年10月28日　国家主席令第35号）

第十条　职工应当参加基本养老保险，由用人单位和职工共同缴纳基本养老保险费。

无雇工的个体工商户、未在用人单位参加基本养老保险的非全日制从业人员以及其他灵活就业人员可以参加基本养老保险，由个人缴纳基本养老保险费。

公务员和参照公务员法管理的工作人员养老保险的办法由国务院规定。

第九十五条　进城务工的农村居民依照本法规定参加社会保险。

(2) 国务院《关于解决农民工问题的若干意见》（2006年1月21日　国发［2006］5号）

（十九）探索适合农民工特点的养老保险办法。抓紧研究低费率、广覆盖、可转移，并能够与现行的养老保险制度衔接的农民工养老保险办法。有条件的地方，可直接将稳定就业的农民工纳入城镇职工基本养老保险。已经参加城镇职工基本养老保险的农民工，用人单位要继续为其缴费。劳动保障部门要抓紧制定农民工养老保险关系异地转移与接续的办法。

在机关、事业单位与企业之间流动人员参加养老保险

[解读]

国家规定，职工从机关、事业单位转入企业工作之月起，参加企业职工基本养老保险，单位和个人按规定缴纳基本养老保险费，建立基本养老保险个人账户，原有的工作年限视同缴费年限，与转到企业后的实际缴费年限合并计算，退休时按照企业的办法计发基本养老金。其中，公务员及参照公务员制度管理的事业单位工作人员，根据本人在机关（或事业单位）工作的年限给予一次性补贴，由其原所在单位通过当地社会保险经办机构转入本人的基本养老保险个人账户，所需资金由同级财政安排。补贴的标准为：本人离开机关上年度月平均基本工资×在机关工作年限×0.3%×120个月。

职工由企业进入机关、事业单位工作之月起，执行机关、事业单位的退休养老制度，其原有的连续工作年限与进入机关、事业单位后的工作年限合并计算，退休时按机关、事业单位的办法计发养老金。已建立的个人账户继续由社会保险经办机构管理，退休时，其个人账户储存额每月按1/120计发，并相应抵减按机关、事业单位办法计发的养老金。

公务员进入企业工作后再次转入机关、事业单位工作的，原给予的一次性补贴的本金和利息要上缴同级财政。其个人账户管理、退休后养老金计发等，比照由企业进入机关、事业单位工作职工的相关政策办理。

[依据指引]

劳动和社会保障部、财政部、人事部、中央机构编制委员会办公室《关于职工在机关事业单位与企业之间流动时社会保险关系处理意见的通知》（2001年9月20日　劳社部发［2001］13号）

一、养老保险关系处理

职工由机关事业单位进入企业工作之月起，

参加企业职工的基本养老保险，单位和个人按规定缴纳基本养老保险费，建立基本养老保险个人账户，原有的工作年限视同缴费年限，退休时按企业的办法计发基本养老金。其中，公务员及参照和依照公务员制度管理的单位工作人员，在进入企业并按规定参加企业职工基本养老保险后，根据本人在机关（或单位）工作的年限给予一次性补贴，由其原所在单位通过当地社会保险经办机构转入本人的基本养老保险个人账户，所需资金由同级财政安排。补贴的标准为：本人离开机关上年度月平均基本工资×在机关工作年限×0.3%×120个月。

职工由企业进入机关事业单位工作之月起，执行机关事业单位的退休养老制度，其原有的连续工龄与进入机关事业单位后的工作年限合并计算，退休时按机关事业单位的办法计发养老金。已建立的个人账户继续由社会保险经办机构管理，退休时，其个人账户储存额每月按1/120计发，并相应抵减按机关事业单位办法计发的养老金。

公务员进入企业工作后再次转入机关事业单位工作的，原给予的一次性补贴的本金和利息要上缴同级财政。其个人账户管理、退休后养老金计发等，比照由企业进入机关事业单位工作职工的相关政策办理。

原行业统筹移交地方后基本养老保险费的缴纳

[解读]

根据国务院规定，从1998年9月1日起，铁道部、交通部、信息产业部（原邮电部部分）、水利部、民航总局、煤炭局（原煤炭部）、有色金属局（原中国有色金属工业总公司）、国家电力公司（原电力部）、中国石油天然气集团公司和中国石油化工集团公司（原石油天然气总公司部分）、银行金融系统（中国工商银行、中国农业银行、中国银行、中国建设银行、交通银行、中保集团）、中国建筑工程总公司等11个行业组织的基本养老保险行业统筹移交地方管理。行业统筹移交后，1998年内，企业和职工个人缴纳基本养老保险费的比例保持不变。从1999年起，调整企业缴纳基本养老保险费的比例，起步时不低于企业工资总额的13%，以后逐步过渡到与地方企业相同的比例。根据行业的具体情况，煤炭、银行、民航企业的过渡期为5年，其他行业企业的过渡期原则上为3年，对移交前执行费率低于11%的企业，过渡期可延长到5年。在此基础上，制订出分年度的调整方案，由原劳动和社会保障厅（局）会同财政厅（局）逐年上报原劳动和社会保障部、财政部，经两部审核同意后执行。自2003年1月1日起，各地原行业统筹企业缴纳基本养老保险费的比例基本已得到统一。

[依据指引]

(1) 国务院《关于实行企业职工基本养老保险省级统筹和行业统筹移交地方管理有关问题的通知》（1998年8月6日 国发［1998］28号）

为了深化企业职工养老保险制度改革，加强基本养老保险基金管理和调剂力度，确保企业离退休人员基本养老金的按时足额发放，国务院决定，加快实行企业职工基本养老保险省级统筹，并将铁道部、交通部、信息产业部（原邮电部部分）、水利部、民航总局、煤炭局（原煤炭部）、有色金属局（原中国有色金属工业总公司）、国家电力公司（原电力部）、中国石油天然气集团公司和中国石油化工集团公司（原石油天然气总公司部分）、银行系统（工商银行、农业银行、中国银行、建设银行、交通银行、中保集团）、中国建筑工程总公司组织的基本养老保险行业统筹移交地方管理。现就有关问题通知如下：

一、加快实行企业职工基本养老保险省级统筹

（一）1998年底以前，各省、自治区、直辖市（以下简称省、区、市）要实行企业职工基本养老保险省级统筹（以下简称省级统筹），建立基本养老保险基金省级调剂机制，调剂金的比例以保证省、区、市范围内企业离退休人员基本养老金的按时足额发放为原则。到2000年，在省、区、市范围内，要基本实现统一企业缴纳基本养老保险费比例，统一管理和调度使用基本养老保险基金，对社会保险经办机构实行省级垂直管理。

（二）省级统筹的范围包括省、区市（含计划单列市、副省级会城市、经济特区、开发区等）内的国有企业、集体企业、外商投资企业、私营企业等城镇各类企业及其职工。城镇个体经济组织及其从业人员也应参加基本养老保险并纳入省级统筹。

（三）从1998年9月1日起，目前实行基本养老保险基金差额缴拨的地区，要改变基金结算方式、对企业和职工个人全部征收基本养老保险费，对企业离退休人员全额支付基本养老金。各省、区、市要积极创造条件，加快实现企业离退休人员基本养老金的社会化发放，推进社会化管理进程。

二、按期完成基本养老保险行业统筹移交地方管理

（四）在1998年8月31日以前，实行基本养老保险行业统筹（以下简称行业统筹）企业的基本养老保险工作，按照先移交后调整的原则，全部移交省、区、市管理。从1998年9月1日起，由省、区、市社会保险经办机构负责征缴行业统筹企业基本养老保险费和发放离退休人员基本养老金。跨省、区、市的，按单位或其分支机构的注册登记地进行属地划分，其基本养老保险工作分别移交所在省、区、市社会保险经办机构管理。行业统筹在各省、区、市的省级社会保险经办机构暂予保留，待地方政府机构改革时再统筹研究。

（五）行业统筹移交地方管理后，1998年内，企业和职工个人缴纳基本养老保险费的比例保持不变。从1999年起，调整企业缴纳基本养老保险费的比例，起步时不低于企业工资总额的13%，以后逐步过渡到与地方企业相同的比例。根据行业的具体情况，煤炭、银行、民航企业的过渡期内5年，其他行业企业的过渡期原则上为3年。从1999年1月1日起，职工缴纳基本养老保险费的比例按省、区、市确定的统一执行，一次到付。

从1998年1月1日起，统一按本人缴费工资11%的数额调整或建立职工基本养老保险个人账户，移交前后的个人账户储存额合并计算。

（六）行业统筹移交地方管理后，原行业统筹企业已离退休人员的基本养老保险待遇原则上维持不变，其中经原劳动部、财政部批准的统筹项目内的部分由省级统筹的基本养老保险基金支付，未列入统筹项目的部分由企业支付。行业统筹移交地方管理以后退休的人员，基本养老保险待遇按照省、区、市的办法执行，对于按原行业统筹计发办法计算高于按地方计发办法计算的部分，可由各省、区、市采用加发补贴的办法解决，所需费用从省级统筹的基本养老保险基金中支付，补贴的标准逐年调整，5年后执行省、区、市的计发办法。

（七）行业统筹积累的基本养老保险基金，全部移交给省、区、市社会保险经办机构管理，其中存在省、区、市以下社会保险经办机构的，随同行业统筹移交地方管理一并移交给地方；存在中央部门的，主要用于解决移交过程中的地区不平衡问题。具体移交办法由劳动保障部、财政部统一研究制定并尽快下发。

（八）加快行业统筹移交地方管理，是实行省级统筹的重要保证。行业统筹移交地方管理的工作由劳动保障部会同财政部组织实施。行业统筹移交地方管理后，企业缴纳基本养老保险费的比例调整和对退休人员的补贴办法等，各省、区、市要报劳动保障部、劳动保障部商财政部同意后，由省、区、市人民政府批准实施。

(2) 劳动和社会保障部、财政部《关于调整原行业统筹企业缴纳基本养老保险费比例等有关事项的通知》（1999年2月13日 劳社部发［1999］3号）

二、各省、区、市要结合省级统筹的安排，制定行业费率3～5年调整过渡到省级统筹统一费率的总体规划。煤炭、银行、民航企业的过渡期为5年，其他行业企业的过渡期原则上为3年，对移交前执行费率低于11%的企业，过渡期可延长到5年。在此基础上，制订出分年度的调整方案，由劳动保障厅（局）会同财政厅（局）逐年上报劳动保障部、财政部，经两部审核同意后，由省、区、市人民政府批准实施。

三、从1999年起，行业费率要统一以工资总额为基数核定。1999年行业费率的调整标准为：移交前执行费率低于13%的，原则上调整到13%；其中距13%不足1个百分点的，可超过13%，但最多只能提高2个百分点。移交前执行费率高于13%低于20%的，最多只能提高2个百分点，最高不超过20%；其中全省统一费率低于20%的，不能超过全省的统一费率。移交前执行费率高于20%或高于上述全省统一费率的，要适当降低。

……

五、原行业统筹企业1999年以后的退休人员，按省、区、市的办法计算养老金时，以省、区、市上年度职工平均工资为基数。在按原行业统筹办法计算待遇时，基础养老金计发基数以1997年行业职工平均工资为准，一次核定后不再变动。

六、从1998年1月1日起，原行业统筹企业职工统一按本人缴费工资11%的数额调整或建立基本养老保险个人账户，移交前后的个人账户储存额合并计算。其中，1998年以前个人账户的建账时间，从行业按国家规定建立个人账户之日起计算；职工个人缴费并入个人账户的时间，原则上按地方规定执行。

(3) 劳动和社会保障部、财政部《关于调整原行业统筹企业基本养老保险缴费比例的通知》（2003 年 3 月 20 日 ·劳社部发［2003］7 号）

自 1999 年以来，各省、自治区、直辖市按照劳动保障部和财政部的统一要求，每年报批原行业统筹企业基本养老保险缴费比例，并严格按两部批复的缴费比例执行，保证了原行业统筹企业缴费比例的平稳过渡。

按照《国务院关于实行企业职工基本养老保险省级统筹和行业统筹移交地方管理有关问题的通知》（国发［1998］28 号）和《国务院关于建立统一的企业职工基本养老保险制度的决定》（国发［1997］26 号）的规定，自 2003 年 1 月 1 日起，各地原行业统筹企业缴纳基本养老保险费的比例，统一调整为按附表所列缴费比例执行。

附件：原行业统筹企业基本养老保险缴费比例表

地区	缴费比例（单位：%）	地区	缴费比例（单位：%）	地区	缴费比例（单位：%）
北京	20	安徽	20	四川	20
天津	20	福建	20	贵州	20
河北	20	江西	20	云南	20
山西	20	山东	20	西藏	20
内蒙古	20	河南	20	陕西	20
辽宁	20	湖北	20	甘肃	20
吉林	20	湖南	20	青海	20
黑龙江	20	广东	18	宁夏	20
上海	22.5	广西	20	新疆	20
江苏	20	海南	20		
浙江	20	重庆	20		

军人退役养老保险

［解读］

军队退役人员又称退出现役军人，包括退役士兵和退役军官。退役士兵又包括退伍义务兵和退役士官，其中，退役士官又称退役志愿兵。退役军官包括退出现役的军官和文职干部，军官退出现役的方式又分为干部转业和干部复员。国家建立的军人保险制度中，包括军人的退役养老保险，规定军人退出现役参加基本养老保险的，国家给予退役养老保险补助，补助标准由中国人民解放军总后勤部会同国务院有关部门拟定，报国务院、中央军事委员会批准。另外，对军队退役人员的养老保险，分别情况作了如下规定：

（一）对自主就业的退役士兵，凭退役士兵安置工作主管部门出具的介绍信，由社会保险经办机构按照国家有关规定办理养老保险关系接续手续；对安排工作的退役士兵，由接收单位按照国家有关规定办理养老保险关系接续手续。

（二）退役士兵到城镇企业就业或者在城镇从事个体经营、以灵活方式就业的，按照国家有关规定参加职工基本养老保险，服现役年限视同职工基本养老保险缴费年限，并与实际缴费年限合并计算，达到法定退休年龄和缴费年限（含视同缴费年限的军龄）满 15 年的，可按月享受基本养老保险待遇；退役士兵回农村的，按照国家有关规定参加新型农村社会养老保险。

（三）退役士兵和复员干部，处于失业状态的，由所在参保地的社会保险经办机构保留养老保险关系，达到法定退休年龄和缴费年限（含视同缴费年限的军龄）满 15 年的，可按月享受基本养老保险待遇。在领取失业保险金期间不缴纳养老保险费。

（四）退役士兵和复员干部未与企业解除劳动关系的，个人按规定缴费，企业缴费确有困难的，可由其所在企业与当地社会保险经办机构共同协商，签订缓缴或补缴协议，使其能够参保并接续基本养老保险关系。

（五）军转干部的军龄视同社会保险缴费年限，其服现役期间的医疗等社会保险费，转入安置地社会保险经办机构；计划分配到企业的军队转业干部，按照国家有关规定参加社会保险，缴纳社会保险费，享受社会保险待遇；计划分配到党和国家机关、团体、事业单位的军转干部，享受接收单位与其军队职务等级相应或者同等条件人员的医疗、养老、失业、工伤、生育等社会保险待遇。

（六）自主择业军转干部由安置地政府军队转业干部安置工作机构逐月发给退役金，直至其去世的下月起停发；按照安置地政府的有关规定，统一参加安置地的基本医疗保险，并享受公务员医疗补助待遇；单位缴费部分和公务员医疗补助，由安置地军转干部安置工作机构向社会保险经办机构缴纳，个人缴费部分以其退役金为计算基数，按规定费率由本人承担；其服现役期间的医疗保险个人账户基金余额并入本人新的基本医疗保险个人账户。自主择业军转干部被机关、人民团体或者财政拨款的事业单位聘为正式工作人员的，从被聘用的下月起停发退役金，不再享受自主择业的有关待遇，其从上述单位辞职、被辞退后，也不再恢复自主择业军队干部待遇。其他形式就业的自主择业军转干部，退役金照发，不再享受自主择业的有关待遇，应按照《社会保险费征缴暂行条例》《失业保险条例》等规定，参加当地基本养老保险和失业保险，社会保险缴费年限自参保缴费之日算起；如其辞职或被辞退后，用人单位须将档案及时退还军转干部安置工作机构，恢复其自主择业的有关待遇。

[依据指引]

(1)《中华人民共和国兵役法》（1984 年 5 月 31 日　国家主席令第 14 号　2011 年 10 月 29 日修订）

第五十三条　……国家实行军人保险制度，与社会保险制度相衔接。军人服现役期间，享受规定的军人保险待遇。军人退出现役后，按照国家有关规定接续养老、医疗、失业等社会保险关系，享受相应的社会保险待遇。现役军人配偶随军未就业期间，按照国家有关规定享受相应的保障待遇。

(2)《中华人民共和国军人保险法》（2012 年 4 月 27 日　国家主席令第 56 号）

第十三条　军人退出现役参加基本养老保险的，国家给予退役养老保险补助。

第十四条　军人退役养老保险补助标准，由中国人民解放军总后勤部会同国务院有关部门，按照国家规定的基本养老保险缴费标准、军人工资水平等因素拟订，报国务院、中央军事委员会批准。

第十五条　军人入伍前已经参加基本养老保险的，由地方社会保险经办机构和军队后勤（联勤）机关财务部门办理基本养老保险关系转移接续手续。

第十六条　军人退出现役后参加职工基本养老保险的，由军队后勤（联勤）机关财务部门将军人退役养老保险关系和相应资金转入地方社会保险经办机构，地方社会保险经办机构办理相应的转移接续手续。

军人服现役年限与入伍前和退出现役后参加职工基本养老保险的缴费年限合并计算。

第十七条　军人退出现役后参加新型农村社会养老保险或者城镇居民社会养老保险的，按照国家有关规定办理转移接续手续。

第十八条　军人退出现役到公务员岗位或者参照公务员法管理的工作人员岗位的，以及现役军官、文职干部退出现役自主择业的，其养老保险办法按照国家有关规定执行。

第十九条　军人退出现役采取退休方式安置的，其养老办法按照国务院和中央军事委员会的有关规定执行。

(3) 国务院、中央军事委员会《退役士兵安置条例》（2011 年 10 月 29 日　国务院、中央军事委员会令第 608 号）

第四十五条　军队的军人保险管理部门与地方的社会保险经办机构，应当按照国家有关规定为退役士兵办理保险关系转移接续手续。

对自主就业的退役士兵，凭退役士兵安置工作主管部门出具的介绍信，由社会保险经办机构按照国家有关规定办理保险关系接续手续。对安排工作的退役士兵，由接收单位按照国家有关规定办理保险关系接续手续。

第四十六条　退役士兵到城镇企业就业或者在城镇从事个体经营、以灵活方式就业的，按照国家有关规定参加职工基本养老保险，服现役年限视同职工基本养老保险缴费年限，并与实际缴费年限合并计算。退役士兵回农村的，按照国家有关规定参加新型农村社会养老保险。

退役士兵在服现役期间建立的军人退役养老保险与其退役后参加基本养老保险的关系接续，由军队的军人保险管理部门和安置地社会保险经办机构按照国家有关规定办理。

退役士兵服现役年限视同职工基本养老保险缴费年限的养老保险待遇计发办法，按照国家有关规定执行。

(4) 中共中央、国务院、中央军委《军队转业干部安置暂行办法》（2001 年 1 月 19 日　中发〔2001〕3 号）

第四条　军队干部转业到地方工作，是国家和军队的一项重要制度。国家对军队转业干部实行计划分配和自主择业相结合的方式安置。计划分配的军队转业干部由党委、政府负责安排工作和职务；自主择业的军队转业干部由政府协助就业、发给退役金。

第四十一条　自主择业的军队转业干部去世后，从去世的下月起停发退役金。区别不同情况，一次发给本人生前 10 个月至 40 个月的退役金作为抚恤金和一定数额的退役金作为丧葬补助费。具体办法由有关部门另行制定。自主择业的军队转业干部的遗属生活确有困难的，由安置地政府按照国家和当地的有关规定发给生活困难补助金。

(5) 国务院军队转业干部安置工作小组、中共中央组织部、中央机构编制委员会办公室、人事部、教育部、财政部《关于自主择业的军队转业干部安置管理若干问题的意见》（2001 年 8 月 24 日　国转联［2001］8 号）

二、关于自主择业的军队转业干部退役金的发放问题

……

自主择业的军队转业干部，被党和国家机关、人民团体或者财政拨款的事业单位选用为正式工作人员的，从被选用的下月起停发退役金，不再享受自主择业的军队转业干部的有关待遇。其工资待遇按照不低于选用单位与其转业时军队职务等级相应或者同等条件人员的标准确定，津贴、补贴、奖金以及其他生活福利待遇，按照国家有关规定执行。其他自主择业的军队转业干部就业后，退役金照发。

五、关于自主择业的军队转业干部的养老、失业保险问题

自主择业的军队转业干部就业后，应当按照《社会保险费征缴暂行条例》（1999 年国务院令第 259 号）、《失业保险条例》（1999 年国务院令第 258 号）等法规的规定，依法参加当地基本养老保险和失业保险，缴纳养老、失业保险费，并享受相应养老、失业保险待遇，其社会保险缴费年限从其在当地缴纳社会保险费之日算起。

(6) 国务院军队转业干部安置工作小组、人事部、外交部、公安部、财政部、劳动和社会保障部、国家人口和计划生育委员会、解放军总政治部《关于自主择业军队转业干部安置管理若干具体问题的意见》（2006 年 2 月 8 日　国转联［2006］1 号）

三、关于有关待遇问题

（十五）自主择业军队转业干部被党和国家机关、人民团体或财政拨款的事业单位录用或聘用为正式工作人员的，从被录用或聘用的下月起停发退役金，不再享受自主择业军队转业干部的有关待遇。其从上述单位辞职、被辞退或解除聘用合同后，不再恢复自主择业军队转业干部待遇。

（十九）自主择业军队转业干部就业后，应按照国家有关规定参加当地社会保险，履行缴费义务，并以其实际缴费年限计算相应的社会保险待遇。

四、关于管理服务问题

（二十二）用人单位调用档案的，须由安置地军队转业干部安置工作部门、用人单位、自主择业军队转业干部三方签订协议。自主择业军队转业干部辞职、被辞退、解除聘用合同或从高等院校毕业后，用人单位须将档案及时退还安置地军队转业干部安置工作部门，不得转交第三方，同时履行相应的档案交接手续。自主择业军队转业干部从党和国家机关、人民团体或财政拨款的事业单位辞职、被辞退、解除聘用合同后，其档案不再退还安置地军队转业干部安置部门。

(7) 劳动和社会保障部、民政部、财政部《关于进一步落实部分军队退役人员劳动保障政策的通知》（2007 年 7 月 6 日　劳社部发［2007］28 号）

（二）解决基本养老保险接续问题

1. 部分军队退役人员和军队复员干部尚未参保缴费的，可持有效证明到当地社会保险经办机构办理登记军龄手续，原有军龄可视同缴费年限，达到法定退休年龄和缴费年限（含视同缴费年限的军龄）满 15 年的，可按月享受基本养老保险待遇。对已办理登记军龄手续后按规定缴费的，其实际缴费年限与原有军龄合并计算为缴费年限。

2. 部分军队退役人员和军队复员干部，处于失业状态的，由所在参保地的社会保险经办机构保留养老保险关系，达到法定退休年龄和缴费年限（含视同缴费年限的军龄）满 15 年的，可按月享受基本养老保险待遇。在领取失业保险金期间不缴纳养老保险费。

3. 对部分军队退役人员和军队复员干部未与企业解除劳动关系的人员，个人按规定缴费，企业缴费确有困难的，可由军队退役人员所在企业与当地社会保险经办机构共同协商，签订缓缴或补缴协议，使其能够参保并接续基本养老保险关系。

4. 对实现再就业继续参保缴费的部分军队退役人员和军队复员干部，社会保险经办机构要及时受理并做好基本养老保险关系接续工作。

5. 对以个体工商户或灵活就业人员身份参保缴费的部分军队退役人员和军队复员干部，按当地上年度在岗职工平均工资为基数缴费。

随军未就业军人配偶的养老保险

[解读]

为了解决军人配偶随军未就业期间养老保险补贴待遇及其保险关系的衔接问题，国家在军人保险制度中建立了随军未就业军人配偶养老保险险种，开立个人账户，并给予个人账户补贴。随军配偶享受此待遇的条件与享受基本生活补贴待遇的条件相同。有关养老保险个人账户补贴待遇的规定是：

（一）军人所在单位后勤机关按照缴费基数11%的规模，为未就业随军配偶建立养老保险个人账户，所需资金由个人和国家共同负担，其中，个人按6%的比例缴费，国家按5%的比例给予个人账户补贴。缴费基数参照上年度全国城镇职工月平均工资60%的比例确定。个人缴费部分，由军人所在单位后勤机关在发放基本生活补贴时代扣代缴。

（二）个人缴费和国家给予个人账户补贴的比例，根据企业职工个人缴费比例的变动情况，由总后勤部商国务院有关部门适时调整。

（三）2004年1月1日以前随军的未就业随军配偶，1998年1月1日至2004年1月1日前未参加养老保险的随军年限，可根据自愿原则，在2004年当年，个人按缴费基数11%的比例一次性补缴养老保险费，并全部记入本人的养老保险个人账户。其补缴年限与2004年后的缴费年限合并计算。

有关未就业随军配偶随军前已经参加地方养老保险的，养老保险关系和个人账户资金转入手续的规定是：

（一）未就业随军配偶随军前，已经参加地方企业职工基本养老保险或机关事业单位养老保险并建立个人账户的，按照国家关于职工跨统筹地区调动的有关规定，由地方社会保险经办机构，将其基本养老保险关系和个人账户资金转入军人所在单位后勤机关。

（二）未就业随军配偶随军前，已经参加地方机关事业单位养老保险但未建立个人账户的，以及在未实行养老保险的机关事业单位工作的，按上述规定建立养老保险个人账户。其中，已参加养老保险的，由地方社会保险经办机构将其养老保险关系转入军人所在单位后勤机关。

（三）军人所在单位后勤机关应当及时为未就业随军配偶接续基本养老保险关系，并建立养老保险个人账户。

有关未就业随军配偶实现就业并参加养老保险的，养老保险关系和个人账户资金转出手续的规定是：

（一）未就业随军配偶就业后，参加基本养老保险的，按照国家关于职工跨统筹地区调动的有关规定，由军人所在单位后勤机关办理养老保险关系和个人账户资金转出手续。

（二）未就业随军配偶在机关事业单位就业，执行机关事业单位的退休养老制度。

（三）未就业随军配偶在军队期间建立养老保险个人账户后的缴费年限，与到地方后参加养老保险的缴费年限合并计算。

（四）地方社会保险经办机构，应当及时按规定办理未就业随军配偶养老保险关系和个人账户接续工作。

另外，停止享受养老保险个人账户补贴待遇的条件与停止享受基本生活补贴的条件相同。

[依据指引]

(1)《中华人民共和国兵役法》（1984年5月31日　国家主席令第14号　2011年10月29日修订）

第五十三条　……国家实行军人保险制度，与社会保险制度相衔接。军人服现役期间，享受规定的军人保险待遇。军人退出现役后，按照国家有关规定接续养老、医疗、失业等社会保险关系，享受相应的社会保险待遇。现役军人配偶随军未就业期间，按照国家有关规定享受相应的保障待遇。

(2)《中华人民共和国军人保险法》（2012年4月27日　国家主席令第56号）

第二十五条　国家为随军未就业的军人配偶建立养老保险、医疗保险等。随军未就业的军人配偶参加保险，应当缴纳养老保险费和医疗保险费，国家给予相应的补助。

随军未就业的军人配偶保险个人缴费标准和国家补助标准，按照国家有关规定执行。

第二十六条　随军未就业的军人配偶随军前已经参加社会保险的，由地方社会保险经办机构和军队后勤（联勤）机关财务部门办理保险关系转移接续手续。

第二十七条　随军未就业的军人配偶实现就业或者军人退出现役时，由军队后勤（联勤）机关财务部门将其养老保险、医疗保险关系和相应资金转入地方社会保险经办机构，地方社会保险经办机构办理相应的转移接续手续。

军人配偶在随军未就业期间的养老保险、医疗保险缴费年限与其在地方参加职工基本养老保险、职工基本医疗保险的缴费年限合并计算。

第二十八条　随军未就业的军人配偶达到国家规定的退休年龄时，按照国家有关规定确定退休地，由军队后勤（联勤）机关财务部门将其养老保险关系和相应资金转入退休地社会保险经办机构，享受相应的基本养老保险待遇。

(3) 国务院办公厅《中国人民解放军军人配偶随军未就业期间社会保险暂行办法》（2003 年 12 月 25 日　国办发［2003］102 号）

三、随军配偶符合下列条件之一的（以下称未就业随军配偶），依照本办法规定享受基本生活补贴和养老、医疗保险个人账户补贴待遇：

（一）随军前未就业、经批准随军随队后未就业且无收入的；

（二）随军前已就业但未参加基本养老保险、经批准随军随队后未就业且无收入的；

（三）经批准随军随队后未就业且无收入，已参加基本养老保险，并将基本养老保险关系和个人账户资金转入军队的。

八、军人所在单位后勤机关按照缴费基数 11%的规模，为未就业随军配偶建立养老保险个人账户，所需资金由个人和国家共同负担，其中，个人按 6%的比例缴费，国家按 5%的比例给予个人账户补贴。缴费基数参照上年度全国城镇职工月平均工资 60%的比例确定。

个人缴费和国家给予个人账户补贴的比例，根据企业职工个人缴费比例的变动情况，由总后勤部商国务院有关部门适时调整。

九、本办法实施以前随军随队的未就业随军配偶，1998 年 1 月 1 日至本办法实施前未参加养老保险的随军随队年限，可根据自愿原则，在本办法实施当年，个人按缴费基数 11%的比例一次性补缴养老保险费，并全部记入本人的养老保险个人账户。其补缴年限与本办法实施后的缴费年限合并计算。

十、未就业随军配偶随军随队前已经参加地方养老保险的，养老保险关系和个人账户资金转入手续，按以下规定办理：

（一）未就业随军配偶随军随队前，已经参加地方企业职工基本养老保险或机关事业单位养老保险并建立个人账户的，按照国家关于职工跨统筹地区调动的有关规定，由地方社会保险经办机构，将其基本养老保险关系和个人账户资金转入军人所在单位后勤机关。

（二）未就业随军配偶随军随队前，已经参加地方机关事业单位养老保险但未建立个人账户的，以及在未实行养老保险的机关事业单位工作的，按本办法建立养老保险个人账户。其中，已参加养老保险的，由地方社会保险经办机构将其养老保险关系转入军人所在单位后勤机关。

（三）军人所在单位后勤机关应当及时为未就业随军配偶接续基本养老保险关系，并建立养老保险个人账户。

十一、未就业随军配偶实现就业并参加养老保险的，养老保险关系和个人账户资金转出手续，按以下规定办理：

（一）未就业随军配偶就业后，参加基本养老保险的，按照国家关于职工跨统筹地区调动的有关规定，由军人所在单位后勤机关办理养老保险关系和个人账户资金转出手续。

（二）未就业随军配偶在机关事业单位就业，执行机关事业单位的退休养老制度。

（三）未就业随军配偶在军队期间建立养老保险个人账户后的缴费年限，与到地方后参加养老保险的缴费年限合并计算。

（四）地方劳动保障部门及其社会保险经办机构，应当及时按规定办理未就业随军配偶养老保险关系和个人账户接续工作。

十七、有下列情形之一的，停止享受军人配偶随军未就业期间基本生活补贴和养老、医疗保险个人账户补贴待遇：

（一）未就业随军配偶已就业且有收入的；

（二）未就业随军配偶无正当理由，拒不接受当地人民政府有关部门或者机构安排工作的；

（三）未就业随军配偶出国定居或者移居港、澳、台地区的；

（四）未就业随军配偶与军人解除婚姻关系的；

（五）未就业随军配偶被判刑收监执行或者被劳动教养的；

（六）军人被取消军籍的；

（七）军人退出现役的；

（八）军人死亡的。

十八、中央财政安排的资金，由总后勤部列入年度军费预算，中央财政每年予以拨付。养老、医疗保险个人账户资金中个人缴费部分，由军人所在单位后勤机关在发放基本生活补贴时代扣代缴。

(4) 劳动和社会保障部、财政部、人事部、解放军总政治部、解放军总后勤部《关于军人配偶随军未就业期间社会保险关系军地衔接有关问题的通知》（2005 年 12 月 5 日 ［2005］后联字第 1 号）

二、未就业随军配偶随军随队前已经参加地方基本养老保险的，地方社会保险经办机构依据部队后勤（联勤）机关财务部门出具的《军人配偶随军未就业期间养老保险个人账户转移介绍信》，按照国家关于职工跨统筹范围转移的有关规定，办理基本养老保险关系和个人账户资金转移手续。

（一）已经参加企业职工养老保险的，地方社会保险经办机构要按照劳动和社会保障部办公厅《关于严格执行职工基本养老保险个人账户转移政策的通知》（劳社厅发［1999］22 号）有关规定，将其基本养老保险关系和个人账户转到部队后勤（联勤）机关财务部门。

（二）已经参加企业职工基本养老保险，企业和本人欠缴养老保险费的，企业和个人按国家有关规定补足欠缴的养老保险费后，地方社会保险经办机构将其基本养老保险关系和个人账户资金，转到部队后勤（联勤）机关财务部门。

（三）已经参加地方机关事业单位基本养老保险改革试点并建立个人账户的，地方社会保险经办机构将其基本养老保险关系和个人账户资金转到部队后勤（联勤）机关财务部门。

（四）凡涉及未就业随军随队前养老保险视同缴费年限的确定，由地方过去保障部门根据国家有关规定，依据本人档案和相关原始材料负责审核认定。

（五）未就业随军配偶人事档案可以参照下岗失业人员优惠政策，减半收费或免费存放在其户籍所在地人事、劳动保障部门所属的人才服务机构、职业介绍机构或街镇劳动保障所。

（六）部队后勤（联勤）机关财务部门应当依据地方社会保险经办机构转入的养老保险关系和个人账户档案，及时续建养老保险个人账户，并妥善保管转入的养老保险转移凭证和个人账户档案等资料。

三、未就业随军配偶实现就业并参加企业职工基本养老保险的，部队后勤（联勤）机关财务部门应当出具《军人配偶随军未就业期间养老保险个人账户转移介绍信》，填写《参加基本养老保险人员转移情况表》和《未就业随军配偶基本养老保险个人账户》，按照国家关于职工跨统筹范围转移的有关规定，将其养老保险关系和个人账户资金，以及原从地方转入的养老保险转移凭证和个人账户档案等资料，一并转到地方社会保险经办机构。

四、未就业随军配偶到机关事业单位就业的，比照劳动和社会保障部、财政部、人事部、中央机构编制委员会办公室《关于职工在机关事业单位与企业之间流动时社会保险关系处理意见的通知》（劳社部发［2001］13 号）的有关规定，办理转移和接续手续。其中，机关事业单位已实行养老保险制度改革试点的，由部队后勤（联勤）机关财务部门按规定将其基本养老保险关系和个人账户资金，转到地方社会保险经办机构；机关事业单位未实行养老保险制度改革试点的，其基本养老保险关系和个人账户资金暂不转移，待国家明确有关政策规定后，由部队后勤（联勤）机关财务部门办理转移手续。

五、未就业随军配偶在军人退役安置后暂未就业的，人事档案转移到安置地人事、劳动保障部门所属的人才服务机构、职业介绍机构或街镇劳动保障所，基本养老保险关系和个人账户资金转移到安置地社会保险经办机构，可以按照灵活就业人员参保的有关规定，继续缴纳基本养老保险费。

六、未就业随军配偶达到国家规定的退休年龄时，养老保险累计缴费年限（包括视同缴费年限）已满 15 年及以上的，由部队后勤（联勤）机关财务部门将其基本养老保险关系和个人账户资金，转到本人户籍所在地社会保险经办机构，户籍所在地劳动保障部门为其办理退休手续，按规定核定核发基本养老保险待遇，部队后勤（联勤）机关财务部门终止发放基本生活补贴；累计缴费年限（包括视同缴费年限）不满 15 年的，由部队后勤（联勤）机关财务部门一次性结清养老保险待遇，中止养老保险关系。

七、地方社会保险经办机构和部队后勤（联勤）机关财务部门在办理养老保险关系转移手续时，应当提供完整、真实、准确、规范的养老保险关系和个人账户档案，个人账户资金实际转移数应当与转移凭证记录数保持一致。

养老保险缴费年限

[解读]

养老保险缴费年限又称投保年限，是指用人单位与职工参加养老保险的期间。分为两种：一是实际缴费年限，二是视同缴费年限。

实际缴费年限是指职工参加基本养老保险后，按照规定按时足额缴纳基本养老保险费的年限。理解实际缴费年限应注意以下两点：一是实际缴费年限是职工个人的缴费年限，不应与职工所在企业的缴费情况相联系。例如，职工所在企业欠缴养老保险费用期间，职工个人可以继续缴纳养老保险费用，所足额缴纳的费用记入个人账户，并应计算为职工实际缴费年限。而在实际工作中，一些地方把实际缴费年限与企业的缴费情况挂钩，规定若企业不按时足额缴纳基本养老保险费，则不计算该企业职工的实际缴费年限。这种做法侵害了职工个人的切身利益。二是职工个人必须足额缴纳基本养老保险费，若非足额缴费，则欠缴年限暂时不能计算为实际缴费年限，待职工补齐欠缴本金和利息后方能计算。

现行基本养老保险制度建立以前，我国企业职工实行的是企业退休保障制度，个人不缴费，职工退休后由企业发放退休金。因此，视同缴费年限是指职工实际缴费年限之前按国家规定计算的连续工龄，因而并非基本养老保险参加者参加统筹之前的工作年限，也不是人人都有视同缴费年限。这是我国从企业劳动保险制度向社会保险制度过渡时期，所采用的一项计算参加保险职工缴费年限的必要措施。

此外，为适应国企改革和有关事业单位转制等需要，国家对监狱企业工人、地质勘探队伍、农村信用社等特殊情况出台了专门规定。

[依据指引]

(1) 劳动部办公厅《职工基本养老保险个人账户管理暂行办法》（1997 年 12 月 22 日　劳办发［1997］116 号）

13. 对于因某种原因单位或个人不按时足额缴纳基本养老保险费的，视为欠缴。欠缴月份无论全额欠缴还是部分欠缴均暂不记入个人账户，待单位或个人按规定补齐欠缴金额后方可记入个人账户。

职工所在企业欠缴养老保险费用期间，职工个人可以继续缴纳养老保险费用，所足额缴纳的费用记入个人账户，并计算为职工实际缴费年限。

出现欠缴情况后，以后缴费采用滚动分配法记账，即缴费先补缴以前欠缴费用及利息后，剩余部分作为当月缴费。

(2) 劳动和社会保障部办公厅《关于规范企业职工基本养老保险个人账户管理有关问题的通知》（2001 年 10 月 18 日　劳社厅发［2001］5 号）

二、严格执行个人账户记录和对账制度

（一）企业和职工按规定缴费后，社会保险经办机构要及时记录个人账户。职工工资或劳动关系发生变化，要及时变更。不得采取“先记账、后缴费”的做法，企业或参保人员欠缴养老保险费期间，欠缴月份不记录个人账户。参保人员本人按时足额缴纳养老保险费的，应按《劳动部办公厅关于印发〈职工基本养老保险个人账户管理暂行办法〉的通知》（劳办发［1997］116 号）规定记入个人账户。

(3) 劳动和社会保障部《关于贯彻两个条例扩大社会保险覆盖范围加强基金征缴工作的通知》（1999 年 3 月 20 日　劳社部发［1999］10 号）

二、明确扩大社会保险覆盖范围的工作重点和有关政策

……

国有企业下岗职工进入再就业服务中心期间，由再就业服务中心按规定负责缴纳原来应由企业和个人负担的社会保险费，所需费用从下岗职工基本生活保障资金中列支，社会保险经办机构单独记账。下岗职工不论以何种形式实现再就业，都要按规定继续参加社会保险，原来的缴费年限和视同缴费年限连续计算。任何单位都不能以“买断工龄”等形式终止职工的社会保险关系。

(4) 科学技术部、国家经济贸易委员会、中央机构编制委员会办公室、财政部、劳动和社会保障部、人事部《关于国家经贸委管理的 10 个国家局所属科研机构管理体制改革的实施意见》（1999 年 4 月 12 日　国科发政字［1999］143 号）

二、配套政策

科研机构转制后，享受以下优惠政策：

（一）原有的正常事业费继续拨付，主要用于解决转制前已经离退休人员的社会保障问题。

（二）职工养老保险按以下办法执行：

转制前已经离退休的人员，原离退休金计发办法不变，离退休金发放和日常管理工作由原单位负责。

转制后的在职人员实行企业职工基本养老保险制度。从1999年7月1日起，单位和个人按当地人民政府规定的比例缴纳基本养老保险费，建立基本养老保险个人账户。1999年7月1日前的连续工龄视同缴费年限，不再补缴养老保险费。

转制前参加工作、转制后退休的人员，基本养老金计发按照企业职工基本养老保险制度的规定执行，对按企业基本养老金计发办法低于原事业单位退休金计发办法的部分，采用发补贴的办法解决，所需费用从基本养老保险统筹基金中支付，补贴标准按国家有关规定执行。2004年7月1日后退休的，执行企业计发办法。有条件的企业可建立补充养老保险。企业要高度重视并保证科技人员退休后应有的生活待遇。

转制后参加工作的人员，按照规定执行当地企业职工基本养老保险制度。

(5) 人事部、劳动和社会保障部、解放军总后勤部《关于军队后勤保障社会化改革中人事和劳动保障工作有关问题的通知》（2000年8月10日 [2000] 后司字第332号）

二、关于职工参加社会保险问题

（一）养老保险

1. 在国家机关事业单位养老保险制度改革方案出台前，军队职工养老保障仍维持现行制度和办法不变，退休人员由军队移交地方民政部门安置管理，待国家有关政策明确后再作调整。

2. 随军队后勤保障项目成建制移交地方的军队事业单位，从离开军队之日起，按国家规定参加当地养老保险统筹。移交到地方后仍为事业单位的，执行事业单位职工的养老保险制度；移交地方后改制为企业的，执行企业职工基本养老保险制度。职工原来的连续工龄视同缴费年限，单位和个人不再补缴养老保险费。移交前已退休的职工不随原单位移交，由原单位上级主管机关负责移交地方民政部门安置。

军队事业单位移交地方成建制改为企业的职工，在改制前参加工作、改制后至2005年6月30日前退休的，按企业基本养老金计发办法计发养老金低于按国家规定的原事业单位退休金的差额部分，采用发补贴的办法解决，所需经费从当地基本养老保险统筹基金中支付。

3. 军队职工随后勤保障项目非成建制移交到地方的，或正常调动到地方单位以及自谋职业的，从离开军队之日起，按国家规定参加当地养老保险统筹。其中，调入到事业单位的执行事业单位养老保险制度；调入到企业单位的，执行企业基本养老保险制度；自谋职业从事个体经营的，按个体劳动者的养老保险政策办理。职工原来的连续工龄视同缴费年限，不再补缴养老保险费。

4. 对部分地区已经参加当地养老保险统筹的军队机关事业单位职工，可暂按军队各大单位与当地政府有关部门协商的意见办理。

(6) 国务院办公厅《转发建设部等部门〈关于中央所属工程勘察设计单位体制改革实施方案〉的通知》（2000年10月24日 国办发 [2000] 71号）（略）

(7) 劳动和社会保障部、财政部、中国人民银行《关于农村信用社参加基本养老保险社会统筹有关问题的通知》（2001年3月5日 劳社部发 [2001] 3号）（略）

(8) 国务院办公厅《关于深化地质勘探队伍改革有关问题的通知》（2003年9月4日 国办发 [2003] 76号）（略）

(9) 劳动和社会保障部、财政部、司法部《关于监狱企业工人参加企业职工基本养老保险有关问题的通知》（2005年11月1日 劳社部发 [2005] 25号）（略）

退休制度

[解读]

退休制度是指根据国家有关规定，劳动者因年老或其他原因丧失劳动能力而离开工作岗位养老或休养的制度。1951年政务院制定了《劳动保险条例》及实施细则，对我国企业的退休制度作了规定。1955年国务院制定了《国家机关工作人员退休处理暂行办法》，对国家机关工作人员的退休制度作了规定。1958年国务院又制定了《关于工人、职员退休处理的暂行规定》，将企业和国家机关工作人员的退休制度统一作了规定。1978年国务院颁布了《关于安置老弱病残干部的暂行办法》和《关于工人退休、退职的暂行办法》，对国家机关工作人员和企业人员的退休制度作了全面规定。20世纪80年代，我国进入了改革开放的年代，对于退休制度也开始探索改革的新思路，即将原有的劳动保险制度改为社会保险制度，将原有的单位退休制度改为社会养老保险制度，遵循先易后难的原则，按照先企业单位、后事业单位、最后国家机关的顺序进行改革，三者的社会养老保险制度最终应基本统一。

[依据指引]

(1)《中华人民共和国劳动保险条例》(1953年1月2日)(略)

(2) 国务院《国家机关工作人员退休处理暂行办法》(1955年12月29日发布 1958年2月9日废止)(略)

(3) 国务院《关于工人、职员退休处理的暂行规定》(1958年2月9日 议字第8号)(略)

(4) 国务院《关于颁发〈关于安置老弱病残干部的暂行办法〉和〈关于工人退休、退职的暂行办法〉的通知》(1978年6月2日 国发[1978]104号)(略)

(5)《中华人民共和国社会保险法》(2010年10月28日 国家主席令第35号)(略)

企业退休条件

[解读]

按照现行规定，企业职工退休的条件是：

(一) 必须达到法定退休年龄

1. 正常情况下，男年满60周岁、女干部年满55周岁、女工人年满50周岁。实行劳动合同制后，在企业打破了干部与工人的身份界限，变身份管理为岗位管理，职工不论由干部岗位转为工人岗位，还是由工人岗位转为干部岗位，其退休年龄和条件均按现岗位的国家规定执行。干部岗位又称管理岗位，工人岗位又称生产岗位或一线岗位。由于国家没有界定岗位性质的具体规定，所以对管理岗位和生产岗位的具体划分，一般由用人单位通过规章制度的形式、结合各自的实际情况予以界定。因此，不同用人单位中的管理岗位和生产岗位的情形是不完全相同的。

2. 职工从事井下、高空、高温、特别繁重体力劳动或其他有害身体健康的工作的，男年满55周岁、女年满45周岁，且连续工龄或连续工作年限满10年。

3. 职工因病或非因工致残，由医院证明并经劳动鉴定委员会确认为完全丧失劳动能力的，男年满50周岁、女年满45周岁。劳动能力的鉴定统一由地市级人力资源和社会保障部门指定的县级以上医院负责医疗诊断，并出具证明。非指定医院出具的证明一律无效。地市级劳动鉴定委员会负责定期审核指定医院开具的诊断证明，作出鉴定结论。

(二) 连续工龄或缴费年限必须达到法定最低标准

1. 按照1951年政务院《劳动保险条例》、1978年国务院《关于工人退休、退职的暂行办法》，以及国务院《关于深化企业职工养老保险制度改革的通知》(国发[1995]6号)规定，企业职工1995年3月1日以前参加工作的，连续工龄(包括缴费年限)不得低于10年。

2. 按照国务院《关于深化企业职工养老保险制度改革的通知》(国发[1995]6号)规定，企业职工1995年3月1日以后参加工作的，缴费年限(含视同缴费年限)累计不得低于15年。由于社会养老保险制度的改革是逐步深化的，所以各地实行社会养老保险制度的时间和进程是不一样的。因此，对连续工龄或缴费年限的最低标准的执行时间也是不同的，也就是说，地方有规定的，应执行地方规定，不能按国务院的规定一刀切。另外，对最低缴费年限的理解应注意以下三点：第一，最低缴费年限为15年，并不是用人单位为劳动者缴满15年就可以不缴了。第二，灵活就业人员缴费满15年后不愿意继续缴纳是可以的。第三，缴费不足15年的，无论是用人单位还是灵活就业人员，均可以补缴至满15年；灵活就业人员或失业人员也可以选择转入新型农村社会养老保险或城镇居民社会养老保险。

近年来，在国有企业改革过程中实行了一些提前退休的优惠政策，但这些政策不具有普遍性，其适用范围仅限于国务院确定的111个“优化资本结构”试点城市的国有破产工业企业中距法定退休年龄不足5年的职工和三年内有压锭任务的国有纺织企业中，符合规定条件的纺纱、织布工种的挡车工等。

另外，需要特别说明以下几点：

(一) 对于从事井下、高空、高温、特别繁重体力劳动或其他有害身体健康工作的特殊工种岗位的职工，其在该岗位上的工作年限可以多折算连续工龄。具体规定是：

1. 井下矿工或固定在华氏32度以下的低温工作场所或华氏100度以上的高温工作场所工作者，计算其本企业工龄时，每在此种场所工作一年，均作一年零三个月计算。

2. 在提炼或制造铅、汞、砒、磷、酸的工业中及其他化学、兵工工业中，直接从事有害身体健康工作者，计算其本企业工龄时，每从事此种工作一年，均作为一年零六个月计算。

3. 常年在4 500米以上高山高原地区工作的

职工，其连续工龄按在此地区工作满一年折算一年零六个月计算；常年在 4 500 米以上高山高原地区流动工作的职工，其连续工龄按在此地区流动工作满一年折算一年零三个月计算。

需要注意的是，在进行社会统筹与个人账户相结合的基本养老保险制度改革、建立个人账户之前，职工从事国家确定的特殊工种的工作年限是否折算工龄和视同缴费年限，可由各省根据本省养老保险制度改革的实际情况自行确定。如果折算工龄，其折算后增加的视同缴费年限，最长不得超过 5 年。实行基本养老保险制度改革并建立个人账户之后，职工从事特殊工种的工作年限在计发养老保险待遇时不能再折算工龄。

（二）对职工出生时间的认定，我国实行居民身份证和职工档案相结合的办法。当本人身份证与档案记载的出生时间不一致时，以本人档案最先记载的出生时间为准。

（三）按照国家原来的规定，职工退休条件之一是："因工致残，由医院证明并经劳动鉴定委员会确认完全丧失劳动能力。"鉴于国家有关工伤保险待遇的新规定：工伤职工被鉴定为完全丧失劳动能力的，保留劳动关系，退出工作岗位，享受相应待遇；又规定：该类职工达到退休年龄办理退休手续后，停发伤残津贴，享受养老保险待遇，养老保险待遇低于伤残津贴的，由工伤保险基金补足差额。因此，自 2004 年 1 月 1 日起，国家原来规定的这一退休条件已不再执行，也就是说，因工致残完全丧失劳动能力的职工，也应达到法定退休年龄，才能办理退休手续。

（四）由于《社会保险法》规定，参加养老保险的个人，因病或非因工致残完全丧失劳动能力，在未达到法定退休年龄时，可以从养老保险基金中领取病残津贴，所以国家原规定的退休条件之一是："职工因病或非因工致残，由医院证明并经劳动鉴定委员会确认为完全丧失劳动能力的，男年满 50 周岁、女年满 45 周岁。"在不久的将来，也会不再执行，也就是说，因病或非因工致残，被确认为完全丧失劳动能力的职工，也应达到法定退休年龄，才能办理退休手续。然而，目前国家尚未对病残津贴制度作具体规定，在这项新制度尚未完全建立之前，国家原来规定的这一退休条件仍然有效。

[依据指引]

(1)《中华人民共和国社会保险法》（2010 年 10 月 28 日　国家主席令第 35 号）

第十六条　参加基本养老保险的个人，达到法定退休年龄时累计缴费满十五年的，按月领取基本养老金。

参加基本养老保险的个人，达到法定退休年龄时累计缴费不足十五年的，可以缴费至满十五年，按月领取基本养老金；也可以转入新型农村社会养老保险或者城镇居民社会养老保险，按照国务院规定享受相应的养老保险待遇。

第十七条　参加基本养老保险的个人，因病或者非因工死亡的，其遗属可以领取丧葬补助金和抚恤金；在未达到法定退休年龄时因病或者非因工致残完全丧失劳动能力的，可以领取病残津贴。所需资金从基本养老保险基金中支付。

(2) 国务院《关于工人退休、退职的暂行办法》（1978 年 6 月 2 日　国发［1978］104 号）

第一条　全民所有制企业、事业单位和党政机关、群众团体的工人，符合下列条件之一的，应该退休。

（一）男年满六十周岁，女年满五十周岁，连续工龄满十年的。

（二）从事井下、高空、高温、特别繁重体力劳动或者其他有害身体健康的工作，男年满五十五周岁、女年满四十五周岁，连续工龄满十年的。

本项规定也适用于工作条件与工人相同的基层干部。

（三）男年满五十周岁，女年满四十五周岁，连续工龄满十年，由医院证明，并经劳动鉴定委员会确认，完全丧失劳动能力的。

（四）因工致残，由医院证明，并经劳动鉴定委员会确认，完全丧失劳动能力的。

(3)《中华人民共和国劳动保险条例》（1953 年 1 月 2 日）

第十五条　养老待遇的规定：

……

丙、井下矿工或固定在华氏三十二度以下的低温工作场所或华氏一百度以上的高温工作场所工作者，男工人与男职员年满五十五岁，女工人与女职员年满四十五岁，均得享受本条甲款规定的养老补助费待遇。计算其一般工龄及本企业工龄时，每在此种场所工作一年，均作一年零三个月计算。

丁、在提炼或制造铅、汞、砒、磷、酸的工业中及其他化学、兵工工业中，直接从事有害身体健康工作者，男工人与男职员年满五十五岁，女工人与女职员年满四十五岁，均得享受本条甲款规定的养老补助费待遇。计算其一般工龄及本企业工龄时，每从事此种工作一年，均作一年零六个月计算。

(4) 国务院《工伤保险条例》（2003 年 4 月 27 日 国务院令第 375 号 2010 年 12 月 20 日修订）

第三十五条 职工因工致残被鉴定为一级至四级伤残的，保留劳动关系，退出工作岗位，享受以下待遇：

……

（三）工伤职工达到退休年龄并办理退休手续后，停发伤残津贴，按照国家有关规定享受基本养老保险待遇。基本养老保险待遇低于伤残津贴的，由工伤保险基金补足差额。

(5) 国务院《关于深化企业职工养老保险制度改革的通知》（1995 年 3 月 1 日 国发［1995］6 号）

附件：《企业职工基本养老保险社会统筹与个人账户相结合实施办法之一》

三、基本养老保险金计发办法

职工到达法定离退休年龄，凡个人缴费累计满 15 年，或本办法实施前参加工作连续工龄（包括缴费年限）满 10 年的人员，均可享受基本养老保险待遇，按月领取养老金。

(6) 劳动部《关于在高山高原地区工作的职工的工龄计算问题》（1963 年 7 月 16 日 中劳护字第 125 号）

关于常年在 4 500 米以上高山高原地区工作的职工，其工龄折算，可以根据中央精简小组、劳动部、全国总工会一九六二年六月二十七日批复西藏工委精简办公室、西藏劳动局、西藏总工会关于在 4 500 米以上地区工作的职工工龄折算问题的复电的精神处理。即：常年居住在 4 500 米以上高山高原地区的职工，每在此地区工作满一年，其工龄按一年零六个月计算；常年在 4 500 米以上高山高原地区流动工作的职工，每在此地区流动工作满一年，其工龄按一年零三个月计算。

(7) 劳动部《关于贯彻执行〈劳动法〉若干问题的意见》（1995 年 8 月 4 日 劳部发［1995］309 号）

75. 用人单位全部职工实行劳动合同制度后，职工在用人单位内由转制前的原工人岗位转为原干部（技术）岗位或由原干部（技术）岗位转为原工人岗位，其退休年龄和条件，按现岗位国家规定执行。

(8) 劳动和社会保障部《关于制止和纠正违反国家规定办理企业职工提前退休有关问题的通知》（1999 年 3 月 9 日 劳社部发［1999］8 号）

一、要严格执行国家有关退休年龄的规定，坚决制止违反规定提前退休的行为

国家法定的企业职工退休年龄是：男年满 60 周岁，女工人年满 50 周岁，女干部 55 周岁。从事井下、高空、高温、特别繁重体力劳动或其他有害身体健康工作（以下称特殊工种）的，退休年龄为男年满 55 周岁、女年满 45 周岁；因病或非因工致残，由医院证明并经劳动鉴定委员会确认完全丧失劳动能力的，退休年龄为男年满 50 周岁、女年满 45 周岁。

按国家有关规定办理提前退休的范围仅限定为：国务院确定的 111 个“优化资本结构”试点城市的国有破产工业企业中距法定退休年龄不足 5 年的职工；三年内在压锭任务的国有纺织企业中，符合规定条件的纺纱、织布工种的挡车工。但此项规定与前款规定不能同时适用于同一名职工。

对国家关于企业职工退休年龄和条件的规定，各地区、各部门和企业及职工必须认真执行，不得随意降低，严禁扩大适用范围。今后，凡是违反国家规定办理提前退休、退职的企业，要追究有关领导和当事人的责任，已办理提前退休、退职的职工要清退回企业。

二、规范退休审批程序，健全审批制度

（一）加强企业职工退休审批工作的管理。各地区要严格按《通知》规定的企业职工退休、退职审批权限，规范企业职工退休审批工作。要建立审批工作制度，规范审批程序，加强对审批工作的监督。

（二）对职工出生时间的认定，实行居民身份证与职工档案相结合的办法。当本人身份证与档案记载的出生时间不一致时，以本人档案最先记载的出生时间为准。要加强对居民身份证和职工档案的管理，严禁随意更改职工出生时间和编造档案。

（三）职工因病或非因工致残完全丧失劳动能力，统一由地方级劳动保障部门指定的县级以上医院负责医疗诊断，并出具证明。非指定医院出具的证明一律无效。

地市级劳动鉴定委员会负责定期审核指定医院开具的诊断证明，作出鉴定结论。职工因病或非因工致残完全丧失劳动能力的鉴定标准，暂按

《职工工伤与职业病致残程度鉴定标准（GB/T 16180—1996）（1～4）级》执行，省级劳动保障部门可根据本地区实际情况，做出补充规定。

（四）劳动保障部门要加强对特殊工种的管理和审批工作。设有特殊工种的企业，每年要向地市级劳动保障部门报送特殊工种名录、实际用工人数及在特殊工种岗位工作的人员名册及其从事特殊工种的时间。按特殊工种退休条件办理退休的职工，从事高空和特别繁重体力劳动的必须在该工种岗位上工作累计满10年，从事井下和高温工作的必须在该工种岗位上工作累计满9年，从事其他有害身体健康工作的必须在该工种岗位上工作累计满8年。

原劳动部和有关行业主管部门批准的特殊工种，随着科技进步和劳动条件的改善，需要进行清理和调整。新的特殊工种名录由劳动保障部会同有关部门清理审定后予以公布，公布之前暂按原特殊工种名录执行。

(9) 劳动和社会保障部办公厅《关于职工从事特殊工种的工作年限折算工龄问题的函》（2000年11月30日　劳社厅函［2000］143号）

山西省劳动和社会保障厅：

你厅《关于职工从事特殊工种的工作年限折算问题的请示》（晋劳社险函字［2000］06号）收悉，现函复如下：

在进行社会统筹与个人账户相结合的基本养老保险制度改革、建立个人账户之前，职工从事国家确定的特殊工种的工作年限是否折算工龄和视同缴费年限，可根据本省养老保险制度改革的实际情况自行确定。如果折算工龄，其折算后增加的视同缴费年限，最长不得超过5年。实行基本养老保险制度改革并建立个人账户之后，职工从事特殊工种的工作年限在计发养老保险待遇时不应再折算工龄。

提前退休工种

[解读]

根据国家有关规定，提前退休工种主要有以下两类：

（一）从事井下、高空、高温、特别繁重体力劳动或者其他有害身体健康工作的人员，无论现在或过去从事这类工作，凡符合下列条件之一者，均可以按照《国务院关于工人退休、退职的暂行办法》中的规定办理提前退休。

1. 从事高空和特别繁重体力劳动工作累计满10年的；

2. 从事井下高温工作累计满9年的；

3. 从事其他有害身体健康工作累计满8年的。

这些岗位的具体标准是：高温作业，应当符合GB 4200—84《高温作业分级》标准中第四级；繁重体力劳动作业，应当符合GB 3869—83《体力劳动强度分级》标准中的第四级；高空作业，应当符合GB 3608—83《高处作业分级》标准中的第二级，并经常在5米以上的高处作业，无立足点或牢固立足点，确有坠落危险的。其他有害身体健康的工作，包括有毒有害作业在内。有毒有害作业系指工作人员在生产中接触以原料、成品、半成品、中间体、反应副产物形式存在，并在操作时可经呼吸道、皮肤或口进入人体而对健康产生危害的物质，而目前的工艺设备还不能完全控制其危害，劳动条件在短期内仍难以改善的。凡是可以通过工艺改革、技术措施等办法使劳动条件得到改善而未采取措施改善的，这种作业的工种不能列为提前退休工种。

（二）常年在海拔3 500米以上高原地区和常年在摄氏零度以下的冷库、生产车间等低温场所工作的人员退休时，可以参照从事井下、高温作业人员的有关规定办理；常年在海拔4 500米以上高山、高原地区工作的人员退休时，可以参照从事其他有害身体健康工作人员的规定办理。

目前，有关特殊工种的规定分为三个阶段：第一阶段是1978年6月2日至1985年3月4日，这一时期是由国务院劳动行政部门负责全国提前退休工种的审批工作；第二阶段是1985年3月4日到1993年7月3日，这一时期提前退休工种的审批工作交由国务院各有关主管部门负责；第三阶段是1993年7月3日以后，提前退休工种审批工作仍由国务院劳动行政部门负责。1993年7月3日以后，国家劳动行政部门制定的规定将取代1993年7月3日以前的所有规定。

需要特别说明的是，特有工种是一种作为职业技能培训和鉴定工作依据的技术工种，不是提前退休特殊工种，不能作为企业职工办理提前退休的依据。

[依据指引]

(1) 国务院《关于工人退休、退职的暂行办法》（1978年6月2日　国发［1978］104号）

第一条　全民所有制企业、事业单位和党政机关、群众团体的工人，符合下列条件之一的，应该退休。

（一）男年满六十周岁，女年满五十周岁，连续工龄满十年的。

（二）从事井下、高空、高温、特别繁重体力劳动或者其他有害身体健康的工作，男年满五十五周岁、女年满四十五周岁，连续工龄满十年的。

本项规定也适用于工作条件与工人相同的基层干部。

（三）男年满五十周岁，女年满四十五周岁，连续工龄满十年，由医院证明，并经劳动鉴定委员会确认，完全丧失劳动能力的。

（四）因工致残，由医院证明，并经劳动鉴定委员会确认，完全丧失劳动能力的。

(2) 劳动和社会保障部《关于制止和纠正违反国家规定办理企业职工提前退休问题的通知》（1999年3月9日　劳社部发［1999］8号）（略）

(3) 劳动人事部《关于改由各主管部门审批提前退休工种的通知》（1985年3月4日　劳人护［1985］6号）

根据经济体制改革和简政放权的精神，为了简化程序，提高工作效率，决定将目前由劳动人事部统一审批的提前退休工种，改为分别由国务院各有关主管部门审批。现将审批提前退休工种的有关规定、标准和注意事项通知如下：

一、从事井下、高空、高温、特别繁重体力劳动或者其他有害身体健康工作的工人，无论现在或过去从事这类工作，凡符合下列条件之一者，均可以按照《国务院关于工人退休、退职的暂行办法》第一条第（二）款的规定办理退休：

（一）从事高空和特别繁重体力劳动工作累计满十年的；

（二）从事井下高温工作累计满九年的；

（三）从事其他有害身体健康工作累计满八年的。

二、本通知所说的高温作业，应符合GB 4200—84《高温作业分级》标准中第四级（见附件一）；繁重体力劳动作业，应符合GB 3869—83《体力劳动强度分级》标准中的第四级（见附件二）；高空作业，应符合GB 3608—83《高处作业分级》标准中的第二级，并经常在五米以上的高空作业，无立足点或牢固立足点。确有坠落危险的（见附件三）。

三、常年在海拔三千五百米以上高山高原地区和常年在摄氏零度以下的冷库、生产车间等低温场所工作的工人退休时，可以参照从事井下、高温作业工人的有关规定办理；常年在海拔四千五百米以上高山、高原地区工作的工人退休时，可以参照从事其他有害身体健康工作工人的规定办理。

四、本通知所说的其他有害身体健康工作包括有毒有害作业在内。有毒有害作业系指工人在生产中接触以原料、成品、半成品、中间体、反应副产物形式存在，并在操作时可经呼吸道、皮肤或口进入人体而对健康产生危害的物质。如经常、直接、大量接触汞、苯、砷、氯乙烯、铬酸盐、重铬酸盐、黄磷、铍、对硫磷、羰基镍、氯甲醚、锰、氰化物、三硝基甲苯、铅及其化合物和二硫碳等，但目前的工艺设备还不能完全控制其危害，劳动条件在短期内仍难以改善的。在确定和审批有毒有害作业提前退休工种时，要严格掌握。要对毒物的危害程度和工人接触毒物的有关情况，进行调查研究。分析比较，然后将危害严重的工种列为本行业的提前退休工种试行。不应采取对接触毒物的工人不论是直接接触还是间接接触，也不分经常接触还是偶尔接触，一律列入提前退休工种的做法。对有的有毒有害工种一时看不准分不清的，可以暂时不定。

五、凡是有条件通过工艺改革、技术措施等办法使劳动条件得到改善而不认真采取措施改善的，从事这种作业的工种不能列为提前退休工种。例如对从事玻璃、耐火、建材、炭黑等有粉尘的作业工种，暂不列为提前退休工种。

六、各有关主管部门在审批提前退休工种工作中，遇有部门之间互相类似的工种需要进行协调、平衡时，应征求劳动人事部的意见后再行审批。

七、每次审批提前退休工种的文件，请同时抄送劳动人事部和有关企业、事业单位所在的省、自治区、直辖市劳动部门。

(4) 劳动部《关于加强提前退休工种审批工作的通知》（1993年7月3日　劳部发［1993］120号）

国务院有关部、局、总公司，各省、自治区、直辖市劳动（劳动人事）厅（局）：

一九七八年以来，我部根据《国务院关于工人退休、退职的暂行办法》（国发［1978］104号）的要求，负责全国提前退休工种的审批工作。一九八五年为了简化审批程序，提高工作效率，我部发出了《关于改由各主管部门审批提前退休工种的通知》(劳人护［1985］6号)，将提前退休工种改由国务院各有关主管部门审批，送我部备案。此后，国务院有关主管部门在提前退休工种的审批方面做了大量工作，对于保护职工的健康，促进生产发展，维护社会安定，起了重要作用。但是，从几年来的执行情况看，有的部门对提前退休工种审批过宽，有的审批程序不健全，有的没有按规定程序进行审批，特别是对审批条件掌握不一，随意开口子，导致提前退休人员过量增多，类似工种在各部门之间产生攀比，影响了社会保险制度的改革。为了更好地贯彻《国务院关于工人退休、退职的暂行办法》(国发［1978］104号)的精神，我部决定加强提前退休工种的审批工作，现将有关事项通知如下：

一、自即日起，国务院各有关主管部门停止审批新的提前退休工种。按国发［1978］104号文件规定，提前退休工种由国务院主管部门审核后，报我部审批。

二、我部将根据实际情况对各有关部门已审批的提前退休工种进行清理和调整。

三、各地劳动部门在办理提前退休工作时应严格把关，凡不符合提前退休工种审批条件和审批程序的，一律不予办理提前退休手续。

(5) 劳动部办公厅《关于特殊工种提前退休问题的复函》(1997年8月8日　劳办发［1997］74号)

湖南省劳动厅：

你厅《关于特殊工种几个问题的请示》(［97］河劳险便函第008号)收悉。经研究，现答复如下：

一、《关于加强提前退休工种审批工作的通知》(劳部发［1993］12号)第二条规定：“我部将根据实际情况对各有关部门已审批的提前退休工种进行清理和调整。”目前，我部正在进行整理和调整工作。在此期间，凡属国务院行业主管部门在1993年以前根据原劳动人事部《关于改由各主管部门审批提前退休工种的通知》(劳人护［1985］6号)文件规定，按提前退休工种审批条件和审批程序审批的提前退休工种，可继续按规定办理提前退休手续。但在执行过程中应严格审查，不得扩大范围。

二、对于因企业跨行业转产而改为从事特殊工种的职工以及从事其他行业特殊工种的人员提前退休问题，情况较复杂，需要统筹考虑。凡属全国较为普遍、范围较广的工种，应由国务院行业主管部门统一审核后报我部审批；无主管部门的企业，应由省、自治区、直辖市劳动部门汇总审核后报我部审批。

(6) 劳动和社会保障部办公厅《关于特有工种不是提前退休特殊工种的复函》(2002年8月14日　劳社厅函［2002］251号)

深圳市社会保险管理局：

你局关于41个电子行业特有工种是否可作为“特殊工种”办理提前退休的请示(深社保报［2002］85号)收悉。经研究，现函复如下：

1998年以来，国家没有审批过新的提前退休特殊工种。电子行业特有工种，是一种作为职业技能培训和鉴定工作依据的技术工种，不是提前退休特殊工种，不能作为企业职工办理提前退休的依据。

机关、事业单位的退休制度

[解读]

目前，我国还没有统一的机关、事业单位的退休制度，适用的法律、法规主要是《国家公务员法》和《关于安置老弱病残干部的暂行办法》，其中对公务员和参照公务员法管理的工作人员，以及机关、事业单位的其他工作人员退休条件、退休金计发办法等都作出了明确规定。

机关、事业单位与企业实行不同的退休制度和养老保险制度，主要原因是机关、事业单位的经费来源、工资福利制度等与企业有很大区别，前者的经费主要依靠国家财政，而且人员流动的机制还正在逐步建立和完善过程中。但是，随着市场经济体制的确立，机关、事业单位退休制度全部由财政承担经费所带来的弊病已经显现出来，机关、事业单位退休制度的改革正在探索中。

[依据指引]

(1)《中华人民共和国公务员法》(2005年4月27日　国家主席令第35号)

第八十七条　公务员达到国家规定的退休年龄或者完全丧失工作能力的，应当退休。

第八十八条　公务员符合下列条件之一的，本人自愿提出申请，经任免机关批准，可以提前退休：

(一) 工作年限满三十年的；

(二) 距国家规定的退休年龄不足五年，且工作年限满二十年的；

（三）符合国家规定的可以提前退休的其他情形的。

第八十九条　公务员退休后，享受国家规定的退休金和其他待遇，国家为其生活和健康提供必要的服务和帮助，鼓励发挥个人专长，参与社会发展。

（2）国务院《关于安置老弱病残干部的暂行办法》（1978年6月2日　国发［1978］104号）

为了妥善安置老弱病残干部，特制定如下办法：

第一条　国务院各部门及其所属司局机构，各省、市、自治区革命委员会及其所属部门，省辖市、行政公署一级领导机关及其所属部门，县（旗）革命委员会，相当于县级和县级以上的企业、事业单位，都可以根据情况设顾问，在同级党组织和革命委员会领导下，根据他们的特长做些力所能及的工作。各级顾问安排同级或高一级的干部担任。安排对象是：担任实职有困难，有斗争经验，尚能做一些工作，一九四九年九月底以前参加革命工作的地委正副书记、行政公署正副专员及相当职务以上的干部；一九四二年底以前参加革命工作的县委正副书记、革命委员会正副主任及相当职务的干部。

第二条　各级政协、视察室、参事室、文物管理委员会、文史馆等单位，可以安排一些老同志担任荣誉职务。安排的对象是，一九四九年九月底以前参加革命工作的地委正副书记、行政公署正副专员及相当职务以上的干部；一九四二年底以前参加革命工作的县委正副书记、革命委员会正副主任及相当职务的干部。

第三条　对于丧失工作能力，一九四九年九月底以前参加革命工作的地委正副书记、行政公署正副专员及相当职务以上的干部；一九四二年底以前参加革命工作的县委正副书记、革命委员会正副主任及相当职务的干部；一九三七年七月七日以前参加革命工作的干部，可以离职休养，工资照发。

第四条　党政机关、群众团体、企业、事业单位的干部，符合下列条件之一的，都可以退休。

（一）男年满六十周岁，女年满五十五周岁，参加革命工作年限满十年的；

（二）男年满五十周岁，女年满四十五周岁，参加革命工作年限满十年，经过医院证明完全丧失工作能力的；

（三）因工致残，经过医院证明完全丧失工作能力的。

第五条　干部退休以后，每月按下列标准发给退休费，直至去世为止。

符合第四条第（一）项或第（二）项条件，抗日战争时期参加革命工作的，按本人标准工资的百分之九十发给。解放战争时期参加革命工作的，按本人标准工资的百分之八十发给。中华人民共和国成立以后参加革命工作，工作年限满二十年的，按本人标准工资的百分之七十五发给；工作年限满十五年不满二十年的，按本人标准工资的百分之七十发给；工作年限满十年不满十五年的，按本人标准工资的百分之六十发给。退休费低于二十五元的，按二十五元发给。

符合第四条第（三）项条件，饮食起居需要人扶助的，按本人标准工资的百分之九十发给，还可以根据实际情况发给一定数额的护理费，护理费标准，一般不得超过一个普通工人的工资；饮食起居不需要人扶助的，按本人标准工资的百分之八十发给。同时具备两项以上的退休条件，应当按最高的标准发给。退休费低于三十五元的，按三十五元发给。

离休和退休的干部去世后，其丧事处理、丧葬补助费和供养直系亲属抚恤费，应当与在职去世的干部一样。

第六条　获得全国劳动英雄、劳动模范称号，在退休时仍然保持其荣誉的干部；省、市、自治区革命委员会认为在新民主主义革命和社会主义革命、社会主义建设的各条战线上有特殊贡献的干部；部队军以上单位授予战斗英雄称号和认为对作战、军队建设有特殊贡献的转业、复员军人，在退休时仍然保持其荣誉的，其退休费可以酌情高于本办法所定标准的百分之五至百分之十五，但提高标准后的退休费，不得超过本人原标准工资。

第七条　经过医院证明完全丧失工作能力，又不具备退休条件的干部，应当退职。退职后，按月发给相当于本人标准工资百分之四十的生活费，低于二十元的，按二十元发给。

第八条　离休、退休和退职的干部的安置，要面向农村和中小城镇。在大城市工作的，应当尽量安置到中小城镇和农村，也可以根据具体情况，到本人或爱人的原籍安置；在中小城镇和农村工作的，可以就地或回原籍中小城镇和农村安置。易地安置有实际困难的，也可以就地安置。跨省安置的，各有关省、市、自治区应当积极做好安置工作。对于其他省、市、自治区要求向北京、天津、上海安置的，要从严控制。

第九条 离休、退休干部易地安家的，一般由原工作单位一次发给一百五十元的安家补助费，由大中城市到农村安家的，发给三百元。退职干部易地安家的，可以发给本人两个月的标准工资，作为安家补助费。

第十条 离休干部的住房，就地安置的，由原单位负责解决；回原籍或到其他地区安置的，由接受安置的地区负责解决。确需修缮、扩建或新建住房的，由接受安置的省、市、自治区列入基建计划统一解决。

退休干部的住房，就地安置的，由原单位负责解决；回中小城镇安置的，其住房由接受安置的地区尽量从公房中调剂解决；确实不能调剂解决，需要修缮、扩建和新建住房的，也由接受安置的地区列入基建计划统一解决；回农村安置，住房确有困难的，可以由原单位给予适当补助。

离休或退休的干部确需修建住房的，其住房面积和标准，应当本着勤俭节约的原则，根据家庭人口和当地群众住房水平确定，不要脱离群众；自己有房屋可以居住的，不得另建新房。

第十一条 干部离休、退休、退职的时候，本人及其供养的直系亲属前往居住地点途中所需用的车船费、旅馆费、行李搬运费和伙食补助费，都按照现行的规定办理。

第十二条 离休、退休、退职干部本人，可以享受与所居住地区同级干部相同的公费医疗待遇。

第十三条 规定发给的退休费、退职生活费，企业单位，由企业行政支付。党政机关、群众团体和事业单位，就地安置的，由原工作单位负责；易地安置的，分别由负责管理的组织、人事和县级民政部门另列预算支付。

第十四条 干部离休、退休、退职，由所在单位按照干部管理权限报任免机关批准。

第十五条 各地区、各部门要加强对老弱病残干部安置工作的领导。党委的组织部门和革命委员会的人事、民政部门，要在党委和革命委员会的领导下，认真做好离休、退休干部的思想政治工作和管理工作。就地安置的，由原工作单位管理；易地安置的，分别由接受地区的组织、人事和民政部门管理。要注意安排他们学习马列和毛主席著作，按照规定阅读文件、听报告。要关心他们的身体健康和物质、文化生活。要及时研究解决离休、退休干部的实际困难，总结交流工作经验，表彰离休、退休干部中的好人好事。

第十六条 本办法适用于党政机关、群众团体和全民所有制企业、事业单位的干部，以及因工作需要由组织委派到集体所有制企业、事业单位工作的国家干部。

集体所有制企业、事业单位老弱病残干部的安置，各省、市、自治区革命委员会可以参照本办法作出具体规定，其各项待遇，不得高于本办法所定的标准。

第十七条 本办法自下达之月起实行。过去有关规定与本办法不一致的，以本办法为准。已按有关规定办理了退休的干部，符合本办法所定离职休养条件的，可以改为离职休养；退休费标准低于本办法所定标准的，可以改按本办法规定的标准发给，但解放战争时期参加革命工作，工作年限不满二十年的，只按本人标准工资的百分之七十五发给。退休改为离休以及改变退休费标准后的差额部分，一律不予补发。已经担任荣誉职务的干部，不再重新安排。已经退职的干部，不再重新处理。

国家公务员退休条件

［解读］

国家公务员和参照公务员法管理的工作人员（例如党的机关工作人员）退休条件分为两类：一类是法定退休条件，只要符合该条件，公务员就可办理退休手续；另一类是可申请退休的条件，只要符合该条件，公务员即可向单位提出退休申请，经批准方可办理退休手续。法定退休条件是：

（一）男年满60周岁，女年满55周岁。

（二）完全丧失工作能力的。

本人提出申请，经任免机关批准，可以提前退休的条件如下：

（一）工作年限满30年的。

（二）距国家规定的退休年龄不足5年，且工作年限满20年的。

（三）符合国家规定可以提前退休的其他情形。

［依据指引］

(1)《中华人民共和国公务员法》（2005年4月27日 国家主席令第35号）

第八十七条 公务员达到国家规定的退休年

龄或者完全丧失工作能力的，应当退休。

第八十八条　公务员符合下列条件之一的，本人自愿提出申请，经任免机关批准，可以提前退休：

（一）工作年限满三十年的；

（二）距国家规定的退休年龄不足五年，且工作年限满二十年的；

（三）符合国家规定的可以提前退休的其他情形的。

第八十九条　公务员退休后，享受国家规定的退休金和其他待遇，国家为其生活和健康提供必要的服务和帮助，鼓励发挥个人专长，参与社会发展。

（2）国务院《关于安置老弱病残干部的暂行办法》（1978年6月2日　国发［1978］104号）

第四条　党政机关、群众团体、企业、事业单位的干部，符合下列条件之一的，都可以退休。

（一）男年满六十周岁，女年满五十五周岁，参加革命工作年限满十年的；

（二）男年满五十周岁，女年满四十五周岁，参加革命工作年限满十年，经过医院证明完全丧失工作能力的；

（三）因工致残，经过医院证明完全丧失工作能力的。

事业单位工作人员退休条件

［解读］

除参照执行《国家公务员法》的事业单位、社会团体之外，事业单位、社会团体工作人员的退休条件仍按照国发［1978］104号法规的规定执行。即符合下列条件之一的，都可以退休：

（一）男年满60周岁，女年满55周岁，参加革命工作年限满10年的。

（二）男年满50周岁，女年满45周岁，参加革命工作年限满10年，经过医院证明完全丧失工作能力的。

（三）因工致残，经过医院证明完全丧失工作能力的。

［依据指引］

国务院《关于安置老弱病残干部的暂行办法》（1978年6月2日　国发［1978］104号）

第四条　党政机关、群众团体、企业、事业单位的干部，符合下列条件之一的，都可以退休。

（一）男年满六十周岁，女年满五十五周岁，参加革命工作年限满十年的；

（二）男年满五十周岁，女年满四十五周岁，参加革命工作年限满十年，经过医院证明完全丧失工作能力的；

（三）因工致残，经过医院证明完全丧失工作能力的。

高级专家离退休年龄

［解读］

按照国家规定，高级专家是指正副教授、正副研究员、高级工程师、高级农艺师、正副主任医师、正副编审、正副译审、正副研究馆员、高级经济师、高级统计师、高级会计师、特级记者、高级记者、高级工艺美术师，以及文艺六级以上的专家。高级专家一般应按法定退休年龄办理离退休手续。对其中少数高级专家，确因工作需要，身体能够坚持正常工作，征得本人同意，经下述机关批准，其离退休年龄可以适当延长。即：

副教授、副研究员以及相当这一级职称的高级专家，经所在单位报请上一级主管机关批准，可以适当延长离休退休年龄，但最长不超过65周岁；教授、研究员以及相当这一级职称的高级专家，经所在单位报请省、自治区、直辖市人民政府或中央、国家机关的部委批准，可以延长离休退休年龄，但最长不超过70周岁；学术上造诣高深、在国内外有重大影响的杰出高级专家，经国务院批准，可以暂缓离休退休，继续从事研究或著述工作。延长离休退休年龄的高级专家中，担任行政领导职务或管理职务的，在达到国家统一规定的离休退休年龄时，应当免去其行政领导职务或管理职务，使他们集中精力继续从事科学技术或文化艺术等工作。特殊情况经过任免机关批准的除外。

女性高级专家，凡身体能坚持正常工作，本人自愿，可以到60周岁离退休。对年满60周岁的少数女性高级专家，确因工作需要延长离退休年龄的，可按《国务院关于高级专家离休退休若干问题的暂行规定》执行。这里所说的少数高级专家“确因工作需要”延长离退休年龄，主要是指以下几种情况：一是已承担的重要工作（如重点攻关科研项目）和带博士研究生等任务尚未完成，离退休后将对工作带来较大影响的；二是特殊专业和新学科、重点学科急需的；三是技术力量薄弱的单位确系工作需要的；四是在业务上起把关作用和在学科中起带头作用、离退休后尚无人接替的。

[依据指引]

(1) 国务院《关于高级专家离休退休若干问题的暂行规定》（1983年9月12日　国发［1983］141号）

为了充分发挥高级专家的作用，为社会主义建设事业多作贡献，并有利于新生力量的成长和队伍的更新，特制定本规定。

第一条　本规定所称高级专家，系指：正副教授、正副研究员、高级工程师、高级农艺师、正副主任医师、正副编审、正副译审、正副研究馆员、高级经济师、高级统计师、高级会计师、特级记者、高级记者、高级工艺美术师，以及文艺六级以上的专家。

第二条　高级专家离休退休年龄，一般应按国家统一规定执行。对其中少数高级专家。确因工作需要，身体能够坚持正常工作，征得本人同意，经下述机关批准。其离休退休年龄可以适当延长：

副教授、副研究员以及相当这一级职称的高级专家，经所在单位报请上一级主管机关批准，可以适当延长离休退休年龄，但最长不超过六十五周岁；

教授、研究员以及相当这一级职称的高级专家，经所在单位报请省、市、自治区人民政府或中央、国家机关的部委批准，可以延长离休退休年龄，但最长不超过七十周岁；

学术上造诣高深、在国内外有重大影响的杰出高级专家，经国务院批准，可以暂缓离休退休，继续从事研究或著述工作。

第三条　延长离休退休年龄的高级专家中，担任行政领导职务或管理职务的，在达到国家统一规定的离休退休年龄时，应当免去其行政领导职务或管理职务，使他们集中精力继续从事科学技术或文化艺术等工作。特殊情况经过任免机关批准的除外。

第四条　高级专家离休退休的待遇，按国家统一规定办理。符合以下情况的，退休费标准可以适当提高：

（一）有重大贡献的高级专家，经省、市、自治区人民政府或中央、国家机关的部委批准，其退休费标准可以酌情提高5%～15%。提高标准后的退休费，不得超过本人原标准工资。

（二）建国后从国外或者从香港、澳门、台湾回来定居工作的高级专家，其退休费均按建国后参加革命工作退休干部的最高标准发给。其中有重大贡献的，再按本条（一）项规定提高退休费。

第五条　高级专家离休退休后，如身体尚好，可以接受部门或单位的聘请，担任科学技术或文化艺术顾问，也可以直接承担业务工作。聘请离休退休高级专家应签订聘请合同，聘请条件和受聘人员待遇按国家有关规定办理。

第六条　各单位和各部门要认真执行国务院关于干部离休退休后政治、生活待遇的有关规定，对离休退休的高级专家应体贴关怀，热情爱护；要积极主动地帮助他们继续进行科学研究、资料整理、著书立说等工作，为他们的业务活动提供必要的方便。

(2) 国务院《关于高级专家退休问题的补充规定》（1986年2月18日　国发［1986］26号）

为了有利于在全国实行专业技术职务聘任制度，现对国务院一九八三年九月十二日发布的《国务院关于高级专家离休退休若干问题的暂行规定》作如下补充规定：

凡建国前从事专业技术工作，一九八六年已满六十周岁，并于一九八三年九月一日前已获得相当于副教授以上职称的老科学家、老教授、老专家（含建国前在国外工作，建国后回国的），在他们退休后，仍可保留原已获得的称号，他们的退休费按其原工资额的百分之百发给。对于过去已经办了退休手续、符合上述条件的，也同样对待；领取原工资额的百分之百退休费的时间，自一九八六年二月起计算。

这里所说“一九八三年九月一日前已获得相当于副教授以上职称的”，系指《国务院关于高级专家离休退休若干问题的暂行规定》第一条规定的范围，并包括一九八三年九月一日前经过职称评定组织评定了副教授以上职称并已上报到有关部门“待批”或“待授”的人员。

(3) 人事部《关于高级专家退（离）休有关问题的通知》（1990年2月27日　人退发［1990］5号）

为了进一步贯彻执行国务院有关高级专家退（离）休的规定，做好高级专家的退（离）休工作，充分发挥他们的作用，经国务院批准，现就有关问题通知如下：

一、高级专家退（离）休，仍按照《国务院关于高级专家离休退休若干问题的暂行规定》（国发［1983］141号）和《劳动人事部关于印发两个“说明”的通知》（劳人科［1983］153号）中的附件一执行。

二、女性高级专家，凡身体能坚持正常工作，本人自愿，可到六十周岁退（离）休。对年满六十周岁的少数女性高级专家，确因工作需要延长退（离）休年龄的，按国发［1983］141号和劳人科［1983］153号文件规定执行。

三、国发［1983］141号文件中的少数高级专家“确因工作需要”延长退（离）休年龄，主要是指以下几种情况：已承担的重要工作（如重点攻关科研项目）和带博士研究生等任务尚未完成，退（离）休后将对工作带来较大影响的；特殊专业和新学科，重点学科急需的；技术力量薄弱的单位确系工作需要的；在业务上起把关作用或在学科中起带头作用、退（离）休后尚无人接替的。

……

被宣告缓刑达到退休年龄的企业职工可办理退休手续

［解读］

按照国家有关规定，企业职工被判刑宣告缓刑，且没有被剥夺政治权利，仍留在原单位工作的，其在缓刑考验期限内，已达到退休年龄、具备退休条件时，可以办理退休手续，享受有关退休待遇。

［依据指引］

国家劳动总局保险福利司《关于被宣告缓刑的工人在缓刑考验期限内可否办理退休等问题的复函》（1982年6月10日 ［1982］劳险字24号）

黑龙江省劳改局：

黑劳险字［82］85号函收到。对所询问题，现答复如下：

一、工人被判处徒刑宣告缓刑，没有被剥夺政治权利，仍留原单位工作，在缓刑考验期限内已具备退休条件的，可以办理退休手续，享受有关退休待遇。

二、退休工人被判处徒刑宣告缓刑，没有被剥夺政治权利的，在缓刑考验期限内，仍可享受有关退休待遇。

被宣告缓刑达到退休年龄的机关、事业单位工作人员不可办理离退休手续

［解读］

国家对机关、事业单位工作人员被人民法院宣告缓刑后的退休、离休及其待遇问题作出了相关规定，主要内容如下：

（一）由于机关、事业单位缓刑人员在缓刑期间，职务自然撤销，安排不叙职的工作，发给临时工资，所以缓刑人员在缓刑期间职务、身份和工资级别均未确定。加之缓刑又是对犯罪分子有条件不执行刑罚的考验期限，因此缓刑人员在缓刑期间，不能办理离退休手续。

（二）机关、事业单位退休职工在宣告缓刑考验期内，没有被剥夺政治权利的，可以继续享受原退休待遇。如果在缓刑期间遇有按国家规定给退休人员增加退休费的情况，该退休人员则不能增加，可在缓刑考验期满后按规定增加，但缓刑考验期间的差额不予补发。

（三）凡触犯刑律受到刑事处分的机关、事业单位工作人员，都不能办理离休手续。其退出工作岗位后的生活待遇和管理等，由省、自治区、直辖市自行确定。

（四）机关、事业单位工作人员依法被法院判处“管制”的，属于刑事处分。因此，建国初期及其以后依法被判处过管制的工作人员，不能办理离休手续。

（五）机关、事业单位离休人员受刑事处分后，即不再按离休人员对待，其离休荣誉证要收回。受刑事处分未收监的，执行期间可按当地一般生活水平发给临时生活费；执行期满和刑满释放的，其生活待遇及管理等由省、自治区、直辖市自行确定。

［依据指引］

(1) 劳动人事部保险福利局《关于宣告有期徒刑缓刑人员退休待遇问题给江苏省人事局的答复》（1983年3月9日 劳人险函［1983］16号）

你局苏人四［82］131号函悉。关于宣告有期徒刑缓刑的退休人员退休待遇问题，经与最高人民法院研究室研究后，现答复如下：

缓刑不是一种刑罚，而是对被判处拘役、二年以下有期徒刑的犯罪分子，根据其犯罪情节和悔罪表现所规定的考验期。劳动保险旨在保障丧

失劳动能力的职工的基本生活。为了不致影响宣告有期徒刑的退休职工的生活，我们意见，退休职工在宣告缓刑考验期内，没有被剥夺政治权利的，可以继续享受原退休待遇。

(2) 劳动人事部《关于离休干部受刑事处分后待遇问题的复函》(1987年8月3日 劳人老函[1987] 5号)

青海省老干部局：

青老发[1986] 047号函悉。关于离休干部受刑事处分后的待遇问题，经与有关部门研究。答复如下：

一、离休干部受刑事处分后，即不再按离休干部对待，其离休荣誉证要收回。

二、受刑事处分未收监的，执行期间可按当地一般生活水平发给临时生活费；执行期满和刑满释放的，其生活待遇及管理等由你省研究确定。

(3) 人事部离休退休司《关于干部被判处有期徒刑缓刑考验期满后能否办理离休的函》(1988年12月8日 人退司函[1988] 2号)

福建省老干部局：

你省人民检察院11月12日来函，询问干部被判处有期徒刑缓刑，缓刑考验期满后，能否办理离休问题。经与有关部门研究，我们意见：根据劳人函[1987] 5号文件精神，凡触犯刑律受到刑事处分的干部，都不能办理离休手续。其退出工作岗位后的生活待遇和管理等，由你省研究确定。

请会同该院酌处。

(4) 中共中央组织部、人事部《关于建国初期被判处过管制的干部能否办理离休问题的复函》(1990年7月5日 人退司函[1990] 2号)

上海市委老干部局：

沪委老[90]字第012号函悉。关于建国初期被判处过管制的干部能否办理离休的问题，经与有关部门研究，答复如下：

依法被法院判处"管制"的，属于刑事处分。因此，按照人退司函[1988] 2号文中关于"凡触犯刑律受到刑事处分的干部，都不能办理离休手续"的规定，建国初期及其以后依法被判处过管制的干部，不能办理离休手续。某些报社和杂志社对这个问题的答复意见，不能作为依据。

(5) 人事部《关于退休干部被判刑宣告缓刑期间能否享受退休待遇问题的复函》(1991年3月5日 人退司函[1991] 2号)

天津市人事局：

你局津人退[1990] 4号函悉。关于退休干部被判刑宣告缓刑期间能否享受退休待遇的问题，经研究，答复如下：

退休干部被判刑宣告缓刑，其缓刑期内的生活待遇问题，仍按照劳人险函[1983] 16号办理，即："退休职工在宣告缓刑考验期内，没有被剥夺政治权利的，可以继续享受原退休待遇。"

(6) 人事部《关于退休干部被判处有期徒刑宣告缓刑期间能否增加退休费问题的函》(1996年11月29日 人函[1996] 286号)

上海市社会保险局：

你局电话询问关于退休干部被判处有期徒刑宣告缓刑期间能否增加退休费的问题，经研究，现答复如下：

退休干部被判处有期徒刑宣告缓刑未被剥夺政治权利并按规定继续享受原退休待遇的，如在缓刑期适逢国家规定给退休人员增加退休费，则不应给其增加，可在缓刑考验期满后按规定增加，但缓刑考验期间的差额不予补发。

给企业造成损失的职工可办理退休手续

[解读]

按照国家有关规定，对达到法定退休年龄之前，虽有经济问题，但未能证实其给用人单位所造成损失的具体金额，而在达到法定退休年龄之后，才得以查清的职工，用人单位不能给予其开除处分。由于国家规定，用人单位职工到达法定退休年龄，即男年满60周岁，女工人年满50周岁，女干部年满55周岁，应即办理退休手续，所以职工到达法定退休年龄前，给企业造成的经济损失，在达到法定退休年龄时应予办理退休手续，至于在退休后如何赔偿问题，应通过有关法律程序解决。

[依据指引]

(1) 劳动和社会保障部办公厅《关于给企业造成经济损失的职工办理退休手续问题的复函》(1999年11月8号 劳社厅函[1999] 137号)

陕西省劳动厅：

你厅《关于给企业造成经济损失被企业延缓办理退休手续的职工如何处理问题的请法》(陕劳办函字[1999] 180号)收悉。经研究，答复如下：

企业职工到达国家规定的退休年龄，即男年

满60周岁，女工年满50周岁，女干部年满55周岁，应按照国家规定办理退休手续。其中参加基本养老保险统筹的，由社会保险经办机构支付养老金。关于职工到达法定退休年龄前给企业造成的经济损失，在退休后如何赔偿问题，应通过有关法律程序解决。

1997年3月3日原劳动部办公厅《关于对超过退休年龄的职工能否开除的复函》（劳办发［1997］24号）中的有关内容，与本文不符的，以本文为准。

(2) 劳动部办公厅《关于对超过退休年龄的职工能否开除的复函》（1997年3月3日 劳办发［1997］24号）

云南省劳动厅：

你厅《关于对超过退休年龄的职工能否开除的请示》（云劳［1997］18号）收悉。经研究，现答复如下：

关于职工因经济问题在达到退休年龄前未能证实其所造成损失的具体金额，而在已超过退休年龄后才得到确认的问题，我们认为，根据这类人员的特殊情况，用人单位可以给予适当的行政处分或要求进行赔偿后再办理退休手续，但不宜给予开除处分。

机关、事业单位工作人员被宣告缓刑后的待遇

[解读]

国家对机关、事业单位工作人员及退休人员，被人民法院判处刑罚宣告缓刑后的工作及待遇问题作出了相关规定，主要内容如下：

（一）机关、事业单位工作人员被人民法院判处刑罚宣告缓刑的，其职务自然撤销，安排不述职的临时工作。除利用专业技术进行犯罪活动被判缓刑的外，可以根据实际情况和工作需要，安排其一定的技术工作。降低原工资待遇，按低于开除留用察看人员工资待遇发给临时工资。缓刑期间悔改表现好的，缓刑考验期满后可以分配正式工作，重新确定职务和工资等级；表现不好的，予以开除。

（二）机关、事业单位工作人员被人民法院判处管制的，其职务自然撤销，是否收回，由原单位根据其犯罪性质研究决定。不予收回的，办理开除手续。收回的，安排参加劳动或临时性工作。参照被判处刑罚宣告缓刑人员的临时工资标准，发给适当报酬，管制期间悔改表现好的，期满解除管制后可以分配正式工作，重新确定职务和工资等级；表现不好的，予以开除。

（三）机关、事业单位工作人员被人民法院判处拘役，拘役期满释放后，经上级主管机关批准收回的，分配适当工作，重新确定职务和工资等级，重新确定的职务和工资等级应低于拘役前的职级和工资待遇。

（四）由于机关、事业单位缓刑人员在缓刑期间，职务自然撤销，安排不叙职的工作，发给临时工资，所以缓刑人员在缓刑期间职务、身份和工资级别均未确定。加之缓刑又是对犯罪分子有条件不执行刑罚的考验期限，因此缓刑人员在缓刑期间，不能办理离退休手续。

（五）机关、事业单位退休职工在宣告缓刑考验期内，没有被剥夺政治权利的，可以继续享受原退休待遇。如果在缓刑期间遇有按国家规定给退休人员增加退休费的情况，该退休人员则不能增加，可在缓刑考验期满后按规定增加，但缓刑考验期间的差额不予补发。

（六）凡触犯刑律受到刑事处分的机关、事业单位工作人员，都不能办理离休手续。其退出工作岗位后的生活待遇和管理等，由省、自治区、直辖市自行确定。

（七）机关、事业单位工作人员依法被法院判处"管制"的，属于刑事处分。因此，建国初期及其以后依法被判处过管制的工作人员，不能办理离休手续。

（八）机关、事业单位离休人员受刑事处分后，即不再按离休人员对待，其离休荣誉证要收回。受刑事处分未收监的，执行期间可按当地一般生活水平发给临时生活费；执行期满和刑满释放的，其生活待遇及管理等由省、自治区、直辖市自行确定。

[依据指引]

(1) 劳动人事部保险福利局《关于宣告有期徒刑缓刑人员退休待遇问题给江苏省人事局的答复》（1983年3月9日 劳人险函［1983］16号）

江苏省人事局：

你局苏人四［82］131号函悉。关于宣告有期徒刑缓刑的退休人员退休待遇问题，经与最高人民法院研究室研究后，现答复如下：

缓刑不是一种刑罚，而是对被判处拘役、二年以下有期徒刑的犯罪分子，根据其犯罪情节和

悔罪表现所规定的考验期。劳动保险旨在保障丧失劳动能力的退休职工的生活。为了不致影响宣告有期徒刑的退休职工的生活，我们意见，退休职工在宣告缓刑考验期内，没有被剥夺政治权利的，可以继续享受原退休待遇。

(2) 劳动人事部《关于离休干部受刑事处分后待遇问题的复函》（1987年8月3日　劳人老函［1987］5号）

青海省老干部局：

青老发［1986］047号函悉。关于离休干部受刑事处分后的待遇问题，经与有关部门研究。答复如下：

一、离休干部受刑事处分后，即不再按离休干部对待，其离休荣誉证要收回。

二、受刑事处分未收监的，执行期间可按当地一般生活水平发给临时生活费；执行期满和刑满释放的，其生活待遇及管理等由你省研究确定。

(3) 人事部离休退休司《关于干部被判处有期徒刑缓刑考验期满后能否办理离休的函》（1988年12月8日　人退司函［1988］2号）

福建省老干部局：

你省人民检察院11月12日来函，询问干部被判处有期徒刑缓刑，缓刑考验期满后，能否办理离休问题。经与有关部门研究，我们意见：根据劳人函［1987］5号文件精神，凡触犯刑律受到刑事处分的干部，都不能办理离休手续。其退出工作岗位后的生活待遇和管理等，由你省研究确定。

(4) 人事部《关于国家行政机关工作人员被判处管制、拘役及被判处刑罚宣告缓刑后的工作和工资问题的通知》（1989年2月27日　人核发［1989］2号）

一、关于国家行政机关工作人员被人民法院判处刑罚宣告缓刑的，其工作安排和工资待遇如何处理的问题。

国家行政机关工作人员（包括事业单位工作人员和专业技术人员）被人民法院判处刑罚宣告缓刑的，其职务自然撤销，安排不叙职务的临时工作。为了发挥专业技术人员的特长，除利用专业技术进行犯罪活动被判缓刑的外，可以根据实际情况和工作需要，安排其一定的技术工作。降低原工资待遇，按低于开除留用察看人员工资待遇发给临时工资。缓刑期间悔改表现好的，缓刑考验期满后可以分配正式工作，重新确定职务和工资等级；表现不好的，予以开除。

二、关于国家行政机关工作人员被人民法院判处管制，原单位是否收回安排工作及其工资待遇如何确定的问题。

国家行政机关工作人员被人民法院判处管制，其职务自然撤销，是否收回，由原单位根据其犯罪性质研究决定。不予收回的，办理开除手续。收回的，安排参加劳动或临时性工作。参照被判处刑罚宣告缓刑人员的临时工资标准，发给适当报酬，管制期间悔改表现好的，期满解除管制后可以分配正式工作，重新确定职务和工资等级；表现不好的，予以开除。

三、关于国家行政机关工作人员被人民法院判处刑罚宣告缓刑，在缓刑考验期间能否办理离退休手续的问题。

《关于国家行政机关工作人员的奖惩暂行规定》第八条规定："对于被判处徒刑宣告缓刑的人员，其职务也自然撤销。"一九六四年四月二十二日内务部也在《解答》中明确规定："对被判处徒刑宣告缓刑的人员，在缓刑期间仍然可以留在机关继续工作的，应分配适当工作，降低原工资待遇，不定工资级别。"据此，缓刑人员在缓刑期间，职务自然撤销，安排不叙职的工作，发给临时工资。由于缓刑人员在缓刑期间职务、身份和工资级别均未确定，加之缓刑又是对犯罪分子有条件不执行刑罚的考验期限，因此，缓刑人员在缓刑期间，不能办理离退休手续。

四、关于国家行政机关工作人员被人民法院判处拘役，期满释放收回的，其工作安排和工资待遇问题。

国家行政机关工作人员被人民法院判处拘役，拘役期满释放后，经上级主管机关批准收回的，分配适当工作，重新确定职务和工资等级，重新确定的职务和工资等级应低于拘役前的职级和工资待遇。

(5) 中共中央组织部、人事部《关于建国初期被判处过管制的干部能否办理离休问题的复函》（1990年7月5日　人退司函［1990］2号）

上海市委老干部局：

沪委老［90］字第012号函悉。关于建国初期被判处过管制的干部能否办理离休的问题，经与有关部门研究，答复如下：

依法被法院判处"管制"的，属于刑事处分。因此，按照人退司函［1988］2号文中关于"凡触犯刑律受到刑事处分的干部，都不能办理离休手续"的规定，建国初期及其以后依法被判处过管制的干部，不能办理离休手续。某些报社和杂志社对这个问题的答复意见，不能作为依据。

(6) 人事部《关于退休干部被判刑宣告缓刑期间能否享受退休待遇问题的复函》（1991年3月5日 人退司函［1991］2号）（略）

(7) 人事部《关于退休干部被判处有期徒刑宣告缓刑期间能否增加退休费问题的函》（1996年11月29日 人函［1996］286号）（略）

离 休

［解读］

离休是指建国前参加革命工作的干部可以离职休养的制度。它是我国干部退休制度中的一种特殊形式，这种形式具有阶段性，随着时间的推移，离休人员会逐步减少，以致消失。离休范围包括：1949年9月30日前参加中国共产党领导的军队的干部；在解放区参加革命工作并脱产享受供给制待遇的干部；在敌占区从事党的地下革命工作的干部；1948年底以前享受当地人民政府制定的薪金制待遇的干部；1949年9月21日前参加民主党派，以后一直拥护共产党，坚持革命的干部。离休的年龄是：部长、省长以及相当职务的干部，正职为65周岁，副职为60周岁；司局级干部为60周岁；其他干部男性为60周岁，女性为55周岁。离休后政治待遇不变，工资待遇不变，生活待遇从优。

［依据指引］

(1) 国务院《关于老干部离职休养的暂行规定》（1980年10月7日 国发［1980］253号）

我们国家的老干部，在长期的革命斗争和社会主义建设事业中，艰苦奋斗，努力工作，为国家和人民作出了重大贡献，是党和国家的宝贵财富。但是，随着年龄的增长，老干部当中不能坚持正常工作的将日益增多。根据党和国家关心、爱护老干部的传统，让年老体弱、不能坚持正常工作的老干部离职休养（以下简称离休），在政治上予以尊重，生活上予以照顾，这是改革和完善我国干部制度的一项重要措施，也是社会主义制度优越性的体现。这既有利于保护老干部的健康，继续发挥他们的积极性，也有利于年轻干部的选拔成长。为此，作如下规定：

第一条 第一、二次国内革命战争时期参加革命工作的干部，抗日战争时期参加革命工作的副县长及相当职务或行政十八级以上的干部，建国以前参加革命工作的行政公署副专员及相当职务或行政十四级以上的干部，年老体弱、不能坚持正常工作的，应当离休。

已经退休的干部，符合上述规定的应改为离休。

第二条 干部离休，由所在单位按照干部管理权限，报任免机关批准。

第三条 离休干部一般可就地分散安置，也可在本人原籍或配偶所在地安置。国家鼓励离休干部到农村或中小城镇安家落户。

跨省安置的，由两省协商解决。对要求到北京、天津、上海安置的，要从严控制。在青藏等高原地区工作的内地干部离休后要求回内地安置的，有关省、自治区、直辖市应当予以安置。

第四条 对离休干部的管理，就地安置的，由原单位负责；易地安置的（包括军队已转地方的），由接收地区的干部、人事部门负责，必要时可建立小型干部休养所。

第五条 干部离休后，原标准工资（含保留工资）照发，福利待遇不变。其他各项生活待遇，都与所在地区同级在职干部一样对待，并切实给予保证。医疗、住房、用车、生活品供应等方面，应当优先照顾。

因公致残饮食起居需要人扶助的离休干部，一般可发给不超过当地普通机械行业二级工标准的工资的护理费。由于瘫痪等原因，生活长期完全不能自理的，可酌情发给护理费。需要购置病残工具而本人有困难的，可酌情补助。

跨省安置的离休干部，确需新建住房的，由原工作单位将经费划拨给接收地区，由接收地区负责解决。

干部休养所和直接管理离休干部较多的部门，要配备必要的车辆，为离休干部服务。

第六条 离休干部单列编制。离休干部需要的各项经费，由原单位支付。跨省安置的，由原单位拨交接收地区的干部、人事部门掌握支付，医疗费用由原单位负责报销；过去已由接收地区负责支付的，应当由接收地区干部、人事部门列预算支付。

离休干部易地安置的，由原工作单位一次发给安置补助费一百五十元，安置到农村生产队的，发给三百元。离休干部本人及其供养的直系亲属，前往安置地点的车船费、旅馆费、行李搬运费和途中伙食补助费，都按在职干部差旅费的规定报销。

干部离休后，继续享受国家规定的探亲待遇，另外本人可报销一次探视父母、子女或回原籍的往返车船费。

(2) 国务院《关于老干部离职休养制度的几项规定》（1982年4月10日 国发［1982］62号）

第一条 对建国前参加中国共产党所领导的革命战争、脱产享受供给制待遇的和从事地下革命工作的老干部，达到离职休养年龄的，实行离职休养的制度。

已经退休的干部，符合本规定的，应当改为离休。

第二条 老干部离休的年龄为：中央、国家机关的部长、副部长，省市自治区党委第一书记、书记、副书记和省市自治区人民政府省长、市长、主席、副主席及相当职务的干部，正职年满六十五周岁，副职年满六十周岁；中央、国家机关的司局长、副司局长，省市自治区党委部长、副部长和省市自治区人民政府厅局长、副厅局长、地委书记、副书记和行政公署专员、副专员及相当职务的干部，年满六十周岁；其他干部男年满六十周岁，女年满五十五周岁。身体不能坚持正常工作的，可提前离休；确因工作需要身体又能坚持正常工作的，经任免机关批准，可适当推迟。

老干部离休，由所在单位按照干部管理权限，报任免机关批准。

第三条 老干部离休后基本政治待遇不变，生活待遇略为从优。

一九二一年七月一日到一九四九年九月三十日各个革命时期参加革命工作的老干部，离休后原工资照发。

一九三七年七月六日以前参加革命工作的老干部，按本人离休前标准工资，每年增发两个月的工资，作为生活补贴。

一九三七年七月七日到一九四二年十二月三十一日参加革命工作的老干部，按本人离休前标准工资，每年增发一个半月的工资，作为生活补贴。

一九四三年一月一日至一九四五年九月三十日参加革命工作的老干部，不增发生活补贴。

行政八级和相当于八级以上（含八级）的老干部离休后，不增发生活补贴。

享受上述待遇的离休老干部，一律不再发给任何形式的奖金。

老干部离休后的生活补贴，自批准离休之日起按年发给。

已经离休的老干部（包括退休改离休的干部），从本规定下达之日起按年发给生活补贴。

第四条 老干部办理离休手续后，由国务院委托离休干部所在的省、市、自治区人民政府或中央、国家机关的部委授予“老干部离休荣誉证。”“老干部离休荣誉证”由国务院统一制定。

(3) 国务院《关于老干部离职休养制度的几项规定》（1982年6月8日 国发［1982］16号）（略）

退 职

［解读］

退职是指职工不符合退休或离休条件，但因完全丧失劳动能力而离开工作岗位休养的一种制度，也是一种特殊的退休形式。

企业职工按照国家现行规定，因病、非因工致残，经劳动能力鉴定机构认定完全丧失劳动能力，并与用人单位终止劳动关系的，由本人申请，社会保险经办机构审核，经地级人力资源和社会保障部门批准，可以办理退职、领取退职生活费。退职生活费标准根据职工缴费年限和缴费工资水平确定，具体办法和标准按省级政府规定执行。然而，各地规定不尽相同，甚至有的地方没有退职规定。因此，在建立社会养老保险制度以后，企业职工能否办理退职，如何享受退职待遇，还应按地方规定执行。目前《社会保险法》规定，未达到法定退休年龄、因病或非因工致残完全丧失劳动能力的参加养老保险的职工，可以领取病残津贴，实际上是对企业职工退职制度的完善。然而，国家对这一制度尚未出台细则性的规定，也就是说，因病或非因工致残完全丧失劳动能力的、参加养老保险的职工可以享受病残津贴的制度，尚未完全建立。待这项新的制度完全建立之后，企业职工退职及其相关制度则应停止执行，均需执行统一的病残津贴制度。

国家机关、事业单位工作人员经过医院证明完全丧失工作能力，又不具备退休条件的，应当退职。国家对机关工作人员工作年限不满10年退职生活费标准的规定是：按职务工资和级别工资的40%计发；事业单位工作人员和机关工人工作年限不满10年退职的，生活费按本人原工资（含活的部分）的50%计发。2006年事业单位工资制度改革之后，对2006年6月30日前已办理退职手续的人员，从2006年7月1日起增加退职生活费，具体办法按各省、自治区、直辖市人民政府的规定执行。

[依据指引]

(1)《中华人民共和国社会保险法》(2010年10月28日 国家主席令35号)

第十七条 参加基本养老保险的个人，因病或者非因工死亡的，其遗属可以领取丧葬补助金和抚恤金；在未达到法定退休年龄时因病或者非因工致残完全丧失劳动能力的，可以领取病残津贴。所需资金从基本养老保险基金中支付。

(2) 国务院《关于安置老弱病残干部的暂行办法》(1978年6月2日 国发［1978］104号)

第七条 经过医院证明完全丧失工作能力，又不具备退休条件的干部，应当退职。退职后，按月发给相当于本人标准工资百分之四十的生活费，低于二十元的，按二十元发给。

(3) 国务院《关于工人退休、退职的暂行办法》(1978年6月2日 国发［1978］104号)

第五条 不具备退休条件，由医院证明，并经劳动鉴定委员会确认，完全丧失劳动能力的工人，应该退职。退职后，按月发给相当于本人标准工资百分之四十的生活费，低于二十元的，按二十元发给。

(4) 国务院《公务员工资制度改革方案》(2006年6月14日 国发［2006］22号)

二、改革的基本内容

改革公务员现行工资制度，完善机关工人岗位技术等级（岗位）工资制，完善津贴补贴制度，健全工资水平正常增长机制，实行年终一次性奖金。

（一）改革公务员职级工资制。

1. 调整基本工资结构。

公务员基本工资构成由现行职务工资、级别工资、基础工资和工龄工资四项调整为职务工资和级别工资两项，取消基础工资和工龄工资。

……

（二）完善机关工人岗位技术等级（岗位）工资制。

1. 调整机关工人基本工资结构。

技术工人仍实行岗位技术等级工资制，基本工资构成由现行岗位工资、技术等级（职务）工资和奖金三项调整为岗位工资和技术等级（职务）工资两项。

……

普通工人仍实行岗位工资制，基本工资构成由现行岗位工资和奖金两项调整为岗位工资一项。

(5) 国务院《事业单位工作人员收入分配制度改革方案》(2006年6月15日 国人部发［2006］56号)

二、改革的基本内容

（一）建立岗位绩效工资制度。

事业单位实行岗位绩效工资制度。岗位绩效工资由岗位工资、薪级工资、绩效工资和津贴补贴四部分组成，其中岗位工资和薪级工资为基本工资。

……

（二）实行工资分类管理。

对从事公益服务的事业单位，根据其功能、职责和资源配置等不同情况，实行工资分类管理。基本工资执行国家统一的政策和标准，绩效工资根据单位类型实行不同的管理办法。

(6) 人事部《关于印发〈关于机关、事业单位工资制度改革实施中若干问题的规定〉的通知》(1994年1月29日 人薪发［1994］3号)

9. 关于这次工资制度改革后，工作年限不满20年的退休（退职）人员如何计发退休费（退职生活费）的问题。

这次工资制度改革，对按国家政策规定退休（退职）的工作20年以下的人员计发退休费（退职生活费）的比例作如下规定：实行职级工资的工作人员，退休时工作年限满10年不满20年的，基础工资和工龄工资按全额发给，职务工资和级别工资按60%计发；工作年限不满10年的，基础工资和工龄工资按全额发给，职务工资和级别工资按40%计发。

事业单位工作人员和机关工人，工作年限满10年不满20年退休的，其退休费按本人原工资（含活的部分）的70%计发；工作年限不满10年退职的，其退职生活费按本人原工资（含活的部分）的50%计发。

按上述办法计发的退休费（退职生活费）加上此次未纳入工资标准的剩余补贴、津贴，如低于当地职工基本生活费用数额，可补足到当地职工基本生活费用数额。

(7) 劳动和社会保障部《关于完善城镇职工基本养老保险政策有关问题的通知》(2001年12月22日 劳社部发［2001］20号)

六、对于因病、非因工致残，经当地劳动能

力鉴定机构认定完全丧失劳动能力，并与用人单位终止劳动关系的职工，由本人申请，社会保险经办机构审核，经地级劳动保障部门批准，可以办理退职领取退职生活费。退职生活费标准根据职工缴费年限和缴费工资水平确定，具体办法和标准按省级政府规定执行。

(8) 人事部、财政部《关于机关事业单位离退休人员计发离退休费等问题的实施办法》（2006年6月20日　国人部发［2006］60号）

二、增加离退休费的办法

2006年6月30日前已办理离退休手续的人员，从2006年7月1日起增加离退休费。具体办法是：

……

（三）退职人员按适当低于同岗位退休人员增加退休费的数额增加退职生活费。具体办法由各省、自治区、直辖市人民政府确定。

离　职

［解读］

离职是指归侨、侨眷职工，台、港、澳同胞及其眷属职工，以及国内其他职工获批准出国、出境定居者，凡不符合退休、退职条件的，允许办离职手续的一种特殊的与退休有关的制度。对这种离职人员，由其原所在单位支付一次性离职补助费，其标准是：

（一）连续工龄满1～10年的，每满1年发给1个月的本人标准工资。

（二）连续工龄在10年以上的，从第11年起，每满1年发给1个半月的本人标准工资。

（三）满1年的尾数，不足6个月的，按半年计算，超过6个月的，按1年计算。

（四）离职费的总额，最高以本人24个月的标准工资为限。

（五）连续工龄不满1年的，发给1个月的本人标准工资。

（六）计算离职费时，应该包括副食品价格补贴。

随着我国社会保险制度的不断完善，参加养老保险社会统筹的职工日益广泛，若这些人员参加了养老保险，当其同国内用人单位解除劳动关系出国、出境定居时，在上述离职规定未废止前，其除享受离职费待遇之外，社会保险待遇将由社会保险经办机构承担。具体做法是：社会保险经办机构终止其社会保险关系，并根据职工申请，对参加基本养老保险，且不符合领取基本养老金条件的，将其基本养老保险个人账户的储存额一次性支付给本人；参加基本医疗保险的，将其个人账户结余部分一次性退给本人；参加失业保险的，单位和个人此前缴纳的失业保险费不予退还。尚未参加社会保险的职工，还应执行原规定，由所在单位支付离职费。

［依据指引］

(1) 国务院侨务办公室《关于归侨、侨眷职工获批准出境定居退休、退职费发放问题的意见》（1978年11月27日［78］侨内字第512号）

一、获批准出境居的归侨、侨眷职工，凡符合《国务院关于安置老弱病残干部的暂行办法》《国务院关于工人退休、退职的暂行办法》的规定退休的，一次发给五年的退休费；退职的，一次发给五年的退职生活费。

二、获批准出境定居的归侨、侨眷职工，凡不符合国务院规定的退职条件的可办理离职手续，并由原单位按下列标准一次发给离职补助费：

1. 连续工龄不满一年的，发给一个月的本人标准工资；

2. 连续工龄一年以上至十年的，每满一年加发一个月的本人标准工资；

3. 连续工龄十年以上的，从第十一年起，每满一年，加发一个半月的本人标准工资，但离职补助费的总额，最高不得超过二十四个月的本人标准工资。

(2) 国务院侨务办公室、劳动人事部、财政部《关于归侨、侨眷职工因私事出境的假期、工资等问题的规定》（1983年1月25日　［83］侨政会字第007号）

第六条　出境定居的待遇和旅费

（一）凡不符合国家规定的退休、退职条件的在职职工，获准出境定居的，可以发给一次性离职费，其标准如下：

1. 连续工龄满一至十年的，每满一年发给一个月的本人标准工资；连续工龄在十年以上的，从第十一年起，每满一年发给一个半月的本人标准工资。满一年的尾数，不足六个月的，按半年计算，超过六个月的，按一年计算。离职费的总额，最高以本人二十四个月的标准工资为限。

2. 连续工龄不满一年的，发给一个月的本人标准工资。

计算离职费时，应该包括副食品价格补贴。对于出境后被按自动离职处理的职工，不发给离职费。

(3) 劳动部、人事部、财政部、公安部、司法部、国家外汇管理局《关于台胞、台属台湾地区定居有关待遇等问题的规定》（1989 年 12 月 20 日　劳险字［1989］27 号）

二、经批准赴台湾地区定居的国营企业、事业单位和党政机关、人民团体的台胞、台属职工（包括离休、退休、退职人员）其待遇如下：

……

（三）凡不符合国家规定的离休、退休、退职条件的在职职工，获准赴台湾地区定居的，所在单位可以一次性发给离职费，具体标准如下：

连续工龄满一至十年的，每满一年发给一个月的本人标准工资（国家机关、事业单位为基础工资、职务工资、工龄津贴三项之和，下同）；连续工龄在十年以上的，从第十一年起，每满一年发给一个半月的本人标准工资。满一年的尾数，不足六个月的，按半年计算，超过六个月的，按一年计算。离职费的总额，最高以本人二十四个月的标准工资为限。

连续工龄不满一年的，发给一个月的本人标准工资。计算离职费时，应该包括副食品价格补贴。

三、赴台湾地区定居的离休、退休、退职人员，经批准又回内地居住的，原支付离休费、退休费、退职生活费的单位，应该按照离休、退休、退职的有关规定继续支付应得的待遇。对又回内地居住的离职人员，经批准恢复工作的，原领取的离职费，应予以退还。确有困难的，经所在单位领导批准，可以分期退还。

……

五、集体所有制企业、事业单位离休、退休、退职、离职人员赴台湾地区定居的有关待遇问题，由各省、自治区、直辖市规定，其手续可以参照本规定办理。

(4) 劳动部《关于职工因私出境定居而解除劳动合同经济补偿问题的复函》（1997 年 5 月 7 日　劳办发［1997］42 号）

广东省劳动厅：

你厅《关于职工因私出境定居而解除劳动合同经济补偿问题的请示》（粤劳关［1997］70 号）收悉。经研究，现函复如下：

一、对于获批准出境定居的职工，享受的一次性离职费不属于《劳动法》及其配套规章规定的经济补偿金。在全面实行劳动合同制度以后，职工获批准出境定居而终止劳动合同的，用人单位不支付经济补偿金。

二、侨属、侨眷获批准出境定居的，其一次性离职费的支付，仍按国务院侨务办公室《关于归侨、侨眷职工获批准出境定居退休、退职费发放问题的解答意见》（［78］侨内字第 512 号）和国务院侨务办公室、劳动人事部、财政部《关于归侨、侨眷职工因私事出境的假期、工资等问题的规定》（［83］侨政会字第 007 号）的有关规定执行。

三、按照上述文件的规定，国内其他职工，包括国有、集体、私营企业职工和外商投资企业的中方职工等获批准出境定居的，均可比照执行。

四、到香港、澳门地区定居的职工，可以参照上述规定执行。到台湾地区定居的职工，可以参照《关于台胞、台属赴台湾地区定居有关待遇等问题的规定》（劳险字［1989］27 号）的有关规定执行。

(5) 劳动和社会保障部办公厅《关于单位外派职工在境外工作期间取得当地居民身份证后社会保险关系处理问题的复函》（2001 年 4 月 24 日　劳社厅函［2001］115 号）

广东省劳动和社会保障厅：

你厅《关于外派职工取得境外居民身份证后是否继续参保并享受社会保险待遇问题的请示》（粤劳社［2001］67 号）收悉。经研究，现答复如下：

职工在被本单位派到境外工作期间，合法取得当地永久性居民身份证后，职工所在单位应停止为其缴纳社会保险费，及时为其办理终止社会保险关系的手续。社会保险经办机构应当终止其社会保险关系，并根据职工的申请，对参加基本养老保险，且不符合领取基本养老金条件的，将其基本养老保险个人账户储存额中的个人缴费部分一次性退给本人；参加基本医疗保险的，将其个人账户结余部分一次性退给本人；参加失业保险的，单位和个人此前缴纳的失业保险费不予退还。

职工在被派到香港、澳门和台湾地区工作期间合法取得当地永久性居民身份证的，其社会保险关系参照上述办法处理。

(6) 劳动和社会保障部办公厅《关于取得国外永久性居民身份证回国工作人员在国内工作期间有关社会保险问题的复函》（2001 年 9 月 10 日　劳社厅函［2001］198 号）

北京市劳动和社会保障局：

你局《关于回国高级科技人才中持国外绿卡在国内工作人员有关社会保险问题的函》（京劳社养函［2001］59号）收悉。经研究，现答复如下：

对于取得国外永久性居民身份证的人员回国工作，凡同国内企业建立劳动关系的，应按规定参加企业所在地的社会保险，缴纳社会保险费，并享受相应待遇。这些人员同国内企业解除劳动关系并离境时，社会保险经办机构应当终止其社会保险关系，并根据职工申请，对参加基本养老保险，且不符合领取基本养老金条件的，将其基本养老保险个人账户的储存额一次性支付给本人；参加基本医疗保险的，将其个人账户结余部分一次性退给本人；参加失业保险的，单位和个人此前缴纳的失业保险费不予退还。

新　　人

[解读]

1997年7月16日，国务院颁布了《关于建立统一的企业职工基本养老保险制度的决定》（国发［1997］26号）。该文件实施后参加工作的参保人员属于“新人”，具体时间界限应以各地实施国发［1997］26号文件的实施细则确定的时间为准。新人的缴费年限（含视同缴费年限）累计满15年，退休后将按月发给基本养老金，由基础养老金（《社会保险法》将基础养老金改称为统筹养老金）和个人账户养老金组成，其待遇水平与缴费年限的长短、缴费基数的高低、退休时间的早晚直接挂钩；缴费年限累计不满15年的，退休后不享受统筹养老金待遇，其个人账户储存额一次性支付给本人。

[依据指引]

(1)《中华人民共和国社会保险法》（2010年10月28日　国家主席令第35号）

第十五条　基本养老金由统筹养老金和个人账户养老金组成。

基本养老金根据个人累计缴费年限、缴费工资、当地职工平均工资、个人账户金额、城镇人口平均预期寿命等因素确定。

(2) 国务院《关于建立统一的企业职工基本养老保险制度的决定》（1997年7月16日　国发［1997］26号）

五、本决定实施后参加工作的职工、个人缴费年限累计满15年的，退休后按月发给基本养老金。基本养老金由基础养老金和个人账户养老金组成。退休时的基础养老金月标准为省、自治区、直辖市或地（市）上年度职工月平均工资的20%，个人账户养老金月标准为本人账户储存额除以120。个人缴费年限累计不满15年的，退休后不享受基础养老金待遇，其个人账户存额一次支付给本人。

本决定实施前已经离退的人员，仍按国家原来的规定发给养老金，同时执行养老金调整办法。各地区和有关部门要按照国家规定进一步完善基本养老金正常调整机制，认真抓好落实。

本决定实施前参加工作、实施后退休且个人缴费和视同缴费年限累计满15年的人员，按照新老办法平衡衔接、待遇水平基本平衡等原则，在发给基础养老金和个人账户养老金的基础上再确定过渡性养老金，过渡性养老金从养老保险基金中解决。具体办法由劳动部会同有关部门制定并指导实施。

(3) 国务院《关于完善企业职工基本养老保险制度的决定》（2005年12月3日　国发［2005］38号）

六、改革基本养老金计发办法。为与做实个人账户相衔接，从2006年1月1日起，个人账户的规模统一由本人缴费工资的11%调整为8%，全部由个人缴费形成，单位缴费不再划入个人账户。同时，进一步完善鼓励职工参保缴费的激励约束机制，相应调整基本养老金计发办法。

《国务院关于建立统一的企业职工基本养老保险制度的决定》（国发［1997］26号）实施后参加工作、缴费年限（含视同缴费年限，下同）累计满15年的人员，退休后按月发给基本养老金。基本养老金由基础养老金和个人账户养老金组成。退休时的基础养老金月标准以当地上年度在岗职工月平均工资和本人指数化月平均缴费工资的平均值为基数，缴费每满1年发给1%。个人账户养老金月标准为个人账户储存额除以计发月数，计发月数根据职工退休时城镇人口平均预期寿命、本人退休年龄、利息等因素确定。

国发［1997］26号文件实施前参加工作，本决定实施后退休且缴费年限累计满15年的人员，在发给基础养老金和个人账户养老金的基础上，再发给过渡性养老金。各省、自治区、直辖市人民政府要按照待遇水平合理衔接、新老政策平稳过渡的原则，在认真测算的基础上，制定具体的过渡办法，并报劳动保障部、财政部备案。

本决定实施后到达退休年龄但缴费年限累计不满15年的人员，不发给基础养老金；个人账户储存额一次性支付给本人，终止基本养老保险关系。

本决定实施前已经离退休的人员，仍按国家原来的规定发给基本养老金，同时执行基本养老金调整办法。

中　　人

[解读]

1997年7月16日，国务院颁布了《关于建立统一的企业职工基本养老保险制度的决定》（国发［1997］26号）。该文件实施前参加工作、国务院《关于完善企业职工基本养老保险制度的决定》（国发［2005］38号）实施后退休的参保人员属于“中人”，具体时间界限应以各地实施国发［1997］26号和国发［2005］38号文件的实施细则确定的时间为准。中人缴费年限（含视同缴费年限）累计满15年，退休后将按月发给基本养老金，由基础养老金（又称统筹养老金）、个人账户养老金和过渡性养老金组成。

[依据指引]

（1）国务院《关于建立统一的企业职工基本养老保险制度的决定》（1997年7月16日　国发［1997］26号）

五、本决定实施后参加工作的职工、个人缴费年限累计满15年的，退休后按月发给基本养老金。基本养老金由基础养老金和个人账户养老金组成。退休时的基础养老金月标准为省、自治区、直辖市或地（市）上年度职工月平均工资的20%，个人账户养老金月标准为本人账户储存额除以120。个人缴费年限累计不满15年的，退休后不享受基础养老金待遇，其个人账户储存额一次支付给本人。

本决定实施前已经离退的人员，仍按国家原来的规定发给养老金，同时执行养老金调整办法。各地区和有关部门要按照国家规定进一步完善基本养老金正常调整机制，认真抓好落实。

本决定实施前参加工作、实施后退休且个人缴费和视同缴费年限累计满15年的人员，按照新老办法平稳衔接、待遇水平基本平衡等原则，在发给基础养老金和个人账户养老金的基础上再确定过渡性养老金，过渡性养老金从养老保险基金中解决。具体办法由劳动部会同有关部门制定并指导实施。

（2）国务院《关于完善企业职工基本养老保险制度的决定》（2005年12月3日　国发［2005］38号）

六、改革基本养老金计发办法。为与做实个人账户相衔接，从2006年1月1日起，个人账户的规模统一由本人缴费工资的11%调整为8%，全部由个人缴费形成，单位缴费不再划入个人账户。同时，进一步完善鼓励职工参保缴费的激励约束机制，相应调整基本养老金计发办法。

《国务院关于建立统一的企业职工基本养老保险制度的决定》（国发［1997］26号）实施后参加工作、缴费年限（含视同缴费年限，下同）累计满15年的人员，退休后按月发给基本养老金。基本养老金由基础养老金和个人账户养老金组成。退休时的基础养老金月标准以当地上年度在岗职工月平均工资和本人指数化月平均缴费工资的平均值为基数，缴费每满1年发给1%。个人账户养老金月标准为个人账户储存额除以计发月数，计发月数根据职工退休时城镇人口平均预期寿命、本人退休年龄、利息等因素确定。

国发［1997］26号文件实施前参加工作，本决定实施后退休且缴费年限累计满15年的人员，在发给基础养老金和个人账户养老金的基础上，再发给过渡性养老金。各省、自治区、直辖市人民政府要按照待遇水平合理衔接、新老政策平稳过渡的原则，在认真测算的基础上，制定具体的过渡办法，并报劳动保障部、财政部备案。

本决定实施后到达退休年龄但缴费年限累计不满15年的人员，不发给基础养老金；个人账户储存额一次性支付给本人，终止基本养老保险关系。

本决定实施前已经离退休的人员，仍按国家原来的规定发给基本养老金，同时执行基本养老金调整办法。

过渡性养老金

[解读]

在基本养老金的计算中，计算“中人”临界点之前的养老金称为过渡性养老金。按照国务院规定，实施统一的企业职工养老保险制度前参加工作、此后退休且个人缴费和视同缴费年限满15

年的人员即“中人”，在发给基础养老金（又称统筹养老金）和个人账户养老金的基础上还要加发一部分过渡性养老金。过渡性养老金主要是为了保证这部分“中人”退休时的养老保险金水平不至于因实行统一制度而过低。由于“中人”建立个人账户时间短，个人账户积累很少，退休时简单地用个人账户储存额除以120后的数量会很小，而且也没有体现出统一制度建立个人账户前这部分人的贡献。为此，对这部分人在退休时除发给统筹养老金、个人账户养老金外，还要增加一部分过渡性养老金。

过渡性养老金的具体计算办法各地不尽相同，一般是遵照待遇水平合理衔接、新老政策平稳过渡的原则，根据“中人”参加工作后未建立个人账户的年限和经测算后的系数来确定的，在过渡期实行特殊的过渡政策，即按照新办法计发养老金减少的不减发、增加的逐步增加。

[依据指引]

(1) 国务院《关于建立统一的企业职工基本养老保险制度的决定》（1997年7月16日 国发［1997］26号）

五、本决定实施后参加工作的职工、个人缴费年限累计满15年的，退休后按月发给基本养老金。基本养老金由基础养老金和个人账户养老金组成。退休时的基础养老金月标准为省、自治区、直辖市或地（市）上年度职工月平均工资的20%，个人账户养老金月标准为本人账户储存额除以120。个人缴费年限累计不满15年的，退休后不享受基础养老金待遇，其个人账户储存额一次支付给本人。

本决定实施前已经离退的人员，仍按国家原来的规定发给养老金，同时执行养老金调整办法。各地区和有关部门要按照国家规定进一步完善基本养老金正常调整机制，认真抓好落实。

本决定实施前参加工作、实施后退休且个人缴费和视同缴费年限累计满15年的人员，按照新老办法平稳衔接、待遇水平基本平衡等原则，在发给基础养老金和个人账户养老金的基础上再确定过渡性养老金，过渡性养老金从养老保险基金中解决。具体办法由劳动部会同有关部门制定并指导实施。

(2) 国务院《关于完善企业职工基本养老保险制度的决定》（2005年12月3日 国发［2005］38号）

六、改革基本养老金计发办法。为与做实个人账户相衔接，从2006年1月1日起，个人账户的规模统一由本人缴费工资的11%调整为8%，全部由个人缴费形成，单位缴费不再划入个人账户。同时，进一步完善鼓励职工参保缴费的激励约束机制，相应调整基本养老金计发办法。

《国务院关于建立统一的企业职工基本养老保险制度的决定》（国发［1997］26号）实施后参加工作、缴费年限（含视同缴费年限，下同）累计满15年的人员，退休后按月发给基本养老金。基本养老金由基础养老金和个人账户养老金组成。退休时的基础养老金月标准以当地上年度在岗职工月平均工资和本人指数化月平均缴费工资的平均值为基数，缴费每满1年发给1%。个人账户养老金月标准为个人账户储存额除以计发月数，计发月数根据职工退休时城镇人口平均预期寿命、本人退休年龄、利息等因素确定。

国发［1997］26号文件实施前参加工作，本决定实施后退休且缴费年限累计满15年的人员，在发给基础养老金和个人账户养老金的基础上，再发给过渡性养老金。各省、自治区、直辖市人民政府要按照待遇水平合理衔接、新老政策平稳过渡的原则，在认真测算的基础上，制定具体的过渡办法，并报劳动保障部、财政部备案。

本决定实施后到达退休年龄但缴费年限累计不满15年的人员，不发给基础养老金；个人账户储存额一次性支付给本人，终止基本养老保险关系。

本决定实施前已经离退休的人员，仍按国家原来的规定发给基本养老金，同时执行基本养老金调整办法。

老　人

[解读]

国务院《关于完善企业职工基本养老保险制度的决定》（国发［2005］38号）实施前已经退休的参保人员属于“老人”，具体时间界限应以各地实施国发［2005］38号文件的实施细则确定的时间为准。“老人”仍然按照国发［1978］104号文件规定发给基本养老金，同时随基本养老金调整而增加养老保险待遇。

[依据指引]

**(1) 国务院《关于完善企业职工基本养老保

险制度的决定》（2005年12月3日 国发［2005］38号）

五、本决定实施后参加工作的职工、个人缴费年限累计满15年的，退休后按月发给基本养老金。基本养老金由基础养老金和个人账户养老金组成。退休时的基础养老金月标准为省、自治区、直辖市或地（市）上年度职工月平均工资的20%，个人账户养老金月标准为本人账户储存额除以120。个人缴费年限累计不满15年的，退休后不享受基础养老金待遇，其个人账户储存额一次支付给本人。

本决定实施前已经离退的人员，仍按国家原来的规定发给养老金，同时执行养老金调整办法。各地区和有关部门要按照国家规定进一步完善基本养老金正常调整机制，认真抓好落实。

本决定实施前参加工作、实施后退休且个人缴费和视同缴费年限累计满15年的人员，按照新老办法平稳衔接、待遇水平基本平衡等原则，在发给基础养老金和个人账户养老金的基础上再确定过渡性养老金，过渡性养老金从养老保险基金中解决。具体办法由劳动部会同有关部门制定并指导实施。

(2) 国务院《关于安置老弱病残干部的暂行办法》（1978年6月2日 国发［1978］104号）

第五条 干部退休以后，每月按下列标准发给退休费，直至去世为止。

符合第四条（一）项或（二）项条件，抗日战争时期参加革命工作的，按本人标准工资的百分之九十发给。解放战争时期参加革命工作的，按本人标准工资的百分之八十发给。中华人民共和国成立以后参加革命工作，工作年限满二十年的，按本人标准工资的百分之七十五发给；工作年限满十五年不满二十年的，按本人标准工资的百分之七十发给；工作年限满十年不满十五年的，按本人标准工资的百分之六十发给。退休费低于二十五元的，按二十五元发给。

符合第四条第（三）项条件，饮食起居需要人扶助的，按本人标准工资的百分之九十发给，还可以根据实际情况发给一定数额的护理费，护理费标准，一般不得超过一个普通工人的工资；饮食起居不需要人扶助的，按本人标准工资的百分之八十发给。同时具备两项以上的退休条件，应当按最高的标准发给。退休费低于三十五元的，按三十五元发给。

离休和退休的干部去世后，其丧事处理、丧葬补助费和供养直系亲属抚恤费，应当与在职去世的干部一样。

第六条 获得全国劳动英雄、劳动模范称号，在退休时仍然保持其荣誉的干部；省、市、自治区革命委员会认为在新民主主义革命和社会主义革命、社会主义建设的各条战线上有特殊贡献的干部；部队军以上单位授予战斗英雄称号和认为对作战、军队建设有特殊贡献的转业、复员军人，在退休时仍然保持其荣誉的，其退休费可以酌情高于本办法所定标准的百分之五至百分之十五，但提高标准后的退休费，不得超过本人原标准工资。

(3) 国务院《关于工人退休、退职的暂行办法》（1978年6月2日 国发［1978］104号）

第二条 工人退休以后，每月按下列标准发给退休费，直至去世为止。

（一）符合第一条第（一）、（二）、（三）项条件，抗日战争时期参加革命工作的，按本人标准工资的百分之九十发给。解放战争时期参加革命工作的，按本人标准工资的百分之八十发给。中华人民共和国成立后参加革命工作，连续工龄满二十年的，按本人标准工资的百分之七十五发给；连续工龄满十五年不满二十年的，按本人标准工资的百分之七十发给；连续工龄满十年不满十五年的，按本人标准工资的百分之六十发给。退休费低于二十五元的，按二十五元发给。

（二）符合第一条第（四）项条件，饮食起居需要人扶助的，按本人标准工资的百分之九十发给，还可以根据实际情况发给一定数额的护理费，护理费标准，一般不得超过一个普通工人的工资；饮食起居不需要人扶助的，按本人标准工资的百分之八十发给。同时具备两项以上的退休条件，应当按最高的标准发给。退休费低于三十五元的，按三十五元发给。

第三条 患二、三期矽肺病离职休养的工人，如果本人自愿，也可以退休。退休费按本人标准工资的百分之九十发给，并享受原单位矽肺病人在离职休养期间的待遇。

基本养老保险待遇

[解读]

基本养老保险待遇是指参加了基本养老保险的劳动者在达到法定退休年龄，并符合领取基本养老保险金条件时，所能享受到的经济收入或其他各项资金补贴。

按照国务院规定，领取基本养老保险金需要同时具备三个条件：一是退休前本人按规定参加了基本养老保险，二是达到了国家规定的退休年龄或符合退休条件，三是本人按时足额缴纳养老保险费满15年。如果只符合前两个条件，而缴费年限（包括视同缴费年限）不足15年，则可以按不足15年的期限逐年延长缴费至满15年，《社会保险法》实施前参保、延长缴费5年后仍不足15年的，可以一次性缴费至满15年，按月领取基本养老金，也可以转入新型农村社会养老保险或者城镇居民社会养老保险，按照国务院规定享受相应的养老保险待遇；累计缴费不足15年，且不愿延长缴费期限或未转入新型农村社会养老保险或者城镇居民社会养老保险的，个人可以书面申请终止养老保险关系，经社会保险经办机构书面告知其转入新型农村社会养老保险或者城镇居民社会养老保险的权利，以及终止养老保险关系的后果，本人书面确认后，可以终止养老保险关系，一次性领取个人账户储存额。

有关基本养老金的具体规定是：个人缴费年限和视同缴费年限累计满15年的“新人”，退休后按月发给基本养老金，包括统筹养老金和个人账户养老金两部分；“中人”退休后，在按月发给统筹养老金和个人账户养老金的基础上，再增加一块过渡性养老金；“老人”退休后，仍按国发[1978] 104号文件规定发给基本养老待遇。

[依据指引]

(1)《中华人民共和国社会保险法》（2010年10月28日　国家主席令第35号）

第十六条　参加基本养老保险的个人，达到法定退休年龄时累计缴费满十五年的，按月领取基本养老金。

参加基本养老保险的个人，达到法定退休年龄时累计缴费不足十五年的，可以缴费至满十五年，按月领取基本养老金；也可以转入新型农村社会养老保险或者城镇居民社会养老保险，按照国务院规定享受相应的养老保险待遇。

(2) 人力资源和社会保障部《实施〈中华人民共和国社会保险法〉若干规定》（2011年6月29日　部令第13号）

第二条　参加职工基本养老保险的个人达到法定退休年龄时，累计缴费不足十五年的，可以延长缴费至满十五年。社会保险法实施前参保、延长缴费五年后仍不足十五年的，可以一次性缴费至满十五年。

第三条　参加职工基本养老保险的个人达到法定退休年龄后，累计缴费不足十五年（含依照第二条规定延长缴费）的，可以申请转入户籍所在地新型农村社会养老保险或者城镇居民社会养老保险，享受相应的养老保险待遇。

参加职工基本养老保险的个人达到法定退休年龄后，累计缴费不足十五年（含依照第二条规定延长缴费），且未转入新型农村社会养老保险或者城镇居民社会养老保险的，个人可以书面申请终止职工基本养老保险关系。社会保险经办机构收到申请后，应当书面告知其转入新型农村社会养老保险或者城镇居民社会养老保险的权利以及终止职工基本养老保险关系的后果，经本人书面确认后，终止其职工基本养老保险关系，并将个人账户储存额一次性支付给本人。

(3) 国务院《关于建立统一的企业职工基本养老保险制度的决定》（1997年7月16日　国发[1997] 26号）

五、本决定实施后参加工作的职工，个人缴费年限累计满15年的，退休后按月发给基本养老金。基本养老金由基础养老金和个人账户养老金组成。退休时的基础养老金月标准为省、自治区、直辖市或地（市）上年度职工月平均工资的20%，个人账户养老金月标准为本人账户储存额除以120。个人缴费年限累计不满15年的，退休后不享受基础养老金待遇，其个人账户储存额一次支付给本人。

本决定实施前已经离退休的人员，仍按国家原来的规定发给养老金，同时执行养老金调整办法。各地区和有关部门要按照国家规定进一步完善基本养老金正常调整机制，认真抓好落实。

本决定实施前参加工作、实施后退休且个人缴费和视同缴费年限累计满15年的人员，按照新老办法平稳衔接、待遇水平基本平衡等原则，在发给基础养老金和个人账户养老金的基础上再确定过渡性养老金，过渡性养老金从养老保险基金中解决。具体办法由劳动部会同有关部门制定并指导实施。

统筹养老金

[解读]

根据我国现行养老保险制度，基本养老金由

统筹养老金和个人账户养老金组成。统筹养老金是在用人单位缴纳的基本养老保险费构成的统筹基金中为符合条件的退休人员支付的养老金。用人单位缴纳的养老保险费分为两个部分：一部分纳入统筹基金；另一部分划入本单位职工的基本养老保险个人账户（自2006年1月1日起，不再从企业缴费中划转）。当职工符合领取基本养老保险金条件时，统筹基金中要按月为他们支付一部分养老金，这部分养老金就称为统筹养老金。退休时的统筹养老金月标准以当地上年度在岗职工月平均工资和本人指数化月平均缴费工资的平均值为基数，缴费每满1年发给1%（缴费系数）。

统筹养老金的计算公式为：

$$T=(A+A\times Q)\div 2\times M\times 1\%$$

式中：

T为月统筹养老金；

A为退休时上年度当地城镇在岗职工月平均工资；

Q为平均缴费指数；

$$Q=(X_1\div A_1+X_2\div A_2+\cdots+X_n\div A_n)\div n$$

X_1，$X_2\cdots X_n$分别为首次实际缴费当月直至截止缴费当月的月缴费基数（不含未缴费月数）；

A_1，$A_2\cdots A_n$分别为缴费对应上年度当地城镇在岗职工月平均工资；

n为首次实际缴纳当月至截止缴费当月的实际缴费月数（不含未缴费月数）；

M为建立个人账户之月至达到规定退休年龄当月的实际缴费年限。M以年为单位，累计满12个月计算为1年。

［依据指引］

(1)《中华人民共和国社会保险法》（2010年10月28日 国家主席令第35号）

第十五条 基本养老金由统筹养老金和个人账户养老金组成。

基本养老金根据个人累计缴费年限、缴费工资、当地职工平均工资、个人账户金额、城镇人口平均预期寿命等因素确定。

(2) 国务院《关于建立统一的企业职工基本养老保险制度的决定》（1997年7月16日 国发［1997］26号）

五、本决定实施后参加工作的职工，个人缴费年限累计满15年的，退休后按月发给基本养老金。基本养老金由基础养老金和个人账户养老金组成。退休时的基础养老金月标准为省、自治区、直辖市或地（市）上年度职工月平均工资的20%，个人账户养老金月标准为本人账户储存额除以120。个人缴费年限累计不满15年的，退休后不享受基础养老金待遇，其个人账户储存额一次支付给本人。

本决定实施前已经离退休的人员，仍按国家原来的规定发给养老金，同时执行养老金调整办法。各地区和有关部门要按照国家规定进一步完善基本养老金正常调整机制，认真抓好落实。

本决定实施前参加工作、实施后退休且个人缴费和视同缴费年限累计满15年的人员，按照新老办法平稳衔接、待遇水平基本平衡等原则，在发给基础养老金和个人账户养老金的基础上再确定过渡性养老金，过渡性养老金从养老保险基金中解决。具体办法由劳动部会同有关部门制定并指导实施。

(3) 国务院《关于完善企业职工基本养老保险制度的决定》（2005年12月3日 国发［2005］38号）

六、改革基本养老金计发办法。为与做实个人账户相衔接，从2006年1月1日起，个人账户的规模统一由本人缴费工资的11%调整为8%，全部由个人缴费形成，单位缴费不再划入个人账户。同时，进一步完善鼓励职工参保缴费的激励约束机制，相应调整基本养老金计发办法。

《国务院关于建立统一的企业职工基本养老保险制度的决定》（国发［1997］26号）实施后参加工作、缴费年限（含视同缴费年限，下同）累计满15年的人员，退休后按月发给基本养老金。基本养老金由基础养老金和个人账户养老金组成。退休时的基础养老金月标准以当地上年度在岗职工月平均工资和本人指数化月平均缴费工资的平均值为基数，缴费每满1年发给1%。个人账户养老金月标准为个人账户储存额除以计发月数，计发月数根据职工退休时城镇人口平均预期寿命、本人退休年龄、利息等因素确定。

国发［1997］26号文件实施前参加工作，本决定实施后退休且缴费年限累计满15年的人员，在发给基础养老金和个人账户养老金的基础上，再发给过渡性养老金。各省、自治区、直辖市人民政府要按照待遇水平合理衔接、新老政策平稳过渡的原则，在认真测算的基础上，制定具体的过渡办法，并报劳动保障部、财政部备案。

本决定实施后到达退休年龄但缴费年限累计不满15年的人员，不发给基础养老金；个人账户储存额一次性支付给本人，终止基本养老保险关系。

本决定实施前已经离退休的人员，仍按国家原来的规定发给基本养老金，同时执行基本养老金调整办法。

个人账户养老金

[解读]

个人账户养老金是参加基本养老保险的职工在达到退休年龄、符合领取养老保险金条件时，从基本养老保险个人账户中支取的养老保险金。按照规定，职工参加基本养老保险，本人需要按月缴纳养老保险费，个人缴费全部记入基本养老保险个人账户，企业缴费中还须拨付一部分记入个人账户（自2006年1月1日起，不再从企业缴费中划转）。退休时个人账户中储存的资金要全部支付给个人。支付个人账户资金也有两种形式，对个人缴纳基本养老保险费满15年的，退休后个人账户资金按月支付，直至其身故，个人账户养老保险金的支付月标准为本人账户储存额除以计发月数。这里的计发月数不是指某个退休人员实际领取基本养老金的月数，而是根据城镇人口平均预期寿命、本人退休年龄、利息等因素测算出来的一个系数。比如，退休时年龄为50岁，计发月数为195；退休时年龄为55岁，计发月数为176；退休时年龄为60岁，计发月数为139；退休时年龄为70岁，计发月数为55。这种规定既体现了公平原则，也体现了效率原则，以及权利与义务相适应的原则。

[依据指引]

(1) 国务院《关于建立统一的企业职工基本养老保险制度的决定》（1997年7月16日　国发［1997］26号）

五、本决定实施后参加工作的职工，个人缴费年限累计满15年的，退休后按月发给基本养老金。基本养老金由基础养老金和个人账户养老金组成。退休时的基础养老金月标准为省、自治区、直辖市或地（市）上年度职工月平均工资的20%，个人账户养老金月标准为本人账户储存额除以120。个人缴费年限累计不满15年的，退休后不享受基础养老金待遇，其个人账户储存额一次支付给本人。

本决定实施前已经离退休的人员，仍按国家原来的规定发给养老金，同时执行养老金调整办法。各地区和有关部门要按照国家规定进一步完善基本养老金正常调整机制，认真抓好落实。

本决定实施前参加工作、实施后退休且个人缴费和视同缴费年限累计满15年的人员，按照新老办法平稳衔接、待遇水平基本平衡等原则，在发给基础养老金和个人账户养老金的基础上再确定过渡性养老金，过渡性养老金从养老保险基金中解决。具体办法由劳动部会同有关部门制定并指导实施。

(2) 国务院《关于完善企业职工基本养老保险制度的决定》（2005年12月3日　国发［2005］38号）

六、改革基本养老金计发办法。为与做实个人账户相衔接，从2006年1月1日起，个人账户的规模统一由本人缴费工资的11%调整为8%，全部由个人缴费形成，单位缴费不再划入个人账户。同时，进一步完善鼓励职工参保缴费的激励约束机制，相应调整基本养老金计发办法。

《国务院关于建立统一的企业职工基本养老保险制度的决定》（国发［1997］26号）实施后参加工作、缴费年限（含视同缴费年限，下同）累计满15年的人员，退休后按月发给基本养老金。基本养老金由基础养老金和个人账户养老金组成。退休时的基础养老金月标准以当地上年度在岗职工月平均工资和本人指数化月平均缴费工资的平均值为基数，缴费每满1年发给1%。个人账户养老金月标准为个人账户储存额除以计发月数，计发月数根据职工退休时城镇人口平均预期寿命、本人退休年龄、利息等因素确定。

国发［1997］26号文件实施前参加工作，本决定实施后退休且缴费年限累计满15年的人员，在发给基础养老金和个人账户养老金的基础上，再发给过渡性养老金。各省、自治区、直辖市人民政府要按照待遇水平合理衔接、新老政策平稳过渡的原则，在认真测算的基础上，制定具体的过渡办法，并报劳动保障部、财政部备案。

本决定实施后到达退休年龄但缴费年限累计不满15年的人员，不发给基础养老金；个人账户储存额一次性支付给本人，终止基本养老保险关系。

本决定实施前已经离退休的人员，仍按国家原来的规定发给基本养老金，同时执行基本养老金调整办法。

基本养老金调整机制

[解读]

基本养老金调整机制是指根据职工社会平均工资水平增长、物价上涨情况，适时提高养老保险待遇水平的机制。主要目的是保证退休人员的实际生活水平能够随着职工工资水平适度增长，保证退休人员也能够分享社会进步的成果。

由于退休人员的养老金是根据退休时上年度职工社会工资水平和个人账户中的储存额确定的，是一个定数，随着在岗职工工资水平的不断提高、物价水平的增长，退休金的相对数额会减少，造成退休人员实际生活水平下降。为了防止这种现象发生，从1995年开始，我国建立了基本养老金正常调整机制。国务院根据职工工资和物价变动等情况，适时调整企业退休人员基本养老金水平，调整幅度为省、自治区、直辖市当地企业在岗职工平均工资年增长率的一定比例。具体调整办法由各省、自治区、直辖市根据本地经济发展水平、物价上涨水平和职工社会平均工资增长水平等因素确定，一般为当地职工上一年度平均工资增长率的40%～60%，报人力资源和社会保障部、财政部审批后实施。年度增加的基本养老金，按职工退休时个人账户养老金和统筹养老金各占基本养老金的比例，分别从个人账户储存额和社会统筹基金中列支。从2005年起，国家连续7年调整养老金，2011年的全国月平均养老金超过1 500元，比2005年翻了一倍多。目前，人力资源和社会保障部正在进一步研究、完善基本养老金的正常调整机制。

[依据指引]

(1)《中华人民共和国社会保险法》（2010年10月28日　国家主席令第35号）

第十八条　国家建立基本养老金正常调整机制。根据职工平均工资增长、物价上涨情况，适时提高基本养老保险待遇水平。

(2) 国务院《关于深化企业职工养老保险制度改革的通知》（1995年9月18日　国发〔1995〕6号）

四、为了保障企业离退休人员基本生活，各地区应当建立基本养老金正常调整机制。基本养老金可按当地职工上一年度平均工资增长率的一定比例进行调整，具体办法在国家政策指导下由省、自治区、直辖市人民政府确定。

(3) 国务院《关于完善企业职工基本养老保险制度的决定》（2005年12月3日　国发〔2005〕38号）

七、建立基本养老金正常调整机制。根据职工工资和物价变动等情况，国务院适时调整企业退休人员基本养老金水平，调整幅度为省、自治区、直辖市当地企业在岗职工平均工资年增长率的一定比例。各地根据本地实际情况提出具体调整方案，报劳动保障部、财政部审批后实施。

参保人员因病或非因工致残、死亡的待遇

[解读]

根据法律规定，企业职工未达到法定退休年龄、因病或非因工致残完全丧失劳动能力的，可领取病残津贴。这是从基本养老保险基金中支付给参保人员的一种经济补偿，是养老保险制度的新内容，目前尚没有津贴标准的规定，国务院有关部门正在积极研究制定细则性的规定。

法律还规定，因病或非因工死亡的，其遗属可从基本养老保险基金中领取丧葬补助金和遗属抚恤金。丧葬补助金是对死亡职工安葬和处理后事的补助费用；遗属抚恤金是对死亡职工的家属的经济补偿和精神安慰；遗属的范围一般包括死者的配偶、子女、依靠死者生前供养的父母以及依靠死者生活的其他亲属。根据相关规定，丧葬补助费为该企业职工平均工资2个月。抚恤金视死亡职工供养直系亲属人数而定：其供养直系亲属1人者，为死者本人工资6个月；2人者，为死者本人工资9个月；3人或3人以上者，为死者本人工资12个月。然而，这一规定是20世纪50年代制定的，已不能适应实践的需要。因此，各地分别作了新的规定，因各地经济发展状况不同，所规定的遗属待遇的支付范围和发放标准有很大差异，故各地在支付丧葬补助金和遗属抚恤金时，应按地方政府的规定执行。

[依据指引]

(1)《中华人民共和国社会保险法》（2010年10月28日　国家主席令第35号）

第十七条　参加基本养老保险的个人，因病或者非因工死亡的，其遗属可以领取丧葬补助金和抚恤金；在未达到法定退休年龄时因病或者非因工致残完全丧失劳动能力的，可以领取病残津

贴。所需资金从基本养老保险基金中支付。

(2)《中华人民共和国劳动保险条例》(1953年1月2日)

第十四条 工人与职员及其供养的直系亲属死亡时待遇的规定:

……

乙、工人与职员因病或非因工负伤死亡时,由劳动保险基金项下付给丧葬补助费,其数额为该企业全部工人与职员平均工资两个月;另由劳动保险基金项下,按其供养直系亲属人数,付给供养直系亲属救济费,其数额为死者本人工资六个月到十二个月。详细办法在实施细则中规定之。

(3)劳动部《中华人民共和国劳动保险条例实施细则(修正草案)》(1953年1月26日)

第二十三条 工人职员因病或非因工负伤死亡时、退职养老后死亡时或非因工残废完全丧失劳动力退职后死亡时,根据劳动保险条例第十四条乙款的规定,除由劳动保险基金项下付给本企业的平均工资二个月作为丧葬补助费外,并按下列规定由劳动保险基金项下一次付给供养直系亲属救济费:其供养直系亲属一人者,为死者本人工资六个月;二人者,为死者本人工资九个月;三人或三人以上者,为死者本人工资十二个月。

基本养老保险金的社会化发放

[解读]

基本养老保险金的社会化发放是指职工退休后,其退休金不再由原单位发放,而是改由银行、邮局、街道社区或社会保险经办机构等社会机构发放。其中主要有以下几种形式:

(一)通过银行发放。这是各地较为普遍采用的一种发放形式。这种形式可以充分利用银行营业网点多的优势,方便广大离退休人员领取养老金。同时,根据原劳动部和中国工商银行的规定,凡由各级工商银行发放养老金的,银行免收手续费(包括储蓄存折和牡丹卡),有利于降低养老金社会化发放的成本。

(二)通过邮局寄发。各地对异地安置和居住在偏远农村的离退休人员多采用这种形式。

(三)社会保险经办机构直接发放。这种形式又包括两种情况:一种是只对极少数高龄孤老、行动不便以及有特殊困难的离退休人员上门直接送发;另一种是采取与银行联办储蓄所等形式发放。

实行基本养老金社会化发放是为了减轻企业承担社会事务的负担,是养老保险社会化管理的开始,随着基本养老金社会化发放的逐步普及,对退休人员社会化服务的内容也不断增多,包括档案管理、党组织生活等各个方面。

目前,由人力资源和社会保障部统一规划,应用于劳动和社会保障各项业务领域的集成电路卡(IC卡)的中华人民共和国社会保障卡,已由各地人力资源和社会保障部门面向社会发行。

[依据指引]

(1)国务院《关于建立统一的企业职工基本养老保险制度的决定》(1997年7月16日 国发[1997]26号)

九、提高社会保险管理服务的社会化水平,尽快将目前由企业发放养老金改为社会化发放,积极创造条件将离退休人员的管理服务工作逐步由企业转向社会,减轻企业的社会事务负担。各级社会保险机构要进一步加强基础建设,改进和完善服务与管理工作,不断提高工作效率和服务质量,促进养老保险制度的改革。

(2)劳动和社会保障部《关于加快实行养老金社会化发放的通知》(2000年4月18日 劳社部发[2000]9号)

二、落实养老金由社会服务机构发放的工作措施。养老金社会化发放的基本形式是社会保险经办机构在国有商业银行或邮局为企业离退休人员建立基本养老金账户,按月将规定项目内的应付养老金划入账户,保证离退休人员能够按时支取养老金。各级劳动保障部门要认真落实我部与国有商业银行和邮政部门印发的关于养老金社会化发放有关通知的精神,主动与银行、邮局系统协调配合、统一和规范各自的业务流程、建立健全有关工作制度和联系网络,落实对社会保险经办机构、企业和离退休人员免收、减收手续费的有关规定,努力创造条件,为离退休人员领取养老金提供优质服务。对于有特殊困难而不能到银行、邮局支取养老金的离退休人员,社会保险经办机构可直接或委托社区服务组织送发养老金。各级社会保险经办机构要积极为离退休员提供有关养老金社会化发放方面的咨询、查询服务。

(3)中共中央办公厅、国务院办公厅《关于积极推进企业退休人员社会化管理服务工作的意见》(2003年6月19日 中办发[2003]16号)

二、企业退休人员社会化管理服务的主要内容

企业退休人员社会化管理服务是指职工办理退休手续后，其管理服务工作与原企业分离，养老金实行社会化发放，人员移交城市街道和社区实行属地管理，由社区服务组织提供相应的管理服务。街道和社区的社会化管理服务工作主要包括：配合社会保险经办机构做好确保养老金按时足额发放工作，保障企业退休人员的基本生活；为企业退休人员提供社会保险政策咨询和各项查询服务；跟踪了解企业退休人员生存状况，协助社会保险经办机构进行领取养老金资格认证；帮助死亡企业退休人员的家属申请丧葬补助金和遗属津贴；集中管理企业退休人员的人事档案；组织企业退休人员中的党员经常开展组织活动，加强企业退休人员的思想政治工作；建立企业退休人员健康档案，有计划地开展健康教育、疾病预防控制和保健工作，提供方便的医疗、护理和康复服务；组织企业退休人员开展文化体育健身活动，指导和帮助他们通过各种形式的社会公益活动发挥余热，开展自我管理和互助服务。

企业退休人员中由中央管理的领导干部的移交、管理问题，另行规定。由县（市）以上各级党委管理的企业退休领导干部，在纳入街道和社区管理时，人事档案暂不移交，街道和社区可先建立这些退休人员基本情况的信息库。

(4) 劳动部、中国工商银行《关于社会保险管理机构委托中国工商银行代发养老金的通知》（1996 年 11 月 8 日　劳部发［1996］371 号）（略）

(5) 劳动部《关于加快养老金社会化发放工作的通知》（1996 年 12 月 18 日　劳部发［1996］420 号）

随着企业职工基本养老保险制度的统一和统筹覆盖范围的扩大与管理层次的提高，养老保险制度改革将进入一个新的阶段。以养老金社会化发放为重要内容的养老保险社会化管理服务工作，已成为养老保险制度改革的一项重要任务。按照国务院关于统一企业职工基本养老保险制度等有关要求，在总结各地试点经验和调查研究的基础上，现就在全国范围内全面推进养老金社会化发放工作的有关事项通知如下：

……

三、养老金社会化发放要以就近、安全和方便广大离退休人员领取为出发点，分别采取以下形式：

委托银行发放。社会保险经办机构通过银行实施养老金的社会化发放。为推动养老金社会化发放工作的开展，劳动部与中国工商银行已联合发出《关于社会保险管理机构委托中国工商银行代发养老金的通知》（劳部发［1996］371 号），明确规定各级工商银行在代发养老金工作中免收手续费（包括储蓄存折和牡丹卡）。

对异地安置的离退休人员，社会保险经办机构可通过邮局、银行办理邮寄发放或异地支付。

依托社区发放。在城镇，社会保险经办机构可委托社区现有组织机构、人员及服务设施发放养老金，并在此基础上开展管理服务工作。

设立派出机构发放。在离退休人员居住较集中，并设有相应的管理机构和具备一定办公、活动场所的大中型企业，社会保险经办机构可在不增加人员编制、经费开支的情况下，与企业协商设立社会保险派出机构发放养老金，并开展离退休人员社会化管理服务工作。

社会保险经办机构直接发送。根据离退休人员的实际情况，社会保险经办机构可直接向离退休人员发送养老金。

除上述几种方式外，各地在保证离退休人员按时领到养老金的前提下，从本地区实际情况出发，可积极探索社会化发放的新途径、新方式，并注意总结经验，不断改进完善。

建国前参加革命工作的老工人的养老待遇

[解读]

按照国家规定，建国前参加革命工作的老工人符合退休条件时，只能办退休不能办离休。但在待遇上与离休干部一样发给本人退休前标准工资 100%的退休费。对于 1945 年 9 月 2 日及以前参加革命工作的，退休后还要增发生活补贴，具体数额为：1937 年 7 月 6 日以前参加革命工作的，每年增发 2 个月的本人原标准工资；1937 年 7 月 7 日以后到 1942 年 12 月 31 日参加革命工作的，每年增发 1.5 个月的本人工资；1943 年 1 月 1 日到 1945 年 9 月 2 日参加革命工作的，每年增发 1 个月的本人工资。

[依据指引]

(1) 劳动人事部《关于建国前参加工作的老工人退休待遇的通知》（1983 年 1 月 15 日　劳人险［1983］3 号）

经请示国务院同意，并与财政部、民政部研

究，现对建国前参加工作的老工人的退休待遇问题，作如下通知：

一、建国前参加中国共产党所领导的革命战争，或享受供给制待遇，或从事地下革命工作，以及在东北和个别老解放区，一九四八年底以前享受当地人民政府制定的薪金制待遇，现在仍在机关、事业、企业单位工作的老工人（含军队无军籍的工人），退休后照发本人原标准工资。对于一九四五年九月二日及其以前参加革命工作的，退休后除照发本人原标准工资外，再增发一部分生活补贴。生活补贴的数额为：一九三七年七月六日以前参加革命工作的，每年增发两个月的本人原标准工资；一九三七年七月七日到一九四二年十二月三十一日参加革命工作的，每年增发一个半月的本人原标准工资；一九四三年一月一日到一九四五年九月二日参加革命工作的，每年增发一个月的本人原标准工资。生活补贴，从批准退休之日起按年全额发给。

……

(2) 劳动人事部《对〈关于建国前参加工作的老工人退休待遇的通知〉中若干具体问题的答复》（1983年9月13日　劳人险局［1983］21号）（略）

高原地区工作的工人退休金标准

［解读］

由于高原气候的特殊条件，国家对在西藏、青海高原工作的工人退休费标准作了提高，并对他们调动工作后的退休费发放标准也作了相应规定。具体规定是：

在西藏自治区工作的工人，凡在海拔3 500米以上地区工作累计满10年不满15年的，退休费标准提高5%；累计满15年以上的，退休费标准提高10%；在海拔3 500米以下地区工作的，不提高退休费标准。对于曾经在西藏自治区海拔3 500米以上地区工作累计满10年以上的工人，以后调到其他省、自治区、直辖市工作的，其退休时退休费标准仍可按上述规定提高5%～10%，但提高后的退休费不得超过本人原标准工资。

在青海省工作的工人，凡在海拔2 000～3 500米地区工作，累计满15年的，退休费提高5%；累计满20年的，退休费提高10%。凡在海拔3 501米以上地区工作，累计满15年的，退休费提高10%；累计满20年以上的，退休费提高15%，但提高标准后的退休费，不得超过本人原标准工资。

实行新的基本养老金计算办法后，高原地区工作的工人本着新老办法对比、就高不就低的原则按月领取养老金。

［依据指引］

(1) 国务院办公厅《关于西藏干部、工人离休、退休、退职工作中有关问题处理意见的报告》（1982年4月24日　国办发［1982］36号）

我们对西藏自治区人民政府一九八一年十月二十七日给国务院的《关于西藏干部、工人离休、退休、退职工作中有关问题的请示报告》，进行了研究，原则同意他们提出的意见。跨省安置的离休、退休、退职干部、工人所需的一切经费，均由西藏自治区支付，各有关省、市、自治区应积极协助安置。现对报告中所提及的三个问题提出如下意见：

一、退休费标准问题。关于西藏自治区干部、工人按在西藏连续工作时间提高退休费标准的意见，我们建议修改为：凡在海拔三千五百公尺以上地区工作累计满十年不满十五年的，退休费标准提高5%；累计满十五年以上的退休费标准提高10%。在海拔三千五百公尺以下地区工作的，不提高退休费标准。

二、特殊贡献待遇问题。关于西藏自治区干部、工人享受特殊贡献待遇的规定，建议修改为获得全国性的劳动（战斗）英雄、模范等光荣称号的干部、工人，退休费标准可提高10%～15%；获得自治区劳动英雄、模范和部队军级以上单位授予的战斗英雄、模范等光荣称号的，以及自治区人民政府认为对西藏革命和建设有特殊贡献的干部、工人，退休费标准可提高5%～10%。

享受特殊贡献待遇的干部、工人，如果长期在高原地区工作，还可以按规定提高退休费标准，但其退休费总额不得超过本人的标准工资。

(2) 劳动人事部《关于如何执行〈关于西藏干部、工人离休、退休、退职工作中有关问题处理意见的报告〉的函》（1982年11月24日　劳人险［1982］32号）

最近，一些地区来函询问，应该如何执行今年四月二十四日，国务院办公厅转发的国家人事局、国家劳动总局《关于西藏干部、工人离休、退休、退职工作中有关问题处理意见的报告》（国办发［1982］36号文）。经研究，现对有关问题答复如下：

一、国办发［1982］36号文转发的《报告》，原则上只适用于在西藏办理离休、退休、退职的职工。但是，对于曾经在西藏海拔三千五百米以上地区工作累计满十年以上的职工，以后调到其他省、市、自治区工作，就地退休的，其退休费标准可执行《报告》第一条的规定；在国办发［1982］36号文发布以前已经退休的，也可自文件下达之月起，由发给退休费用的单位改按《报告》第一条的规定发给退休费，文件下发以前的时间不再补发退休费。退休费总额不得超过本人原标准工资。

二、国办发［1982］36号文发布之前，已经在西藏退休安置，并且一直由西藏支付退休待遇的退休职工，其退休待遇的变动问题，由西藏自治区决定。

(3) 劳动人事部、财政部《关于职工工资、保健、福利等问题给青海省人民政府的复函》（1983年8月15日　劳人薪［1983］359号）

三、关于适当提高职工退休费标准问题。根据你省各地区海拔高度、地区的艰苦情况和职工本人在青海工作时间的长短，按下列标准予以适当提高：

1. 凡在海拔二千米至三千五百米地区工作，累计满十五年的，退休费提高百分之五；累计满二十年的，退休费提高百分之十。

2. 凡在海拔三千五百零一米以上地区工作，累计满十五年的，退休费提高百分之十；累计满二十年以上的，退休费提高百分之十五。

但以上提高标准后的退休费，不得超过本人原标准工资。

因私出境离退休人员基本养老金的领取

［解读］

离退休人员因私事出境后，按照国家有关规定应享受的离退休费及各种补贴照发。离退休人员因私事出境无时间限制。如出境时间在1年以上的，从第13个月起，每年应向支付离退休费的单位提供由我驻外使领馆或当地公证机关出具的本人生存证明书。由公证机关出具证明书的，须经我驻外使馆认证，居住在尚未和我国建交国家的，须经受委托驻该国并已与我国建交的第三国使领馆认证，方为有效。支付单位凭上述证明，继续支付离退休费及各种补贴。离退休人员因私事出境后，如获得所在国（地区）准许定居的，如在所在国取得永久居留权（通常所说的“绿卡”）或加入外国籍等，可以继续享受与国内退休人员相同的待遇。但其每半年需按前述规定提供一份本人生存证明书。支付单位凭上述证明，按期支付其相应待遇。该出国出境定居人员经向社会保险经办机构办理申请手续后，可委托其国内指定人代领养老金。如其要求经办机构寄汇至国外，汇费及兑币费由本人承担。凡因私事出境的旅费，境外的医药费，均由本人自理。在境外期间死亡的，其在外的亲属应及时通过其国内原所在单位。所在单位按规定在国内发给丧葬等费用，并从其死亡的下一个月起停发离退休费。

［依据指引］

(1) 劳动和社会保障部办公厅《关于进一步规范基本养老金社会化发放工作的通知》（2001年12月21日　劳社厅发［2001］8号）

四、在国内异地居住或出国定居的离退休人员，经向社会保险经办机构申请并办理相关手续后，其基本养老金可以委托亲属或他人代领。在国内异地居住的，也可以委托社会保险经办机构通过邮局、银行寄给本人；出国定居的，若国内无亲属或他人代领，本人要求社会保险经办机构将款寄汇至国外的，汇费由其个人负担。

六、各级社会保险经办机构应当定期对参加基本养老保险的离退休人员领取基本养老金的资格进行核查。在国内异地居住的离退休人员，每年向负责支付其基本养老金的社会保险经办机构提供一次居住地公安机关出具的居住证明。出国定居的离退休人员，每年向负责支付基本养老金的社会保险经办机构提供一次由我国驻该国使领馆出具的居住证明（未与我国建立外交关系的国家，由当地公证机关出具）。

(2) 劳动人事部、国务院侨务办公室、中国银行、中华全国总工会《关于获准出国定居的退休、退职人员待遇问题的通知》（1982年6月17日　劳人劳［1982］42号）

经国务院同意，现对获准出国定居的国营企业、事业和党政机关、人民团体的退休、退职人员的待遇处理问题，作如下通知：

一、出国定居的退休、退职人员的退休费、退职生活费与国内退休、退职人员享受同等待遇。其退休费、退职生活费及副食品价格补贴、粮

（煤）价补贴、企业职工的因工残废补助费，以及由民政部门支付的残废金等，由支付退休、退职待遇的单位发给（残废金由支付退休费、退职生活费的单位向本人原居住地的民政部门领取），或由受委托的国内亲友代领，直至本人去世为止。支付此项待遇所需外汇，由当地中国银行按照国家外汇管理局颁发的《审批个人外汇申请施行细则》的有关规定办法。

出国定居的退休、退职人员，每半年需提供一份由我驻外使领馆或者当地公证机关出具的本人生存证明书。由公证机关出具的证明，须经我驻外使领馆认证（居住在尚未和我国建交的国家的，须经驻该国并已与我国建交的第三国使领馆认证），方为有效。支付单位，凭上述证明，按期支付应得的款项。

二、出国定居的退休、退职人员及其供养的直系亲属，在国内途程所需的车、船费、行李搬运费、旅馆费和伙食补助费，按照财政部关于差旅费开支的规定办理；国外途程所需的一切费用，均由本人自理。

三、出国定居的退休、退职人员死亡后，支付退休费、退职生活费的单位，应该按照其原工作单位的现行规定，发给丧葬费、供养直系亲属抚恤费或救济费。已在国外定居的直系亲属，须按照本规定的第一条公证、认证手续，向支付退休、退职待遇的单位提供退休、退职人员死亡证明书和供养直系亲属生存证明书，才能享受本条规定的各项待遇。

四、出国定居的退休、退职人员，除按照第一、二、三条规定享受待遇外，不再享受其他待遇。

五、出国定居的退休、退职人员，经批准又回国居住的，原支付退休费、退职生活费的单位，应该按照退休、退职的规定，与本单位其他退休、退职人员同样对待，但是对其中一次领取了五年退休费、退职生活费，在国外居住不满五年的退休、退职人员，应从出国之月起计算，在满五年之后方能享受本通知第一条的各项待遇。

六、本通知同样适用于获准到港澳地区定居的退休、退职人员和离开我国到外国或港澳地区定居的外国籍退休、退职人员。

七、集体所有制企业、事业单位退休、退职人员出国定居的待遇，由各省、市、自治区规定，其手续可以参照本规定办理。

八、本通知自发出之月起实行，过去的有关规定与本通知有抵触的，按本通知执行。已按过去有关规定一次领取了五年退休费、退职生活费，现仍在国外或港澳地区居住的人员，其待遇不再变动。

下落不明退休人员的养老金

[解读]

国家规定，退休人员失踪，下落不明在 6 个月以内的，其退休待遇可照发；超过 6 个月的，从第 7 个月起暂时停发其退休待遇。但对直系亲属因此而发生生活困难的，由发给退休费的单位酌情给予生活困难补助。下落不明满 4 年和因意外事故下落不明，从事故发生之日起满 2 年依法被宣告死亡的，改按死亡有关待遇处理。上述人员重新出现或者确知其下落，经本人或者利害关系人申请，可按有关规定补发和恢复其应享受的待遇，但须扣还下落不明期间（包括被宣告失踪、宣告死亡期间）停发退休待遇后发给其供养直系亲属的生活困难补助和死亡待遇。

[依据指引]

（1）劳动部办公厅《关于退休职工下落不明期间待遇问题的批复》（1990 年 1 月 26 日　劳办险字［1990］1 号）

南京市劳动局：

你局《关于退休人员失踪后退休费发放问题的请示函》收悉，经研究，批复如下：

退休人员失踪后，在下落不明期间的待遇，在国家没有新的规定之前，根据《中华人民共和国民法通则》和《中华人民共和国户口登记条例》有关规定，以及公安部有关户籍管理的规定，可暂按如下意见处理：

退休职工失踪，下落不明在 6 个月以内的，其退休待遇可继续发给；超过 6 个月的，从其户主、亲属或利害关系人申报失踪，户口登记机关暂时注销其户口的下月起，暂时停发其退休待遇，但对其供养直系亲属因此而发生生活困难的，由发给退休待遇的单位酌情给予生活困难补助。下落不明满四年和因意外事故下落不明，从事故发生之日起满二年依法被宣告死亡的，改按死亡有关待遇处理。上述人员重新出现或者确知其下落，经本人或者利害关系人申请，可按有关规定补发和恢复其应享受的待遇，但应扣还下落不明期间（包括被宣告失踪、宣告死亡期间）停发退休待遇后发给其供养直系亲属的生活困难补助和死亡待遇。

(2) 劳动部办公厅《关于退休职工下落不明期间应从何时停发退休待遇问题的复函》（1993年10月22日 劳办发［1993］162号）

天津市劳动局：

你局《关于退休职工下落不明期间应从何时停发退休待遇的请示》（津劳险［1993］第381号）收悉，经研究，函复如下：

你局反映，由于公安部门对下落不明人员注销户口的时间问题未作具体规定，实际注销户口时间伸缩性较大。在执行劳动部办公厅《关于退休职工下落不明期间待遇的批复》（劳办险字［1990］1号）时，对退休人员失踪，下落不明超过六个月的，“从其户主、亲属或利害人申报失踪，户口登记机关暂时注销其户口的下月起，暂时停发其退休待遇”的规定难以掌握，需要进一步明确停发退休待遇的时间。我们认为，对此可暂按如下意见处理：退休人员失踪，下落不明在六个月以内的，其退休待遇可照发；超过六个月的，从第七个月起暂时停发其退休待遇。有关退休人员下落不明期间其他情况下待遇的处理，仍执行劳办险字［1990］1号文件规定。

(3) 人事部《关于退休干部失踪后待遇如何处理问题的复函》（2000年2月28日 人办函［2000］18号）

江苏省人事厅：

你厅《关于退休干部失踪宣告死亡后善后处理有关问题的请示》（苏人发［2000］9号）收悉，经研究，对于退休干部失踪后的有关待遇问题，可根据《中共中央组织部老干部局关于离休干部失踪后待遇如何处理问题的复函》（老干办字［1992］第27号）精神，参照原劳动部办公厅《关于退休退职下落不明期间应从何时停发退休待遇问题的复函》（劳办发［1993］162号）意见处理，即退休人员失踪，下落不明在6个月以内的，其退休费可照发；超过6个月的，从第7个月起暂时停止享受退休待遇。宣告死亡的，其抚恤金发放标准以停止享受待遇时的退休费为基数。

(4) 中共中央组织部老干部局《关于离休干部失踪后待遇如何处理问题的复函》（老干办字［1992］第27号）（略）

被判刑退休人员的养老金

［解读］

退休人员被判刑或劳动教养的，基本养老保险待遇可做如下处理：

（一）退休人员被判处拘役、有期徒刑及以上刑罚或劳动教养的，服刑或劳动教养期间停发基本养老金，服刑或劳动教养期满后可以按服刑或劳动教养前的标准继续发给基本养老金，并参加以后的基本养老金调整。

（二）退休人员在服刑或劳动教养期间死亡的，其个人账户储存额中的个人缴费部分本息可以继承，但遗属不享受相应待遇。

（三）退休人员被判处管制、有期徒刑宣告缓刑和监外执行的，可以继续发给基本养老金，但不参加基本养老金调整。

（四）退休人员因涉嫌犯罪被通缉或在押未定罪期间，其基本养老金暂停发放。如果法院判其无罪，被通缉或羁押期间的基本养老金予以补发。

［依据指引］

劳动和社会保障部办公厅《关于退休人员被判刑后有关养老保险待遇问题的复函》（2001年3月8日 劳社厅函［2001］44号）

黑龙江省劳动和社会保障厅：

你厅《关于已领取养老金人员涉嫌犯罪被通缉或在押未定罪期间养老金发放问题的请示》（黑劳社呈［2001］5号）收悉。经研究，现答复如下：

退休人员被判处拘役、有期徒刑及以上刑罚或劳动教养的，服刑或劳动教养期间停发基本养老金，服刑或劳动教养期满后可以按服刑或劳动教养前的标准继续发给基本养老金，并参加以后的基本养老金调整。退休人员在服刑或劳动教养期间死亡的，其个人账户储存额中的个人缴费部分本息可以继承，但遗属不享受相应待遇。退休人员被判处管制、有期徒刑宣告缓刑和监外执行的，可以继续发给基本养老金，但不参与基本养老金调整。退休人员因涉嫌犯罪被通缉或在押未定罪期间，其基本养老金暂停发放。如果法院判其无罪，被通缉或羁押期间的基本养老金予以补发。

原行业统筹企业移交地方前已离退休人员的养老待遇

[解读]

国家规定，养老保险行业统筹移交地方管理后，原行业统筹企业已离退休人员的基本养老保险待遇原则上维持不变，其中经原劳动部、财政部批准的统筹项目内的部分由省级统筹的基本养老保险基金支付，未列入统筹项目的部分由企业支付。为此，原劳动和社会保障部、财政部根据原劳动部、财政部对各行业开展养老保险统筹的批复文件，对11个行业和单位的统筹项目进行了审核认定，要求各地区和有关部门据此组织审核认定，经审核确认的统筹项目，从省级基本养老保险基金中支付，未列入统筹项目的部分由企业负担，从企业管理费用中列支。

[依据指引]

(1) 国务院《关于实行企业职工基本养老保险省级统筹和行业统筹移交地方管理有关问题的通知》（1998年8月6日　国发［1998］28号）

各省、自治区、直辖市人民政府，国务院各部委、各直属机构：

为了深化企业职工养老保险制度改革，加大基本养老保险基金管理和调剂力度，确保企业离退休人员基本养老金的按时足额发放，国务院决定，加快实行企业职工基本养老保险省级统筹，并将铁道部、交通部、信息产业部（原邮电部部分）、水利部、民航总局、煤炭局（原煤炭部）、有色金属局（原中国有色金属工业总公司）、国家电力公司（原电力部）、中国石油天然气集团公司和中国石油化工集团公司（原石油天然气总公司部分）、银行系统（工商银行、农业银行、中国银行、建设银行、交通银行、中保集团）、中国建筑工程总公司组织的基本养老保险行业统筹移交地方管理。现就有关问题通知如下：

一、加快实行企业职工基本养老保险省级统筹

（一）1998年底以前，各省、自治区、直辖市（以下简称省、区、市）要实行企业职工基本养老保险省级统筹（以下简称省级统筹），建立基本养老保险基金省级调剂机制，调剂金的比例以保证省、区、市范围内企业离退休人员基本养老金的按时足额发放为原则。到2000年，在省、区、市范围内，要基本实现统一企业缴纳基本养老保险费比例，统一管理和调度使用基本养老保险基金，对社会保险经办机构实行省级垂直管理。

（二）省级统筹的范围包括省、区市（含计划单列市、副省级会城市、经济特区、开发区等）内的国有企业、集体企业、外商投资企业、私营企业等城镇各类企业及其职工。城镇个体经济组织及其从业人员也应参加基本养老保险并纳入省级统筹。

（三）从1998年9月1日起，目前实行基本养老保险基金差额缴拨的地区，要改变基金结算方式，对企业和职工个人全部征收基本养老保险费，对企业离退休人员全额支付基本养老金。各省、区、市要积极创造条件，加快实现企业离退休人员基本养老金的社会化发放，推进社会化管理进程。

二、按期完成基本养老保险行业统筹移交地方管理

（四）在1998年8月31日以前，实行基本养老保险行业统筹（以下简称行业统筹）企业的基本养老保险工作，按照先移交后调整的原则，全部移交省、区、市管理。从1998年9月1日起，由省、区、市社会保险经办机构负责征缴行业统筹企业基本养老保险费和发放离退休人员基本养老金。跨省、区、市的，按单位或其分支机构的注册登记地进行属地划分，其基本养老保险工作分别移交所在省、区、市社会保险经办机构管理。行业统筹在各省、区、市的省级社会保险经办机构暂予保留，待地方政府机构改革时再统筹研究。

（五）行业统筹移交地方管理后，1998年内，企业和职工个人缴纳基本养老保险费的比例保持不变。从1999年起，调整企业缴纳基本养老保险费的比例，起步时不低于企业工资总额的13%，以后逐步过渡到与地方企业相同的比例。根据行业的具体情况，煤炭、银行、民航企业的过渡期内5年，其他行业企业的过渡期原则上为3年。从1999年1月1日起，职工缴纳基本养老保险费的比例按省、区、市确定的统一执行，一次到付。

从1998年1月1日起，统一按本人缴费工资11%的数额调整或建立职工基本养老保险个人账户，移交前后的个人账户储存额合并计算。

（六）行业统筹移交地方管理后，原行业统筹企业已离退休人员的基本养老保险原待遇原则上维持不变，其中经原劳动部、财政部批准的统筹项目内的部分由省级统筹的基本养老保险基金支付，未列入统筹项目的部分由企业支付。行业统筹移交地方管理以后退休的人员，基本养老保险待遇按照省、区、市的办法执行，对于按原行业统筹计发办法计算高于按地方计发办法计算的部分，可由各省、区、市采用加发补贴的办法解决，所需费用从省级统筹的基本养老保险基金中支付，补贴的标准逐年调整，5年后执行省、区、市的计发办法。

（七）行业统筹积累的基本养老保险基金，全部移交给省、区、市社会保险经办机构管理，其中存在省、区、市以下社会保险经办机构的，随同行业统筹移交地方管理一并移交给地方；存在中央部门的，主要用于解决移交过程中的地区不平衡问题。具体移交办法由劳动保障部、财政部统一研究制定并尽快下发。

行业统筹企业建立的补充养老保险，要逐步加以规范，由劳动保障部审查同意的机构经办。补充养老保险积累的基金不移交地方。

（八）加快行业统筹移交地方管理，是实行省级统筹的重要保证。行业统筹移交地方管理的工作由劳动保障部会同财政部组织实施。行业统筹移交地方管理后，企业缴纳基本养老保险费的比例调整和对退休人员的补贴办法等，各省、区、市要报劳动保障部、劳动保障部商财政部同意后，由省、区、市人民政府批准实施。

（2）劳动和社会保障部、财政部《关于核定原行业统筹项目的通知》（1998年12月29日　劳社部发［1998］22号）

各省、自治区、直辖市劳动（劳动和社会保障）厅（局）、财政厅（局）：

《国务院关于实行企业职工基本养老保险省级统筹和行业统筹移交地方管理有关问题的通知》（国发［1998］28号）规定，行业统筹移交地方管理后，原行业统筹企业已离退休人员的基本养老保险原待遇原则上维持不变，其中经原劳动部、财政部批准的统筹项目内的部分由省级统筹的基本养老保险基金支付，未列入统筹项目的部分由企业支付。根据原劳动部、财政部对各行业开展养老保险统筹的批复文件，劳动保障部、财政部对11个行业和单位的统筹项目进行了审核认定，现印发给你们，请按照执行。各地和各行业企业要认真贯彻国务院文件精神，确保离退休人员养老金按时足额发放。对劳动保障部、财政部审核确认的行业统筹项目，各地要确保所需费用从基本养老保险基金中支付；对未被确认的行业统筹项目，所需费用在企业管理费用中列支，保持已离退休人员的原待遇基本不变。

原行业统筹企业1999年以后退休人员的基本养老保险待遇

［解读］

国家规定原行业统筹企业1999年以后退休的人员，基本养老保险待遇按省、自治区、直辖市的办法执行。在原劳动和社会保障部、财政部核定的统筹项目范围内，对于按照原行业统筹计发办法计发高于按地方计发办法计发的待遇差额部分，采用加发补贴的办法解决，所需费用从省级统筹的基本养老保险基金中支付。其中，1999年退休的，发给当年待遇差额的90%左右；2000年退休的，发给当年待遇差额的70%左右；2001年退休的，发给当年待遇差额的50%左右；2002年退休的，发给当年待遇差额的30%左右；2003年退休的，发给当年待遇差额的10%左右；2004年及以后退休的，不再发给该项补贴。

原行业统筹企业1999年以后的退休人员，按省、区、市的办法计算养老金时，以省、区、市上年度职工平均工资为基数。在按原行业统筹办法计算待遇时，基础养老金计发基数以1997年行业职工平均工资为准，一次核定后不再变动。

［依据指引］

劳动和社会保障部、财政部《关于调整原行业统筹企业缴纳基本养老保险费比例等有关事项的通知》（1999年2月13日　劳社部发［1999］3号）

三、从1999年起，行业费率要统一以工资总额为基数核定。1999年行业费率的调整标准为：移交前执行费率低于13%的，原则上调整到13%；其中距13%不足1个百分点的，可超过13%，但最多只能提高2个百分点。移交前执行费率高于13%低于20%的，最多只能提高2个百分点，最高不超过20%；其中全省统一费率低于20%的，不能超过全省的统一费率。移交前执行费率高于20%或高于上述全省统一费率的，要适当降低。

四、原行业统筹企业1999年以后退休的人员，基本养老保险待遇按省、区、市的办法执行。在劳动保障部、财政部核定的统筹项目范围内，对于按照原行业统筹计发办法计发高于按地方计发办法计发的部分（以下称待遇差），采用加发补贴的办法解决，所需费用从省级统筹的基本养老保险基金中支付。其中，1999年退休的，发给当年待遇差的90%左右；2000年退休的，发给当年待遇差的70%左右；2001年退休的，发给当年待遇差的50%左右；2002年退休的，发给当年待遇差的30%左右；2003年退休的，发给当年待遇差的10%左右；2004年及以后退休的，不再发给该项补贴。

五、原行业统筹企业1999年以后的退休人员，按省、区、市的办法计算养老金时，以省、区、市上年度职工平均工资为基数。在按原行业统筹办法计算待遇时，基础养老金计发基数以1997年行业职工平均工资为准，一次核定后不再变动。

六、从1998年1月1日起，原行业统筹企业职工统一按本人缴费工资11%的数额调整或建立基本养老保险个人账户，移交前后的个人账户储存额合并计算。其中，1998年以前个人账户的建账时间，从行业按国家规定建立个人账户之日起计算；职工个人缴费并入个人账户的时间，原则上按地方规定执行。

科研等单位转制前离退休人员养老待遇的调整

[解读]

国家对原国家经贸委所属的10个国家局管理的242个科研机构、中央所属的178个工程勘察设计单位以及建设部11个部门（单位）所属的134个科研机构转制前离退休人员离退休待遇调整等问题作了这样的规定：

（一）有正常事业费的转制单位，转制前离退休人员不再执行企业离退休人员基本养老金调整办法，社会保险经办机构只负责发放接收时按规定标准核定的基本养老金，以后不再增加。从2001年开始，其离退休待遇调整纳入国家统一的事业单位离退休费调整范围，由财政部门按统一的补助标准和现有经费渠道安排所需资金，并由离退休人员原单位负责发放。2001年地方已经按企业办法为转制前离退休人员增加的基本养老金，由社会保险经办机构扣回。

（二）没有正常事业费的转制单位，转制前离退休人员按规定标准核定的基本养老金继续由社会保险经办机构发放，基本养老金调整按企业的办法执行，所需费用从基本养老保险统筹基金中支付。国家统一出台事业单位离退休费调整政策时，转制前离退休人员按企业办法增加的基本养老金与按事业单位办法增加的离退休费的差额部分，由原单位视经济情况自筹资金解决。

[依据指引]

（1）劳动和社会保障部、人事部、财政部、科技部、建设部《关于转制科研机构和工程勘察设计单位转制前离退休人员待遇调整等问题的通知》（2002年2月6日　劳社部发［2002］5号）

经国务院批准，现就国家经贸委所属的原10个国家局管理的242个科研机构、中央所属的178家工程勘察设计单位以及建设部等11个部门（单位）所属的134个科研机构（以下简称转制单位）转制前离退休人员离退休待遇调整等问题通知如下：

一、有正常事业费的转制单位，转制前离退休人员不再执行企业离退休人员基本养老金调整办法，社会保险经办机构只负责发放接收时按规定标准核定的基本养老金，以后不再增加。从2001年开始，其离退休待遇调整纳入国家统一的事业单位离退休费调整范围，由财政部门按统一的补助标准和现有经费渠道安排所需资金，并由离退休人员原单位负责发放。2001年地方已经按企业办法为转制前离退休人员增加的基本养老金，由社会保险经办机构扣回。

二、没有正常事业费的转制单位，转制前离退休人员按规定标准核定的基本养老金继续由社会保险经办机构发放，基本养老金调整按企业的办法执行，所需费用从基本养老保险统筹基金中支付。国家统一出台事业单位离退休费调整政策时，转制前离退休人员按企业办法增加的基本养老金与按事业单位办法增加的离退休费的差额部分，由原单位视经济情况自筹资金解决，并做好在职职工和离退休人员的稳定工作。

三、中央所属的178家工程勘察设计单位以及建设部等11个部门（单位）所属的134个科研机构在职职工，可参照《国务院办公厅转发人事部、财政部关于调整机关事业单位工作人员工资和增加离退休人员离退休费四个实施方案的通知》（国办发［2001］14号）的规定，调整在职职工工资，并纳入社会保险的缴费基数。调整工资所需资金，有正常事业费的转制单位由财政部门按同类事业单位的调资政策和现行资金渠道予以补助，没有正常事业费的转制单位自筹资金解决。此后，这些单位在职职工调整工资按企业工资政策执行。

四、本通知下发后，《国务院办公厅转发建设部等部门关于中央所属工程勘察设计单位体制改革实施方案的通知》（国办发［2000］71号）、《关于国家经贸委管理的10个国家局所属科研机构转制后有关养老保险问题的通知》（劳社部发［2000］2号）、《关于印发建设部等11个部门（单位）所属134个科研机构转制方案的通知》（国科发政字［2000］300号）中的有关规定与本通知不一致的，按本通知规定调整，其他政策规定继续执行。

(2) 劳动和社会保障部、国家经贸委、科技部、财政部《关于国家经贸委管理的10个国家局所属科研机构转制后有关养老保险问题的通知》（2000年1月12日 劳社部发［2000］2号）

按照《国务院办公厅转发科技部等部门关于国家经贸委管理的10个国家局所属科研机构管理体制改革意见的通知》（国办发［1999］18号）和科技部等12个部门《关于印发〈关于国家经贸委管理的10个国家局所属科研机构管理体制改革的实施意见〉的通知》（国科发政字［1999］143号）的规定，科研机构转制后实行企业职工基本养老保险制度。为做好这些单位职工参加基本养老保险统筹和离退休人员的养老金发放工作，根据《研究国家经贸委管理的10个国家局所属242个科研机构转制过程中有关问题的会议纪要》（国阅［1999］47号）要求，现就有关问题通知如下：

一、基本养老保险费的缴纳

转制的科研机构，从1999年7月1日起，单位和个人按当地人民政府规定的比例，分别以1999年7月的工资总额和个人缴费工资为基数缴纳基本养老保险费，建立基本养老保险个人账户。1999年7月1日前的连续工龄视同缴费年限，不再补缴养老保险费。

二、养老保险待遇的支付

（一）转制前已经离退休的人员，原离退休费待遇标准不变。对有事业费的单位，社会保险经办机构按所在城市1999年7月企业人均养老金标准支付离退休人员养老金，与原待遇标准的差额部分由原单位用事业费或自有资金支付；没有事业费的单位，由社会保险经办机构按国家规定的事业单位离退休费标准支付养老金。离退休人员的基本养老金调整按企业的办法执行，所需费用从基本养老保险统筹基金中支付。

（二）转制前参加工作、转制后退休的人员，基本养老金计发按照企业的办法执行。为保证离退休人员待遇水平平稳衔接，在5年过渡期内，按照企业基本养老金计发办法计发的养老金，如低于按原事业单位退休金计发办法计发的养老金，其差额部分（以下称待遇差），采用加发补贴的办法解决，所需费用从基本养老保险统筹基金中支付。其中，1999年7月1日后退休的，发给待遇差的90%；2000年7月1日后退休的，发给待遇差的70%；2001年7月1日退休的，发给待遇差的50%；2002年7月1日后退休的，发给待遇差的30%；2003年7月1日后退休的，发给待遇差的10%；2004年7月1日后退休的，不再发给该项补贴。有条件的单位可建立补充养老保险。

过渡期内退休的人员，核定补贴标准时，企业平均基本养老金按所在城市1999年7月的标准计算；事业单位离退休金以1999年7月本人缴费工资为基数计算，一次核定后不再变动。

（三）转制后参加工作的人员，按照规定执行当地企业职工基本养老保险制度。

三、组织实施及管理

（一）科研机构转制后的养老保险工作，政策性强，涉及面广，有关省、自治区、直辖市劳动保障、经贸委、科委、财政等部门，要在当地政府的领导下，认真贯彻落实国家有关政策规定，密切配合，加强协调，使转制科研机构参加养老保险统筹的工作平稳过渡，保证改革的顺利实施。

（二）各地社会保险经办机构，要加强基础管理，认真核定单位和个人缴费工资基数，尽快为转制单位职工建立基本养老保险个人账户；要实行全额收缴的基金结算方式，及时拨付应由基本养老保险统筹基金支付的养老金并实行社会化发放。

（三）转制科研机构应按照有关法律、法规的规定，按时进行养老保险登记、申报和缴费；要高度重视并保证科技人员退休后应有的生活待遇，按时足额支付应由单位支付的离退休人员离退休费，不得发生拖欠。

（四）已经参加了基本养老保险社会统筹的转制科研机构，继续执行当地政府的有关规定，原来实行的基本养老保险费缴纳和基本养老金支付办法不再改变。

破产企业离退休人员基本养老金的支付

［解读］

国家规定，已经参加养老保险社会统筹的企

业破产时，需补交欠缴的养老保险费（含差额缴拨时企业欠发离退休人员的养老金）及其利息，社会保险经办机构负责支付离退休人员的基本养老金。对于养老保险基金确实不足，支付困难的地区，为弥补资金不足，可以从破产企业资产中划拨一定费用给社会保险经办机构，以保证离退休人员基本养老金的发放。具体办法由各省根据实际情况确定。

对于未参加养老保险社会统筹的企业，破产时，应按照支付离退休人员养老金的实际需要，一次性向社会保险经办机构划拨养老费用，社会保险经办机构负责支付该破产企业离退休人员的基本养老金。具体办法也由各省级政府研究确定。

［依据指引］

(1)《中华人民共和国企业破产法》（2006年8月27日　国家主席令第54号）

第一百一十三条　破产财产在优先清偿破产费用和共益债务后，依照下列顺序清偿：

（一）破产人所欠职工的工资和医疗、伤残补助、抚恤费用，所欠的应当划入职工个人账户的基本养老保险、基本医疗保险费用，以及法律、行政法规规定应当支付给职工的补偿金；

（二）破产人欠缴的除前项规定以外的社会保险费用和破产人所欠税款；

（三）普通破产债权。

破产财产不足以清偿同一顺序的清偿要求的，按照比例分配。

破产企业的董事、监事和高级管理人员的工资按照该企业职工的平均工资计算。

(2) 国务院《关于在若干城市试行国有企业破产有关问题的通知》（1994年10月25日　国发［1994］59号）

五、破产企业职工的安置

破产企业所在地的市或者市辖区、县的人民政府应当采取转业培训、介绍就业、生产自救、劳务输出等各种措施，妥善安排破产企业职工重新就业，并保障他们在重新就业前的基本生活需要。

政府鼓励破产企业职工自谋职业。对自谋职业的，政府可以根据当地的实际情况，发放一次性安置费，不再保留国有企业职工身份。一次性安置费原则上按照破产企业所在市的企业职工上年平均工资收入的3倍发放，具体发放标准由各有关市人民政府规定。

破产企业职工失业期间，依照《国有企业职工待业保险规定》享受失业保险待遇。失业保险期满无法重新就业的职工，符合社会救济条件的，由当地民政部门按照规定发给社会救济金。

破产企业离退休职工的离退休费和医疗费由当地社会养老、医疗保险机构负责管理。破产企业参加养老保险、医疗保险基金社会统筹的，其离退休职工的离退休费、医疗费由当地社会养老、医疗保险机构分别从养老保险、医疗保险基金社会统筹中支付。没有参加养老保险、医疗保险基金社会统筹或者养老保险、医疗保险基金社会统筹不足的，从企业土地使用权出让所得中支付；处置土地使用权所得不足以支付的，不足部分从处置其他破产财产所得中拨付。

破产企业中因工致残或者患严重职业病、全部或者大部分丧失劳动能力的职工，作为离退休职工安置。距离退休年龄不足5年的职工，经本人申请，可以提前离退休。

破产企业中的劳动合同制职工的安排，依照《国营企业实行劳动合同制暂行规定》等法律、行政法规的规定办理；临时工的安排，依照《全民所有制企业临时工管理暂行规定》办理。

破产企业职工的安置费用来源不足的，按照企业隶属关系，由破产企业所在地的市或者市辖区、县的人民政府负担。

(3) 国务院《关于在若干城市试行国有企业兼并破产和职工再就业有关问题的补充通知》（1997年3月1日　国发［1997］10号）

五、妥善安置破产企业职工

各试点城市人民政府要积极推广上海市实施再就业工程的经验，结合劳动就业、社会保障制度的改革和当地的具体情况，从上到下建立再就业服务中心，积极开拓就业门路，关心破产企业职工生活，妥善安置破产企业职工，保持社会稳定。

安置破产企业职工的费用，从破产企业依法取得的土地使用权转让所得中拨付。破产企业以土地使用权为抵押物的，其转让所得也应首先用于安置职工，不足以支付的，不足部分从处置无抵押财产、抵押财产所得中依次支付。破产企业财产拍卖所得安置职工仍不足的，按照企业隶属关系，由同级人民政府负担。

职工安置一律拨付到再就业服务中心，统筹使用。安置费标准，原则上按照破产企业所在试点城市的企业职工上年平均工资收入的3倍计算，试点城市人民政府根据当地实际情况从严掌握，不得随意突破。暂时尚未就业的职工，由再就业服务中心发给基本生活费，再就业后即停止拨付。自谋职业的可一次性付给安置费，标准不高于试点城市的企业职工上年平均工资收入的3倍。

破产企业离退休职工的离退休费和医疗费由当地社会养老、医疗保险机构负责管理。破产企业参加养老保险、医疗保险基金社会统筹的，其离退休费、医疗费由所在试点城市社会养老、医疗保险机构分别从养老保险、医疗保险基金社会统筹中支付。没有参加养老、医疗保险基金社会统筹或者养老保险、医疗保险基金社会统筹不足的，从企业土地使用权出让所得中支付；处置土地使用权所得不足以支付的，不足部分从处置无抵押财产、抵押财产所得中依次支付。

破产企业进入破产程序后，职工的生活费从破产清算费中支付，具体支付办法按照财政协委员部《国有企业试行破产有关财务问题的暂行规定》（财工字［1996］226号）执行。

破产企业财产处置所得，在支付安置职工的费用后，其剩余部分按照《破产法》的规定，按比例清偿债务。

(4) 劳动和社会保障部办公厅《关于对破产企业离退休人员养老保险有关问题的复函》（1999年2月24日　劳社厅函［1999］12号）

吉林省劳动厅：

你厅《关于破产企业离退休职工养老保险有关问题的请示》（吉劳险字［1999］1号）收悉。经研究，现答复如下：

……

二、已经参加养老保险社会统筹的企业，破产时，需补交欠缴的养老保险费（含差额拨付时企业欠发离退休人员的养老金）及其利息，社会保险经办机构负责支付离退休人员的基本养老金。考虑到近年来企业改革及企业破产力度较大，地方在确定企业养老保险缴费比例时没有这方面的支出因素，且破产企业职工分流需要一个吸收安置过程，对于养老保险基金确实不足，支付困难的地区，为弥补资金不足，可以从破产企业资产中划拨一定费用给社会保险经办机构，以保证离退休人员基本养老金的发放。具体办法由你省根据实际情况确定。

三、未参加养老保险社会统筹的企业，破产时，应按照支付离退休人员养老金的实际需要，一次性向社会保险经办机构划拨养老费用，社会保险经办机构负责支付该破产企业离退休人员的基本老养金。具体办法请你省研究确定。

机关离退休费的计发办法

［解读］

自1993年10月1日起，根据国务院的规定，机关单位的工资制度进行了改革。改革后机关工作人员实行职级工资制，其工资由基础工资、工龄工资、职务工资、级别工资四部分组成。机关工勤人员中，技术工人的工资由岗位工资、技术等级（职务）工资和奖金三部分组成；普通工人的工资由岗位工资和奖金两部分组成。2006年7月1日起，国务院对机关再次进行了工资制度改革，其中公务员基本工资构成调整为职务工资和级别工资两项；技术工人基本工资构成调整为岗位工资和技术等级（职务）工资两项；普通工人基本工资构成调整为岗位工资一项。

目前，国家机关实行的是退休养老制度，由各机关单位各自负责，资金由政府财政预算安排。根据国务院《公务员工资制度改革方案》，对2006年7月1日后离退休的人员，在养老保险制度建立前，规定了下列离退休费的计发办法：

（一）离休人员的离休费按本人离休前职务工资和级别工资之和全额计发。

（二）退休人员。

1. 公务员的退休费按本人退休前职务工资和级别工资之和的一定比例计发。其中，工作年限满35年的按90%计发；工作年限满30年不满35年的，按85%计发；工作年限满20年不满30年的，按80%计发；工作年限满10年不满20年的，按60%计发。

2. 机关技术工人的退休费按本人退休前岗位工资和技术等级工资之和一定比例计发。其中，工作年限满35年的，按90%计发；工作年限满30年不满35年的，按85%计发；工作年限满20年不满30年的，按80%计发。

3. 机关普通工人的退休费按岗位工资的一定比例计发。其中，工作年限满35年的，按90%计发；工作年限满30年不满35年的，按85%计发；工作年限满20年不满30年的，按80%计发。

4. 机关工人，工作年限满10年不满20年退休的，其退休费按本人原工资（含活的部分）的70%计发。

同时，国家还规定了2006年6月30日前已办理离退休手续的机关工作人员增加离退休费的办法和今后离退休费的调整办法，具体内容参见本题目的“依据指引”。

[依据指引]

(1) 国务院《公务员工资制度改革方案》(2006年6月14日　国发［2006］22号)

二、改革的基本内容

改革公务员现行工资制度，完善机关工人岗位技术等级（岗位）工资制，完善津贴补贴制度，健全工资水平正常增长机制，实行年终一次性奖金。

（一）改革公务员职级工资制。

1. 调整基本工资结构。

公务员基本工资构成由现行职务工资、级别工资、基础工资和工龄工资四项调整为职务工资和级别工资两项，取消基础工资和工龄工资。

……

（二）完善机关工人岗位技术等级（岗位）工资制。

1. 调整机关工人基本工资结构。

技术工人仍实行岗位技术等级工资制，基本工资构成由现行岗位工资、技术等级（职务）工资和奖金三项调整为岗位工资和技术等级（职务）工资两项。

……

普通工人仍实行岗位工资制，基本工资构成由现行岗位工资和奖金两项调整为岗位工资一项。

(2) 人事部、财政部《关于机关事业单位离退休人员计发离退休费等问题的实施办法》(2006年6月20日　国人部发［2006］60号)

一、离退休费计发办法

2006年7月1日后离退休的人员，在养老保险制度建立前，暂按下列办法计发离退休费：

（一）离休人员。离休费按本人离休前职务工资和级别工资之和或岗位工资和薪级工资之和全额计发。

（二）退休人员。1. 公务员退休后的退休费按本人退休前职务工资和级别工资之和的一定比例计发。其中，工作年限满35年的按90%计发；工作年限满30年不满35年的，按85%计发；工作年限满20年不满30年的，按80%计发……3. 机关技术工人、普通工人退休后的退休费分别按本人退休前岗位工资和技术等级工资之和、岗位工资的一定比例计发。其中，工作年限满35年的，按90%计发；工作年限满30年不满35年的，按85%计发；工作年限满20年不满30年的，按80%计发。

二、增加离退休费的办法

2006年6月30日前已办理离退休手续的人员，从2006年7月1日起增加离退休费。具体办法是：

（一）离休人员按适当高于同职务在职人员平均增资额增加离休费，具体办法由各省、自治区、直辖市人民政府根据实际情况制定。

（二）退休人员按下列标准增加退休费：行政管理人员，厅局级750元，县处级450元，乡科级275元，科员及办事员180元；专业技术人员，教授及相当职务700元，副教授及相当职务400元，讲师及相当职务275元，助教（含相当职务）及以下职务180元；工人，高级技师和技师275元，高级工以下（含高级工）及普通工180元。

（三）退职人员按适当低于同岗位退休人员增加退休费的数额增加退职生活费。具体办法由各省、自治区、直辖市人民政府确定。

三、离退休费调整办法

机关事业单位养老保险制度建立前，在职人员调整工资标准时，离休人员相应增加离休费，退休人员适当增加退休费。机关事业单位养老保险制度建立后，离退休人员离退休待遇调整办法另行研究制定。

(3) 人事部《关于印发〈关于机关、事业单位工资制度改革实施中若干问题的规定〉的通知》(1994年1月29日　人薪发［1994］3号)

9. 关于这次工资制度改革后，工作年限不满20年的退休（退职）人员如何计发退休费（退职生活费）的问题。

这次工资制度改革，对按国家政策规定退休（退职）的工作20年以下的人员计发退休费（退职生活费）的比例作如下规定：实行职级工资的工作人员，退休时工作年限满10年不满20年的，基础工资和工龄工资按全额发给，职务工资和级别工资按60%计发；工作年限不满10年的，基础工资和工龄工资按全额发给，职务工资和级别工资按40%计发。

事业单位工作人员和机关工人，工作年限满10年不满20年退休的，其退休费按本人原工资（含活的部分）的70%计发；工作年限不满10年退职的，其退职生活费按本人原工资（含活的部分）的50%计发。

按上述办法计发的退休费（退职生活费）加

上此次未纳入工资标准的剩余补贴、津贴，如低于当地职工基本生活费用数额，可补足到当地职工基本生活费用数额。

事业单位离退休费的计发办法

[解读]

1993年，根据国务院的规定，事业单位工资制度改革后，其工作人员工资原则上实行了由职务（专业技术等级）工资和津贴两部分组成。自2006年7月1日起，国务院再次对事业单位进行了工资制度改革，从事公益服务的事业单位，根据其功能、职责和资源配置等不同情况，实行工资分类管理，实行岗位绩效工资制度，由岗位工资、薪级工资、绩效工资和津贴补贴四部分组成，其中岗位工资和薪级工资为基本工资；基本工资执行国家统一的政策和标准，绩效工资根据单位类型实行不同的管理办法。

目前，事业单位实行的是退休养老制度，由单位各自负责，资金有的是由政府财政全额拨款或差额拨款，有的是自收自支。根据国务院《事业单位工作人员收入分配制度改革方案》，实行新工资制度后离退休的人员，在新的养老保险制度建立前，其离退休费暂按以下办法计发：

（一）离休人员的离休费按本人离休前的岗位工资和薪级工资之和全额计发。

（二）退休人员的退休费按本人退休前岗位工资和薪级工资之和的一定比例计发。其中，工作年限满35年的，按90%计发；工作年限满30年不满35年的，按85%计发；工作年限满20年不满30年的，按80%计发。

（三）工作年限满10年不满20年的退休人员，其退休费按本人原工资（含活的部分）的70%计发。

同时，国家还规定了2006年6月30日前已办理离退休手续的事业单位工作人员增加离退休费的办法和今后离退休费的调整办法，具体内容参见本题目的“依据指引”。

[依据指引]

(1) 国务院《事业单位工作人员收入分配制度改革方案》（2006年6月15日　国人部发［2006］56号）

二、改革的基本内容

（一）建立岗位绩效工资制度。

事业单位实行岗位绩效工资制度。岗位绩效工资由岗位工资、薪级工资、绩效工资和津贴补贴四部分组成，其中岗位工资和薪级工资为基本工资。

……

（二）实行工资分类管理。

对从事公益服务的事业单位，根据其功能、职责和资源配置等不同情况，实行工资分类管理。基本工资执行国家统一的政策和标准，绩效工资根据单位类型实行不同的管理办法。

(2) 人事部、财政部《关于机关事业单位离退休人员计发离退休费等问题的实施办法》（2006年6月20日　国人部发［2006］60号）

一、离退休费计发办法

2006年7月1日后离退休的人员，在养老保险制度建立前，暂按下列办法计发离退休费：

（一）离休人员。离休费按本人离休前职务工资和级别工资之和或岗位工资和薪级工资之和全额计发。

（二）退休人员。

……

2. 事业单位工作人员退休后的退休费按本人退休前岗位工资和薪级工资之和的一定比例计发。其中，工作年限满35年的，按90%计发；工作年限满30年不满35年的，按85%计发；工作年限满20年不满30年的，按80%计发。

……

二、增加离退休费的办法

2006年6月30日前已办理离退休手续的人员，从2006年7月1日起增加离退休费。具体办法是：

（一）离休人员按适当高于同职务在职人员平均增资额增加离休费，具体办法由各省、自治区、直辖市人民政府根据实际情况制定。

（二）退休人员按下列标准增加退休费：行政管理人员，厅局级750元，县处级450元，乡科级275元，科员及办事员180元；专业技术人员，教授及相当职务700元，副教授及相当职务400元，讲师及相当职务275元，助教（含相当职务）及以下职务180元；工人，高级技师和技师275元，高级工以下（含高级工）及普通工180元。

（三）退职人员按适当低于同岗位退休人员增加退休费的数额增加退职生活费。具体办法由各省、自治区、直辖市人民政府确定。

三、离退休费调整办法

机关事业单位养老保险制度建立前，在职人员调整工资标准时，离休人员相应增加离休费，退休人员适当增加退休费。机关事业单位养老保险制度建立后，离退休人员离退休待遇调整办法另行研究制定。

(3) 人事部《关于印发〈关于机关、事业单位工资制度改革实施中若干问题的规定〉的通知》（1994年1月29日 人薪发［1994］3号）

9. 关于这次工资制度改革后，工作年限不满20年的退休（退职）人员如何计发退休费（退职生活费）的问题。

……

事业单位工作人员和机关工人，工作年限满10年不满20年退休的，其退休费按本人原工资（含活的部分）的70%计发；工作年限不满10年退职的，其退职生活费按本人原工资（含活的部分）的50%计发。

按上述办法计发的退休费（退职生活费）加上此次未纳入工资标准的剩余补贴、津贴，如低于当地职工基本生活费用数额，可补足到当地职工基本生活费用数额。

机关、事业单位因公（工）致残人员的退休费

[解读]

1993年和2006年机关和事业单位进行了两次工资制度改革，改革了退休费标准和计发办法，但对因公（工）致残完全丧失工作能力的人员退休费如何计发未作相应规定。为保持政策的连续性，在机关、事业单位养老保险制度改革前，对1993年和2006年工资制度改革后因公（工）致残完全丧失工作能力人员的退休费仍按国发［1978］104号文件规定精神，根据本人饮食起居是否需要人扶助的情况，按分别高于国家规定的机关和事业单位工作人员最高退休费计发标准的10%或5%计发，但最高不得超过本人原工资。

[依据指引]

(1) 国务院《关于安置老弱病残干部的暂行办法》（1978年6月2日 国发［1978］104号）

第四条 党政机关、群众团体、企业、事业单位的干部，符合下列条件之一的，都可以退休：

（一）男年满六十周岁，女年满五十五周岁，参加革命工作年限满十年的；

（二）男年满五十周岁，女年满四十五周岁，参加革命工作年限满十年，经过医院证明完全丧失工作能力的；

（三）因工致残，经过医院证明完全丧失工作能力的。

第五条 干部退休以后，每月按下列标准发给退休费，直至去世为止。

符合第四条（一）项或（二）项条件，抗日战争时期参加革命工作的，按本人标准工资的百分之九十发给。解放战争时期参加革命工作的，按本人标准工资的百分之八十发给。中华人民共和国成立以后参加革命工作，工作年限满二十年的，按本人标准工资的百分之七十五发给；工作年限满十五年不满二十年的，按本人标准工资的百分之七十发给；工作年限满十年不满十五年的，按本人标准工资的百分之六十发给。退休费低于二十五元的，按二十五元发给。

符合第四条第（三）项条件，饮食起居需要人扶助的，按本人标准工资的百分之九十发给，还可以根据实际情况发给一定数额的护理费，护理费标准，一般不得超过一个普通工人的工资；饮食起居不需要人扶助的，按本人标准工资的百分之八十发给。同时具备两项以上的退休条件，应当按最高的标准发给。退休费低于三十五元的，按三十五元发给。

离休和退休的干部去世后，其丧事处理、丧葬补助费和供养直系亲属抚恤费，应当与在职去世的干部一样。

(2) 人事部《关于机关事业单位因公（工）致残完全丧失工作能力人员退休费问题的复函》（1996年12月11日 人函［1996］295号）

辽宁省人事厅、地质矿产部人事司：

你们《关于工资制度改革后因工致残完全丧失工作能力的退休人员退休费如何计发问题的函》收悉，经研究，现答复如下：

1993年机关和事业单位工资制度改革，改变了退休费标准和计发办法，但对因公（工）致残完全丧失工作能力人员退休费如何计发未作相应规定。为保持政策的连续性，在机关事业单位社会保险制度改革前，对1993年工资制度改革后因公（工）致残完全丧失工作能力人员的退休费，仍按国发［1978］104号文件规定精神，根据本人饮食起居是否需要人扶助的情况，按分别高于国家现行规定的机关和事业单位工作人员最高退休

费计发标准的10%或5%计发，但最高不得超过本人原工资。

基本养老金不能抵偿债务

[解读]

由于基本养老金是保障离退休人员的“养命钱”，在发放给离退休人员之前，仍属于养老保险金，所以任何单位不得查封、冻结和划扣。最高人民法院对此也做出了相应规定。社会保险经办机构作为法定授权的社会保险基金收支、管理和运营机构，承担着将基本养老金按时足额发放给离退休人员的职能，因此社会保险经办机构不能直接扣发离退休人员基本养老金抵偿法院判决的债务。

[依据指引]

(1) 劳动和社会保障部办公厅《关于对扣发离退休人员基本养老金抵偿债务问题的复函》(2002年2月4日　劳社厅函［2002］27号)

重庆市劳动和社会保障局：

你局《关于养老保险经办机构能否协助法院扣发离退休人员养老金抵偿债务的请示》(渝劳社文［2001］72号)收悉。经研究，答复如下：

基本养老金是保障离退休人员的“养命钱”，离退休人员能否按时足额领取养老金直接关系到离退休人员的合法权益和社会稳定。同时，基本养老金在发放给离退休人员之前，仍属于养老保险基金，任何单位不得查封、冻结和划扣。最高人民法院《关于在审理和执行民事、经济纠纷案件时不得查封、冻结和扣划社会保险基金的通知》(法［2000］19号)对此也做出了相应规定。社会保险经办机构作为法定授权的社会保险基金收支、管理和运营机构，承担着将基本养老金按时足额发放给离退休人员的职能，社会保险经办机构不能直接扣发离退休人员基本养老金抵偿法院判决的债务。

(2) 最高人民法院《关于在审理和执行民事、经济纠纷案件时不得查封、冻结和扣划社会保险基金的通知》(2000年2月18日　法［2000］19号)

各省、自治区、直辖市高级人民法院，新疆维吾尔自治区高级人民法院生产建设兵团分院：

近一个时期，少数法院在审理和执行社会保险机构原下属企业(现已全部脱钩)与其他企业、单位的经济纠纷案件时，查封社会保险机构开设的社会保险基金账户，影响了社会保险基金的正常发放，不利于社会的稳定。为杜绝此类情况发生，特通知如下：

社会保险基金是由社会保险机构代参保人员管理，并最终由参保人员享用的公共基金，不属于社会保险机构所有。社会保险机构对该项基金设立专户管理，专款专用，专项用于保障企业退休职工、失业人员的基本生活需要，属专项资金，不得挪作他用。因此，各地人民法院在审理和执行民事、经济纠纷案件时，不得查封、冻结或扣划社会保险基金；不得用社会保险基金偿还社会保险机构及其原下属企业的债务。

各地人民法院如发现有违反上述规定的，应当及时依法予以纠正。

政府对基本养老保险基金承担补贴责任

[解读]

基本养老金制度是我国社会保障制度的重要组成部分，兼具社会财富再分配的功能。因此，除用人单位和劳动者缴费以外，政府财政预算资金也应当承担相当的责任，尤其在基本养老保险基金出现支付不足时承担补贴责任。目前，我国政府财政对社会保险主要承担以下四项责任：一是对社会保险基金主要是基本养老保险基金承担补贴责任。二是国有企业、事业单位实行基本养老保险制度前，其职工视同缴费期间应当缴纳的基本养老保险费，也就是制度转轨成本。三是承担社会保险运行费用、管理费用，如金融风险产生的费用、利息低于4%所需补贴的费用。四是对社会保险基金主要是基本养老保险基金承担兜底责任。

[依据指引]

(1)《中华人民共和国社会保险法》(2010年10月28日　国家主席令第35号)

第十三条　国有企业、事业单位职工参加基本养老保险前，视同缴费年限期间应当缴纳的基本养老保险费由政府承担。

基本养老保险基金出现支付不足时，政府给予补贴。

(2) 国务院《关于深化企业职工养老保险制度改革的通知》(1995年9月18日　国发［1995］6号)(略)

(3) 劳动和社会保障部办公厅《职工基本养老保险个人账户管理暂行办法》(1997 年 12 月 22 日 劳办发［1997］116 号)(略)

退休人员死亡后其家属等人冒领基本养老金的处理

［解读］

已纳入社区管理的企业离退休人员死亡后，其亲属和户籍所在地（或常年居住地）的街道社区服务组织要在 7 日内向负责支付其基本养老金的社会保险经办机构报告；尚未纳入社区管理的企业离退休人员死亡后，其亲属要在 3 日内向死亡者原单位报告，原单位应在 4 日内向社会保险经办机构报告；异地居住的离退休人员死亡后，其亲属要在 7 日内向负责支付其基本养老金的社会保险经办机构报告。社会保险经办机构在接到报告并审核死亡证明材料有效后，应及时办理支付丧葬补助等项费用的手续，同时终止死亡离退休人员的基本养老保险关系。

离退休人员死亡后，其亲属或他人冒领基本养老金的，社会保险行政部门应责令冒领者退还冒领金额，并依法处以冒领金额 2 倍以上 5 倍以下的罚款；对拒不退还冒领金额者，社会保险行政部门可向人民法院申请强制执行。

［依据指引］

(1)《中华人民共和国社会保险法》(2010 年 10 月 28 日 国家主席令第 35 号)

第八十八条 以欺诈、伪造证明材料或者其他手段骗取社会保险待遇的，由社会保险行政部门责令退回骗取的社会保险金，处骗取金额二倍以上五倍以下的罚款。

(2) 劳动和社会保障部办公厅《关于进一步规范基本养老金社会化发放工作的通知》(2001 年 12 月 21 日 劳社厅发［2001］8 号)

五、已纳入社区管理的企业离退休人员死亡后，其亲属和户籍所在地（或常年居住地）的街道社区服务组织要在 7 日内向负责支付其基本养老金的社会保险经办机构报告；尚未纳入社区管理的企业离退休人员死亡后，其亲属要在 3 日内向死亡者原单位报告，原单位应在 4 日内向社会保险经办机构报告；异地居住的离退休人员死亡后，其亲属要在 7 日内向负责支付其基本养老金的社会保险经办机构报告。社会保险经办机构在接到报告并审核死亡证明材料有效后，应及时办理支付丧葬补助等项费用的手续，同时终止死亡离退休人员的基本养老保险关系。

八、对弄虚作假违规办理离退休手续的人员，社会保险经办机构应立即停发基本养老金，并限期收回或从其以后应领取的基本养老金中逐步扣降已经冒领的金额；离退休人员死亡后，其亲属或他人冒领基本养老金的，社会保险经办机构应责令冒领者退还冒领金额，劳动保障行政部门依法给予处罚；对拒不退还冒领金额者，社会保险经办机构可向人民法院申请强制执行。

(3) 劳动部《企业职工养老保险基金管理规定》(1993 年 7 月 6 日 劳部发［1993］117 号)

第二十九条 单位和个人以非法手段领取养老保险费用的，由社会保险管理机构追回其全部非法所得；构成犯罪的，依法追究刑事责任。

基本养老金的停发

［解读］

离退休人员发生下列情形之一，社会保险经办机构则停发或暂时停发其基本养老金：

（一）无正当理由不按规定提供本人居住证明或其他相关证明材料的。

（二）下落不明超过 6 个月，其亲属或利害关系人申报失踪或户口登记机关暂时注销其户口的。

（三）被判刑收监执行或被劳动教养期间的。

（四）弄虚作假违规办理离退休手续的。

（五）法律、法规规定的其他情形。

对第（一）、（二）、（五）项情形的离退休人员，经社会保险经办机构确认仍具有领取基本养老金资格的，应从停发之月起补发并恢复发放基本养老金；对第（三）项情形的离退休人员，服刑或劳动教养期满后可按服刑或劳动教养前最后一次领取的标准继续发给基本养老金；对第（四）项情形的离退休人员，社会保险经办机构应立即停发基本养老金，并限期收回或从其以后应领取的基本养老金中逐步扣回已经冒领的金额。

［依据指引］

(1) 劳动和社会保障部办公厅《关于进一步规范基本养老金社会化发放工作的通知》(2001 年 12 月 21 日 劳社厅发［2001］8 号)

七、离退休人员发生下列情形之一，社会保险经办机构应停发或暂时停发其基本养老金：

（一）无正当理由不按规定提供本人居住证明或其他相关证明材料的；

（二）下落不明超过6个月，其亲属或利害关系人申报失踪或户口登记机关暂时注销其户口的；

（三）被判刑收监执行或被劳动教养期间的；

（四）法律、法规规定的其他情形。

发生以上第（一）、（二）、（四）项情形的离退休人员，经社会保险经办机构确认仍具有领取基本养老金资格的，应从停发之月起补发并恢复发放基本养老金；发生以上第（三）项情形的离退休人员，服刑或劳动教养期满后可按服刑或劳动教养前最后一次领取的标准继续发给基本养老金。

八、对弄虚作假违规办理离退休手续的人员，社会保险经办机构应立即停发基本养老金，并限期收回或从其以后应领取的基本养老金中逐步扣降已经冒领的金额；离退休人员死亡后，其亲属或他人冒领基本养老金的，社会保险经办机构应责令冒领者退还冒领金额，劳动保障行政部门依法给予处罚；对拒不退还冒领金额者，社会保险经办机构可向人民法院申请强制执行。

（2）国务院《关于建立统一的企业职工基本养老保险制度的决定》（1997年7月16日 国发［1997］26号）（略）

企业年金

［解读］

企业年金又称企业补充养老保险，是指由企业根据自身经济实力，在国家规定的税收优惠等政策和条件下，为本企业职工建立的一种辅助性的养老保险。它居于多层次的养老保险体系中的第二层次，由国家宏观指导、企业内部决策执行。企业年金制度的适用范围仅限于企业及其依法缴纳基本养老保险的职工，不包括实行企业年金制度以前已经退休的人员。企业年金基金，是指根据依法制定的企业年金计划筹集的资金及其投资运营收益形成的企业补充养老保险基金。企业年金具有这样几个基本特征：一是由用人单位自愿建立，政府并不承担弥补缺口的责任；二是企业年金只是基本养老保险的一种补充，不能取代基本养老保险；三是企业年金也为参加者退休后提供长期或定期的收入。建立企业年金的企业须具备三个条件：一是依法参加了基本养老保险并履行了缴费义务，二是具有相应的经济负担能力，三是已建立了集体协商机制。建立企业年金，应当由企业与工会或职工代表通过集体协商确定，并制定企业年金方案（又称企业年金计划）。国有及国有控股企业的企业年金方案草案应提交职工大会或职工代表大会讨论通过。各类企业的企业年金方案应报送所在地区县以上人力资源和社会保障行政部门；中央所属大型企业应报送人力资源和社会保障部。人力资源和社会保障行政部门自收到方案之日起15日内未提出异议的，该方案即行生效。

企业年金所需费用由企业和职工个人共同缴纳，采用企业年金个人账户方式进行管理。企业年金个人账户包括职工企业年金个人账户和本人企业年金个人账户。

职工在达到国家规定的退休年龄时，可以从本人企业年金个人账户中一次或定期领取企业年金。职工未达到国家规定的退休年龄的，不得从个人账户中提前提取资金。出境定居人员的企业年金个人账户资金，可根据本人要求一次性支付给本人。

职工变动工作单位时，企业年金个人账户资金可以随同转移。职工升学、参军、失业期间或新就业单位没有实行企业年金制度的，其企业年金个人账户可由原法人受托机构发起的集合计划设置的保留账户统一管理，原受托人是企业年金理事会的，由企业与职工协商选择法人受托机构管理。

职工或退休人员死亡后，其企业年金个人账户余额由其指定的受益人或法定继承人一次性领取。

建立企业年金的企业须确定管理企业年金的受托人，受托人可以是企业成立的企业年金理事会，也可以是符合国家规定的养老金管理公司等法人受托机构。

［依据指引］

（1）《中华人民共和国劳动法》（1994年7月5日 国家主席令第28号）

第七十五条 国家鼓励用人单位根据本单位实际情况为劳动者建立补充保险。

国家提倡劳动者个人进行储蓄性保险。

（2）国务院《关于企业职工养老保险制度改革的决定》（1991年6月26日 国发［1991］33号）（略）

（3）国务院《关于深化企业职工养老保险制

度改革的通知》（1995年9月18日 国发［1995］6号）（略）

（4）国务院《关于建立统一的企业职工基本养老保险制度的决定》（1997年7月16日 国发［1997］26号）（略）

（5）国务院《关于完善城镇社会保障体系的试点方案》（2000年12月25日 国发［2000］42号）

二、调整和完善城镇企业职工基本养老保险制度

……

（十）有条件的企业可为职工建立企业年金，并实行市场化运营和管理。企业年金实行基金完全积累，采用个人账户方式进行管理，费用由企业和职工个人缴纳，企业缴费在工资总额4%以内的部分，可从成本中列支。同时，鼓励开展个人储蓄性养老保险。

（6）劳动和社会保障部《企业年金试行办法》（2004年1月6日 部令第20号）

第二条 本办法所称企业年金，是指企业及其职工在依法参加基本养老保险的基础上，自愿建立的补充养老保险制度。建立企业年金，应当按照本办法的规定执行。

第三条 符合下列条件的企业，可以建立企业年金：

（一）依法参加基本养老保险并履行缴费义务；

（二）具有相应的经济负担能力；

（三）已建立集体协商机制。

第四条 建立企业年金，应当由企业与工会或职工代表通过集体协商确定，并制定企业年金方案。国有及国有控股企业的企业年金方案草案应当提交职工大会或职工代表大会讨论通过。

第六条 企业年金方案应当报送所在地区县以上地方人民政府劳动保障行政部门。中央所属大型企业年金方案，应当报送劳动保障部。劳动保障行政部门自收到企业年金方案文本之日起15日内未提出异议的，企业年金方案即行生效。

第七条 企业年金所需费用由企业和职工个人共同缴纳。企业缴费的列支渠道按国家有关规定执行；职工个人缴费可以由企业从职工个人工资中代扣。

第九条 企业年金基金由下列各项组成：

（一）企业缴费；

（二）职工个人缴费；

（三）企业年金基金投资运营收益。

第十条 企业年金基金实行完全积累，采用个人账户方式进行管理。

企业年金基金可以按照国家规定投资运营。企业年金基金投资运营收益并入企业年金基金。

第十二条 职工在达到国家规定的退休年龄时，可以从本人企业年金个人账户中一次或定期领取企业年金。职工未达到国家规定的退休年龄的，不得从个人账户中提前提取资金。出境定居人员的企业年金个人账户资金，可根据本人要求一次性支付给本人。

第十三条 职工变动工作单位时，企业年金个人账户资金可以随同转移。职工升学、参军、失业期间或新就业单位没有实行企业年金制度的，其企业年金个人账户可由原管理机构继续管理。

第十四条 职工或退休人员死亡后，其企业年金个人账户余额由其指定的受益人或法定继承人一次性领取。

第十五条 建立企业年金的企业，应当确定企业年金受托人（以下简称受托人），受托管理企业年金。受托人可以是企业成立的企业年金理事会，也可以是符合国家规定的法人受托机构。

（7）人力资源和社会保障部、中国银行业监督管理委员会、中国证券监督管理委员会、中国保险监督管理委员会《企业年金基金管理办法》（2011年2月14日 部令第11号）

第二条 企业年金基金的受托管理、账户管理、托管、投资管理以及监督管理适用本办法。

本办法所称企业年金基金，是指根据依法制定的企业年金计划筹集的资金及其投资运营收益形成的企业补充养老保险基金。

第三条 建立企业年金计划的企业及其职工作为委托人，与企业年金理事会或者法人受托机构（以下简称受托人）签订受托管理合同。

受托人与企业年金基金账户管理机构（以下简称账户管理人）、企业年金基金托管机构（以下简称托管人）和企业年金基金投资管理机构（以下简称投资管理人）分别签订委托管理合同。

第四条 受托人应当将受托管理合同和委托管理合同报人力资源社会保障行政部门备案。

第十四条 本办法所称受托人，是指受托管理企业年金基金的符合国家规定的养老金管理公司等法人受托机构（以下简称法人受托机构）或者企业年金理事会。

第十五条 建立企业年金计划的企业，应当通过职工大会或者职工代表大会讨论确定，选择法人受托机构作为受托人，或者成立企业年金理事会作为受托人。

第十六条　企业年金理事会由企业代表和职工代表等人员组成，也可以聘请企业以外的专业人员参加，其中职工代表不少于三分之一。理事会应当配备一定数量的专职工作人员。

第二十四条　本办法所称受益人，是指参加企业年金计划并享有受益权的企业职工。

第六十九条　受益人工作单位发生变化，新工作单位已经建立企业年金计划的，其企业年金个人账户权益应当转入新工作单位的企业年金计划管理。新工作单位没有建立企业年金计划的，其企业年金个人账户权益可以在原法人受托机构发起的集合计划设置的保留账户统一管理；原受托人是企业年金理事会的，由企业与职工协商选择法人受托机构管理。

企业缴纳年金费用的列支

[解读]

国家财政部规定，外商投资企业在税前列支的职工福利费，可用于支付中方职工的补充养老保险费，即企业年金费用。国务院规定，完善城镇社会保障体系试点地区实行企业年金制度的企业，企业缴费在工资总额4%以内的部分，可以从成本中列支。财政部规定，非试点地区的企业，补充养老保险费从应付福利费中列支，但不得因此导致应付福利费发生赤字。除上述国家规定以外，地方还可以根据当地的情况作相应规定。例如北京市规定，企业缴纳企业年金费用在企业工资总额4%以内的部分可以从成本中列支。凡是符合上述国家及地方规定的企业，其缴纳企业年金的费用可在税前列支，否则应在企业税后利润中列支。

[依据指引]

(1) 财政部《关于加强和改进外商投资企业提缴使用涉及中方职工权益资金管理的通知》(1999年12月28日　财外字［1999］735号)

三、外商投资企业必须按照国家法律、法规和当地政府的规定，及时足额地提取下列涉及中方职工权益的其他各项资金，并按规定用途使用。

(一) 职工福利费。企业按照职工工资总额的14%提取。职工福利费主要用于按规定缴纳职工基本医疗保险费、职工探亲假路费，生活补助费、医疗补助费、独生子女费、托儿补贴费、职工集体福利、上下班交通费补贴、职工供养直系亲属医疗补贴费、职工供养直系亲属救济费，职工浴室、理发室、幼儿园、托儿所人员的工资，以及按照国家规定开支的其他职工福利支出，也可用于支付中方职工的补充养老保险费。

……

(2) 国务院《关于完善城镇社会保障体系的试点方案》(2000年12月25日　国发［2000］42号)

(十) 有条件的企业可为职工建立企业年金，并实行市场化运营和管理。企业年金实行基金完全积累，采用个人账户方式进行管理，费用由企业和职工个人缴纳，企业缴费在工资总额4%以内的部分，可从成本中列支。同时，鼓励开展个人储蓄性养老保险。

(3) 财政部《关于企业为职工购买保险有关财务处理问题的通知》(2003年2月9日　财企［2003］61号)

二、有条件的企业为职工建立补充养老保险，辽宁等完善城镇社会保障体系试点地区的企业，提取额在工资总额4%以内的部分，作为劳动保险费列入成本（费用）；非试点地区的企业，从应付福利费中列支，但不得因此导致应付福利费发生赤字。

参加基本医疗保险的企业，为职工建立补充医疗保险，所需费用在工资总额4%以内的部分，从应付福利费中列支，应付福利费不足部分作为劳动保险费直接列入成本（费用）。

(4) 北京市劳动和社会保障局、财政局、国税局、地税局、中关村科技园区管委会《中关村科技园区高新技术企业建立企业年金制度试行办法》(2001年6月25日　京劳社养发［2001］98号、京财社［2001］1222号)

第五条　建立企业年金制度时，企业缴费在企业工资总额4%以内的部分可以从成本中列支，准予在缴纳企业所得税前全额扣除。职工按规定领取企业年金时应依法缴纳个人所得税。

企业年金方案与企业年金合同

[解读]

企业年金方案是经企业与工会或职工代表通过集体协商而制定的一项制度性规定，类似于集体合同一类的法律文书，包括参加人员范围、资金筹集方式、基金管理方式等若干具体内容。企业年金方案只适用于该企业中试用期届满的职工。双方因订立或履行企业年金方案发生争议，可按国家有关集体合同争议处理规定办理，即履行方案的争议按劳动争议处理的渠道办理，订立方案的争议按行政调解的渠道办理。

而企业年金合同是指企业与职工个人就实行企业年金制度签订的一种类似劳动合同的法律文书，双方因履行该合同发生的争议，属于劳动争议，可向劳动争议仲裁委员会提起申诉，对其裁决不服还可向法院提起诉讼。

[依据指引]

劳动和社会保障部《企业年金试行办法》(2004年1月6日　部令第20号)

第五条　企业年金方案应当包括以下内容：

(一) 参加人员范围；

(二) 资金筹集方式；

(三) 职工企业年金个人账户管理方式；

(四) 基金管理方式；

(五) 计发办法和支付方式；

(六) 支付企业年金待遇的条件；

(七) 组织管理和监督方式；

(八) 中止缴费的条件；

(九) 双方约定的其他事项。

企业年金方案适用于企业试用期满的职工。

第六条　企业年金方案应当报送所在地区县以上地方人民政府劳动保障行政部门。中央所属大型企业年金方案，应当报送劳动保障部。劳动保障行政部门自收到企业年金方案文本之日起15日内未提出异议的，企业年金方案即行生效。

第二十条　企业年金基金必须与受托人、账户管理人、投资管理人和托管人的自有资产或其他资产分开管理，不得挪作其他用途。

企业年金基金管理应当执行国家有关规定。

企业年金个人所得税征收管理

[解读]

基于我国现行个人所得税制和税务机关的征管能力，企业年金计征个税是在缴费环节，而非领取环节。

根据国家税务总局的规定，企业年金的个人缴费部分，不得在个人当月工资、薪金计算个人所得税时扣除。企业年金的企业缴费计入个人账户的部分（以下简称企业缴费）是个人因任职或受雇而取得的所得，属于个人所得税应税收入，在计入个人账户时，应视为个人一个月的工资、薪金（不与正常工资、薪金合并），不扣除任何费用，按照“工资、薪金所得”项目计算当期应纳个人所得税款，并由企业在缴费时代扣代缴。对企业按季度、半年或年度缴纳企业缴费的，在计税时不得还原至所属月份，均作为一个月的工资、薪金，不扣除任何费用，按照适用税率计算扣缴个人所得税。

国家进一步规定，企业年金的企业缴费部分计入职工个人账户时，当月个人工资薪金所得与计入个人年金账户的企业缴费之和未超过个人所得税费扣除标准的，不征收个人所得税。个人当月工资薪金所得低于个人所得税费扣除标准，但加上计入个人年金账户的企业缴费后超过个人所得税费扣除标准的，其超过部分缴纳个人所得税。

[依据指引]

(1) 国家税务总局《关于企业年金个人所得税征收管理有关问题的通知》(2009年12月10日　国税函［2009］694号)

各省、自治区、直辖市和计划单列市地方税务局，西藏、宁夏、青海省（自治区）国家税务局：

为进一步规范企业年金个人所得税的征收管理，根据《中华人民共和国个人所得税法》及其实施条例的有关规定，现将有关问题明确如下：

一、企业年金的个人缴费部分，不得在个人当月工资、薪金计算个人所得税时扣除。

二、企业年金的企业缴费计入个人账户的部分（以下简称企业缴费）是个人因任职或受雇而取得的所得，属于个人所得税应税收入，在计入个人账户时，应视为个人一个月的工资、薪金（不与正常工资、薪金合并），不扣除任何费用，按照“工资、薪金所得”项目计算当期应纳个人所得税款，并由企业在缴费时代扣代缴。

对企业按季度、半年或年度缴纳企业缴费的，在计税时不得还原至所属月份，均作为一个月的工资、薪金，不扣除任何费用，按照适用税率计算扣缴个人所得税。

三、对因年金设置条件导致的已经计入个人账户的企业缴费不能归属个人的部分，其已扣缴的个人所得税应予以退还。具体计算公式如下：

应退税款＝企业缴费已纳税款×(1－实际领取企业缴费/已纳税企业缴费的累计额)

参加年金计划的个人在办理退税时，应持居民身份证、企业以前月度申报的含有个人明细信息的《年金企业缴费扣缴个人所得税报告表》复印件、解缴税款的《税收缴款书》复印件等资料，以及由企业出具的个人实际可领取的年金企业缴费额与已缴纳税款的年金企业缴费额的差额证明，向主管税务机关申报，经主管税务机关核实后，予以退税。

……

(2) 国家税务总局《关于企业年金个人所得税有关问题补充规定的公告》（2011年1月30日 国家税务总局公告2011年第9号）

现就《国家税务总局关于企业年金个人所得税征收管理有关问题的通知》（国税函［2009］694号，以下简称《通知》）有关问题的补充规定公告如下：

一、关于企业为月工资收入低于费用扣除标准的职工缴存企业年金的征税问题

（一）企业年金的企业缴费部分计入职工个人账户时，当月个人工资薪金所得与计入个人年金账户的企业缴费之和未超过个人所得税费用扣除标准的，不征收个人所得税。

（二）个人当月工资薪金所得低于个人所得税费用扣除标准，但加上计入个人年金账户的企业缴费后超过个人所得税费用扣除标准的，其超过部分按照《通知》第二条规定缴纳个人所得税。

……

企业年金受托人

[解读]

受托人是指按照委托人的意愿并以自己的名义，为受益人的利益或特定的目的，承诺对信托财产进行管理或者处分的人。企业年金基金财产受托人是指受托管理企业年金基金的符合国家规定的养老金管理公司等法人受托机构或企业年金理事会。

[依据指引]

(1) 劳动和社会保障部《企业年金试行办法》（2004年1月6日 部令第20号）

第十五条 建立企业年金的企业，应当确定企业年金受托人（以下简称受托人），受托管理企业年金。受托人可以是企业成立的企业年金理事会，也可以是符合国家规定的法人受托机构。

(2) 人力资源和社会保障部、中国银行业监督管理委员会、中国证券监督管理委员会、中国保险监督管理委员会《企业年金基金管理办法》（2011年2月14日 部令第11号）

第十四条 本办法所称受托人，是指受托管理企业年金基金的符合国家规定的养老金管理公司等法人受托机构（以下简称法人受托机构）或者企业年金理事会。

企业年金理事会

[解读]

企业年金理事会是指在发起设立企业年金计划的企业内部设立，依托年金计划存在，由企业代表和职工代表等人员组成的特定自然人集合。对年金理事会有四个方面的规定：一是年金理事会须在内部设立并依托年金计划而存在，其他企业的年金理事会不得成为本企业年金受托人。二是年金理事会为特定信托目的而存在，依法独立管理本企业的企业年金基金事务，不受企业方的干预，除管理本企业的企业年金事务之外，不得从事其他任何形式的营业性活动，不得从企业年金基金财产中提取管理费用。企业内其他性质的理事会也不得担任企业年金的受托人。三是年金理事会主要由企业内部职工构成，也可以聘请企业以外的专业人员参加，其中职工代表不得少于1/3。四是年金理事会理事是企业年金基金资产的共同受托人，共同处理企业年金基金管理事务，理事应当对企业年金理事会的决议承担责任。

[依据指引]

(1) 劳动和社会保障部《企业年金试行办法》（2004年1月6日 部令第20号）

第十五条 建立企业年金的企业，应当确定企业年金受托人（以下简称受托人），受托管理企业年金。受托人可以是企业成立的企业年金理事会，也可以是符合国家规定的法人受托机构。

第十六条 企业年金理事会由企业和职工代表组成，也可以聘请企业以外的专业人员参加，其中职工代表应不少于三分之一。

第十七条 企业年金理事会除管理本企业的企业年金事务之外，不得从事其他任何形式的营业性活动。

**(2) 人力资源和社会保障部、中国银行业监督管理委员会、中国证券监督管理委员会、中国

保险监督管理委员会《企业年金基金管理办法》（2011年2月14日 部令第11号）

第十四条 本办法所称受托人，是指受托管理企业年金基金的符合国家规定的养老金管理公司等法人受托机构（以下简称法人受托机构）或者企业年金理事会。

第十五条 建立企业年金计划的企业，应当通过职工大会或者职工代表大会讨论确定，选择法人受托机构作为受托人，或者成立企业年金理事会作为受托人。

第十六条 企业年金理事会由企业代表和职工代表等人员组成，也可以聘请企业以外的专业人员参加，其中职工代表不少于三分之一。理事会应当配备一定数量的专职工作人员。

第十七条 企业年金理事会中的职工代表和企业以外的专业人员由职工大会、职工代表大会或者其他形式民主选举产生。企业代表由企业方聘任。

理事任期由企业年金理事会章程规定，但每届任期不得超过三年。理事任期届满，连选可以连任。

第十八条 企业年金理事会理事应当具备下列条件：

（一）具有完全民事行为能力；

（二）诚实守信，无犯罪记录；

（三）具有从事法律、金融、会计、社会保障或者其他履行企业年金理事会理事职责所必需的专业知识；

（四）具有决策能力；

（五）无个人所负数额较大的债务到期未清偿情形。

第十九条 企业年金理事会依法独立管理本企业的企业年金基金事务，不受企业方的干预，不得从事任何形式的营业性活动，不得从企业年金基金财产中提取管理费用。

企业年金账户管理人

[解读]

企业年金账户管理人是指受托人委托管理企业年金基金账户的专业机构，是根据受托人提供的计划规则为企业和职工建立账户、记录缴费与投资运营收益、计算待遇支付和提供信息查询等服务的专业机构。账户管理人应由专业机构担任，必须具有履行其职责所需的专业能力，满足国家规定的相关条件。从事账户管理机构由人力资源和社会保障部从评审专家库中选择专家并建立评审委员会进行资格认定。从国外经验看，账户管理人大多是由专业公司或公司中的专业部门来提供。

[依据指引]

(1) 劳动和社会保障部《企业年金试行办法》（2004年1月6日 部令第20号）

第十九条 受托人可以委托具有资格的企业年金账户管理机构作为账户管理人，负责管理企业年金账户；可以委托具有资格的投资运营机构作为投资管理人，负责企业年金基金的投资运营。

受托人应当选择具有资格的商业银行或专业托管机构作为托管人，负责托管企业年金基金。

受托人与账户管理人、投资管理人和托管人确定委托关系，应当签订书面合同。

第二十条 企业年金基金必须与受托人、账户管理人、投资管理人和托管人的自有资产或其他资产分开管理，不得挪作其他用途。

企业年金基金管理应当执行国家有关规定。

(2) 劳动和社会保障部《企业年金基金管理运作流程》（2004年12月31日 劳社部发[2004] 32号）

三、委托人应按受托管理合同规定，将企业年金计划信息、企业账户信息和个人账户信息提交受托人，受托人确认后提交账户管理人。

委托人也可按受托管理合同规定，将企业账户信息和个人账户信息提交受托人委托的账户管理人，账户管理人对提交信息的真实性、合法性和完整性进行审核，审核无误后通知受托人。

四、账户管理人应为企业年金基金建立独立的企业账户和个人账户，并及时记录企业年金计划信息、企业账户信息和个人账户信息。

五、企业年金计划信息、企业账户信息或个人账户信息变更时，委托人应按受托管理合同规定，将变更信息提交受托人，受托人确认后提交账户管理人。

企业账户信息或个人账户信息变更时，委托人也可按受托管理合同规定，将变更信息提交受托人委托的账户管理人，账户管理人对变更信息的真实性、合法性和完整性进行审核，审核无误后通知受托人。

账户管理人应按变更信息调整账户记录。

六、账户管理人应按账户管理合同规定，在企业年金计划规定缴费日前，根据企业年金计划及委托人提供的缴费信息，生成缴费账单，提交委托人和受托人确认。

八、托管人应按缴费收账通知核对实收缴费金额。核对一致时，托管人将缴费资金到账情况通知受托人和账户管理人，账户管理人将缴费信息记入企业账户和个人账户。核对不一致，实收缴费金额多于缴费收账通知的应收缴费时，托管人应通知受托人，根据受托人指令进行超额缴费处理，并将处理结果通知受托人和账户管理人；实收缴费金额少于缴费收账通知的应收缴费时，托管人应通知受托人，受托人通知委托人补缴。

十七、账户管理人应按《企业年金基金管理试行办法》及账户管理合同的规定，分配企业年金基金的投资收益。

采取金额计量方式时，账户管理人应按托管人提供的收益分配日的企业年金基金财产净值和净值增长率及企业账户与个人账户期初余额，计算本期投资收益，并足额记入企业账户和个人账户。

采取份额计量方式时，账户管理人应记录托管人提供的收益分配日的企业年金基金份额净值。

(3) 人力资源和社会保障部、中国银行业监督管理委员会、中国证券监督管理委员会、中国保险监督管理委员会《企业年金基金管理办法》（2011 年 2 月 14 日　部令第 11 号）

第二十七条　本办法所称账户管理人，是指接受受托人委托管理企业年金基金账户的专业机构。

第二十八条　账户管理人应当具备下列条件：

（一）经国家有关部门批准，在中国境内注册的独立法人；

（二）注册资本不少于 5 亿元人民币，且在任何时候都维持不少于 5 亿元人民币的净资产；

（三）具有完善的法人治理结构；

（四）取得企业年金基金从业资格的专职人员达到规定人数；

（五）具有相应的企业年金基金账户信息管理系统；

（六）具有符合要求的营业场所、安全防范设施和与企业年金基金账户管理业务有关的其他设施；

（七）具有完善的内部稽核监控制度和风险控制制度；

（八）近 3 年没有重大违法违规行为；

（九）国家规定的其他条件。

第二十九条　账户管理人应当履行下列职责：

（一）建立企业年金基金企业账户和个人账户；

（二）记录企业、职工缴费以及企业年金基金投资收益；

（三）定期与托管人核对缴费数据以及企业年金基金账户财产变化状况，及时将核对结果提交受托人；

（四）计算企业年金待遇；

（五）向企业和受益人提供企业年金基金企业账户和个人账户信息查询服务，向受益人提供年度权益报告；

（六）定期向受托人提交账户管理数据等信息以及企业年金基金账户管理报告，定期向有关监管部门提交开展企业年金基金账户管理业务情况的报告；

（七）按照国家规定保存企业年金基金账户管理档案自合同终止之日起至少 15 年；

（八）国家规定和合同约定的其他职责。

第三十条　有下列情形之一的，账户管理人职责终止：

（一）违反与受托人合同约定的；

（二）利用企业年金基金财产为其谋取利益，或者为他人谋取不正当利益的；

（三）依法解散、被依法撤销、被依法宣告破产或者被依法接管的；

（四）被依法取消企业年金基金账户管理业务资格的；

（五）受托人有证据认为更换账户管理人符合受益人利益的；

（六）有关监管部门有充分理由和依据认为更换账户管理人符合受益人利益的；

（七）国家规定和合同约定的其他情形。

第三十一条　账户管理人职责终止的，受托人应当在 45 日内确定新的账户管理人。

账户管理人职责终止的，应当妥善保管企业年金基金账户管理资料，在 45 日内办理完毕账户管理业务移交手续，新账户管理人应当接收并行使相应职责。

企业年金托管人

[解读]

企业年金托管人是指接受受托人委托，并根据托管合同安全保管企业年金基金财产、提供资金清算、会计核算与估值、投资监督等服务的商业银行。在基金业发展的初期，由于资产保管、投资运作等职责集中在基金管理人身上，出现了多起不良基金管理人侵吞客户资产的恶性事件，严重影响了行业的发展和社会的稳定。托管人的引入，形成了托管人与管理人之间相互制约的机制，有效地保护了投资者的利益。根据国家现行规定，一个企业年金计划应当仅有一个受托人、一个账户管理人和一个托管人，可以根据资产规模大小选择适量的投资管理人。而托管人对投资管理人的投资指令负有监督责任，如发现任何违法、违规、违约情况，应当立即通知投资管理人，并及时向受托人和有关监督部门报告。

[依据指引]

(1) 劳动和社会保障部《企业年金试行办法》(2004年1月6日　部令第20号)

第十九条　受托人可以委托具有资格的企业年金账户管理机构作为账户管理人，负责管理企业年金账户；可以委托具有资格的投资运营机构作为投资管理人，负责企业年金基金的投资运营。

受托人应当选择具有资格的商业银行或专业托管机构作为托管人，负责托管企业年金基金。

受托人与账户管理人、投资管理人和托管人确定委托关系，应当签订书面合同。

第二十条　企业年金基金必须与受托人、账户管理人、投资管理人和托管人的自有资产或其他资产分开管理，不得挪作其他用途。

企业年金基金管理应当执行国家有关规定。

(2) 人力资源和社会保障部、中国银行业监督管理委员会、中国证券监督管理委员会、中国保险监督管理委员会《企业年金基金管理办法》(2011年2月14日　部令第11号)

第五条　一个企业年金计划应当仅有一个受托人、一个账户管理人和一个托管人，可以根据资产规模大小选择适量的投资管理人。

第三十二条　本办法所称托管人，是指接受受托人委托保管企业年金基金财产的商业银行。

第三十三条　托管人应当具备下列条件：

(一) 经国家金融监管部门批准，在中国境内注册的独立法人；

(二) 注册资本不少于50亿元人民币，且在任何时候都维持不少于50亿元人民币的净资产；

(三) 具有完善的法人治理结构；

(四) 设有专门的资产托管部门；

(五) 取得企业年金基金从业资格的专职人员达到规定人数；

(六) 具有保管企业年金基金财产的条件；

(七) 具有安全高效的清算、交割系统；

(八) 具有符合要求的营业场所、安全防范设施和与企业年金基金托管业务有关的其他设施；

(九) 具有完善的内部稽核监控制度和风险控制制度；

(十) 近3年没有重大违法违规行为；

(十一) 国家规定的其他条件。

第三十四条　托管人应当履行下列职责：

(一) 安全保管企业年金基金财产；

(二) 以企业年金基金名义开设基金财产的资金账户和证券账户等；

(三) 对所托管的不同企业年金基金财产分别设置账户，确保基金财产的完整和独立；

(四) 根据受托人指令，向投资管理人分配企业年金基金财产；

(五) 及时办理清算、交割事宜；

(六) 负责企业年金基金会计核算和估值，复核、审查和确认投资管理人计算的基金财产净值；

(七) 根据受托人指令，向受益人发放企业年金待遇；

(八) 定期与账户管理人、投资管理人核对有关数据；

(九) 按照规定监督投资管理人的投资运作，并定期向受托人报告投资监督情况；

(十) 定期向受托人提交企业年金基金托管和财务会计报告，定期向有关监管部门提交开展企业年金基金托管业务情况的报告；

(十一) 按照国家规定保存企业年金基金托管业务活动记录、账册、报表和其他相关资料自合同终止之日起至少15年；

(十二) 国家规定和合同约定的其他职责。

第三十五条　托管人发现投资管理人依据交易程序尚未成立的投资指令违反法律、行政法规、其他有关规定或者合同约定的，应当拒绝执行，立即通知投资管理人，并及时向受托人和有关监管部门报告。

托管人发现投资管理人依据交易程序已经成立的投资指令违反法律、行政法规、其他有关规定或者合同约定的，应当立即通知投资管理人，并及时向受托人和有关监管部门报告。

第三十六条　有下列情形之一的，托管人职责终止：

（一）违反与受托人合同约定的；

（二）利用企业年金基金财产为其谋取利益，或者为他人谋取不正当利益的；

（三）依法解散、被依法撤销、被依法宣告破产或者被依法接管的；

（四）被依法取消企业年金基金托管业务资格的；

（五）受托人有证据认为更换托管人符合受益人利益的；

（六）有关监管部门有充分理由和依据认为更换托管人符合受益人利益的；

（七）国家规定和合同约定的其他情形。

第三十七条　托管人职责终止的，受托人应当在45日内确定新的托管人。

托管人职责终止的，应当妥善保管企业年金基金托管资料，在45日内办理完毕托管业务移交手续，新托管人应当接收并行使相应职责。

第三十八条　禁止托管人有下列行为：

（一）托管的企业年金基金财产与其固有财产混合管理；

（二）托管的企业年金基金财产与托管的其他财产混合管理；

（三）托管的不同企业年金计划、不同企业年金投资组合的企业年金基金财产混合管理；

（四）侵占、挪用托管的企业年金基金财产；

（五）国家规定和合同约定禁止的其他行为。

企业年金投资管理人

[解读]

企业年金投资管理人是指接受受托人的委托，根据受托人制定的投资策略和战略资产配置，为企业年金计划受益人的利益，采取资产组合方式对企业年金基金财产进行投资管理的专业机构。企业年金基金的投资管理业务是企业年金基金管理运作中非常重要的一环，关系到基金财产的保值增值，因此，投资管理人必须由有专业能力的机构担任。为此，专业投资机构须经相应的业务监管机构同意，并通过人力资源和社会保障部组织进行的资格认定，取得企业年金基金投资管理人资格。目前可以申请投资管理人资格的专业机构包括基金管理公司、综合类证券公司、信托投资公司、保险资产管理公司等。

[依据指引]

(1) 劳动和社会保障部《企业年金试行办法》（2004年1月6日　部令第20号）

第十九条　受托人可以委托具有资格的企业年金账户管理机构作为账户管理人，负责管理企业年金账户；可以委托具有资格的投资运营机构作为投资管理人，负责企业年金基金的投资运营。

受托人应当选择具有资格的商业银行或专业托管机构作为托管人，负责托管企业年金基金。

受托人与账户管理人、投资管理人和托管人确定委托关系，应当签订书面合同。

第二十条　企业年金基金必须与受托人、账户管理人、投资管理人和托管人的自有资产或其他资产分开管理，不得挪作其他用途。

企业年金基金管理应当执行国家有关规定。

(2) 人力资源和社会保障部、中国银行业监督管理委员会、中国证券监督管理委员会、中国保险监督管理委员会《企业年金基金管理办法》（2011年2月14日　部令第11号）

第三十九条　本办法所称投资管理人，是指接受受托人委托投资管理企业年金基金财产的专业机构。

第四十条　投资管理人应当具备下列条件：

（一）经国家金融监管部门批准，在中国境内注册，具有受托投资管理、基金管理或者资产管理资格的独立法人。

（二）具有证券资产管理业务的证券公司注册资本不少于10亿元人民币，且在任何时候都维持不少于10亿元人民币的净资产；养老金管理公司注册资本不少于5亿元人民币，且在任何时候都维持不少于5亿元人民币的净资产；信托公司注册资本不少于3亿元人民币，且在任何时候都维持不少于3亿元人民币的净资产；基金管理公司、保险资产管理公司、证券资产管理公司或者其他专业投资机构注册资本不少于1亿元人民币，且在任何时候都维持不少于1亿元人民币的净资产。

（三）具有完善的法人治理结构。

（四）取得企业年金基金从业资格的专职人员达到规定人数。

（五）具有符合要求的营业场所、安全防范设施和与企业年金基金投资管理业务有关的其他设施。

（六）具有完善的内部稽核监控制度和风险控制制度。

（七）近3年没有重大违法违规行为。

（八）国家规定的其他条件。

第四十一条 投资管理人应当履行下列职责：

（一）对企业年金基金财产进行投资；

（二）及时与托管人核对企业年金基金会计核算和估值结果；

（三）建立企业年金基金投资管理风险准备金；

（四）定期向受托人提交企业年金基金投资管理报告，定期向有关监管部门提交开展企业年金基金投资管理业务情况的报告；

（五）根据国家规定保存企业年金基金财产会计凭证、会计账簿、年度财务会计报告和投资记录自合同终止之日起至少15年；

（六）国家规定和合同约定的其他职责。

第四十二条 有下列情形之一的，投资管理人应当及时向受托人报告：

（一）企业年金基金单位净值大幅度波动的；

（二）可能使企业年金基金财产受到重大影响的有关事项；

（三）国家规定和合同约定的其他情形。

第四十三条 有下列情形之一的，投资管理人职责终止：

（一）违反与受托人合同约定的；

（二）利用企业年金基金财产为其谋取利益，或者为他人谋取不正当利益的；

（三）依法解散、被依法撤销、被依法宣告破产或者被依法接管的；

（四）被依法取消企业年金基金投资管理业务资格的；

（五）受托人有证据认为更换投资管理人符合受益人利益的；

（六）有关监管部门有充分理由和依据认为更换投资管理人符合受益人利益的；

（七）国家规定和合同约定的其他情形。

第四十四条 投资管理人职责终止的，受托人应当在45日内确定新的投资管理人。

投资管理人职责终止的，应当妥善保管企业年金基金投资管理资料，在45日内办理完毕投资管理业务移交手续，新投资管理人应当接收并行使相应职责。

第四十五条 禁止投资管理人有下列行为：

（一）将其固有财产或者他人财产混同于企业年金基金财产；

（二）不公平对待企业年金基金财产与其管理的其他财产；

（三）不公平对待其管理的不同企业年金基金财产；

（四）侵占、挪用企业年金基金财产；

（五）承诺、变相承诺保本或者保证收益；

（六）利用所管理的其他资产为企业年金计划委托人、受益人或者相关管理人谋取不正当利益；

（七）国家规定和合同约定禁止的其他行为。

企业年金基金管理机构资格认定

[解读]

企业年金基金管理机构是指从事企业年金基金管理业务的受托人、账户管理人、托管人和投资管理人等补充养老保险经办机构。从事企业年金基金管理业务的机构，须取得相应的企业年金基金管理资格。企业年金基金管理机构资格认定部门为人力资源和社会保障部。

受托人、托管人和投资管理人必须是经国家金融监管部门批准，在中国境内注册的独立法人；账户管理人必须是经国家有关部门批准，在中国境内注册的独立法人。具备相关条件的企业年金基金管理机构申请相应资格时，应当按照有关规定向人力资源和社会保障部提出书面申请。人力资源和社会保障部受理申请人申请后，应当组建专家评审委员会对申请材料进行评审。专家评审委员会对申请人申请材料按照分期分类的原则进行评审，所需时间由人力资源和社会保障部书面告知申请人。人力资源和社会保障部根据专家评审委员会评审结果及现场检查情况，会商中国银监会、中国证监会、中国保监会后，认定企业年金基金管理机构资格，并于认定之日起10个工作日内，向申请人颁发《企业年金基金管理资格证书》；对于未取得企业年金基金管理资格的申请人，由人力资源和社会保障部书面通知，说明理由并告知申请人享有依法申请行政复议或者提起行政诉讼的权利。人力资源和社会保障部会同中国银监会、中国证监会、中国保监会，在全国性报刊上公告取得企业年金基金管理资格的机构。企业年金基金管理机构的资格证书有效期为3年，期限届满前3个月应当向人力资源和社会保障部提出延续申请。对取得资格的企业年金基金管理机构，在一定条件下，人力资源和社会保障部可以办理企业年金基金管理机构资格的注销手续。

评审专家库专家人数48人。由有关部门或机构推荐产生43人，个人自愿报名5人，由人力资源和社会保障部对评审专家颁发“企业年金基金管理机构资格认定评审专家”聘书。人力资源和社会保障部根据评审需要，选择不同专业的专家，分类建立受托人、账户管理人、托管人、投资管理人评审委，每期每类参加评审委的专家不得少于9人。

[依据指引]

(1) 劳动和社会保障部《企业年金基金管理机构资格认定暂行办法》（2004年12月31日 部令第24号）

第二条 本办法所称企业年金基金管理机构，是指从事企业年金基金管理业务的法人受托机构、账户管理人、托管人和投资管理人等补充养老保险经办机构。

第三条 从事企业年金基金管理业务的机构，必须根据本办法规定的程序，取得相应的企业年金基金管理资格。

劳动保障部负责企业年金基金管理机构资格认定。

第四条 申请企业年金基金管理资格的机构（以下简称申请人）应当按照本办法附件规定的内容与格式，向劳动保障部提出书面申请。

第五条 法人受托机构应当具备下列条件：

（一）经国家金融监管部门批准，在中国境内注册；

（二）注册资本不少于1亿元人民币，且在任何时候都维持不少于1.5亿元人民币的净资产；

（三）具有完善的法人治理结构；

（四）取得企业年金基金从业资格的专职人员达到规定人数；

（五）具有符合要求的营业场所、安全防范设施和与企业年金基金受托管理业务有关的其他设施；

（六）具有完善的内部稽核监控制度和风险控制制度；

（七）近3年没有重大违法违规行为；

（八）国家规定的其他条件。

第六条 账户管理人应当具备下列条件：

（一）经国家有关部门批准，在中国境内注册的独立法人；

（二）注册资本不少于5 000万元人民币；

（三）具有完善的法人治理结构；

（四）取得企业年金基金从业资格的专职人员达到规定人数；

（五）具有相应的企业年金基金账户管理信息系统；

（六）具有符合要求的营业场所、安全防范设施和与企业年金基金账户管理业务有关的其他设施；

（七）具有完善的内部稽核监控制度和风险控制制度；

（八）国家规定的其他条件。

本条第（五）项规定的企业年金基金账户管理信息系统规范，由劳动保障部另行制定。

第七条 托管人应当具备下列条件：

（一）经国家金融监管部门批准，在中国境内注册的独立法人；

（二）净资产不少于50亿元人民币；

（三）取得企业年金基金从业资格的专职人员达到规定人数；

（四）具有保管企业年金基金财产的条件；

（五）具有安全高效的清算、交割系统；

（六）具有符合要求的营业场所、安全防范设施和与企业年金基金托管业务有关的其他设施；

（七）具有完善的内部稽核监控制度和风险控制制度；

（八）国家规定的其他条件。

商业银行担任托管人，应当设有专门的基金托管部门。

第八条 投资管理人应当具备下列条件：

（一）经国家金融监管部门批准，在中国境内注册，具有受托投资管理、基金管理或者资产管理资格的独立法人。

（二）综合类证券公司注册资本不少于10亿元人民币，且在任何时候都维持不少于10亿元人民币的净资产；基金管理公司、信托投资公司、保险资产管理公司或者其他专业投资机构注册资本不少于1亿元人民币，且在任何时候都维持不少于1亿元人民币的净资产。

（三）具有完善的法人治理结构。

（四）取得企业年金基金从业资格的专职人员达到规定人数。

（五）具有符合要求的营业场所、安全防范设施和与企业年金基金投资管理业务有关的其他设施。

（六）具有完善的内部稽核监控制度和风险控制制度。

（七）近3年没有重大违法违规行为。

（八）国家规定的其他条件。

第十条 劳动保障部受理申请人申请后，应当组建专家评审委员会对申请材料进行评审。评审委员会专家按照专业范围从专家库中随机抽取产生。专家库由有关部门代表和社会专业人士组成。

专家评审委员会对申请人申请材料按照分期分类的原则进行评审，所需时间由劳动保障部书面告知申请人。

第十一条 劳动保障部认为必要时应当指派2名以上工作人员，根据申请人申请材料对申请人进行现场检查。

第十二条 劳动保障部根据专家评审委员会评审结果及现场检查情况，会商中国银监会、中国证监会、中国保监会后，认定企业年金基金管理机构资格，并于认定之日起10个工作日内，向申请人颁发《企业年金基金管理资格证书》。证书制式由劳动保障部统一印制。

对于未取得企业年金基金管理资格的申请人，由劳动保障部书面通知，说明理由并告知申请人享有依法申请行政复议或者提起行政诉讼的权利。

第十三条 劳动保障部会同中国银监会、中国证监会、中国保监会，在全国性报刊上公告取得企业年金基金管理资格的机构。

第十四条 企业年金基金管理机构的资格证书有效期为3年，期限届满前3个月应当向劳动保障部提出延续申请。

第十五条 有下列情形之一的，劳动保障部应当办理企业年金基金管理机构资格的注销手续：

（一）企业年金基金管理机构资格有效期届满未延续的；

（二）企业年金基金管理机构依法解散、被依法撤销、被依法宣告破产或者被依法接管的；

（三）企业年金基金管理机构资格被依法撤销的；

（四）国家规定的应当注销企业年金基金管理机构资格的其他情形。

劳动保障部办理企业年金基金管理机构资格的注销手续后，会同中国银监会、中国证监会、中国保监会，在全国性报刊上公告。

(2) 劳动和社会保障部《企业年金基金管理机构资格认定专家评审规则》（2004年12月31日 劳社部发［2004］32号）

五、专家库专家人数48人。由有关部门或机构推荐产生43人，其中：劳动保障部3人，财政部2人，全国总工会2人，中国银监会2人，中国证监会2人，中国保监会2人，中国注册会计师协会5人，中华全国律师协会5人，中国银行业协会5人，中国证券业协会5人，中国保险业协会5人，大专院校科研院所社会保障专家5人。个人自愿报名5人。

评审专家每届任期2年，可以连任，但连续任期最长不超过2届。

任何单位或个人对评审专家持有异议的，可书面向劳动保障部提出更换建议。

六、劳动保障部对评审专家颁发“企业年金基金管理机构资格认定评审专家”聘书。

八、劳动保障部根据评审需要，选择不同专业的专家，分类建立受托人、账户管理人、托管人、投资管理人评审委，每期每类参加评审委的专家不得少于9人。劳动保障部选择专家及建立评审委时，应接受有关机构的监督。

评审委应当要求评审专家集中审阅申请人申请材料。

企业年金基金投资

［解读］

企业年金基金投资应当遵循谨慎、分散风险的原则，限于境内投资，由人力资源和社会保障部会同中国银监会、中国证监会和中国保监会制定并适时调整投资范围和比例限制。投资管理人将其管理的企业年金基金资产投资于自己管理的金融产品须经受托人同意，不得从事使企业年金资产承担无限责任的投资。企业年金基金证券交易以现货和国务院规定的其他方式进行，不得用于向他人贷款和提供担保。

［依据指引］

(1) 劳动和社会保障部《企业年金试行办法》（2004年1月6日 部令第20号）

第九条 企业年金基金由下列各项组成：

（一）企业缴费；

（二）职工个人缴费；

（三）企业年金基金投资运营收益。

第十条 企业年金基金实行完全积累，采用个人账户方式进行管理。

企业年金基金可以按照国家规定投资运营。企业年金基金投资运营收益并入企业年金基金。

第十一条 企业缴费应当按照企业年金方案规定比例计算的数额计入职工企业年金个人账户；

职工个人缴费额计入本人企业年金个人账户。

企业年金基金投资运营收益，按净收益率计入企业年金个人账户。

(2) 人力资源和社会保障部、中国银行业监督管理委员会、中国证券监督管理委员会、中国保险监督管理委员会《企业年金基金管理办法》（2011年2月14日 部令第11号）

第四十六条 企业年金基金投资管理应当遵循谨慎、分散风险的原则，充分考虑企业年金基金财产的安全性、收益性和流动性，实行专业化管理。

第四十七条 企业年金基金财产限于境内投资，投资范围包括银行存款、国债、中央银行票据、债券回购、万能保险产品、投资连结保险产品、证券投资基金、股票，以及信用等级在投资级以上的金融债、企业（公司）债、可转换债（含分离交易可转换债）、短期融资券和中期票据等金融产品。

第四十九条 根据金融市场变化和投资运作情况，人力资源社会保障部会同中国银监会、中国证监会和中国保监会，适时对投资范围和比例进行调整。

第五十一条 投资管理人管理的企业年金基金财产投资于自己管理的金融产品须经受托人同意。

第五十三条 企业年金基金证券交易以现货和国务院规定的其他方式进行，不得用于向他人贷款和提供担保。

投资管理人不得从事使企业年金基金财产承担无限责任的投资。

企业年金基金管理费

[解读]

企业年金受托人、托管人和投资管理人年度提取的管理费分别不得高于受托企业年金基金资产净值的0.2%、0.2%和1.2%。账户管理人的管理费按照每户每月不超过5元人民币的限额，有建立企业年金的企业另行缴纳。以上费用限额将由人力资源和社会保障部会同中国银监会、中国证监会和中国保监会根据企业年金基金情况进行适时调整。

[依据指引]

人力资源和社会保障部、中国银行业监督管理委员会、中国证券监督管理委员会、中国保险监督管理委员会《企业年金基金管理办法》（2011年2月14日 部令第11号）

第五十五条 受托人年度提取的管理费不高于受托管理企业年金基金财产净值的0.2%。

第五十六条 账户管理人的管理费按照每户每月不超过5元人民币的限额，由建立企业年金计划的企业另行缴纳。

保留账户和退休人员账户的账户管理费可以按照合同约定由受益人自行承担，从受益人个人账户中扣除。

第五十七条 托管人年度提取的管理费不高于托管企业年金基金财产净值的0.2%。

第五十八条 投资管理人年度提取的管理费不高于投资管理企业年金基金财产净值的1.2%。

第五十九条 根据企业年金基金管理情况，人力资源社会保障部会同中国银监会、中国证监会和中国保监会，适时对有关管理费进行调整。

企业年金基金投资管理风险准备金

[解读]

为弥补投资管理合同终止时所管理投资组合的企业年金基金当期委托投资资产的投资亏损，投资管理人应从当期收取的管理费中提取20%作为企业年金基金投资管理风险准备金，存放于专用存款账户，余额达到所管理的投资组合基金资产净值的10%时，可以不再提取。合同终止时，如投资有亏损，应当使用风险准备金弥补，直至该风险准备金弥补完毕；如无亏损或弥补有剩余，风险准备金归投资管理人所有。

[依据指引]

人力资源和社会保障部、中国银行业监督管理委员会、中国证券监督管理委员会、中国保险监督管理委员会《企业年金基金管理办法》（2011年2月14日 部令第11号）

第六十条 投资管理人从当期收取的管理费中，提取20%作为企业年金基金投资管理风险准备金，专项用于弥补合同终止时所管理投资组合的企业年金基金当期委托投资资产的投资亏损。

第六十一条 当合同终止时，如所管理投资组合的企业年金基金财产净值低于当期委托投资资产的，投资管理人应当用风险准备金弥补该时点的当期委托投资资产亏损，直至该投资组合风险准备金弥补完毕；如所管理投资组合的企业年金基金当期委托投资资产没有发生投资亏损或者风险准备金弥补后有剩余的，风险准备金划归投资管理人所有。

第六十二条 企业年金基金投资管理风险准备金应当存放于投资管理人在托管人处开立的专用存款账户，余额达到投资管理人所管理投资组合基金财产净值的10%时可以不再提取。托管人不得对投资管理风险准备金账户收取费用。

第六十三条 风险准备金由投资管理人进行管理，可以投资于银行存款、国债等高流动性、低风险金融产品。风险准备金产生的投资收益，应当纳入风险准备金管理。

个人储蓄性养老保险

[解读]

个人储蓄性养老保险是多层次养老保险制度的组成部分，也是城镇企业职工养老保险制度体系的一个重要组成部分。为适当提高城镇企业职工退休后生活水平，在建立基本养老保险制度、企业年金制度的基础上，可遵循本人自愿原则，建立个人储蓄性养老保险制度。个人储蓄性养老保险基金主要由个人缴费及基金运营收益形成。个人以本人上年度月平均工资为基数缴纳个人储蓄性养老保险费，可由单位代扣代缴，缴费比例不超过全省在岗职工平均工资的一定比例部分应当免征所得税。个人储蓄性养老保险基金可以按照国家规定实行市场化投资运营，市场化投资运营收益应当免征所得税。

个人储蓄性养老保险采用个人账户方式进行管理。参保人员在达到法定退休年龄时，可以从个人储蓄性养老保险个人账户中一次或定期领取个人储蓄性养老金，未达到法定退休年龄不得提前提取。出境定居人员的个人储蓄性养老保险资金，可根据本人要求一次性支付给本人。参保人员变动工作单位时，个人储蓄性养老保险账户资金可以随同转移。参保人员升学、参军、失业期间或新就业单位没有实行个人储蓄性养老保险制度的，其个人储蓄性养老保险个人账户可由原管理机构继续管理。参保人员或退休人员死亡后，个人储蓄性养老保险个人账户余额由其指定的受益人或法定继承人一次性领取。

经测算，个人储蓄性养老保险如按4%比例缴费，可增加12.1%的养老金替代率，基本上能够达到适当提高事业单位工作人员退休后生活水平的目标。现阶段个人储蓄性养老保险暂可以作为个人年金参照原劳动和社会保障部《企业年金试行办法》《企业年金基金管理办法》等企业年金的有关规定运作执行。

[依据指引]

(1)《中华人民共和国劳动法》（1994年7月5日　国家主席令第28号）

第七十五条 国家鼓励用人单位根据本单位实际情况为劳动者建立补充保险。

国家提倡劳动者个人进行储蓄性保险。

(2) 国务院《关于企业职工养老保险制度改革的决定》（1991年6月26日　国发［1991］33号）

二、随着经济的发展，逐步建立起基本养老保险与企业补充养老保险和职工个人储蓄性养老保险相结合的制度。改变养老保险完全由国家、企业包下来的办法，实行国家、企业、个人三方共同负担，职工个人也要缴纳一定的费用。

八、企业补充养老保险由企业根据自身经济能力，为本企业职工建立，所需费用从企业自有资金中的奖励、福利基金内提取。个人储蓄性养老保险由职工根据个人收入情况自愿参加。国家提倡、鼓励企业实行补充养老保险和职工参加个人储蓄性养老保险，并在政策上给予指导。同时，允许试行将个人储蓄性养老保险与企业补充养老保险挂钩的办法。补充养老保险基金，由社会保险管理机构按国家技术监督局发布的社会保障号码（国家标准GB 11643—89）记入职工个人账户。

(3) 国务院《关于深化企业职工养老保险制度改革的通知》（1995年9月18日　国发［1995］6号）

五、国家在建立基本养老保险、保障离退休人员基本生活的同时，鼓励建立企业补充养老保险和个人储蓄性养老保险。企业按规定缴纳基本养老保险费后，可以在国家政策指导下，根据本单位经济效益情况，为职工建立补充养老保险。企业补充养老保险和个人储蓄性养老保险，由企业和个人自主选择经办机构。

(4) 劳动和社会保障部《企业年金试行办法》（2004年1月6日　部令第20号）（略）

(5) 人力资源和社会保障部、中国银行业监督管理委员会、中国证券监督管理委员会、中国保险监督管理委员会《企业年金基金管理办法》

（2011年2月14日 部令第11号）（略）

新型农村社会养老保险

[解读]

党的十七届三中全会第一次提出新型农村社会养老保险的概念，并明确了个人缴费、集体补助、政府补贴相结合的原则。新型农村社会养老保险从我国目前农村实际出发，充分考虑各方面承受能力，责任分担，权利义务对等。由中央确定基本原则和主要政策，地方制定具体办法，对参保居民实行属地管理。

新型农村社会养老保险自2009年开始试点，覆盖面为全国10%的县（市、区、旗），2011年覆盖面达到60%，2012年实现全覆盖。年满16周岁（不含在校学生）、未参加城镇职工基本养老保险的农村居民，均可在户籍地自愿参加新型农村社会养老保险。

[依据指引]

(1)《中华人民共和国社会保险法》（2010年10月28日 国家主席令第35号）

第二十条 国家建立和完善新型农村社会养老保险制度。

新型农村社会养老保险实行个人缴费、集体补助和政府补贴相结合。

(2) 国务院《关于开展新型农村社会养老保险试点的指导意见》（2009年9月1日 国发[2009] 32号）

二、任务目标

探索建立个人缴费、集体补助、政府补贴相结合的新农保制度，实行社会统筹与个人账户相结合，与家庭养老、土地保障、社会救助等其他社会保障政策措施相配套，保障农村居民老年基本生活。2009年试点覆盖面为全国10%的县（市、区、旗），以后逐步扩大试点，在全国普遍实施，2020年之前基本实现对农村适龄居民的全覆盖。

新型农村社会养老保险基金筹集

[解读]

新型农村社会养老保险基金实行个人缴费、集体补助、政府补贴相结合的筹集方式：

（一）个人缴费，根据权利义务相适应的原则，除新农保制度实施时已年满60周岁的农村老年居民，个人需缴纳一定的费用，这是享受新农保待遇的前提。为适应农村居民收入较低、差异大且不稳定的特点，缴费标准目前设为每年100元、200元、300元、400元、500元5个档次，地方也可以根据实际情况增设缴费档次。参保人可自主选择，多缴多得。国家依据农村居民人均纯收入增长等情况适时调整缴费档次。

（二）集体补助，我国农村土地实行的是集体所有制，很多村集体有经营收入。有条件的村集体应当对参保人缴费给予补助，补助标准由村民委员会召开村民会议民主确定。鼓励其他经济组织、社会公益组织、个人为参保人缴费提供资助。

（三）政府补贴，政府对符合领取条件的参保人全额支付新农保基础养老金，其中中央财政对中西部地区按中央确定的基础养老金标准给予全额补助，对东部地区给予50%的补助。

地方政府应当对参保人缴费给予补贴，补贴标准不低于每人每年30元；对选择较高档次标准缴费的，可给予适当鼓励，具体标准和办法由省（区、市）人民政府确定。对农村重度残疾人等缴费困难群体，地方政府为其代缴部分或全部最低标准的养老保险费。

国家为每个新农保参保人建立终身记录的养老保险个人账户。个人缴费，集体补助及其他经济组织、社会公益组织、个人对参保人缴费的资助，地方政府对参保人的缴费补贴，全部记入个人账户。个人账户储存额目前每年参考中国人民银行公布的金融机构人民币一年期存款利率计息。

[依据指引]

(1)《中华人民共和国社会保险法》（2010年10月28日 国家主席令第35号）

第二十条 国家建立和完善新型农村社会养老保险制度。

新型农村社会养老保险实行个人缴费、集体补助和政府补贴相结合。

(2) 国务院《关于开展新型农村社会养老保险试点的指导意见》（2009年9月1日 国发[2009] 32号）

四、基金筹集

新农保基金由个人缴费、集体补助、政府补贴构成。

（一）个人缴费。参加新农保的农村居民应当按规定缴纳养老保险费。缴费标准目前设为每年100元、200元、300元、400元、500元5个档次，地方可以根据实际情况增设缴费档次。参保人自主选择档次缴费，多缴多得。国家依据农村居民人均纯收入增长等情况适时调整缴费档次。

（二）集体补助。有条件的村集体应当对参保人缴费给予补助，补助标准由村民委员会召开村民会议民主确定。鼓励其他经济组织、社会公益组织、个人为参保人缴费提供资助。

（三）政府补贴。政府对符合领取条件的参保人全额支付新农保基础养老金，其中中央财政对中西部地区按中央确定的基础养老金标准给予全额补助，对东部地区给予50%的补助。

地方政府应当对参保人缴费给予补贴，补贴标准不低于每人每年30元；对选择较高档次标准缴费的，可给予适当鼓励，具体标准和办法由省（区、市）人民政府确定。对农村重度残疾人等缴费困难群体，地方政府为其代缴部分或全部最低标准的养老保险费。

五、建立个人账户

国家为每个新农保参保人建立终身记录的养老保险个人账户。个人缴费，集体补助及其他经济组织、社会公益组织、个人对参保人缴费的资助，地方政府对参保人的缴费补贴，全部记入个人账户。个人账户储存额目前每年参考中国人民银行公布的金融机构人民币一年期存款利率计息。

新型农村社会养老保险待遇

［解读］

养老金待遇由基础养老金和个人账户养老金组成，支付终身。目前，国家确定的基础养老金标准为每人每月55元；地方政府可以根据实际情况提高基础养老金标准，提高和加发部分的资金，由地方政府支出。随着社会的发展，国家还将根据经济发展和物价变动等情况，适时调整基础养老金的最低标准。

个人账户养老金的月计发标准为个人账户全部储存额除以139（与现行城镇职工基本养老保险个人账户养老金计发系数相同）。参保人死亡，个人账户中的资金余额，除政府补贴外，可以依法继承；政府补贴余额用于继续支付其他参保人的养老金。

［依据指引］

(1)《中华人民共和国社会保险法》（2010年10月28日 国家主席令第35号）

第二十一条 新型农村社会养老保险待遇由基础养老金和个人账户养老金组成。

参加新型农村社会养老保险的农村居民，符合国家规定条件的，按月领取新型农村社会养老保险待遇。

(2) 国务院《关于开展新型农村社会养老保险试点的指导意见》（2009年9月1日 国发［2009］32号）

六、养老金待遇

养老金待遇由基础养老金和个人账户养老金组成，支付终身。

中央确定的基础养老金标准为每人每月55元。地方政府可以根据实际情况提高基础养老金标准，对于长期缴费的农村居民，可适当加发基础养老金，提高和加发部分的资金由地方政府支出。

个人账户养老金的月计发标准为个人账户全部储存额除以139（与现行城镇职工基本养老保险个人账户养老金计发系数相同）。参保人死亡，个人账户中的资金余额，除政府补贴外，可以依法继承；政府补贴余额用于继续支付其他参保人的养老金。

新型农村社会养老保险领取条件

［解读］

参加新型农村社会养老保险的农村居民，符合国家规定条件的，可按月领取新型农村社会养老保险待遇。国家规定的领取条件包括：

（一）年龄条件

国家规定，农村居民不分男女年满60周岁，方可按月领取养老金，但有的地方规定男年满60周岁、女年满55周岁，即可按月领取养老金。

（二）缴费年限条件

1. 新型农村养老保险制度实施时，已年满60周岁，未享受职工基本养老保险待遇以及国家规定的其他养老待遇的农村居民，不用缴费，可按月领取基础养老金。

2. 新型农村养老保险制度实施时，距领取年龄不足15年的农村居民，应按年缴费，也允许补缴，累计缴费达到15年，方可按月领取养老金。

3. 新型农村养老保险制度实施时，距领取年龄超过15年的农村居民，应按年缴费，累计缴费不少于15年，即可按月领取养老金。

［依据指引］

(1)《中华人民共和国社会保险法》（2010年10月28日 国家主席令第35号）

第二十一条 新型农村社会养老保险待遇由基础养老金和个人账户养老金组成。

参加新型农村社会养老保险的农村居民，符合国家规定条件的，按月领取新型农村社会养老保险待遇。

(2) 国务院《关于开展新型农村社会养老保险试点的指导意见》（2009年9月1日 国发［2009］32号）

七、养老金待遇领取条件

年满60周岁、未享受城镇职工基本养老保险待遇的农村有户籍的老年人，可以按月领取养老金。

新农保制度实施时，已年满60周岁、未享受城镇职工基本养老保险待遇的，不用缴费，可以按月领取基础养老金，但其符合参保条件的子女应当参保缴费；距领取年龄不足15年的，应按年缴费，也允许补缴，累计缴费不超过15年；距领取年龄超过15年的，应按年缴费，累计缴费不少于15年。

要引导中青年农民积极参保、长期缴费，多缴多得。具体办法由省（区、市）人民政府规定。

新型农村养老保险与相关制度的衔接

［解读］

国家对新型农村养老保险制度（以下称新农保）与相关制度的衔接正在研究制定相应办法和措施，要求原来已参加以个人缴费为主、完全个人账户的农村社会养老保险（以下称老农保）的地区，在妥善处理老农保基金债权问题的基础上，做好与新农保制度衔接；在新农保试点地区，凡已参加了老农保、年满60周岁且已领取老农保养老金的参保人，可直接享受新农保基础养老金；对已参加老农保、未满60周岁且没有领取养老金的参保人，应将老农保个人账户资金并入新农保个人账户，按新农保的缴费标准继续缴费，待符合规定条件时享受相应待遇。目前，人力资源和社会保障部会同财政部正在制定新农保与城镇职工基本养老保险等其他养老保险制度的衔接办法；还要研究做好新农保制度与被征地农民社会保障、水库移民后期扶持政策、农村计划生育家庭奖励扶助政策、农村五保供养、社会优抚、农村最低生活保障制度等政策、制度配套衔接工作的具体措施。

［依据指引］

(1)《中华人民共和国社会保险法》（2010年10月28日 国家主席令第35号）

第二十一条 新型农村社会养老保险待遇由基础养老金和个人账户养老金组成。

参加新型农村社会养老保险的农村居民，符合国家规定条件的，按月领取新型农村社会养老保险待遇。

(2) 国务院《关于开展新型农村社会养老保险试点的指导意见》（2009年9月1日 国发［2009］32号）

十二、相关制度衔接

原来已开展以个人缴费为主、完全个人账户农村社会养老保险（以下称老农保）的地区，要在妥善处理老农保基金债权问题的基础上，做好与新农保制度衔接。在新农保试点地区，凡已参加了老农保、年满60周岁且已领取老农保养老金的参保人，可直接享受新农保基础养老金；对已参加老农保、未满60周岁且没有领取养老金的参保人，应将老农保个人账户资金并入新农保个人账户，按新农保的缴费标准继续缴费，待符合规定条件时享受相应待遇。

新农保与城镇职工基本养老保险等其他养老保险制度的衔接办法，由人力资源社会保障部会同财政部制定。要妥善做好新农保制度与被征地农民社会保障、水库移民后期扶持政策、农村计划生育家庭奖励扶助政策、农村五保供养、社会优抚、农村最低生活保障制度等政策制度的配套衔接工作，具体办法由人力资源社会保障部、财政部会同有关部门研究制定。

城镇居民社会养老保险

［解读］

城镇无就业以及就业不稳定居民是社会最弱势的群体之一，这个群体大多无职业、无收入、年龄较大。由于这一群体无法纳入职工基本养老保险制度，已成为我国养老保险实现全覆盖的最后一个“缺项”。因此，国务院决定于2011年7

月1日启动城镇居民社会养老保险试点工作，实施范围与新型农村社会养老保险试点基本一致，计划于2012年基本实现全覆盖，逐步解决城镇无养老保障居民的老有所养问题。

国家规定，年满16周岁（不含在校学生）、不符合职工基本养老保险参保条件的城镇非从业居民，均可以在户籍地自愿参加城镇居民养老保险；实行社会统筹与个人账户相结合，筹资方式是个人（家庭）缴费与政府补贴相结合；待遇支付结构是基础养老金与个人账户养老金相结合。

[依据指引]

(1)《中华人民共和国社会保险法》（2010年10月28日 国家主席令第35号）

第二十二条 国家建立和完善城镇居民社会养老保险制度。

省、自治区、直辖市人民政府根据实际情况，可以将城镇居民社会养老保险和新型农村社会养老保险合并实施。

(2) 国务院《关于开展城镇居民社会养老保险试点的指导意见》（2011年6月7日 国发[2011] 18号）

二、任务目标

建立个人缴费、政府补贴相结合的城镇居民养老保险制度，实行社会统筹和个人账户相结合，与家庭养老、社会救助、社会福利等其他社会保障政策相配套，保障城镇居民老年基本生活。2011年7月1日启动试点工作，实施范围与新型农村社会养老保险（以下简称新农保）试点基本一致，2012年基本实现城镇居民养老保险制度全覆盖。

三、参保范围

年满16周岁（不含在校学生）、不符合职工基本养老保险参保条件的城镇非从业居民，可以在户籍地自愿参加城镇居民养老保险。

六、养老金待遇

养老金待遇由基础养老金和个人账户养老金构成，支付终身。

城镇居民社会养老保险基金筹集

[解读]

城镇居民养老保险基金主要由个人缴费和政府补贴构成。基金筹集应遵循低水平起步，筹资标准和待遇标准与经济发展及各方面承受能力相适应的原则，具体筹集方式如下：

（一）个人缴费。参加城镇居民养老保险的城镇居民应当按规定缴纳养老保险费。缴费标准目前设为每年100元、200元、300元、400元、500元、600元、700元、800元、900元、1 000元10个档次，地方人民政府可以根据实际情况增设缴费档次。参保人自主选择档次缴费，多缴多得。统一合并实施城乡居民养老保险制度的地区，可以不分城乡，由参保人在多档中选择，有利于适应不同收入水平群体的需求。国家依据经济发展和城镇居民人均可支配收入增长等情况适时调整缴费档次。

（二）政府补贴。政府对符合待遇领取条件的参保人全额支付城镇居民养老保险基础养老金。其中，中央财政对中西部地区按中央确定的基础养老金标准给予全额补助，对东部地区给予50%的补助。地方人民政府应对参保人员缴费给予补贴，补贴标准不低于每人每年30元；对选择较高档次标准缴费的，可给予适当鼓励，具体标准和办法由省（区、市）人民政府确定。对城镇重度残疾人等缴费困难群体，地方人民政府为其代缴部分或全部最低标准的养老保险费。

（三）鼓励其他经济组织、社会组织和个人为参保人缴费提供资助。国家为每个参保人员建立终身记录的养老保险个人账户。个人缴费、地方人民政府对参保人的缴费补贴及其他来源的缴费资助，全部记入个人账户。其储存额目前每年参考中国人民银行公布的金融机构人民币一年期存款利率计息。

[依据指引]

国务院《关于开展城镇居民社会养老保险试点的指导意见》（2011年6月7日 国发［2011］18号）

四、基金筹集

城镇居民养老保险基金主要由个人缴费和政府补贴构成。

（一）个人缴费。参加城镇居民养老保险的城镇居民应当按规定缴纳养老保险费。缴费标准目前设为每年100元、200元、300元、400元、500元、600元、700元、800元、900元、1 000元10个档次，地方人民政府可以根据实际情况增设缴费档次。参保人自主选择档次缴费，多缴多得。国家依据经济发展和城镇居民人均可支配收入增长等情况适时调整缴费档次。

（二）政府补贴。政府对符合待遇领取条件的参保人全额支付城镇居民养老保险基础养老金。其中，中央财政对中西部地区按中央确定的基础养老金标准给予全额补助，对东部地区给予50%的补助。

地方人民政府应对参保人员缴费给予补贴，补贴标准不低于每人每年30元；对选择较高档次标准缴费的，可给予适当鼓励，具体标准和办法由省（区、市）人民政府确定。对城镇重度残疾人等缴费困难群体，地方人民政府为其代缴部分或全部最低标准的养老保险费。

（三）鼓励其他经济组织、社会组织和个人为参保人缴费提供资助。

五、建立个人账户

国家为每个参保人员建立终身记录的养老保险个人账户。个人缴费、地方人民政府对参保人的缴费补贴及其他来源的缴费资助，全部记入个人账户。个人账户储存额目前每年参考中国人民银行公布的金融机构人民币一年期存款利率计息。

城镇居民社会养老保险待遇

[解读]

城镇居民社会养老保险待遇由基础养老金和个人账户养老金构成，支付终身。

国家确定的基础养老金标准为每人每月55元。地方人民政府可以根据实际情况提高基础养老金标准，对于长期缴费的城镇居民，可适当加发基础养老金，提高和加发部分的资金由地方人民政府支出。随着社会的发展，国家还将根据经济发展和物价变动等情况，适时调整基础养老金的最低标准。

个人账户养老金的月计发标准为个人账户储存额除以139。参保人员死亡，个人账户中的资金余额，除政府补贴外，可以依法继承；政府补贴余额用于继续支付其他参保人的养老金。

[依据指引]

国务院《关于开展城镇居民社会养老保险试点的指导意见》（2011年6月7日　国发〔2011〕18号）

六、养老金待遇

养老金待遇由基础养老金和个人账户养老金构成，支付终身。

中央确定的基础养老金标准为每人每月55元。地方人民政府可以根据实际情况提高基础养老金标准，对于长期缴费的城镇居民，可适当加发基础养老金，提高和加发部分的资金由地方人民政府支出。

个人账户养老金的月计发标准为个人账户储存额除以139（与现行职工基本养老保险及新农保个人账户养老金计发系数相同）。参保人员死亡，个人账户中的资金余额，除政府补贴外，可以依法继承；政府补贴余额用于继续支付其他参保人的养老金。

城镇居民社会养老保险领取条件

[解读]

参加城镇居民养老保险的城镇居民领取养老保险金的条件主要有两个：

（一）年龄条件

国家规定，不分男女年满60周岁，方可按月领取养老金，但有的地方规定男年满60周岁，女年满55周岁，即可按月领取养老金。

（二）缴费年限条件

1. 城镇居民养老保险制度实施时，已年满60周岁，未享受职工基本养老保险待遇以及国家规定的其他养老待遇的城镇居民，不用缴费，可按月领取基础养老金。

2. 城镇居民养老保险制度实施时，距领取年龄不足15年的城镇居民，应按年缴费，也允许补缴，累计缴费达到15年，方可按月领取养老金。

3. 城镇居民养老保险制度实施时，距领取年龄超过15年的，应按年缴费，累计缴费不少于15年，即可按月领取养老金。

[依据指引]

国务院《关于开展城镇居民社会养老保险试点的指导意见》（2011年6月7日　国发〔2011〕18号）

七、养老金待遇领取条件

参加城镇居民养老保险的城镇居民，年满60周岁，可按月领取养老金。

城镇居民养老保险制度实施时，已年满60周岁，未享受职工基本养老保险待遇以及国家规定的其他养老待遇的，不用缴费，可按月领取基础养老金；距领取年龄不足15年的，应按年缴费，也允许补缴，累计缴费不超过15年；距领取年龄超过15年的，应按年缴费，累计缴费不少于15年。

要引导城镇居民积极参保、长期缴费，多缴多得；引导城镇居民养老保险待遇领取人员的子女按规定参保缴费。具体办法由省（区、市）人民政府规定。

八、待遇调整

国家根据经济发展和物价变动等情况，适时调整全国城镇居民养老保险基础养老金的最低标准。

城镇居民养老保险与相关制度的衔接

[解读]

建立城镇居民养老保险制度，是建立完善覆盖城乡居民社会保障体系的重要环节。因此，国务院在制定试点指导意见时特别规定了相关制度衔接办法：有条件的地方，城镇居民养老保险应与新型农村养老保险合并实施；其他地方应积极创造条件将两项制度合并实施；城镇居民养老保险与职工基本养老保险等其他养老保险制度的衔接办法，责成人力资源和社会保障部会同财政部制定；还要求人力资源和社会保障部、财政部会同有关部门研究制定做好城镇居民养老保险制度与城镇居民最低生活保障、社会优抚等政策制度配套衔接工作的具体办法。

[依据指引]

国务院《关于开展城镇居民社会养老保险试点的指导意见》（2011年6月7日　国发［2011］18号）

十二、相关制度衔接

有条件的地方，城镇居民养老保险应与新农保合并实施。其他地方应积极创造条件将两项制度合并实施。城镇居民养老保险与职工基本养老保险等其他养老保险制度的衔接办法，由人力资源社会保障部会同财政部制定。要妥善做好城镇居民养老保险制度与城镇居民最低生活保障、社会优抚等政策制度的配套衔接工作，具体办法由人力资源社会保障部、财政部会同有关部门研究制定。

第十一章　医疗保险

城镇职工基本医疗保险制度

[解读]

城镇职工基本医疗保险制度是指国家通过法律强制力，由用人单位和职工缴费建立专项基金，为城镇职工在患病或非因工负伤等情况下提供社会救助的一项制度。它是社会保险制度的重要组成部分，同样具有社会保险制度的基本特征，即强制性、互济性和普遍性。

我国城镇职工基本医疗保险制度是在公费医疗制度和劳保医疗制度的基础上经过多年的探索和改革而逐步确立的。1998 年根据国务院的规定，在全国范围内建立了城镇职工基本医疗保险制度。与计划经济体制下的公费医疗制度和劳保医疗制度相比，城镇职工基本医疗保险制度具有如下特点：

一是实行了统一的制度。公费医疗制度是根据 1952 年政务院发布的《关于全国各级人民政府、党派、团体及所属事业单位的国家工作人员实行公费医疗预防的指示》，由国家通过卫生部门在规定范围内为国家工作人员提供免费医疗预防服务的一项医疗保障制度。劳保医疗制度是根据 1951 年政务院公布的《中华人民共和国劳动保险条例（草案）》，为 100 人以上的国营、公私合营、私营等企业职工在因病或非因工负伤时提供医疗费用补助的一项医疗保障制度。城镇职工基本医疗保险制度的建立，取代了公费医疗制度和劳保医疗制度，形成了一个对全体城镇职工适用的、统一的医疗保险制度。

二是实现了社会化管理。公费医疗和劳保医疗制度是由职工所在单位负责支付职工的医疗费用，没有社会互济性，造成不同行业、不同单位之间医疗待遇差别很大。而基本医疗保险则均衡了不同单位之间的负担，所有参加基本医疗保险的人员，医疗待遇标准基本相同。保险基金是由社会进行管理，职工的医疗费用也是由社会支付，充分体现了社会保险的互济性，实现了社会化管理。

三是权利义务更加明确。公费医疗和劳保医疗实行的是报销制，职工医疗费用由国家和单位负担，对医患双方缺乏有效的制约机制，造成医药费用浪费严重，出现了“一人公费、全家吃药”和医疗机构经营非医药的现象。而基本医疗制度实行的是单位和个人缴费，医疗保险基金社会统筹与个人账户相结合的制度，参保缴费者才能享受到医疗保险，而且医药费个人也要负担一部分，从利益机制上杜绝了浪费现象，也明确了国家、单位和个人的权利义务。

基本医疗保险制度主要包括六个方面的内容：一是建立合理的由用人单位与劳动者共同缴费的机制；二是建立社会统筹基金与个人账户基金相结合的制度；三是建立社会统筹基金与个人账户基金分开管理、范围明确的支付机制；四是建立有效制约的医疗服务管理机制；五是建立统一的社会化管理体制；六是建立完善有效的医疗保险基金监督管理机制。

[依据指引]

(1)《中华人民共和国社会保险法》（2010 年 10 月 28 日　国家主席令第 35 号）

第二十三条　职工应当参加职工基本医疗保险，由用人单位和职工按照国家规定共同缴纳基本医疗保险费。

无雇工的个体工商户、未在用人单位参加职工基本医疗保险的非全日制从业人员以及其他灵活就业人员可以参加职工基本医疗保险，由个人按照国家规定缴纳基本医疗保险费。

(2) 国务院《关于建立城镇职工基本医疗保险制度的决定》（1998 年 12 月 14 日　国发［1998］44 号）

各省、自治区、直辖市人民政府，国务院各部委、各直属机构：

加快医疗保险制度改革，保障职工基本医疗，是建立社会主义市场经济体制的客观要求和重要保障。在认真总结近年来各地医疗保险制度改革试点经验的基础上，国务院决定，在全国范围内进行城镇职工医疗保险制度改革。

一、改革的任务和原则

医疗保险制度改革的主要任务是建立城镇职工基本医疗保险制度，即适应社会主义市场经济体制，根据财政、企业和个人的承受能力，建立保障职工基本医疗需求的社会医疗保险制度。

建立城镇职工基本医疗保险制度的原则是：基本医疗保险的水平要与社会主义初级阶段生产力发展水平相适应；城镇所有用人单位及其职工都要参加基本医疗保险，实行属地管理；基本医疗保险费由用人单位和职工双方共同负担；基本医疗保险基金实行社会统筹和个人账户相结合。

二、覆盖范围和缴费办法

城镇所有用人单位，包括企业（国有企业、集体企业、外商投资企业、私营企业等）、机关、事业单位、社会团体、民办非企业单位及其职工，都要参加基本医疗保险。乡镇企业及其职工、城镇个体经济组织业主及其从业人员是否参加基本医疗保险，由各省、自治区、直辖市人民政府决定。

基本医疗保险原则上以地级以上行政区（包括地、市、州、盟）为统筹单位，也可以县（市）为统筹单位，北京、天津、上海3个直辖市原则上在全市范围内实行统筹（以下简称统筹地区）。所有用人单位及其职工都要按照属地管理原则参加所在统筹地区的基本医疗保险，执行统一政策，实行基本医疗保险基金的统一筹集、使用和管理。铁路、电力、远洋运输等跨地区、生产流动性较大的企业及其职工，可以相对集中的方式异地参加统筹地区的基本医疗保险。

基本医疗保险费由用人单位和职工共同缴纳。用人单位缴费率控制在职工工资总额的6%左右，职工缴费率一般为本人工资收入的2%。随着经济发展，用人单位和职工缴费率可作相应调整。

三、建立基本医疗保险统筹基金和个人账户

要建立基本医疗保险统筹基金和个人账户。基本医疗保险基金由统筹基金和个人账户构成。职工个人缴纳的基本医疗保险费，全部计入个人账户。用人单位缴纳的基本医疗保险费分为两部分，一部分用于建立统筹基金，一部分划入个人账户。划入个人账户的比例一般为用人单位缴费的30%左右，具体比例由统筹地区根据个人账户的支付范围和职工年龄等因素确定。

统筹基金和个人账户要划定各自的支付范围，分别核算，不得互相挤占。要确定统筹基金的起付标准和最高支付限额，起付标准原则上控制在当地职工年平均工资的10%左右，最高支付限额原则上控制在当地职工年平均工资的4倍左右。起付标准以下的医疗费用，从个人账户中支付或由个人支付。起付标准以上、最高支付限额以下的医疗费用，主要从统筹基金中支付，个人也要负担一定比例。超过最高支付限额的医疗费用，可以通过商业医疗保险等途径解决。统筹基金的具体起付标准、最高支付限额以及在起付标准以上和最高支付限额以下医疗费用的个人负担比例，由统筹地区根据以收定支、收支平衡的原则确定。

四、健全基本医疗保险基金的管理和监督机制

基本医疗保险基金纳入财政专户管理，专款专用，不得挤占挪用。

社会保险经办机构负责基本医疗保险基金的筹集、管理和支付，并要建立健全预决算制度、财务会计制度和内部审计制度。社会保险经办机构的事业经费不得从基金中提取，由各级财政预算解决。

基本医疗保险基金的银行计息办法：当年筹集的部分，按活期存款利率计息；上年结转的基金本息，按3个月期整存整取银行存款利率计息；存入社会保障财政专户的沉淀资金，比照3年期零存整取储蓄存款利率计息，并不低于该档次利率水平。个人账户的本金和利息归个人所有，可以结转使用和继承。

各级劳动保障和财政部门，要加强对基本医疗保险基金的监督管理。审计部门要定期对社会保险经办机构的基金收支情况和管理情况进行审计。统筹地区应设立由政府有关部门代表、用人单位代表、医疗机构代表、工会代表和有关专家参加的医疗保险基金监督组织，加强对基本医疗保险基金的社会监督。

五、加强医疗服务管理

要确定基本医疗保险的服务范围和标准。劳动保障部会同卫生部、财政部等有关部门制定基本医疗服务的范围、标准和医药费用结算办法，制定国家基本医疗保险药品目录、诊疗项目、医疗服务设施标准及相应的管理办法。各省、自治区、直辖市劳动保障行政管理部门根据国家规定，会同有关部门制定本地区相应的实施标准和办法。

基本医疗保险实行定点医疗机构（包括中医医院）和定点药店管理。劳动保障部会同卫生部、财政部等有关部门制定定点医疗机构和定点药店的资格审定办法。社会保险经办机构要根据中西医并举，基层、专科和综合医疗机构兼顾，方便职工就医的原则，负责确定定点医疗机构和定点药店，并同定点医疗机构和定点药店签订合同，明确各自的责任、权利和义务。在确定定点医院机构和定点药店时，要引进竞争机制，职工可选择若干定点医疗机构就医、购药，也可持处方在若干定点药店购药。国家药品监督管理局会同有关部门制定定点药店购药事故处理办法。

各地要认真贯彻《中共中央、国务院关于卫生改革与发展的决定》（中发［1997］3号）精神，积极推进医药卫生体制改革，以较少的经费投入，使人民群众得到良好的医疗服务，促进医药卫生事业的健康发展。要建立医药分开核算、分别管理的制度，形成医疗服务和药品流通的竞争机制，合理控制医药费用水平；要加强医疗机构和药店的内部管理，规范医药服务行为，减员增效，降低医药成本；要理顺医疗服务价格，在实行医药分开核算、分别管理，降低药品收入占医疗总收入比重的基础上，合理提高医疗技术劳务价格；要加强业务技术培训和职业道德教育，提高医药服务人员的素质和服务质量；要合理调整医疗机构布局，优化医疗卫生资源配置，积极发展社区卫生服务，将社区卫生服务中的基本医疗服务项目纳入基本医疗保险范围。卫生部会同有关部门制定医疗机构改革方案和发展社区卫生服务的有关政策。国家经贸委等部门要认真配合做好药品流通体制改革工作。

六、妥善解决有关人员的医疗待遇

离休人员、老红军的医疗待遇不变，医疗费用按原资金渠道解决，支付确有困难的，由同级人民政府帮助解决。离休人员、老红军的医疗管理办法由省、自治区、直辖市人民政府制定。

二等乙级以上革命伤残军人的医疗待遇不变，医疗费用按原资金渠道解决，由社会保险经办机构单独列账管理。医疗费支付不足部分，由当地人民政府帮助解决。

退休人员参加基本医疗保险，个人不缴纳基本医疗保险费。对退休人员个人账户的计入金额和个人负担医疗费的比例给予适当照顾。

国家公务员在参加基本医疗保险的基础上，享受医疗补助政策。具体办法另行制定。

为了不降低一些特定行业职工现有的医疗消费水平，在参加基本医疗保险的基础上，作为过渡措施，允许建立企业补充医疗保险。企业补充医疗保险费在工资总额4%以内的部分，从职工福利费中列支，福利费不足列支的部分，经同级财政部门核准后列入成本。

国有企业下岗职工的基本医疗保险费，包括单位缴费和个人缴费，均由再就业服务中心按照当地上年度职工平均工资的60%为基数缴纳。

七、加强组织领导

医疗保险制度改革政策性强，涉及广大职工的切身利益，关系到国民经济发展和社会稳定。各级人民政府要切实加强领导，统一思想，提高认识，做好宣传工作和政治思想工作，使广大职工和社会各方面都积极支持和参与这项改革。各地要按照建立城镇职工基本医疗保险制度的任务、原则和要求，结合本地实际，精心组织实施，保证新旧制度的平稳过渡。

建立城镇职工基本医疗保险制度工作从1999年初开始启动，1999年底基本完成。各省、自治区、直辖市人民政府要按照本决定的要求，制定医疗保险制度改革的总体规划，报劳动保障部备案。统筹地区要根据规划要求，制定基本医疗保险实施方案，报省、自治区、直辖市人民政府审批后执行。

劳动保障部要加强对建立城镇职工基本医疗保险制度工作的指导和检查，及时研究解决工作中出现的问题。财政、卫生、药品监督管理等有关部门要积极参与，密切配合，共同努力，确保城镇职工基本医疗保险制度改革工作的顺利进行。

基本医疗保险费率

[解读]

按照国家规定，基本医疗保险费由用人单位和职工共同缴纳。用人单位缴费率控制在职工工资总额的6%左右，职工缴费率一般为本人工资收入的2%左右。

基本医疗保险的费率是经过多年试点摸索和反复测算确定，既考虑到用人单位和职工个人的经济承受能力，也考虑到基本医疗保险基金的支付能力。但是，这个费率不是全国统一和固定不变的，各个统筹地区可以根据实际情况和需要合理确定本地区的费率，如由于医疗消费水平较高，目前北京、上海等地的用人单位基本医疗保险缴费率就高于6%。随着经济发展和人民消费水平的提高，用人单位和职工个人的缴费率都可以进行相应的调整。

[依据指引]

国务院《关于建立城镇职工基本医疗保险制度的决定》(1998 年 12 月 14 日　国发［1998］44 号)

二、覆盖范围和缴费办法

城镇所有用人单位，包括企业（国有企业、集体企业、外商投资企业、私营企业等）、机关、事业单位、社会团体、民办非企业单位及其职工，都要参加基本医疗保险。乡镇企业及其职工、城镇个体经济组织业主及其从业人员是否参加基本医疗保险，由各省、自治区、直辖市人民政府决定。

基本医疗保险原则上以地级以上行政区（包括地、市、州、盟）为统筹单位，也可以县（市）为统筹单位，北京、天津、上海 3 个直辖市原则上在全市范围内实行统筹（以下简称统筹地区）。所有用人单位及其职工都要按照属地管理原则参加所在统筹地区的基本医疗保险，执行统一政策，实行基本医疗保险基金的统一筹集、使用和管理。铁路、电力、远洋运输等跨地区、生产流动性较大的企业及其职工，可以相对集中的方式异地参加统筹地区的基本医疗保险。

基本医疗保险费由用人单位和职工共同缴纳。用人单位缴费率控制在职工工资总额的 6%左右，职工缴费率一般为本人工资收入的 2%。随着经济发展，用人单位和职工缴费率可作相应调整。

基本医疗保险缴费基数

[解读]

基本医疗保险缴费基数是指用人单位和职工个人缴纳基本医疗保险费比率所乘以的基本计算数额的标准。按照国家规定，用人单位以本单位职工工资总额为基本医疗保险费的缴费基数，职工个人以本人工资收入为缴费基数。按照国家统计局的规定，工资总额是指各单位在一定时期内直接支付给本单位全部职工的工资性收入总额。工资总额由六部分组成：计时工资、计件工资、奖金、津贴和补贴、加班加点工资以及特殊情况下支付的工资。实际工作中，为了操作方便，一般都是以上年工资总额为缴费基数来计算应缴额的。同时，为了体现基本医疗保险的公平性和均衡性，对职工个人工资收入作出最高和最低限制，当职工工资收入超过当地职工平均工资 300%或低于当地职工平均工资 60%的，分别按 300%和 60%作为缴费基数。

[依据指引]

(1) 国务院《关于建立城镇职工基本医疗保险制度的决定》(1998 年 12 月 14 日　国发［1998］44 号)

二、覆盖范围和缴费办法

城镇所有用人单位，包括企业（国有企业、集体企业、外商投资企业、私营企业等）、机关、事业单位、社会团体、民办非企业单位及其职工，都要参加基本医疗保险。乡镇企业及其职工、城镇个体经济组织业主及其从业人员是否参加基本医疗保险，由各省、自治区、直辖市人民政府决定。

基本医疗保险原则上以地级以上行政区（包括地、市、州、盟）为统筹单位，也可以县（市）为统筹单位，北京、天津、上海 3 个直辖市原则上在全市范围内实行统筹（以下简称统筹地区）。所有用人单位及其职工都要按照属地管理原则参加所在统筹地区的基本医疗保险，执行统一政策，实行基本医疗保险基金的统一筹集、使用和管理。铁路、电力、远洋运输等跨地区、生产流动性较大的企业及其职工，可以相对集中的方式异地参加统筹地区的基本医疗保险。

基本医疗保险费由用人单位和职工共同缴纳。用人单位缴费率控制在职工工资总额的 6%左右，职工缴费率一般为本人工资收入的 2%。随着经济发展，用人单位和职工缴费率可作相应调整。

(2) 国家统计局《关于工资总额组成的规定》(1990 年 1 月 1 日　局令第 1 号)(略)

基本医疗保险基金统筹

[解读]

基本医疗保险基金统筹是指基本医疗保险基金在一定区域内统一筹集、管理和使用，执行统一政策，使参加者之间能够共同分担风险的机制。基本医疗保险原则上以地级以上行政区（包括地、市、州、盟）为统筹单位，也可以县（市）为统筹单位，条件具备的北京、天津、上海 3 个直辖市在全市范围内实行统筹。按照社会保险的“大数法则”，统筹范围越大、基金的承受能力就越强，参加者的负担也就越公平。但是，由于我国地域辽阔、地区间经济社会发展水平、医疗消费水平和管理水平差异很大，难以立刻实行全国统筹或省级统筹。同时，为了逐步扩大统筹范围，保证劳动力的合理流动，国家规定统筹的一个基本要求就是要实行属地化管理，也就是说，统筹范围内的所有用人单位都要在本统筹地区内参加保险。基本医疗保险统筹吸取了基本养老保险实行行业统筹的教训，明确规定要按照属地管理原则实行统筹。在统筹地区内，不论是党政机关、中央企业还是本地企业，都按照统一的政策规定参加基本医疗保险。但是，考虑到铁路、电力、远洋运输等跨地区、生产流动性较大的企业及其职工如果都在各自所在地区参加基本医疗保险，过于分散，不利于其流动作业，管理上也有很大难度。为此，对这类企业可以相对集中的方式异地参加统筹地区的基本医疗保险。国家规定，铁路系统各机关、事业单位、工厂、高校及其职工，要直接参加所在统筹地区的基本医疗保险；跨地区、生产流动性较大的运输、施工企业及其职工，可以相对集中的方式异地参加统筹地区的基本医疗保险。具体内容是，各运输企业一般以铁路分局（总公司）、直管站段的铁路局为单位，集中参加分局、路局注册所在统筹地区的基本医疗保险；中国铁路工程总公司与中国铁路建筑总公司下属的跨地区、生产流动性较大的施工企业一般以工程处为单位参加工程处机关所在统筹地区的基本医疗保险。

［依据指引］

(1) 国务院《关于建立城镇职工基本医疗保险制度的决定》（1998 年 12 月 14 日　国发［1998］44 号）

二、覆盖范围和缴费办法

城镇所有用人单位，包括企业（国有企业、集体企业、外商投资企业、私营企业等）、机关、事业单位、社会团体、民办非企业单位及其职工，都要参加基本医疗保险。乡镇企业及其职工、城镇个体经济组织业主及其从业人员是否参加基本医疗保险，由各省、自治区、直辖市人民政府决定。

基本医疗保险原则上以地级以上行政区（包括地、市、州、盟）为统筹单位，也可以县（市）为统筹单位，北京、天津、上海 3 个直辖市原则上在全市范围内实行统筹（以下简称统筹地区）。所有用人单位及其职工都要按照属地管理原则参加所在统筹地区的基本医疗保险，执行统一政策，实行基本医疗保险基金的统一筹集、使用和管理。铁路、电力、远洋运输等跨地区、生产流动性较大的企业及其职工，可以相对集中的方式异地参加统筹地区的基本医疗保险。

基本医疗保险费由用人单位和职工共同缴纳。用人单位缴费率控制在职工工资总额的 6%左右，职工缴费率一般为本人工资收入的 2%。随着经济发展，用人单位和职工缴费率可作相应调整。

(2) 劳动和社会保障部《关于铁路系统职工参加基本医疗保险有关问题的通知》（1999 年 6 月 21 日　劳社部发［1999］20 号）

一、铁路系统所有用人单位及其职工都要按照属地管理原则参加统筹地区的基本医疗保险，统一执行所参保统筹地区的基本医疗保险政策。基本医疗保险基金由所参保统筹地区社会保险经办机构统一筹集、使用和管理。

铁路系统各机关、事业单位、工厂、高校及其职工，要直接参加所在统筹地区的基本医疗保险；跨地区、生产流动性较大的运输、施工企业及其职工，可以相对集中的方式异地参加统筹地区的基本医疗保险。

二、各运输企业一般以铁路分局（总公司）、直管站段的铁路局为单位，集中参加分局、路局注册所在统筹地区的基本医疗保险；中国铁路工程总公司与中国铁路建筑总公司下属的跨地区、生产流动性较大的施工企业一般以工程处为单位参加工程处机关所在统筹地区的基本医疗保险。

三、各有关统筹地区劳动保障部门要在征求以相对集中方式参保的各单位意见基础上，制定异地参保人员的就医管理办法。要充分发挥铁路系统现有医疗资源的作用，方便参保人员就医与管理。符合条件的铁路系统医疗机构均可向所在地劳动保障部门申请定点资格。对取得定点资格的铁路系统医疗机构，允许所在统筹地区所有参保人员选择。

四、各有关省（自治区、直辖市）劳动保障部门要加强对铁路系统跨地区、生产流动性较大企业及其职工相对集中异地参保工作的指导和监督。各有关统筹地区劳动保障部门要结合铁路系统运输、施工单位及其职工的分布和行业特点，完善基本医疗保险费的征缴、医疗费用支付和结算等办法，认真做好组织实施工作。铁路各有关单位要积极配合当地劳动保障部门共同做好这项工作。在实施过程中发现的重大问题，要及时向当地人民政府和上级主管部门反映，采取切实有效的措施，确保这项工作的顺利实施。

(3) 劳动和社会保障部《关于中央直属企业事业单位按属地管理原则参加统筹地区基本医疗保险有关问题的通知》（2001年9月29日　劳社部函［2001］163号）（略）

基本医疗保险基金

［解读］

基本医疗保险基金是指由用人单位和职工个人缴费构成的、专门用于参保人员在患病就医时费用补助的专项资金。按照规定，基本医疗保险基金由统筹基金和个人账户资金两部分组成。职工个人缴纳的基本医疗保险费全部记入个人账户。用人单位缴纳的基本医疗保险费分为两部分，一部分用于统筹基金，一部分划入个人账户。

基本医疗保险基金的统筹基金和个人账户有各自的支付范围，分别核算，分别管理，不能相互挤占，特别是不允许统筹基金透支个人账户。这一点与目前的企业职工基本养老保险基金有明显不同，基本医疗保险基金个人账户是实实在在地有一笔资金，并且可以按规定随时使用。

［依据指引］

国务院《关于建立城镇职工基本医疗保险制度的决定》（1998年12月14日　国发［1998］44号）

三、建立基本医疗保险统筹基金和个人账户

要建立基本医疗保险统筹基金和个人账户。基本医疗保险基金由统筹基金和个人账户构成。职工个人缴纳的基本医疗保险费，全部计入个人账户。用人单位缴纳的基本医疗保险费分为两部分，一部分用于建立统筹基金，一部分划入个人账户。划入个人账户的比例一般为用人单位缴费的30%左右，具体比例由统筹地区根据个人账户的支付范围和职工年龄等因素确定。

统筹基金和个人账户要划定各自的支付范围，分别核算，不得互相挤占。要确定统筹基金的起付标准和最高支付限额，起付标准原则上控制在当地职工年平均工资的10%左右，最高支付限额原则上控制在当地职工年平均工资的4倍左右。起付标准以下的医疗费用，从个人账户中支付或由个人支付。起付标准以上、最高支付限额以下的医疗费用，主要从统筹基金中支付，个人也要负担一定比例。超过最高支付限额的医疗费用，可以通过商业医疗保险等途径解决。统筹基金的具体起付标准、最高支付限额以及在起付标准以上和最高支付限额以下医疗费用的个人负担比例，由统筹地区根据以收定支、收支平衡的原则确定。

基本医疗保险统筹基金

［解读］

基本医疗保险统筹基金是由用人单位缴纳的部分医疗保险费构成的。按照规定用人单位要按照本单位职工工资总额的6%左右缴纳基本医疗保险费，其中30%左右划入个人账户，剩余的70%左右纳入统筹基金。这个比例是根据全国平均水平提出的，考虑到各地的实际情况不同，允许各统筹地区根据个人账户的支付范围、职工年龄等因素具体确定划入个人账户的比例，由于不同年龄段人员医疗费用使用情况不同，可以对退休人员和年龄大的职工多划入一些。

统筹基金主要用于住院或大额医疗费用支出，从目前各地的做法看，一般有三种做法：一是支付大额医疗费，二是支付住院医疗费用，三是按病种确定是否支付。

统筹基金除按规定用途使用外，还有起付标准和最高支付限额的限制，也就是说，统筹基金只能在特定的范围内使用。起付标准，就是可以使用统筹基金的标准，国家规定，原则上为当地职工年平均工资的10%左右。最高支付限额，就是统筹基金最多可以支付的额度，原则上控制在当地职工年平均工资的4倍左右。在起付标准以上、最高支付限额以下的医疗费用也不是由统筹基金全部负担，个人也要负担一部分。超过最高支付限额的医疗费用，通过商业医疗保险等其他方法解决。统筹基金的起付标准、最高支付限额，以及在起付标准以上和最高支付限额以下医疗费用的个人负担比例，由统筹地区根据以支定收、收支平衡的原则具体确定。

［依据指引］

国务院《关于建立城镇职工基本医疗保险制度的决定》（1998年12月14日　国发［1998］44号）

三、建立基本医疗保险统筹基金和个人账户

要建立基本医疗保险统筹基金和个人账户。基本医疗保险基金由统筹基金和个人账户构成。

职工个人缴纳的基本医疗保险费，全部计入个人账户。用人单位缴纳的基本医疗保险费分为两部分，一部分用于建立统筹基金，一部分划入个人账户。划入个人账户的比例一般为用人单位缴费的30%左右，具体比例由统筹地区根据个人账户的支付范围和职工年龄等因素确定。

统筹基金和个人账户要划定各自的支付范围，分别核算，不得互相挤占。要确定统筹基金的起付标准和最高支付限额，起付标准原则上控制在当地职工年平均工资的10%左右，最高支付限额原则上控制在当地职工年平均工资的4倍左右。起付标准以下的医疗费用，从个人账户中支付或由个人支付。起付标准以上、最高支付限额以下的医疗费用，主要从统筹基金中支付，个人也要负担一定比例。超过最高支付限额的医疗费用，可以通过商业医疗保险等途径解决。统筹基金的具体起付标准、最高支付限额以及在起付标准以上和最高支付限额以下医疗费用的个人负担比例，由统筹地区根据以收定支、收支平衡的原则确定。

基本医疗保险个人账户

［解读］

基本医疗保险个人账户是由职工个人缴费全部和用人单位缴费的一部分共同构成的。单位缴费划入个人账户的30%左右的比率，仍然以每个职工的工资收入为基数。这样做可以照顾效益好、工资收入较高的单位职工的利益。退休人员本人不缴费，但也要为其建立个人账户。建立退休人员个人账户的资金全部从单位缴费部分解决，且总的个人账户记入水平不得低于职工个人账户的水平。建立个人账户一方面可以促使职工个人树立风险意识，自我积累部分医疗费用；另一方面可以形成约束机制，加强职工个人的责任感，自觉节约医疗费用。

个人账户资金主要用于门诊或小额医疗费用的支付，与统筹基金使用范围相对应，目前各地的做法也有三种：一是支付小额医疗费用，二是支付门诊医疗费用，三是按病种确定。在具体标准上，个人账户用于起付标准以下的医疗费用，起付标准以上和最高支付限额以下的医疗费用个人账户也要负担一定比例。

另外，按照规定，个人账户的本金和利息均归职工个人所有，可以结转使用和继承。因此，参加基本医疗保险的职工死亡时，其个人医疗账户仍有余额的，可作为遗产，由其亲属按《继承法》规定实施继承。同时，其个人医疗账户台账、《职工医疗社会保险手册》由医疗社会保险机构收回注销。参加基本医疗保险的职工发生工作变动时，由所在单位凭有关证件，携带《职工社会医疗保险手册》、台账到当地医疗保险经办机构办理个人医疗账户转移手续。凡有欠缴、漏缴社会保险费的，应由原单位缴清，否则由调入单位为其补缴。

［依据指引］

(1) 国务院《关于建立城镇职工基本医疗保险制度的决定》（1998年12月14日　国发［1998］44号）

三、建立基本医疗保险统筹基金和个人账户

要建立基本医疗保险统筹基金和个人账户。基本医疗保险基金由统筹基金和个人账户构成。职工个人缴纳的基本医疗保险费，全部计入个人账户。用人单位缴纳的基本医疗保险费分为两部分，一部分用于建立统筹基金，一部分划入个人账户。划入个人账户的比例一般为用人单位缴费的30%左右，具体比例由统筹地区根据个人账户的支付范围和职工年龄等因素确定。

统筹基金和个人账户要划定各自的支付范围，分别核算，不得互相挤占。要确定统筹基金的起付标准和最高支付限额，起付标准原则上控制在当地职工年平均工资的10%左右，最高支付限额原则上控制在当地职工年平均工资的4倍左右。起付标准以下的医疗费用，从个人账户中支付或由个人支付。起付标准以上、最高支付限额以下的医疗费用，主要从统筹基金中支付，个人也要负担一定比例。超过最高支付限额的医疗费用，可以通过商业医疗保险等途径解决。统筹基金的具体起付标准、最高支付限额以及在起付标准以上和最高支付限额以下医疗费用的个人负担比例，由统筹地区根据以收定支、收支平衡的原则确定。

六、妥善解决有关人员的医疗待遇

离休人员、老红军的医疗待遇不变，医疗费用按原资金渠道解决，支付确有困难的，由同级人民政府帮助解决。离休人员、老红军的医疗管理办法由省、自治区、直辖市人民政府制定。

二等乙级以上革命伤残军人的医疗待遇不变，医疗费用按原资金渠道解决，由社会保险经办机构单独列账管理。医疗费支付不足部分，由当地人民政府帮助解决。

退休人员参加基本医疗保险，个人不缴纳基本医疗保险费。对退休人员个人账户的计入金额和个人负担医疗费的比例给予适当照顾。

国家公务员在参加基本医疗保险的基础上，享受医疗补助政策。具体办法另行制定。

为了不降低一些特定行业职工现有的医疗消费水平，在参加基本医疗保险的基础上，作为过渡措施，允许建立企业补充医疗保险。企业补充医疗保险费在工资总额4%以内的部分，从职工福利费中列支，福利费不足列支的部分，经同级财政部门核准后列入成本。

国有企业下岗职工的基本医疗保险费，包括单位缴费和个人缴费，均由再就业服务中心按照当地上年度职工平均工资的60%为基数缴纳。

(2) 劳动和社会保障部办公厅《关于加强城镇职工基本医疗保险个人账户管理的通知》（2002年8月12日 劳社厅发［2002］6号）（略）

社会统筹基金与个人账户基金分开管理

[解读]

按照医疗消费和费用分布，分别规定社会统筹基金与个人账户基金支付的范围。分开管理的方式一般有三种：一是按发生医疗费用的数额划分支付范围，个人账户支付小额医疗费用，统筹基金支付大额医疗费用；二是按门诊和住院划分支付范围，个人账户支付门诊医疗费用，统筹基金支付住院医疗费用；三是按病种划分个人账户与统筹基金的支付范围。具体分开管理的方式由各地结合实际确定。然而，从三种分开管理方式所需要的管理基础和管理能力来看，一般以门诊与住院分开管理为宜。

[依据指引]

(1) 国务院《关于建立城镇职工基本医疗保险制度的决定》（1998年12月14日 国发［1998］44号）

三、建立基本医疗保险统筹基金和个人账户

要建立基本医疗保险统筹基金和个人账户。基本医疗保险基金由统筹基金和个人账户构成。职工个人缴纳的基本医疗保险费，全部计入个人账户。用人单位缴纳的基本医疗保险费分为两部分，一部分用于建立统筹基金，一部分划入个人账户。划入个人账户的比例一般为用人单位缴费的30%左右，具体比例由统筹地区根据个人账户的支付范围和职工年龄等因素确定。

统筹基金和个人账户要划定各自的支付范围，分别核算，不得互相挤占。要确定统筹基金的起付标准和最高支付限额，起付标准原则上控制在当地职工年平均工资的10%左右，最高支付限额原则上控制在当地职工年平均工资的4倍左右。起付标准以下的医疗费用，从个人账户中支付或由个人支付。起付标准以上、最高支付限额以下的医疗费用，主要从统筹基金中支付，个人也要负担一定比例。超过最高支付限额的医疗费用，可以通过商业医疗保险等途径解决。统筹基金的具体起付标准、最高支付限额以及在起付标准以上和最高支付限额以下医疗费用的个人负担比例，由统筹地区根据以收定支、收支平衡的原则确定。

(2) 劳动和社会保障部办公厅《关于加强城镇职工基本医疗保险个人账户管理的通知》（2002年8月12日 劳社厅发［2002］6号）（略）

基本医疗保险用药范围

[解读]

基本医疗保险用药范围是指纳入《国家基本医疗保险药品目录》进行管理，适应参保职工临床治疗的基本需要，能够按规定在基本医疗保险基金中支付，并由国家有关行政管理部门定期调整的药品。

对基本医疗保险用药进行管理的目的，一是保障参保职工基本医疗的用药需求，方便职工用药；二是合理控制基本医疗保险基金支出，节约医疗用药费用；三是引导医药行业的健康发展。

按照国家规定，基本医疗保险用药范围通过制定《基本医疗保险药品目录》（以下简称《药品目录》）进行划定与管理。纳入《药品目录》的药品，应是临床必需、安全有效、价格合理、使用方便、市场能够保证供应的药品，并具备下列条件之一：

（一）《中华人民共和国药典》（现行版）收载的药品。

（二）符合国家药品监督管理部门颁发标准的药品。

（三）国家药品监督管理部门批准正式进口的药品。

《药品目录》中的西药和中成药在《国家基本药物》的基础上遴选，并分“甲类目录”和“乙类目录”。“甲类目录”的药品是临床治疗必需，使用广泛，疗效好，同类药品中价格低的药品。“乙类目录”的药品是可供临床治疗选择使用，疗效好，同类药品中比“甲类目录”药品价格略高的药品。“甲类目录”由国家统一制定，各地不得调整。“乙类目录”由国家制定，各省、自治区、直辖市可根据当地经济水平、医疗需求和用药习惯，适当进行调整，增加和减少的品种数之和不得超过国家制定的“乙类目录”药品总数的15%。使用“甲类目录”的药品所发生的费用，按基本医疗保险的规定支付。使用“乙类目录”的药品所发生的费用，先由参保人员自付一定比例，再按基本医疗保险的规定支付。

另外，国家还明确规定了不能纳入医疗保险用药范围的药品，主要有以下几类：

（一）主要起营养滋补作用的药品。

（二）部分可以入药的动物及动物脏器，干（水）果类。

（三）用中药材和中药饮片炮制的各类酒制剂。

（四）各类药品中的果味制剂、口服泡腾剂。

（五）血液制品、蛋白类制品（特殊适应症与急救、抢救除外）。

（六）原劳动和社会保障部规定基本医疗保险基金不予支付的其他药品。

[依据指引]

(1)《中华人民共和国社会保险法》（2010年10月28日　国家主席令第35号）

第二十八条　符合基本医疗保险药品目录、诊疗项目、医疗服务设施标准以及急诊、抢救的医疗费用，按照国家规定从基本医疗保险基金中支付。

(2) 劳动和社会保障部等七部门《关于印发城镇职工基本医疗保险用药范围管理暂行办法的通知》（1999年5月12日　劳社部发［1999］15号）

第一条　为了保障职工基本医疗用药，合理控制药品费用，规范基本医疗保险用药范围管理，根据《国务院关于建立城镇职工基本医疗保险制度的决定》（国发［1998］44号），制定本办法。

第二条　基本医疗保险用药范围通过制定《基本医疗保险药品目录》（以下简称《药品目录》）进行管理。确定《药品目录》中药品品种时要考虑临床治疗的基本需要，也要考虑地区间的经济差异和用药习惯，中西药并重。

第三条　纳入《药品目录》的药品，应是临床必需、安全有效、价格合理、使用方便、市场能够保证供应的药品，并具备下列条件之一：

（一）《中华人民共和国药典》（现行版）收载的药品；

（二）符合国家药品监督管理部门颁发标准的药品；

（三）国家药品监督管理部门批准正式进口的药品。

第四条　以下药品不能纳入基本医疗保险用药范围：

（一）主要起营养滋补作用的药品；

（二）部分可以入药的动物及动物脏器，干（水）果类；

（三）用中药材和中药饮片炮制的各类酒制剂；

（四）各类药品中的果味制剂、口服泡腾剂；

（五）血液制品、蛋白类制品（特殊适应症与急救、抢救除外）；

（六）劳动保障部规定基本医疗保险基金不予支付的其他药品。

第五条　《药品目录》所列药品包括西药、中成药（含民族药，下同）、中药饮片（含民族药，下同）。西药和中成药列基本医疗保险基金准予支付的药品目录，药品名称采用通用名，并标明剂型。中药饮片列基本医疗保险基金不予支付的药品目录，药品名称采用药典名。

第六条　《药品目录》中的西药和中成药在《国家基本药物》的基础上遴选，并分“甲类目录”和“乙类目录”。“甲类目录”的药品是临床治疗必需，使用广泛，疗效好，同类药品中价格低的药品。“乙类目录”的药品是可供临床治疗选择使用，疗效好，同类药品中比“甲类目录”药品价格略高的药品。

第七条　“甲类目录”由国家统一制定，各地不得调整。“乙类目录”由国家制定，各省、自治区、直辖市可根据当地经济水平、医疗需求和用药习惯，适当进行调整，增加和减少的品种数之和不得超过国家制定的“乙类目录”药品总数的15%。

各省、自治区、直辖市对本省（自治区、直辖市）《药品目录》“乙类目录”中易滥用、毒副作用大的药品，可按临床适应症和医院级别分别予以限定。

第八条　基本医疗保险参保人员使用《药品

目录》中的药品，所发生的费用按以下原则支付。

使用“甲类目录”的药品所发生的费用，按基本医疗保险的规定支付。使用“乙类目录”的药品所发生的费用，先由参保人员自付一定比例，再按基本医疗保险的规定支付。个人自付的具体比例，由统筹地区规定，报省、自治区、直辖市劳动保障行政部门备案。

使用中药饮片所发生的费用，除基本医疗保险基金不予支付的药品外，均按基本医疗保险的规定支付。

第九条 急救、抢救期间所需药品的使用可适当放宽范围，各统筹地区要根据当地实际制定具体的管理办法。

第十条 在国家《药品目录》中的药品，有下列情况之一的，从基本医疗保险用药范围或国家和地方的《药品目录》中删除：

（一）药品监管局撤销批准文号的；

（二）药品监管局吊销《进口药品注册证》的；

（三）药品监管局禁止生产、销售和使用的；

（四）经主管部门查实，在生产、销售过程中有违法行为的；

（五）在评审过程中有弄虚作假行为的。

第十一条 国家《药品目录》原则上每两年调整一次，各省、自治区、直辖市《药品目录》进行相应调整。国家《药品目录》的新药增补工作每年进行一次，各地不得自行进行新药增补。增补进入国家“乙类目录”的药品，各省、自治区、直辖市可根据实际情况，确定是否进入当地的“乙类目录”。

在制定《药品目录》的工作中，各级劳动保障行政部门不再进行药品检验，不得向药品生产和经销企业收取评审费和各种名目的费用，不得巧立名目加重企业的负担。制定《药品目录》所需经费由劳动保障行政部门向财政部门提出申请，由同级财政拨款解决。

第十二条 国家《药品目录》的组织制定工作由劳动保障部负责。要成立由劳动保障部、国家计委、国家经贸委、财政部、卫生部、药品监管局和中医药局组成的国家《药品目录》评审领导小组，负责评审《药品目录》及每年新增补和删除的药品，审核《药品目录》遴选专家组和专家咨询小组成员名单，以及《药品目录》评审和实施过程中的协调工作。领导小组下设办公室，办公室设在劳动保障部，负责组织制定国家基本医疗保险药品目录的具体工作。

领导小组办公室要在全国范围内选择专业技术水平较高的临床医学和药学专家，组成药品遴选专家组，负责遴选药品。要聘请专业技术水平较高的临床医学、药学、药品经济学和医疗保险、卫生管理等方面的专家，组成专家咨询小组，负责对领导小组办公室的工作提出专业咨询和建议。

各省、自治区、直辖市《药品目录》的制定工作由各省、自治区、直辖市劳动保障行政部门负责，要参照国家《药品目录》制定工作的组织形式，建立相应的评审机构和专家组。

第十三条 国家《药品目录》由劳动保障部会同国家计委、国家经贸委、财政部、卫生部、药品监管局、中医药局共同制定，由劳动保障部发布。各省、自治区、直辖市的《药品目录》由各省、自治区、直辖市劳动保障行政部门会同有关部门共同制定，并报劳动保障部备案。

第十四条 本办法自发布之日起施行。

(3) 劳动和社会保障部《关于加强基本医疗保险用药范围管理工作的通知》（1999 年 7 月 16 日 劳社部函［1999］145 号）（略）

(4) 人力资源和社会保障部《关于印发国家基本医疗保险、工伤保险和生育保险药品目录的通知》（2009 年 11 月 27 日 人社部发［2009］159 号）（略）

基本医疗保险诊疗项目

［解读］

基本医疗保险诊疗项目是指临床诊疗必需、安全有效、费用适宜，由物价部门制定收费标准，并由定点医疗机构为参保人员提供的定点医疗服务范围内的各种医疗技术劳务项目和采用医疗仪器、设备与医用材料进行的诊断、治疗项目。制定基本医疗诊疗项目的目的是明确基本医疗的服务范围和标准，加强基本医疗保险基金的支出管理。

基本医疗保险为参保人员提供的是最基本的医疗服务，必须按规定的范围和标准执行，这样才能体现出社会保险的公平性。考虑到各个地区经济状况、医疗技术水平和医疗消费水平的差异，国家在制定统一标准的同时，允许地方在一定幅度内调整基本医疗保险的诊疗项目。

国家采用排除法分别规定了基本医疗保险不予支付费用的诊疗项目范围和基本医疗保险支付部分费用的诊疗项目范围。其中，基本医疗保险不予支付费用的诊疗项目，主要是一些非临床诊疗必需、效果不确定的诊疗项目以及属于特需医疗服务的诊疗项目，包括：

（一）服务项目类：挂号费、院外会诊费、病历工本费等；出诊费、检查治疗加急费、点名手术附加费、优质优价费、自请特别护士等特需医疗服务。

（二）非疾病治疗项目类：各种美容、健美项目以及非功能性整容、矫形手术等；各种减肥、增肥、增高项目；各种健康体检；各种预防、保健性的诊疗项目；各种医疗咨询、医疗鉴定。

（三）诊疗设备及医用材料类：应用正电子发射断层扫描装置（PET）、电子束 CT、眼科准分子激光治疗仪等大型医疗设备进行的检查、治疗项目；眼镜、义齿、义眼、义肢、助听器等康复性器具；各种自用的保健、按摩、检查和治疗器械；各省物价部门规定不可单独收费的一次性医用材料。

（四）治疗项目类：各类器官或组织移植的器官源或组织源；除肾脏、心脏瓣膜、角膜、皮肤、血管、骨、骨髓移植外的其他器官或组织移植；近视眼矫形术；气功疗法、音乐疗法、保健性的营养疗法、磁疗等辅助性治疗项目。

（五）其他：各种不育（孕）症、性功能障碍的诊疗项目；各种科研性、临床验证性的诊疗项目。

基本医疗保险支付部分费用的诊疗项目，主要是一些临床诊疗必需、效果确定但容易滥用或费用昂贵的诊疗项目，包括：

（一）诊疗设备及医用材料类：应用 χ 射线计算机体层摄影装置（CT）、立体定向放射装置（γ-刀、χ-刀）、心脏及血管造影 χ 线机（含数字减影设备）、核磁共振成像装置（MRI）、单光子发射电子计算机扫描装置（SPECT）、彩色多普勒仪、医疗直线加速器等大型医疗设备进行的检查、治疗项目；体外震波碎石与高压氧治疗；心脏起搏器、人工关节、人工晶体、血管支架等体内置换的人工器官、体内置放材料；各省物价部门规定的可单独收费的一次性医用材料。

（二）治疗项目类：血液透析、腹膜透析；肾脏、心脏瓣膜、角膜、皮肤、血管、骨、骨髓移植；心脏激光打孔、抗肿瘤细胞免疫疗法和快中子治疗项目。

（三）各省原劳动保障部门规定的价格昂贵的医疗仪器与设备的检查、治疗项目和医用材料。

实际工作中，参保人员发生的诊疗项目费用，属于基本医疗保险不予支付费用诊疗项目目录以内的，基本医疗保险基金不予支付。属于基本医疗保险支付部分费用诊疗项目目录以内的，先由参保人员按规定比例自付后，再按基本医疗保险的规定支付。属于按排除法制定的基本医疗保险不予支付费用和支付部分费用诊疗项目目录以外的，或属于按准入法制定的基本医疗保险准予支付费用诊疗项目目录以内的，按基本医疗保险的规定支付。

[依据指引]

劳动部《关于印发城镇职工基本医疗保险诊疗项目管理、医疗服务设施范围和支付标准意见的通知》（1999 年 6 月 30 日　劳社部发［1999］22 号）

为了指导各地确定城镇职工基本医疗保险诊疗项目，加强基本医疗保险基金的支出管理，根据《国务院关于建立城镇职工基本医疗保险制度的决定》（国发［1998］44 号），现提出以下意见。

一、基本医疗保险诊疗项目是指符合以下条件的各种医疗技术劳务项目和采用医疗仪器、设备与医用材料进行的诊断、治疗项目：

（一）临床诊疗必需、安全有效、费用适宜的诊疗项目；

（二）由物价部门制定了收费标准的诊疗项目；

（三）由定点医疗机构为参保人员提供的定点医疗服务范围内的诊疗项目。

二、基本医疗保险诊疗项目通过制定基本医疗保险诊疗项目范围和目录进行管理。制定基本医疗保险诊疗项目范围和目录既要考虑临床诊断、治疗的基本需要，也要兼顾不同地区经济状况和医疗技术水平的差异，做到科学合理，方便管理。

三、劳动和社会保障部负责组织制定国家基本医疗保险诊疗项目范围（见附件），采用排除法分别规定基本医疗保险不予支付费用的诊疗项目范围和基本医疗保险支付部分费用的诊疗项目范围。

基本医疗保险不予支付费用的诊疗项目，主要是一些非临床诊疗必需、效果不确定的诊疗项目以及属于特需医疗服务的诊疗项目。

基本医疗保险支付部分费用的诊疗项目，主要是一些临床诊疗必需、效果确定但容易滥用或费用昂贵的诊疗项目。

四、各省（自治区、直辖市，下同）劳动保障行政部门要根据国家基本医疗保险诊疗项目范围的规定，组织制定本省的基本医疗保险诊疗项目目录。可以采用排除法，分别列基本医疗保险不予支付费用的诊疗项目目录和基本医疗保险支付部分费用的诊疗项目目录。也可以采用准入法，分别列基本医疗保险准予支付费用的诊疗项目目录和基本医疗保险支付部分费用的诊疗项目目录。

对于国家基本医疗保险诊疗项目范围规定的基本医疗保险不予支付费用的诊疗项目，各省可适当增补，但不得删减。对于国家基本医疗保险诊疗项目范围规定的基本医疗保险支付部分费用的诊疗项目，各省可根据实际适当调整，但必须严格控制调整的范围和幅度。

五、各统筹地区劳动保障部门要严格执行本省的基本医疗保险诊疗项目目录。对于本省基本医疗保险诊疗项目目录中所列的基本医疗保险支付部分费用的诊疗项目，各统筹地区劳动保障行政部门要根据当地实际规定具体的个人自付比例，并可结合区域卫生规划、医院级别与专科特点、临床适应症、医疗技术人员资格等限定使用和制定相应的审批办法。未列入当地区域卫生规划和按国家有关质量管理规定技术检测不合格的大型医疗设备，不得纳入基本医疗保险支付范围。

六、参保人员发生的诊疗项目费用，属于基本医疗保险不予支付费用诊疗项目目录以内的，基本医疗保险基金不予支付。属于基本医疗保险支付部分费用诊疗项目目录以内的，先由参保人员按规定比例自付后，再按基本医疗保险的规定支付。属于按排除法制定的基本医疗保险不予支付费用和支付部分费用诊疗项目目录以外的，或属于按准入法制定的基本医疗保险准予支付费用诊疗项目目录以内的，按基本医疗保险的规定支付。

七、国家基本医疗保险诊疗项目的范围要根据基本医疗保险基金的支付能力和医学技术的发展进行适时调整。各省的基本医疗保险诊疗项目目录要在国家基本医疗保险诊疗项目范围调整的基础上作相应调整。

八、社区卫生服务中的基本医疗服务项目纳入基本医疗保险范围。随着社区卫生服务的发展，劳动和社会保障部将另行组织制定有关规定。

九、劳动保障部门在组织制定基本医疗保险诊疗项目范围和目录的工作中，要充分征求财政、卫生、物价、中医药管理部门和有关专家的意见。物价部门在组织制定有关基本医疗保险的医疗服务收费标准时，要充分征求劳动保障、财政、卫生部门的意见。各有关部门要密切配合，通力协作，共同做好城镇职工基本医疗保险诊疗项目的管理工作。

基本医疗保险医疗服务设施范围

[解读]

基本医疗保险医疗服务设施是指由定点医疗机构提供的，参保人员在接受诊断、治疗和护理过程中必需的生活服务设施。

按照国家规定，基本医疗保险医疗服务设施费用主要包括住院床位费及门（急）诊留观床位费。参保人员的实际床位费标准低于基本医疗保险住院床位费支付标准的，以实际床位费标准按基本医疗保险的规定支付；高于基本医疗保险住院床位费支付标准的，在支付标准以内的费用，按基本医疗保险的规定支付，超出部分由参保人员自付。基本医疗保险门（急）诊留观床位费支付标准按本省物价部门规定的收费标准确定，但不得超过基本医疗保险住院床位费支付标准。对已包含在住院床位费或门（急）诊留观床位费中的日常生活用品、院内运输用品和水、电等费用，基本医疗保险基金不另行支付，定点医疗机构也不得再向参保人员单独收费。另外，定点医疗机构要公开床位收费标准和基本医疗保险床位费支付标准，在安排病房或门（急）诊留观床位时，应将所安排的床位收费标准告知参保人员或家属。参保人员可以根据定点医疗机构的建议，自主选择不同档次的病房或门（急）诊留观床位。由于床位紧张或其他原因，定点医疗机构必须把参保人员安排在超标准病房时，应首先征得参保人员或家属的同意。基本医疗保险基金不予支付的生活服务项目和服务设施费用，主要包括：就（转）诊交通费、急救车费；空调费、电视费、电话费、婴儿保温箱费、食品保温箱费、电炉费、电冰箱费及损坏公物赔偿费；陪护费、护工费、洗理费、门诊煎药费；膳食费；文娱活动费以及其他特需生活服务费用。取暖费等其他医疗服务设施项目是否纳入基本医疗保险基金支付范围，由各省、自治区、直辖市原劳动保障行政部门规定。

[依据指引]

劳动和社会保障部《关于确定城镇职工基本

医疗保险医疗服务设施范围和支付标准的意见》(1999年6月30日 劳社部发[1999]22号)(略)

基本医疗保险定点医疗机构

[解读]

基本医疗保险定点医疗机构是指经统筹地区劳动保障行政部门审查，并经社会保险经办机构确定的，为城镇职工基本医疗保险参保人员提供医疗服务的医疗机构。在基本医疗保险制度中确定定点医疗机构，一是为了合理有效地利用现有医疗卫生资源，促进医疗机构的合理竞争，提高医疗服务质量；二是方便参保职工就医，引导职工就近更多地利用基层医疗服务；三是提高医疗卫生行政部门和社会保险经办机构的管理效率。

按照国家规定，经卫生行政部门批准并取得《医疗机构执业许可证》的医疗机构，以及经军队主管部门批准有资格开展对外服务的军队医疗机构，具备以下条件的可以作为定点医疗机构：

(一)符合区域医疗机构设置规划。

(二)符合医疗机构评审标准。

(三)遵守国家有关医疗服务管理的法律、法规和标准，有健全和完善的医疗服务管理制度。

(四)严格执行国家、省(自治区、直辖市)物价部门规定的医疗服务和药品的价格政策，经物价部门监督检查合格。

(五)严格执行城镇职工基本医疗保险制度的有关政策规定，建立了与基本医疗保险管理相适应的内部管理制度，配备了必要的管理人员和设备。

愿意承担城镇职工基本医疗保险定点服务的医疗机构，应向统筹地区劳动保障行政部门提出书面申请，并提供规定的证明材料。劳动保障行政部门根据医疗机构的申请及提供的各项材料对医疗机构进行审查。审查合格的发给定点医疗机构资格证书，并向社会公布，供参保人员选择。

被劳动保障行政部门选定的定点医疗机构要与社会保险经办机构签订书面协议。协议中要包括服务人群、服务范围、服务内容、服务质量、医疗费用结算办法、医疗费用支付标准以及医疗费用审核与控制等内容，明确双方的责任、权利和义务。协议有效期一般为1年。任何一方违反协议，对方均有权解除协议，但须提前3个月通知对方和有关参保人，并报统筹地区劳动保障行政部门备案。

定点医疗机构应配备专(兼)职管理人员，与社会保险经办机构共同做好定点医疗服务管理工作。对基本医疗保险参保人员的医疗费用要单独建账，并按要求及时、准确地向社会保险经办机构提供参保人员医疗费用的发生情况等有关信息。同时还要接受劳动保障行政部门、卫生行政部门的监督检查。

国家规定，参保人员在获得定点资格的医疗机构范围内，可提出个人就医定点医疗机构选择意向，由所在单位汇总后，统一报送统筹地区社会保险经办机构。社会保险经办机构根据参保人的选择意向统筹确定定点医疗机构。除获得定点资格的专科医疗机构和中医医疗机构外，参保人员一般可再选择3～5家不同层次的医疗机构，其中至少应包括1～2家基层医疗机构(包括一级医院以及各类卫生院、门诊部、诊所、卫生所、医务室和社区卫生服务机构)。参保人员对选定的定点医疗机构，可在一年后提出更改要求，由统筹地区社会保险经办机构办理变更手续。

[依据指引]

(1)《中华人民共和国社会保险法》(2010年10月28日 国家主席令第35号)

第三十一条 社会保险经办机构根据管理服务的需要，可以与医疗机构、药品经营单位签订服务协议，规范医疗服务行为。

医疗机构应当为参保人员提供合理、必要的医疗服务。

(2)劳动和社会保障部、卫生部、国家中医药管理局《关于印发城镇职工基本医疗保险定点医疗机构管理暂行办法的通知》(1999年5月11日 劳社部发[1999]14号)

第一条 为了加强和规范城镇职工基本医疗保险定点医疗机构管理，根据《国务院关于建立城镇职工基本医疗保险制度的决定》(国发[1998]44号)，制定本办法。

第二条 本办法所称的定点医疗机构，是指经统筹地区劳动保障行政部门审查，并经社会保险经办机构确定的，为城镇职工基本医疗保险参保人员提供医疗服务的医疗机构。

第三条 定点医疗机构审查和确定的原则是：方便参保人员就医并便于管理；兼顾专科与综合、中医与西医，注重发挥社区卫生服务机构的作用；促进医疗卫生资源的优化配置，提高医疗卫生资源的利用效率，合理控制医疗服务成本和提高医疗服务质量。

第四条 以下类别的经卫生行政部门批准并取得《医疗机构执业许可证》的医疗机构，以及经军队主管部门批准有资格开展对外服务的军队医疗机构，可以申请定点资格：

（一）综合医院、中医医院、中西医结合医院、民族医医院、专科医院；

（二）中心卫生院、乡（镇）卫生院、街道卫生院、妇幼保健院（所）；

（三）综合门诊部、专科门诊部、中医门诊部、中西医结合门诊部、民族医门诊部；

（四）诊所、中医诊所、民族医诊所、卫生所、医务室；

（五）专科疾病防治院（所、站）；

（六）经地级以上卫生行政部门批准设置的社区卫生服务机构。

第五条 定点医疗机构应具备以下条件：

（一）符合区域医疗机构设置规划；

（二）符合医疗机构评审标准；

（三）遵守国家有关医疗服务管理的法律、法规和标准，有健全和完善的医疗服务管理制度；

（四）严格执行国家、省（自治区、直辖市）物价部门规定的医疗服务和药品的价格政策，经物价部门监督检查合格；

（五）严格执行城镇职工基本医疗保险制度的有关政策规定，建立了与基本医疗保险管理相适应的内部管理制度，配备了必要的管理人员和设备。

第六条 愿意承担城镇职工基本医疗保险定点服务的医疗机构，应向统筹地区劳动保障行政部门提出书面申请，并提供以下材料：

（一）执业许可证副本；

（二）大型医疗仪器设备清单；

（三）上一年度业务收支情况和门诊、住院诊疗服务量（包括门诊诊疗人次、平均每一诊疗人次医疗费、住院人数、出院者平均住院日、平均每一出院者住院医疗费、出院者平均每天住院医疗费等），以及可承担医疗保险服务的能力；

（四）符合医疗机构评审标准的证明材料；

（五）药品监督管理和物价部门监督检查合格的证明材料；

（六）由劳动保障行政部门规定的其他材料。

第七条 劳动保障行政部门根据医疗机构的申请及提供的各项材料对医疗机构进行审查。审查合格的发给定点医疗机构资格证书，并向社会公布，供参保人员选择。

第八条 参保人员在获得定点资格的医疗机构范围内，提出个人就医的定点医疗机构选择意向，由所在单位汇总后，统一报送统筹地区社会保险经办机构。社会保险经办机构根据参保人的选择意向统筹确定定点医疗机构。

第九条 获得定点资格的专科医疗机构和中医医疗机构（含中西医结合医疗机构和民族医医疗机构），可作为统筹地区全体参保人员的定点医疗机构。

除获得定点资格的专科医疗机构和中医医疗机构外，参保人员一般可再选择3～5家不同层次的医疗机构，其中至少应包括1～2家基层医疗机构（包括一级医院以及各类卫生院、门诊部、诊所、卫生所、医务室和社区卫生服务机构）。有管理能力的地区可扩大参保人员选择定点医疗机构的数量。

第十条 参保人员对选定的定点医疗机构，可在1年后提出更改要求，由统筹地区社会保险经办机构办理变更手续。

第十一条 社会保险经办机构要与定点医疗机构签订包括服务人群、服务范围、服务内容、服务质量、医疗费用结算办法、医疗费用支付标准以及医疗费用审核与控制等内容的协议，明确双方的责任、权利和义务。协议有效期一般为1年。任何一方违反协议，对方均有权解除协议，但须提前3个月通知对方和有关参保人，并报统筹地区劳动保障行政部门备案。

第十二条 参保人员应在选定的定点医疗机构就医，并可自主决定在定点医疗机构购药或持处方到定点零售药店购药。

除急诊和急救外，参保人员在非选定的定点医疗机构就医发生的费用，不得由基本医疗保险基金支付。

第十三条 参保人员在不同等级的定点医疗机构就医，个人负担医疗费用的比例可有所差别，以鼓励参保人员到基层定点医疗机构就医。

参保人员在不同等级定点医疗机构就医时个人负担医疗费用的具体比例和参保人员转诊、转院管理办法，由统筹地区劳动保障行政部门制定。

第十四条 定点医疗机构应配备专（兼）职管理人员，与社会保险经办机构共同做好定点医疗服务管理工作。对基本医疗保险参保人员的医疗费用要单独建账，并按要求及时、准确地向社会保险经办机构提供参保人员医疗费用的发生情况等有关信息。

第十五条 社会保险经办机构要加强对定点医疗机构参保人员医疗费用的检查和审核。定点医疗机构有义务提供审核医疗费用所需的全部诊治资料及账目清单。

第十六条 社会保险经办机构要按照基本医疗保险的有关政策规定和与定点医疗机构签订的协议，按时足额与定点医疗机构结算医疗费用。对不符合规定的医疗费用，社会保险经办机构不予支付。

第十七条 劳动保障行政部门要组织卫生、物价等有关部门加强对定点医疗机构服务和管理情况的监督检查。对违反规定的定点医疗机构，劳动保障行政部门可视不同情况，责令其限期改正，或通报卫生行政部门给予批评，或取消定点资格。

第十八条 定点医疗机构申请书和定点医疗机构资格证书样式由劳动保障部制定。

第十九条 各省（自治区、直辖市）劳动保障行政部门可根据本办法组织卫生等有关部门制定实施细则。

第二十条 本办法自发布之日起施行。

(3) 劳动和社会保障部办公厅《关于完善城镇职工基本医疗保险定点医疗机构协议管理的通知》（2003年5月14日 劳社厅函［2003］258号）（略）

(4) 人力资源和社会保障部办公厅《关于实行基本医疗保险定点医疗机构分级管理的意见》（2010年1月27日 人社厅发［2010］9号）（略）

基本医疗保险定点零售药店

［解读］

基本医疗保险定点零售药店是指经统筹地区劳动保障行政部门审查，并经社会保险经办机构确定的，为城镇职工基本医疗保险参保人员提供处方外配服务的零售药店。处方外配是指参保人员持定点医疗机构处方，在定点零售药店购药的行为。

在基本医疗保险制度中设置定点零售药店，主要目的是为了保证基本医疗保险用药的品种和质量；引入竞争机制，合理控制药品服务成本；方便参保人员就医后购药和便于管理。

按照国家规定，定点零售药店应具备以下资格与条件：

（一）持有《药品经营企业许可证》《药品经营企业合格证》和《营业执照》，经药品监督管理部门年检合格。

（二）遵守《中华人民共和国药品管理法》及有关法规，有健全和完善的药品质量保证制度，能确保供药安全、有效和服务质量。

（三）严格执行国家、省（自治区、直辖市）规定的药品价格政策，经物价部门监督检查合格。

（四）具备及时供应基本医疗保险用药、24小时提供服务的能力。

（五）能保证营业时间内至少有1名药师在岗，营业人员需经地级以上药品监督管理部门培训合格。

（六）严格执行城镇职工基本医疗保险制度有关政策规定，有规范的内部管理制度，配备必要的管理人员和设备。

愿意承担城镇职工基本医疗保险定点服务的零售药店，应向统筹地区劳动保障行政部门提出书面申请，并提供相应材料。包括：药品经营企业许可证、合格证和营业执照的副本；药师以上药学技术人员的职称证明材料；药品经营品种清单及上一年度业务收支情况；药品监督管理、物价部门监督检查合格的证明材料；以及劳动保障行政部门规定的其他材料。劳动保障行政部门根据零售药店的申请及提供的各项材料，对零售药店的定点资格进行审查。统筹地区社会保险经办机构在获得定点资格的零售药店范围内确定定点零售药店，统发定点零售药店标牌，并向社会公布，供参保人员选择购药。规定职工在定点医院就医、购药并可持处方到定点药店购药。这一方面是为了方便广大患者就医，同时也是为了打破医、药不分的垄断局面，建立药品流通的竞争机制，以利于提高药品质量和改善服务态度，引导合理诊治、合理用药，并合理控制医疗费用的增长。

定点零售药店要与社会保险经办机构签订包括服务范围、服务内容、服务质量、药费结算办法以及药费审核与控制等内容的协议，明确双方的责任、权利和义务。协议有效期一般为1年。任何一方违反协议，对方均有权解除协议，但须提前通知对方和参保人，并报人力资源和社会保障行政部门备案。

［依据指引］

(1)《中华人民共和国社会保险法》（2010年

10月28日 国家主席令第35号）

第三十一条 社会保险经办机构根据管理服务的需要，可以与医疗机构、药品经营单位签订服务协议，规范医疗服务行为。

医疗机构应当为参保人员提供合理、必要的医疗服务。

(2) 劳动和社会保障部、国家药品监督管理局《关于印发城镇职工基本医疗保险定点零售药店管理暂行办法的通知》（1999年4月26日 劳社部发［1999］16号）

第一条 为了加强和规范城镇职工基本医疗保险定点零售药店管理，根据《国务院关于建立城镇职工基本医疗保险制度的决定》（国发［1998］44号），制定本办法。

第二条 本办法所称的定点零售药店，是指经统筹地区劳动保障行政部门资格审查，并经社会保险经办机构确定的，为城镇职工基本医疗保险参保人员提供处方外配服务的零售药店。处方外配是指参保人员持定点医疗机构处方，在定点零售药店购药的行为。

第三条 定点零售药店审查和确定的原则是：保证基本医疗保险用药的品种和质量；引入竞争机制，合理控制药品服务成本；方便参保人员就医后购药和便于管理。

第四条 定点零售药店应具备以下资格与条件：

（一）持有《药品经营企业许可证》《药品经营企业合格证》和《营业执照》，经药品监督管理部门年检合格；

（二）遵守《中华人民共和国药品管理法》及有关法规，有健全和完善的药品质量保证制度，能确保供药安全、有效和服务质量；

（三）严格执行国家、省（自治区、直辖市）规定的药品价格政策，经物价部门监督检查合格；

（四）具备及时供应基本医疗保险用药、24小时提供服务的能力；

（五）能保证营业时间内至少有一名药师在岗，营业人员需经地级以上药品监督管理部门培训合格；

（六）严格执行城镇职工基本医疗保险制度有关政策规定，有规范的内部管理制度，配备必要的管理人员和设备。

第五条 愿意承担城镇职工基本医疗保险定点服务的零售药店，应向统筹地区劳动保障行政部门提出书面申请，并提供以下材料：

（一）药品经营企业许可证、合格证和营业执照的副本；

（二）药师以上药学技术人员的职称证明材料；

（三）药品经营品种清单及上一年度业务收支情况；

（四）药品监督管理、物价部门监督检查合格的证明材料；

（五）劳动保障行政部门规定的其他材料。

第六条 劳动保障行政部门根据零售药店的申请及提供的各项材料，对零售药店的定点资格进行审查。

第七条 统筹地区社会保险经办机构在获得定点资格的零售药店范围内确定定点零售药店，统发定点零售药店标牌，并向社会公布，供参保人员选择购药。

第八条 社会保险经办机构要与定点零售药店签订包括服务范围、服务内容、服务质量、药费结算办法以及药费审核与控制等内容的协议，明确双方的责任、权利和义务。协议有效期一般为1年。任何一方违反协议。对方均有权解除协议，但须提前通知对方和参保人，并报劳动保障行政部门备案。

第九条 外配处方必须由定点医疗机构医师开具，有医师签名和定点医疗机构盖章。处方要有药师审核签字，并保存2年以上以备核查。

第十条 定点零售药店应配备专（兼）职管理人员，与社会保险经办机构共同做好各项管理工作。对外配处方要分别管理、单独建账。定点零售药店要定期向统筹地区社会保险经办机构报告处方外配服务及费用发生情况。

第十一条 社会保险经办机构要加强对定点零售药店处方外配服务情况的检查和费用的审核。定点零售药店有义务提供与费用审核相关的资料及账目清单。

第十二条 社会保险经办机构要按照基本医疗保险有关政策规定和与定点零售药店签订的协议，按时足额结算费用。对违反规定的费用，社会保险经办机构不予支付。

第十三条 劳动保障行政部门要组织药品监督管理、物价、医药行业主管部门等有关部门，加强对定点零售药店处方外配服务和管理的监督检查。要对定点零售药店的资格进行年度审核。对违反规定的定点零售药店，劳动保障行政部门可视不同情况，责令其限期改正，或取消其定点资格。

第十四条　定点零售药店申请书样式由劳动保障部制定。

第十五条　各省、(自治区、直辖市）劳动保障行政部门可根据本办法制定实施细则。

第十六条　本办法自发布之日起施行。

(3) 劳动和社会保障部办公厅《关于定点医疗机构和定点零售药店标牌制作管理问题的通知》(1999年8月6日　劳社厅发［1999］24号）(略)

(4) 劳动和社会保障部《关于印发城镇职工基本医疗保险定点医疗机构和定点零售药店服务协议文本的通知》(2000年1月5日　劳社部函［2000］3号）(略)

基本医疗保险社会化管理与服务

[解读]

基本医疗保险社会化管理与服务不仅体现在基金的社会统筹等方面，还体现在医疗保险费用的支付与结算等方面。基本医疗保险费用支付、结算方式主要有：按服务项目付费、按服务单元付费和按总额付费等。

（一）按服务项目付费方式

按服务项目付费，是指对医疗服务过程中所设计的每一服务项目制定价格，参保人在享受医疗服务时逐一对服务项目付费或计费，然后由医疗保险经办机构向参保人或者定点医疗机构依照规定按比例偿付发生的医疗费用。它属于“后付制”类型。按服务项目付费的优点是实际操作方便。但这种付费方式，由于医疗机构的收入与其提供的服务项目数直接相关，在有标准规定价格的前提下，医疗机构往往以过度医疗服务和诱导需求来增加收入。因此，按服务项目付费在控制医疗费用方面有弊端。

（二）按服务单元付费方式

服务单元是指将医疗服务的过程按照一个特定的参数划分为相同的部分，每一个部分成为一个服务单元，例如一个门诊人次、一个住院人次和一个住院床位。保险机构根据过去的历史资料以及其他因素制定出平均服务单元费用标准，然后根据医疗机构的服务单元量进行偿付的方法称为按服务单元付费。实行按服务单元付费，医疗机构有可能通过推诿重病人，多收轻病人以及减少服务来降低其自身服务单元费用；也可能通过分解服务次数来增加服务单元量。这就要求在实行按服务单元付费时，医疗保险经办机构要加强对医疗机构的管理，完善监督管理办法，以防止推诿病人或分解服务次数等现象的发生。

（三）按总额付费方式

这是一种预付的方式。是指医疗保险经办机构与医疗服务提供方经协商，按某种标准（如服务的人群数，医院的服务量，包括门诊人次、住院人次与费用等）确定总预算，医院的收入就不能随服务量的增加和病人住院日的延长而增加。因此，它对医院服务量方面有高度的控制权。医疗机构一旦采纳这种补偿方式，对所有前来就诊的参保人必须提供医疗保险范围内的服务，医疗机构必须在总预算额内精打细算，控制过量医疗服务，在保证医疗质量的前提下努力降低成本。

各地应根据当地的实际情况，特别是社会保险经办机构的管理能力，以及定点医疗机构的不同类别确定付费结算方式，可以是单一方式，也可以是多种方式相结合的方式。

另外，医疗保险费的支付形式，目前主要有两种，各地可结合实际自行采用。一是现金支付：患者看病直接向医疗机构支付全部医疗费用，然后用发票、处方及其有关部门证明到用人单位按规定报销，同时扣除所负担的部分。然后用人单位与医疗保险经办机构结算。这种方式的优点是：患者费用意识强，有利于控制不合理的医疗费支出。缺点是：相对增加了医院的工作量，收入较低的病人垫资较多，会带来一定的困难和麻烦。二是医疗记账：患者除自付少量费用外（自付部分医院直接扣除），不直接与医院发生经济关系，由医院定期向用人单位或社会医疗保险机构提出结算清单，经用人单位或医疗保险机构审查后，按规定支付费用。这种方式的优点是：医疗费用意识增强，医疗保险机构严格把关，有利于控制医疗费。

[依据指引]

劳动和社会保障部、财政部、国家经贸委、卫生部、国家中医药管理局《加强城镇职工基本医疗保险费用结算管理的意见》(1999年6月29日　劳社部发［1999］23号)

为加强城镇职工基本医疗保险基金支出管理，规范社会保险经办机构与定点医疗机构和定点零售药店的结算关系，指导各统筹地区制定基本医疗保险费用结算办法，根据国务院《关于建立城镇职工基本医疗保险制度的决定》(国发［1998］

44号)，现提出以下意见：

一、加强城镇职工基本医疗保险费用结算管理，是为了有效地控制医疗费用，保证统筹基金收支平衡，规范医疗服务行为，保障参保人员的基本医疗，提高基本医疗保险的社会化管理服务水平。

二、各统筹地区要根据当地实际和基本医疗保险基金支出管理的需要，制定基本医疗保险费用结算办法。结算办法应包括结算方式和标准、结算范围和程序、审核办法和管理措施等有关内容。

统筹地区社会保险经办机构要按照以收定支、收支平衡的原则，合理确定基本医疗保险基金的支出总量，并根据定点医疗机构的不同级别和类别以及所承担的基本医疗保险服务量，预定各定点医疗机构的定额控制指标。社会保险经办机构在结算时，可根据具体采用的结算方式和实际发生的合理费用等情况对定额控制指标进行相应调整。

三、基本医疗保险费用的具体结算方式，应根据社会保险经办机构的管理能力以及定点医疗机构的不同类别确定，可采取总额预付结算、服务项目结算、服务单元结算等方式，也可以多种方式结合使用。各地要根据不同的结算方式，合理制定基本医疗保险费用的结算标准，并在社会保险经办机构和定点医疗机构签订的协议中明确双方的责任、权利和义务。采取总额预付结算方式的，要根据基本医疗保险的给付范围和参保人员的年龄结构，合理确定对定点医疗机构的预付总额。同时，要通过加强监督检查，防止为降低医疗成本而减少必需的医疗服务，确保参保人员获得基本医疗保险规定的、诊疗疾病所必需的、合理的医疗服务。采取服务项目结算方式的，要根据医疗服务的收费标准和基本医疗保险医疗服务管理的有关规定以及服务数量等进行结算。同时，要加强对医疗服务项目的监督和审查工作，防止发生大额处方、重复检查、延长住院、分解诊疗服务收费等过度利用医疗服务的行为。采取服务单元结算方式的，可以诊断病种、门诊诊疗人次和住院床日等作为结算的服务单元。具体结算标准可按同等级医疗机构的服务单元的平均费用剔除不合理因素后确定，并根据物价指数进行适时调整。同时，要加强基本医疗保险管理和费用审核，防止出现推诿病人、分解服务次数等现象。

四、属于基本医疗保险基金支付的医疗费用，应全部纳入结算范围，一般由社会保险经办机构与定点医疗机构和定点零售药店直接结算。暂不具备条件的，可先由参保人员或用人单位垫付，然后由社会保险经办机构与参保人员或用人单位结算。社会保险经办机构要规范结算程序，明确结算期限，简化结算手续，逐步提高社会化管理服务水平，减轻定点医疗机构、定点零售药店和用人单位的负担。社会保险经办机构要按与定点医疗机构和定点零售药店签订的协议的有关规定及时结算并拨付基本医疗保险费用。定点医疗机构和定点零售药店要配备相应的人员，负责核算参保人员的医疗费用，按协议规定提供费用结算所需的有关材料。

五、加强定点医疗机构门诊处方、入出院标准、住院病历和特殊检查治疗等基本医疗保险管理和费用支出审核。社会保险经办机构可按核定的各定点医疗机构定额控制指标暂扣不超过10%的费用，根据结算期末的审核情况，再相应拨付给定点医疗机构。社会保险经办机构对不符合基本医疗保险规定的医疗费用不予支付；对符合规定的费用要按时足额拨付，未按时足额拨付的按协议的有关规定处理。

六、要加强对转诊转院就医的医疗费用结算管理。在同一统筹地区内转诊转院的，发生的医疗费用按当地的统一规定结算。异地转诊转院的，应经定点医疗机构同意，并经当地社会保险经办机构批准。异地转诊转院发生的医疗费用可先由参保人员或用人单位垫付，经社会保险经办机构复核后，按参保人员所在地有关规定结算。

七、各统筹地区的基本医疗保险费用结算办法，由统筹地区劳动保障行政部门会同卫生、财政等有关部门制定。各地要及时总结经验，建立健全监督制约机制，不断完善基本医疗保险费用结算办法，加强基本医疗保险基金支出管理，保证基本医疗保险制度的健康运行。

基本医疗保险费用结算

[解读]

基本医疗保险费用结算是指参保人员所使用的医疗费用，由社会保险经办机构从医疗保险基金支付给医疗机构、药品经营单位的方式。法律规定，基本医疗保险应当建立参保人员所使用的、应从基本医疗保险基金中支付的医疗费用，由社会保险经办机构与医疗机构、药品经营单位直接结算制度，以提高基本医疗保险社会化管理与服务的水平，免除由参保人员向医疗机构、药品经营单位直接支付，再凭票据到社会保险经办机构报销等烦琐手续，方便参保的用人单位和职工。

法律还规定，社会保险行政部门和卫生行政部门应当建立简便易行的异地就医结算制度。异地就医，是指参保人员在自己所在统筹地区以外的中国境内地区就医的情况。目前，异地就医结算的方式主要有以下四种具体情形：

（一）参保人员短期出差、学习或度假期间，在异地急诊治疗的，一般采取由参保地社会保险经办机构按参保地规定报销的方式结算。

（二）参保人员因当地医疗条件所限需异地转诊的，一般采取由参保地社会保险经办机构负责审核、报销医疗费用的方式结算。

（三）异地长期居住的退休人员在居住地就医的，一般由参保地社会保险经办机构采用邮寄报销，或在参保人员较集中的地区，设立代办点或委托就医地社会保险经办机构代管报销等方式结算。

（四）对经国家组织动员支援边疆等地建设，退休后异地安置人员就医的，需探索参保地医疗保障体系与异地安置地医疗保障体系相衔接的办法进行结算。

［依据指引］

（1）《中华人民共和国社会保险法》（2010年10月28日　国家主席令第35号）

第二十九条　参保人员医疗费用中应当由基本医疗保险基金支付的部分，由社会保险经办机构与医疗机构、药品经营单位直接结算。

社会保险行政部门和卫生行政部门应当建立异地就医医疗费用结算制度，方便参保人员享受基本医疗保险待遇。

（2）人力资源和社会保障部、财政部、卫生部《关于基本医疗保险异地就医结算服务工作的意见》（2009年12月31日　人社部发［2009］190号）

一、加强和改进异地就医结算服务的基本原则和指导思想是，以人为本、突出重点、循序渐进、多措并举，以异地安置退休人员为重点，提高参保地的异地就医结算服务水平和效率，加强就医地的医疗服务监控，大力推进区域统筹和建立异地协作机制，方便必须异地就医参保人员的医疗费用结算，减少个人垫付医疗费，并逐步实现参保人员就地就医、持卡结算。

二、按国务院医改近期重点实施方案的要求提高统筹层次，有条件的地区实行市（地）级统筹，在同一统筹地区范围内统一基本医疗保险的政策、标准和管理、结算方式，实行统一结算，减少异地就医结算。

三、参保人员短期出差、学习培训或度假等期间，在异地发生疾病并就地紧急诊治发生的医疗费用，一般由参保地按参保地规定报销。

四、参保人员因当地医疗条件所限需异地转诊的，医疗费用结算按照参保地有关规定执行。参保地负责审核、报销医疗费用。有条件的地区可经地区间协商，订立协议，委托就医地审核。

五、异地长期居住的退休人员在居住地就医，常驻异地工作的人员在工作地就医，原则上执行参保地政策。参保地经办机构可采用邮寄报销、在参保人员较集中的地区设立代办点、委托就医地基本医疗保险经办机构（以下简称经办机构）代管报销等方式，改进服务，方便参保人员。

六、加快基本医疗保险信息系统建设，鼓励有条件的地区实行城市间或区域间的信息、资源共享和联网结算。各地可积极探索利用各种社会服务资源参与异地就医结算服务。

七、对经国家组织动员支援边疆等地建设，按国家有关规定办理退休手续后，已按户籍管理规定异地安置的参保退休人员，要探索与当地医疗保障体系相衔接的办法。具体办法由参保地与安置地协商确定、稳妥实施。

医疗保险基金的管理与监督

［解读］

基本医疗保险基金采取纳入财政专户的方式进行管理。具体办法是基本医疗保险费用由社会保险经办机构征缴上来后，直接存入在国有商业银行开设的社会保障资金收入户。在规定期限内（一般不超过一周），转存入财政在国有商业银行开设的社会保障基金财政专户，当社会保险经办机构需要支出时，由同级财政按申报的收支计划，从财政专户中拨付到在国有商业银行开设的社会保障基金支出户。基本医疗保险基金纳入财政专户管理的必要性主要有以下几点：一是作为政府推行的基本医疗保险，其基金必须有较为完善的国家财政监督和管理；二是基本医疗保险基金纳入财政专户管理，实行“收支两条线”，有利于保证基金安全；三是基本医疗保险基金纳入财政专户管理，也与基本养老保险、失业保险等基金管理的办法一致，有利于各项社会保险基金的统一管理。

对基本医疗保险基金的监督管理部门除财政部门外，还有人力资源和社会保障部门、审计部门。此外，还应设立由政府有关部门代表、用人单位代表、医疗机构代表、工会代表和有关专家组成的基本医疗保险社会监督组织。为其制定相应的行政社会监督的职能范围和监督规则，要求该组织定期听取社会保险经办机构关于基本医疗保险基金收支、营运及管理、服务的工作汇报，对医疗保险有关各方的工作提出批评和建议。还要给予该组织所提出的批评建议，以一定的法律效力，使之行使的社会监督切实有效。

[依据指引]

国务院《关于建立城镇职工基本医疗保险制度的决定》（1998年12月14日　国发［1998］44号）

四、健全基本医疗保险基金的管理和监督机制

基本医疗保险基金纳入财政专户管理，专款专用，不得挤占挪用。

社会保险经办机构负责基本医疗保险基金的筹集、管理和支付，并要建立健全预决算制度、财务会计制度和内部审计制度。社会保险经办机构的事业经费不得从基金中提取，由各级财政预算解决。

基本医疗保险基金的银行计息办法：当年筹集的部分，按活期存款利率计息；上年结转的基金本息，按3个月期整存整取银行存款利率计息；存入社会保障财政专户的沉淀资金，比照3年期零存整取储蓄存款利率计息，并不低于该档次利率水平。个人账户的本金和利息归个人所有，可以结转使用和继承。

各级劳动保障和财政部门，要加强对基本医疗保险基金的监督管理。审计部门要定期对社会保险经办机构的基金收支情况和管理情况进行审计。统筹地区应设立由政府有关部门代表、用人单位代表、医疗机构代表、工会代表和有关专家参加的医疗保险基金监督组织，加强对基本医疗保险基金的社会监督。

基本医疗保险覆盖范围

[解读]

按照国家规定，城镇所有用人单位，包括企业（国有企业、集体企业、外商投资企业、私营企业等）、机关、事业单位、社会团体、民办非企业单位、有雇工的个体工商户及其职工，都要参加基本医疗保险；乡镇企业及其职工是否参加基本医疗保险，由各省、自治区、直辖市人民政府决定；无雇工的个体工商户、未在用人单位参加职工基本医疗保险的小时工，以及其他灵活就业人员可以参加职工基本医疗保险，由个人按照国家规定缴费。

从上述规定可以看出，目前我国城镇所有用人单位的职工都已经纳入到基本医疗保险覆盖范围内。为了适应就业形式多样化的需要，许多地方已经将个体工商户、未在用人单位参加职工基本医疗保险的小时工，以及其他灵活就业人员纳入到基本医疗保险覆盖范围，这样城镇从业人员都可以享受到基本医疗保险。从覆盖角度看，基本医疗保险的覆盖范围在几项社会保险制度中是最大的。

[依据指引]

(1)《中华人民共和国社会保险法》（2010年10月28日　国家主席令第35号）

第二十三条　职工应当参加职工基本医疗保险，由用人单位和职工按照国家规定共同缴纳基本医疗保险费。

无雇工的个体工商户、未在用人单位参加职工基本医疗保险的非全日制从业人员以及其他灵活就业人员可以参加职工基本医疗保险，由个人按照国家规定缴纳基本医疗保险费。

(2)国务院《关于建立城镇职工基本医疗保险制度的决定》（1998年12月14日　国发［1998］44号）

二、覆盖范围和缴费办法

城镇所有用人单位，包括企业（国有企业、集体企业、外商投资企业、私营企业等）、机关、事业单位、社会团体、民办非企业单位及其职工，都要参加基本医疗保险。乡镇企业及其职工、城镇个体经济组织业主及其从业人员是否参加基本医疗保险，由各省、自治区、直辖市人民政府决定。

基本医疗保险原则上以地级以上行政区（包括地、市、州、盟）为统筹单位，也可以县（市）为统筹单位，北京、天津、上海3个直辖市原则上在全市范围内实行统筹（以下简称统筹地区）。所有用人单位及其职工都要按照属地管理原则参加所在统筹地区的基本医疗保险，执行统一政策，实行基本医疗保险基金的统一筹集、使用和管理。铁路、电力、远洋运输等跨地区、生产流动性较大的企业及其职工，可以相对集中的方式异地参加统筹地区的基本医疗保险。

基本医疗保险费由用人单位和职工共同缴纳。用人单位缴费率应控制在职工工资总额的6%左右，职工缴费率一般为本人工资收入的2%。随着经济发展，用人单位和职工缴费率可作相应调整。

（3）国务院《社会保险费征缴暂行条例》（1999年1月22日　国务院令第259号）

第三条　基本养老保险费的征缴范围：国有企业、城镇集体企业、外商投资企业、城镇私营企业和其他城镇企业及其职工，实行企业化管理的事业单位及其职工。

基本医疗保险费的征缴范围：国有企业、城镇集体企业、外商投资企业、城镇私营企业和其他城镇企业及其职工，国家机关及其工作人员，事业单位及其职工，民办非企业单位及其职工，社会团体及其专职人员。

失业保险费的征缴范围：国有企业、城镇集体企业、外商投资企业、城镇私营企业和其他城镇企业及其职工，事业单位及其职工。

省、自治区、直辖市人民政府根据当地实际情况，可以规定将城镇个体工商户纳入基本养老保险、基本医疗保险的范围，并可以规定将社会团体及其专职人员、民办非企业单位及其职工以及有雇工的城镇个体工商户及其雇工纳入失业保险的范围。

社会保险费的费基、费率依照有关法律、行政法规和国务院的规定执行。

灵活就业人员参加基本医疗保险

[解读]

目前灵活就业人员已纳入了基本医疗保险的覆盖范围，针对灵活就业人员就业方式不固定、劳动关系不明确、收入不稳定的特点，同时考虑这些人员对医疗保障的需求，国家规定：已与用人单位建立明确劳动关系的灵活就业人员，要按照用人单位参加基本医疗保险的方法缴费参保。其他灵活就业人员，要以个人身份缴费参保。要求各地从建立基本医疗保险统筹基金起步，首先解决灵活就业人员住院和门诊大额医疗费用的保障问题，也可以为有条件的部分灵活就业人员同时建立个人账户和实行大额医疗补助。灵活就业人员参加基本医疗保险的缴费率原则上按照当地的缴费率确定。从统筹基金起步的地区，可参照当地基本医疗保险建立统筹基金的缴费水平确定。缴费基数可参照当地上一年职工年平均工资核定。为了鼓励这部分人员及时、连续缴费参保，国家提出了三项措施：一是灵活就业人员的医疗保险待遇可与缴费年限和连续缴费相挂钩，通过建立这种激励机制，促进其连续参保；二是规定灵活就业人员的待遇享受等待期，即从参加基本医疗保险到开始享受相关医疗保险待遇的期限，防止投机参保；三是明确灵活就业人员中断缴费的认定和处理办法，防止任意中断缴费。另外，对灵活就业人员的医疗保险管理与城镇职工基本医疗保险制度相衔接，灵活就业人员也要按基本医疗保险的规定选择定点医疗机构和定点药店，严格执行基本医疗保险药品、诊疗项目和医疗服务设施标准三个目录。

[依据指引]

劳动和社会保障部办公厅《关于城镇灵活就业人员参加基本医疗保险的指导意见》（2003年5月26日　劳社厅发［2003］10号）

一、统一认识，积极将灵活就业人员纳入基本医疗保险制度范围

（一）灵活就业人员参加基本医疗保险是解决他们医疗保障问题的重要措施，也是促进就业和再就业与完善社会保障体系的本质要求。各级劳动保障部门要从全面实践“三个代表”重要思想的高度出发，重视灵活就业人员的医疗保障问题，积极将灵活就业人员纳入基本医疗保险制度范围。

（二）结合经济发展水平和医疗保险管理能力，在区分灵活就业人员的人群类别、充分调查分析其基本医疗需求的基础上，针对不同类别的人群，制定相应政策和管理办法。

（三）灵活就业人员参加基本医疗保险要坚持权利和义务相对应、缴费水平与待遇水平相挂钩的原则。在参保政策和管理办法上既要与城镇职工基本医疗保险制度相衔接，又要适应灵活就业人员的特点。

二、明确政策，规范灵活就业人员参保方式、激励措施和待遇水平

（四）已与用人单位建立明确劳动关系的灵活就业人员，要按照用人单位参加基本医疗保险的方法缴费参保。其他灵活就业人员，要以个人身份缴费参保。

（五）可从建立基本医疗保险统筹基金起步，首先解决灵活就业人员住院和门诊大额医疗费用的保障问题，也可为有条件的部分灵活就业人员同时建立个人账户和实行大额医疗补助。

（六）灵活就业人员参加基本医疗保险的缴费率原则上按照当地的缴费率确定。从统筹基金起步的地区，可参照当地基本医疗保险建立统筹基金的缴费水平确定。缴费基数可参照当地上一年职工年平均工资核定。灵活就业人员缴纳的医疗保险费纳入统筹地区基本医疗保险基金统一管理。

（七）采取措施，促使灵活就业人员连续足额缴费。可根据灵活就业人员的缴费水平和缴费时间，参照当地基本医疗保险的待遇水平，确定相应的医疗保险待遇，并明确医疗保险待遇与缴费年限和连续缴费相挂钩的办法。对首次参加医疗保险的灵活就业人员，可规定其参加基本医疗保险到开始享受相关医疗保险待遇的期限。要考虑灵活就业人员收入不稳定等特点，明确中断缴费的认定和处理办法。

（八）灵活就业人员按照基本医疗保险的规定选择定点医疗机构和定点药店，严格执行基本医疗保险用药、诊疗项目和医疗服务设施标准的有关规定。要指导和协助参保的灵活就业人员选择定点医疗机构和定点药店。

三、加强管理，切实做好灵活就业人员的医疗保险管理服务工作

（九）针对灵活就业人员就业形式多样、工作地点和时间不固定等特点，完善医疗保险的业务管理办法，制定相应的个人申报登记办法、个人缴费办法和资格审核办法。鼓励灵活就业人员通过劳动保障事务代理机构或社区劳动保障服务机构等实现整体参保。

（十）经办机构要开设专门窗口，方便灵活就业人员个人直接缴费参保和医疗费用的结算。要进一步提高社会化管理服务水平，做到社会保险经办机构与定点医疗机构和定点药店的直接结算，减轻参保灵活就业人员的事务性负担。

（十一）做好参保灵活就业人员的医疗保险信息管理工作。进一步完善缴费个人基础档案资料的主要项目，建立完整的个人基础档案资料，做好个人缴费记录。根据灵活就业人员就业形式的变化，及时调整或更改个人信息，做好灵活就业人员的医疗保险关系变更服务。对灵活就业人员的缴费收入、医药费用支出等信息，要单独进行统计分析。

基本医疗保险待遇

[解读]

遵循国家和用人单位承担大头，个人承担小头的原则，缴纳基本医疗保险费用，由个人享受基本医疗保险待遇。参保人员就医、享受待遇须按规定办理：

一是参保人员要在基本医疗保险定点医疗机构就医、购药，也可按医疗机构所开处方到定点零售药店外购药品。在非定点医疗机构就医和非定点药店购药发生医疗费用，除符合转诊等规定条件外，基本医疗保险基金不予支付。

二是所发生医疗费用必须符合基本医疗保险药品目录、诊疗项目、医疗服务设施标准的范围和给付标准，才能由基本医疗保险基金按规定予以支付。超出部分，基本医疗保险基金将按规定不予支付。

三是对符合基本医疗保险基金支付范围的医疗费用，要区分是属于统筹基金支付范围还是属于个人账户支付范围。属于统筹基金支付范围的医疗费用，即属于统筹基金起付标准以上费用由统筹基金按比例支付，最高支付到“封顶线”为止。个人也要负担部分医疗费用，“封顶额”以上费用则全部由个人支付或通过参加补充医疗保险、商业医疗保险等途径解决。起付标准以下医疗费用由个人账户解决或由个人自付，个人账户有结余的，也可以支付统筹基金支付范围内应由个人支付的部分医疗费用。

然而，参保人员确需急诊、抢救的，可以在非协议医疗机构就医；因抢救必须使用的药品可以适当放宽范围。参保人员急诊、抢救的医疗服务具体管理办法应执行统筹地区的相关规定。

[依据指引]

(1)《中华人民共和国社会保险法》（2010年10月28日 国家主席令第35号）

第二十八条 符合基本医疗保险药品目录、诊疗项目、医疗服务设施标准以及急诊、抢救的医疗费用，按照国家规定从基本医疗保险基金中支付。

第三十条 下列医疗费用不纳入基本医疗保险基金支付范围：

（一）应当从工伤保险基金中支付的；

（二）应当由第三人负担的；

（三）应当由公共卫生负担的；

（四）在境外就医的。

医疗费用依法应当由第三人负担，第三人不支付或者无法确定第三人的，由基本医疗保险基金先行支付。基本医疗保险基金先行支付后，有权向第三人追偿。

(2) 国务院《关于建立城镇职工基本医疗保险制度的决定》（1998 年 12 月 14 日 国发［1998］44 号）（略）

(3) 劳动和社会保障部、卫生部、国家中医药管理局《城镇职工基本医疗保险定点医疗机构管理暂行办法》（1999 年 5 月 11 日 劳社部发［1999］14 号）

第十二条 参保人员应在选定的定点医疗机构就医，并可自主决定在定点医疗机构购药或持处方到定点零售药店购药。

除急诊和急救外，参保人员在非选定的定点医疗机构就医发生的费用，不得由基本医疗保险基金支付。

第十三条 参保人员在不同等级的定点医疗机构就医，个人负担医疗费用的比例可有所差别，以鼓励参保人员到基层定点医疗机构就医。

参保人员在不同等级定点医疗机构就医时个人负担医疗费用的具体比例和参保人员转诊、转院管理办法，由统筹地区劳动保障行政部门制定。

(4) 劳动和社会保障部、国家发展计划委员会、国家经贸委、财政部、卫生部、国家药品监管局、国家中医药管理局《城镇职工基本医疗保险用药范围管理暂行办法》（1999 年 5 月 12 日 劳社部发［1999］15 号）

第八条 基本医疗保险参保人员使用《药品目录》中的药品，所发生的费用按以下原则支付。

使用“甲类目录”的药品所发生的费用，按基本医疗保险的规定支付。使用“乙类目录”的药品所发生的费用，先由参保人员自付一定比例，再按基本医疗保险的规定支付。个人自付的具体比例，由统筹地区规定，报省、自治区、直辖市劳动保障行政部门备案。

使用中药饮片所发生的费用，除基本医疗保险基金不予支付的药品外，均按基本医疗保险的规定支付。

(5) 劳动和社会保障部、国家计委、财政部、卫生部、国家中医药管理局《关于城镇职工基本医疗保险诊疗项目管理的意见》（1999 年 6 月 30 日 劳社部发［1999］22 号）

五、各统筹地区劳动保障部门要严格执行本省的基本医疗保险诊疗项目目录。对于本省基本医疗保险诊疗项目目录中所列的基本医疗保险支付部分费用的诊疗项目，各统筹地区劳动保障行政部门要根据当地实际规定具体的个人自付比例，并可结合区域卫生规划、医院级别与专科特点、临床适应症、医疗技术人员资格等限定使用和制定相应的审批办法。未列入当地区域卫生规划和按国家有关质量管理规定技术检测不合格的大型医疗设备，不得纳入基本医疗保险支付范围。

六、参保人员发生的诊疗项目费用，属于基本医疗保险不予支付费用诊疗项目目录以内的，基本医疗保险基金不予支付。属于基本医疗保险支付部分费用诊疗项目目录以内的，先由参保人员按规定比例自付后，再按基本医疗保险的规定支付。属于按排除法制定的基本医疗保险不予支付费用和支付部分费用诊疗项目目录以外的，或属于按准入法制定的基本医疗保险准予支付费用诊疗项目目录以内的，按基本医疗保险的规定支付。

(6) 劳动和社会保障部《关于确定城镇职工基本医疗保险医疗服务设施范围和支付标准的意见》（1999 年 6 月 30 日 劳社部发［1999］22 号）

三、基本医疗保险基金不予支付的生活服务项目和服务设施费用，主要包括：

（一）就（转）诊费、急救车费；

（二）空调费、电视费、电话费、婴儿保温箱费、食品保温箱费、电炉费、电冰箱费及损坏公物赔偿费；

（三）陪护费、护工费、洗理费、门诊煎药费；

（四）膳食费；

（五）文娱活动费以及其他特需生活服务费用。

其他医疗服务设施项目是否纳入基本医疗保险基金支付范围，由各省（自治区、直辖市，下同）劳动保障行政部门规定。

四、基本医疗保险住院床位费支付标准，由各统筹地区劳动保障行政部门按照本省物价部门规定的普通住院病房床位费标准确定。需隔离以及危重病人的住院床位费支付标准，由各统筹地区根据实际情况确定。

基本医疗保险门（急）诊留观床位费支付标准按本省物价部门规定的收费标准确定，但不得超过基本医疗保险住院床位费支付标准。

五、定点医疗机构要公开床位收费标准和基本医疗保险床位费支付标准，在安排病房或门（急）诊留观床位时，应将所安排的床位收费标准告知参保人员或家属。参保人员可以根据定点医疗机构的建议，自主选择不同档次的病房或门（急）诊留观床位。由于床位紧张或其他原因，定点医疗机构必须把参保人员安排在超标准病房时，应首先征得参保人员或家属的同意。

六、参保人员的实际床位费低于基本医疗保险住院床位费支付标准的，以实际床位费按基本医疗保险的规定支付；高于基本医疗保险住院床位费支付标准的，在支付标准以内的费用，按基本医疗保险的规定支付，超出部分由参保人员自付。

(7) 人力资源和社会保障部《实施〈中华人民共和国社会保险法〉若干规定》（2011 年 6 月 29 日　部令第 13 号）

第八条　参保人员在协议医疗机构发生的医疗费用，符合基本医疗保险药品目录、诊疗项目、医疗服务设施标准的，按照国家规定从基本医疗保险基金中支付。

参保人员确需急诊、抢救的，可以在非协议医疗机构就医；因抢救必须使用的药品可以适当放宽范围。参保人员急诊、抢救的医疗服务具体管理办法由统筹地区根据当地实际情况制定。

基本医疗保险基金先行支付制度

[解读]

基本医疗保险基金先行支付制度是指职工由于第三人的侵权行为造成伤病，其医疗费用应当由第三人依法承担的，而第三人不支付或者无法确定第三人的，由医疗保险基金先行支付相关费用，然后由社会保险经办机构向第三人代位追偿的制度。这项制度的具体内容如下：

（一）由于第三人的原因造成病伤，第三人不支付医疗费用或无法确定第三人的，职工申请先行支付的手续如下：

一是职工个人应向参保地社会保险经办机构书面申请基本医疗保险基金先行支付，并告知造成其伤病的原因和第三人不支付或者无法确定第三人的情况。

二是个人申请先行支付医疗费用的，应当提交所有医疗诊断、鉴定等费用的原始票据等证据。

（二）社保经办机构接到先行支付申请和相关证据应做如下处理：

一是社会保险经办机构接到职工提出的先行支付申请后，经审核确定其参加基本医疗保险的，应当按照统筹地区基本医疗保险基金支付的规定先行支付相应部分的医疗费用；经审核不符合先行支付条件的，应自收到申请之日起 5 个工作日内作出不予先行支付的决定，并书面通知申请人。

二是社会保险经办机构在收到原始证据后，应当要求申请人在该凭据上签字确认并予以妥善保存；职工因向第三人请求赔偿需要医疗费用的原始票据等证据的，可以向社会保险经办机构索取复印件，并将第三人赔偿情况及时告知社会保险经办机构。

（三）先行支付中职工应承担的责任：职工已经从第三人或者用人单位处获得医疗费用的，应当主动将先行支付金额中应当由第三人承担的部分退还给医疗保险基金，社会保险经办机构不再向第三人追偿。个人拒不退还的，社会保险经办机构可以从以后支付的相关待遇中扣减其应当退还的数额，或者向人民法院提起诉讼。个人隐瞒已经从第三人处获得医疗费用，向社会保险经办机构申请并获得社会保险基金先行支付的，按照《社会保险法》第 88 条关于骗取社会保险待遇的规定处理。

（四）先行支付中第三人应承担的责任：社会保险经办机构先行支付医疗费用后，有关部门确定了第三人责任的，应当要求第三人按照确定的责任大小依法偿还先行支付数额中的相应部分。第三人逾期不偿还的，社会保险经办机构应当依法向人民法院提起诉讼。

（五）先行支付中的纠纷处理：用人单位对社会保险经办机构作出先行支付的追偿决定不服或者对社会保险行政部门作出的划拨决定不服，以及职工对社会保险经办机构作出不予先行支付的决定不服或者对先行支付的数额不服的，均可依法申请行政复议或者提起行政诉讼。

[依据指引]

(1)《中华人民共和国社会保险法》（2010 年

10月28日 国家主席令第35号）

第三十条 下列医疗费用不纳入基本医疗保险基金支付范围：

（一）应当从工伤保险基金中支付的；

（二）应当由第三人负担的；

（三）应当由公共卫生负担的；

（四）在境外就医的。

医疗费用依法应当由第三人负担，第三人不支付或者无法确定第三人的，由基本医疗保险基金先行支付。基本医疗保险基金先行支付后，有权向第三人追偿。

（2）人力资源和社会保障部《社会保险基金先行支付暂行办法》（2011年6月29日 部令第15号）

第二条 参加基本医疗保险的职工或者居民（以下简称个人）由于第三人的侵权行为造成伤病的，其医疗费用应当由第三人按照确定的责任大小依法承担。超过第三人责任部分的医疗费用，由基本医疗保险基金按照国家规定支付。

前款规定中应当由第三人支付的医疗费用，第三人不支付或者无法确定第三人的，在医疗费用结算时，个人可以向参保地社会保险经办机构书面申请基本医疗保险基金先行支付，并告知造成其伤病的原因和第三人不支付医疗费用或者无法确定第三人的情况。

第三条 社会保险经办机构接到个人根据第二条规定提出的申请后，经审核确定其参加基本医疗保险的，应当按照统筹地区基本医疗保险基金支付的规定先行支付相应部分的医疗费用。

第九条 个人或者其近亲属提出先行支付医疗费用、工伤医疗费用或者工伤保险待遇申请，社会保险经办机构经审核不符合先行支付条件的，应当在收到申请后5个工作日内作出不予先行支付的决定，并书面通知申请人。

第十条 个人申请先行支付医疗费用、工伤医疗费用或者工伤保险待遇的，应当提交所有医疗诊断、鉴定等费用的原始票据等证据。社会保险经办机构应当保留所有原始票据等证据，要求申请人在先行支付凭据上签字确认，凭原始票据等证据先行支付医疗费用、工伤医疗费用或者工伤保险待遇。

个人因向第三人或者用人单位请求赔偿需要医疗费用、工伤医疗费用或者工伤保险待遇的原始票据等证据的，可以向社会保险经办机构索取复印件，并将第三人或者用人单位赔偿情况及时告知社会保险经办机构。

第十一条 个人已经从第三人或者用人单位处获得医疗费用、工伤医疗费用或者工伤保险待遇的，应当主动将先行支付金额中应当由第三人承担的部分或者工伤保险基金先行支付的工伤保险待遇退还给基本医疗保险基金或者工伤保险基金，社会保险经办机构不再向第三人或者用人单位追偿。

个人拒不退还的，社会保险经办机构可以从以后支付的相关待遇中扣减其应当退还的数额，或者向人民法院提起诉讼。

第十二条 社会保险经办机构按照本办法第三条规定先行支付医疗费用或者按照第五条第一项、第二项规定先行支付工伤医疗费用后，有关部门确定了第三人责任的，应当要求第三人按照确定的责任大小依法偿还先行支付数额中的相应部分。第三人逾期不偿还的，社会保险经办机构应当依法向人民法院提起诉讼。

第十六条 个人隐瞒已经从第三人或者用人单位处获得医疗费用、工伤医疗费用或者工伤保险待遇，向社会保险经办机构申请并获得社会保险基金先行支付的，按照社会保险法第八十八条的规定处理。

第十七条 用人单位对社会保险经办机构作出先行支付的追偿决定不服或者对社会保险行政部门作出的划拨决定不服的，可以依法申请行政复议或者提起行政诉讼。

个人或者其近亲属对社会保险经办机构作出不予先行支付的决定不服或者对先行支付的数额不服的，可以依法申请行政复议或者提起行政诉讼。

社会统筹基金的起付标准与最高支付限额

［解读］

所谓统筹基金的起付标准，是指在统筹基金支付参保职工费用前，职工个人按规定需先用个人账户支付或个人自付一定数额医疗费后，统筹基金才开始按规定的一定比例给付的标准。所谓统筹基金的最高支付限额，又称“封顶额”，是指由统筹基金所能支付的基本医疗保险费用最高限额。超出此限额的医疗费用，则不在基本医疗保险范围内解决。制定统筹基金的起付标准和最高支付限额，目的是限定统筹基金的支付范围，明确统筹基金的支付责任，从而个人账户的支付范围也就相应明确了。

［依据指引］

国务院《关于建立城镇职工基本医疗保险制度的决定》（1998年12月14日　国发［1998］44号）

五、加强医疗服务管理

要确定基本医疗保险的服务范围和标准。劳动保障部会同卫生部、财政部等有关部门制定基本医疗服务的范围、标准和医药费用结算办法，制定国家基本医疗保险药品目录、诊疗项目、医疗服务设施标准及相应的管理办法。各省、自治区、直辖市劳动保障行政管理部门根据国家规定，会同有关部门制定本地区相应的实施标准和办法。

基本医疗保险实行定点医疗机构（包括中医医院）和定点药店管理。劳动保障部会同卫生部、财政部等有关部门制定定点医疗机构和定点药店的资格审定办法。社会保险经办机构要根据中西医并举，基层、专科和综合医疗机构兼顾，方便职工就医的原则，负责确定定点医疗机构和定点药店，并同定点医疗机构和定点药店签订合同，明确各自的责任、权利和义务。在确定定点医院机构和定点药店时，要引进竞争机制，职工可选择若干定点医疗机构就医、购药，也可持处方在若干定点药店购药。国家药品监督管理局会同有关部门制定定点药店购药药事事故处理办法。

各地要认真贯彻《中共中央、国务院关于卫生改革与发展的决定》（中发［1997］3号）精神，积极推进医药卫生体制改革，以较少的经费投入，使人民群众得到良好的医疗服务，促进医药卫生事业的健康发展。要建立医药分开核算、分别管理的制度，形成医疗服务和药品流通的竞争机制，合理控制医药费用水平；要加强医疗机构和药店的内部管理，规范医药服务行为，减员增效，降低医药成本；要理顺医疗服务价格，在实行医药分开核算、分别管理，降低药品收入占医疗总收入比重的基础上，合理提高医疗技术劳务价格；要加强业务技术培训和职业道德教育，提高医药服务人员的素质和服务质量；要合理调整医疗机构布局，优化医疗卫生资源配置，积极发展社区卫生服务，将社区卫生服务中的基本医疗服务项目纳入基本医疗保险范围。卫生部会同有关部门制定医疗机构改革方案和发展社区卫生服务的有关政策。国家经贸委等部门要认真配合做好药品流通体制改革工作。

特殊群体人员的医疗待遇

［解读］

为了使基本医疗保险制度与原来的公费医疗、劳保医疗制度在变革中相应衔接、平稳过渡，国家对一些特殊的弱势群体人员的医疗待遇作了特别的规定。

（一）离休人员、老红军的医疗待遇不变。这部分人员的医疗费用按原资金渠道解决，支付确有困难时，由同级人民政府帮助解决。为了保证离休人员、老红军医疗经费有稳定的来源，保障他们的医疗待遇，同时控制不必要的医疗费用支出，减少浪费，对离休人员、老红军的医疗经费须采用必要的管理办法，一般有这样几种形式：一是由社会保险经办机构单独列账管理；二是由财政、卫生、民政或老干部管理部门管理；三是仍由原管理单位管理。对离休人员、老红军的具体医疗管理办法，由省、自治区、直辖市人民政府制定。

（二）二等乙级以上革命伤残军人和人民警察的医疗待遇。二等乙级以上革命伤残军人的医疗待遇不变，医疗费用按原资金渠道解决，由社会保险经办机构单独列账管理，与基本医疗保险基金分开核算，分别管理，两者之间不能相互挤占或挪用；医疗费支付不足部分，由当地人民政府帮助解决。另外，国家规定二等乙级以上伤残人民警察医疗待遇与二等乙级以上革命伤残军人医疗待遇相同，其原有个人账户积累资金可继续使用。

（三）对退休人员参保的优待。退休人员参加基本医疗保险，个人和其所在用人单位不再缴纳基本医疗保险费。对退休人员个人账户的计入金额和个人负担医疗费的比例给予适当照顾。这样规定的原因很多，其中重要的一点是，退休职工患病较多而收入却降低了。

（四）下岗职工的医疗保险。国家规定，国有企业下岗职工的基本医疗保险费，包括单位缴费和个人缴费部分，均由再就业服务中心按照当地职工平均工资的60％为基数缴纳，下岗职工享受相应的医疗保险待遇。没有实行医疗保险制度改革的地区，由再就业服务中心按规定报销下岗职工的基本医疗费用。

（五）困难企业职工的医疗保障。对有部分缴费能力的困难企业，劳动保障部门可按照适当降低单位缴费率，先建立统筹基金、暂不建立个人账户的办法，纳入基本医疗保险，保障其职工相应的医疗保险待遇。单位缴费的具体比例由各地根据建立统筹基金的实际需要确定。对无力参保的困难企业职工各地通过探索建立社会医疗救助制度等方式，解决其医疗保险问题。

[依据指引]

(1) 国务院《关于建立城镇职工基本医疗保险制度的决定》（1998 年 12 月 14 日　国发［1998］44 号）

六、妥善解决有关人员的医疗待遇

离休人员、老红军的医疗待遇不变，医疗费用按原资金渠道解决，支付确有困难的，由同级人民政府帮助解决。离休人员、老红军的医疗管理办法由省、自治区、直辖市人民政府制定。

二等乙级以上革命伤残军人的医疗待遇不变，医疗费用按原资金渠道解决，由社会保险经办机构单独列账管理。医疗费支付不足部分，由当地人民政府帮助解决。

退休人员参加基本医疗保险，个人不缴纳基本医疗保险费。对退休人员个人账户的计入金额和个人负担医疗费的比例给予适当照顾。

国家公务员在参加基本医疗保险的基础上，享受医疗补助政策。具体办法另行制定。

为了不降低一些特定行业职工现有的医疗消费水平，在参加基本医疗保险的基础上，作为过渡措施，允许建立企业补充医疗保险。企业补充医疗保险费在工资总额 4%以内的部分，从职工福利费中列支，福利费不足列支的部分，经同级财政部门核准后列入成本。

国有企业下岗职工的基本医疗保险费，包括单位缴费和个人缴费，均由再就业服务中心按照当地上年度职工平均工资的 60%为基数缴纳。

(2) 劳动和社会保障部《关于二等乙级以上伤残人民警察医疗待遇问题的通知》（2002 年 2 月 6 日　劳社部发［2002］19 号）

为切实保障因公负伤致残人民警察的医疗待遇，根据《中华人民共和国人民警察法》第四十一条“人民警察因公致残的，与因公致残的现役军人享受国家同样的抚恤和优待”和《国务院关于建立城镇职工基本医疗保险制度的决定》“二等乙级以上革命伤残军人原医疗待遇不变，医疗经费原渠道不变”的规定，现就二等乙级以上伤残人民警察的医疗待遇问题通知如下：

一、人民警察因公负伤，经民政机关或由民政机关指定的伤残评定机构评定为二等乙级以上（含二等乙级，下同）伤残的，与二等乙级以上革命伤残军人享受同等医疗待遇。

二、二等乙级以上伤残人民警察医疗保障按照当地二等乙级以上伤残革命军人的有关规定进行管理，所需医疗经费由经办机构与二等乙级以上革命伤残军人医疗费一起，单独列账管理。

三、已经评定为二等乙级以上的伤残人民警察，按照当地二等乙级以上革命伤残军人医疗管理办法管理。对参加基本医疗保险和公务员医疗补助后因工负伤被评定为二等乙级以上伤残的人民警察，要做好从基本医疗保险和公务员医疗补助到享受二等乙级以上伤残军人待遇的衔接工作，其个人账户积累资金可以继续使用。

四、各统筹地区人民政府和有关部门要高度重视伤残人民警察的医疗保障工作，确保二等乙级以上伤残人民警察医疗保障待遇的落实。劳动保障部门要加强对二等乙级以上伤残人民警察的医疗保障管理工作，采取积极措施，为二等乙级以上伤残人民警察提供优质服务，及时结算医疗费用，同时要严格支出管理，防止浪费。财政部门和伤残人民警察所在单位要妥善安排二等乙级以上伤残人民警察所需医疗经费。政法机关各主管部门要积极协助二等乙级以上伤残人民警察办理有关手续，为二等乙级以上伤残人民警察在就医和报销医疗费用等方面提供必要的帮助。

(3) 中共中央、国务院《关于切实做好国有企业下岗职工基本生活保障和再就业工作的通知》（1998 年 6 月 9 日　中发［1998］10 号）

三、普遍建立再就业服务中心，保障国有企业下岗职工基本生活

建立再就业服务中心是保障国有企业下岗职工基本生活和促进再就业的有效措施，是当前一项具有中国特色的社会保障制度。各地要自下而上地建立再就业服务中心组织体系。凡是有下岗职工的国有企业，都要建立再就业服务中心或类似机构，下岗职工不多的企业也可由有关科室代管。再就业服务中心（包括类似机构或代管科室）负责为本企业下岗职工发放基本生活费和代下岗职工缴纳养老、医疗、失业等社会保险费用，组织下岗职工参加职业指导和再就业培训，引导和帮助他们实现再就业。为加强再就业服务中心的组织、管理力量，可从行政机关抽调得力人员到中心工作。

(4) 劳动和社会保障部、国家经济贸易委员会、财政部等六部委《关于加强国有企业下岗职工管理和再就业服务中心建设有关问题的通知》(1998 年 8 月 3 日　劳社部发〔1998〕8 号)

三、关于企业再就业服务中心的建立和运作

……

再就业服务中心要按照中央 10 号文件的要求，认真履行为下岗职工发放基本生活费，缴纳养老、医疗（或按规定报销医疗费用)、失业等社会保险费，组织下岗职工进行职业培训，为下岗职工提供就业指导等项职能。

下岗职工的基本生活费标准，应按略高于当地失业救济的标准确定，并按适当比例逐年递减，具体递减比例由各地根据实际情况确定，但最低不得低于失业救济标准。养老、医疗、失业保险费用（包括个人缴费部分)，以当地上年度职工平均工资的 60％为缴费基数，按规定的缴费比例，由再就业服务中心为进入中心的下岗职工缴纳，其中养老、医疗保险费按规定记入个人账户。

(5) 劳动和社会保障部办公厅《关于妥善解决医疗保险制度改革有关问题的指导意见》(2002 年 9 月 16 日　劳社厅发〔2002〕8 号)

一、积极探索困难企业职工医疗保障办法

……

（二）对有部分缴费能力的困难企业，可按照适当降低单位缴费率，先建立统筹基金、暂不建立个人账户的办法，纳入基本医疗保险，保障其职工相应的医疗保险待遇。单位缴费的具体比例由各地根据建立统筹基金的实际需要确定。对无力参保的困难企业职工要通过探索建立社会医疗救助制度等方式，妥善解决其医疗保障问题。

（四）对仍在再就业服务中心的国有企业下岗职工，要继续按照“三三制”原则，落实基本医疗保险缴费资金。对出中心解除劳动关系的人员，已经再就业并建立劳动关系的，应继续将其纳入基本医疗保险。

参保人员退休时无须缴纳医疗保险费的条件

[解读]

法律规定，参保人员累计缴费达到国家规定年限的，退休后个人不再缴纳医疗保险费，其原所在单位也无须再承担参保费用，按照国家规定享受基本医疗保险待遇；缴费年限不足规定年限的，可以补缴至国家规定年限。退休人员享受基本医疗保险待遇的缴费年限，应按照各地规定执行。目前，各地规定一般男职工缴费年限为 30 年，女职工缴费年限为 25 年，达到这一标准，参保人员办理退休手续后，可以继续享受医疗保险待遇，不再缴纳医疗保险费。参保人员医疗保险关系转移接续时，其医疗保险缴费年限应累计计算。

[依据指引]

(1)《中华人民共和国社会保险法》(2010 年 10 月 28 日　国家主席令第 35 号)

第二十七条　参加职工基本医疗保险的个人，达到法定退休年龄时累计缴费达到国家规定年限的，退休后不再缴纳基本医疗保险费，按照国家规定享受基本医疗保险待遇；未达到国家规定年限的，可以缴费至国家规定年限。

(2) 人力资源和社会保障部《实施〈中华人民共和国社会保险法〉若干规定》(2011 年 6 月 29 日　部令第 13 号)

第七条　社会保险法第二十七条规定的退休人员享受基本医疗保险待遇的缴费年限按照各地规定执行。

参加职工基本医疗保险的个人，基本医疗保险关系转移接续时，基本医疗保险缴费年限累计计算。

医疗保险关系的转移接续

[解读]

为了保证城镇职工基本医疗保险、城镇居民基本医疗保险和新型农村合作医疗参保（合）人员流动就业时能够连续参保、基本医疗保障关系能够顺畅接续、保障合法权益，法律对医疗保险关系转移接续制度作了明确规定，具体内容如下：

（一）城镇基本医疗保险参保人员跨统筹地区就业，新就业地有接收单位的，由单位按照《社会保险登记管理暂行办法》的规定办理登记手续，参加新就业地城镇职工基本医疗保险；无接收单位的，个人应在中止原基本医疗保险关系后的 3 个月内到新就业地社会（医疗）保险经办机构办理登记手续，按当地规定参加城镇职工基本医疗保险或城镇居民基本医疗保险。参加新就业地城镇基本医疗保险的，由新就业地社会（医疗）保险经办机构通知原就业地社会（医疗）保险经办机构办理转移手续，不再享受原就业地城镇基本医疗保险待遇；建立个人账户的，个人账户原则上随其医疗保险关系转移划转，个人账户余额（包括个人缴费部分和单位缴费划入部分）通过社会保险经办机构转移；缴费年限累计计算，当其累计缴费达到国家规定年限时，退休后无须再缴纳基本医疗保险费，即可享受基本医疗保险待遇；缴费年限不足规定年限的，可以补缴至国家规定年限。

（二）城乡各类流动就业人员按照现行规定相应参加城镇职工基本医疗保险、城镇居民基本医疗保险或新型农村合作医疗，不得同时参加和重复享受待遇。各地不得以户籍等原因设置参保（合）障碍。

（三）新型农村合作医疗参合人员参加城镇基本医疗保险后，由就业地社会保险经办机构通知户籍所在地新农合医疗经办机构办理转移手续，按当地规定退出新农合医疗，不再享受新农合医疗待遇。

（四）由于劳动关系终止或其他原因中止城镇基本医疗保险关系的农村户籍人员，可凭就业地社会保险经办机构出具的参保凭证，向户籍所在地新农合医疗经办机构申请，按当地规定参加新型农村合作医疗。

[依据指引]

(1)《中华人民共和国社会保险法》（2010年10月28日　国家主席令第35号）

第二十七条　参加职工基本医疗保险的个人，达到法定退休年龄时累计缴费达到国家规定年限的，退休后不再缴纳基本医疗保险费，按照国家规定享受基本医疗保险待遇；未达到国家规定年限的，可以缴费至国家规定年限。

第三十二条　个人跨统筹地区就业的，其基本医疗保险关系随本人转移，缴费年限累计计算。

(2) 人力资源和社会保障部、卫生部、财政部《关于印发流动就业人员基本医疗保障关系转移接续暂行办法的通知》（2009年12月31日　人社部发［2009］191号）

第二条　城乡各类流动就业人员按照现行规定相应参加城镇职工基本医疗保险、城镇居民基本医疗保险或新型农村合作医疗，不得同时参加和重复享受待遇。各地不得以户籍等原因设置参加障碍。

第三条　农村户籍人员在城镇单位就业并有稳定劳动关系的，由用人单位按照《社会保险登记管理暂行办法》的规定办理登记手续，参加就业地城镇职工基本医疗保险。其他流动就业的，可自愿选择参加户籍所在地新型农村合作医疗或就业地城镇基本医疗保险，并按照有关规定到户籍所在地新型农村合作医疗经办机构或就业地社会（医疗）保险经办机构办理登记手续。

第四条　新型农村合作医疗参合人员参加城镇基本医疗保险后，由就业地社会（医疗）保险经办机构通知户籍所在地新型农村合作医疗经办机构办理转移手续，按当地规定退出新型农村合作医疗，不再享受新型农村合作医疗待遇。

第五条　由于劳动关系终止或其他原因中止城镇基本医疗保险关系的农村户籍人员，可凭就业地社会（医疗）保险经办机构出具的参保凭证，向户籍所在地新型农村合作医疗经办机构申请，按当地规定参加新型农村合作医疗。

第六条　城镇基本医疗保险参保人员跨统筹地区流动就业，新就业地有接收单位的，由单位按照《社会保险登记管理暂行办法》的规定办理登记手续，参加新就业地城镇职工基本医疗保险；无接收单位的，个人应在中止原基本医疗保险关系后的3个月内到新就业地社会（医疗）保险经办机构办理登记手续，按当地规定参加城镇职工基本医疗保险或城镇居民基本医疗保险。

第七条　城镇基本医疗保险参保人员跨统筹地区流动就业并参加新就业地城镇基本医疗保险的，由新就业地社会（医疗）保险经办机构通知原就业地社会（医疗）保险经办机构办理转移手续，不再享受原就业地城镇基本医疗保险待遇。建立个人账户的，个人账户原则上随其医疗保险关系转移划转，个人账户余额（包括个人缴费部分和单位缴费划入部分）通过社会（医疗）保险经办机构转移。

(3) 人力资源和社会保障部《实施〈中华人民共和国社会保险法〉若干规定》（2011年6月29日　部令第13号）

第七条　社会保险法第二十七条规定的退休人员享受基本医疗保险待遇的缴费年限按照各地规定执行。

参加职工基本医疗保险的个人，基本医疗保险关系转移接续时，基本医疗保险缴费年限累计计算。

破产企业离退休人员的医疗保险

[解读]

国家规定，对在试点城市关闭、破产国有企业的退休人员（包括医疗保险制度改革前已关闭、破产的原国有企业退休人员），要充分考虑这部分人员的医疗费用水平和年龄结构等因素，多渠道筹集医疗保险资金，单独列账管理，专项用于保障其医疗保险待遇。比如，企业实施破产时，从其财产清产和土地转让所得中按实际需要向社会保险经办机构划拨出社会保险费用，破产企业离退休职工的医疗费由当地社会医疗保险经办机构负责管理。破产企业参加医疗保险基金社会统筹的，其医疗费由所在试点城市社会医疗保险经办机构从医疗保险基金社会统筹中支付。破产企业没有参加医疗保险基金社会统筹或者医疗保险基金社会统筹不足的，从企业土地使用权出让所得中支付；处置土地使用权所得不足以支付的，不足部分从处置无抵押财产、抵押财产所得中依次支付。

按照中共中央、国务院有关规定实施关闭破产的中央企业及中央下放地方企业，由中央财政核定离退休人员参加医疗保险的费用，按照企业在职职工年工资总额的6%计算10年进行核定。企业所在地财政部门应及时将中央财政补助资金拨付给当地医疗保险经办机构，医疗保险经办机构将上述企业离退休人员纳入当地医疗保险体系统一管理。

[依据指引]

(1) 国务院《关于在若干城市试行国有企业破产有关问题的通知》（1994年10月25日　国发［1994］59号）

五、破产企业职工的安置

……

破产企业离退休职工的离退休费和医疗费由当地社会养老、医疗保险机构负责管理。破产企业参加养老保险、医疗保险基金社会统筹的，其离退休职工的离退休费、医疗费由当地社会养老、医疗保险机构分别从养老保险、医疗保险基金社会统筹中支付。没有参加养老保险、医疗保险基金社会统筹或者养老保险、医疗保险基金社会统筹不足的，从企业土地使用权出让所得中支付；处置土地使用权所得不足以支付的，不足部分从处置其他破产财产所得中拨付。

(2) 国务院《关于在若干城市试行国有企业兼并破产和职工再就业有关问题的补充通知》（1997年3月2日　国发［1997］10号）

五、妥善安置破产企业职工

各试点城市人民政府要积极推广上海市实施再就业工程的经验，结合劳动就业、社会保障制度的改革和当地的具体情况，从上到下建立再就业服务中心，积极开拓就业门路，关心破产企业职工生活，妥善安置破产企业职工，保持社会稳定。

安置破产企业职工的费用，从破产企业依法取得的土地使用权转让所得中拨付。破产企业以土地使用权为抵押物的，其转让所得也应首先用于安置职工，不足以支付的，不足部分从处置无抵押财产、抵押财产所得中依次支付。破产企业财产拍卖所得安置职工仍不足的，按照企业隶属关系，由同级人民政府负担。

职工安置一律拨付到再就业服务中心，统筹使用。安置费标准，原则上按照破产企业所在试点城市的企业职工上年平均工资收入的3倍计算，试点城市人民政府根据当地实际情况从严掌握，不得随意突破。暂时尚未就业的职工，由再就业服务中心发给基本生活费，再就业后即停止拨付。自谋职业的可一次性付给安置费，标准不高于试点城市的企业职工上年平均工资收入的3倍。

破产企业离退休职工的离退休费和医疗费由当地社会养老、医疗保险机构负责管理。破产企业参加养老保险、医疗保险基金社会统筹的，其离退休费、医疗费由所在试点城市社会养老、医疗保险机构分别从养老保险、医疗保险基金社会统筹中支付。没有参加养老、医疗保险基金社会统筹或者养老保险、医疗保险基金社会统筹不足的，从企业土地使用权出让所得中支付；处置土地使用权所得不足以支付的，不足部分从处置无抵押财产、抵押财产所得中依次支付。

破产企业进入破产程序后，职工的生活费从破产清算费中支付，具体支付办法按照财政协委员部《国有企业试行破产有关财务问题的暂行规定》（财工字［1996］226号）执行。

破产企业财产处置所得，在支付安置职工的费用后，其剩余部分按照《破产法》的规定，按比例清偿债务。

(3) 国务院《研究辽宁部分有色金属和煤炭企业关闭破产有关问题的会议纪要》（1999年5月

1日 国阅［1999］33号）（略）

(4) 中共中央办公厅、国务院办公厅《关于进一步做好资源枯竭矿山关闭破产工作的通知》（2000年6月1日 中办发［2000］11号）

……

一、资源枯竭矿山实施关闭破产的政策规定

（三）关于历史拖欠问题的处理

1. 关闭破产矿山拖欠的在职职工工资、已经进入再就业服务中心的下岗职工基本生活费以及抚恤金、伤残补助金和丧葬补助金应予以补发，所需资金从企业资产变现中解决，资产变现不足以支付的部分，由企业上报，经劳动和社会保障部和财政部核实后，中央财政予以补足。

2. 关闭破产矿山拖欠的离退休人员统筹项目内的基本养老金，经劳动和社会保障部和财政部核实后，由中央财政一次性补发。

3. 拖欠的职工医药费，原则上由地方从中央财政继续拨付的亏损补贴和留给地方的盈利企业所得税中解决。

4. 对所欠职工的集资款，不在关闭破产时一次性解决，待清理核实并分清责任后另行研究解决。

5. 被挪用的职工个人缴纳的住房公积金，可以在售房时相应抵扣。

(5) 国务院办公厅《关于解决国有困难企业和关闭破产企业职工基本生活问题的若干意见》（2003年1月7日 国办发［2003］2号）

三、进一步完善关闭破产企业离退休人员医疗保险有关政策措施

对按照国阅［1999］33号文件和中办发［2000］11号文件规定实施关闭破产的中央企业及中央下放地方企业，中央财政在核定企业离退休人员医疗保险费时，按照企业在职职工年工资总额的6%计算10年进行核定，不再折半。企业所在地财政部门应及时将中央财政补助资金拨付给当地医疗保险经办机构，同时，医疗保险经办机构要将上述企业离退休人员纳入当地医疗保险体系统一管理。

各地政府在扩大医疗保险覆盖面的同时，要尽快通过建立社会医疗救助制度，对暂时无力缴费、没有参加医疗保险的困难企业职工，提供必要的医疗救助。

(6) 劳动和社会保障部办公厅《关于妥善解决医疗保险制度改革有关问题的指导意见》（2002年9月16日 劳社厅发［2002］8号）（略）

国家公务员的医疗补助

［解读］

为了保证国家公务员队伍稳定，高效廉洁，使其医疗待遇不降低，国家规定对公务员在参加基本医疗保险的基础上，实行医疗补助的办法。按照规定，享受国家公务员医疗补助的人员范围包括：国家行政机关的公务员和退休人员；经人事部或省、自治区、直辖市人民政府批准列入参照公务员制度管理的事业单位工作人员和退休人员；经中共中央组织部或省、自治区、直辖市党委批准列入参照国家公务员制度管理的党群机关，人大、政协机关，各民主党派和工商联机关以及列入参照国家公务员管理的其他单位机关工作人员和退休人员；审判机关、检察机关的工作人员和退休人员。

按照规定，医疗补助经费主要用于基本医疗保险统筹基金最高支付限额以上，符合基本医疗保险用药、诊疗项目范围及医疗服务设施范围和支付标准的医疗费用补助；在基本医疗保险支付范围内，个人自付超过一定数额的医疗费用补助；中央和省级人民政府规定享受医疗照顾的人员，在就诊、住院时按规定补助的医疗费用。补助经费的具体使用办法和补助标准，由各地按照收支平衡的原则作出规定。

另外，原享受公费医疗待遇的事业单位工作人员、退休人员，可参照国家公务员，实行医疗补助，具体单位和人员由各地劳动保障和财政部门共同审核，并报同级人民政府批准，原享受公费医疗经费补助的事业单位所需医疗补助资金，仍按原资金来源渠道筹措，需要财政补助的由同级财政在核定事业单位财政拨款时给予安排；对少数资金确有困难的事业单位，由同级财政区别不同情况给予适当补助。

［依据指引］

(1) 国务院办公厅《转发劳动保障部、财政部〈关于实行国家公务员医疗补助意见〉的通知》（2000年4月29日 国办发［2000］37号）

一、医疗补助的原则。补助水平要与当地经济发展水平和财政负担能力相适应，保证国家公务员原有医疗待遇水平不降低，并随经济发展有所提高。

二、医疗补助的范围。符合《国家公务员暂

行条例》和《国家公务员制度实施方案》规定的国家行政机关工作人员和退休人员；经人事部或省、自治区、直辖市人民政府批准列入依照国家公务员制度管理的事业单位的工作人员和退休人员；经中共中央组织部或省、自治区、直辖市党委批准列入参照国家公务员制度管理的党群机关，人大、政协机关，各民主党派和工商联机关以及列入参照国家公务员管理的其他单位机关工作人员和退休人员；审判机关、检察机关的工作人员和退休人员。

三、医疗补助的经费来源。按现行财政管理体制，医疗补助经费由同级财政列入当年财政预算，具体筹资标准应根据原公费医疗的实际支出、基本医疗保险的筹资水平和财政承受能力等情况合理确定。医疗补助经费要专款专用、单独建账、单独管理，与基本医疗保险基金分开核算。

四、医疗补助经费的使用。医疗补助经费主要用于基本医疗保险统筹基金最高支付限额以上，符合基本医疗保险用药、诊疗范围和医疗服务设施标准的医疗费用补助；在基本医疗保险支付范围内，个人自付超过一定数额的医疗费用补助；中央和省级人民政府规定享受医疗照顾的人员，在就诊、住院时按规定补助的医疗费用。补助经费的具体使用办法和补助标准，由各地按照收支平衡的原则作出规定。

五、省级以下（含省级）机关公务员医疗补助的管理层次由各省、自治区、直辖市人民政府确定。省级以下（含省级）机关公务员医疗补助和离休人员、老红军的医疗保障以及医疗照顾人员的医疗补助等具体实施办法，由劳动保障部门和财政部门根据国家有关规定会同有关部门制定，报省级人民政府批准后执行，具体管理工作由劳动保障部门负责。

在京中央和国家机关公务员医疗补助的实施办法由劳动保障部、财政部会同有关部门制定，报国务院批准后实施。京外中央和国家机关公务员执行各省、自治区、直辖市人民政府确定的医疗补助办法。

六、社会保险经办机构负责医疗补助的经办工作，要严格执行有关规章制度并建立健全各项内部管理制度和审计制度。劳动保障部门要加强对社会保险经办机构的考核与监督管理；财政部门要制定医疗补助经费的财务和会计管理制度，并加强财政专户管理，监督检查补助经费的分配和使用；审计部门要加强医疗补助经费的审计。

七、原享受公费医疗待遇的事业单位工作人员、退休人员，可参照国家公务员医疗补助办法，实行医疗补助，具体单位和人员由各地劳动保障和财政部门共同审核，并报同级人民政府批准，原享受公费医疗经费补助的事业单位所需医疗补助资金，仍按原资金来源渠道筹措，需要财政补助的由同级财政在核定事业单位财政拨款时给予安排；对少数资金确有困难的事业单位，由同级财政区别不同情况给予适当补助。

对国家公务员实行医疗补助，是涉及国家公务员切身利益的大事，各级人民政府要加强领导，劳动保障、财政、卫生、人事等有关部门要密切配合，切实做好组织实施工作。

(2) 国务院办公厅《在京中央国家机关公务员医疗补助暂行办法》（2001 年 8 月 4 日　国办发［2001］55 号）

根据《国务院办公厅转发劳动保障部、财政部关于实行国家公务员医疗补助意见的通知》（国办发［2000］37 号）精神，结合北京市城镇职工基本医疗保险有关规定以及在京中央国家机关公务员医疗保障的实际情况，为保证在京中央国家机关公务员的医疗待遇水平，特制定本办法。

一、医疗补助的范围

已参加北京市基本医疗保险的以下在京中央国家机关单位的人员，经北京市社会保险经办机构审核并报劳动保障部和财政部批准，可以享受公务员医疗补助：

（一）按照《国家公务员制度实施方案》规定，国务院所属部门和单位中属于实施国家公务员制度范围内的工作人员及其退休人员（含 1993 年以后因机构改革划转到机关服务中心的原届行政编制和行政附属编制的人员，下同）。

（二）经中共中央组织部批准列入参照国家公务员制度管理的中央党群机关，全国人大、政协机关，各民主党派中央和全国工商联机关，以及列入参照国家公务员制度管理的其他在京中央单位的工作人员及其退休人员。

（三）经人事部批准列入依照国家公务员制度管理的在京中央直属事业单位的工作人员及其退休人员。

（四）最高人民法院、最高人民检察院机关的工作人员及其退休人员。

二、补助经费的筹集和用途

（一）医疗补助的筹资标准，参照享受医疗补助人员当期实际医疗消费水平、基本医疗保险保障水平和工资收入水平，由劳动保障部、财政部逐年核定，每年第四季度发布下一年的筹资标准。2001年的筹资标准为上年用人单位职工工资总额的5%。

（二）医疗补助经费按上年确定的筹资标准筹集并列入中央财政当年预算，由财政部统一拨付给北京市财政局，北京市财政局通过社会保障基金财政专户向北京市社会保险经办机构核拨。

（三）医疗补助经费用于补助以下开支：符合基本医疗保险药品目录、诊疗项目范围和医疗服务设施标准，超过基本医疗保险统筹基金最高支付限额以上部分的医疗费用；基本医疗保险支付范围内个人自付超过一定数额的医疗费用；医疗照顾人员按规定享受照顾所发生的医疗费用。

（四）医疗补助经费与基本医疗保险基金分开核算、专款专用，并按照收支平衡的原则严格管理。其中，医疗照顾人员的医疗补助经费单独建账、单独管理。

三、医疗补助的标准

（一）符合本办法规定的医疗费用开支按以下标准给予补助：

1. 在一个年度内发生的住院医疗费用（含肾透析、恶性肿瘤放化疗、肾移植后服抗排异药等纳入基本医疗保险统筹基金支付范围的门诊医疗费用，下同）超过基本医疗保险统筹基金最高支付限额以上的部分，5万元以下的部分补助90%，5万元以上的部分补助95%。

2. 在一个年度内发生的住院医疗费用，在基本医疗保险统筹基金最高交付限额以下应由个人负担的部分（含个人账户支付部分），退休人员和享受医疗照顾的司局级以上（含司局级）在职人员补助95%，其他在职人员补助90%。

3. 在一个年度内发生的门诊医疗费用累计超过1 300元（含个人账户支付部分）以上的部分，退休人员和享受医疗照顾的司局级以上（含司局级）在职人员补助95%，其他在职人员补助90%。

（二）医疗照顾人员按规定在医疗服务设施、诊疗项目等方面享受照顾时发生的费用超过基本医疗保险规定支付的部分，由医疗补助经费按医疗照顾政策的规定予以补助。

（三）在享受基本医疗保险和医疗补助后，个人负担确有困难的，可由所在单位适当给予困难补助。

五、其他

在本办法规定的医疗补助范围之外，原享受公费医疗待遇的其他在京中央单位的工作人员和退休人员，可参照本办法享受医疗补助，所需资金仍按原渠道筹措。对少数资金筹集确有困难的事业单位，中央财政在严格审核的基础上区别不同情况在部门预算中给予适当补助。参照执行单位职工的医疗补助经费，由北京市社会保险经办机构按标准向有关单位收缴，按照本办法管理。

本办法自在京中央国家机关公务员参加北京市基本医疗保险之日起实施，由劳动保障部和财政部负责解释。

军人退役医疗保险

［解读］

为了保障军人退出现役后享有国家规定的医疗保险待遇，维护军人权益，激励军人安心服役，国家法律规定，建立军人退役医疗保险，并设立军人退役医疗保险基金，对军人退出现役后的医疗费用给予补助。中国人民解放军根据国家的有关规定，为军人建立退役医疗保险个人账户。

按照规定，军人退役医疗保险基金由国家财政拨款和军人缴纳的退役医疗保险费组成；师职以下现役军官、局级和专业技术四级以下文职干部和士官，每人每月按照本人工资收入1%的数额缴纳退役医疗保险费。国家按照军人缴纳的退役医疗保险费的同等数额，给予军人退役医疗补助；军人缴纳的退役医疗保险费和国家给予的军人退役医疗补助，由其所在单位后勤（联勤）机关财务部门逐步计入本人的退役医疗保险个人账户；军官、文职干部晋升为军职或者享受军职待遇的，不再缴纳退役医疗保险费，个人缴纳的退役医疗保险费连同利息一并退还本人；缴纳退役医疗保险后致残的二等乙级以上革命伤残军人，退还个人缴纳的退役医疗保险费及利息；师职以下现役军官、局级和专业技术四级以下文职干部、士官退出现役时，其退役医疗保险个人账户的资金和利息，由本人所在单位后勤（联勤）机关财务部门结清；义务兵、供给制学员不缴纳退役医疗保险费，服役期间不建立退役医疗保险账户；义务兵退出现役时，按照上一年度全国城镇职工平均工资收入的1.6%乘以服役年数的计算公式计付军人退役医疗保险金；军人牺牲或者病故的，其退役医疗保险个人账户资金可以依法继承。

[依据指引]

(1)《中华人民共和国军人保险法》(2012年4月27日 国家主席令第56号)

第二条 国家建立军人保险制度。

军人伤亡保险、退役养老保险、退役医疗保险和随军未就业的军人配偶保险的建立、缴费和转移接续等适用本法。

第二十条 参加军人退役医疗保险的军官、文职干部和士官应当缴纳军人退役医疗保险费,国家按照个人缴纳的军人退役医疗保险费的同等数额给予补助。

义务兵和供给制学员不缴纳军人退役医疗保险费,国家按照规定的标准给予军人退役医疗保险补助。

第二十一条 军人退役医疗保险个人缴费标准和国家补助标准,由中国人民解放军总后勤部会同国务院有关部门,按照国家规定的缴费比例、军人工资水平等因素确定。

(2)国务院办公厅、中央军委办公厅《中国人民解放军军人退役医疗保险暂行办法》(1999年12月16日 国办发[1999]100号)

……

二、国家实行军人退役医疗保险制度,设立军人退役医疗保险基金,对军人退出现役后的医疗费用给予补助。中国人民解放军根据国家的有关规定,为军人建立退役医疗保险个人账户。

三、师职以下现役军官、局级和专业技术四级以下文职干部、士官、义务兵和具有军籍的学员依照本办法参加军人退役医疗保险。

四、各级后勤(联勤)机关按照职责分工,负责军人退役医疗保险个人账户的建立和基金的筹集、管理、支付。

五、城镇职工基本医疗保险统筹地区人民政府劳动和社会保障部门负责军人退役后的医疗保险管理工作。

六、军人退役医疗保险基金由国家财政拨款和军人缴纳的退役医疗保险费组成。

七、中职以下现役军官、局级和专业技术四级以下文职干部和士官,每人每月按照本人工资收入1%的数额缴纳退役医疗保险费。国家按照军人缴纳的退役医疗保险费的同等数额,给予军人退役医疗补助。

八、军人缴纳的退役医疗保险费和国家给予的军人退役医疗补助,由其所在单位后勤(联勤)机关财务部门逐月计入本人的退役医疗保险个人账户。

九、军人退役医疗保险个人账户资金的利息每年计算一次,计入军人退役医疗保险个人账户。

军人退役医疗保险个人账户资金的利率,由中国人民解放军总后勤部根据中国人民银行公布的相应利率确定。

十、军官、文职干部晋升为军职或者享受军职待遇的,不再缴纳退役医疗保险费,个人缴纳的退役医疗保险费连同利息一并退还本人。

缴纳退役医疗保险费后致残的二等乙级以上革命伤残军人,退还个人缴纳的退役医疗保险费及利息。

十一、师职以下现役军官、局级和专业技术四级以下文职干部、士官退出现役时,其退役医疗保险个人账户的资金和利息,由本人所在单位后勤(联勤)机关财务部门结清。

十二、义务兵、供给制学员不缴纳退役医疗保险费,服役期间不建立退役医疗保险个人账户。

义务兵退出现役时,按照上一年度全国城镇职工平均工资收入的1.6%乘以服役年数的计算公式计付军人退役医疗保险金。

十三、军人退出现役后,按照国家规定不参加城镇职工基本医疗保险的,由军人所在单位后勤(联勤)机关财务部门将军人退役医疗保险金发给本人;按照国家规定应当参加城镇职工基本医疗保险的,由军人所在单位后勤(联勤)机关财务部门将军人退役医疗保险金转入军人安置地的社会保险经办机构,具体办法由中国人民解放军总后勤部会同劳动保障部等有关部门制定。

十四、从地方直接招收的军官、文职干部和士官入伍时由地方保险经办机构将其基本医疗保险个人账户结余部分转入接收单位后勤(联勤)机关财务部门,计入本人的退役医疗保险个人账户,并逐级上交中国人民解放军总后勤部。

十五、军人牺牲或者病故的,其退役医疗保险个人账户资金可以依法继承。

……

十七、军人退役医疗保险基金的存储、划拨、运营、预决算管理和会计核算,必须严格执行国家和军队的有关规定。基金利息等收益全部纳入军人退役医疗保险基金。

……

二十、移交政府安置的军队离休人员和退出现役的二等乙级以上革命伤残军人的医疗待遇,按照国务院、中央军委的有关规定执行。

移交政府安置的军队退休干部、士官的医疗待遇政策，由军队有关部门商国务院有关部门另行制定。

二十一、本办法适用于中国人民武装警察部队。

(3) 国务院军转安置小组、中组部、中央编办、人事部、民政部、财政部、劳动和社会保障部、总政治部、总后勤部《关于做好2003年军队转业干部安置工作有关问题的通知》（2003年6月16日　国转联［2003］2号）

一、切实安置好计划分配的军队转业干部

……

（六）军队转业干部的军龄，计算为接收安置单位的连续工龄（工作年限）。军队转业干部按照国家和安置地有关规定，参加社会保险，军龄视同社会保险缴费年限。军队转业干部服役期间建立的军人退役医疗保险个人账户，按照国务院办公厅、中央军委办公厅《关于印发〈中国人民解放军军人退役医疗保险暂行办法〉的通知》（国办发［1999］100号）的规定，转入安置地的社会保险经办机构。军队转业干部住房保障，按照国务院办公厅、中央军委办公厅《关于印发〈军队转业干部住房保障办法〉的通知》（国办发［2000］62号）规定执行。安置到企业的军队转业干部的养老保险问题，按照劳动和社会保障部、财政部，总后勤部等5个部门《关于转业到企业工作的军官、文职干部养老保险有关问题处理意见的通知》（［2002］后联字第3号）规定执行。

入伍、退役军人医疗保险关系的转移接续

［解读］

为了保障军人医疗保险的合法权益，国务院、中央军委不仅为其建立了军人退役医疗保险制度，还规定了医疗保险关系的转移接续制度，以保证其医疗待遇的连续性。具体规定如下：

（一）义务兵入伍前参加城镇职工基本医疗保险的，入伍时由当地社会保险经办机构将个人账户封存。退伍回到原入伍地区就业后，由当地社会保险经办机构启封个人账户；异地安置的，由接收安置地区的社会保险经办机构通知原入伍地区的社会保险经办机构办理个人账户转移手续。提升为军官、文职干部和选取为士官的，由所在单位后勤财务部门通知入伍地区的社会保险经办机构办理个人账户转移手续。

（二）从地方直接招收的军官、文职干部和士官，入伍前参加城镇职工基本医疗保险的，入伍地社会保险经办机构应按有关规定向入伍者所到部队后勤财务部门提供基本医疗保险个人账户转移证明，并将基本医疗保险个人账户结余资金经银行汇至入伍者所到部队后勤财务部门。

（三）城镇入伍的义务兵退出现役时，接收安置地区已明确其工作单位的，由其所在部队单位后勤财务部门填写《义务兵退役医疗保险金转移凭证》，交给本人，并及时将其退役医疗保险金从银行汇至接收安置地区的社会保险经办机构，服役年限视同城镇职工基本医疗保险缴费年限，与入伍前和退出现役后参加职工基本医疗保险的缴费年限合并计算；不参加城镇职工基本医疗保险的，填写《义务兵退役医疗保险金给付表》，将个人账户资金发给个人。

（四）军官、文职干部和士官退出现役时，接收安置地区已实行城镇职工基本医疗保险制度的，由其所在部队单位后勤财务部门填写《军人退役医疗保险个人账户转移凭证》，交给本人，并及时将其退役医疗保险个人账户资金从银行汇至接收安置地区的社会保险经办机构，服役年限视同城镇职工基本医疗保险缴费年限，与入伍前和退出现役后参加职工基本医疗保险的缴费年限合并计算；不参加城镇职工基本医疗保险的，填写《军官、文职干部和士官退役医疗保险金给付表》，将个人账户资金发给个人。

［依据指引］

(1)《中华人民共和国军人保险法》（2012年4月27日　国家主席令第56号）

第二十二条　军人入伍前已经参加基本医疗保险的，由地方社会保险经办机构和军队后勤（联勤）机关财务部门办理基本医疗保险关系转移接续手续。

第二十三条　军人退出现役后参加职工基本医疗保险的，由军队后勤（联勤）机关财务部门将军人退役医疗保险关系和相应资金转入地方社会保险经办机构，地方社会保险经办机构办理相应的转移接续手续。

军人服现役年限视同职工基本医疗保险缴费年限，与入伍前和退出现役后参加职工基本医疗保险的缴费年限合并计算。

第二十四条　军人退出现役后参加新型农村合作医疗或者城镇居民基本医疗保险的，按照国

家有关规定办理。

(2) 国务院《退役士兵安置条例》（2011年10月29日　国务院、中央军委令第608号）

第四十七条　退役士兵到各类用人单位工作的，应当随所在单位参加职工基本医疗保险；以灵活方式就业或者暂未实现就业的，可以参加职工基本医疗保险、城镇居民基本医疗保险或者新型农村合作医疗。退役士兵参加基本医疗保险的，其军人退役医疗保险金，按照国家有关规定转入退役士兵安置地的社会保险经办机构。实行工龄视同参加基本医疗保险缴费年限规定的地区，退役士兵的服现役年限视同参保缴费年限。

(3) 国务院办公厅、中央军委办公厅《中国人民解放军军人退役医疗保险暂行办法》（1999年12月16日　国办发［1999］100号）

四、各级后勤（联勤）机关按照职责分工，负责军人退役医疗保险个人账户的建立和基金的筹集、管理、支付。

五、城镇职工基本医疗保险统筹地区人民政府劳动和社会保障部门负责军人退役后的医疗保险管理工作。

十、军官、文职干部晋升为军职或者享受军职待遇的，不再缴纳退役医疗保险费，个人缴纳的退役医疗保险费连同利息一并退还本人。

缴纳退役医疗保险费后致残的二等乙级以上革命伤残军人，退还个人缴纳的退役医疗保险费及利息。

十一、师职以下现役军官、局级和专业技术四级以下文职干部、士官退出现役时，其退役医疗保险个人账户的资金和利息，由本人所在单位后勤（联勤）机关财务部门结清。

十二、义务兵、供给制学员不缴纳退役医疗保险费，服役期间不建立退役医疗保险个人账户。

义务兵退出现役时，按照上一年度全国城镇职工平均工资收入的1.6%乘以服役年数的计算公式计付军人退役医疗保险金。

十三、军人退出现役后，按照国家规定不参加城镇职工基本医疗保险的，由军人所在单位后勤（联勤）机关财务部门将军人退役医疗保险金发给本人；按照国家规定应当参加城镇职工基本医疗保险的，由军人所在单位后勤（联勤）机关财务部门将军人退役医疗保险金转入军人安置地的社会保险经办机构，具体办法由中国人民解放军总后勤部会同劳动保障部等有关部门制定。

十四、从地方直接招收的军官、文职干部和士官入伍时由地方保险经办机构将其基本医疗保险个人账户结余部分转入接收单位后勤（联勤）机关财务部门，计入本人的退役医疗保险个人账户，并逐级上交中国人民解放军总后勤部。

二十一、本办法适用于中国人民武装警察部队。

(4) 国务院军转安置小组、中组部、中央编办、人事部、民政部、财政部、劳动和社会保障部、总政治部、总后勤部《关于做好2003年军队转业干部安置工作有关问题的通知》（2003年6月16日　国转联［2003］2号）（略）

(5) 总后勤部、劳动和社会保障部《关于军地医疗保险个人账户转移办法的通知》（2000年5月9日　［2000］后财字第184号）

一、军官、文职干部和士官退出现役时，接收安置地区已实行城镇职工基本医疗保险制度的，由所在单位后勤财务部门填写《军人退役医疗保险个人账户转移凭证》（格式附后），交给本人，并及时将本人退役医疗保险个人账户资金从银行汇至接收安置地区的社会保险经办机构。

二、城镇入伍的义务兵退出现役时，接收安置地区已明确其工作单位的，由所在单位后勤财务部门填写《义务兵退役医疗保险金转移凭证》（格式附后），交给本人，并及时将本人退役医疗保险金从银行汇至接收安置地区的社会保险经办机构。

三、军人退出现役后，应当将本人所持的《军人退役医疗保险个人账户转移凭证》或者《义务兵退役医疗保险金转移凭证》交给接收单位，由接收单位为其办理城镇职工基本医疗保险个人账户落户手续。

四、接收安置地区的社会保险经办机构应当在收到接收单位或者退役军人个人提供的转移凭证后20天内，按照城镇职工基本医疗保险管理的有关规定，为退役军人建立（或续接）城镇职工基本医疗保险个人账户。

五、军人退出现役时，按照国家规定不参加城镇职工基本医疗保险的，由所在单位后勤财务部门，填写《军官、文职干部和士官退役医疗保险金给付表》或者《义务兵退役医疗保险金给付表》，将个人账户资金发给个人。

六、从地方直接招收的军官、文职干部和士官，入伍前参加城镇职工基本医疗保险的，入伍地社会保险经办机构应按有关规定向入伍者所到部队后勤财务部门提供基本医疗保险个人账户转移证明，并将基本医疗保险个人账户结余资金经银行汇至入伍者所到部队后勤财务部门。

七、部队后勤财务部门收到从地方直接招收的军官、文职干部和士官的基本医疗保险个人账户转移证明后，应当在15天内为其建立军人退役医疗保险个人账户，并将转入的基本医疗保险个人账户资金逐级上交中国人民解放军总后勤部军人保险基金管理中心。

八、义务兵入伍前参加城镇职工基本医疗保险的，入伍时由当地社会保险经办机构将个人账户封存。退伍回到原入伍地区就业后，由当地社会保险经办机构启封个人账户；异地安置的，由接收安置地区的社会保险经办机构通知原入伍地区的社会保险经办机构办理个人账户转移手续。提升为军官、文职干部和选取为士官的，由所在单位后勤财务部门通知入伍地区的社会保险经办机构办理个人账户转移手续。

九、军人服役年限视同城镇职工基本医疗保险缴费年限。

随军未就业军人配偶的医疗保险

[解读]

为了解决军人配偶随军未就业期间医疗保险补贴待遇及其保险关系的接续问题，国家规定为未就业随军配偶建立医疗保险个人账户，并给予个人账户补贴。随军配偶享受或停止享受这一待遇的条件与享受或停止享受基本生活补贴待遇的条件相同。有关医疗保险个人账户补贴的规定是：

（一）军人所在单位后勤机关为未就业随军配偶建立医疗保险个人账户，医疗保险个人账户资金由个人和国家共同负担。未就业随军配偶按照本人基本生活补贴标准全额1%的比例缴费，国家按照其缴纳的同等数额给予个人账户补贴。个人缴费部分，由军人所在单位后勤机关在发放基本生活补贴时代扣代缴。

（二）未就业随军配偶在就业或者军人退出现役随迁后，按照规定应当参加接收地基本医疗保险的，由军人所在单位后勤机关将其医疗保险个人账户资金转入接收地社会保险经办机构，再由接收地社会保险经办机构并入本人基本医疗保险个人账户。按照规定不参加接收地基本医疗保险的，其医疗保险个人账户资金，由军人所在单位后勤机关一次性发给本人。

另外，国家对未就业随军配偶医疗保险关系和个人账户转移接续的问题，也作了如下规定：

（一）未就业随军配偶随军前已经参加地方基本医疗保险的，其基本医疗保险关系和个人账户资金，可以转入部队后勤（联勤）机关财务部门，由地方社会保险经办机构按规定办理转移手续，个人不再享受地方的基本医疗保险待遇；也可按照灵活就业人员参保的有关规定，继续参加随军随队所在地方基本医疗保险并享受基本医疗保险待遇，其基本医疗保险关系和个人账户资金不转入部队后勤（联勤）机关财务部门，军队不再为其建立医疗个人账户和对个人账户给予补贴。

（二）未就业随军配偶在就业或者军人退役随迁后，按规定应当参加地方基本医疗保险的，由军人所在部队单位后勤机关将其医疗保险个人账户资金转入接收地社会保险经办机构，再由接收地社会保险经办机构并入本人基本医疗保险个人账户，其在军队期间医疗保险个人账户的缴费年限，可否计算为地方基本医疗保险的缴费年限，按地方有关规定执行；不参加接收地基本医疗保险的，其医疗保险个人账户资金，由军人所在部队单位后勤机关一次性发给本人。

[依据指引]

(1)《中华人民共和国军人保险法》（2012年4月27日　国家主席令第56号）

第二十五条　国家为随军未就业的军人配偶建立养老保险、医疗保险等。随军未就业的军人配偶参加保险，应当缴纳养老保险费和医疗保险费，国家给予相应的补助。

随军未就业的军人配偶保险个人缴费标准和国家补助标准，按照国家有关规定执行。

第二十六条　随军未就业的军人配偶随军前已经参加社会保险的，由地方社会保险经办机构和军队后勤（联勤）机关财务部门办理保险关系转移接续手续。

第二十七条　随军未就业的军人配偶实现就业或者军人退出现役时，由军队后勤（联勤）机关财务部门将其养老保险、医疗保险关系和相应资金转入地方社会保险经办机构，地方社会保险经办机构办理相应的转移接续手续。

军人配偶在随军未就业期间的养老保险、医疗保险缴费年限与其在地方参加职工基本养老保险、职工基本医疗保险的缴费年限合并计算。

第二十八条　随军未就业的军人配偶达到国家规定的退休年龄时，按照国家有关规定确定退休地，由军队后勤（联勤）机关财务部门将其养老保险关系和相应资金转入退休地社会保险经办机构，享受相应的基本养老保险待遇。

(2) 劳动和社会保障部、财政部、人事部、解放军总政治部、解放军总后勤部《关于军人配偶随军未就业期间社会保险关系军地衔接有关问题的通知》（2005 年 12 月 5 日 ［2005］后联字第 1 号）

八、未就业随军配偶随军随队前已经参加地方基本医疗保险的，其基本医疗保险关系和个人账户资金，可以转入部队后勤（联勤）机关财务部门，由地方社会保险经办机构按规定办理转移手续，个人不再享受地方的基本医疗保险待遇；也可按照灵活就业人员参保的有关规定，继续参加随军随队所在地方基本医疗保险并享受基本医疗保险待遇，其基本医疗保险关系和个人账户资金不转入部队后勤（联勤）机关财务部门，军队不再为其建立医疗个人账户和对个人账户给予补贴。未就业随军配偶在就业或者军人退役随迁后，按规定应当参加地方基本医疗保险的，其在军队期间医疗保险个人账户的缴费年限，可否计算为地方基本医疗保险的缴费年限，按地方有关规定执行。

(3) 国务院办公厅《关于印发〈中国人民解放军军人配偶随军未就业期间社会保险暂行办法〉的通知》（2003 年 12 月 25 日 国办发［2003］102 号）

三、随军配偶符合下列条件之一的（以下称未就业随军配偶），依照本办法规定享受基本生活补贴和养老、医疗保险个人账户补贴待遇：

（一）随军前未就业、经批准随军随队后未就业且无收入的；

（二）随军前已就业但未参加基本养老保险、经批准随军随队后未就业且无收入的；

（三）经批准随军随队后未就业且无收入，已参加基本养老保险，并将基本养老保险关系和个人账户资金转入军队的。

十二、军人所在单位后勤机关为未就业随军配偶建立医疗保险个人账户，医疗保险个人账户资金由个人和国家共同负担。未就业随军配偶按照本人基本生活补贴标准全额 1%的比例缴费，国家按照其缴纳的同等数额给予个人账户补贴。

十三、未就业随军配偶在就业或者军人退出现役随迁后，按照规定应当参加接收地基本医疗保险的，由军人所在单位后勤机关将其医疗保险个人账户资金转入接收地社会保险经办机构，再由接收地社会保险经办机构并入本人基本医疗保险个人账户。按照规定不参加接收地基本医疗保险的，其医疗保险个人账户资金，由军人所在单位后勤机关一次性发给本人。

十七、有下列情形之一的，停止享受军人配偶随军未就业期间基本生活补贴和养老、医疗保险个人账户补贴待遇：

（一）未就业随军配偶已就业且有收入的；

（二）未就业随军配偶无正当理由，拒不接受当地人民政府有关部门或者机构安排工作的；

（三）未就业随军配偶出国定居或者移居港、澳、台地区的；

（四）未就业随军配偶与军人解除婚姻关系的；

（五）未就业随军配偶被判刑收监执行或者被劳动教养的；

（六）军人被取消军籍的；

（七）军人退出现役的；

（八）军人死亡的。

十八、中央财政安排的资金，由总后勤部列入年度军费预算，中央财政每年予以拨付。养老、医疗保险个人账户资金中个人缴费部分，由军人所在单位后勤机关在发放基本生活补贴时代扣代缴。

企业补充医疗保险

［解读］

我国医疗保险制度改革的目标是实现多层次的医疗保险体系。因此，国家鼓励企业建立补充医疗保险制度，以保证该企业职工医疗保险待遇水平不降低。具体规定是：

按规定参加各项社会保险并按时足额缴纳社会保险费的企业，可自主决定是否建立补充医疗保险。补充医疗保险基金，用于企业按规定对城镇职工基本医疗保险制度支付的待遇以外、由职工个人负担的医药费用的适当补助，减轻参保职工的医药费负担。企业补充医疗保险费在工资总额 4%以内的部分，企业可直接从成本中列支，不再经同级财政部门审批。自 2008 年 1 月 1 日起，企业补充医疗保险费不超过职工工资总额 5%标准内的部分，可直接从成本中列支。企业补充医疗保险办法应与当地基本医疗保险制度相衔接。企业补充医疗保险资金由企业或行业集中使用和管理，单独建账，单独管理，用于本企业个人负担较重的职工和退休人员的医疗费补助，不得划入基本医疗保险个人账户，也不得另行建立个人账户或变相用于职工其他方面的开支。财政部门和人力资源和社会保障部门要加强对企业补充医疗保险资金管理的监督和财务监管，防止挪用资金等违规行为。

[依据指引]

(1) 国务院《关于建立城镇职工基本医疗保险制度的决定》(1998年12月14日　国发[1998] 44号)

六、妥善解决有关人员的医疗待遇

……

为了不降低一些特定行业职工现有的医疗消费水平，在参加基本医疗保险的基础上，作为过渡措施，允许建立企业补充医疗保险。企业补充医疗保险费在工资总额4%以内的部分，从职工福利费中列支，福利费不足列支的部分，经同级财政部门核准后列入成本。

(2) 劳动和社会保障部、财政部《关于企业补充医疗保险有关问题的通知》(2002年5月21日　财社[2002] 18号)

各中央管理企业，各省、自治区、直辖市、计划单列市财政厅(局)、劳动和社会保障厅(局)：

为加快医疗保险制度改革步伐，进一步完善多层次的医疗保障体系，根据《国务院关于建立城镇职工基本医疗保险制度的决定》(国发[1998] 44号)和有关文件精神，现就企业建立补充医疗保险的有关问题通知如下：

一、按规定参加各项社会保险并按时足额缴纳社会保险费的企业，可自主决定是否建立补充医疗保险。企业可在按规定参加当地基本医疗保险基础上，建立补充医疗保险，用于对城镇职工基本医疗保险制度支付以外由职工个人负担的医药费用进行的适当补助，减轻参保职工的医药费负担。

二、企业补充医疗保险费在工资总额4%以内的部分，企业可直接从成本中列支，不再经同级财政部门审批。

三、企业补充医疗保险办法应与当地基本医疗保险制度相衔接。企业补充医疗保险资金由企业或行业集中使用和管理，单独建账，单独管理，用于本企业个人负担较重职工和退休人员的医药费补助，不得划入基本医疗保险个人账户，也不得另行建立个人账户或变相用于职工其他方面的开支。

四、财政部门和劳动保障部门要加强对企业补充医疗保险资金管理的监督和财务监管，防止挪用资金等违规行为。

(3) 财政部、国家税务总局《关于补充养老保险费和补充医疗保险费有关企业所得税政策问题的通知》(2009年6月2日　财税[2009] 27号)

各省、自治区、直辖市、计划单列市财政厅(局)、国家税务局、地方税务局，新疆生产建设兵团财务局：

根据《中华人民共和国企业所得税法》及其实施条例的有关规定，现就补充养老保险费、补充医疗保险费有关企业所得税政策问题通知如下：

自2008年1月1日起，企业根据国家有关政策规定，为在本企业任职或者受雇的全体员工支付的补充养老保险费、补充医疗保险费，分别在不超过职工工资总额5%标准内的部分，在计算应纳税所得额时准予扣除；超过的部分，不予扣除。

"医疗照顾人员"的医疗待遇

[解读]

"医疗照顾人员"是指驻京中央直属企业及不享受公费医疗差额拨款、自收自支事业单位中现有按国家规定相当于副部级和司局级干部以及各地少数早期回国定居的专家等享受医疗照顾待遇的人员。这部分人员参加北京市及各地基本医疗保险后，继续享受原规定的医疗照顾待遇，卫生部核发的医疗证仍然有效；"医疗照顾人员"在按照北京市及各地基本医疗保险的规定选择定点医疗机构时，本人的原合同医院应作为首选定点医院，在首选定点医院就医时，按规定继续享受有关门诊和住院干部医疗照顾。在选择的其他定点医疗机构就医时，可以在普通门诊享受优先照顾，有条件的医院也可以为其提供干部门诊和住院医疗照顾；"医疗照顾人员"在定点医院和定点药店所发生的在基本医疗保险支付范围内的医疗费用，可按照规定从北京市及各地基本医疗保险、大病医疗互助中支付。因享受医疗照顾政策所发生的医疗费用，由各单位从原资金渠道(包括企业补充医疗保险)解决，并在支付比例上给予照顾，具体标准由各单位根据实际情况制定。

另外，国家还规定对十一届三中全会前获得

世界冠军的老运动员及其教练员［其中不包括已享受厅（局）级以上医疗待遇的人员］退休时给予医疗照顾。国家财政设立老运动员、老教练员医疗保健专项资金，用于支付所需的费用。财政部会同国家体育总局、人事部制定了具体办法。

［依据指引］

(1) 卫生部《关于在京中央直属企业及差额拨款、自收自支事业单位享受医疗照顾人员参加北京市基本医疗保险有关问题的意见》（2003年1月20日　卫办保健发［2003］14号）

中共中央各部门、国务院各部门、北京市劳动和社会保障局、北京市卫生局、各有关定点医疗机构：

根据《国务院关于建立城镇职工基本医疗保险制度的决定》（国发［1998］44号），结合目前在京中央直属企业及差额拨款、自收自支事业单位参加北京市基本医疗保险的实际情况，现就上述单位中享受副部级和司局级干部医疗照顾人员参加医疗保险后有关医疗照顾问题提出以下意见：

一、在京中央直属企业及不享受公费医疗的差额拨款、自收自支事业单位中现有按国家有关规定享受副部级和司局级干部医疗照顾的人员（以下简称“医疗照顾人员”）参加北京市基本医疗保险后，继续享受原规定的医疗照顾待遇，卫生部核发的医疗证仍然有效。

二、“医疗照顾人员”在按照北京市基本医疗保险的规定选择定点医疗机构时，本人的原合同医院应作为首选定点医院，在首选定点医院就医时按规定继续享受有关门诊和住院干部医疗照顾。在选择的其他定点医疗机构就医时，可以在普通门诊享受优先照顾，有条件的医院也可以为其提供干部门诊和住院医疗照顾。

三、“医疗照顾人员”在定点医院和定点药店所发生的在基本医疗保险支付范围内的医疗费用，可按规定从北京市基本医疗保险、大病医疗互助中支付。因享受医疗照顾政策所发生的医疗费用，由各单位从原资金渠道（包括企业补充医疗保险）解决，并在支付比例上给予照顾，具体标准由各单位根据实际情况制定。

(2) 人事部、卫生部《关于早期回国定居专家享受医疗照顾的通知》（1992年4月10日　人专发［1992］7号）

为了更好地贯彻《中共中央关于进一步加强和改进知识分子工作的通知》（中发［1990］14号）精神，改善早期回国定居专家的医疗待遇，经商卫生部同意，现通知如下：

1. 根据卫生部《关于中央国家机关在京单位司局级干部及高级知识分子医疗照顾的补充规定》（卫健字［89］第2号），经人事部批准的早期回国定居专家，可以享受医疗照顾。

2. 在北京地区的早期回国定居专家，由主管部门到人事部专家司办理《人事部专家司领取保健医疗证证明》，并根据卫生部保健局制定的统一格式，打印填写后，加盖专家所属单位人事部门公章，经卫生部保健局审批后到医院办理医疗证。

3. 在北京以外地区的早期回国定居专家，可参照本通知精神，由省、自治区、直辖市人事（科技干部）部门会同当地卫生厅（局）办理医疗证。

4. 享受医疗照顾的早期回国定居专家，不必重新办理医疗证。

(3) 人事部《关于对部分老运动员、老教练员给予医疗照顾的通知》（2004年6月25日　国人部发［2004］52号）（略）

出境定居归侨、侨眷职工的医疗保险

［解读］

根据国家对归侨、侨眷适当照顾的侨务政策，原劳动保障部对获准出境定居的归侨、侨眷职工医疗保险作出相应规定：

（一）各地在进行医疗保险制度改革时，要将获准出境定居的归侨侨眷职工及退休人员纳入基本医疗保险范围，为他们办理相关手续。

（二）已参加了当地基本医疗保险、获准出境定居的归侨侨眷退休人员入境就医，按当地有关医疗保险规定，享受基本医疗保险待遇。

（三）已参加了基本医疗保险但尚未达到退休年龄的归侨侨眷职工，在获准出境定居后，其个人账户可一次结清，退还本人，今后不再享受基本医疗保险待遇。

（四）获准出境定居的归侨侨眷离休人员，回国内就医，按规定享受医疗保险待遇。

［依据指引］

(1) 劳动和社会保障部、国务院侨务办公室《关于获准出境定居的归侨侨眷职工医疗保险有关政策问题的通知》（2001年9月27日　劳社部函［2001］165号）

各省、自治区、直辖市劳动和社会保障厅（局）、侨务办公室：

为了切实保障归侨侨眷的合法权益，按照党中央、国务院“一视同仁，不得歧视，根据特点，适当照顾”的国内侨务工作原则，现就获准出境定居（包括港澳地区，下同）的归侨侨眷职工医疗保险有关政策问题通知如下：

一、各地在进行医疗保险制度改革时，要将获准出境定居的归侨侨眷职工及退休人员纳入基本医疗保险范围，为他们办理相关手续。

二、已参加了当地基本医疗保险、获准出境定居的归侨侨眷退休人员入境就医，按当地有关医疗保险规定，享受基本医疗保险待遇。

三、已参加了基本医疗保险但尚未达到退休年龄的归侨侨眷职工，在获准出境定居后，其个人账户可一次结清，退还本人，今后不再享受基本医疗保险待遇。

四、获准出境定居的归侨侨眷离休人员，回国内就医，按规定享受医疗保险待遇。

（2）劳动和社会保障部办公厅《关于取得国外永久性居民身份证回国工作人员在国内工作期间有关社会保险问题的复函》（2001 年 9 月 10 日　劳社厅函［2001］198 号）

北京市劳动和社会保障局：

你局《关于回国高级科技人才中持国外绿卡在国内工作人员有关社会保险问题的函》（京劳社养函［2001］59 号）收悉。经研究，现答复如下：

对于取得国外永久性居民身份证的人员回国工作，凡同国内企业建立劳动关系的，应按规定参加企业所在地的社会保险，缴纳社会保险费，并享受相应待遇。这些人员同国内企业解除劳动关系并离境时，社会保险经办机构应当终止其社会保险关系，并根据职工申请，对参加基本养老保险，且不符合领取基本养老金条件的，将其基本养老保险个人账户的储存额一次性支付给本人；参加基本医疗保险的，将其个人账户结余部分一次性退给本人；参加失业保险的，单位和个人此前缴纳的失业保险费不予退还。

（3）劳动和社会保障部办公厅《关于单位外派职工在境外工作期间取得当地居民身份证后社会保险关系处理问题的复函》（2001 年 4 月 24 日　劳社厅函［2001］115 号）

广东省劳动和社会保障厅：

你厅《关于外派职工取得境外居民身份证后是否继续参保并享受社会保险待遇问题的请示》（粤劳社［2001］67 号）收悉。经研究，现答复如下：

职工在被本单位派到境外工作期间，合法取得当地永久性居民身份证后，职工所在单位应停止为其缴纳社会保险费，及时为其办理终止社会保险关系的手续。社会保险经办机构应当终止其社会保险关系，并根据职工的申请，对参加基本养老保险，且不符合领取基本养老金条件的，将其基本养老保险个人账户储存额中的个人缴费部分一次性退给本人；参加基本医疗保险的，将其个人账户结余部分一次性退给本人；参加失业保险的，单位和个人此前缴纳的失业保险费不予退还。

职工在被派到香港、澳门和台湾地区工作期间合法取得当地永久性居民身份证的，其社会保险关系参照上述办法处理。

职工计划生育手术费列支渠道

［解读］

职工计划生育手术费用是指职工因实行计划生育需要，实施放置（取出）宫内节育器、流产术、引产术、绝育及复通手术所发生的医疗费用。其列支渠道的具体规定是：

（一）已经建立地方企业职工生育保险的地区，参保单位职工的计划生育手术费用可列入生育保险基金支付范围。没有建立企业职工生育保险的地区，在建立城镇职工基本医疗保险制度时，可以将符合基本医疗保险有关规定的参保单位职工计划生育手术费用纳入基本医疗保险统筹基金支付范围。没有参加生育保险和基本医疗保险的单位，职工计划生育手术费用仍由原渠道解决，即由其所在用人单位承担。

（二）参保职工在基本医疗保险定点医疗机构和经计划生育行政管理部门、人力资源和社会保障部门认可的计划生育服务机构实施计划生育手术，其费用可以由相应的社会保险基金支付。

（三）经有关部门鉴定，属于职工计划生育手术并发症的治疗费用，由基本医疗保险基金支付，属于按照有关规定开支以外的必需费用，由用人单位解决。因计划生育手术造成的医疗事故，按照有关医疗事故处理的规定执行。

各地还可根据国家规定，结合当地实际制定具体办法。

[依据指引]

劳动和社会保障部《关于妥善解决城镇职工计划生育手术费用问题的通知》（1999年9月28日 劳社部发［1999］32号）

各省、自治区、直辖市劳动（劳动和社会保障）厅（局）、计划生育委员会、财政厅（局）、卫生厅（局）：

在推进城镇职工社会保险制度改革工作中，为了进一步贯彻落实计划生育有关政策，现就妥善解决城镇职工计划生育手术费用问题通知如下：

一、职工计划生育手术费用是指职工因实行计划生育需要，实施放置（取出）宫内节育器、流产术、引产术、绝育及复通手术所发生的医疗费用。

二、已经建立地方企业职工生育保险的地区，参保单位职工的计划生育手术费用可列入生育保险基金支付范围。没有建立企业职工生育保险的地区，在建立城镇职工基本医疗保险制度时，可以将符合基本医疗保险有关规定的参保单位职工计划生育手术费用纳入基本医疗保险统筹基金支付范围。没有参加生育保险和基本医疗保险的单位，职工计划生育手术费用仍由原渠道解决。

三、参保职工在基本医疗保险定点医疗机构和经计划生育行政管理部门、劳动保障部门认可的计划生育服务机构实施计划生育手术，其费用可以由相应的社会保险基金支付。

四、经有关部门鉴定，属于职工计划生育手术并发症的治疗费用，由基本医疗保险基金支付，属于按照有关规定开支以外的必需费用，由用人单位解决。因计划生育手术造成的医疗事故，按照有关医疗事故处理的规定执行。

五、各地可根据本通知精神，结合当地实际制定具体办法。

妥善解决城镇职工计划生育手术费用问题，涉及广大职工的切身利益，各级劳动保障、计划生育、财政、卫生等部门要密切配合，认真抓好落实。

对个人负担较重患者的措施

[解读]

国家规定，对高额医疗费用患者个人负担较重的，要通过落实公务员医疗补助和职工大额医疗费用补助以及建立企业补充医疗保险等办法，妥善加以解决。对部分费用较高的门诊慢性病导致患者个人负担较重的，可根据统筹基金的承受能力支付一定比例费用。同时，要依据临床诊疗规范和用药规范，不断完善用药、诊疗等医疗服务项目的管理措施，杜绝滥开药、滥检查等不规范医疗行为，严格控制不合理的医疗费用支付，提高基金使用效率，减少浪费，切实减轻个人负担，维护参保人员医疗保障权益。

[依据指引]

劳动和社会保障部办公厅《关于妥善解决医疗保险制度改革有关问题的指导意见》（2002年9月16日 劳社厅发［2002］8号）

三、妥善处理医疗费用个人负担问题

（十）加强宣传，提高广大参保人员对医疗保险制度改革意义及政策的理解和认识，坚持建立合理的医疗费用分担机制的改革方向。要对医疗费用增长趋势、医疗保险基金收支状况、参保人员个人医疗费用负担情况进行科学分析，不断完善医疗保险政策和管理办法。

（十一）妥善解决少数患者个人负担较重的问题。对高额医疗费用患者个人负担较重的，要通过落实公务员医疗补助和职工大额医疗费用补助以及建立企业补充医疗保险等办法，妥善加以解决。对部分费用较高的门诊慢性病导致患者个人负担较重的，可根据统筹基金的承受能力支付一定比例费用。

（十二）切实加强管理，杜绝滥开药、滥检查等不规范医疗行为。要依据临床诊疗规范和用药规范，不断完善用药、诊疗等医疗服务项目的管理措施，完善医疗服务管理办法，强化医疗服务行为监督检查，严格控制不合理的医疗费用支付，提高基金使用效率，减少浪费，切实减轻个人负担，维护参保人员医疗保障权益。

对异地就医人员的措施

[解读]

对异地安置人员和转诊、转院等异地就医人员，可通过跨地区确定定点医疗机构、委托异地经办机构管理等办法，按规定及时为异地安置和异地就医人员支付医疗费用，以保证他们能及时享受基本医疗保险待遇。

[依据指引]

劳动和社会保障部办公厅《关于妥善解决医

疗保险制度改革有关问题的指导意见》（2002年9月16日 劳社厅发［2002］8号）

（十三）加强基础建设，完善管理制度，树立服务意识，提高工作效率，规范和简化业务流程。在同一城市对医疗机构和零售药店要逐步实现统一定点。加强对异地安置人员和转诊、转院等异地就医人员的管理和服务，可通过跨地区确定定点医疗机构、委托异地经办机构管理等办法，按规定及时为异地安置和异地就医人员支付医疗费用。

医 疗 期

［解读］

医疗期是指用人单位职工因患病或非因工负伤停止工作治病休息，用人单位不能解除或终止劳动合同的时限。它属于国家给予职工医疗保险待遇的范畴。关于医疗期的规定，主要有以下几个方面：

（一）根据职工实际工作年限确定其应享受的医疗期

企业职工因患病或非因工负伤，需要停止工作医疗时，根据本人实际参加工作年限和在本单位工作年限，给予3个月到24个月的医疗期。实际工作年限10年以下的，在本单位工作年限5年以下的为3个月；5年以上的为6个月。实际工作年限10年以上的，在本单位工作年限5年以下的为6个月；5年以上10年以下的为9个月；10年以上15年以下的为12个月；15年以上20年以下的为18个月；20年以上的为24个月。

（二）医疗期的计算

职工若连续休医疗期，则应连续计算医疗期，直至期满；若间断休医疗期，则可累计医疗期时间：医疗期3个月的按6个月内累计病休时间计算；6个月的按12个月内累计病休时间计算；9个月的按15个月内累计病休时间计算；12个月的按18个月内累计病休时间计算；18个月的按24个月内累计病休时间计算；24个月的按30个月内累计病休时间计算。

累计的方法一般是从后向前倒推累计该职工的医疗期，应在规定的累计期间计算。例如，职工应当享受3个月的医疗期，按6个月内进行累计，如果自病休之日起满6个月时，累计病休时间不满3个月，则应顺延至第7个月，计算第2个月至第7个月期间的病休时间；如果在这6个月内，累计病休时间仍不满3个月，则应继续顺延至第8个月，计算第3个月至第8个月期间的病休时间。不能理解为自病休之日起满6个月时，累计病休时间不满3个月，职工医疗期便自第7个月起重新计算；应当按上述累计方法一直继续顺延、倒推至医疗期自然归零。累计病休时间的月计算基数，应以以下累计的方式来确定：如果将员工提供的医院出具的病休建议书所载明的病休时间全部加以累计，则月计算基数应为30天；如果将员工提供的病休建议书所载明的病休时间剔除休息日和法定节假日再加以累计，则月计算基数应为20.83天。

（三）职工医疗期间的待遇

按照国家早年的规定，职工休病假（即医疗期）在6个月内的，按其工龄长短享受不同的病假工资，标准为其基本工资的60%至100%；超过6个月的，则按其工龄长短享受不同的疾病救济费，标准为其基本工资的40%至80%。但是严格地讲，“病假工资”的概念不准确，因为职工患病停工，没有付出正常劳动，所以不应支付工资，而“疾病救济费”的提法更恰当。因此，一些地方新的规定则只规定医疗期内享受疾病救济费。地方有新规定的，则从其规定；地方没有新规定的，则用人单位可在内部规章制度中加以规定，按规章制度执行，不再执行国家早年的规定。按照国家、地方或用人单位的规定支付职工的病假工资或疾病救济费，如果低于当地最低工资的80%，则应按最低工资的80%支付。

（四）医疗终结或医疗期满的处理

企业职工非因工致残和经医生或医疗机构认定患有难以治疗的疾病，劳动合同期限未满、在医疗期内医疗终结，不能从事原工作，也不能从事用人单位另行安排的工作的，应当由劳动鉴定委员会按《职工非因工伤残或因病丧失劳动能力程度鉴定标准（试行）》（劳社部发［2002］8号）进行劳动能力鉴定。被鉴定为一至四级的，应解除劳动合同，支付经济补偿和医疗补助费并办理退休手续；被鉴定为五至十级的，医疗期内不得解除劳动合同。

企业职工非因工致残和经医生或医疗机构认定患有难以治疗的疾病，劳动合同期限未满、医疗期满，应当由劳动鉴定委员会按《职工非因工伤残或因病丧失劳动能力程度鉴定标准（试行）》（劳社部发［2002］8号）进行劳动能力鉴定。被鉴定为一至四级的，应当解除劳动合同，支付经济补偿和医疗补助费并办理退休手续。被鉴定为五至十级的，可依法解除劳动合同，享受经济补偿金和医疗补助费。

企业职工临近劳动合同期满才发病，累计医疗期未满而劳动合同期已满，且需停工休息治疗的，劳动合同期限应自动延续至医疗期期满为止；在医疗期内医疗终结的，医疗终结之日即可终止劳动合同。然而，经劳动鉴定委员会鉴定为一至四级的，可办理因病或非因工负伤退休、退职手续；被鉴定为五至十级的，用人单位应当支付不低于六个月工资的医疗补助费和终止合同经济补偿金。不需停工休息治疗者，不适用医疗期有关规定，只要合同期满，便可终止劳动合同。

［依据指引］

(1)《中华人民共和国劳动合同法》（2007年6月29日　国家主席令第65号）

第四十条　有下列情形之一的，用人单位提前三十日以书面形式通知劳动者本人或者额外支付劳动者一个月工资后，可以解除劳动合同：

（一）劳动者患病或者非因工负伤，在规定的医疗期满后不能从事原工作，也不能从事由用人单位另行安排的工作的；

……

第四十二条　劳动者有下列情形之一的，用人单位不得依照本法第四十条、第四十一条的规定解除劳动合同：

……

（二）在本单位患职业病或者因工负伤并被确认丧失或者部分丧失劳动能力的；

（三）患病或者非因工负伤，在规定的医疗期内的；

……

第四十五条　劳动合同期满，有本法第四十二条规定情形之一的，劳动合同应当续延至相应的情形消失时终止。但是，本法第四十二条第二项规定丧失或者部分丧失劳动能力劳动者的劳动合同的终止，按照国家有关工伤保险的规定执行。

(2) 劳动部《〈中华人民共和国劳动保险条例〉实施细则（修正草案）》（1953年1月26日）

第十六条　工人职员疾病或非因工负伤停止工作连续医疗期间在六个月以内者，根据劳动保险条例第十三条乙款规定，应由该企业行政方面或资方按下列标准支付病伤假期工资：本企业工龄不满二年者，为本人工资百分之六十；已满二年不满四年者，为本人工资百分之七十；已满四年不满六年者，为本人工资百分之八十；已满六年不满八年者，为本人工资百分之九十；已满八年及八年以上者，为本人工资百分之一百。

第十七条　工人职员疾病或非因工负伤停止工作连续医疗期间超过六个月时，根据劳动保险条例第十三条乙款的规定，病伤假期工资停发，改由劳动保险基金项下，按月付给疾病或非因工负伤救济费，其标准如下：本企业工龄不满一年者，为本人工资百分之四十；已满一年未满三年者，为本人工资百分之五十；三年及三年以上者，为本人工资百分之六十。此项救济费付至能工作或确定为残废或死亡时止。

(3) 劳动部《企业职工患病或非因工负伤医疗期规定》（1994年12月1日　劳部发［1994］479号）

第一条　为了保障企业职工在患病或非因工负伤期间的合法权益，根据《中华人民共和国劳动法》第二十六、二十九条规定，制定本规定。

第二条　医疗期是指企业职工因患病或非因工负伤停止工作治病休息不得解除劳动合同的时限。

第三条　企业职工因患病或非因工负伤，需要停止工作医疗时，根据本人实际参加工作年限和在本单位工作年限，给予三个月到二十四个月的医疗期：

（一）实际工作年限十年以下的，在本单位工作年限五年以下的为三个月；五年以上的为六个月；

（二）实际工作年限十年以上的，在本单位工作年限五年以下的为六个月；五年以上十年以下的为九个月；十年以上十五年以下的为十二个月；十五年以上二十年以下的为十八个月；二十年以上的为二十四个月。

第四条　医疗期三个月的按六个月内累计病休时间计算；六个月的按十二个月内累计病休时间计算；九个月的按十五个月内累计病休时间计算；十二个月的按十八个月内累计病休时间计算；十八个月的按二十四个月内累计病休时间计算；二十四个月的按三十个月内累计病休时间计算。

第五条　企业职工在医疗期内，其病假工资、疾病救济费和医疗待遇按照有关规定执行。

第六条　企业职工非因工致残和经医生或医疗机构认定患有难以治疗的疾病，在医疗期内医疗终结，不能从事原工作，也不能从事用人单位另行安排的工作的，应当由劳动鉴定委员会参照工伤与职业病致残程度鉴定标准进行劳动能力的鉴定。被鉴定为一至四级的，应当退出劳动岗位，终止劳动关系，办理退休、退职手续，享受退休、退职待遇；被鉴定为五至十级的，医疗期内不得解除劳动合同。

第七条 企业职工非因工致残和经医生或医疗机构认定患有难以治疗的疾病，医疗期满，应当由劳动鉴定委员会参照工伤与职业病致残程度鉴定标准进行劳动能力的鉴定。被鉴定为一至四级的，应当退出劳动岗位，解除劳动关系，并办理退休、退职手续，享受退休、退职待遇。

第八条 医疗期满尚未痊愈者，被解除劳动合同的经济补偿问题按照有关规定执行。

第九条 本规定自一九九五年一月一日起施行。

(4) 劳动部《违反和解除劳动合同的经济补偿办法》（1994 年 12 月 3 日 劳部发［1994］481 号）

第六条 劳动者患病或者非因工负伤，经劳动鉴定委员会确认不能从事原工作、也不能从事用人单位另行安排的工作而解除劳动合同的，用人单位应按其在本单位的工作年限，每满一年发给相当于一个月工资的经济补偿金，同时还应发给不低于六个月工资的医疗补助费。患重病和绝症的还应增加医疗补助费，患重病的增加部分不低于医疗补助费的百分之五十，患绝症的增加部分不低于医疗补助费的百分之百。

(5) 劳动部《关于贯彻执行〈劳动法〉若干问题的意见》（1995 年 8 月 4 日 劳部发［1995］309 号）

34. 除劳动法第二十五条规定的情形外，劳动者在医疗期、孕期、产期和哺乳期内，劳动合同期限届满时，用人单位不得终止劳动合同。劳动合同的期限应自动延续至医疗期、孕期、产期和哺乳期期满为止。

59. 职工患病或非因工负伤治疗期间，在规定的医疗期内由企业按有关规定支付其病假工资或疾病救济费，病假工资或疾病救济费可以低于当地最低工资标准支付，但不能低于最低工资标准的 80%。

(6) 劳动部《关于实行劳动合同制若干问题的通知》（1996 年 10 月 31 日 劳部发［1996］354 号）

22. 劳动者患病或者非因工负伤，合同期满终止劳动合同的，用人单位应当支付不低于六个月工资的医疗补助费；对患重病或绝症的，还应适当增加医疗补助费。

(7) 劳动部办公厅《关于对劳部发［1996］354 号文件有关问题解释的通知》（1997 年 2 月 5 日 劳办发［1997］18 号）

二、《通知》第 22 条"劳动者患病或者非因工负伤，合同期满终止劳动合同的，用人单位应当支付不低于六个月工资的医疗补助费"是指合同期满的劳动者终止劳动合同时，医疗期满或者医疗终结被劳动鉴定委员会鉴定为 5～10 级的，用人单位应当支付不低于六个月工资的医疗补助费。鉴定为 1～4 级的，应当办理退休、退职手续，享受退休、退职待遇。

(8) 劳动部办公厅《对〈关于因病或非因工负伤医疗期管理等若干问题的请示〉的复函》（1996 年 10 月 8 日 劳办函［1996］40 号）

一、职工临近劳动合同期满才发病，累计医疗期未满而劳动合同期已满，且需停工休息治疗的，根据劳部发［1995］309 号文第 34 条的规定，劳动合同的期限应自动延续至医疗期期满为止；在医疗期内医疗终结的，医疗终结之日即可终止劳动合同；对其中经劳动鉴定委员会鉴定为完全丧失劳动能力的，可办理因病或非因工负伤退休、退职手续。不需停工休息治疗者，只要合同期满，便可终止劳动合同。

二、职工的劳动合同期将满，经医疗诊断，怀疑患有某种绝症，但又不能马上确认而需待查，且需停工休息治疗者，可以比照第一种情况处理；不需停工休息治疗者，不适用医疗期有关规定。医疗期已满仍不能确认的，可以终止劳动合同。对于某些已经确认患有特殊疾病的职工，可以适当延长医疗期。

医疗期的延长

[解读]

按照规定，职工患病或非因工负伤，可根据本人实际工作年限和本企业工作年限的长短，享受 3～24 个月的医疗期。对某些患特殊疾病（如癌症、精神病、瘫痪）的职工，如在其应享受的医疗期内还不能痊愈的，经所在用人单位和人力资源和社会保障部门批准（在实际工作中，主要是经用人单位批准），还可适当延长医疗期。对特殊疾病的类型，应由用人单位规章制度作具体规定，或者由用人单位酌情认定。

［依据指引］

劳动部《关于贯彻执行〈劳动法〉若干问题的意见》（1995年8月4日 劳部发［1995］309号）

76. 依据劳动部《企业职工患病或非因工负伤医疗期的规定》（劳部发［1994］479号）和劳动部《关于贯彻〈企业职工患病或非因工负伤医疗期的规定〉的通知》（劳部发［1995］236号），职工患病或非因工负伤，根据本人实际参加工作的年限和本企业工作年限长短，享受3～24个月的医疗期。对于某些患特殊疾病（如癌症、精神病、瘫痪等）的职工，在24个月内尚不能痊愈的，经企业和当地劳动部门批准，可以适当延长医疗期。

新型农村合作医疗

［解读］

新型农村合作医疗是指由政府、组织、引导、支持，农民自愿参加，个人、集体和政府多方筹资，以大病统筹为主的农民医疗互助共济制度。为实现基本建立覆盖城乡全体居民医疗保障体系的目标，我国从2003年起开展了建立新型农村合作医疗制度的试点，至2010年在全国范围内基本建立了该项制度，对于提高农民健康保障水平，减轻医疗负担，解决因病致贫、因病返贫问题，具有重要作用。

新型农村合作医疗制度所遵循的基本原则有两个：一是自愿参加，多方筹资；二是以收定支，保障适度。农村居民均可以家庭为单位自愿参加合作医疗，乡镇企业职工（不含以农民家庭为单位参加新型农村合作医疗的人员）是否参加新农合，由县级人民政府确定。

新农合资金筹集实行个人缴费、集体扶持和政府资助相结合的筹资机制。农民个人每年的缴费标准不应低于10元，经济条件好的地区可相应提高缴费标准；有条件的乡村集体经济组织应对本地新型农村合作医疗制度给予适当扶持，但集体出资部分不得向农民摊派；中央财政每年通过专项转移支付对中西部地区除市区以外的参加新型农村合作医疗的农民按人均10元安排补助资金，地方财政每年资助不低于人均10元，东部地区各级财政的资助应争取达到20元。新农合医疗基金主要用于参加新农合农民的大额医疗费用或住院医疗费用，有条件的地方可实行大额医疗费用补助与小额医疗费用补助相结合的办法，既提高抗风险能力又兼顾农民受益面。新农合在建立大病统筹基金的同时，可建立家庭账户。个人缴费的一部分和各级财政补助资金建立大病统筹基金，用于参加新农合农民的大额或住院医疗费用的报销；个人缴费的其余部分建立家庭账户，由个人用于支付门诊医疗费用，划入家庭账户的个人缴费比例应当合理确定。新农合的大病统筹基金用于农民住院和门诊大病医疗费用补助的起付线、封顶线和补助比例，应当科学、合理地规定。

［依据指引］

(1)《中华人民共和国社会保险法》（2010年10月28日 国家主席令第35号）

第二十四条 国家建立和完善新型农村合作医疗制度。

新型农村合作医疗的管理办法，由国务院规定。

(2) 国务院办公厅《转发卫生部等部门〈关于建立新型农村合作医疗制度意见〉的通知》（2003年1月16日 国办发［2003］3号）

一、目标和原则

新型农村合作医疗制度是由政府组织、引导、支持，农民自愿参加，个人、集体和政府多方筹资，以大病统筹为主的农民医疗互助共济制度。从2003年起，各省、自治区、直辖市至少要选择2～3个县（市）先行试点，取得经验后逐步推开。到2010年，实现在全国建立基本覆盖农村居民的新型农村合作医疗制度的目标，减轻农民因疾病带来的经济负担，提高农民健康水平。

建立新型农村合作医疗制度要遵循以下原则：

（一）自愿参加，多方筹资。农民以家庭为单位自愿参加新型农村合作医疗，遵守有关规章制度，按时足额缴纳合作医疗经费；乡（镇）、村集体要给予资金扶持；中央和地方各级财政每年要安排一定专项资金予以支持。

（二）以收定支，保障适度。新型农村合作医疗制度要坚持以收定支，收支平衡的原则，既保证这项制度持续有效运行，又使农民能够享有最基本的医疗服务。

二、组织管理

（一）新型农村合作医疗制度一般采取以县（市）为单位进行统筹。条件不具备的地方，在起步阶段也可采取以乡（镇）为单位进行统筹，逐步向县（市）统筹过渡。

（二）要按照精简、效能的原则，建立新型农村合作医疗制度管理体制。省、地级人民政府成立由卫生、财政、农业、民政、审计、扶贫等部门组成的农村合作医疗协调小组。各级卫生行政部门内部应设立专门的农村合作医疗管理机构，原则上不增加编制。

县级人民政府成立由有关部门和参加合作医疗的农民代表组成的农村合作医疗管理委员会，负责有关组织、协调、管理和指导工作。委员会下设经办机构，负责具体业务工作，人员由县级人民政府调剂解决。根据需要在乡（镇）可设立派出机构（人员）或委托有关机构管理。经办机构的人员和工作经费列入同级财政预算，不得从农村合作医疗基金中提取。

三、筹资标准

新型农村合作医疗制度实行个人缴费、集体扶持和政府资助相结合的筹资机制。

（一）农民个人每年的缴费标准不应低于10元，经济条件好的地区可相应提高缴费标准。乡镇企业职工（不含以农民家庭为单位参加新型农村合作医疗的人员）是否参加新型农村合作医疗由县级人民政府确定。

（二）有条件的乡村集体经济组织应对本地新型农村合作医疗制度给予适当扶持。扶持新型农村合作医疗的乡村集体经济组织类型、出资标准由县级人民政府确定，但集体出资部分不得向农民摊派。鼓励社会团体和个人资助新型农村合作医疗制度。

（三）地方财政每年对参加新型农村合作医疗农民的资助不低于人均10元，具体补助标准和分级负担比例由省级人民政府确定。经济较发达的东部地区，地方各级财政可适当增加投入。从2003年起，中央财政每年通过专项转移支付对中西部地区除市区以外的参加新型农村合作医疗的农民按人均10元安排补助资金。

四、资金管理

农村合作医疗基金是由农民自愿缴纳、集体扶持、政府资助的民办公助社会性资金，要按照以收定支、收支平衡和公开、公平、公正的原则进行管理，必须专款专用，专户储存，不得挤占挪用。

……

（二）农村合作医疗基金中农民个人缴费及乡村集体经济组织的扶持资金，原则上按年由农村合作医疗经办机构在乡（镇）设立的派出机构（人员）或委托有关机构收缴，存入农村合作医疗基金专用账户；地方财政支持资金，由地方各级财政部门根据参加新型农村合作医疗的实际人数，划拨到农村合作医疗基金专用账户；中央财政补助中西部地区新型农村合作医疗的专项资金，由财政部根据各地区参加新型农村合作医疗的实际人数和资金到位等情况核定，向省级财政划拨。中央和地方各级财政要确保补助资金及时、全额拨付到农村合作医疗基金专用账户，并通过新型农村合作医疗试点逐步完善补助资金的划拨办法，尽可能简化程序，易于操作。要结合财政国库管理制度改革和完善情况，逐步实现财政直接支付。关于新型农村合作医疗资金具体补助办法，由财政部商有关部门研究制定。

（三）农村合作医疗基金主要补助参加新型农村合作医疗农民的大额医疗费用或住院医疗费用。有条件的地方，可实行大额医疗费用补助与小额医疗费用补助结合的办法，既提高抗风险能力又兼顾农民受益面。

(3) 国务院办公厅《转发〈关于进一步做好新型农村合作医疗试点工作指导意见〉的通知》（2004年1月13日　国办发［2004］3号）

一、充分认识开展新型农村合作医疗试点工作的重要性和艰巨性

建立新型农村合作医疗制度，是新形势下党中央、国务院为切实解决农业、农村、农民问题，统筹城乡、区域、经济社会协调发展的重大举措，对于提高农民健康保障水平，减轻医疗负担，解决因病致贫、因病返贫问题，具有重要作用。建立新型农村合作医疗制度是一项十分复杂、艰巨的工作。各地区、各有关部门一定要从维护广大农民根本利益出发，因地制宜，分类指导，精心组织，精心运作，务求扎实推进试点工作，为新型农村合作医疗健康发展奠定良好基础。

八、合理确定筹资标准

要根据农民收入情况，合理确定个人缴费数额。原则上农民个人每年每人缴费不低于10元，经济发达地区可在农民自愿的基础上，根据农民收入水平及实际需要相应提高缴费标准。要积极鼓励有条件的乡村集体经济组织对本地新型农村合作医疗给予适当扶持，但集体出资部分不得向农民摊派。中央财政对中西部除市区以外参加新型农村合作医疗农民平均每年每人补助10元，中西部地区各级财政对参加新型农村合作医疗农民的资助总额不低于每年每人10元，东部地区各级财政对参加新型农村合作医疗农民的资助总额应争取达到20元。

十、合理设置统筹基金与家庭账户

各试点县（市）要在坚持大病统筹为主的原则下，根据实际情况，确定新型农村合作医疗的补助方式，鼓励基层积极创新。要积极探索以大额医疗费用统筹补助为主、兼顾小额费用补助的方式，在建立大病统筹基金的同时，可建立家庭账户。可用个人缴费的一部分建立家庭账户，由个人用于支付门诊医疗费用；个人缴费的其余部分和各级财政补助资金建立大病统筹基金，用于参加新型农村合作医疗农民的大额或住院医疗费用的报销。个人缴费划入家庭账户的比例，由各地区合理确定。

十一、合理确定补助标准

各试点县（市）要坚持以收定支、量入为出、逐步调整、保障适度的原则，在充分听取农民意见的基础上，根据基线调查、筹资总额和参加新型农村合作医疗后农民就医可能增加等情况，科学合理地确定大额或住院医药费用补助的起付线、封顶线和补助比例，并根据实际及时调整，既要防止补助比例过高而透支，又不能因支付比例太低使基金沉淀过多，影响农民受益。

……

城镇居民基本医疗保险

[解读]

城镇居民基本医疗保险是指以大病统筹为主针对城镇非从业居民的一项基本医疗保险制度。为实现基本建立覆盖城乡全体居民医疗保障体系的目标，我国从2007年起开展了建立城镇居民医疗保险制度的试点，至2009年在全国范围内全面建立了这一制度，参保率达到了80%以上，并开展了城镇居民基本医疗保险门诊统筹。

城镇居民医疗保险制度遵循的基本原则有三个：一是坚持低水平起步；二是坚持自愿原则；三是坚持统筹协调，做好各类医疗保障制度之间基本政策的相互衔接。参保范围包括：中小学阶段的学生（包括职业高中、中专、技校学生）、少年儿童和其他非从业城镇居民，以及在校的大学生。

城镇居民医疗保险资金统筹以家庭缴费为主，政府给予适当补助。个人缴费水平大体在城镇居民家庭人均可支配收入的2%左右；政府每年按不低于人均40元给予补助，其中中央财政每年通过专项转移支付，对中西部地区按人均20元给予补助，地方财政补助20元；在此基础上，对属于低保对象的或重度残疾的学生和儿童参保所需的家庭缴费部分，政府原则上每年再按不低于人均10元给予补助，其中中央财政对中西部地区按人均5元给予补助，地方财政补助5元；对其他低保对象、丧失劳动能力的重度残疾人、低收入家庭60周岁以上的老年人等困难居民参保所需家庭缴费部分，政府每年再按不低于人均60元给予补助，其中中央财政对中西部地区按人均30元给予补助，地方财政补助30元。城镇居民基本医疗保险基金坚持以收定支、收支平衡、略有结余的原则；有相应的基金起付标准、支付比例和最高支付限额，重点用于参保居民的住院和门诊大病医疗支出。

[依据指引]

(1)《中华人民共和国社会保险法》（2010年10月28日　国家主席令第35号）

第二十五条　国家建立和完善城镇居民基本医疗保险制度。

城镇居民基本医疗保险实行个人缴费和政府补贴相结合。

享受最低生活保障的人、丧失劳动能力的残疾人、低收入家庭六十周岁以上的老年人和未成年人等所需个人缴费部分，由政府给予补贴。

(2) 国务院《关于开展城镇居民基本医疗保险试点的指导意见》（2007年7月10日　国发[2007] 20号）

党中央、国务院高度重视解决广大人民群众的医疗保障问题，不断完善医疗保障制度。1998年我国开始建立城镇职工基本医疗保险制度，之后又启动了新型农村合作医疗制度试点，建立了城乡医疗救助制度。目前没有医疗保障制度安排的主要是城镇非从业居民。为实现基本建立覆盖城乡全体居民的医疗保障体系的目标，国务院决定，从今年起开展城镇居民基本医疗保险试点（以下简称试点）。各地区各部门要充分认识这项工作的重要性，将其作为落实科学发展观、构建社会主义和谐社会的一项重要任务，高度重视，统筹规划，规范引导，稳步推进。

一、目标和原则

（一）试点目标。2007年在有条件的省份选择

2～3个城市启动试点，2008年扩大试点，争取2009年试点城市达到80%以上，2010年在全国全面推开，逐步覆盖全体城镇非从业居民。要通过试点，探索和完善城镇居民基本医疗保险的政策体系，形成合理的筹资机制、健全的管理体制和规范的运行机制，逐步建立以大病统筹为主的城镇居民基本医疗保险制度。

（二）试点原则。试点工作要坚持低水平起步，根据经济发展水平和各方面承受能力，合理确定筹资水平和保障标准，重点保障城镇非从业居民的大病医疗需求，逐步提高保障水平；坚持自愿原则，充分尊重群众意愿；明确中央和地方政府的责任，中央确定基本原则和主要政策，地方制订具体办法，对参保居民实行属地管理；坚持统筹协调，做好各类医疗保障制度之间基本政策、标准和管理措施等的衔接。

二、参保范围和筹资水平

（三）参保范围。不属于城镇职工基本医疗保险制度覆盖范围的中小学阶段的学生（包括职业高中、中专、技校学生）、少年儿童和其他非从业城镇居民都可自愿参加城镇居民基本医疗保险。

（四）筹资水平。试点城市应根据当地的经济发展水平以及成年人和未成年人等不同人群的基本医疗消费需求，并考虑当地居民家庭和财政的负担能力，恰当确定筹资水平；探索建立筹资水平、缴费年限和待遇水平相挂钩的机制。

（五）缴费和补助。城镇居民基本医疗保险以家庭缴费为主，政府给予适当补助。参保居民按规定缴纳基本医疗保险费，享受相应的医疗保险待遇，有条件的用人单位可以对职工家属参保缴费给予补助。国家对个人缴费和单位补助资金制定税收鼓励政策。

对试点城市的参保居民，政府每年按不低于人均40元给予补助，其中，中央财政从2007年起每年通过专项转移支付，对中西部地区按人均20元给予补助。在此基础上，对属于低保对象的或重度残疾的学生和儿童参保所需的家庭缴费部分，政府原则上每年再按不低于人均10元给予补助，其中，中央财政对中西部地区按人均5元给予补助；对其他低保对象、丧失劳动能力的重度残疾人、低收入家庭60周岁以上的老年人等困难居民参保所需家庭缴费部分，政府每年再按不低于人均60元给予补助，其中，中央财政对中西部地区按人均30元给予补助。中央财政对东部地区参照新型农村合作医疗的补助办法给予适当补助。财政补助的具体方案由财政部门商劳动保障、民政等部门研究确定，补助经费要纳入各级政府的财政预算。

（六）费用支付。城镇居民基本医疗保险基金重点用于参保居民的住院和门诊大病医疗支出，有条件的地区可以逐步试行门诊医疗费用统筹。

城镇居民基本医疗保险基金的使用要坚持以收定支、收支平衡、略有结余的原则。要合理制定城镇居民基本医疗保险基金起付标准、支付比例和最高支付限额，完善支付办法，合理控制医疗费用。探索适合困难城镇非从业居民经济承受能力的医疗服务和费用支付办法，减轻他们的医疗费用负担。城镇居民基本医疗保险基金用于支付规定范围内的医疗费用，其他费用可以通过补充医疗保险、商业健康保险、医疗救助和社会慈善捐助等方式解决。

（3）人力资源和社会保障部《关于做好2010年城镇居民基本医疗保险工作的通知》（2010年6月1日　人社部发［2010］39号）

一、完善参保政策，巩固扩大覆盖面

2010年各地要在全面建立城镇居民医保制度的基础上，巩固和扩大覆盖面，提高参保率，城镇居民医保参保率要达到80%，有条件的地方要力争达到90%，并将在校大学生全部纳入城镇居民医保。

各地要适应就业形式多样化和人员流动加剧、城镇化速度加快的形势，在鼓励灵活就业人员参加城镇职工基本医疗保险的基础上，采取有效措施，落实符合条件的灵活就业人员、农民工等流动就业人员可以选择参加城镇居民医疗保险的有关政策。对自愿选择参加城镇居民医保的灵活就业人员和农民工，不得以户籍等原因设置参保障碍。与此同时，各地要确定简捷规范的工作程序，做好保险关系的转移接续工作，方便灵活就业人员、农民工等流动就业人员参保和享受待遇。

第十二章　工伤保险

工伤保险制度

[解读]

工伤保险制度是指由国家依法向社会筹集资金，为职工因工作遭受事故伤害或患职业病时提供医疗救治和经济补偿，帮助其恢复劳动能力，保证其日常生活并分散用人单位工伤风险的社会保险制度。其主要内容包括：工伤保险的适用范围，工伤保险基金的筹集，职业病的诊断，工伤认定，劳动能力鉴定，工伤保险待遇，以及工伤保险管理服务与监督等。

[依据指引]

(1) 国务院《工伤保险条例》（2003 年 4 月 27 日　国务院令第 375 号　2010 年 12 月 20 日修订）

第一章　总　　则

第一条　为了保障因工作遭受事故伤害或者患职业病的职工获得医疗救治和经济补偿，促进工伤预防和职业康复，分散用人单位的工伤风险，制定本条例。

第二条　中华人民共和国境内的企业、事业单位、社会团体、民办非企业单位、基金会、律师事务所、会计师事务所等组织和有雇工的个体工商户（以下称用人单位）应当依照本条例规定参加工伤保险，为本单位全部职工或者雇工（以下称职工）缴纳工伤保险费。

中华人民共和国境内的企业、事业单位、社会团体、民办非企业单位、基金会、律师事务所、会计师事务所等组织的职工和个体工商户的雇工，均有依照本条例的规定享受工伤保险待遇的权利。

第三条　工伤保险费的征缴按照《社会保险费征缴暂行条例》关于基本养老保险费、基本医疗保险费、失业保险费的征缴规定执行。

第四条　用人单位应当将参加工伤保险的有关情况在本单位内公示。

用人单位和职工应当遵守有关安全生产和职业病防治的法律法规，执行安全卫生规程和标准，预防工伤事故发生，避免和减少职业病危害。

职工发生工伤时，用人单位应当采取措施使工伤职工得到及时救治。

第五条　国务院社会保险行政部门负责全国的工伤保险工作。

县级以上地方各级人民政府社会保险行政部门负责本行政区域内的工伤保险工作。

社会保险行政部门按照国务院有关规定设立的社会保险经办机构（以下称经办机构）具体承办工伤保险事务。

第六条　社会保险行政部门等部门制定工伤保险的政策、标准，应当征求工会组织、用人单位代表的意见。

(2)《中华人民共和国职业病防治法》（2001 年 10 月 27 日　国家主席令第 60 号　2011 年 12 月 31 日修订）（略）

工伤保险的适用范围

[解读]

我国的工伤社会保险制度是通过改革原有的工伤劳动保险制度建立起来的，其适用范围已逐步扩大至各类用人单位及其职工。按照现行规定，中华人民共和国境内的事业单位、民办非企业单位、基金会、律师事务所、会计师事务所和企业（包括国有企业、集体企业、外商投资企业、民营企业、私营企业、乡镇企业等），以及有雇工的个体工商户，都应参加工伤保险社会统筹，其职工和雇工都应享受工伤保险待遇。所说的职工和雇工是指与用人单位（含个体工商户）建立劳动关系（包括事实劳动关系）的各种用工形式、用工期限的所有劳动者。职工（包括非全日制从业人员）在两个或者两个以上用人单位同时就业的，各用人单位应当分别为职工缴纳工伤保险费。职工发生工伤，由职工受到伤害时工作的单位依法承担工伤保险责任。

从发展的眼光看，我国工伤保险制度仍须进一步完善。因此，国家规定：公务员和参照公务员法管理的事业单位、社会团体的工作人员因工作遭受事故伤害或者患职业病的，由所在单位支付费用。具体办法由国务院社会保险行政部门会同国务院财政部门规定。目前，公务员和参照公务员法管理的事业单位、社会团体的工作人员的伤残等级评定、伤残抚恤待遇标准等，均参照《军人抚恤优待条例》和《伤残抚恤管理办法》办理。

另外，国家对非法用人单位或用人单位非法用工造成职工职业伤害的情况也作了相应规定。例如无营业执照或未经依法登记、备案的单位以及被依法吊销营业执照或者撤销登记、备案的单位的职工受到事故伤害或者患职业病的，以及用人单位使用童工造成童工伤残、死亡的，由该单位向伤残职工、童工或者死亡职工、童工的近亲属给予一次性赔偿，赔偿标准不得低于法律、法规规定的工伤保险待遇。伤残职工、童工或者死亡职工、童工的近亲属就赔偿数额与单位发生争议的，按照劳动争议的有关规定处理。

[依据指引]

(1) 国务院《工伤保险条例》（2003 年 4 月 27 日　国务院令第 375 号　2010 年 12 月 20 日修订）

第二条　中华人民共和国境内的企业、事业单位、社会团体、民办非企业单位、基金会、律师事务所、会计师事务所等组织和有雇工的个体工商户（以下称用人单位）应当依照本条例规定参加工伤保险，为本单位全部职工或者雇工（以下称职工）缴纳工伤保险费。

中华人民共和国境内的企业、事业单位、社会团体、民办非企业单位、基金会、律师事务所、会计师事务所等组织的职工和个体工商户的雇工，均有依照本条例的规定享受工伤保险待遇的权利。

第六十五条　公务员和参照公务员法管理的事业单位、社会团体的工作人员因工作遭受事故伤害或者患职业病的，由所在单位支付费用。具体办法由国务院社会保险行政部门会同国务院财政部门规定。

第六十六条　无营业执照或者未经依法登记、备案的单位以及被依法吊销营业执照或者撤销登记、备案的单位的职工受到事故伤害或者患职业病的，由该单位向伤残职工或者死亡职工的近亲属给予一次性赔偿，赔偿标准不得低于本条例规定的工伤保险待遇；用人单位不得使用童工，用人单位使用童工造成童工伤残、死亡的，由该单位向童工或者童工的近亲属给予一次性赔偿，赔偿标准不得低于本条例规定的工伤保险待遇。具体办法由国务院社会保险行政部门规定。

前款规定的伤残职工或者死亡职工的近亲属就赔偿数额与单位发生争议的，以及前款规定的童工或者童工的近亲属就赔偿数额与单位发生争议的，按照处理劳动争议的有关规定处理。

(2) 民政部《伤残抚恤管理办法》（2007 年 7 月 31 日　部令第 34 号）

第二条　本办法适用对象为下列中国公民：

（一）在服役期间因战因公致残退出现役的军人，在服役期间因病评定了残疾等级退出现役的残疾军人；

（二）因战因公负伤时为行政编制的人民警察；

（三）因战因公负伤时为公务员以及参照《中华人民共和国公务员法》管理的国家机关工作人员；

（四）因参战、参加军事演习、军事训练和执行军事勤务致残的预备役人员、民兵、民工以及其他人员；

（五）为维护社会治安同违法犯罪分子进行斗争致残的人员；

（六）为抢救和保护国家财产、人民生命财产致残的人员；

（七）法律、行政法规规定应当由民政部门负责伤残抚恤的其他人员。

前款所列第（四）、第（五）、第（六）项人员，根据《工伤保险条例》应当认定视同工伤的，不再办理因战、因公伤残抚恤。

(3) 人力资源和社会保障部《非法用工单位伤亡人员一次性赔偿办法》（2010 年 12 月 31 日　部令第 9 号）

第二条　本办法所称非法用工单位伤亡人员，是指无营业执照或者未经依法登记、备案的单位以及被依法吊销营业执照或者撤销登记、备案的单位受到事故伤害或者患职业病的职工，或者用人单位使用童工造成的伤残、死亡童工。

前款所列单位必须按照本办法的规定向伤残职工或者死亡职工的近亲属、伤残童工或者死亡童工的近亲属给予一次性赔偿。

(4) 民政部《关于国家机关工作人员、人民

警察伤亡抚恤有关问题的通知》（2004 年 12 月 24 日　民函［2004］334 号）

根据 1988 年颁布的《军人抚恤优待条例》，民政部于 1989 年发出《关于国家机关工作人员、人民警察伤亡抚恤如何办理的通知》（民［1989］优字 34 号），对国家机关工作人员、人民警察伤亡抚恤问题作出了一系列规定。十多年来，这项工作进展顺利并已形成一整套行之有效的工作制度和办事程序，保证了这部分人员的依法抚恤和优待。新的《军人抚恤优待条例》公布施行后，一些省、市来函来电询问国家机关工作人员、人民警察的伤亡抚恤事宜。现就有关问题通知如下：

一、国家机关工作人员、人民警察因战因公负伤致残，按照现行规定的审批权限及评残办法予以评残。其伤残性质的认定和伤残等级评定标准、伤残抚恤金标准、补办评残手续和伤残抚恤关系转移等，参照《军人抚恤优待条例》及《伤残抚恤管理暂行办法》的有关规定办理。

二、国家机关工作人员、人民警察牺牲，批准为烈士的条件，参照《革命烈士褒扬条例》执行，按照现行规定的审批权限审批。

三、国家机关工作人员、人民警察因公牺牲和病故的确认，参照《军人抚恤优待条例》的有关规定办理。

四、国家机关工作人员、人民警察死亡一次性抚恤金标准，参照《军人抚恤优待条例》执行（不享受现役军人立功和获得荣誉称号者死亡时增发抚恤金的待遇），具体计发标准，仍按照现行规定执行。

(5) 人力资源和社会保障部《实施〈中华人民共和国社会保险法〉若干规定》（2011 年 6 月 29 日　部令第 13 号）

第九条　职工（包括非全日制从业人员）在两个或者两个以上用人单位同时就业的，各用人单位应当分别为职工缴纳工伤保险费。职工发生工伤，由职工受到伤害时工作的单位依法承担工伤保险责任。

工伤保险基金

［解读］

工伤保险基金是指按照国家关于社会保险征缴规定在一定范围内筹集，主要用于工伤保险适用范围内的职工工伤保险待遇、劳动能力鉴定费用、工伤预防的宣传、培训等费用，以及法律、法规规定的用于工伤保险的其他费用支付的资金。它是实施工伤保险制度的基础。其来源，主要是由人力资源和社会保障行政部门所属的社会保险经办机构按照一定费率，向参加工伤保险的企业征收的工伤保险费，以及工伤保险基金的利息和依法纳入基金的其他资金，例如政府财政的拨付、民间组织和个人的捐助等。根据我国法律规定，工伤保险基金在直辖市和设区的市实行全市统筹，其他地区，主要是指分布在中、西部少数民族自治区内的地市级的州、盟，其统筹层次由省、自治区人民政府确定；然而，从整体上讲，工伤保险基金逐步实行省级统筹；跨地区、生产流动性较大的行业，可以采取相对集中的方式异地参加统筹地区的工伤保险。具体办法由国务院社会保险行政部门会同有关行业的主管部门制定。

工伤保险费，只由参加社会统筹的用人单位缴纳，职工或雇工个人不缴纳。人力资源社会保障行政部门依法对工伤保险费的征缴和工伤保险基金的支付情况进行监督检查。财政部门和审计机关依法对工伤保险基金的收支、管理情况进行监督。

［依据指引］

(1) 国务院《工伤保险条例》（2003 年 4 月 27 日　国务院令第 375 号　2010 年 12 月 20 日修订）

第三条　工伤保险费的征缴按照《社会保险费征缴暂行条例》关于基本养老保险费、基本医疗保险费、失业保险费的征缴规定执行。

第七条　工伤保险基金由用人单位缴纳的工伤保险费、工伤保险基金的利息和依法纳入工伤保险基金的其他资金构成。

第十条　用人单位应当按时缴纳工伤保险费。职工个人不缴纳工伤保险费。

用人单位缴纳工伤保险费的数额为本单位职工工资总额乘以单位缴费费率之积。

对难以按照工资总额缴纳工伤保险费的行业，其缴纳工伤保险费的具体方式，由国务院社会保险行政部门规定。

第十一条　工伤保险基金逐步实行省级统筹。

跨地区、生产流动性较大的行业，可以采取相对集中的方式异地参加统筹地区的工伤保险。具体办法由国务院社会保险行政部门会同有关行业的主管部门制定。

第十二条 工伤保险基金存入社会保障基金财政专户，用于本条例规定的工伤保险待遇，劳动能力鉴定，工伤预防的宣传、培训等费用，以及法律、法规规定的用于工伤保险的其他费用的支付。

工伤预防费用的提取比例、使用和管理的具体办法，由国务院社会保险行政部门会同国务院财政、卫生行政、安全生产监督管理等部门规定。

任何单位或者个人不得将工伤保险基金用于投资运营、兴建或者改建办公场所、发放奖金，或者挪作其他用途。

第十三条 工伤保险基金应当留有一定比例的储备金，用于统筹地区重大事故的工伤保险待遇支付；储备金不足支付的，由统筹地区的人民政府垫付。储备金占基金总额的具体比例和储备金的使用办法，由省、自治区、直辖市人民政府规定。

第四十九条 经办机构应当定期公布工伤保险基金的收支情况，及时向社会保险行政部门提出调整费率的建议。

(2) 国务院《社会保险费征缴暂行条例》（1999 年 1 月 22 日 国务院令第 259 号）

第二十九条 省、自治区、直辖市人民政府根据本地实际情况，可以决定本条例适用于行政区域内工伤保险费和生育保险费的征收、缴纳。

工伤保险费率

[解读]

工伤保险费率是指参加工伤保险的用人单位缴纳的工伤保险费在其支出的职工工资总额中所占的比例。它不同于其他社会保险险种的费率，国家是根据不同行业的工伤风险程度确定行业的差别费率，并根据工伤保险费使用、工伤发生率等情况在每个行业内确定若干档次，实行费率浮动。

首先，行业风险分为三个类别：一类为风险较小行业，二类为中等风险行业，三类为风险较大行业。三类行业分别实行三种不同的工伤保险缴费率。统筹地区社会保险经办机构要根据用人单位的工商登记和主要经营生产业务等情况，分别确定各用人单位的行业风险类别。

其次，各省、自治区、直辖市工伤保险费平均缴费率原则上要控制在职工工资总额的 1.0%左右。在这一总体水平下，各统筹地区三类行业的基准费率要分别控制在用人单位职工工资总额的 0.5%左右、1.0%左右、2.0%左右。各统筹地区人力资源和社会保障部门，按照以支定收、收支平衡的原则，根据工伤保险费使用、工伤发生率、职业病危害程度等情况提出分类行业基准费率的具体标准，报统筹地区人民政府批准后实施。基准费率的具体标准可定期调整。

再次，用人单位属一类行业的，按行业基准费率缴费，不实行费率浮动。用人单位属二、三类行业的，费率实行浮动。用人单位的初次缴费费率，按行业基准费率确定，以后由统筹地区社会保险经办机构根据用人单位工伤保险费使用、工伤发生率、职业病危害程度等因素，1～3 年浮动一次。在行业基准费率的基础上，可上下各浮动两档。费率浮动的具体办法由各统筹地区劳动保障行政部门制定。

最后，对难以按照工资总额缴纳工伤保险费的建筑、服务、矿山等行业，其缴纳工伤保险费的具体方式，国家人力资源和社会保障部做了原则性的规定，具体计算办法，由省级社会保险行政部门根据本地区实际情况确定。

[依据指引]

(1) 国务院《工伤保险条例》（2003 年 4 月 27 日 国务院令第 375 号 2010 年 12 月 20 日修订）

第八条 工伤保险费根据以支定收、收支平衡的原则，确定费率。

国家根据不同行业的工伤风险程度确定行业的差别费率，并根据工伤保险费使用、工伤发生率等情况在每个行业内确定若干费率档次。行业差别费率及行业内费率档次由国务院社会保险行政部门制定，报国务院批准后公布施行。

统筹地区经办机构根据用人单位工伤保险费使用、工伤发生率等情况，适用所属行业内相应的费率档次确定单位缴费费率。

(2) 劳动和社会保障部、财政部、卫生部、国家安全生产监督管理局《关于工伤保险费率问题的通知》（2003 年 10 月 29 日 劳社部发[2003] 29 号）

一、关于行业划分根据不同行业的工伤风险程度，参照《国民经济行业分类》（GB/T 4754—2002），将行业划分为三个类别：一类为风险较小行业，二类为中等风险行业，三类为风险较大行业。三类行业分别实行三种不同的工伤保险缴费率。统筹地区社会保险经办机构要根据用人单位的工商登记和主要经营生产业务等情况，分别确定各用人单位的行业风险类别。行业风险分类见附件。

二、关于费率确定各省、自治区、直辖市工伤保险费平均缴费率原则上要控制在职工工资总额的1.0%左右。在这一总体水平下，各统筹地区三类行业的基准费率要分别控制在用人单位职工工资总额的0.5%左右、1.0%左右、2.0%左右。各统筹地区劳动保障部门要会同财政、卫生、安全监管部门，按照以支定收、收支平衡的原则，根据工伤保险费使用、工伤发生率、职业病危害程度等情况提出分类行业基准费率的具体标准，报统筹地区人民政府批准后实施。基准费率的具体标准可定期调整。

三、关于费率浮动用人单位属一类行业的，按行业基准费率缴费，不实行费率浮动。用人单位属二、三类行业的，费率实行浮动。用人单位的初次缴费费率，按行业基准费率确定，以后由统筹地区社会保险经办机构根据用人单位工伤保险费使用、工伤发生率、职业病危害程度等因素，一至三年浮动一次。在行业基准费率的基础上，可上下各浮动两档：上浮第一档到本行业基准费率的120%，上浮第二档到本行业基准费率的150%，下浮第一档到本行业基准费率的80%，下浮第二档到本行业基准费率的50%。费率浮动的具体办法由各统筹地区劳动保障行政部门会同财政、卫生、安全监管部门制定。各地要认真做好工伤保险相关数据的测算，合理确定行业基准费率，科学制定费率浮动的具体办法。要加强对工伤保险运行情况的监测，定期分析工伤保险费率对工伤保险制度运行的影响，重大问题及时上报。我们将定期了解工伤保险基金收支等情况，及时提出调整行业差别费率及行业内费率档次的方案，报国务院批准后公布施行。

附件　　工伤保险行业风险分类表

行业类别	行业名称
一	银行业，证券业，保险业，其他金融活动业，居民服务业，其他服务业，租赁业，商务服务业，住宿业，餐饮业，批发业，零售业，仓储业，邮政业，电信和其他传输服务业，计算机服务业，软件业，卫生，社会保障业，社会福利业，新闻出版业，广播、电视、电影和音像业，文化艺术业，教育，研究与试验发展，专业技术业，科技交流和推广服务业，城市公共交通业
二	房地产业，体育，娱乐业，水利管理业，环境管理业，公共设施管理业，农副食品加工业，食品制造业，饮料制造业，烟草制品业，纺织业，纺织服装、鞋、帽制造业，皮革、毛皮、羽绒及其制品业，林业，农业，畜牧业，渔业、农、林、牧、渔服务业，木材加工及木、竹、藤、草制品业，家具制造业，造纸及纸制品业，印刷业和记录媒介的复制，文教体育用品制造业，化学纤维制造业，医药制造业，通用机械制造业，专用机械制造业，交通运输设备制造业，电气机械及器材制造业，仪器仪表及文化、办公用机械制造业，非金属矿物制品业，金属制品业，橡胶制品业，塑料制品业，通信设备，计算机及其他电子设备制造业，工艺品及其他制造业，废弃资源和废旧材料回收加工业，电力、热力的生产和供应业，燃气生产和供应业，水的生产和供应业，房屋和土木工程建筑业，建筑安装业，建筑装饰业，其他建筑业，地质勘查业，铁路运输业，道路运输业，水上运输业，航空运输业，管道运输业，装卸搬运和其他运输服务业
三	石油加工，炼焦及核心燃料加工业，化学原料及化学制品制造业，黑色金属冶炼及压延加工业、有色金属冶炼及压延加工业、石油和天然气开采业，黑色金属矿采选业，有色金属矿采选业，非金属矿采选业，煤炭开采和洗选业，其他采矿业

(3) 人力资源和社会保障部《部分行业企业工伤保险费缴纳办法》（2010年12月31日　部令第10号）

第一条　根据《工伤保险条例》第十条第三款的授权，制定本办法。

第二条　本办法所称的部分行业企业是指建筑、服务、矿山等行业中难以直接按照工资总额计算缴纳工伤保险费的建筑施工企业、小型服务企业、小型矿山企业等。

前款所称小型服务企业、小型矿山企业的划分标准可以参照《中小企业标准暂行规定》（国经贸中小企［2003］143号）执行。

第三条　建筑施工企业可以实行以建筑施工项目为单位，按照项目工程总造价的一定比例，计算缴纳工伤保险费。

第四条　商贸、餐饮、住宿、美容美发、洗浴以及文体娱乐等小型服务业企业以及有雇工的个体工商户，可以按照营业面积的大小核定应参保人数，按照所在统筹地区上一年度职工月平均工资的一定比例和相应的费率，计算缴纳工伤保险费；也可以按照营业额的一定比例计算缴纳工伤保险费。

第五条 小型矿山企业可以按照总产量、吨矿工资含量和相应的费率计算缴纳工伤保险费。

第六条 本办法中所列部分行业企业工伤保险费缴纳的具体计算办法，由省级社会保险行政部门根据本地区实际情况确定。

第七条 本办法自2011年1月1日起施行。

工伤保险储备金

[解读]

工伤保险储备金是指为应对统筹地区发生重大群伤、群死事故时，出现收不抵支情况而建立的一项应急资金。它主要是用于因工伤亡职工的工伤保险待遇的支付。由于工伤保险储备金提留的额度与统筹层次的高低、参保人员的多少，以及各统筹地区经济发展水平等有密切关系，所以国家规定，储备金的提留比例及使用办法，由省级人民政府规定；储备金入不敷出时，由统筹地区政府垫付，垫付资金应按规定由工伤保险基金退还。

[依据指引]

国务院《工伤保险条例》（2003年4月27日国务院令第375号 2010年12月20日修订）

第十二条 工伤保险基金应当留有一定比例的储备金，用于统筹地区重大事故的工伤保险待遇支付；储备金不足支付的，由统筹地区的人民政府垫付。储备金占基金总额的具体比例和储备金的使用办法，由省、自治区、直辖市人民政府规定。

应认定工伤的情形

[解读]

职工享受工伤保险待遇的基本前提，是因工作遭受事故伤害或患职业病。因此，现行法规规定了应认定为工伤的七种具体情形：

（一）在工作时间和工作场所内，因工作原因受到事故伤害的。这里的“工作时间”，是指法律规定或者是用人单位要求职工工作的时间；“工作场所”，是指职工日常工作所在的场所，以及领导临时指派其从事工作的场所；“因工作原因”，是指遇到的事故是在职工工作过程中发生的；“事故伤害”，是职工在事故中受到人身伤害。职工遭受的事故伤害，只要同时具备了时间、地点、原因这三个要素，就应当认定为工伤。

（二）工伤时间前后在工作场所内，从事与工作有关的预备性或者收尾性工作受到事故伤害的。工作时间前后的一定时间，虽然不是在工伤时间内，但它与工作时间紧密相连。如果职工在此期间，在工作场所从事与工作有关的预备性工作，如备车、备料、准备生产工具等；或者收尾性工作，如清理工作场所、收拾工具归仓等，发生事故，人身受到伤害，也应认定为工伤。

（三）在工作时间和工作场所内，因履行工作职责受到暴力等意外伤害的。“因履行工作职责受到暴力等意外伤害”，一般有两种情况：一是职工因履行职责，致使某些人不合理或违法的目的没有实现，这些人出于报复而对该职工实施暴力，使之人身受到伤害。二是职工在工作时间、工作场所正常履行工作职责，突然发生意外事件，如地震、火灾、爆炸等，使之受到人身伤害。这些情形应当认定为工伤。

（四）患职业病的。职工根据用人单位的安排，在职业活动中，因接触粉尘、放射性物质和其他有毒、有害物质等因素而引发的疾病，经省级以上政府卫生行政部门批准的医疗卫生机构诊断，属职业病的，应认定为工伤。

（五）因工外出期间，由于工作原因受到伤害或者发生事故下落不明的。这里所说的“因工外出”，是指职工不在本单位的工作场所内，受领导指派在本单位以外从事工作；“由于工作原因受到伤害”，是指在履行工作职责的过程中直接或间接受到人身伤害，包括意外事故伤害、暴力伤害和其他形式的伤害；“发生事故下落不明”，包括安全事故、意外事故以及自然灾害等各种形式的事故，致使职工下落不明。这些情形应认定为工伤。

（六）在上下班途中，受到非本人主要责任的交通事故或者城市轨道交通、客运轮渡、火车事故伤害的。“上下班途中”是指职工在上班或下班的合理路线、合理时间内的途中；“受到非本人主要责任的交通事故或者城市轨道交通、客运轮渡、火车事故伤害”应该理解为职工在上下班途中，无论是驾驶或非驾驶机动车、非机动车而受到机动车、非机动车或者城市轨道交通、客运轮渡、火车发生事故而伤亡，且不承担主要责任的，都应当认定为工伤；其中，“交通事故”是指《道路交通安全法》第119条规定的车辆在道路上因过错或者意外造成的人身伤亡或者财产损失事件，该法中所指的“车辆”包括机动车和非机动车，所指的“道路”包括公路、城市道路和虽在单位管辖范围但允许社会机动车辆通行的地方，包括广场、公共停车场等用于公众通行的场所；至于是否为本人主要责任的认定，应以公安机关交通管理、交通运输、铁道等部门或司法机关，以及法律、行政法规授权组织出具的相关法律文书为依据。

（七）法律、行政法规规定应当认定为工伤的其他情形。这主要是从发展的角度，为国家立法留出了空间和余地。因为随着实践的发展，新情况会层出不穷，届时国家会将其通过立法，规定为可以认定为工伤的情形。

[依据指引]

(1) 国务院《工伤保险条例》（2003 年 4 月 27 日　国务院令第 375 号　2010 年 12 月 20 日修订）

第十四条　职工有下列情形之一的，应当认定为工伤：

（一）在工作时间和工作场所内，因工作原因受到事故伤害的；

（二）工作时间前后在工作场所内，从事与工作有关的预备性或者收尾性工作受到事故伤害的；

（三）在工作时间和工作场所内，因履行工作职责受到暴力等意外伤害的；

（四）患职业病的；

（五）因工外出期间，由于工作原因受到伤害或者发生事故下落不明的；

（六）在上下班途中，受到非本人主要责任的交通事故或者城市轨道交通、客运轮渡、火车事故伤害的；

（七）法律、行政法规规定应当认定为工伤的其他情形。

(2)《中华人民共和国职业病防治法》（2001 年10月27 日　国家主席令第 60 号　2011 年 12 月 31 日修订）

第二条　本法适用于中华人民共和国领域内的职业病防治活动。

本法所称职业病，是指企业、事业单位和个体经济组织（以下统称用人单位）的劳动者在职业活动中，因接触粉尘、放射性物质和其他有毒、有害物质等因素而引起的疾病。

职业病的分类和目录由国务院卫生行政部门会同国务院劳动保障行政部门规定、调整并公布。

第四十四条　医疗卫生机构承担职业病诊断，应当经省、自治区、直辖市人民政府卫生行政部门批准。省、自治区、直辖市人民政府卫生行政部门应当向社会公布本行政区域内承担职业病诊断的医疗卫生机构的名单。

(3) 人力资源和社会保障部办公厅《关于工伤保险有关规定处理意见的函》（2011 年 6 月 23 日　人社厅函［2011］339 号）

关于新《工伤保险条例》第十四条第六项的规定如何理解和适用问题，经征得国务院法制办和最高人民法院同意，并商公安部、交通运输部、铁道部，提出如下处理意见，请遵照执行：

一、该条规定的“上下班途中”是指合理的上下班时间和合理的上下班路途。

二、该条规定的“非本人主要责任”事故包括非本人主要责任的交通事故和非本人主要责任的城市轨道交通、客运轮渡和火车事故。其中，“交通事故”是指《道路交通安全法》第一百一十九条规定的车辆在道路上因过错或者意外造成的人身伤亡或者财产损失事件。“车辆”是指机动车和非机动车；“道路”是指公路、城市道路和虽在单位管辖范围但允许社会机动车通行的地方，包括广场、公共停车场等用于公众通行的场所。

三、“非本人主要责任”事故认定应以公安机关交通管理、交通运输、铁道等部门或司法机关，以及法律、行政法规授权组织出具的相关法律文书为依据。

应认定视同工伤的情形

[解读]

在实际生活中常存在一些不符合认定工伤的条件，却又与工伤相近的情形。从合情合理的角度，现行法规对视同工伤的情形作了规定：一是在工作时间和工作岗位，突发疾病死亡或者在 48 小时之内经抢救无效死亡的。这种死亡情况的主要原因，是职工原有疾病的突然发作，而不是由于工作的原因。然而，该职工毕竟是在工作时间和工作岗位上死亡的，因此与工作也是有关系的，将其列为视同工伤的情形是合适的。二是在抢险救灾等维护国家利益、公共利益活动中受到伤害的。虽然职工从事的这些公益活动不是履行本职工作，其人身受到伤害不符合工伤认定的条件，但是这种大公无私、见义勇为的行为应当大力弘扬。因此，列其为视同工伤的情形是符合民意的。

三是职工原在军队服役，因战、因公负伤致残，已取得革命伤残军人证，到用人单位后旧伤复发的。不言而喻，将这种情形列为视同工伤，也是在情理之中的。在这三种视同工伤的情形中，前两种人可以完全享受工伤保险待遇，第三种可以享受除一次性伤残补助金以外的工伤保险待遇。

［依据指引］

国务院《工伤保险条例》（2003 年 4 月 27 日　国务院令第 375 号　2010 年 12 月 20 日修订）

第十五条　职工有下列情形之一的，视同工伤：

（一）在工作时间和工作岗位，突发疾病死亡或者在 48 小时之内经抢救无效死亡的；

（二）在抢险救灾等维护国家利益、公共利益活动中受到伤害的；

（三）职工原在军队服役，因战、因公负伤致残，已取得革命伤残军人证，到用人单位后旧伤复发的。

职工有前款第（一）项、第（二）项情形的，按照本条例的有关规定享受工伤保险待遇；职工有前款第（三）项情形的，按照本条例的有关规定享受除一次性伤残补助金以外的工伤保险待遇。

不能认定工伤的情形

［解读］

在实际工作中，表面上看似是在工伤中发生人身伤害，而仔细调查则又发生疑惑的事也时有发生。为了便于操作，国家明确规定了三种情形是不能认定为工伤或者视同工伤的。第一种是故意犯罪的。尽管是在工伤时间、工作场所，也是在从事领导安排的工作，只要该职工有故意危害社会、触犯刑律的行为而造成自身受到伤害，就不能认定为工伤或视同工伤；故意犯罪导致职工受到伤害的情形不包括侵权第三人实施故意犯罪、过失犯罪和本人实施过失犯罪，以及违反治安管理秩序导致职工受到伤害的情形；对犯罪是属于故意还是过失，应依据司法机关的判决来判断，不应由工伤认定机构或者是社会保险经办机构自行判断。第二种是醉酒或者吸毒的。醉酒是指通过对行为人体内酒精含量的检测，达到或超过一定标准的情形的认定，应按照国家标准局制定的《车辆驾驶人员血液、呼气酒精含量阈值与检验》（GB 19522—2004）标准，由公安机关交通管理部门、医疗机构等有关单位依法出具检测结论、诊断证明等材料，作为认定醉酒的依据；由于国家有些法律明令不准酒后工作，如禁止酒后驾车，所以因醉酒后工作导致伤亡的，是不能认定为工伤和视同工伤的。由于吸毒行为包含在“违反治安管理”的情形中，而《社会保险法》在第一种不能认定工伤的情形中删去了“违反治安管理”的内容，所以在第二种不能认定工伤的情形中特意明确提出了吸毒属于不能认定工伤的情形。第三种是自残或自杀的。自残是指通过各种手段和方法伤害自己的身体，并造成伤害结果的行为，自残的最极端情况就是自杀。有的职工为了达到某种目的或因为某种原因，利用从事工作的时间进行自残或自杀。因此，遇有类似情形，应在查清事实的基础上，不予认定工伤和视同工伤。

［依据指引］

(1) 国务院《工伤保险条例》（2003 年 4 月 27 日　国务院令第 375 号　2010 年 12 月 20 日修订）

第十六条　职工符合本条例第十四条、第十五条的规定，但是有下列情形之一的，不得认定为工伤或者视同工伤：

（一）故意犯罪的；

（二）醉酒或者吸毒的；

（三）自残或者自杀的。

(2) 人力资源和社会保障部《实施〈中华人民共和国社会保险法〉若干规定》（2011 年 6 月 29 日　部令第 13 号）

第十条　社会保险法第三十七条第二项中的醉酒标准，按照《车辆驾驶人员血液、呼气酒精含量阈值与检验》（GB 19522—2004）执行。公安机关交通管理部门、医疗机构等有关单位依法出具的检测结论、诊断证明等材料，可以作为认定醉酒的依据。

工伤认定及程序

［解读］

工伤认定是指人力资源和社会保障行政部门根据用人单位或劳动者提出的工伤认定申请及证据材料，依法对职工遭受的事故伤害或所患职业病作出是否属于工伤的判定。它是关系职工切身利益的重要环节。其基本程序如下：

（一）当事人提出工伤认定申请。

用人单位应自职工发生事故伤害或者按照职业病防治法规定被诊断、鉴定为职业病之日起30日内，向统筹地区社会保险行政部门提出工伤认定申请，遇有特殊情况，经批准申请时限可以适当延长。如应向省级社会保险行政部门提出工伤认定申请的，则用人单位可根据属地管辖原则向用人单位所在地设区的市级社会保险行政部门提出。用人单位未在规定的期限内提出工伤认定申请的，受伤害职工或者其近亲属、工会组织在事故伤害发生之日或者被诊断、鉴定为职业病之日起1年内，可以直接向用人单位所在地统筹地区社会保险行政部门提出工伤认定申请。

（二）当事人提交相关材料。

申请工伤认定，除应填写《工伤认定申请表》以外，还应提交：劳动、聘用合同文本复印件或与用人单位存在劳动关系（包括事实劳动关系）、人事关系的其他证明材料；医疗机构出具的受伤后诊断证明书或者职业病诊断证明书（或者职业病诊断鉴定书）。

（三）社会保险行政部门决定是否受理。

经研究，社会保险保险行政部门应在15日内做出受理或者不予受理的决定，并出具《工伤认定申请受理决定书》或者《工伤认定申请不予受理决定书》，告知申请人并说明理由。

（四）社会保险行政部门调查核实。

社会保险行政部门决定受理的申请，对申请人提供的符合国家有关规定的职业病诊断证明书或者职业病诊断鉴定书，不再进行调查核实；对不符合国家规定的格式和要求的，可以要求出具证明的部门重新提供。对遭受事故伤害而提出申请的，须进行调查核实。调查核实应由两名以上工作人员共同进行，并出示执行公务的证件。

（五）当事人举证。

一般情况下，应当是谁主张谁举证。如果职工或者其近亲属认为是工伤，用人单位不认为是工伤的，则由该用人单位承担举证责任。用人单位拒不举证的，社会保险行政部门可以根据受伤害职工提供的证据或者调查取得的证据，依法作出工伤认定结论。

（六）社会保险行政部门作出工伤认定决定。

社会保险行政部门自受理工伤认定申请之日起60日内要作出工伤认定决定；对于事实清楚、权利义务明确的工伤认定申请，应当自受理工伤认定申请之日起15日内作出工伤认定决定。对需要有关部门作出结论的，作出结论期间为工伤认定时限的中止期间。认定决定应包括是否属于工伤或视同工伤的内容，并自作出工伤认定决定之日起在20内，将《认定工伤决定书》或者《不予认定工伤决定书》送达双方当事人，并抄送社会保险经办机构。

[依据指引]

(1) 国务院《工伤保险条例》（2003年4月27日 国务院令第375号 2010年12月20日修订）

第十七条 职工发生事故伤害或者按照职业病防治法规定被诊断、鉴定为职业病，所在单位应当自事故伤害发生之日或者被诊断、鉴定为职业病之日起30日内，向统筹地区社会保险行政部门提出工伤认定申请。遇有特殊情况，经报社会保险行政部门同意，申请时限可以适当延长。

用人单位未按前款规定提出工伤认定申请的，工伤职工或者其近亲属、工会组织在事故伤害发生之日或者被诊断、鉴定为职业病之日起1年内，可以直接向用人单位所在地统筹地区社会保险行政部门提出工伤认定申请。

按照本条第一款规定应当由省级社会保险行政部门进行工伤认定的事项，根据属地原则由用人单位所在地的设区的市级社会保险行政部门办理。

用人单位未在本条第一款规定的时限内提交工伤认定申请，在此期间发生符合本条例规定的工伤待遇等有关费用由该用人单位负担。

第十八条 提出工伤认定申请应当提交下列材料：

（一）工伤认定申请表；

（二）与用人单位存在劳动关系（包括事实劳动关系）的证明材料；

（三）医疗诊断证明或者职业病诊断证明书（或者职业病诊断鉴定书）。

工伤认定申请表应当包括事故发生的时间、地点、原因以及职工伤害程度等基本情况。

工伤认定申请人提供材料不完整的，社会保险行政部门应当一次性书面告知工伤认定申请人需要补正的全部材料。申请人按照书面告知要求补正材料后，社会保险行政部门应当受理。

第十九条 社会保险行政部门受理工伤认定申请后，根据审核需要可以对事故伤害进行调查核实，用人单位、职工、工会组织、医疗机构以及有关部门应当予以协助。职业病诊断和诊断争议的鉴定，依照职业病防治法的有关规定执行。对依法取得职业病诊断证明书或者职业病诊断鉴定书的，社会保险行政部门不再进行调查核实。

职工或者其近亲属认为是工伤，用人单位不认为是工伤的，由用人单位承担举证责任。

第二十条　社会保险行政部门应当自受理工伤认定申请之日起60日内作出工伤认定的决定，并书面通知申请工伤认定的职工或者其近亲属和该职工所在单位。

社会保险行政部门对受理的事实清楚、权利义务明确的工伤认定申请，应当在15日内作出工伤认定的决定。

作出工伤认定决定需要以司法机关或者有关行政主管部门的结论为依据的，在司法机关或者有关行政主管部门尚未作出结论期间，作出工伤认定决定的时限中止。

社会保险行政部门工作人员与工伤认定申请人有利害关系的，应当回避。

(2) 人力资源和社会保障部《工伤认定办法》(2010年12月31日　部令第8号)

第一条　为规范工伤认定程序，依法进行工伤认定，维护当事人的合法权益，根据《工伤保险条例》的有关规定，制定本办法。

第二条　社会保险行政部门进行工伤认定按照本办法执行。

第三条　工伤认定应当客观公正、简捷方便，认定程序应当向社会公开。

第四条　职工发生事故伤害或者按照职业病防治法规定被诊断、鉴定为职业病，所在单位应当自事故伤害发生之日或者被诊断、鉴定为职业病之日起30日内，向统筹地区社会保险行政部门提出工伤认定申请。遇有特殊情况，经报社会保险行政部门同意，申请时限可以适当延长。

按照前款规定应当向省级社会保险行政部门提出工伤认定申请的，根据属地原则应当向用人单位所在地设区的市级社会保险行政部门提出。

第五条　用人单位未在规定的时限内提出工伤认定申请的，受伤害职工或者其近亲属、工会组织在事故伤害发生之日或者被诊断、鉴定为职业病之日起1年内，可以直接按照本办法第四条规定提出工伤认定申请。

第六条　提出工伤认定申请应当填写《工伤认定申请表》，并提交下列材料：

(一) 劳动、聘用合同文本复印件或者与用人单位存在劳动关系（包括事实劳动关系）、人事关系的其他证明材料；

(二) 医疗机构出具的受伤后诊断证明书或者职业病诊断证明书（或者职业病诊断鉴定书）。

第七条　工伤认定申请人提交的申请材料符合要求，属于社会保险行政部门管辖范围且在受理时限内的，社会保险行政部门应当受理。

第八条　社会保险行政部门收到工伤认定申请后，应当在15日内对申请人提交的材料进行审核，材料完整的，作出受理或者不予受理的决定；材料不完整的，应当以书面形式一次性告知申请人需要补正的全部材料。社会保险行政部门收到申请人提交的全部补正材料后，应当在15日内作出受理或者不予受理的决定。

社会保险行政部门决定受理的，应当出具《工伤认定申请受理决定书》；决定不予受理的，应当出具《工伤认定申请不予受理决定书》。

第九条　社会保险行政部门受理工伤认定申请后，可以根据需要对申请人提供的证据进行调查核实。

第十条　社会保险行政部门进行调查核实，应当由两名以上工作人员共同进行，并出示执行公务的证件。

第十一条　社会保险行政部门工作人员在工伤认定中，可以进行以下调查核实工作：

(一) 根据工作需要，进入有关单位和事故现场；

(二) 依法查阅与工伤认定有关的资料，询问有关人员并作出调查笔录；

(三) 记录、录音、录像和复制与工伤认定有关的资料。调查核实工作的证据收集参照行政诉讼证据收集的有关规定执行。

第十二条　社会保险行政部门工作人员进行调查核实时，有关单位和个人应当予以协助。用人单位、工会组织、医疗机构以及有关部门应当负责安排相关人员配合工作，据实提供情况和证明材料。

第十三条　社会保险行政部门在进行工伤认定时，对申请人提供的符合国家有关规定的职业病诊断证明书或者职业病诊断鉴定书，不再进行调查核实。职业病诊断证明书或者职业病诊断鉴定书不符合国家规定的要求和格式的，社会保险行政部门可以要求出具证据部门重新提供。

第十四条　社会保险行政部门受理工伤认定申请后，可以根据工作需要，委托其他统筹地区的社会保险行政部门或者相关部门进行调查核实。

第十五条 社会保险行政部门工作人员进行调查核实时，应当履行下列义务：

（一）保守有关单位商业秘密以及个人隐私；

（二）为提供情况的有关人员保密。

第十六条 社会保险行政部门工作人员与工伤认定申请人有利害关系的，应当回避。

第十七条 职工或者其近亲属认为是工伤，用人单位不认为是工伤的，由该用人单位承担举证责任。用人单位拒不举证的，社会保险行政部门可以根据受伤害职工提供的证据或者调查取得的证据，依法作出工伤认定决定。

第十八条 社会保险行政部门应当自受理工伤认定申请之日起60日内作出工伤认定决定，出具《认定工伤决定书》或者《不予认定工伤决定书》。

第十九条 《认定工伤决定书》应当载明下列事项：

（一）用人单位全称；

（二）职工的姓名、性别、年龄、职业、身份证号码；

（三）受伤害部位、事故时间和诊断时间或职业病名称、受伤害经过和核实情况、医疗救治的基本情况和诊断结论；

（四）认定工伤或者视同工伤的依据；

（五）不服认定决定申请行政复议或者提起行政诉讼的部门和时限；

（六）作出认定工伤或者视同工伤决定的时间。

《不予认定工伤决定书》应当载明下列事项：

（一）用人单位全称；

（二）职工的姓名、性别、年龄、职业、身份证号码；

（三）不予认定工伤或者不视同工伤的依据；

（四）不服认定决定申请行政复议或者提起行政诉讼的部门和时限；

（五）作出不予认定工伤或者不视同工伤决定的时间。

《认定工伤决定书》和《不予认定工伤决定书》应当加盖社会保险行政部门工伤认定专用印章。

第二十条 社会保险行政部门受理工伤认定申请后，作出工伤认定决定需要以司法机关或者有关行政主管部门的结论为依据的，在司法机关或者有关行政主管部门尚未作出结论期间，作出工伤认定决定的时限中止，并书面通知申请人。

第二十一条 社会保险行政部门对于事实清楚、权利义务明确的工伤认定申请，应当自受理工伤认定申请之日起15日内作出工伤认定决定。

第二十二条 社会保险行政部门应当自工伤认定决定作出之日起20日内，将《认定工伤决定书》或者《不予认定工伤决定书》送达受伤害职工（或者其近亲属）和用人单位，并抄送社会保险经办机构。

《认定工伤决定书》和《不予认定工伤决定书》的送达参照民事法律有关送达的规定执行。

第二十三条 职工或者其近亲属、用人单位对不予受理决定不服或者对工伤认定决定不服的，可以依法申请行政复议或者提起行政诉讼。

第二十四条 工伤认定结束后，社会保险行政部门应当将工伤认定的有关资料保存50年。

第二十五条 用人单位拒不协助社会保险行政部门对事故伤害进行调查核实的，由社会保险行政部门责令改正，处2 000元以上2万元以下的罚款。

第二十六条 本办法中的《工伤认定申请表》《工伤认定申请受理决定书》《工伤认定申请不予受理决定书》《认定工伤决定书》《不予认定工伤决定书》的样式由国务院社会保险行政部门统一制定。

第二十七条 本办法自2011年1月1日起施行。劳动和社会保障部2003年9月23日颁布的《工伤认定办法》同时废止。

工伤认定申请时限

［解读］

时限是指对法定义务人履行义务的时间限制。如果法定义务人没在法定的时间内履行义务，就要承担相应的责任。现行法规规定，职工发生事故伤害或确定为职业病，用人单位需自事故伤害发生之日，或者由省级卫生部门指定的职业病诊断机构确诊为职业病之日起30天内，向社会保险行政部门提出工伤认定申请。这里的30天，就是对用人单位申请认定工伤的时限要求。如果用人单位遇有特殊情况，可以申请延期，经社会保险行政部门批准，申请时限可以延长。如果用人单位未在规定的时限内提交工伤认定申请，则在此期间发生的符合规定的工伤待遇等费用，由该用人单位承担。另外，相对来说，对用人单位工伤认定申请时限规定得较短，其目的是为了督促用人单位尽快找出工伤事故的原因，及时采取措施，加强安全生产的监管；同时也可及时给予职工工伤保险待遇，保护其合法权益。

[依据指引]

(1) 国务院《工伤保险条例》（2003 年 4 月 27 日 国务院令第 375 号 2010 年 12 月 20 日修订）

第十七条 职工发生事故伤害或者按照职业病防治法规定被诊断、鉴定为职业病，所在单位应当自事故伤害发生之日或者被诊断、鉴定为职业病之日起 30 日内，向统筹地区社会保险行政部门提出工伤认定申请。遇有特殊情况，经报社会保险行政部门同意，申请时限可以适当延长。

用人单位未按前款规定提出工伤认定申请的，工伤职工或者其近亲属、工会组织在事故伤害发生之日或者被诊断、鉴定为职业病之日起 1 年内，可以直接向用人单位所在地统筹地区社会保险行政部门提出工伤认定申请。

按照本条第一款规定应当由省级社会保险行政部门进行工伤认定的事项，根据属地原则由用人单位所在地的设区的市级社会保险行政部门办理。

用人单位未在本条第一款规定的时限内提交工伤认定申请，在此期间发生符合本条例规定的工伤待遇等有关费用由该用人单位负担。

(2) 人力资源和社会保障部《工伤认定办法》（2010 年 12 月 31 日 部令第 8 号）

第四条 职工发生事故伤害或者按照职业病防治法规定被诊断、鉴定为职业病，所在单位应当自事故伤害发生之日或者被诊断、鉴定为职业病之日起 30 日内，向统筹地区社会保险行政部门提出工伤认定申请。遇有特殊情况，经报社会保险行政部门同意，申请时限可以适当延长。

按照前款规定应当向省级社会保险行政部门提出工伤认定申请的，根据属地原则应当向用人单位所在地设区的市级社会保险行政部门提出。

工伤认定申请时效

[解读]

时效是指权利人在法定期间内不行使权利，则丧失请求执法机关依法保护自己合法权益的权利。我国现行民事法律制度中，对人身受到伤害要求赔偿的诉讼时效规定为 1 年。参照这一规定，工伤保险法规规定，工伤职工或者近亲属，工会组织在事故伤害发生之日或职业病确诊之日起 1 年内，可以直接向社会保险行政部门提出工伤认定申请。这里的 1 年，就是工伤职工申请工伤认定的时效。超过这一时效，该职工则丧失了工伤认定申请的权利，不能再向社会保险行政部门提出工伤认定的申请，或者说，即使提出工伤认定申请，社会保险行政部门也会做出不予受理的决定。这一规定，对充分保护工伤职工的权利有着十分积极的意义。

[依据指引]

(1) 国务院《工伤保险条例》（2003 年 4 月 27 日 国务院令第 375 号 2010 年 12 月 20 日修订）

第十七条 职工发生事故伤害或者按照职业病防治法规定被诊断、鉴定为职业病，所在单位应当自事故伤害发生之日或者被诊断、鉴定为职业病之日起 30 日内，向统筹地区社会保险行政部门提出工伤认定申请。遇有特殊情况，经报社会保险行政部门同意，申请时限可以适当延长。

用人单位未按前款规定提出工伤认定申请的，工伤职工或者其近亲属、工会组织在事故伤害发生之日或者被诊断、鉴定为职业病之日起 1 年内，可以直接向用人单位所在地统筹地区社会保险行政部门提出工伤认定申请。

按照本条第一款规定应当由省级社会保险行政部门进行工伤认定的事项，根据属地原则由用人单位所在地的设区的市级社会保险行政部门办理。

用人单位未在本条第一款规定的时限内提交工伤认定申请，在此期间发生符合本条例规定的工伤待遇等有关费用由该用人单位负担。

(2) 人力资源和社会保障部《工伤认定办法》（2010 年 12 月 31 日 部令第 8 号）

第五条 用人单位未在规定的时限内提出工伤认定申请的，受伤害职工或者其近亲属、工会组织在事故伤害发生之日或者被诊断、鉴定为职业病之日起 1 年内，可以直接按照本办法第四条规定提出工伤认定申请。

工伤认定举证

[解读]

在工伤认定过程中，用人单位和职工都应根

据具体情况和“谁主张，谁举证”的原则向社会保险行政部门提供相关证据。当职工或者其近亲属认为是工伤，用人单位不认为是工伤的，由用人单位承担举证责任。总之，用人单位和职工都应重视举证。一般有以下几种情况：

（一）在工作时间和工作场所内，因履行工作职责受到暴力伤害的，提交公安部门的证明或者其他相关证明。

（二）上下班途中，受到非本人主要责任的交通事故或者城市轨道交通、客运轮渡、火车事故伤害的，提交公安机关交通管理部门或者其他相关部门的证明。

（三）因工外出期间，由于工作原因受到伤害或者发生事故下落不明的，须提交公安部门证明或相关部门的证明。

（四）在工作时间和工作岗位，突发疾病死亡或者在48小时之内经抢救无效死亡的，提交医疗机构的抢救证明。

（五）属于抢险救灾等维护国家利益、公众利益活动中受到伤害的，提交民政部门或者其他相关部门的证明。

（六）属于因战、因公负伤致残的转业、复员军人旧伤复发的，提交《革命伤残军人证》及劳动能力鉴定机构对旧伤复发的确认。

（七）职工死亡的，提交死亡证明。

[依据指引]

(1) 国务院《工伤保险条例》（2003年4月27日　国务院令第375号　2010年12月20日修订）

第十九条　社会保险行政部门受理工伤认定申请后，根据审核需要可以对事故伤害进行调查核实，用人单位、职工、工会组织、医疗机构以及有关部门应当予以协助。职业病诊断和诊断争议的鉴定，依照职业病防治法的有关规定执行。对依法取得职业病诊断证明书或者职业病诊断鉴定书的，社会保险行政部门不再进行调查核实。

职工或者其近亲属认为是工伤，用人单位不认为是工伤的，由用人单位承担举证责任。

(2) 人力资源和社会保障部《工伤认定办法》（2010年12月31日　部令第8号）（略）

劳动能力鉴定

[解读]

劳动能力鉴定是指有关法律授权机构对被认定为工伤或视同工伤的劳动者，经治疗伤情或病情相对稳定后存在残疾、影响劳动能力的，通过医学检查，依据鉴定标准对其劳动功能障碍和生活自理障碍程度作出的等级判定。它能够准确认定职工因伤残、病残而失能的程度，是确定其工伤保险伤残待遇的基础。

劳动能力丧失，又称劳动功能障碍。根据劳动能力鉴定标准，劳动功能障碍分为十个伤残等级，一级为最重，十级为最轻。其划分的基本标准如下：

器官缺失或功能完全丧失，其他器官不能代偿，存在特殊医疗依赖，或完全或大部分护理依赖的为一级。

器官严重缺损或畸形，有严重功能障碍或并发症，存在特殊医疗依赖，或大部分护理依赖的为二级。

器官严重缺损或畸形，有严重功能障碍或并发症，存在特殊医疗依赖，或部分护理依赖的为三级。

器官严重缺损或畸形，有严重功能障碍或并发症，存在特殊医疗依赖，或部分护理依赖或无护理依赖的为四级。

器官大部缺损或明显畸形，有较重功能障碍或并发症，存在一般医疗依赖，无护理依赖的为五级。

器官大部缺损或明显畸形，有中等功能障碍或并发症，存在一般医疗依赖，无护理依赖的为六级。

器官大部分缺损或畸形，有轻度功能障碍或并发症，存在一般医疗依赖，无护理依赖的为七级。

器官部分缺损，形态异常，轻度功能障碍，存在一般医疗依赖，无护理依赖的为八级。

器官部分缺损，形态异常，轻度功能障碍，无医疗依赖或者存在一般医疗依赖，无护理依赖的为九级。

器官部分缺损，形态异常，无功能障碍，无医疗依赖或者存在一般医疗依赖，无护理依赖的为十级。

生活自理范围主要包括：进食，翻身，大小

便，穿衣、洗漱，自我移动五项内容。生活自理障碍，是指伤残病残致使其不能生活自理，需要他人护理的情形。根据鉴定标准，生活自理障碍分为三个等级，即生活完全不能自理，生活大部分不能自理和生活部分不能自理。生活完全不能自理，是指生活自理范围内的五个方面均需他人护理的情形；生活大部分不能自理，是指生活自理范围内的三个方面需要护理的情形；生活部分不能自理，是指生活自理范围内的一个方面需要护理的情形。

［依据指引］

(1) 国务院《工伤保险条例》（2003 年 4 月 27 日 国务院令第 375 号 2010 年 12 月 20 日修订）

第二十一条 职工发生工伤，经治疗伤情相对稳定后存在残疾、影响劳动能力的，应当进行劳动能力鉴定。

第二十二条 劳动能力鉴定是指劳动功能障碍程度和生活自理障碍程度的等级鉴定。

劳动功能障碍分为十个伤残等级，最重的为一级，最轻的为十级。

生活自理障碍分为三个等级：生活完全不能自理、生活大部分不能自理和生活部分不能自理。

劳动能力鉴定标准由国务院社会保险行政部门会同国务院卫生行政部门等部门制定。

(2) 国家标准化管理委员会《劳动能力鉴定 职工工伤与职业病致残等级》（2006 年 11 月 3 日 GB/T 16180—2006）

5 分级原则

5.1 一级

器官缺失或功能完全丧失，其他器官不能代偿，存在特殊医疗依赖，或完全或大部分护理依赖。

5.2 二级

器官严重缺损或畸形，有严重功能障碍或并发症，存在特殊医疗依赖，或大部分护理依赖。

5.3 三级

器官严重缺损或畸形，有严重功能障碍或并发症，存在特殊医疗依赖，或部分护理依赖。

5.4 四级

器官严重缺损或畸形，有严重功能障碍或并发症，存在特殊医疗依赖，或部分护理依赖或无护理依赖。

5.5 五级

器官大部缺损或明显畸形，有较重功能障碍或并发症，存在一般医疗依赖，无护理依赖。

5.6 六级

器官大部缺损或明显畸形，有中等功能障碍或并发症，存在一般医疗依赖，无护理依赖。

5.7 七级

器官大部分缺损或畸形，有轻度功能障碍或并发症，存在一般医疗依赖，无护理依赖。

5.8 八级

器官部分缺损，形态异常，轻度功能障碍，存在一般医疗依赖，无护理依赖。

5.9 九级

器官部分缺损，形态异常，轻度功能障碍，无医疗依赖或者存在一般医疗依赖，无护理依赖。

5.10 十级

器官部分缺损，形态异常，无功能障碍，无医疗依赖或者存在一般医疗依赖，无护理依赖。

(3) 劳动和社会保障部《关于新旧劳动能力鉴定标准衔接有关问题处理意见的通知》（2007 年 3 月 6 日 劳社部发［2007］8 号）

《劳动能力鉴定 职工工伤与职业病致残等级》（GB/T 16180—2006）（以下简称新标准）已经由国家标准化管理委员会批准发布，将于 2007 年 5 月 1 日实施。新标准总结了实践中的经验，吸收了各地劳动能力鉴定机构以及社会各界的修改建议，对原标准《职工工伤与职业病致残程度鉴定》做了修改和完善。新标准实施后，为做好新旧标准的衔接，实现新旧标准的平稳过渡，现对新旧标准衔接过程中的有关问题通知如下：

一、从 2007 年 5 月 1 日开始，劳动能力鉴定委员会对符合《工伤保险条例》规定的申请劳动能力鉴定的工伤职工，进行初次劳动能力鉴定的，按新标准的规定执行。

二、对于 2007 年 5 月 1 日前已经作出了初次鉴定结论，工伤职工按照《工伤保险条例》的规定申请再次鉴定的，2007 年 5 月 1 日后劳动能力鉴定委员会应按新标准的规定进行再次鉴定。

三、新标准实施前已经作出了鉴定结论，如果伤情发生变化，工伤职工申请复查鉴定的，复查鉴定按新标准执行。但伤情加重复查鉴定的级别低于原级别的，原鉴定级别不再改变。伤情未发生变化，申请复查鉴定的，原鉴定结论不变。

四、对于在 2007 年 5 月 1 日前已经作出了劳动能力鉴定结论，而在新标准实施后进行复查鉴定且伤残级别提高的，工伤保险长期待遇做相应提高，工伤保险一次性伤残补助金不再调整。

五、各地在实施新标准过程中可依照上述处理意见，结合本地实际，妥善处理实施中遇到的具体问题。特别是要在合法的前提下，采取措施避免新标准实施前已经作出了初次鉴定结论，新标准实施后依据新标准进行再次鉴定，前后结论不同引起的矛盾。新标准实施中遇到的重大问题请及时上报我部。

劳动能力鉴定委员会

[解读]

劳动能力鉴定委员会是指国家授权、专门从事对工伤职工伤残、病残等级进行鉴定的机构。它是一个非常设机构。按照国家规定，劳动能力鉴定委员会分为两级，即省级和设区的市级，分别由省级和设区的市级社会保险行政部门、卫生行政部门、工会组织、经办机构代表以及用人单位方面的代表组成，并设立劳动能力鉴定委员会办事机构，由专人负责委员会的日常工作。

劳动能力鉴定委员会建立医疗卫生专家库。列入专家库的卫生专业技术人员应具备三个条件：一是具有医疗卫生高级专业技术职务任职资格，二是掌握劳动能力鉴定的相关知识，三是具有良好的职业品德。同时还将保证一定的数量和专业类别，以满足劳动能力鉴定的专业和技术的要求。

[依据指引]

(1) 国务院《工伤保险条例》（2003 年 4 月 27 日　国务院令第 375 号　2010 年 12 月 20 日修订）

第二十四条　省、自治区、直辖市劳动能力鉴定委员会和设区的市级劳动能力鉴定委员会分别由省、自治区、直辖市和设区的市级社会保险行政部门、卫生行政部门、工会组织、经办机构代表以及用人单位代表组成。

劳动能力鉴定委员会建立医疗卫生专家库。列入专家库的医疗卫生专业技术人员应当具备下列条件：

（一）具有医疗卫生高级专业技术职务任职资格；

（二）掌握劳动能力鉴定的相关知识；

（三）具有良好的职业品德。

(2) 劳动和社会保障部、人事部、卫生部、中华全国总工会、中国企业家联合会《关于劳动能力鉴定有关问题的通知》（2003 年 9 月 26 日　劳社部发［2003］25 号）

二、各省、自治区、直辖市和设区的市级劳动保障行政部门要抓紧与人事行政部门、卫生行政部门、工会组织、经办机构以及用人单位代表协商，尽快建立和规范劳动能力鉴定委员会，并设立劳动能力鉴定委员会办事机构，由专人负责委员会的日常工作。

四、劳动能力鉴定委员会要按照《工伤保险条例》要求建立医疗卫生专家库。专家库的建立要保证一定的数量和专业类别，满足劳动能力鉴定的专业要求和技术要求。劳动能力鉴定委员会做出鉴定结论要充分尊重专家组的鉴定意见，切实保证鉴定结论的客观、公正、准确。

劳动能力鉴定程序

[解读]

工伤职工经过治疗，在伤情、病情相对稳定的情况下，可以向设区的市级劳动能力鉴定委员会申请劳动能力鉴定。用人单位认为需要进行鉴定的，可直接提出申请。职工或其近亲属认为需要进行鉴定的，可先向用人单位提出要求，由用人单位代为申请；用人单位有异议的，职工或其近亲属可直接提出申请。当然，职工或其近亲属也可不经过用人单位，径直向设区的市级劳动能力鉴定委员会提出申请。申请鉴定时须提供工伤认定决定书，以及诊治工伤（职业病）的病历等相关资料。设区的市级劳动能力鉴定委员会收到劳动能力鉴定申请后，则立即开展工作。首先，从其建立的医疗卫生专家库中随机抽取 3 名或者 5 名相关专家组成专家组，由专家组提出鉴定意见。其次，根据专家组的鉴定意见作出工伤职工劳动能力鉴定结论；必要时，可以委托具备资格的医疗机构协助进行有关的诊断。在鉴定过程中，劳动能力鉴定委员会组成人员或者参加鉴定的专家与当事人有利害关系，应当回避。劳动能力鉴定委员会应当自收到劳动能力鉴定申请之日起 60 日内作出劳动能力鉴定结论，必要时，期限可以延长 30 日。劳动能力鉴定结论作出后，应及时送达申请鉴定的单位和个人。

申请鉴定的单位或者个人对设区的市级劳动能力鉴定委员会作出的鉴定结论不服的，可在收到该鉴定结论之日起 15 日内向省级劳动能力鉴定委员会提出再次鉴定申请。省级劳动能力鉴定委员会作出的劳动能力鉴定结论为最终结论。

另外，自劳动能力鉴定结论作出之日起 1 年后，工伤职工或者其近亲属、所在单位或者经办机构认为伤残情况发生变化的，可以申请劳动能力复查鉴定。再次鉴定和复查鉴定的时限，仍按照出资鉴定的时限规定执行。

[依据指引]

国务院《工伤保险条例》（2003 年 4 月 27 日国务院令第 375 号　2010 年 12 月 20 日修订）

第二十一条　职工发生工伤，经治疗伤情相对稳定后存在残疾、影响劳动能力的，应当进行劳动能力鉴定。

第二十三条　劳动能力鉴定由用人单位、工伤职工或者其近亲属向设区的市级劳动能力鉴定委员会提出申请，并提供工伤认定决定和职工工伤医疗的有关资料。

第二十四条　省、自治区、直辖市劳动能力鉴定委员会和设区的市级劳动能力鉴定委员会分别由省、自治区、直辖市和设区的市级社会保险行政部门、卫生行政部门、工会组织、经办机构代表以及用人单位代表组成。

劳动能力鉴定委员会建立医疗卫生专家库。列入专家库的医疗卫生专业技术人员应当具备下列条件：

（一）具有医疗卫生高级专业技术职务任职资格；

（二）掌握劳动能力鉴定的相关知识；

（三）具有良好的职业品德。

第二十五条　设区的市级劳动能力鉴定委员会收到劳动能力鉴定申请后，应当从其建立的医疗卫生专家库中随机抽取 3 名或者 5 名相关专家组成专家组，由专家组提出鉴定意见。设区的市级劳动能力鉴定委员会根据专家组的鉴定意见作出工伤职工劳动能力鉴定结论；必要时，可以委托具备资格的医疗机构协助进行有关的诊断。

设区的市级劳动能力鉴定委员会应当自收到劳动能力鉴定申请之日起 60 日内作出劳动能力鉴定结论，必要时，作出劳动能力鉴定结论的期限可以延长 30 日。劳动能力鉴定结论应当及时送达申请鉴定的单位和个人。

第二十六条　申请鉴定的单位或者个人对设区的市级劳动能力鉴定委员会作出的鉴定结论不服的，可以在收到该鉴定结论之日起 15 日内向省、自治区、直辖市劳动能力鉴定委员会提出再次鉴定申请。省、自治区、直辖市劳动能力鉴定委员会作出的劳动能力鉴定结论为最终结论。

第二十七条　劳动能力鉴定工作应当客观、公正。劳动能力鉴定委员会组成人员或者参加鉴定的专家与当事人有利害关系的，应当回避。

第二十八条　自劳动能力鉴定结论作出之日起 1 年后，工伤职工或者其近亲属、所在单位或者经办机构认为伤残情况发生变化的，可以申请劳动能力复查鉴定。

第二十九条　劳动能力鉴定委员会依照本条例第二十六条和第二十八条的规定进行再次鉴定和复查鉴定的期限，依照本条例第二十五条第二款的规定执行。

工伤保险待遇

[解读]

工伤保险待遇是指职工因身体健康或生命，在工作中遭受暂时或永久的损害，而获得的物质或现金的补救和补偿。一般包括工伤医疗待遇、辅助器具配置待遇、伤残待遇和死亡待遇。其作用是使伤残者的医疗救治、日常生活获得保障，使伤亡者遗属的基本生活获得保障。

法律规定，由于第三人的原因造成职工工伤，第三人不支付工伤医疗费用或者无法确认第三人的，由工伤保险基金先行支付。然后社会保险经办机构有权向第三人追偿。这里提出了民事侵权责任和工伤保险责任竞合后应如何处理的问题。按照上述法律规定，只是明确了工伤职工的医疗费用不得重复获得，而对伤残津贴等长期或一次性待遇并未作出明确规定。也就是说，工伤职工对伤残待遇既可以要求工伤赔偿，也可以向侵权第三人要求民事赔偿。然而，凡是法律未作出明确规定的内容，地方人民代表大会或人民政府均可以作出地方性的规定；凡是地方有明确规定的，均应按地方规定执行。

另外，国家对非法用人单位或用人单位非法用工造成职工职业伤害的情况也作了相应规定。例如无营业执照或未经依法登记、备案的单位以及被依法吊销营业执照或者撤销登记、备案的单位的职工受到事故伤害或者患职业病的，以及用人单位使用童工造成童工伤残、死亡的，由该单位向伤残职工、童工或者死亡职工、童工的近亲属给予一次性赔偿，赔偿标准不得低于法律、法规规定的工伤保险待遇。伤残职工、童工或者死亡职工、童工的近亲属就赔偿数额与单位发生争议的，按照劳动争议的有关规定处理。

［依据指引］

(1)《中华人民共和国社会保险法》（2010年10月28日 国家主席令第35号）

第四十二条 由于第三人的原因造成工伤，第三人不支付工伤医疗费用或者无法确定第三人的，由工伤保险基金先行支付。工伤保险基金先行支付后，有权向第三人追偿。

(2) 国务院《工伤保险条例》（2003年4月27日 国务院令第375号 2010年12月20日修订）

第五章 工伤保险待遇

第三十条 职工因工作遭受事故伤害或者患职业病进行治疗，享受工伤医疗待遇。

职工治疗工伤应当在签订服务协议的医疗机构就医，情况紧急时可以先到就近的医疗机构急救。

治疗工伤所需费用符合工伤保险诊疗项目目录、工伤保险药品目录、工伤保险住院服务标准的，从工伤保险基金支付。工伤保险诊疗项目目录、工伤保险药品目录、工伤保险住院服务标准，由国务院社会保险行政部门会同国务院卫生行政部门、食品药品监督管理部门等部门规定。

职工住院治疗工伤的伙食补助费，以及经医疗机构出具证明，报经办机构同意，工伤职工到统筹地区以外就医所需的交通、食宿费用从工伤保险基金支付，基金支付的具体标准由统筹地区人民政府规定。

工伤职工治疗非工伤引发的疾病，不享受工伤医疗待遇，按照基本医疗保险办法处理。

工伤职工到签订服务协议的医疗机构进行工伤康复的费用，符合规定的，从工伤保险基金支付。

第三十一条 社会保险行政部门作出认定为工伤的决定后发生行政复议、行政诉讼的，行政复议和行政诉讼期间不停止支付工伤职工治疗工伤的医疗费用。

第三十二条 工伤职工因日常生活或者就业需要，经劳动能力鉴定委员会确认，可以安装假肢、矫形器、假眼、假牙和配置轮椅等辅助器具，所需费用按照国家规定的标准从工伤保险基金支付。

第三十三条 职工因工作遭受事故伤害或者患职业病需要暂停工作接受工伤医疗的，在停工留薪期内，原工资福利待遇不变，由所在单位按月支付。

停工留薪期一般不超过12个月。伤情严重或者情况特殊，经设区的市级劳动能力鉴定委员会确认，可以适当延长，但延长不得超过12个月。工伤职工评定伤残等级后，停发原待遇，按照本章的有关规定享受伤残待遇。工伤职工在停工留薪期满后仍需治疗的，继续享受工伤医疗待遇。

生活不能自理的工伤职工在停工留薪期需要护理的，由所在单位负责。

第三十四条 工伤职工已经评定伤残等级并经劳动能力鉴定委员会确认需要生活护理的，从工伤保险基金按月支付生活护理费。

生活护理费按照生活完全不能自理、生活大部分不能自理或者生活部分不能自理3个不同等级支付，其标准分别为统筹地区上年度职工月平均工资的50%、40%或者30%。

第三十五条 职工因工致残被鉴定为一级至四级伤残的，保留劳动关系，退出工作岗位，享受以下待遇：

（一）从工伤保险基金按伤残等级支付一次性伤残补助金，标准为：一级伤残为27个月的本人工资，二级伤残为25个月的本人工资，三级伤残为23个月的本人工资，四级伤残为21个月的本人工资。

（二）从工伤保险基金按月支付伤残津贴，标准为：一级伤残为本人工资的90%，二级伤残为本人工资的85%，三级伤残为本人工资的80%，四级伤残为本人工资的75%。伤残津贴实际金额低于当地最低工资标准的，由工伤保险基金补足差额。

（三）工伤职工达到退休年龄并办理退休手续后，停发伤残津贴，按照国家有关规定享受基本养老保险待遇。基本养老保险待遇低于伤残津贴的，由工伤保险基金补足差额。

职工因工致残被鉴定为一级至四级伤残的，由用人单位和职工个人以伤残津贴为基数，缴纳基本医疗保险费。

第三十六条 职工因工致残被鉴定为五级、六级伤残的，享受以下待遇：

（一）从工伤保险基金按伤残等级支付一次性伤残补助金，标准为：五级伤残为18个月的本人工资，六级伤残为16个月的本人工资；

（二）保留与用人单位的劳动关系，由用人单位安排适当工作。难以安排工作的，由用人单位按月发给伤残津贴，标准为：五级伤残为本人工资的70%，六级伤残为本人工资的60%，并由用人单位按照规定为其缴纳应缴纳的各项社会保险费。伤残津贴实际金额低于当地最低工资标准的，由用人单位补足差额。

经工伤职工本人提出，该职工可以与用人单位解除或者终止劳动关系，由工伤保险基金支付一次性工伤医疗补助金，由用人单位支付一次性伤残就业补助金。一次性工伤医疗补助金和一次性伤残就业补助金的具体标准由省、自治区、直辖市人民政府规定。

第三十七条　职工因工致残被鉴定为七级至十级伤残的，享受以下待遇：

（一）从工伤保险基金按伤残等级支付一次性伤残补助金，标准为：七级伤残为13个月的本人工资，八级伤残为11个月的本人工资，九级伤残为9个月的本人工资，十级伤残为7个月的本人工资；

（二）劳动、聘用合同期满终止，或者职工本人提出解除劳动、聘用合同的，由工伤保险基金支付一次性工伤医疗补助金，由用人单位支付一次性伤残就业补助金。一次性工伤医疗补助金和一次性伤残就业补助金的具体标准由省、自治区、直辖市人民政府规定。

第三十八条　工伤职工工伤复发，确认需要治疗的，享受本条例第三十条、第三十二条和第三十三条规定的工伤待遇。

第三十九条　职工因工死亡，其近亲属按照下列规定从工伤保险基金领取丧葬补助金、供养亲属抚恤金和一次性工亡补助金：

（一）丧葬补助金为6个月的统筹地区上年度职工月平均工资。

（二）供养亲属抚恤金按照职工本人工资的一定比例发给由因工死亡职工生前提供主要生活来源、无劳动能力的亲属。标准为：配偶每月40%，其他亲属每人每月30%，孤寡老人或者孤儿每人每月在上述标准的基础上增加10%。核定的各供养亲属的抚恤金之和不应高于因工死亡职工生前的工资。供养亲属的具体范围由国务院社会保险行政部门规定。

（三）一次性工亡补助金标准为上一年度全国城镇居民人均可支配收入的20倍。

伤残职工在停工留薪期内因工伤导致死亡的，其近亲属享受本条第一款规定的待遇。

一级至四级伤残职工在停工留薪期满后死亡的，其近亲属可以享受本条第一款第（一）项、第（二）项规定的待遇。

第四十条　伤残津贴、供养亲属抚恤金、生活护理费由统筹地区社会保险行政部门根据职工平均工资和生活费用变化等情况适时调整。调整办法由省、自治区、直辖市人民政府规定。

第四十一条　职工因工外出期间发生事故或者在抢险救灾中下落不明的，从事故发生当月起3个月内照发工资，从第4个月起停发工资，由工伤保险基金向其供养亲属按月支付供养亲属抚恤金。生活有困难的，可以预支一次性工亡补助金的50%。职工被人民法院宣告死亡的，按照本条例第三十九条职工因工死亡的规定处理。

第四十二条　工伤职工有下列情形之一的，停止享受工伤保险待遇：

（一）丧失享受待遇条件的；

（二）拒不接受劳动能力鉴定的；

（三）拒绝治疗的。

第四十三条　用人单位分立、合并、转让的，承继单位应当承担原用人单位的工伤保险责任；原用人单位已经参加工伤保险的，承继单位应当到当地经办机构办理工伤保险变更登记。

用人单位实行承包经营的，工伤保险责任由职工劳动关系所在单位承担。

职工被借调期间受到工伤事故伤害的，由原用人单位承担工伤保险责任，但原用人单位与借调单位可以约定补偿办法。

企业破产的，在破产清算时依法拨付应当由单位支付的工伤保险待遇费用。

第四十四条　职工被派遣出境工作，依据前往国家或者地区的法律应当参加当地工伤保险的，参加当地工伤保险，其国内工伤保险关系中止；不能参加当地工伤保险的，其国内工伤保险关系不中止。

第四十五条　职工再次发生工伤，根据规定应当享受伤残津贴的，按照新认定的伤残等级享受伤残津贴待遇。

(3) 人力资源和社会保障部《非法用工单位伤亡人员一次性赔偿办法》（2010年12月31日部令第9号）

第一条　根据《工伤保险条例》第六十六条第一款的授权，制定本办法。

第二条　本办法所称非法用工单位伤亡人员，是指无营业执照或者未经依法登记、备案的单位以及被依法吊销营业执照或者撤销登记、备案的单位受到事故伤害或者患职业病的职工，或者用人单位使用童工造成的伤残、死亡童工。

前款所列单位必须按照本办法的规定向伤残职工或者死亡职工的近亲属、伤残童工或者死亡童工的近亲属给予一次性赔偿。

第三条 一次性赔偿包括受到事故伤害或者患职业病的职工或童工在治疗期间的费用和一次性赔偿金。一次性赔偿金数额应当在受到事故伤害或者患职业病的职工或童工死亡或者经劳动能力鉴定后确定。

劳动能力鉴定按照属地原则由单位所在地设区的市级劳动能力鉴定委员会办理。劳动能力鉴定费用由伤亡职工或童工所在单位支付。

第四条 职工或童工受到事故伤害或者患职业病，在劳动能力鉴定之前进行治疗期间的生活费按照统筹地区上年度职工月平均工资标准确定，医疗费、护理费、住院期间的伙食补助费以及所需的交通费等费用按照《工伤保险条例》规定的标准和范围确定，并全部由伤残职工或童工所在单位支付。

第五条 一次性赔偿金按照以下标准支付：

一级伤残的为赔偿基数的16倍，二级伤残的为赔偿基数的14倍，三级伤残的为赔偿基数的12倍，四级伤残的为赔偿基数的10倍，五级伤残的为赔偿基数的8倍，六级伤残的为赔偿基数的6倍，七级伤残的为赔偿基数的4倍，八级伤残的为赔偿基数的3倍，九级伤残的为赔偿基数的2倍，十级伤残的为赔偿基数的1倍。

前款所称赔偿基数，是指单位所在工伤保险统筹地区上年度职工年平均工资。

第六条 受到事故伤害或者患职业病造成死亡的，按照上一年度全国城镇居民人均可支配收入的20倍支付一次性赔偿金，并按照上一年度全国城镇居民人均可支配收入的10倍一次性支付丧葬补助等其他赔偿金。

第七条 单位拒不支付一次性赔偿的，伤残职工或者死亡职工的近亲属、伤残童工或者死亡童工的近亲属可以向人力资源和社会保障行政部门举报。经查证属实的，人力资源和社会保障行政部门应当责令该单位限期改正。

第八条 伤残职工或者死亡职工的近亲属、伤残童工或者死亡童工的近亲属就赔偿数额与单位发生争议的，按照劳动争议处理的有关规定处理。

第九条 本办法自2011年1月1日起施行。劳动和社会保障部2003年9月23日颁布的《非法用工单位伤亡人员一次性赔偿办法》同时废止。

工伤医疗和辅助器具配置待遇

[解读]

职工因工作遭受事故伤害或者患职业病须进行治疗的，应享受工伤医疗待遇。按照国家规定，职工治疗工伤应当在签订服务协议的医疗机构就医，情况紧急时可以先到就近的医疗机构急救。治疗期间的各项费用，分别由社会保险经办机构和所在用人单位支付。

治疗工伤所需费用符合工伤保险诊疗项目目录、工伤保险药品目录、工伤保险住院服务标准的，由社会保险经办机构从工伤保险基金支付。工伤职工因日常生活或者就业需要，经劳动能力鉴定委员会确认，可以安装假肢、矫形器、假眼、假牙和配置轮椅等辅助器具，所需费用按照国家规定的标准，由社会保险经办机构从工伤保险基金支付。

职工暂停工作接受工伤医疗的期间称为停工留薪期。停工留薪期一般不超过12个月。伤情严重或者情况特殊，经设区的市级劳动能力鉴定委员会确认，可以适当延长，但延长不得超过12个月。停工留薪期内，职工原工资福利待遇不变，由所在单位按月支付。生活不能自理的工伤职工，在停工留薪期需要护理的，由所在单位负责。职工住院治疗期间的伙食补助费，以及经医疗机构出具证明，报社会保险经办机构同意，工伤职工到统筹地区以外就医的，所需交通、食宿费用由工伤保险基金支付，具体标准由统筹地区人民政府规定。

停工留薪期满，工伤职工应进行劳动能力鉴定。工伤职工评定伤残等级后，停发原待遇，按照有关规定享受工伤伤残待遇。工伤职工在停工留薪期满后仍需治疗的，继续享受工伤医疗待遇。

此外，应当注意三点：一是工伤职工到签订服务协议的医疗机构进行工伤康复性治疗的费用，只要符合工伤保险诊疗项目目录、工伤保险药品目录和工伤保险住院服务标准，即可由社会保险经办机构从工伤保险基金支付。二是工伤职工工伤复发，经劳动能力鉴定委员会确认需治疗的，仍可按规定享受工伤医疗待遇。三是工伤职工治疗非工伤引发的疾病，不享受工伤医疗待遇，按照基本医疗保险办法处理。

[依据指引]

国务院《工伤保险条例》（2003 年 4 月 27 日国务院令第 375 号 2010 年 12 月 20 日修订）

第三十条 职工因工作遭受事故伤害或者患职业病进行治疗，享受工伤医疗待遇。

职工治疗工伤应当在签订服务协议的医疗机构就医，情况紧急时可以先到就近的医疗机构急救。

治疗工伤所需费用符合工伤保险诊疗项目目录、工伤保险药品目录、工伤保险住院服务标准的，从工伤保险基金支付。工伤保险诊疗项目目录、工伤保险药品目录、工伤保险住院服务标准，由国务院社会保险行政部门会同国务院卫生行政部门、食品药品监督管理部门等部门规定。

职工住院治疗工伤的伙食补助费，以及经医疗机构出具证明，报经办机构同意，工伤职工到统筹地区以外就医所需的交通、食宿费用从工伤保险基金支付，基金支付的具体标准由统筹地区人民政府规定。

工伤职工治疗非工伤引发的疾病，不享受工伤医疗待遇，按照基本医疗保险办法处理。

工伤职工到签订服务协议的医疗机构进行工伤康复的费用，符合规定的，从工伤保险基金支付。

第三十一条 社会保险行政部门作出认定为工伤的决定后发生行政复议、行政诉讼的，行政复议和行政诉讼期间不停止支付工伤职工治疗工伤的医疗费用。

第三十二条 工伤职工因日常生活或者就业需要，经劳动能力鉴定委员会确认，可以安装假肢、矫形器、假眼、假牙和配置轮椅等辅助器具，所需费用按照国家规定的标准从工伤保险基金支付。

第三十三条 职工因工作遭受事故伤害或者患职业病需要暂停工作接受工伤医疗的，在停工留薪期内，原工资福利待遇不变，由所在单位按月支付。

停工留薪期一般不超过 12 个月。伤情严重或者情况特殊，经设区的市级劳动能力鉴定委员会确认，可以适当延长，但延长不得超过 12 个月。工伤职工评定伤残等级后，停发原待遇，按照本章的有关规定享受伤残待遇。工伤职工在停工留薪期满后仍需治疗的，继续享受工伤医疗待遇。

生活不能自理的工伤职工在停工留薪期需要护理的，由所在单位负责。

生活护理费

[解读]

生活护理费是工伤职工经劳动能力鉴定委员会评定了生活自理障碍等级后，应当享受的一种待遇，属于工伤伤残待遇的范围。生活护理费应由社会保险经办机构从工伤保险基金按月支付；按照生活完全不能自理、生活大部分不能自理和生活部分不能自理 3 个不同等级支付，其标准分别为统筹地区上年度职工月平均工资的 50%、40%和 30%。

[依据指引]

国务院《工伤保险条例》（2003 年 4 月 27 日国务院令第 375 号 2010 年 12 月 20 日修订）

第三十四条 工伤职工已经评定伤残等级并经劳动能力鉴定委员会确认需要生活护理的，从工伤保险基金按月支付生活护理费。

生活护理费按照生活完全不能自理、生活大部分不能自理或者生活部分不能自理 3 个不同等级支付，其标准分别为统筹地区上年度职工月平均工资的 50%、40%或者 30%。

一至四级伤残待遇

[解读]

工伤伤残待遇除生活护理费外，还包括根据工伤职工被劳动鉴定委员会所鉴定的劳动功能障碍等级，支付的一次性伤残补助金、伤残津贴、一次性工伤医疗补助金和伤残就业补助金等。

职工被鉴定为一级至四级伤残的，称为完全丧失劳动能力，须保留劳动关系，退出工作岗位，享受以下待遇：

（一）从工伤保险基金按伤残等级支付一次性伤残补助金，标准为：一级伤残为 27 个月的本人工资，二级伤残为 25 个月的本人工资，三级伤残为 23 个月的本人工资，四级伤残为 21 个月的本人工资，与原《工伤保险条例》的规定相比，提高了 3 个月的本人工资。

（二）从工伤保险基金按月支付伤残津贴，标准为：一级伤残为本人工资的 90%，二级伤残为本人工资的85%，三级伤残为本人工资的80%，四级伤残为本人工资的75%。伤残津贴实际金额低于当地最低工资标准的，由工伤保险基金补足差额。

（三）工伤职工达到退休年龄并办理退休手续后，停发伤残津贴，享受基本养老保险待遇。基本养老保险待遇低于伤残津贴的，由工伤保险基金补足差额。

职工办理退休手续之前，由用人单位和职工个人以伤残津贴为基数，缴纳基本医疗保险费。用人单位需注意，此期间不能解除和终止这类职工的劳动关系。

［依据指引］

国务院《工伤保险条例》（2003年4月27日国务院令第375号 2010年12月20日修订）

第三十五条 职工因工致残被鉴定为一级至四级伤残的，保留劳动关系，退出工作岗位，享受以下待遇：

（一）从工伤保险基金按伤残等级支付一次性伤残补助金，标准为：一级伤残为27个月的本人工资，二级伤残为25个月的本人工资，三级伤残为23个月的本人工资，四级伤残为21个月的本人工资。

（二）从工伤保险基金按月支付伤残津贴，标准为：一级伤残为本人工资的90%，二级伤残为本人工资的85%，三级伤残为本人工资的80%，四级伤残为本人工资的75%。伤残津贴实际金额低于当地最低工资标准的，由工伤保险基金补足差额。

（三）工伤职工达到退休年龄并办理退休手续后，停发伤残津贴，按照国家有关规定享受基本养老保险待遇。基本养老保险待遇低于伤残津贴的，由工伤保险基金补足差额。

职工因工致残被鉴定为一级至四级伤残的，由用人单位和职工个人以伤残津贴为基数，缴纳基本医疗保险费。

五至六级伤残待遇

［解读］

职工被鉴定为五级、六级伤残的，称为大部分丧失劳动能力，须享受以下待遇：

（一）从工伤保险基金按伤残等级支付一次性伤残补助金，标准为：五级伤残为18个月的本人工资，六级伤残为16个月的本人工资，与原《工伤保险条例》的规定相比，提高了2个月的本人工资。

（二）保留与用人单位的劳动关系，由用人单位安排适当工作。难以安排工作的，由用人单位按月发给伤残津贴，标准为：五级伤残为本人工资的70%，六级伤残为本人工资的60%，并由用人单位按照规定为其缴纳应缴纳的各项社会保险费。伤残津贴实际金额低于当地最低工资标准的，由用人单位补足差额。工伤职工达到退休年龄并办理退休手续后，停发伤残津贴，享受基本养老保险待遇。基本养老保险待遇低于伤残津贴的，由工伤保险基金补足差额。

经工伤职工本人提出，该职工可以与用人单位解除或者终止劳动关系，由工伤保险基金支付一次性工伤医疗补助金，由用人单位支付一次性伤残就业补助金，这两项伤残待遇的具体标准由省、自治区、直辖市人民政府规定。而用人单位则不能单方解除和终止其劳动合同，除非该职工符合《劳动合同法》第39条规定的严重违反规章制度等情形。

［依据指引］

国务院《工伤保险条例》（2003年4月27日国务院令第375号 2010年12月20日修订）

第三十六条 职工因工致残被鉴定为五级、六级伤残的，享受以下待遇：

（一）从工伤保险基金按伤残等级支付一次性伤残补助金，标准为：五级伤残为18个月的本人工资，六级伤残为16个月的本人工资；

（二）保留与用人单位的劳动关系，由用人单位安排适当工作。难以安排工作的，由用人单位按月发给伤残津贴，标准为：五级伤残为本人工资的70%，六级伤残为本人工资的60%，并由用人单位按照规定为其缴纳应缴纳的各项社会保险费。伤残津贴实际金额低于当地最低工资标准的，由用人单位补足差额。

经工伤职工本人提出，该职工可以与用人单位解除或者终止劳动关系，由工伤保险基金支付一次性工伤医疗补助金，由用人单位支付一次性伤残就业补助金。一次性工伤医疗补助金和一次性伤残就业补助金的具体标准由省、自治区、直辖市人民政府规定。

七至十级伤残待遇

[解读]

职工被鉴定为七级至十级伤残的，称为部分丧失劳动能力，须享受以下待遇：

（一）从工伤保险基金按伤残等级支付一次性伤残补助金，标准为：七级伤残为13个月的本人工资，八级伤残为11个月的本人工资，九级伤残为9个月的本人工资，十级伤残为7个月的本人工资，与原《工伤保险条例》的规定相比，提高了1个月的本人工资。

（二）劳动、聘用合同期满终止，或者职工本人提出解除劳动、聘用合同的，由工伤保险基金支付一次性工伤医疗补助金，由用人单位支付一次性伤残就业补助金，这两项伤残待遇的具体标准由省、自治区、直辖市人民政府规定。在劳动、聘用合同期限届满前，用人单位不能解除其劳动、聘用合同，除非该职工符合《劳动合同法》第39条规定的严重违反规章制度等情形。

[依据指引]

国务院《工伤保险条例》（2003年4月27日 国务院令第375号 2010年12月20日修订）

第三十七条 职工因工致残被鉴定为七级至十级伤残的，享受以下待遇：

（一）从工伤保险基金按伤残等级支付一次性伤残补助金，标准为：七级伤残为13个月的本人工资，八级伤残为11个月的本人工资，九级伤残为9个月的本人工资，十级伤残为7个月的本人工资；

（二）劳动、聘用合同期满终止，或者职工本人提出解除劳动、聘用合同的，由工伤保险基金支付一次性工伤医疗补助金，由用人单位支付一次性伤残就业补助金。一次性工伤医疗补助金和一次性伤残就业补助金的具体标准由省、自治区、直辖市人民政府规定。

伤残津贴与养老保险待遇的衔接

[解读]

根据国家规定，工伤职工伤残等级被鉴定为一至四级的，只需继续缴纳医疗保险费，无须缴纳养老保险费；被鉴定为五至六级的，应当继续缴纳各项社会保险，其中包括养老保险。工伤职工个人应缴纳的社会保险的缴费基数为本人的伤残津贴。享受伤残津贴的一至四级工伤职工，只要符合领取养老保险待遇的条件，即停发伤残津贴，享受养老金待遇，养老金低于伤残津贴的，从工伤保险基金中补足差额。

[依据指引]

(1)《中华人民共和国社会保险法》（2010年10月28日 国家主席令第35号）

第四十条 工伤职工符合领取基本养老金条件的，停发伤残津贴，享受基本养老保险待遇。基本养老保险待遇低于伤残津贴的，从工伤保险基金中补足差额。

(2) 国务院《工伤保险条例》（2003年4月27日 国务院令第375号 2010年12月20日修订）

第三十五条 职工因工致残被鉴定为一级至四级伤残的，保留劳动关系，退出工作岗位，享受以下待遇：

（一）从工伤保险基金按伤残等级支付一次性伤残补助金，标准为：一级伤残为27个月的本人工资，二级伤残为25个月的本人工资，三级伤残为23个月的本人工资，四级伤残为21个月的本人工资。

（二）从工伤保险基金按月支付伤残津贴，标准为：一级伤残为本人工资的90%，二级伤残为本人工资的85%，三级伤残为本人工资的80%，四级伤残为本人工资的75%。伤残津贴实际金额低于当地最低工资标准的，由工伤保险基金补足差额。

（三）工伤职工达到退休年龄并办理退休手续后，停发伤残津贴，按照国家有关规定享受基本养老保险待遇。基本养老保险待遇低于伤残津贴的，由工伤保险基金补足差额。

职工因工致残被鉴定为一级至四级伤残的，由用人单位和职工个人以伤残津贴为基数，缴纳基本医疗保险费。

第三十六条 职工因工致残被鉴定为五级、六级伤残的，享受以下待遇：

（一）从工伤保险基金按伤残等级支付一次性伤残补助金，标准为：五级伤残为18个月的本人工资，六级伤残为16个月的本人工资；

（二）保留与用人单位的劳动关系，由用人单位安排适当工作。难以安排工作的，由用人单位按月发给伤残津贴，标准为：五级伤残为本人工资的70%，六级伤残为本人工资的60%，并由用人单位按照规定为其缴纳应缴纳的各项社会保险费。伤残津贴实际金额低于当地最低工资标准的，由用人单位补足差额。

因工死亡待遇

[解读]

因工死亡待遇是由社会保险经办机构从工伤保险基金向因工死亡职工直系亲属支付的待遇，包括丧葬补助金、供养亲属抚恤金和一次性工亡补助金。具体标准是：

（一）丧葬补助金为6个月的统筹地区上年度职工月平均工资。

（二）供养亲属抚恤金按照职工本人工资的一定比例发给由因工死亡职工生前提供主要生活来源、无劳动能力的亲属。标准为：配偶每月40%，其他亲属每人每月30%，孤寡老人或者孤儿每人每月在上述标准的基础上增加10%。核定的各供养亲属的抚恤金之和不应高于因工死亡职工生前的工资（请注意，各供养亲属的抚恤金之和不应高于死之职工生前的工资，是指第一次核定的数额，此后抚恤调整时不受此限制）。

（三）一次性工亡补助金标准为上一年度全国城镇居民人均可支配收入的20倍，与原《工伤保险条例》规定的“48个月至60个月的统筹地区上年度职工月平均工资”相比，在全国范围内工伤职工的死亡待遇得到了统一，待遇的水平得到了大幅度提高。

职工因工死亡的情形大致有三种：一是事故发生当场死亡，二是在停工留薪期内死亡，三是停工留薪期满以后死亡。对于前两种因工死亡的情形，其近亲属按上述三项待遇的标准享受。对于第三种死亡情形中，只有被鉴定为一至四级伤残等级的职工，其近亲属可按上述第一项、第二项待遇的标准享受。

另外，还有一种职工下落不明的特殊情况。按法律规定，不知下落一年为下落不明；两年为失踪；四年才可宣告死亡。宣告死亡须具备三个条件：一是公民下落不明满4年，二是须由利害关系人向法院提出申请，三是由法院依法定程序宣告。按照现行规定，职工因工外出期间发生事故或者在抢险救灾中下落不明的，从事故发生当月起3个月内，由其所在单位照发工资，从第4个月起停发工资，由社会保险经办机构从工伤保险基金向其供养亲属按月支付供养亲属抚恤金。生活有困难的，可以预支一次性工亡补助金的50%。待职工被人民法院宣告死亡后，再按照上面所说的职工因工死亡的规定处理，即：向其直系亲属支付6个月统筹地区社平工资的丧葬补助金，继续按标准每月支付供养亲属抚恤金，支付或补足支付一次性工亡补助金。

[依据指引]

(1) 国务院《工伤保险条例》（2003年4月27日　国务院令第375号　2010年12月20日修订）

第三十九条　职工因工死亡，其近亲属按照下列规定从工伤保险基金领取丧葬补助金、供养亲属抚恤金和一次性工亡补助金：

（一）丧葬补助金为6个月的统筹地区上年度职工月平均工资。

（二）供养亲属抚恤金按照职工本人工资的一定比例发给由因工死亡职工生前提供主要生活来源、无劳动能力的亲属。标准为：配偶每月40%，其他亲属每人每月30%，孤寡老人或者孤儿每人每月在上述标准的基础上增加10%。核定的各供养亲属的抚恤金之和不应高于因工死亡职工生前的工资。供养亲属的具体范围由国务院社会保险行政部门规定。

（三）一次性工亡补助金标准为上一年度全国城镇居民人均可支配收入的20倍。

伤残职工在停工留薪期内因工伤导致死亡的，其近亲属享受本条第一款规定的待遇。

一级至四级伤残职工在停工留薪期满后死亡的，其近亲属可以享受本条第一款第（一）项、第（二）项规定的待遇。

第四十一条　职工因工外出期间发生事故或者在抢险救灾中下落不明的，从事故发生当月起3个月内照发工资，从第4个月起停发工资，由工伤保险基金向其供养亲属按月支付供养亲属抚恤金。生活有困难的，可以预支一次性工亡补助金的50%。职工被人民法院宣告死亡的，按照本条例第三十九条职工因工死亡的规定处理。

(2) 劳动和社会保障部《因工死亡职工供养亲属范围规定》（2003年9月23日　部令第18号）

第一条　为明确因工死亡职工供养亲属范围，根据《工伤保险条例》第三十七条第一款第二项的授权，制定本规定。

第二条 本规定所称因工死亡职工供养亲属，是指该职工的配偶、女子、父母、祖父母、外祖父母、孙子女、外孙子女、兄弟姐妹。

本规定所称子女，包括婚生子女、非婚生子女、养子女和有抚养关系的继子女，其中，婚生子女、非婚生子女包括遗腹子女；

本规定所称父母，包括生父母、养父母和有抚养关系的继父母；

本规定所称兄弟姐妹，包括同父母的兄弟姐妹、同父异母或者同母异父的兄弟姐妹、养兄弟姐妹、有抚养关系的继兄弟姐妹。

第三条 上条规定的人员，依靠因工死亡职工生前提供主要生活来源，并有下列情形之一的，可按规定申请供养亲属抚恤金：

（一）完全丧失劳动能力的；

（二）工亡职工配偶男年满 60 周岁、女年满 55 周岁的；

（三）工亡职工父母男年满 60 周岁、女年满 55 周岁的；

（四）工亡职工子女未满 18 周岁的；

（五）工亡职工父母均已死亡，其祖父、外祖父年满 60 周岁，祖母、外祖母年满 55 周岁的；

（六）工亡职工子女已经死亡或完全丧失劳动能力，其孙子女、外孙子女未满 18 周岁的；

（七）工亡职工父母均已死亡或完全丧失劳动能力，其兄弟姐妹未满 18 周岁的。

第四条 领取抚恤金人员有下列情形之一的，停止享受抚恤金待遇：

（一）年满 18 周岁且未完全丧失劳动能力的；

（二）就业或参军的；

（三）工亡职工配偶再婚的；

（四）被他人或组织收养的；

（五）死亡的。

第五条 领取抚恤金的人员，在被判刑收监执行期间，停止享受抚恤金待遇。刑满释放仍符合领取抚恤金资格的，按规定的标准享受抚恤金。

第六条 因工死亡职工供养亲属享受抚恤金待遇的资格，由统筹地区社会保险经办机构核定。

因工死亡职工供养亲属的劳动能力鉴定，由因工死亡职工生前单位所在地设区的市级劳动能力鉴定委员会负责。

第七条 本办法自 2004 年 1 月 1 日起施行。

(3) 劳动和社会保障部办公厅《对陕西省劳动保障厅〈关于工伤认定和工伤保险待遇问题请示〉的答复》（2002 年 4 月 22 日 劳社厅函［2002］159 号）

陕西省劳动和社会保障厅：

你厅送来的《关于工伤认定和工伤保险待遇问题的请示》（陕劳社字［2002］20 号）收悉，经研究，答复如下：

二、《试行办法》第二十五条第二款规定“供养亲属抚恤金总额不得超过死者本人工资”是指第一次核发供养亲属抚恤金时总额不得超过死者本人工资；供养亲属抚恤金调整后则不受此规定限制。

用人单位与工伤保险基金分别承担的职工工伤保险待遇

［解读］

职工工伤应享受的工伤保险待遇分为：职工医疗待遇、辅助器具配置待遇、伤残待遇和死亡待遇。具体情况如下：

（一）医疗待遇，包括工伤治疗费（须符合工伤保险诊疗项目目录、药品目录和住院服务标准），住院期间的伙食补助费，赴外地就医的交通、食宿费，停工留薪期内的工资、福利待遇，住院期间生活不能自理的护理待遇，工伤康复费。

（二）辅助器具配置待遇，包括安装假肢、矫形器、假眼、假牙和配置轮椅等辅助器具的费用。

（三）伤残待遇，包括已评定伤残等级需要生活护理的费用、一次性伤残补助金、按月支付的伤残津贴、解除或终止劳动合同的一次性工伤医疗补助费和伤残就业补助金。

（四）死亡待遇，包括丧葬补助金、供养亲属抚恤金和一次性工亡补助金。

其中，按原《工伤保险条例》规定，由用人单位承担的工伤保险待遇共有七项；按新《工伤保险条例》规定，只有工伤职工停工留薪期的工资、福利待遇，住院期间生活不能自理的护理待遇，被评定为五至六级伤残等级的、按月支付的伤残津贴，解除或终止劳动合同的一次性伤残就业补助金等 4 项工伤保险待遇由用人单位承担；其余 12 项工伤保险待遇的费用（其中包括被评定为一至四级伤残等级的、按月支付的伤残津贴），均由工伤保险基金承担。

［依据指引］

(1)《中华人民共和国社会保险法》（2010 年

10 月 28 日　国家主席令第 35 号）

第三十八条　因工伤发生的下列费用，按照国家规定从工伤保险基金中支付：

（一）治疗工伤的医疗费用和康复费用；

（二）住院伙食补助费；

（三）到统筹地区以外就医的交通食宿费；

（四）安装配置伤残辅助器具所需费用；

（五）生活不能自理的，经劳动能力鉴定委员会确认的生活护理费；

（六）一次性伤残补助金和一至四级伤残职工按月领取的伤残津贴；

（七）终止或者解除劳动合同时，应当享受的一次性医疗补助金；

（八）因工死亡的，其遗属领取的丧葬补助金、供养亲属抚恤金和因工死亡补助金；

（九）劳动能力鉴定费。

（2）国务院《工伤保险条例》（2003 年 4 月 27 日　国务院令第 375 号　2010 年 12 月 20 日修订）（略）

职业病患者的待遇

[解读]

其一，职业病患者可依法享受国家规定的职业病待遇，其中包括：

（一）用人单位应当按照国家有关规定，安排职业病病人进行治疗、康复和定期检查。

（二）用人单位对不适宜继续从事原工作的职业病病人，应当调离原岗位，并妥善安置。

（三）用人单位对从事接触职业病危害的作业的劳动者，应当给予适当岗位津贴。

其二，职业病患者可按照国家有关规定享受工伤社会保险待遇，其中包括工伤医疗待遇、辅助器具配置待遇、伤残待遇、死亡待遇等。

其三，职业病患者除依法享有工伤保险待遇外，依照有关民事法律，尚有获得赔偿的权利，可依照民法向用人单位提出赔偿要求。

其四，职业病患者变动工作单位，其依法享有的待遇不变。

其五，发生分立、合并、解散、破产等情形的用人单位，应按照国家有关规定妥善安置职业病患者。

[依据指引]

（1）《中华人民共和国职业病防治法》（2001 年 10 月 27 日　国家主席令第 60 号　2011 年 12 月 31 日修订）

第五十六条　医疗卫生机构发现疑似职业病病人时，应当告知劳动者本人并及时通知用人单位。

用人单位应当及时安排对疑似职业病病人进行诊断；在疑似职业病病人诊断或者医学观察期间，不得解除或者终止与其订立的劳动合同。

疑似职业病病人在诊断、医学观察期间的费用，由用人单位承担。

第五十七条　用人单位应当保障职业病病人依法享受国家规定的职业病待遇。

用人单位应当按照国家有关规定，安排职业病病人进行治疗、康复和定期检查。

用人单位对不适宜继续从事原工作的职业病病人，应当调离原岗位，并妥善安置。

用人单位对从事接触职业病危害的作业的劳动者，应当给予适当岗位津贴。

第五十八条　职业病病人的诊疗、康复费用，伤残以及丧失劳动能力的职业病病人的社会保障，按照国家有关工伤保险的规定执行。

第五十九条　职业病病人除依法享有工伤保险外，依照有关民事法律，尚有获得赔偿的权利的，有权向用人单位提出赔偿要求。

第六十条　劳动者被诊断患有职业病，但用人单位没有依法参加工伤保险的，其医疗和生活保障由该用人单位承担。

第六十一条　职业病病人变动工作单位，其依法享有的待遇不变。

用人单位在发生分立、合并、解散、破产等情形时，应当对从事接触职业病危害的作业的劳动者进行健康检查，并按照国家有关规定妥善安置职业病病人。

（2）《中华人民共和国安全生产法》（2002 年 6 月 29 日　国家主席令第 70 号）

第四十八条　因生产安全事故受到损害的从业人员，除依法享有工伤社会保险外，依照有关民事法律尚有获得赔偿的权利的，有权向本单位提出赔偿要求。

工伤保险待遇标准的适时调整

[解读]

为了让工伤职工和工亡职工的遗属享受社会经济发展的成果，并考虑到在职职工工资的增长、生活费的提高，以及物价指数上涨的因素，国家规定，工伤保险待遇中的伤残津贴、生活护理费和供养亲属的抚恤金，由统筹地区社会保险行政部门根据职工平均工资和生活费用变化等情况随机、适时调整。调整办法由省、自治区、直辖市人民政府规定。

[依据指引]

国务院《工伤保险条例》（2003 年 4 月 27 日　国务院令第 375 号　2010 年 12 月 20 日修订）

第四十条　伤残津贴、供养亲属抚恤金、生活护理费由统筹地区社会保险行政部门根据职工平均工资和生活费用变化等情况适时调整。调整办法由省、自治区、直辖市人民政府规定。

本 人 工 资

[解读]

社会保险经办机构在向工伤职工支付工伤保险待遇时，经常以该职工“本人工资”为基准计发，如一级伤残职工的一次性伤残补助金的标准为 27 个月的本人工资。因此，现行法规对“本人工资”作了明确的界定：是指工伤职工因工作遭受事故伤害前或者患职业病前 12 个月平均月缴费工资。本人工资高于统筹地区职工平均工资 300％的，按照统筹地区职工平均工资的 300％计算；本人工资低于统筹地区职工平均工资 60％的，按照统筹地区职工平均工资的 60％计算。

[依据指引]

国务院《工伤保险条例》（2003 年 4 月 27 日　国务院令第 375 号　2010 年 12 月 20 日修订）

第六十四条　本条例所称工资总额，是指用人单位直接支付给本单位全部职工的劳动报酬总额。

本条例所称本人工资，是指工伤职工因工作遭受事故伤害或者患职业病前 12 个月平均月缴费工资。本人工资高于统筹地区职工平均工资 300％的，按照统筹地区职工平均工资的 300％计算；本人工资低于统筹地区职工平均工资 60％的，按照统筹地区职工平均工资的 60％计算。

停止享受工伤保险待遇的情形

[解读]

按照国家规定，工伤职工和工亡职工的近亲属享有工伤保险待遇的权利，但这种权利是与其具备相应的条件、履行相应的义务相联系的。当工伤职工和工亡职工的近亲属丧失了享受待遇的条件或不履行相应的义务时，其也就失去了享有权利的资格，因而也就应停止其继续享受工伤保险待遇。须停止工伤职工享受工伤保险待遇的情形，主要有以下三种：

（一）丧失享受待遇条件的。

（二）拒不接受劳动能力鉴定的。

（三）拒绝治疗的。

“丧失享受待遇条件”的情形包括：工伤职工劳动能力已恢复，伤残等级发生变化，以及工亡职工的供养亲属享受待遇的条件消失等。工亡职工供养亲属享受待遇的条件消失的主要情形包括：

（一）年满 18 周岁且未完全丧失劳动能力的。

（二）就业或参军的。

（三）工亡职工配偶再婚的。

（四）被他人或组织收养的。

（五）死亡的。

这里应注意的是，因工死亡职工供养亲属需要进行劳动能力鉴定，应当由该职工生前单位所在地设区的市级劳动能力鉴定委员会负责。

工伤职工“拒不接受劳动能力鉴定”，一方面使其应享受的工伤保险待遇无法确定，另一方面也表明其不愿意接受工伤保险制度提供的帮助。因此，法律将其规定为停止享受工伤保险待遇的条件之一。

工伤职工“拒绝治疗”，表明其放弃了享受工伤治疗的权利，拒绝履行积极配合治疗的义务。因此，法律将其规定为停止享受工伤保险待遇的条件之一。

[依据指引]

(1) 国务院《工伤保险条例》（2003 年 4 月 27 日　国务院令第 375 号　2010 年 12 月 20 日修订）

第四十二条　工伤职工有下列情形之一的，停止享受工伤保险待遇：

（一）丧失享受待遇条件的；

（二）拒不接受劳动能力鉴定的；

（三）拒绝治疗的。

（2）劳动和社会保障部《因工死亡职工供养亲属范围规定》（2003年9月23日 部令第18号）

第四条 领取抚恤金人员有下列情形之一的，停止享受抚恤金待遇：

（一）年满18周岁且未完全丧失劳动能力的；

（二）就业或参军的；

（三）工亡职工配偶再婚的；

（四）被他人或组织收养的；

（五）死亡的。

第五条 领取抚恤金的人员，在被判刑收监执行期间，停止享受抚恤金待遇。刑满释放仍符合领取抚恤金资格的，按规定的标准享受抚恤金。

第六条 因工死亡职工供养亲属享受抚恤金待遇的资格，由统筹地区社会保险经办机构核定。

因工死亡职工供养亲属的劳动能力鉴定，由因工死亡职工生前单位所在地设区的市级劳动能力鉴定委员会负责。

工伤保险基金先行支付制度

[解读]

工伤保险基金先行支付制度是指职工由于第三人的侵权行为造成伤病被认定为工伤或者在用人单位发生工伤事故，第三人或用人单位不支付工伤医疗费或者工伤保险待遇，或者无法确定第三人的，由工伤保险基金先行支付相关费用，然后由社会保险经办机构向第三人或者用人单位代位追偿的制度。这项制度的具体内容如下：

（一）由于第三人的原因造成工伤，第三人不支付工伤医疗费用或无法确定第三人时，职工申请先行支付的手续。

1. 当职工出现需要工伤保险基金先行支付的情形时，职工个人或者其近亲属可以持工伤认定决定书和有关材料向社会保险经办机构书面申请工伤保险基金先行支付，并告知第三人不支付或者无法确定第三人的情况。

2. 社会保险经办机构接到职工提出的先行支付申请后，应当审查个人获得基本医疗保险基金先行支付和其所在单位缴纳工伤保险费等情况，并按照下列情形分别处理：

（1）对于职工所在用人单位已经依法缴纳工伤保险费，且在认定工伤之前基本医疗保险基金有先行支付的，社会保险经办机构应当按照工伤保险有关规定，用工伤保险基金先行支付超出基本医疗保险基金先行支付部分的医疗费用，并向基本医疗保险基金退还先行支付的费用；在认定工伤之前基本医疗保险基金无先行支付的，社会保险经办机构应当用工伤保险基金先行支付工伤医疗费用。

（2）对于职工所在用人单位未依法缴纳工伤保险费，且在认定工伤之前基本医疗保险基金有先行支付的，社会保险经办机构应当在3个工作日内向用人单位发出书面催告通知，要求用人单位在5个工作日内依法支付超出基本医疗保险基金先行支付部分的医疗费用，并向基本医疗保险基金偿还先行支付的医疗费用，用人单位在规定时间内不支付其余部分医疗费用的，社会保险经办机构应当用工伤保险基金先行支付；在认定工伤之前基本医疗保险基金无先行支付的，社会保险经办机构应当在3个工作日向用人单位发出书面催告通知，要求用人单位在5个工作日内依法支付全部工伤医疗费用，用人单位在规定时间内不支付的，社会保险经办机构应当用工伤保险基金先行支付。

（二）在用人单位发生工伤事故的，职工申请先行支付的手续。

1. 工伤职工所在用人单位未依法缴纳工伤保险费，该用人单位应当为其及时进行救治，并依法支付工伤保险待遇。无论用人单位是否为职工缴纳工伤保险费，有下列情形之一的，职工或者其近亲属均可持工伤认定决定书和有关材料向社会保险经办机构书面申请先行支付工伤保险待遇：

（1）用人单位被依法吊销营业执照或者撤销登记、备案的；

（2）用人单位拒绝支付全部或者部分费用的；

（3）依法经仲裁、诉讼后仍不能获得工伤保险待遇，法院出具中止执行文书的；

（4）职工认为用人单位不支付的其他情形。

2. 社会保险经办机构收到职工或者其近亲属提出的申请后，应当在3个工作日内向该用人单位发出书面催告通知，要求其在5个工作日内予以核实并依法支付工伤保险待遇，告知其如在规定期限内不按时足额支付的，工伤保险基金在按照规定先行支付后，取得代位追偿的权利；该用人单位未按时足额支付的，社会保险经办机构应当按照《社会保险法》和《工伤保险条例》的规定，向职工或其近亲属先行支付工伤保险待遇项目中应当由工伤保险基金支付的项目。

（三）申请先行支付需要提供的证据。

职工申请先行支付工伤医疗费用或者工伤保险待遇的，应当提交所有医疗诊断、鉴定等费用的原始票据等证据。社会保险经办机构在保留全部原始证据的同时，应当要求申请人在先行支付凭据上签字确认，凭原始票据等证据先行支付工伤医疗费用或者工伤保险待遇。

职工因向第三人或者用人单位请求赔偿需要工伤医疗费用或者工伤保险待遇的原始票据等证据的，可以向社会保险经办机构索取复印件，并将第三人或者用人单位赔偿情况及时告知社会保险经办机构。

（四）职工不符合先行支付条件的处理。

职工或者其近亲属提出先行支付工伤医疗费用或者工伤保险待遇申请，社会保险经办机构经审核不符合先行支付条件的，应当在收到申请后5个工作日内作出不予先行支付的决定，并书面通知申请人。

（五）先行支付中职工应承担的责任。

职工已经从第三人或者用人单位处获得工伤医疗费用或者工伤保险待遇的，应当主动将先行支付金额中应当由第三人承担的部分或者工伤保险基金先行支付的工伤保险待遇退还给工伤保险基金，社会保险经办机构不再向第三人或者用人单位追偿。个人拒不退还的，社会保险经办机构可以从以后支付的相关待遇中扣减其应当退还的数额，或者向人民法院提起诉讼。个人隐瞒已经从第三人或者用人单位处获得工伤医疗费用或者工伤保险待遇，向社会保险经办机构申请并获得社会保险基金先行支付的，按照《社会保险法》第88条关于骗取社会保险待遇的规定处理。

（六）先行支付中第三人或用人单位应承担的责任。

社会保险经办机构先行支付工伤医疗费用后，有关部门确定了第三人责任的，应当要求第三人按照确定的责任大小依法偿还先行支付数额中的相应部分。第三人逾期不偿还的，社会保险经办机构应当依法向人民法院提起诉讼。

社会保险经办机构先行支付工伤保险待遇后，应当责令用人单位在10日内偿还。用人单位逾期不偿还的，社会保险经办机构可以按照《社会保险法》第63条的规定，向银行和其他金融机构查询其存款账户，申请县级以上社会保险行政部门作出划拨应偿还款项的决定，并书面通知用人单位开户银行或者其他金融机构划拨其应当偿还的数额。用人单位账户余额少于应当偿还数额的，社会保险经办机构可以要求其提供担保，签订延期还款协议。用人单位未按时足额偿还且未提供担保的，社会保险经办机构可以申请人民法院扣押、查封、拍卖其价值相当于应当偿还数额的财产，以拍卖所得偿还所欠数额。社会保险经办机构向用人单位追偿工伤保险待遇发生的合理费用以及用人单位逾期偿还部分的利息损失等，应当由用人单位承担。

（七）先行支付中的纠纷处理。

1. 用人单位不支付依法应当由其支付的工伤保险待遇项目的，职工可以依法申请仲裁、提起诉讼。

2. 用人单位对社会保险经办机构作出先行支付的追偿决定不服或者对社会保险行政部门作出的划拨决定不服，以及职工或者其近亲属对社会保险经办机构作出不予先行支付的决定不服或者对先行支付的数额不服的，均可依法申请行政复议或者提起行政诉讼。

[依据指引]

(1)《中华人民共和国社会保险法》（2010年10月28日　国家主席令第35号）

第四十一条　职工所在用人单位未依法缴纳工伤保险费，发生工伤事故的，由用人单位支付工伤保险待遇。用人单位不支付的，从工伤保险基金中先行支付。

从工伤保险基金中先行支付的工伤保险待遇应当由用人单位偿还。用人单位不偿还的，社会保险经办机构可以依照本法第六十三条的规定追偿。

第四十二条　由于第三人的原因造成工伤，第三人不支付工伤医疗费用或者无法确定第三人的，由工伤保险基金先行支付。工伤保险基金先行支付后，有权向第三人追偿。

第六十三条　用人单位未按时足额缴纳社会保险费的，由社会保险费征收机构责令其限期缴纳或者补足。

用人单位逾期仍未缴纳或者补足社会保险费的，社会保险费征收机构可以向银行和其他金融机构查询其存款账户；并可以申请县级以上有关行政部门作出划拨社会保险费的决定，书面通知其开户银行或者其他金融机构划拨社会保险费。用人单位账户余额少于应当缴纳的社会保险费的，社会保险费征收机构可以要求该用人单位提供担保，签订延期缴费协议。

用人单位未足额缴纳社会保险费且未提供担保的，社会保险费征收机构可以申请人民法院扣押、查封、拍卖其价值相当于应当缴纳社会保险费的财产，以拍卖所得抵缴社会保险费。

第八十八条 以欺诈、伪造证明材料或者其他手段骗取社会保险待遇的，由社会保险行政部门责令退回骗取的社会保险金，处骗取金额二倍以上五倍以下的罚款。

(2) 人力资源和社会保障部《社会保险基金先行支付暂行办法》（2011 年 6 月 29 日 部令第 15 号）

第四条 个人由于第三人的侵权行为造成伤病被认定为工伤，第三人不支付工伤医疗费用或者无法确定第三人的，个人或者其近亲属可以持工伤认定决定书和有关材料向社会保险经办机构书面申请工伤保险基金先行支付，并告知第三人不支付或者无法确定第三人的情况。

第五条 社会保险经办机构接到个人根据第四条规定提出的申请后，应当审查个人获得基本医疗保险基金先行支付和其所在单位缴纳工伤保险费等情况，并按照下列情形分别处理：

（一）对于个人所在用人单位已经依法缴纳工伤保险费，且在认定工伤之前基本医疗保险基金有先行支付的，社会保险经办机构应当按照工伤保险有关规定，用工伤保险基金先行支付超出基本医疗保险基金先行支付部分的医疗费用，并向基本医疗保险基金退还先行支付的费用。

（二）对于个人所在用人单位已经依法缴纳工伤保险费，在认定工伤之前基本医疗保险基金无先行支付的，社会保险经办机构应当用工伤保险基金先行支付工伤医疗费用。

（三）对于个人所在用人单位未依法缴纳工伤保险费，且在认定工伤之前基本医疗保险基金有先行支付的，社会保险经办机构应当在 3 个工作日内向用人单位发出书面催告通知，要求用人单位在 5 个工作日内依法支付超出基本医疗保险基金先行支付部分的医疗费用，并向基本医疗保险基金偿还先行支付的医疗费用。用人单位在规定时间内不支付其余部分医疗费用的，社会保险经办机构应当用工伤保险基金先行支付。

（四）对于个人所在用人单位未依法缴纳工伤保险费，在认定工伤之前基本医疗保险基金无先行支付的，社会保险经办机构应当在 3 个工作日向用人单位发出书面催告通知，要求用人单位在 5 个工作日内依法支付全部工伤医疗费用；用人单位在规定时间内不支付的，社会保险经办机构应当用工伤保险基金先行支付。

第六条 职工所在用人单位未依法缴纳工伤保险费，发生工伤事故的，用人单位应当采取措施及时救治，并按照规定的工伤保险待遇项目和标准支付费用。

职工被认定为工伤后，有下列情形之一的，职工或者其近亲属可以持工伤认定决定书和有关材料向社会保险经办机构书面申请先行支付工伤保险待遇：

（一）用人单位被依法吊销营业执照或者撤销登记、备案的；

（二）用人单位拒绝支付全部或者部分费用的；

（三）依法经仲裁、诉讼后仍不能获得工伤保险待遇，法院出具中止执行文书的；

（四）职工认为用人单位不支付的其他情形。

第七条 社会保险经办机构收到职工或者其近亲属根据第六条规定提出的申请后，应当在 3 个工作日内向用人单位发出书面催告通知，要求其在 5 个工作日内予以核实并依法支付工伤保险待遇，告知其如在规定期限内不按时足额支付的，工伤保险基金在按照规定先行支付后，取得要求其偿还的权利。

第八条 用人单位未按照第七条规定按时足额支付的，社会保险经办机构应当按照社会保险法和《工伤保险条例》的规定，先行支付工伤保险待遇项目中应当由工伤保险基金支付的项目。

第九条 个人或者其近亲属提出先行支付医疗费用、工伤医疗费用或者工伤保险待遇申请，社会保险经办机构经审核不符合先行支付条件的，应当在收到申请后 5 个工作日内作出不予先行支付的决定，并书面通知申请人。

第十条 个人申请先行支付医疗费用、工伤医疗费用或者工伤保险待遇的，应当提交所有医疗诊断、鉴定等费用的原始票据等证据。社会保险经办机构应当保留所有原始票据等证据，要求申请人在先行支付凭据上签字确认，凭原始票据等证据先行支付医疗费用、工伤医疗费用或者工伤保险待遇。

个人因向第三人或者用人单位请求赔偿需要医疗费用、工伤医疗费用或者工伤保险待遇的原始票据等证据的，可以向社会保险经办机构索取复印件，并将第三人或者用人单位赔偿情况及时告知社会保险经办机构。

第十一条 个人已经从第三人或者用人单位处获得医疗费用、工伤医疗费用或者工伤保险待遇的，应当主动将先行支付金额中应当由第三人承担的部分或者工伤保险基金先行支付的工伤保险待遇退还给基本医疗保险基金或者工伤保险基金，社会保险经办机构不再向第三人或者用人单位追偿。

个人拒不退还的，社会保险经办机构可以从以后支付的相关待遇中扣减其应当退还的数额，或者向人民法院提起诉讼。

第十二条 社会保险经办机构按照本办法第三条规定先行支付医疗费用或者按照第五条第一项、第二项规定先行支付工伤医疗费用后，有关部门确定了第三人责任的，应当要求第三人按照确定的责任大小依法偿还先行支付数额中的相应部分。第三人逾期不偿还的，社会保险经办机构应当依法向人民法院提起诉讼。

第十三条 社会保险经办机构按照本办法第五条第三项、第四项和第六条、第七条、第八条的规定先行支付工伤保险待遇后，应当责令用人单位在10日内偿还。

用人单位逾期不偿还的，社会保险经办机构可以按照社会保险法第六十三条的规定，向银行和其他金融机构查询其存款账户，申请县级以上社会保险行政部门作出划拨应偿还款项的决定，并书面通知用人单位开户银行或者其他金融机构划拨其应当偿还的数额。

用人单位账户余额少于应当偿还数额的，社会保险经办机构可以要求其提供担保，签订延期还款协议。

用人单位未按时足额偿还且未提供担保的，社会保险经办机构可以申请人民法院扣押、查封、拍卖其价值相当于应当偿还数额的财产，以拍卖所得偿还所欠数额。

第十四条 社会保险经办机构向用人单位追偿工伤保险待遇发生的合理费用以及用人单位逾期偿还部分的利息损失等，应当由用人单位承担。

第十五条 用人单位不支付依法应当由其支付的工伤保险待遇项目的，职工可以依法申请仲裁、提起诉讼。

第十六条 个人隐瞒已经从第三人或者用人单位处获得医疗费用、工伤医疗费用或者工伤保险待遇，向社会保险经办机构申请并获得社会保险基金先行支付的，按照社会保险法第八十八条的规定处理。

第十七条 用人单位对社会保险经办机构作出先行支付的追偿决定不服或者对社会保险行政部门作出的划拨决定不服的，可以依法申请行政复议或者提起行政诉讼。

个人或者其近亲属对社会保险经办机构作出不予先行支付的决定不服或者对先行支付的数额不服的，可以依法申请行政复议或者提起行政诉讼。

民事侵权责任与工伤保险责任的竞合

[解读]

由于第三人的原因造成职工工伤的，会同时出现民事侵权责任和工伤保险责任竞合的情形。对两种法律关系的竞合应如何处理，有四种不同的意见：第一种意见是根据民事侵权赔偿的“填平原则”，受伤者享受了工伤保险待遇，就不应当再享受民事赔偿待遇，这是一种取代模式；第二种意见，应当实行工伤保险与第三人侵权赔偿相结合的办法，这是一种补充模式；第三种意见，职工应当同时享受工伤保险待遇和民事侵权赔偿，这是一种双赔模式；第四种意见，工伤职工可在民事赔偿和工伤赔偿之间选择其中一项较高的赔偿，这是一种选择模式。由于对这一问题分歧较大，所以《社会保险法》只对职工的工伤医疗费用不得重复获得作了明确规定，对伤残待遇和工亡待遇等长期或者一次性待遇未作出明确规定。也就是说，工伤职工对伤残待遇和工亡待遇，可以既要求民事赔偿，又要求工伤保险赔偿。然而，凡是法律未作出明确规定的内容，地方人民代表大会或人民政府均可以作出地方性的规定；凡是地方有明确规定的，均应按地方规定执行。

[依据指引]

(1)《中华人民共和国社会保险法》（2010年10月28日 国家主席令第35号）

第四十二条 由于第三人的原因造成工伤，第三人不支付工伤医疗费用或者无法确定第三人的，由工伤保险基金先行支付。工伤保险基金先行支付后，有权向第三人追偿。

(2) 最高人民法院《关于审理人身损害赔偿案件适用法律若干问题的解释》（2003年12月26日 法释［2003］20号）

第十一条 雇员在从事雇佣活动中遭受人身

损害，雇主应当承担赔偿责任。雇佣关系以外的第三人造成雇员人身损害的，赔偿权利人可以请求第三人承担赔偿责任，也可以请求雇主承担赔偿责任。雇主承担赔偿责任后，可以向第三人追偿。

雇员在从事雇佣活动中因安全生产事故遭受人身损害，发包人、分包人知道或者应当知道接受发包或者分包业务的雇主没有相应资质或者安全生产条件的，应当与雇主承担连带赔偿责任。

属于《工伤保险条例》调整的劳动关系和工伤保险范围的，不适用本条规定。

第十二条 依法应当参加工伤保险统筹的用人单位的劳动者，因工伤事故遭受人身损害，劳动者或者其近亲属向人民法院起诉请求用人单位承担民事赔偿责任的，告知其按《工伤保险条例》的规定处理。

因用人单位以外的第三人侵权造成劳动者人身损害，赔偿权利人请求第三人承担民事赔偿责任的，人民法院应予支持。

工伤保险责任的承继

[解读]

工伤保险责任的承继是指用人单位发生法人资格变更、消失，资产进行转移，经营方式改变等情况时，对职工工伤保险责任的相应调整与转移。由于法律规定，患职业病或者因工负伤并被鉴定为伤残等级的职工，除有严重违纪等行为的以外，用人单位不能与之解除劳动合同，其中伤残等级为1至6级的，劳动合同期满用人单位也不得与之终止合同，所以无论用人单位发生怎样重大的变化，其对职工工伤保险的责任只能承继、调整，不能推卸。因此，现行法规规定，用人单位发生分立、合并、转让的情况，承继单位应当承担原用人单位的工伤保险责任。所谓工伤保险责任，是指两种情况：一是参加工伤保险统筹的单位，应承担缴纳工伤保险费的责任；二是未参加工伤保险统筹的单位，应承担工伤职工工伤保险待遇支付的责任。也就是说，原用人单位已经参加工伤保险的，承继单位应当到当地社会保险经办机构办理工伤保险变更登记；原用人单位尚未参加工伤保险的，承继单位应当承担职工工伤保险待遇。

用人单位改变经营方式，实行内部或外部承包经营的，工伤保险责任由职工劳动关系所在单位承担。

职工被借调到其他单位工作期间受到工伤事故伤害的，由与之存在劳动关系的原用人单位承担工伤保险责任。至于工伤保险费用或工伤保险待遇的费用由谁出，如何出，原用人单位与借调单位可以协商约定。

企业破产的，在破产清算时，应优先向社会保险经办机构拨付依法应由单位支付的工伤保险待遇费用。此后，工伤职工的工伤保险待遇，则由社会保险经办机构承担。

[依据指引]

国务院《工伤保险条例》（2003年4月27日国务院令第375号　2010年12月20日修订）

第四十三条 用人单位分立、合并、转让的，承继单位应当承担原用人单位的工伤保险责任；原用人单位已经参加工伤保险的，承继单位应当到当地经办机构办理工伤保险变更登记。

用人单位实行承包经营的，工伤保险责任由职工劳动关系所在单位承担。

职工被借调期间受到工伤事故伤害的，由原用人单位承担工伤保险责任，但原用人单位与借调单位可以约定补偿办法。

企业破产的，在破产清算时依法拨付应当由单位支付的工伤保险待遇费用。

第六十二条 用人单位依照本条例规定应当参加工伤保险而未参加的，由社会保险行政部门责令限期参加，补缴应当缴纳的工伤保险费，并自欠缴之日起，按日加收万分之五的滞纳金；逾期仍不缴纳的，处欠缴数额1倍以上3倍以下的罚款。

依照本条例规定应当参加工伤保险而未参加工伤保险的用人单位职工发生工伤的，由该用人单位按照本条例规定的工伤保险待遇项目和标准支付费用。

用人单位参加工伤保险并补缴应当缴纳的工伤保险费、滞纳金后，由工伤保险基金和用人单位依照本条例的规定支付新发生的费用。

派遣出境职工的工伤保险关系

[解读]

从国际上看，各国之间没有工伤保险互免协议。一些国家规定，外国人前往该国工作或在该国停留期间，应当参加工伤保险或购买意外伤害保险。我国与其他国家的工伤保险在保障性质和作用方面大体相同，但在保险项目、保险额度和支付方式上存在差别。面对这种现实，现行法规规定，职工被派遣出境工作，依据前往国家或者地区的法律应当参加当地工伤保险的，参加当地工伤保险，其国内工伤保险关系中止，待回国后按规定接续；不能参加当地工伤保险的，其国内工伤保险关系不中止，应继续由职工所在单位按规定缴纳。这一规定，既保障了被派遣出境工作人员的基本利益，也方便了社会保险经办机构的管理。

[依据指引]

国务院《工伤保险条例》（2003 年 4 月 27 日　国务院令第 375 号　2010 年 12 月 20 日修订）

第四十四条　职工被派遣出境工作，依据前往国家或者地区的法律应当参加当地工伤保险的，参加当地工伤保险，其国内工伤保险关系中止；不能参加当地工伤保险的，其国内工伤保险关系不中止。

再次发生工伤的处理

[解读]

工伤职工再次发生工伤与其工伤复发不同。再次发生工伤，是指工伤职工在前次工伤事故遭受的伤害或所患职业病，经治疗和劳动能力鉴定后，第二次或第三次受到工伤事故的伤害或患上了职业病。再次发生工伤一般会加剧该工伤职工的伤情或病情。因此，国家规定，职工再次发生工伤，经劳动能力鉴定委员会确认，应当享受伤残津贴的，应按照新认定的伤残等级享受伤残津贴待遇。

[依据指引]

国务院《工伤保险条例》（2003 年 4 月 27 日　国务院令第 375 号　2010 年 12 月 20 日修订）

第四十五条　职工再次发生工伤，根据规定应当享受伤残津贴的，按照新认定的伤残等级享受伤残津贴待遇。

交通事故引起的工伤

[解读]

交通事故引起的工伤主要有两种情形：一是在机动车司机岗位上工作的职工，在工作过程中发生交通事故引起工伤；二是职工在上下班途中，受到非本人主要责任的交通事故或者城市轨道交通、客运轮渡、火车事故伤害而引起工伤。

交通事故往往涉及第三人的问题。法律规定，由于第三人的原因造成职工工伤，第三人不支付工伤医疗费用或者无法确认第三人的，由工伤保险基金先行支付。然后社会保险经办机构有权向第三人追偿。这里提出了民事侵权责任和工伤保险责任竞合后应如何处理的问题。按照上述法律规定，只是明确了工伤职工的医疗费用不得重复获得，而对伤残津贴等长期或一次性待遇并未做出明确规定。也就是说，工伤职工对伤残待遇既可以要求工伤赔偿，也可以向侵权第三人要求民事赔偿。以往规定的这种工伤事故应先按照《道路交通事故处理办法》及有关规定处理，然后再按工伤保险的规定采取补差的方式享受工伤保险待遇的做法，应当停止执行。

[依据指引]

（1）《中华人民共和国社会保险法》（2010 年 10 月 28 日　国家主席令第 35 号）

第四十二条　由于第三人的原因造成工伤，第三人不支付工伤医疗费用或者无法确定第三人的，由工伤保险基金先行支付。工伤保险基金先行支付后，有权向第三人追偿。

（2）国务院《工伤保险条例》（2003 年 4 月 27 日　国务院令第 375 号　2010 年 12 月 20 日修订）

第十四条　职工有下列情形之一的，应当认定为工伤：

（一）在工作时间和工作场所内，因工作原因受到事故伤害的；

（二）工作时间前后在工作场所内，从事与工作有关的预备性或者收尾性工作受到事故伤害的；

（三）在工作时间和工作场所内，因履行工作职责受到暴力等意外伤害的；

（四）患职业病的；

（五）因工外出期间，由于工作原因受到伤害或者发生事故下落不明的；

（六）在上下班途中，受到非本人主要责任的交通事故或者城市轨道交通、客运轮渡、火车事故伤害的；

（七）法律、行政法规规定应当认定为工伤的其他情形。

非法经营单位伤亡职工的处理

[解读]

非法经营单位伤亡人员是指在无营业执照或者未经依法登记、备案的单位以及被依法吊销营业执照或者撤销登记、备案的单位工作，受到事故伤害或者患职业病的职工，或者用人单位非法使用童工造成伤残、死亡的童工。在社会中，这种非法经营单位人员伤亡的情况时有发生，而且伤亡职工或童工的合法权益很难得到保护。即使有关方面力图帮助这些人员，也缺乏法律依据。因此，国家在制定新的工伤保险法规时，专门就非法经营单位伤亡人员的赔偿问题作了规定，并授权社会保险行政部门制定具体办法。按照规定，非法经营单位必须向其伤残职工或死亡职工直系亲属、伤残童工或死亡童工的直系亲属给予一次性赔偿，包括伤亡人员治疗期间的费用和一次性赔偿金。

治疗期间的费用包括：生活费、医疗费、护理费、住院期间的伙食补助费及所需的交通费等费用。这些费用按照《工伤保险条例》规定的标准和范围，全部由伤残职工或童工所在单位支付。

一次性赔偿金数额，应在伤亡人员经单位所在地设区的市级劳动能力鉴定委员会做出鉴定后，根据该职工的伤残等级确定。赔偿基数为单位所在地工伤保险统筹地区上年度职工年平均工资。具体赔偿标准是：一级伤残的为赔偿基数的16倍，二级伤残的为赔偿基数的14倍，三级伤残的为赔偿基数的12倍，四级伤残的为赔偿基数的10倍，五级伤残的为赔偿基数的8倍，六级伤残的为赔偿基数的6倍，七级伤残的为赔偿基数的4倍，八级伤残的为赔偿基数的3倍，九级伤残的为赔偿基数的2倍，十级伤残的为赔偿基数的1倍。对受到事故伤害或患职业病造成死亡的，按照上一年度全国城镇居民人均可支配收入的20倍支付一次性赔偿金，并按照上一年度全国城镇居民人均可支配收入的10倍一次性支付丧葬补助等其他赔偿金。此外，伤残人员进行劳动能力鉴定的费用，也由非法经营单位承担。

如果非法经营单位拒绝支付一次性赔偿，伤残职工或死亡职工的直系亲属、伤残童工或者死亡童工的直系亲属，可以向人力资源和社会保障行政部门举报。经查证属实的，人力资源和社会保障行政部门应责令该单位限期改正。

[依据指引]

(1) 国务院《工伤保险条例》（2003年4月27日 国务院令第375号 2010年12月20日修订）

第六十六条 无营业执照或者未经依法登记、备案的单位以及被依法吊销营业执照或者撤销登记、备案的单位的职工受到事故伤害或者患职业病的，由该单位向伤残职工或者死亡职工的近亲属给予一次性赔偿，赔偿标准不得低于本条例规定的工伤保险待遇；用人单位不得使用童工，用人单位使用童工造成童工伤残、死亡的，由该单位向童工或者童工的近亲属给予一次性赔偿，赔偿标准不得低于本条例规定的工伤保险待遇。具体办法由国务院社会保险行政部门规定。

前款规定的伤残职工或者死亡职工的近亲属就赔偿数额与单位发生争议的，以及前款规定的童工或者童工的近亲属就赔偿数额与单位发生争议的，按照处理劳动争议的有关规定处理。

(2) 人力资源和社会保障部《非法用工单位伤亡人员一次性赔偿办法》（2010年12月31日 部令第9号）

第二条 本办法所称非法用工单位伤亡人员，是指无营业执照或者未经依法登记、备案的单位以及被依法吊销营业执照或者撤销登记、备案的单位受到事故伤害或者患职业病的职工，或者用人单位使用童工造成的伤残、死亡童工。

前款所列单位必须按照本办法的规定向伤残职工或者死亡职工的近亲属、伤残童工或者死亡童工的近亲属给予一次性赔偿。

第三条 一次性赔偿包括受到事故伤害或者患职业病的职工或童工在治疗期间的费用和一次性赔偿金。一次性赔偿金数额应当在受到事故伤害或者患职业病的职工或童工死亡或者经劳动能力鉴定后确定。

劳动能力鉴定按照属地原则由单位所在地设区的市级劳动能力鉴定委员会办理。劳动能力鉴定费用由伤亡职工或童工所在单位支付。

第四条 职工或童工受到事故伤害或者患职业病，在劳动能力鉴定之前进行治疗期间的生活费按照统筹地区上年度职工月平均工资标准确定，医疗费、护理费、住院期间的伙食补助费以及所需的交通费等费用按照《工伤保险条例》规定的标准和范围确定，并全部由伤残职工或童工所在单位支付。

第五条 一次性赔偿金按照以下标准支付：

一级伤残的为赔偿基数的16倍，二级伤残的为赔偿基数的14倍，三级伤残的为赔偿基数的12倍，四级伤残的为赔偿基数的10倍，五级伤残的为赔偿基数的8倍，六级伤残的为赔偿基数的6倍，七级伤残的为赔偿基数的4倍，八级伤残的为赔偿基数的3倍，九级伤残的为赔偿基数的2倍，十级伤残的为赔偿基数的1倍。

前款所称赔偿基数，是指单位所在工伤保险统筹地区上年度职工年平均工资。

第六条 受到事故伤害或者患职业病造成死亡的，按照上一年度全国城镇居民人均可支配收入的20倍支付一次性赔偿金，并按照上一年度全国城镇居民人均可支配收入的10倍一次性支付丧葬补助等其他赔偿金。

第七条 单位拒不支付一次性赔偿的，伤残职工或者死亡职工的近亲属、伤残童工或者死亡童工的近亲属可以向人力资源和社会保障行政部门举报。经查证属实的，人力资源和社会保障行政部门应当责令该单位限期改正。

第八条 伤残职工或者死亡职工的近亲属、伤残童工或者死亡童工的近亲属就赔偿数额与单位发生争议的，按照劳动争议处理的有关规定处理。

工伤保险纠纷的处理

[解读]

由于工伤保险制度涉及的部门较多，所以因工伤保险问题发生纠纷的种类也比较多。大致有以下四种：

（一）职业病诊断争议。职业病诊断是由省级卫生行政部门批准的医疗卫生机构承担的。当事人对该机构的职业病诊断有异议，可以在接到职业病诊断证明书之日起30日内，向做出诊断的医疗卫生机构所在地设区的市级卫生行政部门申请鉴定。该卫生行政部门组织的职业病诊断鉴定委员会负责职业病诊断争议的首次鉴定。当事人对首次鉴定结论不服，在接到该鉴定书之日起15日内，可向该鉴定机构所在地省级卫生行政部门申请再鉴定。省级职业病诊断委员会的鉴定为最终鉴定。

（二）工伤鉴定争议。劳动能力鉴定委员会是从事工伤职工伤残等级鉴定工作的专门机构。用人单位、工伤职工或者其直系亲属申请劳动能力鉴定，应向设区的市级劳动能力鉴定委员会提出。当事人对该鉴定委员会作出的鉴定结论不服，可在收到该鉴定结论之日起15日内向省级劳动能力鉴定委员会提出再次鉴定申请。省级劳动能力鉴定委员会作出的鉴定结论为终局结论。

（三）工伤保险行政争议。工伤保险行政争议是指行政管理相对人与承担工伤保险管理工作的社会保险行政部门及社会保险经办机构之间就工伤保险的有关事项发生的纠纷。主要有以下四种情形：

1. 申请工伤认定的职工或者其近亲属、该职工所在单位对统筹地区社会保险行政部门作出的不予受理决定和工伤认定结论不服的；

2. 用人单位对经办机构确定的单位缴费费率不服的；

3. 签订服务协议的医疗机构、辅助器具配置机构认为经办机构未履行有关协议或者规定的；

4. 工伤职工或者其直系亲属对经办机构核定的工伤保险待遇有异议的。

发生工伤保险行政争议后，有关单位和个人可以依法申请行政复议，也可以依法向人民法院提起行政诉讼。但是，当事人对行政复议机关不予受理决定不服的，有关单位和个人可以直接提起行政诉讼。总之，行政复议不是行政诉讼的前置程序。

（四）工伤保险劳动争议。工伤保险劳动争议是指职工与用人单位之间就工伤保险待遇方面的事项所发生的纠纷。主要有两种情形：

1. 职工与参加工伤保险的用人单位之间就用人单位应当承担的工伤保险待遇发生劳动争议；

2. 伤残职工或死亡职工的直系亲属、伤残童工或者死亡童工的近亲属就一次性赔偿数额与非法经营单位发生的争议。

发生劳动争议，用人单位、职工或职工的近亲属，以及伤残童工或者死亡童工的近亲属可向有管辖权的劳动争议仲裁委员会申诉。对该仲裁委员会作出的不予受理通知书或仲裁裁决书不服，可向有管辖权的人民法院起诉。

[依据指引]

(1) 国务院《工伤保险条例》（2003年4月27日　国务院令第375号　2010年12月20日修订）

第二十六条 申请鉴定的单位或者个人对设区的市级劳动能力鉴定委员会作出的鉴定结论不服的，可以在收到该鉴定结论之日起15日内向省、自治区、直辖市劳动能力鉴定委员会提出再次鉴定申请。省、自治区、直辖市劳动能力鉴定委员会作出的劳动能力鉴定结论为最终结论。

第五十四条 职工与用人单位发生工伤待遇方面的争议，按照处理劳动争议的有关规定处理。

第五十五条 有下列情形之一的，有关单位或者个人可以依法申请行政复议，也可以依法向人民法院提起行政诉讼：

（一）申请工伤认定的职工或者其近亲属、该职工所在单位对工伤认定申请不予受理的决定不服的；

（二）申请工伤认定的职工或者其近亲属、该职工所在单位对工伤认定结论不服的；

（三）用人单位对经办机构确定的单位缴费费率不服的；

（四）签订服务协议的医疗机构、辅助器具配置机构认为经办机构未履行有关协议或者规定的；

（五）工伤职工或者其近亲属对经办机构核定的工伤保险待遇有异议的。

(2) 卫生部《职业病诊断与鉴定管理办法》（2002 年 3 月 28 日 部令第 24 号）

第十九条 当事人对职业病诊断有异议的，在接到职业病诊断证明书之日起 30 日内，可以向做出诊断的医疗卫生机构所在地设区的市级卫生行政部门申请鉴定。

设区的市级卫生行政部门组织的职业病诊断鉴定委员会负责职业病诊断争议的首次鉴定。

当事人对设区的市级职业病诊断鉴定委员会的鉴定结论不服的，在接到职业病诊断鉴定书之日起 15 日内，可以向原鉴定机构所在地省级卫生行政部门申请再鉴定。

省级职业病诊断鉴定委员会的鉴定为最终鉴定。

(3) 人力资源和社会保障部《工伤认定办法》（2010 年 12 月 31 日 部令第 8 号）

第二十三条 职工或者其近亲属、用人单位对不予受理决定不服或者对工伤认定决定不服的，可以依法申请行政复议或者提起行政诉讼。

(4)《中华人民共和国劳动争议调解仲裁法》（2007 年 12 月 29 日 国家主席令第 80 号）（略）

企业主辅分离改制过程中工伤职工的管理

[解读]

国家规定，企业在主辅分离改制过程中，在足额缴纳工伤保险费后，其被鉴定为一至四级的工伤职工、退休的工伤人员及因工死亡人员供养直系亲属移交社会化管理，由工伤保险基金支付工伤保险待遇；应由企业支付的工伤待遇，由企业一次性支付工伤职工。被鉴定为五至十级的工伤职工，一般由原主体企业管理，继续承担各类工伤保险费用；经协商一致，与原主体企业终止或解除劳动合同的，原主体企业可以根据《工伤保险条例》及当地的有关规定，支付工伤职工一次性工伤伤残就业补助金，由工伤保险基金支付一次性工伤医疗补助金。

[依据指引]

(1) 国务院《工伤保险条例》（2003 年 4 月 27 日 国务院令第 375 号 2010 年 12 月 20 日修订）

第三十五条 职工因工致残被鉴定为一级至四级伤残的，保留劳动关系，退出工作岗位，享受以下待遇：

（一）从工伤保险基金按伤残等级支付一次性伤残补助金，标准为：一级伤残为 27 个月的本人工资，二级伤残为 25 个月的本人工资，三级伤残为 23 个月的本人工资，四级伤残为 21 个月的本人工资。

（二）从工伤保险基金按月支付伤残津贴，标准为：一级伤残为本人工资的 90%，二级伤残为本人工资的 85%，三级伤残为本人工资的 80%，四级伤残为本人工资的 75%。伤残津贴实际金额低于当地最低工资标准的，由工伤保险基金补足差额。

（三）工伤职工达到退休年龄并办理退休手续后，停发伤残津贴，按照国家有关规定享受基本养老保险待遇。基本养老保险待遇低于伤残津贴的，由工伤保险基金补足差额。

职工因工致残被鉴定为一级至四级伤残的，由用人单位和职工个人以伤残津贴为基数，缴纳基本医疗保险费。

第三十六条 职工因工致残被鉴定为五级、六级伤残的，享受以下待遇：

（一）从工伤保险基金按伤残等级支付一次性伤残补助金，标准为：五级伤残为 18 个月的本人工资，六级伤残为 16 个月的本人工资；

（二）保留与用人单位的劳动关系，由用人单位安排适当工作。难以安排工作的，由用人单位按月发给伤残津贴，标准为：五级伤残为本人工资的70%，六级伤残为本人工资的60%，并由用人单位按照规定为其缴纳应缴纳的各项社会保险费。伤残津贴实际金额低于当地最低工资标准的，由用人单位补足差额。

经工伤职工本人提出，该职工可以与用人单位解除或者终止劳动关系，由工伤保险基金支付一次性工伤医疗补助金，由用人单位支付一次性伤残就业补助金。一次性工伤医疗补助金和一次性伤残就业补助金的具体标准由省、自治区、直辖市人民政府规定。

第三十七条　职工因工致残被鉴定为七级至十级伤残的，享受以下待遇：

（一）从工伤保险基金按伤残等级支付一次性伤残补助金，标准为：七级伤残为13个月的本人工资，八级伤残为11个月的本人工资，九级伤残为9个月的本人工资，十级伤残为7个月的本人工资；

（二）劳动、聘用合同期满终止，或者职工本人提出解除劳动、聘用合同的，由工伤保险基金支付一次性工伤医疗补助金，由用人单位支付一次性伤残就业补助金。一次性工伤医疗补助金和一次性伤残就业补助金的具体标准由省、自治区、直辖市人民政府规定。

(2) 劳动和社会保障部《关于做好国有大中型企业主辅分离辅业改制分流安置富余人员有关工作的通知》（2004年6月21日　劳社部发[2004] 20号）

四、妥善处理企业主辅分离辅业改制分流过程中工伤职工的管理问题

各地劳动保障行政部门要督促企业足额缴纳工伤保险费用。企业在足额缴纳工伤保险费后，被鉴定为一至四级的工伤职工、退休的工伤人员及因工死亡人员供养直系亲属移交社会化管理，由工伤保险基金支付工伤保险待遇；应由企业支付的工伤待遇，由企业一次性支付工伤职工。被鉴定为五至十级的工伤职工，一般由原主体企业管理，继续承担各类工伤保险费用；经协商一致，与原主体企业终止或解除劳动合同的，原主体企业可以根据《工伤保险条例》及当地的有关规定，支付工伤职工一次性工伤医疗和伤残就业补助金。

军人伤亡保险

[解读]

为维护军人合法权益，国家建立的军人保险制度中，包括军人伤亡保险。其中规定：军人因战、因公死亡的，按照认定的死亡性质和相应的保险金标准，给付军人死亡保险金；军人因战、因公、因病致残的，按照评定的残疾等级和相应的保险金标准，给付军人残疾保险金。军人死亡和残疾的性质认定、残疾等级评定和相应的保险金标准，按照国家和军队有关规定执行。军人因下列情形之一死亡或者致残的，不享受军人伤亡保险待遇：

（一）故意犯罪的。

（二）醉酒或者吸毒的。

（三）自残或者自杀的。

（四）法律、行政法规和军事法规规定的其他情形。

对于已经评定残疾等级的因战、因公致残的军人退出现役参加工作后旧伤复发的，依法享受相应的工伤待遇。另外，军人伤亡保险所需资金由国家承担，个人不缴纳保险费。

[依据指引]

《中华人民共和国军人保险法》（2012年4月27日　国家主席令第56号）

第七条　军人因战、因公死亡的，按照认定的死亡性质和相应的保险金标准，给付军人死亡保险金。

第八条　军人因战、因公、因病致残的，按照评定的残疾等级和相应的保险金标准，给付军人残疾保险金。

第九条　军人死亡和残疾的性质认定、残疾等级评定和相应的保险金标准，按照国家和军队有关规定执行。

第十条　军人因下列情形之一死亡或者致残的，不享受军人伤亡保险待遇：

（一）故意犯罪的；

（二）醉酒或者吸毒的；

（三）自残或者自杀的；

（四）法律、行政法规和军事法规规定的其他情形。

第十一条　已经评定残疾等级的因战、因公致残的军人退出现役参加工作后旧伤复发的，依法享受相应的工伤待遇。

第十二条　军人伤亡保险所需资金由国家承担，个人不缴纳保险费。

军人抚恤优待的适用范围及公务员等工伤（又称公伤）人员的法律适用

[解读]

对军人的抚恤优待，是激励军人保卫祖国、建设祖国的献身精神的需要，其适用范围包括：现役军人、服现役或者退出现役的残疾军人，以及复员军人、退伍军人、烈士遗属、因公牺牲军人遗属、病故军人遗属、现役军人家属等。军人抚恤优待所需经费由国务院和地方各级人民政府分级负担。国务院民政部门主管全国的军人抚恤优待工作；县级以上地方人民政府民政部门主管本行政区域内的军人抚恤优待工作。

特别需要注意的是，因战因公负伤时为公务员、参照公务员法管理的工作人员、人民警察，以及参战、参加军事演习、训练和勤务致残的预备役人员、民兵、民工以及其他人员，为维护社会治安、抢救和保护国家财产及人民生命财产致残人员的伤残等级评定、伤残抚恤待遇标准等，均参照《军人抚恤优待条例》和《伤残抚恤管理办法》办理。公务员和参照公务员法管理的事业单位、社会团体的工作人员因工作遭受事故伤害或患职业病的，其伤残抚恤待遇由所在单位支付，具体办法由国务院社会保险行政部门会同财政部门规定。

[依据指引]

(1) 国务院《军人抚恤优待条例》（2004 年 8 月 1 日　国务院令第 413 号　2011 年 7 月 29 日修订）

第二条　中国人民解放军现役军人（以下简称现役军人）、服现役或者退出现役的残疾军人以及复员军人、退伍军人、烈士遗属、因公牺牲军人遗属、病故军人遗属、现役军人家属，是本条例规定的抚恤优待对象，依照本条例的规定享受抚恤优待。

第四条　国家和社会应当重视和加强军人抚恤优待工作。

军人抚恤优待所需经费由国务院和地方各级人民政府分级负担。中央和地方财政安排的军人抚恤优待经费，专款专用，并接受财政、审计部门的监督。

第五条　国务院民政部门主管全国的军人抚恤优待工作；县级以上地方人民政府民政部门主管本行政区域内的军人抚恤优待工作。

国家机关、社会团体、企业事业单位应当依法履行各自的军人抚恤优待责任和义务。

(2) 民政部《伤残抚恤管理办法》（2007 年 7 月 31 日　部令第 34 号）

第二条　本办法适用对象为下列中国公民：

（一）在服役期间因战因公致残退出现役的军人，在服役期间因病评定了残疾等级退出现役的残疾军人；

（二）因战因公负伤时为行政编制的人民警察；

（三）因战因公负伤时为公务员以及参照《中华人民共和国公务员法》管理的国家机关工作人员；

（四）因参战、参加军事演习、军事训练和执行军事勤务致残的预备役人员、民兵、民工以及其他人员；

（五）为维护社会治安同违法犯罪分子进行斗争致残的人员；

（六）为抢救和保护国家财产、人民生命财产致残的人员；

（七）法律、行政法规规定应当由民政部门负责伤残抚恤的其他人员。

前款所列第（四）、第（五）、第（六）项人员，根据《工伤保险条例》应当认定视同工伤的，不再办理因战、因公伤残抚恤。

(3) 国务院《工伤保险条例》（2003 年 4 月 27 日　国务院令第 375 号　2010 年 12 月 20 日修订）

第六十五条　公务员和参照公务员法管理的事业单位、社会团体的工作人员因工作遭受事故伤害或者患职业病的，由所在单位支付费用。具体办法由国务院社会保险行政部门会同国务院财政部门规定。

伤残抚恤的人员范围

[解读]

伤残抚恤的人员范围包括下列中国公民：

（一）在服役期间因战因公致残退出现役的军人，在服役期间因病评定了残疾等级退出现役的残疾军人。

（二）因战因公负伤时为行政编制的人民警察。

（三）因战因公负伤时为公务员以及参照《公

务员法》管理的工作人员。

（四）因参战、参加军事演习、军事训练和执行军事勤务致残的预备役人员、民兵、民工以及其他人员。

（五）为维护社会治安同违法犯罪分子进行斗争致残的人员。

（六）为抢救和保护国家财产、人民生命财产致残的人员。

（七）法律、行政法规规定应当由民政部门负责伤残抚恤的其他人员。

上述第（四）项、第（五）项、第（六）项人员，根据《工伤保险条例》应当认定视同工伤的，不再办理因战、因公伤残抚恤。

[依据指引]

民政部《伤残抚恤管理办法》（2007 年 7 月 31 日　部令第 34 号）

第二条　本办法适用对象为下列中国公民：

（一）在服役期间因战因公致残退出现役的军人，在服役期间因病评定了残疾等级退出现役的残疾军人；

（二）因战因公负伤时为行政编制的人民警察；

（三）因战因公负伤时为公务员以及参照《中华人民共和国公务员法》管理的国家机关工作人员；

（四）因参战、参加军事演习、军事训练和执行军事勤务致残的预备役人员、民兵、民工以及其他人员；

（五）为维护社会治安同违法犯罪分子进行斗争致残的人员；

（六）为抢救和保护国家财产、人民生命财产致残的人员；

（七）法律、行政法规规定应当由民政部门负责伤残抚恤的其他人员。

前款所列第（四）、第（五）、第（六）项人员，根据《工伤保险条例》应当认定视同工伤的，不再办理因战、因公伤残抚恤。

军人残疾等级评定

[解读]

军人残疾等级的评定结果，是其依法享受残疾抚恤的依据。现役军人因战、因公（含职业病）致残等级评定标准由重至轻分为 1～10 级，其中 1～6 级同时适用于因病致残的义务兵和初级士官。这表明，军人、公务员、参照《公务员法》管理的工作人员等，其伤残等级评定与企业职工伤残等级鉴定已相互衔接。

残疾等级评定包括新办评定残疾等级、补办评定残疾等级、调整残疾等级三种情形：

（一）新办评定残疾等级，是指对伤残抚恤的人员范围中，除在服役期间因战因公致残退出现役的军人和因病评定了残疾等级退出现役的残疾军人以外的其他人员认定因战因公残疾性质，评定残疾等级。

（二）补办评定残疾等级，是指对现役军人因战因公致残未能及时评定残疾等级，在退出现役后依据《军人抚恤优待条例》的规定，认定因战因公性质、评定残疾等级。

（三）调整残疾等级，是指对已经评定残疾等级，因残疾情况变化与所评定的残疾等级明显不符的人员调整残疾等级级别。

申请残疾等级评定应注意以下事项：

（一）属于新办评定残疾等级的，申请人应当在因战因公负伤或者被诊断、鉴定为职业病 3 年内向所在单位提出书面申请；没有单位的，向户籍所在地的街道办事处或者乡镇人民政府提出书面申请。同时，应当提交致残经过证明和医疗终结后的诊断证明。

（二）属于补办评定残疾等级的，退出现役后或者医疗终结满 3 年后，本人可向有关方面申请补办。同时，应当提交因战因公致残档案记载或者原始医疗证明。

（三）属于调整残疾等级的，可以直接向户籍所在地县级人民政府民政部门提出申请。同时，应当提交原评定残疾等级的证明和本人认为残疾情况与原残疾等级明显不符的医疗诊断证明。民政部门认为需要调整等级的，应当提出调整的理由，并通知本人到指定的医疗卫生机构进行残疾情况鉴定。

因战、因公、因病致残性质的认定和残疾等级的评定权限如下：

（一）义务兵和初级士官的残疾，由军队军级以上单位卫生部门认定和评定。

（二）现役军官、文职干部和中级以上士官的残疾，由军队军区级以上单位卫生部门认定和评定。

（三）退出现役的军人和移交政府安置的军队离休、退休干部需要认定残疾性质和评定残疾等级的，由省级人民政府民政部门认定和评定。

评定残疾等级，应当依据医疗卫生专家小组出具的残疾等级医学鉴定意见。

[依据指引]

(1) 国务院《军人抚恤优待条例》（2004 年 8 月 1 日　国务院令第 413 号　2011 年 7 月 29 日修订）

第三章　残 疾 抚 恤

第二十一条　现役军人残疾被认定为因战致残、因公致残或者因病致残的，依照本条例的规定享受抚恤。

因第八条第一款规定的情形之一导致残疾的，认定为因战致残；因第九条第一款规定的情形之一导致残疾的，认定为因公致残；义务兵和初级士官因第九条第一款第三项、第四项规定情形以外的疾病导致残疾的，认定为因病致残。

第二十二条　残疾的等级，根据劳动功能障碍程度和生活自理障碍程度确定，由重到轻分为一级至十级。

残疾等级的具体评定标准由国务院民政部门、人力资源社会保障部门、卫生部门会同军队有关部门规定。

第二十三条　现役军人因战、因公致残，医疗终结后符合评定残疾等级条件的，应当评定残疾等级。义务兵和初级士官因病致残符合评定残疾等级条件，本人（精神病患者由其利害关系人）提出申请的，也应当评定残疾等级。

因战、因公致残，残疾等级被评定为一级至十级的，享受抚恤；因病致残，残疾等级被评定为一级至六级的，享受抚恤。

第二十四条　因战、因公、因病致残性质的认定和残疾等级的评定权限是：

（一）义务兵和初级士官的残疾，由军队军级以上单位卫生部门认定和评定；

（二）现役军官、文职干部和中级以上士官的残疾，由军队军区级以上单位卫生部门认定和评定；

（三）退出现役的军人和移交政府安置的军队离休、退休干部需要认定残疾性质和评定残疾等级的，由省级人民政府民政部门认定和评定。

评定残疾等级，应当依据医疗卫生专家小组出具的残疾等级医学鉴定意见。

残疾军人由认定残疾性质和评定残疾等级的机关发给《中华人民共和国残疾军人证》。

第二十五条　现役军人因战、因公致残，未及时评定残疾等级，退出现役后或者医疗终结满 3 年后，本人（精神病患者由其利害关系人）申请补办评定残疾等级，有档案记载或者有原始医疗证明的，可以评定残疾等级。

现役军人被评定残疾等级后，在服现役期间或者退出现役后残疾情况发生严重恶化，原定残疾等级与残疾情况明显不符，本人（精神病患者由其利害关系人）申请调整残疾等级的，可以重新评定残疾等级。

(2) 民政部《伤残抚恤管理办法》（2007 年 7 月 31 日　部令第 34 号）

第二章　残疾等级评定

第四条　残疾等级评定包括新办评定残疾等级、补办评定残疾等级、调整残疾等级。

新办评定残疾等级是指对第二条第一款第（一）项以外的人员认定因战因公残疾性质，评定残疾等级。补办评定残疾等级是指对现役军人因战因公致残未能及时评定残疾等级，在退出现役后依据《军人抚恤优待条例》的规定，认定因战因公性质、评定残疾等级。调整残疾等级是指对已经评定残疾等级，因残疾情况变化与所评定的残疾等级明显不符的人员调整残疾等级级别。

属于新办评定残疾等级的，申请人应当在因战因公负伤或者被诊断、鉴定为职业病 3 年内提出申请。

第五条　申请人（精神病患者由其利害关系人）申请评定残疾等级，应当向所在单位提出书面申请；没有单位的，向户籍所在地的街道办事处或者乡镇人民政府提出书面申请。

以原致残部位申请调整残疾等级的，可以直接向户籍所在地县级人民政府民政部门提出申请。

第六条　申请人所在单位或者街道办事处或者乡镇人民政府审查评定残疾等级申请后出具书面意见，连同本人档案材料、书面申请和本人近期二寸免冠彩色照片等一并报送户籍所在地的县级人民政府民政部门审查。

申请新办评定残疾等级，应当提交致残经过证明和医疗终结后的诊断证明。

申请补办评定残疾等级，应当提交因战因公致残档案记载或者原始医疗证明。

申请调整残疾等级，应当提交原评定残疾等级的证明和本人认为残疾情况与原残疾等级明显不符的医疗诊断证明。民政部门认为需要调整等级的，应当提出调整的理由，并通知本人到指定的医疗卫生机构进行残疾情况鉴定。

第七条 县级人民政府民政部门对报送的有关材料进行核对，符合受理条件的签发受理通知书；材料不全或者材料不符合法定形式的应当告知当事人补充材料。

县级人民政府民政部门经审查认为申请人符合因战因公负伤条件的，应当填写《评定、调整伤残等级审批表》，并在受理之日起20个工作日内，通知本人到设区的市人民政府或者行政公署以上民政部门指定的医疗卫生机构，对属于因战因公导致的残疾情况进行鉴定，由医疗卫生专家小组根据《军人残疾等级评定标准》，出具残疾等级医学鉴定意见。职业病的残疾情况鉴定由省级人民政府民政部门指定的有职业病诊断资质的医疗机构作出；精神病的残疾情况鉴定由省级人民政府民政部门指定的二级以上精神病专科医院作出。

县级人民政府民政部门依据医疗卫生专家小组出具的残疾等级医学鉴定意见对申请人拟定残疾等级，在《评定、调整伤残等级审批表》上签署意见，加盖印章，连同其他申请材料，于收到医疗卫生专家小组签署意见之日起20个工作日内，一并报送设区的市人民政府民政部门或者行政公署民政部门。

对第二条第一款第（一）项人员，经审查认为不符合因战因公负伤条件的，或者经医疗卫生专家小组鉴定达不到评定或者调整残疾等级的，县级人民政府民政部门应当根据《军人抚恤优待条例》第二十三条第一款第（三）项的规定逐级上报省级人民政府民政部门。对第二条第一款第（一）项以外的人员，经审查认为不符合因战因公负伤条件的，或者经医疗卫生专家小组鉴定达不到评定或者调整残疾等级标准的，县级人民政府民政部门应当填写《不予评定、调整伤残等级决定书》，连同医疗卫生专家小组出具的残疾等级医学鉴定意见（复印件）和申请人提供的材料，退还申请人。

第八条 设区的市人民政府民政部门或者行政公署民政部门对报送的材料审查后，在《评定、调整伤残等级审批表》上签署意见，并加盖印章。

对符合条件的，于收到材料之日起20个工作日内，将上述材料报送省级人民政府民政部门。对不符合条件的，属于第二条第一款第（一）项人员，根据《军人抚恤优待条例》第二十三条第一款第（三）项的规定上报省级人民政府民政部门；属于第二条第一款第（一）项以外的人员，填写《不予评定、调整伤残等级决定书》，连同医疗卫生专家小组出具的残疾等级医学鉴定意见（复印件）和申请人提供的材料，逐级退还申请人。

第九条 省级人民政府民政部门对报送的材料初审后，认为符合条件的，逐级通知县级人民政府民政部门对申请人的评残情况进行公示。公示内容应当包括致残的时间、地点、原因、残疾情况（涉及隐私或者不宜公开的不公示）、拟定的残疾等级以及民政部门联系方式。公示应当在申请人工作单位所在地或者居住地进行，时间不少于7个工作日。县级人民政府民政部门应当对公示中反馈的意见进行核实并签署意见，逐级上报省级人民政府民政部门，对调整等级的应当将本人持有的伤残人员证一并上报。

省级人民政府民政部门应当对公示的意见进行审核，在《评定、调整伤残等级审批表》上签署审批意见，加盖印章。对符合条件的，由民政部门办理伤残人员证（调整等级的，在证件变更栏处填写新等级），连同医疗卫生专家小组出具的伤残等级医学鉴定意见（复印件），于收到材料之日起60个工作日内逐级发给申请人。对不符合条件的，由民政部门填写《不予评定、调整伤残等级决定书》，连同医疗卫生专家小组出具的残疾等级医学鉴定意见（复印件）和申请人提供的材料，于收到材料之日起60个工作日内逐级退还申请人。

第十条 申请人或者民政部门对医疗卫生专家小组作出的残疾等级医学鉴定意见有异议的，可以到省级人民政府民政部门指定的医疗卫生机构重新进行鉴定。

省级人民政府民政部门可以成立医疗卫生专家小组，对残疾情况与应当评定的残疾等级提出评定意见。

第十一条 伤残人员以军人、人民警察、公务员以及参照《公务员法》管理的国家机关工作人员和其他人员不同身份多次致残的，民政部门按上述顺序只发给一种证件，并在伤残证件变更栏上注明第二次致残的时间和性质，以及合并评残后的等级和性质。

致残部位不能合并评残的，可以先对各部位分别评残。等级不同的，以重者定级；两项以上等级相同的，只能晋升一级。

多次致残的伤残性质不同的，以等级重者定

性。等级相同的，按因战、因公、因病的顺序定性。

军人残疾抚恤

［解读］

因符合被批准为烈士的情形之一导致残疾的，应认定为因战致残；因符合被确认为因公牺牲的情形之一导致残疾的，应认定为因公致残；义务兵和初级士官除因患职业病和在执行任务中或者在工作岗位上突发疾病，或者因医疗事故致残的情形以外，因其他疾病导致残疾的，应认定为因病致残。因战、因公致残被评定为一级至十级和因病致残被评定为一级至六级的，均应享受以下残疾抚恤待遇：

（一）残疾军人按照残疾等级享受残疾抚恤金，退出现役的，由县级人民政府民政部门发给；因工作需要继续服现役的，由所在部队发给。残疾抚恤金标准应当参照全国职工平均工资水平确定。依靠残疾抚恤金生活仍有困难的残疾军人，可以享受增发的残疾抚恤金或者其他方式予以的补助，以保障其生活不低于当地的平均生活水平。

（二）退出现役的因战、因公致残的残疾军人因旧伤复发死亡的，由县级人民政府民政部门按照因公牺牲军人的抚恤金标准发给其遗属40个月工资的一次性抚恤金，其遗属享受因公牺牲军人遗属抚恤待遇。退出现役的因战、因公、因病致残的残疾军人因病死亡的，对其遗属增发12个月的残疾抚恤金，作为丧葬补助费；其中，因战、因公致残的一级至四级残疾军人因病死亡的，其遗属享受病故军人遗属抚恤待遇。

（三）退出现役的一级至四级残疾军人，由国家供养终身；其中，对需要长年医疗或者独身一人不便分散安置的，经省级人民政府民政部门批准，可以集中供养。对分散安置的一级至四级残疾军人发给护理费，护理费的标准为：

1. 因战、因公一级和二级残疾的，为当地职工月平均工资的50％；

2. 因战、因公三级和四级残疾的，为当地职工月平均工资的40％；

3. 因病一级至四级残疾的，为当地职工月平均工资的30％。

退出现役的残疾军人的护理费，由县级以上地方人民政府民政部门发给；未退出现役的残疾军人的护理费，由所在部队发给。

（四）残疾军人需要配制假肢、代步三轮车等辅助器械，正在服现役的，由军队军级以上单位负责解决；退出现役的，由省级人民政府民政部门负责解决。

［依据指引］

国务院《军人抚恤优待条例》（2004年8月1日 国务院令第413号 2011年7月29日修订）

第二十六条 退出现役的残疾军人，按照残疾等级享受残疾抚恤金。残疾抚恤金由县级人民政府民政部门发给。

因工作需要继续服现役的残疾军人，经军队军级以上单位批准，由所在部队按照规定发给残疾抚恤金。

第二十七条 残疾军人的抚恤金标准应当参照全国职工平均工资水平确定。残疾抚恤金的标准以及一级至十级残疾军人享受残疾抚恤金的具体办法，由国务院民政部门会同国务院财政部门规定。

县级以上地方人民政府对依靠残疾抚恤金生活仍有困难的残疾军人，可以增发残疾抚恤金或者采取其他方式予以补助，保障其生活不低于当地的平均生活水平。

第二十八条 退出现役的因战、因公致残的残疾军人因旧伤复发死亡的，由县级人民政府民政部门按照因公牺牲军人的抚恤金标准发给其遗属一次性抚恤金，其遗属享受因公牺牲军人遗属抚恤待遇。

退出现役的因战、因公、因病致残的残疾军人因病死亡的，对其遗属增发12个月的残疾抚恤金，作为丧葬补助费；其中，因战、因公致残的一级至四级残疾军人因病死亡的，其遗属享受病故军人遗属抚恤待遇。

第二十九条 退出现役的一级至四级残疾军人，由国家供养终身；其中，对需要长年医疗或者独身一人不便分散安置的，经省级人民政府民政部门批准，可以集中供养。

第三十条 对分散安置的一级至四级残疾军人发给护理费，护理费的标准为：

（一）因战、因公一级和二级残疾的，为当地职工月平均工资的50％；

（二）因战、因公三级和四级残疾的，为当地职工月平均工资的40％；

（三）因病一级至四级残疾的，为当地职工月平均工资的30％。

退出现役的残疾军人的护理费，由县级以上地方人民政府民政部门发给；未退出现役的残疾军人的护理费，经军队军级以上单位批准，由所在部队发给。

第三十一条 残疾军人需要配制假肢、代步三轮车等辅助器械，正在服现役的，由军队军级以上单位负责解决；退出现役的，由省级人民政府民政部门负责解决。

军人死亡抚恤

[解读]

现役军人死亡分为被批准为烈士、被确认为因公牺牲或者病故等三种情形：

（一）现役军人死亡或失踪，符合下列情形之一的，被批准为烈士：

1. 对敌作战死亡，或者对敌作战负伤在医疗终结前因伤死亡的；

2. 因执行任务遭敌人或者犯罪分子杀害，或者被俘、被捕后不屈遭敌人杀害或者被折磨致死的；

3. 为抢救和保护国家财产、人民生命财产或者执行反恐怖任务和处置突发事件死亡的；

4. 因执行军事演习、战备航行飞行、空降和导弹发射训练、试航试飞任务以及参加武器装备科研试验死亡的；

5. 在执行外交任务或者国家派遣的对外援助、维持国际和平任务中牺牲的；

6. 其他死难情节特别突出，堪为楷模的。

预备役人员、民兵、民工以及其他人员因参战、参加军事演习和军事训练、执行军事勤务牺牲，符合上述情形之一的，应评定为烈士。批准烈士的权限如下：属于因战死亡的，由军队团级以上单位政治机关批准；属于非因战死亡的，由军队军级以上单位政治机关批准；属于其他死难情节特别突出的，由中国人民解放军总政治部批准。

（二）现役军人死亡或失踪，符合下列情形之一的，确认为因公牺牲：

1. 在执行任务中或者在上下班途中，由于意外事件死亡的；

2. 被认定为因战、因公致残后因旧伤复发死亡的；

3. 因患职业病死亡的；

4. 在执行任务中或者在工作岗位上因病猝然死亡，或者因医疗事故死亡的；

5. 在执行对敌作战、边海防执勤或者抢险救灾以外的其他任务中失踪，经法定程序宣告死亡的；

6. 其他因公死亡的。

现役军人因公牺牲，由军队团级以上单位政治机关确认；属于其他因公死亡的，由军队军级以上单位政治机关确认。

（三）现役军人除因患职业病死亡和在执行任务中或者在工作岗位上因病猝死，或者因医疗事故死亡的情形以外，因其他疾病死亡的，确认为病故；非执行任务死亡或者失踪，经法定程序宣告死亡的，按照病故对待。现役军人病故，由军队团级以上单位政治机关确认。

烈士、因公牺牲军人和病故军人的遗属，由县级人民政府民政部门分别发给《中华人民共和国烈士证明书》《中华人民共和国军人因公牺牲证明书》《中华人民共和国军人病故证明书》，并依法享受以下抚恤待遇：

（一）根据现役军人死亡的性质和死亡时的月工资标准，享受一次性抚恤金，标准为：烈士和因公牺牲的，为上一年度全国城镇居民人均可支配收入的20倍加本人40个月工资；病故的，为上一年度全国城镇居民人均可支配收入的2倍加本人40个月工资；月工资或者津贴低于排职少尉军官工资标准的，按照排职少尉军官工资标准发给；现役军人死亡被批准为烈士的，依照《烈士褒扬条例》的规定发给烈士遗属烈士褒扬金；获得荣誉称号或者立功的，其遗属还应当按照规定比例享受增发的一次性抚恤金；对生前作出特殊贡献的，除按照规定发给其遗属一次性抚恤金外，军队可以按照有关规定发给其遗属一次性特别抚恤金。

（二）对符合下列条件之一的遗属，发给定期抚恤金，并由县级人民政府民政部门发给《定期抚恤金领取证》：

1. 父母（抚养人）、配偶无劳动能力、无生活费来源，或者收入水平低于当地居民平均生活水平的；

2. 子女未满18周岁或者已满18周岁但因上学或者残疾无生活费来源的；

3. 兄弟姐妹未满18周岁或者已满18周岁但因上学无生活费来源且由该军人生前供养的。

依靠定期抚恤金生活仍有困难的遗属，可以享受增发抚恤金或者其他方式的补助，以保障其生活不低于当地的平均生活水平。享受定期抚恤金的遗属死亡，增发6个月其原享受的定期抚恤金，作为丧葬补助费，同时注销其领取定期抚恤金的证件。

[依据指引]

(1) 国务院《军人抚恤优待条例》（2004年8月1日　国务院令第413号　2011年7月29日修订）

第二章　死亡抚恤

第七条　现役军人死亡被批准为烈士、被确认为因公牺牲或者病故的，其遗属依照本条例的规定享受抚恤。

第八条　现役军人死亡，符合下列情形之一的，批准为烈士：

（一）对敌作战死亡，或者对敌作战负伤在医疗终结前因伤死亡的；

（二）因执行任务遭敌人或者犯罪分子杀害，或者被俘、被捕后不屈遭敌人杀害或者被折磨致死的；

（三）为抢救和保护国家财产、人民生命财产或者执行反恐怖任务和处置突发事件死亡的；

（四）因执行军事演习、战备航行飞行、空降和导弹发射训练、试航试飞任务以及参加武器装备科研试验死亡的；

（五）在执行外交任务或者国家派遣的对外援助、维持国际和平任务中牺牲的；

（六）其他死难情节特别突出，堪为楷模的。

现役军人在执行对敌作战、边海防执勤或者抢险救灾任务中失踪，经法定程序宣告死亡的，按照烈士对待。

批准烈士，属于因战死亡的，由军队团级以上单位政治机关批准；属于非因战死亡的，由军队军级以上单位政治机关批准；属于本条第一款第六项规定情形的，由中国人民解放军总政治部批准。

第九条　现役军人死亡，符合下列情形之一的，确认为因公牺牲：

（一）在执行任务中或者在上下班途中，由于意外事件死亡的；

（二）被认定为因战、因公致残后因旧伤复发死亡的；

（三）因患职业病死亡的；

（四）在执行任务中或者在工作岗位上因病猝然死亡，或者因医疗事故死亡的；

（五）其他因公死亡的。

现役军人在执行对敌作战、边海防执勤或者抢险救灾以外的其他任务中失踪，经法定程序宣告死亡的，按照因公牺牲对待。

现役军人因公牺牲，由军队团级以上单位政治机关确认；属于本条第一款第（五）项规定情形的，由军队军级以上单位政治机关确认。

第十条　现役军人除第九条第一款第（三）项、第（四）项规定情形以外，因其他疾病死亡的，确认为病故。

现役军人非执行任务死亡或者失踪，经法定程序宣告死亡的，按照病故对待。

现役军人病故，由军队团级以上单位政治机关确认。

第十一条　对烈士遗属、因公牺牲军人遗属、病故军人遗属，由县级人民政府民政部门分别发给《中华人民共和国烈士证明书》《中华人民共和国军人因公牺牲证明书》《中华人民共和国军人病故证明书》。

第十二条　现役军人死亡被批准为烈士的，依照《烈士褒扬条例》的规定发给烈士遗属烈士褒扬金。

第十三条　现役军人死亡，根据其死亡性质和死亡时的月工资标准，由县级人民政府民政部门发给其遗属一次性抚恤金，标准是：烈士和因公牺牲的，为上一年度全国城镇居民人均可支配收入的20倍加本人40个月的工资；病故的，为上一年度全国城镇居民人均可支配收入的2倍加本人40个月的工资。月工资或者津贴低于排职少尉军官工资标准的，按照排职少尉军官工资标准计算。

获得荣誉称号或者立功的烈士、因公牺牲军人、病故军人，其遗属在应当享受的一次性抚恤金的基础上，由县级人民政府民政部门按照下列比例增发一次性抚恤金：

（一）获得中央军事委员会授予荣誉称号的，增发35%；

（二）获得军队军区级单位授予荣誉称号的，增发30%；

（三）立一等功的，增发25%；

（四）立二等功的，增发15%；

（五）立三等功的，增发5%。

多次获得荣誉称号或者立功的烈士、因公牺牲军人、病故军人，其遗属由县级人民政府民政部门按照其中最高等级奖励的增发比例，增发一次性抚恤金。

第十四条　对生前作出特殊贡献的烈士、因公牺牲军人、病故军人，除按照本条例规定发给其遗属一次性抚恤金外，军队可以按照有关规定发给其遗属一次性特别抚恤金。

第十五条　一次性抚恤金发给烈士、因公牺牲军人、病故军人的父母（抚养人）、配偶、子女；没有父母（抚养人）、配偶、子女的，发给未满18周岁的兄弟姐妹和已满18周岁但无生活费来源且由该军人生前供养的兄弟姐妹。

第十六条　对符合下列条件之一的烈士遗属、因公牺牲军人遗属、病故军人遗属，发给定期抚恤金：

（一）父母（抚养人）、配偶无劳动能力、无生活费来源，或者收入水平低于当地居民平均生活水平的；

（二）子女未满18周岁或者已满18周岁但因上学或者残疾无生活费来源的；

（三）兄弟姐妹未满18周岁或者已满18周岁但因上学无生活费来源且由该军人生前供养的。

对符合享受定期抚恤金条件的遗属，由县级人民政府民政部门发给《定期抚恤金领取证》。

第十七条　定期抚恤金标准应当参照全国城乡居民家庭人均收入水平确定。定期抚恤金的标准及其调整办法，由国务院民政部门会同国务院财政部门规定。

第十八条　县级以上地方人民政府对依靠定期抚恤金生活仍有困难的烈士遗属、因公牺牲军人遗属、病故军人遗属，可以增发抚恤金或者采取其他方式予以补助，保障其生活不低于当地的平均生活水平。

第十九条　享受定期抚恤金的烈士遗属、因公牺牲军人遗属、病故军人遗属死亡的，增发6个月其原享受的定期抚恤金，作为丧葬补助费，同时注销其领取定期抚恤金的证件。

第二十条　现役军人失踪，经法定程序宣告死亡的，在其被批准为烈士、确认为因公牺牲或者病故后，又经法定程序撤销对其死亡宣告的，由原批准或者确认机关取消其烈士、因公牺牲军人或者病故军人资格，并由发证机关收回有关证件，终止其家属原享受的抚恤待遇。

(2) 国务院《烈士褒扬条例》（2011年7月26日　国务院令第601号）

第八条　公民牺牲符合下列情形之一的，评定为烈士：

（一）在依法查处违法犯罪行为、执行国家安全工作任务、执行反恐怖任务和处置突发事件中牺牲的；

（二）抢险救灾或者其他为了抢救、保护国家财产、集体财产、公民生命财产牺牲的；

（三）在执行外交任务或者国家派遣的对外援助、维持国际和平任务中牺牲的；

（四）在执行武器装备科研试验任务中牺牲的；

（五）其他牺牲情节特别突出，堪为楷模的。

现役军人牺牲，预备役人员、民兵、民工以及其他人员因参战、参加军事演习和军事训练、执行军事勤务牺牲应当评定烈士的，依照《军人抚恤优待条例》的有关规定评定。

第十一条　国家建立烈士褒扬金制度。烈士褒扬金标准为烈士牺牲时上一年度全国城镇居民人均可支配收入的30倍。战时，参战牺牲的烈士褒扬金标准可以适当提高。

烈士褒扬金由颁发烈士证书的县级人民政府民政部门发给烈士的父母或者抚养人、配偶、子女；没有父母或者抚养人、配偶、子女的，发给烈士未满18周岁的兄弟姐妹和已满18周岁但无生活来源且由烈士生前供养的兄弟姐妹。

第十二条　烈士遗属除享受本条例第十一条规定的烈士褒扬金外，属于《军人抚恤优待条例》以及相关规定适用范围的，还享受因公牺牲一次性抚恤金；属于《工伤保险条例》以及相关规定适用范围的，还享受一次性工亡补助金以及相当于烈士本人40个月工资的烈士遗属特别补助金。

不属于前款规定范围的烈士遗属，由县级人民政府民政部门发给一次性抚恤金，标准为烈士牺牲时上一年度全国城镇居民人均可支配收入的20倍加40个月的中国人民解放军排职少尉军官工资。

伤残证件的发放与管理

[解读]

被评定为伤残等级的人员，由有关方面向其发放伤残证件。伤残证件由国务院民政部门统一制作，有以下四种：

（一）退役军人在服役期间因战、因公、因病致残的，发给《中华人民共和国残疾军人证》。

（二）人民警察因战、因公致残的，发给《中华人民共和国伤残人民警察证》。

（三）公务员以及参照《公务员法》管理的工作人员因战、因公致残的，发给《中华人民共和国伤残公务员证》。

（四）其他人员因战、因公致残的，发给《中华人民共和国因战因公伤残人员证》。

证件有效期限是根据伤残人员不同年龄确定的：15周岁以下为5年，16～25周岁为10年，26～45周岁为20年，46周岁以上为长期。伤残证件有效期满或者损毁、遗失的，当事人应当到县政府民政部门申请换发或补发证件。伤残证件遗失的须本人登报声明作废。县政府民政部门经审查认为符合条件的，填写《伤残人员换证补证报批表》，连同照片逐级上报省政府民政部门。省政府民政部门将新办理的伤残证件逐级通过县政府民政部门发给申请人。伤残人员办理前往香港、澳门、台湾定居或者出国定居前，由户籍所在地县政府民政部门在变更栏内注明变更内容。对需要换发新证的，"身份证号"处填写所在国（或者香港、澳门、台湾）核发的居住证件号码。"户籍地"为国内抚恤关系所在地。伤残人员死亡的，县政府民政部门应当注销其伤残证件，并逐级上报省政府民政部门备案。县政府民政部门应当建立伤残人员资料档案，一人一档，长期保存。

［依据指引］

民政部《伤残抚恤管理办法》（2007年7月31日　部令第34号）

第三章　伤残证件和档案管理

第十二条　伤残证件的发放种类：

（一）退役军人在服役期间因战因公因病致残的，发给《中华人民共和国残疾军人证》；

（二）人民警察因战因公致残的，发给《中华人民共和国伤残人民警察证》；

（三）公务员以及参照《中华人民共和国公务员法》管理的国家机关工作人员因战因公致残的，发给《中华人民共和国伤残公务员证》；

（四）其他人员因战因公致残的，发给《中华人民共和国因战因公伤残人员证》。

第十三条　伤残证件由国务院民政部门统一制作。证件的有效期：15周岁以下为5年，16～25周岁为10年，26～45周岁为20年，46周岁以上为长期。

第十四条　伤残证件有效期满或者损毁、遗失的，当事人应当到县级人民政府民政部门申请换发证件、补发证件。伤残证件遗失的须本人登报声明作废。

县级人民政府民政部门经审查认为符合条件的，填写《伤残人员换证补证报批表》，连同照片逐级上报省级人民政府民政部门。省级人民政府民政部门将新办理的伤残证件逐级通过县级人民政府民政部门发给申请人。各级民政部门应当在20个工作日内完成本级民政部门需要办理的事项。

第十五条　伤残人员办理前往香港、澳门、台湾定居或者出国定居前，由户籍所在地县级人民政府民政部门在变更栏内注明变更内容。对需要换发新证的，"身份证号"处填写所在国（或者香港、澳门、台湾）核发的居住证件号码。"户籍地"为国内抚恤关系所在地。

第十六条　伤残人员死亡的，县级人民政府民政部门应当注销其伤残证件，并逐级上报省级人民政府民政部门备案。

第十七条　民政部门对申报和审批的各种材料、伤残证件应当有登记手续。送达的材料或者证件，均须挂号邮寄或者由当事人签收。

第十八条　县级人民政府民政部门应当建立伤残人员资料档案，一人一档，长期保存。

伤残抚恤关系转移

［解读］

伤残抚恤关系转移大致有以下三种情形：

（一）残疾军人退役或者向政府移交。须自军队办理了退役手续或者移交手续后60日内，向户籍迁入地的县政府民政部门申请转入抚恤关系。民政部门必须进行审查、登记、备案。

（二）伤残人员跨省迁移。迁出地的县政府民政部门根据伤残人员申请及其伤残证件和迁入地户口簿，将伤残档案、迁入地户口簿复印件以及《伤残人员关系转移证明》，发送迁入地县政府民政部门，并同时将此信息上报本省省政府民政部门。迁入地县政府民政部门在收到上述材料和伤残人员提供的伤残证件后，逐级上报省政府民政部门。省政府民政部门在向迁出地省政府民政部门核实无误后，在伤残证件变更栏内填写新的户籍地、重新编号，并加盖印章，逐级通过县政府民政部门发还申请人。

（三）伤残人员在本省、自治区、直辖市范围内迁移需办理哪些手续，由省、自治区、直辖市政府民政部门规定。

［依据指引］

民政部《伤残抚恤管理办法》（2007年7月31日　部令第34号）

第四章　伤残抚恤关系转移

第十九条　残疾军人退役或者向政府移交，必须自军队办理了退役手续或者移交手续后60日内，向户籍迁入地的县级人民政府民政部门申请转入抚恤关系。民政部门必须进行审查、登记、备案。审查的材料有：《户口簿》、《残疾军人证》、解放军总后勤部卫生部（或者武警后勤部卫生部、武警边防部队后勤部、武警部队消防局、武警部队警卫局）监制的《军人残疾等级评定表》或者《换领〈中华人民共和国残疾军人证〉申报审批表》、退役证件或者移交政府安置的相关证明。

县级人民政府民政部门应当对残疾军人残疾情况及有关材料进行审查，必要时可以复查鉴定残疾情况。认为符合条件的，将《残疾军人证》及有关材料逐级报送省级人民政府民政部门。省级人民政府民政部门审查无误的，在《残疾军人证》变更栏内填写新的户籍地、重新编号，并加盖印章，将《残疾军人证》逐级通过县级人民政府民政部门发还申请人。各级民政部门应当在20个工作日内完成本级民政部门需要办理的事项，如复查鉴定残疾情况的可以延长到30个工作日。

《军人残疾等级评定表》或者《换领〈中华人民共和国残疾军人证〉申报审批表》记载的残疾情况与残疾等级明显不符的，民政部门应当暂缓登记，逐级上报省级人民政府民政部门通知原审批机关更正。复查鉴定的残疾情况与《军人残疾等级评定表》或者《换领〈中华人民共和国残疾军人证〉申报审批表》记载的残疾情况明显不符的，按复查鉴定的残疾情况重新评定残疾等级。伪造、变造《残疾军人证》的，民政部门收回《残疾军人证》不予登记，并移交当地公安机关处理。

第二十条　伤残人员跨省迁移的，迁出地的县级人民政府民政部门根据伤残人员申请及其伤残证件和迁入地户口簿，将伤残档案、迁入地户口簿复印件以及《伤残人员关系转移证明》，发送至迁入地县级人民政府民政部门，并同时将此信息上报本省级人民政府民政部门。

迁入地县级人民政府民政部门在收到上述材料和伤残人员提供的伤残证件后，逐级上报省级人民政府民政部门。省级人民政府民政部门在向迁出地省级人民政府民政部门核实无误后，在伤残证件变更栏内填写新的户籍地、重新编号，并加盖印章，逐级通过县级人民政府民政部门发还申请人。各级民政部门应当在20个工作日内完成本级民政部门需要办理的事项。

迁出地民政部门邮寄伤残档案时，应当将伤残证及其军队或者地方相关的评残审批表或者换证表复印备查。

第二十一条　伤残人员在本省、自治区、直辖市范围内迁移的有关手续，由省、自治区、直辖市人民政府民政部门规定。

抚恤金的发放

［解读］

伤残抚恤金根据伤残人员的具体情况按以下规定发放、停发或中止发放：

（一）伤残人员从被批准残疾等级评定后的第二个月起，由发给其伤残证件的县级人民政府民政部门按照规定予以抚恤。

（二）伤残人员抚恤关系转移的，其当年的抚恤金由部队或者迁出地的民政部门负责发给，从第二年起由迁入地民政部门按当地标准发给。

（三）在国内异地（指非发放抚恤金所在地）居住的伤残人员或者前往香港、澳门、台湾定居或者出国定居的中国国籍伤残人员，经向县政府民政部门申请并办理相关手续后，其伤残抚恤金可以委托他人代领，也可以委托民政部门邮寄给本人或者存入其指定的金融机构账户，所需费用由本人负担；然而，国内异地居住的伤残人员，每年应当向负责支付其伤残抚恤金的民政部门提供一次居住地公安机关出具的居住证明；当年未提交证明的，县政府民政部门应当经过公告或者通知其家属提交证明；经过公告或者通知其家属后60日内，伤残人员仍未提供上述居住证明的，从第二年起停发伤残抚恤金；前往香港、澳门、台湾定居或者出国定居的伤残人员，县政府民政部门应当告知当事人每年向负责支付其伤残抚恤金的民政部门提供一次由我国驻外使领馆或者当地公证机关出具的居住证明，由当地公证机关出具的证明书，须经我驻外使领馆认证；香港地区由内地认可的公证人出具居住证明，澳门地区由内地认可的公证人或者澳门地区政府公证部门出具居住证明，台湾地区由当地公证机构出具居住证明；当年未提供上述居住证明的，从第二年起停发伤残抚恤金。

（四）伤残人员死亡的，从死亡后的第二个月起停发抚恤金。

（五）县政府民政部门依据人民法院的判决书，或者公安机关发布的通缉令，对具有中止抚恤情形的伤残人员决定中止发放，并通知本人或者其家属。中止抚恤的伤残人员在刑满释放并恢复政治权利或者取消通缉后，经本人申请、民政部门审查符合条件的，从第二个月起恢复抚恤，原停发的抚恤金不予补发。

［依据指引］

民政部《伤残抚恤管理办法》（2007 年 7 月 31 日 部令第 34 号）

第五章 抚恤金发放

第二十二条 伤残人员从被批准残疾等级评定后的第二个月起，由发给其伤残证件的县级人民政府民政部门按照规定予以抚恤。伤残人员抚恤关系转移的，其当年的抚恤金由部队或者迁出地的民政部门负责发给，从第二年起由迁入地民政部门按当地标准发给。

第二十三条 在国内异地（指非发放抚恤金所在地）居住的伤残人员或者前往香港、澳门、台湾定居或者出国定居的中国国籍伤残人员，经向县级人民政府民政部门申请并办理相关手续后，其伤残抚恤金可以委托他人代领，也可以委托民政部门邮寄给本人、或者存入其指定的金融机构账户，所需费用由本人负担。

第二十四条 在国内异地居住的伤残人员，每年应当向负责支付其伤残抚恤金的民政部门提供一次居住地公安机关出具的居住证明。当年未提交证明的，县级人民政府民政部门应当经过公告或者通知其家属提交证明；经过公告或者通知其家属后 60 日内，伤残人员仍未提供上述居住证明的，从第二年起停发伤残抚恤金。

前往香港、澳门、台湾定居或者出国定居的伤残人员，县级人民政府民政部门应当告知当事人每年向负责支付其伤残抚恤金的民政部门提供一次由我国驻外使领馆或者当地公证机关出具的居住证明，由当地公证机关出具的证明书，须经我驻外使领馆认证。香港地区由内地认可的公证人出具居住证明，澳门地区由内地认可的公证人或者澳门地区政府公证部门出具居住证明，台湾地区由当地公证机构出具居住证明。当年未提供上述居住证明的，从第二年起停发伤残抚恤金。

第二十五条 伤残人员死亡的，从死亡后的第二个月起停发抚恤金。

第二十六条 县级人民政府民政部门依据人民法院的判决书，或者公安机关发布的通缉令，对具有中止抚恤情形的伤残人员决定中止抚恤，并通知本人或者其家属。

第二十七条 中止抚恤的伤残人员在刑满释放并恢复政治权利或者取消通缉后，经本人申请，并经民政部门审查符合条件的，从第二个月起恢复抚恤，原停发的抚恤金不予补发。办理恢复抚恤手续应当提供下列材料：本人申请、户口簿、司法部门的相关证明。需要重新办证的，按照证件丢失规定办理。

军人及残疾军人的优待

［解读］

由于军人肩负着保卫祖国、建设祖国的特殊使命，所以国家对优待军人作出了以下规定：

（一）义务兵服现役期间，其家庭由当地人民政府发给优待金或者给予其他优待，优待标准不低于当地平均生活水平。

（二）义务兵和初级士官入伍前是国家机关、社会团体、企业事业单位职工（含合同制人员）的，退出现役后，允许复工复职，并享受不低于本单位同岗位（工种）、同工龄职工的各项待遇；义务兵和初级士官入伍前的承包地（山、林）等，应当保留，服现役期间，除依照国家有关规定和承包合同的约定缴纳有关税费外，免除其他负担。

（三）国家对一级至六级残疾军人的医疗费用按照规定予以保障，由所在医疗保险统筹地区社会保险经办机构单独列账管理；七级至十级残疾军人旧伤复发的医疗费用，已经参加工伤保险的，由工伤保险基金支付，未参加工伤保险，有工作的由工作单位解决，没有工作的由当地县级以上地方人民政府负责解决；七级至十级残疾军人旧伤复发以外的医疗费用，未参加医疗保险且本人支付有困难的，由当地县级以上地方政府酌情给予补助。

（四）残疾军人、复员军人（指 1954 年 10 月 31 日之前入伍、经批准复员的人员）、带病回乡退伍军人（指在服役期间患病，尚未达到评残条件并有军队医院证明从部队退伍的人员），以及烈士遗属、因公牺牲军人遗属、病故军人遗属享受医疗优惠待遇。中央财政对抚恤优待对象人数较多的困难地区给予适当补助，用于帮助解决抚恤优待对象的医疗费用困难问题。

（五）在国家机关、社会团体、企业事业单位工作的残疾军人，享受与所在单位工伤人员同等的生活福利和医疗待遇。所在单位不得因其残疾将其辞退、解聘或者解除劳动关系。

（六）现役军人凭有效证件、残疾军人凭《中华人民共和国残疾军人证》乘坐境内运行的火车、轮船、长途公共汽车以及民航班机，享受优先购票待遇；残疾军人享受半价的优待；残疾军人凭《中华人民共和国残疾军人证》免费乘坐市内公共汽车、电车和轨道交通工具。

（七）残疾军人、烈士子女、因公牺牲军人子女、一级至四级残疾军人的子女，驻边疆国境的县（市）、沙漠区、国家确定的边远地区中的三类地区和军队确定的特、一、二类岛屿部队现役军人的子女报考普通高中、中等职业学校、高等学校，在与其他考生同等条件下优先录取；接受学历教育的，在同等条件下优先享受国家规定的各项助学政策。

（八）复员军人（指1954年10月31日之前入伍、经批准复员的人员）生活困难的，按照规定的条件，由当地人民政府民政部门给予定期定量补助，逐步改善其生活条件。

（九）国家兴办优抚医院、光荣院，治疗或者集中供养孤老和生活不能自理的抚恤优待对象；各类社会福利机构应当优先接收抚恤优待对象。

［依据指引］

(1) 国务院《军人抚恤优待条例》（2004年8月1日　国务院令第413号　2011年7月29日修订）

第四章　优　　待

第三十二条　烈士遗属依照《烈士褒扬条例》的规定享受优待。

第三十三条　义务兵服现役期间，其家庭由当地人民政府发给优待金或者给予其他优待，优待标准不低于当地平均生活水平。

义务兵和初级士官入伍前是国家机关、社会团体、企业事业单位职工（含合同制人员）的，退出现役后，允许复工复职，并享受不低于本单位同岗位（工种）、同工龄职工的各项待遇；服现役期间，其家属继续享受该单位职工家属的有关福利待遇。

义务兵和初级士官入伍前的承包地（山、林）等，应当保留；服现役期间，除依照国家有关规定和承包合同的约定缴纳有关税费外，免除其他负担。

义务兵从部队发出的平信，免费邮递。

第三十四条　国家对一级至六级残疾军人的医疗费用按照规定予以保障，由所在医疗保险统筹地区社会保险经办机构单独列账管理。具体办法由国务院民政部门会同国务院人力资源社会保障部门、财政部门规定。

七级至十级残疾军人旧伤复发的医疗费用，已经参加工伤保险的，由工伤保险基金支付，未参加工伤保险，有工作的由工作单位解决，没有工作的由当地县级以上地方人民政府负责解决；七级至十级残疾军人旧伤复发以外的医疗费用，未参加医疗保险且本人支付有困难的，由当地县级以上地方人民政府酌情给予补助。

残疾军人、复员军人、带病回乡退伍军人以及因公牺牲军人遗属、病故军人遗属享受医疗优惠待遇。具体办法由省、自治区、直辖市人民政府规定。

中央财政对抚恤优待对象人数较多的困难地区给予适当补助，用于帮助解决抚恤优待对象的医疗费用困难问题。

第三十五条　在国家机关、社会团体、企业事业单位工作的残疾军人，享受与所在单位工伤人员同等的生活福利和医疗待遇。所在单位不得因其残疾将其辞退、解聘或者解除劳动关系。

第三十六条　现役军人凭有效证件、残疾军人凭《中华人民共和国残疾军人证》优先购票乘坐境内运行的火车、轮船、长途公共汽车以及民航班机；残疾军人享受减收正常票价50%的优待。

现役军人凭有效证件乘坐市内公共汽车、电车和轨道交通工具享受优待，具体办法由有关城市人民政府规定。残疾军人凭《中华人民共和国残疾军人证》免费乘坐市内公共汽车、电车和轨道交通工具。

第三十七条　现役军人、残疾军人凭有效证件参观游览公园、博物馆、名胜古迹享受优待，具体办法由公园、博物馆、名胜古迹管理单位所在地的县级以上地方人民政府规定。

第三十八条　因公牺牲军人、病故军人的子女、兄弟姐妹，本人自愿应征并且符合征兵条件的，优先批准服现役。

第三十九条　义务兵和初级士官退出现役后，报考国家公务员、高等学校和中等职业学校，在与其他考生同等条件下优先录取。

残疾军人、因公牺牲军人子女、一级至四级残疾军人的子女，驻边疆国境的县（市）、沙漠区、国家确定的边远地区中的三类地区和军队确定的特、一、二类岛屿部队现役军人的子女报考普通高中、中等职业学校、高等学校，在录取时按照国家有关规定给予优待；接受学历教育的，在同等条件下优先享受国家规定的各项助学政策。现役军人子女的入学、入托，在同等条件下优先接收。具体办法由国务院民政部门会同国务院教育部门规定。

第四十条 残疾军人、复员军人、带病回乡退伍军人、因公牺牲军人遗属、病故军人遗属承租、购买住房依照有关规定享受优先、优惠待遇。居住农村的抚恤优待对象住房有困难的，由地方人民政府帮助解决。具体办法由省、自治区、直辖市人民政府规定。

第四十一条 经军队师（旅）级以上单位政治机关批准随军的现役军官家属、文职干部家属、士官家属，由驻军所在地的公安机关办理落户手续。随军前是国家机关、社会团体、企业事业单位职工的，驻军所在地人民政府人力资源社会保障部门应当接收和妥善安置；随军前没有工作单位的，驻军所在地人民政府应当根据本人的实际情况作出相应安置；对自谋职业的，按照国家有关规定减免有关费用。

第四十二条 驻边疆国境的县（市）、沙漠区、国家确定的边远地区中的三类地区和军队确定的特、一、二类岛屿部队的现役军官、文职干部、士官，其符合随军条件无法随军的家属，所在地人民政府应当妥善安置，保障其生活不低于当地的平均生活水平。

第四十三条 随军的烈士遗属、因公牺牲军人遗属和病故军人遗属移交地方人民政府安置的，享受本条例和当地人民政府规定的抚恤优待。

第四十四条 复员军人生活困难的，按照规定的条件，由当地人民政府民政部门给予定期定量补助，逐步改善其生活条件。

第四十五条 国家兴办优抚医院、光荣院，治疗或者集中供养孤老和生活不能自理的抚恤优待对象。

各类社会福利机构应当优先接收抚恤优待对象。

(2)《中华人民共和国兵役法》（1984年5月31日 国家主席令第14号 2011年10月29日修订）

第五十七条 现役军人因战、因公、因病致残的，按照国家规定评定残疾等级，发给残疾军人证，享受国家规定的待遇和残疾抚恤金。因工作需要继续服现役的残疾军人，由所在部队按照规定发给残疾抚恤金。

现役军人因战、因公、因病致残的，按照国家规定的评定残疾等级采取安排工作、供养、退休等方式妥善安置。有劳动能力的退出现役的残疾军人，优先享受国家规定的残疾人就业优惠政策。

残疾军人、患慢性病的军人退出现役后，由安置地的县级以上地方人民政府按照国务院、中央军事委员会的有关规定负责接收安置；其中，患过慢性病旧病复发需要治疗的，由当地医疗机构负责给予治疗，所需医疗和生活费用，本人经济困难的，按照国家规定给予补助。

现役军人、残疾军人参观游览公园、博物馆、展览馆、名胜古迹享受优待；优先购票乘坐境内运行的火车、轮船、长途汽车以及民航班机；其中，残疾军人按照规定享受减收正常票价的优待，免费乘坐市内公共汽车、电车和轨道交通工具。义务兵从部队发出的平信，免费邮递。

第五十八条 义务兵服现役期间，其家庭由当地人民政府给予优待，优待标准不低于当地平均生活水平，具体办法由省、自治区、直辖市人民政府规定。

职工被评为烈士的待遇

［解读］

职工牺牲符合下列情形之一的，可评定为烈士：

（一）在依法查处违法犯罪行为、执行国家安全工作任务、执行反恐怖任务和处置突发事件中牺牲的。

（二）抢险救灾或者其他为了抢救、保护国家财产、集体财产、公民生命财产牺牲的。

（三）在执行外交任务或者国家派遣的对外援助、维持国际和平任务中牺牲的。

（四）在执行武器装备科研试验任务中牺牲的。

（五）其他牺牲情节特别突出，堪为楷模的。

职工死亡需申报烈士的，由职工生前所在工作单位向单位所在地的县级人民政府民政部门提供有关职工牺牲情节的材料，由收到材料的县级人民政府民政部门调查核实后提出评定烈士的报告，报本级人民政府审核。

被评定为烈士的职工可以享受烈士褒扬金，标准为职工牺牲时上一年度全国城镇居民人均可支配收入的30倍。烈士褒扬金由颁发烈士证书的县级人民政府民政部门发给职工的父母或者抚养人、配偶、子女；没有父母或者抚养人、配偶、子女的，发给职工未满18周岁的兄弟姐妹和已满18周岁但无生活来源且由职工生前供养的兄弟姐妹。职工遗属除享受烈士褒扬金外，属于《工伤保险条例》适用范围的，还享受上一年度全国城镇居民人均可支配收入20倍的一次性工亡补助金。

[依据指引]

国务院《烈士褒扬条例》（2011年7月26日国务院令第601号）

第八条 公民牺牲符合下列情形之一的，评定为烈士：

（一）在依法查处违法犯罪行为、执行国家安全工作任务、执行反恐怖任务和处置突发事件中牺牲的；

（二）抢险救灾或者其他为了抢救、保护国家财产、集体财产、公民生命财产牺牲的；

（三）在执行外交任务或者国家派遣的对外援助、维持国际和平任务中牺牲的；

（四）在执行武器装备科研试验任务中牺牲的；

（五）其他牺牲情节特别突出，堪为楷模的。

现役军人牺牲，预备役人员、民兵、民工以及其他人员因参战、参加军事演习和军事训练、执行军事勤务牺牲应当评定烈士的，依照《军人抚恤优待条例》的有关规定评定。

第九条 申报烈士的，由死者生前所在工作单位、死者遗属或者事件发生地的组织、公民向死者生前工作单位所在地、死者遗属户口所在地或者事件发生地的县级人民政府民政部门提供有关死者牺牲情节的材料，由收到材料的县级人民政府民政部门调查核实后提出评定烈士的报告，报本级人民政府审核。

属于本条例第八条第一款第一项、第二项规定情形的，由县级人民政府提出评定烈士的报告并逐级上报至省、自治区、直辖市人民政府审查评定。评定为烈士的，由省、自治区、直辖市人民政府送国务院民政部门备案。

属于本条例第八条第一款第三项、第四项规定情形的，由国务院有关部门提出评定烈士的报告，送国务院民政部门审查评定。

属于本条例第八条第一款第五项规定情形的，由县级人民政府提出评定烈士的报告并逐级上报至省、自治区、直辖市人民政府，由省、自治区、直辖市人民政府审查后送国务院民政部门审查评定。

第十一条 国家建立烈士褒扬金制度。烈士褒扬金标准为烈士牺牲时上一年度全国城镇居民人均可支配收入的30倍。战时，参战牺牲的烈士褒扬金标准可以适当提高。

烈士褒扬金由颁发烈士证书的县级人民政府民政部门发给烈士的父母或者抚养人、配偶、子女；没有父母或者抚养人、配偶、子女的，发给烈士未满18周岁的兄弟姐妹和已满18周岁但无生活来源且由烈士生前供养的兄弟姐妹。

第十二条 烈士遗属除享受本条例第十一条规定的烈士褒扬金外，属于《军人抚恤优待条例》以及相关规定适用范围的，还享受因公牺牲一次性抚恤金；属于《工伤保险条例》以及相关规定适用范围的，还享受一次性工亡补助金以及相当于烈士本人40个月工资的烈士遗属特别补助金。

不属于前款规定范围的烈士遗属，由县级人民政府民政部门发给一次性抚恤金，标准为烈士牺牲时上一年度全国城镇居民人均可支配收入的20倍加40个月的中国人民解放军排职少尉军官工资。

第十三章　失业保险

失业保险制度

[解读]

失业保险制度是指由国家通过立法强制实行，运用社会力量，由社会集中建立基金，为那些在劳动年龄内、由于非本人原因失业而暂时中断生活来源的劳动者提供一定程度的收入损失补偿，维持其基本生活，并帮助其实现再就业的社会保险制度。失业保险制度主要是通过提供收入损失补偿的方法解决劳动者失业期间的生活困难，因此是社会保障体系的组成部分；同时，由于这项制度又以帮助暂时中断就业的劳动者实现再就业为目的，所以人们又将失业保险制度归入就业服务体系。

失业保险与养老保险、医疗保险、工伤保险、生育保险共同构成社会保险的基本内容，因此，失业保险也具备了社会保险的基本特征。在适用范围上，都是普遍适用于劳动者；在制度建立和运作上，都是国家通过立法强制推行；在基金的筹集和使用上，都具有共济性等。但是，失业保险与养老保险、医疗保险还有很大的差异。首先，在服务的对象上，虽然都是参加了保险并退出劳动力市场的劳动者，但失业保险的对象是具有劳动能力而暂时中断就业的劳动者；养老保险的对象则是退出劳动力市场的劳动者；医疗保险的对象是因病暂时失去劳动能力的劳动者。其次，在待遇的给付期限上，失业保险一般有严格的时间限制，而且会按照领取者的就业状况随时作出调整；而养老保险待遇的领取期限一般都是直至领取者死亡；医疗保险待遇一般要给付到劳动者恢复劳动能力。再次，在互济性和普遍性上，参加失业保险的劳动者并不一定必然享受到失业保险待遇，绝大多数劳动者确实是终身没有失业，因此其互济性更加突出；而所有参加养老保险的劳动者都必然能够享受到相应的待遇；劳动者的预期伤病风险也远远高于失业保险。最后，失业保险不仅要按时发放待遇，更重要的是还要帮助失业人员再就业；而养老保险和医疗保险则比较单一，只是保证待遇的发放。

失业保险与社会救济同属于社会保障范畴、救助的对象都是无收入（或低收入）者，但是两种制度也有较大的区别。首先，资金来源不同，失业保险基金主要来源于参加者的缴费，而社会救济的资金主要来源于财政资金。其次，失业保险待遇一般只发放给参加失业保险者，而社会救济则不同，全体社会成员只要符合规定条件都可以享受待遇。最后，失业保险待遇有时间限制，而社会救济没有时间限制，衡量的唯一标准是收入的多少。

[依据指引]

(1)《中华人民共和国劳动法》（1994 年 7 月 5 日　国家主席令第 28 号）

第七十条　国家发展社会保险事业，建立社会保险制度，设立社会保险基金，使劳动者在年老、患病、工伤、失业、生育等情况下获得帮助和补偿。

第七十三条　劳动者在下列情形下，依法享受社会保险待遇：

（一）退休；

（二）患病、负伤；

（三）因工伤残或者患职业病；

（四）失业；

（五）生育。

劳动者死亡后，其遗属依法享受遗属津贴。

劳动者享受社会保险待遇的条件和标准由法律、法规规定。

劳动者享受的社会保险金必须按时足额支付。

(2) 国务院《失业保险条例》（1999 年 1 月 22 日　国务院令第 258 号）（略）

失业保险覆盖范围

[解读]

失业保险覆盖范围是指按照法律、法规规定

应该参加失业保险的单位和职工的范围，是失业保险制度的基础。根据国家规定，除国家公务员和参照公务员管理的职工以外，所有城镇职工都应当参加失业保险，由用人单位和职工共同缴纳失业保险费，其中在中国就业的外国职工也不例外。

在实际工作中应该注意到，这里所说的城镇企业，是指国有企业、城镇集体企业、外商投资企业、城镇私营企业以及其他城镇企业。所说职工，是指与用人单位有劳动关系的所有职工，包括下岗职工、企业内部退养职工、农民工等。此外，还包括军队机关事业单位中无军籍的所有职工，即列入军队队列编制员额的职工和不列入军队队列编制员额的职工、工人（含合同制工人）以及聘用的其他职工（不含离退休人员）。

[依据指引]

(1)《中华人民共和国社会保险法》（2010年12月28日 国家主席令第35号）

第四十四条 职工应当参加失业保险，由用人单位和职工按照国家规定共同缴纳失业保险费。

(2) 国务院《失业保险条例》（1999年1月22日 国务院令第258号）

第二条 城镇企业事业单位、城镇企业事业单位职工依照本条例的规定，缴纳失业保险费。

城镇企业事业单位失业人员依照本条例的规定，享受失业保险待遇。

本条例所称城镇企业，是指国有企业、城镇集体企业、外商投资企业、城镇私营企业及其他城镇企业。

第三十二条 省、自治区、直辖市人民政府根据当地实际情况，可以决定本条例适用于本行政区域内的社会团体及专职人员、民办非企业单位及其职工、有雇工的城镇个体工商户及其雇工。

(3) 人事部、劳动和社会保障部、中国人民解放军总后勤部《关于军队后勤保障社会化改革中人事和劳动保障工作有关问题的通知》（2000年8月10日 [2000] 后司字第332号）

二、关于职工参加社会保险问题

……

（三）失业保险

1. 军队机关事业单位职工，从2000年7月1日起，按国家规定参加当地失业保险，缴纳失业保险费，享受失业保险待遇。对职工参加失业保险之前的连续工龄视为缴费年限，不再补缴失业保险费。

2. 随军队后勤保障项目移交地方单位和正常调动到地方单位的军队职工，从调离军队之日起，由接收单位负责接续职工的失业保险关系，缴纳失业保险费。

（四）社会保险其他问题

1. 军队机关事业单位职工参加当地社会保险，要严格遵守国家和军队的保密规定，在办理社会保险申报登记时应适当简化，凡涉及到单位编制、人员实力、银行账户等情况，可免予提供。

2. 军队机关事业单位职工的伤亡保险和生育保险问题，根据国家和军队有关政策，另行研究确定。随军队后勤保障项目移交地方的单位和职工，按当地有关规定参加地方工伤和生育保险。

3. 军队机关事业单位职工参加地方社会保险后，实行属地化管理，单位和个人缴费基数、缴费比例和标准等，按当地政府的规定执行。个人缴费部分按月在发放职工工资时扣缴，单位缴费部分由用人单位按规定缴纳，所需资金从职工工资渠道列支。

随军队后勤保障项目委托地方单位管理的职工，或采取承包形式由承包主管理的职工，其社会保险的单位缴费部分，由受托或承包单位（个人）负责缴纳。

军队后勤保障社会化改革，是军队后勤建设和保障方式的重大调整和深刻变革，是军队建设的大事。各级人事和劳动保障部门要积极支持军队改革，妥善解决好改革中的人事和劳动保障有关问题。军地之间要相互支持，通力合作，确保改革顺利进行。

(4) 劳动和社会保障部办公厅、人事部办公厅、解放军总后勤部司令部《关于对军队机关事业单位职工参加失业保险有关问题的复函》（2002年2月22日 劳社厅函 [2002] 52号）

山西省劳动和社会保险厅：

你厅《关于军队机关事业单位职工参加失业保险有关问题的请示》（晋劳社失函 [2001] 6号）收悉，现答复如下：

一、人事部、劳动和社会保障部、中国人民解放军总后勤部《关于军队后勤保障社会化改革中人事和劳动保障工作有关问题的通知》（[2000] 后司字第332号）规定，“军队机关事业单位职工，从2000年7月1日起，按国家规定参加当地失业保险，缴纳失业保险费，享受失业保险待遇”。其中，“军队机关事业单位职工”是指军队机关事业单位中无军籍的所有职工。即：列入军队队列编制员额的职工和不列入军队队列编制员额的职员、工人（含合同制）以及聘用的其他职工（不含离退休人员）。

二、军队机关事业单位参加失业保险，应按照规定如实提供职工人数、缴费工资基数等情况。失业保险经办机构应按照军队机关事业单位提供的参保人员名单和缴费工资等情况，为缴费单位和缴费个人办理参保手续、建立缴费记录。军队机关事业单位中的参保人员失业时，对符合条件的失业人员，要按照足额发放失业保险金并提供相应的服务。

银行系统如何参加失业保险

［解读］

由于银行系统比较复杂，国家对其如何参加失业保险作了具体规定：一是中国人民银行及其分支机构，不纳入失业保险的范围。但其所属的企业事业单位及其职工，须按规定参加失业保险。二是各商业银行及其职工，均参加单位所在地的失业保险。三是各国家政策性银行及其职工，也须参加单位所在地的失业保险。

［依据指引］

劳动和社会保障部、财政部《关于银行系统单位参加失业保险有关问题的通知》（2000年11月8日　劳社部发［2000］22号）

为贯彻施行《失业保险条例》和《社会保险费征缴暂行条例》，做好银行系统参加失业保险工作，现就有关问题通知如下：

一、中国人民银行及其分支机构，不纳入失业保险实施范围。中国人民银行所属的各类企业事业单位及其职工，应按规定参加单位所在地的失业保险。

二、各商业银行及其职工，均应参加单位所在地的失业保险。

三、各国家政策性银行及其职工，均应参加单位所在地的失业保险。

四、参加失业保险的银行系统单位及其职工，应当认真履行规定的缴费义务。其职工失业后，按规定享受失业保险待遇。

五、各级劳动保障部门及其经办失业保险业务的社会保险经办机构，应对银行系统的有关单位做好相关法律、法规和政策的宣传工作，加强指导，使银行系统各单位按规定参加失业保险。

可不参加失业保险的单位

［解读］

按照现行规定，可以不参加失业保险的单位有以下几种：一是国家机关及其工作人员，包括公务员及工勤人员。二是参照国家机关管理的机关及其工作人员，如党的机关、司法机构、民主党派、总工会、共青团、妇女联合会等。三是社会团体的专职人员。这里的社会团体是指中国公民自愿组成，为实现会员共同意愿，按照其章程开展活动的非营利性社会组织，包括学会、研究会、联合会等，不包括参加中国政治协商会议的人民团体。专职人员是指社团的专职工作人员，不包括兼职人员。四是民办非企业单位及其职工。民办非企业单位是指企业事业单位、社会团体和其他社会力量，以及公民个人利用国有资产举办的，从事非营利性社会服务活动的社会组织，包括民办医院、学校和科研单位。五是有雇工的城镇个体工商户及其雇工。然而，对后三类单位和人员，省级人民政府有权决定其参加失业保险，根据《社会保险法》的规定，这三类人员也应列入失业保险的覆盖范围。

［依据指引］

（1）《中华人民共和国社会保险法》（2010年12月28日　国家主席令第35号）

第四十四条　职工应当参加失业保险，由用人单位和职工按照国家规定共同缴纳失业保险费。

（2）国务院《失业保险条例》（1999年1月22日　国务院令第258号）

第二条　城镇企业事业单位、城镇企业事业单位职工依照本条例的规定，缴纳失业保险费。

城镇企业事业单位失业人员依照本条例的规定，享受失业保险待遇。

本条例所称城镇企业，是指国有企业、城镇集体企业、外商投资企业、城镇私营企业及其他城镇企业。

（3）国务院《社会保险征缴暂行条例》（1999年1月22日　国务院令第259号）

第三条　基本养老保险费的征缴范围：国有企业、城镇集体企业、外商投资企业、城镇私营企业和其他城镇企业及其职工，实行企业化管理的事业单位及其职工。

基本医疗保险费的征缴范围：国有企业、城镇集体企业、外商投资企业、城镇私营企业和其他城镇企业及其职工，国家机关及其工作人员，事业单位及其职工，民办非企业单位及其职工，社会团体及其专职人员。

失业保险费的征缴范围：国有企业、城镇集体企业、外商投资企业、城镇私营企业和其他城镇企业及其职工，事业单位及其职工。

省、自治区、直辖市人民政府根据当地实际情况，可以规定将城镇个体工商户纳入基本养老保险、基本医疗保险的范围，并可以规定将社会团体及其专职人员、民办非企业单位及其职工以及有雇工的城镇个体工商户及其雇工纳入失业保险的范围。

社会保险费的费基、费率依照有关法律、行政法规和国务院的规定执行。

城镇企业事业单位如何参加失业保险

［解读］

按照国家规定，用人单位参加社会保险，必须首先到当地社会保险经办机构办理社会保险登记。登记事项包括：单位名称、住所、经营地点、单位类型、法定代表人或者负责人、开户银行账号以及国务院社会保险行政部门规定的其他事项。

进行失业保险登记的具体程序是：

从事生产经营的单位自领取营业执照之日起30日内、非生产经营单位（主要是事业单位和社会团体）自成立之日起30日内，应当向当地社会保险经办机构申请办理社会保险登记。办理登记时，应当填写社会保险登记表，并出示以下证件和资料：

（一）营业执照、批准成立证件或其他核准执业证件。

（二）国家质量技术监督部门颁发的组织机构统一代码证书。

（三）省、自治区、直辖市社会保险经办机构规定的其他有关证件、资料。

对单位填报的社会保险登记表、提供的证件和资料，社会保险经办机构应当即时受理，并自受理之日起10个工作日内审核完毕；符合规定的，予以登记，发给社会保险登记证。

实际工作中需要特别注意的是，军队事业单位参加失业保险，办理社会保险登记，原则上也应按照相关规定的程序办理。但是，由于军队事业单位的特殊性，涉及到人员编制、番号、账户等信息不宜公开，为此，劳动和社会保障部、人事部、解放军总后勤部专门做出规定，失业保险经办机构按照军队事业单位提供的参保人员名单和缴费工资等情况，为单位和个人办理参保手续，经办机构不再进行审核。

另外，企事业单位的社会保险登记事项发生变更或者该单位依法终止，应当自变更或终止之日起30日内，到社会保险经办机构办理变更或注销登记手续。

［依据指引］

(1)《中华人民共和国社会保险费征缴暂行条例》（1999年1月22日　国务院令第259号）

第七条　缴费单位必须向当地社会保险经办机构办理社会保险登记，参加社会保险。

登记事项包括：单位名称、住所、经营地点、单位类型、法定代表人或者负责人、开户银行账号以及国务院劳动保障行政部门规定的其他事项。

第九条　缴费单位的社会保险登记事项发生变更或者缴费单位依法终止的，应当自变更或者终止之日起30日内，到社会保险经办机构办理变更或者注销社会保险登记手续。

(2) 劳动和社会保障部《社会保险登记管理暂行办法》（1999年3月19日　部令第1号）

第五条　从事生产经营的缴费单位自领取营业执照之日起30日内、非生产经营性单位自成立之日起30日内，应当向当地社会保险经办机构申请办理社会保险登记。条例施行前尚未参加社会保险的缴费单位，应当依据条例第八条，持本办法第七条规定的证件和资料到当地社会保险经办机构办理社会保险登记。

条例施行前已经参加社会保险的缴费单位，应当按照前款规定到当地社会保险经办机构补办社会保险登记。

第六条　社会保险登记实行属地管理。

缴费单位具有异地分支机构的，分支机构一般应当作为独立的缴费单位，向其所在地的社会保险经办机构单独申请办理社会保险登记。

跨地区的缴费单位，其社会保险登记地由相关地区协商确定。意见不一致时，由上一级社会保险经办机构确定登记地。

第七条　缴费单位申请办理社会保险登记时，应当填写社会保险登记表，并出示以下证件和资料：

（一）营业执照、批准成立证件或其他核准执业证件；

（二）国家质量技术监督部门颁发的组织机构统一代码证书；

（三）省、自治区、直辖市社会保险经办机构规定的其他有关证件、资料。

第八条 对缴费单位填报的社会保险登记表、提供的证件和资料，社会保险经办机构应当即时受理，并在自受理之日起10个工作日内审核完毕；符合规定的，予以登记，发给社会保险登记证。

(3) 人事部、劳动和社会保障部、中国人民解放军总后勤部《关于军队后期保障社会化改革中人事和劳动保障工作有关问题的通知》（2000年8月10日 ［2000］后司字第332号）

二、关于职工参加社会保险问题

……

（四）社会保险其他问题

1. 军队机关事业单位职工参加当地社会保险，要严格遵守国家和军队的保密规定，在办理社会保险申报登记时应适当简化，凡涉及到单位编制、人员实力、银行账户等情况，可免予提供。

2. 军队机关事业单位职工的伤亡保险和生育保险问题，根据国家和军队有关政策，另行研究确定。随军队后勤保障项目移交地方的单位和职工，按当地有关规定参加地方工伤和生育保险。

3. 军队机关事业单位职工参加地方社会保险后，实行属地化管理，单位和个人缴费基数、缴费比例和标准等，按当地政府的规定执行。个人缴费部分按月在发放职工工资时扣缴，单位缴费部分由用人单位按规定缴纳，所需资金从职工工资渠道列支。

随军队后勤保障项目委托地方单位管理的职工，或采取承包形式由承包主管理的职工，其社会保险的单位缴费部分，由受托或承包单位（个人）负责缴纳。

军队后勤保障社会化改革，是军队后勤建设和保障方式的重大调整和深刻变革，是军队建设的大事。各级人事和劳动保障部门要积极支持军队改革，妥善解决好改革中的人事和劳动保障有关问题。军地之间要相互支持，通力合作，确保改革顺利进行。

失业保险费率

［解读］

失业保险费率是指参加失业保险的用人单位及其职工缴纳的失业保险费在其支出或收入中所占的比例。费率是决定失业保险制度承受能力的关键因素。

按照法规规定，城镇用人单位按照本单位工资总额的2%缴纳失业保险费；其职工按照本人工资的1%缴纳失业保险费，缴费基数没有上限和下限的规定。工资总额，是指各单位在一定时期内直接支付给本单位全部职工的劳动报酬总额。工资总额由六个部分组成：计时工资、计件工资、资金、津贴和补贴、加班加点工资及特殊情况下支付的工资。单位工资总额中不包括有关国家规定的创造发明奖；社会保险和职工福利方面的各项费用；劳动保护的各项支出等。职工的本人工资，是指其个人收入中计入单位工资总额部分的收入。职工在工资总额以外从本单位内、外得到的各种其他收入，如保险福利费、劳动保护费、职工个人从银行或企业获得的存款利息、债券利息、股息和股金分红、转移性收入等都不应计入职工工资。

实际工作中企业事业单位一般都是按月或按季缴纳失业保险费，因此在计算缴费基数时往往按照上一年工资总额或上一月工资总额计算应缴纳的失业保险费。对工资总额不易认定的，可由征缴机构参照当地工资水平和该单位生产经营状况核定缴费基数，例如对无工资总额报表的个体工商户和自由职业者个人参保的，可采用这种办法。职工个人缴纳的失业保险费是由企业事业单位代扣代缴。特别需要把握的还有两点：一是城镇企业事业单位招用的农民合同制工人本人不缴纳失业保险费；主要原因是农民合同制工人与企业终止、解除劳动关系后不能按月领取失业保险金，而是领取一次性生活补助。二是省、自治区、直辖市人民政府根据本行政区域失业人员数量和失业保险基金数额，报经国务院批准，可以适当调整本行政区域失业保险费的费率。也就是说，失业保险更具强制性、互济性，须实行全国统一费率，省级政府无权自行调整失业保险费率。目前，经国务院批准，北京市失业保险费的费率，企业事业单位为工资总额的1.5%，职工个人为本人工资收入的0.5%；陕西省企业事业单位为工资总额的2.5%，职工个人为本人工资收入的1%。

［依据指引］

(1) 国务院《失业保险条例》（1999年1月22日　国务院令第258号）

第六条　城镇企业事业单位按照本单位工资总额的百分之二缴纳失业保险费。城镇企业事业单位职工按照本人工资的百分之一缴纳失业保险费。城镇企业事业单位招用的农民合同制工人本人不缴纳失业保险费。

第九条　省、自治区、直辖市人民政府根据本行政区域失业人员数量和失业保险基金数额，报经国务院批准，可以适当调整本行政区域失业保险费的费率。

(2) 国务院《社会保险征缴暂行条例》（1999年1月22日　国务院令第259号）

第十条　缴费单位必须按月向社会保险经办机构申报应缴纳的社会保险费数额，经社会保险经办机构核定后，在规定的期限内缴纳社会保险费。

缴费单位不按规定申报应缴纳的社会保险费数额的，由社会保险经办机构暂按该单位上月缴费数额的百分之一百一十确定应缴数额；没有上月缴费数额的，由社会保险经办机构暂按该单位的经营状况、职工人数等有关情况确定应缴数额。缴费单位补办申报手续并按核定数额缴纳社会保险费后，由社会保险经办机构按照规定结算。

(3) 国家统计局《关于工资总额组成的规定》（1990年1月1日　局令第1号）

第四条　工资总额由下列六个部分组成：

（一）计时工资；

（二）计件工资；

（三）奖金；

（四）津贴和补贴；

（五）加班加点工资；

（六）特殊情况下支付的工资。

第十条　特殊情况下支付的工资。包括：

（一）根据国家法律、法规和政策规定，因病、工伤、产假、计划生育假、婚丧假、事假、探亲假、定期休假、停工学习、执行国家或社会义务等原因按计时工资标准或计时工资标准的一定比例支付的工资；

（二）附加工资、保留工资。

第十一条　下列各项不列入工资总额的范围：

（一）根据国务院发布的有关规定颁发的创造发明奖、自然科学奖、科学技术进步奖和支付的合理化建议和技术改进奖以及支付给运动员、教练员的奖金；

（二）有关劳动保险和职工福利方面的各项费用；

（三）有关离休、退休、退职人员待遇的各项支出；

（四）劳动保护的各项支出；

（五）稿费、讲课费及其他专门工作报酬；

（六）出差伙食补助费、误餐补助、调动工作的旅费和安家费；

（七）对自带工具、牲畜来企业工作职工所支付的工具、牲畜等的补偿费用；

（八）实行租赁经营单位的承租人的风险性补偿收入；

（九）对购买本企业股票和债券的职工所支付的股息（包括股金分红）和利息；

（十）劳动合同制职工解除劳动合同时由企业支付的医疗补助费、生活补费等；

（十一）因录用临时工而在工资以外向提供劳动力单位支付的手续费和管理费；

（十二）支付给家庭工人的加工费和按加工订货办法支付给承包单位的发包费用；

（十三）支付给参加企业劳动的在校学生的补贴；

（十四）计划生育独生子女补贴。

(4) 国家统计局《〈关于工资总额组成的规定〉若干具体范围的解释》（1990年1月1日　统制字［1990］1号）

四、关于工资总额不包括的项目的范围

（一）有关劳动保险和职工福利方面的费用。具体有：职工死亡丧葬费及抚恤费、医疗卫生费或公费医疗费用、职工生活困难补助费、集体福利事业补贴、工会文教费、集体福利费、探亲路费、冬季取暖补贴、上下班交通补贴以及洗理费等。

（二）劳动保护的各种支出，具体有：工作服、手套等劳保用品，解毒剂、清凉饮料，以及按照1963年7月19日劳动部等七单位规定的范围对接触有毒物质、矽尘作业、放射线作业和潜水、沉箱作业、高温作业等五类工种所享受的由劳动保护费开支的保健食品待遇。

五、关于标准工资（基本工资，下同）和非标准工资（辅助工资，下同）的定义

（一）标准工资是指按规定的工资标准计算的

工资（包括实行结构工资制的基础工资、职务工资和工龄津贴）。

（二）非标准工资是指标准工资以外的各种工资。

失业保险费征收

[解读]

失业保险费征收是指按照规定向参加失业保险的用人单位及其职工收取失业保险费的原则和具体办法。征收失业保险费一般要遵循这样几个原则：

一是强制性原则。也就是说按规定应参加失业保险的单位及其职工必须按照规定的费率，按时足额缴纳失业保险费，这是其法定社会义务。

二是适度性原则。所谓适度，是指失业保险基金筹集的数量要适度，即不能过高，过高会增加缴费单位和个人的负担，严重的会减少就业岗位、降低经济发展速度；同时也不能过低，过低会入不敷出，影响保障功能的发挥。适度的标准是基本符合以支定收、收支平衡的原则。

三是均衡性原则。为了保证失业保险制度的公平性，就要合理确定单位缴费和个人缴费的比例，并保证所有参加失业保险的单位和个人负担同样的缴费。

在具体征收过程中，实行的是用人单位申报缴纳的办法，主要包括以下几个环节：

（一）缴费单位应当在每月5日前，向社会保险经办机构办理缴费申报，报送社会保险申报表、代扣代缴明细表以及社会保险经办机构规定的其他资料。缴费单位到社会保险经办机构办理社会保险缴费申报有困难的，经社会保险经办机构批准，可以邮寄申报。邮寄申报以寄出地的邮戳日期为实际申报日期。缴费单位因不可抗力因素，不能按期办理社会保险费申报的，可以延期办理。但应当在不可抗力情形消除后立即向社会保险经办机构报告。

（二）社会保险经办机构应当对缴费单位送达的申报表和有关资料进行即时审核。对缴费单位申报资料齐全、缴费基数和费率符合规定、填报数量关系一致的申报表签章核准；对不符合规定的申报表提出审核意见，退缴费单位修正后再次审核；对不能即时审核的，社会保险经办机构应当自收到缴费单位申报表和有关资料之日起，在最长不超过2日内审核完毕。

（三）缴费单位不按规定申报应缴纳的社会保险费数额的，社会保险经办机构可暂按上月缴费数额的110%确定应缴数额。没有上月缴费数额的，由社会保险经办机构暂按该单位的经营状况、职工人数等确定应缴数额。缴费单位补办申报手续并按规定数额缴纳社会保险费后，由社会保险经办机构按照规定结算。

（四）缴费单位必须在社会保险经办机构核准其缴费申报后的3日内缴纳社会保险费。缴费单位和缴费个人应当以货币形式全额缴纳社会保险费。缴费个人应缴纳的费用，由其所在单位从其工资中代扣代缴。对不能全额缴纳的，按欠缴处理，除补缴欠缴部分外，还要加收滞纳金。

（五）缴费单位的缴费申报经核准后，可以采取下列方式之一缴纳社会保险费：

1. 缴费单位到其开户银行缴纳；

2. 缴费单位到社会保险经办机构以支票或现金形式缴纳；

3. 缴费单位与社会保险经办机构约定的其他方式。

按照现行规定，失业保险费也可以由税务机关征收，具体的缴纳办法也由税务机关制定，但基本内容和程序大体相同。

[依据指引]

（1）国务院《社会保险征缴暂行条例》（1999年1月22日　国务院令第259号）

第十条　缴费单位必须按月向社会保险经办机构申报应缴纳的社会保险费数额，经社会保险经办机构核定后，在规定的期限内缴纳社会保险费。

缴费单位不按规定申报应缴纳的社会保险费数额的，由社会保险经办机构暂按该单位上月缴费数额的百分之一百一十确定应缴数额；没有上月缴费数额的，由社会保险经办机构暂按该单位的经营状况、职工人数等有关情况确定应缴数额。缴费单位补办申报手续并按核定数额缴纳社会保险费后，由社会保险经办机构按照规定结算。

……

第十二条　缴费单位和缴费个人应当以货币形式全额缴纳社会保险费。

缴费个人应当缴纳的社会保险费，由所在单位从其本人工资中代扣代缴。

社会保险费不得减免。

第十三条　缴费单位未按规定缴纳和代扣代

缴社会保险费的，由劳动保险行政部门或者税务机关责令限期缴纳；逾期仍不缴纳的，除补缴欠缴数额外，从欠缴之日起，按日加收千分之二的滞纳金。滞纳金并入社会保险基金。

(2) 劳动和社会保障部《社会保险费申报缴纳管理暂行办法》（1999 年 3 月 19 日 部令第 2 号）

第五条 缴费单位应当在每月 5 日前，向社会保险经办机构办理缴费申报，报送社会保险费申报表（以下简称申报表）、代扣代缴明细表以及社会保险经办机构规定的其他资料。

缴费单位到社会保险经办机构办理社会保险缴费申报有困难的，经社会保险经办机构批准，可以邮寄申报。邮寄申报以寄出地的邮戳日期为实际申报日期。

第六条 缴费单位因不可抗力因素，不能按期办理社会保险费申报的，可以延期办理。但应当在不可抗力情形消除后立即向社会保险经办机构报告。社会保险经办机构应当查明事实，给予核准。

第七条 社会保险经办机构应当对缴费单位送达的申报表和有关资料进行即时审核。对缴费单位申报资料齐全、缴费基数和费率符合规定、填报数量关系一致的申报表签章核准；对不符合规定的申报表提出审核意见，退缴费单位修正后再次审核；对不能即时审核的，社会保险经办机构应当自收到缴费单位申报表和有关资料之日起，在最长不超过 2 日内审核完毕。

第八条 缴费单位不按规定申报应缴纳的社会保险费数额的，社会保险经办机构可暂按该单位上月缴费数额的百分之一百一十确定应缴数额；没有上月缴费数额的，社会保险经办机构可暂按该单位的经营状况、职工人数等有关情况确定应缴数额。缴费单位补办申报手续并按核定数额缴纳社会保险费后，由社会保险经办机构按照规定结算。

第九条 缴费单位必须在社会保险经办机构核准其缴费申报后的 3 日内缴纳社会保险费。缴费单位和缴费个人应当以货币形式全额缴纳社会保险费。

第十一条 缴费单位的缴费申报经核准后，可以采取下列方式之一缴纳社会保险费：

（一）缴费单位到其开户银行缴纳；

（二）缴费单位到社会保险经办机构以支票或现金形式缴纳；

（三）缴费单位与社会保险经办机构约定的其他方式。

履行前款规定的申报核准程序后，银行可以根据社会保险经办机构开出的托收凭证从缴费单位基本账户中划缴社会保险费。

失业保险基金

[解读]

失业保险基金是为维持失业保险制度的实施，保障失业人员基本生活而设立和储备的专项资金。从性质上看，失业保险基金属于社会保险基金，因此，它既不同于政府资金，也不同于一般的投资基金。首先，从资金的筹集方式上看，失业保险基金是按照法律、法规规定从特定的范围内筹集。而政府资金则是通过税收或行政收费等形式从全社会范围内强制筹集，一般性的投资基金则是采取自愿形式在全社会范围内募集。其次，从使用方式上看，失业保险基金必须用于指定的用途，并单独进行核算。而政府资金可以按照批准的预算在全社会范围内使用，投资基金则以收益最大化为目标进行使用。最后，从基金的所有权来看，失业保险基金由政府、参保单位和个人共同拥有，而财政资金属于国家，投资基金属于参加投资者。

失业保险基金由下列各项构成：

（一）城镇用人单位及其职工缴纳的失业保险费，这是失业保险基金的基本来源。

（二）失业保险基金的利息，这是失业保险基金按规定存入国有商业银行或购买国债获得的利息。

（三）财政补贴，这是统筹地区失业保险基金入不敷出时财政给予的补助资金。

（四）依法纳入失业保险基金的其他资金，包括滞纳金等。

[依据指引]

国务院《失业保险条例》（1999 年 1 月 22 日 国务院令第 258 号）

第五条 失业保险基金由下列各项构成：

（一）城镇企业事业单位、城镇企业事业单位职工缴纳的失业保险费；

（二）失业保险基金的利息；

（三）财政补贴；

（四）依法纳入失业保险基金的其他资金。

失业保险基金统筹

[解读]

失业保险基金统筹是指失业保险基金在一定区域内统一征收、统一管理、统一使用。按照社会保险的大数法则，基金统筹区域越大，基金积聚的数量就越多，实力就越强，就可以发挥更大的作用。

国家规定，失业保险基金在直辖市和设区的市实行全市统筹；其他地区的统筹层次由省、自治区人民政府规定。这样规定主要是考虑我国各地区之间经济和社会发展程度不同，管理水平差异很大，基金全部由国家或省级统筹的条件还不成熟。而在直辖市和设区的市的范围内，发展水平比较均衡，对失业保险的需求也相对集中，有条件实行全市范围内的统筹。

在失业保险基金统筹层次的设置上，曾经有过不同模式的探索。1986年10月建立失业保险制度时，实行的是省级统筹。1993年国务院将统筹层次降低到县市一级，以调动各级政府的积极性。但是，在执行过程中都存在着这样或那样的问题。因此，基于实践经验，目前国务院做出了直辖市和设区的市实行统筹的规定，一方面可以增强失业保险基金抗风险的能力，另一方面可以满足城市失业人员数量多、资金需求量大的要求。从目前的实践情况看，许多地区虽然实行了设区的市统筹，但并没有实现真正意义上全部基金统收统支，而是采取了部分统筹、部分调剂的过渡形式，随着失业保险制度的发展，最终将会实现失业保险基金的完全统筹。

[依据指引]

国务院《失业保险条例》（1999年1月22日国务院令第258号）

第七条 失业保险基金在直辖市和设区的市实行全市统筹；其他地区的统筹层次由省、自治区人民政府规定。

失业保险调剂金

[解读]

失业保险调剂金是在没有实现全国统筹的情况下，为了平衡各统筹地区之间失业保险基金的余缺，更好地发挥失业保险作用，而由统筹地区的失业保险基金出资组建的共同储备性资金。失业保险调剂金只能用于统筹地区失业保险基金不足时的调剂补助。当失业保险基金入不敷出时，一般是按下列顺序解决：一是经同级财政部门批准，动用历年滚存结余；二是结余存款不足时，可提前变现特种定向债券或国家债券；三是变现债券仍不能解决时，由省级调剂金解决；四是调剂金还解决不了问题，则由统筹级财政给予适当补贴。

按照国家规定，失业保险基金实行直辖市和设区的市统筹，省、自治区可以建立失业保险调剂金。目前，在符合设立失业保险调剂金条件的27个省、自治区中，已有19个建立了调剂金。

由于调剂金具有调剂余缺的性质，为了防止出现因统筹地区自身工作不力导致的失业保险基金不足，造成“抽肥补瘦”现象，国家明确规定，失业保险调剂金以统筹地区依法应当征收的失业保险费为基数，按照省、自治区人民政府规定的比例筹集。也就是说，筹集调剂金不是按照统筹地区实际征收的失业保险基金数量，而是按照规定参保人数缴费费率计算出的应收失业保险基金数和规定的比例筹集的。

失业保险调剂金的筹集比例、调剂使用以及地方财政补贴的具体办法，由省、自治区人民政府规定。

[依据指引]

国务院《失业保险条例》（1999年1月22日国务院令第258号）

第八条 省、自治区可以建立失业保险调剂金。

失业保险调剂金以统筹地区依法应当征收的失业保险费为基数，按照省、自治区人民政府规定的比例筹集。

统筹地区的失业保险基金不敷使用时，由失业保险调剂金调剂、地方财政补贴。

失业保险调剂金的筹集、调剂使用以及地方财政补贴的具体办法，由省、自治区人民政府规定。

失业保险金标准

[解读]

失业保险金标准是失业保险制度的重要内容

之一，它是指失业人员失业时能够领取的资金数量和期限。

现行法规规定，失业保险金的标准，按照低于当地最低工资标准、高于城市居民最低生活保障标准的水平，由省、自治区、直辖市人民政府确定。失业人员领取失业保险金的期限，根据失业人员失业前所在单位和本人按照规定累计缴费时间计算，分为三个档次：累计缴费时间满 1 年不足 5 年的，领取失业保险金的期限最长为 12 个月；累计缴费时间满 5 年不足 10 年的，领取失业保险金的期限最长为 18 个月；累计缴费时间 10 年以上的，领取失业保险金的期限最长为 24 个月。在三个档次内还可对失业人员领取失业保险金的期限作进一步的划分，这将由地方政府作具体规定。重新就业后，再次失业的，缴费时间重新计算。再次失业领取失业保险金的期限可以与前次失业应领取而尚未领取的失业保险金的期限合并计算，但是最长不得超过 24 个月。

国家规定的“累计缴费时间”是指两种情况：一是单位和个人参加失业保险以前，个人的连续工龄视同缴费时间，与实际缴费时间可以累计；二是实行个人缴费前的缴费时间或个人连续工龄视同缴费时间，与实行个人缴费后的缴费时间可以累计。应注意的是，此期间必须是劳动者就业没有间断。否则，失业期间重新就业后，再次失业的，缴费时间应重新计算。

[依据指引]

(1)《中华人民共和国社会保险法》（2010 年 12 月 28 日　国家主席令第 35 号）

第四十六条　失业人员失业前用人单位和本人累计缴费满一年不足五年的，领取失业保险金的期限最长为十二个月；累计缴费满五年不足十年的，领取失业保险金的期限最长为十八个月；累计缴费十年以上的，领取失业保险金的期限最长为二十四个月。重新就业后，再次失业的，缴费时间重新计算，领取失业保险金的期限与前次失业应当领取而尚未领取的失业保险金的期限合并计算，最长不超过二十四个月。

(2) 国务院《失业保险条例》（1999 年 1 月 22 日　国务院令第 258 号）

第十七条　失业人员失业前所在单位和本人按照规定累计缴费时间满 1 年不足 5 年的，领取失业保险金的期限最长为 12 个月；累计缴费时间满 5 年不足 10 年的，领取失业保险金的期限最长为 18 个月；累计缴费时间 10 年以上的，领取失业保险金的期限最长为 24 个月。重新就业后，再次失业的，缴费时间重新计算，领取失业保险金的期限可以与前次失业应领取而尚未领取的失业保险金的期限合并计算，但是最长不得超过 24 个月。

第十八条　失业保险金的标准，按照低于当地最低工资、高于城市居民最低生活保障标准的水平，由省、自治区、直辖市人民政府确定。

其他失业保险待遇

[解读]

其他失业保险待遇是指失业人员在领取失业保险金期间应享受的基本医疗保险待遇、丧葬补助金和抚恤金等。需说明的一点是，失业人员应享受的医疗待遇由原来规定的可申领医疗补助金改为享受基本医疗保险待遇。

基本医疗保险待遇是指在领取失业保险金期间失业人员参加职工基本医疗保险，其患病或非因工负伤与其就业期间享受同样的医疗保险待遇；失业人员应缴纳的保险费由失业保险基金承担，个人不缴纳保险费。丧葬补助金和抚恤金是指在领取失业保险金期间失业人员死亡，而由社会保险经办机构向其家属支付的项目，失业人员死亡符合领取丧葬补助金的，如与基本养老保险、工伤保险发生竞合的情况，只能选择领取其中一种待遇；失业人员死亡的，其家属可持死亡证明、领取待遇人的身份证明、与失业人员的关系证明，按规定向失业保险经办机构领取一次性丧葬补助金和其供养配偶、直系亲属的抚恤金，具体标准参照当地在职职工的规定由各地政府酌情自行确定。

[依据指引]

(1)《中华人民共和国社会保险法》（2010 年 12 月 28 日　国家主席令第 35 号）

第四十八条　失业人员在领取失业保险金期间，参加职工基本医疗保险，享受基本医疗保险待遇。

失业人员应当缴纳的基本医疗保险费从失业保险基金中支付，个人不缴纳基本医疗保险费。

第四十九条　失业人员在领取失业保险金期间死亡的，参照当地对在职职工死亡的规定，向其遗属发给一次性丧葬补助金和抚恤金。所需资金从失业保险基金中支付。

个人死亡同时符合领取基本养老保险丧葬补助金、工伤保险丧葬补助金和失业保险丧葬补助金条件的，其遗属只能选择领取其中的一项。

(2) 国务院《失业保险条例》（1999年1月22日　国务院令第258号）

第十九条　失业人员在领取失业保险金期间患病就医的，可以按照规定向社会保险经办机构申请领取医疗补助金。医疗补助金的标准由省、自治区、直辖市人民政府规定。

第二十条　失业人员在领取失业保险金期间死亡的，参照当地对在职职工的规定，对其家属一次性发给丧葬补助金和抚恤金。

(3) 劳动和社会保障部《失业保险金申领发放办法》（2000年10月26日　部令第8号）

第九条　失业人员在领取失业保险金期间患病就医的，可以按照规定向经办机构申请领取医疗补助金。

第十条　失业人员在领取失业保险金期间死亡的，其家属可持失业人员死亡证明、领取人身份证明、与失业人员的关系证明，按规定向经办机构领取一次性丧葬补助金和其供养配偶、直系亲属的抚恤金。失业人员当月尚未领取的失业保险金可由其家属一并领取。

领取失业保险金人员参加基本医疗保险

[解读]

国家规定，领取失业保险金人员应参加其失业前失业保险参保地的职工医保，由参保地失业保险经办机构统一办理参保缴费手续，保险费从失业保险基金中支付，个人不缴费。参保的缴费率原则上按照统筹地区的缴费率确定，缴费基数可参照统筹地区上年度职工平均工资的一定比例确定，最低比例不低于60%，缴费期限与领取失业保险金期限相一致。

领取失业保险金人员参加职工医保的缴费年限与其失业前参加职工医保的缴费年限累计计算；参加职工医保的，当月起按规定享受相应的住院和门诊医疗保险待遇，享受待遇期限与领取失业保险金期限相一致；其失业保险关系跨省、自治区、直辖市转入户籍所在地的，其职工医保关系随同转移，执行转入地职工医保政策。应缴纳的基本医疗保险费按转出地标准一次性划入转入地失业保险基金；转入地失业保险经办机构按照当地有关规定为其办理职工医保参保缴费手续；转出地失业保险基金划转的资金缴纳转入地职工医保费的不足部分，由转入地失业保险基金予以补足，超出部分并入转入地失业保险基金。

领取失业保险金人员出现法律规定的情形或领取期满而停止领取失业保险金的，失业保险经办机构为其办理停缴手续。停止领取失业保险金人员按规定相应参加职工医保、城镇居民基本医疗保险或新型农村合作医疗。

[依据指引]

(1)《中华人民共和国社会保险法》（2010年12月28日　国家主席令第35号）

第四十八条　失业人员在领取失业保险金期间，参加职工基本医疗保险，享受基本医疗保险待遇。

失业人员应当缴纳的基本医疗保险费从失业保险基金中支付，个人不缴纳基本医疗保险费。

(2) 人力资源和社会保障部《关于领取失业保险金人员参加职工基本医疗保险有关问题的通知》（2011年7月4日　人社部发［2011］77号）

为贯彻落实《中华人民共和国社会保险法》，做好领取失业保险金期间的失业人员（以下简称领取失业保险金人员）参加职工基本医疗保险（以下简称职工医保）工作，接续基本医疗保险关系，保障合理的医疗待遇水平，现就有关问题通知如下：

一、领取失业保险金人员应按规定参加其失业前失业保险参保地的职工医保，由参保地失业保险经办机构统一办理职工医保参保缴费手续。

二、领取失业保险金人员参加职工医保应缴纳的基本医疗保险费从失业保险基金中支付，个人不缴费。

三、领取失业保险金人员参加职工医保的缴费率原则上按照统筹地区的缴费率确定。缴费基数可参照统筹地区上年度职工平均工资的一定比例确定，最低比例不低于60%。

失业保险经办机构为领取失业保险金人员缴纳基本医疗保险费的期限与领取失业保险金期限相一致。

四、领取失业保险金人员出现法律规定的情形或领取期满而停止领取失业保险金的，失业保险经办机构为其办理停止缴纳基本医疗保险费的相关手续。

失业保险经办机构应将缴费金额、缴费时间

等有关信息及时告知医疗保险经办机构和领取失业保险金人员本人。

停止领取失业保险金人员按规定相应参加职工医保、城镇居民基本医疗保险或新型农村合作医疗。

五、领取失业保险金人员参加职工医保的缴费年限与其失业前参加职工医保的缴费年限累计计算。

六、领取失业保险金人员参加职工医保当月起按规定享受相应的住院和门诊医疗保险待遇，享受待遇期限与领取失业保险金期限相一致，不再享受原由失业保险基金支付的医疗补助金待遇。

七、领取失业保险金人员失业保险关系跨省、自治区、直辖市转入户籍所在地的，其职工医保关系随同转移，执行转入地职工医保政策。应缴纳的基本医疗保险费按转出地标准一次性划入转入地失业保险基金。转入地失业保险经办机构按照当地有关规定为领取失业保险金人员办理职工医保参保缴费手续。

转出地失业保险基金划转的资金缴纳转入地职工医保费的不足部分，由转入地失业保险基金予以补足，超出部分并入转入地失业保险基金。

八、各地要高度重视领取失业保险金人员参加职工医保工作，切实加强组织领导，统筹规划，认真测算，抓紧研究制定适合本地区的实施办法，自2011年7月1日起开始实施。要通过多种形式加强政策宣传，大力开展业务培训。要进一步规范管理，加强信息系统建设。已经实行失业人员参加职工医保的地区，要按照《中华人民共和国社会保险法》的规定及本通知要求进一步完善政策。

领取失业保险金的条件

[解读]

领取失业保险金的条件是指确定是否给失业人员失业保险金和其他各项失业保险待遇的标准。按照法规规定，具备下列条件的失业人员，可以领取失业保险金，同时享受其他失业保险待遇：

（一）按照规定参加失业保险，所在单位和本人已按照规定履行缴费义务满1年的。

（二）非因本人意愿中断就业的。

（三）已办理失业登记，并有求职要求的。

非因本人意愿中断就业包括下列情形：

（一）依照《劳动合同法》第44条第1、4、5项规定终止劳动合同的。

（二）由用人单位依照《劳动合同法》第39条、第40条、第41条规定解除劳动合同的。

（三）依照《劳动合同法》第36条规定，由用人单位提出解除劳动合同并与劳动者协商一致解除劳动合同的。

（四）由用人单位提出解除聘用合同或者被用人单位辞退、除名、开除的。

（五）劳动者本人依照《劳动合同法》第38条规定解除劳动合同的。

（六）法律、法规、规章规定的其他情形。

[依据指引]

(1)《中华人民共和国劳动合同法》（2007年6月29日　国家主席令第65号）

第三十六条　用人单位与劳动者协商一致，可以解除劳动合同。

第三十八条　用人单位有下列情形之一的，劳动者可以解除劳动合同：

（一）未按照劳动合同约定提供劳动保护或者劳动条件的；

（二）未及时足额支付劳动报酬的；

（三）未依法为劳动者缴纳社会保险费的；

（四）用人单位的规章制度违反法律、法规的规定，损害劳动者权益的；

（五）因本法第二十六条第一款规定的情形致使劳动合同无效的；

（六）法律、行政法规规定劳动者可以解除劳动合同的其他情形。

用人单位以暴力、威胁或者非法限制人身自由的手段强迫劳动者劳动的，或者用人单位违章指挥、强令冒险作业危及劳动者人身安全的，劳动者可以立即解除劳动合同，不需事先告知用人单位。

第三十九条　劳动者有下列情形之一的，用人单位可以解除劳动合同：

（一）在试用期间被证明不符合录用条件的；

（二）严重违反用人单位的规章制度的；

（三）严重失职，营私舞弊，给用人单位造成重大损害的；

（四）劳动者同时与其他用人单位建立劳动关系，对完成本单位的工作任务造成严重影响，或者经用人单位提出，拒不改正的；

（五）因本法第二十六条第一款第一项规定的情形致使劳动合同无效的；

（六）被依法追究刑事责任的。

第四十条 有下列情形之一的，用人单位提前三十日以书面形式通知劳动者本人或者额外支付劳动者一个月工资后，可以解除劳动合同：

（一）劳动者患病或者非因工负伤，在规定的医疗期满后不能从事原工作，也不能从事由用人单位另行安排的工作的；

（二）劳动者不能胜任工作，经过培训或者调整工作岗位，仍不能胜任工作的；

（三）劳动合同订立时所依据的客观情况发生重大变化，致使劳动合同无法履行，经用人单位与劳动者协商，未能就变更劳动合同内容达成协议的。

第四十一条 有下列情形之一，需要裁减人员二十人以上或者裁减不足二十人但占企业职工总数百分之十以上的，用人单位提前三十日向工会或者全体职工说明情况，听取工会或者职工的意见后，裁减人员方案经向劳动行政部门报告，可以裁减人员：

（一）依照企业破产法规定进行重整的；

（二）生产经营发生严重困难的；

（三）企业转产、重大技术革新或者经营方式调整，经变更劳动合同后，仍需裁减人员的；

（四）其他因劳动合同订立时所依据的客观经济情况发生重大变化，致使劳动合同无法履行的。

裁减人员时，应当优先留用下列人员：

（一）与本单位订立较长期限的固定期限劳动合同的；

（二）与本单位订立无固定期限劳动合同的；

（三）家庭无其他就业人员，有需要扶养的老人或者未成年人的。

用人单位依照本条第一款规定裁减人员，在六个月内重新招用人员的，应当通知被裁减的人员，并在同等条件下优先招用被裁减的人员。

第四十四条 有下列情形之一的，劳动合同终止：

（一）劳动合同期满的；

（二）劳动者开始依法享受基本养老保险待遇的；

（三）劳动者死亡，或者被人民法院宣告死亡或者宣告失踪的；

（四）用人单位被依法宣告破产的；

（五）用人单位被吊销营业执照、责令关闭、撤销或者用人单位决定提前解散的；

（六）法律、行政法规规定的其他情形。

(2) 国务院《失业保险条例》（1999 年 1 月 22 日 国务院令第 258 号）

第十四条 具备下列条件的失业人员，可以领取失业保险金：

（一）按照规定参加失业保险，所在单位和本人已按照规定履行缴费义务满 1 年的；

（二）非因本人意愿中断就业的；

（三）已办理失业登记，并有求职要求的。

失业人员在领取失业保险金期间，按照规定同时享受其他失业保险待遇。

(3) 人力资源和社会保障部《实施〈中华人民共和国社会保险法〉若干规定》（2011 年 6 月 29 日 部令第 13 号）

第十三条 失业人员符合社会保险法第四十五条规定条件的，可以申请领取失业保险金并享受其他失业保险待遇。其中，非因本人意愿中断就业包括下列情形：

（一）依照劳动合同法第四十四条第一项、第四项、第五项规定终止劳动合同的；

（二）由用人单位依照劳动合同法第三十九条、第四十条、第四十一条规定解除劳动合同的；

（三）用人单位依照劳动合同法第三十六条规定向劳动者提出解除劳动合同并与劳动者协商一致解除劳动合同的；

（四）由用人单位提出解除聘用合同或者被用人单位辞退、除名、开除的；

（五）劳动者本人依照劳动合同法第三十八条规定解除劳动合同的；

（六）法律、法规、规章规定的其他情形。

停止领取失业保险金的条件

[解读]

停止领取失业保险金的条件是指确定对正在领取失业保险金期间的失业人员停发失业保险金和其他各项失业保险待遇的标准。

按照现行规定，失业人员在领取失业保险金期间有下列情形之一的，停止领取失业保险金，并同时停止享受其他失业保险待遇：

（一）重新就业的。

（二）应征服兵役的。

（三）移居境外的。

（四）享受基本养老保险待遇的。

（五）无正当理由，拒不接受当地人民政府指定的部门或者机构介绍的适当工作或者提供的培训的。

[依据指引]

(1)《中华人民共和国社会保险法》（2010年12月28日　国家主席令第35号）

第五十一条　失业人员在领取失业保险金期间有下列情形之一的，停止领取失业保险金，并同时停止享受其他失业保险待遇：

（一）重新就业的；

（二）应征服兵役的；

（三）移居境外的；

（四）享受基本养老保险待遇的；

（五）无正当理由，拒不接受当地人民政府指定部门或者机构介绍的适当工作或者提供的培训的。

(2) 国务院《失业保险条例》（1999年1月22日　国务院令第258号）（略）

(3) 劳动和社会保障部《失业保险金申领发放办法》（2000年10月26日　部令第8号）（略）

再次失业人员缴费时间和领取期限的计算

[解读]

失业人员领取失业保险金后重新就业的，再次失业时，缴费时间重新计算。失业人员因当期不符合失业保险金领取条件的，原有缴费时间予以保留，重新就业并参保的，缴费时间累计计算。

失业人员再次失业时，领取失业保险金的期限与前次失业应当领取而尚未领取的失业保险金的期限合并计算，最长不超过24个月。

[依据指引]

(1)《中华人民共和国社会保险法》（2010年12月28日　国家主席令第35号）

第四十六条　失业人员失业前用人单位和本人累计缴费满一年不足五年的，领取失业保险金的期限最长为十二个月；累计缴费满五年不足十年的，领取失业保险金的期限最长为十八个月；累计缴费十年以上的，领取失业保险金的期限最长为二十四个月。重新就业后，再次失业的，缴费时间重新计算，领取失业保险金的期限与前次失业应当领取而尚未领取的失业保险金的期限合并计算，最长不超过二十四个月。

(2) 人力资源和社会保障部《实施〈中华人民共和国社会保险法〉若干规定》（2011年6月29日　部令第13号）

第十四条　失业人员领取失业保险金后重新就业的，再次失业时，缴费时间重新计算。失业人员因当期不符合失业保险金领取条件的，原有缴费时间予以保留，重新就业并参保的，缴费时间累计计算。

特殊人员失业保险待遇的享受

[解读]

特殊失业人员主要是指资源枯竭矿山关闭企业的职工和破产企业的职工。

对资源枯竭矿山关闭破产企业的全民所有制职工，国家的规定是：实行劳动合同制以前参加工作，且不符合提前退休条件的，要么是按规定领取经济补偿金，解除劳动关系，享受失业保险待遇；要么是领取一次性相当于企业所在地上年年平均工资3倍的安置费，自谋职业，不再享受失业保险待遇。实行合同制以后参加工作的，只能按规定领取经济补偿金，解除劳动关系，享受失业保险待遇。对于矿山雇用的混岗集体工，属于城市居民的，比照合同制职工领取补偿金，享受失业保险待遇；属于农民的，只发给经济补偿金。随同矿山一起关闭破产的其所属集体企业职工，属于城市居民并已参加失业保险的，按规定享受失业保险待遇，未参加失业保险的，按规定享受城市居民最低生活保障待遇。

按照现行规定，破产企业职工自谋职业的，发给一次性的安置费，标准原则上按该企业所在地上年社会平均工资的3倍掌握，具体标准由当地政府制定。领取安置费的，不再享受失业保险待遇。对于未申请自谋职业或者提出申请但未实现自谋职业的，可领取经济补偿金，符合享受失业保险待遇条件的，则可以享受失业保险待遇。

[依据指引]

(1) 中共中央办公厅、国务院办公厅《关于进一步做好资源枯竭矿山关闭破产工作的通知》（2000年6月1日　中办发［2000］11号）

一、资源枯竭矿山实施关闭破产的政策规定

（一）关于在职职工安置

1. 关闭破产矿山的全民所有制职工执行提前5年（男55周岁，女45周岁）退休的政策。其中，从事井下、有毒、有害等特殊工种的职工，可提前10年（男50周岁，女40周岁）退休。凡符合提前退休条件的职工不再享受其他安置政策，养老金发放标准按规定适当扣减。

2. 实行劳动合同制以前参加工作的全民所有制职工，不符合前款安置条件的，可从以下两种安置办法中任选一种，并与企业解除劳动关系：(1) 按每满1年工龄发1个月本人工资的标准，发给经济补偿金，并按规定享受失业保险。享受失业保险期满仍未就业的，按规定享受城市居民最低生活保障。(2) 一次性发给相当于企业所在地上年平均工资3倍的安置费，不再享受失业保险，自谋职业。安置费每人平均不足2万元的，可按2万元计发标准安排，具体发放时应体现工龄差别。

对于实行劳动合同制以前参加工作，从事井下、有毒、有害等特殊工种，且距提前退休年龄5年（含）以内的全民所有制职工，实行一次性安置，与企业解除劳动关系，但不将安置费一次性支付给本人，而由社区管理机构比照下岗职工基本生活保障标准发放基本生活费，并代缴社会保险费，待其达到提前退休年龄时办理退休手续。

3. 对实行劳动合同制以后参加工作的合同制职工，按每满1年工龄发1个月本人工资的标准，发给经济补偿金，并解除劳动关系，按规定享受失业保险直至享受城市居民最低生活保障。属于城市居民的混岗集体工，比照合同制职工的政策安置；属于农村居民的混岗集体工，只发给经济补偿金。

4. 随同关闭破产的矿山所属集体企业的职工，属于城市居民并已参加失业保险的，按规定享受失业保险。未参加失业保险和享受失业保险期满仍未就业的，按规定享受城市居民最低生活保障待遇。

5. 关闭破产矿山所办的学校、医院、公安、消防、供水、供电等生活和公用服务单位，其设施和职工成建制移交给地方政府管理，所需费用按关闭破产矿山上年实际支付费用水平，由中央财政给予3年的补助。3年后对经费保障有困难的老工业基地和经济欠发达地区，可适当延长助补年限或一次性增加补助额。

6. 矿山关闭破产后，可将部分有效资产适当作价重组企业，对其所安置的职工，不发安置费或经济补偿金。

7. 支付经鉴定丧失劳动能力的工伤工残人员和职业病患者的伤残补助费、生活费、医疗费等经常性费用以及因工死亡职工家属的抚恤金等所需资金，由中央财政给予补助。

8. 进入关闭破产程序后，矿山可安排少量职工骨干组成专门机构，负责矿区离退休等人员社会保险资金的发放和管理，破产终结后转由地方社区管理机构发放和管理，所需经费由中央财政负担。被安置的职工不再作为破产企业职工安置。

9. 与关闭破产矿山解除劳动关系的职工，被其他单位招用的，由用人单位与个人按规定继续为其缴纳社会保险费；未被其他单位招用，个人自愿参加养老保险的职工，参保办法比照个体劳动者执行。继续参加养老保险的职工，其安置前的养老保险缴费年限、视同缴费年限与安置后缴费年限可以合并计发养老金；如一次性安置后不再缴费，则到达退休年龄时，按已缴费年限和视同缴费年限计发养老金。解除劳动关系的职工，可享受下岗职工在再就业和户籍管理等方面的优惠政策。

10. 以上各渠道安置的关闭破产矿山的职工，其家庭成员属于城市居民的，如其家庭人均实际收入仍未达到城市居民最低生活保障标准，可享受城市居民最低生活保障，其标准根据当地居民生活水平和财政承受能力确定，并体现鼓励就业的原则。地方负担确有困难的，由中央财政给予适当补助。享受城市居民最低生活保障待遇，按《城市居民最低生活保障条例》规定的程序由专门机构审查批准，并张榜公布，做到公正、公平、公开。

（二）关于离退休人员安置

1. 关闭破产矿山的离退休人员全部交由地方统一管理，养老保险实行省级管理，养老金实行社会化发放，离退休人员由社区管理机构管理。

2. 基本养老保险统筹项目内的基金和医疗保险基金，原则上分别按企业在职职工年工资总额的25%和6%计算10年，再折半核定，由中央财政拨付给社会保险经办机构，用于发放离退休人员的基本养老金和医疗费。5年后资金如有缺口，统筹研究解决。

3. 统筹项目外的养老保险费用原则上不予解决，对确需保留的项目，由地方从中央财政继续拨付的亏损补贴和留给地方的盈利企业所得税中解决。如缺口较大，经劳动和社会保障部和财政部核实后，由中央财政给予一次性适当补助。

4. 随同破产但未参加养老保险统筹的矿山所属集体企业，不用纳入养老保险统筹范围，其退休职工本人由民政部门按企业所在地城市居民最低生活保障标准按月发放生活费，所需资金由中央财政专项解决。

（三）关于历史拖欠问题的处理

1. 关闭破产矿山拖欠的在职职工工资、已经进入再就业服务中心的下岗职工基本生活费以及抚恤金、伤残补助金和丧葬补助金应予以补发，所需资金从企业资产变现中解决，资产变现不足以支付的部分，由企业上报，经劳动和社会保障部和财政部核实后，中央财政予以补足。

2. 关闭破产矿山拖欠的离退休人员统筹项目内的基本养老金，经劳动和社会保障部和财政部核实后，由中央财政一次性补发。

3. 拖欠的职工医药费，原则上由地方从中央财政继续拨付的亏损补贴和留给地方的盈利企业所得税中解决。

4. 对所欠职工的集资款，不在关闭破产时一次性解决，待清理核实并分清责任后另行研究解决。

5. 被挪用的职工个人缴纳的住房公积金，可以在售房时相应抵扣。

（四）适用范围

以上各项政策规定适用于中央所属的有色金属和核工业矿以及原中央所属、现下放地方管理的煤矿。实施关闭破产中遇到的其他问题个案处理。

(2) 劳动和社会保障部办公厅《关于破产企业职工自谋职业领取一次性安置费后能否享受失业保险待遇问题的复函》（2002 年 2 月 22 日　劳社厅函［2001］133 号）

河南省劳动和社会保障厅：

你厅《关于破产企业职工自谋职业领取一次性安置费后能否享受失业保险待遇的请示》（豫劳社函［2001］51 号）收悉。经研究，答复如下：

一、根据《国务院关于若干城市试行国有企业破产有关问题的通知》（国发［1994］59 号）和《国务院关于在若干城市试行国有企业兼并破产和职工再就业有关问题的补充通知》（国发［1997］10 号）精神，优化资本结构试点城市安置国有破产企业职工时，可以根据当地情况，对自谋职业的发放一次性安置费，以鼓励和帮助职工尽快实现重新就业。实行这项政策，应坚持职工自愿原则，规范操作。按照《失业保险条例》的规定，在业人员不享受失业保险待遇。

二、对未提出自谋职业申请或虽提出申请但未实现自谋职业，及实行劳动合同制以后参加工作的职工，企业在与其解除劳动合同时，应按规定支付经济补偿金，符合法定条件的按规定享受失业保险待遇。

军人退役随迁未就业配偶的失业保险待遇

［解读］

按照国家规定，未就业随军配偶随军随队前参加失业保险的，应在参保地办理失业保险金申领手续，享受期限按其本人实际缴费年限和国家规定计算的工龄累计确定。经认定符合条件（含正在领取失业保险金尚未领取完）的，由参保地失业保险经办机构将其失业保险关系和相应的失业保险费用转迁到其配偶所在部队后勤（联勤）机关财务部门代为发放，发放失业保险金期间，不发放基本生活补贴。应划转的失业保险费用数额按《失业保险金申领发放办法》计算。不符合领取失业保险金条件的，其失业保险关系也应转迁到其配偶所在部队后勤（联勤）机关财务部门，在其实现再就业并参加失业保险后，及时到当地失业保险经办机构接续失业保险关系。对未实现再就业的随军配偶，军人所在单位政治机关应当将其名单及时送部队驻地劳动保障部门，办理失业登记，当地政府应参照有关规定，对未就业的随军配偶再就业给予扶持。

［依据指引］

(1) 国务院办公厅《关于印发〈中国人民解放军军人配偶随军未就业期间社会保险暂行办法〉的通知》（2003 年 12 月 25 日　国办发［2003］102 号）

二十一、随军前或随军期间有工作且参加失业保险的未就业随军配偶，在军人退出现役随迁后没有就业的，可按规定享受失业保险待遇。享受期限按其本人实际缴费年限和国家规定计算的工龄累计确定。

二十二、军人所在单位政治机关应当将未就业随军配偶人员名单及时送部队驻地劳动保障部门，办理失业登记。地方各级人民政府参照《中共中央、国务院关于进一步做好下岗失业人员再就业工作的通知》（中发［2002］12 号）的有关规定，对未就业随军配偶再就业给予扶持。

(2) 劳动和社会保障部、财政部、人事部、解放军总政治部、解放军总后勤部《关于军人配

偶随军未就业期间社会保险关系军地衔接有关问题的通知》（2005年12月5日 ［2005］后联字第1号）

九、未就业随军配偶随军随队前参加失业保险的，应在参保地办理失业保险金申领手续，经认定符合条件（含正在领取失业保险金尚未领取完）的，由参保地失业保险经办机构将其失业保险关系和相应的失业保险费用转迁到其配偶所在部队后勤（联勤）机关财务部门代为发放，发放失业保险金期间，不发放基本生活补贴。应划转的失业保险费用数额按《失业保险金申领发放办法》（劳动和社会保障部令8号）计算。不符合领取失业保险金条件的，其失业保险关系也应转迁到其配偶所在部队后勤（联勤）机关财务部门，在其实现再就业并参加失业保险后，及时到当地失业保险经办机构接续失业保险关系。

职业培训和职业介绍补贴

[解读]

职业培训和职业介绍补贴是指失业人员在领取失业保险金期间参加职业培训和接受职业介绍时所能享受到的资金补助。这两项补贴是失业保险促进失业人员再就业作用的具体体现。

职业培训和职业介绍补贴的对象是领取失业保险金期间的失业人员，资金来源于失业保险基金。失业人员失业后可以到公共职业介绍机构接受免费的职业指导和职业介绍。同时，为了帮助失业人员提高技能，更快地实现再就业，对失业人员接受职业培训和转业训练时支付的培训费用可以按一定标准给予补助。而不是由失业保险基金全额承担失业人员接受职业培训和职业介绍的费用。具体的补贴标准由省、自治区、直辖市人民政府确定，在补贴的做法上，有些是提供给失业人员本人一定数量的现金，有些是失业人员凭培训收据和合格证到失业保险经办机构报销，还有一些是将补贴拨付到职业培训和职业介绍机构，失业人员享受免费职业培训和职业介绍。

[依据指引]

国务院《失业保险条例》（1999年1月22日国务院令第258号）

第二十五条 社会保险经办机构具体承办失业保险工作，履行下列职责：

（一）负责失业人员的登记、调查、统计；

（二）按照规定负责失业保险基金的管理；

（三）按照规定核定失业保险待遇，开具失业人员在指定银行领取失业保险金和其他补助金的单证；

（四）拨付失业人员职业培训、职业介绍补贴费用；

（五）为失业人员提供免费咨询服务；

（六）国家规定由其履行的其他职责。

农民合同制工人一次性生活补助

[解读]

农民合同制工人一次性生活补助是指失业保险基金为参加了失业保险的农民合同制工人失业时提供的补助。

农民合同制工人来自农村，工作前都有土地，失业后一般都要回到原籍务农，其基本生活可以得到保障，严格讲不属于失业状态，也就不能享受失业保险待遇。但是，由于农民合同制工人所在单位参加失业保险并按照单位工资总额缴纳了失业保险费，其中已包括了农民合同制工人的工资总额，尽到了社会保险义务，相应地，农民合同制工人也应该得到一定的利益。因此，虽然农民合同制工人个人不缴费，但其连续工作满1年，本单位已缴纳失业保险费，终止或者解除劳动合同的，仍然可以享受到一定水平的待遇。为了方便农民合同制工人，现行法规规定，由失业保险经办机构根据其工作时间长短，一次性支付生活补助金。补助的办法和标准由省、自治区、直辖市人民政府规定。

[依据指引]

国务院《失业保险条例》（1999年1月22日国务院令第258号）

第二十一条 单位招用的农民合同制工人连续工作满1年，本单位并已缴纳失业保险费，劳动合同期满未续订或者提前解除劳动合同的，由社会保险经办机构根据其工作时间长短，对其支付一次性生活补助。补助的办法和标准由省、自治区、直辖市人民政府规定。

失业保险关系转迁

[解读]

失业保险关系转迁是指由于城镇企业事业单

位成建制跨统筹地区转移或职工在职期间跨统筹地区转换工作单位，以及失业人员跨统筹地区转移等情况，使其失业保险关系随之发生的变更。

按照现行规定，城镇企业事业单位成建制跨统筹地区转移或在职职工跨统筹地区转换工作单位的，失业保险关系应随之转迁。其中，跨省级地区的，其在转出前，单位和职工个人缴纳的失业保险费不转移；在省级地区内跨统筹地区的，是否转移失业保险费由省级劳动保障行政部门确定。转出地失业保险经办机构为转出单位或职工开具失业保险关系转迁证明。转出单位或职工应在开具证明后60日内到转入地失业保险经办机构办理失业保险关系接续手续，并自在转出地停止缴费的当月起，按转入地经办机构核定的费率缴纳失业保险费。转出前后的缴费时间合并计算。

失业人员跨统筹地区转移，则可凭失业保险关系迁出地经办机构出具的证明材料到迁入地经办机构领取失业保险金。而失业保险费用是否划转，则分两种情况办理：一是失业人员跨省级地区转移，失业保险费用应随失业保险关系转迁相应划转。需划转的费用包括失业保险金、医疗补助金和职业培训、职业介绍补贴。其中，医疗补助金和职业培训、职业介绍补贴按失业人员应享受的失业保险金总额的50%计算。二是失业人员在省级地区内跨统筹地区转移，失业保险费用是否随失业保险关系的转迁而划转，由省级劳动保障行政部门规定。

此外，对失业人员失业前所在单位与本人户口不在同一统筹地区的，其失业保险待遇的提供，由两地劳动保障行政部门进行协商，制定具体办法。协商不成的，由上一级劳动保障行政部门确定。

另外，为了保护军人退出现役后的权利，与城镇职工的失业保险制度相衔接，国家还规定军人退出现役后参加失业保险的，其服现役年限视同失业保险缴费年限，与入伍前和退出现役后参加失业保险的缴费年限合并计算。

[依据指引]

(1)《中华人民共和国社会保险法》（2010年12月28日 国家主席令第35号）

第五十二条 职工跨统筹地区就业的，其失业保险关系随本人转移，缴费年限累计计算。

(2)《中华人民共和国军人保险法》（2012年4月27日 国家主席令第56号）

第四十九条 军人退出现役后参加失业保险的，其服现役年限视同失业保险缴费年限，与入伍前和退出现役后参加失业保险的缴费年限合并计算。

(3) 国务院《失业保险条例》（1999年1月22日 国务院令第258号）

第二十二条 城镇企业事业单位成建制跨统筹地区转移，失业人员跨统筹地区流动的，失业保险关系随之转迁。

(4) 劳动和社会保障部《失业保险金申领发放办法》（2000年10月26日 部令第8号）

第四章 失业保险关系转迁

第二十一条 对失业人员失业前所在单位与本人户籍不在同一统筹地区的，其失业保险金的发放和其他失业保险待遇的提供由两地劳动保障行政部门进行协商，明确具体办法。协商未能取得一致的，由上一级劳动保障行政部门确定。

第二十二条 失业人员失业保险关系跨省、自治区、直辖市转迁的，失业保险费用应随失业保险关系相应划转。需划转的失业保险费用包括失业保险金、医疗补助金和职业培训、职业介绍补贴。其中，医疗补助金和职业培训、职业介绍补贴按失业人员应享受的失业保险金总额的一半计算。

第二十三条 失业人员失业保险关系在省、自治区范围内跨统筹地区转迁，失业保险费用的处理由省级劳动保障行政部门规定。

第二十四条 失业人员跨统筹地区转移的，凭失业保险关系迁出地经办机构出具的证明材料到迁入地经办机构领取失业保险金。

(5) 劳动和社会保障部办公厅《关于单位成建制跨统筹地区转移和职工在职期间跨统筹地区转换工作单位时失业保险关系转迁有关问题的通知》（2002年3月19日 劳社厅函［2002］117号）

各省、自治区、直辖市劳动和社会保障厅（局）：

现就城镇企业事业单位成建制跨统筹地区转移或职工在职期间跨统筹地区转换工作单位时转迁失业保险关系的有关问题通知如下：

城镇企业事业单位成建制跨统筹地区转移或职工在职期间跨统筹地区转换工作单位的，失业保险关系应随之转迁。其中，跨省、自治区、直辖市的，其在转出前单位和职工个人缴纳的失业保险费不转移；在省、自治区内跨统筹地区的，是否转移失业保险费由省级劳动保障行政部门确定。转出地失业保险经办机构应为转出单位或职工开具失业保险关系转迁证明。转出单位或职工应在开具证明后60日内到转入地经办机构办理失业保险关系接续手续，并自在转出地停止缴纳失业保险费的当月起，按转入地经办机构核定的缴费基数缴纳失业保险费。转出前后的缴费时间合并计算。转入地经办机构应及时办理有关手续，并提供相应服务。

第十四章　生育保险

生育保险制度

［解读］

生育保险制度是针对生育行为的生理特点，职业妇女因生育子女而导致暂时丧失劳动能力和正常收入时，由国家或社会提供物质帮助的一项社会保险制度。它是国家生育保险行为的法律规范的总称。其基本内容包括：生育保险的适用范围、生育保险基金筹集、生育保险待遇项目和标准、享受生育保险待遇的资格，以及生育保险管理、服务与监督。

［依据指引］

(1)《中华人民共和国劳动法》（1994 年 7 月 5 日　国家主席令第 28 号）

第七十条　国家发展社会保险事业，建立社会保险制度，设立社会保险基金，使劳动者在年老、患病、工伤、失业、生育等情况下获得帮助和补偿。

第七十一条　社会保险水平应当与社会经济发展水平和社会承受能力相适应。

第七十二条　社会保险基金按照保险类型确定资金来源，逐步实行社会统筹。用人单位和劳动者必须依法参加社会保险，缴纳社会保险费。

第七十三条　劳动者在下列情形下，依法享受社会保险待遇：

（一）退休；

（二）患病、负伤；

（三）因工伤残或者患职业病；

（四）失业；

（五）生育。

劳动者死亡后，其遗属依法享受遗属津贴。

劳动者享受社会保险待遇的条件和标准由法律、法规规定。

劳动者享受的社会保险金必须按时足额支付。

(2)《中华人民共和国社会保险法》（2010 年 10 月 28 日　国家主席令第 35 号）

第五十三条　职工应当参加生育保险，由用人单位按照国家规定缴纳生育保险费，职工不缴纳生育保险费。

第五十四条　用人单位已经缴纳生育保险费的，其职工享受生育保险待遇；职工未就业配偶按照国家规定享受生育医疗费用待遇。所需资金从生育保险基金中支付。

生育保险待遇包括生育医疗费用和生育津贴。

第五十五条　生育医疗费用包括下列各项：

（一）生育的医疗费用；

（二）计划生育的医疗费用；

（三）法律、法规规定的其他项目费用。

第五十六条　职工有下列情形之一的，可以按照国家规定享受生育津贴：

（一）女职工生育享受产假；

（二）享受计划生育手术休假；

（三）法律、法规规定的其他情形。

生育津贴按照职工所在用人单位上年度职工月平均工资计发。

(3) 国务院《女职工劳动保护特别规定》（2012 年 4 月 28 日　国务院令第 619 号）（略）

(4) 劳动部《企业职工生育保险试行办法》（1994 年 12 月 14 日　劳部发［1994］504 号）

第一条　为了维护企业女职工的合法权益，保障她们在生育期间得到必要的经济补偿和医疗保健，均衡企业间生育保险费用的负担，根据有关法律、法规的规定，制定本办法。

第二条　本办法适用于城镇企业及其职工。

第三条　生育保险按属地原则组织。生育保险费用实行社会统筹。

第四条　生育保险根据“以支定收，收支基本平衡”的原则筹集资金，由企业按照其工资总额的一定比例向社会保险经办机构缴纳生育保险费，建立生育保险基金。生育保险费的提取比例由当地人民政府根据计划内生育人数和生育津贴、生育医疗费等项费用确定，并可根据费用支出情况适时调整，但最高不得超过工资总额的百分之一。企业缴纳的生育保险费作为期间费用处理，列入企业管理费用。

职工个人不缴纳生育保险费。

第五条 女职工生育按照法律、法规的规定享受产假。产假期间的生育津贴按照本企业上年度职工月平均工资计发，由生育保险基金支付。

第六条 女职工生育的检查费、接生费、手术费、住院费和药费由生育保险基金支付。超出规定的医疗服务费和药费（含自费药品和营养药品的药费）由职工个人负担。

女职工生育出院后，因生育引起疾病的医疗费，由生育保险基金支付；其他疾病的医疗费，按照医疗保险待遇的规定办理。女职工产假期满后，因病需要休息治疗的，按照有关病假待遇和医疗保险待遇规定办理。

第七条 女职工生育或流产后，由本人或所在企业持当地计划生育部门签发的计划生育证明，婴儿出生、死亡或流产证明，到当地社会保险经办机构办理手续，领取生育津贴和报销生育医疗费。

第八条 生育保险基金由劳动部门所属的社会保险经办机构负责收缴、支付和管理。

生育保险基金应存入社会保险经办机构在银行开设的生育保险基金专户。银行应按照城乡居民个人储蓄同期存款利率计息，所得利息转入生育保险基金。

第九条 社会保险经办机构可从生育保险基金中提取管理费，用于本机构经办生育保险工作所需的人员经费、办公费及其他业务经费。管理费标准，各地根据社会保险经办机构人员设置情况，由劳动部门提出，经财政部门核定后，报当地人民政府批准。管理费提取比例最高不得超过生育保险基金的百分之二。

生育保险基金及管理费不征税、费。

第十条 生育保险基金的筹集和使用，实行财务预、决算制度，由社会保险经办机构作出年度报告，并接受同级财政、审计监督。

第十一条 市（县）社会保险监督机构定期监督生育保险基金管理工作。

第十二条 企业必须按期缴纳生育保险费。对逾期不缴纳的，按日加收千分之二的滞纳金。滞纳金转入生育保险基金。滞纳金计入营业外支出，纳税时进行调整。

第十三条 企业虚报、冒领生育津贴或生育医疗费的，社会保险经办机构应追回全部虚报、冒领金额，并由劳动行政部门给予处罚。

企业欠付或拒付职工生育津贴、生育医疗费的，由劳动行政部门责令企业限期支付；对职工造成损害的，企业应承担赔偿责任。

第十四条 劳动行政部门或社会保险经办机构的工作人员滥用职权、玩忽职守、徇私舞弊，贪污、挪用生育保险基金，构成犯罪的，依法追究刑事责任；不构成犯罪的，给予行政处分。

第十五条 省、自治区、直辖市人民政府劳动行政部门可以按照本办法的规定，结合本地区实际情况制定实施办法。

第十六条 本办法自1995年1月1日起试行。

生育保险适用范围

［解读］

按照《社会保险法》的规定，生育保险覆盖所有用人单位及其职工。从各地实践看生育保险的适用范围包括两部分人员：一是中华人民共和国境内的一切国家机关、事业单位和社会团体的女职工，她们的生育保险费用是以财政直接供款为主；二是中华人民共和国境内的所有城镇企业，包括国有企业、集体企业、外资企业、民营企业、私营企业等单位的女职工，她们的生育保险基金是以社会统筹的方式向企业征缴的。

［依据指引］

(1)《中华人民共和国社会保险法》（2010年10月28日　国家主席令第35号）

第五十三条 职工应当参加生育保险，由用人单位按照国家规定缴纳生育保险费，职工不缴纳生育保险费。

(2) 国务院《女职工劳动保护特别规定》（2012年4月28日　国务院令第619号）

第二条 中华人民共和国境内的国家机关、企业、事业单位、社会团体、个体经济组织以及其他社会组织等用人单位及其女职工，适用本规定。

(3) 劳动部《企业职工生育保险试行办法》（1994年12月14日　劳部发［1994］504号）

第二条 本办法适用于城镇企业及其职工。

生育保险基金

[解读]

生育保险基金是指按照国家规定在一定范围内筹集，主要用于生育保险实施范围内的女职工生育期间各项待遇支付的资金。国家机关、事业单位、人民团体的生育保险基金主要来源于国家财政预算；而城镇企业单位生育保险基金的来源，主要是按照一定费率，由人力资源和社会保障行政部门所属的社会保险经办机构向企业征缴的生育保险费，此外还有利息收入、财政补贴收入和滞纳金、转入收入等其他收入。生育保险基金由参加生育保险的用人单位缴纳，职工个人不缴纳。由于生育保险制度与计划生育政策相关联，所以预见性强，风险不大。目前，生育保险基金的筹资方法有两种：一是用人单位按照职工工资总额的一定比例向当地社会保险经办机构缴纳生育保险费；二是按照人均绝对额征缴，用人单位按照规定的每人每月固定一个缴费额，向社会保险经办机构缴纳保险费。用人单位缴纳的生育保险费作为期间费用处理，列入管理费用。生育保险基金用于支付参保单位生育职工的生育津贴、生育医疗费以及计划生育手术费等；由各地社会保险经办机构负责管理，同级财政、审计以及社会保险监督机构负责监督。

[依据指引]

劳动部《企业职工生育保险试行办法》（1994年12月14日　劳部发［1994］504号）

第四条　生育保险根据“以支定收，收支基本平衡”的原则筹集资金，由企业按照其工资总额的一定比例向社会保险经办机构缴纳生育保险费，建立生育保险基金。生育保险费的提取比例由当地人民政府根据计划内生育人数和生育津贴、生育医疗费等项费用确定，并可根据费用支出情况适时调整，但最高不得超过工资总额的百分之一。企业缴纳的生育保险费作为期间费用处理，列入企业管理费用。

职工个人不缴纳生育保险费。

第十条　生育保险基金的筹集和使用，实行财务预、决算制度，由社会保险经办机构作出年度报告，并接受同级财政、审计监督。

第十一条　市（县）社会保险监督机构定期监督生育保险基金管理工作。

第十二条　企业必须按期缴纳生育保险费。对逾期不缴纳的，按日加收千分之二的滞纳金。滞纳金转入生育保险基金。滞纳金计入营业外支出，纳税时进行调整。

生育保险费率

[解读]

生育保险费率是指按照国家规定筹集生育保险基金过程中，各参加保险单位向社会保险经办管理机构按照一定比值缴纳生育保险费，其缴费基数和比值称为费率。生育保险的筹资原则是：“以支定收，收支基本平衡”。目前，各地在实践中生育保险筹资主要有两种方式：一是用人单位按照职工工资总额的一定比例缴纳生育保险费，大多数地区的缴费比例控制在职工工资总额0.6%～0.8%之间，其职工生育期间的医疗费用和生育津贴由生育保险基金支付；二是国家机关、事业单位参保，其缴费的资金来源于财政拨款，缴费一般为职工工资总额的0.3%～0.5%，其职工生育期间的医疗费由生育保险基金支付，而生育津贴部分仍由原工资渠道解决。生育保险费的提取比例由当地人民政府根据计划内生育人数、生育津贴、生育医疗费用确定，并可根据费用支出情况适时调整，但最高不得超过本单位职工工资总额的1%。

生育保险费率测算的依据：一是计划生育指标数，二是上年度生育职工月平均工资，三是医疗消费情况，四是流产概率和计划生育手术概率所造成的费用支出。在现阶段我国经济实力和发达国家相比，还有一定的差距，因此生育保险制度要以基本保障为原则，防止因保护期限过长、标准过高而导致生育保险费率过高，加重企业的负担。

[依据指引]

劳动部《企业职工生育保险试行办法》（1994年12月14日　劳部发［1994］504号）

第四条　生育保险根据“以支定收，收支基本平衡”的原则筹集资金，由企业按照其工资总额的一定比例向社会保险经办机构缴纳生育保险费，建立生育保险基金。生育保险费的提取比例由当地人民政府根据计划内生育人数和生育津贴、生育医疗费等项费用确定，并可根据费用支出情况适时调整，但最高不得超过工资总额的百分之一。企业缴纳的生育保险费作为期间费用处理，列入企业管理费用。

职工个人不缴纳生育保险费。

生育保险待遇

[解读]

生育保险待遇是指女职工生育或流产前、后一定期间内享受由国家和社会提供的各种形式的物质帮助。按照国家规定，生育保险待遇包括产假、生育医疗费用和生育津贴。产假又称生育假，是指女职工在分娩前、后一定时间内所享受的有薪或有津贴的假期。生育津贴，是指女职工因生育享受产假和因计划生育手术而休假期间，失去工资收入，由社会保险机构按照职工所在用人单位上年度职工月平均工资向其提供的生活费。生育医疗费用，是指为女职工提供的妊娠、分娩及分娩后的医疗照顾和必要的住院治疗所产生的费用，以及计划生育的医疗费用等。女职工可以享受生育保险待遇的主要条件，一是生育职工所在单位参加生育保险，并按照规定缴纳生育保险费；二是其行为符合婚姻法和计划生育政策的规定，也就是说未列入生育保险适用范围非婚生育的、违反计划生育国策规定的生育女职工，不能享受生育保险待遇。生育待遇中的产假应在生育职工所在单位享受，生育津贴和生育医疗费用应由社会保险机构支付，未参加生育保险社会统筹的生育职工，其产假工资和生育费用，由所在单位承担。

《社会保险法》作出了新规定，即职工未就业配偶按照国家规定享受生育医疗费用待遇。这里所说的“国家规定”主要有以下三个方面：

（一）参加城镇居民基本医疗保险的未就业妇女，其生育医疗费用可以按照规定从城镇居民基本医疗保险基金中支付。

（二）参加新型农村合作医疗的农村妇女，其生育医疗费用可以按照规定从新型农村合作医疗基金中支付。

（三）农村住院分娩补助项目覆盖范围内的农村妇女，其生育医疗费用可由分娩补助费支付。

未享受上述待遇的职工未就业配偶，按照《社会保险法》的规定享受社会保险生育医疗费用待遇。

[依据指引]

(1) 国务院《女职工劳动保护特别规定》（2012年4月28日　国务院令第619号）

第二条　中华人民共和国境内的国家机关、企业、事业单位、社会团体、个体经济组织以及其他社会组织等用人单位及其女职工，适用本规定。

第五条　用人单位不得因女职工怀孕、生育、哺乳降低其工资、予以辞退、与其解除劳动或者聘用合同。

第六条　女职工在孕期不能适应原劳动的，用人单位应当根据医疗机构的证明，予以减轻劳动量或者安排其他能够适应的劳动。

对怀孕7个月以上的女职工，用人单位不得延长劳动时间或者安排夜班劳动，并应当在劳动时间内安排一定的休息时间。

怀孕女职工在劳动时间内进行产前检查，所需时间计入劳动时间。

第七条　女职工生育享受98天产假，其中产前可以休假15天；难产的，增加产假15天；生育多胞胎的，每多生育1个婴儿，增加产假15天。

女职工怀孕未满4个月流产的，享受15天产假；怀孕满4个月流产的，享受42天产假。

第九条　对哺乳未满1周岁婴儿的女职工，用人单位不得延长劳动时间或者安排夜班劳动。

用人单位应当在每天的劳动时间内为哺乳期女职工安排1小时哺乳时间；女职工生育多胞胎的，每多哺乳1个婴儿每天增加1小时哺乳时间。

(2) 劳动部《企业职工生育保险试行办法》（1994年12月14日　劳部发［1994］504号）

第六条　女职工生育的检查费、接生费、手术费、住院费和药费由生育保险基金支付。超出规定的医疗服务费和药费（含自费药品和营养药品的药费）由职工个人负担。

女职工生育出院后，因生育引起疾病的医疗费，由生育保险基金支付；其他疾病的医疗费，按照医疗保险待遇的规定办理。女职工产假期满后，因病需要休息治疗的，按照有关病假待遇和医疗保险待遇规定办理。

第七条　女职工生育或流产后，由本人或所在企业持当地计划生育部门签发的计划生育证明，婴儿出生、死亡或流产证明，到当地社会保险经办机构办理手续，领取生育津贴和报销生育医疗费。

(3) 劳动部工资局《关于女职工非婚生育时是否享受劳保待遇问题的复函》（1965 年 9 月 10 日 ［65］中劳薪便字第 381 号）

甘肃省劳动局：

你局八月三十一日（65）劳薪字第 0678 号函收到。现答复如下：

女职工非婚生育时，不能按照劳动保险条例的规定享受生育待遇。其需要休养的时间不应发给工资。对于生活有困难的，可以由企业行政方面酌情给予补助。

(4) 人力资源和社会保障部办公厅《关于妥善解决城镇居民生育医疗费用的通知》（2009 年 7 月 31 日　人社厅发［2009］97 号）

一、各地要将城镇居民基本医疗保险参保人员住院分娩发生的符合规定的医疗费用纳入城镇居民基本医疗保险基金支付范围。开展门诊统筹的地区，可将参保居民符合规定的产前检查费用纳入基金支付范围。

二、城镇居民生育医疗服务管理，原则上参照城镇居民基本医疗保险有关规定执行。要综合考虑城镇居民生育的基本医疗需求和基金承受能力，合理确定医疗服务范围和标准。要完善医疗费结算办法，探索适合生育保障特点的结算方式，为参保人员提供方便快捷的服务，控制医疗费用不合理支出。

三、各地要从实际出发，统筹考虑城镇居民基本医疗保险和城镇职工生育保险制度的衔接，积极探索保障城镇居民生育相关费用的具体措施，妥善解决城镇居民生育医疗费用问题。

(5) 卫生部、财政部《关于进一步加强农村孕产妇住院分娩工作的指导意见》（2009 年 1 月 20 日　卫妇社发［2009］12 号）

二、主要内容

（四）明确农村孕产妇住院分娩服务项目和标准。卫生部会同财政部制订农村孕产妇住院分娩的基本服务项目。在此基础上，各省（区、市）结合本地经济社会发展水平，制订本地区的服务项目和限价标准，保证住院分娩服务质量与安全。

（五）完善农村孕产妇住院分娩服务体系。以县级妇幼保健机构为区域内孕产期保健技术指导和管理中心，提高县乡两级孕产期保健服务能力。建立健全以各级妇幼保健机构为主体，县乡两级医疗卫生机构为基础，其他医疗卫生机构为支撑，基本覆盖全国城乡的妇幼保健服务网络，为孕产妇享有规范、安全的孕产期保健及住院分娩服务提供保障。

（八）实施农村孕产妇住院分娩补助政策。在各地核定成本、明确限价标准的基础上，对农村孕产妇住院分娩所需费用予以财政补助，补助标准由各省（区、市）财政部门会同卫生部门制定。参加新型农村合作医疗的农村孕产妇在财政补助之外的住院分娩费用，可按当地新型农村合作医疗制度的规定给予补偿。对个人负担较重的贫困孕产妇，可由农村医疗救助制度按规定给予救助。鼓励有条件的地区探索将农村孕产妇住院分娩补助与新型农村合作医疗、农村医疗救助补助统筹管理使用。

三、保障措施

（九）卫生部负责研究制定技术规范、考核标准，财政部负责制定资金管理办法等配套政策。各地卫生、财政等相关部门负责制定具体实施办法并组织实施。

（十）中央财政对困难地区农村孕产妇住院分娩给予补助。地方财政也应承担相应的支出责任，并统筹使用各级财政补助资金，按照国家专项补助资金管理的规定加强管理，专款专用，保障资金安全，发挥专项资金效益。

附件：住院分娩基本服务项目

一、正常产

（一）基本护理。

床位，护理（一般护理、产前护理、产后护理）。

（二）常规检查。

1. 一般检查：体格检查、产科检查。

2. 辅助检查：血常规、凝血功能（凝血时间）、肝功能、乙肝两对半、尿常规等。

（三）接产服务。

1. 观察产程：测血压、听胎心、查胎位、宫缩、阴道检查。

2. 接生。

3. 新生儿护理：脐带处理、呼吸道清理、新生儿体检等。

4. 新生儿窒息复苏（如发生）。

5. 产房观察：血压、脉搏；宫缩、宫底高度、阴道出血；新生儿一般情况。

（四）基本药物。

缩宫素、生理盐水（或葡萄糖注射液）、抗生素、眼药。

二、阴道手术助产

（一）基本护理。

床位，护理（一般护理、产前护理、产后护理）。

（二）常规检查。

1. 一般检查：体格检查、产科检查。

2. 辅助检查：血常规、凝血功能（凝血时间）、肝功能、乙肝两对半、尿常规等。

（三）接产服务。

1. 观察产程：测血压、听胎心、查胎位、宫缩、阴道检查。

2. 阴道助产：会阴切开与缝合术、胎头吸引术、产钳术、臀牵引术、臀助产术。

3. 新生儿护理：脐带处理、呼吸道清理、新生儿体检等。

4. 新生儿窒息复苏（如发生）。

5. 产房观察：血压、脉搏；宫缩、宫底高度、阴道出血；新生儿一般情况。

（四）基本药物。

缩宫素、生理盐水（或葡萄糖注射液）、抗生素、眼药。

三、剖宫产

（一）基本护理。

床位，护理（一般护理、术前护理、术后护理）。

（二）常规检查。

1. 一般检查：体格检查、产科检查。

2. 辅助检查：血常规、凝血功能（凝血时间）、交叉配血、肝功能、乙肝两对半、尿常规、心电图检查等。

（三）接产服务。

1. 观察产程：听胎心、测血压、查胎位、宫缩、阴道检查。

2. 剖宫产手术。

3. 新生儿护理：脐带处理、呼吸道清理、新生儿体检等。

4. 新生儿窒息复苏（如发生）。

（四）基本药物。

缩宫素、止血芳酸（或止血敏）、抗生素、生理盐水（或葡萄糖注射液）、眼药。

(6) 卫生部办公厅《2010年农村孕产妇住院分娩补助项目管理方案》（2010年6月22日 卫办妇社发［2010］101号）

为保障母婴安全，降低孕产妇死亡率，落实《国务院关于印发医药卫生体制改革近期重点实施方案（2009—2011年）的通知》（国发［2009］12号）精神，依据卫生部、财政部《关于印发〈关于进一步加强农村孕产妇住院分娩工作的指导意见〉的通知》（卫妇社发［2009］12号，以下简称《指导意见》）和财政部、卫生部《关于印发〈农村孕产妇住院分娩专项补助资金管理暂行办法〉的通知》（财社［2009］36号，以下简称《暂行办法》）的要求，2010年继续实施农村孕产妇住院分娩补助项目，利用中央财政专项补助经费，在全国范围内实施农村孕产妇住院分娩补助。

二、项目对象

农业户籍孕产妇。

三、项目范围和内容

（一）项目范围。

全国31个省、自治区、直辖市。

（二）项目内容。

1. 中央财政设立专项经费对农村孕产妇住院分娩给予补助。地方财政也应承担相应的支出责任，地方各级卫生行政部门要积极协调地方财政部门保障项目实施所需经费，并统筹使用各级财政补助资金。参加新型农村合作医疗的农村孕产妇在财政补助之外的住院分娩费用，可按当地新型农村合作医疗制度的规定给予补偿。

2. 各省（区、市）卫生、财政部门要按照《指导意见》和《暂行办法》的要求，结合地方实际共同制订本地农村孕产妇住院分娩补助实施方案和资金管理办法，确定本地区的住院分娩基本服务项目和限价标准，并结合本地经济社会发展水平和财政承受能力，合理确定本地区农村孕产妇住院分娩的人均财政补助标准。享受中央财政补助地区确定的人均补助标准不得低于中央财政人均补助标准。

3. 县级卫生部门会同财政部门确定当地具备助产技术服务资质的定点医疗卫生机构，承担农村孕产妇住院分娩任务。定点医疗卫生机构名单要通过适当方式向社会公开，以方便农村孕产妇选择适合自己的定点医疗卫生机构。

4. 各地项目办公室要对补助资金专账管理、独立核算，严格坚持补助资金公正合理、专款专用的原则，使农村孕产妇能够直接受益。具体包括资金申请表审批、补助卡发放、补助经费报账及汇拨等。每季度向省级和市（地）级卫生行政部门上报资金使用情况。

5. 定点医疗卫生机构应当严格按规定执行基本服务项目和收费标准，为农村孕产妇提供安全、规范、便捷的助产技术服务。

（三）农村孕产妇住院分娩补助流程。

1. 宣传动员：在广泛宣传、充分告知的情况下，动员符合条件的农村孕产妇到定点医疗卫生机构住院分娩。

2. 住院分娩：定点医疗卫生机构核实补助对象身份，按规定提供住院分娩基本服务项目，按人均财政补助标准减免农村孕产妇住院分娩的相关费用，填写“孕产妇住院分娩补助经费四联单”。

3. 报销：医疗卫生机构定期凭孕产妇补助经费第三、四联单和出院结算清单等，到县卫生局办理报账手续。县级卫生部门对上报材料进行逐一审核，并报同级财政部门审核批准后，由财政部门将专项补助资金在一个月内（连同第三联单）汇拨至医疗卫生机构，并保管好所有原始材料和单据，以备核查。

……

(7)《中华人民共和国社会保险法》（2010年10月28日　国家主席令第35号）

第五十四条　用人单位已经缴纳生育保险费的，其职工享受生育保险待遇；职工未就业配偶按照国家规定享受生育医疗费用待遇。所需资金从生育保险基金中支付。

生育保险待遇包括生育医疗费用和生育津贴。

第五十五条　生育医疗费用包括下列各项：

（一）生育的医疗费用；

（二）计划生育的医疗费用；

（三）法律、法规规定的其他项目费用。

第五十六条　职工有下列情形之一的，可以按照国家规定享受生育津贴：

（一）女职工生育享受产假；

（二）享受计划生育手术休假；

（三）法律、法规规定的其他情形。

生育津贴按照职工所在用人单位上年度职工月平均工资计发。

产　假

[解读]

产假是指女职工按照国家规定，在生育或流产前、后的一定时间内所享有的带薪或有津贴的假期。其主要作用是使女职工在生育时期得到适当的休息，保护产妇身体健康，使其逐步恢复体力，并使婴儿得以受到母亲的精心照顾和哺育。

我国在20世纪80年代以前，产假假期规定为56天。1988年公布的《女职工劳动保护规定》把产假规定为90天。2012年公布的《女职工劳动保护特别规定》把产假规定为98天，其中产前假期为15天，产后假期为83天。难产的，增加产假15天（有的地方对难产做了明确的界定，如北京市规定，难产是指女职工生育时采用产钳助产、胎吸、剖宫生育的情形）。若系多胞胎生育，每多生育一个婴儿增加产假15天。流产产假以怀孕满4个月为界，其中女职工怀孕未满4个月流产的，享受15天产假；怀孕满4个月流产的，享受42天产假。很多地区还采取了对晚育的职工给予奖励假期的政策（可参考本章词条“实行计划生育的奖励假期”）。

产假一般不能提前或推后使用。产前假也不能挪至产后使用。但是，若生育职工提前生产，则可将产前、产后的休假天数合并使用；若其推迟生产，则可将产前超出的休假天数按照病假处理。按照国家规定，无论是产假还是流产假，其休假期限的计算，均应将休息日和法定节假日计算在内。至于能否将教师的寒、暑假、职工的年休假或探亲假合并使用，以延长休假时间，国家没有明确规定，可由用人单位根据具体情况制定内部规章制度作具体规定。由于产假是国家给予生育职工的生育保险待遇，与教师的寒、暑假、职工的年休假、探亲假性质不同，所以生育职工休产假后，若符合享受相应假期的条件，还可享受相应假期待遇。但是，如果生育职工到配偶工作地点生育，享受产假期限达到6个月，且与配偶团聚时间达到30天以上，则该生育职工不再享受当年的探亲假期。

[依据指引]

(1) 国务院《女职工劳动保护特别规定》（2012年4月28日　国务院令第619号）

第七条　女职工生育享受98天产假，其中产前可以休假15天；难产的，增加产假15天；生育多胞胎的，每多生育1个婴儿，增加产假15天。

女职工怀孕未满4个月流产的，享受15天产假；怀孕满4个月流产的，享受42天产假。

(2) 劳动部《关于职工回家探亲问题的解答》（1962年12月18日）

11. 问：女职工请了产假，能不能再享受探亲假待遇？

答：女职工因生育而享受的产假待遇，是国家对妇女的特殊照顾，而探亲假规定是解决职工或家属团聚的问题，这是两种不同的假期制度，因此，凡是符合回家探亲条件的女职工，即使当年请过产假，仍然可以享受探亲假待遇。

(3) 国家劳动总局《关于享受半年产假的女职工当年是否还享受探亲待遇的复函》（1982年5月15日 劳险字［1982］19号）

关于女职工产假后的探亲待遇问题，我们同意你们的意见，即女职工在享受六个月的产假期间已和配偶聚满三十天的，不再享受当年的探亲待遇。

(4)《中华人民共和国人口与计划生育法》（2001年12月29日 国家主席令第63号）

第二十五条 公民晚婚晚育，可以获得延长婚假、生育假的奖励或者其他福利待遇。

(5) 北京市劳动和社会保障局《关于贯彻实施〈北京市企业职工生育保险规定〉有关问题的通知》（2005年5月24日 京劳社医发［2005］62号）

六、《规定》第十四条所称难产，是指女职工生育时采用产钳助产、胎吸、剖官生育的。

生育津贴

[解读]

生育津贴是指女职工因生育享受产假和因计划生育手术而休假期间，失去工资收入，由社会保险机构按照职工所在用人单位上年度职工月平均工资向其提供的生活费。生育津贴主要是用以保障生育职工和婴儿的日常生活。我国在建立社会保险制度以前，是由企业实行内部劳动保险制度，女职工休产假或因计划生育手术休假期间享受产假工资。实行生育保险社会统筹制度以后，女职工产假或因计划生育手术休假期间享受生育津贴。现在看来，对于生育保险制度来说，产假期间向生育职工提供的生活费称为生育津贴更为名副其实。因为只有当劳动者正常劳动的情况下，用人单位才能向其支付工资，所以生育职工休产假或因计划生育手术休假而未参加正常劳动，获得的现金帮助称为产假工资不准确。

我国生育津贴的支付方式、支付标准和支付期限的规定是：对已经参加生育保险的，按照用人单位上年度职工月平均工资的标准由生育保险基金支付，即由社会保险机构支付给用人单位，再由用人单位支付给生育职工本人。对未参加生育保险的，按照女职工产假（含流产假）前工资的标准由用人单位支付。

[依据指引]

(1) 国务院《女职工劳动保护特别规定》（2012年4月28日 国务院令第619号）

第五条 用人单位不得因女职工怀孕、生育、哺乳降低其工资、予以辞退、与其解除劳动或者聘用合同。

第八条 女职工产假期间的生育津贴，对已经参加生育保险的，按照用人单位上年度职工月平均工资的标准由生育保险基金支付；对未参加生育保险的，按照女职工产假前工资的标准由用人单位支付。

女职工生育或者流产的医疗费用，按照生育保险规定的项目和标准，对已经参加生育保险的，由生育保险基金支付；对未参加生育保险的，由用人单位支付。

(2) 劳动部《企业职工生育保险试行办法》（1994年12月14日 劳部发［1994］504号）

第六条 女职工生育的检查费、接生费、手术费、住院费和药费由生育保险基金支付。超出规定的医疗服务费和药费（含自费药品和营养药品的药费）由职工个人负担。

女职工生育出院后，因生育引起疾病的医疗费，由生育保险基金支付；其他疾病的医疗费，按照医疗保险待遇的规定办理。女职工产假期满后，因病需要休息治疗的，按照有关病假待遇和医疗保险待遇规定办理。

第七条 女职工生育或流产后，由本人或所在企业持当地计划生育部门签发的计划生育证明，婴儿出生、死亡或流产证明，到当地社会保险经办机构办理手续，领取生育津贴和报销生育医疗费。

第八条 生育保险基金由劳动部门所属的社会保险经办机构负责收缴、支付和管理。

生育保险基金应存入社会保险经办机构在银行开设的生育保险基金专户。银行应按照城乡居民个人储蓄同期存款利率计息，所得利息转入生育保险基金。

(3)《中华人民共和国人口与计划生育法》（2001年12月29日 国家主席令第63号）

第二十五条 公民晚婚晚育，可以获得延长婚假、生育假的奖励或者其他福利待遇。

生育医疗费用

[解读]

生育医疗费用是指按照国家有关规定，女职工从怀孕到分娩（或流产）所发生的医疗费用。女职工生育医疗费用，按照生育保险规定的项目和标准，对已经参加生育保险的，由生育保险基金支付；对未参加生育保险的，由用人单位支付。生育基金支付的医疗费用主要包括生育女职工的检查费、接生费、手术费、住院费和药费。

检查费：是指女职工围产期保健过程中，定期到医疗机构进行身体检查的相关费用。大致可分为全身检查、产科检查、化验室检查以及特殊检查四部分。

接生费：是指女职工分娩时，医生或助产人员协助产妇娩出新生儿过程中所发生的费用。大部分产妇为自然生产。也有一部分产妇由于各种原因不能靠自己的力量分娩，需要医务人员采取措施助产。目前主要有两种助产方式：一是胎头吸引方式，二是产钳方式。

手术费：其支付的项目主要是指分娩过程中的会阴切开术和剖宫产术。其手术费用由生育保险基金支付，但是手术过程中出现医护人员责任事故，该手术费用不由生育保险基金支付，应由生育职工向医院索赔。

住院费：是指产妇在分娩期间住院的床位费、取暖费等。床位费是按照国家物价监督管理部门规定的普通床位收费标准支付。母婴同室以及高标准病房所需费用，不属于生育保险基金支付的范畴。

药费：是指女职工从怀孕至女职工分娩后出院，医生根据产妇需要给予的药物护理、治疗所发生的费用。产妇私自到药店购药以及购买滋补和营养品，不属于生育保险基金支付的范围。

此外，还有生育引起的疾病医疗费，先兆流产医疗费，人工流产医疗费。其中包括挂号费、检验费、医药费和手术费，只要生育职工符合享受生育保险待遇的条件，就应按相关规定或由生育保险机构支付，或由所在单位支付。至于生育职工遇有葡萄胎、子宫外孕等病理现象发生的治疗费用，应按医疗保险待遇处理。女职工生育住院期间，新生婴儿患病的医疗费用，若其符合供养条件，可按供养直系亲属的半费医疗待遇处理或者由城镇居民基本医疗保险基金支付。

[依据指引]

(1) 国务院《女职工劳动保护特别规定》（2012年4月28日　国务院令第619号）

第八条　……女职工生育或者流产的医疗费用，按照生育保险规定的项目和标准，对已经参加生育保险的，由生育保险基金支付；对未参加生育保险的，由用人单位支付。

(2) 劳动部《企业职工生育保险试行办法》（1994年12月14日　劳部发［1994］504号）

第六条　女职工生育的检查费、接生费、手术费、住院费和药费由生育保险基金支付。超出规定的医疗服务费和药费（含自费药品和营养药品的药费）由职工个人负担。

女职工生育出院后，因生育引起疾病的医疗费，由生育保险基金支付；其他疾病的医疗费，按照医疗保险待遇的规定办理。女职工产假期满后，因病需要休息治疗的，按照有关病假待遇和医疗保险待遇规定办理。

第七条　女职工生育或流产后，由本人或所在企业持当地计划生育部门签发的计划生育证明，婴儿出生、死亡或流产证明，到当地社会保险经办机构办理手续，领取生育津贴和报销生育医疗费。

(3) 全国总工会劳动保险部《关于劳动保险问题解答》（1964年4月）

90. 问：女职工遇到葡萄胎、子宫外孕需要停工休息，如何享受待遇？

答：子宫外孕、葡萄胎系属病理现象，应按病假待遇处理。

92. 问：女职工住企业的特约医院生育时，新生婴儿生病所需的医疗费用如何处理？

答：如新生婴儿符合供养条件，就按供养直系亲属的医疗待遇处理。

(4) 卫生部《全国城市围产保健管理办法(试行)》（1987年4月20日）（略）

享受生育保险的手续

[解读]

女职工需要进行孕期体检，应当向用人单位出示卫生部门的建议，按用人单位的规定请假；需要休产假，也应按单位的规定请假。参加生育保险的女职工生育或流产后，由本人或所在企业持当地计划生育部门签发的计划生育证明，婴儿出生、死亡或流产证明，到当地社会保险经办机构办理手续，领取生育津贴和报销生育医疗费。未参加生育保险的女职工，应按用人单位的要求按月领取产假工资、报销生育医疗费；用人单位应按国家规定为其支付产假工资、报销全部生育医疗费用。

[依据指引]

(1) 国务院《女职工劳动保护特别规定》(2012年4月28日 国务院令第619号)

第六条 ……怀孕女职工在劳动时间内进行产前检查，所需时间计入劳动时间。

第八条 女职工产假期间的生育津贴，对已经参加生育保险的，按照用人单位上年度职工月平均工资的标准由生育保险基金支付；对未参加生育保险的，按照女职工产假前工资的标准由用人单位支付。

女职工生育或者流产的医疗费用，按照生育保险规定的项目和标准，对已经参加生育保险的，由生育保险基金支付；对未参加生育保险的，由用人单位支付。

(2) 劳动部《企业职工生育保险试行办法》(1994年12月15日 劳部发［1994］504号)

第七条 女职工生育或流产后，由本人或所在企业持当地计划生育部门签发的计划生育证明，婴儿出生、死亡或流产证明，到当地社会保险经办机构办理手续，领取生育津贴和报销生育医疗费。

产前检查

[解读]

产前检查是指怀孕女职工定期到医疗机构进行有关胎儿生长以及身体健康方面的检查。怀孕以后，母体各系统由于胎儿的生长发育会出现一系列相适应的变化，这些变化若超越生理范围或孕妇既往患病的承受能力，就不能适应妊娠的变化，孕妇和胎儿就可能出现病理情况。通过定期的产前检查，对母子进行监测，可以及早发现和治疗并发症（如妊娠高血压综合征）；及时纠正异常胎位和发现胎儿发育异常等，结合孕妇和胎儿的具体情况，确定分娩方式。

产前检查一般应从确诊为怀孕起开始，定期进行。第一次检查应在停经后3个月内进行。怀孕3～7个月，每月检查一次；怀孕8～9个月，每两周检查一次；最后一个月每周检查一次。如发现异常情况，应随时到医院检查，或由医生决定增加产前检查的次数。产前检查的具体内容：

（一）自确定妊娠之日起，即应建立孕产妇保健卡，进行血压、体重、血尿常规等基础检查。对接触铅、汞的孕妇，应进行尿中铅、汞含量的测定。

（二）定期进行体检、孕期保健及营养指导。

（三）推广孕妇家庭自我监护，系统观察胎动、胎儿心脏频率、宫底高度及体重等。

（四）实行高危孕妇专案管理，无诊疗条件的单位应及时转院就诊，并配合上级医疗和保健机构严密观察和监护。

女职工产前检查应按卫生部门的要求进行，并按用人单位的规章制度请假，不应随意行事。用人单位对其产前检查的时间按正常出勤对待，不能按病假、事假或旷工处理。对生产一线的怀孕职工，要相应减少生产定额，以保证其产前检查的时间。

另外，根据卫生部的规定，女职工生育后42天左右，应进行产后体检。这也是孕产妇保健内容之一。

[依据指引]

(1) 国务院《女职工劳动保护特别规定》(2012年4月28日 国务院令第619号)

第六条 女职工在孕期不能适应原劳动的，用人单位应当根据医疗机构的证明，予以减轻劳动量或者安排其他能够适应的劳动。

对怀孕7个月以上的女职工，用人单位不得延长劳动时间或者安排夜班劳动，并应当在劳动时间内安排一定的休息时间。

怀孕女职工在劳动时间内进行产前检查，所需时间计入劳动时间。

(2) 卫生部《全国城市围产保健管理办法(试行)》(1987年4月20日)

一、围产保健内容

（一）早孕保健

1. 对怀孕妇女做到“三早”：早发现、早检查、早确诊。

2. 指导孕妇于孕早期避免病毒感染和接触各种致畸物质。

3. 有异常症状或发现高危因素及时进行诊查、指导和治疗。

（二）产前检查

1. 检查次数和时间初查：孕12周前。复查：

孕20、28、32、34、36周，后每周一次直至分娩。凡高危孕妇酌情增加复查次数。

2. 检查内容。

初查：

(1) 确诊早孕后进行登记并逐项填写围产保健卡（册）（简称围保卡、册）。

(2) 详细询问本人既往史、孕产史、爱人及本人家族史和遗传病史等，计算预产期。

(3) 进行体格检查（包括妇科检查），测基础血压。确定妊娠月份。

(4) 做常规化验：尿常规（包括尿糖）、血色素、血型、血红蛋白、肝功能（包括乙型肝炎表面抗原）等。

(5) 发现妊娠禁忌症和严重合并症者，应及时处理。

复查：

(1) 询问孕妇健康状况，了解胎动出现时间。了解胎儿生长发育情况。

(2) 指导孕期卫生和营养。

(3) 初产妇和有难产史的经产妇，需进行骨盆测量。

(4) 每次检查需测量血压、体重、宫底高度、腹围、胎心率、胎位，注意有无浮肿，查尿蛋白，复查血红蛋白，描绘妊娠图。

(5) 积极防治妊娠高血压综合征、胎位异常、胎儿宫内发育不良、早产、孕过期等并发症。

(6) 指导孕妇进行自我监护。

(7) 预测分娩方式，决定分娩地点。

3. 追访制度。

凡未按期进行产前检查者，必须通过各种形式进行追访，使母子得到连续性医学观察和保健指导。

（三）高危妊娠筛查、监护和管理

通过每次产前检查及时筛查出高危因素，常见的高危因素有孕妇本人的基本情况、不良孕产史、内科合并症及产科并发症等四方面，分固定因素及动态因素两大类。可以用评分方法来提示其对母婴健康危害的严重程度。同时还要考虑有关社会因素如交通、经济、文化、医疗卫生设施等。

1. 基层医疗保健机构对高危孕妇进行专册登记，并在病历上作特殊标记。

2. 凡高危因素复杂或病情严重者，应及早转上级医疗保健单位负责诊查、治疗。

3. 上级医院应全面衡量高危因素对孕妇影响的严重程度，结合胎儿成熟度的预测和胎儿胎盘功能选择对母儿最有利的分娩方式，决定有计划的适时分娩。

4. 凡属妊娠禁忌症者，尽早动员终止妊娠。

（四）产时保健

认真执行接产常规，正确处理分娩，提高接产质量，重点抓好“五防”“一加强”：

1. 防滞产：细致观察产程，推广使用产程图。

2. 防感染：严格执行产房消毒隔离制度及无菌操作。

3. 防产伤：严格掌握各产程处理常规及剖宫产指征。正确处理难产。

4. 防出血：认真处理各产程，做好产后出血的防治。

5. 防窒息：预防胎儿窘迫，处理好初生儿第一次呼吸，加强出生时保暖工作。

加强：高危产妇的分娩监护。

（五）新生儿保健

1. 对所有新生儿进行阿氏评分，7分及以下者进行重点监护。

2. 对出生24小时内的新生儿要注意保暖，严密观察。

3. 早抱奶，正常新生儿应争取6～12小时内开始抱奶，有条件者最好母婴同室，以保证母乳喂养。

4. 婴儿室内严格执行消毒隔离制度，防止交叉感染。

5. 婴儿室由儿科医生负责，儿科医生应进产房协助抢救高危新生儿。

6. 在产前、产后时期对母亲传授护理新生儿知识。

（六）产褥期保健

1. 产妇住院分娩和产妇在院休养期间，认真执行产褥期护理常规，开展产褥期保健的卫生宣教指导，推广产后保健操。

2. 产后访视。

(1) 访视次数：第一次：产妇出院后3天内；第二次：产后14天；第三次：产后28天。

(2) 访视内容

产妇：

①了解其一般状况（精神、睡眠、饮食、大小便等）。

②测血压、体温。

③检查：乳头有无皲裂，泌乳是否通畅。乳房有无红肿、硬结、乳汁分泌量、宫底高度、子

宫硬度及有无压痛；观察恶露及其性状。会阴伤口愈合情况。

④指导产褥期卫生，防治产后合并症及指导避孕方法。

⑤宣传母乳喂养的好处，指导科学喂养。

新生儿：

①了解和观察新生儿面色、精神、呼吸、睡眠、哭声、吸吮能力和大小便情况。

②测体温、称体重。

③全身体检：颜面、五官、皮肤、脐部，注意皮肤黄染出现的时间及程度，有无感染、检查脐部有无出血、渗出物性状、局部红肿，了解脐带脱落情况。

④落实卡介苗接种。

⑤指导新生儿护理。

3. 产后健康检查。应在产后42天进行一次健康检查。其内容：

(1) 产妇一般健康情况：测血压、查尿蛋白、检查乳房及乳头、查腹壁紧张度；妇科检查：会阴裂伤愈合情况、阴道分泌物性状、宫颈情况、子宫位置、大小、盆底支持力及有无脱垂。

(2) 婴儿健康状况：观察婴儿面色、精神、吸吮、哭声等情况，测体温，并做全身体格检查。

(3) 指导哺乳期保健，宣传科学育儿知识和进行计划生育措施指导。

(七) 围产保健指导及宣教

要采用多种形式，向孕妇及其家属普及围产保健知识，提高孕产妇自我保健的水平和监护的能力。

内容：

(1) 介绍妊娠的生理特点及注意事项。

(2) 宣传产前检查的好处。

(3) 介绍妊娠各期的保健事项（包括饮食与营养及左侧卧位)。

(4) 教会家庭和自我监护，如听胎心、数胎动等方法。

(5) 了解临产先兆症状及产时注意事项。

(6) 进行产褥期保健指导。

(7) 新生儿喂养及护理指导宣传母乳喂养好。

(8) 围产保健要求及监测内容（见表，略)。

二、围产保健管理分级及职责

围产保健管理实行医疗保健机构3级分工。按城市医院和妇幼保健机构的技术水平、设备条件及从属关系可分为3级。基层街道妇幼保健站、医院或卫生院（所）厂矿保健站为1级；区妇幼保健院（所)、区级医院及有产科床位的厂矿职工医院为2级；省、市级妇幼保健院（所)、医院、中央各部属医院及医科大学的附属医院等为3级，实行围产保健划片分级分工。

各级职责：

(一) 一级的职责

1. 及早掌握孕妇情况，负责做好早孕登记，进行孕早期卫生指导，建立围保卡，及早初筛高危病例，及时治疗或转上级医院确诊和治疗监护。

2. 有条件者可开展产前检查门诊、住院接产及产后健康检查门诊。

3. 负责管辖范围内产妇的产前、产后访视。

4. 指定专人负责掌握本辖区孕产妇的全面情况。

5. 正确做好原始资料的积累工作，定期向上级汇报，做好孕卡的回收和上缴。

6. 深入街道、红医站、工厂及里弄卫生站，普及围产保健、优生优育知识。

(二) 二级的职责

1. 承担所在区划定的服务范围内全部孕产妇的保健医疗服务，负责一般高危孕产妇的产前检查、监护和分娩处理。

2. 接受挂钩基层机构的全部转诊和会诊。

3. 与挂钩的上级医院保持密切联系，特殊高危孕产妇及危重新生儿应及时请上级医院会诊或转上级医院诊治。

4. 负责挂钩基层医院及工厂的业务指导，选派医生定期深入基层开展具体业务指导并承担基层产科及保健人员的培训和进修任务。

5. 认真填写围保卡及各种记录、重视资料积累汇总，做好有关围产保健的分析统计和报表工作。

6. 结合各阶段的中心工作与有关部门协作，组织开展各种群众性的宣传活动。

7. 区妇幼保健院、所（站）除完成上述任务外，必须做好围产保健管理的组织协调和卡（册）印制、发放、管理工作。

(三) 三级的职责

1. 承担所在区划定的服务范围内全部孕产妇的保健医疗服务。

2. 接收挂钩的下一级及其他医疗保健机构中高危孕妇和新生儿的转诊、会诊。

3. 负责挂钩医院产科的业务指导（包括质量分析、孕产妇、围产儿死亡评审等）和培训、进修等任务。

4. 建立高危妊娠门诊和病房及产前、优生、遗传咨询门诊，备有必要的监护仪器设备，如B型超声波及能进行围产期监测的有关实验室，专科医院或有条件的妇幼保健院应设新生儿科，综合医院的婴儿室要有专职儿科医师，对危重新生儿要特殊监护。

5. 建立健全产前检查、孕期宣教、产房、婴儿室、产后休养室的各项有关医疗、护理、保健常规制度，认真填写围保卡及各种记录，定期做好统计报表。

6. 编写、制作和提供围产保健、优生、优育等宣传资料。

7. 省、市级妇幼保健院（所），除完成上述任务外，还负责定期汇总、分析有关围产保健的各种报表，进行质量控制和评价，对影响和危害孕产妇健康的重点问题，组织调查和进行必要的研究工作。

三、实施围产保健管理的主要措施

（一）加强组织领导。城市人口密集，医疗保健机构体制隶属不一，围产保健又是一项科学性、社会性、群众性很强的工作，应在各级卫生行政部门统一领导下，建立健全妇幼保健专业机构，组织本地区的医疗、保健机构共同进行。同时还需加强与妇联、计划生育、工会、文化宣传等有关部门的横向联系和协作，取得全社会的支持和家庭的重视，普及围产保健知识，使每个孕产妇和胎婴儿都能享受围产保健。

（二）建立健全三级妇幼保健网。妇幼保健网是开展和做好妇幼保健工作（包括围产保健）的前提条件。各级之间除了有明确的职责分工外，还有一套业务联系制度，上级机构通过定期例会总结布置工作，对接收转诊的病例进行分析讲解；交流经验，接受咨询；核对各种登记统计资料，同时检查资料质量，下级对上级定期汇报工作和正确汇总原始资料，接受上级的质量检查。上下之间互通信息，加强协作。

（三）组织围产保健协作组。在当地卫生行政部门领导下，将城市各类医疗保健机构的业务骨干组织起来成立围产保健协作组，发挥业务技术指导作用，有利于密切各医疗保健机构之间的横向联系，有利于临床与保健的密切结合。围产保健协作组定期召开会议讨论本地区围产保健工作的计划；研究围产保健工作中存在的问题和解决办法（包括各级之间协作关系或技术问题）；并负责学术交流、教学、科研以及技术咨询，安排院、所、站间的质量检查，业务讲座活动以及对本地区围产保健工作进行讨论和评审。

（四）做好围产保健原始资料的统计分析。利用各级妇幼保健院、所（站）要逐步建立健全围产保健常规资料的收集和管理制度，加强对常规资料的定期统计和分析，为评价本地区母婴健康水平、围产保健工作的质量和效果以及制定保健对策提供科学依据。

1. 原始记录资料的收集和管理

围产保健中的基本原始记录包括：

(1) 建立围保卡（册）。各地应建立统一的围保卡（册），围保卡的内容包括自早孕登记检查开始直至产褥期结束为止母婴各种主要病史、体征及处理情况，是孕产期全过程的病史摘要或索引。围保卡是对孕产妇和新生儿进行系统管理，使各级医疗保健机构间互通信息，加强协作，做到防治结合的媒介。同时又是进行保健管理分析的原始数据资料。

(2) 围保卡（册）的建立、使用、运转、回收及分工各地可结合本地区的情况自定。但必须做到简便易行，提高效率，避免重复、繁琐，要使全部的孕产妇得到系统保健，正常和高危孕产妇实行分级管理，便于积累系统的个案资料和定期进行统计分析，如实反映围产保健工作的质量和实际效果。

目前多数地区围保卡（册）的使用和运转的方法（附后），只供借鉴。

(3) 围保卡（册），供一级机构对所管辖区孕产妇进行管理用，并负责保存，按时综合上报。

(4) 出生（包括孕28周后的死胎、死产、活产）报告卡、胎婴儿死亡报告卡和孕产妇死亡报告卡：为进行生命统计的重要原始记录，由医院产科医生、助产士负责记录、报告，区妇幼保健院、所（站）负责保存，各市可根据实际情况和条件选取部分地区建立健全出生、死亡的登记报告制度。

要不断提高各种原始记录资料的质量。创造条件逐步实现资料管理的计算机化。

2. 基本数据和指标的统计与分析

区级及区级以上的妇幼保健院、所（站），应定期根据各级机构的原始记录资料进行围产保健基本数据和指标的统计与分析。

(1) 围产保健工作情况的统计：根据《孕产妇登记册》，一级机构负责完成，每季度统计1次，并填写《围产保健工作报表》上报。

(2) 围产儿死亡率和孕产妇死亡率及其死因构成：根据出生和死亡（胎婴儿及孕产妇）登记报告卡统计，每半年1次，用以评价母婴健康水平，反映围产保健工作的效果。

(3) 疾病发病和保健服务工作指标：包括孕产期合并症发生率、新生儿合并症发生率；孕12周前初检率、产前检查率、产后访视率、产后42天检查率及产后6～12小时抱奶率。每个城市每年抽取一定数量围产保健卡对上述指标进行统计和分析，用以评价围产保健服务工作的覆盖面和质量，确定重点保健措施。

3. 统计结果的汇总、报告、交流和反馈

市、区妇幼保健院、所（站）应按季度将日常围产保健工作情况统计后，填写《围产保健工作报表》逐级上报同级卫生局和上一级妇幼保健所。省、市妇幼保健院、所将《报表》汇总后除向卫生厅报告外，应及时定期将统计结果反馈回报告单位，加强信息交流和利用。省、市、自治区卫生厅（局）每年向卫生部妇幼司填报1次《围产保健工作年报表》。

各级妇幼保健院、所（站）都要认真研究、分析和充分利用围产保健工作中的各项统计指标和信息，指导围产保健工作，提高管理水平，逐步实行科学管理。

附：围产保健卡（册）的使用和运转（只供借鉴）

一、一级机构负责对所管辖地区内的怀孕妇女建围保卡（册）。并填写围保登记册。

二、将卡（册）交孕妇自己或由医疗保健机构保管，以后由各级保健、医疗单位在孕产妇进行检查时摘要填写。

三、孕妇入院分娩时将卡交出或由保管单位抽出，出院时应将住院分娩及产后母婴情况填写完整，预约好产后检查日期，将卡送交产妇所居住地区的基层医疗保健机构（一级机构）。

四、一级机构接卡后即进行产后访视并填卡（册）。

五、产后检查时收回卡。将新生儿期情况小结转儿保机构继续进行婴幼儿系统管理，围保卡集中交区妇幼保健院、所（站）妥善保存。

保胎休息与病假期间生育

[解读]

怀孕女职工因身体不适或劳累过度会出现先兆性流产，在产前假期之前，为避免胎儿流产或早产的停工休息时间称为保胎休息，符合计划生育政策规定，经医生开具证明，需要保胎休息的女职工，其保胎休息时间应按本单位的病假待遇处理；在保胎休息或病假期间分娩的，自分娩之日起改按产假对待，并享受其他生育保险待遇；产假期满后仍需病休的，从产假期满之日起，继续按病假待遇处理。如果产妇是国家机关、事业单位的工作人员，其产假期满后仍不能工作，在2个月以内的，发给原工资；超过2个月的，按工作年限是否满10年，发给本人工资的90%或100%；超过6个月的，按工作年限是否满10年，发给本人工资的70%或80%。不符合计划生育政策规定的怀孕女职工，其保胎、病假休息和生育待遇，仍按地方或用人单位的有关规定执行。

[依据指引]

(1) 劳动部《企业职工生育保险试行办法》（1994年12月15日　劳部发［1994］504号）

第六条　女职工生育的检查费、接生费、手术费、住院费和药费由生育保险基金支付。超出规定的医疗服务费和药费（含自费药品和营养药品的药费）由职工个人负担。

女职工生育出院后，因生育引起疾病的医疗费，由生育保险基金支付；其他疾病的医疗费，按照医疗保险待遇的规定办理。女职工产假期满后，因病需要休息治疗的，按照有关病假待遇和医疗保险待遇规定办理。

(2) 国务院《国家机关工作人员病假期间生活待遇的规定》（1981年4月6日　国发［1981］52号）

为了适当解决国家机关工作人员病假期间的生活困难问题，有利于病休人员早日恢复健康，根据按劳分配的原则，对国家机关工作人员病假期间生活待遇，作如下规定：

一、工作人员病假在两个月以内的，发给原工资。

二、工作人员病假超过两个月的，从第三个月起按照下列标准发给病假期间工资：

（一）工作年限不满十年的，发给本人工资的百分之九十；

（二）工作年限满十年的，工资照发。

三、工作人员病假超过六个月的，从第七个月起按照下列标准发给病假期间工资：

（一）工作年限不满十年的，发给本人工资的百分之七十；

（二）工作年限满十年和十年以上的，发给本人工资的百分之八十；

（三）一九四五年九月二日以前参加革命工作的人员，发给本人工资的百分之九十。

上述（一）、（二）、（三）项工作人员中，获得省、市、自治区人民政府和国务院各部门授予的劳动英雄、劳动模范称号，仍然保持荣誉的，病假期间的工资，经过省、市、自治区人民政府和国务院各部门批准，可以适当提高。

四、一九四九年九月底以前参加革命工作的行政公署副专员及相当职务或行政十四级以上的干部，一九四五年九月二日以前参加革命工作的县人民政府正副县长及相当职务或行政十八级以上的干部，一九三七年七月六日以前参加革命工作的工作人员，在病假期间工资照发。

五、病假期间工资低于三十元的按三十元发给，原工资低于三十元的发给原工资。

六、工作人员在病假期间，可以继续享受所在单位的生活福利待遇。

七、工作人员病假期间享受本规定的生活待遇，应有医疗机构证明，并经主管领导机关批准。

八、工作人员工作年限的计算，按照国务院现行有关规定办理。

九、国家机关所属事业单位可参照本规定执行。

十、本规定由国家人事局负责解释。

十一、本规定从发布之日起施行。一九五五年十二月二十九日国务院发布的《国家机关工作人员病假期间生活待遇试行办法》同时废止。

孕期和哺乳期长假

［解读］

孕期和哺乳期长假是指女职工因怀孕或哺乳婴儿而自愿申请，经领导批准的假期。按照国家规定，这种做法是在富余人员较多的国有企业实行。具体做法是假期最长不超过2年，放假期间用人单位应发给基本生活费。假期内含产假的，产假期间应按国家规定发给产假工资或生育津贴。早年规定，放假期间生活费标准按本人标准工资的60%发给；后来规定，生活费标准由企业自行确定；实行在职职工基本生活保障制度后，生活费的标准应当在不低于当地政府规定的职工基本生活费标准的前提下，由企业自行确定。至于放长假的女职工是否可以另外从事有报酬劳动，早年的规定是不可以，后来的规定不明确。按照解决法律冲突的新法律优于旧法律的“从新原则”，应按后来的规定执行。因此，对于放长假的女职工是否可以另外从事有酬劳动，应当由企业自主制定规章制度。从现实来看，多数单位是允许其另外从事有酬劳动的。国有企业以外的各类企业，若认为这种为孕期和哺乳期内的女职工放长假的做法可行，也可根据国家有关国有企业的这些规定制定本单位的规章制度，然后即可执行。

［依据指引］

国务院《国有企业富余职工安置规定》（1993年4月20日　国务院令第111号）

第八条　经企业职工代表大会讨论同意并报企业行政主管部门备案，企业可以对职工实行有限期的放假。职工放假期间，由企业发给生活费。

孕期或者哺乳期的女职工，经本人申请，企业可以给予不超过二年的假期，放假期间发给生活费。假期内含产假的，产假期间按照国家规定发给工资。

围产期与“三期”

［解读］

围产期是指女职工分娩的产前、产时、产后的一段时期。国际上对围产期的范围划分尚不统一，一般有以下几种计算方法：

（一）从妊娠满28周至产后1周。

（二）从妊娠满28周至产后4周。

（三）从妊娠满20周至产后4周。

（四）从胚胎形成至产后1周。

根据实际情况，我国妇产科学界统一以第一种计算方法划定围产期。

20世纪70年代以来，国际上加速了对围产期保健的研究，它研究分娩前后孕妇的特定问题和胎儿的发育、生理或病理特点以及新生儿、产妇疾病的治疗。国际上都以围产期母婴的发病率和死亡率作为衡量一个国家文明进步水平和卫生工作质量的主要指标之一，并由此提出了“围产期保健”这一概念。围产期保健的范畴要比孕产妇保健的范畴大，它不仅对孕产妇进行监护，而且更着眼于胎婴儿的健康成长，其目的就在于降低围产期母婴的发病率与死亡率。

女职工的“三期”是指孕期、产期和哺乳期。

对“三期”内的女职工，我国劳动法规定了一系列的特殊保护措施。按照10月怀胎的实际情况和一年哺乳期的规定，“三期”共计22个月。在这个期限内，用人单位尤其应当注意保护女职工的合法权益。

[依据指引]

(1)《中华人民共和国妇女权益保障法》(1992年4月3日 国家主席令第58号)(略)

(2)《中华人民共和国母婴保健法》(1994年10月24日 国家主席令第33号)(略)

(3) 国务院《女职工劳动保护特别规定》(2012年4月28日 国务院令第619号)(略)

(4) 卫生部《全国城市围产保健管理办法(试行)》(1987年4月20日)(略)

女职工生育保险权益的保护

[解读]

女职工的生育保险权益受到侵害时，主要有三种保护渠道可以利用：一是该职工与用人单位发生劳动争议应自劳动争议发生之日起一年内向有管辖权的劳动争议仲裁委员会申诉，由该仲裁委进行公正裁决，要求用人单位向生育女职工支付相应待遇和经济补偿；二是可向当地人力资源和社会保障行政部门的监察大队投诉，由该监察大队监督用人单位纠正侵权行为；三是该职工与社会保险经办机构发生行政争议，可自知道该具体侵权行为之日起60日内向经办机构申请复查，或者向人力资源和社会保障行政部门申请行政复议，也可自知道该具体侵权行为之日起3个月内向有管辖权的人民法院提起行政诉讼。

[依据指引]

(1)《中华人民共和国劳动法》(1994年7月5日 国家主席令第28号)

第八十二条 提出仲裁要求的一方应当自劳动争议发生之日起六十日内向劳动争议仲裁委员会提出书面申请。仲裁裁决一般应在收到仲裁申请的六十日内作出。对仲裁裁决无异议的，当事人必须履行。

(2)《中华人民共和国劳动争议调解仲裁法》(2007年12月29日 国家主席令第80号)

第二条 中华人民共和国境内的用人单位与劳动者发生的下列劳动争议，适用本法：

(一) 因确认劳动关系发生的争议；

(二) 因订立、履行、变更、解除和终止劳动合同发生的争议；

(三) 因除名、辞退和辞职、离职发生的争议；

(四) 因工作时间、休息休假、社会保险、福利、培训以及劳动保护发生的争议；

(五) 因劳动报酬、工伤医疗费、经济补偿或者赔偿金等发生的争议；

(六) 法律、法规规定的其他劳动争议。

第二十七条 劳动争议申请仲裁的时效期间为一年。仲裁时效期间从当事人知道或者应当知道其权利被侵害之日起计算。

前款规定的仲裁时效，因当事人一方向对方当事人主张权利，或者向有关部门请求权利救济，或者对方当事人同意履行义务而中断。从中断时起，仲裁时效期间重新计算。

因不可抗力或者有其他正当理由，当事人不能在本条第一款规定的仲裁时效期间申请仲裁的，仲裁时效中止。从中止时效的原因消除之日起，仲裁时效期间继续计算。

劳动关系存续期间因拖欠劳动报酬发生争议的，劳动者申请仲裁不受本条第一款规定的仲裁时效期间的限制；但是，劳动关系终止的，应当自劳动关系终止之日起一年内提出。

(3) 国务院《劳动保障监察条例》(2004年11月1日 国务院令第423号)

第二十三条 用人单位有下列行为之一的，由劳动保障行政部门责令改正，按照受侵害的劳动者每人1 000元以上5 000元以下的标准计算，处以罚款：

(一) 安排女职工从事矿山井下劳动、国家规定的第四级体力劳动强度的劳动或者其他禁忌从事的劳动的；

(二) 安排女职工在经期从事高处、低温、冷水作业或者国家规定的第三级体力劳动强度的劳动的；

(三) 安排女职工在怀孕期间从事国家规定的第三级体力劳动强度的劳动或者孕期禁忌从事的劳动的；

(四) 安排怀孕7个月以上的女职工夜班劳动或者延长其工作时间的；

(五) 女职工生育享受产假少于90天的；

(六) 安排女职工在哺乳未满1周岁的婴儿期

间从事国家规定的第三级体力劳动强度的劳动或者哺乳期禁忌从事的其他劳动，以及延长其工作时间或者安排其夜班劳动的；

（七）安排未成年工从事矿山井下、有毒有害、国家规定的第四级体力劳动强度的劳动或者其他禁忌从事的劳动的；

（八）未对未成年工定期进行健康检查的。

第二十六条 用人单位有下列行为之一的，由劳动保障行政部门分别责令限期支付劳动者的工资报酬、劳动者工资低于当地最低工资标准的差额或者解除劳动合同的经济补偿；逾期不支付的，责令用人单位按照应付金额50%以上1倍以下的标准计算，向劳动者加付赔偿金：

（一）克扣或者无故拖欠劳动者工资报酬的；

（二）支付劳动者的工资低于当地最低工资标准的；

（三）解除劳动合同未依法给予劳动者经济补偿的。

(4)《中华人民共和国行政诉讼法》（1989年4月4日 国家主席令第16号）

第三十八条 公民、法人或者其他组织向行政机关申请复议的，复议机关应当在收到申请书之日起两个月内作出决定。法律、法规另有规定的除外。

申请人不服复议决定的，可以在收到复议决定书之日起十五日内向人民法院提起诉讼。复议机关逾期不作决定的，申请人可以在复议期满之日起十五日内向人民法院提起诉讼。法律另有规定的除外。

第三十九条 公民、法人或者其他组织直接向人民法院提起诉讼的，应当在知道作出具体行政行为之日起三个月内提出。法律另有规定的除外。

第四十条 公民、法人或者其他组织因不可抗力或者其他特殊情况耽误法定期限的，在障碍消除后的十日内，可以申请延长期限，由人民法院决定。

生育保险社会化管理与服务

[解读]

生育保险社会化管理与服务是指由社会保险管理机构或者委托中介机构承担生育保险管理责任，参加保险的单位不再承担管理有关生育保险具体经办事务。目前，生育保险社会化管理主要包括以下两个方面：一是实行生育保险定点医疗机构管理，由社会保险经办机构根据地区规划和医疗技术条件，选择医疗机构为定点单位；二是与定点医疗机构签订协议，确定服务项目、收费标准、管理办法、结算方式，为参保生育职工提供便捷的医疗服务。

[依据指引]

《中共中央关于制定国民经济和社会发展第十个五年计划的建议》（2000年10月11日）（略）

生育保险定点医疗机构

[解读]

生育保险定点医疗机构是指由人力资源和社会保障行政部门在统筹地区内进行审查和评估，并经社会保险经办机构确定的，符合国家医疗机构条件的，为参加生育保险职工提供医疗服务的机构。

生育保险定点医疗机构应具备的条件是：

（一）符合区域医疗机构设置规划。

（二）符合医疗机构评审标准。

（三）遵守国家有关医疗机构服务管理的法律、法规和标准，有健全和完善的医疗服务管理制度。

（四）严格执行国家、省（自治区、直辖市）物价部门规定的医疗服务和药品价格政策，并经物价部门监督检查合格。

（五）严格执行生育保险有关政策，建立与生育保险社会化管理服务相适应的内部管理制度，配备必要的管理人员和设备。

生育保险定点医疗服务不可避免地要与基本医疗保险定点医疗服务统筹考虑，但根据生育保险自身的特点，生育保险定点医疗服务管理应以保证医疗服务质量、简化程序、方便生育职工为前提；以基本医疗保险定点医疗机构为基础，兼顾计划生育技术服务机构进行定点；用医疗服务项目—病例—总额的测算办法确定支付标准；以医疗卫生和计划生育法规为依据，以生育职工的反馈作为判定服务质量的辅助条件；从而达到用较低廉的费用获得较优质服务的目的。

[依据指引]

(1) 劳动部《城镇职工基本医疗保险和定点

医疗机构管理暂行办法》(1999 年 5 月 11 日 劳社部发［1999］14 号)

第一条 为了加强和规范城镇职工基本医疗保险定点医疗机构管理，根据《国务院关于建立城镇职工基本医疗保险制度的决定》(国发［1998］44 号)，制定本办法。

第二条 本办法所称的定点医疗机构，是指经统筹地区劳动保障行政部门审查，并经社会保险经办机构确定的，为城镇职工基本医疗保险参保人员提供医疗服务的医疗机构。

第三条 定点医疗机构审查和确定的原则是：方便参保人员就医并便于管理；兼顾专科与综合、中医与西医，注重发挥社区卫生服务机构的作用；促进医疗卫生资源的优化配置，提高医疗卫生资源的利用效率，合理控制医疗服务成本和提高医疗服务质量。

第四条 以下类别的经卫生行政部门批准并取得《医疗机构执业许可证》的医疗机构，以及经军队主管部门批准有资格开展对外服务的军队医疗机构，可以申请定点资格：

(一) 综合医院、中医医院、中西医结合医院、民族医医院、专科医院；

(二) 中心卫生院、乡(镇)卫生院、街道卫生院、妇幼保健院(所)；

(三) 综合门诊部、专科门诊部、中医门诊部、中西医结合门诊部、民族医门诊部；

(四) 诊所、中医诊所、民族医诊所、卫生所、医务室；

(五) 专科疾病防治院(所、站)；

(六) 经地级以上卫生行政部门批准设置的社区卫生服务机构。

第五条 定点医疗机构应具备以下条件：

(一) 符合区域医疗机构设置规划；

(二) 符合医疗机构评审标准；

(三) 遵守国家有关医疗服务管理的法律、法规和标准，有健全和完善的医疗服务管理制度；

(四) 严格执行国家、省(自治区、直辖市)物价部门规定的医疗服务和药品的价格政策，经物价部门监督检查合格；

(五) 严格执行城镇职工基本医疗保险制度的有关政策规定，建立了与基本医疗保险管理相适应的内部管理制度，配备了必要的管理人员和设备。

第六条 愿意承担城镇职工基本医疗保险定点服务的医疗机构，应向统筹地区劳动保障行政部门提出书面申请，并提供以下材料：

(一) 执业许可证副本；

(二) 大型医疗仪器设备清单；

(三) 上一年度业务收支情况和门诊、住院诊疗服务量(包括门诊诊疗人次、平均每一诊疗人次医疗费、住院人数、出院者平均住院日、平均每一出院者住院医疗费、出院者平均每天住院医疗费等)，以及可承担医疗保险服务的能力；

(四) 符合医疗机构评审标准的证明材料；

(五) 药品监督管理和物价部门监督检查合格的证明材料；

(六) 由劳动保障行政部门规定的其他材料。

第七条 劳动保障行政部门根据医疗机构的申请及提供的各项材料对医疗机构进行审查。审查合格的发给定点医疗机构资格证书，并向社会公布，供参保人员选择。

第八条 参保人员在获得定点资格的医疗机构范围内，提出个人就医的定点医疗机构选择意向，由所在单位汇总后，统一报送统筹地区社会保险经办机构。社会保险经办机构根据参保人的选择意向统筹确定定点医疗机构。

第九条 获得定点资格的专科医疗机构和中医医疗机构(含中西医结合医疗机构和民族医医疗机构)，可作为统筹地区全体参保人员的定点医疗机构。

除获得定点资格的专科医疗机构和中医医疗机构外，参保人员一般可再选择 3～5 家不同层次的医疗机构，其中至少应包括 1～2 家基层医疗机构(包括一级医院以及各类卫生院、门诊部、诊所、卫生所、医务室和社区卫生服务机构)。有管理能力的地区扩大参保人员选择定点医疗机构的数量。

第十条 参保人员对选定的定点医疗机构，可在 1 年后提出更改要求，由统筹地区社会保险经办机构办理变更手续。

第十一条 社会保险经办机构要与定点医疗机构签订包括服务人群、服务范围、服务内容、服务质量、医疗费用结算办法、医疗费用支付标准以及医疗费用审核与控制等内容的协议，明确双方的责任、权利和义务。协议有效期一般为 1 年。任何一方违反协议，对方均有权解除协议，但须提前 3 个月通知对方和有关参保人，并报统筹地区劳动保障行政部门备案。

第十二条 参保人员应在选定的定点医疗机构就医，并可自主决定在定点医疗机构购药或持处方到定点零售药店购药。

除急诊和急救外，参保人员在非选定的定点医疗机构就医发生的费用，不得由基本医疗保险基金支付。

第十三条　参保人员在不同等级的定点医疗机构就医，个人负担医疗费用的比例可有所差别，以鼓励参保人员到基层定点医疗机构就医。

参保人员在不同等级定点医疗机构就医时个人负担医疗费用的具体比例和参保人员转诊、转院管理办法，由统筹地区劳动保障行政部门制定。

第十四条　定点医疗机构应配备专（兼）职管理人员，与社会保险经办机构共同做好定点医疗服务管理工作。对基本医疗保险参保人员的医疗费用要单独建账，并按要求及时、准确地向社会保险经办机构提供参保人员医疗费用的发生情况等有关信息。

第十五条　社会保险经办机构要加强对定点医疗机构参保人员医疗费用的检查和审核。定点医疗机构有义务提供审核医疗费用所需的全部诊治资料及账目清单。

第十六条　社会保险经办机构要按照基本医疗保险的有关政策规定和与定点医疗机构签订的协议，按时足额与定点医疗机构结算医疗费用。对不符合规定的医疗费用，社会保险经办机构不予支付。

第十七条　劳动保障行政部门要组织卫生、物价等有关部门加强对定点医疗机构服务和管理情况的监督检查。对违反规定的定点医疗机构，劳动保障行政部门可视不同情况，责令其限期改正，或通报卫生行政部门给予批评，或取消定点资格。

第十八条　定点医疗机构申请书和定点医疗机构资格证书样式由劳动保障部制定。

第十九条　各省（自治区、直辖市）劳动保障行政部门可根据本办法组织卫生等有关部门制定实施细则。

第二十条　本办法自发布之日起施行。

(2) 劳动和社会保障部办公厅《关于完善城镇职工基本医疗保险定点医疗机构协议管理的通知》（2003年5月14日　劳社厅函［2003］258号）（略）

独生子女的界定

［解读］

按照国家规定，夫妻自愿终身只生育一个子女的，属于独生子女的，主要有以下四种情形：

（一）计划内生育两个孩子，其中一个死亡之后夫妻自愿不再生育的。

（二）再婚夫妇已有一个子女，婚后不再生育的。

（三）已达到生育年龄，并自愿只生一个孩子的。

（四）办完《独生子女光荣证》后，孩子死亡，再生一个孩子的。

不属于独生子女的，也有以下四种情形：

（一）只生育一次，但是双胞胎或多胞胎的。

（二）生育两个子女，送给他人抚养一个的。

（三）不能生育而抱养一个的，属于独养子女，不属于独生子女。

（四）生育两个子女的夫妇，离婚后各带一个子女的。

［依据指引］

《中华人民共和国人口与计划生育法》（2001年12月29日　国家主席令第63号）

第二十七条　自愿终身只生育一个子女的夫妻，国家发给《独生子女父母光荣证》。

获得《独生子女父母光荣证》的夫妻，按照国家和省、自治区、直辖市有关规定享受独生子女父母奖励。

法律、法规或者规章规定给予终身只生育一个子女的夫妻奖励的措施中由其所在单位落实的，有关单位应当执行。

独生子女发生意外伤残、死亡，其父母不再生育和收养子女的，地方人民政府应当给予必要的帮助。

实行计划生育的奖励假期

［解读］

按照国家规定，对实行计划生育劳动者的奖励假期有三种：一是晚婚假期。各地一般规定，男满25周岁、女满23周岁以上登记初婚的为晚婚。晚婚奖励假期各地规定不一，如北京市则规定为7天。二是晚育假期。晚育年龄各地规定也有差异，如北京市规定，已婚妇女年满24周岁初育的为晚育。晚育奖励产假期限，各地规定也不一样，北京市规定为30天，女方不休，男方也可以休。三是育龄夫妇做计划生育手术及检查所需要的时间，均按公假对待，属于带薪假期。例如，放置宫内节育器，自手术之日起休息2天；取宫内节育器，当日休息1天；输精管结扎，休息7天；单纯输卵管结扎，休息21天；人工流产同时放置宫内节育器，休息16天；人工流产同时结扎输卵管，休息1个月；中期终止妊娠，休息1个月；中期终止妊娠同时结扎输卵管，休息40天；产后结扎输卵管，在产假基础上另加14天等。

[依据指引]

(1)《中华人民共和国人口与计划生育法》（2001年12月29日　国家主席令第63号）

第二十五条　公民晚婚晚育，可以获得延长婚假、生育假的奖励或者其他福利待遇。

(2) 北京市《人口与计划生育条例》（2003年7月18日）

第十六条　鼓励公民晚婚、晚育。

女年满二十三周岁、男年满二十五周岁初婚的为晚婚。已婚妇女年满二十四周岁初育的为晚育。

第二十条　机关、社会团体、企业事业组织的职工晚婚的，除享受国家规定的婚假外，增加奖励假7天。晚育的女职工，除享受国家规定的产假外，增加奖励假30天，奖励假也可以由男方享受，休假期间不得降低其基本工资或者解除劳动合同；不休奖励假的，按照女方一个月基本工资的标准给予奖励。

个体工商户的雇工晚婚、晚育的，由雇主按照本条前款规定奖励。

农村居民、城镇无业居民和个体工商户晚婚、晚育的，由乡镇人民政府、街道办事处给予适当奖励。

(3) 卫生部、国家计生委《关于印发〈节育手术常规（第三版）〉的通知》（1984年2月10日　卫妇字［1984］1号）

各种节育手术后假期的建议

1. 放置宫内节育器：自手术日起休息二天，重体力劳动者，在术后一周内不做重劳动。

2. 取宫内节育器：当日休息一天（包括有尾丝节育器）。

3. 输精管结扎：休息七天。

4. 单纯输卵管结扎：休息二十一天。

5. 人工流产：休息十四天。

人工流产同时放置宫内节育器：休息十六天。

人工流产同时结扎输卵管：休息一个月。

6. 中期终止妊娠：休息一个月。

中期终止妊娠同时结扎输卵管：休息四十天。

7. 产后结扎输卵管：按产假另加十四天。

说明：上述规定，如遇特殊情况，由医师决定。

计划生育手术费

[解读]

计划生育手术费是指职工响应国家关于计划生育的号召，而实行的避孕、节育手术所发生的费用。主要项目包括：放置（取出）宫内节育器、流产术、引产术、绝育及复通术等手术所发生的费用。根据国家规定，在建立生育保险制度的地区，参加生育保险单位的职工计划生育手术费在生育保险基金中列支；尚未建立生育保险制度的地区，可将参加基本医疗保险单位的职工计划生育手术费在基本医疗保险基金中列支；没有参加生育保险和基本医疗保险的单位，其职工计划生育手术费仍由原渠道解决。

另外，企业职工供养的直系亲属施行计划生育手术费，以及手术后遗症的治疗费，应在企业“职工福利基金”中列支。

[依据指引]

(1)《中华人民共和国社会保险法》（2010年10月28日　国家主席令第35号）

第五十五条　生育医疗费用包括下列各项：

（一）生育的医疗费用；

（二）计划生育的医疗费用；

（三）法律、法规规定的其他项目费用。

(2) 劳动和社会保障部、国家计生委、财政部、卫生部《关于妥善解决城镇职工计划生育手术费用问题的通知》（1999年9月28日　劳社部发［1999］32号）

在推进城镇职工社会保险制度改革工作中，为了进一步贯彻落实计划生育有关政策，现就妥善解决城镇职工计划生育手术费用问题通知如下：

一、职工计划生育手术费用是指职工因实行计划生育需要，实施放置（取出）宫内节育器、流产术、引产术、绝育及复通手术所发生的医疗费用。

二、已经建立地方企业职工生育保险的地区，参保单位职工的计划生育手术费用可列入生育保险基金支付范围。没有建立企业职工生育保险的地区，在建立城镇职工基本医疗保险制度时，可以将符合基本医疗保险有关规定的参保单位职工计划生育手术费用纳入基本医疗保险统筹基金支付范围。没有参加生育保险和基本医疗保险的单位，职工计划生育手术费用仍由原渠道解决。

三、参保职工在基本医疗保险定点医疗机构和经计划生育行政管理部门、劳动保障部门认可的计划生育服务机构实施计划生育手术，其费用可以由相应的社会保险基金支付。

四、经有关部门鉴定，属于职工计划生育手术并发症的治疗费用，由基本医疗保险基金支付，属于按照有关规定开支以外的必需费用，由用人单位解决。因计划生育手术造成的医疗事故，按照有关医疗事故处理的规定执行。

五、各地可根据本通知精神，结合当地实际制定具体办法。

妥善解决城镇职工计划生育手术费用问题，涉及广大职工的切身利益，各级劳动保障、计划生育、财政、卫生等部门要密切配合，认真抓好落实。

计划生育手术引起并发症的治疗费

[解读]

按照国家规定，国家机关、事业单位及国营、集体企业职工计划生育手术并发症患者的医疗费、安葬费、抚恤费等，应由所在单位参照工伤有关规定处理。城镇无业居民并发症患者的医疗费，由街道计划生育事业费解决，不足部分由上级计划生育委员会解决；残废补助金、死亡安葬费、抚恤费等，由计划生育部门会商所在地区民政部门给予解决。城镇个体工商户并发症患者的各项费用，由计划生育部门会商民政部门、个体协会等部门给予解决。农业人口并发症患者的生产、生活困难，仍采用乡镇解决为主，社会救济为辅的办法，由所在乡（镇）及行政村分等级给予解决。由于节育手术事故造成的后遗症，应参照有关医疗事故处理的规定办理。

[依据指引]

(1) 卫生部《女性节育手术并发症诊断标准》（1989年7月15日）

术时及近期并发症：

一、脏器损伤

因节育手术引起子宫穿孔或破裂，宫颈、阴道窟窿裂伤，附件，肠管及肠系膜损伤，造成出血需要修补或切除者。

二、出血与血肿

原无出血倾向性疾病，因节育手术而引起外出血（放取宫内节育器时≥100 mL，早期妊娠人工流产吸宫术或子宫钳刮术时≥200 mL，中期妊娠人工流产包括子宫钳刮术和各种引产时或产后24小时内出血量≥300 mL）或内出血以及腹壁血肿，阔韧带血肿和腹膜后血肿等。

三、感染

术前并无全身或局部感染，经节育手术后两周内开始出现与节育手术直接有关的腹壁切口，腹膜、子宫、附件及盆腔炎症，甚至发展为全身性感染者。

四、人流不全

人流吸宫术、子宫钳刮术和各种引产后阴道持续或反复流血，排出物或清宫刮出物为胚胎、绒毛或胎盘组织者。必要时应经病理检查证实。

五、人流失败，继续妊娠

仅指人流吸宫术或子宫钳刮术时，未吸着或未刮着胚胎而致继续妊娠者。

六、羊水栓塞

在人工流产（包括子宫钳刮术，各种引产或刮宫取胎术）过程中，由于羊水进入血循环而引起肺栓塞、休克、凝血机制障碍，急性心肾功能衰竭等一系列症状和体征者。

七、气体栓塞

人流吸宫术或经宫腔镜、腹腔镜进行的与节育有关的手术时，由于器械故障或操作失误，使气体误入血管而造成气体栓塞。

八、药物腐蚀伤

输卵管药物粘堵绝育术时，腐蚀性药物误伤其他组织而出现症状、体征者。

远期并发症：

一、节育器异位

宫内节育器部分或完全钳入子宫肌层，或异位于子宫外，包括盆腔内、腹腔内、阔韧带内、腹腔外等。

二、节育器断裂、变形

因宫内节育器断裂、变形（包括接头处脱开）而产生明显临床症状者。

三、慢性盆腔炎

术前无生殖器炎症，术后短期内（两周内开始）曾出现过与节育手术直接有关的急性盆腔感染，因治疗不彻底使症状、体征持续存在或病情反复发作，妇科检查存在阳性体征者。

四、盆腔淤血症

输卵管节育术后出现下腹部疼痛，久立或性生活时症状加重，阴道检查无明显阳性发现，经盆腔静脉造影，腹腔镜检查或手术证实盆腔静脉曲张，并排除其他生殖器器质性疾病者。

五、宫颈管或宫腔粘连

由于人流或人流不全等原因，经子宫吸、刮术后出现周期性下腹痛，子宫积血，经量显著减少或闭经者，并经宫颈管、宫腔探查、X线造影或宫腔镜检查等证实者。

六、肠粘连经腹绝育术前、后无腹部手术史，亦无腹膜，腹腔内脏器炎症者，绝育时亦未见腹腔内有炎症或粘连，手术后出现典型的不完全性或完全性肠梗阻症状，经X线检查证实或经腹腔镜检查，剖腹探查见有肠粘连者。

七、大网膜综合征

经腹绝育术时未见腹腔内有炎症或粘连，术后出现恶心、呕吐、剑突下不适、躯干不能伸直，站立时有定点牵引痛感，经腹腔镜检查或剖腹证实大网膜与腹腔或盆腔有粘连者。

八、节育手术后膜部发生切口疝，慢性炎性包块或腹壁瘘管等，刮宫取胎术后引起腹壁子宫内膜异位，人流加绝育术后引起的以输卵管残端为中心的盆腔子宫内膜异位症及输卵管结扎术后发生宫外孕。

九、因治疗节育手术并发症所引起的各种并发症。

附注：

一、此诊断标准只限于与女性节育手术有关的诊断，并非医学上的疾病定义或诊断标准。

二、节育手术后出现月经紊乱，腹腔镜绝育手术时因 CO_2 气腹、器械刺激或人流手术引起的综合反应等均列为副反应，不作并发症论。

三、在节育手术过程中，因误用药物或异物遗留腹腔，纱布填塞阴道后未按时取出而造成的并发症均以手术责任事故论处，不属节育手术并发症。

四、神经官能症

绝育术后神经官能症虽与手术无直接关系，但术前神经精神系统正常，确因节育手术引起的思想疑虑、恐惧等精神因素诱发，经妇产科、精神科等会诊，确认为神经官能症者，可参照节育手术并发症处理。

五、凡并发症治疗后半年不复发即为治愈。

(2) 卫生部《男性节育手术并发症诊断标准》(1989年7月15日)

一、出血和血肿

由于手术中止血不妥或适应症掌握不当，在术后出现的阴囊切口渗血，精索血肿及阴囊血肿者。

二、感染

术后两周内发生的切口感染，结扎断端感染，及由此继发的急性精索炎、附睾炎、精囊炎或前列腺炎，或由此引起的慢性感染者（术后无急性感染病史的慢性前裂腺炎，不作并发症论）。

三、痛性结节

术后三个月以上，主诉结扎处疼痛，经检查有明显压痛之结节者。

四、附睾淤积症

术后六个月以上，主诉局部坠胀不适，有时在房事或疲劳后局部感觉加重。附睾特别是附睾尾部肿胀，表面光滑，触之有压痛，输精管近睾丸端增粗。

五、神经官能症

参照女性神经官能症诊断标准。

(3) 国家计生委《节育并发症鉴定办法》(1990年1月1日)

第一章 总 则

第一条 为做好计划生育节育并发症鉴定工作，正确处理群众接受节育措施后有关技术纠纷及善后问题，既照顾其合理要求，又保障计划生育工作正常秩序，特制定本办法。

第二条 本办法的鉴定管理对象为自愿或在国家指导下接受计划生育节育措施后留下有关不良后果的人员。以下人员不作为本办法鉴定管理对象：

（一）非节育措施造成不良后果者；

（二）不是在计划生育技术人员指导下，私自滥施手术、使用药具以及旧法接生造成不良后果者；

（三）本人与不法分子合谋破坏计划生育造成不良后果者；

（四）本人或家属在接受节育措施前有意隐瞒病史、病情，致使适应症选择不当造成不良后果者；

（五）在节育手术或在诊治并发症过程中因手术、医疗事故直接造成不良后果者（另按《医疗事故处理办法》处理）。

第三条 本办法适用于各级计划生育技术鉴定小组。

第二章 鉴定的组织

第四条 省、地、县三级应分别设立计划生育技术鉴定小组。县级鉴定小组为第一级鉴定组织。地（市）级鉴定小组为第二级鉴定组织；省级鉴定小组为终审鉴定组织。

第五条 省、地、县各级鉴定小组成员，分别由各级卫生、计划生育部门有临床经验、有权威、作风正派的技术人员若干人组成。省级鉴定小组必要时可邀请法医参加。

第六条 各级鉴定小组除应设组长（一般由计划生育部门人员充任）、副组长二至三人，下设办公室，负责有关日常工作。地、县级办公室可设在计划生育服务站，省级设在计划生育委员会科技处或科研所。

第七条 各级鉴定小组人选分别由同级计划生育、卫生行政机关提名，报请同级人民政府批准。

第三章 职责与任务

第八条 各级鉴定小组向同级计划生育节育并发症管理小组和鉴定对象负责。

第九条 负责对鉴定对象进行病史及必要的社会调查，收集整理有关重要资料。

第十条 负责对要求鉴定的对象进行临床检查与诊断。

第十一条 负责开具鉴定诊断意见并附检查诊断记录副本，作为处理善后问题的依据。该项工作由鉴定小组办公室承办。

第十二条 负责将同受术者或其家属有争议的病例，申报上一级鉴定组织再行检查鉴定。

第十三条 负责司法机关要求复议的病例，再行复议处理。

第十四条 负责有关检查鉴定的咨询及科技宣传解释工作。

第四章 鉴定的实施

第十五条 凡要求鉴定者，必须向所在单位提出书面申请，内容包括理由、落实节育措施的时间、地点、原指导落实单位、术后不适症状、临床诊断证明和本人要求，经乡、镇、街道计划生育管理部门签署意见，报县级计生委审查后提交鉴定小组受理。

第十六条 鉴定小组在鉴定之前，要进行必要的调查研究，制定实施检查鉴定方案，做好鉴定前的准备工作。

第十七条 县级鉴定小组对要求鉴定对象做第一次鉴定前，必须对其进行全面查体，并详细做好记录。

第十八条 整个鉴定资料要求背景清楚，事实有据，诊断无误，定性准确，诊断名称要按卫生部颁布的《男、女节育手术并发症诊断标准》准确描述。

第十九条 对丧失劳动能力和部分丧失劳动能力者，要实事求是地明确划定等级，供处理时作为依据。

（一）因节育手术直接造成手术对象死亡者，为一等；

（二）因节育手术造成手术对象残废，完全丧失劳动能力和生活自理能力者，为二等；

（三）因节育手术造成手术对象组织器官损伤，并累及功能障碍，影响正常劳动和生活自理能力者，为三等；

（四）因节育手术造成节育对象组织器官损伤，但未累及功能障碍，只需作一般治疗者，为四等。

第二十条 系统整理鉴定资料，建立档案，并将副本送交被鉴定者所在县级节育并发症管理领导小组，或对有争议的病例将副本申报上一级再行检查鉴定。

第五章 鉴定证书

第二十一条 各级鉴定小组在鉴定结束后，都应向被鉴定者开具鉴定证书，并交代有关政策规定。

第二十二条 县、地级鉴定小组无争议的和省级终审鉴定后的《鉴定证书》，都是处理并发症有关问题的依据。

第二十三条 在检查过程中发现其后果系手术或医疗事故所造成者，不得出具《鉴定证书》，而应建议本人同时会商有关鉴定部门按《医疗事故处理办法》办理。

第二十四条 当事人或其家属对省、地、市三级鉴定均有争议或拒不接受《鉴定证书》者，需经司法机关受理并要求复议者，方可依法复议处理。

第六章 附 则

第二十五条 本办法解释权归国家计划生育委员会。

第二十六条 本办法自一九九〇年一月一日起实行。

(4) 国家计生委《节育并发症管理办法（试行)》（1990 年 1 月 1 日 计生厅字［1990］172 号）

第一章 总 则

第一条 节育并发症管理是计划生育管理工作的重要组成部分。为保障受术者安全、健康及生产、生活与家庭的幸福，推进计划生育工作健康发展，根据有关政策、规定和办法做好节育手术并发症的预防、鉴定、治疗及善后处理工作。特制定本方法。

第二条 搞好节育并发症的管理，要由各级政府组织计划生育、民政、卫生、公安、司法、工商、财政、个体劳协等部门相互协调，密切配合进行综合管理。

第三条 本办法适用于各级计划生育部门。

第二章 节育并发症的预防

第四条 手术前要认真进行体格检查和必要的辅助检查，严格按《节育手术常规》排除节育手术禁忌症，掌握适应症。并做好受术者的思想疏导和有关知识的宣传工作。

第五条 手术中要严格无菌观念，避免感染，手术操作要细心、轻巧、彻底止血、准确无误。特别要防止脏器损伤和异物遗留。

第六条 术后要按中华人民共和国卫生部、国家计划生育委员会关于《各种节育手术后假期》的建议，嘱受术者适当休息，并要进行定期随访，发现问题及时处理，做好工作。

第七条 由于节育手术给受术者带来的并发症，应该按卫生部颁发的《男、女节育手术并发症的诊断标准》科学地作出判定。

第八条 各种节育手术事故造成的后遗症，参照国务院颁发的《医疗事故处理办法》处理。

第三章 节育并发症的鉴定

第九条 鉴定的组织：省（市）、地（市）、县（市）三级应设计划生育技术鉴定小组。一般由计划生育、卫生部门组织有关专家共五至七人组成。并由计划生育部门专业技术人员担任组长。负责并发症的鉴定工作。

第十条 鉴定工作按《节育并发症鉴定办法》执行。

第十一条 受术者对鉴定有争议应按《节育并发症鉴定办法》第十二、十八、二十一和二十四条办理。

第四章 并发症的处理

第十二条 管理分工

国家干部、国营和集体单位职工并发症患者的医疗费、安葬费、抚恤费以及子女照顾，应由所在单位参照工伤有关规定执行。

城镇无业居民并发症患者的医疗费，由街道计划生育事业费解决，不足部分由上级计划生育委员会解决，残废补助金、死亡安葬费、抚恤费，会商所在地区民政部门给予解决。

城镇个体户并发症患者的医疗费、残废补助费、死亡安葬费、抚恤金，会商所在地区民政、个体协会等部门给予解决。

农业人口并发症患者的生产、生活困难，仍采用乡（镇）解决为主，社会救济为辅的办法，由所在乡（镇）及行政村分等级给予解决。

第十三条 解决并发症患者的生产、生活困难均应以扶助发展生产为主。对其生活困难需要照顾补助者，要至基本康复能劳动自给为止。其标准不低于当地人均生活水平。

第十四条 处理问题要以《节育并发症鉴定办法》划定的等级作为依据。

一等：

善后：发给一定安葬费、抚恤金；对其子女由所在乡（镇）给予照顾。

生产：农忙期间由所在村民委员会实行定期困难补助或组织帮工。一切提留和摊派工视情况给予减免。

生活：会商民政部门进行定期困难补助，会商粮食部门适当照顾口粮指标，以补充其不足部分。

有条件的，可商请当地政府照顾本人或家庭其他劳动力在乡（镇）、村办的企业就业。

二等：

生产：农忙期间由所在村民委员会实行定期或不定期困难补助。免除部分提留款和摊派工。

生活：可用社会救济和乡镇提留办法实行不定期困难补贴。

三等：

生活：可用社会救济和乡镇提留办法或由当地区、乡、村从公益金及超生子女费中给予适当照顾。

四等：

只需做一般治疗。

第十五条 节育并发症患者的治疗及其费用，除第十三条已明确规定者外，均应先经县级以上技术鉴定小组鉴定后由施术单位负责。

第十六条 经医疗部门认定确有必要转出本地治疗的，要由计划生育技术鉴定小组提出意见，经同级计划生育委员会批准后，方可报销其转诊治疗费。

第十七条　确系节育手术或治疗并发症造成的医疗事故，应按国务院颁发的《医疗事故处理办法》处理。

第十八条　在本办法中，有关节育手术并发症的预防、鉴定、治疗，由各级计划生育科技部门负责；有关善后纠纷由受理的计划生育信访部门商其所在地政府进行协调处理。

第五章　附　　则

第十九条　本办法的解释权，归国家计划生育委员会。

第二十条　本办法自一九九〇年一月一日起实行。

(5) 国务院《医疗事故处理条例》（2002 年 4 月 4 日　国务院令第 351 号）（略）

第十五章　劳动争议

劳动争议

［解读］

劳动争议是指劳动关系双方当事人因实现劳动权利和履行劳动义务而发生的纠纷。因此，有时也称劳动纠纷或劳资纠纷。其主要有三个特征：

（一）劳动争议主体是特定的，是基于劳动关系而存在。劳动争议一方是用人单位，另一方必然是与之确立劳动法律关系或存在事实劳动关系的职工。用人单位包括中华人民共和国境内的企业、个体经济组织、民办非企业单位和国家机关、事业组织、社会团体以及依法成立的会计师事务所、律师事务所等合伙组织和基金会。劳动者是与上述用人单位签订劳动合同、聘用合同，或虽未签订书面合同，但形成事实劳动关系的、在法定就业年龄内的自然人。劳动者可以是具有劳动权利能力和劳动行为能力的中国公民，也可以是具有劳动权利能力和劳动行为能力的外国人和无国籍人。如果争议的当事人不是用人单位与劳动者，而是用人单位与用人单位之间或者是劳动者与劳动者之间，那么彼此之间的争议就不能称之为劳动争议。另外，用人单位与其招用的离、退休人员或已达到法定退休年龄的人员，以及童工和在校学习的学生发生的争议，也不属于劳动争议，应为民事争议，因为这些自然人不是符合法律规定的劳动主体。

（二）劳动争议的内容是限定的。劳动争议的内容必须是在社会生产劳动过程中，劳动关系双方因实现劳动权利、履行劳动义务而发生的纠纷。用人单位与职工之间发生的争议不一定都是劳动争议，只有当涉及劳动关系双方当事人之间的劳动权利和义务时，才是劳动争议。劳动争议的内容很广泛，主要是《劳动法》第3条、第84条和《劳动争议调解仲裁法》第2条所规定的内容：

1. 因确认劳动关系发生的争议；

2. 因订立、履行、变更、解除和终止劳动合同发生的争议；

3. 因除名、辞退和辞职、离职发生的争议；

4. 因工作时间、休息休假、社会保险、福利、培训以及劳动保护发生的争议；

5. 因劳动报酬、工伤医疗费、经济补偿或者赔偿金等发生的争议；

6. 因履行集体合同发生的争议；

7. 法律、法规规定的其他劳动争议。

用人单位与劳动者之间虽然确立了劳动关系，但发生的争议如果不是劳动权利、义务的内容，那就不是劳动争议，而是一般的民事纠纷、经济纠纷或有关生活琐事纠纷。例如，因职工超计划生育受记过处分引起的纠纷，因企业分配住房发生的纠纷，由于其内容不是劳动权利和义务，所以不是劳动争议。然而，如果职工因此而被用人单位解除劳动合同，则又涉及劳动权利的问题，故应属于劳动争议。

（三）劳动争议事项一般发生在劳动关系存续期间。劳动关系存续期间是指劳动合同期间或事实劳动关系期间。该期间从用工之日起，到劳动合同终止之日的24时止，下夜班的到正常行进到家止，突击加班的到该项任务完成后正常行进到家止。然而，特殊情况下，劳动争议事项也会发生在劳动关系结束之后。例如，因竞业限制而发生的争议就属于劳动争议。

［依据指引］

(1)《中华人民共和国劳动法》（1994年7月5日　国家主席令第28号）

第三条　劳动者享有平等就业和选择职业的权利、取得劳动报酬的权利、休息休假的权利、获得劳动安全卫生保护的权利、接受职业技能培训的权利、享受社会保险和福利的权利、提请劳动争议处理的权利以及法律规定的其他劳动权利。

(2)《中华人民共和国劳动争议调解仲裁法》（2007年12月29日　国家主席令第80号）

第二条　中华人民共和国境内的用人单位与劳动者发生的下列劳动争议，适用本法：

（一）因确认劳动关系发生的争议；

（二）因订立、履行、变更、解除和终止劳动合同发生的争议；

（三）因除名、辞退和辞职、离职发生的争议；

（四）因工作时间、休息休假、社会保险、福利、培训以及劳动保护发生的争议；

（五）因劳动报酬、工伤医疗费、经济补偿或者赔偿金等发生的争议；

（六）法律、法规规定的其他劳动争议。

(3)《中华人民共和国劳动合同法》（2007年6月29日　国家主席令第65号）

第五十六条　用人单位违反集体合同，侵犯职工劳动权益的，工会可以依法要求用人单位承担责任；因履行集体合同发生争议，经协商解决不成的，工会可以依法申请仲裁、提起诉讼。

第七十八条　工会依法维护劳动者的合法权益，对用人单位履行劳动合同、集体合同的情况进行监督。用人单位违反劳动法律、法规和劳动合同、集体合同的，工会有权提出意见或者要求纠正；劳动者申请仲裁、提起诉讼的，工会依法给予支持和帮助。

(4) 人力资源和社会保障部《劳动人事争议仲裁办案规则》（2009年1月1日　部令第2号）

第二条　本规则适用下列争议的仲裁：

（一）企业、个体经济组织、民办非企业单位等组织与劳动者之间，以及机关、事业单位、社会团体与其建立劳动关系的劳动者之间，因确认劳动关系，订立、履行、变更、解除和终止劳动合同，工作时间、休息休假、社会保险、福利、培训以及劳动保护，劳动报酬、工伤医疗费、经济补偿或者赔偿金等发生的争议；

（二）实施公务员法的机关与聘任制公务员之间、参照公务员法管理的机关（单位）与聘任工作人员之间因履行聘任合同发生的争议；

（三）事业单位与工作人员之间因除名、辞退、辞职、离职等解除人事关系以及履行聘用合同发生的争议；

（四）社会团体与工作人员之间因除名、辞退、辞职、离职等解除人事关系以及履行聘用合同发生的争议；

（五）军队文职人员聘用单位与文职人员之间因履行聘用合同发生的争议；

（六）法律、法规规定由仲裁委员会处理的其他争议。

第四条　劳动者一方在十人以上的争议，或者因履行集体合同发生的劳动争议，仲裁委员会可优先立案，优先审理。

仲裁委员会处理因履行集体合同发生的劳动争议，应当按照三方原则组成仲裁庭处理。

(5) 最高人民法院《关于审理劳动争议案件适用法律若干问题的解释（二）》（2006年8月14日　法释［2006］6号）

第七条　下列纠纷不属于劳动争议：

（一）劳动者请求社会保险经办机构发放社会保险金的纠纷；

（二）劳动者与用人单位因住房制度改革产生的公有住房转让纠纷；

（三）劳动者对劳动能力鉴定委员会的伤残等级鉴定结论或者对职业病诊断鉴定委员会的职业病诊断鉴定结论的异议纠纷；

（四）家庭或者个人与家政服务人员之间的纠纷；

（五）个体工匠与帮工、学徒之间的纠纷；

（六）农村承包经营户与受雇人之间的纠纷。

(6) 最高人民法院《关于审理劳动争议案件适用法律若干问题的解释（三）》（2010年9月13日　法释［2010］12号）

第七条　用人单位与其招用的已经依法享受养老保险待遇或领取退休金的人员发生用工争议，向人民法院提起诉讼的，人民法院应当按劳务关系处理。

(7) 劳动部《关于贯彻执行〈中华人民共和国劳动法〉若干问题的意见》（1995年8月4日　劳部发［1995］309号）

12. 在校生利用业余时间勤工助学，不视为就业，未建立劳动关系，可以不签订劳动合同。

(8) 劳动部办公厅《关于受理职工违反计划生育政策规定引起的劳动争议问题的复函》（1992年2月27日　劳办力字［1992］15号）

河南省劳动厅：

你厅《关于对职工违犯（反）计划生育政策规定引起的劳动争议是否受理问题的请示》（豫劳裁便［1992］1号）收悉。经研究，答复如下：

按照《国营企业劳动争议处理暂行规定》（国发［1987］69号）第二条的规定，劳动仲裁委员会的受理范围之一为“因开除、除名、辞退违纪职工发生的争议”，因此，职工因违反计划生育政策被企业开除引起的争议，劳动仲裁委员会应当受理。在处理这类劳动争议时，除依据劳动法律、法规外，还应以国家和地方政策有关计划生育政策的法规、规章，以及企业内部符合国家规定的有关规章制度为依据。

(9) 劳动部办公厅《关于是否受理企业与职工因住房出售等问题发生争议的复函》（1994 年 9 月 27 日　劳办发［1994］312 号）

湖北省劳动厅：

你省宜昌市劳动争议仲裁委员会《关于是否受理企业与职工之间因购买公有住房发生的争议的请示》（宜劳裁文［1994］第 01 号）收悉。经研究，答复如下：

目前，由于国家没有在福利方面对企业建职工住房做出政策法规性规定，因此，职工与企业因住房出售等问题发生的争议不属于《中华人民共和国企业劳动争议处理条例》第二条规定的受理范围，劳动争议仲裁委员会应不予受理。

劳动争议处理制度

［解读］

劳动争议处理制度是通过劳动立法的形式将劳动争议处理的机构、原则、程序等确定下来，用以处理劳动争议的一项法律制度。根据我国现行法律、法规的规定，我国的劳动争议处理制度包括三个子制度，即劳动争议调解制度（包括企业劳动争议调解委员会的调解、基层人民调解组织的调解、乡镇或街道设立的具有劳动争议调解职能的组织的调解），劳动争议仲裁制度和人民法院的劳动争议诉讼制度。从法学分类角度看，劳动争议处理制度属于程序法的内容，它为实体法的贯彻实施提供着程序性的保障作用。

目前，我国确立劳动争议处理制度的法律体系已初步形成，其内容包括：《中华人民共和国劳动法》《中华人民共和国劳动争议调解仲裁法》《劳动人事争议仲裁组织规则》《劳动人事争议仲裁办案规则》《企业劳动争议协商调解规定》；最高人民法院有关司法解释；各省、自治区、直辖市人大常委会或人民政府颁布的实施办法等。

［依据指引］

(1)《中华人民共和国劳动法》（1994 年 7 月 5 日　国家主席令第 28 号）（略）

(2)《中华人民共和国劳动争议调解仲裁法》（2007 年 12 月 29 日　国家主席令第 80 号）

第三条　解决劳动争议，应当根据事实，遵循合法、公正、及时、着重调解的原则，依法保护当事人的合法权益。

第四条　发生劳动争议，劳动者可以与用人单位协商，也可以请工会或者第三方共同与用人单位协商，达成和解协议。

第五条　发生劳动争议，当事人不愿协商、协商不成或者达成和解协议后不履行的，可以向调解组织申请调解；不愿调解、调解不成或者达成调解协议后不履行的，可以向劳动争议仲裁委员会申请仲裁；对仲裁裁决不服的，除本法另有规定的外，可以向人民法院提起诉讼。

第六条　发生劳动争议，当事人对自己提出的主张，有责任提供证据。与争议事项有关的证据属于用人单位掌握管理的，用人单位应当提供；用人单位不提供的，应当承担不利后果。

第七条　发生劳动争议的劳动者一方在十人以上，并有共同请求的，可以推举代表参加调解、仲裁或者诉讼活动。

第八条　县级以上人民政府劳动行政部门会同工会和企业方面代表建立协调劳动关系三方机制，共同研究解决劳动争议的重大问题。

(3) 最高人民法院《关于审理劳动争议案件适用法律若干问题的解释》（2001 年 4 月 16 日　法释［2001］14 号）（略）

劳动争议处理方式

［解读］

劳动争议处理方式是指法律、法规规定的解决劳动争议的方法和形式，它是劳动争议处理制度的内容之一。根据法律规定，劳动争议发生后，劳动者可以与用人单位协商，也可以请工会或者第三方共同与用人单位协商，达成和解协议；当事人不愿协商、协商不成或者达成和解后不履行的，可以向调解组织申请调解；调解不成，当事人一方或者双方均可以向劳动争议仲裁委员会申请仲裁；当事人也可以不经协商或调解直接向劳动争议仲裁委员会申请仲裁。对仲裁裁决不服的，除法律另有规定的外，可以向人民法院提起诉讼。由此可知，我国劳动争议的处理方式有四种：

（一）当事人协商和解。通过协商方式自行和解，是劳动争议双方当事人应首先选择解决争议的途径，同时也是在解决争议过程中可以随时采用的最便捷的方式，既可以在第三方中间人介入之前进行，也可以在中间人介入之后进行。当然，协商解决是以双方当事人自愿为基础的，不愿协商或者经协商不能达成一致，当事人可以选择其他方式。即使进入仲裁程序，也可以按照法律规定自行和解，达成和解协议，撤回仲裁申请。

（二）申请劳动争议调解组织调解。申请劳动争议调解组织调解，是指劳动争议双方当事人选择由法定劳动争议调解组织调解处理劳动争议的一种方式。这种调解实行自愿原则，具体体现在两个方面：一方面是只有在双方当事人都同意由劳动争议调解组织处理该劳动争议，调解组织才能受理该案件；另一方面是当事人可以不经过调解而直接申请仲裁。此外，由于企业劳动争议调解委员会主要是由工会代表和企业代表组成，所以工会与企业因履行集体合同发生争议，不适合向企业劳动争议调解委员会申请调解，当事人应直接申请劳动争议仲裁。根据法律规定，法定调解组织包括：企业劳动争议调解委员会，依法设立的基层人民调解组织，在乡镇、街道设立的具有劳动争议调解职能的组织。

（三）申请劳动争议仲裁。若经劳动争议调解组织调解，双方达不成协议，或达成协议后反悔的，或虽未明确表示反悔，但拒不履行调解协议的，当事人一方或双方均可向当地劳动争议仲裁委员会申请仲裁。当事人也可以不经调解组织调解而直接申请仲裁。需要注意的是，劳动争议仲裁委员会处理因签订集体合同发生的争议缺乏法律依据，所以处理签订集体合同发生的争议应由人力资源和社会保障行政部门会同有关方面进行协调处理，不可以申请仲裁。除这种争议外，对其他劳动争议而言，劳动争议仲裁是强制性的必经程序。也就是说，只要有一方当事人申请仲裁，且符合受案条件，劳动争议仲裁委员会即予以受理；当事人如果要起诉到法院，必须先经过仲裁，否则人民法院不予受理。

（四）提起劳动争议诉讼。劳动争议当事人如果对劳动争议仲裁委员会的仲裁裁决、不予受理仲裁决定或通知书不服，可以在规定的时限内向当地基层人民法院起诉。目前法院是由民事审判庭依据《民事诉讼法》和《劳动争议调解仲裁法》的规定，对劳动争议案件进行审理，实行两审终审制。也就是当事人若不服一审人民法院的判决，可向上一级人民法院上诉。法院审判是处理劳动争议的最终程序。二审判决是生效的终审判决，当事人必须执行。

另外，对特殊劳动争议，《劳动争议调解仲裁法》作了关于终局裁决的规定，该裁决书原则上自作出之日起发生法律效力。劳动者对仲裁终局裁决不服的，可以自收到裁决书之日起 15 日内向人民法院提起诉讼；用人单位对终局裁决有异议，可以自收到裁决书之日起 30 日内向劳动争议仲裁委员会所在地的中级人民法院申请撤销裁决；仲裁裁决被人民法院裁定撤销的，当事人可以自收到裁定书之日起 15 日内就该劳动争议事项向人民法院提起诉讼。

[依据指引]

(1)《中华人民共和国劳动争议调解仲裁法》（2007 年 12 月 29 日　国家主席令第 80 号）

第四条　发生劳动争议，劳动者可以与用人单位协商，也可以请工会或者第三方共同与用人单位协商，达成和解协议。

第五条　发生劳动争议，当事人不愿协商、协商不成或者达成和解后不履行的，可以向调解组织申请调解；不愿调解、调解不成或者达成调解协议后不履行的，可以向劳动争议仲裁委员会申请仲裁；对仲裁裁决不服的，除本法另有规定的外，可以向人民法院提起诉讼。

第十条　发生劳动争议，当事人可以到下列调解组织申请调解：

（一）企业劳动争议调解委员会；

（二）依法设立的基层人民调解组织；

（三）在乡镇、街道设立的具有劳动争议调解职能的组织。

企业劳动争议调解委员会由职工代表和企业代表组成。职工代表由工会成员担任或者由全体职工推举产生，企业代表由企业负责人指定。企业劳动争议调解委员会主任由工会成员或者双方推举的人员担任。

第四十一条　当事人申请劳动争议仲裁后，可以自行和解。达成和解协议的，可以撤回仲裁申请。

第四十七条　下列劳动争议，除本法另有规定的外，仲裁裁决为终局裁决，裁决书自作出之日起发生法律效力：

（一）追索劳动报酬、工伤医疗费、经济补偿或者赔偿金，不超过当地月最低工资标准十二个月金额的争议；

（二）因执行国家的劳动标准在工作时间、休息休假、社会保险等方面发生的争议。

第四十八条　劳动者对本法第四十七条规定的仲裁裁决不服的，可以自收到仲裁裁决书之日起十五日内向人民法院提起诉讼。

第四十九条 用人单位有证据证明本法第四十七条规定的仲裁裁决有下列情形之一，可以自收到仲裁裁决书之日起三十日内向劳动争议仲裁委员会所在地的中级人民法院申请撤销裁决：

（一）适用法律、法规确有错误的；

（二）劳动争议仲裁委员会无管辖权的；

（三）违反法定程序的；

（四）裁决所根据的证据是伪造的；

（五）对方当事人隐瞒了足以影响公正裁决的证据的；

（六）仲裁员在仲裁该案时有索贿受贿、徇私舞弊、枉法裁决行为的。

人民法院经组成合议庭审查核实裁决有前款规定情形之一的，应当裁定撤销。

仲裁裁决被人民法院裁定撤销的，当事人可以自收到裁定书之日起十五日内就该劳动争议事项向人民法院提起诉讼。

第五十条 当事人对本法第四十七条规定以外的其他劳动争议案件的仲裁裁决不服的，可以自收到仲裁裁决书之日起十五日内向人民法院提起诉讼；期满不起诉的，裁决书发生法律效力。

(2)《中华人民共和国劳动合同法》（2007年6月29日 国家主席令第65号）

第五十六条 用人单位违反集体合同，侵犯职工劳动权益的，工会可以依法要求用人单位承担责任；因履行集体合同发生争议，经协商解决不成的，工会可以依法申请仲裁、提起诉讼。

劳动争议处理机构

[解读]

根据《劳动争议调解仲裁法》的规定，我国目前处理劳动争议的机构为三个层次：基层劳动争议调解组织、地方劳动争议仲裁委员会和地方人民法院。

（一）基层调解组织包括企业劳动争议调解委员会、依法设立的人民调解组织和在乡镇、街道设立的具有劳动争议调解职能的组织。企业劳动争议调解委员会是负责调解本企业内劳动争议的群众组织，是由职工代表、企业行政代表组成。职工代表由工会成员担任，或者由全体职工推举产生，企业行政代表由企业负责人指定。企业调解委员会主任由工会成员或者双方推举的人员担任。其办事机构一般设在企业工会委员会。没有建立工会组织的企业，调解委员会的设立及其组成，由职工代表和企业代表协商决定。基层调解组织处理劳动争议不是必经程序。

（二）劳动争议仲裁委员会是国家授权、依法设立、独立处理劳动争议的专门机构。县、市、市辖区人民政府设立劳动争议仲裁委员会，负责处理本行政区域内发生的劳动争议。设区的市、市辖区仲裁委员会的管辖范围由省、自治区、直辖市人民政府规定。各级仲裁委员会由劳动行政部门的代表、工会的代表、企业方面的代表组成，主任由劳动行政部门的负责人担任，其办事机构为同级劳动行政主管部门的劳动争议仲裁院。劳动争议仲裁委员会处理劳动争议是必经程序。

（三）人民法院是国家的审判机关，也担负着处理劳动争议的任务。劳动争议当事人对劳动争议仲裁委员会的裁决不服或者对仲裁委员会不予受理的仲裁决定书或通知书不服，提起劳动争议诉讼的案件，人民法院负责受理，一般由民事审判庭负责处理。

[依据指引]

《中华人民共和国劳动争议调解仲裁法》（2007年12月29日 国家主席令第80号）

第十条 发生劳动争议，当事人可以到下列调解组织申请调解：

（一）企业劳动争议调解委员会；

（二）依法设立的基层人民调解组织；

（三）在乡镇、街道设立的具有劳动争议调解职能的组织。

企业劳动争议调解委员会由职工代表和企业代表组成。职工代表由工会成员担任或者由全体职工推举产生，企业代表由企业负责人指定。企业劳动争议调解委员会主任由工会成员或者双方推举的人员担任。

第十七条 劳动争议仲裁委员会按照统筹规划、合理布局和适应实际需要的原则设立。省、自治区人民政府可以决定在市、县设立；直辖市人民政府可以决定在区、县设立。直辖市、设区的市也可以设立一个或者若干个劳动争议仲裁委员会。劳动争议仲裁委员会不按行政区划层层设立。

第十八条 国务院劳动行政部门依照本法有关规定制定仲裁规则。省、自治区、直辖市人民政府劳动行政部门对本行政区域的劳动争议仲裁工作进行指导。

第十九条　劳动争议仲裁委员会由劳动行政部门代表、工会代表和企业方面代表组成。劳动争议仲裁委员会组成人员应当是单数。

第五十条　当事人对本法第四十七条规定以外的其他劳动争议案件的仲裁裁决不服的，可以自收到仲裁裁决书之日起十五日内向人民法院提起诉讼；期满不起诉的，裁决书发生法律效力。

劳动争议处理原则

[解读]

劳动争议处理原则是指在处理劳动争议的过程中，劳动争议处理机构和劳动争议当事人都应该共同遵循的、法定的准则。根据《劳动争议调解仲裁法》规定，解决劳动争议，应当根据事实，遵循合法、公正、及时，着重调解的原则，依法保护当事人的合法权益。这是劳动争议调解、仲裁、诉讼各个阶段都必须坚持的基本原则。

（一）合法原则。所谓合法原则，是指在处理劳动争议过程中，劳动争议处理机构和劳动争议当事人，必须在当事人举证和劳动争议处理机构调查取证的基础上查清事实，依法处理、依法协商，以求公正解决劳动争议。依法处理争议，就要依据法律规定的程序要求和权利、义务要求去解决争议，同时要掌握好依法的顺序，即有法律依法律，没有法律依法规，没有法规依规章，没有规章依政策。另外，处理劳动争议还可以依据依法签订的集体合同、劳动合同，以及用人单位依法制定的规章制度。合法原则总的说就是既要依据程序法，又要依据实体法，即劳动争议处理过程依据程序法，处理结果依据实体法。

（二）公正原则。所谓公正原则，是指在处理劳动争议过程中，劳动争议处理机构要公道正派，秉公执法，不讲情面，不偏不倚，刚正不阿。劳动争议双方当事人虽然在其劳动关系中，存在行政上的隶属关系，但在劳动争议处理过程中其法律地位是平等的。也就是说，不管用人单位规格大小，也不管劳动者一方职位高低，双方在法律面前地位是平等的，适用法律时不能因人而异。不能因为某用人单位是重点企业，或者是当地创利、创汇、纳税大户，而对其侵害劳动者合法权益的行为进行袒护。一方面要将劳动争议双方当事人置于平等的法律地位，任何一方当事人都不得有超越另一方当事人的特权；另一方面应注意依法保护劳动关系中的弱者——劳动者，这与依法保护劳动关系双方合法权益的宗旨是一致的，因为它们共同的基点是“依法”。

（三）及时原则。所谓及时原则，是指在劳动争议处理过程中，劳动争议处理机构要抓紧立案，快速处理，尽量减少由于对方侵权给当事人造成的损失和负担，以实现劳动关系的和谐和社会的稳定。首先，劳动争议发生后，当事人应当及时协商或及时申请调解以至申请仲裁，避免超过仲裁申请时效，丧失申请仲裁的权利。其次，劳动争议处理机构在受理案件后，应当在法定结案期限内，尽快处理完毕，以避免久拖不决的现象。最后，对处理结果，一方当事人不履行的，另一方当事人要及时采取申请强制执行等措施，以保证案件处理结果的最终落实。

（四）着重调解原则。所谓着重调解原则，就是说要立足于以调解方式解决劳动争议。调解既是一道专门程序，也是仲裁与审判程序中的重要方法。进行调解应注意的问题：一是必须遵守自愿原则。当事人向企业劳动争议调解委员会申请调解，必须经争议双方当事人同意，否则调解委员会不予受理。三种劳动争议处理机构进行调解必须是当事人真正自愿和解和自愿达成调解协议，不得对争议案件强行调解，也不得采取强迫或变相强迫的方法进行调解。二是必须坚持合法、公正原则。调解是建立在查明事实、分清责任的基础上，通过说服教育，使当事人在法律许可的范围内达成和解协议，并不是无原则地进行。

[依据指引]

(1)《中华人民共和国劳动争议调解仲裁法》（2007 年 12 月 29 日　国家主席令第 80 号）

第三条　解决劳动争议，应当根据事实，遵循合法、公正、及时，着重调解的原则，依法保护当事人的合法权益。

(2) 人力资源和社会保障部《企业劳动争议协商调解规定》（2011 年 11 月 30 日　部令第 17 号）

第六条　协商、调解劳动争议，应当根据事实和有关法律法规的规定，遵循平等、自愿、合法、公正、及时的原则。

第二十二条　调解委员会接到调解申请后，对属于劳动争议受理范围且双方当事人同意调解的，应当在 3 个工作日内受理。对不属于劳动争议受理范围或者一方当事人不同意调解的，应当做好记录，并书面通知申请人。

劳动争议处理法律依据

[解读]

从法律类别的角度看，劳动争议处理法律依据可概括为两类：一类是规定劳动关系双方权利义务的法律，称之为劳动争议处理实体法；另一类是规定劳动争议应按什么程序、由什么机构处理的法律，称为劳动争议处理程序法。实际生活中大量劳动争议所涉及的劳动实体法主要有：《劳动法》《就业促进法》《劳动合同法》《劳动合同法实施条例》《工资支付暂行规定》《企业最低工资规定》《国务院关于职工工作时间的规定》《劳动保护规定》等。劳动争议处理程序法主要有：《劳动争议调解仲裁法》《企业劳动争议调解委员会组织及工作规则》《劳动争议仲裁委员会组织规则》《劳动争议仲裁委员会办案规则》以及各省《劳动争议调解仲裁条例》等，《民事诉讼法》是人民法院审理民事案件的程序法依据，也是处理劳动争议诉讼案件的程序法依据。

从法律部门的角度看，劳动争议处理法律依据也可概括为两类，即劳动法律规范和相关法律规范。劳动法律规范主要包括劳动法律、劳动行政法规、地方性劳动法规、部门劳动规章和地方政府劳动规章以及全国人大常委会及最高人民法院有关司法解释等。另外，五届全国人大第19次会议通过的《关于加强法律解释工作的决议》规定，不属于审判检察工作中的其他法律、法令如何具体应用的问题，由国务院及其主管部门进行解释。还规定，凡属地方性法规如何具体应用问题，由省、自治区、直辖市人民政府及其主管部门进行解释等。由于上述这些解释是由一定的国家机关依照法律规定作出的，它们就与法律、法规具有同等的法律效力。由此可见，劳动法律、法规解释（通常称之为规范性文件或劳动政策），也应属于劳动法律规范之列。

相关法律规范主要是指以下三种情况：

（一）其他法律部门的规范性文件，是制定劳动法律的规范性文件的依据。例如，宪法就是制定劳动法的基本依据。《民事诉讼法》属于诉讼法律部门，《劳动争议调解仲裁法》的许多内容都是参照《民事诉讼法》的相关规定制定的。因此，在处理劳动争议适用法律规范的过程中，如果劳动法律的规范性文件中没有规定，而上述的法律部门的规范性文件中有相应的规定，当然也可以适用这些法律部门的规范性文件。

（二）其他法律部门的规范性文件，含有劳动法律规范的内容。例如《私营企业暂行条例》和《乡村集体所有制企业条例》，大体都可划归经济法律部门。然而，前者第5章“私营企业的劳动管理”的内容就属于劳动法律规范；后者第5章“企业的管理”的许多内容也是有关劳动管理方面的规定。因此，在调整相关的劳动关系，处理相应的劳动争议的过程中，势必要适用上述法律部门的规范性文件。

（三）其他法律部门的规范性文件，在处理劳动争议过程中被涉及。例如，处理因违反计划生育国策被开除而发生的劳动争议，势必涉及地方有关计划生育的法规。有的企业为了最大限度地利用职工的最佳年龄段，在劳动合同中明确规定：“职工在××周岁以前不得结婚”，因此而发生的争议属履行劳动合同争议，在处理过程中自然会涉及《婚姻法》。在遇到上述情况时，处理劳动争议自然应适用所涉及的法律部门的规范性文件。

此外，除法律规范可以作为劳动争议处理的法律依据外，合法有效的企业规章、劳动合同书和集体合同书，也是劳动争议处理的重要依据。

[依据指引]

(1)《中华人民共和国劳动法》（1994年7月5日　国家主席令第28号）（略）

(2)《中华人民共和国劳动合同法》（2007年6月29日　国家主席令第65号）（略）

(3)《中华人民共和国劳动争议调解仲裁法》（2007年12月29日　国家主席令第80号）（略）

劳动争议当事人

[解读]

劳动争议当事人是指因劳动权利义务关系发生纠纷，以自己的名义为维护自己的权益参加仲裁或诉讼活动，并受仲裁调解书、裁决书、法院判决书、裁定书约束的利害关系人。不以自己的名义参加仲裁或诉讼活动的委托代理人，或虽以自己的名义参加，但不受相关法律文书约束的证人、鉴定人等，均不是劳动争议当事人。根据法律规定，用人单位与劳动者为劳动争议案件的当事人。

这里所讲的“用人单位与劳动者”具有特定含义，是指彼此存在劳动关系的用人单位和劳动者。只有彼此建立劳动关系的用人单位与劳动者，才能被确认为彼此发生劳动争议的案件当事人。比如，某劳动者被甲单位招用，后被乙单位长期借用，并由乙单位负担该劳动者工资等一切费用。当劳动者患绝症长期住院，需要高额医疗费时，甲、乙两单位均推脱不管，引起劳动争议。劳动者此时申请仲裁，应将与劳动者建立了劳动关系的甲单位确定为被申请人。虽然职工长期被乙单位借用，并在乙单位领取工资等，但彼此没有建立劳动关系。至于劳动者医疗费由谁负担，如何负担，这可由仲裁委员会通知乙单位作为第三人参加仲裁活动，依法酌情进行调解或裁决。

“用人单位”有两种情况：一种是具有法人资格的单位，另一种是依法成立的非法人单位。具有法人资格的单位，应由其法定代表人参加仲裁或诉讼活动；不具有法人资格的单位（如个体经济组织、分公司等），应由其主要负责人参加。根据法律规定，如果法定代表人或主要负责人因故不能参加仲裁活动，也可委托代理人参加。

“劳动者”是指在法定就业年龄内、具有劳动权利能力和行为能力、符合法律特别规定、且与用人单位订立劳动合同形成劳动关系或未订立劳动合同而形成事实劳动关系的自然人。包括用人单位的管理人员、专业技术人员和生产人员，以及外籍员工等全体人员。劳动者与用人单位发生劳动争议，只要符合受理范围，均可向劳动争议仲裁委员会或人民法院申请仲裁或提起诉讼，成为劳动争议当事人。

当事人有申请人和被申请人、原告和被告之分。申请人、原告是以自己的名义，为保护自己的合法权益，申请仲裁或提起诉讼的人。被申请人、被告是由于申请人、原告提起仲裁或诉讼程序，经相关机构通知其应诉的人。劳动争议当事人属狭义上的当事人，仅指申请人与被申请人、原告与被告，不包括第三人。

[依据指引]

《中华人民共和国劳动争议调解仲裁法》（2007年12月29日　国家主席令第80号）

第二十二条　发生劳动争议的劳动者和用人单位为劳动争议仲裁案件的双方当事人。

特殊当事人的确定

[解读]

在复杂的劳动争议处理过程中，时常会出现当事人难以确定的情况。因此，国家根据劳动争议处理的实践需要，对特殊情况下当事人如何确定也作了一些规定。

（一）用人单位合并或者分立劳动争议当事人的确定。

根据《民法通则》规定，企业法人分立、合并，它的权利和义务由变更后的法人承继。因此，企业与其劳动者发生劳动争议期间，出现合并或者分立的情况应将合并或分立后的企业确定为劳动争议一方当事人。

根据《劳动法》和《民事诉讼法》等相关法律之规定，用人单位与其他单位合并的，合并前发生的劳动争议，由合并后的单位为当事人；用人单位分立为若干单位的，其分立前发生的劳动争议，由分立后的实际用人单位为当事人；用人单位分立为若干单位后，承继劳动权利义务的单位不明确的，分立后的各单位均为当事人。

（二）企业被吊销营业执照或自行解散、被撤销，或未办理营业执照、营业期限届满仍继续经营的劳动争议当事人的确定。

根据有关规定，企业法人被吊销《企业法人营业执照》，登记主管机关应当收缴其公章，并将注销登记情况告知其开户银行，其债权债务由主管部门或者清算组织负责清理；企业法人解散或被撤销的，应当由其主管机关组织清算小组进行清算。因此，用人单位被吊销营业执照、责令关闭、撤销以及用人单位决定提前解散、歇业，不能承担相关责任的，以及未办理营业执照、营业期限届满仍继续经营的，应当依法将用人单位或其出资人、开办单位或主管部门以及清算小组作为当事人或共同当事人。

（三）用人单位以挂靠等方式借用他人营业执照经营的劳动争议当事人的确定。

未办理营业执照、营业执照被吊销或者营业期限届满仍继续经营的用人单位，以挂靠等方式借用他人营业执照经营的，应当将用人单位和营业执照出借方列为当事人。

（四）企业开办的企业被撤销或者歇业后劳动争议当事人的确定。

企业开办的企业被撤销、歇业或者依照《中

华人民共和国企业法人登记条例》第22条规定视同歇业后，其劳动争议当事人应根据下列不同情况分别确定：

第一，企业开办的企业领取了《企业法人营业执照》并在实际上具备企业法人条件的，根据《民法通则》第48条的规定，应当以其经营管理或者所有的财产独立承担民事责任。也就是由被开办的企业作为当事人。

第二，企业开办的企业已经领取了《企业法人营业执照》，其实际投入的自有资金虽与注册资金不符，但达到了《企业法人登记管理条例实施细则》第15条第7项或其他有关法规规定的数额，并且具备了企业法人其他条件的，应当认定其具有法人资格。但如果该企业被撤销或者歇业后，其财产不足以清偿债务的，开办企业应当在该企业实际投入的自有资金与注册资金差额范围内承担民事责任。也就是由开办企业和被开办企业共同作为当事人。

第三，企业开办的企业虽然领取了《企业法人营业执照》，但实际没有投入自有资金，或投入的自有资金达不到《企业法人登记条例实施细则》第15条第7项或其他有关法规规定的数额，以及不具备企业法人其他条件的，应当认定其不具备法人资格，其民事责任由开办该企业法人承担，即由开办企业作为当事人。

（五）招用尚未解除劳动合同的劳动者发生争议，当事人的确定。

用人单位招用尚未解除劳动合同的劳动者，原用人单位与劳动者发生的劳动争议申请仲裁的，可以将新用人单位追加为第三人。原用人单位以新用人单位侵权为由向人民法院起诉的，可以列劳动者为第三人。原用人单位以新用人单位和劳动者共同侵权为由向人民法院起诉的，可将新用人单位和劳动者列为共同被告。

（六）承包经营期间劳动争议当事人的确定。

在社会生产过程中，有的施工单位将一项大的工程分为若干个项目，发包给若干个施工企业，有的层层转包，有的承包方不具备承包资质，甚至是包工头；承包方往往财力单薄，拖欠劳动者工资的情形屡见不鲜；更为严重的是，发生工伤事故后无力承担相关费用。在这种情况下，劳动者与个人承包经营者发生争议，依法向仲裁委员会申请仲裁的，为了切实保护劳动者的合法权益，法律规定应当将发包的组织和个人承包经营者作为当事人。

（七）劳动者与个体工商户发生劳动争议，当事人的确定。

劳动者与起有字号的个体工商户产生的劳动争议，劳动争议仲裁委员会应当以营业执照上登记的字号为当事人，但应同时注明该字号业主的自然情况。

（八）劳务派遣过程中发生劳动争议，当事人的确定。

劳动者在劳务派遣过程中发生劳动争议，争议内容涉及用工单位的，应以派遣单位和用工单位为共同当事人。

（九）破产企业劳动争议当事人的确定。

企业被人民法院宣告破产后，劳动争议标的往往集中在企业破产前拖欠劳动者工资、医疗费、伤残补助金、抚恤费、欠缴的社会保险费用，以及经济补偿金、集资款等方面。为了保证广大职工基本利益和社会稳定，国家在制定《企业破产法》时将该类费用列入第一清偿顺序，优先解决。根据《民事诉讼法》的规定，人民法院可以组织有关机关和有关人员成立清算组织。清算组织负责破产财产的保管、清理、估价、处理和分配。清算组织可以依法进行必要的民事活动。清算组织对人民法院负责并报告工作。破产企业管理人应履行的职责之一就是“代表债务人参加诉讼、仲裁或者其他法律程序”。根据上述规定精神，原劳动部《〈关于破产企业能否成为被诉人的请示〉的复函》（劳部发［1996］278号）明确规定，企业进入破产清算程序后，可由依法成立的清算组织或人民法院指定的管理人作为被诉人参加劳动争议仲裁活动。

（十）人民法院对仲裁委员会遗漏共同当事人的裁决的处理。

当事人不服劳动人事争议仲裁委员会做出的仲裁裁决，依法向人民法院提起诉讼，人民法院审查认为仲裁裁决遗漏了必须共同参加仲裁的当事人，应当依法追加遗漏的人为诉讼当事人。

（十一）用人单位及其主管部门均已撤销，劳动争议当事人无法确定。

用人单位及其主管单位确实均已撤销、歇业，也无法再追诉其他单位的，仲裁委员会应依法通知申请人不予受理，或者人民法院依法裁定终结诉讼。

［依据指引］

（1）《中华人民共和国民法通则》（1986年4

月 12 日　国家主席令第 37 号）

第四十四条　企业法人分立、合并或者有其他重要事项变更，应当向登记机关办理登记并公告。

企业法人分立、合并，它的权利和义务由变更后的法人享有和承担。

第四十七条　企业法人解散，应当成立清算组织，进行清算。企业法人被撤销、被宣告破产的，应当由主管机关或者人民法院组织有关机关和有关人员成立清算组织，进行清算。

(2)《中华人民共和国劳动争议调解仲裁法》（2007 年 12 月 29 日　国家主席令第 80 号）

第二十二条　劳务派遣单位或者用工单位与劳动者发生劳动争议的，劳务派遣单位和用工单位为共同当事人。

(3) 最高人民法院《关于审理劳动争议案件适用法律若干问题的解释》（2001 年 4 月 16 日　法释［2001］14 号）

第十条　用人单位与其他单位合并的，合并前发生的劳动争议，由合并后的单位为当事人；用人单位分立为若干单位的，其分立前发生的劳动争议，由分立后的实际用人单位为当事人。

用人单位分立为若干单位后，对承受劳动权利义务的单位不明确的，分立后的单位均为当事人。

第十一条　用人单位招用尚未解除劳动合同的劳动者，原用人单位与劳动者发生的劳动争议，可以列新的用人单位为第三人。

原用人单位以新的用人单位侵权为由向人民法院起诉的，可以列劳动者为第三人。

原用人单位以新的用人单位和劳动者共同侵权为由向人民法院起诉的，新的用人单位和劳动者列为共同被告。

第十二条　劳动者在用人单位与其他平等主体之间的承包经营期间，与发包方和承包方双方或者一方发生劳动争议，依法向人民法院起诉的，应当将承包方和发包方作为当事人。

(4) 最高人民法院《关于审理劳动争议案件适用法律若干问题的解释（二）》（2006 年 8 月 14 日　法释［2006］6 号）

第九条　劳动者与起有字号的个体工商户产生的劳动争议诉讼，人民法院应当以营业执照上登记的字号为当事人，但应同时注明该字号业主的自然情况。

(5) 最高人民法院《关于审理劳动争议案件适用法律若干问题的解释（三）》（2010 年 9 月 13 日　法释［2010］12 号）

第四条　劳动者与未办理营业执照、营业执照被吊销或者营业期限届满仍继续经营的用人单位发生争议的，应当将用人单位或者其出资人列为当事人。

第五条　未办理营业执照、营业执照被吊销或者营业期限届满仍继续经营的用人单位，以挂靠等方式借用他人营业执照经营的，应当将用人单位和营业执照出借方列为当事人。

第六条　当事人不服劳动人事争议仲裁委员会作出的仲裁裁决，依法向人民法院提起诉讼，人民法院审查认为仲裁裁决遗漏了必须共同参加仲裁的当事人的，应当依法追加遗漏的人为诉讼当事人。

被追加的当事人应当承担责任的，人民法院应当一并处理。

(6) 最高人民法院《关于企业开办的企业被撤销或者歇业后民事责任承担问题的批复》（1994 年 3 月 30 日　法复［1994］4 号）

企业开办的企业被撤销、歇业或者依照《中华人民共和国企业法人登记条例》第 22 条规定视同歇业后，其债务承担问题应根据下列不同情况分别处理：

第一，企业开办的企业领取了《企业法人营业执照》并在实际上具备企业法人条件的，根据《民法通则》第 48 条的规定，应当以其经营管理或者所有的财产独立承担民事责任。

第二，企业开办的企业已经领取了《企业法人营业执照》，其实际投入的自有资金虽与注册资金不符，但达到了《企业法人登记管理条例实施细则》第 15 条第 7 项或其他有关法规规定的数额，并且具备了企业法人其他条件的，应当认定其具有法人资格。但如果该企业被撤销或者歇业后，其财产不足以清偿债务的，开办企业应当在该企业实际投入的自有资金与注册资金差额范围内承担民事责任。

第三，企业开办的企业虽然领取了《企业法人营业执照》，但实际没有投入自有资金，或投入的自有资金达不到《企业法人登记条例实施细则》第 15 条第 7 项或其他有关法规规定的数额，以及不具备企业法人其他条件的，应当认定其不具备法人资格，其民事责任由开办该企业的法人承担。

(7) 最高人民法院研究室《关于被告及其主管部门均已撤销其债务由谁承担问题的电话答复》

(1988年10月12日)

关于被告及其主管部门均已撤销，其债务由谁承担的问题，情况很复杂。原则上是应依法保护债权人的合法利益，债务人应依法履行义务，主管单位要负连带责任。但对有一些主管单位已撤销，无法寻找应负连带责任的债务人的，基本上可按你院请示中的第二种意见办理。即：主管部门一般是指企业申请登记表上载明的主管部门（即：直接主管部门），若企业及其主管单位均已撤销、歇业，不能再追诉其他单位的，应依法通知原告不予受理，或裁定终结诉讼。

(8) 最高人民法院《关于审理劳动争议案件诉讼当事人问题的批复》（1988年10月19日）（略）

(9) 人力资源和社会保障部《劳动人事争议仲裁办案规则》（2009年1月1日　部令第2号）

第八条　发生争议的用人单位被吊销营业执照、责令关闭、撤销以及用人单位决定提前解散、歇业，不能承担相关责任的，依法将其出资人、开办单位或主管部门作为共同当事人。

第九条　劳动者与个人承包经营者发生争议，依法向仲裁委员会申请仲裁的，应当将发包的组织和个人承包经营者作为当事人。

(10) 劳动部《对〈关于破产企业能否成为被诉人的请示〉的复函》（1996年8月20日　劳部发［1996］278号）

青海省劳动人事厅：

你厅《关于破产企业能否成为被诉人的请示》（青劳人电字［96］046号）收悉，经与最高人民法院协商一致，现答复如下：

《中华人民共和国企业破产法（试行）》（以下简称《破产法》）第二十四条第一款规定："人民法院应当自宣告企业破产之日起15日内成立清算组，接管破产企业……清算组可以依法进行必要的民事活动。"《中华人民共和国民事诉讼法》第二百零一条也做了与上述规定基本一致的规定。根据上述规定精神，企业进入破产清算程序后，可由依法成立的清算组织作为被诉人参加劳动争议仲裁活动。劳动争议仲裁委员会应依据有关法律法规，以及企业与职工解除劳动关系的事实，对企业在破产前解除劳动者劳动关系的行为效力予以认定，不应简单地依据《破产法》第三十五条规定一律认定为无效。

劳动争议仲裁共同当事人

［解读］

在劳动争议仲裁活动中，无论是申请方还是被申请方，只要人数在两人以上，具有共同的争议标的，向同一个劳动争议仲裁委员会申诉，并由同一个劳动争议仲裁委员会审理，就形成了共同当事人。共同当事人有两种：一种是对劳动争议标的的权利或义务有共同的利害关系，称为必要共同当事人。例如，《劳动争议调解仲裁法》规定，发生劳动争议的劳动者一方在十人以上，并有共同请求的，可以推举代表参加调解、仲裁或者诉讼活动；又规定，劳务派遣单位或者用工单位与劳动者发生劳动争议的，劳务派遣单位和用工单位为共同当事人。这就是必要共同当事人的具体情形。另一种是对劳动争议标的的权利或义务没有共同的利害关系，只是劳动争议标的属于同一种类，劳动争议仲裁委员会对其可以合并处理，也可以分别处理，合并处理的不合并裁决，这种情形的当事人称为普通共同当事人。

在劳动争议处理活动中，规定共同当事人的意义在于：能够简化仲裁程序，节省时间和费用，避免劳动争议仲裁机构在同一问题上作出不尽一致的裁决，有助于劳动争议仲裁工作准确、及时、公正地维护当事人的合法权益。

［依据指引］

(1)《中华人民共和国劳动争议调解仲裁法》（2007年12月29日　国家主席令第80号）

第七条　发生劳动争议的劳动者一方在十人以上，并有共同请求的，可以推举代表参加调解、仲裁或者诉讼活动。

第二十二条　发生劳动争议的劳动者和用人单位为劳动争议仲裁案件的双方当事人。

劳务派遣单位或者用工单位与劳动者发生劳动争议的，劳务派遣单位和用工单位为共同当事人。

(2) 人力资源和社会保障部《劳动人事争议仲裁办案规则》（2009年1月1日　部令第2号）

第八条　发生争议的用人单位被吊销营业执照、责令关闭、撤销以及用人单位决定提前解散、歇业，不能承担相关责任的，依法将其出资人、开办单位或主管部门作为共同当事人。

劳动争议仲裁第三人

[解读]

劳动争议仲裁第三人是指与劳动争议仲裁活动或诉讼活动的结果有利害关系，为了维护自己的合法权益，而参加仲裁或诉讼活动的劳动者和用人单位。劳动争议第三人必须同时具备三个条件：一是参加仲裁或诉讼的时间，必须是在当事人之间的仲裁或诉讼活动已经开始，但尚未终结；二是参加仲裁或诉讼的根据，必须是与案件的处理结果有着法律上的利害关系；三是参加仲裁或诉讼的目的，必须是为了维护自己的合法权益。例如，职工被某企业的分厂开除，但此开除决定是报总厂备案审批的。这种情况下，仲裁委员会往往将与职工建立劳动关系的分厂作为被申请人，而将总厂作为第三人。规定第三人参加仲裁或诉讼活动，有利于仲裁委员会或人民法院及时查明事实，保证案件的处理质量，也有利于简化程序、节省办案时间和费用，同时还有利于案件仲裁结果的执行。

按照法律规定，第三人参加劳动争议仲裁或诉讼活动有两种方式：一种是第三人自己申请，并经仲裁委员会或人民法院审查同意；另一种是仲裁委员会或人民法院根据案件的情况通知第三人参加仲裁或诉讼活动。从实际工作中看，采用第二种方式参加仲裁活动的居大多数。

第三人分为两种：一种是有独立请求权的第三人，是指对申请人与被申请人之间的争议标的，认为有单独主张权利的人；另一种是无独立请求权的第三人，是指对申请人与被申请人之间的争议标的，没有单独主张权利但认为案件的处理结果与其有利害关系的人。劳动争议处理的实践表明，在劳动争议案件中，一般只有申请人和被申请人、原告和被告，涉及第三人的情况较少。被列为第三人的都是企业或其他组织。

[依据指引]

(1)《中华人民共和国劳动争议调解仲裁法》(2007年12月29日　国家主席令第80号)

第二十三条　与劳动争议案件的处理结果有利害关系的第三人，可以申请参加仲裁活动或者由劳动争议仲裁委员会通知其参加仲裁活动。

(2)《中华人民共和国民事诉讼法》(1991年4月9日　国家主席令第44号　2007年10月28日修订)

第五十六条　对当事人双方的诉讼标的，第三人认为有独立请求权的，有权提起诉讼。

对当事人双方的诉讼标的，第三人虽然没有独立请求权，但案件处理结果同他有法律上的利害关系的，可以申请参加诉讼，或者由人民法院通知他参加诉讼。人民法院判决承担民事责任的第三人，有当事人的诉讼权利义务。

劳动争议当事人的权利

[解读]

根据相关法律、法规和部门规章规定，当事人在劳动争议仲裁活动中主要享有以下权利：

(一) 当事人有提请劳动争议仲裁的权利，有放弃、变更仲裁请求和撤诉的权利，被申请人有承认或者反驳申请人仲裁请求和提起反诉的权利。

(二) 有要求劳动争议处理机构以事实为根据、以法律为准绳，合法、公正、及时处理劳动争议案件的权利。

(三) 有选择调解程序，也有拒绝调解而直接提起仲裁程序的权利。

(四) 当仲裁委员会不受理仲裁申请时，有要求其作出说明的权利。

(五) 有在争议处理过程中双方自行和解的权利。

(六) 有委托1～2名律师或者其他人代理参加仲裁和审判活动的权利；丧失或者部分丧失民事行为能力的劳动者，其法定代理人有代为参加仲裁活动的权利；劳动者死亡的，其近亲属及其代理人有参加仲裁活动的权利。

(七) 在仲裁程序中，有要求有关工作人员回避的权利。

(八) 有提供证据、申请证据保全、申请财产保全、申请顺延仲裁期间的权利。

(九) 有要求重新调查、鉴定或者勘验的权利。

(十) 有要求仲裁庭对涉及国家秘密、商业秘密和个人隐私的劳动争议案件不公开审理，且为当事人保密的权利。

(十一) 仲裁程序中有权决定是否同意调解，调解达成协议后、调解书送达之前有反悔的权利。

(十二) 认为劳动仲裁庭庭审笔录确有错误，有申请补正的权利。

(十三) 有申请人民法院强制执行已发生法律

效力的调解书和裁决书的权利。

（十四）有要求中级人民法院撤销劳动争议仲裁委员会终局裁决的权利。

（十五）对逾期未作出仲裁裁决的，可就该劳动争议事项向人民法院提起诉讼的权利。

（十六）对仲裁裁决不服的，可在法定时效内向人民法院提起诉讼的权利。

［依据指引］

《中华人民共和国劳动争议调解仲裁法》（2007年12月29日 国家主席令第80号）

第四条 发生劳动争议，劳动者可以与用人单位协商，也可以请工会或者第三方共同与用人单位协商，达成和解协议。

第五条 发生劳动争议，当事人不愿协商、协商不成或者达成和解协议后不履行的，可以向调解组织申请调解；不愿调解、调解不成或者达成调解协议后不履行的，可以向劳动争议仲裁委员会申请仲裁；对仲裁裁决不服的，除本法另有规定的外，可以向人民法院提起诉讼。

第六条 发生劳动争议，当事人对自己提出的主张，有责任提供证据。与争议事项有关的证据属于用人单位掌握管理的，用人单位应当提供；用人单位不提供的，应当承担不利后果。

第十条 发生劳动争议，当事人可以到下列调解组织申请调解：

（一）企业劳动争议调解委员会；

（二）依法设立的基层人民调解组织；

（三）在乡镇、街道设立的具有劳动争议调解职能的组织。

第十二条 当事人申请劳动争议调解可以书面申请，也可以口头申请。口头申请的，调解组织应当当场记录申请人基本情况、申请调解的争议事项、理由和时间。

第十五条 达成调解协议后，一方当事人在协议约定期限内不履行调解协议的，另一方当事人可以依法申请仲裁。

第十六条 因支付拖欠劳动报酬、工伤医疗费、经济补偿或者赔偿金事项达成调解协议，用人单位在协议约定期限内不履行的，劳动者可以持调解协议书依法向人民法院申请支付令。人民法院应当依法发出支付令。

第二十三条 与劳动争议案件的处理结果有利害关系的第三人，可以申请参加仲裁活动或者由劳动争议仲裁委员会通知其参加仲裁活动。

第二十四条 当事人可以委托代理人参加仲裁活动。委托他人参加仲裁活动，应当向劳动争议仲裁委员会提交有委托人签名或者盖章的委托书，委托书应当载明委托事项和权限。

第二十五条 丧失或者部分丧失民事行为能力的劳动者，由其法定代理人代为参加仲裁活动；无法定代理人的，由劳动争议仲裁委员会为其指定代理人。劳动者死亡的，由其近亲属或者代理人参加仲裁活动。

第二十九条 劳动争议仲裁委员会收到仲裁申请之日起五日内，认为符合受理条件的，应当受理，并通知申请人；认为不符合受理条件的，应当书面通知申请人不予受理，并说明理由。对劳动争议仲裁委员会不予受理或者逾期未作出决定的，申请人可以就该劳动争议事项向人民法院提起诉讼。

第三十条 劳动争议仲裁委员会受理仲裁申请后，应当在五日内将仲裁申请书副本送达被申请人。

被申请人收到仲裁申请书副本后，应当在十日内向劳动争议仲裁委员会提交答辩书。劳动争议仲裁委员会收到答辩书后，应当在五日内将答辩书副本送达申请人。被申请人未提交答辩书的，不影响仲裁程序的进行。

第三十三条 仲裁员有下列情形之一，应当回避，当事人也有权以口头或者书面方式提出回避申请：

（一）是本案当事人或者当事人、代理人的近亲属的；

（二）与本案有利害关系的；

（三）与本案当事人、代理人有其他关系，可能影响公正裁决的；

（四）私自会见当事人、代理人，或者接受当事人、代理人的请客送礼的。

劳动争议仲裁委员会对回避申请应当及时作出决定，并以口头或者书面方式通知当事人。

第三十五条 仲裁庭应当在开庭五日前，将开庭日期、地点书面通知双方当事人。当事人有正当理由的，可以在开庭三日前请求延期开庭。是否延期，由劳动争议仲裁委员会决定。

第三十七条 仲裁庭对专门性问题认为需要鉴定的，可以交由当事人约定的鉴定机构鉴定；当事人没有约定或者无法达成约定的，由仲裁庭指定的鉴定机构鉴定。

根据当事人的请求或者仲裁庭的要求，鉴定

机构应当派鉴定人参加开庭。当事人经仲裁庭许可，可以向鉴定人提问。

第三十八条　当事人在仲裁过程中有权进行质证和辩论。质证和辩论终结时，首席仲裁员或者独任仲裁员应当征询当事人的最后意见。

第四十条　仲裁庭应当将开庭情况记入笔录。当事人和其他仲裁参加人认为对自己陈述的记录有遗漏或者差错的，有权申请补正。如果不予补正，应当记录该申请。

第四十一条　当事人申请劳动争议仲裁后，可以自行和解。达成和解协议的，可以撤回仲裁申请。

第四十二条　仲裁庭在作出裁决前，应当先行调解。

调解不成或者调解书送达前，一方当事人反悔的，仲裁庭应当及时作出裁决。

第四十三条　仲裁庭裁决劳动争议案件，应当自劳动争议仲裁委员会受理仲裁申请之日起四十五日内结束。案情复杂需要延期的，经劳动争议仲裁委员会主任批准，可以延期并书面通知当事人，但是延长期限不得超过十五日。逾期未作出仲裁裁决的，当事人可以就该劳动争议事项向人民法院提起诉讼。

第四十八条　劳动者对本法第四十七条规定的仲裁裁决不服的，可以自收到仲裁裁决书之日起十五日内向人民法院提起诉讼。

第四十九条　用人单位有证据证明本法第四十七条规定的仲裁裁决有下列情形之一，可以自收到仲裁裁决书之日起三十日内向劳动争议仲裁委员会所在地的中级人民法院申请撤销裁决：

（一）适用法律、法规确有错误的；

（二）劳动争议仲裁委员会无管辖权的；

（三）违反法定程序的；

（四）裁决所根据的证据是伪造的；

（五）对方当事人隐瞒了足以影响公正裁决的证据的；

（六）仲裁员在仲裁该案时有索贿受贿、徇私舞弊、枉法裁决行为的。

人民法院经组成合议庭审查核实裁决有前款规定情形之一的，应当裁定撤销。

仲裁裁决被人民法院裁定撤销的，当事人可以自收到裁定书之日起十五日内就该劳动争议事项向人民法院提起诉讼。

第五十条　当事人对本法第四十七条规定以外的其他劳动争议案件的仲裁裁决不服的，可以自收到仲裁裁决书之日起十五日内向人民法院提起诉讼；期满不起诉的，裁决书发生法律效力。

第五十一条　当事人对发生法律效力的调解书、裁决书，应当依照规定的期限履行。一方当事人逾期不履行的，另一方当事人可以依照民事诉讼法的有关规定向人民法院申请执行。受理申请的人民法院应当依法执行。

劳动争议当事人的义务

[解读]

根据有关法律、法规和部门规章规定，当事人在仲裁活动中主要有以下义务：

（一）应在法律、法规、规章规定的时效范围内及时申请调解、仲裁和提起诉讼。

（二）申诉方应以书面形式申请仲裁，书写确有困难的可口头申请，由劳动争议仲裁委员会记入笔录，由本人签字确认，被诉方应自收到申诉书副本之日起10日内提交答辩书和有关证据。

（三）当事人对自己提出的主张，有责任提供证据。与争议事项有关的证据属于用人单位掌握管理的，用人单位应当提供，否则应承担不利后果。

（四）应按时到庭参加仲裁和诉讼活动，自觉遵守仲裁庭和法庭纪律，服从仲裁庭指挥，不得实施妨害仲裁秩序的行为；争议处理过程中，当事人应保持克制，不应有激化矛盾的行为。

（五）通过调解程序自愿达成协议后，应当自觉履行协议。

（六）仲裁程序中自愿达成调解协议，并在调解书送达之后，应认真按期履行。

（七）对发生法律效力的仲裁调解书、仲裁裁决书和判决书，应当依照规定的期限全面认真履行。

[依据指引]

(1)《中华人民共和国劳动争议调解仲裁法》（2007年12月29日　国家主席令第80号）

第六条　发生劳动争议，当事人对自己提出的主张，有责任提供证据。与争议事项有关的证据属于用人单位掌握管理的，用人单位应当提供；用人单位不提供的，应当承担不利后果。

第十四条　经调解达成协议的，应当制作调解协议书。

调解协议书由双方当事人签名或者盖章，经

调解员签名并加盖调解组织印章后生效，对双方当事人具有约束力，当事人应当履行。

自劳动争议调解组织收到调解申请之日起十五日内未达成调解协议的，当事人可以依法申请仲裁。

第二十八条 申请人申请仲裁应当提交书面仲裁申请，并按照被申请人人数提交副本。

仲裁申请书应当载明下列事项：

（一）劳动者的姓名、性别、年龄、职业、工作单位和住所，用人单位的名称、住所和法定代表人或者主要负责人的姓名、职务；

（二）仲裁请求和所根据的事实、理由；

（三）证据和证据来源、证人姓名和住所。

书写仲裁申请确有困难的，可以口头申请，由劳动仲裁委员会记入笔录，并告知对方当事人。

第三十条 劳动争议仲裁委员会受理仲裁申请后，应当在五日内将仲裁申请书副本送达被申请人。

被申请人收到仲裁申请书副本后，应当在十日内向劳动争议仲裁委员会提交答辩书。劳动争议仲裁委员会收到答辩书后，应当在五日内将答辩书副本送达申请人。被申请人未提交答辩书的，不影响仲裁程序的进行。

第三十六条 申请人收到书面通知，无正当理由拒不到庭或者未经仲裁庭同意中途退庭的，可以视为撤回仲裁申请。

被申请人收到书面通知，无正当理由拒不到庭或者未经仲裁庭同意中途退庭的，可以缺席裁决。

第三十九条 当事人提供的证据经查证属实的，仲裁庭应当将其作为认定事实的根据。

劳动者无法提供由用人单位掌握管理的与仲裁请求有关的证据，仲裁庭可以要求用人单位在指定期限内提供。用人单位在指定期限内不提供的，应当承担不利后果。

第五十一条 当事人对发生法律效力的调解书、裁决书，应当依照规定的期限履行。一方当事人逾期不履行的，另一方当事人可以依照民事诉讼法的有关规定向人民法院申请执行。受理申请的人民法院应当依法执行。

（2）人力资源和社会保障部《劳动人事争议仲裁办案规则》（2009年1月1日　部令第2号）

第十九条 承担举证责任的当事人应当在仲裁委员会指定的期限内提供有关证据。当事人在指定期限内不提供的，应当承担不利后果。

劳动争议仲裁代理人

［解读］

劳动争议仲裁活动一般由当事人亲自参加，但在当事人亲自参加或进行劳动仲裁活动有困难时，就需要有人代替或者帮助其从事劳动仲裁活动，劳动争议仲裁代理就是适应这一客观需要而设立的一种法律制度。

劳动争议仲裁代理人是指在一定权限内代替或协助当事人进行劳动争议仲裁活动的人。被代替或被协助的当事人称为被代理人。“一定权限”又称为劳动仲裁代理权限，即劳动争议仲裁代理人被授予的权限范围。按照代理权的取得，劳动争议仲裁代理人可分为法定代理人、委托代理人、指定代理人三种。

法定代理人是指由法律根据一定社会关系的存在直接规定的、为无民事行为能力或限制民事行为能力的当事人行使代理参加劳动争议仲裁或者诉讼权的人，一般是指当事人的监护人，包括“配偶、父母、成年子女，其他近亲属”等。例如，劳动者死亡、未成年人、精神病患者与用人单位发生劳动争议，法律规定应由其监护人作为法定代理人代为行使劳动争议仲裁或诉讼的权利。

委托代理人是指基于当事人、共同当事人、法定代理人、法定代表人，以及第三人的委托参加仲裁活动，并在授权范围内行使代理权的人。按照法律规定，可以被委托为劳动争议仲裁代理人的人员如下：一是律师；二是当事人的亲朋好友；三是有关社会团体推荐的人，如妇联、青联、共青团、工会所推荐的人；四是当事人单位推荐的人；五是经劳动争议仲裁委员会同意的其他公民。当事人委托代理人，应当依法向仲裁委员会或人民法院提交记明委托事项和代理人具体代理权限的授权委托书。

指定代理人是指仲裁机关指定代理当事人参加仲裁活动的人。在劳动争议仲裁活动中，指定代理有以下两种情况：一是无民事行为能力和限制民事行为能力的职工有几个法定代理人，相互之间不能就由谁行使代理权限达成一致意见，劳动争议仲裁机构可以指定其中一人代为参加仲裁活动；二是无民事行为能力和限制民事行为能力职工，如没有法定代理人的，由仲裁委员会为其指定代理人代为参加仲裁活动。

劳动争议仲裁代理人的特征是：

（一）代理人以被代理人即劳动争议当事人的名义而不能以自己的名义参加仲裁活动。

（二）代理人在代理权限内参加仲裁活动，不能越权代理或无权代理。

（三）代理人参加劳动争议仲裁活动及其产生的法律后果，由被代理人承担。

（四）代理人参加劳动争议仲裁活动，只享有和承担仲裁活动中的权利和义务，而不享有和承担实体的劳动权利和义务。

[依据指引]

(1)《中华人民共和国劳动争议调解仲裁法》(2007 年 12 月 29 日　国家主席令第 80 号)

第二十四条　当事人可以委托代理人参加仲裁活动。委托他人参加仲裁活动，应当向劳动争议仲裁委员会提交有委托人签名盖章的委托书，委托书应当载明委托事项和权限。

第二十五条　丧失或者部分丧失民事行为能力的劳动者，由其法定代理人代为参加仲裁活动；无法定代理人的，由劳动争议仲裁委员会为其指定代理人。劳动者死亡的，由其近亲属或者代理人参加仲裁活动。

(2)《中华人民共和国民事诉讼法》(1991 年 4 月 9 日　国家主席令第 44 号　2007 年 10 月 28 日修订)

第五十七条　无诉讼行为能力人由他的监护人作为法定代理人代为诉讼。法定代理人之间互相推诿代理责任的，由人民法院指定其中一人代为诉讼。

第五十八条　当事人、法定代理人可以委托一至二人作为诉讼代理人。

律师、当事人的近亲属、有关的社会团体或者所在单位推荐的人、经人民法院许可的其他公民，都可以被委托为诉讼代理人。

第五十九条　委托他人代为诉讼，必须向人民法院提交由委托人签名或者盖章的授权委托书。

授权委托书必须记明委托事项和权限。诉讼代理人代为承认、放弃、变更诉讼请求，进行和解，提起反诉或者上诉，必须有委托人的特别授权。

侨居在国外的中华人民共和国公民从国外寄交或者托交的授权委托书，必须经中华人民共和国驻该国的使领馆证明；没有使领馆的，由与中华人民共和国有外交关系的第三国驻该国的使领馆证明，再转由中华人民共和国驻该第三国使领馆证明，或者由当地的爱国华侨团体证明。

第六十条　诉讼代理人的权限如果变更或者解除，当事人应当书面告知人民法院，并由人民法院通知对方当事人。

(3) 最高人民法院《关于适用〈中华人民共和国民事诉讼法〉若干问题的意见》(1992 年 7 月 14 日　法发［1992］22 号)

第六十九条　当事人向人民法院提交的授权委托书，应在开庭审理前送交人民法院。授权委托书仅写“全权代理”而无具体授权的，诉讼代理人无权代为承认、放弃、变更诉讼请求，进行和解，提起反诉或者上诉。

(4) 最高人民法院《关于民事诉讼委托代理人在执行程序中的代理权限问题的批复》(1997 年 1 月 23 日　法复［1997］1 号)

陕西省高级人民法院：

你院陕高法［1996］78 号《关于诉讼委托代理人的代理权限是否包括执行程序的请示》收悉，经研究，答复如下：

根据民事诉讼法的规定，当事人在民事诉讼中有权委托代理人。当事人委托代理人时，应当依法向人民法院提交记明委托事项和代理人具体代理权限的授权委托书。如果当事人在授权委托书中没有明确代理人在执行程序中有代理权及具体的代理事项，代理人在执行程序中没有代理权，不能代理当事人直接领取或者处分标的物。

劳动争议受案范围

[解读]

劳动争议受案范围是指法律、法规对劳动争议处理机构管辖哪些劳动争议案件所作的规定。根据法律、法规的规定，目前劳动争议受案范围须从劳动争议主体和标的两方面来界定。

从争议主体上看，包括：

（一）中华人民共和国境内的企业与劳动者之间的争议。

（二）个体经济组织、民办非企业单位与其雇佣的劳动者之间的争议。

（三）国家机关、事业组织、社会团体与其建立劳动合同关系的劳动者之间的争议。

（四）事业单位与实行聘任制的工作人员之间发生的争议（法律、行政法规或者国务院另有规定的除外）。

（五）军队、武警部队的机关、事业组织、企业与无军籍职工之间的争议。

（六）军队文职人员聘用单位与文职人员之间发生的争议。

（七）用人单位与取得《外国人就业证》《台港澳人员就业证》或《外国专家证》的外国人、台港澳居民建立劳动人事关系，发生的劳动人事争议。

从争议标的上看，包括用人单位与劳动者发生的下列劳动争议：

（一）因确认劳动关系发生的争议。

（二）因订立、履行、变更、解除和终止劳动合同发生的争议。

（三）因除名、辞退和辞职、离职发生的争议。

（四）因工作时间、休息休假、社会保险、福利、培训以及劳动保护发生的争议。

（五）因劳动报酬、工伤医疗费、经济补偿或者赔偿金等发生的争议。

（六）因履行集体合同发生的争议。

（七）因企业自主进行改制引发的争议。

（八）法律、法规规定的其他劳动争议。

另外，依据有关规定，下列纠纷不属于劳动争议及其受案范围：

（一）劳动者请求社会保险经办机构发放社会保险金的纠纷。

（二）劳动者与用人单位因住房制度改革产生的公有住房转让纠纷。

（三）劳动者对劳动能力鉴定委员会的伤残等级鉴定结论或者对职业病诊断鉴定委员会的职业病诊断鉴定结论的异议纠纷。

（四）家庭或者个人与家政服务人员之间的纠纷。

（五）个体工匠与帮工、学徒之间的纠纷。

（六）农村承包经营户与受雇人之间的纠纷。

［依据指引］

(1)《中华人民共和国劳动争议调解仲裁法》（2007年12月29日　国家主席令第80号）

第二条　中华人民共和国境内的用人单位与劳动者发生的下列劳动争议，适用本法：

（一）因确认劳动关系发生的争议；

（二）因订立、履行、变更、解除和终止劳动合同发生的争议；

（三）因除名、辞退和辞职、离职发生的争议；

（四）因工作时间、休息休假、社会保险、福利、培训以及劳动保护发生的争议；

（五）因劳动报酬、工伤医疗费、经济补偿或者赔偿金等发生的争议；

（六）法律、法规规定的其他劳动争议。

第五十二条　事业单位实行聘用制的工作人员与本单位发生劳动争议的，依照本法执行；法律、行政法规或者国务院另有规定的，依照其规定。

(2)《中华人民共和国劳动合同法》（2007年6月29日　国家主席令第65号）

第二条　中华人民共和国境内的企业、个体经济组织、民办非企业单位等组织（以下称用人单位）与劳动者建立劳动关系，订立、履行、变更、解除或者终止劳动合同，适用本法。

国家机关、事业单位、社会团体和与其建立劳动关系的劳动者，订立、履行、变更、解除或者终止劳动合同，依照本法执行。

第五十六条　……因履行集体合同发生的争议，经协商解决不成的，工会可以依法申请仲裁、提起诉讼。

第九十六条　事业单位与实行聘用制的工作人员订立、履行、变更、解除或者终止劳动合同，法律、行政法规或者国务院另有规定的，依照其规定；未作规定的，依照本法有关规定执行。

(3) 人力资源和社会保障部《劳动人事争议仲裁办案规则》（2009年1月1日　部令第2号）

第二条　本规则适用下列争议的仲裁：

（一）企业、个体经济组织、民办非企业单位等组织与劳动者之间，以及机关、事业单位、社会团体与其建立劳动关系的劳动者之间，因确认劳动关系，订立、履行、变更、解除和终止劳动合同，工作时间、休息休假、社会保险、福利、培训以及劳动保护，劳动报酬、工伤医疗费、经济补偿或者赔偿金等发生的争议；

（二）实施公务员法的机关与聘任制公务员之间、参照公务员法管理的机关（单位）与聘任工作人员之间因履行聘任合同发生的争议；

（三）事业单位与工作人员之间因除名、辞退、辞职、离职等解除人事关系以及履行聘用合同发生的争议；

（四）社会团体与工作人员之间因除名、辞退、辞职、离职等解除人事关系以及履行聘用合同发生的争议；

（五）军队文职人员聘用单位与文职人员之间

因履行聘用合同发生的争议；

（六）法律、法规规定由仲裁委员会处理的其他争议。

(4) 国务院《中华人民共和国劳动合同法实施条例》（2008年9月18日 国务院令第535号）

第三条 依法成立的会计师事务所、律师事务所等合伙组织和基金会，属于劳动合同法规定的用人单位。

(5) 最高人民法院《关于审理劳动争议案件适用法律若干问题的解释（二）》（2006年8月14日 法释［2006］6号）

第七条 下列纠纷不属于劳动争议：

（一）劳动者请求社会保险经办机构发放社会保险金的纠纷；

（二）劳动者与用人单位因住房制度改革产生的公有住房转让纠纷；

（三）劳动者对劳动能力鉴定委员会的伤残等级鉴定结论或者对职业病诊断鉴定委员会的职业病诊断鉴定结论的异议纠纷；

（四）家庭或者个人与家政服务人员之间的纠纷；

（五）个体工匠与帮工、学徒之间的纠纷；

（六）农村承包经营户与受雇人之间的纠纷。

(6) 最高人民法院《关于审理劳动争议案件适用法律若干问题的解释（三）》（2010年9月13日 法释［2010］12号）

第一条 劳动者以用人单位未为其办理社会保险手续，且社会保险经办机构不能补办导致其无法享受社会保险待遇为由，要求用人单位赔偿损失而发生争议的，人民法院应予受理。

第二条 因企业自主进行改制引发的争议，人民法院应予受理。

第三条 劳动者依据劳动合同法第八十五条规定，向人民法院提起诉讼，要求用人单位支付加付赔偿金的，人民法院应予受理。

(7) 劳动部、总后勤部《关于军队、武警部队的用人单位与无军籍职工发生劳动争议如何受理的通知》（1995年6月5日 劳部发［1995］252号）

各省、自治区、直辖市劳动（劳动人事）厅（局），解放军总后勤部司令部、生产管理部：

最近，一些地方劳动争议仲裁委员会请示：军队、武警部队的用人单位与本单位无军籍职工发生劳动争议是否受理问题。经劳动部与中国人民解放军总后勤部协商一致，现答复如下：

军队、武警部队的用人单位（含机关、事业组织、企业）与本单位无军籍职工发生劳动争议，各级劳动争议仲裁委员会应按照《劳动法》和《企业劳动争议处理条例》的规定予以受理。用人单位的上级主管部门应予以协助。

(8) 人力资源和社会保障部办公厅《关于涉外劳动人事争议处理有关问题的函》（2010年11月30日 人社厅函［2010］629号）

江苏省人力资源和社会保障厅：

你厅《关于涉外劳动人事争议处理有关问题的请示》（苏人社报［2010］167号）收悉，经研究，现答复如下：

依法取得了《外国人就业证》或《台港澳人员就业证》或《外国专家证》的外国人、台港澳居民与我国用人单位建立劳动人事关系并发生劳动人事争议的，属于我国劳动人事争议仲裁委员会受理范围。

劳动争议的分类

［解读］

劳动争议可以从不同角度进行分类。

（一）按劳动争议的主体分类。从劳动争议的主体可分为个人争议和集体争议。个人争议，或称个别争议，是指劳动者一方当事人人数在规定限额以下的劳动争议。集体争议，或称集团争议，是指职工一方当事人人数在规定限额以上且具有共同理由的争议，以及由工会组织出面因集体协商或履行集体合同而发生的争议。

我国目前规定，劳动者一方人数在10人以下的为个人争议；10人以上（含10人）且具有共同诉求的为集体争议。因集体协商和集体合同发生的集体争议，可分为两种情况：一是因签订集体合同发生的争议，二是因履行集体合同发生的争议。这样划分的意义主要在于分清不同的处理方式和渠道。按照法律规定，因签订集体合同发生争议，当事人协商解决不成的，由当地人民政府劳动行政部门组织有关各方协调处理。因履行集体合同发生的争议，当事人协商解决不成的，可以向劳动争议仲裁委员会申请仲裁；对仲裁裁决不服的，可以向人民法院提起诉讼。

（二）按劳动争议的客体分类。从劳动争议的客体来分，可以分为权利争议和利益争议。权利争议是指对现行法律、集体合同、劳动合同所规定或约定的权利，在实施或解释上所发生的争议。

利益争议是指在集体协商时双方就订立、续订或变更集体合同条款所发生的争议。这里要注意，权利争议既可能是个人的，也可能是集体的，而利益争议则只能是集体争议。

把劳动争议划分为权利争议与利益争议，主要是一种理论划分，虽然在法律上未直接出现这样的称谓，但是从条文中明显地体现了这种划分方法。如上面提到的“因签订集体合同发生的争议”，实际上是对利益争议的一种法律上的表述。而“因履行集体合同发生的争议”，则是权利争议的一种法律上的表述。

此外，对劳动争议还有其他一些划分方法，如根据争议事项划分为因确认劳动关系争议，劳动合同争议，除名、辞退和辞职、离职争议，因工作时间、休息休假、社会保险、福利、培训以及劳动保护争议，因劳动报酬、工伤医疗费、经济补偿和赔偿发生的争议等。

[依据指引]

(1)《中华人民共和国劳动法》（1994 年 7 月 5 日　国家主席令第 28 号）

第八十四条　因签订集体合同发生争议，当事人协商解决不成的，当地人民政府劳动行政部门可以组织有关各方协调处理。

因履行集体合同发生争议，当事人协商解决不成的，可以向劳动争议仲裁委员会申请仲裁；对仲裁裁决不服的，可以自收到仲裁裁决书之日起十五日内向人民法院提起诉讼。

(2)《中华人民共和国劳动争议调解仲裁法》（2007 年 12 月 29 日　国家主席令第 80 号）

第七条　发生劳动争议的劳动者一方在十人以上，并有共同请求的，可以推举代表参加调解、仲裁或者诉讼活动。

(3) 人力资源和社会保障部《劳动人事争议仲裁办案规则》（2009 年 1 月 1 日　部令第 2 号）

第四条　劳动者一方在 10 人以上的争议，或者因履行集体合同发生的劳动争议，仲裁委员会可优先立案，优先审理。

仲裁委员会处理因履行集体合同发生的劳动争议，应当按照三方原则组成仲裁庭处理。

除名争议

[解读]

除名是指用人单位对无正当理由经常旷工，经批评教育无效，且旷工时间超过法定期限的职工，依法采取的一种强行终止劳动关系的行政处理措施。依据《企业职工奖惩条例》的规定，除名的具体条件如下：一是职工无正当理由经常旷工，二是经批评教育无效，三是达到规定的旷工天数。即连续旷工时间超过 15 天，或者 1 年以内累计旷工时间超过 30 天。受到除名处理的职工，对处理不服发生的争议，就称为除名争议。随着《劳动合同法》的实施和《企业职工奖惩条例》的废止，劳动者旷工，用人单位可以采用解除劳动合同的方式与之终止劳动关系，而不再沿用以除名的方式终止劳动关系。因此，除名争议将会随着时间的推移逐步消失。

[依据指引]

(1)《中华人民共和国劳动合同法》（2007 年 6 月 29 日　国家主席令第 65 号）

第三十九条　劳动者有下列情形之一的，用人单位可以解除劳动合同：

（一）在试用期间被证明不符合录用条件的；

（二）严重违反用人单位的规章制度的；

（三）严重失职，营私舞弊，给用人单位造成重大损害的；

（四）劳动者同时与其他用人单位建立劳动关系，对完成本单位的工作任务造成严重影响，或者经用人单位提出，拒不改正的；

（五）因本法第二十六条第一款第一项规定的情形致使劳动合同无效的；

（六）被依法追究刑事责任的。

(2)《中华人民共和国劳动争议调解仲裁法》（2007 年 12 月 29 日　国家主席令第 80 号）

第二条　中华人民共和国境内的用人单位与劳动者发生的下列劳动争议，适用本法：

（一）因确认劳动关系发生的争议；

（二）因订立、履行、变更、解除和终止劳动合同发生的争议；

（三）因除名、辞退和辞职、离职发生的争议；

（四）因工作时间、休息休假、社会保险、福利、培训以及劳动保护发生的争议；

（五）因劳动报酬、工伤医疗费、经济补偿或者赔偿金等发生的争议；

（六）法律、法规规定的其他劳动争议。

辞退争议

[解读]

辞退是指用人单位根据生产、工作、经营的情况及劳动者的状况，依法、依约解除与公务员任用关系、终止与职工劳动关系的法律行为，是用人单位依法行使的自主权之一。辞退分为以下三种情形：

（一）公务员的辞退。为保障国家机关与公务员的合法权益，建设高素质的公务员队伍，国家对公务员的辞退作了专门规定。对于公务员在年度考核中，连续两年被确定为不称职的；不胜任现职工作，又不接受其他安排的；因所在机关调整、撤销、合并或者缩减编制员额需要调整工作，本人拒绝合理安排的；不履行公务员义务，不遵守公务员纪律，经教育仍无转变，不适合继续在机关工作，又不宜给予开除处分的；旷工或者因公外出、请假期满无正当理由逾期不归连续超过15天，或者一年内累计超过30天的，均可予以辞退。国家机关应向被辞退的公务员送达《辞退公务员通知书》；公务员被辞退后，不再具有公务员身份；对被辞退前连续工作满一年以上的，自被辞退的次月起由有关机构按其工作年限发给一定月数的辞退费，月辞退费的标准，由省、自治区、直辖市人民政府根据“低于公务员办事员的最低工资、高于社会救济”的原则确定。

（二）事业单位的辞退。为完善全民所有制事业单位的人事管理制度，保障事业单位的用人自主权，优化人员结构，国家对事业单位的辞退也作了规定。事业单位工作人员有下列情形之一，经教育无效的，可予以辞退：

1. 连续两年岗位考核不能完成工作任务，又不服从组织另行安排或重新安排后在一年之内仍不能完成工作任务的；

2. 单位进行撤并或缩减编制需要减员，本人拒绝组织安排的；

3. 单位转移工作地点，本人无正当理由不愿随迁的；

4. 无正当理由连续旷工时间超过15天，或一年内累计旷工时间超过30天的；

5. 损害单位经济权益，造成严重后果以及严重违背职业道德，给单位造成极坏影响的；

6. 无理取闹、打架斗殴、恐吓威胁单位领导，严重影响工作秩序和社会秩序的；

7. 贪污、盗窃、赌博、营私舞弊，情节严重但不够刑事处分的；

8. 违反工作规定或操作规程，发生责任事故，造成严重经济损失的；

9. 犯有其他严重错误的。

事业单位辞退工作人员，应发给本人《辞退证明书》，并向其发放辞退费。辞退费的标准根据工作人员的工作年限长短、按其基本工资的一定比例发放。

（三）企业的辞退。企业行使辞退权主要体现在单方与职工解除或终止劳动合同方面。一般包括违纪解除劳动合同辞退、正常解除劳动合同辞退和经济性裁员解除劳动合同辞退，以及终止劳动合同辞退、协商辞退等五种情形。此外，还有约定辞退，一般是在法律的框架内通过劳动合同事先约定具体的辞退条款。依据《劳动合同法》的相关规定，用人单位辞退职工均须办理解除或终止劳动合同或终止劳动关系的手续，例如向职工送达解除或终止劳动合同通知书等。

公务员或职工对用人单位的辞退行为不服而发生的劳动争议，称为辞退争议。这类争议的标的往往是用人单位的辞退行为是否合法，以及辞退费、经济补偿金、违约赔偿金的给付等。

[依据指引]

(1)《中华人民共和国劳动合同法》（2007年6月29日　国家主席令第65号）

第三十九条　劳动者有下列情形之一的，用人单位可以解除劳动合同：

（一）在试用期间被证明不符合录用条件的；

（二）严重违反用人单位的规章制度的；

（三）严重失职，营私舞弊，给用人单位造成重大损害的；

（四）劳动者同时与其他用人单位建立劳动关系，对完成本单位的工作任务造成严重影响，或者经用人单位提出，拒不改正的；

（五）因本法第二十六条第一款第一项规定的情形致使劳动合同无效的；

（六）被依法追究刑事责任的。

第四十条　有下列情形之一的，用人单位在提前三十日以书面形式通知劳动者本人或者额外支付劳动者一个月工资后，可以解除劳动合同：

（一）劳动者患病或者非因工负伤，在规定的医疗期满后不能从事原工作，且未能就变更劳动合同与用人单位协商一致的；

（二）劳动者被证明不能胜任工作，经过培训或者调整工作岗位，仍不能胜任工作的；

（三）劳动合同订立时所依据的客观情况发生重大变化，致使劳动合同无法履行，经用人单位与劳动者协商，未能就变更劳动合同内容达成协议的。

第四十一条 有下列情形之一，致使劳动合同无法履行，需要裁减人员二十人以上或者裁减不足二十人但占企业职工总数百分之十以上的，用人单位应当提前三十日向工会或者全体职工说明情况，听取工会或者职工的意见后，裁减人员方案经向劳动行政部门报告，可以裁减人员：

（一）依照企业破产法规定进行重整的；

（二）生产经营发生严重困难的；

（三）因防治污染搬迁的；

（四）其他因劳动合同订立时所依据的客观经济情况发生重大变化，致使劳动合同无法履行的。

裁减人员时，应当优先留用下列劳动者：

（一）在本单位工作时间较长的；

（二）与本单位订立较长期限的固定期限劳动合同的；

（三）订立无固定期限劳动合同的；

（四）家庭无其他就业人员，有需要扶养的老人或者未成年人的。

用人单位在六个月内重新招用人员的，应当优先招用被裁减的人员。

(2)《中华人民共和国劳动争议调解仲裁法》(2007年12月29日 国家主席令第80号)

第二条 中华人民共和国境内的用人单位与劳动者发生的下列劳动争议，适用本法：

（一）因确认劳动关系发生的争议；

（二）因订立、履行、变更、解除和终止劳动合同发生的争议；

（三）因除名、辞退和辞职、离职发生的争议；

（四）因工作时间、休息休假、社会保险、福利、培训以及劳动保护发生的争议；

（五）因劳动报酬、工伤医疗费、经济补偿或者赔偿金等发生的争议；

（六）法律、法规规定的其他劳动争议。

(3) 人力资源和社会保障部《公务员辞退规定（试行）》(2009年7月24日 人社部发［2009］71号)

第四条 公务员有下列情形之一的，予以辞退：

（一）在年度考核中，连续两年被确定为不称职的；

（二）不胜任现职工作，又不接受其他安排的；

（三）因所在机关调整、撤销、合并或者缩减编制员额需要调整工作，本人拒绝合理安排的；

（四）不履行公务员义务，不遵守公务员纪律，经教育仍无转变，不适合继续在机关工作，又不宜给予开除处分的；

（五）旷工或者因公外出、请假期满无正当理由逾期不归连续超过十五天，或者一年内累计超过三十天的。

(4) 人事部《国家公务员被辞退后有关问题的暂行办法》（1996年7月19日 人发［1996］64号）

三、国家公务员被辞退前连续工作满一年以上的，自被辞退的次月起由有关机构按月发放辞退费。辞退费发放标准，由省、自治区、直辖市人民政府根据“低于公务员办事员的最低工资、高于社会救济”的原则确定。

四、辞退费发放期限：

工作年限不足两年的，为三个月；满两年的，为四个月；两年以上的，每增加一年增发一个月，但最长不得超过二十四个月。

(5) 人事部《全民所有制事业单位辞退专业技术人员和管理人员暂行规定》(1992年10月16日 人调发［1992］18号)

第三条 单位对有下列情况之一，经教育无效的专业技术人员和管理人员，可以辞退：

（一）连续两年岗位考核不能完成工作任务，又不服从组织另行安排或重新安排后在一年之内仍不能完成工作任务的；

（二）单位进行撤并或缩减编制需要减员，本人拒绝组织安排的；

（三）单位转移工作地点，本人无正当理由不愿随迁的；

（四）无正当理由连续旷工时间超过十五天，或一年内累计旷工时间超过三十天的；

（五）损害单位经济权益，造成严重后果以及严重违背职业道德，给单位造成极坏影响的；

（六）无理取闹、打架斗殴、恐吓威胁单位领导，严重影响工作秩序和社会秩序的；

（七）贪污、盗窃、赌博、营私舞弊，情节严重但不够刑事处分的；

（八）违反工作规定或操作规程，发生责任事故，造成严重经济损失的；

（九）犯有其他严重错误的。

符合开除条件的，按照《国务院关于国家行政机关工作人员的奖惩暂行规定》执行。

第七条 单位辞退专业技术人员和管理人员，应发给被辞退人员辞退费。辞退费由单位在其办完有关手续后一次性发给，并将《辞退费发证证明》存入本人档案。辞退费发放标准如下：

（一）工作一年以上不满五年（含见习期）的，发给本人当年基本工资（基础工资、职务工资、工龄工资之和，护士加扩龄津贴，中小学教师加教龄津贴，下同）总额的60%；

（二）工作五年至十年（含五年）的，发给本人当年基本工资总额的65%；

（三）工作十年（含十年）以上的，发给本人当年基本工资总额的75%。

已实行待业保险的地方和部门，不发给辞退费，被辞退人员可按有关规定享受待业保险待遇。

第十七条 全民所有制事业单位辞退工人可参照本规定执行。

辞职争议

[解读]

辞职是指公务员或职工根据自身的状况和用人单位的情况，依法、依约申请终止任用关系或提出终止劳动关系的法律行为，是法律授予公务员或职工的权利。辞职分为三种情形：

（一）公务员的辞职。为保障国家公务员的合法权利，国家对公务员的辞职作了专门规定。公务员要求离开国家机关，不再担任公务员职务，可以向任免机关申请辞职，但有下列情形之一的，不得辞职：

1. 在涉及国家安全、重要机密等特殊职位上任职以及调离上述职位不满解密期的；

2. 重要公务尚未处理完毕，而且须由本人继续处理的；

3. 正在接受审查的；

4. 未满最低服务年限的。

申请辞职的程序如下：

1. 由本人填写《国家公务员辞职申请表》；

2. 所在单位提出意见，按照管理权限报任免机关；

3. 任免机关人事部门审核；

4. 任免机关审批，并将审批结果以书面形式通知呈报单位及申请辞职的公务员。

国家公务员辞职，任免机关应自接到申请表之日起3个月内予以审批。逾期未批复的，视为同意辞职，任免机关应予办理辞职手续；在辞职审批期间，公务员不得擅自离职，对擅自离职的，给予开除处分，不准重新录用到国家行政机关工作。

（二）事业单位职工的辞职。为保障事业单位职工的合法权益，促进人才合理流动，充分发挥人才的作用，国家对事业单位职工的辞职作了专门规定。事业单位的职工都可以提出辞职，但必须按人事管理权限，向所在单位或主管部门提出书面申请。所在单位或主管部门自收到辞职申请之日起，原则上应在3个月内，予以办理辞职手续并发给辞职证明书。然而，实行聘用合同制的，按聘用合同的规定办理；有下列情形之一的，其辞职必须经过批准：

1. 国家和省、市（地区）重点科研项目的主要负责人和业务骨干，辞职后对工作可能造成损失的；

2. 在边远地区、少数民族地区工作的；

3. 从事特殊行业、特殊工种的；

4. 从事国家机密工作，或曾从事国家机密工作，在规定的保密期内的；

5. 经司法或行政机关决定或批准，正在接受审查、尚未结案的；

6. 法律、法规、规章规定的其他情形。

辞职人员应按规定办理辞职手续，不得擅自离职。对擅自离职人员，应分别不同情况妥善处理：属于可以辞职或经批准允许辞职的，应补办辞职手续；未批准辞职的，应动员其返回单位安心工作；对拒不补办手续和返回单位的，按自动离职处理，以后被其他单位录用，连续工龄从重新录用之日起计算。

（三）企业职工的辞职。企业职工行使辞职权主要体现在单方解除或终止劳动合同方面。一般包括正常解除劳动合同辞职、利益受侵害解除劳动合同辞职和终止劳动合同辞职、协商辞职等四种情形。此外，还有约定辞职，一般是在法律的框架内通过劳动合同事先约定具体的辞职条款。依据《劳动合同法》的相关规定，劳动者除利益受侵害解除劳动合同辞职可随时书面或口头通知用人单位、办理解除劳动合同或终止劳动关系手续外，其他辞职行为一般均须提前30日书面通知（在试用期内须提前3日书面通知）用人单位，待

30日期满方能办理解除劳动合同或终止劳动关系的手续。协商辞职的，按双方的协议办理。

用人单位与公务员或职工因辞职行为而发生的劳动争议，称为辞职争议。这类争议的标的往往是公务员或职工的辞职行为是否合法，以及违约金、赔偿金、竞业限制和档案关系转移等。

[依据指引]

(1)《中华人民共和国劳动合同法》（2007年6月29日 国家主席令第65号）

第三十六条 用人单位与劳动者协商一致，可以解除劳动合同。

第三十七条 劳动者提前三十日以书面形式通知用人单位，可以解除劳动合同。劳动者在试用期内提前三日通知用人单位，可以解除劳动合同。

第三十八条 用人单位有下列情形之一的，劳动者可以解除劳动合同：

（一）未按照劳动合同约定提供劳动保护或者劳动条件的；

（二）未及时足额支付劳动报酬的；

（三）未依法为劳动者缴纳社会保险费的；

（四）用人单位的规章制度违反法律、法规的规定，损害劳动者权益的；

（五）因本法第二十六条第一款规定的情形致使劳动合同无效的；

（六）法律、行政法规规定劳动者可以解除劳动合同的其他情形。

用人单位以暴力、威胁或者非法限制人身自由的手段强迫劳动者劳动的，或者用人单位违章指挥、强令冒险作业危及劳动者人身安全的，劳动者可以立即解除劳动合同，不需事先告知用人单位。

(2) 最高人民法院《关于审理劳动争议案件适用法律若干问题的解释》（2001年4月16日 法释［2001］14号）

第十五条 用人单位有下列情形之一，迫使劳动者提出解除劳动合同的，用人单位应当支付劳动者的劳动报酬和经济补偿，并可支付赔偿金：

（一）以暴力、威胁或者非法限制人身自由的手段强迫劳动的；

（二）未按照劳动合同约定支付劳动报酬或者提供劳动条件的；

（三）克扣或者无故拖欠劳动者工资的；

（四）拒不支付劳动者延长工作时间工资报酬的；

（五）低于当地最低工资标准支付劳动者工资的。

(3) 人事部《国家公务员辞职辞退暂行规定》（1995年7月28日 人核培发［1995］77号）

第四条 国家公务员要求离开国家行政机关，不再担任国家公务员职务，可以向任免机关申请辞职。

第五条 国家公务员有下列情形之一，不得辞职：

（一）在涉及国家安全、重要机密等特殊职位上任职以及调离上述职位不满解密期的；

（二）重要公务尚未处理完毕，而且须由本人继续处理的；

（三）正在接受审查的；

（四）未满最低服务年限的。

第六条 国家公务员辞职按下列程序办理：

（一）由本人向所在单位提出辞职申请，填写《国家公务员辞职申请表》；

（二）所在单位提出意见，按照管理权限报任免机关；

（三）任免机关人事部门审核；

（四）任免机关审批，并将审批结果以书面形式通知呈报单位及申请辞职的公务员。

第七条 国家公务员辞职，任免机关应当在接到申请表的三个月内予以审批。过三个月未予批复的，视为同意辞职，任免机关应予办理辞职手续。

国家公务员在辞职审批期间不得擅自离职，对擅自离职的，给予开除处分，不准重新录用到国家行政机关工作。

(4) 人事部《全民所有制事业单位专业技术人员和管理人员辞职暂行规定》（1990年9月8日 人调发［1990］19号）

第二条 本规定适用于全民所有制事业单位的专业技术人员和管理人员。

全民所有制事业单位的专业技术人员和管理人员都可以提出辞职。

第四条 辞职必须按人事管理权限，向所在单位或主管部门提出书面申请。

第五条 所在单位或主管部门从收到辞职申请起，除本规定第六条、第七条规定的情况外，应在3个月内，予以办理辞职手续并发给辞职证明书。

第六条 与所在单位订有聘用合同的人员，

其辞职按聘用合同的规定办理。聘用合同没有明确规定的，可按本规定的第五条或第七条办理。

第七条 有下列情况之一的人员，其辞职必须经过批准。

（一）国家和省、市（地区）重点科研项目的主要负责人和业务骨干，辞职后对工作可能造成损失的；

（二）在边远地区、少数民族地区工作的；

（三）从事特殊行业、特殊工种的；

（四）从事国家机密工作，或曾从事国家机密工作，在规定的保密期内；

（五）经司法或行政机关决定或批准，正在接受审查、尚未结案的；

（六）法律、法规、规章规定的其他情况。

第十三条 辞职应按规定程序办理手续，不得擅自离职。对擅自离职人员，要进行批评教育，并分别不同情况妥善处理。符合本规定第五条、第七条可以辞职或经批准允许辞职的，要补办辞职手续。其余的要动员返回。对拒不返回和拒不补办手续的，按自动离职处理，以后被其他单位录用，工龄从重新录用之日起计算。

(5) 人事部《关于执行〈全民所有制事业单位专业技术人员和管理人员辞职暂行规定〉中有关问题的通知》 （1991 年 5 月 31 日 人调发〔1991〕14 号）（略）

自动离职争议

[解读]

自动离职又称擅自离职，是指劳动者由于某种原因不辞而别的一种违法、违约行为。其与用人单位的劳动关系实际上处于一种尚未结束的状态。由此引发的劳动争议称为自动离职争议。遇到这类争议应特别注意以下几点：一是不要把劳动者自动离职的行为与用人单位对劳动者按自动离职处理的行为相混淆；二是用人单位不要因职工擅自离职而对其在本单位工作的家属采取辞退等惩罚性措施，因这种株连行为是不符合国家政策的；三是用人单位应及时作出相应处理，包括办理结束彼此劳动关系的手续，以避免引发劳动者事后要求补签合同、补发生活费、补缴社会保险一类的纠纷。

[依据指引]

(1) 人事部《国家公务员辞职辞退暂行规定》（1995 年 7 月 28 日 人核培发〔1995〕77 号）

第七条 国家公务员辞职，任免机关应当在接到申请表的三个月内予以审批。过三个月未予批复的，视为同意辞职，任免机关应予办理辞职手续。

国家公务员在辞职审批期间不得擅自离职，对擅自离职的，给予开除处分，不准重新录用到国家行政机关工作。

(2) 人事部《全民所有制事业单位专业技术人员和管理人员辞职暂行规定》（1990 年 9 月 8 日 人调发〔1990〕19 号）

第十三条 辞职应按规定程序办理手续，不得擅自离职。对擅自离职人员，要进行批评教育，并分别不同情况妥善处理。符合本规定第五条、第七条可以辞职或经批准允许辞职的，要补办辞职手续。其余的要动员返回。对拒不返回和拒不补办手续的，按自动离职处理，以后被其他单位录用，工龄从重新录用之日起计算。

(3) 劳动部办公厅《关于企业处理擅自离职职工问题的复函》（1993 年 6 月 28 日 劳办发〔1993〕68 号）（略）

(4) 劳动部办公厅《关于自动离职与旷工除名如何界定的复函》（1994 年 2 月 8 日 劳办发〔1994〕48 号）（略）

(5) 劳动部办公厅《关于通过新闻媒介通知职工回单位并对逾期不归者按自动离职或旷工处理问题的复函》（1995 年 7 月 31 日 劳办发〔1995〕179 号）（略）

劳动报酬争议

[解读]

从理论上看，劳动报酬的概念分为广义和狭义两种。广义的外延不仅包含工资，还包含用人单位为劳动者缴纳的社会保险费，以及为劳动者缴纳的住房公积金和支付给劳动者的各项福利待遇。然而，从目前的法律规定看，劳动报酬是狭义的概念，仅指劳动者付出正常劳动，用人单位依据国家有关规定或劳动合同的约定，以货币形式直接支付给劳动者的薪酬。一般包括计时工资、计件工资、奖金、津贴和补贴、延长工作时间的工资报酬以及特殊情况下支付的工资等。国家有关工资的规定包括：工资分配的法定原则，如按劳分配、同工同酬等；最低工资制度；工资支付制度；基本生活保障制度；工资扣除的限制，如用人单位从工资中扣除劳动者应支付的罚金或赔偿金时，每月扣除额不得超过该工资的20%，扣除后的剩余工资部分若低于最低工资标准，则按最低工资标准支付；企业可依法制定内部有关工资分配的规章制度；企业有依法确定本单位工资分配方案、分配方式和工资水平的自主权等。因执行上述规定，劳动关系双方发生的争议，就称为劳动报酬争议。有的企业出现了因企业停发富余人员、待岗人员生活费而发生的争议，由于《国有企业富余职工安置规定》明确规定该生活费在企业工资基金中列支，所以，因停发生活费发生的争议也属于工资争议。企业因安排职工待岗而停发工资、奖金引起的争议，符合受理条件的，仲裁委员会应当依据有关规定，按工资争议受理。

[依据指引]

(1)《中华人民共和国劳动法》（1994年7月5日　国家主席令第28号）

第四十六条　工资分配应当遵循按劳分配原则，实行同工同酬。

工资水平在经济发展的基础上逐步提高。国家对工资总量实行宏观调控。

第四十七条　用人单位根据本单位的生产经营特点和经济效益，依法自主确定本单位的工资分配方式和工资水平。

第四十八条　国家实行最低工资保障制度。最低工资的具体标准由省、自治区、直辖市人民政府规定，报国务院备案。

用人单位支付劳动者的工资不得低于当地最低工资标准。

第四十九条　确定和调整最低工资标准应当综合参考下列因素：

（一）劳动者本人及平均赡养人口的最低生活费用；

（二）社会平均工资水平；

（三）劳动生产率；

（四）就业状况；

（五）地区之间经济发展水平的差异。

第五十条　工资应当以货币形式按月支付给劳动者本人。不得克扣或者无故拖欠劳动者的工资。

第五十一条　劳动者在法定休假日和婚丧假期间以及依法参加社会活动期间，用人单位应当依法支付工资。

(2)劳动部《关于贯彻执行〈劳动法〉若干问题的意见》（1995年8月4日　劳部发［1995］309号）

第五十三条　劳动法中的“工资”是指用人单位依据国家有关规定或劳动合同的约定，以货币形式直接支付给本单位劳动者的劳动报酬，一般包括计时工资、计件工资、奖金、津贴和补贴、延长工作时间的工资报酬以及特殊情况下支付的工资等。“工资”是劳动者劳动收入的主要组成部分。劳动者的以下劳动收入不属于工资范围：(1)单位支付给劳动者个人的社会保险福利费用，如丧葬抚恤救济费、生活困难补助费、计划生育补贴等；(2)劳动保护方面的费用，如用人单位支付给劳动者的工作服、解毒剂、清凉饮料费用等；(3)按规定未介入工资总额的各种劳动报酬及其他劳动收入，如国家根据规定发放的创造发明奖、国家星火奖、自然科学奖、科学技术进步奖、合理化建议和技术改进奖、中华技能大奖等，以及稿费、讲课费、翻译费等。

第五十四条　劳动法第四十八条中的“最低工资”是指劳动者在法定工作时间内履行了正常劳动义务的前提下，由其所在单位支付的最低劳动报酬。最低工资不包括延长工作时间的工资报酬，以货币形式支付的住房和用人单位支付的伙食补贴，中班、夜班、高温、低温、井下、有毒、有害等特殊工作环境和劳动条件下的津贴，国家法律、法规、规章规定的社会保险福利待遇。

第五十五条　劳动法第四十四条中的“劳动者正常工作时间工资”是指劳动合同规定的劳动者本人所在工作岗位（职位）相对应的工资。鉴于当前劳动合同制度尚处于推进过程中，按上述规定执行确有困难的用人单位，地方或行业劳动行政部门可在不违反劳动部《关于〈工资支付暂行规定〉有关问题的补充规定》（劳部发［1995］226号）文件所规定的总的原则的基础上，制定过渡办法。

第五十六条　在劳动合同中，双方当事人约定的劳动者在未完成劳动定额或承包任务的情况下，用人单位可低于最低工资标准支付劳动者工资的条款不具有法律效力。

第五十七条　劳动者与用人单位形成或建立劳动关系后，试用、熟练、见习期间，在法定工作时间内提供了正常劳动，其所在的用人单位应当支付不低于最低工资标准的工资。

第五十八条　企业下岗待工人员，由企业依据当地政府的有关规定支付其生活费，生活费可以低于最低工资标准，下岗待工人员重新就业的，企业应停发其生活费。女职工因生育、哺乳请长假而下岗的，在其享受法定产假期间，依法领取生育津贴；没有参加生育保险的企业，由企业照发原工资。

第五十九条 职工患病或非因工负伤治疗期间，在规定的医疗期内由企业按有关规定支付其病假工资或疾病救济费，病假工资或疾病救济费可以低于当地最低工资标准支付，但不能低于最低工资标准的80%。

(3) 劳动部办公厅《关于职工因岗位变更与企业发生争议等有关问题的复函》（1996年5月30日 劳办发［1996］100号）

新疆维吾尔自治区劳动厅：

你厅《关于职工因岗位变更与企业发生争议等有关问题的请示》（新劳仲字［1996］108号）收悉，经研究，现函复如下：

……

二、关于“限期调离”等引起的劳动争议是否受理问题。职工因被单位限期调离而与单位发生的争议，符合受理条件的，仲裁委员会应当依据《关于劳动争议仲裁工作几个问题的通知》（劳部发［1995］338号）的规定，按职工流动争议受理。

企业与下岗职工因减发工资、奖金而引起的争议，符合受理条件的，仲裁委员会应当依据《企业劳动争议处理条例》第二条规定，按工资争议受理。

三、关于企业对因内部承包给企业造成重大经济损失的劳动者可否扣发工资问题。按照《企业职工奖惩条例》第十七条、《工资支付暂行规定》（劳部发［1994］489号）第十六条的规定精神，因劳动者本人的原因给用人单位造成经济损失的，用人单位可依据国家有关规定以及与法律法规不相抵触的劳动合同、承包合同的约定和企业内部规章制度要求劳动者赔偿经济损失。赔偿损失可从劳动者本人的工资中扣除，但每月扣除的部分不得超过劳动者当月工资的20%。且扣除后的剩余工资部分不应低于当地月最低工资标准。

(4) 劳动和社会保障部《最低工资规定》（2004年1月20日 部令第21号）（略）

社会保险争议

［解读］

社会保险争议是指用人单位、劳动者、社会保险经办机构、工伤认定机构、工伤鉴定机构及职业病诊断机构等，就社会保险的参保登记、缴费基数、保险待遇、工伤认定、伤残鉴定、职业病诊断等事项发生的纠纷。分为社会保险劳动争议、社会保险行政争议和其他相关争议。

社会保险劳动争议是指发生在用人单位与劳动者之间的社会保险方面的纠纷。如用人单位与劳动者之间就是否参加社会保险统筹，参保统筹的缴费基数、缴费年限、应由用人单位支付的保险待遇等方面发生的争议均为社会保险劳动争议。这类争议的解决，当事人可以依照《劳动争议调解仲裁法》等有关规定，申请调解、仲裁、提起诉讼；职工认为用人单位有未按时足额为其缴纳社会保险费等争议，也可以要求社会保险行政部门或者社会保险费征收机构依据《社会保险法》或者《劳动保障监察条例》等规定处理。

社会保险行政争议是指工伤认定部门、社会保险经办机构在认定工伤、经办社会保险过程中，与公民、法人或其他组织之间发生的纠纷。这类争议可向社会保险经办机构或人力资源社会保障行政部门申诉，社会保险经办机构和人力资源社会保障行政部门分别采用复查和行政复议的方式进行处理；也可向人民法院提起行政诉讼，由法院依法审理。根据有关规定，有下列情形之一的，公民、法人或者其他组织可申请行政复议：

（一）认为工伤认定部门未依法认定工伤的。

（二）认为社会保险经办机构未依法为其办理社会保险登记、变更或者注销手续的。

（三）认为社会保险经办机构未按规定审核社会保险缴费基数的。

（四）认为社会保险经办机构未按规定记录社会保险费缴费情况或者拒绝其查询缴费记录的。

（五）认为社会保险经办机构违法收取费用或者违法要求履行义务的。

（六）对社会保险经办机构核定其社会保险待遇标准有异议的。

（七）认为社会保险经办机构不依法支付其社会保险待遇或者对社会保险经办机构停止其享受社会保险待遇有异议的。

（八）认为社会保险经办机构未依法为其调整社会保险待遇的。

（九）认为社会保险经办机构未依法为其办理社会保险关系转移或者接续手续的。

（十）认为社会保险经办机构的其他具体行政行为侵犯其合法权益的。

其他相关争议是指工伤鉴定机构、职业病诊断机构与公民、法人或其他组织之间就鉴定、诊断过程和结论发生的纠纷。这类争议的解决，当事人可按相关规定，分别向省级工伤鉴定机构申请再次鉴定或向做诊断的医疗卫生机构所在地设区的市级卫生行政部门申请鉴定。

[依据指引]

(1)《中华人民共和国劳动争议调解仲裁法》(2007 年 12 月 29 日　国家主席令第 80 号)

第二条　中华人民共和国境内的用人单位与劳动者发生的下列劳动争议，适用本法：

(一) 因确认劳动关系发生的争议；

(二) 因订立、履行、变更、解除和终止劳动合同发生的争议；

(三) 因除名、辞退和辞职、离职发生的争议；

(四) 因工作时间、休息休假、社会保险、福利、培训以及劳动保护发生的争议；

(五) 因劳动报酬、工伤医疗费、经济补偿或者赔偿金等发生的争议；

(六) 法律、法规规定的其他劳动争议。

(2)《中华人民共和国社会保险法》(2010 年 10 月 28 日　国家主席令第 35 号)

第八十三条　用人单位或者个人认为社会保险费征收机构的行为侵害自己合法权益的，可以依法申请行政复议或者提起行政诉讼。

用人单位或者个人对社会保险经办机构不依法办理社会保险登记、核定社会保险费、支付社会保险待遇、办理社会保险转移接续手续或者侵害其他社会保险权益的行为，可以依法申请行政复议或者提起行政诉讼。

个人与所在用人单位发生社会保险争议的，可以依法申请调解、仲裁，提起诉讼。用人单位侵害个人社会保险权益的，个人也可以要求社会保险行政部门或者社会保险费征收机构依法处理。

(3) 国务院《工伤保险条例》(2003 年 4 月 27 日　国务院令第 375 号　2010 年 12 月 20 日修订)

第二十六条　申请鉴定的单位或者个人对设区的市级劳动能力鉴定委员会作出的鉴定结论不服的，可以在收到该鉴定结论之日起 15 日内向省、自治区、直辖市劳动能力鉴定委员会提出再次鉴定申请。省、自治区、直辖市劳动能力鉴定委员会作出的劳动能力鉴定结论为最终结论。

(4) 最高人民法院《关于审理劳动争议案件适用法律若干问题的解释 (三)》(2010 年 9 月 13 日　法释［2010］12 号)

第一条　劳动者以用人单位未为其办理社会保险手续，且社会保险经办机构不能补办导致其无法享受社会保险待遇为由，要求用人单位赔偿损失而发生争议的，人民法院应予受理。

(5) 人力资源和社会保障部《实施〈中华人民共和国社会保险法〉若干规定》(2011 年 6 月 29 日　部令第 13 号)

第二十七条　职工与所在用人单位发生社会保险争议的，可以依照《中华人民共和国劳动争议调解仲裁法》《劳动人事争议仲裁办案规则》的规定，申请调解、仲裁，提起诉讼。

职工认为用人单位有未按时足额为其缴纳社会保险费等侵害其社会保险权益行为的，也可以要求社会保险行政部门或者社会保险费征收机构依法处理。社会保险行政部门或者社会保险费征收机构应当按照社会保险法和《劳动保障监察条例》等相关规定处理。在处理过程中，用人单位对双方的劳动关系提出异议的，社会保险行政部门应当依法查明相关事实后继续处理。

(6) 劳动和社会保障部《社会保险行政争议处理办法》(2001 年 5 月 27 日　部令第 13 号)

第二条　本办法所称的社会保险行政争议，是指经办机构在依照法律、法规及有关规定经办社会保险事务过程中，与公民、法人或者其他组织之间发生的争议。

本办法所称的经办机构，是指法律、法规授权的劳动保障行政部门所属的专门办理养老保险、医疗保险、失业保险、工伤保险、生育保险等社会保险事务的工作机构。

第三条　公民、法人或者其他组织认为经办机构的具体行政行为侵犯其合法权益，向经办机构或者劳动保障行政部门申请社会保险行政争议处理，经办机构或者劳动保障行政部门处理社会保险行政争议适用本办法。

第四条　经办机构和劳动保障行政部门的法制工作机构或者负责法制工作的机构为本单位的社会保险行政争议处理机构（以下简称保险争议处理机构），具体负责社会保险行政争议的处理工作。

第五条　经办机构和劳动保障行政部门分别采用复查和行政复议的方式处理社会保险行政争议。

第六条 有下列情形之一的，公民、法人或者其他组织可以申请行政复议：

（一）认为经办机构未依法为其办理社会保险登记、变更或者注销手续的；

（二）认为经办机构未按规定审核社会保险缴费基数的；

（三）认为经办机构未按规定记录社会保险费缴费情况或者拒绝其查询缴费记录的；

（四）认为经办机构违法收取费用或者违法要求履行义务的；

（五）对经办机构核定其社会保险待遇标准有异议的；

（六）认为经办机构不依法支付其社会保险待遇或者对经办机构停止其享受社会保险待遇有异议的；

（七）认为经办机构未依法为其调整社会保险待遇的；

（八）认为经办机构未依法为其办理社会保险关系转移或者接续手续的；

（九）认为经办机构的其他具体行政行为侵犯其合法权益的。

属于前款第（二）、（五）、（六）、（七）项情形之一的，公民、法人或者其他组织可以直接向劳动保障行政部门申请行政复议，也可以先向作出该具体行政行为的经办机构申请复查，对复查决定不服，再向劳动保障行政部门申请行政复议。

第七条 公民、法人或者其他组织认为经办机构的具体行政行为所依据的除法律、法规、规章和国务院文件以外的其他规范性文件不合法，在对具体行政行为申请行政复议时，可以向劳动保障行政部门一并提出对该规范性文件的审查申请。

第八条 公民、法人或者其他组织对经办机构作出的具体行政行为不服，可以向直接管理该经办机构的劳动保障行政部门申请行政复议。

第九条 申请人认为经办机构的具体行政行为侵犯其合法权益的，可以自知道该具体行政行为之日起60日内向经办机构申请复查或者向劳动保障行政部门申请行政复议。

申请人与经办机构之间发生的属于人民法院受案范围的行政案件，申请人也可以依法直接向人民法院提起行政诉讼。

第十条 经办机构作出具体行政行为时，未告知申请人有权申请行政复议或者行政复议申请期限的，行政复议申请期限从申请人知道行政复议权或者行政复议申请期限之日起计算，但最长不得超过二年。

因不可抗力或者其他正当理由耽误法定申请期限的，申请期限自障碍消除之日起继续计算。

第十一条 申请人向经办机构申请复查或者向劳动保障行政部门申请行政复议，一般应当以书面形式提出，也可以口头提出。口头提出的，接到申请的保险争议处理机构应当当场记录申请人的基本情况、请求事项、主要事实和理由、申请时间等事项，并由申请人签字或者盖章。

劳动保障行政部门的其他工作机构接到以书面形式提出的行政复议申请的，应当立即转送本部门的保险争议处理机构。

第十二条 申请人向作出该具体行政行为的经办机构申请复查的，该经办机构应指定其内部专门机构负责处理，并应当自接到复查申请之日起20日内作出维持或者改变该具体行政行为的复查决定。决定改变的，应当重新作出新的具体行政行为。

经办机构作出的复查决定应当采用书面形式。

第十三条 申请人对经办机构的复查决定不服，或者经办机构逾期未作出复查决定的，申请人可以向直接管理该经办机构的劳动保障行政部门申请行政复议。

申请人在经办机构复查该具体行政行为期间，向劳动保障行政部门申请行政复议的，经办机构的复查程序终止。

第十四条 经办机构复查期间，行政复议的申请期限中止，复查期限不计入行政复议申请期限。

第十五条 劳动保障行政部门的保险争议处理机构接到行政复议申请后，应当注明收到日期，并在5个工作日内进行审查，由劳动保障行政部门按照下列情况分别作出决定：

（一）对符合法定受理条件，但不属于本行政机关受理范围的，应当告知申请人向有关机关提出；

（二）对不符合法定受理条件的，应当作出不予受理决定，并制作行政复议不予受理决定书，送达申请人。该决定书中应当说明不予受理的理由。

除前款规定外，行政复议申请自劳动保障行政部门的保险争议处理机构收到之日起即为受理，并制作行政复议受理通知书，送达申请人和被申请人。该通知中应当告知受理日期。

本条规定的期限，从劳动保障行政部门的保险争议处理机构收到行政复议申请之日起计算；因行政复议申请书的主要内容欠缺致使劳动保障行政部门难以作出决定而要求申请人补正有关材料的，从保险争议处理机构收到补正材料之日起计算。

第十六条 经办机构作出具体行政行为时，没有制作或者没有送达行政文书，申请人不服提起行政复议的，只要能证明具体行政行为存在，劳动保障行政部门应当依法受理。

第十七条 申请人认为劳动保障行政部门无正当理由不受理其行政复议申请的，可以向上级劳动保障行政部门申诉，上级劳动保障行政部门在审查后，作出以下处理决定：

（一）申请人提出的行政复议申请符合法定受理条件的，应当责令下级劳动保障行政部门予以受理；其中申请人不服的具体行政行为是依据劳动保障法律、法规、部门规章、本级以上人民政府制定的规章或者本行政机关制定的规范性文件作出的，或者上级劳动保障行政部门认为有必要直接受理的，可以直接受理。

（二）上级劳动保障行政部门认为下级劳动保障行政部门不予受理行为确属有正当理由，应当将审查结论告知申请人。

第十八条 劳动保障行政部门的保险争议处理机构对已受理的社会保险行政争议案件，应当自收到申请之日起7个工作日内，将申请书副本或者申请笔录复印件和行政复议受理通知书送达被申请人。

第十九条 被申请人应当自接到行政复议申请书副本或者申请笔录复印件之日起10日内，提交答辩书，并提交作出该具体行政行为的证据、所依据的法律规范及其他有关材料。

被申请人不提供或者无正当理由逾期提供的，视为该具体行政行为没有证据、依据。

第二十一条 劳动保障行政部门处理社会保险行政争议案件，原则上采用书面审查方式。必要时，可以向有关单位和个人调查了解情况，听取申请人、被申请人和有关人员的意见，并制作笔录。

第二十三条 劳动保障行政部门在依法向有关部门请示行政复议过程中所遇到的问题应当如何处理期间，行政复议中止。

第二十四条 劳动保障行政部门在审查申请人一并提出的作出具体行政行为所依据的有关规定的合法性时，应当根据具体情况，分别作出以下处理：

（一）该规定是由本行政机关制定的，应当在30日内对该规定依法作出处理结论；

（二）该规定是由本行政机关以外的劳动保障行政部门制定的，应当在7个工作日内将有关材料直接移送制定该规定的劳动保障行政部门，请其在60日内依法作出处理结论，并将处理结论告知移送的劳动保障行政部门；

（三）该规定是由政府及其他工作部门制定的，应当在7个工作日内按照法定程序转送有权处理的国家机关依法处理。

审查该规定期间，行政复议中止，劳动保障行政部门应将有关中止情况通知申请人和被申请人。

第二十五条 行政复议中止的情形结束后，劳动保障行政部门应当继续对该具体行政行为进行审查，并将恢复行政复议审查的时间通知申请人和被申请人。

第二十六条 申请人向劳动保障行政部门提出行政复议申请后，在劳动保障行政部门作出处理决定之前，撤回行政复议申请的，经说明理由，劳动保障行政部门可以终止审理，并将有关情况记录在案。

第二十七条 劳动保障行政部门行政复议期间，被申请人变更或者撤销原具体行政行为的，应当书面告知劳动保障行政部门和申请人。劳动保障行政部门可以终止对原具体行政行为的审查，并书面告知申请人和被申请人。

申请人对被申请人变更或者重新作出的具体行政行为不服，向劳动保障行政部门提出行政复议申请的，劳动保障行政部门应当受理。

第二十八条 劳动保障行政部门的保险争议处理机构应当对其组织审理的社会保险行政争议案件提出处理建议，经本行政机关负责人审查同意或者重大案件经本行政机关集体讨论决定后，由本行政机关依法作出行政复议决定。

第三十一条 申请人对劳动保障行政部门作出的行政复议决定不服的，可以依法向人民法院提出行政诉讼。

(7) 卫生部《职业病诊断与鉴定管理办法》（2002年3月28日 部令第24号）

第十九条 当事人对职业病诊断有异议的，在接到职业病诊断证明书之日起30日内，可以向做出诊断的医疗卫生机构所在地设区的市级卫生行政部门申请鉴定。

设区的市级卫生行政部门组织的职业病诊断鉴定委员会负责职业病诊断争议的首次鉴定。

当事人对设区的市级职业病诊断鉴定委员会的鉴定结论不服的，在接到职业病诊断鉴定书之日起15日内，可以向原鉴定机构所在地省级卫生行政部门申请再鉴定。

省级职业病诊断鉴定委员会的鉴定为最终鉴定。

(8) 人力资源和社会保障部《工伤认定办法》(2010年12月31日　部令第8号)

第二十三条　职工或者其近亲属、用人单位对不予受理决定不服或者对工伤认定决定不服的，可以依法申请行政复议或者提起行政诉讼。

福利争议

[解读]

福利是为了改善劳动者的工作条件、提高其生活水平，由国家或用人单位额外向劳动者提供的一类待遇，与劳动者提供的正常劳动没有必然联系。福利争议是指用人单位与劳动者因用人单位用于帮助职工及其家属和举办集体福利事业的费用等，而发生的劳动争议。这类费用包括集体福利费、职工上下班交通补助费、探亲路费、取暖补贴、生活困难补助费等。这类争议很少单独发生，往往是伴随其他类型的劳动争议出现，如在发生辞退争议、工资争议时容易伴之福利争议。

[依据指引]

《中华人民共和国劳动争议调解仲裁法》(2007年12月29日　国家主席令第80号)

第二条　中华人民共和国境内的用人单位与劳动者发生的下列劳动争议，适用本法：

（一）因确认劳动关系发生的争议；

（二）因订立、履行、变更、解除和终止劳动合同发生的争议；

（三）因除名、辞退和辞职、离职发生的争议；

（四）因工作时间、休息休假、社会保险、福利、培训以及劳动保护发生的争议；

（五）因劳动报酬、工伤医疗费、经济补偿或者赔偿金等发生的争议；

（六）法律、法规规定的其他劳动争议。

劳动保护争议

[解读]

劳动保护是指为保障劳动者在劳动过程中获得适宜的劳动条件而采取的各项保护措施，包括工作时间和休息、休假制度的规定，各项保障劳动安全与卫生的措施，女职工的劳动保护规定，未成年人的劳动保护和禁止使用童工规定等。因执行上述标准和规定，劳动者和用人单位双方发生的劳动争议，称之为劳动保护争议。这类争议的标的多是加班加点时间方面的内容，往往伴之以加班加点工资争议；职工孕期、产期、哺乳期内劳动保护的内容，往往伴之以工资待遇、生育保险、解除劳动合同方面的争议；劳动安全方面的内容，主要伴之以工伤保险方面的争议等。

[依据指引]

(1)《中华人民共和国劳动法》(1994年7月5日　国家主席令第28号)

第三十六条　国家实行劳动者每日工作时间不超过8小时、平均每周工作时间不超过44小时的工时制度。

第三十七条　对实行计件工作的劳动者，用人单位应当根据本法第三十六条规定的工时制度合理确定其劳动定额和计件报酬标准。

第三十八条　用人单位应当保证劳动者每周至少休息1日。

第三十九条　企业因生产特点不能实行本法第三十六条、第三十八条规定的，经劳动行政部门批准，可以实行其他工作和休息办法。

第四十条　用人单位在下列节日期间应当依法安排劳动者休假：

（一）元旦；

（二）春节；

（三）国际劳动节；

（四）国庆节；

（五）法律、法规规定的其他休假节日。

第四十一条　用人单位由于生产经营需要，经与工会和劳动者协商后可以延长工作时间，一般每日不得超过1小时；因特殊原因需要延长工作时间的在保障劳动者身体健康的条件下延长工作时间每日不得超过3小时，但是每月不得超过36小时。

第四十二条　有下列情形之一的，延长工作时间不受本法第四十一条规定的限制：

（一）发生自然灾害、事故或者因其他原因，威胁劳动者生命健康和财产安全，需要紧急处理的；

（二）生产设备、交通运输线路、公共设施发生故障，影响生产和公众利益，必须及时抢修的；

（三）法律、行政法规规定的其他情形。

第四十三条 用人单位不得违反本法规定延长劳动者的工作时间。

第四十四条 有下列情形之一的，用人单位应当按照下列标准支付高于劳动者正常工作时间工资的工资报酬：

（一）安排劳动者延长时间的，支付不低于工资的百分之一百五十的工资报酬；

（二）休息日安排劳动者工作又不能安排补休的，支付不低于工资的百分之二百的工资报酬；

（三）法定休假日安排劳动者工作的，支付不低于工资的百分之三百的工资报酬。

第四十五条 国家实行带薪年休假制度。

劳动者连续工作1年以上的，享受带薪年休假。具体办法由国务院规定。

第五十二条 用人单位必须建立、健全劳动卫生制度，严格执行国家劳动安全卫生规程和标准，对劳动者进行劳动安全卫生教育，防止劳动过程中的事故，减少职业危害。

第五十三条 劳动安全卫生设施必须符合国家规定的标准。

新建、改建、扩建工程的劳动安全卫生设施必须与主题同时设计、同时施工、同时投入生产和使用。

第五十四条 用人单位必须为劳动者提供符合国家规定的劳动安全卫生条件和必要的劳动防护用品，对从事有职业危害作业的劳动者应当定期进行健康检查。

第五十五条 从事特种作业的劳动者必须经过专门培训并取得特种作业资格。

第五十六条 劳动者在劳动过程中必须严格遵守安全操作规程。

劳动者对用人单位管理人员违章指挥、强令冒险作业，有权拒绝执行；对危害生命安全和身体健康的行为，有权提出批评、检举和控告。

第五十七条 国家建立伤亡和职业病统计报告和处理制度。县级以上各级人民政府劳动行政部门、有关部门和用人单位应当依法对劳动者在劳动过程中发生的伤亡事故和劳动者的职业病状况，进行统计、报告和处理。

第五十八条 国家对女职工和未成年工实行特殊劳动保护。

未成年工是指年满16周岁未满18周岁的劳动者。

第五十九条 禁止安排女职工从事矿山井下、国家规定的第四级体力劳动强度的劳动和其他禁忌从事的劳动。

第六十条 不得安排女职工在经期从事高处、低温、冷水作业和国家规定的第三级体力劳动强度的劳动。

第六十一条 不得安排女职工在怀孕期间从事国家规定的第三级体力劳动强度的劳动和孕期禁忌从事的劳动。对怀孕7个月以上的女职工，不得安排其延长工作时间和夜班劳动。

第六十二条 女职工生育享受不少于90天的产假。

第六十三条 不得安排女职工在哺乳未满1周岁的婴儿期间从事国家规定的第三级体力劳动强度的劳动和哺乳期禁忌从事的其他劳动，不得安排其延长工作时间和夜班劳动。

第六十四条 不得安排未成年工从事矿山井下、有毒有害、国家规定的第四级体力劳动强度的劳动和其他禁忌从事的劳动。

第六十五条 用人单位应当对未成年工定期进行健康检查。

(2)《中华人民共和国劳动争议调解仲裁法》（2007年12月29日 国家主席令第80号）

第二条 中华人民共和国境内的用人单位与劳动者发生的下列劳动争议，适用本法：

（一）因确认劳动关系发生的争议；

（二）因订立、履行、变更、解除和终止劳动合同发生的争议；

（三）因除名、辞退和辞职、离职发生的争议；

（四）因工作时间、休息休假、社会保险、福利、培训以及劳动保护发生的争议；

（五）因劳动报酬、工伤医疗费、经济补偿或者赔偿金等发生的争议；

（六）法律、法规规定的其他劳动争议。

(3) 国务院《关于职工工作时间的规定》（1994年2月3日 国务院令第146号 1995年3月25日修订）（略）

(4)《女职工劳动保护特别规定》（2012年4月28日 国务院令第619号）（略）

(5)《未成年工特殊保护规定》（1994 年 12 月 9 日　劳部发［1994］498 号）（略）

(6)《中华人民共和国安全生产法》（2002 年 6 月 29 日）（略）

(7)《中华人民共和国职业病防治法》（2001 年 10 月 27 日　国家主席令第 60 号　2011 年 12 月 31 日修订）（略）

培训争议

［解读］

培训是指职工在职期间（含转岗）的职业技术培训，包括在各类专业学校（职业技术学校、职工学校、技工学校、高等院校等）和各种职业技术训练班、进修班的培训及与其相关的培训合同的执行和培训费用的承付等。因上述内容，劳动关系双方发生的争议，称为培训争议。目前常见的培训争议，多是在员工辞职解除劳动合同时，因培训合同、培训费用发生的争议。

为预防培训争议的发生，用人单位与劳动者在订立培训合同时，应注意以下三点：一是应明确约定培训费用的外延，包括用人单位为了对劳动者进行专业技术培训而支付的有凭证的培训费用、培训期间的差旅费用、特别应对因培训用于该劳动者的其他直接费用项目、数额要具体约定；二是约定用人单位按违纪辞退员工，可以要求其支付违约金；三是约定的服务期限与劳动合同期限不一致的，应依法约定与劳动合同期限相衔接的条款。

职工具体支付违约金的方法是：约定服务期的，按服务期等分出资金额，以职工已履行的服务期限递减支付；没约定服务期的，按劳动合同期等分出资金额，以职工已履行的合同期限递减支付；没有约定合同期的，按 5 年服务期等分出资金额，以职工已履行的服务期限递减支付；双方对递减计算方式已有约定有，从其约定。

用人单位在追索培训合同违约金时还应注意：

（一）劳动者违反服务期约定的，应当按照约定向用人单位支付违约金。违约金的数额不得超过用人单位提供的培训费用。

（二）劳动者依照《劳动合同法》第 38 条的规定在服务期内主动解除劳动合同的，不属于违反服务期的约定，用人单位不得要求劳动者支付违约金。

（三）用人单位在服务期内按违纪辞退劳动者，仍可要求其支付违约金。

（四）劳动合同期限短于培训协议约定的服务期时，应以服务期为准。

［依据指引］

(1)《中华人民共和国劳动法》（1994 年 7 月 5 日　国家主席令第 28 号）

第六十八条　用人单位应当建立职业培训制度，按照国家规定提取和使用职业培训经费，根据本单位实际，有计划地对劳动者进行职业培训。

从事技术工种的劳动者，上岗前必须经过培训。

(2)《中华人民共和国劳动合同法》（2007 年 6 月 29 日　国家主席令第 65 号）

第二十二条　用人单位为劳动者提供专项培训费用，对其进行专业技术培训的，可以与该劳动者订立协议，约定服务期。劳动者违反服务期约定的，应当按照约定向用人单位支付违约金。违约金的数额不得超过用人单位提供的培训费用。用人单位要求劳动者支付的违约金不得超过服务期尚未履行部分所应分摊的培训费用。

用人单位与劳动者约定服务期的，不影响按照正常的工资调整机制提高劳动者在服务期期间的劳动报酬。

(3)《中华人民共和国劳动合同法实施条例》（2008 年 9 月 18 日　国务院令第 535 号）

第十六条　劳动合同法第二十二条第二款规定的培训费用，包括用人单位为了对劳动者进行专业技术培训而支付的有凭证的培训费用、培训期间的差旅费用以及因培训产生的用于该劳动者的其他直接费用。

第十七条　劳动合同期满，但是用人单位与劳动者依照劳动合同法第二十二条的规定约定的服务期尚未到期的，劳动合同应当续延至服务期满；双方另有约定的，从其约定。

第二十六条　用人单位与劳动者约定了服务期，劳动者依照劳动合同法第三十八条的规定解除劳动合同的，不属于违反服务期的约定，用人单位不得要求劳动者支付违约金。

有下列情形之一，用人单位与劳动者解除约定服务期的劳动合同的，劳动者应当按照劳动合同的约定向用人单位支付违约金：

（一）劳动者严重违反用人单位的规章制度的；

（二）劳动者严重失职，营私舞弊，给用人单位造成重大损害的；

（三）劳动者同时与其他用人单位建立劳动关系，对完成本单位的工作任务造成严重影响，或者经用人单位提出，拒不改正的；

（四）劳动者以欺诈、胁迫的手段或者乘人之危，使用人单位在违背真实意思的情况下订立或者变更劳动合同的；

（五）劳动者被依法追究刑事责任的。

(4) 劳动部办公厅《关于试用期内解除劳动合同处理依据问题的复函》（1995 年 10 月 10 日 劳办发［1995］264 号）

浙江省劳动厅：

你厅《关于试用期内解除劳动合同处理依据问题的请示》（浙劳仲［1995］106 号）收悉。经研究，答复如下：

……

三、关于解除劳动合同涉及的培训费用问题

用人单位出资（指有支付货币凭证的情况）对职工进行各类技术培训，职工提出与单位解除劳动关系的，如果在试用期内，则用人单位不得要求劳动者支付该项培训费用。如果试用期满，在合同期内，则用人单位可以要求劳动者支付该项培训费用，具体支付方法是：约定服务期的，按服务期等分出资金额，以职工已履行的服务期限递减支付；没约定服务期的，按劳动合同期等分出资金额，以职工已履行的合同期限递减支付；没有约定合同期的，按 5 年服务期等分出资金额，以职工已履行的服务期限递减支付；双方对递减计算方式已有约定的，从其约定。如果合同期满，职工要求终止合同，则用人单位不得要求劳动者支付该项培训费用。如果是由用人单位出资招用的职工，职工在合同期内（包括试用期）解除与用人单位的劳动合同，则该用人单位可按照《违反〈劳动法〉有关劳动合同规定的赔偿办法》（劳部发［1995］223 号）第四条第（一）项规定向职工索赔。

劳动合同争议

[解读]

劳动合同争议是指劳动关系双方当事人就劳动合同有关事项发生的纠纷，包括因订立、履行、变更、解除、终止劳动合同发生的争议。

在生产经营过程中，企业与职工签订承包合同，如果其中包含有工资、福利等应在劳动合同中规定的劳动权利、义务方面的内容，该承包合同就带有劳动合同的某些属性。双方当事人因合同规定的劳动权利、义务发生的争议，也属于劳动合同争议的范围。

事实劳动关系是在生产经营过程中，用人单位与劳动者没有按照国家规定签订劳动合同而其实体要件合法的一种劳动关系。如果事实劳动关系双方当事人发生劳动争议，当事人申请仲裁，仲裁委员会受理后，应首先进行调解，要求当事人双方补办终止或续订或补签劳动合同的手续。调解不成时，仲裁委员会应依据《劳动法》及国家有关规定处理该争议，实质是比照劳动合同争议处理。

在我国企业全面实行劳动合同制、告别固定工制度以后，解除或终止合同争议与辞退争议、辞职争议更是紧密相连，辞退、辞职的概念更加简单、清晰。如果是用人单位提出解除或终止劳动合同而引发的争议，则属于辞退争议；如果是劳动者提出解除或终止合同而引发的争议，则属于辞职争议。由于都是因解除或终止劳动合同发生的争议，所以辞退、辞职争议在全面实行劳动合同制度的条件下，也可统称劳动合同争议。目前在国家机关、事业单位、社会团体等单位也存在着实行劳动合同制和聘用合同制的情况，因此也会发生劳动合同争议。

对因职工入股问题影响劳动合同履行引起的劳动争议，劳动争议仲裁委员会可按“劳动合同争议”受理和处理。

[依据指引]

(1)《中华人民共和国劳动合同法》（2007 年 6 月 29 日 国家主席令第 65 号）

第二条 中华人民共和国境内的企业、个体经济组织、民办非企业单位等组织（以下称用人单位）与劳动者建立劳动关系，订立、履行、变更、解除或者终止劳动合同，适用本法。

国家机关、事业单位、社会团体和与其建立劳动关系的劳动者，订立、履行、变更、解除或者终止劳动合同，依照本法执行。

第三条 订立劳动合同，应当遵循合法、公平、平等自愿、协商一致、诚实信用的原则。

依法订立的劳动合同具有约束力，用人单位与劳动者应当履行劳动合同约定的义务。

第九十六条 事业单位与实行聘用制的工作人员订立、履行、变更、解除或者终止劳动合同，法律、行政法规或者国务院另有规定的，依照其规定；未作规定的，依照本法有关规定执行。

(2)《中华人民共和国劳动争议调解仲裁法》(2007 年 12 月 29 日　国家主席令第 80 号)

第二条　中华人民共和国境内的用人单位与劳动者发生的下列劳动争议，适用本法：

（一）因确认劳动关系发生的争议；

（二）因订立、履行、变更、解除和终止劳动合同发生的争议；

（三）因除名、辞退和辞职、离职发生的争议；

（四）因工作时间、休息休假、社会保险、福利、培训以及劳动保护发生的争议；

（五）因劳动报酬、工伤医疗费、经济补偿或者赔偿金等发生的争议；

（六）法律、法规规定的其他劳动争议。

(3) 国务院《劳动合同法实施条例》(2008 年 9 月 18 日　国务院令第 535 号)

第三十七条　劳动者与用人单位因订立、履行、变更、解除或者终止劳动合同发生争议的，依照《中华人民共和国劳动争议调解仲裁法》的规定处理。

(4) 劳动部《关于贯彻执行〈中华人民共和国劳动法〉若干问题的意见》(1995 年 8 月 4 日　劳部发［1995］309 号)

2. 中国境内的企业、个体经济组织与劳动者之间，只要形成劳动关系，即劳动者事实上已成为企业、个体经济组织的成员，并为其提供有偿劳动，适用劳动法。

26. 劳动合同的解除是指劳动合同订立后，尚未全部履行以前，由于某种原因导致劳动合同一方或双方当事人提前消灭劳动关系的法律行为。劳动合同的解除分为法定解除和约定解除两种。根据劳动法的规定，劳动合同既可以单方依法解除，也可以双方协商解除。劳动合同的解除，只对未履行的部分发生效力，不涉及已履行的部分。

32. 按照劳动法第三十一条的规定，劳动者解除劳动合同，应当提前三十日以书面形式通知用人单位。超过三十日，劳动者可以向用人单位提出办理解除劳动合同手续，用人单位予以办理。如果劳动者违法解除劳动合同给原用人单位造成经济损失，应当承担赔偿责任。

(5) 劳动部《关于劳动争议仲裁工作几个问题的通知》（1995 年 9 月 1 日　劳部发［1995］338 号)

一、关于劳动争议受案范围问题

鉴于《劳动法》对劳动争议受案范围未作具体规定，关于受案范围问题，应当继续执行《条例》的规定。同时，根据《劳动法》第二条、第十八条、第二十四条至第三十二条、第九十七条至第九十九条、第一百零二条的规定，劳动争议受案范围还应包括下述内容：

1. 国家机关、事业组织、社会团体和与之建立劳动合同关系的各类人员之间发生的劳动争议。

2. 因认定无效劳动合同、特定条件下订立劳动合同、职工流动、用人单位裁减人员、经济补偿和赔偿发生的争议。

在处理国家机关、事业组织、社会团体和本单位的工人，及与之建立劳动合同关系的其他各类人员之间发生的劳动争议适用法律、法规时，劳动争议仲裁委员会应根据其特殊性，适用该国家机关、事业组织、社会团体目前所执行的法律、法规。

(6) 劳动部《关于企业实施股份制和股份合作制改造中履行劳动合同问题的通知》(1998 年 1 月 26 日　劳部发［1998］34 号)

当前，在企业实施股份制和股份合作制改造过程中，一些企业出现了未经与劳动者协商，违反劳动法律法规擅自单方变更劳动合同或把解除劳动关系作为强制职工入股的手段等问题，对劳动关系的和谐稳定带来了一定影响。为维护劳动者的合法权益，保障企业改革的顺利进行，现就企业实施股份制和股份合作制改造过程中履行劳动合同问题通知如下：

一、在企业实施股份制或股份合作制改造后，用人单位主体发生变化的，应当由变化后的用工主体继续与职工履行原劳动合同。由于企业改制导致原劳动合同不能履行的，企业与职工应当依法变更劳动合同。

二、在企业实施股份制或股份合作制改造过程中，与职工经协商确实不能就变更劳动合同达成一致意见的，可以按照《劳动法》第二十六条（三）项的规定办理。

三、按照国家体改委《关于发展城市股份合作制企业的指导意见》(体改字［1997］96 号）以及国家有关企业改革的精神，实施股份合作制的企业，在职工投资入股方面，鼓励职工在自愿的基础上人人投资入股，允许少数职工不入股。因此，在股份合作制改造中，企业不得强迫职工入股，不得因职工不入股而降低劳动报酬、停发工资或硬性安排下岗，更不得以此为由解除与职工的劳动关系。

四、在企业实施股份制和股份合作制改造过程中，凡涉及职工切身利益的劳动关系重大问题，如集体变更或解除劳动关系等，要发挥职工代表大会的民主管理、民主监督作用，保持劳动关系的和谐稳定。

五、各级劳动行政部门要加强对企业实施股份制和股份合作制改造过程中履行劳动合同情况的监督检查，对一些企业存在的因职工未入股影响劳动合同履行的行为，劳动部门应及时予以纠正。

六、对因职工入股问题影响劳动合同履行引起的劳动争议，应当按照国家有关劳动争议的规定办理

(7) 劳动部办公厅《关于履行企业内部承包责任合同的争议是否受理的复函》（1993 年 12 月 27 日　劳办发［1993］224 号）（略）

认定无效劳动合同争议

[解读]

无效劳动合同是指所订立的劳动合同不符合法定条件，不能发生当事人预期的法律后果的劳动合同。无效劳动合同也不能作为处理劳动争议的依据。劳动关系双方因劳动合同的有效性发生的劳动争议，称为认定无效劳动合同争议，属于劳动争议处理机构的受理范围。

根据法律规定，以欺诈、胁迫的手段或者乘人之危，使对方在违背真实意思的情况下订立或者变更劳动合同的；用人单位免除自己的法定责任、排除劳动者权利的劳动合同；违反法律、行政法规强制性规定的劳动合同，都属于无效劳动合同。无效劳动合同分为全部无效和部分无效两种，劳动合同部分无效的，如果不影响其余部分的效力，其余部分仍然有效。对劳动合同的无效或者部分无效有争议的，由劳动争议仲裁机构或者人民法院确认。被确认无效且已经履行的劳动合同，给对方造成经济损失的，有过错的一方应当承担赔偿责任；劳动者已付出劳动的，用人单位应当向劳动者支付劳动报酬；由于任何一方当事人的原因致使劳动合同无效的，对方当事人均可立即解除该无效合同。

[依据指引]

(1)《中华人民共和国劳动合同法》（2007 年 6 月 29 日　国家主席令第 65 号）

第二十六条　下列劳动合同无效或者部分无效：

（一）以欺诈、胁迫的手段或者乘人之危，使对方在违背真实意思的情况下订立或者变更劳动合同的；

（二）用人单位免除自己的法定责任、排除劳动者权利的；

（三）违反法律、行政法规强制性规定的。

对劳动合同的无效或者部分无效有争议的，由劳动争议仲裁机构或者人民法院确认。

第二十七条　劳动合同部分无效，不影响其他部分效力的，其他部分仍然有效。

第二十八条　劳动合同被确认无效，劳动者已付出劳动的，用人单位应当向劳动者支付劳动报酬。劳动报酬的数额，参照本单位相同或者相近岗位劳动者的劳动报酬确定。

第八十六条　劳动合同依照本法第二十六条规定被确认无效，给对方造成损害的，有过错的一方应当承担赔偿责任。

(2) 最高人民法院《关于审理劳动争议案件适用法律若干问题的解释》（2001 年 4 月 16 日　法释［2001］14 号）

第十四条　劳动合同被确认为无效后，用人单位对劳动者付出的劳动，一般可参照本单位同期、同工种、同岗位的工资标准支付劳动报酬。

根据《劳动法》第九十七条之规定，由于用人单位的原因订立的无效合同，给劳动者造成损害的，应当比照违反和解除劳动合同经济补偿金的支付标准，赔偿劳动者因合同无效所造成的经济损失。

(3) 劳动部《关于劳动争议仲裁工作几个问题的通知》（1995 年 9 月 1 日　劳部发［1995］338 号）

一、关于劳动争议受案范围问题

鉴于《劳动法》对劳动争议受案范围未作具体规定，关于受案范围问题，应当继续执行《条例》的规定。同时，根据《劳动法》第二条、第十八条、第二十四条至第三十二条、第九十七条至第九十九条、第一百零二条的规定，劳动争议受案范围还应包括下述内容：

1. 国家机关、事业组织、社会团体和与之建立劳动合同关系的各类人员之间发生的劳动争议。

2. 因认定无效劳动合同、特定条件下订立劳动合同、职工流动、用人单位裁减人员、经济补偿和赔偿发生的争议。

在处理国家机关、事业组织、社会团体和本单位的工人，及与之建立劳动合同关系的其他各类人员之间发生的劳动争议适用法律、法规时，劳动争议仲裁委员会应根据其特殊性，适用该国家机关、事业组织、社会团体目前所执行的法律、法规。

特定条件下订立劳动合同争议

[解读]

特定条件下订立劳动合同争议是指基于用人单位与劳动者已经存在事实劳动关系的情况下，双方因签订、续延、补签劳动合同发生的劳动争议。具体来讲，目前主要有以下三种情况：一是根据《劳动合同法》规定，当劳动者在同一用人单位连续工作满10年以上时，或劳动者在该用人单位连续工作满10年以上且距法定退休年龄不足10年的；连续两次订立固定期限劳动合同的，劳动者提出订立无固定期限的劳动合同，而用人单位不同意，双方就订立或续订劳动合同的问题发生的争议。二是用人单位与劳动者已形成事实劳动关系，但未按法律规定签订劳动合同，此时一方当事人提出签订劳动合同的要求，另一方当事人故意拖延不订立劳动合同而导致双方发生的争议。三是由固定工制度向劳动合同制度转变过程中，用人单位借转制不与一部分职工签订劳动合同，或者职工借转制之机跳槽，对方当事人不同意而导致双方发生的争议。这一类争议属于劳动争议仲裁委员会受理范围。

[依据指引]

(1)《中华人民共和国劳动合同法》（2007年6月29日　国家主席令第65号）

第十四条　无固定期限劳动合同，是指用人单位与劳动者约定无确定终止时间的劳动合同。

用人单位与劳动者协商一致，可以订立无固定期限劳动合同。有下列情形之一，劳动者提出或者同意续订、订立劳动合同的，除劳动者提出订立固定期限劳动合同外，应当订立无固定期限劳动合同：

（一）劳动者在该用人单位连续工作满十年的；

（二）用人单位初次实行劳动合同制度或者国有企业改制重新订立劳动合同时，劳动者在该用人单位连续工作满十年且距法定退休年龄不足十年的；

（三）连续订立二次固定期限劳动合同，且劳动者没有本法第三十九条和第四十条第一项、第二项规定的情形，续订劳动合同的。

用人单位自用工之日起满一年不与劳动者订立书面劳动合同的，视为用人单位与劳动者已订立无固定期限劳动合同。

第七十七条　劳动者合法权益受到侵害的，有权要求有关部门依法处理，或者依法申请仲裁、提起诉讼。

第八十二条　用人单位自用工之日起超过一个月不满一年未与劳动者订立书面劳动合同的，应当向劳动者每月支付二倍的工资。

用人单位违反本法规定不与劳动者订立无固定期限劳动合同的，自应当订立无固定期限劳动合同之日起向劳动者每月支付二倍的工资。

(2) 劳动部《关于劳动争议仲裁工作几个问题的通知》（1995年9月1日　劳部发［1995］338号）

一、关于劳动争议受案范围问题

鉴于《劳动法》对劳动争议受案范围未作具体规定，关于受案范围问题，应当继续执行《条例》的规定。同时，根据《劳动法》第二条、第十八条、第二十四条至第三十二条、第九十七条至第九十九条、第一百零二条的规定，劳动争议受案范围还应包括下述内容：

1. 国家机关、事业组织、社会团体和与之建立劳动合同关系的各类人员之间发生的劳动争议。

2. 因认定无效劳动合同、特定条件下订立劳动合同、职工流动、用人单位裁减人员、经济补偿和赔偿发生的争议。

在处理国家机关、事业组织、社会团体和本单位的工人，及与之建立劳动合同关系的其他各类人员之间发生的劳动争议适用法律、法规时，劳动争议仲裁委员会应根据其特殊性，适用该国家机关、事业组织、社会团体目前所执行的法律、法规。

确认事实劳动关系争议

[解读]

事实劳动关系是在生产经营过程中，用人单位与劳动者没有按照国家规定签订劳动合同而其实体要件合法的一种劳动关系。对如何确认事实劳动关系，国家作出了如下规定：

（一）用人单位招用劳动者未订立书面劳动合同，但同时具备下列情形的，劳动关系成立：

1. 用人单位和劳动者符合法律、法规规定的主体资格；

2. 用人单位依法制定的各项劳动规章制度适用于劳动者，劳动者受用人单位的劳动管理，从事用人单位安排的有报酬的劳动；

3. 劳动者提供的劳动是用人单位业务的组成部分。

（二）认定双方存在劳动关系时可参照下列凭证：

1. 工资支付凭证或记录（职工工资发放花名册）、缴纳各项社会保险费的记录，由用人单位负举证责任；

2. 用人单位向劳动者发放的“工作证”“服务证”等能够证明身份的证件；

3. 劳动者填写的用人单位招工招聘“登记表”“报名表”等招用记录，由用人单位负举证责任；

4. 考勤记录，由用人单位负举证责任；

5. 其他劳动者的证言等。

在实践中，用人单位与劳动者往往就彼此是否存在事实劳动关系时常发生争议。因此，《劳动争议调解仲裁法》将确认劳动关系争议列入了劳动争议的受案范围。对事实劳动关系当事人之间发生的劳动争议，国家也明确规定，用人单位与劳动者发生劳动争议，不论是否订立劳动合同，只要存在事实劳动关系，并符合劳动法律的适用范围和劳动争议的受案范围，劳动争议仲裁委员会均应受理。

[依据指引]

(1)《中华人民共和国劳动争议调解仲裁法》（2007年12月29日　国家主席令第80号）

第二条　中华人民共和国境内的用人单位与劳动者发生的下列劳动争议，适用本法：

（一）因确认劳动关系发生的争议；

……

(2) 劳动和社会保障部《关于确立劳动关系有关事项的通知》（2005年5月25日　劳社部发［2005］12号）

（一）用人单位招用劳动者未订立书面劳动合同，但同时具备下列情形的，劳动关系成立：

1. 用人单位和劳动者符合法律、法规规定的主体资格；

2. 用人单位依法制定的各项劳动规章制度适用于劳动者，劳动者受用人单位的劳动管理，从事用人单位的有报酬劳动；

3. 劳动者提供的劳动是用人单位业务的组成部分。

（二）用人单位未与劳动者签订劳动合同，认定双方存在劳动关系时可参考下列凭证：

1. 工资支付凭证或记录（职工工资发放花名册）、缴纳各项社会保险费的记录；

2. 用人单位向劳动者发放的“工作证”“服务证”等能够证明身份的证件；

3. 劳动者填写的用人单位招工招聘“登记表”“报名表”等招用记录；

4. 考勤记录；

5. 其他劳动者的证言等。

其中1、3、4项的有关凭证由用人单位负举证责任。

（三）用人单位招用劳动者符合第一条规定的情形的，用人单位应当与劳动者补签劳动合同，劳动合同期限由双方协商确定。协商不一致的，任何一方均可提出终止劳动关系，但对符合签订无固定期限劳动合同条件的劳动者，如果劳动者提出订立无固定期限劳动合同，用人单位应当订立。

用人单位提出终止劳动关系的，应当按照劳动者在本单位的工作年限每满一年支付一个月工资的经济补偿金。

（四）建筑施工、矿山企业等用人单位将工程（业务）或经营权发包给不具备用工主体资格组织或自然人，对该组织或自然人招用的劳动者，由具备用工主体资格的发包方承担用工主体责任。

（五）劳动者与用人单位就是否存在劳动关系引发争议的，可以向有管辖权的劳动争议仲裁委员会申请仲裁。

(3) 劳动部《关于贯彻执行〈中华人民共和国劳动法〉若干问题的意见》（1995年8月4日　劳部发［1995］309号）

82. 用人单位与劳动者发生劳动争议不论是否订立劳动合同，只要存在事实劳动关系，并符合劳动法的适用范围和《中华人民共和国企业劳动争议处理条例》的受案范围，劳动争议仲裁委员会均应受理。

第二劳动关系争议

[解读]

用人单位招用其他企业的停薪留职人员、内退人员、下岗、待岗人员，以及企业经营性停产放长假人员，双方建立的是第二劳动关系，同样应当签订劳动合同。双方发生劳动合同争议，向劳动仲裁委员会申请仲裁或人民法院提起诉讼的，劳动仲裁委员会或人民法院应当予以受理。由于国家对第二劳动关系的管理尚没有明确的规定，所以劳动仲裁委员会或人民法院在处理这类劳动争议时，应依据双方依法订立的劳动合同的约定，包括特别约定处理，劳动合同没有约定的，应依据《劳动合同法》的一般规定处理。

[依据指引]

最高人民法院《关于审理劳动争议案件适用法律若干问题的解释（三）》（2010年9月13日 法释〔2010〕12号）

为正确审理劳动争议案件，根据《中华人民共和国劳动法》《中华人民共和国劳动合同法》《中华人民共和国劳动争议调解仲裁法》《中华人民共和国民事诉讼法》等相关法律规定，结合民事审判实践，特作如下解释。

第七条 用人单位与其招用的已经依法享受养老保险待遇或领取退休金的人员发生用工争议，向人民法院提起诉讼的，人民法院应当按劳务关系处理。

第八条 企业停薪留职人员、未达到法定退休年龄的内退人员、下岗待岗人员以及企业经营性停产放长假人员，因与新的用人单位发生用工争议，依法向人民法院提起诉讼的，人民法院应当按劳动关系处理。

集体合同争议

[解读]

集体合同是工会组织或劳动关系中的职工一方与用人单位或其团体组织经集体协商，根据法律、法规的规定就劳动报酬、工作时间、休息休假、劳动安全卫生、保险福利等事项在平等自愿协商一致基础上签订的书面协议。因订立和履行集体合同，双方发生的争议称为集体合同争议。世界各国一般将集体合同争议划分为权利争议和利益争议。按照我国《劳动法》《劳动合同法》《劳动争议调解仲裁法》的有关规定，集体合同争议分为"因履行集体合同发生的争议"和"因签订集体合同发生的争议"两种。从实质上看，"因履行集体合同发生的争议"指的就是权利争议，而"因签订集体合同发生的争议"指的就是利益争议，只是表述的方式不同而已。权利争议是指双方当事人在执行劳动法律、法规规定和集体合同约定的权利、义务所发生的争议。利益争议是指集体合同双方当事人就权利、义务在集体协商中产生的分歧。利益争议往往表现为一方或双方提出新的权利要求，如增加工资、缩短工时等，而达不成一致。同世界各国的通常做法一样，在我国"因履行集体合同发生的争议"，当事人协商调解不成的，可申请仲裁，或者向人民法院提起诉讼；而"因签订集体合同发生的争议"，当事人协商解决不成的，当地人民政府人力资源和社会保障行政部门可以组织有关各方协调处理。

[依据指引]

（1）《中华人民共和国劳动法》（1994年7月5日 国家主席令第28号）

第八十四条 因签订集体合同发生争议，当事人协商解决不成的，当地人民政府劳动行政部门可以组织有关各方协调处理。

因履行集体合同发生争议，当事人协商解决不成的，可以向劳动争议仲裁委员会申请仲裁；对仲裁裁决不服的，可以自收到仲裁裁决书之日起十五日内向人民法院提起诉讼。

（2）《中华人民共和国劳动合同法》（2007年6月29日 国家主席令第65号）

第五十六条 用人单位违反集体合同，侵犯职工劳动权益的，工会可以依法要求用人单位承担责任；因履行集体合同发生争议，经协商解决不成的，工会可以依法申请仲裁、提起诉讼。

（3）《中华人民共和国工会法》（1992年4月3日 国家主席令第62号 2001年10月27日修订）

第二十条 工会帮助、指导职工与企业以及实行企业化管理的事业单位签订劳动合同。

工会代表职工与企业以及实行企业化管理的事业单位进行平等协商，签订集体合同。集体合同草案应当提交职工代表大会或者全体职工讨论通过。

工会签订集体合同，上级工会应当给予支持和帮助。

企业违反集体合同，侵犯职工劳动权益的，工会可以依法要求企业承担责任；因履行集体合同发生争议，经协商解决不成的，工会可以向劳动争议仲裁机构提请仲裁，仲裁机构不予受理或者对仲裁裁决不服的，可以向人民法院提起诉讼。

(4) 劳动和社会保障部《集体合同规定》(2004年1月20日 部令第22号)

第四十九条 集体协商过程中发生争议，双方当事人不能协商解决的，当事人一方或双方可以书面向劳动保障行政部门提出协调处理申请；未提出申请的，劳动保障行政部门认为必要时也可以进行协调处理。

第五十五条 因履行集体合同发生的争议，当事人协商解决不成的，可以依法向劳动争议仲裁委员会申请仲裁。

因签订集体合同发生的争议

[解读]

因签订集体合同发生的争议指的是利益争议(参见本章“集体合同争议”)。因签订集体合同发生争议，双方当事人不能自行协商解决的，当事人一方或双方可向人力资源和社会保障行政部门的劳动争议协调处理机构书面提出协调处理申请；未提出申请的，人力资源和社会保障行政部门认为必要时，可视情况进行协调处理。人力资源和社会保障行政部门协调处理因签订集体合同发生的争议时，组织同级工会代表、企业方面的代表以及其他有关方面的代表共同进行，双方当事人应各选派代表3～10名，并指定一名首席代表参加。协调处理因签订集体合同发生的争议结束后，由人力资源和社会保障行政部门制作协调处理协议书，双方当事人的首席代表和协调处理负责人共同签字盖章。协调处理协议书下达后，双方应当执行。协调处理协议书实质上是一种调解协议书，它的履行有两种方式：一是工会和用人单位双方将协议书的内容直接纳入集体合同之中，使之成为集体合同的组成部分；二是在工会和用人单位双方将协议书视为集体合同的附件，具有集体合同的效力，双方依法履行其在协议书中承担的法律义务。

调解之所以成为处理利益争议的主要方式，有以下三个原因：首先，集体合同双方当事人是就将要达成的合同条款进行协商，因此而产生的问题不是法律问题，不在司法解决的范围之内；其次，利益争议的处理不是一个确定谁是谁非的问题，而是一个如何在双方的不同利益需求之间找到平衡点的问题；最后，在处理利益争议时，双方达成妥协的可能性比处理权利争议时要大得多。

[依据指引]

(1)《中华人民共和国劳动法》(1994年7月5日 国家主席令第28号)

第八十四条 因签订集体合同发生争议，当事人协商解决不成的，当地人民政府劳动行政部门可以组织有关各方协调处理。

因履行集体合同发生争议，当事人协商解决不成的，可以向劳动争议仲裁委员会申请仲裁；对仲裁裁决不服的，可以自收到仲裁裁决书之日起十五日内向人民法院提起诉讼。

(2) 劳动和社会保障部《集体合同规定》(2004年1月20日 部令第22号)

第四十九条 集体协商过程中发生争议，双方当事人不能协商解决的，当事人一方或双方可以书面向劳动保障行政部门提出协调处理申请；未提出申请的，劳动保障行政部门认为必要时也可以进行协调处理。

第五十条 劳动保障行政部门应当组织同级工会和企业组织等三方面的人员，共同协调处理集体协商争议。

第五十一条 集体协商争议处理实行属地管辖，具体管辖范围由省级劳动保障行政部门规定。

中央管辖的企业以及跨省、自治区、直辖市用人单位因集体协商发生的争议，由劳动保障部指定的省级劳动保障行政部门组织同级工会和企业组织等三方面的人员协调处理，必要时劳动保障部也可以组织有关方面协调处理。

第五十二条 协调处理集体协商争议，应当自受理协调处理申请之日起30日内结束协调处理工作。期满未结束的，可以适当延长协调期限，但延长期限不得超过15日。

第五十三条 协调处理集体协商争议应当按照以下程序进行：

(一) 受理协调处理申请；

(二) 调查了解争议的情况；

(三) 研究制定协调处理争议的方案；

(四) 对争议进行协调处理；

（五）制作《协调处理协议书》。

第五十四条 《协调处理协议书》应当载明协调处理申请、争议的事实和协调结果，双方当事人就某些协商事项不能达成一致的，应将继续协商的有关事项予以载明。《协调处理协议书》由集体协商争议协调处理人员和争议双方首席代表签字盖章后生效。争议双方均应遵守生效后的《协调处理协议书》。

因履行集体合同发生的争议

[解读]

因履行集体合同发生的争议指的是权利争议（参见本章“集体合同争议”）。同世界各国的通常做法一样，在我国，“因履行集体合同发生的争议”通过劳动争议仲裁和劳动争议诉讼来解决。具体而言，因履行集体合同发生争议，当事人协商解决不成的，工会可以依法申请仲裁；尚未建立工会的，由上级工会指导劳动者推举产生的代表依法申请仲裁；仲裁委员会处理这类劳动争议，应当按照三方原则组成仲裁庭处理。当事人对仲裁裁决不服的，可以自收到仲裁裁决书之日起 15 日内向人民法院提起诉讼。

[依据指引]

(1)《中华人民共和国劳动法》（1994 年 7 月 5 日 国家主席令第 28 号）

第八十四条 因签订集体合同发生争议，当事人协商解决不成的，当地人民政府劳动行政部门可以组织有关各方协调处理。

因履行集体合同发生争议，当事人协商解决不成的，可以向劳动争议仲裁委员会申请仲裁；对仲裁裁决不服的，可以自收到仲裁裁决书之日起十五日内向人民法院提起诉讼。

(2)《中华人民共和国劳动合同法》（2007 年 6 月 29 日 国家主席令第 62 号）

第五十六条 用人单位违反集体合同，侵犯职工劳动权益的，工会可以依法要求用人单位承担责任；因履行集体合同发生争议，经协商解决不成的，工会可以依法申请仲裁、提起诉讼。

(3)《中华人民共和国工会法》（1992 年 4 月 3 日 国家主席令第 62 号 2001 年 10 月 27 日修订）

第二十条 工会帮助、指导职工与企业以及实行企业化管理的事业单位签订劳动合同。工会代表职工与企业以及实行企业化管理的事业单位进行平等协商，签订集体合同。集体合同草案应当提交职工代表大会或者全体职工讨论通过。

工会签订集体合同，上级工会应当给予支持和帮助。

企业违反集体合同，侵犯职工劳动权益的，工会可以依法要求企业承担责任；因履行集体合同发生争议，经协商解决不成的，工会可以向劳动争议仲裁机构提请仲裁，仲裁机构不予受理或者对仲裁裁决不服的，可以向人民法院提起诉讼。

(4) 劳动和社会保障部《集体合同规定》（2004 年 1 月 20 日 部令第 22 号）

第五十五条 因履行集体合同发生的争议，当事人协商解决不成的，可以依法向劳动争议仲裁委员会申请仲裁。

(5) 人力资源和社会保障部《劳动人事争议仲裁办案规则》（2009 年 1 月 1 日 部令第 2 号）

第四条 劳动者一方在十人以上的争议，或者因履行集体合同发生的劳动争议，仲裁委员会可优先立案，优先审理。

仲裁委员会处理因履行集体合同发生的劳动争议，应当按照三方原则组成仲裁庭处理。

第五条 因履行集体合同发生的劳动争议，经协商解决不成的，工会可以依法申请仲裁；尚未建立工会的，由上级工会指导劳动者推举产生的代表依法申请仲裁。

法律、法规规定的其他争议

[解读]

《劳动争议调解仲裁法》第 2 条第 6 项在界定劳动争议受理范围时规定了“法律、法规规定的其他争议”。之所以作出这一规定，是因为随着我国处理劳动争议实践的发展，会出现许多新情况、新问题，会推动劳动立法逐步完善，使劳动争议的受理范围也会发生新的变化。因此，在今后的法律、法规、规章或政策中对某一类新出现的劳动争议作出规定，并将其划入劳动争议受理范围，劳动争议处理机构就应按其规定，依据《劳动争议调解仲裁法》第 2 条第 6 项规定受理该类劳动争议。

另外，实际工作中遇到的以下情形，也属于法律、法规规定的其他争议：

（一）事业单位实行聘用制的工作人员与本单位发生的劳动争议。

(二）劳动者与不具备合法经营资格的用人单位发生的劳动争议。

(三）劳动者以用人单位未为其办理社会保险手续，且社会保险经办机构不能补办导致其无法享受社会保险待遇为由，要求用人单位赔偿损失而发生的争议。

(四）因企业自主进行改制引发的争议。

(五）依据《劳动合同法》第85条规定，用人单位被责令限期向劳动者支付相应待遇，而用人单位逾期未支付被要求向劳动者支付赔偿金，用人单位拒绝支付的，劳动者与用人单位发生的争议。

(六）劳动者与未办理营业执照、营业执照被吊销或者营业期限届满仍继续经营的用人单位发生的争议。

(七）未办理营业执照、营业执照被吊销或者营业期限届满仍继续经营的用人单位，以挂靠等方式借用他人营业执照经营而与劳动者发生的劳动争议。

(八）个人承包经营违反规定招用劳动者发生的劳动争议。

(九）非法经营单位的伤残职工或者死亡职工的直系亲属，用人单位招用的童工或者童工的直系亲属就赔偿数额与单位发生的争议。

(十）因履行企业内部承包责任合同发生的劳动争议。

[依据指引]

(1)《中华人民共和国劳动合同法》（2007年6月29日　国家主席令第65号）

第九十三条　对不具备合法经营资格的用人单位的违法犯罪行为，依法追究法律责任；劳动者已经付出劳动的，该单位或者其出资人应当依照本法有关规定向劳动者支付劳动报酬、经济补偿、赔偿金；给劳动者造成损害的，应当承担赔偿责任。

第九十四条　个人承包经营违反本法规定招用劳动者，给劳动者造成损害的，发包的组织与个人承包经营者承担连带赔偿责任。

第九十六条　事业单位与实行聘用制的工作人员订立、履行、变更、解除或者终止劳动合同，法律、行政法规或者国务院另有规定的，依照其规定；未作规定的，依照本法有关规定执行。

(2)《中华人民共和国劳动争议调解仲裁法》（2007年12月29日　国家主席令第80号）

第五十二条　事业单位实行聘用制的工作人员与本单位发生劳动争议的，依照本法执行；法律、行政法规另有规定的，依照其规定。

(3) 最高人民法院《关于审理劳动争议案件适用法律若干问题的解释（三）》（2010年9月13日　法释［2010］12号）

第一条　劳动者以用人单位未为其办理社会保险手续，且社会保险经办机构不能补办导致其无法享受社会保险待遇为由，要求用人单位赔偿损失而发生争议的，人民法院应予受理。

第二条　因企业自主进行改制引发的争议，人民法院应予受理。

第三条　劳动者依据劳动合同法第八十五条规定，向人民法院提起诉讼，要求用人单位支付加付赔偿金的，人民法院应予受理。

第四条　劳动者与未办理营业执照、营业执照被吊销或者营业期限届满仍继续经营的用人单位发生争议的，应当将用人单位或者其出资人列为当事人。

第五条　未办理营业执照、营业执照被吊销或者营业期限届满仍继续经营的用人单位，以挂靠等方式借用他人营业执照经营的，应当将用人单位和营业执照出借方列为当事人。

第七条　用人单位与其招用的已经依法享受养老保险待遇或领取退休金的人员发生用工争议，向人民法院提起诉讼的，人民法院应当按劳务关系处理。

第八条　企业停薪留职人员、未达到法定退休年龄的内退人员、下岗待岗人员以及企业经营性停产放长假人员，因与新的用人单位发生用工争议，依法向人民法院提起诉讼的，人民法院应当按劳动关系处理。

(4) 国务院《工伤保险条例》（2003年4月27日　国务院令第375号　2010年12月20日修订）

第六十六条　无营业执照或者未经依法登记、备案的单位以及被依法吊销营业执照或者撤销登记、备案的单位的职工受到事故伤害或者患职业病的，由该单位向伤残职工或者死亡职工的近亲属给予一次性赔偿，赔偿标准不得低于本条例规定的工伤保险待遇；用人单位不得使用童工，用人单位使用童工造成童工伤残、死亡的，由该单位向童工或者童工的近亲属给予一次性赔偿，赔偿标准不得低于本条例规定的工伤保险待遇。具体办法由国务院社会保险行政部门规定。

前款规定的伤残职工或者死亡职工的近亲属就赔偿数额与单位发生争议的，以及前款规定的童工或者童工的近亲属就赔偿数额与单位发生争议的，按照处理劳动争议的有关规定处理。

(5) 劳动部办公厅《关于履行企业内部承包责任合同的争议是否受理的复函》（1993 年 12 月 27 日　劳办发［1993］224 号）

企业实行内部责任承包制后，职工与企业签订的含有工资福利等应在劳动合同规定的劳动权利义务方面的内容的承包合同，在执行该承包合同中有关劳动权利义务方面的规定发生的争议，属于劳动争议。

劳动争议协商

［解读］

劳动争议协商是指劳动争议当事人相互直接面谈、沟通，或者请第三方中间人介入协助沟通，自行和解解决劳动争议的一种方式，是劳动争议双方当事人应首先选择解决争议的途径。

劳动争议协商是以双方当事人自愿为基础的，一方当事人提出协商要求后，另一方当事人应当积极做出口头或者书面回应，5 日内不做出回应的，视为不愿协商；不愿协商或者经协商不能达成一致，当事人可以选择其他解决方式；协商达成一致的，应当签订书面和解协议，对双方当事人具有约束力。该协议经仲裁庭审查，程序和内容合法有效的，仲裁庭可以将其作为证据使用，然而当事人为达成和解的目的做出妥协所涉及的对争议事实的认可，不得在其后的仲裁活动中作为对其不利的证据使用。该协议未经仲裁庭审查的，只要不违反法律、行政法规的强制性规定，且不存在欺诈、胁迫或者乘人之危的情形，仍应认定为有效；若其存在重大误解或者显失公平的情形，当事人请求撤销的，则应予撤销。

劳动争议协商也是在解决争议过程中可以随时采用的最便捷的方式，可以在申请调解、仲裁或提起诉讼之前进行，也可以在调解、仲裁、诉讼过程中进行。进入调解、仲裁或诉讼程序后，双方经协商自行和解达成协议的，当事人可以撤回调解、仲裁或诉讼申请。

在协商过程中有下列情形之一，按照规定属于仲裁时效中断的，从中断时起，仲裁时效期间重新计算：

（一）一方当事人提出协商要求后，另一方当事人不同意协商或者在 5 日内不做出回应的。

（二）在约定的协商期限内，一方或者双方当事人不同意继续协商的。

（三）在约定的协商期限内未达成一致的。

［依据指引］

(1)《中华人民共和国劳动争议调解仲裁法》（2007 年 12 月 29 日　国家主席令第 80 号）

第四条　发生劳动争议，劳动者可以与用人单位协商，也可以请工会或者第三方共同与用人单位协商，达成和解协议。

第五条　发生劳动争议，当事人不愿协商、协商不成或者达成和解协议后不履行的，可以向调解组织申请调解；不愿调解、调解不成或者达成调解协议后不履行的，可以向劳动争议仲裁委员会申请仲裁；对仲裁裁决不服的，除本法另有规定的外，可以向人民法院提起诉讼。

(2) 最高人民法院《关于审理劳动争议案件适用法律若干问题的解释（三）》（2010 年 9 月 13 日　法释［2010］12 号）

第十条　劳动者与用人单位就解除或者终止劳动合同办理相关手续、支付工资报酬、加班费、经济补偿或者赔偿金等达成的协议，不违反法律、行政法规的强制性规定，且不存在欺诈、胁迫或者乘人之危情形的，应当认定有效。

前款协议存在重大误解或者显失公平情形，当事人请求撤销的，人民法院应予支持。

(3) 人力资源和社会保障部《企业劳动争议协商调解规定》（2011 年 11 月 30 日　部令第 17 号）

第八条　发生劳动争议，一方当事人可以通过与另一方当事人约见、面谈等方式协商解决。

第九条　劳动者可以要求所在企业工会参与或者协助其与企业进行协商。工会也可以主动参与劳动争议的协商处理，维护劳动者合法权益。

劳动者可以委托其他组织或者个人作为其代表进行协商。

第十条　一方当事人提出协商要求后，另一方当事人应当积极做出口头或者书面回应。5 日内不做出回应的，视为不愿协商。

协商的期限由当事人书面约定，在约定的期限内没有达成一致的，视为协商不成。当事人可以书面约定延长期限。

第十一条　协商达成一致，应当签订书面和解协议。和解协议对双方当事人具有约束力，当事人应当履行。

经仲裁庭审查，和解协议程序和内容合法有效的，仲裁庭可以将其作为证据使用。但是，当事人为达成和解的目的做出妥协所涉及的对争议事实的认可，不得在其后的仲裁中作为对其不利的证据。

第十二条 发生劳动争议，当事人不愿协商、协商不成或者达成和解协议后，一方当事人在约定的期限内不履行和解协议的，可以依法向调解委员会或者乡镇、街道劳动就业社会保障服务所（中心）等其他依法设立的调解组织申请调解，也可以依法向劳动人事争议仲裁委员会（以下简称仲裁委员会）申请仲裁。

第三十一条 有下列情形之一的，按照《劳动人事争议仲裁办案规则》第十条的规定属于仲裁时效中断，从中断时起，仲裁时效期间重新计算：

（一）一方当事人提出协商要求后，另一方当事人不同意协商或者在5日内不做出回应的；

（二）在约定的协商期限内，一方或者双方当事人不同意继续协商的；

（三）在约定的协商期限内未达成一致的；

（四）达成和解协议后，一方或者双方当事人在约定的期限内不履行和解协议的；

（五）一方当事人提出调解申请后，另一方当事人不同意调解的；

（六）调解委员会受理调解申请后，在第二十九条规定的期限内一方或者双方当事人不同意调解的；

（七）在第二十九条规定的期限内未达成调解协议的；

（八）达成调解协议后，一方当事人在约定期限内不履行调解协议的。

(4) 人力资源和社会保障部《劳动人事争议仲裁办案规则》（2009年1月1日 部令第2号）

第十条 在争议申请仲裁的时效期间内，有下列情形之一的，仲裁时效中断；从中断时起，仲裁时效期间重新计算：

（一）一方当事人通过协商、申请调解等方式向对方当事人主张权利的；

（二）一方当事人通过向有关部门投诉，向仲裁委员会申请仲裁，向人民法院起诉或者申请支付令等方式请求权利救济的；

（三）对方当事人同意履行义务的。

法定劳动争议调解组织

[解读]

发生劳动争议，当事人不愿协商、协商不成或者达成和解协议后不履行的，可以向法定调解组织申请调解。根据法律规定，有权调解劳动争议的基层组织包括：

（一）企业劳动争议调解委员会。

（二）依法设立的基层人民调解组织。

（三）在乡镇、街道设立的具有劳动争议调解职能的组织。

劳动争议调解组织的调解员，应当具备公道正派、联系群众、热心调解工作，并具有一定法律知识、政策水平和文化水平等条件。

[依据指引]

《中华人民共和国劳动争议调解仲裁法》（2007年12月29日 国家主席令第80号）

第十条 发生劳动争议，当事人可以到下列调解组织申请调解：

（一）企业劳动争议调解委员会；

（二）依法设立的基层人民调解组织；

（三）在乡镇、街道设立的具有劳动争议调解职能的组织。

企业劳动争议调解委员会由职工代表和企业代表组成。职工代表由工会成员担任或者由全体职工推举产生，企业代表由企业负责人指定。企业劳动争议调解委员会主任由工会成员或者双方推举的人员担任。

第十一条 劳动争议调解组织的调解员应当由公道正派、联系群众、热心调解工作，并具有一定法律知识、政策水平和文化水平的成年公民担任。

企业劳动争议调解委员会

[解读]

企业劳动争议调解委员会是调解本企业劳动争议的群众组织。按照人力资源和社会保障部《企业劳动争议协商调解规定》的规定，大中型企业应当依法设立调解委员会；有分公司、分店、分厂的企业，可以根据需要在分支机构设立调解委员会；小微型企业可以设立调解委员会，也可以由劳动者和企业共同推举人员，开展调解工作；调解委员会可以根据需要在车间、工段、班组设立调解小组；总部调解委员会指导分支机构调解委员会开展劳动争议预防调解工作。

企业劳动争议调解委员会由职工代表和企业代表组成；职工代表由工会成员担任或者由全体职工推举产生，企业代表由企业负责人指定；调解委员会主任由工会成员或者双方推举的人员担任；调解委员会人数由双方协商确定，双方人数应当对等。没有成立工会的企业，调解委员会的设立及其组成由职工代表与企业代表协商决定。调解委员会履行下列职责：

（一）宣传劳动保障法律、法规和政策。

（二）对本企业发生的劳动争议进行调解。

（三）监督和解协议、调解协议的履行。

（四）聘任、解聘和管理调解员。

（五）参与协调履行劳动合同、集体合同、执行企业劳动规章制度等方面出现的问题。

（六）参与研究涉及劳动者切身利益的重大方案。

（七）协助企业建立劳动争议预防预警机制。

企业劳动争议调解委员会应根据需要在本企业聘请一定数量的调解员，调解委员会的成员均为调解员。调解员应当具备为人公道正派，联系群众，热心调解工作，具有一定劳动保障法律政策知识和沟通协调能力。调解员依法履行调解职责，需要占用生产或者工作时间的，企业应当予以支持，并按照正常出勤对待。调解员的职责如下：

（一）关注本企业劳动关系状况，及时向调解委员会报告。

（二）接受调解委员会指派，调解劳动争议案件。

（三）监督和解协议、调解协议的履行。

（四）完成调解委员会交办的其他工作。

[依据指引]

(1)《中华人民共和国劳动争议调解仲裁法》（2007 年 12 月 29 日　国家主席令第 80 号）

第十条　企业劳动争议调解委员会由职工代表和企业代表组成。职工代表由工会成员担任或者由全体职工推举产生，企业代表由企业负责人指定。企业劳动争议调解委员会主任由工会成员或者双方推举的人员担任。

第十一条　劳动争议调解组织的调解员应当由公道正派、联系群众、热心调解工作，并具有一定法律知识、政策水平和文化水平的成年公民担任。

(2) 人力资源和社会保障部《企业劳动争议协商调解规定》（2011 年 11 月 30 日　部令第 17 号）

第十三条　大中型企业应当依法设立调解委员会，并配备专职或者兼职工作人员。

有分公司、分店、分厂的企业，可以根据需要在分支机构设立调解委员会。总部调解委员会指导分支机构调解委员会开展劳动争议预防调解工作。

调解委员会可以根据需要在车间、工段、班组设立调解小组。

第十四条　小微型企业可以设立调解委员会，也可以由劳动者和企业共同推举人员，开展调解工作。

第十五条　调解委员会由劳动者代表和企业代表组成，人数由双方协商确定，双方人数应当对等。劳动者代表由工会委员会成员担任或者由全体劳动者推举产生，企业代表由企业负责人指定。调解委员会主任由工会委员会成员或者双方推举的人员担任。

第十六条　调解委员会履行下列职责：

（一）宣传劳动保障法律、法规和政策；

（二）对本企业发生的劳动争议进行调解；

（三）监督和解协议、调解协议的履行；

（四）聘任、解聘和管理调解员；

（五）参与协调履行劳动合同、集体合同、执行企业劳动规章制度等方面出现的问题；

（六）参与研究涉及劳动者切身利益的重大方案；

（七）协助企业建立劳动争议预防预警机制。

第十七条　调解员履行下列职责：

（一）关注本企业劳动关系状况，及时向调解委员会报告；

（二）接受调解委员会指派，调解劳动争议案件；

（三）监督和解协议、调解协议的履行；

（四）完成调解委员会交办的其他工作。

第十八条　调解员应当公道正派、联系群众、热心调解工作，具有一定劳动保障法律政策知识和沟通协调能力。调解员由调解委员会聘任的本企业工作人员担任，调解委员会成员均为调解员。

第十九条　调解员的聘期至少为 1 年，可以续聘。调解员不能履行调解职责时，调解委员会应当及时调整。

第二十条 调解员依法履行调解职责，需要占用生产或者工作时间的，企业应当予以支持，并按照正常出勤对待。

人民调解委员会

[解读]

人民调解委员会是依法设立的调解民间纠纷的群众性组织，其所调解的民间纠纷包括劳动争议。按照法律规定，村民委员会、居民委员会设立人民调解委员会。企业事业单位根据需要设立人民调解委员会；该委员会由委员 3～9 人组成，设主任 1 人，必要时，可以设副主任若干人。人民调解员由人民调解委员会委员和人民调解委员会聘任的人员担任，其应具备公道正派、热心人民调解工作，具有一定文化水平、政策水平和法律知识等条件。人民调解委员会调解民间纠纷，应当遵循下列原则：

（一）在当事人自愿、平等的基础上进行调解。

（二）不违背法律、法规和国家政策。

（三）尊重当事人的权利，不得因调解而阻止当事人依法通过仲裁、行政、司法等途径维护自己的权利。

法律将人民调解委员会列入了劳动争议的法定调解组织。

[依据指引]

(1)《中华人民共和国劳动争议调解仲裁法》（2007 年 12 月 29 日　国家主席令第 80 号）

第十条 发生劳动争议，当事人可以到下列调解组织申请调解：

（一）企业劳动争议调解委员会；

（二）依法设立的基层人民调解组织；

（三）在乡镇、街道设立的具有劳动争议调解职能的组织。

(2)《中华人民共和国人民调解法》（2010 年 8 月 28 日　国家主席令第 34 号）

第二条 本法所称人民调解，是指人民调解委员会通过说服、疏导等方法，促使当事人在平等协商基础上自愿达成调解协议，解决民间纠纷的活动。

第三条 人民调解委员会调解民间纠纷，应当遵循下列原则：

（一）在当事人自愿、平等的基础上进行调解；

（二）不违背法律、法规和国家政策；

（三）尊重当事人的权利，不得因调解而阻止当事人依法通过仲裁、行政、司法等途径维护自己的权利。

第七条 人民调解委员会是依法设立的调解民间纠纷的群众性组织。

第八条 村民委员会、居民委员会设立人民调解委员会。企业事业单位根据需要设立人民调解委员会。

人民调解委员会由委员三至九人组成，设主任一人，必要时，可以设副主任若干人。

人民调解委员会应当有妇女成员，多民族居住的地区应当有人数较少民族的成员。

第十三条 人民调解员由人民调解委员会委员和人民调解委员会聘任的人员担任。

第十四条 人民调解员应当由公道正派、热心人民调解工作，并具有一定文化水平、政策水平和法律知识的成年公民担任。县级人民政府司法行政部门应当定期对人民调解员进行业务培训。

第十五条 人民调解员在调解工作中有下列行为之一的，由其所在的人民调解委员会给予批评教育、责令改正，情节严重的，由推选或者聘任单位予以罢免或者解聘：

（一）偏袒一方当事人的；

（二）侮辱当事人的；

（三）索取、收受财物或者牟取其他不正当利益的；

（四）泄露当事人的个人隐私、商业秘密的。

第十六条 人民调解员从事调解工作，应当给予适当的误工补贴；因从事调解工作致伤致残，生活发生困难的，当地人民政府应当提供必要的医疗、生活救助；在人民调解工作岗位上牺牲的人民调解员，其配偶、子女按照国家规定享受抚恤和优待。

劳动争议调解组织的一般调解程序

[解读]

当事人申请劳动争议调解可以书面申请，也可以口头申请。口头申请的，调解组织应当当场记录申请人基本情况、申请调解的争议事项、理由和时间。

劳动争议发生后，双方当事人或任何一方，都可以向劳动争议调解委员会申请调解。当事人在申请调解时应注意以下几点：

（一）必须是劳动争议直接当事人，并且争议事项是与自己有直接的利害关系，否则不能作为当事人请求调解。

（二）要分清所发生争议的内容是不是劳动争议，如果是劳动争议，还要分清是否属于调解委员会的调解范围。

（三）当事人申请调解，应当以口头或书面形式向调解委员会提出申请，并填写《劳动争议调解申请书》。不论口头或书面申请调解必须说明：申请人基本情况、调解请求的具体事项、事实与理由以及申请调解的时间等。

劳动争议调解组织接到申请后，要做好以下审查工作：

（一）审查申请人是否具备申请调解的资格。即申请人必须是该劳动争议案件当事人或与之有直接利害关系的人。

（二）审查该争议是否符合调解委员会的受理范围，对属于劳动争议受理范围且双方当事人同意调解的，应当在3个工作日内受理，并书面通知当事人；对不属于受理范围或者一方当事人不同意调解的，应做好记录，并书面通知申请人。

发生劳动争议，当事人没有提出调解申请，调解组织可以在征得双方当事人同意后主动调解。调解组织立案后，可根据案件情况指定调解员或者调解小组进行调解，在征得当事人同意后，也可以邀请有关单位和个人协助调解。调解组织调解劳动争议一般不公开进行，但是双方当事人要求公开调解的除外。调解组织调解劳动争议，应当自受理调解申请之日起15日内结束，但是双方当事人同意延期的可以延长。经调解达成调解协议的，由调解组织制作调解协议书。调解协议书应当写明双方当事人基本情况、调解请求事项、调解的结果和协议履行期限、履行方式等。调解协议书由双方当事人签名或者盖章，经调解员签名并加盖调解组织印章后生效，一式三份，双方当事人和调解组织各执一份。当事人不愿调解、调解不成或者达成调解协议后，一方当事人在约定的期限内不履行调解协议的，调解组织应当做好记录，由双方当事人签名或者盖章，并书面告知当事人可以向仲裁委员会申请仲裁。

在调解过程中有下列情形之一，按照规定属于仲裁时效中断的，仲裁时效期间应从中断之日起重新计算：

（一）达成和解协议后，一方或者双方当事人在约定的期限内不履行和解协议的。

（二）一方当事人提出调解申请后，另一方当事人不同意调解的。

（三）自调解组织受理调解申请之日起15日内或双方当事人同意的延长期内，一方或者双方当事人不同意调解或未达成调解协议的。

（四）达成调解协议后，一方当事人在约定期限内不履行调解协议的。

［依据指引］

（1）《中华人民共和国劳动争议调解仲裁法》（2007年12月29日　国家主席令第80号）

第十二条　当事人申请劳动争议调解可以书面申请，也可以口头申请。口头申请的，调解组织应当当场记录申请人基本情况、申请调解的争议事项、理由和时间。

（2）人力资源和社会保障部《企业劳动争议协商调解规定》（2011年11月30日　部令第17号）

第二十一条　发生劳动争议，当事人可以口头或者书面形式向调解委员会提出调解申请。

申请内容应当包括申请人基本情况、调解请求、事实与理由。

口头申请的，调解委员会应当当场记录。

第二十二条　调解委员会接到调解申请后，对属于劳动争议受理范围且双方当事人同意调解的，应当在3个工作日内受理。对不属于劳动争议受理范围或者一方当事人不同意调解的，应当做好记录，并书面通知申请人。

第二十三条　发生劳动争议，当事人没有提出调解申请，调解委员会可以在征得双方当事人同意后主动调解。

第二十四条　调解委员会调解劳动争议一般不公开进行。但是，双方当事人要求公开调解的除外。

第二十五条　调解委员会根据案件情况指定调解员或者调解小组进行调解，在征得当事人同意后，也可以邀请有关单位和个人协助调解。

调解员应当全面听取双方当事人的陈述，采取灵活多样的方式方法，开展耐心、细致的说服疏导工作，帮助当事人自愿达成调解协议。

第二十六条　经调解达成调解协议的，由调解委员会制作调解协议书。调解协议书应当写明双方当事人基本情况、调解请求事项、调解的结果和协议履行期限、履行方式等。

调解协议书由双方当事人签名或者盖章，经调解员签名并加盖调解委员会印章后生效。

调解协议书一式三份，双方当事人和调解委员会各执一份。

第二十九条 调解委员会调解劳动争议，应当自受理调解申请之日起15日内结束。但是，双方当事人同意延期的可以延长。

在前款规定期限内未达成调解协议的，视为调解不成。

第三十条 当事人不愿调解、调解不成或者达成调解协议后，一方当事人在约定的期限内不履行调解协议的，调解委员会应当做好记录，由双方当事人签名或者盖章，并书面告知当事人可以向仲裁委员会申请仲裁。

第三十一条 有下列情形之一的，按照《劳动人事争议仲裁办案规则》第十条的规定属于仲裁时效中断，从中断时起，仲裁时效期间重新计算：

（一）一方当事人提出协商要求后，另一方当事人不同意协商或者在5日内不做出回应的；

（二）在约定的协商期限内，一方或者双方当事人不同意继续协商的；

（三）在约定的协商期限内未达成一致的；

（四）达成和解协议后，一方或者双方当事人在约定的期限内不履行和解协议的；

（五）一方当事人提出调解申请后，另一方当事人不同意调解的；

（六）调解委员会受理调解申请后，在第二十九条规定的期限内一方或者双方当事人不同意调解的；

（七）在第二十九条规定的期限内未达成调解协议的；

（八）达成调解协议后，一方当事人在约定期限内不履行调解协议的。

(3)《中华人民共和国人民调解法》（2010年8月28日 国家主席令第34号）

第十七条 当事人可以向人民调解委员会申请调解；人民调解委员会也可以主动调解。当事人一方明确拒绝调解的，不得调解。

第十八条 基层人民法院、公安机关对适宜通过人民调解方式解决的纠纷，可以在受理前告知当事人向人民调解委员会申请调解。

第十九条 人民调解委员会根据调解纠纷的需要，可以指定一名或者数名人民调解员进行调解，也可以由当事人选择一名或者数名人民调解员进行调解。

第二十条 人民调解员根据调解纠纷的需要，在征得当事人的同意后，可以邀请当事人的亲属、邻里、同事等参与调解，也可以邀请具有专门知识、特定经验的人员或者有关社会组织的人员参与调解。

人民调解委员会支持当地公道正派、热心调解、群众认可的社会人士参与调解。

第二十一条 人民调解员调解民间纠纷，应当坚持原则，明法析理，主持公道。调解民间纠纷，应当及时、就地进行，防止矛盾激化。

第二十二条 人民调解员根据纠纷的不同情况，可以采取多种方式调解民间纠纷，充分听取当事人的陈述，讲解有关法律、法规和国家政策，耐心疏导，在当事人平等协商、互谅互让的基础上提出纠纷解决方案，帮助当事人自愿达成调解协议。

(4) 人力资源和社会保障部《劳动人事争议仲裁办案规则》（2009年1月1日 部令第2号）

第十条 在争议申请仲裁的时效期间内，有下列情形之一的，仲裁时效中断；从中断时起，仲裁时效期间重新计算：

（一）一方当事人通过协商、申请调解等方式向对方当事人主张权利的；

（二）一方当事人通过向有关部门投诉，向仲裁委员会申请仲裁，向人民法院起诉或者申请支付令等方式请求权利救济的；

（三）对方当事人同意履行义务的。

调解协议书的法律约束力

[解读]

劳动争议调解组织的调解协议书一般情况下不具有法律约束力，主要原因：一是由于调解组织是处理劳动争议的群众性组织，既不是司法、仲裁机构，也不是行政机关，没有对劳动争议的强制处理权；二是法律对当事人双方或一方不履行调解协议应负什么样的法律责任，并没有明确规定。因此，调解协议的履行主要依靠当事人之间的承诺、信任，以及道德规范的约束。

然而，为了督促当事人不断增强诚信意识，国家对调解协议的效力也作了一些增强性的规定，主要有以下内容：

（一）调解协议书涉及因支付拖欠劳动报酬、工伤医疗费、经济补偿或者赔偿金等事项的，用人单位在协议约定期限届满时不履行的，劳动者可以持调解协议书依法向人民法院申请支付令。人民法院应当依法发出支付令。

（二）经人民调解委员会调解达成调解协议的，双方当事人认为有必要的，可以自调解协议生效之日起 30 日内共同向人民法院申请司法确认，人民法院应当及时对调解协议进行审查，依法确认调解协议的效力。调解协议被确认有效的，一方当事人拒绝履行或者未全部履行的，对方当事人可以向人民法院申请强制执行。

（三）经企业劳动争议调解委员会调解达成的调解协议书，双方当事人可以自该协议书生效之日起 15 日内共同向劳动争议仲裁委员会提出仲裁审查申请。经审查调解协议程序和内容合法有效的，仲裁委员会应当依据《劳动人事争议仲裁办案规则》的相关规定，为当事人出具仲裁调解书，自送达之日起即发生法律效力。

（四）企业劳动争议调解委员会出具的调解协议书，双方当事人未提出仲裁审查申请，一方当事人在约定的期限内不履行调解协议的，另一方当事人可以依法申请仲裁。仲裁委员会立案后，应当对调解协议进行审查，调解协议合法有效且不损害公共利益或者第三人合法利益的，在没有新证据出现的情况下，仲裁委员会可以依据调解协议作出仲裁裁决。

（五）当事人在劳动争议调解组织主持下达成的具有劳动权利义务内容的调解协议，具有劳动合同的约束力，可以作为人民法院裁判的根据；当事人仅就劳动报酬争议达成的调解协议，用人单位不履行调解协议确定的给付义务，劳动者直接向人民法院起诉的，人民法院可以按照普通民事纠纷受理。

[依据指引]

(1)《中华人民共和国劳动争议调解仲裁法》（2007 年 12 月 29 日　国家主席令第 80 号）

第十四条　经调解达成协议的，应当制作调解协议书。

调解协议书由双方当事人签名或者盖章，经调解员签名并加盖调解组织印章后生效，对双方当事人具有约束力，当事人应当履行。

自劳动争议调解组织收到调解申请之日起十五日内未达成调解协议的，当事人可以依法申请仲裁。

第十六条　因支付拖欠劳动报酬、工伤医疗费、经济补偿或者赔偿金事项达成调解协议，用人单位在协议约定期限内不履行的，劳动者可以持调解协议书依法向人民法院申请支付令。人民法院应当依法发出支付令。

(2)《中华人民共和国人民调解法》（2010 年 8 月 28 日　国家主席令第 34 号）

第三十三条　经人民调解委员会调解达成调解协议后，双方当事人认为有必要的，可以自调解协议生效之日起三十日内共同向人民法院申请司法确认，人民法院应当及时对调解协议进行审查，依法确认调解协议的效力。

人民法院依法确认调解协议有效，一方当事人拒绝履行或者未全部履行的，对方当事人可以向人民法院申请强制执行。

人民法院依法确认调解协议无效的，当事人可以通过人民调解方式变更原调解协议或者达成新的调解协议，也可以向人民法院提起诉讼。

(3) 人力资源和社会保障部《企业劳动争议协商调解规定》（2011 年 11 月 30 日　部令第 17 号）

第二十七条　生效的调解协议对双方当事人具有约束力，当事人应当履行。

双方当事人可以自调解协议生效之日起 15 日内共同向仲裁委员会提出仲裁审查申请。仲裁委员会受理后，应当对调解协议进行审查，并根据《劳动人事争议仲裁办案规则》第五十四条规定，对程序和内容合法有效的调解协议，出具调解书。

第二十八条　双方当事人未按前条规定提出仲裁审查申请，一方当事人在约定的期限内不履行调解协议的，另一方当事人可以依法申请仲裁。

仲裁委员会受理仲裁申请后，应当对调解协议进行审查，调解协议合法有效且不损害公共利益或者第三人合法利益的，在没有新证据出现的情况下，仲裁委员会可以依据调解协议作出仲裁裁决。

(4) 最高人民法院《关于审理劳动争议案件适用法律若干问题的解释（二）》（2006 年 8 月 14 日　法释［2006］6 号）

第十七条　当事人在劳动争议调解委员会主持下达成的具有劳动权利义务内容的调解协议，具有劳动合同的约束力，可以作为人民法院裁判的根据。

当事人在劳动争议调解委员会主持下仅就劳

动报酬争议达成调解协议，用人单位不履行调解协议确定的给付义务，劳动者直接向人民法院起诉的，人民法院可以按照普通民事纠纷受理。

劳动争议仲裁

[解读]

劳动争议仲裁是指劳动争议仲裁委员会依据法律规定和劳动争议当事人的申请，以第三者的身份就争议事实与责任居中进行调解或作出裁决。仲裁包括两种形式，即仲裁调解和仲裁裁决。在仲裁员主持下，由双方当事人自愿协商、互谅互让达成协议解决争议的方式，叫做仲裁调解；在仲裁调解不成的情况下，由仲裁员对案件作出具有法律约束力的决断解决争议的方式，就是仲裁裁决。我国劳动争议仲裁具有实行独特的三方原则、劳动行政部门在其中发挥主导作用、处理结果具有法律效力、机构设置比较普遍等特点。

[依据指引]

《中华人民共和国劳动争议调解仲裁法》
(2007 年 12 月 29 日　国家主席令第 80 号)

第十九条　劳动争议仲裁委员会由劳动行政部门代表、工会代表和企业方面代表组成。

第十八条　劳动争议仲裁委员会按照统筹规划、合理布局和适应实际需要的原则设立。省、自治区人民政府可以决定在市、县设立；直辖市人民政府可以决定在区、县设立。直辖市、设区的市也可以设立一个或若干个劳动争议仲裁委员会。劳动争议仲裁委员会不按行政区划层层设立。

第四十二条　仲裁庭在作出裁决前，应当先行调解。

调解达成协议的，仲裁庭应当制作调解书。

调解书应当写明仲裁请求和当事人协议的结果。调解书由仲裁员签名，加盖劳动争议仲裁委员会印章，送达双方当事人。调解书经双方当事人签收后，发生法律效力。

调解不成或者调解书送达前，一方当事人反悔的，仲裁庭应当及时作出裁决。

第五十一条　当事人对发生法律效力的调解书、裁决书，应当依照规定的期限履行。一方当事人逾期不履行的，另一方当事人可以依照民事诉讼法的有关规定向人民法院申请执行。受理申请的人民法院应当依法执行。

劳动争议仲裁委员会

[解读]

劳动争议仲裁委员会是国家授权、依法独立处理劳动争议的专门机构。法律规定，仲裁委员会应按照统筹规划、合理布局和适应实际需要的原则设立；省、自治区人民政府可以决定在市、县设立，直辖市人民政府可以决定在区、县设立；直辖市、设区的市也可以设立一个或者若干个仲裁委员会；仲裁委员会不按行政区划层层设立。仲裁委员会由干部主管部门代表，人力资源社会保障行政部门等相关行政部门代表，军队及聘用单位文职人员工作主管部门代表，工会代表，用人单位代表等组成；组成人员应当是单数；该委员会设主任 1 人，副主任 1～3 人，委员若干人。主任由同级劳动行政部门的主要负责人担任。仲裁委员会的主要职责如下：

（一）聘任、解聘专职或者兼职仲裁员。

（二）受理管辖范围内的劳动争议案件。

（三）讨论重大或者疑难的劳动争议案件。

（四）对仲裁活动进行监督。

劳动争议仲裁院作为劳动争议仲裁委员会下设办事机构，负责办理劳动争议仲裁委员会的日常工作。

劳动争议仲裁委员会最为突出的特点是实行“三方原则”，即由劳动行政部门代表、同级工会代表和企业方面的代表组成。主任由劳动行政部门主要负责人担任。实行“三方原则”组成的劳动争议仲裁委员会具有突出的优势：一是给劳动争议当事人以公平感和可靠感，从而赢得其信任；二是三方成员具有各自的劳动关系方面的专门知识，能够代表和反映不同层面的利益要求，在处理劳动争议过程中，可以把不同层面的认识相互交流和沟通，有利于劳动争议全面、公正地解决；三是处理劳动争议过程中的一些不同意见或不易形成定论的问题和认识，可以由三方代表通过各自的渠道反馈至上级有关部门，有利于决策和立法机关在日后工作中充分考虑、协调各方的利益，使政策制定和劳动立法更加全面、切实可行；四是当出现集体劳动争议，以及罢工、集体上访等群体性事件或对社会有重大影响的劳动争议案件时，可以及时介入，运用各方面的力量加以妥善处理，从而保证劳动关系的和谐发展和社会的长治久安。

法律还规定，国务院劳动行政部门应依法制定劳动仲裁规则。省、自治区、直辖市人民政府劳动行政部门对本行政区域的劳动争议仲裁工作进行指导。

［依据指引］

(1)《中华人民共和国劳动争议调解仲裁法》(2007年12月29日　国家主席令第80号)

第十七条　劳动争议仲裁委员会按照统筹规划、合理布局和适应实际需要的原则设立。省、自治区人民政府可以决定在市、县设立；直辖市人民政府可以决定在区、县设立。直辖市、设区的市也可以设立一个或者若干个劳动争议仲裁委员会。劳动争议仲裁委员会不按行政区划层层设立。

第十八条　国务院劳动行政部门依照本法有关规定制定仲裁规则。省、自治区、直辖市人民政府劳动行政部门对本行政区域的劳动争议仲裁工作进行指导。

第十九条　劳动争议仲裁委员会由劳动行政部门代表、工会代表和企业方面代表组成。劳动争议仲裁委员会组成人员应当是单数。

劳动争议仲裁委员会依法履行下列职责：

(一) 聘任、解聘专职或者兼职仲裁员；

(二) 受理劳动争议案件；

(三) 讨论重大或者疑难的劳动争议案件；

(四) 对仲裁活动进行监督。

第二十一条　劳动争议仲裁委员会负责管辖本区域内发生的劳动争议。

劳动争议由劳动合同履行地或者用人单位所在地的劳动争议仲裁委员会管辖。双方当事人分别向劳动合同履行地和用人单位所在地的劳动争议仲裁委员会申请仲裁的，由劳动合同履行地的劳动争议仲裁委员会管辖。

(2) 人力资源和社会保障部《劳动人事争议仲裁组织规则》(2010年1月27日　部令第5号)

第二条　劳动人事争议仲裁委员会(以下称仲裁委员会)由人民政府依法设立，专门处理劳动、人事争议(以下称争议)案件。仲裁委员会经费依法由财政予以保障。

第三条　仲裁委员会处理争议案件实行仲裁庭制度。

第四条　人力资源和社会保障行政部门负责指导本行政区域的调解仲裁工作，组织协调处理跨地区、有影响的重大争议，负责仲裁员的管理、培训等工作。

第五条　仲裁委员会按照统筹规划、合理布局和适应实际需要的原则设立，由省、自治区、直辖市人民政府依法决定。

第六条　仲裁委员会由干部主管部门代表，人力资源社会保障行政部门等相关行政部门代表，军队及聘用单位文职人员工作主管部门代表，工会代表，用人单位代表等组成。

仲裁委员会组成人员应当是单数。

第七条　仲裁委员会设主任一名，副主任和委员若干名。仲裁委员会主任由行政部门代表担任。

第八条　仲裁委员会依法履行下列职责：

(一) 聘任、解聘专职或者兼职仲裁员；

(二) 受理争议案件；

(三) 讨论重大或者疑难的争议案件；

(四) 对仲裁活动进行监督。

第九条　仲裁委员会应当每年至少召开两次全体会议，研究本委职责履行情况和重要工作事项。

仲裁委员会主任或者三分之一以上的仲裁委员会组成人员提议召开仲裁委员会会议的，应当召开。

仲裁委员会的决定实行少数服从多数原则。

第十条　仲裁委员会可以下设实体化的办事机构，具体承担争议调解仲裁等日常工作。办事机构名称和仲裁员等工作人员按照地方人民政府规定进行规范和配备。

第十一条　仲裁委员会组成单位可以派兼职仲裁员常驻办事机构，参与争议调解仲裁活动。

仲裁委员会办事机构

［解读］

按照法律规定，劳动争议仲裁委员会应当下设办事机构，负责办理劳动争议仲裁委员会的日常工作。在实际工作中，各级劳动行政机关的劳动争议仲裁处、科(处)、股和劳动争议仲裁院，为劳动争议仲裁委员会的办事机构，具有两方面的职能，既负责仲裁委员会的日常工作，又承担劳动争议案件处理工作。其主要职责如下：

(一) 代表仲裁委员会对仲裁员进行管理。

(二) 具体受理和处理劳动争议案件。

(三) 就重大或者疑难劳动争议案件向仲裁委员会提出处理意见和建议。

（四）协助同级劳动行政部门指导本行政区域内的劳动争议调解、仲裁工作。

（五）承办仲裁委员会交办的其他事项。

[依据指引]

(1)《中华人民共和国劳动争议调解仲裁法》（2007年12月29日 国家主席令第80号）

第十九条 劳动争议仲裁委员会下设办事机构，负责办理劳动争议仲裁委员会的日常工作。

(2) 人力资源和社会保障部《劳动人事争议仲裁组织规则》（2010年1月27日 部令第5号）

第十条 仲裁委员会可以下设实体化的办事机构，具体承担争议调解仲裁等日常工作。办事机构名称和仲裁员等工作人员按照地方人民政府规定进行规范和配备。

第十一条 仲裁委员会组成单位可以派兼职仲裁员常驻办事机构，参与争议调解仲裁活动。

劳动争议仲裁员

[解读]

劳动争议仲裁员是指由仲裁委员会聘任，依法调解和仲裁争议案件的专业工作人员，分为专职仲裁员和兼职仲裁员。

专职仲裁员是指仲裁委员会从人力资源社会保障行政部门专门从事劳动争议处理工作的人员中聘任的仲裁员，这是劳动争议仲裁员最基本的队伍。兼职仲裁员是指仲裁委员会从人力资源和社会保障行政部门非专职从事劳动争议处理工作的人员和干部主管部门、军队文职人员聘用工作主管部门、工会、企业组织等相关机构的人员，以及专家、学者、律师中聘任的仲裁员。

法律规定仲裁员应当公道正派并符合下列条件之一：(1) 曾任审判员的；(2) 从事法律研究、教学工作并具有中级以上职称的；(3) 具有法律知识、从事人力资源管理或者工会等专业工作满五年的；(4) 律师执业满三年的。

人力资源社会保障行政部门负责对拟聘任的仲裁员进行聘前培训。担任地（市）、县（区）仲裁委员会仲裁员的，应参加省、自治区、直辖市人力资源社会保障行政部门组织的仲裁员聘前培训；担任省、自治区、直辖市仲裁委员会仲裁员和副省级城市仲裁委员会仲裁员的，应参加人力资源社会保障部组织的聘前培训。

被聘任的仲裁员，由人力资源社会保障行政部门发给仲裁员证和仲裁徽章，主要承担：依法调解和仲裁争议案件，以及法律法规规定的其他职责。

仲裁委员会应当设仲裁员名册，并予以公告。仲裁员聘期一般为三年，由仲裁委员会负责考核，考核结果作为解聘和续聘的依据。

[依据指引]

(1)《中华人民共和国劳动争议调解仲裁法》（2007年12月29日 国家主席令第80号）

第二十条 劳动争议仲裁委员会应当设仲裁员名册。仲裁员应当公道正派并符合下列条件之一：

（1）曾任审判员的；

（2）从事法律研究、教学工作并具有中级以上职称的；

（3）具有法律知识、从事人力资源管理或者工会等专业工作满五年的；

（4）律师执业满三年的。

第三十四条 仲裁员有私自会见当事人、代理人，或者接受当事人、代理人的请客送礼的，或者有索贿受贿、徇私舞弊、枉法裁决行为的，应当依法承担法律责任。劳动争议仲裁委员会应当将其解聘。

(2) 人力资源和社会保障部《劳动人事争议仲裁组织规则》（2010年1月27日 部令第5号）

第十九条 仲裁员是由仲裁委员会聘任，依法调解和仲裁争议案件的专业工作人员。

仲裁员分为专职仲裁员和兼职仲裁员。

第二十条 仲裁委员会可以依法聘任一定数量的专职仲裁员，也可以根据办案工作需要，依法从干部主管部门、人力资源社会保障行政部门、军队及聘用单位文职人员工作主管部门、工会、企业组织等相关机构的人员以及专家、学者、律师中聘任兼职仲裁员。

第二十一条 仲裁委员会聘任仲裁员时，应当从符合《中华人民共和国劳动争议调解仲裁法》第二十条规定的仲裁员条件的人员中选聘。

第二十二条 仲裁员自被仲裁委员会聘任之日起，即具有以下职责：

（一）依法调解和仲裁争议案件；

（二）法律法规规定的其他职责。

第二十三条 人力资源社会保障行政部门负责对拟聘任的仲裁员进行聘前培训。

担任地（市）、县（区）仲裁委员会仲裁员

的，参加省、自治区、直辖市人力资源社会保障行政部门组织的仲裁员聘前培训。担任省、自治区、直辖市仲裁委员会仲裁员和副省级城市仲裁委员会仲裁员的，参加人力资源社会保障部组织的聘前培训。

第二十四条 人力资源社会保障行政部门负责每年对本行政区域内的仲裁员进行业务培训。

第二十五条 被聘任的仲裁员，由人力资源社会保障行政部门发给仲裁员证和仲裁徽章。

第二十六条 仲裁委员会应当设仲裁员名册，并予以公告。

省、自治区、直辖市人力资源社会保障行政部门应当将本行政区域内仲裁委员会聘任的仲裁员名单报送人力资源社会保障部。

第二十七条 仲裁员聘期一般为三年，由仲裁委员会负责考核，考核结果作为解聘和续聘的依据。

第二十八条 仲裁员在聘期内有工作岗位变动、考核不合格以及按照本规则规定应予解聘等情形的，仲裁委员会应当予以解聘。

第二十九条 仲裁委员会对聘期届满未被续聘的仲裁员、被解聘的仲裁员、辞职的仲裁员以及其他原因不再聘任的仲裁员，应当及时收回仲裁员证和仲裁徽章，并予以公告。

仲裁员的回避

[解读]

回避是指仲裁委员会成员或仲裁员等，在处理劳动争议案件时，遇有法定的可能影响案件公正处理情形，依法退出对该案的处理或不再执行与该案有关的任务。回避制度是为了保证劳动争议案件公正审理而设立的。回避分为仲裁员主动回避和当事人申请回避两种情形。主动回避，是指仲裁委员会成员或仲裁员、书记员等，如有法定回避情形自动退出对案件的处理和不再执行与该案有关的任务；申请回避，是指案件当事人、代理人，如果认为仲裁人员与本案有利害关系，可能影响公正处理，向仲裁委员会提出该仲裁员退出本案并即时更换人员的请求。申请回避既可用口头方式，也可用书面形式。无论是劳动争议仲裁委员会成员、劳动仲裁员以及其他有关人员，还是争议双方当事人、代理人，需要回避或申请回避的，应在组成仲裁庭以后、裁决前提出。当事人及其诉讼代理人申请回避的，则应在案件开始审理时提出；回避事由的在案件审理开始后知道的，也可以辩论终结前向人民法院提出回避的申请。当事人提出回避申请，应当说明理由。

仲裁员是否回避，由仲裁委员会主任或其授权的办事机构负责人决定。仲裁委员会主任担任案件仲裁员是否回避，由仲裁委员会决定。仲裁员应当回避的情形有以下四种：

（一）是本案当事人或者当事人代理人的近亲属的。

（二）与本案有利害关系。

（三）与本案当事人、代理人有其他关系，可能影响公正裁决的。

（四）私自会见当事人、代理人，或者接受当事人、代理人的请客送礼的。

被申请回避的人员在仲裁委员会作出是否回避的决定前，应当暂停参与本案的处理，但因案件需要采取紧急措施的除外。仲裁委员会对回避申请应当及时作出决定，并以口头或者书面方式通知当事人。

[依据指引]

(1)《中华人民共和国劳动争议调解仲裁法》（2007 年 12 月 29 日 国家主席令第 80 号）

第三十三条 仲裁员有下列情形之一，应当回避，当事人也有权以口头或者书面方式提出回避申请：

（一）是本案当事人或者当事人、代理人的近亲属的；

（二）与本案有利害关系的；

（三）与本案当事人、代理人有其他关系，可能影响公正裁决的；

（四）私自会见当事人、代理人，或者接受当事人、代理人的请客送礼的。

劳动争议仲裁委员会对回避申请应当及时作出决定，并以口头或者书面方式通知当事人。

第三十四条 仲裁员有本法第三十三条第四项规定的情形，即：私自会见当事人、代理人，或者接受当事人、代理人的请客送礼的，或者有索贿受贿、徇私舞弊、枉法裁决行为的，应当依法承担法律责任。劳动仲裁委员会应当将其解聘。

(2) 人力资源和社会保障部《劳动人事争议仲裁办案规则》（2009 年 1 月 1 日 部令第 2 号）

第十五条 当事人提出回避申请，应当说明理由，在案件开始审理时提出；回避事由在案件开始审理后知道的，也可以在庭审辩论终结前提出；当事人在庭审辩论终结后提出的，不影响仲裁程序的进行，当事人因此对仲裁裁决不服的，可以依法向人民法院起诉或者申请撤销。

被申请回避的人员在仲裁委员会作出是否回避的决定前，应当暂停参与本案的处理，但因案件需要采取紧急措施的除外。

第十六条 仲裁员是否回避，由仲裁委员会主任或其授权的办事机构负责人决定。仲裁委员会主任担任案件仲裁员是否回避，由仲裁委员会决定。

(3) 最高人民法院《关于审判人员严格执行回避制度的若干规定》（2000 年 1 月 30 日　法发［2000］5 号）（略）

劳动争议仲裁庭

［解读］

劳动争议仲裁庭是根据“一案一庭”的原则，由劳动争议仲裁委员会或者双方当事人依照一定程序选择出来的仲裁员组成，依法行使职权的专门处理劳动争议案件的机构，是仲裁委员会处理劳动争议案件的法定组织形式。法律规定，仲裁委员会在受理仲裁申请之日起 5 日内，应将仲裁庭的组成情况书面通知当事人。人力资源社会保障部规定，简单劳动争议案件可以由一名仲裁员独任审理，并可在庭审程序、案件调查、仲裁文书送达、裁决方式等方面进行简便处理；下列争议案件应当由三名仲裁员组成仲裁庭，设首席仲裁员：十人以上集体劳动、人事争议；有重大影响的争议；仲裁委员会认为应当由三名仲裁员组庭处理的其他案件。

仲裁庭组成不符合规定的，由仲裁委员会予以撤销，重新组成仲裁庭。

［依据指引］

(1)《中华人民共和国劳动争议调解仲裁法》（2007 年 12 月 29 日　国家主席令第 80 号）

第三十一条 劳动争议仲裁委员会裁决劳动争议案件实行仲裁庭制。仲裁庭由三名仲裁员组成，设首席仲裁员。简单劳动争议案件可以由一名仲裁员独任仲裁。

第三十二条 劳动争议仲裁委员会应当在受理仲裁申请之日起五日内将仲裁庭的组成情况书面通知当事人。

(2) 人力资源和社会保障部《劳动人事争议仲裁办案规则》（2009 年 1 月 1 日　部令第 2 号）

第十二条 仲裁委员会处理争议案件应当组成仲裁庭，实行一案一庭制。

第十三条 处理下列争议案件应当由三名仲裁员组成仲裁庭，设首席仲裁员：

（一）十人以上集体劳动、人事争议；

（二）有重大影响的争议；

（三）仲裁委员会认为应当由三名仲裁员组庭处理的其他案件。

简单案件可以由一名仲裁员独任仲裁。

第十四条 记录人员在仲裁庭上负责案件庭审记录等相关工作。

记录人员不得由本庭仲裁员兼任。

第十五条 仲裁庭组成不符合规定的，仲裁委员会应当予以撤销并重新组庭。

第五十四条 对于权利义务明确、事实清楚的简单争议案件或经双方当事人同意的其他争议案件，仲裁委员会可指定一名仲裁员独任处理，并可在庭审程序、案件调查、仲裁文书送达、裁决方式等方面进行简便处理。

劳动争议仲裁庭的职责

［解读］

按照法律及有关规定，劳动仲裁庭职责大致有以下六个方面：

（一）通知争议双方当事人开庭的时间和地点。即仲裁庭应当于开庭 5 日前，将开庭时间、地点的书面通知送达当事人。

（二）及时解决劳动争议案件。仲裁庭处理劳动争议，应当自组成仲裁庭之日起 45 日内结束。但案情复杂需要延期的，经报仲裁委员会主任批准，可以适当延期，但是延长的期限不得超过 15 日。

（三）如实记录。仲裁庭应当将开庭情况记入笔录。

（四）对劳动争议进行调解或裁决。仲裁庭对调解的案件应当制作调解书，对裁决的案件应制作裁决书；对当事人就部分标的达成调解协议的，可先行出具调解书；对案件中部分事实已经清楚的，可就该部分先行裁决；裁决内容同时涉及到终局裁决和非终局裁决的，应分别作出裁决并告知当事人相应的救济权利。

（五）裁决先予执行。对追索劳动报酬、工伤医疗费、经济补偿或者赔偿金的案件，根据当事人的申请，可以裁决先予执行，移送人民法院执行。

（六）执行仲裁委员会的决定。实践中，仲裁庭对重大的或者疑难的劳动争议案件的处理，可以提交仲裁委员会讨论决定；而仲裁委员会的决定，仲裁庭必须执行。

［依据指引］

（1）《中华人民共和国劳动争议调解仲裁法》（2007年12月29日 国家主席令第80号）

第四十三条 仲裁庭裁决劳动争议案件，应当自劳动争议仲裁委员会受理仲裁申请之日起四十五日内结束。案情复杂需要延期的，经劳动争议仲裁委员会主任批准，可以延期并书面通知当事人，但是延长期限不得超过十五日。逾期未作出仲裁裁决的，当事人可以就该劳动争议事项向人民法院提起诉讼。仲裁庭裁决劳动争议案件时，其中一部分事实已经清楚，可以就该部分先行裁决。

（2）人力资源和社会保障部《劳动人事争议仲裁办案规则》（2009年1月1日 部令第2号）

第三十七条 仲裁庭应当在开庭五日前，将开庭日期、地点书面通知双方当事人。当事人有正当理由的，可以在开庭三日前请求延期开庭。是否延期，由仲裁委员会根据实际情况决定。

第四十条 仲裁庭应当将开庭情况记入笔录。当事人或者其他仲裁参加人认为对自己陈述的记录有遗漏或者差错的，有权申请补正。仲裁庭认为申请无理由或者无必要的，可以不予补正，但是应当记录该申请。

仲裁员、记录人员、当事人和其他仲裁参加人应当在庭审笔录上签名或者盖章。当事人或者其他仲裁参加人拒绝在庭审笔录上签名或者盖章的，仲裁庭应记明情况附卷。

第四十四条 仲裁庭裁决案件，应当自仲裁委员会受理仲裁申请之日起四十五日内结束。案情复杂需要延期的，经仲裁委员会主任批准，可以延期并书面通知当事人，但延长期限不得超过十五日。

第四十八条 仲裁庭裁决案件时，其中一部分事实已经清楚，可以就该部分先行裁决，当事人就该部分达成调解协议的，可以先行出具调解书。当事人对先行裁决不服的，可以依照调解仲裁法有关规定处理。

第四十九条 仲裁庭裁决案件时，裁决内容同时涉及到终局裁决和非终局裁决的，应分别作出裁决并告知当事人相应的救济权利。

第五十条 仲裁庭对追索劳动报酬、工伤医疗费、经济补偿或者赔偿金的案件，根据当事人的申请，可以裁决先予执行，移送人民法院执行。

仲裁庭裁决先予执行的，应当符合下列条件：

（一）当事人之间权利义务关系明确；

（二）不先予执行将严重影响申请人的生活。

劳动者申请先予执行的，可以不提供担保。

申请仲裁时效

［解读］

申请仲裁时效是指提出仲裁要求的一方当事人，应当自当事人知道或应当知道其权利被侵害之日起一年内向仲裁委员会提出申请的期间。超过仲裁申请时效未提出申请的，即视为当事人放弃了申请仲裁的权利。《劳动法》曾规定申请时效的起始之日为“劳动争议发生之日”。劳动争议发生之日也就是《劳动争议调解仲裁法》所规定的“当事人知道或应当知道其权利被侵害之日”。

劳动争议当事人知道或应当知道其权利被侵害之日，是指有证据表明当事人知道自己的权利被侵害的日期；或者有证据表明根据常规可以推断当事人知道自己的权利被侵害的日期；“权利被侵害之日”是指有证据表明侵权行为开始的日期，而不是侵权行为终止的日期。

根据法律规定，仲裁申请时效分为三种：第一种是一般劳动争议的申请时效，即自当事人知道或应当知道其权利被侵害之日起时效期间为一年，超过一年期间的仲裁请求将不受法律保护；第二种是特殊劳动争议即劳动报酬争议，在双方当事人劳动关系存续期间，申请时效期间不受一年的限制，也就是说当事人可以随时就若干年前发生的劳动争议提起仲裁；第三种是发生劳动报酬争议，双方劳动关系终止的，当事人应当自劳动关系终止之日起一年内就若干年前发生的劳动争议提起仲裁。

在申请仲裁时效制度中，法律规定了两种特殊情形：第一种是时效中断，是指一方当事人因向对方当事人主张权利，或者向有关部门请求权利救济，或者对方当事人同意履行义务，而不能在申请仲裁时效期间提起仲裁，致使已经计算的时效期间丧失效力的情形。申请仲裁时效从中断期间结束之日起重新计算。第二种是时效中止，是指因不可抗力或者其他正当理由，致使当事人不能在申请仲裁时效期间提起仲裁，申请仲裁时效暂停计算的情形。从中止时效的原因消除之日起，时效继续计算。

对超过申请仲裁时效仍有申请仲裁愿望的当事人，可以采取司法救济的办法，即按照最高人民法院《关于审理劳动争议案件适用法律若干问题的解释》关于劳动争议仲裁委员会根据《劳动法》第八十二条之规定，以当事人的仲裁申请超过期限为由，作出不予受理的书面裁决、决定或者通知，当事人不服，依法向人民法院起诉的规定办理。

［依据指引］

(1)《中华人民共和国劳动争议调解仲裁法》（2007 年 12 月 29 日　国家主席令第 80 号）

第二十七条　劳动争议申请仲裁的时效期间为一年。仲裁时效期间从当事人知道或者应当知道其权利被侵害之日起计算。

前款规定的时效，因当事人一方向对方当事人主张权利，或者向有关部门请求权利救济，或者对方当事人同意履行义务而中断。从中断时起，时效期间重新计算。

因不可抗力或者有其他正当理由，当事人不能依照本条第一款规定申请仲裁的，仲裁时效中止。从中止时效的原因消除之日起，时效期间继续计算。

劳动关系存续期间拖欠劳动报酬，发生争议的，不受本条第一款规定的仲裁时效期间的限制；但是，劳动关系终止的，应当自劳动关系终止之日起一年内提出。

(2) 最高人民法院《关于审理劳动争议案件适用法律若干问题的解释》（2001 年 4 月 16 日　法释［2001］14 号）

第三条　劳动争议仲裁委员会根据《劳动法》第八十二条之规定，以当事人的仲裁申请超过六十日期限为由，作出不予受理的书面裁决、决定或者通知，当事人不服，依法向人民法院起诉的，人民法院应当受理；对确已超过仲裁申请期限，又无不可抗力或者其他正当理由的，依法驳回其诉讼请求。

(3) 最高人民法院《关于审理劳动争议案件适用法律若干问题的解释（二）》（2006 年 8 月 14 日　法释［2006］6 号）

第一条　人民法院审理劳动争议案件，对下列情形，视为劳动法第八十二条规定的“劳动争议发生之日”：

（一）在劳动关系存续期间产生的支付工资争议，用人单位能够证明已经书面通知劳动者拒付工资的，书面通知送达之日为劳动争议发生之日。用人单位不能证明的，劳动者主张权利之日为劳动争议发生之日。

（二）因解除或者终止劳动关系产生的争议，用人单位不能证明劳动者收到解除或者终止劳动关系书面通知时间的，劳动者主张权利之日为劳动争议发生之日。

（三）劳动关系解除或者终止后产生的支付工资、经济补偿金、福利待遇等争议，劳动者能够证明用人单位承诺支付的时间为解除或者终止劳动关系后的具体日期的，用人单位承诺支付之日为劳动争议发生之日。劳动者不能证明的，解除或者终止劳动关系之日为劳动争议发生之日。

申请时效中断

［解读］

申请时效中断是指已开始计算的时效期间，因出现法定事由不再进行计算，并使已经计算的时效期间丧失效力的情形，时效从中断期间结束之日起重新计算。按照有关规定，仲裁时效中断的具体情形主要有以下三种：

（一）一方当事人通过协商、申请调解等方式向对方当事人主张权利的。

（二）一方当事人通过向有关部门投诉，向仲裁委员会申请仲裁，向人民法院起诉或者申请支付令等方式请求权利救济的。

（三）对方当事人同意履行义务的。

按照有关规定，在劳动争议协商、调解过程中时效中断的具体情形如下：

（一）达成和解协议后，一方或者双方当事人在约定的期限内不履行和解协议的。

（二）一方当事人提出调解申请后，另一方当事人不同意调解的。

（三）自调解组织受理调解申请之日起 15 日内或双方当事人同意的延长期内，一方或者双方当事人不同意调解或未达成调解协议的。

（四）达成调解协议后，一方当事人在约定期限内不履行调解协议的。

在实际工作中适用申请时效中断规定应当注意：只要有证据表明时效中断的法定事实出现，

即可适用仲裁时效中断的规定；申诉时效中断的次数不受限制，也就是说，申诉时效因权利人主张权利或者义务人同意履行义务而中断后，权利人或者义务人再次同意履行义务的，可以认定为申诉时效再次中断。

[依据指引]

(1)《中华人民共和国劳动争议调解仲裁法》(2007年12月29日 国家主席令第80号)

第二十七条 劳动争议申请仲裁的时效期间为一年。仲裁时效期间从当事人知道或者应当知道其权利被侵害之日起计算。

前款规定的时效，因当事人一方向对方当事人主张权利，或者向有关部门请求权利救济，或者对方当事人同意履行义务而中断。从中断时起，时效期间重新计算。

(2)《中华人民共和国民法通则》(1986年4月12日 国家主席令第37号)

第一百四十条 诉讼时效因提起诉讼、当事人一方提出要求或者同意履行义务而中断。从中断时起，诉讼时效期间重新计算。

(3) 最高人民法院《关于贯彻执行〈民法通则〉若干问题的意见》(1988年1月26日)

第一百七十三条 诉讼时效因权利人主张权利或者义务人同意履行而中断后，权利人在新的诉讼时效时间内，再次主张权利或者义务人再次同意履行义务的，可以认定为诉讼时效再次中断。

第一百七十四条 权利人向人民调解委员会或者有关单位提出保护民事权利的请求，从提出请求时起，诉讼时效中断。经调处达不成协议的，诉讼时效期间即重新计算；如调处达成协议，义务人未按协议所定期限履行义务的，诉讼时效期间应从期限届满时重新计算。

(4) 最高人民法院《关于审理劳动争议案件适用法律若干问题的解释（二）》(2006年8月14日 法释［2006］6号)

第十三条 当事人能够证明在申请仲裁期间内具有下列情形之一的，人民法院应当认定申请仲裁期间中断：

（一）向对方当事人主张权利；

（二）向有关部门请求权利救济；

（三）对方当事人同意履行义务。申请仲裁期间中断的，从对方当事人明确拒绝履行义务，或者有关部门作出处理决定或明确表示不予处理时起，申请仲裁期间重新计算。

(5) 人力资源和社会保障部《劳动人事争议仲裁办案规则》(2009年1月1日 部令第2号)

第十条 在争议申请仲裁的时效期间内，有下列情形之一的，仲裁时效中断；从中断时起，仲裁时效期间重新计算：

（一）一方当事人通过协商、申请调解等方式向对方当事人主张权利的；

（二）一方当事人通过向有关部门投诉，向仲裁委员会申请仲裁，向人民法院起诉或者申请支付令等方式请求权利救济的；

（三）对方当事人同意履行义务的。

(6) 人力资源和社会保障部《企业劳动争议协商调解规定》(2011年11月30日 部令第17号)

第三十一条 有下列情形之一的，按照《劳动人事争议仲裁办案规则》第十条的规定属于仲裁时效中断，从中断时起，仲裁时效期间重新计算：

（一）一方当事人提出协商要求后，另一方当事人不同意协商或者在5日内不做出回应的；

（二）在约定的协商期限内，一方或者双方当事人不同意继续协商的；

（三）在约定的协商期限内未达成一致的；

（四）达成和解协议后，一方或者双方当事人在约定的期限内不履行和解协议的；

（五）一方当事人提出调解申请后，另一方当事人不同意调解的；

（六）调解委员会受理调解申请后，在第二十九条规定的期限内一方或者双方当事人不同意调解的；

（七）在第二十九条规定的期限内未达成调解协议的；

（八）达成调解协议后，一方当事人在约定期限内不履行调解协议的。

申请时效中止

[解读]

申请时效中止是指在申请时效期间，因发生法定事由阻碍权利人行使请求权，申请时效期间暂时停止计算，并在法定事由消失之日起继续计算的情形，又称时效暂停。时效中止的法定事由主要是指不可抗力和其他正当理由。“不可抗力”是指那些无法预料、无法克服的事件，包括自然灾害，如地震、火灾、水灾、风暴等，以及社会原因，如发生战争、暴乱、戒严、罢工等。“其他正当理由”，按照有关规定主要包括以下情形：

（一）一方当事人消失，需要等待继承人表明是否参加仲裁的。

（二）一方当事人丧失或部分丧失行为能力，尚未确定法定代理人的。

（三）作为一方当事人的法人或者其他组织终止，尚未确定权利义务承受人的。

（四）本案必须以另一案的审理结果为依据，而另一案尚未审结的。

另外，“其他正当理由”还可由劳动仲裁委员会根据具体案情认定。例如，有证据表明当事人因病住院、被限制人身自由无法前来申请仲裁而延误申请时效等，都是形成申请时效中止的情形。

在实际工作中，适用时效中止规定应注意以下问题：

（一）发生时效中止的事由后，时效中止之前已经计算的期间与时效中止事由消失之后继续计算的期间应当合并计算，而中止的时间则不计入时效期间。

（二）当事人申请仲裁时，如果扣除时效中止时间后仍超过规定的申请时效，仲裁委员会不应当受理该案件；如果扣除时效中止时间后未超过申诉时效，仲裁委员会应依法受理该案件。

[依据指引]

(1)《中华人民共和国劳动争议调解仲裁法》（2007 年 12 月 29 日　国家主席令第 80 号）

第二十七条　劳动争议申请仲裁的时效期间为一年。仲裁时效期间从当事人知道或者应当知道其权利被侵害之日起计算。

前款规定的时效，因当事人一方向对方当事人主张权利，或者向有关部门请求权利救济，或者对方当事人同意履行义务而中断。从中断时起，时效期间重新计算。

因不可抗力或者有其他正当理由，当事人不能依照本条第一款规定申请仲裁的，仲裁时效中止。从中止时效的原因消除之日起，时效期间继续计算。

(2)《中华人民共和国民法通则》（1986 年 4 月 12 日　国家主席令第 37 号）

第一百三十九条　在诉讼时效期间的最后 6 个月内，因不可抗力或者其他障碍不能行使请求权的，诉讼时效中止。诉讼时效从中止时效的原因消除之日起继续计算。

(3)《中华人民共和国民事诉讼法》（1991 年 4 月 9 日　国家主席令第 44 号　2007 年 10 月 28 日修订）

第一百三十六条　有下列情形之一的，中止诉讼：

(1) 一方当事人死亡，需要等待继承人表明是否参加诉讼的；

(2) 一方当事人丧失诉讼行为能力，尚未确定法定代理人的；

(3) 作为一方当事人的法人或者其他组织终止，尚未确定权利义务承受人的；

(4) 一方当事人因不可抗拒的事由，不能参加诉讼的；

(5) 本案必须以另一案的审理结果为依据，而另一案尚未审结的；

(6) 其他应当中止诉讼的情形。

中止诉讼的原因消除后，恢复诉讼。

(4) 最高人民法院《关于贯彻执行〈民法通则〉若干问题的意见》（1988 年 1 月 26 日）

第一百七十二条　在诉讼时效期间的最后六个月内，权利被侵害的无民事行为能力人、限制民事行为能力人没有法定代理人，或者法定代理人死亡、丧失代理权或者法定代理人本人丧失行为能力的，可以认定为因其他障碍不能行使请求权，适用诉讼时效中止。

(5) 最高人民法院《关于审理劳动争议案件适用法律若干问题的解释（二）》（2006 年 8 月 14 日　法释［2006］6 号）

第十二条　当事人能够证明在申请仲裁期间内因不可抗力或者其他客观原因无法申请仲裁的，人民法院应当认定申请仲裁期间中止，从中止的原因消灭之次日起，申请仲裁期间连续计算。

(6) 人力资源和社会保障部《劳动人事争议仲裁办案规则》（2009 年 1 月 1 日　部令第 2 号）

第十一条　因不可抗力，或者有无民事行为能力或者限制民事行为能力劳动者的法定代理人未确定等其他正当理由，当事人不能在规定的仲裁时效期间申请仲裁的，仲裁时效中止。从中止时效的原因消除之日起，仲裁时效期间继续计算。

仲裁管辖及其原则

[解读]

劳动争议仲裁管辖是指确定劳动仲裁委员会受理劳动争议案件的权限和范围，即各劳动仲裁委员会受理案件在职权范围上的具体分工。参照《民事诉讼法》的规定，我国现行劳动仲裁管辖包括地域管辖、级别管辖、移送管辖和指定管辖。实践中，省级劳动争议仲裁委员会有的管辖外商及港澳台投资企业的案件，有的管辖省属及中央直属企业的劳动争议案件，也有的管辖在全省有重大影响的劳动争议案件；地市级劳动争议仲裁委员会管辖本地区有重大影响的劳动争议，以及地市级大型企业或者外商投资企业发生的劳动争议；县级劳动争议仲裁委员会则管辖本区域内、上级仲裁委员会管辖范围以外的所有劳动争议。

劳动争议仲裁确定特别管辖的原则是“方便职工”。国家遵循这一原则作出了以下几种特别管辖的规定：

（一）劳动争议由劳动合同履行地或者用人单位所在地的劳动争议仲裁委员会管辖。双方当事人分别向劳动合同履行地和用人单位所在地的劳动争议仲裁委员会申请仲裁的，由劳动合同履行地的劳动争议仲裁委员会管辖。

（二）多个仲裁委员会都有管辖权的，由先受理的仲裁委员会管辖。

（三）仲裁委员会发现受理的案件不属于本会管辖时，应当移送有管辖权的仲裁委员会。仲裁委员会接到移送的劳动争议案件后，认为不应由自己受理的，或者仲裁委员会之间因管辖争议协商不成的，应当报送共同的上一级仲裁委员会主管部门指定管辖。

（四）我国劳动者或企业与国（境）外企业或劳动者签订的劳动（工作）合同，如果劳动（工作）合同的履行地在我国领域内，因履行劳动（工作）合同发生劳动争议，由劳动（工作）合同履行地的劳动仲裁委员会受理。

（五）为维护首都的稳定，外省企业职工在北京履行劳动合同时发生的集体劳动争议，应由企业所在地劳动仲裁委员会受理。

［依据指引］

(1)《中华人民共和国劳动争议调解仲裁法》（2007年12月29日　国家主席令第80号）

第二十一条　劳动争议仲裁委员会负责管辖本区域内发生的劳动争议。

劳动争议由劳动合同履行地或者用人单位所在地的劳动争议仲裁委员会管辖。双方当事人分别向劳动合同履行地和用人单位所在地的劳动争议仲裁委员会申请仲裁的，由劳动合同履行地的劳动争议仲裁委员会管辖。

(2) 人力资源和社会保障部《劳动人事争议仲裁办案规则》（2009年1月1日　部令第2号）

第十二条　劳动合同履行地为劳动者实际工作场所地，用人单位所在地为用人单位注册、登记地。用人单位未经注册、登记的，其出资人、开办单位或主管部门所在地为用人单位所在地。

案件受理后，劳动合同履行地和用人单位所在地发生变化的，不改变争议仲裁的管辖。

多个仲裁委员会都有管辖权的，由先受理的仲裁委员会管辖。

第十三条　仲裁委员会发现已受理案件不属于其管辖范围的，应当移送至有管辖权的仲裁委员会，并书面通知当事人。

对上述移送案件，受移送的仲裁委员会应依法受理。受移送的仲裁委员会认为受移送的案件依照规定不属于本仲裁委员会管辖，或仲裁委员会之间因管辖争议协商不成的，应当报请共同的上一级仲裁委员会主管部门指定管辖。

第十四条　当事人提出管辖异议的，应当在答辩期满前书面提出。当事人逾期提出的，不影响仲裁程序的进行，当事人因此对仲裁裁决不服的，可以依法向人民法院起诉或者申请撤销。

(3) 劳动部《关于涉外劳动争议管辖权问题的复函》（1994年1月25日　劳部发［1994］42号）

广东省劳动局：

你局《关于香港注册公司与其雇用的派往我省“三来一补”企业任职的国内公民之间劳动争议管辖权归属问题的请示》（粤劳电［1994］2号）收悉。经研究，函复如下：

《中华人民共和国民事诉讼法》第二百四十三条规定，因合同纠纷或者其他财产权益纠纷，对在中华人民共和国领域内没有住所的被告提起诉讼，如果合同在中华人民共和国领域内签订或者履行，可以由合同签订地、合同履行地人民法院管辖。据此，我国公民与国（境）外企业签订的劳动（工作）合同，如果劳动（工作）合同的履行地在我国领域内，因履行劳动（工作）合同发生劳动争议，可按照《中华人民共和国企业劳动争议处理条例》第二条第四款规定精神，由劳动（工作）合同履行地的劳动争议仲裁委员会受理。

(4) 劳动和社会保障部办公厅《关于首钢总公司迁安矿集体劳动争议有关问题的函》（1999年12月29日　劳社厅函［1999］162号）

河北省劳动和社会保障厅：

你厅《关于首钢驻冀三企业因终止劳动合同引发集体争议有关情况的报告》收悉，经研究，现函复如下：

一、关于劳动争议管辖问题

按照原劳动部《关于劳动争议管辖范围的复函》（劳部发［1995］209号）的规定，首钢总公司迁安矿集体劳动争议应当由劳动合同履行地（或劳动争议发生地）劳动争议仲裁委员会受理。对于首钢总公司驻迁安的金属设备结构厂、三建公司发生的劳动争议，也应按上述管辖原则处理。

二、关于劳动合同终止后的生活补助费问题

根据原劳动部办公厅1996年答复河北省劳动厅《关于终止或解除劳动合同计发经济补偿有关问题的请示》的复函（劳办发［1996］33号）中关于终止劳动合同后发给职工生活补助费的规定，应由首钢总公司迁安矿支付终止劳动合同职工的生活补助费。

三、终止劳动合同后失业保险问题

首钢总公司迁安矿应对符合失业保险待遇的失业人员按属地化管理原则进行失业保险登记，并享受规定的失业保险待遇。

四、终止劳动合同再就业后的养老保险问题

对已参加北京市的养老保险统筹的职工，终止劳动合同后在首钢驻冀其他单位再就业的，养老保险仍由北京市负责；在你省境内再就业的，由北京市和首钢总公司协调转移关系并划转个人账户储存额。到达退休年龄时，在当地办理退休手续，享受退休养老待遇。

证据及举证责任

[解读]

证据是证明案件真实情况的依据，一般包括书证、物证、视听材料、证人证言、当事人陈述、鉴定结论和勘验笔录等。证据是劳动仲裁庭查清案件事实、作出正确裁判的基础和依据，也是当事人进行仲裁和诉讼以维护其合法权益的手段；是仲裁开始的基础，也是仲裁继续进行的推进器，还是引导仲裁走向终结的决定性因素。

劳动争议当事人的举证责任，是指当事人在仲裁或诉讼活动中，提供证据证明自己的主张或案件事实的责任。如不能提供证据，则可能导致败诉的后果。由于民事争议是平等主体之间的纠纷，所以在民事诉讼中实行的举证原则是“谁主张，谁举证”。由于行政争议是处于不平等地位的主体之间的纠纷，所以在行政诉讼中实行的举证原则是“谁作出行政行为，谁举证”。而劳动争议当事人即用人单位与劳动者，一方面在法律地位上是平等的；另一方面彼此存在一种隶属关系，实际地位并不平等。因此，在劳动争议仲裁或诉讼活动中，既实行“谁主张，谁举证”的原则，又实行“谁作决定，谁举证”的原则。也就是说，一般情况下，劳动争议双方当事人应对自己的主张，负有提供证据的责任；而当用人单位作出开除、除名、辞退、解除劳动合同、减少劳动报酬、计算劳动者工作年限等决定引发的劳动争议进入仲裁或诉讼程序时，用人单位应对其作出该决定的行为负有举证责任。

当事人向劳动仲裁委员会提供证据应注意的主要问题如下：

（一）证据应当提供原件或者原物，如需自己保存证据原件、原物或者提供原件、原物确有困难的，可以提供经劳动仲裁委员会核对无异的复制件或者复制品。

（二）提供的证据系在中华人民共和国领域外形成的，该证据应当经所在国公证机关予以证明，并经中华人民共和国驻该国使领馆予以认证，或者履行中华人民共和国与该所在国订立的有关条约中规定的证明手续。

（三）提供的证据是在香港、澳门、台湾地区形成的，应当履行相关的证明手续。

（四）提供外文书证或者外文说明资料，应当附有中文译本。

（五）提交的证据材料逐一分类编号，对证据材料的来源、证明对象和内容作简要说明，签名盖章，注明提交日期，并依照对方当事人人数提出副本。

劳动仲裁委员会收到当事人提交的证据材料，应当出具收据，注明证据的名称、份数和页数以及收到的时间，由经办人员签名或者盖章。

特殊情况下，举证责任可作如下确定：

（一）劳动者无法提供由用人单位掌握和管理的与仲裁请求有关的证据，仲裁庭可以要求用人单位在指定期限内提供。用人单位在期限内不提供的，应当承担不利后果。例如，劳动者主张加班费应当就加班事实的存在承担举证责任，但劳动者有证据证明用人单位掌握加班事实存在的证据，用人单位不提供的，由用人单位承担不利后果。

（二）仲裁委员会可以根据公平原则和诚实信用原则，综合当事人举证能力、证据掌握管理等因素确定当事人举证责任。对证据有不同理解的，仲裁委员会可以采用有利于劳动者的理解。

（三）当事人因客观原因不能自行收集的证据，可申请劳动仲裁委员会调查收集。

（四）当事人因客观原因不能自行收集下列证据的，仲裁委员会可以自行依法收集如下证据：

1. 涉及国家秘密、企业技术秘密、商业秘密的证据；

2. 涉及个人隐私情况的证据；

3. 由有关机关保存且不允许个人查阅、摘抄的证据；

4. 双方当事人提供的证据互相矛盾，需要核实的证据；

5. 劳动仲裁委员会认为需要自行收集的其他证据。

［依据指引］

(1)《中华人民共和国劳动争议调解仲裁法》（2007年12月29日　国家主席令第80号）

第三十九条　当事人提供的证明材料经查证属实的，仲裁庭应当将其作为认定事实的根据。

劳动者无法提供由用人单位掌握和管理的与仲裁请求有关的证据，仲裁庭可以要求用人单位在指定期限内提供。用人单位在期限内不提供的，应当承担不利后果。

(2) 人力资源和社会保障部《劳动人事争议仲裁办案规则》（2009年1月1日　部令第2号）

第十七条　当事人对自己提出的主张有责任提供证据。与争议事项有关的证据属于用人单位掌握管理的，用人单位应当提供；用人单位不提供的，应当承担不利后果。

第十八条　在法律没有具体规定，依本规则第十七条规定无法确定举证责任承担时，仲裁庭可以根据公平原则和诚实信用原则，综合当事人举证能力等因素确定举证责任的承担。

第十九条　承担举证责任的当事人应当在仲裁委员会指定的期限内提供有关证据。当事人在指定期限内不提供的，应当承担不利后果。

第二十条　当事人因客观原因不能自行收集的证据，仲裁委员会可以根据当事人的申请，参照《中华人民共和国民事诉讼法》有关规定予以收集；仲裁委员会认为有必要的，也可以决定参照《中华人民共和国民事诉讼法》有关规定予以收集。

第二十一条　仲裁委员会依法调查取证时，有关组织和个人应当协助配合。

第二十二条　争议处理中涉及证据形式、证据提交、证据交换、证据质证、证据认定等事项，本规则未规定的，参照民事诉讼证据规则的有关规定执行。

(3) 最高人民法院《关于民事诉讼证据的若干规定》（2001年12月6日　法释［2001］33号）

一、当事人举证

第一条　原告向人民法院起诉或者被告提出反诉，应当附有符合起诉条件的相应的证据材料。

第二条　当事人对自己提出的诉讼请求所依据的事实或者反驳对方诉讼请求所依据的事实有责任提供证据加以证明。

没有证据或者证据不足以证明当事人的事实主张的，由负有举证责任的当事人承担不利后果。

第三条　人民法院应当向当事人说明举证的要求及法律后果，促使当事人在合理期限内积极、全面、正确、诚实地完成举证。

当事人因客观原因不能自行收集的证据，可申请人民法院调查收集。

第五条　在合同纠纷案件中，主张合同关系成立并生效的一方当事人对合同订立和生效的事实承担举证责任；主张合同关系变更、解除、终止、撤销的一方当事人对引起合同关系变动的事实承担举证责任。

对合同是否履行发生争议的，由负有履行义务的当事人承担举证责任。

对代理权发生争议的，由主张有代理权一方当事人承担举证责任。

第六条　在劳动争议纠纷案件中，因用人单位作出开除、除名、辞退、解除劳动合同、减少劳动报酬、计算劳动者工作年限等决定而发生劳动争议的，由用人单位负举证责任。

第七条　在法律没有具体规定，依本规定及其他司法解释无法确定举证责任承担时，人民法院可以根据公平原则和诚实信用原则，综合当事人举证能力等因素确定举证责任的承担。

第八条　诉讼过程中，一方当事人对另一方当事人陈述的案件事实明确表示承认的，另一方当事人无需举证。但涉及身份关系的案件除外。

对一方当事人陈述的事实，另一方当事人既未表示承认也未否认，经审判人员充分说明并询问后，其仍不明确表示肯定或者否定的，视为对该项事实的承认。

当事人委托代理人参加诉讼的，代理人的承认视为当事人的承认。但未经特别授权的代理人对事实的承认直接导致承认对方诉讼请求的除外；当事人在场但对其代理人的承认不作否认表示的，视为当事人的承认。

当事人在法庭辩论终结前撤回承认并经对方当事人同意，或者有充分证据证明其承认行为是在受胁迫或者重大误解情况下作出且与事实不符的，不能免除对方当事人的举证责任。

第九条 下列事实，当事人无需举证证明：

（一）众所周知的事实；

（二）自然规律及定理；

（三）根据法律规定或者已知事实和日常生活经验法则，能推定出的另一事实；

（四）已为人民法院发生法律效力的裁判所确认的事实；

（五）已为仲裁机构的生效裁决所确认的事实；

（六）已为有效公证文书所证明的事实。

前款（一）、（三）、（四）、（五）、（六）项，当事人有相反证据足以推翻的除外。

第十条 当事人向人民法院提供证据，应当提供原件或者原物。如需自己保存证据原件、原物或者提供原件、原物确有困难的，可以提供经人民法院核对无异的复制件或者复制品。

第十一条 当事人向人民法院提供的证据系在中华人民共和国领域外形成的，该证据应当经所在国公证机关予以证明，并经中华人民共和国驻该国使领馆予以认证，或者履行中华人民共和国与该所在国订立的有关条约中规定的证明手续。

当事人向人民法院提供的证据是在香港、澳门、台湾地区形成的，应当履行相关的证明手续。

第十二条 当事人向人民法院提供外文书证或者外文说明资料，应当附有中文译本。

第十三条 对双方当事人无争议但涉及国家利益、社会公共利益或者他人合法权益的事实，人民法院可以责令当事人提供有关证据。

第十四条 当事人应当对其提交的证据材料逐一分类编号，对证据材料的来源、证明对象和内容作简要说明，签名盖章，注明提交日期，并依照对方当事人人数提出副本。

人民法院收到当事人提交的证据材料，应当出具收据，注明证据的名称、份数和页数以及收到的时间，由经办人员签名或者盖章。

二、人民法院调查收集证据

第十七条 符合下列条件之一的，当事人及其诉讼代理人可以申请人民法院调查收集证据：

（一）申请调查收集的证据属于国家有关部门保存并须人民法院依职权调取的档案材料；

（二）涉及国家秘密、商业秘密、个人隐私的材料；

（三）当事人及其诉讼代理人确因客观原因不能自行收集的其他材料。

第十八条 当事人及其诉讼代理人申请人民法院调查收集证据，应当提交书面申请。申请书应当载明被调查人的姓名或者单位名称、住所地等基本情况、所要调查收集的证据的内容、需要由人民法院调查收集证据的原因及其要证明的事实。

第十九条 当事人及其诉讼代理人申请人民法院调查收集证据，不得迟于举证期限届满前七日。

三、举证时限与证据交换

第三十三条 人民法院应当在送达案件受理通知书和应诉通知书的同时向当事人送达举证通知书。举证通知书应当载明举证责任的分配原则与要求、可以向人民法院申请调查取证的情形、人民法院根据案件情况指定的举证期限以及逾期提供证据的法律后果。

举证期限可以由当事人协商一致，并经人民法院认可。

由人民法院指定举证期限的，指定的期限不得少于三十日，自当事人收到案件受理通知书和应诉通知书的次日起计算。

第三十四条 当事人应当在举证期限内向人民法院提交证据材料，当事人在举证期限内不提交的，视为放弃举证权利。

对于当事人逾期提交的证据材料，人民法院审理时不组织质证。但对方当事人同意质证的除外。

当事人增加、变更诉讼请求或者提起反诉的，应当在举证期限届满前提出。

第三十六条 当事人在举证期限内提交证据材料确有困难的，应当在举证期限内向人民法院申请延期举证，经人民法院准许，可以适当延长举证期限。当事人在延长的举证期限内提交证据材料仍有困难的，可以再次提出延期申请，是否准许由人民法院决定。

第三十七条 经当事人申请，人民法院可以组织当事人在开庭审理前交换证据。

人民法院对于证据较多或者复杂疑难的案件，应当组织当事人在答辩期届满后、开庭审理前交换证据。

第三十八条 交换证据的时间可以由当事人协商一致并经人民法院认可，也可以由人民法院指定。

人民法院组织当事人交换证据的，交换证据之日举证期限届满。当事人申请延期举证经人民法院准许的，证据交换日相应顺延。

第三十九条 证据交换应当在审判人员的主持下进行。

在证据交换的过程中，审判人员对当事人无异议的事实、证据应当记录在卷；对有异议的证据，按照需要证明的事实分类记录在卷，并记载异议的理由。通过证据交换，确定双方当事人争议的主要问题。

第四十一条 《民事诉讼法》第一百二十五条第一款规定的“新的证据”，是指以下情形：

（一）一审程序中的新的证据包括：当事人在一审举证期限届满后新发现的证据；当事人确因客观原因无法在举证期限内提供，经人民法院准许，在延长的期限内仍无法提供的证据。

（二）二审程序中的新的证据包括：一审庭审结束后新发现的证据；当事人在一审举证期限届满前申请人民法院调查取证未获准许，二审法院经审查认为应当准许并依当事人申请调取的证据。

第四十二条 当事人在一审程序中提供新的证据的，应当在一审开庭前或者开庭审理时提出。

当事人在二审程序中提供新的证据的，应当在二审开庭前或者开庭审理时提出；二审不需要开庭审理的，应当在人民法院指定的期限内提出。

第四十三条 当事人举证期限届满后提供的证据不是新的证据的，人民法院不予采纳。

当事人经人民法院准许延期举证，但因客观原因未能在准许的期限内提供，且不审理该证据可能导致裁判明显不公的，其提供的证据可视为新的证据。

第四十四条 《民事诉讼法》第一百七十九条第一款第（一）项规定的“新的证据”，是指原审庭审结束后新发现的证据。

当事人在再审程序中提供新的证据的，应当在申请再审时提出。

第四十五条 一方当事人提出新的证据的，人民法院应当通知对方当事人在合理期限内提出意见或者举证。

第四十六条 由于当事人的原因未能在指定期限内举证，致使案件在二审或者再审期间因提出新的证据被人民法院发回重审或者改判的，原审裁判不属于错误裁判案件。一方当事人请求提出新的证据的另一方当事人负担由此增加的差旅、误工、证人出庭作证、诉讼等合理费用以及由此扩大的直接损失，人民法院应予支持。

(4) 最高人民法院《关于审理劳动争议案件适用法律若干问题的解释（三）》（2010年9月13日 法释［2010］12号）

第九条 劳动者主张加班费的，应当就加班事实的存在承担举证责任。但劳动者有证据证明用人单位掌握加班事实存在的证据，用人单位不提供的，由用人单位承担不利后果。

劳动争议仲裁申请与反申请

［解读］

劳动争议仲裁申请是指劳动争议当事人在自己的权益受到侵害时，向劳动争议仲裁委员会提出申请，依法保护自己合法权益的行为。当事人申请仲裁应当同时具备以下条件：

（一）申请人必须是劳动争议的当事人，即形成劳动关系的用人单位与职工，或与劳动争议有直接利害关系的人。

（二）有明确的被申请人及明确的仲裁请求、事实和理由。

（三）争议符合法律规定的劳动争议受案范围，且在申请仲裁时效之内（确定仲裁时效时应考虑时效中断或时效中止的因素）。

（四）争议属于劳动争议仲裁委员会的管辖范围。

当事人申请仲裁应当提交书面申请，并按照被申请人人数提交副本。书写仲裁申请确有困难的，可以口头申请，由劳动争议仲裁委员会记入笔录，并告知对方当事人。申请书应当载明下列事项（口头申请也应当向劳动仲裁员叙述如下事项）：

（一）劳动者的姓名、性别、年龄、职业、工作单位、住所和联系电话；用人单位的名称、住所、邮编和法定代表人或主要负责人的姓名、职务和联系电话。

（二）仲裁请求事项以及所根据的事实和理由。应当将发生劳动争议的时间、起因、过程，争议是否经过调解及其结果如何，希望通过仲裁达到的目的等问题表述清楚。

（三）证据和证据来源，证人的姓名、住所和联系方式。

（四）申请的日期。

申请书内容有欠缺的，当事人可在仲裁委员会指导下进行补正，并按要求时限提交补正申请书，申请日期仍为仲裁委员会收到仲裁申请之日。

当事人委托他人代理申请仲裁的，应提交《授权委托书》、本人和代理人的身份证件。无民事行为能力和限制民事行为能力的职工，可以由其法定代理人代为申请仲裁；没有法定代理人的，由仲裁委员会为其指定代理人。法定代理人和指定代理人也可以委托他人代理申请仲裁，但也应提交授权委托书。

被申请人可以在答辩期间提出反申请；在答辩期满后对申请人提出反申请的，应当另行提出，另案处理。

［依据指引］

(1)《中华人民共和国劳动争议调解仲裁法》（2007 年 12 月 29 日　国家主席令第 80 号）

第二十一条　劳动争议仲裁委员会负责管辖本区域内发生的劳动争议。

劳动争议由劳动合同履行地或者用人单位所在地的劳动争议仲裁委员会管辖。双方当事人分别向劳动合同履行地和用人单位所在地的劳动争议仲裁委员会申请仲裁的，由劳动合同履行地的劳动争议仲裁委员会管辖。

第二十二条　发生劳动争议的劳动者和用人单位为劳动争议仲裁案件的双方当事人。

劳务派遣单位或者用工单位与劳动者发生劳动争议的，劳务派遣单位和用工单位为共同当事人。

第二十三条　与劳动争议案件的处理结果有利害关系的第三人，可以申请参加仲裁活动或者由劳动争议仲裁委员会通知其参加仲裁活动。

第二十四条　当事人可以委托代理人参加仲裁活动。委托他人参加仲裁活动，应当向劳动争议仲裁委员会提交有委托人签名或者盖章的委托书，委托书应当载明委托事项和权限。

第二十五条　丧失或者部分丧失民事行为能力的劳动者，由其法定代理人代为参加仲裁活动；无法定代理人的，由劳动争议仲裁委员会为其指定代理人。劳动者死亡的，由其近亲属或者代理人参加仲裁活动。

第二十七条　劳动争议申请仲裁的时效期间为一年。仲裁时效期间从当事人知道或者应当知道其权利被侵害之日起计算。

前款规定的仲裁时效，因当事人一方向对方当事人主张权利，或者向有关部门请求权利救济，或者对方当事人同意履行义务而中断。从中断时起，仲裁时效期间重新计算。

因不可抗力或者有其他正当理由，当事人不能在本条第一款规定的仲裁时效期间申请仲裁的，仲裁时效中止。从中止时效的原因消除之日起，仲裁时效期间继续计算。

劳动关系存续期间因拖欠劳动报酬发生争议的，劳动者申请仲裁不受本条第一款规定的仲裁时效期间的限制；但是，劳动关系终止的，应当自劳动关系终止之日起一年内提出。

第二十八条　申请人申请仲裁应当提交书面仲裁申请，并按照被申请人人数提交副本。

仲裁申请书应当载明下列事项：

（一）劳动者的姓名、性别、年龄、职业、工作单位和住所，用人单位的名称、住所和法定代表人或者主要负责人的姓名、职务；

（二）仲裁请求和所根据的事实、理由；

（三）证据和证据来源、证人姓名和住所。

书写仲裁申请确有困难的，可以口头申请，由劳动争议仲裁委员会记入笔录，并告知对方当事人。

(2) 人力资源和社会保障部《劳动人事争议仲裁办案规则》（2009 年 1 月 1 日　部令第 2 号）

第十条　在争议申请仲裁的时效期间内，有下列情形之一的，仲裁时效中断；从中断时起，仲裁时效期间重新计算：

（一）一方当事人通过协商、申请调解等方式向对方当事人主张权利的；

（二）一方当事人通过向有关部门投诉，向仲裁委员会申请仲裁，向人民法院起诉或者申请支付令等方式请求权利救济的；

（三）对方当事人同意履行义务的。

第十一条　因不可抗力，或者有无民事行为能力或者限制民事行为能力劳动者的法定代理人未确定等其他正当理由，当事人不能在规定的仲裁时效期间申请仲裁的，仲裁时效中止。从中止时效的原因消除之日起，仲裁时效期间继续计算。

第二十九条　申请人申请仲裁应当提交书面仲裁申请，并按照被申请人人数提交副本。

仲裁申请书应当载明下列事项：

（一）劳动者的姓名、性别、年龄、职业、工作单位、住所、通讯地址和联系电话，用人单位的名称、住所、通讯地址、联系电话和法定代表人或者主要负责人的姓名、职务；

（二）仲裁请求和所根据的事实、理由；

（三）证据和证据来源，证人姓名和住所。

书写仲裁申请确有困难的，可以口头申请，由仲裁委员会记入笔录，经申请人签名或者盖章确认。

申请人的书面仲裁申请材料齐备的，仲裁委员会应当出具收件回执。

对于仲裁申请书不规范或者材料不齐备的，仲裁委员会应当当场或者在五日内一并告知申请人需要补正的全部材料。申请人按要求补正全部材料的，仲裁委员会应当出具收件回执。

第三十五条　被申请人可以在答辩期间提出反申请，仲裁委员会应当自收到被申请人反申请之日起五日内决定是否受理并通知被申请人。

决定受理的，仲裁委员会可以将反申请和申请合并处理。

该反申请如果是应当另行申请仲裁的争议，仲裁委员会应当书面告知被申请人另行申请仲裁；该反申请如果是不属于本规则规定应当受理的争议，仲裁委员会应当向被申请人出具不予受理通知书。

被申请人在答辩期满后对申请人提出反申请的，应当另行提出，另案处理。

仲裁案件的受理

[解读]

劳动争议仲裁委员会收到仲裁申请书之日起5日内，认为符合受理条件的，应当受理，并通知申请人；认为不符合受理条件的，应当书面通知申请人不予受理，并说明理由。对劳动争议仲裁委员会不予受理或者逾期未作出决定的，申请人可以就该劳动争议事项向人民法院提起诉讼。

劳动争议仲裁委员会受理仲裁申请后，应当在五日内将仲裁申请书副本送达被申请人。被申请人收到劳动仲裁申请书副本后，应当在10日内向劳动争议仲裁委员会提交答辩书。劳动争议仲裁委员会收到答辩书后，应当在5日内将答辩书副本送达申请人。被申请人未提交答辩书的，不影响仲裁程序的进行。

被申请人可以在答辩期间提出反申请，仲裁委员会应当自收到反申请之日起5日内决定是否受理并通知被申请人。决定受理的，仲裁委员会可以将反申请和申请合并处理；该反申请如果是应当另行申请仲裁的争议，仲裁委员会应当书面告知被申请人另行申请仲裁；该反申请如果是不属于本规则规定应当受理的争议，仲裁委员会应当向被申请人出具不予受理通知书。被申请人在答辩期满后提出反申请的，应当另行提出，另案处理。

劳动仲裁委员会的办事机构在案件受理程序上，应做好以下几项工作：

（一）接受当事人的申请，并审查其是否符合受理条件。即：是否劳动争议案件当事人；争议内容是否属于劳动争议受案范围；是否归本仲裁委员会管辖；是否符合申请时效的规定等。

（二）经审查符合受理条件的，填写《立案审批表》，并及时报劳动仲裁委员会或其办事机构负责人审批。

（三）劳动仲裁委员会应自收到仲裁申请之日起5日内作出是否立案的决定，并书面通知申请人。

（四）决定立案的，应当自决定受理之日起5日内将仲裁申请书副本送达被申请人。同时附送《应诉通知书》《法定代表人证明书》《授权委托书》，并告知答辩期限。

（五）审查法定代表人（或主要负责人）身份证明，看其是否符合主体资格；审查批准代理事宜；为无行为能力和限制行为能力的当事人指定代理人。

（六）其他应该做的工作。

为了使劳动争议案件能够及时有效地得到解决，法律规定当事人对于劳动争议仲裁委员会作出的不予受理的通知或决定、裁决不服，可向人民法院起诉，人民法院应予受理。

[依据指引]

(1)《中华人民共和国劳动争议调解仲裁法》(2007年12月29日　国家主席令第80号)

第二十九条　劳动争议仲裁委员会收到仲裁申请之日起五日内，认为符合受理条件的，应当受理，并通知申请人；认为不符合受理条件的，应当书面通知申请人不予受理，并说明理由。对劳动争议仲裁委员会不予受理或者逾期未作出决定的，申请人可以就该劳动争议事项向人民法院提起诉讼。

第三十条 劳动争议仲裁委员会受理仲裁申请后，应当在五日内将仲裁申请书副本送达被申请人。

被申请人收到仲裁申请书副本后，应当在十日内向劳动争议仲裁委员会提交答辩书。劳动争议仲裁委员会收到答辩书后，应当在五日内将答辩书副本送达申请人。被申请人未提交答辩书的，不影响仲裁程序的进行。

(2) 人力资源和社会保障部《劳动人事争议仲裁办案规则》（2009年1月1日 部令第2号）

第三十条 仲裁委员会对符合下列条件的仲裁申请应当予以受理，并在收到仲裁申请之日起五日内向申请人出具受理通知书：

（一）属于本规则第二条规定的争议范围；

（二）有明确的仲裁请求和事实理由；

（三）在申请仲裁的法定时效期间内；

（四）属于仲裁委员会管辖范围。

第三十一条 对不符合第三十条第一、二、三项规定之一的仲裁申请，仲裁委员会不予受理，并在收到仲裁申请之日起五日内向申请人出具不予受理通知书。

对不符合第三十条第四项规定的仲裁申请，仲裁委员会应当在收到仲裁申请之日起五日内，向申请人作出书面说明并告知申请人向有管辖权的仲裁委员会申请仲裁。

对仲裁委员会逾期未作出决定或决定不予受理的，申请人可以就该争议事项向人民法院提起诉讼。

第三十二条 仲裁委员会受理案件后，发现不应当受理的，除本规则第十三条规定外，应当撤销案件，并自决定撤销案件后五日内，按照本规则第三十一条的规定书面通知当事人。

第三十四条 仲裁委员会受理仲裁申请后，应当在五日内将仲裁申请书副本送达被申请人。

被申请人收到仲裁申请书副本后，应当在十日内向仲裁委员会提交答辩书。仲裁委员会收到答辩书后，应当在五日内将答辩书副本送达申请人。被申请人逾期未提交答辩书的，不影响仲裁程序的进行。

第三十五条 被申请人可以在答辩期间提出反申请，仲裁委员会应当自收到被申请人反申请之日起五日内决定是否受理并通知被申请人。

决定受理的，仲裁委员会可以将反申请和申请合并处理。

该反申请如果是应当另行申请仲裁的争议，仲裁委员会应当书面告知被申请人另行申请仲裁；该反申请如果是不属于本规则规定应当受理的争议，仲裁委员会应当向被申请人出具不予受理通知书。

被申请人在答辩期满后对申请人提出反申请的，应当另行提出，另案处理。

劳动争议答辩与答辩书

[解读]

劳动争议答辩是指劳动争议仲裁委员会立案后，被申请人针对申请书的内容进行承认或者反驳的行为。其作用在于反驳对方无理的或违反事实的告诉，帮助仲裁委员会了解争议真相和全貌，以利于仲裁委员会作出客观公正的裁决。

仲裁委员会受理仲裁申请后，应当在5日内将申请书副本送达被申请人。被申请人收到申请书副本后，应当在10日内向劳动争议仲裁委员会提交答辩书。劳动争议仲裁委员会收到答辩书后，应当在5日内将答辩书副本送达申请人。被申请人没有按时提交或者不提交答辩书的，不影响案件的审理。答辩不同于申请人的申请，申请是劳动争议仲裁活动开启的前提，答辩则不影响仲裁活动的进行，被申请人不进行答辩，不可能中止或终结仲裁活动。仲裁委员会将按照仲裁程序，继续开展下一步的审理。

劳动争议答辩书，是被申请人根据申请人的申请书，为维护自身的合法权益，有针对性地进行反驳的一种仲裁文书。答辩书的制作者，可以是被申请人，也可以是委托代理人，还可以请其他人代写，比较灵活。但不管谁写，都是以被申请人的名义进行答辩，落款都应是被申请人本人或代理人。答辩书一般应具备以下几个方面的内容：

（一）首部写明是劳动争议“答辩书”。

（二）写明就×××与××××劳动争议案进行答辩。

（三）答辩意见。这是答辩书的核心部分，被申请人应当在认真分析申请书的基础上拟定答辩要点。答辩书中被申请人为维护自己的合法权益，可以对申请书提出反驳和质问，也可以同意申请书中的某些事实和证据及申请人的意见、要求等。答辩书要抓住焦点、有的放矢，重在批驳、有理有据，尊重客观、实事求是。

（四）注明答辩人的姓名、工作单位、职务等及答辩的日期。

[依据指引]

（1）《中华人民共和国劳动争议调解仲裁法》（2007 年 12 月 29 日 国家主席令第 80 号）

第三十条 劳动争议仲裁委员会受理仲裁申请后，应当在五日内将仲裁申请书副本送达被申请人。

被申请人收到仲裁申请书副本后，应当在十日内向劳动争议仲裁委员会提交答辩书。劳动争议仲裁委员会收到答辩书后，应当在五日内将答辩书副本送达申请人。被申请人未提交答辩书的，不影响仲裁程序的进行。

（2）人力资源和社会保障部《劳动人事争议仲裁办案规则》（2009 年 1 月 1 日 部令第 2 号）

第三十四条 仲裁委员会受理仲裁申请后，应当在五日内将仲裁申请书副本送达被申请人。

被申请人收到仲裁申请书副本后，应当在十日内向仲裁委员会提交答辩书。仲裁委员会收到答辩书后，应当在五日内将答辩书副本送达申请人。被申请人逾期未提交答辩书的，不影响仲裁程序的进行。

劳动争议仲裁案件受理中特殊情况的处理

[解读]

对劳动争议仲裁案件受理中特殊情况的处理，法律及国家有关行政部门曾作出一系列规定，主要有以下几种情况：

（一）关于信访部门受理并处理属于劳动争议仲裁机构受案范围内的劳动争议案件，当事人又向劳动争议仲裁委员会申请仲裁，只要该劳动争议符合劳动仲裁委员会受理条件，仲裁委员会应予以受理。

（二）未经仲裁程序而直接进入诉讼程序的劳动争议案件，当事人又向劳动争议仲裁委员会申请仲裁的，应区别不同情况予以处理：如果当事人就该劳动争议提起诉讼后又撤诉的，或者人民法院书面裁定先由劳动仲裁委员会处理的，只要该劳动争议符合受理条件，仲裁委员会应予以受理；如果人民法院正在对该劳动争议进行审理，或者对实体内容作出调解、裁定或判决的，仲裁委员会则不予受理。

（三）企业不服劳动争议仲裁委员会的仲裁裁决，在法定时效内起诉到法院后，又以原事实和理由对职工再次处理，如果职工对企业的再次处理不服，向劳动争议仲裁委员会申诉，只要该劳动争议符合受理范围，劳动争议仲裁委员会应予以受理。

（四）劳动争议仲裁委员会不能以劳动合同未经鉴证为由不受理相关的劳动争议案件。

（五）劳动争议仲裁委员会受理案件后，发现不应当受理的，除管辖方面的原因外，应当撤销案件，并自决定撤销案件后 5 日内，书面通知当事人。

[依据指引]

（1）人力资源和社会保障部《劳动人事争议仲裁办案规则》（2009 年 1 月 1 日 部令第 2 号）

第三十二条 仲裁委员会受理案件后，发现不应当受理的，除本规则第十三条规定外，应当撤销案件，并自决定撤销案件后五日内，按照本规则第三十一条的规定书面通知当事人。

（2）劳动部办公厅《关于处理劳动争议案件几个问题的复函》（1997 年 1 月 31 日 劳办发［1997］15 号）

河南省劳动厅：

你厅《关于处理劳动争议案件几个政策性问题的请示》（豫劳裁［1996］15 号）收悉，经研究，现函复如下：

（四）关于信访部门受理并处理属于劳动争议仲裁机构受案范围内的劳动争议案件，当事人又向劳动争议仲裁委员会申请仲裁，仲裁委员会应否受理的问题。我们认为，只要该劳动争议符合仲裁委员会受理条件，仲裁委员会应依照《劳动法》《企业劳动争议处理条例》《劳动争议仲裁委员会办案规则》及相关法律、法规的规定予以受理。

（五）关于未经仲裁程序而直接进入诉讼程序的劳动争议案件，当事人又向劳动争议仲裁委员会申请仲裁的，仲裁委员会可否受理的问题。经与最高人民法院协商一致，如果当事人就该劳动争议提起诉讼后又撤诉的，或者人民法院书面裁定先由仲裁委员会处理的，只要该劳动争议符合受理条件，仲裁委员会应予受理；如果人民法院正在对该劳动争议进行审理，或者对实体内容作出调解、裁定或判决的，仲裁委员会则不予受理。

（3）劳动部办公厅《关于仲裁裁决生效前企业能否对职工再行处理的复函》（1995 年 12 月 19

日 劳办发［1995］323号）

河南省劳动厅：

你厅《关于仲裁裁决生效前企业能否对职工再行处理的请示》（豫劳裁［1995］16号）收悉，经研究，函复如下：

企业不服劳动争议仲裁会仲裁裁决，在法定时效内起诉到法院后，又以原事实和理由对职工再次处理，如果职工对企业的再次处理不服，可以向劳动争议仲裁委员会申诉。只要该劳动争议符合受案范围，劳动争议仲裁委员会应予受理。

（4）劳动部《关于贯彻执行〈中华人民共和国劳动法〉若干问题的意见》（1995年8月4日 劳部发［1995］309号）

83. 劳动合同鉴证是劳动行政部门审查、证明劳动合同的真实性、合法性的一项行政监督措施，尤其在劳动合同制度全面实施的初期有其必要性。劳动行政部门鼓励并提倡用人单位和劳动者进行劳动合同鉴证。劳动争议仲裁委员会不能以劳动合同未经鉴证为由不受理相关的劳动争议案件。

申请人撤诉和按撤诉处理

［解读］

申请人申请撤诉是当事人的一种权利。当事人申请劳动争议仲裁后，仲裁庭作出裁决前，申请人可以撤回仲裁申请，经仲裁庭审查后决定其撤诉是否成立。申请人申请撤诉必须符合下列条件：

（一）有权提出撤诉申请的必须是申请人或经申请人特别授权的代理人，以及无行为能力申请人的法定代理人。

（二）申请人申请撤诉必须以书面或口头形式向仲裁庭提出。

（三）申请撤诉必须是在劳动争议仲裁机构受理案件以后，仲裁调解或裁决之前。如果仲裁庭对劳动争议已经调解结案或作出裁决，当事人就不能再申请撤诉。

（四）必须出自本人真实意愿并符合法律规定，不得侵犯对方当事人以及第三人的合法权益，不得规避法律。申请人申请撤诉并不一定就会得到批准，仲裁庭要对申请进行审查。如果申请是因为规避法律，另一方当事人的胁迫或者撤诉的结果会损害国家利益和他人的合法权益，那么该撤诉不能成立。

（五）双方当事人自行和解的，应当提供和解协议书，经审查合法有效后，可以批准撤诉。

只有符合上述条件，仲裁委员会才能准予撤诉，并制作仲裁决定书，送达双方当事人。经仲裁委员会准予撤诉的，当事人又以同一仲裁请求再次申请仲裁，仲裁委员会应予受理，申请仲裁时效期间从撤诉之日起重新开始计算。

按撤诉处理是指劳动争议申请人在仲裁活动中的行为符合法律特别规定时，仲裁委员会可依法视为其撤诉的情形。申请人符合按撤诉处理的情形主要有以下两种：申请人接到书面开庭通知，无正当理由拒不到庭的；在案件审理过程中，申请人未经仲裁庭同意中途退庭的。

仲裁委员会对申请人按撤诉处理的，应当制作仲裁决定书送达双方当事人。2009年1月1日以后，如果当事人就同一仲裁请求再次申请仲裁，仲裁委员会应不予受理。

［依据指引］

（1）《中华人民共和国劳动争议调解仲裁法》（2007年12月29日 国家主席令第80号）

第三十六条 申请人收到书面通知，无正当理由拒不到庭或者未经仲裁庭同意中途退庭的，可以视为撤回仲裁申请。

被申请人收到书面通知，无正当理由拒不到庭或者未经仲裁庭同意中途退庭的，可以缺席裁决。

第四十一条 当事人申请劳动争议仲裁后，可以自行和解。达成和解协议的，可以撤回仲裁申请。

（2）人力资源和社会保障部《劳动人事争议仲裁办案规则》（2009年1月1日 部令第2号）

第三十八条 申请人收到书面通知，无正当理由拒不到庭或者未经仲裁庭同意中途退庭的，可以按撤回仲裁申请处理，申请人重新申请仲裁的，仲裁委员会不予受理。被申请人收到书面通知，无正当理由拒不到庭或者未经仲裁庭同意中途退庭的，可以缺席裁决。

第四十二条 当事人申请仲裁后，可以自行和解。达成和解协议的，可以撤回仲裁申请，也可以请求仲裁庭根据和解协议制作调解书。

（3）劳动部办公厅《关于已撤诉的劳动争议案件劳动争议仲裁委员会是否可以再受理的复函》（1997年7月8日 劳办发［1997］61号）

河北省劳动厅：

你厅《关于已按撤诉处理和申诉人申请撤诉

的劳动争议案件是否可以再立案的请示》(冀劳办[1997] 146号)收悉，经研究并与最高人民法院协商一致，现答复如下：

根据《中华人民共和国民事诉讼法》第一百一十一条第5项关于“对判决、裁定已发生法律效力的案件，当事人又起诉的，告知原告按申诉处理，但人民法院准许撤诉的裁定除外”的规定，最高人民法院在《关于适用〈中华人民共和国民事诉讼法〉若干问题的意见》(法发[1992] 22号)第一百四十四条明确规定：“当事人撤诉或人民法院按撤诉处理后，当事人以同一诉讼请求再次起诉的，人民法院应予受理。”据上述规定精神，当事人撤诉或者劳动争议仲裁委员会按撤诉处理的案件，如当事人就同一仲裁请求再次申请仲裁，只要符合受理条件，劳动争议仲裁委员会应当再次立案审理，申请仲裁时效期间从撤诉之日起重新开始计算。

案件开庭审理

[解读]

开庭审理是指劳动争议仲裁委员会在当事人和其他仲裁参与人的参加下，全面审查认定案件事实，并依法进行调解或裁决的活动。开庭审理由合议庭或独任仲裁员主持，故又称为劳动仲裁庭审理。

开庭审理既是劳动争议仲裁委员会行使国家仲裁权的重要阶段，又是当事人行使劳动争议处理权的重要活动，也是仲裁参与人行使仲裁权利和履行仲裁义务最集中的场合。根据法律规定，以及多年来仲裁办案实践，仲裁案件审理程序主要有以下八个环节：

(一)组成仲裁庭。仲裁委员会决定受理的劳动争议案件，应当自受理仲裁申请之日起5日内按规定组成仲裁庭。仲裁庭由3名仲裁员组成，设首席仲裁员。简单劳动争议案件可以由1名仲裁员独任仲裁。同时，将仲裁庭的组成情况书面通知当事人。这样便于当事人了解仲裁庭成员和各个仲裁员情况，确定是否申请仲裁员回避。当事人申请回避理由成立，需要重新组织仲裁庭而不能如期进行审理时，经劳动仲裁委员会决定，可以延期审理，并及时通知有关人员。

(二)仲裁庭于开庭5日前，将开庭时间、地点以书面形式通知当事人和其他仲裁参加人。需要其他有关单位和有关人员参加的，也应及时通知。当事人有正当理由的，可以在开庭3日前请求延期开庭。是否延期，由仲裁委员会根据实际情况决定。

(三)庭审开始。首先查明当事人和其他仲裁参加人是否到庭、宣布仲裁庭纪律、宣布开庭，其次核对当事人身份、宣布当事人在仲裁活动中的权利、义务。

(四)庭审调查。主要是听取当事人对案情的充分陈述和答辩，以及双方举证、质证，听取证人提供的证言，出示各种物证、书证和视听资料，宣读勘验笔录和鉴定结论，全面核实证据、揭示案件真相。

(五)仲裁庭辩论。仲裁庭辩论是当事人、第三人及其仲裁代理人就案件事实和适用法律向仲裁庭阐明观点、申明理由的活动。仲裁庭辩论是在庭审调查的基础上进行的，它有助于仲裁庭进一步核对事实，有助于仲裁员缜密思考作出判断。庭审辩论的目的是通过双方辩论，使仲裁员进一步弄清案件真相和适用法规。同时也体现双方的民主权利。辩论结束后，首席仲裁员或独任仲裁员应当征询双方当事人的最后意见。

(六)仲裁庭主持先行调解。经过庭审调查和庭审辩论，案情已经查清，当事人之间的权利义务关系已经明确，在征得双方当事人同意的前提下，应当进行调解。经调解达成协议，即制作调解书，从而结束仲裁程序。

(七)调解未达成协议，或者调解书送达前一方当事人反悔的，仲裁庭应当及时作出裁决。

(八)在管辖区域内有重大影响的案件，以及经仲裁庭合议难作结论的疑难案件，仲裁庭可在查明事实后提交仲裁委员会决定。

[依据指引]

(1)《中华人民共和国劳动争议调解仲裁法》(2007年12月29日 国家主席令第80号)

第三十一条 劳动争议仲裁委员会裁决劳动争议案件实行仲裁庭制。仲裁庭由三名仲裁员组成，设首席仲裁员。简单劳动争议案件可以由一名仲裁员独任仲裁。

第三十二条 劳动争议仲裁委员会应当在受理仲裁申请之日起五日内将仲裁庭的组成情况书面通知当事人。

第三十三条 仲裁员有下列情形之一，应当回避，当事人也有权以口头或者书面方式提出回避申请：

（一）是本案当事人或者当事人、代理人的近亲属的；

（二）与本案有利害关系的；

（三）与本案当事人、代理人有其他关系，可能影响公正裁决的；

（四）私自会见当事人、代理人，或者接受当事人、代理人的请客送礼的。

劳动争议仲裁委员会对回避申请应当及时作出决定，并以口头或者书面方式通知当事人。

第三十五条 仲裁庭应当在开庭五日前，将开庭日期、地点书面通知双方当事人。当事人有正当理由的，可以在开庭三日前请求延期开庭。是否延期，由劳动争议仲裁委员会决定。

第三十七条 仲裁庭对专门性问题认为需要鉴定的，可以交由当事人约定的鉴定机构鉴定；当事人没有约定或者无法达成约定的，由仲裁庭指定的鉴定机构鉴定。

根据当事人的请求或者仲裁庭的要求，鉴定机构应当派鉴定人参加开庭。当事人经仲裁庭许可，可以向鉴定人提问。

第三十八条 当事人在仲裁过程中有权进行质证和辩论。质证和辩论终结时，首席仲裁员或者独任仲裁员应当征询当事人的最后意见。

第四十二条 仲裁庭在作出裁决前，应当先行调解。

调解达成协议的，仲裁庭应当制作调解书。

调解书应当写明仲裁请求和当事人协议的结果。调解书由仲裁员签名，加盖劳动争议仲裁委员会印章，送达双方当事人。调解书经双方当事人签收后，发生法律效力。

调解不成或者调解书送达前，一方当事人反悔的，仲裁庭应当及时作出裁决。

（2）人力资源和社会保障部《劳动人事争议仲裁办案规则》（2009年1月1日 部令第2号）

第三十六条 仲裁委员会应当在受理仲裁申请之日起五日内组成仲裁庭并将仲裁庭的组成情况书面通知当事人。

第三十七条 仲裁庭应当在开庭五日前，将开庭日期、地点书面通知双方当事人。当事人有正当理由的，可以在开庭三日前请求延期开庭。是否延期，由仲裁委员会根据实际情况决定。

第三十九条 开庭审理时，仲裁员应当听取申请人的陈述和被申请人的答辩，主持庭审调查、质证和辩论、征询当事人最后意见，并进行调解。

第四十三条 仲裁调解达成协议的，仲裁庭应当制作调解书。

调解书应当写明仲裁请求和当事人协议的结果。调解书由仲裁员签名，加盖仲裁委员会印章，送达双方当事人。调解书经双方当事人签收后，发生法律效力。

调解不成或者调解书送达前，一方当事人反悔的，仲裁庭应当及时作出裁决。

仲裁案件处理时限

［解读］

仲裁庭裁决劳动争议案件，应当自劳动争议仲裁委员会受理仲裁申请之日起45日内结束。案情复杂需要延期的，经劳动争议仲裁委员会主任批准，可以延期并书面通知当事人，但是延长期限不得超过15日。逾期未作出仲裁裁决的，当事人可以就该劳动争议事项向人民法院提起诉讼。

仲裁庭裁决劳动争议案件时，其中一部分事实已经清楚，可以就该部分先行裁决。

另外，由于在案件处理过程中可能遇到一些致使仲裁庭无法继续审理的情况。这些情况可能使得劳动仲裁委员会决定“中止审理”，而中止仲裁审理的时间，是不计算在上述期限内的。“中止审理”的情形消除后，劳动仲裁审理期限继续计算。因此遇有仲裁“中止审理”的情形，仲裁程序便会要适当延长一些时间，这都是允许的。

［依据指引］

（1）《中华人民共和国劳动争议调解仲裁法》（2007年12月29日 国家主席令第80号）

第四十三条 仲裁庭裁决劳动争议案件，应当自劳动争议仲裁委员会受理仲裁申请之日起四十五日内结束。案情复杂需要延期的，经劳动争议仲裁委员会主任批准，可以延期并书面通知当事人，但是延长期限不得超过十五日。逾期未作出仲裁裁决的，当事人可以就该劳动争议事项向人民法院提起诉讼。

仲裁庭裁决劳动争议案件时，其中一部分事实已经清楚，可以就该部分先行裁决。

（2）人力资源和社会保障部《劳动人事争议仲裁办案规则》（2009年1月1日 部令第2号）

第四十四条 仲裁庭裁决案件，应当自仲裁委员会受理仲裁申请之日起四十五日内结束。案情复杂需要延期的，经仲裁委员会主任批准，可以延期并书面通知当事人，但延长期限不得超过十五日。

第四十五条　有下列情形的，仲裁期限按照下列规定计算：

（一）申请人需要补正材料的，仲裁委员会收到仲裁申请的时间从材料补正之日起计算；

（二）增加、变更仲裁申请的，仲裁期限从受理增加、变更仲裁申请之日起重新计算；

（三）仲裁申请和反申请合并处理的，仲裁期限从受理反申请之日起重新计算；

（四）案件移送管辖的，仲裁期限从接受移送之日起计算；

（五）中止审理期间不计入仲裁期限内；

（六）有法律、法规规定应当另行计算的其他情形的。

第四十六条　因出现案件处理依据不明确而请示有关机构，或者案件处理需要等待工伤认定、伤残等级鉴定、司法鉴定结论，公告送达以及其他需要中止仲裁审理的客观情形，经仲裁委员会主任批准，可以中止案件审理，并书面通知当事人。中止审理的客观情形消除后，仲裁庭应当恢复审理。

第四十七条　当事人因仲裁庭逾期未作出仲裁裁决而向人民法院提起诉讼的，仲裁委员会应当裁定该案件终止审理；当事人未就该争议事项向人民法院提起诉讼，并且双方当事人同意继续仲裁的，仲裁委员会可以继续处理并裁决。

（3）最高人民法院《关于审理劳动争议案件适用法律若干问题的解释（三）》（2010年9月13日　法释［2010］12号）

第十二条　劳动人事争议仲裁委员会逾期未作出受理决定或仲裁裁决，当事人直接提起诉讼的，人民法院应予受理，但申请仲裁的案件存在下列事由的除外：

（一）移送管辖的；

（二）正在送达或送达延误的；

（三）等待另案诉讼结果、评残结论的；

（四）正在等待劳动人事争议仲裁委员会开庭的；

（五）启动鉴定程序或者委托其他部门调查取证的；

（六）其他正当事由。

当事人以劳动人事争议仲裁委员会逾期未作出仲裁裁决为由提起诉讼的，应当提交劳动人事争议仲裁委员会出具的受理通知书或者其他已接受仲裁申请的凭证或证明。

庭审笔录

［解读］

庭审笔录是仲裁庭审理劳动争议案件时书记员当场制作的，客观真实地反映仲裁庭审理、评议劳动争议案件过程和结果的文字记录。它是检验仲裁活动是否合乎程序的依据，是制作劳动争议调解书或仲裁裁决书的基础。庭审笔录是反映仲裁庭开庭活动的一种重要的法律文书，是处理案件的重要依据。当事人和其他仲裁参加人认为对自己陈述的记录有遗漏或者差错的，有权申请补正。如果不予补正，应当记录该申请。笔录由仲裁员、记录人员、当事人和其他仲裁参加人签名或者盖章。

［依据指引］

（1）《中华人民共和国劳动争议调解仲裁法》（2007年12月29日　国家主席令第80号）

第四十条　仲裁庭应当将开庭情况记入笔录。当事人和其他仲裁参加人认为对自己陈述的记录有遗漏或者差错的，有权申请补正。如果不予补正，应当记录该申请。

笔录由仲裁员、记录人员、当事人和其他仲裁参加人签名或者盖章。

（2）人力资源和社会保障部《劳动人事争议仲裁办案规则》（2009年1月1日　部令第2号）

第四十条　仲裁庭应当将开庭情况记入笔录。当事人或者其他仲裁参加人认为对自己陈述的记录有遗漏或者差错的，有权申请补正。仲裁庭认为申请无理由或者无必要的，可以不予补正，但是应当记录该申请。

仲裁员、记录人员、当事人和其他仲裁参加人应当在庭审笔录上签名或者盖章。当事人或者其他仲裁参加人拒绝在庭审笔录上签名或者盖章的，仲裁庭应记明情况附卷。

仲裁程序中止

［解读］

仲裁程序中止是指由于某种妨碍仲裁办案进行的客观情况出现，致使仲裁办案时限暂时停止计算的情形。仲裁庭在审理劳动争议案件过程中，如遇有某些妨碍仲裁办案进行的客观情况，致使劳动争议案件无法继续审理时，经劳动争议仲裁委员会审查同意，可以中止仲裁程序。在劳动争议处理过程中有下列情形之一的，仲裁办案时限即可中止：

（一）当事人或仲裁参加人因不可抗拒事由不能参加仲裁活动，如自然灾害造成的交通、通讯阻断等原因致使仲裁活动无法按时正常进行的。

（二）当事人自身因素造成仲裁活动无法按时正常进行的。例如，当事人死亡，法定代理人和利害关系人尚未明确的；当事人患病确实不能及时参加仲裁活动的；当事人丧失仲裁行为能力期间尚未确定法定代理人的；当事人一方不在本地区或外出不能及时参加仲裁活动的；申请人需要补正材料的；增加、变更仲裁申请的；仲裁申请和反申请合并处理的。

（三）仲裁机构本身因素造成仲裁活动无法按时正常进行的。例如，本案必须以另一案的审理结果作为依据而另一案又尚未审理终结的；案件处理需请示待批、等待工伤认定、鉴定、公告送达的；当事人提出的回避申请正在进行审查期间的；仲裁委员会之间因案情需要委托调查的；进行案件相关事实认定与鉴定需等待结果的等。

仲裁程序中止的具体条件，可以参照民事诉讼法中有关诉讼中止的规定执行。仲裁委员会决定仲裁程序中止的，应制作《仲裁决定书》送达双方当事人，中止审理期限不计入仲裁审理时限内。中止的障碍消除后，仲裁审理时限恢复计算，仲裁程序中止前、后的时间合并计算。

[依据指引]

(1)《中华人民共和国劳动争议调解仲裁法》(2007年12月29日　国家主席令第80号)

第四十三条　仲裁庭裁决劳动争议案件，应当自劳动争议仲裁委员会受理仲裁申请之日起四十五日内结束。案情复杂需要延期的，经劳动争议仲裁委员会主任批准，可以延期并书面通知当事人，但是延长期限不得超过十五日。逾期未作出仲裁裁决的，当事人可以就该劳动争议事项向人民法院提起诉讼。

(2) 人力资源和社会保障部《劳动人事争议仲裁办案规则》(2009年1月1日　部令第2号)

第四十四条　仲裁庭裁决案件，应当自仲裁委员会受理仲裁申请之日起四十五日内结束。案情复杂需要延期的，经仲裁委员会主任批准，可以延期并书面通知当事人，但延长期限不得超过十五日。

第四十五条　有下列情形的，仲裁期限按照下列规定计算：

（一）申请人需要补正材料的，仲裁委员会收到仲裁申请的时间从材料补正之日起计算；

（二）增加、变更仲裁申请的，仲裁期限从受理增加、变更仲裁申请之日起重新计算；

（三）仲裁申请和反申请合并处理的，仲裁期限从受理反申请之日起重新计算；

（四）案件移送管辖的，仲裁期限从接受移送之日起计算；

（五）中止审理期间不计入仲裁期限内；

（六）有法律、法规规定应当另行计算的其他情形的。

第四十六条　因出现案件处理依据不明确而请示有关机构，或者案件处理需要等待工伤认定、伤残等级鉴定、司法鉴定结论，公告送达以及其他需要中止仲裁审理的客观情形，经仲裁委员会主任批准，可以中止案件审理，并书面通知当事人。中止审理的客观情形消除后，仲裁庭应当恢复审理。

当事人自行和解

[解读]

当事人自行和解是指劳动仲裁程序开始后，双方当事人就争议标的通过自行协商并达成和解协议，从而结束仲裁活动的一种行为。

当事人自行和解是当事人对自己实体劳动权利的处分，但和解内容必须符合法律法规规定。当事人自行和解后，申请仲裁的当事人可以向仲裁委员会提出撤诉申请，仲裁委员会收到撤诉申请后，经审核准予撤诉的，应当制作仲裁决定书；当事人也可以请求仲裁庭根据和解协议制作调解书。

[依据指引]

(1)《中华人民共和国劳动争议调解仲裁法》(2007年12月29日　国家主席令第80号)

第四十一条　当事人申请劳动争议仲裁后，可以自行和解。达成和解协议的，可以撤回仲裁申请。

(2) 人力资源和社会保障部《劳动人事争议仲裁办案规则》(2009年1月1日　部令第2号)

第四十二条　当事人申请仲裁后，可以自行和解。达成和解协议的，可以撤回仲裁申请，也可以请求仲裁庭根据和解协议制作调解书。

仲裁调解与调解书

[解读]

仲裁调解是指仲裁庭在查明事实的基础上，在仲裁裁决作出前，主持双方当事人进行协商，积极促使当事人相互谅解，自愿达成协议，从而结束仲裁活动的一种处理劳动争议的重要方式。因此，仲裁庭处理劳动争议应当先行调解、依法调解。调解达成协议的，仲裁庭应当根据协议内容制作仲裁调解书；调解未达成协议或者调解书送达前当事人反悔的，仲裁庭应当及时裁决，避免久调不决。

仲裁调解书是指在仲裁庭的主持下，遵循当事人双方自愿和合法原则，以调解方式解决劳动争议案件所使用的法律文书。法律规定，调解书应当写明仲裁请求和当事人协议的结果，由双方当事人签字、仲裁员签名，加盖劳动争议仲裁委员会印章。调解书经双方当事人签收后，发生法律效力，一方当事人反悔提起诉讼的，法院不会受理，若已经受理，也会裁定驳回起诉；一方当事人不执行，另一方当事人可以申请人民法院强制执行。

制作仲裁调解书应注意以下几点：

（一）对双方当事人的主张、要求、争议焦点要写清楚，意思表达要完整。

（二）就争议事实部分的描述宜粗不宜细，对双方陈述差距较大，且不影响定性的事实可以略去不写，以求大同、存小异，避免双方在细节上纠缠。

（三）对争议双方的责任要作出公正、合理、原则性的评定，以利于双方当事人接受。

（四）文字表述语气要温和、婉转，以利于和解和执行。

[依据指引]

(1)《中华人民共和国劳动争议调解仲裁法》（2007 年 12 月 29 日　国家主席令第 80 号）

第三条　解决劳动争议，应当根据事实，遵循合法、公正、及时、着重调解的原则，依法保护当事人的合法权益。

第四十二条　仲裁庭在作出裁决前，应当先行调解。

调解达成协议的，仲裁庭应当制作调解书。

调解书应当写明仲裁请求和当事人协议的结果。调解书由仲裁员签名，加盖劳动争议仲裁委员会印章，送达双方当事人。调解书经双方当事人签收后，发生法律效力。

调解不成或者调解书送达前，一方当事人反悔的，仲裁庭应当及时作出裁决。

(2) 最高人民法院《关于审理劳动争议案件适用法律若干问题的解释（三）》（2010 年 9 月 13 日　法释［2010］12 号）

第十一条　劳动人事争议仲裁委员会作出的调解书已经发生法律效力，一方当事人反悔提起诉讼的，人民法院不予受理；已经受理的，裁定驳回起诉。

(3) 人力资源和社会保障部《劳动人事争议仲裁办案规则》（2009 年 1 月 1 日　部令第 2 号）

第三条　仲裁委员会处理争议案件，应当遵循合法、公正的原则，先行调解，及时裁决。

第四十三条　仲裁调解达成协议的，仲裁庭应当制作调解书。

调解书应当写明仲裁请求和当事人协议的结果。调解书由仲裁员签名，加盖仲裁委员会印章，送达双方当事人。调解书经双方当事人签收后，发生法律效力。

调解不成或者调解书送达前，一方当事人反悔的，仲裁庭应当及时作出裁决。

仲裁裁决与裁决书

[解读]

仲裁裁决是指仲裁委员会在查明事实的基础上，在先行调解不成的情况下，当庭或在庭后及时作出裁决，从而结束仲裁活动的一种处理劳动争议的重要方式。仲裁庭裁决劳动争议案件，应当按照多数仲裁员的意见作出。不同意见必须如实记入笔录。仲裁庭不能形成多数意见时，按首席仲裁员的意见作出裁决。仲裁庭作出裁决后，应当制作裁决书，送达双方当事人。

仲裁裁决书是指仲裁委员会依法行使国家仲裁权，对劳动争议案件作出裁决并制作的法律文书。裁决书应当载明仲裁请求、争议事实、裁决理由、裁决结果和裁决日期。裁决书由仲裁员签名，加盖劳动争议仲裁委员会印章。对裁决持不同意见的仲裁员，可以签名，也可以不签名。裁决书一般由以下三部分组成：

（一）双方当事人的基本情况和案由。

（二）审理过程、查明的事实、仲裁委员会的认定及裁决结果。

（三）仲裁员签名、裁决日期、仲裁委员会印章。

当事人对仲裁裁决不服的，自收到裁决书之日起15日内，可以向人民法院起诉；期满不起诉的，仲裁裁决书即发生法律效力。如一方当事人不执行，另一方当事人可申请人民法院强制执行。

［依据指引］

(1)《中华人民共和国劳动争议调解仲裁法》（2007年12月29日　国家主席令第80号）

第四十五条　裁决应当按照多数仲裁员的意见作出，少数仲裁员的不同意见应当记入笔录。仲裁庭不能形成多数意见时，裁决应当按照首席仲裁员的意见作出。

第四十六条　裁决书应当载明仲裁请求、争议事实、裁决理由、裁决结果和裁决日期。裁决书由仲裁员签名，加盖劳动争议仲裁委员会印章。对裁决持不同意见的仲裁员，可以签名，也可以不签名。

第五十条　当事人对本法第四十七条规定以外的其他劳动争议案件的仲裁裁决不服的，可以自收到仲裁裁决书之日起十五日内向人民法院提起诉讼；期满不起诉的，裁决书发生法律效力。

第五十一条　当事人对发生法律效力的调解书、裁决书，应当依照规定的期限履行。一方当事人逾期不履行的，另一方当事人可以依照民事诉讼法的有关规定向人民法院申请执行。受理申请的人民法院应当依法执行。

(2) 人力资源和社会保障部《劳动人事争议仲裁办案规则》（2009年1月1日　部令第2号）

第五十一条　裁决应当按照多数仲裁员的意见作出，少数仲裁员的不同意见应当记入笔录。仲裁庭不能形成多数意见时，裁决应当按照首席仲裁员的意见作出。

第五十二条　裁决书应当载明仲裁请求、争议事实、裁决理由、裁决结果、当事人权利和裁决日期。裁决书由仲裁员签名，加盖仲裁委员会印章。对裁决持不同意见的仲裁员，可以签名，也可以不签名。

第五十三条　对裁决书中的文字、计算错误或者仲裁庭已经裁决但在裁决书中遗漏的事项，仲裁庭应当及时予以补正并送达当事人。

第五十五条　当事人对裁决不服向人民法院提起诉讼的，依照调解仲裁法的有关规定处理。

仲裁缺席裁决

［解读］

仲裁缺席裁决是指在被申请方当事人未到庭的情况下，劳动争议仲裁庭依法作出裁决。法律规定，被申请人有下列两种情形之一的，仲裁庭可作出缺席裁决：

（一）被申请人及其代理人接到书面开庭通知，无正当理由均拒不到庭的。

（二）在案件审理过程中，被申请人及其代理人未经仲裁庭同意均中途退庭的。

［依据指引］

(1)《中华人民共和国劳动争议调解仲裁法》（2007年12月29日　国家主席令第80号）

第三十六条　申请人收到书面通知，无正当理由拒不到庭或者未经仲裁庭同意中途退庭的，可以视为撤回仲裁申请。

被申请人收到书面通知，无正当理由拒不到庭或者未经仲裁庭同意中途退庭的，可以缺席裁决。

(2) 人力资源和社会保障部《劳动人事争议仲裁办案规则》（2009年1月1日　部令第2号）

第三十八条　申请人收到书面通知，无正当理由拒不到庭或者未经仲裁庭同意中途退庭的，可以按撤回仲裁申请处理，申请人重新申请仲裁的，仲裁委员会不予受理。被申请人收到书面通知，无正当理由拒不到庭或者未经仲裁庭同意中途退庭的，可以缺席裁决。

仲裁先行裁决和先予执行

［解读］

仲裁先行裁决是指仲裁委员会在仲裁过程中，根据处理案件的需要，对一部分已经查清的案件事实，先行作出裁决的处理方式。当事人对该裁决书不服，依然可以按照法律规定的程序提起诉讼。

仲裁先予执行是指根据当事人的申请，裁决一方当事人预先付给另一方当事人一定数额金钱或者其他财物的一种法律制度。依法审理劳动争议案件，需要经过“一裁两审”的程序，一般耗时较长。其间，劳动者因经济困难难以维持正常生活或者劳动者急需手术费、医疗费、住院费等情况时有发生，为解劳动者燃眉之急，法律规定了先予执行制度，即仲裁庭对追索劳动报酬、工伤医疗费、经济补偿或者法定赔偿金的案件，根据当事人的申请，可以裁决先予执行，移送人民法院执行。裁决先予执行的，应当符合下列条件：当事人之间权利义务关系明确；不先予执行将严重影响申请人的生活。

为了便于操作，国家进一步规定，仲裁委员会对确属下列紧急情形之一的案件，经过初步审理后，可以采用部分裁决的形式裁决企业支付职工工资、医疗费：

（一）企业无故拖欠、扣罚或停发工资超过3个月，致使职工生活确实无基本保障的。

（二）职工因工负伤，企业不支付急需的医疗费的。

（三）职工患病，在规定的医疗期内，企业不支付急需的医疗费的。

这种部分裁决是先行裁决的一种类型，仲裁委员会应随之裁决先予执行。这种先行裁决一经作出，立即发生法律效力。企业对该部分裁决不服的，不得单独就部分裁决向人民法院起诉，但可以向原仲裁委员会申请复议一次。复议期间不停止部分裁决的执行。复议申请应当自部分裁决送达之日起15日内提出，超过15日的，当事人不得再申请复议，在15日内，如当事人尚未就部分裁决申请复议，而终结裁决已作出并送达，则当事人也不得再就部分裁决申请复议。如当事人不服终结裁决，可按有关规定向人民法院起诉。仲裁委员会应在接到复议申请之日起7日内作出决定。部分裁决正确的，通知驳回当事人的申请。部分裁决不当的，撤销该部分裁决；已执行的，职工一方应返还企业一方先行支付的工资、医疗费；拒不返还的，由人民法院强制执行。

[依据指引]

(1)《中华人民共和国劳动争议调解仲裁法》(2007年12月29日 国家主席令第80号)

第四十三条 ……仲裁庭裁决劳动争议案件时，其中一部分事实已经清楚，可以就该部分先行裁决。

第四十四条 仲裁庭对追索劳动报酬、工伤医疗费、经济补偿或者赔偿金的案件，根据当事人的申请，可以裁决先予执行，移送人民法院执行。

仲裁庭裁决先予执行的，应当符合下列条件：

（一）当事人之间权利义务关系明确；

（二）不先予执行将严重影响申请人的生活。

劳动者申请先予执行的，可以不提供担保。

(2) 人力资源和社会保障部《劳动人事争议仲裁办案规则》(2009年1月1日 部令第2号)

第四十八条 仲裁庭裁决案件时，其中一部分事实已经清楚，可以就该部分先行裁决，当事人就该部分达成调解协议的，可以先行出具调解书。当事人对先行裁决不服的，可以依照调解仲裁法有关规定处理。

(3)《中华人民共和国民事诉讼法》(1991年4月9日 国家主席令第44号 2007年10月28日修订)

第九十九条 当事人对财产保全或者先予执行的裁定不服的，可以申请复议一次。复议期间不停止裁定的执行。

第二百一十三条 对依法设立的仲裁机构的裁决，一方当事人不履行的，对方当事人可以向有管辖权的人民法院申请执行。受申请的人民法院应当执行。

第二百一十四条 对公证机关依法赋予强制执行效力的债权文书，一方当事人不履行的，对方当事人可以向有管辖权的人民法院申请执行，受申请的人民法院应当执行。

公证债权文书确有错误的，人民法院裁定不予执行，并将裁定书送达双方当事人和公证机关。

(4) 最高人民法院《关于适用〈中华人民共和国民事诉讼法〉若干问题的意见》(1992年7月14日 法发［1992］22号)

110. 对当事人不服财产保全、先予执行裁定提出的复议申请，人民法院应及时审查。裁定正确的，通知驳回当事人的申请；裁定不当的，作出新的裁定变更或者撤销原裁定。

111. 人民法院先予执行后，依发生法律效力的判决，申请人应当返还因先予执行所取得的利益的，适用民事诉讼法第二百一十四条的规定。

(5) 最高人民法院《关于审理劳动争议案件适用法律若干问题的解释（二）》(2006年8月14日 法释［2006］6号)

第八条 当事人不服劳动争议仲裁委员会作出的预先支付劳动者部分工资或者医疗费用的裁决，向人民法院起诉的，人民法院不予受理。

用人单位不履行上述裁决中的给付义务，劳动者依法向人民法院申请强制执行的，人民法院应予受理。

(6) 最高人民法院《关于在劳动争议仲裁程序中能否适用先予执行的函》（1994年8月10日）

劳动部劳动关系和监察司：

你司《关于在劳动争议仲裁程序中能否适用先予执行的函》收悉。经研究认为：

（一）同意你司根据劳动争议的特殊性，对涉及到职工生活保障、工伤医疗保障等有关职工切身利益的问题，经过初步审理后，确属紧急情况的可以比照国际经济贸易仲裁中的中间裁决或部分裁决的形式，裁决企业支付职工的劳动报酬或因工负伤急需的医疗费。但此种裁决与民事诉讼法赋予人民法院裁定先予执行是不同的。

（二）企业对中间裁决或部分裁决不服的，应参照民事诉讼法第九十九条规定，赋予企业向原仲裁委员会申请复议的权利。该裁决生效后，如企业不执行，职工可以申请人民法院强制执行。

（三）建议明确规定适用中间裁决或部分裁决的劳动争议案件的范围，以防任意扩大。

以上意见，供参考。

(7) 劳动部办公厅《关于在劳动争议仲裁程序中能否适用部分裁决问题的复函》（1994年12月26日　劳办发［1994］391号）

浙江省劳动厅：

你省宁波市劳动争议仲裁委员会《关于在仲裁程序中能否适用先行给付问题的请示报告》（甬劳仲请字［1994］第011号）收悉。经研究并与最高人民法院协商一致，现函复如下：

劳动争议仲裁委员会对确属下列紧急情形之一的劳动争议案件，经过初步审理后，可以采用部分裁决的形式裁决企业支付职工工资、医疗费：

1. 企业无故拖欠、扣罚或停发工资超过三个月，致使职工生活确无基本保障的；

2. 职工因工负伤，企业不支付急需的医疗费的；

3. 职工患病，在规定的医疗期内，企业不支付急需的医疗费的。

企业对仲裁委员会因上述原因做出的部分裁决不服的，可以参照《民事诉讼法》第九十九条的规定，向原仲裁委员会申请复议一次。仲裁委员会应在接到复议申请7日内做出决定。维持部分裁决的，该裁决即具有法律效力，企业如不执行，职工可以申请人民法院强制执行。对案件的其他问题，仲裁委员会应继续审理，在案件处理终结的裁决书上写明部分裁决的内容。当事人不得单独就部分裁决向人民法院起诉。

终局裁决

[解读]

终局裁决是指仲裁委员会对案件作出的裁决书自作出之日起发生法律效力的裁决。法律规定，仲裁委员会对下列劳动争议案件作出的仲裁裁决为终局裁决：

（一）追索劳动报酬、工伤医疗费、经济补偿或者赔偿金，不超过当地月最低工资标准12个月金额的争议。

（二）因执行国家的劳动标准在工作时间、休息休假、社会保险等方面发生的争议。

劳动者对上述仲裁裁决不服的，可以自收到仲裁裁决书之日起15日内向人民法院提起诉讼；用人单位有证据证明上述终局裁决有下列情形之一，可以自收到仲裁裁决书之日起30日内向劳动争议仲裁委员会所在地的中级人民法院申请撤销裁决：

（一）适用法律、法规确有错误的。

（二）劳动争议仲裁委员会无管辖权的。

（三）违反法定程序的。

（四）裁决所根据的证据是伪造的。

（五）对方当事人隐瞒了足以影响公正裁决的证据的。

（六）仲裁员在仲裁该案时有索贿受贿、徇私舞弊、枉法裁决行为的。

人民法院经组成合议庭审查核实裁决有以上规定情形之一的，应当裁定撤销。仲裁裁决被人民法院裁定撤销的，当事人可以自收到裁定书之日起15日内就该劳动争议事项向人民法院提起诉讼。

[依据指引]

(1)《中华人民共和国劳动争议调解仲裁法》（2007年12月29日　国家主席令第80号）

第四十七条　下列劳动争议，除本法另有规定的外，仲裁裁决为终局裁决，裁决书自作出之日起发生法律效力：

（一）追索劳动报酬、工伤医疗费、经济补偿或者赔偿金，不超过当地月最低工资标准十二个月金额的争议；

（二）因执行国家的劳动标准在工作时间、休息休假、社会保险等方面发生的争议。

第四十八条　劳动者对本法第四十七条规定的仲裁裁决不服的，可以自收到仲裁裁决书之日起十五日内向人民法院提起诉讼。

第四十九条　用人单位有证据证明本法第四十七条规定的仲裁裁决有下列情形之一，可以自收到仲裁裁决书之日起三十日内向劳动争议仲裁委员会所在地的中级人民法院申请撤销裁决：

（一）适用法律、法规确有错误的；

（二）劳动争议仲裁委员会无管辖权的；

（三）违反法定程序的；

（四）裁决所根据的证据是伪造的；

（五）对方当事人隐瞒了足以影响公正裁决的证据的；

（六）仲裁员在仲裁该案时有索贿受贿、徇私舞弊、枉法裁决行为的。

人民法院经组成合议庭审查核实裁决有前款规定情形之一的，应当裁定撤销。

仲裁裁决被人民法院裁定撤销的，当事人可以自收到裁定书之日起十五日内就该劳动争议事项向人民法院提起诉讼。

（2）最高人民法院《关于审理劳动争议案件适用法律若干问题的解释（三）》（2010年9月13日　法释［2010］12号）

第十三条　劳动者依据调解仲裁法第四十七条第（一）项规定，追索劳动报酬、工伤医疗费、经济补偿或者赔偿金，如果仲裁裁决涉及数项，每项确定的数额均不超过当地月最低工资标准十二个月金额的，应当按照终局裁决处理。

第十四条　劳动人事争议仲裁委员会作出的同一仲裁裁决同时包含终局裁决事项和非终局裁决事项，当事人不服该仲裁裁决向人民法院提起诉讼的，应当按照非终局裁决处理。

第十五条　劳动者依据调解仲裁法第四十八条规定向基层人民法院提起诉讼，用人单位依据调解仲裁法第四十九条规定向劳动人事争议仲裁委员会所在地的中级人民法院申请撤销仲裁裁决的，中级人民法院应不予受理；已经受理的，应当裁定驳回申请。

被人民法院驳回起诉或者劳动者撤诉的，用人单位可以自收到裁定书之日起三十日内，向劳动人事争议仲裁委员会所在地的中级人民法院申请撤销仲裁裁决。

第十六条　用人单位依照调解仲裁法第四十九条规定向中级人民法院申请撤销仲裁裁决，中级人民法院作出的驳回申请或者撤销仲裁裁决的裁定为终审裁定。

人民法院准予撤诉或驳回起诉后仲裁裁决的效力

［解读］

为正确适用法律审理劳动争议案件，依法维护劳动争议双方当事人的合法权益，对人民法院裁定准予撤诉或驳回起诉后，必须明确劳动争议仲裁裁决的法律效力问题。根据有关规定：

（一）当事人不服劳动争议仲裁裁决向人民法院起诉后又申请撤诉，经人民法院审查准予撤诉的，原劳动仲裁裁决自人民法院裁定书送达当事人之日起发生法律效力。

（二）当事人因超过起诉期间而被人民法院裁定驳回起诉的，原劳动仲裁裁决自起诉期间届满之次日起恢复法律效力。

（三）因劳动仲裁裁决确定的主体资格错误或仲裁裁决事项不属于劳动争议，被人民法院驳回起诉的，原劳动仲裁裁决不发生法律效力。

另外，用人单位依照法律规定向中级人民法院申请撤销仲裁裁决，中级人民法院作出的驳回申请或者撤销仲裁裁决的裁定为终审裁定。

［依据指引］

（1）最高人民法院《关于人民法院对经劳动争议仲裁裁决的纠纷准予撤诉或驳回起诉后劳动争议仲裁裁决从何时起生效的解释》（2000年7月10日　法释［2000］18号）

为正确适用法律审理劳动争议案件，对人民法院裁定准予撤诉或驳回起诉后，劳动争议仲裁裁决从何时起生效的问题解释如下：

第一条　当事人不服劳动争议仲裁裁决向人民法院起诉后又申请撤诉，经人民法院审查准予撤诉的，原仲裁裁决自人民法院裁定送达当事人之日起发生法律效力。

第二条　当事人因超过起诉期间而被人民法院裁定驳回起诉的，原仲裁裁决自起诉期间届满之次日起恢复法律效力。

第三条　因仲裁裁决确定的主体资格错误或仲裁裁决事项不属于劳动争议，被人民法院驳回起诉的，原仲裁裁决不发生法律效力。

（2）最高人民法院《关于审理劳动争议案件

适用法律若干问题的解释（三）》（2010年9月13日　法释［2010］12号）

第十六条　用人单位依照调解仲裁法第四十九条规定向中级人民法院申请撤销仲裁裁决，中级人民法院作出的驳回申请或者撤销仲裁裁决的裁定为终审裁定。

仲裁委员会的监督责任

［解读］

仲裁委员会依法负有对本委聘任的仲裁员及其仲裁活动进行监督的责任，包括对仲裁申请的受理、仲裁庭组成、仲裁员的仲裁活动等进行监督，具体内容如下：

（一）仲裁委员会发现应当受理而未予受理或者已经出具《不予受理通知书》案件，申请人尚未向人民法院提起诉讼的，应当在书面征求申请人同意后，及时予以受理，并撤销已经出具的《不予受理通知书》。

（二）对于仲裁庭组成人员的回避，仲裁委员会对回避申请应当及时予以审核、作出决定，并以口头或者书面方式通知当事人。

（三）仲裁员有下列行为之一的，仲裁委员会应视情节轻重，给予相应处理：

1. 徇情枉法，偏袒一方当事人；
2. 滥用职权，侵犯当事人合法权益；
3. 利用职权为自己或者他人谋取私利；
4. 隐瞒证据或者伪造证据；
5. 私自会见当事人及其代理人，接受当事人及其代理人的请客送礼；
6. 故意拖延办案、玩忽职守；
7. 擅自对外透露案件处理情况；
8. 在任职期间担任仲裁案件的代理人；
9. 其他违法乱纪的行为。

［依据指引］

（1）《中华人民共和国劳动争议调解仲裁法》（2010年12月29日　国家主席令第80号）

第十九条　劳动争议仲裁委员会由劳动行政部门代表、工会代表和企业方面代表组成。劳动争议仲裁委员会组成人员应当是单数。

劳动争议仲裁委员会依法履行下列职责：

（一）聘任、解聘专职或者兼职仲裁员；

（二）受理劳动争议案件；

（三）讨论重大或者疑难的劳动争议案件；

（四）对仲裁活动进行监督。

（2）人力资源和社会保障部《劳动人事争议仲裁组织规则》（2010年1月20日　部令第5号）

第五章　仲裁监督

第三十条　仲裁委员会应当依法对本委聘任的仲裁员以及仲裁活动进行监督，包括对仲裁申请的受理、仲裁庭组成、仲裁员的仲裁活动等进行监督。

第三十一条　仲裁委员会发现应当受理而在法定期限内未予受理或者已经出具的不予受理通知书的争议案件，申请人尚未向人民法院提起诉讼的，应当在书面征求申请人同意后，及时予以受理，并撤销已经出具的不予受理通知书。

第三十二条　仲裁员不得有下列行为：

（一）徇情枉法，偏袒一方当事人；

（二）滥用职权，侵犯当事人合法权益；

（三）利用职权为自己或者他人谋取私利；

（四）隐瞒证据或者伪造证据；

（五）私自会见当事人及其代理人，接受当事人及其代理人的请客送礼；

（六）故意拖延办案、玩忽职守；

（七）擅自对外透露案件处理情况；

（八）在任职期间担任仲裁案件的代理人；

（九）其他违法乱纪的行为。

第三十三条　仲裁员有本规则第三十二条规定情形的，仲裁委员会视情节轻重，给予批评教育、解聘等处理；仲裁员所在单位也可以根据国家有关规定给予处分；构成犯罪的，依法追究刑事责任。

第三十四条　记录人员应客观记录案件庭审等情况，不得有因偏袒一方当事人而不客观记录、故意涂改记录或者将案件处理过程中应当保密的情况泄露给特定当事人等行为。

记录人员违反前款规定的，参照本规则第三十三条的规定处理。

裁决书被裁定不予执行或终局裁决书被裁定撤销后的处理

［解读］

当事人向人民法院申请执行发生法律效力的仲裁裁决书，被申请人有证据证明该裁决书有下列情形之一，并经审查核实的，人民法院可以裁定不予执行：

（一）裁决的事项不属于劳动争议仲裁范围，

或者劳动争议仲裁机构无权仲裁的。

（二）适用法律确有错误的。

（三）仲裁员仲裁该案时，有徇私舞弊、枉法裁决行为的。

（四）人民法院认定执行该劳动争议仲裁裁决违背社会公共利益的。

人民法院在不予执行的裁定书中，应当告知当事人在收到裁定书之次日起 30 日内，可以就该劳动争议事项向人民法院起诉。

劳动争议仲裁委员会作出的终局裁决被人民法院裁定撤销的，当事人可以自收到裁定书之日起 15 日内就该劳动争议事项向人民法院提起诉讼。而不得向原作出裁决的劳动争议仲裁委员会再次申请仲裁。

[依据指引]

(1)《中华人民共和国劳动争议调解仲裁法》(2007 年 12 月 29 日　国家主席令第 80 号)

第二条　中华人民共和国境内的用人单位与劳动者发生的下列劳动争议，适用本法：

（一）因确认劳动关系发生的争议；

（二）因订立、履行、变更、解除和终止劳动合同发生的争议；

（三）因除名、辞退和辞职、离职发生的争议；

（四）因工作时间、休息休假、社会保险、福利、培训以及劳动保护发生的争议；

（五）因劳动报酬、工伤医疗费、经济补偿或者赔偿金等发生的争议；

（六）法律、法规规定的其他劳动争议。

第二十九条　劳动争议仲裁委员会收到仲裁申请之日起五日内，认为符合受理条件的，应当受理，并通知申请人；认为不符合受理条件的，应当书面通知申请人不予受理，并说明理由。对劳动争议仲裁委员会不予受理或者逾期未作出决定的，申请人可以就该劳动争议事项向人民法院提起诉讼。

第四十九条　用人单位有证据证明本法第四十七条规定的仲裁裁决有下列情形之一，可以自收到仲裁裁决书之日起三十日内向劳动争议仲裁委员会所在地的中级人民法院申请撤销裁决：

（一）适用法律、法规确有错误的；

（二）劳动争议仲裁委员会无管辖权的；

（三）违反法定程序的；

（四）裁决所根据的证据是伪造的；

（五）对方当事人隐瞒了足以影响公正裁决的证据的；

（六）仲裁员在仲裁该案时有索贿受贿、徇私舞弊、枉法裁决行为的。

人民法院经组成合议庭审查核实裁决有前款规定情形之一的，应当裁定撤销。

仲裁裁决被人民法院裁定撤销的，当事人可以自收到裁定书之日起十五日内就该劳动争议事项向人民法院提起诉讼。

第五十条　当事人对本法第四十七条规定以外的其他劳动争议案件的仲裁裁决不服的，可以自收到仲裁裁决书之日起十五日内向人民法院提起诉讼；期满不起诉的，裁决书发生法律效力。

(2) 最高人民法院《关于审理劳动争议案件适用法律若干问题的解释》(2001 年 4 月 16 日　法释〔2001〕14 号)

第二十一条　当事人申请人民法院执行劳动争议仲裁机构作出的发生法律效力的裁决书、调解书，被申请人提出证据证明劳动争议仲裁裁决书、调解书有下列情形之一，并经审查核实的，人民法院可以根据民事诉讼法第二百一十三条之规定，裁定不予执行：

（一）裁决的事项不属于劳动争议仲裁范围，或者劳动争议仲裁机构无权仲裁的；

（二）适用法律确有错误的；

（三）仲裁员仲裁该案时，有徇私舞弊、枉法裁决行为的；

（四）人民法院认定执行该劳动争议仲裁裁决违背社会公共利益的。

人民法院在不予执行的裁定书中，应当告知当事人在收到裁定书之次日起三十日内，可以就该劳动争议事项向人民法院起诉。

生效的仲裁调解书和裁决书的执行

[解读]

调解达成协议的，仲裁庭应当根据协议内容制作调解书，调解书经双方当事人签收后，发生法律效力。当事人一方或双方对仲裁裁决不服的，可以自收到仲裁裁决书之日起 15 日内向人民法院提起诉讼，期满不起诉的，裁决书即发生法律效力。

当事人对发生法律效力的调解书、裁决书，应当依照规定的期限履行。一方当事人逾期不履行的，另一方当事人可以依照有关规定向人民法院申请执行。受理申请的人民法院应当依法执行。当事人申请执行发生法律效力的仲裁调解书、裁决书，被申请人有证据证明该调解书、裁决书有下列情形之一，并经审查核实的，人民法院可以裁定不予执行：

（一）裁决的事项不属于劳动争议仲裁范围，或者劳动争议仲裁机构无权仲裁的。

（二）适用法律确有错误的。

（三）仲裁员仲裁该案时，有徇私舞弊、枉法裁决行为的。

（四）人民法院认定执行该劳动争议仲裁裁决违背社会公共利益的。

人民法院在不予执行的裁定书中，应当告知当事人在收到裁定书之次日起30日内，可以就该劳动争议事项向人民法院起诉。

当事人对已经发生法律效力的仲裁调解书，在无法申请执行的情况下，确有证据证明仲裁委员会的调解违反自愿原则，或者该调解书的内容违反法律的，目前法律没有如何处理的明确规定。然而，按照《劳动争议调解仲裁法》第2条、第29条和第50条规定精神，当事人可再次向作出调解书的仲裁委员会申请仲裁或者向人民法院提起诉讼，经仲裁委员会或人民法院审查属实，应当按照合情合理、特事特办的原则考虑重新受理或予以受理。

[依据指引]

(1)《中华人民共和国劳动争议调解仲裁法》(2007年12月29日　国家主席令第80号)

第二条　中华人民共和国境内的用人单位与劳动者发生的下列劳动争议，适用本法：

（一）因确认劳动关系发生的争议；

（二）因订立、履行、变更、解除和终止劳动合同发生的争议；

（三）因除名、辞退和辞职、离职发生的争议；

（四）因工作时间、休息休假、社会保险、福利、培训以及劳动保护发生的争议；

（五）因劳动报酬、工伤医疗费、经济补偿或者赔偿金等发生的争议；

（六）法律、法规规定的其他劳动争议。

第二十九条　劳动争议仲裁委员会收到仲裁申请之日起五日内，认为符合受理条件的，应当受理，并通知申请人；认为不符合受理条件的，应当书面通知申请人不予受理，并说明理由。对劳动争议仲裁委员会不予受理或者逾期未作出决定的，申请人可以就该劳动争议事项向人民法院提起诉讼。

第四十二条　……调解达成协议的，仲裁庭应当制作调解书。

调解书应当写明仲裁请求和当事人协议的结果。调解书由仲裁员签名，加盖劳动争议仲裁委员会印章，送达双方当事人。调解书经双方当事人签收后，发生法律效力。

调解不成或者调解书送达前，一方当事人反悔的，仲裁庭应当及时作出裁决。

第五十条　当事人对本法第四十七条规定以外的其他劳动争议案件的仲裁裁决不服的，可以自收到仲裁裁决书之日起十五日内向人民法院提起诉讼；期满不起诉的，裁决书发生法律效力。

第五十一条　当事人对发生法律效力的调解书、裁决书，应当依照规定的期限履行。一方当事人逾期不履行的，另一方当事人可以依照民事诉讼法的有关规定向人民法院申请执行。受理申请的人民法院应当依法执行。

(2)《中华人民共和国民事诉讼法》(1991年4月9日　国家主席令第44号　2007年10月28日修订)

第二百一十八条　被执行人未按执行通知履行法律文书确定的义务，人民法院有权向银行、信用合作社和其他有储蓄业务的单位查询被执行人的存款情况，有权冻结、划拨被执行人的存款，但查询、冻结、划拨存款不得超出被执行人应当履行义务的范围。

人民法院决定冻结、划拨存款，应当作出裁定，并发出协助执行通知书，银行、信用合作社和其他有储蓄业务的单位必须办理。

第二百一十九条　被执行人未按执行通知履行法律文书确定的义务，人民法院有权扣留、提取被执行人应当履行义务部分的收入。但应当保留被执行人及其所扶养家属的生活必需费用。

人民法院扣留、提取收入时，应当作出裁定，并发出协助执行通知书，被执行人所在单位、银行、信用合作社和其他有储蓄业务的单位必须办理。

第二百二十条　被执行人未按执行通知履行法律文书确定的义务，人民法院有权查封、扣押、冻结、拍卖、变卖被执行人应当履行义务部分的财产。但应当保留被执行人及其所扶养家属的生活必需品。

采取前款措施，人民法院应当作出裁定。

(3) 最高人民法院《关于审理劳动争议案件适用法律若干问题的解释》（2001 年 4 月 16 日 法释［2001］14 号）

第二十一条 当事人申请人民法院执行劳动争议仲裁机构作出的发生法律效力的裁决书、调解书，被申请人提出证据证明劳动争议仲裁裁决书、调解书有下列情形之一，并经审查核实的，人民法院可以根据民事诉讼法第二百一十三条之规定，裁定不予执行：

（一）裁决的事项不属于劳动争议仲裁范围，或者劳动争议仲裁机构无权仲裁的；

（二）适用法律确有错误的；

（三）仲裁员仲裁该案时，有徇私舞弊、枉法裁决行为的；

（四）人民法院认定执行该劳动争议仲裁裁决违背社会公共利益的。

人民法院在不予执行的裁定书中，应当告知当事人在收到裁定书之次日起三十日内，可以就该劳动争议事项向人民法院起诉。

(4) 最高人民法院《关于审理劳动争议案件适用法律若干问题的解释（三）》（2010 年 9 月 13 日 法释［2010］12 号）

第十一条 劳动人事争议仲裁委员会作出的调解书已经发生法律效力，一方当事人反悔提起诉讼的，人民法院不予受理；已经受理的，裁定驳回起诉。

当事人对裁决书不服的特殊情况的处理

［解读］

仲裁委员会作出仲裁裁决后，当事人对裁决书中的部分事项不服，依法向人民法院起诉的，劳动争议仲裁裁决不发生法律效力。仲裁委员会对多个劳动者的劳动争议作出仲裁裁决后，部分劳动者对裁决书不服，依法向人民法院起诉的，仲裁裁决对提出起诉的劳动者不发生法律效力；对未提出起诉的劳动者发生法律效力，如其申请执行的，人民法院应当受理。

［依据指引］

最高人民法院《关于审理劳动争议案件适用法律若干问题的解释》（2001 年 4 月 16 日 法释［2001］14 号）

第十七条 劳动争议仲裁委员会作出仲裁裁决后，当事人对裁决中的部分事项不服，依法向人民法院起诉的，劳动争议仲裁裁决不发生法律效力。

第十八条 劳动争议仲裁委员会对多个劳动者的劳动争议作出仲裁裁决后，部分劳动者对仲裁裁决不服，依法向人民法院起诉的，仲裁裁决对提出起诉的劳动者不发生法律效力；对未提出起诉的部分劳动者，发生法律效力，如其申请执行的，人民法院应当受理。

劳动者可以申请支付令

［解读］

根据国家法律规定，劳动者可以向有管辖权的人民法院申请支付令的情形主要有两种：

（一）用人单位拖欠或者未足额支付劳动报酬的。

（二）因支付拖欠劳动报酬、工伤医疗费、经济补偿或者赔偿金等事项达成调解协议，用人单位在协议约定期限内不履行的。

劳动者向人民法院申请支付令的申请书应当写明请求给付金钱数额和所根据的事实、证据。劳动者提出申请后，人民法院应当在 5 日内通知是否受理。人民法院受理申请后，经审查劳动者提供的事实、证据，对债权债务关系明确、合法的，应当在受理之日起 15 日内向用人单位发出支付令；申请不成立的，裁定予以驳回。用人单位应当自收到支付令之日起 15 日内支付，或者向人民法院提出书面异议。用人单位在 15 日内不提出异议又不履行支付令的，劳动者可以向人民法院申请执行。人民法院收到用人单位提出的书面异议后，应当裁定终结督促程序，支付令自行失效，劳动者可酌情采取下列措施：

（一）因用人单位拖欠或者未足额支付劳动报酬而提出申请，被裁定终结督促程序的，劳动者应先向劳动人事争议仲裁委员会申请仲裁。

（二）因已达成调解协议而提出申请，被裁定终结督促程序的，劳动者应依据该调解协议直接向人民法院提起诉讼。

［依据指引］

(1)《中华人民共和国劳动合同法》（2007 年 6 月 29 日 国家主席令第 65 号）

第三十条 用人单位应当按照劳动合同约定和国家规定，向劳动者及时足额支付劳动报酬。

用人单位拖欠或者未足额支付劳动报酬的，劳动者可以依法向当地人民法院申请支付令，人民法院应当依法发出支付令。

(2)《中华人民共和国劳动争议调解仲裁法》(2007年12月29日　国家主席令第80号)

第十六条　因支付拖欠劳动报酬、工伤医疗费、经济补偿或者赔偿金事项达成调解协议，用人单位在协议约定期限内不履行的，劳动者可以持调解协议书依法向人民法院申请支付令。人民法院应当依法发出支付令。

(3)《中华人民共和国民事诉讼法》(1991年4月9日　国家主席令第44号　2007年10月28日修订)

第十七章　督促程序

第一百九十一条　债权人请求债务人给付金钱、有价证券，符合下列条件的，可以向有管辖权的基层人民法院申请支付令：

(一) 债权人与债务人没有其他债务纠纷的；

(二) 支付令能够送达债务人的。

申请书应当写明请求给付金钱或者有价证券的数量和所根据的事实、证据。

第一百九十二条　债权人提出申请后，人民法院应当在五日内通知债权人是否受理。

第一百九十三条　人民法院受理申请后，经审查债权人提供的事实、证据，对债权债务关系明确、合法的，应当在受理之日起十五日内向债务人发出支付令；申请不成立的，裁定予以驳回。

债务人应当自收到支付令之日起十五日内清偿债务，或者向人民法院提出书面异议。

债务人在前款规定的期间不提出异议又不履行支付令的，债权人可以向人民法院申请执行。

第一百九十四条　人民法院收到债务人提出的书面异议后，应当裁定终结督促程序，支付令自行失效，债权人可以起诉。

(4) 最高人民法院《关于审理劳动争议案件适用法律若干问题的解释（三）》(2010年9月13日　法释［2010］12号)

第十七条　劳动者依据劳动合同法第三十条第二款和调解仲裁法第十六条规定向人民法院申请支付令，符合民事诉讼法第十七章督促程序规定的，人民法院应予受理。

依据劳动合同法第三十条第二款规定申请支付令被人民法院裁定终结督促程序后，劳动者就劳动争议事项直接向人民法院起诉的，人民法院应当告知其先向劳动人事争议仲裁委员会申请仲裁。

依据调解仲裁法第十六条规定申请支付令被人民法院裁定终结督促程序后，劳动者依据调解协议直接向人民法院提起诉讼的，人民法院应予受理。

申请执行

［解读］

执行是指人民法院依法运用国家执行权，按照执行程序，对生效的法律文书，通过强制措施迫使当事人履行法律文书规定义务的诉讼活动，又称为强制执行。根据法律有关规定，当事人向法院申请强制执行，必须符合以下条件：

（一）必须由当事人自法律文书规定的履行期间最后一日起两年内，以书面形式向有管辖权的人民法院提交申请。申请执行法院判决书和调解书的，当事人应向第一审人民法院提出；申请执行仲裁调解书或裁决书的，应向被执行人住所地或者财产所在地法院提出。

（二）人民法院作出财产保全裁定书的，当事人应当在仲裁裁决书或者法院判决书生效后3个月内提出执行申请，逾期不申请的，人民法院应裁定解除保全措施。

（三）必须有执行的依据，即合法、生效的调解书、裁决书和判决书。

（四）必须有一方当事人不履行或故意拖延履行义务的证据。

人民法院接到申请执行书后，应向被执行人发出执行通知，责令其在指定的期间履行，逾期不履行的，将对其采取强制执行措施。根据法律规定，强制执行措施主要包括：

（一）向银行查询被执行人的存款情况，有权冻结、划拨被执行人的存款。

（二）扣留、提取被执行人应当履行义务部分的收入。

（三）查封、扣押、冻结、拍卖、变卖被执行人应当履行义务部分的财产。

（四）法院有权发出搜查令，对被执行人及其住所或者财产隐匿地进行搜查。

（五）强制迁出房屋或者强制退出土地。

在执行中，对于企业拒绝给职工安排工作并且不发工资或者不给福利待遇的，人民法院可以通知银行或者信用社扣划应付的工资和应享受的福利待遇，必要时可责令企业赔偿该职工的实际损失。这就是说，人民法院可将用人单位拒绝给职工安排工作一类的行为标的转化为经济标的，强制用人单位执行。

人民法院自收到申请执行书之日起超过 6 个月未执行的，当事人可以向上一级人民法院申请执行；上一级人民法院经审查，可以责令原人民法院在一定期限内执行，也可以决定由本院执行或者指令其他人民法院执行。

仲裁委员会作出终局裁决，劳动者向人民法院申请执行，而用人单位向仲裁委员会所在地的中级人民法院申请撤销的，人民法院应当裁定中止执行；用人单位撤回撤销终局裁决申请或者其申请被驳回的，人民法院应当裁定恢复执行；仲裁裁决被撤销的，人民法院应当裁定终结执行；用人单位向人民法院申请撤销仲裁裁决被驳回后，又在执行程序中以相同理由提出不予执行抗辩的，人民法院不予支持。

[依据指引]

(1)《中华人民共和国劳动争议调解仲裁法》(2007 年 12 月 29 日　国家主席令第 80 号)

第五十一条　当事人对发生法律效力的调解书、裁决书，应当依照规定的期限履行。一方当事人逾期不履行的，另一方当事人可以依照民事诉讼法的有关规定向人民法院申请执行。受理申请的人民法院应当依法执行。

(2)《中华人民共和国民事诉讼法》(1991 年 4 月 9 日　国家主席令第 44 号　2007 年 10 月 28 日修订)

第二百零三条　人民法院自收到申请执行书之日起超过六个月未执行的，申请执行人可以向上一级人民法院申请执行。上一级人民法院经审查，可以责令原人民法院在一定期限内执行，也可以决定由本院执行或者指令其他人民法院执行。

第二百一十二条　发生法律效力的民事判决、裁定，当事人必须履行。一方拒绝履行的，对方当事人可以向人民法院申请执行，也可以由审判员移送执行员执行。

调解书和其他应当由人民法院执行的法律文书，当事人必须履行。一方拒绝履行的，对方当事人可以向人民法院申请执行。

第二百一十三条　对依法设立的仲裁机构的裁决，一方当事人不履行的，对方当事人可以向有管辖权的人民法院申请执行。受申请的人民法院应当执行。

被申请人提出证据证明仲裁裁决有下列情形之一的，经人民法院组成合议庭审查核实，裁定不予执行：

（一）当事人在合同中没有订有仲裁条款或者事后没有达成书面仲裁协议的；

（二）裁决的事项不属于仲裁协议的范围或者仲裁机构无权仲裁的；

（三）仲裁庭的组成或者仲裁的程序违反法定程序的；

（四）认定事实的主要证据不足的；

（五）适用法律确有错误的；

（六）仲裁员在仲裁该案时有贪污受贿，徇私舞弊，枉法裁决行为的。

人民法院认定执行该裁决违背社会公共利益的，裁定不予执行。

裁定书应当送达双方当事人和仲裁机构。

仲裁裁决被人民法院裁定不予执行的，当事人可以根据双方达成的书面仲裁协议重新申请仲裁，也可以向人民法院起诉。

第二百一十四条　对公证机关依法赋予强制执行效力的债权文书，一方当事人不履行的，对方当事人可以向有管辖权的人民法院申请执行，受申请的人民法院应当执行。

公证债权文书确有错误的，人民法院裁定不予执行，并将裁定书送达双方当事人和公证机关。

第二百一十五条　申请执行的期间为二年。申请执行时效的中止、中断，适用法律有关诉讼时效中止、中断的规定。

前款规定的期间，从法律文书规定履行期间的最后一日起计算；法律文书规定分期履行的，从规定的每次履行期间的最后一日起计算；法律文书未规定履行期间的，从法律文书生效之日起计算。

第二百一十六条　执行员接到申请执行书或者移交执行书，应当向被执行人发出执行通知，责令其在指定的期间履行，逾期不履行的，强制执行。

被执行人不履行法律文书确定的义务，并有可能隐匿、转移财产的，执行员可以立即采取强制执行措施。

第二百一十八条　被执行人未按执行通知履行法律文书确定的义务，人民法院有权向银行、信用合作社和其他有储蓄业务的单位查询被执行人的存款情况，有权冻结、划拨被执行人的存款，但查询、冻结、划拨存款不得超出被执行人应当履行义务的范围。

人民法院决定冻结、划拨存款，应当作出裁定，并发出协助执行通知书，银行、信用合作社和其他有储蓄业务的单位必须办理。

(3) 最高人民法院《关于人民法院审理劳动争议案件几个问题的函》（1989年8月10日　法经函［1988］53号）

三、劳动争议当事人按规定申请执行人民法院的判决、裁定、调解协议或者仲裁机关的仲裁决定的，人民法院应当依照民事诉讼法（试行）规定的执行程序办理。在执行中，对于企业拒绝给职工安排工作并且不发工资或者不给福利待遇的，人民法院可按民事诉讼法（试行）第一百七十九条（注：2007年10月28日修订的《民事诉讼法》第二百一十八条）的规定，通知银行或者信用社扣划应付的工资和应享受的福利待遇，必要时可责令企业赔偿该职工的实际损失。

(4) 最高人民法院《关于审理劳动争议案件适用法律若干问题的解释（二）》（2006年8月14日　法释［2006］6号）

第十五条　人民法院作出的财产保全裁定中，应当告知当事人在劳动仲裁机构的裁决书或者在人民法院的裁判文书生效后三个月内申请强制执行。逾期不申请的，人民法院应当裁定解除保全措施。

(5) 最高人民法院《关于审理劳动争议案件适用法律若干问题的解释（三）》（2010年9月13日　法释［2010］12号）

第十八条　劳动人事争议仲裁委员会作出终局裁决，劳动者向人民法院申请执行，用人单位向劳动人事争议仲裁委员会所在地的中级人民法院申请撤销的，人民法院应当裁定中止执行。

用人单位撤回撤销终局裁决申请或者其申请被驳回的，人民法院应当裁定恢复执行。仲裁裁决被撤销的，人民法院应当裁定终结执行。

用人单位向人民法院申请撤销仲裁裁决被驳回后，又在执行程序中以相同理由提出不予执行抗辩的，人民法院不予支持。

委托代理人在执行中的代理权限

［解读］

当事人在民事诉讼中有权委托代理人。当事人委托代理人时，应当依法提交记明委托事项和代理人具体代理权限的授权委托书。如果当事人在授权委托书中没有写明代理人在执行程序中有代理权及具体的代理事项，代理人在执行程序中没有代理权，不能代理当事人直接领取或者处分标的物。

［依据指引］

(1)《中华人民共和国民事诉讼法》（1991年4月9日　国家主席令第44号　2007年10月28日修订）

第五十九条　委托他人代为诉讼，必须向人民法院提交由委托人签名或者盖章的授权委托书。

授权委托书必须记明委托事项和权限。诉讼代理人代为承认、放弃、变更诉讼请求，进行和解，提起反诉或者上诉，必须有委托人的特别授权。

(2) 最高人民法院《在关于民事诉讼委托代理人在执行程序中的代理权限问题的批复》（1997年1月23日　法复［1997］1号）

陕西省高级人民法院：

你院陕高法［1996］78号《关于诉讼委托代理人的代理权限是否包括执行程序的请示》收悉。经研究，答复如下：

根据民事诉讼法的规定，当事人在民事诉讼中有权委托代理人。当事人委托代理人时，应当依法向人民法院提交记明委托事项和代理人具体代理权限的授权委托书。如果当事人在授权委托书中没有写明代理人在执行程序中有代理权及具体的代理事项，代理人在执行程序中没有代理权，不能代理当事人直接领取或者处分标的物。

劳动仲裁文书

［解读］

劳动仲裁文书是仲裁委员会按照法定程序，在处理劳动争议案件过程中所制作的具有法律效力和法律意义的文书。仲裁文书一般包括三类：一是具有法律效力的文书，如仲裁调解书、裁决书；二是具有程序意义的文书，如当事人自己书写的申诉书、答辩书和仲裁委员会制作的各种笔录及仲裁决定书等；三是在处理劳动争议过程中具有辅助意义的文书，如仲裁建议书等。根据原劳动部制定的劳动争议仲裁文书样本及其不同用途，可将仲裁文书分为笔录类、报告类、诉辩类、裁决类等；从制作主体上可分为仲裁机关制作的文书（调解书、裁决书、通知书、笔录等）和当事人制作的文书（申请书、答辩书）。

[依据指引]

劳动部《劳动争议仲裁委员会仲裁文书样本》（1994 年 6 月 30 日 劳部发［1994］278 号）（略）

仲裁文书的送达

[解读]

仲裁文书的送达是指仲裁委员会采取法定方式将仲裁文书及时、准确地送交仲裁参加人的法律行为。仲裁文书未送达，不发生法律效力。送达仲裁文书应按以下方式和步骤进行：

（一）直接送达。仲裁委员会送达仲裁文书应当直接送交受送达人；本人不在的，交其同住成年亲属签收；当事人已向仲裁委员会指定代收人的，交代收人签收；受送达人是企业或单位，又没有向仲裁委员会指定代收人的，可以交其负责收件人签收。仲裁文书送达后，应由受送达人在送达回执上签字或盖章，受送达人在送达回执上的签收日期，为送达日期。

（二）留置送达。受送达人拒绝接受仲裁文书的，送达人应当邀请有关组织的代表或其他人到场，说明情况，在送达回执上证明拒收事由和日期，由送达人、见证人签名或盖章，把送达文书留在受送达人住处，即为留置送达。被邀请的有关组织，可以是用人单位的工会，也可以是用人单位的调解委员会、人民调解委员会、乡镇街道设立的具有调解职能的组织，还可以是当地公安派出所、居民委员会、社区劳动保障服务站等。

（三）委托送达或邮寄送达。直接送达劳动仲裁文书有困难的，可以委托受送达人或当事人所在地的仲裁委员会代为送达，或者邮寄送达。委托送达的，由受委托的仲裁委员会提供送达凭证。邮寄送达的，最好采用邮政特快专递的形式，以查询回执单或从邮政特快专递网站下载的邮件跟踪查询单上注明的收件日期为送达日期，这种方式获得送达或未送达证据的时间比较快。

（四）公告送达。受送达人下落不明，或者用上述方式无法送达仲裁文书的，可公告送达。自发出公告之日起经过 60 日，即视为送达。实践中往往以邮寄的方式送达仲裁文书为公告送达的前置程序，即能用邮寄送达而未用，直接采用公告方式送达，视为无效。仲裁委员会依据申请人提供的被申请人住址无法送达时，也可以公告送达。

[依据指引]

(1)《中华人民共和国劳动争议调解仲裁法》（2007 年 12 月 29 日 国家主席令第 80 号）

第四十二条 仲裁庭在作出裁决前，应当先行调解。

调解达成协议的，仲裁庭应当制作调解书。

调解书应当写明仲裁请求和当事人协议的结果。调解书由仲裁员签名，加盖劳动争议仲裁委员会印章，送达双方当事人。调解书经双方当事人签收后，发生法律效力。

调解不成或者调解书送达前，一方当事人反悔的，仲裁庭应当及时作出裁决。

(2) 人力资源和社会保障部《劳动人事争议仲裁办案规则》（2009 年 1 月 1 日 部令第 2 号）

第二十三条 仲裁期间包括法定期间和仲裁委员会指定期间。

仲裁委员会送达仲裁文书必须有送达回证，由受送达人在送达回证上记明收到日期，签名或盖章。受送达人在送达回证上的签收日期为送达日期。

仲裁期间的计算和仲裁文书的送达方式，仲裁委员会可以参照民事诉讼关于期间的计算和送达方式的有关规定执行。

(3)《中华人民共和国民事诉讼法》（1991 年 4 月 9 日 国家主席令第 44 号 2007 年 10 月 28 日修订）

第七十七条 送达诉讼文书必须有送达回证，由受送达人在送达回证上记明收到日期，签名或者盖章。

受送达人在送达回证上的签收日期为送达日期。

第七十八条 送达诉讼文书，应当直接送交受送达人。受送达人是公民的，本人不在交他的同住成年家属签收；受送达人是法人或者其他组织的，应当由法人的法定代表人、其他组织的主要负责人或者该法人、组织负责收件的人签收；受送达人有诉讼代理人的，可以送交其代理人签收；受送达人已向人民法院指定代收人的，送交代收人签收。

受送达人的同住成年家属，法人或者其他组织的负责收件的人，诉讼代理人或者代收人在送达回证上签收的日期为送达日期。

第七十九条 受送达人或者他的同住成年家属拒绝接收诉讼文书的，送达人应当邀请有关基层组织或者所在单位的代表到场，说明情况，在送达回证上记明拒收事由和日期，由送达人、见证人签名或者盖章，把诉讼文书留在受送达人的住所，即视为送达。

第八十条 直接送达诉讼文书有困难的，可以委托其他人民法院代为送达，或者邮寄送达。邮寄送达的，以回执上注明的收件日期为送达日期。

第八十一条 受送达人是军人的，通过其所在部队团以上单位的政治机关转交。

第八十二条 受送达人是被监禁的，通过其所在监所或者劳动改造单位转交。

受送达人是被劳动教养的，通过其所在劳动教养单位转交。

第八十三条 代为转交的机关、单位收到诉讼文书后，必须立即交受送达人签收，以在送达回证上的签收日期，为送达日期。

第八十四条 受送达人下落不明，或者用本节规定的其他方式无法送达的，公告送达。自发出公告之日起，经过六十日，即视为送达。

公告送达，应当在案卷中记明原因和经过。

(4) 最高人民法院《关于适用〈中华人民共和国民事诉讼法〉若干问题的意见》（1992年7月14日 法发［1992］22号）

81. 向法人或者其他组织送达诉讼文书，应当由法人的法定代表人、该组织的主要负责人或者办公室、收发室、值班室等负责收件的人签收或盖章，拒绝签收或者盖章的，适用留置送达。

82. 受送达人拒绝接受诉讼文书，有关基层组织或者所在单位的代表及其他见证人不愿在送达回证上签字或盖章的，由送达人在送达回证上记明情况，把送达文书留在受送达人住所，即视为送达。

83. 受送达人有诉讼代理人的，人民法院既可以向受送达人送达，也可以向其诉讼代理人送达。受送达人指定诉讼代理人为代收人的，向诉讼代理人送达时，适用留置送达。

84. 调解书应当直接送达当事人本人，不适用留置送达。当事人本人因故不能签收的，可由其指定的代收人签收。

85. 邮寄送达，应当附有送达回证。挂号信回执上注明的收件日期与送达回证上注明的收件日期不一致的，或者送达回证没有寄回的，以挂号信回执上注明的收件日期为送达日期。

86. 依照民事诉讼法第八十条规定，委托其他人民法院代为送达的，委托法院应当出具委托函，并附需要送达的诉讼文书和送达回证，以受送达人在送达回证上签收的日期为送达日期。

87. 依照民事诉讼法第八十一条和第八十二条规定，诉讼文书交有关单位转交的，以受送达人在送达回证上注明的签收日期为送达日期。

88. 公告送达，可以在法院的公告栏、受送达人原住所地张贴公告，也可以在报纸上刊登公告；对公告送达方式有特殊要求的，应按要求的方式进行公告。公告期满，即视为送达。

89. 公告送达起诉状或上诉状副本的，应说明起诉或上诉要点，受送达人答辩期限及逾期不答辩的法律后果；公告送达传票，应说明出庭地点、时间及逾期不出庭的法律后果；公告送达判决书、裁定书的，应说明裁判主要内容，属于一审的，还应说明上诉权利、上诉期限和上诉的人民法院。

90. 人民法院在定期宣判时，当事人拒不签收判决书、裁定书的，应视为送达，并在宣判笔录中记明。

(5) 最高人民法院《关于依据原告起诉时提供的被告住址无法送达应如何处理问题的批复》（2004年11月25日 法释［2004］17号）

近来，一些高级人民法院就人民法院依据民事案件的原告起诉时提供的被告住址无法送达应如何处理问题请示我院。为了正确适用法律，保障当事人行使诉讼权利，根据《中华人民共和国民事诉讼法》的有关规定，批复如下：

人民法院依据原告起诉时所提供的被告住址无法直接送达或者留置送达，应当要求原告补充材料。原告因客观原因不能补充或者依据原告补充的材料仍不能确定被告住址的，人民法院应当依法向被告公告送达诉讼文书。人民法院不得仅以原告不能提供真实、准确的被告住址为由裁定驳回起诉或者裁定终结诉讼。

因有关部门不准许当事人自行查询其他当事人的住址信息，原告向人民法院申请查询的，人民法院应当依原告的申请予以查询。

(6) 劳动部办公厅《关于通过新闻媒介通知职工回单位并对逾期不归者按自动离职或旷工处理问题的复函》（1995年7月31日 劳办发［1995］179号）

吉林省劳动厅：

你厅《关于通过新闻媒介通知职工回单位并对逾期不归者按自动离职或旷工处理问题的请示》（吉劳仲字［1995］5号）收悉。经研究，答复如下：

按照《企业职工奖惩条例》（国发［1982］59号）第十八条规定精神，企业对有旷工行为的职工做除名处理，必须符合规定的条件并履行相应的程序。因此，企业通知请假、放长假、长期病休职工在规定时间内回单位报到或办理有关手续，应遵循对职工负责的原则，以书面形式直接送达职工本人；本人不在的，交其同住成年亲属签收。直接送达有困难的可以邮寄送达，以挂号查询回执上注明的收件日期为送达日期。只有在受送达职工下落不明，或者用上述送达方式无法送达的情况下，方可公告送达，即张贴公告或通过新闻媒介通知。自发出公告之日起，经过30日，即视为送达。在此基础上，企业方可对旷工和违反规定的职工按上述法规做除名处理。能用直接送达或邮寄送达而未用，直接采用公告方式送达，视为无效。

企业因故通知停薪留职期限未满的职工在规定时间内回单位报到或办理有关手续，也应按照上述规定的方式通知本人，在此基础上，企业方可按照有关规定及停薪留职协议对其做除名或自动离职处理。企业对停薪留职期满后逾期不归的职工，可按照劳动人事部、国家经济委员会《关于企业职工要求“停薪留职”问题的通知》（劳人计［1983］61号）第六条和劳动部《关于自动离职与职工除名如何界定的复函》（劳办发［1994］48号）的规定做自动离职处理。

仲裁期日与期间

［解读］

仲裁期日与期间都是仲裁行为的时间，期日是指仲裁参加人会合进行仲裁行为的时间，例如证据交换期日、开庭审理期日、仲裁调解书生效期日、仲裁终局裁决书生效期日等；期间是指仲裁主体各自进行仲裁行为的时限，包括法定期间和仲裁委员会指定期间。仲裁期间以时、日、月、年计算；其开始的时和日不计算在期间以内；期间届满的最后一日是法定节假日的，以节假日后的第一天为期间届满的日期。期间不包括在途中的时间，仲裁文书在期满前交邮的，不算过期。具体的法定仲裁期间主要有以下几种：

（一）申请仲裁时效期间（详见本章词条“申请仲裁时效”）。

（二）仲裁委员会作出受理或者不予受理决定的期间。仲裁委员会自收到当事人仲裁申请之日起5日内作出受理或不予受理决定，并通知当事人。仲裁委员会逾期不作出受理决定的，申请人可以就该劳动争议事项向人民法院提起诉讼。因当事人仲裁申请书内容欠缺，须申请人补正的，自补正、交仲裁委员会之日计算为收到仲裁申请之日。

（三）劳动者对不予受理仲裁决定不服向人民法院起诉的期间。当事人向仲裁委员会提请仲裁而未被受理的，申请人可以在收到不予受理决定书或通知书之日起15日内，可就该劳动争议事项向人民法院提起诉讼。

（四）劳动争议仲裁委受理案件后组成仲裁庭的期间。仲裁委员会应自受理仲裁申请之日起5日内组成仲裁庭，并将组庭情况书面通知当事人。

（五）仲裁委员会将仲裁申请书送达对方当事人的期限。仲裁委员会受理仲裁申请后，应在5日内将申请书副本送达被申请人。

（六）仲裁委员会要求被申请人答辩和答辩书送达申请人的期间。被申请人收到申请书副本后，应当在10日内向仲裁委员会提交答辩书；仲裁委员会自收到答辩书后，应在5日内将答辩书副本送达申请人。被申请人不提交答辩书的，不影响仲裁程序的进行和案件的审理。

（七）被申请人提出反申请的期间。被申请人可以在答辩期间提出反申请，仲裁委员会应当自收到被申请人反申请之日起5日内决定是否受理，并通知被申请人。

（八）仲裁委员会将开庭时间、地点书面通知当事人的期间。仲裁委员会应当在开庭5日前，将开庭日期、地点书面通知双方当事人。当事人有正当理由的，可以在开庭的3日前请求延期开庭。是否延期，由劳动争议仲裁委员会决定。

（九）当事人提出回避的期间（详见本章词条“劳动仲裁员的回避”）。

（十）仲裁裁决书的生效期间。当事人对仲裁裁决不服的，可以自收到仲裁裁决书之日起15日内向人民法院提起诉讼；期满不起诉的，裁决书发生法律效力。自收到裁决书之日起15日内的裁决书是一种有效的仲裁文书，可能会发生法律效力，也可能会失效。如果当事人在15日内未向法院起诉，该裁决书即发生法律效力；如果当事人在15日内向法院提起诉讼，则该裁决书失效。

（十一）仲裁委员会处理劳动争议的期间。仲裁委员会应自收到仲裁申请之日起45日内将案件处理完毕；案情复杂的，经仲裁委员会主任批准，可以延期，但最长不得超过15日；逾期未作出仲裁裁决的，当事人可以就该劳动争议事项向人民法院提起诉讼。

（十二）仲裁终局裁决书的起诉及撤销期间。劳动者对仲裁终局裁决不服的，可以自收到该裁决书之日起15日内向人民法院提起诉讼。用人单位有证据证明仲裁委员会作出的终局裁决有不符合法律规定情形的，可以自收到该裁决书之日起30日内向作出该裁决书的仲裁委员会所在地的中级人民法院申请撤销该裁决；该裁决被人民法院裁定撤销的，当事人可以自收到裁定书之日起15日内就该劳动争议事项向人民法院提起诉讼。

（十三）当事人向人民法院申请执行的期限。法律规定，当事人就生效的仲裁调解书、裁决书申请执行，应自履行期间最后一日起两年内，以书面形式向有管辖权的人民法院提交申请。

（十四）生效的仲裁调解书、裁决书被法院裁定不予执行而提起诉讼的期间。当事人有证据证明生效的仲裁调解书、裁决书有《民事诉讼法》规定不予执行的情形，经人民法院裁定不予执行的，当事人可以在收到裁定书之日起15日内就该劳动争议事项向人民法院提起诉讼。

[依据指引]

(1)《中华人民共和国劳动争议调解仲裁法》（2007年12月29日　国家主席令第80号）

第二十七条　劳动争议申请仲裁的时效期间为一年。仲裁时效期间从当事人知道或者应当知道其权利被侵害之日起计算。

前款规定的仲裁时效，因当事人一方向对方当事人主张权利，或者向有关部门请求权利救济，或者对方当事人同意履行义务而中断。从中断时起，仲裁时效期间重新计算。

因不可抗力或者有其他正当理由，当事人不能在本条第一款规定的仲裁时效期间申请仲裁的，仲裁时效中止。从中止时效的原因消除之日起，仲裁时效期间继续计算。

劳动关系存续期间因拖欠劳动报酬发生争议的，劳动者申请仲裁不受本条第一款规定的仲裁时效期间的限制；但是，劳动关系终止的，应当自劳动关系终止之日起一年内提出。

第二十九条　劳动争议仲裁委员会收到仲裁申请之日起五日内，认为符合受理条件的，应当受理，并通知申请人；认为不符合受理条件的，应当书面通知申请人不予受理，并说明理由。对劳动争议仲裁委员会不予受理或者逾期未作出决定的，申请人可以就该劳动争议事项向人民法院提起诉讼。

第三十条　劳动争议仲裁委员会受理仲裁申请后，应当在五日内将仲裁申请书副本送达被申请人。

被申请人收到仲裁申请书副本后，应当在十日内向劳动争议仲裁委员会提交答辩书。劳动争议仲裁委员会收到答辩书后，应当在五日内将答辩书副本送达申请人。被申请人未提交答辩书的，不影响仲裁程序的进行。

第三十二条　劳动争议仲裁委员会应当在受理仲裁申请之日起五日内将仲裁庭的组成情况书面通知当事人。

第三十五条　仲裁庭应当在开庭五日前，将开庭日期、地点书面通知双方当事人。当事人有正当理由的，可以在开庭三日前请求延期开庭。是否延期，由劳动争议仲裁委员会决定。

第四十二条　仲裁庭在作出裁决前，应当先行调解。

调解达成协议的，仲裁庭应当制作调解书。

调解书应当写明仲裁请求和当事人协议的结果。调解书由仲裁员签名，加盖劳动争议仲裁委员会印章，送达双方当事人。调解书经双方当事人签收后，发生法律效力。

调解不成或者调解书送达前，一方当事人反悔的，仲裁庭应当及时作出裁决。

第四十三条　仲裁庭裁决劳动争议案件，应当自劳动争议仲裁委员会受理仲裁申请之日起四十五日内结束。案情复杂需要延期的，经劳动争议仲裁委员会主任批准，可以延期并书面通知当事人，但是延长期限不得超过十五日。逾期未作出仲裁裁决的，当事人可以就该劳动争议事项向人民法院提起诉讼。

仲裁庭裁决劳动争议案件时，其中一部分事实已经清楚，可以就该部分先行裁决。

第四十四条　仲裁庭对追索劳动报酬、工伤医疗费、经济补偿或者赔偿金的案件，根据当事人的申请，可以裁决先予执行，移送人民法院执行。

仲裁庭裁决先予执行的，应当符合下列条件：

（一）当事人之间权利义务关系明确；

（二）不先予执行将严重影响申请人的生活。

劳动者申请先予执行的，可以不提供担保。

第四十七条 下列劳动争议，除本法另有规定的外，仲裁裁决为终局裁决，裁决书自作出之日起发生法律效力：

（一）追索劳动报酬、工伤医疗费、经济补偿或者赔偿金，不超过当地月最低工资标准十二个月金额的争议；

（二）因执行国家的劳动标准在工作时间、休息休假、社会保险等方面发生的争议。

第四十八条 劳动者对本法第四十七条规定的仲裁裁决不服的，可以自收到仲裁裁决书之日起十五日内向人民法院提起诉讼。

第四十九条 用人单位有证据证明本法第四十七条规定的仲裁裁决有下列情形之一，可以自收到仲裁裁决书之日起三十日内向劳动争议仲裁委员会所在地的中级人民法院申请撤销裁决：

（一）适用法律、法规确有错误的；

（二）劳动争议仲裁委员会无管辖权的；

（三）违反法定程序的；

（四）裁决所根据的证据是伪造的；

（五）对方当事人隐瞒了足以影响公正裁决的证据的；

（六）仲裁员在仲裁该案时有索贿受贿、徇私舞弊、枉法裁决行为的。

人民法院经组成合议庭审查核实裁决有前款规定情形之一的，应当裁定撤销。

仲裁裁决被人民法院裁定撤销的，当事人可以自收到裁定书之日起十五日内就该劳动争议事项向人民法院提起诉讼。

第五十条 当事人对本法第四十七条规定以外的其他劳动争议案件的仲裁裁决不服的，可以自收到仲裁裁决书之日起十五日内向人民法院提起诉讼；期满不起诉的，裁决书发生法律效力。

第五十一条 当事人对发生法律效力的调解书、裁决书，应当依照规定的期限履行。一方当事人逾期不履行的，另一方当事人可以依照民事诉讼法的有关规定向人民法院申请执行。受理申请的人民法院应当依法执行。

(2) 人力资源和社会保障部《劳动人事争议仲裁办案规则》（2009年1月1日 部令第2号）

第二十三条 仲裁期间包括法定期间和仲裁委员会指定期间。

(3)《中华人民共和国民事诉讼法》（1991年4月9日 国家主席令第44号 2007年10月28日修订）

第七十五条 期间包括法定期间和人民法院指定的期间。

期间以时、日、月、年计算。期间开始的时和日，不计算在期间内。

期间届满的最后一日是节假日的，以节假日后的第一日为期间届满的日期。

期间不包括在途时间，诉讼文书在期满前交邮的，不算过期。

第七十六条 当事人因不可抗拒的事由或者其他正当理由耽误期限的，在障碍消除后的十日内，可以申请顺延期限，是否准许，由人民法院决定。

(4) 最高人民法院《关于适用〈中华人民共和国民事诉讼法〉若干问题的意见》（1992年7月14日 法发［1992］22号）

79. 依照民事诉讼法第七十五条第二款规定，民事诉讼中以日计算的各种期间均从次日起算。

80. 民事诉讼法第一百一十二条规定的立案期限，因起诉状内容欠缺，令原告补正的，从补正后交人民法院的次日起算。由上级人民法院转交下级人民法院，或者由基层人民法院转交有关人民法庭受理的案件，从受诉人民法院或人民法庭收到起诉状的次日起算。

劳动争议诉讼

［解读］

劳动争议诉讼是指劳动争议当事人因不服仲裁委员会的仲裁裁决书、不予受理通知书或仲裁决定书，仲裁委员会逾期未做出裁决，仲裁裁决被法院撤销或被裁定不予执行等，依法向人民法院起诉或提出撤销仲裁裁决申请，并由人民法院按法定程序进行审理和判决的活动。我国劳动争议诉讼适用《民事诉讼法》规定的程序。

劳动争议当事人向法院提起诉讼应符合以下主要条件：

（一）原告是与本案有直接利害关系的公民、法人和其他组织，即劳动争议的当事人或代理人。

（二）有明确的被告。

（三）有具体的诉讼请求和事实与理由。

（四）属于人民法院受理和管辖的范围。

（五）符合起诉时效的规定，也就是当事人必须自收到仲裁委员会裁决书、通知书和决定书或用人单位一方当事人接到中级人民法院撤销仲裁裁决的裁定书之日起15日内起诉；当事人应自接到人民法院不予执行仲裁裁决书的裁定书之日起

30日内起诉；劳动者一方当事人被人民法院驳回起诉或者劳动者撤诉的，用人单位可以自收到裁定书之日起30日内，向仲裁委员会所在地的中级人民法院提出撤销仲裁裁决申请。

当事人起诉时应同时提交劳动争议仲裁委员会的仲裁裁决书或不予受理的仲裁决定书（通知书）或人民法院撤销或不予执行仲裁裁决的裁定书，一方面说明劳动争议已经过了仲裁程序，另一方面也能证明是否符合起诉时效的规定。这里需要说明的是，当事人对仲裁裁决不服，不能把仲裁委员会作为被告，因仲裁委员会不是民事主体，而是公断机构。劳动争议案件诉至法院后，诉讼当事人仍是劳动争议原来的双方当事人。劳动争议诉讼程序是处理劳动争议的最后一道程序，包括劳动争议案件的起诉、受理、调查取证、审判和执行等一系列程序。

[依据指引]

(1)《中华人民共和国劳动争议调解仲裁法》（2007年12月29日　国家主席令第80号）

第二十九条　劳动争议仲裁委员会收到仲裁申请之日起五日内，认为符合受理条件的，应当受理，并通知申请人；认为不符合受理条件的，应当书面通知申请人不予受理，并说明理由。对劳动争议仲裁委员会不予受理或者逾期未作出决定的，申请人可以就该劳动争议事项向人民法院提起诉讼。

第四十三条　仲裁庭裁决劳动争议案件，应当自劳动争议仲裁委员会受理仲裁申请之日起四十五日内结束。案情复杂需要延期的，经劳动争议仲裁委员会主任批准，可以延期并书面通知当事人，但是延长期限不得超过十五日。逾期未作出仲裁裁决的，当事人可以就该劳动争议事项向人民法院提起诉讼。

第四十八条　劳动者对本法第四十七条规定的仲裁裁决不服的，可以自收到仲裁裁决书之日起十五日内向人民法院提起诉讼。

第四十九条　用人单位有证据证明本法第四十七条规定的仲裁裁决有下列情形之一，可以自收到仲裁裁决书之日起三十日内向劳动争议仲裁委员会所在地的中级人民法院申请撤销裁决：

（一）适用法律、法规确有错误的；

（二）劳动争议仲裁委员会无管辖权的；

（三）违反法定程序的；

（四）裁决所根据的证据是伪造的；

（五）对方当事人隐瞒了足以影响公正裁决的证据的；

（六）仲裁员在仲裁该案时有索贿受贿、徇私舞弊、枉法裁决行为的。

人民法院经组成合议庭审查核实裁决有前款规定情形之一的，应当裁定撤销。

仲裁裁决被人民法院裁定撤销的，当事人可以自收到裁定书之日起十五日内就该劳动争议事项向人民法院提起诉讼。

第五十条　当事人对本法第四十七条规定以外的其他劳动争议案件的仲裁裁决不服的，可以自收到仲裁裁决书之日起十五日内向人民法院提起诉讼；期满不起诉的，裁决书发生法律效力。

第五十一条　当事人对发生法律效力的调解书、裁决书，应当依照规定的期限履行。一方当事人逾期不履行的，另一方当事人可以依照民事诉讼法的有关规定向人民法院申请执行。受理申请的人民法院应当依法执行。

(2)《中华人民共和国民事诉讼法》（1991年4月9日　国家主席令第44号　2007年10月28日修订）

第一百零八条　起诉必须符合下列条件：

（一）原告是与本案有直接利害关系的公民、法人和其他组织；

（二）有明确的被告；

（三）有具体的诉讼请求和事实、理由；

（四）属于人民法院受理民事诉讼的范围和受诉人民法院管辖。

(3) 最高人民法院《关于审理劳动争议案件适用法律若干问题的解释》（2001年4月16日　法释［2001］14号）

第一条　劳动者与用人单位之间发生的下列纠纷，属于《劳动法》第二条规定的劳动争议，当事人不服劳动争议仲裁委员会作出的裁决，依法向人民法院起诉的，人民法院应当受理：

（一）劳动者与用人单位在履行劳动合同过程中发生的纠纷；

（二）劳动者与用人单位之间没有订立书面劳动合同，但已形成劳动关系后发生的纠纷；

（三）劳动者退休后，与尚未参加社会保险统筹的原用人单位因追索养老金、医疗费、工伤保险待遇和其他社会保险费而发生的纠纷。

第二条　劳动争议仲裁委员会以当事人申请仲裁的事项不属于劳动争议为由，作出不予受理的书面裁决、决定或者通知，当事人不服，依法向人民法院起诉的，人民法院应当分别情况予以处理：

（一）属于劳动争议案件的，应当受理；

（二）虽不属于劳动争议案件，但属于人民法院主管的其他案件，应当依法受理。

第三条 劳动争议仲裁委员会根据《劳动法》第八十二条之规定，以当事人的仲裁申请超过六十日期限为由，作出不予受理的书面裁决、决定或者通知，当事人不服，依法向人民法院起诉的，人民法院应当受理；对确已超过仲裁申请期限，又无不可抗力或者其他正当理由的，依法驳回其诉讼请求。

第四条 劳动争议仲裁委员会以申请仲裁的主体不适格为由，作出不予受理的书面裁决、决定或者通知，当事人不服，依法向人民法院起诉的，经审查，确属主体不适格的，裁定不予受理或者驳回起诉。

第五条 劳动争议仲裁委员会为纠正原仲裁裁决错误重新作出裁决，当事人不服，依法向人民法院起诉的，人民法院应当受理。

第七条 劳动争议仲裁委员会仲裁的事项不属于人民法院受理的案件范围，当事人不服，依法向人民法院起诉的，裁定不予受理或者驳回起诉。

第八条 劳动争议案件由用人单位所在地或者劳动合同履行地的基层人民法院管辖。

劳动合同履行地不明确的，由用人单位所在地的基层人民法院管辖。

第十七条 劳动争议仲裁委员会作出仲裁裁决后，当事人对裁决中的部分事项不服，依法向人民法院起诉的，劳动争议仲裁裁决不发生法律效力。

第十八条 劳动争议仲裁委员会对多个劳动者的劳动争议作出仲裁裁决后，部分劳动者对仲裁裁决不服，依法向人民法院起诉的，仲裁裁决对提出起诉的劳动者不发生法律效力；对未提出起诉的部分劳动者，发生法律效力，如其申请执行的，人民法院应当受理。

第二十一条 当事人申请人民法院执行劳动争议仲裁机构作出的发生法律效力的裁决书、调解书，被申请人提出证据证明劳动争议仲裁裁决书、调解书有下列情形之一，并经审查核实的，人民法院可以根据民事诉讼法第二百一十三条之规定，裁定不予执行：

（一）裁决的事项不属于劳动争议仲裁范围，或者劳动争议仲裁机构无权仲裁的；

（二）适用法律确有错误的；

（三）仲裁员仲裁该案时，有徇私舞弊、枉法裁决行为的；

（四）人民法院认定执行该劳动争议仲裁裁决违背社会公共利益的。

人民法院在不予执行的裁定书中，应当告知当事人在收到裁定书之次日起三十日内，可以就该劳动争议事项向人民法院起诉。

(4) 最高人民法院《关于审理劳动争议案件适用法律若干问题的解释（二）》（2006 年 8 月 14 日 法释［2006］6 号）

第三条 劳动者以用人单位的工资欠条为证据直接向人民法院起诉，诉讼请求不涉及劳动关系其他争议的，视为拖欠劳动报酬争议，按照普通民事纠纷受理。

第四条 用人单位和劳动者因劳动关系是否已经解除或者终止，以及应否支付解除或终止劳动关系经济补偿金产生的争议，经劳动争议仲裁委员会仲裁后，当事人依法起诉的，人民法院应予受理。

第五条 劳动者与用人单位解除或者终止劳动关系后，请求用人单位返还其收取的劳动合同定金、保证金、抵押金、抵押物产生的争议，或者办理劳动者的人事档案、社会保险关系等移转手续产生的争议，经劳动争议仲裁委员会仲裁后，当事人依法起诉的，人民法院应予受理。

第六条 劳动者因为工伤、职业病，请求用人单位依法承担给予工伤保险待遇的争议，经劳动争议仲裁委员会仲裁后，当事人依法起诉的，人民法院应予受理。

第八条 当事人不服劳动争议仲裁委员会作出的预先支付劳动者部分工资或者医疗费用的裁决，向人民法院起诉的，人民法院不予受理。

用人单位不履行上述裁决中的给付义务，劳动者依法向人民法院申请强制执行的，人民法院应予受理。

(5) 最高人民法院《关于审理劳动争议案件适用法律若干问题的解释（三）》（2010 年 9 月 13 日 法释［2010］12 号）

第一条 劳动者以用人单位未为其办理社会保险手续，且社会保险经办机构不能补办导致其无法享受社会保险待遇为由，要求用人单位赔偿损失而发生争议的，人民法院应予受理。

第二条 因企业自主进行改制引发的争议，

人民法院应予受理。

第三条 劳动者依据劳动合同法第八十五条规定，向人民法院提起诉讼，要求用人单位支付加付赔偿金的，人民法院应予受理。

第四条 劳动者与未办理营业执照、营业执照被吊销或者营业期限届满仍继续经营的用人单位发生争议的，应当将用人单位或者其出资人列为当事人。

第五条 未办理营业执照、营业执照被吊销或者营业期限届满仍继续经营的用人单位，以挂靠等方式借用他人营业执照经营的，应当将用人单位和营业执照出借方列为当事人。

第六条 当事人不服劳动人事争议仲裁委员会作出的仲裁裁决，依法向人民法院提起诉讼，人民法院审查认为仲裁裁决遗漏了必须共同参加仲裁的当事人的，应当依法追加遗漏的人为诉讼当事人。

被追加的当事人应当承担责任的，人民法院应当一并处理。

第十一条 劳动人事争议仲裁委员会作出的调解书已经发生法律效力，一方当事人反悔提起诉讼的，人民法院不予受理；已经受理的，裁定驳回起诉。

第十二条 劳动人事争议仲裁委员会逾期未作出受理决定或仲裁裁决，当事人直接提起诉讼的，人民法院应予受理，但申请仲裁的案件存在下列事由的除外：

（一）移送管辖的；

（二）正在送达或送达延误的；

（三）等待另案诉讼结果、评残结论的；

（四）正在等待劳动人事争议仲裁委员会开庭的；

（五）启动鉴定程序或者委托其他部门调查取证的；

（六）其他正当事由。

当事人以劳动人事争议仲裁委员会逾期未作出仲裁裁决为由提起诉讼的，应当提交劳动人事争议仲裁委员会出具的受理通知书或者其他已接受仲裁申请的凭证或证明。

第十四条 劳动人事争议仲裁委员会作出的同一仲裁裁决同时包含终局裁决事项和非终局裁决事项，当事人不服该仲裁裁决向人民法院提起诉讼的，应当按照非终局裁决处理。

第十五条 劳动者依据调解仲裁法第四十八条规定向基层人民法院提起诉讼，用人单位依据调解仲裁法第四十九条规定向劳动人事争议仲裁委员会所在地的中级人民法院申请撤销仲裁裁决的，中级人民法院应不予受理；已经受理的，应当裁定驳回申请。

被人民法院驳回起诉或者劳动者撤诉的，用人单位可以自收到裁定书之日起三十日内，向劳动人事争议仲裁委员会所在地的中级人民法院申请撤销仲裁裁决。

诉讼时效与处理时限

[解读]

根据《民法通则》的规定，当事人向人民法院请求保护民事权利的诉讼时效为2年。但劳动争议诉讼时效按以下特殊规定执行，逾期起诉的，人民法院一般不予受理：

（一）当事人对劳动争议仲裁委员会的仲裁裁决书或不予受理仲裁决定书、通知书不服，应自收到该仲裁文书之日起15日内向人民法院起诉。

（二）劳动争议仲裁委员会的仲裁终局裁决被人民法院裁定撤销的，当事人可以在收到人民法院裁定书之日起15日内就该劳动争议事项向人民法院提起诉讼。

（三）仲裁裁决被人民法院裁定不予执行的，当事人应自接到人民法院不予执行仲裁裁决的裁定书之日起30日内起诉。

（四）劳动者一方当事人被人民法院驳回起诉或者劳动者撤诉的，用人单位可以自收到裁定书之日起30日内，向仲裁委员会所在地的中级人民法院提出撤销仲裁裁决申请。

一审人民法院适用普通程序审理劳动争议案件的时限是，自立案之日起6个月内审结。有特殊情况需要延长的，由本院院长批准，可以延长6个月。二审人民法院对上诉案件的审理时限是，自上诉案件立案之日起3个月内审结。有特殊情况需要延长的，由该院院长批准。

[依据指引]

(1)《中华人民共和国民法通则》（1986年4月12日　国家主席令第37号）

第一百三十五条 向人民法院请求保护民事权利的诉讼时效期间为二年，法律另有规定的除外。

第一百三十七条 诉讼时效期间从知道或者应当知道权利被侵害时起计算。但是，从权利被侵害之日起超过二十年的，人民法院不予保护。有特殊情况的，人民法院可以延长诉讼时效期间。

第一百三十八条 超过诉讼时效期间，当事人自愿履行的，不受诉讼时效限制。

第一百三十九条 在诉讼时效期间的最后六个月内，因不可抗力或者其他障碍不能行使请求权的，诉讼时效中止。从中止时效的原因消除之日起，诉讼时效期间继续计算。

第一百四十条 诉讼时效因提起诉讼、当事人一方提出要求或者同意履行义务而中断。从中断时起，诉讼时效期间重新计算。

(2)《中华人民共和国民事诉讼法》（1991年4月9日 国家主席令第44号 2007年10月28日修订）

第一百三十五条 人民法院适用普通程序审理的案件，应当在立案之日起六个月内审结。有特殊情况需要延长的，由本院院长批准，可以延长六个月；还需要延长的，报请上级人民法院批准。

(3)《中华人民共和国劳动争议调解仲裁法》（2007年12月29日 国家主席令第80号）

第四十八条 劳动者对本法第四十七条规定的仲裁裁决不服的，可以自收到仲裁裁决书之日起十五日内向人民法院提起诉讼。

第四十九条 用人单位有证据证明本法第四十七条规定的仲裁裁决有下列情形之一，可以自收到仲裁裁决书之日起三十日内向劳动争议仲裁委员会所在地的中级人民法院申请撤销裁决：

（一）适用法律、法规确有错误的；

（二）劳动争议仲裁委员会无管辖权的；

（三）违反法定程序的；

（四）裁决所根据的证据是伪造的；

（五）对方当事人隐瞒了足以影响公正裁决的证据的；

（六）仲裁员在仲裁该案时有索贿受贿、徇私舞弊、枉法裁决行为的。

人民法院经组成合议庭审查核实裁决有前款规定情形之一的，应当裁定撤销。

仲裁裁决被人民法院裁定撤销的，当事人可以自收到裁定书之日起十五日内就该劳动争议事项向人民法院提起诉讼。

第五十条 当事人对本法第四十七条规定以外的其他劳动争议案件的仲裁裁决不服的，可以自收到仲裁裁决书之日起十五日内向人民法院提起诉讼；期满不起诉的，裁决书发生法律效力。

(4) 最高人民法院《关于审理劳动争议案件适用法律若干问题的解释》（2001年4月16日 法释［2001］14号）

第三条 劳动争议仲裁委员会根据《劳动法》第八十二条之规定，以当事人的仲裁申请超过六十日期限为由，作出不予受理的书面裁决、决定或者通知，当事人不服，依法向人民法院起诉的，人民法院应当受理；对确已超过仲裁申请期限，又无不可抗力或者其他正当理由的，依法驳回其诉讼请求。

(5) 最高人民法院《关于审理劳动争议案件适用法律若干问题的解释（三）》（2010年9月13日 法释［2010］12号）

第十五条 劳动者依据调解仲裁法第四十八条规定向基层人民法院提起诉讼，用人单位依据调解仲裁法第四十九条规定向劳动人事争议仲裁委员会所在地的中级人民法院申请撤销仲裁裁决的，中级人民法院应不予受理；已经受理的，应当裁定驳回申请。

被人民法院驳回起诉或者劳动者撤诉的，用人单位可以自收到裁定书之日起三十日内，向劳动人事争议仲裁委员会所在地的中级人民法院申请撤销仲裁裁决。

法院审理劳动争议案件的程序

[解读]

法院审理劳动争议案件适用《民事诉讼法》规定的程序。其主要程序有一审程序、二审程序、审判监督程序等。一审程序比较复杂，可分为以下几个阶段：

（一）核对双方当事人。开庭审理前，书记员应当查明当事人和其他诉讼参与人是否到庭，宣布法庭纪律。开庭审理时，由审判长核对当事人，宣布案由，宣布审判人员、书记员名单，告知当事人有关诉讼的权利和义务，询问当事人是否提出回避申请。

（二）法庭调查。法庭调查的先后顺序是：双方当事人陈述；告知证人的权利义务，证人作证，宣读未到庭的证人证言；出示书证、物证和视听资料；宣读鉴定结论；宣读勘验笔录等。

（三）举证和质证。当事人在法庭可以提出新的证据。当事人经法庭许可，可以向证人、鉴定人、勘验人发问。当事人要求重新进行调查、鉴定或者勘验的，是否准许，由人民法院决定。

（四）法庭辩论。法庭辩论先后顺序是：原告及其诉讼代理人发言；被告及其诉讼代理人答辩；第三人及其诉讼代理人发言或者答辩；互相辩论。法庭辩论终结，由审判长按照原告、被告、第三人的先后顺序征询各方最后陈述意见。

（五）调解和判决。法庭辩论终结，应当依法作出判决，判决前能够调解的，还可以进行调解，调解不成的，应当及时判决。

当事人不服一审判决的，可依法提起二审程序。提起二审程序的，须在一审判决书送达之日起15日内向上一级法院提起上诉。上诉状应当通过原审法院提出，并按照对方当事人或者代表人的人数提出副本。二审法院应对上诉请求的有关事实和适用法律进行审查，并应组成合议庭进行开庭审理。合议庭认为不需要开庭审理的，也可径行判决。二审法院作出的判决是终审判决。

审判监督程序是当法院对已经发生法律效力的判决或裁定，发现确有错误而需要再审时所进行的程序。当事人也可以申请再审，但须在判决发生法律效力后2年内提出。

［依据指引］

《中华人民共和国民事诉讼法》（1991年4月9日　国家主席令第44号　2007年10月28日修订）

第一百二十三条　开庭审理前，书记员应当查明当事人和其他诉讼参与人是否到庭，宣布法庭纪律。

开庭审理时，由审判长核对当事人，宣布案由，宣布审判人员、书记员名单，告知当事人有关的诉讼权利义务，询问当事人是否提出回避申请。

第一百二十四条　法庭调查按照下列顺序进行：

（一）当事人陈述；

（二）告知证人的权利义务，证人作证，宣读未到庭的证人证言；

（三）出示书证、物证和视听资料；

（四）宣读鉴定结论；

（五）宣读勘验笔录。

第一百二十五条　当事人在法庭上可以提出新的证据。

当事人经法庭许可，可以向证人、鉴定人、勘验人发问。

当事人要求重新进行调查、鉴定或者勘验的，是否准许，由人民法院决定。

第一百二十七条　法庭辩论按照下列顺序进行：

（一）原告及其诉讼代理人发言；

（二）被告及其诉讼代理人答辩；

（三）第三人及其诉讼代理人发言或者答辩；

（四）互相辩论。

法庭辩论终结，由审判长按照原告、被告、第三人的先后顺序征询各方最后意见。

第一百二十八条　法庭辩论终结，应当依法作出判决。判决前能够调解的，还可以进行调解，调解不成的，应当及时判决。

人民法院审理劳动争议案件的法律依据

［解读］

人民法院审理劳动争议案件在程序上适用《民事诉讼法》和《劳动争议调解仲裁法》；实体上适用《劳动法》《劳动合同法》等劳动法律、法规，参照国务院各部委的部门规章和地方政府规章。实践中，由国务院人力资源和社会保障部门制定的规范性文件和有关政策也被作为判决的参考依据。用人单位根据《劳动法》第四条和《劳动合同法》第四条规定，通过民主程序制定的规章制度，不违反国家法律、行政法规及政策规定，并已向劳动者公示的，可以作为人民法院审理劳动争议案件的依据。劳动关系双方依法签订的合法有效的劳动合同，也是人民法院审理劳动争议案件的重要依据。

［依据指引］

(1)《中华人民共和国劳动法》（1994年7月5日　国家主席令第28号）

第四条　用人单位应当依法建立和完善规章制度，保障劳动者享有劳动权利和履行劳动义务。

(2)《中华人民共和国劳动合同法》（2007年6月29日　国家主席令第65号）

第四条　用人单位应当依法建立和完善劳动规章制度，保障劳动者享有劳动权利、履行劳动义务。

用人单位在制定、修改或者决定有关劳动报酬、工作时间、休息休假、劳动安全卫生、保险福利、职工培训、劳动纪律以及劳动定额管理等直接涉及劳动者切身利益的规章制度或者重大事项时，应当经职工代表大会或者全体职工讨论，提出方案和意见，与工会或者职工代表平等协商确定。

在规章制度和重大事项决定实施过程中，工会或者职工认为不适当的，有权向用人单位提出，通过协商予以修改完善。

用人单位应当将直接涉及劳动者切身利益的规章制度和重大事项决定公示，或者告知劳动者。

（3）最高人民法院《关于审理劳动争议案件适用法律若干问题的解释》（2001年4月16日　法释［2001］14号）

第十九条　用人单位根据《劳动法》第四条之规定，通过民主程序制定的规章制度，不违反国家法律、行政法规及政策规定，并已向劳动者公示的，可以作为人民法院审理劳动争议案件的依据。

（4）最高人民法院《关于审理劳动争议案件适用法律若干问题的解释（二）》（2006年8月14日　法释［2006］6号）

第十六条　用人单位制定的内部规章制度与集体合同或者劳动合同约定的内容不一致，劳动者请求优先适用合同约定的，人民法院应予支持。

诉讼风险提示

［解读］

劳动争议当事人提起劳动争议诉讼前，应当了解一些相关知识，以避免以下诉讼风险：

（一）诉讼请求不当的风险。劳动争议当事人的诉讼请求不完全，未请求部分将被视为弃权，人民法院不予审理未请求部分。原告增加、变更诉讼请求或被告提出反诉，必须在法定期限内进行，否则法院将视为当事人放弃该项权利。

（二）不按时交纳诉讼费用的风险。原告起诉、增加诉讼请求、被告反诉、当事人申请保全措施，必须按时交纳费用（有特殊经济困难，提交相关证明，符合减、免、缓交情况的除外），否则法院将不予受理。

（三）不能充分提供证据的风险。原告起诉或被告反诉，对自己提出诉讼请求所依据的事实或者反驳对方诉讼请求所依据的事实，有责任提供证据加以证明。没有证据或证据不足的，负有举证责任的当事人将承担不利甚至败诉的后果。尤其是由用人单位掌握管理的与仲裁请求有关的证据，用人单位不按法庭的要求在指定期限内提供，则要承担不利后果。

（四）超时提供证据的风险。证据必须在规定期限内提出。超过规定期限提供证据的，该证据不得在法庭上质证（对方当事人同意质证的除外），超时举证方将承担所主张事实不予认定的不利后果。

（五）不能提供原始证据的风险。向法庭提供证据应当提供原件或原物。若证据系在域外形成的，还应履行相应的证明手续，否则将导致该项证据无效的后果。提供证人证言的，证人须亲自出庭作证（特殊情况例外），否则法院将不予采信。

（六）不按时申请法院调查收集证据中的风险。当事人申请法院调查收集证据，必须按照举证通知书的要求在规定期限内提出，否则将承担不利甚至败诉的后果。

（七）不按时出庭的风险。各方当事人必须按照规定时间参加庭审。不按规定时间参加庭审或者迟到30分钟以上的，原告方承担自动撤诉的后果，被告方承担缺席审理的后果。

（八）一方当事人下落不明的风险。一方当事人下落不明，会导致审理时间过长、无财产可供执行及虽交纳诉讼费用却达不到预期目的的不利后果。

（九）一方当事人没有财产或无足够财产可以提供的风险。一方当事人没有财产或不能提供足够财产，会导致财产保全不能实现或不能完全实现和申请保全费用不予退还的风险，还会导致无财产或无足够财产可供执行的风险。

（十）不认真阅读判决书、裁定书的风险。判决书、裁定书送达后，当事人提出上诉的，必须在判决书、裁定书明确的法定上诉期限内提出；申请执行的，必须在生效法律文书法定期限内提出，否则将被视为放弃该项权利，导致判决、裁定无法上诉或无法执行的后果。

［依据指引］

（1）《中华人民共和国民事诉讼法》（1991年4月9日　国家主席令第44号　2007年10月28日修订）（略）

（2）最高人民法院《关于民事诉讼证据的若干规定》（2001年12月21日　法释［2001］33号）（略）

（3）最高人民法院《关于印发〈人民法院民事诉讼风险提示书〉的通知》（2003年12月24日　法发［2003］25号）

为方便人民群众诉讼，帮助当事人避免常见的诉讼风险，减少不必要的损失，根据《中华人民共和国民法通则》《中华人民共和国民事诉讼法》以及最高人民法院《关于民事诉讼证据的若干规定》等法律和司法解释的规定，现将常见的民事诉讼风险提示如下：

一、起诉不符合条件

当事人起诉不符合法律规定条件的，人民法院不会受理，即使受理也会驳回起诉。

当事人起诉不符合管辖规定的，案件将会被移送到有权管辖的人民法院审理。

二、诉讼请求不适当

当事人提出的诉讼请求应明确、具体、完整，对未提出的诉讼请求人民法院不会审理。

当事人提出的诉讼请求要适当，不要随意扩大诉讼请求范围；无根据的诉讼请求，除得不到人民法院支持外，当事人还要负担相应的诉讼费用。

三、逾期改变诉讼请求

当事人增加、变更诉讼请求或者提出反诉，超过人民法院许可或者指定期限的，可能不被审理。

四、超过诉讼时效

当事人请求人民法院保护民事权利的期间一般为二年（特殊的为一年）。原告向人民法院起诉后，被告提出原告的起诉已超过法律保护期间的，如果原告没有对超过法律保护期间的事实提供证据证明，其诉讼请求不会得到人民法院的支持。

五、授权不明

当事人委托诉讼代理人代为承认、放弃、变更诉讼请求，进行和解，提起反诉或者上诉等事项的，应在授权委托书中特别注明。没有在授权委托书中明确、具体记明特别授权事项的，诉讼代理人就上述特别授权事项发表的意见不具有法律效力。

六、不按时交纳诉讼费用

当事人起诉或者上诉，不按时预交诉讼费用，或者提出缓交、减交、免交诉讼费用申请未获批准仍不交纳诉讼费用的，人民法院将会裁定按自动撤回起诉、上诉处理。

当事人提出反诉，不按规定预交相应的案件受理费的，人民法院将不会审理。

七、申请财产保全不符合规定

当事人申请财产保全，应当按规定交纳保全费用而没有交纳的，人民法院不会对申请保全的财产采取保全措施。

当事人提出财产保全申请，未按人民法院要求提供相应财产担保的，人民法院将依法驳回其申请。

申请人申请财产保全有错误的，将要赔偿被申请人因财产保全所受到的损失。

八、不提供或者不充分提供证据

除法律和司法解释规定不需要提供证据证明外，当事人提出诉讼请求或者反驳对方的诉讼请求，应提供证据证明。不能提供相应的证据或者提供的证据证明不了有关事实的，可能面临不利的裁判后果。

九、超过举证时限提供证据

当事人向人民法院提交的证据，应当在当事人协商一致并经人民法院认可或者人民法院指定的期限内完成。超过上述期限提交的，人民法院可能视其放弃了举证的权利，但属于法律和司法解释规定的新的证据除外。

十、不提供原始证据

当事人向人民法院提供证据，应当提供原件或者原物，特殊情况下也可以提供经人民法院核对无异的复制件或者复制品。提供的证据不符合上述条件的，可能影响证据的证明力，甚至可能不被采信。

十一、证人不出庭作证

除属于法律和司法解释规定的证人确有困难不能出庭的特殊情况外，当事人提供证人证言的，证人应当出庭作证并接受质询。如果证人不出庭作证，可能影响该证人证言的证据效力，甚至不被采信。

十二、不按规定申请审计、评估、鉴定

当事人申请审计、评估、鉴定，未在人民法院指定期限内提出申请或者不预交审计、评估、鉴定费用，或者不提供相关材料，致使争议的事实无法通过审计、评估、鉴定结论予以认定的，可能对申请人产生不利的裁判后果。

十三、不按时出庭或者中途退出法庭

原告经传票传唤，无正当理由拒不到庭，或者未经法庭许可中途退出法庭的，人民法院将按自动撤回起诉处理；被告反诉的，人民法院将对反诉的内容缺席审判。

被告经传票传唤，无正当理由拒不到庭，或者未经法庭许可中途退出法庭的，人民法院将缺席判决。

十四、不准确提供送达地址

适用简易程序审理的案件，人民法院按照当

事人自己提供的送达地址送达诉讼文书时，因当事人提供的己方送达地址不准确，或者送达地址变更未及时告知人民法院，致使人民法院无法送达，造成诉讼文书被退回的，诉讼文书也视为送达。

十五、超过期限申请强制执行

向人民法院申请强制执行的期限，双方或者一方当事人是公民的为一年，双方是法人或者其他组织的为六个月。期限自生效法律文书确定的履行义务期限届满之日起算。超过上述期限申请的，人民法院不予受理。

十六、无财产或者无足够财产可供执行

被执行人没有财产或者没有足够财产履行生效法律文书确定义务的，人民法院可能对未履行的部分裁定中止执行，申请执行人的财产权益将可能暂时无法实现或者不能完全实现。

十七、不履行生效法律文书确定义务

被执行人未按生效法律文书指定期间履行给付金钱义务的，将要支付迟延履行期间的双倍债务利息。

被执行人未按生效法律文书指定期间履行其他义务的，将要支付迟延履行金。

第十六章　劳动保障行政执法与监督

劳动保障监察

［解读］

劳动保障监察是保障国家劳动法律、法规的贯彻实施，维护劳动关系双方合法权益，促进劳动关系和谐、稳定发展的一项行政执法制度。具体是指县级以上人民政府人力资源和社会保障行政部门依法对用人单位和社会劳动保障中介服务机构遵守劳动法律、法规和规章情况进行监督检查，并对有违法行为的部门进行制止、责令改正或予以处罚的行政执法制度。劳动保障监察有以下四个方面的特征：

（一）劳动保障监察的执法主体是人力资源和社会保障行政机关的劳动保障监察工作机构，包括劳动保障监察行政部门和劳动保障监察大队。执法对象是中华人民共和国境内的企业、事业单位等用人单位和社会劳动保障中介服务机构。其中，用人单位包括有雇工的城镇个体工商户。

（二）劳动保障监察的内容是对行政管理对象执行劳动法律、法规、规章的情况进行监督检查。其范围十分广泛，但并不是一成不变的。随着经济体制改革的深入和劳动关系双方主体地位的确立，劳动关系将越来越复杂化，因而劳动保障监察的内容也将越来越丰富。

（三）劳动保障监察必须依照程序规定进行。执法过程中严格依照法定程序办事对于劳动保障监察的公正性有重要意义。

（四）劳动保障行政主管部门作出的劳动监察决定是具有法律效力的具体行政行为，当事人必须遵照执行。对劳动保障监察决定不服可以向上一级人力资源和社会保障行政部门提出复议申请，也可向人民法院就该具体行政行为提起诉讼。行政执法相对人逾期不申请行政复议，不起诉又不执行处理决定的，劳动保障监察机构可以申请人民法院强制执行。

［依据指引］

(1)《中华人民共和国劳动法》（1994 年 7 月 5 日　国家主席令第 28 号）

第八十五条　县级以上各级人民政府劳动行政部门依法对用人单位遵守劳动法律、法规的情况进行监督检查，对违反劳动法律、法规的行为有权制止，并责令改正。

第八十八条　各级工会依法维护劳动者的合法权益，对用人单位遵守劳动法律、法规的情况进行监督。

任何组织和个人对于违反劳动法律、法规的行为有权检举和控告。

(2)《中华人民共和国劳动合同法》（2007 年 6 月 29 日　国家主席令第 65 号）

第七十三条　国务院劳动行政部门负责全国劳动合同制度实施的监督管理。

县级以上地方人民政府劳动行政部门负责本行政区域内劳动合同制度实施的监督管理。

县级以上各级人民政府劳动行政部门在劳动合同制度实施的监督管理工作中，应当听取工会、企业方面代表以及有关行业主管部门的意见。

第七十四条　县级以上地方人民政府劳动行政部门依法对下列实施劳动合同制度的情况进行监督检查：

（一）用人单位制定直接涉及劳动者切身利益的规章制度及其执行的情况；

（二）用人单位与劳动者订立和解除劳动合同的情况；

（三）劳务派遣单位和用工单位遵守劳务派遣有关规定的情况；

（四）用人单位遵守国家关于劳动者工作时间和休息休假规定的情况；

（五）用人单位支付劳动合同约定的劳动报酬和执行最低工资标准的情况；

（六）用人单位参加各项社会保险和缴纳社会保险费的情况；

（七）法律、法规规定的其他劳动监察事项。

第七十五条　县级以上地方人民政府劳动行

政部门实施监督检查时，有权查阅与劳动合同、集体合同有关的材料，有权对劳动场所进行实地检查，用人单位和劳动者都应当如实提供有关情况和材料。

劳动行政部门的工作人员进行监督检查，应当出示证件，依法行使职权，文明执法。

第七十七条 劳动者合法权益受到侵害的，有权要求有关部门依法处理，或者依法申请仲裁、提起诉讼。

第七十九条 任何组织或者个人对违反本法的行为都有权举报，县级以上人民政府劳动行政部门应当及时核实、处理，并对举报有功人员给予奖励。

(3) 国务院《劳动合同法实施条例》（2008年9月18日 国务院令第535号）

第三十四条 用人单位依照劳动合同法的规定应当向劳动者每月支付两倍的工资或者应当向劳动者支付赔偿金而未支付的，劳动行政部门应当责令用人单位支付。

第三十六条 对违反劳动合同法和本条例的行为的投诉、举报，县级以上地方人民政府劳动行政部门依照《劳动保障监察条例》的规定处理。

(4) 国务院《劳动保障监察条例》（2004年11月1日 国务院令第423号）

第一章 总 则

第一条 为了贯彻实施劳动和社会保障（以下称劳动保障）法律、法规和规章，规范劳动保障监察工作，维护劳动者的合法权益，根据劳动法和有关法律，制定本条例。

第二条 对企业和个体工商户（以下称用人单位）进行劳动保障监察，适用本条例。

对职业介绍机构、职业技能培训机构和职业技能考核鉴定机构进行劳动保障监察，依照本条例执行。

第三条 国务院劳动保障行政部门主管全国的劳动保障监察工作。县级以上地方各级人民政府劳动保障行政部门主管本行政区域内的劳动保障监察工作。

县级以上各级人民政府有关部门根据各自职责，支持、协助劳动保障行政部门的劳动保障监察工作。

第四条 县级、设区的市级人民政府劳动保障行政部门可以委托符合监察执法条件的组织实施劳动保障监察。

劳动保障行政部门和受委托实施劳动保障监察的组织中的劳动保障监察员应当经过相应的考核或者考试录用。

劳动保障监察证件由国务院劳动保障行政部门监制。

第五条 县级以上地方各级人民政府应当加强劳动保障监察工作。劳动保障监察所需经费列入本级财政预算。

第六条 用人单位应当遵守劳动保障法律、法规和规章，接受并配合劳动保障监察。

第七条 各级工会依法维护劳动者的合法权益，对用人单位遵守劳动保障法律、法规和规章的情况进行监督。

劳动保障行政部门在劳动保障监察工作中应当注意听取工会组织的意见和建议。

第八条 劳动保障监察遵循公正、公开、高效、便民的原则。

实施劳动保障监察，坚持教育与处罚相结合，接受社会监督。

第九条 任何组织或者个人对违反劳动保障法律、法规或者规章的行为，有权向劳动保障行政部门举报。

劳动者认为用人单位侵犯其劳动保障合法权益，有权向劳动保障行政部门投诉。

劳动保障行政部门应当为举报人保密；对举报属实，为查处重大违反劳动保障法律、法规或者规章的行为提供主要线索和证据的举报人，给予奖励。

第二章 劳动保障监察职责

第十条 劳动保障行政部门实施劳动保障监察，履行下列职责：

（一）宣传劳动保障法律、法规和规章，督促用人单位贯彻执行；

（二）检查用人单位遵守劳动保障法律、法规和规章的情况；

（三）受理对违反劳动保障法律、法规或者规章的行为的举报、投诉；

（四）依法纠正和查处违反劳动保障法律、法规或者规章的行为。

第十一条 劳动保障行政部门对下列事项实施劳动保障监察：

（一）用人单位制定内部劳动保障规章制度的情况；

（二）用人单位与劳动者订立劳动合同的情况；

(三）用人单位遵守禁止使用童工规定的情况；

(四）用人单位遵守女职工和未成年工特殊劳动保护规定的情况；

(五）用人单位遵守工作时间和休息休假规定的情况；

(六）用人单位支付劳动者工资和执行最低工资标准的情况；

(七）用人单位参加各项社会保险和缴纳社会保险费的情况；

(八）职业介绍机构、职业技能培训机构和职业技能考核鉴定机构遵守国家有关职业介绍、职业技能培训和职业技能考核鉴定的规定的情况；

(九）法律、法规规定的其他劳动保障监察事项。

第十二条 劳动保障监察员依法履行劳动保障监察职责，受法律保护。

劳动保障监察员应当忠于职守，秉公执法，勤政廉洁，保守秘密。

任何组织或者个人对劳动保障监察员的违法违纪行为，有权向劳动保障行政部门或者有关机关检举、控告。

劳动保障监察与劳动争议仲裁的关系

[解读]

劳动保障监察与劳动争议仲裁的基本目的都是保障劳动法律、法规的贯彻执行，维护劳动关系的和谐、稳定，但两者之间存在着本质上的差异：

其一，两者的性质不同。劳动保障行政监察是人力资源和社会保障行政部门依法对用人单位、其他单位遵守劳动法律、法规和规章的情况进行监督检查，对违法行为予以矫正和处罚的行政执法行为；而劳动争议仲裁则是根据用人单位或劳动者的仲裁申请，依法对他们之间发生的劳动争议进行公断的带有司法性质的行为。

其二，机构不同。劳动保障监察机构是政府的人力资源和社会保障行政部门；而劳动争议仲裁机构是劳动争议仲裁委员会。劳动争议仲裁委员会由人力资源和社会保障行政部门代表、企业方面代表和工会代表三方人员组成。

其三，程序不同。劳动保障监察是由人力资源和社会保障行政部门依照法定职权主动进行；而劳动争议仲裁则是根据劳动争议当事人提出的仲裁申请，被动介入。

其四，执法机关的法律地位不同。在劳动保障监察过程中，人力资源和社会保障行政部门与接受监督检查的单位是行政监督管理关系，而在劳动争议仲裁过程中，仲裁机构是一种“中间人”的角色。

其五，法律后果不同。在劳动保障监察中，人力资源和社会保障行政部门一经作出处理决定，立即发生法律效力，有关单位即应执行。若当事人不服处理决定的，可以按照《行政复议法》或《行政诉讼法》的规定申请行政复议或者提起行政诉讼，被申请人或被告人是人力资源和社会保障行政部门，在申请复议或行政诉讼期间，不影响决定的执行。而劳动争议仲裁委员会作出的裁决，并不立即发生法律效力，而是处于效力待定状态。当事人对劳动争议仲裁机构的仲裁裁决不服，可以在法定期限内向人民法院起诉。只有法定期限届满，当事人不起诉的，裁决书才发生法律效力。若当事人向法院起诉，也不是以仲裁机构为被告提起行政诉讼，而是以劳动争议的另一方为被告提起普通的民事诉讼，原告和被告仍是劳动争议的双方。

[依据指引]

(1)《中华人民共和国劳动法》（1994 年 7 月 5 日　国家主席令第 28 号）

第八十五条 县级以上各级人民政府劳动行政部门依法对用人单位遵守劳动法律、法规的情况进行监督检查，对违反劳动法律、法规的行为有权制止，并责令改正。

第八十六条 县级以上各级人民政府劳动行政部门监督检查人员执行公务，有权进入用人单位了解执行劳动法律、法规的情况，查阅必要的资料，并对劳动场所进行检查。县级以上各级人民政府劳动行政部门监督检查人员执行公务，必须出示证件，秉公执法并遵守有关规定。

第八十七条 县级以上各级人民政府有关部门在各自职责范围内，对用人单位遵守劳动法律、法规的情况进行监督。

第八十八条 各级工会依法维护劳动者的合法权益，对用人单位遵守劳动法律、法规的情况进行监督。

任何组织和个人对于违反劳动法律、法规的行为有权检举和控告。

(2)《中华人民共和国劳动争议调解仲裁法》

（2007 年 12 月 29 日 国家主席令第 80 号）（略）

(3) 国务院《劳动保障监察条例》（2004 年 11 月 1 日 国务院令第 423 号）

第二十一条 用人单位违反劳动保障法律、法规或者规章，对劳动者造成损害的，依法承担赔偿责任。劳动者与用人单位就赔偿发生争议的，依照国家有关劳动争议处理的规定处理。

对应当通过劳动争议处理程序解决的事项或者已经按照劳动争议处理程序申请调解、仲裁或者已经提起诉讼的事项，劳动保障行政部门应当告知投诉人依照劳动争议处理或者诉讼的程序办理。

(4) 劳动和社会保障部《关于实施〈劳动保障监察条例〉若干规定》（2004 年 12 月 31 日 部令第 25 号）

第十五条 有下列情形之一的投诉，劳动保障行政部门应当告知投诉人依照劳动争议处理或者诉讼程序办理：

（一）应当通过劳动争议处理程序解决的；

（二）已经按照劳动争议处理程序申请调解、仲裁的；

（三）已经提起劳动争议诉讼的。

第十六条 下列因用人单位违反劳动保障法律行为对劳动者造成损害，劳动者与用人单位就赔偿发生争议的，依照国家有关劳动争议处理的规定处理：

（一）因用人单位制定的劳动规章制度违反法律、法规规定，对劳动者造成损害的；

（二）因用人单位违反对女职工和未成年工的保护规定，对女职工和未成年工造成损害的；

（三）因用人单位原因订立无效合同，对劳动者造成损害的；

（四）因用人单位违法解除劳动合同或者故意拖延不订立劳动合同，对劳动者造成损害的；

（五）法律、法规和规章规定的其他因用人单位违反劳动保障法律的行为，对劳动者造成损害的。

第十七条 劳动者或者用人单位与社会保险经办机构发生的社会保险行政争议，按照《社会保险行政争议处理办法》处理。

第十八条 对符合下列条件的投诉，劳动保障行政部门应当在接到投诉之日起 5 个工作日内依法受理，并于受理之日立案查处：

（一）违反劳动保障法律的行为发生在 2 年内的；

（二）有明确的被投诉用人单位，且投诉人的合法权益受到侵害是被投诉用人单位违反劳动保障法律的行为所造成的；

（三）属于劳动保障监察职权范围并由受理投诉的劳动保障行政部门管辖。

对不符合第一款第（一）项规定的投诉，劳动保障行政部门应当在接到投诉之日起 5 个工作日内决定不予受理，并书面通知投诉人。

对不符合第一款第（二）项规定的投诉，劳动保障监察机构应当告知投诉人补正投诉材料。

对不符合第一款第（三）项规定的投诉，即对不属于劳动保障监察职权范围的投诉，劳动保障监察机构应当告诉投诉人；对属于劳动保障监察职权范围但不属于受理投诉的劳动保障行政部门管辖的投诉，应当告知投诉人向有关劳动保障行政部门提出。

劳动保障监察机构的职责

[解读]

劳动保障监察机构在行政执法过程中主要有以下六个方面的职责：

（一）宣传党和国家劳动保障方针政策和劳动保障法律、法规、规章，督促用人单位和社会劳动保障中介机构贯彻执行。

（二）对用人单位和相关单位遵守劳动保障法律、法规、规章情况进行监督检查。劳动保障监察通过管辖分工，主要采取常规巡视监察、群众举报专案查处、劳动保障年检和专项大检查等方式，由经过特定程序任命的监察人员对企业进行监督检查。

（三）依法纠正和查处违反劳动保障法律、法规、规章的行为。劳动保障行政处罚是劳动保障行政机关对违反劳动保障法律、法规，但尚未构成犯罪的用人单位、有关组织和个人所给予的行政制裁。劳动保障行政处罚分为申诫罚、财产罚和行为罚。

（四）受理对违反劳动保障法律、法规和规章行为的投诉、举报。

（五）对劳动保障监察人员进行培训和监督。

（六）法律、法规、规章规定的其他监察职责。

[依据指引]

(1)《中华人民共和国劳动法》（1994 年 7 月

5日　国家主席令第28号）

第八十五条　县级以上各级人民政府劳动行政部门依法对用人单位遵守劳动法律、法规的情况进行监督检查，对违反劳动法律、法规的行为有权制止，并责令改正。

第八十六条　县级以上各级人民政府劳动行政部门监督检查人员执行公务，有权进入用人单位了解执行劳动法律、法规的情况，查阅必要的资料，并对劳动场所进行检查。

县级以上各级人民政府劳动行政部门监督检查人员执行公务，必须出示证件，秉公执法并遵守有关规定。

第八十七条　县级以上各级人民政府有关部门在各自职责范围内，对用人单位遵守劳动法律、法规的情况进行监督。

第八十八条　各级工会依法维护劳动者的合法权益，对用人单位遵守劳动法律、法规的情况进行监督。

任何组织和个人对于违反劳动法律、法规的行为有权检举和控告。

第八十九条　用人单位制定的劳动规章制度违反法律、法规规定的，由劳动行政部门给予警告，责令改正；对劳动者造成损害的，应当承担赔偿责任。

第九十条　用人单位违反本法规定，延长劳动者工作时间的，由劳动行政部门给予警告，责令改正，并可以处以罚款。

第九十一条　用人单位有下列侵害劳动者合法权益情形之一的，由劳动行政部门责令支付劳动者的工资报酬、经济补偿，并可以责令支付赔偿金：

（一）克扣或者无故拖欠劳动者工资的；

（二）拒不支付劳动者延长工作时间工资报酬的；

（三）低于当地最低工资标准支付劳动者工资的；

（四）解除劳动合同后，未依照本法规定给予劳动者经济补偿的。

第九十二条　用人单位的劳动安全设施和劳动卫生条件不符合国家规定或者未向劳动者提供必要的劳动防护用品和劳动保护设施的，由劳动行政部门或者有关部门责令改正，可以处以罚款；情节严重的，提请县级以上人民政府决定责令停产整顿；对事故隐患不采取措施，致使发生重大事故，造成劳动者生命和财产损失的，对责任人员比照刑法第一百八十七条的规定追究刑事责任。

第九十三条　用人单位强令劳动者违章冒险作业，发生重大伤亡事故，造成严重后果的，对责任人员依法追究刑事责任。

第九十四条　用人单位非法招用未满十六周岁的未成年人的，由劳动行政部门责令改正，处以罚款；情节严重的，由工商行政管理部门吊销营业执照。

第九十五条　用人单位违反本法对女职工和未成年工的保护规定，侵害其合法权益的，由劳动行政部门责令改正，处以罚款；对女职工或者未成年工造成损害的，应当承担赔偿责任。

第九十六条　用人单位有下列行为之一，由公安机关对责任人员处以十五日以下拘留、罚款或者警告；构成犯罪的，对责任人员依法追究刑事责任：

（一）以暴力、威胁或者非法限制人身自由的手段强迫劳动的；

（二）侮辱、体罚、殴打、非法搜查和拘禁劳动者的。

第九十七条　由于用人单位的原因订立的无效合同，对劳动者造成损害的，应当承担赔偿责任。

第九十八条　用人单位违反本法规定的条件解除劳动合同或者故意拖延不订立劳动合同的，由劳动行政部门责令改正；对劳动者造成损害的，应当承担赔偿责任。

第九十九条　用人单位招用尚未解除劳动合同的劳动者，对原用人单位造成经济损失的，该用人单位应当依法承担连带赔偿责任。

第一百条　用人单位无故不缴纳社会保险费的，由劳动行政部门责令其限期缴纳；逾期不缴的，可以加收滞纳金。

第一百零一条　用人单位无理阻挠劳动行政部门、有关部门及其工作人员行使监督检查权，打击报复举报人员的，由劳动行政部门或者有关部门处以罚款；构成犯罪的，对责任人员依法追究刑事责任。

(2)《中华人民共和国行政处罚法》（1996年3月17日　国家主席令第63号）

第八条　行政处罚的种类：

（一）警告；

（二）罚款；

（三）没收违法所得、没收非法财物；

（四）责令停产停业；

（五）暂扣或者吊销许可证、暂扣或者吊销执照；

（六）行政拘留；

（七）法律、行政法规规定的其他行政处罚。

第九条 法律可以设定各种行政处罚。

限制人身自由的行政处罚，只能由法律设定。

第十条 行政法规可以设定除限制人身自由以外的行政处罚。

法律对违法行为已经作出行政处罚规定，行政法规需要作出具体规定的，必须在法律规定的给予行政处罚的行为、种类和幅度的范围内规定。

第十一条 地方性法规可以设定除限制人身自由、吊销企业营业执照以外的行政处罚。

法律、行政法规对违法行为已经作出行政处罚规定，地方性法规需要作出具体规定的，必须在法律、行政法规规定的给予行政处罚的行为、种类和幅度的范围内规定。

第十二条 国务院部、委员会制定的规章可以在法律、行政法规规定的给予行政处罚的行为、种类和幅度的范围内作出具体规定。

尚未制定法律、行政法规的，前款规定的国务院部、委员会制定的规章对违反行政管理秩序的行为，可以设定警告或者一定数量罚款的行政处罚。罚款的限额由国务院规定。

国务院可以授权具有行政处罚权的直属机构依照本条第一款、第二款的规定，规定行政处罚。

第十三条 省、自治区、直辖市人民政府和省、自治区人民政府所在地的市人民政府以及经国务院批准的较大的市人民政府制定的规章可以在法律、法规规定的给予行政处罚的行为、种类和幅度的范围内作出具体规定。

尚未制定法律、法规的，前款规定的人民政府制定的规章对违反行政管理秩序的行为，可以设定警告或者一定数量罚款的行政处罚。罚款的限额由省、自治区、直辖市人民代表大会常务委员会规定。

第十四条 除本法第九条、第十条、第十一条、第十二条以及第十三条的规定外，其他规范性文件不得设定行政处罚。

(3) 国务院《劳动保障监察条例》（2004 年 11 月 1 日 国务院令第 423 号）

第十条 劳动保障行政部门实施劳动保障监察，履行下列职责：

（一）宣传劳动保障法律、法规和规章，督促用人单位贯彻执行；

（二）检查用人单位遵守劳动保障法律、法规和规章的情况；

（三）受理对违反劳动保障法律、法规或者规章的行为的举报、投诉；

（四）依法纠正和查处违反劳动保障法律、法规或者规章的行为。

(4) 劳动和社会保障部《关于实施〈劳动保障监察条例〉若干规定》（2004 年 12 月 31 日 部令第 25 号）

第六条 劳动保障行政部门对用人单位及其劳动场所的日常巡视检查，应当制定年度计划和中长期规划，确定重点检查范围，并按照现场检查的规定进行。

第七条 劳动保障行政部门对用人单位按照要求报送的有关遵守劳动保障法律情况的书面材料应进行审查，并对审查中发现的问题及时予以纠正和查处。

第八条 劳动保障行政部门可以针对劳动保障法律实施中存在的重点问题集中组织专项检查活动，必要时，可以联合有关部门或组织共同进行。

第九条 劳动保障行政部门应当设立举报、投诉信箱，公开举报、投诉电话，依法查处举报和投诉反映的违反劳动保障法律的行为。

劳动保障监察机构和人员的权利

[解读]

根据《劳动法》《劳动保障监察条例》等有关法律、法规的规定，劳动保障监察机构及其工作人员在执行劳动保障行政监督检查任务时享有以下权利：

（一）实地检查权。根据工作需要，监督检查人员可以随时进入有关单位（包括用人单位和就业介绍、就业服务机构）的劳动场所，以及其他应该检查的场所进行实地检查，无须事先通知。任何单位和个人不得拒绝和阻拦。

（二）书面调查权。劳动保障监察机构和监督检查人员有权要求有关单位和个人在限定的期限内就有关问题作出书面解释和说明。按规定向用人单位或有关个人下达《劳动保障监察询问通知书》，有关单位和个人应自收到通知书之日起 10 日内，据实向劳动保障监察机关作出书面答复。

（三）询问权。监察人员有权向接受检查单位和所有人员包括企业领导和普通劳动者询问情况。

（四）查阅、复制资料权。监察人员认为必要时，有权查阅、复制检查对象单位的有关资料，如职工花名册、临时用工登记本、职工考勤卡、工资发放表、劳动合同书、内部规章制度等，被检查单位有义务及时如实提供。

（五）发现用人单位有违反劳动保障法律法规的行为，有权制止并责令改正，提出处理建议。

为了保证劳动保障行政监督检查机构和监督检查人员行使权利，《劳动法》还规定："用人单位无理阻挠劳动行政部门、有关部门及其工作人员行使监督检查权，打击报复举报人员的，由人力资源和社会保障行政部门或者有关部门处以罚款；构成犯罪的，对责任人员依法追究刑事责任。"

[依据指引]

(1)《中华人民共和国劳动法》（1994 年 7 月 5 日　国家主席令第 28 号）

第八十六条　县级以上各级人民政府劳动行政部门监督检查人员执行公务，有权进入用人单位了解执行劳动法律、法规的情况，查阅必要的资料，并对劳动场所进行检查。

县级以上各级人民政府劳动行政部门监督检查人员执行公务，必须出示证件，秉公执法并遵守有关规定。

第一百零一条　用人单位无理阻挠劳动行政部门、有关部门及其工作人员行使监督检查权，打击报复举报人员的，由劳动行政部门或者有关部门处以罚款；构成犯罪的，对责任人员依法追究刑事责任。

(2) 国务院《劳动保障监察条例》（2004 年 11 月 1 日　国务院令第 423 号）

第十四条　劳动保障监察以日常巡视检查、审查用人单位按照要求报送的书面材料以及接受举报投诉等形式进行。

劳动保障行政部门认为用人单位有违反劳动保障法律、法规或者规章的行为，需要进行调查处理的，应当及时立案。

劳动保障行政部门或者受委托实施劳动保障监察的组织应当设立举报、投诉信箱和电话。

对因违反劳动保障法律、法规或者规章的行为引起的群体性事件，劳动保障行政部门应当根据应急预案，迅速会同有关部门处理。

第十五条　劳动保障行政部门实施劳动保障监察，有权采取下列调查、检查措施：

（一）进入用人单位的劳动场所进行检查；

（二）就调查、检查事项询问有关人员；

（三）要求用人单位提供与调查、检查事项相关的文件资料，并作出解释和说明，必要时可以发出调查询问书；

（四）采取记录、录音、录像、照相或者复制等方式收集有关情况和资料；

（五）委托会计师事务所对用人单位工资支付、缴纳社会保险费的情况进行审计；

（六）法律、法规规定可以由劳动保障行政部门采取的其他调查、检查措施。

劳动保障行政部门对事实清楚、证据确凿、可以当场处理的违反劳动保障法律、法规或者规章的行为有权当场予以纠正。

第十八条　劳动保障行政部门对违反劳动保障法律、法规或者规章的行为，根据调查、检查的结果，作出以下处理：

（一）对依法应当受到行政处罚的，依法作出行政处罚决定；

（二）对应当改正未改正的，依法责令改正或者作出相应的行政处理决定；

（三）对情节轻微且已改正的，撤销立案。

发现违法案件不属于劳动保障监察事项的，应当及时移送有关部门处理；涉嫌犯罪的，应当依法移送司法机关。

(3) 劳动和社会保障部《关于实施〈劳动保障监察条例〉若干规定》（2004 年 12 月 31 日　部令第 25 号）

第二十六条　劳动保障行政部门实施劳动保障监察，有权采取下列措施：

（一）进入用人单位的劳动场所进行检查；

（二）就调查、检查事项询问有关人员；

（三）要求用人单位提供与调查、检查事项相关的文件资料，必要时可以发出调查询问书；

（四）采取记录、录音、录像、照相和复制等方式收集有关的情况和资料；

（五）对事实确凿、可以当场处理的违反劳动保障法律、法规或规章的行为当场予以纠正；

（六）可以委托注册会计师事务所对用人单位工资支付、缴纳社会保险费的情况进行审计；

（七）法律、法规规定可以由劳动保障行政部门采取的其他调查、检查措施。

第二十七条　劳动保障行政部门调查、检查时，有下列情形之一的可以采取证据登记保存措施：

（一）当事人可能对证据采取伪造、变造、毁灭行为的；

（二）当事人采取措施不当可能导致证据灭失的；

（三）不采取证据登记保存措施以后难以取得的；

（四）其他可能导致证据灭失的情形的。

第二十八条　采取证据登记保存措施应当按照下列程序进行：

（一）劳动保障监察机构根据本规定第二十七条的规定，提出证据登记保存申请，报劳动保障行政部门负责人批准；

（二）劳动保障监察员将证据登记保存通知书及证据登记清单交付当事人，由当事人签收。当事人拒不签名或者盖章的，由劳动保障监察员注明情况；

（三）采取证据登记保存措施后，劳动保障行政部门应当在7日内及时作出处理决定，期限届满后应当解除证据登记保存措施。

在证据登记保存期内，当事人或者有关人员不得销毁或者转移证据；劳动保障监察机构及劳动保障监察员可以随时调取证据。

第二十九条　劳动保障行政部门在实施劳动保障监察中涉及异地调查取证的，可以委托当地劳动保障行政部门协助调查。受委托方的协助调查应在双方商定的时间内完成。

第三十条　劳动保障行政部门对违反劳动保障法律的行为的调查，应当自立案之日起60个工作日内完成；情况复杂的，经劳动保障行政部门负责人批准，可以延长30个工作日。

劳动保障监察机构和人员的义务

[解读]

劳动保障监察机构及其工作人员在执行劳动保障行政监督检查活动时，必须履行下列义务：

（一）开展劳动保障行政监督检查活动时，应有两名以上的监察人员参加。

（二）在调查、收集证据、进行检查或当场处罚时，应当出示执法证件，表明身份。

（三）遵守有关法律、法规的规定，秉公执法，不徇私情。

（四）进入生产场所进行实地检查时，遵守有关的生产纪律。

（五）替被检查单位保密，对于执行监督检查活动中知晓的被检查单位的生产和商业秘密，要绝对保密。

（六）替检举和举报人员保密，对检举、举报人员以及反映了不宜公开问题的被询问人的姓名等有关情况，要严守秘密。

（七）健全行政处罚文书制度，在进行监督检查、行政处罚时，应制作相应的文书。处理决定书应当在10日内报送上一级人力资源和社会保障行政部门备案。

规定监督检查人员的义务既是保证劳动保障行政监督活动公正合理的需要，也是保护被检查单位和劳动者合法权益的要求。劳动保障监察人员必须严格遵守法律规定，履行法定义务。否则，对劳动保障监察人员违反法定义务，滥用职权、玩忽职守、徇私舞弊的行为，须给予相应的行政处分；构成犯罪的，依法追究刑事责任。

[依据指引]

(1)《中华人民共和国劳动法》（1994年7月5日　国家主席令第28号）

第一百零三条　劳动行政部门或者有关部门的工作人员滥用职权、玩忽职守、徇私舞弊，构成犯罪的，依法追究刑事责任；不构成犯罪的，给予行政处分。

(2) 国务院《劳动保障监察条例》（2004年11月1日　国务院令第423号）

第十二条　劳动保障监察员依法履行劳动保障监察职责，受法律保护。

劳动保障监察员应当忠于职守，秉公执法，勤政廉洁，保守秘密。

任何组织或者个人对劳动保障监察员的违法违纪行为，有权向劳动保障行政部门或者有关机关检举、控告。

第十六条　劳动保障监察员进行调查、检查，不得少于2人，并应当佩戴劳动保障监察标志、出示劳动保障监察证件。

劳动保障监察员办理的劳动保障监察事项与本人或者其近亲属有直接利害关系的，应当回避。

第十七条　劳动保障行政部门对违反劳动保障法律、法规或者规章的行为的调查，应当自立案之日起60个工作日内完成；对情况复杂的，经劳动保障行政部门负责人批准，可以延长30个工作日。

(3) 劳动和社会保障部《关于实施〈劳动保障监察条例〉若干规定》（2004年12月31日　部

令第25号）

第二十条 劳动保障监察员进行调查、检查不得少于2人。劳动保障监察机构应指定其中1名为主办劳动保障监察员。

第二十一条 劳动保障监察员对用人单位遵守劳动保障法律情况进行监察时，应当遵循以下规定：

（一）进入用人单位时，应佩戴劳动保障监察执法标志，出示劳动保障监察证件，并说明身份；

（二）就调查事项制作笔录，应由劳动保障监察员和被调查人（或其委托代理人）签名或盖章。被调查人拒不签名、盖章的，应注明拒签情况。

第二十二条 劳动保障监察员进行调查、检查时，承担下列义务：

（一）依法履行职责，秉公执法；

（二）保守在履行职责过程中获知的商业秘密；

（三）为举报人保密。

第二十三条 劳动保障监察员在实施劳动保障监察时，有下列情形之一的，应当回避：

（一）本人是用人单位法定代表人或主要负责人的近亲属的；

（二）本人或其近亲属与承办查处的案件事项有直接利害关系的；

（三）因其他原因可能影响案件公正处理的。

第二十四条 当事人认为劳动保障监察员符合本规定第二十三条规定应当回避的，有权向劳动保障行政部门申请，要求其回避。当事人申请劳动保障监察员回避，应当采用书面形式。

第二十五条 回避决定应在收到申请之日起3个工作日内作出。作出回避决定前，承办人员不得停止对案件的调查处理。对回避申请的决定，应当告知申请人。

承办人员的回避，由劳动保障监察机构负责人决定；劳动保障监察机构负责人的回避，由劳动保障行政部门负责人决定。

(4) 劳动部《劳动行政处罚若干规定》（1996年9月27日　部令第1号）

第十九条 劳动行政部门应建立行政处罚文书制度。劳动行政执法人员在进行行政处罚时，应当填写相应的文书。

第二十条 劳动行政执法人员在调查、收集证据、进行检查或当场处罚时，应出示劳动行政执法证件。劳动行政部门颁发的行政执法证件，由劳动部统一规定。

劳动保障监察的内容

[解读]

劳动保障监察的内容非常广泛，涵盖了劳动保障工作的方方面面，概括起来主要有以下九个方面：

（一）用人单位制定内部劳动保障规章制度的情况。

（二）用人单位与劳动者订立劳动合同的情况。

（三）用人单位遵守禁止使用童工规定的情况。

（四）用人单位遵守女职工和未成年工特殊劳动保护规定的情况。

（五）用人单位遵守工作时间和休息休假规定的情况。

（六）用人单位支付劳动者工资和执行最低工资标准的情况。

（七）用人单位参加各项社会保险和缴纳社会保险费的情况。

（八）职业介绍机构、职业技能培训机构和职业技能考核鉴定机构遵守国家有关职业介绍、职业技能培训和职业技能考核鉴定的规定的情况。

（九）法律、法规规定的其他劳动保障监察事项。

[依据指引]

(1) 国务院《劳动保障监察条例》（2004年11月1日　国务院令第423号）

第十一条 劳动保障行政部门对下列事项实施劳动保障监察：

（一）用人单位制定内部劳动保障规章制度的情况；

（二）用人单位与劳动者订立劳动合同的情况；

（三）用人单位遵守禁止使用童工规定的情况；

（四）用人单位遵守女职工和未成年工特殊劳动保护规定的情况；

（五）用人单位遵守工作时间和休息休假规定的情况；

（六）用人单位支付劳动者工资和执行最低工资标准的情况；

（七）用人单位参加各项社会保险和缴纳社会

保险费的情况；

（八）职业介绍机构、职业技能培训机构和职业技能考核鉴定机构遵守国家有关职业介绍、职业技能培训和职业技能考核鉴定的规定的情况；

（九）法律、法规规定的其他劳动保障监察事项。

（2）劳动和社会保障部《关于实施〈劳动保障监察条例〉若干规定》（2004年12月31日　部令第25号）

第二条　劳动保障行政部门及所属劳动保障监察机构对企业和个体工商户（以下称用人单位）遵守劳动保障法律、法规和规章（以下简称劳动保障法律）的情况进行监察，适用本规定；对职业介绍机构、职业技能培训机构和职业技能考核鉴定机构进行劳动保障监察，依照本规定执行；对国家机关、事业单位、社会团体执行劳动保障法律情况进行劳动保障监察，根据劳动保障行政部门的职责，依照本规定执行。

常规监察的规则

［解读］

常规监察是劳动保障监察的基本方式之一，是各级劳动保障监察机构对其监察对象执行劳动保障法规基本情况所进行的一般性、全面性、经常性监督检查。常规监察涉及的内容全面、对象广泛，是监察机构经常性的业务。劳动保障监察人员进行常规监察时，应遵循下列规定：

（一）应有两名以上劳动保障监察员共同进行，并出示劳动保障监察证件，说明身份。

（二）告知用人单位检查的目的、内容、要求、方法。

（三）了解用人单位遵守劳动保障法律、法规情况，并巡视劳动场所。

（四）现场检查情况应有笔录，笔录应由劳动保障监察员和用人单位法定代表人（或法定代表人委托的代理人）签名或盖章，用人单位法定代表人拒不签名或盖章的，应注明拒签情况。

［依据指引］

（1）国务院《劳动保障监察条例》（2004年11月1日　国务院令第423号）

第十四条　劳动保障监察以日常巡视检查、审查用人单位按照要求报送的书面材料以及接受举报投诉等形式进行。

劳动保障行政部门认为用人单位有违反劳动保障法律、法规或者规章的行为，需要进行调查处理的，应当及时立案。

劳动保障行政部门或者受委托实施劳动保障监察的组织应当设立举报、投诉信箱和电话。

对因违反劳动保障法律、法规或者规章的行为引起的群体性事件，劳动保障行政部门应当根据应急预案，迅速会同有关部门处理。

第十五条　劳动保障行政部门实施劳动保障监察，有权采取下列调查、检查措施：

（一）进入用人单位的劳动场所进行检查；

（二）就调查、检查事项询问有关人员；

（三）要求用人单位提供与调查、检查事项相关的文件资料，并作出解释和说明，必要时可以发出调查询问书；

（四）采取记录、录音、录像、照相或者复制等方式收集有关情况和资料；

（五）委托会计师事务所对用人单位工资支付、缴纳社会保险费的情况进行审计；

（六）法律、法规规定可以由劳动保障行政部门采取的其他调查、检查措施。

劳动保障行政部门对事实清楚、证据确凿、可以当场处理的违反劳动保障法律、法规或者规章的行为有权当场予以纠正。

（2）劳动和社会保障部《关于实施〈劳动保障监察条例〉若干规定》（2004年12月31日　部令第25号）

第二十条　劳动保障监察员进行调查、检查不得少于2人。劳动保障监察机构应指定其中1名为主办劳动保障监察员。

第二十一条　劳动保障监察员对用人单位遵守劳动保障法律情况进行监察时，应当遵循以下规定：

（一）进入用人单位时，应佩戴劳动保障监察执法标志，出示劳动保障监察证件，并说明身份；

（二）就调查事项制作笔录，应由劳动保障监察员和被调查人（或其委托代理人）签名或盖章。被调查人拒不签名、盖章的，应注明拒签情况。

第二十二条　劳动保障监察员进行调查、检查时，承担下列义务：

（一）依法履行职责，秉公执法；

（二）保守在履行职责过程中获知的商业秘密；

（三）为举报人保密。

第二十三条　劳动保障监察员在实施劳动保

障监察时，有下列情形之一的，应当回避：

（一）本人是用人单位法定代表人或主要负责人的近亲属的；

（二）本人或其近亲属与承办查处的案件事项有直接利害关系的；

（三）因其他原因可能影响案件公正处理的。

第二十四条 当事人认为劳动保障监察员符合本规定第二十三条规定应当回避的，有权向劳动保障行政部门申请，要求其回避。当事人申请劳动保障监察员回避，应当采用书面形式。

第二十五条 回避决定应在收到申请之日起3个工作日内作出。作出回避决定前，承办人员不得停止对案件的调查处理。对回避申请的决定，应当告知申请人。

承办人员的回避，由劳动保障监察机构负责人决定；劳动保障监察机构负责人的回避，由劳动保障行政部门负责人决定。

查处违法行为的程序

[解读]

劳动保障行政监督检查机构查处违反劳动保障法律、法规行为必须严格遵守以下法定程序：

（一）登记立案。用人单位有违反劳动保障法律、法规行为，并经过审查，由劳动保障监察机构确认，有违法事实、需要依法追究的，应当登记立案。登记立案应填写立案审批表，报监察机构负责人批准，批准日期为立案起始时间。

（二）调查取证。对已立案的案件，劳动保障监察机构应全面、客观、公正地调查和收集有关证据。

（三）处理。在调查取证后，对需要追究法律责任的案件，人力资源和社会保障行政部门应当作出处理决定。处理决定作出前，人力资源和社会保障行政部门应当听取当事人申辩。

（四）制作处理决定书。人力资源和社会保障行政部门作出处理决定，应当制作处理决定书。处理决定书应当加盖人力资源和社会保障行政部门印章，并载明：

1. 当事人姓名、住址等基本情况；

2. 人力资源和社会保障行政部门认定的违法事实；

3. 适用的法律、法规、规章或规范性文件；

4. 处理结论；

5. 处理决定的履行日期或者期限；

6. 当事人依法享有申请行政复议或者提起行政诉讼的权利；

7. 作出处理决定的行政机关名称；

8. 作出处理决定的日期。

（五）送达。劳动保障监察机构在处理决定作出之日起7日之内，应当将处理决定送达当事人。处理决定书自送达当事人之日起生效。

[依据指引]

(1) 国务院《劳动保障监察条例》（2004年11月1日 国务院令第423号）

第十四条 劳动保障监察以日常巡视检查、审查用人单位按照要求报送的书面材料以及接受举报投诉等形式进行。

劳动保障行政部门认为用人单位有违反劳动保障法律、法规或者规章的行为，需要进行调查处理的，应当及时立案。

劳动保障行政部门或者受委托实施劳动保障监察的组织应当设立举报、投诉信箱和电话。

对因违反劳动保障法律、法规或者规章的行为引起的群体性事件，劳动保障行政部门应当根据应急预案，迅速会同有关部门处理。

第十五条 劳动保障行政部门实施劳动保障监察，有权采取下列调查、检查措施：

（一）进入用人单位的劳动场所进行检查；

（二）就调查、检查事项询问有关人员；

（三）要求用人单位提供与调查、检查事项相关的文件资料，并作出解释和说明，必要时可以发出调查询问书；

（四）采取记录、录音、录像、照相或者复制等方式收集有关情况和资料；

（五）委托会计师事务所对用人单位工资支付、缴纳社会保险费的情况进行审计；

（六）法律、法规规定可以由劳动保障行政部门采取的其他调查、检查措施。

劳动保障行政部门对事实清楚、证据确凿、可以当场处理的违反劳动保障法律、法规或者规章的行为有权当场予以纠正。

第十八条 劳动保障行政部门对违反劳动保障法律、法规或者规章的行为，根据调查、检查的结果，作出以下处理：

（一）对依法应当受到行政处罚的，依法作出行政处罚决定；

（二）对应当改正未改正的，依法责令改正或者作出相应的行政处理决定；

（三）对情节轻微且已改正的，撤销立案。

发现违法案件不属于劳动保障监察事项的，应当及时移送有关部门处理；涉嫌犯罪的，应当依法移送司法机关。

第十九条 劳动保障行政部门对违反劳动保障法律、法规或者规章的行为作出行政处罚或者行政处理决定前，应当听取用人单位的陈述、申辩；作出行政处罚或者行政处理决定，应当告知用人单位依法享有申请行政复议或者提起行政诉讼的权利。

(2) 劳动和社会保障部《关于实施〈劳动保障监察条例〉若干规定》（2004 年 12 月 31 日 部令第 25 号）

第三十二条 当场处以警告或罚款处罚的，应当按照下列程序进行：

（一）口头告知当事人违法行为的基本事实、拟作出的行政处罚、依据及其依法享有的权利；

（二）听取当事人的陈述和申辩；

（三）填写预定格式的处罚决定书；

（四）当场处罚决定书应当由劳动保障监察员签名或者盖章；

（五）将处罚决定书当场交付当事人，由当事人签收。

劳动保障监察员应当在 2 日内将当场限期整改指令和行政处罚决定书存档联交所属劳动保障行政部门存档。

第三十三条 对不能当场作出处理的违法案件，劳动保障监察员经调查取证，应当提出初步处理建议，并填写案件处理报批表。

案件处理报批表应写明被处理单位名称、案由、违反劳动保障法律行为事实、被处理单位的陈述、处理依据、建议处理意见。

第三十四条 对违反劳动保障法律的行为作出行政处罚或者行政处理决定前，应当告知用人单位，听取其陈述和申辩；法律、法规规定应当依法听证的，应当告知用人单位有权依法要求举行听证；用人单位要求听证的，劳动保障行政部门应当组织听证。

第三十五条 劳动保障行政部门对违反劳动保障法律的行为，根据调查、检查的结果，作出以下处理：

（一）对依法应当受到行政处罚的，依法作出行政处罚决定；

（二）对应当改正未改正的，依法责令改正或者作出相应的行政处理决定；

（三）对情节轻微，且已改正的，撤销立案。

经调查、检查，劳动保障行政部门认定违法事实不能成立的，也应当撤销立案。

发现违法案件不属于劳动保障监察事项的，应当及时移送有关部门处理；涉嫌犯罪的，应当依法移送司法机关。

第三十六条 劳动保障监察行政处罚（处理）决定书应载明下列事项：

（一）被处罚（处理）单位名称、法定代表人、单位地址；

（二）劳动保障行政部门认定的违法事实和主要证据；

（三）劳动保障行政处罚（处理）的种类和依据；

（四）处罚（处理）决定的履行方式和期限；

（五）不服行政处罚（处理）决定，申请行政复议或者提起行政诉讼的途径和期限；

（六）作出处罚（处理）决定的行政机关名称和作出处罚（处理）决定的日期。

劳动保障行政处罚（处理）决定书应当加盖劳动保障行政部门印章。

第三十七条 劳动保障行政部门立案调查完成，应在 15 个工作日内作出行政处罚（行政处理或者责令改正）或者撤销立案决定；特殊情况，经劳动保障行政部门负责人批准可以延长。

第三十八条 劳动保障监察限期整改指令书、劳动保障行政处理决定书、劳动保障行政处罚决定书应当在宣告后当场交付当事人；当事人不在场的，劳动保障行政部门应当在 7 日内依照《中华人民共和国民事诉讼法》的有关规定，将劳动保障监察限期整改指令书、劳动保障行政处理决定书、劳动保障行政处罚决定书送达当事人。

第三十九条 作出行政处罚、行政处理决定的劳动保障行政部门发现决定不适当的，应当予以纠正并及时告知当事人。

第四十条 劳动保障监察案件结案后应建立档案。档案资料应当至少保存 3 年。

第四十一条 劳动保障行政处理或处罚决定依法作出后，当事人应当在决定规定的期限内予以履行。

第四十二条 当事人对劳动保障行政处理或行政处罚决定不服申请行政复议或者提起行政诉讼的，行政处理或行政处罚决定不停止执行。法律另有规定的除外。

第四十三条 当事人确有经济困难，需要延期或者分期缴纳罚款的，经当事人申请和劳动保障行政部门批准，可以暂缓或者分期缴纳。

第四十四条 当事人对劳动保障行政部门作出的行政处罚决定、责令支付劳动者工资报酬、赔偿金或者征缴社会保险费等行政处理决定逾期不履行的，劳动保障行政部门可以申请人民法院强制执行，或者依法强制执行。

第四十五条 除依法当场收缴的罚款外，作出罚款决定的劳动保障行政部门及其劳动保障监察员不得自行收缴罚款。当事人应当自收到行政处罚决定书之日起15日内，到指定银行缴纳罚款。

第四十六条 地方各级劳动保障行政部门应当按照劳动保障部有关规定对承办的案件进行统计并填表上报。

地方各级劳动保障行政部门制作的行政处罚决定书，应当在10个工作日内报送上一级劳动保障行政部门备案。

劳动保障监察机构审议案件规则

[解读]

劳动保障监察机构审议劳动保障监察案件，应分别不同情况按以下规定处理：

（一）事实清楚，证据确凿，依法应当给予行政处罚的，应将案件处理报批表报人力资源和社会保障行政部门负责人批准。

（二）依法不应给予行政处罚的，经劳动保障监察机构负责人批准，应作出撤销案件的决定。

（三）证据不足的，应退回原承办人补充调查，补充调查应自退回之日起15日内结束，经补充调查，证据仍然不足的，应作出撤销案件的决定。

（四）用人单位有违反其他法律、法规行为的，应建议有处理权的行政机关处理。

（五）用人单位的违法行为构成犯罪的，应及时提请司法机关依法追究刑事责任。

[依据指引]

劳动和社会保障部《关于实施〈劳动保障监察条例〉若干规定》（2004年12月31日 部令第25号）

第三十五条 劳动保障行政部门对违反劳动保障法律的行为，根据调查、检查的结果，作出以下处理：

（一）对依法应当受到行政处罚的，依法作出行政处罚决定；

（二）对应当改正未改正的，依法责令改正或者作出相应的行政处理决定；

（三）对情节轻微，且已改正的，撤销立案。

经调查、检查，劳动保障行政部门认定违法事实不能成立的，也应当撤销立案。

发现违法案件不属于劳动保障监察事项的，应当及时移送有关部门处理；涉嫌犯罪的，应当依法移送司法机关。

劳动保障监察回避制度

[解读]

劳动保障监察回避制度是指承办查处违法案件的劳动保障监察人员或其他人员，遇有法律、法规规定的需要回避的情形，应当退出本案处理活动的一种法律制度。实行回避制度旨在防止办案人员及有关人员发生偏见或者徇私舞弊，以保证案件得到公平、正确的处理，同时也可以消除当事人的疑虑，以保证案件处理活动和执行活动的顺利进行。须申请回避的情形如下：

（一）是用人单位法定代表人近亲属的。

（二）本人或其近亲属与承办查处的案件有利害关系的。

（三）因其他原因可能影响案件公正处理的。

当事人认为承办人员应当回避的，有权向承办查处工作的人力资源和社会保障行政部门申请，要求其回避。当事人申请回避，应采用书面形式。承办人员的回避，由劳动保障监察机构负责人决定；劳动保障监察机构负责人的回避，由人力资源和社会保障行政部门负责人决定。回避决定应在收到申请之日起3日内作出。作出回避决定前，承办人员不得停止对案件的调查处理。对驳回回避申请的决定，应当向申请人说明理由。

[依据指引]

(1) 国务院《劳动保障监察条例》（2004年11月1日 国务院令第423号）

第十六条 劳动保障监察员进行调查、检查，不得少于2人，并应当佩戴劳动保障监察标志、出示劳动保障监察证件。

劳动保障监察员办理的劳动保障监察事项与本人或者其近亲属有直接利害关系的，应当回避。

(2) 劳动和社会保障部《关于实施〈劳动保

障监察条例〉若干规定》（2004 年 12 月 31 日　部令第 25 号）

第二十三条　劳动保障监察员在实施劳动保障监察时，有下列情形之一的，应当回避：

（一）本人是用人单位法定代表人或主要负责人的近亲属的；

（二）本人或其近亲属与承办查处的案件事项有直接利害关系的；

（三）因其他原因可能影响案件公正处理的。

第二十四条　当事人认为劳动保障监察员符合本规定第二十三条规定应当回避的，有权向劳动保障行政部门申请，要求其回避。当事人申请劳动保障监察员回避，应当采用书面形式。

第二十五条　回避决定应在收到申请之日起 3 个工作日内作出。作出回避决定前，承办人员不得停止对案件的调查处理。对回避申请的决定，应当告知申请人。

承办人员的回避，由劳动保障监察机构负责人决定；劳动保障监察机构负责人的回避，由劳动保障行政部门负责人决定。

劳动保障监察的管辖

[解读]

所谓劳动保障监察的管辖，是指确定县级和县级以上人力资源和社会保障行政部门的劳动保障监察机构受理和处理劳动保障违法案件的权限分工和范围划分。劳动保障监察的管辖主要有以下五种：

（一）地域管辖。地域管辖体现在两个方面：第一，劳动保障监察主要由县级、设区的市级劳动保障行政部门管辖；第二，由用人单位用工所在地的劳动保障行政部门管辖。用人单位的用工所在地就是用工行为地，包括合法用工行为和违法用工行为。

（二）级别管辖。是指不同级别的人力资源和社会保障行政部门实施劳动保障监察的分工和权限划分，是一种纵向划分。由于各地的用人单位分布、性质、数量不平衡，各级人力资源和社会保障行政部门承担的工作任务和执法力量不均衡，情况差别很大，不宜也不可能由国家作出具体级别管辖的划分，所以进行了授权规定。国家规定，省、自治区、直辖市人民政府可以对劳动保障监察的管辖制定具体办法。这是对包括级别管辖在内的监察管辖的全面授权规定。

（三）指定管辖。在监察执法实践中，有时对同一区域中的用人单位难以确定由哪个地区哪一级的监察机构去实施监察，会出现有两个人力资源和社会保障行政部门认为其有管辖权而产生争议。为了妥善处理这种管辖权的争议，国家明确规定，劳动保障行政部门对劳动保障监察管辖发生争议的，报请共同的上一级人力资源和社会保障行政部门指定管辖。

（四）移送管辖。有的地方因管辖权不清楚，没有及时受理违法案件；而有的地方则越权处理了不属于本部门受理的案件。为增强人力资源和社会保障行政部门严格依法行政意识，国家规定，人力资源和社会保障行政部门对违反劳动法律、法规或者规章的行为，应作出处理，如果发现违法案件不属于劳动保障监察范围的，应当及时移送有关部门处理；涉嫌犯罪的，应当及时移送司法机关。

（五）特别管辖。上级人力资源和社会保障行政部门根据工作需要，可以调查处理下级人力资源和社会保障行政部门管辖的案件。

[依据指引]

(1)《中华人民共和国行政处罚法》（1996 年 3 月 17 日　国家主席令第 63 号）

第二十条　行政处罚由违法行为发生地的县级以上地方人民政府具有行政处罚权的行政机关管辖。法律、行政法规另有规定的除外。

第二十一条　对管辖发生争议的，报请共同的上一级行政机关指定管辖。

(2) 国务院《劳动保障监察条例》（2004 年 11 月 1 日　国务院令第 423 号）

第十三条　对用人单位的劳动保障监察，由用人单位用工所在地的县级或者设区的市级劳动保障行政部门管辖。

上级劳动保障行政部门根据工作需要，可以调查处理下级劳动保障行政部门管辖的案件。劳动保障行政部门对劳动保障监察管辖发生争议的，报请共同的上一级劳动保障行政部门指定管辖。

省、自治区、直辖市人民政府可以对劳动保障监察的管辖制定具体办法。

(3) 劳动和社会保障部《关于实施〈劳动保障监察条例〉若干规定》（2004 年 12 月 31 日　部令第 25 号）

第五条　县级以上劳动保障行政部门设立的劳动保障监察行政机构和劳动保障行政部门依法

委托实施劳动保障监察的组织（以下统称劳动保障监察机构）具体负责劳动保障监察管理工作。

举报与投诉制度

［解读］

举报与投诉制度是人力资源和社会保障行政部门对于任何组织和个人对用人单位违反劳动保障法律、法规行为的举报，以及劳动者认为用人单位侵犯其劳动保障权益的投诉，进行调查并作出处理的行政执法活动。国家最新规定与以往的规定相比，明确区分了举报和投诉两种情况。这样区分主要是更加明确人力资源和社会保障行政部门在处理举报和投诉时的不同职责：对举报用人单位违反劳动保障法律、法规或者规章的行为的举报人，人力资源和社会保障行政部门要为其保密，并对为查处重大违法行为提供主要线索和证据的举报人，给予奖励；对劳动者认为用人单位侵犯其劳动保障合法权益的投诉，人力资源和社会保障行政部门应及时进行审查，属法定受理范围的，依法履行保护其劳动保障权利的职责。

［依据指引］

(1) 国务院《劳动保障监察条例》（2004 年 11 月 1 日　国务院令第 423 号）

第九条　任何组织或者个人对违反劳动保障法律、法规或者规章的行为，有权向劳动保障行政部门举报。

劳动者认为用人单位侵犯其劳动保障合法权益的，有权向劳动保障行政部门投诉。

劳动保障行政部门应当为举报人保密；对举报属实，为查处重大违反劳动保障法律、法规或者规章的行为提供主要线索和证据的举报人，给予奖励。

(2) 劳动和社会保障部《关于实施〈劳动保障监察条例〉若干规定》（2004 年 12 月 31 日　部令第 25 号）

第九条　劳动保障行政部门应当设立举报、投诉信箱，公开举报、投诉电话，依法查处举报和投诉反映的违反劳动保障法律的行为。

第十条　任何组织或个人对违反劳动保障法律的行为，有权向劳动保障行政部门举报。

第十一条　劳动保障行政部门对举报人反映的违反劳动保障法律的行为应当依法予以查处，并为举报人保密；对举报属实，为查处重大违反劳动保障法律的行为提供主要线索和证据的举报人，给予奖励。

第十二条　劳动者对用人单位违反劳动保障法律、侵犯其合法权益的行为，有权向劳动保障行政部门投诉。对因同一事由引起的集体投诉，投诉人可推荐代表投诉。

第十三条　投诉应当由投诉人向劳动保障行政部门递交投诉文书。书写投诉文书确有困难的，可以口头投诉，由劳动保障监察机构进行笔录，并由投诉人签字。

第十四条　投诉文书应当载明下列事项：

（一）投诉人的姓名、性别、年龄、职业、工作单位、住所和联系方式，被投诉用人单位的名称、住所、法定代表人或者主要负责人的姓名、职务；

（二）劳动保障合法权益受到侵害的事实和投诉请求事项。

举报、投诉时效与监察处理时限

［解读］

按照国家规定，劳动保障违法行为在 2 年内未被人力资源和社会保障行政部门发现，也未被举报、投诉的，人力资源和社会保障行政部门不再查处。也就是说，举报与投诉时效规定为 2 年。举报与投诉时效应自违反劳动保障法律、法规或者规章的行为发生之日起计算；违反劳动保障法律、法规或者规章的行为有连续或者继续状态的，应自行为终了之日起计算。

人力资源和社会保障行政部门对违反劳动保障法律、法规或者规章的行为的调查处理时限规定是，应自立案之日起 60 个工作日内完成；对情况复杂的，经人力资源和社会保障行政部门负责人批准，可以延长 30 个工作日。

［依据指引］

(1) 国务院《劳动保障监察条例》（2004 年 11 月 1 日　国务院令第 423 号）

第十七条　劳动保障行政部门对违反劳动保障法律、法规或者规章的行为的调查，应当自立案之日起 60 个工作日内完成；对情况复杂的，经劳动保障行政部门负责人批准，可以延长 30 个工作日。

第二十条　违反劳动保障法律、法规或者规章的行为在 2 年内未被劳动保障行政部门发现，也未被举报、投诉的，劳动保障行政部门不再查处。

前款规定的期限，自违反劳动保障法律、法规或者规章的行为发生之日起计算；违反劳动保障法律、法规或者规章的行为有连续或者继续状态的，自行为终了之日起计算。

(2) 劳动和社会保障部《关于实施〈劳动保障监察条例〉若干规定》（2004年12月31日 部令第25号）

第十八条 对符合下列条件的投诉，劳动保障行政部门应当在接到投诉之日起5个工作日内依法受理，并于受理之日立案查处：

（一）违反劳动保障法律的行为发生在2年内的；

（二）有明确的被投诉用人单位，且投诉人的合法权益受到侵害是被投诉用人单位违反劳动保障法律的行为所造成的；

（三）属于劳动保障监察职权范围并由受理投诉的劳动保障行政部门管辖。

对不符合第一款第（一）项规定的投诉，劳动保障行政部门应当在接到投诉之日起5个工作日内决定不予受理，并书面通知投诉人。

对不符合第一款第（二）项规定的投诉，劳动保障监察机构应当告知投诉人补正投诉材料。

对不符合第一款第（三）项规定的投诉，即对不属于劳动保障监察职权范围的投诉，劳动保障监察机构应当告诉投诉人；对属于劳动保障监察职权范围但不属于受理投诉的劳动保障行政部门管辖的投诉，应当告知投诉人向有关劳动保障行政部门提出。

第三十条 劳动保障行政部门对违反劳动保障法律的行为的调查，应当自立案之日起60个工作日内完成；情况复杂的，经劳动保障行政部门负责人批准，可以延长30个工作日。

劳动保障行政管理相对人

[解读]

劳动保障行政管理相对人是指依法接受人力资源和社会保障行政机关或授权的事业组织管理的公民、法人或者其他组织。因他们与劳动保障行政管理主体相对应，故称为劳动保障行政管理相对人，可以简称相对人。

公民，包括中国公民和外国公民。

法人，包括企业法人、事业法人、机关团体法人等。

其他组织是指合法成立、有一定的组织机构和财产，能够以自己的名义对外开展业务活动的，但又不具备法人资格的组织，包括：

（一）依法登记领取营业执照的私营独资企业、合伙组织。

（二）依法登记领取营业执照的合伙型联营企业。

（三）依法登记领取我国营业执照的中外合作经营企业、外资企业。

（四）经民政部门核准登记领取社会团体登记证的社会团体。

（五）法人依法设立并领取营业执照的分支机构。

（六）中国人民银行、各专业银行设在各地的分支机构。

（七）中国人民保险公司设在各地的分支机构。

（八）经核准登记领取营业执照的乡镇、街道、村办企业。

（九）符合规定条件的其他组织。

[依据指引]

(1)《中华人民共和国行政处罚法》（1996年3月17日 国家主席令第63号）

第三条 公民、法人或者其他组织违反行政管理秩序的行为，应当给予行政处罚的，依照本法由法律、法规或者规章规定，并由行政机关依照本法规定的程序实施。

没有法定依据或者不遵守法定程序的，行政处罚无效。

(2) 最高人民法院《关于适用〈民事诉讼法〉若干问题的意见》（1992年7月14日 法发［1992］22号）

40. 民事诉讼法第四十九条规定的其他组织是指合法成立、有一定的组织机构和财产，但又不具备法人资格的组织，包括：

(1) 依法登记领取营业执照的私营独资企业、合伙组织；

(2) 依法登记领取营业执照的合伙型联营企业；

(3) 依法登记领取我国营业执照的中外合作经营企业、外资企业；

(4) 经民政部门核准登记领取社会团体登记证的社会团体；

(5) 法人依法设立并领取营业执照的分支机构；

(6) 中国人民银行、各专业银行设在各地的分支机构；

(7) 中国人民保险公司设在各地的分支机构；

(8) 经核准登记领取营业执照的乡镇、街道、村办企业；

(9) 符合本条规定条件的其他组织。

劳动保障行政处罚

[解读]

劳动保障行政处罚是指人力资源和社会保障行政部门依法对违反劳动和社会保障法律、法规，尚未构成犯罪的公民、法人或其他组织，即劳动保障行政管理相对人给予的行政制裁。劳动保障行政处罚主要包括三种：一是申诫罚，指予以告诫并影响声誉的处罚，如警告、通报批评等；二是财产罚，指剥夺财产权的处罚，如罚款、没收违法所得等；三是行为罚，指限制或剥夺行为权的处罚，如吊销许可证、责令停产停业等。应注意的是：

（一）劳动保障行政处罚权是由人力资源和社会保障行政部门行使。

（二）劳动保障行政处罚是对劳动保障行政管理相对人违法行为的处罚。

（三）劳动保障行政处罚是一种制裁性的措施，通过对相对人违法行为的制裁，使其今后不再重犯，从而达到维护劳动和社会保障各项秩序的目的。

（四）劳动保障行政处罚所指向的对象是违法者的财产、名誉或其他利益。

[依据指引]

(1)《中华人民共和国行政处罚法》（1996 年 3 月 17 日　国家主席令第 63 号）

第三条　公民、法人或者其他组织违反行政管理秩序的行为，应当给予行政处罚的，依照本法由法律、法规或者规章规定，并由行政机关依照本法规定的程序实施。

没有法定依据或者不遵守法定程序的，行政处罚无效。

(2) 国务院《劳动保障监察条例》（2004 年 11 月 1 日　国务院令第 423 号）

第十八条　劳动保障行政部门对违反劳动保障法律、法规或者规章的行为，根据调查、检查的结果，作出以下处理：

（一）对依法应当受到行政处罚的，依法作出行政处罚决定；

（二）对应当改正未改正的，依法责令改正或者作出相应的行政处理决定；

（三）对情节轻微且已改正的，撤销立案。

发现违法案件不属于劳动保障监察事项的，应当及时移送有关部门处理；涉嫌犯罪的，应当依法移送司法机关。

第十九条　劳动保障行政部门对违反劳动保障法律、法规或者规章的行为作出行政处罚或者行政处理决定前，应当听取用人单位的陈述、申辩；作出行政处罚或者行政处理决定，应当告知用人单位依法享有申请行政复议或者提起行政诉讼的权利。

第二十三条　用人单位有下列行为之一的，由劳动保障行政部门责令改正，按照受侵害的劳动者每人 1 000 元以上 5 000 元以下的标准计算，处以罚款：

（一）安排女职工从事矿山井下劳动、国家规定的第四级体力劳动强度的劳动或者其他禁忌从事的劳动的；

（二）安排女职工在经期从事高处、低温、冷水作业或者国家规定的第三级体力劳动强度的劳动的；

（三）安排女职工在怀孕期间从事国家规定的第三级体力劳动强度的劳动或者孕期禁忌从事的劳动的；

（四）安排怀孕 7 个月以上的女职工夜班劳动或者延长其工作时间的；

（五）女职工生育享受产假少于 90 天的；

（六）安排女职工在哺乳未满 1 周岁的婴儿期间从事国家规定的第三级体力劳动强度的劳动或者哺乳期禁忌从事的其他劳动，以及延长其工作时间或者安排其夜班劳动的；

（七）安排未成年工从事矿山井下、有毒有害、国家规定的第四级体力劳动强度的劳动或者其他禁忌从事的劳动的；

（八）未对未成年工定期进行健康检查的。

第二十四条　用人单位与劳动者建立劳动关系不依法订立劳动合同的，由劳动保障行政部门责令改正。

第二十五条　用人单位违反劳动保障法律、法规或者规章延长劳动者工作时间的，由劳动保障行政部门给予警告，责令限期改正，并可以按照受侵害的劳动者每人100元以上500元以下的标准计算，处以罚款。

第二十六条　用人单位有下列行为之一的，由劳动保障行政部门分别责令限期支付劳动者的工资报酬、劳动者工资低于当地最低工资标准的差额或者解除劳动合同的经济补偿；逾期不支付的，责令用人单位按照应付金额50%以上1倍以下的标准计算，向劳动者加付赔偿金：

（一）克扣或者无故拖欠劳动者工资报酬的；

（二）支付劳动者的工资低于当地最低工资标准的；

（三）解除劳动合同未依法给予劳动者经济补偿的。

第二十七条　用人单位向社会保险经办机构申报应缴纳的社会保险费数额时，瞒报工资总额或者职工人数的，由劳动保障行政部门责令改正，并处瞒报工资数额1倍以上3倍以下的罚款。

骗取社会保险待遇或者骗取社会保险基金支出的，由劳动保障行政部门责令退还，并处骗取金额1倍以上3倍以下的罚款；构成犯罪的，依法追究刑事责任。

第二十八条　职业介绍机构、职业技能培训机构或者职业技能考核鉴定机构违反国家有关职业介绍、职业技能培训或者职业技能考核鉴定的规定的，由劳动保障行政部门责令改正，没收违法所得，并处1万元以上5万元以下的罚款；情节严重的，吊销许可证。

未经劳动保障行政部门许可，从事职业介绍、职业技能培训或者职业技能考核鉴定的组织或者个人，由劳动保障行政部门、工商行政管理部门依照国家有关无照经营查处取缔的规定查处取缔。

第二十九条　用人单位违反《中华人民共和国工会法》，有下列行为之一的，由劳动保障行政部门责令改正：

（一）阻挠劳动者依法参加和组织工会，或者阻挠上级工会帮助、指导劳动者筹建工会的；

（二）无正当理由调动依法履行职责的工会工作人员的工作岗位，进行打击报复的；

（三）劳动者因参加工会活动而被解除劳动合同的；

（四）工会工作人员因依法履行职责被解除劳动合同的。

第三十条　有下列行为之一的，由劳动保障行政部门责令改正；对有第（一）项、第（二）项或者第（三）项规定的行为的，处2 000元以上2万元以下的罚款：

（一）无理抗拒、阻挠劳动保障行政部门依照本条例的规定实施劳动保障监察的；

（二）不按照劳动保障行政部门的要求报送书面材料的，隐瞒事实真相，出具伪证或者隐匿、毁灭证据的；

（三）经劳动保障行政部门责令改正拒不改正，或者拒不履行劳动保障行政部门的行政处理决定的；

（四）打击报复举报人、投诉人的。

违反前款规定，构成违反治安管理行为的，由公安机关依法给予治安管理处罚；构成犯罪的，依法追究刑事责任。

第三十一条　劳动保障监察员滥用职权、玩忽职守、徇私舞弊或者泄露在履行职责过程中知悉的商业秘密的，依法给予行政处分；构成犯罪的，依法追究刑事责任。

劳动保障行政部门和劳动保障监察员违法行使职权，侵犯用人单位或者劳动者的合法权益的，依法承担赔偿责任。

第三十二条　属于本条例规定的劳动保障监察事项，法律、其他行政法规对处罚另有规定的，从其规定。

第三十三条　对无营业执照或者已被依法吊销营业执照，有劳动用工行为的，由劳动保障行政部门依照本条例实施劳动保障监察，并及时通报工商行政管理部门予以查处取缔。

劳动保障监察权的实施机关

[解读]

劳动保障监察权由县级以上人民政府依法设立的人力资源和社会保障行政部门行使。劳动保障行政监察机构是人力资源和社会保障行政部门的内设机构，在行使劳动保障监察权时，应当以所属行政机关的名义作出行政处罚决定。人力资源和社会保障行政部门设立的属于事业组织的劳动保障监察机构经人力资源和社会保障行政部门的依法委托，有权以所属行政机关的名义作出行政处罚。乡镇劳动管理机构受派出机关的依法委托，有权以派出机关的名义实施行政处罚。人力资源和社会保障行政部门依照法律、法规或规章的规定，可以委托事业组织或其他组织，在法定职权范围内实施行政处罚。人力资源社会保障行政部门和受委托实施劳动保障监察权的组织中的劳动保障监察员应当经过相应的考核或者笔试录用。劳动保障监察证件由国务院人力资源保障行政部门监制。

受人力资源和社会保障行政部门委托实施行政处罚的组织在委托的范围内，不得再委托其他任何组织实施行政处罚。人力资源和社会保障行政机关对受委托的组织实施行政处罚的行为应当负责监督，并对该行为的后果承担法律责任。

[依据指引]

(1)《中华人民共和国行政处罚法》（1996年3月17日　国家主席令第63号）

第十六条　国务院或者经国务院授权的省、自治区、直辖市人民政府可以决定一个行政机关行使有关行政机关的行政处罚权，但限制人身自由的行政处罚权只能由公安机关行使。

第十八条　行政机关依照法律、法规或者规章的规定，可以在其法定权限内委托符合本法第十九条规定条件的组织实施行政处罚。行政机关不得委托其他组织或者个人实施行政处罚。

委托行政机关对受委托的组织实施行政处罚的行为应当负责监督，并对该行为的后果承担法律责任。

受委托组织在委托范围内，以委托行政机关名义实施行政处罚；不得再委托其他任何组织或者个人实施行政处罚。

第十九条　受委托组织必须符合以下条件：

（一）依法成立的管理公共事务的事业组织；

（二）具有熟悉有关法律、法规、规章和业务的工作人员；

（三）对违法行为需要进行技术检查或者技术鉴定的，应当有条件组织进行相应的技术检查或者技术鉴定。

(2) 国务院《劳动保障监察条例》（2004年11月1日　国务院令第423号）

第三条　国务院劳动保障行政部门主管全国的劳动保障监察工作。县级以上地方各级人民政府劳动保障行政部门主管本行政区域内的劳动保障监察工作。

县级以上各级人民政府有关部门根据各自职责，支持、协助劳动保障行政部门的劳动保障监察工作。

第四条　县级、设区的市级人民政府劳动保障行政部门可以委托符合监察执法条件的组织实施劳动保障监察。

劳动保障行政部门和受委托实施劳动保障监察的组织中的劳动保障监察员应当经过相应的考核或者考试录用。

劳动保障监察证件由国务院劳动保障行政部门监制。

(3) 劳动和社会保障部《关于实施〈劳动保障监察条例〉若干规定》（2004年12月31日　部令第25号）

第五条　县级以上劳动保障行政部门设立的劳动保障监察行政机构和劳动保障行政部门依法委托实施劳动保障监察的组织（以下统称劳动保障监察机构）具体负责劳动保障监察管理工作。

劳动保障行政处罚的基本原则

[解读]

劳动保障行政处罚应遵循的基本原则有三个：

一是法定原则。对违反劳动保障行政管理秩序的公民、法人或者其他组织给予行政处罚，必须有法律、法规和规章的依据，由人力资源和社会保障行政部门依照法定程序实施。没有法定依据或者不遵守法定程序的劳动保障行政处罚无效。

二是公正、公开原则。即人力资源和社会保障行政部门在实施行政处罚时，必须以事实为依据，与违法行为的事实、性质、情节以及社会危害程度相当。同时，对违法行为给予行政处罚的规定必须公布，未经公布的不得作为劳动保障行政处罚的依据。而且人力资源和社会保障行政部门对当事人进行处罚时，必须先告知当事人的违法事实、证据和处罚依据，不得“不告而罚”。

三是行政处罚与教育相结合的原则。贯彻处罚与教育相结合的原则，首先，要求人力资源和社会保障行政机关端正处罚思想，明确处罚是为了使人们自觉地遵守法律，不是为处罚而处罚，也不得以罚代管、以罚代教，更不得为个人和小团体利益以处罚谋取私利。其次，在处罚过程中，要贯彻说服教育原则，告知违法者错在何处，为什么要给予处罚，告诫其记取教训，自觉守法。

[依据指引]

(1)《中华人民共和国行政处罚法》（1996年3月17日　国家主席令第63号）

第三条　公民、法人或者其他组织违反行政管理秩序的行为，应当给予行政处罚的，依照本法由法律、法规或者规章规定，并由行政机关依照本法规定的程序实施。

没有法定依据或者不遵守法定程序的，行政处罚无效。

第四条　行政处罚遵循公正、公开的原则。

设定和实施行政处罚必须以事实为依据，与违法行为的事实、性质、情节以及社会危害程度相当。

对违法行为给予行政处罚的规定必须公布；未经公布的，不得作为行政处罚的依据。

第五条　实施行政处罚，纠正违法行为，应当坚持处罚与教育相结合，教育公民、法人或者其他组织自觉守法。

(2) 国务院《劳动保障监察条例》（2004 年 11 月 1 日　国务院令第 423 号）

第八条　劳动保障监察遵循公正、公开、高效、便民的原则。

实施劳动保障监察，坚持教育与处罚相结合，接受社会监督。

(3) 劳动和社会保障部《关于实施〈劳动保障监察条例〉若干规定》（2004 年 12 月 31 日　部令第 25 号）

第三条　劳动保障监察遵循公正、公开、高效、便民的原则。

实施劳动保障行政处罚坚持以事实为依据，以法律为准绳，坚持教育与处罚相结合，接受社会监督。

劳动保障行政处罚种类的设定

[解读]

劳动保障行政处罚的种类，应当由劳动法律、法规和规章来设定。法律、法规和规章以外的规范性文件不能设定行政处罚，但可以在法律、法规和规章规定给予行政处罚的行为、种类和幅度的范围内作出具体规定。人力资源和社会保障行政部门在作出处罚决定时若引用该规范性文件，必须首先引用所依据的法律、法规和规章。

劳动保障行政处罚主要包括以下几种：

（一）警告，一般适用于那些违反劳动保障行政管理法规程度轻微，对社会危害程度不大的行为。

（二）罚款，是指行政机关依法强制违反行政管理法规的行为人在一定期限内缴纳一定数量货币的行政处罚行为。罚款是一种财产罚，通过处罚使当事人在经济上受到损失，警示其今后不再发生违法行为。罚款是最常用的劳动保障行政处罚种类。

（三）没收违法所得，是指行政机关根据有关行政管理法律法规，将行为人违法所得的财物或非法财物强制无偿收归国有的一项行政处罚措施。

（四）吊销许可证，是对违反行政管理法规的职业介绍机构、职业技能培训机构、职业技能考核鉴定机构等法人或者其他组织，依法实行扣留许可证或执照，剥夺其从事某项生产或经营活动权利的行政处罚。这里所说的“许可证”不包括劳动保障行政部门为维护劳动管理秩序在就业、培训、社会保险、劳动保护等方面颁发的有关证件。

（五）其他行政处罚，是指除上述各项行政处罚以外的处罚种类，例如通报批评、责令向劳动者支付赔偿金等。

另外，“责令改正”是行政机关在行政管理过程中采取的一种行政管理措施，是指在实施处罚时，责令当事人改正或者限期改正违法行为的一种措施。

[依据指引]

(1)《中华人民共和国行政处罚法》（1996 年 3 月 17 日　国家主席令第 63 号）

第八条　行政处罚的种类：

（一）警告；

（二）罚款；

（三）没收违法所得、没收非法财物；

（四）责令停产停业；

（五）暂扣或者吊销许可证、暂扣或者吊销执照；

（六）行政拘留；

（七）法律、行政法规规定的其他行政处罚。

第二十三条　行政机关实施行政处罚时，应当责令当事人改正或者限期改正违法行为。

(2) 国务院《劳动保障监察条例》（2004 年 11 月 1 日　国务院令第 423 号）

第十八条　劳动保障行政部门对违反劳动保障法律、法规或者规章的行为，根据调查、检查的结果，作出以下处理：

（一）对依法应当受到行政处罚的，依法作出行政处罚决定；

（二）对应当改正未改正的，依法责令改正或者作出相应的行政处理决定；

（三）对情节轻微且已改正的，撤销立案。

发现违法案件不属于劳动保障监察事项的，应当及时移送有关部门处理；涉嫌犯罪的，应当依法移送司法机关。

第二十三条 用人单位有下列行为之一的，由劳动保障行政部门责令改正，按照受侵害的劳动者每人1 000元以上5 000元以下的标准计算，处以罚款：

（一）安排女职工从事矿山井下劳动、国家规定的第四级体力劳动强度的劳动或者其他禁忌从事的劳动的；

（二）安排女职工在经期从事高处、低温、冷水作业或者国家规定的第三级体力劳动强度的劳动的；

（三）安排女职工在怀孕期间从事国家规定的第三级体力劳动强度的劳动或者孕期禁忌从事的劳动的；

（四）安排怀孕7个月以上的女职工夜班劳动或者延长其工作时间的；

（五）女职工生育享受产假少于90天的；

（六）安排女职工在哺乳未满1周岁的婴儿期间从事国家规定的第三级体力劳动强度的劳动或者哺乳期禁忌从事的其他劳动，以及延长其工作时间或者安排其夜班劳动的；

（七）安排未成年工从事矿山井下、有毒有害、国家规定的第四级体力劳动强度的劳动或者其他禁忌从事的劳动的；

（八）未对未成年工定期进行健康检查的。

第二十四条 用人单位与劳动者建立劳动关系不依法订立劳动合同的，由劳动保障行政部门责令改正。

第二十五条 用人单位违反劳动保障法律、法规或者规章延长劳动者工作时间的，由劳动保障行政部门给予警告，责令限期改正，并可以按照受侵害的劳动者每人100元以上500元以下的标准计算，处以罚款。

第二十六条 用人单位有下列行为之一的，由劳动保障行政部门分别责令限期支付劳动者的工资报酬、劳动者工资低于当地最低工资标准的差额或者解除劳动合同的经济补偿；逾期不支付的，责令用人单位按照应付金额50%以上1倍以下的标准计算，向劳动者加付赔偿金：

（一）克扣或者无故拖欠劳动者工资报酬的；

（二）支付劳动者的工资低于当地最低工资标准的；

（三）解除劳动合同未依法给予劳动者经济补偿的。

第二十七条 用人单位向社会保险经办机构申报应缴纳的社会保险费数额时，瞒报工资总额或者职工人数的，由劳动保障行政部门责令改正，并处瞒报工资数额1倍以上3倍以下的罚款。

骗取社会保险待遇或者骗取社会保险基金支出的，由劳动保障行政部门责令退还，并处骗取金额1倍以上3倍以下的罚款；构成犯罪的，依法追究刑事责任。

第二十八条 职业介绍机构、职业技能培训机构或者职业技能考核鉴定机构违反国家有关职业介绍、职业技能培训或者职业技能考核鉴定的规定的，由劳动保障行政部门责令改正，没收违法所得，并处1万元以上5万元以下的罚款；情节严重的，吊销许可证。

未经劳动保障行政部门许可，从事职业介绍、职业技能培训或者职业技能考核鉴定的组织或者个人，由劳动保障行政部门、工商行政管理部门依照国家有关无照经营查处取缔的规定查处取缔。

第二十九条 用人单位违反《中华人民共和国工会法》，有下列行为之一的，由劳动保障行政部门责令改正：

（一）阻挠劳动者依法参加和组织工会，或者阻挠上级工会帮助、指导劳动者筹建工会的；

（二）无正当理由调动依法履行职责的工会工作人员的工作岗位，进行打击报复的；

（三）劳动者因参加工会活动而被解除劳动合同的；

（四）工会工作人员因依法履行职责被解除劳动合同的。

第三十条 有下列行为之一的，由劳动保障行政部门责令改正；对有第（一）项、第（二）项或者第（三）项规定的行为的，处2 000元以上2万元以下的罚款：

（一）无理抗拒、阻挠劳动保障行政部门依照本条例的规定实施劳动保障监察的；

（二）不按照劳动保障行政部门的要求报送书面材料的，隐瞒事实真相，出具伪证或者隐匿、毁灭证据的；

（三）经劳动保障行政部门责令改正拒不改正，或者拒不履行劳动保障行政部门的行政处理决定的；

（四）打击报复举报人、投诉人的。

违反前款规定，构成违反治安管理行为的，

由公安机关依法给予治安管理处罚；构成犯罪的，依法追究刑事责任。

第三十一条　劳动保障监察员滥用职权、玩忽职守、徇私舞弊或者泄露在履行职责过程中知悉的商业秘密的，依法给予行政处分；构成犯罪的，依法追究刑事责任。

劳动保障行政部门和劳动保障监察员违法行使职权，侵犯用人单位或者劳动者的合法权益的，依法承担赔偿责任。

第三十二条　属于本条例规定的劳动保障监察事项，法律、其他行政法规对处罚另有规定的，从其规定。

第三十三条　对无营业执照或者已被依法吊销营业执照，有劳动用工行为的，由劳动保障行政部门依照本条例实施劳动保障监察，并及时通报工商行政管理部门予以查处取缔。

劳动保障行政处罚决定书

［解读］

劳动保障行政处罚决定书是人力资源和社会保障行政部门依法对违反劳动保障法律、法规和规章，尚未构成犯罪的行政管理相对人给予行政制裁时，依法制作并送达的书面制裁决定。劳动保障行政处罚决定书应加盖人力资源和社会保障行政主管部门印章，并载明以下内容：

（一）被处罚（处理）单位名称、法定代表人、单位地址。

（二）劳动保障行政部门认定的违法事实和主要证据。

（三）劳动保障行政处罚（处理）的种类和依据。

（四）处罚（处理）决定的履行方式和期限。

（五）不服行政处罚（处理）决定，申请行政复议或者提起行政诉讼的途径和期限。

（六）作出处罚（处理）决定的行政机关名称和作出处罚（处理）决定的日期。

劳动保障监察机构在处罚决定作出之日起7日内，应当将处罚决定书送达当事人。处罚决定书自送达当事人之日起生效。行政管理相对人对行政处罚决定不服的，可以依照《行政复议法》和《行政诉讼法》的规定，申请行政复议或提起行政诉讼。在法定期限内不申请复议，不起诉又不履行的，人力资源和社会保障行政部门可以采取如下措施：

（一）到期不缴纳罚款的，每日按罚款数额的3%加收处罚款。

（二）根据法律规定，将查封、扣押的财物拍卖或者将冻结的存款划拨抵缴罚款。

（三）申请人民法院强制执行。

当事人确有经济困难，需要延期或者分期缴纳罚款的，经当事人申请和行政机关批准，可以暂缓或者分期缴纳。

劳动保障监察机构制作的行政处罚决定书，应当在10日内报送上一级劳动保障监察机构备案。

［依据指引］

(1)《中华人民共和国行政处罚法》（1996年3月17日　国家主席令第63号）

第五十一条　当事人逾期不履行行政处罚决定的，作出行政处罚决定的行政机关可以采取下列措施：

（一）到期不缴纳罚款的，每日按罚款数额的百分之三加处罚款；

（二）根据法律规定，将查封、扣押的财物拍卖或者将冻结的存款划拨抵缴罚款；

（三）申请人民法院强制执行。

第五十二条　当事人确有经济困难，需要延期或者分期缴纳罚款的，经当事人申请和行政机关批准，可以暂缓或者分期缴纳。

(2) 劳动和社会保障部《关于实施〈劳动保障监察条例〉若干规定》（2004年12月31日　部令第25号）

第三十一条　对用人单位存在的违反劳动保障法律的行为事实确凿并有法定处罚（处理）依据的，可以当场作出限期整改指令或依法当场作出行政处罚决定。

当场作出限期整改指令或行政处罚决定的，劳动保障监察员应当填写预定格式、编有号码的限期整改指令书或行政处罚决定书，当场交付当事人。

第三十二条　当场处以警告或罚款处罚的，应当按照下列程序进行：

（一）口头告知当事人违法行为的基本事实、拟作出的行政处罚、依据及其依法享有的权利；

（二）听取当事人的陈述和申辩；

（三）填写预定格式的处罚决定书；

（四）当场处罚决定书应当由劳动保障监察员签名或者盖章；

（五）将处罚决定书当场交付当事人，由当事人签收。

劳动保障监察员应当在2日内将当场限期整改指令和行政处罚决定书存档联交所属劳动保障行政部门存档。

第三十三条 对不能当场作出处理的违法案件，劳动保障监察员经调查取证，应当提出初步处理建议，并填写案件处理报批表。

案件处理报批表应写明被处理单位名称、案由、违反劳动保障法律行为事实、被处理单位的陈述、处理依据、建议处理意见。

第三十四条 对违反劳动保障法律的行为作出行政处罚或者行政处理决定前，应当告知用人单位，听取其陈述和申辩；法律、法规规定应当依法听证的，应当告知用人单位有权依法要求举行听证；用人单位要求听证的，劳动保障行政部门应当组织听证。

第四十三条 当事人确有经济困难，需要延期或者分期缴纳罚款的，经当事人申请和劳动保障行政部门批准，可以暂缓或者分期缴纳。

第四十六条 地方各级劳动保障行政部门应当按照劳动保障部有关规定对承办的案件进行统计并填表上报。

地方各级劳动保障行政部门制作的行政处罚决定书，应当在10个工作日内报送上一级劳动保障行政部门备案。

(3) 劳动和社会保障部办公厅《关于转发最高人民法院办公厅关于对〈关于请解决劳动监察决定强制执行问题的函〉的答复的通知》（1998年7月23日　劳社厅发［1998］7号）

各省、自治区、直辖市劳动（劳动和社会保障）厅（局），国务院有关部门劳动和社会保障工作机构：

为了加强劳动和社会保障行政执法决定执行工作，解决劳动和社会保障行政部门作出的“行政处理决定”和“行政处罚决定”等劳动监察决定（以下简称劳动监察决定）强制执行问题，最高人民法院办公厅作出了《关于对〈关于请解决劳动监察决定强制执行问题的函〉的答复》（法办［1998］69号，以下简称法办［1998］69号文件）。现予以转发，并就有关问题通知如下：

一、关于《劳动监察责令改正指令书》的适用问题。在劳动和社会保障行政执法中，发现用人单位有违法行为，对违法行为轻微并能及时改正的，应口头责令其改正，对立即改正确有困难的，应下达《劳动监察限期改正指令书》，责令其限期整改，对拒不整改的，劳动和社会保障行政部门应依法给予行政处罚。对单位的违法行为，依法应给予行政处理或行政处罚的，劳动和社会保障行政部门可在责令其改正的同时，给予行政处理或行政处罚。

二、关于行政处理决定和行政处罚决定的执行问题。对用人单位违反劳动法律、法规，侵害劳动者经济权益的行为，劳动和社会保障行政部门应依照《劳动法》《劳动监察规定》等规定作出有关用人单位履行清偿财产义务内容的行政处理决定。用人单位实施了法律、法规、规章明示规定应给予行政处罚的违法行为，劳动和社会保障行政部门应按照《劳动法》和《行政处罚法》对用人单位作出行政处罚决定。对用人单位不服行政处理决定和行政处罚决定，在法定期限内不申请行政复议或不起诉，又不履行的，劳动和社会保障行政部门可根据《行政诉讼法》和最高人民法院办公厅法办［1998］69号文件有关规定，申请人民法院强制执行。

三、关于申请人民法院强制执行程序问题。劳动和社会保障行政部门在申请人民法院强制执行时，必须提交申请执行书、据以申请执行的行政处理决定书或行政处罚决定书及其他材料，并按规定预交执行费，如预交执行费确有困难的，可以向执行法院提出缓交、减交或者免交的申请。

四、各级劳动和社会保障行政部门要积极采取措施，促进解决劳动监察决定执行难的问题。要加强劳动和社会保险法律知识宣传教育工作，帮助用人单位规范劳动用工行为，督促用人单位自觉履行劳动监察决定规定义务。劳动保障监察机构要加强与人民法院的联系，自觉接受司法监督，并积极争取人民法院对劳动监察决定执行工作的支持，切实保障劳动和社会保险法律、法规的实施。

(4) 最高人民法院办公厅《关于对〈关于请解决劳动监察决定强制执行问题的函〉的答复》（1998年6月30日　法办［1998］69号）

劳动和社会保障部办公厅：

你办《关于请解决劳动监察决定强制执行问题的函》收悉。经研究，现答复如下：

一、关于《劳动监察限期改正指令书》的适用范围，《劳动法》和《劳动监察规定》已有具体明确的规定，实践中如何具体适用，不属于由我院作具体解释的问题。

二、关于劳动监察决定的强制执行问题。根据《行政诉讼法》《劳动法》和《劳动监察规定》的规定，劳动和社会保障部门作出的行政处理决定和行政处罚决定，可以依法申请人民法院强制执行；但劳动监察限期改正指令书不属于可申请人民法院强制执行的具体行政行为，当事人不履行该指令书确定的义务的，劳动和社会保障部门可依照《劳动监察规定》的规定处理或者处罚。

三、关于预交申请执行费问题。根据我院《人民法院诉讼收费办法》的有关规定，如果申请人预交执行费确有困难的，可以向执行法院提出缓交、减交或者免交的申请。

劳动保障行政处罚决定书的送达

[解读]

劳动保障行政处罚决定书的送达是指人力资源和社会保障行政部门的监察机构，按照法定程序和方式，将劳动保障行政处罚决定书等文件送交受送达人的行为。

劳动保障行政处罚决定书应当在宣告后当场交付当事人；当事人不在场的，人力资源和社会保障行政部门在处罚决定作出之日起7日内，应当将劳动保障监察处罚决定书送达当事人，即被处罚单位或个人。应当注意的是，这里“7日”的期限开始的日期不计算在期间内，应从次日起算；期限届满的最后一日是节假日的，以节假日后第一日为期限届满的日期；期间不包括在途时间，决定书或其他监察文书在期限届满前交邮的，不算过期。送达应有送达回证，送达回证是送达日期的证明，也是送达行为产生效力的凭据。送达日期原则上以受送达人签收的日期为准。送达主要有以下几种方式：

（一）直接送达，是指劳动保障监察机构派专人将处罚决定书在宣告后当场直接送交受送达人的送达方式。受送达人是公民的由本人签收；本人不在，交其同住成年家属签收。受送达人是法人或其他组织的，应当由法人的法定代表人、其他组织的主要负责人或者该法人、组织的办公室、收发室、值班室等负责收件的人签收。

（二）留置送达，是指受送达人或者他的同住成年家属拒绝签收劳动保障行政部门向其送达的处罚决定书时，送达人依法将处理决定书留在受送达人住所的送达方式。采用留置送达时，送达人应当邀请有关基层组织或受送人所在单位的代表及其他见证人到场并说明情况，在送达回执上记明拒收事由和日期，由送达人、见证人签名或盖章；有关基层组织或受送人所在单位的代表及其他见证人不愿在送达回证上签名或盖章的，由送达人在送达回证上记明情况，把处理决定书留在受送达人的住所，即视为送达。对于向法人或其他组织送达处罚决定书，其负责收件人拒绝签字或盖章的，均适用留置送达。

（三）委托送达，是指劳动保障监察机构直接送达处理决定书有困难，委托有关劳动保障监察机构代为交给受送达人的送达方式。委托其他劳动保障监察机构代为送达的，委托监察机构应当出具委托函，并附需要送达的处罚决定书和送达回证单。

（四）邮寄送达，是指劳动保障监察机构在直接送达有困难的情况下，通过邮局将处罚决定书用挂号信邮寄给受送达人的送达方式。邮寄送达以邮件回执上注明的收件日期为送达日期。

（五）公告送达，是指在受送达人下落不明或者用其他方式无法送达的情况下，劳动保障行政部门通过公告将处罚决定书的有关内容告知受送达人的一种送达方式。自公告发出之日起，经过60日即视为送达。

[依据指引]

(1)《中华人民共和国民事诉讼法》（1991年4月9日　国家主席令第44号　2007年10月28日修订）

第七十五条　期间包括法定期间和人民法院指定的期间。

期间以时、日、月、年计算。期间开始的时和日，不计算在期间内。

期间届满的最后一日是节假日的，以节假日后的第一日为期间届满的日期。

期间不包括在途时间，诉讼文书在期满前交邮的，不算过期。

第七十八条　送达诉讼文书，应当直接送交受送达人。受送达人是公民的，本人不在交他的同住成年家属签收；受送达人是法人或者其他组织的，应当由法人的法定代表人、其他组织的主要负责人或者该法人、组织负责收件的人签收；受送达人有诉讼代理人的，可以送交其代理人签收；受送达人已向人民法院指定代收人的，送交代收人签收。

受送达人的同住成年家属，法人或者其他组

织的负责收件的人，诉讼代理人或者代收人在送达回证上签收的日期为送达日期。

第七十九条 受送达人或者他的同住成年家属拒绝接收诉讼文书的，送达人应当邀请有关基层组织或者所在单位的代表到场，说明情况，在送达回证上记明拒收事由和日期，由送达人、见证人签名或者盖章，把诉讼文书留在受送达人的住所，即视为送达。

(2)《中华人民共和国行政处罚法》（1996 年 3 月 17 日 国家主席令第 63 号）

第四十条 行政处罚决定书应当在宣告后当场交付当事人；当事人不在场的，行政机关应当在七日内依照民事诉讼法的有关规定，将行政处罚决定书送达当事人。

(3) 劳动和社会保障部《关于实施〈劳动保障监察条例〉若干规定》（2004 年 12 月 31 日 部令第 25 号）

第三十八条 劳动保障监察限期整改指令书、劳动保障行政处理决定书、劳动保障行政处罚决定书应当在宣告后当场交付当事人；当事人不在场的，劳动保障行政部门应当在 7 日内依照《中华人民共和国民事诉讼法》的有关规定，将劳动保障监察限期整改指令书、劳动保障行政处理决定书、劳动保障行政处罚决定书送达当事人。

行政处罚决定的当场作出

[解读]

劳动保障监察员对于事实清楚、证据确凿、情节简单并有处罚法律依据的违法行为，对公民处以 50 元以下、对法人或者其他组织处以 1 000 元以下罚款或者警告的行政处罚，可以当场作出行政制裁决定。当事人应当依法履行行政处罚决定。

执法人员当场作出行政处罚决定的，应当向当事人出示执法身份证件，填写预定格式、编有号码的行政处罚决定书。行政处罚决定书应当当场交付当事人。

当场处以警告或罚款处罚的，应当按照下列程序进行：

（一）口头告知当事人违法行为的基本事实、拟作出的行政处罚、依据及其依法享有的权利。

（二）听取当事人的陈述和申辩。

（三）填写预定格式的处罚决定书。

（四）当场处罚决定书应当由劳动保障监察员签名或者盖章。

（五）将处罚决定书当场交付当事人，由当事人签收。

行政处罚决定书应当载明当事人的违法行为、行政处罚依据、罚款数额、时间、地点以及人力资源和社会保障行政机关名称，并由执法人员签名或者盖章。执法人员当场作出的行政处罚决定，必须报所属行政机关备案。同时在 2 日内将当场限期整改指令和行政处罚决定书存档联交所属人力资源和社会保障行政部门存档。

人力资源和社会保障行政机关当场作出的行政处罚决定，有下列情形之一，执法人员可以当场收缴罚款：

（一）依法给予 20 元以下的罚款的。

（二）不当场收缴事后难以执行的。

（三）在边远、水上、交通不便地区，当事人向指定银行缴纳罚款确有困难，并经当事人提出的。

人力资源和社会保障行政机关及其执法人员当场收缴罚款的，必须向当事人出具省、自治区、直辖市财政部门统一制发的罚款收据；不出具财政部门统一制发的罚款收据的，当事人有权拒绝缴纳罚款。

当事人对当场作出的行政处罚决定不服的，可以依法申请行政复议或者提起行政诉讼。

[依据指引]

(1)《中华人民共和国行政处罚法》（1996 年 3 月 17 日 国家主席令第 63 号）

第三十三条 违法事实确凿并有法定依据，对公民处以五十元以下、对法人或者其他组织处以一千元以下罚款或者警告的行政处罚的，可以当场作出行政处罚决定。当事人应当依照本法第四十六条、第四十七条、第四十八条的规定履行行政处罚决定。

第三十四条 执法人员当场作出行政处罚决定的，应当向当事人出示执法身份证件，填写预定格式、编有号码的行政处罚决定书。行政处罚决定书应当当场交付当事人。

前款规定的行政处罚决定书应当载明当事人的违法行为、行政处罚依据、罚款数额、时间、地点以及行政机关名称，并由执法人员签名或者盖章。

执法人员当场作出的行政处罚决定，必须报所属行政机关备案。

第三十五条　当事人对当场作出的行政处罚决定不服的，可以依法申请行政复议或者提起行政诉讼。

第四十七条　依照本法第三十三条的规定当场作出行政处罚决定，有下列情形之一的，执法人员可以当场收缴罚款：

（一）依法给予二十元以下的罚款的；

（二）不当场收缴事后难以执行的。

第四十八条　在边远、水上、交通不便地区，行政机关及其执法人员依照本法第三十三条、第三十八条的规定作出罚款决定后，当事人向指定的银行缴纳罚款确有困难，经当事人提出，行政机关及其执法人员可以当场收缴罚款。

第四十九条　行政机关及其执法人员当场收缴罚款的，必须向当事人出具省、自治区、直辖市财政部门统一制发的罚款收据；不出具财政部门统一制发的罚款收据的，当事人有权拒绝缴纳罚款。

（2）国务院《劳动保障监察条例》（2004年11月1日　国务院令第423号）

第十五条　……劳动保障行政部门对事实清楚、证据确凿、可以当场处理的违反劳动保障法律、法规或者规章的行为有权当场予以纠正。

（3）劳动和社会保障部《关于实施〈劳动保障监察条例〉若干规定》（2004年12月31日　部令第25号）

第三十一条　对用人单位存在的违反劳动保障法律的行为事实确凿并有法定处罚（处理）依据的，可以当场作出限期整改指令或依法当场作出行政处罚决定。

当场作出限期整改指令或行政处罚决定的，劳动保障监察员应当填写预定格式、编有号码的限期整改指令书或行政处罚决定书，当场交付当事人。

第三十二条　当场处以警告或罚款处罚的，应当按照下列程序进行：

（一）口头告知当事人违法行为的基本事实、拟作出的行政处罚、依据及其依法享有的权利；

（二）听取当事人的陈述和申辩；

（三）填写预定格式的处罚决定书；

（四）当场处罚决定书应当由劳动保障监察员签名或者盖章；

（五）将处罚决定书当场交付当事人，由当事人签收。

劳动保障监察员应当在2日内将当场限期整改指令和行政处罚决定书存档联交所属劳动保障行政部门存档。

劳动保障行政处罚听证

[解读]

劳动保障行政处罚听证是指为保证劳动保障行政处罚准确实施而实行的一种相对人可选择的监督性制度。为了更好地贯彻公正、公开的原则，增强劳动保障行政处罚的透明度，使行政处罚更加准确，人力资源和社会保障行政部门在作出吊销许可证、处以较大数额罚款等重大行政处罚决定前，应当举行听证。对当事人放弃听证权利的，行政执法机构应将拟作出的重大行政处罚决定送本部门法制工作机构或承担法制工作的机构进行初步审查后，再由人力资源和社会保障行政部门负责人集体讨论决定。

人力资源和社会保障行政部门作出吊销许可证、较大数额罚款等行政处罚决定之前，应当告知相对人有要求听证的权利，可以用书面告知，也可以用口头形式告知。以口头形式告知应当制作笔录，并由相对人签名。在告知相对人有权要求听证的同时，必须告知其要求举行听证的期限，即应在告知后3日内提出。相对人要求听证的，应当在接受人力资源和社会保障行政部门告知后3日内以书面或者口头形式提出。以口头形式提出的，人力资源和社会保障行政部门应制作笔录，并经当事人签名。逾期不提出者，视为放弃听证权。人力资源和社会保障行政部门负责听证的机构接到当事人要求听证申请后，应当组织听证，立即确定听证主持人和听证记录员。由听证主持人在举行听证的7日前送达听证通知书。听证通知书应载明听证主持人和听证记录员姓名、听证时间、听证地点、调查取证人员认定的违法事实、证据及行政处罚建议等内容。除涉及国家秘密、商业秘密或者个人隐私外，听证应当公开进行。对于公开举行的听证，人力资源和社会保障行政部门可以先期公布听证案由、听证时间及地点。相对人不承担组织听证的费用。

根据国务院的规定，较大数额罚款的听证范围由省、自治区、直辖市人大常委会或人民政府确定。

[依据指引]

（1）《中华人民共和国行政处罚法》（1996年

3月17日　国家主席令第63号）

第四十二条　行政机关作出责令停产停业、吊销许可证或者执照、较大数额罚款等行政处罚决定之前，应当告知当事人有要求举行听证的权利；当事人要求听证的，行政机关应当组织听证。当事人不承担行政机关组织听证的费用。听证依照以下程序组织：

（一）当事人要求听证的，应当在行政机关告知后三日内提出。

（二）行政机关应当在听证的七日前，通知当事人举行听证的时间、地点。

（三）除涉及国家秘密、商业秘密或者个人隐私外，听证公开举行。

（四）听证由行政机关指定的非本案调查人员主持；当事人认为主持人与本案有直接利害关系的，有权申请回避。

（五）当事人可以亲自参加听证，也可以委托一至二人代理。

（六）举行听证时，调查人员提出当事人违法的事实、证据和行政处罚建议；当事人进行申辩和质证。

（七）听证应当制作笔录；笔录应当交当事人审核无误后签字或者盖章。

当事人对限制人身自由的行政处罚有异议的，依照治安管理处罚条例有关规定执行。

（2）劳动和社会保障部《关于实施〈劳动保障监察条例〉若干规定》（2004年12月31日　部令第25号）

第三十四条　违反劳动保障法律的行为作出行政处罚或者行政处理决定前，应当告知用人单位，听取其陈述和申辩；法律、法规规定应当依法听证的，应当告知用人单位有权依法要求举行听证；用人单位要求听证的，劳动保障行政部门应当组织听证。

（3）劳动部《劳动行政处罚听证程序规定》（1996年9月27日　部令第2号）

第三条　劳动行政部门作出责令停产停业、吊销许可证、较大数额罚款等行政处罚决定之前，应当告知当事人有要求听证的权利；当事人要求听证的，劳动行政部门应当组织听证。当事人不承担组织听证的费用。

根据国务院的规定，较大数额罚款的听证范围，由省、自治区、直辖市人大常委会或人民政府确定。

第十一条　劳动行政部门告知当事人有要求举行听证的权利，可以用书面形式告知，也可以用口头形式告知。以口头形式告知应当制作笔录，并经当事人签名。在告知当事人有权要求听证的同时，必须告知当事人要求举行听证的期限，即应在告知后三日内提出。

当事人要求听证的，应当在接受劳动行政部门告知后三日内以书面或者口头形式提出。经口头形式提出的，劳动行政部门应制作笔录，并经当事人签名。逾期不提出者，视为放弃听证权。

第十二条　劳动行政部门负责听证的机构接到当事人要求听证的申请后，应当立即确定听证主持人和听证记录员。由听证主持人在举行听证的七日前送达听证通知书。听证通知书应载明听证主持人和听证记录员的姓名、听证时间、听证地点、调查取证人员认定的违法事实、证据及行政处罚建议等内容。

劳动行政部门的有关机构或人员接到当事人要求听证的申请后，应当立即告知本部门负责听证的机构。

除涉及国家秘密、商业秘密或者个人隐私外，听证应当公开进行。对于公开举行的听证，劳动行政部门可以先期公布听证案由、听证时间及地点。

劳动保障行政处罚听证的程序

[解读]

劳动保障行政处罚听证，一般应按以下程序组织：

（一）由听证主持人宣布听证会开始，宣布听证纪律，告知当事人听证中的权利和义务。

（二）由案件调查取证人员宣布案件的事实、证据，适用的法律、法规和规章，以及拟作出的行政处罚决定的理由。

（三）听证主持人询问当事人、案件调查取证人员、证人和其他有关人员并要求出示有关证据材料。

（四）由当事人或者其代理人从事实和法律上进行答辩，并对证据材料进行质证。

（五）当事人或者其代理人和本案调查取证人员就本案相关的事实和法律问题进行辩论。

（六）辩论结束后，当事人作最后陈述。

（七）听证主持人宣布听证会结束。

（八）听证应当制作笔录，笔录应当交当事人审核无误后签字或者盖章。

当事人对限制人身自由的行政处罚有异议的，依照《治安管理处罚法》有关规定执行。

[依据指引]

(1)《中华人民共和国行政处罚法》(1996年3月17日　国家主席令第63号)

第四十二条　行政机关作出责令停产停业、吊销许可证或者执照、较大数额罚款等行政处罚决定之前，应当告知当事人有要求举行听证的权利；当事人要求听证的，行政机关应当组织听证。当事人不承担行政机关组织听证的费用。听证依照以下程序组织：

(一)当事人要求听证的，应当在行政机关告知后三日内提出。

(二)行政机关应当在听证的七日前，通知当事人举行听证的时间、地点。

(三)除涉及国家秘密、商业秘密或者个人隐私外，听证公开举行。

(四)听证由行政机关指定的非本案调查人员主持；当事人认为主持人与本案有直接利害关系的，有权申请回避。

(五)当事人可以亲自参加听证，也可以委托一至二人代理。

(六)举行听证时，调查人员提出当事人违法的事实、证据和行政处罚建议；当事人进行申辩和质证。

(七)听证应当制作笔录；笔录应当交当事人审核无误后签字或者盖章。

当事人对限制人身自由的行政处罚有异议的，依照治安管理处罚条例有关规定执行。

(2)劳动部《劳动行政处罚听证程序规定》(1996年9月27日　部令第2号)

第十四条　听证应当按照下列程序进行：

(一)由听证主持人宣布听证会开始，宣布听证纪律，告知当事人听证中的权利和义务；

(二)由案件调查取证人员宣布案件的事实、证据，适用的法律、法规和规章，以及拟作出的行政处罚决定的理由；

(三)听证主持人询问当事人、案件调查取证人员、证人和其他有关人员并要求出示有关证据材料；

(四)由当事人或者其代理人从事实和法律上进行答辩，并对证据材料进行质证；

(五)当事人或者其代理人和本案调查取证人员就本案相关的事实和法律问题进行辩论；

(六)辩论结束后，当事人作最后陈述；

(七)听证主持人宣布听证会结束。

第十五条　听证应当制作笔录。笔录由听证记录员制作。听证笔录在听证结束后，应当立即交当事人审核无误后签字或者盖章。

人力资源社会保障行政复议

[解读]

人力资源社会保障行政复议是指法律、法规、规章规定的人力资源社会保障行政复议机关通过受理行政管理相对人的复议申请，对引起争议的具体行政行为进行审查并作出裁决的行政行为。人力资源社会保障行政复议是人力资源社会保障行政机关解决行政争议的重要手段，也是人力资源社会保障行政机关内部自我纠正错误的一种监督制度。应当注意的是：

(一)人力资源社会保障行政复议是基于人力资源社会保障行政机关上下级领导和被领导、指导和被指导关系而产生的内部层级监督，是依行政管理相对人申请行为而启动的被动的层级监督形式。

(二)人力资源社会保障行政复议具有某些司法活动的特点，必须按照法定程序进行，从复议申请的受理到作出复议决定，复议机关的活动都必须依法进行。对有争议的人力资源社会保障行政行为，经审查后可作出维持、撤销或者变更的裁决。

(三)人力资源社会保障行政复议是可选择的程序。也就是说，行政管理相对人与人力资源社会保障行政机关发生行政争议，可以向上一级人力资源社会保障行政部门申请行政复议，也可以向同级人民法院提起行政诉讼。

[依据指引]

(1)《中华人民共和国行政复议法》(1999年4月29日　国家主席令第16号)(略)

(2)国务院《行政复议法实施条例》(2007年5月29日　国务院令第499号)(略)

(3)人力资源和社会保障部《人力资源社会保障行政复议办法》(2010年3月16日　部令第6号)

第一章　总　　则

第一条　为了规范人力资源社会保障行政复议工作，根据《中华人民共和国行政复议法》(以下简称行政复议法）和《中华人民共和国行政复议法实施条例》（以下简称行政复议法实施条例），制定本办法。

第二条 公民、法人或者其他组织认为人力资源社会保障部门作出的具体行政行为侵犯其合法权益，向人力资源社会保障行政部门申请行政复议，人力资源社会保障行政部门及其法制工作机构开展行政复议相关工作，适用本办法。

第三条 各级人力资源社会保障行政部门是人力资源社会保障行政复议机关（以下简称行政复议机关），应当认真履行行政复议职责，遵循合法、公正、公开、及时、便民的原则，坚持有错必纠，保障法律、法规和人力资源社会保障规章的正确实施。

行政复议机关应当依照有关规定配备专职行政复议人员，为行政复议工作提供财政保障。

第四条 行政复议机关负责法制工作的机构（以下简称行政复议机构）具体办理行政复议事项，履行下列职责：

（一）处理行政复议申请；

（二）向有关组织和人员调查取证，查阅文件和资料，组织行政复议听证；

（三）依照行政复议法实施条例第九条的规定，办理第三人参加行政复议事项；

（四）依照行政复议法实施条例第四十一条的规定，决定行政复议中止、恢复行政复议审理事项；

（五）依照行政复议法实施条例第四十二条的规定，拟订行政复议终止决定；

（六）审查申请行政复议的具体行政行为是否合法与适当，提出处理建议，拟订行政复议决定，主持行政复议调解，审查和准许行政复议和解协议；

（七）处理或者转送对行政复议法第七条所列有关规定的审查申请；

（八）依照行政复议法第二十九条的规定，办理行政赔偿等事项；

（九）依照行政复议法实施条例第三十七条的规定，办理鉴定事项；

（十）按照职责权限，督促行政复议申请的受理和行政复议决定的履行；

（十一）对人力资源社会保障部门及其工作人员违反行政复议法、行政复议法实施条例和本办法规定的行为依照规定的权限和程序提出处理建议；

（十二）研究行政复议过程中发现的问题，及时向有关机关和部门提出建议，重大问题及时向行政复议机关报告；

（十三）办理因不服行政复议决定提起行政诉讼的行政应诉事项；

（十四）办理或者组织办理未经行政复议直接提起行政诉讼的行政应诉事项；

（十五）办理行政复议、行政应诉案件统计和重大行政复议决定备案事项；

（十六）组织培训；

（十七）法律、法规规定的其他职责。

第五条 专职行政复议人员应当具备与履行行政复议职责相适应的品行、专业知识和业务能力，并取得相应资格。各级人力资源社会保障部门应当保障行政复议人员参加培训的权利，应当为行政复议人员参加法律类资格考试提供必要的帮助。

第六条 行政复议人员享有下列权利：

（一）依法履行行政复议职责的行为受法律保护；

（二）获得履行行政复议职责相应的物质条件；

（三）对行政复议工作提出建议；

（四）参加培训；

（五）法律、法规和规章规定的其他权利。

行政复议人员应当履行下列义务：

（一）严格遵守宪法和法律；

（二）以事实为根据，以法律为准绳审理行政复议案件；

（三）忠于职守，尽职尽责，清正廉洁，秉公执法；

（四）依法保障行政复议参加人的合法权益；

（五）保守国家秘密、商业秘密和个人隐私；

（六）维护国家利益、社会公共利益，维护公民、法人或者其他组织的合法权益；

（七）法律、法规和规章规定的其他义务。

第二章 行政复议范围

第七条 有下列情形之一的，公民、法人或者其他组织可以依法申请行政复议：

（一）对人力资源社会保障部门作出的警告、罚款、没收违法所得、依法予以关闭、吊销许可证等行政处罚决定不服的；

（二）对人力资源社会保障部门作出的行政处理决定不服的；

（三）对人力资源社会保障部门作出的行政许

可、行政审批不服的；

（四）对人力资源社会保障部门作出的行政确认不服的；

（五）认为人力资源社会保障部门不履行法定职责的；

（六）认为人力资源社会保障部门违法收费或者违法要求履行义务的；

（七）认为人力资源社会保障部门作出的其他具体行政行为侵犯其合法权益的。

第八条　公民、法人或者其他组织对下列事项，不能申请行政复议：

（一）人力资源社会保障部门作出的行政处分或者其他人事处理决定；

（二）劳动者与用人单位之间发生的劳动人事争议；

（三）劳动能力鉴定委员会的行为；

（四）劳动人事争议仲裁委员会的仲裁、调解等行为；

（五）已就同一事项向其他有权受理的行政机关申请行政复议的；

（六）向人民法院提起行政诉讼，人民法院已经依法受理的；

（七）法律、行政法规规定的其他情形。

第三章　行政复议申请

第一节　申　请　人

第九条　依照本办法规定申请行政复议的公民、法人或者其他组织为人力资源社会保障行政复议申请人。

第十条　同一行政复议案件申请人超过5人的，推选1～5名代表参加行政复议，并提交全体行政复议申请人签字的授权委托书以及全体行政复议申请人的身份证复印件。

第十一条　依照行政复议法实施条例第九条的规定，公民、法人或者其他组织申请作为第三人参加行政复议，应当提交《第三人参加行政复议申请书》，该申请书应当列明其参加行政复议的事实和理由。

申请作为第三人参加行政复议的，应当对其与被审查的具体行政行为有利害关系负举证责任。

行政复议机构通知或者同意第三人参加行政复议的，应当制作《第三人参加行政复议通知书》，送达第三人，并注明第三人参加行政复议的日期。

第十二条　申请人、第三人可以委托1～2名代理人参加行政复议。

申请人、第三人委托代理人参加行政复议的，应当向行政复议机构提交授权委托书。授权委托书应当载明下列事项：

（一）委托人姓名或者名称，委托人为法人或者其他组织的，还应当载明法定代表人或者主要负责人的姓名、职务；

（二）代理人姓名、性别、职业、住所以及邮政编码；

（三）委托事项、权限和期限；

（四）委托日期以及委托人签字或者盖章。

申请人、第三人解除或者变更委托的，应当书面报告行政复议机构。

第二节　被 申 请 人

第十三条　公民、法人或者其他组织对人力资源社会保障部门作出的具体行政行为不服，依照本办法规定申请行政复议的，作出该具体行政行为的人力资源社会保障部门为被申请人。

第十四条　对县级以上人力资源社会保障行政部门的具体行政行为不服的，可以向上一级人力资源社会保障行政部门申请复议，也可以向该人力资源社会保障行政部门的本级人民政府申请行政复议。

对人力资源社会保障部作出的具体行政行为不服的，向人力资源社会保障部申请行政复议。

第十五条　对人力资源社会保障行政部门按照国务院规定设立的社会保险经办机构（以下简称社会保险经办机构）依照法律、法规规定作出的具体行政行为不服，可以向直接管理该社会保险经办机构的人力资源社会保障行政部门申请行政复议。

第十六条　对依法受委托的属于事业组织的公共就业服务机构、职业技能考核鉴定机构以及街道、乡镇人力资源社会保障工作机构等作出的具体行政行为不服的，可以向委托其行使行政管理职能的人力资源社会保障行政部门的上一级人力资源社会保障行政部门申请复议，也可以向该人力资源社会保障行政部门的本级人民政府申请行政复议。委托的人力资源社会保障行政部门为被申请人。

第十七条　对人力资源社会保障部门和政府其他部门以共同名义作出的具体行政行为不服的，可以向其共同的上一级行政部门申请复议。共同作出具体行政行为的人力资源社会保障部门为共同被申请人之一。

第十八条　人力资源社会保障部门设立的派

出机构、内设机构或者其他组织，未经法律、法规授权，对外以自己名义作出具体行政行为的，该人力资源社会保障部门为被申请人。

第三节 行政复议申请期限

第十九条 公民、法人或者其他组织认为人力资源社会保障部门作出的具体行政行为侵犯其合法权益的，可以自知道该具体行政行为之日起60日内提出行政复议申请。

前款规定的行政复议申请期限依照下列规定计算：

（一）当场作出具体行政行为的，自具体行政行为作出之日起计算。

（二）载明具体行政行为的法律文书直接送达的，自受送达人签收之日起计算。

（三）载明具体行政行为的法律文书依法留置送达的，自送达人和见证人在送达回证上签注的留置送达之日起计算。

（四）载明具体行政行为的法律文书邮寄送达的，自受送达人在邮件签收单上签收之日起计算；没有邮件签收单的，自受送达人在送达回执上签名之日起计算。

（五）具体行政行为依法通过公告形式告知受送达人的，自公告规定的期限届满之日起计算。

（六）被申请人作出具体行政行为时未告知公民、法人或者其他组织，事后补充告知的，自该公民、法人或者其他组织收到补充告知的通知之日起计算。

（七）被申请人有证据材料能够证明公民、法人或者其他组织知道该具体行政行为的，自证据材料证明其知道具体行政行为之日起计算。

人力资源社会保障部门作出具体行政行为，依法应当向有关公民、法人或者其他组织送达法律文书而未送达的，视为该公民、法人或者其他组织不知道该具体行政行为。

申请人因不可抗力或者其他正当理由耽误法定申请期限的，申请期限自原因消除之日起继续计算。

第二十条 人力资源社会保障部门对公民、法人或者其他组织作出具体行政行为，应当告知其申请行政复议的权利、行政复议机关和行政复议申请期限。

第四节 行政复议申请的提出

第二十一条 申请人书面申请行政复议的，可以采取当面递交、邮寄或者传真等方式递交行政复议申请书。

有条件的行政复议机构可以接受以电子邮件形式提出的行政复议申请。

对采取传真、电子邮件方式提出的行政复议申请，行政复议机构应当告知申请人补充提交证明其身份以及确认申请书真实性的相关书面材料。

第二十二条 申请人书面申请行政复议的，应当在行政复议申请书中载明下列事项：

（一）申请人基本情况：申请人是公民的，包括姓名、性别、年龄、身份证号码、工作单位、住所、邮政编码；申请人是法人或者其他组织的，包括名称、住所、邮政编码和法定代表人或者主要负责人的姓名、职务。

（二）被申请人的名称。

（三）申请行政复议的具体行政行为、行政复议请求、申请行政复议的主要事实和理由。

（四）申请人签名或者盖章。

（五）日期。

申请人口头申请行政复议的，行政复议机构应当依照前款规定内容，当场制作行政复议申请笔录交申请人核对或者向申请人宣读，并由申请人签字确认。

第二十三条 有下列情形之一的，申请人应当提供相应的证明材料：

（一）认为被申请人不履行法定职责的，提供曾经申请被申请人履行法定职责的证明材料；

（二）申请行政复议时一并提出行政赔偿申请的，提供受具体行政行为侵害而造成损害的证明材料；

（三）属于本办法第十九条第四款情形的，提供发生不可抗力或者有其他正当理由的证明材料；

（四）需要申请人提供证据材料的其他情形。

第二十四条 申请人提出行政复议申请时错列被申请人的，行政复议机构应当告知申请人变更被申请人。

申请人变更被申请人的期间，不计入行政复议审理期限。

第二十五条 依照行政复议法第七条的规定，申请人认为具体行政行为所依据的规定不合法的，可以在对具体行政行为申请行政复议的同时一并提出对该规定的审查申请；申请人在对具体行政行为提出行政复议申请时尚不知道该具体行政行为所依据的规定的，可以在行政复议机关作出行政复议决定前向行政复议机关提出对该规定的审查申请。

第四章 行政复议受理

第二十六条 行政复议机构收到行政复议申

请后，应当在5日内进行审查，按照下列情况分别作出处理：

（一）对符合行政复议法实施条例第二十八条规定条件的，依法予以受理，制作《行政复议受理通知书》和《行政复议提出答复通知书》，送达申请人和被申请人；

（二）对符合本办法第七条规定的行政复议范围，但不属于本机关受理范围的，应当书面告知申请人向有关行政复议机关提出；

（三）对不符合法定受理条件的，应当作出不予受理决定，制作《行政复议不予受理决定书》，送达申请人，该决定书中应当说明不予受理的理由和依据。

对不符合前款规定的行政复议申请，行政复议机构应当将有关处理情况告知申请人。

第二十七条 人力资源社会保障行政部门的其他工作机构收到复议申请的，应当及时转送行政复议机构。

除不符合行政复议法定条件或者不属于本机关受理的行政复议申请外，行政复议申请自行政复议机构收到之日起即为受理。

第二十八条 依照行政复议法实施条例第二十九条的规定，行政复议申请材料不齐全或者表述不清楚的，行政复议机构可以向申请人发出补正通知，一次性告知申请人需要补正的事项。

补正通知应当载明下列事项：

（一）行政复议申请书中需要修改、补充的具体内容；

（二）需要补正的证明材料；

（三）合理的补正期限；

（四）逾期未补正的法律后果。

补正期限从申请人收到补正通知之日起计算。

无正当理由逾期不补正的，视为申请人放弃行政复议申请。

申请人应当在补正期限内向行政复议机构提交需要补正的材料。补正申请材料所用时间不计入行政复议审理期限。

第二十九条 申请人依法提出行政复议申请，行政复议机关无正当理由不予受理的，上一级人力资源社会保障行政部门可以根据申请人的申请或者依职权先行督促其受理；经督促仍不受理的，应当责令其限期受理，并且制作《责令受理行政复议申请通知书》；必要时，上一级人力资源社会保障行政部门也可以直接受理。

上一级人力资源社会保障行政部门经审查认为行政复议申请不符合法定受理条件的，应当告知申请人。

第三十条 劳动者与用人单位因工伤保险待遇发生争议，向劳动人事争议仲裁委员会申请仲裁期间，又对人力资源社会保障行政部门作出的工伤认定结论不服向行政复议机关申请行政复议的，如果符合法定条件，应当予以受理。

第五章 行政复议审理和决定

第三十一条 行政复议原则上采取书面审查的办法，但是申请人提出要求或者行政复议机构认为有必要的，可以向有关组织和人员调查情况，听取申请人、被申请人和第三人的意见。

第三十二条 行政复议机构应当自行政复议申请受理之日起7日内，将行政复议申请书副本或者行政复议申请笔录复印件发送被申请人。被申请人应当自收到申请书副本或者申请笔录复印件之日起10日内，提交行政复议答复书，并提交当初作出具体行政行为的证据、依据和其他有关材料。

行政复议答复书应当载明下列事项，并加盖被申请人印章：

（一）被申请人的名称、地址、法定代表人的姓名、职务；

（二）作出具体行政行为的事实和有关证据材料；

（三）作出具体行政行为依据的法律、法规、规章和规范性文件的具体条款和内容；

（四）对申请人行政复议请求的意见和理由；

（五）日期。

被申请人应当对其提交的证据材料分类编号，对证据材料的来源、证明对象和内容作简要说明。

因不可抗力或者其他正当理由，被申请人不能在法定期限内提出书面答复，提交当初作出具体行政行为的证据、依据和其他有关材料的，可以向行政复议机关提出延期答复和举证的书面申请。

第三十三条 有下列情形之一的，行政复议机构可以实地调查核实证据：

（一）申请人或者被申请人对于案件事实的陈述有争议的；

（二）被申请人提供的证据材料之间相互矛盾的；

（三）第三人提出新的证据材料，足以推翻被申请人认定的事实的；

（四）行政复议机构认为确有必要的其他

情形。

调查取证时，行政复议人员不得少于2人，并应当向当事人或者有关人员出示证件。

第三十四条 对重大、复杂的案件，申请人提出要求或者行政复议机构认为必要时，可以采取听证的方式审理。

有下列情形之一的，属于重大、复杂的案件：

（一）涉及人数众多或者群体利益的案件；

（二）具有涉外因素的案件；

（三）社会影响较大的案件；

（四）案件事实和法律关系复杂的案件；

（五）行政复议机构认为其他重大、复杂的案件。

第三十五条 公民、法人或者其他组织对人力资源社会保障部门行使法律、法规规定的自由裁量权作出的具体行政行为不服申请行政复议，在行政复议机关作出行政复议决定之前，申请人和被申请人可以在自愿、合法基础上达成和解。申请人和被申请人达成和解的，应当向行政复议机构提交书面和解协议。

书面和解协议应当载明行政复议请求、事实、理由和达成和解的结果，并且由申请人和被申请人签字或者盖章。

行政复议机构应当对申请人和被申请人提交的和解协议进行审查。和解确属申请人和被申请人的真实意思表示，和解内容不违反法律、法规的强制性规定，不损害国家利益、社会公共利益和他人合法权益的，行政复议机构应当准许和解，并终止行政复议案件的审理。

第三十六条 依照行政复议法实施条例第四十一条的规定，行政复议机构中止、恢复行政复议案件的审理，应当分别制发《行政复议中止通知书》和《行政复议恢复审理通知书》，并通知申请人、被申请人和第三人。

第三十七条 依照行政复议法实施条例第四十二条的规定，行政复议机关终止行政复议的，应当制发《行政复议终止通知书》，并通知申请人、被申请人和第三人。

第三十八条 依照行政复议法第二十八条第一款第一项规定，具体行政行为认定事实清楚，证据确凿，适用依据正确，程序合法，内容适当的，行政复议机关应当决定维持。

第三十九条 依照行政复议法第二十八条第一款第二项规定，被申请人不履行法定职责的，行政复议机关应当决定其在一定期限内履行法定职责。

第四十条 具体行政行为有行政复议法第二十八条第一款第三项规定情形之一的，行政复议机关应当决定撤销、变更该具体行政行为或者确认该具体行政行为违法；决定撤销该具体行政行为或者确认该具体行政行为违法的，可以责令被申请人在一定期限内重新作出具体行政行为。

第四十一条 被申请人未依照行政复议法第二十三条的规定提出书面答复、提交当初作出具体行政行为的证据、依据和其他有关材料的，视为该具体行政行为没有证据、依据，行政复议机关应当决定撤销该具体行政行为。

第四十二条 具体行政行为有行政复议法实施条例第四十七条规定情形之一的，行政复议机关可以作出变更决定。

第四十三条 依照行政复议法实施条例第四十八条第一款的规定，行政复议机关决定驳回行政复议申请的，应当制发《驳回行政复议申请决定书》，并通知申请人、被申请人和第三人。

第四十四条 行政复议机关依照行政复议法第二十八条的规定责令被申请人重新作出具体行政行为的，被申请人应当在法律、法规、规章规定的期限内重新作出具体行政行为；法律、法规、规章未规定期限的，重新作出具体行政行为的期限为60日。

公民、法人或者其他组织对被申请人重新作出的具体行政行为不服，可以依法申请行政复议或者提起行政诉讼。

第四十五条 有下列情形之一的，行政复议机关可以按照自愿、合法的原则进行调解：

（一）公民、法人或者其他组织对人力资源社会保障部门行使法律、法规规定的自由裁量权作出的具体行政行为不服申请行政复议的；

（二）当事人之间的行政赔偿或者行政补偿纠纷；

（三）其他适于调解的。

第四十六条 行政复议机关进行调解应当符合下列要求：

（一）在查明案件事实的基础上进行；

（二）充分尊重申请人和被申请人的意愿；

（三）遵循公正、合理原则；

（四）调解结果应当符合有关法律、法规的规定；

（五）调解结果不得损害国家利益、社会公共利益或者他人合法权益。

第四十七条　申请人和被申请人经调解达成协议的，行政复议机关应当制作《行政复议调解书》。《行政复议调解书》应当载明下列内容：

（一）申请人姓名、性别、年龄、住所（法人或者其他组织的名称、地址、法定代表人或者主要负责人的姓名、职务）；

（二）被申请人的名称；

（三）申请人申请行政复议的请求、事实和理由；

（四）被申请人答复的事实、理由、证据和依据；

（五）进行调解的基本情况；

（六）调解结果；

（七）日期。

《行政复议调解书》应当加盖行政复议机关印章。《行政复议调解书》经申请人、被申请人签字或者盖章，即具有法律效力。

调解未达成协议或者调解书生效前一方反悔的，行政复议机关应当及时作出行政复议决定。

第四十八条　行政复议机关在审查申请人一并提出的作出具体行政行为所依据的规定的合法性时，应当根据具体情况，分别作出下列处理：

（一）如果该规定是由本行政机关制定的，应当在30日内对该规定依法作出处理结论；

（二）如果该规定是由其他人力资源社会保障行政部门制定的，应当在7日内按照法定程序转送制定该规定的人力资源社会保障行政部门，请其在60日内依法处理；

（三）如果该规定是由人民政府制定的，应当在7日内按照法定程序转送有权处理的国家机关依法处理。

对该规定进行审查期间，中止对具体行政行为的审查；审查结束后，行政复议机关再继续对具体行政行为的审查。

第四十九条　行政复议机关对决定撤销、变更具体行政行为或者确认具体行政行为违法并且申请人提出行政赔偿请求的下列具体行政行为，应当在行政复议决定中同时作出被申请人依法给予赔偿的决定：

（一）被申请人违法实施罚款、没收违法所得、依法予以关闭、吊销许可证等行政处罚的；

（二）被申请人造成申请人财产损失的其他违法行为。

第五十条　行政复议机关作出行政复议决定，应当制作《行政复议决定书》，载明下列事项：

（一）申请人的姓名、性别、年龄、住所（法人或者其他组织的名称、地址、法定代表人或者主要负责人的姓名、职务）；

（二）被申请人的名称、住所；

（三）申请人的行政复议请求和理由；

（四）第三人的意见；

（五）被申请人答复意见；

（六）行政复议机关认定的事实、理由，适用的法律、法规、规章以及其他规范性文件；

（七）复议决定；

（八）申请人不服行政复议决定向人民法院起诉的期限；

（九）日期。

《行政复议决定书》应当加盖行政复议机关印章。

第五十一条　行政复议机关应当根据《中华人民共和国民事诉讼法》的规定，采用直接送达、邮寄送达或者委托送达等方式，将行政复议决定送达申请人、被申请人和第三人。

第五十二条　下级行政复议机关应当及时将重大行政复议决定报上级行政复议机关备案。

第五十三条　案件审查结束后，办案人员应当及时将案卷进行整理归档。案卷保存期不少于10年，国家另有规定的从其规定。保存期满后的案卷，应当按照国家有关档案管理的规定处理。

案卷归档材料应当包括：

（一）行政复议申请的处理

1. 行政复议申请书或者行政复议申请笔录、申请人提交的证据材料；

2. 授权委托书、申请人身份证复印件、法定代表人或者主要负责人身份证明书；

3. 行政复议补正通知书；

4. 行政复议受理通知书和行政复议提出答复通知书；

5. 行政复议不予受理决定书；

6. 行政复议告知书；

7. 行政复议答复书、被申请人提交的证据材料；

8. 第三人参加行政复议申请书、第三人参加行政复议通知书；

9. 责令限期受理行政复议申请通知书。

（二）案件审理

1. 行政复议调查笔录；

2. 行政复议听证记录；

3. 行政复议中止通知书、行政复议恢复审理通知书；

4. 行政复议和解协议；

5. 行政复议延期处理通知书；

6. 撤回行政复议申请书；

7. 规范性文件转送函。

（三）处理结果

1. 行政复议决定书；

2. 行政复议调解书；

3. 行政复议终止书；

4. 驳回行政复议申请决定书。

（四）其他

1. 行政复议文书送达回证；

2. 行政复议意见书；

3. 行政复议建议书；

4. 其他。

第五十四条 案卷装订、归档应当达到下列要求：

（一）案卷装订整齐；

（二）案卷目录用钢笔或者签字笔填写，字迹工整；

（三）案卷材料不得涂改；

（四）卷内材料每页下方应当居中标注页码。

第六章 附 则

第五十五条 本办法所称人力资源社会保障部门包括人力资源社会保障行政部门、社会保险经办机构、公共就业服务机构等具有行政职能的机构。

第五十六条 人力资源社会保障行政复议活动所需经费、办公用房以及交通、通讯、摄像、录音等设备由各级人力资源社会保障部门予以保障。

第五十七条 行政复议机关可以使用行政复议专用章。在人力资源社会保障行政复议活动中，行政复议专用章和行政复议机关印章具有同等效力。

第五十八条 本办法未规定事项，依照行政复议法、行政复议法实施条例规定执行。

第五十九条 本办法自发布之日起施行。劳动和社会保障部1999年11月23日发布的《劳动和社会保障行政复议办法》（劳动和社会保障部令第5号）同时废止。

具体行政行为

[解读]

具体行政行为是指行政机关、法律法规授权的组织或行政机关委托的组织及其工作人员在法定职权范围内，对特定人、特定事所进行的直接影响其权利和义务的行为。人力资源和社会保障方面的具体行政行为，是指国家人力资源和社会保障行政机关及其工作人员，法律、法规授权的组织，行政机关委托的组织及其工作人员，在行政管理活动中行使行政职权，针对特定的公民、法人或者其他组织，就特定的具体事项，作出的有关该公司、法人或者其他组织权利义务的行为。具体行政行为有如下特征：

（一）行政行为的实施者是国家行政机关、法律法规授权的组织或行政机关委托的组织及其工作人员，而不是一般的社会组织、非行政性的国家机构及其工作人员。

（二）行政行为是行政机关行使职权的行为。握有行政权力的行政机关，具有强制行政相对人服从自己意志（意思表示）的权利能力和行为能力。

（三）行政行为是直接以行政机关的意思表示产生法律效果的行为。法律效果是指行政行为给当事人权利义务所造成的影响，或者表现为权利义务的增加、减少，或者表现为法律地位和性质的肯定、否定等。

（四）行政行为是行政机关实现行政管理目的的行为。法律通常要规定立法目的，立法目的包括行政管理的一般目的。只要以实现公共利益为目的，均应认为具有行政管理的目的。

（五）行政行为是具有法定表现形式的行为。行政行为的表现形式应当与其内容相适应，完全不具有法定表现形式的行为（如暴力行为），不属于行政行为。

[依据指引]

（1）《中华人民共和国行政复议法》（1999年4月29日 国家主席令第16号）

第二条 公民、法人或者其他组织认为具体行政行为侵犯其合法权益，向行政机关提出行政复议申请，行政机关受理行政复议申请、作出行政复议决定，适用本法。

（2）《中华人民共和国行政诉讼法》（1989年4月4日 国家主席令第16号）

第二条 公民、法人或者其他组织认为行政机关和行政机关工作人员的具体行政行为侵犯其合法权益，有权依照本法向人民法院提起诉讼。

（3）人力资源和社会保障部《人力资源社会

保障行政复议办法》（2010 年 3 月 16 日 部令第 6 号）

第二条 公民、法人或者其他组织认为人力资源社会保障部门作出的具体行政行为侵犯其合法权益，向人力资源社会保障行政部门申请行政复议，人力资源社会保障行政部门及其法制工作机构开展行政复议相关工作，适用本办法。

行政复议机构的职责

[解读]

依照法律规定，履行行政复议职责的行政机关是行政复议机关。人力资源社会保障行政复议机关负责法制工作的机构（简称“行政复议机构”）具体办理行政复议事项，履行下列职责：

（一）处理行政复议申请。

（二）向有关组织和人员调查取证，查阅文件和资料，组织行政复议听证。

（三）依照行政复议法实施条例的规定，办理第三人参加行政复议事项。

（四）依照行政复议法实施条例的规定，决定行政复议中止、恢复行政复议审理事项。

（五）依照行政复议法实施条例的规定，拟订行政复议终止决定。

（六）审查所复议的具体行政行为是否合法与适当，提出处理建议，拟订行政复议决定，主持行政复议调解，审查、核准行政复议和解协议。

（七）处理或者转送对《行政复议法》第七条所列有关规定的审查申请。

（八）依照行政复议法的规定，办理行政赔偿等事项。

（九）依照行政复议法实施条例的规定，办理鉴定事项。

（十）按照职责权限，督促行政复议申请的受理和行政复议决定的履行。

（十一）对人力资源社会保障部门及其工作人员违反行政复议法律、法规的行为依照规定的权限和程序提出处理建议。

（十二）研究行政复议过程中发现的问题，及时向有关机关和部门提出建议，重大问题及时向行政复议机关报告。

（十三）办理因不服行政复议决定提起行政诉讼的行政应诉事项。

（十四）办理或者组织办理未经行政复议直接提起行政诉讼的行政应诉事项。

（十五）办理行政复议、行政应诉案件统计和重大行政复议决定备案事项。

（十六）组织培训。

（十七）法律、法规规定的其他职责。

[依据指引]

(1)《中华人民共和国行政复议法》（1999 年 4 月 29 日 国家主席令第 16 号）

第三条 依照本法履行行政复议职责的行政机关是行政复议机关。行政复议机关负责法制工作的机构具体办理行政复议事项，履行下列职责：

（一）受理行政复议申请；

（二）向有关组织和人员调查取证，查阅文件和资料；

（三）审查申请行政复议的具体行政行为是否合法与适当，拟订行政复议决定；

（四）处理或者转送对本法第七条所列有关规定的审查申请；

（五）对行政机关违反本法规定的行为依照规定的权限和程序提出处理建议；

（六）办理因不服行政复议决定提起行政诉讼的应诉事项；

（七）法律、法规规定的其他职责。

(2) 国务院《行政复议法实施条例》（2007 年 5 月 29 日 国务院令第 499 号）

第三条 行政复议机构除应当依照行政复议法第三条的规定履行职责外，还应当履行下列职责：

（一）依照行政复议法第十八条的规定转送有关行政复议申请；

（二）办理行政复议法第二十九条规定的行政赔偿等事项；

（三）按照职责权限，督促行政复议申请的受理和行政复议决定的履行；

（四）办理行政复议、行政应诉案件统计和重大行政复议决定备案事项；

（五）办理或者组织办理未经行政复议直接提起行政诉讼的行政应诉事项；

（六）研究行政复议工作中发现的问题，及时向有关机关提出改进建议，重大问题及时向行政复议机关报告。

(3) 人力资源和社会保障部《人力资源社会保障行政复议办法》（2010 年 3 月 16 日 部令第 6 号）

第四条 行政复议机关负责法制工作的机构

（以下简称行政复议机构）具体办理行政复议事项，履行下列职责：

（一）处理行政复议申请；

（二）向有关组织和人员调查取证，查阅文件和资料，组织行政复议听证；

（三）依照行政复议法实施条例第九条的规定，办理第三人参加行政复议事项；

（四）依照行政复议法实施条例第四十一条的规定，决定行政复议中止、恢复行政复议审理事项；

（五）依照行政复议法实施条例第四十二条的规定，拟订行政复议终止决定；

（六）审查申请行政复议的具体行政行为是否合法与适当，提出处理建议，拟订行政复议决定，主持行政复议调解，审查和准许行政复议和解协议；

（七）处理或者转送对行政复议法第七条所列有关规定的审查申请；

（八）依照行政复议法第二十九条的规定，办理行政赔偿等事项；

（九）依照行政复议法实施条例第三十七条的规定，办理鉴定事项；

（十）按照职责权限，督促行政复议申请的受理和行政复议决定的履行；

（十一）对人力资源社会保障部门及其工作人员违反行政复议法、行政复议法实施条例和本办法规定的行为依照规定的权限和程序提出处理建议；

（十二）研究行政复议过程中发现的问题，及时向有关机关和部门提出建议，重大问题及时向行政复议机关报告；

（十三）办理因不服行政复议决定提起行政诉讼的行政应诉事项；

（十四）办理或者组织办理未经行政复议直接提起行政诉讼的行政应诉事项；

（十五）办理行政复议、行政应诉案件统计和重大行政复议决定备案事项；

（十六）组织培训；

（十七）法律、法规规定的其他职责。

行政复议人员的权利和义务

[解读]

行政复议人员应当具备与履行行政复议职责相适应的品行、专业知识和业务能力，并取得相应资格，享有相应的权利并履行相应的义务。

（一）行政复议人员在行政复议过程中享有下列权利：

1. 依法履行行政复议职责的行为受法律保护；

2. 有获得履行行政复议职责相应物质条件的权利；

3. 对行政复议工作有权提出建议；

4. 有参加培训的权利；

5. 法律、法规和规章规定的其他权利。

（二）行政复议人员在行政复议过程中应当履行下列义务：

1. 严格遵守宪法和法律；

2. 以事实为根据，以法律为准绳审理行政复议案件；

3. 忠于职守，尽职尽责，清正廉洁，秉公执法；

4. 依法保障行政复议参加人的合法权益；

5. 保守国家秘密、商业秘密和个人隐私；

6. 维护国家利益、社会公共利益，维护公民、法人或者其他组织的合法权益；

7. 法律、法规和规章规定的其他义务。

[依据指引]

(1)《中华人民共和国行政复议法实施条例》（2007年5月29日　国务院令第499号）

第四条　专职行政复议人员应当具备与履行行政复议职责相适应的品行、专业知识和业务能力，并取得相应资格。具体办法由国务院法制机构会同国务院有关部门规定。

(2) 人力资源和社会保障部《人力资源社会保障行政复议办法》（2010年3月16日　部令第6号）

第五条　专职行政复议人员应当具备与履行行政复议职责相适应的品行、专业知识和业务能力，并取得相应资格。各级人力资源社会保障部门应当保障行政复议人员参加培训的权利，应当为行政复议人员参加法律类资格考试提供必要的帮助。

第六条　行政复议人员享有下列权利：

（一）依法履行行政复议职责的行为受法律保护；

（二）获得履行行政复议职责相应的物质条件；

（三）对行政复议工作提出建议；

（四）参加培训；

（五）法律、法规和规章规定的其他权利。

行政复议人员应当履行下列义务：

（一）严格遵守宪法和法律；

（二）以事实为根据，以法律为准绳审理行政复议案件；

（三）忠于职守，尽职尽责，清正廉洁，秉公执法；

（四）依法保障行政复议参加人的合法权益；

（五）保守国家秘密、商业秘密和个人隐私；

（六）维护国家利益、社会公共利益，维护公民、法人或者其他组织的合法权益；

（七）法律、法规和规章规定的其他义务。

人力资源社会保障行政复议应遵循的原则

[解读]

人力资源社会保障行政复议机关履行行政复议职责，应当遵循合法、公正、公开、及时、便民的原则，坚持有错必纠，保障法律、法规的正确实施。

（一）合法原则。所谓合法原则，是指人力资源社会保障行政复议机关必须严格按照法律规定的职责权限，以事实为依据，以法律为准绳，对行政管理相对人申请复议的具体行政行为进行审查，并依法作出复议决定。合法原则包括以下内容：

1. 履行人力资源社会保障行政复议职责的主体及其职权应当合法。一方面，复议机关应当是依法成立并享有复议权的人力资源社会保障行政机关；另一方面，复议机关对其受理的复议案件应当有管辖权。

2. 人力资源社会保障行政复议的依据必须合法。复议机关审查具体行政行为，应以法律、法规、规章及其他规范性文件为依据，在规范性文件相互矛盾时，应适用效力高的规范性文件。

3. 人力资源社会保障行政复议的程序必须合法。复议机关的活动，从受理行政复议申请到作出行政复议决定，都应当严格按照法定程序进行。超过规定期限或者复议文书在形式上违法也属于程序违法。

（二）公正原则。公正原则是合法原则的必要补充，是一项直接关系到人力资源社会保障行政机关社会形象的重要原则。公正原则包括以下内容：公正对待申请人和被申请人，不能“官官相护”。以法律规定和社会公认的公正标准对原具体行政行为的适当性进行审查，正确运用自由裁量权。

（三）公开原则。公开原则是人力资源社会保障行政复议民主化的体现。只有行政复议过程的公开，才能保证行政复议结果的公正。公开原则包括以下内容：

1. 允许申请人依法查阅被申请人提出的书面答复，作出具体行政行为的证据、依据和其他有关材料。

2. 充分听取申请人的意见，对申请人提供的证据和申述的理由予以高度重视。

3. 行政复议的依据和行政复议决定公开。

（四）及时原则。及时原则的核心内容是要求人力资源社会保障行政复议机关在法律规定的期限内，完成行政复议案件的审理工作。其主要内容是：

1. 及时审查复议申请，并将审查结果告知申请人。

2. 受理行政复议申请后，及时对具体行政行为进行审查，调查取证，核实证据。

3. 及时作出复议决定并依法采取措施，保证复议决定的履行。

（五）便民原则。便民原则就是要求人力资源社会保障行政复议活动方便老百姓，不因行政复议造成累诉。也就是说，在法律规定申请人应承担的义务内，要尽可能为申请人提供方便；在法律规定申请人应承担的义务外，不得增加申请人的负担。

[依据指引]

（1）《中华人民共和国行政复议法》（1999年4月29日　国家主席令第16号）

第四条　行政复议机关履行行政复议职责，应当遵循合法、公正、公开、及时、便民的原则，坚持有错必纠，保障法律、法规的正确实施。

（2）人力资源和社会保障部《人力资源社会保障行政复议办法》（2010年3月16日　部令第6号）

第三条　各级人力资源社会保障行政部门是人力资源社会保障行政复议机关（以下简称行政复议机关），应当认真履行行政复议职责，遵循合法、公正、公开、及时、便民的原则，坚持有错必纠，保障法律、法规和人力资源社会保障规章的正确实施。

人力资源社会保障行政复议的受案范围

[解读]

人力资源社会保障行政复议的受案范围是指允许公民、法人或者其他组织申请人力资源社会保障行政复议事项的范围。也就是说，对人力资源社会保障行政机关作出的哪些具体行政行为，当事人可以提起行政复议。人力资源社会保障行政复议的受案范围如下：

（一）对人力资源社会保障部门作出的警告、罚款、没收违法所得、依法予以关闭、吊销许可证等行政处罚决定不服的。

（二）对人力资源社会保障部门作出的行政处理决定不服的。

（三）对人力资源社会保障部门作出的行政许可、行政审批不服的。

（四）对人力资源社会保障部门作出的行政确认不服的。

（五）认为人力资源社会保障部门不履行法定职责的。

（六）认为人力资源社会保障部门违法收费或者违法要求履行义务的。

（七）认为人力资源社会保障部门作出的其他具体行政行为侵犯其合法权益的。

（八）对人力资源社会保障行政部门作出的工伤认定结论不服的。

（九）公民、法人或者其他组织与社会保险经办机构发生社会保险行政争议的。

公民、法人或者其他组织对下列事项，不能申请行政复议：

（一）人力资源社会保障部门作出的行政处分或者其他人事处理决定。

（二）劳动者与用人单位之间发生的劳动人事争议。

（三）劳动能力鉴定委员会的行为。

（四）劳动人事争议仲裁委员会的仲裁、调解等行为。

（五）已就同一事项向其他有权受理的行政机关申请行政复议的。

（六）向人民法院提起行政诉讼，人民法院已经依法受理的。

（七）法律、行政法规规定的其他情形。

[依据指引]

(1) 人力资源和社会保障部《人力资源社会保障行政复议办法》（2010年3月16日　部令第6号）

第七条　有下列情形之一的，公民、法人或者其他组织可以依法申请行政复议：

（一）对人力资源社会保障部门作出的警告、罚款、没收违法所得、依法予以关闭、吊销许可证等行政处罚决定不服的；

（二）对人力资源社会保障部门作出的行政处理决定不服的；

（三）对人力资源社会保障部门作出的行政许可、行政审批不服的；

（四）对人力资源社会保障部门作出的行政确认不服的；

（五）认为人力资源社会保障部门不履行法定职责的；

（六）认为人力资源社会保障部门违法收费或者违法要求履行义务的；

（七）认为人力资源社会保障部门作出的其他具体行政行为侵犯其合法权益的。

第八条　公民、法人或者其他组织对下列事项，不能申请行政复议：

（一）人力资源社会保障部门作出的行政处分或者其他人事处理决定；

（二）劳动者与用人单位之间发生的劳动人事争议；

（三）劳动能力鉴定委员会的行为；

（四）劳动人事争议仲裁委员会的仲裁、调解等行为；

（五）已就同一事项向其他有权受理的行政机关申请行政复议的；

（六）向人民法院提起行政诉讼，人民法院已经依法受理的；

（七）法律、行政法规规定的其他情形。

第三十条　劳动者与用人单位因工伤保险待遇发生争议，向劳动人事争议仲裁委员会申请仲裁期间，又对人力资源社会保障行政部门作出的工伤认定结论不服向行政复议机关申请行政复议的，如果符合法定条件，应当予以受理。

(2) 劳动和社会保障部《社会保险行政争议处理办法》（2001年5月27日　部令第13号）

第三条　公民、法人或者其他组织认为经办机构的具体行政行为侵犯其合法权益，向经办机构或者劳动保障行政部门申请社会保险行政争议处理，经办机构或者劳动保障行政部门处理社会保险行政争议适用本办法。

对规范性文件的审查

［解读］

公民、法人或者其他组织认为行政机关的具体行政行为所依据的除法律、法规、规章和国务院文件以外的其他规范性文件不合法，在对具体行政行为申请行政复议时，可以一并向复议机关提出对该规范性文件的审查申请。申请人在对具体行政行为提出行政复议申请时尚不知道该具体行政行为所依据的规定的，可以在行政复议机关作出行政复议决定前向行政复议机关提出对该规定的审查申请。

可以提出审查申请的规范性文件包括：

（一）国务院各部门的规定。

（二）县级以上地方各级人民政府及其工作部门的规定。

（三）乡、镇人民政府的规定。

上述所列规定不含国务院各部、委的部门规章和地方人民政府的政府规章。规章的审查依照法律、行政法规的规定办理。

人力资源社会保障行政复议机关在审查申请人一并提出的作出具体行政行为所依据的有关规定的合法性时，应当根据具体情况，分别作出以下处理：

（一）如果该规定是由本行政机关制定，或本行政复议机关对该规定有权处理的，应当在30日内对该规定依法作出处理结论。

（二）如果该规定是由其他人力资源社会保障行政部门制定的，应当在7日内将有关材料直接移送制定该规定的人力资源社会保障行政部门，请其在60日内依法作出处理结论，并将处理结论告知移送的人力资源社会保障复议机关。

（三）如果该规定是由政府制定的，应当在7日内按照法定程序转送有权处理的国家机关依法处理。

对该规定进行审查期间，中止对具体行政行为的审查；审查结束后，人力资源社会保障行政复议机关再继续本案具体行政行为的审查。中止审查期间，应当将有关中止的情况通知申请人和被申请人。

［依据指引］

(1)《中华人民共和国行政复议法》（1999年4月29日　国家主席令第16号）

第七条　公民、法人或者其他组织认为行政机关的具体行政行为所依据的下列规定不合法，在对具体行政行为申请行政复议时，可以一并向行政复议机关提出对该规定的审查申请：

（一）国务院部门的规定；

（二）县级以上地方各级人民政府及其工作部门的规定；

（三）乡、镇人民政府的规定。

前款所列规定不含国务院部、委员会规章和地方人民政府规章。规章的审查依照法律、行政法规办理。

第二十六条　申请人在申请行政复议时，一并提出对本法第七条所列有关规定的审查申请的，行政复议机关对该规定有权处理的，应当在三十日内依法处理；无权处理的，应当在七日内按照法定程序转送有权处理的行政机关依法处理，有权处理的行政机关应当在六十日内依法处理。处理期间，中止对具体行政行为的审查。

(2) 国务院《行政复议法实施条例》（2007年5月29日　国务院令第499号）

第二十六条　依照行政复议法第七条的规定，申请人认为具体行政行为所依据的规定不合法的，可以在对具体行政行为申请行政复议的同时一并提出对该规定的审查申请；申请人在对具体行政行为提出行政复议申请时尚不知道该具体行政行为所依据的规定的，可以在行政复议机关作出行政复议决定前向行政复议机关提出对该规定的审查申请。

(3) 人力资源和社会保障部《人力资源社会保障行政复议办法》（2010年3月16日　部令第6号）

第二十五条　依照行政复议法第七条的规定，申请人认为具体行政行为所依据的规定不合法的，可以在对具体行政行为申请行政复议的同时一并提出对该规定的审查申请；申请人在对具体行政行为提出行政复议申请时尚不知道该具体行政行为所依据的规定的，可以在行政复议机关作出行政复议决定前向行政复议机关提出对该规定的审查申请。

人力资源社会保障行政复议的管辖

[解读]

人力资源社会保障行政复议的管辖是指行政机关受理行政复议案件的权限和分工。行政管理相对人申请行政复议，按以下情况确定行政复议机关：

（一）对县级以上人力资源社会保障行政部门的具体行政行为不服的，可以向上一级人力资源社会保障行政部门申请复议，也可以向该人力资源社会保障行政部门的本级人民政府申请行政复议。

（二）对人力资源社会保障部作出的具体行政行为不服的，向人力资源社会保障部申请行政复议。

（三）对人力资源社会保障行政部门按照国务院规定设立的社会保险经办机构（以下简称社会保险经办机构）依照法律、法规规定作出的具体行政行为不服，可以向直接管理该社会保险经办机构的人力资源社会保障行政部门申请行政复议。

（四）对依法受委托的属于事业组织的公共就业服务机构、职业技能考核鉴定机构以及街道、乡镇人力资源社会保障工作机构等作出的具体行政行为不服的，可以向委托其行使行政管理职能的人力资源社会保障行政部门的上一级人力资源社会保障行政部门申请复议，也可以向该人力资源社会保障行政部门的本级人民政府申请行政复议。

（五）对人力资源社会保障部门和政府其他部门以共同名义作出的具体行政行为不服的，可以向其共同的上一级行政部门申请复议。共同作出具体行政行为的人力资源社会保障部门为共同被申请人之一。

[依据指引]

(1) 人力资源和社会保障部《人力资源社会保障行政复议办法》（2010 年 3 月 16 日　部令第 6 号）

第十四条　对县级以上人力资源社会保障行政部门的具体行政行为不服的，可以向上一级人力资源社会保障行政部门申请复议，也可以向该人力资源社会保障行政部门的本级人民政府申请行政复议。

对人力资源社会保障部作出的具体行政行为不服的，向人力资源社会保障部申请行政复议。

第十五条　对人力资源社会保障行政部门按照国务院规定设立的社会保险经办机构（以下简称社会保险经办机构）依照法律、法规规定作出的具体行政行为不服，可以向直接管理该社会保险经办机构的人力资源社会保障行政部门申请行政复议。

第十六条　对依法受委托的属于事业组织的公共就业服务机构、职业技能考核鉴定机构以及街道、乡镇人力资源社会保障工作机构等作出的具体行政行为不服的，可以向委托其行使行政管理职能的人力资源社会保障行政部门的上一级人力资源社会保障行政部门申请复议，也可以向该人力资源社会保障行政部门的本级人民政府申请行政复议。委托的人力资源社会保障行政部门为被申请人。

第十七条　对人力资源社会保障部门和政府其他部门以共同名义作出的具体行政行为不服的，可以向其共同的上一级行政部门申请复议。共同作出具体行政行为的人力资源社会保障部门为共同被申请人之一。

(2) 劳动和社会保障部《社会保险行政争议处理办法》（2001 年 5 月 27 日　部令第 13 号）

第八条　公民、法人或者其他组织对经办机构作出的具体行政行为不服，可以向直接管理该经办机构的劳动保障行政部门申请行政复议。

人力资源社会保障行政复议的受理

[解读]

行政复议机构收到行政复议申请后，应当在 5 日内进行审查，按照下列情况分别作出处理：

（一）对符合《行政复议法实施条例》第 28 条规定条件的，依法予以受理，制作《行政复议受理通知书》和《行政复议提出答复通知书》，送达申请人和被申请人。

（二）对符合行政复议范围，但不属于本机关受理范围的，应当书面告知申请人向有关行政复议机关提出。

（三）对不符合法定受理条件的，应当作出不予受理决定，制作《行政复议不予受理决定书》，送达申请人，该决定书中应当说明不予受理的理由和依据。对不符合规定的行政复议申请，行政复议机构应当将有关处理情况告知申请人。

人力资源社会保障行政部门的其他工作机构

收到复议申请的，应当及时转送行政复议机构。除不符合行政复议法定条件或者不属于本机关受理的行政复议申请外，行政复议申请自行政复议机构收到之日起即为受理。

依照行政复议法实施条例的规定，行政复议申请材料不齐全或者表述不清楚的，行政复议机构可以向申请人发出补正通知，一次性告知申请人需要补正的事项。补正通知应当载明下列事项：

（一）行政复议申请书中需要修改、补充的具体内容。

（二）需要补正的证明材料。

（三）合理的补正期限。

（四）逾期未补正的法律后果。

补正期限从申请人收到补正通知之日起计算。无正当理由逾期不补正的，视为申请人放弃行政复议申请。申请人应当在补正期限内向行政复议机构提交需要补正的材料。补正申请材料所用时间不计入行政复议审理期限。

申请人依法提出行政复议申请，行政复议机关无正当理由不予受理的，上一级人力资源社会保障行政部门可以根据申请人的申请或者依职权先行督促其受理；经督促仍不受理的，应当责令其限期受理，并且制作《责令受理行政复议申请通知书》；必要时，上一级人力资源社会保障行政部门也可以直接受理。上一级人力资源社会保障行政部门经审查认为行政复议申请不符合法定受理条件的，应当告知申请人。

劳动者与用人单位因工伤保险待遇发生争议，向劳动人事争议仲裁委员会申请仲裁期间，又对人力资源社会保障行政部门作出的工伤认定结论不服向行政复议机关申请行政复议的，如果符合法定条件，应当予以受理。

[依据指引]

(1)《中华人民共和国行政复议法》（1999 年 4 月 29 日　国家主席令第 16 号）

第十九条　法律、法规规定应当先向行政复议机关申请行政复议、对行政复议决定不服再向人民法院提起行政诉讼的，行政复议机关决定不予受理或者受理后超过行政复议期限不作答复的，公民、法人或者其他组织可以自收到不予受理决定书之日起或者行政复议期满之日起十五日内，依法向人民法院提起行政诉讼。

第二十条　公民、法人或者其他组织依法提出行政复议申请，行政复议机关无正当理由不予受理的，上级行政机关应当责令其受理；必要时，上级行政机关也可以直接受理。

(2) 国务院《行政复议法实施条例》（2007 年 5 月 29 日　国务院令第 499 号）

第二十七条　公民、法人或者其他组织认为行政机关的具体行政行为侵犯其合法权益提出行政复议申请，除不符合行政复议法和本条例规定的申请条件的，行政复议机关必须受理。

第二十八条　行政复议申请符合下列规定的，应当予以受理：

（一）有明确的申请人和符合规定的被申请人；

（二）申请人与具体行政行为有利害关系；

（三）有具体的行政复议请求和理由；

（四）在法定申请期限内提出；

（五）属于行政复议法规定的行政复议范围；

（六）属于收到行政复议申请的行政复议机构的职责范围；

（七）其他行政复议机关尚未受理同一行政复议申请，人民法院尚未受理同一主体就同一事实提起的行政诉讼。

第二十九条　行政复议申请材料不齐全或者表述不清楚的，行政复议机构可以自收到该行政复议申请之日起 5 日内书面通知申请人补正。补正通知应当载明需要补正的事项和合理的补正期限。无正当理由逾期不补正的，视为申请人放弃行政复议申请。补正申请材料所用时间不计入行政复议审理期限。

第三十条　申请人就同一事项向两个或者两个以上有权受理的行政机关申请行政复议的，由最先收到行政复议申请的行政机关受理；同时收到行政复议申请的，由收到行政复议申请的行政机关在 10 日内协商确定；协商不成的，由其共同上一级行政机关在 10 日内指定受理机关。协商确定或者指定受理机关所用时间不计入行政复议审理期限。

第三十一条　依照行政复议法第二十条的规定，上级行政机关认为行政复议机关不予受理行政复议申请的理由不成立的，可以先行督促其受理；经督促仍不受理的，应当责令其限期受理，必要时也可以直接受理；认为行政复议申请不符合法定受理条件的，应当告知申请人。

(3) 人力资源和社会保障部《人力资源社会保障行政复议办法》（2010 年 3 月 16 日　部令第 6 号）

第二十六条 行政复议机构收到行政复议申请后，应当在5日内进行审查，按照下列情况分别作出处理：

（一）对符合行政复议法实施条例第二十八条规定条件的，依法予以受理，制作《行政复议受理通知书》和《行政复议提出答复通知书》，送达申请人和被申请人；

（二）对符合本办法第七条规定的行政复议范围，但不属于本机关受理范围的，应当书面告知申请人向有关行政复议机关提出；

（三）对不符合法定受理条件的，应当作出不予受理决定，制作《行政复议不予受理决定书》，送达申请人，该决定书中应当说明不予受理的理由和依据。

对不符合前款规定的行政复议申请，行政复议机构应当将有关处理情况告知申请人。

第二十七条 人力资源社会保障行政部门的其他工作机构收到复议申请的，应当及时转送行政复议机构。

除不符合行政复议法定条件或者不属于本机关受理的行政复议申请外，行政复议申请自行政复议机构收到之日起即为受理。

第二十八条 依照行政复议法实施条例第二十九条的规定，行政复议申请材料不齐全或者表述不清楚的，行政复议机构可以向申请人发出补正通知，一次性告知申请人需要补正的事项。

补正通知应当载明下列事项：

（一）行政复议申请书中需要修改、补充的具体内容；

（二）需要补正的证明材料；

（三）合理的补正期限；

（四）逾期未补正的法律后果。

补正期限从申请人收到补正通知之日起计算。

无正当理由逾期不补正的，视为申请人放弃行政复议申请。

申请人应当在补正期限内向行政复议机构提交需要补正的材料。补正申请材料所用时间不计入行政复议审理期限。

第二十九条 申请人依法提出行政复议申请，行政复议机关无正当理由不予受理的，上一级人力资源社会保障行政部门可以根据申请人的申请或者依职权先行督促其受理；经督促仍不受理的，应当责令其限期受理，并且制作《责令受理行政复议申请通知书》；必要时，上一级人力资源社会保障行政部门也可以直接受理。

上一级人力资源社会保障行政部门经审查认为行政复议申请不符合法定受理条件的，应当告知申请人。

第三十条 劳动者与用人单位因工伤保险待遇发生争议，向劳动人事争议仲裁委员会申请仲裁期间，又对人力资源社会保障行政部门作出的工伤认定结论不服向行政复议机关申请行政复议的，如果符合法定条件，应当予以受理。

人力资源社会保障行政复议的申请人

[解读]

人力资源社会保障行政复议的申请人是指向上级人力资源社会保障行政机关提起行政复议的公民、法人或者其他组织。依照行政复议法的规定，申请人应当符合以下几个条件：

（一）认为人力资源社会保障行政部门的具体行政行为侵犯了自己的合法权益，事实上这种“认为”可能有对有错，但不影响其申请行政复议的权利。

（二）依法向复议机关提出行政复议申请。

（三）对于公民来说，通常情况下，申请人大多是有权申请行政复议的公民本人，由自己提出复议申请，但有两种情况有权申请行政复议的公民本人不能亲自提出申请：第一种是该公民是无民事行为能力人或者限制民事行为能力人，必须由其法定代理人代为提出申请；第二种是有权申请行政复议的公民死亡，转而由其近亲属申请行政复议，其亲属为申请人。

（四）对于法人或其他组织来说，申请行政复议的多是法定代表人或主要负责人，当然也可以委托代理人提出复议申请。如果有权申请行政复议的法人或者其他组织终止，承继其权利的法人或者其他组织可以依法申请行政复议。

[依据指引]

(1)《中华人民共和国行政复议法》（1999年4月29日 国家主席令第16号）

第十条 依照本法申请行政复议的公民、法人或者其他组织是申请人。

有权申请行政复议的公民死亡的，其近亲属可以申请行政复议。有权申请行政复议的公民为无民事行为能力人或者限制民事行为能力人的，其法定代理人可以代为申请行政复议。有权申请行政复议的法人或者其他组织终止的，承受其权利的法人或者其他组织可以申请行政复议。

同申请行政复议的具体行政行为有利害关系的其他公民、法人或者其他组织，可以作为第三人参加行政复议。

公民、法人或者其他组织对行政机关的具体行政行为不服申请行政复议的，作出具体行政行为的行政机关是被申请人。

申请人、第三人可以委托代理人代为参加行政复议。

(2) 国务院《行政复议法实施条例》（2007年5月29日　国务院令第499号）

第五条　依照行政复议法和本条例的规定申请行政复议的公民、法人或者其他组织为申请人。

第六条　合伙企业申请行政复议的，应当以核准登记的企业为申请人，由执行合伙事务的合伙人代表该企业参加行政复议；其他合伙组织申请行政复议的，由合伙人共同申请行政复议。

前款规定以外的不具备法人资格的其他组织申请行政复议的，由该组织的主要负责人代表该组织参加行政复议；没有主要负责人的，由共同推选的其他成员代表该组织参加行政复议。

第七条　股份制企业的股东大会、股东代表大会、董事会认为行政机关作出的具体行政行为侵犯企业合法权益的，可以以企业的名义申请行政复议。

第八条　同一行政复议案件申请人超过5人的，推选1～5名代表参加行政复议。

第九条　行政复议期间，行政复议机构认为申请人以外的公民、法人或者其他组织与被审查的具体行政行为有利害关系的，可以通知其作为第三人参加行政复议。

行政复议期间，申请人以外的公民、法人或者其他组织与被审查的具体行政行为有利害关系的，可以向行政复议机构申请作为第三人参加行政复议。

第三人不参加行政复议，不影响行政复议案件的审理。

第十条　申请人、第三人可以委托1～2名代理人参加行政复议。申请人、第三人委托代理人的，应当向行政复议机构提交授权委托书。授权委托书应当载明委托事项、权限和期限。公民在特殊情况下无法书面委托的，可以口头委托。口头委托的，行政复议机构应当核实并记录在卷。申请人、第三人解除或者变更委托的，应当书面报告行政复议机构。

(3) 人力资源和社会保障部《人力资源社会保障行政复议办法》（2010年3月16日　部令第6号）

第九条　依照本办法规定申请行政复议的公民、法人或者其他组织为人力资源社会保障行政复议申请人。

第十条　同一行政复议案件申请人超过5人的，推选1～5名代表参加行政复议，并提交全体行政复议申请人签字的授权委托书以及全体行政复议申请人的身份证复印件。

第十一条　依照行政复议法实施条例第九条的规定，公民、法人或者其他组织申请作为第三人参加行政复议，应当提交《第三人参加行政复议申请书》，该申请书应当列明其参加行政复议的事实和理由。

申请作为第三人参加行政复议的，应当对其与被审查的具体行政行为有利害关系负举证责任。

行政复议机构通知或者同意第三人参加行政复议的，应当制作《第三人参加行政复议通知书》，送达第三人，并注明第三人参加行政复议的日期。

第十二条　申请人、第三人可以委托1～2名代理人参加行政复议。

申请人、第三人委托代理人参加行政复议的，应当向行政复议机构提交授权委托书。授权委托书应当载明下列事项：

（一）委托人姓名或者名称，委托人为法人或者其他组织的，还应当载明法定代表人或者主要负责人的姓名、职务；

（二）代理人姓名、性别、职业、住所以及邮政编码；

（三）委托事项、权限和期限；

（四）委托日期以及委托人签字或者盖章。

申请人、第三人解除或者变更委托的，应当书面报告行政复议机构。

人力资源社会保障行政复议的被申请人

[解读]

人力资源社会保障行政复议的被申请人是指被公民、法人或者其他组织认为侵犯其合法权益而向行政复议机关“指控”，并由复议机关通知其参加复议的行政机关。成为行政复议的被申请人应具备如下三个条件：

（一）必须是具有行政管理职能的行政机关，

或者法律、法规授予行使行政管理职权的组织。没有行政管理职能的行政机关，如人事、监察部门等，不能成为被申请人。

（二）作为被申请人，必须是运用行政权力，实施了经申请人认为侵犯其合法权益的具体行政行为，并且这个具体行政行为与申请人的合法权益之间具有因果关系。没有实施具体行政行为或者虽实施了具体行政行为但与申请人的合法权益之间没有因果关系，不能成为被申请人。

（三）必须是由复议机关通知参加复议的。这是行政复议发生的标志，也是某一行政机关或者组织作为被申请人的必要条件。复议机关没有通知参加行政复议的，不能成为被申请人。

［依据指引］

（1）《中华人民共和国行政复议法》（1999年4月29日　国家主席令第16号）

第十三条　对地方各级人民政府的具体行政行为不服的，向上一级地方人民政府申请行政复议。对省、自治区人民政府依法设立的派出机关所属的县级地方人民政府的具体行政行为不服的，向该派出机关申请行政复议。

第十四条　对国务院部门或者省、自治区、直辖市人民政府的具体行政行为不服的，向作出该具体行政行为的国务院部门或者省、自治区、直辖市人民政府申请行政复议。对行政复议决定不服的，可以向人民法院提起行政诉讼；也可以向国务院申请裁决，国务院依照本法的规定作出最终裁决。

第十五条　对本法第十二条、第十三条、第十四条规定以外的其他行政机关、组织的具体行政行为不服的，按照下列规定申请行政复议：

（一）对县级以上地方人民政府依法设立的派出机关的具体行政行为不服的，向设立该派出机关的人民政府申请行政复议；

（二）对政府工作部门依法设立的派出机构依照法律、法规或者规章规定，以自己的名义作出的具体行政行为不服的，向设立该派出机构的部门或者该部门的本级地方人民政府申请行政复议；

（三）对法律、法规授权的组织的具体行政行为不服的，分别向直接管理该组织的地方人民政府、地方人民政府工作部门或者国务院部门申请行政复议；

（四）对两个或者两个以上行政机关以共同的名义作出的具体行政行为不服的，向其共同上一级行政机关申请行政复议；

（五）对被撤销的行政机关在撤销前所作出的具体行政行为不服的，向继续行使其职权的行政机关的上一级行政机关申请行政复议。

有前款所列情形之一的，申请人也可以向具体行政行为发生地的县级地方人民政府提出行政复议申请，由接受申请的县级地方人民政府依照本法第十八条的规定办理。

（2）国务院《行政复议法实施条例》（2007年5月29日　国务院令第499号）

第十一条　公民、法人或者其他组织对行政机关的具体行政行为不服，依照行政复议法和本条例的规定申请行政复议的，作出该具体行政行为的行政机关为被申请人。

第十二条　行政机关与法律、法规授权的组织以共同的名义作出具体行政行为的，行政机关和法律、法规授权的组织为共同被申请人。

行政机关与其他组织以共同名义作出具体行政行为的，行政机关为被申请人。

第十三条　下级行政机关依照法律、法规、规章规定，经上级行政机关批准作出具体行政行为的，批准机关为被申请人。

第十四条　行政机关设立的派出机构、内设机构或者其他组织，未经法律、法规授权，对外以自己名义作出具体行政行为的，该行政机关为被申请人。

（3）人力资源和社会保障部《人力资源社会保障行政复议办法》（2010年3月16日　部令第6号）

第十三条　公民、法人或者其他组织对人力资源社会保障部门作出的具体行政行为不服，依照本办法规定申请行政复议的，作出该具体行政行为的人力资源社会保障部门为被申请人。

第十四条　对县级以上人力资源社会保障行政部门的具体行政行为不服的，可以向上一级人力资源社会保障行政部门申请复议，也可以向该人力资源社会保障行政部门的本级人民政府申请行政复议。

对人力资源社会保障部作出的具体行政行为不服的，向人力资源社会保障部申请行政复议。

第十五条　对人力资源社会保障行政部门按照国务院规定设立的社会保险经办机构（以下简称社会保险经办机构）依照法律、法规规定作出的具体行政行为不服，可以向直接管理该社会保险经办机构的人力资源社会保障行政部门申请行政复议。

第十六条 对依法受委托的属于事业组织的公共就业服务机构、职业技能考核鉴定机构以及街道、乡镇人力资源社会保障工作机构等作出的具体行政行为不服的，可以向委托其行使行政管理职能的人力资源社会保障行政部门的上一级人力资源社会保障行政部门申请复议，也可以向该人力资源社会保障行政部门的本级人民政府申请行政复议。委托的人力资源社会保障行政部门为被申请人。

第十七条 对人力资源社会保障部门和政府其他部门以共同名义作出的具体行政行为不服的，可以向其共同的上一级行政部门申请复议。共同作出具体行政行为的人力资源社会保障部门为共同被申请人之一。

第十八条 人力资源社会保障部门设立的派出机构、内设机构或者其他组织，未经法律、法规授权，对外以自己名义作出具体行政行为的，该人力资源社会保障部门为被申请人。

人力资源社会保障行政复议的第三人

[解读]

人力资源社会保障行政复议的第三人是指与申请人申请人力资源社会保障行政复议的具体行政行为有利害关系并参加人力资源社会保障行政复议的公民、法人或者其他组织。第三人有如下三个基本特征：

（一）与提请行政复议的具体行政行为有利害关系。所谓利害关系，是指第三人与申请人提出申请复议的具体行政行为有着权利义务关系。

（二）第三人参加行政复议，与作为被申请人的行政机关之间应当有管理与被管理、支配与被支配的关系。

（三）参加到他人已经开始但尚未终结的行政复议活动中去。如果他人的行政复议活动尚未开始，不发生第三人参加行政复议的问题，如果他人的行政复议活动已经终结，也不存在第三人参加行政复议活动的问题。

在人力资源社会保障行政复议过程中，作为第三人参加行政复议活动的，还有一部分是受人力资源社会保障行政部门委托，行使行政管理职能的属于事业组织的就业服务管理机构、职业技能鉴定指导机构、乡镇劳动保障工作机构等。人力资源社会保障具体行政行为是受委托的事业组织具体作出的，而他们不能作为被申请人参加行政复议，由于其与复议结果有直接利害关系，所以多作为第三人参加行政复议活动。

公民、法人或者其他组织申请作为第三人参加行政复议，应当提交《第三人参加行政复议申请书》，该申请书应当列明其参加行政复议的事实和理由。申请作为第三人参加行政复议的，应当对其与被审查的具体行政行为有利害关系负举证责任。

行政复议机构通知或者同意第三人参加行政复议的，应当制作《第三人参加行政复议通知书》，送达第三人，并注明第三人参加行政复议的日期。

第三人可以委托 1～2 名代理人参加行政复议。第三人委托代理人参加行政复议的，应当向行政复议机构提交授权委托书。授权委托书应当载明下列事项：

（一）委托人姓名或者名称，委托人为法人或者其他组织的，还应当载明法定代表人或者主要负责人的姓名、职务。

（二）代理人姓名、性别、职业、住所以及邮政编码。

（三）委托事项、权限和期限。

（四）委托日期以及委托人签字或者盖章。

申请人、第三人解除或者变更委托的，应当书面报告行政复议机构。

[依据指引]

(1)《中华人民共和国行政复议法》（1999 年 4 月 29 日 国家主席令第 16 号）

第十条 依照本法申请行政复议的公民、法人或者其他组织是申请人。

有权申请行政复议的公民死亡的，其近亲属可以申请行政复议。有权申请行政复议的公民为无民事行为能力人或者限制民事行为能力人的，其法定代理人可以代为申请行政复议。有权申请行政复议的法人或者其他组织终止的，承受其权利的法人或者其他组织可以申请行政复议。

同申请行政复议的具体行政行为有利害关系的其他公民、法人或者其他组织，可以作为第三人参加行政复议。

公民、法人或者其他组织对行政机关的具体行政行为不服申请行政复议的，作出具体行政行为的行政机关是被申请人。

申请人、第三人可以委托代理人代为参加行

政复议。

(2)《中华人民共和国行政诉讼法》（1989年4月4日　国家主席令第16号）

第二十七条　同提起诉讼的具体行政行为有利害关系的其他公民、法人或者其他组织，可以作为第三人申请参加诉讼，或者由人民法院通知参加诉讼。

(3) 人力资源和社会保障部《人力资源社会保障行政复议办法》（2010年3月16日　部令第6号）

第十一条　依照行政复议法实施条例第九条的规定，公民、法人或者其他组织申请作为第三人参加行政复议，应当提交《第三人参加行政复议申请书》，该申请书应当列明其参加行政复议的事实和理由。

申请作为第三人参加行政复议的，应当对其与被审查的具体行政行为有利害关系负举证责任。

行政复议机构通知或者同意第三人参加行政复议的，应当制作《第三人参加行政复议通知书》，送达第三人，并注明第三人参加行政复议的日期。

第十二条　申请人、第三人可以委托1～2名代理人参加行政复议。

申请人、第三人委托代理人参加行政复议的，应当向行政复议机构提交授权委托书。授权委托书应当载明下列事项：

（一）委托人姓名或者名称，委托人为法人或者其他组织的，还应当载明法定代表人或者主要负责人的姓名、职务；

（二）代理人姓名、性别、职业、住所以及邮政编码；

（三）委托事项、权限和期限；

（四）委托日期以及委托人签字或者盖章。

申请人、第三人解除或者变更委托的，应当书面报告行政复议机构。

行政复议申请形式

[解读]

行政复议申请形式是指公民、法人或者其他组织表达其复议意愿和要求的具体表现形式，包括书面申请和口头申请两种形式。

（一）书面申请。申请人书面申请行政复议的，可以采取当面递交、邮寄或者传真等方式提出行政复议申请。有条件的行政复议机构可以接受以电子邮件形式提出的行政复议申请。申请人书面申请行政复议的，应当在行政复议申请书中载明下列事项：

1. 申请人的基本情况，包括公民的姓名、性别、年龄、身份证号码、工作单位、住所、邮政编码，法人或者其他组织的名称、住所、邮政编码和法定代表人或者主要负责人的姓名、职务；

2. 被申请人的名称；

3. 行政复议请求、申请行政复议的主要事实和理由；

4. 申请人的签名或者盖章；

5. 申请行政复议的日期。

（二）口头申请。申请人口头申请行政复议的，行政复议机构应当依照《行政复议法实施条例》的规定事项，当场制作行政复议申请笔录交申请人核对或者向申请人宣读，并由申请人签字确认。

申请人提出行政复议申请时错列被申请人的，行政复议机构应当告知申请人变更被申请人。

[依据指引]

(1)《中华人民共和国行政复议法》（1999年4月29日　国家主席令第16号）

第十一条　申请人申请行政复议，可以书面申请，也可以口头申请；口头申请的，行政复议机关应当当场记录申请人的基本情况、行政复议请求、申请行政复议的主要事实、理由和时间。

(2) 国务院《行政复议法实施条例》（2007年5月29日　国务院令第499号）

第十八条　申请人书面申请行政复议的，可以采取当面递交、邮寄或者传真等方式提出行政复议申请。

有条件的行政复议机构可以接受以电子邮件形式提出的行政复议申请。

第十九条　申请人书面申请行政复议的，应当在行政复议申请书中载明下列事项：

（一）申请人的基本情况，包括公民的姓名、性别、年龄、身份证号码、工作单位、住所、邮政编码，法人或者其他组织的名称、住所、邮政编码和法定代表人或者主要负责人的姓名、职务；

（二）被申请人的名称；

（三）行政复议请求、申请行政复议的主要事实和理由；

（四）申请人的签名或者盖章；

（五）申请行政复议的日期。

第二十条　申请人口头申请行政复议的，行政复议机构应当依照本条例第十九条规定的事项，当场制作行政复议申请笔录交申请人核对或者向申请人宣读，并由申请人签字确认。

第二十二条　申请人提出行政复议申请时错列被申请人的，行政复议机构应当告知申请人变更被申请人。

（3）人力资源和社会保障部《人力资源社会保障行政复议办法》（2010 年 3 月 16 日　部令第 6 号）

第二十一条　申请人书面申请行政复议的，可以采取当面递交、邮寄或者传真等方式递交行政复议申请书。

有条件的行政复议机构可以接受以电子邮件形式提出的行政复议申请。

对采取传真、电子邮件方式提出的行政复议申请，行政复议机构应当告知申请人补充提交证明其身份以及确认申请书真实性的相关书面材料。

第二十二条　申请人书面申请行政复议的，应当在行政复议申请书中载明下列事项：

（一）申请人基本情况：申请人是公民的，包括姓名、性别、年龄、身份证号码、工作单位、住所、邮政编码；申请人是法人或者其他组织的，包括名称、住所、邮政编码和法定代表人或者主要负责人的姓名、职务。

（二）被申请人的名称。

（三）申请行政复议的具体行政行为、行政复议请求、申请行政复议的主要事实和理由。

（四）申请人签名或者盖章。

（五）日期。

申请人口头申请行政复议的，行政复议机构应当依照前款规定内容，当场制作行政复议申请笔录交申请人核对或者向申请人宣读，并由申请人签字确认。

第二十四条　申请人提出行政复议申请时错列被申请人的，行政复议机构应当告知申请人变更被申请人。

申请人变更被申请人的期间，不计入行政复议审理期限。

行政复议申请材料的补正

[解读]

行政复议申请材料不齐全或者表述不清楚的，行政复议机构可以自收到该行政复议申请之日起 5 日内书面通知申请人补正。补正通知应当一次性告知申请人需要补正的事项和合理的补正期限。无正当理由逾期不补正的，视为申请人放弃行政复议申请。补正申请材料所用时间不计入行政复议审理期限。

补正通知应当载明下列事项：（1）行政复议申请书中需要修改、补充的具体内容；（2）需要补正的证明材料；（3）合理的补正期限；（4）逾期未补正的法律后果。

补正期限从申请人收到补正通知之日起计算。申请人应当在补正期限内向行政复议机构提交需要补正的材料。补正申请材料所用时间不计入行政复议审理期限。

[依据指引]

（1）国务院《行政复议法实施条例》（2007 年 5 月 29 日　国务院令第 499 号）

第二十九条　行政复议申请材料不齐全或者表述不清楚的，行政复议机构可以自收到该行政复议申请之日起 5 日内书面通知申请人补正。补正通知应当载明需要补正的事项和合理的补正期限。无正当理由逾期不补正的，视为申请人放弃行政复议申请。补正申请材料所用时间不计入行政复议审理期限。

（2）人力资源和社会保障部《人力资源社会保障行政复议办法》（2010 年 3 月 16 日　部令第 6 号）

第二十八条　依照行政复议法实施条例第二十九条的规定，行政复议申请材料不齐全或者表述不清楚的，行政复议机构可以向申请人发出补正通知，一次性告知申请人需要补正的事项。

补正通知应当载明下列事项：

（一）行政复议申请书中需要修改、补充的具体内容；

（二）需要补正的证明材料；

（三）合理的补正期限；

（四）逾期未补正的法律后果。

补正期限从申请人收到补正通知之日起计算。

无正当理由逾期不补正的，视为申请人放弃行政复议申请。

申请人应当在补正期限内向行政复议机构提交需要补正的材料。补正申请材料所用时间不计入行政复议审理期限。

申请行政复议的期限

[解读]

申请行政复议的期限是指认为具体行政行为侵犯了其合法权益的公民、法人或者其他组织提出行政复议申请的法定有效期限。公民、法人或者其他组织认为具体行政行为侵犯其合法权益时，只有在法定有效期限内提出行政复议申请，行政复议机关才予受理；否则，行政复议机关不予受理。申请行政复议的期限分为一般期限和特别期限。

（一）申请行政复议的一般期限，是指当事人向行政机关申请行政复议，应当自知道侵犯其合法权益的具体行政行为之日起60日内提出，超过了这个期限提出行政复议申请的，则被视为放弃复议申请权，行政复议机关不予受理。

（二）申请行政复议的特别期限，是指单行法律、法规对特殊期限有超过60日的规定的，应从其规定。这为个别特殊的行政管理领域需要延长复议申请期限提供了法律依据。

（三）申请行政复议期限的中止。申请人因不可抗力或者其他正当理由耽误法定申请期限的，申请期限自原因消除之日起继续计算。行政复议期限可以中止的情况有两类：一是因不可抗力的发生，耽误了法定申请期限。不可抗力是指不能预见、不能避免和克服的客观情况，如地震、火灾、水灾、战争等。二是因其他一些正当理由耽误了法定申请期限。其他正当理由是指不可抗力之外的其他可以中止期限的事由，如法人处于合并或者改组阶段、复议申请人病重等。如果出现不可抗力或者其他正当理由，则申请复议期限处于中止状态。这些障碍消除后，申请复议期限继续计算，而不是重新计算。

（四）申请行政复议期限的计算。申请行政复议的期限，是从公民、法人或者其他组织知道侵犯其合法权益的具体行政行为之日起计算。也就是行政管理相对人通过法律途径，得以了解具体行政行为已经作出并知晓其内容的时间。在实践中，行政复议申请期限依照下列规定计算：

1. 当场作出具体行政行为的，自具体行政行为作出之日起计算。

2. 载明具体行政行为的法律文书直接送达的，自受送达人签收之日起计算。

3. 载明具体行政行为的法律文书依法留置送达的，自送达人和见证人在送达回证上签注的留置送达之日起计算。

4. 载明具体行政行为的法律文书邮寄送达的，自受送达人在邮件签收单上签收之日起计算；没有邮件签收单的，自受送达人在送达回执上签名之日起计算。

5. 具体行政行为依法通过公告形式告知受送达人的，自公告规定的期限届满之日起计算。

6. 被申请人作出具体行政行为时未告知公民、法人或者其他组织，事后补充告知的，自该公民、法人或者其他组织收到补充告知的通知之日起计算。

7. 被申请人有证据材料能够证明公民、法人或者其他组织知道该具体行政行为的，自证据材料证明其知道具体行政行为之日起计算。

人力资源社会保障部门作出具体行政行为，依法应当向有关公民、法人或者其他组织送达法律文书而未送达的，视为该公民、法人或者其他组织不知道该具体行政行为。

人力资源社会保障部门对公民、法人或者其他组织作出具体行政行为，应当告知其申请行政复议的权利、行政复议机关和行政复议申请期限。

[依据指引]

(1)《中华人民共和国行政复议法》（1999年4月29日　国家主席令第16号）

第九条　公民、法人或者其他组织认为具体行政行为侵犯其合法权益的，可以自知道该具体行政行为之日起六十日内提出行政复议申请；但是法律规定的申请期限超过六十日的除外。

因不可抗力或者其他正当理由耽误法定申请期限的，申请期限自障碍消除之日起继续计算。

(2) 国务院《行政复议法实施条例》（2007年5月29日　国务院令第499号）

第十五条　行政复议法第九条第一款规定的行政复议申请期限的计算，依照下列规定办理：

（一）当场作出具体行政行为的，自具体行政行为作出之日起计算。

（二）载明具体行政行为的法律文书直接送达的，自受送达人签收之日起计算。

（三）载明具体行政行为的法律文书邮寄送达的，自受送达人在邮件签收单上签收之日起计算；没有邮件签收单的，自受送达人在送达回执上签名之日起计算。

（四）具体行政行为依法通过公告形式告知受

送达人的，自公告规定的期限届满之日起计算。

（五）行政机关作出具体行政行为时未告知公民、法人或者其他组织，事后补充告知的，自该公民、法人或者其他组织收到行政机关补充告知的通知之日起计算。

（六）被申请人能够证明公民、法人或者其他组织知道具体行政行为的，自证据材料证明其知道具体行政行为之日起计算。

行政机关作出具体行政行为，依法应当向有关公民、法人或者其他组织送达法律文书而未送达的，视为该公民、法人或者其他组织不知道该具体行政行为。

第十六条 公民、法人或者其他组织依照行政复议法第六条第（八）项、第（九）项、第（十）项的规定申请行政机关履行法定职责，行政机关未履行的，行政复议申请期限依照下列规定计算：

（一）有履行期限规定的，自履行期限届满之日起计算；

（二）没有履行期限规定的，自行政机关收到申请满60日起计算。

公民、法人或者其他组织在紧急情况下请求行政机关履行保护人身权、财产权的法定职责，行政机关不履行的，行政复议申请期限不受前款规定的限制。

第十七条 行政机关作出的具体行政行为对公民、法人或者其他组织的权利、义务可能产生不利影响的，应当告知其申请行政复议的权利、行政复议机关和行政复议申请期限。

(3) 人力资源和社会保障部《人力资源社会保障行政复议办法》（2010年3月16日 部令第6号）

第十九条 公民、法人或者其他组织认为人力资源社会保障部门作出的具体行政行为侵犯其合法权益的，可以自知道该具体行政行为之日起60日内提出行政复议申请。

前款规定的行政复议申请期限依照下列规定计算：

（一）当场作出具体行政行为的，自具体行政行为作出之日起计算。

（二）载明具体行政行为的法律文书直接送达的，自受送达人签收之日起计算。

（三）载明具体行政行为的法律文书依法留置送达的，自送达人和见证人在送达回证上签注的留置送达之日起计算。

（四）载明具体行政行为的法律文书邮寄送达的，自受送达人在邮件签收单上签收之日起计算；没有邮件签收单的，自受送达人在送达回执上签名之日起计算。

（五）具体行政行为依法通过公告形式告知受送达人的，自公告规定的期限届满之日起计算。

（六）被申请人作出具体行政行为时未告知公民、法人或者其他组织，事后补充告知的，自该公民、法人或者其他组织收到补充告知的通知之日起计算。

（七）被申请人有证据材料能够证明公民、法人或者其他组织知道该具体行政行为的，自证据材料证明其知道该具体行政行为之日起计算。

人力资源社会保障部门作出具体行政行为，依法应当向有关公民、法人或者其他组织送达法律文书而未送达的，视为该公民、法人或者其他组织不知道该具体行政行为。

申请人因不可抗力或者其他正当理由耽误法定申请期限的，申请期限自原因消除之日起继续计算。

第二十条 人力资源社会保障部门对公民、法人或者其他组织作出具体行政行为，应当告知其申请行政复议的权利、行政复议机关和行政复议申请期限。

行政复议中止

[解读]

行政复议期间有下列情形之一，影响行政复议案件审理的，行政复议中止：

（一）作为申请人的自然人死亡，其近亲属尚未确定是否参加行政复议的。

（二）作为申请人的自然人丧失参加行政复议的能力，尚未确定法定代理人参加行政复议的。

（三）作为申请人的法人或者其他组织终止，尚未确定权利义务承受人的。

（四）作为申请人的自然人下落不明或者被宣告失踪的。

（五）申请人、被申请人因不可抗力，不能参加行政复议的。

（六）案件涉及法律适用问题，需要有权机关作出解释或者确认的。

（七）案件审理需要以其他案件的审理结果为依据，而其他案件尚未审结的。

（八）其他需要中止行政复议的情形。

行政复议中止原因消除后，应当及时恢复行政复议案件的审理。行政复议机构中止、恢复行政复议案件的审理，应当分别制发《行政复议中止通知书》和《行政复议恢复审理通知书》，并通知申请人、被申请人和第三人。

[依据指引]

(1) 国务院《行政复议法实施条例》（2007年5月29日　国务院令第499号）

第四十一条　行政复议期间有下列情形之一，影响行政复议案件审理的，行政复议中止：

（一）作为申请人的自然人死亡，其近亲属尚未确定是否参加行政复议的；

（二）作为申请人的自然人丧失参加行政复议的能力，尚未确定法定代理人参加行政复议的；

（三）作为申请人的法人或者其他组织终止，尚未确定权利义务承受人的；

（四）作为申请人的自然人下落不明或者被宣告失踪的；

（五）申请人、被申请人因不可抗力，不能参加行政复议的；

（六）案件涉及法律适用问题，需要有权机关作出解释或者确认的；

（七）案件审理需要以其他案件的审理结果为依据，而其他案件尚未审结的；

（八）其他需要中止行政复议的情形。

行政复议中止的原因消除后，应当及时恢复行政复议案件的审理。

行政复议机构中止、恢复行政复议案件的审理，应当告知有关当事人。

(2) 人力资源和社会保障部《人力资源社会保障行政复议办法》（2010年3月16日　部令第6号）

第三十六条　依照行政复议法实施条例第四十一条的规定，行政复议机构中止、恢复行政复议案件的审理，应当分别制发《行政复议中止通知书》和《行政复议恢复审理通知书》，并通知申请人、被申请人和第三人。

行政复议终止

[解读]

行政复议期间有下列情形之一的，行政复议终止：

（一）申请人要求撤回行政复议申请，行政复议机构准予撤回的。

（二）作为申请人的自然人死亡，没有近亲属或者其近亲属放弃行政复议权利的。

（三）作为申请人的法人或者其他组织终止，其权利义务的承受人放弃行政复议权利的。

（四）申请人与被申请人依照《行政复议法实施条例》的规定，经行政复议机构准许达成和解的。

（五）申请人对行政拘留或者限制人身自由的行政强制措施不服申请行政复议后，因申请人同一违法行为涉嫌犯罪，该行政拘留或者限制人身自由的行政强制措施变更为刑事拘留的。

（六）有以下情形之一，依照规定中止行政复议，满60日行政复议中止的原因仍未消除的，行政复议终止。

1. 作为申请人的自然人死亡，其近亲属尚未确定是否参加行政复议的；

2. 作为申请人的自然人丧失参加行政复议的能力，尚未确定法定代理人参加行政复议的；

3. 作为申请人的法人或者其他组织终止，尚未确定权利义务承继人的。

行政复议机关终止行政复议的，应当制发《行政复议终止通知书》，并通知申请人、被申请人和第三人。

[依据指引]

(1) 国务院《行政复议法实施条例》（2007年5月29日　国务院令第499号）

第四十二条　行政复议期间有下列情形之一的，行政复议终止：

（一）申请人要求撤回行政复议申请，行政复议机构准予撤回的；

（二）作为申请人的自然人死亡，没有近亲属或者其近亲属放弃行政复议权利的；

（三）作为申请人的法人或者其他组织终止，其权利义务的承受人放弃行政复议权利的；

（四）申请人与被申请人依照本条例第四十条的规定，经行政复议机构准许达成和解的；

（五）申请人对行政拘留或者限制人身自由的行政强制措施不服申请行政复议后，因申请人同一违法行为涉嫌犯罪，该行政拘留或者限制人身自由的行政强制措施变更为刑事拘留的。

依照本条例第四十一条第一款第（一）项、第（二）项、第（三）项规定中止行政复议，满60日行政复议中止的原因仍未消除的，行政复议终止。

(2) 人力资源和社会保障部《人力资源社会保障行政复议办法》(2010年3月16日 部令第6号)

第三十七条 依照行政复议法实施条例第四十二条的规定，行政复议机关终止行政复议的，应当制发《行政复议终止通知书》，并通知申请人、被申请人和第三人。

行政复议期间具体行政行为的处理

[解读]

行政复议期间具体行政行为不停止执行是行政法理论上所公认的一项原则，也是《行政诉讼法》的原则规定，这主要是因为具体行政行为一旦有效成立，便产生约束力、确定力、执行力。

行政复议期间具体行政行为不停止执行，只是行政复议的一般原则，并不意味着在任何时候、任何条件下，行政复议期间具体行政行为都不停止执行。确立这个原则的目的是，既要维护国家社会公共利益，而且在一般情况下又不能损害行政管理相对人的合法权益。为了保证正确执行这个原则且不至于损害行政管理相对人的合法权益，出现以下几种情形时，具体行政行为可以停止执行：

(一) 被申请人认为需要停止执行的。公民、法人或者其他组织申请行政复议后，被申请人发现作出的具体行政行为有可能违法或者不当，如该具体行政行为不停止执行，有可能给申请人造成不可弥补的损失，被申请人认为需要停止执行的可以停止执行。一般来说，出现被申请人认为其具体行政行为需要停止执行的，主要有以下几种情况：发现具体行政行为的依据违法，如所依据的法律规范与其上位法律规范相抵触或者已经失效；行政管理相对人的违法事实出现新情况，或者需要鉴定后才能确定性质的；发现具体行政行为超越职权或者属于本行政机关工作人员滥用职权的。

(二) 行政复议机关认为需要停止执行的。行政复议机关对被申请人有监督的职责，同时对复议申请人也有保护的职责。因此，对被申请人的具体行政行为是否需要停止执行应当认真进行审查。如该具体行政行为不合法或者不适当，执行该具体行政行为可能造成重大行政赔偿，或者对申请人可能造成不可挽回的损失，行政复议机关可以决定停止执行。

(三) 申请人申请停止执行，行政复议机关认为其要求合理，决定停止执行的。

(四) 法律规定应该停止执行的。

[依据指引]

《中华人民共和国行政复议法》(1999年4月29日 国家主席令第16号)

第二十一条 行政复议期间具体行政行为不停止执行；但是，有下列情形之一的，可以停止执行：

(一) 被申请人认为需要停止执行的；

(二) 行政复议机关认为需要停止执行的；

(三) 申请人申请停止执行，行政复议机关认为其要求合理，决定停止执行的；

(四) 法律规定停止执行的。

错误行政行为的赔偿

[解读]

申请人在申请行政复议时可以一并提出行政赔偿请求，人力资源社会保障行政复议机关对符合《国家赔偿法》的有关规定应当给予赔偿的，在决定撤销、变更具体行政行为或者确认具体行政行为违法时，应当同时决定被申请人依法给予赔偿。申请人在申请行政复议时没有提出行政赔偿请求的，行政复议机关在依法决定撤销或者变更罚款，撤销违法集资、没收财物、征收财物、摊派费用以及对财产的查封、扣押、冻结等具体行政行为时，应当同时责令被申请人返还财产，解除对财产的查封、扣押、冻结措施，或者赔偿相应的价款。

人力资源社会保障行政复议机关决定撤销、变更具体行政行为或者确认具体行政行为违法并且申请人提出行政赔偿请求的下列具体行政行为，应当在复议决定中同时作出被申请人依法给予赔偿的决定：

(一) 被申请人违法实施罚款、吊销许可证、责令停产停业、关闭、没收非法所得财物等行政处罚行为的。

(二) 被申请人非法对财产采取查封、扣押等行政强制措施的。

(三) 被申请人造成申请人财产损失的其他违法行为。

[依据指引]

(1)《中华人民共和国行政复议法》（1999年4月29日　国家主席令第16号）

第二十九条　申请人在申请行政复议时可以一并提出行政赔偿请求，行政复议机关对符合国家赔偿法的有关规定应当给予赔偿的，在决定撤销、变更具体行政行为或者确认具体行政行为违法时，应当同时决定被申请人依法给予赔偿。

申请人在申请行政复议时没有提出行政赔偿请求的，行政复议机关在依法决定撤销或者变更罚款，撤销违法集资、没收财物、征收财物、摊派费用以及对财产的查封、扣押、冻结等具体行政行为时，应当同时责令被申请人返还财产，解除对财产的查封、扣押、冻结措施，或者赔偿相应的价款。

(2) 人力资源和社会保障部《人力资源社会保障行政复议办法》（2010年3月16日　部令第6号）

第四十九条　行政复议机关对决定撤销、变更具体行政行为或者确认具体行政行为违法并且申请人提出行政赔偿请求的下列具体行政行为，应当在行政复议决定中同时作出被申请人依法给予赔偿的决定：

（一）被申请人违法实施罚款、没收违法所得、依法予以关闭、吊销许可证等行政处罚的；

（二）被申请人造成申请人财产损失的其他违法行为。

行政复议的和解

[解读]

公民、法人或者其他组织对人力资源社会保障部门行使法律、法规规定的自由裁量权作出的具体行政行为不服申请行政复议，在行政复议机关作出行政复议决定之前，申请人和被申请人可以在自愿、合法基础上达成和解。申请人和被申请人达成和解的，应当向行政复议机构提交书面和解协议。

书面和解协议应当载明行政复议请求、事实、理由和达成和解的结果，并且由申请人和被申请人签字或者盖章。

行政复议机构应当对申请人和被申请人提交的和解协议进行审查。和解确属申请人和被申请人的真实意思表示，和解内容不违反法律、法规的强制性规定，不损害国家利益、社会公共利益和他人合法权益的，行政复议机构应当准许和解，并终止行政复议案件的审理。

[依据指引]

(1) 国务院《行政复议法实施条例》（2007年5月29日　国务院令第499号）

第四十条　公民、法人或者其他组织对行政机关行使法律、法规规定的自由裁量权作出的具体行政行为不服申请行政复议，申请人与被申请人在行政复议决定作出前自愿达成和解的，应当向行政复议机构提交书面和解协议；和解内容不损害社会公共利益和他人合法权益的，行政复议机构应当准许。

(2) 人力资源和社会保障部《人力资源社会保障行政复议办法》（2010年3月16日　部令第6号）

第三十五条　公民、法人或者其他组织对人力资源社会保障部门行使法律、法规规定的自由裁量权作出的具体行政行为不服申请行政复议，在行政复议机关作出行政复议决定之前，申请人和被申请人可以在自愿、合法基础上达成和解。申请人和被申请人达成和解的，应当向行政复议机构提交书面和解协议。

书面和解协议应当载明行政复议请求、事实、理由和达成和解的结果，并且由申请人和被申请人签字或者盖章。

行政复议机构应当对申请人和被申请人提交的和解协议进行审查。和解确属申请人和被申请人的真实意思表示，和解内容不违反法律、法规的强制性规定，不损害国家利益、社会公共利益和他人合法权益的，行政复议机构应当准许和解，并终止行政复议案件的审理。

行政复议的调解

[解读]

有下列情形之一的，行政复议机关可以按照自愿、合法的原则进行调解：

（一）公民、法人或者其他组织对人力资源社会保障部门行使法律、法规规定的自由裁量权作出的具体行政行为不服申请行政复议的。

（二）当事人之间的行政赔偿或者行政补偿纠纷。

（三）其他适于调解的。

行政复议机关进行调解应当符合下列要求：

（一）在查明案件事实的基础上进行。

（二）充分尊重申请人和被申请人的意愿。

（三）遵循公正、合理原则。

（四）调解结果应当符合有关法律、法规的规定。

（五）调解结果不得损害国家利益、社会公共利益或者他人合法权益。

申请人和被申请人经调解达成协议的，行政复议机关应当制作《行政复议调解书》。《行政复议调解书》应当载明下列内容：(1) 申请人姓名、性别、年龄、住所（法人或者其他组织的名称、地址、法定代表人或者主要负责人的姓名、职务）；(2) 被申请人的名称；(3) 申请人申请行政复议的请求、事实和理由；(4) 被申请人答复的事实、理由、证据和依据；(5) 进行调解的基本情况；(6) 调解结果；(7) 日期。

《行政复议调解书》应当加盖行政复议机关印章。《行政复议调解书》经申请人、被申请人签字或者盖章，即具有法律效力。调解未达成协议或者调解书生效前一方反悔的，行政复议机关应当及时作出行政复议决定。

[依据指引]

(1) 国务院《行政复议法实施条例》（2007 年 5 月 29 日　国务院令第 499 号）

第五十条　有下列情形之一的，行政复议机关可以按照自愿、合法的原则进行调解：

（一）公民、法人或者其他组织对行政机关行使法律、法规规定的自由裁量权作出的具体行政行为不服申请行政复议的；

（二）当事人之间的行政赔偿或者行政补偿纠纷。

当事人经调解达成协议的，行政复议机关应当制作行政复议调解书。调解书应当载明行政复议请求、事实、理由和调解结果，并加盖行政复议机关印章。行政复议调解书经双方当事人签字，即具有法律效力。

调解未达成协议或者调解书生效前一方反悔的，行政复议机关应当及时作出行政复议决定。

(2) 人力资源和社会保障部《人力资源社会保障行政复议办法》（2010 年 3 月 16 日　部令第 6 号）

第四十五条　有下列情形之一的，行政复议机关可以按照自愿、合法的原则进行调解：

（一）公民、法人或者其他组织对人力资源社会保障部门行使法律、法规规定的自由裁量权作出的具体行政行为不服申请行政复议的；

（二）当事人之间的行政赔偿或者行政补偿纠纷；

（三）其他适于调解的。

第四十六条　行政复议机关进行调解应当符合下列要求：

（一）在查明案件事实的基础上进行；

（二）充分尊重申请人和被申请人的意愿；

（三）遵循公正、合理原则；

（四）调解结果应当符合有关法律、法规的规定；

（五）调解结果不得损害国家利益、社会公共利益或者他人合法权益。

第四十七条　申请人和被申请人经调解达成协议的，行政复议机关应当制作《行政复议调解书》。《行政复议调解书》应当载明下列内容：

（一）申请人姓名、性别、年龄、住所（法人或者其他组织的名称、地址、法定代表人或者主要负责人的姓名、职务）；

（二）被申请人的名称；

（三）申请人申请行政复议的请求、事实和理由；

（四）被申请人答复的事实、理由、证据和依据；

（五）进行调解的基本情况；

（六）调解结果；

（七）日期。

《行政复议调解书》应当加盖行政复议机关印章。《行政复议调解书》经申请人、被申请人签字或者盖章，即具有法律效力。

调解未达成协议或者调解书生效前一方反悔的，行政复议机关应当及时作出行政复议决定。

重大、复杂案件的听证

[解读]

有下列情形之一的，属于重大、复杂的案件：

（一）涉及人数众多或者群体利益的案件。

（二）具有涉外因素的案件。

（三）社会影响较大的案件。

（四）案件事实和法律关系复杂的案件。

（五）行政复议机构认为其他重大、复杂的案件。

对于重大、复杂的案件，申请人提出要求或

者行政复议机构认为必要时，可以采取听证的方式审理。重大、复杂的案件处理完毕，下级行政复议机关应当及时将行政复议决定报上级行政复议机关备案。

［依据指引］

(1) 人力资源和社会保障部《人力资源社会保障行政复议办法》（2010 年 3 月 16 日　部令第 6 号）

第三十四条　对重大、复杂的案件，申请人提出要求或者行政复议机构认为必要时，可以采取听证的方式审理。

有下列情形之一的，属于重大、复杂的案件：

（一）涉及人数众多或者群体利益的案件；

（二）具有涉外因素的案件；

（三）社会影响较大的案件；

（四）案件事实和法律关系复杂的案件；

（五）行政复议机构认为其他重大、复杂的案件。

第五十二条　下级行政复议机关应当及时将重大行政复议决定报上级行政复议机关备案。

(2) 国务院《行政复议法实施条例》（2007 年 5 月 29 日　国务院令第 499 号）

第五十九条　下级行政复议机关应当及时将重大行政复议决定报上级行政复议机关备案。

行政复议决定

［解读］

行政复议决定是行政复议机关根据申请人的要求，对具体行政行为进行审查后所得出的结论性意见，行政复议决定包括维持、撤销、变更、限期履行、确认违法等若干种类，具体办理过程中按以下情况处理：

（一）具体行政行为认定事实清楚，证据确凿，适用依据正确，程序合法，内容适当的，行政复议机关应当决定维持。

（二）被申请人不履行法定职责的，行政复议机关应当决定其在一定期限内履行法定职责。

（三）具体行政行为有主要事实不清、证据不足、适用依据错误、违反法定程序、超越或者滥用职权、具体行政行为明显不当等情形之一的，行政复议机关应当决定撤销、变更该具体行政行为或者确认该具体行政行为违法；决定撤销该具体行政行为或者确认该具体行政行为违法的，可以责令被申请人在一定期限内重新作出具体行政行为。

（四）被申请人未依法提出书面答复、提交当初作出具体行政行为的证据、依据和其他有关材料的，视为该具体行政行为没有证据、依据，行政复议机关应当决定撤销该具体行政行为。

（五）具体行政行为有下列情形之一，行政复议机关可以决定变更：认定事实清楚，证据确凿，程序合法，但是明显不当或者适用依据错误的；认定事实不清，证据不足，但是经行政复议机关审理查明事实清楚，证据确凿的。

（六）有下列情形之一的，行政复议机关应当决定驳回行政复议申请：一是申请人认为行政机关不履行法定职责申请行政复议，行政复议机关受理后发现该行政机关没有相应法定职责或者在受理前已经履行法定职责的；二是受理行政复议申请后，发现该行政复议申请不符合行政复议法和本条例规定的受理条件的。上级行政机关认为行政复议机关驳回行政复议申请的理由不成立的，应当责令其恢复审理。

（七）行政复议机关在申请人的行政复议请求范围内，不得作出对申请人更为不利的行政复议决定。

行政复议机关应当自受理申请之日起 60 日内作出行政复议决定；但是法律规定行政复议期限少于 60 日的除外。情况复杂，不能在规定期限内作出行政复议决定的，经行政复议机关的负责人批准，可以适当延长，并告知申请人和被申请人；但是延长期限最多不超过 30 日。行政复议机关作出行政复议决定，应当制作行政复议决定书，并在送达当事人后生效。

行政复议机关制作的《行政复议决定书》，应当载明下列事项：（1）申请人的姓名、性别、年龄、住所（法人或者其他组织的名称、地址、法定代表人或者主要负责人的姓名、职务）；（2）被申请人的名称、住所；（3）申请人的行政复议请求和理由；（4）第三人的意见；（5）被申请人答复意见；（6）行政复议机关认定的事实、理由，适用的法律、法规、规章以及其他规范性文件；（7）复议决定；（8）申请人不服行政复议决定向人民法院起诉的期限；（9）日期。

《行政复议决定书》应当加盖行政复议机关印章。

［依据指引］

(1)《中华人民共和国行政复议法》（1999 年

4月29日　国家主席令第16号）

第二十七条　行政复议机关在对被申请人作出的具体行政行为进行审查时，认为其依据不合法，本机关有权处理的，应当在三十日内依法处理；无权处理的，应当在七日内按照法定程序转送有权处理的国家机关依法处理。处理期间，中止对具体行政行为的审查。

第二十八条　行政复议机关负责法制工作的机构应当对被申请人作出的具体行政行为进行审查，提出意见，经行政复议机关的负责人同意或者集体讨论通过后，按照下列规定作出行政复议决定：

（一）具体行政行为认定事实清楚，证据确凿，适用依据正确，程序合法，内容适当的，决定维持。

（二）被申请人不履行法定职责的，决定其在一定期限内履行。

（三）具体行政行为有下列情形之一的，决定撤销、变更或者确认该具体行政行为违法；决定撤销或者确认该具体行政行为违法的，可以责令被申请人在一定期限内重新作出具体行政行为：

1. 主要事实不清、证据不足的；

2. 适用依据错误的；

3. 违反法定程序的；

4. 超越或者滥用职权的；

5. 具体行政行为明显不当的。

（四）被申请人不按照本法第二十三条的规定提出书面答复、提交当初作出具体行政行为的证据、依据和其他有关材料的，视为该具体行政行为没有证据、依据，决定撤销该具体行政行为。行政复议机关责令被申请人重新作出具体行政行为的，被申请人不得以同一的事实和理由作出与原具体行政行为相同或者基本相同的具体行政行为。

第三十一条　行政复议机关应当自受理申请之日起六十日内作出行政复议决定；但是法律规定的行政复议期限少于六十日的除外。情况复杂，不能在规定期限内作出行政复议决定的，经行政复议机关的负责人批准，可以适当延长，并告知申请人和被申请人；但是延长期限最多不超过三十日。

行政复议机关作出行政复议决定，应当制作行政复议决定书，并加盖印章。行政复议决定书一经送达，即发生法律效力。

（2）国务院《行政复议法实施条例》（2007年5月29日　国务院令第499号）

第四十三条　依照行政复议法第二十八条第一款第（一）项规定，具体行政行为认定事实清楚，证据确凿，适用依据正确，程序合法，内容适当的，行政复议机关应当决定维持。

第四十四条　依照行政复议法第二十八条第一款第（二）项规定，被申请人不履行法定职责的，行政复议机关应当决定其在一定期限内履行法定职责。

第四十五条　具体行政行为有行政复议法第二十八条第一款第（三）项规定情形之一的，行政复议机关应当决定撤销、变更该具体行政行为或者确认该具体行政行为违法；决定撤销该具体行政行为或者确认该具体行政行为违法的，可以责令被申请人在一定期限内重新作出具体行政行为。

第四十六条　被申请人未依照行政复议法第二十三条的规定提出书面答复、提交当初作出具体行政行为的证据、依据和其他有关材料的，视为该具体行政行为没有证据、依据，行政复议机关应当决定撤销该具体行政行为。

第四十七条　具体行政行为有下列情形之一，行政复议机关可以决定变更：

（一）认定事实清楚，证据确凿，程序合法，但是明显不当或者适用依据错误的；

（二）认定事实不清，证据不足，但是经行政复议机关审理查明事实清楚，证据确凿的。

第五十一条　行政复议机关在申请人的行政复议请求范围内，不得作出对申请人更为不利的行政复议决定。

（3）人力资源和社会保障部《人力资源社会保障行政复议办法》（2010年3月16日　部令第6号）

第五十条　行政复议机关作出行政复议决定，应当制作《行政复议决定书》，载明下列事项：

（一）申请人的姓名、性别、年龄、住所（法人或者其他组织的名称、地址、法定代表人或者主要负责人的姓名、职务）；

（二）被申请人的名称、住所；

（三）申请人的行政复议请求和理由；

（四）第三人的意见；

（五）被申请人答复意见；

（六）行政复议机关认定的事实、理由，适用的法律、法规、规章以及其他规范性文件；

（七）复议决定；

（八）申请人不服行政复议决定向人民法院起诉的期限；

（九）日期。

《行政复议决定书》应当加盖行政复议机关印章。

行政复议文书的送达和归档立卷

[解读]

行政复议机关形成的行政复议文书，应当采用直接送达、邮寄送达或者委托送达等方式送达申请人、被申请人和第三人。

案件审查结束后，办案人员应当及时将案卷进行整理归档。案卷保存期不少于10年，国家另有规定的从其规定。保存期满后的案卷，应当按照国家有关档案管理的规定处理。

案卷归档材料应当包括：

（一）行政复议申请的处理

1. 行政复议申请书或者行政复议申请笔录、申请人提交的证据材料；

2. 授权委托书、申请人身份证复印件、法定代表人或者主要负责人身份证明书；

3. 行政复议补正通知书；

4. 行政复议受理通知书和行政复议提出答复通知书；

5. 行政复议不予受理决定书；

6. 行政复议告知书；

7. 行政复议答复书、被申请人提交的证据材料；

8. 第三人参加行政复议申请书、第三人参加行政复议通知书；

9. 责令限期受理行政复议申请通知书。

（二）案件审理

1. 行政复议调查笔录；

2. 行政复议听证记录；

3. 行政复议中止通知书、行政复议恢复审理通知书；

4. 行政复议和解协议；

5. 行政复议延期处理通知书；

6. 撤回行政复议申请书；

7. 规范性文件转送函。

（三）处理结果

1. 行政复议决定书；

2. 行政复议调解书；

3. 行政复议终止书；

4. 驳回行政复议申请决定书。

（四）其他

1. 行政复议文书送达回证；

2. 行政复议意见书；

3. 行政复议建议书；

4. 其他。

案卷装订、归档应当达到下列要求：案卷装订整齐；案卷目录用钢笔或者签字笔填写，字迹工整；案卷材料不得涂改；卷内材料每页下方应当居中标注页码。

[依据指引]

人力资源和社会保障部《人力资源社会保障行政复议办法》（2010年3月16日 部令第6号）

第五十一条 行政复议机关应当根据《中华人民共和国民事诉讼法》的规定，采用直接送达、邮寄送达或者委托送达等方式，将行政复议决定送达申请人、被申请人和第三人。

第五十三条 案件审查结束后，办案人员应当及时将案卷进行整理归档。案卷保存期不少于10年，国家另有规定的从其规定。保存期满后的案卷，应当按照国家有关档案管理的规定处理。

案卷归档材料应当包括：

（一）行政复议申请的处理

1. 行政复议申请书或者行政复议申请笔录、申请人提交的证据材料；

2. 授权委托书、申请人身份证复印件、法定代表人或者主要负责人身份证明书；

3. 行政复议补正通知书；

4. 行政复议受理通知书和行政复议提出答复通知书；

5. 行政复议不予受理决定书；

6. 行政复议告知书；

7. 行政复议答复书、被申请人提交的证据材料；

8. 第三人参加行政复议申请书、第三人参加行政复议通知书；

9. 责令限期受理行政复议申请通知书。

（二）案件审理

1. 行政复议调查笔录；

2. 行政复议听证记录；

3. 行政复议中止通知书、行政复议恢复审理通知书；

4. 行政复议和解协议；

5. 行政复议延期处理通知书；

6. 撤回行政复议申请书；
7. 规范性文件转送函。
（三）处理结果
1. 行政复议决定书；
2. 行政复议调解书；
3. 行政复议终止书；
4. 驳回行政复议申请决定书。
（四）其他
1. 行政复议文书送达回证；
2. 行政复议意见书；
3. 行政复议建议书；
4. 其他。

第五十四条　案卷装订、归档应当达到下列要求：
（一）案卷装订整齐；
（二）案卷目录用钢笔或者签字笔填写，字迹工整；
（三）案卷材料不得涂改；
（四）卷内材料每页下方应当居中标注页码。

行政复议机构的监督

[解读]

申请人依法提出行政复议申请，行政复议机关无正当理由不予受理的，上一级人力资源社会保障行政部门可以根据申请人的申请或者依职权先行督促其受理；经督促仍不受理的，应当责令其限期受理，并且制作《责令受理行政复议申请通知书》；必要时，上一级人力资源社会保障行政部门也可以直接受理。

上一级人力资源社会保障行政部门经审查认为行政复议申请不符合法定受理条件的，应当告知申请人。

[依据指引]

人力资源和社会保障部《人力资源社会保障行政复议办法》（2010年3月16日　部令第6号）

第二十九条　申请人依法提出行政复议申请，行政复议机关无正当理由不予受理的，上一级人力资源社会保障行政部门可以根据申请人的申请或者依职权先行督促其受理；经督促仍不受理的，应当责令其限期受理，并且制作《责令受理行政复议申请通知书》；必要时，上一级人力资源社会保障行政部门也可以直接受理。

上一级人力资源社会保障行政部门经审查认为行政复议申请不符合法定受理条件的，应当告知申请人。

行政复议决定的履行

[解读]

行政复议决定的履行是指行政复议机关作出行政复议决定并依法送达当事人后，即产生法律效力，行政复议各方当事人必须按照行政复议决定书的决定履行。

申请人逾期不起诉又不履行行政复议决定的，或者不履行最终裁决的行政复议决定的，按照下列规定分别处理：维持具体行政行为的行政复议决定，由作出具体行政行为的行政机关依法强制执行，或者申请人民法院强制执行；变更具体行政行为的行政复议决定，由行政复议机关依法强制执行，或者申请人民法院强制执行。

被申请人不履行或者无正当理由拖延履行行政复议决定的，行政复议机关或者有关上级行政机关应当责令其限期履行；对直接负责的主管人员和其他直接责任人员依法给予警告、记过、记大过的行政处分；经责令履行仍拒不履行的，依法给予降级、撤职、开除的行政处分。

第三人逾期不起诉又不履行行政复议决定的，依照以上规定处理。

[依据指引]

（1）《中华人民共和国行政复议法》（1999年4月29日　国家主席令第16号）

第三十一条　行政复议机关应当自受理申请之日起六十日内作出行政复议决定；但是法律规定的行政复议期限少于六十日的除外。情况复杂，不能在规定期限内作出行政复议决定的，经行政复议机关的负责人批准，可以适当延长，并告知申请人和被申请人；但是延长期限最多不超过三十日。

行政复议机关作出行政复议决定，应当制作行政复议决定书，并加盖印章。行政复议决定书一经送达，即发生法律效力。

第三十二条　被申请人应当履行行政复议决定。

被申请人不履行或者无正当理由拖延履行行政复议决定的，行政复议机关或者有关上级行政机关应当责令其限期履行。

第三十三条　申请人逾期不起诉又不履行行

政复议决定的，或者不履行最终裁决的行政复议决定的，按照下列规定分别处理：

（一）维持具体行政行为的行政复议决定，由作出具体行政行为的行政机关依法强制执行，或者申请人民法院强制执行；

（二）变更具体行政行为的行政复议决定，由行政复议机关依法强制执行，或者申请人民法院强制执行。

第三十七条 被申请人不履行或者无正当理由拖延履行行政复议决定的，对直接负责的主管人员和其他直接责任人员依法给予警告、记过、记大过的行政处分；经责令履行仍拒不履行的，依法给予降级、撤职、开除的行政处分。

(2) 国务院《行政复议法实施条例》（2007年5月29日 国务院令第499号）

第五十二条 第三人逾期不起诉又不履行行政复议决定的，依照行政复议法第三十三条的规定处理。

对行政复议决定不服的处理

[解读]

公民、法人或者其他组织对行政复议决定不服的，可以依照《行政诉讼法》的规定向人民法院提起行政诉讼，但是法律规定行政复议决定为最终裁决的除外。申请人不服行政复议决定的，可以自收到行政复议决定书之日起15日内，向有管辖权的人民法院提起行政诉讼。

[依据指引]

(1)《中华人民共和国行政诉讼法》（1989年4月4日 国家主席令第16号）

第三十八条 公民、法人或者其他组织向行政机关申请复议的，复议机关应当在收到申请书之日起两个月内作出决定。法律、法规另有规定的除外。

(2)《中华人民共和国行政复议法》（1999年4月29日 国家主席令第16号）

第五条 公民、法人或者其他组织对行政复议决定不服的，可以依照行政诉讼法的规定向人民法院提起行政诉讼，但是法律规定行政复议决定为最终裁决的除外。

行政诉讼

[解读]

行政诉讼是指公民、法人或者其他组织认为行政机关的具体行政行为侵犯其合法权益，依法向人民法院提起诉讼，由人民法院进行审理并作出裁判的司法制度。提起诉讼应当符合下列条件：

（一）原告是认为具体行政行为侵犯其合法权益的公民、法人或者其他组织。

（二）有明确的被告。

（三）有具体的诉讼请求和事实根据。

（四）属于人民法院受案范围和受诉人民法院管辖。

[依据指引]

《中华人民共和国行政诉讼法》（1989年4月4日 国家主席令第16号）

第一章 总 则

第一条 为保证人民法院正确、及时审理行政案件，保护公民、法人和其他组织的合法权益，维护和监督行政机关依法行使行政职权，根据宪法制定本法。

第二条 公民、法人或者其他组织认为行政机关和行政机关工作人员的具体行政行为侵犯其合法权益，有权依照本法向人民法院提起诉讼。

第三条 人民法院依法对行政案件独立行使审判权，不受行政机关、社会团体和个人的干涉。

人民法院设行政审判庭，审理行政案件。

第四条 人民法院审理行政案件，以事实为根据，以法律为准绳。

第五条 人民法院审理行政案件，对具体行政行为是否合法进行审查。

第六条 人民法院审理行政案件，依法实行合议、回避、公开审判和两审终审制度。

第七条 当事人在行政诉讼中的法律地位平等。

第八条 各民族公民都有用本民族语言、文字进行行政诉讼的权利。

在少数民族聚居或者多民族共同居住的地区，人民法院应当用当地民族通用的语言、文字进行审理和发布法律文书。

人民法院应当对不通晓当地民族通用的语言、文字的诉讼参与人提供翻译。

第九条 当事人在行政诉讼中有权进行辩论。

第十条 人民检察院有权对行政诉讼实行法律监督。

第二章 受案范围

第十一条 人民法院受理公民、法人和其他组织对下列具体行政行为不服提起的诉讼：

（一）对拘留、罚款、吊销许可证和执照、责令停产停业、没收财物等行政处罚不服的；

（二）对限制人身自由或者对财产的查封、扣押、冻结等行政强制措施不服的；

（三）认为行政机关侵犯法律规定的经营自主权的；

（四）认为符合法定条件申请行政机关颁发许可证和执照，行政机关拒绝颁发或者不予答复的；

（五）申请行政机关履行保护人身权、财产权的法定职责，行政机关拒绝履行或者不予答复的；

（六）认为行政机关没有依法发给抚恤金的；

（七）认为行政机关违法要求履行义务的；

（八）认为行政机关侵犯其他人身权、财产权的。

除前款规定外，人民法院受理法律、法规规定可以提起诉讼的其他行政案件。

第十二条 人民法院不受理公民、法人或者其他组织对下列事项提起的诉讼：

（一）国防、外交等国家行为；

（二）行政法规、规章或者行政机关制定、发布的具有普遍约束力的决定、命令；

（三）行政机关对行政机关工作人员的奖惩、任免等决定；

（四）法律规定由行政机关最终裁决的具体行政行为。

第三章 管辖

第十三条 基层人民法院管辖第一审行政案件。

第十四条 中级人民法院管辖下列第一审行政案件：

（一）确认发明专利权的案件、海关处理的案件；

（二）对国务院各部门或者省、自治区、直辖市人民政府所作的具体行政行为提起诉讼的案件；

（三）本辖区内重大、复杂的案件。

第十五条 高级人民法院管辖本辖区内重大、复杂的第一审行政案件。

第十六条 最高人民法院管辖全国范围内重大、复杂的第一审行政案件。

第十七条 行政案件由最初作出具体行政行为的行政机关所在地人民法院管辖。经复议的案件，复议机关改变原具体行政行为的，也可以由复议机关所在地人民法院管辖。

第十八条 对限制人身自由的行政强制措施不服提起的诉讼，由被告所在地或者原告所在地人民法院管辖。

第十九条 因不动产提起的行政诉讼，由不动产所在地人民法院管辖。

第二十条 两个以上人民法院都有管辖权的案件，原告可以选择其中一个人民法院提起诉讼。原告向两个以上有管辖权的人民法院提起诉讼的，由最先收到起诉状的人民法院管辖。

第二十一条 人民法院发现受理的案件不属于自己管辖时，应当移送有管辖权的人民法院。受移送的人民法院不得自行移送。

第二十二条 有管辖权的人民法院由于特殊原因不能行使管辖权的，由上级人民法院指定管辖。

人民法院对管辖权发生争议，由争议双方协商解决。协商不成的，报他们的共同上级人民法院指定管辖。

第二十三条 上级人民法院有权审判下级人民法院管辖的第一审行政案件，也可以把自己管辖的第一审行政案件移交下级人民法院审判。

下级人民法院对其管辖的第一审行政案件，认为需要由上级人民法院审判的，可以报请上级人民法院决定。

第四章 诉讼参加人

第二十四条 依照本法提起诉讼的公民、法人或者其他组织是原告。

有权提起诉讼的公民死亡，其近亲属可以提起诉讼。

有权提起诉讼的法人或者其他组织终止，承受其权利的法人或者其他组织可以提起诉讼。

第二十五条 公民、法人或者其他组织直接向人民法院提起诉讼的，作出具体行政行为的行政机关是被告。

经复议的案件，复议机关决定维持原具体行政行为的，作出原具体行政行为的行政机关是被告；复议机关改变原具体行政行为的，复议机关是被告。

两个以上行政机关作出同一具体行政行为的，共同作出具体行政行为的行政机关是共同被告。

由法律、法规授权的组织所作的具体行政行为，该组织是被告。由行政机关委托的组织所作的具体行政行为，委托的行政机关是被告。

行政机关被撤销的，继续行使其职权的行政机关是被告。

第二十六条 当事人一方或双方为二人以上，因同一具体行政行为发生的行政案件，或者因同样的具体行政行为发生的行政案件、人民法院认为可以合并审理的，为共同诉讼。

第二十七条 同提起诉讼的具体行政行为有利害关系的其他公民、法人或者其他组织，可以作为第三人申请参加诉讼，或者由人民法院通知参加诉讼。

第二十八条 没有诉讼行为能力的公民，由其法定代理人代为诉讼。法定代理人互相推诿代理责任的，由人民法院指定其中一人代为诉讼。

第二十九条 当事人、法定代理人，可以委托一至二人代为诉讼。

律师、社会团体、提起诉讼的公民的近亲属或者所在单位推荐的人，以及经人民法院许可的其他公民，可以受委托为诉讼代理人。

第三十条 代理诉讼的律师，可以依照规定查阅本案有关材料，可以向有关组织和公民调查，收集证据。对涉及国家秘密和个人隐私的材料，应当依照法律规定保密。

经人民法院许可，当事人和其他诉讼代理人可以查阅本案庭审材料，但涉及国家秘密和个人隐私的除外。

第五章 证　　据

第三十一条 证据有以下几种：

（一）书证；

（二）物证；

（三）视听资料；

（四）证人证言；

（五）当事人的陈述；

（六）鉴定结论；

（七）勘验笔录、现场笔录。

以上证据经法庭审查属实，才能作为定案的根据。

第三十二条 被告对作出的具体行政行为负有举证责任，应当提供作出该具体行政行为的证据和所依据的规范性文件。

第三十三条 在诉讼过程中，被告不得自行向原告和证人收集证据。

第三十四条 人民法院有权要求当事人提供或者补充证据。

人民法院有权向有关行政机关以及其他组织、公民调取证据。

第三十五条 在诉讼过程中，人民法院认为对专门性问题需要鉴定的，应当交由法定鉴定部门鉴定；没有法定鉴定部门的，由人民法院指定的鉴定部门鉴定。

第三十六条 在证据可能灭失或者以后难以取得的情况下，诉讼参加人可以向人民法院申请保全证据，人民法院也可以主动采取保全措施。

第六章 起诉和受理

第三十七条 对属于人民法院受案范围的行政案件，公民、法人或者其他组织可以先向上一级行政机关或者法律、法规规定的行政机关申请复议，对复议不服的，再向人民法院提起诉讼；也可以直接向人民法院提起诉讼。

法律、法规规定应当先向行政机关申请复议，对复议不服再向人民法院提起诉讼的，依照法律、法规的规定。

第三十八条 公民、法人或者其他组织向行政机关申请复议的，复议机关应当在收到申请书之日起两个月内作出决定。法律、法规另有规定的除外。

申请人不服复议决定的，可以在收到复议决定书之日起十五日内向人民法院提起诉讼。复议机关逾期不作决定的，申请人可以在复议期满之日起十五日内向人民法院提起诉讼。法律另有规定的除外。

第三十九条 公民、法人或者其他组织直接向人民法院提起诉讼的，应当在知道作出具体行政行为之日起三个月内提出。法律另有规定的除外。

第四十条 公民、法人或者其他组织因不可抗力或者其他特殊情况耽误法定期限的，在障碍消除后的十日内，可以申请延长期限，由人民法院决定。

第四十一条 提起诉讼应当符合下列条件：

（一）原告是认为具体行政行为侵犯其合法权益的公民、法人或者其他组织；

（二）有明确的被告；

（三）有具体的诉讼请求和事实根据；

（四）属于人民法院受案范围和受诉人民法院管辖。

第四十二条 人民法院接到起诉状，经审查，应当在七日内立案或者作出裁定不予受理。原告对裁定不服的，可以提起上诉。

第七章 审理和判决

第四十三条 人民法院应当在立案之日起五

日内，将起诉状副本发送被告。被告应当在收到起诉状副本之日起十日内向人民法院提交作出具体行政行为的有关材料，并提出答辩状。人民法院应当在收到答辩状之日起五日内，将答辩状副本发送原告。

被告不提出答辩状的，不影响人民法院审理。

第四十四条　诉讼期间，不停止具体行政行为的执行。但有下列情形之一的，停止具体行政行为的执行：

（一）被告认为需要停止执行的；

（二）原告申请停止执行，人民法院认为该具体行政行为的执行会造成难以弥补的损失，并且停止执行不损害社会公共利益，裁定停止执行的；

（三）法律、法规规定停止执行的。

第四十五条　人民法院公开审理行政案件，但涉及国家秘密、个人隐私和法律另有规定的除外。

第四十六条　人民法院审理行政案件，由审判员组成合议庭，或者由审判员、陪审员组成合议庭。合议庭的成员，应当是三人以上的单数。

第四十七条　当事人认为审判人员与本案有利害关系或者有其他关系可能影响公正审判，有权申请审判人员回避。

审判人员认为自己与本案有利害关系或者有其他关系，应当申请回避。

前两款规定，适用于书记员、翻译人员、鉴定人、勘验人。

院长担任审判长时的回避，由审判委员会决定；审判人员的回避，由院长决定；其他人员的回避，由审判长决定。当事人对决定不服的，可以申请复议。

第四十八条　经人民法院两次合法传唤，原告无正当理由拒不到庭的，视为申请撤诉；被告无正当理由拒不到庭的，可以缺席判决。

第四十九条　诉讼参与人或者其他人有下列行为之一的，人民法院可以根据情节轻重，予以训诫、责令具结悔过或者处一千元以下的罚款、十五日以下的拘留；构成犯罪的，依法追究刑事责任：

（一）有义务协助执行的人，对人民法院的协助执行通知书，无故推脱、拒绝或者妨碍执行的；

（二）伪造、隐藏、毁灭证据的；

（三）指使、贿买、胁迫他人作伪证或者威胁、阻止证人作证的；

（四）隐藏、转移、变卖、毁损已被查封、扣押、冻结的财产的；

（五）以暴力、威胁或者其他方法阻碍人民法院工作人员执行职务或者扰乱人民法院工作秩序的；

（六）对人民法院工作人员、诉讼参与人、协助执行人侮辱、诽谤、诬陷、殴打或者打击报复的。

罚款、拘留须经人民法院院长批准。当事人对决定不服的，可以申请复议。

第五十条　人民法院审理行政案件，不适用调解。

第五十一条　人民法院对行政案件宣告判决或者裁定前，原告申请撤诉的，或者被告改变其所作的具体行政行为，原告同意并申请撤诉的，是否准许，由人民法院裁定。

第五十二条　人民法院审理行政案件，以法律和行政法规、地方性法规为依据。地方性法规适用于本行政区域内发生的行政案件。

人民法院审理民族自治地方的行政案件，并以该民族自治地方的自治条例和单行条例为依据。

第五十三条　人民法院审理行政案件，参照国务院部、委根据法律和国务院的行政法规、决定、命令制定、发布的规章以及省、自治区、直辖市和省、自治区的人民政府所在地的市和经国务院批准的较大的市的人民政府根据法律和国务院的行政法规制定、发布的规章。

人民法院认为地方人民政府制定、发布的规章与国务院部、委制定、发布的规章不一致的，以及国务院部、委制定、发布的规章之间不一致的，由最高人民法院送请国务院作出解释或者裁决。

第五十四条　人民法院经过审理，根据不同情况，分别作出以下判决：

（一）具体行政行为证据确凿，适用法律、法规正确，符合法定程序的，判决维持。

（二）具体行政行为有下列情形之一的，判决撤销或者部分撤销，并可以判决被告重新作出具体行政行为：

1. 主要证据不足的；
2. 适用法律、法规错误的；
3. 违反法定程序的；
4. 超越职权的；
5. 滥用职权的。

（三）被告不履行或者拖延履行法定职责的，判决其在一定期限内履行。

（四）行政处罚显失公正的，可以判决变更。

第五十五条 人民法院判决被告重新作出具体行政行为的，被告不得以同一的事实和理由作出与原具体行政行为基本相同的具体行政行为。

第五十六条 人民法院在审理行政案件中，认为行政机关的主管人员、直接责任人员违反政纪的，应当将有关材料移送该行政机关或者其上一级行政机关或者监察、人事机关；认为有犯罪行为的，应当将有关材料移送公安、检察机关。

第五十七条 人民法院应当在立案之日起三个月内作出第一审判决。有特殊情况需要延长的，由高级人民法院批准，高级人民法院审理第一审案件需要延长的，由最高人民法院批准。

第五十八条 当事人不服人民法院第一审判决的，有权在判决书送达之日起十五日内向上一级人民法院提起上诉。当事人不服人民法院第一审裁定的，有权在裁定书送达之日起十日内向上一级人民法院提起上诉。逾期不提起上诉的，人民法院的第一审判决或者裁定发生法律效力。

第五十九条 人民法院对上诉案件，认为事实清楚的，可以实行书面审理。

第六十条 人民法院审理上诉案件，应当在收到上诉状之日起两个月内作出终审判决。有特殊情况需要延长的，由高级人民法院批准，高级人民法院审理上诉案件需要延长的，由最高人民法院批准。

第六十一条 人民法院审理上诉案件，按照下列情形，分别处理：

（一）原判决认定事实清楚，适用法律、法规正确的，判决驳回上诉，维持原判；

（二）原判决认定事实清楚，但是适用法律、法规错误的，依法改判；

（三）原判决认定事实不清，证据不足，或者由于违反法定程序可能影响案件正确判决的，裁定撤销原判，发回原审人民法院重审，也可以查清事实后改判。当事人对重审案件的判决、裁定，可以上诉。

第六十二条 当事人对已经发生法律效力的判决、裁定，认为确有错误的，可以向原审人民法院或者上一级人民法院提出申诉，但判决、裁定不停止执行。

第六十三条 人民法院院长对本院已经发生法律效力的判决、裁定，发现违反法律、法规规定认为需要再审的，应当提交审判委员会决定是否再审。

上级人民法院对下级人民法院已经发生法律效力的判决、裁定，发现违反法律、法规规定的，有权提审或者指令下级人民法院再审。

第六十四条 人民检察院对人民法院已经发生法律效力的判决、裁定，发现违反法律、法规规定的，有权按照审判监督程序提出抗诉。

第八章 执　　行

第六十五条 当事人必须履行人民法院发生法律效力的判决、裁定。

公民、法人或者其他组织拒绝履行判决、裁定的，行政机关可以向第一审人民法院申请强制执行，或者依法强制执行。

行政机关拒绝履行判决、裁定的，第一审人民法院可以采取以下措施：

（一）对应当归还的罚款或者应当给付的赔偿金，通知银行从该行政机关的账户内划拨；

（二）在规定期限内不执行的，从期满之日起，对该行政机关按日处五十元至一百元的罚款；

（三）向该行政机关的上一级行政机关或者监察、人事机关提出司法建议。接受司法建议的机关，根据有关规定进行处理，并将处理情况告知人民法院；

（四）拒不执行判决、裁定，情节严重构成犯罪的，依法追究主管人员和直接责任人员的刑事责任。

第六十六条 公民、法人或者其他组织对具体行政行为在法定期间不提起诉讼又不履行的，行政机关可以申请人民法院强制执行，或者依法强制执行。

第九章 侵权赔偿责任

第六十七条 公民、法人或者其他组织的合法权益受到行政机关或者行政机关工作人员作出的具体行政行为侵犯造成损害的，有权请求赔偿。

公民、法人或者其他组织单独就损害赔偿提出请求，应当先由行政机关解决。对行政机关的处理不服，可以向人民法院提起诉讼。

赔偿诉讼可以适用调解。

第六十八条 行政机关或者行政机关工作人员作出的具体行政行为侵犯公民、法人或者其他组织的合法权益造成损害的，由该行政机关或者该行政机关工作人员所在的行政机关负责赔偿。

行政机关赔偿损失后，应当责令有故意或者重大过失的行政机关工作人员承担部分或者全部赔偿费用。

第六十九条 赔偿费用，从各级财政列支。

各级人民政府可以责令有责任的行政机关支付部分或者全部赔偿费用。具体办法由国务院规定。

第十章 涉外行政诉讼

第七十条 外国人、无国籍人、外国组织在中华人民共和国进行行政诉讼，适用本法。法律另有规定的除外。

第七十一条 外国人、无国籍人、外国组织在中华人民共和国进行行政诉讼，同中华人民共和国公民、组织有同等的诉讼权利和义务。

外国法院对中华人民共和国公民、组织的行政诉讼权利加以限制的，人民法院对该国公民、组织的行政诉讼权利，实行对等原则。

第七十二条 中华人民共和国缔结或者参加的国际条约同本法有不同规定的，适用该国际条约的规定。中华人民共和国声明保留的条款除外。

第七十三条 外国人、无国籍人、外国组织在中华人民共和国进行行政诉讼，委托律师代理诉讼的，应当委托中华人民共和国律师机构的律师。

第十一章 附 则

第七十四条 人民法院审理行政案件，应当收取诉讼费用。诉讼费用由败诉方承担，双方都有责任的由双方分担。收取诉讼费用的具体办法另行规定。

第七十五条 本法自1990年10月1日起施行。

行政诉讼的受理范围

[解读]

人民法院受理公民、法人和其他组织对下列具体行政行为不服提起的诉讼：

（一）对拘留、罚款、吊销许可证和执照、责令停产停业、没收财物等行政处罚不服的。

（二）对限制人身自由或者对财产的查封、扣押、冻结等行政强制措施不服的。

（三）认为行政机关侵犯法律规定的经营自主权的。

（四）认为符合法定条件申请行政机关颁发许可证和执照。行政机关拒绝颁发或者不予答复的。

（五）申请行政机关履行保护人身权、财产权的法定职责，行政机关拒绝履行或者不予答复的。

（六）认为行政机关没有依法发给抚恤金的。

（七）认为行政机关违法要求履行义务的。

（八）认为行政机关侵犯其他人身权、财产权的。

（九）法律、法规规定可以提起诉讼的其他行政案件。

人民法院不受理公民、法人或者其他组织对下列事项提起的诉讼：

（一）国防、外交等国家行为。

（二）行政法规、规章或者行政机关制定、发布的具有普遍约束力的决定、命令。

（三）行政机关对行政机关工作人员的奖惩、任免等决定。

（四）法律规定由行政机关最终裁决的具体行政行为。

（五）公安、国家安全等机关依照刑事诉讼法的明确授权实施的行为。

（六）调解行为以及法律规定的仲裁行为。

（七）不具有强制力的行政指导行为。

（八）驳回当事人对行政行为提起申诉的重复处理行为。

（九）对公民、法人或者其他组织权利义务不产生实际影响的行为。

[依据指引]

(1)《中华人民共和国行政诉讼法》（1989年4月4日 国家主席令第16号）

第十一条 人民法院受理公民、法人和其他组织对下列具体行政行为不服提起的诉讼：

（一）对拘留、罚款、吊销许可证和执照、责令停产停业、没收财物等行政处罚不服的；

（二）对限制人身自由或者对财产的查封、扣押、冻结等行政强制措施不服的；

（三）认为行政机关侵犯法律规定的经营自主权的；

（四）认为符合法定条件申请行政机关颁发许可证和执照，行政机关拒绝颁发或者不予答复的；

（五）申请行政机关履行保护人身权、财产权的法定职责，行政机关拒绝履行或者不予答复的；

（六）认为行政机关没有依法发给抚恤金的；

（七）认为行政机关违法要求履行义务的；

（八）认为行政机关侵犯其他人身权、财产权的。

除前款规定外，人民法院受理法律、法规规定可以提起诉讼的其他行政案件。

第十二条 人民法院不受理公民、法人或者其他组织对下列事项提起的诉讼：

（一）国防、外交等国家行为；

（二）行政法规、规章或者行政机关制定、发布的具有普遍约束力的决定、命令；

（三）行政机关对行政机关工作人员的奖惩、任免等决定；

（四）法律规定由行政机关最终裁决的具体行政行为。

(2) 最高人民法院《关于执行〈中华人民共和国行政诉讼法〉若干问题的解释》（2000 年 3 月 8 日　法释［2000］8 号）

第一条　公民、法人或者其他组织对具有国家行政职权的机关和组织及其工作人员的行政行为不服，依法提起诉讼的，属于人民法院行政诉讼的受案范围。

公民、法人或者其他组织对下列行为不服提起诉讼的，不属于人民法院行政诉讼的受案范围：

（一）行政诉讼法第十二条规定的行为；

（二）公安、国家安全等机关依照刑事诉讼法的明确授权实施的行为；

（三）调解行为以及法律规定的仲裁行为；

（四）不具有强制力的行政指导行为；

（五）驳回当事人对行政行为提起申诉的重复处理行为；

（六）对公民、法人或者其他组织权利义务不产生实际影响的行为。

第二条　行政诉讼法第十二条第（一）项规定的国家行为，是指国务院、中央军事委员会、国防部、外交部等根据宪法和法律的授权，以国家的名义实施的有关国防和外交事务的行为，以及经宪法和法律授权的国家机关宣布紧急状态、实施戒严和总动员等行为。

第三条　行政诉讼法第十二条第（二）项规定的“具有普遍约束力的决定、命令”，是指行政机关针对不特定对象发布的能反复适用的行政规范性文件。

第四条　行政诉讼法第十二条第（三）项规定的“对行政机关工作人员的奖惩、任免等决定”，是指行政机关作出的涉及该行政机关公务员权利义务的决定。

第五条　行政诉讼法第十二条第（四）项规定的“法律规定由行政机关最终裁决的具体行政行为”中的“法律”，是指全国人民代表大会及其常务委员会制定、通过的规范性文件。

行政诉讼的时效

［解读］

行政诉讼的时效规定有如下几种情形：

（一）法律、法规规定应当先向行政复议机关申请行政复议、对行政复议决定不服再向人民法院提起行政诉讼的，对行政复议机关不予受理或者受理后超过行政复议期限不作答复的，公民、法人或者其他组织可以自收到不予受理决定书之日起或者行政复议期满之日起 15 日内，可依法向人民法院提起行政诉讼。

（二）公民、法人或者其他组织向行政机关申请复议的，复议机关应当在收到申请书之日起两个月内作出决定（法律、法规另有规定的除外）。申请人不服行政复议决定的，可以在收到复议决定书之日起 15 日内向人民法院提起诉讼。

（三）公民、法人或者其他组织直接向人民法院提起诉讼的，应当在知道作出具体行政行为之日起 3 个月内提出。法律另有规定的除外。

（四）公民、法人或者其他组织因不可抗力或者其他特殊情况耽误法定期限的，在障碍消除后的 10 日内，可以申请延长期限，由人民法院决定。

［依据指引］

(1)《中华人民共和国行政复议法》（1999 年 4 月 29 日　国家主席令第 16 号）

第十六条　公民、法人或者其他组织申请行政复议，行政复议机关已经依法受理的，或者法律、法规规定应当先向行政复议机关申请行政复议、对行政复议决定不服再向人民法院提起行政诉讼的，在法定行政复议期限内不得向人民法院提起行政诉讼。

公民、法人或者其他组织向人民法院提起行政诉讼，人民法院已经依法受理的，不得申请行政复议。

(2)《中华人民共和国行政诉讼法》（1989 年 4 月 4 日　国家主席令第 16 号）

第三十八条　公民、法人或者其他组织向行政机关申请复议的，复议机关应当在收到申请书之日起两个月内作出决定。法律、法规另有规定的除外。

申请人不服复议决定的，可以在收到复议决定书之日起十五日内向人民法院提起诉讼。复议机关逾期不作决定的，申请人可以在复议期满之日起十五日内向人民法院提起诉讼。法律另有规定的除外。

第三十九条 公民、法人或者其他组织直接向人民法院提起诉讼的，应当在知道作出具体行政行为之日起三个月内提出。法律另有规定的除外。

第四十条 公民、法人或者其他组织因不可抗力或者其他特殊情况耽误法定期限的，在障碍消除后的十日内，可以申请延长期限，由人民法院决定。

行政诉讼的受理

[解读]

行政诉讼受理方面的具体规定主要有以下内容：

（一）法院接到起诉状，应在7日内立案或作出不予受理的裁定。原告对裁定不服，可提起上诉。

（二）法律、法规未规定行政复议为提起行政诉讼必经程序，公民、法人或者其他组织既提起诉讼又申请行政复议的，由先受理的机关管辖；同时受理的，由公民、法人或者其他组织选择。公民、法人或者其他组织已经申请行政复议，在法定复议期间内又向人民法院提起诉讼的，人民法院不予受理。

（三）法律、法规未规定行政复议为提起行政诉讼必经程序，公民、法人或者其他组织向复议机关申请行政复议后，又经复议机关同意撤回复议申请，在法定起诉期限内对原具体行政行为提起诉讼的，人民法院应当依法受理。

（四）人民法院裁定准许原告撤诉后，原告以同一事实和理由重新起诉的，人民法院不予受理。准予撤诉的裁定确有错误，原告申请再审的，人民法院应当通过审理判监督程序撤销原准予撤诉的裁定，重新对案件进行审理。

（五）原告或者上诉人未按规定的期限预交案件受理费，又不提出缓交、减交、免交申请，或者提出申请未获批准的，按自动撤诉处理。在按撤诉处理后，原告或者上诉人在法定期限内再次起诉或者上诉，并依法解决诉讼费预交问题的，人民法院应予受理。

（六）人民法院判决撤销行政机关的具体行政行为后，公民、法人或者其他组织对行政机关重新作出的具体行政行为不服向人民法院起诉的，人民法院应当依法受理。

（七）公民、法人或者其他组织申请行政机关履行法定职责，行政机关在接到申请之日起60日内不履行的，公民、法人或者其他组织向人民法院提起诉讼，人民法院应当依法受理。法律、法规、规章和其他规范性文件对行政机关履行职责的期限另有规定的，从其规定。

（八）公民、法人或者其他组织在紧急情况下请求行政机关履行保护其人身权、财产权的法定职责，行政机关不履行的，起诉期间不受“60日内”的规定限制。

（九）行政机关作出具体行政行为时，没有制作或者没有送达法律文书，公民、法人或者其他组织不服向人民法院起诉的，只要能证明具体行政行为存在，人民法院应当依法受理。

[依据指引]

(1)《中华人民共和国行政诉讼法》（1989年4月4日 国家主席令第16号）

第四十二条 人民法院接到起诉状，经审查，应当在七日内立案或者作出裁定不予受理。原告对裁定不服的，可以提起上诉。

(2) 最高人民法院《关于执行〈中华人民共和国行政诉讼法〉若干问题的解释》（2000年3月8日 法释［2000］8号）

第三十四条 法律、法规未规定行政复议为提起行政诉讼必经程序，公民、法人或者其他组织既提起诉讼又申请行政复议的，由先受理的机关管辖；同时受理的，由公民、法人或者其他组织选择。公民、法人或者其他组织已经申请行政复议，在法定复议期间内又向人民法院提起诉讼的，人民法院不予受理。

第三十五条 法律、法规未规定行政复议为提起行政诉讼必经程序，公民、法人或者其他组织向复议机关申请行政复议后，又经复议机关同意撤回复议申请，在法定起诉期限内对原具体行政行为提起诉讼的，人民法院应当依法受理。

第三十六条 人民法院裁定准许原告撤诉后，原告以同一事实和理由重新起诉的，人民法院不予受理。

准予撤诉的裁定确有错误，原告申请再审的，人民法院应当通过审判监督程序撤销原准予撤诉的裁定，重新对案件进行审理。

第三十七条 原告或者上诉人未按规定的期

限预交案件受理费，又不提出缓交、减交、免交申请，或者提出申请未获批准的，按自动撤诉处理。在按撤诉处理后，原告或者上诉人在法定期限内再次起诉或者上诉，并依法解决诉讼费预交问题的，人民法院应予受理。

第三十八条 人民法院判决撤销行政机关的具体行政行为后，公民、法人或者其他组织对行政机关重新作出的具体行政行为不服向人民法院起诉的，人民法院应当依法受理。

第三十九条 公民、法人或者其他组织申请行政机关履行法定职责，行政机关在接到申请之日起60日内不履行的，公民、法人或者其他组织向人民法院提起诉讼，人民法院应当依法受理。法律、法规、规章和其他规范性文件对行政机关履行职责的期限另有规定的，从其规定。

公民、法人或者其他组织在紧急情况下请求行政机关履行保护其人身权、财产权的法定职责，行政机关不履行的，起诉期间不受前款规定的限制。

第四十条 行政机关作出具体行政行为时，没有制作或者没有送达法律文书，公民、法人或者其他组织不服向人民法院起诉的，只要能证明具体行政行为存在，人民法院应当依法受理。

行政诉讼与行政复议的衔接

[解读]

行政诉讼与行政复议有着密切的联系，公民、法人或者其他组织提起行政诉讼与申请行政复议的衔接，主要应注意以下几种情形：

（一）公民、法人或者其他组织申请行政复议，行政复议机关已经依法受理的，或者法律、法规规定应当先向行政复议机关申请行政复议，对行政复议决定不服再向人民法院提起行政诉讼的，在法定行政复议期限内不得向人民法院提起行政诉讼。

（二）公民、法人或者其他组织向人民法院提起行政诉讼，人民法院已经依法受理的，不得再申请行政复议。

（三）对属于人民法院受案范围的行政案件，公民、法人或者其他组织可以先向上一级行政机关或者法律、法规规定的行政机关申请复议，对复议不服的，再向人民法院提起诉讼；也可以直接向人民法院提起诉讼。劳动行政案件即属于此类案件。

[依据指引]

(1)《中华人民共和国行政复议法》（1999年4月29日　国家主席令第16号）

第十六条 公民、法人或者其他组织申请行政复议，行政复议机关已经依法受理的，或者法律、法规规定应当先向行政复议机关申请行政复议，对行政复议决定不服再向人民法院提起行政诉讼的，在法定行政复议期限内不得向人民法院提起行政诉讼。

公民、法人或者其他组织向人民法院提起行政诉讼，人民法院已经依法受理的，不得申请行政复议。

(2)《中华人民共和国行政诉讼法》（1989年4月4日　国家主席令第16号）

第三十七条 对属于人民法院受案范围的行政案件，公民、法人或者其他组织可以先向上一级行政机关或者法律、法规规定的行政机关申请复议，对复议不服的，再向人民法院提起诉讼；也可以直接向人民法院提起诉讼。

法律、法规规定应当先向行政机关申请复议，对复议不服再向人民法院提起诉讼的，依照法律、法规的规定。

第十七章　违反劳动和社会保障法律的责任

法律责任

［解读］

法律责任是指具有特定主体资格的自然人、法人或组织由于其主观上的过错所实施的、具有一定社会危害性、依照法律应当予以追究的行为所承担的法律后果。因此，法律责任有时也称为违法责任。劳动保障法律责任是指由于用人单位、劳动者、人力资源和社会保障行政部门和其他有关部门（组织）及其工作人员违反劳动和社会保障法律、法规的规定而应承担的法律后果。

应当注意的是：

第一，法律责任的主体必须具有特定的资格，即具有法定责任能力的自然人、依法设立的法人或其他社会组织等。劳动法律责任主体一般是劳动者、用人单位和人力资源和社会保障行政部门。

第二，法律责任必须是行为主体的主观过错所导致的法律后果。所谓主观过错，包括故意和过失两种情况。故意是指行为人清楚地了解自己行为将会产生的后果，内心却希望或放任这种结果出现。过失是指行为人由于疏忽大意而不能预料到自己行为所产生后果的危害，或者虽有预料但又自以为是地认为可以避免危害后果的发生。

第三，法律责任中行为人的行为后果必须是对社会秩序产生危害的。这种危害可以表现为已经给他人或社会造成了现实的危害后果，也可以表现为目前还没有形成、但对未来构成的危害后果。

第四，法律责任必须是违反法律规定的行为导致依法受到处罚的后果。这种违法行为表现在以下三个方面：一是拒不实施法律规定的行为，二是实施了法律明令禁止的行为，三是实施某种行为时违反了法律规定的程序。

法律责任的表现形式有三种，即行政责任、民事责任和刑事责任。

［依据指引］

(1)《中华人民共和国劳动法》（1994 年 7 月 5 日　国家主席令第 28 号）

第八十九条　用人单位制定的劳动规章制度违反法律、法规规定的，由劳动行政部门给予警告，责令改正；对劳动者造成损害的，应当承担赔偿责任。

第九十条　用人单位违反本法规定，延长劳动者工作时间的，由劳动行政部门给予警告，责令改正，并可以处以罚款。

第九十一条　用人单位有下列侵害劳动者合法权益情形之一的，由劳动行政部门责令支付劳动者的工资报酬、经济补偿，并可以责令支付赔偿金：

（一）克扣或者无故拖欠劳动者工资的；

（二）拒不支付劳动者延长工作时间工资报酬的；

（三）低于当地最低工资标准支付劳动者工资的；

（四）解除劳动合同后，未依照本法规定给予劳动者经济补偿的。

第九十二条　用人单位的劳动安全设施和劳动卫生条件不符合国家规定或者未向劳动者提供必要的劳动防护用品和劳动保护设施的，由劳动行政部门或者有关部门责令改正，可以处以罚款；情节严重的，提请县级以上人民政府决定责令停产整顿；对事故隐患不采取措施，致使发生重大事故，造成劳动者生命和财产损失的，对责任人员比照刑法第一百八十七条的规定追究刑事责任。

第九十三条　用人单位强令劳动者违章冒险作业，发生重大伤亡事故，造成严重后果的，对责任人员依法追究刑事责任。

第九十四条　用人单位非法招用未满十六周岁的未成年人的，由劳动行政部门责令改正，处以罚款；情节严重的，由工商行政管理部门吊销营业执照。

第九十五条　用人单位违反本法对女职工和

未成年工的保护规定，侵害其合法权益的，由劳动行政部门责令改正，处以罚款；对女职工或者未成年工造成损害的，应当承担赔偿责任。

第九十六条 用人单位有下列行为之一，由公安机关对责任人员处以十五日以下拘留、罚款或者警告；构成犯罪的，对责任人员依法追究刑事责任：

（一）以暴力、威胁或者非法限制人身自由的手段强迫劳动的；

（二）侮辱、体罚、殴打、非法搜查和拘禁劳动者的。

第九十七条 由于用人单位的原因订立的无效合同，对劳动者造成损害的，应当承担赔偿责任。

第九十八条 用人单位违反本法规定的条件解除劳动合同或者故意拖延不订立劳动合同的，由劳动行政部门责令改正；对劳动者造成损害的，应当承担赔偿责任。

第九十九条 用人单位招用尚未解除劳动合同的劳动者，对原用人单位造成经济损失的，该用人单位应当依法承担连带赔偿责任。

第一百条 用人单位无故不缴纳社会保险费的，由劳动行政部门责令其限期缴纳；逾期不缴的，可以加收滞纳金。

第一百零一条 用人单位无理阻挠劳动行政部门、有关部门及其工作人员行使监督检查权，打击报复举报人员的，由劳动行政部门或者有关部门处以罚款；构成犯罪的，对责任人员依法追究刑事责任。

第一百零二条 劳动者违反本法规定的条件解除劳动合同或者违反劳动合同中约定的保密事项，对用人单位造成经济损失的，应当依法承担赔偿责任。

第一百零三条 劳动行政部门或者有关部门的工作人员滥用职权、玩忽职守、徇私舞弊，构成犯罪的，依法追究刑事责任；不构成犯罪的，给予行政处分。

第一百零四条 国家工作人员和社会保险基金经办机构的工作人员挪用社会保险基金，构成犯罪的，依法追究刑事责任。

第一百零五条 违反本法规定侵害劳动者合法权益，其他法律、行政法规已规定处罚的，依照该法律、行政法规的规定处罚。

(2)《中华人民共和国就业促进法》（2007年8月30日　国家主席令第70号）（略）

(3)《中华人民共和国劳动合同法》（2007年6月29日　国家主席令第65号）（略）

(4) 国务院《劳动合同法实施条例》（2008年9月18日　国务院令第535号）（略）

(5)《中华人民共和国社会保险法》（2010年10月28日　国家主席令第35号）（略）

(6) 国务院《工伤保险条例》（2003年4月27日　国务院令第375号　2010年12月20日修订）（略）

(7) 国务院《劳动保障监察条例》（2004年11月1日　国务院令第423号）（略）

违反劳动和社会保障法律的行政责任

[解读]

违反劳动和社会保障法律的行政责任是指行为人因违反劳动和社会保障法律规定，不履行法律规定时，依法应当承担，并由有关行政机关或行为人所在单位以行政制裁方式予以追究的法律责任。

行政制裁一般分为行政处罚和行政处分两种方式。违反劳动法的行政处罚是指由人力资源和社会保障行政部门、公安行政部门和工商行政部门等国家行政管理部门依法对用人单位及其责任人员、劳动者实施的行政制裁。应当注意的是，用人单位除企业单位外，还包括国家机关、事业单位、社会团体，其执行劳动保障法律、法规和规章的情况，也由人力资源和社会保障行政部门等相关部门实施劳动保障监察。具体形式包括警告、责令改正、责令停止、查封、吊销执照、行政拘留等。行政处分一般是由行政管理机关对其公务人员或用人单位给予其职工的惩戒，包括警告、记过、记大过、降级、撤职、留用察看、开除等。

[依据指引]

(1)《中华人民共和国劳动法》（1994年7月5日　国家主席令第28号）

第八十九条 用人单位制定的劳动规章制度违反法律、法规规定的，由劳动行政部门给予警告，责令改正；对劳动者造成损害的，应当承担赔偿责任。

第九十条 用人单位违反本法规定，延长劳动者工作时间的，由劳动行政部门给予警告，责令改正，并可以处以罚款。

第九十四条　用人单位非法招用未满十六周岁的未成年人的，由劳动行政部门责令改正，处以罚款；情节严重的，由工商行政管理部门吊销营业执照。

第九十八条　用人单位违反本法规定的条件解除劳动合同或者故意拖延不订立劳动合同的，由劳动行政部门责令改正；对劳动者造成损害的，应当承担赔偿责任。

第一百条　用人单位无故不缴纳社会保险费的，由劳动行政部门责令其限期缴纳；逾期不缴的，可以加收滞纳金。

第一百零一条　用人单位无理阻挠劳动行政部门、有关部门及其工作人员行使监督检查权，打击报复举报人员的，由劳动行政部门或者有关部门处以罚款；构成犯罪的，对责任人员依法追究刑事责任。

第一百零三条　劳动行政部门或者有关部门的工作人员滥用职权、玩忽职守、徇私舞弊，构成犯罪的，依法追究刑事责任；不构成犯罪的，给予行政处分。

(2)《中华人民共和国劳动合同法》（2007年6月29日　国家主席令第65号）（略）

(3)《中华人民共和国社会保险法》（2010年10月28日　国家主席令第35号）（略）

(4)《中华人民共和国公务员法》（2005年4月27日　国家主席令第35号）（略）

(5) 国务院《劳动保障监察条例》（2004年11月1日　国务院令第423号）

第二十三条　用人单位有下列行为之一的，由劳动保障行政部门责令改正，按照受侵害的劳动者每人1 000元以上5 000元以下的标准计算，处以罚款：

（一）安排女职工从事矿山井下劳动、国家规定的第四级体力劳动强度的劳动或者其他禁忌从事的劳动的；

（二）安排女职工在经期从事高处、低温、冷水作业或者国家规定的第三级体力劳动强度的劳动的；

（三）安排女职工在怀孕期间从事国家规定的第三级体力劳动强度的劳动或者孕期禁忌从事的劳动的；

（四）安排怀孕7个月以上的女职工夜班劳动或者延长其工作时间的；

（五）女职工生育享受产假少于90天的；

（六）安排女职工在哺乳未满1周岁的婴儿期间从事国家规定的第三级体力劳动强度的劳动或者哺乳期禁忌从事的其他劳动，以及延长其工作时间或者安排其夜班劳动的；

（七）安排未成年工从事矿山井下、有毒有害、国家规定的第四级体力劳动强度的劳动或者其他禁忌从事的劳动的；

（八）未对未成年工定期进行健康检查的。

第二十四条　用人单位与劳动者建立劳动关系不依法订立劳动合同的，由劳动保障行政部门责令改正。

第二十五条　用人单位违反劳动保障法律、法规或者规章延长劳动者工作时间的，由劳动保障行政部门给予警告，责令限期改正，并可以按照受侵害的劳动者每人100元以上500元以下的标准计算，处以罚款。

第二十六条　用人单位有下列行为之一的，由劳动保障行政部门分别责令限期支付劳动者的工资报酬、劳动者工资低于当地最低工资标准的差额或者解除劳动合同的经济补偿；逾期不支付的，责令用人单位按照应付金额50%以上1倍以下的标准计算，向劳动者加付赔偿金：

（一）克扣或者无故拖欠劳动者工资报酬的；

（二）支付劳动者的工资低于当地最低工资标准的；

（三）解除劳动合同未依法给予劳动者经济补偿的。

第二十七条　用人单位向社会保险经办机构申报应缴纳的社会保险费数额时，瞒报工资总额或者职工人数的，由劳动保障行政部门责令改正，并处瞒报工资数额1倍以上3倍以下的罚款。

骗取社会保险待遇或者骗取社会保险基金支出的，由劳动保障行政部门责令退还，并处骗取金额1倍以上3倍以下的罚款；构成犯罪的，依法追究刑事责任。

第二十八条　职业介绍机构、职业技能培训机构或者职业技能考核鉴定机构违反国家有关职业介绍、职业技能培训或者职业技能考核鉴定的规定的，由劳动保障行政部门责令改正，没收违法所得，并处1万元以上5万元以下的罚款；情节严重的，吊销许可证。

未经劳动保障行政部门许可，从事职业介绍、职业技能培训或者职业技能考核鉴定的组织或者个人，由劳动保障行政部门、工商行政管理部门依照国家有关无照经营查处取缔的规定查处取缔。

第二十九条　用人单位违反《中华人民共和

国工会法》，有下列行为之一的，由劳动保障行政部门责令改正：

（一）阻挠劳动者依法参加和组织工会，或者阻挠上级工会帮助、指导劳动者筹建工会的；

（二）无正当理由调动依法履行职责的工会工作人员的工作岗位，进行打击报复的；

（三）劳动者因参加工会活动而被解除劳动合同的；

（四）工会工作人员因依法履行职责被解除劳动合同的。

第三十条 有下列行为之一的，由劳动保障行政部门责令改正；对有第（一）项、第（二）项或者第（三）项规定的行为的，处2 000元以上2万元以下的罚款：

（一）无理抗拒、阻挠劳动保障行政部门依照本条例的规定实施劳动保障监察的；

（二）不按照劳动保障行政部门的要求报送书面材料，隐瞒事实真相，出具伪证或者隐匿、毁灭证据的；

（三）经劳动保障行政部门责令改正拒不改正，或者拒不履行劳动保障行政部门的行政处理决定的；

（四）打击报复举报人、投诉人的。

违反前款规定，构成违反治安管理行为的，由公安机关依法给予治安管理处罚；构成犯罪的，依法追究刑事责任。

第三十一条 劳动保障监察员滥用职权、玩忽职守、徇私舞弊或者泄露在履行职责过程中知悉的商业秘密的，依法给予行政处分；构成犯罪的，依法追究刑事责任。

劳动保障行政部门和劳动保障监察员违法行使职权，侵犯用人单位或者劳动者的合法权益的，依法承担赔偿责任。

第三十二条 属于本条例规定的劳动保障监察事项，法律、其他行政法规对处罚另有规定的，从其规定。

第三十四条 国家机关、事业单位、社会团体执行劳动保障法律、法规和规章的情况，由劳动保障行政部门根据其职责，依照本条例实施劳动保障监察。

违反劳动和社会保障法律的民事责任

[解读]

违反劳动和社会保障法律的民事责任是指劳动关系一方当事人违反了劳动和社会保障法律的规定或劳动合同的约定而应承担的民事责任。按照劳动和社会保障法律的规定，违反劳动和社会保障法律的民事责任分为两种：一种是违反劳动合同及有关劳动合同的法律规定所应承担的民事责任；另一种是损害劳动者或用人单位权利的民事责任。违反劳动和社会保障法律的民事责任主要表现为赔偿损失、经济补偿、违约金等。

[依据指引]

(1)《中华人民共和国劳动法》（1994年7月5日 国家主席令第28号）

第八十九条 用人单位制定的劳动规章制度违反法律、法规规定的，由劳动行政部门给予警告，责令改正；对劳动者造成损害的，应当承担赔偿责任。

第九十一条 用人单位有下列侵害劳动者合法权益情形之一的，由劳动行政部门责令支付劳动者的工资报酬、经济补偿，并可以责令支付赔偿金：

（一）克扣或者无故拖欠劳动者工资的；

（二）拒不支付劳动者延长工作时间工资报酬的；

（三）低于当地最低工资标准支付劳动者工资的；

（四）解除劳动合同后，未依照本法规定给予劳动者经济补偿的。

第九十五条 用人单位违反本法对女职工和未成年工的保护规定，侵害其合法权益的，由劳动行政部门责令改正，处以罚款；对女职工或者未成年工造成损害的，应当承担赔偿责任。

第九十七条 由于用人单位的原因订立的无效合同，对劳动者造成损害的，应当承担赔偿责任。

第九十八条 用人单位违反本法规定的条件解除劳动合同或者故意拖延不订立劳动合同的，由劳动行政部门责令改正；对劳动者造成损害的，应当承担赔偿责任。

第九十九条 用人单位招用尚未解除劳动合同的劳动者，对原用人单位造成经济损失的，该用人单位应当依法承担连带赔偿责任。

第一百零二条 劳动者违反本法规定的条件解除劳动合同或者违反劳动合同中约定的保密事项，对用人单位造成经济损失的，应当依法承担赔偿责任。

(2)《中华人民共和国劳动合同法》（2007年6月29日　国家主席令第65号）

第八十条　用人单位直接涉及劳动者切身利益的规章制度违反法律、法规规定的，由劳动行政部门责令改正，给予警告；给劳动者造成损害的，应当承担赔偿责任。

第八十一条　用人单位提供的劳动合同文本未载明本法规定的劳动合同必备条款或者用人单位未将劳动合同文本交付劳动者的，由劳动行政部门责令改正；给劳动者造成损害的，应当承担赔偿责任。

第八十二条　用人单位自用工之日起超过一个月不满一年未与劳动者订立书面劳动合同的，应当向劳动者每月支付二倍的工资。

用人单位违反本法规定不与劳动者订立无固定期限劳动合同的，自应当订立无固定期限劳动合同之日起向劳动者每月支付二倍的工资。

第八十三条　用人单位违反本法规定与劳动者约定试用期的，由劳动行政部门责令改正；违法约定的试用期已经履行的，由用人单位以劳动者试用期满月工资为标准，按已经履行的超过法定试用期的期间向劳动者支付赔偿金。

第八十四条　用人单位违反本法规定，扣押劳动者居民身份证等证件的，由劳动行政部门责令限期退还劳动者本人，并依照有关法律规定给予处罚。

用人单位违反本法规定，以担保或者其他名义向劳动者收取财物的，由劳动行政部门责令限期退还劳动者本人，并以每人五百元以上二千元以下的标准处以罚款；给劳动者造成损害的，应当承担赔偿责任。

劳动者依法解除或者终止劳动合同，用人单位扣押劳动者档案或者其他物品的，依照前款规定处罚。

第八十五条　用人单位有下列情形之一的，由劳动行政部门责令限期支付劳动报酬、加班费或者经济补偿；劳动报酬低于当地最低工资标准的，应当支付其差额部分；逾期不支付的，责令用人单位按应付金额百分之五十以上百分之一百以下的标准向劳动者加付赔偿金：

（一）未按照劳动合同的约定或者国家规定及时足额支付劳动者劳动报酬的；

（二）低于当地最低工资标准支付劳动者工资的；

（三）安排加班不支付加班费的；

（四）解除或者终止劳动合同，未依照本法规定向劳动者支付经济补偿的。

第八十六条　劳动合同依照本法第二十六条规定被确认无效，给对方造成损害的，有过错的一方应当承担赔偿责任。

第八十七条　用人单位违反本法规定解除或者终止劳动合同的，应当依照本法第四十七条规定的经济补偿标准的二倍向劳动者支付赔偿金。

第八十八条　用人单位有下列情形之一的，依法给予行政处罚；构成犯罪的，依法追究刑事责任；给劳动者造成损害的，应当承担赔偿责任：

（一）以暴力、威胁或者非法限制人身自由的手段强迫劳动的；

（二）违章指挥或者强令冒险作业危及劳动者人身安全的；

（三）侮辱、体罚、殴打、非法搜查或者拘禁劳动者的；

（四）劳动条件恶劣、环境污染严重，给劳动者身心健康造成严重损害的。

第八十九条　用人单位违反本法规定未向劳动者出具解除或者终止劳动合同的书面证明，由劳动行政部门责令改正；给劳动者造成损害的，应当承担赔偿责任。

第九十条　劳动者违反本法规定解除劳动合同，或者违反劳动合同中约定的保密义务或者竞业限制，给用人单位造成损失的，应当承担赔偿责任。

第九十一条　用人单位招用与其他用人单位尚未解除或者终止劳动合同的劳动者，给其他用人单位造成损失的，应当承担连带赔偿责任。

第九十二条　劳务派遣单位违反本法规定的，由劳动行政部门和其他有关主管部门责令改正；情节严重的，以每人一千元以上五千元以下的标准处以罚款，并由工商行政管理部门吊销营业执照；给被派遣劳动者造成损害的，劳务派遣单位与用工单位承担连带赔偿责任。

第九十三条　对不具备合法经营资格的用人单位的违法犯罪行为，依法追究法律责任；劳动者已经付出劳动的，该单位或者其出资人应当依照本法有关规定向劳动者支付劳动报酬、经济补偿、赔偿金；给劳动者造成损害的，应当承担赔偿责任。

第九十四条　个人承包经营违反本法规定招用劳动者，给劳动者造成损害的，发包的组织与个人承包经营者承担连带赔偿责任。

第九十五条 劳动行政部门和其他有关主管部门及其工作人员玩忽职守、不履行法定职责，或者违法行使职权，给劳动者或者用人单位造成损害的，应当承担赔偿责任；对直接负责的主管人员和其他直接责任人员，依法给予行政处分；构成犯罪的，依法追究刑事责任。

(3) 劳动部《违反和解除劳动合同的经济补偿办法》（1994年12月3日 劳部发［1994］481号）

第一条 为了规范违反和解除劳动合同对劳动者的经济补偿标准，根据《中华人民共和国劳动法》的规定，制定本办法。

第二条 对劳动者的经济补偿金，由用人单位一次性发给。

第三条 用人单位克扣或者无故拖欠劳动者工资的，以及拒不支付劳动者延长工作时间工资报酬的，除在规定的时间内全额支付劳动者工资报酬外，还需加发相当于工资报酬百分之二十五的经济补偿金。

第四条 用人单位支付劳动者的工资报酬低于当地最低工资标准的，要在补足低于标准部分的同时，另外支付相当于低于部分百分之二十五的经济补偿金。

第五条 经劳动合同当事人协商一致，由用人单位解除劳动合同的，用人单位应根据劳动者在本单位工作年限，每满一年发给相当于一个月工资的经济补偿金，最多不超过十二个月。工作时间不满一年的按一年的标准发给经济补偿金。

第六条 劳动者患病或者非因工负伤，经劳动鉴定委员会确认不能从事原工作、也不能从事用人单位另行安排的工作而解除劳动合同的，用人单位应按其在本单位的工作年限，每满一年发给相当于一个月工资的经济补偿金，同时还应发给不低于六个月工资的医疗补助费。患重病和绝症的还应增加医疗补助费，患重病的增加部分不低于医疗补助费的百分之五十，患绝症的增加部分不低于医疗补助费的百分之百。

第七条 劳动者不能胜任工作，经过培训或者调整工作岗位仍不能胜任工作，由用人单位解除劳动合同的，用人单位应按其在本单位工作的年限，工作时间每满一年，发给相当于一个月工资的经济补偿金，最多不超过十二个月。

第八条 劳动合同订立时所依据的客观情况发生重大变化，致使原劳动合同无法履行，经当事人协商不能就变更劳动合同达成协议，由用人单位解除劳动合同的，用人单位按劳动者在本单位工作的年限，工作时间每满一年发给相当于一个月工资的经济补偿金。

第九条 用人单位濒临破产进行法定整顿期间或者生产经营状况发生严重困难，必须裁减人员的，用人单位按被裁减人员在本单位工作的年限支付经济补偿金。在本单位工作的时间每满一年，发给相当于一个月工资的经济补偿金。

第十条 用人单位解除劳动合同后，未按规定给予劳动者经济补偿的，除全额发给经济补偿金外，还须按该经济补偿金数额的百分之五十支付额外经济补偿金。

第十一条 本办法中经济补偿金的工资计算标准是指企业正常生产情况下劳动者解除合同前十二个月的月平均工资。

用人单位依据本办法第六条、第八条、第九条解除劳动合同时，劳动者的月平均工资低于企业月平均工资的，按企业月平均工资的标准支付。

第十二条 经济补偿金在企业成本中列支，不得占用企业按规定比例应提取的福利费用。

第十三条 本办法自一九九五年一月一日起执行。

(4) 劳动部《违反〈劳动法〉有关劳动合同规定的赔偿办法》（1995年5月10日 劳部发［1995］223号）

第一条 为明确违反劳动法有关劳动合同规定的赔偿责任，维护劳动合同双方当事人的合法权益，根据《中华人民共和国劳动法》的有关规定，制定本办法。

第二条 用人单位有下列情形之一，对劳动者造成损害的，应赔偿劳动者损失：

（一）用人单位故意拖延不订立劳动合同，即招用后故意不按规定订立劳动合同以及劳动合同到期后故意不及时续订劳动合同的；

（二）由于用人单位的原因订立无效劳动合同，或订立部分无效劳动合同的；

（三）用人单位违反规定或劳动合同的约定侵害女职工或未成年工合法权益的；

（四）用人单位违反规定或劳动合同的约定解除劳动合同的。

第三条 本办法第二条规定的赔偿，按下列规定执行：

（一）造成劳动者工资收入损失的，按劳动者本人应得工资收入支付给劳动者，并加付应得工资收入25％的赔偿费用；

（二）造成劳动者劳动保护待遇损失的，应按国家规定补足劳动者的劳动保护津贴和用品；

（三）造成劳动者工伤、医疗待遇损失的，除按国家规定为劳动者提供工伤、医疗待遇外，还应支付劳动者相当于医疗费用25%的赔偿费用；

（四）造成女职工和未成年工身体健康损害的，除按国家规定提供治疗期间的医疗待遇外，还应支付相当于其医疗费用25%的赔偿费用；

（五）劳动合同约定的其他赔偿费用。

第四条　劳动者违反规定或劳动合同的约定解除劳动合同，对用人单位造成损失的，劳动者应赔偿用人单位下列损失：

（一）用人单位招收录用其所支付的费用；

（二）用人单位为其支付的培训费用，双方另有约定的按约定办理；

（三）对生产、经营和工作造成的直接经济损失；

（四）劳动合同约定的其他赔偿费用。

第五条　劳动者违反劳动合同中约定的保密事项，对用人单位造成经济损失的，按《反不正当竞争法》第二十条的规定支付用人单位赔偿费用。

第六条　用人单位招用尚未解除劳动合同的劳动者，对原用人单位造成经济损失的，除该劳动者承担直接赔偿责任外，该用人单位应当承担连带赔偿责任。其连带赔偿的份额应不低于对原用人单位造成经济损失总额的百分之七十。向原用人单位赔偿下列损失：

（一）对生产、经营和工作造成的直接经济损失；

（二）因获取商业秘密给原用人单位造成的经济损失。

赔偿本条第（二）项规定的损失，按《反不正当竞争法》第二十条的规定执行。

第七条　因赔偿引起争议的，按照国家有关劳动争议处理的规定办理。

第八条　本办法自发布之日起施行。

违反劳动和社会保障法律的刑事责任

[解读]

刑事责任的主要内容是对违法行为人的人身进行制裁，是最严厉的一种法律责任，具有强制性。在劳动保障工作领域中，主要是对那些严重侵犯人身权利、财产权利，侵占国家财产或给国家财产造成重大损失的，予以追究刑事责任。刑事责任只能由国家司法机关追究，任何单位和个人都无权对他人实施，否则也将被追究法律责任。

[依据指引]

(1)《中华人民共和国劳动法》（1994年7月5日　国家主席令第28号）

第九十二条　用人单位的劳动安全设施和劳动卫生条件不符合国家规定或者未向劳动者提供必要的劳动防护用品和劳动保护设施的，由劳动行政部门或者有关部门责令改正，可以处以罚款；情节严重的，提请县级以上人民政府决定责令停产整顿；对事故隐患不采取措施，致使发生重大事故，造成劳动者生命和财产损失的，对责任人员比照刑法第一百八十七条的规定追究刑事责任。

第九十三条　用人单位强令劳动者违章冒险作业，发生重大伤亡事故，造成严重后果的，对责任人员依法追究刑事责任。

第九十六条　用人单位有下列行为之一，由公安机关对责任人员处以十五日以下拘留、罚款或者警告；构成犯罪的，对责任人员依法追究刑事责任：

（一）以暴力、威胁或者非法限制人身自由的手段强迫劳动的；

（二）侮辱、体罚、殴打、非法搜查和拘禁劳动者的。

第一百零三条　劳动行政部门或者有关部门的工作人员滥用职权、玩忽职守、徇私舞弊，构成犯罪的，依法追究刑事责任；不构成犯罪的，给予行政处分。

第一百零四条　国家工作人员和社会保险基金经办机构的工作人员挪用社会保险基金，构成犯罪的，依法追究刑事责任。

(2)《中华人民共和国劳动合同法》（2007年6月29日　国家主席令第65号）

第八十八条　用人单位有下列情形之一的，依法给予行政处罚；构成犯罪的，依法追究刑事责任；给劳动者造成损害的，应当承担赔偿责任：

（一）以暴力、威胁或者非法限制人身自由的手段强迫劳动的；

（二）违章指挥或者强令冒险作业危及劳动者人身安全的；

（三）侮辱、体罚、殴打、非法搜查或者拘禁劳动者的；

（四）劳动条件恶劣、环境污染严重，给劳动者身心健康造成严重损害的。

第九十三条 对不具备合法经营资格的用人单位的违法犯罪行为，依法追究法律责任；劳动者已经付出劳动的，该单位或者其出资人应当依照本法有关规定向劳动者支付劳动报酬、经济补偿、赔偿金；给劳动者造成损害的，应当承担赔偿责任。

第九十五条 劳动行政部门和其他有关主管部门及其工作人员玩忽职守、不履行法定职责，或者违法行使职权，给劳动者或者用人单位造成损害的，应当承担赔偿责任；对直接负责的主管人员和其他直接责任人员，依法给予行政处分；构成犯罪的，依法追究刑事责任。

(3)《中华人民共和国社会保险法》（2010年10月28日　国家主席令第35号）

第九十四条 违反本法规定，构成犯罪的，依法追究刑事责任。

(4)《中华人民共和国刑法》（1979年7月1日第五届全国人民代表大会第二次会议通过　2011年2月25日修订）

第一百三十一条 航空人员违反规章制度，致使发生重大飞行事故，造成严重后果的，处三年以下有期徒刑或者拘役；造成飞机坠毁或者人员死亡的，处三年以上七年以下有期徒刑。

第一百三十二条 铁路职工违反规章制度，致使发生铁路运营安全事故，造成严重后果的，处三年以上七年以下有期徒刑。

第一百三十三条 违反交通运输管理法规，因而发生重大事故，致人重伤、死亡或者使公私财产遭受重大损失的，处三年以下有期徒刑或者拘役；交通运输肇事后逃逸或者有其他特别恶劣情节的，处三年以上七年以下有期徒刑；因逃逸致人死亡的，处七年以上有期徒刑。

在道路上驾驶机动车追逐竞驶，情节恶劣的，或者在道路上醉酒驾驶机动车的，处拘役，并处罚金。

有前款行为，同时构成其他犯罪的，依照处罚较重的规定定罪处罚。

第一百三十四条 在生产、作业中违反有关安全管理的规定，因而发生重大伤亡事故或者造成其他严重后果的，处三年以下有期徒刑或者拘役；情节特别恶劣的，处三年以上七年以下有期徒刑。

强令他人违章冒险作业，因而发生重大伤亡事故或者造成严重后果的，处五年以下有期徒刑或者拘役；情节特别恶劣的，处五年以上有期徒刑。

第一百三十五条 安全生产设施或者安全生产条件不符合国家规定，因而发生重大伤亡事故或者造成其他严重后果的，对直接负责的主管人员和其他直接责任人员，处三年以下有期徒刑或者拘役；情节特别恶劣的，处三年以上七年以下有期徒刑。

第一百三十六条 违反爆炸性、易燃性、放射性、毒害性、腐蚀性物品的管理规定，在生产、储存、运输、使用中发生重大事故，造成严重后果的，处三年以下有期徒刑或者拘役；后果特别严重的，处三年以上七年以下有期徒刑。

第一百三十七条 建设单位、设计单位、施工单位、工程监理单位违反国家规定，降低工程质量标准，造成重大安全事故的，对直接责任人员，处五年以下有期徒刑或者拘役，并处罚金；后果特别严重的，处五年以上十年以下有期徒刑，并处罚金。

第一百三十八条 明知校舍教育教学设施有危险，而不采取措施或者不及时报告，致使发生重大伤亡事故的，对直接责任人员，处三年以下有期徒刑或者拘役；后果特别严重的，处三年以上七年以下有期徒刑。

第二百四十四条 以暴力、威胁或者限制人身自由的方法强迫他人劳动的，处三年以下有期徒刑或者拘役，并处罚金；情节严重的，处三年以上十年以下有期徒刑，并处罚金。

明知他人实施前款行为，为其招募、运送人员或者有其他协助强迫他人劳动行为的，依照前款的规定处罚。

单位犯前两款罪的，对单位判处罚金，并对其直接负责的主管人员和其他直接责任人员，依照第一款的规定处罚。

第二百四十四条之一 违反劳动管理法规，雇用未满十六周岁的未成年人从事超强度体力劳动的，或者从事高空、井下作业的，或者在爆炸性、易燃性、放射性、毒害性等危险环境下从事劳动，情节严重的，对直接责任人员，处三年以下有期徒刑或者拘役，并处罚金；情节特别严重的，处三年以上七年以下有期徒刑，并处罚金。

有前款行为，造成事故，又构成其他犯罪的，依照数罪并罚的规定处罚。

第二百四十六条 以暴力或者其他方法公然侮辱他人或者捏造事实诽谤他人，情节严重的，处三年以下有期徒刑、拘役、管制或者剥夺政治权利。

前款罪，告诉的才处理，但是严重危害社会秩序和国家利益的除外。

用人单位、职业中介机构实施就业歧视的法律责任

［解读］

我国法律规定，用人单位招用人员、职业中介机构从事职业中介活动，应当向劳动者提供平等的就业机会和公平的就业条件，不得实施就业歧视。劳动者受到就业歧视的，可以向人民法院提起诉讼，依法追究违法行为人的法律责任，如责令改正、要求赔礼道歉、请求侵权损害赔偿等。

在就业歧视问题中，传染病病原携带者特别是乙肝表面病原携带者的就业歧视问题较为突出。为保护乙肝表面病原携带者的合法就业权利，我国法律规定，用人单位在国家法律、行政法规和国务院卫生行政部门规定禁止乙肝病原携带者从事的工作岗位以外招用人员时，将乙肝病毒血清学指标作为体检标准的，由人力资源和社会保障行政部门责令改正，并可处以 1 000 元以下的罚款；对当事人造成损害的，应当承担赔偿责任。

［依据指引］

(1)《中华人民共和国就业促进法》（2007 年 8 月 30 日　国家主席令第 70 号）

第二十六条　用人单位招用人员、职业中介机构从事职业中介活动，应当向劳动者提供平等的就业机会和公平的就业条件，不得实施就业歧视。

第三十条　用人单位招用人员，不得以是传染病病原携带者为由拒绝录用。但是，经医学鉴定传染病病原携带者在治愈前或者排除传染嫌疑前，不得从事法律、行政法规和国务院卫生行政部门规定禁止从事的易使传染病扩散的工作。

第六十二条　违反本法规定，实施就业歧视的，劳动者可以向人民法院提起诉讼。

(2) 劳动和社会保障部《就业服务与就业管理规定》（2007 年 11 月 5 日　部令第 28 号）

第十九条　用人单位招用人员，不得以是传染病病原携带者为由拒绝录用。但是，经医学鉴定传染病病原携带者在治愈前或者排除传染嫌疑前，不得从事法律、行政法规和国务院卫生行政部门规定禁止从事的易使传染病扩散的工作。

用人单位招用人员，除国家法律、行政法规和国务院卫生行政部门规定禁止乙肝病原携带者从事的工作外，不得强行将乙肝病毒血清学指标作为体检标准。

第六十八条　用人单位违反本规定第十九条第二款规定，在国家法律、行政法规和国务院卫生行政部门规定禁止乙肝病原携带者从事的工作岗位以外招用人员时，将乙肝病毒血清学指标作为体检标准的，由劳动保障行政部门责令改正，并可处以一千元以下的罚款；对当事人造成损害的，应当承担赔偿责任。

用人单位制定规章制度违反法律、法规的责任

［解读］

用人单位为加强内部管理，规范工作人员的行为，应当依照国家的法律、法规制定规章制度，在制定直接涉及劳动者切身利益的规章制度时，还应特别注意履行法定的民主程序。这是法律授予用人单位的权利，也是为其规定的义务。因此，这些规章制度的内容应该是法律、法规的细化和具体实施办法，不能与法律、法规相抵触，更不能损害劳动者的合法权益。这里的“法律、法规”主要是指劳动法律、行政法规、地方法规和国家技术标准。对于用人单位制定的规章制度违反法律法规规定的，应当承担行政法律责任，由劳动行政部门有权给予警告，责令其改正。对劳动者造成损害的，用人单位还要承担民事法律责任，赔偿劳动者的损失。

［依据指引］

(1)《中华人民共和国劳动法》（1994 年 7 月 5 日　国家主席令第 28 号）

第八十九条　用人单位制定的劳动规章制度违反法律、法规规定的，由劳动行政部门给予警告，责令改正；对劳动者造成损害的，应当承担赔偿责任。

(2) 劳动部办公厅《关于〈劳动法〉若干条文的说明》（1994 年 9 月 5 日　劳办发［1994］289 号）

第八十九条　本条中的“法律、法规”主要指劳动法律、行政法规、地方法规和国家技术标准等。

(3)《中华人民共和国劳动合同法》（2007年6月29日 国家主席令第65号）

第四条 用人单位应当依法建立和完善劳动规章制度，保障劳动者享有劳动权利、履行劳动义务。

用人单位在制定、修改或者决定有关劳动报酬、工作时间、休息休假、劳动安全卫生、保险福利、职工培训、劳动纪律以及劳动定额管理等直接涉及劳动者切身利益的规章制度或者重大事项时，应当经职工代表大会或者全体职工讨论，提出方案和意见，与工会或者职工代表平等协商确定。

在规章制度和重大事项决定实施过程中，工会或者职工认为不适当的，有权向用人单位提出，通过协商予以修改完善。

用人单位应当将直接涉及劳动者切身利益的规章制度和重大事项决定公示，或者告知劳动者。

第八十条 用人单位直接涉及劳动者切身利益的规章制度违反法律、法规规定的，由劳动行政部门责令改正，给予警告；给劳动者造成损害的，应当承担赔偿责任。

用人单位违反工作时间规定的责任

[解读]

工作时间和休息休假制度是《劳动法》的重要内容之一，休息休假是劳动者的基本权利，如果用人单位违反法律、法规和规章的规定，要求劳动者超时加班加点，侵占了劳动者休息休假的时间，就要承担相应的行政法律责任。根据有关规定，用人单位违法延长劳动者工作时间的，由人力资源和社会保障行政部门给予警告，责令改正，并可按每名劳动者100元以上500元以下的标准处以罚款。

[依据指引]

(1)《中华人民共和国劳动法》（1994年7月5日 国家主席令第28号）

第九十条 用人单位违反本法规定，延长劳动者工作时间的，由劳动行政部门给予警告，责令改正，并可以处以罚款。

(2) 国务院《劳动保障监察条例》（2004年11月1日 国务院令第423号）

第二十五条 用人单位违反劳动保障法律、法规或者规章延长劳动者工作时间的，由劳动保障行政部门给予警告，责令限期改正，并可以按照受侵害的劳动者每人100元以上500元以下的标准计算，处以罚款。

用人单位违反工资、经济补偿等规定的责任

[解读]

劳动者有依法取得劳动报酬和经济补偿的权利，如果用人单位没有按照法律、法规规定和劳动关系双方约定的标准和时间为劳动者支付劳动报酬和经济补偿，应承担相应的行政法律责任和民事赔偿责任。按照国家规定，用人单位有下列侵害劳动者合法权益情形之一的，由人力资源和社会保障行政部门责令其支付劳动者的劳动报酬、加班费或者经济补偿；劳动报酬低于当地最低工资标准的，应当支付其差额部分；逾期不支付的，责令其按应付金额的50%以上100%以下的标准向劳动者加付赔偿金：

（一）未按照劳动合同的约定或者国家规定及时足额支付劳动者报酬的。

（二）低于当地最低工资标准支付劳动者工资的。

（三）安排加班不支付加班费的。

（四）解除或者终止劳动合同，未依照法律规定向劳动者支付经济补偿金的。

须注意两点：一是这里的执法主体是人力资源和社会保障行政部门的劳动保障监察部门，也就是说劳动争议仲裁委员会审理案件是不适用这一法律规定的；二是人力资源和社会保障行政部门执法时，首先应责令用人单位限期改正，对逾期不改的，才责令其向劳动者支付赔偿金。

[依据指引]

(1)《中华人民共和国劳动合同法》（2007年6月29日 国家主席令第65号）

第八十五条 用人单位有下列情形之一的，由劳动行政部门责令限期支付劳动报酬、加班费或者经济补偿；劳动报酬低于当地最低工资标准的，应当支付其差额部分；逾期不支付的，责令用人单位按应付金额百分之五十以上百分之一百以下的标准向劳动者加付赔偿金：

（一）未按照劳动合同的约定或者国家规定及时足额支付劳动者劳动报酬的；

（二）低于当地最低工资标准支付劳动者工

资的；

（三）安排加班不支付加班费的；

（四）解除或者终止劳动合同，未依照本法规定向劳动者支付经济补偿的。

(2) 国务院《劳动保障监察条例》（2004 年 11 月 1 日 国务院令第 423 号）

第二十六条 用人单位有下列行为之一的，由劳动保障行政部门分别责令限期支付劳动者的工资报酬、劳动者工资低于当地最低工资标准的差额或者解除劳动合同的经济补偿；逾期不支付的，责令用人单位按照应付金额 50%以上 1 倍以下的标准计算，向劳动者加付赔偿金：

（一）克扣或者无故拖欠劳动者工资报酬的；

（二）支付劳动者的工资低于当地最低工资标准的；

（三）解除劳动合同未依法给予劳动者经济补偿的。

(3) 劳动和社会保障部《最低工资规定》（2004 年 1 月 20 日 部令第 21 号）

第十三条 用人单位违反本规定第十一条规定的，由劳动保障行政部门责令其限期改正；违反本规定第十二条规定的，由劳动保障行政部门责令其限期补发所欠劳动者工资，并可责令其按所欠工资的 1～5 倍支付劳动者赔偿金。

用人单位违反劳动安全卫生规定的责任

[解读]

法律规定，用人单位必须建立、健全劳动安全卫生制度，严格执行国家劳动安全卫生规程和标准，对劳动者进行安全卫生教育，防止劳动过程中的事故，减少职业危害。这是保护劳动者人身安全，维护劳动者合法权益的重要制度。目前，劳动安全卫生法律、法规在劳动体系中涉及的内容非常庞杂，而且几乎所有的法律、法规都包括详尽的法律责任内容。劳动安全卫生的监督检查工作，曾经由原劳动行政管理部门负责，由于行政管理体制的改革，目前由卫生部门、安全生产监督管理部门、特种设备安全监督管理部门等有关部门负责，依照有关法律、行政法规如《安全生产法》《刑法》等实施。

我国刑法规定，用人单位在生产、作业中违反有关安全管理的规定，或安全生产设施或者安全生产条件不符合国家规定，因而发生重大伤亡事故或者造成其他严重后果的，对责任人员要追究刑事责任，根据有关规定，可处 3 年以下有期徒刑，或者拘役；情节特别恶劣的，处 3 年以上 7 年以下有期徒刑。用人单位强令他人违章冒险作业，因而发生重大伤亡事故或者造成严重后果的，对责任人员依法追究刑事责任，根据有关规定，可处 5 年以下有期徒刑，或者拘役；情节特别恶劣的，处 5 年以上有期徒刑。

[依据指引]

(1)《中华人民共和国劳动法》（1994 年 7 月 5 日 国家主席令第 28 号）

第九十二条 用人单位的劳动安全设施和劳动卫生条件不符合国家规定或者未向劳动者提供必要的劳动防护用品和劳动保护设施的，由劳动行政部门或者有关部门责令改正，可以处以罚款；情节严重的，提请县级以上人民政府决定责令停产整顿；对事故隐患不采取措施，致使发生重大事故，造成劳动者生命和财产损失的，对责任人员比照刑法第一百八十七条的规定追究刑事责任。

第九十三条 用人单位强令劳动者违章冒险作业，发生重大伤亡事故，造成严重后果的，对责任人员依法追究刑事责任。

(2) 劳动部办公厅《关于〈劳动法〉若干条文的说明》（1994 年 9 月 5 日 劳办发［1994］289 号）

第九十二条 根据本条规定，劳动部门和有关部门在进行行政处罚时，其分工在于看其监督检查的范围是否属于劳动工作，凡属于劳动工作，依本法第九条、第八十五条，由劳动部门行使监督检查权，进行处罚。反之，则应由其他部门在自己的职责范围内依法行使监督权。

刑法第一百八十七条“国家工作人员由于玩忽职守，致使公共财产、国家和人民利益遭受重大损失的，处五年以下有期徒刑，或者拘役”。

第九十三条 本条中的“对责任人员追究刑事责任”，可根据刑法第一百一十四条处理，即“工厂、矿山、林场、建筑企业或者其他企业、事业单位的职工，由于不服管理、违反规章制度，或强令工人违章冒险作业，因而发生重大事故，造成严重后果的，处以三年以下有期徒刑或者拘役；情节严重恶劣的，处以三年以上七年以下有期徒刑”。

(3)《中华人民共和国安全生产法》（2002 年 6 月 29 日 国家主席令第 70 号）

第八十条 生产经营单位的决策机构、主要负责人、个人经营的投资人不依照本法规定保证安全生产所必需的资金投入，致使生产经营单位不具备安全生产条件的，责令限期改正，提供必需的资金；逾期未改正的，责令生产经营单位停产停业整顿。

有前款违法行为，导致发生生产安全事故，构成犯罪的，依照刑法有关规定追究刑事责任；尚不够刑事处罚的，对生产经营单位的主要负责人给予撤职处分，对个人经营的投资人处二万元以上二十万元以下的罚款。

第八十一条 生产经营单位的主要负责人未履行本法规定的安全生产管理职责的，责令限期改正；逾期未改正的，责令生产经营单位停产停业整顿。

生产经营单位的主要负责人有前款违法行为，导致发生生产安全事故，构成犯罪的，依照刑法有关规定追究刑事责任；尚不够刑事处罚的，给予撤职处分或者处二万元以上二十万元以下的罚款。

生产经营单位的主要负责人依照前款规定受刑事处罚或者撤职处分的，自刑罚执行完毕或者受处分之日起，五年内不得担任任何生产经营单位的主要负责人。

第八十二条 生产经营单位有下列行为之一的，责令限期改正；逾期未改正的，责令停产停业整顿，可以并处二万元以下的罚款：

（一）未按照规定设立安全生产管理机构或者配备安全生产管理人员的；

（二）危险物品的生产、经营、储存单位以及矿山、建筑施工单位的主要负责人和安全生产管理人员未按照规定经考核合格的；

（三）未按照本法第二十一条、第二十二条的规定对从业人员进行安全生产教育和培训，或者未按照本法第三十六条的规定如实告知从业人员有关的安全生产事项的；

（四）特种作业人员未按照规定经专门的安全作业培训并取得特种作业操作资格证书，上岗作业的。

第八十三条 生产经营单位有下列行为之一的，责令限期改正；逾期未改正的，责令停止建设或者停产停业整顿，可以并处五万元以下的罚款；造成严重后果，构成犯罪的，依照刑法有关规定追究刑事责任：

（一）矿山建设项目或者用于生产、储存危险物品的建设项目没有安全设施设计或者安全设施设计未按照规定报经有关部门审查同意的；

（二）矿山建设项目或者用于生产、储存危险物品的建设项目的施工单位未按照批准的安全设施设计施工的；

（三）矿山建设项目或者用于生产、储存危险物品的建设项目竣工投入生产或者使用前，安全设施未经验收合格的；

（四）未在有较大危险因素的生产经营场所和有关设施、设备上设置明显的安全警示标志的；

（五）安全设备的安装、使用、检测、改造和报废不符合国家标准或者行业标准的；

（六）未对安全设备进行经常性维护、保养和定期检测的；

（七）未为从业人员提供符合国家标准或者行业标准的劳动防护用品的；

（八）特种设备以及危险物品的容器、运输工具未经取得专业资质的机构检测、检验合格，取得安全使用证或者安全标志，投入使用的；

（九）使用国家明令淘汰、禁止使用的危及生产安全的工艺、设备的。

第八十四条 未经依法批准，擅自生产、经营、储存危险物品的，责令停止违法行为或者予以关闭，没收违法所得，违法所得十万元以上的，并处违法所得一倍以上五倍以下的罚款，没有违法所得或者违法所得不足十万元的，单处或者并处二万元以上十万元以下的罚款；造成严重后果，构成犯罪的，依照刑法有关规定追究刑事责任。

第八十五条 生产经营单位有下列行为之一的，责令限期改正；逾期未改正的，责令停产停业整顿，可以并处二万元以上十万元以下的罚款；造成严重后果，构成犯罪的，依照刑法有关规定追究刑事责任：

（一）生产、经营、储存、使用危险物品，未建立专门安全管理制度、未采取可靠的安全措施或者不接受有关主管部门依法实施的监督管理的；

（二）对重大危险源未登记建档，或者未进行评估、监控，或者未制定应急预案的；

（三）进行爆破、吊装等危险作业，未安排专门管理人员进行现场安全管理的。

第八十六条 生产经营单位将生产经营项目、场所、设备发包或者出租给不具备安全生产条件或者相应资质的单位或者个人的，责令限期改正，没收违法所得；违法所得五万元以上的，并处违法所得一倍以上五倍以下的罚款；没有违法所得或者违法所得不足五万元的，单处或者并处一万元以上五万元以下的罚款；导致发生生产安全事故给他人造成损害的，与承包方、承租方承担连带赔偿责任。

生产经营单位未与承包单位、承租单位签订专门的安全生产管理协议或者未在承包合同、租赁合同中明确各自的安全生产管理职责，或者未对承包单位、承租单位的安全生产统一协调、管理的，责令限期改正；逾期未改正的，责令停产停业整顿。

第八十七条 两个以上生产经营单位在同一作业区域内进行可能危及对方安全生产的生产经营活动，未签订安全生产管理协议或者未指定专职安全生产管理人员进行安全检查与协调的，责令限期改正；逾期未改正的，责令停产停业。

第八十八条 生产经营单位有下列行为之一的，责令限期改正；逾期未改正的，责令停产停业整顿；造成严重后果，构成犯罪的，依照刑法有关规定追究刑事责任：

（一）生产、经营、储存、使用危险物品的车间、商店、仓库与员工宿舍在同一座建筑内，或者与员工宿舍的距离不符合安全要求的；

（二）生产经营场所和员工宿舍未设有符合紧急疏散需要、标志明显、保持畅通的出口，或者封闭、堵塞生产经营场所或者员工宿舍出口的。

第八十九条 生产经营单位与从业人员订立协议，免除或者减轻其对从业人员因生产安全事故伤亡依法应承担的责任的，该协议无效；对生产经营单位的主要负责人、个人经营的投资人处二万元以上十万元以下的罚款。

第九十一条 生产经营单位主要负责人在本单位发生重大生产安全事故时，不立即组织抢救或者在事故调查处理期间擅离职守或者逃匿的，给予降职、撤职的处分，对逃匿的处十五日以下拘留；构成犯罪的，依照刑法有关规定追究刑事责任。

生产经营单位主要负责人对生产安全事故隐瞒不报、谎报或者拖延不报的，依照前款规定处罚。

第九十三条 生产经营单位不具备本法和其他有关法律、行政法规和国家标准或者行业标准规定的安全生产条件，经停产停业整顿仍不具备安全生产条件的，予以关闭；有关部门应当依法吊销其有关证照。

第九十五条 生产经营单位发生生产安全事故造成人员伤亡、他人财产损失的，应当依法承担赔偿责任；拒不承担或者其负责人逃匿的，由人民法院依法强制执行。

生产安全事故的责任人未依法承担赔偿责任，经人民法院依法采取执行措施后，仍不能对受害人给予足额赔偿的，应当继续履行赔偿义务；受害人发现责任人有其他财产的，可以随时请求人民法院执行。

(4) 国家安全生产监督管理局《安全生产违法行为行政处罚办法》（2007年11月30日　局令第15号）（略）

(5) 国务院《劳动保障监察条例》（2004年11月1日　国务院令第423号）

第三十二条 属于本条例规定的劳动保障监察事项，法律、其他行政法规对处罚另有规定的，从其规定。

第三十五条 劳动安全卫生的监督检查，由卫生部门、安全生产监督管理部门、特种设备安全监督管理部门等有关部门依照有关法律、行政法规的规定执行。

(6)《中华人民共和国刑法》（1979年7月1日第五届全国人民代表大会第二次会议通过　2011年2月25日修订）

第一百三十四条 在生产、作业中违反有关安全管理的规定，因而发生重大伤亡事故或者造成其他严重后果的，处三年以下有期徒刑或者拘役；情节特别恶劣的，处三年以上七年以下有期徒刑。

强令他人违章冒险作业，因而发生重大伤亡事故或者造成严重后果的，处五年以下有期徒刑或者拘役；情节特别恶劣的，处五年以上有期徒刑。

第一百三十五条 安全生产设施或者安全生产条件不符合国家规定，因而发生重大伤亡事故或者造成其他严重后果的，对直接负责的主管人员和其他直接责任人员，处三年以下有期徒刑或者拘役；情节特别恶劣的，处三年以上七年以下有期徒刑。

用人单位招用童工的责任

[解读]

不满16周岁的未成年人受到国家法律的特殊保护，除法律规定可以招用的情形以外，任何单位和个人不得招用童工从事生产经营活动，违反者将承担相应的行政法律责任。法律规定，用人单位非法招用未满16周岁的未成年人的，由人力资源和社会保障行政部门责令改正，处以罚款；情节严重的，由工商行政管理部门吊销营业执照。国务院也专门就此作了规定，对用人单位及相关单位法律责任的规定主要有：

（一）用人单位使用童工的，由人力资源和社会保障行政部门按照每使用一名童工每月处5 000元罚款的标准给予处罚；在有毒物品的作业场所使用童工的，按照《使用有毒物品作业场所劳动保护条例》规定的罚款幅度，或者按照每使用一名童工每月处5 000元罚款的标准，从重处罚。同时，人力资源和社会保障行政部门应当责令用人单位限期将童工送回原居住地交其父母或者其他监护人，所需交通和住宿费用全部由用人单位承担。

（二）用人单位经人力资源和社会保障行政部门责令限期改正，逾期仍不将童工送交其父母或者其他监护人的，从责令限期改正之日起，由人力资源和社会保障行政部门按照每使用一名童工每月处1万元罚款的标准处罚，并由工商行政管理部门吊销其营业执照或者由民政部门撤销民办非企业单位登记；用人单位是国家机关、事业单位的，由有关单位依法对直接负责的主管人员和其他直接责任人员给予降级或者撤职的行政处分或者纪律处分。

（三）单位或者个人为不满16周岁的未成年人介绍就业的，由人力资源和社会保障行政部门按照每介绍一个人处5 000元罚款的标准给予处罚；职业中介机构为不满16周岁的未成年人介绍就业的，人力资源和社会保障行政部门还要吊销其职业介绍许可证。

（四）用人单位未按照规定保存录用登记材料，或者伪造录用登记材料的，由人力资源和社会保障行政部门处1万元的罚款。

（五）无营业执照、被依法吊销营业执照的单位以及未依法登记、备案的单位使用童工或者介绍童工就业的，依照规定的标准加一倍罚款，该非法单位由有关的行政主管部门予以取缔。

（六）拐骗童工，强迫童工劳动，使用童工从事高空、井下、放射性、高毒、易燃易爆以及国家规定的第四级体力劳动强度的劳动，使用不满14周岁的童工，或者造成童工死亡或者严重伤残的，依照刑法关于拐卖儿童罪、强迫劳动罪或者其他罪的规定，依法追究刑事责任。

［依据指引］

(1)《中华人民共和国劳动法》（1994年7月5日　国家主席令第28号）

第九十四条　用人单位非法招用未满十六周岁的未成年人的，由劳动行政部门责令改正，处以罚款；情节严重的，由工商行政管理部门吊销营业执照。

(2) 国务院《禁止使用童工规定》（2002年10月1日　国务院令第364号）

第六条　用人单位使用童工的，由劳动保障行政部门按照每使用一名童工每月处5 000元罚款的标准给予处罚；在使用有毒物品的作业场所使用童工的，按照《使用有毒物品作业场所劳动保护条例》规定的罚款幅度，或者按照每使用一名童工每月处5 000元罚款的标准，从重处罚。劳动保障行政部门并应当责令用人单位限期将童工送回原居住地交其父母或者其他监护人，所需交通和食宿费用全部由用人单位承担。

用人单位经劳动保障行政部门依照前款规定责令限期改正，逾期仍不将童工送交其父母或者其他监护人的，从责令限期改正之日起，由劳动保障行政部门按照每使用一名童工每月处1万元罚款的标准处罚，并由工商行政管理部门吊销其营业执照或者由民政部门撤销民办非企业单位登记；用人单位是国家机关、事业单位的，由有关单位依法对直接负责的主管人员和其他直接责任人员给予降级或者撤职的行政处分或者纪律处分。

第七条　单位或者个人为不满16周岁的未成年人介绍就业的，由劳动保障行政部门按照每介绍一个人处5 000元罚款的标准给予处罚；职业中介机构为不满16周岁的未成年人介绍就业的，并由劳动保障行政部门吊销其职业介绍许可证。

第八条　用人单位未按照本规定第四条的规定保存录用登记材料，或者伪造录用登记材料的，由劳动保障行政部门处1万元的罚款。

第九条　无营业执照、被依法吊销营业执照的单位以及未依法登记、备案的单位使用童工或者介绍童工就业的，依照本规定第六条、第七条、第八条规定的标准加一倍罚款，该非法单位由有关的行政主管部门予以取缔。

第十一条　拐骗童工，强迫童工劳动，使用童工从事高空、井下、放射性、高毒、易燃易爆以及国家规定的第四级体力劳动强度的劳动，使用不满14周岁的童工，或者造成童工死亡或者严重伤残的，依照刑法关于拐卖儿童罪、强迫劳动罪或者其他罪的规定，依法追究刑事责任。

(3)《中华人民共和国刑法》（1979年7月1日第五届全国人民代表大会第二次会议通过　2011年2月25日修订）

第二百四十四条之一　违反劳动管理法规，雇用未满十六周岁的未成年人从事超强度体力劳动的，或者从事高空、井下作业的，或者在爆炸性、易燃性、放射性、毒害性等危险环境下从事劳动，情节严重的，对直接责任人员，处三年以下有期徒刑或者拘役，并处罚金；情节特别严重的，处三年以上七年以下有期徒刑，并处罚金。

有前款行为，造成事故，又构成其他犯罪的，依照数罪并罚的规定处罚。

国家工作人员违反禁止使用童工规定的责任

[解读]

国家行政机关工作人员有下列行为之一的，依法给予记大过或者降级的行政处分；情节严重的，依法给予撤职或者开除的行政处分；构成犯罪的，依照刑法关于滥用职权罪、玩忽职守罪或者其他罪的规定，依法追究刑事责任：

（一）劳动保障等有关部门工作人员在禁止使用童工的监督检查工作中发现使用童工的情况，不予制止、纠正、查处的。

（二）公安机关的人民警察违反规定发放身份证或者在身份证上登录虚假出生年月的。

（三）工商行政管理部门工作人员发现申请人是不满16周岁的未成年人，仍然为其从事个体经营发放营业执照的。

[依据指引]

国务院《禁止使用童工规定》（2002年10月1日　国务院令第364号）

第十二条　国家行政机关工作人员有下列行为之一的，依法给予记大过或者降级的行政处分；情节严重的，依法给予撤职或者开除的行政处分；构成犯罪的，依照刑法关于滥用职权罪、玩忽职守罪或者其他罪的规定，依法追究刑事责任：

（一）劳动保障等有关部门工作人员在禁止使用童工的监督检查工作中发现使用童工的情况，不予制止、纠正、查处的；

（二）公安机关的人民警察违反规定发放身份证或者在身份证上登录虚假出生年月的；

（三）工商行政管理部门工作人员发现申请人是不满16周岁的未成年人，仍然为其从事个体经营发放营业执照的。

用人单位违反职业病防治规定的责任

[解读]

用人单位违反职业病防治法的有关规定，由卫生行政部门区别不同情况按如下标准予以处罚。构成犯罪的，依法追究刑事责任。

（一）有下列行为之一的，由安全生产监督管理部门给予警告，责令限期改正；逾期不改正的，处10万元以下的罚款：

1. 工作场所职业病危害因素检测、评价结果没有存档、上报、公布的；

2. 未采取法律规定的职业病防治管理措施的；

3. 未按照规定公布有关职业病防治的规章制度、操作规程、职业病危害事故应急救援措施的；

4. 未按照规定组织劳动者进行职业卫生培训，或者未对劳动者个人职业病防护采取指导、督促措施的；

5. 国内首次使用或者首次进口与职业病危害有关的化学材料，未按照规定报送毒性鉴定资料以及经有关部门登记注册或者批准进口的文件的。

（二）有下列行为之一的，由安全生产监督管理部门责令限期改正，给予警告，可以并处5万元以上10万元以下的罚款：

1. 未按照规定及时、如实向安全生产监督管理部门申报产生职业病危害的项目的；

2. 未实施由专人负责的职业病危害因素日常监测，或者监测系统不能正常监测的；

3. 订立或者变更劳动合同时，未告知劳动者职业病危害真实情况的；

4. 未按照规定组织职业健康检查、建立职业健康监护档案或者未将检查结果书面告知劳动者的。

（三）有下列行为之一的，由安全生产监督管理部门给予警告，责令限期改正，逾期不改正的，处5万元以上20万元以下的罚款；情节严重的，责令停止产生职业病危害的作业，或者提请有关人民政府按照国务院规定的权限责令关闭：

1. 工作场所职业病危害因素的强度或者浓度超过国家职业卫生标准的；

2. 未提供职业病防护设施和个人使用的职业病防护用品，或者提供的职业病防护设施和个人使用的职业病防护用品不符合国家职业卫生标准和卫生要求的；

3. 对职业病防护设备、应急救援设施和个人使用的职业病防护用品未按照规定进行维护、检修、检测，或者不能保持正常运行、使用状态的；

4. 未按照规定对工作场所职业病危害因素进行检测、评价的；

5. 工作场所职业病危害因素经治理仍然达不到国家职业卫生标准和卫生要求时，未停止存在职业病危害因素的作业的；

6. 未按照规定安排职业病病人、疑似职业病病人进行诊治的；

7. 发生或者可能发生急性职业病危害事故时，未立即采取应急救援和控制措施或者未按照规定及时报告的；

8. 未按照规定在产生严重职业病危害的作业岗位醒目位置设置警示标识和中文警示说明的；

9. 拒绝职业卫生监督管理部门监督检查的；

10. 隐瞒、伪造、篡改、毁损职业健康监护档案、工作场所职业病危害因素检测评价结果等相关资料，或者拒不提供职业病诊断、鉴定所需资料的；

11. 未按照规定承担职业病诊断、鉴定费用和职业病病人的医疗、生活保障费用的。

（四）有下列情形之一的，由安全生产监督管理部门责令限期治理，并处 5 万元以上 30 万元以下的罚款；情节严重的，责令停止产生职业病危害的作业，或者提请有关人民政府按照国务院规定的权限责令关闭：

1. 隐瞒技术、工艺、设备、材料所产生的职业病危害而采用的；

2. 隐瞒本单位职业卫生真实情况的；

3. 可能发生急性职业损伤的有毒、有害工作场所、放射工作场所或者放射性同位素的运输、贮存不符合法律规定的；

4. 使用国家明令禁止使用的可能产生职业病危害的设备或者材料的；

5. 将产生职业病危害的作业转移给没有职业病防护条件的单位和个人，或者没有职业病防护条件的单位和个人接受产生职业病危害的作业的；

6. 擅自拆除、停止使用职业病防护设备或者应急救援设施的；

7. 安排未经职业健康检查的劳动者、有职业禁忌的劳动者、未成年工或者孕期、哺乳期女职工从事接触职业病危害的作业或者禁忌作业的；

8. 违章指挥和强令劳动者进行没有职业病防护措施的作业的。

（五）用人单位违反规定，已经对劳动者生命健康造成严重损害的，由安全生产监督管理部门责令停止产生职业病危害的作业，或者提请有关人民政府按照国务院规定的权限责令关闭，并处 10 万元以上 50 万元以下的罚款。

（六）用人单位违反规定，造成重大职业病危害事故或者其他严重后果，构成犯罪的，对直接负责的主管人员和其他直接责任人员，依法追究刑事责任。

[依据指引]

《中华人民共和国职业病防治法》（2001 年 10 月 27 日　国家主席令第 60 号　2011 年 12 月 31 日修订）

第七十一条　违反本法规定，有下列行为之一的，由安全生产监督管理部门给予警告，责令限期改正；逾期不改正的，处十万元以下的罚款：

（一）工作场所职业病危害因素检测、评价结果没有存档、上报、公布的；

（二）未采取本法第二十一条规定的职业病防治管理措施的；

（三）未按照规定公布有关职业病防治的规章制度、操作规程、职业病危害事故应急救援措施的；

（四）未按照规定组织劳动者进行职业卫生培训，或者未对劳动者个人职业病防护采取指导、督促措施的；

（五）国内首次使用或者首次进口与职业病危害有关的化学材料，未按照规定报送毒性鉴定资料以及经有关部门登记注册或者批准进口的文件的。

第七十二条　用人单位违反本法规定，有下列行为之一的，由安全生产监督管理部门责令限期改正，给予警告，可以并处五万元以上十万元以下的罚款：

（一）未按照规定及时、如实向安全生产监督管理部门申报产生职业病危害的项目的；

（二）未实施由专人负责的职业病危害因素日常监测，或者监测系统不能正常监测的；

（三）订立或者变更劳动合同时，未告知劳动者职业病危害真实情况的；

（四）未按照规定组织职业健康检查、建立职业健康监护档案或者未将检查结果书面告知劳动者的；

（五）未依照本法规定在劳动者离开用人单位时提供职业健康监护档案复印件的。

第七十三条 用人单位违反本法规定，有下列行为之一的，由安全生产监督管理部门给予警告，责令限期改正，逾期不改正的，处五万元以上二十万元以下的罚款；情节严重的，责令停止产生职业病危害的作业，或者提请有关人民政府按照国务院规定的权限责令关闭：

（一）工作场所职业病危害因素的强度或者浓度超过国家职业卫生标准的；

（二）未提供职业病防护设施和个人使用的职业病防护用品，或者提供的职业病防护设施和个人使用的职业病防护用品不符合国家职业卫生标准和卫生要求的；

（三）对职业病防护设备、应急救援设施和个人使用的职业病防护用品未按照规定进行维护、检修、检测，或者不能保持正常运行、使用状态的；

（四）未按照规定对工作场所职业病危害因素进行检测、评价的；

（五）工作场所职业病危害因素经治理仍然达不到国家职业卫生标准和卫生要求时，未停止存在职业病危害因素的作业的；

（六）未按照规定安排职业病病人、疑似职业病病人进行诊治的；

（七）发生或者可能发生急性职业病危害事故时，未立即采取应急救援和控制措施或者未按照规定及时报告的；

（八）未按照规定在产生严重职业病危害的作业岗位醒目位置设置警示标识和中文警示说明的；

（九）拒绝职业卫生监督管理部门监督检查的；

（十）隐瞒、伪造、篡改、毁损职业健康监护档案、工作场所职业病危害因素检测评价结果等相关资料，或者拒不提供职业病诊断、鉴定所需资料的；

（十一）未按照规定承担职业病诊断、鉴定费用和职业病病人的医疗、生活保障费用的。

第七十六条 违反本法规定，有下列情形之一的，由安全生产监督管理部门责令限期治理，并处五万元以上三十万元以下的罚款；情节严重的，责令停止产生职业病危害的作业，或者提请有关人民政府按照国务院规定的权限责令关闭：

（一）隐瞒技术、工艺、设备、材料所产生的职业病危害而采用的；

（二）隐瞒本单位职业卫生真实情况的；

（三）可能发生急性职业损伤的有毒、有害工作场所、放射工作场所或者放射性同位素的运输、贮存不符合本法第二十六条规定的；

（四）使用国家明令禁止使用的可能产生职业病危害的设备或者材料的；

（五）将产生职业病危害的作业转移给没有职业病防护条件的单位和个人，或者没有职业病防护条件的单位和个人接受产生职业病危害的作业的；

（六）擅自拆除、停止使用职业病防护设备或者应急救援设施的；

（七）安排未经职业健康检查的劳动者、有职业禁忌的劳动者、未成年工或者孕期、哺乳期女职工从事接触职业病危害的作业或者禁忌作业的；

（八）违章指挥和强令劳动者进行没有职业病防护措施的作业的。

第七十八条 用人单位违反本法规定，已经对劳动者生命健康造成严重损害的，由安全生产监督管理部门责令停止产生职业病危害的作业，或者提请有关人民政府按照国务院规定的权限责令关闭，并处十万元以上五十万元以下的罚款。

第七十九条 用人单位违反本法规定，造成重大职业病危害事故或者其他严重后果，构成犯罪的，对直接负责的主管人员和其他直接责任人员，依法追究刑事责任。

未按规定报告职业病的责任

[解读]

用人单位和医疗卫生机构未按照规定报告职业病、疑似职业病的，由有关主管部门责令限期改正，给予警告，可以并处1万元以下的罚款；弄虚作假的，并处2万元以上5万元以下的罚款；对直接负责的主管人员和其他直接责任人员，可以依法给予降级或者撤职的处分。

卫生行政部门、安全生产监督管理部门不按照规定报告职业病和职业病危害事故的，由上一级卫生行政部门责令改正，通报批评，给予警告；虚报、瞒报的，对单位负责人、直接负责的主管人员和其他直接责任人员依法给予降级、撤职或者开除的行政处分。

[依据指引]

《中华人民共和国职业病防治法》（2001年10月27日 国家主席令第60号 2011年12月31日修订）

第七十五条 用人单位和医疗卫生机构未按照规定报告职业病、疑似职业病的，由有关主管部门责令限期改正，给予警告，可以并处一万元以下的罚款；弄虚作假的，并处二万元以上五万元以下的罚款；对直接负责的主管人员和其他直接责任人员，可以依法给予降级或者撤职的处分。

第八十三条 卫生行政部门、安全生产监督管理部门不按照规定报告职业病和职业病危害事故的，由上一级行政部门责令改正，通报批评，给予警告；虚报、瞒报的，对单位负责人、直接负责的主管人员和其他直接责任人员依法给予降级、撤职或者开除的处分。

建设单位违反职业病防治规定的责任

[解读]

建设单位违反职业病防治法的规定，有下列行为之一的，由安全生产监督管理部门给予警告，责令限期改正；逾期不改正的，处10万元以上50万元以下的罚款；情节严重的，责令停止产生职业病危害的作业，或者提请有关人民政府按照国务院规定的权限责令停建、关闭：

（一）未按照规定进行职业病危害预评价或者未提交职业病危害预评价报告，或者职业病危害预评价报告未经安全生产监督管理部门审核同意，开工建设的。

（二）建设项目的职业病防护设施未按照规定与主体工程同时投入生产和使用的。

（三）职业病危害严重的建设项目，其职业病防护设施设计未经安全生产监督管理部门审查，或者不符合国家职业卫生标准和卫生要求施工的。

（四）未按照规定对职业病防护设施进行职业病危害控制效果评价，未经安全生产监督管理部门验收或者验收不合格，擅自投入使用的。

[依据指引]

《中华人民共和国职业病防治法》（2001年10月27日 国家主席令第60号 2011年12月31日修订）

第七十条 建设单位违反本法规定，有下列行为之一的，由安全生产监督管理部门给予警告，责令限期改正；逾期不改正的，处十万元以上五十万元以下的罚款；情节严重的，责令停止产生职业病危害的作业，或者提请有关人民政府按照国务院规定的权限责令停建、关闭：

（一）未按照规定进行职业病危害预评价或者未提交职业病危害预评价报告，或者职业病危害预评价报告未经安全生产监督管理部门审核同意，开工建设的；

（二）建设项目的职业病防护设施未按照规定与主体工程同时投入生产和使用的；

（三）职业病危害严重的建设项目，其职业病防护设施设计未经安全生产监督管理部门审查，或者不符合国家职业卫生标准和卫生要求施工的；

（四）未按照规定对职业病防护设施进行职业病危害控制效果评价，未经安全生产监督管理部门验收或者验收不合格，擅自投入使用的。

设备、材料供应商违反职业病防治规定的责任

[解读]

设备、材料供应商违反职业病防治法的规定，向用人单位提供可能产生职业病危害的设备、材料，未按照规定提供中文说明书或者设置警示标识和中文警示说明的，由安全生产监督管理部门责令限期改正，给予警告，并处5万元以上20万元以下的罚款。

生产、经营或者进口国家明令禁止使用的可能产生职业病危害的设备或者材料的，依照有关法律、行政法规的规定给予处罚。

[依据指引]

《中华人民共和国职业病防治法》（2001年10月27日 国家主席令第60号 2011年12月31日修订）

第七十四条 向用人单位提供可能产生职业病危害的设备、材料，未按照规定提供中文说明书或者设置警示标识和中文警示说明的，由安全生产监督管理部门责令限期改正，给予警告，并处五万元以上二十万元以下的罚款。

第七十七条 生产、经营或者进口国家明令禁止使用的可能产生职业病危害的设备或者材料的，依照有关法律、行政法规的规定给予处罚。

职业卫生、职业病诊断机构违反职业病防治规定的责任

［解读］

从事职业卫生技术服务的机构和承担职业健康检查、职业病诊断的医疗卫生机构违反职业病防治法规定，有下列行为之一的，由卫生行政部门责令立即停止违法行为，给予警告，没收违法所得；违法所得5 000元以上的，并处违法所得2倍以上5倍以下的罚款；没有违法所得或者违法所得不足5 000元的，并处5 000元以上2万元以下的罚款；情节严重的，由原认证或者批准机关取消其相应的资格；对直接负责的主管人员和其他直接责任人员，依法给予降级、撤职或者开除的处分；构成犯罪的，依法追究刑事责任：

（一）超出资质认证或者批准范围从事职业卫生技术服务或者职业健康检查、职业病诊断的。

（二）不按照职业病防治法规定履行法定职责的。

（三）出具虚假证明文件的。

［依据指引］

《中华人民共和国职业病防治法》（2001年10月27日　国家主席令第60号　2011年12月31日修订）

第八十一条　从事职业卫生技术服务的机构和承担职业健康检查、职业病诊断的医疗卫生机构违反本法规定，有下列行为之一的，由安全生产监督管理部门和卫生行政部门依据职责分工责令立即停止违法行为，给予警告，没收违法所得；违法所得五千元以上的，并处违法所得二倍以上五倍以下的罚款；没有违法所得或者违法所得不足五千元的，并处五千元以上二万元以下的罚款；情节严重的，由原认证或者批准机关取消其相应的资格；对直接负责的主管人员和其他直接责任人员，依法给予降级、撤职或者开除的处分；构成犯罪的，依法追究刑事责任：

（一）超出资质认证或者批准范围从事职业卫生技术服务或者职业健康检查、职业病诊断的；

（二）不按照本法规定履行法定职责的；

（三）出具虚假证明文件的。

职业病诊断鉴定委员会组成人员受贿的责任

［解读］

职业病诊断鉴定委员会组成人员收受职业病诊断争议当事人的财物或者其他好处的，给予警告，没收收受的财物，可以并处3 000元以上5万元以下的罚款，取消其担任职业病诊断鉴定委员会组成人员的资格，并从省、自治区、直辖市人民政府卫生行政部门设立的专家库中予以除名。

［依据指引］

《中华人民共和国职业病防治法》（2001年10月27日　国家主席令第60号　2011年12月31日修订）

第八十二条　职业病诊断鉴定委员会组成人员收受职业病诊断争议当事人的财物或者其他好处的，给予警告，没收收受的财物，可以并处三千元以上五万元以下的罚款，取消其担任职业病诊断鉴定委员会组成人员的资格，并从省、自治区、直辖市人民政府卫生行政部门设立的专家库中予以除名。

越权从事职业病检查诊断的责任

［解读］

未取得职业卫生技术服务资质认证擅自从事职业卫生技术服务的，或者医疗卫生机构未经批准擅自从事职业健康检查、职业病诊断的，由安全生产监督管理部门和卫生行政部门依据职责分工责令立即停止违法行为，没收违法所得；违法所得5 000元以上的，并处违法所得2倍以上10倍以下的罚款；没有违法所得或者违法所得不足5 000元的，并处5 000元以上5万元以下的罚款；情节严重的，对直接负责的主管人员和其他直接责任人员，依法给予降级、撤职或者开除的处分。

［依据指引］

《中华人民共和国职业病防治法》（2001年10月27日　国家主席令第60号　2011年12月31日修订）

第八十条　未取得职业卫生技术服务资质认证擅自从事职业卫生技术服务的，或者医疗卫生

机构未经批准擅自从事职业健康检查、职业病诊断的，由安全生产监督管理部门和卫生行政部门依据职责分工责令立即停止违法行为，没收违法所得；违法所得五千元以上的，并处违法所得二倍以上十倍以下的罚款；没有违法所得或者违法所得不足五千元的，并处五千元以上五万元以下的罚款；情节严重的，对直接负责的主管人员和其他直接责任人员，依法给予降级、撤职或者开除的处分。

用人单位违反女职工和未成年工特殊保护规定的责任

［解读］

女职工和未成年工由于其身体状况的特殊性，在从事生产经营活动时必须给予特殊的保护，违反这些保护规定的，用人单位要承担相应的行政法律责任和民事法律责任。法律规定，用人单位违反对女职工和未成年工的保护规定，有下列侵害行为之一的，由人力资源和社会保障行政部门责令改正，并按每侵害一名女职工或未成年工罚款1 000元以上5 000元以下的标准处以罚款：

（一）安排女职工从事矿山井下劳动、国家规定的第四级体力劳动强度的劳动或者其他禁忌从事的劳动的。

（二）安排女职工在经期从事高处、低温、冷水作业或者国家规定的第三级体力劳动强度的劳动的。

（三）安排女职工在怀孕期间从事国家规定的第三级体力劳动强度的劳动或者孕期禁忌从事的劳动的。

（四）安排怀孕7个月以上的女职工夜班劳动或者延长其工作时间的。

（五）女职工生育享受产假少于90天的。

（六）安排女职工在哺乳未满1周岁的婴儿期间从事国家规定的第三级体力劳动强度的劳动或者哺乳期禁忌从事的其他劳动，以及延长其工作时间或者安排其夜班劳动的。

（七）安排未成年工从事矿山井下、有毒有害、国家规定的第四级体力劳动强度的劳动或者其他禁忌从事的劳动的。

（八）未对未成年工定期进行健康检查的。

用人单位有下列侵害行为之一的，由县级以上人民政府安全生产监督管理部门责令限期治理，处5万元以上30万元以下的罚款；情节严重的，责令停止有关作业，或者提请有关人民政府按照国务院规定的权限责任关闭：

（一）违反女职工在孕期禁忌从事劳动范围的。

（二）违反女职工在哺乳期禁忌从事劳动范围的。

［依据指引］

（1）《中华人民共和国劳动法》（1994年7月5日　国家主席令第28号）

第九十五条　用人单位违反本法对女职工和未成年工的保护规定，侵害其合法权益的，由劳动行政部门责令改正，处以罚款；对女职工或者未成年工造成损害的，应当承担赔偿责任。

（2）国务院《劳动保障监察条例》（2004年11月1日　国务院令第423号）

第二十三条　用人单位有下列行为之一的，由劳动保障行政部门责令改正，按照受侵害的劳动者每人1 000元以上5 000元以下的标准计算，处以罚款：

（一）安排女职工从事矿山井下劳动、国家规定的第四级体力劳动强度的劳动或者其他禁忌从事的劳动的；

（二）安排女职工在经期从事高处、低温、冷水作业或者国家规定的第三级体力劳动强度的劳动的；

（三）安排女职工在怀孕期间从事国家规定的第三级体力劳动强度的劳动或者孕期禁忌从事的劳动的；

（四）安排怀孕7个月以上的女职工夜班劳动或者延长其工作时间的；

（五）女职工生育享受产假少于90天的；

（六）安排女职工在哺乳未满1周岁的婴儿期间从事国家规定的第三级体力劳动强度的劳动或者哺乳期禁忌从事的其他劳动，以及延长其工作时间或者安排其夜班劳动的；

（七）安排未成年工从事矿山井下、有毒有害、国家规定的第四级体力劳动强度的劳动或者其他禁忌从事的劳动的；

（八）未对未成年工定期进行健康检查的。

（3）国务院《女职工劳动保护特别规定》（2012年4月28日　国务院令第619号）

第十二条　县级以上人民政府人力资源社会保障行政部门、安全生产监督管理部门按照各自职责负责对用人单位遵守本规定的情况进行监督检查。

工会、妇女组织依法对用人单位遵守本规定的情况进行监督。

第十三条 用人单位违反本规定第六条第二款、第七条、第九条第一款规定的，由县级以上人民政府人力资源社会保障行政部门责令限期改正，按照受侵害女职工每人1 000元以上5 000元以下的标准计算，处以罚款。

用人单位违反本规定附录第一条、第二条规定的，由县级以上人民政府安全生产监督管理部门责令限期改正，按照受侵害女职工每人1 000元以上5 000元以下的标准计算，处以罚款。用人单位违反本规定附录第三条、第四条规定的，由县级以上人民政府安全生产监督管理部门责令限期治理，处5万元以上30万元以下的罚款；情节严重的，责令停止有关作业，或者提请有关人民政府按照国务院规定的权限责令关闭。

附录：女职工禁忌从事的劳动范围

三、女职工在孕期禁忌从事的劳动范围：

（一）作业场所空气中铅及其化合物、汞及其化合物、苯、镉、铍、砷、氰化物、氮氧化物、一氧化碳、二硫化碳、氯、己内酰胺、氯丁二烯、氯乙烯、环氧乙烷、苯胺、甲醛等有毒物质浓度超过国家职业卫生标准的作业；

（二）从事抗癌药物、己烯雌酚生产，接触麻醉剂气体等的作业；

（二）非密封源放射性物质的操作，核事故与放射事故的应急处置；

（四）高处作业分级标准中规定的高处作业；

（五）冷水作业分级标准中规定的冷水作业；

（六）低温作业分级标准中规定的低温作业；

（七）高温作业分级标准中规定的第三级、第四级的作业；

（八）噪声作业分级标准中规定的第三级、第四级的作业；

（九）体力劳动强度分级标准中规定的第三级、第四级体力劳动强度的作业；

（十）在密闭空间、高压室作业或者潜水作业，伴有强烈振动的作业，或者需要频繁弯腰、攀高、下蹲的作业。

四、女职工在哺乳期禁忌从事的劳动范围：

（一）孕期禁忌从事的劳动范围的第一项、第三项、第九项；

（二）作业场所空气中锰、氟、溴、甲醇、有机磷化合物、有机氯化合物等有毒物质浓度超过国家职业卫生标准的作业。

用人单位违反劳动合同及相关法律规定的责任

［解读］

按照法律规定，用人单位与劳动者建立劳动关系，应当依法订立劳动合同，并须严格履行。如果用人单位违反劳动合同及相关法律规定，给劳动者造成经济损失，应按照国家规定的赔偿标准予以赔偿：

（一）造成劳动者工资收入损失的，按劳动者本人应得工资收入支付给劳动者，并加付应得工资收入25%的赔偿费用。

（二）造成劳动者劳动保护待遇损失的，应按国家规定补足劳动者的劳动保护津贴和用品。

（三）造成劳动者工伤、医疗待遇损失的，除按国家规定为劳动者提供工伤、医疗待遇外，还应支付劳动者相当于医疗费用25%的赔偿费用。

（四）造成女职工和未成年工身体健康损害的，除按国家规定提供治疗期间的医疗待遇外，还应支付相当于其医疗费用25%的赔偿费用。

此外，用人单位招用尚未解除劳动合同的劳动者，对原用人单位造成经济损失的，该用人单位应当承担连带赔偿责任的份额应不低于对原用人单位造成经济损失总额的70%。向原用人单位赔偿的损失包括：对生产、经营和工作造成的直接经济损失；因获取商业秘密给原用人单位造成的经济损失（按《反不正当竞争法》第20条的规定计算）。

［依据指引］

(1)《中华人民共和国劳动法》（1994年7月5日 国家主席令第28号）

第九十九条 用人单位招用尚未解除劳动合同的劳动者，对原用人单位造成经济损失的，该用人单位应当依法承担连带赔偿责任。

(2) 劳动部《违反〈劳动法〉有关劳动合同规定的赔偿办法》（1995年5月10日 劳部发［1995］223号）

第三条 本办法第二条规定的赔偿，按下列规定执行：

（一）造成劳动者工资收入损失的，按劳动者本人应得工资收入支付给劳动者，并加付应得工资收入25%的赔偿费用；

（二）造成劳动者劳动保护待遇损失的，应按国家规定补足劳动者的劳动保护津贴和用品；

（三）造成劳动者工伤、医疗待遇损失的，除按国家规定为劳动者提供工伤、医疗待遇外，还应支付劳动者相当于医疗费用25%的赔偿费用；

（四）造成女职工和未成年工身体健康损害的，除按国家规定提供治疗期间的医疗待遇外，还应支付相当于其医疗费用25%的赔偿费用；

（五）劳动合同约定的其他赔偿费用。

(3) 劳动部《违反和解除劳动合同的经济补偿办法》（1994年12月3日　劳部发［1994］481号）

第一条　为了规范违反和解除劳动合同对劳动者的经济补偿标准，根据《中华人民共和国劳动法》的规定，制定本办法。

第二条　对劳动者的经济补偿金，由用人单位一次性发给。

第三条　用人单位克扣或者无故拖欠劳动者工资的，以及拒不支付劳动者延长工作时间工资报酬的，除在规定的时间内全额支付劳动者工资报酬外，还需加发相当于工资报酬百分之二十五的经济补偿金。

第四条　用人单位支付劳动者的工资报酬低于当地最低工资标准的，要在补足低于标准部分的同时，另外支付相当于低于部分百分之二十五的经济补偿金。

第五条　经劳动合同当事人协商一致，由用人单位解除劳动合同的，用人单位应根据劳动者在本单位工作年限，每满一年发给相当于一个月工资的经济补偿金，最多不超过十二个月。工作时间不满一年的按一年的标准发给经济补偿金。

第六条　劳动者患病或者非因工负伤，经劳动鉴定委员会确认不能从事原工作、也不能从事用人单位另行安排的工作而解除劳动合同的，用人单位应按其在本单位的工作年限，每满一年发给相当于一个月工资的经济补偿金，同时还应发给不低于六个月工资的医疗补助费。患重病和绝症的还应增加医疗补助费，患重病的增加部分不低于医疗补助费的百分之五十，患绝症的增加部分不低于医疗补助费的百分之百。

第七条　劳动者不能胜任工作，经过培训或者调整工作岗位仍不能胜任工作，由用人单位解除劳动合同的，用人单位应按其在本单位工作的年限，工作时间每满一年，发给相当于一个月工资的经济补偿金，最多不超过十二个月。

第八条　劳动合同订立时所依据的客观情况发生重大变化，致使原劳动合同无法履行，经当事人协商不能就变更劳动合同达成协议，由用人单位解除劳动合同的，用人单位按劳动者在本单位工作的年限，工作时间每满一年发给相当于一个月工资的经济补偿金。

第九条　用人单位濒临破产进行法定整顿期间或者生产经营状况发生严重困难，必须裁减人员的，用人单位按被裁减人员在本单位工作的年限支付经济补偿金。在本单位工作的时间每满一年，发给相当于一个月工资的经济补偿金。

第十条　用人单位解除劳动合同后，未按规定给予劳动者经济补偿的，除全额发给经济补偿金外，还须按该经济补偿金数额的百分之五十支付额外经济补偿金。

第十一条　本办法中经济补偿金的工资计算标准是指企业正常生产情况下劳动者解除合同前十二个月的月平均工资。

用人单位依据本办法第六条、第八条、第九条解除劳动合同时，劳动者的月平均工资低于企业月平均工资的，按企业月平均工资的标准支付。

第十二条　经济补偿金在企业成本中列支，不得占用企业按规定比例应提取的福利费用。

第十三条　本办法自一九九五年一月一日起执行。

(4)《中华人民共和国反不正当竞争法》（1993年9月2日　国家主席令第10号）

第十条　经营者不得采用下列手段侵犯商业秘密：

（一）以盗窃、利诱、胁迫或者其他不正当手段获取权利人的商业秘密；

（二）披露、使用或者允许他人使用以前项手段获取的权利人的商业秘密；

（三）违反约定或者违反权利人有关保守商业秘密的要求，披露、使用或者允许他人使用其所掌握的商业秘密。

第三人明知或者应知前款所列违法行为，获取、使用或者披露他人的秘密，视为侵犯商业秘密。

本条所称的商业秘密，是指不为公众所知悉、能为权利人带来的经济利益、具有实用性并经权利人采取保密措施的技术信息和经营信息。

第二十条　经营者违反本法规定，给被侵害的经营者造成损害的，应当承担损害赔偿责任，被侵害的经营者的损失难以计算的，赔偿额为侵权人在侵权期间因侵权所获得的利润；并应当承担被侵害的经营者调查该经营侵害其合法权益的不正当竞争行为所支付的合理费用。

被侵害的经营者的合法权益受到不正当竞争行为损害的，可以向人民法院提起诉讼。

用人单位违反订立劳动合同规定的责任

［解读］

用人单位违反订立劳动合同规定的责任主要有以下三个方面：

（一）用人单位自用工之日起1个月内应当与劳动者订立书面劳动合同，若自用工之日起满1年未订立书面合同，则应自用工之日起满1个月的次日至满1年的前1日，向劳动者支付双倍的工资，并视为自用工之日起至满1年的当日已经与劳动者订立无固定期限劳动合同，双方应当立即补订书面合同。劳动合同期满，双方同意续订合同的，也应当适用上述规定，即自合同期满之次日起1个月内续订书面合同，若满1年未订立书面合同，则应自合同期满之次日起满1个月的次日至满1年的前1日，向劳动者支付双倍的工资，并自满1年的当日视为双方已订立无固定期限合同，双方应当立即补订书面合同。

（二）用人单位违反规定不与劳动者订立无固定期限劳动合同的，自应当订立无固定期限劳动合同之日起向劳动者每月支付两倍的工资。需提出的是，用人单位违反关于应当订立无固定期限劳动合同的规定，是指《劳动合同法》第14条第2款所规定的3项应当订立无固定期限劳动合同的情形，而不是指第14条第3款所规定的用人单位自用工之日起满1年不与劳动者订立书面合同，视为双方已订立无固定期限合同而未补订书面合同的情形。原因是“视为双方已订立无固定期限合同”表明双方已经订立无固定期限合同，只是需要办理补订手续，不属于违反规定不与劳动者订立无固定期限合同的情形；还表明法律对用人单位满1年不与劳动者订立书面合同已作出了处罚，根据“一罪不能数罚”的原则，不应再作其他的处罚。

（三）用人单位提供的劳动合同文本未载明法定的必备条款，或者用人单位与劳动者订立书面合同后未将合同文本交付劳动者一份的，由人力资源与社会保障行政部门责令改正，给劳动者造成损害的，用人单位应当承担赔偿责任。

［依据指引］

(1)《中华人民共和国劳动合同法》（2007年6月29日 国家主席令第65号）

第十四条 无固定期限劳动合同，是指用人单位与劳动者约定无确定终止时间的劳动合同。

用人单位与劳动者协商一致，可以订立无固定期限劳动合同。有下列情形之一，劳动者提出或者同意续订、订立劳动合同的，除劳动者提出订立固定期限劳动合同外，应当订立无固定期限劳动合同：

（一）劳动者在该用人单位连续工作满十年的；

（二）用人单位初次实行劳动合同制度或者国有企业改制重新订立劳动合同时，劳动者在该用人单位连续工作满十年且距法定退休年龄不足十年的；

（三）连续订立二次固定期限劳动合同，且劳动者没有本法第三十九条和第四十条第一项、第二项规定的情形，续订劳动合同的。

用人单位自用工之日起满一年不与劳动者订立书面劳动合同的，视为用人单位与劳动者已订立无固定期限劳动合同。

第八十一条 用人单位提供的劳动合同文本未载明本法规定的劳动合同必备条款或者用人单位未将劳动合同文本交付劳动者的，由劳动行政部门责令改正；给劳动者造成损害的，应当承担赔偿责任。

第八十二条 用人单位自用工之日起超过一个月不满一年未与劳动者订立书面劳动合同的，应当向劳动者每月支付二倍的工资。

用人单位违反本法规定不与劳动者订立无固定期限劳动合同的，自应当订立无固定期限劳动合同之日起向劳动者每月支付二倍的工资。

(2) 国务院《劳动合同法实施条例》（2008年9月18日 国务院令第535号）

第六条 用人单位自用工之日起超过一个月不满一年未与劳动者订立书面劳动合同的，应当依照劳动合同法第八十二条的规定向劳动者每月支付两倍的工资，并与劳动者补订书面劳动合同；劳动者不与用人单位订立书面劳动合同的，用人单位应当书面通知劳动者终止劳动关系，并依照劳动合同法第四十七条的规定支付经济补偿。

前款规定的用人单位向劳动者每月支付两倍工资的起算时间为用工之日起满一个月的次日，截止时间为补订书面劳动合同的前一日。

第七条 用人单位自用工之日起满一年未与劳动者订立书面劳动合同的，自用工之日起满一个月的次日至满一年的前一日应当依照劳动合同法第八十二条的规定向劳动者每月支付两倍的工资，并视为自用工之日起满一年的当日已经与劳动者订立无固定期限劳动合同，应当立即与劳动者补订书面劳动合同。

劳动者违反订立劳动合同规定的责任

[解读]

劳动者违反订立劳动合同规定的情形和责任有以下两种：

（一）自用工之日起1个月内，经用人单位书面通知后，劳动者不与用人单位订立书面合同的情形。只要用人单位有证据，即应立即书面通知其终止劳动关系，且无需向其支付经济补偿，但应支付其应得的劳动报酬。

（二）自用工之日起超过1个月不满1年期间，劳动者不与用人单位订立书面合同的情形。只要用人单位有证据，也应立即通知其终止劳动关系，但应当依法支付经济补偿。

这里需要提示两点：一是未签订书面劳动合同而形成的劳动关系称为事实劳动关系，事实劳动关系的结束，规范的称谓是“终止劳动关系”。二是劳动者不与用人单位订立书面合同应承担的法律责任是用人单位应当与其终止劳动关系。这里用的概念是“应当”，属于强制性的规定。如果用人单位有证据表明是劳动者不订立书面合同，而又不与其终止劳动关系，长期存续事实劳动关系，则用人单位仍存在着向劳动者支付双倍工资的风险。原因是：虽然目前法律没有明确的规定，但一些地方的劳动争议仲裁委员会和人民法院遵循立法本义，均要求用人单位向劳动者支付双倍的工资。

[依据指引]

国务院《劳动合同法实施条例》（2008年9月18日 国务院令第535号）

第五条 自用工之日起一个月内，经用人单位书面通知后，劳动者不与用人单位订立书面劳动合同的，用人单位应当书面通知劳动者终止劳动关系，无需向劳动者支付经济补偿，但是应当依法向劳动者支付其实际工作时间的劳动报酬。

第六条 用人单位自用工之日起超过一个月不满一年未与劳动者订立书面劳动合同的，应当依照劳动合同法第八十二条的规定向劳动者每月支付两倍的工资，并与劳动者补订书面劳动合同；劳动者不与用人单位订立书面劳动合同的，用人单位应当书面通知劳动者终止劳动关系，并依照劳动合同法第四十七条的规定支付经济补偿。

前款规定的用人单位向劳动者每月支付两倍工资的起算时间为用工之日起满一个月的次日，截止时间为补订书面劳动合同的前一日。

第七条 用人单位自用工之日起满一年未与劳动者订立书面劳动合同的，自用工之日起满一个月的次日至满一年的前一日应当依照劳动合同法第八十二条的规定向劳动者每月支付两倍的工资，并视为自用工之日起满一年的当日已经与劳动者订立无固定期限劳动合同，应当立即与劳动者补订书面劳动合同。

用人单位违法约定试用期的责任

[解读]

用人单位与劳动者违法约定试用期，首先是由人力资源和社会保障行政部门责令改正。其次，若违法约定的试用期已经履行，则由用人单位以劳动者试用期满月工资为标准，按已经履行的超过法定试用期的期间向劳动者支付赔偿金。

[依据指引]

《中华人民共和国劳动合同法》（2007年6月29日 国家主席令第65号）

第十九条 劳动合同期限三个月以上不满一年的，试用期不得超过一个月；劳动合同期限一年以上不满三年的，试用期不得超过二个月；三年以上固定期限和无固定期限的劳动合同，试用期不得超过六个月。

同一用人单位与同一劳动者只能约定一次试用期。

以完成一定工作任务为期限的劳动合同或者劳动合同期限不满三个月的，不得约定试用期。

试用期包含在劳动合同期限内。劳动合同仅约定试用期的，试用期不成立，该期限为劳动合同期限。

第八十三条 用人单位违反本法规定与劳动者约定试用期的，由劳动行政部门责令改正；违法约定的试用期已经履行的，由用人单位以劳动者试用期满月工资为标准，按已经履行的超过法定试用期的期间向劳动者支付赔偿金。

用人单位违法向劳动者收取财物等行为的法律责任

[解读]

用人单位招用劳动者扣押其居民身份证和其他证件、以担保或其他名义向其收取财物等违法行为应承担的法律责任包括：

（一）用人单位招用劳动者以担保或者其他名义向劳动者收取财物的，由人力资源和社会保障行政部门责令限期退还本人，并以每人500元以上2 000元以下的标准处以罚款，给劳动者造成损害的，还应承担赔偿责任。

（二）用人单位招用劳动者扣押其居民身份证、学历证书、职业资格证等证件的，由人力资源和社会保障行政部门责令限期退还本人，并依照有关法律由有关部门予以处罚，如对非法扣押他人身份证的，依据《居民身份证法》由公安机关予以警告，并处以200元以下的罚款，有违法所得的，没收违法所得。

[依据指引]

《中华人民共和国劳动合同法》（2007年6月29日 国家主席令第65号）

第九条 用人单位招用劳动者，不得扣押劳动者的居民身份证和其他证件，不得要求劳动者提供担保或者以其他名义向劳动者收取财物。

第八十四条 用人单位违反本法规定，扣押劳动者居民身份证等证件的，由劳动行政部门责令限期退还劳动者本人，并依照有关法律规定给予处罚。

用人单位违反本法规定，以担保或者其他名义向劳动者收取财物的，由劳动行政部门责令限期退还劳动者本人，并以每人五百元以上二千元以下的标准处以罚款；给劳动者造成损害的，应当承担赔偿责任。

用人单位不出具解除或终止合同证明等行为的法律责任

[解读]

用人单位与劳动者解除或终止合同时，不为劳动者出具书面证明等行为应承担的责任包括：

（一）用人单位在解除或终止劳动合同时，扣押劳动者档案或其他物品，未给劳动者造成损害的，一是由人力资源和社会保障行政部门责令限期退还本人，为其办理档案转移手续；二是由人力资源和社会保障行政部门按每一名劳动者500元以上2 000元以下的标准处以罚款。给劳动者造成损害的，还应承担赔偿责任，如因扣押档案致使劳动者无法重新就业的，则应向劳动者支付未重新就业期间的生活费等。

（二）用人单位解除或终止劳动合同时，未向劳动者出具解除或终止合同证明的，由人力资源和社会保障行政部门责令改正，给劳动者造成损害的，还应承担赔偿责任，如因未出具解除或终止合同书面证明，致使劳动者失业期间无法享受失业保险金或无法重新就业，则应向劳动者支付相应的生活费赔偿金。

[依据指引]

(1)《中华人民共和国劳动合同法》（2007年6月29日 国家主席令第65号）

第五十条 用人单位应当在解除或者终止劳动合同时出具解除或者终止劳动合同的证明，并在十五日内为劳动者办理档案和社会保险关系转移手续。

劳动者应当按照双方约定，办理工作交接。用人单位依照本法有关规定应当向劳动者支付经济补偿的，在办结工作交接时支付。

用人单位对已经解除或者终止的劳动合同的文本，至少保存二年备查。

第八十四条 用人单位违反本法规定，扣押劳动者居民身份证等证件的，由劳动行政部门责令限期退还劳动者本人，并依照有关法律规定给予处罚。

用人单位违反本法规定，以担保或者其他名义向劳动者收取财物的，由劳动行政部门责令限期退还劳动者本人，并以每人五百元以上二千元以下的标准处以罚款；给劳动者造成损害的，应当承担赔偿责任。

劳动者依法解除或者终止劳动合同，用人单位扣押劳动者档案或者其他物品的，依照前款规定处罚。

第八十九条 用人单位违反本法规定未向劳动者出具解除或者终止劳动合同的书面证明，由劳动行政部门责令改正；给劳动者造成损害的，应当承担赔偿责任。

(2)《中华人民共和国社会保险法》（2010年10月28日 国家主席令第35号）

第五十条 用人单位应当及时为失业人员出具终止或者解除劳动关系的证明，并将失业人员的名单自终止或者解除劳动关系之日起十五日内告知社会保险经办机构。

失业人员应当持本单位为其出具的终止或者解除劳动关系的证明，及时到指定的公共就业服务机构办理失业登记。

失业人员凭失业登记证明和个人身份证明，到社会保险经办机构办理领取失业保险金的手续。失业保险金领取期限自办理失业登记之日起计算。

第八十五条 用人单位拒不出具终止或者解除劳动关系证明的，依照《中华人民共和国劳动合同法》的规定处理。

(3) 人力资源和社会保障部《实施〈中华人民共和国社会保险法〉若干规定》（2011年6月29日 部令第13号）

第十九条 用人单位在终止或者解除劳动合同时拒不向职工出具终止或者解除劳动关系证明，导致职工无法享受社会保险待遇的，用人单位应当依法承担赔偿责任。

造成劳动合同无效的法律责任

[解读]

用人单位或者劳动者有《劳动合同法》第26条的违法行为，致使劳动合同无效或部分无效，违法一方当事人应承担的法律责任有两点：一是对方当事人可依据《劳动合同法》第38条第5项或第39条第5项规定立即解除该合同；二是给对方造成经济损失，还应承担相应的赔偿责任。

[依据指引]

《中华人民共和国劳动合同法》（2007年6月29日 国家主席令第65号）

第二十六条 下列劳动合同无效或者部分无效：

（一）以欺诈、胁迫的手段或者乘人之危，使对方在违背真实意思的情况下订立或者变更劳动合同的；

（二）用人单位免除自己的法定责任、排除劳动者权利的；

（三）违反法律、行政法规强制性规定的。

对劳动合同的无效或者部分无效有争议的，由劳动争议仲裁机构或者人民法院确认。

第三十八条 用人单位有下列情形之一的，劳动者可以解除劳动合同：

（一）未按照劳动合同约定提供劳动保护或者劳动条件的；

（二）未及时足额支付劳动报酬的；

（三）未依法为劳动者缴纳社会保险费的；

（四）用人单位的规章制度违反法律、法规的规定，损害劳动者权益的；

（五）因本法第二十六条第一款规定的情形致使劳动合同无效的；

（六）法律、行政法规规定劳动者可以解除劳动合同的其他情形。

用人单位以暴力、威胁或者非法限制人身自由的手段强迫劳动者劳动的，或者用人单位违章指挥、强令冒险作业危及劳动者人身安全的，劳动者可以立即解除劳动合同，不需事先告知用人单位。

第三十九条 劳动者有下列情形之一的，用人单位可以解除劳动合同：

（一）在试用期间被证明不符合录用条件的；

（二）严重违反用人单位的规章制度的；

（三）严重失职，营私舞弊，给用人单位造成重大损害的；

（四）劳动者同时与其他用人单位建立劳动关系，对完成本单位的工作任务造成严重影响，或者经用人单位提出，拒不改正的；

（五）因本法第二十六条第一款第一项规定的情形致使劳动合同无效的；

（六）被依法追究刑事责任的。

第八十六条 劳动合同依照本法第二十六条规定被确认无效，给对方造成损害的，有过错的一方应当承担赔偿责任。

用人单位违法解除或终止劳动合同的法律责任

[解读]

用人单位违法解除或终止劳动合同，是指违反法定的解除或终止劳动合同的实体性和程序性条件而与劳动者解除或终止合同的情形。其应承担的法律责任如下：

（一）劳动者要求继续履行劳动合同的，用人单位应当继续履行，为其安排相应的工作岗位。如果用人单位无正当理由拒不安排劳动者相应的工作岗位，将给其造成较大的法律和经济风险。

（二）劳动者要求解除合同或者合同已不能继续履行的，用人单位应当按照法律规定的经济补偿标准的两倍向其支付赔偿金，不再支付经济补偿金。无论是违法解除合同，还是违法终止合同，赔偿金的计算年限均自用工之日起计算。

这里需要提示的是，用人单位对违法解除或终止劳动合同的法律责任，切不可仅理解为向劳动者支付双倍经济补偿即可，一定要全面理解。

[依据指引]

(1)《中华人民共和国劳动合同法》（2007 年 6 月 29 日　国家主席令第 65 号）

第四十八条　用人单位违反本法规定解除或者终止劳动合同，劳动者要求继续履行劳动合同的，用人单位应当继续履行；劳动者不要求继续履行劳动合同或者劳动合同已经不能继续履行的，用人单位应当依照本法第八十七条规定支付赔偿金。

第八十七条　用人单位违反本法规定解除或者终止劳动合同的，应当依照本法第四十七条规定的经济补偿标准的二倍向劳动者支付赔偿金。

(2) 国务院《劳动合同法实施条例》（2008 年 9 月 18 日　国务院令第 535 号）

第二十五条　用人单位违反劳动合同法的规定解除或者终止劳动合同，依照劳动合同法第八十七条的规定支付了赔偿金的，不再支付经济补偿。赔偿金的计算年限自用工之日起计算。

劳动者违法、违约解除劳动合同的法律责任

[解读]

劳动者违法、违约解除劳动合同，是指违反《劳动合同法》第 36 条和不具备第 37 条、第 38 条规定的情形，或者违反劳动合同及其专项协议约定而单方解除合同的行为。其应承担的法律责任如下：

（一）劳动者违法解除劳动合同给用人单位造成经济损失的，应当予以赔偿，赔偿范围包括：用人单位招收录用其所支付的费用；用人单位为其支付的培训费用，双方另有约定的按其约定办理；对生产、经营和工作造成的直接经济损失，例如劳动者未提前 30 日通知用人单位即行辞职，肯定会给单位造成直接经济损失，损失额至少为本人一个月的工资；劳动合同约定的其他赔偿费用。

（二）劳动者违反劳动合同或保密协议约定的保密义务给用人单位造成经济损失的，应按照《反不正当竞争法》第 20 条的规定给予赔偿，即损失难以计算的，赔偿额为侵权人在侵权期间因侵权所获得的利益；并应当承担被侵害人因调查侵权人侵犯其合法权益的不正当竞争行为所支付的合理费用。

（三）劳动者违反约定的竞业限制义务的法律责任主要有：按协议约定支付违约金，按实际损失额支付赔偿金，继续履行竞业限制义务。

上述三种法律责任能否同时或先后适用，法律未作规定。因此，用人单位与劳动者应当在劳动合同或竞业限制协议中加以约定。

[依据指引]

(1)《中华人民共和国劳动合同法》（2007 年 6 月 29 日　国家主席令第 65 号）

第九十条　劳动者违反本法规定解除劳动合同，或者违反劳动合同中约定的保密义务或者竞业限制，给用人单位造成损失的，应当承担赔偿责任。

(2)《中华人民共和国反不正当竞争法》（1993 年 9 月 2 日　国家主席令第 10 号）

第二十条　经营者违反本法规定，给被侵害的经营者造成损害的，应当承担损害赔偿责任，被侵害的经营者的损失难以计算的，赔偿额为侵权人在侵权期间因侵权所获得的利润；并应当承担被侵害的经营者调查该经营侵害其合法权益的不正当竞争行为所支付的合理费用。

被侵害的经营者的合法权益受到不正当竞争行为损害的，可以向人民法院提起诉讼。

(3) 劳动部《违反〈劳动法〉有关劳动合同规定的赔偿办法》（1995 年 5 月 10 日　劳部发 [1995] 223 号）

第四条　劳动者违反规定或劳动合同的约定解除劳动合同，对用人单位造成损失的，劳动者应赔偿用人单位下列损失：

（一）用人单位招收录用其所支付的费用；

（二）用人单位为其支付的培训费用，双方另有约定的按约定办理；

（三）对生产、经营和工作造成的直接经济损失；

（四）劳动合同约定的其他赔偿费用。

不具备合法经营资格用人单位的违法责任

[解读]

不具备合法经营资格的用人单位是指具有下列情形之一的单位：

（一）应当取得而未依法取得营业执照，擅自从事经营活动的。

（二）已经办理注销登记，擅自继续从事经营活动的。

（三）被吊销营业执照，擅自继续从事经营活动的。

（四）营业执照有效期届满后未按规定重新办理登记手续，擅自继续从事经营活动的。

不具备合法经营资格用人单位的违法责任主要有以下几点：

（一）不具备合法经营资格的用人单位的违法犯罪行为，应依法追究其刑事责任。

（二）无营业执照经营的单位不具有用人主体资格，只要有劳动用工行为，就应由人力资源和社会保障行政部门对其实施劳动保障监察，对其违法行为实施相应处罚。

（三）这类单位的无营业执照或已被依法吊销营业执照经营活动，由工商行政管理部门依法予以查处取缔。

（四）劳动者已经付出劳动的，该单位或者其出资人向劳动者支付劳动报酬、经济补偿和赔偿金；给劳动者造成损害的，还应按实际损失额承担赔偿责任。

[依据指引]

(1)《中华人民共和国劳动合同法》（2007年6月29日　国家主席令第65号）

第九十三条　对不具备合法经营资格的用人单位的违法犯罪行为，依法追究法律责任；劳动者已经付出劳动的，该单位或者其出资人应当依照本法有关规定向劳动者支付劳动报酬、经济补偿、赔偿金；给劳动者造成损害的，应当承担赔偿责任。

(2)国务院《劳动保障监察条例》（2004年11月1日　国务院令第423号）

第三十三条　对无营业执照或者已被依法吊销营业执照，有劳动用工行为的，由劳动保障行政部门依照本条例实施劳动保障监察，并及时通报工商行政管理部门予以查处取缔。

个人承包经营招用劳动者的法律责任

[解读]

由于承包经营的自然人不具备用人主体资格，所以其招用劳动者的行为都是违法行为。个人承包经营招用劳动者，给劳动者造成损害，往往承包经营的自然人的赔偿能力受限，因此法律规定由发包的组织与个人承包经营者承担连带赔偿责任，以更有效地保护劳动者的合法权益。这一法律规定也告诫用人单位，如需向外发包工程项目，一定要寻找具有承包资质的合作方，以免给用人单位造成更大的经济损失。

[依据指引]

《中华人民共和国劳动合同法》（2007年6月29日　国家主席令第65号）

第九十四条　个人承包经营违反本法规定招用劳动者，给劳动者造成损害的，发包的组织与个人承包经营者承担连带赔偿责任。

劳务派遣单位和用工单位的违法责任

[解读]

劳务派遣单位和用工单位以及被派遣劳动者之间存在相互关联的三种法律关系，其中劳务派遣单位与劳动者之间的劳动关系比较特殊。因此，法律对劳务派遣这种用工方式作了特别规定。劳务派遣单位作为劳动者的用人单位，除应执行法律的一般规定之外，还应执行特别规定，两者发生冲突时，应依据“从特原则”执行。用工单位一般应依据特别规定执行，但有些行为涉及一般规定，也应依据一般规定执行。为此，法律对劳务派遣单位和用工单位的违法责任作了如下规定：

（一）劳务派遣单位和用工单位违法，应由人力资源社会保障等部门责令改正，情节严重的，按每一名劳动者1 000元以上5 000元以下的标准处罚；对派遣单位可由工商行政部门吊销营业执照。

（二）劳务派遣单位和用工单位违法，给劳动者造成损害的，两者应共同承担连带赔偿责任，防止两者之间相互推诿现象的出现。

[依据指引]

(1)《中华人民共和国劳动合同法》（2007年

6月29日　国家主席令第65号）

第九十二条　劳务派遣单位违反本法规定的，由劳动行政部门和其他有关主管部门责令改正；情节严重的，以每人一千元以上五千元以下的标准处以罚款，并由工商行政管理部门吊销营业执照；给被派遣劳动者造成损害的，劳务派遣单位与用工单位承担连带赔偿责任。

（2）国务院《劳动合同法实施条例》（2008年9月18日　国务院令第535号）

第三十五条　用工单位违反劳动合同法和本条例有关劳务派遣规定的，由劳动行政部门和其他有关主管部门责令改正；情节严重的，以每位被派遣劳动者1 000元以上5 000元以下的标准处以罚款；给被派遣劳动者造成损害的，劳务派遣单位和用工单位承担连带赔偿责任。

用人单位不办理社会保险登记的法律责任

[解读]

用人单位不办理社会保险登记的情形包括以下三种：

（一）用人单位自成立之日起30日内未办理登记手续。

（二）用人单位自变更或注销之日起30日内未办理登记手续。

（二）自用工之日起30日内未为职工办理登记手续。

用人单位不办理社会保险登记的违法行为，应承担以下两种法律责任：

（一）对一般性的违法行为，由社会保险行政部门责令限期改正。

（二）逾期不改的，对用人单位处以应缴社会保险费数额1倍以上3倍以下的罚款，对直接负责的主管人员和其他直接责任人员处以500元以上3 000元以下的罚款。需注意的是，实施罚款的主体是社会保险行政部门，而不是社会保险经办机构；国家原有规定是对直接负责的主管人员和其他直接责任人员处以罚款的“单罚制”，而现行规定增加了对用人单位的处罚，实行了“双罚制”。

[依据指引]

《中华人民共和国社会保险法》（2010年10月28日　国家主席令第35号）

第八十四条　用人单位不办理社会保险登记的，由社会保险行政部门责令限期改正；逾期不改正的，对用人单位处应缴社会保险费数额一倍以上三倍以下的罚款，对其直接负责的主管人员和其他直接责任人员处五百元以上三千元以下的罚款。

用人单位未按时足额缴纳或未为职工代扣代缴或拒不缴纳社会保险费的法律责任

[解读]

社会保险费是由社会保险经办机构或税务机关依法强制征收的，单位有能力而拒绝缴纳社会保险费属于违法行为，对这种行为可以区分不同情况和情节，给予不同的处理。对属于单位对参加社会保险缴纳社会保险费的意义、作用认识不清的，可以进行说服教育，宣传国家有关政策法规，动员其主动改正。对拒不改正、采取各种手段不履行缴费义务的，根据情节和后果轻重，可以运用经济、行政和司法手段强制其缴费。人力资源和社会保障部门的劳动保障监督机构和社会保险稽核部门负责社会保险费征缴监督检查和行政处罚，包括对缴费单位进行检查、调查取证、拟定行政处罚决定书、送达行政处罚决定书、拟定向人民法院申请强制执行的申请书、受理群众举报等工作。

一般情况下，用人单位未按时足额缴纳或未为职工代扣代缴或拒不缴纳社会保险费的，应承担的法律责任如下：

（一）由社会保险费征收机构责令限期缴纳或者补足或者代缴，并自欠缴之日起按日加收0.5‰的滞纳金。用人单位因未为职工代扣代缴社会保险费所应承担的滞纳金，不得要求职工承担。

（二）逾期仍未缴纳或补足的，一方面社会保险费征收机构可向银行和其他金融机构查询其存款账户，申请县级以上行政部门作出划拨社会保险费决定，或者要求账户余额不足的用人单位提供担保，签订延期缴费协议；另一方面由有关行政部门处欠缴数额1倍以上3倍以下的罚款。

（三）对未足额缴纳社会保险费，且未提供担保的用人单位，社会保险费征收机构可以申请法院扣押、查封、拍卖其价值相当于应缴社会保险费的财产，以拍卖所得抵缴社会保险费。

对用人单位未按规定申报应当缴纳的社会保险费数额，因伪造、变造、故意毁灭有关账册、材料或不设账册等违法行为造成社会保险费迟延缴纳的，以及拒绝提供与缴纳社会保险费有关的用人情况、工资表、财务报表等违法行为，除了由社会保险征收机构责令限期缴纳或补足，并加收滞纳金，逾期仍不缴纳的，处欠缴数额1倍以上3倍以下的罚款以外，还可对其直接负责的主管人员和其他责任人员分别处以5 000～20 000元的罚款。

另外，需注意一点，2011年7月1日前发生的用人单位未按时足额缴纳社会保险费的行为，按照当时国家和地方政府的有关规定执行；2011年7月1日后发生的用人单位未按时足额缴纳社会保险费的行为，按照《社会保险法》的有关规定执行。

[依据指引]

(1)《中华人民共和国社会保险法》（2010年10月28日　国家主席令第35号）

第六十三条　用人单位未按时足额缴纳社会保险费的，由社会保险费征收机构责令其限期缴纳或者补足。

用人单位逾期仍未缴纳或者补足社会保险费的，社会保险费征收机构可以向银行和其他金融机构查询其存款账户；并可以申请县级以上有关行政部门作出划拨社会保险费的决定，书面通知其开户银行或者其他金融机构划拨社会保险费。用人单位账户余额少于应当缴纳的社会保险费的，社会保险费征收机构可以要求该用人单位提供担保，签订延期缴费协议。

用人单位未足额缴纳社会保险费且未提供担保的，社会保险费征收机构可以申请人民法院扣押、查封、拍卖其价值相当于应当缴纳社会保险费的财产，以拍卖所得抵缴社会保险费。

第八十六条　用人单位未按时足额缴纳社会保险费的，由社会保险费征收机构责令限期缴纳或者补足，并自欠缴之日起，按日加收万分之五的滞纳金；逾期仍不缴纳的，由有关行政部门处欠缴数额一倍以上三倍以下的罚款。

(2) 国务院《社会保险费征缴暂行条例》（1999年1月22日　国务院令第259号）

第二十四条　缴费单位违反有关财务、会计、统计的法律、行政法规和国家有关规定，伪造、变造、故意毁灭有关账册、材料，或者不设账册，致使社会保险费缴费基数无法确定的，除依照有关法律、行政法规的规定给予行政处罚、纪律处分、刑事处罚外，依照本条例第九条的规定征缴；迟延缴纳的，由劳动保障行政部门或者税务机关依照第十二条的规定决定加收滞纳金，并对直接负责的主管人员和其他直接责任人员处5 000元以上20 000元以下的罚款。

第二十五条　缴费单位的缴费个人对劳动保障行政部门或者税务机关的处罚决定不服的，可以依法申请复议；对复议决定不服的，可以依法提起诉讼。

第二十六条　缴费单位逾期拒不缴纳社会保险费、滞纳金的，由劳动保障行政部门或者税务机关申请人民法院依法强制征缴。

(3) 劳动和社会保障部《社会保险费申报缴纳管理暂行办法》（1999年3月19日　部令第2号）

第十九条　社会保险经办机构应当定期稽核缴费单位的职工人数、工资基数和财务状况，确认缴费单位是否依法足额缴纳社会保险费。被稽核的单位应当提供与缴纳社会保险费有关的用人情况、工资表、财务报表等资料，如实反映情况，不得拒绝稽核，不得谎报、瞒报。

社会保险经办机构在接到有关缴纳社会保险费的举报后，应当及时向劳动保障行政部门报告，并调查被举报单位的缴费情况。

(4) 劳动和社会保障部《社会保险费征缴监督检查办法》（1999年3月19日　部令第3号）

第十二条　缴费单位有下列行为之一，情节严重的，对直接负责的主管人员和其他直接责任人员处以1 000元以上5 000元以下的罚款；情节特别严重的，对直接负责的主管人员和其他直接责任人员处以5 000元以上10 000元以下的罚款：

（一）未按规定办理社会保险登记的；

（二）在社会保险登记事项发生变更或者缴费单位依法终止后，未按规定到社会保险经办机构办理社会保险变更登记或者社会保险注销登记的；

（三）未按规定申报应当缴纳社会保险费数额的。

第十三条　对缴费单位有下列行为之一的，依照条例第十三条的规定，从欠缴之日起，按日加收千分之二的滞纳金，并对直接负责的主管人员和其他直接责任人员处以5 000元以上20 000元以下罚款：

（一）因伪造、变造、故意毁灭有关账册、材料造成社会保险费迟延缴纳的；

（二）因不设账册造成社会保险费迟延缴纳的；

（三）因其他违法行为造成社会保险费迟延缴纳的。

第十四条 对缴费单位有下列行为之一的，应当给予警告，并可以处以5 000元以下的罚款：

（一）伪造、变造社会保险登记证的；

（二）未按规定从缴费个人工资中代扣代缴社会保险费的；

（三）未按规定向职工公布本单位社会保险费缴纳情况的。

对上述违法行为的行政处罚，法律、法规另有规定的，从其规定。

第十五条 对缴费单位有下列行为之一的，应当给予警告，并可以处以10 000元以下的罚款：

（一）阻挠劳动保障监察人员依法行使监察职权，拒绝检查的；

（二）隐瞒事实真相，谎报、瞒报，出具伪证，或者隐匿、毁灭证据的；

（三）拒绝提供与缴纳社会保险费有关的用人情况、工资表、财务报表等资料的；

（四）拒绝执行劳动保障行政部门下达的监督检查询问书的；

（五）拒绝执行劳动保障行政部门下达的限期改正指令书的；

（六）打击报复举报人员的；

（七）法律、法规及规章规定的其他情况。

对上述违法行为的行政处罚，法律、法规另有规定的，从其规定。

第十六条 本办法第十二条、第十三条的罚款均由缴费单位直接负责的主管人员和其他直接责任人员个人支付，不得从单位报销。

(5) 人力资源和社会保障部《实施〈中华人民共和国社会保险法〉若干规定》（2011年6月29日 部令第13号）

第二十条 职工应当缴纳的社会保险费由用人单位代扣代缴。用人单位未依法代扣代缴的，由社会保险费征收机构责令用人单位限期代缴，并自欠缴之日起向用人单位按日加收万分之五的滞纳金。用人单位不得要求职工承担滞纳金。

第二十九条 2011年7月1日后对用人单位未按时足额缴纳社会保险费的处理，按照社会保险法和本规定执行；对2011年7月1日前发生的用人单位未按时足额缴纳社会保险费的行为，按照国家和地方人民政府的有关规定执行。

社会保险基金先行支付的法律责任

[解读]

社会保险基金先行支付的法律责任分为职工应当承担的法律责任和第三人或用人单位应当承担的法律责任。

（一）职工应当承担的法律责任。

1. 职工已经从第三人或者用人单位处获得医疗费用、工伤医疗费用或者工伤保险待遇的，应当主动将先行支付金额中应当由第三人承担的部分或者工伤保险基金先行支付的工伤保险待遇退还给基本医疗保险基金或者工伤保险基金，社会保险经办机构不再向第三人或者用人单位追偿。

2. 职工拒不退还的，社会保险经办机构可以从以后支付的相关待遇中扣减其应当退还的数额，或者向人民法院提起诉讼。

3. 职工隐瞒已经从第三人或者用人单位处获得工伤医疗费用或者工伤保险待遇，向社会保险经办机构申请并获得社会保险基金先行支付的，按照《社会保险法》第88条关于骗取社会保险待遇的规定处理。

（二）第三人或用人单位应当承担的法律责任。

1. 社会保险经办机构先行支付医疗费用或者工伤医疗费用后，有关部门确定了第三人责任的，应当要求第三人按照确定的责任大小依法偿还先行支付数额中的相应部分。第三人逾期不偿还的，社会保险经办机构应当依法向人民法院提起诉讼。

2. 社会保险经办机构先行支付医疗费用或工伤保险待遇后，应当责令用人单位在10日内偿还。用人单位逾期不偿还的，社会保险经办机构可以按照《社会保险法》第63条的规定，向银行和其他金融机构查询其存款账户，申请县级以上社会保险行政部门作出划拨应偿还款项的决定，并书面通知用人单位开户银行或者其他金融机构划拨其应当偿还的数额。用人单位账户余额少于应当偿还数额的，社会保险经办机构可以要求其提供担保，签订延期还款协议。用人单位未按时足额偿还且未提供担保的，社会保险经办机构可以申请人民法院扣押、查封、拍卖其价值相当于应当偿还数额的财产，以拍卖所得偿还所欠数额。社会保险经办机构向用人单位追偿工伤保险待遇发生的合理费用以及用人单位逾期偿还部分的利息损失等，应当由用人单位承担。

[依据指引]

(1)《中华人民共和国社会保险法》（2010年10月28日 国家主席令第35号）

第八十八条 以欺诈、伪造证明材料或者其他手段骗取社会保险待遇的，由社会保险行政部门责令退回骗取的社会保险金，处骗取金额二倍以上五倍以下的罚款。

(2) 人力资源和社会保障部《社会保险基金先行支付暂行办法》（2011年6月29日 部令第15号）

第十一条 个人已经从第三人或者用人单位处获得医疗费用、工伤医疗费用或者工伤保险待遇的，应当主动将先行支付金额中应当由第三人承担的部分或者工伤保险基金先行支付的工伤保险待遇退还给基本医疗保险基金或者工伤保险基金，社会保险经办机构不再向第三人或者用人单位追偿。

个人拒不退还的，社会保险经办机构可以从以后支付的相关待遇中扣减其应当退还的数额，或者向人民法院提起诉讼。

第十二条 社会保险经办机构按照本办法第三条规定先行支付医疗费用或者按照第五条第一项、第二项规定先行支付工伤医疗费用后，有关部门确定了第三人责任的，应当要求第三人按照确定的责任大小依法偿还先行支付数额中的相应部分。第三人逾期不偿还的，社会保险经办机构应当依法向人民法院提起诉讼。

第十三条 社会保险经办机构按照本办法第五条第三项、第四项和第六条、第七条、第八条的规定先行支付工伤保险待遇后，应当责令用人单位在10日内偿还。

用人单位逾期不偿还的，社会保险经办机构可以按照社会保险法第六十三条的规定，向银行和其他金融机构查询其存款账户，申请县级以上社会保险行政部门作出划拨应偿还款项的决定，并书面通知用人单位开户银行或者其他金融机构划拨其应当偿还的数额。

用人单位账户余额少于应当偿还数额的，社会保险经办机构可以要求其提供担保，签订延期还款协议。

用人单位未按时足额偿还且未提供担保的，社会保险经办机构可以申请人民法院扣押、查封、拍卖其价值相当于应当偿还数额的财产，以拍卖所得偿还所欠数额。

第十四条 社会保险经办机构向用人单位追偿工伤保险待遇发生的合理费用以及用人单位逾期偿还部分的利息损失等，应当由用人单位承担。

第十五条 用人单位不支付依法应当由其支付的工伤保险待遇项目的，职工可以依法申请仲裁、提起诉讼。

第十六条 个人隐瞒已经从第三人或者用人单位处获得医疗费用、工伤医疗费用或者工伤保险待遇，向社会保险经办机构申请并获得社会保险基金先行支付的，按照社会保险法第八十八条的规定处理。

骗取社会保险基金支出的法律责任

[解读]

骗取社会保险基金支出的主体一般包括社会保险经办机构、医疗机构、药品经营单位、辅助器具配置机构等。骗取社会保险基金支出的情形主要包括：允许非参保人以参保人名义就医的；允许使用医疗保险基金支付应当由参保人自付、自费的医疗费用；允许使用医疗保险个人账户基金购买保健品、化妆品及其他用品的；提供虚假疾病诊断证明、病历、处方和医疗费票据等资料的；向参保人提供不必要的医疗服务和过度医疗服务的；转借医疗保险POS机（服务终端）给非定点单位使用或代非定点单位使用医疗保险个人账户基金进行结算；违反规定向失业人员开具领取失业保险金或者享受其他失业保险待遇单证等情况。

针对这些骗取社保基金支出的违法行为，法律规定了相应的责任：

（一）社保经办机构、医疗机构、药材经管单位等社会保险服务机构骗取社会保险基金支出的，由社保行政部门责令退回骗取的保险金，处以骗取金额2倍以上5倍以下的罚款。

（二）属于社保服务机构的，解除服务协议。

（三）直接负责的主管人员和其他直接责任人员，有执业资格的依法吊销其执业资格，例如有医师执业资格的，则依法吊销其医师资格证。

[依据指引]

(1)《中华人民共和国社会保险法》（2010年10月28日 国家主席令第35号）

第八十七条 社会保险经办机构以及医疗机构、药品经营单位等社会保险服务机构以欺诈、伪造证明材料或者其他手段骗取社会保险基金支出的，由社会保险行政部门责令退回骗取的社会保险金，处骗取金额二倍以上五倍以下的罚款；属于社会保险服务机构的，解除服务协议；直接负责的主管人员和其他直接责任人员有执业资格的，依法吊销其执业资格。

(2) 国务院《工伤保险条例》（2003 年 4 月 27 日　国务院令第 375 号　2010 年 12 月 20 日修订）

第六十条　用人单位、工伤职工或者其近亲属骗取工伤保险待遇，医疗机构、辅助器具配置机构骗取工伤保险基金支出的，由社会保险行政部门责令退还，处骗取金额 2 倍以上 5 倍以下的罚款；情节严重，构成犯罪的，依法追究刑事责任。

(3) 国务院《失业保险条例》（1999 年 1 月 22 日　国务院令第 258 号）

第二十九条　社会保险经办机构工作人员违反规定向失业人员开具领取失业保险或者享受其他失业保险待遇单证，致使失业保险基金损失的，由劳动保障行政部门责令追问；情节严重的，依法给予行政处分。

第三十条　劳动保障行政部门和社会保险经办机构的工作人员滥用职权、徇私舞弊、玩忽职守，造成失业保险基金损失的，由劳动保障行政部门追回损失的失业保险基金；构成犯罪的，依法追究刑事责任；尚不构成犯罪的，依法给予行政处分。

第三十一条　任何单位、个人挪用失业保险基金的，追回挪用的失业保险基金；有违法所得的，没收违法所得，并入失业保险基金；构成犯罪的，依法追究刑事责任；尚不构成犯罪的，对直接负责人主管人员和其他直接责任人员依法给予行政处分。

(4) 人力资源和社会保障部《实施〈中华人民共和国社会保险法〉若干规定》（2011 年 6 月 29 日　部令第 13 号）

第二十五条　医疗机构、药品经营单位等社会保险服务机构以欺诈、伪造证明材料或者其他手段骗取社会保险基金支出的，由社会保险行政部门责令退回骗取的社会保险金，处骗取金额二倍以上五倍以下的罚款。对与社会保险经办机构签订服务协议的医疗机构、药品经营单位，由社会保险经办机构按照协议追究责任，情节严重的，可以解除与其签订的服务协议。对有执业资格的直接负责的主管人员和其他直接责任人员，由社会保险行政部门建议授予其执业资格的有关主管部门依法吊销其执业资格。

骗取社会保险待遇的法律责任

[解读]

骗取社会保险待遇的主体一般是不符合享受待遇条件的个人。实践中骗取社会保险待遇的情形主要包括：

（一）在养老保险待遇的支付环节，有的伪造身份证或冒用他人身份证明；有的伪造、变造档案年龄、特殊工种年限或病历等办理提前退休；有的伪造、变造人事档案，以增加视同缴费年限；有的伪造、变造用工关系、工资报表等证明材料补缴养老保险费；有的伪造、变造领取养老保险待遇证明文件等，甚至出现了已经去世的人仍在领取养老保险待遇的事例。

（二）在医疗保险待遇的支付环节，有的将本人身份证明及社会保障卡转借他人就医；有的冒用他人身份证明或社会保障卡就医；有的伪造、变造病历、处方、疾病诊断证明和医疗费票据；有的伪造、变造劳动关系、工资报表等证明材料参加医疗保险或补缴医疗保险费。

针对这些骗取社会保险待遇的违法行为，法律规定由社会保险行政部门责令违法者退回骗取的保险金，并处骗取金额 2 倍以上 5 倍以下的罚款；情节严重，构成犯罪的，依法追究刑事责任。

[依据指引]

(1)《中华人民共和国社会保险法》（2010 年 10 月 28 日　国家主席令第 35 号）

第八十八条　以欺诈、伪造证明材料或者其他手段骗取社会保险待遇的，由社会保险行政部门责令退回骗取的社会保险金，处骗取金额二倍以上五倍以下的罚款。

(2) 国务院《工伤保险条例》（2003 年 4 月 27 日　国务院令第 375 号　2010 年 12 月 20 日修订）

第六十条　用人单位、工伤职工或者其近亲属骗取工伤保险待遇，医疗机构、辅助器具配置机构骗取工伤保险基金支出的，由社会保险行政部门责令退还，处骗取金额 2 倍以上 5 倍以下的罚款；情节严重，构成犯罪的，依法追究刑事责任。

(3) 国务院《失业保险条例》（1999 年 1 月

22日 国务院令第258号）

第二十八条 不符合享受失业保险待遇条件，骗取失业保险金和其他失业保险待遇的，由社会保险经办机构责令退还；情节严重的，由劳动保障行政部门处骗取金额1倍以上3倍以下的罚款。

擅自更改社会保险费缴费基数、费率的法律责任

[解读]

擅自更改社会保险费缴费基数、费率的主体一般是社会保险费征收机构。其违法行为往往导致少收损害社会保险基金的安全，多收会加重用人单位的负担。因此，针对这种违法行为规定的法律责任如下：

（一）有关行政部门责令社会保险费征收机构追缴应当缴纳的费用，或者退还不应缴纳的费用。这里的有关行政部门是指社会保险行政部门或税务机关。

（二）对直接负责的主管人员和其他直接责任人员给予处分，包括警告、记过、记大过、降级、撤职、开除等。

[依据指引]

（1）《中华人民共和国社会保险法》（2010年10月28日 国家主席令第35号）

第九十条 社会保险费征收机构擅自更改社会保险费缴费基数、费率，导致少收或者多收社会保险费的，由有关行政部门责令其追缴应当缴纳的社会保险费或者退还不应当缴纳的社会保险费；对直接负责的主管人员和其他直接责任人员依法给予处分。

（2）国务院《失业保险条例》（1999年1月22日 国务院令第258号）

第二十九条 社会保险经办机构工作人员违反规定向失业人员开具领取失业保险或者享受其他失业保险待遇单证，致使失业保险基金损失的，由劳动保障行政部门责令追问；情节严重的，依法给予行政处分。

第三十条 劳动保障行政部门和社会保险经办机构的工作人员滥用职权、徇私舞弊、玩忽职守，造成失业保险基金损失的，由劳动保障行政部门追回损失的失业保险基金；构成犯罪的，依法追究刑事责任；尚不构成犯罪的，依法给予行政处分。

社会保险有关机构的违法责任

[解读]

社会保险经办机构、社会保险费征收机构、社会保险基金投资运营机构、开设社会保险基金专户的机构和专户管理银行及其工作人员有下列违法情形的，由社会保险行政部门按照《社会保险法》的相关规定予以查处：

（一）将应征和已征的社会保险基金，采取隐藏、非法放置等手段，未按规定征缴、入账的。

（二）违规将社会保险基金转入社会保险基金专户以外的账户的。

（三）侵吞社会保险基金的。

（四）将各项社会保险基金互相挤占或者其他社会保障基金挤占社会保险基金的。

（五）将社会保险基金用于平衡财政预算，兴建、改建办公场所和支付人员经费、运行费用、管理费用的。

（六）违反国家规定的投资运营政策的。

[依据指引]

（1）《中华人民共和国社会保险法》（2010年10月28日 国家主席令第35号）

第九十一条 违反本法规定，隐匿、转移、侵占、挪用社会保险基金或者违规投资运营的，由社会保险行政部门、财政部门、审计机关责令追回；有违法所得的，没收违法所得；对直接负责的主管人员和其他直接责任人员依法给予处分。

（2）人力资源和社会保障部《实施〈中华人民共和国社会保险法〉若干规定》（2011年6月29日 部令第13号）

第二十六条 社会保险经办机构、社会保险费征收机构、社会保险基金投资运营机构、开设社会保险基金专户的机构和专户管理银行及其工作人员有下列违法情形的，由社会保险行政部门按照社会保险法第九十一条的规定查处：

（一）将应征和已征的社会保险基金，采取隐藏、非法放置等手段，未按规定征缴、入账的；

（二）违规将社会保险基金转入社会保险基金专户以外的账户的；

（三）侵吞社会保险基金的；

（四）将各项社会保险基金互相挤占或者其他社会保障基金挤占社会保险基金的；

（五）将社会保险基金用于平衡财政预算，兴

建、改建办公场所和支付人员经费、运行费用、管理费用的；

（六）违反国家规定的投资运营政策的。

泄露用人单位和个人信息的法律责任

［解读］

在社会保险登记、费用征收、监督检查等工作过程中，社会保险经办机构、征收机构、社会保险行政部门、卫生行政部门、劳动保障监察等单位及其工作人员均会掌握用人单位和个人的大量信息，一旦泄露到社会上，就会影响用人单位和个人的正常生活和经济利益。因此，法律规定上述单位及其工作人员应当依法为用人单位和个人的信息保密，对其非法提供、复制、公布、出售或者变相交易社会保险个人权益记录的违法泄密行为规定了以下法律责任：

（一）有违法所得的，由人力资源社会保障行政部门没收违法所得。

（二）属于社会保险服务机构、信息技术服务商的，可由社会保险经办机构与其解除服务协议。

（三）依法对直接负责的主管人员和其他直接责任人员给予处分。

（四）给社会保险基金、用人单位或者个人造成损失的，依法承担赔偿责任。

（五）构成违反治安管理行为的，由公安机关依法予以处罚。

（六）构成犯罪的，依法追究刑事责任。

［依据指引］

(1)《中华人民共和国社会保险法》（2010 年 10 月 28 日 国家主席令第 35 号）

第八十一条 社会保险行政部门和其他有关行政部门、社会保险经办机构、社会保险费征收机构及其工作人员，应当依法为用人单位和个人的信息保密，不得以任何形式泄露。

第九十二条 社会保险行政部门和其他有关行政部门、社会保险经办机构、社会保险费征收机构及其工作人员泄露用人单位和个人信息的，对直接负责的主管人员和其他直接责任人员依法给予处分；给用人单位或者个人造成损失的，应当承担赔偿责任。

第九十四条 违反本法规定，构成犯罪的，依法追究刑事责任。

(2) 国务院《劳动保障监察条例》（2004 年 11 月 1 日 国务院令第 423 号）

第三十一条 劳动保障监察员滥用职权、玩忽职守、徇私舞弊或者泄露在履行职责过程中知悉的商业秘密的，依法给予行政处分；构成犯罪的，依法追究刑事责任。

劳动保障行政部门和劳动保障监察员违法行使职权，侵犯用人单位或者劳动者的合法权益的，依法承担赔偿责任。

(3) 人力资源和社会保障部《社会保险个人权益记录管理办法》（2011 年 6 月 29 日 部令第 14 号）

第三十条 任何组织和个人非法提供、复制、公布、出售或者变相交易社会保险个人权益记录，有违法所得的，由人力资源社会保障行政部门没收违法所得；属于社会保险服务机构、信息技术服务商的，可由社会保险经办机构与其解除服务协议；依法对直接负责的主管人员和其他直接责任人员给予处分；给社会保险基金、用人单位或者个人造成损失的，依法承担赔偿责任；构成违反治安管理行为的，由公安机关依法予以处罚；构成犯罪的，依法追究刑事责任。

用人单位与职工违反工伤保险规定的法律责任

［解读］

用人单位与职工违反工伤保险规定应承担法律责任的情形有以下三种：

（一）用人单位应参加而未参加工伤保险的，则由社会保险行政部门责令限期参加，补缴应当缴纳的工伤保险费，并自欠缴之日起，按日加收 0.5‰的滞纳金；逾期仍不缴纳的，处欠缴数额 1 倍以上 3 倍以下的罚款；该用人单位职工发生工伤的，由其按照法律规定的工伤保险待遇项目和标准承担费用；该用人单位参加工伤保险并补缴应当缴纳的工伤保险费、滞纳金后，由工伤保险基金和用人单位按照法律规定分别承担新发生的费用。

（二）用人单位、工伤职工或者其近亲属骗取工伤保险待遇，医疗机构、辅助器具配置机构骗取工伤保险基金支出的，由社会保险行政部门责令退还，并处骗取金额 2 倍以上 5 倍以下的罚款；情节严重，构成犯罪的，依法追究刑事责任。

（三）用人单位违反法律规定，拒不协助社会保险行政部门对事故进行调查核实的，由社会保险行政部门责令改正，处2 000元以上2万元以下的罚款。

[依据指引]

国务院《工伤保险条例》（2003年4月27日国务院令第375号 2010年12月20日修订）

第六十条 用人单位、工伤职工或者其近亲属骗取工伤保险待遇，医疗机构、辅助器具配置机构骗取工伤保险基金支出的，由社会保险行政部门责令退还，处骗取金额2倍以上5倍以下的罚款；情节严重，构成犯罪的，依法追究刑事责任。

第六十二条 用人单位依照本条例规定应当参加工伤保险而未参加的，由社会保险行政部门责令限期参加，补缴应当缴纳的工伤保险费，并自欠缴之日起，按日加收万分之五的滞纳金；逾期仍不缴纳的，处欠缴数额1倍以上3倍以下的罚款。

依照本条例规定应当参加工伤保险而未参加工伤保险的用人单位职工发生工伤的，由该用人单位按照本条例规定的工伤保险待遇项目和标准支付费用。

用人单位参加工伤保险并补缴应当缴纳的工伤保险费、滞纳金后，由工伤保险基金和用人单位依照本条例的规定支付新发生的费用。

第六十三条 用人单位违反本条例第十九条的规定，拒不协助社会保险行政部门对事故进行调查核实的，由社会保险行政部门责令改正，处2 000元以上2万元以下的罚款。

用人单位与职工违反失业保险规定的法律责任

[解读]

用人单位与职工违反失业保险规定应承担法律责任的情形有以下三种：

（一）用人单位应参加而未参加失业保险的，则社会保险费征收机构责令限期参加，补缴应当缴纳的失业保险费，并自欠缴之日起，按日加收0.5‰的滞纳金；逾期仍不缴纳的，处欠缴数额1倍以上3倍以下的罚款。

（二）职工不符合享受失业保险待遇条件，骗取失业保险金和其他失业保险待遇的，由社会保险经办机构责令退还；情节严重的，由人力资源社会保障行政部门处骗取金额1倍以上3倍以下的罚款。

（三）任何单位、个人挪用失业保险基金的，追回挪用的失业保险基金；有违法所得的，没收违法所得，并入失业保险基金；构成犯罪的，依法追究刑事责任；尚不构成犯罪的，对直接负责的主管人员和其他直接责任人员依法给予行政处分。

[依据指引]

国务院《失业保险条例》（1999年1月22日国务院令第258号）

第二十八条 不符合享受失业保险待遇条件，骗取失业保险金和其他失业保险待遇的，由社会保险经办机构责令退还；情节严重的，由劳动保障行政部门处骗取金额1倍以上3倍以下的罚款。

第二十九条 社会保险经办机构工作人员违反规定向失业人员开具领取失业保险或者享受其他失业保险待遇单证，致使失业保险基金损失的，由劳动保障行政部门责令追问；情节严重的，依法给予行政处分。

第三十条 劳动保障行政部门和社会保险经办机构的工作人员滥用职权、徇私舞弊、玩忽职守，造成失业保险基金损失的，由劳动保障行政部门追回损失的失业保险基金；构成犯罪的，依法追究刑事责任；尚不构成犯罪的，依法给予行政处分。

第三十一条 任何单位、个人挪用失业保险基金的，追回挪用的失业保险基金；有违法所得的，没收违法所得，并入失业保险基金；构成犯罪的，依法追究刑事责任；尚不构成犯罪的，对直接负责的主管人员和其他直接责任人员依法给予行政处分。

劳动能力鉴定组织与个人违规的法律责任

[解读]

劳动能力鉴定委员会根据专家组的鉴定意见作出的鉴定结论，是工伤职工享受工伤保险待遇的重要依据，必须保证其真实、公正。唯有如此，才能保证工伤保险基金真正支付给工伤职工，防止基金的流失。因此，法律对鉴定组织和从事鉴定工作的个人，凡有提供虚假鉴定意见、提供虚假诊断证明或收受当事人财物的违规行为之一，规定了法律责任：首先由社会保险行政部门责令改正，处以2 000元以上1万元以下的罚款。其次，若情节严重，构成犯罪，则依法追究刑事责任。

[依据指引]

国务院《工伤保险条例》（2003年4月27日国务院令第375号　2010年12月20日修订）

第二十七条　劳动能力鉴定工作应当客观、公正。劳动能力鉴定委员会组成人员或者参加鉴定的专家与当事人有利害关系的，应当回避。

第六十一条　从事劳动能力鉴定的组织或者个人有下列情形之一的，由社会保险行政部门责令改正，处2 000元以上1万元以下的罚款；情节严重，构成犯罪的，依法追究刑事责任：

（一）提供虚假鉴定意见的；

（二）提供虚假诊断证明的；

（三）收受当事人财物的。

违反军人保险法的法律责任

[解读]

根据法律规定，军队后勤（联勤）机关财务部门、社会保险经办机构，有下列违法情形之一的，由有关行政部门责令改正；对直接负责的主管人员和其他直接责任人员依法给予处分；造成损失的，依法承担赔偿责任：

（一）不按照规定建立、转移接续军人保险关系的。

（二）不按照规定收缴、上缴个人缴纳的保险费的。

（三）不按照规定给付军人保险金的。

（四）篡改或者丢失个人缴费记录等军人保险档案资料的。

（五）泄露军队单位和军人的信息的。

（六）违反规定划拨、存储军人保险基金的。

（七）有违反法律、法规损害军人保险权益的其他行为的。

另外，以欺诈、伪造证明材料等手段骗取军人保险待遇的，由军队后勤（联勤）机关和社会保险行政部门责令限期退回，并依法给予处分。

[依据指引]

《中华人民共和国军人保险法》（2012年4月27日　国家主席令第56号）

第四十五条　军队后勤（联勤）机关财务部门、社会保险经办机构，有下列情形之一的，由军队后勤（联勤）机关或者社会保险行政部门责令改正；对直接负责的主管人员和其他直接责任人员依法给予处分；造成损失的，依法承担赔偿责任：

（一）不按照规定建立、转移接续军人保险关系的；

（二）不按照规定收缴、上缴个人缴纳的保险费的；

（三）不按照规定给付军人保险金的；

（四）篡改或者丢失个人缴费记录等军人保险档案资料的；

（五）泄露军队单位和军人的信息的；

（六）违反规定划拨、存储军人保险基金的；

（七）有违反法律、法规损害军人保险权益的其他行为的。

第四十七条　以欺诈、伪造证明材料等手段骗取军人保险待遇的，由军队后勤（联勤）机关和社会保险行政部门责令限期退回，并依法给予处分。

政府及其有关部门、公共就业服务机构的法律责任

[解读]

法律规定，国家建立公共就业服务制度，为劳动者提供免费就业服务。因此，地方各级政府和有关部门举办经营性的职业中介机构，公共就业服务机构从事经营性职业中介活动、向劳动者收取费用等，均属违法行为，应承担的法律责任是：由上级主管机关责令限期改正，将违法收取的费用退还劳动者，对直接负责的主管人员和其他直接责任人员依法给予处分。

[依据指引]

《中华人民共和国就业促进法》（2007年8月30日　国家主席令第70号）

第六十三条　违反本法规定，地方各级人民政府和有关部门、公共就业服务机构举办经营性的职业中介机构，从事经营性职业中介活动，向劳动者收取费用的，由上级主管机关责令限期改正，将违法收取的费用退还劳动者，并对直接负责的主管人员和其他直接责任人员依法给予处分。

非法职业中介等机构的法律责任

[解读]

非法职业中介机构、职业技能培训机构或者职业技能考核鉴定机构，是指未经许可和登记，擅自从事职业中介活动、技能培训活动、职业技能考核鉴定活动的机构。它们的违法活动包括向求职者提供虚假招聘信息，骗取其服务费；向求职者额外收取各种名目的押金、保证金；扣押求职者的身份证或其他证件等。法律规定，对非法从事职业中介、技能培训、技能考核鉴定活动的单位和个人，由人力资源和社会保障行政部门或者其他主管部门（如工商行政管理部门等），依法予以关闭；有违法所得的，没收违法所得；同时处1万元以上5万元以下的罚款。

[依据指引]

(1)《中华人民共和国就业促进法》（2007年8月30日　国家主席令第70号）

第六十四条　违反本法规定，未经许可和登记，擅自从事职业中介活动的，由劳动行政部门或者其他主管部门依法予以关闭；有违法所得的，没收违法所得，并处一万元以上五万元以下的罚款。

(2) 国务院《劳动保障监察条例》（2004年11月1日　国务院令第423号）

第二十八条　职业介绍机构、职业技能培训机构或者职业技能考核鉴定机构违反国家有关职业介绍、职业技能培训或者职业技能考核鉴定的规定的，由劳动保障行政部门责令改正，没收违法所得，并处1万元以上5万元以下的罚款；情节严重的，吊销许可证。

未经劳动保障行政部门许可，从事职业介绍、职业技能培训或者职业技能考核鉴定的组织或者个人，由劳动保障行政部门、工商行政管理部门依照国家有关无照经营查处取缔的规定查处取缔。

职业中介等机构的法律责任

[解读]

职业中介机构、职业技能培训机构或者职业技能考核鉴定机构的违法行为主要包括：提供虚假就业信息，为无合法证照的用人单位提供职业中介服务，伪造、涂改、转让职业中介许可证，扣押求职人员居民身份证，向求职人员收取押金等。违法职业中介机构、职业技能培训机构、职业技能考核鉴定机构的法律责任如下：

（一）职业介绍机构、职业技能培训机构或者职业技能考核鉴定机构违反国家有关职业介绍、职业技能培训或者职业技能考核鉴定的规定的，由人力资源和社会保障行政部门责令改正，有违法所得的，没收违法所得，并处1万元以上5万元以下的罚款；情节严重的，吊销其行政许可证。

（二）未经人力资源社会保障行政部门许可，从事职业介绍、职业技能培训或者职业技能考核鉴定的组织或者个人，由人力资源和社会保障行政部门、工商行政管理部门依照国家有关无照经营查处取缔的规定查处取缔。

（三）提供虚假就业信息，为无合法证照的用人单位提供职业中介服务，伪造、涂改、转让职业中介许可证的，由人力资源和社会保障行政部门或者工商行政管理部门等责令改正。

（四）扣押求职者居民身份证的，由人力资源和社会保障行政部门责令限期退还本人，并依照相关法律规定予以处罚，如对非法扣押他人身份证的，依据《居民身份证法》由公安机关予以警告，并处以200元以下的罚款；有违法所得的，没收违法所得。

（五）收取求职者押金的，由人力资源和社会保障行政部门责令限期退还本人，并以每人500元以上2 000元以下的标准处以罚款。

（六）发布的就业信息中包含歧视性内容，为无合法身份证件的劳动者提供职业中介服务，介绍劳动者从事法律、法规禁止从事的职业，以暴力、胁迫、欺诈等方式进行职业中介活动，超出核准的业务范围经营等的，由人力资源和社会保障行政部门责令改正，没有违法所得的，可处以1万元以下的罚款；有违法所得的，可处以不超过违法所得3倍的罚款，但最高不得超过3万元；情节严重的，提请工商部门依法吊销营业执照；对当事人造成损害的，应当承担赔偿责任。

（七）未明示职业中介许可证、监督电话，或未建立服务台账，或虽建立服务台账但未记录服务对象、服务过程、服务结果和收费情况，或在职业中介服务不成功后未向劳动者退还所收取的中介服务费等，由人力资源和社会保障行政部门责令改正，并可处以1 000元以下的罚款；未明示收费标准的，提请价格主管部门依据国家有关规定处罚；未明示营业执照的，提请工商行政管理部门依据国家有关规定处罚。

［依据指引］

(1)《中华人民共和国就业促进法》（2007年8月30日　国家主席令第70号）

第四十一条　职业中介机构不得有下列行为：

（一）提供虚假就业信息；

（二）为无合法证照的用人单位提供职业中介服务；

（三）伪造、涂改、转让职业中介许可证；

（四）扣押劳动者的居民身份证和其他证件，或者向劳动者收取押金；

（五）其他违反法律、法规规定的行为。

第六十五条　违反本法规定，职业中介机构提供虚假就业信息，为无合法证照的用人单位提供职业中介服务，伪造、涂改、转让职业中介许可证的，由劳动行政部门或者其他主管部门责令改正；有违法所得的，没收违法所得，并处一万元以上五万元以下的罚款；情节严重的，吊销职业中介许可证。

第六十六条　违反本法规定，职业中介机构扣押劳动者居民身份证等证件的，由劳动行政部门责令限期退还劳动者，并依照有关法律规定给予处罚。

违反本法规定，职业中介机构向劳动者收取押金的，由劳动行政部门责令限期退还劳动者，并以每人五百元以上二千元以下的标准处以罚款。

(2) 国务院《劳动保障监察条例》（2004年11月1日　国务院令第423号）

第二十八条　职业介绍机构、职业技能培训机构或者职业技能考核鉴定机构违反国家有关职业介绍、职业技能培训或者职业技能考核鉴定的规定的，由劳动保障行政部门责令改正，没收违法所得，并处1万元以上5万元以下的罚款；情节严重的，吊销许可证。

未经劳动保障行政部门许可，从事职业介绍、职业技能培训或者职业技能考核鉴定的组织或者个人，由劳动保障行政部门、工商行政管理部门依照国家有关无照经营查处取缔的规定查处取缔。

(3) 劳动和社会保障部《就业服务与就业管理规定》（2007年11月5日　部令第28号）

第五十三条　职业中介机构应当在服务场所明示营业执照、职业中介许可证、服务项目、收费标准、监督机关名称和监督电话等，并接受劳动保障行政部门及其他有关部门的监督检查。

第五十四条　职业中介机构应当建立服务台账，记录服务对象、服务过程、服务结果和收费情况等，并接受劳动保障行政部门的监督检查。

第五十八条　禁止职业中介机构有下列行为：

（一）提供虚假就业信息；

（二）发布的就业信息中包含歧视性内容；

（三）伪造、涂改、转让职业中介许可证；

（四）为无合法证照的用人单位提供职业中介服务；

（五）介绍未满16周岁的未成年人就业；

（六）为无合法身份证件的劳动者提供职业中介服务；

（七）介绍劳动者从事法律、法规禁止从事的职业；

（八）扣押劳动者的居民身份证和其他证件，或者向劳动者收取押金；

（九）以暴力、胁迫、欺诈等方式进行职业中介活动；

（十）超出核准的业务范围经营；

（十一）其他违反法律、法规规定的行为。

第七十一条　职业中介机构违反本规定第五十三条规定，未明示职业中介许可证、监督电话的，由劳动保障行政部门责令改正，并可处以一千元以下的罚款；未明示收费标准的，提请价格主管部门依据国家有关规定处罚；未明示营业执照的，提请工商行政管理部门依据国家有关规定处罚。

第七十二条　职业中介机构违反本规定第五十四条规定，未建立服务台账，或虽建立服务台账但未记录服务对象、服务过程、服务结果和收费情况的，由劳动保障行政部门责令改正，并可处以一千元以下的罚款。

第七十三条　职业中介机构违反本规定第五十五条规定，在职业中介服务不成功后未向劳动者退还所收取的中介服务费的，由劳动保障行政部门责令改正，并可处以一千元以下的罚款。

第七十四条　职业中介机构违反本规定第五十八条第（一）、（三）、（四）、（八）项规定的，按照就业促进法第六十五条、第六十六条规定予以处罚。违反本规定第五十八条第（五）项规定的，按照国家禁止使用童工的规定予以处罚。违反本规定第五十八条其他各项规定的，由劳动保障行政部门责令改正，没有违法所得的，可处以一万元以下的罚款；有违法所得的，可处以不超过违法所得三倍的罚款，但最高不得超过三万元；情节严重的，提请工商部门依法吊销营业执照；对当事人造成损害的，应当承担赔偿责任。

对违反职业培训规定的处罚

［解读］

违反《技师合格证书》《技术等级证书》《特种作业人员操作证》核发办法和规定，滥发上述证书的相关培训机构，除应当宣布其所发证书无效外，还应视其情节轻重，由其上级主管部门或者监察机构对有关责任人员给予行政处分，对其中通过滥发证书获取非法收入的，没收其非法所得，并可处以非法所得5倍以下的罚款。

用人单位违反《招用技术工种从业人员规定》招用未取得相应职业资格证书的劳动者从事技术工种工作的，由县级以上劳动保障行政部门给予警告，并可处1 000元以下罚款，同时责令用人单位限期对有关人员进行相关培训，取得职业资格证书后再上岗。

［依据指引］

(1) 劳动部《工人考核条例》（1990年6月23日　部令第1号）

第二十七条　违反《技师合格证书》《技术等级证书》《特种作业人员操作证》的核发办法和规定，滥发上述证书的，除应当宣布其所发证书无效外，还应视情节轻重，由其上级主管部门或者监察机关对有关责任人员给予行政处分；对其中通过滥发证书获取非法收入的，应当没收其非法所得，并可处以非法所得五倍以下的罚款；构成犯罪的，应当依法追究其刑事责任。

(2) 劳动和社会保障部《招用技术工种从业人员规定》（2000年3月16日　部令第6号）

第一条　为提高劳动者素质，促进劳动者就业，加强就业管理，根据《中华人民共和国劳动法》《中华人民共和国职业教育法》和国家有关规定，制定本规定。

第二条　国家实行先培训后上岗的就业制度。

用人单位招用从事技术复杂以及涉及到国家财产、人民生命安全和消费者利益工种（职业）（以下简称技术工种）的劳动者，必须从取得相应职业资格证书的人员中录用。

技术工种范围由劳动和社会保障部确定。省、自治区、直辖市劳动保障行政部门和国务院有关部门劳动保障工作机构根据实际需要，经劳动和社会保障部批准，可增加技术工种的范围。

第三条　国家实行职业资格证书制度，由经过劳动保障行政部门批准的考核鉴定机构对劳动者实施职业技能考核鉴定。

国家职业资格分为初级（五级）、中级（四级）、高级（三级）、技师（二级）、高级技师（一级）。

第四条　技工学校、职业（技术）学校、就业训练中心各类职业培训的毕（结）业生，必须取得相应职业资格证书后，才能到技术工种岗位就业。

第五条　对从事技术工种的学徒，用人单位应按照《中华人民共和国分类目录》所规定的学徒期进行培训。

对转岗从事技术工种的劳动者，用人单位应按照国家职业（技能）标准的要求进行培训，达到相应职业技能要求后再上岗。

第六条　用人单位因特殊需要招用技术性较强，但当地培训机构尚未开展培训的技术工种人员，经劳动保障行政部门批准后，可先招收再培训，达到相应职业技能要求后再上岗。

用人单位安排国家政策性安置人员从事技术工种工作的，应当先组织培训，达到相应工种（职业）技能要求后上岗。

第七条　对本规定发布前从事技术工种而不具有相应职业资格证书的在岗人员，用人单位应按照国家职业（技能）标准进行培训，使其达到本工种的职业技能要求。

第八条　职业介绍机构介绍劳动者在本规定第二条规定的技术工种范围内就业时，应当按本规定执行。

第九条　用人单位和职业介绍机构发布技术工种人员招聘广告时，在应聘人员应具备的条件中须注明职业资格要求。

第十条　县级以上地方人民政府劳动保障行政部门依法对用人单位遵守本规定的情况进行监督检查。

第十一条　用人单位违反本规定招用未取得相应职业资格证书的劳动者从事技术工种工作的，由劳动保障行政部门给予警告，责令用人单位限期对有关人员进行相关培训，取得职业资格证书后再上岗，并可处以1 000元以下罚款。

第十二条　本规定自2000年7月1日起施行，原劳动部1995年6月11日颁发的《从事技术工种劳动者就业上岗前必须培训的规定》同时废止。

附：持职业资格证书就业的工种（职业）目录

生产、运输设备操作人员

车工、铣工、磨工、镗工、组合机床操作工、加工中心操作工、铸造工、焊工、金属热处理工、冷作钣金工、涂装工、装配钳工、工具钳工、锅炉设备装配工、电工装配工、高低压电器装配工、电子仪器仪表装配工、电工仪器仪表装配工、机修钳工、汽车修理工、摩托车维修工、精密仪器仪表修理工、锅炉设备安装工、变电设备安装工、维修电工、计算机维修工、手工木工、精细木工、音响调音员、贵金属首饰手工制作工、土石方机械操作工、砌筑工、混凝土工、钢筋工、架子工、防水工、装饰装修工、电气设备安装工、管工、汽车驾驶员、起重装卸机械操作工、化学检验工、食品检验工、纺织纤维检验工、贵金属首饰钻石玉石检验员、防腐蚀工、农机修理工。

农林牧渔水利业生产人员

动物疫病防治员、动物检疫检验员、沼气生产工。

商业、服务业人员

营业员、推销员、出版物发行员、中药购销员、鉴定估价师、医学院商品购销员、中药调剂员、冷藏工、中式烹调师、中式面点师、西式烹调师、调酒师、营养配餐员、餐厅服务员、前厅服务员、客房服务员、保健按摩师、眼镜验光员、物业管理员、锅炉操作工、美容师、家电器产品维修工、照相器材维修工、钟表维修工、办公设备维修工、保育员、家政服务员、养老护理员、洗衣师、裁缝、糕点面包烘焙工、熟肉制品加工工。

办事人员和有关人员

秘书、公关员、计算机操作员、制图员、话务员、用户通信终端维修员。

用人单位不提取教育经费的法律责任

[解读]

法律规定，用人单位应当按照国家规定的比例（一般为工资总额的1.5%～2.5%）足额提取职工教育经费，对职工进行职业技能培训和继续教育培训。否则，应承担以下法律责任：

（一）由人力资源和社会保障行政部门责令改正。

（二）对拒不改正的，处2 000元以上2万元以下的罚款。

[依据指引]

(1)《中华人民共和国就业促进法》（2007年8月30日　国家主席令第70号）

第六十七条　违反本法规定，企业未按照国家规定提取职工教育经费，或者挪用职工教育经费的，由劳动行政部门责令改正，并依法给予处罚。

(2) 国务院《劳动保障监察条例》（2004年11月1日　国务院令第423号）

第三十条　有下列行为之一的，由劳动保障行政部门责令改正；对有第（一）项、第（二）项或者第（三）项规定的行为的，处2 000元以上2万元以下的罚款：

（一）无理抗拒、阻挠劳动保障行政部门依照本条例的规定实施劳动保障监察的；

（二）不按照劳动保障行政部门的要求报送书面材料，隐瞒事实真相，出具伪证或者隐匿、毁灭证据的；

（三）经劳动保障行政部门责令改正拒不改正，或者拒不履行劳动保障行政部门的行政处理决定的；

（四）打击报复举报人、投诉人的。

违反前款规定，构成违反治安管理行为的，由公安机关依法给予治安管理处罚；构成犯罪的，依法追究刑事责任。

用人单位违反工会法的责任

[解读]

用人单位违反工会法的规定，有下列行为之一，由人力资源和社会保障行政部门责令改正：

（一）阻挠劳动者依法参加和组织工会，或者阻挠上级工会帮助、指导劳动者筹建工会的。

（二）无正当理由调动依法履行职责的工会工作人员的工作岗位，进行打击报复的。

（三）劳动者因参加工会活动而被解除劳动合同的。

（四）工会工作人员因依法履行职责被解除劳动合同的。

[依据指引]

国务院《劳动保障监察条例》（2004年11月1日 国务院令第423号）

第二十九条 用人单位违反《中华人民共和国工会法》，有下列行为之一的，由劳动保障行政部门责令改正：

（一）阻挠劳动者依法参加和组织工会，或者阻挠上级工会帮助、指导劳动者筹建工会的；

（二）无正当理由调动依法履行职责的工会工作人员的工作岗位，进行打击报复的；

（三）劳动者因参加工会活动而被解除劳动合同的；

（四）工会工作人员因依法履行职责被解除劳动合同的。

用人单位无理阻挠执行公务的责任

[解读]

法律规定，对人力资源和社会保障行政部门或有关行政部门执行监督检查公务的工作人员，用人单位应予以支持和配合。如果用人单位有下列行为之一的，由人力资源和社会保障行政部门责令改正；对有下列第（一）、（二）、（三）项规定的行为，处2 000元以上2万元以下的罚款：

（一）无理抗拒、阻挠人力资源和社会保障行政部门依照规定实施劳动保障监察的。

（二）不按照人力资源和社会保障行政部门的要求报送书面材料，隐瞒事实真相，出具伪证或者隐匿、毁灭证据的。

（三）经人力资源和社会保障行政部门责令改正拒不改正，或者拒不履行人力资源和社会保障行政部门的行政处理决定的。

（四）打击报复举报人、投诉人的。

违反上述规定，构成违反治安管理行为的，由公安机关依法给予治安管理处罚；构成犯罪的，依法追究刑事责任。

另外，为了便于执法，劳动部对“无理阻挠”行为作了界定，主要有以下五种情形：

（一）阻止劳动监督检查人员进入用人单位内（包括进入劳动现场）进行监督检查的。

（二）隐瞒事实真相，出具伪证，或者隐匿、毁灭证据的。

（三）拒绝提供有关资料的。

（四）拒绝在规定的时间和地点就劳动行政部门所提问题作出解释和说明的。

（五）法律、法规和规章规定的其他情况。

[依据指引]

(1)《中华人民共和国劳动法》（1994年7月5日 国家主席令第28号）

第一百零一条 用人单位无理阻挠劳动行政部门、有关部门及其工作人员行使监督检查权，打击报复举报人员的，由劳动行政部门或者有关部门处以罚款；构成犯罪的，对责任人员依法追究刑事责任。

(2) 国务院《劳动保障监察条例》（2004年11月1日 国务院令第423号）

第三十条 有下列行为之一的，由劳动保障行政部门责令改正；对有第（一）项、第（二）项或者第（三）项规定的行为的，处2 000元以上2万元以下的罚款：

（一）无理抗拒、阻挠劳动保障行政部门依照本条例的规定实施劳动保障监察的；

（二）不按照劳动保障行政部门的要求报送书面材料，隐瞒事实真相，出具伪证或者隐匿、毁灭证据的；

（三）经劳动保障行政部门责令改正拒不改正，或者拒不履行劳动保障行政部门的行政处理决定的；

（四）打击报复举报人、投诉人的。

违反前款规定，构成违反治安管理行为的，由公安机关依法给予治安管理处罚；构成犯罪的，依法追究刑事责任。

(3) 劳动部《关于贯彻执行〈中华人民共和国劳动法〉若干问题的意见》（1995年8月4日 劳部发［1995］309号）

92. 用人单位实施下列行为之一的，应认定为劳动法第一百零一条中的“无理阻挠”行为：

(1) 阻止劳动监督检查人员进入用人单位内（包括进入劳动现场）进行监督检查的；

(2) 隐瞒事实真相，出具伪证，或者隐匿、毁灭证据的；

(3) 拒绝提供有关资料的；

(4) 拒绝在规定的时间和地点就劳动行政部门所提问题作出解释和说明的；

(5) 法律、法规和规章规定的其他情况。

用人单位构成犯罪的行为

[解读]

用人单位的行为容易构成犯罪的情形主要有以下几种：

（一）以暴力、威胁或者非法限制人身自由的手段强迫劳动的。

（二）明知他人实施强迫劳动，仍为其招募、运送人员或者有其他协助强迫他人劳动行为的。

（三）违章指挥或者强令冒险作业危及劳动者人身安全的。

（四）侮辱、体罚、殴打、非法搜查或者拘禁劳动者的。

（五）劳动条件恶劣、环境污染严重，给劳动者身心健康造成严重损害的。

（六）以转移财产、逃匿等方法逃避支付劳动者的劳动报酬或者有能力支付而不支付劳动者的劳动报酬的。

上述行为情节较轻的，可依法给予行政处罚，其中以暴力、威胁或者非法限制人身自由的手段强迫劳动者劳动的，或者侮辱、体罚、殴打、非法搜查和拘禁劳动者的，由公安机关对责任人员处以 15 日以下拘留、罚款或者警告；构成犯罪的，将追究刑事责任；给劳动者造成损害的，应承担赔偿责任。

[依据指引]

(1)《中华人民共和国劳动法》（1994 年 7 月 5 日　国家主席令第 28 号）

第九十六条　用人单位有下列行为之一，由公安机关对责任人员处以十五日以下拘留、罚款或者警告；构成犯罪的，对责任人员依法追究刑事责任：

（一）以暴力、威胁或者非法限制人身自由的手段强迫劳动的；

（二）侮辱、体罚、殴打、非法搜查和拘禁劳动者的。

(2) 劳动部办公厅《关于〈劳动法〉若干条文的说明》（1994 年 9 月 5 日　劳办发［1994］289 号）

第九十六条　用人单位有下列行为之一，由公安机关对责任人员处以十五日以下拘留、罚款或者警告；构成犯罪的，对责任人员依法追究刑事责任：

（一）以暴力、威胁或者非法限制人身自由的手段强迫劳动的；

（二）侮辱、体罚、殴打、非法搜查和拘禁劳动者的。

对劳动者实施了本条所禁止的行为，公安机关将根据本法和《治安管理处罚条例》第 22 条等，人民法院将根据《刑法》第 134 条、第 143 条、第 144 条等追究当事人的法律责任。

(3)《中华人民共和国劳动合同法》（2007 年 6 月 29 日　国家主席令第 65 号）

第八十八条　用人单位有下列情形之一的，依法给予行政处罚；构成犯罪的，依法追究刑事责任；给劳动者造成损害的，应当承担赔偿责任：

（一）以暴力、威胁或者非法限制人身自由的手段强迫劳动的；

（二）违章指挥或者强令冒险作业危及劳动者人身安全的；

（三）侮辱、体罚、殴打、非法搜查或者拘禁劳动者的；

（四）劳动条件恶劣、环境污染严重，给劳动者身心健康造成严重损害的。

(4)《中华人民共和国治安管理处罚法》（2005 年 8 月 28 日　国家主席令第 38 号）

第四十条　有下列行为之一的，处十日以上十五日以下拘留，并处五百元以上一千元以下罚款；情节较轻的，处五日以上十日以下拘留，并处二百元以上五百元以下罚款：

（一）组织、胁迫、诱骗不满十六周岁的人或者残疾人进行恐怖、残忍表演的；

（二）以暴力、威胁或者其他手段强迫他人劳动的；

（三）非法限制他人人身自由、非法侵入他人住宅或者非法搜查他人身体的。

(5)《中华人民共和国刑法》（1979 年 7 月 1 日第五届全国人民代表大会第二次会议通过　2011 年 2 月 25 日修订）

第二百四十四条　以暴力、威胁或者限制人身自由的方法强迫他人劳动的，处三年以下有期徒刑或者拘役，并处罚金；情节严重的，处三年以上十年以下有期徒刑，并处罚金。

明知他人实施前款行为，为其招募、运送人员或者有其他协助强迫他人劳动行为的，依照前款的规定处罚。

单位犯前两款罪的，对单位判处罚金，并对其直接负责的主管人员和其他直接责任人员，依照第一款的规定处罚。

第二百四十四条之一 违反劳动管理法规，雇用未满十六周岁的未成年人从事超强度体力劳动的，或者从事高空、井下作业的，或者在爆炸性、易燃性、放射性、毒害性等危险环境下从事劳动，情节严重的，对直接责任人员，处三年以下有期徒刑或者拘役，并处罚金；情节特别严重的，处三年以上七年以下有期徒刑，并处罚金。

有前款行为，造成事故，又构成其他犯罪的，依照数罪并罚的规定处罚。

第二百七十六条之一 ……以转移财产、逃匿等方法逃避支付劳动者的劳动报酬或者有能力支付而不支付劳动者的劳动报酬，数额较大，经政府有关部门责令支付仍不支付的，处三年以下有期徒刑或者拘役，并处或者单处罚金；造成严重后果的，处三年以上七年以下有期徒刑，并处罚金。

单位犯前款罪的，对单位判处罚金，并对其直接负责的主管人员和其他直接责任人员，依照前款的规定处罚。

有前两款行为，尚未造成严重后果，在提起公诉前支付劳动者的劳动报酬，并依法承担相应赔偿责任的，可以减轻或者免除处罚。

行政复议活动中被申请人的违法责任

[解读]

被申请人的违法责任是指在行政复议活动中，被申请人不履行法定义务，不配合行政复议机关，阻碍申请人申请行政复议，对复议申请人打击报复陷害的行为应承担的法律责任：

（一）对于被申请人不配合复议机关履行复议职责，不提出书面答复或者不提交作出具体行政行为的证据、依据和其他有关材料的行为，以及阻挠或者变相阻挠公民、法人或者其他组织依法申请行政复议的行为，应对作出具体行政行为的行政机关的直接负责的主管人员和其他直接责任人员依法给予警告、记过、记大过的行政处分。

（二）对于被申请人对申请人进行报复陷害的，行政复议法规定了对直接负责的主管人员和其他直接责任人员依法给予降级、撤职、开除的行政处分；对情节恶劣、后果严重，已构成犯罪的，依照《刑法》第254条的规定追究刑事责任。

（三）对于被申请人拒绝履行行政复议决定的，按照情节轻重分别对直接负责的主管人员和其他直接责任人员依法给予警告、记过、记大过的行政处分；经责令履行仍拒不履行的，按照情节轻重分别对直接负责的主管人员和其他直接责任人员给予降级、撤职、开除的行政处分。

[依据指引]

《中华人民共和国行政复议法》（1999年4月29日 国家主席令第16号）

第三十六条 被申请人违反本法规定，不提出书面答复或者不提交作出具体行政行为的证据、依据和其他有关材料，或者阻挠、变相阻挠公民、法人或者其他组织依法申请行政复议的，对直接负责的主管人员和其他直接责任人员依法给予警告、记过、记大过的行政处分；进行报复陷害的，依法给予降级、撤职、开除的行政处分；构成犯罪的，依法追究刑事责任。

第三十七条 被申请人不履行或者无正当理由拖延履行行政复议决定的，对直接负责的主管人员和其他直接责任人员依法给予警告、记过、记大过的行政处分；经责令履行仍拒不履行的，依法给予降级、撤职、开除的行政处分。

行政复议机关及其工作人员的法律责任

[解读]

行政复议机关或者行政复议机构不履行《行政复议法》和《行政复议法实施条例》规定的行政复议职责，经有权监督的行政机关督促仍不改正的，对直接负责的主管人员和其他直接责任人员依法给予警告、记过、记大过的处分；造成严重后果的，依法给予降级、撤职、开除的处分。

行政机关及其工作人员违反《行政复议法》和《行政复议法实施条例》规定的，行政复议机构可以向人事、监察部门提出对有关责任人员的处分建议，也可以将有关人员违法的事实材料直接转送人事、监察部门处理；接受转送的人事、监察部门应当依法处理，并将处理结果通报转送的行政复议机构。

另外，行政复议期间行政复议机关发现被申请人或者其他下级行政机关的相关行政行为违法或者需要做好善后工作的，可以制作行政复议意见书；行政复议机构发现法律、法规、规章实施中带有普遍性的问题，可以制作行政复议建议书，向有关机关提出完善制度和改进行政执法的建议。

[依据指引]

国务院《行政复议法实施条例》(2007年5月29日 国务院令第499号)

第五十七条 行政复议期间行政复议机关发现被申请人或者其他下级行政机关的相关行政行为违法或者需要做好善后工作的,可以制作行政复议意见书。有关机关应当自收到行政复议意见书之日起60日内将纠正相关行政违法行为或者做好善后工作的情况通报行政复议机构。

行政复议期间行政复议机构发现法律、法规、规章实施中带有普遍性的问题,可以制作行政复议建议书,向有关机关提出完善制度和改进行政执法的建议。

第六十四条 行政复议机关或者行政复议机构不履行行政复议法和本条例规定的行政复议职责,经有权监督的行政机关督促仍不改正的,对直接负责的主管人员和其他直接责任人员依法给予警告、记过、记大过的处分;造成严重后果的,依法给予降级、撤职、开除的处分。

第六十五条 行政机关及其工作人员违反行政复议法和本条例规定的,行政复议机构可以向人事、监察部门提出对有关责任人员的处分建议,也可以将有关人员违法的事实材料直接转送人事、监察部门处理;接受转送的人事、监察部门应当依法处理,并将处理结果通报转送的行政复议机构。

《劳动人事法律精要——词条与依据指引》

编写人员及分工

主　　编　范战江

撰 稿 人　（以撰写章序为序）

王向前——原中国劳动关系学院法学系劳动法教研室主任

刘振军——河北省劳动仲裁学会常务理事

周燕燕——原武汉市劳动保障局职业技能鉴定中心主任

陈晓东——国家人力资源和社会保障部办公厅副处长

孙丽平——国家人力资源和社会保障部医疗保险司生育保险处处长

范战江——原国家劳动部劳动关系与监察司、劳动和社会保障部劳动工资司劳动争议处理处处长、调研员，《中国劳动网》劳动法律顾问，《中国劳动争议网》首席法律顾问

林镓茵——《中国劳动网》劳动法务助理

夏　欢——《中国劳动网》劳动法务助理

撰稿分工　王向前：第三章

刘振军：第七章、第十六章

周燕燕：第八章

陈晓东：第十章

孙丽平：第十四章

刘振军、范战江、林镓茵：第十五章

范战江、林镓茵、夏欢：第一章、第二章、第四章、第五章、第六章、第九章、第十一章、第十二章、第十三章、第十七章